Nord-Bayern	320	
Mittel-Bayern	322	
Südwest-Bayern	326	
Südost-Bayern	329	

🇨🇭 Schweiz 337

Westschweiz	343
Wallis	345
Nordwestschweiz	348
Berner Oberland	349
Ostschweiz	351
Zentralschweiz	353
Tessin	355
Graubünden	357

🇦🇹 Österreich 360

Vorarlberg	367
Tirol	368
Oberösterreich	376
Salzburg	377
Kärnten	382

Niederösterreich/Wien	
Steiermark/Burgenland	393

🇵🇱 Polen 396

Nord-Polen	401
Süd-Polen	408

🇱🇹 Litauen 411

🇱🇻 Lettland 417

🇪🇪 Estland 423

🇨🇿 Tschechien 428

🇸🇰 Slowakei 440

🇭🇺 Ungarn 447

West-Ungarn	452
Mittel-Ungarn	456
Ost-Ungarn	459

		462

🇸🇮 Slowenien 468

🇭🇷 Kroatien 477

Istrien	482
Primorje-Gorski Kotar/ Lika-Senj/Zadar/ Sibenik-Knin	492
Dalmatien	504
Ost-Kroatien	508

🇧🇦 Bosnien-Herzegowina 509

🇬🇷 Griechenland 515

Zentralgriechenland	520
Ionische Inseln	522
Peloponnes	523
Nordost-Griechenland	529
Kreta	531

2022 • 20. deutsche Ausgabe

Ausgabe: ACSI Publishing BV,
Geurdeland 9, Andelst, Niederlande
Postadresse: Postbus 34,
6670 AA Zetten, Niederlande
Tel. +31 488 471434

Internetadresse: www.ACSI.eu

Fragen oder Anmerkungen?
Für Camper:
www.ACSI.eu/Kundendienst
Für Campingplätze:
www.ACSI.eu/sales

Chefredakteurin: Ria Neutel
Redaktion:
Richelle Alewijn, Esther Baks, Alex Boerboom, Judith Brasser, Marloes Buijs, Sophie Conradi, Peter Dellepoort, Bobo Freeke, Rik Hoitink, Flora van Ralen, Mariëlle Rouwenhorst, Yvonne Schep u.v.a.

Karten
MapCreator BV, 5628 WB Eindhoven
mapcreator.eu©Here/©Andes

Druck
Parzeller Print & Media
GmbH & Co. KG, Fulda,
Deutschland

Bindung
Parzeller Print & Media
GmbH & Co. KG, Fulda,
Deutschland

ISBN: 978-3-828309-79-1

© ACSI
Der Campingführer und alle in ihm enthaltenen Beiträge und Abbildungen sind urheberrechtlich geschützt. Mit Ausnahme der gesetzlich zugelassenen Fälle ist eine Verwertung ohne Einwilligung des Verlages strafbar.

Dieser Campingführer wurde mit größter Sorgfalt erstellt. Die in ihm verwerteten Daten wurden bis einschließlich September 2021 erhoben. ACSI ist nicht verantwortlich für eventuelle in der Zwischenzeit eingetretene Änderungen. Für die Richtigkeit der Angaben kann keine Haftung übernommen werden. Inhalt und Gestaltung von Anzeigen liegen außerhalb der Verantwortung der Redaktion.

Entdecke Camping Erster Klasse

Vom hohen Norden bis in den tiefen Süden, an weißen Stränden oder in den Bergen – **LeadingCampings** finden Sie stets in den schönsten Regionen Europas. **LeadingCampings** heißt Camping Erster Klasse, und darauf können Sie sich verlassen:

Großzügige Stellplätze, voll ausgestattet. Top-gepflegte Sanitäreinrichtungen. Schwimmbäder, Wellness- und Sportmöglichkeiten. Ausgebildete Animationsteams, Gastronomie und Freizeitangebote: alles Leading. Und Kinder sind besonders gerne gesehen.

Wenn Sie mehr wissen wollen, fordern Sie einfach unseren Katalog an, telefonisch, per Post oder besuchen Sie uns im Internet:
www.leadingcampings.com

Wir freuen uns auf Sie.

Vorteile à la carte im LeadingsClub! Ihre LeadingCard ist der Schlüssel zu einem Club voller Vorteile – mehr auf **leadingcampings.com**

LeadingCampings · Kettelerstr. 26 · D-40593 Düsseldorf
info@leadingcampings.com · www.leadingcampings.com

LeadingCampings

Über ACSI

Wie alles begann

Es ist Sommer 1964. Der Lehrer Ed van Reine lenkt sein Auto samt angehängtem Faltcaravan erst über niederländische, dann über belgische und französische Straßen in die spanische Sonne. Endlich Urlaub. Endlich wieder campen. Auf der Suche nach einem schönen Plätzchen für die ganze Familie. Die Vorfreude auf eine sorgenfreie Zeit und ein paar Wochen „Rauskommen" ist groß. Aber bei der Ankunft erwartet ihn eine große Enttäuschung: „Completo". Die meisten Campingplätze sind bereits ausgebucht.

„Das muss doch auch anders gehen", denkt sich Ed und denkt über die Möglichkeit eines europäischen Buchungssystems nach. Noch vor Ort entwickelt er außerdem ein Hilfsmittel, um nicht ständig vor geschlossenen Schranken zu stehen: In Zusammenarbeit mit Kollegen aus der Schule entwirft er seinen ersten Campingführer mit allen wichtigen Daten der beliebtesten Campingplätze Europas, wie zum Beispiel deren Telefonnummern. Es ist der Vorläufer des viel detaillierteren Werkes, das Sie nun in der Hand halten. Es ist die Geburtsstunde von ACSI, dem Auto Camper Service International.

Damals konnte Ed noch nicht wissen, dass sein erstes Heft die Grundlage für einen international operierenden Verlag und Campingreiseveranstalter sein würde.

Qualität an erster Stelle

Informationen sammeln und bündeln kann jeder. Unsere Arbeit geht weit darüber hinaus. Alle Campingplätze, die in unseren Campingführern, auf unserer Webseite und in unseren Apps gelistet werden möchten, werden jedes Jahr von unseren Inspektoren begutachtet. Das war schon 1964 der Fall und hat sich bis heute nicht geändert. Unsere Inspektoren werden intern geschult und stellen sicher, dass nur die besten Campingplätze mit unserem Logo werben dürfen.

Und mit unserem Logo werben Campingplätze gern. ACSI steht für Qualität und unser Logo ist zum Gütesiegel geworden. Durch unsere jährliche Inspektion wird außerdem sichergestellt, dass die Informationen verlässlich sind; wir haben den Campingplatz mit eigenen Augen gesehen.

Bei der Zusammenstellung unserer Produkte gehen wir äußerst sorgfältig vor. Die detaillierten Informationen helfen Campern, den Platz zu finden, der wirklich zu ihnen bzw. ihrer Familie passt. Genau das betrachten wir als unsere Mission: Wir möchten Campern den richtigen Campingplatz empfehlen und dem Campingplatz zufriedene Kunden vermitteln. Darin sind wir gut. Schon seit 57 Jahren.

Aktuelle und künftige Entwicklungen

Natürlich ist diese Aufgabe niemals abgeschlossen. Es kommen auch stets neue Herausforderungen hinzu, so wie im Jahr 1993. Ramon van Reine übernimmt die Geschäftsführung von seinem Vater. Er treibt die Professionalisierung und Digitalisierung voran und verlässt die Grenzen der Niederlande. ACSI steigt mit mehrsprachigen Produkten in das internationale Geschäft ein.

Über ACSI

Und eine weitere Herausforderung kündigt sich an: Gelingt es ACSI, auch im Frühling und Herbst Camper für Campingurlaube zu begeistern? Dafür wurde ein Ermäßigungssystem mit dazugehöriger Ermäßigungskarte ins Leben gerufen, das sowohl für Camper als auch für Campingplätze gut funktioniert. Innerhalb von zehn Jahren wird die CampingCard ACSI zum meistverkauften Produkt im Angebot von ACSI. Mehr als 700 000 Camper reisen mit dieser Ermäßigungskarte durch Europa.

Auch Ed van Reines Idee, ein Buchungssystem zu schaffen, nimmt unter der Führung seines Sohnes Gestalt an. Immer mehr Campingplätze können über unsere Webseiten und Apps direkt gebucht werden. Dabei handelt es sich um eine unserer aktuellen Entwicklungen, die künftig weiter ausgebaut werden soll. Wir möchten online eine Plattform schaffen, auf der Camper recherchieren, buchen, sich informieren und inspirieren lassen können. Eine Webseite mit allen Informationen rund um den Campingplatz, die Region und die Freizeitgestaltung vor Ort. Der Ausgangspunkt für jeden, der campen liebt.

Angebote für jeden Camper

Natürlich sind die Geschmäcker verschieden. Es gibt so viele Wünsche, wie es Menschen gibt. Der eine möchte keinen gedruckten Campingführer verwenden, der andere keine App. Einige campen gerne auf großen Campingplätzen mit umfangreicher Ausstattung, andere lieber auf kleinen, ruhigen Campingplätzen. Das wissen wir allzu gut. Deswegen umfasst unser Angebot Produkte für jeden Camper.

Campingführer

Es gibt viele Camper, die ihren Campingführer gerne auf den Schoß oder den Küchentisch legen, um ihn in aller Ruhe durchzublättern und einen Campingplatz auszusuchen. Wir haben Campingführer für Camper, die vor allem in der Nebensaison verreisen. Wir bieten einen idealen Reisebegleiter für Reisemobilisten mit Camping- und Stellplätzen. Unser Angebot umfasst jedoch auch Produkte für Camper, die noch keine eindeutigen Vorstellungen haben. All unsere Produkte beinhalten Übernachtungsmöglichkeiten in fast allen Ländern Europas.

Webseiten

Mit den nützlichen Filtern auf unseren Webseiten finden Sie schnell einen Campingplatz, der Ihren Vorlieben entspricht. Und Sie können bei immer mehr Campingplätzen nun auch auf unseren Webseiten oder in der App schnell und sicher einen Stellplatz oder eine Unterkunft buchen. Aber es gibt noch mehr zu entdecken. Auf unseren Webseiten geben wir Ihnen auch Tipps zu schönen Reisezielen, neuen Trends oder berichten rund um das Thema Campen. Diese Artikel veröffentlichen wir auf **www.Eurocampings.de/blog**.

Apps

Praktisch für unterwegs: Unsere Apps funktionieren auch offline und sind dank der Filtermöglichkeiten sehr benutzerfreundlich. Dank der Standortbestimmung (GPS) finden Sie schnell eine Übernachtungsmöglichkeit in Ihrer Nähe. Für alle Reisemobilisten

Über ACSI

bieten wir außerdem Informationen zu 9 000 Stellplätzen in ganz Europa.

Zeitschriften
Wir schreiben gerne über das Thema Camping und es macht uns Spaß, Camper für die nächste Reise zu inspirieren. Das tun wir nicht nur online, sondern auch auf Papier. Wir veröffentlichen 8 Mal jährlich die Zeitschrift ACSI FreeLife. Diese auf Niederländisch erscheinende Zeitschrift ist vollgepackt mit objektiven Tests, Reiseberichten und Campingtipps.

Das ist noch nicht alles

Ihren Pass oder Personalausweis können Sie mit der ACSI Club ID getrost in der Tasche lassen. Die ACSI Clubkarte ist ein alternatives Ausweisdokument und wird auf fast 8 400 Campingplätzen in ganz Europa akzeptiert. Aber diese Clubkarte hat noch mehr Vorteile: Sie beinhaltet eine Haftpflichtversicherung und Ermäßigungen auf Produkte in unserem Webshop.

Schon mehr als 30 Jahren organisieren wir Campingreisen für Gruppen. Mit den ACSI Campingreisen nehmen wir Wohnwagen- und Wohnmobilbesitzer auf Reisen innerhalb und außerhalb Europas mit. Dank jahrelanger Erfahrung wissen wir genau, wo wir einzigartige Orte finden. Wir bieten diese Reisen für Niederländisch, Englisch und Deutsch sprechende Camper an.

Suncamp holidays ist unser Online-Reisebüro für Campingurlaube. Das Angebot umfasst erstklassige Campingplätze mit hervorragender Ausstattung an beliebten Reisezielen. Auf vielen Campingplätzen können Sie auch unsere SunLodges buchen. Diese komfortablen, hochwertigen Unterkünfte haben wir selbst entwickelt.

Weitere Informationen über unser Unternehmen und unsere Produkte finden Sie auf *www.ACSI.eu*.

Jährliche Inspektion der Campingplätze

Verlässliche und objektive Informationen sind nicht selbstverständlich. Darum werden alle Campingplätze, die in unseren Campingführern, auf unseren Webseiten und in unseren Apps aufgeführt sind, jedes Jahr von Inspektoren überprüft. Sogar im vergangenen (Corona-)Jahr konnten wir fast alle Campingplätze besuchen. Das ist wichtig, denn wussten Sie, dass wir jedes Jahr bei 95 Prozent dieser Campingplätze Änderungen vornehmen müssen?

Unsere 262 Inspektoren werden eingehend geschult, ehe sie sich an die Arbeit machen. Sie überprüfen auf den Campingplätzen mehr als 220 Einrichtungen und deren Qualität. Sie gewinnen einen Eindruck von der Atmosphäre auf dem Platz und sprechen mit den dortigen Campern und dem Eigentümer.

Gebrauchsanweisung

Wie finden Sie den Camping?

Die Suche nach einem Camping in den ACSI Campingführern ist sehr einfach. Jedes Land beginnt mit einer Landkarte. Diese Landkarte ist eingeteilt in Bundesländer bzw. Regionen. Diese Landesteile korrespondieren mit einer Teilkarte weitergehend im Campingführer. In jedem Bundesland/Region ist angegeben, auf welcher Seite sich diese Teilkarte befindet.
Auf der Teilkarte können Sie sich ausreichend informieren, um einen Camping zu finden. Sie finden die wichtigen Straßen angezeigt, die Ortsnamen und die Zeltchen für die Campings. Es gibt sowohl offene als geschlossene Zeltchen. Ein offenes Zeltchen bedeutet, dass ein Camping unter dem Ortsnamen im Campingführer aufgenommen ist. Ein geschlossenes Zeltchen bedeutet, dass mehrere Campings unter dem Ortsnamen zu finden sind. Hinter der Teilkarte finden Sie die Campings in diesem Gebiet in alphabetischer Reihenfolge der Ortsnamen.

Kleine Länder bzw. Gebiete sind in den (größeren) Nachbarländern eingegliedert. Die Campings in Liechtenstein finden Sie in der Schweiz und die von Åland in Finnland. Schließlich gibt es im Grenzgebiet Klein Walsertal im Vorarlberg in Österreich eine Anzahl Campings, die Sie im Deutschlandteil finden werden. Dieses Gebiet betrifft nämlich ein sogenanntes 'Deutsches Zollgebiet', das auch nur von Deutschland aus erreichbar ist. Länder mit relativ wenigen Campings haben keine Teilkarten.

Hierunter ist beschrieben, wie Sie schnell einen Camping nach Ihrem Geschmack finden können.

A
Aabenraa _____ 114
Aabenraa/Løjt Norreskov _____ 114
Aakirkeby _____ 138

Wissen Sie den Ortsnamen?

Gehen Sie ins Ortsnamenregister auf Seite 541 und weiter. Hinter dem Ortsnamen finden Sie die Seitennummer des/der Camping(s), der/die in diesem Ort liegt/liegen.

Alphabetische Ländertabelle

	Belgien	Seite 201		Niederlande	Seite 139
	Bosnien-Herzegowina	Seite 509		Norwegen	Seite 45
	Dänemark	Seite 109		Österreich	Seite 360
	Deutschland	Seite 230		Polen	Seite 396
	Estland	Seite 423		Rumänien	Seite 462
	Finnland	Seite 95		Schweden	Seite 66
	Griechenland	Seite 515		Schweiz	Seite 337
	Kroatien	Seite 477		Slowakei	Seite 440
	Lettland	Seite 417		Slowenien	Seite 468
	Litauen	Seite 411		Tschechien	Seite 428
	Luxemburg	Seite 220		Ungarn	Seite 447

Gebrauchsanweisung

Camping Huttopia Landes Sud in St. Michel-Escalus (F)

Suchen Sie ein bestimmtes Land?

Sie wissen in welches Land Sie (eventuell) in den Urlaub wollen? Vorne im Campingführer finden Sie eine Aufstellung aller Länder, so dass Sie sofort das Land Ihrer Wahl aufsuchen können. Jedes Land beginnt mit einer Landkarte. Diese Landkarte ist eingeteilt in Bundesländer bzw. Regionen, auch Teilgebiete genannt. Suchen Sie auf der Landkarte die Region/das Bundesland aus, wohin Sie wollen. In dieser Region/diesem Bundesland steht die Seitenzahl, wo Sie die Teilkarte finden können. Auf der Teilkarte können Sie sich ausreichend orientieren, um einen Camping zu finden. Sie finden die wichtigen Straßen angezeigt, die Ortsnamen und Zeltchen für die Campings. Hinter der Teilkarte finden Sie die Campings in diesem Gebiet in alphabetischer Reihenfolge der Ortsnamen. An den Rändern der Teilkarte sehen Sie Pfeile mit einer Seitenzahl darin, wo die angrenzende Teilkarte zu finden ist.

Weitere Erläuterungen

▲ Name des Campings, Sterne und andere Klassifizierungen

ACSI gibt den Campings keine Sterne oder andere Klassifizierungen. Die gemeldete Sternenangabe oder andere Arten von Klassifizierungen sind dem Camping durch örtliche Instanzen zuerkannt. Sterne sagen nicht immer etwas über die Qualität, aber oft etwas über den Komfort aus, den die Campings bieten. Je mehr Sterne, umso mehr Ausstattung, aber oft auch... ein höherer Preis.
Es ist nicht möglich, das tatsächliche Maß der Reinheit/Sauberkeit auf einem Campingplatz in diesem Campingführer anzugeben.
Jedes Jahr werden viele Anlagen von den Inhabern verändert. Es kann zu Unterschieden kommen zwischen dem Jahr, in dem unsere Inspektoren den Platz besucht haben und dem darauffolgenden Jahr, also dem Jahr, in dem Sie den Campingführer nutzen.

Gebrauchsanweisung

Landkarte

Teilkarte

Saarland

Legende

△   Ein offenes Zelt bedeutet, dass sich hier ein Campingplatz befindet.

▲   Ein geschlossenes Zelt bedeutet, dass hier mehrere Campingplätze zu finden sind.

▲▲   Camping(s), die CC CampingCard ACSI akzeptieren.

152   Auf dieser Seite finden Sie das Teilgebiet.

   Dies sind die Grenzen des Teilgebietes.

130 ▶   Pfeile mit Seitenangaben am Kartenrand verweisen auf angrenzende Gebiete.

   Die Übersichtskarte des betreffenden Landes und im welchen Teilgebiet Sie sich befinden.

11

Gebrauchsanweisung

Wenn in einem bestimmten Land Sterne benutzt werden, um die Klasse des Campings anzugeben, steht das aber dennoch hinter dem Campingnamen. Seien Sie sich aber klar darüber, dass diese Sterne nie von ACSI vergeben wurden. Unsere Inspektoren sind nicht verantwortlich für die Qualität der Einrichtungen, nur für die Meldung des Vorhandenseins dieser Einrichtung. Das Urteil, ob nun ein Camping schön ist oder nicht und ob er gerade für Sie zwei oder vier Sterne wert ist, müssen Sie selbst fällen. Die Geschmäcker und Wünsche sind nun mal verschieden. Ein guter Rat: wenn Sie einen Platz nicht nach Ihren Vorstellungen antreffen, bleiben Sie keine zehn Tage auf dem selben Platz. Packen Sie Ihre Sachen und reisen weiter. Wer weiß, was da noch schönes hinter dem Horizont liegt!

Inspektion auf Camping Yelloh! Village Le Club Farret, Vias-Plage (F)

Straße

Öffnungszeitraum

Die von der Campingdirektion gemeldete Periode, in der der Camping 2022 geöffnet sein wird. Manche Campings kennen 2 Öffnungszeiträume. In diesem Fall sind beide Perioden gemeldet, zum Beispiel 01/04-30/09, 01/12-31/12. Leider wollen einige Campings (vorallem in der Vor- und Nachsaison) darüber hinaus ziemlich von der von Ihnen angegebenen Öffnungsperiode abweichen. Sie können eine Woche früher oder später offen/geschlossen sein als das 2021 vorgesehen war. Sorgen Sie also dafür, dass Sie in der Vor- und Nachsaison nicht zu früh oder zu spät beim Camping eintreffen. Eben mal beim betreffenden Camping anzurufen ist daher empfehlenswert. Rechnen Sie auch damit, dass in der Vor- und Nachsaison nicht alle Einrichtungen offen sind. Oft werden Schwimmbad, Laden, Freizeitprogramme usw. erst später in der Saison in Betrieb genommen. Lesen Sie hiernach um welche Einrichtungen es sich handeln könnte. Weiterhin wird auch die Personalbesetzung in der Vor- und Nachsaison etwas geringer sein.

Telefonnummer

Die Telefonnummer des Campings. Die internationale Zugangsnummer ist bei jedem Camping gemeldet. Rufen Sie beispielsweise von Deutschland oder Österreich aus an, dann wählen Sie die Nummer zwischen den Klammern (meistens ist das die Null der Ortskennzahl) nicht.

E-Mail

Die E-Mailadresse des Campings. Fast alle Campings haben eine E-Mailadresse. Sie können also direkt mit dem Camping zu Informations- oder Reservierungszwecken Kontakt aufnehmen.

9 500 europäische Campingplätze in einer praktischen App

Ab **0,99 €**

ACSI Camping Europa-App

- ✓ Erweiterbar um 9 000 kontrollierte Reisemobilstellplätze
- ✓ Ohne Internetverbindung nutzbar
- ✓ Kostenlose Updates mit Änderungen und neuen Campingplatz-Bewertungen
- ✓ Schnell und einfach buchen, auch unterwegs
- ✓ **Neu:** jetzt auch mit kleinen Campingplätzen

Für weitere Infos besuchen Sie:
www.Eurocampings.de/app

Gebrauchsanweisung

Flower Camping La Sténiole in Granges-sur-Vologne (F)

GPS-Koordinaten

Benutzen Sie ein Navigationssystem, dann sind die GPS-Koordinaten des Campings fast unentbehrlich. ACSI hat in diesem Campingführer gerade für die Nutzer eines Navigationssystems die GPS-Koordinaten notiert. Unsere Inspektoren haben am Schlagbaum des Campings die Koordinaten gemessen, also kann fast nichts mehr schief gehen. Aber... Vorsicht. Denn nicht alle Navigationssysteme sind auf eine Kombination Auto-Caravan eingestellt.
Lesen Sie darum auch immer die Routenbeschreibung, die beim Camping steht und vergessen Sie nicht auf die Schilder zu achten. Denn der kürzeste Weg ist nicht immer der leichteste.
In manchen Fällen kommen Sie mit dem Navi nicht am Camping an, wenn Sie den Koordinaten zum Schlagbaum folgen. In diesen Fällen hat man sich dafür entschieden auf die Zufahrtstraße zum Campingplatz zu navigieren. Wenn Sie ab diesem Punkt den Hinweisschildern folgen, können Sie den Camping fast nicht mehr verfehlen!
Die GPS-Koordinaten werden wiedergegeben in Graden, Minuten und Sekunden. Kontrollieren Sie darum bei der Eingabe in Ihr Navigationssystem, ob dieses auch in Graden, Minuten und Sekunden eingestellt ist. Vor der ersten Zahl steht ein N. Vor der zweiten Zahl ein E oder ein W (rechts oder links gelegen vom Greenwich-Meridian).

WLAN-Zone und/oder
WLAN 80-100% Abdeckung

Gibt es auf einem Camping eine WLAN-Zone, dann gibt es auf der Anlage eine Stelle, an der man drahtlos ins Internet kommt. Im Redaktionseintrag steht bei diesem Camping folgendes Symbol:

Gebrauchsanweisung

Gibt es 80-100% WLAN Abdeckung, können Sie auf dem größten Teil der Anlage drahtlos ins Internet. Im Redaktionseintrag steht bei diesem Camping folgendes Symbol:

 CampingCard ACSI

Wenn dieses Zeichen mit dem Betrag 12 €, 14 €, 16 €, 18 €, 20 € oder 22 € beim Camping angegeben ist, dann nimmt dieser Platz an der CampingCard ACSI teil. Zu dem hier angegebenen Tarif können Sie in der Vor- und Nachsaison übernachten, wenn Sie eine gültige CampingCard ACSI haben. Mehr Informationen finden Sie auf Seite 568 und weiter.

 ACSI Club ID

Wenn Sie dieses Zeichen sehen bei einem Campingplatz, dann wird die ACSI Club ID dort akzeptiert. Mehr Information finden Sie auf Seite 22.

 Umweltfreundlicher Camping

Von einer Umweltorganisation aus dem betreffenden Land anerkannt.

Spezielle Campings oder Campings mit bestimmten Eigenschaften

Oben in dem hellgrünen Block finden Sie oft Angaben wie W **FKK** FKK B.
Hiermit wird angegeben, ob Campings bestimmte Eigenschaften haben.

W = Wintersportcampingplatz
– siehe auch Seite 40
FKK = FKK-Campingplatz
– siehe auch Seite 42
FKK = Camping mit einem FKK-Teil
– siehe auch Seite 44
B = Camping geeignet für Behinderte
– siehe auch Seite 38

Höhenlage eines Campings

Hier wird die Höhenlage eines Campings in Metern gemeldet. Übrigens wird diese Zahl erst bei einer Höhenlage des Campings von mindestens 50m/ü. NN angegeben. Am Abend und in der Nacht kann die Temperatur auf einem höhergelegenen Camping ordentlich fallen. Auch für Menschen mit Herzproblemen oder Atemwegserkrankungen zum Beispiel kann es wichtig sein, die Höhenlage des Campings zu beachten.

Oberfläche des Campings

Mit dieser Zahl wird die Oberfläche des Campings in Hektar angegeben (1 ha = 10.000 m^2). Je größer der Camping, umso größer ist auch oft die Zahl der Einrichtungen. Bei einem kleineren Camping können Sie nicht nur weniger Einrichtungen antreffen, sondern auch mehr Ruhe. Oftmals verfügt ein kleinerer Camping auch über einfachere Einrichtungen.

Tourplätze/Dauerplätze

Die Zahl, die vor dem T steht, gibt die Anzahl der Tourplätze auf dem Camping an. Die Zahl vor dem D weißt auf Plätze hin, die nicht für den Tourcamper bestimmt sind, sondern für Dauercamper. Darunter fallen nicht nur Plätze die für Saisoncamper bestimmt sind (Saisonplätze und Nebensaisonplätze), sondern auch alle Mietobjekte. Mit der Anzahl der Tourplätze können Sie ungefähr einschätzen, ob Sie es mit einem kleinen oder großen Camping zu tun haben und was sehr wichtig ist: Sie bekommen mit der Anzahl der Dauerplätze eine Einschätzung, worauf der Camping Wert legt. Besteht ein Camping vornehmlich aus Dauerplätzen, dann können Sie davon ausgehen, dass Sie als Tourcamper meist die minderen Plätze zugeteilt bekommen. Sie laufen auch bei einem Camping mit überwiegend Dauerplätzen die Gefahr, keinen freien Tourplatz zu finden. Bei Campings wo die Anzahl etwa gleich ist, wird oft eine Aufteilung zwischen Tourplätzen und Dauerplätzen gemacht.

Gebrauchsanweisung

Kleinster / größter Tourplatz
Hinter der Anzahl der Tourplätze finden Sie eine Angabe über die Abmessung der Tourplätze. Steht dort z.B. (80-120 m²), dann können Sie davon ausgehen, dass der kleinste Tourplatz 80 m² misst und der größte Tourplatz 120 m². So haben Sie eine gute Einschätzung der Größe der Tourplätze.

Richtpreis 1 / Richtpreis 2
In den ACSI Campingführern handhaben wir 2 Richtpreise. Es wird unterschieden zwischen Kombinationen mit und ohne Kinder.
Richtpreis 1:
2 Erwachsene, 1 Auto, 1 Caravan, Vorzelt/Vordach, Touristenabgaben (2 Erwachsene), Umweltabgabe und Strom (niedrigste Ampère).
Richtpreis 2:
Wie Richtpreis 1, nur inklusive 2 Kinder von 6 und 9 Jahren.

Da beide Preisen im Campingführer gemeldet sind, bekommen Sie als Camper eine bessere Preiseinschätzung.
Sowohl bei Richtpreis 1 und 2 betrifft das die Preise für einen Stellplatz pro Nacht, als auch die, die in der **Hochsaison** berechnet werden. Das ist der Tarif für Stellplätze, wobei die meisten davon auf dem Camping sogenannte Standardplätze sind. Für Komfortplätze muss extra bezahlt werden (das sind Plätze oft mit RTV-Anschluss und Wasseranschluss und -abfuhr). Die Preise basieren auf dem Preis in der Valuta des Landes Stand September 2021. Die Valuta und der Kurs findet man erwähnt unter der Überschrift 'Währung und Geld' auf der Seite mit den Länderinfos. Genannter Richtpreis ist in Euro.

Camping Terme 3000 Moravske Toplice Spa in Moravske Toplice (SI)

Gebrauchsanweisung

Recreatiepark TerSpegelt, Eersel (NL)

Achtung!! Die Preise wurden notiert beim letzten Besuch des Inspektors auf dem Camping, d.h. dass Sie im Campingführer 2022 Tarife antreffen, die 2021 Anwendung fanden. Die Preise sind indikativ und geben keine Garantie.
Die Preise, die wir Ihnen angeben (die ACSI-Richtpreise) sind also keine Angaben, mit denen Sie genau auf den Cent ausrechnen können, was Ihr Urlaub an Campingkosten kosten wird.
Dennoch können die ACSI-Richtpreise wichtig für Sie sein. Mit deren Hilfe können Sie nämlich feststellen, ob Sie es mit einem teuren oder günstigen Camping zu tun haben. Es gibt Campings mit Richtpreisen, die weit über 30 € pro Tag liegen. Aber.... es gibt auch welche, wo Sie unter 15 € campen können. Und das sind ganz schöne Unterschiede, die auf Ihr Urlaubsbudget Einfluss haben können.

Ampère
Wir melden bei jedem Camping die Ampèrezahl, über die der Camping verfügt.

CEE
Diese Angabe bedeutet, dass ein dreipoliger Eurostecker notwendig ist.

Campingplatznummer
Bei jedem Campingplatz ist eine sechsstellige Zahl angegeben. Mit dieser Nummer finden Sie den betreffenden Platz ganz leicht auf **www.Eurocampings.de**.
Im Campingeintrag sehen Sie dann Fotos und die Bewertungen anderer Camper.

Einrichtungen
Wie schon vorher beschrieben, beurteilt ACSI die Campings nicht hinsichtlich der Sterne oder anderen Bewertungssymbolen.

Gebrauchsanweisung

ACSI informiert Sie lediglich über die Verfügbarkeit von 226 Einrichtungen auf dem Campingplatz.
Die Einrichtungen sind auf sehr übersichtliche Weise in 10 verschiedene Rubriken unterteilt. Aus der Rubrik 1 (Reglement), können Sie bspw. entnehmen, ob Sie den ACSI Club ID nutzen können, oder ob Sie einen Hund mitbringen dürfen. Ihre Teenager schauen natürlich direkt, ob unter Rubrik 4 einer der Punkte M oder N (Discothek oder Disco-Abende) auch aufgenommen ist.
Das erste, was ein leidenschaftlicher Angler tun wird, ist natürlich nachschauen, ob in Rubrik 6 Punkt N (Angelmöglichkeit) auch gemeldet ist. So erhalten Sie eine vollkommen objektive Beurteilungsweise.

In der Umschlagseite dieses Campingführers finden Sie eine Aufstellung aller Einrichtungen. Diese Einrichtungsliste können Sie neben dem Camping Ihrer Wahl aufklappen. Bei jedem Camping in den ACSI Campingführern werden die Einrichtungen die auf dem Camping anwesend sind durch Buchstaben angegeben. Wenn ein Schwimmbad oder eine andere Einrichtung direkt neben dem Camping liegt und die entsprechenden Einrichtungen vom Campinggast genutzt werden dürfen, dann sind diese Buchstaben der Einrichtung auch gemeldet.

Auch können Sie nachschauen, ob eine bestimmte Einrichtung extra bezahlt werden muss. Auf der Einrichtungsliste haben wir ein Sternchen bei den Einrichtungen platziert, von denen die Inspektoren 2021 kontrolliert haben, ob sie gratis sind oder bezahlt werden müssen. Wenn für bestimmte Einrichtungen extra bezahlt werden muss, dann ist die betreffende Einrichtung **fett** gedruckt. Zum Beispiel 3N will sagen, dass Sie gratis Tennis spielen können,

Camping de Chênefleur in Tintigny (B)

Gebrauchsanweisung

3**N** will sagen, dass Sie dafür extra zahlen müssen.
Einrichtungen bei denen kein Sternchen steht, werden nie fett gedruckt, aber das heißt nicht, dass sie gratis sind.
Bitte beachten Sie, dass nicht alle erwähnten Einrichtungen während der gesamten Öffnungsperiode verfügbar sind. Sie haben hauptsächlich Bezug auf die Hochsaison. Im Prinzip sind das immer die Sommerferien. Meistens betrifft es die Einrichtungen 10A (Deutsch gesprochen an der Rezeption), 2P (öffentliches Verkehrsmittel in der Nähe), 3, 4 und 6 teilweise (Sport und Spiel, Erholung und Wellness, Erholung am Wasser) und teilweise 5 und 9 (Einkauf und Restaurant und Mietmöglichkeiten).
Die vollständige Einrichtungsliste finden Sie auf der ausklappbaren Vorderseite des Campingführers. Die vorhandenen Einrichtungen auf einem Camping stehen bei jedem Camping separat gemeldet. Sollte dennoch bestimmtes Wissenswertes nicht in unserem Campingführer gemeldet sein, nehmen Sie bitte Kontakt mit dem Camping auf.

Mit dem Hund in den Urlaub?
Auf vielen Campingplätzen sind Hunde gestattet, wie man an Hand der Rubrik 1 ersehen kann. Auf einzelnen Plätzen gibt es ein Limit von Hunden pro Gast und/oder es sind einige Rassen nicht erlaubt. Möglicherweise sind auch bestimmte Rassen und Anzahlen nur in der Nebensaison erlaubt. Im Zweifel nehmen Sie bitte mit dem Campingplatz Kontakt auf.

Möchten Sie mehr Informationen?
Schauen Sie auch auf unsere Webseite *www.Eurocampings.de*. Hier finden Sie noch viel ausführlichere Informationen zu jedem Camping. Sie können sofort nach Thema einen Camping suchen und Fotos betrachten.

Fragen oder Anmerkungen?
Für Camper:
www.campingcard.com/kundendienst
Für Campingplätze:
www.campingcard.com/sales

ACSI inspiziert jedes Jahr knapp 10 000 europäische Campingplätze. Dabei stehen wir stets für Qualität, weshalb unser Logo gewissermaßen zu einem Gütesiegel geworden ist. Wir von ACSI freuen uns daher, von Ihnen zu hören, wenn Sie der Meinung sind, dass ein Campingplatz nicht mit der Beschreibung in unserem Campingführer übereinstimmt. Auch hören wir gerne von Ihnen, wenn der Campingplatz Ihre Erwartungen übertrifft.
ACSI ist jedoch in keiner Weise an der Umsetzung der Richtlinien auf den inspizierten Campingplätzen beteiligt. Unsere Stärke liegt in unserer Unabhängigkeit. Die Campingplatzbesitzer bestimmen selbst, wie ihr Campingplatz betrieben wird. Denken Sie zum Beispiel an den Inhalt der Verpflegung, die Qualität der Einrichtungen oder daran, wer Ihre Nachbarn auf dem Campingplatz sind. All dies liegt außerhalb der Verantwortung von ACSI. Haben Sie Vorschläge, Verbesserungspunkte oder Beschwerden über einen Campingplatz? Dann sollten Sie sich zunächst an den Campingplatz selbst wenden. Die Betreiber tun häufig alles in ihrer Macht stehende, um ihre Gäste zufrieden zu stellen und sie verdienen die Chance die Situation zu klären. Bitte beachten Sie, dass Anregungen oder Beschwerden, die vorher nicht mit dem Campingplatz besprochen wurden, von uns nicht bearbeitet werden können.

Unterwegs zuhause

Ihre Unabhängigkeitserklärung – lesen Sie in *promobil* alles über Reisemobile vom Campingbus bis zum Luxusliner, über Urlaubsziele und Stellplätze. Jeden Monat NEU!

Besuchen Sie uns unter www.promobil.de

Am Kiosk. Und für Besteller!

promobil-Bestellservice,
Telefon 07 81/6 39 66 59,
E-Mail promobil@burdadirect.de,
www.promobil.de/heftbestellung,
oder ganz einfach QR-Code scannen

ACSI Club ID

ACSI Club ID ist unverzichtbar für jeden Camper. Von der Clubkarte profitieren Sie nicht nur während Ihres Campingurlaubs, sondern auch Zuhause!

✔ **Ersatz für den Personalausweis**
Die ACSI Club ID wird auf fast 8 400 teilnehmenden Campingplätzen in Europa als Identitätsnachweis akzeptiert. So können Sie Ihren Personalausweis oder Reisepass während des Urlaubs sicher in der Tasche behalten.

✔ **Rabatte im ACSI Webshop**
Als Club ID-Mitglied können Sie viele ACSI Produkte preisgünstig bestellen.

✔ **Haftpflichtversicherung**
Mit der ACSI Club ID können Sie unbesorgt in den Urlaub fahren. Dank dieser Karte sind Sie und Ihre Mitreisenden (max. 11 Personen) in einem Campingurlaub – aber auch in einem Ferienhaus oder Hotel – haftpflichtversichert!

Bestellen Sie gleich Ihre ACSI Club ID und zahlen Sie nur 4,95 € pro Jahr! Besuchen Sie zum Bestellen und für weitere Informationen: **www.ACSI.eu/ACSIClubID**

Unterschied zur CampingCard ACSI

Die ACSI Club ID ist ebenso wie die CampingCard ACSI eine Karte von ACSI. Um Verwechslungen zu vermeiden, haben wir die Unterschiede für Sie in der folgenden Tabelle dargestellt.

Camping Regenbogen Ferienanlage Prerow in Ostseebad Prerow (DE)

ACSI Club ID

Camping Danica Bohinj in Bohinjska Bistrica (SI)

	ACSI Club ID	CampingCard ACSI
Beschreibung	Clubkarte, Personalausweis-Ersatz auf dem Campingplatz.	Ermäßigungskarte für den Aufenthalt auf Campingplätzen in der Nebensaison.
Akzeptanz	Wird als Ausweis-Ersatz auf fast 8 400 Campingplätzen in 29 Ländern akzeptiert.	Ermöglicht Übernachtungen auf mehr als 3 000 Campingplätzen in 21 Ländern zu einem von sechs preiswerten Pauschaltarifen.
Extra's	Haftpflichtversicherung, Mitgliederermäßigung im ACSI Webshop.	Dazugehöriger Campingführer, der alle Informationen über die CampingCard ACSI-Campingplätze enthält.
Anschaffung	Mitgliedschaft, wird über den ACSI Webshop abgeschlossen.	Einzelprodukt, erhältlich im Buchhandel, in Geschäften für Campingbedarf und im ACSI Webshop. Abonnement, kann im ACSI Webshop gebucht werden.
Gültigkeit	1 Jahr gültig bis zum Ablaufdatum (verlängert sich automatisch).	1 Kalenderjahr gültig.
Kosten	4,95 € pro Jahr.	Ab 12,95 € pro Jahr.
Mehr Info	www.ACSI.eu/ACSIClubID	www.CampingCard.com

Ihr Pass oder Ausweis
sicher in der Tasche

Nur 4,95 € im Jahr

Die praktische ACSI Clubkarte

- ✓ Ausweisersatz
- ✓ Akzeptiert auf fast 8 400 Campingplätzen in Europa
- ✓ Inklusive Haftpflichtversicherung
- ✓ Rabatt im ACSI-Webshop

Bestellen Sie bequem unter:
www.ACSI.eu/ACSIClubID

Campingplatz-Bewertungen

Bewerten Sie einen Campingplatz und gewinnen Sie mit etwas Glück ein iPad!

Viele Camper gehen gerne gut vorbereitet auf die Reise. Sie können mit Ihrer Beurteilung dazu beitragen, dass auch andere Campinggäste sich ein gutes Bild ihres Urlaubsziels machen können.

Ihr Campingplatz
Wie beurteilen Sie einen Campingplatz? Besuchen Sie **www.Eurocampings.de/ipad** und suchen Sie den Campingplatz, auf dem Sie waren, mithilfe der Suchbox.

Ihre Bewertung
Auf der Seite des Campingplatzes sehen Sie die Registerkarte 'Bewertungen'. Öffnen Sie diese und klicken Sie anschließend auf den grünen Button 'Eine Bewertung hinzufügen' und helfen Sie so anderen Campern eine gute Entscheidung zu treffen.

Ihr Code
Tragen Sie unten im Bewertungsformular in dem Feld 'Aktionscode' den folgenden Code ein: **IPAD-2022-CFEU**
So sichern Sie sich automatisch die Chance auf ein iPad!

Kostenfreies ACSI Camping-Kochbuch
Wir freuen uns über Ihre Bewertung. Deshalb erhalten Sie nach dem Einstellen einer Bewertung kostenlos das ACSI Camping-Kochbuch (als PDF). Den Link zu unserem Kochbuch finden Sie in der Bestätigungsmail.

Online buchen

Nichts ist ärgerlicher, als einen Campingplatz zu suchen, um dann bei der Ankunft festzustellen, dass kein Platz mehr frei ist. Jeder der eine Mietunterkunft auf einem Campingplatz sucht, weiß dass reservieren schon ein Muss ist, und auch für Stellplätze ist eine Reservierung zu empfehlen. Unbedingt in den Schulferien und für Campingplätze in beliebten Gebieten. Daher kann man bei einer steigenden Anzahl von Campingplätzen jetzt auch online einen Platz oder eine Mietunterkunft reservieren.

Über www.Eurocampings.de oder die ACSI Camping Europa-App können Sie von zu Hause oder unterwegs einfach einen Stellplatz oder eine Mietunterkunft buchen. Die buchbaren Campingplätze erkennen Sie am roten „Jetzt buchen"- oder „Verfügbarkeit und Preise"-Button. Sie buchen direkt auf dem Campingplatz und leisten online sofort eine Anzahlung. Dadurch sichern Sie sich einen Stellplatz.

Einen Campingplatz buchen

Geben Sie zur Überprüfung der Verfügbarkeit in der Suchmaske auf der Homepage Ihre Aufenthaltsdauer ggf. mit etwas Spielraum an, sowie die Reiseteilnehmer und welche Übernachtungsmöglichkeiten Sie suchen.

Die Suchergebnisse werden nach Stellplatzart und Preis sortiert angezeigt. Sie können die gewählte Aufenthaltsdauer problemlos anpassen oder entfernen. (Klicken Sie dafür auf das Feld „Aufenthaltsdauer" und dann auf „Datum entfernen" unter dem Kalender.)

Wenn Sie anschließend auf den Button „Suchen" klicken, werden Ihnen alle Campingplätze angezeigt, die Ihren Kriterien entsprechen.

Wenn Sie keine Aufenthaltsdauer angeben, wird Ihnen jeder Campingplatz, der über www.Eurocampings.de gebucht werden kann, mit einem roten „Jetzt buchen"-Button angezeigt.

Klicken Sie auf den Button „Jetzt buchen" oder auf „Verfügbarkeit und Preise", um sich das gesamte Angebot, Ihre Optionen und genaue Preisangaben anzeigen zu lassen. Sie erhalten so die vollständige Liste mit den unterschiedlichen Campingmöglichkeiten und Mietunterkünften, die Sie buchen können.

Indem Sie auf den „Jetzt buchen"-Button klicken, starten Sie den Buchungsprozess. Zuerst geben Sie an, mit wie vielen Personen welchen Alters

Online buchen

Beispiel

Sie campen gehen und ggf. welche Optionen Sie auswählen. So erfahren Sie den genauen Preis. Danach tragen Sie die Namen und Adressdaten ein. Anschließend wählen Sie eine Zahlungsart aus. Sobald Sie im letzten Schritt Ihre Zahlungsart bestätigt haben, liegt Ihre Buchung fest. Sie buchen direkt beim Campingplatz. Es gelten die Buchungs- und Stornierungsbedingungen des jeweiligen Campingplatzes. Diese Bedingungen werden Ihnen vor Abschluss des Buchungsvorgangs angezeigt.

Die Vorteile einer Online-Buchung

- Sie haben einen Stellplatz oder Mietunterkunft gesichert.
- auch für Last-minute-Buchungen. Unterwegs bequem von Ihrem Handy aus buchbar.
- Vorab alle Kosten um Überblick.
- Nur sichere Zahlungsarten.

Immer mehr Campingplätze über ACSI buchbar

Die Zahl der Campingplätze, die über ACSI buchbar sind, wächst kontinuierlich. Weitere Informationen und eine praktische Übersicht über alle buchbaren ACSI-Campingplätze finden Sie auf *www.Eurocampings.de/onlinebuchen* und in der ACSI Camping Europa-App.

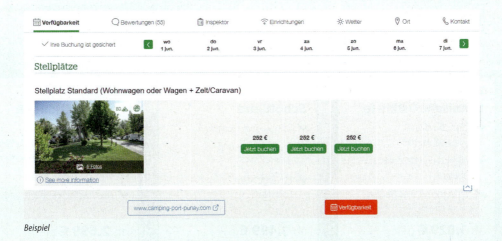

Beispiel

Sorgenfrei

Fahrradreise

26 Tage
Spanische Ostküste

- ✓ Costa Brava und Costa del Azahar
- ✓ Valencia und Nationalpark Albufera
- ✓ Via Verde de Ojos Negros

ab **1.029 €** p.P.

Erlebnisreisen

25 Tage
Schottland

- ✓ Edinburgh & Glasgow
- ✓ Die Highlands und die Insel Skye
- ✓ Das legendäre Loch Ness

ab **1.499 €** p.P.

Abenteuerliche Reisen

43 Tage
Polen, Baltikum & Russland

- ✓ 10 Tage Russland: Pskow, Weliki Nowgorod & Sankt Petersburg
- ✓ Vilnius, Tallinn & Riga
- ✓ Masurische Seenplatte und Danzig

ab **2.699 €** p.P.

in den Urlaub

„Sie sehen Orte, die Sie alleine nicht so einfach angesteuert hätten."

Jan & Lotty Roders, Reiseleiter

Eine Campingreise mit ACSI ist ein Abenteuer! Entdecken Sie traumhafte Regionen und neue Kulturen gemeinsam in einer freundlichen Gruppe. Und das alles mit Ihrem eigenen Wohnmobil oder Wohnwagen. Ob Sie sich nun für eine abenteuerliche, aktive oder eine Klein & Fein-Rundreise entscheiden – mit ACSI Campingreisen erleben Sie den Urlaub Ihrer Träume.

Reisen Sie wieder mit uns?

Alle Reisen gibt es auf **www.ACSIcampingreisen.de** an oder unter +49 (0)69 - 9579 6988

ACSI Camping Europa-App

9 500 europäische Campingplätze in einer praktischen App

Mit der ACSI Camping Europa-App finden Sie dank der vielen praktischen Funktionen und Suchmöglichkeiten direkt eine Übernachtungsmöglichkeit. Die App, die auch ohne Internetverbindung genutzt werden kann, enthält nämlich alle europäischen Campingplätze, die in diesem Campingführer gelistet sind.
In der App sind auch alle Campingplätze von Klein & Fijn Kamperen aufgeführt. Sie können diese Campingplätze sehen, indem Sie den Filter "kleine Campingplätze" verwenden.

Außerdem haben Sie die Option, die App gegen Aufpreis um Informationen zu 9 000 überprüften Reisemobilstellplätzen in Europa zu erweitern! Die Informationen werden mehrmals im Jahr auf den neuesten Stand gebracht. Die App eignet sich für Smartphones und Tablets (Android 5 und höher, iOS 10 und höher).

Zugang
Sie können die App zuerst mit ein paar ausgewählten Campingplätzen rund um den Gardasee ausprobieren. Gefällt Ihnen die Funktionsweise? Dan machen Sie den im Campingführer beiliegenden Umschlag auf. Dort finden Sie eine deutliche Beschreibung, wie Sie zu den übrigen Informationen Zugang bekommen.

Suche nach Name
Sie können nach Land, Region, Ort, Campingnummer oder Campingnamen suchen. Geben Sie einen Suchbegriff ein und betrachten Sie die Übernachtungsmöglichkeiten auf der Karte. Der Datenbestand umfasst über 500 000 Suchbegriffe!

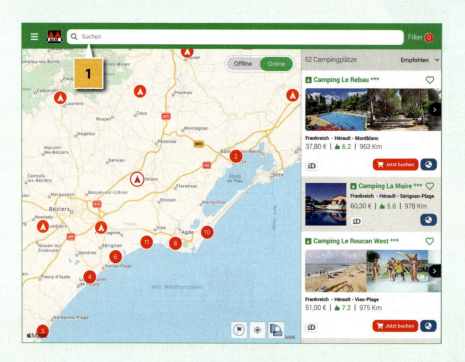

ACSI Camping Europa-app

Suche in der Umgebung [2]
Haben Sie die Standortbestimmung auf Ihrem Gerät eingeschaltet? Dann erkennt die App Ihre aktuelle Position und zeigt Ihnen direkt die Campingplätze und ggf. Reisemobilstellplätze in Ihrer Nähe an. Suchen Sie eine Übernachtungsmöglichkeit woanders? Dann markieren Sie selbst einen beliebigen Standort auf der Karte. Die ideale Lösung, wenn Sie noch auf der Suche nach einer Übernachtungsmöglichkeit sind.

Umfassende Informationen [3]
Je Camping- und Reisemobilplatz finden Sie umfangreiche Informationen über das Gelände und die Ausstattung. Entdecken Sie anhand von Bildern, Kartenmaterial sowie Campingplatz-Bewertungen anderer Camper, ob es für Sie passt!

Favoriten [4]
Haben Sie einen Camping- oder Reisemobilplatz gefunden, der voll und ganz Ihren Wünschen entspricht? Dann hängen Sie ihn Ihren Favoriten an. Dann können Sie den Camping- oder Reisemobilplatz einfacher finden und bequem auf der Karte erkennen. Favoriten bekommen nämlich eine auffälligere Darstellung.

Einen Campingplatz buchen
In der App ist bei einer zunehmenden Zahl von Campingplätzen direkt sichtbar, ob Plätze frei sind, und Sie können direkt buchen. Nähere Infos zu den Möglichkeiten finden Sie auf Seite 26.

Nutzung auf mehreren Geräten
Sie können die App auf drei Geräten gleichzeitig nutzen. Wenn Sie sich mit Ihrem Mein ACSI-Account einloggen, wird der Zugang freigeschaltet.

Auf *www.Eurocampings.de/app* finden Sie mehr Informationen zur ACSI Camping Europa-App.

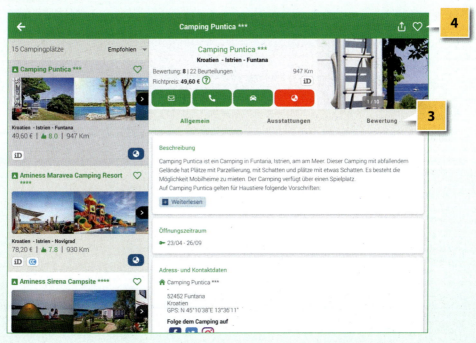

Vergleich ACSI-Apps

Ergänzend zu den ACSI Campingführern gibt es drei praktische Apps für Smartphone, Tablet und Laptop: die ACSI Camping Europa-App mit 9 500 Plätzen, die CampingCard ACSI-App mit über 3 000 Teilnehmerplätzen, die diese Ermäßigungskarte akzeptieren und die ACSI Great Litte Campsites-App mit 1 900 kleinen und gemütlichen Campingplätzen.

In diesen Apps können Sie auch Informationen zu 9 000 Reisemobilstellplätzen hinzukaufen. Die Apps sind ohne Internetverbindung nutzbar, sodass Ihnen alle Campingplatz- und ggf. Stellplatzinformationen überall und jederzeit zur Verfügung stehen.
Entdecken Sie hierunter alle Vorzüge der ACSI-Apps.

	ACSI Camping Europa-App	CampingCard ACSI-App	ACSI Great Little Campsite app
Preis	Pakete mit Campinginformationen ab 0,99 €*	App mit Campinginformationen: 3,59 €*	App mit Campinginformationen: 2,99 €*
Anzahl der Plätze	9 500	über 3 000	1 900
Campingplatz Typ	Alle Plätze aus dem ACSI Campingführer Europa und ACSI Klein & Fijn Kamperen Führer	Alle Plätze die die CampingCard ACSI akzeptieren	Alle kleine Campingplätze mit max. 50 Tourplätzen
Informationen über 9 000 Reisemobilplätze	Erhältlich in separaten Länderpaketen, nur in Kombination mit Campinginformationen	Erhältlich in Kombination mit Campinginformationen	Erhältlich in Kombination mit Campinginformationen
Geeignet für	Smartphone und Tablet	Smartphone und Tablet	Smartphone und Tablet
Auf drei Geräten gleichzeitg anwendbar	✓	✓	✓
Gratis Updates	✓	✓	✓
Offline anwenden	✓	✓	✓
Suche nach Land, Regio, Ort oder Campingname	✓	✓	✓
Suche nach Karte/GPS	✓	✓	✓
Suche nach CC-Tarif und CC-Akzeptanzzeiten		✓	
Anzahl der Suchfilter	250	150	250
Direkt über die App buchen	✓	✓	✓
Beurteilungen teilen, lesen und schreiben	✓	✓	✓
Route planen	✓	✓	✓
Mehr Infos	Eurocampings.de/app	CampingCard.com/app	Kleinecampingplaetze.de/app

*Preisänderungen vorbehalten

Der perfekte Urlaub
für Camper und alle, die es werden wollen

UNABHÄNGIG REISEN, DIE NÄHE ZUR NATUR GENIESSEN:
Camping macht einfach Spaß – egal ob mit Zelt, Caravan oder Wohnmobil. CLEVER CAMPEN zeigt alles, worauf es ankommt: Einsteiger-Infos, Zubehör, Reise-Tipps, neue Campingmobile und Gebrauchte.

Die ganze Campingwelt in einem Heft 5 x im Jahr

Am Kiosk. Oder heute noch bestellen!

Bestellservice, Telefon 07 81/6 39 66 59, E-Mail clevercampen@burdadirect.de, www.clever-campen.de

Das Inspektorenteam

Camping Le Sérignan Plage, Sérignan-Plage (F)

Das Inspektorenteam

Auch Kinder kommen zu Wort. Was halten sie vom Miniklub oder wie finden sie bspw. den Spielplatz?

Die Einrichtungen werden nicht nur aufgenommen, sondern auch auf den Qualitätszustand hin überprüft.

Die exakte Lage des Campingplatzes wird mit Hilfe eines Navigationssystems erstellt.

Zuverlässig, objektiv und up-to-date

Warum ist der ACSI-Campingführer so populär? Weil die Informationen, die hier drin stehen, stimmen. Nichts besonderes, werden Sie denken, das ist doch klar?! Nein, das ist überhaupt nicht klar. Jährlich kommen neue Ausstattungen hinzu oder fallen weg. Regelmäßig wechseln die Campingplätze ihre Eigentümer. Mit der Folge, daß sich die Anlagen qualitativ verändern. Einer investiert in höherwertige Ausstattungen wie etwa sanitäre Anlagen, ein anderer läßt die Anlage möglicherweise verkommen. Verlässliche, aktuelle Informationen von neutralen Beobachtern sind für den Camper bei der Wahl seines Urlaubsziels von großer Wichtigkeit. ACSI ist sich dessen sehr bewusst. Darum machen sich jährlich um 260 Inspektoren auf den Weg, um so etwa 7 690 Campingplätze in Europa zu besuchen, anzuschauen und einzuordnen. Dies tun sie mit einer Checkliste, die 226 Punkte enthält und natürlich auch ihrer persönlichen Erfahrung. Auch sprechen sie mit den Campinggästen vor Ort. Auf diese Art und Weise fließen auch Kriterien in die Beurteilung ein wie etwa die nächtliche Ruhe auf dem Platz.

Jährliche Kontrolle

ACSI ist einer der wenigen Herausgeber von CampingCampingführern in Europa, der jedes Jahr aufs Neue alle Campingplätze, die veröffentlicht werden, untersuchen lässt. Der Jahreskontroll-Aufkleber von ACSI wird jedes Jahr vom Inspektor persönlich unter dem Punkt 'letzte Kontrolle ACSI-Inspektor' bei der Rezeption geklebt. Dies bedeutet, daß der betreffende Campingplatz wirklich vom ACSI-Inspektor besucht und kontrolliert worden ist. Die meisten anderen dagegen schicken ihre Jahresmarken lediglich zu, mit dem Vermerk, daß der Campingplatz in ihrem Campingführer aufgenommen ist. Das ist schon ein gewaltiger Unterschied!

Das Inspektorenteam

Teilweise kontrollieren unsere Inspektoren bis Anfang September Campingplätze. So kann es natürlich passieren, daß Sie auch einmal auf einem Campingplatz noch nicht den aktuellen Jahreskontroll-Aufkleber vorfinden.

Während seines Besuchs befragt der Inspektor Campinggäste zu Aspekten des Platzes, die er selbst nicht beurteilen kann. Beispielsweise ob ein Platz nachts gut ausgeleuchtet ist oder ob es nachts auch ruhig ist.

Ausreichendes Sanitär, sauber und funktionell? Aus Erfahrung und durch Einweisung lernt der Inspektor das Sanitär eines Platzes zu beurteilen. Die Unterschiede können groß sein, aber sollte ein Platz nicht den ACSI-Kriterien genügen, wird er nicht aufgenommen (Camping Le Sérignan Plage, Sérignan-Plage (F)).

Der ACSI-Inspektor kontrolliert Schwimmbäder u.a. auf Hygiene und Sicherheit (Camping Méditerranée Plage, Vias-Plage (F)).

Behindertengerechte Campingplätze

Einrichtungsliste

1 Sanitärraum-Einteilung
A Getrennte Dusch- und Toilettenräume
B Beide Einrichtungen in einem Raum

2 Extra Ausstattungen im Sanitärbereich
A Leichtgängige automatische Türschliesser
B Sanitäre Ausstattungen für Behinderte im selben Block wie für die übrigen Campinggäste
C Sanitäre Ausstattungen für Behinderte nicht im selben Gebäude, aber mit Alarmanlage ausgestattet
D Behindertensanitär nur für Behinderte geöffnet
E Duschstuhl (ausklappbar oder entfernbar) ungefähr 48 cm hoch
F Wasserhahn ohne Drucktaste

3 Weitere Ausstattungen
A Spezielle Stellplätze für Behinderte
B Spezielle Parkplätze für Behinderte
C Imbiss/Restaurant zu ebener Erde oder über eine Rampe erreichbar
D Imbiss/Restaurant hat eine für Behinderte zugängliche und angepasste Toilette
E Supermarkt zu ebener Erde oder über eine Rampe erreichbar
F Rezeption für Behinderte gut zugänglich
G Schwimmbad mit einem Lift ausgestattet
H Schwimmbad nicht mit Lift ausgestattet, sondern mit einer Rampe einschließlich Kunststoff Rollstuhl
I Mietunterkünfte rollstuhlgerecht ausgestattet

Behindertengerechte Campingplätze

ACSI trifft jährlich eine Auswahl an behindertengerecht ausgestatteten Campingplätzen. Die Voraussetzungen für einen behindertengerechten Platz wurden in Absprache mit dem Holländischen Behindertenrat festgelegt.
Die Campingplätze, die in dieser Auswahl aufgenommen werden, verfügen alle über für Behinderte geeignete Toiletten und Duschen oder über eine Kombination von beiden. Weiterhin geben wir bei jedem Campingplatz an, ob dieser über zusätzliche, für Behinderte nützliche Einrichtungen verfügt.

Nützliche Adresse
Allgemeiner Behindertenverband in Deutschland e.V. (ABiD)
Friedrichstraße 95
D-10117 Berlin
Tel. +49 (0)30-27593429
Fax +49 (0)30-27593430
E-Mail: kontakt@abid-ev.de
www.abid-ev.de

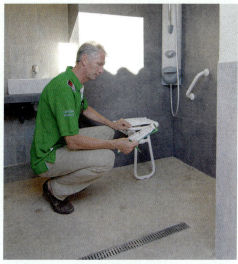
Camping Le Sérignan Plage, Sérignan-Plage (F)

Alle Campingplätze auf einen Blick
Siehe: *www.Eurocampings.de/behinderte*
Hier können Sie selbst eine Auswahl treffen, um einen passenden Campingplatz zu finden.

Wintersportcampingplätze

Einrichtungsliste

1 Allgemein
A Gut erreichbar
B Mäßig erreichbar
C Schlecht erreichbar
D Überdachte Stellplätze
E Gasanschlüsse am Stellplatz
F Elektrische Anschlüsse am Stellplatz
G Große Propangasflaschen
H Beheizte sanitäre Anlagen
I Trockenraum
J Ski-Abstellraum
K Lebensmittel erhältlich
L Skiverleih
M Skireparatur/-einstellung
N Sportshop
O Reservierung empfohlen

2 Gemeinschaftliche Aufenthaltsräume
A Mäßig
B Durchschnittlich
C Gut
D Après-Ski
E Folklore und Animation

3 Langlaufen
A Langlaufloipe in (....) km Entfernung
B Gesämtlänge der Langlaufloipen (....) km

4 Alpinski
A Übungslifte in (....) km Entfernung
B Großes Skigebiet in (....) km Entfernung
C Anschluß an andere Skigebiete

5 Umgebung
A Haltestelle Skibus am Camping
B Shuttle vom Camping zu den Skipisten
C Einkaufs-/Ausgangszentrum in (....) km Entfernung
D Skiverleih
E Skireparatur/-einstellung
F Wintersportartikel erhältlich
G Kino und/oder Theater
H Folklore und Veranstaltungen

Wintersportcampingplätze

In den letzten Jahren ist die Anzahl der Wintersportcampingplätze derartig gestiegen, dass wir beschlossen haben, diese nicht mehr im Campingführer zu veröffentlichen. Die Anzahl der Nutzer ist im Verhältnis zur Auflage zu gering.

Alle Campingplätze auf einen Blick
Siehe: **www.Eurocampings.de/wintersport**
Dort finden Sie eine Liste aller Campingplätze, die geeignet sind, um Wintersport zu genießen. Und Sie können selbst eine Auswahl treffen, um einen passenden Campingplatz zu finden.

Nützliche Adresse
Deutscher Skiverband (DSV)
Hubertusstraße 1
D-82152 Planegg
Tel. +49 (0)89-85790-0
E-Mail: info@deutscherskiverband.de
Internet: **www.deutscherskiverband.de**

FKK-Campingplätze

Dänemark

Mittel-Jütland
Kysing Strand/Odder /
NFJ Naturist Familiecamping (FKK) _____ 122

Süd-Jütland
Henne / Camping Lyngboparken _____ 117

Niederlande

Flevoland
Zeewolde / Naturistenpark Flevo-Natuur _____ 161

Süd-Holland
Delft / Naturistencamping Abtswoudse Hoeve _____ 149

Luxemburg

Heiderscheid / Camping de Reenert _____ 227

Deutschland

Hessen
Kassel/Bettenhausen / Camping B.F.F.L. Lossaue _____ 288

Karlsruhe
Sinsheim/Hilsbach / FKK Camping Hilsbachtal _____ 306

Mecklenburg-Vorpommern
Drosedow/Wustrow / FKK Campingplatz am Rätzsee _ 262
Zwenzow / FKK-Camping Am Useriner See _____ 267

Österreich

Kärnten
Eberndorf / Naturisten Feriendorf Rutar Lido _____ 384
Keutschach am See /
Camping FKK - Kärntner Lichtbund - Turkwiese _____ 386
Keutschach am See / FKK Grosscamping Sabotnik ___ 386
Keutschach am See / FKK-Camping Müllerhof _____ 386

Steiermark/Burgenland
Eggersdorf / Freie Menschen FKK _____ 394

Ungarn

Ost-Ungarn
Szeged/Kiskundorozsma /
Camping Jason Contour LTD _____ 461

FKK-Campingplätze

West-Ungarn
Balatonberény /
Balatontourist Camping Naturist Berény _____ 453

Kroatien

Istrien
Buje / Camping Kanegra _____ 482
Porec / Camping Ulika _____ 486
Rovinj / Camping Valalta Naturist _____ 490
Tar / Solaris Camping Resort _____ 490
Vrsar / Camping Naturist park Koversada _____ 491

Primorje-Gorski Kotar/Lika-Senj/Zadar/Sibenik-Knin
Baska (Krk) / Bunculuka Camping Resort _____ 493
Punat (Krk) / Naturist Camp Konobe _____ 500
Tkon / Naturist Camp Sovinje FKK Sovinje _____ 502

Beachten Sie
daß Sie auf den meisten der hier genannten Campings Mitglied eines Naturistenvereins sein müssen! Informieren Sie sich beim Camping ob Sie vorher Mitglied werden müssen, oder ob Sie das vor Ort auf dem Camping werden können.

Nützliche Adresse
Deutscher Verband für Freikörperkultur
Tel. +49 (0)511-260 352 01
E-Mail: dfk@dfk.org
www.dfk.org

Camping Riva Bella Thalasso & Spa Resort in Aléria (F)

Campingplätze mit einem FKK-Teil

Finnland

Åland
Föglö / Camping CC _____ 100

Dänemark

Nord-Jütland
Ejstrup Strand/Brovst / Tranum Klit Camping _____ 126

Niederlande

Nord-Holland
Den Burg (Texel) / Camping 't Woutershok _____ 146
Den Hoorn / Camping Loodsmansduin _____ 146

Luxemburg

Diekirch/Bleesbruck / Camping Bleesbrück _____ 226

Deutschland

Brandenburg
Bantikow / Knattercamping _____ 270

Hannover
Isernhagen / Camping Parksee Lohne _____ 247

Koblenz
Birkenfeld / Campingpark Waldwiesen _____ 292

Mecklenburg-Vorpommern
Niendorf/Wohlenberger Wiek /
Campingplatz Ostseequelle GmbH _____ 264
Prerow / Regenbogen Ferienanlage Prerow _____ 265

Sachsen
Boxberg / Campingplatz Sternencamp Bärwalder See _____ 274
Halbendorf / Camping Halbendorfer See _____ 274

Thüringen
Neuengönna/Porstendorf /
Camping & Ferienpark bei Jena _____ 277

Österreich

Kärnten
Pesenthein / Terrassencamping Pesenthein _____ 388

Polen

Nord-Polen
Piece / Camping Wyzwanie _____ 406

Estland

Elbiku / Camping Roosta Puhkeküla _____ 426

Tschechien

Pasohlávky / ATC Merkur Pasohlávky _____ 437

Ungarn

West-Ungarn
Cserszegtomaj / Camping Panoráma _____ 454

Slowenien

Banovci/Verzej / Camping Terme Banovci _____ 472
Smlednik / Camping Smlednik _____ 476

Kroatien

Istrien
Rovinj / Camping Polari _____ 486

Primorje-Gorski Kotar/Lika-Senj/Zadar/Sibenik-Knin
Cres (Cres) / Camp Kovacine _____ 493
Punta Kriza (Cres) / Camping Baldarin FKK _____ 500

Norwegen

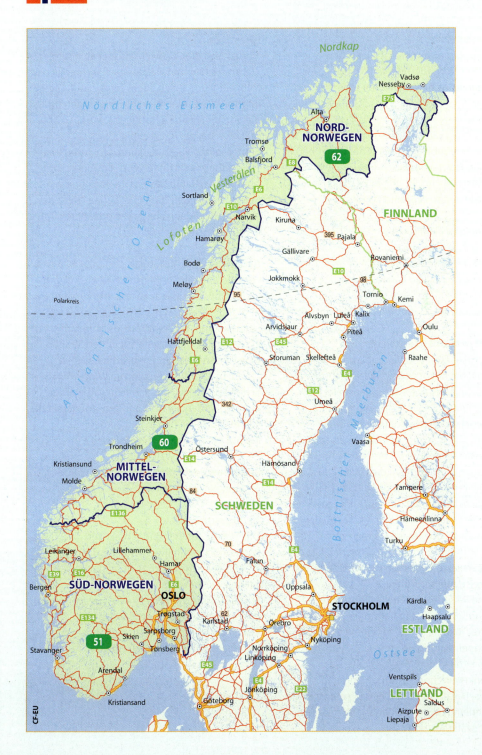

Norwegen

Allgemeines
Offizieller Name: Königreich Norwegen (Kongeriket Norge/Kongeriket Noreg).
Norwegen ist nicht Mitglied der Europäischen Union, aber es ist Mitglied des Schengener Abkommens.
Norwegisch ist die offizielle Sprache. In touristischen Gebieten kommt man fast überall mit Englisch gut zurecht.
Zeitunterschied: In Norwegen ist es genauso spät wie in Berlin, Paris und Rom.

Währung und Geldfragen
Währung: Norwegische Krone.
Wechselkurs im September 2021:
1,00 € = ca. 10,17 NOK/1,00 NOK = ca. 0,10 €.
Bankkarte und Kreditkarte können Sie fast überall benutzen. Es gibt genug Geldautomaten.

Grenzformalitäten
Viele Formalitäten und Vereinbarungen in Bezug auf die notwendigen Reisedokumente, Fahrzeugpapiere, Anforderungen an Ihr Transportmittel und Ihr Campingfahrzeug, medizinische Kosten und die Mitnahme von Tieren hängen nicht nur vom Reiseziel, sondern auch von Ihrem Abreiseort und Ihrer Nationalität ab. Auch die Dauer Ihres Aufenthaltes kann eine Rolle spielen. Es ist unmöglich, im Rahmen dieses Leitfadens für alle Benutzer die richtigen und aktuellen Informationen über diese Themen zu gewährleisten. Wir empfehlen Ihnen daher, die folgenden Fakten in jedem Fall rechtzeitig vor der Abreise zu überprüfen:
- welche Reisedokumente Sie für sich selbst und Ihre Mitreisenden benötigen,
- welche Dokumente Sie für Ihr Auto und Ihren Anhänger benötigen,
- welche Waren und Medikamente Sie kostenlos ein- und ausführen dürfen,
- wie bei Unfall oder Krankheit die medizinische Behandlung in Ihrem Urlaubsland geregelt ist und bezahlt werden kann.

Haustiere
Finden Sie heraus, ob Ihr Haustier an Ihrem Zielort willkommen ist. Nehmen Sie hierzu frühzeitig Kontakt zu Ihrem Tierarzt auf. Dieser informiert Sie über relevante Impfungen und die entsprechenden Nachweise wie auch über Pflichten bei der Rückkehr.
Ferner sollten Sie sich erkundigen, ob an Ihrem Zielort für das Mitführen von Haustieren im öffentlichen Raum bestimmte Bedingungen gelten. So müssen in einigen Ländern Hunde immer einen Maulkorb tragen oder hinter Gittern transportiert werden.

Straßen und Verkehr
Der Zustand der Straßen in Norwegen ist gut. Viele Straßen sind jedoch eng und kurvenreich. Infolgedessen kann die Reise manchmal viel länger dauern als erwartet. Das Fahren mit einem Wohnwagen kann auf diesen Straßen eine Herausforderung sein. Bitte beachten Sie auch, dass diese Straßen im Winter durch Schnee und Glatteis gefährlich glatt werden können. Geben Sie Acht auf Tiere auf der Straße in Waldgebieten und in den Bergen.
Tipp! Bitte nehmen Sie eine aktuelle Straßenkarte mit; 2010 wurden viele Straßen neu eingeordnet und 2019 wurden einige Straßen neu nummeriert.

Gebirgsstraßen
Die Gebirgsstraßen sind schmal und kurvenreich mit teilweise steilen Hängen. Wegen des Schnees können sie nur von Mitte Juni bis Mitte Oktober befahren werden. Im Winter können mehrere Straßen gesperrt sein. Prüfen Sie vor Beginn der Fahrt, ob keine Pässe geschlossen sind. Mehr Informationen: *alpenpaesse.de*.

Norwegen

Fähren

Sie können über Land über Schweden nach Norwegen über die Öresundbrücke (*oeresundsbron.com*) von Kopenhagen (Dänemark) nach Malmö reisen, aber auch eine Fahrt mit der Fähre nach Norwegen ist eine Möglichkeit, zum Beispiel über Hirtshals (Dänemark). Informationen über Fahrzeiten, Abfahrtszeiten und Preise finden Sie bei Reedereien wie *colorline.com* und *fjordline.com*. Die Preise hängen u. a. von der Saison und der Abfahrtszeit ab. Es ist ratsam, rechtzeitig eine Reservierung vorzunehmen. Erkundigen Sie sich vorab bei der Reederei, ob Gasflaschen mit auf das Schiff genommen werden dürfen. Es ist oft verboten, Kraftstoff in einem Ersatzkanister auf dem Schiff mitzunehmen.

Achtung! Die norwegische Polizei überprüft strengstens die nicht skandinavischen Fahrzeuge, die von der Fähre zwischen Hirtshals und Kristiansand (Norwegen) kommen.

Tanken

Bleifreies Benzin (Blyfri 95 und 98) und Diesel sind leicht erhältlich. Bitte beachten Sie, dass die Benzinpreise in Nordnorwegen deutlich höher sind. Autogas ist im Süden und um Oslo herum besser verfügbar als im Norden. Zum Tanken von Autogas wird der Bajonettanschluss genutzt und bei einigen Tankstellen ein italienischer Anschluss (Dish).

Tankstellen sind oft auf jeden Fall von 7.00 bis 22.00 Uhr geöffnet. Bei großen Einkaufszentren und Supermärkten sind Tankstellen oft länger geöffnet. Tankstellen in Großstädten und um Großstädte herum sind oft Tag und Nacht geöffnet. Meistens ist es möglich, nach den Öffnungszeiten an Tankautomaten zu tanken.

Tipp! Tanken Sie in abgelegenen Gebieten an jeder Tankstelle, auf die Sie stoßen, da die Entfernungen zwischen den Tankstellen in Norwegen groß sein können.

Es ist oft verboten, Kraftstoff in einem Ersatzkanister auf Schiffen mitzunehmen.

Norwegen

Höchstgeschwindigkeiten

Norwegen	Außerhalb geschlossener Ortschaften	Autobahn
Auto	80	90/100*
Mit Anhänger	80**	80**
Wohnmobil < 3,5 Tonnen	80	90/100*
Wohnmobil > 3,5 Tonnen	80	80

* Die Höchstgeschwindigkeit ist durch Schilder gekennzeichnet und kann auf einigen Autobahnen bis zu 110 km/h betragen.
** Mit einem ungebremsten Anhänger > 300 kg beträgt die Höchstgeschwindigkeit 60 km/h.
Innerhalb geschlossener Ortschaften beträgt die Höchstgeschwindigkeit 50 km/h.

Verkehrsregeln

Abblendlicht (oder Tagfahrlicht) ist tagsüber vorgeschrieben.
An einer Kreuzung mit Straßen gleichen Ranges hat der von rechts kommende Verkehrsteilnehmer Vorfahrt. Fahrzeuge im Kreisverkehr haben Vorfahrt. Straßenbahnen haben grundsätzlich immer Vorfahrt. Auf Gebirgsstraßen gewährt der Fahrer, der am einfachsten ausweichen oder zurückfahren kann, normalerweise Vorfahrt.
Die Alkoholgrenze liegt bei 0,2 ‰.
Am Steuer dürfen Sie kein Telefon in der Hand halten, auch dann nicht, wenn Sie anhalten (das Telefonieren mit Freisprechanlage ist allerdings erlaubt). Kinder unter einer Größe von 1,50 m müssen in einem Kindersitz sitzen.
Winterreifen sind nur für Fahrzeuge mit einer zulässigen Höchstmasse von mehr als 3,5 Tonnen vorgeschrieben. Das Fahren auf Schneeketten (oder Winterreifen) ist auf schnee- und eisbedeckten Straßen vorgeschrieben.

Besondere Bestimmungen

In den Hauptstraßen einiger Großstädte zeigt das Schild „All stans forbudt" an, dass das Anhalten verboten ist.
Im Winter gilt auch für Sommerreifen eine Mindestprofiltiefe von 3 mm.

Auf engen Straßen muss der Fahrer, der auf der Straßenseite mit der nächstgelegenen Ausweichstelle fährt, ausweichen.
Beim Überholen von Radfahrern sind Sie verpflichtet, einen Seitenabstand von mindestens 1,50 m einzuhalten.
Das Parken ist unter anderem entlang einer weißen durchgezogenen Linie verboten.
Radfahrer dürfen andere Fahrzeuge als Fahrräder rechts überholen.

Vorgeschriebene Ausrüstung

Ein Warndreieck und eine Sicherheitsweste sind im Fahrzeug vorgeschrieben. Ein Feuerlöscher ist nur in einem Gespann aus Pkw und Wohnwagen mit einem norwegischen Nummernschild erforderlich, aber jedem wird empfohlen, einen Feuerlöscher mitzuführen. Die Mitnahme eines Verbandskastens wird ebenfalls empfohlen.

Wohnwagen, Wohnmobil

Ein Wohnmobil oder ein Gespann aus Pkw und Wohnwagen darf bis zu 4 m hoch, 2,55 m breit und 19,50 m lang sein (der Wohnwagen selbst darf bis zu 12 m lang sein). Wenn der Wohnwagen mehr als 2,30 cm breit und 50 cm breiter als das Auto (ohne Spiegel) ist, müssen Sie weiße Reflektoren auf der Rückseite der Spiegel installieren. Auf einigen kleineren

Norwegen

Straßen kann die maximale Länge 15 m oder 12,40 m betragen; dies ist durch Schilder gekennzeichnet. Für Wohnmobile über 3,5 Tonnen sind von Mitte November bis Ende März Winterreifen vorgeschrieben.

Fahrrad
Ein Fahrradhelm ist nicht vorgeschrieben. Nur Kinder unter 10 Jahren dürfen auf dem Fahrrad transportiert werden.

Maut und Umweltzonen
Maut
In Norwegen müssen Sie für viele Straßen Mautgebühren zahlen. Es gibt mehrere Möglichkeiten, dies zu tun:
Visitor's Payment: im Voraus online anmelden. Mehr Informationen: *autopass.no/visitors-payment*.
AutoPASS-Mautbox: wenn Sie planen, länger als 2 Monate in Norwegen zu bleiben. Mehr Informationen: *autopass.no*.
Keines von beiden, Sie fahren einfach auf die Mautstraße, Ihr Nummernschild wird durch Kameras registriert. Die Rechnung wird Ihnen innerhalb weniger Monate nach Hause geschickt. **Achtung!** Für einige (wenige) Strecken müssen Sie an einer Mautstelle bar bezahlen. Nehmen Sie also genug Geld mit.

Umweltzonen
In Oslo und Bergen kann das Zentrum bei starkem Smog für bestimmte Fahrzeuge gesperrt werden. Die Regeln sind von Ort zu Ort unterschiedlich. Mehr Informationen: *oslo.kommune.no/english* und *bergen.kommune.no*.

Panne und Unfall
Stellen Sie Ihr Warndreieck auf der Autobahn mindestens 150 m hinter Ihrem Auto auf, wenn dies eine Gefahr für den übrigen Verkehr darstellt. Der Fahrer muss eine Sicherheitsweste anziehen.

Rufen Sie bei einer Panne die Notrufnummer Ihrer Pannenhilfe-Versicherung an. Sie können auch die norwegische Pannenhilfe (NAF) unter der Nummer +47 23 21 31 00 anrufen.
Im Falle einer Kollision mit einem Tier sind Sie verpflichtet, die Polizei anzurufen.

Notrufnummern
112: Polizei (mobil: 911)
110: Feuerwehr
113: Rettungswagen

Campen
Natur gibt es im Überfluss; Norwegen eignet sich hervorragend zum Wandern, Bergsteigen und Angeln.
Die Sanitäranlagen sind in der Regel als gut zu bezeichnen und das Niveau steigt weiter an. Abgegrenzte Stellplätze sind selten. Wildcampen außerhalb der Campingplätze ist im Allgemeinen erlaubt. Auf kultivierten Flächen (z.B. Mähfelder, Weiden, neu gepflanzte Wälder) müssen Sie eine Genehmigung des Grundbesitzers einholen.

Besonderheiten
Wenn Sie in Norwegen campen, besteht die Möglichkeit, dass Sie eine spezielle Karte benötigen, die Sie an der Rezeption vorzeigen müssen. Sie können diese Karte auf dem betreffenden Campingplatz kaufen.
Normalerweise bezahlen Sie pro Platz, nicht pro Person.
Das Angebot an Lebensmitteln, Einrichtungen und Freizeitmöglichkeiten ist im Vergleich zu den gängigen Campingländern gering. Die meisten Campingplätze haben allerdings Küchen mit Kochgeschirr zur gemeinsamen Nutzung.
In der Zeit vom 15. April bis 15. September sind offene Feuer verboten.

Norwegen

Achtung! Die Möglichkeiten, Propangasflaschen zu befüllen, sind sehr begrenzt. Deshalb ist es am besten, genug Gas mitzunehmen.

Wohnwagen, Wohnmobil
Bitte beachten Sie, dass das Fahren mit einem Wohnwagen oder Wohnmobil zu Problemen im Fjordgebiet und in den Bergen führen kann. Ein gutes Zugfahrzeug wird dringend empfohlen. Es ist nicht erlaubt, Abwasser entlang der Straße abzuleiten. Es gibt viele Servicestationen entlang der Hauptstraßen im ganzen Land. Ob Sie in einem Wohnwagen, Wohnmobil oder Auto übernachten können, kann lokal unterschiedlich sein. Es ist am besten, die lokalen Behörden zu fragen.

Suche nach einem Campingplatz
Über **Eurocampings.eu** können Sie ganz einfach einen Campingplatz suchen und auswählen.

Praktisch
Die Steckdosen haben zwei runde Löcher (Typ C oder F). Auf **iec.ch/world-plugs** können Sie überprüfen, ob Sie einen Adapter (Weltstecker) benötigen.
Schützen Sie sich vor Zecken, da diese Krankheiten übertragen können.
Im Landesinneren Norwegens können an Seen und Flüssen Mückenplagen herrschen.
Leitungswasser kann bedenkenlos getrunken werden.

Klima Bergen	Jan.	Feb.	März	Apr.	Mai	Jun.	Jul.	Aug.	Sept.	Okt.	Nov.	Dez.
Durchschnittliche Höchsttemperatur	4	4	6	9	14	17	18	17	14	11	7	5
Durchschnittliche Anzahl der Sonnenstunden pro Tag	1	2	3	5	6	6	6	6	3	2	1	0
Durchschnittliche monatliche Niederschlagsmenge (mm)	190	152	170	114	106	132	148	190	283	271	259	235

Klima Oslo	Jan.	Feb.	März	Apr.	Mai	Jun.	Jul.	Aug.	Sept.	Okt.	Nov.	Dez.
Durchschnittliche Höchsttemperatur	-2	-1	4	9	16	20	22	20	15	9	3	-1
Durchschnittliche Anzahl der Sonnenstunden pro Tag	1	3	5	6	8	8	7	6	5	3	1	1
Durchschnittliche monatliche Niederschlagsmenge (mm)	49	36	47	41	53	65	81	89	90	84	73	55

Süd-Norwegen

Akkerhaugen, N-3812 / Telemark
- Norsjø Ferieland AS****
- Liagrendvegen 71
- 1 Mai - 1 Okt
- +47 35 95 84 30
- post@norsjo-ferieland.no
- N 59°23'15'' E 09°15'47''

1 ADEJMNOPRST	LNPQSW**XZ** 6	
2 EIJKPQVXY	AB**DEFGIJ** 7	
3 BFGJSUVW	ABCDE**FJKNQRT** 8	
4 FHLO	DEFRT 9	
5 ABDFGHLN	AHJOQU 10	
B 10A		
20ha 200T(80m²) 168D	● €44,25	
	❷ €44,25	

Die 360 Notodden-Gvarv, nach 24 km links, über die Brücke rechts. CP gut ausgeschildert. 105877

Aurdal i Valdres, N-2910 / Oppland
- Aurdal Fjordcamping og Hytter****
- Vestringslinna 252
- 1 Jan - 31 Dez
- +47 61 36 52 12
- post@aurdalcamp.no
- N 60°54'59'' E 09°23'22''

1 ADEJMNOPRST	LNQSXYZ 6	
2 EIJQRSXY	ABDE**FGI** 7	
3 BJLU	CDE**FJNQRT** 8	
4 FHJOT	FIJQV 9	
5 ABDEFHMN	AEFHJNQU 10	
WB 16A		
H309 7ha 153T(90m²) 199D	● €37,35	
	❷ €37,35	

In Aurdal, E16 (17 km südöstlich von Fagernes). An der Kirche abfahren, von dort ist der CP ausgeschildert. Nach 2 km erreicht man den CP. 110611

Ål, N-3570 / Buskerud
- Ål Camping
- Storvegen 63
- 1 Jun - 15 Sep
- +47 41 30 03 32
- aalcamping@aalcamping.no
- N 60°38'33'' E 08°35'38''

1 ADJMNOPRST	JN 6	
2 CPQXY	ABDEHI 7	
3	ABEFNQ 8	
4 H	F 9	
5 D	AJQU 10	
Anzeige auf dieser Seite 16A		
H416 2ha 30T(90m²) 10D	● €23,60	
	❷ €23,60	

Liegt an der Straße 7 von Gol nach Geilo, ca. 2 km vor Ål auf der linken Seite. CP-Schildern folgen. 105868

ÅL CAMPING

Der günstigste in der Region (Duschen gratis). Einfach aber ruhig. Liegt am Fluss Hallingsdal und an der Nr. 7, die zum höchsten Wasserfall Norwegens führt. Wander- und Radweg in 500m.

Storvegen 63, 3570 Ål • Tel. +47 41300332
E-Mail: aalcamping@aalcamping.no
Internet: www.aalcamping.no

Ål, N-3570 / Buskerud
- Hallingdal Feriepark****
- Myrovegen 15
- 1 Jan - 31 Dez
- +47 32 69 92 00
- post@feriepark.no
- N 60°37'28'' E 08°32'28''

1 ADEJKNOPQRST	NXYZ 6	
2 ACIQSTVWX	ABCDEFGIJK 7	
3 BDEFGHIJK	ABCDEFGHIJKNQRTUVW 8	
4 BEFHJKMOQ**XYZ**	ABEJQRTUV 9	
5 ABCDEFHJLMN	BEFGHIJOSTUVW 10	
WB 16A		
H412 5,2ha 140T(70m²) 46D	● €48,15	
	❷ €48,15	

Der Campingplatz ist etwa 2 km westlich von Ål, an der Nr. 7. Gut angezeigt. 123123

Biristrand, N-2837 / Oppland
- Biristrand Camping***
- Biristrandvegen 937
- 1 Jan - 31 Dez
- +47 61 18 46 72
- post@biristrandcamping.no
- N 61°01'33'' E 10°27'01''

1 ADEJMNOPQRS**T**	LNQSXYZ 6	
2 AEIJMPQRUXY	ABDE**FGH**I 7	
3 AG	ABCDE**FIJNQRTW** 8	
4 F	FJQT 9	
5 ABDN	AGHKOQ 10	
WB 10A		
H170 6ha 100T 105D	● €29,50	
	❷ €29,50	

Camping an der E6, 11 km südlich von Lillehammer, Ausfahrt Vingrom/Biristrand, Beschilderung folgen. Ohne Navi der Beschilderung CAMPING folgen. 105894

Norwegen

SØLENSTUA NAF ★★★

Wer Ruhe sucht, findet sie hier!
In einer herrlichen Natur gelegen, inmitten von Wald, Wasserläufen und Seen können Sie absolut zur Ruhe. Elch und Rentier sind her zuhause. Sommer wie Winter umsorgen Sie die freundlichen Inhaber. Der Campingplatz bietet gutes Sanitär und Küche. Die Spielgeräte wurden gerade erneuert. Es gibt auch Camphäuschen zu mieten.

Sundveien 1011, 2440 Engerdal • Tel. 62459742
E-Mail: camping@solenstua.com • Internet: www.solenstua.com

Bø, N-3804 / Telemark
- Bø Camping****
- Lifjellvegen 51
- 1 Jan - 31 Dez
- +47 35 95 20 12
- post@bocamping.no

1 ADEJMNOPRST — BG 5
2 BPQRXY — ABDEFGHI 7
3 BGJUV — ABCDEFJNQRT 8
4 FHJOST — FJV 9
5 ABDEGMN — AHJNRUY 10
WB 16A
H150 8ha 300T 124D
€ 35,40 / € 35,40
N 59°26'40" E 09°03'48"
112095
Von Bø Richtung Notodden dem weißen Pfeil folgen: 'BØ SOMMARLAND 3 km'. Dort ist der Bø CP links angezeigt.

NAF CAMPING STEINSNES ★★
An der 44, der weltbekannten 'Nordsjøvegen', die Nordseeroute, unweit der Hafenstadt Egersund.
Der Besuch des Leuchtturms lohnt sich ganz sicher. Hütten-Reservierung unbedingt empfohlen. Lachsangeln im Bjerkreim Fluss! Neues Sanitärgebäude mit gratis Duschen.

Jaerveien 190, 4373 Egersund • Tel. 97400966
E-Mail: post@steinsnescamping.no
Internet: www.steinsnescamping.no

Brumunddal, N-2380 / Hedmark
- Mjøsa Ferie og Fritidssenter
- Bureiservegen 5
- 1 Jan - 31 Dez
- +47 62 35 98 00
- post@mjosaferie.no

1 ADEJMNOPRST — LNPSWXYZ 6
2 AEIJKPQTVX — ABDEFGI 7
3 ABGJ — ABCDEFGIJNQRTU 8
4 FHJO — FIJRT 9
5 ABDGHK — FGIJOQU 10
WB 16A CEE
H305 13ha 140T 285D
€ 37,35 / € 37,35
N 60°52'47" E 10°53'27"
117813
Auf der E6 angezeigt und zu sehen. 800m vor der E6, Ausfahrt 73.

Byglandsfjord, N-4741 / Aust-Agder
- Neset****
- Setesdalsvegen 2035
- 1 Jan - 31 Dez
- +47 92 28 14 44
- post@neset.no

1 ADEJMNOPQRST — LNQSUWXYZ 6
2 EIJMQRSTUXY — ABCDEFGHIJK 7
3 AGMUV — ABCDFGIJKNQRTW 8
4 FJOT — FJQRT 9
5 ABDEFGKN — AFGHJOQU 10
Anzeige auf Seite 53 B 10-16A
H202 7ha 260T 129D
€ 40,80 / € 40,80
N 58°41'20" E 07°48'12"
105841
Der CP liegt 13 km nördlich von Evje, und 3 km nördlich von Byglandsfjord. Der CP ist ab der 9 gut angezeigt.

Dalen, N-3880 / Telemark
- Buøy Camping Dalen
- Buøyvegen 24
- 1 Mai - 10 Sep
- +47 45 02 13 26
- infodalencamping@gmail.com

1 ADEJMNOQRT — JNXY 6
2 CPQRSXYZ — ABFGHI 7
3 BMV — ABEFJNQRTW 8
4 FHJ — GJ 9
5 DN — AHJNQU 10
16A
H70 7ha 100T(90m²) 32D
€ 34,40 / € 39,50
N 59°26'32" E 08°00'26"
110671
Straße Nr. 9 Kristiansand-Grungedal; in Rotemo auf die Straße Nr. 45 fahren. In Dalen ist der CP gut ausgeschildert.

Dombås, N-2660 / Oppland
- Pluscamp Hageseter
- Gautasaetervegen 84
- 1 Jan - 31 Dez
- +47 61 24 29 60
- post@hageseter.no

1 ABDEJMNOPQRST — JN 6
2 CQSWX — ABDEFGI 7
3 A — ABCDEFGIJKNQRTW 8
4 AEFHJ — JRVW 9
5 ABIJLNQY — EFHJOU 10
14-16A CEE
H915 10ha 30T(100m²) 57D
€ 34,40 / € 34,40
N 62°11'44" E 09°32'49"
117195
An der E6, 30 km nördlich von Dombås, 50 km südlich von Oppdal.

Dovre, N-2662 / Oppland
- Toftemo-Turiststasjon
- Vestsidevegen 1
- 1 Jan - 31 Dez
- +47 93 42 03 03
- post@toftemo.no

1 ADEJMNOPQRST — BN 6
2 ABCPQSXYZ — ABDEFGHIK 7
3 A — ABCDEFJNQRW 8
4 JO — FGUVW 9
5 BDFHIJKN — AGHJNQY 10
B 10-16A
H500 4ha 100T(80-110m²) 104D
€ 33,40 / € 33,40
N 61°59'56" E 09°13'20"
105851
An der E6 aus dem Süden kommend, auf der linken Straßenseite in Dovre. 10 km vor Dombås, 2 km nördlich von Dovre. Ist deutlich an der Straße angezeigt.

Drammen, N-3027 / Buskerud
- Drammen Camping
- Buskerudveien 97
- 1 Mai - 15 Sep
- +47 32 82 17 98
- d-camp@online.no

1 ADEJMNOPRST — JN 6
2 ACLPQRSXYZ — ABDEFGI 7
3 — ABCDEFNQR 8
4 FH — FJ 9
5 DN — AKNQ 10
Anzeige auf dieser Seite 10A
3,5ha 90T(60m²) 28D
€ 31,45 / € 31,45
N 59°45'03" E 10°08'04"
105899
Aus Drammen Richtung Kongsberg über die Straße 283 (nicht die E134 durch den Tunnel nehmen). An der Ampel (McDonalds) links ab und CP-Schildern folgen.

Drammen Camping
Tadelloser Campingplatz zum günstigen Preis.
Nur 50 Minuten zum Herzen von Oslo
(mit dem Expressbus oder Zug).

3027 Drammen • Tel. 32821798 • Fax 32825768
E-Mail: d-camp@online.no
Internet: www.drammencamping.no

Egersund, N-4373 / Rogaland
- NAF Camping Steinsnes**
- Jaerveien 190
- 1 Jan - 31 Dez
- +47 97 40 09 66
- post@steinsnescamping.no

1 ADEJMNOPRST — N 6
2 CGQTWXY — ABDEFGIK 7
3 AJ — ABDFGIJKNQRTW 8
4 JO — FJV 9
5 DEFKN — AGOQY 10
Anzeige auf dieser Seite B 16A CEE
1,3ha 70T(80-120m²) 39D
€ 25,55 / € 25,55
N 58°28'40" E 05°59'49"
105818
Westlich von Egersund an der 44. Ist ausgeschildert.

Elverum, N-2407 / Hedmark
- Elverum Camping
- Halfdan Gransveg 6
- 1 Jan - 31 Dez
- +47 62 41 67 16
- booking@elverumcamping.no

1 ADEJMNOPRST — JN 6
2 CJKQRX — ABDEFGIK 7
3 ABLQ — ABEFNQR 8
4 H — FJV 9
5 DN — HJOQ 10
B 10-16A
H180 5ha 220T(100-120m²) 58D
€ 31,45 / € 31,45
N 60°52'01" E 11°33'18"
105915
Camping liegt südlich von Elverum an der 20 am Norsk Skog Museum, am Fluss Glama.

Engerdal, N-2440 / Hedmark
- Sølenstua Camp & Hytter***
- Sundveien 1011
- 1 Jan - 31 Dez
- +47 62 45 97 42
- camping@solenstua.com

1 ADEJMNOPQRST — NU 6
2 BCQTXY — ABDEFGHIK 7
3 B — ABCDEFGJNQRW 8
4 FJO — FJ 9
5 ABEFGHIKN — AHJNQU 10
Anzeige auf dieser Seite W 16A
H650 4ha 90T(100-120m²) 71D
€ 34,40 / € 34,40
N 61°50'07" E 11°43'49"
105908
CP ist an der Straße RV217 ausgeschildert.

Etnedal, N-2890 / Oppland
- Etna Familiecamping
- Maslangrudvegen 50
- 1 Jan - 31 Dez
- +47 94 81 90 56
- info@etnacamping.no

1 ADEJMNOPRST — JN 6
2 BCIPQSXY — ABDEFGIK 7
3 BFGMU — ABCDEFGIJNQRW 8
4 FHJOQ — FJRV 9
5 ABDFMNO — ABFGHIJNOQUY 10
B 16A CEE
H220 4,5ha 45T(80-100m²) 55D
€ 29,00 / € 29,00
N 60°49'57" E 09°45'01"
118557
An der 33 zwischen Dokka (19 km) und Björgo (19 km). CP ist angezeigt.

Durchreisecampingplätze

In diesem Führer finden Sie eine handliche Karte mit Campingplätzen an den wichtigen Durchgangsstrecken zu Ihrem Ferienziel.

Der Campingplatz liegt im Setesdal auf einer Landzunge im Byglandsfjord, 13 km nördlich von Evje an der Reichsstraße 9. Man kann hier ausgedehnt Surfen, Wasserski fahren, Fischen und Schwimmen. Bootvermietung, oder einfach das eigene mitbringen. Große Cafeteria mit TV, großer, gut sortierter Campingladen. Der Campingplatz hat eine Sauna und moderne Sanitäranlagen mit Fußbodenheizung. Vom Platz aus kann man schöne Bergwanderungen machen und Johannis- und Himbeeren pflücken. Elchpark 4 Kilometer vom Campingplatz entfernt. Der Eigentümer erzählt Ihnen gerne mehr.

Setesdalsvegen 2035, 4741 Byglandsfjord · Tel. +47 92281444
E-Mail: post@neset.no · Internet: www.neset.no

Evje, N-4735 / Aust-Agder
- Odden Camping ★★★★
- Verksvegen 6
- 1 Jan - 31 Dez
- +47 37 93 06 03
- oddencamping@gmail.com

1 ADEJMNOPQRST JNU 6
2 CJKMPQTWXYZ ABDEFGHIK 7
3 ABDRU ABCDEFGIJKNQRTUVW 8
4 FH FIJR 9
5 CDIKN AFGHJOQUY 10
Anz. auf dieser S. WB 16A CEE
H150 4,5ha 230T(80-140m²) 104D
€42,75 / €42,75
N 58°35'05" E 07°47'45"
Der CP liegt an der Straße 9 südlich von Evje, dort gut ausgeschildert.
105842

Femundsenden/Drevsjø, N-2443 / Hedmark
- Femundtunet
- Kopparleden 1467
- 15 Jun - 31 Aug
- +47 62 45 90 66
- post@femundtunet.no

1 ADEJMNOPRST LNQSUWXY 6
2 BEIJPQRXYZ ABDEFGI 7
3 AGJ ABCDEFJNQRW 8
4 FJOT FGIJOQR 9
5 ADHKN AHJNQU 10
16A
H670 25ha 140T(100-150m²) 48D
€34,40 / €34,40
N 61°55'13" E 11°56'20"
Der CP liegt beim Femundsee an der RV26, wo er in beiden Richtungen ausgeschildert ist.
101029

Fåberg, N-2625 / Oppland
- Hunderfossen Camping ★★★
- Fossekrogen 90
- 1 Jan - 31 Dez
- +47 61 27 73 00
- camping@hunderfossen.no

1 ADEJMNOPQRST NX 6
2 CIPQSXY ABCDEFGIK 7
3 BDJLU ABEFGIJNQRTW 8
4 JO FGJT 9
5 DN AGHKNQV 10
WB 16A
H200 18ha 450T(80-100m²) 141D
€34,40 / €34,40
N 61°13'20" E 10°26'19"
Von der E6 Ausfahrt 'Hunderfossen Familiepark', über die Brücke in Øyer. Gut ausgeschildert nach beiden Richtungen.
105893

Flåm, N-5743 / Sogn og Fjordane
- Flåm Camping ★★★★
- Brekkevegen 12
- 12 Apr - 30 Sep
- +47 94 03 26 81
- camping@flaam-camping.no

1 ADEJMNOPQRST KNVXY 6
2 CGPQTUVWXYZ ABDFGHI 7
3 BFG ABCDEFJNQRT 8
4 AEH FGJV 9
5 BDN AGHIKOPQY 10
B 10-16A
3ha 200T 40D
€39,30 / €44,25
N 60°51'46" E 07°06'36"
Neben der E16 in Flåm gelegen. Ausgeschildert.
105836

Fagernes/Holdalsfoss, N-2900 / Oppland
- Fossen Camping
- FV51
- 1 Mai - 1 Okt
- +47 90 78 95 20
- fossencampingfagernes@gmail.com

1 ADEJMNOPRST JN 6
2 CMPQSXY ABDEFGHIK 7
3 A ABCDEFNQR 8
4 FO F 9
5 ABDN AJNQ 10
Anzeige auf dieser Seite B 10A
H378 1,5ha 30T(90m²) 35D
€25,55 / €25,55
N 61°02'00" E 09°10'37"
An der 51 Fagernes-Valdresflya ausgeschildert.
105860

FOSSEN CAMPING
Einfacher Campingplatz mit schönen sanitären Anlagen. Wir bieten: Angelmöglichkeiten, Wanderungen im Jotunheimen-Gebirge (nach Absprache), Einkaufsfahrten nach Fagernes, Busausflüge. Zahlreiche touristische Attraktionen in der Umgebung. Kunsthandwerkliche Vorführungen: Silber, Keramik, Weberei.

FV51, 2900 Fagernes/Holdalsfoss · Tel. 90789520

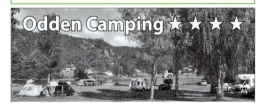

- Liegt an der Otra im Gehbereich vom Einkaufszentrum · Kanuverleih
- Internet für Gäste · Gute Bade- und Angelmöglichkeiten · Großes Aktivitätenangebot in unmittelbarer Nähe: Elch- und Bibersafari, Gokart, Rafting, Museum, Mineral- und Gesteinssammlung Erzgruben, Mineralpfade, Waldlehrpfade u.v.m. · Hütten mit Dusche und Toilette in verschiedenen Preisklassen
- Schöner japanischer Ziergarten neben dem Campingplatz
- Geeignet für Reisemobile, Caravans und Zelte.

Willkommen auf unserem Campingplatz!
Verksvegen 6, 4735 Evje · Tel. +47 37930603
E-Mail: oddencamping@gmail.com · Internet: www.oddencamping.no

Norwegen

FØRDE GJESTEHUS OG CAMPING
★★★★
1992 - 2022
Seit über 30 Jahren prima Qualität.
Kronborgvegen 44, 6813 Førde • Tel. +47 46806000
E-Mail: post@fordecamping.com
Internet: www.fordecamping.com

Førde, N-6813 / Sogn og Fjordane
- Førde Gjestehus og Camping★★★★
- Kronborgvegen 44
- 1 Jan - 31 Dez
- +47 46 80 60 00
- post@fordecamping.com
- N 61°26'58" E 05°53'32"
- 1 ADEJMNOPQRST JN 6
- 2 CIPQSTWX ABDEFGHI 7
- 3 ABJ ABCDEFGINQRTW 8
- 4 EFHJO GHIJK 9
- 5 DN ABFGHJOQU 10
- Anzeige auf dieser Seite WB 16A
- H50 5ha 100T(100-150m²) 55D
- € 38,35
- € 47,20
- 105798
- Aus Richtung Moskog liegt der CP an der E39/RV1, gleich hinter dem Einkaufcenter Sanderplassen, ca. 1 km vor dem Zentrum Førde. Gut ausgeschildert.

Fyresdal, N-3870 / Telemark
- Fossumsanden Camping
- Fyresdalsvegen 541
- 1 Jun - 31 Aug
- +47 98 82 49 14
- kontakt@fossumsanden.com
- N 59°19'13" E 08°08'12"
- 1 ADJMNOPRT LN 6
- 2 BCEIJKMPQUXY ABCDEFGHI 7
- 3 ABCDEFJNQ 8
- 4 FHJT FIQR 9
- 5 N AJNQU 10
- 10A
- H358 2ha 35T(90m²) 14D
- € 35,40
- € 38,35
- 112307
- Von Dalen (Telemark) Straße Nr. 38 bis vor Vråliosen. Dort Straße 355 wählen und ins Fyresdal fahren. Nach 5 km liegt der CP rechts der Straße.

Gaupne, N-6868 / Sogn og Fjordane
- Pluscamp Sandvik★★★
- Sandvikvegen 20
- 1 Jan - 31 Dez
- +47 99 20 61 10
- post@gaupnetunet.no
- N 61°24'02" E 07°18'02"
- 1 ADEILOPQRST LNX 6
- 2 EGIPQRSTXYZ ABDEFGHI 7
- 3 AGU ABCDEFGIJKNQRTW 8
- 4 EFJO FGJOQV 9
- 5 DKN AEHIJOQUX 10
- WB 10A
- 1ha 40T 58D
- € 30,45
- € 38,55
- 105832
- Gut ausgeschildert in beiden Fahrtrichtungen an der RV55, in Gaupne mit Blick auf die Fjorde.

Gjerde/Jostedal, N-6871 / Sogn og Fjordane
- Jostedal Camping
- Jostedalsvegen 3041
- 1 Mai - 15 Okt
- +47 97 75 67 89
- post@jostedalcamping.no
- N 61°37'54" E 07°16'01"
- 1 ADEILOPQRST NU 6
- 2 CIKPQSTXYZ ABCDEFGHIJK 7
- 3 ABCDEFGIJNPQRTW 8
- 4 AEFHKO FJW 9
- 5 D AGHJLOPR 10
- B 16A CEE
- H200 0,7ha 50T(bis 100m²) 12D
- € 31,55
- € 33,50
- 120422
- Von Gaupne die RV604 Richtung Jostedals Glacier Visitors Centre. Nach 27 km liegt der CP im Örtchen Gjerde. Ausgeschildert.

Gol, N-3550 / Buskerud
- Personbråten Camping★★
- Rotreimsvegen 48
- 1 Jan - 31 Dez
- +47 90 78 32 73
- bpersonbraten@gmail.com
- N 60°41'30" E 08°55'09"
- 1 ADJMNOPRST JN 6
- 2 CMQSXY ABFGHI 7
- 3 AU CDEFNQR 8
- 4 FHJ F 9
- 5 DN KOQU 10
- Anzeige auf dieser Seite 10A
- H200 2ha 60T(90m²) 19D
- € 30,45
- € 30,45
- 105864
- An Straße Gol-Geilo, ca. 1 km vom Zentrum entfernt auf der linken Seite.

PERSONBRÅTEN CAMPING ★★
Feiner, ruhiger Campingplatz in einer prachtvollen Natur am Ufer des Hallingdalflusses. Gute Lage für Tagestouren z.B. mit der berühmten Gebirgsbahn 'Flåmsbane' mit der man durch die faszinierende Bergwelt nach Myrdal fährt. Der Fluss bietet sich zum Schwimmen und Forellenangeln an. Auch das warme Wasser ist inklusiv. Sehr gutes Preis-Qualitätsverhältnis.
Rotreimsvegen 48, 3550 Gol • Handy 90783273
E-Mail: bpersonbraten@gmail.com

Greåker, N-1719 / Østfold
- Utne Camping AS★★★
- Desiderias vei 41
- 1 Jan - 31 Dez
- +47 69 14 71 26
- post@utnecamping.no
- N 59°19'05" E 10°58'49"
- 1 ADEGJMNOPRST
- 2 APQRUXY ABDEFGHIJK 7
- 3 ABL ABCDEFJNQRW 8
- 4 JO DEIVX 9
- 5 DN ABEIJNRS 10
- 10A
- 5,5ha 160T(80-100m²) 103D
- € 28,50
- € 30,45
- 115155
- Von Göteborg aus Ausfahrt 8, die 118 Richtung Grålum-Salli nehmen. Im Kreisel 2. Ausfahrt rechts. Nach etwa 3 km Fahrt auf die 118 ist der Utne Camping gut ausgeschildert.

Grimsbu, N-2582 / Hedmark
- Grimsbu Turistsenter★★★★
- Folldalsveien 3954
- 1 Jan - 31 Dez
- +47 62 49 35 29
- mail@grimsbu.no
- N 62°09'20" E 10°10'19"
- 1 ADEILNOPQRST LNUV 6
- 2 CEPQSXY ABCDEFGHIK 7
- 3 AFW ABCDEFGIJKNQRTW 8
- 4 FHJOQRSTU FGIJRV 9
- 5 ABDEFHIJKLMN AEFGHJOPQU 10
- WB 16A
- H664 2,1ha 40T(80-110m²) 58D
- € 32,45
- € 32,45
- 105886
- CP an der RV29, gut ausgeschildert. 30 km von Alvdal, 40 km von Hjerkinn entfernt.

Grimstad, N-4885 / Aust-Agder
- Marivold Camping★★★★
- Marivoldveien 60
- 1 Apr - 15 Okt
- +47 37 25 70 50
- post@marivold.no
- N 58°20'04" E 08°37'00"
- 1 ADEJMNOPQRST KNQSWXZ 6
- 2 AGJKNOQRXY ABCDEFGHI 7
- 3 ABEFGJL ABCDEFGIJKNQRTUW 8
- 4 EFHJOR FJV 9
- 5 ABDEGHIKLMN AEHIJOQUX 10
- B 16A
- 6,4ha 165T(120m²) 87D
- € 52,10
- € 52,10
- 113279
- Auf der E18 Ausfahrt 79 zur 420 Richtung Grimstad nehmen. Weiter auf der 420 Richtung Vikkilen. Danach den CP-Schildern folgen. Der letzte Teil der Straße ist eng, aber durch Ausweichbuchten gut befahrbar.

Gvarv, N-3810 / Telemark
- Teksten Camping AS
- Strannavegen 140
- 1 Mai - 9 Sep
- +47 35 95 55 96
- teksten@barnascamping.no
- N 59°23'06" E 09°10'54"
- 1 AJMNOPRST HJNXYZ 6
- 2 CJKQXY ABDEFGHI 7
- 3 BFGUVW ABCDEFNQRT 8
- 4 FHO JQRT 9
- 5 ABDN AGJNQU 10
- B 10A
- 70ha 250T(90m²) 65D
- € 23,60
- € 27,50
- 115161
- Von Notodden aus über die 360 durch Gvarv und dann über die Brücke nach links (die 36 nach Skien). Der CP ist gut angezeigt.

Halden, N-1751 / Østfold
- Fredriksten-Camping NAF★★★
- Generalveien 16
- 1 Mai - 15 Sep
- +47 90 58 83 71
- laftehytter@gmail.com
- N 59°06'58" E 11°23'54"
- 1 ADEJMNOPQRST ABDEFGHI 6
- 2 BIQRSUXY ABDEFGHI 7
- 3 AJK ABEFNQRW 8
- 4 FHJO FJ 9
- 5 ABDEFN AGHJO 10
- 10A
- H137 3ha 100T 10D
- € 28,50
- € 28,50
- 105899
- Direkt neben der Festung 'Fredriksten'; gut ausgeschildert im Zentrum, auch an der Straße Nr. 22 und der E6.

Haugesund, N-5515 / Rogaland
- Haraldshaugen Camping★★★
- Krossvegen 5
- 1 Jan - 31 Dez
- +47 52 72 80 77
- booking@hhcamping.no
- N 59°25'40" E 05°15'32"
- 1 ADEJMNOPQRST 6
- 2 GINPQSTUVX ABDEFGIK 7
- 3 AL ABCDEFNQRW 8
- 4 FJO FWZ 9
- 5 D AFGJOQUY 10
- B 10-16A CEE
- 7ha 100T(80-120m²) 4D
- € 34,40
- € 34,40
- 107739
- E134 nach Haugesund, Straße 47 Richtung Bergen. CP ist dort gut ausgeschildert.

Haukeland, N-5268 / Hordaland
- Bratland Camping★★★
- Brattlandsveien 6
- 20 Apr - 15 Sep
- +47 55 10 13 38
- post@bratlandcamping.no
- N 60°21'07" E 05°26'07"
- 1 ADEJMNOPQRST NXZ 6
- 2 EIPQRSTUVWXY ABDEFGHI 7
- 3 AUW ABCDFJNQRW 8
- 4 JO FGIJQRT 9
- 5 ABDN AFGHKOQU 10
- B 16A
- H90 1ha 85T(80-120m²) 37D
- € 34,90
- € 37,85
- 111200
- An der 580 ausgeschildert. Über die E16 oder E39 zu erreichen.

Haukeland, N-5268 / Hordaland
- Lone Camping A/S★★★
- Hardangerveien 689
- 3/1 - 8/4, 19/4 - 22/12
- +47 55 39 29 60
- booking@lonecamping.no
- N 60°22'26" E 05°27'28"
- 1 ADEJMNOPQRST LN 6
- 2 CEKMPQSUVXY ABDEFGI 7
- 3 BJ ABCDEFIJNQR 8
- 4 JO FIJR 9
- 5 ACDEN AFGJOPQU 10
- Anzeige auf Seite 55 B 10-16A
- H50 6ha 175T(90m²) 40D
- € 36,35
- € 38,35
- 100844
- Über die E16 oder E39 580 östlich von Bergen. Aus Richtung Voss (E16) hinter dem letzten Tunnel, im Kreisel links. Zwischen Indre Arna und Nestun. Ausgeschildert.

Heidal, N-2676 / Oppland
- Jotunheim Feriesenter★★★★
- Heidalsvegen 2930
- 1 Jan - 31 Dez
- +47 61 23 49 50
- post@jotunheimferiesenter.no
- N 61°43'45" E 09°07'15"
- 1 ADEILOPQRST NUX 6
- 2 CQSXYZ ABDEFGHI 7
- 3 AFJUW ABCDEFJNQRW 8
- 4 FJO FJ 9
- 5 ABDEFKN HJNQU 10
- B 10A
- H700 5ha 100T(100-150m²) 20D
- € 34,40
- € 34,40
- 105856
- Der CP liegt an der 257, 2 km von Straße 51 (Randsverk) entfernt, 30 km von der E6 in Sjoa.

LONE CAMPING

Der Campingplatz liegt günstig für alle, die die Stadt Bergen besuchen möchten, aber auch für diejenigen, die sich von der Natur der Fjordwelt angezogen fühlen. Beim Camping gibt es ein großes Geschäft und eine Tankstelle. Dem Campingplatz gegenüber befindet sich die Bushaltestelle für den Bus nach Bergen. Die Stadt Bergen biete viele Sehenswürdigkeiten.

Hardangerveien 689, 5268 Haukeland
Tel. 55392960 • Fax 55392979
Internet: www.lonecamping.no

Norwegen

Hornnes, N-4737 / Aust-Agder
- Hornnes Camping****
- Stasjonsvegen 18
- 15 Mai - 15 Sep
- +47 37 93 03 05
- post@hcamp.no
- N 58°33'13" E 07°46'57"

1 ADEJMNOPQRST	JLNQSWX 6
2 BCEJQRXYZ	ABDEFGHIK 7
3 A	QR 9
4 H	AHJOQ 10
5 DN	
B 10-16A	€30,45
H175 2ha 120T(80-100m²) 70D	€30,45

5 km südlich von Evje gelegen, an den Straßen Nr. 9 und 42. Gut ausgeschildert.
110022

Hovet i Hallingdal, N-3577 / Buskerud
- Birkelund Camping
- Hovsvegen 50
- 1 Jan - 31 Dez
- +47 47 14 47 14
- info@birkelund-camping.no
- N 60°37'08" E 08°13'10"

1 ADEJMNOPRST	AN 6
2 PQSTXY	ABCDEFGIJK 7
3 AU	ABCDEFJNQRT 8
4 FGHT	FUV 9
5 ABDEN	AGJOQU 10
Anzeige auf dieser Seite W 10A	€28,50
H592 1,3ha 45T(90m²) 14D	€28,50

Auf der 50 von Hol nach Aurland. 8 km hinter der Kreuzung mit der 7. Gut an der linken Wegstrecke zu erkennen.
117160

Hovin, N-3652 / Telemark
- Blefjell camping AS
- Hovinvegen 1238
- 1 Jan - 31 Dez
- +47 35 09 91 50
- post@blefjellcamping.no
- N 59°48'16" E 09°05'07"

1 ADJMNOPQRST	MNXY 6
2 BEIJQXY	ABDEFGIJK 7
3 A	ABEFJNQUV 8
4	F 9
5 D	AN 10
Anzeige auf dieser Seite 16A	€25,55
H575 1,1ha 50T 48D	€25,55

Die 37 von Süden Richtung Rjukan. Auf der alten Straße 364 ist der Camping rechts der Straße am See ausgeschildert.
124599

Blefjell camping AS

An der alten Strecke nach Rjukan auf der 364 in einem prächtigen UNESCO-Gebiet. Schöner, ruhiger Campingplatz mit gewaltiger Aussicht auf den See und die Berge. Angelmöglichkeiten, um den See herum wandern oder mit dem Boot. Kleiner Sandstrand in 500m.

Hovinvegen 1238, 3652 Hovin
Tel. +47 35099150 • E-Mail: post@blefjellcamping.no
Internet: www.blefjellcamping.no

Jørpeland, N-4100 / Rogaland
- Preikestolen Camping
- Preikestol Vegen 97
- 1 Jan - 31 Dez
- info@preikestolencamping.com
- N 58°59'58" E 06°05'32"

1 ADEJMNOPQRST	JN 6
2 CJPQRSTXY	ABDEFG 7
3 AL	ABCDEFJNQRTVW 8
4 JO	9
5 ABDEFKN	AGJOQUY 10
16A CEE	€33,40
H100 4ha 350T(80-120m²)	€39,50

An Straße 13, Richtung 'Preikestolen' folgen, von Tau Ausfahrt 3 km hinter Jørpeland. Von der E39 ist Straße 13 vor Sandnes Richtung Røldal ausgeschildert.
101572

Kinsarvik, N-5780 / Hordaland
- Kinsarvik Camping****
- Sandvikvegen 17
- 1 Jan - 31 Dez
- +47 53 66 32 90
- evald@kinsarvikcamping.no
- N 60°22'27" E 06°43'07"

1 ADEJMNOPQRST	KNXYZ 6
2 CGIJKLMPQRSWXY	ABCDEFGIK 7
3 BFGMV	ABEFGIJNQRTW 8
4 FJO	HJOW 9
5 ACDEFGN	ABEJOQVWY 10
Anzeige auf dieser Seite 10-16A	€41,30
4ha 82T(80-100m²) 37D	€41,30

Über die 13 nach Kinsarvik. An der Esso Tankstelle in die kleine Seitenstraße und den Schildern folgen.
116588

Kinsarvik, N-5780 / Hordaland
- Mikkelparken Ferietun****
- Kinsarvikvegen 64
- 1 Jan - 31 Dez
- +47 53 67 13 13
- info@mikkelparken.no
- N 60°22'34" E 06°43'29"

1 ADEJMNOPQRST	BGKNQSWXYZ 6
2 CGPQTXYZ	ABCDEFGHIK 7
3 BDGJMUV	ABCDEFIJKNQRTUVW 8
4 JOT	AIJ 9
5 DILN	AGIJOQUXY 10
B 16A	€44,25
1,8ha 68T(100m²) 36D	€44,25

Der CP liegt an der Wasserseite der Straße Nr. 13 in Kinsarvik. Gut ausgeschildert.
105806

Birkelund Camping

Ruhiger, ordentlich gepflegter Camping im herrlichen Hallingdal. **Gratis Internet und Sauna.** Wander- und Radmöglichkeiten, Fliegenfischen, Mountainbiken, Geocaching. Prima Startpunkt für Flåmsbane, Hardangervidda, Schneeweg, EKT Langedrag. Wintersportmöglichkeiten.

3577 Hovet i Hallingdal • Tel. +47 47144714
Internet: www.birkelund-camping.com

Kongsvinger, N-2210 / Hedmark
- Sigernessjoen Familiecamping***
- Strengelsrudvegen 1
- 1 Jan - 31 Dez
- +47 40 60 11 22
- post@sigernescamp.no
- N 60°07'04" E 12°03'09"

1 ADEJMNOPQRST	HLNPQSWXYZ 6
2 AEIJKPQUVXY	ABDEFGHIK 7
3 BJLUX	ABCDEFJNQRT 8
4 FHO	F 9
5 AB	FIKOQVWY 10
W 10-16A	€30,45
H185 12ha 200T(100-150m²) 102D	€30,45

Von Süden her Camping rechts der RV 2 Skotterud-Kongsvinger (17 km nördlich von Skotterud und 8 km südlich von Kongsvinger).
105920

Koppang, N-2480 / Hedmark
- Koppang Camping & Hytteutleie****
- Koppangveien 56
- 1 Mai - 30 Sep
- +47 62 46 02 34
- info@koppangcamping.no
- N 61°34'19" E 11°01'01"

1 ADEJMNOPRST	JLNUX 6
2 CELPQRSUXYZ	ABDEFGHIK 7
3 BUX	ABCDEFIJNQRTW 8
4 AFGH	FJU 9
5 DM	ABGIJNQU 10
WB 10-16A	€31,95
H350 5,5ha 100T(75-125m²) 30D	€31,95

Die RV3 Richtung Koppang über die FV30, direkt vor der großen Brücke links.
105910

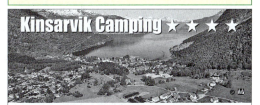

Willkommen auf dem familienfreundlichen Kinsarvik Camping mit herrlicher Aussicht auf den Hardanger Fjord. Neben Hütten in verschiedenen Preisklassen finden Sie 4 separate Felder für Zelt, Caravan oder Wohnmobil. Ein Supermarkt ist direkt nebenan, genauso wie der Abenteuerpark für die Kinder. Ermäßigung in der Nebensaison.

Sandvikvegen 17, 5780 Kinsarvik • Tel. 53663290
E-Mail: evald@kinsarvikcamping.no
Internet: www.kinsarvikcamping.no

Norwegen

Lærdal Ferie og Fritidspark ★★★★

- Campingplatz mit modernem Sanitär und Hütten • Guter Ausgangspunkt für Trips mit Auto, Boot oder Rad in die Region • Man kann bergwandern und Bootstouren mit der Fähre auf dem Fjord sind möglich • Fischen im Sognefjord und in den Bergbächen • Begleitete Wander-, Rad- ud Angeltrips • Profi Räder zu mieten • Markierte Wander- und Radwege.

Grandavegen 5, 6887 Lærdal • Tel. +47 57666695
info@laerdalferiepark.com • www.laerdalferiepark.com

LILLEHAMMER TURISTSENTER

Sandheimsbakken 20, 2619 Lillehammer • Tel. +47 61259710
E-Mail: post@lillehammerturistsenter.no
Internet: www.lillehammerturistsenter.no

Dieser Panoramacamping hat eine super Aussicht auf den Mjøsa-See und liegt im Gehbereich zur Stadtmitte und dem Olympiastadion.

Lillehammer, N-2619 / Oppland
- Lillehammer Turistsenter A/S★★★★
- Sandheimsbakken 20
- 1 Jan - 31 Dez
- +47 61 25 97 10
- post@lillehammerturistsenter.no

1 ADEJMNOPQRST JLNQSW 6
2 ACEIJLQVWXY ABDEFGHIK 7
3 AGJUV ABCDEFIJNQRTW 8
4 JOT FGIJ 9
5 ABDN AEGHJOQU 10
Anzeige auf dieser Seite WB 10-16A €36,85 / €36,85
H155 4ha 180T(32-100m²) 31D
N 61°07'35" E 10°26'32" 107745
E6, Ausfahrt Lillehammer-Nord, rechts Esso-Tankstelle; dieser Straße 800m folgen.

Kragerø, N-3770 / Telemark
- Lovisenberg Familiecamping
- Lovisenbergveien 86
- 1 Jan - 31 Dez
- +47 35 98 87 77
- booking@campingplassen.no

1 ADEGJMNOPRST BGHKNPQSWXY 6
2 DEFIJKNQVXYZ ABDEFGHI 7
3 ABGJLV ABCDEFJKNQRTW 8
4 F FJUY 9
5 ABDMN AJOQU 10
16A €44,25 / €44,25
22,4ha 122T(90m²) 162D
N 58°54'04" E 09°24'28" 112899
E18 Ausfahrt Kragerø (die 38). Nach ca. 14 km kurz vor Kragerø-Zentrum, Ausfahrt Lovisenberg. Dann noch 5 km bis zum Ende der Straße.

Lillesand, N-4790 / Aust-Agder
- Tingsaker Familiecamping★★★★
- Tingsaker bakken 2
- 1 Mai - 1 Sep
- +47 37 27 04 21
- post@tingsakercamping.no

1 ADEJMNOPQRST KNQSWXYZ 6
2 ACGIJKNPQUXY ABDEFGI 7
3 ABV ABEFGHIJKNPQRTVW 8
4 FHJO JOQR 9
5 ABDEGN AGIKOQU 10
B 10A €44,70 / €48,65
2,5ha 182T(80-120m²) 56D
N 58°16'03" E 08°23'41" 112902
Auf der E18 Ausfahrt 84 Richtung Tingsaker. Über die Kreisel der Beschilderung Richtung Tingsaker folgen.

Kristiansand, N-4639 / Vest-Agder
- Kristiansand Feriesenter★★★★★
- Dvergsnesveien 571
- 1 Mai - 13 Sep
- JL
- +47 90 15 73 18
- post@kristiansandferiesenter.no

1 ADEJMNOPQRST HKNPQSWXZ 6
2 GJKMNQRSTUVWXY ABCDEFGIJK 7
3 ABFGJLUVW ABCDFGHIJKNQRTW 8
4 JL FGIJL 9
5 CDEFN BFGHIJOQUWXY 10
B 16A CEE €60,95 / €61,90
10ha 40T(70-100m²) 195D
N 58°07'20" E 08°03'58" 101573
Über die E18, östlich von Kristiansand, Straße 401 folgen. Ausfahrt 91 folgen. CP ist ausgeschildert.

Lindeland/Tonstad, N-4440 / Vest-Agder
- Lindeland Camping
- RV468
- 15 Mai - 1 Sep
- +47 92 41 91 42
- post@lindelandnaturpark.no

1 ADEJMNOPQRST JN 6
2 CLQX ABDEFGHIK 7
3 AGU ABEFJNQT 8
4 FJ EFGIQR 9
5 ABN JNQU 10
16A €34,40 / €34,40
H320 1,5ha 70T(90m²) 13D
N 58°45'36" E 06°44'32" 116666
Von Tonstad (Sirdalen), 12 km der 468 in nordwestlicher Richtung folgen.

Lærdal, N-6887 / Sogn og Fjordane
- Lærdal Ferie og Fritidspark★★★★
- Grandavegen 5
- 15 Jan - 15 Dez
- +47 57 66 66 95
- info@laerdalferiepark.com

1 ADEJMNOPQRST KNQSWXYZ 6
2 GJMNPQWXY ABDEFGHIJK 7
3 ABFGUW ABCDEFJNQRTW 8
4 FHJO GIJQRUVY 9
5 BDGHLN ABHIKOQY 10
Anzeige auf dieser Seite B 16A €31,45 / €36,85
2ha 100T(80-100m²) 58D
N 61°06'02" E 07°28'13" 101341
Von der E16 die 5 nehmen. Der CP liegt beim Lærdal-Zentrum und am Strand, genauso wie der Spielpark.

Loen, N-6789 / Sogn og Fjordane
- Lo-Vik Camping NAF★★★★
- RV60
- 1 Apr - 20 Okt
- +47 57 87 76 19
- post@lo-vik.no

1 ADEILNOPQRST NOQSXYZ 6
2 GIJPQSXY ABDEFGHIJ 7
3 AB ABCDEFGIJNQRTW 8
4 FHJOT FJQT 9
5 DN AHKOQY 10
B 10-16A €35,40 / €38,35
3,5ha 100T 124D
N 61°52'03" E 06°50'59" 105795
CP liegt an der RV60. Gut ausgeschildert, gegenüber vom Hotel Loen gelegen.

Larvik, N-3260 / Vestfold
- Gon Camping
- Gonveien 100
- 15 Apr - 15 Sep
- +47 94 84 52 33
- goncampinglarvik@gmail.com

1 AJMNOPQRST KN 6
2 AGIJPQRSXY ABDEFGHIJK 7
3 A ABCDEFJNQRW 8
4 JO FG 9
5 D ABIJNRS 10
10A €29,50 / €29,50
1,1ha 16T 65D
N 59°01'28" E 10°04'36" 122650
Der CP ist in Larvik gut ausgeschildert.

Loen, N-6789 / Sogn og Fjordane
- Pluscamp Sande-Camping★★★★
- RV60/FV723
- 1 Jan - 31 Dez
- +47 41 66 91 92
- post@sande-camping.no

1 ADEJMNOPQRST LNXZ 6
2 EIJLQSVXY ABCDEFGHIK 7
3 ABM ABCDEFGIJNQRT 8
4 FHJOTV FIJOQTZ 9
5 ABDEFHIKLN AFHJOQUXY 10
B 10-16A CEE €38,80 / €38,80
H50 1,2ha 90T(40-100m²) 24D
N 61°51'05" E 06°54'46" 105794
Der CP liegt am Ufer vom Loenvatn, zwischen Loen und Kjendal. Entlang der Strecke ausgeschildert. RN60 und FV723. Diese Straße fängt am Alexandra Hotel an.

Tjugen Camping ★★★

- ruhiger Familiencamping • Startplatz zum Skåla Turm • Skilift (Loen), Radfahren, Klettersteig, Gletscherbesuch.

Lodalsvegen 212 • 6789 Loen • Tel. +47 57877617
E-Mail: camping@tjugen.no • Internet: www.tjugen.no

Loen, N-6789 / Sogn og Fjordane
- Tjugen Camping★★★
- Lodalsvegen 212
- 1 Mai - 1 Okt
- +47 57 87 76 17
- camping@tjugen.no

1 ADEJMNOPQRST N 6
2 CIQSVXY ABDEFGHIK 7
3 ABU ABCDEFGIJNQRTW 8
4 FHJO FJ 9
5 DN AGHJOQ 10
Anzeige auf dieser Seite B 10-16A €30,45 / €31,95
2ha 60T(40-100m²) 31D
N 61°52'05" E 06°52'36" 111570
Ins Zentrum von Loen auf der FV723 nach Lodalen/Kjendal folgen. Nach 2 km ist der CP auf der linken Seite angezeigt. Diese Straße fängt am Alexandra Hotel an.

Lillehammer, N-2609 / Oppland
- Lillehammer Camping★★★★
- Dampsagvn. 47
- 1 Jan - 31 Dez
- +47 61 25 33 33
- resepsjon@lillehammer.camp

1 ADEJMNOPQRST LNQSWXY 6
2 AEJQTWXY ABDEFGIK 7
3 B ABCDEFJNQRT 8
4 FHJO FIJV 9
5 ADN AFGHJOQU 10
WB 10-16A €36,85 / €36,85
H129 2ha 320T(38-70m²) 85D
N 61°06'09" E 10°27'48" 105896
Am Mjøsa-Ufer gelegen, vom Zentrum am Kjøpesenter (McDonald's) am Kreisverkehr links von der E6, Ausfahrt Zentrum.

Lofthus, N-5781 / Hordaland
- Lofthus NAF★★★
- Hellelandsvegen 120
- 1 Mai - 30 Sep
- +47 53 66 13 64
- post@lofthuscamping.com

1 ADEJMNOPQRST KNQS 6
2 GIMQUXYZ ABDEFGHIK 7
3 AM ABCDEFJNQRTW 8
4 FJO JQ 9
5 ABDN AHJOQUY 10
B 10-16A €30,45 / €37,35
H62 1,7ha 75T(80-100m²) 20D
N 60°20'09" E 06°39'27" 105807
Der Straße 13 bis nach Lofthus folgen. Dort CP gut ausgeschildert, Zufahrtsstraße sehr schmal.

56 Teilkarte Süd-Norwegen auf Seite 51

Lom, N-2686 / Oppland
- Nissegården Hytter og Aktiviteter cp
- Ottadalsveien 6185
- 1 Jun - 1 Okt
- +47 61 21 19 30
- post@nissegaard.no
- N 61°51'00" E 08°31'40"

1 ADEJMNOPQRST	BGHJLNX 6
2 CEIKLQSXY	ABFI 7
3 AEU	ABEFIJNQR 8
4 FJO	FJQ 9
5 DN	AJPQU 10

Anzeige auf dieser Seite 10A
H389 4ha 160T 30D
€29,50 / €29,50
112315

Im Kreisverkehr im Zentrum von Lom Straße 15 in Richtung Grotli. Nach 2,6 km ist der CP rechts der Straße zu sehen.

NISSEGÅRDEN HYTTER OG AKTIVITETER CAMPING
- große Survival-Bahn
- Bergwanderungen
- beheiztes Schwimmbad

Ottadalsveien 6285, 2686 Lom • Tel. 61211930
E-Mail: post@nissegaard.no • Internet: www.nissegaard.no

Lom, N-2686 / Oppland
- Nordal Turistsenter****
- RV15/RV55
- 15 Mai - 30 Sep
- +47 61 21 93 00
- booking@nordalturistsenter.no
- N 61°50'22" E 08°34'15"

1 ADJMNOPQRST	JNX 6
2 CIPQUVXY	ABDEFGHIK 7
3 AFGUW	ABCDEFGIJNQRTV 8
4 OSTV	EFGIJ 9
5 ACDEFGHIKLMN	AFGHIKOQX 10

10A
H360 3,5ha 120T 92D
€41,30 / €41,30
105854

Gelegen im Zentrum von Lom bei der Tankstelle.

Mandal, N-4516 / Vest-Agder
- Sandnes Camping***
- Marnarveien 133
- 1 Mai - 15 Sep
- +47 98 88 73 66
- info@sandnescamping.no
- N 58°02'35" E 07°29'42"

1 ADJMNOPQRST	JNXZ 6
2 CJKLQRXY	ABDEFGHIK 7
3 L	ABCDFINQRT 8
4	FIJQRVY 9
5 DN	ABGHJKNQUY 10

Anzeige auf dieser Seite B 10-A 10A
1ha 50T(80-120m²) 18D
€29,50 / €34,40
111756

Über die E39, östlich von Mandal die 455 nehmen. Der Camping an dieser Straße ausgeschildert.

SANDNES CAMPING MANDAL ★★★
Familie Sandnes empfängt Sie freundlich auf diesem ruhigen, kleinen und einfachen sonnigen Camping am Ostufer des Mandalsflusses. Angelkarten zum Lachsangeln am Mandalsfluss sind an der Rezeption erhältlich. 3 Motorboote zu mieten. Sie können auch Ihr eigenes Boot mitnehmen. Herr Sandnes bringt es auf Wunsch zum Fluss. Der Camping liegt nur 30 Minuten von Kristiansand und eignet sich auch gut für die Vor- und Nachsaison. (Ermäßigung).

4516 Mandal • Tel. 98887366 • E-Mail: info@sandnescamping.no
Internet: www.sandnescamping.no

Miland, N-3658 / Telemark
- Tinnsjø Camping
- Nedre veg 4
- 1 Jan - 31 Dez
- +47 95 03 00 33
- N 59°55'32" E 08°48'04"

1 ADJMNOPQRST	K 6
2 BGIQXY	ABDEFIK 7
3 A	ABEFLNQUV 8
4	FI 9
5 DK	AN 10

Anzeige auf dieser Seite 20A
H500 1,1ha 100T(80-120m²) 11D
€27,50 / €27,50
125319

E134, Ausfahrt 361 Richtung Rjukan/Gransherad. Weiter auf Straße 37. Nach ca. 80 km erreichen Sie den Campingplatz. Er liegt gegenüber des Tinnsjå-Sees und ist ausgeschildert.

Tinnsjø Camping
Vom Tinnsjø Camping- und Wohnmobilpark aus können Sie den Gaustatopp besteigen, wandern, einen Kletterpark besuchen, eine Bootsfahrt machen oder von der Vemorkbrua-Brücke Bungeespringen. 50m vom Campingplatz fährt ein Zug in die Unesco-Stadt Rjukan. Wohnungen und Ferienhäuser. Keine Voranmeldung wann Sie mit Zelt oder Camper kommen.

Nedre veg 4, 3658 Miland • Tel. +47 95030033

Moelv/Ringsaker, N-2390 / Hedmark
- Steinvik Camping****
- Kastbakkvegen 5
- 1 Jan - 31 Dez
- +47 62 36 72 28
- info@steinvikcamping.no
- N 60°54'57" E 10°42'01"

1 ADJMNOPQRST	LNQSWXYZ 6
2 AEIJKPQRWXY	ABDEFGHIK 7
3 BL	ABCDEFIJNQRTU 8
4 F	FJQT 9
5 ABDMN	AFGHJQQ 10

WB 16A
H284 6,2ha 45T(80-120m²) 126D
€37,35 / €37,35
111537

Der CP ist an der E6, an der großen Brücke über die Mjøsa, ausgeschildert.

Notodden Camping AS
Notodden Camping AS liegt zwischen der Heddøla im Unesco-Gebiet und dem kleinen Segelflughafen. Das Zentrum von Notodden im Osten oder die 'Heddal Stabkyrkje' mit dem Freiluftmuseum 'Heddal Bygdetun' im Westen sind etwa 3 km entfernt.

Reshjemveien 46, 3677 Notodden
Tel. +47 35013310 • E-Mail: notcamp@notoddencamping.com
Internet: www.notoddencamping.com

Notodden, N-3677 / Telemark
- Notodden Camping AS
- Reshjemveien 46
- 1 Jan - 31 Dez
- +47 35 01 33 10
- notcamp@notoddencamping.com
- N 59°33'56" E 09°12'34"

1 ADEJMNOPQRST	N 6
2 AIQXY	ABDEFGIK 7
3 A	ABEFJNQUV 8
4	F 9
5 D	ANQ 10

Anzeige auf dieser Seite 10A
1ha 50T 21D
€25,55 / €25,55
114585

E134 von Kongsberg-Seljord ins Zentrum Notodden über die Startbahn fahren. Erste Straße links.

GRYTA-CAMPING ★★★
- Camping an der Straße zum Briksdal.
- CampingCard ACSI-Rabatt in der Nebensaison.
- Gratis WLAN.

Oldedalsvegen 1245, 6788 Olden • Tel. +47 57875950
oder +47 90999984 • Internet: www.gryta.no

Olden, N-6788 / Sogn og Fjordane
- Gryta-Camping***
- Oldedalsvegen 1245
- 1 Mai - 1 Okt
- +47 57 87 59 50
- gryta@gryta.no
- N 61°44'27" E 06°47'27"

1 ACDEJMNOPQRST	LNQSXYZ 6
2 CEILMPQRSTVXY	ABDEFGHIK 7
3 ABFU	ABCDEFIJNQRTW 8
4 EFJO	FJQV 9
5 ABHN	AGHJOQUY 10

Anzeige auf dieser Seite 10-A €29,50 / €29,50
H57 1,5ha 140T 8D
108919

In Olden die FV 724 Richtung Briksdal. CP nach 12 km, 1. CP linke Straßenseite nach dem Tunnel.

Olden, N-6788 / Sogn og Fjordane
- Oldevatn****
- Oldedalsvergen 1015
- 1 Mai - 30 Sep
- +47 57 87 59 15
- post@oldevatn.com
- N 61°45'31" E 06°48'45"

1 ADEJMNOPQRST	LNQSWXZ 6
2 CEIMPQSVXY	ABDEFGHIK 7
3 BUV	ABCDEFIJNQRTW 8
4 EFJO	FJQRTVZ 9
5 ABDN	AGHJOQU 10

B 16A
2,2ha 43T(40-100m²) 30D
€30,45 / €30,45
112314

Von der Reichsstraße 60 in Olden auf die FV724, Richtung Briksdal. Nach 10 km liegt der CP an einer Brücke.

Oldedalsvegen 1296
6788 Olden
Tel. +47 48226970
E-Mail: post@oldencamping.com
Internet: www.oldencamping.com

Olden, N-6788 / Sogn og Fjordane
- Olden Camping***
- Oldedalsvegen 1296
- 1 Mai - 30 Sep
- +47 48 22 69 70
- post@oldencamping.com
- N 61°44'20" E 06°47'22"

1 ADEJMNOPQRST	LNQXYZ 6
2 CEILMPQRSVXY	ABDEFGHIK 7
3 ABFU	ABCDEFGIJNQRT 8
4 F	BFIQTVZ 9
5 ABN	AHJOPQUV 10

Anzeige auf dieser Seite B 16A CEE €29,50 / €29,50
1ha 65T 10D
110915

In Olden FV724 Richtung Briksdal, nach 13 km liegt der CP auf der linken Seite. Achtung: Der 2. CP hinter dem Tunnel ist Olden Camping.

Oslo, N-0766 / Oslo
- Bogstad Camping****
- Ankerveien 117
- 1 Jan - 31 Dez
- +47 22 51 08 00
- post@bogstadcamping.no
- N 59°57'44" E 10°38'33"

1 ADEJMNOPQRS	6
2 AEJKPQTUWXY	ABEFGHI 7
3 AGHJL	ABCDFIJKNQRT 8
4 FH	FJ 9
5 ACDEFGKMN	AGHIJNQU 10

WB 10A
H190 16ha 1000T(70-120m²) 130D
€47,20 / €47,20
100848

Von Oslo Richtung Drammen, gut ausgeschildert. Von Hønefoss E16, dann E18 fahren. Ist gut ausgeschildert. Auch am Ring 3.

Røldal Hyttegrend Camping ★★★★

Gemütlicher kleiner Campingplatz mit prima Sanitäranlagen. sehr schöne Hütten und gemütliches TV-Zimmer. Zentral gelegen für Wanderungen zu Fuß (Hardangervidda) und mit dem Auto nach Seljestad, Sauda und Haukeligrend. Vergessen Sie auch nicht, tagsüber die Stabkirche an der selben Straße zu besuchen! Der See liegt 20 Laufminuten vom Campingplatz entfernt. Ermäßigung in der Nebensaison gegen Vorlage der ACSI Club ID.

E134, 5760 Røldal • Tel. +47 90054464
adm@roldal-camping.no • www.roldal-camping.no

Oslo, N-1181 / Oslo
- Ekeberg Camping★★★
- Ekebergveien 65
- 1 Jun - 1 Sep
- +47 22 19 85 68
- post@ekebergcamping.no

1 ABDEJMNOPQRST 6
2 AIPQUXY ABDEFGHI 7
3 ABCDEFNQRTW 8
4 FH FJQR 9
5 ABDEFN AGHIKOQUY 10
B 10A € 54,05
8ha 700T(90-140m²) € 54,05

N 59°53'54" E 10°46'21"
CP liegt südöstlich vom Oslo-Fjord im Ortsteil Ekeberg. Ab dem Zentrum an der E18/E6 und der großen Ringstraße Nr. 3 ausgeschildert.
105918

Seim Camping Røldal ★★★

Seim Camping Røldal liegt zentral in Røldal am Seeufer vom Røldalsvatnet. Er bietet Ruhe und hat eine familienfreundliche Umgebung mit einer fantastischen Aussicht auf den See und die umliegenden Berge. Der Camping hat nur 100m weiter einen eigenen Strand, wo man baden und angeln kann (gratis). Kanu- und Bootsverleih. Modernes Sanitär mit Familienduschen. Gratis WLAN auf dem Gelände. Tägliches frisches Brot aus der eigenen Bäckerei.

Seimsveien 33, 5760 Røldal • Tel. + 47 45887691
E-Mail: seim@seimcamp.no • Internet: www.seimcamp.no

Øvre Eidfjord, N-5784 / Hordaland
- Sæbø Camping★★★
- Eidfjordvegen 151
- 1 Apr - 25 Sep
- +47 53 66 59 27
- post@saebocamping.com

1 ADEJMNOPQRST LNXYZ 6
2 CELMPQTXYZ ABDEFGHI 7
3 ABU ABCDFINQRT 8
4 H FJQR 9
5 ABDN AGJOQU 10
10-16A € 27,05
3ha 100T(100-120m²) 28D € 30,00

N 60°25'27" E 07°07'25"
Auf der Straße 13 ca.13 km nach Kinsarvik, am Kreisel im Tunnel vor der Hardangerbrücke, die Straße 7 Ri. Oslo nehmen. Ca. 6 km hinter Eidfjord links abbiegen. Ausgeschildert.
107744

Redalen/Gjøvik, N-2825 / Oppland
- Sveastranda-Camping★★★★
- Stokkevegen 147
- 1 Jan - 31 Dez
- +47 61 18 15 29
- resepsjon@sveastranda.no

1 ADEJMNOPQRST LNQSWXYZ 6
2 AEIJPQWXY ABDEFGHI 7
3 BFJLU ABCDEFGIJKNQRTW 8
4 FHIJO FJQRTV 9
5 ABDFN AFGHKOPQU 10
Anzeige auf dieser Seite WB 10A € 38,80
H100 9ha 150T 187D € 38,80

N 60°53'21" E 10°40'34"
An der RV4 ist der CP ausgeschildert, 12 km nördlich von Gjøvik und 4 km südlich der Mjøsa Brücke.
108951

Sveastranda-Camping ★★★★

Dieser Campingplatz liegt sehr schön am Mjøsa See, an der RV4 nur 4 km südlich vom Gjøvik und von der E6. Viele Wassersportmöglichkeiten im Angebot. In den umliegenden Wäldern markierte Wanderungen. Schöne Hütten zu vermieten. Großer Spielplatz. Gjøvik 12 km und Lillehammer 25 km lohnen einen Ausflug.

Stokkevegen 147, 2825 Redalen/Gjøvik • Tel. + 47 61181529
E-Mail: resepsjon@sveastranda.no • Internet: www.sveastranda.no

Ringebu, N-2630 / Oppland
- Elstad Camping★★★
- Gudbrandsdalsvegen 1660
- 1 Mai - 30 Sep
- +47 91 58 71 44
- elstadcamping@gmail.com

1 ADEJMNOPQRST JNUXY 6
2 CJPQXY ABDEFGHI 7
3 BFGMUW ABCDEFJNQR 8
4 FQ 9
AJOQU 10
10-16A € 30,45
H250 4ha 160T(100m²) 33D € 31,45

N 61°30'07" E 10°10'09"
CP gelegen an der E6, Gleich südlich von Ringebu. In beiden Fahrtrichtungen gut ausgeschildert.
105889

Risør, N-4957 / Aust-Agder
- Sørlandet Feriesenter★★★★
- Akvaveien 590
- 30 Apr - 12 Sep
- +47 37 15 40 80
- post@sorlandetferiesenter.no

1 ADEJMNOPRST BGKNOPQSWXYZ 6
2 GIJNPQTUVXY ABDEFGIK 7
3 BFGJU ABCDEFJKNQRTW 8
4 AHJO FGIJQRTY 9
5 ACDFKMN AEHIJOQU 10
12A € 42,25
5ha 128T(90m²) 138D € 42,25

N 58°41'29" E 09°09'48"
Von der E18, Ausfahrt Laget. Dieser Straße (N411) 18 km weit folgen. Oder Ausfahrt Risør nehmen (N416) und nach 4 km der N411 Richtung Laget folgen. Dort ist der CP angezeigt.
109756

Rjukan/Miland, N-3658 / Telemark
- Rjukan Hytte og Caravan Park
- Gaustaveien 78
- 1 Jan - 15 Okt
- +47 35 09 63 53
- post@rjukanhytte.com

1 ADEJMNOPRST 6
2 BCIPQRSXY ABDEFGHIK 7
3 AL ABCDEFJNQRT 8
4 FH 9
5 ABDN AJMNQ 10
W 10A € 32,95
H250 2ha 100T(90m²) 17D € 35,90

N 59°54'09" E 08°42'28"
Der CP liegt an der 37 zwischen Rjukan und Miland und ist gut ausgeschildert.
110025

Røldal, N-5760 / Hordaland
- Røldal Hyttegrend Camping★★★★
- E134
- 1 Jan - 31 Dez
- +47 90 05 44 64
- adm@roldal-camping.no

1 ADEJMNOPQRST JN 6
2 CIQSXY ABDEFGIK 7
3 B ABCDEFJNQRTW 8
4 FHJOS J 9
5 DN AJOQU 10
Anzeige auf dieser Seite WB 16A € 24,55
H390 0,5ha 50T(100m²) 16D € 24,55

N 59°49'51" E 06°49'40"
Über die Straße E134 nach Røldal, bei der Brücke CP-Schildern folgen. Hinter der Kirche, auf der linken Seite.
105812

Røldal, N-5760 / Hordaland
- Seim Camping Røldal★★★
- Seimsveien 33
- 1 Jan - 31 Dez
- +47 45 88 76 91
- seim@seimcamp.no

1 ADEJMNOPQRST LNQX 6
2 EIJLPQXY ABDEFGIK 7
3 AG ABCDEFJNQRT 8
4 FHJO FGJQR 9
5 ADN AJOO 10
Anzeige auf dieser Seite B 16A € 28,50
H375 2ha 70T(100-120m²) 8D € 29,50

N 59°49'48" E 06°48'38"
An der E134. In Røldal fahren Sie in die Straße die am dichtesten an der Shell-Tankstelle ist. Gut ausgeschildert.
111371

Sandane, N-6823 / Sogn og Fjordane
- Gloppen Cp. og Fritidssenter★★★★
- Sorstrandsvegen 195
- 1 Jan - 31 Dez
- +47 94 80 03 09
- post@gloppen-camping.no

1 ADEJMNOPQRST BGKNQSWXZ 6
2 CGIJQRSWXY ABDEFGIK 7
3 ABFLU ABCDEFGIJKNQRTW 8
4 EJ FJQRTV 9
5 BDEMN AFGHIJOQU 10
B 10-16A € 29,50
3,2ha 30T 99D € 29,50

N 61°46'04" E 06°11'47"
E39, Ausfahrt Sandane, Straße Nr. 615 Richtung Florø. 2 km vom Zentrum entfernt, gut beschildert.
109506

Seljord, N-3840 / Telemark
- Seljord Camping★★★★
- Manheimstrondi 61
- 1 Jan - 31 Dez
- +47 35 05 04 71
- post@seljordcamping.no

1 ADJMNOPRST LNQSWXYZ 6
2 EIJPQRSVXY ABDEFGHI 7
3 BGMU ABCDEFJNQRT 8
4 FHJO FJQRTV 9
5 ABDN AHJOQ 10
16A € 34,40
H480 3ha 180T(90m²) 81D € 34,40

N 59°29'13" E 08°39'13"
Die E134, Ausfahrt RV36 Richtung Seljord/Bø/Skien, nach 500m liegt der CP auf der rechten Seite.
105873

Skjåk, N-2690 / Oppland
- Bispen NAF★★★
- Bispenvegen 4
- 1 Jun - 15 Sep
- +47 41 43 61 08
- bispen@online.no

1 ADEJMNOPQRST NX 6
2 BCIPQRSXYZ ABCDEFGHIK 7
3 BNRUW ABCDEFGIJNQRTVW 8
4 FJO FJ 9
5 BDN JOQVY 10
B 10-16A € 25,55
H400 8ha 92T 90D € 25,55

N 61°52'52" E 08°16'39"
Einfahrt zum CP liegt an der Straße 15. Gut ausgeschildert in beiden Richtungen, ca. 20 km hinter Lom Richtung Grotli, in Bismo.
105852

Schnell und einfach buchen, auch unterwegs

www.Eurocampings.de

Sogndal, N-6856 / Sogn og Fjordane

- Kjørnes****
- RV5
- 1 Jan - 31 Dez
- +47 97 54 41 56
- camping@kjornes.no

1	ADEJMNOPQRST	KNQSWXYZ 6
2	GIKMNPQSTUVXY	ABCDEFGHIK 7
3	A	ABCDEFGIJKNQRTW 8
4	EFHJO	FIJW 9
5	ABDN	AFGHJOQU 10

B 16A
2ha 140T(80-120m²) 24D
① €40,30
② €42,25

N 61°12'41" E 07°07'16"

Von der Fähre in Manheller Richtung Sogndal über die RV5. Camping 3 km vor Sogndal ausgeschildert. Von Sogndal Richtung Kaupanger rechts der Strecke.

105834

Trøgstad/Båstad, N-1860 / Østfold

- Olberg Camping***
- Sandsveien 4
- 1 Jan - 31 Dez
- +47 41 76 56 72
- camping@olberg.no

1	ADEJMNOPQRST	6
2	IPQXY	ABDEFGHIK 7
3	A	ABEFIJNQRTW 8
4	AF	F 9
5	DN	FGJNQU 10

W 16A
H250 1ha 41T(100-140m²) 7D
① €27,50
② €27,50

N 59°41'22" E 11°17'33"

An der E18, in Mysen RV22 Richtung Lillestrøm, nach 16 km ist der CP ausgeschildert.

108917

Sømådalen, N-2448 / Hedmark

- Johnsgård Turistsenter A/S
- Langsjøveien 631
- 1/1 - 30/4, 1/6 - 31/10
- +47 62 45 99 25
- post@johnsgard.no

1	ADEJMNOPRST	LNQSUVXYZ 6
2	BEIMQSUVXY	ABDEFGHIK 7
3	AUVW	ABCDEFGHIJNQRTW 8
4	FJO	FJNOQR 9
5	ABDN	AGHJNQUY 10

W 16A
H721 3,3ha 40T(100m²) 43D
① €34,40
② €34,40

N 62°08'42" E 11°37'00"

Der CP ist in Sømådalen an der RV26 ausgeschildert. 6 km über einen unbefestigten, aber gut befahrbaren Weg.

105905

Trysil, N-2420 / Hedmark

- Trysilelva Camping**
- RV26
- 1 Jan - 31 Dez
- +47 90 56 11 73
- info@trysilvacamping.no

1	ADEJMNOPQRST	JNUX 6
2	CPQSVXY	ABDEFIK 7
3	AFL	ABCDEFNQR 8
4	F	F 9
5	D	HJNQU 10

W 16A
H500 4ha 65T(80-100m²) 10D
① €34,40
② €34,40

N 61°18'14" E 12°16'29"

Der CP ist an der Straße 26 ausgeschildert und liegt 1 km hinter Trysil-Zentrum gegenüber dem Hotel.

100843

Stathelle, N-3961 / Telemark

- Rognstranda Camping*****
- Rognsveien 146
- 1 Mai - 31 Aug
- +47 35 97 39 11
- post@rognstrandacamping.no

1	ADEJMNOPRS	KNPQS 6
2	AGIJKMNQX	ABDEFGHIJK 7
3	AB	ABCDEFGIJKNQRTW 8
4	H	F 9
5	ABD	AGHIJOSTU 10

B 10A CEE
3,4ha 340T 135D
① €39,30
② €39,30

N 59°00'57" E 09°42'03"

Der CP ist von der E18 in nur ein paar Minuten gut angezeigt.

122321

Tunhovd, N-3540 / Buskerud

- Tunhovd Familiecamping
- Tunhovd
- 1 Jan - 31 Dez
- +47 47 39 56 12
- tfc@
  tunhovd-familiecamping.no

1	AJMNOPRST	JN 6
2	BCQSVXY	ABDEFGIK 7
3	AU	ABEFNQR 8
4	JS	F 9
5	DMN	JQ 10

16A
H749 4ha 65T(90m²) 70D
① €22,60
② €22,60

N 60°27'17" E 08°44'41"

Rødberg-Nesbyen den Wegweisern Tunhovd folgen. In Tunhovd CP-Schildern folgen. Von Geilo aus die 40. Bei Tunhovd die 120. CP liegt an dieser Straße.

105870

Stavanger, N-4021 / Rogaland

- Mosvangen Camping Stavanger
- Mosvangen 15
- 1 Jan - 31 Dez
- +47 51 53 29 71
- info@stavangercamping.no

1	ADEJMNOPQRST	BG 6
2	ABEPQTUWXYZ	ABDEFGHIK 7
3	BL	ABCDEFGINQRTW 8
4	FHJRT	AFV 9
5	ACDHV	AGHKOQUV 10

B 16A CEE
2,5ha 190T(50-60m²) 21D
① €34,40
② €44,25

N 58°57'10" E 05°42'49"

Auf der E39 von Sandnes Richtung Stavanger ist der CP Mosvangen mit CP-Schildern ausgeschildert.

105817

Vågå, N-2680 / Oppland

- Randsverk Camping
- Fjellvegen 1972
- 1 Mai - 4 Okt
- +47 97 50 30 81
- post@randsverk.no

1	ADEJMNOPQRST	N 6
2	PQSTX	ABCFGJK 7
3	AFU	ABCDEFGIJNQRT 8
4	AFHJO	F 9
5	ABDFIJKLMN	AFGIJNSTU 10

Anzeige auf der anderen Seite B 16A
3ha 80T(80-100m²) 67D
① €35,40
② €35,40

N 61°43'49" E 09°04'54"

Liegt an der RV51 direkt an der Kreuzung zur 257, 27 km südlich von Vågåmo.

115168

Stryn, N-6783 / Sogn og Fjordane

- Mindresunde Camping***
- RV15
- 1 Mai - 31 Okt
- +47 41 56 63 16
- post@mindresunde.no

1	ADEILNOPQRST	LNQSWXYZ 6
2	EIPIQSXY	ABDEFGIJ 7
3	AFU	ABCDEFGINQRTUVW 8
4	FJO	FJOQ 9
5	ABDN	AGHKOQU 10

B 10-16A
1ha 40T(40-100m²) 25D
① €32,45
② €34,40

N 61°56'01" E 06°53'11"

Hauptstraße 15, 10 km östlich von Stryn (Richtung Grotli).

109736

Neue sanitäre Anlage - Topgepflegter Platz
Rad- und Wandertouren in allen Kategorien

www.randsverk.no • +47 97 50 30 81

Randsverk
CAMPING • HYTTER • BUTIKK • KAFÉ

Stryn, N-6783 / Sogn og Fjordane

- Strynsvatn Camping****
- Strynevegen 1081
- 1 Mai - 30 Sep
- +47 57 87 75 43
- camping@strynsvatn.no

1	ADEILNOPQRST	LNQSWXYZ 6
2	CEIJMPQSVXY	ABDEFGHIJ 7
3	ABDFGMUW	ABCDEFGIJNQRTU 8
4	FJOQST	FIJOQRTV 9
5	ABEGIKN	ABEFGHJOPQUY 10

WB 16A
1,6ha 50T(50-100m²) 120D
① €34,40
② €34,40

N 61°55'54" E 06°55'18"

An der Strynsvatn, von Stryn über Straße 15 zu erreichen, ca. 12 km von Stryn-Zentrum entfernt.

105793

Vang i Valdres, N-2975 / Oppland

- Bøflaten Camping****
- Tyinvegen 5335
- 1 Jan - 31 Dez
- +47 90 60 04 89
- info@boflaten.no

1	ADJMNOPRST	JLNQSWXYZ 6
2	CEIMPQRSXYZ	ABDEFGIJNQRT 8
3	AFM	ABCDEFGIJNQRT 8
4	AEFH	FJQRU 9
5	ABDNO	AHJNPQU 10

WB 16A
H460 3ha 150T(90m²) 32D
① €33,40
② €33,40

N 61°07'50" E 08°32'40"

An der E16 Fagernes-Lærdal, in Vang an der E16 ausgeschildert.

105859

Tangen, N-2337 / Hedmark

- Tangenodden Camping***
- Refling Hagens veg 54
- 1 Mai - 31 Okt
- +47 90 19 89 17
- info@tangenodden.no

1	ADEJMNOPQRST	LNPQSWXYZ 6
2	AEIJKMQRSUVXY	ABDEFGHIK 7
3	A	ABEFNQRW 8
4	FHJOP	FJ 9
5	ABDEFGHKMN	ABHJOQU 10

10A
H200 3ha 75T(90-110m²) 116D
① €26,55
② €26,55

N 60°36'50" E 11°15'39"

Der CP liegt am Mjøsasee, 4 km von der E6 entfernt. Ausfahrt Tangen, gut an der E6 ausgeschildert; der Straße Nr. 222 folgen.

105916

Vik, N-6893 / Sogn og Fjordane

- Vik**
- Fjordavegen 12
- 10 Mai - 30 Sep
- +47 57 69 51 25
- grolilje@hotmail.com

1	AJMNOPQRST	KNQSWXY 6
2	GIJNPQXY	ABDFGI 7
3	A	ABEFNQRW 8
4	F	FJ 9
5	DEGN	AJOQ 10

10A
1,5ha 40T 8D
① €19,65
② €21,60

N 61°05'10" E 06°34'42"

Der CP ist in Vik an der Bundesstraße 13 ausgeschildert.

105800

Tretten, N-2635 / Oppland

- Mageli Camping og hytter A/S***
- Kongevegen 2220 (E6)
- 1 Jan - 31 Dez
- +47 61 27 63 22
- info@magelicamping.no

1	ADEJMNOPQRST	BGLNXZ 6
2	EIJMPQSVXY	ABCDEFGHIK 7
3	BGU	ABCDEFGINQRTW 8
4	JO	FJQRT 9
5	ABDG	AGHJOQUY 10

W 16A
H200 6ha 100T(90-110m²) 175D
① €38,35
② €38,35

N 61°22'02" E 10°17'05"

Der CP liegt an der E6, gut sichtbar beschildert, 6 km nördlich von Tretten-Zentrum.

105892

Vinje, N-3890 / Telemark

- Groven Camping og Hyttegrend AS***
- Raulandsvegen 11
- 1 Jan - 31 Dez
- +47 90 95 64 81
- post@grovencamping.no

1	ADJMNOPRST	JLN 6
2	BCEPQRSUVXY	ABDEFGHIJ 7
3	BMU	ABCDEFJNQRT 8
4	FHJOQT	FJQ 9
5	ABDKN	AFGHJOQU 10

B 16A
H460 3ha 60T(90m²) 20D
① €27,50
② €27,50

N 59°34'21" E 08°03'18"

Straße 11, etwa auf halber Strecke zwischen Haukeligrend und Seljord im Ort Åmot Ausfahrt zur Straße 37, CP nach 300m.

105837

Teilkarte Süd-Norwegen auf Seite 51

Voss, N-5700 / Hordaland
- Tvinde Camping***
- Tvinnevegen 13
- 1 Apr - 1 Okt
- +47 56 51 69 19
- tvinde@tvinde.no
- N 60°43'33" E 06°29'23"

1 ADEJMNOPQRST N 6
2 CPQUVXY ABDEFGHIK 7
3 AU ABFJNQRW 8
4 FI 9
5 N AHJOQ 10
10A
H100 1,2ha 40T 27D
€28,50 / €31,45
105803

Tvinde Camping liegt auf halben Weg zwischen Voss und Vinje an der E16, gut ausgeschildert. Neben dem großen Wasserfall.

Voss, N-5701 / Hordaland
- Voss Camping Prestegardsmoen
- 1 Mai - 1 Okt
- +47 56 51 15 97
- post@vosscamping.no
- N 60°37'29" E 06°25'21"

1 ADEJMNOPQRST EGHLNQSX 6
2 BELPQSTWYZ ABDEFGIK 7
3 BFG ABCDFJNQRVW 8
4 F 9
5 DN HIJOQUW 10
10A
1ha 40T(30-100m²) 7D
€37,85 / €37,85
112997

Über die 13 oder E16 nach Voss. Der Beschilderung ins Zentrum folgen. In Voss an der Kreuzung links und dann rechts. Weiter den Schildern folgen. An einer Schule und einem Friedhof.

Mittel-Norwegen

Buchen Sie jetzt Ihren Stellplatz oder Ihre Mietunterkunft über ACSI

www.Eurocampings.de

Åndalsnes, N-6300 / Møre og Romsdal
- Åndalsnes Camping og Motell AS*****
- Gryttenveien 127
- 1 Mai - 30 Sep
- +47 71 22 16 29
- epost@andalsnes-camping.no
- N 62°33'08" E 07°42'14"

1 ADEJMNOPQRST JNQS 6
2 CIJKPQSXYZ ABDEFGHIJ 7
3 AKL ABCDEFGJNQRTW 8
4 EFHJO FGIJVY 9
5 ADFGKMN AIJOQU 10
10-16A
6ha 250T 77D
€29,00 / €29,00
100838

CP ist gut ausgeschildert ab der E136 und liegt am Fluss Rauma, an der großen Brücke, 1,5 km vom Zentrum entfernt.

Åndalsnes, N-6300 / Møre og Romsdal
- Mjelva Camping og Hytter****
- Gamle Romsdalsvegen 342
- 1 Mai - 30 Sep
- +47 71 22 64 50
- post@mjelvacamping.no
- N 62°32'41" E 07°43'17"

1 ADEJMNOPQRST NUVX 6
2 IPQRSXYZ ABDEFGHI 7
3 ABJL ABCDEFHIJNQRTVW 8
4 FHJO FJUVY 9
5 ABDHN ABHIJOPQU 10
B 16A
3,5ha 85T(40-100m²) 19D
€33,40 / €35,40
105822

Der CP liegt 3 km südlich von Åndalsnes an der E136. Der CP ist gut ausgeschildert.

Åndalsnes, N-6300 / Møre og Romsdal
- Trollveggen Camping NAF***
- Romsdalvegen 9241
- 10 Mai - 20 Sep
- +47 40 09 20 02
- post@trollveggen.no
- N 62°29'37" E 07°45'41"

1 ADEJMNOPQRST NX 6
2 CIPQSVWXY ABDEFGI 7
3 ABLW ABCDEFGHIJNQRTW 8
4 F J 9
5 BDN ABGHJOQU 10
Anzeige auf dieser Seite B 10A
4ha 70T(100-150m²) 4D
€31,45 / €32,95
107741

An der E136, aus Richtung Dombås finden Sie den CP 10 km vor Åndalsnes auf der linken Seite.

Romsdalvegen 9241, 6300 Åndalsnes • Tel. 40092002
E-Mail: post@trollveggen.no • Internet: www.trollveggen.no

Bosberg/Trondheim, N-7070 / Sør-Trøndelag
- Flakk Camping***
- Flakkvegen 49
- 1 Mai - 1 Sep
- +47 94 05 46 85
- contact@flakk-camping.no
- N 63°27'00" E 10°12'10"

1 ADEJMNOPQRST KN 6
2 GLMPQXY ABDEFGI 7
3 ALX ABEFQRT 8
4 AF 9
5 DN AJNST 10
10-16A
2,3ha 48T(100-120m²) 31D
€34,40 / €39,30
121499

Der Camping liegt 10 km westlich von Trondheim-Mitte am Fjord. Von Trondheim aus der 715 Richtung Fosen folgen. Von Süden her (E6) die 707 nehmen. Einfahrt neben der Wartereihe zur Fähre. Gut angezeigt.

Norwegen

Bud, N-6430 / Møre og Romsdal
- Pluscamp Bud****
- Prestegardsvegen 89
- 12 Apr - 1 Okt
- +47 71 26 10 23
- bud@pluscamp.no

1	ADEJMNOPQRST	KLNOPQSXYZ 6
2	EGIJPQRSTX	ABDEFGHI 7
3	A	ABCDEFGJNQRW 8
4	FHJKO	FJOR 9
5	DN	AHJOQU 10

B 10-16A — ① €28,50
1ha 200T 46D — ② €28,50

N 62°54'13'' E 06°55'41''
Von Molde die 64/663/664 nach Bud. Von Kristiansund den Tunnel nach Bremsnes. Die 64 bis Vevang, dann die 663 bis Farstad und FV235 nach Bud.   113278

Ørskog, N-6240 / Møre og Romsdal
- Fjellstova Ørskogfjellet
- Ålesundvejen 213
- 1 Jan - 31 Dez
- +47 70 27 03 03
- post@fjellstova.no

1	ADEJMNOPQRST	N 6
2	EIPSTX	ABDFGIJK 7
3	AHILU	ABCDEFGIJNQRTW 8
4	EFHIJ	F 9
5	ADEFHJKN	AFHIOPQY 10

W 10A — ① €17,20
H350 0,2ha 35T(80m²) 22D — ② €17,20

N 62°13'15'' E 06°54'55''
Der Campingplatz liegt an der Straße E39/E136, 6 km nördlich von Sjøholt in Richtung Andalsnes. Der Campingplatz ist ausgeschildert.   125312

Eidsbygda, N-6350 / Møre og Romsdal
- Saltkjelsnes***
- Norvikvegen 44
- 1 Apr - 1 Okt
- +47 71 22 39 00
- camping@saltkjelsnes.no

1	ADEILNOPQRST	KNQSWXYZ 6
2	GIJMNQRSUVXY	ABDEFGHIJ 7
3	AB	ABCDEFGHIJNQRTW 8
4	FJO	FJO 9
5	ABDN	AFGHJOQU 10

B 10-16A — ① €30,45
1,5ha 40T 30D — ② €33,40

N 62°35'13'' E 07°31'51''
CP liegt an der 64 zwischen Lerheim und Eid. Gut ausgeschildert mit CP-Schildern (Rødvenfjorden).   105820

Røra/Inderøy, N-7670 / Nord-Trøndelag
- Koa Camping
- Røravegen 665
- 1 Mai - 1 Okt
- +47 91 75 01 17
- post@koacamping.no

1	ADJMNOPQRST	KNQSWX 6
2	AGIMNQRSTVXY	ABDFGHIK 7
3	ALX	ABEFJNQRW 8
4	FHJO	FGJOQRTV 9
5	DN	AFGHKOQUV 10

16A — ① €31,45
3ha 50T(50-80m²) 40D — ② €31,45

N 63°50'22'' E 11°24'34''
E6 vom Süden in den Norden, ca. 3 km vor Røra. Deutlich ausgeschildert. CP links der Strasse.   105957

Eidsdal, N-6215 / Møre og Romsdal
- Solvang Camping
- Eidsdalsvegen 891
- 1 Jun - 30 Sep
- +47 90 11 83 02
- post@solvang-camping.no

1	ADEJMNOPQRT	JLN 6
2	CEIPQSUVXY	ABDEFGHI 7
3	ABU	ABEFJNQR 8
4	FHO	FJ 9
5	ABDEFKN	AGHIJNQU 10

10-16A — ① €25,55
H425 2,1ha 50T(40-100m²) 19D — ② €25,55

N 62°11'44'' E 07°08'26''
Von der Fähre aus nach 10 km ist der CP rechts. Von Geiranger aus nach 15 km hinter dem See links.   115153

Røros, N-7374 / Sør-Trøndelag
- Røros Camping***
- Havsjøveien 131
- 1 Jan - 31 Dez
- +47 72 41 06 00
- roroscamping@gmail.com

1	ADJMNOPQRST	JNX 6
2	CPQSUXY	ABCDEFGHIK 7
3	ALX	ABEFJNQW 8
4	JO	FGJ 9
5	D	AHKNQ 10

16A — ① €35,40
H600 2,5ha 50T 24D — ② €35,40

N 62°34'03'' E 11°21'06''
Der CP liegt an der RV30, von Tynset 2,3 km vor Røros-Zentrum. Gut sichtbar ausgeschildert.   105902

Geiranger, N-6216 / Møre og Romsdal
- Geiranger Camping**
- Maråkvegen 59
- 1 Mai - 30 Sep
- +47 70 26 31 20
- post@geirangercamping.no

1	ADEJMNOPQRST	KNUXYZ 6
2	CGIMPQSTX	ABDEFGHI 7
3	AU	ABCDEFINQRT 8
4		Q 9
5	ABDN	AHKOQY 10

B 10-16A CEE — ① €31,45
1,5ha 158T 15D — ② €35,40

N 62°05'59'' E 07°12'15''
Gelegen am Geirangerfjord, 500m von der Fähre Geiranger-Zentrum an der 63.   105829

Runde, N-6096 / Møre og Romsdal
- Goksøyr Camping
- Goksøyrvegen 51
- 1 Jan - 31 Dez
- +47 70 08 59 05
- camping@goksoyr.no

1	DEJMNOPQRST	N 6
2	GINQSTUX	ABDEFGK 7
3		AEFJNQRT 8
4	AFJO	ADF 9
5	ABDH	AFN 10

16A CEE — ① €21,15
1ha 70T(20-45m²) 78D — ② €24,10

N 62°24'15'' E 05°37'27''
Über die 654 über diverse schmale Brücken und Inseln zur Insel Runde fahren. Der Beschilderung Runde Fuglefjell folgen und den Weg bis zum Ende durchfahren.   112877

Harran, N-7873 / Nord-Trøndelag
- Harran Camping***
- E6
- 1 Jun - 1 Sep
- +47 74 33 29 90
- harrancamping@gmail.com

1	ADEJMNOPQRS	JN 6
2	ACPQRXY	ABDEFGIK 7
3	AGU	ABEFJNQRT 8
4	FJO	FGJQ 9
5	DN	AHJNQY 10

B 16A — ① €28,50
H79 6ha 45T 21D — ② €28,50

N 64°33'32'' E 12°28'58''
Auf der E6: 14 km nördlich von Grong ist der CP bei der Statoil-Tankstelle ausgeschildert.   111531

Steinkjer, N-7732 / Nord-Trøndelag
- Føllingstua***
- Haugåshalla 6
- 1 Jan - 31 Dez
- +47 90 27 49 95
- post@follingstua.no

1	ADEJMNOPQRST	LNXYZ 6
2	ACEILMPQRTWXY	ABDEFGI 7
3	AFJ	ABEFNQRW 8
4	FHO	FGJQR 9
5	ABDEHK	AJOQUY 10

B 14A — ① €29,00
H83 3ha 54T(50-100m²) 38D — ② €29,00

N 64°06'36'' E 11°34'35''
Direkt an der E6, 13 km nördlich von Steinkjer. CP ist gut ausgeschildert.   121501

Malvik, N-7563 / Sør-Trøndelag
- Storsand Gård Camping****
- E6, Storsandveien 1
- 15 Mai - 1 Sep
- +47 73 97 63 60
- post@storsandcamping.no

1	ADEJMNOPQRST	KNQSXZ 6
2	AGJLNQPRTUVXY	ABDEFGHIK 7
3	ABF	ABCDEFGIJKNQRTUW 8
4	JO	FGHIJ 9
5	ABDGN	AFGHIJOQU 10

B 16A — ① €35,40
9ha 220T(50-100m²) 79D — ② €35,40

N 63°25'57'' E 10°42'28''
Von Trondheim aus der E6 bis Ausfahrt 45. Danach Ausfahrt Vikhammer nehmen und den alten E6 bis Malvik folgen. Camping ist ausgeschildert.   105960

Stiklestad/Verdal, N-7650 / Nord-Trøndelag
- Stiklestad Camping AS
- Vukuveien 261
- 1 Mai - 31 Okt
- +47 90 16 66 49
- post@stiklestadcamping.no

1	ADJMNOPRST	N 6
2	ACQXY	ABDEFGI 7
3	A	ABEFNQR 8
4	JO	F 9
5	D	AJN 10

16A — ① €24,55
29ha 80T 17D — ② €24,55

N 63°46'41'' E 11°34'45''
CP liegt an der 757 (Ausfahrt E6 Stiklestad). Dem braunen Schild zum Kulturzentrum folgen. Am Kreisel Stiklestad Nasjonale Kultursenter rechts. Nach 2 km CP angezeigt.   120926

Namsos, N-7805 / Nord-Trøndelag
- PlusCamp Namsos****
- Flyplassvegen 10
- 1 Jan - 31 Dez
- +47 74 27 53 44
- booking@namsos-camping.no

1	ADJMNOPQRST	JNXY 6
2	CEIJQRSTWXY	ABDEFGHIK 7
3	AJLX	ABCDEFJNQRUVW 8
4	FHJO	FJRTVYZ 9
5	ABDN	ABFGHIJOPQUVXY 10

16A CEE — ① €29,50
3,9ha 54T(100-120m²) 31D — ② €29,50

N 64°28'26'' E 11°34'39''
Der CP liegt beim Flughafen von Namsos 4 km hinterm Dorf Richtung Grong (17). Deutlich ausgeschildert.   105954

Stranda, N-6200 / Møre og Romsdal
- PlusCamp Stranda Feriesenter****
- Strandvegen 17
- 1 Jan - 31 Dez
- +47 45 16 40 00
- booking@visitstranda.com

1	ADEJMNOPQRST	KNXY 6
2	ACGNPQSTXYZ	FGHIJK 7
3	ABU	ABCEFGHIJKNQRTW 8
4	O	GHJ 9
5	HN	BCJOQUXY 10

B 10A CEE — ① €38,35
3ha 20T(40-90m²) 44D — ② €38,35

N 62°18'23'' E 06°56'51''
Camping gut ausgeschildert und liegt am Überfahrtkai von Stranda.   122312

Oppdal, N-7340 / Sør-Trøndelag
- Granmo Camping***
- Dovreveien 638
- 1 Jan - 31 Dez
- +47 99 64 29 47
- granmo@oppdal.as

1	ADEJMNOPQRT	JNUVX 6
2	ACPQSXY	ABDEFGK 7
3	BFLUX	ABCDEFIJNQRTVW 8
4	AEFJKO	FIJ 9
5	ABDEHN	ABGHIJOQU 10

WB 16A — ① €31,45
H250 3,5ha 60T(100m²) 140D — ② €41,30

N 62°32'52'' E 09°37'45''
Gelegen an der E6, 6,5 km südlich von Oppdal. Gut ausgeschildert.   105848

Tresfjord/Vikebukt, N-6392 / Møre og Romsdal
- Fagervik Camping
- Daugstadvegen 630
- 15 Mai - 1 Okt
- +47 99 29 07 22
- info@fagervikcamping.no

1	DEJMNOPQRST	KNSWXY 6
2	BCGILMQTVXY	ABFGIK 7
3	AGSU	ABCDEFGIJNQRT 8
4	F	DFJOQV 9
5	DN	AFHJNQU 10

B 8-16A — ① €30,45
3ha 50T(40-100m²) 22D — ② €33,40

N 62°32'31'' E 07°08'58''
Von Vikebukt aus links vor der neuen Mautbrücke nach Tresfjord. Von Vestnes aus rechts vor der neuen Mautbrücke nach Tresfjord vorbei.   122095

Teilkarte Mittel-Norwegen auf Seite 60   **61**

Nord-Norwegen

Alta/Øvre Alta, N-9518 / Finnmark			
▲ Alta River Camping AS****	1 ADEJMNOPQRST		N 6
🏠 Steinfossveien 5	2 CIQRSXY	ABCDE**FG**HIJK 7	
📅 1 Jan - 31 Dez	3 A**L**	ABCDEFJNQRW 8	
☎ +47 94 03 27 79	4 FHJO**T**	FGIVWY 9	
✉ post@alta-river-camping.no	5 BDN	AGHJOQU 10	
	W 16A		€ 29,50
	1,5ha 60T 28**D**		€ 32,45
N 69°55'47'' E 23°15'46''			105942
Camping an der E45/RV93 ausgeschildert, von Alta Richtung Kautokeino. Auch an der E6 von Süden kommend beschildert. Alta River Camping ist der erste CP links. Von Norden her über die E6 den Schildern E45 folgen.			

Alta/Øvre Alta, N-9518 / Finnmark			
▲ CampAlta AS***	1 ADEJMNOPQRST		JNU 6
🏠 Steinfossveien 25	2 CJMQRSXY	ABDE**FG**HIK 7	
📅 15 Mai - 15 Sep	3 BLX	ABCDEFJNPQRW 8	
☎ +47 40 07 73 99	4 **AE**FJO	FJ 9	
✉ post@campalta.no	5 DN	AFGHJOQU 10	
	B 16A		€ 33,40
	2ha 70T 20**D**		€ 36,35
N 69°55'40'' E 23°16'08''			105943
Der CP liegt am Seitenweg der E45/RV93, 4 km südlich von Alta, zwischen Alta und Kautokeino. Die Schilder an der E45/RV93 verweisen auf 3 Campings: CampAlta ist der zweite CP links auf diesem Seitenweg.			

Alta/Øvre Alta, N-9518 / Finnmark			
▲ Alta Strand Camping & Apartment AS****	1 ADEJMNOPQRST		J 6
🏠 Steinfossveien 29	2 CIQRSXY	ABDE**FG**HIK 7	
📅 1 Jan - 31 Dez	3 A**FJ**L**M**	ABCDEFGHIJKNPQRSTUVW 8	
☎ +47 91 23 33 33	4 FHJO**T**	FIJVY 9	
✉ folke_strand@hotmail.com	5 ABDN	AGHJOQU 10	
	WB 16A		€ 30,45
	2,3ha 80T 41**D**		€ 36,35
N 69°55'39'' E 23°16'15''			111383
Der CP liegt am Seitenweg der E45/RV93, 4 km südlich von Alta, zwischen Alta und Kautokeino. Die Schilder an der E45/RV93 verweisen auf 3 Campings: Alta Strand ist der dritte CP links auf diesem Seitenweg.			

Ballangen, N-8540 / Nordland			
▲ Ballangen Camping****	1 ADEJMNOPQRST	**BG**HKNOPQSWXYZ 6	
🏠 E6	2 CGIJMPQRSWXY	ABDE**FG**HIJ 7	
📅 1 Jan - 31 Dez	3 ABFG**HIJ**MN**U**	ABCDEFGHIJKNPQRTW 8	
☎ +47 76 92 76 90	4 FHJO**T**	FJOQRTY 9	
✉ post@ballangencamping.no	5 ABDEFGHLN	ABGHJKOPQUY 10	
	B 16A CEE		€ 33,40
	9ha 150**T**(90-100m²) 52**D**		€ 33,40
N 68°20'20'' E 16°51'30''			105932
Von Ballangen Richtung Narvik über die E6. Nach 4 km sieht man links den Fjord und den Camping, der mit einem großen blauen Schild an der Einfahrt angezeigt ist.			

Bjerka, N-8643 / Nordland
- Bjerka Camping***
- E6
- 20 Mai - 10 Sep
- +47 75 19 05 47
- post@bjerkacamping.no
- N 66°09'05" E 13°50'26"
- 1 ADEJMNOPQRST JNX 6
- 2 ACGIPQRSXY ABDEFGHI 7
- 3 AU ABEFJNQRW 8
- 4 FJR 9
- 5 BCDEFIN AHJNQ10
- 16A €27,50
- 1,8ha 50T 25D €27,50
- 105945
- In Bjerka an der E6 ausgeschildert. Gegenüber Tankstelle.

Bleik, N-8481 / Nordland
- Midnattsol Camping Bleik A/S
- Fiskeværsveien 1
- 1 Jan - 31 Dez
- +47 47 84 32 19
- midnattsol.camping@gmail.com
- N 69°16'32" E 15°57'50"
- 1 ADEJMNOPQRS KNSWX 6
- 2 GIJKPQRSX ABFGIK 7
- 3 L ABCDEFJNQTUV 8
- 4 JO GIRV 9
- 5 D AJNQU10
- B 16A €29,00
- 0,5ha 50T 11D €32,95
- 120991
- Auf der Insel Andøya wird bei Bleik der CP angezeigt.

Min Ája ★ ★ ★

Großer, aber gemütlicher Familiencamping mit separaten Feldern für Caravans und Zelte. Vom Whirlpool aus die prächtige Aussicht genießen oder bei einem der vielen sportiven Ausflüge mitmachen. Mit dem Parlamentsgebäude und Museum der Samen im Gehbereich, sind Sie hier im Herzen der Sami-Kultur. Im Winter Touren auf dem zugefrorenen Fluss mit dem Schneescooter möglich.

Åvjuvårgeaidnu 88, 9730 Karasjok, Tel. +47 97072225
E-Mail: post@karacamp.no • Internet: www.karacamp.no

Norwegen

Fauske, N-8200 / Nordland
- Fauske Camping & Motell AS***
- Saltdalsveien 23
- 1 Jan - 31 Dez
- +47 75 64 84 01
- fausm@online.no
- N 67°14'23" E 15°25'14"
- 1 ADEJMNOPQRST NSX 6
- 2 ABGLNPQRUXY ABDEFGHIK 7
- 3 ABCDEFJNQRW 8
- 4 JO FHJV 9
- 5 DN AHJOQU10
- B 10A €31,95
- 2,8ha 60T 45D €31,95
- 105949
- Vom Süden 3,5 km vor Fauske an der rechten Seite. Gut ausgeschildert.

Fauske, N-8206 / Nordland
- Lundhøgda Camping og Motell
- Lundveien 62
- 1 Jan - 31 Dez
- +47 97 53 98 94
- post@lundhogdacamping.no
- N 67°14'43" E 15°20'10"
- 1 ADEJMNOPQRST KNQSXY 6
- 2 AGIJMNQRTUVXY ABDEFGHIK 7
- 3 AU ABEFJNQRT 8
- 4 F FHJV 9
- 5 DN GHJOQU10
- 16A €21,60
- 1,5ha 50T 36D €21,60
- 105948
- In Fauske Richtung Bodø nach 1 km links. Dann noch 2 km. Deutlich ausgeschildert.

Gullesfjord, N-8409 / Nordland
- Gullesfjord Camping***
- Våtvullveien 1256
- 1 Jan - 31 Dez
- +47 95 06 34 96
- post@gullesfjordcamping.no
- N 68°31'55" E 15°43'39"
- 1 ADEJMNOPQRST KLNOPXY 6
- 2 CEHIJLPQRSTXY ABDEFGHIK 7
- 3 A ABCDEFHJNQRTW 8
- 4 FJOT FGHJV 9
- 5 AHIKN BGHJOQ10
- B 16A €29,50
- 2,3ha 50T 41D €29,50
- 110744
- Von Lødingen der E10 folgen. Vor dem Sørdaltunnel zur E85. Dann noch etwa 1 km. Ist ausgeschildert.

Halsa, N-8178 / Nordland
- Furøy Camping
- Furøy 6
- 1 Mai - 30 Sep
- +47 94 19 13 15
- post@furoycamp.no
- N 66°44'20" E 13°30'11"
- 1 ADEJMNOPQRST KNQSXYZ 6
- 2 AGIMNPQRSXY ABDEFGIK 7
- 3 ABFMU ABCDEFGJNQRT 8
- 4 FG FJOQ 9
- 5 ADN AHJNQU10
- B 10A CEE €29,50
- 2,8ha 50T(80-100m²) 20D €29,50
- 121502
- Am Fährübergang an der Route 17 Kystriksveien am Holandsfjord, 500m vom Førøy Fährübergang und 12 km vom Svartisengletscher.

Harstad, N-9411 / Troms
- Harstad Camping A/S***
- Nessevegen 52
- 1 Mai - 15 Okt
- +47 77 07 36 62
- post@harstadcamping.no
- N 68°46'22" E 16°34'39"
- 1 ADEJMNOPQRST KNOPQSWXYZ 6
- 2 GIMQRUXY ABDEFGIK 7
- 3 AL ABCDEFJNQRW 8
- 4 FOQ 9
- 5 DN AHJOQ10
- B 16A €30,95
- 5,2ha 80T 9D €30,95
- 105930
- Die E10 Tjeldsundbrü, dann die 83 bis ca. 4 km vor Harstad. Der CP wird ausgeschildert.

Innhavet, N-8260 / Nordland
- Tømmerneset***
- E6
- 1 Jun - 31 Aug
- +47 46 51 66 16
- to.ca@online.no
- N 67°54'25" E 15°52'28"
- 1 ADEJMNOPQRST KLN 6
- 2 ABCEGJKPQRSTXY ABDEFGIK 7
- 3 AF ABCDEFJNQRTW 8
- 4 FJOT FGJRT 9
- 5 BDN AHJNQU10
- B 10A €28,50
- 2ha 70T 16D €28,50
- 110949
- Aus Richtung Süden, kurz hinter der Ausfahrt Straße Nr. 835, ist der CP rechts an der E6 ausgeschildert.

Innhavet, N-8260 / Nordland
- Notvann Camping
- E6
- 1 Jul - 15 Aug
- +47 95 26 56 45
- N 67°58'43" E 15°58'48"
- 1 ADEJMNOPQRST JKNXY 6
- 2 ABCGIMNPQRSXY ABCDEFGHIJ 7
- 3 AH ABEFJNQRT 8
- 4 FHJO FJ 9
- 5 DN AJOQU10
- B 10A €29,50
- 2,4ha 90T 20D €29,50
- 108923
- Von Süden links der E6; 12 km hinter der Straße Nr. 835. In Innhavet ist der CP ausgeschildert. 3 km hinter Innhavet.

Kabelvåg, N-8310 / Nordland
- Ørsvågvær AS****
- 1 Mai - 30 Sep
- +47 76 07 81 80
- booking@orsvag.no
- N 68°12'23" E 14°25'33"
- 1 ADEJMNOPQRST KNOPQSWXYZ 6
- 2 GIJMNQRSTUVXY ABDEFGHIK 7
- 3 A ABEFJNQRW 8
- 4 EJO FGJKORV 9
- 5 BDKN AGHJNQU10
- 16A €33,40
- 2,4ha 90T 50D €33,40
- 105928
- Der CP ist auf der E10 westlich von Svolvær und Kabelvåg ausgeschildert.

Kabelvåg, N-8310 / Nordland
- Kabelvåg Feriehus & Camping
- Møllnosveien 19
- 1 Jan - 31 Dez
- +47 99 23 42 31
- post@kabelvag.com
- N 68°13'03" E 14°26'43"
- 1 ADEJMNOPQRST 6
- 2 GISTVXY BEFGIK 7
- 3 BDFJNQR 8
- 4 F FIJV 9
- 5 D AHJOQ10
- B 16A CEE €34,40
- 0,7ha 85T 6D €34,40
- 122365
- Auf der E10 von Kabelvåg nach Kleppstad wird der Camping nach fast 7 km hinter Kabelvåg angezeigt. Camping rechts der E10 in Richtung Kabelvåg.

Kabelvåg, N-8310 / Nordland
- Sandvika Fjord & Sjøhuscamping
- Ørsvågværveien 45
- 1 Mai - 30 Sep
- +47 94 83 13 34
- sandvika@lofotferie.no
- N 68°12'15" E 14°25'36"
- 1 ADEJMNOPQRST KNOPQSXYZ 6
- 2 GIJKMNQRSTX ABDEFGIJ 7
- 3 AHI ABCDEFJNPQRTW 8
- 4 FJO FGIJKQV 9
- 5 DN AGIJNQU10
- B 16A €36,35
- 2ha 180T 48D €36,35
- 110612
- Ab Svolvær der Lofoten-Straße E10 in westlicher Richtung folgen. Bei Kabelvåg ist der CP ausgeschildert.

Karasjok, N-9730 / Finnmark
- Min Ája***
- Åvjuvårgeaidnu 88
- 1 Jan - 31 Dez
- +47 97 07 22 25
- post@karacamp.no
- N 69°28'07" E 25°29'17"
- 1 ADEJMNOPQRST JN 6
- 2 BCIJQRSTVXY ABCDEFGHI 7
- 3 BLX ABCDEFGHIJKLNQRTW 8
- 4 EFHIJOQTU FIJV 9
- 5 DN AHJOQUY10
- Anzeige auf dieser Seite WB 16A €30,45
- H135 4,5ha 72T(90-120m²) 25D €30,45
- 105944
- Der Camping liegt an der RV92 Zwischen Karasjok und Kautokeino. Von Karasjok aus 1 km südlich auf der linken Seite. Gut ausgeschildert.

Kautokeino, N-9520 / Finnmark
- Arctic Kautokeino Camping***
- Suomaluodda 16
- 1 Jan - 31 Dez
- +47 48 04 09 97
- booking@arcticmotel.com
- N 68°59'51" E 23°02'12"
- 1 ADEJMNOPQRST JNUX 6
- 2 CEQRSX ABFIK 7
- 3 AHQ ABEFJNQRW 8
- 4 EHIJOTX FGIJNV 9
- 5 DJN AJOQUY10
- WB 16A €29,50
- H310 5ha 44T 32D €33,40
- 101576
- Von der E45/RV93 aus Süden(finnische Grenze) kommend, Camping rechts gleich vor Kautokeino. Ist ausgeschildert.

Teilkarte Nord-Norwegen auf Seite 62

Norwegen

Kunes, N-9742 / Finnmark
- Kunes Camping
- RV98
- 1 Jan - 31 Dez
- +47 95 11 87 00
- bjorg.masternes@gmail.com
- N 70°20'38" E 26°30'00"

1 ADEJMNOPQRST NPQSWXY 6
2 IJLPQRSX ADFI 7
3 B ABCDEFNQRSW 8
4 FI DGIQR 9
5 DN FGHJOQUY 10
WB 16A CEE
5,6ha 120T(150-180m²) 66D
① €29,50
② €29,50
121896

Der Camping liegt an RV98 zischen Tana und Lakselv, 1 km westlich von Kunes.

Moskenes, N-8392 / Nordland
- Moskenes Camping A/S
- RV80
- 1 Jan - 31 Dez
- +47 99 48 94 05
- info@moskenescamping.no
- N 67°54'02" E 13°03'07"

1 ADEJMNOPRST NOX 6
2 INPQSX ABDEFGIK 7
3 B ABCDEFHJNQRW 8
4 J 9
5 ABDEHK ABFGJOQ 10
B 10-16A
2,7ha 90T 3D
① €33,40
② €39,30
120938

E10 Richtung Moskenes folgen. Der Ausfahrt links auf der 80, dem engen Weg direkt an der Kirche ± 300m folgen. Oder 2 Std mit der Fähre von Bodø nach Moskenes. Der Camping liegt direkt gegenüber der Fähre.

Lakselv, N-9700 / Finnmark
- Stabbursdalen Resort
- Stabbursnes
- 1 Mai - 1 Okt
- +47 46 53 20 00
- post@stabbursdalen.no
- N 70°10'39" E 24°54'29"

1 ADEJMNOPQRST NOQSU 6
2 BCGJKLPQRSTXY ABDFHIK 7
3 X ABEFJNQRSW 8
4 EFHIJOTU FIJW 9
5 HKN BHJOQUY 10
B 16A
35ha 40T 43D
① €28,50
② €28,50
115174

Der Camping liegt direkt an der E6, 16 km nördlich von Lakselv, zwischen Russenes und Lakselv an der Westseite der E6.

Rognan, N-8250 / Nordland
- Rognan Fjordcamp***
- Gamle E6
- 1 Mai - 1 Okt
- +47 48 15 47 95
- hanna@rognanfjordcamp.no
- N 67°06'09" E 15°24'37"

1 ADEJMNOPQRST KLNXYZ 6
2 AEGIJMPQRSTXY ABDFGHIK 7
3 AGU ABCDEFGIJKNW 8
4 FHJO FIJKOQRV 9
5 DN AHIJOQ 10
B 16A
3,5ha 96T(60-100m²) 32D
① €29,50
② €29,50
105950

Vom Süden in Rognan auf der E6 ausgeschildert, dann 3 km der alten E6 folgen. CP-Schildern folgen.

Langfjordbotn, N-9545 / Finnmark
- Altafjord***
- Langfjordveien 1405
- 1 Jun - 1 Sep
- +47 78 43 80 00
- booking@altafjord-camping.no
- N 70°01'42" E 22°16'57"

1 ADEJMNOPQRST KNQSXYZ 6
2 CGIJPQRSTUVX ABCDEFGHIJK 7
3 A ABCDEFJNQRW 8
4 FJOQT FJOQ 9
5 DN AHIJOQU 10
16A
3ha 100T 67D
① €24,55
② €24,55
105922

Der Camping liegt direkt an der E6, 20 km nördlich von Burfjord und 75 km westlich von Alta in Langfjordbotn, zwischen Burfjord und Alta.

Røkland, N-8255 / Nordland
- Nordnes Kro Camping
- E6
- 1 Jan - 31 Dez
- +47 75 69 38 55
- post@nordnescamp.no
- N 66°56'15" E 15°18'58"

1 ADEJMNOPQRST N 6
2 ACIPQRXY ABDEFGJNQRW 8
3 AU ABCDEFGJNQRTW 8
4 FJO EFJ 9
5 ABDEFHILMN AJOQW 10
B 16A
2,7ha 25T(80-100m²) 81D
① €31,95
② €31,95
105951

An der E6, 20 km südlich von Rognan. Wird durch CP-Schildern ausgeschildert.

Lyngvær/Kleppstad, N-8313 / Nordland
- Lyngvær Lofoten Bobilcamping
- Vallhallveien 21
- 1 Mai - 1 Sep
- +47 91 38 17 03
- lobobil@online.no
- N 68°13'29" E 14°13'01"

1 ADEJMNOPQRST KNOPQSWXZ 6
2 GIMPQRSVX ABDEFGI 7
3 A ABDEFJNQRW 8
4 FJO JOQ 9
5 N AGHJOQU 10
16A
2,1ha 165T 6D
① €26,55
② €26,55
109412

An der E10, 18 km westlich von Svolvær entfernt und 2 km hinter der Ausfahrt der Straße 816. CP ausgeschildert.

Røkland, N-8255 / Nordland
- Saltdal Turistsenter AS
- Storjord/Saltdal
- 1 Jan - 31 Dez
- +47 75 68 24 50
- post@isaltdal.no
- N 66°48'49" E 15°24'04"

1 ADJMNOPQRST NU 6
2 CPQXYZ BEFGI 7
3 A ABEFJNQW 8
4 FO FGJ 9
5 ABHIJKMN AEJOQ 10
B 16A
H121 4ha 20T 126D
① €29,00
② €29,00
113277

Die E6 von Süden: kurz hinter der 77 (Richtung Junkerdal) liegt der CP rechts an der YX-Tankstelle rechts der Strecke und ist dort angezeigt.

Mo i Rana, N-8626 / Nordland
- Mo i Rana Camping
- Hammerveien 8
- 17 Mai - 15 Sep
- +47 96 23 23 33
- mo.camping@gmail.com
- N 66°19'00" E 14°10'45"

1 ADEJMNOPQRST J 6
2 ACPQRX ABDEFGJ 7
3 ABCDEFGIJNQRU 8
4 O I 9
5 D AOQ 10
16A CEE
5ha 99T(100-150m²) 28D
① €30,45
② €34,40
119369

CP liegt an der E6 in Mo I Rana und ist deutlich angezeigt.

Russenes, N-9713 / Finnmark
- Olderfjord Turistsenter**
- E69
- 1 Jan - 31 Dez
- +47 78 46 37 11
- post@olderfjord.no
- N 70°28'42" E 25°03'58"

1 ADEJMNOPQRST KNOPQWXY 6
2 GIJMPQRSXY ABCDEFJK 7
3 A ABCDEFJNPQRW 8
4 FJO FGJ 9
5 DFIJLN AKOPQUXY 10
WB 10A CEE
5ha 80T 100D
① €29,40
② €29,40
105925

Der Camping liegt direkt an der E69, 500m nördlich von der Gabelung E6/E69. Nach Norden fahrend, liegt das Campinggelände rechts der Strecke und die Rezeption links.

Mosjøen, N-8657 / Nordland
- Mosjøen Camping****
- E6
- 1 Jan - 31 Dez
- +47 75 17 79 00
- post@mosjoencamping.no
- N 65°50'04" E 13°13'14"

1 ADEJMNOPQRST N 6
2 ACIQRSTVWXY ABDEFGIK 7
3 AFJRU ABCDEFIJKNQRTW 8
4 JOPQTX FGIJVW 9
5 DFGHJLN ABHKOQU 10
B 16A
7ha 201T(80-120m²) 64D
① €31,45
② €31,45
110746

Aus dem Süden ist CP kurz vor Mosjøen an der E6 ausgeschildert.

Saltstraumen, N-8056 / Nordland
- Pluscamp Saltstraumen Camping***
- Knaplund
- 1 Jan - 31 Dez
- +47 75 58 75 60
- post@salcampi.no
- N 67°14'07" E 14°37'12"

1 ADEJMNOPQRST NOPXYZ 6
2 AGINPQRSTXY ABDEFGHIK 7
3 BL ABCDEFGIJKNQRUV 8
4 F FIJS 9
5 DLN AGJOPQUVY 10
B 10A
1,7ha 70T 38D
① €36,85
② €36,85
111382

Von Fauske Straße 80 Richtung Bodo, bei Løding Straße 17, bei der Brücke von Saltstraumen ist CP vor der Brücke ausgeschildert.

Club iD

Ihr Pass oder Ausweis sicher in der Tasche
Die praktische ACSI Clubkarte

Nur 4,95 € im Jahr

- Ausweisersatz
- Akzeptiert auf fast 8 400 Campingplätzen in Europa
- Inklusive Haftpflichtversicherung
- Rabatt im ACSI-Webshop

www.ACSI.eu/ACSIClubID

Sandsletta/Laukvik, N-8315 / Nordland
- Sandsletta Camping★★★
- Midnattsolveien 993
- 1 Jan - 31 Dez
- +47 90 91 52 30
- sandsletta@camping-lofoten.no
- N 68°20'10" E 14°29'56"
- Auf der E10 15 km nördlich von Svolvær ausgeschildert. Dann noch 10 km Richtung Laukvik.

1 ADEJMNOPQRST KNOPQSWXYZ6
2 GIJLPQRSTVWXY ABDEFGHI7
3 AHI ABCDEFHJKQRT8
4 EFJKOTV FIJKQRT9
5 ABDFHLN AGHJNQU10
B 10-16A €28,50
3ha 100T(70-180m²) 38D €28,50
107734

24 KM VOM NORDKAP
NAF Nordkapp Camping ★★★

- 8 km von Honningsvåg
- jeden Morgen frisches Brot und Kaffee an der Rezeption
- viele Ausflugsangebote und Aktivitäten
- Infos zur Umgebung an der Rezeption erhältlich

E69/Skipsfjorden 20, 9750 Skipsfjorden
Internet: www.nordkappcamping.no

Norwegen

Sjøvegan, N-9350 / Troms
- Elvelund Camping
- Elvelund
- 15 Mai - 15 Sep
- +47 77 17 18 88
- post@elvelund-camping.no
- N 68°51'57" E 17°51'41"
- Von Süden her die E6 bis ca. 9 km vor Setermoen folgen. Dann links ab der 851 folgen. 1 km hinter Sjøvegan ist der CP links angezeigt.

1 ADEJMNOPQRST JKNPQSUWXYZ6
2 CGIJMPQRSXY ABDEFGHIK7
3 BUV ABCDEFJNPQRT8
4 FJ FGJMQRV9
5 BDGHIKN AFGHJOQUW10
B 16A €30,00
7ha 80T 46D €30,00
117443

Stave, N-8489 / Nordland
- Stave Camping
- 20 Mai - 1 Sep
- +47 92 60 12 57
- booking@stavecamping.no
- N 69°12'17" E 15°51'47"
- Hinter der Brücke von Andøy (bei Risøyhamn) Richtung Nordmela halten. 11 km nördlich von Nordmela ist Stave. Camping ist ausgeschildert und liegt beidseitig der Straße.

1 BDEILNOPQRT KNPQUVWX6
2 CEGIJKLPQRSTX ABDEFGHI7
3 AU BCDEFJNQRW8
4 AFTU FIRV9
5 D AJNQ10
10-16A €26,55
3,5ha 120T 15D €29,50
111202

Skarsvåg, N-9763 / Finnmark
- BaseCamp NorthCape★★★
- Storvannsveien 2
- 1 Mai - 30 Sep
- +47 90 96 06 48
- post@basecampnorthcape.com
- N 71°06'28" E 25°48'46"
- Der E69 Richtung Nordkap folgen und dann die Ausfahrt Richtung Skarsvåg. Nach 2 km befindet sich das Camping an der linken Straßenseite.

1 ADEJMNOPRT NPXYZ6
2 EGINPQRTUX ABDEFGIJK7
3 ABEFJNQRW8
4 AFJO GJ9
5 ABHJKN AGJJOQU10
16A CEE €34,40
3,2ha 40T 20D €34,40
111384

Storslett, N-9151 / Troms
- Fosselv Camping★★
- Straumfjord øst 544
- 10 Mai - 1 Okt
- +47 91 63 61 93
- fosselvcamping@outlook.com
- N 69°50'23" E 21°12'33"
- Von Süden aus ist der CP etwa 11 km hinter Storslett auf der E6 angezeigt.

1 ADEJMNOPQRST KNOPQSWXYZ6
2 CHILPQRSVXY ABDEFGHIJ7
3 A ABCDEFJNQRU8
4 FHIJT FJOQ9
5 DN GHJOQU10
16A €29,50
2ha 60T 13D €29,50
117433

Skibotn, N-9143 / Troms
- Olderelv Camping★★★★
- Olderelvveien 16
- 15 Mai - 1 Sep
- +47 77 71 54 44
- firmapost@olderelv.no
- N 69°22'48" E 20°17'44"
- Von Narvik etwas südlich von Skibotn, 400m hinter der Ausfahrt E8. Der CP ist auf der E6 ausgeschildert.

1 ADEJMNOPQRST 6
2 IPQRSWXY ABCDEFGHIJK7
3 BJV ABCDEFJNQRTU8
4 FJST FGJ9
5 ABDEFGKN AEGHJOQ10
B 16A CEE €31,45
9,4ha 90T(120-140m²) 271D €31,45
107737

Skiippagurra/Tana, N-9845 / Finnmark
- Tana Camping & Motell★★★
- Varjjatgeaidnu 392
- 1 Mai - 1 Nov
- +47 78 92 86 30
- booking@famcamp.no
- N 70°09'59" E 28°13'34"
- Der Camping liegt direkt an der E6 zwischen Tana und Kirkenes, 4 km von Tana Bru. Direkt nach der scharfen Kurve liegt der Campingplatz.

1 ADEJMNOPQRST N6
2 CPQRUXY ABDEFGHIK7
3 A ABEFJNQRW8
4 FJOT FGI9
5 BDFHN GHJNQU10
16A €25,55
4ha 30T 43D €28,50
105927

Svenningdal, N-8680 / Nordland
- Svenningdal Camping
- Svenningdalsvegen 288
- 1 Mai - 1 Sep
- +47 92 80 76 09
- post@svenningdal-camping.no
- N 65°26'40" E 13°24'04"
- Links an der E6 vom Süden, 9 km hinter der Ausfahrt Straße 76, ausgeschildert.

1 ADEJMNOPQRST JNUX6
2 ACIMQRUVXY ABDEFGIK7
3 A ABCDEFJNQRW8
4 FJ FJK9
5 ABDN AGHKNQU10
H130 6,8ha 70T 7D €24,55
€24,55
107732

Skipsfjorden, N-9750 / Finnmark
- NAF Nordkapp Camping★★★
- E69/Skipsfjorden 20
- 20 Mai - 10 Sep
- +47 78 47 33 77
- post@nordkappcamping.no
- N 71°01'37" E 25°53'22"
- Der Camping liegt östlich von der E69, 7 km nördlich vom Honningsvåg. Auf der E69 zum Nordkap liegt der Camping rechts der Straße.

1 ADEJMNOPQRST NOP6
2 CEGIMPQSTX ABCDEFGHIJK7
3 ABEFJNQRW8
4 FT FGJ9
5 ABDHLN AFGHIJOPQU10
Anzeige auf dieser Seite 16A €35,40
5,2ha 90T 7D €35,40
105923

Tromsdalen, N-9020 / Troms
- Tromsø Lodge & Camping★★★
- Arthur Arntzens Veg 10
- 1 Jan - 31 Dez
- +47 77 63 80 37
- post@tromsocamping.no
- N 69°38'54" E 19°00'59"
- Der E8 folgen. Am Kreisel von Tromsø ist der CP angezeigt. Noch 1,5 km vor der E8 folgen. CP-Schild nach rechts folgen. Dann noch 600m über bequemen Zufahrtsweg.

1 ADEJMOPQRS J6
2 CMPQRSTWXY ABCDEFGIJK7
3 X ABCDEFHJNQRT8
4 FHIJT FGJ9
5 ADEHJN ABFGHJOQUY10
B 16A CEE €44,70
1,6ha 69T(80-100m²) 35D €44,70
114508

Skittenelv, N-9023 / Troms
- Skittenelv Camping AS★★★★
- Ullstindveien 736
- 15 Mai - 15 Sep
- +47 46 85 80 00
- post@skittenelvcamping.no
- N 69°46'39" E 19°22'57"
- Der E8 folgen. Vor der Brücke in Tromsø ist der CP ausgeschildert.

1 ADEJMNOPQRST BGHKNPQSXYZ6
2 GILMPQS ABDEFGIJNQRTW7
3 AJUV ABDEFGIJNQRTW8
4 FHJOT FJOQY9
5 ABEFN AGJQQU10
B 16A €39,30
1,3ha 90T 20D €39,30
111777

Valberg (Lofoten), N-8357 / Nordland
- Brustranda Sjøcamping★★★★
- Valbergsveien 851
- 1 Mai - 15 Sep
- +47 90 47 36 30
- booking@brustranda.no
- N 68°12'14" E 13°53'15"
- Von Svolvær der E10 nach Westen folgen, bis links die 815 abzweigt. Hier ist CP beschildert. Noch 22 km Straße 815 folgen.

1 ADEJMNOPQRST KNPQSWXYZ6
2 GIJMQSXY ABDEFGIK7
3 AH ABFGHIJNQRTW8
4 FJO FJV9
5 ABGIKN AGHJNQU10
B 10A €29,50
4ha 60T 22D €29,50
111853

Skoganvarre, N-9722 / Finnmark
- Skoganvarre Villmark AS
- E6
- 1 Mrz - 1 Okt
- +47 46 86 29 58
- post@skoganvarre.no
- N 69°50'19" E 25°04'32"
- Der Camping liegt am Seitenweg der E6 zwischen Karasjok und Lakselv. 47 km nördlich von Karasjok, 200m westlich von der E6.

1 ADEJMNOPQRST JLNXZ6
2 CEIJPQRSX ABDEFGHIK7
3 X ABEFJNQR8
4 FJT FIOQR9
5 ABIJLN FHJJOQU10
B 16A €35,40
H75 1,3ha 60T 77D €35,40
111778

Vestre Jakobselv, N-9802 / Finnmark
- Vestre Jakobselv Camping
- Lilledalsveien 6
- 1 Jan - 31 Dez
- +47 78 95 60 64
- post@vj-camping.no
- N 70°07'10" E 29°19'54"
- Der Camping liegt am Seitenweg der E75 zwischen Varangerbotn und Vadsø. In Vestre Jacobselv abbiegen und der FV323 nach Norden. Nach 800m ist der Camping an der Westseite. Camping von der D75 so angezeigt.

1 ADEJMNOPQRST JKNSX6
2 CJMQRSTXY ABDEFGHJK7
3 ALMX ABEFJNQR8
4 FHIJOT FGIJ9
5 BDN GJNQU10
WB 16A €28,50
2ha 34T 23D €28,50
118104

Schweden

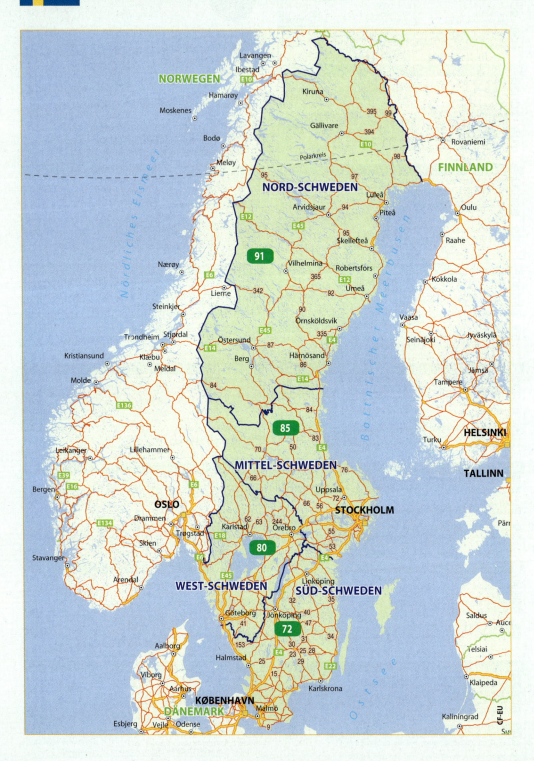

Schweden

Allgemeines
Offizieller Name: Königreich Schweden (Konungariket Sverige).
Schweden ist Mitglied der Europäischen Union. Schwedisch ist die offizielle Sprache. In touristischen Gebieten kommt man fast überall mit Englisch gut zurecht.
Zeitunterschied: In Schweden ist es genauso spät wie in Berlin, Paris und Rom.

Währung und Geldfragen
Währung: Schwedische Krone (SEK).
Wechselkurs im September 2021:
1,00 € = ca. 10,13 SEK / 1,00 SEK = ca. 0,10 €.
Bankkarte und Kreditkarte können Sie fast überall benutzen. Es gibt genug Geldautomaten.

Grenzformalitäten
Viele Formalitäten und Vereinbarungen in Bezug auf die notwendigen Reisedokumente, Fahrzeugpapiere, Anforderungen an Ihr Transportmittel und Ihr Campingfahrzeug, medizinische Kosten und die Mitnahme von Tieren hängen nicht nur vom Reiseziel, sondern auch von Ihrem Abreiseort und Ihrer Nationalität ab. Auch die Dauer Ihres Aufenthaltes kann eine Rolle spielen. Es ist unmöglich, im Rahmen dieses Leitfadens für alle Benutzer die richtigen und aktuellen Informationen über diese Themen zu gewährleisten. Wir empfehlen Ihnen daher, die folgenden Fakten in jedem Fall rechtzeitig vor der Abreise zu überprüfen:
- welche Reisedokumente Sie für sich selbst und Ihre Mitreisenden benötigen,
- welche Dokumente Sie für Ihr Auto und Ihren Anhänger benötigen,
- welche Waren und Medikamente Sie kostenlos ein- und ausführen dürfen,
- wie bei Unfall oder Krankheit die medizinische Behandlung in Ihrem Urlaubsland geregelt ist und bezahlt werden kann.

Haustiere
Finden Sie heraus, ob Ihr Haustier an Ihrem Zielort willkommen ist. Nehmen Sie hierzu frühzeitig Kontakt zu Ihrem Tierarzt auf. Dieser informiert Sie über relevante Impfungen und die entsprechenden Nachweise wie auch über Pflichten bei der Rückkehr.
Ferner sollten Sie sich erkundigen, ob an Ihrem Zielort für das Mitführen von Haustieren im öffentlichen Raum bestimmte Bedingungen gelten. So müssen in einigen Ländern Hunde immer einen Maulkorb tragen oder hinter Gittern transportiert werden.

Straßen und Verkehr
Das Straßennetz ist gut ausgebaut. Bitte beachten Sie jedoch im Frühjahr, dass die Fahrbahndecke durch Frost beschädigt sein kann.
In der Regel sind die Straßen nur bei extremem Winterwetter und Schneeschmelze vorübergehend gesperrt.
In Schweden müssen Sie vor allem in der Morgen- und Abenddämmerung mit die Straße überquerendem Großwild rechnen. Das Fahren in den dichten Wäldern Mittelschwedens kann aufgrund der Stille und Monotonie zu Müdigkeit führen.

Fähren
Sie können über Land nach Schweden über die Öresundbrücke (*oeresundsbron.com*) von Kopenhagen (Dänemark) nach Malmö reisen, aber auch eine Fahrt mit der Fähre nach Schweden ist eine Möglichkeit, zum Beispiel über Frederikshaven (Dänemark), Rostock (Deutschland) oder Sassnitz (Deutschland). Informationen über Fahrzeiten, Abfahrtszeiten und Preise finden Sie bei Reedereien wie *scandlines.com*, *stenaline.com*. Die Preise hängen u. a. von der Saison und der Abfahrtszeit ab. Es ist ratsam, rechtzeitig eine Reservierung vorzunehmen.

Schweden

Erkundigen Sie sich vorab bei der Reederei, ob Gasflaschen mit auf das Schiff genommen werden dürfen.

Tanken

Bleifreies Benzin (Blyfri 95/98) und Diesel sind leicht erhältlich. (Achten Sie darauf, dass Sie nicht versehentlich E85 oder B100 tanken, da diese Kraftstoffe für einen normalen Automotor schädlich sind.) Autogas ist im Süden begrenzt und im Norden kaum verfügbar. Zum Tanken von Autogas wird der italienische Anschluss (Dish) genutzt; es ist verboten, einen eigenen Reduziernippel zu verwenden.

Es gibt nur wenige Tankstellen in Mittel- und Nordschweden, daher wird empfohlen, dass Sie immer tanken, wenn Sie auf eine treffen. Tankstellen sind oft mindestens von 7:00 bis 21:00 Uhr geöffnet, haben aber in der Regel alle Nachtautomaten. Die meisten Tankstellen entlang der Autobahn und in Großstädten sind Tag und Nacht geöffnet. In Schweden gibt es auch viele unbemannte Tankstellen. Bitte beachten Sie, dass Bargeld nicht mehr überall akzeptiert wird.

Verkehrsregeln

Abblendlicht (oder Tagfahrlicht) ist tagsüber vorgeschrieben.

An einer Kreuzung mit Straßen gleichen Ranges hat der von rechts kommende Verkehrsteilnehmer Vorfahrt.

Der Verkehr im Kreisverkehr hat Vorfahrt, wenn dies durch Verkehrsschilder angegeben ist. Sonst hat der Verkehr von rechts Vorfahrt.
Die Alkoholgrenze liegt bei 0,2 ‰.
Fahrer dürfen nur mit einer Freisprechanlage telefonieren, sie dürfen während der Fahrt kein Gerät bedienen.
Kinder, die kleiner als 1,35 m sind, müssen in einem Kindersitz sitzen.
Vom 1. Dezember bis zum 31. März sind Winterreifen bei winterlichen Verhältnissen Pflicht.

Besondere Bestimmungen

Wenn an einer Kreuzung unter einem Stopp- oder Vorfahrtsschild „Flervägsväjning" steht, müssen die Fahrer im gegenseitigen Einvernehmen Vorfahrt gewähren (oft in der Reihenfolge der Ankunft).
Da die Einordnungsspuren in Schweden oft kurz sind, gehen die sich einordnenden Fahrer meistens davon aus, dass ihnen andere Fahrer Platz machen.
Langsamer Verkehr weicht oft auf den Seitenstreifen aus, um schnelleren Verkehr vorbeifahren zu lassen.
Es besteht eine beträchtliche Wahrscheinlichkeit einer Kollision mit einem großen Wildtier, wie beispielsweise einem Rentier oder Elch. Achten Sie deshalb gut auf die gelben Warnschilder.

Höchstgeschwindigkeiten

Schweden	Außerhalb geschlossener Ortschaften	Autobahn
Auto	60-100*	90-120
Mit Anhänger	60-80*	80
Wohnmobil < 3,5 Tonnen	60-100*	90-120
Wohnmobil > 3,5 Tonnen	60-100*	90-120

* Die Höchstgeschwindigkeit ist durch Schilder gekennzeichnet und kann auf einigen Autobahnen bis zu 110 km/h betragen.
** Mit einem ungebremsten Anhänger > 300 kg beträgt die Höchstgeschwindigkeit 60 km/h.
Innerhalb geschlossener Ortschaften beträgt die Höchstgeschwindigkeit 50 km/h.

Schweden

Vorgeschriebene Ausrüstung
Ein Warndreieck ist in einem Auto mit einem schwedischen Nummernschild Pflicht. Es wird empfohlen, zwei Warndreiecke, einen Verbandskasten, einen Feuerlöscher, ein Abschleppseil, Startkabel, Sicherheitswesten für alle Insassen und Ersatzlampen mitzunehmen. Bei winterlichen Verhältnissen ist es vorgeschrieben, eine Schneeschaufel im Auto zu haben.

Wohnwagen, Wohnmobil
Eine Wohnmobil- oder ein Gespann aus Pkw und Wohnwagen darf bis zu 4,50 m hoch, 2,60 m breit und 24 m lang sein.

Fahrrad
Für Kinder bis 15 Jahre ist ein Fahrradhelm Pflicht.

Ein Kind unter 10 Jahren darf nur von einer Person im Alter von mindestens 15 Jahren auf dem Fahrrad transportiert werden.

Maut und Umweltzonen
Maut
Schweden hat keine Mautstraßen. Nur auf der Öresundbrücke (Øresundsbron), zwischen Dänemark und Schweden, müssen Sie Maut bezahlen. Sie können an der Brücke bezahlen.
Tipp! Sie erhalten einen Rabatt bei Verwendung eines BroPas. Mehr Informationen: *oeresundsbron.com*.

Umweltzonen
Zunächst haben nur Stockholm und Göteborg eine Umweltzone eingeführt. Um in diese Zonen zu gelangen, müssen Sie eine „Stausteuer" zahlen.

Schweden

Die Zahlung ist sehr einfach: Ihr Nummernschild wird mit Kameras registriert und die Rechnung für die Steuer wird automatisch an Ihre Wohnadresse geschickt. Die Beträge können variieren, dürfen aber ca. 60 SEK (Göteborg) oder 100 SEK (Stockholm) pro Tag nicht überschreiten. Bei Mietwagen ist die Steuer in der Regel im Mietpreis enthalten. Erkundigen Sie sich beim Vermieter danach.
Weitere Informationen:
transportstyrelsen.se und **epass24.com**.

Panne und Unfall

Stellen Sie Ihr Warndreieck auf der Autobahn mindestens 100 m (auf sonstigen Straßen 50 m) hinter dem Auto auf, wenn dieses an einem Ort steht, an dem das Halten verboten ist. Allen Insassen wird empfohlen, eine Sicherheitsweste anzuziehen.
Rufen Sie bei einer Panne die Notrufnummer Ihrer Pannenhilfe-Versicherung an. Sie können auch die schwedische Pannenhilfe (Assistancekåren) unter +46 8 627 57 57 anrufen.
Das Abschleppen auf der Autobahn ist bis zur ersten Ausfahrt erlaubt.
Wenn Sie ein Rentier, einen Elch oder ein anderes großes Wildtier angefahren haben, müssen Sie sofort die Polizei anrufen.

Notrufnummer
112: allgemeine Notrufnummer für Polizei, Feuerwehr und Rettungswagen.

Campen

Im Süden Schwedens gibt es mehr als genug Campingplätze, weiter nördlich nimmt die Zahl allerdings ab. Nordschweden hat hauptsächlich kleine Campingplätze. Die Sanitäranlagen auf den Campingplätzen sind meistens von ausreichender Qualität.
Wildcampen außerhalb der Campingplätze: In Schweden gilt das so genannte „Jedermannsrecht". Wenn Sie außerhalb eines Campingplatzes campen möchten, müssen Sie die Erlaubnis des Grundbesitzers einholen und nach dem Prinzip „nicht stören oder zerstören" handeln. Das Jedermannsrecht gilt nicht in Naturreservaten und anderen Naturschutzgebieten.

Besonderheiten
Wenn Sie in Schweden campen, besteht die Möglichkeit, dass Sie eine spezielle Karte benötigen, die Sie an der Rezeption vorzeigen müssen. Sie können diese Karte auf dem betreffenden Campingplatz kaufen.
Es ist üblich, pro Platz zu zahlen, nicht pro Person.

Schweden

Das Angebot an Lebensmitteln, Einrichtungen und Freizeitmöglichkeiten ist im Vergleich zu den gängigeren Campingländern gering. Die meisten Campingplätze haben allerdings Küchen mit Kochgeschirr zur gemeinsamen Nutzung.
Achtung! Die Möglichkeiten, Propangasflaschen zu befüllen, sind sehr begrenzt. Deshalb ist es am besten, genug Gas mitzunehmen. Butangas ist nirgendwo erhältlich.

Wohnwagen, Wohnmobil

Servicestationen für Wohnmobile kommen immer häufiger vor. Außerdem wird der „Quick-Stop" immer beliebter: Zu einem niedrigeren Preis können Sie dann ab 20.00 Uhr abends Ihren Stellplatz einnehmen und müssen morgens vor 10.00 Uhr abreisen.
In Schweden ist es verboten, einen Eimer unter den Abfluss des Wohnwagens zu stellen. Es ist vorgeschrieben, einen schließbaren Abfluss und einen geschlossenen Abfallbehälter oder einen Müllsack zu haben.
Es ist erlaubt, auf öffentlichen Straßen in einem Wohnwagen, Wohnmobil oder Auto zu übernachten, es sei denn, es besteht ein lokales Park- oder Übernachtungsverbot.

Suche nach einem Campingplatz

Über **Eurocampings.eu** können Sie ganz einfach einen Campingplatz suchen und auswählen.

Praktisch

Die Steckdosen haben zwei runde Löcher (Typ C oder F). Auf **iec.ch/world-plugs** können Sie überprüfen, ob Sie einen Adapter (Weltstecker) benötigen.
Schützen Sie sich vor Zecken, da diese Krankheiten übertragen können.
Leitungswasser kann bedenkenlos getrunken werden.

Klima Göteborg	Jan.	Feb.	März	Apr.	Mai	Jun.	Jul.	Aug.	Sept.	Okt.	Nov.	Dez.
Durchschnittliche Höchsttemperatur	1	1	5	10	16	20	21	21	16	12	6	3
Durchschnittliche Anzahl der Sonnenstunden pro Tag	2	3	5	7	9	10	9	8	6	3	2	1
Durchschnittliche monatliche Niederschlagsmenge (mm)	61	40	49	41	49	59	68	75	80	83	82	72

Klima Malmö	Jan.	Feb.	März	Apr.	Mai	Jun.	Jul.	Aug.	Sept.	Okt.	Nov.	Dez.
Durchschnittliche Höchsttemperatur	2	2	5	10	16	20	21	21	17	12	7	4
Durchschnittliche Anzahl der Sonnenstunden pro Tag	1	2	4	6	8	9	8	7	5	3	1	1
Durchschnittliche monatliche Niederschlagsmenge (mm)	49	30	40	38	41	52	61	58	59	57	61	58

Klima Stockholm	Jan.	Feb.	März	Apr.	Mai	Jun.	Jul.	Aug.	Sept.	Okt.	Nov.	Dez.
Durchschnittliche Höchsttemperatur	-1	-1	3	9	16	21	22	20	15	10	5	1
Durchschnittliche Anzahl der Sonnenstunden pro Tag	1	3	5	7	9	11	10	8	6	3	1	1
Durchschnittliche monatliche Niederschlagsmenge (mm)	39	27	26	30	30	45	72	66	55	50	53	46

Süd-Schweden

Åby, S-61691 / Östergötlands län
- Sörsjöns Camping & Stugby***
- Näkna, Källtorp
- 18 Apr - 17 Okt
- +46 1 16 12 50
- info@sorsjonscamping.se
- N 58°43'23" E 16°05'01"

1 BDEJMNOPQRST LNSX 6
2 BEKQRSUXYZ ABDEFGIK 7
3 A ABCDEFGIJNQRTW 8
4 FIJT FR 9
5 BN BGHJQU 10
10A CEE
H100 6,7ha 100T(80-120m²) 47D
€ 29,10 / € 29,10
108744
Von der E4 nördlich von Norrköping, die 56 Richtung Katrineholm an der Ausfahrt 123 nehmen. Nach etwa 7 km Richtung Näkna/Sörsjön abbiegen. CP ist angezeigt und ist nach 6 km erreicht.

Älmeboda, S-36298 / Kronobergs län
- Abrahams Camp
- Abrahamshult 5
- 1 Jan - 31 Dez
- +46 47 71 09 09
- info@abrahamscamp.com
- N 56°28'45" E 15°13'57"

1 ADEGJMNOPQRST LNPQSXZ 6
2 BEJQRSTXYZ ABDEFGIJK 7
3 ACDMSWX ABCDEFGHIJKNQRTW 8
4 FHJN DFGHIQRVW 9
5 AFGJLN ABFJNPQUVW 10
B 16A
H127 7,5ha 100T(120-140m²) 14D
€ 25,65 / € 30,60
124755
Der 122 Karskrona/Växjö in den kleinen Ort Yxnanäs südlich von Rävemala folgen. Ausfahrt Richtung Flisehult (7 km). Vor Flisehult kommt man am Abrahams Camp vorbei.

Sjöstugans Camping ★★★
Erholung am herrlich gelegenen Möckelnsee.
GPS: N 56°34'7" E 14°7'55"
Bökhult 27, 34338 Älmhult
Tel. 0476-71600 • Fax 0476-15750
Internet: www.sjostugan.com

Älmhult, S-34338 / Kronobergs län
- Sjöstugans Camping***
- Bökhult 27
- 1 Jan - 31 Dez
- +46 47 67 16 00
- info@sjostugan.com
- N 56°34'07" E 14°07'55"

1 BDJMNOPQRST LMNQSWXYZ 6
2 BEIJQSUXYZ ABDEFGIJK 7
3 AGJLS ABEFJKNQRTW 8
4 JOTU AFGIJLPQR 9
5 ABDFHIJK ABGIJOQUV 10
Anzeige auf dieser Seite B 10A
H150 1,6ha 75T(50-80m²) 42D
€ 32,55 / € 32,55
106887
CP an Straße 23 ausgeschildert, an der E4 bei Traryd, Straße 120 nach Älmhult.

Åhus, S-29633 / Skåne län
- First Camp Åhus-Kristianstad****
- Täppetleden 201
- 1 Jan - 31 Dez
- +46 44 24 89 69
- ahus@firstcamp.se
- N 55°56'28" E 14°18'46"

1 ADEJMNOPQRST KMPQRSXY 6
2 BGJPQRWXYZ ABCDEFGHIJK 7
3 AFGJLQSV ABCDEFIJNPQRTUVW 8
4 BCDFHOSTUVWX EJVY 9
5 ACDFHIJKLN ABGHIJMOQUY 10
B 10A
25ha 530T(100-120m²) 255D
€ 44,40 / € 44,40
106920
CP an der Küste, Nordostseite von Åhus, auf der Straße 118 ausgeschildert.

Åminne/Slite, S-62430 / Gotlands län
- Åminne Fritid & Havsbad
- Gothem Åminnevägen 2
- 1 Mai - 31 Aug
- +46 48 93 40 11
- info@aminnefritid.se
- N 57°36'50" E 18°45'24"

1 DEJMNOPQRST AKN 6
2 BCHIJQWXY ABFGHIJK 7
3 AJLMQ ABCDFIJNPQRTW 8
4 JOT FJVY 9
5 AFHJKL BHJNPQU 10
B 10A
2ha 80T(140-180m²) 67D
€ 38,00 / € 38,00
118393
Der CP liegt an der 146, 11 km südlich von Slite. Ist in Åminne ausgeschildert.

Åsa, S-43954 / Hallands län
- Åsa Camping & Havsbad
- Stora Badviksvägen 10
- 14 Apr - 18 Sep
- +46 3 40 21 95 90
- info@asacamping.se

1 BDEJMNOPQRST KNQX 6
2 AHJQWXY ABDEF**FG**HIK 7
3 B**L** ABCDE**F**HKPQRTUV 8
4 BDHJO G 9
5 D ABFIJMOQY 10
B 10A
3ha 201T(60-120m²) 93D
① €45,90
② €45,90

N 57°20'57'' E 12°07'19''
Von der E20 nach Åsa. Den CP-Schildern folgen. 120176

Asarum/Karlshamn, S-37491 / Blekinge län (CC€20) iD
- Långasjönäs Camping & Stugby
- Långasjönäsvägen 49
- 1 Jan - 31 Dez
- +46 4 54 32 06 91
- info@langasjonas.com

1 ADEJMNOPQRST L**N**PQSUX 6
2 ABEIJKNQRTUWXYZ ABDE**FG**HJK 7
3 AJ**L**X ABCDE**F**IJNPQRTW 8
4 FHIJO**T** FJNOQRVW 9
5 ABDN ABCDFGHJOPQUWX 10
Anzeige auf dieser Seite B 10A CEE
H55 11ha 110T(80-120m²) 71**D**
① €35,50
② €35,50

N 56°13'55'' E 14°51'11'' 122034
Von der E22 Ausfahrt 52 Karlshamn-Zentrum und ab dort den CP-Schildern folgen. Von der 29 Ausfahrt Asarum und ab dort den CP-Schildern folgen.

LÅNGASJÖNÄS
CAMPING & HOLIDAY VILLAGE

Bezaubernde Landschaften, alte Ruinen, Ruhe und Stille charakterisieren das Långasjönäs Naturreservat. Prächtige Sandstrände. Wärmstes Badewasser in ganz Blekinge! Hier finden Sie einen der weltbesten Flüsse zum Lachs- und Forellenangeln (Mörrum), den größten Wildpark und Naturreservat Skandinaviens (Eriksberg), das schöne Archipel von Karlshamn und noch viel mehr. Niederländische Inhaber.

Långasjönäsvägen 49, 37491 Asarum/Karlshamn
info@langasjonas.com • www.langasjonas.com
+46(0)454-320691

Båstad, S-26943 / Skåne län (CC€22) iD
- Båstad Camping
- Norra Vägen 128
- 26 Mrz - 3 Okt
- +46 43 15 55 11
- info@bastadcamping.se

1 ADEJMNOPQRST MNPQS**W**6
2 ABJPQWXY ABDE**FG**HJK 7
3 AB**JL**MSUV ABCDE**FG**HIJNPQRTW 8
4 BDFHO FV 9
5 ABDEFHJKNO BEFGHIJMOQUVWY 10
Anzeige auf dieser Seite B 10A CEE
8,2ha 292T(110-120m²) 84**D**
① €37,00
② €37,00

N 56°26'20'' E 12°55'05'' 118141
Folgen Sie der E6/E20 Richtung Båstad. Der Campingplatz ist weiter deutlich ausgeschildert.

Bräkne-Hoby, S-37263 / Blekinge län iD
- Järnaviks Camping AB****
- Bastuviksvägen 63
- 8 Apr - 18 Sep
- +46 45 78 21 66
- jarnaviks.camping@telia.com

1 ADEJMNOPQRST K**N**PQSUXYZ 6
2 ABHJKQRSTUWXYZ ABDE**FG**HJK 7
3 AG**JS** ABE**F**HIJNPQRTW 8
4 BCDFHJOR FRV 9
5 ABDFHJKLN BCHIJMOQUV 10
B 10A CEE
5ha 180T(100-120m²) 64**D**
① €32,55
② €32,55

N 56°10'33'' E 15°04'41'' 114087
Auf der E22 zwischen Karlshamn und Ronneby Ausfahrt 55 nach Bräkne-Hoby. Camping ist weiter ausgeschildert. Dann zur Ausfahrt Camping Krog.

Båstad, S-26991 / Skåne län
- Norrviks Camping***
- Kattviksvägen 347
- 15 Apr - 28 Sep
- +46 4 31 36 91 70
- norrviken@caravanclub.se

1 BDJMNOPQRST KNPQS**W**6
2 GIMQSWXY ABDE**FG**HIK 7
3 AB**JL**MSU ABE**F**JNQRTW 8
4 JNO 9
5 ABDMN ABFGHJOQUVWY 10
B 16A CEE
2ha 145T(80-100m²) 60**D**
① €36,00
② €36,00

N 56°27'11'' E 12°47'07'' 100944
Von der E6 nach Båstad, Straße 115 durch die Stadt Richtung Kattvik, ausgeschildert.

Burgsvik, S-62335 / Gotlands län iD
- Burgsviks Camping
- Valarvägen 4
- 8 Apr - 31 Okt
- +46 7 36 79 80 81
- info@burgsvikscamping.com

1 ADEJMNOPQRS**T** BGKNPQS**WXY**Z 6
2 BGKQWXY ABDE**FG**IJK 7
3 A**JL**U ABE**F**JNQRTW 8
4 O F 9
5 ADEFGHJKN ABGHJOQU 10
B 10A CEE
1,6ha 80T(100-120m²) 17**D**
① €35,50
② €35,50

N 57°01'57'' E 18°15'26'' 118406
CP liegt am Hafen und Badestrand von Burgsvik (Südgotland). Ist ab der 142 innerorts angezeigt.

Bergkvara, S-38598 / Kalmar län iD
- Skeppeviks Camping
- Björkenäs 104
- 1 Apr - 17 Sep
- +46 48 62 06 37
- info@skeppevik.com

1 ADEJMNOPQRST KNQS**W**X 6
2 ABGKQRXYZ ABDE**FG**HIK 7
3 B**JL** ABCDE**F**JNPQRW 8
4 FH F 9
5 ABDHKN BHJNQUY 10
10A
2,2ha 60T(100-200m²) 18**D**
① €27,65
② €27,65

N 56°21'42'' E 16°04'34'' 113358
Der CP liegt ungefähr 2,5 km südlich von Bergkvara und ist ab der E22 ausgeschildert.

Degerhamn, S-38663 / Kalmar län iD
- Sandviks Camping
- Årsvik 102
- 5 Mai - 30 Sep
- +46 7 32 01 41 66
- info@sandvikscamping.com

1 ADEJMNOPQRST KNQS**W**X 6
2 ABGILMQRSTWXYZ ABCDE**FG**HIK 7
3 LX ABCDE**F**NQRW 8
4 H FV 9
5 ADN ABCFGHIJNQUV 10
10A
7ha 100T(120-150m²) 11**D**
① €30,60
② €30,60

N 56°22'39'' E 16°24'20'' 123383
Über die Brücke, 2. Ausfahrt Ottenby. Hintzer Björby rechts nach 7km rechts abbiegen.

Böda, S-38773 / Kalmar län
- Böda Hamns Camping***
- Bödahamnsvägen 40
- 1 Apr - 30 Sep
- +46 48 52 20 43
- info@bodahamnscamping.se

1 ADEJMNOPQRST KMNPQS**W**XY 6
2 BGJKQRXYZ ABDE**FG**HIK 7
3 BF**GJL**U ABCDE**F**JKNQRT 8
4 DJO**PT** F 9
5 ADMN ABGJMOQY 10
B 10A
5,5ha 341T(80-100m²) 71**D**
① €34,05
② €34,05

N 57°14'19'' E 17°04'12'' 106984
Von Öland Straße 136 Richtung Norden, Ausfahrt Böda Hamn, CP ausgeschildert.

Ekerum/Borgholm, S-38792 / Kalmar län
- First Camp Ekerum Camping*****
- Ekerumsvägen 31
- 15 Apr - 9 Okt
- +46 4 85 56 47 00
- info@ekerumcamping.se

1 DEJMNOPQRS**T** BGKNPQSXZ 6
2 BGJKMQRSWXYZ ABDE**FG**HIK 7
3 BF**JKL**SV ABCDE**F**IJKNQRTUVW 8
4 BCFJLO**PT** EFJUVY 9
5 ABCDEFGHIKM**N** ABEGHIJMOQUVY 10
B 10A CEE
30ha 640T(100-120m²) 285**D**
① €44,40
② €44,40

N 56°47'37'' E 16°34'00'' 106956
Von Kalmar über die Brücke nach Öland Richtung Borgholm; auf halber Strecke nach Borgholm (Golfplatz) ist der CP an der Straße Nr. 136 ausgeschildert.

Böda, S-38773 / Kalmar län iD
- Krono Camping Böda Sand*****
- Böda Sands Allén 11
- 30 Apr - 13 Sep
- +46 48 52 22 00
- info@bodasand.se

1 ADEJMNOPQRST **BG**HIKMOPQS**W**6
2 ABGJQRSWXYZ ABDE**FG**HIJK 7
3 ABCDE**FG**JKLM**N**OQS ABCDE**FG**IJKNQRTUVW 8
4 B**F**HIJNO**R**T**V**X**Z** EFJNSTVY 9
5 ACDEFGHKLMN ABEGHIJMOPQUVXY 10
B 16A CEE
50ha 1204T(80-120m²) 359**D**
① €76,95
② €76,95

N 57°16'28'' E 17°02'53'' 106982
Auf Öland die 136 in Richtung Norden. CP ist an dieser Straße 5 km nördlich von Böda ausgeschildert (im Kreisverkehr rechts).

Borrby, S-27637 / Skåne län iD
- Borrystrands Camping
- Granhyddevägen 2
- 1 Apr - 20 Sep
- +46 4 11 52 12 60
- info@borrbystrandscamping.se

1 ADEJMNOPQRS**T** A**K**MQS**W**X 6
2 BGJPQRWXYZ ABDE**FG**HIJK 7
3 AM**N**S ABCDE**FG**HIJNPQRTUVW 8
4 BJOP FV 9
5 ABDEFGK**N** ABCGHJOQUVY 10
B 10-16A CEE
3ha 170T(100-120m²) 68**D**
① €43,40
② €43,40

N 55°26'04'' E 14°13'56'' 124636
E65 Richtung Ystad bis zur 9 Richtung Simrishamn. Der Beschilderung Borrby folgen.

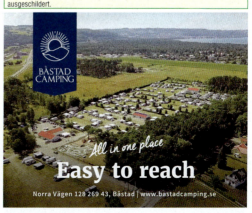

BÅSTAD CAMPING
All in one place
Easy to reach

Norra Vägen 128 269 43, Båstad | www.bastadcamping.se

Schweden

Eksjö, S-57536 / Jönköpings län
- ▲ Eksjö Camping & Konferens★★★
- 🏠 Prästängvägen 5
- 📅 1 Jan - 31 Dez
- ☎ +46 38 13 95 00
- @ info@eksjocamping.se
- 1 ABDEJMNOPQRST LN QSXZ 6
- 2 FJKQTWXY ABCDE F GHIJK 7
- 3 AG J L QS ABE F JKNQRTVW 8
- 4 BFKR TX FGJQRTVY 9
- 5 ADFHK N AHJOQ 10
- W 10A CEE
- H200 4ha 115T(70-120m²) 35D
- 💶 €31,60
- 💶 €31,60
- 📍 N 57°40'03" E 14°59'22"
- 106932
- Der CP liegt am Ostrand von Eksjö; an der Straße Nr. 40 Nässjo-Eksjö-Mariannelund ausgeschildert. An der Straße Nr. 32 Ausfahrt Eksjö-Centrum/Västervik nehmen.

Falkenberg, S-31142 / Hallands län
- ▲ Skrea Camping★★★★
- 🏠 Strandvägen 55
- 📅 1 Apr - 30 Sep
- ☎ +46 34 61 71 07
- @ info@skreacamping.se
- 1 BDJMNOPQRS AFKM N PQSX 6
- 2 AGJNPQWX ABDE F GHIJK 7
- 3 AB J L SV ABCDE FG HIJKNQRTUVW 8
- 4 BFHJLOT DFGJV 9
- 5 ACDEFGKMN ABEGHIJM O QUVWXY 10
- B 10-16A CEE
- 4,5ha 697T(85-160m²) 223D
- 💶 €58,20
- 💶 €58,20
- 📍 N 56°52'59" E 12°30'54"
- 106853
- Von der E6 bei Falkenberg Ausfahrt 49. Den Schildern 'Skrea' und 'Camping' folgen.

Falsterbo, S-23942 / Skåne län
- ▲ Falsterbo Camping Resort★★★★
- 🏠 Reuterswärds väg 1
- 📅 1 Mrz - 30 Nov
- ☎ +46 4 06 02 40 20
- @ info@falsterboresort.se
- 1 BDJMNOPQRS T KQSXY 6
- 2 AGJQRTWXYZ AB CDE FGHIJK 7
- 3 ABCF J L MQS ABCDEFGHJNPQRS TUVW 8
- 4 BFHJKO JNVY 9
- 5 ACDEFGKMN ABFGHIK O QUVY 10
- B 10A
- 6ha 406T(80-120m²) 116D
- 💶 €44,40
- 💶 €44,40
- 📍 N 55°23'52" E 12°51'55"
- 106848
- Von der E6 auf die Straße Nr. 100 Skanör-Falsterbo. Im Kreisverkehr vor dem Zentrum links, nach ca. 1 km erneut links. Gut ausgeschildert.

Färjestaden, S-38693 / Kalmar län
- ▲ Eriksöre Camping★★★★
- 🏠 Semestervägen
- 📅 15 Apr - 2 Okt
- ☎ +46 48 53 94 50
- @ info@eriksorecamping.se
- 1 ADEJMNOPQRS KNPQSWX 6
- 2 BGJKPQRWXYZ ABCDE FG IJK 7
- 3 BFG J L MSV ABEFIJNQRTUV 8
- 4 BCJLO EFJRVY 9
- 5 ACDFGHLN ABGHIJM O QUVY 10
- B 10A CEE
- 10ha 400T(100-130m²) 202 D
- 💶 €48,85
- 💶 €48,85
- 📍 N 56°37'03" E 16°26'50"
- 106959
- Von Kalmar über die Brücke nach Öland, Ausfahrt Färjestaden. 4 km in Richtung Mörbylånga; der CP ist ausgeschildert.

Getingaryds Camping ★ ★ ★
Getingaryds Camping liegt 9 km nördlich von Gränna auf den herrlichen schwedischen Land am Vätternsee. Wunderbare Natur, viel Platz, niedrige Preise und 24 Stunden am Tag persönlicher Service. Spielplatz, Minigolf, Vermietung von Booten und Hütten, gratis angeln. GPS: N 58°05'47" E 14°31'59"

Getingaryd 4, 56391 Gränna
Tel. +46 707233172 • E-Mail: info@getingarydscamping.se
Internet: www.getingarydscamping.se

Färjestaden, S-38695 / Kalmar län
- ▲ Krono Camping Saxnäs★★★★
- 🏠 Saxnäs 401
- 📅 14 Apr - 2 Okt
- ☎ +46 48 53 57 00
- @ info@kcsaxnas.se
- 1 ADEJMNOPQRS BG KNPQSWX Z 6
- 2 GKQRSWXY ABCDE FG HIK 7
- 3 BFG JK SV ABCDE FG IJKNQRS TUVW 8
- 4 BDHJNO TX EJLRTVY 9
- 5 ABCDEFGJKL ABEFGHIJOQUXY 10
- B 10A
- 12ha 679T(100-155m²) 186 D
- 💶 €47,85
- 💶 €47,85
- 📍 N 56°41'13" E 16°28'58"
- 101615
- Von Kalmar über die Brücke nach Öland, Ausfahrt Saxnäs; der CP ist ausgeschildert.

Fårö, S-62467 / Gotlands län
- ▲ Sudersand Resort
- 🏠 Sudersand 5650
- 📅 1 Mai - 30 Sep
- ☎ +46 4 98 22 35 36
- @ info@sudersand.se
- 1 BDEJMOPQRST BG KPQSWX 6
- 2 HIJPQTWXY ABE FG IJKNPQRTW 8
- 3 AG J MNQSV
- 4 FHJORT JV 9
- 5 ABDEFGHJLN BFGHIJOPQUY 10
- B 16A CEE
- 6ha 154T(100m²) 46 D
- 💶 €50,35
- 💶 €50,35
- 📍 N 57°57'10" E 19°14'36"
- 118515
- Von der Gratisfähre nach Fårö, der Hauptstraße 17 km folgen. Dann rechts ab Richtung Sudersand. CP ist angezeigt.

Fårö, S-62466 / Gotlands län
- ▲ Solhaga Camping
- 🏠 Öde Hoburga 1032A
- 📅 1 Jun - 31 Aug
- ☎ +46 7 06 51 56 64
- @ frans@brozen.se
- 1 DEGJMNOPQRST KN 6
- 2 BGJKLPQSXYZ ABDE FG HIK 7
- 3 AU ABEFNPQRW 8
- 4 JO Z F 9
- 5 DN BGJNQU 10
- 10A
- 1,5ha 116T(100m²) 7D
- 💶 €23,70
- 💶 €23,70
- 📍 N 57°53'23" E 19°05'26"
- 118537
- Der CP liegt auf Fårö. Hinter der kostenlosen Fähre kommt der CP nach 2,5 km rechts der Straße.

Fårö, S-62467 / Gotlands län
- ▲ Strandskogens Camping
- 🏠 Sudersand 5650
- 📅 1 Jan - 31 Dez
- ☎ +46 4 98 22 35 36
- @ info@sudersand.se
- 1 BDEJMOPQRST BG KQSWX 6
- 2 GJPQWX ABCDE FG HIJK 7
- 3 AG J NQSV ABE FI JNPQRTUVW 8
- 4 FHJORT FGJV 9
- 5 BDEFGHJL BEFGHIJOPQUWY 10
- B 16A CEE
- 1,5ha 54T(100-120m²) 138 D
- 💶 €45,40
- 💶 €45,40
- 📍 N 57°57'21" E 19°14'58"
- 118396
- Auf Fårö, gratis Überfahrt mit der Fähre, der Hauptstraße 18 km folgen. Dann rechts ab Richtung Suderstrand Ö.

Gamleby, S-59432 / Kalmar län
- ▲ KustCamp Gamleby★★★★
- 🏠 Hammarsvägen 10
- 📅 1 Mai - 30 Sep
- ☎ +46 49 31 02 21
- @ info@campa.se
- 1 ABDEJMNOPQRST KMNQSWXYZ 6
- 2 ABHIJKPQRTVWXY ABCDE FG HIK 7
- 3 AEGIJMSUVX ABCDE FG IJKNQRTW 8
- 4 ABJOT CEFJOQRT 9
- 5 ABDEFGHJL N ABFGHJOQUVWXY 10
- B 10A CEE
- 12ha 158T(80-120m²) 61 D
- 💶 €41,95
- 💶 €41,95
- 📍 N 57°53'06" E 16°24'49"
- 106965
- CP 1,5 km südlich von Gamleby. Ab der E22 Ausfahrt Gamleby Süd oder Gamleby C (Zentrum) nehmen. Den CP-Schildern folgen.

Glommen, S-31198 / Hallands län
- ▲ Rosendals Camping
- 🏠 Rosendalsvägen 22
- 📅 1 Apr - 30 Sep
- ☎ +46 30 67 10 55
- @ info@rosendalscamping.se
- 1 DJMNOPQRS K 6
- 2 GJKPQWXY ABCDE FG HIJK 7
- 3 A J MN U ABE F NQRTUV 8
- 4 JOT E 9
- 5 ABDM AHIJQ 10
- B 6-10A
- 4ha 150T(80-100m²) 54 D
- 💶 €31,60
- 💶 €31,60
- 📍 N 56°57'28" E 12°21'52"
- 106854
- Von der E6 Ausfahrt 52 Morup, Richtung Stränninge. Dann den Schildern Stränninge folgen. Dann Richtung Rosendals. Der CP ist gut ausgeschildert.

Gränna, S-56321 / Jönköpings län
- ▲ First Camp Gränna★★★★
- 🏠 Hamnvägen 49
- 📅 1 Jan - 31 Dez
- ☎ +46 39 01 07 06
- @ info@grannacamping.se
- 1 BDEJMNOPQRS LMNQSWXYZ 6
- 2 AEIJKQTWXY ABCDE FG HIJK 7
- 3 ABF J L SV ABCDEFGHIJNQRT 8
- 4 FHJO FJVY 9
- 5 ABDGHK N ABEGHIJOQY 10
- B 10-16A CEE
- H100 5ha 451T(100m²) 88 D
- 💶 €41,95
- 💶 €41,95
- 📍 N 58°01'40" E 14°27'30"
- 106890
- Von der E4 die Ausfahrt Gränna nehmen. Innerorts den 'Camping' Schildern folgen. Admiralsvägen, Richtung Visingsö.

Gränna, S-56391 / Jönköpings län
- ▲ Getingaryds Camping★★★
- 🏠 Getingaryd 4
- 📅 29 Apr - 2 Okt
- ☎ +46 7 07 23 31 72
- @ info@getingarydscamping.se
- 1 JMNOPQRS LNPQSW 6
- 2 AEIMQUWXY ABDE FG HIK 7
- 3 B J L MS ABE F JNQRT 8
- 4 JO T FJQV 9
- 5 AD N AHJNQU 10
- Anzeige auf dieser Seite B 10A CEE
- H110 5ha 70T(80-100m²) 15D
- 💶 €31,60
- 💶 €31,60
- 📍 N 58°05'46" E 14°31'59"
- 109903
- Auf E4 Abzweigung Vida Vänern nehmen, dann Ausfahrt Nr. 105 nehmen. Danach den Schildern Ri. Stava-Langnäs folgen. Der CP liegt an der "alten Straße" zwischen Gränna und Ödeshög am Vätternsee.

Gryt/Valdemarsvik, S-61042 / Östergötlands län
- ▲ Kust Camp Ekön
- 🏠 Ekövägen 6
- 📅 1 Jan - 31 Dez
- ☎ +46 12 34 02 83
- @ info@campa.se
- 1 BDEJMNOPQRS KNQSVWX Y Z 6
- 2 BHIMNQVWXYZ ABE FG IJKNQRTW 8
- 3 A J L SX EFJNOQRUV 9
- 4 FJO
- 5 ABDFGHK N BFGHJMNQUY 10
- B 10A CEE
- 7ha 182T(80-100m²) 98 D
- 💶 €41,95
- 💶 €41,95
- 📍 N 58°10'27" E 16°51'09"
- 123494
- Von der E22 Ausfahrt Valdemarsvik. Der 212 nach Gryt folgen. Hinter Gryt nach 2 km rechts auf den Ekövägen und den Campingschildern folgen.

Gummarp/Eksjö, S-57593 / Jönköpings län (CC€18) iD
- ▲ Mycklaflons Camping
- 🏠 Norrsånna 2
- 📅 1 Mai - 30 Sep
- ☎ +46 38 14 30 00
- @ info@mycklaflonscamping.com
- 1 ADEJMNOPQRST LN QSWXY 6
- 2 BEIJKQSXYZ ABCDE FG IK 7
- 3 A J MUX ABE F HJNPQRW 8
- 4 FGHJ BFJMNOQRU 9
- 5 ADEFKN ABDGHJNQUY 10
- 10A
- H56 6ha 40T(90-110m²) 14 D
- 💶 €26,65
- 💶 €26,65
- 📍 N 57°35'23" E 15°14'46"
- 121252
- An der 40 Eksjö-Vimmerby, Ausfahrt Havik. Am Ende links und dann der CP-Beschilderung folgen.

Gusum, S-61572 / Östergötlands län (CC€38) iD
- ▲ Yxningens Camping
- 🏠 Yxningen
- 📅 14 Apr - 18 Sep
- ☎ +46 12 32 02 58
- @ info@yxningenscamping.se
- 1 ABDEJMNOPQRST LNQSWX Y Z 6
- 2 ABFJKQSTWXYZ ABE FH IJNPQRTW 8
- 3 AEMUX
- 4 FGJ T FOQR 9
- 5 ABDFGHJN ABDFGHJOPRSUV 10
- Anzeige auf Seite 75 B 6-16A CEE
- 2ha 42T(85-125m²) 8D
- 💶 €34,05
- 💶 €34,05
- 📍 N 58°16'55" E 16°27'48"
- 119387
- Von der E22 Ausfahrt Ringarum oder Gusum (den CP-Schildern folgen).

Halmstad, S-30260 / Hallands län

- First Camp Hagön-Halmstad★★★★
- Sommarvägen
- 1 Mai - 31 Aug
- +46 35 12 53 63
- hagon@firstcamp.se
- N 56°38'09" E 12°54'00"
- E6, Ausfahrt Halmstadt S (Süd). Dann den Schildern 'Hagöns' und CP folgen.

1 BDJMNOPQRS	KMNQSX	6
2 GJPQSWXY	ABCDEFGHIJK	7
3 ABFJLSV	ABCDEFJKNQRTW	8
4 JNO	FJ	9
5 ABDEFGHN	ABFGHIJMOQUVY	10
B 10-16A CEE	❶ €54,25	
10,5ha 550T(80-100m²) 190D	❷ €54,25	
	106856	

Halmstad, S-30272 / Hallands län

- First Camp Karlstorp-Halmstad
- G Tylösandsvägen 200
- 1 Mai - 30 Sep
- +46 3 53 17 94
- karlstorp@firstcamp.se
- N 56°39'29" E 12°45'22"
- Von der E6 Ausfahrt Halmstadt N., danach Richtung Tylösand. Der CP-Beschilderung folgen.

1 BDJMNOPQRS		6
2 ABJPQSWX	ABDFGIK	7
3 ABJL	ABFJNQRTV	8
4 BCFHJ	JVY	9
5 ABDEH	BGHJOQU	10
B 16A	❶ €59,20	
5ha 222T(80-100m²) 16D	❷ €59,20	
	122393	

Halmstad, S-30270 / Hallands län

- First Camp Tylösand-Halmstad★★★★
- Kungsvägen 3
- 1 Mai - 16 Sep
- +46 3 53 05 10
- tylosand@firstcamp.se
- N 56°39'37" E 12°44'25"
- E6, Ausfahrt Halmstadt S (Süd). Dann Schildern Tylösand und CP folgen.

1 BDJMNOPQRS	ABCDEFGHIJK	6
2 GJPQSWXY	ABCDEFIJNQRTUVW	7
3 ABJLSV	FHJV	8
4 AEFJLOTU	ABEGHIJLOQUV	9
5 ACDEFHKMN		10
B 10-16A CEE	❶ €59,20	
9ha 426T(80-100m²) 131D	❷ €59,20	
	106855	

Haverdal, S-30571 / Hallands län

- Haverdals Camping★★★★
- Haverdalsvägen 62
- 22 Apr - 18 Sep
- +46 3 55 23 10
- info@haverdalscamping.se
- N 56°43'39" E 12°40'25"
- Die E6, Ausfahrt 46 Haverdal. Richtung Haverdal halten.

1 BDJMNOPQRST	QSX	6
2 AHJPQWXY	BCDEFGHIJK	7
3 ABFGJLMSV	ABEFJNQRTUVW	8
4 BFHJO	DFIJV	9
5 ABDMN	ABCDFGHIJOQUVY	10
Anz. auf dieser Seite B 10-16A CEE	❶ €47,85	
5ha 230T(80-100-140m²) 53D	❷ €47,85	
	113355	

Höör, S-24335 / Skåne län

- Jägersbo Camping★★★
- Sätofta
- 1 Jan - 31 Dez
- +46 4 13 55 44 90
- camping@jagersbo.se
- N 55°54'12" E 13°33'54"
- An Straße 23 südlich von Höör, Ausfahrt Sätofta, dann 3 km. Oder Straße 13, Ausfahrt Sätofta. CP am See von Ringsjön.

1 BDJMNOPQRST	LNQSWXYZ	6
2 BFIKPQRSWXYZ	ABDEFGHIK	7
3 BJLMV	ABCDEFHIJKNQRTW	8
4 JT	EFJQRTVY	9
5 ABCDHMN	ABGHIJOQUV	10
Anz. auf dieser Seite B 10-16A CEE	❶ €36,50	
H55 5ha 185T(8-140m²) 59D	❷ €36,50	
	106880	

Horn, S-59042 / Östergötlands län

- Hornåbergs Camping★
- Hornåbergsg. 10
- 1 Jan - 31 Dez
- +46 7 38 39 51 85
- info@hornabergscamping.se
- N 57°53'50" E 15°50'13"
- Auf der Straße Nr. 34 zwischen Vimmerby und Kisa nach Horn (Straße Nr. 135) abfahren; auf dieser Straße ist der CP ausgeschildert.

1 ADEJMNOPQRST	JNXZ	6
2 BDKPQTWXY	ABDEFGHIJK	7
3 AEFGJNS	ABEFJNPQRTW	8
4 FHJT	FR	9
5 ADEFGHKN	ABFGHJNQU	10
B 10A CEE	❶ €33,55	
2ha 99T(80-120m²) 23D	❷ €33,55	
	101385	

Hovmantorp, S-36543 / Kronobergs län

- Gökaskratts Camping★★★
- Bruksallén 7
- 1 Apr - 31 Okt
- +46 7 07 40 27 92
- gokaskratt@outlook.com
- N 56°47'03" E 15°07'50"
- Der Camping liegt an der 25 Vaxjö-Kalmar-Hovmantorp. Der Beschilderung folgen.

1 ADEJMNOPQRS	LMNQSWX	6
2 ABEIJKQRSTWXYZ	ABDEFGIJK	7
3 AJN	ABEFJNPQRTW	8
4 FHJ	FPQRVW	9
5 AFHLN	BGHJMOQUY	10
B 10A CEE	❶ €31,10	
H145 4ha 106T(70-120m²) 30D	❷ €31,10	
	106924	

Hult, S-57592 / Jönköpings län

- Movänta Camping★★★
- Badvägen 4
- 16 Apr - 16 Okt
- +46 7 27 31 75 75
- info@movantacamping.se
- N 57°39'22" E 15°07'19"
- CP nördlich von Hult, ausgeschildert an Straße 40 Eksjö-Marianelund.

1 ABDEJMNOPQRST	LNQSXYZ	6
2 BFJKQRUWXY	ABDEFGHIK	7
3 AJLX	ABCDEFHJNPQRTW	8
4 FH	FJNQR	9
5 ABDFHJKN	ABGHJNQUV	10
B 10A	❶ €31,10	
H360 5ha 78T(70-120m²) 26D	❷ €31,10	
	106934	

Hultsfred, S-57736 / Kalmar län

- Hultsfred strandcamping
- Folkparksvägen 10
- 1 Mai - 16 Sep
- +46 7 07 33 55 78
- info@hultsfredstrandcamping.se
- N 57°29'31" E 15°51'48"
- Auf der 34 von Målilla nach Vimmerby, Ausfahrt Hultsfred. Der CP ist ausgeschildert.

1 ADEJMNOPQRST	LNQSX	6
2 BDFJKQWXY	ABDEFGHIJK	7
3 AJMX	ABEFGIJMNPQRTUVW	8
4 FHJ	FNQRTVY	9
5 ABDFHN	BFGHIJNQU	10
16A CEE	❶ €33,55	
H92 7ha 115T(100-150m²) 27D	❷ €33,55	
	120993	

Kalmar, S-39247 / Kalmar län

- First Camp Stensö-Kalmar★★★★
- Stensövägen 100
- 1 Jan - 31 Dez
- +46 48 08 88 03
- stenso@firstcamp.se
- N 56°38'59" E 16°19'37"
- CP am Südrand von Kalmar. Von der E22 ausgeschildert. Von Norden oder aus Öland Richtung Kalmar-S halten und den CP-Schildern folgen.

1 ADEJMNOPQRST	KNQSWXYZ	6
2 GJQRSUWXYZ	ABDEFGHIJK	7
3 AJ	ABEFGNQRT	8
4 BFJO	FJRVY	9
5 ABDHN	BGHIJOQUY	10
10A CEE	❶ €39,95	
25ha 303T(100-120m²) 85D	❷ €39,95	
	106957	

Karlshamn, S-37430 / Blekinge län

- Kolleviks Camping och Stugby AB★★★
- Kolleviksvägen 11
- 14 Apr - 25 Sep
- +46 45 41 92 80
- info@kollevikscamping.se
- N 56°09'36" E 14°53'43"
- CP an der Südostseite von Karlshamn. Aus Richtung Kalmar Ausfahrt Karlshamn-Ö. und Kollevik. Auf der E22 ist der CP ausgeschildert.

1 ADEJMNOPQRS	KNPQSWXZ	6
2 ABHJMNPQRSTWXY	ABDEFGIJK	7
3 AJNO	ABCDEFIJNQRTW	8
4 FO	FJVY	9
5 ABDEFN	ABGHJMOQUVN	10
B 10A CEE	❶ €36,00	
6ha 125T(80-100m²) 79D	❷ €36,00	
	106916	

Kleiner gemütlicher Campingplatz
•
Perfekt für Natur-, Wasser- und Angelfreunde
•
Idealer Stopp zwischen Öland und Stockholm

Yxningens Camping
yxningenscamping.se
Gusum, Östergötland

Schweden

Erholen, Wandern, Radfahren oder zum Strand. Der kinderfreundliche Campingplatz von Anna-Lena und Stefan liegt gleich in Strandnähe.

Haverdalsvägen 62
30571 Haverdal
Tel. 035-52310
E-Mail: info@haverdalscamping.se
Internet: www.haverdalscamping.se

JÄGERSBO CAMPING

Mitten in Skåne, wo Wiesen und Hügel ineinander fließen, findet man uns am Ufer des Ringsjön. Sie treffen einen guten und schönen Camping an, wo man schwimmen und auch angeln kann. Vermietung von Kanus, Booten und Fahrrädern.

South Sweden
Sätofta, 243 35 HÖÖR | Tel 0413-55 44 90
camping@jagersbo.se • www.jagersbocamping.se

Schweden

Karlskrona, S-37137 / Blekinge län
- Dragsö Camping & Stugby****
- Dragsövägen 14
- 1 Jan - 31 Dez
- +46 45 51 53 54
- info@dragso.se
- N 56°10'23'' E 15°34'03''
- 1 ADEJMNOPQRS KNOPQSXYZ 6
- 2 ABGIJKNPQRSTWXYZ ABCDEFGHIJK 7
- 3 ABFJLMSU ABCDEFGIJKNQRT 8
- 4 ABDFHJLOTU FGNOQRSTV 9
- 5 ACDEFHLMNO ABCFGHIJOQY 10
- B 10A CEE
- 8ha 300T(80-100m²) 74D
- ❶ €43,40 ❷ €43,40
- 106950
- E22, Ausfahrt Karlskrona ö/c, Richtung Zentrum. In der Stadt ist der CP an der Durchgangsstraße Nr. 28 ausgeschildert.

Karlskrona, S-37145 / Blekinge län
- First Camp Skönstavik-Karlskrona****
- Ronnebyvägen 17
- 1 Apr - 30 Sep
- +46 45 52 37 00
- skonstavik@firstcamp.se
- N 56°12'05'' E 15°36'20''
- 1 ADJMNOPQRST KMNQSWXZ 6
- 2 AHJKMPQRSUWXY ABCDEFGHIJK 7
- 3 AGJLMS ABCDEFGJKNQRT 8
- 4 FJO EFGNQRVY 9
- 5 DMN BGHKOQU 10
- B 10A
- 5ha 250T(80-100m²) 53D
- ❶ €39,00 ❷ €39,00
- 106951
- Der CP liegt am Nord-Westrand von Karlskrona; E22, Ausfahrt Karlskrona-V, ausgeschildert.

Kisa, S-59039 / Östergötlands län
- Pinnarp Camping****
- Pinnarp Fritidsanläggning
- 1 Jun - 31 Aug
- +46 7 04 88 67 66
- info@pinnarp.com
- N 57°59'25'' E 15°31'02''
- 1 ADEGJMNOPQRST LNPQSWXCZ 6
- 2 ABFIJKQRSTWXYZ ABDEFGIJ 7
- 3 ALMS ABFJNPQRUVW 8
- 4 FHQ FQR 9
- 5 ADEF BGHJNQUV 10
- B 10-16A
- H225 4,1ha 111T(80-150m²) 22D
- ❶ €31,10 ❷ €31,10
- 106931
- Straße 34 Linköping-Vimmerby, in Kisa auf Straße 134 Richtung Eksjö, CP liegt 7 km hinter Kisa und ist durch Schild 'Pinnarp' gekennzeichnet.

Kolmården, S-61834 / Östergötlands län
- First Camp Kolmården-Norrköping****
- Kvarsebovägen 2
- 26 Mrz - 26 Sep
- +46 11 39 82 50
- kolmarden@firstcamp.se
- N 58°39'37'' E 16°24'02''
- 1 ABDEJMNOPQRST KNPQSWXYZ 6
- 2 ABHIJKMNPQSTUWXYZ ABCDEFGHIJK 7
- 3 AGJQ ABEFGIJKNPQRTUVW 8
- 4 BCDFHJLOPT FHJVY 9
- 5 ACDEFHJKN ABCGHIKOQUY 10
- 10A
- 10ha 322T(80-120m²) 66D
- ❶ €44,40 ❷ €44,40
- 106971
- E4, nördlich von Norrköping, Ausfahrt Kolmården (Djurpark-Zoo). Schildern 'Djurpark' und später CP folgen.

Kosta, S-36543 / Kronobergs län
- Kosta Bad & Camping***
- Rydvägen 10
- 1 Jan - 31 Dez
- +46 7 32 44 37 54
- info@glasriketkosta.se
- N 56°50'39'' E 15°23'28''
- 1 ADEJMNOPQRST BN 6
- 2 QSTWXYZ ABFGHIK 7
- 3 AF ABEFJNQRT 8
- 4 FHJOT FJQ 9
- 5 ADEFHN GHJOQVY 10
- B 10A CEE
- H200 3,4ha 79T(90-120m²) 8D
- ❶ €26,15 ❷ €26,15
- 106923
- Der Campingplatz liegt bei Kosta an Straße 28 (zwischen Eriksmåla und Lenhovda) und ist an der Straße von Lessebo nach Orrefors ausgeschildert.

Kristianopel/Fågelmara, S-37045 / Blekinge län
- Kristianopel Resort***
- Storgatan 4
- 1 Apr - 30 Sep
- +46 4 55 36 61 30
- info@kristianopelresort.se
- N 56°15'21'' E 16°02'37''
- 1 BDEJMNOPQRST KNPQSWXZ 6
- 2 AEGIJKMQSWXYZ ABDEFGHIK 7
- 3 AJMS ABCDEFGHIJKNQRTVW 8
- 4 DEFHJO FG 9
- 5 BDFGHLN ABCGHJOQUY 10
- 10A CEE
- 4,5ha 108T(100-120m²) 41D
- ❶ €36,00 ❷ €36,00
- 106962
- 6 km auf der E22. In Fågelmara Richtung Kristianopel. Den Schildern 'Pålsgården' folgen. Der CP ist von der E22 ausgeschildert.

Läckeby/Kalmar, S-39598 / Kalmar län
- Kalmar Camping Rafsahudden
- Rafshagen 430
- 8 Apr - 30 Sep
- +46 48 06 04 64
- info@kalmarcamping.se
- N 56°45'25'' E 16°22'47''
- 1 ADEJMNOPQRST KNQSXYZ 6
- 2 ABGIJKQRTXYZ ABDEFGHIK 7
- 3 ABFGIJLSUV ABEFGIJNPQRTV 8
- 4 BFJNOT BDFNQRTVY 9
- 5 BDEFGHJKN ABGIJNQUY 10
- B 10-15A CEE
- 5ha 195T(50-250m²) 56D
- ❶ €39,00 ❷ €39,00
- 112518
- Der CP liegt 10 km nördlich von Kalmar. Ab der E22 ist der CP mit 'Rafshagen' ausgeschildert. Vorsicht: Den Schildern und nicht dem Navi folgen.

Landön, S-29034 / Skåne län
- Landöns Camping***
- Landövägen 455
- 9 Apr - 11 Sep
- +46 4 45 70 76
- info@landonscamping.se
- N 55°58'28'' E 14°24'32''
- 1 ADEJMNOPQRST KMNQSUWXYZ 6
- 2 BHJKMQRSWXY ABDEFGHIJK 7
- 3 AMQSUVX ABEFJNPQRTW 8
- 4 FH DNQRV 9
- 5 ABDEFMN ABGHJMNQUY 10
- B 10A
- 3ha 130T(80-130m²) 77D
- ❶ €39,00 ❷ €39,00
- 106919
- Von Kristianstad E22: Ausf. Landön. Aus Ri. Sölvesborg E22: Ausf. Trolle/Ljungby/Vanneberga. CP ausgeschildert. Achtung: Ahus Ri. Landön nach Ringhaby Vanneberga folgen.

Lerberget, S-26352 / Skåne län
- Lerbergets Camping
- Lerbergetsvägen 151
- 1 Apr - 30 Sep
- +46 42 33 14 00
- info@lerbergetscamping.se
- N 56°10'55'' E 12°33'28''
- 1 BDJMNOPQRST KX 6
- 2 BGIJMQWXZ ABFGHIK 7
- 3 AJ ABFNPQRTW 8
- 4 FH 9
- 5 BDE ABFGIJNRS 10
- B 10A CEE
- 5ha 165T(80-100m²) 70D
- ❶ €34,55 ❷ €34,55
- 106845
- Von Helsingborg die 111 Richtung Höganäs. Der Campingplatz liegt an dieser Straße.

Linköping, S-58437 / Östergötlands län
- First Camp Glyttinge-Linköping****
- Berggårdsvägen 6
- 1 Jan - 31 Dez
- +46 13 17 49 28
- glyttinge@firstcamp.se
- N 58°25'17'' E 15°33'43''
- 1 BDEJMNOPQRST 6
- 2 ABQWXYZ ABDEFGHIJK 7
- 3 BJL ABEFGNQRTW 8
- 4 FO FJ 9
- 5 ABDN AGHJOQ 10
- B 10-16A CEE
- H60 5,5ha 109T(100m²) 35D
- ❶ €39,45 ❷ €39,45
- 106939
- Von der E4 Ausfahrt 111 oder 112 richting Glyttinge. CP dann ausgeschildert.

Linneryd, S-36297 / Kronobergs län
- Linnerds Camping A.B.
- Linneryd Nabben
- 1 Apr - 15 Sep
- +46 47 03 44 64
- andreas.ober@spray.se
- N 56°39'15'' E 15°08'50''
- 1 ADEJMNOPQRST LNPXZ 6
- 2 BEJKQRSXYZ ABDEFGHIK 7
- 3 ALMX ABCDEFHJNQRT 8
- 4 FHJOT ADFLOQRV 9
- 5 ABDEFGHJKN ABHJLMOQU 10
- B 10A CEE
- 3ha 68T(60-120m²) 37D
- ❶ €28,60 ❷ €28,60
- 115884
- Die 122 Vaxjö-Karlskrona unweit der Ortschaft Linneryd.

Listerby, S-37294 / Blekinge län
- Ronneby Havscamping****
- Torkövägen 52
- 10 Apr - 30 Aug
- +46 45 73 70 50
- info@ronnebyhavscamping.se
- N 56°09'21'' E 15°23'07''
- 1 ADEJMNOPQRST BGKNPQSWXZ 6
- 2 GJKQRSWXYZ ABCDEFGHIJK 7
- 3 ACGJLMV ABCDEFIJNQRTW 8
- 4 BCDFJLOR FHJRV 9
- 5 ABDFHLN ABGHIJMOQU 10
- B 10A
- 9ha 300T(100-150m²) 98D
- ❶ €32,55 ❷ €32,55
- 111372
- Bei Listerby (östlich von Ronneby), Ausfahrt Kuggeboda von der E22, zuerst Richtung Kuggeboda, dann Bökenäs, CP ausgeschildert.

Ljugarn, S-62325 / Gotlands län
- Ljugarns Semesterby & Camping
- Strandvägen 51
- 1 Jun - 31 Aug
- +46 4 98 49 31 17
- info@semesterby.se
- N 57°20'26'' E 18°43'04''
- 1 BDEJMNOPQRST BGKMNPQSTWX 6
- 2 BHJPQTWXYZ ABDEFGHIJK 7
- 3 AGLM ABCDEFJNPQRTW 8
- 4 FHJ AJRVY 9
- 5 ABDEN ABFGJOPQUVY 10
- B 10A CEE
- 10ha 120T(80-120m²) 76D
- ❶ €49,35 ❷ €49,35
- 118403
- CP liegt an der Ostküste von Gotland, wo sich die 143 und 144 trennen. Der CP ist im Ort Ljugarn angezeigt (Strandvägen).

Ljungby, S-34140 / Kronobergs län
- Ljungby Semesterby & Camping Park***
- Campingvägen 1
- 1 Jun - 31 Aug
- +46 37 21 03 50
- reservation@ljungby-semesterby.se
- N 56°50'34'' E 13°57'08''
- 1 BDILNOPQRST BEGI 6
- 2 APQSUWXYZ ABDEFGHIK 7
- 3 AFJ ABEFJNQRT 8
- 4 JOT FGJ 9
- 5 ADK ABHIJQUY 10
- 10A CEE
- H150 2,5ha 50T(60-80m²) 22D
- ❶ €29,10 ❷ €29,10
- 106886
- CP ist an der Ausfahrt der Stadt an der E4 und in der Stadt ausgeschildert. Ausfahrt Ljungby N folgen.

Loftahammar, S-59095 / Kalmar län
- Bjursunds Camping
- Horsvik
- 1 Mai - 30 Sep
- +46 49 36 12 96
- bjursundcampeconomi@telia.com
- N 57°55'07'' E 16°35'53''
- 1 ADEJMNOPQRST KNQSWXYZ 6
- 2 BHJKMNPQSTUWXYZ ABDEFGHIJK 7
- 3 AJLSU ABEFHJNPQRT 8
- 4 FJOT FQ 9
- 5 ABDN ABCFHJMNQUY 10
- B 10A CEE
- 3,5ha 133T(100-200m²) 76D
- ❶ €27,65 ❷ €27,65
- 106963
- E22, Abfahrt Loftahammar (Straße 213), direkt nach der Brücke auf der Südseite (ausgeschildert). Aufpassen: kein Einfahrtsstreifen.

Loftahammar, S-59471 / Kalmar län
- Hallmare Havsbad***
- Stora Sand
- 1 Mai - 30 Sep
- +46 49 36 13 62
- info@hallmarehavsbad.se
- N 57°52'27'' E 16°44'55''
- 1 ADEJMNOPQRST KMNQSUWXYZ 6
- 2 BHJNQRSTUVXYZ ABCDEFGHIJK 7
- 3 AGJLS ABCDEFGIJNPQRTW 8
- 4 FJO FOQRV 9
- 5 ABDEFHJKN ABFGHIJNPQU 10
- 10A
- 12ha 190T(80-120m²) 87D
- ❶ €29,60 ❷ €29,60
- 106964
- E22 und die 213 über Loftahammar nach Källvik. In Källvik Ausfahrt Hallmare und den CP-Schildern folgen.

Loftahammar, S-59471 / Kalmar län

▲ Tättö Havsbad Camping****	1 BDEJMNOPQRST	KNQSWZ 6
🏠 Tättövägen 50	2 BHIJKMNQRSUVWXY	ABCDEFGHIK 7
📅 1 Jan - 31 Dez	3 AEGJLSU	ABCDEFHIJNPQRTW 8
☎ +46 49 36 13 30	4 JO	FOQRTV 9
@ info@tattohavsbad.se	5 ABDEFHK	ABHIJQQVY 10
	Anzeige auf dieser Seite 10A	① €30,60
	10ha 205T(100-120m²) 91D	② €30,60
◬ N 57°53'24" E 16°42'10"		101387
🚗 E22, Ausfahrt Richtung Loftahammar (Straße Nr. 213); der CP ist ausgeschildert (Tättö).

Tättö Havsbad Camping ★ ★ ★ ★

Tättövägen 50, 59471 Loftahammar · Tel. 0493-61330
Internet: www.tattohavsbad.se

Schweden

Lomma, S-23434 / Skåne län

▲ Lomma Camping***	1 BDEJMNOPQRST	KQRSX 6
🏠 Södra Västkustvägen 114	2 ABEHIJKPQRSTWXYZ	BDFGHIJK 7
📅 15 Apr - 15 Sep	3 BFJKLS	BDFJKNQRTW 8
☎ +46 40 41 12 10	4 FH	HR 9
@ info@lommacamping.se	5 ABDEH	ABFGHIJMQUY 10
	B 10-16A	① €39,45
◬ N 55°41'25" E 13°03'33"	1,5ha 200T(80-100m²) 78D	② €39,45
🚗 Von der E6 Ausfahrt Lomma. Danach der Beschilderung folgen. Zweiter CP links.		110062

Oknö/Mönsterås, S-38392 / Kalmar län

▲ First Camp Oknö-Mönsterås****	1 ADEJMNOPQRST	KNQSWXY 6
	2 ABGJMQRSUWXYZ	ABDEFGHIK 7
🏠 Oknövägen 12	3 ABLS	ABCDEFIJKNQRTW 8
📅 8 Apr - 25 Sep	4 FJORSTUVXZ	EFJQVY 9
☎ +46 49 94 49 02	5 ABDFGHL	ABGHIJNQUY 10
@ okno@firstcamp.se	10-16A	① €37,50
◬ N 57°00'42" E 16°30'21"	4,7ha 155T(80-100m²) 56D	② €37,50
🚗 CP auf der Halbinsel südöstlich von Mönsterås. E22, bei Mönsterås ausgeschildert (Ausfahrt Oknö).		106952

Löttorp, S-38773 / Kalmar län

▲ Sandbybadets Camping****	1 ADEJMNOPQRST	KNQS 6
🏠 Sandby Sjögata 41	2 GJQRSWXY	ABDEFGHIJ 7
📅 21 Apr - 11 Sep	3 BFGLSV	ABCDEFIJKNQRTW 8
☎ +46 48 52 03 22	4 FHJOT	FNTVY 9
@ info@ sandbybadetscamping.se	5 ABDN	ABGHIJQQUY 10
	B 10A	① €36,00
◬ N 57°10'26" E 17°02'16"	6ha 181T(100-120m²) 60D	② €36,00
🚗 Auf Öland Straße Nr. 136 in Richtung Norden; der CP liegt 2 km hinter Högby, ausgeschildert.		106983

Olofström, S-29339 / Blekinge län

▲ Halens Camping***	1 ADEJMNOPQRST	LNPQSWXYZ 6
🏠 Halenvägen 321	2 BEJKQRWXYZ	ABDEFGHIJK 7
📅 1 Apr - 30 Sep	3 AGLU	ABCDEFGIJKNPQRTW 8
☎ +46 45 44 02 30	4 BFHJOPT	DFGJNQPTVY 9
@ info@halenscamping.se	5 ABDEFHIKN	BGHIJMOPQUY 10
	B 10-16A CEE	① €36,00
◬ N 56°16'09" E 14°30'36"	H120 3,8ha 140T(100-200m²) 67D	② €36,00
🚗 CP an Straße 121/116 bei Olofström ausgeschildert, 2 km südlich von Olofström, am See.		106929

Löttorp, S-38773 / Kalmar län

▲ Sonjas Camping*****	1 DEJMNOPQRST	BGKNQSX 6
🏠 John Emils Gata 43	2 GJQWXYZ	ABDEFGHIJ 7
📅 1 Mai - 4 Okt	3 AFJLMNSV	ABCDEFGIJKNQRSTUV 8
☎ +46 48 52 32 12	4 BFHJORTUX	EFGJVY 9
@ info@sonjascamping.se	5 ACDEFGHIJL	ABEGHIJMOPQUVY 10
	B 10A	① €45,40
◬ N 57°10'42" E 17°02'16"	10ha 394T(80-150m²) 55D	② €45,40
🚗 Von Öland Straße 136 Richtung Norden, 2 km hinter Högby ausgeschildert.		109904

Orrefors, S-38040 / Kalmar län

▲ Orrefors Camping	1 DEJMNOPQRST	LMNX 6
🏠 Tikaskruv 304	2 BEJKLMPQXYZ	ABEFGHIK 7
📅 1 Mai - 15 Sep	3 AGJMS	ABDEFIJNQRT 8
☎ +46 48 13 04 14	4 FHT	FQR 9
@ info@orrefors-camping.se	5 ABDEN	AHIJOQU 10
	B 10A CEE	① €23,70
◬ N 56°50'39" E 15°42'28"	H80 1,5ha 80T(90-120m²) 7D	② €23,70
🚗 An der 31 Orrefors-Mâlerâs zum See Orranäsasjön ausgeschildert.		118081

Malmö/Limhamn, S-21611 / Skåne län

▲ First Camp Sibbarp-Malmö****	1 DEJMNOPQRST	KMQSX 6
	2 ADFGJKPQSXYZ	ABCDEFGHIJK 7
🏠 Strandgatan 101	3 ABFGJMSV	ABCDEFGHIJKNQRTUVW 8
📅 1 Jan - 31 Dez	4 BFHJOT	EFJUVY 9
☎ +46 40 15 15 61	5 ABDEFGHIKLMN	ABFHJNQUVWY 10
@ malmo@firstcamp.se	B 10-16A CEE	① €39,45
◬ N 55°34'19" E 12°54'23"	2ha (60-100m²) 85D	② €39,45
🚗 E6.Ausfahrt Limhamn (weiße Schilder), westlich von Malmö. Richtung Sibbarp folgen. In Limhamn besagten CP. GPS gibt die Strecke vor. Einfahrt falsch an. Dem Hinweis 'inchecking' an der letzten Kreuzung folgen.		100943

Osby, S-28343 / Skåne län

▲ Osby Camping****	1 BDJMNOPQRST	LNQSWXYZ 6
🏠 Ebbarpsvägen 84	2 EIJKQVXY	ABDEFGHIJK 7
📅 1 Apr - 30 Sep	3 AIJ	ABEFJKNQRT 8
☎ +46 47 93 11 35	4 FJOT	EFQRT 9
@ info@osbycamping.nu	5 ABDGN	GHJNQU 10
	B 10A CEE	① €25,65
◬ N 56°21'55" E 14°00'02"	H90 2ha 100T(100m²) 7D	② €25,65
🚗 Der CP liegt auf der Südseite von Osby und ist ab en 29 Älmhült-Hässleholm ausgeschildert.		106889

Mariannelund, S-59897 / Jönköpings län

▲ Spilhammars Camping***	1 ADEJMNOPQRST	LMNQXZ 6
🏠 Spilhammars Vägen 2	2 BEIJKQRSXYZ	ABDEFGHIJK 7
📅 1 Apr - 20 Okt	3 AJS	ABCDEFGJKNPQRTW 8
☎ +46 7 05 65 03 17	4 FH	DFJQR 9
@ info@ spilhammarscamping.com	5 ABDN	ABHIJMOQUX 10
	10A	① €34,05
◬ N 57°37'04" E 15°36'16"	H230 7,2ha 90T(90-120m²) 19D	② €34,05
🚗 Der CP liegt östlich von Mariannelund; an Straße Nr. 40 Eksjö-Vimmerby ausgeschildert.		106933

Oskarshamn, S-57263 / Kalmar län

▲ First Camp Gunnarsö-Oskarshamn****	1 ABDEJMNOPQRS	KNPQSW 6
	2 ABHIJMNQSTVWXYZ	ABCDEFGHIJK 7
🏠 Östersjövägen 103	3 AGJSV	ABEFGIJKNPQRTUVW 8
📅 25 Mrz - 25 Sep	4 BDFHJLOT	FJNQRTVY 9
☎ +46 49 17 72 20	5 ABDN	BCFGHIJOQUWY 10
@ gunnarso@firstcamp.se	B 10A CEE	① €47,35
◬ N 57°15'06" E 16°29'32"	4ha 169T(40-120m²) 96D	② €47,35
🚗 CP am Südrand der Stadt. Aus dem Süden: an der E22 ausgeschildert. Aus dem Norden: Abfahrt Süd, dann Schildern folgen.		106968

Mölle, S-26377 / Skåne län

▲ First Camp Mölle-Höganäs****	1 BCDJMNOPQRST	BGNOPQSXY 6
	2 BJLMNPQRVWXYZ	ABCDEFGHIJK 7
🏠 Kullabergsvägen 286	3 BDFJLMNSW	ABEFIJNQRTW 8
📅 1 Jan - 31 Dez	4 ABEFHJLOPTX	FJLRSV 9
☎ +46 42 34 73 84	5 ACDEFGBKMN	ABFGHIJMOQUXY 10
@ molle@firstcamp.se	B 10A CEE	① €49,35
◬ N 56°16'15" E 12°31'47"	7ha 294T(80-120m²) 73D	② €49,35
🚗 Ab Helsingborg über die E4. Dann links über die 111 Richtung Höganäs. Von der E6 Straße 112 Richtung Höganäs. In Höganäs die 111 Richtung Mölle.		106843

Råå, S-25270 / Skåne län

▲ First Camp Råå Vallar-Helsingborg***	1 BDJMNOPQRS	BEGKMNOPQSWX 6
	2 AGIJPQWXYZ	ABCDEFGHIJK 7
🏠 Kustgatan	3 ABFJLV	ABCDEFIJKNQRSTW 8
📅 1 Jan - 31 Dez	4 BJMNOPRTU	EFJVY 9
☎ +46 42 18 26 00	5 ABDEHKMN	ABGHIJOQUVW 10
@ raavallar@firstcamp.se	B 10A CEE	① €44,40
◬ N 56°00'11" E 12°43'46"	15ha 306T(80m²) 53D	② €44,40
🚗 Südlich der Stadt Helsingborg, Ausfahrt Råå, ausgeschildert.		106846

Mörbylånga, S-38660 / Kalmar län

▲ Haga Park Camping & Stugor****	1 DEJMNOPQRST	KNQRSWX 6
	2 GJLMQWXY	ABCDEFGHIK 7
🏠 Campingvägen 2	3 BFGJLMNSU	ABCDEFNQRT 8
📅 25 Apr - 1 Okt	4 JOT	FGINY 9
☎ +46 48 53 60 30	5 ABDHJN	ABGHIJNQU 10
@ info@hagapark.se	B 10A	① €38,00
◬ N 56°34'53" E 16°24'42"	17ha 364T(80-140m²) 129D	② €38,00
🚗 Von Kalmar über die Brücke nach Öland, Ausfahrt Mörbylånga/Färjestaden; 8 km in Richtung Mörbylånga. Der CP ist an der Straße Nr. 136 ausgeschildert.		106960

Röstånga, S-26868 / Skåne län

▲ First Camp Röstånga-Söderåsen****	1 BDJMNOPQRST	BGHN 6
	2 BEIPQTUVWXY	ABCDEFGHIJK 7
🏠 Blinkarpsvägen 3	3 ABFGHJLMSV	ABCDEFGHIJNQRTW 8
📅 1 Jan - 31 Dez	4 BFLOR	EFJRV 9
☎ +46 43 59 10 64	5 ABDEKL	ABGHIJMNQUY 10
@ rostang@firstcamp.se	B 10A CEE	① €43,90
◬ N 55°59'48" E 13°16'48"	H80 27ha 202T(50-120m²) 27D	② €43,90
🚗 Der 13 bis Röstånga folgen. Von Süden der 108 folgen. Der CP liegt an der 108. Gut ausgeschildert.		111908

Schweden

Ryd, S-SE 36296 / Kronobergs län
- Getnö-lake Asnen Resort****
- Getnö Gård AB
- 1 Mai - 1 Okt
- +46 47 72 40 11
- info@getnogard.se

1 ADEFJMNOPQRST LNQSXZ 6
2 BEIJQRSTUVWXYZ ABDEFGHIJK 7
3 AGHNSX ABEFIJKNPQRTW 8
4 ABCDFHJOT FJNOQRUVW 9
5 ABHKN ABGHJNQUWY 10
B 10A ❶ €33,55
N 56°35'05" E 14°41'43" H145 15ha 160T(100-120m²) 16D ❷ €33,55
Von Norraryd die 126 Richtung Alvesta. Weiter der Beschilderung folgen. 109595

Sommen, S-57361 / Jönköpings län
- Sommens camping
- Lugna Vägen 6
- 1 Jan - 31 Dez
- +46 14 03 00 07
- sommenscamping@hotmail.se

1 ADJMNOPQRST LNQSWXZ 6
2 BEJKQWXY ABDEFGIJK 7
3 AEJS ABEFJNQRTUV 8
4 JO FOQY 9
5 BDMN EGHJOQU 10
B 10A CEE ❶ €27,65
N 58°08'32" E 14°58'28" H154 3ha 107T(120m²) 56D ❷ €27,65
CP am Nordstrand des Ortes Sommen zwischen Bahngleisen und dem See Sommen, an Straße 32 ausgeschildert. 110705

Sandvik, S-59078 / Östergötlands län
- Sandviks Camping***
- Vreta Kloster
- 1 Jan - 31 Dez
- +46 1 36 14 70
- sandvik@caravanclub.se

1 BDEJMNOPQRST LNQSWX 6
2 EIJPQRUVWXYZ ABDEFGHIK 7
3 ABFLMNS ABEFJNQRT 8
4 FJOQ F 9
5 ABDHJKN ABGHIJOQUVY 10
B 10A CEE ❶ €29,60
N 58°32'28" E 15°37'22" 4ha 122T(100-144m²) 65D ❷ €29,60
Von der E4 westlich von Linköping, Ausfahrt 111 Richtung Motala (34). Auf der 34 die Ausfahrt Ljungsbro. Danach Richtung Berg, dann Stjärnorp. CP ist angezeigt. 114151

Timmernabben, S-38052 / Kalmar län
- Timmernabbens Camping
- Varsvägen 29
- 1 Jan - 31 Dez
- +46 7 06 02 38 61
- timmernabben-camp@telia.com

1 ADEJMNOPQRST KNX 6
2 BGJMQRUVWYZ ABDEFGHIJK 7
3 AJMSUV ABEFJNQRTW 8
4 BDJO FGQRV 9
5 ADN BHIJNQUY 10
B 10A CEE ❶ €31,60
N 56°57'38" E 16°26'55" 5ha 68T(80-100m²) 99D ❷ €31,60
An der E22 ist der CP ausgeschildert. 115293

Sävsjö, S-57633 / Jönköpings län
- Sävsjö Camping***
- Hägnevägen 15
- 1 Jan - 31 Dez
- +46 7 33 20 50 91
- camping.savsjo@hotmail.com

1 ADEJMNOPQRST LMNQSWXZ 6
2 FJKPQUVWXY ABDEFGHJK 7
3 AEFGJQ ABEFJNQRTW 8
4 FHJO FNQR 9
5 ADFHJN BCHJNQUVW 10
WB 10A ❶ €30,60
N 57°23'31" E 14°40'50" H260 2,8ha 50T(100-120m²) 20D ❷ €30,60
Die 127 (zwischen Vrigstad und Vetlanda) circa 1,5 km vor Sävsjö ausgeschildert. CP ist 2 km südostlich von Sävsjö. 101386

Tingsryd, S-36291 / Kronobergs län
- Tingsryd Resort****
- Mårslycke
- 1 Jan - 31 Dez
- +46 47 71 05 54
- info@tingsrydresort.se

1 ADEJMNOPQRST LNQSWXZ 6
2 EJKPQRSTWXYZ ABCDEFGHJK 7
3 AGHIJMN ABCDEFGKNQRTW 8
4 BFHJNOTUXZ EFJOQRV 9
5 ABDEFGHIJKMN ABEGHIJMOQUVY 10
B 10-16A CEE ❶ €42,45
N 56°31'43" E 14°57'41" H130 2ha 220T(100-120m²) 100D ❷ €42,45
Der CP liegt in Tingsryd, an der Straße Nr. 120 Tingsryd-Urshult. 106925

Skummeslövsstrand, S-31272 / Hallands län
- Skummeslövs Ekocamping****
- Stora Strandvägen 35
- 15 Apr - 15 Sep
- +46 43 02 10 30
- info@ekocamping.com

1 BDJMNOPQRS MNQSWX 6
2 ABJPQRSTWXY ABDEFGHIJK 7
3 BJLNS ABFJNQRTUW 8
4 JO EFJ 9
5 ABDEN AGHIJMQ 10
B 10A CEE ❶ €32,55
N 56°27'34" E 12°55'59" 9ha 250T(100-150m²) 20D ❷ €32,55
E6 Richtung Halmstad, Ausfahrt 40 Richtung Skottorp / Skummeslövsstrand. Camping rechts der Strecke. Nicht dem Schild Richtung Skummelövscamping folgen. 113356

Tofta, S-62266 / Gotlands län
- Tofta Camping
- Toftavagen 362
- 1 Mai - 30 Aug
- +46 4 98 29 71 02
- bokning@toftacamping.se

1 BDEJMNOPQRST BGKNPQSWX 6
2 BHIJKPQRSTWXYZ ABCDEFGIJK 7
3 AGLQ ABCDEFIJNPQRTW 8
4 DHJO JV 9
5 ACDHKMNO BHJNQUVY 10
B 10-16A CEE ❶ €43,90
N 57°29'09" E 18°07'56" 20ha 355T(80-115m²) 55D ❷ €43,90
CP liegt an der 140. An der Küste, ca. 20 km südlich von Visby. Folgen Sie den CP-Schildern. 118395

Slite, S-62248 / Gotlands län
- Slite Camping
- Strandvägen 4
- 15 Mai - 15 Sep
- +46 4 98 65 26 30
- info@slitestrandby.se

1 BDEJMNOPQRST BKMNOPQSTVWXYZ 6
2 HIJMPQXYZ ABFGIK 7
3 AGJLMNOS ABFJNQRT 8
4 HIT BJMNPRSUV 9
5 DEFGHJKLN ABFHJOPTUX 10
B 10A CEE ❶ €34,55
N 57°42'06" E 18°48'03" 3,5ha 130T(100-120m²) 102D ❷ €34,55
CP liegt an der 147, an der Nordostseite von Gotland. An der südlichsten Abfahrt nach Slite ist der CP ausgeschildert. 118405

Torekov, S-36976 / Skåne län
- First Camp Torekov-Båstad****
- Flymossavägen 5
- 2 Apr - 26 Sep
- +46 4 31 36 45 25
- torekov@firstcamp.se

1 BDJMNOPQRS KMXY 6
2 BHIJKPQRUWXYZ ABCDEFGHJK 7
3 ABFGJLVW ABEFIJNQRTUVW 8
4 BFJLOQTX AFV 9
5 ACDEGLMN ABEHJOQUY 10
B 10A ❶ €49,35
N 56°25'51" E 12°38'26" 20ha 492T(80-100m²) 152D ❷ €49,35
Von Ängeholm Straße 105 und 115. An der E6 Ausfahrt Båstad / Torekov (die 115). 106858

Söderköping, S-61492 / Östergötlands län
- Skeppsdockans Camping
- Dockan 1
- 30 Apr - 19 Sep
- +46 12 12 16 30
- skeppsdockan@soderkopingscamping.se

1 BDEJMNOPQRST NXZ 6
2 ADPQRSTWXY ABDEFGHIJK 7
3 A ABCDEFGIJNPQRTW 8
4 JO GIVX 9
5 ABDN ABGHIJOQU 10
B 10-16A CEE ❶ €33,55
N 58°29'30" E 16°18'22" 2ha 155T(80-100m²) 24D ❷ €33,55
Von der E22 nördlich von Söderköping die Ausfahrt: Ö Husby, Skeppsdockanscamping und weiter den Campingschildern folgen. 123495

Torne/Lönashult, S-34283 / Kronobergs län
- Torne Camping & Fiskecamp
- Brovägen
- 1 Mai - 30 Sep
- +46 4 70 75 41 20
- tornecamping@gmail.com

1 ADJMNOPQRST LNQSXYZ 6
2 BEKPQSXYZ ABDEFGHIJK 7
3 AV ABEFJKNQRTW 8
4 FHJ FGOQRTUVWZ 9
5 ABDN ABHJMNQUVY 10
B 10A CEE ❶ €25,65
N 56°41'45" E 14°35'57" H140 3ha 50T(150m²) 17D ❷ €29,60
Die 23 Växjö-Malmö bei Huseby in südlicher Richtung. CP ist angezeigt. 120177

Sölvesborg, S-29476 / Blekinge län
- Norje Boke Camping****
- Norjebokevägen 72
- 1 Jan - 31 Dez
- +46 45 63 10 26
- info@norjebokecamping.com

1 ADEJMNOPQRST KNPQSWXYZ 6
2 ABGJQRSWXYZ ABDEFGIJK 7
3 ACFGJMSUX ABCDEFGHJKNPQRTW 8
4 BCDFHJOVX AJMNOQRV 9
5 ABDEFGHKLN ABGHIJNQUVY 10
B 10-16A CEE ❶ €36,50
N 56°07'03" E 14°41'20" 20ha 350T(120-150m²) 71D ❷ €36,50
Der Camping liegt bei Norje zwischen Sölvesborg und Karlshamn und ist an der E22 ausgeschildert. Ausfahrt 47 von Süden her oder die 48 von Norden. 106917

Tranås, S-57393 / Jönköpings län
- Hätte Camping****
- Badvägen 2
- 1 Jan - 31 Dez
- +46 14 01 74 82
- info@hattecamping.se

1 ABDEJMNOPQRST LNQSXYZ 6
2 BEJKQTWXYZ ABDEFGHIJK 7
3 AEFJLMX ABEFJNQRTW 8
4 FHJO FJPQRUV 9
5 ABDFGKLN ABDGHJOQUY 10
WB 10A CEE ❶ €30,60
N 58°02'10" E 15°01'44" H185 4ha 129T(80-100m²) 44D ❷ €30,60
Der CP liegt 3 km östlich von Tranås und ist an der 131 ausgeschildert (Richtung Hätte). Auf der 32 Ausfahrt Tranås Sud, Richtung Zentrum und danach ist der CP angezeigt. 106930

Sölvesborg, S-29436 / Blekinge län
- Tredenborgs Camping***
- Tredenborgsvägen
- 1 Apr - 30 Sep
- +46 45 61 21 16
- info@tredenborg.com

1 ADEJMNOPQRST KNPQSWXYZ 6
2 ABGJKMNQRSTWXYZ ABDEFGHIJK 7
3 AGJLS ABDEFJKNQRTW 8
4 BDHJNOX BFJNRVY 9
5 ABDFHKMN ABFGHJOQUY 10
B 10A CEE ❶ €36,50
N 56°01'42" E 14°33'52" 2ha 230T(100-200m²) 110D ❷ €36,50
E22, Ausfahrt Sölvesborg-V., bei Kreisverkehr geradeaus, Schildern folgen. 106918

Trelleborg, S-23132 / Skåne län
- Trelleborg Strand****
- Dalköping Strandväg 2
- 29 Apr - 30 Sep
- +46 4 10 30 17 70
- info@trelleborgstrand.se

1 BDJMNOPQRSTU KMQSWX 6
2 GIJPQRXY ABCDEFGIK 7
3 BGJLN ABEFHNQRT 8
4 FO FJ 9
5 BDKLN ABEGHJOQU 10
B 10A ❶ €31,60
N 55°21'51" E 13°12'33" 3ha 154T(80m²) 19D ❷ €31,60
CP 4 km vom Zentrum entfernt, Richtung Ystad und an der 9. Ausgeschildert. 106884

apelviken.se
★★★★★

Willkommen auf Apelviken

Unser kinderfreundlicher Familiencamping liegt an der Westküste, 2 km vom Stadtzentrum Varberg. Zur Hochsaison bieten wir ein beheiztes Schwimmbad, Kinderclubs, (Internet)Café, Restaurant, eine große Auswahl in unserem Campingladen. Gratis Surfstunden mit Brettern und Stehpaddel Kurse. Vermietung von Kajaks und diversen Brettern.
Machen Sie mal eine Spazier- oder Radtour auf den 'Strandpromenaden' zum netten Marktplatz. Viele Geschäfte mit schönen Angeboten und zahlreiche Lokale, Cafés, Pubs, usw. im Zentrum.
Das imposante Schloss an der Küste ist ganzjährig geöffnet. Hier werden u.a. die Funde der 'Bockstenmänner' zusammen mit der gut erhaltenen Kleidung aus dem 14. Jhdt ausgestellt. In ca. 30 km von unserem Camping steht das größte Kaufhaus Schwedens, Ge-kås in Ullared.

Sanatorievägen 4, 43253 Varberg • Tel. 0340-641300
E-Mail: info@apelviken.se • Internet: www.apelviken.se

Schweden

Värnamo Camping ★★★

Gleich am Zentrum, dem See und dem Fluss. 15 km von einem der größten Nationalparks von Schweden mit einer enormen Vogelvielfalt. Perfekter Ausgangspunkt für mehrere Tagestouren.
GPS: N 57°11′27″ E 14°02′45″

Prostgårdsvägen, 33131 Värnamo • Tel. +46 37016660
E-Mail: info@varnamocamping.se • Internet: www.camping.se/F10

Värnamo, S-33131 / Jönköpings län

Värnamo Camping***	1 BDJMNOPQRST	LMN 6
Prostgårdsvägen	2 BCEKPQZ	ABDEFGHIJK 7
1 Mai - 12 Sep	3 BFJLNS	ABEFJKNQRT 8
+46 37 01 66 60	4 JO	FJQRVY 9
info@varnamocamping.se	5 ABDN	ABHIJOQU 10

Anzeige auf dieser Seite B 10A CEE € 37,00 / € 37,00
N 57°11'27" E 14°02'45" H160 3ha 75T(100m²) 28D
E4, Ausfahrt 85 Värnamo S. Dann CP-Schildern folgen. Auch an Straße 27 gut ausgeschildert. 100945

Unnaryd, S-31452 / Hallands län

Vallsnäs Camping	1 BDJMNOPQRST	LNXZ 6
Vallsnäs	2 BCEQWY	BEFGHIK 7
1 Jan - 31 Dez	3 BJMUX	BDFGJQRTW 8
+46 37 16 02 33	4 T	FJOQR 9
info@vallsnascamping.se	5 ABDEGLN	ABJOQU 10
	10A	

2,5ha 100T(100m²) 23D € 32,55 / € 32,55
N 56°56'23" E 13°32'14"
Die 25 zwischen Halmstad und Ljunby, Ausfahrt Richtung Unnaryd und dem Campingschild folgen. 122701

Växjö, S-35263 / Kronobergs län

Vaxjo Evedal Camping****	1 ADEJMNOPQRST	LMNPQSWXYZ 6
LJ Brandtsväg 3	2 ABEJKQVWXYZ	ABDEFGIJK 7
1 Jan - 31 Dez	3 ACFJLNSU	ABCDEFGIJKNQRSTW 8
+46 47 06 30 34	4 FHJOTU	FJNQRUVWXY 9
info@evedalscamping.com	5 ABDFHIJKLN	ABFGHIJOQUVY 10
	B 10A CEE	

N 56°55'21" E 14°49'09" H165 3,5ha 152T(106-200m²) 20D € 33,05 / € 33,05
Der CP liegt nordöstlich von Växjö und ist an der Kreuzung der 23 mit der 25 gut ausgeschildert. Den Schildern 'Evedal' folgen. 106922

Vadstena, S-59230 / Östergötlands län

Vadstena Camping****	1 BDJMNOPQRST	LNPQSX 6
Hovslagaregatan 11	2 EIJKPQWXYZ	ABCDEFGIJK 7
29 Apr - 11 Sep	3 BDGJLMQSV	ABCDEFGHIJKNPQRT 8
+46 14 31 27 30	4 BDHJLOTU	EFJNRTVY 9
info@vadstenacamping.se	5 ACDEGHLN	BFGHIJMOQUWY 10
	B 10A CEE	

N 58°27'51" E 14°55'59" H100 15ha 530T(100-120m²) 140D € 38,50 / € 38,50
Der CP liegt 3 km nördlich von Vadstena. Folgen Sie den CP-Schildern. 100955

Våxtorp, S-31298 / Hallands län

Våxtorps Camping & Stugby	1 BILNOQRT	LN 6
Kolbäckstorp 3	2 CEQUWXYZ	BFGHIK 7
1 Jan - 31 Dez	3 AFS	BFGJNQRTW 8
+46 43 03 31 29	4 HJOT	J 9
naturcamping@hotmail.com	5 DN	BJNU 10
	B 6-10A CEE	

N 56°23'43" E 13°10'04" 2ha 70T(80-100m²) 8D € 29,60 / € 29,60
Autobahn E6/E20 Richtung Våxtorp, Autobahn 115. In Våxtorp Kreisel Richtung Hishult. Nach 3,2 km Richtung Pershult rechts Richtung Egla. 119351

Valdemarsvik, S-61533 / Östergötlands län

Grännäs Camping och Stugby*****	1 ABDEJMNOPQRT	KNQSWXYZ 6
Festplatsvägen 1	2 ABHIJKQVWXYZ	BFGHIK 7
14 Apr - 18 Sep	3 AFGJNQX	ABEFHJNPQRTW 8
+46 12 35 14 44	4 JO	FIJ 9
info@grannascamping.se	5 DHLN	ABDGHIJOQUV 10

Anzeige auf dieser Seite B 10A CEE € 34,05 / € 34,05
N 58°11'39" E 16°37'01" 10ha 60T(80-120m²) 17D
Von Süden die E22 Ausfahrt Kårtorp/Gålloa und ab hier den Schildern 'Grännäs' folgen. Von Norden Ausfahrt Valdemarsvik, dann den Schildern 'Grännäs' folgen. 114153

Vilshärad, S-31041 / Hallands län

Vilshärads Camping****	1 BDJMNOPQRS	K 6
Vilhäradsväg 24	2 GJQRWXY	ABDEFGHIK 7
23 Apr - 29 Aug	3 AJL	ABEFIJNQRTUW 8
+46 3 55 31 15	4 JOT	9
kontakt@vilsharadscamping.se	5 ACDEFN	ABGHIJOQ 10
	B 10A	

N 56°41'41" E 12°41'52" 3ha 255T(80-100m²) 70D € 43,90 / € 43,90
Auf der E6 Ausfahrt 43 Halmstad-Süd Richtung Tylösand. Auf der Küstenstraße bleiben bis Vilshärad. Am Ende der Straße überqueren. 113063

Varberg, S-43253 / Hallands län

Apelviken.se*****	1 BDGJMNOPQRS	AGKMNQR 6
Sanatorievägen 4	2 GIJMPQWX	ABCDEFGHIJK 7
1 Jan - 31 Dez	3 BJLSV	ABDFHIJNQRTUW 8
+46 3 40 64 13 00	4 BCDJOT	IJMNRTV 9
info@apelviken.se	5 ABDKLN	ABEGHIKOQY 10

Anzeige auf dieser Seite B 16A CEE € 52,30 / € 52,30
N 57°05'17" E 12°14'52" 6ha 550T(80-100m²) 281D
E6, Ausfahrt 53 bis 55, richtungsabhängig. Richtung Varberg C folgen, dann Richtung Apelviken, danach CP-Schildern folgen. 106852

Varberg/Kärradal, S-43295 / Hallands län

First Camp Kärradal-Varberg****	1 BDEJMNOPRST	KNQW 6
Nisebäcksvägen 1	2 ACGJKNQTWXY	BCEFGHIK 7
1 Apr - 30 Sep	3 AJKS	BFJKNQRTUW 8
+46 3 40 62 23 77	4 B	FJV 9
karradal@firstcamp.se	5 ACDEFGHKN	BHIJORSUVXY 10
	B 16A CEE	

N 57°10'57" E 12°13'15" 4ha 205T(80-100m²) 115D € 39,45 / € 39,45
Der E6 von Halmstad Richtung Göteborg folgen. Ausfahrt Varberg. Richtung Fähre weiter. Richtung Tångaberg. Dem CP-Schild Kärradal folgen. 115295

Wunderschöner Campingplatz zwischen Stockholm und Öland auf 1 Km vom gemütlichen Hafenstädtchen Valdemarsvik.

Direkt an Schwedens einzigem Fjord an der Ostküste

Teilkarte Süd-Schweden auf Seite 72   **79**

Teilkarte Süd-Schweden auf Seite 72

Visby, S-62261 / Gotlands län
- Kneippbyn Resort
- Kneippbyn 15
- 27 Mai - 28 Aug
- +46 4 98 29 61 50
- info@kneippbyn.se

1 BDEJMNOPQRST	BGHIKNPQS 6
2 HIMPQTUVWXY	ABCDEFGHIJK 7
3 BEFGJLMNOQSUV	ABCDEFGIJKNPQRSTUVW 8
4 BDFHJLOQRTU	CEFGHIJVY 9
5 ABDEFGHJKLMN	BFGHIKOPQUY 10

B 10A CEE
N 57°36'35" E 18°14'37"   1,5ha 206T(36-100m²) 198D
① €48,85
② €48,85
118401

Von Visby aus der 140 Klintehamn folgen, nach ± 3 km der Beschilderung Kneippbyn.

Visby, S-62145 / Gotlands län
- Visby Strandby
- Snäckgärdsvägen 32
- 1 Apr - 30 Nov
- +46 4 98 21 21 57
- info@visbystrandby.se

1 BDEJMNOPQRST	KNPQSWX 6
2 HIMPQWXY	ABCDEFGHIJK 7
3 ALMU	ABEFHIJNPQRTUW 8
4 FGJO	ABEFV 9
5 DN	BFGHIJOQUY 10

B 10-16A CEE
N 57°39'19" E 18°18'27"   2ha 140T(48-120m²) 90D
① €59,20
② €59,20
118399

CP liegt ca 2 km kurz nördlich von Visby. Von Norden den Hinweisen 'Gustavsvik' folgen. Im Zentrum dann 'Sjukhus' und 'Norderstrand' folgen.

Schweden

West-Schweden

Alingsås, S-44195 / Västra Götalands län
- Lygnareds Camping
- Lygnaredsvägen 2
- 1 Apr - 30 Sep
- +46 32 25 20 59
- campingalingsas@yahoo.com

1 DEJMNOPQRST	LMNXZ 6
2 ABCFIJKQRSYZ	ABCDEFGHIJK 7
3 ABEFGJLMSUVX	ABCEFGIJNQRTUVW 8
4 JNOT	ABJNOQRT 9
5 ABEFGHJN	ABHIJOQU 10

B 10-15A CEE
N 57°52'04" E 12°33'41"   9ha 150T 92D
① €29,60
② €29,60
123295

Von der 180 bis Alingsås den Schildern folgen, dann 200m dem Waldweg folgen.

Askersund, S-69694 / Örebro län
- Husabergsudde Camping ***
- Stockshammar 318
- 28 Apr - 3 Sep
- +46 5 83 71 14 35
- camping@husabergsudde.se

1 DEJMNOPQRST	LNQSWXY 6
2 EIJKQUWXYZ	ABDEFGHIJK 7
3 BJLS	ABEFJNQRT 8
4 FHJOT	FQRV 9
5 ABDN	GHIJNQ 10

B 10A CEE
N 58°52'06" E 14°54'36"   5ha 85T(100m²) 83D
① €32,55
② €32,55
101388

1,5 km südlich von Askersund, östlich der 50 ausgeschildert.

Arvika, S-67191 / Värmlands län
- Ingestrands Camping ***
- Glafsfjorden
- 1 Jan - 31 Dez
- +46 57 01 48 40
- ingestrand@arvika.se

1 DEJMNOPQRST	LNXY 6
2 BFIJMPQSTUWXYZ	ABCDEFGHIK 7
3 BFJLMV	ABCDEFJNQRT 8
4 FHJOT	FJNOQRTUV 9
5 ABDN	AEFGHIJORSU 10

B 10A CEE
N 59°37'21" E 12°36'19"   H70 4ha 242T(100-120m²) 78D
① €34,55
② €34,55
106839

An der 175; 4 km südlich von Arvika. Der CP ist ausgeschildert.

Dals Långed, S-66694 / Västra Götalands län
- Laxsjöns Camping & Friluftsgård ****
- 1 Jan - 31 Dez
- +46 53 13 00 10
- office@laxsjon.se

1 DEJMNOPQRST	LNQSXZ 6
2 BFIJKMNPQSUWXY	ABDEFGHIJK 7
3 AFJSUW	ABCDEFJQRTW 8
4 FGHJO	FGJQRY 9
5 ABDHKN	GHIJLNRSU 10

16A CEE
N 58°57'10" E 12°15'09"   H120 12ha 190T(80-120m²) 46D
① €33,55
② €33,55
100951

Am See Laxsjön zwischen Billingfors und Dals Långed. An der 164 ist der CP ausgeschildert.

Teilkarte West-Schweden auf Seite 80

Degerfors, S-69380 / Örebro län
- Degernäs Camping***
- 1 Mai - 30 Sep
- +46 58 64 49 99
- reception@degernascamping.se
- N 59°15'02" E 14°27'33"

1 DEJMNOPQRST	LNQSW 6	
2 ABCEIJKQRTUWXY	ABDEFGHIK 7	
3 BFJKMS	ABEFGIJNQRTW 8	
4 FJOT	FJQ 9	
5 ADN	ABGHJOQU 10	
B 10A	① €29,60	
H100 9ha 72T(100-120m²) 53D	② €29,60	

100954

Der CP liegt an der Nordseite von Degerfors und ist innerorts an der 243 Karlskoga-Degerfors und an der 205 Askersund-Karlskoga angezeigt.

Ed, S-66832 / Västra Götalands län CC€20
- Gröne Backe Camping & Stugor***
- Södra Moränvägen 64
- 1 Jan - 31 Dez
- +46 53 41 01 44
- info@gbcamp.nu
- N 58°53'58" E 11°56'06"

1 DEJMNOPQRST	LNSXZ 6	
2 BFJPQRUWXYZ	ABDEFGHIK 7	
3 ABFJ	ABCDEFJNQRTW 8	
4 FHJOT	EFJQVY 9	
5 ABDGHKMN	AGHIJORSUV 10	
B 10A CEE	① €31,60	
H125 5ha 100T(100-120m²) 171D	② €31,60	

100952

Westlich von Ed an der 164 ist der CP ausgeschildert.

Sörälgens Camping

Sörälgens Camping ist ein unabhängiger Platz. Er liegt direkt am schönen, 14 km langen See Sörälgen, im Naturschutzgebiet Hökhöjden, 3 km nordöstlich von Hällefors, Bergslagen. Die ebene Wald- und Wiesenlandschaft ist ideal für Camper, welche die Nähe zur Natur und Ruhe suchen. Hunde sind willkommen, sie sind aber auf dem Gelände anzuleinen.

Sör - Älgen 200, 71293 Hällefors • Tel. +46 76 671 14 84
E-Mail: info@soralgenscamping.se
Internet: www.soralgenscamping.se

Schweden

Filipstad, S-68233 / Värmlands län
- Munkebergs Camping-Stugor-Vandrarhem***
- 1 Jan - 31 Dez
- +46 59 05 01 00
- alterschwede@telia.com
- N 59°43'14" E 14°09'33"

1 DEGJMNOPQRST	JLMNXYZ 6	
2 FIJQTUVWXYZ	ABDEFGHIK 7	
3 A	ABEFJNQRTW 8	
4 FHJOT	FQV 9	
5 DN	AFGHIJNRSU 10	
WB 10A CEE	① €24,65	
2ha 70T(80-120m²) 30D	② €24,65	

112516

Aus Karlstad kommend, stadteinwärts über die Brücke, die erste Straße links. CP ist nach 1 km auf der linken Seite.

Grebbestad, S-45795 / Västra Götalands län
- First Camp Edsvik-Grebbestad
- Norra Edsvik 2
- 1 Jan - 31 Dez
- +46 52 51 33 30
- edsvik@firstcamp.se
- N 58°42'42" E 11°14'07"

1 DEJMNOPQRST	KNOPQSXZ 6	
2 GIJNPQRWX	ABCDEFGHIJK 7	
3 ABFGJLSU	ABEFGIJKNQRTUVW 8	
4 JLOT	FHJ 9	
5 ABCDFHKMN	BFGHIJOQUVWX 10	
B 10A CEE	① €44,40	
4ha 200T 108D	② €44,40	

114641

Von der E6 die Ausfahrt Grebbestad nehmen. In Grebbestad vor der Kirche recht abbiegen. CP ist gut ausgeschildert.

Finnerödja, S-69593 / Örebro län
- Skagern Camping
- 1 Mai - 30 Sep
- +46 50 63 30 40
- camp.skagern@telia.com
- N 58°55'41" E 14°20'08"

1 DEJMNOPQRST	LNQSWX 6	
2 ABEIJMQRUWXY	ABDEFGHIK 7	
3 AFGHJMSU	ABEFJNQTU 8	
4 DFHJOT	FQV 9	
5 ABDFN	ABFGHJOQUVWY 10	
B 10A CEE	① €30,60	
H68 7ha 102T(100-120m²) 89D	② €30,60	

114120

5 km südwestlich von Finnerödja auf der E20 Richtung Kavlebron und CP Skagern. An der Kreuzung Richtung Skagern und CP halten (Asphaltweg).

Habo, S-56635 / Västra Götalands län iD
- Habo Camping & Stugby
- Domsandsliden 2
- 1 Mai - 30 Sep
- +46 3 64 40 09 44
- info@habocamping.se
- N 57°52'43" E 14°06'38"

1 ADEJMNOPQRST	MNOPQSWXYZ 6	
2 BPQRSWXYZ	ABDEFGHIK 7	
3 AGMUX	ABEFGIJKNQRTW 8	
4 FHJ	FJOPRVY 9	
5 ABDN	ABHIKNQUV 10	
B 10A CEE	① €31,60	
H159 7,4ha 110T(100-120m²) 9D	② €31,60	

117975

CP liegt zwischen der 195 und dem Vätternsee. Ist 3 km südlich von Habo ausgeschildert.

Garphyttan, S-71941 / Örebro län
- First Camp Ånnaboda-Örebro
- Annaboda 320
- 1 Jan - 31 Dez
- +46 19 29 55 00
- annaboda@firstcamp.se
- N 59°20'21" E 14°56'17"

1 DEJMNOPQRST	L 6	
2 EPQTWXY	ABDEFGIJK 7	
3 ABQSX	ABCDEFIJNQRW 8	
4 FJOTU	JU 9	
5 ABDFHJL	BHJOY 10	
WB 16A CEE	① €32,55	
H262 45ha 330T(80-130m²) 21D	② €32,55	

124737

Der CP befindet sich westlich von Örebro. Von der E18 nehmen Sie die Ausfahrt nach Garphyttan/Annaboda. Das Gebiet Annaboda ist ausgeschildert.

Hällefors, S-71293 / Örebro län iD
- Sörälgens Camping***
- Sör - Älgen 200
- 16 Apr - 16 Okt
- +46 7 66 71 14 84
- info@soralgenscamping.se
- N 59°47'24" E 14°34'19"

1 ADEJMNOPQRST	LNQSXZ 6	
2 BFIJKPQRTWXYZ	ABDEFGHIK 7	
3 L S	ABCDEFJNQRTW 8	
4 FHJT	CFJNQRUVW 9	
5 ADN	ABGHIJNQU 10	
Anzeige auf dieser Seite B 10A CEE	① €30,40	
H180 7,5ha 78T(100-150m²) 12D	② €30,40	

111378

Ab Hällefors die 63 in Richtung Kopparberg. Nach 2,5 km rechts ausgeschildert.

Göteborg, S-41655 / Västra Götalands län
- Lisebergsbyn
- Olbersgatan 9
- 1 Jan - 31 Dez
- +46 31 84 02 00
- lisebergsbyn@liseberg.se
- N 57°42'18" E 12°01'47"

1 DJMNOPRST	6	
2 APQTWXYZ	ABCDEFGHIK 7	
3 ABJ	ABEFKNQRT 8	
4 T	FG 9	
5 ABDN	ABEFGHIJNQY 10	
B 10A	① €47,35	
4ha 170T 90D	② €47,35	

121589

An de E6 Örgryte Ausfahrt 71 Liseberg. Der Beschilderung nach Lisebergsbyn folgen. CP ist deutlich ausgeschildert.

Hällekis, S-53394 / Västra Götalands län
- Kinnekulle Camping & Stugby****
- Strandvägen
- 8 Apr - 11 Sep
- +46 5 10 54 41 02
- info@kinnekullecamping.se
- N 58°37'24" E 13°23'05"

1 BDEJMNOPQRS	LNPQSWXYZ 6	
2 BEIJKMQTUVWXYZ	ABCDEFGIJKNQRT 7	
3 BGJMU	ABCDEFGI JKNQRT 8	
4 FHJOPQT	DEFNQRTUVY 9	
5 ABDEMN	ABFGHIJOQUVY 10	
B 10A CEE	① €29,60	
10ha 10T(80-120m²) 94D	② €29,60	

114633

Von der 44 östlich von Lidköping, Ausfahrt Götene und Källby. Von der E20, über Götene Ausfahrt Kinnekulle. Den Weg am See entlang ist ausgeschildert.

Göteborg, S-43645 / Västra Götalands län
- Lisebergs Camping Askim Strand***
- Marholmsvägen 124
- 1 Mai - 25 Aug
- +46 31 84 02 00
- askim.strand@liseberg.se
- N 57°37'42" E 11°55'13"

1 DEJMNOPQRS	KNQSW 6	
2 AGJMNPQWX	ABCDEFGHIK 7	
3 BJLS	ABCDEFJKNQRT 8	
4 HJOT	F 9	
5 ABDN	ABGHIJMNRSUY 10	
B 10A CEE	① €44,40	
4ha 310T(80m²) 65D	② €44,40	

106836

Die E6 südlich von Göteborg verlassen, Ausfahrt 66. Den Schildern nach Hamnan (Hafen) folgen. Der Campingplatz Askim ist gut ausgeschildert.

Högsäter, S-45897 / Västra Götalands län
- Ragnerudssjöns Camping & Stugby *
- Jolsäter 15
- 14 Apr - 15 Okt
- +46 52 84 00 64
- info@ragnerud.com
- N 58°39'02" E 12°06'10"

1 DEJMNOPQRST	LNQSXZ 6	
2 BFIJQSTVWXY	ABCDEFGHIK 7	
3 ABDJLS	ABDEFIJNQRT 8	
4 FHJLO	FJOQRT 9	
5 ABDEFHKN	ABGHIJORSUW 10	
B 10A	① €35,50	
H110 3ha 105T(80-120m²) 58D	② €35,50	

106838

Die 172; 2 km nördlich von Högsäter ausgeschildert (ca. 3 km).

Gräsmark/Uddheden, S-68698 / Värmlands län iD
- Naturcamping Lagom
- Uddhedsängen 30
- 1/1 - 31/10, 1/12 - 31/12
- +46 56 54 00 95
- info@naturcampinglagom.se
- N 59°57'01" E 12°54'52"

1 ABDEJMNOPQRST	LNQSXY 6	
2 BFIJKPQRXYZ	ABDEFGHIJK 7	
3 AGHIMSUX	ABCDEFIJKNQRT 8	
4 ABCDFGHJOT	FGJNRU 9	
5 ADJN	ABGHIJORSU 10	
B 10A CEE	① €29,10	
7ha 70T(140-150m²) 16D	② €29,10	

118069

Von Karlstad die E45 bis Sunne, links ab Richtung Gräsmark/Torsby. In Gräsmark Richtung Torsby halten. Der CP ist ausgeschildert.

Hökensås/Tidaholm, S-52291 / Västra Götalands län
- First Camp Hökensås-Tidaholm***
- Häkagen 1
- 1 Jan - 31 Dez
- +46 50 22 30 53
- hokensas@firstcamp.se
- N 58°05'53" E 14°04'29"

1 BDEJMNOPQRST	N 6	
2 BQWXYZ	ABDEFGHIK 7	
3 ABFJQ	ABEFJNQRT 8	
4 BFJOTU	FJV 9	
5 ABDFHL	AJOQUY 10	
B 10-16A CEE	① €39,45	
H240 6ha 130T(100-120m²) 125D	② €39,45	

112991

Die 195 von Jönköping nach Hjo. In Branstorp links Tidaholm. Nach 9 km an der Kreuzung Campings ausgeschildert. Von Norden hinter Tidaholm ab der 26 die Ausfahrt Madängsholm Richtung Daretorp. Campingbeschilderung befolgen.

Schweden

Durch den Vänersee, den Wald und die wunderbare Ruhe erleben Sie Schweden von der besten Seite bei

BOMSTADBADEN IN KARLSTAD.

swecamp BOMSTADBADEN

bomstadbaden.se • info@bomstadbaden.se • +46(0)54 - 53 50 68

Karlstad, S-65346 / Värmlands län CC€22
- Karlstad Swecamp Bomstad Baden****
- Bomstadsvägen 640
- 1 Jan - 31 Dez
- +46 54 53 50 68
- info@bomstadbaden.se
- N 59°21'44" E 13°21'33"
- An der E18 westlich von Karlstad CP ausgeschildert (Ausfahrt Skutberget/Bomstad).

1 DEJMNOPQRST LNQ 6
2 ABFJPQRWYZ ABCDEFGHIJK 7
3 BFGJLQSV ABCDEFGIJKNQRTU 8
4 JLNOPTU EFGJNQRTV 9
5 ABDEFGHKLN ABDFGHIJORSUY 10
Anzeige auf dieser Seite B 10A CEE €42,90 €42,90
H50 9ha 160T(80-130m²) 196D
106865

Kil, S-66591 / Värmlands län iD
- Frykenbadens Camping****
- Stubberud
- 1 Jan - 31 Dez
- +46 55 44 09 40
- info@frykenbaden.se
- N 59°32'47" E 13°20'29"
- An der Ostseite vom Nedre Frykensee, an der 61 bei Kil ausgeschildert.

1 ABDEJMNOPQRS LNOSWXZ 6
2 BFIJMQUVWXYZ ABCDEFGHIK 7
3 BDEFIJLMQSV ABCDEFGJKNQRTW 8
4 BFHJLNOST EFJQRVW 9
5 ABDEFHJKMN AFGHIJORSUVXY 10
B 10A CEE €44,40 €44,40
H65 8ha 180T(100-120m²) 101D
106863

Hova/Otterberget, S-54891 / Västra Götalands län CC€18
- Otterbergets Bad & Camping
- Otterberget
- 15 Apr - 1 Nov
- +46 50 63 31 27
- info@otterbergetscamping.se
- N 58°54'33" E 14°17'26"
- An der E20 zwischen Mariestad und Laxå, 5 km nördlich von Hova. Richtung Otterberget abbiegen. CP ist hier angezeigt. Der Beschilderung folgen (3 km).

1 BDEJMNOPQRST LNOPQSWXYZ 6
2 ABEJQRWXYZ ABDEFGHIJK 7
3 ABFJMSX ABCDEFGHIJNPQRTV 8
4 AFHJOT DEFOR 9
5 ABDN ABDGHJOQUVY 10
Anzeige auf dieser Seite B 10A €30,60 €30,60
H78 3,2ha 77T(100-120m²) 28D
118437

Kinna/Örby, S-51131 / Västra Götalands län
- Hanatorps Camping****
- Öresjövägen 26
- 1 Apr - 30 Sep
- +46 32 04 83 12
- camping@hanatorp.se
- N 57°28'27" E 12°42'15"
- Die 41 von Varberg nach Borås. Der CP ist in Kinna/Skene ausgeschildert.

1 DEJMNOPQRST LNPQSTWXYZ 6
2 FIJKPQRSTVWXYZ ABDEFGHIJK 7
3 AJLSX ABEFJNQRTUVW 8
4 FHJ FNQRV 9
5 ABDFHKLN ABGHIJNQUVY 10
B 16A CEE €29,10 €29,10
H59 5,7ha 182T(100-140m²) 47D
100948

Otterbergets bad & camping
54891 Hova
tel. 0506-33127
www.otterbergetscamping.se

Kristinehamn, S-68152 / Värmlands län
- Kristinehamn Herrgårdscamping & Stugor
- Presterudsallén 2
- 1 Jan - 31 Dez
- +46 55 01 02 80
- kristinehamn@sommarvik.se
- N 59°18'29" E 14°04'06"
- Der CP liegt an der Südseite von Kristinehamn, 3 km vom Zentrum und ist von den Zufahrtstraßen her ausgeschildert.

1 DEJMNOPQRST LNOPQSWXYZ 6
2 AEIJKPQTWXY ABCDEFGHIJK 7
3 BDEFGJNSV ABDEFGIJKNQRTVW 8
4 BFHJLO FJRV 9
5 ABDHKN ABFGHIJMOQUVY 10
B 10A
24ha 180T(80-100m²) 71D
€32,55 €32,55
118584

Karlsborg, S-54633 / Västra Götalands län
- Karlsborg Camping
- Norra Vägen 3
- 21 Apr - 31 Okt
- +46 50 51 20 22
- info@karlsborgscamping.se
- N 58°32'43" E 14°30'01"
- Der CP liegt an der Nordseite von Karlsborg an der 49. Ist ausgeschildert.

1 DEJMNOPQRST LNOPQSWX 6
2 EIJKPQRWXY ABDEFGHIJK 7
3 BGJLQX ABEFGJKNQRTW 8
4 BFJO FJNQRTV 9
5 ABDN ABEFGHIJNQUY 10
B 10A €30,60 €30,60
H95 1,5ha 200T(80-120m²) 51D
114119

Kungshamn, S-45634 / Västra Götalands län CC€18
- Johannesvik Camping & Stugby****
- Vägga Nordgård 1
- 11 Apr - 31 Dez
- +46 52 33 23 87
- info@johannesvik.se
- N 58°22'01" E 11°16'51"
- Von der E6 die 171 bis Askum. Richtung Kungshamn. Durch Hovenäset, über die Brücke. Nach ca. 1 km Einfahrt des CP auf der rechten Seite.

1 DEJMNOPQRST KMNQSXZ 6
2 GIKMNPQUWXY ABDEFGHIJK 7
3 BFJLQUV ABEFGIJKNQRTW 8
4 FHJOT GJTV 9
5 ABCDEGHKMN BDGHIJNPRSUVY 10
Anzeige auf dieser Seite B 10A CEE €43,90 €43,90
25ha 270T(100-120m²) 178D
113354

Karlstad, S-65346 / Värmlands län
- First Camp Skutberget-Karlstad****
- Skutbergsvägen 315
- 1 Jan - 31 Dez
- +46 54 53 51 30
- skutberget@firstcamp.se
- N 59°22'27" E 13°23'22"
- An der E18 westlich von Karlstad CP ausgeschildert (Ausfahrt Skutberget/ Bomstad).

1 DEJMNOPQRST ALNQSWXYZ 6
2 AEJKLNPQRWXY ABCDEFGHIJK 7
3 BFGJLMSV ABCDEFIJNQRT 8
4 FHJLOPRST EFJOQRUVY 9
5 ABDHKN ABGHIJORSUY 10
B 10A CEE €36,50 €36,50
H50 46ha 347T(100-120m²) 132D
106864

Lidköping, S-53154 / Västra Götalands län
- Krono Camping Framnäs*****
- Läckögatan 22
- 1 Jan - 31 Okt
- +46 51 02 68 04
- info@kronocamping.com
- N 58°30'52" E 13°08'24"
- Der CP liegt an der Westseite von Lidköping. Ist von verschiedenen Zufahrtstraßen aus und im Zentrum angezeigt.

1 DEJMNOPQRST BGLNQSWX 6
2 BFIJKPQRTWXY ABCDEFGHIJK 7
3 ABDFGJLMSVX ABCDEFGIJKNQRTUVW 8
4 BJOPRTUX FJNVY 9
5 ABCDEFGHLMN ABEFGHIJOQUVXY 10
B 10A CEE €44,40 €44,40
5ha 493T(70-140m²) 130D
106860

Lysekil, S-45392 / Västra Götalands län
- Sivik-Lysekil***
- Träleberg 172
- 15 Apr - 15 Sep
- +46 5 23 61 15 28
- info@sivikscampinglysekil.se
- N 58°17'49" E 11°26'54"
- CP 2 km nördlich von Lysekil und 1 km westlich der Straße 162, CP ausgeschildert.

1 DEJMNOPQRST KMNPQX 6
2 GIJNPQRWX ABCDEFGHIK 7
3 AJ ABCDEFJNQRTW 8
4 AFJO EFRV 9
5 ABDN ABGHIJNRS 10
B 10A CEE €41,95 €41,95
6ha 300T(80-120m²) 105D
106830

Johannesvik Camping & Stugby ★★★★
Vägga Nordgård 1, 45634 Kungshamn • Tel. +46 52332387
E-Mail: info@johannesvik.se • Internet: www.johannesvik.se

Bei Smögen mitten in der Provinz Bohuslän liegt Johannesvik an einem See. Ein Ferienparadies für die ganze Familie. Ein Familiencamping an der schwedischen Westküste. Viele Aktivitäten auf dem Platz und in der Nähe: für jede Altersgruppe was dabei. Freizeitangebote wie Wandern und Radfahren. 2019 entstand ein schöner neuer Spielplatz für die Kinder.

Mariestad, S-54292 / Västra Götalands län
- First Camp Ekudden-Mariestad****
- Ekuddenvägen 50
- 1 Jan - 31 Dez
- +46 50 11 06 37
- ekudden@firstcamp.se
- N 58°42'57" E 13°47'44"
- Die E20 bei Mariestad verlassen. Der CP liegt an der Nordseite der Stadt auf einer Landzunge. Ist ausgeschildert.

1 DEJMNOPQRST LNQSWX 6
2 ABEIJKMQRTUWXYZ ABCDEFGHIJK 7
3 AGJLS ABCDEFGIJKNQRTW 8
4 BDFJO FVY 9
5 ABDEFHKN BFGHIJOQVY 10
B 16A CEE €44,40 €44,40
H50 5ha 370T(80-120m²) 79D
106895

Marstrand, S-44266 / Västra Götalands län
- Marstrands Familje Camping
- Långedalsvägen 16
- 20 Apr - 18 Sep
- +46 30 36 05 84
- info@marstrandscamping.se
- N 57°53'39'' E 11°36'17''

1 DEJMNOPQRST	KNQSXK 6
2 GJKMNQRSUWXY	ABDEFGHIK 7
3 AJLM	ABCDEFJNQRT 8
4 FJO	FV 9
5 ABDN	BFGHIJNQ 10
B 10A CEE	❶ €39,45
2,5ha 85T(100-200m²) 135D	❷ €39,45

Nördlich von Kungälv (E6). Die 168 Richtung Marstrand nehmen. Am Straßenende (28 km) rechts liegt der CP. Ausgeschildert. **114078**

Mellerud, S-46421 / Västra Götalands län CC€20
- Mellerud Swe-Camp Vita Sandar****
- 1 Jan - 31 Dez
- +46 53 01 22 60
- mail@vitasandarscamping.se
- N 58°41'22'' E 12°31'01''

1 DEJMNOPQRST	BLNQSWXZ 6
2 FJQWXY	ABCDEFG HIJK 7
3 ABDFGJLNSUV	ABCDEFGIJNQRTW 8
4 FHJMNOPT	EFQRVY 9
5 ACDEFHIKN	ABDFGHKORSVY 10
Anzeige auf dieser Seite B 10A CEE	❶ €41,45
H60 14ha 210T(100-120m²) 100D	❷ €41,45

Der CP liegt am Vänernsee; an der 45 bei Mellerud ausgeschildert. **100953**

Mellerud Swe-Camp Vita Sandar
★★★★

Strand, Tennis, Angeln, Baden (Freibad), Golf, Minigolf, Fußball

Dalslands Rivièra

46421 Mellerud
Tel. 0530-12260
E-Mail: mail@vitasandarscamping.se
Internet: www.vitasandarscamping.se

Mullsjö, S-56591 / Västra Götalands län iD
- Mullsjö Camping
- Bottnarydsvägen 3
- 1 Jan - 31 Dez
- +46 39 21 20 25
- info@mullsjocamping.se
- N 57°54'06'' E 13°51'10''

1 ADEJMNOPQRST	LNPQSWX 6
2 BEJQRWXYZ	ABDEFGIK 7
3 JLS	ABEFJNQRTW 8
4 FHJOT	FJ 9
5 ABDMN	ABFGHIKQU 10
WB 10A	❶ €26,65
H247 6ha 140T(100m²) 101D	❷ €26,65

Von Jönköping über die 26/47 nach Mullsjö, CP dort ausgeschildert, befindet sich an der 185. **106892**

Sjötorp, S-54266 / Västra Götalands län CC€18
- Askeviks Camping & Stugor
- Askevik 62
- 1 Jan - 31 Dez
- +46 7 68 14 14 09
- info@askevik.nu
- N 58°53'20'' E 14°00'49''

1 BDEJMNOPQRST	LNQSXY 6
2 EIJLPQSVWXY	ABDEFGHIJK 7
3 ABGMQSUX	ABFNQRSUV 8
4 HOT	FJOQ 9
5 AGK	ABDGHIJNOQUVY 10
Anzeige auf dieser Seite B 10A CEE	❶ €29,60
9ha 75T(80-140m²) 51D	❷ €29,60

Von Mariestad nördlich über die E20. Nach 6 km linkks ab die E26 Richtung Mora. Nach 13 km den Gota Kanal passieren. Nach 7 km links nach Askeviks Camping & Stugor. **114118**

Nora, S-71332 / Örebro län
- First Camp Nora-Bergslagen
- Kungsgatan
- 1 Jan - 31 Dez
- +46 58 71 23 61
- nora@firstcamp.se
- N 59°31'33'' E 15°02'37''

1 BDEJMNOPQRST	LNQSWX 6
2 AEJKQRTVWX	ABDEFGIK 7
3 AGJ	ABEFNQRTU 8
4 O	DEFRTU 9
5 ABD	ABHJMOQUV 10
10A	❶ €33,05
4ha 100T(28-40m²) 34D	❷ €33,05

Der Camping liegt direkt am Norasjön See, 1 km nördlich vom Zentrum. Der Beschilderung folgen. **114014**

Askeviks Camping & Stugor

Hier erleben Sie die schönsten Sonnenuntergänge an bester Lage. Fast alle Stellplätze haben eine wunderbare Aussicht auf den See. Bei uns können Sie wunderschöne Wohnmobilstellplätze am Hafen, Wohnwagenstellplätze von 80 bis 140 m2 und Ferienhäuser mieten.

Askevik 62, 54266 Sjötorp
Tel. +46 768141409 • E-Mail: info@askevik.nu
Internet: www.askevik.nu

Överlida, S-51260 / Västra Götalands län iD
- Överlida Camping & Stugor***
- Holsjungavägen
- 1 Apr - 31 Okt
- +46 32 53 24 39
- info@overlidacamping.se
- N 57°21'20'' E 12°54'20''

1 ABDJMNOPQRS	LNQX 6
2 EIJQXY	ABDEFGHIJK 7
3 AFJMQ	ABEFHNQRT 8
4 JO	FQR 9
5 ACDEHKN	AFHIJOQU 10
B 10-16A	❶ €33,05
H145 2ha 137T(64-80m²) 45D	❷ €33,05

An der 154 von Falkenberg nach Borås, 25 km südlich von Svenljunga. **106850**

Skoghall, S-66333 / Värmlands län
- First Camp Mörudden-Hammarö***
- Möruddsvägen 700
- 1 Jan - 31 Dez
- +46 54 51 77 11
- morudden@firstcamp.se
- N 59°18'44'' E 13°29'50''

1 DEJMNOPQRST	LN 6
2 EIJKPQRWXY	ABDEFGHIJK 7
3 A	ABEFIJKNQRT 8
4 O	FQR 9
5 ABDEN	AGHIJNQU 10
B 10A	❶ €31,60
2ha 122T 72D	❷ €31,60

E18 von Karlstad, Ausfahrt Skoghall. Der CP liegt neben dem Yachthafen (westlich) und ist gut ausgeschildert. **121137**

Råda, S-68393 / Värmlands län
- Rådastrands Camping, Stugor & Outdoor***
- Norra Råda Riksväg 62
- 1/2 - 31/3, 1/5 - 1/11
- +46 56 36 05 60
- info@radastrand.com
- N 60°00'55'' E 13°36'01''

1 DEJMNOPQRST	JLNXZ 6
2 ABCEIJPRSXYZ	ABDEFGHIK 7
3 BGJLSTWX	ABEFGJNQR 8
4 ABDFGHIJT	ABFJORUY 9
5 ADEFN	ABHIJNQU 10
B 10A	❶ €31,60
H150 6,5ha 90T(10-100m²) 30D	❷ €31,60

Camping an der RV62 etwa 80 km nördlich Karlstad. Gut ausgeschildert. **112517**

Skövde, S-54133 / Västra Götalands län
- Billingens Stugby och Camping****
- Alphyddevägen
- 1 Jan - 31 Dez
- +46 5 00 47 16 33
- johan@billingensstugby.se
- N 58°24'23'' E 13°49'07''

1 DEJMNOPQRST	BGN 6
2 BEPQRTUVWXYZ	ABCDEFGHIJK 7
3 AJLSX	ABCDEFJNQRT 8
4 FHIJT	FGJ 9
5 ABDN	BGHIJOQUVX 10
Anz. auf dieser Seite WB 10A CEE	❶ €27,15
H280 6ha 135T(80-100m²) 41D	❷ €27,15

In Skövde auf der 49 bleiben. CP liegt an der Westseite der Stadt. Dem Schild 'Billingehus' und CP bis oben auf den Hügel folgen. **110445**

Ransäter, S-68493 / Värmlands län iD
- Storängens Camping, Stugor & Outdoor
- Erlandervägen 2
- 30 Apr - 20 Sep
- +46 55 23 00 80
- info@storangenscamping.com
- N 59°45'50'' E 13°26'56''

1 ABDEJMNOPQRST	JNXZ 6
2 BCJKPQRUXYZ	ABDEFGHIJK 7
3 AHIJM	ABEFJNQRTW 8
4 ABEFGHJLO	AFQRUV 9
5 ABDEFKN	ABGIJORSU 10
B 10A	❶ €27,15
16ha 106T(120m²) 16D	❷ €27,15

Von Karlstad die 62. Nach 47 km rechts ab nach Ransäter. Vor dem Ort ist der CP rechts mit Schildern angezeigt. **117691**

Billingens Stugby och Camping
★★★★

Camping oben auf der Billingen Ebene (auch Wintersportzentrum). Viele Ferienhäuser und ein offenes Feld für Camper. Viele Wander- und Sportangebote. Das nächstgelegene Hotel hat ein (Wettkampf) Becken mit Planschbecken, das gegen Eintritt genutzt werden kann. Campingplatz auch für Wintersportarten wie Langlauf attraktiv.

Alphyddevägen, 54133 Skövde
Tel. 0500-471633 • E-Mail: johan@billingensstugby.se
Internet: www.billingensstugby.se

Säffle, S-66194 / Värmlands län
- First Camp Duse Udde****
- Krokstad
- 1 Jan - 31 Dez
- +46 53 31 08 00
- info@duseuddecamping.se
- N 59°04'58'' E 12°53'06''

1 DEJMNOPQRST	LNQSWXYZ 6
2 BCEIJKNQRSTUWXYZ	ABCDEFGHIK 7
3 BGJS	ABEFGIJKNQRTUVW 8
4 FHJLOPT	FJQRVY 9
5 ABDFGHLN	ABEGHJORSUVNY 10
B 10A CEE	❶ €38,60
4ha 344T(100-160m²) 119D	❷ €38,60

Am Vänernsee 6 km südlich von Säffle. An der 45 bei Säffle ausgeschildert. Aus dem Norden kommend: Achtung! Ausfahrt kurz nach dem Schild 'Camping 8 km'. **106867**

Teilkarte West-Schweden auf Seite 80

Schweden

Strömstad, S-45297 / Västra Götalands län
- Lagunen Camping & Stugor★★★★
- Skärsbygdsvägen 40
- 1 Jan - 31 Dez
- +46 5 26 75 50 00
- info@lagunen.se
- 10A CEE
- N 58°54'48" E 11°12'19"
- 1 DEGJMNOPQRST KNPQSW**X**6
- 2 AB**G**IJKNPQRSTUVWXYZ AB**C**DE**FG**HIJK 7
- 3 ABDE**GJL**MV ABCDE**FIJ**NQRTUV 8
- 4 FJOQ FGJORTV 9
- 5 ABDEFHKL**N** BCEFGHIJOQUY 10
- ① €58,70
- ② €58,70
- 5ha 255T(900-1200m²) 228**D**
- Von der E6 (Richtung Oslo-Norwegen) dem Schild Strömstad Zentrum folgen. Am Kreisel CP-Schild Lagunen folgen.
- 117624

Strömstad, S-45290 / Västra Götalands län (CC€18)
- Seläter Camping★★★
- Seläter
- 1 Jan - 31 Dez
- +46 52 61 22 90
- info@selater.se
- N 58°57'23" E 11°09'27"
- 1 DEJMNOPQRS**T** NQSW**X**6
- 2 APQUWXY ABDE**FG**HIK 7
- 3 A**JL**V ABDE**FG**JNQRT 8
- 4 FHO BFJRU 9
- 5 ABDFGHK**N** HIJRSVY 10
- ① €41,45
- ② €41,45
- 7ha 342T(100-120m²) 66**D**
- E6 aus südlicher Richtung, Ausfahrt Strömstad N nehmen. Am ersten Kreisel rechts ab. CP liegt an der Straße nach Seläter.
- 110955

Stenkällegården/Tiveden, S-54695 / Västra Götalands län
- Stenkällegårdens Camping i Tiveden★★★★
- 1 Apr - 15 Okt
- +46 50 56 00 15
- kontakt@stenkallegarden.se
- B 10A
- N 58°40'51" E 14°35'55"
- 1 ADEJMNOPQRS LNQSX 6
- 2 BEIJQSTUVWXYZ AB**D**E**FG**HIK 7
- 3 BF ABCDEFJNQRTW 8
- 4 FHJO**T** FIJQR 9
- 5 ACFN AFGHJOQUXY 10
- ① €32,55
- ② €32,55
- 8ha 12ha 150T(100-225m²) 52**D**
- Der CP liegt 2 km von der 49, 19 km nördlich von Karlsborg; Schildern 'National Park Tiveden' und 'Camping' folgen.
- 110053

Sundsören/Mariestad, S-54292 / Västra Götalands län
- Sundsörns Camping
- Sundsörns Gård
- 1 Jan - 31 Dez
- +46 50 12 30 26
- info@sundsornscamping.se
- N 58°46'55" E 13°52'14"
- 1 DEJMNOPQRST LNPQSX 6
- 2 BEIJQUWXY ABDE**FG**HIK 7
- 3 BFGS ABE**F**JNQT 8
- 4 FK F 9
- 5 BLN AJQUY 10
- ① €27,65
- ② €27,65
- 4ha 130T(80-100m²) 93**D**
- 15 km nördlich von Mariestad. Von der E20 die Ausfahrt Torsö nehmen. Von der 26 südlich von Sjötorp die Ausfahrt Torsö nehmen. Der CP liegt kurz vor der Brücke nach Torsö. Die Rezeption ist im Restaurant Brygghuset.
- 120945

Stöllet, S-68051 / Värmlands län (CC€20)
- Alevi Camping
- Fastnäs 53
- 30 Apr - 30 Sep
- +46 7 38 32 01 56
- info@alevi-camping.com
- N 60°17'07" E 13°24'25"
- 1 ABDEJMNOPQRST J**N**PXY 6
- 2 DKPQRWXY AB**C**DE**FG**HIK 7
- 3 AGM ABCDEFJNQRTW 8
- 4 AB**C**E**F**HJO BFJRU 9
- 5 ABEFKN ABDGHIJOPRSU 10
- Anz. auf dieser Seite B 4-10A CEE
- ① €29,50
- ② €29,50
- H160 4,1ha 60T(120-180m²) 14**D**
- An der 62, 18 km südlich der Kreuzung mit der 45 (Stöllet). Direkt hinter der Brücke über den Klarälven links ausgeschildert. Von Karlstad aus 14 km nördlich von Ekshärad.
- 117367

Sunne, S-68680 / Värmlands län
- First Camp Sunne Camping & Sommarland★★★★
- Kolsnäsvägen 4
- 1 Jan - 31 Dez
- +46 56 51 67 70
- info@sunnecamping.se
- N 59°49'31" E 13°08'32"
- 1 DEJMNOPQRS H**I**LN 6
- 2 AEJPQUWXY ABCDE**FG**HIK 7
- 3 BF**G**J**L**N**R** ABE**FG**JKNQRTW 8
- 4 F**J**LNO FJ 9
- 5 ABDFHK**N** AB**G**HIJORSUY 10
- WB 10A CEE
- ① €37,50
- ② €37,50
- 4ha 151T(80-120m²) 238**D**
- Die E45, zwischen Kil und Torsby, gut ausgeschildert.
- 113353

Strömstad, S-45297 / Västra Götalands län (CC€22)
- Daftö Resort★★★★★
- Dafter 1
- 8 Jan - 20 Dez
- +46 52 62 60 40
- info@dafto.se
- N 58°54'15" E 11°12'05"
- 1 DEJMNOPQRS**T** BGIK**N**X**Y**Z 6
- 2 AGJNPQVWX ABDE**FG**HIK 7
- 3 BFGJLMQ ABCDEFJKNQRS**T**UV 8
- 4 ABDFJLOPQRSTU FJNRTV 9
- 5 ACDEFGKM**N** ABEFGHIJOPRSUXY 10
- B 10A CEE
- ① €64,15
- ② €64,15
- 11,8ha 336T(100-120m²) 480**D**
- Von Süden der E6 bis Ausfahrt Sandfjord/Strömstad (Straße Nr. 176) folgen. An der Hydro-Station folgen; nach 6,5 km liegt der CP links der Straße.
- 106827

Sysslebäck, S-68060 / Värmlands län
- Sysslebäcks Stugby & Fiskecamping★★★
- Badhusvägen 2
- 1 Jan - 31 Dez
- +46 56 41 05 14
- welcome@vildmarkscenter.com
- N 60°42'40" E 12°53'08"
- 1 ADEJMNOPQRS **E**GJNX 6
- 2 DIKPQRSWXY ABDE**FG**HI 7
- 3 BF**H**JMN ABE**F**IJNPQRT 8
- 4 FJO**R**S**T**UX FGJQR 9
- 5 ADN AGHJOQUVY 10
- WB 10A
- ① €26,65
- ② €26,65
- H152 4ha 120T(70-120m²) 42**D**
- An der 62, südlich des Ortes Sysslebäck.
- 106840

Strömstad, S-45231 / Västra Götalands län
- First Camp City-Strömstad
- Uddevallavägen
- 1 Jan - 31 Dez
- +46 52 66 11 21
- stromstad@firstcamp.se
- N 58°55'50" E 11°10'48"
- 1 ADEJKNOPQRS**T** KNPS 6
- 2 ABGIJKSTUWXYZ ABDE**FG**IK 7
- 3 ABEFJNQRT 8
- 4 F 9
- 5 AB**N** ABFHIJOQY 10
- 10A CEE
- 8ha 140T(80-100m²) 60**D**
- ① €49,35
- ② €49,35
- Von der E6 Ausfahrt Stromstad C (Mitte) am Kreisel den CP-Schildern folgen; deutlich angezeigt. Nach etwa 100m Camping links.
- 124172

Tived, S-69597 / Örebro län
- Camping Tiveden★★★
- Baggekärr 2
- 31 Mrz - 30 Sep
- +46 5 84 47 40 83
- info@campingtiveden.se
- N 58°47'54" E 14°32'19"
- 1 ADEJMNOPQRST LNPQSXY 6
- 2 BELQRTWXYZ ABCDE**FG**HI 7
- 3 BEF**H**MSX ABE**FG**IJNQRT 8
- 4 A**F**HJKO**T** BFJLNOPQRV 9
- 5 ABDEN ABFGHIJOQUY 10
- Anzeige auf dieser Seite B 10A
- H50 2,9ha 75T(100-140m²) 19**D**
- ① €30,60
- ② €30,60
- Über die 49. Bei Granvik dem Schild 'Tived' folgen. Von der E20 der Ausfahrt Finnerödja den CP-Schildern folgen.
- 111906

Torsby/Vägsjöfors, S-68594 / Värmlands län
- Värmlands Sjö och Fjäll Camping
- Nötön 1
- 1 Jan - 31 Dez
- +46 56 03 10 38
- camping@varmlands sjoochfjallcamping.se
- N 60°18'19" E 13°02'31"
- 1 ABDEJMNOPQRST LNQSWXZ 6
- 2 BFIJKQRSXYZ ABDE**FG**IK 7
- 3 AFGS ABEFJKNQRTW 8
- 4 FHJO**T** FJNQRUY 9
- 5 N ABGHIJORSU 10
- WB 10A CEE
- H130 12ha 125T(100-120m²) 22**D**
- ① €31,60
- ② €31,60
- Die E45 bei Vägsjöfors Richtung Mora. CP ist ausgeschildert.
- 101618

Teilkarte West-Schweden auf Seite 80

Trollhättan, S-46139 / Västra Götalands län

- Trollhättans Camping***
- Kungsportsvägen 7
- 1 Mai – 6 Sep
- +46 52 03 06 13
- trollhattanscamping@telia.com
- B 10A CEE
- N 58°17'31" E 12°17'52"
- CP nördlich der Stadt, in der Stadt ausgeschildert.

1 BDEJMNOPQRS**T**
2 BPQSUXYZ ABDE**FG**HIK 7
3 A**J**S ABCDEFJNQRT 8
4 FHJO F 9
5 AD**N** AGHIJRSU10
3ha 100**T**(80–120m²) 12**D**
① €27,65 ② €27,65
106832

Uddevalla/Hafsten, S-45196 / Västra Götalands län

Hafsten Resort — Poolanlage 28°C • Zipline • Restaurant und Shop • Wasserrutsche • 63 verschiedene Aktivitäten …und vieles mehr!
GANZJÄHRIG GEÖFFNET
www.hafsten.se • +46(0)522644117 • info@hafsten.se

- Hafsten Resort*****
- Hafsten 120
- 1 Jan – 31 Dez
- +46 5 22 64 41 17
- info@hafsten.se
- N 58°18'52" E 11°43'23"
- Von der E6 die 161 Richtung Lysekil bis zur 160. Dort links Richtung Orust. Nach 2 km links, nach 4 km (Schildern folgen). CP deutlich angezeigt und liegt im Hafstensfjord (Naturgebiet).

1 DEJMNOPQRS **BGH**KNPQSW**XZ** 6
2 HIJNQRUVWXY ABCDE**FG**HIJK 7
3 BDEF**G**JLNQSUVW ABCDE**F**JNQRTUVW 8
4 EFJLO**PQRSTUVXYZ** JOQRTWY 9
5 ABCDEFGHKL**M** ABEFGHIKORSUWY10
Anzeige auf dieser Seite B 10A CEE
17ha 380**T**(80–120m²) 207**D**
① €68,10 ② €68,10
106829

Ulricehamn, S-52341 / Västra Götalands län

Skotteksgården Camping & Stugby ★★★★
Tel. +46 32113184
E-Mail: info@skottek.se
Internet: www.skottek.se

- Skotteksgårdens Camping & Stugby****
- Skottek 115
- 1 Jan – 31 Dez
- +46 32 11 31 84
- info@skottek.se
- N 57°46'15" E 13°24'06"
- Von Ulricehamn die 157 nach Tranemo. Nach circa 2 km rechts, am Schild Richtung Skottek Gården.

1 CDEJMNOPQRST L**N**PQSUVWXYZ 6
2 EIJPQTWXY ABCDE**FG**HIK 7
3 BG**L**MS ABEFINQRTVW 8
4 FHJO**T** FIJNOQRTWY 9
5 ABDHJKN ABGHJOQUY10
Anzeige auf dieser Seite B 10A
H170 9ha 50**T**(100-150m²) 33**D**
① €31,60 ② €31,60
110885

Väjern/Kungshamn, S-45644 / Västra Götalands län

- First Camp Solvik-Kungshamn****
- Solvik 10
- 17 Mai – 3 Sep
- +46 52 31 88 90
- solvik@firstcamp.se
- B 10-16A
- N 58°23'27" E 11°15'31"
- Der Camping liegt 3 km nördlich vonn Kungshamn an der 174 (Kungshamn-Hunnebostrand). Ortsname Vajern gut ausgeschildert.

1 DEJMNOPR KNP 5
2 GIJNPQTVXY ABCDE**FG**HIK 7
3 AB**JL**MSV ABEFGIJKNQRTUVW 8
4 CJLO**T** FVY 9
5 ABD ABFHJNQUY10
4ha 188**T** 150**D**
① €44,40 ② €44,40
113066

Vänersborg, S-46260 / Västra Götalands län

- Ursand Resort & Camping*****
- Djupedalen 520
- 1 Jan – 31 Dez
- +46 52 11 86 66
- info@ursand.se
- B 10-16A CEE
- N 58°24'50" E 12°19'23"
- Von Vänersborg die 45 in Richtung Karlstad. Nach ca. 3 km den Schildern folgen, der CP ist deutlich angezeigt.

1 BDEJMNOPQRST **BGH**LNPQSW**X**YZ 6
2 BF**I**KQRSTUWXYZ ABCDE**FG**HIJK 7
3 ABEFG**JM**QSUV ABCDE**FGI**JNQRTUVW 8
4 BCFHIJKLNO**PQSTUX** FJVWY 9
5 ABDEFHKL**N** ABFGHIJOQUWXY10
25ha 400**T**(80–100m²) 187**D**
① €39,00 ② €39,00
100947

Mittel-Schweden

Schweden

Älvkarleby, S-81470 / Uppsala län
- Älvkarleby laxFiske o Camping ab***
- Campingvägen 1
- 1 Jan - 31 Dez
- +46 2 67 27 92
- info@alvkarlebycamping.se
- N 60°34'36" E 17°27'03"

1 BDEJMNOPQRST JNUXYZ 6
2 BCJKPQRSWXYZ ABDEFGIK 7
3 BGJLQ ABCDEFGJNQRW 8
4 FHJOT FJRV 9
5 ABDFHLN GHIJQUV 10
B 10A CEE
20ha 163T (70-100m²) 73D
€ 36,00
€ 42,90
107727

Von Süden E4 Uppsala-Gävle, Ausfahrt Checkpoint. Nach den Wasserfällen links. Den Schildern folgen. Von Norden: Hauptstraße 76, Ausfahrt Älvkarleby, Schildern folgen.

Arboga/Ekeberg, S-73293 / Västmanlands län
- Herrfallet Stugby & Camping****
- 1 Jan - 31 Dez
- +46 58 94 01 10
- reception@herrfallet.se
- N 59°16'54" E 15°54'19"

1 BDEJMNOPQRST LMNQSX 6
2 BEIJKQWXYZ ABDEFGHIK 7
3 BFGJSV ABEFGIJNQRTW 8
4 FOST FGJQRTVY 9
5 ABHKLN AGHIJNQUXY 10
16A CEE
47ha 184T (100-120m²) 173D
€ 34,55
€ 34,55
111615

In Arboga ist der CP ausgeschildert. Herrfallet liegt in südlicher Richtung, am Ausgang der Straße von Arboga nach Västermo. Die letzten 5 km schmale Straße.

Bollnäs, S-82150 / Gävleborgs län
- Camping i Bollnäs/Vevlinge***
- Vevlinge 3680
- 1 Mai - 30 Sep
- +46 7 38 12 91 83
- info@campingibollnas.se
- N 61°20'52" E 16°25'58"

1 ABDEJMNOPQRST LNPQSWXZ 6
2 EIJKPQRSUWXY ABDEFGHIJK 7
3 ABS ABEFJNQR 8
4 JO F 9
5 ADEFHKN ABGJNQ 10
B 10A
H60 6ha 60T (80-90m²) 23D
€ 24,65
€ 24,65
106543

Am Varpensee, 3 km östlich von Bollnäs. Die 50, Bollnäs-Söderhamn, dann Ausfahrt Vevlinge/Segersta. Der CP ist an der Straße angezeigt.

Borlänge, S-78468 / Dalarnas län
- First Camp Mellsta-Borlänge***
- Mellstavägen 3
- 1 Jan - 31 Dez
- +46 2 43 21 22 99
- mellsta@firstcamp.se
- N 60°30'48" E 15°23'10"

1 DEJMNOPRST NSWXZ 6
2 BCIPQRSTUWXYZ ABDEFGHIJK 7
3 BFJL ABEFJNQRTW 8
4 FHJOT ABDEFN 9
5 ABDEFN ABEGHIJOQUVW 10
WB 16A CEE
H280 18ha 140T (100m²) 32D
€ 33,05
€ 33,05
106897

An der 70 Borlänge-Mora, 4 km nördlich von Borlänge. Im Kreisverkehr ausgeschildert.

Borlänge, S-78461 / Dalarnas län
- Tyllsnäs Vandrarhem & Camping
- Tyllsnäsvagen
- 1 Mai - 30 Sep
- +46 2 43 23 39 59
- info@tyllsnas.se
- N 60°27'18" E 15°31'24"

1 DEJMNOPRT JNXYZ 6
2 DJQSUWXY ABDEFGHIJK 7
3 4 ABEFGJNQRTW 8
4 V FGIJQR 9
5 BDN HIJNRSU 10
B 10A
6ha 152T (100m²) 33D
€ 29,60
€ 29,60
115303

Auf der 70, 5 km südwestlich von Borlänge Camping rechts von der Straße. Nicht nach Navi fahren, sondern der Beschilderung folgen.

Enköping, S-74948 / Uppsala län
- First Camp Bredsand-Enköping***
- Bredsandsvägen 22
- 1 Jan - 31 Dez
- +46 17 18 00 11
- bredsand@firstcamp.se
- N 59°35'37" E 17°04'16"

1 ABDEJMNOPRST LNQSW 6
2 ABEIJKPQSUVWXY ABCDEFGHIJK 7
3 AGJ ABEFJNQRW 8
4 BDFHJT FGV 9
5 ABDFHIKLN BHJNQUV 10
B 10A CEE
3ha 77T (88-90m²) 51D
€ 39,45
€ 39,45
100956

Vom Zentrum Enköping 6 km in südlicher Richtung, Schildern Camping oder Sportzentrum folgen.

Eskilstuna, S-63222 / Södermanlands län
- Parken Zoo Camping & Stugby***
- Pauline Lundströmsväg 6
- 1 Mai - 30 Sep
- +46 16 10 01 85
- camping@parkenzoo.se
- N 59°22'13" E 16°28'18"

1 ABDEJMNOPQRST BG 6
2 ABPQTWXYZ ABDEFGHIJK 7
3 AGJ ABCDEFGHIJKNPQRTUW 8
4 FJO JY 9
5 ADEFHJKN BEFGHIJMOQUVY 10
B 16A CEE
12ha 127T (100-120m²) 26D
€ 36,50
€ 36,50
117979

CP liegt nordwestlich von Eskilstuna. Von der E20 zur 230 abfahren. Den Schildern 'Parken Zoo' folgen.

Eskilstuna, S-63358 / Södermanlands län
- Vilsta Camping & Stugby****
- Vasavägen 80
- 1 Jan - 31 Dez
- +46 16 51 30 80
- info@vilstasporthotell.se
- N 59°21'02" E 16°30'34"

1 BDEJMNOPQRST JNX 6
2 ABCJPQTWXY ABDEFGHIJK 7
3 AFGJL ABFGIJNQRTW 8
4 FHJLORTU GJQRTUV 9
5 ABDEFHJKLN ABEFGJMOPQUVWY 10
WB 10-16A CEE
3ha 168T (90-120m²) 169D
€ 34,05
€ 34,05
106569

Der CP liegt südöstlich von Eskilstuna; E20, Ausfahrt 53, Richtung Süden; ausgeschildert. Ab Katrineholm die 214/230 fahren, ausgeschildert.

Fagersta, S-73730 / Västmanlands län
- Eskilns Camping AB***
- Köpingsvägen 10
- 1 Jan - 31 Dez
- +46 22 31 30 22
- info@eskilnscamping.se
- N 59°58'48" E 15°47'38"

1 ADEJMNOPQRST AHLNW 6
2 EJPQSXY ABDEFGIK 7
3 AGJLQ ABEFGJNQRW 8
4 FJOT FGIK 9
5 DEFHIKN AHIQUV 10
W 10A CEE
H94 7ha 115T (95-150m²) 52D
€ 24,20
€ 24,20
107724

CP liegt an der 66/68 Richtung Ludvika, gleich hinter Fagersta. Von Fagersta ist ist der CP nicht an der Straße angezeigt.

Falun, S-79131 / Dalarnas län
- First Camp Lugnet-Falun***
- Lugnetvägen 14
- 1 Jan - 1 Dez
- +46 02 36 54 00
- lugnet@firstcamp.se
- N 60°37'10" E 15°39'17"

1 BDEJMNOPQRST BEGH 6
2 APQSVWXY ABDEFGHIJK 7
3 BEJLMNORSTUW ABCDEFJNQRT 8
4 FHJORSTUVXY FGOU 9
5 ABDEFIKLN ABGHJOQU 10
WB 10-16A
H164 5ha 164T (75-120m²) 64D
€ 33,05
€ 33,05
100960

Über die 80 Gävle-Falun oder die 50 Borlänge-Falun. Auf der 80 Sporthalle Lugnet 1 km hinter dem Zentrum Falun. Lugnet liegt in der Nähe von Skisprungschanze und Sportkomplex. Aus Richtung Falun am Kreisel 'Lugnet' Richtung Schanze.

Furuvik/Gävle, S-81491 / Gävleborgs län
- Furuvik Havscamping
- Gösta Nygrens väg 8
- 23 Mai - 15 Sep
- +46 1 07 08 79 40
- camping@furuvik.se
- N 60°39'04" E 17°20'21"

1 BDEJMNOPQRS KNPQSWXZ 6
2 ABGIMNPQSTWXY ABDEFGIJK 7
3 AJLQX ABEFGHIJNQRT 8
4 EJ 9
5 ABDFJLN ABGHJOQUV 10
B 16A CEE
15ha 74T (60-80m²) 24D
€ 39,00
€ 41,95
122674

Von der E4 oder E16 bei Gävle der 76 Richtung Furuvik folgen. Nach 11 km ist der CP angezeigt (Furuviks Harscamping).

Gålö, S-13796 / Stockholms län
- Gålö Havsbad****
- Skåläkersvägen 11
- 1 Jan - 31 Dez
- +46 8 50 03 38 80
- info@galohavsbad.se
- N 59°05'37" E 18°18'58"

1 ABDEJMNOPQRS KNQS 6
2 BGIJKMPQRWXY ABCDEFGHIJK 7
3 AFGJLMX ABEFGHIJNPQRSTW 8
4 BCDFHJOPQT CFGJQRTUVY 9
5 ABFHJLN BCGHJOQXY 10
B 10A CEE
5ha 100T (100-200m²) 96D
€ 44,90
€ 44,90
120381

Von der 73 (Stockholm-Nynäshamn) zur 227 Dalarö. Danach der Beschilderung Gålö Havsbad folgen.

Gräddö, S-76015 / Stockholms län
- Björkö Örns Camping
- Badviksvägen 5
- 1 Jan - 31 Dez
- +46 7 22 33 07 83
- info.bjorko@cc-camping.se
- N 59°45'43" E 19°00'53"

1 DEJMNOPQRS KNPQSW 6
2 ABHJKPQRSWXY ABDEFGHIK 7
3 AFGJMSU ABCDEFGHJNQRTW 8
4 FHJOT FRV 9
5 ABDEFHJLNO BHJQUVW 10
B 10A CEE
6ha 46T (60-80m²) 74D
€ 33,05
€ 33,05
111391

E18 Norrtälje-Kapellskär. Ausfahrt auf dieser Landzunge nach Gräddö 9 km folgen. Dann CP-Schildern folgen.

Grängesberg, S-77294 / Dalarnas län
- Silverhöjdens Camping***
- Silverhöjden 110
- 1 Apr - 1 Okt
- +46 2 40 66 23 99
- info@silverhojdenscamping.se
- N 60°02'15" E 14°58'06"

1 ADEJMNOPQRST LNQSWXZ 6
2 BEJPQSTWXY ABDEFGHIJK 7
3 AJLMSU ABEFGIJNQRTUVW 8
4 JO AFGQRT 9
5 ABDEFHK ABHIKNQU 10
B 10A CEE
H257 2ha 81T (100m²) 32D
€ 28,60
€ 28,60
111379

3 km südlich von Grängesberg direkt an der 50.

Gräsö/Öregrund, S-74297 / Uppsala län
- Gräsöbadens Camping***
- Västerbyn 296
- 29 Apr - 30 Sep
- +46 17 33 31 90
- info@grasobadenscamping.se
- N 60°21'06" E 18°26'52"

1 ADEJMNOPQRST KNOPQSWXYZ 6
2 BHJKMNPRSUXY ABDEFGHIJK 7
3 AFJMSX ABEFHJNPQRTW 8
4 FHJOT FV 9
5 ADEFGHLN ABGHIJQUVY 10
B 13A CEE
5ha 355T (100-120m²) 131D
€ 44,40
€ 44,40
110430

Die 76 Norrtälje-Gävle, Ausf. Öregrund, 6 km der Fähr-Beschilderung folgen. Am Hafen im Zentrum gratis mit der Fähre zur Insel Gräsö. Auf der Insel nordwärts (links). Die Straße li abbiegen, nach 2. S-Kurve in etwa 2 km hinter der Fähre li abbiegen.

Einrichtungsliste

Die Einrichtungsliste finden Sie vorne im aufklappbaren Deckel des Führers. So können Sie praktisch sehen, was ein Campingplatz so zu bieten hat.

Steiner's Camping & Lodge
E45, Johannisholm/Mora

Schweden

Grisslehamn, S-76456 / Stockholms län
- Grisslehamns Marina & Camping
- Ekbacksvägen 22
- 1 Jan - 31 Dez
- +46 17 53 30 30
- campingen@grisslehamnsmarina.se
- N 60°06'06" E 18°47'53"

1 BDEJMOPQRS	KLNOPSTWXZ 6
2 BHIKMPQRSTUVWXYZ	ABDEFGHIJK 7
3 BJL	ABCDEFGHIJNPQRSTW 8
4 FJOT	FJNO 9
5 ABCDFGHJLNO	BFHJQQUY10
WB 16A CEE	€31,60
2ha 115T(60-190m²) 36D	€31,60

118116

Der 283 nach Grisslehamn folgen. In Grisslehamn dieser Straße 1 km folgen. Hinter der Kurve links liegt der CP.

Grisslehamn/Singö, S-76457 / Stockholms län
- Singö Camping**
- Singövägen 156
- 1 Jan - 31 Dez
- +46 17 51 00 25
- singocamping@telia.com
- N 60°09'05" E 18°46'45"

1 ADEJMNOPQRST	KNQSXZ 6
2 BHIJKPQRSTUXYZ	ABDEFH 7
3 A	ABEFGJNQRW 8
4 FHJT	FQV 9
5 ABDEFHKN	BJRUY10
10A CEE	€29,60
3ha 40T(70-100m²) 24D	€29,60

116655

76 von Norrtälje bis Söderby-Karl. Dann der 283 nach Grisslehamn folgen. In Grisslehamn Ausfahrt rechts Ri. Singö nehmen. Dieser Strecke 7 km bis zum CP folgen.

Hållnäs, S-81965 / Uppsala län
- Ängskärs HavsCamping**
- Ängskär 304
- 1 Jan - 31 Dez
- +46 29 42 12 22
- angskarshavscamping1@outlook.com
- N 60°29'01" E 18°03'59"

1 ABDEJMNOPQRST	KNQSW 6
2 BGIJKNQRSWXYZ	ABDEFGHIJK 7
3 BGJ	ABCDEFGJNQRTW 8
4 FHJT	FQ 9
5 ABFHKLNO	BGHIJQUVY10
B 16A	€29,60
6ha 68T(80-120m²) 34D	€32,05

110958

Entlang der 76 zwischen Gävle-Norrtälje, Ausfahrt Skärplinge. Dann erste Straße rechts und 17 km bei den Schildern folgen. Der CP ist schon an der 76 ausgeschildert. Von Süden bei Lövstabruk rechts ab. Danach der Beschilderung folgen.

Hallstahammar, S-73440 / Västmanlands län
- Skantzö Bad & Camping***
- Sörkvarnsvägen 10
- 1 Jan - 31 Dez
- +46 22 02 43 05
- skantzo@hallstahammar.se
- N 59°36'39" E 16°12'56"

1 ABDEJMNOPQRST	BGHJNUX 6
2 ABCPQSUWXYZ	ABDEFGHIJK 7
3 BFGJLSUV	ABCDEFHJNPQRTW 8
4 BDFJORT	FJRV 9
5 ABDEFGHKN	ABFGHIJMOQUVWY10
WB 10A	€37,00
H50 3ha 320T(60-150m²) 93D	€41,95

106942

Von der E18 zwischen Köping und Västerås Ausfahrt Hallstahammar (252). An der E8 bei Hallstahammar ist der CP ausgeschildert, Richtung Skantzen.

Hargshamn, S-74250 / Uppsala län
- Hargshamns Bad & Camping
- Badvägen 4
- 1 Mai - 30 Sep
- +46 6 708 73 09 91
- info@hargshamnscamping.se
- N 60°10'17" E 18°27'57"

1 ADEJMNOPQRST	KNOPQSWXYZ 6
2 AHIJKMNPQRSTWXY	ABDEHIJK 7
3 AGM	ABEFHJNPQRW 8
4 H	FGOQ 9
5 BEN	ABHJNQUV10
B 10A CEE	€29,60
3ha 60T(80-160m²) 28D	€29,60

112332

Von der 76, die 292 nach Hargshamn nehmen, dann 5 km den Schildern folgen. Über den Bahnübergang zur CP-Einfahrt.

Hedesunda/Ön, S-81895 / Gävleborgs län
- Hedesunda Camping AB***
- Övägen 68
- 1 Mai - 30 Sep
- +46 7 05 44 37 13
- info@hedesundacamping.se
- N 60°21'02" E 17°01'19"

1 BDEJMNOPQRST	LNQSWXYZ 6
2 ABEIJQRSTXYZ	ABDEFGHIJK 7
3 BGMS	ABCDEFJNQRTW 8
4 ABCDFGHT	FJOQRUV 9
5 ABDFHKN	ABFGHIJOQU10
B 6A	€36,50
H51 5,2ha 70T(120m²) 20D	€36,50

109458

Die 67 Västerås-Gävle. Von Süden ca. 5 km hinter Gysinge rechts nach Ön. Von Norden Ausfahrt Hedesunda. In beiden Fällen den CP-Schildern folgen.

Huddinge, S-14122 / Stockholms län
- Swecamp Flottsbro***
- Häggvägen 20
- 1 Jan - 31 Dez
- +46 8 53 53 27 00
- info@flottsbro.se
- N 59°13'50" E 17°53'17"

1 BDEJMNOPQRST	LNOPQSWX 6
2 ABFJKPQRSTUXY	ABDEFGHIJK 7
3 AFGJ	ABEFGHIJNPQRTW 8
4 FH	FJRU 9
5 ABDEFHIKN	AEFGHIJQU10
WB 10A CEE	€30,60
13ha 99T(100m²) 75D	€30,60

112124

Auf der E4/E20 Södertälje-Stockholm, Ausfahrt 147 oder 148, danach die 259 Richtung Huddinge. 15 km vor Huddinge Zentrum rechts, danach CP-Schildern folgen.

Idre, S-79091 / Dalarnas län
- Näsets Camping
- Näsvägen 3
- 1 Jan - 31 Dez
- +46 25 32 00 36
- haggberg@telia.com
- N 61°51'26" E 12°43'43"

1 ADEJMNOPQRST	JLNQSWX 6
2 DFIJQXY	ABDEFGHIK 7
3 AJL	ABEFJNQR 8
4	FJQR 9
5 D	AEJOQU10
W 10-16A	€27,65
H447 5ha 140T(120-160m²) 7D	€27,65

121885

Von Sälen der 70 Richtung Idre folgen. Der CP liegt vor Idre auf der linken Seite. Die Einfahrt vor Räddningstjänsten 72 nehmen.

Idre, S-79091 / Dalarnas län
- Sörälvens Fiske Camping****
- Västanåtvägen 50
- 1 Mai - 30 Sep
- +46 25 32 01 17
- soralven@telia.com
- N 61°51'12" E 12°41'38"

1 AJMNOPQRST	JNUX 6
2 DLMPQSWX	ABDEFGHIJK 7
3 AL	ABCDEFJNQRT 8
4 FJT	F 9
5 DJKN	AFGHJOQU10
B 10A	€29,60
H440 6,5ha 175T(150m²) 10D	€29,60

111321

Von Sarna, durch Idre Richtung Grövelsjön. Aus Norwegen Richtung Idre. Kreuzung 70 Grövelsjön Richtung Grövelsjön. 1 km links und den Schildern folgen.

Johannisholm/Mora, S-79292 / Dalarnas län
- Steiner's Camping & Lodge
- Johannisholm 3
- 1 Apr - 31 Okt
- +46 7 36 23 26 99
- info@steinerslodge.com
- N 60°49'35" E 14°07'36"

1 ADEJMNOPQRST	LNPQSXYZ 6
2 ABFIJKPQSUXYZ	ABDEFGHIJK 7
3 GM	ABEFHJNQRTW 8
4 FJ	FGV 9
5 ADFL	AGKNQU10
Anzeige auf dieser Seite 10-16A	€25,65
H260 2,8ha 95T(100m²) 10D	€25,65

112302

CP liegt an der Kreuzung der Straßen Malung-Mora und Vansbro-Mora (45 und 26). CP aus allen Richtungen ausgeschildert.

Kapellskär, S-76015 / Stockholms län
- Kapellskär Camping***
- Fiskarängsvägen 8
- 1 Mai - 1 Okt
- +46 17 64 42 33
- info@kapellskarscamping.se
- N 59°43'22" E 19°03'00"

1 ABDEJMNOPQRST	NQSXY 6
2 ABJKQRSTVXYZ	ABDEHIJK 7
3 AJS	ABCDEFGHJNQRSTUVW 8
4 EFHT	FGV 9
5 BDJN	ABFGHIJNQUY10
B 10A CEE	€37,00
3,5ha 102T(70-100m²) 35D	€37,00

111390

Am Ende der E18 am Hafen von Kapellskär, rechts in den unbefestigten Weg. Den CP-Schildern 600m folgen.

Katrineholm, S-64192 / Södermanlands län
- Djulö Camping***
- Kanotvägen
- 1 Jan - 31 Dez
- +46 15 05 72 42
- info@djulocamping.se
- N 58°58'11" E 16°12'36"

1 ADEJMNOPQRST	LMNQSWXY 6
2 ABEJKPQRTUWXY	ABDEFGHIJK 7
3 AEFGJLSX	ABCDEFGHIJKNPQRTW 8
4 FHJO	FRV 9
5 ABDN	ABGHJMOQUY10
B 10-16A CEE	€31,60
1,2ha 170T(80-100m²) 23D	€31,60

106970

CP liegt an der Ostseite der 55, Ausfahrt Djulö. CP ist ausgeschildert.

Leksand, S-79327 / Dalarnas län
- Leksand Strand Camping & Resort*****
- Siljansvägen 61
- 1 Mai - 30 Sep
- +46 24 71 38 00
- bokning@leksandresort.se
- N 60°45'00" E 14°58'23"

1 ADEJMNOPQRST	BHLNPQSWXZ 6
2 FJFPQRSUVWXY	ABCDEFGHIK 7
3 BFJLVX	ABCDEFGIJKNQRTW 8
4 BFHJOPT	BFJNRV 9
5 ACDFGHIJLN	FGHIJMOPQUY10
Anzeige auf dieser Seite B 10-16A	€39,00
H160 12ha 520T(100-120m²) 240D	€39,00

106937

Von der 70 Borlänge-Rättvik im Zentrum Leksand die Ausfahrt Tällberg. Nach 2 km der Beschilderung folgen.

Leksand Strand Camping & Resort ★ ★ ★ ★ ★

Der Campingplatz liegt bei Leksand am Siljan See und neben Sommarland. Kinderfreundlichkeit steht ganz oben und es gibt viele Spiel- und Bademöglichkeiten. Das Camping hat Komfortplätze für deinen Caravan, Camper oder Zelt.

Siljansvägen 61, 79327 Leksand
Tel. +46 24713800 · E-Mail: bokning@leksandresort.se
Internet: www.leksandstrand.se

Teilkarte Mittel-Schweden auf Seite 85

Schweden

Ljusdal, S-82730 / Gävleborgs län

	1	
Ljusdals Camping***	ADEJMNOPQRST	LMNQSWX 6
Ramsjövägen 56	2 DFIJPQRSXY	ABDEFGHIK 7
15 Apr - 30 Sep	3 AGJLSUX	ABCDEFHJNPQRT 8
+46 65 11 29 58	4 FHT	FHJQRV 9
info@ljusdalscamping.se	5 ADJN	AGHKOQUY10
	Anzeige auf dieser Seite	B 10A
	H100 4,5ha 95T(100-120m²) 27D	€30,60 / €30,60

N 61°50'20" E 16°02'26"
3 km von Ljusdal an der 83 Richtung Ånge.
106947

Malmköping, S-64260 / Södermanlands län

Malmköping Bad & Camping***	1 BDEJMNOPQRST	LNQXZ 6
Förrådsgatan 15	2 ABFJKPQTUVWXYZ	ABCDEFGHJK 7
1 Jan - 31 Dez	3 AEGHIJLNSX	ABCDEFGHIJKNPQRT 8
+46 15 72 10 70	4 ABCDFHJOT	FGIQRT 9
reception@malmkopingscamping.se	5 ABDEFHJKN	AEFGHIJMOQUWY10
	WB 10A CEE	€41,95 / €41,95
	H50 10ha 190T(80-150m²) 68D	

N 59°08'19" E 16°43'55"
Die 55 oder 53 nach Malmköping. In der Ortsmitte ist der CP ausgeschildert.
114021

Leksand, S-79392 / Dalarnas län

Västanviksbadets Camping Leksand****	1 ADEJMNOPQRST	LNPQSWXZ 6
Västanviksiljansnäsvägen 130	2 FIJPQRUVXY	ABFGIK 7
29 Apr - 5 Sep	3 L	ABEFJNQR 8
+46 7 68 12 85 10	4 FHJO	FJ 9
camping@vbcl.se	5 ADN	ABGHJOQU10
	Anzeige auf dieser Seite	B 10A
	H170 4ha 100T(100-120m²) 11D	€34,55 / €34,55

N 60°43'49" E 14°57'05"
Die 70 Borlänge-Mora, südlich von Leksand links Richtung Siljansnäs. CP liegt 4 km westlich von Leksand direkt am See.
106908

Malung, S-78235 / Dalarnas län

Malungs Camping & Bullsjön***	1 ADEJMNOPQRST	BGJLNX 6
Bullsjövägen 1	2 ADFJQSXY	ABDEFGHIK 7
1 Jan - 31 Dez	3 BJLQ	ABEFJNQRT 8
+46 28 01 86 50	4 FHJOT	FJNRV 9
campingen@malung.se	5 ADN	ABFGHJNQUY10
	WB 10A	€29,60 / €29,60
	H295 10ha 170T(100m²) 28D	

N 60°40'59" E 13°42'08"
Der CP liegt an der 45 südlich der Stadt Malung und südlich vom Fluss; Schildern folgen.
100959

Västanviksbadets Camping Leksand ★ ★ ★ ★

Ruhiger, hübscher Familiencampingplatz im 'Dalastil', direkt am Siljansee mit eigenem Badestrand wo viele Gäste wiederkommen. Ideal für Tagesausflüge in Dalarna. Frisch renoviertes Servicegebäude und sehr gepflegter Campingplatz. In der Hochsaison jeden Morgen Verkauf von frischen Brötchen.
Herzlich willkommen!
Wir sprechen auch Deutsch.

Siljansnäsvägen 130, 79392 Leksand • Tel. 076-8128510 • E-Mail: info@vbcl.se • Internet: www.vbcl.se

Linghed, S-79025 / Dalarnas län

Smednäset Camping	1 ABDEJMNOPQRST	HLNQSWXZ 6
Smednäsvägen 30	2 EIJKQRSTUVWY	ABDEFGIJK 7
1 Jan - 31 Dez	3 BJSX	ABEFGJKNQRTW 8
+46 7 06 26 64 43	4 FJNOT	FJQV 9
info@smednaset.se	5 DMN	BHJQUY10
	WB 16A CEE	€25,65 / €25,65
	H150 4ha 80T(100-130m²) 136D	

N 60°46'48" E 15°54'21"
Richtung Falun-Svärdsjö. In Svärdsjö hinter der Kirche rechts. Der Straße folgen und nach 3,8 km am Schild 'Caravanclub' links ab.
115305

Mariefred, S-64793 / Södermanlands län

Mariefreds Camping***	1 ABDEJMNOPQRST	LNOPQSWXZ 6
Edsala	2 ABFJKQRSTWXYZ	ABDEFGHJK 7
14 Apr - 30 Okt	3 AJL	ABEFJNPQRTW 8
+46 15 91 35 30	4 O	GJNQRV 9
mariefredscamping@hotmail.com	5 ABDFN	BGHIJOQU10
	10A	€33,05 / €33,05
	7ha 139T(100-120m²) 33D	

N 59°15'50" E 17°15'15"
E20 Strängnäs-Södertälje, Ausfahrt Mariefred auf die 223. Den CP-Schildern Richtung Kalkudden folgen.
110428

Campingreisen

Spannende Campingreisen mit dem eigenen Wohnmobil oder Wohnwagen.

www.ACSIcampingreisen.de

Mora, S-79237 / Dalarnas län

- First Camp Mora Parken****
- Parkvägen
- 1 Jan - 31 Dez
- +46 25 02 76 00
- info@moraparken.se

1 DEJMNOPQRST EGJLNQSUWXYZ 6
2 DFJPQRSTXY ABCDEFGHIJK 7
3 ABGJLNQRVX ABCDEFGHIJKNPQRT 8
4 FHJOPRT FGIQRTVY 9
5 ABDHJKL ABFGHIJMOQUVY 10
WB 10-16A CEE
€39,45
€39,45
N 61°00'37" E 14°31'30" H160 20ha 513T(100-200m²) 143D 106903

Die 70 Rättvik-Mora oder die 45 Malung-Mora, auf beiden Strecken ausgeschildert.

Rättvik, S-79532 / Dalarnas län

- First Camp Rättviks****
- Enåbadsvägen 8
- 1 Jan - 31 Dez
- +46 24 85 61 00
- info@rattvikscamping.se

1 DEJMNOPQRST EFJN 6
2 DPQRWXY ABCDEFGHIK 7
3 ABDJLW ABCDEFGHIJKNPQRT 8
4 EFGHJOPTU FGJRVY 9
5 ABDEN BFGHIJMOQUY 10
WB 10-16A
€37,50
€37,50
N 60°53'27" E 15°07'51" H160 32ha 400T(100-120m²) 132D 114148

In der Ortsmitte von Rättvik den CP-Schildern 'Rättviksparken' folgen.

Norberg, S-73891 / Västmanlands län [iD]

- Norberg Camp***
- Fraggvägen 1
- 20 Apr - 30 Sep
- +46 22 32 23 03
- campnorberg@telia.com

1 ADEJMNOPQRS LNQSWXYZ 6
2 EJPQRSWXY ABDEFGHIK 7
3 AS ABEFGJNQRTW 8
4 JT FQR 9
5 DHN AHQUVY 10
B 10A CEE
€27,65
€27,65
N 60°04'20" E 15°55'09" H141 3ha 106T(95-100m²) 78D 106941

An der 68 Fagersta-Avesta, 1 km südwestlich von Norberg am Norensee, von der 70 Sala-Borlänge bei Avesta 18 km Richtung Fagersta. CP ist ausgeschildert.

Rättvik, S-79532 / Dalarnas län

- First Camp Siljansbadets****
- Långbryggvägen 4
- 1 Mai - 4 Okt
- +46 24 85 61 18
- info@siljansbadets.se

1 DEJMNOPQRST LNPQSUWXYZ 6
2 FIJKPQRXYZ ABCDEFGHIK 7
3 BDGJLM ABCDEFGHIJKNPQRT 8
4 FGHJLOP FGIJRTVY 9
5 ACDEFGJN BGHIKMOQUY 10
B 10A
€34,05
€34,05
N 60°53'20" E 15°06'30" H160 10ha 450T(100m²) 144D 106906

Nach Zentrum Rättvik unter dem Bahnbrücke durch, 1. Straße links und danach 1. Straße rechts. Der CP liegt am See. Von Mora: kurz vor Rättvik ausgeschildert.

Nynäshamn, S-14943 / Stockholms län

- First Camp Nickstabadet-Nynäshamn****
- Nickstabadsvägen 17
- 1 Jan - 31 Dez
- +46 85 20 12 80
- nickstabadet@firstcamp.se

1 BDEJMNOPQRST HKNPQSWX 6
2 ABHIJKPQRSTUVWXYZ ABCDEFGHIJK 7
3 AEGJLVX ABCDEFGHIJKNPQRTW 8
4 EFGJN 9
5 ABDEFGHLN BFIKOQUY 10
WB 10-16A CEE
€34,55
€34,55
N 58°54'26" E 17°56'17" 5ha 138T(55-100m²) 75D 117351

An Straße 73 Stockholm-Nynäshamn. Der CP ist ausgeschildert.

Riddarhyttan, S-73993 / Västmanlands län

- Liens Camping
- Liensvägen 3
- 1 Jan - 31 Dez
- +46 22 21 35 55
- liens.camping@telia.com

1 BDEJMNOPQRS LNQSWX 6
2 BDFIJKPQSVWXYZ ABDEFGHIK 7
3 BGJ ABCDEFGHIJKNQRTW 8
4 FJT FQ 9
5 ABDEFN GHJQUVXY 10
WB 10-16A CEE
€29,10
€29,10
N 59°48'33" E 15°32'00" H170 10ha 190T(80-100m²) 91D 107725

Der CP liegt bei Riddarhyttan am Liensee und ist an der 68 Lindesberg-Fagersta ausgeschildert.

Öbolandet/Trosa, S-61931 / Södermanlands län ✿📶

- Trosa Havsbad & Camping***
- Rävudsvägen 42
- 1 Apr - 30 Sep
- +46 15 61 24 94
- info@trosahavsbad.se

1 DEJMNOPQRST KNOPQSWXYZ 6
2 ABGIJMQRSTUVWXYZ ABDEFGHIJK 7
3 AJLX ABEFHJNPQRT 8
4 BDO FQRTV 9
5 ACDEFHKLN ABGHJMOQUY 10
B 10A
€33,55
€33,55
N 58°52'22" E 17°34'28" 5ha 230T(80-140m²) 81D 114152

Ab der E4 Ausfahrt 138 und weiter Richtung Trosa folgen. In Trosa an der T-Kreuzung Richtung Gasthamn. Am Hafen, die kleine Straße auf die Insel. Diesem Weg 3 km bis zum Ende folgen. CP ist angezeigt.

Sälen, S-78067 / Dalarnas län 📶 [iD]

- Tandådalen Camping
- Tandådalen
- 1 Jan - 31 Dez
- +46 28 03 30 53
- tandadalen@caravanclub.se

1 ADEJMNOPQRST 6
2 BIPSTUVWXY ABDEFGHK 7
3 M ABCDEFGHIJNQRT 8
4 FOPQT FJ 9
5 GM FGJMOQUY 10
WB 10-16A CEE
€35,50
€35,50
N 61°10'51" E 12°59'51" H700 30ha 50T(140m²) 723D 115306

In Sälen der 71 Richtung Hamar/Sälenfjällen folgen. CP liegt 17 km westlich von Sälen. In Tandådalen ist der CP ausgeschildert.

Öregrund, S-74071 / Uppsala län

- Sunnanö Camping***
- Sunnanövägen 38
- 1 Mai - 30 Sep
- +46 17 33 00 64
- info@sunnanocamping.com

1 BDEJMNOPQRST KMNPQSXZ 6
2 BHIJKNQRUVWXY ABDEFGIK 7
3 ALNOS ABEFHJNPQRTW 8
4 FHO DFOQRTVY 9
5 ABDFHLN BGHJQUY 10
B 10A CEE
€39,45
€39,45
N 60°19'23" E 18°27'13" 5,2ha 40T(80-120m²) 95D 112333

Die 76 Richtung Öregrund; Schildern 3 km lang folgen.

Sandarne, S-82673 / Gävleborgs län 📶 [iD]

- Stenö Havsbad & Camping****
- Stenövägen 130
- 1 Jan - 31 Dez
- +46 0 27 07 51 50
- stenocamping@soderhamn.se

1 ABDEJMNOPQRS KMNPQSWXZ 6
2 ABGJKPQRSTWXYZ ABDEFGHIK 7
3 AFGJLMQSVWX ABEFGHJKNPQRTW 8
4 BCDFHJNOT FORVY 9
5 ABDEHLN ABFGHJOQUVY 10
B 10A
€34,55
€34,55
N 61°14'54" E 17°11'44" 5ha 198T(100-140m²) 39D 106975

E4 Gävle-Söderhamn 11 km südöstlich von Söderhamn. Östliche Ausfahrt nach Sandarne. Danach den Schildern "Stenöcamping" folgen.

Orsa, S-79431 / Dalarnas län

- First Camp Orsa*****
- Bowlingvägen 1
- 1 Jan - 31 Dez
- +46 25 04 62 61
- info@orsacamping.se

1 DEJMNOPQRST BGHILNQSWXZ 6
2 BFIJPQRSTWXYZ ABCDEFGHIJK 7
3 BFGJLMNRV ABEFGHIJKNPQRT 8
4 BDFHJOPQT EFGJNRTVY 9
5 ACDFHJLN AEFGHIJMOQUY 10
WB 10-16A
€44,40
€44,40
N 61°07'15" E 14°35'57" H170 15ha 900T(100-120m²) 146D 106902

Über die E45 nach Norden am Orsa See, gleich ortsaußerhalb. Ausgeschildert.

Särna, S-79090 / Dalarnas län 📶 [iD]

- Särna Camping***
- Särnavägen 106
- 1 Jan - 31 Dez
- +46 7 03 33 05 18
- sarnacamping@gmail.com

1 ADEJMNOPQRST LNQSXY 6
2 DFIJPQUVX ABDEFGHIK 7
3 BFGJMU ABEFJNPQRTW 8
4 DEFHJT FGOQR 9
5 ADFHLN AGHJMQUY 10
WB 10-16A
€27,65
€27,65
N 61°41'33" E 13°08'51" H450 4ha 80T(125m²) 18D 101054

CP liegt am See, an der 70 in Särna ausgeschildert.

Östhammar, S-74231 / Uppsala län

- Klackskärs Camping***
- Stångörsgatan 21
- 29 Apr - 4 Okt
- +46 17 32 13 64
- info@klackskarscamping.se

1 DEJMNOPQRST KNPQSWX 6
2 GIJKPQRSUXY ABDEFGHIK 7
3 AFJL ABEFHJNPQRTW 8
4 HJOT F 9
5 ADEFN GHJNQ 10
B 10A CEE
€39,45
€39,45
N 60°15'47" E 18°22'49" 20ha 150T(70-100m²) 93D 106987

Die 76 Ausfahrt Östhammar, den CP-Schildern entlang dem Hafen folgen.

Säter, S-78390 / Dalarnas län 📶 [iD]

- Säters Camping***
- Säters Camping
- 1 Jan - 31 Dez
- +46 22 55 09 45
- info@saterscamping.se

1 ABDEJMNOPQRS LNWXZ 6
2 EIJKQSUVWXY ABDEFGHIJK 7
3 AGJLX ABEFJNQRTW 8
4 FHJOT FV 9
5 ADFKN BGHJMOQUY 10
WB 10-16A CEE
€28,60
€28,60
N 60°20'12" E 15°44'25" H166 3ha 90T(100-110m²) 46D 106940

CP ist am Ljustersnee, 2 km vom Zentrum Säter. CP ist ausgeschildert. Von der 70 Hedemora-Borlänge und ab Smedjebacken.

Oxelösund, S-61351 / Södermanlands län 📶 [iD]

- Jogersö Camping
- Jogersövägen
- 1 Jan - 31 Dez
- +46 15 53 04 66
- info@jogerso.se

1 ABDEJMNOPQRST KMNQSUVWX 6
2 ABGJKNQTWXYZ ABDEFGHIJK 7
3 AGJLSX ABCDEFIJNQPRTVW 8
4 DFJO FNRV 9
5 ABDFHKLN BGHIJOQU 10
W 10-16A CEE
€34,55
€34,55
N 58°40'00" E 17°03'25" 3ha 147T(80-120m²) 51D 121508

E4 Ausfahrt Oxelösund (weg 53). Dann die Ausfahrt Frösang/SSAB nehmen. Danach den CP-Schildern folgen.

Skansholmen/Mörkö, S-15393 / Stockholms län 📶

- Skansholmen Camping
- Skansholmen
- 1 Mai - 30 Sep
- +46 8 55 15 50 66
- info@skansholmen.com

1 DEJMNORT KNQSWXZ 6
2 ABHIJMPQRSWXY ABDEFGHIJK 7
3 AJ ABCDEFIJNQRW 8
4 T FG 9
5 ABEFHIJKLMN BHJNQV 10
B 10A
€26,65
€26,65
N 59°02'57" E 17°41'20" 5ha 43T(50-60m²) 43D 118100

Von der E4 Ausfahrt 138. Dann den Schildern Nynäshamn bis Fährhafen folgen. Kurz vor dem Fährhafen liegt dann der CP rechts beim Restaurant.

BREDÄNG CAMPING STOCKHOLM

Stora Sällskapets Väg 60, 12731 Skärholmen/Stockholm
Tel. 08-977071
E-Mail: bredangcamping@gmail.com
Internet: www.bredangcamping.se

Skärholmen/Stockholm, S-12731 / Stockholms län
- Bredäng Camping Stockholm***
- Stora Sällskapets Väg 60
- 1 Apr - 3 Okt
- +46 8 97 70 71
- bredangcamping@gmail.com
- N 59°17'44'' E 17°55'23''

1 BCDEJMNOPQRST NQSWX 6
2 ABGJKQSTUWXY ABDE**FG**HIJK 7
3 AFG**JL**SX ABCDEFGHJKNPQRTVW 8
4 FHT FGJL 9
5 ACDEFHLN ABCGHIJOQU10
Anz. auf dieser S. B 10-6A CEE €37,50
H50 12ha 380T 40D €37,50
106988

Von E20/E4, Södertälje-Stockholm, bis 10 km südwestlich von Stockholm, Ausfahrt 152 Richtung Bredäng. 3 km den CP-Schildern folgen.

Skarpnäck/Stockholm, S-12830 / Stockholms län
- First Camp City-Stockholm
- Flaten Skogsväg 30
- 1 Jan - 31 Dez
- +46 86 86 62 58 26
- citystockholm@firstcamp.se
- N 59°14'53'' E 18°09'45''

1 DEJMNOPQRST LNQS 6
2 ABEJKPXY ABDE**FG**IJK 7
3 L**Q**X ABEFJNQRT 8
4 O J 9
5 BDN BGJO10
B 16A CEE €43,40
3ha 74T(80-100m²) 42**D** €43,40
121138

Strasse 73 Stockholm-Nynäshamn, Ausfahrt Älsta. Den Campingschildern Flaten folgen.

Skutskär, S-81421 / Uppsala län
- Rullsand Bad & Camping***
- Rullsandsvägen 1
- 1 Jan - 31 Dez
- +46 2 68 62 20
- info.rullsand@gmail.com
- N 60°38'20'' E 17°28'41''

1 ABDEJMNOPQRST KNQSW 6
2 ABGJKPQRSWXYZ ABDE**FG**IJK 7
3 BG**JL**S ABE**FG**HIJNQRTW 8
4 BCDFHLT FJ 9
5 ABDEFGHKN BCGHIJNQUY10
B 10A €40,95
10ha 300T(80-100m²) 126**D** €40,95
106977

Die 76 Gävle-Östhammar, 2 km südlich von Skutskär, CP an diesem Weg angezeigt. Schildern folgen.

Sollerön, S-79290 / Dalarnas län
- Sollerö Camping***
- Levsnäs
- 1 Jan - 31 Dez
- +46 25 02 22 30
- info@sollerocamping.se
- N 60°54'05'' E 14°34'56''

1 ADEJMNOPQRST LNQSWXZ 6
2 FIJKPQSTUVWXY ABDE**FG**HIK 7
3 AB**DJL**SV ABEFJNQRTW 8
4 FHJOT FJ 9
5 ADGKN BFGHJOQUVY10
WB 16A CEE €32,55
H170 0,7ha 113T(90-135m²) 123**D** €32,55
106904

Von Mora die 45, links ab Ausfahrt Sollerön. In Gesunda links den Schildern folgen.

Stöten/Sälen, S-78067 / Dalarnas län
- Stöten Camping
- Grundforsen 981
- 1 Apr - 30 Okt
- +46 7 03 18 50 11
- stotencamping@gmail.com
- N 61°16'31'' E 12°50'58''

1 ADEJMNOPQRST JUX 5
2 BDIQRSXY ABDE**F**IK 7
3 A**J**X ABE**F**JNQRW 8
4 FHJ BFGRU 9
5 AN AF**J**O**QU**10
B 10A €30,60
H460 8ha 100T(120-160m²) 37**D** €30,60
116371

Von Malung der 71/311 nach Norden folgen. Bei Fulunas links Richtung Hamar. Bei Stöten ist der CP angezeigt.

Tällberg, S-79370 / Dalarnas län
- Tällbergs Camping
- Sjögattu 44
- 1 Mai - 2 Okt
- +46 24 75 13 10
- info@tallbergscamping.se
- N 60°49'39'' E 14°58'41''

1 ADEJMNOPQRS**T** LN**Q**S**XY** 6
2 ABFIJQSXY ABDE**FG**IK 7
3 A**L** ABE**F**JNQR 8
4 FH**JT** FNQRT 9
5 ADE JNQU10
Anzeige auf dieser Seite B 10A CEE €28,10
H160 2ha 63T(100-110m²) 24**D** €28,10
120678

Von der 70 zwischen Rättvik und Leksand in Tällberg ist der Campingplatz ausgeschildert.

ACSI Ortsnamenregister

Hinten im Führer finden Sie das Ortsnamenregister. Praktisch und schnell Ihren Lieblingsplatz finden!

Våmhus, S-79296 / Dalarnas län
- Våmåbadets Camping***
- Våmåbadetsvägen 51
- 1 Mai - 30 Sep
- +46 25 04 53 46
- vamabadets@hotmail.com
- N 61°06'58'' E 14°29'34''

1 ADEJMNOPQRST LMN**Q**S**X**Z 6
2 DFIJQWXY ABDE**FG**HIK 7
3 AG ABE**F**JNQRT 8
4 FHJ F**Q**RV 9
5 ABDFN AGJO**QU**10
B 10A €27,15
H340 2ha 70T(100m²) 6**D** €27,15
122262

In Mora die 70 Richtung Älvdalen nehmen. Ausfahrt Våmhus. In Våmhus ist der Campingplatz angezeigt.

Vansbro, S-78050 / Dalarnas län
- Vansbro Camping
- Järnavägen 12
- 1 Jun - 31 Aug
- +46 28 11 03 50
- info@vansbrocamping.se
- N 60°30'25'' E 14°13'46''

1 DEJMNOPQRST JNX 6
2 ACIPQRXY ABDE**FG**IK 7
3 A**J** ABEFJQRT 8
4 O FQV 9
5 D GHJQU10
B 10A €29,60
18ha 82T 9**D** €29,60
114045

Von Malung Richtung Borlänge die 66 nehmen. Im Zentrum über die Bahnlinie rechts. Der CP ist deutlich ausgeschildert.

Västerås, S-72591 / Västmanlands län
- First Camp Västerås-Mälaren***
- Johannisbergsvägen
- 1 Jan - 31 Dez
- +46 21 14 02 79
- vasteras@firstcamp.se
- N 59°34'29'' E 16°31'23''

1 BDEJMNOPQRST LNQS 6
2 AEJKPQRTWXY ABCDE**FG**HIJK 7
3 B**JL**SX ABCDEFGHIJNPQRTW 8
4 BDFJOT FJ 9
5 ABDEFGHKN AB**F**HIJ**O**QUY10
B 16A €44,40
6,8ha 266T(100-120m²) 92**D** €69,05
106974

E18 Köping-Västeras Ausfahrt 130 Richtung Barkarös. Camping ist ausgeschildert.

Västerås/Ängsö, S-72598 / Västmanlands län
- Västerås Camping Ängsö
- Sundängen 1
- 1 Jan - 31 Dez
- +46 1 71 44 10 43
- info@vasterascamping.se
- N 59°34'06'' E 16°51'33''

1 ADEJMNOPQRST LNQSWXZ 6
2 BEIJKPQSWXYZ ABDE**FG**HIJK 7
3 BG**JL** ABCDE**F**JNQRTUW 8
4 F F 9
5 ABEFHL**N** GHJQU10
B 10A €34,05
10ha 170T(120-160m²) 92**D** €34,05
110427

An der E18 östlich von Västerås, Ausfahrt 140 ist der CP ausgeschildert. Ca. 16 km Richtung Ängsö. Oder Ausfahrt 139, Schildern Ängsö folgen bis zum CP.

Vaxholm, S-18521 / Stockholms län
- Waxhom Camping & Strandbar**
- Eriksövägen
- 30 Apr - 30 Sep
- +46 7 06 66 18 68
- info@waxholmscamping.se
- N 59°24'18'' E 18°18'19''

1 DEJMNOPQRS KNPQSTW**XYZ** 6
2 BHIJKMNPQRSUWXY ABDE**FG**HIJK 7
3 AG**JL**MS ABEFJNQRW 8
4 FH**T** FJNQRV 9
5 ABDEFH**KN** ABHJNQUY10
10A CEE €34,55
5ha 120T 20**D** €34,55
107730

E18 Stockholm-Norrtälje, Abfahrt Vaxholm. Straße 274 für 15 km folgen, dann CP-Schildern folgen. Oder, aus dem Süden: Von der Straße 73 Nynäshamn-Stockholm die Abfahrt 272 in Ri. Gustavsberg nehmen. Via zwei (gratis) Fähren nach Vaxholm.

Venjan, S-79293 / Dalarnas län
- Venjans Camping**
- Morävagen 30
- 1 Jan - 31 Dez
- +46 25 06 23 10
- info@venjanscamping.se
- N 60°57'13'' E 13°55'51''

1 ADEJMNOPQRST LN**P**QSXYZ 6
2 BFIJPQSXYZ ABDE**FG**IK 7
3 ABE**F**JNQ 8
4 FHJ**Q** F**Q**R 9
5 ADN AGJO**QU**10
W 10A €23,70
H350 2,5ha 64T(80-100m²) 4**D** €23,70
112102

Auf der 45 von Malung nach Mora links die Ausfahrt nach Venjan nehmen. Der CP liegt kurz vor dem Ort links.

Tällbergs Camping

Willkommen auf Tällbergs Camping im charmanten Tällberg, in nächster Nähe von Wandermöglichkeiten in einer idyllischen Umgebung. Die perfekte Ausflugsbasis z. B. zu den Veranstaltungen in Rättvik und Leksand.

Sjögattu 44, 79370 Tällberg • Tel. 0247-51310
E-Mail: info@tallbergscamping.se
Internet: www.tallbergscamping.se

Schweden

Åkersjön/Föllinge, S-83563 / Jämtlands län
- Åkersjön Camping
- Åkersjön 1302
- 1/1 - 1/5, 19/6 - 16/8, 1/10 - 31/12
- info@akersjonscamping.se
- +46 7 03 49 64 44
- N 63°46'45" E 14°02'38"
- 1 ADEJMNOPQRST 6
- 2 CPSTUVX ABFI 7
- 3 ABEFJNQRT 8
- 4 JKOT DHINOQRU 9
- 5 N JNQ10
- W 16A
- H510 4ha 20T(80-100m²) 111D
- ❶ €19,75 ❷ €19,75
- Von Östersund die E14 Richtung Krokom. Dann die RV340 nach Valsjöbyn. Dann weiter Åkersjön. Bei Åkersjön der Beschilderung folgen.
- 117814

Frösön, S-83296 / Jämtlands län
- First Camp Frösön-Östersund***
- Rödövägen 3
- 17 Mai - 6 Sep
- +46 6 34 32 54
- froson@firstcamp.se
- N 63°10'19" E 14°32'25"
- 1 DEJMNOPQRST L 6
- 2 EIPQUWX ABCDE**FG**HIK 7
- 3 AG**JL**S ABCDFJNQRT 8
- 4 FJO FHJ 9
- 5 ADN FGHJOQU10
- B 10A
- H380 2,5ha 158T(100-120m²) 51D
- ❶ €35,05 ❷ €35,05
- Auf der Insel Frösön. Beschilderung zur Kirche oder Flugplatz folgen. Danach den CP-Schildern.
- 106877

Arvidsjaur, S-93334 / Norrbottens län
- Camp Gielas***
- Järnvägsgatan 111
- 1 Jan - 31 Dez
- +46 96 05 56 00
- gielas@arvidsjaur.se
- N 65°34'57" E 19°11'24"
- 1 ABDEJMNOPQRST LNX 6
- 2 BEJKQRSTWXYZ ABDE**FG**HIK 7
- 3 ABF**JL**MNUV ABEFJNQRT 8
- 4 JOQRT FIRVY 9
- 5 ABDJN AEGHIJMOQUWY10
- WB 16A CEE
- H380 10ha 200T(80-100m²) 65D
- ❶ €31,60 ❷ €31,60
- An der 94/95, östlich von Arvidsjaur. CP ist ausgeschildert.
- 100967

Gäddede, S-83361 / Jämtlands län
- Gäddede Camping och Stugby***
- Sagavägen 9
- 1 Jan - 31 Dez
- +46 67 21 00 35
- info@gaddedecamping.com
- N 64°30'17" E 14°08'58"
- 1 ADEJMNOPQRST AGLN**Q**SXZ 6
- 2 EIMPQRSWXY ABDE**FG**HIJK 7
- 3 A**J**MX ABE**F**IJNPQRT 8
- 4 FHJOT AFHJOQR 9
- 5 DFKLN AGHJNQU10
- WB 10-16A CEE
- H400 3ha 70T(100m²) 61D
- ❶ €24,65 ❷ €24,65
- In Strömsund ab der E45 die 342 Richtung Gäddede nehmen. Kurz vor der norwegischen Grenze liegt Gäddede. In Gäddede ist der Camping gut ausgeschildert.
- 106879

Åsele, S-91932 / Västerbottens län
- Åsele Camping
- Värdshusvägen 21
- 1 Jan - 31 Dez
- +46 7 22 47 05 81
- wilvandenbrink@live.nl
- N 64°10'18" E 17°21'47"
- 1 ADEJMNOPQRST JNXZ 6
- 2 ACIQRSXY AB**FG**IK 7
- 3 B**JL**MUX ABEFJNQR 8
- 4 FH**SXZ** JRTV 9
- 5 ADJN AGJNU10
- WB 10A
- H316 10ha 60T(80-150m²) 14D
- ❶ €24,65 ❷ €24,65
- Der CP liegt 2 km ortsauserhalb von Åsele, unweit der E92. Südlich von Lycksele.
- 109593

Gällivare, S-98239 / Norrbottens län
- Gällivare Camping***
- Kvarnbacksvägen 2
- 10 Mai - 26 Sep
- +46 97 01 00 10
- info@gallivarecamping.se
- N 67°07'44" E 20°40'20"
- 1 BDEJMNOPQRST JN 6
- 2 DQTWXYZ ABDE**FG**IK 7
- 3 B**JL**S ABCDEFJNQR 8
- 4 FOT FG 9
- 5 DN BGHKOQUY10
- B 10A CEE
- H370 4ha 210T(80-100m²) 44D
- ❶ €24,65 ❷ €24,65
- Auf der E45 liegt der Camping an der Südseite von Gällivare, direkt über die Brücke rechts ab. Ist gut ausgeschildert.
- 106980

Blattnicksele, S-92492 / Västerbottens län
- Blattnicksele Fiskecamp
- Strandvägen 4
- 1 Jan - 31 Dez
- +46 95 22 00 08
- christinaherr64@gmail.com
- N 65°20'35" E 17°34'46"
- 1 DEJMNOPQRST JN**X**Z 6
- 2 DJPQUXY ABDE**FG**HIK 7
- 3 ABEFJNQR 8
- 4 OT FJQ 9
- 5 ABDJKN JOQU10
- W 10A
- H320 3ha 20T 15D
- ❶ €26,65 ❷ €26,65
- CP liegt an der E45 von Storuman nach Sorsele, gut beschildert.
- 121490

Gällö, S-84395 / Jämtlands län
- Camp Viking
- Hannåsen 107
- 1 Jan - 31 Dez
- +46 7 27 00 40 03
- info@campviking.se
- N 62°55'03" E 15°15'14"
- 1 ADEJMNOPRST LNPQSUXYZ 6
- 2 ABEIJKPQRXY ABEFHIJKNQRT 8
- 3 ABEFHIJKNQRT 8
- 4 E**F**HT HJOQRV 9
- 5 ADEFHJKN AFGHJNQU10
- B 10A
- H290 7ha 40T(100m²) 23D
- ❶ €28,60 ❷ €28,60
- An der E14 von Sundsvall aus Richtung Östersund, kurz vor Gällö, liegt hinter der Tankstelle rechts die Campingeinfahrt.
- 112955

Bureå, S-93015 / Västerbottens län
- Bureå Camping
- Jägargatan 34
- 1 Jun - 30 Sep
- +46 7 38 18 48 46
- info@bureacamping.se
- N 64°34'26" E 21°13'20"
- 1 ADEJMNOPQRST JN**X** 6
- 2 BDKPQSXY B**FG**HIK 7
- 3 B ABEFJNQRW 8
- 4 FHJO**T** FNRV 9
- 5 DN JNPQU10
- B 10A
- H50 1,7ha 48T 10D
- ❶ €28,60 ❷ €28,60
- Campingplatz an der E4, 9 km südlich von Bureå. Gut ausgeschildert.
- 120895

Haparanda, S-95391 / Norrbottens län
- Kukkolaforsen
- Kukkolaforsen 184
- 1 Jan - 31 Dez
- +46 92 23 10 00
- info@kukkolaforsen.se
- N 65°57'45" E 24°02'20"
- 1 DEJMNOPQRST JNU 6
- 2 DIJQTWXY ABCDE**FG**HIK 7
- 3 B ABCDEFJNQRUW 8
- 4 A**D**JOT FGJ 9
- 5 ABJLN AEFGHJOQU10
- WB 10A CEE
- 3ha 80T 51D
- ❶ €32,55 ❷ €32,55
- Liegt an der Grenze zwischen Finnland und Schweden an der RV99 zwischen Övertorneå und Haparanda. Ist rechtzeitig vorher angezeigt.
- 122280

Byske, S-93451 / Västerbottens län
- Byske Havsbad*****
- Bäckgatan 40
- 1 Jan - 31 Dez
- +46 91 26 12 90
- byskehavsbad@skelleftea.se
- N 64°56'51" E 21°14'03"
- 1 BDEJMNOPQRS **BG**HKMN**Q**SWXZ 6
- 2 AHJQRWXY ABCDE**FG**HIJK 7
- 3 ABG**J**MV ABCDEFGIJKNQRTW 8
- 4 BCDE**F**JLNO**S**T FJMNQRTUVY 9
- 5 ACDEFGH**L**N ABFGHIKLMOPQUWY10
- B 10-16A CEE
- 13ha 515T(120-290m²) 189D
- ❶ €43,40 ❷ €43,40
- Camping an der Küste, 1,5 km östlich von Byske und der E4. Camping gut anzeigt.
- 106989

Dorotea, S-91731 / Västerbottens län
- Doro Camp Lapland***
- Storgatan 1A
- 15 Mai - 15 Sep
- +46 7 30 80 77 38
- info@doro.camp
- N 64°15'29" E 16°23'23"
- 1 ADEJMNOPQRST LNX 6
- 2 CEIQSTUVWXY ABDE**FG**IK 7
- 3 ASX ABEFJNQVW 8
- 4 A**F**J**T** IJQR 9
- 5 DFKN AGHJNQU10
- B 10A
- H290 6,5ha 80T(100m²) 13D
- ❶ €22,70 ❷ €22,70
- Von Hoting aus liegt der CP rechts am Ortseingang von Dorotea, östlich der E45, südlich von Dorotea. CP ausgeschildert.
- 100965

Fromheden/Norsjö, S-93593 / Västerbottens län
- Fromhedens Camping
- Fromheden 22
- 14 Apr - 9 Sep
- +46 7 67 77 76 28
- info@fromhedenscamping.se
- N 64°59'16" E 19°28'29"
- 1 DEJMNOPQRST N 6
- 2 BFQRTWXY ABDE**FG**IK 7
- 3 F**K** ABEFJNQRW 8
- 4 FJO**T** GJV 9
- 5 HN HIJOQU10
- B 10A
- H240 6ha 150T(100m²) 10D
- ❶ €24,65 ❷ €24,65
- Der CP liegt in Weiler Fromheden, 1 km östlich der Kreuzung der 370 mit der 365 und etwa 8 km nördlich von Norsjö.
- 117349

Die Orte in denen die Plätze liegen, sind auf der Teilkarte **fett** gedruckt und zeigen ein offenes oder geschlossenes Zelt. Ein geschlossenes Zelt heißt, dass mehrere Campingplätze um diesen betreffenden Ort liegen. Ein offenes Zelt heißt, dass ein Campingplatz in oder um diesen Ort liegt.

Schweden

Härnösand, S-87191 / Västernorrlands län
- ▲ Antjärns Camping
- 🏠 Antjärn 113
- 📅 21 Mai - 31 Aug
- ☎ +46 61 17 41 50
- @ contact@antjarnscamping.com
- 📍 N 62°35'13" E 17°47'27"

1	ADEJMNOPQRST	LN 6
2	AEIPQSVWX	ABFIK 7
3	A	ABEFNQR 8
4	JT	FHJQ 9
5		AJNQU 10
10A		
2ha 52T(100m²) 16D	€24,65 / €24,65	122796

Der Campingplatz liegt an der E4. Kurz vor Härnösand.

Njurunda, S-86296 / Västernorrlands län
- ▲ Bergafjärdens Camping***
- 🏠 Bergafjärden
- 📅 10 Mai - 15 Sep
- ☎ +46 6 03 45 98
- @ info@bergafjarden.nu
- 📍 N 62°16'04" E 17°27'06"

1	ADEJMNOPQRST	KNQSWXZ 6
2	AHIJPQRSWXY	ABDEFGHIJK 7
3	AFGJL	ABEFJNQRTW 8
4	FJOT	HJV 9
5	ABDEFHKLN	AGHJOQUY 10
B 10A		€34,55 / €34,55
20ha 150T(80-120m²) 148D		106978

Von der E4 Hudiksvall-Sundsvall, 17 km südlich von Sundsvall, bei Njurunda 4 km ostwärts Richtung Lörudden, Björkön, Hafenstraße.

Jävrebyn, S-94494 / Norrbottens län
- ▲ FiskeCampen
- 🏠 Södra Jävrebodarna 351
- 📅 15 Mrz - 31 Okt
- ☎ +46 7 03 61 33 70
- @ tompe69@hotmail.com
- 📍 N 65°05'47" E 21°30'32"

1	DEJMNOPQRS	KNXZ 6
2	ABGILMRXYZ	ABDEF 7
3	B	ABEFJNQR 8
4	T	FJ 9
5		JOQ 10
10A		€24,65 / €24,65
27ha 35T 41D		121882

Der Camping wird auf der E4 ausgeschildert. Von der E4 sind es noch 8 km über einen Sand/Kiesweg.

Norrfjärden, S-94591 / Norrbottens län
- ▲ Borgaruddens Camping
- 🏠 Borgaruddsvägen 880
- 📅 25 Mai - 31 Aug
- ☎ +46 7 02 68 75 27
- @ borgarudden@telia.com
- 📍 N 65°21'30" E 21°35'17"

1	ADEJMNOPQRST	KNQSWXZ 6
2	ABHIJQXY	ABDEFGIK 7
3	AJ	ABEFJNQR 8
4	FT	FORW 9
5	ABEKN	HJOQU 10
9,8ha 158T(100m²) 41D		€31,60 / €31,60
		112949

Auf der E4 zwischen Pitea und Luleå. Camping an der E4 bei Norrfjärden gut angezeigt. Er liegt an der See; von der E4 sind es noch 8 km.

Jokkmokk, S-96299 / Norrbottens län
- ▲ Arctic Camp Jokkmokk****
- 🏠 Notudden 1
- 📅 1 Jan - 31 Dez
- ☎ +46 97 11 23 70
- @ arcticcamp@jokkmokk.com
- 📍 N 66°35'40" E 19°53'31"

1	ADEJMNOPQRST	BGHJNQXZ 6
2	BDIKPQSTXYZ	ABCDEFGHIK 7
3	ABCFJ	ABEFJKNQRT 8
4	ABFJLOQTV	JVY 9
5	ABDEFGHJLN	ABFGHKOQUY 10
WB 16A CEE		€28,10 / €28,10
H225 7ha 200T(80-100m²) 59D		100968

Camping liegt 3 km außerhalb der Ortsmitte von Jokkmokk, entlang der 94 zwischen Jokkmokk und Luleå.

Övertorneå, S-95732 / Norrbottens län
- ▲ Norrsken Lodge
- 🏠 Matarengivägen 58
- 📅 1 Jan - 31 Dez
- ☎ +46 92 71 00 35
- @ info@norrskenlodge.com
- 📍 N 66°23'44" E 23°38'42"

1	DEGJMNOPQRST	BGHJLNX 6
2	DIJKQX	ABFGIK 7
3	AFHJLU	ABCDEFJNQR 8
4	AEJOT	GJNOQRV 9
5	ADHJKN	AGHJOQU 10
W 10A		€29,10 / €29,10
H70 5ha 60T 25D		116579

An der 98 und 99 ist der Camping bei Overtornea ausgeschildert.

Jokkmokk, S-96299 / Norrbottens län
- ▲ Skabram Stugby och Camping
- 🏠 Skabram 206
- 📅 1 Jan - 31 Dez
- ☎ +46 97 11 07 52
- @ info@skabram.se
- 📍 N 66°36'23" E 19°45'44"

1	ADEJMNOPQRST	LNQXY 6
2	BEIMQSXY	ABFGIK 7
3		ABEFJNQR 8
4	FKT	FGJQY 9
5	DN	AFHIJOQU 10
W 10A CEE		€21,70 / €21,70
H280 25ha 23T(80m²) 11D		111910

Der Campingplatz liegt 3 km westlich von Jokkmokk-Mitte, an der Storgatanstraße entlang.

Pajala, S-98431 / Norrbottens län
- ▲ Pajala Camping Route 99
- 🏠 Tannavägen 65
- 📅 1 Jun - 15 Sep
- ☎ +46 7 33 64 52 78
- @ hej@pajalacampingroute99.se
- 📍 N 67°12'14" E 23°24'29"

1	ADEJMNOPQRST	JNXZ 6
2	DLPQSTXYZ	ABDEFGIK 7
3	AFJ	ABCDEFJNQRTW 8
4	JT	FGJOQR 9
5	ADJN	AFGHJQU 10
10A		€31,60 / €31,60
H165 4,6ha 100T 28D		116576

Die RV99 verlassen. Camping ist in Pajala an der RV99 ausgeschildert. Die 403 verläuft unter der Brücke. Camping liegt am Ende dieser Straße.

Kiruna, S-98135 / Norrbottens län
- ▲ Camp Ripan***
- 🏠 Campingvägen 5
- 📅 1 Jan - 31 Dez
- ☎ +46 98 06 30 00
- @ info@ripan.se
- 📍 N 67°51'38" E 20°14'25"

1	ABDEJMNOPQRST	6
2	QSTUVWXY	ABDEFGIK 7
3	BJLQSUVX	ABEFJNQRW 8
4	AJRTUVWXZ	J 9
5	DFHJLN	AEFGHIJNPQUY 10
WB 10A CEE		€29,10 / €29,10
H550 3ha 122T(80-100m²) 96D		109472

Auf der E10 der Beschilderung 'Camping Kiruna' folgen. Der Campingplatz wird erst auf dem Camping selbst angezeigt.

Ramvik, S-87016 / Västernorrlands län
- ▲ Snibbens Camping Stugby & Vandrarhem***
- 🏠 Snibben 139
- 📅 7 Mai - 15 Sep
- ☎ +46 61 24 05 05
- @ info@snibbenscamping.se
- 📍 N 62°47'57" E 17°52'11"

1	ADEJMNOPQRST	LNQSUWXZ 6
2	AEIJKQRSTUWXYZ	ABDEFGHIK 7
3	ADFJLM	ABEFJNQRTW 8
4	FHJO	EFGHIJNOQRTU 9
5	ADJKN	ABFGHIJMOQUY 10
B 16A CEE		€29,10 / €29,10
H51 8,5ha 60T(80-100m²) 36D		111295

An der Straße 90, südlich von Ramvik. 2 km von Högaküsten Brücke (hohe Hängebrücke).

Lit, S-83692 / Jämtlands län
- ▲ Lits Camping***
- 🏠 E45
- 📅 1 Mai - 30 Sep
- ☎ +46 64 21 02 47
- @ manager@litscamping.com
- 📍 N 63°19'09" E 14°51'51"

1	ADEGJMNOPQRST	JLNUXZ 6
2	CEIJKPQSWXYZ	ABDEFGIJK 7
3	AFGJMNX	ABEFJNQRT 8
4	FJOT	AFHJQRV 9
5	ADN	AGHKOQU 10
B 10A		€27,65 / €27,65
H260 5,6ha 96T(100-110m²) 38D		106876

Der CP liegt an der E45. Von Östersund ist der CP 20 km nördlich direkt hinter der Brücke, vor dem Ort Lit, rechts von der Straße.

Rätan, S-84030 / Jämtlands län
- ▲ Rätans Camping**
- 🏠 Sjövägen 79
- 📅 1 Jan - 31 Dez
- ☎ +46 68 21 01 21
- @ info@ratanscamping.se
- 📍 N 62°28'49" E 14°32'21"

1	ADEJMNOPRST	BLNSWXZ 6
2	FIJQSUVX	ABDEFGHIK 7
3	AU	ABEFJNQRTW 8
4	JOT	FJV 9
5	AD	GJOQU 10
10A CEE		€25,65 / €25,65
H370 4ha 52T(100-120m²) 8D		106872

Von der 45 bei Rätansbyn abfahren auf die 315 Richtung Rätan, etwa 2,9 km. Am Ortsende liegt der CP.

Luleå, S-97594 / Norrbottens län
- ▲ First Camp Arcus-Luleå**
- 🏠 Arcusvägen 110
- 📅 1 Jan - 31 Dez
- ☎ +46 92 06 03 00
- @ lulea@firstcamp.se
- 📍 N 65°35'44" E 22°04'17"

1	ADEJMNOPQRST	BGHJKNWXZ 6
2	AHIJPQTWXYZ	ABDEFGIK 7
3	BFGJLMNQSV	ABEFJNQRT 8
4	BCDFJLNOT	JQRTVY 9
5	ACDEFHLN	ABFGHIKOQUY 10
B 10-16A		€38,50 / €38,50
44ha 498T(50-140m²) 96D		106991

Camping ist auf der E4 bei Luleå angezeigt.

Sikfors, S-94294 / Norrbottens län
- ▲ Sikfors Konferens och Fritidsby
- 🏠 Kockvägen 9
- 📅 1 Jan - 31 Dez
- ☎ +46 91 17 00 77
- @ info@sikforskonferens.se
- 📍 N 65°31'41" E 21°12'07"

1	BDEJMNOPQRT	AN 6
2	DKMQXY	ABDEFHJK 7
3	AJ	ABEFJNQR 8
4	DT	FG 9
5	ADHLN	HIJOQUY 10
B 16A CEE		€31,60 / €31,60
6ha 24T(80-120m²) 59D		122279

Die E4 nach Norden an der Ostküste bis Pitea. Danach die 374 nehmen, der CP liegt etwa zwischen Pitea und Alvsbyn nach ungefähr 30 km.

Lycksele, S-92142 / Västerbottens län
- ▲ First Camp Ansia Resort*****
- 🏠 Sommarvägen 1
- 📅 1 Jan - 31 Dez
- ☎ +46 95 01 00 83
- @ info@ansia.se
- 📍 N 64°35'47" E 18°41'58"

1	DEJMNOPQRST	JNX 6
2	BDIJPQRTWXYZ	ABCDEFGHIK 7
3	BCJLMSVX	ABCDEFJKNQRTUWY 8
4	BCDJLOPRT	GIJNRVY 9
5	BDEHJKLN	AGHIKOQUY 10
WB 10-16A		€35,50 / €35,50
H230 17ha 505T(100-150m²) 78D		112966

Camping im Zentrum von Lycksele an der 363 entlang. Deutlich angezeigt.

Skellefteå/Vitberget, S-93170 / Västerbottens län
- ▲ Skellefteå Camping****
- 🏠 Mossgatan
- 📅 1 Jan - 31 Dez
- ☎ +46 9 10 73 55 00
- @ skellefteacamping@skelleftea.se
- 📍 N 64°45'40" E 20°58'28"

1	ABDEJMNOPQRS	BGH 6
2	APQTUVWXYZ	ABCDEFGHIJK 7
3	ABFJLVX	ABCDEFJNQRT 8
4	BCDFHIJLOT	FGJVY 9
5	ABDEN	ABFGHIKMOQUY 10
WB 10-16A CEE		€39,45 / €39,45
H50 5ha 364T(95-210m²) 146D		106990

Auf der E4 ist der Camping bei Skellefteå ausgeschildert.

Schweden

Slagnäs, S-93091 / Norrbottens län
- Slagnäs Camping***
- Campingvägen 5
- 1 Jan - 31 Dez
- +46 9 60 65 00 93
- info@slagnascamping.com
- N 65°35'04" E 18°10'22"

1 ADEJMNOPQRST NXY 6
2 BCPQSVX ABDEFGHIK 7
3 BMU ABEFJNQR 8
4 JOQT FJQR 9
5 ADJN ABGHJOQUY 10
W 16A
H440 2ha 60T(80-100m²) 22D
① €22,70
② €22,70
106949

Der Campingplatz ist in der Ortschaft Slagnäs, nördlich der E45. Ist in Slagnäs ausgeschildert.

Sveg, S-84232 / Jämtlands län
- Svegs Camping**
- Kyrkogränd 1
- 15 Mai - 30 Sep
- +46 68 01 30 25
- info@svegcamping.se
- N 62°01'58" E 14°21'52"

1 ADEJMNOPQRST JNX 6
2 ADJPQXY ABDEFGHJK 7
3 JL ABEFJNQR 8
4 JO FJR 9
5 DN AGHJOQXY 10
B 10A
H350 2,5ha 91T(90-120m²) 24D
① €33,55
② €33,55
100962

Am Südrand von Sveg am Fluss. Von der Kreuzung 45 und 84 ausgeschildert.

Sollefteå, S-88130 / Västernorrlands län
- Sollefteå Camping Risön****
- Risövägen
- 28 Apr - 15 Okt
- +46 6 20 68 25 42
- sollefteaa.camping@telia.com
- N 63°10'20" E 17°16'33"

1 DEJMNOPQRST BGHJNSWXZ 6
2 CMQRWXY ABDEFGHIK 7
3 BDFGJMNW BFJNQRT 8
4 FJOPQ HJRV 9
5 ABDFHKN EGHJOQUXY 10
B 10A
4,5ha 225T(100m²) 55D
① €31,60
② €31,60
101390

Von Sundsvall aus der E4 in nördlicher Richtung folgen. Bei Ramvik die 90 in westlicher Richtung nach Sollefteå. Ab hier den Schildern folgen.

Umeå, S-90652 / Västerbottens län
- First Camp Nydala-Umeå*****
- Nydalasjön 2
- 1 Jan - 31 Dez
- +46 90 70 26 00
- umea@firstcamp.se
- N 63°50'34" E 20°20'25"

1 BDEJMNOPQRS LNQXZ 6
2 ABPQRSTWXY ABCDEFGHIJK 7
3 BFGJNVX ABCDEFGJKNQRTUVW 8
4 CDFHJLOT FGJQRVY 9
5 ABDHKN ABGHIKOQUY 10
WB 10A CEE
H50 10ha 359T(80-140m²) 140D
① €39,45
② €39,45
100966

An der E4 ist der CP ausgeschildert, der Camping liegt im Norden der Stadt.

Sorsele, S-92432 / Västerbottens län
- Sorsele Camping**
- Fritidsvägen 10
- 1 Jan - 31 Dez
- +46 95 21 01 24
- info@sorselecamping.se
- N 65°32'03" E 17°31'36"

1 BDEJMNOPQRST JLNX 6
2 DFIPQSTXY ABDEFGHIK 7
3 AJNSX ABEFJNQR 8
4 FHJOT FGJRV 9
5 DN AGJOQU 10
W 16A CEE
H320 3ha 60T(80-120m²) 28D
① €25,15
② €25,15
112540

Auf der E45 in Sorsele, den CP-Schildern folgen. Der Camping liegt an der Strecke nach Tärnaby im Gehbereich zur Ortsmitte.

Vemdalen, S-84694 / Jämtlands län
- Vemdalens Camping AB***
- Landsvägen 8
- 1 Jan - 31 Dez
- +46 68 43 02 00
- info@vemdalenscamping.se
- N 62°26'04" E 13°50'19"

1 ADEJMNOPQRST LN 6
2 AIPSTVXY ABCDEFGHIK 7
3 BJN ABEFJNPQRT 8
4 HT FIR 9
5 DN GHIKOQU 10
W 16A CEE
H410 4,5ha 110T(100-120m²) 77D
① €29,10
② €29,10
106873

Der CP liegt an der 315. 1,5 km südwestlich von Vemdalen. Ist ausgeschildert.

Stöde, S-86441 / Västernorrlands län
- Stöde Camping
- Kälstra 107
- 1 Jan - 31 Dez
- +46 7 68 81 82 83
- stodecampingstode@hotmail.com
- N 62°24'58" E 16°34'11"

1 DEJMNOPQRST BGNXYZ 6
2 ADFIJKQUXY ABDEFGHIK 7
3 A ABEFJNQRT 8
4 FT FHJOQ 9
5 D ABHOQ 10
16A CEE
H65 2ha 20T(100m²) 27D
① €25,65
② €25,65
121886

Die E14 von Sundsvall Richtung Trondheim. In Stöde der Beschilderung zum CP folgen.

Vilhelmina, S-91232 / Västerbottens län
- Saiva Camping***
- Ryttarvägen 1
- 1 Mai - 30 Sep
- +46 94 01 07 60
- info@saiva.se
- N 64°37'16" E 16°40'55"

1 DEJMNOPQRST LNX 6
2 AEIJPQSX ABDEFGHIK 7
3 BGJMNSUX ABEFJNQTW 8
4 FHJORT AFHJOQRTUV 9
5 AN GHKOQU 10
B 10-16A
H350 2ha 55T(100m²) 21D
① €33,05
② €33,05
109471

Von Süden an der E45. Vor Vilhelmina ist der CP gut angezeigt.

Storuman, S-92399 / Västerbottens län
- Avasund Fiske & Camp
- Avasund 110
- 1 Jun - 20 Sep
- +46 95 11 03 45
- avasund@live.se
- N 65°06'05" E 17°13'04"

1 ADEJMNOPQRST LNXZ 6
2 BFJQTWY ABDEIK 7
3 ABCEFJNQR 8
4 OT FJOQ 9
5 DN AJNQU 10
10A
H420 5ha 43T 12D
① €25,65
② €25,65
121489

Camping an einer Seitenstraße (1 km) der E45 von Storuman nach Sorsele. 5 km nordöstlich von Storuman.

Vojmån/Vilhelmina, S-91292 / Västerbottens län
- Vojmåns Husvagns Camping
- Vojmån 9
- 1 Mai - 30 Sep
- +46 7 61 08 34 32
- N 64°47'35" E 16°47'51"

1 JMNOPQRST JNX 6
2 DIQSWX ABDEFI 7
3 A ABEFJNQRT 8
4 O V 9
5 B GHKQU 10
B 10A
H400 4ha 62T(100-120m²)
① €28,60
② €28,60
109902

25 km nördlich von Vilhelmina, an der Westseite der E45.

Storuman, S-92331 / Västerbottens län
- Storumans Camping***
- Lokgränd 3
- 1 Jan - 31 Dez
- +46 95 11 43 00
- storumanscamping@sbturismab.se
- N 65°05'59" E 17°06'57"

1 ADEJMNOPQRST LNSX 6
2 FIJQUXYZ ABDEFGHIK 7
3 BFGJMNS ABEFJNQRW 8
4 FHIT FJNQRT 9
5 BDJN BHOQUY 10
W 10-16A
H350 4ha 75T(80-120m²) 24D
① €29,60
② €29,60
106915

In Storuman, westlich der E45. Schildern folgen.

Strömsund, S-83324 / Jämtlands län
- Strömsunds Camping****
- Näsviken
- 1 Jan - 31 Dez
- +46 67 01 64 10
- stromsunds.turistbyra@stromsund.se
- N 63°50'48" E 15°32'01"

1 DEJMNOPQRST BFLNS 6
2 EIJQSUWX ABDEFGHIK 7
3 AJK ABEFJNQRV 8
4 FJO FHIJQRV 9
5 DEFN BGHIJOQU 10
B 10A
H290 8ha 150T(100-120m²) 31D
① €27,65
② €27,65
106914

An der E45 von Östersund vor der Brücke ausgeschildert.

Newsletter

Melden Sie sich an für den Eurocampings Newsletter und bleiben Sie über die neusten Entwicklungen auf dem Laufenden!

www.Eurocampings.de

Genießen Sie so lange wie möglich von der Sonne

Sundsvall, S-85468 / Västernorrlands län
- First Camp Fläsian-Sundsvall***
- Norrstigen 15
- 1 Jan - 31 Dez
- +46 60 55 44 75
- sundsvall@firstcamp.se
- N 62°21'31" E 17°22'12"

1 DEJMNOPQRST KNQSWX 6
2 AGIJMPQSUVWXY ABDEFGHIK 7
3 AGLS BEFGIJNQRTW 8
4 FT FGHJV 9
5 AD AFGJNQUX 10
B 10A
8ha 130T(80-100m²) 48D
① €39,45
② €39,45
106945

An der E4 am Parallweg, Hudiksvall-Sundsvall 4 km südlich von Sundsvall. Ausgeschildert.

Finnland

Finnland

Allgemeines
Offizieller Name: Republik Finnland (Suomen tasavalta).
Finnland ist Mitglied der Europäischen Union. Finnisch und Schwedisch sind die Amtssprachen, Samisch hat regional einen offiziellen Status. Man kommt fast überall mit Englisch und Deutsch zurecht.
Zeitunterschied: In Finnland ist es eine Stunde später als in Berlin, Paris und Rom.

Währung und Geldfragen
Währung: Euro.
Bankkarte und Kreditkarte können Sie fast überall benutzen. Es gibt genug Geldautomaten.

Grenzformalitäten
Viele Formalitäten und Vereinbarungen in Bezug auf die notwendigen Reisedokumente, Fahrzeugpapiere, Anforderungen an Ihr Transportmittel und Ihr Campingfahrzeug, medizinische Kosten und die Mitnahme von Tieren hängen nicht nur vom Reiseziel, sondern auch von Ihrem Abreiseort und Ihrer Nationalität ab. Auch die Dauer Ihres Aufenthaltes kann eine Rolle spielen. Es ist unmöglich, im Rahmen dieses Leitfadens für alle Benutzer die richtigen und aktuellen Informationen über diese Themen zu gewährleisten. Wir empfehlen Ihnen daher, die folgenden Fakten in jedem Fall rechtzeitig vor der Abreise zu überprüfen:
- welche Reisedokumente Sie für sich selbst und Ihre Mitreisenden benötigen,
- welche Dokumente Sie für Ihr Auto und Ihren Anhänger benötigen,
- welche Waren und Medikamente Sie kostenlos ein- und ausführen dürfen,
- wie bei Unfall oder Krankheit die medizinische Behandlung in Ihrem Urlaubsland geregelt ist und bezahlt werden kann.

Höchstgeschwindigkeiten

Finnland	Außerhalb geschlossener Ortschaften	Autobahn
Auto	80/100*	100/120*
Mit Anhänger	80**	80**
Wohnmobil < 3,5 Tonnen***	80(/100*)	80(/100*)
Wohnmobil > 3,5 Tonnen	80	80

* Die höhere Geschwindigkeit ist immer durch Schilder angegeben, im Winter gilt immer die niedrigere Geschwindigkeit.
** Bei einem ungebremsten Anhänger beträgt die Höchstgeschwindigkeit 60 km/h.
*** 100 km/h nur für Wohnmobile mit einem Baujahr nach 1994 mit einem Leergewicht bis 1875 kg und Wohnmobile mit einem Gewicht bis 3,5 Tonnen, die über ABS, einen Airbag und Gurte für alle Sitze verfügen und vom Hersteller für 100 km/h zugelassen sind.
Innerhalb geschlossener Ortschaften beträgt die Höchstgeschwindigkeit 50 km/h.

Haustiere

Finden Sie heraus, ob Ihr Haustier an Ihrem Zielort willkommen ist. Nehmen Sie hierzu frühzeitig Kontakt zu Ihrem Tierarzt auf. Dieser informiert Sie über relevante Impfungen und die entsprechenden Nachweise wie auch über Pflichten bei der Rückkehr.
Ferner sollten Sie sich erkundigen, ob an Ihrem Zielort für das Mitführen von Haustieren im öffentlichen Raum bestimmte Bedingungen gelten. So müssen in einigen Ländern Hunde immer einen Maulkorb tragen oder hinter Gittern transportiert werden.

Straßen und Verkehr

Die Hauptverbindungen sind in einem guten Zustand. Außerdem gibt es in Finnland viele (zweispurige) Schotterstraßen.
Bitte beachten Sie, dass Rentiere und Elche überall auf die Straße laufen oder diese plötzlich überqueren können.

Fähren

Informationen über Fahrzeiten, Abfahrtszeiten und Preise finden Sie bei Reedereien wie **eckerolinjen.se**, **finnlines.com**, **moby.it**, **tallink.com**, **stpeterline.com**, **sales.vikingline.com** und **wasaline.com**.
Die Preise hängen u. a. von der Saison und der Abfahrtszeit ab. Es ist ratsam, rechtzeitig eine Reservierung vorzunehmen.
Erkundigen Sie sich vorab bei der Reederei, ob Gasflaschen mit auf das Boot genommen werden dürfen. Normalerweise dürfen Sie keinen Kraftstoff in einem Ersatzkanister auf das Schiff mitnehmen.
Wenn Sie die Fähre vermeiden wollen, können Sie die Route durch die baltischen Staaten und Russland nehmen.

Tanken

Benzin (95 E5, 95 E10 und 98 E5) und Diesel sind leicht erhältlich (beim Tanken von E10 am Einfüllstutzen, in der Bedienungsanleitung oder bei Ihrem Händler prüfen, ob Ihr Fahrzeug damit fahren kann). Autogas ist nicht erhältlich. In Finnland gibt es mehr unbemannte als bemannte Tankstellen. Bemannte Tankstellen sind in der Regel von 7.00 bis 21.00 Uhr geöffnet, an Wochenenden oft kürzer. Entlang der Autobahnen sind die Öffnungszeiten länger. Bitte beachten Sie, dass es im dünn besiedelten Norden weniger Tankstellen gibt!

Verkehrsregeln

Abblendlicht (oder Tagfahrlicht) ist tagsüber vorgeschrieben.

Finnland

An einer Kreuzung mit Straßen gleichen Ranges hat der von rechts kommende Verkehrsteilnehmer Vorfahrt. Der Verkehr auf dem Kreisverkehr hat fast immer Vorfahrt (es sei denn, es gibt kein Vorfahrtsschild). Straßenbahnen haben grundsätzlich immer Vorfahrt.
Die Alkoholgrenze liegt bei 0,5 ‰.
Fahrer dürfen nur mit einer Freisprechanlage telefonieren.
Kinder unter einer Größe von 1,35 m müssen in einem Kindersitz sitzen.
Winterreifen sind von Dezember bis März Pflicht.

Besondere Bestimmungen
Fußgänger, die im Dunkeln oder bei schlechter Sicht an einer Straße entlanggehen, müssen einen Reflektor oder eine Sicherheitsweste tragen.

Vorgeschriebene Ausrüstung
Ein Warndreieck ist im Fahrzeug vorgeschrieben. Es wird empfohlen, Sicherheitswesten für alle Insassen mitzunehmen.

Wohnwagen, Wohnmobil
Ein Wohnmobil oder ein Gespann aus Pkw und Wohnwagen darf bis zu 4,40 m hoch, 2,60 m breit und 18,75 m lang sein (der Wohnwagen selbst darf bis zu 12 m lang sein).

Fahrrad
Ein Fahrradhelm ist Pflicht.
Telefonieren und Tippen auf einem Handy sind auf dem Fahrrad verboten.
Kinder müssen in einem Fahrradsitz transportiert werden. Kinder bis zum Alter von 9 Jahren dürfen nur hinten auf dem Fahrrad einer Person sitzen, die mindestens 15 Jahre alt ist.
Kinder bis zum Alter von 12 Jahren dürfen auf dem Bürgersteig Rad fahren.

Maut und Umweltzonen
Maut
In Finnland müssen Sie keine Mautgebühr zahlen.

Umweltzonen
Es gibt noch keine Umweltzonen, die für ausländische Touristen von Bedeutung sind.

Panne und Unfall
Stellen Sie Ihr Warndreieck auf der Autobahn mindestens 100 m bis 200 m hinter Ihrem Auto auf, wenn es eine Gefahr für den übrigen Verkehr darstellt. Alle Insassen müssen eine Sicherheitsweste anziehen.
Rufen Sie bei einer Panne die Notrufnummer Ihrer Pannenhilfe-Versicherung an. Sie können auch die finnische Pannenhilfe (Autoliitto) unter (+358) 200 8080 anrufen.
Das Abschleppen auf der Autobahn ist bis zur ersten Ausfahrt erlaubt.

Finnland

Wenn Sie ein Rentier, einen Elch oder ein anderes großes Wildtier angefahren haben, müssen Sie sofort die Polizei anrufen.

Notrufnummer
112: allgemeine Notrufnummer für Polizei, Feuerwehr und Rettungswagen

Campen
Die finnischen Campingplätze reichen von einfachen Geländen mit einer Grundausstattung bis hin zu komfortablen Campingplätzen, die mit allen Annehmlichkeiten ausgestattet sind. Viele der Campingplätze in Finnland liegen am Wasser. Zwischen Mitte Juni und Mitte August hat das Wasser eine überraschend hohe Temperatur von fast 20 Grad Celsius. Wildcampen außerhalb der Campingplätze ist für eine Nacht erlaubt, sofern Sie die Natur nicht stören. Auf Privatgrundstücken ist es nur mit Genehmigung des Grundbesitzers erlaubt.

Besonderheiten
Wenn Sie in Finnland campen, besteht die Möglichkeit, dass Sie eine spezielle Karte benötigen, die Sie an der Rezeption vorzeigen müssen. Sie können diese Karte auf dem betreffenden Campingplatz kaufen.
Die Möglichkeiten, Propangasflaschen zu befüllen, sind sehr begrenzt. Deshalb ist es am besten, genügend Gas mitzunehmen.
Auf fast jedem Campingplatz steht Ihnen eine Gemeinschaftsküche zur Verfügung. Die meisten Campingplätze haben auch eine Gemeinschaftssauna, die im Preis inbegriffen ist.

Wohnwagen, Wohnmobil
Das Übernachten an einer öffentlichen Straße in einem Wohnwagen, Wohnmobil oder Auto ist nur im Notfall erlaubt.

Suche nach einem Campingplatz
Über **Eurocampings.eu** können Sie ganz einfach einen Campingplatz suchen und auswählen.

Praktisch
Die Steckdosen haben zwei runde Löcher (Typ C oder F).
Auf **iec.ch/world-plugs** können Sie überprüfen, ob Sie einen Adapter (Weltstecker) benötigen.
Schützen Sie sich vor Zecken, da diese Krankheiten übertragen können.
Im Sommer können vor allem im Norden Finnlands und an den Seen Mückenplagen herrschen.
Leitungswasser kann bedenkenlos getrunken werden.

Klima Helsinki	Jan.	Feb.	März	Apr.	Mai	Jun.	Jul.	Aug.	Sept.	Okt.	Nov.	Dez.
Durchschnittliche Höchsttemperatur	-3	-3	1	8	16	20	22	20	14	8	3	-1
Durchschnittliche Anzahl der Sonnenstunden pro Tag	1	3	4	6	9	10	9	8	5	3	1	1
Durchschnittliche monatliche Niederschlagsmenge (mm)	44	34	35	36	35	49	69	78	69	75	69	57

Klima Rovaniemi	Jan.	Feb.	März	Apr.	Mai	Jun.	Jul.	Aug.	Sept.	Okt.	Nov.	Dez.
Durchschnittliche Höchsttemperatur	-9	-8	-3	3	10	17	19	16	10	3	-4	-7
Durchschnittliche Anzahl der Sonnenstunden pro Tag	1	2	5	7	8	10	9	6	4	4	1	0
Durchschnittliche monatliche Niederschlagsmenge (mm)	42	34	36	31	36	59	69	72	54	55	49	42

Åland

Finnland

ACSI Gebrauchsanweisung

Um die Möglichkeiten des Führers optimal nutzen zu können, sollten Sie die Gebrauchsanweisung auf Seite 9 gut durchlesen. Hier finden Sie wertvolle Informationen, beispielsweise die Berechnung der Übernachtungspreise.

① € 25,00
② € 35,80

Bomarsund/Sund, AX-22530 / Åland
- Camping Puttes★★★
- Bryggvägen 40
- 15 Mai - 6 Sep
- +358 1 84 40 40
- puttes.camping@aland.net

1 ADEJMNOPQRST KNOPQSWXYZ 6
2 BGIJPQSXY ABDEFHIJK 7
3 AFJLSWX AEFHJNPQRTW 8
4 FHJOT FGHJOQV 9
5 ABDEFHI ABHJNQUV 10
B 10A
5,5ha 400T 34D
① € 18,00
② € 23,00
N 60°12'45" E 20°14'06"
107544
Von Mariehamn die 2 (25 km) zur Insel Vårdö. Vor der Bogenbrücke an der Ruine links.

Kökar, AX-22730 / Åland
- Camping Sandvik★★★
- Värvan
- 1 Mai - 30 Sep
- +358 45 73 42 92 42
- postsandvik@gmail.com

1 ADEJMNOPQRST KNPQSUWXYZ 6
2 BGIJMNPQRSTUXY ABDEFGHIJK 7
3 ABX ABDEFHJNPQRSTUVW 8
4 FHJOT AFJQRVZ 9
5 ABDHJKMN ABJOQUWXY 10
B 10A
2ha 50T 10D
① € 22,50
② € 22,50
N 59°56'15" E 20°52'53"
107600
Von der Hauptinsel Åland ist die Inselgruppe Kökar mit der Södra Linjen 3-4 x am Tag von Långnäs aus erreichbar, oder von Galtby (Finland) aus.

Degersand/Eckerö, AX-22270 / Åland
- Resort Degersand★★★
- Degersandsvägen 311
- 1 Jan - 31 Dez
- +358 1 83 80 04
- info@degersand.ax

1 ADEJMNOPQRST KNOPQSWXZ 6
2 BGIJKPQRSXY ABDEFGHIJK 7
3 BFGLSX ABEFIJNQRTUW 8
4 JOT J 9
5 ABEFHILMNO ABHIJOQUVWY 10
10A
6ha 100T 6D
① € 29,00
② € 29,00
N 60°09'24" E 19°35'44"
107540
Straße 1, am dem 1. Kreisel 1. Ausfahrt. In Storby nach der Tankstelle Abfahrt Torp (8 km). Vor dem Fischereihafen in Torp Abfahrt rechts Degersands (3 km). Auf dieser Straße bis zum Ende bleiben.

Mariehamn, AX-22100 / Åland
- Camping Gröna Udden★★★
- Österstnäsvägen 1A
- 15 Mai - 31 Aug
- +358 18 52 87 00
- gronaudden@aland.net

1 ADEJMNOPQRST KMNOPQSWXYZ 6
2 BGJPQRUXYZ ABDEFGHIJK 7
3 AGJVX ABCDEFHJNPQRTW 8
4 FHJOT FGJVX 9
5 ABDEFHN ABFGHJLOQUVY 10
B 10A
9,5ha 580T 19D
① € 35,00
② € 35,00
N 60°05'27" E 19°57'01"
107542
Von Westerhafen (Viking- und Siljanhafen) Mariehamn durch Skillardsgatan nach Osterhafen. Am Ende rechts. Der CP liegt dann links der Strecke.

Föglö, AX-22710 / Åland
- Camping CC★★★
- Finholmavägen
- 1 Jun - 31 Aug
- +358 1 85 14 40
- ke.camping@aland.net

1 AJMNOPQRST KLNOPQSWXYZ 6
2 BEGJKLMQRSXY ABDEFHIJK 7
3 AFX ABEFHJNPQRTW 8
4 FHJOT FQV 9
5 DN BGHJQUVW 10
FKKB 12A
4ha 300T 6D
① € 20,00
② € 20,00
N 60°03'35" E 20°30'57"
108776
Von der Hauptinsel Åland ist Föglö per Fähre ab Svino 12x am Tag nach Degerby erreichbar. Von Långnäs 4x am Tag mit den Södra Linjen nach Överö. Von Överö nach der 2. Fähre liegt der CP rechts.

Skag/Eckerö, AX-22270 / Åland
- Camping Eckerö★★★
- Skaguddsvägen 24
- 1 Mai - 31 Okt
- +358 45 73 45 33 29
- info@eckerocamping.ax

1 ADJMNOPQRST KLNOPQSVWXYZ 6
2 BEGIJMNOPXYZ ABDEFIJK 7
3 AFJLUX ABEFNQRW 8
4 FHJTU FJNOQT 9
5 ABCEFGHIJN AHJOQUVWY 10
10A
10ha 300T 50D
① € 20,00
② € 20,00
N 60°17'07" E 19°36'00"
107537
Von Bergshamn Eckeröhafen im Kreisel die 1. Ausfahrt. Dieser Strecke 5 km folgen. Auf der Nordseite dem Schild 'Skag 8 km' folgen bis in den Ort Krakskar und direkt vor dem Ortsschild rechts.

Hammarland, AX-22240 / Åland
- Camping Kattnäs★★★
- Västersletsvägen 4
- 1 Mai - 25 Sep
- +46 7 06 47 33 93
- info@kattnas.ax

1 ADEJMNOPQRST KNPQSWXYZ 6
2 BGIJKNOPQXYZ ABDEFGHIJK 7
3 AFGLRSX ABEFJNQRTW 8
4 FHJOT FOQRV 9
5 ABDEFN BGHJQUVW 10
10A
3ha 250T 3D
① € 22,00
② € 28,00
N 60°11'45" E 19°41'34"
107541
Auf Insel Hammarland 2 km hinter der Brücke über den Marsund (Meer zwischen der Insel Eckerö und der Insel Hammarland) den linken Weg nach rechts (es gibt 2 davon)!

Snäcko/Kumlinge, AX-22820 / Åland
- Camping Ledholm★★
- Snäckosvägen
- 1 Jun - 31 Aug
- +358 4 05 89 20 05
- ledholm.camping@gmail.com

1 ADEJMNOPQRST JKNOPQSWX 6
2 BCGPQRSXY ABDEFIK 7
3 AX ABEFNQRW 8
4 FHT FR 9
5 DN BHJQUVW 10
10A
1,7ha 100T 2D
① € 24,00
② € 28,00
N 60°13'26" E 20°43'57"
107545
Von Åland ist diese Insel mit der Norralinie um 4:00, 11:30 und 18:15 von Hummelvik zu erreichen oder mit den Middel linjen von Långnäs um 11:00 und 16:15.

Käringsund/Eckerö, AX-22270 / Åland
- Camping Alebo★★★★
- Karingsundsvägen 194
- 1 Mai - 30 Sep
- +358 1 83 85 75
- info@karingsund.ax

1 ADEJMNOPQRST BKMNQSUWXYZ 6
2 BGJMQRSX ABDEFGHIJK 7
3 AFGHJLNOSX ABCDEFHJNPQRTVY 8
4 FHJOPT FJOQRTVY 9
5 ABEFGHILN ABGHJNQUVY 10
B 10A CEE
2ha 176T 69D
① € 39,00
② € 39,00
N 60°14'07" E 19°32'37"
108773
Von Bergshamn/Eckeröhaven im Kreisel 2. Ausfahrt. Folgen Sie dieser Straße bis zum zweiten Camping rechts, nach 200m links ab.

Torp/Eckerö, AX-22270 / Åland
- Camping Söderhagen★★★
- Degersandsvägen 127
- 1 Jan - 31 Dez
- +358 1 83 85 96
- s.eklund@aland.net

1 ADEJMNOPQRST KNOPQSWXZ 6
2 BGIJKQRTUXY ABDEFIJK 7
3 ALMX ABEFHNPQR 8
4 JOT GJQ 9
5 ABEHKLN BIJNQUVW 10
WB 10A CEE
10ha 103T 28D
① € 25,00
② € 25,00
N 60°10'18" E 19°35'27"
118105
Auf der 1, von Eckerö Richtung Mariehamn. Nach der Tankstellenausfahrt rechts 8 km folgen. Dann 2 km rechts ab den Schildern folgen.

Käringsund/Eckerö, AX-22270 / Åland
- Camping Käringsund★★★
- Käringsundsvägen 147
- 1 Jun - 20 Aug
- +358 1 83 83 09
- karingsundscamping@aland.net

1 ADEJMNOPQRST KNOPQSWXYZ 6
2 BGJMPQRSUXYZ ABDEFGHIJK 7
3 AFJLNOUX ABEFHJNPQRTW 8
4 FHJOT F 9
5 ABDEFHILN GHJOQUV 10
B 10A
5ha 200T 95D
① € 30,00
② € 30,00
N 60°14'00" E 19°32'47"
107539
Von Berghamn Eckeröhafen im Kreisel die 2. Ausfahrt, Richtung Käringsund. Dieser Strecke bis zum 1. Campingplatz recjts folgen.

Vårdö, AX-22550 / Åland
- Camping Sandösund★★★
- Sandösundsvägen
- 1 Jan - 31 Dez
- +358 1 84 77 50
- info@sandosund.com

1 ADJMNOPQRST KNOPQSWXYZ 6
2 BGIJKMPQRSXYZ ABDEFGHIJK 7
3 AFGJWX ABEFHNPQRTW 8
4 FHJOT FHJQRV 9
5 ABDEFHIKN HJOQUVW 10
WB 10A
10ha 100T 43D
① € 20,00
② € 25,00
N 60°16'15" E 20°23'17"
108775
Von der Hauptinsel Åland der Straße 2 nach Sund folgen, dann die Fähre zur Insel Vårdö nehmen. Auf Vårdö bei der Kreuzung links.

---

100   Teilkarte Åland auf Seite 100

Südwest-Finnland

Ähtäri, FIN-63700 / Vaasa
- Ähtäri Zoo Camping
- Karhunkierros 229
- 1 Jun - 20 Aug
- +358 4 45 39 35 58
- info@ahtarizoo.fi

1	BDEJMNOPQRST	HLNXY 6
2	AEJNQSTWXYZ	AB**FG**IJK 7
3	ABG**J**L**SV**	ABCDEFJNQRTW 8
4	J**O**T	FQVY 9
5	BDEFGHMN	NSTUV 10

B 16A CEE
140**T** 25**D**

① €34,00
② €40,00

N 62°32'27'' E 24°10'20''
Der Beschilderung Ahtarizoo folgen. An der 18 Ähtäri nach Vaataiskyla. 5 km östlich von Ähtäri.
114564

Helsinki, FIN-00980 / Uusimaa
- Rastila Camping Helsinki
- Karavaanikatu 4
- 1 Jan - 31 Dez
- +358 9 31 07 85 17
- rastilacamping@hel.fi

1	BDEFJMNOPQRS	KM**N** 6
2	AGJPQRSTWXYZ	ABDE**FG**HIJK 7
3	ABDG**L**T	ABEFJNQRTW 8
4	HJ**O**T	JV 9
5	ADHKLN	ABCGHIJNQUY 10

WB 16A CEE
9ha 165**T**(80-100m²) 47**D**

① €37,00
② €39,00

N 60°12'24'' E 25°07'17''
Straße 170 Richtung Porvoo, von Helsinki, Ausfahrt am Schild Vuosaari. Außerhalb von Helsinki CP-Schilder.
103139

Ekenäs, FIN-10600 / Uusimaa
- Tammisaari camping Ekenäs***
- Skutvägen 1
- 1 Apr - 30 Okt
- +358 1 92 41 44 34
- info@ek-camping.com

1	ADEJMNOPRST	K**N**PQSWXYZ 6
2	ABGJQSUVWXYZ	ABDE**FG**IJK 7
3	AG**N**	ABEFJNQRW 8
4	FHT	FJQV 9
5	DGHLN	GHIJNQUY 10

16A CEE
3,8ha 150**T**(80-100m²) 60**D**

① €29,00
② €33,00

N 59°57'57'' E 23°26'59''
Turku-Ekenäs bei der 53 oder aus Hanko die 25. In Tammisaari/Ekenäs den CP-Schildern folgen.
103130

Hirsjärvi/Somero, FIN-31460 / Hame
- Hovimäki Camping
- Hovimäentie 28
- 1 Jun - 31 Aug
- +358 4 07 57 21 32
- hovimaki@hotmail.com

1	ADEJMNOPRST	HLNQSWXY**Z** 6
2	BEIJKPQRSUYZ	ABDE**FGH**IJK 7
3	ABDGJM	ABCDEFJNQRTW 8
4	H**O**Q**T**	FJQUV 9
5	BDEFHN	FGHIJNQUY 10

B 16A
3ha 90**T**(100m²) 36**D**

① €26,00
② €28,00

N 60°35'34'' E 23°37'24''
An der 280 Somero-Helsinki.
116706

Hanko, FIN-10960 / Uusimaa
- Camping Silversand***
- Aarne Karjalaisentie 15
- 1 Jan - 31 Dez
- +358 1 92 48 55 00
- cornia@cornia.fi

1	ADEJMNOPQRST	KQSW 6
2	ABGJLPRSUXYZ	ABFGHJK 7
3	ADJ**L**MVWX	ABDEFGJNQRTW 8
4	H**Q**T	AJV 9
5	ABDEHJKMN	ABFGHIJNRSUY 10

10-16A CEE
10,5ha 421**T**(100m²) 13**D**

① €39,80
② €47,80

N 59°51'01'' E 23°00'04''
Ab Hanko-Hafen 3 km an der linken Straßenseite. Von Hanko-Zentrum aus der 25 nach Lappohja auf 4 km folgen. Der Camping liegt nördlich von Hanko. Von der 25 aus gut ausgeschildert.
103131

Ikaalinen, FIN-39500 / Turku ja Pori
- Manso Camping
- Kolmostie 1891
- 1 Mai - 30 Sep
- +358 34 52 72 22
- manso@manso.fi

1	ADEJMNOPRST	LNSWXY 6
2	EJKPQUVXYZ	ABDE**FG**K 7
3	AB**L**UV	ABCDEFNQRW 8
4	FHJ**O**P**T**	JQR 9
5	BDEFHN	AHIJNQU 10

16A CEE
H80 2,5ha 50**T**(80-110m²) 29**D**

① €25,30
② €25,50

N 61°50'58'' E 22°55'52''
Der Platz liegt an der E12 und ist gut ausgeschildert.
116708

Finnland

Ikaalinen, FIN-39500 / Turku ja Pori
- Toivolansaari Camping***
- Toivolansaarentie 3
- 1 Mai - 30 Aug
- +358 34 58 64 62
- kylpylakaupunki@ikaalinen.fi

1 ADEJMNOPQRST — LN 6
2 BEJQRXYZ — ABDE**FG**HIJK 7
3 ABF**GJN**U — ABCDEFNQRTW 8
4 JO**T** — FQR 9
5 BDEH — AIJNQU10
B 10-16A
H77 4ha 180T(80-150m²) 47D
€30,00
€34,00

N 61°46'42'' E 23°02'42''   110447

Von der Staatsstraße(Valtatie) 3 in Ikaalinen der Beschilderung bis zum Campingplatz folgen. Wie empfehlen uns an die Beschilderung zu halten und nicht nach dem Navi zu fahren.

Mossala/Houtskär, FIN-21770 / Turku ja Pori
- Saariston Lomakeskus***
- Houtskärsvägen
- 1 Apr - 30 Okt
- +358 03 47 76 58
- info@mossala-island-resort.com

1 BDEJMNOPQRST — K**N**OQSWX**Y**Z 6
2 BGIJKLMNQRSXYZ — ABDEFG 7
3 AGSX — ABEFHJNQR 8
4 FGHJOT — FJOQRV 9
5 AHJLN — GIJOQUV10
B 10A
30ha 230T 25D
€30,00
€30,00

N 60°17'11'' E 21°26'19''   116665

Von Galtby auf der Insel Korpo die Fähre nach Houtskär. Auf der Insel Houtskär von Norderhaven. Camping liegt am Noorderhaven. Überfahrt zur Insel Iniö 13 km, Überfahrt Euro 75,-.

Jämsänkoski/Jämsä, FIN-42300 / Keski-Suomi
- Kotkanpesä***
- Koskenpääntie 383
- 1 Jan - 31 Dez
- +358 4 40 22 42 22
- autocaravan.fi@gmail.com

1 ABJMNOPQRST — L**N**QSWXZ 6
2 BEJPQRSXYZ — ABF**IJ**K 7
3 AX — ABCDEFNQRTW 8
4 HJ**T** — DF 9
5 DMN — AGHIJNQU10
W 6-16A CEE
H100 3ha 106T(50-100m²) 73D
€23,00
€23,00

N 61°57'22'' E 25°09'09''   107534

Straße E63 Tampere-Jämsä, nach Jämsänkoski, CP ausgeschildert.

Mussalo/Taivassalo, FIN-23310 / Turku ja Pori
- Mussalo***
- Mussalontie 356
- 1 Jan - 31 Dez
- +358 4 07 64 93 91
- camping@sfcmussalo.fi

1 ADEJMNOPQRST — KMNOQSWXYZ 6
2 BGIJNQRSXY — ABCDE**FG**HIJ 7
3 ABDFGSUX — ABDEFHJNPQRTW 8
4 HJO**PT** — FGQVY 9
5 BDN — BCGHIJMOQUVY10
WB 10A
3,9ha 150T 64D
€25,00
€25,00

N 60°32'08'' E 21°32'29''   110432

Wo die E18 Turku-Rauma in die 9 übergeht, der 192 nach Kustavi folgen. 4 km hinter Taivassalo links zur Halbinsel Mussalo. Diesem Weg 4 km folgen bis ans Ende.

Kaustinen/Tastula, FIN-69300 / Vaasa
- Tastulan Lomakylä***
- Mökkitie 7
- 1 Jun - 31 Aug
- +358 68 61 41 18
- info@tastulanlomakyla.fi

1 ADEJMNOPRST — LMNQSX 6
2 EJKQSXY — ABDE**F**HIK 7
3 ABFGJ — ABEFNQRTW 8
4 FJOTZ — FJQ 9
5 BDEFN — JOQU10
16A
H60 2ha 50T 15D
€28,00
€32,00

N 63°35'31'' E 23°43'20''   103121

Die 13 Kokkola-Saarijärvi. Vor Kausinen gut ausgeschildert, dann die 63 und den Schildern nach Tastula folgen. In Tastula ist der CP wieder gut angezeigt.

Naantali, FIN-21100 / Turku ja Pori
- Naantali***
- Kopenkatu 20
- 30 Apr - 30 Sep
- +358 24 35 08 55
- camping@visitnaantali.com

1 ABDJMNOPQRST — K**N**OPQSWX 6
2 ABGIJMNPQRSTUVWXYZ — ABDE**FG**HIJK 7
3 ABF**JL**X — ABCDEFHJNPQRTW 8
4 FHO**T** — FJ 9
5 BDEFHN — ABGHJNQUV10
B 16A
8ha 53T 31D
€34,00
€38,00

N 60°27'45'' E 22°01'59''   100232

Von Turku aus nach Naantali. Auf diesem Weg den CP-Schildern folgen. (Fährenleger der Finnlines neben dem Camping.)

Keuruu, FIN-42700 / Keski-Suomi
- Camping Nyyssänniemi***
- Nyyssänniementie 10
- 20 Mai - 28 Aug
- +358 4 07 00 23 08
- myynti@nyyssanniemi.fi

1 ADEJMNOPRST — LNQSWXYZ 6
2 BEJQRUXYZ — ABDE**FG**HIJK 7
3 AFGJMU — ABCDEFNQRTW 8
4 DJO**T** — FQRV 9
5 BDEFGHJKLN — GHIJNQU10
16A
H115 5ha 72T 22D
€29,00
€33,00

N 62°14'44'' E 24°42'26''   103135

Straße 23 Pori-Jyväskyla, bei Keuruu auf die Straße 58 Richtung Orivesi/Tampere (1 km nach Süden), CP ist gut ausgeschildert (Nyyssänniemi).

Nokia, FIN-37120 / Hame
- Viinikanniemi***
- Viinikanniemenkatu
- 1 Jan - 31 Dez
- +358 33 41 33 84
- info@viinikanniemi.com

1 ADEJMNOPRST — LNXZ 6
2 EJKLQRSUWXYZ — ABDE**FG**HIJK 7
3 ABFJM — ABCDEFNQRTW 8
4 JO**T** — FJQ 9
5 BDFGHKMN — BHIJOQU10
B 16A
H450 3,5ha 130T(70-120m²) 48D
€31,90
€36,90

N 61°26'53'' E 23°29'33''   103126

Bei Nokia auf die Straße Nr. 12 CP-Schildern folgen.

Kevo/Kustavi, FIN-23360 / Turku ja Pori
- Kustavi Lomavalkama
- Valkamantie 12
- 1 Jan - 31 Dez
- +358 4 00 62 14 90
- info@lomavalkama.fi

1 DEJMNOPQRST — KLNSXYZ 6
2 BEGIJKLMQRSXY — ABDE**FG**HIJK 7
3 AX — ABCDEFJNPQR 8
4 AJO**T** — FHQV 9
5 BDCK — CHIJQU10
W 10A
10ha 108T 24D
€24,50
€26,50

N 60°35'03'' E 21°18'58''   119011

Von der 192 Kustavi-Mitte die 1924 nach Norden (Pleikilä) nehmen. Nach 5 km auf der Insel Kevo rechts, bis zum Ende folgen. Dieser letzte Weg ist ein breiter Waldweg mit ordentlich Steigung.

Norrby/Iniö, FIN-23390 / Turku ja Pori
- Björklund Båtslip**
- Bruddalen 42
- 1 Mai - 30 Sep
- +358 24 63 53 43
- info@bjorklundbatslip.fi

1 ADEILNOPQRST — KNSW**XYZ** 6
2 BGILMPQSTUX — ABDE**FG**K 7
3 AFX — ABEF**N**QRW 8
4 FHJO**T** — QRV 9
5 BDEHKN — AFGHIJNQUVY10
10A
0,5ha 40T
€15,00
€15,00

N 60°24'11'' E 21°22'39''   110003

Liegt auf der Inselgruppe Iniö. Von Turku mit Fähren erreichbar. Von der 192 bei Kustavi die 1922 nach Laupunen, dann die gratis Fähre (über die südlichen Houtskär-Inseln für Euro 75,-).

Kustavi, FIN-23360 / Turku ja Pori
- Kustavin Lootholma***
- Kuninkaantie 193
- 1 Jan - 31 Dez
- +358 5 05 56 04 40
- info@lootholma.fi

1 ADEGJMNOPQRST — K**N**OPQSWXYZ 6
2 BGIJKLMNPQRTXYZ — ABCDE**FG**HIJK 7
3 AGWX — ABCDEFNPQRTUVW 8
4 HJKOP**T**U — BFGHIJOQVY 9
5 ABDFHJLMN — FGHIJOQUVW10
WB 10A
25ha 100T 92D
€27,00
€31,00

N 60°32'17'' E 21°21'35''   118507

In Kustavi Zentrum die südliche Straße nehmen und den Schildern 2 km folgen bis zum Ende von Kuninkaantie.

Norrby/Pargas, FIN-21600 / Turku ja Pori
- Solliden***
- Solstrand 7
- 1 Mai - 30 Sep
- +358 4 05 40 98 84
- info@solliden.fi

1 ADEJMNOQRST — KNOPQSWXYZ 6
2 BGJNQRSUVZ — ABDE**FG**HIJK 7
3 AF**JLR**X — ABEFJNPQRTW 8
4 HJ**T** — FJOQRV 9
5 ABDEFHIKN — HJNQUVY10
B 6A
6,1ha 130T 18D
€32,00
€38,00

N 60°19'01'' E 22°18'06''   109424

Von Turku aus die 110 Richtung Kaarina, dann die 180 Richtung Parainen(Fin)/Pargas(S)oder von der E18 Turku-Helsinki. 15 km auf der 180.

Larsmo/Luoto, FIN-68570 / Vaasa
- Strandis/Strandcamping
- Assarskärsvägen 1
- 1 Jan - 31 Dez
- +358 67 88 89 00
- info@strandis.fi

1 ADEJMNOPRST — KL**N**QSWX 6
2 EGJKPQRXY — ABF**G** 7
3 AFL — ABEFJNQRTW 8
4 **PT** — F 9
5 CDEFGHILMN — GHJQU10
16A
3,5ha 45T 45D
€33,00
€39,00

N 63°43'05'' E 22°45'21''   117486

Die 8 Vaasa-Kokkola bis ungefähr 741 oder die 68 Richtung Pietarsaari. Weiter Richtung Larsmo/Luoto die 749. Rezeption direkt an der Straße und der CP ist 200m weiter.

Poikko/Naantali, FIN-21130 / Turku ja Pori
- Saloranta***
- Vehotniementie 66
- 1 Jan - 31 Dez
- +358 4 49 67 44 53
- sfcsaloranta@gmail.com

1 BDEJMNOPQRS — KMNX 6
2 BGLMQRSXY — ABDE**FI**K 7
3 BDFM — ABCDEFJNQRTUW 8
4 JO**T** — 9
5 M — CGHOQUV10
WB 10A CEE
5ha 115T
€25,00
€25,00

N 60°25'13'' E 21°49'56''   123263

Von Naantali der 189 auf 12 km zur Halbinsel Rymättylä folgen. Dann rechts in die Ylliisten Straße Richtung Poikko und nach 2,5 km rechts des Schildern SF-C auf 5 km über Waldwege bis zum Ende folgen.

Merikarvia, FIN-29900 / Turku ja Pori
- Mericamping***
- Palosaarentie 67
- 1 Jan - 31 Dez
- +358 4 00 71 95 89
- info@mericamping.fi

1 ADEJMNOPRST — KNQSWXYZ 6
2 GJQRXY — ABDE**FG**HIJK 7
3 ABDG**J** — ABCDEFNQRTW 8
4 JO**T** — FJQVY 9
5 BDEFHJKN — AIJNQU10
B 10-16A CEE
2ha 77T(80-120m²) 52D
€29,00
€34,00

N 61°50'57'' E 21°28'14''   109421

Von Straße 8 Pori-Vaasa auf der Höhe von Tuorila 8 km nach Westen. Dann über die große Straße, noch 1,8 km bis zum CP, der beschildert ist.

Porvoo, FIN-06100 / Uusimaa
- Kokoniemi***
- Uddaksentie 17
- 1 Jun - 26 Aug
- +358 4 52 55 00 74
- porvoo@suncamping.fi

1 ADEJMNOPRST — 6
2 AQUXYZ — ABDE**FI**K 7
3 ABG**JL** — ABEFJNQRW 8
4 **T** — FV 9
5 BDE — AHIJNQU10
10-16A
5ha 90T(80-140m²) 10D
€33,00
€41,00

N 60°22'45'' E 25°40'00''   103156

E18, Ausfahrt 60. Straße 55 Richtung Porvoo, danach Straße 170. CP-Schildern folgen.

Finnland

Pyhäranta, FIN-23950 / Turku ja Pori
- Campsite Pyhäranta***
- Suojalantie 9
- 1 Mai - 30 Sep
- +358 5 05 90 60 37
- pyharantacamping@gmail.com
- 16A

1 ADEJMNOPQRST	KNQSWXY 6
2 GJKPQSXY	ABDEFIJK 7
3 AFGX	ABCDEFJNQR 8
4 QT	FJQ 9
5 DEH	JOQU 10

1,5ha 70T(80m²) 40D
€24,00 / €28,00
N 60°57'08" E 21°26'05"
107546
Von Straße 8 Turku-Rauma, Ausfahrt nach Pyhäranta, 10 km Straße 196. Am Ende 700m Straße 1960 nach rechts.

Salo, FIN-24100 / Turku ja Pori
- Vuohensaari Camping**
- Satamakatu 102
- 1 Jun - 30 Sep
- +358 27 31 26 51
- info@vuohensaari.fi
- 16A

1 ADEJMNOPQRST	KMNQSWXYZ 6
2 ABGJQUXY	ABDEFIJK 7
3 ABGJL	ABEFJNQTW 8
4 HT	GQR 9
5 BDEHKN	HJNQU 10

1ha 120T(120-150m²) 19D
€26,00 / €28,00
N 60°21'51" E 23°03'57"
103129
In Salo CP-Schildern folgen, unter dem Schild: Kesateatteri (Sommertheater). 4 km von der Stadt entfernt, am Meeresfjord.

Rauma, FIN-26100 / Turku ja Pori
- Poroholma Camping
- Poroholmantie 8
- 1 Jan - 31 Dez
- +358 25 33 55 22
- info@poroholma.fi
- B 16A CEE

1 ADEJMNOPQRST	KNQSWX 6
2 AGJQRSTUXYZ	ABDEFGHIJK 7
3 ABJL	ABCDEFJNQRT 8
4 T	FJTV 9
5 ABDEHK	BFHIJNQU 10

7ha 170T(80-100m²) 50D
€30,00 / €32,00
N 61°08'03" E 21°28'25"
103116
Bei Rauma an der 8 ausgeschildert. Die 12 nach Westen, am Zentrum vorbei, dann ist der CP gut ausgeschildert.

Tampere, FIN-33900 / Hame
- Tampere Camping Härmälä***
- Leirintäkatu 8
- 15 Mai - 15 Sep
- +358 2 07 19 97 77
- harmala@suomicamping.fi
- B 10-16A CEE

1 ADEJMNOPQRST	LNQSWXYZ 6
2 AEJMPQRUXYZ	ABDEFGIJK 7
3 ABDFGJL	ABCDEFGJNQRTW 8
4 FHJOPT	FQRV 9
5 BDEFGKN	AGHIJNQU 10

8ha 300T(60-120m²) 126D
€32,50 / €42,50
N 61°28'19" E 23°44'21"
103125
CP liegt im Ortsteil Härmälä im Südwesten der Stadt, südlich des Pyhäjärvisees. Ab der A3 den CP-Schildern 'Härmälä' folgen.

Reposaari, FIN-28900 / Turku ja Pori
- Siikaranta***
- Reposaaren maantie 1070
- 1 Jun - 19 Aug
- +358 26 38 41 20
- e.eerikainen@pp.nic.fi
- 16A CEE

1 ADEJMNOPRST	KNQSWX 6
2 GLMNPQSXYZ	ABDEFHIJK 7
3 AJ	ABEFJNQRT 8
4 FOT	FJV 9
5 BDEF	AFHIJNQU 10

6,5ha 210T(80-120m²) 48D
€25,00 / €25,00
N 61°37'09" E 21°25'18"
109422
Von Pori die 2 nach Meri-Pori, dann die 269 den Schildern 'Reposaari Siikaranta' zur Halbinsel folgen. Vom Norden 8, an der 272 abbiegen. Gut ausgeschildert.

Urjalankylä, FIN-31720 / Hame
- Taikayö Camping***
- Kajaniementie 79
- 16 Mai - 15 Sep
- +358 4 06 64 61 69
- taikayonlomat@gmail.com
- B 16A CEE

1 ADEJMNOPRST	LNX 6
2 ELQRUXY	ABDEFHIK 7
3 AFG	ABEFNQRTW 8
4 JOPT	FQ 9
5 BDEN	IJNQU 10

3ha 90T(80-150m²) 50D
€28,00 / €28,00
N 61°04'23" E 23°24'20"
103128
E63 westlich von Urjala die 230 (CP ausgeschildert). Nach 7 km dem CP-Schild folgen. Noch 2 km über den halbwegs befestigten Weg.

Riihimäki, FIN-11130 / Hame
- Lempivaara****
- Karhintie 196
- 1 Apr - 31 Okt
- +358 19 71 92 00
- info@lempivaara.fi
- WB 16A CEE

1 ADEJMNOPQRST	HLN 6
2 ABEJKQRSTUVWXYZ	ABDEFGHIJK 7
3 AJN	ABCDEFJNQRTW 8
4 JOT	FJ 9
5 BDEFHMN	HIJNQU 10

H80 10ha 200T(80-100m²) 76D
€26,00 / €28,00
N 60°45'11" E 24°50'17"
110450
Gut ausgeschildert rund um Riihimäki. Befindet sich 4 km östlich der Stadt.

Uusikaupunki, FIN-23500 / Turku ja Pori
- Rairanta***
- Vanhakartanontie 216
- 1 Jan - 31 Dez
- +358 28 41 74 00
- toimisto@rairanta.fi
- WB 10A CEE

1 ADEJMOPQRST	KMNOPQSWXYZ 6
2 BGJQPSWXYZ	ABFGHK 7
3 BDLX	ABCDEFJNQRTW 8
4 HJNOT	Q 9
5 BD	EFGHIJMOQUVWY 10

6ha 120T 186D
€25,00 / €25,00
N 60°45'51" E 21°25'23"
121904
Von der 192 Kustavi-Turku bei Taivassalo nach Norden die 196 nach Uusikaupunki (Nystad). Kurz vor dem Ort links und den CP-Schildern Richtung Sundholm folgen.

Ruissalo/Turku, FIN-20100 / Turku ja Pori
- Camping Ruissalo***
- Ruissalo Saarontie 25
- 1 Jan - 31 Dez
- +358 5 05 59 01 39
- ruissalo.camping@turku.fi
- WB 16A CEE

1 ADEJMNOPQRST	EGIKMNOPQSWXYZ 6
2 ABGJMPQSTUXY	ABDEFGHIJK 7
3 BFGJLSX	ABDEFHJNPQRTUVW 8
4 FHJOT	GI 9
5 ABFHIKLN	AFGHIJMOQUVWY 10

20ha 783T 46D
€33,00 / €37,00
N 60°25'33" E 22°05'53"
103118
Von Satama (= Fähranleger der Viking und Silja-Lines) den CP-Schildern Ruissalo (Halbinsel) 12 km folgen. Hinter dem Golfplatz und dem Wellnesshotel kommt eine Linkskurve. Dieser folgen und dann ist die Rezeption an der rechten Seite.

Uusikaupunki, FIN-23500 / Turku ja Pori
- Camping Santtioranta***
- Kalalokkikuja 14
- 3 Jun - 26 Aug
- +358 4 45 42 38 62
- info@bluecamp.fi
- B 10A

1 ADEJMNOPQRST	HKMNOPSUVWXYZ 6
2 BGIJQPRSWXYZ	ABDEFGHIJK 7
3 AGJLMUX	ABEFHJNPQRTW 8
4 FHJOT	ADFOQRSVW 9
5 BDEN	AGHIJNQUV 10

1,6ha 80T 10D
€28,00 / €32,00
N 60°48'38" E 21°23'55"
107547
Von der E8 Turku-Rauma, auf halbem Weg bei Laitila die 198 nach Uusikaupunki folgen. An der 2. Ampel rechts Richtung Lepäinen, nach 50m die 1. Straße links, nach 100m wieder links.

Ruovesi, FIN-34600 / Hame
- Haapasaari Lomakylä***
- Haapasaarentie 5
- 1 Jan - 31 Dez
- +358 4 40 80 02 90
- lomakyla@haapasaari.fi
- W 16A CEE

1 ADEJMNOPQRST	LNQSWX 6
2 EJPQUXYZ	ABDEFGHIJK 7
3 ABFJMU	ABCDEFJNQRTW 8
4 EFKOT	AFGJOQRV 9
5 BDEFHKN	ABHIJNQUV 10

H90 8ha 90T(80-100m²) 69D
€33,00 / €35,00
N 61°59'39" E 24°04'11"
103136
Straße 66 Virrat-Orivesi. Richtung Ruovesi, CP ausgeschildert (auch aus südlicher Richtung).

Vaasa, FIN-65170 / Vaasa
- Top Camping Vaasa
- Niemeläntie
- 15 Mai - 31 Aug
- +358 2 07 96 12 55
- info.topcampingvaasa@puuhagroup.com
- B 16A

1 ADEJMNOPQRST	KNQSX 6
2 AGJLQRUXYZ	ABDEFGHIK 7
3 BDFGJLMV	ABCDEFGJNQRTW 8
4 FHJPT	FVY 9
5 BDEFGHKMN	AFGHIJOQU 10

10ha 610T 29D
€36,50 / €43,50
N 63°06'00" E 21°34'35"
100224
Ab den Zufahrten nach Vaasa den Schildern 'Keskusta' (Zentrum) bis zum Hinweis 'Tropiclandi' folgen. Dann ist der CP ausgeschildert.

Saarijärvi, FIN-43100 / Keski-Suomi
- Ahvenlampi****
- Ahvenlammentie 62
- 1 Jun - 30 Sep
- +358 4 00 50 57 68
- ahvenlampi@luukku.com
- 16A

1 ADEJMNORST	LNX 6
2 BEJLPRTUVWXYZ	ABEFGHIK 7
3 BFMU	ABCDEFJNQRTW 8
4 EFHJOQT	FJQ 9
5 BDEH	FGJNQU 10

H163 15ha 50T(60-120m²) 42D
€28,00 / €32,00
N 62°45'18" E 25°09'32"
103134
Straße 13 Kokkola-Jyväskyla. Von Kyyjärvi CP 10 km nach Kalmari rechts ausgeschildert. Von der anderen Richtung: 8 km nach Saarijärvi links.

Vammala/Sastamala, FIN-38210 / Turku ja Pori
- Tervakallio***
- Uittomiehenkatu 26
- 1 Mai - 30 Sep
- +358 35 14 27 20
- info@tervakallio.fi
- B 10-16A

1 ADEJMNOPQRST	LNQWXYZ 6
2 EJQSXY	ABDEFIK 7
3 AGLU	ABEFNQR 8
4 JOT	FJQV 9
5 BDEMN	HIJNQU 10

H70 2ha 65T(70-150m²) 39D
€27,00 / €31,00
N 61°20'56" E 22°55'17"
103127
In Vammala CP-Schildern folgen.

Säkylä, FIN-27800 / Turku ja Pori
- Kristalliranta
- Säkyläntie 275
- 1 Jan - 31 Dez
- +358 4 58 01 35 54
- info@kristalliranta.fi
- WB 16A CEE

1 ADEJMNOPQRST	LNQSWXYZ 6
2 BEIJLPQRTXY	ABFG 7
3 ADGSUX	ABEFJNQRTW 8
4 JOT	GJQ 9
5 ABEHIKN	FGHJNRSU 10

6,4ha 65T(100m²) 51D
€25,00 / €25,00
N 60°56'39" E 22°25'08"
122187
15 km südlich von Säkylä auf der 204. Camping nur 50m von dieser Durchgangsstraße entfernt.

Vikatmaa/Kustavi, FIN-23360 / Turku ja Pori
- Kustavin Lomapalvelut***
- Maanpääntie 2
- 1 Mai - 1 Sep
- +358 4 07 53 61 35

1 AJMNOPQRST	KNOPQSWXYZ 6
2 BGJKPQSXYZ	ABFIJK 7
3 AFWX	ABCDEFJNPQRTUVW 8
4 T	FJOQV 9
5 D	HJQUV 10

B 16A
5ha 130T 19D
€20,00 / €20,00
N 60°34'39" E 21°18'44"
119408
Ab Kustavi Zentrum der 1924 Pleikilintie in nördlicher Richtung (4 km) folgen. Auf der Insel Vikatmaa sieht man den CP auf der linken Seite.

Teilkarte Südwest-Finnland auf Seite 101

Virrat, FIN-34800 / Hame
- Lakari***
- Lakarintie 405
- 1 Mai - 30 Sep
- +358 4 49 11 35 94
- lakari@virtainmatkailu.fi

1 ADEJMNOPRST	LNQSXZ 6	
2 BEJLQRSUXYZ	ABDEFGHIK 7	
3 AFJLMU	ABEFJNQRW 8	
4 FJOT	FJQV 9	
5 BDEHN	AIJNQU 10	
16A		€23,00 / €25,50
H80 19ha 130T 24D		

N 62°12'35" E 23°50'16"
An Straße 66 zwischen Virrat und Ruovesi, 7 km südlich von Virrat gelegen. Gut ausgeschildert.
103124

Yteri/Meri-Pori, FIN-28840 / Turku ja Pori
- Yyteri Resort & Camping***
- Yyterinsantojentie 1
- 1 Jan - 31 Dez
- +358 2 07 19 97 73
- yyteri@suomicamping.fi

1 BDEJMNOPQRST	HKLNQRSW 6
2 BEGJPQRTWXYZ	ABDEFGIJK 7
3 ABDEFGHJLN	ABCDEFJNQRTUW 8
4 FHJOT	FJUV 9
5 BDEHN	ACEFHIJRU 10
WB 10A CEE	€36,00 / €48,00
12ha 180T(80-120m²) 89D	

N 61°34'12" E 21°31'38"
Von der Staatstraße 8 westlich von Pori, 17 km der Staatstraße 2 Richtung Mätyluoto folgen. Camping (Topcamping) dann gut ausgeschildert.
100229

Südost-Finnland

Hillosensalmi, FIN-47916 / Kymi
- Orilammen Lomakeskus***
- Voikoskentie 138
- 1 Jan - 31 Dez
- +358 5 38 98 81
- info@orilampi.fi

1 ADEJMNOPQRST	LNQSWXYZ 6
2 BEJKPQUXYZ	ABIJK 7
3 ADFGNU	ABEFJNQRTVW 8
4 EFMOPT	FGIJ 9
5 ABDEFGHLN	ABHIJNQU 10
W 16A	€27,00 / €27,00
2ha 204T 120D	

N 61°12'30" E 26°46'32"
Straße 15 Kouvola-Mikkelii. Bei Valkeala Straße 368 Richtung Mäntyharju/Vuohijärvi. CP befindet sich links an der Straße am Vuohisee.
103170

Iisalmi/Koljonvirta, FIN-74120 / Kuopio
- Koljonvirta***
- Ylemmäisentie 6
- 1 Jun - 30 Sep
- +358 7 01 37 16 61
- koljonvirta@koljonvirta.fi

1 ADEILNOPRST	JLMNQSWXZ 6
2 ACEJPQRUXY	ABDEFHK 7
3 ADGHIJKLU	ABEFJNQRTW 8
4 AFHJKOQT	AFGJV 9
5 ABDEFHJKLN	AHIJOSTUV 10
16A	€31,00 / €37,00
H118 16,5ha 400T 60D	

N 63°35'42" E 27°09'33"
5 km nördlich von Iisalmi über die E63 Iisalmi-Kajaani, Straße 88 Richtung Oulu. Erste Straße links, Richtung Joutsenjoki.
101442

Ilomantsi, FIN-82900 / Pohjois-Karjala
- Ruhkaranta Holiday Village
- Ruhkarannantie 21
- 1 Jun - 30 Sep
- +358 4 65 92 62 02
- ruhkaranta.fi@gmail.com

1 ADEJMNOPRST	LNQSX 6
2 BEIJQXYZ	ABDEFHIJK 7
3 A	ABEFNQW 8
4 FJT	FJOQR 9
5 DH	JNQU 10
10A	€23,00 / €23,00
H142 34ha 40T(100-200m²) 21D	

N 62°39'09" E 31°03'46"
Von Joensuu der 74 folgen bis man die CP-Schilder sieht. Diesen dann folgen.
118518

Jännevirta, FIN-70940 / Kuopio
- SFC Alatalo
- Jänneniementie 264
- 1 Jan - 31 Dez
- +358 5 03 09 80 12

1 ADILOPQRST	LNQSW 6
2 ABEIJQRSXY	ABFGK 7
3 ABDJU	ABCDEFJNPQRTW 8
4 DHJOT	QVY 9
5 M	AFHJOSTUV 10
16A CEE	€25,00 / €25,00
3ha 180T(100m²) 10D	

N 62°58'39" E 27°53'02"
Von Kuopio aus die 9 Richtung Joensuu nehmen. Nach 20 km hinter Kuopio die Stahlbogenbrücke passieren, nach 100m links ab. Der CP ist ausgeschildert.
122665

Anttola, FIN-52100 / Mikkeli
- Lakeistenranta***
- Pitkälahdentie 215
- 12 Jun - 31 Aug
- +358 5 05 26 60 25
- lakeistenranta@fi

1 ADEJMNOPQRST	LNQSWXZ 6
2 ABEJRUYZ	ABDEFIJ 7
3 AG	ABEFNQRW 8
4 HJOT	FJQ 9
5 BDHN	FHIJQUV 10
20A	€28,00 / €28,00
9,5ha 60T(35-45m²) 25D	

N 61°36'05" E 27°38'47"
Straße 62 Mikkeli-Imatra, nördlich von Anttola Richtung Pitkälahti.
103167

Joensuu, FIN-80110 / Pohjois-Karjala
- Holiday Linnunlahti
- Linnunlahdentie 1
- 1 Jan - 31 Dez
- +358 4 00 33 31 33
- sales@linnunlahti.fi

1 ADEJMNOPRST	LNQSWX 6
2 AEJQSTXYZ	ABDEFGHIJK 7
3 AL	ABCDEFJNQR 8
4 HJOT	IUV 9
5 DHN	AKNQU 10
WB 16A	€26,00 / €30,00
H88 24ha 144T(100-200m²) 18D	

N 62°35'52" E 29°44'22"
Die 6, dann die 74, 1. Ausfahrt links Richtung Karjalankatu. Über den Fluss Pielisjoki, nach circa 1,25 km links. Nach 400m rechts. Dann nach 200m links durchs Zentrum und den Schildern nach.
103195

Hamina, FIN-49400 / Kymi
- Hamina Camping***
- Vilniementie 375
- 1 Mai - 18 Sep
- +358 40 15 11 34 46
- hamina.camping@fi

1 ADEJMNOPQRST	KQSWX 6
2 BGJRSYZ	ABCDEFGIK 7
3 A	ABEFJNQRW 8
4 T	FJQ 9
5 BDEHN	HIJNQU 10
16A	€26,50 / €29,50
6,8ha 118T(60-100m²) 52D	

N 60°31'32" E 27°15'14"
An der 7 Hamina-Pietari, kurz hinter Hamina rechts, Richtung Vilniemi. Den CP-Schildern folgen.
103173

Joensuu, FIN-80110 / Pohjois-Karjala
- Jokiasema
- Hasanniementie 3
- 1 Jun - 15 Aug
- +358 13 12 07 50
- info@jokiasema.fi

1 ADEJMOPQRS	NXZ 6
2 ACEIQRXY	ABFG 7
3 B	ABDEFNQRW 8
4 OPT	9
5 DEHIJMN	GHJNQU 10
6A	€26,00 / €26,00
H67 2ha 50T	

N 62°35'28" E 29°44'18"
Von der Straße 6 Richtung Straße 74, 1. Ausfahrt links über den Fluss Pieusjoki, nach ca. 1,25 km links abbiegen und im Zentrum den CP-Schildern folgen.
112312

Hartola, FIN-19200 / Mikkeli
- Koskenniemi***
- Koskenniementie 66
- 1 Jan - 31 Dez
- +358 37 16 11 35
- email@koskenniemi.com

1 ADEJMNOPQRST	JNX 6
2 CKQXY	ABDEFGHIJK 7
3 ADJLX	ABDEFGJNQRTW 8
4 JOT	FGJSV 9
5 BDEHN	HIJOQU 10
WB 10-16A	€28,00 / €30,00
H100 5ha 120T(80-150m²) 49D	

N 61°33'47" E 25°59'42"
An Straße E75, gut ausgeschildert.
103153

Juva, FIN-51900 / Mikkeli
- Juva Camping****
- Poikolanniementie 68
- 1 Mai - 30 Sep
- +358 15 45 19 30
- camping@juvacamping.fi

1 ADEJMNOPRST	LNQSWXYZ 6
2 ABEJPQRSXYZ	ABDEFGHIK 7
3 ABJX	ABEFJNQRW 8
4 FJOT	AFJOQRV 9
5 BDEHN	AHIJNQU 10
B 16A	€31,00 / €36,00
4ha 100T 37D	

N 61°53'41" E 27°49'18"
Straße 5 Mikkeli-Kuopio, bei Juva Ausfahrt Savolinna (Straße 14). Nach dem Knoten ca. 500m rechts, bei Hotel Juva.
103165

Teilkarte Südost-Finnland auf Seite 104

Finnland

Karankamäki/Mäntyharju, FIN-52720 / Mikkeli
- Mäntymotelli***
- Motellintie 13
- 1 Jan - 31 Dez
- +358 2 07 34 59 11
- myynti@mantymotelli.fi

1 ADEJMNOPQRST ELNQSWXYZ 6
2 BELPQSXY ABDEFGHI 7
3 ADFGJMNX ABEFJNQRW 8
4 FHJORT GIJ 9
5 BDEHILO AHKNQU 10
16A
① €25,00
② €25,00

N 61°26'08" E 26°35'54" H80 8ha 40T(80m²) 57D

Der CP liegt an der Straße 5 Heinola-Mikkeli, ungefähr auf halber Strecke. Nach dem Örtchen Kuortti CP auf der linken Seite der Straße bei der Teboil-Tankstelle. 103168

Kesälahti, FIN-59800 / Pohjois-Karjala
- Karjalan Kievari***
- Lappeenrannantie 18
- 1 Jan - 31 Dez
- +358 4 18 06 66 05
- kievari@karjalankievari.info.fi

1 ADEJMNOPQRST LNQSWXYZ 6
2 EJQRSUXY ABDEFGHIJK 7
3 ADJN ABCDEFJNQRTW 8
4 JNOPT GHIJQ 9
5 ABDEGHILNO AJOQU 10
B 16A
① €19,00
② €19,00

N 61°53'21" E 29°47'26" H85 2ha 100T(100-200m²) 31D

Straße 6 von Lappeenranta nach Joensuu, gleich vor der Ausfahrt Kesälahti. 110035

Kesälahti, FIN-59800 / Pohjois-Karjala
- Mäntyrannan Lomakylä
- Vääränmäentie 43
- 8 Jun - 5 Aug
- +358 13 37 41 66
- jukka.laukkanen@mantyranta.com

1 AJMNOPQRST LNQSWXYZ 6
2 ABEJMNRSUXYZ ABCDEFGHIJK 7
3 AFMNSU ABCDEFJNQRW 8
4 JOT JQ 9
5 ABDENO AJOQU 10
B 16A
① €28,50
② €31,50

N 61°56'37" E 29°45'27" H92 4ha 256T(80-120m²) 9D

Die 6 Kesälahti-Kitee, Ausfahrt links 2 km nach Kesälahti (die 4800). 4 km folgen. Der CP liegt dann an der linken Seite von Mäntyrannantie. 110467

Kesälahti/Suurikylä, FIN-59800 / Pohjois-Karjala
- Ruokkeen Lomakylä***
- Ruokkeentie 58
- 1 Mai - 30 Sep
- +358 13 30 77 40 50
- info@ruokkeenlomakyla.fi

1 ADEJMNOPQRST LNQSWXYZ 6
2 EJRSXYZ ABDEFGHIJK 7
3 ABFGJMNX ABCDEFJNQRW 8
4 JOPQT FJNOQV 9
5 BEHIJKMNO AHIJOQU 10
16A
① €27,50
② €29,50

N 61°53'49" E 29°40'26" H76 2ha 70T(80-100m²) 70D

Die 6 Parikkala-Joensuu, 7 km südlich von Kesälahti Ausfahrt links nach Ruokkeen Lomakylä 5,7 km. Am Puruvesisee. 103196

Kotka/Kymenlaakso, FIN-48310 / Kymi
- Santalahti Holiday Resort*****
- Santalahdentie 150
- 1 Jan - 31 Dez
- +358 52 60 50 55
- info@santalahti.fi

1 ADEJMNOPQRST KNQSWXYZ 6
2 ABGJKPQSTXYZ ABDEFGHIJK 7
3 ABDFGJKL ABCDEFGIJNQRTUW 8
4 FHJOT FIJV 9
5 BDEJKMN BEFGHIJNQU 10
B 16A CEE
① €35,00
② €40,00

N 60°26'16" E 26°51'52" 4,5ha 180T 83D

Auf der 7 Ausfahrt 73 Karhuvuori. Weiter den CP-Schildern folgen, noch 7 km. 100980

Kouvola, FIN-45200 / Kymi
- Tykkimäki Camping****
- Käyrälammentie 22
- 1 Jan - 31 Dez
- +358 53 21 12 26
- camping@tykkimaki.fi

1 ADEJMNOPQRST BGHILNQSX 6
2 ABEJKPQRWXYZ ABDEFGHIJK 7
3 ABDEFGJMNV ABEFJNQRTW 8
4 HJOT FJQR 9
5 BDEKLMNO AFGHIJNQU 10
B 16A
6,5ha 160T 52D
① €33,00
② €44,00

N 60°53'14" E 26°46'21"

An der Straße 15, bei der Kreuzung nach Lappeenranta und Helsinki, ausgeschildert. 103172

Kuopio, FIN-70700 / Kuopio
- Rauhalahti Holiday Centre*****
- Rauhankatu 3
- 2 Mai - 20 Sep
- +358 17 47 30 00
- sales@visitrauhalahti.fi

1 ABDEJMNORST LNQSWXYZ 6
2 AFJPQRSTXYZ ABDEFGHIK 7
3 ABDFGHJNPRW ABEFJNQRTW 8
4 FHJKORTUWXZ FJKLNQRUVY 9
5 BDEFGHJLN CFGHIJMNQUV 10
16A CEE
① €38,00
② €52,00

N 62°51'52" E 27°38'30" H63 26ha 537T 95D

E63 Varkaus-Kuopio, 6 km südlich von Kuopio in Richtung Leväsen, 1 km. 100228

Lappeenranta, FIN-53810 / Kymi
- Huhtiniemi Camping***
- Kuusimäenkatu 16
- 19 Mai - 30 Sep
- +358 54 51 55 55
- info@huhtiniemi.fi

1 ABDEJMNOPQRST LNQSWXYZ 6
2 ABEJPQSUXYZ ABDEFGHIJK 7
3 BJ ABEFJNQRW 8
4 JOT FIQV 9
5 DEHN AHIJNQU 10
B 16A
① €29,00
② €34,00

N 61°03'15" E 28°09'20" H66 10ha 325T 37D

Die 6 Helsinki-Lappeenranta, vor dem Zentrum Lappeenranta links halten, Ausfahrt Flugplatz, und nach Huhtiniemen 2 km nach Westen. 103192

Lieksa, FIN-81720 / Pohjois-Karjala
- Timitraniemi***
- Timitrantie 25
- 20 Mai - 10 Sep
- +358 4 51 23 71 66
- info@timitra.com

1 ADEJMNOPQRST JLNQSUWXYZ 6
2 CEIJLQRSTUXYZ ABDEFIJK 7
3 AFJM ABEFNQRW 8
4 AFJOT FJQRV 9
5 BDEJKN FGHIJNQU 10
16A
① €30,00
② €35,00

N 63°18'22" E 30°00'20" H104 6ha 60T(80m²) 45D

Von Straße 73 Eno-Lieksa 2 km südlich von Lieksa. Ausgeschildert. 103193

Mikkeli, FIN-50180 / Mikkeli
- Top Camping Visulahti***
- Visulahdentie 1
- 1 Jun - 10 Aug
- +358 1 51 82 81
- info.visulahti@puuhagroup.com

1 BDEJMNOPQRST BGHLNQSX 6
2 AEJKPQXYZ ABDEFGHIJK 7
3 ABGJLNUV ABCDEFGIJNQRTW 8
4 T FI 9
5 BDEFGHKN AHIJNQU 10
16A
① €32,50
② €44,00

N 61°42'11" E 27°20'39" 36ha 400T 58D

An der Straße 5 Mikkeli-Juva, 5 km nordöstlich von Mikkeli. 103166

Nurmes, FIN-75500 / Pohjois-Karjala
- Hyvärilä***
- Lomatie 12
- 1 Jun - 15 Sep
- +358 40 04 59 60
- hyvarila@nurmes.fi

1 ADEJMNOPQRST LNQSWXYZ 6
2 EJQSXYZ ABFPQV 7
3 ADFGKMTWX ABEFNQRW 8
4 JOT FGINQRV 9
5 DEHJK AHIJNQU 10
B 16A CEE
① €26,00
② €31,00

N 63°31'55" E 29°11'54" H103 10ha 200T(100-200m²) 45D

Straße 73 Nurmes-Lieksa, 2 km süd-östlich von Nurmes. Ausgeschildert. 100226

Punkaharju, FIN-58450 / Mikkeli
- Punkaharju Resort****
- Tuunaansaarentie 4
- 1 Jan - 31 Dez
- +358 2 90 07 40 50
- info@punkaharjuresort.fi

1 ADEJMNOPQRST BGHILMNQSWXYZ 6
2 EJPQRXYZ ABDEFGHIJK 7
3 ABDEGJLN ABDEFJNQRTW 8
4 JOT FGJOQRV 9
5 ABDEFGHKLN AHIJKNQU 10
W 16A
① €31,00
② €36,00

N 61°48'01" E 29°17'27" H80 60ha 100T(150-400m²) 162D

Straße Nr. 14 Punkaharju-Savonlinna. Der CP liegt 26 km östlich von Savonlinna und 8 km westlich von Punkaharju. 103186

Puumala, FIN-52200 / Mikkeli
- Koskenselkä***
- Koskenseläntie 98
- 25 Mai - 31 Aug
- +358 1 54 68 11 19
- info@koskenselka.fi

1 ADEJMNOPQRST LNQSWXYZ 6
2 ABEJMPQRUXYZ ABDEFHIJK 7
3 AGJX ABEFJNQRW 8
4 FJOPQT FGIJKQRV 9
5 BDEFN AHIJNQU 10
16A CEE
① €30,00
② €32,00

N 61°32'22" E 28°09'33" H80 8ha 146T 46D

An Straße 62 Mikkeli-Imatra, vor Puumala Schildern folgen. 103188

Puumala/Mannilanniemi, FIN-52270 / Mikkeli
- Mannilanniemi
- Mannilanniementie 169
- 1 Jun - 15 Aug
- +358 1 54 10 22 00
- asiakaspalvelu@wellbeing365.eu

1 ADEJMNOPQRST LQSWXYZ 6
2 EJKQXY ABDEFIJK 7
3 ABFJN ABEFNQRW 8
4 JOT JQR 9
5 HJQU 10
WB 16A
8ha 200T 10D
① €17,00
② €17,00

N 61°40'05" E 28°15'21"

Die 434 Puumala-Juva, ca. 20 km nördlich von Puumala. 2 km Richtung Mannilanniemie folgen. 107549

Riistavesi/Vartiala, FIN-71150 / Kuopio
- Atrain***
- Pelonniemi 53
- 1 Jun - 31 Aug
- +358 4 00 44 98 45
- campingatrain@outlook.com

1 ADEJMNOPQRST LNP 6
2 EJPQRSXYZ ABDEFHIK 7
3 AFGS ABDEFJNQRTW 8
4 FHJOT FJQ 9
5 BDEFGHKMN BHJNQU 10
16A
① €28,00
② €33,00

N 62°56'16" E 28°00'59" H119 4,2ha 82T 34D

In Kuopio E63. Nach 10 km vom Kuopio Straße 9 Richtung Joensuu. Nach 18 km links Richtung Pelonniemi. Nach 800m ist der CP angezeigt. 103163

Ruunaa, FIN-81700 / Pohjois-Karjala
- Ruunaa Retkeilykeskus
- Neitikoskentie 47
- 2 Mai - 31 Dez
- +358 13 53 31 70
- info@ruunaa.fi

1 ADEJMNOPQRS JNUVXY 6
2 CRSUYZ ABDEFHIJK 7
3 AF ABCDEFNQRTW 8
4 AEFHJOT FJQRUV 9
5 BEHIJKN AGHIJNQU 10
B 16A
① €23,00
② €23,00

N 63°23'27" E 30°27'09" H152 2ha 85T(100-200m²) 19D

5 km südlich von Lieksa auf der 73, Ausfahrt Ruuna (Straße 522) nehmen. Nach 21 km dem Schild 'Ruunaan Retkeilyalue' rechts ab und Neitikoskentie bis zum CP folgen. 109327

Teilkarte Südost-Finnland auf Seite 104

EuroCampings

Bewerten Sie einen Campingplatz und gewinnen Sie mit etwas Glück ein iPad.

www.Eurocampings.de

Aavasaksa, FIN-95620 / Lappi
- Camping Millimajat
- Kilpisjärventie 581
- 1 Mai - 30 Sep
- +358 4 00 10 39 50
- millimajat@gmail.com
- 16A
- N 66°22'23" E 23°41'46"
- 1 ADEJMNOPQRST — JNWXYZ 6
- 2 CIPQTXY — ABFGHIK 7
- 3 H — ABEFJNQW 8
- 4 FJOT — GI 9
- 5 DJN — HIKNQU 10
- H56 10ha 25T 28D
- €25,00 / €25,00
- 117348

Der Camping liegt westlich der E8. 70 km nördlich von Tornio, 50 km südlich von Pello.

Aavasaksa/Ylitornio, FIN-95620 / Lappi
- Midnight Sun Cottages Aavasaksa
- Aavasaksanvaarantie 180
- 1 Jan - 31 Dez
- +358 16 57 81 50
- aavasaksa@aurinkomajat.fi
- W 16A
- N 66°23'25" E 23°43'51"
- 1 ADEJMNOPQRST — N 5
- 2 BIQSXY — ABFIK 7
- 3 AU — ABCDEFNQRW 8
- 4 FHOQT — FGJUV 9
- 5 DEHKN — HIJNQU 10
- H218 2ha 35T 20D
- €20,00 / €20,00
- 117350

In Närkki von der E8 die 930 nach Osten. Nach 2,5 km die 9322 nach Norden. Nach 2 km befindet sich der CP auf der rechten Seite.

Hossa, FIN-89920 / Oulu
- Camping Hossan Lumo
- Lumontie 3
- 1 Jun - 31 Okt
- +358 5 00 16 63 77
- info@hossanlumo.fi
- 16A
- N 65°26'34" E 29°33'02"
- 1 ADEJMNOPQRST — LNQSXZ 6
- 2 BEJRSYZ — ABDEFIK 7
- 3 A — ABEFNQRW 8
- 4 FHIOT — FJNQRU 9
- 5 ABHN — GHIJNQUY 10
- H228 2,2ha 40T 11D
- €29,00 / €32,00
- 108829

Von der Straße 5 Ämmänsaari-Kuusamo, bei Peranka Richtung Osten auf die Straße 9190 (gut asphaltiert). Dann Straße 843 Richtung Hossa nehmen.

Hossa, FIN-89920 / Oulu
- Karhunkainalon Leirintäalue
- Jatkonsalmentie 6
- 1 Mrz - 31 Okt
- +358 5 03 84 46 92
- hossa@retkeilykeskus.fi
- B 16A
- N 65°28'05" E 29°31'03"
- 1 ADEJMNOPQRST — LNXY 6
- 2 BEJRTWYZ — ABDEFGHIK 7
- 3 A — ABCDEFJNQRW 8
- 4 EFHT — FJQRU 9
- 5 AIN — HJNQU 10
- H231 2ha 68T(80-120m²) 13D
- €29,00 / €31,00
- 112989

Straße 5 Ämmänsaari-Kuusano nach Osten zur Straße 10. Dann die 843 Richtung Hossa. CP ist gut ausgeschildert.

Ivalo, FIN-99800 / Lappi
- Naverniemi Holiday Center
- Näverniementie 17
- 1 Jun - 30 Sep
- +358 5 03 14 81 14
- naverniemen@lomakyla.inet.fi
- 16A
- N 68°38'36" E 27°31'39"
- 1 ADEJMNOPQRST — JN 6
- 2 CJMPQTXY — ABIK 7
- 3 — ABEFJNQR 8
- 4 OT — FHJV 9
- 5 DK — AIJNQU 10
- 3ha 50T 38D
- €30,00 / €38,00
- 120939

Von Süden auf der E75 liegt die Ausfahrt ± 1,5 km vor dem Zentrum von Ivalo. CP ist auf der E75 gut angezeigt.

Ivalo, FIN-99800 / Lappi
- Ukonjärvi
- Ukonjärventie 141
- 1 Jun - 15 Sep
- +358 16 66 75 01
- info@ukolo.fi
- 16A
- N 68°44'13" E 27°28'37"
- 1 ADEJMNOPQRST — LNXZ 6
- 2 BEMQRSWYZ — ABDEFGHI 7
- 3 — ABEFJNQRUW 8
- 4 OT — FGJOQ 9
- 5 DN — AGHIJOPSTU 10
- H130 10ha 40T 17D
- €29,00 / €34,00
- 109463

Die 4/E75, 10 km nördlich von Ivalo. Camping liegt östlich der 4/E75. Ist gut ausgeschildert.

Kalajoki, FIN-85100 / Oulu
- Top Camping Hiekkasärkät★★★★★
- Tuomipakkaintie
- 1 Jun - 1 Sep
- +358 84 69 52 00
- myynti@kalajokicamping.fi
- B 16A
- N 64°13'59" E 23°48'07"
- 1 ADEJMNOPQRST — KMQRSWX 6
- 2 GJPQRSTXYZ — ABDEFGHIK 7
- 3 BFGJLV — ABCDEFJNQRTW 8
- 4 FHJOPT — FUVY 9
- 5 ADEFGHIKN — AFGHIJNQU 10
- 40ha 1200T 209D
- €36,00 / €42,00
- 103120

Die 8 Kokkola-Oulu, 7 km südlich von Kalajoki. Der CP ist Teil des Vergnügungsparks Hiekkasärkät. Schildern 'Hiekkasärkät' folgen, da es mehrere CP in der Nähe gibt. Von der Tankstelle aus ist eine neue Straße angelegt.

Kuusamo, FIN-93700 / Oulu
- Kuusamon Portti
- Kajaanintie 151
- 1/1 - 31/10, 1/12 - 31/12
- +358 4 45 66 76 85
- info@kuusamonportti.fi
- W 16A
- N 65°49'57" E 29°15'30"
- 1 ADEJMNOPQRST — LNWXYZ 6
- 2 EIKQTXY — FH 7
- 3 — ABEFJNQR 8
- 4 OT — GIJ 9
- 5 ABJL — AHIJNQU 10
- H210 1,5ha 40T 19D
- €25,00 / €29,00
- 109464

Straße 5/E63, 15 km südlich von Kuusamo, Richtung Kajaani.

Kuusamo, FIN-93900 / Oulu
- Oulanka Nationalpark Campsite
- Liikasenvaarantie 137
- 1 Jun - 31 Aug
- +358 4 47 40 00 01
- seppanen.ari@pp.inet.fi
- 16A
- N 66°22'22" E 29°17'49"
- 1 ADEJMNOPQRST — JNX 6
- 2 BCQRTWYZ — ABDEFGHI 7
- 3 A — ABEFJNQR 8
- 4 FT — FGQR 9
- 5 BHN — HJNQU 10
- H150 11ha 100T(60-80m²) 11D
- €25,00 / €27,00
- 113383

Die 5/E63, 36 km nördlich von Kuusamo, Ausfahrt Oukanka National Park/Käylä. Nach 6,3 km Ausfahrt Liikasenvaara. CP ist nach 15 km

Manamansalo, FIN-88340 / Oulu
- Manamansalon Leirintäalue★★★
- Teeriniementie 156
- 15 Mai - 15 Sep
- +358 8 87 41 38
- manamansalo@kainuunmatkailu.fi
- B 10A
- N 64°23'22" E 27°01'33"
- 1 ADEJMNOPRST — LNQSWXYZ 6
- 2 BEIJRSTZ — ABDEFGHIJK 7
- 3 ABFGJNX — ABEFKNQR 8
- 4 FHJOT — FJQRTV 9
- 5 ABDHKN — AEGHIJMNQU 10
- H133 12ha 170T(80-100m²) 19D
- €39,00 / €42,00
- 103159

Insel im Oulusee, über die Straße 22 Kontioäki-Oulu oder die Straße 879 Manua-Vaala zu erreichen und nach 47 km führt eine kleine Straße zur (kostenlosen) Fähre. CP im Norden.

Finnland

Durchreisecampingplätze

In diesem Führer finden Sie eine handliche Karte mit Campingplätzen an den wichtigen Durchgangsstrecken zu Ihrem Ferienziel. Durch die Farbe des jeweiligen Zeltchens können Sie erkennen, ob dieser Platz ganzjährig geöffnet ist oder nicht. Darüber hinaus gibt es für jeden Platz auch noch eine kurze redaktionelle Beschreibung, inklusive Routenbeschreibung und Öffnungszeiten.

Finnland

Pello, FIN-95700 / Lappi
- SMK Camping Pello
- Nivanpääntie 56
- 1 Jun - 30 Sep
- +358 4 05 53 88 86
- marita.koliseva@netti.fi
- N 66°47'03" E 23°56'43"

1 ADEJMNOPQRST JN**XYZ** 6
2 CJMQXY AB**DEFG**I**K** 7
3 A ABEFJNQRW 9
4 HJO**T** FGJOQ 9
5 BDHN AHJQNU10
B 10-16A
H65 3ha 102**T**(100-144m²) 15**D**
€33,00 / €33,00
113379

Der Campingplatz liegt 1,5 km nordwestlich der E8 in Pello. Ist deutlich angezeigt.

Rovaniemi, FIN-96200 / Lappi
- Ounaskoski***
- Jäämerentie 1
- 21 Mai - 26 Sep
- +358 16 34 53 04
- ounaskoski-camping@windowslive.com
- N 66°29'51" E 25°44'36"

1 ADEJMNOPQRST JN**QSX** 6
2 CJQRSXYZ AB**FG**H**I** 7
3 A**LM** ABEFJNQRT 8
4 O**T** 9
5 ABDEH**N** AFGHIOQ10
B 10-16A
H93 3ha 147**T**
€39,50 / €47,50
103143

Von Norden oder Süden (die 78 empfphlen) stadteinwärts der Beschilderung folgen und über eine der Brücken. Die Camping liegt im Zentrum von Rovaniemi westlich der 78. Gut ausgeschildert.

Pudasjärvi, FIN-93100 / Oulu
- Jyrkkäkoski Camping***
- Jyrkkäkoskentie 122
- 10 Mai - 30 Sep
- +358 4 00 10 90 06
- info@jyrkkakoski.fi
- N 65°23'56" E 26°59'36"

1 ADEJMNOPQRST JN 6
2 BCJRSTYZ AB**DEFG**HI**JK** 7
3 A ABEFJNQRW 8
4 FHKO**T** AFQVW 9
5 BDHN AHIJNQU10
H70 8ha 130**T** 21**D**
€27,00 / €31,00
103157

Straße 20 von Oulu oder von Kuusamo bei Pudasjärvi ausgeschildert. Dann noch ca. 1 km der Straße 78 Nord Richtung Ranua folgen, danach CP ausgeschildert.

Sirkka, FIN-99130 / Lappi
- Levilehto Apartments***
- Levintie 1625
- 1 Jan - 31 Dez
- +358 4 03 12 02 00
- levilehto@levi.fi
- N 67°48'25" E 24°48'04"

1 ADEJMNOPQRST 6
2 PRSWY AB**DEFG**HI**K** 7
3 ABEFJNQR 8
4 FHT I 9
5 D AHJOQ10
W 16A
H200 3ha 53**T** 34**D**
€28,00 / €36,00
107551

Von Rovaniemi Straße 79 nach Kittilä, CP liegt 20 km nördlich von Kittilä im Wintersportort Levi.

Puolanka, FIN-89200 / Oulu
- Puolanka Camping***
- Leiritie 1
- 1 Jun - 30 Sep
- +358 4 07 13 03 83
- salmenranta.camping@gmail.com
- N 64°52'01" E 27°38'49"

1 ADEJMNOPQRST L**N**S 6
2 EIJQSXY AB**DEFIJK** 7
3 BDX ABEFJNQR 8
4 FO**T** FJQRU 9
5 DHN HIJNQU10
B 16A
H210 4ha 55**T** 12**D**
€30,00 / €30,00
103158

Von Kajaani Straße 5, nach 20 km über Straße 70 und 78 nach Puolanka. Im Ort gut ausgeschildert. Oder über Straße 78 von Pudasjärvi.

Sodankylä, FIN-99600 / Lappi
- Nilimella Sodankylä****
- Kelukoskentie 5
- 1 Jun - 30 Sep
- +358 16 61 21 81
- info@nilimella.fi
- N 67°24'59" E 26°36'27"

1 ADEJMNOPQRST JN**XYZ** 6
2 CJQSWXY AB**DEFG**HI**K** 7
3 ADGU ABEFJNQR 8
4 FHOQ**T** FI**V** 9
5 DHKN GHJNQW10
B 16A CEE
H100 7ha 80**T** 38**D**
€29,00 / €33,00
113381

An der Kreuzung der Straßen 4 und 5 in Sodankylä gelegen. Ist gut angezeigt.

Ranua, FIN-97700 / Lappi
- Ranua Zoo Camping
- Rovaniementie 29
- 1 Jan - 31 Dez
- +358 4 06 56 35 55
- ranuan.zoo@ranua.fi
- N 65°56'37" E 26°28'01"

1 ADEJMNOPQRS**T** 6
2 PQTWX AB**F**GH**I**K 7
3 BX ABEFJNQRW 8
4 **AEFJ**KT 9
5 DIJLN EGHIJOQU10
WB 16A CEE
H177 1ha 38**T**(60-80m²) 30**D**
€32,00 / €42,00
118517

Die 78, 3 km oberhalb Ranua Richtung Rovaniemi. Der CP liegt am Zoo, deutlich angezeigt.

Taivalkoski, FIN-93540 / Oulu
- Kylmäluoma****
- Pajuluomantie 20
- 1 Mrz - 16 Okt
- +358 4 05 00 34 76
- kylmaluoma@retkeilykeskus.fi
- N 65°35'04" E 28°54'00"

1 ADEJMNOPQRST L**N**S**XZ** 6
2 BEIJRSTUWY AB**DEFG**HIJ**K** 7
3 AFG**N**X ABEFJNQRT**W** 8
4 FHJO**T** FGJNQRU**V** 9
5 ABIKN AEGHJMNQU10
W 16A
H254 8ha 64**T**(80-100m²) 46**D**
€29,00 / €31,00
103175

Die 5/E63 Kajaani-Kuusamo. Camping ca. 50 km südlich von Kuusamo und 2 km westlich der 5/E63. Gut ausgeschildert.

Ranua, FIN-97700 / Lappi
- Ranuanjärvi Camping***
- Leirintäaluentie 5
- 1 Jun - 30 Sep
- +358 4 05 43 60 11
- ranuanjarven.leirinta@ranuazoo.com
- N 65°55'13" E 26°34'31"

1 ADEJMNOPQRST L**N**S**XZ** 6
2 BEIJQRSYZ AB**DEF**HIK 7
3 BG**J**U ABEFJNQRW 8
4 **AJ**O**T** FJQU 9
5 DHJKN HIJNQU10
B 16A
H160 4ha 51**T** 41**D**
€26,00 / €34,00
103145

Von Ranua die 941 Richtung Posio, dann Richtung 'Kirkkotie'. Campingplatz mit 'Arctic Fox Igloos' ausgeschildert.

Tornio, FIN-95420 / Lappi
- Tornio***
- Matkailijantie 49
- 1 Jan - 31 Dez
- +358 16 44 59 45
- camping.tornio@co.inet.fi
- N 65°49'55" E 24°12'08"

1 ADEJMNOPQRST B**J**N**XZ** 6
2 ACJKQRXYZ AB**DEFG**H**IJK** 7
3 B**J**U ABCDEFNQR 8
4 O**T** FIJQRT**V** 9
5 DHJ**N** HIJNQU10
WB 16A
5,5ha 104**T**(50-200m²) 21**D**
€32,00 / €35,00
103132

Von Norden der E8 Richtung Kemi folgen, dann der 922. Camping liegt an der Ostseite von Tornio an der 922.

Rovaniemi, FIN-96900 / Lappi
- Napapiirin Saarituvat***
- Kuusamantie 96
- 1/6 - 18/6, 22/6 - 31/8
- +358 5 04 64 04 46
- reception@saarituvat.fi
- N 66°31'01" E 25°50'47"

1 ADEJMNOPRT JN**X** 6
2 CIKQRX AB**FG**H**I**K 7
3 A**L** ABEFJNQRW 8
4 O**T** FJ 9
5 DHN AIJNQ10
10A CEE
H72 3,5ha 15**T**(80-100m²) 21**D**
€33,00 / €41,00
103144

Von Rovaniemi die 81 nach Kuusamo. Der Camping liegt etwa 4 km südlich der 81. Navi Adresse: Kuusamantie 432 Rovaniemi.

Vuokatti, FIN-88610 / Oulu
- Naapurivaaran Lomakeskus Ky***
- Pohjavaarantie 66
- 1 Jan - 31 Dez
- +358 8 66 44 22
- naapurivaaran.lomakeskus@tahtesi.fi
- N 64°10'13" E 27°12'36"

1 BDE**IL**NOPRT L**N**Q**S**W**XYZ** 6
2 EIJPQSXY AB**DEFG**HI**K** 7
3 BG**L**MU ABEFJNPQRTU**W** 8
4 FHJNO**PQT**U FIJQR**V** 9
5 BCDEHN AHIJRSU10
10A
H137 2,5ha 80**T** 29**D**
€27,00 / €38,00
103178

Straße 76 Sotkamo-Kajaani, in Vuokatti 4 km Straße 899N Richtung Jormua.

Dänemark

Dänemark

Allgemeines
Offizieller Name: Königreich Dänemark (Kongeriget Danmark).
Dänemark ist Mitglied der Europäischen Union. In Dänemark wird Dänisch gesprochen. In touristischen Gebieten kommt man fast überall mit Englisch und Deutsch zurecht.
Zeitunterschied: In Dänemark ist es so spät wie in Berlin, Paris und Rom.

Währung und Geldfragen
Währung: Dänische Krone.
Wechselkurs im September 2021:
1,00 € = ca. 7,44 DKK / 1,00 DKK = ca. 0,13 €.
Bankkarte und Kreditkarte können Sie fast überall benutzen. Es gibt genug Geldautomaten.

Grenzformalitäten
Viele Formalitäten und Vereinbarungen in Bezug auf die notwendigen Reisedokumente, Fahrzeugpapiere, Anforderungen an Ihr Transportmittel und Ihr Campingfahrzeug, medizinische Kosten und die Mitnahme von Tieren hängen nicht nur vom Reiseziel, sondern auch von Ihrem Abreiseort und Ihrer Nationalität ab. Auch die Dauer Ihres Aufenthaltes kann eine Rolle spielen. Es ist unmöglich, im Rahmen dieses Leitfadens für alle Benutzer die richtigen und aktuellen Informationen über diese Themen zu gewährleisten. Wir empfehlen Ihnen daher, die folgenden Fakten in jedem Fall rechtzeitig vor der Abreise zu überprüfen:
- welche Reisedokumente Sie für sich selbst und Ihre Mitreisenden benötigen,
- welche Dokumente Sie für Ihr Auto und Ihren Anhänger benötigen,
- welche Waren und Medikamente Sie kostenlos ein- und ausführen dürfen,
- wie bei Unfall oder Krankheit die medizinische Behandlung in Ihrem Urlaubsland geregelt ist und bezahlt werden kann.

Dänemark

Höchstgeschwindigkeiten

Dänemark	Außerhalb geschlossener Ortschaften	Autobahn
Auto	80-90*	110-130**
Mit Anhänger	70	80
Wohnmobil < 3,5 Tonnen	80-90*	110-130**
Wohnmobil > 3,5 Tonnen	80	100

* Die Höchstgeschwindigkeit kann lokal auf 90 km/h erhöht werden.
** Die Höchstgeschwindigkeit ist durch Schilder gekennzeichnet (auch eine niedrigere Höchstgeschwindigkeit ist möglich).
Innerhalb geschlossener Ortschaften beträgt die Höchstgeschwindigkeit 50 km/h (im Zentrum von Kopenhagen 40 km/h).

Haustiere

Finden Sie heraus, ob Ihr Haustier an Ihrem Zielort willkommen ist. Nehmen Sie hierzu frühzeitig Kontakt zu Ihrem Tierarzt auf. Dieser informiert Sie über relevante Impfungen und die entsprechenden Nachweise wie auch über Pflichten bei der Rückkehr.
Ferner sollten Sie sich erkundigen, ob an Ihrem Zielort für das Mitführen von Haustieren im öffentlichen Raum bestimmte Bedingungen gelten. So müssen in einigen Ländern Hunde immer einen Maulkorb tragen oder hinter Gittern transportiert werden.

Straßen und Verkehr

Das ausgedehnte und moderne Straßennetz in Dänemark ist von guter Qualität. Die Straßen sind befestigt und die Fahrbahnoberfläche wird regelmäßig gewartet.
An vielen wichtigen Straßen innerhalb und außerhalb der Städte gibt es Radwege.

Fähren

Informationen über Fahrzeiten, Abfahrtszeiten und Tarife finden Sie bei Reedereien wie **bornholmslinjen.com**, **polferries.com**, **scandlines.de**. Die Preise hängen u. a. von der Saison und der Abfahrtszeit ab. Es ist ratsam, rechtzeitig eine Reservierung vorzunehmen. Erkundigen Sie sich vorab bei der Reederei, ob Gasflaschen mit auf das Boot genommen werden dürfen.

Tanken

Bleifreies Benzin (Blyfri Oktan 95 und 98) und Diesel sind leicht erhältlich. Autogas ist kaum verfügbar.
Viele Tankstellen in Dänemark sind 24 Stunden am Tag geöffnet. Es gibt auch sehr viele unbemannte Tankstellen.

Verkehrsregeln

Abblendlicht (oder Tagfahrlicht) ist tagsüber vorgeschrieben. An einer Kreuzung mit Straßen gleichen Ranges hat der von rechts kommende Verkehrsteilnehmer Vorfahrt. Fahrzeuge im Kreisverkehr haben normalerweise Vorfahrt. Auf geneigten Straßen hat bergauffahrender Verkehr Vorfahrt vor bergabfahrendem Verkehr. Die Alkoholgrenze liegt bei 0,5 ‰.
Fahrer dürfen nur mit einer Freisprechanlage telefonieren. Kinder unter einer Größe von 1,35 m müssen in einem Kindersitz sitzen. Winterreifen sind nicht vorgeschrieben (allerdings in Deutschland bei winterlichen Verhältnissen).

Besondere Bestimmungen

Auf Autobahnen sind Sie verpflichtet, bei einem Stau oder Unfall andere Verkehrsteilnehmer mit Ihrer Warnblinkanlage zu warnen.
Das Parken ist u. a. innerhalb eines 10-m-Radius um eine Kreuzung verboten.

Dänemark

Vorgeschriebene Ausrüstung
Ein Warndreieck ist im Fahrzeug vorgeschrieben. Sicherheitswesten, ein Verbandskasten, ein Feuerlöscher und Ersatzlampen werden ebenfalls zur Mitnahme empfohlen.

Wohnwagen, Wohnmobil
Ein Wohnmobil oder ein Gespann aus Pkw und Wohnwagen darf bis zu 4 m hoch, 2,55 m breit und 18,75 m lang sein (der Wohnwagen selbst darf bis zu 12 m lang sein).

Fahrrad
Ein Fahrradhelm ist nicht vorgeschrieben. Telefonieren und Tippen auf einem Handy sind auf dem Fahrrad verboten.
Sie dürfen keinen Fahrgast auf dem Gepäckträger mitnehmen (aber ein Kind in einem Kindersitz).

Maut und Umweltzonen
Maut
Auf den dänischen Straßen wird keine Maut erhoben. Auf der Großen Beltbrücke und der Öresundbrücke müssen Sie allerdings eine Mautgebühr zahlen. Sie können auf verschiedene Weise bezahlen. Mehr Informationen: *storebaelt.dk* und *oresundsbron.com*.

Umweltzonen
In Aarhus, Aalborg, Odense, Kopenhagen und Frederiksberg wurden Umweltzonen eingerichtet.
Schwere Dieselfahrzeuge müssen für das Fahren in diesen Umweltzonen mit einer Umweltplakette versehen sein.
Es gibt noch keine Umweltzonen, die für normale Personenkraftwagen gelten.
Weitere informationen: *ecosticker.dk*.

Dänemark

Panne und Unfall
Platzieren Sie Ihr Warndreieck auf der Autobahn mindestens 100 m (auf sonstigen Straßen 50 m) hinter Ihrem Auto, wenn es eine Gefahr für den übrigen Verkehr darstellt. Allen Insassen wird empfohlen, eine Sicherheitsweste anzuziehen. Rufen Sie bei einer Panne die Notrufnummer Ihrer Pannenhilfe-Versicherung an. Sie können auch einen dänischen Pannendienst anrufen: +45 70 10 20 30 (Falck) oder +45 70 10 80 90 (SOS/Dansk Autohjaelp).
Das Abschleppen ist auf Autobahnen verboten.

Notrufnummer
112: nationale Notrufnummer für Rettungswagen, Feuerwehr und Polizei.

Campen
Ruhe und Privatsphäre sind auf dänischen Campingplätzen von größter Bedeutung. Die Campingplätze sind oft weiter von der Zivilisation entfernt als in anderen Ländern. Dänische Campingplätze sind Familiencampingplätze par excellence. Die Anzahl der Komfort-Stellplätze nimmt zu. Wildcampen außerhalb der Campingplätze ist im Allgemeinen verboten. Es ist nur zulässig, wenn der Grundbesitzer die Erlaubnis erteilt hat.

Besonderheiten
Für Camper, die spät kommen, wird der Quick-Stop-Service immer beliebter: Übernachtungen nach 20.00 Uhr und bis 10.00 Uhr, oft außerhalb des Campingplatzes.

Achtung! Die Möglichkeiten, Propangasflaschen zu befüllen, sind sehr begrenzt. Deshalb ist es am besten, genügend Gas mitzunehmen.
Seitdem die dänische Wettbewerbsbehörde 2017 darüber entschieden hat, besteht keine Verpflichtung mehr, eine Camping Key Europe (CKE)-Karte für dänische Campingplätze zu erwerben. Sie können nun auch Ihre ACSI-Club-ID auf vielen dänischen Campingplätzen verwenden. Es ist jedoch immer noch möglich, dass einzelne dänische Campingplätze eine CKE-Karte verlangen. Sie können diese vor Ort kaufen.

Wohnwagen, Wohnmobil
In Dänemark ist es verboten, die Nacht in einem Wohnmobil oder Wohnwagen am Straßenrand oder in der Natur zu verbringen.

Suche nach einem Campingplatz
Über **Eurocampings.eu** können Sie ganz einfach einen Campingplatz suchen und auswählen.

Praktisch
Steckdosen haben zwei runde Löcher (Typ C oder F), oft ein zusätzliches halbrundes Loch (Typ K) und manchmal einen hervorstehenden Erdstift (Typ E). Auf **iec.ch/world-plugs** können Sie überprüfen, ob Sie einen Adapter (Weltstecker) benötigen.
Schützen Sie sich vor Zecken, da diese Krankheiten übertragen können. Vermeiden Leitungswasser kann bedenkenlos getrunken werden.

Klima Kopenhagen	Jan.	Feb.	März	Apr.	Mai	Jun.	Jul.	Aug.	Sept.	Okt.	Nov.	Dez.
Durchschnittliche Höchsttemperatur	2	2	5	10	15	19	20	20	17	12	7	4
Durchschnittliche Anzahl der Sonnenstunden pro Tag	1	2	4	5	8	8	8	7	5	3	1	1
Durchschnittliche monatliche Niederschlagsmenge (mm)	36	24	34	35	40	45	57	55	53	47	52	47

Süd-Jütland

Aabenraa, DK-6200 / Sydjylland

Fjordlyst - Aabenraa City Camping ★★★		
Sønderskovvej 100	1 ADEJMNOPRST	KNPQSWX 6
9 Apr – 13 Sep	2 ABGIPQSUVXYZ	ABDEFGHIJK 7
+45 74 62 26 99	3 BFGLV	ABCDEFGIJKNQRTW 8
info@aabenraa-citycamping.dk	4 FHJO	FGJ 9
	5 ABDJMN	ABFGHJOQUY 10
	Anzeige auf dieser Seite	B 10A CEE
N 55°01'30" E 09°24'52"	4,8ha 110T(80-120m²) 54D	€ 32,30 / € 45,75
Von der E45 Richtung Abenrå. 7 km lang der Beschilderung folgen.		101115

Fjordlyst - Aabenraa City Camping ★★★

Super zentrale Lage in Südjütland. Fjordlyst ist ein gemütlicher Campingplatz, dicht am Stadtzentrum, dem Wald und Strand und mit einer Geschichte, die bis in die Bronzezeit reicht. Wir bieten Gästeunterkünfte für Zelt, Caravan oder Reisemobil.

Sønderskovvej 100, 6200 Aabenraa • Tel. 74622699
Fax 74622939 • E-Mail: info@aabenraa-citycamping.dk
Internet: www.fjordlyst.dk

Aabenraa, DK-6200 / Sydjylland

Skarrev Camping ★★	1 ADEJMNOPRST	KNSWXY 6
Skarrevvej 333	2 GIJLQXY	ABDEFGIJ 7
9 Apr – 24 Sep	3 BLSU	ABCDEFGJNQRTW 8
+45 92 44 43 34	4 FH	9
skarrev@lojtstrandcamping.dk	5 ABDN	GJOQ 10
	B 10A CEE	€ 32,95 / € 42,35
N 55°02'47" E 09°30'01"	1,2ha 60T(60-100m²) 25D	113169
Von Aabenraa Richtung Norden der 170 folgen. Nach 2 km CP-Schild, Richtung Osten. In Skovby den CP-Schildern folgen.		

Aabenraa/Løjt Norreskov, DK-6200 / Sydjylland

Sandskaer Strandcamping ★★★	1 ACDEJMNOPQRST	AFKNOPQSUWXYZ 6
Sandskaervej 592	2 AGIJLQUWXY	ABFGHIJK 7
1 Apr – 25 Sep	3 BDFIJKLMSUVX	ABCDEFIJKNQRTW 8
+45 74 61 74 00	4 BCDFHJKOP	BFKORTUWY 9
info@sandskaer.dk	5 ACDEGHJMN	ABGHJOPQQUXY 10
	B 10A	€ 37,95 / € 53,25
N 55°07'01" E 09°29'46"	5,8ha 290T(80-100m²) 155D	101846
In Aabenraa Straße 170 Richtung Haderslev nehmen, nach 8 km rechts Richtung Løjt Kirkeby. Dann der Ausschilderung folgen.		

Aarø, DK-6100 / Sydjylland

Aarø Camping ★★★	1 ADEJMNOPQRST	KNQSX 6
Aarø 260	2 BGJQRXYZ	ABDEFGHIJK 7
1 Jan – 31 Dez	3 ABLUV	ABDEFGIJKNQRPT 8
+45 74 58 44 82	4 FHJKO	FNV 9
aaro@aaro-camping.dk	5 ACEGHMN	ABHJOQUXY 10
	10A CEE	€ 25,55 / € 34,95
N 55°15'35" E 09°45'09"	4,2ha 150T 86D	111626
E45, Ausfahrt Haderslev. In Haderslev Ringstraße Richtung Aarøsund. Dort mit der Fähre nach Aarø. CP ist gut ausgeschildert.		

Aarøsund/Haderslev, DK-6100 / Sydjylland

Gammelbro Camping	1 ADEILNOPQRST	EGHKNOPQSWXY 6
Gammelbrovej 70	2 HJQWXY	ABDEFGHIJK 7
1 Jan – 31 Dez	3 ABDFGJMNSV	ABCDEFGIJKNQRTUVW 8
+45 74 58 41 70	4 BFJOQT	BFIJNVY 9
info@gammelbro.dk	5 ACFIMN	ABFGHIJOQUXY 10
	Anzeige auf Seite 115 B 10A	€ 32,95 / € 45,05
N 55°14'59" E 09°42'44"	32ha 495T(80-100m²) 499D	101840
In Haderslev Richtung Aarøsund. Kurz vor Aarøsund rechts und CP-Schildern folgen.		

114

GAMMELBRO CAMPING

VR 360°

📞 +45 74 58 41 70
✉ info@gammelbro.dk
📍 Gammelbrovej 70
DK 6100 Haderslev

www.gammelbro.dk

Dänemark

Anslet, DK-6100 / Sydjylland
- ▲ Anslet Strand Camping***
- Strandvejen 34
- 1 Apr - 15 Sep
- +45 40 56 63 45
- mail@ansletstrandcamping.dk

1 ADEJMNOPQRST	KNPQSWXYZ 6
2 HIJMQVXYZ	ABDEFGHIJK 7
3 BFLV	F 9
4 HJOQ	ABHIJQ 10
5 ABDM	
10A CEE	
3,5ha 50T(70-120m²) 102D	€24,20 / €31,60

N 55°21'25" E 09°37'01" 101837
🚗 In Christinsfeld ab Straße 170 Richtung Hejlsminde, dann Store Anslet. CP ist ab hier ausgeschildert.

Bjert, DK-6091 / Sydjylland
- ▲ Stensager Strand Camping****
- Oluf Ravnsvej 16
- 27 Mrz - 15 Sep
- +45 75 57 22 31
- info@stensagercamping.dk

1 BDEJMNOPQRST	BGHKNQSWXY 6
2 BGIJQTWXY	ABDEFGHIJK 7
3 BFJNV	ABCDEFIJKNQRTV 8
4 BFJOQ	DFOY 9
5 ACDMN	ABFGHIJOQUVY 10
B 13A CEE	
5,8ha 195T(100-110m²) 142D	€41,55 / €57,70

N 55°25'11" E 09°35'16" 101833
🚗 Auf der E45 die Ausfahrt 65 Richtung Kolding. An der 4. Ampel rechts Richtung Sdr. Stenderup. Dann Richtung Sjølund bis zu Binderup Strand und CP-Schild. Links und folgen.

Arrild/Toftlund, DK-6520 / Sydjylland 📶 CC€18 iD
- ▲ Arrild-Ferieby-Camping***
- Arrild Ferieby 5
- 1 Jan - 31 Dez
- +45 20 48 37 34
- info@arrildcamping.dk

1 ADEJMNOPQRST	HN 6
2 BEPQXYZ	ABDEFGHIJK 7
3 BFGHJLMNSV	ABCDEFGJKNQRTUW 8
4 FJ	DF 9
5 CDEFILMN	ABGHJNRSU 10
B 16A CEE	
8ha 250T(100-140m²) 132D	€28,90 / €39,65

N 55°09'12" E 08°57'24" 112759
🚗 Von der A7/E45 Ausfahrt 73 die 175 Richtung Rømø. Bei Toftlund der Straße folgen; an der Ausfahrt Arrild ist der CP angezeigt.

Bramming, DK-6740 / Sydjylland 📶 CC€20 iD
- ▲ Darum Camping***
- Alsædvej 24
- 9 Apr - 25 Sep
- +45 75 17 91 16
- info@darumcamping.dk

1 ADEFJMNOPQRST	N 6
2 ABCPQRXYZ	BFGHJK 7
3 ALSV	ABCDEFGJNQRT 8
4 JO	F 9
5 ABDEFHKMN	ADGHJNQY 10
10-16A CEE	
4,4ha 50T(100-140m²) 30D	€31,05 / €41,55

N 55°26'03" E 08°38'28" 100078
🚗 Von Süden her die Nr 11-24 folgen, Ausfahrt St. Darum. Den CP-Schildern folgen. Von Norden die 24.

Broager/Skelde, DK-6310 / Sydjylland 📶 CC€18 iD
- ▲ Broager Strand Camping***
- Skeldebro 32
- 1 Jan - 31 Dez
- +45 74 44 14 18
- post@broagerstrandcamping.dk

1 ADEJMNOPQRST	KNOPQSUWXYZ 6
2 AGIJLQRSWXYZ	ABDEFGHIJK 7
3 ALSVX	ABCDEFGHIJNPQRTUVW 8
4 FHJOQ	FR 9
5 ABDMN	ABCDGHJOQUWY 10
Anz. auf dieser Seite B 13-16A CEE	€43,05 / €65,25
5,8ha 140T(80-120m²) 45D	

N 54°52'04" E 09°44'39" 109398
🚗 Von der E45 Ausfahrt 73 Richtung Sønderborg. Der 8 bis Nybol folgen, dann Richtung Broagar bis zur 1. Ampel links. Nach der Ampel 1. Straße rechts Richtung Skelde. Nach 3,5 km in Dynt geradeaus. Weiter ausgeschildert.

Broager Strand Camping

Skeldebro 32, 6310 Broager/Skelde • Tel. 74441418
post@broagerstrandcamping.dk • www.broagerstrandcamping.dk

Augustenborg, DK-6440 / Sydjylland 📶 CC€18 iD
- ▲ Hertugbyens Camping**
- Ny Stavensbøl 1
- 1 Jan - 31 Dez
- +45 74 47 16 39
- hertugbyenscamping@mail.dk

1 ADEJMNOPQRST	KNOPQSWXYZ 6
2 AGIJMQSUXY	ABDEFGI 7
3 ALV	ABCDEFGIJKNQRTW 8
4 FH	FV 9
5 DN	ADGHJOQV 10
Anzeige auf dieser Seite B 16A CEE	€26,35 / €34,45
2,6ha 200T(100-150m²) 39D	

N 54°56'49" E 09°51'15" 112756
🚗 Hauptstraße 8, an Sønderborg vorbei, Ausfahrt Augustenborg rechts. Im Zentrum links. Den Schildern folgen. Vor dem Krankenhaus zuerst rechts, danach links der Straße zum Strand folgen.

Hertugbyens Camping

6440 Augustenborg • Tel. 74471639
www.hertugbyenscamping.dk

Ballum/Bredebro, DK-6261 / Sydjylland 📶 CC€22 iD
- ▲ Ballum Camping***
- Kystvej 37
- 1 Mrz - 24 Okt
- +45 74 71 62 63
- info@ballumcamping.eu

1 ADEJMNOPRST	PQRSWX 6
2 PQXYZ	ABDEFGHIJK 7
3 BFVW	ABCDEFGHIJKNQRT 8
4 FHJO	DFUVWY 9
5 ABDFN	ABDFGHIJOQU 10
10A CEE	
6,7ha 160T(100-240m²) 35D	€31,85 / €44,00

N 55°04'08" E 08°39'38" 110352
🚗 Küstenstraße Nr. 419 von Tønder nach Ballum. Kurz vor Ballum ist der CP ausgeschildert.

Esbjerg V., DK-6710 / Sydjylland 📶 CC€22 iD
- ▲ EsbjergCamping.dk***
- Gudenåvej 20
- 1 Jan - 31 Dez
- +45 75 15 88 22
- info@esbjergcamping.dk

1 ADJMNOPRT	BGHKQSX 6
2 CGJPQWXYZ	ABCDEFGHIJ 7
3 BFGMUV	ABCDEFIJKNQRT 8
4 BHJKOU	FJ 9
5 ABDEMN	ABFGHIJOQUY 10
B 13-16A CEE	
7ha 240T(100m²) 66D	€39,55 / €54,85

N 55°30'47" E 08°23'22" 101797
🚗 Die Küstenstraße 447 Esbjerg-Hjerting nehmen. Am Ortsausgang von Saedding ist der CP ausgeschildert.

Billund, DK-7190 / Sydjylland
- ▲ LEGOLAND Holiday Village****
- Ellehammers Alle 2
- 7 Apr - 3 Sep
- +45 75 33 27 77
- reservation@legoland.dk

1 DEILNOPQRST	6
2 PQTWXYZ	ABDEFGHIK 7
3 ABJLMRSV	ABCDEFGIJKNQRT 8
4 HJOPQ	AFGJY 9
5 ACDEFIJLMN	ABFHIKMOPQUY 10
B 10-16A CEE	
14ha 250T(80-150m²) 213D	€43,05 / €56,50

N 55°43'53" E 09°08'09" 101809
🚗 Von der Straße 28 Vejle-Grindsted bei Billund die Ausfahrt Legoland/Flughafen/CP nehmen. Ab hier gut ausgeschildert.

Fanø/Rindby, DK-6720 / Sydjylland iD
- ▲ Feldberg Familie Camping***
- Kirkevejen 3-5
- 8 Apr - 23 Okt
- +45 75 16 36 80
- familie@feldbergcamping.dk

1 AJMNOPQRST	NQSX 6
2 JPQXYZ	ABDEFGHIJK 7
3 BFJLMNSUV	ABCDEFIJKNQRTUV 8
4 AHJOQT	DFIJV 9
5 ADMN	ABEGHJOQUV 10
10-16A CEE	
7ha 356T(80-160m²) 217D	€32,00 / €45,45

N 55°25'45" E 08°23'31" 101785
🚗 Von der Fähre 'Esbjerg-Fanø' 2 km Richtung Rindby Strand. Nach 200m liegt der CP rechts.

Naldmose Strand Camping

Naldmose 12, 6440 Fynshav/Augustenborg
Tel. 74474249 • E-Mail: info@naldmose.dk
Internet: www.naldmose.dk

Fanø/Rindby, DK-6720 / Sydjylland
- Feldberg Strand Camping***
- Kirkevejen 39
- 8 Apr - 23 Okt
- +45 75 16 24 90

1 AJMNORT KNQSWX 6
2 GJPQRXYZ ABDE**FG**HIK 7
3 B**HIJLN** ABCDEF**G**IJKNQRT 9
4 EFHJO DFJV 9
5 CDEFGHKLN ABGHJL**OQ**U 10
8-16A
3ha 100T(100-120m²) 42**D**
€30,25 / €42,50
N 55°25'23'' E 08°23'01''
Ab Fähre 'Esbjerg-Fanø', 2 km Richtung Rindby Strand, dann noch 1 km bis zum CP.
101787

Fanø/Rindby, DK-6720 / Sydjylland
- Rindby Camping***
- Kirkevejen 18
- 8 Apr - 9 Okt
- +45 75 15 63 63
- post@rindbycamping.dk

1 AJMNOPRST 6
2 PQRWXYZ AB**DF**G**H**IK 7
3 BFV ABCDEF**G**IJKNQRT 9
4 JO DFGHI 9
5 DMN ABHJ**OQ**U 10
13A CEE
3,2ha 128T(100-250m²) 73**D**
€25,30 / €35,75
N 55°25'35'' E 08°23'29''
Von der Fähre nach Fanø 2 km Richtung Rindby Strand. Nach 350m CP auf der linken Seite.
114567

Fanø/Rindby, DK-6720 / Sydjylland
- Rødgård Camping Fanø***
- Kirkevejen 13
- 6 Mai - 18 Sep
- +45 75 16 33 11
- info@rodgaard-camping.dk

1 ADEJMNOPRST NQS 6
2 PQRWXYZ AB**EFG**HIK 7
3 BD**IJL**MSUVW ABF**GI**JNQRTUW 8
4 A**B**HJOQ FGIV 9
5 ADFGHIKM**N** ABEFGJ**OR**SU 10
10-13A CEE
7ha 160T(100-180m²) 173**D**
€27,55 / €41,00
N 55°25'37'' E 08°23'28''
Von der Fähre Esbjerg-Fanø Richtung Rindby Strand. Nach 400m liegt der CP rechts.
112763

Fanø/Sønderho, DK-6720 / Sydjylland
- Sønderho Nycamping
- Gammeltoft Vej 3
- 3 Apr - 14 Okt
- +45 75 16 41 44
- nycamping@mail.dk

1 JMNORT ENX 6
2 PQRWY AB**DEF**G**H**IK 7
3 BF**HIL**UV ABCDE**F**IJKNQRT 8
4 FHJO**STU** DFGI 9
5 CDHJMN ABHIJLN**Q** 10
B 10-12A CEE
3ha 90T(80-100m²) 97**D**
€26,90 / €34,95
N 55°21'35'' E 08°27'51''
Ab Fähre 'Esbjerg-Fanø' 9 km Richtung Sønderho fahren und 400m vor der Mühle links abbiegen. CP ist ausgeschildert.
101788

Gåsevig Strand Camping ★ ★ ★

Sind Sie für Ruhe und eine prächtige Natur? Gefällt es Ihnen am Strand entlang zu laufen und die Schiffe auf der See zu sehen? Erwachsenen und Kinder fühlen sich hier gleichermaßen zuhause. Wir erwarten Sie auf dem Gåsevig Strand Camping.

Gåsevig 19, 6100 Haderslev/Diernæs • Tel. +45 74575597
E-Mail: info@gaasevig.dk • Internet: www.gaasevig.dk

Fredericia, DK-7000 / Sydjylland
- Dancamps Trelde Næs***
- Trelde Næsvej 297
- 1 Jan - 31 Dez
- +45 75 95 71 83
- info@dancamps.dk

1 ADE**J**MNOPQRST **AF**HIKNQSX 6
2 BGJPQWY ABDE**FG**HIK 7
3 BF**J**MUVX ABCDEF**GI**NQRTUV 8
4 BCEFJO**TUV** ACFGJNY 9
5 ACDEFHIKMN ABDEGHIJ**OQ**UV 10
Anzeige auf Seite 123 B 10A CEE
10ha 475T 165**D**
€41,50 / €53,25
N 55°37'30'' E 09°50'00''
Die 28 (Vejle-Fredericia). In Vejle Richtung Egesov abbiegen, dann Trelde und Trelde-Næs. Von Fredericia nach Trelde, dann Trelde Næs.
101868

Fynshav/Augustenborg, DK-6440 / Sydjylland
- Lillebælt Camping***
- Lillebæltvej 4
- 1 Apr - 30 Sep
- +45 74 47 48 40
- info@lillebaeltcamping.dk

1 ABDE**J**MNOPQRST KNOPQSW**X**Y 6
2 GIJMPQSUVWXYZ ABDE**FG**IJK 7
3 BF**L**M ABCDEFNQRTW 8
4 FH DI 9
5 DMN ABGHJ**OQ**U 10
10A CEE
3ha 145T(80-100m²) 53**D**
€33,60 / €47,05
N 54°59'09'' E 09°59'25''
Von der E45 Ausfahrt 73, die 8 Richtung Sønderborg bis Fynshav nehmen. In Fynshav rechts Richtung Skovby. Nach 700m links, danach ausgeschildert.
101882

Fynshav/Augustenborg, DK-6440 / Sydjylland
- Naldmose Strand Camping
- Naldmose 12
- 1 Jan - 31 Dez
- +45 74 47 42 49
- info@naldmose.dk

1 ADE**J**MNOPQRST KNOPQSWXY 6
2 BGIJLPQSUVWXYZ AB**FG**HIJK 7
3 ABF**LM** ABCDEF**G**IJNQRTW 8
4 FHJO FIY 9
5 ABDN AFGHJ**OQ**WXY 10
Anzeige auf dieser Seite B 13A CEE
4,5ha 180T(100-120m²) 86**D**
€29,60 / €40,35
N 54°59'42'' E 09°58'36''
Von der E45 Ausfahrt 73 die 8 Richtung Sønderborg. Weiter bis Fynshav, dort links nach Guderup, nach 400m rechts. CP-Schildern folgen.
110359

Gårslev/Børkop, DK-7080 / Sydjylland
- Mørkholt Strand Camping***
- Hagenvej 105b
- 1 Jan - 31 Dez
- +45 75 95 91 22
- info@morkholt.dk

1 ADE**JM**NOPQRST BFKNQSWXY 6
2 GJLQWY ABDE**FG**HJK 7
3 ABF**GJL**MUVX ABCDEF**I**JNQRT 8
4 ABFHJO FJNRU 9
5 ACDEFIMN ABGHIJ**OQ**UXY 10
B 10A €36,05
7,7ha 380T(80-120m²) 144**D** €48,15
N 55°39'23'' E 09°43'35''
Straße 28 Vejle-Fredericia N. 14 km von Vejle und 10 km von Fredericia entfernt ist der CP an der Ausfahrt Gårslev ausgeschildert.
101828

Give, DK-7323 / Sydjylland
- Give Camping og Cafetaria***
- Skovbakken 34
- 1 Jan - 31 Dez
- +45 75 73 11 34
- info@givecamping.dk

1 ADEILNOPQRST B**G** 6
2 ABPQWXYZ ABDE**FG**IJK 7
3 BFG**JLNO**SUVX ABDEF**G**IJKNQRTW 8
4 BFHJT AFY 9
5 ABDFILN ABFGHK**OQ**VY 10
B 10A CEE €21,50
H100 3,5ha 130T(80m²) 64**D** €33,60
N 55°51'02'' E 09°13'50''
Give liegt nordwestlich von Vejle an der Anschlussstelle der Straßen 30, 18 und 441. Ab hier ist der CP gut ausgeschildert.
101807

Gråsten/Rinkenæs, DK-6300 / Sydjylland
- Lærkelunden Camping****
- Nederbyvej 25
- 1 Apr - 23 Okt
- +45 74 65 02 50
- info@laerkelunden.dk

1 ABCDE**J**MNOPQRST EGKNOQSUVWXY 6
2 GIJMPQSUVWXYZ ABDE**FG**HIK 7
3 BFLMSV ABCDEF**G**IJKNQRTUVW 8
4 BFHJORTV BDFQRVY 9
5 ACDM**N** ABFGHJMOQUY 10
B 10A CEE €47,05
5ha 200T(80-225m²) 62**D** €63,20
N 54°54'03'' E 09°34'17''
Kommend von Kruså, im Zentrum von Rinkenæs rechts (der 2. CP). CP-Schildern folgen.
101849

Grindsted, DK-7200 / Sydjylland
- Aktiv-Camping
- Søndre Boulev. 15
- 1 Apr - 1 Okt
- +45 75 32 17 51
- info@grindstedcamping.dk

1 ADE**JM**NOPRST **N** 6
2 QWXY ABE**FG**HIK 7
3 BF**JLM**NSUV ABCDE**F**IJKNQRTW 8
4 O FGJK 9
5 ADMN AHIJ**OQ**VY 10
B 10-16A CEE €28,50
H60 1,7ha 81T(80m²) 36**D** €38,75
N 55°45'02'' E 08°54'59''
Ab Vejle Straße 28, vor Grindstet Straße 30 Richtung Esbjerg fahren. Nach 2 km CP ausgeschildert. Ab Esbjerg an Straße 30 vor Grindstet ausgeschildert.
101808

Haderslev/Diernæs, DK-6100 / Sydjylland
- Gåsevig Strand Camping***
- Gåsevig 19
- 9 Apr - 11 Sep
- +45 74 57 55 97
- info@gaasevig.dk

1 ADE**JM**NOPQRST KNOPQSUVW**X**Y 6
2 GIJLQRSUWXY ABDE**FG**HIJK 7
3 BFLMSVW ABCDEF**G**IJKNQRTW 8
4 JO AFR 9
5 ACDMN ABFGHJ**OQ**UVY 10
Anzeige auf dieser Seite B 10A CEE €32,50
6ha 208T(100-120m²) 177**D** €45,75
N 55°08'34'' E 09°30'05''
In Aabenraa der 170 Richtung Kolding bis nach Genner folgen, dort rechts Richtung Sønderballe. Weiter ausgeschildert. Nur 30 km von der deutschen Grenze.
101845

Haderslev/Diernæs, DK-6100 / Sydjylland
- Vikær Strand Camping***
- Dundelum 29
- 6 Apr - 25 Sep
- +45 74 57 54 64
- info@vikaercamp.dk

1 ADE**JM**NOPQRST KNOPQSVW**XY**Z 6
2 GIJPQRSUVWXY ABDE**FG**IJK 7
3 BFG**JL**MV ABCDEFGHIJKNQRTUVW 8
4 BDFHJO FY 9
5 ABDGHMN ABEFGHJ**OQ**UVWXY 10
B 13A CEE €35,75
12ha 390T(100-140m²) 179**D** €50,05
N 55°09'00'' E 09°29'40''
In Aabenraa der Straße 170 Richtung Kolding bis nach Hoptrup folgen, dort rechts Richtung Diernæs fahren. Der Weg ist ausgeschildert.
101843

Haderslev/Halk, DK-6100 / Sydjylland
- Halk Strand Camping***
- Brunbjerg 105
- 1 Apr - 26 Sep
- +45 74 57 11 87
- info@halkcamping.dk

1 ADE**JM**NOPQRST KNQSWX 6
2 GIJLQRWXY ABDE**FG**HIJK 7
3 BDF**J**MSUV ABCDEF**G**IJKNQRTW 8
4 FHJ**Q** DEFIY 9
5 ACDMN AGHJ**OR**SUVY 10
B 10A CEE €30,55
4,5ha 140T(80-90m²) 109**D** €42,65
N 55°11'09'' E 09°39'17''
Straße 170 Aabenraa-Haderslev in Hoptrup Richtung Kelstrup/Aarøsund verlassen. Vor Hejsager rechts nach Halk abbiegen. Weiter ausgeschildert.
101842

Hadersleben/Sønderballe, DK-6100 / Sydjylland

- Sønderballe Strand Camping*** — 1 ADEJMNOPRST KNOPQSWXYZ 6
- Djernæsvej 218 — 2 AGIJPQSUVWXYZ ABDEFGHIJK 7
- 8 Apr - 11 Sep — 3 BFLMUV ABCDEFGIJKNQRTW 8
- +45 74 69 89 33 — 4 FHJO DVF 9
- info@soenderballe-camping.dk — 5 ABDEHMN ABFGHJOQUVWXY 10
- B 16A CEE — ① €31,60
- 6ha 200T(80-100m²) 134D — ② €43,70
- N 55°07'57" E 09°28'34"
- In Aabenraa die Straße 170 Richtung Hadersleben bis nach Genner nehmen, dort rechts nach Sønderballe fahren. Dann der Beschilderung folgen. — 101844

Kolding, DK-6000 / Sydjylland — CC€22

- Dancamps Kolding — 1 ADEJMNOPQRST 6
- Vonsildvej 19 — 2 APQXY ABCDEFGHIJK 7
- 8 Apr - 31 Dez — 3 ALUV ABCDEFIJKNQRTW 8
- +45 75 52 13 88 — 4 FGHJO FJ 9
- info@dancamps.dk — 5 DM ABDGHIKOQVWX 10
- Anzeige auf Seite 123 B 10A CEE — ① €44,25
- H60 11ha 125T(80-100m²) 28D — ② €50,85
- N 55°27'48" E 09°28'24"
- Liegt an der 170, 3 km südlich von Kolding. Kommt man über die E45, dann die Ausfahrt 65 Kolding-Syd nehmen. — 101831

Hejls, DK-6094 / Sydjylland

- Hejlsminde Strand Camping*** — 1 ADEJMNOPQRST BGKNQSXYZ 6
- Gendarmvej 3 — 2 GIJPQVWXY ABDEFGHIJK 7
- 2 Apr - 23 Okt — 3 BFJLSV ABCDEFGIJKNQRT 8
- +45 75 57 43 74 — 4 FHIJO FY 9
- info@hejlsmindecamping.dk — 5 ACDGMN ABCHJKLOQUVWXY 10
- B 10A — ① €37,00
- 4,5ha 75T(80-120m²) 84D — ② €41,00
- N 55°22'05" E 09°36'03"
- Von Christiansfeld aus Ri. Hejlsminde fahren. Zuerst über die Brücke und den Damm fahren, auf dem der CP ausgeschildert. Von Kolding aus Straße 170 Ri. Hadersleben und dann nach Vonsild links Ri. Hejlsminde fahren. — 101836

Kruså, DK-6340 / Sydjylland

- Kruså Camping** — 1 ABDEJMNOPQRST BG 6
- Aabenraavej 7 — 2 ABPQRUXYZ ABDEFGHIJK 7
- 1 Jan - 31 Dez — 3 BJLMSV ABCDEFGIJKNQRTW 8
- +45 74 67 12 06 — 4 FHJO FY 9
- info@krusaacamping.dk — 5 ACDEFIN AGHJOQUY 10
- B 10-16A CEE — ① €33,60
- 9,6ha 420T(80-120m²) 69D — ② €49,75
- N 54°51'14" E 09°24'06"
- Von der E45 Richtung Kruså/Sønderborg (Straße 8), Ausfahrt 75. An der Kreuzung mit Straße 170 links Richtung Aabenraa. Nach 300m links. — 101854

Henne, DK-6854 / Sydjylland

- Lyngbparken** — 1 ADEGJMNOPQRST 6
- Strandvejen 15 — 2 IPQRWXYZ BDEFGHIJK 7
- 1 Mai - 1 Sep — 3 ABDEGLSU ABEFHJKNQRVW 8
- +45 75 25 50 92 — 4 FHJOT 9
- lyngbcamping2@gmail.com — 5 ADMN AHJMOSTU 10
- FKK 10A CEE — ① €26,25
- 2ha 72T(70-120m²) 34D — ② €30,55
- N 55°44'08" E 08°12'30"
- Die 181 Varde Richtung Nørre Nebel. An der Kreuzung der 465 Richtung Henne-Strand. Vor Henne-Strand ist der CP ausgeschildert. — 117372

Kruså/Kollund, DK-6340 / Sydjylland

- DCU-Camping Kollund*** — 1 ABDEJMNOPQRST KNOPQS 6
- Fjordvejen 29a — 2 ABGIJPQRSUVWXYZ ABDEFGHIJK 7
- 18 Mrz - 23 Okt — 3 BFJLMSV ABCDEFGIJKNQRTW 8
- +45 74 67 85 15 — 4 FHJO FY 9
- kollund@dcu.dk — 5 ABDMN ABGHJOSTWY 10
- B 10-16A CEE — ① €40,10
- 3,7ha 180T(100-100m²) 25D — ② €54,05
- N 54°50'43" E 09°28'01"
- In Kruså der Straße nach Kollund folgen. In Kollund Richtung Sønderhav. Liegt links an der Straße Kollund-Sønderhav. — 101852

Henne, DK-6854 / Sydjylland

- Henne Strand Camping***** — 1 CDJMNOPRST EGHIKMNQX 6
- Strandvejen 418 — 2 GJPQRVWXYZ ABCDEFGHIJK 7
- 1 Jan - 31 Dez — 3 BDFIJLMUV ABCDEFGHIJKNQRTUV 8
- +45 75 25 50 75 — 4 BDEFHJLNOQRTU DFGIJL 9
- post@hennestrandcamping.dk — 5 ABDFGMN ABEFGHIJOQU 10
- B 16A CEE — ① €59,45
- 4,2ha 262T(100-140m²) 46D — ② €75,05
- N 55°44'16" E 08°11'02"
- 181 Varde-Nørre Nebel. Nach 12 km Straße 465 in Richtung Henne Strand nehmen. — 101777

Kruså/Kollund, DK-6340 / Sydjylland

- First Camp Frigård**** — 1 ACDEJMNOPQRST BGKNQSUXY 6
- Kummelefort 14 — 2 AGJPQSUVWXYZ ABCDEFGHIJK 7
- 1 Jan - 31 Dez — 3 BDFGLMSV ABCDEFGHIJKNQRTUVW 8
- +45 74 67 88 30 — 4 BDFHJOQSTUVX DFV 9
- fricamp@fricamp.dk — 5 ABCDEFGHMN AFGHIJOQUY 10
- Anzeige auf Seite 131 B 10A — ① €69,80
- 15ha 741T(80-200m²) 267D — ② €69,80
- N 54°50'33" E 09°27'33"
- In Kruså der Straße nach Kollund folgen. Ab Kollund Richtung Sønderhav. CP liegt ca. 800m links von der Straße Kollund-Sønderhav. — 101853

Henne, DK-6854 / Sydjylland

- Henneby Camping*** — 1 DJMNORS NX 6
- Hennebysvej 20 — 2 JPQUXYZ ABDEFGHIJK 7
- 1 Jan - 31 Dez — 3 BFHIJLMSUV ABCDEFIJKNQRT 8
- +45 75 25 51 63 — 4 JOQ DFKV 9
- info@hennebycamping.dk — 5 ACDM AEGHIJOQU 10
- B 13A CEE — ① €37,10
- 4ha 150T(100-120m²) 36D — ② €51,80
- N 55°44'02" E 08°13'22"
- Über Varde die Straße Nr. 181 Richtung Nørre Nebel. Nach 12 km links auf die Straße Nr. 465 in Richtung Henne. Rechts ab zum CP. — 101778

Mommark/Sydals, DK-6470 / Sydjylland

- Mommark Marina Camping*** — 1 ADEJMNOPQRST KNOPQSWXYZ 6
- Mommarkvej 380 — 2 GIJPQUVWXY ABFGHIJK 7
- 2 Apr - 2 Okt — 3 BL ABCDEFGINQRW 8
- +45 74 40 77 00 — 4 FHJ DFGIORV 9
- info@mommarkmarina.dk — 5 ABDEFHKLMN ABGHJOQUVXY 10
- B 10A CEE — ① €28,25
- 2,1ha 99T(70-100m²) 55D — ② €51,80
- N 54°55'53" E 10°02'38"
- Von der E45 Ausfahrt 73 Richtung Sønderborg, dann die 8. Einige Kilometer hinter Sønderberg der 427 bis Horup folgen, dann links nach Mommark. CP ist weiter angezeigt. — 120874

Hovborg, DK-6682 / Sydjylland

- Holme Å Camping*** — 1 ACDEJMNOPQRST BN 6
- Torpet 6 — 2 ACPQRSTWXYZ BDEFGHIJK 7
- 1 Jan - 31 Dez — 3 BFGLMSV BDFGIJKNQRTW 8
- +45 75 39 67 77 — 4 FGHJO FJVY 9
- info@holmeaacamping.dk — 5 ABDEFGHMN ABFHIJMORSUVYJ 10
- B 10-16A CEE — ① €31,20
- 5,2ha 125T(100-150m²) 65D — ② €42,50
- N 55°36'35" E 08°55'48"
- CP liegt an der 425 Grindsted-Ribe. Hinter Hovborg gut durch CP-Schilder angezeigt. — 112760

Augustenhof Strand Camping ★★★

Augustenhofvej 30
6430 Nordborg/Augustenhof
Internet:
www.augustenhof-camping.dk

Jelling, DK-7300 / Sydjylland

- Fårup Sø Camping*** — 1 ACDEJMNOPQRSTU BGLNQSX 6
- Fårupvej 58 — 2 AFIJQSTUVXYZ ABDEFGHIJK 7
- 1 Apr - 1 Sep — 3 ABDFGLTUV ABDFGIJKNQRTUVW 8
- +45 75 87 13 44 — 4 BFHJQU EF 9
- mail@fscamp.dk — 5 ABCDMN ABFGHIJORSUY 10
- B 16A CEE — ① €33,35
- H75 9ha 210T(100-120m²) 109D — ② €36,45
- N 55°44'10" E 09°25'01"
- E45 Ausfahrt 61. Beschilderung Billund folgen (28). Nach ca. 6 km bei Skibet Ausfahrt Jelling Fårup Sø. Der CP-Schilder folgen. — 101826

Nordborg/Augustenhof, DK-6430 / Sydjylland

- Augustenhof Strand Camping*** — 1 ADEJMNOPQRST KNOPQSWXY 6
- Augustenhofvej 30 — 2 GIJMQSWXY ABDEFGHIJK 7
- 1 Jan - 31 Dez — 3 BFJLVX ABCDEFGIJKNQRTW 8
- +45 74 45 03 04 — 4 FHJ EF 9
- mail@augustenhof-camping.dk — 5 ACDEFHJMN ABGHJOQUVXY 10
- Anzeige auf dieser Seite B 16A CEE — ① €30,25
- 4ha 252T(100-120m²) 81D — ② €42,35
- N 54°50'38" E 09°42'53"
- Auf der Straße Sønderborg-Fynshav nach links Richtung Nordborg. Dann Richtung Købingsmark und Augustenhof fahren. — 101847

Jelling, DK-7300 / Sydjylland

- Jelling Family Camping**** — 1 ADEJMNOPR BG 6
- Mølvangvej 55 — 2 APQTUXYZ ABDEFGHIJK 7
- 1 Jan - 31 Dez — 3 ABDFJLMNQSUVWX ABCDEFGHIJKNQRT 8
- +45 81 82 63 00 — 4 BJP EFJVY 9
- info@jellingcamping.dk — 5 ADEFHKMN ABGHJORSUY 10
- B 6A CEE — ① €26,90
- 6ha 250T(90-110m²) 156D — ② €26,90
- N 55°45'13" E 09°24'12"
- Die 442 ab Vejle. In Jelling CP-Schild und Hinweisschild 1 folgen. — 101077

Nordborg/Købingsmark, DK-6430 / Sydjylland

- Købingsmark Strand Camping** — 1 ADEJMNOPQRST KNOPQSWX 6
- Købingsmarksvej 53 — 2 GIJQSWXY ABDFGI 7
- 1 Apr - 15 Sep — 3 BLV ABCDEFJNQRW 8
- +45 74 45 18 70 — 4 FH FIV 9
- info@koebingsmarkcamping.dk — 5 ABDMN ABFGHJORSW 10
- 10A CEE — ① €28,70
- 2,4ha 100T(100-120m²) 21D — ② €39,60
- N 55°04'44" E 09°43'45"
- Von der E45 Ausfahrt 73, dann die 8 Richtung Sønderborg bis 10 km hinter Sønderborg nehmen, links auf die 405 bis Nordborg. Danach ausgeschildert. — 101883

Dänemark

Dänemark

Nordborg/Lavensby, DK-6430 / Sydjylland

- Lavensby Strand Camping***
- Arnbjergvej 49
- 1 Apr - 10 Okt
- +45 74 45 19 14
- @ mail@lavensbystrandcamping.dk
- N 55°04'16" E 09°47'44"

1 ADE**JM**NOPQRST KMNOPQSWXYZ 6
2 GIJLQSUVWXY ABD**FG**HIJ 7
3 B**F**L**V** ABCDEFGIJKNQRTW 8
4 FHJ F 9
5 ABD AGHJO**Q**10
B 10A
2,4ha 130T(80-100m²) 68**D**

1 €28,90
2 €39,65

101884

Von der E45 Ausfahrt 73, dann die 8 Richtung Sønderborg bis wenige km vor Nordborg nehmen, dann rechts. CP ist ausgeschildert.

Nørre Nebel, DK-6830 / Sydjylland

- Houstrup Camping***
- Houstrupvej 90
- 1 Apr - 23 Okt
- +45 75 28 83 40
- @ houstrup-houstrupcamping.dk
- N 55°46'28" E 08°14'18"

1 ACDE**JM**NOPQRST BGH 6
2 JQTWXYZ ABDE**FG**HIJ 7
3 B**F**J**LMN**SUV ABCDE**FI**JKNQRTUW 8
4 JO**PQ** F 9
5 ACDEMN ABFGHIJOQX 10
B 13A CEE
6ha 220T(120-170m²) 112**D**

1 €34,95
2 €48,40

101776

Straße 181 Nørre Nebel Richtung Nymindegab, Ausfahrt Lønne. Beschilderung folgen.

Nymindegab/Nørre Nebel, DK-6830 / Sydjylland

- Nymindegab Familie Camping***
- Lyngtoften 12
- 31 Mrz - 23 Okt
- +45 75 28 91 83
- @ nymindegab@nymindegabcamping.dk
- N 55°49'00" E 08°12'02"

1 ACD**FJM**NOPQRST BGHIN**QRSX**Z 6
2 BIJPQRUVWXYZ ABDE**FG**HIJ 7
3 B**F**H**JL**MSVX ABCDE**FGI**JKNQRTUV 8
4 BEFHJKNOPQTU BDFVY 9
5 ACDEFIJMN ABGHIJN**O**PQRUV 10
B 16A CEE
11,5ha 325T(100-150m²) 150**D**

1 €39,00
2 €55,15

101775

Von Süden Richtung Varde. Der 181 folgen bis Nørre Nebel, dann Richtung Nymindegab. Der CP ist angezeigt.

Oksbøl, DK-6840 / Sydjylland

- Børsmose Strand Camping**
- Børsmosevej 3
- 24 Mrz - 28 Okt
- +45 75 27 70 70
- @ camping@borsmose.dk
- N 55°40'15" E 08°08'45"

1 ADF**JM**NOPRST KNQ 6
2 GJQRUX ABDE**FG**HIJ 7
3 BSV ABCDE**FG**IJKNQRT 8
4 BCDEJO**Q** F 9
5 ACDEM AFGHIJNQUY 10
Anzeige auf Umschlag B 10A CEE
23ha 450T 155**D**

1 €35,10
2 €50,70

101779

Via Oksbøl (431) Beschilderung nach Børsmose folgen. CP ausgeschildert.

Oksbøl, DK-6840 / Sydjylland

- CampWest***
- Baunhøjvej 34
- 1 Jan - 31 Dez
- +45 75 27 11 30
- @ info@campwest.dk
- N 55°38'26" E 08°16'52"

1 AGJMNOPRST N 6
2 BEIPQRSWXYZ ABDE**FG**HIJK 7
3 BEFH**I**LMUVX ABCDFGIJKNQRTW 8
4 **A**BCDE**FG**HJKQ FUV 9
5 ABDEMN ABGHJOQUW 10
B 16A CEE
10ha 145T(110-140m²) 35**D**

1 €39,00
2 €61,85

112766

Der 463 von Esbjerg bis Oksbøl folgen. In Oksbøl rechts ab Richtung Henne/Vrøgum 1,5 km fahren.

Randbøl, DK-7183 / Sydjylland

- Randbøldal Camping***
- Dalen 9
- 1 Jan - 31 Dez
- +45 75 88 35 75
- @ info@randboldalcamping.dk
- N 55°41'23" E 09°15'51"

1 ADE**JM**NOPQRST AHI**N** 6
2 BCEJKPQRUVWXYZ BE**FG**HIJ 7
3 BFMU ABCDEFGIJKNQRT 8
4 FHJOQ EFGIJKV 9
5 ACDEFHLM**N** AIJOPQUY 10
B 10A CEE
6,5ha 170T(80-100m²) 80**D**

1 €41,40
2 €61,85

100069

Die 28 Vejle-Gindsted bei Vandel ausgeschildert und 3 km westlich von Ny Nørup. Zunächst Randbøldal folgen, dann wieder der CP-Beschilderung.

Ribe, DK-6760 / Sydjylland

- Ribe Camping***
- Farupvej 2
- 1 Jan - 31 Dez
- +45 75 41 07 77
- @ info@ribecamping.dk
- N 55°20'27" E 08°46'00"

1 ADE**JM**NOPQRST BG 6
2 BQRTWXYZ ABCDE**FG**HIJK 7
3 B**FG**L**M**UVX ABCDE**FGI**JKNQRTUVW 8
4 FGHJKO AFHJY 9
5 ABDEKMN ABDEFGHIJMO**Q**UY 10
B 10-16A
9ha 485T(100-200m²) 85**D**

1 €39,55
2 €56,10

101798

Die 11 Tønder-Ribe. Richtung Varde/Esbjerg westlich von Ribe ist der CP ausgeschildert. Aus dem Norden der Stadt kommend re. ab. Von Süden her die 11 Ribe Nord halten. 1. Ampel li.

Riis/Give, DK-7323 / Sydjylland

- Riis Feriepark****
- Østerhovedvej 43
- 9 Apr - 25 Sep
- +45 75 73 14 33
- @ info@riisferiepark.dk
- N 55°49'54" E 09°18'02"

1 ACDE**JM**NOPQRST BGH 6
2 ABQRY ABC**DE**F**GH**IJK 7
3 AB**J**L**M**UV ABCDE**FG**IJKNQRTUVS 8
4 BJKOR**U** FGJY 9
5 ABDEHMN ABCEFGHIJMO**Q**UY 10
B 13A CEE
10 10ha 184T(90-140m²) 96**D**

1 €45,05
2 €60,80

101825

An der Straße 442 im Ort Riis gut ausgeschildert. Dann noch ca. 2 km. An Straße 441 zwischen Give und Bredsten liegt, Givskud folgen.

Rømø, DK-6792 / Sydjylland

- First Camp Lakolk Strand-Rømø***
- Lakolk Camping 2
- 13 Apr - 27 Okt
- +45 74 75 52 28
- @ lakolkstrand@firstcamp.dk
- N 55°08'45" E 08°29'36"

1 DE**JM**NOPQRST KN**Q**SX 6
2 GJPQRWX ABDE**FG**IJK 7
3 B**FG**H**IJL**MSV ABCDE**GI**JKNQRT 8
4 AB**E**JLO**PQ** FVYZ 9
5 ACDEFGHIJKLMN ABFGHIJLM**O**QUY 10
Anzeige auf Seite 131 B 10A CEE
16ha 800T(80-100m²) 291**D**

1 €33,35
2 €50,85

101113

An der Strecke Tønder-Ribe (11) bei Skaerbaek die 175 nach Rømø nehmen. Am Ende des Damms an der Ampel dann geradeaus. Der CP ist angezeigt.

Rømø, DK-6792 / Sydjylland

- Kommandørgårdens Camping & Feriepark***
- Havnebyvej 201
- 1 Jan - 31 Dez
- +45 74 75 51 22
- @ sale@kommandoergaarden.dk
- N 55°05'55" E 08°32'35"

1 CDJMNORT BE**G**QSW 6
2 IJPQRWXYZ ABDE**FG**HIJ 7
3 B**F**H**IJ**L**MUV ABCDE**GI**JKNQRTU 8
4 E**FHJ**NO**Q**R**TUVXZ** FJR 9
5 ABEFGHJLM ABGHJLO**Q**UVY 10
B 10A
8ha 500T(100m²) 105**D**

1 €36,85
2 €48,95

101414

Über den Damm 175 erreicht man Rømø. Erste Kreuzung links ab. Bis zum Hotel Kommandørgården. Der CP liegt an der linken Seite der Strecke.

Rømø, DK-6792 / Sydjylland

- Rømø Familiecamping***
- Vestervej 13
- 9 Apr - 1 Okt
- +45 74 75 51 54
- @ romo@romocamping.dk
- N 55°09'46" E 08°32'51"

1 ACD**JM**NOQRST N 6
2 QRWXY ABDE**FG**HIJ 7
3 B**FG**JV ABCDE**FI**KNQRT 8
4 F**J**OPQ FLY 9
5 ABDMN AEGHJN**Q** 10
10A CEE
10ha 345T(100-120m²) 87**D**

1 €31,45
2 €45,20

101799

Bei Skaerbaek die 175 nach Rømø folgen. Auf Rømø an der ersten Ampel rechts ab. Nach 2,5 km ist der CP angezeigt.

Sandersvig/Haderslev, DK-6100 / Sydjylland

- Sandersvig Camping og Tropeland
- Espagervej 15-17
- 24 Mrz - 16 Sep
- +45 74 56 62 25
- @ camping@sandersvig.dk
- N 55°20'05" E 09°37'55"

1 ADJMNOPQRST E**F**QSWXYZ 6
2 GJQWXY ABDE**FG**HIJK 7
3 AB**FNUV** ABCDE**FG**H**IJ**KNPQRTW 8
4 BCDHJKNO**PQ**T**U** JO 9
5 ACDEGMN ABHJM**O**QY 10
B 10A CEE
10,8ha 230T(100-140m²) 238**D**

1 €34,30
2 €49,10

101838

Von der E45 die Ausfahrt 66 Christiansfeld. Dann im Kreisverkehr Richtung Haderslev bis zum Schild Richtung Fjelstrup. Dann über Fjelstrup nach Knud. CP-Schildern folgen.

Sdr. Omme, DK-7260 / Sydjylland

- Omme Å Camping***
- Sønderbro 10
- 1 Apr - 30 Sep
- +45 75 34 19 87
- @ info@ommeaacamping.dk
- N 55°50'19" E 08°53'19"

1 ABDE**JM**NOPQRST JN 6
2 CPQRWXY ABDE**FG**HIJK 7
3 B**J**LSUV ABDFIJKNQRT 8
4 FHJO FRV 9
5 DN ABFGHIJOQU 10
B 10A CEE
H80 2ha 65T(80-100m²) 33**D**

1 €29,30
2 €40,10

109020

Von der Straße 28 Tarm-Billund ist mitten im Ort Sønder Omme der CP gut ausgeschildert.

Sdr. Stenderup, DK-6092 / Sydjylland

- Gl. Ålbo Camping***
- Gl. Ålbovej 30
- 1 Jan - 31 Dez
- +45 75 57 11 16
- @ info@gl-aalbo.dk
- N 55°28'04" E 09°40'49"

1 ADEILNOPQRST KNOPQSWXYZ 6
2 FHIJMQUVXY ABDE**FG**HIJK 7
3 A ABCDE**FGI**JKLNQRT 8
4 **A**EFHIO**T** FGIJMNOS 9
5 ABDFMN ABFGHIJO**Q**VWXY 10
Anzeige auf Seite 119 B 13-16A
2,2ha 60T(70-80m²) 52**D**

1 €33,70
2 €33,70

101830

Von der Autobahn E45 die Ausfahrt 65 Kolding S. nehmen. Dann an der 4. Ampel rechts Richtung Sdr. Stenderup fahren, den CP-Schildern folgen.

Sjølund/Grønninghoved, DK-6093 / Sydjylland

- Grønninghoved Strand Camping****
- Mosvej 21
- 27 Mrz - 15 Sep
- +45 75 57 40 45
- @ info@gronninghoved.dk
- N 55°24'40" E 09°35'31"

1 ADEFILNOPQRST BGHIKNQSWXY 6
2 AGJQUY ABDE**FG**HIJK 7
3 BCF**J**L**M**NV ABCDE**FG**IJKNQRTUW 8
4 BFHIJ**Q** FNR 9
5 ACDFJM ABFGHIKO**Q**UY 10
B 10A CEE
6ha 225T(80-100m²) 125**D**

1 €29,45
2 €40,90

100079

Von der E45 die Ausfahrt 65 Kolding Süd und Richtung Kolding bis zur Straße 170 fahren. Dann Richtung Haderslev. Nach 5 km links Richtung Sjølund. Dann via Grønninghoved ausgeschildert.

Skovby, DK-6470 / Sydjylland

- Skovmose Camping***
- Skovmosevej 8
- 1 Apr - 18 Sep
- +45 74 40 41 33
- @ info@skovmose-camping.dk
- N 54°52'18" E 10°00'51"

1 ACDE**JM**NOPQRST KNOPQSWX 6
2 GIJQSWXY ABDE**FG**HIJ 7
3 B**FG**MV ABCDE**FG**IJKNQRTW 8
4 FHJO F 9
5 ABDEHMN AHJOQU 10
B 13A CEE
4ha 240T(80-100m²) 113**D**

1 €27,55
2 €38,35

101889

Die in Kruså Straße Nr. 8 in Richtung Sønderborg nehmen. Einige km nach Sønderborg rechts der Straße Nr. 427 bis hinter Skovby folgen, dann links, ausgeschildert.

Gl. Ålbo

Gl. Ålbo, die Naturperle am kleinen Belt. Ein Paradies für Sportfischer, Taucher, Wassersportler und Naturliebhaber. Direkt vor Ihnen tummeln sich Schweinswale im Kleinen Belt, oft sogar ganz nah am Ufer. Über Ihnen ziehen mächtige Seeadler ihre Bahnen und unter Wasser gehen Dorsch und Meerforelle auf Beutezug. Gl. Ålbo gehört zu den kleineren, überschaubaren Campingplätzen in Dänemark, wo sich das Wirtspaar Ihren Wünsche noch persönlich widmet. Individuelle Betreuung und Beratung ist bei uns selbstverständlich. Auf Gl. Ålbo sind Sie als Gast eine Person – und nicht nur eine Platznummer. Wir freuen uns, Sie begrüßen zu dürfen.
Mit freundlichen Grüßen, Christina & Martin

Gl. Ålbovej 30, 6092 Sdr. Stenderup
Tel. +45 75571116 • E-Mail: info@gl-aalbo.dk
Internet: www.gl-aalbo.dk

Dänemark

Sønderborg, DK-6400 / Sydjylland
- Madeskov Camping★★★
- Madeskov 9
- 15 Mrz - 23 Okt
- +45 74 42 13 93
- info@madeskovcamping.dk

1 ADEJMNOPQRST KNOPQSWXYZ 6
2 AGIJLPQSXY ABDEFGHIJK 7
3 AL ABCDEFGIJNQRTW 8
4 FHJO DF 9
5 ABDMN ABGHJOQUXY 10
10A CEE
1,3ha 83T(80-100m²) 29D
€30,95 / €30,95
N 54°56'09" E 09°50'44" — 101886
Von der E45 Ausfahrt 73, Richtung Sønderborg bis 4 km hinter Sønderborg. Im Kreisel links ab. Nach ein paar 100m ist der CP ausgeschildert.

Tønder, DK-6270 / Sydjylland
- Møgeltønder Camping
- Sønderstrengvej 2
- 1 Jan - 31 Dez
- +45 74 73 84 60
- info@mogeltondercamping.dk

1 ACDEJMNOPQRST BGHN 6
2 EPQRXYZ ABDEFGHIJK 7
3 BFJLMV ABCDEFGIJNQRTW 8
4 BCFHJO DEFY 9
5 ABDFMN ABCGHIJOQUVY 10
10A CEE
5ha 204T(80-120m²) 83D
€31,45 / €42,75
N 54°56'17" E 08°47'57" — 124310
Von der 11 auf die 419 Richtung Højer. 2. Ausfahrt nach Møgeltønder. Camping ist recht gut angezeigt.

Sønderborg, DK-6400 / Sydjylland
- Sønderborg Camping★★★
- Ringgade 7
- 8 Apr - 23 Okt
- +45 74 42 41 89
- info@sonderborgcamping.dk

1 ADEJMNOPQRST KMNOPQSWXZ 6
2 ABGJPQRSUWXYZ ABDEFGIJK 7
3 BLNOSV ABCDEFGIJNQRTW 8
4 FHJO FV 9
5 ABDN ABCFGHJNQUY 10
B 13A CEE
3,2ha 160T(100-120m²) 29D
€35,65 / €50,45
N 54°54'05" E 09°47'52" — 101887
Von der E45 Ausfahrt 73 Richtung Sønderborg. Auf der 8 bleiben bis über die Brücke, dann Richtung Sønderborg-Zentrum. CP liegt im Süden der Stadt und ist ausgeschildert.

Tønder, DK-6270 / Sydjylland
- Tønder Camping★★★
- Sønderport 4
- 1 Jan - 31 Dez
- +45 74 92 80 00
- booking@danhostel-tonder.dk

1 ADJMNOPRST EGHJN 6
2 CQWXYZ ABDEFGHIJK 7
3 BFGLMNPS ABCDEFIJKNQRTU 8
4 HJOQRTV AFKV 9
5 ADJN ABDGHIJOQV 10
B 10-16A
2ha 84T(80-130m²) 6D
€30,25 / €38,35
N 54°56'04" E 08°52'36" — 101114
Von Süden her die 11. Von Osten aus die 8 Richtung Tønder. Der CP liegt am östlichen Ortsrand.

Sønderby, DK-6470 / Sydjylland
- Sønderby Strand Camping★★★
- Sønderbygade 6
- 1 Apr - 4 Okt
- +45 74 41 63 13
- info@aukschun.dk

1 ABDEJMNOPQRST KNOPQSWXY 6
2 ABGJMPQSUXY ABDEFGHIJ 7
3 BFM ABCDEFGIJNQRTW 8
4 FHJQ FIJOV 9
5 ABEFGN ABFGHJOQ 10
B 10A CEE
2,6ha 125T(100-120m²) 71D
€26,90 / €38,20
N 54°51'56" E 09°53'31" — 101888
Von der E45 Ausfahrt 73 Richtung Sønderborg, wenige km hinter Sønderborg rechts die 427 über Skovby über den Sønderby Deich. Links nach Østerbyvej rein, dann 1. Straße rechts, CP ausgeschildert.

Vejers Strand, DK-6853 / Sydjylland
- Stjerne Camping ApS★★★
- Vejers Havvej 7
- 1 Jan - 31 Dez
- +45 75 27 70 54
- info@stjernecamping.dk

1 CDEJMNOPQRST N 6
2 EPQRWXY ABDEFGHK 7
3 ABIMSV ABCDEFGHIJKNPQRTW 8
4 EFGHJKOU FGJ 9
5 CDMN ABGHJMOQUVY 10
B 10A CEE
6ha 100T(100m²) 165D
€31,60 / €46,40
N 55°37'09" E 08°08'30" — 112767
Über Oksbøl 431 Richtung Vejers. Der CP liegt direkt links im Ort.

Sydals, DK-6470 / Sydjylland
- Sønderkobbel Camping★★
- Piledøppel 2
- 1 Jan - 31 Dez
- +45 53 57 04 40
- pilecamping@mail.dk

1 AJMNOPQRST KNOPQSWXY 6
2 GIJMQSWXY ABDEFGIJK 7
3 BF ABCDEFGHIJKNQRTW 8
4 FHJU F 8
5 ABDEFHN ABGHJNQU 10
B 16A CEE
4,7ha 196T(120m²) 94D
€27,45 / €38,20
N 54°51'15" E 09°57'31" — 101894
In Kruså Straße 8 Richtung Sønderborg. Wenige km nach Sønderborgs Straße 427 Richtung Skovby. In Skovby rechts Richtung Kegnæs über Deich, nach 3 km links. Dann ausgeschildert.

Vejers Strand, DK-6853 / Sydjylland
- Vejers Familie Camping★★★
- Vejers Havvej 15
- 1 Jan - 31 Dez
- +45 75 27 70 36
- info@vejersfamiliecamping.dk

1 ADJMNOPRT BGN 6
2 JPQPXY ABDEFGHK 7
3 BJLMVX ABCDEFGIJKNQRT 8
4 BJO FIJ 9
5 ABDMN ABDHIJOQU 10
16A CEE
4,2ha 156T(80-100m²) 82D
€35,90 / €50,95
N 55°37'09" E 08°08'11" — 101781
Über Oksbol die 431 Richtung Vejers. Der CP liegt am Ortseingang. Ist ausgeschildert.

Tinglev, DK-6360 / Sydjylland
- Uge Lystfiskeri og Camping★★★
- Aabenraavej 95
- 1 Jan - 31 Dez
- +45 74 64 44 98
- uge@mail.dk

1 ABDEJMNOPQRST LN 5
2 AEJPQRWXY ABDEFGHIJ 7
3 BFGJLMUV ABCDEFGIJNQRTW 8
4 FHJOT FGY 9
5 ABDMN AGHJNQUXY 10
Anzeige auf dieser Seite B 16A CEE
7,5ha 180T(100-120m²) 130D
€24,90 / €34,30
N 54°57'20" E 09°17'36" — 109923
Auf der E45, Ausfahrt 72, nach oben links zur 42 Richtung Tinglev. Hinter Uge auf der rechten Seite (500m).

Uge Lystfiskeri og Camping ★ ★ ★

Drei schöne Angelseen von insgesamt 13 ha in schöner Umgebung. Täglich frischer Forellenbesatz. Vermietung von 10 Zimmern und 20 Hütten am See.
3-Sterne Camping mit allen modernen Einrichtungen.
Nur 7 km zum Sommerland Syd und 7 km von der deutsch-dänischen E45.

Aabenraavej 95, 6360 Tinglev • Tel. 74644498
E-Mail: uge@mail.dk • Internet: www.uge-lystfiskeri.dk

Tipperne/Nørre Nebel, DK-6830 / Sydjylland
- Tipperne Camping★★★
- Vesterlundvej 101
- 1 Apr - 25 Sep
- +45 71 78 88 51
- tipperne@tippernecamping.dk

1 AJMNORT 6
2 BCQRXYZ BDEFGHIK 7
3 ABSX ABDFGIJKNQRT 8
4 FHJU FK 9
5 AHIJRSY 10
B 10A CEE
2ha 67T(100-140m²) 11D
€33,90 / €49,75
N 55°49'37" E 08°12'54" — 110895
Die 181 von Varde nach Nymindegab. Rechts ab bei Vesterlund. Nach circa 600m ist der CP an der linken Seite.

Vorbasse, DK-6623 / Sydjylland
- Vorbasse Camping★★★
- Drivvejen 31
- 1 Jan - 31 Dez
- +45 75 33 36 93
- vorbasse@vorbassecamping.dk

1 ACDEJMNOPQRST EGN 6
2 QRWY ABDEFGHIJK 7
3 BFGJLMNSUV ABCDEFGIJKNQRT 8
4 BJO AEJY 9
5 ACDMN ABHIJOQY 10
B 16A
H50 3ha 250T(70-80m²) 61D
€31,60 / €41,00
N 55°37'34" E 09°04'58" — 101810
Straße 469 Kolding-Grindstedt kurz vor Vorbasse ist der CP ausgeschildert. Von Grindsted aus an Vorbasse vorbei. Auch aus Richtung Billund leicht zu finden.

Mittel-Jütland

Dalgård Camping ★★★

Schöner Camping für die ganze Familie. Schöner, kinderfreundlicher Sandstrand. Sehr gute Sanitäranlagen. Sehr viele Spielangebote für Kinder in der Umgebung. Viele schöne Ausflugsmöglichkeiten. Beste Angelsportmöglichkeiten.

Nordkystvejen 65, 8961 Allingåbro • Tel. 86317013
E-Mail: info@dalgaardcamping.dk
Internet: www.dalgaardcamping.dk

Bork Havn/Hemmet, DK-6893 / Midtjylland

- Bork Havn Camping***
- Kirkehøjvej 9A
- 6 Apr - 23 Okt
- +45 75 28 00 37
- mail@borkhavncamping.dk

1 ADE**J**MNOPRST	NQRSTWXY 6
2 EJQTWXYZ	ABDE**FG**HIJK 7
3 B**FJ**SV	ABE**F**I**J**KNQRTW 8
4 FHJO	FMRVY 9
5 CDEFMN	ABGHIJ**O**QUWY 10
B 6-10A CEE	① €46,40
4,5ha 115T(100-120m²) 115D	② €46,40

N 55°50'54" E 08°17'00" | 112064
Auf der 423 Nørre Nebel-Tarn; nördlich vom Ort Nørre Bork links ab den Schildern Bork Havn folgen.

Allingåbro, DK-8961 / Midtjylland CC€20

- Dalgård Camping***
- Nordkystvejen 65
- 26 Mrz - 11 Sep
- +45 86 31 70 13
- info@dalgaardcamping.dk

1 ABDEILNOQRST	KN 6
2 **G**JPQRVWY	ABDE**FG**HI 7
3 B**FJL**MSVX	ABCDE**FG**HI**J**KNRTW 8
4 BFHJO	DFJ 9
5 ACDM**N**	ABGHJ**O**QUXY 10

Anzeige auf dieser Seite 10-16A | ① €34,30
5ha 125T(80-100m²) 41D | ② €49,10

N 56°30'33" E 10°32'45" | 100059
Befindet sich an Straße 547. Ca. 4 km westlich von Fjellerup. Der CP befindet sich rechts der Straße.

Brædstrup, DK-8740 / Midtjylland

- Gudenå Camping og Kanoudlejning
- Bolundvej 4
- 3 Apr - 27 Sep
- +45 75 76 30 70
- info@gudenaacamping.dk

1 ADE**IL**NOPR**T**	BGN 6
2 ADPQRWY	ABDE**FG**HIJ 7
3 B**L**MV	ABCDE**FI**JKNQRTW 8
4 JO	FGRY 9
5 ABDEFMN	ABF**G**HJ**LO**QY 10
B 10-16A CEE	① €29,60
H50 2,5ha 80T(80-100m²) 42D	② €42,50

N 55°56'07" E 09°39'10" | 100071
Auf der E45 Ausfahrt 56 Richtung Silkeborg, die 52 nehmen. Nach 10 km CP links ausgeschildert.

Auning, DK-8963 / Midtjylland

- Auning Camping**
- Reimersvej 13
- 29 Apr - 11 Sep
- +45 86 48 33 97
- mail@auningcamping.dk

1 BDEJMNOQRST	6
2 QWY	ABDE**FG**HIJK 7
3 AB**L**SV	ABE**F**NQRTW 8
4 JO	ADF 9
5 ADM	ABGHIJ**O**QU 10

16A | ① €37,50
4ha 125T(80-150m²) 56D | ② €51,25

N 56°26'07" E 10°23'03" | 101904
Über Straße 16 Randers-Grenaa nach Auning. Mitten in dem Dorf ist der CP ausgeschildert.

Bryrup/Silkeborg, DK-8654 / Midtjylland

- Bryrup Camping****
- Hovedgaden 58
- 8 Apr - 23 Okt
- +45 75 75 67 80
- info@bryrupcamping.dk

1 ACDE**J**MNOPRST	BGH**N**Q 6
2 CEPQRVXY	ABDE**FG**HIJK 7
3 B**FJ**MV	ABCDE**FG**I**J**KNQRTUV 8
4 BDFHJO**PQ**S	ADFJKRUY 9
5 ADHM**N**	ABGHJ**O**QU 10
B 13A CEE	① €45,70
H63 2,4ha 241T(80-100m²) 84D	② €63,70

N 56°01'21" E 09°30'32" | 101824
Nach Vejle Straße 13 in nördlicher Richtung bis Silkeborg. Hier rechts Straße 453 nehmen. Nach ca. 10 km befindet sich der CP in Bryrup links.

Bønnerup Strand/Glesborg, DK-8585 / Midtjylland

- Albertinelund Camping***
- Albertinelund 3
- 1 Jan - 31 Dez
- +45 86 38 62 33
- camping@albertinelund.dk

1 ACDE**J**MNOPQRST	BGK**N**QSWX 6
2 BGJQRY	ABDE**FG**HIJK 7
3 BDF**J**LMSUV	ABCDE**F**I**J**KNRTW 8
4 HJO**PQ**S	FJY 9
5 ACDFMN	ABGHIJ**O**QU 10
10A	① €40,35
15ha 150T(100-120m²) 214D	② €56,50

N 56°31'45" E 10°44'40" | 101411
Von der A16 Randers-Grenå oder von der Straße 547 aus erreichen Sie den CP über Glesborg und Hemmed.

Dråby/Ebeltoft, DK-8400 / Midtjylland

- Dråby Strand Camping Ebeltoft***
- Dråby Strandvej 13
- 9 Apr - 30 Sep
- +45 86 34 16 19
- info@draaby.dk

1 ADEJMNOPQRST	XY 6
2 HILMQXYZ	ABDE**FG**HK 7
3 A**J**LV	ABCDE**F**G**J**KNQRT 8
4 K	FQY 9
5 ABMN	ABGHIJ**O**QUVY 10
B 10A CEE	① €39,25
5ha 180T(80-120m²) 74D	② €54,05

N 56°13'18" E 10°44'17" | 101914
Straße 21, nördlich von Ebeltoft, Ausfahrt Dråby nehmen. Dann ausgeschildert.

Elsegårde Camping

Ein schöner Familiencampingplatz mit 90 Stellplätzen in der Nähe von Stadt und Meer. Hier können Sie einen ruhigen und erholsamen Aufenthalt auf schönen, geräumigen Stellplätzen verbringen. Die ländliche Waldumgebung lädt zum Radfahren und Wandern ein. Der geschützte Nationalpark Mols Bjerge und das gemütliche Städtchen Ebeltoft mit Terrassen und Geschäften sind nur wenige Kilometer entfernt und machen Ihr Urlaubsgefühl komplett.

Kristoffervejen 1, 8400 Ebeltoft
Tel. +45 86341283 • E-Mail: info@egcamp.dk
Internet: www.egcamp.dk

Dänemark

Ebeltoft, DK-8400 / Midtjylland
- Blushøj Camping - Ebeltoft***
- Elsegårdevej 55
- 1 Apr - 18 Sep
- +45 86 34 12 38
- info@blushoj.com
- 10A CEE
- N 56°10'04" E 10°43'49"
- 1 BDEJMNOPRST BGHKNQSX 6
- 2 GILMPQRUVXYZ ABDEFGI 7
- 3 BJLMSV ABCDEFIJKNQRTW 8
- 4 FHJO AFQRV 9
- 5 ACDMN ABGHJOQ 10
- B 10A CEE
- 6,5ha 270T 14D
- €32,95
- €49,10
- 101916
- Von Ebeltoft nach Elsegårde (4 km). An der Kreuzung am Weiher links zum CP.

Ferring/Lemvig, DK-7620 / Midtjylland
- Bovbjerg Camping***
- Juelsgårdvej 13
- 8 Apr - 23 Okt
- +45 29 88 22 31
- bc@bovbjergcamping.dk
- B 10A CEE
- N 56°31'41" E 08°07'31"
- 1 ACDEJMNOPQRST KNQ 6
- 2 GIJLQSWXY ABDEFGHIJK 7
- 3 BFJUV ABCDEFIJKNQRTW 8
- 4 FHJ DF 9
- 5 ABDMN ABGHJOQY 10
- 4,6ha 180T(80-130m²) 17D
- €40,75
- €54,75
- 100052
- Von der Straße 181 nehmen Sie die Ausfahrt Ferring. Im Dorf folgen Sie der Beschilderung des Campingplatzes.

Ebeltoft, DK-8400 / Midtjylland
- DCU-Camping Ebeltoft - Mols***
- Dråbyvej 13
- 1 Jan - 31 Dez
- +45 86 34 16 25
- mols@dcu.dk
- B 10A
- N 56°12'49" E 10°41'16"
- 1 ADEJMNOPQRT BGH 6
- 2 JPQRVWXYZ ABDEFGHIK 7
- 3 BFGJLMSV ABCDEFIJKNRTW 8
- 4 FHIJLOQ F 9
- 5 ACDMN ABGHJOQUY 10
- 6,5ha 400T(70-150m²) 67D
- €40,90
- €55,95
- 111916
- Über die Straße 21 nach Ebeltoft einfahren, gleich links Richtung Dråby, dann 2. Straße links nach Dråby. CP nach ca. 300m linkerhand.

Fjand, DK-6990 / Midtjylland
- Nissum Fjord Camping***
- Klitvej 16
- 1 Jan - 31 Dez
- +45 97 49 60 11
- kontakt@nissumfjordcamping.dk
- B 13-16A
- N 56°19'10" E 08°08'59"
- 1 ADEJMNOPQRST BNQSX 6
- 2 EPQRSTWXYY ABDEFGHIK 7
- 3 BFJSV ABCDEFGIJNQRT 8
- 4 BCFHIJKOQ DEFGJUVY 9
- 5 ABDFHLMN ABFGHIJMOPQU 10
- 4,5ha 200T(80-120m²) 91D
- €29,05
- €29,05
- 110747
- Über die Küstenstraße 181 nördlich von Sondervig. Zwischen der Nordsee und dem Nissem Fjord.

Ebeltoft, DK-8400 / Midtjylland
- Ebeltoft Strand Camping****
- Ndr. Strandvej 23
- 1 Jan - 31 Dez
- +45 86 34 12 14
- info@ebeltoftstrandcamping.dk
- 13A CEE
- N 56°12'36" E 10°40'42"
- 1 ACDEJMNOPQRST BGKNPQSX 6
- 2 HIJPQRWXYZ ABDEFGHIK 7
- 3 BDFGJLMRV ABCDEFGIJKNQRTW 8
- 4 BCFHJOPQT FIRVY 9
- 5 ADMN ABGHKMNOQUVY 10
- 7,7ha 350T(80-120m²) 103D
- €49,75
- €65,90
- 101915
- Auf Straße 21, 1 km nördlich von Ebeltoft, am Wasser gelegen.

Gammel Laven/Silkeborg, DK-8600 / Midtjylland
- Askehøj Camping***
- Askhøjvej 18
- 1 Apr - 18 Sep
- +45 86 84 12 82
- info@askehoj.dk
- 10-13A CEE
- N 56°08'10" E 09°41'25"
- 1 ACDJMNOPRST BFHN 6
- 2 AQVWXY ABDEFGHIJK 7
- 3 BFJMSV ABCDFGIKNQRT 8
- 4 BFHIJO DFJK 9
- 5 ABDMN BGHJOQ 10
- H88 5ha 250T(80-120m²) 128D
- €33,50
- €46,65
- 101822
- Bei Skanderborg die E45 verlassen, dann auf die 445 nach Ry. In Ry vor dem Bahnübergang rechts und nach 50m links Richtung Laven. CP liegt zwischen Laven und Svejbak.

Ebeltoft, DK-8400 / Midtjylland
- Elsegårde Camping
- Kristoffervejen 1
- 1 Jan - 31 Dez
- +45 86 34 12 83
- info@egcamp.dk
- Anzeige auf dieser Seite 13A CEE
- N 56°10'06" E 10°43'23"
- 1 BDEILNOPRST AKNX 6
- 2 GKLMWXY ABDEFGI 7
- 3 BL ABEFNQR 8
- 4 HO J 9
- 5 DMN BHJOQ 10
- 1,9ha 90T(70-120m²) 27D
- €28,10
- €37,80
- 112192
- Von Ebeltoft nach Elsegårde fahren (4 km). Der CP liegt an der Kreuzung am Weiher.

Gjerrild/Grenå, DK-8500 / Midtjylland
- DCU-Camping Gjerrild Strand***
- Langholmvej 26
- 19 Mrz - 24 Okt
- +45 86 38 42 00
- gjerrild@dcu.dk
- B 16A CEE
- N 56°31'41" E 10°48'37"
- 1 ADEJMNOPQRST BGKNQSWX 6
- 2 BCGJLQVWXY ABDEFGHIJK 7
- 3 BFGJLMSUV ABCDEFGHIJKNQRTUVW 8
- 4 AFHJOPQ FIJVY 9
- 5 ACDEMN ABFGHIJLMOQUVY 10
- 10ha 276T(90-180m²) 127D
- €40,90
- €54,85
- 101911
- Straße Nr. 16 Richtung Grenå-N. Dann Richtung Gjerrild, wo der CP ausgeschildert ist.

Ebeltoft/Fuglsø, DK-8420 / Midtjylland
- Solystgård Strand Camping***
- Dragsmurvej 15
- 27 Mrz - 19 Sep
- +45 86 35 12 39
- mail@soelystgaard.dk
- 6A
- N 56°10'31" E 10°32'04"
- 1 ADEJMNOPQRT KNPQSWXYZ 6
- 2 HIJKLQRUVXYZ ABDEFGHIK 7
- 3 ABFLMUVX ABCDEFGIJKNQRTW 8
- 4 EFHJOPQTU FJY 9
- 5 ACDMN AGHJNQU 10
- 9ha 281T(100m²) 68D
- €32,50
- €47,90
- 111710
- Folgen Sie der 21, Ausfahrt Ronde/Mols. Richtung Femmøller Strand, dann im Kreisel Richtung Fuglso. Der Campingbeschilderungen folgen.

Glesborg, DK-8585 / Midtjylland
- Fjellerup Strands Camping
- Møllebækvej 6
- 1 Apr - 18 Sep
- +45 86 31 71 16
- camping@fjellerup-strand.dk
- 10A CEE
- N 56°30'59" E 10°35'23"
- 1 ABCDEILNOPQRT N 6
- 2 LQRXYZ BDEFGHK 7
- 3 BDFMUV ABCDFGHIJKNQRT 8
- 4 BCFHJO ABN 9
- 5 ABDMN AHJMNQY 10
- 5,2ha 274T 104D
- €37,65
- €53,80
- 101903
- Via der Küstenstraße 547 nach Fjellerup. Dort Richtung Strand fahren, nach etwa 500m liegt der Campingplatz direkt am Wasser.

Ebeltoft/Krakær, DK-8400 / Midtjylland
- Krakær Camping***
- Gl. Kærvej 18
- 1 Jan - 31 Dez
- +45 86 36 21 18
- info@krakaer.dk
- 10-16A CEE
- N 56°15'08" E 10°36'09"
- 1 ADEJMNOPQRST BG 6
- 2 QRVWXY ABDEFGHIK 7
- 3 BFHIJLMSVX ABCDEFGIJKNQRTW 8
- 4 FHIJO AEFGLY 9
- 5 ACDEFHKMN ABGHJOQUXY 10
- 8ha 227T(70-130m²) 67D
- €37,25
- €52,05
- 101913
- Über Straße 15 und 21 Richtung Ebeltoft. Etwas 8 km vor Ebeltoft rechts Richtung Krakær. CP ist ausgeschildert. Adresse für das Navi: Gammel Kærvej 18.

Glyngøre, DK-7870 / Midtjylland
- Glyngøre Camping***
- Sundhøj 20A
- 1 Jan - 31 Dez
- +45 97 73 17 88
- info@glyngore-camping.dk
- B 10A CEE
- N 56°44'32" E 08°52'06"
- 1 ABDEJMNOPQRST DGK 6
- 2 GJPQTWXY ABFGHJK 7
- 3 BFLV ABDEFIJKNQRT 8
- 4 BCJKO FJY 9
- 5 ABDHMN AGHJOQUY 10
- 9ha 280T(80-120m²) 109D
- €31,60
- €42,35
- 100047
- A26 Skive-Thisted Ausfahrt Glyngøre. Campingplatz ist ausgeschildert.

Aarhus Camping ★ ★ ★

Der Campingplatz eignet sich als Etappenziel, ist aber auch attraktiv für einen längeren Aufenthalt.
Wenige Minuten entfernt liegt die Stadt Århus mit ihren vielen Sehenswürdigkeiten. In der Nähe gibt es auch das Seengebiet von Mitteljütland und die Halbinsel Djursland mit schönen Stränden, sauberem Wasser und einer lieblichen Landschaft. Der Campingplatz hat ein eigenes Schwimmbad und bietet guten Windschutz.
Vermietung von Ferienhäusern.

Randersvej 400
8200 Lisbjerg/Århus-N
Tel. 86231133 • E-Mail: info@aarhuscamping.dk
Internet: www.aarhuscamping.dk

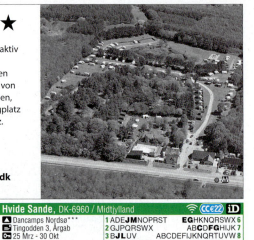

Dänemark

Grenå, DK-8500 / Midtjylland
- Grenå Strand Camping****
- Fuglsangvej 58
- 1 Apr – 11 Sep
- +45 86 32 17 18
- info@grenaastrandcamping.dk
- N 56°23'22'' E 10°54'44''
- 1 ADE**JM**NOPQRS**T** BGHK**N**QS**X**Y 6
- 2 BHJPQRWY ABDE**FG**HIK 7
- 3 BFG**JL**MSUV ABCDEFIJKNQRTUVW 8
- 4 BFHJO**PQ** DEFGJ 9
- 5 ADMN ABGHIJMOQUY 10
- B 10A
- 22ha 579**T**(140–280m²) 115D
- ① €47,45 ② €67,90 101107
- In Grenå Richtung Hafen. Südlich des Hafens ist der CP ausgeschildert.

Hvide Sande, DK-6960 / Midtjylland
- Dancamps Nordsø***
- Tingodden 3, Årgab
- 25 Mrz – 30 Okt
- +45 96 59 17 22
- info@dancamps.dk
- N 55°56'58'' E 08°09'01''
- 1 ADE**JM**NOPQRST EG**HK**NQRSWX 6
- 2 GJPQRSWX ABC**DFG**HIJK 7
- 3 B**JL**UV ABCDEFIJKNQRTUVW 8
- 4 BFHJO**TUV** EFHJVY 9
- 5 ABDEFHIJLMN ABDEFGHJOPQUVWY 10
- B 10A CEE
- 12,5ha 299**T**(40–100m²) 86D
- ① €44,80 ② €63,35 100062
- Von Kolding nach Esbjerg und weiter via Varde und der Küstenstraße 181 nach Norden in Richtung Hvide Sande. Bei Hauvrig ist links schon das Schwimmbad mit der grünen Rutschbahn zu sehen.

Højbjerg, DK-8270 / Midtjylland
- DCU-Camping Aarhus – Blommehaven***
- Ørneredevej 35
- 19 Mrz – 24 Okt
- +45 86 27 02 07
- blommehaven@dcu.dk
- N 56°06'37'' E 10°13'55''
- 1 ABDE**JM**NOQRST KM**N**QSWXYZ 6
- 2 ABHLPQRUVWY ABDE**FG**HJK 7
- 3 BF**JL**MSV ABCDEFHIJNQRTUVW 8
- 4 FIJO**PQST** FLV 9
- 5 ADMN ABEGIJ**O**QUY 10
- 10A
- 15ha 365**T**(70–140m²) 22D
- ① €41,40 ② €56,20 101109
- Ab Århushafen fahren Sie die Küstenstraße Richtung Süden, der CP-Beschilderung folgen. Auch von der 451 aus ist der CP ausgeschildert.

Juelsminde, DK-7130 / Midtjylland
- Juelsminde Strand Camping****
- Rousthøjs Allé 1
- 27 Mrz – 18 Okt
- +45 75 69 32 10
- info@juelsmindecamping.dk
- N 55°42'45'' E 10°00'52''
- 1 ADE**JM**NOPQRST KM**N**QSXYZ 6
- 2 HJKPQSTWX ABDE**FG**HJK 7
- 3 AB**DJL**MU ABCDFGIJKNQRS**T** 8
- 4 GIJY 9
- 5 DHMN ABFGHJOXY 10
- B 10A CEE
- 4,5ha 255**T**(70–120m²) 100D
- ① €37,00 ② €43,70 101866
- Von der E 45 aus, auf der 23 weiter nach Juelsminde zum Hafen. Der Campingplatz befindet sich auf der rechten Seite der Straße.

Holstebro, DK-7500 / Midtjylland
- DCU Camping Holstebro Sø***
- Birkevej 25
- 18 Mrz – 23 Okt
- +45 97 42 20 68
- holstebro@dcu.dk
- N 56°20'58'' E 08°38'40''
- 1 ADE**JM**NOPQRST BGLNXZ 6
- 2 FPQRWXYZ ABD**FG**HIK 7
- 3 AB**L**MSUV CDEFIJKNQRTVW 8
- 4 JOQ FRY 9
- 5 ABDH**N** ABFGHJOQUY 10
- B 10A CEE
- 2ha 110**T**(80–100m²) 44D
- ① €40,90 ② €56,20 111918
- Ringstraße O25 bei Holstebro befahren. Richtung Mejdal. Ab dort beschildert.

Kysing Strand/Odder, DK-8300 / Midtjylland
- NFJ Naturist Familiecamping (FKK)**
- Kystvejen 258
- 1 Apr – 30 Sep
- +45 86 55 83 65
- info@nfj.dk
- N 56°00'49'' E 10°16'04''
- 1 ADE**JM**NOPQRS**T** N 6
- 2 HIJLPQWXYZ ABDE**FG**I**K** 7
- 3 ABSV ABEFHJKNQRT 8
- 4 JOT DF 9
- 5 AB ABHIJ**O**QUY 10
- FKK 16A CEE
- 5ha 243**T**(bis 60m²) 84D
- ① €32,95 ② €41,00 112807
- Die 451 Arhus-Odder. Bei Malling Richtung Norsminde. Camping liegt an Küstenstraße zwischen Norsminde und Kysing. Ist mit FKK-Schild angezeigt.

Horsens, DK-8700 / Midtjylland
- Horsens City Camping***
- Husoddevej 85
- 1 Jan – 31 Dez
- +45 75 65 70 60
- camping@horsenscity.dk
- N 55°51'31'' E 09°55'03''
- 1 ABDEG**JM**NOPQRS**T** **DG**K**N**QRSW 6
- 2 ABGJPQWXYZ ABDE**FG**HJK 7
- 3 B**DF**J**L**MUV ABCDEFGJKNQRTUVW 8
- 4 BFHJ AFJRVY 9
- 5 ABDMN ABFGHIKM**O**QUY 10
- B 10–13A CEE
- 10ha 237**T**(100–150m²) 79D
- ① €38,60 ② €54,75 101865
- In Horsens Richtung Odder auf der 451. Dann am Hafen entlang den CP-Schildern folgen.

Langerhuse, DK-7673 / Midtjylland
- Vesterhav
- Flyvholmvej 36
- 1 Jan – 31 Dez
- +45 51 90 89 00
- kontakt@campingvesterhav.dk
- N 56°37'31'' E 08°09'29''
- 1 DJMNOPQRST KN 6
- 2 GIJQX ABDE**FG**IK 7
- 3 BDFGJV ABCDE**FI**JKNPQRW 8
- 4 JQTU AGHIJMOQY 10
- 5 BDN
- 10A CEE
- 3,6ha 120**T**(35–180m²) 10D
- ① €30,95 ② €43,05 108746
- Straße 181 entlang der Küste bis zur Abfahrt Langerhuse. Folgen Sie den Schildern.

Hou/Odder, DK-8300 / Midtjylland
- Hou Strandcamping
- Spøttrup Strandvej 35
- 2 Apr – 2 Sep
- +45 86 55 61 62
- info@houstrandcamping.dk
- N 55°55'35'' E 10°15'14''
- 1 DE**JM**NOPQRT KNQSW 6
- 2 GJQUWY ABDE**FG**HJK 7
- 3 BG**L**MV ABCDEFGIJNQRT 8
- 4 FJO G 9
- 5 D ABFGHIJOQUY 10
- B 10A CEE
- 2ha 36**T**(120–150m²) 38D
- ① €38,60 ② €57,45 100073
- Straße 451 Horsens-Odder, in Ørting Richtung Gosmer und Hou (Hov). Ab Halling Schilder Hou folgen, dann Spottrup und CP ausgeschildert.

Lemvig, DK-7620 / Midtjylland
- Lemvig Strand Camping****
- Vinkelhagevej 6
- 1 Apr – 23 Okt
- +45 23 82 00 45
- info@lemvigcamping.dk
- N 56°34'02'' E 08°17'39''
- 1 ADE**JM**NOPRST EG**K**LNQRSWXY 6
- 2 FIJQSWXY ABDE**FG**HJK 7
- 3 BFG**JL**MSV ABCDE**FI**JKNQRTW 8
- 4 FHJO**PQUX** FJ 9
- 5 ABDMN ABFGHJOQUWY 10
- B 10–13A CEE
- 7,6ha 250**T**(90–125m²) 110D
- ① €32,95 ② €47,20 100051
- In Lemvig Richtung Zentrum und Hafen. Ab hier der Beschilderung folgen. Der CP liegt wenige km außerhalb von Lemvig.

Hvide Sande, DK-6960 / Midtjylland
- Dancamps Holmsland***
- Tingodden 141
- 8 Apr – 18 Sep
- +45 97 31 13 09
- info@dancamps.dk
- N 55°57'45'' E 08°08'31''
- 1 ADE**JM**NOPRST KNQS 6
- 2 GJPQRWX ABDE**FG**HJK 7
- 3 A**L**V ABCDEFIJNQRT 8
- 4 FHJO FJ 9
- 5 ABDMN ABGHJOQ 10
- Anzeige auf Seite 123 B 10A CEE
- 2,5ha 92**T**(85–105m²) 07D
- ① €43,15 ② €56,10 112771
- Über die Küstenstraße 181, ca. 3 km südlich von Hvide Sande links zum 'Søholmvej'. Am Ende der Straße liegt der CP.

Lisbjerg/Århus-N, DK-8200 / Midtjylland
- Aarhus Camping***
- Randersvej 400
- 1 Jan – 31 Dez
- +45 86 23 11 33
- info@aarhuscamping.dk
- N 56°13'36'' E 10°09'49''
- 1 ADE**JM**NOPRST BG 6
- 2 APQRXYZ ABE**FG**HJK 7
- 3 AC**JL**MV ABCDE**FG**IJKNQRTW 8
- 4 JOQU F 9
- 5 ACDEFHJKMN ABDFGHJOQU 10
- Anzeige auf dieser Seite 16A CEE
- H70 6,9ha 190**T**(80–150m²) 31D
- ① €28,95 ② €42,15 100066
- E45 Ausfahrt 46 Århus-N Richtung Lisbjerg, erste Ampel links, dann dem CP-Schild noch 2 km folgen.

DANCAMPS

Camping mit einem Lächeln

Dänemark

Camping nah der Nordseeküste, Strand, Wald und Grossstadterlebnisse

DANCAMPS besteht aus mehreren Campingplätzen: DANCAMPS Nordsø und DANCAMPS Holmsland direkt an der Nordseeküste und bei Hvide Sande. DANCAMPS Trelde Næs direkt an der Ostseeküste.

Mehr sehen!
dancamps.de

Teilkarte Mittel-Jütland auf Seite 120

Dänemark

Løgstrup, DK-8831 / Midtjylland
- Hjarbæk Fjord Camping***
- Hulager 2
- 1 Jan - 31 Dez
- +45 22 13 15 00
- info@hjarbaek.dk
- 1 ADEJMNOPQRST — AFKNXY 6
- 2 GIJLPQRVWXY — ABDEFGHIJK 7
- 3 BDFJMSUVX — ABCDEFGIJNQRTW 8
- 4 FHJKOPQ — DFJNRY 9
- 5 ABDFHMN — AFGHJMOQUHY 10
- B 10-13A CEE
- €31,60 / €42,35
- N 56°32'03" E 09°19'53"
- 10ha 165T(100-120m²) 111D
- 100055
- Die 26 Viborg-Skive. Ausfahrt Løgstrup/Hjarbæk. Der CP ist ausgeschildert.

Ry, DK-8680 / Midtjylland
- Holmens Camping***
- Klostervej 148
- 3 Apr - 27 Sep
- +45 86 89 17 62
- info@holmenscamping.dk
- 1 ADEIL NOPQRST — EGLNXYZ 6
- 2 AEJQRVWXYZ — ABDEFGHIJK 7
- 3 BFGJLM — ABCDEFIJKNQRT 8
- 4 BCDFHIJOP — FGQRY 9
- 5 ACDEJMN — ABGHJMNQUY 10
- B 6A CEE
- €34,55 / €46,95
- N 56°04'37" E 09°45'55"
- 9,5ha 340T(70-130m²) 137D
- 101861
- Bei Skanderborg die E45 an der Ausfahrt 52 verlassen, über die Straße 445 nach Ry fahren. Nach den Eisenbahnschienen links fahren, der CP befindet sich nach 2 km auf der rechten Seite.

Malling, DK-8340 / Midtjylland
- CampOne Ajstrup Strand camping***
- Ajstrup Strandvej 81
- 1 Jan - 31 Dez
- +45 63 60 63 64
- ajstrup@campone.dk
- 1 ADEJMNOPQRST — DGKNQSWX 6
- 2 HJKLPQRVWXYZ — ABDEFGHIJK 7
- 3 BJLMUV — ABCDEFGIJKNQRTW 8
- 4 FHIJO — FY 9
- 5 ABDMN — ABDGHIJOQY 10
- €46,80 / €60,25
- N 56°02'29" E 10°15'52"
- 9,2ha 380T(60-150m²) 127D
- 100067
- Die 451 zwischen Odder und Århus an der Abzweigung nach Malling. Folgen Sie in Malling den Schildern Richtung Ajstrup (Strand) und CP.

Silkeborg, DK-8600 / Midtjylland
- Gudenåens Camping Silkeborg***
- Vejlsøvej 7
- 3 Apr - 18 Okt
- +45 86 82 22 01
- mail@gudenaenscamping.dk
- 1 ADEJMNOPR — JNX 6
- 2 CQRWY — ABDEFGHIJK 7
- 3 ALMV — ABCDEFIJNQRT 8
- 4 JOT — FIRY 9
- 5 ABDN — ABGHIJLNQU 10
- B 13A CEE
- €43,70 / €59,20
- N 56°09'24" E 09°33'46"
- 2ha 110T(80-100m²) 35D
- 101821
- Von Straße 52 Horsens-Silkeborg. Direkt südlich von Silkeborg diese Straße verlassen und Richtung Silkeborg-C fahren. Nach ca. 200m ist der CP nach rechts ausgeschildert.

Odder, DK-8300 / Midtjylland
- Saksild Strand Camping***
- Kystvejen 5
- 1 Jan - 31 Dez
- +45 86 55 81 30
- info@saksild.dk
- 1 ADEJMNOPQRS — BGKMNQSW 6
- 2 GJPQWXY — ABEFGHIJK 7
- 3 BJV — ABDFGIJKNQRTV 8
- 4 FGHJO — FJNORUVW 9
- 5 ACDFGLMN — ABFGHIJOPQUVY 10
- B 10-16A CEE
- €35,65 / €45,05
- N 55°58'46" E 10°14'54"
- 4ha 220T(80-150m²) 122D
- 101112
- In Odder gibt es ein CP-Schild '6 km', dann nach Saksild, weiter Richtung Saksild Strand. Dann noch 1 km bis zum CP.

Silkeborg, DK-8600 / Midtjylland
- Sejs Bakker Camping***
- Borgdalsvej 15-17
- 2 Apr - 11 Okt
- +45 86 84 63 83
- mail@sejs-bakker-camping.dk
- 1 ADEJMNOPQRST — 6
- 2 APQRYZ — ABDEFGHIJK 7
- 3 ABFJLMNSV — ABCDEFINQRT 8
- 4 BDJOPQ — DJV 9
- 5 ABDMN — ABGHJOQU 10
- B 10A
- €33,35 / €49,75
- N 56°08'25" E 09°37'14"
- 4ha 170T(80-100m²) 73D
- 107448
- E45 bei Skanderborg Ausfahrt 52 Skanderborg-Vest, über die 445 nach Ry. Richtung Silkeborg bleiben. In Sejs ist der CP ausgeschildert. Oder: Autobahn Richtung Hårup Ausfahrt 26 Sejs-Svejbæk.

Odder/Boulstrup, DK-8300 / Midtjylland
- Hygge Strand Camping***
- Toldvejen 50
- 26 Mrz - 23 Okt
- +45 88 44 83 83
- info@hyggestrandcamping.dk
- 1 ADEJMNOPQRS — KNPQSWXYZ 6
- 2 GJMQWY — ABDEFGHIJK 7
- 3 BDFLMSVW — ABCDEFGIJKNQRT 8
- 4 JOQ — FI 9
- 5 ABDMN — ABFGHIJLOQUVXY 10
- B 10A CEE
- €33,90 / €50,05
- N 55°56'04" E 10°15'23"
- 5ha 120T(100-110m²) 88D
- 101906
- Die 451 Horsens-Odder. In Ørting Richtung Gylling, etwas später Gosmer und Hou. Ab Halling Richtung Hou, danach Spøttrup. Von hier aus den CP-Schildern folgen.

Silkeborg, DK-8600 / Midtjylland
- Silkeborg Sø Camping & Feriehuse
- Århusvej 51
- 26 Mrz - 23 Okt
- +45 86 82 28 24
- mail@seacamp.dk
- 1 ADEJMNOPQRTW — LN 6
- 2 AEQRTWXYZ — ABDEFGHIJK 7
- 3 BJLMV — ABCDEFGIJKNQRT 8
- 4 FH — BDEFGIJRUVW 9
- 5 ABJMN — ABFHJMNQUY 10
- B 13A CEE
- €41,00
- N 56°10'12" E 09°34'36"
- H142, 2,4ha 140T(55-110m²) 34D
- 101820
- E15, nehmen Sie den Årkusvej Richtung Silkenborg Centre bis Tranevej, biegen Sie rechts ab. Nach ca. 200m liegt der Campingplatz auf der linken Seite.

Østbirk, DK-8752 / Midtjylland
- Elite Camp Vestbirk***
- Møllevilvej 4
- 1 Jan - 31 Dez
- +45 75 78 12 92
- vestbirk@vestbirk.dk
- 1 BCDEJMNOPQRST — BGHLN 6
- 2 CEQWXYZ — ABDEFGIJ 7
- 3 BDFJMSV — ABCDEFGIJKNQRT 8
- 4 BJKOPQTU — ADEFJQR 9
- 5 ACDEFMN — ABFGHIJMOQUWY 10
- B 10-16A
- €37,65 / €53,55
- N 55°57'50" E 09°41'59"
- H60 15ha 170T(90-130m²) 125D
- 101111
- Auf der E45 bei Vejle Ausfahrt 59, die 13 Richtung Nørre Snede. Nach ± 10 km auf die 409 Richtung Skanderborg. 1 km vor Vestbirk ist der CP angezeigt.

Silkeborg/Laven, DK-8600 / Midtjylland
- Terrassen Camping
- Himmelbjergvej 9a
- 26 Mrz - 19 Sep
- +45 86 84 13 01
- info@terrassen.dk
- 1 ACDEJMNOPQRST — BGHLNSUVXZ 6
- 2 AEIPQVWXY — ABDEFGIJ 7
- 3 BFGJLMQSUV — ABCDFIJKNQRTUV 8
- 4 BCDEFHJOPQS — BDEFJRUV 9
- 5 ACDMNO — ABEFGHJOQUX 10
- B 13A CEE
- €45,75 / €63,20
- N 56°07'27" E 09°42'38"
- 7,5ha 280T(80-120m²) 61D
- 101858
- Bei Skanderborg verlassen Sie die E45, dann Straße 445 nach Ry. Hier Richtung Silkeborg nach Laven, wo der CP ausgeschildert ist.

Randers, DK-8920 / Midtjylland
- Randers City Camp***
- Himmelingvej/Hedevej 9
- 1 Jan - 31 Dez
- +45 29 47 36 55
- info@randerscitycamp.dk
- 1 ADEJMNOPQRST — BCGN 6
- 2 ABCIPQSUWXYZ — ABDEFGHIJK 7
- 3 ABFLMSVWX — ABCDEFGIJKNQRTUVW 8
- 4 BCDFHJR — FJNRY 9
- 5 ADMN — ABGHJOQUY 10
- B 13-16A CEE
- €32,15 / €46,15
- N 56°26'59" E 09°57'10"
- 6,6ha 200T(100-300m²) 131D
- 109384
- E45, Ausfahrt 40 Richtung Randers C nehmen. Die Straße 525 Richtung Langå fahren. CP ist nach 3 km ausgeschildert.

Skanderborg, DK-8660 / Midtjylland
- Skanderborg Sø Camping***
- Horsensvej 21
- 29 Apr - 11 Sep
- +45 86 51 13 11
- info@campingskanderborg.dk
- 1 ABDEJMNOPQRT — LNSXYZ 6
- 2 AEJKPQRUXYZ — ABDEFGHIJK 7
- 3 BFJLMSX — ABCDEFGIJNQRTVW 8
- 4 BEFHIJOQ — FGHJKQR 9
- 5 ABDFJMN — ABGHJNQUY 10
- 10A
- €34,85 / €48,30
- N 56°01'15" E 09°53'26"
- 9ha 160T(100-200m²) 11D
- 101863
- Auf der E45 Ausfahrt 53 Skanderborg-Süd Richtung Skanderborg. Die erste rechts 'Vrold Tvaervej'. Folgen Sie den Schildern.

Ringkøbing, DK-6950 / Midtjylland
- Ringkøbing Camping***
- Herningvej 105
- 1 Apr - 2 Okt
- +45 97 32 04 20
- info@ringkobingcamping.dk
- 1 AFJMNOPQRST — 6
- 2 BQRSWXYZ — ABDEFGHIJ 7
- 3 ABFJLMSV — ABCDEFIJNQRTW 8
- 4 FHJ — BFLY 9
- 5 ABDMN — ABGHJMNQUY 10
- B 10A CEE
- €31,60 / €45,60
- N 56°05'18" E 08°19'00"
- 7,5ha 110T(36-140m²) 47D
- 101772
- Sie finden den CP an Straße 15, von Ringkøbing aus 4 km Richtung Herning, links der Straße.

Skaven/Vostrup/Tarm, DK-6880 / Midtjylland
- Skaven Strand Camping***
- Skavenvej 32
- 8 Mrz - 30 Okt
- +45 97 37 40 69
- info@skaven.dk
- 1 ADJMNOPRST — BGLNQRSWXYZ 6
- 2 EJQWXYZ — ABCDEFGHIJK 7
- 3 BFGJMSUV — ABCDEFGIJKNQRT 8
- 4 FHJOPQT — FJVY 9
- 5 ACDEILM — ABGHJOQUY 10
- B 6-10A CEE
- €27,95 / €41,95
- N 55°53'32" E 08°21'55"
- 6,5ha 250T(100-150m²) 207D
- 101793
- Straße 11 Varde-Tarm nehmen. Bei Tarm Richtung Lønborg-Vostrup fahren. Ab Vostrup den CP-Schildern folgen.

Ry, DK-8680 / Midtjylland
- Birkhede Camping***
- Lyngvej 14
- 25 Mrz - 18 Sep
- +45 86 89 13 55
- info@birkhede.dk
- 1 ADEJMNOPQRT — BFHLNQSXYZ 6
- 2 EKQRVWXYZ — ABCDEFGHIJ 7
- 3 BDFGLMSV — ABCDEFIJKNQRT 8
- 4 BCDFGHIJOQ — ADFGLNQRVY 9
- 5 ACDEFMN — ABEGHJOQUY 10
- 10A CEE
- €40,60 / €55,40
- N 56°06'12" E 09°44'41"
- 10ha 240T(80-110m²) 78D
- 101859
- Bei Skanderborg verlassen Sie die E45, dann Straße 445 nach Ry nehmen. Hier Richtung Laven/Silkeborg. Nach der Brücke über den See gleich rechts den Schildern folgen.

Skive, DK-7800 / Midtjylland
- Skive Fjord Camping***
- Marienlyst Strand 15
- 26 Mrz - 25 Sep
- +45 97 51 44 55
- info@skivefjordcamping.dk
- 1 ACDEFJMNOPQRST — BGKLNQSVWXYZ 6
- 2 EGIJLKMPQSUVWXY — ABDEFGHIJK 7
- 3 BFJLMV — ABCDEFGIJKNQRT 8
- 4 BCHJOQ — EFR 9
- 5 ACDEFMN — ABGHJMNQUY 10
- B 10-16A CEE
- €38,20 / €51,65
- N 56°35'52" E 09°02'17"
- 12ha 198T(100-120m²) 76D
- 111330
- Von Skive die 26 (Umgehung) Richtung Nykøbing. Weiter die 551 Richtung Fur. Der CP ist direkt danach ausgeschildert.

Skjern, DK-6900 / Midtjylland

- Skjern Å Camping**
- Birkvej 37
- 1 Jan - 31 Dez
- +45 97 35 08 61
- info@skjernaacamping.dk

1 AJMNORT — JN 6
2 CQXYZ — ABDEFGIJ 7
3 BU — ABCDEFNQRT 8
4 HJ — F 9
5 DMN — ABGIJOQ 10
B 10A CEE
3,5ha 100T (90-120m²) 51 D
€ 21,50 / € 30,95

N 55°56'00'' E 08°29'43''
Die 11 aus Varde Richtung Skjern. Vor dem Örtchen Skjern links ab den CP-Schildern folgen. 101792

Tarm, DK-6880 / Midtjylland

- Tarm Camping***
- Vardevej 79
- 1 Jan - 31 Dez
- +45 30 12 66 35
- birkelund@camping-outdoor.dk

1 ADJMNORT — BF 6
2 PQRWXYZ — ABDEFGHIJ 7
3 BFMV — ABCDEFIJNQRT 8
4 J — BFI 9
5 ABDCEE — AFGHJOQUX 10
B 13A CEE
3ha 98T (120-160m²) 66 D
€ 25,95 / € 39,15

N 55°53'35'' E 08°30'48''
Liegt an der 11 Varde-Tarm. Kurz vor Tarm rechts ab. Den CP-Schildern folgen. 101794

Søndervig, DK-6950 / Midtjylland

- Søndervig Camping***
- Solvej 2
- 9 Apr - 23 Okt
- +45 97 33 90 34
- post@soendervigcamping.dk

1 ADEJMNOPQRST — KNQSWX 6
2 GJPQSWXY — ABDEFGHJK 7
3 BLV — ABCDEFIJKMNQRTW 8
4 FHJ — AIJVW 9
5 ABDMN — ABFGHJOQY 10
B 10A CEE
3ha 200T (80-100m²) 52 D
€ 40,10 / € 52,70

N 56°06'41'' E 08°07'00''
An der Küstenstraße 181, ca. 600m südlich von Søndervig. CP ist gut ausgeschildert. 111625

Thorsminde/Ulfborg, DK-6990 / Midtjylland

- Thorsminde Camping***
- Klitrosevej 4
- 4 Apr - 18 Okt
- +45 20 45 19 76
- mail@thorsmindecamping.dk

1 ADEJMNOPQRST — EGHKLNQRSUVXY 6
2 EGJQRWX — ABCDEFGHIJK 7
3 BDFJSUV — ABCDEFIJKNQRT 8
4 JOQT — FJMR 9
5 BDMN — AGHIJMOQU 10
B 13A CEE
5,5ha 163T (100-120m²) 111 D
€ 35,65 / € 49,10

N 56°22'35'' E 08°07'21''
Über die Küstenstraße 181 nach Thorsminde. Im Dorf ist der CP ausgeschildert. 107451

Spøttrup, DK-7860 / Midtjylland

- Limfjords Camping & Vandland i/s***
- Albæk Strandvej 5
- 26 Mrz - 3 Okt
- +45 97 56 02 50
- camping@limfjords.dk

1 ADEJMNOPRST — EGHNQSWXY 6
2 IJKLMPQRSWXYZ — ABDEFGHJK 7
3 BFJMSV — ABCDEFIJKNQRTUVW 8
4 BHJOPTUV — EF 9
5 ABDEFHN — ABGHJMOQUV 10
B 10A
15ha 358T (80-140m²) 170 D
€ 36,20 / € 47,60

N 56°37'22'' E 08°43'46''
Gute 20 km westlich von Skive, via der A26, dann Straße 189 oder 573 nach Lihme, dann ist der CP ausgeschildert. 100053

Thyborøn Camping & Hotel ★★★

Kleiner, gemütlicher, erst kürzlich renovierter Campingplatz am Nordseeufer. Hier kann man alles machen, was für eine aktive Familie mit Kindern wichtig ist. Zum Beispiel findet sich dort ein Schwimmbad, das ganze Jahr über geöffnet. Und alles mit der rauen Landschaft Westjütlands nur einen Steinwurf weiter. Bis bald!

Idrætsvej 3, 7680 Thyborøn
Tel. 97831277 • E-Mail: info@thyboroncamping.dk
Internet: www.thyboroncamping.dk

Stouby, DK-7140 / Midtjylland

- Løgballe Camping***
- Løgballevej 12
- 18 Mrz - 25 Sep
- +45 75 69 12 00
- camping@logballe.dk

1 ADEJMNOPQRST — BG 6
2 CIPQVWXY — ABDEFGHJK 7
3 BFIJLMSVX — ABCDEFGIJNQRT 8
4 BCDEFHJNQ — DFJ 9
5 ABDMN — ABFGHJMNQUVW 10
B 10A CEE
H20 4,5ha 161T (100-130m²) 78 D
€ 29,20 / € 42,35

N 55°42'28'' E 09°50'39''
Straße 23 Vejle-Juelsminde. Nach Hyrup nach 1 km. Beim CP-Schild rechts, dann noch 400m. 101867

Thyborøn, DK-7680 / Midtjylland

- Thyborøn Camping & Hotel***
- Idrætsvej 3
- 1 Jan - 31 Dez
- +45 97 83 12 77
- info@thyboroncamping.dk

1 ADEJMNOPQRST — EGHKLNQRSUVWXY 6
2 EGIJQWX — ABDEFGHJK 7
3 BDFJMV — ABCDEFIJKNQRT 8
4 FHJORTUV — EFHVY 9
5 ABDHIJMN — ABFGHJOPQUXY 10
Anzeige auf dieser Seite B 16A CEE
3ha 140T (75-140m²) 73 D
€ 35,65 / € 49,10

N 56°41'41'' E 08°12'19''
CP liegt südlich des Zentrums. In Thyborøn ab der 181 den CP-Schildern folgen. 112788

Stouby, DK-7140 / Midtjylland

- Rosenvold Strand Camping***
- Rosenvoldvej 19
- 19 Mrz - 3 Okt
- +45 75 69 14 15
- info@rosenvoldcamping.dk

1 ADEJMNOPQRST — KNPQSVWXYZ 6
2 BGIJQWXYZ — ABDEFGHJK 7
3 ABFGJMSUVWX — ABCDEFGIJKNQRTU 8
4 BFGHJKOT — ADEFJNRY 9
5 ABDEFMNO — ABGHJMNQQUVY 10
B 10A CEE
11,5ha 265T (100-150m²) 150 D
€ 30,95 / € 41,15

N 55°40'36'' E 09°48'48''
Die 23 Vejle-Juelsminde. In Stouby rechts ab dem CP-Schild folgen. 112787

Ulfborg, DK-6990 / Midtjylland

- Vedersø Klit Camping***
- Øhusevej 23
- 25 Mrz - 23 Okt
- +45 97 49 52 00
- info@klitcamping.dk

1 ADEJMNOPQRST — BGHNQ 6
2 BQXYZ — ABDEFGHJK 7
3 ABFJLMSUV — ABCDEFGIJKNQRTW 8
4 BCDFHJOQRSTUVX — EFHVY 9
5 ACFHLMN — ABFGHJMOQUWY 10
B 10-16A CEE
4ha 245T (90-120m²) 129 D
€ 37,00 / € 49,10

N 56°15'34'' E 08°08'45''
Der 181 folgen, dann weiter ausgeschildert. 112774

Struer, DK-7600 / Midtjylland

- Bremdal Camping***
- Fjordvejen 12
- 1 Jan - 31 Dez
- +45 97 85 16 50
- vergie@mail.dk

1 ADJMNOPRST — NSWX 6
2 EHIJQRSWXYZ — ABDEFGHI 7
3 AFLV — CDEFIJNPQRW 8
4 J — DG 9
5 ACDN — AGHJNU 10
10A CEE
3ha 200T (20-140m²) 125 D
€ 22,20 / € 30,25

N 56°30'10'' E 08°34'56''
Über die Straße 11 erreichen Sie Struer. Ab dem Zentrum ist der CP auf der rechten Seite. Nach der Abzweigung, eng ist Ausweichstellen. 101791

Ulstrup, DK-8860 / Midtjylland

- Bamsebo Camping Ved Gudenåen
- Hagenstrupvej 28
- 9 Apr - 2 Okt
- +45 86 46 34 27
- info@bamsebo.dk

1 ADEJMNOPQRST — BN 6
2 DQRWXY — ABDEFGHIK 7
3 BFGJMSU — ABCDEFGIJKNQRTW 8
4 FJK — AFJR 9
5 ACDEHMN — ABGHJOPQUV 10
B 10-16A CEE
5ha 110T (80-120m²) 67 D
€ 35,25 / € 45,80

N 56°23'14'' E 09°45'47''
E45, Ausfahrt 40 Richtung Randers C., dann Straße 525 Richtung Langå/Bjerringbro. Dieser Straße bis Ulstrup folgen. CP ist ausgeschildert. 100058

Struer, DK-7600 / Midtjylland

- Humlum Camping & Fiskerleje***
- Bredalsvigvej 5, Humlum
- 1 Apr - 23 Okt
- +45 97 86 13 04
- ferie@humlumcamping.dk

1 ADEJMNOPRST — KLNQSUVWXYZ 6
2 HJLQRSVWXYZ — ABDEFGHJK 7
3 ABFJLMSV — ABCDEFGIJKNQRTUVW 8
4 ABFHJO — FG 9
5 ABDMN — ABFHJMOQUY 10
B 16A CEE
18ha 254T (80-150m²) 126 D
€ 32,95 / € 45,05

N 56°32'49'' E 08°34'17''
Von Struer aus die A11 Richtung Norden fahren. Einige hundert Meter nach der Ausfahrt Humlum (nicht nach Humlum hinein fahren) befindet sich der CP auf der rechten Seite. Nach der Abzweigung, eng ist Ausweichstellen. 100054

Viborg, DK-8800 / Midtjylland

- DCU-Camping Viborg Sø
- Vinkelvej 36b
- 19 Mrz - 23 Okt
- +45 86 67 13 11
- viborg@dcu.dk

1 ADEJMNOPQRST — NQSXZ 6
2 BEQRWXY — ABDEFGHIK 7
3 BFGJLMSV — ABCDEFIJNPQRTW 8
4 FGHIJOQ — DFY 9
5 ADMN — ABGHJOQUV 10
B 10A CEE
3,2ha 250T (60-120m²) 67 D
€ 40,35 / € 55,15

N 56°26'17'' E 09°25'19''
E45 Ausfahrt 40 Randers Richtung Viborg. Der 16 Ausfahrt Viborg Ø (Houlkaervej) Randersvej folgen bis vor die Ortsmitte. Im Kreisel Richtung Brunshåb. Der CP ist ausgeschildert. 111920

Struer, DK-7600 / Midtjylland

- Toftum Bjerge Camping***
- Gl. Landevej 4
- 1 Jan - 31 Dez
- +45 97 86 13 30
- info@toftum-bjerge.dk

1 ADEJMNOPRST — KNQSWXY 6
2 GJMPQRSTUWXYZ — ABFGHJK 7
3 ABFGJLSVX — ABCDEFGIJKNQRTW 8
4 BFHJKOQ — FGJY 9
5 ABDHKMN — AGHJMOQUVY 10
B 10-13A CEE
5ha 200T (90-150m²) 135 D
€ 31,60 / € 42,35

N 56°32'28'' E 08°31'50''
Sie erreichen den Camping über die 11, 5 km nördlich von Struer, an der Abfahrt Humlum ist der Campingplatz ausgeschildert. Kurz hinter Humlum auf der 565 liegt der Camping auf der rechten Seite. 101105

Vinderup, DK-7830 / Midtjylland

- DCU-Camping Ejsing Strand***
- Fjordvej 1, Ejsing
- 18 Mrz - 23 Okt
- +45 61 62 01 64
- ejsing@dcu.dk

1 ADEJMNOPQRST — KLNQ 6
2 GJKQWXY — ABDEFGHJK 7
3 BFJSV — ABCDEFIJKNQRT 8
4 HJO — FJY 9
5 ABDCEE — AGHJOQUV 10
B 10-16A CEE
3ha 148T (42-100m²) 60 D
€ 32,30 / € 49,75

N 56°31'07'' E 08°44'50''
Straße 189 Holstebro-Skive. Von Vinderup ca. 3 km Richtung Skive, Ausfahrt Ejsing. Ab dort ist CP beschildert. 111917

Teilkarte Mittel-Jütland auf Seite 120

Vinderup, DK-7830 / Midtjylland
- Sevel Camping***
- Halallé 6, Sevel
- 15 Mrz - 1 Nov
- +45 97 44 85 50
- mail@sevelcamping.dk

1 ADEF**JM**NOPRST	BG 6	
2 PQWXYZ	ABDE**FG**HIK 7	
3 BCFV	ABCDEFIJNQRT 8	
4 EFHJO	FGIJY 9	
5 DGMN	ABFGHJOQUY 10	
B 10A CEE	€30,80	
3,1ha 90T (100-120m²) 17D	€41,85	

N 56°27'29" E 08°52'10"
Straße 34 Herning-Skive. An der Kreuzung Sevel-Mogenstrup Richtung Sevel. Dann ausgeschildert.
111564

Virksund/Højslev, DK-7840 / Midtjylland
- Virksund Camping***
- Sundvej 14
- 1 Apr - 30 Sep
- +45 97 53 91 42
- info@virksundcamping.dk

1 ADEFGHKNOPQRST	BHJNQSUXY 6
2 CEIJPQVX	ABD**FG**HIK 7
3 B**J**LUV	ABEFGIJNPQRT 8
4 FHO	9
5 ABDGHMN	ABHIJMN**O**QVY 10
6-10A CEE	€12,10
2,8ha 140T (100-150m²) 100D	€37,00

N 56°36'27" E 09°17'18"
Der Camping befindet sich neben der Brücke in Virksund an der 579. Von Richtung Viborg nach ca 300m rechts ab, dann nach ca 200m rechts der Campingplatz.
101817

Nord-Jütland

Aalbæk, DK-9982 / Nordjylland
- DCU-Camping Ålbæk Strand***
- Jerupvej 19
- 1 Jan - 31 Dez
- +45 98 48 82 61
- aalbaek@dcu.dk

1 ADE**JM**NOPQRST	AK**N**OPQSW 6
2 BHIJQRWXYZ	ABDE**FG**HIJK 7
3 ABCG**L**MSUV	ABEFGHIJKNPQRTW 8
4 BCFGHIJOT	FHUVWY 9
5 ABDMN	ABHJM**O**QUVY 10
B 10A CEE	€40,90
10,3ha 380T (100-150m²) 88D	€55,95

N 57°35'13" E 10°24'50"
Der CP liegt ca. 1 km südlich von Aalbæk an der 40.
112848

Agger/Vestervig, DK-7770 / Nordjylland
- Krik Vig Camping***
- Krik Strandvej 112
- 9/4 - 25/9, 15/10 - 23/10
- +45 97 94 14 96
- info@krikvigcamping.dk

1 ADEF**JM**NOPQRST	JNQRSW**X**YZ 6
2 DEJPQRSWXYZ	ABDE**FG**HIJK 7
3 B**FG**J**L**MV	CDE**FI**JKNQRTW 8
4 EHJOO**S**	FJRUV 9
5 ACDEFJN	ABFGHIJL**M**O**Q**U 10
Anzeige auf Seite 127 B 10-16A CEE	€36,40
6,5ha 312T (60-100m²) 84D	€48,95

N 56°46'45" E 08°15'43"
Über die 11 Richtung Hurup (nicht in den Ort hineinfahren). Die 545 Richtung Vestervig-Agger. An der Kreuzung in Vestervig Kirche dem Beschilderung folgen.
100043

Aalbæk, DK-9982 / Nordjylland
- Skagen Sydstrand Camping-Bunken
- Ålbækvej 288
- 25 Mrz - 25 Sep
- +45 98 48 71 80
- info@skagensydstrand.dk

1 ACDE**JM**NOPQRST	KNQSX 6
2 BG**J**PQRWXYZ	ABDE**FG**HIJK 7
3 ABFG**J**LMVX	ABCDEFGHIJKNPQRTW 8
4 FHIJO**PQ**	DFUV 9
5 ACDEFMN	ABGHIJMOQUVY 10
B 10-13A	€40,35
20ha 700T (80-150m²) 165D	€55,40

N 57°38'40" E 10°27'42"
Die 40 Richtung Skagen, 7 km hinter Aalbæk liegt der CP. Ist angezeigt.
109754

Asaa, DK-9340 / Nordjylland
- Aså Camping og Hytteferie***
- Vodbindervej 13
- 8 Apr - 25 Sep
- +45 30 31 23 52
- info@asaacamping.dk

1 ACDE**JM**NOPQRST	AFX 6
2 EJPQRWXYZ	ABDE**FG**HIJK 7
3 AB**FL**VX	ABCDE**FG**HIJKNPQRTW 8
4 B**FH**IJKO	AFJKTY 9
5 ABDJMN	AFGHJOQUVY 10
B 10-16A CEE	€33,60
5ha 160T (80-150m²) 96D	€47,05

N 57°08'44" E 10°24'10"
E45 bei Hjallerup Ausfahrt 16 verlassen, zwischen Ålborg und Frederikshavn. Nach Straße 559 nach Aså. Der CP ist ausgeschildert.
101898

Aalborg, DK-9000 / Nordjylland
- Aalborg Familiecamping Strandparken***
- Skydebanevej 20
- 10 Jan - 18 Dez
- +45 98 12 76 29
- info@strandparken.dk

1 ACDE**JM**NOPQRS**T**	AK 6
2 AEGPQRSTWXY	ABDE**FG**HIK 7
3 B**L**SV	ABCD**FGI**JKNQRTW 8
4 FH	FI 9
5 D**MN**	ABFGHIJM**O**PQUVY 10
B 10A CEE	€37,65
2,6ha 130T (80-100m²) 31D	€55,80

N 57°03'19" E 09°53'07"
E45 Ausf. 28. Über die 180 Richtung Zentrum. 300m hinter dem Krankenhaus, CP ist angezeigt. E45 Ausf. 23, 1. Ampel rechts. 6 km geradeaus bis zum Ende, links ab und an der Ampel wieder rechts.
107449

Ejstrup Strand/Brovst, DK-9460 / Nordjylland
- Tranum Klit Camping
- Sandmosevej 525
- 1 Apr - 1 Okt
- +45 98 23 52 82
- info@tranumklitcamping.dk

1 ADEF**JM**NOPQRST	XY 6
2 B**IJ**QWXYZ	ABDE**FG**HIJK 7
3 AB**FL**VX	ABCDE**FG**HIJKNPQRTW 8
4 FHIJ	FJUVY 9
5 ACDFJMN	ABCDFGHIJM**O**QUVY 10
FKKB 10A CEE	€33,35
13,5ha 230T (100-200m²) 112D	€44,10

N 57°10'15" E 09°27'48"
Von der Straße 11, bei Brovst über Tranum nach Tranum Klit oder ab Fjerritslev über Slettestrand und Fosdalen.
101814

KRIKVIG CAMPING

***

Willkommen bei Krik Vig Camping und Hüttenpark

Familienpark zwischen Wald und Wasser in Thy.
Teil von Cold Hawaii und Dänemarks erstem Nationalpark.

Krik Strandvej 112, 7770 Agger/Vestervig
Tel. +45 97941496 • E-Mail: info@krikvigcamping.dk
Internet: www.krikvigcamping.dk

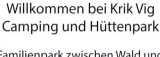

Dänemark

Erslev/Mors, DK-7950 / Nordjylland
- Dragstrup Camping***
- Dragstrupvej 87
- 1 Jan - 31 Dez
- +45 97 74 42 49
- mail@dragstrupcamping.dk

1 ADEJMNOPRST BGKNQSVX 6
2 BGJMQRXYZ ABDEFGHIJK 7
3 BDFJMV ABCDEFJLNQRTW 8
4 FHJOQ DEF 9
5 ABDFHKMN ABGHJQQUY 10
B 13-16A € 36,60
10,7ha 145T(80-100m²) 50D € 51,40

N 56°49'04" E 08°40'18" 101789

Zwischen Nykøbing (Mors) und Thisted. An der Straße 26 Abfahrt Dragstrup nehmen und der Beschilderung folgen.

Frederikshavn, DK-9900 / Nordjylland
- Svalereden Camping og Hytteby***
- Frederikshavnsvej 112b
- 1 Jan - 31 Dez
- +45 98 46 19 37
- info@svaleredencamping.dk

1 ACDEJMNOPQRST KNQSWX 6
2 AGIJPQUWXYZ ABDEFGHIJK 7
3 ABFGJLMSUV ABCDEFGHIJKNPQRTW 8
4 HIJOPQS FGY 9
5 ABDMN ABGHIJOQUVWY 10
B 10-16A CEE € 41,15
5,6ha 240T(80-160m²) 143D € 57,85

N 57°21'36" E 10°30'31" 101896

Zwischen Saeby und Frederikshavn fahren Sie zwischen Ausfahrt 13 und 12 Küstenstraße 180 anstatt Straße E45. Der CP ist der letzte CP vor dem Fährhafen.

Farsø, DK-9640 / Nordjylland
- Ertebølle Strand Camping***
- Ertebøllevej 42
- 26 Mrz - 23 Okt
- +45 98 63 63 75
- escamp@escamp.dk

1 ADEJMNOPRST BGKX 6
2 GJLQRSWXY ABDEFGHIJK 7
3 BFMSUV CDEFGIJKNPQRTUW 8
4 FHJKO JY 9
5 ACDHKMN ABGHJMOQUVY 10
B 10A € 26,90
3,5ha 160T(80-150m²) 97D € 41,70

N 56°48'44" E 09°10'54" 101409

Der CP liegt in Ertebølle und ist an der 533 angezeigt, 46 km nördlich von Viborg.

Hals, DK-9370 / Nordjylland
- Hals Strand Camping
- Lagunen 8
- 1 Jan - 31 Dez
- +45 51 24 35 07
- info@halsstrandcamping.dk

1 ACDEGJMNOPQRST BGHKNQ 6
2 EHIJPQWY ABDEFGHIJK 7
3 BJLMSV ABCDEFGIJKNQRTUVW 8
4 FHIKO J 9
5 BDEMN ABHIJMNPQVY 10
B 13A CEE € 43,70
4,3ha 400T 3D € 63,90

N 57°02'25" E 10°21'38" 123186

Von Aalborg E45, Ausfahrt 19 Vodskov/Hals. Straße 583 bis zum Kreisverkehr in Hals folgen. Richtung Saeby fahren. Nach 5,5 km sehen Sie den CP auf der rechten Seite.

Farsø/Strandby, DK-9640 / Nordjylland
- Myrhøj Camping***
- Løgstørvej 69
- 1 Jan - 31 Dez
- +45 53 54 72 34
- info@myrhojcamping.dk

1 ADEJMNOPQRST 6
2 JLPQRSWXYZ ABCDEFGHIJK 7
3 ABDFIJLMV ABCDEFGHIJKNPQRTUW 8
4 BFHJKQ FJ 9
5 ABDMN AGHJMNQV 10
B 10A CEE € 32,95
6,5ha 100T(80-130m²) 79D € 46,40

N 56°47'55" E 09°12'32" 112840

Der CP liegt entlang der 533 Viborg-Løgstør, 46 km nördlich von Viborg, 1 km nördlich vom Örtchen Strandby. Der CP ist angezeigt.

Hirtshals, DK-9850 / Nordjylland
- Hirtshals Camping***
- Kystvejen 6
- 4 Apr - 22 Okt
- +45 98 94 25 35
- info@hirtshals-camping.dk

1 ADEJMNOPQRST KNQSX 6
2 AGIJMPQRVWXYZ ABDEFGHIJK 7
3 BL ABCDEFGIJKNQRTW 8
4 FHJO F 9
5 ABDFN ABHIJOQW 10
B 10A CEE € 32,95
3,4ha 196T(100m²) 42D € 49,10

N 57°35'11" E 09°56'45" 109281

Von Aalborg Straße 39 nach Hirtshals, dann Beschilderung folgen.

Fjerritslev, DK-9690 / Nordjylland
- Klim Strand Camping*****
- Havvejen 167
- 1 Jan - 31 Dez
- +45 82 10 70 10
- info@klimstrand.dk

1 CDEJMNOPRST EGKNOPQSUVWX 6
2 GJMQRWXYZ ABCDEFGHIJK 7
3 BDFJLMNSUV ABCDEFIJKNQRTUVW 8
4 BHJOTUV DFJVY 9
5 ACDEFGHLMN ABEGHIJMNQUY 10
B 13A CEE € 46,00
24ha 150T(60-100m²) 64D € 64,80

N 57°08'02" E 09°10'16" 108747

Straße 11/29 Richtung Fjerritslev. Rund um Fjerritslev steht 'Klim' auf den Schildern; diesen folgen. In Klim Richtung Klimstrand. CP ist ausgeschildert.

Hirtshals, DK-9850 / Nordjylland
- Tornby Strand Camping***
- Strandvejen 13
- 1 Jan - 31 Dez
- +45 98 97 78 77
- mail@tornbystrand.dk

1 ACDEJMNOPQRST BEGNQSWX 6
2 AJPQRWXY ABDEFGHIJK 7
3 ABDFGJLMVX ABCDEFGHIJKNQRTW 8
4 BDFHJOPQU AFGJ 9
5 ABCDFGMN ABFGHIJMOQUVWY 10
B 10A CEE € 37,00
9,5ha 354T(80-140m²) 133D € 50,45

N 57°33'18" E 09°55'57" 100037

Auf der Straße 55 von Hjørring Richtung Hirtshals fahren. Ca. 2 km nach dem Örtchen Tornby links Richtung Tornby Strand fahren.

Fjerritslev, DK-9690 / Nordjylland
- Svinkløv Camping***
- Svinkløvvej 541
- 9 Apr - 1 Okt
- +45 50 20 25 30
- info@svinkloevcamping.dk

1 ADEJMNOPQRST KNQS 6
2 BGIJMQRUVWXYZ ABDEFGHIJK 7
3 ABFGLUV ABCDEFGHIJKNQRT 8
4 FJ FJ 9
5 ACDMN BCHIJOQUV 10
B 13-16A CEE € 32,95
H60 13,4ha 320T(80-120m²) 140D € 46,40

N 57°08'58" E 09°19'22" 110412

Straße 11, bei Fjerritslev Ausfahrt Slettestrand. Nach 5 km Ausfahrt Svinkløv.

Klitmøller/Thisted, DK-7700 / Nordjylland
- Nystrup Camping Klitmøller***
- Trøjborgvej 22
- 1 Mrz - 31 Okt
- +45 97 97 52 49
- @ nystrupcampingklitmoller.dk

1 ACDEJMNOPQRST KNPQRSUVWX 6
2 GJLQRWXYZ ABDEFGHIJK 7
3 ABFJLMSV ABCDEFIJKNQRTUW 8
4 FHJKOT FHKVY 9
5 ABDEGHMN ABFGHJMOQUVY 10
B 13A € 35,35
10ha 244T(80-120m²) 104D € 45,85

N 57°02'01" E 08°28'51" 112792

Küstenstraße 181. Von S.: hinter dem blauen Schild 'Thisted Kommune' nach 500m links. Dann angezeigt. Von N.: beim 3. Schild 'Klitmøller 1' rechts. Dann angezeigt.

Frederikshavn, DK-9900 / Nordjylland
- Nordstrand Camping A/S****
- Apholmenvej 40
- 9 Apr - 18 Sep
- +45 98 42 93 50
- info@nordstrand-camping.dk

1 ACDEJMNOPQRST EGKNQSWX 6
2 GJPQRWXYZ ABDEFGHIJK 7
3 ABDFGJLMV ABCDEFGHIJKNPQRTUVW 8
4 ABFHJO FY 9
5 ABDMN ABFGHIJMNOQUVWY 10
B 10-16A CEE € 45,30
10ha 400T(100-150m²) 126D € 62,80

N 57°27'51" E 10°31'40" 101895

Der CP befindet sich am Nordrand der Stadt Frederikshavn und ist ab Ausfahrt 40 Richtung Skagen ausgeschildert.

Løgstør, DK-9670 / Nordjylland
- Løgstør Camping
- Skovbrynet 1
- 1 Jan - 31 Dez
- +45 71 74 11 19
- camping@logstor-camping.dk

1 ADEJMNOPQRST K 6
2 GJLPQRWXY ABDEFGHIJK 7
3 AFLVX ABCDEFHIJKNQRTW 8
4 J JY 9
5 D BGHJQVY 10
B 10A CEE € 24,90
3,5ha 123T(80-100m²) 61D € 37,00

N 56°57'46" E 09°14'52" 101815

Straße 533, südlich von Løgstør ist der CP ausgeschildert.

Dänemark

Løkken, DK-9480 / Nordjylland
- Camping Rolighed***
- Grønhøj Strandvej 35
- 1 Jan - 31 Dez
- +45 98 88 30 36
- @ info@camping-rolighed.dk

1 ACDEJMNOPQRST BGNQSX 6
2 IJQRUWXYZ ABDEFGHIK 7
3 ABDFLMSVX ABCDEFGIJKNQRTU 8
4 BFGHJO FIY 9
5 ACDFJLMN ABFGHIJLMOQUVWY 10
B 13-16A CEE €34,30
2,8ha 310T(100-250m²) 120D €46,65
Auf Hauptstraße 55, 6 km südlich von Løkken nach Grønhøjstrand. Nach 800m befindet sich der CP links. 109385

Nibe, DK-9240 / Nordjylland
- Nibe Camping***
- Løgstorvej 2
- 1 Jan - 31 Dez
- +45 98 35 10 62
- @ info@nibecamping.dk

1 ACDEJMNOPQRST BGHKNQSX 6
2 GIPQRWXY ABDEFGHIK 7
3 BFJLMSV ABCDEFGIJKNQRT 8
4 FHJOQ FGJNRTV 9
5 ABDEFKMN ABHJNQUVY 10
B 13A CEE €35,25
2,5ha 133T(80-100m²) 69D €47,90
Der CP liegt an der 187, 1 km südlich von Nibe, unmittelbar am Limpfjord, nur 15 km von Aalborg. 101102

Løkken, DK-9480 / Nordjylland
- Løkken Familie Camping***
- Løkkensvej 910
- 13 Apr - 17 Okt
- +45 27 20 86 40
- @ landohenlov@gmail.com

1 ADEJMNOPQRST 6
2 JQSTWXYZ ABDEFGIJK 7
3 ACLU ABCDEFGHIJKNPQRTU 8
4 FHJO FJ 9
5 DN ABFGHIJOQUV 10
B 10A CEE €37,65
1,6ha 70T(80-120m²) 39D €53,00
Über die Landstraße 55 von Aalborg nach Hirtshals. Campingplatz dann nach 1 km hinter Løkken links. 112831

Nykøbing (Mors), DK-7900 / Nordjylland
- Jesperhus Feriepark
- Legindvej 30
- 3 Apr - 18 Okt
- +45 96 70 14 00
- @ jesperhus@jesperhus.dk

1 ACDEJMNOPRST BEGHKN 6
2 EPQRSUVWXYZ ABDEFGHIJK 7
3 BDFIJKLNRUV ABCDEFIJKNQRT 8
4 BHJOPT AFJ 9
5 ACDKLMN ABGHIKOPQUVVY 10
B 6-10A CEE €63,20
11ha 612T(40-100m²) 235D €87,40
Südlich von Nykøbing auf Mors ist an der Sallingsundbrücke der CP schon ausgeschildert. 101803

Løkken, DK-9480 / Nordjylland
- Løkken Klit Camping***
- Joergen Jensensvej 2
- 1 Jan - 31 Dez
- +45 98 99 14 34
- @ info@loekkenklit.dk

1 ACDEJMNOPQRST BFHX 6
2 JKPQRWXYZ ABDEFGHIJK 7
3 ABEFGJLMSV ABCDEFGIJKNQRTUVW 8
4 BFHJLMNOPQ DFJVY 9
5 ACDEMN ABCEGHIJMOQUY 10
B 13-16A CEE €53,10
15ha 450T(100-150m²) 310D €71,95
CP liegt an der Hauptstraße 55, 3 km südlich von Løkken. 112558

Øster Hurup/Hadsund, DK-9560 / Nordjylland
- Kattegat Strand Camping*****
- Dokkedalvej 100
- 1 Apr - 24 Sep
- +45 98 58 80 32
- @ info@922.dk

1 ACDEJMNOPQRST BGKNOPQSWXY 6
2 CGIJPQRWXY ABCDEFGHIJK 7
3 ABDFGJMNSUV ABCDEFGIJKLNQRTUVW 8
4 BHJKLNOQRSTU AJQRY 9
5 ACDEFGHKLMNO ABEFGJMOQUVY 10
B 10-16A CEE €62,55
20ha 580T(100-140m²) 181D €82,70
An der Küstenstraße 541, 2 km nördlich vom Dorf Øster Hurup gelegen. 110748

Løkken, DK-9480 / Nordjylland
- Løkken Strandcamping***
- Furreby Kirkevej 97
- 13 Apr - 25 Sep
- +45 98 99 18 04
- @ info@loekkencamping.dk

1 ACDEJMNOPQRST KNQSWX 6
2 GIJQRWXY ABDEFGHIJK 7
3 ABV ABCDEFGINQRTW 8
4 HJO AFIJY 9
5 DN AGHIJNOQW 10
10A €31,85
3,2ha 200T(100m²) 8D €46,15
Die Hauptstraße 55 nördlich am Kreisverkehr Løkken N, über die 3. Abfahrt rechts verlassen. Hinter dem Kreisel direkt rechts ab. Nach 900m auf dem Furreby Kirkevej liegt CP linkerhand. CP liegt 1,5 km vor Løkken. 100040

Pandrup, DK-9490 / Nordjylland
- Blokhus Natur Camping***
- Kystvejen 52
- 1 Mai - 30 Sep
- +45 20 77 42 44
- @ info@blokhusnaturcamping.dk

1 ADEJMNOPQRST X 6
2 JQRWXYZ ABDEFGIJK 7
3 ABFHLN ABCDEFGHIJKNPQRTW 8
4 BFHJKQ AFY 9
5 ABDMN ABCGHIJMOQUVY 10
10-16A CEE €31,60
7,5ha 210T(80-120m²) 46D €45,05
Von der 55 Richtung Rødhus oder Blokhus. Der CP liegt an der Küstenstraße zwischen Rødhus und Hune, unmittelbar an der Margeritenroute. 101101

Løkken/Ingstrup, DK-9480 / Nordjylland
- Grønhøj Strand Camping***
- Kettrupvej 125
- 8 Apr - 18 Sep
- +45 98 88 44 33
- @ info@gronhoj-strand-camping.dk

1 ACDEJMNOPQRST QSX 6
2 BJQRWXYZ ABDEFGHIJK 7
3 ABFIJLMNRSUVX ABCDEFGHIJKNPQRTUVW 8
4 BJKOQT DFY 9
5 ABCDMN ABDFGHIJOQUWY 10
B 13A €29,05
14ha 500T(100-150m²) 263D €41,15
Auf Hauptstraße 55, 6 km südlich von Løkken nach Grønhøjstrand. Nach ca. 2 km der zweite CP links. 108758

Pandrup, DK-9490 / Nordjylland
- Rødhus Klit Camping***
- Rødhusmindevej 25
- 1 Apr - 20 Sep
- +45 29 70 57 19
- @ rkc@rodhuscamping.dk

1 ADEJMNOPQRST QS 6
2 BIJQRWYZ ABDEFGHIJK 7
3 ABFJLMNSVX ABCDEFGHJKNQRT 8
4 EFHJU 9
5 ABDMN BGHJNQU 10
B 13A CEE €33,35
11ha 253T(100-300m²) 95D €46,55
Auf der Hauptstraße 55, bei Kaas 11 km nach Rødhus. Der CP befindet sich links. 109387

Løkken/Lyngby, DK-9480 / Nordjylland
- Gl. Klitgård Camping & Hytteby***
- Lyngbyvej 331
- 1 Jan - 31 Dez
- +45 98 99 65 66
- @ camping@gl-klitgaard.dk

1 ACDEJMNOPRST BGNQSWX 6
2 GIJPQPRUXYZ ABDEFGHIJK 7
3 ABFGHILMV ABCDEFGIJKNQRT 8
4 BCFHJKOQ AFIJY 9
5 ABDMN ABFGHIJOQUVVY 10
B 13A CEE €37,65
14ha 300T(85-220m²) 111D €53,10
Der CP liegt ca. 7 km nördlich von Løkken. Von der 55 Ausfahrt Lønstrup 8. Nach ca. 2 km links ab Lyngbyvej. CP liegt nach ca. 1 km rechts der Straße. 112832

Rebild/Skørping, DK-9520 / Nordjylland
- Rebild Camping Safari***
- Rebildvej 17
- 1 Jan - 31 Dez
- +45 29 13 11 72
- @ info@safari-camping.dk

1 ADEJMNOPQRST 6
2 APQWXY ABDEFGHIK 7
3 ABFJLVX ABCDEFIJNQRTW 8
4 FHJO F 9
5 ACDMN AFGHJLOQ 10
10-16A CEE €31,75
H87 6ha 235T(80-120m²) 34D €43,55
E45 Ausfahrt 33 über die 535 Richtung Rold zu der 180 Richtung Aalborg oder E45, Ausfahrt 31 über die 519 Richtung Skørping Richtung Hobro. Von der 180 dann über die Ausfahrt Skørping/Rebild. CP ausgeschildert. 101103

Lønstrup, DK-9800 / Nordjylland
- Egelunds Camping og Motel***
- Rubjergvej 21
- 8 Apr - 25 Okt
- +45 98 96 01 35
- @ info@959.dk

1 ADEJMNOPRST BGNQSWXY 6
2 IJPQXY ABDEFGHIJK 7
3 BEFLV ABCDEFGHIJKNPQRTW 8
4 FHJO FGVY 9
5 ACDEFHLMN ABGHIJNOQUVY 10
B 13A €39,00
1,4ha 70T 42D €59,20
Von der 55 aus den Hinweisen Lønstrup und Camping folgen. 112844

Sæby, DK-9300 / Nordjylland
- Hedebo Strand Camping***
- Frederiksh.vej 108
- 1 Apr - 18 Sep
- +45 98 46 14 49
- @ info@hedebocamping.dk

1 ADEJMNOPQRT BGHKNQSWXY 6
2 AHIJPQRTWXY ABDEFGHIJK 7
3 ABDFGJLMNSV ABCDEFGIJKNQRTW 8
4 FHJOPQ J 9
5 ACDHIKMN ABFGHIJNOQUVY 10
B 13A CEE €41,70
15ha 604T(50-200m²) 297D €60,50
Von der E45 die Ausfahrt 13 Sæby nehmen. Das ist die Küstenstraße 180. Nach 1 km rechts abbiegen und 50m nach dem Laden sofort wieder links abbiegen. 100042

Mou/Storvorde, DK-9280 / Nordjylland
- Frydenstrand Camping***
- Frydenstrand 58, Skellet
- 1 Jan - 31 Dez
- +45 21 44 80 11
- @ info@frydenstrand.dk

1 BDJMNOPQRST KNQSWXYZ 6
2 GIMQWXYZ ABDEFGHIK 7
3 BFMSV ABCDEFGHIJNQRTW 8
4 JQT FGIY 9
5 DN ABCGHIJMNOQ 10
B 13A CEE €35,90
3,6ha 250T(80-100m²) 56D €46,65
An der Straße 595 von Aalborg zur Ostküste (Egense) ist auf der Höhe von dem Ort Skellet der CP ausgeschildert. 101899

Saltum, DK-9493 / Nordjylland
- Saltum Strand Camping***
- Saltum Strandv. 141
- 9 Apr - 23 Okt
- +45 98 88 11 59
- @ info@saltumstrand.dk

1 ADEJMNOPQRST BFQSX 6
2 JPQRWXYZ ABDEFGHIJK 7
3 ABDFGJLMNSVX ABCDEFGHIJKNPQRTW 8
4 BDEFGHJOQ AFJUVW 9
5 ABDMN ABCGHIJOQUVY 10
10A CEE €34,85
8,6ha 310T(100-200m²) 138D €50,70
Sie verlassen Straße 55 direkt nördlich von Saltum, nach der weißen Kirche. Nach 3 km befindet sich der CP links. 101813

Dänemark

Sindal, DK-9870 / Nordjylland
- A35 Sindal Camping Danmark & Kanoudlejning****
- Hjørringvej 125
- 1 Jan - 31 Dez
- +45 98 93 65 30
- info@sindal-camping.dk

1 ACDEJM NOPQRST BGNSX 6
2 ABCKPQRWXYZ ABDEFGHIJK 7
3 BFGJLMNSUVX ABCDEFGHIJKNQRTUVW 8
4 AEFGHIJ FRVY 9
5 ABDMN ABDFGHIJMOQUWY 10
B 13-16A CEE
4,6ha 175T (100-150m²) 5D
€33,60 / €47,05
N 57°28'02" E 10°10'43" 100041

Von Süden her über die E39 Ausfahrt 3 Richtung Sindal, die 35. Nach ± 6 km liegt der CP rechts, ± 1 km vor Sindal.

Skiveren/Aalbæk, DK-9982 / Nordjylland
- Skiveren Camping****
- Niels Skiverens Vej 5-7
- 8 Apr - 30 Sep
- +45 98 93 22 00
- info@skiveren.dk

1 ACDEJM NOPQRST BGNQSWX 6
2 GIJPQRWXYZ ABCDEFGHIJK 7
3 ABDFJLMNRVX ABCDEFGIJKNQRTUVW 8
4 BDFHJQQ RSTUV DJVY 9
5 ACEFHIKMN ABDFGHIJOPQUWY 10
B 10-16A CEE
18,4ha 595T (60-140m²) 132D
€48,80 / €68,45
N 57°36'58" E 10°16'50" 108751

Von Frederikshavn der Nr. 40 nach Skagen, ca 1 km hinter Aalbæk im Kreisel links Richtung Tversted. Nach 8 km rechts ab Richtung Skiveren den CP-Schildern folgen.

Skagen, DK-9990 / Nordjylland
- CampOne Grenen Strand***
- Fyr vej 16
- 9 Apr - 23 Okt
- +45 63 60 63 61
- grenen@campone.dk

1 ACDEJM NOPRST 6
2 GJPRXYZ ABFGHIJK 7
3 BFM ABCDEFGHIJKNPQT 8
4 JO JV 9
5 ABDNO ABGIJMOQU 10
B 10A CEE
5,5ha 270T (80-110m²) 8D
€52,20 / €71,00
N 57°43'53" E 10°36'52" 112850

Campingplatz circa 400m nördlich von Skagen. Von Skagen aus Richtung Grenen. Er liegt nach 400m rechts.

Tolne/Sindal, DK-9870 / Nordjylland
- Tolne Camping
- Stenderupvej 46
- 1 Jan - 31 Dez
- +45 98 93 02 66
- info@tolnecamping.dk

1 ADEJM NOPQRST N 6
2 BIQUVWXYZ ABDEFGHIJK 7
3 ABFLMV ABEFGIJNQRT 8
4 HJOQ CFJRVWY 9
5 ABDHMN ABHIJNQUY 10
14-16A CEE
H80 32,6ha 170T (120m²) 45D
€29,60 / €38,35
N 57°29'12" E 10°18'07" 108759

Von Frederikshavn, 14 km über Straße 35 Richtung Hjørring. Danach 3 km nach Tolne, wo der CP ausgeschildert ist.

Skagen, DK-9990 / Nordjylland
- Poul Eeg Camping
- Bøjlevejen 21
- 24 Apr - 18 Sep
- +45 98 44 14 70
- info@pouleegcamping.dk

1 ACDEJM NOPQRST KNQSX 6
2 GJLPQRWXYZ ABDEFGHIJK 7
3 ABFLMSUV ABCDEFGHIJKNPQRT 8
4 JOQR DFVY 9
5 ABDHMN ABGHIJOQUVY 10
B 10A
9,5ha 420T (80-100m²) 128D
€45,85 / €62,25
N 57°44'04" E 10°36'13" 109283

N40 Richtung Grenen, weiter den Schildern folgen.

Tranum/Brovst, DK-9460 / Nordjylland
- DCU-Tranum camping***
- Solsortevej 2a
- 1 Jan - 31 Dez
- +45 98 23 54 76
- skovly@dcu.dk

1 ADEIL NOPQRST AF 6
2 BGIQRVXYZ ABDEFGHIK 7
3 ABLMSV ABCDEFGHIJKNPQRTUW 8
4 EFHJO AF 9
5 ABDMNO ABFHJOQUY 10
16A CEE
H66 3ha 153T (100-140m²) 45D
€27,30 / €39,15
N 57°08'12" E 09°27'48" 111921

Von der A11, in Birkelse oder Brovst Richtung Tranum ausfahren. Dann CP-Schildern folgen.

Skagen, DK-9990 / Nordjylland
- Råbjerg Mile Camping***
- Kandestedvej 55
- 8 Apr - 30 Sep
- +45 98 48 75 00
- info@raabjergmilecamping.dk

1 ACDEJM NOPQRST BEGNQSX 6
2 JPQRSWXY ABDEFGHIJK 7
3 ABFJLMNSVX ABCDEFGHIJKNPQRTUW 8
4 BFGHJOTU DFVY 9
5 ACDEFGMN ABGHIJMOPQUVY 10
B 10A CEE
20ha 446T (80-150m²) 125D
€39,65 / €58,50
N 57°39'19" E 10°27'01" 112849

Der CP liegt ca. 8 km nördlich von Ålbæk. Von der 40 Richtung Råbjerg Mile. Nach ca. 400m liegt der CP links.

Tversted, DK-9881 / Nordjylland
- Aabo Camping***
- Aabovej 18
- 11 Mrz - 11 Sep
- +45 98 93 12 34
- info@aabo-camping.dk

1 ACDEJM NOPQRST BGHNQSWX 6
2 ACJPQRWXY ABCDEFGHIJK 7
3 BFGJLMNSUVWX ABCDEFGHIJKNQRTUVW 8
4 BFHJLNOPQU DFIJV 9
5 ACDEFGHIMN ABGHIJOQUY 10
B 13A CEE
14ha 500T (100-150m²) 150D
€47,05 / €61,85
N 57°35'06" E 10°11'06" 108750

Straße 597 Hirtshals-Skagen. Bei der Kreuzung Tversted/Bindslev Richtung Strand/Tversted abzweigen. Nach 450m links.

Skagen, DK-9990 / Nordjylland
- Skagen Camping***
- Flagbakkevej 53-55
- 15 Apr - 4 Sep
- +45 98 44 31 23
- mail@skagencamping.dk

1 ADEJM NOPRST AF 6
2 BJPQRWXYZ ABDEFGHIJK 7
3 ABFGHJLMVX ABCDEFGHIJKNQRTUW 8
4 FHJO FV 9
5 ABDMN ABGHIJNQUVWY 10
B 10-13A CEE
5,3ha 265T (80-120m²) 60D
€39,55 / €54,60
N 57°43'12" E 10°32'25" 109389

Folgen sie Straße 40 Richtung Skagen. An der Kreuzung Gl. Skagen/Den Tilsandede Kirke rechts. Der CP ist nach dem Bahnübergang links.

Vesløs, DK-7742 / Nordjylland
- Bygholm Camping - Thy***
- Bygholmvej 27, Øsløs
- 1 Jan - 31 Dez
- +45 26 20 97 90
- info@bygholmcamping.dk

1 ADEJM NOPQRST AHKNQSX 6
2 EJPQRSWXYZ ABDEFGHIJK 7
3 ABDFJSV ABCDEFIJKNQRTW 8
4 HJOQ FY 9
5 ABDFMN ABFGHJOQUY 10
B 10-13A CEE
5ha 147T (95-125m²) 64D
€29,60 / €40,35
N 57°01'37" E 09°01'10" 100046

Über die 11/29 bis zur Tankstelle in Vesløs. Der Campingplatz ist dort ausgeschildert.

Nur bei Angabe dieses CC-Logos wird die CampingCard ACSI akzeptiert.

Siehe auch die Gebrauchsanweisung in diesem Campingführer.

Agernæs/Otterup, DK-5450 / Fyn
- DCU-Camping Flyvesandet Strand***
- Flyvesandsvej 37
- 19 Mrz - 19 Sep
- +45 64 87 13 20
- flyvesandet@dcu.dk

1 DEJM NOPQRST KNQSWX 6
2 BGIJLQRWXYZ ABDEFGHIJ 7
3 BFSV ABCDEFGIJKNQRT 8
4 BHJO 9
5 ABEMN BGHIJOQUY 10
B 13A CEE
7ha 310T (100-150m²) 103D
€33,75 / €47,45
N 55°37'13" E 10°18'04" 111289

Auf Straße Bogense-Otterup Ausfahrt Flyvesande, dann den CP-Schildern folgen.

Asperup, DK-5466 / Fyn
- Båringskov Camping**
- Kystvejen 4
- 1 Jan - 31 Dez
- +45 24 94 80 77
- info@baaringskovcamping.dk

1 DEFJM NOPQRST KNQSWXYZ 6
2 ABGJLMQWY ABDEFGIJK 7
3 AFSV ABCDEFJNQRT 8
4 JPQ FI 9
5 ABHJOUY 10
10A CEE
2,5ha 313T (80-120m²) 64D
€37,00 / €42,35
N 55°30'31" E 09°54'14" 101871

E20, Ausfahrt 57 Richtung Bogense nehmen. Richtung Båring folgen. In Båring geradeaus, dann erster CP rechts. Die Einfahrt ist halb befestigt.

Fünen

Assens, DK-5610 / Fyn

- Sandager Næs***
- Strandgårdsvej 12, Sandager
- 3 Apr - 15 Sep
- +45 64 79 11 56
- info@sandagernaes.dk

1 DEJMNOPQRST BGHKNQSWXZ 6
2 GIJQWXY ABCDEFGHIJK 7
3 BFGILMV ABCDEFIJKNQRTW 8
4 BHJOPQT FIJRVY 9
5 ACDEFKMN ABGHIJOQUWY 10
B 10A CEE ❶ €38,35
3,7ha 135T(80-140m²) 55D ❷ €56,10
N 55°20'02" E 09°53'24" 101876
E20, Ausfahrt 57 Richtung Assens. Bei Sandager rechts Schildern folgen.

Ebberup, DK-5631 / Fyn

- Aa-Strand Camping**
- Aa Strandvej 61
- 1 Apr - 17 Sep
- +45 61 12 78 28
- info@aa-strand.dk

1 ADEJMNOPRST KNPQSWXY 6
2 GIJMQWXYZ ABCDEFGHIJK 7
3 ALS ABCDEFGNQRW 8
4 FHJO AFI 9
5 ADN AHJOQY 10
B 10-16A CEE ❶ €32,30
5ha 150T(80-100m²) 44D ❷ €45,75
N 55°13'02" E 09°58'27" 101878
Straße Nr. 313 Assens-Faaborg, 2 km hinter Assens rechts ab den CP-Schildern folgen. Immer geradeaus, danach in Richtung Aa.

Assens, DK-5610 / Fyn

- CampOne Assens Strand
- Næsvej 15
- 9 Apr - 23 Okt
- +45 63 60 63 62
- assens@campone.dk

1 ACDEJMNOPQRST KNOQSXY 6
2 HJMPQRWXYZ ABDEFGHIJK 7
3 BFGJLV ABCDEFIJKNQRTW 8
4 HJOQ FY 9
5 ABDM ABGHIJOQUWY 10
B 10A CEE ❶ €34,70
6,3ha 170T(100-120m²) 9D ❷ €48,15
N 55°15'56" E 09°53'02" 101877
Straße 313 Nörre-Åby-Assens. Ab Assens Schildern Hafen und Industriegebiet folgen. Bei Zuckerfabrik kleinen Schildern folgen.

Faaborg, DK-5600 / Fyn

- Faaborg Camping***
- Odensevej 140
- 3 Apr - 18 Okt
- +45 62 61 77 94
- info@faaborgcamping.dk

1 ABDEJMNOPQRST X 6
2 PQUVXYZ ABFGHIJK 7
3 ABJLV ABCDEFGHIJKNQRTUW 8
4 BEFGHIJO BEFJVY 9
5 ABDFMNO ABCGHIJOQUWY 10
B 10A CEE ❶ €39,65
4,9ha 112T(100-140m²) 30D ❷ €55,30
N 55°06'59" E 10°14'42" 112056
Von Bøjden über den Rundweg Faaborg Straße 43 Richtung Odense fahren. Der CP ist beim 500m ausgeschildert.

Båring Vig, DK-5466 / Fyn

- First Camp Skovlund - Middlfart*****
- Kystvejen 1
- 12 Apr - 22 Sep
- +45 64 48 14 77
- mail@skovlund-camping.dk

1 ADEJMNOPQRST BGHKNQSWXY 6
2 ABGIJLQRVWXY ABDEFGHIJK 7
3 BFIJLMNSV ABCDEFGIJKNQRTUVW 8
4 JOPST FJV 9
5 ACDEFN ABFGHIJOQUVY 10
H80 7,2ha 267T(80-120m²) 108D ❶ €45,75
❷ €53,86
N 55°30'23" E 09°53'59" 110248
E20, Ausfahrt 57 Richtung Bogense. Dann Richtung Båring. In Båring geradeaus, erster CP links.

Faaborg, DK-5600 / Fyn

- Nab Strand Camping***
- Kildegaardsvej 8
- 1 Mai - 30 Aug
- +45 22 12 31 32
- info@nabstrandcamping.dk

1 ADEJMNOPRS KNPQSWXY 6
2 GIJLQUWXYZ ABDEFGHIJK 7
3 ALV ABCDEFGIJKNQRT 8
4 FHJO FRVWY 9
5 ABDMN ABFGJNQUVY 10
10A CEE ❶ €42,35
2ha 100T(100-125m²) 27D ❷ €58,50
N 55°03'51" E 10°18'50" 101910
Die 44 Faaborg-Svendborg, nach 3,5 km Ausfahrt Nab. Danach den CP-Schildern folgen.

Blommenslyst, DK-5491 / Fyn

- Blommenslyst**
- Middelfartvej 494
- 1 Jan - 31 Dez
- +45 65 96 76 41
- info@blommenslyst-camping.dk

1 ACFJMNOPQRST 6
2 APQWYZ ABDEFGIJK 7
3 A ABEFIJNQRT 8
4 JO F 9
5 ADN ABQUY 10
10A CEE ❶ €25,30
2ha 10T(80-100m²) 13D ❷ €25,30
N 55°23'21" E 10°14'52" 101907
Von der E20 die Ausfahrt 53 nehmen. Der CP liegt an der Straße Nr. 161 Middelfart-Odense. Der CP ist ab Blommenslyst ausgeschildert.

Faaborg, DK-5600 / Fyn

- Sinebjerg Camping***
- Sinebjergvej 57b
- 1 Apr - 13 Sep
- +45 62 60 14 40
- info@sinebjerg.com

1 ADEFJMNOPQRST KNQSWXY 6
2 GIJMQWXY ABDEFGHIJK 7
3 BDILMUV ABCDEFGIJKNQRT 8
4 FHJKO DFY 9
5 ABDMN ABFHIJOQUWY 10
4,5ha 210T(100-130m²) 71D ❶ €34,30
❷ €47,75
N 55°04'50" E 10°11'04" 107452
Die 8 Faaborg-Bøjden, bei Km-Pfahl 49,7 Richtung Sinebjerg und den CP-Schildern folgen.

Bogense, DK-5400 / Fyn CC€20

- First Camp Bogense City - Fyn*****
- Vestre Engvej 11
- 1 Jan - 31 Dez
- +45 64 81 35 08
- bogense@firstcamp.dk

1 ACDEJMNOPRST BEGHKMNQSUVW 6
2 GJLPQWXY ABCDEFGHIJK 7
3 BFGIJLMNSV ABCDEFGIJKNQRTUVW 8
4 FHJOQRSTV AJVY 9
5 DMN ABEFGHIJOQUVY 10
Anzeige auf Seite 131 B 13A CEE ❶ €52,45
11ha 425T(80-200m²) 95D ❷ €61,85
N 55°33'41" E 10°05'07" 112054
Ab Odense Richtung Hafen, dann den Schildern folgen.

Frørup, DK-5871 / Fyn CC€18

- Kongshøj Strandcamping***
- Kongshøjvej 5
- 1 Jan - 31 Dez
- +45 65 37 12 88
- info@kongshojcamping.dk

1 ADEJMNOPQRST KNPQSWXYZ 6
2 GJMQWXYZ ABDEFGHIJK 7
3 BFJLMNV ABCDEFGIJKNQRT 8
4 BCDFHJKOP DFY 9
5 ABDMN ABFGHIJMLOQUWY 10
B 16A CEE ❶ €33,60
6ha 120T(80-150m²) 174D ❷ €47,05
N 55°13'18" E 10°48'22" 101921
Straße Nr. 163 Nyborg-Svendborg, nach ungefähr 11 km die zweite Ausfahrt nach Tårup nehmen und den CP-Schildern Kongshøj-Strand folgen.

Bogense, DK-5400 / Fyn

- Kyst Camping Bogense***
- Østre Havnevej 1
- 1 Apr - 16 Sep
- +45 64 81 14 43
- info@kystcamping.dk

1 DEJMNOPQRST KNQSWX 6
2 GIMPQWXYZ ABCDEFGHIJK 7
3 BDLMSV ABCDEFGIJKNQRTW 8
4 BEFHJLO DEFJY 9
5 ADMN ABGHIJOQUWY 10
B 16A CEE ❶ €32,30
2,8ha 190T(80-120m²) 40D ❷ €41,70
N 55°34'04" E 10°05'00" 101870
Aus Odense oder Middelfart, in Bogense Richtung Havn fahren, dann den CP-Schildern folgen.

Hesselager, DK-5874 / Fyn CC€20

- First Camp Bøsøre Strand - Fyn*****
- Bøsørevej 16
- 1 Apr - 24 Okt
- +45 62 25 11 45
- bosore@firstcamp.dk

1 ADEJMNOPQRST EGIKNQSWXY 6
2 GJMQWXYZ ABCDEFGHIJK 7
3 BDEFGHIJLMSUV ABCDEFGIJKNPQRTUVW 8
4 ABCDEFHJKLNOPQSTUY DFVY 9
5 ACDEFHLMN ABEFGHIJOPQUVWY 10
Anzeige auf Seite 131 B 10A CEE ❶ €46,40
23,6ha 350T(100-150m²) 61D ❷ €65,25
N 55°11'36" E 10°48'23" 101922
E20, Ausfahrt 45 zur 163 Nyborg-Svendborg. Bei Langå Ausfahrt Vormark/Bøsøre und Bøsøre-CP folgen.

Bøjden/Faaborg, DK-5600 / Fyn CC€22

- CampOne Bøjden Strand*****
- Bøjden Landevej 12
- 9 Apr - 23 Okt
- +45 63 60 63 60
- bojden@campone.dk

1 ACDEJMNOPQRST BEGHIKMNOPQSUVWXYZ 6
2 GIJPQWXY ABCDEFGHIJK 7
3 BDEFJLMSUV ABCDEFGIJKLNQRTUVW 8
4 BFHJLMNOPTU DFIJOTVY 9
5 ACDEFGHKLMN ABGHIJOQUWY 10
B 10A CEE ❶ €54,60
6,5ha 308T(80-140m²) 80D ❷ €73,45
N 55°06'20" E 10°06'28" 101881
Die 323 und 329 Assens-Hårby-Faaborg. Vor Faaborg die 8 Richtung Bøjden oder die Fähre Fynshav (Süd-Jütland)-Bøjden. CP ist in Bøjden ausgeschildert.

Kerteminde, DK-5300 / Fyn

- Kerteminde Camping***
- Hindsholmvej 80
- 1 Apr - 29 Sep
- +45 65 32 19 71
- info@kertemindecamping.dk

1 ADEJMNOPQRST KNQSWXY 6
2 GJMPQWXY ABDEFGHIJK 7
3 ABJLNOV ABCDEFGIJKNQRTW 8
4 FHJOQ IJY 9
5 ABDMN ABFGHKOQUVW 10
B 10A CEE ❶ €35,65
5ha 238T(100-200m²) 82D ❷ €49,10
N 55°27'48" E 10°40'15" 109289
Der CP ist in Kerteminde am Strand (Hindsholmvej). Wird mit CP-Schildern angezeigt.

Dalby/Kerteminde, DK-5380 / Fyn

- Camp Hverringe, Bøgebjerg Strand*****
- Blæsenborgvej 200
- 5 Apr - 20 Okt
- +45 65 34 10 52
- info@camphverringe.dk

1 CDJMNOPQRST BEGKMNOPQSWXY 6
2 GIJMQVWXY ABCDEFGHIJK 7
3 ABEFGIMSUV ABCDEFGIJKNQRTUVW 8
4 BDFHJKLNOQ ADFJORUVY 9
5 ACDFMN ABFGHIJMOQUWY 10
B 10A CEE ❶ €47,05
15ha 375T(100-140m²) 31D ❷ €65,25
N 55°30'32" E 10°42'43" 101918
Ab Kerteminde Richtung Fynshoved, sofort nach Kerteminde Richtung Måle, den Schildern folgen.

Lohals/Tranekaer, DK-5953 / Fyn

- Lohals Camping***
- Birkevej 11
- 1 Jan - 31 Dez
- +45 62 55 14 60
- mail@lohalscamping.com

1 ACDEJMNOPQRST BFKNOPQSWXYZ 6
2 GJPQWXYZ ABDEFGHIJK 7
3 BJNSV ABCDEFGIJNQRW 8
4 BFHJOQSU FORV 9
5 ABDEFLMN ABFGHIJLOPQUVY 10
B 10A CEE ❶ €33,60
2,5ha 120T(100-200m²) 27D ❷ €47,05
N 55°08'03" E 10°54'24" 110909
Die Straße Rudkøping-Spodsbjerg, Ausfahrt Lohals. Dann den Schildern nach.

Wo wollen wir uns treffen?

First Camp

Entdecken Sie Skandinavien mit First Camp

Leicht auszuwählen und einfach zu buchen!

An keinem anderen Ort ist es so einfach wie auf den Campingplätzen von First Camp, unvergessliche Camping-Momente zu erleben.

Mit über 50 Reisezielen, die von Boden im Norden Schwedens bis nach Frigård im Süden Dänemarks reichen, ist für jeden etwas dabei.

Website: en.firstcamp.se | firstcamp.dk | firstcamp.de

Thurø Camping
★ ★ ★

Thurø Camping ist ein sehr gemütlicher und familienfreundlicher Camping auf einer wunderschönen Insel im südfünischen Inselmeer, 5 km von Svendborg. Wir haben neue moderne Sanitäranlagen und einen großen Spielplatz. Direkt neben einem schönen Sandstrand mit sauberem Wasser (blaue Flagge). Gute Wander- und Radmöglichkeiten. Ideal zum angeln. Dicht an vielen Sehenswürdigkeiten wie Schloss Egeskov, Naturama und Odense Zoo.

Smørmosevej 7, 5700 Svendborg/Thurø
Tel. +45 51185254
E-Mail: info@thuroecamping.dk
Internet: www.thuroecamping.dk

Dänemark

Lundeborg, DK-5874 / Fyn
- Lundeborg Strandcamping ***
- Gl. Lundeborgvej 46
- 2 Apr - 12 Sep
- +45 62 25 14 50
- ferie@lundeborg.dk
- B 6A CEE
- N 55°08'46'' E 10°46'56''
- 2,5ha 140T(80-120m²) 76D
- 1 ADEFJMNOPRST KNQSWXZ 6
- 2 GIJKPQWXYZ ABDEFGHIJK 7
- 3 BFJLSV ABCDEFIKNQRTW 8
- 4 FHJKOPQ DFY 9
- 5 ABDEFHKMN ABHIJOQUWY 10
- €35,10 / €48,30
- Die 163 Nyborg-Svendborg, Ausfahrt Lundeborg. In Lundeborg an der Kreuzung links. Den CP-Schildern bis zum 2. CP folgen. 101923

Otterup, DK-5450 / Fyn
- First Camp Hasmark Strand - Fyn ***
- Strandvejen 205
- 1 Jan - 31 Dez
- +45 64 82 62 06
- hasmark@firstcamp.dk
- N 55°33'45'' E 10°27'16''
- 12ha 500T(100-150m²) 136D
- 1 ADEJMNOPQRS BEIKNQSWX 6
- 2 GJQWXY ABDEFGHIJK 7
- 3 BFJMSVX ABCDEFGIJKNQRTUVW 8
- 4 BCDFHJNOPQRSTUVXYZ DEFJUVY 9
- 5 ACDEHLMN ABEFGHIJOQUWXY 10
- Anzeige auf Seite 131 B 10A CEE
- €50,30 / €61,05
- In Otterup an den Ampeln Richtung Hasmark; Straße bis 300m vor den Strand fahren. CP liegt rechts des Weges. 109084

Martofte, DK-5390 / Fyn
- Fynshoved Camping ***
- Fynshovedvej 748
- 1 Jan - 31 Dez
- +45 65 34 10 14
- info@fynshovedcamping.dk
- B 10A
- N 55°36'26'' E 10°37'24''
- 11ha 160T(100-150m²) 95D
- 1 DEJMNOPQRST KNOQSWXY 6
- 2 GJLPQRXYZ ABDEFGHIJK 7
- 3 AFJSV ABCDEFGIJNQRT 8
- 4 HJOQ FJ 9
- 5 ABEFMN AGHJNQUY 10
- €43,45 / €44,80
- In Kerteminde nach Fynshoved. CP ist 1,5 km vor dem Ende der Straße auf der rechten Seite. 110908

Ristinge, DK-5932 / Fyn
- Feriepark Langeland Ristinge ***
- Ristingevej 104
- 26 Mai - 28 Sep
- +45 62 57 13 29
- info@ristinge.dk
- B 10A CEE
- N 54°49'12'' E 10°38'26''
- 6ha 226T(60-140m²) 40D
- 1 ADEJMNOPRST BGKNQSWX 6
- 2 BGIJLQWXYZ ABDEFGHIJK 7
- 3 ABFJLMNSV ABCDEFGIJKNQRTW 8
- 4 BCDFHJOPQU FIVY 9
- 5 ACDEFGMN ABEFGHIJOQUWXY 10
- B 10A CEE
- €38,45 / €55,95
- Von Svendborg die 9 nach Rudkøbing/Spodsbjerg. An Rudkøbing vorbei Richtung Bagenkop. In Humble Ausfahrt Ristinge. Nach ca. 5 km CP angezeigt. 108752

Middelfart, DK-5500 / Fyn
- Vejlby Fed Strand Camping ****
- Rigelvej 1
- 8 Apr - 25 Sep
- +45 28 94 02 89
- mail@vejlbyfed.dk
- N 55°31'11'' E 09°51'00''
- 55,7ha 259T(100-140m²) 100D
- 1 ADEJMNOPQRST BGKMNQSUWXYZ 6
- 2 AHJKQRXYZ ABDEFGHIJK 7
- 3 BDFIJMNSUVW ABCDEFGIJKNQRTUVW 8
- 4 BJOLPQST EFJKQRTVY 9
- 5 ACDEFGIMN ABFHIJOQUWY 10
- B 10A CEE
- €42,75 / €61,60
- E20, Ausfahrt 58 über die 317 Bogense. 1. Kreisel dreiviertel rund, 2. Kreisel geradeaus. Ab Bogensevej ist der CP ausgeschildert. 110249

Skårup, DK-5881 / Fyn
- DCU-Camping Åbyskov Strand ***
- Skårupøre Strandvej 74
- 18 Mrz - 23 Okt
- +45 62 23 13 20
- aabyskov@dcu.dk
- 10A CEE
- N 55°04'18'' E 10°44'33''
- 4,7ha 205T(100m²) 73D
- 1 ADEILNOPQR N 6
- 2 AHIJLQWX ABDEFGHIJK 7
- 3 ABLSV ACDEFGINQRTW 8
- 4 BJO J 9
- 5 ABDMN BFHIJMORUY 10
- €40,10 / €54,05
- Straße 163 Svendborg-Nyborg, in Øster Åby den CP-Schildern folgen. 107453

Nørre Åby, DK-5580 / Fyn
- Ronæs Strand Camping ***
- Ronæsvej 11
- 1 Apr - 24 Sep
- +45 64 42 13 57
- info@camping-ferie.dk
- B 10A CEE
- N 55°26'24'' E 09°49'26''
- 4ha 125T(85-150m²) 70D
- 1 CDEJMNOPRST KNPQSWXYZ 6
- 2 AGIJQWXY ABDEFGHIJK 7
- 3 ABFGLSV ABCDEFGIJKNQRTUVW 8
- 4 FHJO DFJOTUVY 9
- 5 ABCDEFMN ABFGHIJMOQUWY 10
- €36,00 / €50,00
- E20, Ausfahrt 57 in Richtung Nørre Åby, nach 5 km auf der Straße 313 den CP-Schildern folgen. 101875

Svendborg, DK-5700 / Fyn
- Carlsberg Camping ApS ***
- Sundbrovej 19, Tåsinge
- 1 Jan - 31 Dez
- +45 62 22 53 84
- mail@carlsbergcamping.dk
- B 6A CEE
- N 55°01'56'' E 10°37'08''
- H70 8ha 300T(100-150m²) 161D
- 1 ADEJMNOPQRST BGHX 6
- 2 AIPQSUVWXYZ ABDEFGHIJK 7
- 3 BDFGJLMSUV ABCDEFGIJKNQRTU 8
- 4 BFHJOPQ EFJV 9
- 5 ABDEFJLMN AGHIJOPRSUVWY 10
- €37,00 / €57,85
- Von Svendborg aus die 9 nach Rudkøbing. Über die Brücke an der Ampel geradeaus. Nach 600m ist der CP links ausgeschildert. 101926

Nyborg, DK-5800 / Fyn
- Grønnehave Strand Camping ***
- Regstrupvej 83
- 13 Apr - 22 Sep
- +45 65 36 15 50
- info@gronnehave.dk
- 10A CEE
- N 55°21'31'' E 10°47'25''
- 7,5ha 250T(100-200m²) 86D
- 1 ACDEJMNOPQRST KNQSWXY 6
- 2 AGIJMPQWXY ABDEFGHIJK 7
- 3 BFLMSV ABCDEFGIJNQRT 8
- 4 JO FJ 9
- 5 ABDMN ABGHIJOQUY 10
- €34,45 / €46,80
- E20 Odense-Nyborg, Ausfahrt 46 links, CP ist ausgeschildert. 101919

Svendborg, DK-5700 / Fyn
- Svendborg Sund Camping ***
- Vindebyørevej 52, Tåsinge
- 3 Apr - 27 Sep
- +45 21 72 09 13
- maria@svendborgsund-camping.dk
- B 10A CEE
- N 55°03'15'' E 10°37'50''
- 5ha 170T(60-120m²) 27D
- 1 ADEJMNOPQRST KNPSUVXYZ 6
- 2 GIJQVWXYZ ABDEFGHIJK 7
- 3 ABFGLMV ABCDEFGINQRTUW 8
- 4 BFHJKOR CFRV 9
- 5 ABCDKMN ABFGHIJOQUWY 10
- €43,05 / €67,25
- Die 9, dann über die Brücke Svendborg Sund. An der Ampel sofort zweimal links, danach den CP-Schildern folgen. 109285

Nyborg, DK-5800 / Fyn
- Nyborg Strandcamping ***
- Hjejlevej 99
- 13 Apr - 22 Sep
- +45 65 31 02 56
- mail@strandcamping.dk
- B 10A CEE
- N 55°18'16'' E 10°49'30''
- 3,8ha 200T(80-100m²) 64D
- 1 DEJMNOPRST KNQSWXY 6
- 2 AGIJQWXYZ ABDEFGHIJK 7
- 3 BFLMSUV ABCDEFGINQRTW 8
- 4 JOQ J 9
- 5 ACDMN ABGHKOQU 10
- €35,50 / €42,35
- E20 Ausfahrt 45. Ab Nyborg CP-Beschilderung folgen. Der CP liegt Nähe Brücke über den Großen Belt. Nicht Richtung Grønnehave. 100081

Svendborg/Thurø, DK-5700 / Fyn
- Thurø Camping ***
- Smørmosevej 7
- 1 Apr - 18 Sep
- +45 51 18 52 54
- info@thuroecamping.dk
- B 13A CEE
- N 55°02'36'' E 10°42'36''
- 6,5ha 230T(100-140m²) 128D
- 1 ADEJMNOPRT KMNOPQSUWXY 6
- 2 AGJKPQWXYZ ABDEFGHIJK 7
- 3 BDFGJLMSV ABCDEFGIJNQRTUW 8
- 4 BCEFHJOX FY 9
- 5 ACDEMN ABHIJOQUY 10
- Anzeige auf dieser Seite
- €34,30 / €61,70
- Von Svendborg über den Damm (Brücke) Richtung Grasten. 2. Ausfahrt links. Am Wegesende der Rechtskurve folgen. Dann der Beschilderung folgen. 101928

Teilkarte Fünen auf Seite 129

Tårup/Frørup, DK-5871 / Fyn
- Tårup Strand Camping
- Lersøy Alle 25
- 1 Apr - 25 Sep
- +45 65 37 11 99
- mail@taarupstrandcamping.dk
- B 10A CEE
- N 55°14'14" E 10°48'28"

1 ADE**JM**NOPQRST K**N**PQSWXYZ 6
2 GIJKLQUVWXYZ ABDE**FG**HIJK 7
3 BFG**L**MSV ABCDE**FI**JKNQRTW 8
4 FHJK F 9
5 ACDMN ABDGHJQQUY10
11ha 140**T**(80-120m²) 106**D**
① €36,05
② €49,50
101920

Die 163 Nyborg-Svendborg, nach ca. 10 km die 1. Ausfahrt Tårup nehmen und den CP-Schildern Tårup-Strand folgen.

Tranekær, DK-5953 / Fyn
- Feriepark Langeland -Emmerbølle Strand****
- Emmerbøllevej 24
- 3 Apr - 13 Sep
- +45 62 59 12 26
- info@emmerbolle.dk
- B 10A CEE
- N 55°02'01" E 10°50'56"

1 ADE**JM**NOPRST B**G**KNPQSWXYZ 6
2 G**J**QVWXYZ ABCDE**FG**HIJK 7
3 ABDFG**JM**NSV ABCDE**FG**IJKNQRTUVW 8
4 BCDFHJKLO**PQ**RT ADFJUV 9
5 ACDEFG**HKM**N ABEFGHIJOQUWY10
15ha 300**T**(60-160m²) 106**D**
① €41,00
② €61,75
108753

E20 Richtung Odense-Svendborg. Weiter die A9 Richtung Langeland. Dann in nördliche Richtung auf der 305. 5 km nördlich von Tranekær links abbiegen zum Emmerbølle Strand.

Albuen/Nakskov, DK-4900 / Sjælland
- Camping Albuen Strand
- Vestensnæsvej 70
- 23 Mrz - 21 Okt
- +45 21 26 39 19
- albuencamping@gmail.com
- N 54°47'30" E 10°58'55"

1 DE**JM**NOPQRST AGKNQX 6
2 GJPQRXYZ ABDE**FG**HIJK 7
3 BFGMSV ABCDEFGIJKNQRTVW 8
4 BHJO FVY 9
5 ABDN ABGHIJM**O**QUY10
B 16A CEE
10ha 194**T**(100-200m²) 56**D**
① €33,20
② €46,95
101940

Ab Nakskov Richtung Vestenskov/Langø. CP dann ausgeschildert.

Askeby, DK-4792 / Sjælland
- Møn Camping Hårbølle Strand*
- Hårbøllevej 87
- 1 Apr - 1 Okt
- +45 26 74 95 63
- info@moencamping.dk
- N 54°52'59" E 12°09'09"

1 DE**JM**NOPQR**T** KNQSX 6
2 GIJQRXYZ ABDE**FG**I 7
3 B ABDEFNQRT 8
4 H V 9
5 ABDEHN ABIJQ10
6A CEE
3,6ha 72**T** 8**D**
① €36,30
② €45,75
101979

Straße 287 von Bogø nach Stege. Nach Bogø 1. Straße rechts Richtung Hårbølle. Beschilderung folgen.

Dänemark

Assentorp/Stenlille, DK-4295 / Sjælland
- Assentorp Camping***
- Højbodalvej 35
- 1 Jan - 31 Dez
- +45 20 64 44 53
- ac@assentorp-camping.dk
- N 55°33'29" E 11°34'19"

1 ADEJMNOPRST B 6
2 ABPQRUXYZ ABF**FG**HJK 7
3 ABFGJMSV ABCDEF**J**NQRW 8
4 FJOPQ FY 9
5 ABDEMN IQUY 10
10-13A CEE
6ha 135T(100m²) 55**D**

① €24,20
② €24,20
100085

Ortsmitte Stenlille über die 57 oder 255. Dann die Ausfahrt Assentorp und der Beschilderung folgen.

Bildsø/Slagelse, DK-4200 / Sjælland
- Bildsø Camping
- Drøsselbjergvej 42A
- 18 Mrz - 21 Okt
- +45 22 58 64 12
- honda@privat.dk
- N 55°27'18" E 11°12'37"

1 ADEJMNOPRT KNQSV 6
2 BGJMPQXYZ ABDE**FG**HIK 7
3 FV ABCDEFIJNQR 8
4 J DF 9
5 ABDEF**JN** AHIJQUV 10
B 10A
2,1ha 100T(100m²) 44**D**

① €32,95
② €45,05
109304

Die E20 Halskov-Kopenhagen, Ausfahrt 41, die 277 Richtung Kalundborg. Nach 10 km in Bildsø links und den CP-Schildern folgen.

Bjerge Strand, DK-4480 / Sjælland
- Urhøj Camping***
- Urhøjvej 14
- 1 Apr - 20 Okt
- +45 59 59 72 00
- feilskov@urhoej-camping.dk
- N 55°34'43" E 11°09'19"

1 ADEFJMNOPQRST KNQSX 6
2 HIJLQRUVXYZ AB**DEFG**I 7
3 BFJMV ABCDEF**I**NQRTW 8
4 FJOQ JV 9
5 ABDEFIKM**N** ABFGHJOQY 10
10A CEE
11ha 400T(100-120m²) 128**D**

① €31,60
② €42,90
101934

Auf dem Parallelweg links der 22 von Slagelse-Kalundborg. In Höhe des Ortes Bjerge, 1. Schild CP 1 km folgen. Dann rechts abbiegen & dem Schild Urhøj Camping für ca 1,5 km über einen halbgepflasterten Weg folgen.

Boeslunde, DK-4242 / Sjælland
- Boeslunde Camping***
- Rennebjergvej 110
- 1 Jan - 31 Dez
- +45 58 14 02 08
- info@campinggaarden.dk
- N 55°17'23" E 11°15'54"

1 ADE**JM**NORST BDG 6
2 PQRWXYZ ABDE**FG**HIJK 7
3 BFG**HIJL**MV ABEFG**IJ**KNPQRTW 8
4 BEFHJNOQ DFGIJKY 9
5 ABDFJMN ABFGHKMOQUVY 10
B 6-16A CEE
5,4ha 150T(100-160m²) 80**D**

① €34,50
② €48,65
100083

Von Skaelskor aus via Straße 259 nach Slagelse. An Kreuzung und Schild Boeslunde nach 4 km links. Siehe Beschilderung.

Borre, DK-4791 / Sjælland
- Camp Møns Klint****
- Klintevej 544
- 12 Apr - 31 Okt
- +45 55 81 20 25
- info@campmoensklint.dk
- N 54°58'48" E 12°31'26"

1 DEGJMNOPQRST BN 6
2 BEQRSUVWXYZ ABDE**FG**HIJ 7
3 BF**HJ**LMNSV ABCDE**FG**IJKNQRT 8
4 ABCDEFH**J**OT BIJRV 9
5 ACDFGHIKMN AFHIJOQ 10
Anzeige auf Seite 135 B 10A CEE
H100 13,2ha 400T 130**D**

① €55,30
② €78,40
101992

An der Straße 287 Stege-Møns Klint. Kurz vor Møns Klint, an der Straße angezeigt.

Dannemare, DK-4983 / Sjælland
- Hummingen Camping***
- Pumpehusvej 1
- 5 Apr - 19 Okt
- +45 54 94 61 61
- mail@hummingencamping.dk
- N 54°43'05" E 11°13'36"

1 ADE**JM**NOPQRT BGHNQX 6
2 JKQWXY ABDE**FG**HIJK 7
3 BF**J**SV ABE**FG**IJKNQRTVW 8
4 BJKO FJ 9
5 ACDMN AFGHJQUVWY 10
B 10-13A
7,5ha 143T(60-150m²) 48**D**

① €34,15
② €47,60
109817

E47, Ausfahrt 49 Richtung Nakskov. Dann Richtung Rødbyhaven. Beschilderung folgen, von Rødbyhaven die 275. Richtung Kramnitze. CP ist angezeigt.

Fakse, DK-4640 / Sjælland
- Feddet Strand Camping Resort****
- Feddet 12
- 1 Jan - 31 Dez
- +45 56 72 52 06
- info@feddetcamping.dk
- N 55°10'28" E 12°06'07"

1 DE**J**MNOPQRST EGKNQRSUVWXYZ 6
2 ABGIJQRWXYZ ABCDE**FG**HIJK 7
3 BDEFG**HIJL**MQSUVWX ABCDE**FG**IJKNQRTUV 8
4 ABCDF**H**JKLMNO**PQR**STUXZ ABDEFGJKNRVY 9
5 ACDEFGHILMN ABFGHIJLMOQUVWXY 10
B 10A CEE
16ha 400T(110-150m²) 292**D**

① €82,70
② €111,65
101975

Straße Nr. 209 von Faxe nach Præstø. Bei Vindbyholt in Richtung Süden, Beschilderung.

Faxe Ladeplads, DK-4654 / Sjælland
- Faxe Ladeplads Camping***
- Hovedgaden 87
- 1 Jan - 31 Dez
- +45 23 95 03 26
- bensus1@hotmail.com
- N 55°13'20" E 12°10'43"

1 ABDEILNOPQRST 6
2 AGJPQXY ABDE**FG**IK 7
3 AMU ABCDE**FG**IJKNQRTW 8
4 J F 9
5 ABEH AHJOQU 10
B 10A CEE
1,7ha 89T(50-100m²) 43**D**

① €30,95
② €44,50
112042

E55, Ausfahrt Faxe. Straße 154 durch Faxe folgen. Der Beschilderung Faxe Ladeplads folgen. Am Ende der Straße im Dorf links abbiegen. CP nach 700m.

Føllenslev, DK-4591 / Sjælland
- Vesterlyng Camping***
- Ravnholtvej 3, Havnsø
- 1 Apr - 24 Okt
- +45 59 20 00 66
- info@vesterlyng-camping.dk
- N 55°44'35" E 11°18'31"

1 ADEJMNOPQRS**T** B**GN**PQSWX 6
2 IJPQUXYZ ABDE**FG**HIJNQRTW 7
3 ABF**J**SV ABCDE**FG**HIJNQRVW 8
4 BCDFGHJO ADFLY 9
5 ABDFKM**N** ABGHIJO**Q**UVY 10
B 10A CEE
6ha 304T(100-120m²) 130**D**

① €38,45
② €52,70
107454

Die 21, Kopenhagen-Holbæk zur Straße 23 Ri. Kalundborg, 1. Kreuzung nach Jyderup, an Ampel rechts (225). Am Kreisverkehr Snertinge geradeaus. CP-Schildern folgen.

Fredensborg, DK-3480 / Sjælland
- Fredensborg Camping**
- Humlebækvej 31
- 1 Jan - 31 Dez
- +45 49 19 44 48
- info@fredensborgcamping.dk
- N 55°58'04" E 12°27'22"

1 ABDEJMNOQRS X 6
2 ABJPQSUXYZ ABDE**FG**HI 7
3 AB**HIL**V ABCDEF**IJ**KNQRVW 8
4 JO F 9
5 BDMN BIJQUWY 10
6-10A
4,8ha 125T(100-120m²) 73**D**

① €32,30
② €43,05
101988

Auf E47 Ausfahrt 5 Richtung Fredensborg (ca. 3 km) oder Straße 6 zwischen Fredensborg und Helsingør bei Kilometerstein 12.2 Richtung Süden.

Frederiksværk, DK-3300 / Sjælland
- Frederiksværk Danhostel Citycamping**
- Strandgade 30
- 1 Jan - 31 Dez
- +45 23 44 88 44
- post@fredfyldt.dk
- N 55°58'19" E 12°00'53"

1 ADEJMNOPQRT N X 6
2 BDEPQTXYZ ABDE**FG**HIJ 7
3 A**LM**NV ABCDEFGHIJNQRT 8
4 FHJO ADEFGLUVW 9
5 DJN AFHJMNQ 10
B 10A CEE
3,7ha 70T(130m²) 53**D**

① €26,90
② €26,90
100076

CP ist in der Nähe der Jugendherberge, westlich des Rings. In Frederiksværk zuerst Richtung Zentrum (=Ring) bis der CP ausgeschildert ist.

Greve, DK-2670 / Sjælland
- Hundige Strand Familiecamping**
- Hundige Strandvej 72
- 1 Jan - 31 Dez
- +45 20 21 85 84
- info@hsfc.dk
- N 55°35'38" E 12°20'34"

1 ABDEFJMNOPQRS**T** KN**O**QX 6
2 AGJPQWXYZ ABDE**FG**IJKNQRTW 7
3 B**L**V ABCDEFGIJKNQRTW 8
4 HJO FNR 9
5 DGMN ABFGHIJLM**O**QUVY 10
B 13-16A CEE
5,7ha 250T(100-150m²) 118**D**

① €35,90
② €49,35
101969

Nördlich von Greve. Die E20/E47/E55, über die Ausfahrt 27 Richtung Hundige (ca. 2,4 km). Ausgeschildert an Straße 151, nach 315m um 360° wenden.

Guldborg, DK-4862 / Sjælland
- Guldborg Camping I/S****
- Guldborgvej 147
- 1 Jan - 31 Dez
- +45 51 51 77 87
- info@guldborg-camping.dk
- N 54°51'54" E 11°44'11"

1 BDE**JM**NOPQRS KNQSTVWXYZ 6
2 ABGMPQWXYZ AB**FG**IK 7
3 BFMSV ABCDE**GI**JKNQRTW 8
4 HJ FJVY 9
5 ADHJKMN ABGHIJMOQU 10
B 10A CEE
3,3ha 115T(80-160m²) 37**D**

① €31,45
② €43,55
101953

E47, Ausfahrt 45 Guldborg. Im Ort ist der CP ausgeschildert.

Helsingør, DK-3000 / Sjælland
- Helsingør-Grønnehave Camping**
- Strandalléen 2
- 1 Jan - 31 Dez
- +45 49 28 49 50
- camping@helsingor.dk
- N 56°02'38" E 12°36'15"

1 BDEJMNOQRST KNQSX 6
2 AHJPQRWXY ABDE**FG**IJ 7
3 A**L**U AB**F**JNQRTW 8
4 FH**T** DFV 9
5 ABDEM**N** AGHIKM**O**QWY 10
B 16A CEE
1ha 100T(80m²) 13**D**

① €37,00
② €46,40
101986

An der 237 Helsingør-Hornbæk angezeigt.

Hillerød, DK-3400 / Sjælland
- Hillerød Camping***
- Blytækkervej 18
- 9 Apr - 25 Sep
- +45 48 26 48 54
- info@hillerodcamping.dk
- N 55°55'26" E 12°17'44"

1 ABCDEF**JM**NOPQRS**T** 6
2 AQTXYZ ABDE**FG**HIJK 7
3 B**F**L**S**V ABCDEFIJKNQRTW 8
4 E**HJ**O**X** DFJ 9
5 ABDMN ABFGHJOQY 10
B 10-13A CEE
2,2ha 110T(100m²) 35**D**

① €37,65
② €52,45
101963

Beschilderung Richtung Hillerød-S folgen. Dort ausgeschildert.

Holbæk, DK-4300 / Sjælland
- CampOne Holbaek Fjord***
- Sofiesminde Allé 1
- 1 Jan - 31 Dez
- +45 63 60 63 63
- holbaek@campone.dk
- N 55°43'05" E 11°45'40"

1 ADE**JM**NOPRS DGNX 6
2 AGIPQUXY ABDE**FG**HIK 7
3 B**F**LSV ABCD**FG**IJNQRTW 8
4 BCF**H**JOR**TUX** DEFV 9
5 ABDMN ABGHJOQUY 10
B 10-16A CEE
5ha 225T(80-120m²) 123**D**

① €40,35
② €53,80
112033

Von Kopenhagen aus die 21, Ausfahrt 15, Kreisel Richtung Holbæk (10 km). Ortseinfahrt Holbæk rechts ab. Ausgeschildert.

Hornbæk, DK-3100 / Sjælland

- ▲ DCU Camping Hornbæk***
- 🏕 Planetvej 4
- 🕑 1 Jan - 31 Dez
- ☎ +45 49 70 02 23
- @ hornbaek@dcu.dk

1	BDE**JM**NOPQRST	6
2	PQUXY	ABDE**FG**HIJK 7
3	AB**FL**MSV	ABCDEFIJKNQRTW 8
4	HJO	FJY 9
5	ADMN	BGHIJ**O**QUY 10
B 16A CEE		❶ €40,10
7,5ha 340T(130m²) 108**D**		❷ €54,05

📍 N 56°05'02" E 12°28'20" — 101984

🚗 In Hornbæk Richtung Saunte, Beschilderung folgen. Gut ausgeschildert.

Jægerspris, DK-3630 / Sjælland

- ▲ DCU-Camping Kulhuse***
- 🏕 Kulhusvej 199
- 🕑 19 Mrz - 24 Okt
- ☎ +45 47 53 01 86
- @ kulhuse@dcu.dk

1	ABDEFG**JM**NOPQRS	KN**QS** 6
2	GJPQVWXY	ABDE**FG**HIK 7
3	B**FJ**SV	ABCDEFGIJKNQRTW 8
4	JO	AF 9
5	ABDM**N**	ACHIJ**O**QUY 10
B 10A		❶ €33,60
13,5ha 225T(100-120m²) 124**D**		❷ €47,35

📍 N 55°55'51" E 11°54'33" — 101945

🚗 Die 207 Frederikssund-Jægerspris-Kulhuse folgen. Im Sommer verkehrt die Fähre zwischen Kulhuse und Sølager.

Hørve, DK-4534 / Sjælland

- ▲ Sanddobberne Camping***
- 🏕 Kalundborgvej 26D
- 🕑 1 Apr - 23 Okt
- ☎ +45 61 19 09 10
- @ mail@sanddobberne-camping.dk

1	ADE**JM**NOQRST	KN**P**QSX 6
2	HIJMQRUXYZ	ABDE**FG**HIK 7
3	AB**L**MSV	ABCDEFIJKNQRTW 8
4	**A**BCDFHJO	DFNRVY 9
5	ABDEF**JM**N	ABFHIJNQUY 10
B 6A CEE		❶ €40,35
5,6ha 220T(100m²) 115**D**		❷ €56,50

📍 N 55°46'30" E 11°22'50" — 101930

🚗 Straße 225 Slagelse-Nykobing Sj. Nach Ort Starreklinte das 2. CP-Schild.

Kalundborg, DK-4400 / Sjælland

- ▲ Ugerløse Feriecenter Motel og Camping***
- 🏕 Græsmarken 17
- 🕑 1 Apr - 1 Okt
- ☎ +45 59 50 43 23
- @ info@feriecentret.dk

1	ADE**J**MNOPQRS**T**	AKN**P**QSWXY 6
2	HIJMQWXYZ	ABDE**FGI** 7
3	A**FJ**MSV	ABE**F**IJNQRTU 8
4	FHJO	FGO 9
5	ABDFN	AHJN**Q**UV 10
B 10A CEE		❶ €31,60
5ha 110T(70-140m²) 89**D**		❷ €47,75

📍 N 55°37'18" E 11°07'05" — 108760

🚗 Straße 22 Slagelse-Kalundborg. Ab Ugerløse (7 km vor Kalundborg) den CP-Schildern folgen.

Hundested, DK-3390 / Sjælland

- ▲ Byaasgaard Camping***
- 🏕 Amtsvejen 340
- 🕑 1 Apr - 1 Okt
- ☎ +45 47 92 31 02
- @ info@byaas.dk

1	ACDEJMNOPQRST	KNPQRSV**XY**Z 6
2	HIKLPQUVWXYZ	AB**FG**HIJK 7
3	B**F**LSV	ABCDEFGHIJKNPQRTW 8
4	FHJK	BFNRV 9
5	ABDHJM**N**	ABGIJMN**P**QUY 10
B 6-13A CEE		❶ €31,60
12ha 294T(90-150m²) 158**D**		❷ €42,35

📍 N 55°57'49" E 11°57'23" — 101962

🚗 Der Beschilderung ab der 16 Frederiksværk-Hundested 6 km ab Frederiksværk oder Hundested folgen. Gut ausgeschildert. Im Sommer fährt die Fähre zwischen Sølager und Kulhuse.

Kalundborg/Saltbæk, DK-4400 / Sjælland

- ▲ Kalundborg Camping**
- 🏕 Saltbækvej 88
- 🕑 1 Jan - 31 Dez
- ☎ +45 93 88 79 00
- @ info@kcamping.dk

1	ADE**JM**NOPQRST	**XY** 6
2	BMQRSXYZ	ABDE**FG**HIJK 7
3	B**FJ**LMSUV	ABCD**F**JNQR 8
4	BCFHJ	F 9
5	ABDEFM**N**	ABHIJ**O**QVY 10
10-16A CEE		❶ €30,95
3,5ha 88T(120-180m²) 58**D**		❷ €39,00

📍 N 55°43'43" E 11°06'42" — 101931

🚗 In Kalundborg an erstem Kreisel CP-Schilder folgen nach Saltbæk, ungefähr 5 km.

Hundested/Tømmerup, DK-3390 / Sjælland

- ▲ Rosenholm Camping***
- 🏕 Torpmaglevej 58
- 🕑 1 Jan - 31 Dez
- ☎ +45 53 55 20 49
- @ kontakt@rosenholm-camping.dk

1	ABFJMNOPQRST	6
2	JMPQUWXYZ	ABDE**FG**HIJK 7
3	B**L**SUV	ABCDE**FH**INQRTW 8
4	HJ	B 9
5	ABDMN**O**	ABGHJOQUY 10
B 10-13A		❶ €20,15
7,5ha 200T(90-120m²) 162**D**		❷ €28,25

📍 N 55°58'00" E 11°54'23" — 101941

🚗 An der 16 Hundested-Frederiksværk angezeigt. In Amager Huse abfahren Richtung Tømmerup.

Keldby, DK-4780 / Sjælland

- ▲ Keldby Camping Møn***
- 🏕 Pollerupvej 3
- 🕑 1 Jan - 31 Dez
- ☎ +45 41 16 93 03
- @ keldby@campingmoen.dk

1	ADE**JM**NOPQRST	6
2	PQRVWXYZ	ABDE**FG**HIJK 7
3	BFG**L**MU	ABCDE**FG**IJKNQRT 8
4	JO	FJ 9
5	ACDMN	ABGHJOQUV 10
B 10A CEE		❶ €36,70
3,7ha 120T(100-150m²) 44**D**		❷ €51,50

📍 N 54°59'27" E 12°21'31" — 101977

🚗 Straße 287 von Stege nach Møns Klint. CP ist an dieser Straße. Kurz nach Keldby, gegenüber des Golfplatzes.

Idestrup, DK-4872 / Sjælland

- ▲ Marielyst Ny Camping***
- 🏕 Sildestrup Øv. 14a
- 🕑 1 Jan - 31 Dez
- ☎ +45 24 44 16 50
- @ ferie@marielystnycamping.dk

1	ADE**JM**NOPQRST	6
2	JPQRWXYZ	ABD**EFG**IJK 7
3	BF**JL**MV	ABCDE**FGI**JKNQRTUV 8
4	J	FV 9
5	ABDIM**N**	ABFGHOQUVWXY 10
B 10A		❶ €35,90
6,5ha 245T(80-180m²) 89**D**		❷ €49,25

📍 N 54°42'46" E 11°58'46" — 101982

🚗 E55 Nyköbing-Gedser, Ausfahrt Marielyst. Im Kreisel Marielyst Strandparken, noch etwa 3 km.

Køge, DK-4600 / Sjælland

- ▲ Køge & Vallø Camping***
- 🏕 Strandvejen 102
- 🕑 1 Apr - 30 Sep
- ☎ +45 56 65 28 51
- @ info@valloecamping.dk

1	ADE**JM**NOPQRST	KN**Q**SX 6
2	GJLPQRSWXYZ	ABDE**FG**IJK 7
3	B**J**LMUV	ABCDEFGIJKNQRSTW 8
4	F**J**O	FV 9
5	ABDMN	ABFGHIK**O**QUY 10
B 6-13A		❶ €35,65
16ha 215T(80-120m²) 250**D**		❷ €49,10

📍 N 55°26'45" E 12°11'31" — 101971

🚗 Ausgeschildert in Køge entlang der 151. Folgen Sie der Straße Nr. 261 oder 209. Nach 1,5 km an der rechten Straßenseite.

Ishøj, DK-2635 / Sjælland

- ▲ Tangloppen Camping***
- 🏕 Tangloppen 2
- 🕑 1 Apr - 1 Okt
- ☎ +45 22 90 33 21
- @ mail@tangloppen.dk

1	ADE**JM**NOPQRS**T**	KNPQSX**Y**Z 6
2	AGJPQRWXY	ABDE**FG**IJK 7
3	B**L**MSV	ABCDEFG**IN**QRTW 8
4	FHJOR	DFGNRTV 9
5	ABDMN	ABGHIKM**O**PQUVY 10
B 10-13A CEE		❶ €38,85
5ha 195T 43**D**		❷ €53,65

📍 N 55°36'25" E 12°22'45" — 101968

🚗 E47/55 Ausfahrt 26, Richtung Ishøj; geradeaus bis zum Meer.

Korsør, DK-4220 / Sjælland

- ▲ Lystskov Camping***
- 🏕 Korsør Lystskov 2
- 🕑 1 Apr - 30 Sep
- ☎ +45 58 37 10 20
- @ info@lystskovcamping.dk

1	ADE**JM**NOPQRST	6
2	APQUWXY	ABDE**FG**HIK 7
3	A**JL**MSV	ABCDE**FI**NQRT 8
4	FHJ	F 9
5	ABDM**N**	ABGHJOV 10
B 10A CEE		❶ €26,90
3ha 80T(100m²) 32**D**		❷ €36,05

📍 N 55°19'24" E 11°11'11" — 101937

🚗 An der Straße 265 Korsør-Skælskør.

Teilkarte Seeland auf Seite 133 — **135**

Dänemark

Nakskov Fjordcamping ★ ★ ★

Nakskov Fjordcamping liegt in einem malerischen Gebiet mit kinderfreundlichen, sauberen Stränden. Am Campingplatz ist ein Yachthafen. Die Anlage bietet ganzjährig luxuriöse Wanderhütten. Sondertarif für Reisemobile.

Hestehovedet 2, 4900 Nakskov · Tel. 54951747
E-Mail: info@nakskovfjordcamping.dk
Internet: www.nakskovfjordcamping.dk

Nakskov, DK-4900 / Sjælland
- Nakskov Fjordcamping★★★
- Hestehovedet 2
- 19 Mrz - 18 Okt
- +45 54 95 17 47
- info@nakskovfjordcamping.dk
- 1 ADE**JM**NOPQRST   EGKNQS**X**YZ 6
- 2 GJQRXY   ABDE**FG**HIJK 7
- 3 BFG**JL**V   ABCDE**FGI**JNQRTU 8
- 4 BCDJO   EFJV 9
- 5 ABDL   ABGHIJOQUXY 10
- Anzeige auf dieser Seite   B 10A CEE
- 4,9ha 200**T**(100m²) 65**D**   €29,60 / €40,35
- N 54°49'59"   E 11°05'27"
- Ab Zentrum: Richtung Hestehoved, CP ist ausgeschildert.   101939

Nivå, DK-2990 / Sjælland
- Nivå Camping★★
- Søylst Allé 14
- 28 Mrz - 10 Okt
- +45 49 14 52 26
- info@nivaacamping.dk
- 1 ABDEFJMNOPQRST   KN 6
- 2 ABEGJQUXYZ   ABDE**FG**HIJK 7
- 3 B**L**MSV   ABCDE**FG**INQRW 8
- 4 JO   EFJVY 9
- 5 ABDM**N**   ABCFGHJOQUY 10
- 16A CEE   €34,85 / €46,95
- 4,5ha 200**T**(100-150m²) 62**D**
- N 55°56'24"   E 12°31'00"
- Vom Süden: die E47/55, Ausfahrt 6 Richtung Nivå. Vom Norden: die 152 entlang der Küste nach Nivå Havn.   101989

Kragenæs, DK-4943 / Sjælland
- Kragenæs Marina Lystcamp★★★
- Kragenæsvej 84
- 1 Apr - 19 Okt
- +45 54 93 70 56
- info@kragenaes.dk
- 1 ACDE**JM**NOPQRST   KNQSUV**X**YZ 6
- 2 GMPQRWXYZ   ABDE**FG**HIK 7
- 3 BEF**JL**MSV   ABCDE**FG**IJKNQRT 8
- 4 FHJO   FQRV 9
- 5 ACDKM**N**   AGHIJOQWXY 10
- B 10A CEE   €34,15 / €47,60
- 3ha 100**T**(100-130m²) 32**D**
- N 54°54'53"   E 11°21'27"
- Von der 289, Ausfahrt Kragenæs.   101938

Nykøbing (Falster), DK-4800 / Sjælland
- Falster City Camping★★
- Østre Allé 112
- 1 Apr - 1 Nov
- +45 61 65 65 93
- city.campin.dkg@gmail.com
- 1 ABDEJMNOPRST   NQS 6
- 2 BPQXYZ   ABDE**FG**HIJ 7
- 3 BF**KN**V   ABCDEFGINQRT 8
- 4 HJO   V 9
- 5 D**N**   AFGHIJQU 10
- 10A   €26,90 / €37,65
- 3,7ha 167**T** 39**D**
- N 54°45'44"   E 11°53'41"
- Ab Nykøbing fahren Sie die E55 Richtung Gedser. Beschilderung außerhalb der Stadt folgen.   101955

Kramnitze/Rødby, DK-4970 / Sjælland
- Western Camp
- Noret 2
- 1 Mai - 9 Aug
- +45 54 94 61 00
- mail@westerncamp.dk
- 1 ADEG**JM**NOPQRST   KNQSWXY 6
- 2 GJMQRWXYZ   ABDE**FG**HIJ 7
- 3 BFMV   ABCDE**FGI**JNQRTW 8
- 4 BDOP   FIJ 9
- 5 ABDHKMN   ABHIJOQUXY 10
- B 10A CEE   €32,55 / €47,35
- 6,5ha 170**T**(80-150m²) 89**D**
- N 54°42'35"   E 11°15'24"
- Aus dem Norden E47, Ausfahrt 49 Richtung Nakskov. Dann Richtung Rødbyhavn. Schildern folgen. Von Rødbyhavn Straße 275 Richtung Kramnitze.   109291

Nyrup/Kvistgård, DK-3490 / Sjælland
- Nyrup Camping★★★
- Kongevejen 383
- 1 Jan - 31 Dez
- +45 49 13 91 03
- info@nyrupcamping.dk
- 1 ABEJMNOPQRST   X 6
- 2 APQUWXY   AB**FG**JK 7
- 3 AB**JL**SV   ABE**FGI**JNQRTW 8
- 4 DH   F 9
- 5 ABDJMN   ABGHJQY 10
- B 10A CEE   €26,90 / €36,30
- 2ha 100**T**(80-90m²-100m²) 73**D**
- N 56°00'04"   E 12°30'56"
- Von Süden die E47/55 Ausfahrt 4 links ab auf die 235. Dann rechts ab auf die 229 Richtung Kvistgård ausgeschildert. Von Norden die 6, links die 229.   112027

Maribo, DK-4930 / Sjælland
- Maribo Sø Camping★★★
- Bangshavevej 25
- 1 Jan - 31 Dez
- +45 54 78 00 71
- info@maribo-camping.dk
- 1 ADE**JM**NOPRST   LNQSU**X**YZ 6
- 2 ABEJQXYZ   ABDE**FG**HIJK 7
- 3 AB**L**M   ABCDE**FG**IJNQRT 8
- 4 FJO   FJNQRV 9
- 5 ABDN**O**   AGHIJQUWXY 10
- B 16A   €34,15 / €47,50
- 3ha 200**T**(100m²) 16**D**
- N 54°46'18"   E 11°29'36"
- E47, Ausfahrt 48, Straße 153 ins Zentrum. CP nach 300m.   101956

Nysted, DK-4880 / Sjælland
- Nysted Strand Camping★★★★
- Skansevej 38
- 1 Jan - 31 Dez
- +45 54 87 09 17
- info@nystedcamping.dk
- 1 ADE**JM**NOPRST   KNQSVW**X**Z 6
- 2 GJPQWXYZ   ABDE**FG**HIJK 7
- 3 BFGIMV   ABCDFGIJKNQRTV 8
- 4 EFHJO   DFIJLMRVXY 9
- 5 ABDEFGM**NO**   ABFGHIJOQUVW 10
- B 16A   €36,60 / €48,95
- 3ha 173**T**(80-120m²) 37**D**
- N 54°39'15"   E 11°43'54"
- Die 283 Sakskøbing-Nysted. In Nysted Zentrum, der Beschilderung folgen.   101957

Marielyst/Væggerløse, DK-4873 / Sjælland
- Østersøparken
- Bøtøvej 243
- 3 Apr - 27 Sep
- +45 54 13 67 86
- info@ostersoparken.dk
- 1 ADE**JM**NOPQRST   KNQSWX 6
- 2 ABGJPQRWXYZ   ABDE**FG**HIJK 7
- 3 BFG**L**MSV   ABCDE**FG**IJKNQRT 8
- 4 HJOQ   AFJKVY 9
- 5 ABDHMN**O**   ABGHIJOQUXY 10
- B 13A CEE   €34,85 / €47,20
- 4,2ha 210**T**(60-120m²) 91**D**
- N 54°39'22"   E 11°57'27"
- E55 von Nykøbing (F) nach Gedser. Marielyst durchfahren und ca. 4 km dem Bøtøvej folgen. Von Gedser E55 nach Nykøbing, rechts Godthåbsalle, CP ausgeschildert.   101983

Ortved/Ringsted, DK-4100 / Sjælland
- Skovly Camping★★★
- Nebs Møllevej 65
- 1 Apr - 30 Sep
- +45 57 52 82 61
- info@skovlycamping.dk
- 1 ADE**JM**NOPRST   A**F**N 6
- 2 ABCEPQUWXYZ   ABDE**FG**HIK 7
- 3 AB**L**SUV   ABE**FGI**JKNQRT 8
- 4 BDHJOQ   FY 9
- 5 ABDFMN   ABHIJMOQUY 10
- B 13A CEE   €35,25 / €48,40
- 5,7ha 174**T**(80-120m²) 61**D**
- N 55°29'48"   E 11°51'28"
- 6 km von der Autobahn E20 nach Kopenhagen. Die 14 Ringsted-Roskilde. In Ortved CP-Schildern links folgen.   101949

Melby, DK-3370 / Sjælland
- Bokildegårds Camping★★
- Lindebjergvej 13
- 1 Apr - 1 Okt
- +45 26 25 47 88
- bokildegaards.camping@ mail.tele.dk
- 1 ABHKNOPQRST   6
- 2 JPQXY   AB**FG**I 7
- 3 A**L**   ABE**F**NQRTW 8
- 4 H   F 9
- 5 ABD**N**   AGHIJOQ 10
- 16A CEE   €32,30 / €43,05
- 3,7ha 150**T**(50-120m²) 82**D**
- N 55°59'55"   E 11°58'06"
- Entlang der Straße Hundested-Frederiksværk Richtung Melby. In Melby Richtung Liseleje; CP nach ca. 300m.   101961

Reersø/Gørlev, DK-4281 / Sjælland
- Reersø Camping★★★
- Skansevej 2
- 1 Jan - 31 Dez
- +45 58 85 90 30
- info@reersoe-camping.dk
- 1 ADE**JM**NOPQRST   X 6
- 2 JLMPQXYZ   ABCDE**FG**HIK 7
- 3 BFMV   ABCDE**FIJ**KNQRTW 8
- 4 FHJO   AFY 9
- 5 ABDEFHMN   ABGHKMOQUY 10
- B 10A CEE   €30,25 / €41,00
- 3ha 170**T**(100m²) 86**D**
- N 55°31'29"   E 11°06'34"
- Ab der Storebælt Brücke E20 Ausfahrt 41, die 277 Richtung Kalundborg. In Kirke Helsinge Richtung Reersø (8 km) weiter den Schildern folgen.   112032

Nærum, DK-2850 / Sjælland
- DCU-Camping Nærum★★★
- Langebjerg 5
- 22 Mrz - 22 Okt
- +45 45 80 19 57
- naerum@dcu.dk
- 1 ADE**JM**NOPQRST   6
- 2 ABCPQXYZ   ABDE**FG**HIJK 7
- 3 BFSV   ABCDEFIJKNQRTW 8
- 4 DHJO   B 9
- 5 ABDMN   ABFGHIO**QUY** 10
- B 10A CEE   €40,10 / €54,05
- 9,9ha 277**T**(100-140m²) 23**D**
- N 55°48'29"   E 12°31'50"
- E47/55 nach Westen. Ausfahrt 14, danach Schildern folgen.   101990

Rødovre, DK-2610 / Sjælland
- DCU-Camping København - Absalon★★
- Korsdalsvej 132
- 1 Jan - 31 Dez
- +45 36 41 06 00
- copenhagen@dcu.dk
- 1 BDE**JM**NOPQRST   X 6
- 2 APQTWXY   ABDE**FG**HIJK 7
- 3 BF**L**MV   ABE**FG**IKNQRTW 8
- 4 FHJOQ**R**   FV 9
- 5 ACDEMN   ABFGHIK**O**QUXY 10
- B 10-13A CEE   €35,90 / €49,65
- 12,5ha 680**T**(50-110m²) 45**D**
- N 55°40'16"   E 12°26'07"
- E47/55, Ausfahrt 24 Roskildevej, Richtung Rødovre/København. An erster Verkehrsampel rechts.   101991

Dänemark

Rødvig Stevns, DK-4673 / Sjælland
- Rødvig Camping Stevns***
- Højstrupvej 2A
- 26 Mrz - 26 Sep
- +45 56 50 67 55
- info@rodvigcamping.dk

1 ABDE**JM**NOPQRST		X 6
2 JMNQTWXYZ	ABDE**FG**IJK 7
3 ABMV	ABCDEFGIJNQRTW 8
4 **EF**HJ	AFGHIK**O**QUVY 10
5 ABDMN	
B 10-16A CEE		€ 30,95
4ha 180T(100-140m²) 75D		€ 43,05

N 55°15'03'' E 12°20'59''
E47/E55 Ausfahrt 37, die 154 Ri. Rønnede/Faxe. Der Straße 154 folgen. Nach ca. 15 km Ri. Boestofte und Rødvig. CP ist ausgeschildert.
101973

Roskilde, DK-4000 / Sjælland
- Roskilde Camping***
- Baunehøjvej 7
- 5 Apr - 29 Sep
- +45 46 75 79 96
- mail@roskildecamping.dk

1 ABDE**JM**NOPQRST	KMN**Q**SUVXYZ 6
2 AHIJKMPQUXYZ	AB**FG**IJK 7
3 ABF**GL**MV	ABCDEFGIJKNQRTW 8
4 FHJO**SX**	BFGIRVY 9
5 ADEFHKLM**N**	ABGHJNQUY 10
B 10A	€ 37,65
27ha 330T(120m²) 139D	€ 51,10

N 55°40'24'' E 12°05'07''
Von Roskilde Straße 6 Richtung Norden. Ab den Verkehrsampeln ausgeschildert.
101966

Sakskøbing, DK-4990 / Sjælland
- Sakskøbing Camping***
- Saxes Allé 15
- 26 Mrz - 3 Okt
- +45 54 70 45 66
- camping@saxsport.dk

1 ADEJMNOPQRST	**EN** 6
2 APQWXYZ	ABDE**FG**IK 7
3 AF**JL**MN**S**	ABCDEFGHIJNQRT 8
4 RT	ADFJ 9
5 ADJKN	ADFGHIJOQU 10
B 10-16A CEE	€ 35,35
2,5ha 71T(80-144m²) 42D	€ 46,65

N 54°47'54'' E 11°38'28''
Ausfahrt 46 von der E47, ca 25 km von Rødby. Camping am Zentrum von Sakskøbing und ist ausgeschildert.
101954

Skælskør, DK-4230 / Sjælland
- Skælskør Nor Camping****
- Kildehusvej 1
- 1 Jan - 31 Dez
- +45 58 19 43 84
- kildehuset-campingnor@hotmail.com

1 A**JM**NOPRST	LNQSXZ 6
2 FIPQRXY	AB**FG**IK 7
3 A	ABCDE**F**IJNQRT 8
4 FH**T**	FR 9
5 DHKN	ABGHJOQY 10
B 12A CEE	€ 33,60
1,7ha 37T(80-100m²) 35D	€ 33,60

N 55°15'30'' E 11°17'04''
Direkt an der Durchgangsstraße 265 in Skælskør.
100084

Smidstrup, DK-3230 / Sjælland
- Kongernes Ferniepark - Gilleleje****
- Helsingevej 44
- 1 Jan - 31 Dez
- +45 48 31 84 48
- info@kongernesferiepark.dk

1 ABDEF**JM**NOPQRST	BG 6
2 PQWXY	AB**DEFG**HIK 7
3 BF**JL**MSUV	ABCDE**F**IJKNQRTW 8
4 BFHJO**PQSU**	FGIVY 9
5 ACDEFHIKMN	ABFGHIJOQUY 10
B 10-13A CEE	€ 37,10
6,5ha 174T(110-150m²) 159D	€ 52,70

N 56°05'55'' E 12°13'17''
Straße 237 Gilleleje-Rågeleje, in Smidstrup abzweigen, 2 km Richtung Blistrup. Dann deutlich ausgeschildert.
108761

Sorø, DK-4180 / Sjælland
- Sorø Sø Camping***
- Udbyhøjvej 10
- 1 Jan - 31 Dez
- +45 57 83 02 02
- info@soroecamping.dk

1 ADEFGJMNOPRST	LN 6
2 AEIPQTUVWXYZ	ABDE**FG**HIK 7
3 A**BL**MSV	ABCDEFIJNQRTUVW 8
4 JO	AFIY 9
5 ABDEFJMN	ABFGHJOQUY 10
B 10A CEE	€ 36,50
6,5ha 210T(80-140m²) 95D	€ 47,05

N 55°26'48'' E 11°32'46''
E20 Ausfahrt 37 nach Sorø. Vom Zentrum die 150 Richtung Slagelse. Der CP ist 1 km außerhalb der Stadt.
100086

Store Fuglede, DK-4480 / Sjælland
- Bjerge Sydstrand Camping***
- Osvejen 30
- 1 Jan - 31 Dez
- +45 59 59 78 03
- jimmy83@jubii.dk

1 ADEJMNOPQRS	KN**P**QSWX 6
2 HJPQRXY	ABDE**FG**IK 7
3 BFMSV	ABCDEFGIJKNQRT 8
4 FHJO**Q**	FY 9
5 ABDM**N**	ABGHIJOPQUVY 10
B 13A CEE	€ 33,50
2,4ha 110T(80-120m²) 57D	€ 44,50

N 55°33'47'' E 11°09'53''
An der Straße 22 Slagelse-Kalundborg. Ausfahrt Bjerge Systrand. Nach ungefähr 2,5 km in Bjerge Systrand den CP-Schildern folgen. Der CP liegt etwa 4,5 km südwestlich von Store Fuglede.
101935

Store Spjellerup, DK-4653 / Sjælland
- Lægårdens Camping***
- Vemmetoftevej 2a
- 1 Jan - 31 Dez
- +45 56 71 00 67
- info@laegaardenscamping.dk

1 ABDE**JM**NOPQRS	6
2 QXY	ABDE**FG**HIK 7
3 ABFIMV	ABDE**F**GIJKNQRTUW 8
4 K	EFVY 9
5 ACDEFHM	JMOQUY 10
B 10-13A CEE	€ 31,60
6ha 50T(120m²) 212D	€ 42,35

N 55°16'15'' E 12°13'22''
E47/E55, Ausfahrt 37 Ri. Rønnede/Faxe (Straße 154). Am Kreisel vor Faxe li. abbiegen und der Straße 154 folgen bis zur Ausfahrt Store Spjellerup.
109290

Strøby, DK-4671 / Sjælland
- Stevns Camping***
- Strandvejen 29
- 1 Jan - 31 Dez
- +45 60 14 41 54
- info@stevnscamping.dk

1 ADE**JM**NOPQRS	BGX 6
2 GMPQWXYZ	ABDE**FG**HIJ 7
3 BFI**JL**MSUV	ABCDE**FG**IJKNQRTUV 8
4 **EF**HJOQ	FVWY 9
5 ABDFMN	ABGHIJMO**Q**UVW 10
B 13-16A CEE	€ 31,45
10ha 206T(110-170m²) 141D	€ 42,25

N 55°23'50'' E 12°17'25''
In Køge die RV261 Richtung Stevns Klint. In Strøby links Richtung Strøby Ladeplads.
112040

Stubbekøbing, DK-4850 / Sjælland
- Stubbekøbing Camping**
- Gammel Landevej 4
- 12 Mai - 21 Aug
- +45 25 32 12 22
- stubbekobing-camp@stubbekobing.dk

1 ADEJMNOPQRST	KNQX 6
2 AGJQUXYZ	ABDE**FG**I 7
3 A**L**	ABCDEFJNQRV 8
4 JO	ABHJNQU 10
5 D	
10A	€ 28,90
1,6ha 83T(60-120m²) 29D	€ 39,65

N 54°53'27'' E 12°01'40''
E47, Ausfahrt 43, Straße 293 Richtung Stubbekøbing. Kurz vor Stubbekøbing CP-Schildern folgen.
111385

Ulslev/Idestrup, DK-4872 / Sjælland
- Ulslev StrandCamping***
- Strandvejen 3
- 20 Mrz - 19 Sep
- +45 54 14 83 30
- info@ulslevstrandcamping.dk

1 DE**JM**NOPQRST	KNQX 6
2 GIJQWXYZ	AB**EFG**HIJ 7
3 ABFG**JL**MUV	ABCDE**FG**IJNQRT 8
4 HJOQ**T**	DFIV 9
5 ACDEKM**N**	ABGHIJOQXY 10
B 10A	€ 36,20
6,3ha 285T(100m²) 94D	€ 49,65

N 54°44'26'' E 12°01'43''
E55 Nyköbing-Gedser. Im Kreisverkehr Richtung Stubbeköbing. Nach ca. 1 km rechts nach Idestrup. Immer geradeaus Richtung Ulslev. Ausgeschildert.
101981

Ulvshale/Stege, DK-4780 / Sjælland
- Møn Strandcamping - Ulvshale
- Ulvshalevej 236
- 8 Apr - 4 Sep
- +45 55 81 53 25
- info@moenstrandcamping.dk

1 DE**JM**NOPQRST	KNQSWX 6
2 HIJQRSUXYZ	ABDE**FG**I 7
3 A**L**	ABE**FG**INQRT 8
4	DV 9
5 ABDN	ABGJ**NQ**Y 10
6-10A CEE	€ 39,65
2,4ha 130T(80-120m²) 29D	€ 49,10

N 55°02'17'' E 12°16'55''
Von Stege aus Richtung Ulvshale. Beschilderung folgen.
101976

Vejby, DK-3210 / Sjælland
- DCU-Camping Rågeleje Strand***
- Hostrupvej 2
- 1 Jan - 31 Dez
- +45 48 71 56 40
- raageleje@dcu.dk

1 ABDEF**JM**NOPQRT	K**N** 6
2 GLMPQWXY	ABDE**FG**IK 7
3 BF**JL**MV	ABCDEFGIKNQRW 8
4 FHJO	FY 9
5 ACDMN	ABCGHIJOQUY 10
B 6-10A	€ 40,10
5,5ha 266T(120m²) 130D	€ 59,20

N 56°05'27'' E 12°08'57''
An der Straße Vejby-Rågeleje, 1 km von Rågeleje entfernt, an der Ostseite der Straße.
101960

Vejby, DK-3210 / Sjælland
- Tisvildeleje camping***
- Rågelejevej 37
- 1 Apr - 30 Sep
- +45 40 35 30 37
- info@tisvildelejecamping.dk

1 ABDE**JM**NOPQRT	BG 6
2 JMPQUWXYZ	ABDE**FG**HIK 7
3 AB**D**F**GJL**MNV	ABCDEFIJKNQRTW 8
4 JOQ	F 9
5 ABDN	AGHJOQUVY 10
B 10-13A CEE	€ 40,35
9,2ha 500T(130-180m²) 70D	€ 56,50

N 56°04'26'' E 12°08'24''
Straße 237, Vejby-Rågeleje, auf der Westseite, südlich von Vejby Strand.
100068

Vemmetofte, DK-4640 / Sjælland
- Vemmetofte Strand Camping***
- Ny Strandskov 1
- 1 Jan - 31 Dez
- +45 56 71 02 26
- camping@vemmetofte.dk

1 BDEFG**JM**NOPQRT	KNQS 6
2 BCGJKQRWXYZ	ABDE**FG**HIK 7
3 BFG**HI**MSVX	ABCDE**FG**IJKNQRTW 8
4 FHJO**T**	EV 9
5 ABDKMN	AFGHIJMO**Q**UVY 10
B 10A CEE	€ 34,95
5,8ha 150T(100-130m²) 146D	€ 53,80

N 55°14'21'' E 12°14'25''
Über die E4 zuerst Richtung Fakse, dann Faxe Ladeplads, dann Vemmetofte Kloster und dann Vemmetofte Strand.
100089

Vordingborg, DK-4760 / Sjælland
- Ore Strand Camping***
- Orevej 145
- 1 Apr - 1 Okt
- +45 55 77 88 22
- mail@orestrandcamping.dk

1 ADEFJMNOPQRT	KN**P**QSX 6
2 AGIJMPQSWXYZ	ABDE**FG**IK 7
3 A	ABCDEFGIJNQRTW 8
4 J	F 9
5 ABDMN**O**	ABGHIJQY 10
10-13A CEE	€ 22,85
2,8ha 100T(80-120m²) 38D	€ 32,30

N 55°00'24'' E 11°52'29''
E47 Ausfahrt 41, die 22 weiter bis zum Kreisel Vordingborg V. Auf der 22 weiter Vordingborg S. Am nächsten Kreisel die 153 Richtung Ore. Dann den CP-Schildern folgen.
101952

Bornholm

Gudhjem, DK-3760 / Bornholm
- Sannes Familiecamping*****
- Melstedvej 39
- 24 Mrz – 21 Okt
- +45 56 48 52 11
- @ sannes@familiecamping.dk

1 DEJMNOPQRST BGHKNOPQSWXY 6
2 HIJMNPRSTUVXY ABCDEFGHIJK 7
3 ABDFGJLMV ABCDEFGIJKNQRTUVW 8
4 FHJOQRSTUVX DJUVY 9
5 ACD ABFGHIJOPQUVWY 10
B 10A ❶ €49,75
3,5ha 215T(80-100m²) 46D ❷ €84,75

N 55°11'44" E 14°59'10"
Der CP liegt an der 158 zwischen Allinge und Svaneke, 2 km südlich von Gudhjem.
110418

Hasle, DK-3790 / Bornholm
- Hasle Camping & Hytteby***
- Fælledvej 30
- 1 Jan – 31 Dez
- +45 56 94 53 00
- @ info@hasle-camping.dk

1 ADEJMNOPQRST BGKNQSX 6
2 BGJMPQRSWXYZ ABDEFGHIJK 7
3 ABEFGJLV ABCDEFIJKNQRTVW 8
4 FH ADFJY 9
5 ABDFGHLN ABHIJKOPQUY 10
B 16A ❶ €40,35
4,4ha 165T(70-120m²) 103D ❷ €53,80

N 55°10'45" E 14°42'26"
Ab Rønne die 159 Richtung Allinge bis zur Ausfahrt Muleby. Ca. 5 km über eine kleine Straße zum CP vor Hasle.
110964

Aakirkeby, DK-3720 / Bornholm
- Aakirkeby Camping***
- Haregade 23
- 5 Mai – 10 Sep
- +45 56 97 55 51
- @ info@acamp.dk

1 DEJMNORT 6
2 BPQUWXYZ ABDEFGHIJK 7
3 ABJLSU ABEFGIJKNQRTW 8
4 FHJ AFJKUVY 9
5 ABDEHMN ABHIJNQUVW 10
B 10A ❶ €34,30
H64 1,6ha 75T(bis 130m²) 11D ❷ €46,40

N 55°03'46" E 14°55'25"
Der CP liegt am Südrand von Aakirkeby, über die südliche Küstenstraße zu erreichen oder die Strecke Rønne-Nexö und ist ausgeschildert.
110424

Rønne, DK-3700 / Bornholm
- DCU-Camping Rønne Strand – Galløkken***
- Strandvejen 4
- 1 Mai – 2 Sep
- +45 40 13 33 44
- @ info@gallokken.dk

1 ADEJMNOPQRST KNPQSW 6
2 BGJMPRSTXYZ ABDEFGHIJK 7
3 ABLMUV ABCDEFGIJKNQR 8
4 FHJO ABGHIKOQUW 9
5 ABDN ABGHIKOQUW 10
B 13A CEE ❶ €47,60
2,6ha 140T(bis 130m²) 35D ❷ €68,05

N 55°05'21" E 14°42'16"
Vom Hafen in Rønne, rechts ab 1 km der Küstenstraße Richtung Nexö folgen. Der CP ist an der Strecke angezeigt.
110416

Allinge, DK-3770 / Bornholm
- Lyngholt Familiecamping***
- Borrelyngvej 43
- 1 Jan – 31 Dez
- +45 56 48 05 74
- @ info@lyngholt-camping.dk

1 ADEJMNOQRST BGHNPQSWX 6
2 BPQUWXYZ ABDEFGHIJK 7
3 ABDFJLMVX ABCDEFGIJKNQRTUVW 8
4 BCDEFHJOTUX AFJKUVY 9
5 ABDMN ABEGHIJMOQUVY 10
B 13A CEE ❶ €43,70
H102 6ha 200T(80-150m²) 54D ❷ €58,50

N 55°15'21" E 14°45'45"
Von Rønne-Hafen Straße 159. Nach dem Schild VANG links, 2 km.
110415

Rønne, DK-3700 / Bornholm
- Nordskoven Strand Camping**
- Antoinettevej 2
- 1 Mai – 30 Sep
- +45 40 20 30 68
- @ info@nordskoven.dk

1 ADJMNOPQRST KNPQSWX 6
2 BGJMPQRSWXY ABDEFGHIJK 7
3 BJLMV ABCDEFIJNQRSTUVW 8
4 DFHJ AFKUVW 9
5 ADGIN ABGHIJNQU 10
B 10A CEE ❶ €41,00
3,8ha 192T(50-120m²) 54D ❷ €54,05

N 55°07'07" E 14°42'15"
Der CP liegt an der Nordseite von Rønne, 2 km in Richtung Allinge.
111386

Dueodde, DK-3730 / Bornholm
- Bornholms Familiecamping***
- Krogegårdsvejen 8
- 15 Mai – 15 Sep
- +45 56 48 81 50
- @ mail@bornholms-familiecamping.dk

1 DEJMNORST KNPQSWX 6
2 BGJKQRSUWYZ ABDEFGHIJK 7
3 ABGJLMUV ABEFGIKNQRT 8
4 FHJ ADGIKUVY 9
5 ABDN ABGHIJKNQUY 10
16A CEE ❶ €38,35
3,2ha 150T(40-120m²) 16D ❷ €48,70

N 55°00'09" E 14°55'43"
An der Küstenstraße Rønne-Snogebæk nach Dueodde. Der CP ist an dieser Strecke angezeigt.
110965

Sandkås, DK-3770 / Bornholm
- Sandkaas Familiecamping***
- Poppelvej 2
- 26 Mrz – 22 Okt
- +45 56 48 04 41
- @ camping@sandkaas-camping.dk

1 ADEJMNOPQRST BDKNQSWX 6
2 GJMNOPSUVWXY ABDEFGHIJK 7
3 ABJLMV ABCDEFIKNQRTW 8
4 HJOR ADFLV 9
5 ABDEFJN ABFGIJNQU 10
10A CEE ❶ €47,05
3ha 145T(70-100m²) 40D ❷ €67,25

N 55°15'48" E 14°48'44"
Zwischen Gudhjem und Allinge ca. 3 km südlich von Sandkås ist der CP an der Strecke angezeigt.
110963

Dueodde, DK-3730 / Bornholm
- Dueodde Familiecamping & Hostel***
- Skrokkegårdsvej 17
- 1 Mai – 30 Sep
- +45 40 10 10 65
- @ info@dueodde.dk

1 BCDEILNOPRST EGHKNPQSWX 6
2 BGJKPQSXYZ ABDEFGHIJK 7
3 BLMV ABEFJNQRW 8
4 BCDFHJOT DGUY 9
5 ACDGIN ABGHIJOQV 10
10A CEE ❶ €47,05
4,5ha 120T(60-120m²) 42D ❷ €61,85

N 54°59'47" E 15°05'11"
An der Küstenstraße Rønne-Snogebæk die Ausfahrt Dueodde. Der CP ist an der Strecke ausgeschildert.
110421

Sandvig/Allinge, DK-3770 / Bornholm
- Sandvig Familiecamping**
- Sandlinien 5
- 1 Mai – 1 Okt
- +45 56 48 04 47
- @ sandvigcamping@c.dk

1 DJMNOPST KLNOPSWX 6
2 GIJMNPQRSUVXYZ ABDEFGHIJ 7
3 BLMV ABEFIJNQRTW 8
4 EFJO ADFJ 9
5 ABDN ABGIJNQU 10
13A CEE ❶ €35,65
5,7ha 240T(80-120m²) 53D ❷ €47,75

N 54°59'47" E 14°46'34"
Der 159 von Rønne nach Allinge folgen, kurz vor Allinge den Schildern nach Sandvig und dann den CP-Schildern folgen. Oder Ausfahrt Hammarhus. An der Festung vorbei, in Sandvig links abbiegen. Der CP ist angezeigt.
110414

Dueodde, DK-3730 / Bornholm
- Møllers Dueodde Camping***
- Duegårdsvej 2
- 15 Mai – 20 Sep
- +45 56 48 81 49
- @ moeller@dueodde-camp.dk

1 ACDEJMNOPQRST BGHKNPQSWX 6
2 BJPQRSYZ ABDEFGHIJK 7
3 BFJLMNSV ACEFGIJKNQRTW 8
4 FHJOST FJUVY 9
5 ACDMN ABGIJNQUVY 10
B 10A CEE ❶ €39,00
4ha 200T(60-130m²) 40D ❷ €53,25

N 54°59'46" E 15°04'37"
An der 10. Rønne-Snogebæk ca. 3 km westlich von Snogebæk nach Dueodde einschlagen. Ein auffallend weißer Turm markiert den Weg vor dem CP.
110423

Svaneke, DK-3740 / Bornholm
- Hullehavn Camping***
- Sydskovvej 9
- 1 Mai – 15 Sep
- +45 56 49 63 63
- @ mail@hullehavn.dk

1 ADEJMNOPQRT KNOPQSWX 6
2 BGIJMNPQRSUXYZ ABDEFGHIK 7
3 ABFGMNV ABCDEFIJKNQRTW 8
4 FHJO ADRVY 9
5 ABDMN ABGHIJOQUVW 10
B 10A ❶ €39,65
3,3ha 100T(50-100m²) 15D ❷ €53,10

N 55°07'49" E 15°09'01"
Der CP liegt am Südrand von Svaneke an der Durchgangsstraße Nexö-Gudhjem und ist ausgeschildert.
110419

Gudhjem, DK-3760 / Bornholm
- Gudhjem Camping***
- Melsted Langgade 45
- 1 Apr – 31 Okt
- +45 42 41 58 15
- @ mail@gudhjemcamping.dk

1 ADEJMNOPRST KNOPQSWX 6
2 HIMNPQRSUVXY ABDEFGIJK 7
3 L ABEFNQRW 8
4 FHJO AB 9
5 ADMN ABCDGHIJOQU 10
16A CEE ❶ €35,85
5ha 150T(80-100m²) 6D ❷ €50,10

N 55°12'26" E 14°58'38"
Der CP liegt in der Nähe von Gudhjem, nahe beim Supermarkt an der Strecke Allinge-Svaneke und ist ausgeschildert.
110417

Bewerten Sie einen Campingplatz und gewinnen Sie mit etwas Glück ein iPad.

www.Eurocampings.de

Niederlande

Niederlande

Allgemeines
Offizieller Name: Königreich der Niederlande.
Die Niederlande sind Mitglied der Europäischen Union.
Niederländisch ist die offizielle Sprache. In touristischen Gebieten kommt man fast überall auch mit Englisch oder Deutsch gut zurecht.
Zeitunterschied: In den Niederlanden ist es genauso spät wie in Berlin, Paris und Rom.

Währung und Geldfragen
Währung: Euro.
Bankkarte und Kreditkarte können Sie fast überall benutzen. Es gibt genug Geldautomaten.

Grenzformalitäten
Viele Formalitäten und Vereinbarungen in Bezug auf die notwendigen Reisedokumente, Fahrzeugpapiere, Anforderungen an Ihr Transportmittel und Ihr Campingfahrzeug, medizinische Kosten und die Mitnahme von Tieren hängen nicht nur vom Reiseziel, sondern auch von Ihrem Abreiseort und Ihrer Nationalität ab. Auch die Dauer Ihres Aufenthaltes kann eine Rolle spielen. Es ist unmöglich, im Rahmen dieses Leitfadens für alle Benutzer die richtigen und aktuellen Informationen über diese Themen zu gewährleisten. Wir empfehlen Ihnen daher, die folgenden Fakten in jedem Fall rechtzeitig vor der Abreise zu überprüfen:
- welche Reisedokumente Sie für sich selbst und Ihre Mitreisenden benötigen,
- welche Dokumente Sie für Ihr Auto und Ihren Anhänger benötigen,
- welche Waren und Medikamente Sie kostenlos ein- und ausführen dürfen,
- wie bei Unfall oder Krankheit die medizinische Behandlung in Ihrem Urlaubsland geregelt ist und bezahlt werden kann.

Haustiere
Finden Sie heraus, ob Ihr Haustier an Ihrem Zielort willkommen ist. Nehmen Sie hierzu frühzeitig Kontakt zu Ihrem Tierarzt auf. Dieser informiert Sie über relevante Impfungen und die entsprechenden Nachweise wie auch über Pflichten bei der Rückkehr.
Ferner sollten Sie sich erkundigen, ob an Ihrem Zielort für das Mitführen von Haustieren im öffentlichen Raum bestimmte Bedingungen gelten. So müssen in einigen Ländern Hunde immer einen Maulkorb tragen oder hinter Gittern transportiert werden.

Niederlande

Höchstgeschwindigkeiten

Niederlande	Außerhalb geschlossener Ortschaften	Autobahn
Auto	80	100
Mit Anhänger	80	90*
Wohnmobil < 3,5 Tonnen	80	100
Wohnmobil > 3,5 Tonnen	80	80

* Die Höchstgeschwindigkeit wird fast immer durch ein Schild angezeigt. Wenn es kein Schild gibt, beträgt die Höchstgeschwindigkeit 70 km/h.

Straßen und Verkehr

Die Niederlande verfügen über ein ausgezeichnetes Straßennetz, das größtenteils aus Autobahnen mit mindestens 4 Spuren besteht. Es gibt nur wenige unbefestigte (Sand-) Straßen.
Tipp! Am Rande vieler niederländischer Großstädte können Sie bequem auf den sogenannten „transferia" (P+R, park & ride) parken, von wo aus Sie mit öffentlichen Verkehrsmitteln schnell und kostengünstig ins Stadtzentrum gelangen.

Tanken

Benzin (Euro 95, E10 und Superplus 98) ist leicht erhältlich (beim Tanken von E10 am Einfüllstutzen, in der Bedienungsanleitung oder bei Ihrem Händler prüfen, ob Ihr Fahrzeug damit fahren kann). Diesel und Autogas sind ebenfalls leicht erhältlich. Zum Tanken von Autogas wird der Bajonettanschluss genutzt.
Tankstellen sind oft auf jeden Fall von 7.00 bis 20.00 Uhr geöffnet. In größeren Orten und an Autobahnen sind Tankstellen in der Regel 24 Stunden am Tag geöffnet. In den Niederlanden gibt es auch viele Nachtautomaten und völlig unbemannte Tankstellen.

Verkehrsregeln

Abblendlicht ist bei schlechter Sicht, im Dunkeln und in Tunneln vorgeschrieben.
An einer Kreuzung mit Straßen gleichen Ranges hat der von rechts kommende Verkehrsteilnehmer Vorfahrt. Straßenbahnen haben grundsätzlich immer Vorfahrt. Der Verkehr im Kreisverkehr hat Vorfahrt, wenn dies durch Verkehrsschilder angegeben ist. Wenn diese Schilder nicht vorhanden sind, hat der Verkehr von rechts Vorfahrt.
Der Alkoholgrenzwert beträgt 0,5 ‰, aber 0,2 ‰ für Fahrer, die ihren Führerschein seit weniger als 5 Jahren besitzen.
Fahrer dürfen nur mit einer Freisprechanlage telefonieren.
Kinder, die kleiner als 1,35 m sind, müssen in einem Kindersitz sitzen.
Sie dürfen die Funktion in Ihrer Navigationssoftware verwenden, die Sie vor Radarfallen oder Abschnittskontrollen warnt.
Winterreifen sind nicht vorgeschrieben.

Besondere Bestimmungen

Eine grüne Mittellinie zeigt an, dass die Höchstgeschwindigkeit für Pkws auf dieser Straße 100 km/h beträgt (für Gespanne aus Auto und Wohnwagen 90 km/h und für Wohnmobile > 3,5 Tonnen 80 km/h).
Radfahrer dürfen andere Fahrzeuge als Fahrräder rechts überholen.
Eine gelb blinkende Fußgängerampel (manchmal ein Dreieck mit einem Ausrufezeichen darin) zeigt an, dass Fußgänger die Straße überqueren dürfen, wenn kein Verkehr kommt.
Das Parken ist unter anderem dann verboten, wenn eine gelbe Linie am Straßenrand verläuft.

Niederlande

Vorgeschriebene Ausrüstung
In den Niederlanden ist keine bestimmte Art von Ausrüstung im Auto vorgeschrieben. Es wird jedoch empfohlen, ein Warndreieck, Sicherheitswesten und Ersatzlampen mitzunehmen.

Wohnwagen, Wohnmobil
Ein Wohnmobil oder ein Gespann aus Pkw und Wohnwagen darf bis zu 4 m hoch, 2,55 m breit und 18 m lang sein (der Wohnwagen selbst darf bis zu 12 m lang sein). Auf unbefestigten Straßen beträgt die maximale Breite 2,20 m. Mit einem Gespann von mehr als 7 m Länge dürfen Sie auf Autobahnen/Autoschnellstraßen mit drei oder mehr Fahrspuren ausschließlich die beiden ganz rechten Spuren befahren, es sei denn, Sie wollen nach links abbiegen.

Fahrrad
Ein Fahrradhelm ist nicht vorgeschrieben. Telefonieren und Tippen auf einem Handy sind auf dem Fahrrad verboten.
Sie dürfen einen Fahrgast im Alter von 8 Jahren oder älter auf dem Gepäckträger befördern. Jüngere Kinder müssen in einem Fahrradsitz sitzen. Radfahrer dürfen zu zweit nebeneinander fahren.

Maut und Umweltzonen
Maut
Auf niederländischen Straßen werden keine Mautgebühren erhoben, außer für den Westerscheldetunnel (N217) in Zuid-Beveland und den Kiltunnel (N62) bei Dordrecht. Mehr Informationen: *westerscheldetunnel.nl* und *kiltunnel.nl*.

Umweltzonen
Eine wachsende Zahl niederländischer Städte verfügt über eine Umweltzone, darunter Amsterdam, Arnheim und Utrecht. Die Regeln sind von Ort zu Ort unterschiedlich.
Weitere Informationen: *amsterdam.nl/parkeren-verkeer/milieuzone-amsterdam/*, *arnhem.nl/stad_en_wijken/Wegen_en_vervoer/milieuzone* und *utrecht.nl/wonen-en-leven/gezonde-leefomgeving/luchtkwaliteit/milieuzone/*.

Panne und Unfall
Stellen Sie Ihr Warndreieck auf der Autobahn mindestens 100 m (auf sonstigen Straßen 30 m) hinter Ihrem Auto auf, wenn die Warnblinkanlage Ihres Autos nicht funktioniert und es ein Hindernis für den übrigen Verkehr darstellt. Allen Insassen wird empfohlen, eine Sicherheitsweste anzuziehen.
Rufen Sie bei einer Panne die Notrufnummer Ihrer Pannenhilfe-Versicherung an. Sie können auch einen niederländischen Pannendienst anrufen: +31 88 269 28 88 (ANWB) oder +31 20 651 51 15 (Route Mobiel).

Notrufnummer
112: allgemeine Notrufnummer für Polizei, Feuerwehr und Rettungswagen

Campen
Niederländische Campingplätze gehören zu den besten in Europa. Die Campingplätze sind gut organisiert und es gibt viel Grün. Die Autos stehen oft außerhalb des Campingplatzes, was der Ruhe des Campingplatzes zugutekommt. Während der Schulferien und an Wochenenden gibt es für Kinder ein umfangreiches Animationsprogramm und die Einrichtungen (wie Indoor-Spielplätze und Straßenfußballfelder) sind innovativ. Wildcampen außerhalb der Campingplätze ist nur in einigen Gemeinden erlaubt.

Besonderheiten
ACSI verzichtet darauf, Sterne in den Campinginformationen über die niederländischen Campingplätze aufzunehmen. Die Sterne, die Sie in der Werbung sehen, werden von den Campingplätzen selbst angegeben, ACSI trägt keinerlei Verantwortung

Niederlande

für die Richtigkeit der Anzahl der Sterne. Viele niederländische Campingplätze bieten sogenannte Familientarife für 4, 5 oder mehr Personen inklusive Strom an. Das bedeutet, dass Sie für 2 Personen oft den gleichen Betrag bezahlen wie für eine ganze Familie. Zusätzliche Kosten wie z. B. für Touristensteuer oder umweltbedingte Abgaben können manchmal sehr hoch ausfallen.

Wohnwagen, Wohnmobil
Sie dürfen nicht in Ihrem Wohnmobil, Wohnwagen oder Auto an einer öffentlichen Straße übernachten.

Suche nach einem Campingplatz
Über **Eurocampings.eu** können Sie ganz einfach einen Campingplatz suchen und auswählen.

Praktisch
Die Steckdosen haben zwei runde Löcher (Typ C oder F). Auf **iec.ch/world-plugs** können Sie überprüfen, ob Sie einen Adapter (Weltstecker) benötigen.
Schützen Sie sich vor Zecken, da diese Krankheiten übertragen können.
Leitungswasser kann bedenkenlos getrunken werden.

Klima Vlissingen	Jan.	Feb.	März	Apr.	Mai	Jun.	Jul.	Aug.	Sept.	Okt.	Nov.	Dez.
Durchschnittliche Höchsttemperatur	6	6	10	12	16	19	21	21	19	15	9	6
Durchschnittliche Anzahl der Sonnenstunden pro Tag	2	2	4	6	7	7	7	6	5	3	2	1
Durchschnittliche monatliche Niederschlagsmenge (mm)	62	45	46	41	42	50	71	62	73	70	76	64

Klima De Bilt	Jan.	Feb.	März	Apr.	Mai	Jun.	Jul.	Aug.	Sept.	Okt.	Nov.	Dez.
Durchschnittliche Höchsttemperatur	5	6	11	13	18	21	22	22	19	15	9	5
Durchschnittliche Anzahl der Sonnenstunden pro Tag	2	2	4	5	7	7	6	6	5	3	2	1
Durchschnittliche monatliche Niederschlagsmenge (mm)	68	53	50	49	52	58	77	84	72	72	74	70

Nord-Holland

Niederlande

Akersloot/Alkmaar, NL-1921 CE / N-Holl.

- De Boekel
- Boekel 22
- 1 Jan - 31 Dez
- +31 7 25 33 01 09
- info@deboekel.nl

1	AEG**JM**NOPRS**T**	NQSXYZ 6
2	AIPQTWXY	ABDE**FGK** 7
3	AF**L**MSUX	ABCDE**FH**IJ**L**NPQRTW 8
4	FHJKO	GJRVWY 9
5	ABDJN	ABCDFGHIJO**QY**10

Anzeige auf dieser Seite B 16A CEE
2ha 40**T**(125-200m²) 14D
① €28,30
② €40,90
112487

N 52°35'10'' E 04°45'09''

A9 Amstelveen-Alkmaar, Ausfahrt 11 Richtung Akersloot. In Akersloot geradeaus fahren bis Pontveer. Von Pontveer noch 1,5 km in Richtung Alkmaar.

Camping 'De Boekel'

- Stimmungsvoller Familiencamping
- Kinderfreundlich
- Privatsanitär
- Spielgeräte
- Brötchenservice
- Kanuvermietung
- Gutes Fischwasser
- Mit Rundfahrtschiff vom Camping aus zum Käsemarkt

DAS GANZE JAHR GEÖFFNET
Boekel 22
1921 CE Akersloot/Alkmaar
Tel. 072-5330109
Internet: www.deboekel.nl

Alkmaar, NL-1817 ML / Noord-Holland

- Camping Alkmaar/Camperpark Alkmaar
- Bergerweg 201
- 1 Mrz - 30 Sep
- +31 7 25 11 69 24
- info@campingalkmaar.nl

1	ABDE**IL**NORS	N 6
2	A**J**PQRTWXYZ	ABDE**FGH** 7
3	A**LM**	ABCD**FG**JNPQRTUVW 8
4	FH	F 9
5	ADN	ABCFGHIJORS10

B 6-10A CEE
6ha 290**T**(80-100m²) 15D
① €37,00
② €47,00
105466

N 52°38'32'' E 04°43'24''

Alkmaar Ring West, Ausfahrt Bergen. CP-Schildern folgen.

Amsterdam, NL-1026 CP / Noord-Holland

- Camping de Badhoeve
- Uitdammerdijk 10
- 1 Apr - 1 Okt
- +31 2 04 90 42 94
- info@campingdebadhoeve.com

1	ABDEG**JM**NOR**T**	LNQSXZ 6
2	AFIKQTWX	ABDE 7
3	BF**LM**	AF**J**NQRW 8
4	FHJO**Q**	NRV 9
5	ABDEFHJKLN	ABCDFGHIJORS10

Anzeige auf dieser Seite 8A CEE
5ha 100**T**(15-50m²) 89D
① €33,50
② €39,50
108372

N 52°23'04'' E 05°00'47''

A10 Nord Ausfahrt S115. An der Ampel Richtung Durgerdam. Am Kreisel Richtung Durgerdam. Hinter Durgerdam geradeaus. CP nach 500m. Der Beschilderung folgen.

Camping de Badhoeve

- mitten im Naturgebiet
- direkt am Bade-/Freizeitwasser
- im Fahrradbereich von Amsterdam-Zentrum
- in der Nähe von Marken und Volendam
- reichlich befestigte Reisemobilplätze

www.campingdebadhoeve.nl

---

144   Teilkarte Nord-Holland auf Seite 144

Amsterdam, NL-1022 AM / Noord-Holland

- Vliegenbos
- Meeuwenlaan 138
- 1 Apr - 31 Dez
- +31 2 06 36 88 55
- @ vliegenbos.sdn@amsterdam.nl
- N 52°23'26" E 04°55'41"

1 ABDEHKNOPRT		6
2 ABPQTWXYZ	ABDEFGIJ	7
3 L	ABFJNQRW	8
4 FHO		FLV 9
5 ABDHJKN	ABCFGHIJOQUY	10
B 6-10A CEE		❶ €34,00
1,8ha 88T(50-90m²) 30D		❷ €46,00

108290

A10 Noord Ausfahrt 116 Richtung Zentrum. Dann Ausfahrt S118 Noord. Links Richtung Noord 300-399. Am Kreisel links, nach 150m rechts. Den Schildern folgen.

Amsterdam, NL-1095 KN / Noord-Holland

- Camping Zeeburg Amsterdam
- Zuider IJdijk 20
- 1 Jan - 31 Dez
- +31 2 06 94 44 30
- @ info@campingzeeburg.nl
- N 52°21'56" E 04°57'34"

1 ADEJMNOPQR	BGHL	6
2 AEIJPQRTXY	ABDEFGIK	7
3 ALMS	ABCDFJNQRT	8
4 HKO	FLNRV	9
5 ACDEHJKN	ABCFGHIJOUXY	10
Anz. auf dieser S. B 10-16A CEE		❶ €38,80
3,8ha 550T(15-70m²) 97D		❷ €47,75

108371

A10 Ost Ausfahrt S114. An der Ampel links Richtung Zentrum/Artis. An der Ampel Zuiderzeeweg links und nach 50m rechts. Den Schildern folgen. Achtung: Straßenschwellen.

Amsterdam, NL-1108 AZ / Noord-Holland

- Gaasper Camping Amsterdam
- Loosdrechtdreef 7
- 1 Apr - 1 Nov
- +31 2 06 96 73 26
- @ info@gaaspercamping.nl
- N 52°18'45" E 04°59'25"

1 ABDEILNOPRST	NQS	6
2 APQTWXY	ABDEFG	7
3 ACLM	ABCDEFJNQRTUVW	8
4 FH	V	9
5 ACDEFGHJKMN	ABCDFGHIJLOQY	10
Anzeige auf dieser Seite 10A CEE		❶ €36,80
5,5ha 360T(20-100m²) 60D		❷ €46,40

105497

A9 der Teil zwischen der A1 und A2. Bei Ausfahrt 1, Weesp (S113) abfahren. Dann den CP-Schildern folgen.

Andijk, NL-1619 EH / Noord-Holland

- Dijk & Meer
- Proefpolder 4
- 1 Apr - 30 Okt
- +31 6 15 67 56 71
- @ info@campingdijkenmeer.nl
- N 52°45'06" E 05°11'33"

1 AEGILNOPQRT	EGN	QY 6
2 EQWYZ	ABFG	7
3 BFGILNRSV	ABCDEFMNQRTUV	8
4 BCHPQ	AFJVW	9
5 ACDEFGHLN	ABHJQY	10
7-10A CEE		❶ €30,60
40ha 120T(80-115m²) 62D		❷ €41,20

105491

Der CP liegt in der Nähe des Jachthafens Andijk-West. Auf der Straße unterhalb des Deichs biegen Sie bei der Pumpstation zum Campingplatz ab.

Bloemendaal aan Zee, NL-2051 EC / Noord-Holland

- Kennemer Duincamping de Lakens
- Zeeweg 60
- 29 Mrz - 30 Okt
- +31 2 35 41 15 70
- @ info@campingdelakens.nl
- N 52°24'16" E 04°33'07"

1 BDEGHKNOPQRST	KLQS	6
2 EGJPRSUWXY	ABDEFGH	7
3 ABEFGLMU	ABCDEFGHIJKNQRTW	8
4 ABDFHJLTXZ	ADJLVWY	9
5 ACDEFGLMN	ABFGHIJLNOSTXY	10
B 16A CEE		❶ €53,95
27ha 589T(80-120m²) 331D		❷ €58,55

109629

A9, bei Rottepolderplein auf die A200, dann N200 Richtung Haarlem-Overveen-Bloemendaal aan Zee. Hinter Overveen der zweite CP auf der rechten Seite, nah am Meer.

Callantsoog, NL-1759 JD / Noord-Holland

- Tempelhof
- Westerweg 2
- 1 Jan - 31 Dez
- +31 2 24 58 15 22
- @ info@tempelhof.nl
- N 52°50'48" E 04°42'56"

1 ADEGILNOPQRST	EGH	N 6
2 JQRWXY	ABDEFGH	7
3 ABEFLNVW	ABCDEFGJKMNQRTUV	8
4 ABCHJLOQRT	JLV	9
5 ACDEFHLMN	ABCDEGHIJOQXY	10
Anzeige auf dieser Seite B 16A CEE		❶ €50,00
14ha 210T(80-135m²) 259D		❷ €62,00

105454

N9, Ausfahrt 't Zand, weiter Richtung Groote Keeten. CP-Schilder 'Tempelhof' beachten.

Callantsoog, NL-1759 NX / N-Holland

- Vakantiepark Callassande
- Voorweg 5a
- 1 Apr - 30 Okt
- +31 2 24 58 16 63
- @ receptie.callassande@roompot.nl
- N 52°51'22" E 04°43'03"

1 ADEJMNOPQRST	DGHI	N 6
2 JPQRWXY	ABDEFGH	7
3 BCFLMNSV	ABCDEFHJKNPQRTUVW	8
4 BCDFHJLO	CJVW	9
5 ACDEFGHJKLN	ABDEGHIJOPQY	10
B 10A CEE		❶ €44,50
12,5ha 383T(60-120m²) 266D		❷ €47,00

105453

N9, Ausfahrt 't Zand, weiter Richtung Groote Keeten, CP-Schilder beachten.

CAMPERPARK AMSTERDAM

- 365 Tage im Jahr geöffnet
- Nur 15 Minuten mit der U-Bahn ins Stadtzentrum von Amsterdam
- Selbstbedienung beim Ein- und Auschecken
- Kostenloses WIFI-Internet
- Gehört zu Gaasper Camping Amsterdam

Weitere Informationen finden Sie auf der Website: www.camperparkamsterdam.nl
Loosdrechtdreef 7 | 1108 AZ Amsterdam | : info@gaaspercamping.nl

Castricum, NL-1901 NH / Noord-Holland

- Kennemer Duincamping Geversduin
- Beverwijkstraatweg 205
- 25 Mrz - 30 Okt
- +31 2 51 66 10 95
- info@campinggeversduin.nl
- N 52°31'49" E 04°38'55"

1	ABDEJMNOPRT	6
2	ABPQRWXYZ	ABDE**FG**H 7
3	ABEFGMV	ABEFGHJKNQRTW 8
4	**A**BFHJL	AJLVWY 9
5	ABDEGHKLN	ABCGHIJNPSTY 10
	B 16A CEE	€53,50
23ha 295**T**(80-100m²) 390**D**		€57,10

105412
A9, Ausfahrt 9 Heemskerk. Am Kreisel re. An der Ampel geradeaus nach De Baandert. Am Ende li. ab in Mozartstraat. Am Kreisel re. in Marquettelaan. Am Rijksstraatweg re. ab. Nach 1,5 km li.

Castricum aan Zee, NL-1901 NZ / Noord-Holland

- Kennemer Duincamping Bakkum
- Zeeweg 31
- 25 Mrz - 30 Okt
- +31 2 51 66 10 91
- info@campingbakkum.nl
- N 52°33'44" E 04°38'00"

1	ABDEHKNOPRT	6
2	ABQRTWXYZ	ABDE**FG** 7
3	ABCEFGLMNQSV	ABCDEFGHIJKNPQRTW 8
4	BCD**E**FHJKL**Q**R	BCJLUVWY 9
5	ACDEFGHKM**NO**	ABCFGHIJOPSTUXYZ 10
	B 16A CEE	€51,90
60ha 337**T**(80-130m²) 1436**D**		€55,50

100754
A9 Beverwijk-Alkmaar Ausfahrt 10 Castricum. An der Ampel N203 Richtung Castricum. Bei Castricum Richtung Castricum aan Zee. Über die Bahnüberführung im Kreisel geradeaus. Der CP liegt nach 1,5 km rechts der Strecke.

De Cocksdorp (Texel), NL-1795 LS / Noord-Holland

- Landal Sluftervallei
- Krimweg 102
- 25 Mrz - 31 Okt
- +31 2 22 31 62 14
- sluftervallei@landal.nl
- N 53°09'28" E 04°50'37"

1	A**DEJM**N**O**RT	EGN**Q**T 6
2	JQRX	ABDE**FGK** 7
3	B**FJLMN**RV	ABCDEF**GN**QRTUV 8
4	ABCDFHJL**QTUVX**	EJVW 9
5	ACDEFHLN	ABEFGHJ**O**P**Q**XY 10
	B 16A CEE	Preise auf Anfrage
36ha 57**T**(80m²) 332**D**		

105541
Ab der Fähre der N501 folgen. Bei Ausfahrt 10 nach De Cocksdorp. Ausfahrt 35 links zu den Landal Sluftervallei (De Krimweg).

De Cocksdorp (Texel), NL-1795 JV / Noord-Holland

- Vakantiepark De Krim Texel
- Roggeslootweg 6
- 1 Jan - 31 Dez
- +31 2 22 39 01 12
- reserveringen@krim.nl
- N 53°09'06" E 04°51'32"

1	ACDE**GJM**NOPQRST	BEHIN**K**X**Y** 6
2	JPQRWXYZ	ABCDE**FG**HK 7
3	ABDEF**HJK**M**R**VW	ABCDEFGHJKN**Q**RS**T**UVW 8
4	ABCDFHJL**O**P**Q**CU	CDEFGIJLUVWY 9
5	ACDEFGHIJLN	ABEFGHIJM**O**P**Q**XY 10
	B 10A CEE	€63,25
31ha 413**T**(80-100m²) 715**D**		€67,75

101308
Von der Fähre aus der N501 folgen. Ausfahrt 10 Richtung De Cocksdorp. Ausfahrt 33 links zur Vakantiepark De Krim.

Strandbad Edam

- Gleich am IJsselmeer
- Gute Busverbindung nach Amsterdam
- Gemütlicher Familiencampingplatz
- Wanderhütten zu vermieten
- Edam-Volendam-Marken

Zeevangszeedijk 7A, 1135 PZ Edam • Tel. 0299-371994
E-Mail: info@campingstrandbad.nl • Internet: www.campingstrandbad.nl

De Koog (Texel), NL-1796 MT / Noord-Holland

- Camping Coogherveld Texel
- Kamperfoelieweg 3
- 8 Apr - 31 Okt
- +31 2 22 31 77 28
- info@coogherveld.nl
- N 53°05'46" E 04°55'55"

1	AE**JM**NOPQRT	N 6
2	JPQRWXYZ	ABCDE**FG** 7
3	B**L**MUV	ABCDE**FG**HJNPQRTW 8
4	BCHJ**P**	CHJUVW 9
5	AD	ABCEGHJO**Q**Y 10
	Anzeige auf dieser Seite B 16A CEE	€42,50
2ha 51**T**(80-100m²) 47**D**		€55,00

111149
Ab der Fähre der N501 folgen. Ausfahrt 10 Richtung De Koog. Ungefähr 300m hinter der Ortsgrenze De Koog 1. CP rechts.

Gemütlicher Familiencamping 200m vom Badeort De Koog und in der Nähe des Strandes.

www.coogherveld-texel.nl • Tel: +31 222 317728

De Koog (Texel), NL-1796 AA / Noord-Holland

- Camping Kogerstrand
- Badweg 33
- 31 Mrz - 30 Okt
- +31 2 22 39 01 12
- receptie.kogerstrand@krim.nl
- N 53°06'03" E 04°45'30"

1	BDE**GJM**NOPRST	KMN 6
2	GJPQRUWX	ABCDE**FG**H 7
3	ABDF**L**MV	ABCDEFGHJNPQRTW 8
4	ABCFHJ**P**	BCFLUVW 9
5	ADE**FN**	ABCEFHIJOPSTXY 10
	6-16A CEE	€47,00
52ha 1050**T**(20-100m²) 279**D**		€60,70

105444
Von De Koog über die Düne fahren. CP liegt in den Dünen zwischen De Koog und der Nordsee. Ab der Fähre die N501 nehmen. Am Kreisverkehr 10 in Ri. De Koog fahren. Im Zentrum Durchgangsstr. folgen. Achten Sie auf die CP-Schilder.

Den Burg (Texel), NL-1791 NS / Noord-Holland

- De Bremakker
- Tempelierweg 40
- 1 Apr - 29 Okt
- +31 2 22 31 28 63
- info@bremakker.nl
- N 53°04'20" E 04°45'28"

1	AEG**J**KNOPRT	N 6
2	BJQRXY	**FG**H 7
3	BFGMV	MNQUV 8
4	BCFHJL**Q**	JVW 9
5	ADEFHKN	ABCEHJOPQY 10
	10A CEE	€42,50
7ha 32**T**(100m²) 160**D**		€53,90

100705
Ab der Fähre der N501 folgen. Im Kreisverkehr 10 und 11 geradeaus Richtung De Koog fahren. Bei Ausfahrt 12 links abbiegen. Am Anfang des Tannenwaldes rechts abbiegen.

Den Burg (Texel), NL-1791 NP / Noord-Holland

- De Koorn-aar
- Grensweg 388
- 1 Apr - 28 Okt
- +31 2 22 31 29 31
- info@koorn-aar.nl
- N 53°03'50" E 04°45'34"

1	A**DEGIL**NOPQRST	N 6
2	BJQRWXY	D**FG**H 7
3	ABFMV	NQUV 8
4	BCHJL	JVW 9
5	ADEHN	ABEFHJM**O**QY 10
	10A CEE	€43,00
5,5ha 80**T**(150m²) 105**D**		€56,00

111324
Ab der Fähre der N501 folgen. Im Kreisverkehr 10 in Richtung De Koog fahren. Am Kreisverkehr 11 links abbiegen und dann der ersten Straße rechts folgen.

Den Burg (Texel), NL-1791 PE / Noord-Holland

- 't Woutershok
- Rozendijk 38
- 7 Apr - 30 Sep
- +31 2 22 31 30 80
- info@woutershok.nl
- N 53°03'32" E 04°45'33"

1	AEG**JM**NOPT	N 6
2	BJQRWXY	ABDE**FG**H 7
3	BM	ABCDEF**H**JKNPQRTUV 8
4	FH	BCUVW 9
5	D**N**	ABCEFGHJMOPQY 10
	FKKB 16A CEE	€49,50
6ha 135**T**(120-195m²) 13**D**		€63,90

109730
Ab der Fähre der N501 folgen. Am Kreisel (10) Richtung De Koog. Am Kreisel 11 links ab und den CP-Schildern folgen.

Den Hoorn, NL-1797 RN / Noord-Holland

- Camping Loodsmansduin
- Rommelpot 19
- 31 Mrz - 30 Okt
- +31 2 22 39 01 12
- receptie.loodsmansduin@krim.nl
- N 53°01'17" E 04°44'28"

1	ADE**JM**NOPQST	BGMN 6
2	JQRWXYZ	ABCDE**FG**H 7
3	ABMSV	ABCDEFGHJNPQRTUVW 8
4	ABCHJLO**Q**	BCFJUVW 9
5	ADEHLN	ABCDEFGHJMOPSTY 10
	FKK 16A CEE	€46,00
38ha 234**T**(60-120m²) 283**D**		€59,70

101541
Von der Fähre auf die N501. Ausfahrt 3 nehmen. Jetzt den grünen oder weißen CP-Schildern 'Loodsmansduin' folgen.

Edam, NL-1135 PZ / Noord-Holland

- Strandbad Edam
- Zeevangszeedijk 7A
- 1 Apr - 2 Okt
- +31 2 99 37 19 94
- info@campingstrandbad.nl
- N 52°31'07" E 05°04'26"

1	ABDEHKNOPRT	FHLMN**Q**S**XY**Z 6
2	FI**K**QTWXY	ABDE**FG**HIK 7
3	ABCFLMV	ABCDE**FG**HIJKNPQRTW 8
4	FGHJO	FCFJUVW 9
5	ADEFHKLMN	ABCDFGHJ**O**QY 10
	Anzeige auf dieser Seite B 16A CEE	€31,10
4,5ha 100**T**(60-80m²) 157**D**		€41,75

105496
N247 Amsterdam-Volendam-Hoorn. Ausfahrt Edam-Nord, den CP-Schildern folgen. Navigation abschalten!

Egmond aan den Hoef, NL-1934 PR / Noord-Holland

- De Markiess
- Driehuizerweg 1A
- 1 Apr - 25 Sep
- +31 7 25 06 22 74
- info@demarkiess.nl
- N 52°38'02" E 04°39'37"

1	ABE**IL**NOPR**T**	6
2	APQRXY	ABDE**FG** 7
3	ABF**L**M	ACE**F**N**R**TW 8
4	FHJKO**Q**	V 9
5	D**M**N	ABCGHI**JO**RSY 10
	6A CEE	€24,00
2,2ha 40**T**(80-100m²) 60**D**		€31,50

107866
Alkmaar Ring West. Ausfahrt Egmond. Richtung Egmond. 500m hinter der AVIA-Tankstelle rechts ab Kromme Dijk, 200m weiter links in den Driehuizerweg einfahren. CP ist rechts der Straße.

Egmond aan Zee, NL-1931 AV / N-Holl.

- Kustcamping Egmond aan Zee
- Nollenweg 1
- 1 Jan - 31 Dez
- +31 7 25 06 17 02
- receptie.egmond@roompot.nl
- N 52°37'19" E 04°38'17"

1	ABDE**JM**NOPQT	BG 6
2	PQRVWXY	ABDE**FG**H 7
3	BFL**M**U	ABCDEFJNQRTUV 8
4	BFHL	JVWXY 9
5	ACDEFGHJKLMN	ABCEHIJOPQXY 10
	10A CEE	€63,60
11ha 73**T**(100-120m²) 162**D**		€67,20

110293
Alkmaar Ring West, Abfahrt Egmond. Durchfahren bis zur Ampel. Bei Egmond rechts ab Richtung Egmond aan Zee. An der 2. Ampel rechts. Nach 150m rechts ab, schmaler Weg, dieser führt zum CP.

Camping De Gouw

Der Campingplatz De Gouw ist ein ruhiger, freundlicher Campingplatz in der Nähe des Dorfes Hoogwoud in der Mitte der Provinz Nordholland. Der Campingplatz verfügt über schöne Sanitäranlagen, geräumige Stellplätze und Kanuverleih. Wifi auf dem gesamten Campingplatz.

Gouwe 5, 1718 LJ Hoogwoud
Tel. +31 229581473
E-Mail: info@campingdegouw.nl
Internet: www.campingdegouw.nl

Graft, NL-1484 EN / Noord-Holland
- Camping Tuinderij Welgelegen
- Raadhuisstraat 24A
- 1 Apr - 1 Okt
- +31 2 99 67 30 32
- mail@campingtuinderij welgelegen.nl
- 1 AEGHKNORT NX 6
- 2 PQTXY ABDFG 7
- 3 AM AEFNQRW 8
- 4 FHK ER 9
- 5 DN AFGHJORSY10
- B 6A CEE
- 2ha 29T(60-80m²) 77D
- ① €22,00
- ② €27,00
- N 52°33'45" E 04°49'58"
- 105468
- N244 Purmerend-Alkmaar. Ausfahrt Graft/Driehuizen. Richtung Graft. Vor dem Rathaus rechts ab, diese kleine Straße führt zum CP.

Haarlem, NL-2033 AD / Noord-Holland
- De Liede
- Lieoever 68
- 1 Jan - 31 Dez
- +31 2 35 35 86 66
- info@campingdeliede.nl
- 1 AEG**JM**NO**RT** JNQS**XZ** 6
- 2 ACEQ ABD**EFG** 7
- 3 A**LM** ABCD**EF**JNQRW 8
- 4 HJOQ FQRV 9
- 5 DEFHKMN ABCEGHJQ10
- 4A CEE
- 1,5ha 80T(40-90m²) 28D
- ① €23,95
- ② €32,45
- N 52°22'40" E 04°40'34"
- 105415
- A9 am Rottepolderplein die A200 Richtung Haarlem nehmen. Rechts ab zur Überführung. Den CP-Schildern folgen.

Hilversum, NL-1213 PZ / Noord-Holland
- De Zonnehoek
- Noodweg 50
- 15 Mrz - 31 Okt
- +31 3 55 77 19 26
- info@campingzonnehoek.nl
- 1 ADEGJMNOPQRS**T** 6
- 2 BQRXYZ AB**FG** 7
- 3 AF**LM** ABCD**F**KNRTUVW 8
- 5 DEFHLMN ABHJ**O**RS10
- B 4A CEE
- 4ha 60T(80-100m²) 60D
- ① €22,50
- ② €25,00
- N 52°11'37" E 05°09'17"
- 105499
- A27, Ausfahrt 33 Hilversum, Richtung Loosdrecht. Danach Schildern 'Vliegveld Hilversum' folgen.

Hoogwoud, NL-1718 LJ / Noord-Holland
- De Gouw
- Gouwe 5
- 1 Mrz - 1 Nov
- +31 2 29 58 14 73
- info@campingdegouw.nl
- 1 AG**I**L**NOPQRST** N 6
- 2 AQRY AB**FG** 7
- 3 X ACDEFHNQRW 8
- 4 HJ**T** RV 9
- 5 D ABGJOQY10
- Anzeige auf dieser Seite 6-10A CEE
- 2ha 80T(90-120m²) 15D
- ① €20,00
- ② €28,00
- N 52°43'30" E 04°57'42"
- 122407
- A7 Ausfahrt 19 (Wognum) Landstraße Richtung N241, Richtung Alkmaar bei Hoogwoud rechts ab in den Ort. Am Ortsende rechts Richtung Gouwe. An der Kreuzung rechts. Nach 50m liegt der CP rechts.

Hoorn/Berkhout, NL-1647 DR / N-Holl.
- 't Venhop
- De Hulk 6a
- 1 Jan - 31 Dez
- +31 2 29 55 13 71
- info@venhop.nl
- 1 ABDEG**JM**NOP**RT** N**XZ** 6
- 2 AQWXYZ AB**DEFG**H 7
- 3 A**LM** ABCD**EF**JNRUVW 8
- 4 BFGHJLO FJNRVW 9
- 5 DEFHKLN ABCDEFGHJNRSY10
- 10A CEE
- 8,5ha 78T(80-100m²) 169D
- ① €27,25
- ② €35,25
- N 52°37'55" E 05°00'42"
- 108059
- A7 Purmerend-Hoorn Ausfahrt 7, Hoorn-West. Oder A7 Hoorn-Purmerend, Ausfahrt 7 Avenhorn. An der Ampel links Richtung Hoorn-West. An der Ampel Hoorn-West rechts, nach 350m rechts ab, den Campingschildern folgen.

IJmuiden, NL-1976 BZ / Noord-Holland
- De Duindoorn
- Badweg 40
- 1 Apr - 30 Sep
- +31 2 55 51 07 73
- camping@duindoorn.nl
- 1 GHKNOR**T** KMNQS 6
- 2 AGPQRVX AB**FG**H 7
- 3 B**LM** ABC**F**NRW 8
- 4 FHJLO VY 9
- 5 ACDKMN ABHJLORSY10
- 6A CEE
- 3ha 150T(65m²) 150D
- ① €32,15
- ② €46,05
- N 52°27'19" E 04°34'24"
- 105414
- A9/A22 Richtung IJmuiden. Am Ende der Straße Richtung Velsen zur Fähre, Richtung IJmuiden aan Zee. CP an der Fähre beschildert.

Julianadorp aan Zee, NL-1787 CX / Noord-Holland
- Ardoer camping 't Noorder Sandt
- Noorder Sandt 2
- 31 Mrz - 30 Okt
- +31 2 23 64 12 66
- noordersandt@ardoer.com
- 1 ADE**JM**NOPQRS**T** EGHIKNQS 6
- 2 GJQRWXYZ ABCD**EFG**HIK 7
- 3 ABC**HIL**MV ABCDEFGJKNQRS**T**UVW 8
- 4 BCHJLO**QT** CJLRV 9
- 5 ABDEFHLN ABCEFGHJOPQY10
- B 10A CEE
- 11ha 180T(100m²) 237D
- ① €52,00
- ② €64,00
- N 52°54'22". E 04°43'29"
- 105447
- N9 Ausfahrt Julianadorp aan Zee. Innerorts der Beschilderung 'Kustrecreatie'. An der Küstenstraße rechts ab und CP-Schildern folgen.

Julianadorp aan Zee, NL-1787 PP / N-Holl.
- De Zwaluw
- Zanddijk 259
- 1 Apr - 31 Okt
- +31 2 23 64 14 92
- campingdezwaluw@quicknet.nl
- 1 AE**JM**NOPQRS**T** KN 6
- 2 GJQRWX AB**DEFG** 7
- 3 B**F**L**RV** ABCD**EFG**HJNPQRTW 8
- 4 H FI 9
- 5 DEFKMN ABCD**F**GHJ**OQ**Y10
- Anz. auf dieser Seite 10-16A CEE
- 2ha 68T(50-100m²) 73D
- ① €32,50
- ② €44,50
- N 52°53'43" E 04°43'04"
- 105451
- Von Alkmaar (N9), 1. Ausfahrt Julianadorp (Süd). Von Den Helder (N9) 2. Ausfahrt Julianadorp (Süd). Den Schildern 'Kustrecreatie' folgen. An den Dünen rechts ab. 1. CP in Julianadorp aan Zee rechts.

Landsmeer/Amsterdam, NL-1121 AL / Noord-Holland
- Het Rietveen
- Noordeinde 130
- 1 Apr - 1 Okt
- +31 2 04 82 14 58
- info@campinghetrietveen.nl
- 1 AEHKNOPRS**T** LQS**XYZ** 6
- 2 AFIJPQWXYZ ABDE 7
- 3 L ABCDEFNRW 8
- 4 FH V 9
- 5 D ABCGHIJQ10
- 10A CEE
- 1,5ha 80T(100-130m²) 149D
- ① €30,00
- ② €38,00
- N 52°26'10" E 04°54'41"
- 109376
- A10, Ring Amsterdam, Ausfahrt S117 Landsmeer Richtung Den Ilp. Der Platz ist ± 600m links der Strecke hinter dem Geschäftszentrum von Landsmeer.

Noord-Scharwoude, NL-1723 PX / Noord-Holland
- EuroParcs Molengroet
- Molengroet 1
- 26 Mrz - 31 Okt
- +31 8 80 55 15 19
- kcc@europarcs.nl
- 1 ADE**I**LNOPQRS**T** BL**N**OPQS**XYZ** 6
- 2 EJKQWY ABDE**FG**H 7
- 3 AB**FG**L**MS**V ABCDEFHJKNPQRTUVW 8
- 4 BFHIJKL GJVWXY 9
- 5 ABDEFGHJKLMN ABCEFGHIJMOPQXY10
- B 10A CEE
- 11ha 110T(80-100m²) 149D
- ① €26,00
- ② €38,00
- N 52°41'41" E 04°46'15"
- 100755
- N245 Alkmaar-Schagen. Ausfahrt Geestmerambacht/ CP-Schild Molengroet.

Gemütlicher Familiencampingplatz – große Plätze - moderne Sanitäranlagen - 200m vom Strand - Waschsalon - Restaurant, Snackbar und Kantine mit harmonischer Terrasse - Spielplatz

Zanddijk 259, 1787 PP Julianadorp aan Zee
Tel. 0223-641492
E-Mail: campingdezwaluw@quicknet.nl
Internet: www.campingdezwaluw.nl

Teilkarte Nord-Holland auf Seite 144

STRANDCAMPING CORFWATER
ÜBERNACHTEN AM MEER – 100 METER ZUM STRAND
Strandweg 3 1755 LA Petten +31 (0)226 381981 camping@corfwater.nl www.corfwater.de

Petten, NL-1755 LA / Noord-Holland
- Corfwater
- Strandweg 3
- 18 Mrz – 30 Okt
- +31 2 26 38 19 81
- camping@corfwater.nl

1 ABDEGHKNOPRT KNPQRSW**X** 6
2 HIJPQRVWX AB**D**E**FGH** 7
3 ABCM ABCDEFGJK**L**NQRTW 8
4 FHJO ACFVW 9
5 AB**DMN** ABCFGHIJOSY 10
6A CEE
Anzeige auf dieser Seite €48,00
5,5ha 260T(80-120m²) 34**D** €62,00
105408

N 52°46'14" E 04°39'33"
N9 Alkmaar–Den Helder. Am Kreisverkehr in Burgervlotbrug Richtung Petten. Bis zum Kreisverkehr an den Dünen. Geradeaus den CP-Schildern folgen.

St. Maartenszee, NL-1753 KA / Noord-Holland
- Aan Noordzee
- Westerduinweg 34
- 25 Mrz – 24 Okt
- +31 2 24 56 31 09
- info@aannoordzee.nl

1 EG**J**M**N**OPRT N 6
2 QRWXY **FG** 7
3 ABMN CDEFJMNQUV 8
4 FGH JVW 9
5 D ABCEFHJOPQY 10
10A CEE €51,00
8ha 190T(100-120m²) 33**D** €57,00
107649

N 52°47'59" E 04°41'40"
N9 Alkmaar–Den Helder. In St. Maartensvlotbrug Richtung St. Maartenszee bis zum Kreisverkehr an den Dünen. Rechts ab, ca. 800m, 2. CP rechts.

Petten, NL-1755 KK / Noord-Holland
- De Watersnip
- Pettemerweg 4
- 25 Mrz – 30 Sep
- +31 2 26 38 14 32
- info@watersnip.nl

1 ADEHKNOPRT BG**H**N 6
2 PQRWXY AB**D**E**FGH** 7
3 ABEFGMNV ABCDE**F**JKNQRTUVW 8
4 BDFHJL**OPQ** FJVWY 9
5 ACDEFGHJKLMN ABEGHIJ**O**RSWY 10
Anzeige auf Seite 149 B 6-10A CEE €39,15
18ha 200T(80-100m²) 315**D** €49,80
100752

N 52°45'37" E 04°39'46"
N9 Alkmaar–Den Helder. Kreisel Burgervlotbrug Richtung Petten. CP liegt rechter Hand am Kreisel, kurz vor dem Kreisel an den Dünen.

St. Maartenszee, NL-1753 BA / Noord-Holland
- Duincamping De Lepelaar
- Westerduinweg 15
- 2 Apr – 2 Okt
- +31 2 24 56 13 51
- info@delepelaar.nl

1 ABDEG**JM**NO**R**T AB**DEFG** 6
2 IRUWXYZ AB**DEFG** 7
3 ABCFMS ACE**FG**JKNQRTW 8
4 BFHJL ABDJV 9
5 ABDEGHJMN ABCFGHIJ**N**STUY 10
10A CEE €37,00
16ha 214T(20-80m²) 102**D** €47,00
105459

N 52°48'09" E 04°41'48"
N9 Alkmaar–Den Helder, Ausfahrt St. Maartenszee bis zum Kreisel an den Dünen. Dort rechts. Rezeption nach 1,3 km links. Erst neben dem Weg parken.

KAMPEERTERREIN BUITENDUIN
- Kleiner Familiencampingplatz
- 2021 neue und beheizte Sanitäranlagen
- Mitten in der Natur
- Zentrum und Dünen zu Fuß erreichbar
- Geeignet für kleine Kinder

Molenweg 15, 1871 CD Schoorl, info@kampeerterreinbuitenduin.nl
www.kampeerterreinbuitenduin.nl

Tuitjenhorn, NL-1747 CA / Noord-Holland
- Campingpark de Bongerd
- Bongerdlaan 3
- 1 Apr – 30 Sep
- +31 2 26 44 81
- info@bongerd.nl

1 ABDEG**JM**NOPQRT **BEGH**N 6
2 QWXY AB**DEFG**HK 7
3 ABC**DEFL**SV ABCDFGJKNQRTUV 8
4 BHKL ABDJV 9
5 ACDEFJKLMN BCEHIJMOQXY 10
10A CEE €62,40
18ha 128T(100-120m²) 568**D** €73,95
105461

N 52°44'06" E 04°46'33"
N245 Alkmaar–Schagen, Ausfahrt Tuitjenhorn/Industriegebiet De Banne, dann den CP-Schildern folgen.

Schoorl, NL-1871 CD / Noord-Holland
- Kampeerterrein Buitenduin
- Molenweg 15
- 1 Apr – 29 Okt
- +31 7 25 09 18 20
- info@kampeerterreinbuitenduin.nl

1 ABEGHKNO**R**T 6
2 PQRWXY AB**DE****FG** 7
3 A**FL**M ABCDEFGHJKNPQRTUVW 8
4 EFH 9
5 ADN ABCDFGIJ**O**STY 10
Anzeige auf dieser Seite 10A CEE €35,50
1,2ha 40T(70-90m²) **D** €42,60
113466

N 52°42'24" E 04°41'49"
N9 Alkmaar–Den Helder, Ausfahrt Schoorl, Richtung Schoorl. Kurz vor der Ampel am Fußgängerüberweg rechts. Vor 'Molen' rechts ab.

Velsen-Zuid, NL-1981 EH / Noord-Holland
- Natuurkampeerterrein Schoonenberg
- Driehuizerkerkweg 15D
- 1 Apr – 31 Okt
- +31 2 55 52 39 98
- info@campingschoonenberg.nl

1 ABEG**J**M**N**OPQRT 6
2 ABPQRSWXYZ AB**DE**K 7
3 AC**L**M ABCDFNR 8
4 HJVW 9
5 D**N** ABCJNRS 10
4A CEE €27,50
2,5ha 70T(60-100m²) €27,50
109794

N 52°27'10" E 04°38'24"
Über die A9 auf die A22, dann N202 Richtung IJmuiden folgen. CP mit kleinen Schildern angezeigt.

- drei Kilometer von Schoorl
- am Freizeitgebiet Geestmerambacht
- Gastfreundschaft und Freiheit genießen
- kinderfreundlicher Camping
- schönes beheiztes Sanitär

www.dekolibrie.eu
Erleben Sie bei uns das wahre Leben im Freien mit Strand und Stadt gleich nebenan
De Groet 2, 1749 VW Warmenhuizen • Tel. 0226-394539

Warmenhuizen, NL-1749 VW / Noord-Holland
- Landschapscamping de Kolibrie
- De Groet 2
- 1 Apr – 1 Okt
- +31 2 26 39 45 39
- info@dekolibrie.eu

1 ABEG**J**M**N**OP**R**T 6
2 IQWXY AB**FG**HK 7
3 ACF**HIL**MUX ABE**F**HJNPQRTUVW 8
4 BFHJKL FJVWY 9
5 ADN ABCDFGHJOS 10
Anz. auf dieser S. B 6-10A CEE €25,10
4ha 100T(150-280m²) 15**D** €20,99
120899

N 52°41'58" E 04°44'46"
N245 Alkmaar–Schagen, Ausfahrt N504 Schoorl/Koedijk. Bis zum Kanal, dann rechts. 1. Straße rechts. An der 3er-Gabelung rechts (Diepsmeerweg). Der Straße bis zum CP folgen.

St. Maartenszee, NL-1753 BA / Noord-Holland
- Ardoer Camping St. Maartenszee
- Westerduinweg 30
- 2 Apr – 25 Sep
- +31 2 24 56 14 01
- sintmaartenszee@ardoer.com

1 ADE**J**M**N**OPQRST 6
2 PQRWXY AB**DE****FG**HK 7
3 ABCF**J**MV ABCDEFGHJK**L**NPQRSTUVW 8
4 FGH JV 9
5 ACDFGHKLN ABCEFGHIJNRSY 10
B 6-10A CEE €41,00
5ha 300T(60-90m²) 29**D** €53,00
101548

N 52°47'39" E 04°41'22"
N9 Alkmaar–Den Helder. In St. Maartensvlotbrug Richtung St. Maartenszee. Bis zum Kreisverkehr an den Dünen. Rechts ab, erster CP rechts.

Aktionen und News
www.youtube.com/ACSIcampinginfo
www.facebook.com/ACSI.DEU

Teilkarte Nord-Holland auf Seite 144

RECREATIEPARK DE WATERSNIP — PAREL AAN DE NOORDZEE

Stellplätze, Bungalows und Camperhütten • breites Animationsprogramm
800m zum Strand • sauberstes un schönstes Örtchen von Nordholland
BUCHEN SIE JETZT ONLINE UND SIE SPAREN DIE RESERVIERUNGSKOSTEN

Recreatiepark De Watersnip   Pettemerweg 4   1755 KK   Petten aan Zee   T. 0226 381 432   info@watersnip.nl   www.watersnip.nl

Niederlande

Zu jedem Campingplatz in diesem Führer gehört eine sechsstellige Nummer. Damit können Sie den betreffenden Campingplatz auf der Webseite suchen.
www.Eurocampings.de

Zijdewind, NL-1736 ET / Noord-Holland		iD
de Boerenzwaluw	1 AE**JM**NOPRST	6
Venninkerweg 3	2 QWXY	ABDE 7
1 Apr - 3 Okt	3 ACFM	ABCDFGHJNPRTW 8
+31 6 51 14 93 46	4 FH	9
info@campingboerenzwaluw.nl	5	AFGHJQQ 10
	B 2-16A CEE	€32,00
	2ha 89T(140m²)	€51,00
N 52°44'56" E 04°49'56"		124139
N241 Opmeer-Schagen. Bis zum Kreisel 1,5 km nördlich von Zijdewind oder 2 km südlich von der Ausfahrt Haringhuizen. Im Kreisel Richtung Westen abbiegen. Zum Venninkerweg bis Nr 3 fahren, dort ist der Camping.		

Süd-Holland

Barendrecht, NL-2991 SB / Zuid-Holland		iD
Recreatiepark de Oude Maas	1 ADEG**IL**NOPQRS**T**	N**XYZ** 6
Achterzeedijk 1a	2 ACQWXY	AB**FG** 7
1 Jan - 31 Dez	3 BM	ABCDEFJNQRTUV 8
+31 7 86 77 24 45	4 H	EV 9
info@recreatieparkdeoudemaas.nl	5 ADM	ABEFGHJORSY 10
	B 12A CEE	€25,00
	12ha 100T(100-120m²) 130D	€32,40
N 51°49'57" E 04°33'08"		105435
A29, Ausfahrt Barendrecht, Schildern folgen. A15, Abfahrt Barendrecht und dann Schildern folgen.		

Brielle, NL-3231 NC / Zuid-Holland		CC20 iD
De Krabbeplaat	1 ACDE**JM**NOPQRT	FLNQS**XYZ** 6
Oude Veerdam 4	2 ADE**J**QWY	ABCD**EFGH** 7
26 Mrz - 30 Okt	3 BEF**LMN**V	ABCDEFNPQRTW 8
+31 1 81 41 23 63	4 **A**BCDFHJKLOP**Q**	FIQRTVW 9
info@krabbeplaat.nl	5 ACDEFGHKMN	ABEFGHIJN**O**PQY 10
	10A CEE	€34,10
	18ha 68T(81-120m²) 366D	€43,70
N 51°54'36" E 04°11'05"		105403
A16 Breda-Rotterdam, Ausfahrt Europoort. Dieser Straße folgen bis Brielle. Vor Brielle ausgeschildert (Ausfahrt Brielse Maas-Noord).		

Brielle, NL-3231 AA / Zuid-Holland		CC20 iD
Camp. Jachthaven de Meeuw	1 ADE**J**MNOPQRT	LNQS**XYZ** 6
Batterijweg 1	2 EJQWXY	ABD**FGH** 7
25 Mrz - 31 Okt	3 B**FL**M	ADEFIJNQRTUVW 8
+31 1 81 41 27 77	4 BDHJO**P**	FJV 9
info@demeeuw.nl	5 DEFKMN	ABGHJN**O**PQY 10
	B 10A CEE	€36,55
	13ha 165T(80-130m²) 256**D**	€39,10
N 51°54'24" E 04°10'31"		101327
A15 Ausfahrt Europoort anhalten. Brielle folgen. In Brielle ausgeschildert.		

Delft, NL-2629 HE / Zuid-Holland		iD
Naturistencamping Abtswoudse Hoeve	1 AEG**JM**NOPRST	LN 6
Rotterdamseweg 213-215	2 EQX	AB**FGH** 7
1 Jan - 31 Dez	3 A**L**MS	ABE**F**JNQRW 8
+31 6 20 28 73 93	4	Y 9
info@navah.nl	5 KM	ABGHJ**O**STY 10
	FKK 10A CEE	€29,80
	15,6ha 50T(100-120m²) 120D	€30,65
N 51°58'40" E 04°22'58"		121066
A13 Ausfahrt 10 Delft-Süd, die N470 Richtung Delft. Ausfahrt TU Delft. Am Ende der Ausfahrt links Midden-Delfland, Rotterdamseweg und dann der Beschilderung folgen.		

Teilkarte Süd-Holland auf Seite 149

Niederlande

Delft, NL-2616 LJ / Zuid-Holland
- Vakantiepark Delftse Hout
- Korftlaan 5
- 25 Mrz - 1 Nov
- +31 1 52 13 00 40
- info@delftsehout.nl

1 ACDE**IL**NORST BGLNQ 6
2 AEPQWXY ABDE**FG**H 7
3 B**FLM** ABCDFGJKNQRTUVW 8
4 ABEFHJLO ABCEFJVY 9
5 ACDEFHLMN ABCEFGHIJ**O**QVWY 10
B 6-16A CEE
6ha 200T(100-120m²) 84**D**
€ 38,10
€ 46,70
105404

A13, Ausfahrt 9 Delft, ab hier ausgeschildert.

Noorden, NL-2431 AA / Zuid-Holland
- Koole Kampeerhoeve
- Hogedijk 6
- 1 Apr - 2 Okt
- +31 1 72 40 82 06
- info@kampeerhoevekoole.nl

1 AG**JM**NOR**T** N 6
2 PQY ABDE 7
3 BF ABCDE**F**JNRW 8
4 H FV 9
5 D ABHJOQ 10
6A CEE
1ha 40T(40-100m²) 1**D**
€ 28,50
€ 35,50
101555

A2, Ausfahrt 5 Richtung Kockengen (N401). Hinter Kockengen im Kreisel rechts (N212), 1. Straße links Richtung Woerdens Verlaat/Noorden. CP in Noorden hinter der Kirche mit eigenem Schild ausgewiesen.

Den Haag, NL-2555 NW / Zuid-Holland
- Kampeerresort Kijkduin
- Machiel Vrijenhoeklaan 450
- 1 Jan - 31 Dez
- +31 7 04 48 21 00
- info@kijkduinpark.nl

1 ACD**JM**NOPST EGKMNQS 6
2 AHJPQRWY ABDE**FG** 7
3 BFG**JLM**NTV ABDEFGIJKNQRTUVW 8
4 ABFHJO**PQS**U ABFGV 9
5 ACDEFGHKL**NO** ABEHIKMOPQXY 10
B 10A CEE
29ha 350T(80-120m²) 500**D**
€ 56,00
€ 56,00
105401

Bei Kijkduin (Südwestlich von Den Haag). Über die A12 Den Haag einfahren. Weiter Richtung Kijkduin. Dann CP-Schilder befolgen.

Noordwijk, NL-2204 AN / Zuid-Holland
- De Carlton
- Kraaierslaan 13
- 1 Apr - 15 Okt
- +31 2 52 37 27 83
- info@campingcarlton.nl

1 AG**JM**NOPR 6
2 AQSWX AB**FJ**NR 8
3 B**HIL** EFV 9
4 H ABGHIJOQ 10
5 DN
B 10-16A CEE
2,1ha 55T(100-150m²) 46**D**
€ 31,40
€ 37,40
105423

A44, Ausfahrt 3 Sassenheim/Noordwijkerhout Richtung Noordwijk. Am Kreisverkehr am Kongresszentrum rechts ab (Gooweg). Am nächsten Kreisverkehr links ab (Schulpweg). Hinter der Manege Bakker rechts ab.

Hellevoetsluis, NL-3221 LJ / Z-Holl.
- 't Weergors
- Zuiddijk 2
- 1 Jan - 31 Dez
- +31 1 81 31 24 30
- info@weergors.nl

1 ADE**JM**NOPQRS**T** FNQS**X**Y 6
2 JQY AB**FG** 7
3 BEFM**N**V ABCD**FG**JKM**N**QRTW 8
4 JLO BCEFJKLVY 9
5 CDELMN ABEFGHIJ**O**PQY 10
6A CEE
7ha 100T(90m²) 176**D**
€ 28,65
€ 35,50
105387

N57, Abfahrt Hellevoetsluis. Den Schildern folgen.

Noordwijk, NL-2204 AS / Zuid-Holland
- De Duinpan
- Duindamseweg 6
- 1 Jan - 31 Dez
- +31 2 52 37 17 26
- contact@campingdeduinpan.com

1 ADEG**JM**NOPRT 6
2 AQSWXY AB**FG** 7
3 A**L** ABCDEFNQRUVW 8
4 HI IJUVW 9
5 ADM ABCDEGHIJOPQRY 10
16A CEE
3,5ha 81T(100-140m²) 19**D**
€ 35,00
€ 45,00
105425

A44, Ausfahrt 3 Sassenheim/Noordwijkerhout, Ri. Noordwijkerhout. Am Kreisverkehr am Kongresszentrum rechts ab (Gooweg). Beim nächsten Kreisverkehr links ab (Schulpweg) geht über in Duindamseweg.

Hoek van Holland, NL-3151 VP / Zuid-Holland
- Hoek van Holland
- Wierstraat 100
- 1 Mrz - 31 Okt
- +31 1 74 38 25 50
- campinghvh@rotterdam.nl

1 ADEGHKNORT NQ 5
2 JPQRWY AB**FG** 6
3 BFM ABCDEFJNQRT 8
4 HJ FV 9
5 ACDEMN ABEFGHIJOQY 10
10A CEE
5,5ha 74T(100m²) 213**D**
€ 35,50
€ 45,00
105386

A20 Den Haag-Rotterdam, Ausfahrt Hoek van Holland, ab hier ausgeschildert.

Noordwijk, NL-2204 AN / Zuid-Holland
- De Wulp
- Kraaiersiaan 25
- 1 Apr - 30 Okt
- +31 2 52 37 28 26
- camping@dewulp.com

1 ADEGHKNOPQRS**T** 6
2 AQSWXY ABDE**FG** 7
3 AB**LM** ABE**F**JNQRTUVW 8
4 BJO**PQ** VW 9
5 ADEFHKN ABCEGHIJOQ 10
6-10A CEE
2,5ha 54T(80-100m²) 100**D**
€ 31,60
€ 40,60
105421

A44, Ausfahrt 3 Sassenheim/Noordwijkerhout, Richtung Noordwijkerhout. Der N443 bis zum NH Hotel/Congresszentrum folgen. Im Kreisverkehr rechts (Gooiweg) Richtung Noordwijkerhout. Im nächsten Kreisverkehr links (Schulpweg), Beschilderung folgen.

Katwijk aan Zee, NL-2221 EW / Zuid-Holland
- Molecaten Park Noordduinen
- Campingweg 1
- 1 Jan - 31 Dez
- +31 7 14 02 52 95
- noordduinen@molecaten.nl

1 ADEGHKNOPQRST BEGK 6
2 AGJPQSWXY ABDE**FGK** 7
3 AB**H**M ABCDEFGJKNQR**S**TUVW 8
4 BJLO EJVWX 9
5 ADEFKMN ABCEHIJ**OS**TY 10
B 10A CEE
11ha 213T(85-100m²) 154**D**
Preise auf Anfrage
105427

A44, Ausfahrt 8 (N206) Richtung Katwijk, Ausfahrt Katwijk-Nord. CP-Beschilderung folgen.

Noordwijk, NL-2204 BC / Zuid-Holland
- Le Parage
- Langeveldlaan 43
- 1 Mrz - 31 Okt
- +31 2 52 37 56 71
- info@leparage.nl

1 ADEG**JM**NORST 6
2 AQRWXY ABDE**FG**H 7
3 B**FLM** ABCEFJNRTUW 8
4 FHJO ABFGV 9
5 DEFHKN BGHIJ**O**RS 10
6-10A CEE
4ha 61T(85-100m²) 105**D**
€ 37,05
€ 47,05
105417

N206 Ausfahrt Langeveldslag, Richtung Langevelderslag. 2. Straße links. Am Ende rechts. CP ist ausgeschildert.

Katwijk aan Zee, NL-2225 JS / Zuid-Holland
- Strandcamping Zuidduinen
- Zuidduinseweg 1
- 1 Apr - 30 Sep
- +31 7 14 01 47 50
- info@zuidduinen.nl

1 ADEGHKNOPQRST KQS 6
2 ABJQRSWX ABDE**FG** 7
3 BMS ABCDEFJKNQRTUW 8
4 BFHJLO**Q** ABEFVW 9
5 ACDEFHKMN ABCEGHIJ**OS**Y 10
B 10-16A CEE
5ha 300T(70-90m²) 94**D**
€ 45,80
€ 51,10
105399

Von der A44 und N206 Abfahrt Katwijk aan Zee fahren und dann den Schildern Zuid-Boulevard folgen. Anschließend den CP-Schildern folgen.

Noordwijkerhout, NL-2211 XR / Zuid-Holland
- Op Hoop van Zegen
- Westeinde 76
- 15 Mrz - 31 Okt
- +31 2 52 37 54 91
- info@campingophoopvanzegen.nl

1 ADE**JM**NOPRT 6
2 AQXY AB**FG**H 7
3 ABDFM ABC**FG**JKNPQRTW 8
4 FHIK V 9
5 ADM**N** ABCDFGHJOPRSUY 10
B 6-12A CEE
1,8ha 140T(80-100m²) 110**D**
€ 23,55
€ 31,20
105419

A44, Ausfahrt Sassenheim/Noordwijkerhout, Richtung Noordwijkerhout. Am Kreisverkehr beim Kongresszentrum geradeaus. An der Gabelung links ab.

Melissant, NL-3248 LH / Zuid-Holland
- Elizabeth Hoeve
- Noorddijk 8a
- 15 Mrz - 31 Okt
- +31 1 87 60 15 48
- info@campingelizabethhoeve.nl

1 AE**JM**NOPQRST NX 6
2 QWXY ABDF**G** 7
3 AB**L**MSU ABDE**F**NQRUVW 8
4 H 9
5 D ABDGHIJO**P**Y 10
16A CEE
8ha 18T(250m²) 80**D**
€ 25,10
€ 25,10
110214

N215, von Hellevoetsluis oder Ouddorp beim Km-Pfahl 13,4 rechts ab, von Middelharnis bei Km-Pfahl 13,4 links ab.

Noordwijkerhout, NL-2211 ZC / Zuid-Holland
- Sollasi
- Duinschooten 14
- 15 Mrz - 1 Nov
- +31 2 52 37 64 37
- info@sollasi.com

1 AEG**JM**NOPRT LNQS 6
2 AEJKQSWXY AB**FG** 7
3 B**L**M ACD**F**M**N**RTW 8
4 HJO V 9
5 ADEFHK ABCGHIJMN**O**Q 10
10A CEE
20ha 65T(60-80m²) 110**D**
€ 30,05
€ 37,05
100776

A4, Ausfahrt Nieuw-Vennep, Richtung Lisse, Schildern Keukenhof folgen, Richtung Langevelderslag. Nach Viadukt zweite Straße links.

Nieuwe-Tonge, NL-3244 LK / Zuid-Holland
- de Grevelingen
- Havenweg 1
- 14 Mrz - 31 Okt
- +31 1 87 65 12 59
- info@degrevelingen.nl

1 AEG**JM**NOPRS**T** NQSTWXYZ 6
2 CEQXY AB**FG**H 7
3 B**F**MSU ABCDE**F**INQRTVW 8
4 J**Q** Y 9
5 DEMN BFGHJOPRSU 10
10A CEE
6ha 80T(100-125m²) 275**D**
€ 24,80
€ 35,20
105393

N215, von Oude-Tonge Richtung Nieuwe-Tonge, ab hier ausgeschildert.

Oostvoorne, NL-3233 XD / Zuid-Holland
- Gorshoeve
- Kamplaan 4
- 1 Apr - 1 Okt
- +31 1 81 48 23 18
- info@camping-gorshoeve.nl

1 AEG**IL**NOPRT 6
2 QWY AB**FG** 7
3 AB**L**M ABE**F**NQRTW 8
4 H J 9
5 ALMN ABEGHJ**O**PRS 10
6A CEE
2,5ha 40T(90m²) 67**D**
€ 23,20
€ 31,20
113493

N15 Europoort-Oostvoorne. N218 Oostvoorne, Ausfahrt Kruininger Gors. Den Schildern 'Camping Gorshoeve' folgen.

Ouddorp, NL-3253 LP / Zuid-Holland

- Brouwersdam
- Oudelandseweg 100
- 1 Jan - 31 Dez
- +31 6 82 68 69 05
- info@campingbrouwersdam.nl

1 ADE**JM**NOPQRST	XY 6
2 HQTWX	AB**FG** 7
3 AF	ABCDE**F**JNQRUV 8
4	9
5 ADN	ABFGHJOQ 10
16A CEE	① €35,50
2ha 20T(130-200m²)	② €38,50

N 51°47'27" E 03°52'29" — 125039

A29, Ausfahrt N59 Zierikzee. Bei Oude Tonge Richtung Ouddorp abbiegen. Hinter Ouddorp, kurz vor Brouwersdam, finden Sie den Campingplatz auf der rechten Seite.

Ouddorp, NL-3253 MG / Zuid-Holland CC22

- Camping Port Zélande
- Port Zélande 2
- 1 Jan - 31 Dez
- +31 1 11 67 40 20
- camping.portzelande@groupepvcp.com

1 ADE**IL**NOPQRST	B**EG**HIKLNPQRSTXYZ 6
2 EGJKRXY	ABDE**FG**HK 7
3 A**FHIJMNORSTVW**	ABCDE**F**JKNQRTW 8
4 AFHJKLMN**PQSTUVZ**	CFLOQRTUVWY 9
5 ACEFGHILN	ABFGHIJMOPQY 10
B 6-10A CEE	① €58,10
6ha 220T(100m²) 10D	② €75,70

N 51°45'22" E 03°51'53" — 112020

Von Zierikzee N59 Renesse - Burgh-Haamstede. Dann N57 Ouddorp-Rotterdam, Beschilderung Port Zélande/Kabbelaarsbank folgen.

Ouddorp, NL-3253 LR / Zuid-Holland CC20

- RCN Vakantiepark Toppershoedje
- Strandweg 2-4
- 18 Mrz - 7 Nov
- +31 8 50 40 07 00
- reserveringen@rcn.nl

1 ACDE**GJM**NOPQRT	KN 6
2 HJPQRY	BE**FG**H 7
3 BCEFMU	BCD**FM**NQRT 8
4 BJ	CEFIJVWXY 9
5 ACDEFHJKLM	ABHJOPQY 10
Anz. auf dieser S. B 10-16A CEE	① €40,40
13ha 138T(100m²) 167D	② €50,80

N 51°49'24" E 03°55'00" — 105390

Autobahn Hellegatsplein-Oude Tonge-Ouddorp. In Ouddorp ist der CP ausgeschildert.

Rijnsburg, NL-2231 NW / Z-Holland CC22

- Vakantiepark Koningshof
- Elsgeesterweg 8
- 20 Mrz - 30 Okt
- +31 7 14 02 60 51
- info@koningshofholland.nl

1 ADE**IL**NOPQRST	BEGHN 6
2 AQSTWY	ABDE**FG** 7
3 BDE**FLM**	ABCDE**F**JK**M**NQRTUVW 8
4 A**BDHJLO**	CEFVW 9
5 ACDEFHLM**N**	ABEFGHIJOPQY 10
B 10A CEE	① €42,80
8,7ha 200T(80-100m²) 130D	② €54,10

N 52°11'58" E 04°27'16" — 101320

A44, Ausfahrt 7 Oegstgeest/Rijnsburg, Richtung Rijnsburg. In Rijnsburg CP-Beschilderung folgen.

Rockanje, NL-3235 LL / Zuid-Holland CC18

- Midicamping Van der Burgh
- Voet- of Kraagweg 9
- 1 Jan - 31 Dez
- +31 1 81 40 41 79
- info@midicamping.nl

1 AEG**JM**NOPQRST	6
2 QXY	AB**FG** 7
3 BIMU	ABCDE**FGJM**NPQRUVW 8
4 BHK	EVY 9
5 AMN	ABD**F**GHJOPQY 10
10A CEE	① €26,35
5ha 25T(150m²) 29D	② €34,20

N 51°51'23" E 04°05'36" — 121013

Rotterdam-Europoort A15, Ausfahrt 12 Richtung Brielle. N57 Rockanje dort die N496, in Rockanje ausgeschildert.

Rockanje, NL-3235 LA / Zuid-Holland CC18

- Molecaten Park Rondewebos
- Schapengorsedijk 19
- 25 Mrz - 1 Nov
- +31 1 81 40 19 44
- rondewebos@molecaten.nl

1 ADE**JM**NORT	BFN 6
2 GJPQRWXY	ABDE**FGH** 7
3 B**FMNS**	ABCDE**F**NQRTUVW 8
4 **F**HJNOPQ	EFIJY 9
5 ACDEFLM	ABEFGHIJ**O**QY 10
10A CEE	① €49,15
32ha 100T(80m²) 894D	② €55,00

N 51°51'25" E 04°05'04" — 108376

A15/N57. Ausfahrt Rockanje. Den Schildern Rondewebos folgen.

Rockanje, NL-3235 CC / Zuid-Holland CC18

- Molecaten Park Waterbos
- Duinrand 11
- 25 Mrz - 1 Nov
- +31 1 81 40 19 00
- waterbos@molecaten.nl

1 ADEHKNORT	BGN 6
2 QRWXYZ	BE**FG** 7
3 B**F**MS	ABCDE**F**JMNQRTW 8
4 B**H**JLOP	ABEJVY 9
5 ABDEK	ABEFGH**O**QY 10
B 10A CEE	① €44,50
7,5ha 118T(100m²) 268D	② €50,35

N 51°52'48" E 04°03'15" — 108295

A15, Ausfahrt Europoort nehmen, Richtung Hellevoetsluis, Ausfahrt Rockanje, danach den Schildern folgen.

's-Gravenzande, NL-2691 KV / Zuid-Holland

- Jagtveld
- Nieuwlandsedijk 41
- 1 Apr - 1 Okt
- +31 1 74 41 34 79
- info@jagtveld.nl

1 A**F**HKNOPQRS**T**	KMQRS 6
2 AGJPQX	ABDE**FGH** 7
3 AM	ABCD**F**JNQRUVW 8
4 DFHJ	EVW 9
5 DMN	ABCD**F**GH**O**PQY 10
4-10A CEE	① €38,00
	② €50,00

N 51°59'48" E 04°08'01" — 105402

Von Rotterdam A20 und N220 Richtung Hoek van Holland. Am Ende der N220 (Maasdijk) geradeaus. Über die N211 und dann Richtung Hoek van Holland zu erreichen. Beschilderung folgen.

's-Gravenzande, NL-2691 KR / Zuid-Holland

- Strandpark Vlugtenburg
- 't Louwtje 10
- 1 Jan - 31 Dez
- +31 1 74 41 24 20
- info@vlugtenburg.nl

1 ACDE**JM**NOPQRT	KMQS 6
2 GJPQRWY	AB**FG** 7
3 ABM	ABCDE**F**JNQRTUVW 8
4 BFH	EJV 9
5 ADEFGJKN	ABEFGHIJMOPQWY 10
16A CEE	① €37,60
7ha 90T(80-150m²) 105D	② €45,90

N 52°00'07" E 04°08'11" — 111065

Von Rotterdam die A20 und N220 Richtung Hoek van Holland. In 's-Gravenzande der CP-Beschilderung folgen. Von Den Haag Richtung Hoek van Holland über die N211, der Beschilderung folgen.

Stad aan 't Haringvliet, NL-3243 LD / Zuid-Holland

- 't Vogelnest
- Oostmoerse Scheidweg 2
- 1 Apr - 15 Okt
- +31 1 87 61 12 52
- info@campinghetvogelnest.nl

1 AEILNOPQRS**T**	N 6
2 QWY	AB**FG** 7
3 A**H**IX	ABCDE**F**JNQRW 8
4	9
5 AD	ABFGHJOQY 10
6-10A CEE	① €22,10
5,5ha 60T(200-260m²) 80D	② €29,20

N 51°43'22" E 04°13'54" — 122082

A 29, Bergen op Zoom-Rotterdam. Am Hellegatsplein die Ausfahrt Zierikzee N59 nehmen. An der 1. Ampel Ri. Den Bommel abbiegen. Von hier aus ausgeschildert.

RCN TOPPERSHOEDJE

Genießen Sie den „Superstrand" der Niederlande. Viel Sonne, Meer und Strand. Darüber hinaus bietet unser Park viele Sport und Freizeitmöglichkeiten.

CAMPING – MOBILHEIME – BUNGALOWS – CAMPINGCHALETS

Tel: +31 85 0400 700 | www.rcn.nl/de/toppershoedje

Stellendam, NL-3251 AG / Zuid-Holland

- Vlugtheuvel
- Eendrachtsdijk 10
- 15 Mrz - 1 Nov
- +31 1 87 49 12 81
- info@vlugtheuvel.nl

1 AE**I**LNOPQRST	6
2 QWY	AB**FG**HK 7
3 BMS	ABCDE**F**NQRUVW 8
4 FH	XY 9
5 N	ABFGHJ**O**PQY 10
16A CEE	① €25,00
7ha 50T(180-200m²) 79D	② €31,00

N 51°48'01" E 04°01'58" — 121027

Von Rotterdam die N57, Ausfahrt Stellendam-Noord. Am Ende der Ausfahrt links der Straße folgen.

Warmond, NL-2362 AH / Zuid-Holland

- Spijkerboor
- Boekhorsterweg 21
- 1 Apr - 1 Okt
- +31 7 15 01 88 69
- info@campingspijkerboor.nl

1 AEG**IL**NOR**T**	LNQSXYZ 6
2 AEOQRSWXY	BE**FG** 7
3 BFM	ABCDE**F**JNQRUVW 8
4 J	JRV 9
5 BD	ABHIJ**O**QY 10
6-10A CEE	① €27,00
4ha 64T(80-100m²) 116D	② €35,00

N 52°11'28" E 04°33'35" — 105430

A4, Ausfahrt 6 Hoogmade, Richtung Rijpwetering. Nach ca. 2 km Richtung Oud Ade (CP-Schild). Vor Oud Ade an den Wassermühlen links ab, hinter der 2. Brücke links.

Wassenaar, NL-2244 BH / Zuid-Holland

- Duinhorst
- Buurtweg 135
- 1 Apr - 30 Sep
- +31 7 03 24 02 70
- info@duinhorst.nl

1 DEHKNOPRS**T**	BF 6
2 AQRXYZ	AB**DEFGH** 7
3 B**F**L**M**NSU	ABCDE**F**GJKNQRUVW 8
4 BHJLOR	FV 9
5 ABDEFHKLMN	ABEFGHIJN**O**PRSY 10
B 6-10A CEE	① €28,00
11ha 181T(50-110m²) 214D	② €40,50

N 52°06'39" E 04°20'36" — 105400

Ortsgrenze Den Haag-Wassenaar. Nur über die N440 (Landscheidingsweg) aus Richtung Den Haag, Ausfahrt Duindigt/Duinhorst folgen. CP mit ANWB-Schildern angezeigt.

Wassenaar, NL-2241 BN / Zuid-Holland

- Maaldrift
- Maaldrift 9
- 1 Apr - 30 Sep
- +31 7 05 11 36 88
- campingmaaldrift@hotmail.com

1 ADEG**JM**NOPRT	6
2 AQWXY	AB**FG** 7
3 A**L**	ABCDE**F**NQRTUVW 8
4 HJK	9
5 DEHN	ABCEHJQY 10
B 6A CEE	① €20,25
3ha 95T(50-100m²) 55D	② €29,65

N 52°09'10" E 04°26'02" — 105431

Im Norden von Wassenaar (Übergang A44/N44) an der Ampel abfahren (Von Den Haag links, von Amsterdam rechts). Anschließend den CP-Schildern folgen. Die Straße läuft parallel zur A44.

Wassenaar, NL-2242 JP / Zuid-Holland

- Vakantie- en attractiepark Duinrell
- Duinrell 1
- 1 Jan - 31 Dez
- +31 7 05 15 52 55
- info@duinrell.nl

1 DE**JM**NORT	BEGHI 6
2 ABPQRXYZ	ABDE**FGH** 7
3 B**J**L**M**R**S**UW	ABCDE**F**KMNQR**S**TUVW 8
4 BDFHJLO**PQ**	BCGJLVWY 9
5 ACEFGHIJLMO	ABCEGHIKL**O**PQUY 10
B 6-16A	① €55,00
20ha 610T(80-100m²) 459D	② €84,00

N 52°08'45" E 04°23'15" — 101319

Schildern 'Duinrell' (Vergnügungspark u/o CP) folgen. Beschildert ab der N44/A44 Den Haag-Leiden.

Teilkarte Süd-Holland auf Seite 149

Zevenhuizen, NL-2761 ED / Zuid-Holland CC€16 iD

- Recreatiepark De Koornmolen
- Tweemanspolder 6A
- 1 Apr - 2 Okt
- +31 1 80 63 16 54
- info@koornmolen.nl

1	ADEGJMNOPQRST	ELNQS 6
2	ACEQTXYZ	ABDEFGH 7
3	BFGLMU	ABCDFJNQRTW 8
4	BCEFHJKLO**R**	ABFJVY 9
5	ADEFKLMN	ABDFHIJOQY 10

B 6A CEE ① €27,50 ② €38,70
N 52°00'32'' E 04°33'54''
6ha 88T(90-140m²) 181**D** 105433

A12 Ausfahrt 9 Zevenhuizen-Waddinxveen auf der A20 Ausfahrt 17 Nieuwerkerk a/d IJssel-Zevenhuizen. Dann Richtung Zevenhuizen. An der Feuerwehr links ab Tweemans Polder. Nach ca 1 km rechts liegt die Einfahrt von De Koornmolen.

Zoetermeer, NL-2716 MA / Zuid-Holland iD

- De Drie Morgen
- Leidschendamseweg 3
- 1 Jan - 31 Dez
- +31 7 93 51 51 07
- mail@dedriemorgen.nl

1	AEGILNOPQRST	
2	AQTX	ABDEFG 7
3	AF	ABEFGHIJNQRTUVW 8
4	FHIJ	9
5	DN	ABCFJOPQY 10

10A CEE ① €24,30 ② €33,60
N 52°04'05'' E 04°26'47''
3,5ha 90T(100m²) 119870

A3/A12 Richtung Den Haag, am Kreuz Prins Clausplein abfahren, dann Ausfahrt 8 Leidschendam nehmen. An der Ampel links abbiegen auf Zoetermeerse Rijweg.

Zeeland

Baarland, NL-4435 NR / Zeeland CC€22

- Ardoer comfortcamping Scheldeoord
- Landingsweg 1
- 25 Mrz - 30 Okt
- +31 1 13 63 99 00
- scheldeoord@ardoer.com

1	CDEGJMNOPQRST	BEGHKN 6
2	GIJPQWY	ABCDEFGH 7
3	BDFMNS	ABCDEFIJKNRTUVW 8
4	ABEHJLO**PST**	CFJLV 9
5	ACDEFHKMN	ABCEFGHIJOPQUY 10

Anzeige auf Seite 153 16A CEE ① €47,00 ② €59,00
N 51°23'47'' E 03°53'53''
17ha 200T(120m²) 222**D** 100812

A58 Ausfahrt 's-Gravenpolder (35). Über 's-Gravenpolder nach Hoedekenskerke. Schildern 'Scheldeoord' folgen.

Burgh-Haamstede, NL-4328 GR / Zeeland iD

- Ardoer camping Ginsterveld
- Maireweg 10
- 1 Apr - 30 Okt
- +31 1 11 65 15 90
- ginsterveld@ardoer.com

1	ACEHKNOPQRST	BEN**X** 6
2	PQRWY	ABD**FG**K 7
3	BFMV	BCDEFIJK**M**NQRTUV 8
4	HJL	JVWX 9
5	ACDEFGKLM**N**	ABEGHIJOPQY 10

Anzeige auf Seite 153 B 6-16A CEE ① €50,95 ② €64,90
N 51°42'59'' E 03°43'46''
14ha 310T(80-100m²) 323**D** 100801

Ab Burgh-Haamstede ausgeschildert. Der R107 folgen.

Brouwershaven, NL-4318 TV / Zeeland CC€18

- Den Osse
- Blankersweg 4
- 1 Apr - 30 Okt
- +31 1 11 69 15 13
- info@campingdenosse.nl

1	ADEGJMNOPQRST	BGNOQRS**X**YZ 6
2	PQWY	ABCDE**FG**H 7
3	BFM**N**	ABCDEF**M**NQRTUV 8
4	BCHJLO	EF 9
5	ABDEK**N**	ABEFGHIJOPQY 10

6-16A CEE ① €41,50 ② €55,50
N 51°44'18'' E 03°53'21''
8,5ha 80T(80-120m²) 168**D** 105392

N59 Richtung Zierikzee. In Zierikzee Richtung Brouwershaven. In Brouwershaven ausgeschildert.

Burgh-Haamstede, NL-4328 GR / Zeeland CC€20 iD

- De Duinhoeve B.V.
- Maireweg 7
- 24 Mrz - 30 Okt
- +31 1 11 65 15 62
- info@duinhoeve.nl

1	ADEGJMNOPQRST	N**X** 6
2	PQRWY	AB**FG**H 7
3	A**D**EFJM**N**V	ABCDEFGJK**M**NQRTW 8
4	HJLO**T**U	CEJLVW 9
5	ACDEFLMN	ABFGHIJOPQY 10

B 10A CEE ① €45,40 ② €48,35
N 51°43'07'' E 03°43'44''
47,5ha 820T(100-110m²) 739**D** 105378

A29 Dinteloord-Rotterdam. In Hellegatsplein Richtung Zierikzee. Dann Richtung Renesse/Haamstede. Route 107 folgen.

EuroCampings — Buchen Sie jetzt Ihren Stellplatz oder Ihre Mietunterkunft über ACSI

www.Eurocampings.de

Teilkarte Zeeland auf Seite 152

Qualitätscampingplätze in Zeeland

Ardoer – Campingplätze mit Herz

Duinoord	Burgh-Haamstede	**Meerpaal**	Zoutelande	**Zeeuwse Kust**	Renesse
Ginsterveld	Burgh-Haamstede	**Paardekreek**	Kortgene	**Zonneweelde**	Nieuwvliet
International	Nieuwvliet	**Scheldeoord**	Baarland	**Zwinhoeve**	Retranchement
Julianahoeve	Renesse	**Westhove**	Domburg		

www.ardoer.com/de/zeeland

Burgh-Haamstede, NL-4328 GV / Zeeland
▲ Groenewoud
≡ Groenewoudswegje 11
⌀ 26 Mrz - 30 Okt
☎ +31 1 11 65 14 10
@ info@campinggroenewoud.nl
N 51°42'29" E 03°43'18"
Von Burgh-Haamstede Richtung Leuchtturm. Ab Ampeln vierte Straße links, nach 200m liegt der CP links.
1 AHKNOPQRT BGLN**X** 6
2 EQRWXY ABDE**FGH** 7
3 BFMV ABCDE**FG**JNQRTV 8
4 FHJLO**P**R VW 9
5 ADEFKLM ABDEFGHJ**O**QY 10
B 10A CEE €38,55
17ha 62T(100-125m²) 140**D** €47,55
107673

Cadzand, NL-4506 BD / Zeeland
▲ Camping de Betteld
≡ Badhuisweg 68a
⌀ 1 Jan - 2 Jan
☎ +31 1 17 39 66 00
@ bas@betteld-cadzandbad.nl
N 51°22'31" E 03°24'08"
Über den Scheldetunnel Richtung Breskens, dann Oostburg und weiter nach Cadzand. In Cadzand Richtung Richtung Cadzand-Bad. Am Kreisel vor Cadzand-Bad links. Nach etwa 50m links ab und CP-Beschilderung folgen.
1 AEGJMNORT MNQ 6
2 JPQSWY AB**D**F**GH** 7
3 A**L**MV ACDE**F**NRW 8
4 HJ B 9
5 N ABJNRS 10
6A CEE €29,40
1,8ha 70T(30-90m²) 6**D** €37,30
122322

Burgh-Haamstede, NL-4328 PD / Zeeland
▲ Rozenhof
≡ Hogeweg 26
⌀ 1 Apr - 31 Okt
☎ +31 1 11 65 13 28
@ rozenhof@zeelandnet.nl
N 51°41'20" E 03°43'40"
A29 Dinteloord-Rotterdam. In Hellegatsplein Richtung Zierikzee. Dann Richtung Haamstede. N57 folgen, dann R110.
1 AE**J**MNOPQRT X 6
2 PQRWXY A**B**FG 7
3 BM ABCDE**FG**JKNPQRTUV 8
4 JLO EJ 9
5 DEKMN ABFGHIJ**O**RSY 10
B 10A CEE €35,75
3,5ha 47T(80-130m²) 115**D** €38,55
105380

Cadzand, NL-4506 HR / Zeeland
▲ De Hoogte
≡ Strijdersdijk 9
⌀ 1 Apr - 31 Okt
☎ +31 1 17 39 14 97
@ info@dehoogtecadzand.nl
N 51°22'58" E 03°25'54"
Anzeige auf dieser Seite 6A CEE
Über Terneuzen (Maut) Richtung Oostburg. An der Mühle in Cadzand rechts Richtung Cadzand-Bad. 2. Straße rechts und CP-Schildern folgen.
1 AE**J**MNOPQ**T** KNQ 6
2 GJQWXY AB**D**E**FGH** 7
3 ABF**L**MSV AE**F**HJNPQRW 8
4 BCHL EJ 9
5 DMN ABHIJORS 10
€24,80
4,5ha 120T(80-100m²) 122**D** €34,30
105362

Mit der ganzen Familie nach:

- West-Zeeuws-Vlaanderen, mit außerordentlich vielen Sonnenstunden.
- **GRATIS WIFI**
- An ein Naturgebiet grenzend.
- Breiter Sandstrand.
- An den Radrouten mit Knotenpunktsystem (auch Belgien).
- Sehenswürdigkeiten: Sluis, Brugge, Knokke und Gent.
- Allein reisende Jugendliche und Wohnmobile nehmen wir nicht auf.

Familie F. de Winter • Strijdersdijk 9 • 4506 HR Cadzand • Tel. 0117-391497
Internet: www.dehoogtecadzand.nl

CAMPING DE HOOGTE

Für einen endlosen Urlaub!

Teilkarte Zeeland auf Seite 152

EIN MEER DER WEITE

Ab 20 euro Kampieren in der Vor- und Nachsaison!

De Wielewaal
Vierhonderdpolderdijk 1
4506 HK Cadzand
+31 (0)117 39 12 26
info@campingwulpen.nl
www.campingwulpen.nl
Camping Wulpen Cadzand

STRAND 5 MIN.

RECRON

Cadzand, NL-4506 HC / Zeeland
- De Wielewaal
- Zuidzandseweg 20
- 1 Apr - 1 Nov
- +31 1 17 39 12 16
- info@campingwielewaal.nl

1 ADEILNOPRT — N6
2 JQWXYZ — ABFG7
3 BFLM — AEFHNPQRTW8
4 AH — J9
5 ADN — ABGHJORSY10

Anzeige auf dieser Seite 6-10A CEE €24,20 / €33,40
4,5ha 90T(100-120m²) 31D — 108394

N 51°21'40'' E 03°25'30''
Über Terneuzen (Maut) Richtung Oostburg, dann Richtung Cadzand. Hinter Kreisel R104 ist nach 500m der CP rechts.

Cadzand, NL-4506 HK / Zeeland
- Wulpen
- Vierhonderdpolderdijk 1
- 25 Mrz - 30 Okt
- +31 1 17 39 12 16
- info@campingwulpen.nl

1 AEGJMNOPQRT — N6
2 JPQWXY — ABDEFGHK7
3 ABFLMSV — ABCDEFJNQRTUVW8
4 BCHJLO — EVWX9
5 ABDHMN — ABCDFGHJOQY10

Anzeige auf dieser Seite 10A CEE €36,10 / €46,10
4,7ha 158T(100-130m²) 78D — 105369

N 51°22'12'' E 03°25'00''
Nach Ortseingang Cadzand an der Mühle rechts. Dann erste Straße rechts.

Cadzand-Bad, NL-4506 HT / Zeeland
- Molecaten Park Hoogduin
- Zwartepolderweg 1
- 1 Jan - 31 Dez
- +31 1 17 39 12 35
- hoogduin@molecaten.nl

1 ADEJMNOPQRST — KNQS6
2 GJQWXY — ABDEFGH7
3 ABDFLMSV — ABCDEFGJKNPQRTUVW8
4 BCHJQ — VWX9
5 DHM — ABCEFGHJOQXY10

B 10A CEE €55,60 / €67,00
10ha 168T(95-120m²) 213D — 101567

N 51°23'04'' E 03°24'50''
Via Terneuzen (Zoll) Richtung Oostburg via Schoondijke. Am zweiten Kreisel rechts Richtung Cadzand. An der Mühle in Cadzand rechts Richtung Cadzand-Bad. Siehe CP-Schildern.

Dishoek/Koudekerke, NL-4371 NT / Zeeland
- Dishoek
- Dishoek 2
- 1 Apr - 30 Okt
- +31 1 18 55 13 48
- info@roompot.nl

1 ACDEGJMNOPQRT — KMN6
2 AGJQRWXY — ABDEFGH7
3 ABFM — ABCDEFJNQRTUV8
4 BJOPQ — V9
5 CDEFGHKMN — ABEFGHIJOQXY10

B 6A CEE €50,00 / €50,00
4,6ha 270T(bis 80m²) 15D — 105356

N 51°28'08'' E 03°31'25''
A58 bis Vlissingen, Ausfahrt Dishoek. Schildern folgen.

Domburg, NL-4357 NM / Zeeland
- Ardoer camping Westhove
- Zuiverseweg 20
- 1 Apr - 30 Okt
- +31 1 18 58 18 09
- info@westhove.nl

1 AEGIKNOPRST — EGX6
2 QWXY — ABCEFGH7
3 BDFLMS — ABDFIJMNQRTUVW8
4 BHJOPQRST — EVY9
5 ACDEKMN — ABDEFGHIJOQXY10

Anzeige auf Seite 153 B 6-10A CEE €52,60 / €64,70
8,4ha 261T(81-100m²) 46D — 100800

N 51°33'21'' E 03°30'52''
Von Middelburg den Schildern Domburg folgen. Vor Domburg ausgeschildert.

Domburg, NL-4357 RD / Zeeland
- Campingresort Hof Domburg
- Schelpweg 7
- 1 Jan - 31 Dez
- +31 1 18 58 88 00
- info@roompot.nl

1 ACDEGJMNOPQT — BEHMN6
2 GPQRWY — BEFGH7
3 ABDFJKMNOPR — ABCDFMNQRTUVW8
4 HJLPRSTVXYZ — AEJVWXY9
5 CDEFKLMN — ABEHIJOPQXY10

B 6A CEE Preise auf Anfrage
20ha 473T(80m²) 450D — 105353

N 51°33'33'' E 03°29'13''
A58 Bergen op Zoom-Vlissingen, Ausfahrt Middelburg. Schildern Richtung Domburg folgen. In Domburg ausgeschildert.

Ellemeet, NL-4323 LC / Zeeland
- Klaverweide
- Kuijerdamseweg 56
- 12 Mrz - 30 Okt
- +31 1 11 67 18 59
- info@klaverweide.com

1 ADEGJMNOPQRST — X6
2 PQX — ABDEFG7
3 BFMV — ABEFKMNQRTUVW8
4 HJLP — VWY9
5 ACDEK — ABEFGHJOPQ10

10A CEE €62,40 / €67,40
4ha 76T(100-120m²) 41D — 109728

N 51°43'55'' E 03°49'13''
N57 Brouwersdam-Serooskerke, Ausfahrt Ellemeet.

Groede, NL-4503 BL / Zeeland
- De Ploeg
- Voorstraat 47
- 15 Mrz - 5 Nov
- +31 6 21 53 89 28
- avdamme@me.com

1 FGJMNOPQRST — 6
2 PQWXY — ABDEFGH7
3 AMSU — ABEFNRT8
4 — 9
5 DN — ABFGHJOQVW10

4A CEE €28,00 / €38,00
3,5ha 50T(80-100m²) 100D — 108393

Durch Westerscheldetunnel Richtung Breskens. Vor Breskens Richtung Groede. CP befindet sich am Ortseingang.

Groede, NL-4503 GC / Zeeland
- Harderzee
- Provinciale weg 3
- 1 Apr - 31 Okt
- +31 6 50 43 59 53
- info@campingharderzee.nl

1 AEGILNOPQRST — 6
2 PQWXY — ABFGHK7
3 ALMS — AEFHJNQRVW8
4 — 9
5 ADN — BFGHJOQ10

6A CEE €30,00 / €40,00
1,2ha 45T(80-100m²) 20D — 107864

N 51°22'57'' E 03°30'56''
Über Terneuzen (Maut) Richtung Breskens. Vor Breskens Richtung Groede. Achten Sie auf Km-Pfahl 2,3.

De WIELEWAAL camping-hoeve

Groß angelegt mit abwechselnder Bepflanzung, in einer schönen Polderlandschaft, im Fahrradbereich zur See. Der Campingplatz ist bekannt für seine gute Atmosphäre mit seine, auf Naturerlebnis abgestimmten, Aktivitäten.

Zuidzandseweg 20, 4506 HC Cadzand
Tel. 0117-391216
E-Mail: info@campingwielewaal.nl
Internet: www.campingwielewaal.nl

 ACSI

9 500 europäische Campingplätze
in einer praktischen App

www.Eurocampings.de/app

154 Teilkarte Zeeland auf Seite 152

Strandcamping Groede, Zeeweg 1, 4503 PA Groede
+31(0)117 - 37 13 84
receptie@strandcampinggroede.nl
www.strandcampinggroede.nl

Saubersten Strand der Niederlande!

strand camping **Groede**

RECRON

Willkommen am Meer!

Niederlande

Groede, NL-4503 PA / Zeeland
- Strandcamping Groede
- Zeeweg 1
- 25 Mrz - 3 Okt
- +31 1 17 37 13 84
- receptie@strandcampinggroede.nl
- N 51°23'48'' E 03°29'21''
- Vor Groede Richtung Strand. CP-Schildern folgen.

1 AE**JM**NOPQRST KMNQS 6
2 GJQWXY ABDE**FG**H 7
3 ABFG**LM**SUV ABCDEFGHJKNPQRTUVW 8
4 BCDFHJLNO CEJVWX 9
5 ACDEFHLM ABCEFGHIJMOPQXY 10
Anz. auf dieser Seite B 6-16A CEE ❶ €44,50
28ha 706**T**(80-200m²) 381**D** ❷ €54,90
100808

Kamperland, NL-4493 NS / Zeeland
- Camping Anna-Friso
- Strandhoekweg 1
- 1 Apr - 30 Okt
- +31 1 13 37 12 36
- info@annafriso.nl
- N 51°35'49'' E 03°41'34''
- A58 Bergen op Zoom-Vlissingen. Ausfahrt Zierikzee. Vor der Zeelandbrücke Richtung Kamperland. In Kamperland ausgeschildert.

1 A**E**I**L**N**OR**T KN 6
2 GJQWXY ABDE**FG** 7
3 BS ABCDFNQRTUVW 8
4 HJLO**P** JY 9
5 D**E**L**MN** ABFGHJOQY 10
B 10A CEE ❶ €33,65
5ha 31**T**(80-100m²) 235**D** ❷ €38,30
100802

Groot Valkenisse/Biggekerke, NL-4373 RR / Zeeland CC€18
- Strandcamping Valkenisse bv
- Valkenisseweg 64
- 1 Apr - 1 Nov
- +31 1 18 56 13 14
- info@campingvalkenisse.nl
- N 51°29'32'' E 03°30'24''
- Vlissingen-Koudekerke Richtung Zoutelande, Ausfahrt Groot Valkenisse. Von der A58 aus der N288 folgen: an der Ampel Biggekerke Ausfahrt Groot-Valkenisse.

1 AEHKNOQRT KMNQ 6
2 AGJQWXY ABDE**FG**K 7
3 ADFM ABCDEFJK**MN**RTUV 8
4 BCJO**PQ** JV 9
5 ACDEFKLM**N** ABDEGHJOPQXY 10
B 10-16A CEE ❶ €44,60
10,2ha 150**T**(100m²) 230**D** ❷ €55,20
105354

Kamperland, NL-4493 PH / Zeeland CC€18
- Roompot Beach Resort
- Mariapolderseweg 1
- 1 Jan - 31 Dez
- +31 1 13 37 40 00
- info@roompot.nl
- N 51°35'23'' E 03°43'16''
- A58 Bergen op Zoom-Vlissingen. Ausfahrt Zierikzee. Vor der Zeelandbrücke Richtung Kamperland. In Kamperland ausgeschildert.

1 ACDEG**J**M**N**OPT EGHIKNPQRST**XYZ** 6
2 G**J**PQWXY ABDE**FG**H 7
3 ABDFG**JM**N**OPRSTU**V ABCDEFJK**MN**QRTUVW 8
4 **A**HJLNO**PQSTU**V AEJMVWY 9
5 ACDEFGHILM ABDEFHIJN**O**PQXY 10
6-16A CEE Preise auf
72ha 584**T**(90-115m²) 1096**D** Anfrage
101398

Hengstdijk, NL-4585 PL / Zeeland
- Recreatiecentrum De Vogel
- Vogelweg 4
- 25 Mrz - 7 Nov
- +31 1 14 68 16 25
- info@de-vogel.nl
- N 51°20'31'' E 03°59'25''
- Die N61 Terneuzen-Zaamslag-Hulst über die Ausfahrt Vogelwaarde Richtung Hengstdijk. Den CP-Schildern folgen.

1 C**EJM**NOQRST EG**HLMN**QSUXYZ 6
2 EJPQWYZ ABDE**FG**HK 7
3 BFH**IJM**NS ABCDE**FG**JKNQRT 8
4 BCJLO**PRST** EJPQRTVY 9
5 CDEFGHKLMN ABEFGHIJMOQUXY 10
B 6-10A CEE ❶ €43,00
54ha 206**T**(100-110m²) 342**D** ❷ €55,00
105398

Kamperland, NL-4493 CX / Zeeland CC€20
- RCN vakantiepark de Schotsman
- Schotsmanweg 1
- 25 Mrz - 31 Okt
- +31 8 50 40 07 00
- schotsman@rcn.nl
- N 51°34'06'' E 03°39'48''
- A58 Bergen op Zoom-Vlissingen, Ausfahrt Zierikzee. Vor der Zeelandbrücke Richtung Kamperland. In Kamperland ausgeschildert.

1 ACDEG**IL**NOPRT BEGHLNQRS**XYZ** 6
2 EQRY ABDE**FG**H 7
3 BDFG**MN** ABCDEFIJ**MN**QRTUVW 8
4 **A**BH**JLR** IJMNPRVWY 9
5 ABDEFKLM ABDEFGHIJ**O**PQY 10
Anz. auf dieser Seite 10-16A CEE ❶ €40,45
30ha 668**T**(100m²) 233**D** ❷ €51,30
105383

Hoek, NL-4542 PN / Zeeland CC€12
- Oostappen Vakantiepark Marina Beach
- Middenweg 1
- 1 Apr - 31 Okt
- +31 1 15 48 17 30
- info@vakantieparkmarinabeach.nl
- N 51°18'52'' E 03°43'34''
- An Straße N61, 4 km westlich von Hoek.

1 E**JM**NOPQRST LNQRST**XYZ** 6
2 EIJPQRWXYZ ABDE**FG** 7
3 BD**FJM**SUV ABCDE**FG**JKNQRTUVW 8
4 BCDEHJO**PQ** AEJV 9
5 ACDEFHKL ABEFGHIJMQ 10
B 4-6A CEE ❶ €53,20
212ha 475**T**(100-110m²) 779**D** ❷ €56,40
100810

Kortgene, NL-4484 NT / Zeeland CC€20
- Ardoer vakantiepark de Paardekreek
- Havenweg 1
- 25 Mrz - 7 Nov
- +31 1 13 30 20 51
- paardekreek@ardoer.com
- N 51°33'04'' E 03°48'28''
- A58 Bergen op Zoom-Vlissingen, Ausfahrt Zierikzee. Richtung Zierikzee, Ausfahrt Kortgene. Ab dort ausgeschildert.

1 AE**JM**NOPQRST BCLNQRSWXY**Z** 6
2 EPQWY AB**CFG**H 7
3 BDEFGMU ABCDEFJK**MN**QRTUV 8
4 HJLO**PQSTU**V CEFJNVWY 9
5 ACDE**LN** ABEFGHIJMOPQXY 10
Anzeige auf Seite 153 10A CEE ❶ €53,65
10ha 120**T**(80-120m²) 271**D** ❷ €63,65
105384

RCN DE SCHOTSMAN

Wassersport- und Strandferien im Herzen von Zeeland!
Das Gebiet zwischen Veerse Meer und dem Nordsee lädt neben einem Wald zum wandern ein.

CAMPING - CHALETS - BUNGALOWS - RESTAURANT

RCN FERIENPARKS

Schotsmanweg 1 - KAMPERLAND +31 85 0400 700 www.rcn.nl/de/schotsman

Teilkarte Zeeland auf Seite 152 **155**

den inkel RECREATIE

Im Naturgebiet mit Wäldern, Angelteichen und beheiztem Freibad (gratis). Verkauf und Vermietung von Chalets, großzügige Stellplätze, nahe Oosterschelde und Westerschelde.
Nordseestrand in 25 Minuten mit dem Auto.

Polderweg 12, 4416 RE Kruiningen
Tel. 0113-320030 • Fax 0113-320031
E-Mail: info@deninkel.nl • Internet: www.deninkel.nl

Kruiningen, NL-4416 RE / Zeeland
- den Inkel recreatie
- Polderweg 12
- 28 Jan - 17 Dez
- +31 1 13 32 00 30
- info@deninkel.nl

1 DEGJMNOPQRST — BEGHNX 6
2 AEGKQWXYZ — ABDEFGH 7
3 BFIMNSV — ABCDEFIJKNRTUV 8
4 BJOPQS — EV 9
5 BDEFHKLMN — ABEFGHIJORSXY 10
Anz. auf dieser S. B 6-10A CEE
8ha 75T(120m²) 144D
€25,20 / €32,40
N 51°26'04" E 04°02'43"
A58 Ausfahrt 32 Kruiningen. Schildern folgen.
100511

Middelburg, NL-4335 BB / Zeeland
- Stadscamping Zeeland
- Koninginnelaan 55
- 1 Jan - 31 Dez
- +31 1 18 85 65 50
- info@stadscampingzeeland.nl

1 ADEJMNOPQRST — 6
2 AKWX — ABFG 7
3 AM — ABCDEFJMNPQRTUV 8
4 J — JV 9
5 A — ABFGHJOQY 10
16A CEE
4ha 120T(100-120m²) 15D
€45,60 / €58,40
N 51°29'49" E 03°35'49"
A58 Bergen op Zoom-Vlissingen. Ausfahrt Middelburg, von der A58 Ausfahrt 38 dann Breewijk/Griffioen, in die folgende Straßen abbiegen: Laan der Vereinigde Naties, Breeweg, Koninginnelaan.
101334

Nieuwvliet, NL-4504 AA / Zeeland
- Ardoer camping International
- St. Bavodijk 2D
- 1 Apr - 6 Nov
- +31 1 17 37 12 33
- international@ardoer.com

1 ADEILNOPQRST — FN 6
2 JQWXY — ABDEFGHK 7
3 ABDEFLMNSUV — ABCDEFJMNQRTUV 8
4 BHJKLOQ — EFJLV 9
5 ABDEFMN — ABCDEFGHIJOPRSXY 10
Anzeige auf Seite 153 6-10A CEE
8ha 107T(80-140m²) 149D
€43,40 / €53,40
N 51°22'28" E 03°28'10"
Über Terneuzen (Maut) Richtung Breskens. Vor Breskens Richtung Groede und nach Nieuwvliet fahren. Im Kreisel R102 rechts abbiegen. CP kommt nach 700m.
105365

Nieuwvliet, NL-4504 PN / Zeeland
- 't Schorre
- Zeedijk 18
- 1 Apr - 30 Okt
- +31 1 17 37 15 37
- trompet@zeelandnet.nl

1 AJMNOPQRT — KMNQS 6
2 GJQWXY — ABDEFGHK 7
3 AJLM — ACDFJNPQRTWV 8
4 HJOQ — EFVY 9
5 ADMN — ABFHJOQY 10
10A CEE
1,8ha 18T(60-80m²) 65D
€26,00 / €36,00
N 51°23'04" E 03°26'38"
Über Terneuzen (Maut) Richtung Breskens, weiterfahren bis Nieuwvliet bis zum Kreisel 103. Dort rechts ab.
105361

Nieuwvliet-Bad, NL-4504 PS / Zeeland
- Ardoer camping Zonneweelde
- Baanstpoldersedijk 1
- 1 Jan - 31 Dez
- +31 1 17 37 19 10
- info@campingzonneweelde.nl

1 ADEGJMNOPQRST — BGN 6
2 JQWXY — ABCDEFGH 7
3 ABDEFLMSV — ABCDEFGJKMNPQRTUV 8
4 BCHJLO — CFJVWY 9
5 ACDEFGLM — ABCDEFKMN 10
Anzeige auf Seite 153 10A CEE
7,5ha 75T(130m²) 270D
€55,40 / €69,80
N 51°22'56" E 03°27'28"
Über Terneuzen (Maut) Richtung Breskens. Vor Breskens über Groede nach Nieuwvliet. Im Kreisverkehr R102 rechts, dann ausgeschildert.
105367

Nieuwvliet-Bad, NL-4504 PT / Zeeland
- Schippers
- Baanstpoldersedijk 6
- 1 Apr - 29 Okt
- +31 1 17 37 12 50
- info@campingschippers.nl

1 AEGJMNOPRT — KMNQS 6
2 GJQWXY — ABFGH 7
3 AFHILM — ABCDEFJNQRTUVW 8
4 H — AJ 9
5 DN — ABCFHJNQY 10
Anzeige auf Seite 157 10A CEE
4ha 48T(80-150m²) 131D
€37,00 / €47,00
N 51°23'23" E 03°27'23"
Über Terneuzen (Maut) Richtung Breskens. Vor Breskens über Groede nach Nieuwvliet-Bad. Siehe CP-Schilder.
107889

Oostburg, NL-4501 NE / Zeeland
- Boerderijcamping de Paardenwei
- Brugsevaart 12
- 1 Apr - 31 Okt
- +31 1 17 45 54 97
- info@trekpaardenwereld.nl

1 BEGILNOPQRST — 6
2 QXY — ABF 7
3 AHILS — ABCDEFGJNQRTUVW 8
4 ABHJO — BGJ 9
5 AD — ABHJOQY 10
B 10-16A CEE
0,8ha 45T(100-120m²) 18D
€26,00 / €36,00
N 51°19'31" E 03°27'01"
119424
N253 (Rundweg Oostbrug) Kreisel zur N674, rechts ab Veerhoekdijk (1. Straße links). Der Campingplatz liegt am Ende der Straße.

Ouwerkerk, NL-4305 RE / Zeeland (CC€16)
- de Kreekoever
- Baalpapenweg 1
- 26 Mrz - 24 Okt
- +31 1 11 64 14 54
- info@dekreekoever.nl

1 AEJMNOPQRST — NX 6
2 PQSWY — ABDEFGH 7
3 AFLMU — ABCDEFJKNQRTUVW 8
4 BCDFHJ — E 9
5 ACDMN — ABCDEGHIJORSY 10
B 6-10A CEE
5,5ha 49T(80-110m²) 172D
€28,40 / €37,90
N 51°37'24" E 03°59'06"
112289
Über N59, Ausfahrt Ouwerkerk. In Ouwerkerk, den CP-Schildern folgen.

Ouwerkerk, NL-4305 RJ / Zeeland
- De Vier Bannen
- Weg v.d. Buitenl. Pers 1A
- 15 Mrz - 31 Okt
- +31 1 11 64 20 44
- info@vierbannen.nl

1 ADEJMNOPQRST — KLNPQX 6
2 EGQRXYZ — ABDFG 7
3 AFLMSVX — AEFNQRT 8
4 BFHJO — DVWY 9
5 ADLN — ABHIJORS 10
6ha 150T(120-170m²) 4D
€32,75 / €47,75
N 51°37'05" E 03°59'29"
109734
Über die N59, Ausfahrt Ouwerkerk. Dann ausgeschildert. An der Zeeland Brücke erste Straße rechts, danach rechts ab und dem Weg folgen. Camping liegt neben dem Watersnoodmuseum (Sturmflut Museum).

Renesse, NL-4325 DM / Zeeland
- Ardoer Camping Julianahoeve
- Hoogenboomlaan 42
- 1 Jan - 31 Dez
- +31 1 11 46 14 14
- info@julianahoeve.nl

1 ACDEHKNOPQRST — EGHN 6
2 GJQRWY — ABCDEFGH 7
3 BDEFGHIMN — ABCDEFGJKMNQRTUVW 8
4 JLNQUV — EJ 9
5 ACDEFGHKLMN — ABEFGHIKOPQVY 10
Anzeige auf Seite 153 B 16A CEE
39ha 314T(85-110m²) 1175D
€58,90 / €70,90
N 51°43'50" E 03°45'19"
105376
A29 Dinteloord-Rotterdam. In Hellegatsplein Richtung Zierikzee. Dann Richtung Renesse. Renesse-West, R104.

Renesse, NL-4325 DD / Zeeland
- De Brem
- Hoogenboomlaan 11A
- 1 Apr - 31 Okt
- +31 1 11 46 26 26
- info@campingdebrem.nl

1 ACEGHKNOPQRST — BFNX 6
2 PQRWY — ABDEFGH 7
3 BFMSV — AFJKMNQRTUV 8
4 JLP — ABCDEFGH 9
5 DFKMN — ABEFGHIJOQY 10
10-16A CEE
12ha 76T(80-120m²) 329D
Preise auf Anfrage
N 51°43'34" E 03°45'03"
105377
A29 Dinteloord-Rotterdam. In Hellegatsplein Richtung Zierikzee. Dann Richtung Renesse R104. In Renesse-West ausgeschildert.

Renesse, NL-4325 EP / Zeeland (CC€20)
- Duinhoeve
- Scholderlaan 8
- 19 Mrz - 31 Okt
- +31 1 11 46 13 09
- receptie@campingduinhoeve.nl

1 ACHKNOPQRST — DNX 6
2 GPQRWXY — ABFGH 7
3 BFHIM — ABCDFJKMNQRTUVW 8
4 HJL — EV 9
5 CDEFKLMN — ABDEGHJOQY 10
B 16A CEE
4,5ha 200T(90-120m²) 34D
€46,90 / €61,85
N 51°44'21" E 03°46'39"
101332
A29 Dinteloord-Rotterdam, von Hellegatsplein Richtung Zierikzee. Danach Richtung Renesse. Route 101 und 102 folgen, danach ist der CP ausgeschildert.

Renesse, NL-4325 CP / Zeeland (CC€20)
- Molecaten Park Wijde Blick
- Lagezoom 23
- 1 Jan - 31 Dez
- +31 1 11 46 88 88
- wijdeblick@molecaten.nl

1 ACDEGJMNOPQRST — EGX 6
2 PQRY — ABCDEFGH 7
3 BFHIMSX — ABCDEFKMNQRTUVW 8
4 HJLOP — GJV 9
5 ACDEFKMN — ABDEFGHIJOPQVY 10
B 6-16A CEE
8ha 218T(90-120m²) 131D
€70,00 / €81,05
N 51°43'07" E 03°46'05"
105379
Vor Renesse der R106 folgen. Ab hier ist der CP ausgeschildert.

ACSI Klein & Fein Campen
Fast 1 900 kleine und gemütliche Campingplätze
www.KleineCampingplaetze.de

Genießen Sie Ruhe und das Meer auf einem Familienbetrieb!

- nur 250 Meter vom Strand entfernt
- einfacher ruhiger Campingplatz
- Radfahren durch die Dünen
- Basis für Tagesausflüge nach z.B. Sluis, Damme, Brugge

0031 117 371250   info@campingschippers.nl
www.campingschippers.nl

CAMPING SCHIPPERS
NIEUWVLIET - BAD

Niederlande

Renesse, NL-4325 DJ / Zeeland
- Vakantiepark Schouwen
- Hoogenboomlaan 28
- 18 Mrz - 30 Okt
- +31 1 11 46 12 31
- info@vakantieparkschouwen.nl

1 ADEHKNORT NX 6
2 OPRWYZ ABCDEFGH 7
3 BFHIMV ABCDEFJKNQRTUVW 8
4 JLNPQ JV 9
5 CDEKMN ABEFGHIJNOPRSY 10
B 10A CEE
9ha 80T(80-125m²) 310D
€ 37,40
€ 47,40
105374

A29 Dinteloord-Rotterdam. Bei Hellegatsplein Richtung Zierikzee. Dann Renesse. Renesse-West, R104.

Sluis, NL-4524 LA / Zeeland
- De Meidoorn
- Hoogstraat 68
- 1 Apr - 16 Okt
- +31 1 17 46 16 62
- info@campingdemeidoornsluis.nl

1 AEJMNOPQRST 6
2 PQWYZ ABDEFGH 7
3 BFMNS ACDEFJNQRT 8
4 HJOPQ AF 9
5 DEFGHMN ABDFGHIJOQY 10
B 6A CEE
5,5ha 95T(80-120m²) 104D
€ 30,10
€ 40,40
105372

In Sluis ausgeschildert. CP-Einfahrt über Zuiddijk, deshalb Nr. 51 ins Navi eingeben.

Retranchement/Cadzand, NL-4525 LX / Zeeland
- Ardoer camping De Zwinhoeve
- Duinweg 1
- 1 Apr - 6 Nov
- +31 1 17 39 21 20
- zwinhoeve@ardoer.com

1 ADEJMNOPQRT KNQRST 6
2 GJQWXY ABDEFGH 7
3 ABLMSUV ABCDEFJNQRTUVW 8
4 BCHJL J 9
5 ABDEFHL ABCEFGHJOQY 10
Anzeige auf Seite 153 B 10A CEE
9ha 107T(80-125m²) 183D
€ 46,40
€ 51,80
105370

Via Cadzand bis Cadzand-Bad fahren. Folgen Sie den Schildern 'Het Zwin'. Via Antwerpen bis Sluis, dort Richtung Retranchement fahren.

Ruhiger Campingplatz am Rande der Grenzstadt Sluis.
Der Eingang befindet sich an der Zuiddijkstraat.

Hoogstraat 68, 4524 LA Sluis
Tel. +31 (0)117-461662

E-Mail: info@campingdemeidoornsluis.nl
Internet: www.campingdemeidoornsluis.nl

Retranchement/Cadzand, NL-4525 LW / Zeeland
- Cassandria-Bad
- Strengweg 4
- 1 Apr - 30 Okt
- +31 1 17 39 23 00
- info@cassandriabad.nl

1 AEGILNOPQRST N 6
2 JQWXY ABCFGH 7
3 ABDFLMU ABFHJNPQRTUV 8
4 BCDHJLO EJVW 9
5 ADEFHMN ABCDEHJOQY 10
10A CEE
5,5ha 88T(80-100m²) 114D
€ 41,40
€ 53,80
100809

Über Terneuzen (Maut) bis Schoondijke, danach Ri. Oostburg nach Cadzand Ri. Retranchement. Dort rechts den Schildern nach. Oder N49 Antwerpen-Knokke, Ausfahrt Sluis. Nach 1 km links. Durch den Ort, dann links ab den Schildern folgen.

St. Kruis/Oostburg, NL-4528 KG / Zeeland
- Bonte Hoeve
- Eiland A
- 1 Apr - 1 Nov
- +31 1 17 45 22 70
- info@bontehoeve.nl

1 AEILNOPQRST NUX 6
2 PQWYZ ABDEFGH 7
3 BDFGLMSUV ABCDFNQRTUVW 8
4 BHJO CEF 9
5 ABDEHMN ABDEFHIJOQY 10
10A CEE
9ha 50T(100-130m²) 245D
€ 37,50
€ 47,50
105373

CP liegt an der Straße Oostburg-St. Margriete (B).

Retranchement/Cadzand, NL-4525 LW / Zeeland
- Den Molinshoeve
- Strengweg 2
- 1 Apr - 16 Okt
- +31 1 17 39 16 74
- info@molinshoeve.nl

1 AEJMNOPRT MNQR 6
2 IJQWXY ABCFGH 7
3 ABLMSU ABCDEFGHJMNPQRTUVW 8
4 HJ Y 9
5 ADN ABCDFGHJOQY 10
Anzeige auf dieser Seite 10A CEE
5,2ha 39T(160-190m²) 51D
€ 36,00
€ 49,00
116519

Über Terneuzen (Maut) bis Schoondijke. Dann Ri. Cadzand. Weiter Ri. Retranchement, dort re. Den Hinweisen folgen. Oder N49 Antwerpen-Knokke, Ri. Sluis. Nach 1 km li Ri. Retranchement. Durch den Ort, dann li. ab.

CAMPING DEN MOLINSHOEVE

Am Meer genießen ist immer super!
• Gastfreundlicher und ruhiger Campingplatz, umgeben von Ackerland und doch nahe am Strand • Panoramaplätze mit Fernsicht über die Polder • Neue und luxuriöse Sanitäranlagen mit Regenduschen • Platz für Fahrräder im Innenraum • Zoover 9,5
• Standard 10A Strom und kostenloses WLAN

Tel. +31 117391674
E-Mail: info@molinshoeve.nl • Internet: www.molinshoeve.nl

Scharendijke, NL-4322 NM / Zeeland
- Duin en Strand
- Kuijerdamseweg 39
- 1 Jan - 31 Dez
- +31 1 11 67 12 16
- info@duinenstrand.nl

1 AEGJMNOPQRST XY 6
2 PQXY ABFG 7
3 FM ABCDEFJNQRUVW 8
4 HJMNOQ AEL 9
5 ACEMN ABDFGHJLOPRS 10
B 4-10A CEE
8ha 300T(60-100m²) 128D
€ 34,60
€ 36,60
110752

N59 Zierikzee-Renesse, Rotterdam-Ouddorp folgen. Ausfahrt Ellemeet-Scharendijke, unten an der Ausfahrt links.

Vlissingen, NL-4384 NP / Zeeland
- De Lange Pacht
- Boksweg 1
- 1 Apr - 31 Okt
- +31 1 18 46 04 47
- delangepacht@zeelandnet.nl

1 AGJMNOPQRST 6
2 APQWXY ABDEFGH 7
3 AMS ABCDEFGHIJNQRTUVW 8
4 J 9
5 DN BFGJOQY 10
B 10A CEE
1,2ha 88T(120-150m²)
€ 27,00
€ 35,00
110826

A58 bis Vlissingen folgen, dann Richtung Koudekerke. Direkt nach dem Ortseingang links zum CP.

Scharendijke, NL-4326 LK / Zeeland
- Resort Land & Zee
- Rampweg 28
- 1/1 - 9/1, 18/2 - 14/11, 27/12 - 31/12
- +31 1 11 67 17 85
- info@landenzee.nl

1 ADEGJMNOPQRST 6
2 GQWY ABFGK 7
3 BMU ABCDEFGJKMNQRTUVW 8
4 CGVW 9
5 BLN ABEFGHJOPQ 10
4-16A CEE
7ha 57T(80-200m²) 18D
€ 47,10
€ 50,50
117967

N59 Zierikzee-Renesse, Rotterdam Ouddorp folgen. Ausfahrt Ellemeet, Scharendijke, am Ausfahrtende links. Am Kreisel der Beschilderung 'Resort Land en Zee' folgen.

Vlissingen, NL-4382 CL / Zeeland
- De Nolle
- B.v.Woelderenlaan 1
- 1 Jan - 31 Dez
- +31 1 18 41 43 71
- info@strandparkzeeland.nl

1 EGILNOPRST KNQ 6
2 AGJQRSTWXY ABFGH 7
3 AJMN ABEFJNRTUVW 8
4 F CJ 9
5 ABDMN ABFHKOQV 10
6A CEE
1,3ha 18T(70-80m²) 37D
€ 33,00
€ 46,00
105357

A58 Vlissingen. Schildern 'boulevard' folgen.

Teilkarte Zeeland auf Seite 152

Vrouwenpolder, NL-4354 NN / Zeeland
- De Zandput
- Vroondijk 9
- 1 Apr - 30 Okt
- +31 1 18 59 72 10
- info.zandput@roompot.nl

1 ACDE**JM**NOPT NQ 6
2 GJQWXY AB**FGH** 7
3 BFMV ABCDFJNQRTUVW 8
4 HJLO**P** CJVWY 9
5 ACDELN ABEHIJOPQX10
6-10A CEE
12ha 238**T**(70-110m²) 280**D**
N 51°35'11" E 03°36'19"
€54,60 / €57,20
107660
A58 Bergen op Zoom-Vlissingen, Ausfahrt Middelburg, Oostkapelle-Vrouwenpolder. Im Ort ausgeschildert.

Westenschouwen/Burgh-Haamstede, NL-4328 RM / Zeeland
- Ardoer Camping Duinoord
- Steenweg 16
- 1 Jan - 31 Dez
- +31 1 11 65 88 88
- duinoord@ardoer.com

1 AEG**JL**NOPQRST GN 6
2 GQRWX AB**D**E**FGH** 7
3 AMSV ABCDE**F**IJKNQRTUVW 8
4 BHJL E 9
5 ACDEGLMN ABEFGHIJORSY10
Anzeige auf Seite 153 4-6A CEE
4ha 131**T**(110m²) 96**D**
€47,10 / €55,15
108297
N 51°40'19" E 03°42'23"
N57 Zierikzee-Neeltje Jans. Ausfahrt Westenschouwen, weiterfahren bis zum Kreisverkehr, dort 3/4-Kehre. CP liegt an der linken Seite. Der R112 folgen.

Vrouwenpolder, NL-4354 KC / Zeeland
- Elzenoord
- Koningin Emmaweg 2a
- 1 Mrz - 15 Nov
- +31 6 20 26 53 26
- info@elzenoord.nl

1 AGHKNOPQRST X 6
2 PQX AB**D**E**FG**I**K** 7
3 ADIMUV ABCDE**F**J**L**NPRTUV 8
4 HJKOQ GJY 9
5 DN ABEFGHJOQ10
2ha 60**T**(140-215m²) 23**D**
€51,60 / €54,20
118939
N 51°34'42" E 03°36'52"
A58 Bergen op Zoom-Vlissingen, Ausfahrt 38, dann die N57 bis Vrouwenpolder. In Vrouwenpolder ausgeschildert.

Wolphaartsdijk, NL-4471 NB / Zeeland
- 't Veerse Meer
- Veerweg 71
- 1 Apr - 1 Nov
- +31 1 13 58 14 23
- info@campingveersemeer.nl

1 AG**IL**NOPQRST LN**X** 6
2 AEPQWXYZ AB**D**E**FGH** 7
3 ABEF**HIL**MSUV ABCDE**F**JKMNQRTUVW 8
4 BFHJO EFVWXY 9
5 ADFHN ABCEFGHIJOPRS10
6-10A CEE
9,5ha 540**T**(100-140m²) 209**D**
€28,00 / €43,00
108389
N 51°32'40" E 03°48'45"
A58 Bergen op Zoom-Vlissingen, Ausfahrt Zierikzee. Dann 2. Ausfahrt Wolphaartsdijk. CP ist ausgeschildert.

Vrouwenpolder, NL-4354 KK / Zeeland
- Hofstede Molenzicht
- Lepelstraat 2
- 1 Apr - 30 Okt
- +31 1 18 59 12 48
- info@campinghofstede molenzicht.nl

1 A**JM**NOPQRST X 6
2 QXY AB**F** 7
3 A**L**MU ABEFGJNQRTUV 8
4 HJK IY 9
5 DN ABEFHJOQ10
B 16A CEE
2,5ha 60**T**(150-180m²) 5**D**
€40,10 / €43,20
122014
N 51°34'17" E 03°36'38"
A58 Bergen op Zoom-Vlissingen, Ausfahrt 38, dann die N57 bis Vrouwenpolder. In Vrouwenpolder ausgeschildert.

Zoutelande, NL-4374 ND / Zeeland
- Janse
- Westkapelseweg 59
- 1 Apr - 6 Nov
- +31 1 18 56 13 59
- info@campingjanse.nl

1 AEHKNOPQRST KN**X** 6
2 HJPQRWX AB**FGH** 7
3 B**FL**MSU ABCDE**FG**JKNPQRTVW 8
4 BH J 9
5 ABDM ABEFGHJOQY10
6-10A CEE
2,5ha 136**T**(95m²) 10**D**
€36,00 / €45,50
107659
N 51°30'37" E 03°27'59"
A58 Vlissingen-Koudekerke-Zoutelande. In Zoutelande Richtung Westkapelle, ca. 2 km außerhalb Zoutelande.

Wemeldinge, NL-4424 NC / Zeeland
- Linda
- Oostelijke Kanaalweg 4
- 1 Apr - 31 Okt
- +31 1 13 62 12 59
- info@campinglinda.nl

1 AE**JM**NOPQRST KNOPQS**X** 5
2 AGJKPQWY AB**D**E**FGH** 7
3 BD**FL**MSVX ABCDE**FG**JKNQRTW 8
4 BFH EFJVWXY 9
5 ABDEFHLM**NO** ABEFGHIJOPQXY10
6-10A CEE
10ha 52**T**(120m²) 263**D**
€29,50 / €36,50
105397
N 51°30'58" E 04°00'27"
A58 Bergen op Zoom, Ausfahrt 33 Yerseke, Richtung Wemeldinge. Nach Brücke über Kanal erste Straße rechts, am Ende der Straße ausgeschildert.

Zoutelande, NL-4374 NG / Zeeland
- Weltevreden
- Westkapelseweg 55
- 1 Jan - 31 Dez
- +31 1 18 56 13 21
- info@campingweltevreden.nl

1 AEGILNOPR**T** KN 6
2 GJPQRWXYZ AB**C**D**EFGH** 7
3 ABF**L**MS ABCDEFGJKNQRTUV 8
4 BL**X** JY 9
5 ABD ABFGHJOPQ10
6-16A CEE
2,5ha 89**T**(80-90m²) 52**D**
€43,60 / €46,20
107830
N 51°30'32" E 03°28'02"
A58 Vlissingen-Zoutelande. In Zoutelande Richtung Westkapelle, ca. 2 km nach Zoutelande 1. CP links.

Baarn, NL-3744 BC / Utrecht
- Kampeerterrein De Zeven Linden
- Zevenlindenweg 4
- 1 Jan - 31 Dez
- +31 3 56 66 83 30
- info@dezevenlinden.nl

1 AEG**JM**NOPRST 6
2 ABPQWXYZ AB**D**E**FGH** 7
3 AC**F**L**MS** ABCDE**FG**HIJKNPQRTUVW 8
4 BDFHJ FVW 9
5 ABCDEJM ABCFGHJM**O**PRSWY10
B 6-10A CEE
11,5ha 326**T**(110m²) 5**D**
€30,50 / €36,60
105500
N 52°11'48" E 05°14'49"
An der N415 Hilversum-Baarn ist der CP ab ca. 2 km von Baarn gut ausgeschildert.

Bunnik, NL-3981 HG / Utrecht
- Buitengoed de Boomgaard
- Parallelweg 9
- 1 Apr - 9 Okt
- +31 3 06 56 38 96
- buitengoeddeboomgaard.nl

1 ADEG**JM**NOPQRS**T** LN 6
2 AEPQSXYZ AB**D**E**FG** 7
3 ABCEF**GL**MSUVW ABCDEFGHIJ**M**NPQRTW 8
4 BFHJKO CHJY 9
5 ABDEFHKMN ABCFGHIJLM**O**PRSY10
6-10A CEE
11ha 200**T**(150m²) 76**D**
€26,00 / €33,00
118630
N 52°03'35" E 05°11'56"
A12 Ausfahrt 19 Bunnik/Odijk/Wijk bij Duurstede. Nach der Ausfahrt sofort rechts in die Parallelweg.

ACSI Camping Europa-App

ab 0,99 €

- 9 500 europäische Campingplätze in einer praktischen App
- Erweiterbar um 9 000 kontrollierte Reisemobilstellplätze
- Ohne Internetverbindung nutzbar
- Kostenlose Updates mit Änderungen und neuen Campingplatz-Bewertungen
- Schnell und einfach buchen, auch unterwegs
- Neu: jetzt auch mit kleinen Campingplätzen

www.Eurocampings.de/app

RCN HET GROTE BOS

Ganz zentral in den Niederlanden, mitten im Utrechtse Heuvelrug Nationalpark, umgeben von Natur, Kultur und Geschichte. Der Ferienpark bietet ausreichend, Privatsphäre und zahlreiche Rad- und Wanderwege.

CAMPING - BUNGALOWS - GLAMPING - RESTAURANT

Hydeparklaan 24 - Doorn   +31 85 0400 700   www.rcn.nl/de/grotebos

Flevoland

Dronten, NL-8251 ST / Flevoland
- 't Wisentbos
- De West 1
- 1 Apr - 31 Okt
- +31 3 21 31 66 06
- info@wisentbos.nl

1 ADE**JM**NOPQRS**T**		JN 6
2 BCPQTXY		A**B**D**EFGH** 7
3 AC**L**MX	ABCD**F**HJNPQRT**W** 8
4 HJ		EF 9
5 DEFJKN		ABDFGHJ**OQ**Y 10
10A CEE		

N 52°31'16'' E 05°41'31''
9ha 50T(80-110m²) 294D
€27,40 / €41,30 — 108268

Von der N309 Lelystad-Dronten am Kreisel links ab. Nach ± 500m liegt der CP auf der linken Seite.

Emmeloord, NL-8302 AC / Flevoland
- Het Bosbad
- Banterweg 4
- 1 Apr - 1 Nov
- +31 5 27 61 61 00
- info@campinghetbosbad.nl

1 ADE**JM**NOPQR**T**		AE 6
2 ABQTWXYZ		AB**FG** 7
3 BG**L**MU	ABCE**F**HNQRW 8
4 DFHJO		EFJY 9
5 DEHJKMN		ABFGHJ**OQ** 10
B 6A CEE		

N 52°43'08'' E 05°45'17''
2ha 42T(100-120m²) 33D
€20,60 / €27,60 — 101550

An der A6, Ausfahrt 15 Emmeloord-Nord ist der CP ausgeschildert. Liegt an der Nordseite neben dem Schwimmbad.

Kraggenburg, NL-8317 RD / Flevoland
- Recreatiepark De Voorst
- Leemringweg 33
- 29 Mrz - 30 Okt
- +31 5 27 25 25 24
- info@devoorst.nl

1 AE**JM**NOPQRS		AFJNX**Y**Z 6
2 ABCIPQRSWXYZ		AB**D**E**FG** 7
3 ABC**JL**M**N**SU	ABCDEF**J**NQRT**UV** 8
4 ABCDEFHJO		JRVWY 9
5 DEFHJKLMN		ABH**I**JOPQY 10
4-10A CEE		

N 52°40'32'' E 05°53'32''
13ha 120T(100-200m²) 95D
€24,50 / €32,50 — 100762

A6 bis Lelystad-Nagele-Ens. Dann ausgeschildert.

Lelystad, NL-8245 AB / Flevoland
- 't Oppertje
- Uilenweg 11
- 1 Apr - 1 Okt
- +31 3 20 25 36 93
- info@oppertje.nl

1 AE**GJM**NOQRS		LMNQRS**T** 6
2 EJKPQRWXYZ		AB**DFG** 7
3 A**JL**MU	ABCDE**FG**HIJNPQRTUVW 8
4 FH		FJMPRT**V** 9
5 DN		ABCDFGHIJORSUY 10
B 6A CEE		

N 52°29'09'' E 05°25'01''
3ha 85T(120-150m²) 18D
€28,50 / €34,50 — 105517

Von der A6 Ausfahrt 10, Larserdreef Richtung Lelystad. Durch 4 Kreisel geradeaus, hinter dem 5. Kreisel links in den 'Buizerdweg'. CP ist angezeigt.

Almere, NL-1316 AN / Flevoland
- Waterhout
- Trekvogelweg 10
- 1 Apr - 23 Okt
- +31 3 65 47 06 32
- info@waterhout.nl

1 AE**JM**NOPQRS**T**		LNQRS**T**X**Y**Z 6
2 AEJKQSWXYZ		ABDE**FG**K 7
3 BCEFG**H**I**LMNR**SUV	ABCDEFGHIJKNPQRTUVW 8
4 BCDHJKNO		ACFMNOPQRT**V**Y 9
5 ADEFGHJKLN		ABCFGHIJOPQUV 10
10A CEE		

N 52°24'07'' E 05°13'32''
6,5ha 205T(100m²) 52D
€31,00 / €37,00 — 110695

A6 Almere: Auf der Hollandse Brug rechts(Ringweg). Ausfahrt: Almere Muziekwijk Hogering/N702/s101 Richtung Almere Muziekwijk. Nach 8 km links Richtung Noorderplassenweg. Nach 11 km links nach Trekvogel.

Urk, NL-8321 NC / Flevoland
- Vakantiepark 't Urkerbos
- Vormtweg 9
- 26 Mrz - 30 Sep
- +31 5 27 68 77 75
- info@urkerbos.nl

1 ADE**JM**NOPQRS**T**		AF 6
2 BQRWXY		AB**FGH** 7
3 BCF**I**MVX	ABCDEFGJNQRTUVW 8
4 BCDFHJKLO		FJVWY 9
5 ABDEFHKMN		ABEFGHJ**OR**SVXY 10
10A CEE		

N 52°40'45'' E 05°36'35''
14ha 175T(120-150m²) 85D
€29,00 / €40,00 — 120372

A6 Ausfahrt 13 nach Urk. Der Straße durch Urk geradeaus folgen, am 3. Kreisel links ab (ist angezeigt). Nach 1,5 km CP rechts.

Biddinghuizen, NL-8256 RJ / Flevoland
- EuroParcs Zuiderzee
- Spijkweg 15
- 2 Apr - 30 Okt
- +31 3 21 33 13 44
- kcc@europarcs.nl

1 ADEG**JM**NOPQRS**T**		EGH**L**MN**Q**RS**X**YZ 6
2 EJPQWXY		AB**D**E**FG** 7
3 ABDEFG**JL**MS**T**V	ABCDEFGHJKNPQRTUVW 8
4 B**D**F**H**JK**L**PQTUV		CEJORT**V**WY 9
5 ACDEFGHJKLMN**O**		ABEFGH**I**KOSTY 10
Anzeige auf Seite 177 B 6-10A CEE		

N 52°26'49'' E 05°47'31''
65ha 318T(100m²) 720D
€55,00 / €65,00 — 100768

Von Süden: A28 Ausfahrt 13 Richtung Lelystad, den Schildern Walibi World folgen, an Walibi vorbei. Von Norden: A28 Ausfahrt 16 Richtung Lelystad, dann den Schildern Walibi World folgen. CP liegt an der N306.

Zeewolde, NL-3896 LB / Flevoland
- Erkemederstrand
- Erkemederweg 79
- 19 Mrz - 24 Okt
- +31 3 65 22 84 21
- info@erkemederstrand.nl

1 AEG**JM**NOPQRS**T**		LMN**Q**RS**T**X**Y**Z 6
2 ABE**I**JKQWXY		AB**FGH**J 7
3 ABCFG**JL**MSUVX	ABCDE**FG**JNQRTUVW 8
4 BCDFHJKLO		CFJMPRT**V** 9
5 ABDEFGHK		ABFGH**I**JMOQY 10
B 10-16A CEE		

N 52°16'12'' E 05°29'19''
42ha 229T(120-180m²) 229D
€31,10 / €38,20 — 109789

A28, Ausfahrt 9 Richtung Zeewolde. Über die Brücke erste rechts, danach links (Erkemederweg). CP ist ausgeschildert.

Biddinghuizen, NL-8256 RZ / Flevoland
- Molecaten Park Flevostrand
- Strandweg 1
- 25 Mrz - 1 Nov
- +31 3 20 28 84 80
- flevostrand@molecaten.nl

1 ABDEG**JM**NOPQRST		B**E**GH**I**LMN**P**QRS**W**X**Y**Z 6
2 AE**I**JPQRWXY		AB**D**E**FG** 7
3 ABCDFG**JL**MNSV	ABCDE**F**G**J**KNQRTUVW 8
4 BCDF**H**J**L**O**P**QU		CEFJMOPQRTV**W**Y 9
5 ACDEHJLMN		ABCDEGH**I**J**OQ**Y 10
10-20A CEE		

N 52°23'07'' E 05°37'45''
49ha 392T(80-120m²) 227D
€25,75 / €30,65 — 108267

A28 Ausfahrt 13 Richtung Lelystad. Schildern Walibi folgen. Der CP liegt zwischen der N306 und dem Veluwesee. Ist angezeigt.

Zeewolde, NL-3896 LS / Flevoland
- Camping het Groene Bos
- Groenewoudse Weg 98
- 1 Apr - 14 Okt
- +31 3 65 23 63 66
- info@hetgroenebos.nl

1 ABDE**JM**NOPQR**T**		6
2 BQRWXY		AB**D**E**FG** 7
3 BC**L**MSU	ABCD**F**HJNPQRTUVW 8
4 HJKO		F**V**WY 9
5 ADHN		ABDGHJ**OP**QY 10
B 6-10A CEE		

N 52°20'24'' E 05°30'20''
4ha 50T(85-225m²) 32D
€26,50 / €28,50 — 113075

A28, Ausfahrt 9 Richtung Zeewolde, CP liegt westlich von Zeewolde und wird angezeigt.

Dronten, NL-8251 PX / Flevoland
- De Ruimte
- Stobbenweg 23
- 26 Mrz - 26 Sep
- +31 3 21 31 64 42
- info@campingderuimte.nl

1 AEG**JM**NOPQRS**T**		G 6
2 BQRWXYZ		ABDE**FG** 7
3 AEF**L**MUX	ABCDEFHJNPQRTUVW 8
4 BCFHJLO		AFV 9
5 ABDEFGHLMN		ABDFGHJ**OQ** 10
Anzeige auf dieser Seite B 6A CEE		

N 52°29'48'' E 05°50'15''
6ha 94T(80-120m²) 23D
€30,00 / €41,00 — 110655

A28 Ausfahrt 16, Elburg vorbei nach Dronten. Über die Brücke am Veluwesee an der Ampel Richtung Kampen. CP ist angezeigt.

Camping De Ruimte

Attraktiver Familien-/Charmecamping mitten im Wald, in der Nähe der Veluwerandmeren • Spielplatz • Kinderbecken • Freizeitteam • Restaurant, in dem Sie preiswert essen können, mit gemütlicher Terrasse • Vollständig behindertengerecht

Stobbenweg 23, 8251 PX Dronten • Tel. +31 321316442
www.campingderuimte.nl

Durchreisecampingplätze

In diesem Führer finden Sie eine handliche Karte mit Campingplätzen an den wichtigen Durchgangsstrecken zu Ihrem Ferienziel.

Teilkarte Flevoland auf Seite 160

RCN ZEEWOLDE

RCN Zeewolde liegt am Veluwesee in Südflevoland, wo das Beste aus zwei Welten vereint wird. Es ist die Kombination aus Wald und Strand, die den Ferienpark für Gäste jeden Alters zu einem einzigartigen Heimathafen macht.

CAMPING – BUNGALOWS – SAFARIZELTE – RESTAURANT

Dasselaarweg 1 - Zeewolde   +31 85 0400 700   www.rcn.nl/de/zeewolde

Niederlande

Zeewolde, NL-3896 LA / Flevoland
- Naturistenpark Flevo-Natuur
- Wielseweg 3
- 25 Mrz – 29 Okt
- +31 3 65 22 88 80
- info@flevonatuur.nl

1 ADEG**JM**NOPQRST AEGN 6
2 ABEJQSWXYZ ABDE**FG**H 7
3 ABCFG**L**MNSUV ABCDEFGHIJK**M**NPQRTUVW 8
4 BCDFGHJLNO**PQTX** CJLRT 9
5 ACDEFHJLMN ABCEFGHJLOPQXY 10
FKKB 10A CEE
35ha 249T(100-130m²) 479D
① €43,10
② €45,30
N 52°16'16'' E 05°26'05''
Ab A28 Ausfahrt 9 Richtung Almere. Der CP ist ausgeschildert direkt an der Brücke vorbei.
105519

Zeewolde, NL-3896 LT / Flevoland
- RCN Vakantiepark Zeewolde
- Dasselaarweg 1
- 25 Mrz – 31 Okt
- +31 8 50 40 07 00
- reserveringen@rcn.nl

1 ACDEG**JM**NOPQRST EGLNQRST**XYZ** 6
2 EIJKQRWXY ABDE**FG**HK 7
3 ABCEFG**L**MNSV ABCDFJKNQRTUVW 8
4 BCDFHJKLNOQ BCIJMPVWY 9
5 ACDEFKLMN ABEFGHJOQXY 10
Anzeige auf dieser Seite B 10A CEE
43ha 170T(100-120m²) 376D
① €32,20
② €34,40
N 52°18'42'' E 05°32'37''
A28 Ausfahrt 9 Richtung Zeewolde. Der CP liegt im Süden, 1 km draußen von Zeewolde und ist ausgeschildert.
105518

Balkbrug, NL-7707 PK / Overijssel
- Si Es An
- De Haar 7
- 18 Mrz – 1 Nov
- +31 5 23 65 65 34
- info@si-es-an.nl

1 ACDE**JM**NOPQRST 6
2 QRXYZ ABDE**FG** 7
3 ABCF**L**MVX ABCDFGIJ**M**NQRTUV 8
4 BD**E**FGHJLOQ CFGHJVW 9
5 A**D**EFGHJKLMN ABCDFGHIJQQY 10
10-16A CEE
9,5ha 66T(100-120m²) 141D
① €25,00
② €34,00
N 52°36'35'' E 06°22'19''
In Balkbrug Richtung De Wijk. Dann den braunen CP-Schildern folgen. Den Sandweg meiden!
113423

Balkbrug, NL-7707 PK / Overijssel
- 't Reestdal
- De Haar 5
- 1 Apr – 30 Sep
- +31 5 23 65 62 32
- info@reestdal.nl

1 AEG**I**LNOPQRST BGN 6
2 QRWXYZ ABDE**FG**H 7
3 ABFG**L**M ABCDFGIKNQRTUVW 8
4 ABCDEFHIJL**Q** CE 9
5 B**D**EFHKLM**N** ABDFGHIJORS 10
B 6-16A CEE
8,5ha 85T(100-120m²) 133D
① €27,50
② €39,50
N 52°36'37'' E 06°22'17''
In Balkbrug Richtung De Wijk. Dann der braune Beschilderung folgen (den Sandweg meiden).
105728

Teilkarte Overijssel auf Seite 161

Bathmen, NL-7437 RZ / Overijssel CC€18 iD

- de Flierweide
- Traasterdijk 16
- 15 Mrz - 1 Nov
- +31 5 70 54 14 78
- info@flierweide.nl

1 AG**JM**NOPRS**T** 6
2 APQSTWXYZ ABDE**FG** 7
3 AC**L**S ABCDFGHJKNQRTUV JY 9
4 FHJO ABDEFGHJM**O**Q 10
5 DN
4-16A CEE €24,15
2ha 60T(120-140m²) 1**D** €27,90

A1 Ausfahrt 25 Bathmen. Den CP-Schildern folgen (Richtung Flierweide). 117764

N 52°15'22'' E 06°17'31''

Dalfsen, NL-7722 HV / Overijssel CC€18 iD

- Vechtdalcamping Het Tolhuis
- Het Lageveld 8
- 1 Apr - 1 Okt
- +31 5 29 45 83 83
- info@tolhuis.com

1 AEG**JM**NOPQRT BGN 6
2 QSWXYZ ABDE**FG**H 7
3 ABFGMSV ABCDE**FG**HJKNQRTUV EJVY 9
4 BDFGHJLO ABDEFGHIJMN**O**STX 10
5 ADEFGHKLM
10A CEE €29,35
5ha 54T(100-150m²) 76**D** €36,55

A28 Ausfahrt, 21, N340 Richtung Dalfsen. In Dalfsen Richtung Vilsteren. Dann CP ausgeschildert. 105702

N 52°30'07'' E 06°19'18''

Beerze/Ommen, NL-7736 PK / Overijssel iD

- Beerze Bulten
- Kampweg 1
- 1 Apr - 30 Okt
- +31 5 23 25 13 98
- info@beerzebulten.nl

1 AEG**IL**NOPRT BEGHIJLMNXZ 6
2 CEJQRWXYZ ABDE**FG**H 7
3 ABCDEFG**JLMN**RS**T**V ABCDEFGIJKMNQRTUVW 8
4 ABDEFHJLO**QRSTVWXZ** CFHJRUVW 9
5 ACDEFGHKLM ABCEGHIJOPQXY 10
6A CEE €60,00
26ha 540T(100-120m²) 103**D** €75,00

Von der N36 Ausfahrt Beerze. Weiter angezeigt. 108815

N 52°30'41'' E 06°32'43''

De Lutte, NL-7587 LH / Overijssel CC€20 iD

- Landgoedcamping Het Meuleman
- Lutterzandweg 16A
- 1 Apr - 30 Okt
- +31 5 41 55 12 89
- info@camping-meuleman.nl

1 AEG**JM**NOPQRT LN 6
2 ABEJRUYZ ABDE**FG**H 7
3 ACG**JL**MSX ABCDEFGIJKNQRTUV 8
4 AB**FG**HJ**X** BJV 9
5 ADFKLMN ABCDJNRS 10
6-10A CEE €33,10
7ha 111T(100-300m²) 6**D** €41,30

A1 Hengelo-Oldenzaal, Ausfahrt De Lutte. Nach De Lutte Richtung Beuningen, CP-Schildern folgen. 111064

N 52°20'01'' E 07°01'46''

Beerze/Ommen, NL-7736 PJ / Overijssel CC€18 iD

- Huttopia De Roos
- Beerzerweg 10
- 14 Apr - 30 Okt
- +31 5 23 25 12 84
- deroos@huttopia.com

1 ADEG**IL**NOPR**T** FJN 6
2 CJQRWXYZ ABDE**FG**H 7
3 ABF**LM** ABCDEFHJKNQRTW 8
4 ABDEFHJ NORTV 9
5 ACDFGHKMN ABGHIJNPRSY 10
6A CEE €25,80
27ha 200T(120-150m²) 80**D** €31,80

In Ommen südlich der Brücke über die Vecht den Beerzerweg nehmen. 105742

N 52°30'39'' E 06°30'56''

Delden, NL-7491 DZ / Overijssel CC€18 iD

- Park Camping Mooi Delden
- De Mors 6
- 31 Mrz - 1 Nov
- +31 7 43 76 03 72
- info@mooidelden.nl

1 AE**JM**NOPRST BGHN 6
2 AQRWXYZ ABDE**FG**K 7
3 AF**JKL**MNVX ABCDEFGIJKNQRTUVW 8
4 B**F**HJKOQ**RTUV**X FJV 9
5 ABDEFGHN ABDHJOQY 10
B 10A CEE €30,05
3ha 45T(100-130m²) 63**D** €37,35

In Stadt und Umgebung Delden ist der CP gut ausgeschildert. Beschilderung folgen. 101558

N 52°15'16'' E 06°43'37''

Belt-Schutsloot, NL-8066 PT / Overijssel CC€18 iD

- Kleine Belterwijde
- Vaste Belterweg 3
- 25 Mrz - 31 Okt
- +31 3 83 86 67 95
- camping@kleinebelterwijde.nl

1 AEG**JM**NOPQRS**T** FLNPQSW**XY**Z 6
2 FIJKQRTWXYZ ABDE**FG**H 7
3 ABEFMNS ABCDE**FG**IJKNQRTUVW 8
4 FHJG EFJNORTV 9
5 DHMN ABDFHIJNQ 10
6A CEE €21,90
3,5ha 60T(70-100m²) 118**D** €30,90

N334 Richtung Giethoorn, Ausfahrt Belt-Schutsloot. CP im Ort ausgeschildert. 100761

N 52°40'15'' E 06°03'38''

Den Ham, NL-7683 SC / Overijssel iD

- De Blekkenhorst
- Nienenhoek 8
- 1 Apr - 1 Nov
- +31 5 46 67 15 59
- info@de-blekkenhorst.nl

1 AE**JM**NOPRST BGN 6
2 QRWXYZ ABDE**FG** 7
3 ABCDF**HIJL**MSTUV MNRVW 8
4 AB**E**FHJKLOQ CEFJY 9
5 ABDEHKN ABEHIJORSY 10
6-16A CEE €40,00
7,3ha 120T(100-150m²) 12**D** €50,00

Von Ommen Richtung Den Ham. Vor Den Ham den kleinen Schildern folgen. 112016

N 52°28'27'' E 06°29'41''

Beuningen, NL-7588 RK / Overijssel CC€18 iD

- Natuurkampeerterrein Olde Kottink
- Kampbrugweg 3
- 1 Apr - 2 Okt
- +31 5 41 35 18 26
- info@campingoldekottink.nl

1 AEGHKNOPRT JN 6
2 ABCEJQRUXYZ ABDE**FG**K 7
3 AM ABCDE**F**HJNQRTUW 8
4 FGHJ IJV 9
5 ADN ABCDJORSY 10
6A CEE €26,00
6ha 90T(120-200m²) 8**D** €33,00

A1 Hengelo-Oldenzaal. Auf der Straße nach Oldenzaal-Denekamp ausgeschildert. 111404

N 52°21'14'' E 07°00'45''

Den Nul/Olst-Wijhe, NL-8121 RZ / Overijssel iD

- Het Klaverblad
- Holstweg 44A
- 1 Apr - 1 Okt
- +31 6 13 24 61 36
- info@campinghetklaverblad.nl

1 AEG**IL**NOPR**T** N 6
2 PQWXY ABDE**FG** 7
3 AS DE**FG**HJNQRTUVW 8
4 HO 9
5 ADHN ABFHIJQQ 10
16A CEE €23,00
2,1ha 57T(110-140m²) 1**D** €33,00

N337 (Zwolle-Deventer), zwischen Wijhe und Olst liegt Den Nul. Von Wijhe aus links ab in Den Nul. Den CP-Schildern folgen. 119718

N 52°21'28'' E 06°07'19''

Blokzijl, NL-8356 VZ / Overijssel CC€20 iD

- Watersportcamping 'Tussen de Diepen'
- Duinigermeerweg 1A
- 25 Mrz - 31 Okt
- +31 5 27 29 15 65
- camping@tussendediepen.nl

1 ADEG**JM**NOPQRS**T** BGNQSXY**Z** 6
2 CIQWXY ABDE**FG**H 7
3 AFMV ABCE**F**NPQRTW 8
4 ABCDFHJNO EFGIJOV 9
5 ABCDFGHJKLMN ABCDFGHJOPSY 10
B 10A CEE €29,70
5,2ha 60T(60-80m²) 160**D** €36,00

Von Zwolle Richtung Hasselt-Zwartsluis-Vollenhove. Am Kreisel geradeaus über den Deich nach Blokzijl. Den Schildern folgen. 100760

N 52°43'43'' E 05°58'13''

Denekamp, NL-7591 NH / Overijssel CC€22 iD

- Papillon Country Resort
- Kanaalweg 30
- 15 Apr - 30 Okt
- +31 5 41 35 16 70
- info@papilloncountryresort.nl

1 ADEG**JM**NOPQRS**T** DGHLMN 6
2 EJKQRWXYZ ABDE**FG**K 7
3 ABDE**FG**L**M**SVX ABCDFGIJKNQRTUVW 8
4 ABCDEFHIJLNOR ACEFJVWX 9
5 ABDEFGHJKLMN ABCDEGHJNO**P**SY 10
B 6-16A CEE €38,00
16ha 115T(120-140m²) 157**D** €48,00

An der N342 Denekamp-Nordhorn ist der CP gut ausgeschildert. 105791

N 52°23'32'' E 07°02'55''

Stadtcamping Deventer liegt an der IJssel: direkt gegenüber der historischen Altstadt der Hansestadt Deventer. Stadt und Umland ergänzen sich hier recht harmonisch.Tolle Radtouren machen, die Stadt besuchen, baden, durch die Natur streifen, oder sich entspannen im benachbarten Park unter alten Bäumen. Ankunft nach 13:00 Uhr.

STADTCAMPING DEVENTER

Worp 12, 7419 AD Deventer • Tel. +31 570613601
E-Mail: deventer@stadscamping.nl • Internet: www.stadscamping.nl

Deventer, NL-7419 AD / Overijssel iD

- Stadscamping Deventer
- Worp 12
- 1 Jan - 31 Dez
- +31 5 70 61 36 01
- deventer@stadscamping.eu

1 AE**JM**NORS**T** JN 6
2 ACJQSXYZ ABE**FG** 7
3 EL ABE**FG**JNW 8
4 A**E**FH AFVZ 9
5 AD ABFGHIKMOQY 10
Anzeige auf dieser Seite 6-16A CEE €27,50
2,5ha 30T(100-150m²) 2**D** €39,50

A1 Apeldoorn-Hengelo, Ausfahrt 23 Richtung Deventer-Zentrum. Über Brücke Richtung Twello N344, nach Brücke rechts. CP liegt hinter dem Hotel. 110213

N 52°15'02'' E 06°08'58''

Dalfsen, NL-7722 KG / Overijssel CC€18 iD

- Starnbosch
- Sterrebosweg 4
- 1 Jan - 31 Dez
- +31 5 29 43 15 71
- info@starnbosch.nl

1 AEG**JM**NOPQRST BDG 6
2 BQWXYZ ABDE**FG**HK 7
3 ABFMV ABCDE**FG**HIJKM**N**PQRTUVW 8
4 BCHJOQ**T** BDFJVW 9
5 ABCDEFGHJLM**O** ABDFGHIJN**O**QXY 10
B 6-10A CEE €30,00
8ha 248T(100-140m²) 20**D** €32,00

A28 Zwolle-Meppel-Hoogeveen, Ausfahrt 21 in N340 Richtung Dalfsen. Dann den Schildern folgen. 105703

N 52°28'31'' E 06°15'47''

Diepenheim, NL-7478 PX / Overijssel iD

- de Mölnhöfte
- Nijhofweg 5
- 1 Jan - 31 Dez
- +31 5 47 35 15 14
- info@molnhofte.nl

1 AE**JM**NOPQRS**T** AFN 6
2 AIQSWXYZ AB**FG**H 7
3 ABEMV ABEFJNQRTW 8
4 BDFHOQ FJ 9
5 ADEFHJLMN**O** ABFHIJOQY 10
B 6A CEE €20,80
6,5ha 55T(100-120m²) 100**D** €31,90

A1 Ausfahrt 28 Rijssen/Goor Richtung Goor. In Goor Richtung Diepenheim. Der CP liegt an der Straße von Diepenheim nach Neede links. 108343

N 52°11'28'' E 06°39'26''

Diffelen/Hardenberg, NL-7795 DA / Overijssel

- de Vechtvallei
- Rheezerweg 76
- 1 Apr – 30 Okt
- +31 5 23 25 18 00
- info@devechtvallei.nl

1 AE**JM**NOPR**T** DF 6
2 PQRWXYZ AB**D**EFG 7
3 AFMUX ABD**FJ**KNQRTU 8
4 BDGHJLO**PQ** EFJVW 9
5 ADEFHJKMN ABDGHJO**QY** 10
B 16A CEE ● €33,00
7,8ha 50T(100-120m²) 146D ❷ €38,00

N 52°32'08'' E 06°34'10'' 105734

Hardenberg-Rheeze. Rheeze durch Richtung Diffelen. Nach ca. 2 km links von der Straße.

Enschede, NL-7534 PA / Overijssel

- Stadscamping 'De Twentse Es'
- Keppelerdijk 200
- 1 Jan – 31 Dez
- +31 5 34 61 13 72
- info@twentse-es.nl

1 ADE**JM**NOPQRST BGN 6
2 AEQRWXYZ AB**D**EFG**H** 7
3 AFM ABCDEFGJNQRTUVW 8
4 BCDFHJLO**PQ** EFJV 9
5 ACDEFGHKLMN ABDEFGHIJLORSY 10
10A CEE ● €25,75
10ha 80T(100-130m²) 185D ❷ €25,75

N 52°12'37'' E 06°57'05'' 100791

A35/N35 Richtung Enschede, Ausfahrt Glanerbrug. Richtung Glanerbrug halten. Ausgeschildert.

Haaksbergen (Twente), NL-7481 VP / Overijssel

- Camping & Bungalowpark 't Stien'n Boer
- Scholtenhagenweg 42
- 1 Apr – 23 Okt
- +31 5 35 72 26 10
- info@stiennboer.nl

1 ACEG**JM**NOPQRST BEGN 6
2 ABQRWXYZ AB**D**EFG**H** 7
3 ABCDEFG**JL**MSV ABCDE**FG**JKNPQRTUVW 8
4 A**BCDEFHJKLOQ** CEFIJVWY 9
5 ABDEFHKLMN ABEFGHIJM**O**RSXY 10
B 6-10A CEE ● €31,70
10,5ha 110T(80-100m²) 136D ❷ €41,90

N 52°08'24'' E 06°43'28'' 100792

Von der N18 Ausfahrt Haaksbergen-Zuid, Camping danach ausgeschildert.

Haaksbergen (Twente), NL-7481 VP / Overijssel

- Camping Scholtenhagen B.V.
- Scholtenhagenweg 30
- 1 Jan – 31 Dez
- +31 5 35 72 23 84
- campingscholtenhagen@planet.nl

1 ADE**JM**NOPQRS**T** EGHI**N** 6
2 AQRWXYZ AB**D**EFG**H** 7
3 ABCFLMSUX ABE**FG**JNPQRTUVW 8
4 BDFHJLO**Q** AJUVW 9
5 ADEFHKMN ADEFGHJMOQY 10
B 10A CEE ● €31,85
9,3ha 80T(100-110m²) 177D ❷ €46,65

N 52°08'53'' E 06°43'23'' 100793

Von Norden: N18 Ausfahrt Haaksbergen, von Süden die N18 Ausfahrt Haaksbergen-Zuid. Danach der CP-Beschilderung folgen.

Hardenberg, NL-7797 RD / Overijssel

- De Klimberg
- Ommerweg 27
- 1 Apr – 31 Okt
- +31 5 23 26 19 55
- camping@deklimberg.nl

1 AE**JM**NOPQR**T** DG**N** 6
2 BFJKQRWXYZ AB**D**EFG**H** 7
3 BCDFMUV ABCDE**FG**IJKM**N**PQRTUVW 8
4 BFHJKLO**Q** EVWY 9
5 ACDEFGHKLMN ABEGHIJOPQY 10
B 10-16A CEE ● €32,25
15ha 271T(140-150m²) 1310D ❷ €39,25

N 52°33'42'' E 06°33'34'' 105733

Liegt an der Provinzstraße Ommen-Hardenberg. Der Campingplatz befindet sich an einer Parallelstraße. Folgen Sie der Beschilderung Rheezerveen. Ausführliche Beschreibung auf der Website. Neue Schilder werden noch aufgestellt.

Hardenberg, NL-7771 TD / Overijssel

- Vakantiepark De Kleine Belties
- Rheezerweg 79
- 1 Apr – 31 Okt
- +31 5 23 26 13 03
- info@kleinebelties.nl

1 AE**JM**NOPR**T** BEGHL**N** 6
2 BEJPQRWXY AB**D**EFG**H** 7
3 ABCDFMSV ABCDE**F**JKNQRTUV 8
4 BDFHJLO**Q**U CEJVY 9
5 ACDEFGHLMN ABFGHIJOQXY 10
B 6-10A CEE ● €41,50
19ha 79T(80-120m²) 423D ❷ €52,00

N 52°33'47'' E 06°35'32'' 105729

Hauptstraße Ommen-Hardenberg. An der Ampel in Hardenberg rechts ab. Den Schildern Rheeze folgen. Der CP liegt auf der rechten Seite, 2 km außerhalb von Hardenberg.

Hardenberg/Heemserveen, NL-7796 HT / Overijssel

- Ardoer vakantiepark 't Rheezerwold
- Larixweg 7
- 1 Apr – 22 Okt
- +31 5 23 26 45 95
- rheezerwold@ardoer.com

1 ADE**JL**NOPR**T** BEGH**N** 6
2 BQRWXYZ ABC**D**EFG 7
3 ABCFMNSV ABCDEFGHJK**M**NPQRTUVW 8
4 BDHIJLO**QT** CEFJVWY 9
5 ABDEFJKLM ABCDEFGHIJMOPRSYXL 10
B 10-16A CEE ● €36,00
11ha 110T(100-175m²) 119D ❷ €47,00

N 52°34'28'' E 06°33'56'' 105735

N343 Ausfahrt Hardenberg/Slagharen, Slagharen folgen und Campingschilder beachten, dann links ab.

Heino, NL-8141 PX / Overijssel

- Camping Heino
- Schoolbosweg 10
- 1 Apr – 30 Sep
- +31 5 72 39 15 64
- campingheino.nl

1 ACDEG**JM**NOPQRS EGHL**M** 6
2 AEJPQRWXYZ AB**D**EFG**HK** 7
3 ABDFG**H**IMSTUVW ABCD**FG**HJKM**N**PQRTUVW 8
4 ABCDEFHJKLNO**Q** CEFGJLUVWY 9
5 ABCDEFGHKLMN ABEFGHJM**N**O**PQ**WXY 10
10A CEE ● €37,00
19ha 120T(100-120m²) 109D ❷ €47,00

N 52°26'21'' E 06°16'48'' 105705

Autobahn Amersfoort-Zwolle-Meppel, Ausfahrt 20 Zwolle-Noord, N35 in Richtung Raalte. Ab Almelo N35 in Richtung Zwolle, Ausfahrt Heino-Noord, ab Deventer in Richtung Raalte-Zwolle.

Holten, NL-7451 HL / Overijssel

- Ardoer camping De Holterberg
- Reebokkenweg 8
- 1 Jan – 31 Dez
- +31 5 48 36 15 24
- holterberg@ardoer.com

1 AE**JM**NOPRS BG 6
2 ABQSWXYZ ABDEF**GH**I 7
3 ABCDGMSV ABCDEFG**JKM**NQRTUVW 8
4 BCFHJKOR EFUVWY 9
5 ABDEFHLMN ABDGHJO**QY** 10
B 6-16A CEE ● €29,00
6,5ha 120T(80-140m²) 118D ❷ €43,00

N 52°17'31'' E 06°26'06'' 105754

A1 Deventer-Hengelo, Ausfahrt 27 Richtung Holten. Vor Holten Richtung Rijssen, N350. CP vor dem Kreisverkehr ausgeschildert.

Camping Ideaal
Schreursweg 5 - 7451 RG Holten
tel; 0031548361725 mob; 0031683717992
info@campingideaal.nl
WWW.CAMPINGIDEAAL.NL

Holten, NL-7451 RG / Overijssel

- Ideaal
- Schreursweg 5
- 1 Apr – 1 Okt
- +31 5 48 36 17 25
- info@campingideaal.nl

1 AE**IL**NOR**T** 6
2 AIPQSTWXYZ AB**D**E**FG** 7
3 AMSU ABE**FG**KNQRTW 8
4 BFHJ 9
5 D ABDFGHIJOQ 10
Anzeige auf dieser Seite B 6A CEE ● €17,00
2ha 50T(100-150m²) 30D ❷ €23,00

N 52°16'43'' E 06°26'52'' 108340

A1 Ausfahrt 27 Richtung Holten, 2. Ausfahrt rechts. Camping ist ausgeschildert.

IJhorst, NL-7955 PT / Overijssel

- De Vossenburcht
- Bezoensweg 5
- 1 Jan – 31 Dez
- +31 5 22 44 16 26
- info@devossenburcht.nl

1 ADEF**JM**NOPQRST BG 6
2 AQRSWXYZ AB**D**EFG**H** 7
3 BCFMV ABCDE**FG**HJKNQRTW 8
4 BCDFHJKO**Q** EFJVWY 9
5 ADEFHKMN ABEFGHIJORSY 10
B 10-16A CEE ● €27,80
20ha 108T(90-100m²) 267D ❷ €36,60

N 52°39'16'' E 06°18'07'' 110231

A28 Ausfahrt 23 Staphorst oder A28 Ausfahrt 24 De Wijk Richtung IJhorst. In IJhorst Schildern folgen.

Schnell und einfach buchen, auch unterwegs
www.Eurocampings.de

Lemele, NL-8148 PC / Overijssel

- de Lemeler Esch Natuurcamping
- Lemelerweg 16
- 1 Apr – 3 Okt
- +31 5 72 33 12 41
- info@lemeleresch.nl

1 ADEGHKNOPRST BG 6
2 QRWXYZ AB**D**EFG**H** 7
3 ABCEF**L**MSX ABDFGIJK**M**NQRTUVW 8
4 BEFGHIJO ABFJUVW 9
5 ABDEFGHJKM**N** ABDEFGHJO**R**SVWXY 10
B 6-10A CEE ● €41,45
12ha 110T(100-150m²) 19D ❷ €55,25

N 52°28'03'' E 06°25'39'' 105746

N347 zwischen Ommen und Hellendoorn. Ausfahrt Lemele und dann direkt rechts auf die Sekundärstraße fahren. CP ist nach 200m links.

Lemelerveld, NL-8151 PP / Overijssel

- Charmecamping Heidepark
- Verbindingsweg 2a
- 1 Apr – 30 Sep
- +31 5 72 37 15 25
- info@campingheidepark.nl

1 ADEG**JM**NOPQRS BGLM**N** 6
2 AEJPQRXYZ AB**D**EFG**H** 7
3 BCDG**LM**NSX ABCDE**FG**HJKM**N**PQRTUVW 8
4 BCFHJKLQ BCEFVY 9
5 ABDEFHKMN ABEGHIJORSY 10
B 6-10A CEE ● €36,50
5,5ha 100T(100-200m²) 74D ❷ €47,35

N 52°26'26'' E 06°20'51'' 105704

A28 Amersfoort-Zwolle, Ausfahrt 18 Zwolle-Zuid, dann N35 Richtung Almelo/Heino. In der Nähe von Raalte Richtung Ommen. Ausfahrt Lemelerveld. CP an der Straße Hoogeveen-Raalte gelegen. Ausfahrt Lemelerveld.

Luttenberg, NL-8105 SZ / Overijssel

- Vakantiepark De Luttenberg
- Heuvelweg 9
- 26 Mrz – 30 Sep
- +31 5 72 30 14 05
- receptie@luttenberg.nl

1 AE**JM**NOPQRST ADFH**N** 6
2 QRWXYZ AB**D**EFG**HK** 7
3 BCFIJLMNSV ABC**DF**GHJKM**N**PQRTUVW 8
4 ABCE**F**HIJKLNOTU ABEFJVWY 9
5 ABDEFGHKLMN ABEGHIJKOPRSXY 10
B 10A CEE ● €32,00
8,6ha 141T(80-200m²) 119D ❷ €47,35

N 52°23'41'' E 06°21'42'' 105706

Via Deventer: A1, Ausfahrt Deventer Richtung Raalte N348. An Raalte vorbei, an der T-Kreuzung die N348 Richtung Ommen nehmen. Den Schildern folgen bei Ausfahrt Luttenberg.

Niederlande

Ootmarsum, NL-7637 PM / Overijssel

- De Witte Berg
- Wittebergweg 9
- 25 Mrz - 1 Okt
- +31 5 41 29 16 05
- info@dewitteberg.nl

1	AEJMNOPRST	BDGLN 6
2	BEJKQRTWXYZ	ABDEFGH 7
3	ABCDEFJMSVX	CDEFGHJKMNPQRTUVW 8
4	BCDFHJO	BEFGIJVWX 9
5	ABDEFHKLMN	ABCDGHJOSY 10

B 6-10A CEE
6,5ha 136T(100-140m²) 37D
€37,60 / €47,50

N 52°25'25" E 06°53'35"
In Ootmarsum ist der CP gut ausgeschildert.
110750

Ootmarsum/Agelo, NL-7636 PL / Overijssel

- De Haer
- Rossummerstraat 22
- 1 Apr - 1 Nov
- +31 5 41 29 18 47
- info@dehaer.nl

1	AEJMNOPQRST	A 6
2	ABPQRTWXYZ	ABDEFGH 7
3	ABCDEFJ	ABCDE FHJKNQRTUVW 8
4	BCDFHJO	CJUVWXY 9
5	ADEFHKMN	ABDFGHJOQ 10

B 6-10A CEE
5,5ha 130T(100-140m²) 68D
€23,20 / €29,40

N 52°23'25" E 06°54'06"
Der Platz liegt an der Straße von Ootmarsum nach Oldenzaal und ist gut ausgeschildert.
113428

Ootmarsum/Hezingen, NL-7662 PH / Overijssel

- Hoeve Springendal
- Brunninkhuisweg 3
- 1 Apr - 1 Nov
- +31 5 41 29 15 30
- info@hoevespringendal.nl

1	AEGJMNOPQRST	N 6
2	BCIQRTWXYZ	ABFGHK 7
3	AS	ABCDEFGIJNQRTUVW 8
4	EFHJKO	GIJV 9
5	ADHJN	ABCDEHJOQY 10

B 10A CEE
3ha 58T(120-200m²) 15D
€34,40 / €39,80

N 52°26'30" E 06°53'38"
In Ootmarsum ist der CP gut ausgeschildert, Schildern folgen.
112442

Ossenzijl, NL-8376 EM / Overijssel

- De Kluft
- Hoogeweg 26
- 1 Apr - 31 Okt
- +31 5 61 47 73 70
- info@dekluft.nl

1	ADEGILNOPQRST	JLNUVXYZ 6
2	ACEIJPQTWXYZ	ABDEFGH 7
3	ABFMQ	ABCDEFGHIJKNQRTW 8
4	ABCDEFHJO	JPQNORVW 9
5	ABDEFGHJKLMN	ABFGHJOPQY 10

B 6A CEE
14,5ha 180T(100m²) 120D
€28,80 / €37,00

N 52°48'28" E 05°55'54"
N32 Richtung Oldemarkt. Vorbei an Oldemarkt, vor Ossenzijl ist der CP ausgeschildert.
100759

Raalte, NL-8102 SV / Overijssel

- Krieghuusbelten
- Krieghuisweg 19
- 1 Apr - 30 Sep
- +31 5 72 37 15 75
- info@krieghuusbelten.nl

1	ACEHKNOPQRST	DGHLNQ 6
2	EQRWXYZ	ABDEFGH 7
3	ABCDEFHIJMNSUV	ABCDEFGHJMNQRTUVW 8
4	BCDFHJLOQ	ACEJV 9
5	ABCDEFHKLMN	ABEGHIJOPQWY 10

B 10-16A CEE
26ha 200T(100-120m²) 281D
€42,00 / €54,00

N 52°25'37" E 06°18'36"
An Kreuzung N35 Zwolle-Almelo und N348 Richtung Deventer in nördliche Richtung. Beschilderung folgen. Von Ommen an Restaurant 'De Lantaren' rechts.
109788

Reutum, NL-7667 RR / Overijssel

- De Weuste
- Oldenzaalseweg 163
- 1 Apr - 30 Sep
- +31 5 41 66 21 59
- info@deweuste.nl

1	ACEJMNOPQRST	BGN 6
2	ACPQRWXYZ	ABCDEFGH 7
3	ABFHILMRSU	ABCDEFGIJKNPQRTUVW 8
4	BCDFGHJKLOPQS	JV 9
5	ABDEFHKN	ABCDEGHJORSY 10

Anzeige auf dieser Seite B 10A CEE
9,5ha 91T(100-180m²) 102D
€21,40 / €32,80

N 52°21'59" E 06°50'02"
CP liegt an der N343 Oldenzaal-Tubbergen. Gut ausgeschildert. Kommt man von der A1, nimmt man die Ausfahrt 31 Weersel.
111505

Reutum/Weerselo, NL-7667 RS / Overijssel

- De Molenhof
- Kleijsenweg 7
- 8 Apr - 2 Okt
- +31 5 41 66 11 65
- info@molenhof.nl

1	AEGJMNOPQRST	BEGHIN 6
2	APQRWXYZ	ABDEFGHK 7
3	ABCDEFGJLMSUVX	ABCDEFGIJKNQRTUVW 8
4	BFHJO	BFIJLVY 9
5	ACDEFGHIMN	ABCEGHJOPQUXY 10

B 10A CEE
16ha 500T(100-130m²) 50D
€44,90 / €56,30

N 52°21'57" E 06°50'37"
In Weerselo ist der CP ausgeschildert. Er liegt an der Straße von Weerselo nach Tubbergen.
105780

Rheeze, NL-7794 RA / Overijssel

- Camping 't Veld
- Grote Beltenweg 15
- 1 Apr - 24 Sep
- +31 5 23 26 22 86
- info@campingtveld.nl

1	AEGJMNOPQRT	DGHN 6
2	EJKQRWXY	ABDEFGH 7
3	ADFMSVX	ABCDEFHJKMNPQRTUVW 8
4	BCDFGHJLO	BCJVWY 9
5	ABCDEFGHKMN	ABCDEGHJOPQUXY 10

B 10A CEE
8ha 91T(80-100m²) 154D
€42,00 / €52,00

N 52°32'49" E 06°34'19"
Bundesstraße Ommen-Hardenberg, an Tankstelle rechts. Hardenberg-Rheeze folgen. Ca. 1 km nach Hardenberg rechts. Ausgeschildert.
105731

Rheeze, NL-7794 RA / Overijssel

- Sprookjescamping De Vechtstreek
- Grote Beltenweg 17
- 1/4 - 19/9, 15/10 - 30/10
- +31 5 23 26 13 69
- sprookjes@capfun.com

1	ACEJMNOPRST	BEGHN 6
2	EJQRWXY	ABCDEFGHK 7
3	ABCDEFUVX	ABCDEFGIJKMNQRTUVW 8
4	ABDFHIJLOSTUY	AEFJVWY 9
5	ACDEFGJKLMN	ABGHJOQXY 10

6-10A CEE
14ha 125T(100m²) 250D
€60,40

N 52°32'46" E 06°34'14"
Bundesstraße Ommen-Hardenberg. In Hardenberg an Shell-Tankstelle rechts. Ab Rheeze ausgeschildert.
105732

Rheezerveen/Hardenberg, NL-7797 HH / Overijssel

- Vakantiepark Capfun het Stoetenslagh
- Elfde Wijk 42
- 3 Apr - 30 Okt
- +31 5 23 63 82 60
- stoetenslagh@capfun.com

1	ADEGJMNOPQRST	EGHLMN 6
2	EJQRWXY	ABDEFGH 7
3	ABCDEFGLMRTUVX	ABCDEFGHIJKMNQRTUVW 8
4	BCDFHIJLNOQ	CJVWY 9
5	ABDEFGHJKLMN	ABCEFGHIJOPQY 10

B 10A CEE
26ha 188T(120-140m²) 339D
€58,00 / €70,00

N 52°35'12" E 06°31'50"
A28 Ausfahrt N377 nach Slagharen. Vor Slagharen N343 Richtung Hardenberg. Nach der Ausfahrt Lutten 1. Ausfahrt rechts. Weiter nach 3 km CP links. Von Hardenberg nach Slagharen, nach 5 km links ab Elfde wijk.
105736

Slagharen, NL-7776 PA / Overijssel

- Attractie en Vakantiepark Slagharen
- Knappersveldweg 3
- 1 Apr - 30 Okt
- +31 5 23 68 30 00
- info@slagharen.com

1	ADEILNORT	EHIN 6
2	PQRXY	ABDEFG 7
3	ABEGMNS	ABCDEFGIJNQRTW 8
4	BDHJP	CEJV 9
5	ACDEFGJKLN	ABCEGHIJNQXY 10

10A CEE
8ha 229T(100m²) 808D
Preise auf Anfrage

N 52°37'15" E 06°43'03"
Richtung Ponypark Slagharen.
108336

St. Jansklooster, NL-8326 BG / Overijssel

- Kampeer- & Chaletpark Heetveld
- Heetveld 1
- 1 Apr - 14 Okt
- +31 5 27 24 62 43
- info@campingheetveld.nl

1	AEGJMNOPQRST	6
2	PQSWXYZ	ABEFGHK 7
3		ABDEFHJNPQRUVW 8
4	FH	BCDHIJORS 10
5	ADFKN	

6A CEE
5ha 51T(140-150m²) 22D
€16,00 / €22,00

N 52°40'05" E 06°00'48"
Auf der N331 Zwartsluis-Vollenhove in Barsbeek Richtung St. Jansklooster. Der CP in Heetveld ist mit blauen Schildern angezeigt.
118696

Stegeren/Ommen, NL-7737 PE / Overijssel

- De Kleine Wolf
- Coevorderweg 25
- 1/4 - 20/9, 30/9 - 31/10
- +31 5 29 45 72 03
- info@kleinewolf.nl

1	AEGJMNOPQRT	BEGHILMN 6
2	EJQRWXYZ	ABDEFGH 7
3	ABDEFJLMNS	ABCDEFGIJKMNQRTUVW 8
4	ABCDEFGHKLMN	EFJUVW 9
5	ACDEFGHKLMN	ABEGHIJMOPQY 10

B 8-10A CEE
24ha 475T(100-140m²) 168D
€60,00 / €72,80

N 52°32'40" E 06°29'41"
Von der N36 über den Kreisel zwischen Ommen und Hardenberg, Ausfahrt Stegeren. Den CP-Schildern folgen.
105738

Tubbergen, NL-7651 KP / Overijssel

- Ardoer recreatiepark Kaps
- Tibsweg 2
- 1 Apr - 3 Okt
- +31 5 46 62 13 78
- kaps@ardoer.com

1	AEGILNOPQRST	BGN 6
2	QRWXYZ	ABDEFG 7
3	ABDFKMRV	ABCDEFGIJNQRTUVW 8
4	BFHJLO	CFJUVWY 9
5	ABCDEFHKLMN	ABDEGHJOQY 10

B 6A CEE
10ha 89T(100-120m²) 104D
€31,00 / €41,00

N 52°24'36" E 06°48'19"
Ab Ortsumgehung Tubbergen ausgeschildert (N343). CP-Schildern folgen.
105779

Vollenhove, NL-8325 PP / Overijssel

- Ardoer vakantiepark t Akkertien
- Noordwal 3
- 1 Jan - 31 Dez
- +31 5 27 24 13 78
- akkertien@ardoer.com

1	AEJMNOPQRST	DGHJNQSXZ 6
2	CIPQTWXY	ABDEFGJ 7
3	ABDFGJMNS	ABCDEFGHIJKNPQRTUVW 8
4	ABCDFHJKLOQT	AEIJOQRTVWY 9
5	ABCDEHJMN	ABEFGHJOPRSUY 10

B 10A CEE
11ha 150T(100-140m²) 147D
€22,00 / €30,50

N 52°40'32" E 05°56'22"
N331 Richtung Vollenhove und dann den Schildern folgen. Nicht durchs Zentrum von Vollenhove fahren.
117156

Teilkarte Overijssel auf Seite 161

Teilkarte Friesland auf Seite 166

Bakhuizen, NL-8574 VC / Friesland

- De Wite Burch
- Wite Burch 7
- 15 Mrz - 31 Okt
- +31 5 14 58 13 82
- info@witeburch.nl
- N 52°52'18''   E 05°28'08''
- Von Lemmer N359 Richtung Koudum. Ausfahrt Rijs links. An Kreuzung Richtung Bakhuizen, CP-Beschilderung folgen. CP nach Ortsausgang, Nordseite.

1 AEF**JMN**OPQRS**T**		X 6
2 QRWXYZ	AB**FG**H 7
3 ABDFI**LM**	ABCDE**FH**JKNQRTUVW 8
4 BHJKO	CEFJUVW 9
5 ABDEHJKM**N**	ABDEHJ**O**RS10
Anzeige auf dieser Seite B 10A CEE	❶ €25,00
10ha 60T(80-100m²) 229**D**	❷ €31,50
	100726

CC€18 iD

Bakkeveen, NL-9243 KA / Friesland

- De Ikeleane
- Duerswâldmerwei 19
- 1 Apr - 30 Sep
- +31 5 16 54 12 83
- info@ikeleane.nl
- N 53°04'16''   E 06°14'34''
- Ab Heerenveen die A7 nach Drachten. Ausfahrt 31 Richtung Friescheepalen. In Friescheepalen Richtung Bakkeveen. In Bakkeveen Richtung Wijnjewoude nach 1,5 km CP links.

1 AEG**IL**NOPRST		6
2 AIPQRWXY	ABDE**FG**HK 7
3 ABCDEFGMSV	ABDE**FG**HJ**M**NPQRTUVW 8
4 BCDFHJKLO	CFJVY 9
5 ADEFGHJKMN	ABDEFGHJOQY10
10A CEE	❶ €26,75
9ha 86**T**(90-100m²) 128**D**	❷ €34,50
	118098

CC€16 iD

DE WITE BURCH
Recreatiepark

Mietchalets Kinderfreundlich
Shop Animation Lodges
Komfortplätze WLAN
Wanderhütten Spielpavillon
Gastronomie

Bakhuizen - Friesland
0514 58 13 82 witeburch.nl

SIMMERWILLE

Kleiner, ruhiger Familiencamping und Bed & Breakfast im Nationalpark 'de Alde Feanen'. Wir vermieten Ruderboote, Segelboote (Falken), kleine Motorboote und Kanus. Es gibt einen Campingladen mit täglich frischen Brötchen.

Smidspaed 2, 9264 TK Eernewoude
Tel. 0511-539390 • Internet: www.simmerwille.nl

Eernewoude, NL-9264 TK / Friesland

- Simmerwille
- Smidspaed 2
- 1 Apr - 1 Okt
- +31 5 11 53 93 90
- info@simmerwille.nl
- N 53°07'46''   E 05°55'56''
- A7, Kreuz Oosterwolde Richtung Leeuwarden. Bei der Ausfahrt Garijp Richtung Eernewoude/Earnewald. Dann weiter ausgeschildert.

1 EG**JMN**OPQRST		LNQSXY**Z** 6
2 EQWXY	AB**DEFG** 7
3 AFMX	ABCDEFNQRT 8
4 FHJ	EGOPQR 9
5 ADJN	ABHIJOQ10
Anzeige auf dieser Seite 6-10A CEE	❶ €26,50
3ha 50**T**(80-100m²) 12**D**	❷ €33,50
	100712

Bakkeveen, NL-9243 JZ / Friesland

- De Wâldsang
- Foarwurkerwei 2
- 26 Mrz - 31 Okt
- +31 5 16 54 12 55
- info@waldsang.nl
- N 53°05'08''   E 06°15'00''
- A7 Ausfahrt 31 (Friescheepalen). In Friescheepalen Richtung Bakkeveen. Vor Bakkeveen dem CP-Schild 'De Wâldsang' folgen.

1 AEG**JMN**OPQRST		N 6
2 ABPQRWXY	ABDE**FG**HK 7
3 ABDFMS	ABCDE**FG**HJNQRTUVW 8
4 BCDFHJKO**QR**	AFHJRV 9
5 ADEFGHKMN	ABDEFGHJOPQ10
16A CEE	❶ €33,00
13ha 142**T**(100-120m²) 180**D**	❷ €37,00
	108215

CC€22 iD

Franeker, NL-8801 PG / Friesland

- Recreatiepark Bloemketerp bv
- Burg. J. Dijkstraweg 3
- 1 Jan - 31 Dez
- +31 5 17 39 50 99
- info@bloemketerp.nl
- N 53°11'22''   E 05°33'09''
- A31, Ausfahrt Franeker, Richtung Franeker. Ausgeschildert.

1 ADE**JMN**OPQRS**T**		E**F**HI**N** 6
2 ACPQTWXY	AB**DEFG** 7
3 AB**DF**P**R**	ABCDE**F**JNRTUVW 8
4 **A**B**F**HJO**QRSTZ**	HIJQRVW 9
5 CDEFHLN	ABDEFGHJOPQY10
B 10A CEE	❶ €23,60
5ha 85**T**(100m²) 33**D**	❷ €31,00
	100709

CC€18 iD

Bakkeveen, NL-9243 SE / Friesland

- It Kroese Beamke
- Nije Drintsewei 6
- 1 Apr - 15 Okt
- +31 5 16 54 12 87
- info@kroesebeamke.nl
- N 53°04'44''   E 06°16'55''
- Assen zur N372 Norg/Haulerwijk/Waskemeer/Bakkeveen. Den Schildern folgen.

1 AE**JMN**OPQRS**T**		N 6
2 BIPQTWXYZ	AB**DEF** 7
3 ABF**HI**MSU	AEFJQRUW 8
4 FHJKOQ	DJ 9
5 DNO	ABFHJOSTU10
6-10A CEE	❶ €17,50
5ha 34**T**(100-200m²) 29**D**	❷ €24,00
	118530

iD

Harlingen, NL-8862 PK / Friesland

- De Zeehoeve
- Westerzeedijk 45
- 28 Mrz - 31 Okt
- +31 5 17 41 34 65
- info@zeehoeve.nl
- N 53°09'44''   E 05°25'01''
- Auf der N31 Zurich-Harlingen Ausfahrt Kimswerd. Am Kreisel 3. Ausfahrt und der CP-Beschilderung folgen. Der CP liegt nach etwa 1 km rechts der Straße.

1 ADE**JMN**OPQRS**T**		KNQS**XYZ** 6
2 AGJQXY	AB**DEFG** 7
3 ABFMV	ABCDE**FG**IJNQRTUVW 8
4 BCDHJO	CFGJNRTVW 9
5 ADEFHJLMN	ABFGHJOQY10
B 16A CEE	❶ €29,50
10ha 125**T** 152**D**	❷ €39,50
	100707

CC€20 iD

Bakkeveen, NL-9243 KA / Friesland

- Molecaten Park 't Hout
- Duerswâldmerwei 11
- 25 Mrz - 30 Sep
- +31 5 16 54 12 87
- thout@molecaten.nl
- N 53°04'44''   E 06°15'11''
- A7 Kreuz Oosterwolde, Richtung Oosterwolde. Ausfahrt Wijnjewoude/Bakkeveen. Oder A7 Heerenveen-Groningen, Ausfahrt 31 Richtung Bakkeveen. Weiter den Schildern folgen.

1 AEG**JMN**OPRST		BGH 6
2 ABPQRWXY**Z**	AB**DEFG**H 7
3 ABDEFMV	ABCDEFGJKNQRTUVW 8
4 BFHJKLO	ABCEJVY 9
5 ADEFGKMN	ABDEFGHIJ**O**QY10
B 10A CEE	❶ €24,00
21,4ha 210**T**(100-120m²) 287**D**	❷ €33,50
	101539

CC€16 iD

Hindeloopen, NL-8713 JA / Friesland

- Hindeloopen
- Westerdijk 9
- 1 Apr - 23 Okt
- +31 5 14 52 14 52
- info@campinghindeloopen.nl
- N 52°56'06''   E 05°24'15''
- Von Lemmer N359 Richtung Bolsward. Ausfahrt Hindeloopen. CP-Schildern folgen.

1 ADEHKNOPQRS**T**		LNQRSW**XYZ** 6
2 AEGJKQTWY	AB**DEFG** 7
3 ABCDFM**NV**	ABCDE**FG**HIJKNQRTVW 8
4 BHJKLO**PQ**	FJMNVY 9
5 ABDEHKM	ABFGHIJOQY10
Anz. auf dieser Seite B 6-10A CEE	❶ €29,00
16ha 106**T**(100m²) 507**D**	❷ €36,50
	105512

iD

Dokkum, NL-9101 XA / Friesland

- Harddraverspark
- Harddraversdijk 1a
- 1 Apr - 1 Nov
- +31 5 19 29 44 45
- info@campingdokkum.nl
- N 53°19'36''   E 06°00'17''
- Von Leeuwarden Richtung Dokkum-Oost, Beschilderung folgen. Ab Drachten Richtung Dokkum-Oost. Umgehung folgen (Lauwersseeweg). Von Groningen-Zoutkamp die N361 Richtung Dokkum. Ausgeschildert.

1 ABE**JMN**OPQRS**T**		N**XZ** 5
2 CPQRSTWXYZ	AB**DEFG** 7
3 AB**N**SU	ABCDE**F**NPQRUVW 8
4 FH	DF 9
5 ADMN	ABDFGHIJOQY10
4-16A CEE	❶ €21,00
2,5ha 80**T**(100-120m²) 8**D**	❷ €28,50
	108991

CC€16 iD

Eernewoude, NL-9264 TP / Friesland

- It Wiid
- Kooidijk 10
- 1 Jan - 31 Dez
- +31 5 11 53 92 23
- info@wiid.nl
- N 53°07'37''   E 05°56'48''
- A7, Knotenpunkt Oosterwolde, Richtung Leeuwarden. In Garijp in Richtung Eernewoude fahren. Weiter den CP-Schildern folgen.

1 DE**IL**NOPQRS		BGHLNST**XYZ** 6
2 ABFJQTXYZ	AB**DEFG**H 7
3 BFMN	ABCDEFGIJKNQRTUVW 8
4 ABFGHJ	EJNOPQVW 9
5 ACEGHLMN	ABCEFGHIJ**O**QY10
B 10-16A CEE	❶ €36,00
28ha 250**T**(100-120m²) 260**D**	❷ €55,00
	105597

AM IJSSELMEER FÜHLT
MAN SICH WOHL!

KITEN
SURFEN
ANGELN

Camping Hindeloopen +31(0)514 - 52 14 52 www.campinghindeloopen.nl

Niederlande

Leeuwarden, NL-8926 XE / Friesland

- ⛺ De Kleine Wielen
- 🏠 De Groene Ster 14
- 📅 1 Apr - 1 Okt
- ☎ +31 5 11 43 16 60
- @ info@dekleinewielen.nl
- 📍 N 53°12'59" E 05°53'18"

1 ABDE**JM**NOPQRST	LNQSXYZ	6
2 AEJPQRWXYZ	ABDE**FGH**	7
3 ABC**F**J**K**MV	ABCDEFJKNQRTVW	8
4 BDFHJOQ	BEFNR	9
5 ACDHJKMN	ABDFGHIJLOQY	10
B 4A CEE		€ 26,00
15ha 200T(80-120m²) 19D		€ 31,00

100710

🚗 An der N355 zwischen Hardegarijp und Leeuwarden. Ausgeschildert.

Oudemirdum, NL-8567 HB / Friesland

- ⛺ De Wigwam
- 🏠 Sminkewei 7
- 📅 1 Apr - 1 Nov
- ☎ +31 5 14 57 12 23
- @ camping@dewigwam.nl
- 📍 N 52°51'37" E 05°32'42"

1 ACDE**JM**NOPR**T**		6
2 ABQSWXY	AB**D**EF**GH**	7
3 AB**F**LMV	ABCD**FGH**IJLN**R**TUV	8
4 BCDEJ	EFJUVW	9
5 ADEMN	ABFGHJ**O**QXY	10
16A CEE		€ 36,50
4,5ha 31T(80-150m²) 116D		€ 42,00

101543

🚗 A6, Ausfahrt Lemmer N359 Richtung Balk/Koudum. Ausfahrt Oudemirdum.

Makkum, NL-8754 HC / Friesland

- ⛺ Recr. Centr. De Holle Poarte
- 🏠 De Holle Poarte 2
- 📅 1 Apr - 31 Okt
- ☎ +31 5 15 23 13 44
- @ info@hollepoarte.nl
- 📍 N 53°03'11" E 05°23'01"

1 ABDE**JM**NOQRS**T**	ALNQRSTXYZ	6
2 AFGJPQRTWY	AB**D**EF**GH**	7
3 ABDFG**JM**RSV	ABCDE**FG**IJKN**R**T	8
4 ABCJKL**PQ**	EJMNVWY	9
5 ACDEFGHIKLMN	ABFGHIK**O**QVWXY	10
B 6A CEE		€ 47,50
40ha 170T(80-100m²) 850D		€ 47,50

100723

🚗 A7 Sneek-Afsluitdijk, Ausfahrt Makkum. Vor Stadt CP-Beschilderung folgen. Dieser CP liegt am IJsselmeer.

Oudemirdum, NL-8567 HJ / Friesland

- ⛺ Recreatiepark De Bosrand
- 🏠 Oude. Balksterweg 2
- 📅 25 Mrz - 9 Okt
- ☎ +31 5 14 57 13 19
- @ receptie@recreatiepark debosrand.frl
- 📍 N 52°51'33" E 05°30'45"

1 I**L**NOPQRT		6
2 ABPQRWYZ	AB**D**EF**GH**	7
3 AC**L**MU	ABCD**FM**NQRTUVW	8
4 JO	JY	9
5 DN	ABEHJORS	10
B 16A CEE		€ 29,00
4ha 90T 165D		€ 37,00

105514

🚗 Von Lemmer auf der N359 Richtung Koudum. Ausfahrt Sondel Richtung Oudemirdum. Um das Dorf Richtung Rijs. CP ist ausgeschildert.

Molkwerum/Molkwar, NL-8722 HE / Friesland

- ⛺ 't Sèleantsje
- 🏠 't Sèleantsje 2
- 📅 1 Apr - 31 Okt
- ☎ +31 5 14 68 13 95
- @ info@camping-seleantsje.nl
- 📍 N 52°54'13" E 05°23'45"

1 ADE**IL**NOQRS**T**	LNQS**X**Y**Z**	6
2 AEGJKPQWXY	AB**D**EF**GH**	7
3 ABF**HI**MX	ABE**F**NRTUVW	8
4 BHJNO**PQ**	EFJRVY	9
5 ADEFGHLMN	ABFGHJOQY	10
		€ 24,00
4ha 105T(80-115m²) 118D		€ 32,00

101542

🚗 Von Lemmer auf der N359 Richtung Balk und Koudum. In Koudum Richtung Molkwar. Weiter den Schildern folgen.

Reahûs, NL-8736 JB / Friesland

- ⛺ De Finne
- 🏠 Sànleansterdyk 6
- 📅 2 Apr - 2 Okt
- ☎ +31 5 15 33 12 19
- @ info@campingdefinne.nl
- 📍 N 53°04'34" E 05°37'58"

1 AE**JM**NOPQRS**T**	JN**S**X**Y**Z	6
2 ADIQRTWXY	AB**D**EF**GH**	7
3 AFMU	ABCDEFN**QRT**W	8
4 JKOQ	ORVY	9
5 ABDMN	ABCD**F**GHJO**QV**	10
B 6A CEE		€ 23,00
2ha 50T(bis 140m²)		€ 34,00

118599

🚗 Von der Umgehung Sneek Richtung Leeuwarden. Kreisel Richtung Scharnegoutum. Rechts ab, Richtung Wommels/Oosterend, Richtung Roodhuis. Den CP-Schildern folgen.

Noordwolde, NL-8391 KB / Friesland

- ⛺ De Hanestede
- 🏠 Elsweg 17
- 📅 1 Apr - 30 Sep
- ☎ +31 5 61 43 19 01
- @ info@hanestede.nl
- 📍 N 52°52'58" E 06°08'16"

1 AE**JM**NOPQRS**T**	B**F**L	6
2 EJPQRWY	AB**D**E**FGHK**	7
3 ABF**M**N**S**V	ABCDE**F**JKNQ**R**TVW	8
4 BDFHJKOQ		9
5 DEHMNO	ABGHIJOQY	10
B 6A CEE		€ 20,95
10ha 60T(100m²) 164D		€ 25,95

108218

🚗 A32 Richtung Heerenveen, Ausfahrt 6 Richtung Noordwolde, danach den Schildern folgen.

Rijs, NL-8572 WG / Friesland

- ⛺ Rijsterbos
- 🏠 Marderleane 4
- 📅 18 Mrz - 30 Okt
- ☎ +31 5 14 58 12 11
- @ info@rijsterbos.nl
- 📍 N 52°51'44" E 05°29'58"

1 AE**JM**NOPQRS**T**	BX	6
2 ABPQRYZ	AB**C**DE**FGHK**	7
3 B**F**LMU	ABCDE**FG**J**M**NRTU	8
4 BCJKOQ	CJRVWXY	9
5 ADEFGHKMN	ABEDGHJOQY	10
	6-10A CEE	€ 28,00
5ha 50T(80-100m²) 122D		€ 38,00

100728

🚗 A6 Ausfahrt 17 Lemmer. Lemmer Richtung Balk. N359 Bolsward, Ausfahrt Rijs. An der T-Kreuzung in Rijs links. CP nach 100m auf der rechten Straßenseite.

Noordwolde, NL-8391 MB / Friesland

- ⛺ Rotandorp
- 🏠 Vallaatweg 4
- 📅 15 Mrz - 31 Okt
- ☎ +31 5 61 43 12 27
- @ info@campingrotandorp.nl
- 📍 N 52°53'02" E 06°09'58"

1 AE**JM**NOPQRS**T**	N	6
2 QXYZ	AB**D**EF**GH**	7
3 BFMSV	ABCDE**F**GIJKN**R**TVW	8
4 BDFH	EVW	9
5 DEHMO	ABEFGHJ**OO**	10
6A CEE		€ 19,00
3,5ha 75T(100m²) 24D		€ 24,20

109391

🚗 A32 Ausfahrt Steenwijk Richtung Frederiksoord, dann Richtung Noordwolde. In Noordwolde-Zuid den CP-Schildern folgen.

Siegerswoude, NL-9248 KX / Friesland

- ⛺ De Sieghorst
- 🏠 Binnenwei 40
- 📅 1 Apr - 31 Okt
- ☎ +31 5 12 30 32 10
- @ desieghorst@live.nl
- 📍 N 53°05'38" E 06°14'03"

1 AG**IL**NOPQRS**T**	LN	6
2 ABCEIJPQXYZ	ABDE**F**K	7
3 AS	ABE**F**GHJNRUW	8
4 DFHJ	EJVY	9
5 DH	ABFHJMOQY	10
6A CEE		€ 22,00
5ha 65T(80-100m²) 17D		€ 29,00

121429

🚗 Von der A7 Heerenveen/Groningen Ausfahrt 31. Richtung Bakkeveen den Schildern folgen.

RCN DE POTTEN

Der perfekte Ort für Wassersportler in Friesland direkt am Sneekermeer. Hier finden Sie alles, was Sie brauchen: Segel- schule und Bootsverleih sowie Strand und Restaurants.

CAMPING - CHALETS - BUNGALOWS - JACHTHAFEN

Tel: +31 85 0400 700 | www.rcn.nl/de/potten

Sloten, NL-8556 XC / Friesland

- ⛺ Recreatiepark De Jerden
- 🏠 Lytse Jerden 1
- 📅 1 Apr - 31 Okt
- ☎ +31 5 14 53 13 89
- @ info@recreatiepark dejerden.nl
- 📍 N 52°53'58" E 05°38'32"

1 ADE**JM**NOQRS**T**	LMNQSW**X**Z	6
2 ACEPQWXYZ	ABDE**FG**	7
3 ABF**L**MS	ABE**FG**HJNPQRTW	8
4 HJOQ	FRVW	9
5 ABDFLMN	ABDFGHJ**OR**S	10
B 10-16A CEE		€ 26,00
3,5ha 65T(120-150m²) 73D		€ 38,00

112287

🚗 A6, Ausfahrt Oosterzee. Die N354 Richtung Sneek. Bei Spannenburg Richtung Sloten. Bei Sloten der Beschilderung folgen.

Offingawier, NL-8626 GG / Friesland

- ⛺ RCN Vakantiepark De Potten
- 🏠 De Potten 2-38
- 📅 25 Mrz - 31 Okt
- ☎ +31 8 50 40 07 00
- @ reserveringen@rcn.nl
- 📍 N 53°01'47" E 05°43'28"

1 DEG**JM**NOPQRS**T**	LNQSTW**X**Y**Z**	6
2 AEJQWXY	AB**D**EF**GH**	7
3 ABCFG**JM**NV	ABCDEFIJK**MN**QRTVW	8
4 BCDFHJQ	CFJNOPQRVWY	9
5 ACDEFHJLMN	ABCDFHJLMN	10
Anzeige auf dieser Seite 10A CEE		€ 25,50
3ha 164T(100m²) 180D		€ 34,00

105547

🚗 A7 Richtung Sneek, dann den N7 folgen. Richtung Sneekermeer. CP-Schildern folgen.

Sneek, NL-8605 CP / Friesland

- ⛺ Camping de Domp
- 🏠 Jachthaven de Domp 4
- 📅 3 Jan - 19 Dez
- ☎ +31 5 15 75 56 40
- @ camping@dedomp.nl
- 📍 N 53°02'08" E 05°40'38"

1 ADEG**IL**NOPQRS**T**	NS**X**Y**Z**	6
2 QSXY	AB**D**F**GH**	7
3 A	ABCDEFGHJN**R**TUVW	8
4 H	FNOPQRVW	9
5 ADHLM	ABDFGHIJMOQY	10
B 6-16A		€ 25,00
1ha 117T(80-170m²) 7D		€ 30,00

111023

🚗 Die A7 bis Sneek. Danach den N7 zum Sneeker See folgen. Cp-Schildern folgen.

Oudega, NL-8614 JD / Friesland

- ⛺ De Bearshoeke
- 🏠 Tsjerkewei 2a
- 📅 25 Mrz - 31 Okt
- ☎ +31 5 15 46 98 05
- @ info@bearshoeke.nl
- 📍 N 52°59'30" E 05°32'40"

1 AEG**JM**NOPQR**T**	LMNQRST**X**Y**Z**	6
2 FIJPQWXYZ	AB**D**EF**G**	7
3 ABM	ABCDEFIJN**R**TW	8
4 BCFHJO	FJMNOPQVW	9
5 D	ABDFHJMOQY	10
B 6A CEE		€ 24,00
2ha 45T(100m²) 43D		€ 33,00

120118

🚗 Von der A6 Ausfahrt 18. Der N354 Richtung Sneek folgen. In Hommerts links Richtung Osingahuizen, der Straße nach Oudega folgen. CP-Beschilderung folgen.

St. Nicolaasga, NL-8521 NE / Friesland

- ⛺ Camping Blaauw
- 🏠 Langwarderdijk 4
- 📅 1 Apr - 31 Okt
- ☎ +31 5 13 43 13 61
- @ info@campingblaauw.nl
- 📍 N 52°56'18" E 05°45'00"

1 EG**JM**NOPQRT	LNXYZ	6
2 EJQFLMY	ABDE**FG**	7
3 ABF**L**MUV	ABE**F**NRTUVW	8
4 BFHJK	BFJORVWY	9
5 ADHK	ABDGHIJ**O**QY	10
10A CEE		€ 29,10
2ha 76T(80m²) 135D		€ 39,70

105549

🚗 A6 Richtung St. Nicolaasga, durch dieses Dorf Richtung Joure. Ausfahrt Richtung Langweer. CP liegt auf der rechten Seite.

Stavoren, NL-8715 ET / Friesland

- Südermeer
- Middelweg 15
- 1 Apr - 1 Nov
- +31 8 80 50 41 10
- camping@marinastavoren.nl
- N 52°52'42" E 05°22'25"

1	ADEILNOPQRST	EGLMNQRSTWXYZ 6
2	EJKPQRWXY	ABDEFGH 7
3	AFG	AFNRTW 8
4	BHJOQR	DOVW 9
5	ACDEHKLMN	ABFGHJOQ 10
B 10A CEE		① €25,00
6ha 60T(bis 70m²) 101 D		② €31,00

Von Lemmer N359 in Richtung Koudum. Vor Koudum Richtung Stavoren. Vor der Stadt ist der CP ausgeschildert.

100725

Suameer/Sumar, NL-9262 ND / Friesland CC€20

- Ardoer Vakantiepark Bergumermeer
- Solcamastraat 30
- 27 Mrz - 30 Okt
- +31 5 11 46 13 85
- info@bergumermeer.nl
- N 53°11'29" E 06°01'27"

1	ACDEGJMNOPQRST	EGHILMNQSTXYZ 6
2	ACEIJKQRTWXYZ	ABDEFGH 7
3	ABDEFGJMV	ABCDEFGHJKNPQRTUVW 8
4	BCDFHJKLOP	ACEJOPRVY 9
5	ACDEFGHIKLMN	ABDEFGHJOQVXY 10
B 10-16A CEE		① €41,50
28ha 260T(90-120m²) 265 D		② €58,00

A7, Richtung Drachten nach Burgum N356. Bei Sumar Beschilderung folgen oder von der N31 Leeuwarden-Drachten Ausfahrt Nijega N356 Richtung Burgum.

100711

Terschelling/Formerum, NL-8894 KJ / Friesland

- Hekkeland
- Molkenbosweg 16
- 1 Apr - 30 Okt
- +31 5 62 44 86 06
- camping@hekkeland.nl
- N 53°23'32" E 05°18'22"

1	BCFGILNORT	6
2	BPQR	ABDEFGH 7
3	AFIJT	AEFJRTU 8
4	EH	EUVY 9
5		ABEJ 10
B 4A CEE		① €18,00
1,5ha 15T 66 D		② €24,00

Vom Schiff Richtung Midsland und Formerum. Danach bei Formerum links ab den Schildern folgen.

116678

Terschelling/Formerum, NL-8894 KB / Friesland

- Mast
- Formerum 33
- 1 Apr - 1 Okt
- +31 5 62 44 88 82
- receptie@campingmast.nl
- N 53°23'25" E 05°18'22"

1	EGJKNOPRT	6
2	KXYZ	ABFGH 7
3	ABJM	ABCDEFGIJKNQRTUVW 8
4	BCDHJO	AEILUVY 9
5	BDEGKLMN	BFHJOQ 10
B 6-10A CEE		① €35,00
2,5ha 58T(25-125m²) 32 D		② €53,00

Von der Fähre der Hauptstraße Richtung Oosterend folgen. Wenn man durch Landerum gekommen ist, direkt die 2. Straße links, dann die 1. rechts.

117822

Terschelling/Formerum, NL-8894 KS / Friesland

- Nieuw Formerum
- Duinweg Formerum 13
- 1 Apr - 1 Nov
- +31 5 62 44 89 77
- info@nieuwformerum.nl
- N 53°23'38" E 05°18'03"

1	GHKNOPRT	N 6
2	JPQRY	ABDEFGH 7
3	ABFMU	ABCDEFGIJKNQRT 8
4	BEFHJ	L 9
5	ADEMN	ABHJNQY 10
B 4A CEE		① €26,80
7ha 253T		② €41,60

1. Ausfahrt Formerum, links halten. Nach 200m liegt der CP links der Strecke.

109733

Terschelling/Hee, NL-8882 HE / Friesland

- Camping De Kooi
- Heester Kooiweg 20
- 16 Apr - 15 Sep
- +31 5 62 44 27 43
- mail@campingdekooi.nl
- N 53°22'57" E 05°15'20"

1	AEGJMNOPRT	LN 6
2	EIJPQRXYZ	ABDEFGH 7
3	ABF	ABCDEFGKNRT 8
4	ABFHJO	ABLVW 9
5	DHJKLNO	ABHIJLOPQY 10
16A CEE		① €32,50
9ha 300T(25-150m²) 28 D		② €52,20

Ausgeschildert an der Straße von West-Terschelling nach Midsland, bei Hee.

105486

Terschelling/Midsland, NL-8891 GG / Friesland

- Jongerencamping Terpstra
- Midslanderhoofdweg 27
- 1 Apr - 30 Okt
- +31 5 62 44 90 91
- N 53°23'13" E 05°17'40"

1	HKNT	6
2	JPQY	ABDE 7
3	F	ABEF 8
4	HJO	A 9
5	EHKN	BHIKL 10
		① €22,50
1,7ha 200T(80m²) 90 D		

Vom Schiff in West Terschelling Richtung Midsland, 100m hinter dem Ort links der Straße.

116679

Terschelling/Oosterend, NL-8897 HB / Friesland

- 't Wantij
- Duinweg Oosterend 24
- 1 Jan - 31 Dez
- +31 5 62 44 85 22
- info@wantij-terschelling.nl
- N 53°24'19" E 05°22'53"

1	AGJMNOPRT	KN 6
2	GJPQRWY	ABDEFGJ 7
3	AF	ACEFNRT 8
4	JO	ACIJV 9
5	D	BHIJOQN 10
6A CEE		① €22,60
0,5ha 14T 23 D		② €30,60

Von der Fähre West-Terschelling Richtung Midsland, dann Richtung Oosterend. Der CP liegt in der Ortsmitte an den Dünen.

105511

't Séleantsje

Für einen entspannenden Urlaub am IJsselmeer!

't Séleantsje 2, 8722 HE Molkwerum/Molkwar
Tel. +31 514681395
E-Mail: info@camping-seleantsje.nl
Internet: www.camping-seleantsje.nl

Ureterp, NL-9247 WK / Friesland CC€16

- Het Koningsdiep
- De Mersken 2
- 1 Apr - 31 Okt
- +31 6 30 76 38 26
- info@campinghetkoningsdiep.nl
- N 53°04'16" E 06°08'13"

1	ABJMNOPQRST	N 6
2	ABCQRTXY	ABFGHK 7
3	HX	ABCDEFIJNPQRTUVW 8
4	FHO	R 9
5	DHN	AFGHJORS 10
B 10A CEE		① €20,00
1,4ha 55T(100-150m²)		② €26,00

A7 Heerenveen Ausfahrt Beetsterzwaag/Olterterp. Nach 3 km rechts De Merskens, nach 1500m kommt der CP.

117913

Vlieland, NL-8899 BX / Friesland

- Kampeerterrein Stortemelk
- Kampweg 1
- 1 Apr - 1 Nov
- +31 5 62 45 12 25
- info@stortemelk.nl
- N 53°18'15" E 05°04'47"

1	ADEGHKNT	EFHKQ 6
2	GJPQRUX	ABDEFG 7
3	ABCFMNO	ABCDEFGIJKNRT 8
4	ABDFJNOQ	ABCIJW 9
5	ACDEFGHLMNO	ABHIJLOSY 10
6A CEE		① €30,45
27ha 1000T 105 D		② €38,95

Via Fähre nach Harlingen, auf Insel Vlieland CP-Beschilderung folgen.

100706

Witmarsum, NL-8748 DT / Friesland CC€18

- Mounewetter
- Mouneplein 1
- 1 Apr - 10 Okt
- +31 5 17 53 19 67
- info@rcmounewetter.nl
- N 53°05'56" E 05°28'14"

1	ADEJMNOPQRST	BFHINXZ 6
2	ACPQSWXY	ABDEFG 7
3	ABFKMNS	ABCDFGIJKNQRTUVW 8
4	BCDHJO	CFJORVW 9
5	DEHMN	ABDEFGHJOPQZ 10
B 10A CEE		① €28,50
4ha 33T(100m²) 156 D		② €40,50

A7 Richtung Witmarsum. Im Dorf den Schildern durchs Wohnviertel folgen.

108222

Workum, NL-8711 GX / Friesland CC€20

- It Soal
- Suderséleane 29
- 1 Apr - 1 Nov
- +31 5 15 54 14 43
- camping@itsoal.nl
- N 52°58'08" E 05°24'52"

1	ADEGJMNOPQRST	LMNQRSWXYZ 6
2	AFGIJKQRWXYZ	ABDEFGH 7
3	ABEFGMN	ABCDFGJNQRTUVW 8
4	BCJNOPQ	JLMNOPVWY 9
5	ACDEFHKLMN	ABDEFGHJMOPQY 10
Anz. auf dieser S. B 6-10A CEE		① €33,45
20ha 206T(60-100m²) 406 D		② €41,45

A6 bei Lemmer N359 Richtung Balk/Bolsward, Ausfahrt Workum, hier den Schildern folgen.

108223

it Soal aquaresort

CAMPING & YACHTHAFEN
Workum | Friesland | Tel: 0031 515 541 443
camping@itsoal.nl

www.itsoal.com

Teilkarte Friesland auf Seite 166

WILLKOMMEN IN WOUDSEND

de Rakken
aquacamping en jachthaven
Tel.: 0514-591525
info@derakken.nl
www.derakken.nl

Woudsend, NL-8551 NW / Friesland

- Aquacamping De Rakken
- Lynbaen 10
- 1 Jan - 31 Dez
- +31 5 14 59 15 25
- info@derakken.nl

N 52°56'46" E 05°37'40"

1	ADEGILNOPQRST LNQSWXYZ 6
2	ADEIPQWXYZ ABDEFGH 7
3	BFGLMNS ABCDEFJNRTW 8
4	BDEHK FJNOPVWZ 9
5	DN ABCDFGHIJMOPQWXYZ 10

Anz. auf dieser Seite B 6-16A CEE
4ha 40T(80m²) 150D
① €32,75
② €42,25
100730

A6 Lemmer-Joure, Ausfahrt Oosterzee, Richtung Sneek.
Ausfahrt N354 Richtung Woudsend. Der Camping liegt am Ortsrand und ist ausgeschildert.

ACSI Einrichtungsliste

Die Einrichtungsliste finden Sie vorne im aufklappbaren Deckel des Führers. So können Sie praktisch sehen, was ein Campingplatz so zu bieten hat.

Niederlande

Groningen

Bourtange, NL-9545 VJ / Groningen

- 't Plathuis
- Bourtangerkanaal Noord 1
- 1 Apr - 31 Okt
- +31 5 99 35 43 83
- info@plathuis.nl

1	AEJMNOPQRST LNXZ 6
2	ACEJPQWXYZ ABDEFGK 7
3	AFLMX ABCDEFGIJNQRTUVW 8
4	FHJ EFVWY 9
5	ADEHMN ABCDFGHIJNQ 10

B 6-10A CEE
4ha 100T(100-150m²) 39D
① €28,80
② €36,30

N 53°00'34" E 07°11'05"
105790

Zwolle-Hoogeveen-Emmen-Ter Apel-Sellingen-Jipsinghuizen, Ausfahrt Bourtange. Weiter den Schildern folgen. Oder A31 (Deutschland) Ausfahrt 17, Richtung Bourtange (7 km). In Bourtange angezeigt.

Harkstede, NL-9614 AD / Groningen

- Break Out Groningen
- Hoofdweg 163
- 1 Apr - 1 Nov
- +31 5 05 41 17 06
- info@breakout-grunopark.nl

1	AEJMNORT LMN 6
2	AEQWXY ABDEFG 7
3	ACLMN ABEFGNRUVW 8
4	BHJ ABCE 9
5	ADEHK ABFGHJNQY 10

B 6A CEE
45ha 80T(100-150m²) 57D
① €22,50
② €26,20

N 53°12'43" E 06°39'45"
100701

Straße Groningen-Bedum, Ausfahrt nach Delfzijl (N360). Bei den Ampeln rechts Richtung Harkstede, dann den Schildern folgen.

Groningen, NL-9727 KH / Groningen

- Stadspark
- Campinglaan 6
- 15 Mrz - 1 Nov
- +31 5 05 25 16 24
- info@campingstadspark.nl

1	AGJMNOPQRST N 6
2	AKPQRWXYZ ABDEFGK 7
3	AFLMS ABCDEFGKNRTW 8
4	FV 9
5	ADEHKMN ABFGHIJLNQ 10

B 6A CEE
8,7ha 149T(50-100m²) 23D
① €27,60
② €31,10

N 53°12'05" E 06°32'10"
105721

A7 Heerenveen-Groningen, Ausfahrt 36a (Ring-West) den Stadtpark Schildern folgen.

Kropswolde, NL-9606 PR / Groningen

- Meerwijck
- Strandweg 2
- 1 Apr - 2 Okt
- +31 5 98 32 36 59
- info@meerwijck.nl

1	ADEJMNOPQRST EGLMNQSXYZ 6
2	ABEJQRWXY ABDEFGH 7
3	ABCFGLMNV ABCDEFGHJKNPQRTUVW 8
4	BDFGHJKOS ABFHJRVWY 9
5	ABDEKLMN ABCDEFGHIJLNOPRSWY 10

B 6A CEE
23ha 200T(100-120m²) 324D
① €34,05
② €46,45

N 53°08'59" E 06°41'35"
105768

Groningen-Winschoten Autostraße Groningen-Nieuweschans, Ausfahrt Foxhol. Nach den Bahngleisen in Kropswolde Schildern folgen. Von Assen-Groningen Ausfahrt Zuidlaren, Richtung Hoogezand.

Groningen, NL-9723 EN / Groningen

- Natuurbad en Camping Engelbert
- Engelberterweg 54
- 1 Apr - 1 Okt
- +31 5 05 41 62 59
- info@natuurbadengelbert.nl

1	AEHKNOPQRST LM 6
2	AEJKPQRX ABDEFG 7
3	ALM ABCDEFNQRW 8
4	BJ F 9
5	DEHN ABHIJQQY 10

6A CEE
13ha 25T(50m²) 43D
① €27,20
② €38,40

N 53°12'25" E 06°38'55"
118052

Umgehung Groningen Richtung Delfzijl und Bedum. Weiter Ausfahrt Richtung Delfzijl (N360). Nach ca. 4 km an der Ampel Ausfahrt Engelbert und den Schildern folgen.

Lauwersoog, NL-9976 VS / Gron.

- Siblu Camping Lauwersoog
- Strandweg 1
- 1 Jan - 31 Dez
- +31 5 19 34 91 33
- lauwersoog@siblu.nl

1	ADEGJMNOPQRST KLMNQRSTXYZ 6
2	ABEGJKPQRSTWXYZ ABDEFGHIJK 7
3	ABCDEFGHIJKLMNO ABCDEFGHIJKLQ 8
4	BCFGHJKLQ EFJOUVWY 9
5	ACDEFGHJKLMNO ABEFGHIJMOQVXY 10

Anzeige auf Seite 171 B 10A CEE
25ha 139T(120-250m²) 285D
① €35,00
② €46,00

N 53°24'07" E 06°12'56"
100701

Der CP liegt an der Strecke N361 Groningen-Dokkum in der Nähe des Nationalparks Lauwersmeer. Campingplatz beschildert.

Teilkarte Groningen auf Seite 170

Leek, NL-9351 PG / Groningen CC€16 iD
- Landgoedcamping Nienoord
- Midwolderweg 19
- 2 Apr - 1 Okt
- +31 5 94 58 08 98
- info@campingnienoord.nl

1	AE**JM**NOPQRST	I 6
2	ABPQRTXYZ	ABDE**FG** 5
3	ABFM	ABCDEFGHIJKNPQRTUVWX 8
4	BCFHJ	BCEFI 9
5	DKLM	ABEFGHJOQ 10

10A CEE
5,5ha 122T(120-140m²) 42D
€ 22,00 / € 30,00
100716

N 53°10'17" E 06°22'56"
A7 Ausfahrt 34 Leek. Danach den Schildern folgen. Die Einfahrt zum CP ist in der parallel gelegenen Sackgasse.

Midwolda, NL-9681 AH / Groningen iD
- De Bouwte
- Hoofdweg 20A
- 28 Mrz - 3 Okt
- +31 5 97 59 17 06
- info@campingdebouwte.nl

1	ACDE**JM**NOPQRST	HILNXZ 6
2	ACEJPQWXYZ	ABCDE**FGH** 7
3	AEFMU	ABCDFGJ**M**NQRUVW 8
4	BDHO**TXZ**	EJ 9
5	ADFHJKMN	ABEFGHJOQWX 10

10A CEE
14,5ha 100T(100-120m²) 125D
€ 25,65 / € 35,75
107869

N 53°11'24" E 06°59'26"
Über die A7 Groningen-Nieuweschans. Ausfahrt 45 Scheemda-Midwolda, Richtung Midwolda. CP-Schildern folgen.

Niebert, NL-9365 PN / Groningen iD
- Recreatiepark Westerkwartier
- Roordaweg 3A
- 1 Apr - 15 Sep
- +31 5 94 54 90 42
- de.akkerhoeve@gmail.com

1	AE**IL**NOPQRT	ALN 6
2	AEJKPQWXYZ	ABDE**FG** 7
3	AM	AE**F**NRUVW 8
4	BCDFHJOQ	C 9
5	DEHN	ABHJ**OQ**Y 10

16A CEE
7ha 15T(100m²) 140D
€ 35,00 / € 42,50
107844

N 53°10'30" E 06°19'17"
A7, Ausfahrt 33 Niebert/Boerakker. Richtung 'Recreatiepark Westerkwartier' folgen.

Sellingen, NL-9551 VT / Groningen CC€18 iD
- De Bronzen Eik
- Zevenmeersveeweg 1
- 1 Jan - 31 Dez
- +31 5 99 32 20 06
- info@debronzeneik.nl

1	ADE**JM**NOPQRST	N 6
2	BCQWXY	ABDE**FGH** 7
3	A**F**L**UX**	ABCDFJKNQRTUVW 8
4	FGHI	FJRUVW 9
5	DHLMN	ABCDGHJLOPRSX 10

6A CEE
4ha 136T(100-130m²) 7D
€ 26,50 / € 38,00
117685

N 52°57'16" E 07°08'17"
In Sellingen ist der CP deutlich ausgeschildert. Auf der Strecke Ter Apel-Sellingen kurz hinter dem Ort links ab. Von Vlagtwedde aus vor dem Ort rechts ab.

Onstwedde, NL-9591 TD / Groningen iD
- Camping & Recreatiebedrijf De Sikkenberg
- Sikkenbergweg 7
- 24 Apr - 23 Okt
- +31 5 99 66 11 44
- info@sikkenberg.nl

1	ACEGJ**M**NOPQRST	BGN 6
2	QWXYZ	AB**DEFG**H 7
3	AEFGLMSV	ABCD**F**IJK**M**NQRTUVW 8
4	BCDGHJKL**Q**	ACFJ 9
5	ADEFGHMN	ABCFGHKORSX 10

B 6-10A CEE
9ha 119T(100-140m²) 60D
€ 29,00 / € 40,00
113540

N 53°00'40" E 07°00'13"
N366 Ausfahrt Stadskanaal, in Stadskanaal Richtung Onstwedde. CP ist ausgeschildert (Gemeinde Ter Maars).

Ter Apel, NL-9561 CS / Groningen iD
- Camping Moekesgat
- Heembadweg 15
- 1 Jan - 31 Dez
- +31 6 10 88 92 17
- info@moekesgat.nl

1	AE**JM**NOPRST	BGHLN**P**QS 6
2	FJPQXYZ	AB**FG** 7
3	ABGMSUX	ABCDFJNPQRW 8
4	BDFGHJO	ABDJV 9
5	DEFGHMN	ABCFGHIJLMOQUY 10

B 8A CEE
18ha 80T(100m²) 6D
€ 29,25 / € 39,25
108211

N 52°53'07" E 07°03'37"
Von der N366 Ter Apel-Stadskanaal, Ausfahrt Ter Apelkanaal Richtung Ter Apel. Am Kreisel hinter der Brücke geradeaus, 1. Straße rechts Richtung 't Heem, 1. Straße links, CP nach 500m rechts.

Opende, NL-9865 XE / Groningen CC€18 iD
- Camping De Watermolen
- Openderweg 1
- 9 Apr - 18 Sep
- +31 5 94 65 91 44
- info@campingdewatermolen.nl

1	AEG**JM**NOPQRST	LNX 6
2	ABEIJK**Q**RTWXYZ	ABDE**FG** 7
3	ABCEM	ABDEFGJNQRTUVW 8
4	B**F**HJLO	CFJVW 9
5	ABDEGHKMN	ABCDFGHJ**OQ** 10

10-16A CEE
12,5ha 85T(100-125m²) 44D
€ 28,50 / € 36,00
101540

N 53°09'52" E 06°13'22"
A7 Ausfahrt 32 Marum/Kornhorn Richtung Kornhorn. In Noordwijk an der Kirche links. Nach ca. 2 km rechts in den Openderweg abbiegen.

Termunterzijl (Gem. Delfzijl), NL-9948 PP / Groningen iD
- Zeestrand Eems-Dollard
- Schepperbuurt 4A
- 1 Apr - 1 Nov
- +31 6 19 92 24 70
- info@campingzeestrand.nl

1	ABDE**JM**NOPRS**T**	KLMNSXYZ 6
2	GIJKPQXYZ	ABDE**FG** 7
3	ABCFGM	ABE**F**NQRW 8
4	BCFHJ	EFVWY 9
5	ABEFHJKMN	ABCFGHIJORSWX 10

6A CEE
6,5ha 85T(100-120m²) 112D
€ 24,90 / € 31,90
108315

N 53°18'06" E 07°01'48"
A7 Groningen-Oldenburg bis Ausfahrt 45. Richtung Delfzijl, dann der Beschilderung 'Zeestrand Eems-Dollard' nach. Navi auf Hauptstraßen einstellen.

Opende, NL-9865 VP / Groningen iD
- 't Strandheem
- Parkweg 2
- 26 Mrz - 31 Okt
- +31 5 94 65 95 55
- info@strandheem.nl

1	AE**JM**NOPQRT	EGLNQ 6
2	AEJKPQWXYZ	ABDE**FG** 7
3	ABFG**HIJ**MV	ABCDEFGIJK**M**NQRTUVW 8
4	BCDFHJLMNO**Q**	ABEUVW 9
5	ABCDEFGHIKMN	ABEFGHIJN**OQ**Y 10

10A CEE
17,5ha 280T(100-120m²) 93D
€ 32,00 / € 41,00
100715

N 53°09'10" E 06°11'29"
A7 Drachten-Groningen. Ausfahrt 31 Richtung Surhuisterveen. CP-Schildern folgen E22/A7.

Vriescheloo, NL-9699 PA / Groningen iD
- Camping & Lunchcafé Noorderloo
- Dorpsstraat 31
- 25 Mrz - 1 Nov
- +31 6 23 50 46 18
- info@noorderloo.nl

1	ACDEG**JM**NOPQRST	L 6
2	ABIJQWXYZ	ABDE**FG**IK 7
3	BC**F**L**X**	ABCDEFHINQRUV 8
4	GHIJK	B 9
5	ADEHKN	ABCFGHJOQ 10

B 16A CEE
7ha 42T(90-225m²) 2D
€ 21,50 / € 30,00
118316

N 53°05'18" E 07°08'09"
In Vriescheloo Richtung Bellingwolde. In der Dorfstraße Höhe Hausnummer 31 ist der CP angezeigt.

Sellingen, NL-9551 VE / Groningen iD
- Camping de Barkhoorn
- Beetserweg 6
- 1 Jan - 31 Dez
- +31 5 99 32 25 10
- info@barkhoorn.nl

1	ADE**JM**NOPQRST	LNV 6
2	BCEJPQWXYZ	ABDE**FGH** 7
3	AFGL**M**N**S**TVX	ABCDFGHJKNQRTUVW 8
4	ABCDEFGHJLO**X**	FJRTUVWY 9
5	ABCDEFGHJKMN	ABCGHIJMOQXY 10

B 16A CEE
15,5ha 150T(100-120m²) 84D
€ 36,50 / € 46,50
100751

N 52°56'47" E 07°07'52"
Von der A31 Ausfahrt 19 Haren Richtung Ter Apel, dann N368 Richtung Winschoten. Im Ortseingang von Sellingen CP links ausgeschildert.

Warfhuizen, NL-9963 TG / Groningen iD
- Reitdiep
- Roodehaansterweg 9
- 1 Apr - 1 Okt
- +31 6 50 97 09 03
- info@campingreitdiep.nl

1	AE**IL**NOPQRS**T**	JNXYZ 6
2	CQTXYZ	AB**FG** 7
3	ABM	ABE**F**NQRUVW 8
4	FHJ	EFNOVW 9
5	DHMN	AFHJNRS 10

6A CEE
2,1ha 50T(120m²) 9D
€ 25,00 / € 31,00
108310

N 53°19'43" E 06°25'32"
Von Groningen die N355 Richtung Leeuwarden Ausfahrt Zuidhorn. Der CP liegt am Reitdiep.

Wedde, NL-9698 XV / Groningen iD
- Wedderbergen
- Molenweg 2
- 1 Apr - 1 Okt
- +31 5 97 56 16 73
- info@wedderbergen.nl

1	ADE**JM**NOPQRST	DGHJLN**X**Z 6
2	ABCEJPQWXYZ	AB**DEFG**H 7
3	ABDFGLMNSUV	ABCDFGJKNPQRTUVW 8
4	BCDFGHIJKLNO**PQ**	JLVWY 9
5	ABCDEFGHJKMN	ABCEGHIKMOQXY 10

B 10A CEE
30ha 233T(120-150m²) 201D
€ 52,50 / € 70,00
105789

N 53°05'10" E 07°04'58"
Zwolle-Emmen, dann weiter Ter Apel-Winschoten. Ausfahrt Wedde, Richtung Wedderbergen halten und den Schildern folgen.

Ortsnamenregister

Hinten im Führer finden Sie das Ortsnamenregister. Praktisch und schnell Ihren Lieblingsplatz finden!

Niederlande

Amen, NL-9446 TE / Drenthe

- Ardoer Vakantiepark Diana Heide
- Amen 53
- 1 Apr - 3 Okt
- +31 5 92 38 92 97
- dianaheide@ardoer.com
- N 52°55'57"   E 06°35'12"
- A28 Zwolle-Groningen, Ausfahrt 31 Richtung Hooghalen. Ausfahrt Grolloo/Amen, den Schildern folgen.

1	ACE**JM**NOPQRST LN 6
2	BEQRWXYZ ABDE**FGH** 7
3	ABFGL**M**V ABCDEFGJKNQRTUV 8
4	BFHJ AJVY 9
5	ABDEHLN ABDEGHIJ**O**RSY10
B 10A CEE	
30ha 300**T**(100-200m²) 79**D**	① €26,05 ② €32,95

100741

Assen, NL-9405 VE / Drenthe

- Vakantiepark Witterzomer
- Witterstraat 7
- 1 Jan - 31 Dez
- +31 5 92 39 35 35
- info@witterzomer.nl
- N 52°58'44"   E 06°30'20"
- A28 Hoogeveen-Groningen, Ausfahrt Assen/Smilde (zweite Ausfahrt), dann den Schildern folgen.

1	ACDE**JM**NOPQRST BGHLN 6
2	ABEJQRWXYZ ABDE**FGHJ** 7
3	ABCDFG**JLMNRS**TVX ABCDEFGHJ**KLM**NPQRTUVW 8
4	BDFGHJO BCFGJLUVY 9
5	ACDEFGJKLMN ABDEGHIJN**O**PQVXY10
B 6-10A CEE	
75ha 510**T**(100-120m²) 319**D**	① €32,50 ② €41,00

100740

Beilen, NL-9411 TV / Drenthe

- Boszicht
- Smalbroek 46
- 1 Apr - 1 Okt
- +31 5 93 52 23 34
- info@camping-boszicht.nl
- N 52°50'20"   E 06°27'57"
- A28 von Hoogeveen aus, Ausfahrt 29 Richtung Spier. Den Schildern folgen. A28 von Assen aus, Ausfahrt 30. Den Schildern nach.

1	ADEG**JM**NOPQRS**T** BGN 6
2	ABQRWXYZ ABDE**FG** 7
3	BFMS ABCDEFJNPRTUVW 8
4	BDFHJLNO 9
5	ADEFGHJKMN ABGHJN**O**RSU10
B 10A CEE	
7,8ha 53**T**(100-130m²) 140**D**	① €23,10 ② €31,60

109610

Borger, NL-9531 TC / Drenthe

- Bospark Lunsbergen
- Rolderstraat 11A
- 26 Mrz - 31 Okt
- +31 5 99 23 65 65
- info@bosparklunsbergen.nl
- N 52°55'55"   E 06°44'52"
- A28 Ausfahrt Assen-Zuid N33 Richtung Veendam. Weiter zur Ausfahrt Borger. 2 km vor Borger steht 'Euroase Borger' auf einem Schild ausgeschildert.

1	ACDEG**JM**NOPQRST EGN 6
2	ABQRWXY ABDE**FGH** 7
3	AFG**JLMNS**T**Q** ABCDEFGJNQRTUVW 8
4	BFGHJO BJVWY 9
5	ACDEFHJKLM ABDEGHIJMOQXY10
B 10A CEE	
20ha 194**T**(100m²) 307**D**	① €36,00 ② €39,50

105772

Borger, NL-9531 TK / Drenthe

- Camping Hunzedal
- De Drift 3
- 26 Mrz - 31 Okt
- +31 5 99 23 46 98
- receptie.hunzedal@roompot.nl
- N 52°55'22"   E 06°48'14"
- Von der N34 Groningen-Emmen Richtung Borger/Stadskanaal den Schildern folgen.

1	ADEG**JM**NOPQRST BEGHL**N** 6
2	AEJPQRWXY ABDE**FGH** 7
3	ABFG**JLMNRS**T**UVW** ABCDEFGJKNQRTUVW 8
4	BFHJ**PQSTV** BJVWY 9
5	ACDEFHKL**M** ABDEFGHJMOQXY10
B 6-16A CEE	
30ha 346**T**(100m²) 284**D**	① €36,00 ② €39,50

100747

Diever, NL-7981 LW / Drenthe

- Diever
- Haarweg 3
- 1 Apr - 1 Nov
- +31 5 21 59 16 44
- info@campingdiever.nl
- N 52°52'00"   E 06°19'13"
- Von Diever in Richtung Zorgvlied fahren. Nach 1 km ist der CP ausgeschildert.

1	AEG**JM**NOPQRST 6
2	BPRWY AB**D**E**FGH** 7
3	ABFMSVX ABCDE**FG**HIJNPQRS**U**VW 8
4	ABEFHJKLO**Q** FVY 9
5	ABDGMN ABGHIJ**O**RS10
10A CEE	
8,5ha 150**T**(80-160m²) 84**D**	① €26,00 ② €31,50

105683

Diever/Wittelte, NL-7986 PL / Drenthe

- Wittelterbrug
- Wittelterweg 1
- 1 Apr - 29 Okt
- +31 5 21 59 82 88
- info@wittelterbrug.nl
- N 52°49'30"   E 06°19'06"
- Am Drentse Hoofdvaart Dieverbrug-Wittelte. Nach 3 km CP angezeigt. Von Meppel A32, Ausfahrt Diever, dann an der Wasserstraße entlang hinter Uffelte ist der CP ausgeschildert.

1	ABEF**JM**NOPRT DGJN 6
2	CPQRWY ABDE**FGH** 7
3	ABCFG**LM**SU ABCDEFHJNQRTUVW 8
4	BHJLNO**Q** EFVY 9
5	ABCDEFHKMN ABCDFHIJQQUX10
6-10A CEE	
4,6ha 90**T**(80-115m²) 103**D**	① €29,45 ② €39,65

105684

Dieverbrug, NL-7981 LA / Drenthe

- Landgoed 't Wildryck
- Groningerweg 13
- 1 Apr - 1 Okt
- +31 5 21 59 12 07
- info@wildryck.nl
- N 53°02'10"   E 06°21'12"
- Dieser CP liegt deutlich ausgeschildert entlang der Hauptstraße N371 an der Westseite zwischen Dieverbrug und Hoogersmilde.

1	ADE**JM**NOPRST EGN 6
2	ABPQRWXYZ ABDE**FGH** 7
3	ABFGL**M**SV ABCDEFJNPQRTUVW 8
4	BFGHJKO CEFJVWY 9
5	ABCDEFHKL ABCDEFHIJQQRSY10
10A CEE	
15ha 60**T**(100m²) 398**D**	① €40,00 ② €45,00

100736

Dwingeloo, NL-7991 SE / Drenthe

- Torentjeshoek
- Leeuweriksveldweg 1
- 27 Mrz - 31 Okt
- +31 5 21 59 17 06
- info@torentjeshoek.nl
- N 52°49'09"   E 06°21'39"
- Von Dieverbrug Richtung Dwingeloo. Durch Dwingeloo bis zur Kreuzung mit dem Waldrand. Folgen Sie den CP-Schildern entlang der Waldallee rechts ab, vorbei Planetron.

1	AEG**JM**NOPQRT BGHN 6
2	ABQRWXYZ ABCDE**FGH** 7
3	ABCEF**HIL**MSVWX ABCDEFGKNPQRTUVW 8
4	ABCDEFHJKOQ ABFIJVY 9
5	ABDEHMN ABDEFGHJOPQXY10
B 10A CEE	
10ha 223**T**(100-140m²) 32**D**	① €33,45 ② €37,50

105690

RCN DE NOORDSTER

Campen auf de Noordster ist eine besondere Erfahrung. Das Drenter Waldgebiet blieb bei der Entstehung nämlich größtenteils unberührt und aus diesem Grund sind die Campingplätze Teil der schönen Umgebung.

CAMPING - BUNGALOWS - GLAMPING - CAMPINGCHALETS

Tel: +31 85 0400 700 | www.rcn.nl/de/noordster

Dwingeloo, NL-7991 PB / Drenthe

- RCN Vakantiepark De Noordster
- De Noordster 105
- 1 Jan - 31 Dez
- +31 8 50 40 07 00
- reserveringen@rcn.nl
- N 52°48'48"   E 06°22'42"
- Von Dieverbrug Richtung Dwingeloo-Zentrum. Durch Dwingeloo durch bis am 5-Sprung am Waldrand. Den Schildern entlang dem Waldweg folgen.

1	ACDEG**JM**NOPQRST BFH 6
2	ABQRTXYZ ABDE**FG** 7
3	ABCDEF**HIJL**MNS ABCDEFGHJNPQRTW 8
4	ABCDFHJLO**Q** FGJUVWY 9
5	ABDEFGHKLMN ABDEFGJMOPQXY10
Anzeige auf der Seite B 10A CEE	
42ha 329**T**(25-150m²) 116**D**	① €27,20 ② €33,40

105687

Echten, NL-7932 PX / Drenthe

- Vakantiepark Westerbergen
- Oshaarseweg 24
- 27 Mrz - 24 Sep
- +31 5 28 25 12 24
- info@westerbergen.nl
- N 52°42'01"   E 06°22'40"
- A28, Ausfahrt Zuidwolde/Echten. Richtung Echten und den Schildern zum CP folgen.

1	ADEG**JM**NOPQRST EGN 6
2	ABQRWXY ABDE**FGH** 7
3	ABCDFG**JMN**STUV ABCDEFGJKINQRTUVW 8
4	A**B**CDEFGHJLNOP CFJUVWY 9
5	ACDEFGHJKLMN ABEFGHIJN**O**QXY10
B 6-16A CEE	
55ha 334**T**(110m²) 194**D**	① €22,00 ② €24,00

101317

Een (Gem. Noordenveld), NL-9342 TC / Drenthe

- Ronostrand
- Amerika 16
- 1 Apr - 30 Sep
- +31 5 92 65 62 06
- info@ronostrand.nl
- N 53°06'01"   E 06°22'19"
- Roden Richtung Norg. Hinter dem Friedhof und den Sportplätzen rechts ab. Ausgeschildert.

1	AEG**JM**NOPRST L 6
2	AEJLKQRWXYZ ABDE**FGH** 7
3	ABCFG**HIL**MS ACDEFJKMNPQRTUVW 8
4	BCDFHJLO**Q** 9
5	ADEFGLMN ABEGHIJOPSTXY10
B 10-16A CEE	
35ha 190**T**(80-120m²) 192**D**	① €34,20 ② €44,20

100718

Een-West/Noordenveld, NL-9343 TB / Dr.

- De Drie Provinciën
- Bakkeveenseweg 15
- 1 Apr - 2 Okt
- +31 5 16 54 12 01
- info@dedrieprovincien.nl
- N 53°05'19"   E 06°18'41"
- A32 Richtung Wolvega, Ausfahrt Wolvega N351 Richtung Oosterwolde. Danach Haulerwijk/Een-West. Schildern 'De Drie Provinciën' folgen.

1	AE**IL**NOPRST N 6
2	AIPQRWXY B**E**FG 7
3	ABCDE**F**HJNQRUVW 8
4	FH VW 9
5	DKLN ABFHJN**O**QY10
10A CEE	
6ha 139**T**(110-130m²)	① €25,00 ② €32,80

108249

Ees, NL-9536 TA / Drenthe

- De Zeven Heuveltjes
- Odoornerstraat 25
- 1 Apr - 10 Okt
- +31 5 91 54 92 56
- info@dezevenheuveltjes.nl
- N 52°53'39"   E 06°49'05"
- N34 Groningen-Emmen, Ausfahrt Exloo. Über den Sekundärweg zurück Richtung Groningen nach Ees (ca. 500m).

1	AE**JM**NOPQRT BG 6
2	ABPQRWYZ ABDE**FGH** 7
3	ABCF**LM**SV ABCDEFGHJKNPQRTUVW 8
4	FHI VY 9
5	ADMN ABCDEFHIJORSY10
B 6A CEE	
6ha 135**T**(80-100m²) 130**D**	① €26,00 ② €34,50

108250

Eext, NL-9463 TA / Drenthe

- De Hondsrug
- Annerweg 3
- 26 Mrz - 30 Sep
- +31 5 92 27 12 92
- info@hondsrug.nl
- N 53°02'10"   E 06°44'21"
- N34 Groningen-Emmen Ausfahrt Anloo/Annen, Eext links ab in Richtung Annen, später rechts ab. Der CP ist ausgeschildert. N34 Emmen-Groningen, Ausfahrt Anloo/Annen, rechts ab in Richtung Annen. Schildern folgen.

1	ADE**IL**NOPQRST BEG**N** 6
2	APQRWXY ABCDE**FGH** 7
3	ABFGLMSVX ABCDEFJKNPQRTUVW 8
4	BFGHJOV AEFJVWY 9
5	ACDEHKMN ABEGHIJMOPRSY10
B 6-10A CEE	
23ha 250**T**(75-150m²) 289**D**	① €36,00 ② €45,00

105770

Exloo, NL-7875 TA / Drenthe 📶 CC€18 iD

- ⛺ Camping Exloo
- 🚐 Valtherweg 37
- 📅 1 Jan - 31 Dez
- 📞 +31 6 27 21 82 71
- @ info@campingexloo.nl

1 AG**JM**NOPQRS**T**W	N 6
2 IQWXYZ	ABDE**FG** 7
3 LSX	ABCDFJNRUW 8
4 DFHJO	9
5 DN	ABCDGHJMOQY 10
B 6-10A CEE	① €24,90

📍 N 52°51'54" E 06°53'10"
3ha 60T(100-120m²)   118782

🚗 N34 Richtung Groningen, Ausfahrt Exloo. Am Ortsende rechts Richtung Valthe. Nach 2 km CP an der linken Seite.

Havelte, NL-7971 RL / Drenthe 📶 iD

- ⛺ De Klaverkampen
- 🚐 Slagdijk 2
- 📅 1 Apr - 31 Okt
- 📞 +31 5 21 34 14 15
- @ info@klaverkampen.nl

1 A**E**J**M**NOPQRST	LMN 6
2 EJQRXY	ABDE**FGH** 7
3 B**F**LM	ABCD**F**INRT 8
4 FHJ	9
5 DMN	AHJOQY 10
6A CEE	① €20,70
7ha 30T(100m²) 120**D**	② €23,40

📍 N 52°45'46" E 06°13'49"   105696

🚗 Ausfahrt Havelte hinter der Brücke links, nach ca. 150m links Richtung CP.

Gasselte, NL-9462 RA / Drenthe ✿ 📶 iD

- ⛺ De Berken
- 🚐 Borgerweg 23
- 📅 1 Apr - 1 Okt
- 📞 +31 5 99 56 42 55
- @ info@campingdeberken.nl

1 A**E**J**M**NOPQRST	6
2 ABPQRWYZ	AB**DEFG**HK 7
3 ABD**L**MSX ABDE**FG**HIJ**K**M**N**PQRTUVW 8	
4 B**F**GHJFO	FHJVW 9
5 ABDEKLMN	ABEFGHIJOQY 10
6-16A CEE	① €27,20
4,5ha 109**T**(60-100m²) 41**D**	② €35,60

📍 N 52°57'51" E 06°47'22"   105771

🚗 N34 Groningen-Emmen, Ausfahrt Gasselte. Der CP liegt an der alten Straße Gasselte-Borger, ca. 800m hinter dem Dorf.

Hoogersmilde, NL-9423 TA / Drenthe 📶 CC€16 iD

- ⛺ Ardoer Camping De Reeënwissel
- 🚐 Bosweg 23
- 📅 1 Apr - 2 Okt
- 📞 +31 5 92 45 93 56
- @ info@reeenwissel.nl

1 AEG**JM**NOPQRST	AF 6
2 ABQRSTWXYZ	ABDE**FGH** 7
3 ABCD**FH**IMX ABCDEFGJKNQRTUV 8	
4 D**F**HJO**P**	ACDJUVW 9
5 ADKMN	ABDEFHIJM**O**RSY 10
B 10A CEE	① €27,70
18ha 180**T**(90-110m²) 213**D**	② €35,70

📍 N 52°54'14" E 06°22'50"   105682

🚗 Entlang der Drentser Hauptstraße (Westseite) von Dieverbrug Richtung Hoogersmilde fahren. Entlang dieser Strecke wird der CP ausgeschildert.

Gasselte, NL-9462 TB / Drenthe 📶 iD

- ⛺ De Lente van Drenthe
- 🚐 Houtvester Jansenweg 2
- 📅 1 Apr - 30 Sep
- 📞 +31 5 99 56 43 33
- @ info@delentevandrenthe.nl

1 AE**J**M**N**OPQRST	B**F**LN 6
2 ABEJQRWXYZ	ABDE**FG**H 7
3 ABCE**F**G**L**MNUVW ABCDEFGHJKNQRTUVW 8	
4 B**CF**HJK	**C**FJVW 9
5 ABDEFKMN	ABEFGHIJORSY 10
B 6A CEE	① €31,90
15ha 140**T**(100m²) 201**D**	② €41,80

📍 N 52°58'36" E 06°45'23"   108251

🚗 Von der N34 Groningen-Emmen bei Ausfahrt Gasselte rechts in den Staatswald. Den Schildern 'De Lente van Drenthe' folgen.

Hooghalen, NL-9414 TG / Drenthe 📶 CC€18 iD

- ⛺ Tikvah
- 🚐 Oosthalen 5
- 📅 1 Apr - 1 Nov
- 📞 +31 5 93 59 20 97
- @ info@campingtikvah.nl

1 AEG**JM**NOPQRS**T**	6
2 QRWXY	AB**FG**IJ**K** 7
3 AFMU	ABEFHJNPQRTUVW 8
4 FHJO	BEIJVWY 9
5 DM	ABCDFGHJMOQ**X**10
B 6-16A CEE	① €21,00
1,5ha 53**T**(120-250m²) 5**D**	② €28,00

📍 N 52°55'13" E 06°33'33"   121023

🚗 Von der A28 Ausfahrt Beilen-Noord/Emmen/Hooghalen. Danach noch ± 10 km der Beschilderung Hooghalen folgen. Kurz vor Hooghalen dann dem braunen Schild 'voormalig Kamp Westerbork' folgen. Kurz vor dem Kreisel rechts über die Bahn, dann 1,5 km.

Gasselte, NL-9462 TT / Drenthe 📶 CC€18 iD

- ⛺ Het Horstmannsbos
- 🚐 Hoogte der Heide 8
- 📅 1 Apr - 3 Okt
- 📞 +31 5 99 56 42 78
- @ info@horstmannsbos.nl

1 AEG**JM**NOPQRST	N 6
2 AB**P**QRWYZ	ABDE**FG** 7
3 ABCE**F**G**L**MNV ABCDEFGHIJNPQRTW 8	
4 B**F**HO	**BC**FUVWY 9
5 ADEFHKMN	ABCDEFGHIJN**O**RSY 10
B 10A CEE	① €28,40
6,5ha 100**T**(100-130m²) 38**D**	② €38,40

📍 N 52°58'15" E 06°48'26"   109031

🚗 Von der N34 Groningen-Emmen den Schildern an der Ausfahrt Gasselte folgen.

Klijndijk/Odoorn, NL-7871 PE / Drenthe 📶 iD

- ⛺ Vakantiepark Capfun De Fruithof
- 🚐 Melkweg 2
- 📅 8 Apr - 26 Sep
- 📞 +31 5 91 51 24 27
- @ ifruithof@capfun.com

1 AE**JM**NOPQRST	BDGHL 6
2 E**J**KPQWXYZ	ABDE**FG**H 7
3 ABCDF**JL**M**N**SV ABCDEFGJNQRTUVW 8	
4 B**C**DEFHJLOPQ	**E**JVWY 9
5 ACDEFHKLMN	ABCDFGHIK**O**QY 10
B 6-16A CEE	① €38,80
17ha 208**T**(100m²) 286**D**	② €50,60

📍 N 52°49'44" E 06°51'27"   100750

🚗 N34 Emmen-Groningen Ausfahrt Klijndijk, weiter den Schildern folgen. Campingplatz befindet sich am Kreisel.

Gasselte, NL-9462 TS / Drenthe 📶 iD

- ⛺ Landschapscamping Sparrenhof
- 🚐 Kamplaan 1
- 📅 1 Apr - 1 Nov
- 📞 +31 5 99 56 56 10
- @ info@sparrenhof.com

1 AEG**JM**NOPQRS**T**	6
2 APQ**R**WXY	ABDE**FG** 7
3 A**L**S	ABCDEFHJNPQRTUV 8
4 FHJO**RT**	J**R**VW 9
5 DN	ABFGHJORSUY 10
B 10A CEE	① €22,00
6ha 74**T**(130-175m²)	② €32,90

📍 N 52°58'29" E 06°48'32"   121069

🚗 A28 von Hoogeveen aus. An der Ausfahrt Assen-Zuid die N33 Richtung Veendam nehmen. Im Kreisel bei Gieten die N34 Richtung Emmen, nach etwa 4 km Ausfahrt Gasselte.

Meppen, NL-7855 TA / Drenthe 📶 CC€20 iD

- ⛺ De Bronzen Emmer
- 🚐 Mepperstraat 41
- 📅 1 Apr - 30 Okt
- 📞 +31 5 91 37 15 43
- @ info@bronzenemmer.nl

1 AEG**IL**NOPQRST	EF 6
2 ABQRWXYZ	ABDE**FG**H 7
3 ACFG**HI**LMN**S**UX ABCDEFGJKNQRTUVW 8	
4 B**C**DFHJKL**O**QS**T**	JV 9
5 ABDEFHKMNO	ABCDEGHJOQY 10
B 4-10A CEE	① €34,00
20ha 230**T**(100-140m²) 52**D**	② €41,50

📍 N 52°46'44" E 06°41'11"   105775

🚗 A37 Hoogeveen-Emmen, Ausfahrt Oosterhesselen (N854) Richtung Meppen. In Meppen ist der CP in Richtung Meppen/Mantinge ausgeschildert.

Gasselternijveen, NL-9514 BW / Drenthe 📶 iD

- ⛺ Hunzepark
- 🚐 Hunzepark 4
- 📅 1 Apr - 30 Okt
- 📞 +31 5 99 51 24 79
- @ receptie.hunzepark@ roompot.nl

1 ADEGILNOPT	B**N** 6
2 EIPQUXYZ	ABDE**FG** 7
3 AGLMN**S**T**W**	ABCDFNQRTUVW 8
4 FGH	JRVW 9
5 ABDEFGHKN	ABCEHIKOQY 10
B 6-10A CEE	① €32,00
7ha 71**T**(100-120m²) 60**D**	② €32,60

📍 N 52°58'58" E 06°50'07"   108252

🚗 N34 Emmen-Groningen. Ausfahrt Gasselte dan N378 bis Gasselternijveen. Den CP-Schildern folgen.

Meppen, NL-7855 PV / Drenthe 📶 CC€18 iD

- ⛺ Erfgoed de Boemerang
- 🚐 Nijmaten 2
- 📅 1 Apr - 1 Okt
- 📞 +31 5 91 37 21 18
- @ info@erfgoeddeboemerang.nl

1 AEG**JM**NOP**R**T	6
2 AEQRTWXYZ	AB**FG** 7
3 **L**	ABCDEFHJ**M**NPQRUV 8
4 FHJK	IV 9
5 DN	ABCDEFHJOQ 10
10A CEE	① €20,50
2ha 47**T**(100-200m²) 2**D**	② €30,70

📍 N 52°46'49" E 06°41'30"   118270

🚗 A37 Hoogeveen-Emmen. Ausfahrt Oosterhesselen (N854) Richtung Meppen. Dann Richtung Mantinge. Ausgeschildert.

Gieten, NL-9461 AP / Drenthe 📶 CC€20 iD

- ⛺ Boscamping-Zwanemeer
- 🚐 Voorste Land 1
- 📅 1 Apr - 1 Nov
- 📞 +31 5 92 26 13 17
- @ info@zwanemeer.nl

1 AEGJMNOPQRS**T**	BGHNP 6
2 ABJPQRWYZ	ABDE**FG** 7
3 AEFGLMSVX ABCDEFGHIJKNPQRTUVW 8	
4 ABDEFGHJK	EFRVW 9
5 ADM**N**	ABDEFHIJ**O**RSY 10
6-10A CEE	① €26,60
6ha 160**T**(80-120m²) 39**D**	② €36,60

📍 N 53°00'56" E 06°46'00"   101313

🚗 Über die N33 Assen-Gieten, durch den Ort den Schildern folgen.

Nietap, NL-9312 TC / Drenthe 📶 iD

- ⛺ Ardoer Vakantiepark Cnossen Leekstermeer
- 🚐 Meerweg 13
- 📅 1 Apr - 1 Nov
- 📞 +31 5 94 51 20 73
- @ info@cnossenleekstermeer.nl

1 ADE**JM**NOPQRST	LNQRS**T**XYZ 6
2 AEIQRWXYZ	ABDE**FG**H 7
3 ABFM	ABDEFGIJKNQRTUVW 8
4 **A**CEFHJO	CJMOPQR 9
5 ADELMN	ABFGHIJMOQ 10
16A CEE	① €33,35
16ha 120**T**(120-150m²) 43**D**	② €42,85

📍 N 53°10'33" E 06°25'25"   100717

🚗 A7 Drachten-Groningen, Ausfahrt Leek. A28 Zwolle-Groningen bei Assen Ausfahrt Smilde, dann über Norg/Roden/Leek. Der CP liegt zwischen Leek und Roden in einer Einbahnstraße.

Grolloo, NL-9444 XE / Drenthe 📶 iD

- ⛺ Landgoed de Berenkuil
- 🚐 De Pol 15
- 📅 8 Apr - 2 Okt
- 📞 +31 5 92 50 12 42
- @ info@berenkuil.nl

1 AEG**JM**NOPQRT	BGLMN 6
2 ABEJPQRUWYZ	BE**FGH** 7
3 ABDFM	ABCDEFGIJKNQRTUV 8
4 BEFHJ	FJVW 9
5 ACDEFKLM**N**	ABGHIJORSY 10
B 10A CEE	① €39,20
50ha 475**T**(80-125m²) 85**D**	② €53,00

📍 N 52°56'19" E 06°39'56"   100737

🚗 Rolde-Grollo, im Zentrum den CP-Schildern folgen.

Norg, NL-9331 AC / Drenthe 📶 CC€20 iD

- ⛺ Boscamping Langeloërduinen
- 🚐 Kerkpad 12
- 📅 1 Apr - 26 Sep
- 📞 +31 5 92 61 27 70
- @ info@boscamping.nl

1 ADEG**JM**NOPQRST	6
2 BPQRXYZ	ABDE**FG** 7
3 ABFMX ABCDEFGHJNPQRTUVW 8	
4 FH	CF 9
5 DMN	ABEHJOQ 10
10-12A CEE	① €26,95
7,5ha 120**T**(100-200m²) 39**D**	② €36,50

📍 N 53°04'21" E 06°27'25"   109726

🚗 Von Straße N371 Richtung Norg, im Zentrum Beschilderung folgen.

Niederlande

Drenthe

Norg, NL-9331 VA / Drenthe
- De Norgerberg
- Langelöerweg 63
- 1 Apr - 31 Dez
- +31 5 92 61 22 81
- info@norgerberg.nl
- N 53°04'40" E 06°26'55"
- Der CP liegt an der N373, 2 km nördlich von Norg an der Straße Norg-Roden.

1 AEILNOPRT — BDG 6
2 ABPQSTWXYZ — ABCDEFGHIK 7
3 ABFLMNX ABCDEFGHIJKMNQRTUVW 8
4 ABDEFGHJLO**QTU** — BEFJVWY 9
5 ABDEFGHJKLMN — ABEFGHIJQQY 10
B 10A CEE
20ha 170T(100-150m²) 144D
€42,50 / €50,90
111294

Uffelte/Havelte, NL-7975 PZ / Drenthe
- Campeerterrein De Blauwe Haan
- Weg achter de es 11
- 2 Apr - 30 Sep
- +31 5 21 35 12 69
- info@blauwehaan.nl
- N 52°48'12" E 06°16'22"
- Camping ca. 2 km nördlich von Uffelte. Über die N371 Meppel-Assen links ab der Beschilderung folgen. Dann über den Sandweg mit recht schlechtem Straßenbelag entlang.

1 AEG**JM**NOPRT — F 6
2 BQRWXYZ — ABDEFGHK 7
3 ABCDEFLMUW ABCDEFGHIJKMNQRTUVW 8
4 BFHJQ — ACFJVY 9
5 DHMN — ABHJOQXY 10
6-10A CEE
5,5ha 95T(100-120m²) 102D
€32,00 / €42,00
105692

Oude Willem, NL-8439 SN / Drenthe
- Hoeve aan den Weg
- Bosweg 12
- 27 Mrz - 31 Okt
- +31 5 21 38 72 69
- camping@hoeveaandenweg.nl
- N 52°53'25" E 06°18'48"
- Von Diever in Richtung Zorgvlied fahren. Im Dorf Oude Willem liegt der CP auf der rechten Seite.

1 AE**JM**NOPQRST — BG 6
2 BQWYZ — **ABDEFGH** 7
3 ABFMUV ABCDE**FG**HJNPQRTW 8
4 BCDFHJKLO — CEJ 9
5 ABCDFHJKLMN — ABHIJ**OQ**X 10
B 6-10A CEE
9ha 97T(100-200m²) 176D
€25,20 / €32,40
105681

Vledder, NL-8381 AB / Drenthe
- De Adelhof
- Vledderweg 19
- 1 Jan - 31 Dez
- +31 5 21 38 14 40
- info@adelhof.nl
- N 52°51'05" E 06°11'57"
- Ab Vledder Richtung Frederiksoord. CP ist ausgeschildert.

1 AEILNOPQRST — BDGHN 6
2 ABCIPQRXYZ — ABDEFGH 7
3 ABCDEF**HIJL**MNS ABCDFJNRTW 8
4 BCDFHJKLO**PQ** — FJVY 9
5 ABDEFHKLN — AHIJORSY 10
4-6A CEE
15ha 100T(90-100m²) 194D
€26,70 / €31,40
105685

Ruinen, NL-7963 PX / Drenthe
- EuroParcs Ruinen
- Oude Benderseweg 11
- 30 Mrz - 30 Okt
- +31 5 22 47 17 70
- kcc@europarcs.nl
- N 52°46'31" E 06°22'14"
- Ruinen Richtung Pesse. Nach 600m 4. Straße links. Camping ist ausgeschildert, auch von Ruinen via England.

1 ACDEG**JM**NOPQRST — AEG 6
2 ABPQRWXYZ — ABDE**FG**H 7
3 ABCDEFGHIJ**KM**NOPQRTUVW 8
4 ABDEFHJKLO — BCEJVY 9
5 ABDEFKMN — ABEGHIJOQ 10
Anzeige nach Seite 177 B 6-10A CEE
25ha 202T(110-150m²) 47D
€32,70 / €41,10
105698

Vledder, NL-8381 XM / Drenthe
- Padjelanta
- Middenweg 12
- 1 Apr - 31 Okt
- +31 5 21 38 21 21
- info@campingpadjelanta.nl
- N 52°51'43" E 06°11'42"
- Im Zentrum von Vledder Richtung Vledderveen abfahren. An der Kreuzung wird der CP mit Wegweisern ausgeschildert. Der CP liegt auf der linken Seite.

1 ADE**JM**NOPQRT — 6
2 BQRTWXYZ — **FG** 7
3 AF**L**MS A**F**NRUVW 8
4 BFHJ — CJ 9
5 DKLMN — ABHIJN**O**RSY 10
B 6-10A CEE
12ha 94T(80-150m²) 197D
€20,00 / €26,00
100735

Schipborg, NL-9469 PL / Drenthe
- De Vledders
- Zeegserweg 2a
- 1 Apr - 23 Okt
- +31 5 04 09 14 89
- info@devledders.nl
- N 53°04'46" E 06°39'56"
- Von der A28 Zwolle-Groningen und der N34 Groningen-Emmen, Ausfahrt Zuidlaren. Kurz davor rechts ab Richtung Schipborg. CP-Schildern folgen.

1 AE**JM**NOPRST — LNQ 6
2 ABEJQRWXYZ — ABDE**FG**HJK 7
3 ABFG**IL**M BDFGHIJKNPQRTW 8
4 ABFHJO — ABDEFUVWY 9
5 ABCDEFJLMN — ABDGHIJORS 10
B 6A CEE
13ha 220T(80-100m²) 78D
€28,05 / €35,75
100720

Wapse, NL-7983 LA / Drenthe
- Het Noordenveld
- Smitstede 1
- 1 Apr - 4 Okt
- +31 5 21 55 15 02
- info@hetnoordenveld.nl
- N 52°51'31" E 06°15'28"
- Von Meppel (A32) Richtung Leeuwarden Ausfahrt Steenwijk (N855) Richtung Vledder. Hinter Hotel De Wapse Herberg 1. Straße links. Nach 300m Camping links.

1 ADEG**JM**NOPQRSTW — N 6
2 PQTXY — ABDE**F** 7
3 S ABCDEFHJPQRUV 8
4 — F 9
5 ADN — ABFGHJOQY 10
10A CEE
3ha 65T(120-160m²) 1D
€22,00
124756

Schoonebeek, NL-7761 PJ / Drenthe
- Camping Emmen
- Bultweg 7
- 1 Jan - 31 Dez
- +31 5 24 51 23 94
- info@campingemmen.nl
- N 52°40'11" E 06°52'43"
- A37 Ausfahrt 5 Richtung Schoonebeek. Ab dort ist der CP angezeigt, liegt kurz vor Schoonebeek links ab.

1 AEG**JM**NOPQRS**T** — BN 6
2 AEPQWXYZ — AB**FG** 7
3 ABC**LV**X ABEFJ**M**NQRTUW 8
4 BCFGHJKLO**P** — EFJVXY 9
5 ADEFGHJKN — ABCDEFJM**NO**QU 10
8-16A CEE
3,3ha 50T(120m²) 40D
€27,50 / €27,50
120490

Wateren, NL-8438 SB / Drenthe
- De Blauwe Lantaarn
- Wateren 5
- 1 Apr - 1 Okt
- +31 5 21 38 72 58
- info@deblauwelantaarn.nl
- N 52°54'57" E 06°16'00"
- Der Straße Diever-Zorgvlied folgen, CP links von der Straße ausgeschildert.

1 A**JM**NOPQRS**T** — AF 6
2 BIQRWYZ — AB**DFG** 7
3 ABCDFMSUV ABCDEFJNQRTUW 8
4 BCDEFHJNQ — JVW 9
5 ADEHMN — ABHIJORSUY 10
16A CEE
6ha 35T(80-120m²) 125D
€22,50 / €32,40
110589

Schoonloo, NL-9443 TN / Drenthe
- De Warme Bossen
- Warmenbossenweg 7
- 1 Apr - 31 Okt
- +31 5 92 50 15 11
- info@warmebossen.nl
- N 52°55'08" E 06°42'35"
- Westerbork-Borger, Kreuzung Schoonloo geradeaus. Assen-Rolde-Schoonloo fahren.

1 AE**JM**NOPQRST — 6
2 ABQRWXY — ABDE**FG**IK 7
3 ADFGLMSV A**F**M**N**QRTW 8
4 F**H**JO — CFJVW 9
5 ABDEFHJKMN — ABFGHIJOQU 10
6A CEE
3,6ha 30T(80-100m²) 48D
€20,00 / €28,50
108325

Wateren, NL-8438 SC / Drenthe
- Molecaten Park Het Landschap
- Schurerslaan 4
- 25 Mrz - 30 Sep
- +31 5 21 38 72 44
- hetlandschap@molecaten.nl
- N 52°55'19" E 06°16'04"
- Von Diever Richtung Zorgvlied. Der CP liegt kurz vor Zorgvlied auf der rechten Seite.

1 ADE**JM**NOPRS**T** — EGLN 6
2 EJQRXYZ — ABDE**FG**H 7
3 ABF**HIJ**MSV ABCDEFNQRTUVW 8
4 ABCEFHJLNO — AEJUVWY 9
5 ADEFHKM**N** — ABEHIJ**O**STY 10
6-10A CEE
16ha 205T(100-150m²) 145D
€21,90 / €27,10
105680

Spier/Beilen, NL-9417 TD / Drenthe
- Sonnevanck
- Wijsterseweg 9
- 1 Jan - 31 Dez
- +31 5 93 56 22 14
- info@vakantiecentrum sonnevanck.nl
- N 52°49'01" E 06°28'43"
- A28 Assen-Hoogeveen. Ausfahrt Spier/Wijster, am Ende Ausfahrt rechts ab über die Überführung (Schildern folgen). Hinter Spier ca. 1 km auf der linken Seite.

1 ACDEG**JM**NOPQRS**T** — BG 6
2 ABPQRWXYZ — ABDE**FG**H 7
3 A**JL**MSV ABCDEFGNQRTUW 8
4 BCDFHJO — BJVW 9
5 ADEFGHJKMN — ABEFGHJO**P**Q 10
B 10A CEE
13ha 85T(80-120m²) 164D
€24,50 / €32,60
105725

Westerbork, NL-9431 GA / Drenthe
- Landgoed Börkerheide
- Beilerstraat 13a
- 1 Apr - 30 Okt
- +31 5 93 33 15 46
- info@landgoedborkerheide.nl
- N 52°51'10" E 06°35'25"
- A28 Zwolle-Hoogeveen-Groningen, Ausfahrt 30 Beilen und den Schildern Westerbork folgen. Der CP ist ausgeschildert.

1 AG**JM**NOPRST — BG 6
2 ABPQRWXYZ — ABDE**FG** 7
3 A**L**MV ABCDEFJKNQRTUW 8
4 FHIJ — C 9
5 D — ABDFGHIJMORS 10
6A CEE
15ha 88T(80-120m²) 4D
€25,50 / €33,90
100745

Tynaarlo, NL-9482 TV / Drenthe
- 't Veenmeer
- Zuidlaarderweg 37
- 16 Mrz - 16 Okt
- +31 5 92 54 36 25
- camping@veenmeer.nl
- N 53°05'02" E 06°38'23"
- N34 Assen-Groningen-Emmen, Ausfahrt Tynaarlo. Ist mit Schildern ausgezeichnet. Von der A28 Zwolle-Groningen, Ausfahrt Zuidlaren/Vries.

1 AEILNOPRS**T** — LNP 6
2 AEJQRWY — AB**DEFG**H 7
3 A**F**L**M** — AE**F**NRT 8
4 J — HJST 9
5 DEM**N** — ABHIJMOQY 10
B 4A CEE
35ha 100T(120m²) 282D
€26,40 / €37,20
100719

Wezuperbrug, NL-7853 TA / Drenthe
- Molecaten Park Kuierpad
- Oranjekanaal NZ 10
- 25 Mrz - 1 Nov
- +31 5 91 38 14 15
- kuierpad@molecaten.nl
- N 52°50'26" E 06°43'28"
- N31 Beilen-Emmen, Ausfahrt Westerbork. Über Orvelte Richtung Schoonoord.

1 ACE**JM**NOPQRST — BEGLMN 6
2 AEJQRWXY — ABDE**FG**H 7
3 ABCFG**JL**MST ABCDEFGIJKNQRTUVW 8
4 BCFGHIJMNO**PQ** — BEJVWX 9
5 ACEFHJKLMN — ABDEGHIJ**O**RSY 10
B 6-10A CEE
5,5ha 550T(95-200m²) 248D
€51,40 / €55,40
101314

Teilkarte Drenthe auf Seite 172   **175**

Teilkarte Drenthe auf Seite 172

Wijster, NL-9418 TL / Drenthe

- Familiecamping De Otterberg
- Drijberseweg 36a
- 1 Apr - 30 Sep
- +31 5 93 56 23 62
- info@otterberg.nl

1 AEJMNOPQRST	BGN 6
2 AQRWXYZ	ABDEFG 7
3 ABCDFHIJKLMSVW	ABCDFGHIJKNRTW 8
4 BDFHJLOPQR	JY 9
5 ADEFGHKLMN	ABHIJNSTY 10
B 10A CEE	€31,70
17ha 170T(100m²) 183D	€39,10

N 52°48'05" E 06°31'28" — 105726

Assen-Hoogeveen, Ausfahrt Wijster/Spier. Richtung Spier/Wijster, hinter den Bahngleisen 1. Straße rechts Richtung Drijber. Nach ca. 2 km liegt auf der rechten Seite der CP.

Zwartemeer, NL-7894 EA / Drenthe

- Zwartemeer
- Verlengde van Echtenskanaal NZ 2
- 1 Apr - 31 Okt
- +31 5 91 31 46 54
- info@sportlandgoed.nl

1 ADEGJMNOPQRST	LMN 6
2 AEJPQXYZ	AB 7
3 BFGLMNT	ABFJNQRTW 8
4 FHJOPQ	F 9
5 ADEFHJKLN	ABCGHJNQU 10
10A CEE	€20,00
1,3ha 80T 35D	€30,00

N 52°43'24" E 07°01'38" — 118317

Von der A37, Ausfahrt 7 Zwartemeer. Nach 450m rechts abfahren. Den Schildern 'Recreatiepark Sportlandgoed' folgen.

Zorgvlied, NL-8437 PC / Drenthe

- Zonnekamp
- De Ruyter de Wildtlaan 7
- 1 Jan - 31 Dez
- +31 5 21 38 72 57
- info@campingzonnekamp.nl

1 AEJMNOPRST	N 6
2 BQWXY	ABFGH 7
3 ABFMS	ABCDEFGJNRUVW 8
4 BCDFHJKOPQ	E 9
5 BDEFHKLMN	BHIJOQY 10
6A	€22,50
7ha 41T(90-110m²) 154D	€26,00

N 52°54'55" E 06°14'39" — 113421

In Zorgvlied den Schildern folgen.

Zweeloo, NL-7851 AA / Drenthe

- De Knieplanden
- Hoofdstraat 2
- 1 Apr - 30 Sep
- +31 5 91 37 15 99
- info@campingknieplanden.nl

1 AEGJMNOPQRST	BFH 6
2 APQRWXYZ	ABFG 7
3 ABFLMS	ABCDEFGIJKNQRTW 8
4 FHJ	EF 9
5 DEFN	ABCDHJQO 10
B 10A CEE	€24,50
2,5ha 64T(90-110m²) 11D	€32,50

N 52°47'41" E 06°43'27" — 100764

A37 Hoogeveen-Emmen, Ausfahrt Oosterhesselen (N854). In Zweeloo ist der CP ausgeschildert.

Zorgvlied, NL-8437 PE / Drenthe

- Park Drentheland
- De Gavere 1
- 1 Apr - 1 Nov
- +31 5 21 38 81 36
- info@parkdrentheland.nl

1 AEJMNOPRT	AF 6
2 QXYZ	ABDEFGH 7
3 ABCFJMNSV	ABCDFJKNQRTUVW 8
4 AEFGH	EFJUVWX 9
5 ABDEFKN	AEHIJOPQY 10
B 10-16A CEE	€20,85
8ha 95T(100m²) 48D	€28,75

N 52°55'25" E 06°15'02" — 108255

In Zorgvlied gegenüber der Kirche abbiegen.

Zwiggelte/Westerbork, NL-9433 TJ / Drenthe

- Midden Drenthe
- Elperweg 5
- 1 Apr - 31 Okt
- +31 5 93 37 00 22
- info@campingmiddendrenthe.nl

1 AEJMNOPRT	N 6
2 AQRWXY	ABDEFGH 7
3 ACFLMSU	ABCDEFGHINPQRTUVW 8
4 FHJK	FJVWY 9
5 ADMN	ABEGHJORS 10
B 6-16A CEE	€21,00
3,2ha 85T(130m²) 28D	€24,80

N 52°52'36" E 06°36'44" — 112457

A28 Ausfahrt 31 Richtung Westerbork. In Westerbork Ausfahrt Elp. Am Oranjekanaal links ab und den Schildern folgen.

Gelderland

camping Goorzicht

- Gemütlicher Camping am Rande eines schönen Naturgebietes • Viele Möglichkeiten zum Radfahren und Wandern
- Beheiztes und modernes Sanitär • Großer Spielplatz • 2 beheizte Freibecken
- Cafeteria und Terrasse • Vermietung von verschiedenen Unterkünften

Boterdijk 3, 7122 PC Aalten · Tel. +31 543461339
E-Mail: info@goorzicht.nl · Internet: www.goorzicht.nl

Aalten, NL-7122 PC / Gelderland

- Goorzicht
- Boterdijk 3
- 28 Mrz - 2 Okt
- +31 5 43 46 13 39
- info@goorzicht.nl

1 ADEJMNOPQRST	BF 6
2 ABQRXYZ	ABDEFG 7
3 ABEFMSTUV	ABCDEFJKMNRTUVW 8
4 BDFHJNOPQ	CFJVY 9
5 ADEFHJ	ABCDFHJOQY 10
Anzeige auf dieser Seite 6A CEE	€26,00
6,5ha 39T(70-100m²) 201D	€31,00

N 51°56'40" E 06°32'37" — 113394

A3 Oberhausen-Arnheim, Ausf. 5 Hamminkeln Ri. Bocholt. In Bocholt Zentrum links Richtung Bo-Holtwick, weiter BO-Hemden, NL-Heurne, Aalten. In Aalten den braun-weißen ANWB-Schildern folgen.

Teilkarte Gelderland auf Seite 176

Campingplätze in den schönsten Regionen der Niederlande, Belgien, Deutschlands und Österreichs

Große Auswahl an luxuriösen Camping- und Stellplätzen • Animation und Parkeinrichtungen für Jung und Alt • an der Küste, im Wald oder in der Nähe van Städten

Buche deinen Urlaub auf europarcs.de

Persönliche Beratung? Dann wende dich gerne an unseren Kundenservice unter +49 (0) 211 828 28 400 oder per Email an kundenservice@europarcsresorts.de

camping 't Walfort, Aalten

Erfahren Sie die Gemütlichkeit von unserem gemütlichen Familiencamping in der schönen Achterhoeker Umgebung.

www.campingwalfort.nl
Walfortlaan 4, 7121 LJ Aalten
Tel. 0543-451407

Sie können bei uns eine original eingerichtete Kota mieten, wenn Sie die finnische Atmosphäre mögen.

Aalten, NL-7121 LJ / Gelderland CC€16 iD
- 't Walfort
- Walfortlaan 4
- 1 Apr - 1 Okt
- +31 5 43 45 14 07
- info@campingwalfort.nl

1 AE**JM**NOPQRST F**N** 6
2 BCQWXY AB**DEFG** 7
3 ABFMVX ABCDE**FG**JNPQRT**V** 8
4 H EF 9
5 ADN ABD**HO**QUY 10
Anz. auf dieser S. B 6-10A CEE €31,00
5,5ha 48T(80-100m²) 154D €38,00

N 51°56'04" E 06°36'20"
A18 Richtung Varsseveld-Aalten-Winterswijk. Vor Bredevoort den Schildern nach. 113395

Aalten, NL-7121 LZ / Gelderland CC€18 iD
- Lansbulten
- Eskesweg 1
- 1 Apr - 15 Okt
- +31 5 43 47 25 88
- info@lansbulten.nl

1 AE**JM**NOPQRST B**F**J**N** 6
2 BCQRXYZ AB**FG** 7
3 BCFMUV ABCDE**F**JKNRTUV**W** 8
4 BFHK CFJY 9
5 ADN ABDFH**JO**PQUY 10
6-16A CEE €27,50
10ha 65T(110-120m²) 154D €32,70

N 51°55'34" E 06°36'15"
N318 Varsseveld-Winterswijk. Bei Bredevoort den braun-weißen Schildern folgen. 111561

Camping De Rijnstrangen

In Aerdt (bei Lobith) liegt ein parkähnlicher, gepflegter Campingplatz mitten im Naturgebiet 'de Gelderse Poort', am Ufer vom 'Oude Rijn'. Sehr schön und gut gelegen für endlose Wander- und Radtouren durch Auen, Wälder und Polder. Sanitär mit Fußbodenheizung. Glasfaser Internet.

Beuningsestraat 4, 6913 KH Aerdt • Tel. +31 612559464
E-Mail: info@derijnstrangen.nl • Internet: www.derijnstrangen.nl

Aerdt, NL-6913 KH / Gelderland CC€18 iD
- De Rijnstrangen
- Beuningsestraat 4
- 1 Apr - 1 Nov
- +31 6 12 55 94 64
- info@derijnstrangen.nl

1 ADEGHKNORT 6
2 ACPQWXYZ AB**DEF**HJK 7
3 ABE**F**GHNPQRU**W** 8
4 **E**FGHIJ GIV 9
5 DJMN ABCDFIJORSYZ 10
Anzeige auf dieser Seite B 6A CEE €27,00
0,6ha 30T(100m²) 5D €39,00

N 51°53'47" E 06°04'13"
A12 Ausfahrt 29 Richtung Lobith bis zur Ausfahrt Aerdt. Rechts ab, den Deich hoch. 1,5 km weiter bis zur Kirche. Nach 100m links runter. 118110

Appeltern, NL-6629 KS / Gelderland CC€18 iD
- Camping Groene Eiland
- Lutenkampstraat 2
- 1 Apr - 31 Okt
- +31 4 87 56 21 30
- info@hetgroeneeiland.nl

1 ACDEG**JM**NOPQRST JLMN**O**PQSW**XYZ** 6
2 ACEIJKQVWXY AB**DEFGH** 7
3 ABFGMSUV ABCDE**FG**HIJKNRTUV**W** 8
4 BCDFHJMN**OQ** ERV 9
5 ABCDEFHKM**N** ABEGHIJMN**O**QXY 10
B 6A CEE €33,50
30ha 250T(bis 100m²) 381D €36,90

N 51°50'07" E 05°33'09"
A50 Ausfahrt Druten/'Gouden Ham', dann Richtung Appeltern, in Appeltern ausgeschildert. 105577

Arnhem, NL-6816 PB / Gelderland iD
- Warnsborn
- Bakenbergseweg 257
- 1 Apr - 30 Okt
- +31 2 64 42 34 69
- info@campingwarnsborn.nl

1 ADE**IL**NOPRST 6
2 ABPQRWYZ AB**DEFGH** 7
3 ABE**L**MSX ABCDE**FI**JKNQRT**W** 8
4 FGHIJO EFUVWY 9
5 ABDMN ABCGHIJ**OQY** 10
B 6-10A CEE €26,50
3,5ha 110T(100-140m²) 30D €33,70

N 52°00'28" E 05°52'17"
A12 (beide Richtungen) und A50 aus dem Süden, Ausfahrt Arnhem-Nord, dann den Schildern folgen. Von Apeldoorn A50 Ausfahrt Schaarsbergen, Burgers' Zoo folgen. 105632

Arnhem, NL-6816 RW / Gelderland ✱ CC€12 iD
- Oostappen Vakantiepark Arnhem
- Kemperbergerweg 771
- 1 Apr - 31 Okt
- +31 2 64 43 16 00
- info@vakantieparkarnhem.nl

1 ABDE**JM**NOPQRST CG 6
2 ABQRTUXYZ AB**FGH** 7
3 ABCF**JL**MNSVX ABCDE**F**JKNQRTUV 8
4 BCDFGHIJL**OQ**TUV BEFJVY 9
5 ACDEFHLMN ABCEFGHIJNQY 10
B 10A CEE €39,00
36ha 455T(80-150m²) 378D €39,00

N 52°01'27" E 05°51'36"
A12 (aus beiden Richtungen) und A50 aus dem Süden, Ausfahrt Arnhem-Nord, dann den Schildern folgen. Von Apeldoorn A50 Ausfahrt Schaarsbergen. 101324

Barchem, NL-7244 RC / Gelderland CC€18 iD
- Reusterman
- Looweg 3
- 1 Apr - 1 Okt
- +31 5 73 44 13 85
- info@reusterman.nl

1 AE**JM**NOPRT A 6
2 PQRWXYZ AB**FGH** 7
3 AB**L**MX ABCDE**FG**JNPQRW 8
4 FGHIJOQ BEFJVY 9
5 ADHN ABCDHJOQ 10
6A CEE €25,40
6ha 91T(80-100m²) 83D €31,90

N 52°07'38" E 06°26'09"
Von Barchem Richtung Lochem, 0,5 km, ausgeschildert. 101557

Durchreisecampingplätze

In diesem Führer finden Sie eine handliche Karte mit Campingplätzen an den wichtigen Durchgangsstrecken zu Ihrem Ferienziel. Durch die Farbe des jeweiligen Zeltchens können Sie erkennen, ob dieser Platz ganzjährig geöffnet ist oder nicht. Darüber hinaus gibt es für jeden Platz auch noch eine kurze redaktionelle Beschreibung, inklusive Routenbeschreibung und Öffnungszeiten.

Barchem, NL-7244 NA / Gelderland

- ▲ De Heksenlaak B.V.
- 🏠 Zwiepseweg 32
- 📅 1 Apr - 31 Okt
- ☎ +31 5 73 44 13 06
- @ heksenlaak@planet.nl

1 AE**JM**NOPRS**T**	AF 6
2 QRXYZ	ABC**DEFG** 7
3 ABC**HIL**MSVX	ABCDE**FJ**NRUVW 8
4 BCDFGHIJKNO**PQ**	EFJ 9
5 DEFHKN	ABCHKOQXY 10
B 6-10A CEE	
8,5ha 120T(100-110m²) 129**D**	€25,00 / €39,00

N 52°08'20" E 06°26'50"
🚗 Von Lochem nach Barchem Richtung Zwiep 1,5 km. Ausgeschildert.
105763

Beek (gem. Montferland), NL-7037 CN / Gld.

- ▲ Vakantiepark De Byvanck BV
- 🏠 Melkweg 2
- 📅 1 Jan - 31 Dez
- ☎ +31 3 16 53 14 13
- @ info@byvanck.nl

1 ADEJMNOPRST	E 6
2 AQRXYZ	AB**FG** 7
3 **L**MS	BCDE**FJ**NQRTW 8
4 HIJO**T**	J 9
5 DEN	ABEHJOQX 10
Anzeige auf dieser Seite 6A CEE	€27,80 / €36,10
7,2ha 30T(80-120m²) 92**D**	

N 51°53'59" E 06°10'44"
🚗 A3 Oberhausen-Arnhem, vor NL-Grenze Ausfahrt 2 Beek/Elten. Rechts Richtung Beek Gem. Bergh. Hinter der NL-Grenze 1. Straße links.
109792

Willkommen im Flussgebiet!

Attraktiver Familiencamping im Flussgebiet in der Betuwe, zwischen Arnheim und Nimwegen. Wir haben schöne Komfortplätze mit 10A Strom, digitalem Kabel-TV, Kanalisation, Wasser und WLAN auf dem Platz.

Rijndijk 67a
6686 MC Doornenburg
info@de-waay.nl
www.de-waay.nl
T. 0481-42 12 56

Mit Freizeitweiher, überdachtem Schwimmbad, Erlebnisbad, Fischweiher, Spielplätzen drinnen & draußen, Gastronomie und Sportfeldern.

Beekbergen, NL-7361 TM / Gelderl.

- ▲ Het Lierderholt
- 🏠 Spoekweg 49
- 📅 1 Jan - 31 Dez
- ☎ +31 5 55 06 14 58
- @ info@lierderholt.nl

1 ADE**JM**NOPQRST	BFHI 6
2 ABQRWXYZ	ABDE**FGH** 7
3 ABCE**FGJLM**NSUVX	ABCDFGIJKNQRTUV 8
4 ABCDEFGHIJLNO**PQ**	GJUVW 9
5 ABDEFGHLMN	ABDEFGHIJOPQY 10
6-10A CEE	€40,00 / €53,50
25ha 210T(100-150m²) 264**D**	

N 52°07'59" E 05°56'44"
🚗 A50 von Arnhem, Ausfahrt 22 Beekbergen oder A50 von Zwolle, Ausfahrt 22 Hoenderloo. Dann Schildern folgen.
110210

Beekbergen, NL-7361 TG / Gelderland

- ▲ Vakantiepark Hertenhorst
- 🏠 Kaapbergweg 45
- 📅 1 Apr - 25 Okt
- ☎ +31 3 62 00 22 50
- @ info@vakantieparkhertenhorst.nl

1 ADE**JM**NOPR**T**	BGH 6
2 ABQRYZ	AB**FGH** 7
3 ABF**JL**MVX	ABCDE**FJ**NQRTUV 8
4 FGHI	EJUVY 9
5 ABDM	ABEGHIJOQY 10
4-6A CEE	€29,30 / €42,10
22ha 55T(80-100m²) 159**D**	

N 52°08'06" E 05°57'51"
🚗 A50 Ausfahrt 22, am Ende der Ausfahrt rechts dann die 1. Straße rechts. Weiter die 2. Straße links.
113396

Beesd, NL-4153 XC / Gelderland

- ▲ Betuwestrand
- 🏠 A. Kraalweg 40
- 📅 26 Mrz - 25 Sep
- ☎ +31 3 45 68 15 03
- @ info@betuwestrand.nl

1 AEHKNOPRT	HLMNW 6
2 AEJQWXY	AB**DEFGH** 7
3 BCFGMNSV	ABCD**FG**HIJNPQRTUVW 8
4 BCDFGHJLO	CEFJ 9
5 ACDEFHLM**NO**	ABCDFGHIJMNO**Q**XY 10
Anzeige auf dieser Seite B 10A CEE	€36,00 / €56,00
30ha 160T(80-100m²) 425**D**	

N 51°53'56" E 05°11'18"
🚗 A2 's-Hertogenbosch-Utrecht, Ausfahrt 14 Beesd, dann ausgeschildert.
100795

Genießen in der Betuwe!

Betuwe Strand Recreatie

zum Rad fahren, wandern oder schön erholen.

www.betuwestrand.nl   0345-681503

Camping Nederrijkswald BV

Am Landgut 'Nederrijk', am Rande von Berg en Dal und Groesbeek, liegt der Camping 'Nederrijkswald'. Der Camping ist an drei Seiten von Wald umgeben und man kann hier voll die herrliche Natur, Ruhe, den Raum, Sehenswürdigkeiten, Geselligkeit und das Landleben genießen. Kennzeichnend sind die großen Plätze und die guten sanitären Einrichtungen.

Zevenheuvelenweg 47, 6571 CH Berg en Dal • Tel. +31 246841782
E-Mail: info@nederrijkswald.nl • Internet: www.nederrijkswald.nl

Berg en Dal, NL-6571 CH / Gelderland

- ▲ Nederrijkswald BV
- 🏠 Zevenheuvelenweg 47
- 📅 15 Mrz - 30 Okt
- ☎ +31 2 46 84 17 82
- @ info@nederrijkswald.nl

1 ADEG**J**MNOPQR**T**	6
2 BPQRWXYZ	AB**DEFGH** 7
3 AF**KL**SUX	ABCDE**F**GHJNPQRTUW 8
4 **E**FGHIJKO	VW 9
5 ADMN	ABCDFGHIJ**ORS**WXY 10
Anz. auf dieser Seite B 6-16A CEE	€23,95 / €33,45
1,5ha 52T(80-130m²)	

N 51°48'08" E 05°55'25"
🚗 A73 Ausfahrt 3 Malden. N271 Richtung Groesbeek. Am Kreisel Richtung Berg en Dal, an der T-Kreuzung links, 2. Straße rechts die N841 (an der Tankstelle). Nach 750m links.
117995

Braamt, NL-7047 AP / Gelderland

- ▲ Recreatie Te Boomsgoed
- 🏠 Langestraat 24
- 📅 1 Jan - 31 Dez
- ☎ +31 3 14 65 18 90
- @ info@teboomsgoed.nl

1 AEGJMNOPQRST	AF 6
2 ABEPQRWYZ	AB**DEFG** 7
3 ABFG**HIJ**MSX	ABCD**F**HJNQRTUW 8
4 BDFHIJO	EF 9
5 AEGJMN	ABCFGHIJNQUY 10
10-16A CEE	€21,00 / €27,70
6ha 35T(100m²) 55**D**	

N 51°55'31" E 06°15'42"
🚗 A18 Ausfahrt 3 Doetinchem/Zelhem/Zeddam. Hinter der Ausfahrt links, 2. Kreisel links Richtung Braamt. CP nach 250m.
108358

Doesburg, NL-6984 AG / Gelderland

- ▲ IJsselstrand
- 🏠 Eekstraat 18
- 📅 1 Jan - 31 Dez
- ☎ +31 3 13 47 27 97
- @ info@ijsselstrand.nl

1 ADE**JM**NOPQRS**T**	DGHJNQSWX**Y**Z 6
2 ADIJKQTXYZ	ABDE**FG** 7
3 ABCDFG**ILM**RVX	ABCDFIJKMNQRTUVW 8
4 BCDFHJLO**QTU**	EFNOUVWY 9
5 ACDEFHKLMN	ABCFGHIJO**QY** 10
B 6-10A CEE	€31,00 / €35,70
65ha 336T(80-120m²) 944**D**	

N 52°01'44" E 06°09'43"
🚗 Von Arnhem aus auf der A348 rechts Ri. Doetinchem (N317). Nach 3,9 km dritte Ausfahrt im Kreisel (CP-Schild). Nach 1,2 km dritte Ausfahrt im Kreisel. Nach 1,4 km links.
108306

Doetinchem, NL-7004 HD / Gelderland

- ▲ De Wrange
- 🏠 Rekhemseweg 144
- 📅 25 Mrz - 17 Okt
- ☎ +31 3 14 32 48 52
- @ info@dewrange.nl

1 ACDEG**JM**NOPQ**T**	BG 6
2 ABQRWXYZ	AB**DEFG** 7
3 B**JL**MSVX	ABCDE**FJ**NQRTUVW 8
4 BDGHJLO	CJ 9
5 ACDEFHJKLMN	ABDHJMO**Q**XY 10
10A CEE	€33,70 / €41,70
10ha 70T(90-110m²) 218**D**	

N 51°56'47" E 06°20'01"
🚗 Von der A18, Ausfahrt 4 Doetinchem-Ost. An der Hauptstraße links ab. Durchfahrung bis zur nächsten Ampel, dort rechts und den Schildern folgen (teils durch Wohnviertel).
105715

Doornenburg, NL-6686 MC / Gelderl.

- ▲ De Waay
- 🏠 Rijndijk 67a
- 📅 1 Apr - 30 Sep
- ☎ +31 4 81 42 12 56
- @ info@de-waay.nl

1 ADEJMNOPRST	BDGLMN 6
2 AEJQXY	ABC**DEFGHIJ** 7
3 ABCDFG**LM**NSUV	ABCDEFGIJKNQRTVW 8
4 BDHJKNO**PQ**	CFVY 9
5 ABDEFHKLMN	ABEGHIJMO**Q**Y 10
Anzeige auf dieser Seite B 10A CEE	€39,00 / €52,00
19ha 140T(100-120m²) 318**D**	

N 51°54'16" E 05°59'08"
🚗 Von der A15 Ausfahrt Bemmel/Gendt. In Gendt links, ab dort den Schildern folgen. Ab Arnhem der Beschilderung folgen.
109624

vakantiepark De Byvanck

Suchen Sie Ruhe, ein gewaltiges Wandergebiet und Topsanitär?

Kommen Sie auf De Byvanck

Auch vorhanden
• Hallenbad • Sauna • Kantine

Alles weitere auf unserer Webseite:
www.byvanck.nl

Melkweg 2, 7037 CN Beek (Gemeinde Montferland)
Tel. 0316-531413
E-Mail: info@byvanck.nl

Ede, NL-6718 SM / Gelderland

- Bos- en Heidecamping Zuid-Ginkel
- Verlengde Arnhemseweg 97
- 1 Apr - 30 Sep
- +31 3 18 61 17 40
- @ info@zuidginkel.nl

1 AEGILNOPRST 6
2 ABQRWXYZ
3 ABCLMX ABDEFG 7
4 FHI ABCDFIJNPQRSTUVW 8
5 ABDMN AEVW 9
B 6A CEE ABCDEGHIJOQY 10
4,7ha 80T(100-130m²) 103D
1 €26,85
2 €32,85
A12, Ausfahrt 25 Ede-Oost, dem Schild folgen. 110591

Ede, NL-6718 TA / Gelderland

- De Oldenhove
- Goorsteeg 8
- 15 Mrz - 30 Okt
- +31 3 18 48 29 56
- @ contact@camping-oldenhove.nl

1 AGJMNOPRT N 6
2 AQRWXYZ ABDEFG 7
3 ABFMSU ABCDEFGHIJKNPRTUW 8
4 FHJ Y 9
5 D BHJMOQ 10
B 6-10A CEE
1ha 68T(100-160m²) 8D
1 €22,00
2 €32,00
A30 Ausfahrt Lunteren, Umfahrung Lunteren Richtung Ede. Nach der Tankstelle (200m) rechts (Goorweg). Nach 700m liegt der CP links. 119418

Ede, NL-6718 TH / Gelderland

- TopParken Recreatiepark 't Gelloo
- Barteweg 15
- 2 Apr - 26 Okt
- +31 8 85 00 24 72
- @ info@gelloo.nl

1 ABDEJMNOPR BEF 6
2 ABQRXYZ ABDEFGH 7
3 ABDFGMSX ABCDEFIJKNPQRTVW 8
4 BDFHJLOP JVWY 9
5 DEFHKMN ABEHJOQY 10
6A CEE
15ha 95T(100m²) 409D
1 €40,00
2 €40,00
Von der A1/A30 Ausfahrt 2, dann Rtg Richtung Otterlo/Apeldoorn mit Schildern angezeigt. Oder von der A12, dann A30 Ausfahrt 2, dann N224 Otterlo/Apeldoorn, dann mit Schildern angezeigt. 105540

Eerbeek, NL-6961 LD / Gelderland

- Landal Coldenhove
- Boshoffweg 6
- 13 Mrz - 6 Nov
- +31 31 3- 65 91 01
- @ coldenhove@landal.nl

1 ADEJMNORT EG 6
2 ABQRUWYZ ABDEFGHK 7
3 ABCDEFGJLMRSTUVWX ABCDEFIJKNPQRTUW 8
4 BEFGHIJKLOPQ BJUVWXY 9
5 ACDEFGHJKLMN ABCDEFGHIJNPQY 10
B 10A CEE
10ha 180T(100-120m²) 369D
1 €40,00
2 €48,50
A50 Ausfahrt Loenen/Eerbeek Richtung Loenen/Eerbeek. Hinter dem Kreisel Richtung Dieren. Den Schildern Coldenhove folgen. 105627

Elburg, NL-8081 LB / Gelderland

- Natuurcamping Landgoed Old Putten
- Zuiderzeestraatweg Oost 65
- 15 Apr - 15 Sep
- +31 5 25 68 19 38
- @ info@oldputten.nl

1 AEFGHKNORT FNX 6
2 ACPQSXYZ ABF 7
3 AN ABCDFNQRTW 8
4 BDEFHJ FV 9
5 ADJN ABGHIJORS 10
4A CEE
5ha 70T(100-120m²) 17D
1 €27,50
2 €38,50
A28 Ausfahrt 16 't Harde. N309 Richtung Elburg. Direkt gegenüber der Ausfahrt Elburg-Vesting am Kreisel N309 Einfahrt links. 105604

Elspeet, NL-8075 RJ / Gelderland

- Mennorode
- Apeldoornseweg 185
- 1 Mrz - 30 Sep
- +31 5 77 49 81 11
- @ info@mennorode.nl

1 ABEGILNOPRT 6
2 BQRWXYZ ABDEFGHK 7
3 AMNS ABEFJNQRW 8
4 FHJR BVW 9
5 DHJKN ABCHIJOPRSY 10
B 6A CEE
6,6ha 55T(100m²) 5D
1 €28,90
2 €38,30
In Elspeet der Beschilderung Conferentiezaal Mennorode folgen. Der Camping ist nicht extra angegeben. GPS folgen. 123149

Emst, NL-8166 GT / Gelderland

- Ardoer Camping De Zandhegge
- Langeweg 14
- 25 Mrz - 31 Okt
- +31 5 78 61 39 36
- @ info@zandhegge.nl

1 ADEJMNOPRST BG 6
2 AQWXYZ ABDEFG 7
3 ABCDFMSUV ABCDEFJKMNQRTUVW 8
4 BFHJKO ABCDEFJUVWY 9
5 ABDEFKMN ABCDEGHIJNOQY 10
16A CEE
5,9ha 100T(80-120m²) 115D
1 €33,50
2 €44,50
Ab Kreuz Schüttorf A1/E30 Richtung Hengelo/Apeldoorn. Dann zur A50 Apeldoorn-Zwolle, Ausfahrt 27 Epe. An der Ampel links, Richtung Emst, 1. Straße rechts. CP ist vor der Ampel schon ausgeschildert. 107887

Emst, NL-8166 JA / Gelderland

- De Veluwse Wagen
- Oranjeweg 67
- 1 Apr - 31 Okt
- +31 5 78 66 16 28
- @ info@veluwse-wagen.nl

1 AEGJMNOPRT 6
2 ACQTWXYZ ABFGH 7
3 AU ABCDEFJNQRUW 8
4 FHK GI 9
5 ADFLMN ABFGHJOPQY 10
6-10A CEE
2ha 58T(100-120m²) 28D
1 €21,00
2 €30,00
A50 Apeldoorn-Zwolle, Ausfahrt Epe. Richtung Emst, dann Schildern folgen. A28 Amersfoort-Zwolle, Ausfahrt Epe, Richtung Emst, dann Schildern folgen. 109527

Emst, NL-8166 JJ / Gelderland

- De Wildhoeve
- Hanendorperweg 102
- 1 Apr - 30 Sep
- +31 5 78 66 13 24
- @ info@wildhoeve.nl

1 ADEGHKNOPQRST BEGH 6
2 ABQWXYZ ABDEFGHK 7
3 ABCEFMNS ABCDEFGIJKMNQRTUVW 8
4 ABEFJO ABCEJUVWY 9
5 ACDEFLMN ABCDEFGHIJNOPQY 10
B 8-10A CEE
12ha 310T(80-120m²) 32D
1 €47,50
2 €63,50
A50 Arnhem-Zwolle, Ausfahrt 26 Vaassen, Richtung Emst. Den Schildern folgen. 107837

Emst, NL-8166 HC / Gelderland

- Reina's Hoeve
- Schaverenseveldweg 24
- 1 Jan - 31 Dez
- +31 5 78 66 14 79
- @ info@campingreinashoeve.nl

1 AGJMNOPRT 6
2 AQWXY ABDEFGH 7
3 AC ABCDEFGHJNPQRUV 8
4 H DF 9
5 DN ACFGHIJOST 10
B 16A CEE
2,5ha 25T(90-100m²) 42D
1 €24,50
2 €34,70
A50, Ausfahrt 26 in Richtung Emst nehmen. Im Kreisverkehr Richtung Gortel fahren. CP-Schildern folgen. 114684

Enspijk, NL-4157 PB / Gelderland

- Ardoer Camping De Rotonde
- Panweg 1
- 2 Apr - 1 Okt
- +31 3 45 65 13 15
- @ rotonde@ardoer.com

1 ADEGILNORT FHLMN 6
2 AEJKPQXY ABDEFGH 7
3 ABCEFGMNSV ABCDEFGHIJKNPQRUVW 8
4 BCDFHJKOPQ JVW 9
5 ABCDEFHIJKM ABDEGHIJMOQXY 10
B 6-10A CEE
32ha 150T(80-100m²) 406D
1 €31,00
2 €41,00
A2 Den Bosch-Utrecht. Ausfahrt 15 Leerdam/Geldermalsen. Der CP-Beschilderung folgen. 101560

Epe, NL-8162 PP / Gelderland

- Campingpark de Koekamp
- Tongerenseweg 126
- 1 Apr - 31 Okt
- +31 5 78 61 41 17
- @ info@dekoekamp.nl

1 AJMNOPQRST 6
2 AQRXYZ ABDEFGH 7
3 ABCLMS AEFHKNRW 8
4 FHK BFJ 9
5 DEFHKMN ABFHIJNQ 10
8-16A CEE
8ha 95T(100-120m²) 144D
1 €29,50
2 €36,50
A28 Ausfahrt 15 - N795 nach 7,6 km N309 - A50 Ausfahrt 27 N309 nach 4 km Kreisel rechts ab, nach 175m links ab. 117986

Epe, NL-8162 NR / Gelderland

- RCN Vakantiepark de Jagerstee
- Officiersweg 86
- 11 Mrz - 31 Okt
- +31 8 50 40 07 00
- @ reserveringen@rcn.nl

1 ACDEGJMNORT BG 6
2 ABQRXYZ ABCDEFG 7
3 ABCDEFJLMV ABCDFGIJKMNQRTW 8
4 BCDEFHJKLNO BEFJUVWY 9
5 ACDEFHKLMN ABEFGHIJOPQXY 10
B 10-16A CEE
33ha 350T(100m²) 292D
1 €30,00
2 €34,00
A50 Apeldoorn-Zwolle, Ausfahrt 27, der N309 Richtung Nunspeet folgen, hinter dem Kreisel den ANWB CP-Schildern 'Jagerstee' folgen. 105615

Geografisch suchen

Schlagen Sie Seite 139 mit der Übersichtskarte dieses Landes auf. Suchen Sie das Gebiet Ihrer Wahl und gehen Sie zur entsprechenden Teilkarte. Hier sehen Sie alle Campingplätze auf einen Blick.

Erichem, NL-4117 GL / Gelderland
- Recreatiepark De Vergarde
- Erichemseweg 84
- 1 Apr - 1 Okt
- +31 3 44 57 20 17
- info@devergarde.nl

1 ADEILNOPRST BDGHN 6
2 AEPQWXYZ ABCDEFGH 7
3 ABCDEFHIJLMSV ABCDEFGHIJKNPQRTUVW 8
4 BCFHJLQ EFJQVWY 9
5 ABDEFGHKLMN BEFGHIJMOQY 10
B 16A CEE ① €37,50
22ha 280T(100-150m²) 241D ② €47,50

N 51°53'56" E 05°21'38"
A15, Ausfahrt Buren. Ausfahrt 32, dann CP ausgeschildert. 105529

Ermelo, NL-3852 AM / Gelderland
- Ardoer cp. & bungalowpark De Haeghehorst
- Fazantlaan 4
- 1 Jan - 31 Dez
- +31 3 41 55 31 85
- haeghehorst@ardoer.com

1 AEHKNOPQRST BEGHI 6
2 ABPQRWXYZ ABDEFGHK 7
3 ABCEFHILMQSUVX ABCDEFGHJKMNPQRTUV 8
4 BDEFHIJLNOPQTV BCFIJVWY 9
5 ABDEFGHJKMN ABCDEGHJOPQY 10
6-10A CEE ① €43,00
10ha 255T(75-160m²) 81D ② €58,00

N 52°18'47" E 05°37'48"
A28 Ausfahrt 12 Richtung Ermelo, CP-Schildern folgen. 105552
Der CP liegt an der Nordseite von Ermelo.

RCN DE JAGERSTEE
Waldpark für einen Urlaub mit der ganzen Familie. Campen auf RCN de Jagerstee bedeutet, einen Urlaub in der Natur. Viele Möglichkeiten zum Wandern und Fahrradfahren. Neu: Wohnmobilstellplätze.

CAMPING - BUNGALOWS - SCHWIMMBAD (GEHEIZT)

Tel: +31 85 0400 700 | www.rcn.nl/de/jagerstee

Ermelo, NL-3852 ZD / Gelderland
- In de Rimboe
- Schoolweg 125
- 1 Jan - 31 Dez
- +31 3 41 55 27 53
- info@inderimboe.nl

1 ACDEJMNOPQRST BG 6
2 ABPQRWXYZ ABDFG 7
3 BCFMSX ABCDEFHJNPQRTUVW 8
4 BCDFHIJLO CEJVW 9
5 ADEFGHKLMN ABDEHIJMOQY 10
6A CEE ① €37,00
10,1ha 40T(80-110m²) 229D ② €44,00

N 52°17'29" E 05°38'59"
A28 Ausfahrt 12 Richtung Ermelo. Im 5. Kreisel links. Richtung 108346
Drie (Südseite von Ermelo). Weiter ausgeschildert.

Ermelo, NL-3852 MC / Gelderland
- Kriemelberg BushCamp
- Drieërweg 104
- 1 Apr - 14 Okt
- +31 3 41 55 21 42
- camping@kriemelberg.nl

1 AEGILNOPQRST L 5
2 ABJPQRWXYZ ABDFGH 7
3 ABCEFLMUX ABCDEFGJKLMNQRTUVW 8
4 ABCDEFGHIJL CFIJVWY 9
5 ABDEGN ABCDEGHJOQY 10
B 6-10A CEE ① €26,00
10ha 109T(80-140m²) 136D ② €32,50

N 52°17'12" E 05°38'48"
A28 Ausfahrt 12 Ermelo, Richtung Ermelo. Im 5. Kreisel links 109867
Richtung Drie. Weiter ausgeschildert.

Ermelo, NL-3852 MA / Gelderland
- Recreatiepark De Paalberg
- Drieërweg 128
- 1 Jan - 31 Dez
- +31 3 41 55 23 73
- info@paalberg.nl

1 AEGJLNOPRST BEGHI 6
2 ABPQRWXYZ ABDEFGH 7
3 ABCEFGJMNQSTVX ABCDEFGHJNPQRTUVW 8
4 BDFGHIJLNOSTUV EJVWY 9
5 ACDEFGHLMN ABCDEFGHIJOPSY 10
B 6-10A CEE ① €39,00
30ha 175T(100-120m²) 343D ② €56,00

N 52°17'16" E 05°39'25" 109512
A28 Ausfahrt 12 Richtung Ermelo. Im 6. Kreisel (Südseite von Ermelo) links, Richtung Drie. CP weiter ausgeschildert.

Ermelo/Speuld, NL-3852 NH / Gelderland
- Recreatiepark De Bosrand
- Garderenseweg 281
- 1 Jan - 31 Dez
- +31 5 77 40 73 28
- info@campingdebosrand.info

1 AGJMNOPQRS 6
2 AQRXY ABFGH 7
3 A ABCDEFJNPQU 8
4 FH JUVWY 9
5 DMN ABCFGHJOQ 10
6-10A CEE ① €21,50
2,5ha 30T(100m²) 73D ② €27,50

N 52°15'31" E 05°42'35"
A1 Ausfahrt 17 (Stroe) Richtung Garderen. In Garderen der 120902
Beschilderung folgen.

Ewijk, NL-6644 KR / Gelderland
- Het Buitenhuis
- Ficarystraat 9
- 1 Apr - 1 Nov
- +31 6 20 05 58 67
- info@campingbuitenhuis.nl

1 ADEGJMNOPRST MNPQ 6
2 ABEIJKQXYZ ABDEFGHIK 7
3 AFGLMV ABEFJNQRT 8
4 FHJ FQRT 9
5 EKN ABCGJOQU 10
12A CEE ① €31,50
5ha 80T(50-100m²) 4D ② €31,50

N 51°51'03" E 05°41'40"
A73 Ausfahrt 1 Beuningen Richtung Wijchen. 1. Straße rechts über 122776
die A50, dann ist der Camping auf der linken Seite.

Garderen, NL-3886 MC / Gelderland
- 'De Peerdse Barg'
- Oud Milligenseweg 39
- 1 Apr - 30 Sep
- +31 6 20 28 34 94
- camping@peerdsebarg.nl

1 AEILNOPQRT 6
2 AQRWXY ABFGH 7
3 L ABCDEFHJNPQRUV 8
4 H 9
5 DN ABFGHJOQ 10
10A CEE ① €25,00
1,3ha 30T(70-100m²) 40D ② €32,00

N 52°13'40" E 05°43'07"
A1 Ausfahrt 17 Stroe/Garderen. Im 2. Kreisel Richtung Apeldoorn 111068
nach 1400m links (Oud Milligenseweg). Der CP liegt am Ortsrand.

Gendt, NL-6691 MB / Gelderland
- Waalstrand
- Waaldijk 23a
- 1 Apr - 30 Sep
- +31 4 81 42 16 04
- info@waalstrand.nl

1 AEHKNOPQRST ANXYZ 6
2 ADIJQRVWX ABCDEFGH 7
3 ABGMSUX ABCDEFGHNQRTUVW 8
4 HJ EJV 9
5 DHKMN ABEGHIJOQY 10
Anzeige auf dieser Seite 6A CEE ① €33,00
4ha 90T(100m²) 48D ② €45,00

N 51°52'33" E 05°59'20"
A15 Ausfahrt Bemmel/Gendt. In Gendt den CP-Schildern folgen. 105631

Gorssel, NL-7213 AX / Gelderland
- Jong Amelte
- Kwekerijweg 4
- 1 Jan - 31 Dez
- +31 5 75 49 13 71
- info@jongamelte.nl

1 AEJMNOPRST 6
2 ABQSXYZ ABDEFGH 7
3 BDFMS ACEFJNQRUVW 8
4 FHJKZ JW 9
5 DLN ABHIJNQ 10
6-10A CEE ① €19,50
4,1ha 35T(100-120m²) 105D ② €27,50

N 52°11'57" E 06°12'59"
A1 Ausfahrt 23 Richtung N348. Ab Gorssel ist der CP 110406
ausgeschildert.

Groenlo, NL-7141 DH / Gelderland
- Marveld Recreatie B.V.
- Elshofweg 6
- 1 Jan - 31 Dez
- +31 5 44 46 60 00
- info@marveld.nl

1 ACDEGILNOPRST BEGHIN 6
2 CPQRWXYZ ABDEFGH 7
3 ABCDEGHIJKLMNRSTVW ABCDEFGJKMNQRTUVW 8
4 ABCDEFGHJLNOPQSTV EJLUVWXY 9
5 ACDEFGHJKLMN ABEFGHIJOPQRSXY 10
6-16A CEE ① €44,20
37ha 273T(100-110m²) 589D ② €62,40

N 52°02'10" E 06°37'58" 100790
Über die N18 Enschede-Doetinchem oder N319 Zutphen-Winterswijk. Ab hier nicht mehr dem Navi folgen. Deutlich angezeigt.

Vakantiepark De Oude Molen

Ferienpark an einem super Standort, Freizeiterholung für jedes Alter. Pool mit Wasserrutsche (Ende April bis Ende August), Freizeitprogramm (Hochsaison), Rundfahrten mit dem Campingbähnchen, Karaoke-Einrichtungen und Restaurant. Sehr schöner Sanitärbau und WLAN (frei) auf der gesamten Anlage.

Wylerbaan 2a, 6561 KR Groesbeek · Tel. +31 243971715
vakantiepark@oudemolen.nl · www.oudemolen.nl

Groesbeek, NL-6561 KR / Gelderland
- Vakantiepark De Oude Molen
- Wylerbaan 2a
- 1 Apr - 31 Okt
- +31 2 43 97 17 15
- vakantiepark@oudemolen.nl

1 AE**JM**NORST — BGH 6
2 APQRUWXY — ABDE**FG**HIK 7
3 AB**FL**MSU — ABCDEFGIJKNQRTUV 8
4 BHJKOT — EVW 9
5 DEFHKLMN — ABDGHIJOPQY 10
Anz. auf dieser S. B 4-16A CEE
€ 35,00 / € 47,25
N 51°47'04" E 05°56'06"
H 3 6,5ha 140**T**(80-120m²) 124**D**
105639

Auf A73 Ausfahrt Groesbeek. In Groesbeek durchs Zentrum den Schildern folgen. CP liegt rechts. An der A50 oder A15 Ausfahrt Kleve. Weiter Richtung Kleve. Nach der Grenze rechts und danach zweite Straße rechts.

Haarlo, NL-7273 PP / Gelderland
- Veldzicht
- Veldweg 1
- 1 Jan - 31 Dez
- +31 5 45 26 12 90
- info@campingveldzicht.nl

1 AE**JM**NOPQRS**T** — N 6
2 PQRTXYZ — ABDE**FG** 7
3 AC**L**SU — ABEFJNPQRTW 8
4 FHJKOQ — BFV 9
5 ADHN — ABFGHJORS 10
B 6A CEE
€ 24,00 / € 36,50
N 52°06'38" E 06°35'25"
3,5ha 80**T**(100-120m²) 3**D**
118315

Von Borculo über die N822 nach Eibergen. Hinter Haarlo ist der CP ausgeschildert.

Harfsen, NL-7217 MD / Gelderland
- De Huurne
- Harfsensesteeg 15
- 30 Mrz - 1 Okt
- +31 5 73 45 90 26
- campingdehuurne@hotmail.com

1 AE**JM**NOPQRS**T** — 6
2 QSWXYZ — AB**FG** 7
3 BEMU — ABCDE**F**HNQRW 8
4 HK — 9
5 D — BG**OQ**Y 10
16A
€ 15,00 / € 18,70
N 52°10'59" E 06°16'34"
1,5ha 65**T**(80-180m²) 18**D**
122309

A1 Ausfahrt 23 Deventer Richtung Eefde. Links halten, um die Kirche herum. Nach 2 km der Harfsense Steeg. Nach 4 km liegt der CP links. Einige GPS-Navis funktionieren hier nicht. Dann auf Koordinaten einstellen.

Harfsen, NL-7217 PG / Gelderland
- Camping De Waterjuffer
- Jufferdijk 4
- 1 Apr - 3 Okt
- +31 5 73 43 13 59
- info@campingdewaterjuffer.nl

1 AE**JM**NOPRS**T** — AL 6
2 AE**IJ**PQSWXYZ — AB**FG**H 7
3 ABFMS — ABCDFJNQRTUVW 8
4 FHJK — 9
5 DEFKLMN — ABDFGHIJ**OQ**Y 10
10-16A CEE
€ 24,80 / € 33,20
N 52°12'39" E 06°17'13"
11,9ha 85**T**(120-150m²) 74**D**
110407

A1 Ausfahrt 23, N348 Richtung Zutphen. In Epse N339 Richtung Laren-Lochem, CP vor Harfsen beschildert.

Harskamp, NL-6732 DC / Gelderland
- De Harscamp
- Edeseweg 190 + Laarweg 29B
- 1 Jan - 31 Dez
- +31 3 18 45 82 02
- info@deharscamp.nl

1 AE**GJM**NOPQR**T** — BG 6
2 APQRWXY — AB**DEFG**H 7
3 ABFMSVX — ACDE**F**JNQRTU 8
4 BDFHLNo**PQ** — 9
5 DEFHLMN — ABCEHIJ**OQ**Y 10
6A CEE
€ 28,50 / € 36,50
N 52°07'39" E 05°44'49"
5,5ha 47**T**(100m²) 162**D**
105573

A1, Ausfahrt Stroe/Garderen Richtung Harskamp, dann CP-Schildern folgen. A50, Ausfahrt Veenendaal, Richtung Ede, dann Richtung Harskamp.

Harskamp, NL-6732 EH / Gelderland
- De Midden Veluwe
- Palmenhuizerweg 1
- 1 Apr - 1 Okt
- +31 3 18 45 64 91
- info@demiddenveluwe.nl

1 AE**IL**NOPRT — LM 6
2 A**F**JKQRXY — AB**FGH** 7
3 ABDFMNSVX — ABE**F**JKNRTUW 8
4 ABCDFHJLO**Q** — CE 9
5 ADEFHKN — ABCEFGHIJOPQY 10
10A CEE
€ 28,50 / € 35,50
N 52°08'14" E 05°45'33"
35ha 21**T**(100m²) 540**D**
105572

A1, Ausfahrt Stroe/Garderen Richtung Harskamp, dann den Schildern folgen.

Hattem, NL-8051 PW / Gelderland
- Molecaten Park De Leemkule
- Leemkuilen 6
- 25 Mrz - 1 Nov
- +31 3 84 44 19 45
- deleemkule.molecaten.nl

1 ADEGHKNOPQRST — AEG 6
2 ABQRSWXYZ — ABDE**FG**H 7
3 AB**F**JL**M**NUV — DFJVWY 9
4 BE**F**HJKO**ST**UV — 9
5 ABDEFHKLMN — ABEIJ**OQ**XY 10
10A CEE
€ 37,15 / € 44,15
N 52°27'22" E 06°02'11"
24ha 150**T**(100m²) 146**D**
105603

A28 Ausfahrt 17 Wezep, am Kreisel geradeaus und an der erste Kreuzung Richtung Heerde. Nach 3,5 km über die Bahnlinie, bis zur Ausfahrt Hattem Wapenveld. Links abbiegen. Nach etwa 3 km Einfahrt zum Park auf der linken Seite.

Hattem, NL-8051 PM / Gelderland
- Molecaten Park Landgoed Molecaten
- Koeweg 1
- 25 Mrz - 30 Sep
- +31 3 84 44 70 44
- landgoedmolecaten@molecaten.nl

1 AE**GIL**NOPQRS**T** — 6
2 ABPQWXYZ — AB**DEFG** 7
3 A**LM** — ABCDE**FG**JNPQRUW 8
4 BCHO — JV 9
5 ADEMN — ABHIJ**OQ** 10
B
€ 26,35 / € 33,35
N 52°27'59" E 06°03'26"
10ha 41**T**(100m²) 62**D**
119903

A50 Ausfahrt Hattem. Über den Hessenweg und Gelderse Dijk. Am Ende rechts ab. Im Nieuweweg rechts ab in die Stationstraat. Dann links in die Stadslaan. Weiter rechts ab zur Eliselaan und links ab in den Koeweg.

Heerde, NL-8181 PC / Gelderland
- De Klippen
- Klippenweg 4
- 1 Apr - 31 Okt
- +31 5 78 69 66 90
- info@campingdeklippen.nl

1 AGHKNOPRT — 6
2 AQRXY — ABDE**FG**H 7
3 AM — ABCDE**F**HJNRUV 8
4 — 9
5 D — BHIJ**ORS** 10
10A CEE
€ 15,00 / € 22,00
N 52°22'40" E 06°00'22"
4ha 20**T**(80m²) 70**D**
105612

A50 Apeldoorn-Zwolle, Ausfahrt 28, den CP-Schildern folgen.

Heerde, NL-8181 PK / Gelderland
- De Mussenkamp
- Mussenkampseweg 28A
- 1 Apr - 31 Okt
- +31 5 78 69 39 56
- info@mussenkamp.nl

1 AE**JM**NOPQRST — L 6
2 ABEJQRWXY — ABDE**FG**HIJK 7
3 BFMS — ABCDE**FG**HIJKNPQRTUVW 8
4 FH — 9
5 DMN — ABCHIJ**OQ**Y 10
10A CEE
€ 22,70 / € 30,90
N 52°22'38" E 06°00'43"
5ha 130**T**(100-150m²) 46**D**
105611

A50 Apeldoorn-Zwolle, Ausfahrt 28 Richtung Heerde, dann den CP-Schildern folgen.

Heerde, NL-8181 LP / Gelderland
- De Zandkuil
- Veldweg 25
- 1 Apr - 1 Nov
- +31 5 78 69 19 52
- info@dezandkuil.nl

1 AE**JM**NOPQRST — AF 6
2 ABQRWXYZ — AB**DEFG**H 7
3 ABC**FL**M — ABCDEFGJNQRTW 8
4 B**F**HIJP — 9
5 ABDEFGHKMN — ABCDEFGHIJN**O**PSTY 10
6-16A CEE
€ 29,10 / € 37,70
N 52°24'38" E 06°02'37"
11,5ha 160**T**(90-100m²) 164**D**
101553

A50 Apeldoorn-Zwolle, Ausfahrt 29 Heerde. Am ersten Kreisel 2. Ausfahrt (Molenweg), am nächsten Kreisel 1. Ausfahrt, am dritten Kreisel 2. Ausfahrt Richtung Wapenveld, links in den Koerbergseweg. Dann Schildern folgen.

ACSI Club iD

Ihr Pass oder Ausweis sicher in der Tasche
Die praktische ACSI Clubkarte

Nur **4,95 €** im Jahr

- Ausweisersatz
- Akzeptiert auf fast 8 400 Campingplätzen in Europa
- Inklusive Haftpflichtversicherung
- Rabatt im ACSI-Webshop

www.ACSI.eu/ACSIClubID

Lieren/Beekbergen, NL-7364 CB / Gld.

- Ardoer comfortcamping De Bosgraaf
- Kanaal Zuid 444
- 25 Mrz – 29 Okt
- +31 5 55 05 13 59
- bosgraaf@ardoer.com
- N 52°08'39" E 06°02'09"

1 ADEHKNOPRT BGHN 6
2 ABQRXYZ ABDEFGH 7
3 ABCEFLMNVX ABCDEFGHIJNQRTUW 8
4 BDFGHIJKLOQ ACFJVW 9
5 ABCDEHKMN ABCDEHIJOPQY 10
6-16A CEE
22ha 187T(100-144m²) 347D
① €33,00 ② €43,00
109866

A1 Ausfahrt 20 'Apeldoorn-Zuid/Beekbergen' nach der Ausfahrt links ab den Schildern folgen. Oder A50 Ausfahrt 23 Loenen Richtung Loenen links ab Klarenbeek. Schildern folgen.

Lochem, NL-7241 PV / Gelderland

- Erve Harkink
- Zwiepseweg 138
- 1 Apr – 1 Nov
- +31 5 73 25 17 75
- info@erveharkink.nl
- N 52°09'05" E 06°25'59"

1 AJMNOPRST 6
2 APQRXYZ ABDEFG 7
3 BLMSUX ABCDEFKNQRTW 8
4 FGHIJKO Y 9
5 DN ABCGJORSY 10
B 6A CEE
3ha 100T(100-110m²) 30D
① €19,50 ② €32,40
115373

Vom Zentrum Lochem Richtung Barchem N312. Nach 600m links und am Ende der Strecke nach rechts. Nach 900m liegt der CP rechts der Strecke.

Lunteren, NL-6741 KG / Gelderland

- De Rimboe
- Boslaan 129
- 11 Mrz – 22 Okt
- +31 3 18 48 23 71
- info@campingderimboe.nl
- N 52°05'31" E 05°39'47"

1 ADEILNOPQRST 6
2 ABQRUWXYZ ABDEFGH 7
3 ABCFMSX ABCDEFIJNPQRTUVW 8
4 EFHIJO FJV 9
5 DMN ABCDGHIJOPQY 10
6-10A CEE
12,2ha 140T(80-120m²) 163D
① €19,95 ② €28,35
100783

A30 Ausfahrt Lunteren. Umfahrung folgen (also nicht ins Zentrum hinein). Danach ist der CP ausgeschildert.

Lunteren, NL-6741 JP / Gelderland

- Recreatiecentrum de Goudsberg
- Hessenweg 85
- 1 Apr – 1 Nov
- +31 3 18 48 23 86
- info@goudsberg.nl
- N 52°05'54" E 05°38'40"

1 ACDEJMNOPQRST AEG 6
2 ABPQRSUXYZ ABFGJ 7
3 BFJMNSX ABCDFJKNPRTUV 8
4 AFGHIJLOQ 9
5 ABDEFHLN ABCFHIJNQUY 10
10-16A CEE
16ha 100T 300D
① €37,00 ② €37,00
105571

A30, Ausfahrt 3 Richtung Lunteren. Dann der VVV-Beschilderung Freizeitzentrum De Goudsberg folgen.

Maasbommel, NL-6627 KT / Gelderland

- Het Molenstrand
- Bovendijk 6A
- 1 Apr – 31 Okt
- +31 4 87 54 23 36
- info@molenstrand.nl
- N 51°50'20" E 05°32'51"

1 BDEGILNOPQRT LMNQSTXYZ 6
2 EIKLQRWX ABFG 7
3 AHIMS ABCDEFJNRUV 8
4 H OPR 9
5 DEFHJLMN ABEFGHJOQY 10
10A CEE
3ha 33T(60m²) 104D
① €30,25 ② €33,25
117997

Auf der N329 Ausfahrt 'Het Groene Eiland' nehmen. Der CP ist danach deutlich angezeigt. Wohnwagen und Reisemobile der Beschilderung nach links abbiegen, dann den Navi folgen.

Maurik, NL-4021 GG / Gelderland

- Vakantiepark Eiland van Maurik
- Eiland van Maurik 7
- 26 Mrz – 1 Nov
- +31 3 44 69 15 02
- receptie@eilandvanmaurik.nl
- N 51°58'34" E 05°25'49"

1 ADEGJMNOPQRST DGHLNQSXYZ 6
2 EJQWXY ABDEFGHK 7
3 BDEFGHIJLMTUVW ABCDEFGJKNQRTUVW 8
4 BCDFHIJLOPQ AFJNORTUVWXY 9
5 ACDEFGHILM ABEFGHIJOQY 10
B 10A
14ha 250T(110-120m²) 430D
① €42,00 ② €52,00
105527

A15 Ausfahrt 33 Tiel/Maurik, über die A2 Ausfahrt 13 die N230 Culemborg/Kesteren. Richtung Maurik und 'Eiland van Maurik' folgen.

Neede, NL-7161 LW / Gelderland

- Den Blanken
- Diepenheimseweg 44
- 1 Apr – 24 Sep
- +31 5 47 35 13 53
- info@campingdenblanken.nl
- N 52°10'49" E 06°35'13"

1 AEJMNOPRST BGJN 6
2 CQRWXYZ ABDEFGH 7
3 ABCDLMNSV ABCDEFGJKNPQRTUVW 8
4 BDFHJLO ACFJUVW 9
5 ABDEFGHKLMN ABCDFGHIJMORSXY 10
B 6-10A CEE
7,2ha 184T(100-150m²) 54D
① €26,10 ② €39,60
108277

Auf der Strecke Diepenheim-Neede, der CP wird ausgeschildert.

Nieuw-Milligen, NL-3888 NR / Gelderland

- Landal Rabbit Hill
- Grevenhout 21
- 4 Jan – 31 Dez
- +31 5 77 45 64 31
- rabbithill@landal.nl
- N 52°13'06" E 05°47'07"

1 ADEHKNOPRST BEGI 6
2 ABPQRWYZ ABDEFGHK 7
3 ABCDFGJLMNRSUVX ABCDEFGJKNQRTUVW 8
4 BDEFGHJKLOPQS CEJUVWY 9
5 ACDEFHJLMN ABCDEHJNOPQXY 10
10-16A CEE
6ha 140T(100-120m²) 332D
① €42,00 ② €53,00
110507

A1 Ausfahrt 18 Richtung Harderwijk. Kurz vor der N344 rechts ab. CP gut ausgeschildert.

Nunspeet, NL-8071 PB / Gelderland

- de Tol
- Elspeterweg 61
- 1 Apr – 31 Okt
- +31 3 41 25 24 13
- info@camping-detol.nl
- N 52°21'24" E 05°47'19"

1 AEGHKNOPQRST BGL 6
2 ABEJPQRWXYZ ABFGH 7
3 ABCDEFGJLMSUVX ABCDEFGKNQRTW 8
4 BCDEFHJLNOPQ FJUVW 9
5 ABDEFGHKLMN ABEGHJOSXY 10
B 6-12A CEE
12,5ha 180T(80-150m²) 124D
① €34,15 ② €42,15
105557

A28, Ausfahrt 14 Nunspeet/Elspeet, Richtung Elspeet. CP ausgeschildert.

Nunspeet, NL-8072 PK / Gelderland

- Camping De Witte Wieven
- Wiltsangh 41
- 1 Apr – 31 Okt
- +31 3 41 25 26 42
- info@wittewieven.nl
- N 52°22'50" E 05°49'01"

1 AEGJMNOPQRST AF 6
2 ABQXY ABFG 7
3 BCGHILM ABEFJNQRTW 8
4 BCHO FJUVWXY 9
5 DEFHKMN ABGHJORSY 10
6-10A CEE
18,8ha 70T(100m²) 211D
① €26,40 ② €36,40
111026

Auf der A28 Ausfahrt 15 Richtung Nunspeet, 1. Straße hinter dem Bahnübergang.

Oosterbeek, NL-6861 AG / Gelderland

- Aan Veluwe
- Sportlaan 1
- 26 Mrz – 25 Okt
- +31 2 24 56 31 09
- info@aanveluwe.nl
- N 51°59'37" E 05°49'19"

1 AGJMNOPRST 6
2 ABPQRWYZ ABFGH 7
3 A CDEFJNQUV 8
4 FH V 9
5 DN ABEFHJOQY 10
16A CEE
8ha 114T(100-120m²)
① €38,50 ② €41,50
100797

In Oosterbeek im Kreisverkehr Ausfahrt Valkenburglaan. Dann nach 300m links gegenüber dem Reitstall in die Sportlaan.

Oosterhout, NL-6678 MC / Gelderland

- De Grote Altena
- Waaldijk 38
- 1 Apr – 5 Okt
- +31 4 81 48 12 00
- info@campingdegrotealtena.nl
- N 51°52'32" E 05°48'27"

1 ADEJMNOPQRT JN 6
2 ACIJQVY ABEFGHK 7
3 AFLMSU ABCDEFGHJNPQRTUV 8
4 GHJO EHJV 9
5 AKLMN ABGHJOQUW 10
B 6-10A CEE
4,5ha 80T(108-126m²) 40D
① €30,00 ② €38,50
105630

Über die A15 Ausfahrt Oosterhout im Dorf den Schildern folgen. CP liegt am Waaldijk.

Opheusden, NL-4043 JX / Gelderland

- De Linie
- Markstraat 3A
- 1 Jan – 31 Dez
- +31 4 88 12 14
- info@campingdelinie.nl
- N 51°56'12" E 05°35'50"

1 ADEGJMNOPQRST LN 6
2 ACEPQRWXYZ ABDEFGH 7
3 AFMSU ABFKNQRTUW 8
4 BDFGHJO FIJ 9
5 DEJLMNO ABHJOQV 10
10A CEE
5ha 50T(100m²) 53D
① €25,00 ② €27,50
121362

A15 Ausfahrt 35 Ochten. N233 Richtung Kesteren. Dann rechts ab Richtung Opheusden, nach rechts(Hauptstraße) 280m. Weiter dann rechts Broekdijk. Nochmal rechts ab und den Schildern folgen.

Opheusden, NL-4043 JX / Gelderland

- Recreatiepark De Markplas
- Markstraat 1
- 1 Mrz – 31 Okt
- +31 4 88 48 27 31
- markplas@kpnmail.nl
- N 51°56'22" E 05°35'49"

1 AEJMNOPQRST LN 6
2 AFQTXYZ ABF 7
3 AMS AFMNRUVW 8
4 CFHJ 9
5 EHO ABCFHJMQY 10
6A CEE
H675 5,5ha 18T(100-150m²) 51D
① €16,00 ② €16,00
125282

A15, Ausf. 35 Ochten. N233 Ri. Kesteren/Rhenen. Rechts in die Hoofdstraat einbiegen und am Kreisverkehr die 1. Ausf. auf Broekdijk, Tielsestraat nehmen. Dann links abbiegen. Der CP liegt auf der rechten Seite.

ACSI Camping Europa-App

9 500 Campingplätze in einer praktischen App

www.eurocampings.de/app

Otterlo, NL-6731 SN / Gelderland CC€20 iD
- Beek en Hei
- Heideweg 4
- 1 Jan - 31 Dez
- +31 3 18 59 14 83
- info@beekenhei.nl

1 ADEG**J**MNOPR**T** 6
2 ABPQRTWXYZ ABDE**FGH**K 7
3 ABMX ABCDE**F**IJNQRTUV 6
4 ABFHIJO FVW 9
5 ABDN ABCDFGHIJN**O**STY10
B 4-6A CEE
5ha 120**T**(60-100m²) 10**D**
① €26,30
② €32,30

N 52°05'31'' E 05°46'14'' 105563

A12, Ausfahrt 23 Arnhem-Oosterbeek Richtung Arnhem, dann Richtung Otterlo und den CP-Schildern folgen.

Otterlo, NL-6731 BV / Gelderland CC€22 iD
- EuroParcs De Wije Werelt
- Arnhemseweg 100-102
- 1 Jan - 31 Dez
- +31 8 80 70 81 70
- kcc@europarcs.nl

1 ADE**I**LNOPRST 6
2 ABPQRTWXYZ AB**FG**HK 7
3 ABCDEFMX ABCDFGJKM**N**QRTUV 8
4 ABFGHIJKL CFJVWY 9
5 ACDEFHLMN ABCDEGHIJOPQY10
Anzeige auf Seite 177 B 10-16A CEE
12ha 150**T**(100-150m²) 153**D**
① €48,00

N 52°05'12'' E 05°46'10'' 105562

A12, Ausfahrt 23 oder 25. A1, Ausfahrt 17 oder 19, an allen Ausfahrten findet man das Schild Park Hoge Veluwe. In Otterlo Schildern folgen.

Putten, NL-3881 NE / Gelderland iD
- De Rusthoeve
- Garderenseweg 168
- 27 Mrz - 1 Nov
- +31 77 46 12 46
- info@rusthoeve.nl

1 AEG**I**LNOPQRST 6
2 ABPQRWXY AB**FG**H 7
3 BEMS ACDEF**J**MNPQRTUV 5
4 BDFHJKLO JV 5
5 DN ABCEGHJOPQY10
16A CEE
8,5ha 25**T**(70-130m²) 220**D**
① €28,05
② €40,60

N 52°14'12'' E 05°40'29'' 105568

A1 Ausfahrt 17 durch Garderen Richtung Putten. Von Putten: Richtung Garderen, 5 km außerhalb von Putten. CP liegt an der Südseite der Straße.

Putten, NL-3882 RN / Gelderland CC€18 iD
- Strandparc Nulde
- Strandboulevard 27
- 1 Jan - 31 Dez
- +31 3 41 36 13 04
- info@strandparcnulde.nl

1 ADEG**J**MNOPQRST LNQSXYZ 6
2 AFIJKQRWXY AB**FG**H 7
3 BFG**L**MV ABCDE**FGI**JNQRTUVW 8
4 BDFHJO JNQRTV 9
5 ADEFHKLN ABCDFGHOPQY10
Anz. auf dieser Seite B 6-12A CEE
15ha 50**T**(90-110m²) 191**D**
① €35,05
② €37,60

N 52°16'17'' E 05°32'14'' 105569

A28 Ausfahrt 10 Strand Nulde. Der CP liegt am Wasser und ist an der Ausfahrt angezeigt.

Ruurlo, NL-7261 MR / Gelderland CC€18 iD
- Tamaring
- Wildpad 3
- 26 Mrz - 8 Okt
- +31 5 73 45 14 86
- info@camping-tamaring.nl

1 AE**J**MNOPRT F 6
2 I**Q**RWXYZ AB**DEFG**HK 7
3 ABC**L**MSX ABCDE**FG**JKNPQRTUV 8
4 BFGHIJ CFGHJV 9
5 ABDMN ABCDFGHJOQY10
B 10A CEE
3,5ha 108**T**(100-150m²) 4**D**
① €27,00
② €34,50

N 52°06'10'' E 06°26'29'' 108280

A1 Ausfahrt 26 von Norden: N332 Richtung Lochem-Barchem-Ruurlo. Schilder kurz vor dem CP.

Stokkum, NL-7039 CW / Gelderland CC€18 iD
- De Slangenbult
- St. Isidorusstraat 12
- 1 Jan - 31 Dez
- +31 3 14 66 27 98
- info@deslangenbult.nl

1 AE**J**MNOPQRS**T** 6
2 ABPQRUXY ABDE**FG** 7
3 ABF**L**MSUX ABCDEFJNPRTW 8
4 FHJ UVW 9
5 DN ADEGHJ**O**QY10
10-16A CEE
10ha 75**T**(100-140m²) 75**D**
① €24,50
② €35,00

N 51°52'43'' E 06°12'53'' 108357

A12 Ausfahrt 30 Beek, Ri. Beek halten. 1. Kreisel in Beek rechts ab, direkt danach li. Straße links, dieser 3 km folgen. In Stokkum 1. Straße rechts (die lange Hecke). CP-Schildern folgen.

Stokkum, NL-7039 CV / Gelderland CC€18 iD
- Landgoed Brockhausen
- Eltenseweg 20
- 1 Apr - 1 Okt
- +31 3 14 66 12 12
- campingbrockhausen@gmail.com

1 AE**J**MNOPQRS**T** 6
2 ABQRXYZ ABDE**FGH** 7
3 A**L**S ABCDE**FG**HIJKNQRTUVW 8
4 **E**FGH J 9
5 A ABCFGHIJ**O**SV10
B 10A CEE
10ha 48**T**(100-140m²) 37**D**
① €25,55
② €36,05

N 51°52'40'' E 06°12'39'' 110592

A3 Ausfahrt Emmerich/'s-Heerenberg, in 's-Heerenberg Richtung, dann dem CP-Schildern folgen.

Stroe, NL-3776 PV / Gelderland CC€16 iD
- Jacobus Hoeve
- Tolnegenweg 53
- 27 Mrz - 31 Okt
- +31 3 42 44 13 19
- info@jacobus-hoeve.nl

1 ADEG**J**MNOPQRS**T** 6
2 AQRSTWXY AB**FG**H 7
3 ABCEMSVX ABCDE**F**JNPQRTUV 6
4 **B**E**F**HL FJVW 9
5 BEFHKMN ABCDEFHJQQY10
10-16A CEE
5ha 60**T**(100-150m²) 117**D**
① €23,05
② €30,40

N 52°11'38'' E 05°40'42'' 117914

A1 Ausfahrt 17 Richtung Stroe. Am 1. Kreisel links, vorm Bahnübergang rechts. CP nach 800m links der Straße.

Teuge, NL-7395 PG / Gelderland iD
- Camping de Weeltenkamp
- De Zanden 215
- 15 Mrz - 1 Okt
- +31 6 15 14 05 01
- info@deweeltenkamp.nl

1 AFG**J**MNOPRS**T** 6
2 AIQSWXYZ ABDE**FG**K 7
3 ABCDE**F**LMSV ABCDEFGHJKNPQRTW 8
4 BHJK FGJV 9
5 DEN**O** ABFGHIJOQY10
B 6-10A CEE
4ha 82**T**(120-150m²) 47**D**
① €22,30
② €34,05

N 52°14'56'' E 06°03'25'' 122277

A50 Ausfahrt 26 Terwolde/Vaassen, links Terwolde dann Richtung Teuge. Nach 1,5 km ist der CP angezeigt.

Ugchelen, NL-7339 GG / Gelderland CC€18 iD
- De Wapenberg
- Hoenderloseweg 187
- 25 Mrz - 3 Okt
- +31 5 55 33 45 39
- info@dewapenberg.nl

1 AE**J**MNOPRT 6
2 ABQRSUWXYZ ABDE**FGH** 7
3 AEM ABCDE**F**JKNQRTUV 8
4 **F**HJ V 9
5 DN BCDGHIJ**O**Q10
B 6-16A CEE
4ha 59**T**(80-140m²) 56**D**
① €24,50
② €33,50

N 52°10'19'' E 05°54'45'' 105620

A1, Ausfahrt 19 Hoenderloo Richtung Ede/Hoenderloo. Den CP-Schildern folgen. Über die A50 Ausfahrt 22. In Beekbergen, 1. Ampel rechts. Der Straße solange folgen, bis der CP angezeigt ist.

Vaassen, NL-8171 RA / Gelderland iD
- De Helferkamp
- Gorteleseweg 24
- 1 Mrz - 31 Okt
- +31 5 78 57 18 39
- info@helfterkamp.nl

1 ADEG**J**MNOPRT 6
2 AQWXY ABDE**FGH** 7
3 ABCEFMS ABCDE**F**GIJKNQRTUVW 8
4 **B**FHJKO DEJUVW 9
5 ACDMN ABCGHJQQY10
B 6-16A CEE
4ha 180**T**(100-120m²) 42**D**
① €25,70
② €36,90

N 52°17'27'' E 05°56'42'' 105619

A50 Apeldoorn-Zwolle, Ausfahrt 26 Vaassen, dann den Schildern folgen.

Vierhouten, NL-8076 RC / Gelderland iD
- Beans-Hill
- Elspeetbosweg 74
- 1 Apr - 30 Okt
- +31 5 77 41 13 26
- info@beans-hill.nl

1 AE**I**LNOPRT 6
2 ABQRSTWXY ABD**EFG** 7
3 A**L**M ABE**F**JNRTUVW 8
4 FHK 9
5 DMN ABEHIJ**O**Q10
10A CEE
3,2ha 16**T**(100-140m²) 90**D**
① €21,80
② €27,80

N 52°19'32'' E 05°49'26'' 108988

A28 Amersfoort-Zwolle Ausfahrt Nunspeet/Elspeet Richtung Vierhouten. Dann Schildern folgen.

Vierhouten, NL-8076 PM / Gelderland CC€20 iD
- Recreatiepark Samoza
- Plaggeweg 90
- 25 Mrz - 30 Okt
- +31 5 77 41 12 83
- info@samoza.nl

1 ADE**J**MNOPQRST BEGH 6
2 ABQRSWXYZ ABDE**FGH** 7
3 ABCE**F**H**I**LMNS ABCDEFGHJKM**N**RTUVW 8
4 BCDF**H**JKLMNOP**Q** CJVWY 9
5 ACDEHKLMN ABEGHIKNPQY10
B 4-10A CEE
70ha 310**T**(100m²) 911**D**
① €53,30
② €55,60

N 52°20'54'' E 05°49'27'' 105617

A28 Amersfoort-Zwolle, Ausfahrt 14 Nunspeet/Elspeet. Dann Richtung Vierhouten. Danach den Schildern folgen.

Voorst, NL-7383 AL / Gelderland iD
- De Adelaar
- Rijksstraatweg 49
- 1 Jan - 31 Dez
- +31 5 75 50 19 72
- info@campingdeadelaar.nl

1 AEG**I**LNOPRST 6
2 AC**I**QRSWXYZ AB**FG**IK 7
3 ACDE**L**MU ABCDE**FG**JKNPQRUW 8
4 FHJ VWY 9
5 N ABFGHJOQY10
6-10A CEE
1ha 15**T**(120-150m²)
① €20,50
② €30,50

N 52°10'37'' E 06°08'26'' 122769

A1 Ausf. Ri. Zutphen (N345), geht am Camping entlang. Er liegt vor der Ortsbebauung von Voorst, links. Von der A50 Ausf. 24 Ri. Zutphen (N345) vor der Ortsbebauung von Voorst, links.

Niederlande

Camping am Freizeitsee ''t Hilgelo' und dem Landgut 'Het Bönnink', 2 km von Winterswijk. Einmalige Kombination mit der Klompenmacherei, die man auf Anfrage auch besuchen kann. Gute Sanitäranlagen (beheizt). Der Campingplatz ist auch geeignet für behinderte Campinggäste. Hervorragende Ausgangsbasis für Wander- und Radtouren. Ganzjährig geöffnet.

Waliënsestraat 139A, 7103 EA Winterswijk
Tel. +31 543531503 • E-Mail: info@hagencampklomp.nl

Voorthuizen, NL-3781 NJ / Gelderl.
- Ardoer Vakantiepark Ackersate
- Harremaatweg 26
- 1 Apr - 31 Okt
- +31 3 42 47 12 74
- receptie@ackersate.nl

1 ADEGILNOPQRST
2 APQRWXY ABCDEFGHK 7
3 ABCDEFJMNSUVX ABCDEFGJKLNPQRTUV 8
4 BCDHJKLOU BCEFHJUVWX 9
5 ACDEFGHJLMNO ABCDEFGHJOPQWY10
B 10-16A CEE €51,10
23ha 194T(100-130m²) 371D €66,45

N 52°11'11" E 05°37'30"
A1 Ausfahrt 16. In Voorthuizen die N344 rechts ab Richtung Garderen. Kurz hinter Voorthuizen rechts ab. Ist angezeigt. 105565

Voorthuizen, NL-3781 NG / Gelderland
- Beloofde Land
- Bosweg 17
- 1 Apr - 31 Okt
- +31 3 42 47 29 42
- info@beloofdeland.nl

1 AEGJMNOPQRST AG 6
2 AJPQRWXY ABDEFGH 7
3 ABCDEFGMVW ABCDFGJKNQRTUVW 8
4 BCDFHJKLOQ ACEFJVY 9
5 ABDEMN ABHJLOQ10
B 6-10A CEE €41,00
5ha 109T(80-150m²) 70D €51,00

N 52°11'14" E 05°37'23"
A1 Ausfahrt 16. In Voorthuizen rechts die N344 Richtung Garderen. Kurz hinter Voorthuizen rechts ab. CP ist ausgeschildert. 112726

Voorthuizen, NL-3781 NJ / Gelderland
- Recreatiepark De Boshoek
- Harremaatweg 34
- 26 Mrz - 31 Okt
- +31 3 42 47 12 97
- info@deboshoek.nl

1 ADEGILNOPQRST BEG 6
2 APQRWXY ABCDEFGH 7
3 ABCFGJMNRSTVX ABCDFGJKNQRTUV 8
4 BCDFHJLNOSTVZ BCEFHJUVW 9
5 ABCDEFHJLMNO ABCDEFHIJOQY10
Anzeige auf dieser Seite B 10A CEE €61,00
4,5ha 116T(110-120m²) 120D €72,00

N 52°11'15" E 05°37'51"
A1 Ausfahrt 16 Richtung Voorthuizen, am Kreisel die N344 Richtung Garderen. Kurz hinter Voorthuizen rechts ab. Der CP ist angezeigt. Die Rezeption ist gegenüber der CP-Einfahrt! 118628

ENDLOS GENIESSEN IN DER NATIONAL LANDSCHAFT WINTERSWIJK

www.detweebruggen.nl | info@detweebruggen.nl

Voorthuizen, NL-3781 NW / Gelderland
- De Zanderij
- Hoge Boeschoterweg 96
- 30 Mrz - 30 Okt
- +31 3 42 47 13 43
- info@zanderij.nl

1 AEGJMNOPQRST BDG 6
2 ABQRWXYZ ABDEFGH 7
3 ABCFGHIMNSVX ABCDEFGJKNQRTUV 8
4 BCDFHJLNOPQTX CEV 9
5 ACDEFGHLMN ABCEHJOPSTY10
B 6A CEE €33,85
12ha 115T(100-120m²) 243D €41,70

N 52°12'09" E 05°39'20"
A1 Ausfahrt 16, N303 Richtung Voorthuizen. Am Kreisel N344 Richtung Garderen. Nach rund 3 km links ab. CP ist angezeigt. 105566

Vorden, NL-7251 JL / Gelderland
- De Goldberg
- Larenseweg 1
- 1 Apr - 29 Okt
- +31 5 75 55 16 79
- info@degoldberg.nl

1 AEGJMNOPQRST 6
2 QRWXYZ ABDEFG 7
3 BHILMX ABCDEFHJKNQRTUVW 8
4 BDFHIJKOQ EFUVWY 9
5 ABDEFHJKMN ABCGHJOQWX10
6-10A CEE €20,60
4,5ha 45T(100-120m²) 87D €28,70

N 52°07'04" E 06°19'26"
Aus Vorden N319 Richtung Ruurlo, hinter Bahnschranken links ausgeschildert. 105710

Vorden, NL-7251 KT / Gelderland
- 't Meulenbrugge
- Mosselseweg 4
- 1 Apr - 31 Okt
- +31 5 75 55 66 12
- info@meulenbrugge-vorden.nl

1 AEGJMNOPRSTW 6
2 DQRXYZ ABDEFG 7
3 LSX ABCDFJMNQRUVW 8
4 FGHI FVW 9
5 ADMN ABCDFGHJOQY10
10-16A CEE €25,00
4ha 107T(100-150m²) 4D

N 52°06'28" E 06°21'16"
Von Zutphen N 346 ri N319 Vorden. Am Ende von Vorden Richtung Ruurlo fahren. Nach 2 km in einer scharfen Kurve links in den Mosselseweg abbiegen. Der Campingplatz ist ausgeschildert. 118314

Warnsveld, NL-7231 PT / Gelderland
- Camping Warnsveld
- Warkenseweg 7
- 1 Apr - 31 Okt
- +31 5 75 43 13 38
- leunk000@wxs.nl

1 AEGILNOPQRST F 6
2 QRXYZ ABFGH 7
3 GLX AFNRTW 8
4 FHIJO 9
5 DEHMN ABCHJOQY10
B 6A CEE €21,50
4,5ha 50T(75-100m²) 85D €32,10

N 52°08'02" E 06°17'20"
Zutphen-Lochem (N346) fahren. Der CP ist ausgeschildert. Oder die N319 Warnsveld-Vorden. Ebenfalls ausgeschildert. 109359

Wilp, NL-7384 CT / Gelderland
- Kampeerhoeve Bussloo
- Grotenhuisweg 50
- 1 Jan - 31 Dez
- +31 6 20 98 16 59
- info@kampeerhoevebussloo.nl

1 AEFGJMNOPRST 6
2 AIQSWXY ABFGHIK 7
3 ACLSU ABEFGJNQRTUV 8
4 HJK FJVW 9
5 DN ABDFGHIJOQ10
B 10A CEE €26,00
1ha 40T(144m²) 6D €36,00

N 52°12'33" E 06°06'33"
A1 Ausfahrt 22 Twello Richtung Wilp. Nach 200m rechts (Molenallee). Der Straße bis zum CP (Grotenhuisweg) folgen. 121884

Winterswijk, NL-7103 EA / Gelderland
- Camping Klompenmakerij ten Hagen
- Waliënsestraat 139A
- 1 Jan - 31 Dez
- +31 5 43 53 15 03
- info@hagencampklomp.nl

1 ADEILNOPQRST LNQS 6
2 EQRWXYZ ABDEFG 7
3 ABFLMX ABEFJNPQRTUVW 8
4 BDFHIJ 9
5 DN ABFGHIJOQY10
Anz. auf dieser Seite B 10-16A CEE €28,00
2ha 50T(100-150m²) 36D €35,40

N 51°59'28" E 06°43'09"
N319 Groenlo-Winterswijk. Kreisel am Groenloseweg Ri. Erholungsgebiet 't Hilgelo. Danach den Schildern folgen. Liegt ca. 1 km nördlich von Winterswijk. 113408

Winterswijk, NL-7109 AH / Gelderland
- Vakantiepark De Twee Bruggen
- Meenkmolenweg 13
- 1 Jan - 31 Dez
- +31 5 43 56 53 66
- info@detweebruggen.nl

1 ADEJMNOPQRST BEGHLN 6
2 CEQRXYZ ABDEFGH 7
3 ABCFGJLMNRV ABCDEFJNQRTUVW 8
4 BFHJKLOPRST ACJRVWY 9
5 ABCDEHJKLN ABCEGHJOPQXY10
Anz. auf dieser Seite 10-16A CEE €45,80
30ha 350T(80-100m²) 324D €60,00

N 51°56'58" E 06°38'47"
Von der A18 (Doetinchem) zur N18 Varsseveld; über die N318 nach Aalten. Kurz vor Winterswijk links zum CP. Deutlich ausgeschildert. 115784

Winterswijk, NL-7115 AG / Gelderland
- Het Winkel
- De Slingeweg 20
- 1 Jan - 31 Dez
- +31 5 43 51 30 25
- info@hetwinkel.nl

1 ABCDEILNOPQRST BGH 6
2 BQRWXY ABDEFGH 7
3 ABDFLMNRSVX ABCDEFGJKNPQRTUVW 8
4 BCDFGHJKLOPQST CJUVW 9
5 ABDEFGHJKLN ABCFHJOQY10
Anzeige auf Seite 187 10-16A CEE €37,40
20ha 350T(90-200m²) 262D €46,10

N 51°57'08" E 06°44'13"
Winterswijk Richtung Borken. CP ausgeschildert. 105787

Camping Vreehorst

Vreehorstweg 43, 7102 EK Winterswijk
WWW.VREEHORST.NL +31 543 514805
attraktiv kalkulierte Angebote

- Komfortplätze
- Sanitär*****
- Plätze mit Privatsanitär
- Chaletvermietung
- Safarizelte
- Trek-In Wanderhütten
- Hallen- und Freibad
- 1 km zum Obelink

Niederlande

Winterswijk, NL-7102 EK / Gelderland CC€22 iD
▲ Vreehorst
🏠 Vreehorstweg 43
📅 1 Jan - 31 Dez
📞 +31 5 43 51 48 05
@ info@vreehorst.nl

1 ADE**JM**NOPQRST AEG**N** 6
2 QRWXYZ ABDE**FG**H 7
3 BCFMV ABCDEFGJKNQRTUVW 8
4 BFHK**O**T ACFHJVWY 9
5 ABDEHJKN ABCDEFGHJOPQWXY 10
Anzeige auf dieser Seite 8-16A CEE ❶ €38,90
10ha 200**T**(90-150m²) 100**D** ❷ €48,90

📍 N 51°56'56" E 06°41'30"
🚗 An der Straße zwischen Aalten und Winterswijk ca. 2 km von Winterswijk den Schildern folgen.

105785

Zelhem, NL-7021 HR / Gelderland CC€16 iD
▲ Vakantiepark De Betteld
🏠 Aaltenseweg 11
📅 1 Apr - 31 Okt
📞 +31 3 14 62 72 00
@ zelhem@betteld.nl

1 ADEG**JM**NOQRS**T** BG 6
2 FJKQRWXY AB**FG**H 7
3 ABCF**L**MVX ABCDE**F**KNQRTW 8
4 ABCDFHJL**Q** CEJVY 9
5 ABDEFGHM ABCHIJLORSXY 10
B 4A CEE ❶ €40,40
21ha 85**T**(80-100m²) 112**D** ❷ €52,20

📍 N 52°00'42" E 06°23'12"
🚗 Doetinchem N315 Ringstraße Richtung Zelhem. Ruurloseweg. Der Campingplatz ist ausgeschildert.

113409

Winterswijk/Henxel, NL-7113 AA / Gld. CC€20 iD
▲ Het Wieskamp
🏠 Kobstederweg 13
📅 18 Mrz - 2 Nov
📞 +31 5 43 51 46 12
@ info@wieskamp.nl

1 ADE**JM**NOPQRST BG 6
2 KRXY AB**FG** 7
3 ABD**L**MR ABEFNQRUVW 8
4 A BCDFHIJK CJVW 9
5 ABDEFHLM ABCDEFGHJQQY 10
Anzeige auf dieser Seite B 16A CEE ❶ €35,40
11ha 32**T**(140-150m²) 245**D** ❷ €44,80

📍 N 51°59'12" E 06°44'35"
🚗 Groenlo Richtung Vreden. An dieser Straße dem Hinweis zum CP folgen.

120215

Het Wieskamp

Geselliger, mittelgroßer Camping mit vielen Einrichtungen in Winterswijk. Alle großen Stellplätze sind mit Privatsanitär ausgestattet. Viele Möglichkeiten von wandern bis Rad fahren vom Platz aus. Überdachtes Spielen für die Kinder.

**Kobstederweg 13, 7113 AA Winterswijk/Henxel
Tel. 0543-514612 • E-Mail: info@wieskamp.nl
Internet: www.wieskamp.nl**

Winterswijk/Kotten, NL-7107 BE / Gld. CC€16 iD
▲ De Italiaanse Meren
🏠 Buitinkweg 7
📅 1 Jan - 31 Okt
📞 +31 5 43 56 32 71
@ info@italiaansemeren.nl

1 ADE**JM**NOPQRST **N** 6
2 QXY ABDE**FG** 7
3 BC**KL**SV ABCDE**F**MNW 8
4 HI CJVWX 9
5 ABEFHJL ABCGH**O**YZ 10
6-16A CEE ❶ €27,40
20,5ha 92**T**(120-200m²) 186**D** ❷ €35,80

📍 N 51°55'53" E 06°46'54"
🚗 A31, Ausfahrt 33 Gescher, weiter B525/L558 Richtung Südlohn-Oeding (Grenze), ab hier die L558/N319 Richtung Winterswijk. Den CP-Schildern folgen.

111506

Winterswijk/Meddo, NL-7104 BG / Gelderl. CC€20
▲ Camping Recreatiepark Sevink Molen
🏠 Hilgeloweg 7
📅 1 Jan - 31 Dez
📞 +31 5 43 55 12 25
@ info@campingsevinkmolen.nl

1 DE**JM**NOPQRST LN 6
2 EJQRXYZ ABDE**FG** 7
3 **BDLUV** ABCDEFJK**M**NQRTUVW 8
4 BFHK ACIJNVWY 9
5 AEFIKLN AEFGHJ**O**QY 10
10A CEE ❶ €29,40
7,5ha 60**T**(140m²) 71**D** ❷ €37,40

📍 N 51°59'53" E 06°43'10"
🚗 A31, Ausfahrt 33 Gescher, weiter B525/L558 Richtung Südlohn-Oeding (Grenze), ab hier die L558/N319 Richtung Winterswijk. Den CP-Schildern folgen.

107858

Zennewijnen, NL-4062 PP / Gelderland CC€22 iD
▲ Campingpark Zennewijnen
🏠 Hermoesestraat 13
📅 1 Apr - 1 Okt
📞 +31 3 44 65 14 98
@ info@campingzennewijnen.nl

1 ADE**JM**NOPRST AF 6
2 ACJPQSTWXY AB**D**E**FG**H 7
3 BF**L**MX ABCDE**FG**HIJNPQRTUVW 8
4 FHJO FH 9
5 ADEFHLMN ABDFGHIJN**O**STXY 10
B 6-16A CEE ❶ €26,50
5ha 50**T**(100-120m²) 113**D** ❷ €34,50

📍 N 51°51'17" E 05°24'25"
🚗 A15 von Rotterdam, Ausfahrt 31. Von Nijmegen, Ausfahrt 32. Ab der Ausfahrt ausgeschildert.

113407

Winterswijk/Woold, NL-7108 AX / Gld. CC€16 iD
▲ De Harmienehoeve
🏠 Brandenweg 2
📅 1 Jan - 31 Dez
📞 +31 5 43 56 43 93
@ info@campingdeharmienehoeve.nl

1 AE**JM**NOPQRS**T** AF 6
2 BQSXYZ AB**FG** 7
3 B**K** ABCDE**FG**JNQRTUVW 8
4 FHJO**PQ** FH 9
5 ADEHN ADHI**O**QVY 10
Anz. auf dieser S. B 4-16A CEE ❶ €22,35
14ha 50**T**(100-180m²) 304**D** ❷ €30,75

📍 N 51°54'30" E 06°43'31"
🚗 N318 Aalten Richtung Winterswijk. Kreisel N319 Richtung A31 (Süd-Umfahrung). Nach 1,5 km im Kreisel Richtung Woold. Nach 700m Kreuzung, den blau-weißen Schildern Harmienehoeve folgen. Nach 7,5 km.

122013

Het Winkel

Moderner und geselliger Camping mit großen Plätzen. Luxus Schwimmbad mit großer Wasserrutschbahn und separatem Kinderbecken. Privatsanitär, Glamping und moderne Chalets. Gute Ausgangsbasis für Rad- und Wandertouren.

**De Slingeweg 20, 7115 AG Winterswijk
Tel. 0543-513025
E-Mail: info@hetwinkel.nl
Internet: www.hetwinkel.nl**

Das gönnen wir uns!

www.campingdeharmienehoeve.nl

info@campingdeharmienehoeve.nl | Winterswijk

Nord-Brabant

Alphen (N.Br.), NL-5131 NH / Noord-Brabant
- Camping Buitenlust
- Huisdreef 1
- 1 Apr - 1 Okt
- +31 1 35 08 14 80
- info@campingbuitenlust.nl

1 ADE**JM**NOPQRT BG 6
2 ABQRWXYZ ABDE**FGH** 7
3 ABF**L**MUV ABCDEFJKNQRTUVW 8
4 BCDFHJLNOQ EFV 9
5 ABDEFHKN ABCEFGHJMOPRSY 10
B 6A CEE
7ha 39**T**(90-120m²) 252**D**
€ 23,50
€ 26,50

N 51°30'02" E 04°54'43"

A58, von Breda Ausfahrt 14 Chaam, danach den Schildern folgen. Von Tilburg Ausfahrt 12 Gilze-Alphen.

105482

Alphen (N.Br.), NL-5131 NZ / N-Brabant
- Recreatiepark 't Zand
- Maastrichtsebaan 1
- 1 Apr - 29 Okt
- +31 1 35 08 17 46
- info@tzand.nl

1 AEG**IL**NOPQRST LQ 6
2 ABEJKQRWXYZ **ABDEFGH** 7
3 ABCFG**L**MNSTV ABCDE**FG**JKNQRTUVW 8
4 BCDEFGHIJLO**Q** ABEFUV 9
5 ABDEFGHKM**N** ABDEFGHJMO**P**QY 10
B 10A CEE
40ha 75**T**(100-120m²) 430**D**
€ 24,50
€ 34,50

N 51°29'34" E 04°56'59"

A58 Ausfahrt Gilze/Rijen, Richtung Baarle-Nassau. In Alphen den Schildern folgen. Achtung: den CP-Schildern folgen, nicht dem Schild 'Recreatiegebied'.

105479

Camping Wetland

Landschaftscamping und Reisemobilplatz am Naturschutzgebiet De Groote Peel, bestens geeignet zum Rad fahren und Wandern.

Tureluurweg 7, 5721 RZ Asten
Tel. +31 647898047
E-Mail: info@wetland.nl
Internet: www.wetland.nl

Asten, NL-5721 RZ / Noord-Brabant
- Wetland
- Tureluurweg 7
- 4 Mrz - 31 Dez
- +31 6 47 89 80 47
- info@wetland.nl

1 A**J**MNOPRST N 6
2 AIQT**X**YZ AB**FG**HJK 7
3 F**L**MSX ABCDEFJNQRW 8
4 FHIJKO FV 9
5 DN AFGHJMOQY 10
B 6A CEE
6ha 45**T**(80-120m²) 3**D**
€ 17,50
€ 24,50

N 51°21'59" E 05°50'33"

A67 Ausfahrt 36 Richtung Meijel. Nach 8 km Richtung Neerkant der Beschilderung zum Campingplatz folgen.

119875

Alphen (N.Br.), NL-5131 RG / Noord-Brabant
- Natuurkampeerterrein Landgoed De Hoevens
- Goorstraat tegenover 4 A
- 1 Apr - 31 Okt
- +31 6 53 26 63 07
- camping@dehoevens.nl

1 EG**JM**NOR**T** LN 6
2 ABEQRWXYZ ABDEI 7
3 ABMS ABEFGNQRTW 8
4 FHJ B 9
5 ADN ABJORS 10
B 4A CEE
2,7ha 60**T**(85-120m²) 3**D**
€ 25,00
€ 35,00

N 51°29'12" E 04°59'31"

A58 Ausfahrt 12 Richtung Baarle-Nassau, nördlich von Alphen. Beschilderung zum Landgut/Camping 'De Hoevens'. Nicht dem Navi folgen, sondern die Beschilderung beachten.

118951

Asten/Heusden, NL-5725 TG / N-Brabant
- De Peel
- Behelp 13
- 15 Mrz - 31 Okt
- +31 6 29 21 62 99
- info@campingdepeel.nl

1 AEG**IL**NOPQRS**T** AN 6
2 AQWXYZ AB**FG** 7
3 ABC**L**MUX ABCDE**F**JNPQRTW 8
4 **A**BDFHJK EJVY 9
5 ADN ABCDFGHJORS 10
B 6A CEE
2,2ha 65**T**(90-110m²) 11**D**
€ 22,50
€ 32,50

N 51°22'23" E 05°45'09"

Von der A67 Ausf. 36 Ri. Asten, dann die N279 Ri. Someren. Nach 2 km re und nach 1 km li Ri. Heusden. In Heusden der Beschilderung folgen. Von Someren Ri. Asten ausgeschildert.

117666

Campingreisen

Spannende Campingreisen mit dem eigenen Wohnmobil oder Wohnwagen.

www.ACSIcampingreisen.de

Camping de Paal
Het paradijs in de Kempen!

Kommst du auch mal bei uns spielen?

WWW.CAMPINGDEPAAL.NL

Niederlande

Asten/Heusden, NL-5725 TM / Noord-Brabant
- De Peelpoort
- Gezandebaan 29a
- 1 Jan - 31 Dez
- +31 4 93 56 05 19
- info@campingdepeelpoort.nl

1 ADE**JMNOPRST** N 6
2 AQWXY ABDE**FG** 7
3 **BHIJK**MSX AB**F**JNPQRTUVW 8
4 FHI AHJVWX 9
5 ADEHJKLN ABCDGHJOPRS 10
Anzeige auf dieser Seite 6-16A CEE
2,5ha 125T(80-140m²) 50D
① €25,80
② €39,60
N 51°21'44" E 05°46'10" 122559
A67 Ausfahrt 35 Someren, N256 Richtung Nederweert.
Bei Someren-Eind über die Kanalbrücke Richtung Asten. Der CP ist nach 4 km links der Straße.

Bergen op Zoom, NL-4625 DD / Noord-Brabant CC€18
- Uit en Thuis
- Heimolen 56
- 1 Apr - 30 Sep
- +31 1 64 23 33 91
- info@campinguitenthuis.nl

1 AE**JMNOPQRST** BG 6
2 ABQRWY AB**C**F**GH** 7
3 BFGM**NST** ABCDE**F**HINQRTUVW 8
4 **B**FHJKOQ CEFLUVW 9
5 BDEFHKM ABDEFGHIJ**O**QY 10
B 6-10A CEE
8ha 80T(80-100m²) 136D
① €24,00
② €29,50
N 51°28'09" E 04°19'20" 105406
A58 Ausfahrt Bergen op Zoom-Zuid/Huijbergen. Schildern folgen.

Asten/Ommel, NL-5724 PL / Noord-Brabant CC€16
- Oostappen Vakantiepark Prinsenmeer
- Beekstraat 31
- 1 Apr - 31 Okt
- +31 4 93 68 11 11
- info@vakantieparkprinsenmeer.nl

1 ADE**JMN**OPQRST EGHIL 5
2 AFJKQWXY ABDE**FGH** 7
3 ABCD**F**J**LMN**RSVX ABCDEFGJKNQRTUV 8
4 BCDFHIJLMO**PQS**TUV BEJTVXY 9
5 CDEFGHLMN ABCDGHIKMNQXY 10
10A CEE
50ha 441T(80-100m²) 932D
① €51,80
② €54,60
N 51°25'21" E 05°44'09" 105589
A67 Eindhoven-Venlo, Ausfahrt 36 Asten. Richtung Ommel. Schildern folgen.

Berlicum, NL-5258 TC / Noord-Brabant iD
- De Hooghe Heide
- Werstkant 17
- 27 Mrz - 4 Okt
- +31 7 35 03 15 22
- info@hoogheheide.nl

1 ABEG**JMN**OPRT BG 6
2 ABQRWXYZ AB**DEFGH** 7
3 BCE**FHJKL**MUX ABCDFGJNQRTUVW 8
4 **B**FGHI FJY 9
5 BDEKMN ABEGHIJMN**O**QQ 10
B 10A CEE
4,8ha 69T(100m²) 54D
① €37,80
② €50,95
N 51°41'38" E 05°24'54" 105530
A59 Nijmegen - 's Hertogenbosch, Ausfahrt 48, Richtung Berlicum. CP angezeigt.

Baarle-Nassau, NL-5111 EH / Noord-Brabant iD
- Recreatiepark De Heimolen
- Heimolen 6
- 25 Mrz - 15 Okt
- +31 1 35 07 94 25
- info@deheimolen.nl

1 AEG**JMN**OPR**T** 6
2 BQRXY ABDE**FG** 7
3 BFMV ABCDE**F**NQRTUVW 8
4 BDFHJKO**Q** EFJ 9
5 DEFHKM**N** BCEGJOSTY 10
6A CEE
15ha 28T(100m²) 225D
① €22,00
② €27,00
N 51°25'59" E 04°54'40" 105484
Ausfahrt A58 Ulvenhout. N260 Richtung Baarle-Nassau. Danach den Schildern folgen.

Bergeijk, NL-5571 TN / Noord-Brabant iD
- De Paal
- De Paaldreef 14
- 1 Apr - 31 Okt
- +31 4 97 57 19 77
- info@campingdepaal.nl

1 AEG**IL**NORT BEGHI 6
2 ABJKPQWXYZ ABDE**FG**HK 7
3 ABCDEFG**HILMNT**VX ABCDEFGJKL**MN**QRTUV 8
4 **ABDFGHJKORS** BFJVW 9
5 CDEFGHKLMN ABCEFGHJMN**OPQ**XY 10
Anz. auf dieser S. B 6-16A CEE
35ha 320T(100-180m²) 65D
Preise auf Anfrage
N 51°20'10" E 05°21'19" 105543
A67 Eindhoven-Antwerpen, Ausfahrt 30, Eersel/Bergeijk, Schildern folgen.

Unser Camping und Chaletpark ist der ideale Ausgangspunkt für Radfahrer, Wanderer, Angler und Erholungsuchende. Wunderschön gelegen im Naturgebiet 'Brabantse Peel' zwischen Eindhoven und Venlo, mit direkter Anbindung zum Angelsee, 18 Loch Golfplatz und zur Minigolfanlage. Auch haben wir luxuriöse Studios und Chalets zu vermieten. Auf unser Camping können sie einen Happen und Drink genießen in der Brasserie 't Turfke. Wir würden uns freuen, Sie bei uns begrüßen zu dürfen. Ganzjährig geöffnet.

Gezandebaan 29a, 5725 TM Asten/Heusden • Tel. 0493-560519
E-Mail: info@campingdepeelpoort.nl • Internet: www.campingdepeelpoort.nl

Bladel, NL-5531 NA / Noord-Brabant CC€22 iD

- Recreatiepark De Achterste Hoef
- Troprijt 10
- 1 Apr - 2 Okt
- +31 4 97 38 15 79
- info@achterstehoef.nl

1 ADEGJMNOPQRST BEGHLMO 6
2 ABFJKQWXYZ ABDEFGH 7
4 BCDFHIJKNX CFJV 9
5 CDEHLMN ABDEGHMORSY 10
B 6-10A CEE
Anzeige auf Seite 191
① €47,00
② €59,00

N 51°20'36" E 05°13'40" 23ha 427T(100-160m²) 216D 105509

A67 Eindhoven-Antwerpen, Ausfahrt 29 Hapert/Bladel. Den Schildern nach Bladel folgen. In Bladel der Beschilderung zum CP folgen.

Bosschenhoofd, NL-4744 RE / Noord-Brabant iD

- Landgoed 'De Wildert'
- Pagnevaartdreef 3
- 1 Apr - 30 Sep
- +31 6 53 29 80 82
- info@landgoeddewildert.nl

1 AGHKNOPQRT 6
2 ABPQRSWYZ ABDEFGH 7
3 AMS ACFNQRTW 8
4 FH EUVW 9
5 DLN ABCHIJNQY 10
B 6A CEE
① €40,00

N 51°33'51" E 04°33'12" 15ha 170T(100-120m²) 60D 105439

A58 Breda-Roosendaal Ausfahrt 21 Bosschenhoofd. In Bosschenhoofd vor der Kirche rechts. Nach 500m an der linken Seite liegt 'Landgoed de Wildert'.

Breda, NL-4838 GV / Noord-Brabant CC€18 iD

- Liesbos
- Liesdreef 40
- 1 Apr - 1 Okt
- +31 7 65 14 35 14
- info@camping-liesbos.nl

1 ADEJMNOPRST BG 6
2 AQRWY ABFG 7
3 BFLMNV ABEFNPQRT 8
4 BDFHJNOPQ 9
5 ABDEFHLMN ABDEFGHIJOQY 10
10A CEE
① €28,35
② €36,15

N 51°33'54" E 04°41'47" 5ha 50T(100m²) 187D 100804

A58 Breda-Roosendaal, Ausfahrt 18 Etten-Leur, dann den CP-Schildern folgen.

Chaam, NL-4861 RC / Noord-Brabant CC€18 iD

- RCN vakantiepark De Flaasbloem
- Flaasdijk 1
- 25 Mrz - 31 Okt
- +31 8 50 40 07 00
- reserveringen@rcn.nl

1 ADEGJMNOPQRST EGHLMN 6
2 ABEJKQRXYZ ABDEFGI 7
3 ABCEFGLMNS ABCDEFGIJKNPQRTW 8
4 BFHJKQ CEFJUVWY 9
5 ACDEFGKLMN ABDEFGHJOQWXY 10
B 10-16A CEE
① €30,50
② €40,00

N 51°29'28" E 04°53'47" 100ha 440T(80-150m²) 685D 105481

A58 Ausfahrt 14 Ulvenhout Richtung Chaam. Von Chaam aus Richtung Alphen. Danach Schildern folgen.

Chaam, NL-4861 RE / Noord-Brabant iD

- Recreatiepark Klein Paradijs
- Schaanstraat 11
- 1 Apr - 1 Okt
- +31 1 61 49 14 46
- info@campingkleinparadijs.nl

1 ABEGJMNOPRT AF 6
2 AQWXY ABFG 7
3 ABFMSV ABEFHJNRTUV 8
4 BCDFHJKLNOPQ 9
5 ABDEFHK ABCEFHKOQY 10
B 16A CEE
① €26,00
② €26,00

N 51°29'31" E 04°53'03" 14ha 50T(100-150m²) 360D 116639

A58 Ausfahrt 14 Richtung Baarle Nassau über die N639. Vom Kreisel am Ausgang von Chaam noch 800m der N639 folgen. Dann links. Nach 700m Camping links.

De Heen, NL-4655 AH / Noord-Brabant CC€18 iD

- De Uitwijk
- Dorpsweg 136
- 1 Apr - 2 Okt
- +31 1 67 56 00 00
- info@de-uitwijk.nl

1 ADEGJMNOPQRST BGJNQSWXYZ 6
2 ACPQWY ABDEFGH 7
3 ABFJLMSV ABCDEFHJKNPQRTUVW 8
4 BFHJKOT ABFG 9
5 ADEFHLMN ABDEFGHIJMORSY 10
B 10A CEE
① €25,70
② €35,70

N 51°36'37" E 04°16'22" 2,5ha 75T(100-150m²) 20D 101566

Auf der A4 Ausfahrt 25 Steenbergen. Danach den Schildern 'De Heen' folgen.

Eerde, NL-5466 PZ / Noord-Brabant CC€22 iD

- Het Goeie Leven
- Vlagheide 8b
- 1 Apr - 1 Okt
- +31 6 27 51 89 81
- info@hetgoeieleven.nl

1 AEGILNOPRT AN 6
2 APQXYZ ABDEFGK 7
3 ABCFGLMSUX ABFGHJKMNPQRTUV 8
4 ABDEFHIJO ABDUVWY 9
5 ADEFGHLN ABCDHJOPQY 10
6-16A CEE
① €33,75
② €39,75

N 51°36'14" E 05°29'13" 3ha 63T(100-200m²) 10D 121433

A50 Ausfahrt 10 Veghel-Eerde. Richtung Eerde halten und der Beschilderung folgen.

Eersel, NL-5521 RD / Noord-Brabant CC€22 iD

- Recreatiepark TerSpegelt
- Postelseweg 88
- 1 Apr - 31 Okt
- +31 4 97 51 20 16
- info@terspegelt.nl

1 ADEGHKNOPRST EGHILMNQSXY 6
2 AFJKQWXYZ ABDEFGHK 7
3 ABCDEFGJLMNSVX ABCDEFGHJKMNPQRTUV 8
4 BCDFHIJKMNPQU BCEJNTVWY 9
5 CDEFGHKLMN ABCEGHIKNOPQXY 10
B 6-16A CEE
① €61,00
② €66,00

N 51°20'16" E 05°17'38" 68ha 538T(80-130m²) 341D 101028

Über A67 Eindhoven-Antwerpen, Ausfahrt 30 Eersel, Schildern folgen.

Esbeek, NL-5085 NN / Noord-Brabant CC€16 iD

- De Spaendershorst
- Spaaneindsestraat 12
- 27 Mrz - 1 Nov
- +31 1 35 16 93 61
- info@spaendershorst.nl

1 ABEGJMNOPQRT BG 6
2 PQRWXYZ ABDEFGH 7
3 ABFLMSV ABCDEFHJNPQRTUV 8
4 BCDFHJNPQ 9
5 DEHN ABCDHJOQY 10
B 10A CEE
① €30,00
② €41,00

N 51°28'00" E 05°07'37" 11ha 90T(80-130m²) 270D 108400

A58 Ausfahrt 10 zur N269 Richtung Reusel. Hinter Hilvarenbeek bei Esbeek der CP-Beschilderung folgen.

Hank, NL-4273 LA / Noord-Brabant iD

- De Kurenpolder Recreatie
- Kurenpolderweg 31
- 1 Apr - 30 Okt
- +31 1 62 40 27 87
- info@kurenpolder.nl

1 ADEGJMNOPQRST EGHILMNQS 6
2 ACEJKPQRWXY ABDEFGH 7
3 ABCFGKMNTUWX ABCDEFGIJKNPRTUVW 8
4 BCDFGHJLNOPQTUV CJNRVY 9
5 ACDEFHKLMNO ABEHIJMOPQXY 10
B 16A CEE
① €39,00
② €45,00

N 51°43'38" E 04°53'11" 130ha 104T(120-150m²) 634D 111507

A27, Ausfahrt 21 Hank/Dussen. Danach Schildern folgen.

Helvoirt, NL-5268 LW / Noord-Brabant

- Distelloo
- Margrietweg 1
- 1 Apr - 1 Okt
- +31 4 11 64 21 54
- njansen@distelloo.nl

1 EGHKNOPQRT AF 6
2 ABQRWXYZ ABDEFG 7
3 ABFMNU ABCDEFNPQRTVW 8
4 FHJOQ FJVW 9
5 ABDEHMN ABCGJQQXY 10
6A CEE
① €25,00
② €33,50

N 51°39'39" E 05°11'31" 11ha 45T(80-85m²) 186D 113411

A59 Ausfahrt 41 Heusden, dann Ri. Drunen. Zentrum folgen. Am Kreisel geradeaus Richtung Giersbergen. Nach 3 km links in den Margrietweg. Nach 2,5 km CP links.

Herpen, NL-5373 KL / Noord-Brabant iD

- Vakantiepark Herperduin
- Schaijkseweg 12
- 1 Apr - 1 Okt
- +31 4 86 41 13 83
- info@herperduin.nl

1 ABCDEGILNOPQRST DG 6
2 APQY ABDEFGH 7
3 ABFJLMX ABCDEFIJKNPQRT 8
4 BCDFHJ BJVWY 9
5 ABDMN ABEHIJNRSX 10
B 6A CEE
① €30,40
② €44,60

N 51°45'44" E 05°37'17" 15ha 200T(100-120m²) 104D 105579

A59, von Den Bosch Ausfahrt Schaijk, in Schaijk Richtung Herpen. Von Nijmegen A50 Ausfahrt Ravenstein, dann über Herpen Richtung Schaijk.

ACSI EuroCampings

Zu jedem Campingplatz in diesem Führer gehört eine sechsstellige Nummer. Damit können Sie den betreffenden Campingplatz einfacher auf der Webseite suchen.

Lienz/Amlach, A-9908 / Tirol CC€16 iD

- Dolomiten Camping Amlacherhof****
- Seestrasse 20
- 1 Apr - 31 Okt
- +43 6 99 17 62 31 71
- info@amlacherhof.at

1 AJMNOPQRST AUX 6
2 FGOPVWXY ABDEFGHI 7
3 AHIJLMUX ABCDEFJKLMNQRTUVW 8
4 FHIOPS EGILUVWXY 9
5 ABDEFHMN ABGHIJOPR 10
Anzeige auf Seite 247 WB 16A CEE
① €33,10
② €41,30

N 46°48'48" E 12°45'47" H710 2,5ha 85T(80-120m²) 31D 110377

Felbertauerntunnel-Lienz, bei Lienz hinter dem Kreisel Richtung Spittal. An der 2. Ampel rechts Richtung Feriendorf/Amlach, noch 2 km der Schildern folgen.

www.Eurocampings.de

De Achterste Hoef RECREATIEPARK

TROPRIJT 10 | 5531NA | BLADEL [NL] | T +31[0]497 381579
WWW.ACHTERSTEHOEF.NL | INFO@ACHTERSTEHOEF.NL

Hilvarenbeek, NL-5081 NJ / N-Br. ✿ 🛜 CC€14 iD
- Vakantiepark Beekse Bergen
- Beekse Bergen 1
- 2 Apr - 31 Okt
- +31 1 35 49 11 00
- info@beeksebergen.nl

1 AD**EI**LNOPRT — EGHLM**NX** 6
2 ACEJQRWXYZ — AB**DEFG** 7
3 AB**FGJL**MUV — ABCDEFJKNQRTUVW 8
4 **BC**E**FHJ**LO**P** — ACEFJRUVY 9
5 ACDEFGHKLMN — ABCDEGHIJMOQXY 10
B 6-10A CEE
75ha 413T(100m²) 509**D**
❶ €46,00
❷ €65,00
101335

N 51°31'42" E 05°07'29"
N65 Den Bosch-Tilburg, A65 Ausfahrt Beekse Bergen. A58 Breda-Eindhoven. Der Beschilderung 'Beekse Bergen' volgen.

Hoogerheide, NL-4631 RX / Noord-Brabant 🛜
- Recr.centrum Familyland
- Groene Papegaai 19
- 1 Apr - 31 Okt
- +31 1 64 61 31 55
- recreatie@familyland.nl

1 D**EJM**NOQRT — EG 6
2 AQRWY — AB**FG** 7
3 B**FJ**R**U** — ABEFNR 8
4 **FJ**OP**Q** — FJUVWY 9
5 DEFHKL — ABHIOQY10
16A
25ha 55T(80-100m²) 128**D**
❶ €32,50
❷ €46,00
100813

N 51°24'57" E 04°20'45"
A58 Ausfahrt 30 Hoogerheide. Richtung Industriepark De Kooy fahren.

Hoeven, NL-4741 SG / Noord-Brabant 🛜 CC€18 iD
- Molecaten Park Bosbad Hoeven
- Oude Antwerpsepostbaan 81b
- 25 Mrz - 1 Nov
- +31 1 65 50 25 70
- bosbadhoeven@molecaten.nl

1 ADEHKNOPQRST — BHIMN 6
2 ABEPQRWXYZ — AB**DEFG**H 7
3 ABCDEG**JM**N**S**V — ABCDE**FG**JNQRTUV 8
4 **BC**DF**H**JKLNOQ — BEJVW 9
5 ADEGHLMN — ABDEGHI**J**O**R**SY10
B 10A CEE
56ha 240T(110-160m²) 503**D**
❶ €44,30
❷ €57,60
105438

N 51°34'10" E 04°33'42"
A58 Roosendaal-Breda, Ausfahrt 20 St. Willebrord (Achtung: Navi kann abweichen) Richtung Hoeven. Schildern folgen.

Kaatsheuvel, NL-5171 RL / N-Brabant 🛜 CC€22 iD
- Recreatiepark Brasserie Het Genieten
- Roestelbergsweg 3
- 1 Apr - 31 Okt
- +31 4 16 56 15 75
- info@hetgenieten.nl

1 AD**EJM**NOPRT — 6
2 AQRWXYZ — AB**DEFGH** 7
3 ABDEF**JL**M**S**T**V** — ABCDE**FJ**KNQRTUVW 8
4 **BC**DFGHJLO — CJ 9
5 AD**E**FHLMN — ABEGH**J**O**QY**10
B 10A CEE
12,5ha 120T(100-120m²) 222**D**
❶ €29,30
❷ €37,10
113412

N 51°39'27" E 05°05'15"
A59 Ausfahrt Waalwijk N261 Richtung Loonse- und Drunense Duinen. Den CP-Schildern folgen.

Ferienpark **TerSpegelt** ★★★★★
Camping & Mietunterkünfte
www.terspegelt.de

CampingCard ACSI
Toller Urlaub!

Teilkarte Nord-Brabant auf Seite 188

Lierop/Someren, NL-5715 RE / N-Br. CC€18 iD
- De Somerense Vennen
- Philipsbosweg 7
- 1 Apr - 31 Okt
- +31 4 92 33 12 16
- info@someresevennen.nl

1 AEJMNOPRST EG 6
2 ABQWXYZ ABFGK 7
3 ABDFLMSVX ABCDFHJKNPQRTUVW 8
4 BDFHIJ JVW 9
5 ADEFHKL ABCDEGHJQQX 10
B 6-16A CEE € 26,00
10ha 140T(100-150m²) 85D € 36,00

N 51°24'00" E 05°40'35" 100821
A67 Eindhoven-Venlo, Ausfahrt 35 Someren. In Someren Richtung Lierop. Dann der CP-Beschilderung folgen.

Oirschot, NL-5688 MB / Noord-Brabant CC€22 iD
- de Bocht
- Oude Grintweg 69
- 1 Jan - 31 Dez
- +31 4 99 55 08 55
- info@campingdebocht.nl

1 AEILNOPRT BG 6
2 AQWXYZ ABDEFGH 7
3 ABCHLMRX ABCDEFGJNQRTUVW 8
4 BDFH EJVWY 9
5 DEHLMN ABCDEGHJQOY 10
6-10A CEE € 33,90
1,8ha 29T(100m²) 52D € 48,30

N 51°31'01" E 05°18'28" 105535
A58 Ausf. 8 Oirschot Richtung Oirschot. Am 4. Kreisel re. Nach 8 km li. Oder A2 Ausf. 26 Richtung Boxtel, über den Kreisel, links Richtung Oirschot. Nach 8 km rechts der Strecke.

Maashees, NL-5823 CB / Noord-Brabant iD
- Natuurkampeerterrein Landgoed Geijsteren
- Op den Berg 5a
- 1 Apr - 31 Okt
- +31 6 38 89 04 77
- info@campinglandgoedgeijsteren.nl

1 AEGILNORT JN 6
2 ABCIKMQRSWYZ ABDEFG 7
3 AKLX ABCDEFGJNPQRT 8
4 ADN ABHJORS 10
B 6A CEE € 23,90
3ha 60T(80-100m²) 6D € 32,30

N 51°33'36" E 06°02'31" 105654
A73 Ausfahrt 8 Venray-Noord Richtung Maashees. Nach 4 km Ausfahrt Geijsteren. Nach 800m am Ortsschild links ab.

Oirschot, NL-5688 GP / Noord-Brabant CC€22 iD
- Vakantiepark Latour
- Bloemendaal 7
- 25 Mrz - 3 Okt
- +31 4 99 57 56 25
- latour@kempenrecreatie.nl

1 ADEJMNOPRT BEGHN 6
2 APQWXYZ ABDEFG 7
3 ABCFLMNSUVX ABCDEFGHJKNPQRTUVW 8
4 BFHIJOSTUV JV 9
5 DM ABCDEGHJOPQY 10
Anzeige auf Seite 193 B 6-10A CEE € 29,40
7,3ha 80T(100-120m²) 83D € 40,80

N 51°29'47" E 05°19'12" 105536
A58 Ausfahrt Oirschot. CP-Schild Latour folgen.

Mierlo, NL-5731 XN / Noord-Brabant CC€14 iD
- Boscamping 't Wolfsven
- Patrijslaan 4
- 1 Apr - 31 Okt
- +31 4 92 66 16 61
- receptie.wolfsven@roompot.nl

1 ADEJMNOPQRST EGLMN 6
2 ABEJKPQWXYZ ABFG 7
3 BDFJLMSTU ABCDFGJNQRTUV 8
4 BCDFHIJOPU BCJTVWXY 9
5 CDEFGHKLM ABCDEHKMOPQXY 10
B 6A CEE € 37,90
67ha 140T(100-120m²) 614D € 40,85

N 51°26'20" E 05°35'25" 105588
A2 Richtung Eindhoven, dann A67 Richtung Venlo, Ausfahrt 34 Geldrop, Richtung Geldrop, dann in Richtung Mierlo. Dem Schild Wolfsven folgen.

Oisterwijk, NL-5062 TH / Noord-Brabant iD
- De Gerritshoeve
- Kollenburgsebaan 11a
- 15 Mrz - 30 Okt
- +31 4 11 67 31 89
- info@gerritshoeve.nl

1 AEGJMNOPRST N 6
2 AIQRWXY ABFGK 7
3 ABCDLSU ABCDEFGIJKNQRTUVW 8
4 BFHK JY 9
5 ADL BHJOQXY 10
6-16A CEE € 22,50
4,5ha 77T(120-200m²) 1D € 31,00

N 51°32'34" E 05°14'39" 122950
A58 Ausfahrt 9 Richtung Moergestel. Dort Richtung Oirschot. Nach ± 4 km am Oirschotseweg scharf links in die Oirschotsebaan. Nach 1,5 km rechts, nach 600m rechts hinter dem Fahrradcafé.

Netersel, NL-5534 AP / Noord-Brabant CC€18 iD
- De Couwenberg
- De Ruttestraat 9A
- 1 Jan - 31 Dez
- +31 4 97 68 22 33
- info@decouwenberg.nl

1 AEJMNOPRST BGN 6
2 AQWXYZ ABDEFG 7
3 BFLMSVX ABCDFJKNQRTUVW 8
4 BDFHJOQ ABFG 9
5 ADEHKMN ADHJNORS 10
4-6A CEE € 26,00
8ha 97T(80-100m²) 132D € 36,00

N 51°24'47" E 05°11'59" 109466
A58 Ausfahrt 10 Hilvarenbeek Richtung Reusel. In Lage Mierde Richtung Netersel fahren. Oder A67 Richtung Antwerpen, Ausfahrt 29 Hapert/Bladel Richtung Bladel-Netersel, Ausfahrt Netersel. Schildern folgen.

Oisterwijk, NL-5062 TM / Noord-Brabant iD
- Natuurkampeerterrein Morgenrood
- Scheibaan 15
- 1 Jan - 31 Dez
- +31 8 80 99 09 67
- morgenrood@nivon.nl

1 AEGJMNOPRT 6
2 ABQRXYZ ABFG 7
3 ABFLMS ABCDEFJNQRTW 8
4 FH BGJV 9
5 DN ABCFGJOQUY 10
B 6-10A CEE € 20,80
3ha 75T(100-150m²) 53D € 30,40

N 51°34'05" E 05°14'07" 115489
In Oisterwijk der Beschilderung zu den Freizeitanlagen folgen. Bis zur Scheibaan folgen. An dieser Straße liegt Morgenrood, bei Nr.15.

Nijnsel/St. Oedenrode, NL-5492 TL / N-Br. CC€22 iD
- Landschapscamping De Graspol
- Bakkerpad 17
- 1 Apr - 31 Okt
- +31 4 99 33 82 29
- info@degraspol.nl

1 AEILNOPR N 6
2 ACQWXYZ ABCDEFGHK 7
3 LSX ABCDEFHJMNQRUV 8
4 FGHIJ V 9
5 ADHJMN ABCDEGHJOPST 10
6-16A CEE € 28,00
2,5ha 50T(100-200m²) 6D € 47,50

N 51°32'52" E 05°29'12" 118598
A50 Ausfahrt St. Oedenrode/Nijnsel, Richtung Nijnsel. Danach den Schildern folgen.

Oosterhout, NL-4904 SG / Noord-Brabant CC€16 iD
- De Katjeskelder
- Katjeskelder 1
- 1 Apr - 30 Okt
- +31 1 62 45 35 39
- receptie.katjeskelder@roompot.nl

1 ADEGJMNOT BEGH 6
2 ABQRWXYZ ABDEFG 7
3 ABFJLMRU ABCDEFIJKNQRTW 8
4 BCFGHILOPQ BJVWY 9
5 ACDEFGHKLMNO ABDEHIJKOPRSXY 10
5A CEE € 38,00
28ha 102T(80m²) 363D € 38,00

N 51°37'44" E 04°49'57" 105474
A27 Ausfahrt 17 Oosterhout-Zuid. Schildern 'Katjeskelder' folgen.

Nispen/Roosendaal, NL-4709 PB / N-Br. CC€18 iD
- Zonneland
- Turfvaartsestraat 4-6
- 19 Mrz - 29 Okt
- +31 1 65 36 54 29
- info@zonneland.nl

1 ADEHKNOPQRST BN 6
2 ABQRWYZ ABFGH 7
3 BFM ACFIJKNRUVW 8
4 BHJOR 9
5 BDN AEGHIJLOQY 10
10A CEE € 23,00
15ha 54T(100-130m²) 180D € 30,00

N 51°29'40" E 04°29'06" 107822
A58, Ausfahrt 24 Nispen, N262 folgen bis Schilder.

Oosterhout/Dorst, NL-4849 PX / Noord-Brabant iD
- 't Haasje Recreatiepark
- Vijf Eikenweg 45
- 1 Jan - 31 Dez
- +31 1 61 41 16 26
- info@haasjeoosterhout.nl

1 ABEGJMNORT BGN 6
2 AQRWXYZ ABCFG 7
3 BDFLMNU ABCDEFGJKNQRTUVW 8
4 BDFHJLNOPQRSTUXZ EJUV 9
5 ACDEFHKMN ABCEFGHIKMOQXY 10
B 10-16A CEE € 26,40
26ha 86T(100-120m²) 602D € 33,00

N 51°36'40" E 04°53'17" 105475
A27 Ausfahrt Oosterhout-Zuid Richtung Rijen. Danach CP-Schildern folgen.

Immer ein Campingplatz, der zu Ihnen passt!
- 9 500 Campingplätze in 31 Ländern
- Rund 250 Filtermöglichkeiten
- Schnell und einfach buchen, auch unterwegs
- Mehr als 100 000 Campingplatz-Bewertungen

www.Eurocampings.de

Rijen, NL-5121 RE / Noord-Brabant

- Recreatiepark d'n Mastendol
- Oosterhoutseweg 7-13
- 21 Mrz - 31 Okt
- +31 1 61 22 26 64
- info@mastendol.nl

1 ABEGJMNOPQRST BG 6
2 ABPQRXYZ ABDEFGH 7
3 BLMS ABCDEFJNQRTUVW 8
4 BCDFHJNOPQ EFJUVW 9
5 ADEHJMN ABEGHIOQY 10
B 10A CEE ① €22,00
10,5ha 65T(100-120m²) 217D ② €29,60

N 51°34'56'' E 04°54'25''
A27 Ausfahrt Oosterhout-Süd, Richtung Rijen. Über die A58, Ausfahrt Gilze-Rijen, dann die N282, Ausfahrt Oosterhout. CP-Schildern folgen.
105476

Schaijk, NL-5374 RK / Noord-Brabant

- Charme Camping Hartje Groen
- Udensedreef 14
- 1 Apr - 30 Sep
- +31 4 86 46 46 46
- contact@hartjegroen.com

1 ABEGJMNOPRT L 6
2 ABEJKQRXYZ ABDEFGK 7
3 BFLMSX ABCDEFIJKNPQRTW 8
4 BFHJX FJV 9
5 ADHJKN ABCGHJNRSVY 10
6 B-10A CEE ① €31,00
10ha 88T(100-120m²) 15D ② €34,00

N 51°43'37'' E 05°37'59''
Von A50 Ausfahrt Schaijk, Schildern folgen.
107655

Schaijk, NL-5374 SC / Noord-Brabant

- Recreatiepark De Heidebloem
- Noordhoekstraat 5
- 1 Apr - 15 Okt
- +31 4 86 46 16 25
- info@deheidebloem.nl

1 ABEILNOPRT AFH 6
2 QRY ABDEFG 7
3 BFHILMNS ABCDEFNPRTUVW 8
4 BDFHJ EVY 9
5 DEFHMN ABHJMORSY 10
B 6A CEE ① €29,00
13ha 50T(100m²) 182D ② €34,50

N 51°43'17'' E 05°39'25''
A50 Nijmegen - 's Hertogenbosch, Ausfahrt Schaijk. Dort den Schildern folgen.
105580

Sint Anthonis, NL-5845 EB / N-Brabant

- Ardoer vak.centrum De Ullingse Bergen
- Bosweg 36
- 1 Apr - 3 Okt
- +31 4 85 38 85 66
- ullingsebergen@ardoer.com

1 ADEHKNOPRST BGH 6
2 ABQRWXYZ ABDEFGH 7
3 ABDMNSVX ABCDFJNQRTUVW 8
4 FGHJQ FJUVY 9
5 ADEFLMNO ABCDEGHIJOPSTY 10
10-16A CEE ① €36,35
11ha 113T(100-150m²) 153D ② €47,75

N 51°37'13'' E 05°51'42''
A73 Ausfahrt St. Anthonis. In St. Anthonis den Schildern folgen.
105646

Sint Hubert, NL-5454 NA / N-Brabant

- Van Rossum's Troost
- Oude Wanroijseweg 24
- 1 Apr - 2 Okt
- +31 4 85 45 07 01 93
- info@rossumstroost.nl

1 ABEGJMNOPRT F 6
2 ABPQWXYZ ABFGH 7
3 BCFMSVX ACEFGHKNPRTUVW 8
4 BDEFGHQR FY 9
5 ADHMN ABDEGHIJORSXY 10
6A CEE ① €22,80
5,5ha 45T(90-120m²) 111D ② €30,00

N 51°40'09'' E 05°47'48''
A73 Ausfahrt Haps Richtung Mill. Nach St. Hubert Richtung Wanroij und der Beschilderung folgen.
105583

Soerendonk, NL-6027 RD / N-Brabant

- Oostappen Vakantiepark Slot Cranendonck
- Strijperdijk 9
- 1 Apr - 31 Okt
- +31 4 95 59 16 52
- info@slotcranendonck.nl

1 ADEJMNOPRST AEGHN 6
2 APQXYZ ABDEFGH 7
3 ABCDFGJLMNSVX ABCDEFJKNQRTUVW 8
4 BCDFGHIJNP AJVWXY 9
5 CDEFHLMN ABDEGHKNSTXY 10
B 6-10A CEE ① €51,00
17,8ha 208T(100m²) 543D ② €54,00

N 51°19'11'' E 05°34'29''
A2 Eindhoven-Weert, Ausfahrt Soerendonk, Richtung Soerendonk. Schildern folgen.
105591

Someren, NL-5712 PD / Noord-Brabant

- De Kuilen
- Kuilvenweg 15
- 1 Mrz - 31 Okt
- +31 4 93 49 45 82
- info@campingdekuilen.nl

1 AEJMNOPRST A 6
2 AQWXYZ ABFG 7
3 AFKMUX ABCDEFJNQRU 8
4 FHIJO BCJY 9
5 DHN ADGHJOQY 10
Anzeige auf dieser Seite B 10A CEE ① €19,50
3ha 45T(120m²) 26D ② €30,00

N 51°22'39'' E 05°40'19''
A67 Ausfahrt 34 Richtung Heeze, danach Richtung Someren. Vor Someren rechts ausgeschildert.
122320

Camping De Kuilen

Am Rande des Naturgebietes 'Het Keelven' und an der Strabrechter Heide. Genießen Sie Brabanter Gastfreundschaft auf dem Platz oder in einem unserer Chalets. Nettes Café mit Terrasse und Spielgelegenheiten für Kinder. Ruhig gelegen und dicht am schönen Dorf Someren. Prächtige Golfanlage 'De Swinkelsche' neben dem Camping. Gratis WLAN.

Kuilvenweg 15, 5712 PD Someren • Tel. 0493-494582
E-Mail: info@campingdekuilen.nl • Internet: www.campingdekuilen.nl

---

Die Brabanter Kempen: überraschend schön!

Vakantiepark Latour — Kempen Recreatie

Genießen Sie hier wie die Brabanter!

Vakantiepark Latour:
Bloemendaal 7 | 5688 GP Oirschot
www.kempenrecreatie.nl

St. Oedenrode, NL-5491 TE / N-Brabant

- De Kienehoef
- Zwembadweg 37
- 1 Apr - 25 Sep
- +31 4 13 47 28 77
- info@kienehoef.nl

1 AEJMNOPRT BGLN 6
2 AFJKQWXYZ ABDEFGH 7
3 ABCFGLMNSVX ABCDFGJNQRTUVW 8
4 BFHIJ FUVW 9
5 ABDEFHKN ABCDGHJOPQXY 10
Anzeige auf dieser Seite 4-10A CEE ① €37,00
15ha 120T(80-100m²) 89D ② €49,00

N 51°34'39'' E 05°26'46''
CP von der A2 (Ausfahrt 27) und A50 (Ausfahrt 9) St. Oedenrode erreichbar. Richtung Schijndel hinter dem Ortsausgang. 1. Straße links, dann 2. Straße links. Ausgeschildert.
100807

Camping De Kienehoef

Genießen Sie einen wunderbaren Aufenthalt auf Camping De Kienehoef in Sint-Oedenrode. Der Park ist ein guter Ausgangspunkt für Wander- und Radwegen. Wir haben Komfortplätze, Basisplätze und autofreie Plätze. Ihr Hund ist bei uns natürlich auch willkommen.

Zwembadweg 37, 5491 TE St. Oedenrode
Tel. +31 413472877 • E-Mail: info@kienehoef.nl
Internet: www.kienehoef.nl

Udenhout, NL-5071 RR / Noord-Brabant

- Recreatiepark Duinhoeve
- Oude Bossche Baan 4
- 2 Apr - 25 Sep
- +31 1 35 11 13 63
- info@duinhoeve.nl

1 ADEJMNOPRT BG 6
2 AQRWXYZ ABEFG 7
3 ABFJMV ABCDEFGHKNQRTUVW 8
4 BFHJLO ABCHJVY 9
5 ABDEFK ABDEFHJORSY 10
B 6A CEE ① €35,00
9ha 80T(100-120m²) 301D ② €49,00

N 51°38'11'' E 05°07'05''
A58 Breda-Tilburg-Den Bosch, Ausfahrt Udenhout (N65). Ab Waalwijk N261 Richtung Efteling. Hinter Efteling Ausfahrt Loon op Zand. Vorfahrtsstraße und dann den CP-Schildern folgen.
110733

Ulicoten/Baarle Nassau, NL-5113 BD / Noord-Brabant

- Recreatiepark Camping Ponderosa
- Maaijkant 23-26
- 1 Apr - 31 Okt
- +31 1 35 19 93 91
- info@ponderosa.nl

1 ABCEJMNOPQRS EGH 6
2 QRWXYZ ABFGH 7
3 ABCFLMSV ABCDEFGNQRTUVW 8
4 BCDFHJKLNOP ACEJLVW 9
5 DEFGHKLMN ABCEHKMORSY 10
10A CEE ① €41,60
22ha 140T(100-120m²) 508D ② €56,20

N 51°28'13'' E 04°52'45''
A16 Breda Ausfahrt Richtung Ulvenhout/Baarle Nassau, dann den Schildern folgen. In Ulicoten oder Chaam den CP-Schildern folgen. Nicht über die Französaan fahren!
105483

Valkenswaard, NL-5556 VB / N-Brabant

- Oostappen Vakantiepark Brugse Heide
- Maastrichterweg 183
- 1 Apr - 31 Okt
- +31 4 02 01 83 04
- info@vakantieparkbrugseheide.nl

1 ADEJMNOPRST AF 6
2 AQWXYZ ABDEFGH 7
3 ABCDFJLMSVX ABFGJKNQRTUV 8
4 BDFHIJP EVXY 9
5 ABDEFHKLN ABDEGHJNQXY 10
B 6A CEE ① €38,00
7ha 75T(81-100m²) 106D ② €38,00

N 51°19'44'' E 05°27'45''
A2, Ausfahrt Valkenswaard, Richtung Achel. Schildern folgen.
105541

Veldhoven, NL-5504 PZ / Noord-Brabant

- Vakantiepark Witven
- Witvenseweg 6
- 1 Apr - 25 Sep
- +31 4 02 30 00 43
- info@witven.nl

1 ADEGILNOPRST LMN 6
2 AFJQWXYZ ABDEFGH 7
3 ABCFGJLMNSV ABCDFJLNQRTUVW 8
4 BFHJKO JV 9
5 ABDEFHKLMN ABDFGHJOPQY 10
B 6-10A CEE ① €36,70
13,3ha 117T(80-120m²) 171D ② €50,40

N 51°23'42'' E 05°24'43''
Umfahrung Eindhoven N2 Ausfahrt 32 Richtung Veldhoven. Danach den Schildern folgen.
105542

Niederlande

Teilkarte Nord-Brabant auf Seite 188

Niederlande

EUROCAMPING VESSEM

- Raum und Ruhe.
- einmaliger, großer Naturcamping.
- im Herzen der Brabanter Kempen.
- ideal zum Rad fahren, Wandern oder Angeln.
- Safarizelte und Chalets zu vermieten.
- gutes WLAN auf dem ganzen Camping.
- für Reisemobile Sonderplätze vor dem Camping.
- großer Schwimmbadkomplex.
- NKC Reisemobilplatz.

info@eurocampingvessem.com • www.eurocampingvessem.com
Eurocamping Vessem, Zwembadweg 1, 5512 NW Vessem • Tel. 0497-591214

Veldhoven/Zandoerle, NL-5506 LA / N-Br. CC€22 iD
- Vakantiepark Molenvelden
- Banstraat 25
- 25 Mrz - 3 Okt
- +31 4 02 05 23 84
- molenvelden@kempenrecreatie.nl
- N 51°24'30" E 05°21'27"
- N2 Umfahrung Eindhoven, Ausfahrt 31 Richtung Veldhoven. Den Schildern folgen.

1 ABDEJMNOPRT BGN 6
2 AQWXYZ ABDEFGH 7
3 ABCEFJLMSUVX ABCDEFGHJKNQRTUV 8
4 BFHPQ JV 9
5 DEFHKL ABCDEHJNQY 10
Anzeige auf dieser Seite 10A CEE
14ha 90T(80-100m²) 195D
€32,20 / €43,40
105538

Vinkel, NL-5382 JX / Noord-Brabant CC€14 iD
- Vakantiepark Dierenbos
- Vinkeloord 1
- 27 Mrz - 30 Okt
- +31 7 35 34 35 36
- info@dierenbos.nl
- N 51°42'17" E 05°25'48"
- A59, Ausfahrt 51. CP ab hier angezeigt.

1 ABCDEILNOPQRT EGHLN 6
2 ABEJQRXYZ ABDEFGH 7
3 ABFJLMRS ABCDEFGJKNQRTUVW 8
4 BFGHJKQ CHJV 9
5 ACDEFHJKM ABDEGHJMOQY 10
B 16A CEE
55ha 387T(115-125m²) 451D
€33,80 / €52,60
100806

Die Brabanter Kempen: überraschend schön!
Vakantiepark Molenvelden
Kempen Recreatie
Genießen Sie wie die Brabanter!
www.kempenrecreatie.nl
Vakantiepark Molenvelden: Banstraat 25 | 5506 LA Veldhoven

Wanroij, NL-5446 PW / Noord-Brabant CC€18 iD
- Vakantiepark De Bergen
- Campinglaan 1
- 1 Apr - 31 Okt
- +31 4 85 33 54 50
- info@debergen.nl
- N 51°38'26" E 05°48'40"
- A73 Ausfahrt Boxmeer nach St. Anthonis und rechts nach Wanroij. Campingplatz ausgeschildert.

1 ADEILNOPRST HLMN 6
2 AFJKQWXYZ ABFGH 7
3 ABCDFGJMSV ABCDFGJKMNQRTUVW 8
4 BCDFHJKN ABCEJNQVWXY 9
5 CDEFHKLMNO ABDEGHMNOPQXY 10
Anz. auf dieser Seite B 10-16A CEE
92ha 320T(80-125m²) 467D
€36,40 / €48,80
105648

Wouwse Plantage, NL-4725 BC / Noord-Brabant iD
- Camping GetAway
- Bosbesstraat 65
- 1 Apr - 1 Nov
- +31 6 57 73 10 54
- info@mygetaway.nl
- N 51°29'00" E 04°23'37"
- A58 Ausfahrt 25 Richtung Wouwse Plantage: Camping im Zentrum ausgeschildert (plantagebaan.).

1 AEGJMNOPQRT AF 6
2 APQXY ABFGK 7
3 ALS ABEFMNQRW 8
4 HR 9
5 DELM ABFGJOST 10
10A CEE
1,2ha 60T(100-150m²) 6D
€19,00 / €27,00
123977

Vessem, NL-5512 NW / Noord-Brabant CC€20 iD
- Eurocamping Vessem
- Zwembadweg 1
- 26 Mrz - 2 Okt
- +31 4 97 59 12 14
- info@eurocampingvessem.com
- N 51°24'38" E 05°16'35"
- A58 Ausfahrt 8 Oirschot, Richting Middelbeers, danach Vessem. CP ausgeschildert an der Straße Vessem-Hoogeloon.

1 AEJMNOPQRST BFN 6
2 ABPQXYZ ABFG 7
3 ABCFGJLMNVX ABCDEFJMNPQRTUVW 8
4 BCDFHIJKNPQ BCJVWY 9
5 BDEH ABDFGHJOQX 10
Anzeige auf dieser Seite 6A CEE
50ha 345T(120-200m²) 346D
€34,10 / €47,90
105539

Zeeland, NL-5411 RS / Noord-Brabant iD
- Vakantiepark De Heische Tip
- Straatsven 4
- 1 Apr - 1 Okt
- +31 4 86 45 14 58
- info@heischetip.nl
- N 51°41'42" E 05°39'19"
- A50 Ausfahrt Ravenstein, dann Richtung Uden, bei Zeeland ausgeschildert.

1 ABEJMNORT L 6
2 BEJQRWXY ABDEFGH 7
3 BFHIJLMNSVX ABEFGINPQRTUVW 8
4 BCDFHJLNOX BEFJUVW 9
5 ADEHKLM ABEFGHIKORSXY 10
6A CEE
18ha 80T(80-90m²) 346D
€36,00 / €38,40
105581

VAKANTIEPARK DE BERGEN
Wanroij | de.eldoradoparken.nl/ACSI
eldorado parken
JEDER URLAUB EIN ERLEBNIS!

ACSI Club iD

Ihr Pass oder Ausweis sicher in der Tasche
Die praktische ACSI Clubkarte

Nur 4,95 € im Jahr

www.ACSI.eu/ACSIClubID

Limburg

Arcen, NL-5944 EX / Limburg
- Klein Vink
- Klein Vink 4
- 1 Jan - 31 Dez
- +31 7 74 73 25 25
- @ receptie.kleinvink@roompot.nl

1 ABCDEJ**M**NOPQRST EG**L**MN 6
2 ABEJKQRWXYZ ABDE**FGH** 7
3 ABDFGMNS**TU** ABCDEFHJNPQRTUVW 8
4 BCFHJLO**PQRSTUVWXYZ** CJRTVWY 9
5 ACDEFGHJKLM ABDEFGHIKMOPQXY 10
B 10A CEE — €36,00
17ha 310**T**(80-90m²) 691**D** — €39,00
N271 Nijmegen-Venlo. Gut ausgeschildert. 100824

Baarlo, NL-5991 NV / Limburg
- Oostappen Vakantiepark De Berckt
- Napoleonsbaan Noord 4
- 1 Apr - 31 Okt
- +31 7 74 77 72 22
- @ info@vakantieparkdeberckt.nl

1 ADEJ**M**NOPQRS EGHI 6
2 ABPQRXYZ ABDE**FGH** 7
3 ABFJ**K**MSV ABCDEFGJKNQRTUVW 8
4 BDFHJKLNO**PQ**TUV EVY 9
5 ACDEFHKL ABEGHIJN**O**QXY 10
10A CEE — €37,00
40ha 281**T**(80-120m²) 665**D** — €39,00
A73 Ausfahrt Baarlo (N273). Auf der N273 (Napoleonsbaan) liegt der CP auf der Westseite der Strecke, zwischen Blerick und Baarlo. 105662

Beesel, NL-5954 PB / Limburg
- Petrushoeve
- Heidenheimweg 3
- 15 Mrz - 15 Okt
- +31 7 74 74 19 84
- @ info@campingpetrushoeve.nl

1 AEFGHKNOPRS**T** 6
2 ABQRSTWXYZ ABDE**FGK** 7
3 **L**S ABCDEFJNQRTUVW 8
4 FGHK IV 9
5 ADGN ABDFGHIJOQ 10
6-10A CEE — €24,50
5ha 89**T**(120-140m²) 3**D** — €35,50
Von der A73 Ausfahrt 18 Reuver/Beesel. Danach den Schildern Petrushoeve Recreatie folgen. 107653

Blitterswijck, NL-5863 AR / Limburg
- 't Veerhuys
- Veerweg 7
- 1 Apr - 30 Okt
- +31 4 78 53 12 83
- @ info@campingveerhuys.nl

1 ADE**IL**NOPRT FJMNSWXY 6
2 ACIQRVX ABE**FG** 7
3 ABF**HIL**MSU AB**F**JNPQRTUVW 8
4 FHJOP GKV 9
5 ADEFHKLN ABEFGHIJ**N**QXY 10
B 10A CEE — €29,60
H50 2,8ha 75**T**(72-150m²) 46**D** — €38,00
A73 Ausfahrt 9 Richtung Wanssum. Am Kreisel in Wanssum rechts ab und sofort wieder links richtung Blitterswijck. 113304

Echt, NL-6102 RD / Limburg
- Marisheem
- Brugweg 89
- 1 Apr - 30 Sep
- +31 4 75 48 14 58
- @ info@marisheem.nl

1 AEJ**M**NOPRT AFH 6
2 APQWXYZ ABDE**FG** 7
3 ABG**L**MS ABCDEFGNQRTW 8
4 FH IV 9
5 DEHMN ABDEGHIOQ 10
10A CEE — €29,50
12ha 40**T**(80-100m²) 200**D** — €43,20
A2 Richtung Maastricht, Ausfahrt 45 Echt. A73, Ausfahrt 22 Maasbracht, weiter N276 Richtung Echt. Den Schildern Camping Marisheem folgen. 105667

Epen, NL-6285 AD / Limburg
- Kampeerterrein Oosterberg
- Oosterberg 2
- 15 Mrz - 1 Nov
- +31 4 34 55 13 77
- @ info@camping-oosterberg.nl

1 AEJ**M**NOR**T** 6
2 AIPQSXYZ ABDE**FG** 7
3 A**L**M ABCDEFGJKNPQRT 8
4 FGHIJKO 9
5 ADN ABJOQ 10
B 6A CEE — €26,05
H220 6ha 275**T**(100-120m²) — €33,95
Kreuzung Kerensheide A79 Richtung Aachen Ausfahrt Simpelveld / Vaals Richtung Maastricht. Ausfahrt Mechelen/Epen. Hier ist der CP durch braune Schilder angezeigt. 108985

Afferden, NL-5851 AG / Limburg
- Klein Canada
- Dorpsstraat 1
- 1 Apr - 31 Okt
- +31 4 85 53 12 23
- @ info@kleincanada.nl

1 AEG**IL**NOPRST AEFHN 6
2 APQRTXY AB**C**E**F**GH 7
3 ABCFG**KL**MNSV ABCDEFGJK**MN**QRTUVW 8
4 BDEHIJKO**PQT** AEJVY 9
5 ADEHKLMNO ABCEFGHIK**M**ORSY 10
Anzeige auf Seite 197 B 6-10A CEE — €30,50
12ha 143**T**(100-120m²) 184**D** — €43,20
A57 Grenzübergang Goch, Ausf. 2 Gennep nehmen. Dann links abbiegen auf N271. Nach ca. 4 km links abbiegen auf Dorpsstraat. Der Campingplatz befindet sich auf der rechten Straßenseite. 105647

Epen, NL-6285 ND / Limburg
- Landschapscamping Alleleijn
- Terzieterweg 17
- 16 Apr - 15 Okt
- +31 4 34 55 15 53
- @ reserveren@campingalleleijn.nl

1 ABE**JM**NOPR**T** 6
2 CIQUVWXY ABDE**FG** 7
3 A**L**M ABCDEFGHIJNPQRTW 8
4 FGHIJO W 9
5 ADN ABHJOQ 10
10A CEE — €25,00
H220 2,8ha 79**T**(100-140m²) — €33,90
In Epen geradeaus und sofort hinter Epen dem Schild 'Terziet/Sippenaken' folgen. Geradeaus, auch an dem Schild 'doodlopende weg'. Noch 1 km der Straße folgen. Der CP liegt links. 118624

Afferden, NL-5851 EK / Limburg
- Roland
- Rimpelt 33
- 1 Jan - 31 Dez
- +31 4 85 53 14 31
- @ info@campingroland.nl

1 AEG**JM**NOPQRST BGHN 6
2 AQWY BE**FG**H 7
3 BDF**JL**MSTV ABCDE**F**IJNQRTUVW 8
4 BDFHJNO**PQ** CFJUV 9
5 ABCDFGHJLMN ABCEFGHIJM**OQ**Y 10
6A CEE — €33,10
H50 11ha 85**T**(80-120m²) 318**D** — €43,20
A73 Nijmegen-Venlo, am Kreuz Rijkevoort über die A77 bis Ausfahrt 2 auf die N271 Nieuw-Bergen - Afferden, nach ca. 5 km Richtung Venlo, den Schildern folgen. 105650

Gulpen, NL-6271 NP / Limburg
- EuroParcs Gulperberg
- Berghem 1
- 1 Jan - 31 Dez
- +31 4 34 50 23 30
- @ kcc@europarcs.nl

1 AEJ**M**NOPRST AGI 6
2 AIQVWXY ABDE**FGH** 7
3 BF**HIL**M ABCDEFIJNQRTUVW 8
4 **A**BCFGHJLO ABCEFUVWX 9
5 ABCDFHJLMN ABCEFGHIJM**OQ**Y 10
Anzeige auf Seite 177 10A CEE — €43,50
H120 7,9ha 225**T**(100-120m²) 152**D** — €57,50
A4 Aachen - Maastricht, Ausf. Bocholtz zur N281 Ri. Gulpen. An der letzten Ampel in Gulpen li. Den Schildern folgen. Mit GPS: Postleitzahl eingeben, dann Landsraderweg bis zur T-Kreuzung folgen, li. ab CP nach 200m re. 100834

Gulpen, NL-6271 PP / Limburg

- Terrassencamping Osebos
- Osebos 1
- 26 Mrz - 6 Nov
- +31 4 34 50 16 11
- info@osebos.nl

1 ABEJMNOPRT — AF 6
2 AIPQSVWXY — ABDEFGH 8
3 ABFLMU — ABCDFGJKNQRTUVW 8
4 BFGHIJ — 9
5 ACDEFGHLMN — ABCDEGHJORSY 10
6-10A CEE
€ 39,00
€ 47,00
N 50°48'27" E 05°52'15" H132 7ha 210T (100-120m²) 30D
N278 Maastricht-Vaals. Vor Gulpen Richtung Euvererm/Beutenaken, erste Straße rechts.
105671

Herkenbosch, NL-6075 NA / Limburg

- Oostappen Vakantiepark Boschbeek
- Meinweg 1B
- 1 Jan - 31 Dez
- +31 4 93 32 69 77
- info@parkboschbeek.nl

1 AEJMNOPQRST — L 6
2 ABPQRXYZ — AB 7
3 AL — ABEFNQRUVW 8
4 — JV 9
5 D — ABEGHIKMQY 10
10A CEE
€ 41,40
€ 44,80
N 51°09'34" E 06°05'02" 11ha 88T (100m²) 50D
A2 nach Roermond. Den Schildern Roermond-Oost und Melick folgen. Ausfahrt Herkenbosch und den CP-Schildern folgen.
100826

Heel, NL-6097 NL / Limburg

- Oostappen Vakantiepark Heelderpeel
- De Peel 13
- 1 Apr - 31 Okt
- +31 7 74 77 72 24
- receptie@vakantieparkheelderpeel.nl

1 AEGJMNOPQRST — BLN 6
2 AEJQRWY — ABDEFG 7
3 BCFJMNS — ABCDEFJNQRTW 8
4 BFHL — EFVY 9
5 ADHK — AJMNQY 10
10A CEE
€ 46,00
€ 49,00
N 51°11'49" E 05°52'31" 55ha 160T (100m²) 261D
Von Eindhoven A2 Ausfahrt 41. Auf der N273 Richtung Venlo fahren. Nach ca. 3 km ist der CP links ausgeschildert.
100825

Hulsberg, NL-6336 AV / Limburg

- 't Hemelke
- Klimmenerweg 10
- 1 Apr - 30 Sep
- +31 4 54 05 13 86
- info@hemelke.nl

1 AEJMNORT — AFH 6
2 APQUVWXYZ — ABDEFGH 7
3 ABFJLMSU — ABCDEFGJKMNQRW 8
4 BCDFGHIJKOR — 9
5 ABDEGHLMN — ABDEFGHIJMOQ 10
B 6-16A CEE
€ 36,00
€ 50,00
N 50°53'16" E 05°51'46" H100 7ha 330T (110-120m²) 25D
Von Eindhoven A2 Ausfahrt A76 Richtung Heerlen, Ausfahrt Nuth, dort Richtung Hulsberg, CP in Hulsberg ausgeschildert.
105675

Heerlen, NL-6413 TC / Limburg

- Hitjesvijver
- Willem Barentszweg 101
- 1 Jan - 31 Dez
- +31 4 55 21 13 53
- info@hitjesvijver.nl

1 ACDEGJMNOPQRST — BG 6
2 APQTVXYZ — ABDEFG 7
3 ABFLMS — ABCEFHJNQRTW 8
4 BCDFGHIJ — CEFJUVWY 9
5 ABDEFHLMNO — ABDFGHIJNOQ 10
6-10A CEE
€ 35,20
€ 48,90
N 50°55'16" E 05°57'26" H83 4,5ha 113T (90-100m²) 61D
Von Eindhoven: folge den Schildern A76 nach Heerlen; hinter Nuth re. der N281 folge Ri. Heerlen; Ausf. Heerlen-Nord nehmen, am Kreisel bei McDonald's li., dann 1. Kreisel re., dann Willem Barentszweg. Nach 800m CP li.
109665

Kelpen-Oler, NL-6037 NR / Limburg

- Geelenhoof
- Grathemerweg 16
- 18 Mrz - 31 Okt
- +31 4 95 65 18 58
- info@geelenhoof.nl

1 AEGILNOPRST — N 6
2 APQRWXY — ABDF G 7
3 ABDFIJLMSTWX — ABCDEFHJNPQRTUVW 8
4 FH — CFIVWY 9
5 ADN — ABDFGHIJORSWY 10
B 6-10A CEE
€ 25,10
€ 33,70
N 51°12'35" E 05°49'47" H120 5ha 57T (120-150m²) 44D
Von Eindhoven: A2 Ausfahrt 40 Kelpen/Oler. Auf der N280 Ausfahrt Kelpen/Oler und der Durchgangsstraße folgen. Von Maastricht: A2 Ausfahrt 41 Richtung Grathem. Ab der N273 den CP-Schildern folgen.
110635

Heijen, NL-6598 MH / Limburg

- Hoeve De Schaaf
- Brem 11
- 1 Apr - 31 Okt
- +31 4 85 53 12 42
- info@campingdeschaaf.nl

1 GJMNOPQRT — BGHI 6
2 BDKWXYZ — ABDEFG 7
3 BFMSV — ABEFJMNQRUVW 8
4 BCDHJLO — 9
5 AEHK — HIJLNQY 10
Anzeige auf Seite 197
€ 28,40
€ 40,80
N 51°39'51" E 06°00'28" 10ha 43T (100-150m²) 346D
A77, Ausfahrt 2 (Gennep). Nach 400m links auf N271 abbiegen. Nach 180m links abbiegen nach De Grens. Nach 700m zum Karrevenseweg. Nach 870m zu Brem.
125180

Kessel, NL-5995 RP / Limburg

- Oda Hoeve
- Heldenseweg 10
- 1 Apr - 1 Nov
- +31 7 74 62 13 58
- info@odahoeve.nl

1 AEGJMNOPQRS — 6
2 AIQTWXY — BEFGH 7
3 LS — BDFHJMNPQRUV 8
4 AFHJOQ — 9
5 DN — ABHIJORSY 10
B 6A CEE
€ 19,50
€ 27,50
N 51°17'54" E 06°02'14" 3,5ha 120T (180-200m²) 14D
Über den Napoleonsweg N273 nach Kessel. An der Ampel bei Kessel rechts Richtung Helden. Camping nach 800m auf der rechten Seite.
111805

Heijenrath/Slenaken, NL-6276 PD / Limburg

- Heyenrade
- Heyenratherweg 13
- 1 Apr - 1 Nov
- +31 4 34 57 32 60
- info@heyenrade.nl

1 ADEJMNOPRST — 6
2 PQWXY — ABFG 7
3 ALU — ABCEFJNQR 8
4 FGHI — GVWX 9
5 ADHJMN — ABHJOQ 10
10A CEE
€ 22,35
€ 26,35
N 50°46'28" E 05°52'23" H220 4ha 120T (100m²) 106D
N278 Maastricht-Vaals. Hinter Margraten Richtung Noorbeek. Von der Kreuzung Hoogcruts ausgeschildert.
105674

Koningsbosch, NL-6104 RM / Limburg

- Böhmerwald
- Krimweg 1
- 1 Apr - 30 Sep
- +31 4 75 30 90 30
- bohmerwald@online.nl

1 AILNOPQRST — 6
2 AQRXY — ABFG 7
3 ABFM — AEFNPRVW 8
4 FHJ — F 9
5 DHN — AHIJMOSY 10
4-6A CEE
€ 18,00
€ 25,00
N 51°03'43" E 05°56'24" H59 2,3ha 94T (80-100m²) 2D
Von der A2 Ausfahrt 44 oder 45 Richtung Echt/Koningsbosch. CP-Schildern folgen.
113488

Helden, NL-5988 NH / Limburg

- Ardoer Camping De Heldense Bossen
- De Heldense Bossen 6
- 25 Mrz - 31 Okt
- +31 7 70 07 24 76
- info@deheldensebossen.nl

1 AEJMNOPRST — BEGH 6
2 ABQWXYZ — ABDEFGHK 7
3 BCEFGLMSUV — ABCDEFGHJKNOPQRTUVW 8
4 ABCDFHIJKLOQ — AEFJV 9
5 ACDEFHLMN — ABDEGHJOPQXY 10
B 10A CEE
€ 39,50
€ 54,00
N 51°19'05" E 06°01'25" 30ha 399T (80-120m²) 400D
N277, Midden Peelweg, Ausfahrt Helden fahren. Von Helden Richtung Kessel. Nach 1 km links ab. Nach ca. 1 km kommt der CP.
100823

Landgraaf, NL-6374 LE / Limburg

- De Watertoren
- Kerkveldweg 1
- 1 Apr - 30 Okt
- +31 4 55 32 17 47
- info@campingdewatertoren.nl

1 AEJMNOPRST — BG 6
2 ABQSXYZ — ABDEFGH 7
3 ABFLMSVX — ABCDEFGIJKNQRTW 8
4 BCEFGHIJO — BIJVWY 9
5 ABDEFHLMN — ABDEGHJORSWXY 10
B 6-10A CEE
€ 42,80
€ 53,20
N 50°54'38" E 06°04'23" H150 5,3ha 126T (100-150m²) 34D
A2 Ausf. 47 Born/Brunssum. Brunssum folgen. Von Maastricht: Heerlen: Ausf. Kerkrade-West (Beitel) oder Beschilderung Park Gravenrode. Dann Hofstr.-Einsteinstr.-Dr. Calsstr.-Torenstr. Links ab im Kreisel Europaweg-Zuid.
108402

Helden, NL-5988 NE / Limburg

- Hanssenhof
- Kesselseweg 32-32a
- 1 Apr - 31 Okt
- +31 7 73 07 21 77
- camping@hanssenhof.nl

1 AEGJMNOPRST — 6
2 AQXY — ADEF 7
3 LS — ABEFHJNPQRUV 8
4 FHJQ — EG 9
5 D — ABHIJOQY 10
B 6A CEE
€ 16,75
€ 27,55
N 51°18'52" E 06°00'13" 3,5ha 80T (100m²) 4D
Von der N277, Midden Peelweg, Ausfahrt Helden. Von Helden aus Richtung Kessel. Der CP ist nach 1 km rechts.
117494

Maasbree, NL-5993 PB / Limburg

- Vakantiepark BreeBronne
- Lange Heide 9
- 1 Apr - 1 Nov
- +31 7 74 65 23 60
- info@breebronne.nl

1 EGJMNOPQRST — EGHL 6
2 ABEJRWXYZ — ABDEFGJ 7
3 ABDGJMSV — ABCDEFGIJKLMNPQRTUVW 8
4 BCFHJ — ACJTVWY 9
5 ABDEFHL — AEFHIJOSTY 10
B 16A CEE
€ 45,70
€ 58,90
N 51°22'27" E 06°03'41" 12ha 330T (80-120m²) 111D
A67 Ausfahrt Zaarderheiken/Venlo-West/Zuid und die N556 Richtung Maasbree. Weiter der CP-Beschilderung nach.
105658

Helden, NL-5987 NC / Limburg

- 't Vossenveld
- Roggelseweg 131
- 25 Mrz - 15 Okt
- +31 7 73 07 23 86
- info@vossenveld.nl

1 AJMNOPQRST — 6
2 ABPQWY — ABDEFG 7
3 ASU — ABCDEFHJNPRUVW 8
4 FHJQ — 9
5 D — ABGHIJOQY 10
6A CEE
€ 17,50
€ 27,25
N 51°17'57" E 05°58'01" 3,5ha 60T (100-160m²) 40D
Von der A73 Ausfahrt 14 Helden/Maasbree. An der N275 von Helden nach Roggel N275 einige Km hinter der Ortschaft Helden in Egchel links.
111070

Meerssen, NL-6231 RV / Limburg

- 't Geuldal
- Gemeentebroek 13
- 1 Apr - 1 Nov
- +31 4 36 04 04 37
- info@camping-geuldal.nl

1 ADEJMNOPRST — 6
2 ABDQWXYZ — ABDEFG 7
3 BLMSV — ABCDEFGJNQRTUW 8
4 BCDFHJKLOQ — BCE 9
5 ADEGHJLMN — ABCDFGHJORSY 10
B 6-10A CEE
€ 27,80
€ 38,60
N 50°52'21" E 05°46'17" H56 8ha 198T (100-150m²) 80D
A2 Ausf. 51. 1.Kreisel links, 2. rechts und 3. links. Über die Gleisen links. Vor der Linkskurve rechts oder über die A79 Ri. Heerlen Ausf. 2. Dann Meerssen, Kreisel links: sofort hinter den Gleisen links. Wohnmobile höher als 2,8m siehe Webseite.
121591

KLEIN CANADA
Afferden

ELDORADO
Plasmolen

HOEVE DE SCHAAF
Heijen

eldorado parken — JEDER URLAUB EIN ERLEBNIS!

DE.ELDORADOPARKEN.NL/ACSI

MEHR INFOS: SCANNEN DES QR-CODES

Niederlande

Meijel, NL-5768 PK / Limburg 📶 CC€16 iD
- ⛺ Kampeerbos De Simonshoek
- 🏠 Steenoven 10
- 📅 1 Jan - 31 Dez
- ☎ +31 7 73 98 73 61
- @ info@simonshoek.nl

1 ACEJMNOPQRS**T** — BDG 6
2 AB**D**QRWXY — AB**DEFGH** 7
3 A**F**L**M**SU — ABCD**E**FJNQRTW 8
4 B**D**FHO — CFVGY 9
5 A**D**HKN — AGHIJNQY 10

Anzeige auf dieser Seite B 6A CEE — ● €26,50
8,5ha 75**T**(120-140m²) 106**D** — ❷ €39,50

▲ N 51°20'23" E 05°52'16"

🚗 A67 Eindhoven-Venlo, Ausfahrt Asten/Meijel Richtung Meijel. Nach ca. 12 km rechts ab. CP liegt dann nach 700m auf der rechten Seite.

105661

Melderslo, NL-5962 PA / Limburg 📶 CC€18 iD
- ⛺ De Kasteelse Bossen
- 🏠 Nachtegaallaan 4
- 📅 1 Jan - 31 Dez
- ☎ +31 7 73 98 73 61
- @ info@dekasteelsebossen.nl

1 ABEG**J**M**N**OPQRS**T** — 6
2 AQRWXYZ — ABDE**FG**HK 7
3 AFMSU — ABCD**FH**JM**N**PQRTW 8
4 B**F**HIJOQ — DEFHI 9
5 **DEF**HKN — ABEGHIJOSTY 10

6-16A CEE — ● €20,50
3ha 52**T**(80-140m²) 9**D** — ❷ €28,50

▲ N 51°27'41" E 06°04'20"

🚗 A73, Ausfahrt 10 Richtung Horst-Noord. An der Ampel links ab, der Straße folgen, dann den CP-Schildern.

115491

Noorbeek, NL-6255 PB / Limburg 📶 CC€18 iD
- ⛺ Grensheuvel Natuurlijk Limburg
- 🏠 Voerenstraat 11
- 📅 1 Jan - 31 Dez
- ☎ +31 6 28 83 41 23
- @ grensheuvelnatuurlijk limburg@gmail.com

1 A**J**M**N**OPQRS**T** — 6
2 IPTVXY — AB**FG** 7
3 A — ABEFJNQRU 8
4 **F**H — 9
5 A**D**HKN — ABCDFGHJORS 10

6A CEE — ● €30,40
H190 2,5ha 73**T**(75-100m²) 40**D** — ❷ €28,50

▲ N 50°46'22" E 05°48'07"

🚗 A2 Richtung Maastricht - Luik (Liège/Lüttich), Ausfahrt 56 Gronsveld. Über St. Geertruid und Mheer nach Noorbeek. Vor Noorbeek rechts ist der Camping Grensheuvel. Aus D: Von Aachen B278 Gulpen. Hinter Gulpen, Die Hut rechts die N598 bis Hoogcruts. Dort rechts nach Noorbeek.

108406

Ohé en Laak, NL-6109 AB / Limburg 📶 iD
- ⛺ De Sangershoeve
- 🏠 Prior Gielenstraat 4
- 📅 28 Mrz - 1 Okt
- ☎ +31 4 75 55 19 20
- @ info@sangershoeve.nl

1 AG**J**M**N**OPRS**TW** — LN 6
2 ACEPQRTWXYZ — AB**FG**HK 7
3 S — ABCD**E**F**H**J**N**PQRVW 8
4 FGH — VW 9
5 DN — ABEFGHIJORSY 10

10A CEE — ● €23,50
1,5ha 73**T**(100-140m²)

▲ N 51°06'35" E 05°50'52"

🚗 Oder A2 Ausfahrt 45, Richtung Ohé en Laak. Über die Brücke vom "Juliana" Kanal an der T-Gabelung rechts. Der Straße folgen.

119425

Oost-Maarland/Eijsden, NL-6245 LC / Limburg 📶 iD
- ⛺ De Oosterdriessen
- 🏠 Oosterweg 1A
- 📅 22 Apr - 19 Sep
- ☎ +31 4 34 09 32 15
- @ info@oosterdriessen.nl

1 BE**I**L**N**OPRT — LNQS 6
2 AFJKPQWXYZ — ABDE**FG** 7
3 AMS — ABCDEF**N**QRT 8
4 FHJ — BHV 9
5 AB**D**HMN — ABCFGJNRSY 10

B 6A CEE — ● €30,90
H52 8ha 230**T**(90-100m²) 6**D** — ❷ €36,50

▲ N 50°48'00" E 05°42'24"

🚗 A2 Maastricht-Luik, Ausfahrt 56 (Gronsveld), dann Richtung Eysden, am Ende links und den braunen Schildern folgen. A2 Luik-Maastricht, Ausfahrt 56, links und Schildern folgen.

101569

Panningen, NL-5981 NX / Limburg 📶 CC€18 iD
- ⛺ Beringerzand
- 🏠 Heide 5
- 📅 1 Jan - 31 Dez
- ☎ +31 7 73 07 20 95
- @ info@beringerzand.nl

1 AE**J**M**N**OPQRST — BEGHN 6
2 AQRWXYZ — ABDE**FG** 7
3 ABCDEFGJLMSU — ABCDFGHIJK**M**NPQRTUV 8
4 **A**BCD**FH**JLOP**QT** — ACFJ 9
5 AB**D**EFGHL — ABDEFGHIJOQY 10

B 10A CEE — ● €39,00
20ha 355**T**(80-100m²) 159**D** — ❷ €53,00

▲ N 51°20'56" E 05°57'40"

🚗 A67 Ausfahrt 38, Richtung Koningslust. Dann Schildern "Beringerzand" zum CP folgen.

100822

Plasmolen, NL-6586 AL / Limburg 📶 CC€16 iD
- ⛺ De Geuldert
- 🏠 Schildersweg 6
- 📅 1 Apr - 1 Okt
- ☎ +31 2 46 96 27 67
- @ info@degeuldert.nl

1 AE**J**M**N**ORT — 6
2 APQRWXYZ — ABDE**FG**H 7
3 B**L**MSV — ABCDEFJNQRTUVW 8
4 BCD**E**FGHJKOQ — 9
5 AB**D**EHMN — ABEFGHIJ**O**QY 10

Anzeige auf dieser Seite 6-10A CEE — ● €28,50
4,7ha 80**T**(100m²) 40**D** — ❷ €38,30

▲ N 51°44'13" E 05°55'47"

🚗 A57 Goch, Grenze zur A77. 1. Ausf. hinter der Grenze Gennep/Ottersum die N271 Ri. Nijmegen. Vor Plasmolen, Höhe Freizeitgelände Mookerplas, CP-Schild befolgen.

113490

Ruhiger und geselliger Familiencamping in Nord-Limburg. Am Fuße des St. Jansberg. Diverse Möglichkeiten zum Wandern und Rad fahren in der Umgebung.

Schildersweg 6, 6586 AL Plasmolen
Tel. +31 246962767 • Internet: www.degeuldert.nl ©

Plasmolen/Mook, NL-6586 AE / Limburg 📶 CC€18 iD
- ⛺ Camping Eldorado
- 🏠 Witteweg 18
- 📅 1 Apr - 31 Okt
- ☎ +31 2 46 96 19 14
- @ info@eldorado-mook.nl

1 AE**J**M**N**OPRS**T** — FLMNS**XZ** 6
2 ACF**I**QRXYZ — AB**FG** 7
3 ABCEMSV — ABCDE**F**N**Q**RUVW 8
4 BD**E**FHJ — X 9
5 ACDEHKLMN — BCEFG**O**Y 10

Anzeige auf dieser Seite 16A CEE — ● €37,50
6ha 70**T**(70-100m²) 200**D** — ❷ €49,90

▲ N 51°44'08" E 05°55'01"

🚗 A73 Ausfahrt 3 Malden. Richtung Malden folgen. An der Ampel rechts ab Richtung Mook. Nach ca. 7 km rechts in den Witteweg und der CP-Beschilderung folgen.

109751

- Beheizte Sanitäranlagen
- Stilvolle Brasserie
- Wäscherei
- Beheiztes Freibad mit Jetstreams und Planschbecken
- Spielplatz
- Überdachte Terrasse
- Babywaschgelegenheit
- Vermietung von Chalets, Mobilheime, Safarizelten und Wanderhütten
- Beachten Sie unsere Webseite mit den Spezial-Arrangements für die Vor- und Nachsaison!

Willem Barentszweg 101 6413 TC Heerlen
www.hitjesvijver.nl | info@hitjesvijver.nl
+31(0)45 521 13 53

Teilkarte Limburg auf Seite 195

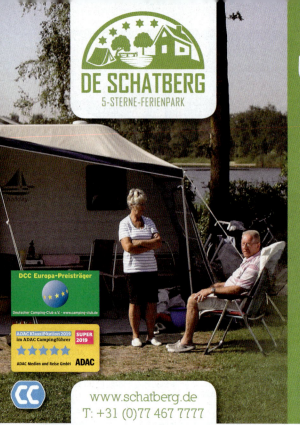

DE SCHATBERG
5-STERNE-FERIENPARK

Das ganze Jahr über UNBESCHWERT genießen!

Feieren Sie Ihren Urlaub in einer einzigartigen Lage inmitten des wundervollen Naturgebiets Nord-Limburger Peel. Besuchen Sie unseren vielseitigen Ferienpark und lassen Sie sich überraschen von den unbegrenzten Möglichkeiten.

In unserem umfangreichen Angebot findet jeder Gast die perfekte Unterkunft für einen unvergesslichen Urlaub. Wir bieten Einrichtungen, Aktivitäten und viele Annehmlichkeiten für Jung und Alt.

DE SCHATBERG
MIDDENPEELWEG 5
5975 MZ SEVENUM
NIEDERLANDE

www.schatberg.de
T: +31 (0)77 467 7777

Reuver, NL-5953 HP / Limburg — CC€16
- ▲ Natuurplezier
- Keulseweg 200
- 25 Mrz - 1 Nov
- +31 7 74 74 54 85
- @ info@natuurplezier.nl

1 AG**J**M**NOPRS**T		6
2 B**Q**RWXYZ	ABDE**FG**	5
3 AMS	ABDEFH**N**PQRTUV**W**	8
4 **F**HIK	I**J**	9
5 D	ABD**F**GH**J**O**Q**W	10

Anzeige auf dieser Seite 6A CEE
2ha 66**T**(120-135m²) 10**D**
€21,90 / €32,90
N 51°16'28" E 06°07'23"
113345
Von Norden A73 Ausfahrt 17. Von Süden A73 Ausfahrt 18. Weiter auf der N271 Venlo-Roermond in Reuver die Ausfahrt nehmen, wo der CP ausgeschildert ist.

Roermond, NL-6041 TR / Limburg — CC€22
- ▲ Resort Marina Oolderhuuske
- Oolderhuuske 1
- 1 Apr - 4 Nov
- +31 4 75 58 86 86
- @ info@oolderhuuske.nl

1 ADE**J**L**NOPRS**T	EG**L**M**NPQSTW**XYZ	6
2 ACE**I**J**K**QTWXY	ABCDE**FG**H	7
3 ABEFG**MN**SUV	ABCDEFG**IJ**NQRTUV**W**	8
4 B**H**L**RSTV**	E**J**OPQRSVWY	9
5 ABDEG**H**L	ABDFGH**IJ**MOPQUY	10

6-16A CEE
5,5ha 80**T**(80-200m²) 214**D**
€39,50 / €46,50
N 51°11'32" E 05°56'58"
101397
Auf der N280 Ausfahrt Hatenboer/de Weerd nehmen. Dann direkt links ab und den braunen Schildern folgen mit Marina Oolderhuuske.

CAMPING NATUUR PLEZIER

Naturschönheit in einer fantastischen Umgebung erleben

Einzigartiger Camping, grenzend ans Naturgebiet Brachterwald und ans Pieterpad. Sehr gute Rad- und Wanderwege. Der Campingplatz hat Komfortplätze und spezielle Reisemobilplätze mit WLAN, TV. Außerdem schöne Luxushütten zu vermieten. Bed & Breakfast möglich.

Familie Aan de Brugh-Peters • Keulseweg 200, 5953 HP Reuver
Tel. 077-4745485 • Handy 06-29102828
E-Mail: info@natuurplezier.nl
Internet: www.natuurplezier.nl / www.bedandbreakfastreuver.nl

---

Roggel, NL-6088 NT / Limburg — CC€22
- ▲ Recreatiepark De Leistert
- Heldensedijk 5
- 1 Jan - 31 Dez
- +31 4 75 49 30 30
- @ info@leistert.nl

1 ADE**J**M**NOPQR**T	BEG**H**IM**N**	6
2 **J**QRWXYZ	ABCDE**FG**H	7
3 AB**C**DEFG**J**L**MN**RSTU	ABCDEF**IJ**KM**N**PQRTUV**W**	8
4 **A**BDFH**J**LOU	BCEF**J**VWY	9
5 ACDEFGH**K**LM**N**O	ABDEFGHKM**O**PQXY	10

Anz. auf S. 199 + Umschl. B 10-16A CEE
100ha 594**T**(90-130m²) 661**D**
€58,10 / €61,20
N 51°16'27" E 05°55'55"
101338
Der CP liegt an der Strecke Helden-Roggel, ca. 1 km von Roggel.

Schimmert, NL-6333 BR / Limburg — CC€18
- ▲ Mareveld
- Mareweg 23
- 1 Jan - 31 Dez
- +31 4 54 04 12 69
- @ info@campingmareveld.nl

1 ADEG**J**M**NOPR**T	B	6
2 A**I**PQXYZ	AB**FG**H	7
3 **B**FUX	ABCDEF**J**NQRTUV	8
4 **BF**GH**K**O**P**	CF**J**	9
5 D**H**J**K**LN	ABDH**J**M**O**R**S**	10

6A CEE
3,5ha 47**T**(80m²) 87**D**
€28,50 / €39,50
N 50°54'26" E 05°49'54"
113491
A76, Ausfahrt Spaubeek, rechts Richtung Schimmert. In Schimmert die 2. Straße links. Der CP ist ausgeschildert.

Schin op Geul/Valkenburg, NL-6305 PM / Limb. — CC€20
- ▲ Vinkenhof/Keutenberg
- Engwegen 2a
- 1/1 - 2/1, 18/3 - 30/10, 11/11 - 31/12
- +31 4 34 59 13 89
- @ info@campingvinkenhof.nl

1 ADE**J**M**NOPRS**T	B	6
2 ACPQSWXYZ	ABDE**FG**H	7
3 A**F**L**MS**W	ABCDE**FJ**M**N**PQRTUV**W**	8
4 **B**DFGH**IJ**O	CD**J**	9
5 ADEFGH**IJK**LM	ABDGH**IJ**OQY	10

B 6-10A CEE
H79 2,5ha 97**T**(80-100m²) 35**D**
€35,00 / €46,50
N 50°51'00" E 05°52'23"
108302
Von A76 Ausfahrt Nuth, über Hulsberg nach Valkenburg, dort Richtung Schin op Geul.

Sevenum, NL-5975 MZ / Limburg — CC€18
- ▲ De Schatberg
- Middenpeelweg 5
- 1 Jan - 31 Dez
- +31 7 74 67 77 77
- @ info@schatberg.nl

1 ADE**J**M**NOPQRS**T	AEG**H**ILM**NW**	6
2 ABE**J**K**Q**WXYZ	ABCDE**FG**I	7
3 AB**C**DE**F**G**JKL**M**RS**TUV	ABCDEF**G**LK**MN**QRTUV**W**	8
4 **B**CDFH**IJ**LM**N**O**PQ**	EFG**IJ**V**W**	9
5 ACDEFGH**IJ**KLM	ABDEGH**I**KMOSTXY	10

Anz. auf dieser Seite B 10-16A CEE
96ha 500**T**(100-150m²) 687**D**
€51,75 / €65,20
N 51°22'58" E 05°58'34"
101568
Von A67 Eindhoven-Venlo, Ausfahrt 38 Helden, Schildern folgen. CP an der N277, Midden Peelweg.

Entdecke Recreatiepark de Leistert!

Wasserspaß

Spielen

Gastronomie

+31 (0)475 49 30 30
www.leistert.de

Slenaken, NL-6277 NP / Limburg

- Camping Welkom
- Hoogcruts 27
- 1 Jan - 31 Dez
- +31 4 34 57 12 96
- info@campingwelkom.nl

1 ABEJMNOPRST 6
2 AIPQWXY ABDEFG 7
3 F ABCDFGJKNPQRUVW 8
4 FGHIJKO 9
5 DEFGHKN ABCFGJOQ 10
10A CEE € 24,30
1,8ha 60T(140-150m2) 30D € 29,30

N 50°46'30" E 05°50'42" 119975

A2 bei Maastricht, Ausfahrt N278 Vaals/Cadier en Keer. Schilder bis Margraten folgen. Ampel geradeaus. Nach 1,5 km rechts, Ausfahrt Slenaken/De Planck. Nach ca 3 km Ausfahrt Slenaken, hier links. Nach 250m CP links.

Smakt/Venray, NL-5817 AA / Limburg

- Camping De Oude Barrier
- Maasheseweg 93
- 1 Jan - 31 Dez
- +31 4 78 58 23 05
- info@deoudebarrier.nl

1 BILNOPRST AFH 6
2 ABPRXYZ ABFG 7
3 ABFMNX ABEFJNQRTUVW 8
4 FHIJ C 9
5 AEM ABEHIJS 10
B 4-6A CEE € 20,25
8,5ha 40T(100-200m2) 87D € 28,75

N 51°33'17" E 06°00'11" 105656

A73 Venray-Noord Ausfahrt 8 (kurz hinter McDonalds), dann Richtung Maashees (900m).

St. Geertruid, NL-6265 NC / Limburg

- De Bosrand
- Moersjag 4
- 1 Apr - 1 Nov
- +31 4 09 09 15 44
- info@campingdebosrand.nl

1 AEJMNOPRST 6
2 ABQUVWXYZ ABDEFGH 7
3 ABLMX ABCDEFJNQRW 8
4 FHJO BJ 9
5 ABDEFHKLMN ABCFGHJORS 10
6A CEE € 27,80
H80 3,5ha 118T(80-100m2) 47D € 31,60

N 50°47'08" E 05°44'54" 105595

A2 Ausfahrt 57 Oost-Maarland Richtung St. Geertruid, CP-Schildern folgen. Aus Richtung Süden Ausfahrt 58, CP-Schildern folgen.

Vaals, NL-6291 NM / Limburg

- Camping Hoeve de Gastmolen
- Lemierserberg 23
- 15 Mrz - 31 Okt
- +31 4 33 06 57 55
- info@gastmolen.nl

1 AEJMNOPR 6
2 CIPQSUVWXYZ ABDEFGH 7
3 ADFLMS ABCDEFGJNQRTUVW 8
4 FGHIJO 9
5 ADMN ABDFGJNQ 10
6-10A CEE € 33,00
H160 6ha 94T(100-140m2) € 44,00

N 50°46'44" E 06°00'17" 105673

A76 Kreuz Bochholtz Ri. N281. Bei Nijswiller N278 Ri. Vaals. Kurz vor Vaals ist der CP ausgeschildert. Achtung: die GPS-Werte führen nicht zur Haupteinfahrt des CPs, sondern zur nächsten Kreuzung Ri. CP.

Valkenburg aan de Geul, NL-6325 AD / Limb.

- De Cauberg
- Rijksweg 171
- 25/3 - 30/10, 11/11 - 23/12
- +31 4 36 01 23 44
- info@campingdecauberg.nl

1 AEJMNOPRT 6
2 AIPQTVXYZ ABFGH 7
3 AL ABDFJNQRTUW 8
4 FGH F 9
5 ABDEGHN ADEFGHJOQ 10
6-16A CEE € 35,00
H131 1ha 53T(70-110m2) 5D € 46,50

N 50°51'24" E 05°49'08" 110294

A2 Ausfahrt 53 Richtung Berg en Terblijt/Valkenburg. Nach 5 km ist der CP ausgeschildert, links der Straße.

Valkenburg aan de Geul, NL-6301 AN / Limb.

- De Linde
- Klein Linde 2
- 14 Apr - 30 Sep
- +31 4 36 01 28 66
- info@campingdelinde.nl

1 AEJMNOPRST AF 6
2 APQXYZ ABDEFG 7
3 BLS ABCDEFJNQR 8
4 FHJO 9
5 ADEHMN ABDFGJNRS 10
4-10A CEE € 33,00
H154 3,5ha 170T(80-100m2) 15D € 48,00

N 50°50'39" E 05°49'41" 105669

A2, bei Maastricht Richtung Berg en Terblijt. Hinter Berg en Terblijt bei Vilt rechts Richtung Sibbe. Im Zentrum ist der CP ausgeschildert.

Valkenburg aan de Geul, NL-6301 WP / Limb.

- Valkenburg-Maastricht
- Stoepertweg 5
- 14 Apr - 31 Dez
- +31 4 54 05 92 92
- info@camping-valkenburg.com

1 AEILNOPRT B 6
2 AQWXYZ ABDEFGH 7
3 AFLX ABCDFIJKNQRT 8
4 FGHJO BCJUVY 9
5 ABDGHN ABCFGHIJOSY 10
B 10A CEE € 32,50
H137 8ha 340T(100-120m2) 68D € 45,50

N 50°52'50" E 05°50'47" 100832

A2 von Norden: A76 Richtung Heerlen, Ausfahrt Nuth, am Ende der Ausfahrt links Richtung Valkenburg. Hinter Hulsberg den CP-Schildern folgen. Von Süden: A79 Richtung Heerlen, Ausfahrt 4, CP-Schildern folgen.

Valkenburg/Berg en Terblijt, NL-6325 PE / Limb.

- EuroParcs Poort van Maastricht
- Rijksweg 6
- 1 Apr - 31 Okt
- +31 8 80 70 80 90
- kcc@europarcs.nl

1 ADEJMNOPRT DG 6
2 APQTWXYZ ABDEFG 7
3 ABFLMV ABCDEFGIJKNQRTUVW 8
4 BFHJ CGJ 9
5 ABDEHJKM ABCDEFGHJORSY 10
Anzeige auf Seite 177 B 6-10A CEE € 37,00
H160 6,5ha 120T(100m2) 82D € 48,00

N 50°51'36" E 05°46'21" 100828

Ab der A2 bei Maastricht Abfahrt 53 Richtung Berg en Terblijt. CP liegt nach 3 km an der rechten Straßenseite, kurz vor dem Kreisel.

Venray/Oostrum, NL-5807 EK / Limburg

- ParcCamping de Witte Vennen
- Sparrendreef 12
- 26 Mrz - 29 Okt
- +31 4 78 51 13 22
- info@wittevennen.nl

1 ACEGILNOPQRST FHLMNQX 6
2 AEJKPQXYZ ABDEFGH 7
3 ABFGJLMNSVX ABCDFJNQRTUVW 8
4 ABFHIJKOQTV CJTVWY 9
5 ADEGHN ABCDEFGHIJOQVYZ 10
B 6-10A CEE € 31,10
17ha 150T(120-150m2) 56D € 43,20

N 51°31'25" E 06°02'08" 109947

A73 Ausfahrt 9 Venray/Oostrum, N270 Richtung Oostrum. Beim 1. Kreisverkehr geradeaus, beim 2. Kreisverkehr rechts, dann gleich links.

Vijlen, NL-6294 NE / Limburg

- Cottesserhoeve
- Cottessen 6
- 1 Apr - 1 Okt
- +31 4 34 55 13 52
- info@cottesserhoeve.nl

1 AEJMNOPRT BG 6
2 CIQSTVWXYZ ABDEFGH 7
3 BFLM ABCDEFJNQRTUW 8
4 BFGHJLO EI 9
5 ABDEGHKMN ABDEGHJORSY 10
6-10A CEE € 37,50
H155 5,5ha 192T(90-100m2) 116D € 46,00

N 50°45'34" E 05°56'26" 105672

Vom A76 Kreuz Bochholz Richtung N281. In Nijswiller N278 Richtung Vaals. Ausfahrt Vijlen. In Vijlen Richtung Epen. Danach ausgeschildert.

Vijlen, NL-6294 NB / Limburg

- Rozenhof
- Camerig 12
- 1 Jan - 31 Dez
- +31 4 34 55 16 11
- info@campingrozenhof.nl

1 ADEGJMNOPQRT BG 6
2 IQSVXYZ ABDEFGH 7
3 BFLM ABCDEFJNQRUV 8
4 BFGHIJOQ EJ 9
5 ACDEHLMN ABDFGHKOQ 10
B 10A CEE € 34,00
H164 2ha 69T(bis 110m2) 32D € 47,00

N 50°46'12" E 05°55'45" 100835

A4 Ausfahrt 2 Aachen-Laurensberg, L260 Vaalserquartier/Vaals. An der T-Kreuzung links Richtung Grenze NL/Vaals. Am Ortsausgang Vaals Richtung Raren, weiter Richtung Camerig. Weiter ausgeschildert.

Voerendaal, NL-6367 HE / Limburg

- Colmont
- Colmont 2
- 1 Apr - 25 Sep
- +31 4 55 62 20 70
- info@colmont.nl

1 AEJMNOPRT BG 6
2 AIPQVWXYZ ABDEFGH 7
3 ABFLMU ABCDEFJNQRTW 8
4 FGHJOPQ BCUVWX 9
5 ABDEFGHKMN ABDFGHIJOQY 10
6-10A CEE € 28,50
H180 4ha 160T(80-120m2) 45D € 34,90

N 50°51'08" E 05°56'03" 105670

A79 Kreuz Voerendaal Richtung Kunrade. Dort Richtung Ubachsberg. Im Zentrum Ubachsberg ausgeschildert.

Well, NL-5855 EG / Limburg

- Leukermeer
- De Kamp 5
- 1 Apr - 31 Okt
- +31 4 78 50 23 44
- vakantie@leukermeer.nl

1 ADEGILNOPQRST BEGILNQSWXYZ 6
2 BEIJPQRSWXYZ BDEFGH 7
3 BEFGHIJLMNSUV ABCDEFGIJKNQRTUVW 8
4 ABCDFHIJLMOPQRSTUX JORTUVWXY 9
5 ACDEFGHKL ABCEFGHIJMNOPQWXY 10
B 10A CEE € 45,50
H50 14ha 259T(100m2) 173D € 52,00

N 51°34'03" E 06°03'38" 105652

Von Venlo in Höhe von Well dem Schild 't Leukermeer folgen. Von Nijmegen über Bergen und Aijen dem Schild 't Leukermeer folgen. Oder A73 Ausfahrt 9 in N270 Richtung Wanssum.

Wessem, NL-6019 AA / Limburg

- Comfortparc Euroresorts Wessem
- Waage Naak 38
- 1 Apr - 1 Nov
- +31 4 75 56 12 21
- info@comfortparc.com

1 ADEJMNOPQRST LNQRSTXYZ 6
2 AEKQWXY ABFGH 7
3 ABM ABCDEFJNQRUW 8
4 J 9
5 ADLMN ABGHJMORS 10
10A CEE € 28,50
4ha 20T(100m2) 76D € 40,00

N 51°09'13" E 05°52'38" 117155

A2, Ausfahrt 41 Thorn/Wessem. Schild 'Comfortparc Wessem' folgen. Oder Ausfahrt 42 Wessem. In Wessem dem Schild 'Comfortparc Wessem' folgen. Oder A73, Ausfahrt Maasbracht, A2 Ausfahrt 41 Thorn/Wessem.

Wijlre, NL-6321 PK / Limburg

- De Gele Anemoon
- Haastadt 4
- 2 Apr - 1 Okt
- +31 8 80 99 09 57
- degeleanemoon@nivon.nl

1 ABDEGILNORT F 6
2 CQXYZ ABDEFGHK 7
3 ALM ABEFHJKNPQRTW 8
4 FGHIJO 9
5 DMN BDFHJNQY 10
B 6A CEE € 25,70
H80 1,1ha 58T(90-100m2) 10D € 36,20

N 50°50'05" E 05°52'46" 118233

A2 bis Maastricht, dann Richtung Vaals. In Gulpen Richtung Wijlre. In Wijlre ausgeschildert.

Wijlre, NL-6321 PK / Limburg

- De Gronselenput
- Haastadt 3
- 2 Apr - 1 Okt
- +31 4 34 59 16 45
- gronselenput@paasheuvelgroep.nl

1 ADEGJMNORT 6
2 CQTWXYZ ABDEFG 7
3 ABEFLM ABCDEFJNQRUV 8
4 BFGHIJO A 9
5 ABDGHMN ABDFHJOQU 10
10-16A CEE € 32,00
H80 2ha 60T(60-120m2) 4D € 40,00

N 50°50'31" E 05°52'38" 108305

A2 bis Maastricht, dann Richtung Vaals. In Gulpen Richtung Wijlre, dort ausgeschildert.

Belgien

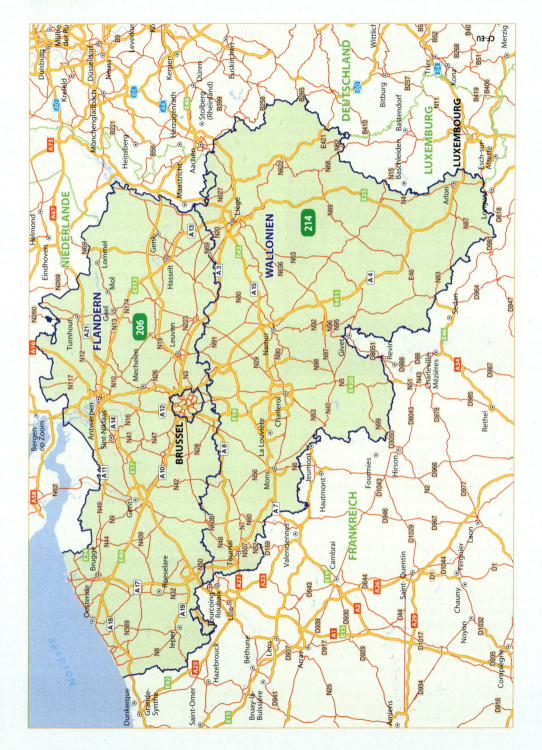

Belgien

Allgemeines
Offizieller Name: Königreich Belgien (Royaume de Belgique, Koninkrijk België).
Belgien ist Mitglied der Europäischen Union. In Belgien wird hauptsächlich Niederländisch und Französisch gesprochen. In touristischen Gebieten kommt man fast überall mit Englisch zurecht.
Zeitunterschied: In Belgien ist es so spät wie in Berlin, Paris und Rom.

Währung und Geldfragen
Währung: Euro.
Bankkarte und Kreditkarte können Sie fast überall benutzen. Es gibt genug Geldautomaten.

Grenzformalitäten
Viele Formalitäten und Vereinbarungen in Bezug auf die notwendigen Reisedokumente, Fahrzeugpapiere, Anforderungen an Ihr Transportmittel und Ihr Campingfahrzeug, medizinische Kosten und die Mitnahme von Tieren hängen nicht nur vom Reiseziel, sondern auch von Ihrem Abreiseort und Ihrer Nationalität ab. Auch die Dauer Ihres Aufenthaltes kann eine Rolle spielen. Es ist unmöglich, im Rahmen dieses Leitfadens für alle Benutzer die richtigen und aktuellen Informationen über diese Themen zu gewährleisten. Wir empfehlen Ihnen daher, die folgenden Fakten in jedem Fall rechtzeitig vor der Abreise zu überprüfen:
- welche Reisedokumente Sie für sich selbst und Ihre Mitreisenden benötigen,
- welche Dokumente Sie für Ihr Auto und Ihren Anhänger benötigen,
- welche Waren und Medikamente Sie kostenlos ein- und ausführen dürfen,
- wie bei Unfall oder Krankheit die medizinische Behandlung in Ihrem Urlaubsland geregelt ist und bezahlt werden kann.

Haustiere
Finden Sie heraus, ob Ihr Haustier an Ihrem Zielort willkommen ist. Nehmen Sie hierzu frühzeitig Kontakt zu Ihrem Tierarzt auf. Dieser informiert Sie über relevante Impfungen und die entsprechenden Nachweise wie auch über Pflichten bei der Rückkehr.
Ferner sollten Sie sich erkundigen, ob an Ihrem Zielort für das Mitführen von Haustieren im öffentlichen Raum bestimmte Bedingungen gelten. So müssen in einigen Ländern Hunde immer einen Maulkorb tragen oder hinter Gittern transportiert werden.

Straßen und Verkehr
Die Nebenstraßen in Belgien und insbesondere in Wallonien können von schlechterer Qualität oder beschädigt sein. Bitte beachten Sie dies bei der Reise mit Ihrem Wohnwagen.

Belgien

Verkehrsdichte
Im Sommer kann es zu einem erhöhten Verkehrsaufkommen in Richtung Ardennen oder in Richtung Nordseeküste kommen.

Tanken
Benzin (95 E10 und Superplus 98) ist leicht erhältlich (beim Tanken von E10 am Einfüllstutzen, in der Bedienungsanleitung oder bei Ihrem Händler prüfen, ob Ihr Fahrzeug damit fahren kann; ansonsten Superplus 98 tanken). Diesel und Autogas sind ebenfalls leicht erhältlich. Der europäische Anschluss (ACME) wird zum Tanken von Autogas genutzt. Die meisten Tankstellen sind mindestens von 8.00 bis 20.00 Uhr geöffnet, und die an Autobahnen oft Tag und Nacht. Es gibt auch viele unbemannte Tankstellen.

Verkehrsregeln
Abblendlicht ist bei Dunkelheit, schlechter Sicht und in Tunneln vorgeschrieben.
An einer Kreuzung mit Straßen gleichen Ranges hat der von rechts kommende Verkehrsteilnehmer Vorfahrt. Straßenbahnen haben grundsätzlich immer Vorfahrt. Der Verkehr im Kreisverkehr hat Vorfahrt, wenn dies ausgeschildert ist. Auf Gebirgsstraßen hat bergauffahrender Verkehr Vorfahrt vor bergabfahrendem Verkehr.
Die Alkoholgrenze liegt bei 0,5 ‰.
Am Steuer dürfen Sie kein Telefon in der Hand halten, auch dann nicht, wenn Sie anhalten (das Telefonieren mit Freisprechanlage ist allerdings erlaubt).
Kinder unter 18 Jahren und einer Größe unter 1,35 m müssen in einem Kindersitz sitzen.
Sie dürfen die Funktion in Ihrer Navigationssoftware verwenden, die Sie vor Radarfallen oder Abschnittskontrollen warnt.
Winterreifen sind nicht vorgeschrieben.

Besondere Bestimmungen
Das Rauchen im Auto ist in der Gegenwart eines Kindes verboten.
Beim Einordnen nach dem Reißverschlussverfahren kann Ihnen ein Bußgeld auferlegt werden, wenn Sie sich zu früh einordnen oder den sich einordnenden Fahrzeugen keinen Vorrang gewähren.
Beim Überholen von Radfahrern (auch auf einem Radweg) sind Sie verpflichtet, einen Seitenabstand von mindestens 1,50 m einzuhalten.
Es ist verboten, den Motor laufen zu lassen, wenn man etwas länger stillsteht, z.B. an einem Bahnübergang.
Das Parken ist unter anderem entlang einer gelben gestrichelten Linie verboten.

Vorgeschriebene Ausrüstung
Ein Warndreieck und eine Sicherheitsweste sind im Fahrzeug vorgeschrieben. Ein Verbandskasten und ein Feuerlöscher sind nur

Höchstgeschwindigkeiten

Belgien	Außerhalb geschlossener Ortschaften	Autobahn
Auto	70/90**	120
Mit Anhänger	70/90**	90
Wohnmobil < 3,5 Tonnen	70/90**	120
Wohnmobil > 3,5 Tonnen	70/90**	90

* Höchstzulässige Masse eines Fahrzeugs oder eines Fahrzeuggespanns (Pkw + Anhänger).
** Achtung! In Flandern 70 km/h, in Wallonien und Brüssel 90 km/h.
Innerhalb geschlossener Ortschaften beträgt die Höchstgeschwindigkeit 50 km/h.

Belgien

in Fahrzeugen mit belgischem Nummernschild vorgeschrieben.

Wohnwagen, Wohnmobil
Ein Wohnmobil oder ein Gespann aus Pkw und Wohnwagen darf bis zu 4 m hoch, 2,55 m breit und 18,75 m lang sein (der Wohnwagen selbst darf bis zu 12 m lang sein).

Fahrrad
Ein Fahrradhelm ist nicht vorgeschrieben. Telefonieren und Tippen auf einem Handy sind auf dem Fahrrad verboten.
Sie dürfen keinen Fahrgast auf dem Gepäckträger mitnehmen (aber ein Kind in einem Kindersitz).

Maut und Umweltzonen
Maut
Belgien erhebt keine Maut für Autos und Wohnmobile. Nur für den Liefkenshoektunnel bei Antwerpen ist eine Maut zu zahlen. Mehr Informationen: **liefkenshoektunnel.be**.

Umweltzonen
In Belgien haben die Städte Antwerpen, Brüssel und Gent eine emissionsarme Umweltzone (LEZ). Gent erhält 2020 eine LEZ. In Wallonien wurden 2020 sogenannte **zones à basses émissions** (ZBE) eingerichtet, unter anderem in Lüttich. Die Fahrzeuge werden durch Kameras erfasst. Wenn Sie eine LEZ mit einem nicht zugelassenen Fahrzeug befahren, riskieren Sie eine hohe Geldstrafe.
Weitere Informationen: **lez.brussels**, **slimnaarantwerpen.be**, **stad.gent**, **lne.be/waar-in-vlaanderen-zijn-er-lage-emissiezones** und **walloniebassesemissions.be**.

Panne und Unfall
Stellen Sie Ihr Warndreieck auf der Autobahn mindestens 100 m (auf anderen Straßen 30 m) hinter dem Auto auf, wenn Sie sich an einem Ort befinden, an dem das Halten verboten ist. Der Fahrer muss eine Sicherheitsweste anziehen. Rufen Sie bei einer Panne die Notrufnummer Ihrer Pannenhilfe-Versicherung an.

Belgien

Sie können auch einen belgischen Pannendienst anrufen:
+32 70 344 777 (Touring Belgium Go) oder
+32 70 344 666 (VAB).
Das Abschleppen ist auf Autobahnen und Schnellstraßen verboten; Sie müssen sich an ein Abschleppunternehmen wenden.

Notrufnummer
112: allgemeine Notrufnummer für Polizei, Feuerwehr und Rettungswagen
101: Polizei

Campen
Die belgischen Campingplätze sind im Allgemeinen von zufriedenstellender bis guter Qualität.
Belgische Campingplätze sind in der Regel kinderfreundlich. Es wird häufig Animation angeboten und häufig sind Einrichtungen wie Spielplätze und Sportplätze vorhanden. Wildcampen außerhalb der Campingplätze ist mit Genehmigung der Polizei oder des Grundbesitzers erlaubt. In Flandern und an der Küste ist Wildcampen nicht erlaubt.

Besonderheiten
Die belgische Campingplatzklassifizierung (in Sternen) basiert auf dem Vorhandensein bestimmter Einrichtungen.

Wohnwagen, Wohnmobil
In einem Wohnwagen, Wohnmobil oder Auto ist das Übernachten an öffentlichen Straßen nur auf Parkplätzen entlang der Autobahnen für höchstens 24 Stunden erlaubt.
Die Zahl der speziell für Wohnmobile ausgewiesenen Stellplätze in Belgien nimmt zu.

Suche nach einem Campingplatz
Über *Eurocampings.eu* können Sie ganz einfach einen Campingplatz suchen und auswählen. Es ist ratsam, einen Campingplatz im Voraus zu buchen, wenn Sie in der Hochsaison an der belgischen Küste campen möchten.

Praktisch
Steckdosen haben zwei runde Löcher und oft einen hervorstehenden Erdstift (Typ C oder E). Auf *iec.ch/world-plugs* können Sie überprüfen, ob Sie einen Adapter (Weltstecker) benötigen.
Schützen Sie sich vor Zecken, da diese Krankheiten übertragen können.
Leitungswasser kann bedenkenlos getrunken werden.

Klima Brüssel	Jan.	Feb.	März	Apr.	Mai	Jun.	Jul.	Aug.	Sept.	Okt.	Nov.	Dez.
Durchschnittliche Höchsttemperatur	6	6	10	13	18	20	22	23	19	14	9	7
Durchschnittliche Anzahl der Sonnenstunden pro Tag	2	3	4	5	6	7	6	6	5	4	2	1
Durchschnittliche monatliche Niederschlagsmenge (mm)	71	53	74	54	70	78	69	64	63	68	79	79

Klima Oostende	Jan.	Feb.	März	Apr.	Mai	Jun.	Jul.	Aug.	Sept.	Okt.	Nov.	Dez.
Durchschnittliche Höchsttemperatur	6	7	9	11	15	18	20	21	18	15	10	7
Durchschnittliche Anzahl der Sonnenstunden pro Tag	2	3	5	7	7	8	7	7	6	4	2	1
Durchschnittliche monatliche Niederschlagsmenge (mm)	63	45	55	46	56	67	59	57	80	78	84	73

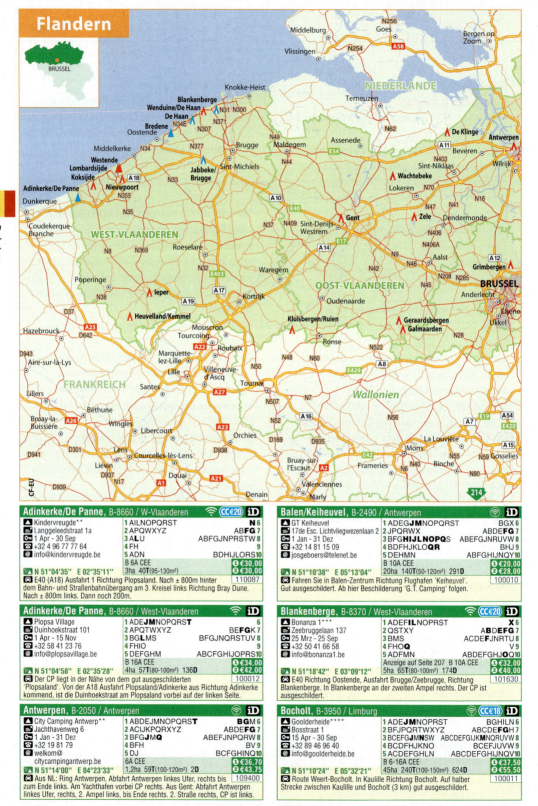

Adinkerke/De Panne, B-8660 / W-Vlaanderen

- Kinderfreugde**
- Langgeleedstraat 1a
- 1 Apr - 30 Sep
- +32 4 96 77 77 64
- info@kindervreugde.be

1 AILNOPQRST		N 5
2 APQVWXYZ		ABFG 7
3 AL U		ABFGJNPRSTW 8
4 FH		9
5 ADN		BDHIJLORS 10

B 6A CEE
3ha 40T(95-130m²)
€ 30,00
€ 30,00
110087

E40 (A18) Ausfahrt 1 Richtung Plopsaland. Nach ± 800m hinter dem Bahn- und Straßenbahnübergang am 3. Kreisel links Richtung Bray Dune. Nach ± 800m links. Dann noch 200m.

N 51°04'35'' E 02°35'11''

Adinkerke/De Panne, B-8660 / West-Vlaanderen

- Plopsa Village
- Duinhoekstraat 101
- 1 Apr - 15 Nov
- +32 58 41 23 76
- info@plopsavillage.be

1 ADEJMNOPQRST		6
2 APQTWXYZ		BEFGK 7
3 BGLMS		BFGJNQRSTUV 8
4 FHIO		9
5 DEFGHM		ABCFGHIJOPRS 10

B 16A CEE
4ha 57T(80-100m²) 136D
€ 34,00
€ 42,00
100012

Der CP liegt in der Nähe vom dem gut ausgeschilderten 'Plopsaland'. Von der A18 Ausfahrt Plopsaland/Adinkerke aus Richtung Adinkerke kommend, ist die Duinhoekstraat am Plopsaland vorbei auf der linken Seite.

N 51°04'58'' E 02°35'28''

Antwerpen, B-2050 / Antwerpen

- City Camping Antwerp**
- Jachthavenweg 6
- 1 Jan - 31 Dez
- +32 19 81 79
- welkom@citycampingantwerp.be

1 ABDEJMNOPQRST		BGM 6
2 ACIJKPQRXYZ		ABDEFG 7
3 BFGJMQ		ABEFJNPQRW 8
4 BFH		BV 9
5 DJ		BCFGHINQ 10

6A CEE
1,2ha 59T(100-120m²) 2D
€ 36,50
€ 43,75
109400

Aus NL: Ring Antwerpen, Abfahrt Antwerpen linkes Ufer, rechts bis zum Ende links. Am Yachthafen vorbei CP rechts. Aus Gent: Abfahrt Antwerpen linkes Ufer, rechts, 2. Ampel links, bis Ende rechts. 2. Straße rechts, CP links.

N 51°14'00'' E 04°23'33''

Balen/Keiheuvel, B-2490 / Antwerpen

- GT Keiheuvel
- 17de Esc. Lichtvliegwezenlaan 2
- 1 Jan - 31 Dez
- +32 14 81 15 09
- josgeboers@telenet.be

1 ADEGJMNOPQRST		BGX 6
2 JPQRWX		ABDEFG 7
3 BFGHIJLNOPQS		ABEFGJNRUVW 8
4 BDFHJKLOQR		BHJ 9
5 DEHMN		ABFGHIJNQY 10

B 10A CEE
20ha 140T(50-120m²) 291D
€ 20,00
€ 28,00
100010

Fahren Sie in Balen-Zentrum Richtung Flughafen 'Keiheuvel'. Gut ausgeschildert. Ab hier Beschilderung 'G.T. Camping' folgen.

N 51°10'38'' E 05°13'04''

Blankenberge, B-8370 / West-Vlaanderen

- Bonanza 1***
- Zeebruggelaan 137
- 25 Mrz - 25 Sep
- +32 50 41 66 58
- info@bonanza1.be

1 ADEFILNOPRST		X 6
2 QSTXY		ABDEFG 7
3 BMS		ACDEFJNRTU 8
4 FHOQ		V 9
5 ADFMN		ABDEFGHJOQ 10

Anzeige auf Seite 207 B 10A CEE
5ha 65T(80-100m²) 174D
€ 32,00
€ 40,00
101630

E40 Richtung Oostende, Ausfahrt Brugge/Zeebrugge, Richtung Blankenberge. In Blankenberge an der zweiten Ampel rechts. Der CP ist ausgeschildert.

N 51°18'42'' E 03°09'12''

Bocholt, B-3950 / Limburg

- Goolderheide****
- Bosstraat 1
- 15 Apr - 30 Sep
- +32 89 46 96 40
- info@goolderheide.be

1 ADEJMNOPRST		BGHILN 6
2 BFJPQRTWXYZ		ABCDEFGH 7
3 BCEFGJMNSW		ABCDEFGIJKMNQRUVW 8
4 BCDFHJKNO		BCEFJUVW 9
5 ACDEFGHLN		ABCDEFGHIJNQV 10

B 6-16A CEE
45ha 240T(100-150m²) 624D
€ 37,50
€ 55,50
100011

Route Weert-Bocholt. In Kaulille Richtung Bocholt. Auf halber Strecke zwischen Kaulille und Bocholt (3 km) gut ausgeschildert.

N 51°10'24'' E 05°32'21''

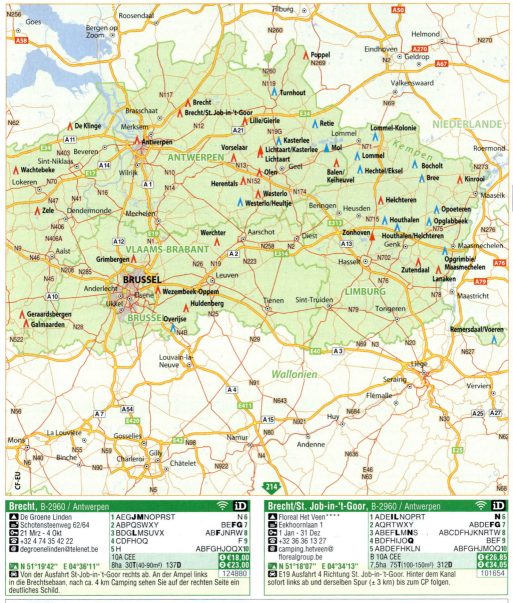

Brecht, B-2960 / Antwerpen

- De Groene Linden
- Schotensteenweg 62/64
- 21 Mrz - 4 Okt
- +32 4 74 35 42 22
- degroenelinden@telenet.be

1 AEGJMNOPRST	N 6
2 ABPQSWXY	BEFG 7
3 BDGLMSUVX	ABFJNRW 8
4 CDFHOQ	F 9
5 H	ABFGHJOQX 10
10A CEE	
8ha 30T(40-90m²)	137 D

- N 51°19'42'' E 04°36'11''
- € 18,00
- € 23,00
- 124880

Von der Ausfahrt St-Job-in-'t-Goor rechts ab. An der Ampel links in die Brechtsebaan, nach ca. 4 km Camping sehen Sie auf der rechten Seite ein deutliches Schild.

Brecht/St. Job-in-'t-Goor, B-2960 / Antwerpen

- Floreal Het Veen★★★★
- Eekhoornlaan 1
- 1 Jan - 31 Dez
- +32 36 36 13 27
- camping.hetveen@florealgroup.be

1 ADEIL NOPRT	N 6
2 AQRTWXY	ABDEFG 7
3 ABEFLMNS	ABCDFHJKNRTW 8
4 BDFHIJOQ	BEF 9
5 ABDEFHKLN	ABFGHJMOQ 10
B 10A CEE	
7,5ha 75T(100-150m²)	312 D

- N 51°18'07'' E 04°34'13''
- € 26,85
- € 34,05
- 101654

E19 Ausfahrt 4 Richtung St. Job-in-'t-Goor. Hinter dem Kanal sofort links ab und derselben Spur (± 3 km) bis zum CP folgen.

CAMPING BONANZA I
★★★

Bonanza 1 ist ein moderner Familiencamping im Gehbereich zum Strand und Zentrum des belebten Badeorts Blankenberge. Modernes und gut gepflegtes Sanitär (auch für Behinderte), Wäsche- und Spülbecken, geselliges Bistro-Bar mit Spielzone und Sonnenterrasse, Spielplatz für die Allerkleinsten, Wäscherei, Strom 10 Amp... und selbstverständlich unser Service!! Gleich in der Nähe des Campingplatzes kann man super wandern oder Radtouren in den ruhigen Poldern unternehmen. Der Campingplatz ist die ideale Ausgangsbasis für Tagesausflüge nach Brügge, Gent, Oostende, Knokke, Damme und Sluis (Holland).

Zeebruggelaan 137, 8370 Blankenberge
Tel. 050-416658
E-Mail: info@bonanza1.be
Internet: www.bonanza1.be

n.v. Camping 17 Duinzicht

Camping 17 Duinzicht ist ein gemütlicher, gepflegter Familiencamping, auf dem sich Jung und Alt zu Hause fühlen. Familie De Coster trägt dafür Sorge, dass Ihr Urlaub zu einem besonderen Erlebnis wird. Herrliche Lage 300m vom Strand und an dem Dünengürtel von Bredene. Es gibt viele Wander- und Radmöglichkeiten. Rezeption geöffnet von 9-12 Uhr und von 14-19 Uhr.

Rozenlaan 23, 8450 Bredene • Tel. 059-323871 • Fax 059-330467
E-Mail: info@campingduinzicht.be • Internet: www.campingduinzicht.be

Belgien

Bredene, B-8450 / West-Vlaanderen
- 17 Duinzicht
- Rozenlaan 23
- 12 Mrz - 6 Nov
- +32 59 32 38 71
- info@campingduinzicht.be

1 ABDEF**JM**NOPQR**T** KMQRSTX 6
2 AGJPQTXY ABDE**FG** 7
3 BF**L**MNSV ABCD**FG**IJNRTUV**W** 8
4 BCDFHJKD EL 9
5 DEHKMN ABDEFGHJM**O**QY 10
Anzeige auf dieser Seite 10A CEE €30,00
10ha 92**T**(80-120m²) 149**D** €30,00
N 51°14'55" E 02°58'01"
E40 Autobahnende Richtung Bredene/De Haan. Am Driftweg dem Schild 'Campingzone' folgen, danach dem Schild 'Camping 17'. 113225

Bredene, B-8450 / West-Vlaanderen
- Astrid★★★
- Kon. Astridlaan 1
- 1 Mrz - 6 Nov
- +32 59 32 12 47
- info@camping-astrid.be

1 ABFILNOPQR**T** KM**N**QRSTX 6
2 GJPQX ABDE**FG** 7
3 BF**L**MNS ABCD**FG**JKNRTUV**W** 8
4 FHJ EL 9
5 DMN ABEFGHJN**O**Q10
Anzeige auf dieser Seite B 10A CEE €28,00
4,5ha 98**T**(80-120m²) 200**D** €32,00
N 51°14'59" E 02°58'06"
Via E40 Ausfahrt Oostende Richtung Bredene/De Haan, Ausfahrt 'Astridzone'. 110709

Bredene, B-8450 / West-Vlaanderen
- Duinezwin
- Kon. Astridlaan 55B
- 15 Mrz - 6 Nov
- +32 59 32 13 68
- info@duinezwin.be

1 AB**I**LNOPR**T** KM**N**QR**X** 6
2 AGJPQSXY ABDE**FG** 7
3 BF**L**S ABCDE**FG**IJNRTUV**W** 8
4 FH 9
5 D ABEGHJ**O**QY 10
Anzeige auf Seite 209 10A CEE €27,00
6,5ha 68**T**(90m²) 247**D** €32,50
N 51°15'04" E 02°58'26"
E40 Oostende. Autobahnende Richtung Blankenberge-Bredene, Richtung Bredene folgen. Abbiegen Breden-Dünen, danach links. Dem Schild 'Campingzone' folgen. Abbiegen Bistrot 'Alaska'. 121902

Bredene, B-8450 / West-Vlaanderen
- Warande★★★
- Kon. Astridlaan 17
- 12 Mrz - 7 Nov
- +32 59 32 10 42
- info@campingwarandebvba.be

1 ABDEF**I**LNOPQR**T** MQR**X** 6
2 AGJPQTX AB**FG** 7
3 B**L**MS CD**F**JNRTUV**W** 8
4 FH 9
5 DMN ABEFGHJ**O**Q 10
16A €25,00
5ha 50**T**(90-100m²) 200**D** €29,00
N 51°14'59" E 02°58'14"
E40 Autobahnende Richtung Bredene/Blankenberge, Ausfahrt Bredene. Dann den Schildern 'Campingzone Astridlaan' folgen. 110455

Camping Astrid liegt 100m von den schönsten Dünen und dem schönsten Strand der belgischen Küste. Durch die zentrale Lage auch Ausflüge mit der Tram oder dem Rad möglich.
Hier erleben Sie einen unvergesslichen Urlaub!

Kon. Astridlaan 1, 8450 Bredene • Tel. 059-321247
E-Mail: info@camping-astrid.be
Internet: www.camping-astrid.be

Bree, B-3960 / Limburg
- Recreatieoord Kempenheuvel
- Heuvelstraat 8
- 15 Mrz - 2 Nov
- +32 89 46 21 35
- info@campingkempenheuvel.be

1 ADEF**JM**NOPQRS**T** BGN 6
2 DPQRTWXYZ ABDE**FG**H 7
3 BCFMSV ABCDEFJNQRTUV**W** 9
4 BCDFHJO CUVW**X** 9
5 DEFHJLMN ABCDGHIJM**O**RSY 10
B 6A CEE €25,00
H59 7,5ha 80**T**(80-140m²) 148**D** €31,40
N 51°08'14" E 05°34'07"
A52/ N280 MG-Roermond, Grenze NL-Bel Ittervoort, N73 Richtung Bree. Camping liegt hinter Bree und ist angezeigt. 100014

De Haan, B-8421 / West-Vlaanderen
- Ter Duinen
- Wenduinesteenweg 143
- 15 Mrz - 30 Sep
- +32 50 41 35 93
- info@campingterduinen.be

1 AEF**JM**NOPQR KQRSTUV**X** 6
2 GJPQXY AB**DEFGH** 7
3 A**L**S ABCDEF**H**JKNPRTW 8
4 FHJO**PQ** 9
5 DHN ABEHJN**O**QW 10
Anzeige auf Seite 209 16A CEE €30,40
12,5ha 214**T**(90-100m²) 120**D** €32,80
N 51°17'00" E 03°03'23"
E40 Richtung Oostende Ausfahrt Jabbeke, Richtung De Haan, weiter der Beschilderung 'Ter Duinen' nach. 109644

De Klinge, B-9170 / Oost-Vlaanderen
- Fort Bedmar★★
- Fort Bedmarstr. 42
- 1 Jan - 31 Dez
- +32 37 70 56 43
- camping@fortbedmar.be

1 ADEF**JM**NOPQRS**T** BGN 6
2 ABPQRWXYZ ABDE**FG** 7
3 BFMSV ABE**F**JNPRW 8
4 FHJO**PQ** EF 9
5 ADEGHMN ABGHIJL**O**QV 10
10A CEE €25,00
9ha 50**T**(100-110m²) 309**D** €25,00
N 51°16'01" E 04°06'41"
Von der E34-Ausfahrt 11 oder Sint-Niklaas: N403 Richtung Hulst. Von Zeeuws-Vlaanderen: N290 Richtung Sint-Niklaas. Immer bis zum Kreisel De Klinge. Von der Ortsmitte aus angezeigt. 101644

Galmaarden, B-1570 / Vlaams Brabant
- Verblijfpark Raspaljebos★
- Heirbaan 131
- 1 Jan - 31 Dez
- +32 54 58 85 27
- camping.raspaljebos@skynet.be

1 ABJMNOPRS**T** 6
2 IPQWXYZ AB**DE** 7
3 S ABE**F**JNPQRW 8
4 EFHJOQ 9
5 DHMN ABHIJRSU 10
10A CEE €14,50
H107 1,5ha 15**T**(100-110m²) 100**D** €14,50
N 50°46'09" E 03°56'23"
B55 Ninove-Edingen in Denderwindeke verlassen. Richtung Geraardsbergen via Waarbeke. Der CP liegt oben auf dem 'Bosberg' (Ronde van Vlaanderen) 101647

Gent, B-9000 / Oost-Vlaanderen
- Blaarmeersen★★★★
- Campinglaan 16
- 1 Mrz - 6 Nov
- +32 92 66 81 60
- camping.blaarmeersen@stad.gent

1 BDEJMNOR**T** HLM**N**OQSXY 6
2 AEJPQSWXYZ ABDE**FG** 7
3 B**FG**J**L**M**N**PQSW**X** ABCDEFHJKNPQRTW 8
4 FH FLTV 9
5 ACDEFHKLMN**O** AB**F**GHILM**O**RSY 10
B 10A CEE €30,90
6ha 337**T**(100m²) 38**D** €38,50
N 51°02'46" E 03°40'52"
E40 Brussel-Oostende, Richtung Oostende. Ausfahrt 14 Gent Expo. Richtung 'Expo' bis über die Brücke; dann unmittelbar rechts ab. Bis ans Wasser. R4 folgen bis Abfahrt 'Blaarmeersen'. Gut ausgeschildert. 101639

Legende Karten

▲ Ein offenes Zelt bedeutet daß sich hier ein Campingplatz befindet.

▲ Ein geschlossenes Zelt bedeutet daß hier mehrere Campingplätze zu finden sind.

▲▲ Campingplätze die CampingCard ACSI akzeptieren.

70 Auf dieser Seite finden Sie das Teilgebiet.

73 Pfeile mit Seitenangaben am Kartenrand verweisen auf angrenzende Gebiete.

 Die Übersichtskarte des betreffenden Landes und im welchen Teilgebiet Sie sich befinden.

Campingplatz Ter Duinen

Der Campingplatz steht für unvergessliche Ferien für die ganze Familie. Das große Gelände und die geräumigen Plätze sorgen für eine wunderbare Erholung im Grünen. Wald, Strand, das Meer und die Dünen im Gehbereich. Moderne Komfortausstattung: Wasser, Strom, Kanalisierung und Internet. Ideale Ausflugsbasis nach Brügge, Knokke oder Oostende. Genießen Sie einen Urlaub nach Maß.

Wenduinesteenweg 143, 8421 De Haan · Tel. 050-413593 · info@campingterduinen.be · www.kampeerverblijfparkterduinen.be

Geraardsbergen, B-9500 / Oost-Vlaanderen
- De Gavers★★★★
- Onkerzelestraat 280
- 1 Jan - 31 Dez
- +32 54 41 63 24
- gavers@oost-vlaanderen.be

1 ABDE**JM**NORST BE**GHLMN**QS**XY** 6
2 EJPQSWY ABDE**FGH** 7
3 ABEFG**JM**NS**TUVW** ABCDEF**J**NQRT 8
4 BCFHIJL**U** BFJMQRTUVY 9
5 ABDEGHIKLMN ABFGHIJLMOPRSY10
B 10A €31,00
15ha 57**T**(100-110m²) 401**D** €31,00
N 50°47'27" E 03°55'23" 101641
Von Geraardsbergen aus Richtung Onkerzele. Ausschilderung 'De Gavers'.

Grimbergen, B-1850 / Vlaams Brabant
- Camping Grimbergen★★★
- Veldkantstraat 64
- 1 Apr - 15 Okt
- +32 4 79 76 03 78
- camping.grimbergen@telenet.be

1 A**F**I**L**NORST N 5
2 APQTWXY ABDE**FG** 7
3   ABCDEF**J**KNPQRTW 8
4   9
5 DL AFGHIJN10
B 10A CEE €25,00
1,5ha 90**T**(100m²) €29,00
N 50°56'05" E 04°22'58" 100013
A12 Antwerpen-Brussel, Ausfahrt Meise/Grimbergen Richtung Grimbergen und Beschilderung folgen. Gute öffentliche Verkehrsverbindungen nach Brüssel.

Hechtel/Eksel, B-3941 / Limburg
- Vakantiecentrum De Lage Kempen★★★★
- Kiefhoekstraat 189
- 2 Apr - 7 Nov
- +32 11 40 22 43
- info@delagekempen.be

1 ADE**IL**NOPQRST BGH**I**X 6
2 BQWXY ABDE**FGK** 7
3 B**GJ**MSVX ABCDEF**GHJ**NPQRTW 8
4 BCDFGHIJLO JVWY 9
5 ADEFH**J**LN ABDF**GH**JN**OQY**10
B 6A CEE €27,00
3,5ha 64**T**(110-140m²) 37**D** €41,00
N 51°09'40" E 05°18'53" 101691
Straße 715 Eindhoven-Hasselt, 12 km nach dem Grenzübergang rechts Richtung Kerkhoven, 4 km folgen. Links in den Wäldern, ist gut ausgeschildert.

Helchteren, B-3530 / Limburg
- Molenheide
- Molenheidestraat 7
- 1 Jan - 31 Dez
- +32 11 52 10 44
- info@molenheide.be

1 ADE**IL**NOPQRST EGH**IN** 6
2 ABQRWZ ABDE**FGK** 7
3 BDFG**JLMR**SX ABCDEF**IJ**NRTW 8
4 BCDEFH**J**LO**PQ** EJV 9
5 ABDEFGHIJKL ABEFGHIJNOQY 10
B 10A €74,00
5ha 35**T**(100m²) 377**D** €74,00
N 51°04'55" E 05°24'02" 101692
Straße 715 Hasselt-Hechtel. 2 km nach Helchteren-Zentrum ist der CP auf der rechten Seite ausgeschildert.

Heuvelland/Kemmel, B-8956 / West-Vlaanderen
- Ypra★★★
- Pingelaarstraat 2
- 1 Mrz - 30 Nov
- +32 57 44 46 31
- info@camping-ypra.be

1 ADE**JM**NOPQRS**T** N 6
2 AIQSUWXYZ BE**FG** 7
3 B**FL**MNSV BDFGIJKNQRSTUVW 8
4 FHO**Q** FHUVW 9
5 ADHMN ABFGHIJNRS10
6A CEE €25,00
H140 5,5ha 120**T**(100-140m²) 180**D** €29,00
N 50°47'05" E 02°49'10" 101629
Im Dorf Kemmel ist der CP gut ausgeschildert.

Houthalen, B-3530 / Limburg
- De Binnenvaart★★★★
- Binnenvaartstraat 49
- 1 Jan - 31 Dez
- +32 11 52 67 20
- debinnenvaart@limburgcampings.be

1 A**JM**NOPQRST LNPQRSTX**Y** 6
2 ABE**IJ**QRWXYZ AB**D**E**FGH** 7
3 B**FGL**MNSV ABCDE**FGIJKL**NQRTUVW 8
4 B**D**FH**J**O**U** CEMPQR 9
5 ADE**F**GH**J**LN ABDEFGHIJOPRSU10
B 6-16A CEE €31,00
6ha 200**T**(100-150m²) 138**D** €42,00
N 51°01'55" E 05°24'58" 101095
Eindhoven-Hasselt bis Houthalen. Links Ri. 'Park Midden-Limburg'. Im 2. Kreisverkehr am Möbelhaus links CP-Schildern folgen. A2 Maastricht-Antwerpen, vor Houthalen abfahren, 'Park Midden-Limburg' (30), gut ausgeschildert.

Houthalen/Helchteren, B-3530 / Limburg
- Oostappen Park Hengelhoef
- Tulpenstraat 141
- 1 Apr - 31 Okt
- +32 89 38 25 00
- info@vakantieparkhengelhoef.be

1 ABDE**JM**NOPRST BEGH**I** 6
2 ABE**J**PQRWXYZ AB**D**E**FG** 7
3 **D**FG**J**LMNSV ABCDEF**J**NQRTUVW 8
4 BCDFH**J**NO**PQ**TUV E**IJ**VY 9
5 ACDEFGHK ABCDEGHIJNQY10
B 10A CEE €55,00
15ha 290**T**(80-120m²) 491**D** €55,00
N 51°00'52" E 05°28'00" 101708
Aus Eindhoven in Houthalen auf der Straße weiter bis zur E314. Über die Brücke die E314 Richtung Aachen nehmen. Nach ungefähr 5 km Ausfahrt 30 'Park Midden Limburg' nehmen. Den Schildern 'Hengelhoef' und 'CP' achten.

Huldenberg, B-3040 / Vlaams Brabant
- Bergendal★
- Biezenstraat 81
- 1 Apr - 31 Okt
- +32 4 92 07 84 08
- info@bergendal.green

1 ABC**JM**NOPRS**T** 6
2 AB**I**PQRTWYZ AB**EF** 7
3 S ABCDE**F**NPRW 8
4 FH 9
5 D BCGHINRS10
4-6A CEE €25,00
H83 9ha 40**T**(100-200m²) 75**D** €28,00
N 50°48'40" E 04°36'00" 101096
Via E411 Ausfahrt 3, RN253 Richtung Leuven bis Loonbeek, ab hier den CP-Schildern folgen.

Duinezwin

Familiärer Camping mit 3 modernen Sanitärbauten von denen eins 2018 komplett renoviert wurde. 300m zu den Dünen. Neues großes Spieldorf und Spielplatz für die Allerkleinsten. Große Plätze für Tourcaravans und Reisemobile. Direkter kostenloser Eintritt zum Freizeitgelände 'Grasduinen': Wandern, Mountainbiken, Fit-O-Meter, Fußball, Basketball. Angelweiher. Im Gehbereich zum Zentrum und gleich am Meeting- und Eventcenter Staf Versluys.

Kon. Astridlaan 55B, 8450 Bredene
Tel. +32 59321368
E-Mail: info@duinezwin.be
Internet: www.duinezwin.be

Ieper, B-8900 / West-Vlaanderen

- Jeugdstadion**
- Bolwerkstraat 1
- 1 Mrz - 12 Nov
- +32 57 21 72 82
- info@jeugdstadion.be

1 ADEG**JM**NOPQRST		N 6
2 APQSTWXYZ		BE 7
3 B**L**	BFJNQRUVW	8
4 F**H**		FV 9
5 D**N**	ABCFGHJNRS	10
B 10A CEE		€20,00
2ha 72T(80-100m²) 8**D**		€25,00

N 50°50'49" E 02°53'54" — 115609

Von Calais Richtung Poperinge. Ring zur N38 Richtung Ieper. Zentrum folgen bis zum Ring (Bahnhof). Dann Richtung Zonnebeke. Am Kreisel mit dem Kran links.

Jabbeke/Brugge, B-8490 / W-Vl. CC22

- Klein Strand
- Varsenareweg 29
- 1 Jan - 31 Dez
- +32 50 81 14 40
- info@kleinstrand.be

1 ADEF**IL**NOPQRST	FHLM**N**W	6
2 AEJPQWXYZ	ABDE**FG**	7
3 BEG**L**MSUV	ABCDEFHJKNQRTVW	8
4 BCDFH**IL**N	CEFVY	9
5 ABDEFHKMN	ABEGHMOQV	10
10A CEE		€35,00
22ha 92T(100m²) 440**D**		€35,00

N 51°11'04" E 03°06'18" — 109228

E40 Brussel-Oostende Ausfahrt 6, in Jabbeke-Zentrum ist der Platz ausgeschildert.

Nur bei Angabe dieses CC-Logos wird die CampingCard ACSI akzeptiert.

Siehe auch die Gebrauchsanweisung in diesem Führer.

Kasterlee, B-2460 / Antwerpen CC20

- Houtum****
- Houtum 39
- 1 Jan - 31 Dez
- +32 14 85 92 16
- info@campinghoutum.be

1 ACDE**JM**NOPRS**T**	N**U**XZ	6
2 ACPQWXY	ABDE**FG**	7
3 ABDGJMSVX	ABCDE**FGH**IJNQPRTUVW	8
4 E**FGHIJKOQT**	ACE**F**RUVW	9
5 ADEFHIKLN	ABDFGHJQQVY	10
B 10A CEE		€27,60
9ha 63T(100-130m²) 111**D**		€28,40

N 51°13'59" E 04°58'40" — 100007

E34, Ausfahrt 24 Kasterlee. 0,5 km nach dem Ortskern ist der CP bei der Windmühle ausgeschildert. Oder E313 Ausfahrt 23 Kasterlee/Turnhout. Die N19 Folgen (nicht N19-g). 1 km vor dem Ortskern rechts.

Kinrooi, B-3640 / Limburg

- Batven bvba
- Batvendijk 1
- 1 Jan - 31 Dez
- +32 89 70 19 25
- info@batven.be

1 B**JM**NOPQRT	L**N**	6
2 ADFQWYZ	ABDE	7
3 A**I**S	ABCDE**F**JNRUVW	8
4 HJO**Q**	E	9
5 DEFHJKMN	ABCFGHIJORS	10
10-16A CEE		€35,00
4,5ha 35T(80-100m²) 89**D**		€35,00

N 51°07'59" E 05°43'36" — 110296

Von Venlo Richtung Maastricht bis Kessenich, Richtung Kinrooi und dann nach Neeroeteren den Schildern folgen.

Kluisbergen/Ruien, B-9690 / Oost-Vlaanderen

- Panorama**
- Boskouter 24
- 1 Mrz - 30 Nov
- +32 55 38 86 68
- info@campingpanorama.be

1 A**FJM**NORT		6
2 IQUVXY	ABDE**FG**	7
3 B**S**X	ABE**F**NPQRW	8
4 F**H**IJO	F	9
5 ABDEHN	BHJNQ	10
16A CEE		€17,00
H150 2ha 20T(80-120m²) 74**D**		€23,00

N 50°45'45" E 03°29'13" — 101637

E17 Ausfahrt De Pinte Richtung Oudenaarde. N60 Richtung Kluisbergen, dann dem Schild 'Kluisbos' folgen.

Koksijde, B-8670 / West-Vlaanderen

- Blekkerdal**
- Jachtwakersstraat 8a
- 1 Mrz - 30 Nov
- +32 58 51 19 74
- camping@blekkerdal.be

1 ADEGJMNORT		6
2 APQRXYZ	ABDE**FG**	7
3 B**LM**	BDFNRSTUVW	8
4 F**H**I	VW	9
5 D**N**	ABCEFGHIJOS	10
10A CEE		€34,00
1ha 15T(80m²) 56**D**		€34,00

N 51°06'39" E 02°39'08" — 119419

A18 Ausfahrt Oostduinkerke/Koksijde. Richtung Oostduinkerke. An der T-Kreuzung Richtung Koksijde. Nach 2 km ist der CP in Koksijde-Dorf gut angezeigt.

Lanaken, B-3620 / Limburg

- Jocomo Park****
- Maastrichterweg 1a
- 1 Apr - 31 Okt
- +32 89 72 28 84
- info@jocomo.be

1 AE**JM**NOPQRST	BG**N**	6
2 ABEKPQRWX	ABDE**FG**	7
3 B**F**LMNS	ABCD**FG**I**JKLM**NQRTUVW	8
4 BDFHIJOPQ	F	9
5 ADEFHKN	ABCEFGHIJLMORS	10
B 16A CEE		€25,00
31ha 88T(100m²) 228**D**		€25,00

N 50°54'23" E 05°38'08" — 113038

A2 Eindhoven-Maastricht. Auf der Höhe Geleen auf die A2 (B) in Ri. Antwerpen wechseln. Hinter der Grenze die 1. Ausfahrt nach Lanaken nehmen. Dann in Ri. Genk, kurz vor der Brücke re. Auf der N77 500m hinter der Tankstelle re.

Lichtaart, B-2460 / Antwerpen

- Korte Heide***
- Olensteenweg 40
- 1 Mrz - 31 Okt
- +32 14 55 32 94
- info@campingkorteheide.be

1 ABILNOPQRST	L**M**N	6
2 EJPQRXY	ABDE	7
3 BGS	ABE**F**NRT	8
4 BDFHJO**Q**		9
5 DEHLN	ABGHJOQ	10
10A CEE		€20,00
14ha 25T(80m²) 286**D**		€26,00

N 51°12'02" E 04°54'01" — 111402

E313 Ausfahrt 20 Herentals-West, dann Richtung Bobbejaanland fahren. Einfahrt gegenüber Bobbejaanland.

Lichtaart/Kasterlee, B-2460 / Antwerpen

- Floreal Kempen***
- Herentalsesteenweg 64
- 1 Jan - 31 Dez
- +32 14 55 61 20
- camping.kempen@florealgroup.be

1 ADE**IL**NOPRS**T**	U	6
2 BPQRWXYZ	ABDE**FGH**K	7
3 BFMS	ABCDEFJNRTW	8
4 BCDEFHJLO	ACEFNRTVY	9
5 ABDEFHJKLM**NO**	ABFGHIJMOQ	10
B 16A CEE		€26,95
7ha 40T(100m²) 193**D**		€32,15

N 51°12'35" E 04°54'08" — 101672

Von Kasterlee die N123 Richtung Bobbejaanland folgen, vorbei an Lichtaart ca. 2 km Richtung Herentals, auf der rechten Seite.

Lille/Gierle, B-2275 / Antwerpen

- De Lilse Bergen****
- Strandweg 6
- 1 Jan - 31 Dez
- +32 14 55 79 01
- info@lilsebergen.be

1 ADEG**JM**NOPRS	HLMQR	6
2 ABFJQRWXYZ	ABDE	7
3 BEFG**JK**MNSUVW	ABCDE**FG**I**J**KNQRTUVW	8
4 BDFHIN	ACEFNRTVY	9
5 ABDEFHKMN	ABFGHIJMOQY	10
B 10A CEE		€30,00
60ha 214T(100m²) 263**D**		€38,00

N 51°16'57" E 04°50'13" — 101661

E34 Antwerpen-Eindhoven, Ausfahrt 22 Gierle/Beerse. Der Beschilderung folgen. Der CP liegt ± 2 km von der Autobahn.

Lombardsijde, B-8434 / West-Vlaanderen

- De Lombarde***
- Elisabethlaan 4
- 1 Jan - 31 Dez
- +32 58 23 68 39
- info@delombarde.be

1 ADE**FG JM**NOPQRS	K**N**	6
2 AGPQWXYZ	ABDE	7
3 B**L**MNSV	BDFGHJKNPRSTW	8
4 BCDE**F**HIJNO**Q**	FJV	9
5 ACDEFHMN	ABFGHIJPQXY	10
B 16A		€38,40
9,5ha 173T(100m²) 236**D**		€42,00

N 51°09'23" E 02°45'13" — 101089

E40 Brussel Richtung Calais Ausfahrt Nieuwpoort Richtung Oostende. 2 km hinter dem Denkmal Albert I. Auf der rechten Seite.

Lommel, B-3920 / Limburg CC12

- Oostappen Park Blauwe Meer*****
- Kattenbos 169
- 1 Apr - 31 Okt
- +32 11 54 45 23
- receptie@vakantieparkblauwemeer.be

1 ADE**JM**NOPQRS	EFHN	6
2 BEJPQRWXYZ	ABDE**FGH**	7
3 ABDE**JL**MV	ABCDEFJNQRTUV	8
4 BCDFHILNOTUV	EJVY	9
5 ABDEFHIN	ABDEGHIKMNSTXY	10
B 10A CEE		€41,00
27ha 240T(80-100m²) 860**D**		€43,00

N 51°11'39" E 05°18'13" — 100009

Auf der Straße 746 von Leopoldsburg nach Lommel. Campingplatz liegt in der Nähe des deutschen Friedhofs rechts von der Straße.

Lommel-Kolonie, B-3920 / Limburg CC12

- Oostappen Park Parelstrand
- Luikersteenweg 313A
- 1 Apr - 31 Okt
- +32 11 64 93 49
- info@vakantieparkparelstrand.be

1 ADE**JM**NOPQRST	N 6
2 EJKQWXY	ABDE**FG** 7
3 B**F**JMNSV	ABCDEFJNQRTUV 8
4 B**F**HLO**Q**	EJVY 9
5 ADEFHK	ABEGHIJNQXY 10
B 10A CEE	€39,00
40ha 130T(100m²) 602**D**	€42,40

N 51°14'35" E 05°22'43" — 101690

N69-N715 Eindhoven-Hasselt, Richtung Lommel, 2,5 km von der belgisch-niederländischen Grenze. Der CP liegt 100m vor dem Kempischen Kanal auf der rechten Seite.

Mol, B-2400 / Antwerpen

- EuroParcs Zilverstrand
- Kiezelweg 16
- 30 Mrz - 27 Okt
- +32 14 81 00 98
- kcc@europarcs.nl

1 ADE**JM**NOPRS	EGHILN	6
2 BEJQRXY	ABDE**FG**	7
3 AD**JL**MSV	ABCDEFJNQRTUV	8
4 BCDFHJL**PQ**TUV	CEJVWX	9
5 ABDEFHJL	ABEFGHJMOPSTY	10
10A CEE		€50,00
26ha 180T(120m²) 548**D**		€52,70

N 51°12'34" E 05°10'20" — 101673

Autobahn Mol-Lommel, dann nach der zweiten Brücke sofort links. Der Beschilderung folgen ('Molse meren'). CP liegt an der N712 zwischen Mol und Lommel: Zilverstrand.

Esmeralda ★ ★ ★

Gemütlicher Familiencamping zwischen Wenduine und Blankenberge. 200m von Strand und Meer.

Tritonlaan 2, 8420 Wenduine/De Haan
Tel. 050-412704
E-Mail: info@esmeralda-aan-zee.be
Internet: www.esmeralda-aan-zee.be

Wenduine/De Haan, B-8420 / West-Vlaanderen
- Esmeralda*** — 1 ABEFILNOPQRS NQRSUX 6
- Tritonlaan 2 — 2 GJPQX ABDEFG 7
- 1 Mrz - 15 Okt — 3 ALS ABFHJNTW 8
- +32 50 41 27 04 — 4 HJOPQ ABEHIKNQ 10
- info@esmeralda-aan-zee.be — 5 ABDEFGHJN
- Anzeige auf dieser Seite 16A CEE
- 7,6ha 18T(60-100m²) 424D €32,00 / €34,00
- N 51°18'23" E 03°05'58"
- 123052
- N34 von Blankenberge nach Wenduine. Nach der Holzfußgängerbrücke und den weißen Häusern 1. Weg links, danach wieder links.

Werchter, B-3118 / Vlaams Brabant
- De Klokkeberg*** — 1 AJMNOPRST N 6
- Grotestraat 120 — 2 EQRSXYZ ABFG 7
- 20 Mrz - 31 Okt — 3 AFMNS ABFJNPRW 8
- +32 16 53 25 61 — 4 BDFHJNOP EJ 9
- info@klokkeberg.be — 5 DEHK AHIMNRS 10
- 16A CEE
- 15ha 30T(bis 80m²) 175D €26,00 / €26,00
- N 50°58'42" E 04°43'28"
- 120892
- E314 Ausfahrt 21. Hinter Rotselaar-Werchter den CP-Schildern 'De Klokkeberg' folgen.

Westende, B-8434 / West-Vlaanderen
- Kompas Camping Westende*** — 1 ADEJMNOPQRST K 6
- Bassevillestraat 141 — 2 AGPQWXY BDEFG 7
- 1 Jan - 31 Dez — 3 BDEFLSV BDFGIJKMNQRSTUW 8
- +32 58 22 30 25 — 4 ABDFHJO EFJVW 9
- westende@kompascamping.be — 5 ACDEFHJLNO ABCFGHIJORSY 10
- B 10A CEE
- 12ha 136T(100-150m²) 194D €46,00 / €49,00
- N 51°09'27" E 02°45'40"
- 101625
- E40 Ausfahrt 4 Richtung Middelkerke. Nach ± 2 km über den Kanal Richtung Middelkerke. An der Kirche links Richtung Westende. An der Westende vorbei die 4. Straße rechts (Hovenierstraat) bis zum Ende durchfahren.

Westende, B-8434 / West-Vlaanderen
- R.A.C.B. Camping*** — 1 ADEILNOPQRST K 6
- Bassevillestraat 81 — 2 AGPQSTWXY BEFG 7
- 1 Jan - 31 Dez — 3 BFKMNS BDFJKNRTW 8
- +32 58 24 10 77 — 4 BCDFHJNQ
- info@racbcamping.be — 5 DEFGHLNO ABFGHIJORSY 10
- 16A
- 6,5ha 40T(80-120m²) 291D €25,00 / €29,00
- N 51°09'15" E 02°45'34"
- 101624
- Von Nieuwpoort auf der 318 Richtung Westende-Middelkerke. CP ab Westende-Mitte links angezeigt.

Westerlo, B-2260 / Antwerpen
- Heiken-Westerlo VZW** — 1 AJMNOPRST 6
- Stropersweg 2 — 2 ABPQRXY ABDE 7
- 1 Jul - 31 Aug — 3 ABFMSU ABCDEFJNPQRT 8
- +32 4 79 29 44 75 — 4 EFHJOQ 9
- campinghe@telenet.be — 5 DHN ABHIJOQU 10
- 4A
- 10,9ha 6T(100-120m²) 34D €17,50 / €17,50
- N 51°05'56" E 04°53'35"
- 101675
- E313 Ausfahrt 22 - Olen. Richtung Olen/Herselt, Abtei Tongerlo folgen und in der Gemeindestraat nach 1 km rechts in den Jagersweg, dann 2. Straße links.

Westerlo/Heultje, B-2260 / Antwerpen CC€18
- Hof van Eeden*** — 1 ADEJMNOPRST AFLMN 6
- Kempische Ardennen 8 — 2 ABEJKPQRWXYZ ABDEFGH 7
- 1 Jan - 31 Dez — 3 BFMS ABEFJNPRUVW 8
- +32 16 69 83 72 — 4 BCDFHJNOQ EF 9
- info@hofvaneeden.be — 5 DEFHKLMN ABCEFGHIJOQY 10
- B 10-16A CEE
- 12ha 125T(100-150m²) 374D €20,00 / €26,00
- N 51°05'17" E 04°49'20"
- 107861
- E313 Herentals-Oost/Olen, Ausfahrt 22, der N152 bis Zoerle/Parwijs folgen, dort rechts Richtung Heultje. An der Kirche Camping Wegweiser Richtung Hulshout-Heultje Industriegebiet. Campingeinfahrt siehe Schild im Industrieweg.

Wezembeek-Oppem, B-1970 / Vlaams Brabant
- Camping Caravaning Club Brussels** — 1 AFJMNOPRST 6
- Warandeberg 52 — 2 ABCPQSTVXY ABDEK 7
- 31 Mrz - 30 Sep — 3 AMSU ABCDEFHJNPRW 8
- +32 27 82 10 09 — 4 HJOQ 9
- camping.wezembeek@hotmail.com — 5 DHN ABFGHIKORS 10
- B 6A CEE
- H60 2ha 35T(25-90m²) 48D €26,50 / €33,50
- N 50°51'25" E 04°29'06"
- 117175
- Ring R0 Ausfahrt 2 Wezembeek-Oppem. Richtung Wezembeek-Oppem nach 500m den CP-Schildern folgen.

Zele, B-9240 / Oost-Vlaanderen
- Groenpark*** — 1 AJMNOPRST 6
- Gentsesteenweg 337 — 2 ABEPQRWXYZ ABDEFG 7
- 15 Apr - 20 Sep — 3 AMS ABCDEFHIJNQRUV 8
- +32 93 67 90 71 — 4 FHJO 9
- groenpark@scarlet.be — 5 DHN ABFGHIJOQU 10
- 16A CEE
- 5ha 70T(105-160m²) 20D €27,00 / €33,00
- N 51°03'10" E 03°58'48"
- 112929
- Aus NL: E17 Ausf. 12, links N47. Am 3. Kreisel 1. Ausf. N445 folgen. Im 1. und 2. Kreisel 2. Ausf. Nach 2 km CP links. Aus F: E17 Ausf. 11, links der N449 folgen. An der Kreuzung links der N445. Nach 7 km im Kreisel 2. Ausf. Nach 500m CP rechts.

Zonhoven, B-3520 / Limburg
- Heidestrand N.V.*** — 1 ADEJMNOPRST AFHLNX 6
- Zwanenstraat 105 — 2 AEJQWXY ABFGK 7
- 4 Apr - 27 Sep — 3 BFMS ABEFNQRSUVW 8
- +32 11 52 01 90 — 4 BCDFHJNO EV 9
- receptie@heidestrand.be — 5 ACDEHKNO BCFHIKOQXY 10
- B 10A
- 75ha 88T(80-100m²) 627D €28,00 / €35,00
- N 50°59'12" E 05°18'48"
- 101404
- In Zonhoven die 72 Richtung Beringen. Nach 2 km links in die 'Wijvestraat', kurz hinter dem Bahnübergang. Nach 2,5 km auf der rechten Seite.

Zonhoven, B-3520 / Limburg
- Holsteenbron — 1 AJMNOPRT N 6
- Hengelhoefseweg 9 — 2 AQRWYZ ABDEFG 7
- 1 Apr - 11 Nov — 3 AGLMSU ABEFJNQRW 8
- +32 11 81 71 40 — 4 BDFHJO 9
- info@campingholsteenbron.be — 5 ADEHKN ABGHIJORSUY 10
- B 6A
- 4ha 57T(80-100m²) 33D €27,00 / €27,00
- N 50°59'42" E 05°24'59"
- 101405
- A2/E314 Ausfahrt 29 Richtung Hasselt, nach 800m an der Ampel links und dann Beschilderung folgen. Oder die Strecke Eindhoven-Hasselt N74, über die Brücke der E314. Nach 800m links, an der Ampel links und der Beschilderung folgen.

Zutendaal, B-3690 / Limburg
- EuroParcs Hoge Kempen** — 1 ADEJMNOPQRT AG 6
- Molenblookstraat 64 — 2 ABQWXYZ ABDEFGK 7
- 1 Apr - 5 Nov — 3 BFGJLMS ABCDEFJNQRSTUV 8
- +32 89 61 18 11 — 4 BCFHIO CUVWX 9
- kcc@europarcs.nl — 5 ADFJKN ABCFGHIJOQU 10
- B 10-16A CEE
- 10ha 75T(100-150m²) 151D €35,00 / €49,50
- N 50°55'33" E 05°33'08"
- 109646
- E314, Ausfahrt 32 Genk-oost Richtung Zutendaal. Kreisverkehr durchqueren. CP liegt nach 1 km auf der rechten Seite.

ACSI Camping Europa-App

9 500 europäische Campingplätze in einer praktischen App

ab 0,99 €

- Erweiterbar um 9 000 kontrollierte Reisemobilstellplätze
- Ohne Internetverbindung nutzbar
- Kostenlose Updates mit Änderungen und neuen Campingplatz-Bewertungen
- Schnell und einfach buchen, auch unterwegs
- Neu: jetzt auch mit kleinen Campingplätzen

www.Eurocampings.de/app

Nicht verpassen ... die neuesten **Campingnachrichten** und die besten **Campingplatztipps!**

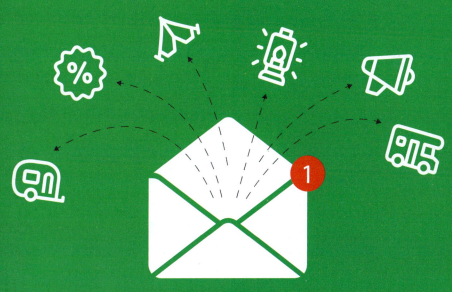

Folgen Sie dem Beispiel von 140 000 Campern.

Melden Sie sich für unseren kostenlosen Newsletter an:
www.Eurocampings.de/newsletter

Wallonien

Amberloup/Ste Ode, B-6680 / Luxembourg

- Tonny***
- 1 rue des Rainettes
- 1 Apr - 7 Nov
- +32 4 87 94 21 30
- info@campingtonny.be

N 50°01'35" E 05°30'47"

1 AEG**J**M**NOP**R**T**	**JN** 6
2 DPQSWXYZ	AB**D**E**FGH** 7
3 BFMS	ABCDEF**J**NRW 8
4 FHJO	E**J** 9
5 ADEFGHJKN	ABFH**J**MNRSY 10
6A	
H386 2,5ha 75T(80-120m²) 9**D**	€26,50
	€31,50
101716	

Ab der N4 Ausfahrt Amberloup/Libramont folgen. Der CP liegt rechter Hand der Straße, 3 km entfernt von der N4, kurz hinter Amberloup und im Weiler Tonny.

Amel/Deidenberg, B-4770 / Liège

- Camping Oos Heem BVBA***
- Zum Schwarzenvenn 6
- 1 Jan - 31 Dez
- +32 80 34 97 41
- info@campingoosheem.be

N 50°20'54" E 06°07'12"

1 AE**J**M**NOPQRS**T	D**G** 6
2 ACIQVWXY	AB**D**F**GH** 7
3 BF**I**MSTX	AB**F**JNQRTW 8
4 BCDFGHJKLO	AEFUVWY 9
5 ABDEFGHJKMN	ABFHIJNQY 10
W 16A CEE	
H432 3,5ha 57T(100m²) 128**D**	€29,50
	€41,50
101752	

A60 Trier/Bitburg-St. Vith/Liège, Ausfahrt 13. E42 St.Vith-Verviers Ausfahrt 13, Richtung Recht. Weiter den Schildern Camping Oos Heem nach.

ACSI Durchreisecampingplätze

In diesem Führer finden Sie eine handliche Karte mit Campingplätzen an den wichtigen Durchgangsstrecken zu Ihrem Ferienziel. Durch die Farbe des jeweiligen Zeltchens können Sie erkennen, ob dieser Platz ganzjährig geöffnet ist oder nicht. Darüber hinaus gibt es für jeden Platz auch noch eine kurze redaktionelle Beschreibung, inklusive Routenbeschreibung und Öffnungszeiten.

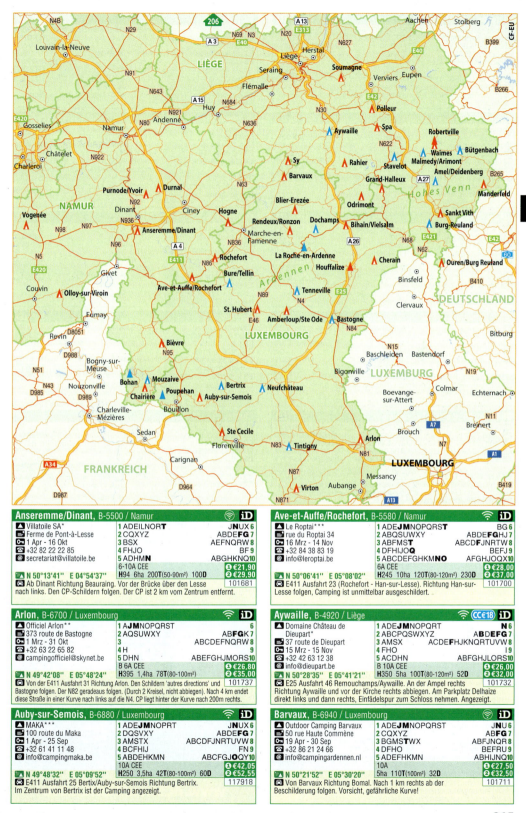

Anseremme/Dinant, B-5500 / Namur		
▲ Villatoile SA*	1 ADEILNOR**T**	JNUX 6
🏠 Ferme de Pont-à-Lesse	2 CQXYZ	ABDE**FG** 7
📅 1 Apr - 16 Okt	3 BSX	AEFNQRW 8
☎ +32 82 22 22 85	4 FHJO	BF 9
@ secretariat@villatoile.be	5 ADH**M**N	ABGHKNQ 10
	6-10A CEE	
N 50°13'41'' E 04°54'37''	H94 6ha 200**T** (50-90m²) 100**D**	① €21,90 ② €29,90
Ab Dinant Richtung Beauraing. Vor der Brücke über den Lesse nach links. Den CP-Schildern folgen. Der CP ist 2 km vom Zentrum entfernt.		101681

Ave-et-Auffe/Rochefort, B-5580 / Namur		
▲ Le Roptai***	1 ADE**JM**NOPQRS**T**	BG 6
🏠 rue du Roptai 34	2 ABQSUWXY	ABDE**FG**HJ 7
📅 16 Mrz - 14 Nov	3 AB**FMST**	ABCD**FJ**NRTW 8
☎ +32 84 38 83 19	4 D**F**HIJ**OQ**	BEFJ 9
@ info@leroptai.be	5 ABCDE**F**GHK**MNO**	AFGHJ**OQ**X 10
	6A CEE	
N 50°06'41'' E 05°08'02''	H245 10ha 120**T** (80-120m²) 230**D**	① €28,00 ② €37,00
E411 Ausfahrt 23 (Rochefort - Han-sur-Lesse). Richtung Han-sur-Lesse folgen, Camping ist unmittelbar ausgeschildert.		101700

Arlon, B-6700 / Luxembourg		
▲ Officiel Arlon**	1 A**JM**NOPQRS**T**	6
🏠 373 route de Bastogne	2 AQSUWXY	AB**FG**K 7
📅 1 Mrz - 31 Okt	3	ABCDEFNQRW 8
☎ +32 63 22 65 82	4 H	9
@ campingofficiel@skynet.be	5 DHN	ABEFGHJMORS 10
	B 6A CEE	
N 49°45'48'24''	H395 1,4ha 78**T**(80-100m²)	① €26,80 ② €35,00
Von der E411 Ausfahrt 31 Richtung Arlon. Den Schildern 'autres directions' und Bastogne folgen. Die N82 geradeaus folgen. (Durch 2 Kreisel, nicht abbiegen). Nach 4 km endet diese Straße in einer Kurve nach links auf die N4. CP liegt hinter der Kurve nach 200m rechts.		101737

Aywaille, B-4920 / Liège		
▲ Domaine Château de Dieupart*	1 ADE**JM**NOPQR**T**	**N** 6
🏠 37 route de Dieupart	2 ABCPQSWXYZ	AB**DEFG** 7
📅 15 Mrz - 15 Nov	3 AMSX	ACD**FH**JKNQRTUVW 8
☎ +32 42 63 12 38	4 FHO	I 9
@ info@dieupart.be	5 ACDHN	AB**F**GHJLORS 10
	B 10A CEE	
N 50°28'35'' E 05°41'21''	H350 5ha 100**T** (80-120m²) 52**D**	① €26,00 ② €32,00
E25 Ausfahrt 46 Remouchamps/Aywaille. An der Ampel rechts Richtung Aywaille und vor der Kirche rechts abbiegen. Am Parkplatz Delhaize direkt links und rechts, Einfädelspur zum Schloss nehmen. Angezeigt.		101732

Auby-sur-Semois, B-6880 / Luxembourg		
▲ MAKA***	1 ADE**JM**NOPR**T**	JNUX 6
🏠 100 route du Maka	2 DQSVXY	ABDE**FG** 7
📅 1 Apr - 25 Sep	3 AMSTX	ABCD**FJ**NRTUVW 8
☎ +32 61 41 11 48	4 BCFHIJ	FN 9
@ info@campingmaka.be	5 ABDEHKMN	ABCFGJ**OQ**Y 10
	10A CEE	
N 49°48'32'' E 05°09'52''	H250 3,5ha 42**T**(80-100m²) 60**D**	① €42,05 ② €52,55
E411 Ausfahrt 25 Bertix/Auby-sur-Semois Richtung Bertrix. Im Zentrum von Bertrix ist der Camping angezeigt.		117918

Barvaux, B-6940 / Luxembourg		
▲ Outdoor Camping Barvaux	1 ADE**JM**NOPQRS**T**	JNU 6
🏠 50 rue Haute Commène	2 CQXYZ	AB**FG** 7
📅 19 Apr - 30 Sep	3 BGMS**T**WX	ABFJNQR 8
☎ +32 86 21 24 66	4 DFHO	BEFRU 9
@ info@campingardennen.nl	5 ADEFHKMN	ABHIJNQ 10
	10A	
N 50°21'52'' E 05°30'20''	5ha 110**T**(100m²) 32**D**	① €27,50 ② €32,50
Von Barvaux Richtung Bomal. Nach 1 km rechts ab der Beschilderung folgen. Vorsicht, gefährliche Kurve!		101711

Belgien

Bastogne, B-6600 / Luxembourg
- Camping de Renval***
- rue de Marche 148
- 25 Feb - 19 Dez
- +32 61 21 29 85
- info@campingderenval.be
- N 50°00'11" E 05°41'44"
- 1 ADE**IL**NOPRST N 6
- 2 ADQSWX ABDE**FG**1
- 3 AG**J**MS ABCDE**F**JNQRTW 8
- 4 FHINO**P** 9
- 5 DEHKN FGHKOQ10
- 10A CEE
- H505 7ha 60T(100m²) 132D
- €23,50 / €27,50
- 100032
- Ab Zentrum Bastogne Richtung Marche, nach 1,2 Km CP auf der rechten Straßenseite. Von der E25 und N4 Richtung Bastogne, auf 500m von der Ausfahrt.

Burg-Reuland, B-4790 / Liège
- Hohenbusch*****
- Hohenbusch, Grüfflingen 31
- 1 Apr - 6 Nov
- +32 80 22 75 23
- info@hohenbusch.be
- N 50°14'30" E 06°05'35"
- 1 ADEF**JM**NOPQRST BG 6
- 2 AIPQVWXY BE**FG**H 7
- 3 BMS BD**FGI**JNPQRTUVW 8
- 4 BDFHJKO**PQU** EI 9
- 5 ADEFKN ABDEGHIJMO**RS**10
- B 5-10A CEE
- H550 5ha 74T(100-175m²) 113D
- €39,00 / €52,00
- 111032
- A60/E42 Bitburg-Malmedy, Ausfahrt 16 Steinebrück erste Ausfahrt direkt hinter Grenze/Sankt Vith. Dann N62 Richtung Luxemburg/Burg Reuland. Mit GPS fahren.

Bertrix, B-6880 / Luxembourg
- Ardennen Camping Bertrix****
- route de Mortehan
- 25 Mrz - 7 Nov
- +32 61 41 22 81
- camping@bertrix.be
- N 49°50'18" E 05°15'07"
- 1 ACDE**JL**NOPRST 6
- 2 ABQSUVWXYZ ABDE**FG**H 7
- 3 BDFMN**ST**VX ABCDEFJKNQRTUVW 8
- 4 ABCEFGHIJLNO AEFU 9
- 5 ABDEFHLMN ABFGHIJMNQY10
- 10A CEE
- H440 16ha 314T(80-120m²) 225D
- €37,50 / €54,00
- 101701
- A4/E411 Ausfahrt 25 Bertrix. Der N89 bis Ausfahrt Bertrix folgen. Dann den N884 ins Zentrum folgen. Von dort ausgeschildert.

Bütgenbach, B-4750 / Liège
- Worriken*
- Worriken 9
- 1 Jan - 31 Dez
- +32 80 44 69 61
- info@worriken.be
- N 50°25'29" E 06°13'19"
- 1 ABDEF**JM**NOPQRTUV ELM**N**QRSTXY 6
- 2 EIJKMQSUVWXY ABD**FG** 7
- 3 AB**F**G**MNPSTUW**X ABCDFJNRUVW 8
- 4 BDF**HIT** GJRTW 9
- 5 ADEFHIJKLN ABDHJNRSY10
- Anzeige auf Seite 217 WB 10A CEE
- H569 16ha 45T(80-100m²) 286D
- €29,00 / €32,00
- 100022
- E40/A3 Ausfahrt 38 Eupen, Richtung Malmedy, Ausschilderung Worriken folgen.

Bièvre, B-5555 / Namur
- Les 3 Sources***
- 20 rue de la Wiaule
- 1 Apr - 31 Okt
- +32 61 73 00 51
- info@3sources.be
- N 49°56'42" E 05°00'39"
- 1 A**J**MNOPQRS**T** AN 6
- 2 SWX ABDEH 7
- 3 BMSUX AB**F**JNRTW 8
- 4 FHINO**Q** E 9
- 5 DEFHLMN ABFHJNQ10
- 16A CEE
- H365 2,4ha 27T(60-140m²) 62D
- €25,00 / €30,00
- 117645
- E411 Ausfahrt 23 Richtung Wellen. In Wellen N835 Richtung Lonprez. Weiter auf der N835 bis Ausfahrt Gedinne-Bahnhof (N952), weiter dann auf die N95 Richtung Bouillon ab. Vor Bièvre den CP-Schildern folgen.

Chairière, B-5550 / Namur
- Le Trou du Cheval*
- 17 rue du Rivage
- 1 Jan - 31 Dez
- +32 61 50 21 51
- trou.cheval@belgacom.net
- N 49°50'00" E 04°56'32"
- 1 A**J**MNOPRST JNUXZ 6
- 2 DQSWX AB**FG** 7
- 3 AMSU A**F**JNRW 8
- 4 FHIO 9
- 5 DHMN ABJOQ10
- 6A CEE
- H199 5,5ha 14T(80-100m²) 41D
- €19,50 / €22,50
- 109511
- E411 Ausfahrt 25 (Bertrix). Über die N89 Richtung Bouillon bis Plainevaux. Dann Richtung Alle (N819) und Richtung Vresse-sur-Semois (N914) folgen. Den CP-Schildern folgen.

Bihain/Vielsalm, B-6690 / Luxembourg
- Aux Massotais**
- Petites Tailles 20
- 1 Jan - 31 Dez
- +32 80 41 85 60
- camping@auxmassotais.com
- N 50°14'24" E 05°45'14"
- 1 ADEGJMNOPQRST 6
- 2 ABQWXYZ AB**FG**HK 7
- 3 AFMS ABE**F**JNQRW 8
- 4 FHO G 9
- 5 ADEFHJLMN ABFHJQU10
- W 6-16A CEE
- H641 2,7ha 40T(70-90m²) 73D
- €21,00 / €25,00
- 112399
- E25, Ausfahrt 50 Baraque de Fraiture - Richtung Houffalize. Nach 1,2 km liegt der CP links.

Cherain, B-6673 / Luxembourg
- Moulin de Bistain*
- 32 rue de Rettigny
- 1 Apr - 1 Okt
- +32 80 51 76 65
- moulindebistain@maredresorts.be
- N 50°09'02" E 05°52'06"
- 1 ADE**JM**NORT JN 6
- 2 ABCQVWXYZ ABDE**FG** 7
- 3 BMSV ABCDF**G**JNRTUW 8
- 4 FHJOQ BEF 9
- 5 ABDEHKN ABFJNRS10
- 10A
- H360 7,5ha 65T(80-100m²) 85D
- €27,50 / €34,50
- 110456
- A60 Trier/Bitburg/St. Vith/Namur, Ausfahrt 15 St. Vith Süd, Richtung N62 Thommen. Dort am Ortsanfang rechts ab Beho N827, weiter Gouvy und Cherain.

Blier-Erezée, B-6997 / Luxembourg
- Le Val de l'Aisne****
- rue du T.T.A. 1a
- 1 Jan - 31 Dez
- +32 86 47 00 67
- info@levaldelaisne.be
- N 50°16'45" E 05°32'52"
- 1 ACDE**JM**NOPQRST NUVX 6
- 2 CEIQSWXYZ ABCDE**FG**HJK 7
- 3 B**F**GLMN**ST**VX ABCDE**F**JNQRTUW 8
- 4 **A**BCDEFGHIJLNO CEJLUW 9
- 5 ADEFGHIJLMN ABEFGHIJLMOPQY10
- W 16A
- H276 25ha 110T(100-140m²) 340D
- €27,00 / €34,00
- 110632
- Aus Lux: E25/A26, Ausfahrt 50 La Roche/Baraque Fraiture, erst rechts dann sofort links halten zur N30 Richtung Manhay und weiter Erezée. Bei Blier der CP Beschilderung folgen.

Chimay, B-6460 / Hainaut
- Communal de Chimay***
- 1 allée des Princes
- 1 Apr - 31 Okt
- +32 60 51 12 57
- camping@chimayville.be
- N 50°02'44" E 04°18'35"
- 1 JMNORS**T** 6
- 2 PQWY ABDE**FG** 7
- 3 ABS ABFHJNPRTW 8
- 4 H 9
- 5 DHN FGHIJOQU10
- B 16A CEE
- H235 3ha 50T(100-120m²) 70D
- €18,00 / €24,00
- 101652
- Von Beaumont kommend, kurz vor Zentrum Chimay rechts.

Bohan, B-5550 / Namur
- Confort***
- rue Mont les Champs 214
- 25 Feb - 1 Nov
- +32 61 50 02 01
- info@camping-confort.be
- N 49°52'24" E 04°53'00"
- 1 ADE**JM**NOPQRST JNU 6
- 2 DQSWX ABDE**FG**H 7
- 3 BFMSV ABD**F**JNQRTU 8
- 4 FHIJNO**Q** DH 9
- 5 ADHMN BFGHIJO**Q**10
- B 10A
- H156 5ha 50T(100m²) 153D
- €25,00 / €36,00
- 101670
- Auf der N95 (Dinant-Bouillon) Richtung Vresse-sur-Semois abbiegen. Orts- und Campingschild befolgen. An der Kirche dem Wasser folgen. Nach der halben Brücke folgen Sie der Straße für etwa 500m. Camping links.

ACSI Club iD

Ihr Pass oder Ausweis sicher in der Tasche
Die praktische ACSI Clubkarte

Nur 4,95 € im Jahr

Bohan, B-5550 / Namur
- La Douane**
- 26 rue de France
- 15 Mrz - 15 Okt
- +32 61 50 04 08
- info@campingladouane.be
- N 49°51'53" E 04°52'50"
- 1 ADE**JM**NOPQRST JNU 6
- 2 DQSWXY B**FG**H 7
- 3 AMS BFNQRVW 8
- 4 FKNO BR 9
- 5 DEHN ABDGHJLMNQU10
- 16A CEE
- H155 1,5ha 73T 24D
- €25,00 / €33,00
- 125182
- Über die N95 (Dinant-Bouillon) nach Vresse-sur-Semois. Den Schildern zum Ort und zum Campingplatz folgen. Im Zweifelsfall folgen Sie der Beschilderung nach Monthermé (Frankreich).

Bure/Tellin, B-6927 / Luxembourg
- Sandaya Parc la Clusure****
- chemin de la Clusure 30
- 1 Apr - 25 Sep
- +32 84 36 00 50
- parclaclusure@sandaya.be
- N 50°05'46" E 05°17'09"
- 1 ADE**IL**NOPQRST BG**J**N 6
- 2 ABCQSXYZ ABDE**FG**HK 7
- 3 AB**F**GM**NS**TUVX ABCDF**G**NPQRTVW 8
- 4 ABCDEFHJLNO ACEJLUWYZ 9
- 5 ACDEFGHLMN ABDEFGHIKM O**PQ**XY10
- B 10-16A CEE
- H190 15ha 314T(100-180m²) 232D
- €48,00 / €68,00
- 100028
- Ab Trier oder Saarbrücken via Luxembourg/Esch-s-Alzette die A6 Richtung Arlon, dann am Abzweig Neufchateau links halten Richtung A4 Namur/Brüssel. Ausfahrt 23a Bure/Tellin. Weiter ausgeschildert.

Worriken Bütgenbach
Sport – und Freizeitzentrum

Ostbelgien

Der **Camping Worriken**
gehört zum Sport- und Freizeitzentrum Worriken. Dieses liegt am Ufer des Stausees von Bütgenbach und ist von einem schönen Waldgebiet umgeben. Die Lage am Fuße des Naturreservats Hohes Venn ist ein idealer Ausgangspunkt für interessante Ausflüge in der Natur, sowohl mit dem Fahrrad als auch zu Fuß. Ob Sie nun einen erholsamen oder aktiven Urlaub erleben möchten, es ist für jeden etwas dabei!

Der Park besteht aus vier Bereichen: einem Campingplatz, dem Sporthouse mit seinen 28 Doppelzimmern, den Ferienhäusern und Bungalows. Worriken bietet außerdem: Tennis- und Squashplätze, eine Sauna, ein Hallenbad, einen Strand (im Juli und August), ein Restaurant, einen Waschsalon, einen E-Bike Verleih und noch vieles mehr.

Zentrum Worriken | Worriken 9 | B - 4750 Bütgenbach
+32(0)80 44 69 61 | info@worriken.be | www.worriken.be

Belgien

Nur bei Angabe dieses CC-Logos wird die CampingCard ACSI akzeptiert.

Siehe auch die Gebrauchsanweisung in diesem Campingführer.

Dochamps, B-6960 / Luxembourg CC€20 iD
- Camping Petite Suisse★★★★
- Al Bounire 27
- 1 Jan - 31 Dez
- +32 84 44 40 30
- info@petitesuisse.be

1 ADE**JL**NOPRS**T** BG 6
2 BIPQSTVWXYZ ABDE**FGHK** 7
3 BFG**MNST**X ABCDFJKNQRTUVW 8
4 BCFHIJLO AEJRU **9**
5 ACDEHLMN ABEFGHIJNPQXY**10**
W 10A CEE
H500 7ha 200T(80-125m²) 215**D**
€38,50 / €46,50

N 50°13'52" E 05°37'54"
A26/E25 Luxembourg-Liége Ausfahrt 50 Baraque Fraiture Ausfahrt 50, zur N89 Richtung La Roche. In Samree rechts Richtung Dochamps via D841. CP liegt an der Ortseinfahrt von Dochamps. Ausgeschildert.
100026

Durnal, B-5530 / Namur iD
- De Durnal 'Le Pommier Rustique'★★★★
- rue de Spontin
- 1 Mrz - 30 Dez
- +32 83 69 99 63
- info@camping-durnal.net

1 ADE**J**MNOPRT 6
2 AIPQSVWXY ABDE**FGK** 7
3 BFMSUX CDFJNRW 8
4 DFHJNOT**U** DEFJUVWY 9
5 ABCDFHJMNO ABEFGHJLOQU**10**
10-16A CEE
H227 4,4ha 40T(80-100m²) 103**D**
€25,00 / €30,00

N 50°20'08" E 04°59'46"
E411 Ausfahrt 19 Richtung Yvoir. Dann rechts Richtung Durnal und den CP-Schildern folgen.
111478

Grand-Halleux, B-6698 / Luxembourg iD
- Les Neufs Prés★★★
- 31 av. de la Resistance
- 1 Apr - 30 Sep
- +32 80 21 68 82
- camping.les9pres@gmail.com

1 ADE**J**MNOPQRT **BFN** 6
2 CPQXYZ ABDE**FG** 7
3 BF**J**MNS ABE**F**JNR 8
4 FHJO **9**
5 DHNO BFHIJ**O**QUY**10**
10A CEE
H299 5ha 140T(80-100m²) 60**D**
€19,00 / €26,00

N 50°19'50" E 05°54'05"
Der CP befindet sich an der N68 Vielsalm-Trois Ponts, 1 km vom Zentrum von Grand Halleux entfernt.
101750

Hogne, B-5377 / Namur iD
- Le Relais★★★
- 16 rue de Serinchamps
- 1 Mrz - 31 Dez
- +32 4 75 42 30 49
- info@campingrelais.be

1 ACILNOPQRST N 6
2 EPQSUWXYZ ABDE**FG** 7
3 B**H**IMSX ABCDFJNRUV 8
4 BFHJK HJRT **9**
5 ADEHMN FGHNQU**10**
6-16A CEE
H222 12ha 93T(120-150m²) 41**D**
€20,50 / €23,50

N 50°14'57" E 05°16'47"
N4 (Marche-en-Famenne - Namur) Ausfahrt Hogne. Camping ist angezeigt.
101698

Houffalize, B-6660 / Luxembourg iD
- Chasse et Pêche SA
- 63 rue de la Roche
- 1 Jan - 31 Dez
- +32 61 28 83 14
- info@cpbuitensport.com

1 AG**J**MNOR**T** JNUV 6
2 ABCLQXYZ BE**FG** 7
3 **T** BFJNRW 8
4 FHJO BFRUV **9**
5 ADEFHMN ABFGHJNRS**10**
10A CEE
H260 1ha 58T(50-75m²) 17**D**
€22,50 / €32,50

N 50°08'17" E 05°45'42"
Über die E25 kommt man an der Ausfahrt 51 nach Houffalize. Im Zentrum von Houffalize rechts Richtung La Roche und nach 3 km (hinter der hohen Überführung) sieht man schon links den CP.
122019

Houffalize, B-6660 / Luxembourg iD
- Du Viaduc★★★
- 53 rue de la Roche
- 1 Jan - 31 Dez
- +32 61 28 90 67
- campingviaduc@skynet.be

1 ADE**J**MNOPQRS**T** JN 6
2 ACQSUVWXYZ ABDE**FGK** 7
3 BS ABF**NRTW** 8
4 FHJO **9**
5 ABDEFHN ABHJLOQ**10**
16A CEE
H380 4ha 70T(80-100m²) 103**D**
€28,00 / €28,00

N 50°07'50" E 05°46'44"
E25, Ausfahrt 5. 2,5 km bis Houffalize-Mitte, dann Richtung La Roche, CP 1 km vom Zentrum.
100033

La Roche-en-Ardenne, B-6980 / Lux. CC€18 iD
- Club Benelux★★★
- 26 rue de Harzé
- 25 Mrz - 6 Nov
- +32 84 41 15 59
- info@campingbenelux.be

1 AE**J**MNOPQRS**T** B**J**NUX 6
2 DIPQXYZ ABE**FGK** 7
3 BFGMST ABCF**NRT** 8
4 **A**BCDEFHIJLNO**Q** J **9**
5 ACDEHLMN ABDHJNRS**10**
6-10A
H230 7ha 350T(100m²) 102**D**
€29,00 / €33,00

N 50°11'28" E 05°34'24"
Ab Ortsmitte Richtung Marche. Auf der Brücke über die Ourthe den CP-Schildern folgen. Der Platz liegt 500m vom Zentrum.
100030

La Roche-en-Ardenne, B-6980 / Lux. CC€16 iD
- De l'Ourthe★★
- 8 rue des Echavées
- 15 Mrz - 1 Nov
- +32 84 41 14 59
- campingdelourthe.be

1 A**J**MNORT JNU 6
2 BCQSTXYZ ABD**FGH** 7
3 BMS ACE**FJNPQRT** 8
4 BEFH AD **9**
5 ACDEH**N** ABHJ**O**Q**10**
B 10A
H229 4ha 150T(50-100m²) 74**D**
€29,00 / €32,00

N 50°11'19" E 05°34'13"
Ab Zentrum Richtung Marche fahren, nach Brücke über Ourthe nach rechts, den CP-Schildern folgen (1 km vom Zentrum entfernt).
101713

La Roche-en-Ardenne, B-6980 / Luxembourg iD
- Floreal La Roche-en-Ardenne★★★★
- route de Houffalize 18
- 1 Jan - 31 Dez
- +32 84 21 94 67
- nicole.bruyere@florealgroup.be

1 ADE**J**MNOPRS**T** BG**J**N 6
2 CIPQSWX ABDE**FGHK** 7
3 BF**J**MN**RST** ABCDEFJNRTU 8
4 BCDEFHJLNO**PQTU** ABCE **9**
5 ACDEFHLMN ABHIKLMOQ**10**
B 10A CEE
H285 13ha 200T(100m²) 457**D**
€28,10 / €33,30

N 50°10'37" E 05°35'58"
Ab Zentrum von La Roche in Richtung Houffalize fahren, 2 km.
101407

La Roche-en-Ardenne, B-6980 / Luxembourg iD
- Le Grillon★★
- 6 rue des Echavées
- 25 Mrz - 6 Nov
- +32 84 41 15 59
- info@campingbenelux.be

1 AE**J**MNOPQRS**T** B**J**NUX 6
2 BCIQXYZ AB**FGK** 7
3 AFGMST AB**FNR** 8
4 **A**BDEFHLN **9**
5 ACDHMN ABHIJNQ**10**
10A
H230 3,5ha 139T(150m²) 58**D**
€29,00 / €33,00

N 50°11'28" E 05°34'24"
Ab Zentrum Richtung Marche, nach Brücke über Ourthe den CP-Schildern folgen (1 km vom Zentrum entfernt).
101712

La Roche-en-Ardenne, B-6980 / Lux. CC€18 iD
- Camping Lohan★★★
- Quartier de Lohan 2
- 1 Apr - 1 Nov
- +32 84 41 15 45
- info@campinglohan.be

1 AEILNOPQRS**T** JNUX 6
2 CQSXYZ ABD**EFGH** 7
3 BS ABCDF**JNRTW** 8
4 BDFHIJO F **9**
5 ABDEFHLMN ABFHIJNQ**10**
B 6-10A
H231 5ha 199T(60-100m²) 108**D**
€20,00 / €26,00

N 50°10'51" E 05°36'23"
Ab Zentrum Richtung Houffalize fahren, rechts an der Ourthe gelegen (3 km vom Zentrum entfernt).
101714

Malmedy/Arimont, B-4960 / Liège CC€16

- Familial
- 19 rue des Bruyères
- 1 Jan - 31 Dez
- +32 80 33 08 62
- info@campingfamilial.be

1 AEJMNOPQRT A 6
2 AIQSUVXY AB**FG**K 7
3 BMS**T** ABCDE**F**JNRTW 8
4 B**F**HJO EU 9
5 ABDEFHKMN AB**F**HJO**Q**10
6A
N 50°25'13" E 06°04'15"
H485 2,2ha 70T(80-100m²) 59**D**
① €19,50
② €24,50
100027

A60 Bitburg-Liège, dann A27/E42 Ausfahrt 11 Malmedy. Dann Richtung Waimes. 900m hinter dem Carrefour 2. links Richtung Arimont. Von St. Vith in Baugnez rechts Richtung Waimes. Im Kreisel 3. Ausfahrt, 1 Straße links. 1. Straße rechts.

Mouzaive, B-5550 / Namur CC€18

- Le Héron***
- rue de Lingue 50
- 25 Feb - 1 Nov
- +32 61 50 04 17
- info@camping-le-heron.be

1 ADEJMNOPQRST JN 6
2 DUWXY AB**D**F**GH**K 7
3 BMS C**F**JNQRTW 8
4 FHIO A 9
5 ADH B**FGH**JO**Q**10
10A
N 49°51'14" E 04°57'12"
H190 8ha 76T(100-140m²) 151**D**
① €30,00
② €36,00
101684

E411 Ausfahrt 25 Bertrix, N89 Richtung Bouillon. N819 Richtung Alle und Mouzaive. Dann den CP-Schildern folgen.

Odrimont, B-4990 / Liège

- Floreal Gossaimont**
- Gossaimont 1
- 1 Jan - 31 Dez
- +32 80 31 98 22
- camping.gossaimont@florealgroup.be

1 ADE**IL**NOPQRS**T** N 6
2 B**IQ**SUXYZ AB**D**E**FG** 7
3 B**F**GMS ABCDE**F**JNPRTW 8
4 B**D**FHJO AB**E** 9
5 ABDEHMN AHIJO**Q**10
WB 16A CEE
N 50°18'44" E 05°49'02"
H430 16ha 147**T**(120-250m²) 169**D**
① €24,50
② €29,50
117778

A60 Wittlich-Malmedy, Ausfahrt St. Vith Sud (Belgien), N62 Richtung Thommen. Dort rechts N827 nach Beho. Hinter Beho rechts nach Bovigny N68. In Vielsalm-Salm-Chateau links N89 Richtung Lierneux-Odrimont. Dort ausgeschildert.

Olloy-sur-Viroin, B-5670 / Namur

- Verblijfpark Ardinam***
- Try des Baudets 1
- 28 Mrz - 30 Sep
- +32 60 39 01 08
- info@ardinam.be

1 ABCDE**FJM**NOPQRS AF 6
2 AB**IQ**SUXYZ AB**D**E**FG** 7
3 ABEMS ABCDE**F**JNRTUW 8
4 BCDFHJLNO AEJ 9
5 ADEFGHKN ABCHIJLO**Q**10
16A CEE
N 50°04'08" E 04°35'47"
H207 15ha 45**T**(80-120m²) 314**D**
① €25,00
② €29,00
101660

Von Couvin N99 Richtung Givet fahren (Nismes). Im Ort nach den alten Bahngleisen, rechts hoch fahren.

Ouren/Burg Reuland, B-4790 / Liège

- International**
- Alterweg, Ouren 19
- 28 Mrz - 30 Sep
- +32 80 32 92 91
- international@maredresorts.be

1 ADEG**JM**NOPQRST JN 6
2 BCQOWXYZ AB**D**E**FG** 7
3 B**FL**MS ABCD**F**JNRTW 8
4 **F**HJO**Q** B**F** 9
5 ADEFHJLN AB**F**HJN**Q**10
10A CEE
N 50°08'31" E 06°08'30"
H334 5,8ha 120**T**(100-120m²) 52**D**
① €27,50
② €32,65
109651

St. Vith-Süd Ausfahrt 15 (Luxemburg). Dann die N62 Richtung Luxemburg. In Oudler links die N693 nach Ouren, nach 14 km Camping International.

Polleur, B-4910 / Liège

- Polleur
- 53 route du Congrès
- 1 Apr - 1 Nov
- +32 87 54 10 33
- seeyou@polleur.be

1 ACDEG**JM**NOPQR**T** B**F**H**J**N 6
2 ACQWXY AB**D**E**FG** 7
3 B**F**MS**T**W ABCDE**F**M**N**QRTUV 8
4 BCDEGHIJLMO AE**FJ**UY 9
5 ACDEFGHKLMN AB**EFGH**IJMN**O**Q**X**Y10
10A CEE
N 50°31'54" E 05°51'47"
H275 3,7ha 102**T**(100-120m²) 106**D**
① €35,00
② €40,00
101728

A27 Ausf. Polleur. Den Schildern Camping Polleur folgen. In Polleur die Route du Congrès Ri. Theux. CP ist angezeigt. In Navi Hausnr. 90 eingeben anstatt 53.

Poupehan, B-6830 / Luxembourg CC€20

- Ile de Faigneul***
- 54 rue de la Chérizelle
- 1 Apr - 30 Sep
- +32 4 78 96 12 40
- info@iledefaigneul.com

1 ADE**JM**NOR**T** J**N**UX 6
2 BDQSWXYZ AB**D**E**FG**H 7
3 B**F**MSX ABCD**F**JNQR**T**W 8
4 B**D**F**H**IJO**PQ** FJR 9
5 ABDEFHN AB**H**JO**Q**Y10
B 6A CEE
N 49°48'58" E 05°00'57"
H209 3ha 130**T**(100m²) 4**D**
① €34,00
② €43,00
109513

E411 Ausfahrt 25, N89 Richtung Bouillon. N819 Richtung Rochehaut, innerorts die N893 Richtung Poupehan. Innerorts ist der Camping anzeigt.

Poupehan, B-6830 / Luxembourg CC€18

- Camping Le Prahay***
- rue de la Chérizelle 48
- 1 Apr - 30 Sep
- +32 4 76 83 84 00
- info@camping-leprahay.com

1 ADE**JM**NOPR**T** JN 6
2 BDSWXYZ AB**FG** 7
3 BMSX AB**F**NQRW 8
4 FHIO AC 9
5 ADEHN ABCD**FGH**JN10
Anzeige auf Seite 219 6-16A
N 49°48'49" E 05°00'53"
H209 5ha 180**T**(100-130m²) 10**D**
① €30,00
② €38,00
124408

E411 Ausfahrt 25, N89 Richtung Bertrix/Bouillon. An Plainevaux vorbei Richtung Rochehaut über die N819. Vor Rochehaut die N893 Richtung Poupehan, danach CP-Beschilderung beachten.

Purnode/Yvoir, B-5530 / Namur

- Domaine du Bocq**
- 2 av. de la Vallée
- 1 Apr - 30 Okt
- +32 82 61 21 00
- info@domainedubocq.be

1 ADE**IL**NOPQR**T** JN 6
2 ABCQSWXYZ AB**D**E**FG** 7
3 B**F**GMSX ACE**F**INRTW 8
4 B**F**HIJO AB 9
5 ADEHK**N** AB**FGH**JLNPQU10
16A
N 50°19'10" E 04°56'41"
H172 3ha 66**T**(50-100m²) 67**D**
① €22,50
② €28,50
101680

E411 Ausfahrt 19, N937 Richtung Spotin, dann Beschilderung 'Camping du Bocq' und Yvoir folgen.

Rahier, B-4987 / Liège

- Les Salins***
- La Lienne 49
- 1 Apr - 31 Dez
- +32 80 78 56 07
- info@campinglessalins.eu

1 ADEJMNOPQRS**T** JN 6
2 ABCLSXYZ AB**D**E**FG**H 7
3 B**F**MSUV AE**F**JN 8
4 B**D**FN**Q** E 9
5 AEFHLMN AE**F**HIJN**O**O10
16A
N 50°23'47" E 05°45'01"
H230 4ha 110**T** 83**D**
① €25,00
② €30,00
113514

Von der E25 Luik, Ausfahrt 48 Richtung Stoumont. Weiter der Beschilderung folgen. Liegt an der 645 von Targnon nach Chevron.

Rendeux/Ronzon, B-6987 / Luxembourg

- Floreal Festival****
- 89 route de La Roche
- 1 Jan - 31 Dez
- +32 84 47 73 71
- camping.festival@florealgroup.be

1 ADE**JM**NOPQRS**T** JN 6
2 CMQWXY AB**FG**N 7
3 BMS ABCDE**F**JKNRT 8
4 D**F**HJNO**Q** 9
5 ABDEFHLMN AB**H**IJO**Q**10
10A CEE
N 50°13'39" E 05°31'40"
11ha 65**T**(80-120m²) 250**D**
① €25,45
② €32,65
117444

Ronzon, Gemeindeteil von Rendeux liegt an der N833 auf halben Weg zwischen La Roche und Hotton. Erreichbar über die A26/E25 Ausfahrt 50 Baraque de Fraiture, nach N4 Richtung Hotton und Richtung La Roche.

Robertville, B-4950 / Liège

- La Plage**
- 33 route des Bains
- 1 Jan - 31 Dez
- +32 80 44 66 58
- info@campinglaplage.be

1 B**J**MNOPQR**T**U BLMN**S**X**Z** 6
2 EIJKPQSUVXY AB**D**E**FG**IJK 7
3 AE**F**JNPRW 8
4 BCDEFHJ DIJKU 9
5 ABDEHJM**NO** AB**H**IJ**O**RSU10
W 2A CEE
N 50°27'00" E 06°07'03"
H650 1,9ha 60**T**(80-100m²) 36**D**
① €20,75
② €28,25
101747

A27/E42 Ausfahrt 11 Richtung Malmedy. In Malmedy Straße nach Robertville folgen. Ab Robertville ausgeschildert.

Spannende Campingreisen mit dem eigenen Wohnmobil oder Wohnwagen.

www.ACSIcampingreisen.de

Rochefort, B-5580 / Namur
- ⛺ Les Roches****
- 🏠 26 rue du Hableau
- 📅 1 Apr - 11 Nov
- ☎ +32 84 21 19 00
- @ lesroches@rochefort.be

1 ADEJMNOPQRST		6
2 PSUXY	ABDEFGHK	7
3 AMSX	ABCDFGIJNQRTUV	8
4 BCDFHJLNO		A 9
5 DN	BFGHNQU	10
B 16A CEE		💶 €27,00
H186 6ha 84T(50-100m²) 156D		€34,00
📍 N 50°09'34" E 05°13'35"		119902

🚗 Von der E411 Ausfahrt 23 Rochefort (Rochefort/Han-sur-Lesse). Über die N86 ins Zentrum. Kurz vor dem Ort ist der Camping ausgeschildert.

Sankt Vith, B-4780 / Liège
- ⛺ Wiesenbach
- 🏠 Wiesenbachstr. 58c
- 📅 1 Jan - 31 Dez
- ☎ +32 80 22 61 37
- @ ernst.paulis@hotmail.com

1 A**J**MNOPQRST	**BG**	6
2 ACQSWX	AB	7
3 BFS	ABEFJNRUV	8
4 FH		9
5 DLM	ABFHJOQ	10
B 10-16A CEE		€19,00
H525 1,5ha 23T(100-120m²) 45D		€27,00
📍 N 50°16'01" E 06°08'21"		111687

🚗 E42, Ausfahrt St. Vith-Sud Richtung St. Vith Zentrum. Am Kreisverkehr Richtung Steinebruck. CP befindet sich nach 1,5 km links von der Straße.

Camping Le Prahay

Erholung auf einem der schönsten und grünsten Plätze der Belgischen Ardennen. Wanderer, Kajakfahrer, Mountainbiker kommen in der Ruhe der Täler und Höhen der Semois voll auf ihre Kosten. Unsere Gäste lassen den Alltag einfach hinter sich und genießen die wunderbare Natur.

**Rue de la Chérizelle 48
6830 Poupehan
Tel. +32 476 838400
E-Mail: info@camping-leprahay.com
Internet: www.camping-leprahay.com**

Soumagne, B-4630 / Liège
- ⛺ Dom. Prov. de Wegimont***
- 🏠 76 chaussée de Wegimont
- 📅 1 Feb - 23 Dez
- ☎ +32 42 79 24 02
- @ camping.wegimont@provincedeliege.be

1 ABEJMNOPQRSTU	BFHIM**N**	6
2 ACPQSUWY	ABDE**FG**	7
3 AB**FJMN**S	ABEFJNQRTW	8
4 FJNOP	R	9
5 DEH	ABCEFHIKNUY	10
B 16A CEE		€17,00
H215 2,2ha 34T(50-100m²) 106D		€23,00
📍 N 50°36'40" E 05°44'16"		101726

🚗 Die A3/E40 Aachen-Liege, Ausfahrt 37 Richtung Soumagne verlassen. Nach 1 km an der Ampel links Richtung Bas-Soumagne. Von der A27/A60 aus Wittlich bis Kreuz Battice Richtung Liege. Den Schildern Wegimont folgen.

Spa, B-4900 / Liège
- ⛺ Parc des Sources
- 🏠 route de la Sauvenière 141
- 📅 1 Apr - 4 Sep
- ☎ +32 87 70 08 63
- @ info@campingspa.be

1 BEF**J**MNOPQRTU	AFM	6
2 AQUWXYZ	ABDE**FG**	7
3 **BL**MU	AB**F**JNRT	8
4 FHO		R 9
5 DEFHKL	BFGHJORS	10
6A CEE		€35,00
H350 2,5ha 90T(80-100m²) 49D		€41,00
📍 N 50°29'07" E 05°53'01"		100021

🚗 Der CP liegt 1,5 km nach Spa rechts der N62 Richtung Francorchamps/Malmédy. Ausgeschildert.

St. Hubert, B-6870 / Luxembourg
- ⛺ Europacamp
- 🏠 Europacamp 3
- 📅 1 Jan - 31 Dez
- ☎ +32 4 99 17 16 33
- @ contact@camping-europacamp.be

1 JMNOPQRST		6
2 ABQSTUVWXYZ	AD	7
3 AGX	ABFHJNQRW	8
4 B**D**EFHN		9
5 DEHJL	BFIJNQU	10
10A		€28,00
H530 20ha 60T 6D		€32,00
📍 N 50°01'50" E 05°23'47"		109656

🚗 Von der A4/E411 in Richtung St. Hubert und dann den Campingschildern folgen.

Stavelot, B-4970 / Liège
- ⛺ l'Eau Rouge**
- 🏠 Cheneux 25
- 📅 11 Mrz - 1 Nov
- ☎ +32 80 86 30 75
- @ info@eaurouge.nl

1 A**J**MNOPQRST	B**N**	6
2 ACQSXYZ	ABDE**FG**	7
3 BFMS**T**	ABCD**F**IJKNQRTW	8
4 BCDFHJO	J	9
5 AD**E**FHN	ABGHJORS	10
B 6-10A		€23,50
H277 4ha 100T(100-120m²) 40D		€27,00
📍 N 50°24'43" E 05°57'03"		101098

🚗 A27/E42 Ausfahrt 11, im Kreisel Richtung Stavelot (Navi abschalten!), nach ± 5 km an T-Kreuzung rechts. Dann 1. Straße rechts, kleiner Weg nach unten. Bei geschlossener Rennstrecke von Francorchamps ist der CP dennoch gut erreichbar.

Ste Cecile, B-6820 / Luxembourg
- ⛺ De la Semois***
- 🏠 25 rue de Chassepierre
- 📅 1 Apr - 4 Sep
- ☎ +32 61 31 21 87
- @ info@campingdelasemois.be

1 ADEG**I**LNOPR**T**	**J**NUX	6
2 BDKQUYZ	ABDE**FG**	7
3 BFMSTVWX	ABCDEFIJNRTW	8
4 FHIJO	ABE**J**RUY	9
5 ABDEHMN	ABFHJOQ	10
10A CEE		€30,50
H279 5,5ha 105T(80-120m²) 108D		€37,50
📍 N 49°43'19" E 05°15'17"		109658

🚗 A6/E26 Lux-Namur(Bel), Ausfahrt Nantimont zur N87. Étalle rechts N83 Saint-Cecile N83. Innerorts den CP Schildern folgen.

Tenneville, B-6970 / Luxembourg
- ⛺ Pont de Berguème***
- 🏠 Berguème 9
- 📅 1 Jan - 31 Dez
- ☎ +32 84 45 54 43
- @ info@pontbergueme.be

1 ADE**J**MNOPQRST	**J**NU	6
2 DQWXYZ	ABDE**FG**H	7
3 AMSX	ABCDEFJNRTW	8
4 FHJO	FR	9
5 D**N**	ABFGHJNQ	10
W 6A CEE		€22,00
H347 3ha 10T(80-100m²) 65D		€29,00
📍 N 50°04'33" E 05°33'19"		101715

🚗 Via N4, Ausfahrt Berguème. Dann Schildern Berguème und CP-Schildern folgen.

Tintigny, B-6730 / Luxembourg
- ⛺ Camping de Chênefleur***
- 🏠 rue Norulle 16
- 📅 15 Mrz - 15 Nov
- ☎ +32 63 44 07 08
- @ info@chenefleur.be

1 ACDE**J**MNOPQRST	BG**J**N	6
2 ACPQWXYZ	ABDE**FGH**	7
3 BGMS**T**VX	ABCDEFJKNQRTUW	8
4 **A**BCDEFHIJU	CEFJU	9
5 ABDEFGHLMN	ABFHJMNO**RS**	10
B 6A CEE		€39,50
H326 7,2ha 210T(100-125m²) 29D		€53,50
📍 N 49°41'06" E 05°31'14"		101719

🚗 E411, Ausfahrt 29 Richtung Etalle (N87). In Etalle Richtung Florenville (N83) folgen. Im Ort Tintigny den CP-Schildern folgen. Gut ausgeschildert.

Sy, B-4190 / Luxembourg
- ⛺ Camping Sy***
- 🏠 7 rue de Luins
- 📅 1 Jan - 31 Dez
- ☎ +32 86 21 24 07
- @ info@camping-sy.be

1 AEJMNOPRT	**J**NU	6
2 CKPQWXYZ	ABD**F**	7
3 BF**L**SX	ACD**F**JNRUV	8
4 FHO	BCGI	9
5 ADEHJK**O**	ABHJNRS	10
B 6A CEE		€25,00
H120 2,5ha 22T(80-130m²) 37D		€35,00
📍 N 50°24'12" E 05°31'17"		120998

🚗 E25 Ausfahrt 46 Richtung Durbuy. Auf dieser Straße bleiben bis zum Ortsschild Sy 3 km. Nicht dem Navi folgen!

Tournai, B-7500 / Hainaut
- ⛺ Camping de l'Orient**
- 🏠 Jean-Baptiste Moens 8
- 📅 1 Jan - 31 Dez
- ☎ +32 69 22 26 35
- @ campingorient@tournai.be

1 ABILNORS**T**	**BE**G**H**MN	6
2 AEKPQWY	ABDE**FG**	7
3 AB	ABCDEFJNPQRUVW	8
4 FH	T	9
5 ABDN	BFHIJLOQY	10
16A CEE		€16,10
H230a 53T(100-140m²)		€19,10
📍 N 50°36'00" E 03°24'49"		101635

🚗 CP-Schildern entlang N7 Mons-Tournai folgen. CP 2 km von Tournai entfernt. Nahe Ausfahrt 32 von der E42. Von der E42 kommend, an den 1. Ampeln links.

Virton, B-6760 / Luxembourg
- ⛺ Floreal Colline de Rabais****
- 🏠 Clos des Horlès 1
- 📅 1 Jan - 31 Dez
- ☎ +32 63 42 21 77

1 ADE**I**LNOPQRS**T**U	AF**N**	6
2 IQVXY	ABDE**FG**	7
3 BMSUVX	ABCD**F**JNRTW	8
4 BCDFLN**OQ**	ABCEJ	9
5 ABDEFH	ABHJMOQ	10
16A CEE		€26,10
H250 8ha 218T(100-140m²) 85D		€31,40
📍 N 49°34'44" E 05°32'55"		101100

🚗 Ab Zentrum Virton Richtung Ethe (Arlon) auf ± 3 km. CP liegt im Vallée de Rabais auf der Höhe.

Vogenée, B-5650 / Namur
- ⛺ Le Cheslez**
- 🏠 1 rue d'Yves
- 📅 1/1 - 31/1, 1/3 - 31/12
- ☎ +32 71 61 26 32
- @ cheslez@gmail.com

1 ADE**J**MNOPQRS**T**		6
2 IQSXYZ	ABDE**FG**	7
3 A**L**S	ACDEFHINPRUVW	8
4 FHO	B	9
5 ABDHJN	BGHIJOQU	10
B 16A CEE		€24,60
H206 4ha 78T(100m²) 43D		€29,60
📍 N 50°14'24" E 04°27'34"		111072

🚗 Die N5 Charleroi-Philippeville, Ausfahrt Yves Gomezee. Nach Bahnübergang rechts Richtung Vogenee (4 km).

Waimes, B-4950 / Liège
- ⛺ Anderegg**
- 🏠 Bruyères 4
- 📅 1 Apr - 2 Okt
- ☎ +32 80 67 93 93
- @ info@campinganderegg.be

1 ADE**J**MNOPR**T**	J	6
2 CIPQUWXYZ	ABDE**FG**HK	7
3 ABFMS	ABCDE**FG**JKNQRTW	8
4 FHJO		9
5 ABDFMN	ABFHJO**RS**X	10
6A CEE		€24,00
H595 1,5ha 43T(80-110m²) 37D		€31,50
📍 N 50°26'21" E 06°07'03"		101749

🚗 In Waimes Richtung Bütgenbach am Kreisel links, den Schildern folgen.

Luxemburg

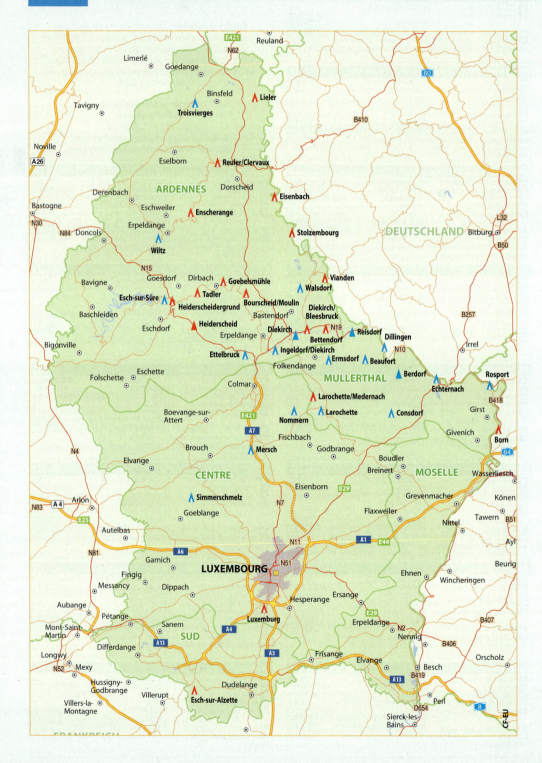

Luxemburg

Allgemeines
Offizieller Name: Großherzogtum Luxemburg (Grand-Duché de Luxembourg/ Groussherzogtum Luxembourg/ Groussherzogtum Lëtzebuerg).
Luxemburg ist Mitglied der Europäischen Union.
Es wird dort Luxemburgisch, Französisch und Deutsch gesprochen. In touristischen Gebieten kommt man fast überall mit Englisch gut zurecht.
Zeitunterschied: In Luxemburg ist es genauso spät wie in Berlin, Paris und Rom.

Währung und Geldfragen
Währung: Euro.
Bankkarte und Kreditkarte können Sie fast überall benutzen. Es gibt genug Geldautomaten.

Grenzformalitäten
Viele Formalitäten und Vereinbarungen in Bezug auf die notwendigen Reisedokumente, Fahrzeugpapiere, Anforderungen an Ihr Transportmittel und Ihr Campingfahrzeug, medizinische Kosten und die Mitnahme von Tieren hängen nicht nur vom Reiseziel, sondern auch von Ihrem Abreiseort und Ihrer Nationalität ab. Auch die Dauer Ihres Aufenthaltes kann eine Rolle spielen. Es ist unmöglich, im Rahmen dieses Leitfadens für alle Benutzer die richtigen und aktuellen Informationen über diese Themen zu gewährleisten. Wir empfehlen Ihnen daher, die folgenden Fakten in jedem Fall rechtzeitig vor der Abreise zu überprüfen:
- welche Reisedokumente Sie für sich selbst und Ihre Mitreisenden benötigen,
- welche Dokumente Sie für Ihr Auto und Ihren Anhänger benötigen,
- welche Waren und Medikamente Sie kostenlos ein- und ausführen dürfen,
- wie bei Unfall oder Krankheit die medizinische Behandlung in Ihrem Urlaubsland geregelt ist und bezahlt werden kann.

Haustiere
Finden Sie heraus, ob Ihr Haustier an Ihrem Zielort willkommen ist. Nehmen Sie hierzu frühzeitig Kontakt zu Ihrem Tierarzt auf. Dieser informiert Sie über relevante Impfungen und die entsprechenden Nachweise wie auch über Pflichten bei der Rückkehr.
Ferner sollten Sie sich erkundigen, ob an Ihrem Zielort für das Mitführen von Haustieren im öffentlichen Raum bestimmte Bedingungen gelten. So müssen in einigen Ländern Hunde immer einen Maulkorb tragen oder hinter Gittern transportiert werden.

Straßen und Verkehr
Luxemburg verfügt über ein gut ausgebautes Straßennetz. Nur in Naturschutzgebieten sind Straßen manchmal unbefestigt, aber dennoch gut zu befahren.

Tanken
Benzin (95 E10 und Super 98) ist leicht erhältlich (beim Tanken von E10 am Einfüllstutzen, in der Bedienungsanleitung oder bei Ihrem Händler prüfen, ob Ihr Fahrzeug damit fahren kann; ansonsten Super 98 tanken). Diesel und Autogas sind ebenfalls leicht erhältlich. Der europäische Anschluss (ACME) wird zum Tanken von Autogas genutzt.
Der Kraftstoff ist in Luxemburg im Vergleich zu anderen Ländern preiswert, was bedeutet, dass viele Ausländer hier tanken. Die Tankstellen an der Grenze und entlang der Hauptstraßen sind daher oft 24 Stunden am Tag geöffnet. Die anderen Tankstellen sind oft auf jeden Fall von 8.00 bis 20.00 Uhr geöffnet.
Achtung! Es ist verboten, Kraftstoff in einem Ersatzkanister ein- oder auszuführen.

Verkehrsregeln
Abblendlicht ist bei Dunkelheit, in Tunneln und bei Sichtweiten von weniger als 100 m vorgeschrieben.

Luxemburg

Höchstgeschwindigkeiten

Luxemburg	Außerhalb geschlossener Ortschaften	Autobahn
Auto	90	130*
Mit Anhänger	75	90
Wohnmobil < 3,5 Tonnen	90	130*
Wohnmobil > 3,5 Tonnen	75	90

*Bei Regen oder anderen Niederschlägen gilt eine Höchstgeschwindigkeit von 110 km/h.
Innerhalb geschlossener Ortschaften beträgt die Höchstgeschwindigkeit 50 km/h.*

An einer Kreuzung mit Straßen gleichen Ranges hat der von rechts kommende Verkehrsteilnehmer Vorfahrt. Straßenbahnen haben grundsätzlich immer Vorfahrt. Der Verkehr im Kreisverkehr hat Vorfahrt, wenn dies ausgeschildert ist. Auf Gebirgsstraßen hat bergauffahrender Verkehr Vorfahrt vor bergabfahrendem Verkehr; bei Bedarf muss das kleinste Fahrzeug zurückfahren.
Der Alkoholgrenzwert beträgt 0,5 ‰, aber 0,2 ‰ für Fahrer, die ihren Führerschein noch keine 2 Jahre besitzen.
Fahrer dürfen nur mit einer Freisprechanlage telefonieren.
Kinder unter 18 Jahren und einer Größe unter 1,50 m müssen in einem Kindersitz sitzen.
Winterreifen sind bei winterlichen Verhältnissen Pflicht.

Besondere Bestimmungen

Bei Staus müssen Sie so weit wie möglich nach rechts oder links fahren, damit in der Mitte eine freie Spur (Rettungsgasse) für Einsatzfahrzeuge entsteht.
Es ist Pflicht, dass Sie Ihre Warnblinkanlage einschalten, wenn Sie sich einem Stau nähern. Wenn Sie in einem Tunnel im Stau stehen, müssen Sie einen Mindestabstand von 5 m zum vor Ihnen fahrenden Fahrzeug einhalten.
Achten Sie beim Parken darauf, dass der Abstand zwischen Ihnen und anderen geparkten Fahrzeugen mindestens 1 m beträgt.

Vorgeschriebene Ausrüstung

Ein Warndreieck und eine Sicherheitsweste sind im Fahrzeug vorgeschrieben.
Es wird empfohlen, eine Sicherheitsweste für alle Insassen mitzunehmen. In einem Wohnmobil mit einer zulässigen Gesamtmasse von mehr als 3,5 Tonnen müssen ein Feuerlöscher und ein Warndreieck vorhanden sein.

Wohnwagen, Wohnmobil

Ein Wohnmobil oder ein Gespann aus Pkw und Wohnwagen darf bis zu 4 m hoch, 2,55 m breit und 18,75 m lang sein (der Wohnwagen selbst darf bis zu 12 m lang sein).
Bei einem Gespann, das länger als 7 m (oder > 3,5 Tonnen schwer) ist, müssen Sie einen Abstand von mindestens 50 m zu einem anderen Gespann oder einem Lkw einhalten.

Fahrrad

Ein Fahrradhelm ist nicht vorgeschrieben. Telefonieren und Tippen auf einem Handy sind auf dem Fahrrad verboten.
Kinder unter 8 Jahren dürfen nur von einem Erwachsenen in einem Fahrradsitz transportiert werden.
Kinder unter 10 Jahren dürfen nur in Begleitung auf der Straße mit dem Rad fahren. Kinder bis zum Alter von 12 Jahren dürfen auf dem Bürgersteig mit dem Rad fahren.

Luxemburg

Maut und Umweltzonen

Maut
In Luxemburg werden keine Mautgebühren auf den Straßen erhoben.

Umweltzonen
Es gibt noch keine Umweltzonen, die für ausländische Touristen von Bedeutung sind.

Panne und Unfall

Stellen Sie Ihr Warndreieck auf einer Autobahn mindestens 200 bis 300 m (auf anderen Straßen 100 m) hinter dem Auto auf, wenn es sich auf der Fahrspur selbst befindet (und auf der Autobahn nur, wenn die Warnblinkanlage nicht funktioniert). Alle Insassen müssen eine Sicherheitsweste anziehen.

Rufen Sie bei einer Panne die Notrufnummer Ihrer Pannenhilfe-Versicherung an. Sie können auch die luxemburgische Pannenhilfe (ACL) unter +352 26 000 anrufen.

Das Abschleppen auf der Autobahn ist bis zur ersten Ausfahrt oder auf Schnellstraßen bis zur ersten Werkstatt erlaubt.

Notrufnummer
112: allgemeine Notrufnummer für Polizei, Feuerwehr und Rettungswagen
113: Polizei

Campen

Die Sanitäranlagen in Luxemburg sind von überdurchschnittlicher Qualität. Viele Campingplätze bieten ein Animationsprogramm und Einrichtungen für Kinder.

Wildcampen außerhalb der Campingplätze ist verboten. Auf Privatgrundstücken ist die Zustimmung des Grundbesitzers erforderlich. Camping auf dem Bauernhof ist erlaubt, wenn - nach Genehmigung des Bauern - nicht mehr als 3 Zelte mit je 2 Erwachsenen auf dem Hof stehen.

Luxemburg

Besonderheiten
Mehr als die Hälfte der Campingplätze wird mit Hilfe von Sternen klassifiziert: von 1 bis 5 Sternen. Die Klassifizierung gilt nur für Campingplätze, die sich freiwillig an diesem Klassifizierungssystem beteiligen. Es gibt auch Campingplätze, die sich dafür entschieden haben, die „alte" Klassifizierung nach Kategorien anzugeben.
Achtung: Es gibt Campingplätze mit hohem Standard, die sich dafür entschieden haben, nicht in ein Klassifizierungssystem aufgenommen zu werden.

Wohnwagen, Wohnmobil
Servicestationen für Wohnmobile sind auf Campingplätzen in Luxemburg in begrenzter Anzahl vorhanden.

Es ist verboten, an öffentlichen Straßen in einem Auto, Wohnwagen oder Wohnmobil zu übernachten.

Suche nach einem Campingplatz
Über **Eurocampings.eu** können Sie ganz einfach einen Campingplatz suchen und auswählen.

Praktisch
Die Steckdosen haben zwei runde Löcher (Typ C oder F). Auf *iec.ch/world-plugs* können Sie überprüfen, ob Sie einen Adapter (Weltstecker) benötigen.
Schützen Sie sich vor Zecken, da diese Krankheiten übertragen können.
Leitungswasser kann bedenkenlos getrunken werden.

Klima Luxemburg (Stadt)	Jan.	Feb.	März	Apr.	Mai	Jun.	Jul.	Aug.	Sept.	Okt.	Nov.	Dez.
Durchschnittliche Höchsttemperatur	2	4	8	12	17	20	22	21	18	13	7	3
Durchschnittliche Anzahl der Sonnenstunden pro Tag	1	2	5	6	6	6	6	6	5	3	1	1
Durchschnittliche monatliche Niederschlagsmenge (mm)	71	62	70	61	81	82	68	72	70	75	83	80

Beaufort, L-6310 / Mullerthal 📶 CC€20 iD
- ⛺ Camping Park Beaufort Kat.I
- 🏠 87 Grand Rue
- 📅 1 Jan - 31 Dez
- ☎ +352 8 36 09 93 00
- @ campingpark@visitbeaufort.lu

1 ADE**JM**NOPQR**T**	BGH 6
2 BPQRUVWXYZ	ABDE**FG** 7
3 ABFX	ABCDEFGIJKNQRTW 8
4 BCDFHIJ	EFUVW 9
5 DEFHKN	ABDHJNQUY 10
B 10A CEE	❶ €29,50
H360 4ha 190**T**(48-100m²) 123**D**	❷ €41,50

📍 N 49°50'22" E 06°17'17" 108899

🚗 N10 Diekirch-Echternach bis Reisdorf. Rechts ab Richtung Beaufort. In Beaufort auf der rechten Seite.

Berdorf, L-6551 / Mullerthal 📶 iD
- ⛺ Belle-Vue 2000 Kat.I
- 🏠 Rue de Consdorf 29
- 📅 1 Jan - 31 Dez
- ☎ +352 79 06 35
- @ campbv2000@gmail.com

1 ADE**JM**NOPQRS**T**	6
2 PQWXYZ	AB**FG** 7
3 BMX	ABEFJNQRTW 8
4 FHIJ	BEUVW 9
5 ABDM	ABHJOQZ 10
6-16A CEE	❶ €21,00
H370 5,5ha 174**T**(90-100m²) 102**D**	❷ €23,90

📍 N 49°49'10" E 06°20'51" 100694

🚗 N19/N10 Diekirch-Echternach bis Grundhof. Hier rechts ab Richtung Berdorf. Nach Orteingangsschild Richtung Consdorf fahren. CP-Schildern folgen.

Berdorf, L-6552 / Mullerthal ✱ 📶 CC€18 iD
- ⛺ Martbusch Kat.I/***
- 🏠 3 beim Martbusch
- 📅 1/1 - 9/1, 31/1 - 31/12
- ☎ +352 79 05 45
- @ info@camping-martbusch.lu

1 ABDE**JM**NOPQRST	6
2 BQRWXYZ	ABDE**FG** 7
3 BFGSWX	ABCDEFGIJKNQRTUW 8
4 BCFHIJ	FJ 9
5 ADFJKLN	ABFGHJOQUY 10
Anzeige auf dieser Seite 16A CEE	❶ €23,50
H370 3ha 104**T**(80-100m²) 75**D**	❷ €28,50

📍 N 49°49'34" E 06°20'37" 100693

🚗 N17/N19/N10 Diekirch-Echternach bis Grundhof. Hier Richtung Berdorf. In Berdorf zweite Straße links ab. Dann Schildern folgen.

Bettendorf, L-9353 / Ardennes 📶 iD
- ⛺ Um Wirt Kat.I
- 🏠 rue de la Gare 12
- 📅 1 Apr - 31 Okt
- ☎ +352 80 83 86
- @ camping@bettendorf.lu

1 A**JM**NOPRS**T**	J N X 6
2 CPQRWXYZ	AB**FG** H 7
3 BFGMNSX	ABCDEFHKNQRTW 8
4 BCDFHJNO**Q**	EUVW 9
5 ABDEFGHLMN	ABHJOQ 10
B 10A CEE	❶ €20,50
H190 2,5ha 80**T**(100m²) 68**D**	❷ €25,50

📍 N 49°52'22" E 06°13'16" 105338

🚗 N17/N19 Diekirch-Echternach bis Bettendorf. Dann Schildern folgen.

Born, L-6660 / Mullerthal 📶 iD
- ⛺ Camping Um Salzwaasser
- 🏠 Campingswee 9
- 📅 1 Apr - 31 Okt
- ☎ +352 73 01 44
- @ camping@syndicat-born.lu

1 BDE**JM**NOPRT	JMN 6
2 CPQRWXYZ	ABDE**FG** H 7
3 ASX	ABCDFGIJNQRT 8
4 BDFHJO	EGIUVW 9
5 ADEFHJKLMN	ABGHJOQY 10
B 10A CEE	❶ €23,50
H140 3ha 128**T**(100-160m²) 57**D**	❷ €30,50

📍 N 49°45'39" E 06°31'01" 108732

🚗 N10 Echternach-Born-Wasserbillig bis Born. An der Kirche den CP-Schildern folgen.

Bourscheid/Moulin, L-9164 / Ardennes 📶 iD
- ⛺ Du Moulin****
- 🏠 Buurschtermillen
- 📅 1 Apr - 2 Okt
- ☎ +352 99 03 31
- @ moulin@camp.lu

1 ADE**JM**NOPQRST	JN 6
2 CIPQWX	ABDE**FG** 7
3 AM	ABCDEFIJNRTW 8
4 BCDFHIJ	AEF 9
5 ABEHJLMN	ABGHJMO**Q** 10
16A CEE	❶ €24,50
H226 1,6ha 145**T**(100m²) 16**D**	❷ €38,50

📍 N 49°54'46" E 06°05'07" 105327

🚗 Bourscheid-Moulin liegt entlang der N27 nähe Michelau am Ufer der Sûre. CP du Moulin einfahren bei der Brücke über die Straße gegenüber dem Restaurant.

Consdorf, L-6211 / Mullerthal 📶 CC€18 iD
- ⛺ La Pinède Kat.I/***
- 🏠 33 rue Burgkapp
- 📅 15 Mrz - 14 Nov
- ☎ +352 79 02 71
- @ info@campinglapinede.lu

1 ABDE**JM**NOPQRS**T**	6
2 BPQUVWXYZ	ABDE**FG** H 7
3 BFG**JM**N**S**X	ABEFJNQRTW 8
4 BCEFHIJ	EFIUVW 9
5 ADEFHJKLMN	ABDFGHJOQU 10
Anzeige auf dieser Seite B 10A CEE	❶ €21,75
H320 3ha 74**T**(100-140m²) 67**D**	❷ €26,75

📍 N 49°46'51" E 06°19'54" 100695

🚗 Die N14 Diekirch-Larochette. In Larochette links ab Richtung Christnach/Consdorf. In Consdorf den Schildern folgen.

ACSI Camping Europa-App

9 500 europäische Campingplätze in einer praktischen App

- Erweiterbar um 9 000 kontrollierte Reisemobilstellplätze
- Ohne Internetverbindung nutzbar
- Kostenlose Updates mit Änderungen und neuen Campingplatz-Bewertungen
- Schnell und einfach buchen, auch unterwegs
- Neu: jetzt auch mit kleinen Campingplätzen

ab 0,99 €

www.Eurocampings.de/app

CAMPING LA PINÈDE

Gelegen im romantischen Örtchen Consdorf, mitten in der Luxemburger Schweiz. Moderner Camping mit großen Plätzen und guten Sanitäreinrichtungen. Idealer Ausgangspunkt für Wanderungen und Radtouren in der waldreichen und felsigen Umgebung.
Neues HÜTTENDORF und MIETWOHNWAGEN.

SEIT 1959

33 rue Burgkapp, 6211 Consdorf
Tel. 790271
info@campinglapinede.lu
www.campinglapinede.lu

Route de Gilsdorf • L-9234 DIEKIRCH • T.: +352 80 85 90
info@campsauer.lu • www.campsauer.lu

Diekirch, L-9234 / Ardennes

- Op der Sauer Kat.I
- route de Gilsdorf
- 1 Apr - 24 Okt
- +352 80 85 90
- info@campsauer.lu

1 ABDEJMNOPQRST JNUX 6
2 ACPQRWXYZ ABF 7
3 BJLMSX ABEFJNRVW 8
4 BFHOPQ E 9
5 ADFHKLN ABDHJLNRS 10
Anzeige auf dieser Seite 10A CEE

N 49°52'01" E 06°10'27"
H184 5ha 270T(100m²) 27D
€25,00
€34,00
101305

In Diekirch Richtung Larochette, nach der Brücke über die Sûre links Richtung Gilsdorf, zweiter CP. Einfahrt am Kreisel.

Diekirch, L-9234 / Ardennes

- De la Sûre***
- route de Gilsdorf
- 1 Apr - 2 Okt
- +352 80 94 25
- tourisme@diekirch.lu

1 ABDEILNOPRST N 6
2 ACPQRWXYZ ABDEFG 7
3 BFMSX ABFJNQRTUW 8
4 BCDHJO UVW 9
5 ADEHN ABDFGHJNQW 10
B 10A CEE

N 49°51'57" E 06°09'54"
H203 3ha 196T(50-100m²) 30D
€29,00
€42,00
105336

In Diekirch Richtung Larochette. Hinter der Brücke über die Sûre links ab Richtung Gilsdorf. Nach 100m, erster CP.

Diekirch/Bleesbruck, L-9359 / Ardennes

- Bleesbrück Kat.I/****
- Bleesbrück 1
- 1 Apr - 15 Okt
- +352 80 31 34
- info@camping-bleesbruck.lu

1 ABDEJMNOPQRST N 6
2 ADPQWXYZ ABDEFGH 7
3 BMSX ABCDEFHJNQRTW 8
4 EFHJOZ DEFIJUV 9
5 ABDEFHJKN AFGHKLMORSW 10
FKKB 10A CEE

N 49°52'22" E 06°11'21"
H197 4,5ha 144T(100-120m²) 46D
€29,10
€37,50
105337

In Diekirch Richtung Vianden. Nach 2 km Kreisverkehr an der Gulf-Tankstelle. Einfahrt zum CP in der Nähe der Tankstelle.

Dillingen, L-6350 / Mullerthal

- Wies-Neu Kat.I
- 12 rue de la Sûre
- 10 Apr - 30 Okt
- +352 83 61 10
- info@camping-wies-neu.lu

1 AEJMNOPQRST JNX 6
2 CPQVWXYZ ABDEFGH 7
3 ABMUX ABCDEFJNRT 8
4 BFHJKO FRUV 9
5 ABDMN AHJNRSY 10
6A CEE

N 49°51'08" E 06°19'18"
H174 4,8ha 190T(100-120m²) 81D
€25,10
€33,10
108730

N19/N10 Diekirch-Echternach bis Dillingen. In Dillingen an der Kreuzung links, dann rechts halten.

Echternach, L-6430 / Mullerthal

- Officiel
- 17 route de Diekirch
- 1 Mrz - 31 Okt
- +352 72 02 72
- camping@visitechternach.lu

1 ADEJMNOPQRT
2 PQSVWXYZ ABFG 7
3 BFGMNSX ABEFGJNQRTW 8
4 BCEFHIJO FJUVW 9
5 ABDEFHJN ABDFGHIKLNQ 10
10-12A

N 49°49'01" E 06°24'38"
H180 4ha 214T(80-120m²) 66D
€26,60
€33,20
109662

Der N10-N19 Diekirch-Echternach folgen. Vor Echternach liegt der CP auf der rechten Seite.

Eisenbach, L-9838 / Ardennes

- Kohnenhof Kat.I/****
- 7 Kounenhaff
- 1 Apr - 2 Okt
- +352 92 94 64
- info@campingkohnenhof.lu

1 ABDEJMNOPRST JNUX 6
2 CPQUVWXYZ ABDEFG 7
3 BFGHLMSUX ABCDFGHIJKMNQRTUVW 8
4 BCDEFGHIJLO CEFUW 9
5 ACDEFGHJKLMN ABFGHJOPQY 10
B 6-16A CEE

N 50°00'59" E 06°08'12"
H250 6ha 125T(100-130m²) 33D
€38,00
€52,00
105333

N7 bei Hosingen Ausfahrt Rodershausen oder Eisenbach. Im Tal den Schildern CP 'Kohnenhof' folgen.

Enscherange, L-9747 / Ardennes

- Val d'Or Kat.I/****
- Um Gaertchen 2
- 1 Jan - 31 Dez
- +352 92 06 91
- info@charmecamping.lu

1 ADEGJMNOPQRST J 6
2 DIPQTXYZ ABDEFGH 7
3 ABEFLMSUVX ABCDEFJMNPQRTW 8
4 BCDFHIL BEFIJLUW 9
5 ABDEFGHJKN ABFGHJORSU 10
6-16A CEE

N 50°00'01" E 05°59'27"
H300 4ha 58T(100-150m²) 46D
€30,00
€42,00
105321

E25 Ausfahrt 15 St. Vith, Richtung Luxemburg, Ausfahrt Marnach/Munshausen/Drauffelt/Enscherange. Der Platz liegt auf der linken Seite.

Ermsdorf, L-9366 / Mullerthal

- Neumuhle Kat.I/****
- 27 Reisduerferstrooss
- 1 Apr - 30 Sep
- +352 87 93 91
- info@camping-neumuhle.lu

1 AEJMNOPRT A 6
2 DPQVWXYZ ABDEFGH 7
3 BFMSX ABCFJNQRTW 8
4 BFHIJO FJU 9
5 ABDEKM ABDGHJORS 10
6A CEE

N 49°50'21" E 06°13'31"
H239 3ha 105T(80-100m²) 16D
€25,00
€30,00
100691

N14 Diekirch-Larochette bis Medernach. Hier links ab Richtung Ermsdorf. In Ermsdorf ca. 1 km in Richtung Reisdorf bis Hostellerie und Camping Neumühle.

Esch-sur-Alzette, L-4001 / Sud

- Gaalgebierg Kat.I
- BP 20 (rue du Stade)
- 1 Jan - 31 Dez
- +352 54 10 69
- gaalcamp@pt.lu

1 ADEJMNOPQRST 6
2 ABPQSVWXYZ ABDEFGH 7
3 BFGMS ABCDFJNQRTW 8
4 FHIJ DW 9
5 ADEFHJKN ABEFGHIJMOQY 10
B 16A CEE

N 49°29'05" E 05°59'10"
H400 2,5ha 102T(100m²) 48D
€21,75
€25,75
105332

A4 Luxemburg - Esch-sur-Alzette. Vor dem Stadtzentrum Richtung Kayl folgen, auf dem Weg ausgeschildert, und dann den CP-Schildern folgen. Letzte Wegstrecke recht steil und kurvig (in der Sackgasse weiter bleiben).

Esch-sur-Sûre, L-9650 / Ardennes

- Im Aal***
- 1 Am Aal
- 25 Feb - 11 Dez
- +352 83 95 14
- info@campingaal.lu

1 AJMNOPQRST JNUX 6
2 DPQWXYZ ABFGH 7
3 BFMSX ABEFJNQRTW 8
4 BEFGHIJNO BEFU 9
5 ABDHN ABDGHIJLNQ 10
B 10A CEE

N 49°54'24" E 05°56'34"
H450 2,5ha 150T(100m²) 58D
€27,00
€35,00
101535

N15 Ettelbrück – Bastogne, Ausfahrt links Esch-sur-Sûre. Durch den Tunnel. CP 150m weiter am Fluss.

Club iD

**Ihr Pass oder Ausweis sicher in der Tasche
Die praktische ACSI Clubkarte**

Nur **4,95 €** im Jahr

- Ausweisersatz
- Akzeptiert auf fast 8 400 Campingplätzen in Europa
- Inklusive Haftpflichtversicherung
- Rabatt im ACSI-Webshop

www.ACSI.eu/ACSIClubID

Zu jedem Campingplatz in diesem Führer gehört eine sechsstellige Nummer. Damit können Sie den betreffenden Campingplatz einfacher auf der Webseite suchen.

Lienz/Amlach, A-9908 / Tirol — Dolomiten Camping Amlacherhof****
- Seestrasse 20
- 1 Apr - 31 Okt
- +43 6 99 17 62 31 71
- info@amlacherhof.at
- N 46°48'48" E 12°45'47"
- 1 AJMNOPQRST — AUX 6
- 2 FGOPVWXY — ABDEFGHI 7
- 3 AHIJLMUX — ABCDEFGKLMNQRTUVW 8
- 4 FHIOPS — EGILUVWXY 9
- 5 ABDEFHMN — ABGHIJOPR 10
- Anz. auf dieser S. B 10-16A CEE
- ① €33,10
- ② €41,30
- H710 2,5 ha 85T(80-120m²) 31D
- 110377
- Felbertauerntunnel-Lienz, bei Lienz hinter dem Kreisel Richtung Spittal. An der 2. Ampel rechts Richtung Feriendorf/Amlach, noch 2 km den Schildern folgen.

www.Eurocampings.de

Ettelbruck, L-9022 / Ardennes — Camping Ettelbrück
- 88 chemin du Camping
- 1 Apr - 30 Sep
- +352 81 21 85
- camping@ettelbruck.lu
- N 49°50'46" E 06°04'56"
- 1 ADEJMNOPQRST — 6
- 2 AIPQVWXYZ — ABDEFG 7
- 3 BGMSX — ABCDEFJNQRTW 8
- 4 ABCEFHIJO — BEUVW 9
- 5 ADEFHJKN — ABDFGJMNQUY 10
- B 16A CEE
- ① €28,50
- ② €37,00
- H500 3ha 100T(80-120m²) 7D
- 105328
- In Ettelbrück Stadtzentrum die N15 nach Wiltz und Bastogne. Nach 300m links den CP-Schildern folgen. Aus Richtung Wiltz vor dem Zentrum rechts.

Goebelsmühle, L-9153 / Ardennes — du Nord Kat.1
- 1 route de Dirbach
- 1 Apr - 31 Okt
- +352 99 04 13
- info@campingdunord.lu
- N 49°55'32" E 06°02'44"
- 1 ADEJMNOPQRST — JN 6
- 2 DQWXYZ — ABCDFG 7
- 3 BFMSX — ABCDEFJNQRTW 8
- 4 BFHIJO — CEFGJ 9
- 5 ABEFGHJMN — ABFHJLMORS 10
- 6A CEE
- ① €31,50
- ② €39,50
- H230 2ha 70T(100-150m²) 40D
- 108726
- Goebelsmühle liegt an der N27 am Ufer der Süre (Sauer). Ein CP-Schild an dieser Stelle Ort weisst den Weg nach unten. Etwa 700m vom Bahnhof Goebelsmühle.

Heiderscheid, L-9156 / Ardennes — de Reenert
- 4 Fuussekaul
- 1 Jan - 31 Dez
- +352 2 68 88 81
- info@reenert.lu
- N 49°52'41" E 05°59'43"
- 1 ADEJMNOPRST — E 6
- 2 PQSWYZ — ABDEFGK 7
- 3 BDGHIJMSTUWX — ABCDEFJNQRW 8
- 4 ABDEFGJLNORTVX — EJUW 9
- 5 ACDEFGHILMN — ABHIJNOPRSX 10
- FKK 6A CEE
- ① €27,00
- ② €33,00
- H510 3ha 62T(85-100m²) 38D
- 109344
- N15 Bastogne-Diekirch. Südlich von Heiderscheid ist der CP auf der linken Seite wenn man von Belgien kommt, gegenüber CP Fuussekaul.

Heiderscheid, L-9156 / Ardennes — Fuussekaul*****
- 4 Fuussekaul
- 1 Jan - 31 Dez
- +352 2 68 88 81
- info@fuussekaul.lu
- N 49°52'39" E 05°59'34"
- 1 ADEJMNOPRST — BG 6
- 2 BPQSVWXYZ — ABCDEFGHJK 7
- 3 BCDFGHIJMSTUX — ABCDEFIJKNQRTUVW 8
- 4 ABDEFGJLNORTVX — ABEIJUW 9
- 5 ACDEFGHILMN — ABEFGHJLNOPQWX 10
- 6-16A CEE
- ① €32,00
- ② €38,00
- H510 18ha 222T(90-120m²) 203D
- 105325
- N15 Bastogne-Diekirch fahren. Südlich von Heiderscheid liegt der CP auf der rechten Seite, wenn man von Belgien kommt. Weiter ausgeschildert.

Heiderscheidergrund, L-9659 / Ardennes — Bissen****
- 11 Millewee
- 1 Apr - 30 Okt
- +352 83 90 04
- camping-bissen.lu
- N 49°54'19" E 05°57'23"
- 1 ADEJMNOPRST — JN 6
- 2 DPQWXY — ABDEFG 7
- 3 BDMSU — ABCDEFIJKNQRTW 8
- 4 BFGJLOTU — EFIJU 9
- 5 ABCDEFGHJKLMN — ABFGHIKOQ 10
- B 10A CEE
- ① €32,00
- ② €42,00
- H420 2,8ha 70T(60-120m²) 93D
- 105324
- Liegt an der Kreuzung der N15 (Bastogne-Ettelbrück) mit der N27. CP liegt an der N15 an der Süre (Sauer). An der Brücke und Hotel Bissen durch braunes Schild angezeigt.

Ingeldorf/Diekirch, L-9161 / Ardennes — Gritt Kat.I/***
- 2, Um Gritt
- 1 Apr - 31 Okt
- +352 80 20 18
- info@camping-gritt.lu
- N 49°51'02" E 06°08'04"
- 1 ABDEFJMNOPQRST — N 6
- 2 ACPQWXY — ABFG 7
- 3 BX — ABCDEFGHJKNQRTUV 8
- 4 FHIO — 9
- 5 DEFHKN — ABCDEFGHJKQ 10
- B 10-16A CEE
- ① €32,00
- ② €42,00
- H237 3,5ha 137T(75-120m²) 25D
- 108898
- N7 Ettelbruck-Diekirch. Nach ca. 2 km rechts ab Richtung Ingeldorf. Dann Schildern folgen.

Larochette, L-7633 / Mullerthal — Birkelt Village Kat.I/*****
- 1 Um Birkelt
- 30 Apr - 11 Sep
- +352 87 90 40
- birkelt@huopenair.com
- N 49°47'05" E 06°12'40"
- 1 ADEJMNOPQRST — ADG 6
- 2 BPQUWXYZ — ABDEFGHK 7
- 3 BDFGLMSX — ABCDEFGIJKNQRTUVW 8
- 4 BCDFHLO — ABCE 9
- 5 ACDEFGHJKLMN — ABCEGHJORSY 10
- Anz. auf dieser S. B 10-16A CEE
- ① €41,00
- ② €51,00
- H360 12ha 121T(100-200m²) 326D
- 105342
- N14 Diekirch-Larochette. Im Zentrum von Larochette rechts ab. Danach den CP-Schildern folgen.

hu BIRKELT village
In der Region Kleine Schweiz mit Wäldern, Burgen und einem märchenhaften Wasserfall.

1 Um Birkelt, Larochette - Luxembourg - T. +352 87 90 40
birkelt@huopenair.com - birkelt.huopenair.com

Larochette/Medernach, L-7633 / Mullerthal — Auf Kengert****
- Kengert 1
- 1 Mrz - 8 Nov
- +352 83 71 86
- info@kengert.lu
- N 49°48'00" E 06°11'53"
- 1 ABDEILNOPQRT — BG 6
- 2 BQRUWXYZ — ABCDEFGH 7
- 3 BCDFMX — ABCDFGJKNQRTW 8
- 4 FGHIJO — AFJL 9
- 5 ACDEFHJKLMN — ABFGHJOPQY 10
- B 16A CEE
- ① €38,00
- ② €52,00
- H375 2ha 180T(100-120m²) 18D
- 101307
- A7 Luxemburg (Stadt)- Ettelbrück, Ausfahrt 5 Mersch-Nord scharf rechts, N7 Mersch-Zentrum. Li Berschbach, Angelsberg(Echternach). Kurz vor Larochette scharf li. Siehe Laangerterkopp. Auch N10 Bollendorf-Dillingen, Beaufort, Haller, Medernach, CP-Schildern folgen.

Lieler, L-9972 / Ardennes — Trois Frontières Kat.I/****
- Hauptstrooss 12
- 1 Jan - 31 Dez
- +352 99 86 08
- info@troisfrontieres.lu
- N 50°07'26" E 06°06'18"
- 1 ABCDEJMNOPQRST — DG 6
- 2 IPQSUXYZ — ABDEFGH 7
- 3 BFLMS — ABCDFGHIJNQRTW 8
- 4 BCDEFHIJO — FJ 9
- 5 ADEFHJKMN — ABCHJOQ 10
- WB 6-10A CEE
- ① €32,80
- ② €41,80
- H508 2ha 19T(120-130m²) 72D
- 105316
- N7 Weiswampach-Diekirch, ungefähr 3 km hinter Weiswampach nach links abbiegen Richtung Lieler. Der CP ist ausgeschildert.

Luxemburg, L-1899 / Sud — Kockelscheuer Kat.I/****
- 22 route de Bettembourg
- 9 Apr - 31 Okt
- +352 47 18 15
- caravani@pt.lu
- N 49°34'20" E 06°06'31"
- 1 ABDEFJMNOPQRST — 6
- 2 APQVWXYZ — ABDEFG 7
- 3 BFJMNPQRSX — ABCDEFJNQRW 8
- 4 FHJO — F 9
- 5 ACDEFHLMNO — ABGHJLOQUY 10
- B 16A CEE
- ① €22,00
- ② €28,00
- H300 2ha 159T(100m²) 3D
- 105345
- Luxemburg Südring A1 am Kreuz Gasperich. Ausf. Croix Herespange zur A3 und sofort wieder erste Ausf. zur 231 Gaasperech. Bis zum Kreisel, dann rechts ab die 186 Ri. Kockelscheuer. Rechts ab in die Route de Bettembourg. Siehe CP-Schilder.

Mersch, L-7572 / Centre — Camping Krounebierg
- 2 rue du Camping, BP 35
- 26 Mrz - 30 Okt
- +352 32 97 56
- contact@campingkrounebierg.lu
- N 49°44'37" E 06°05'23"
- 1 ADEJMNOPRST — EFHI 6
- 2 AQSVWXYZ — ABDEFG 7
- 3 BFMSUV — ABCDEFGHJKNQRTW 8
- 4 BCFHJLOQRSTUVX — E 9
- 5 ACDEFHJLN — ABDFGHJMOQUY 10
- B 6-10A CEE
- ① €36,85
- ② €45,25
- H250 3ha 140T(60-200m²) 33D
- 100690
- Von N: A7 Ausfahrt Kopstal, Ri. Mersch. CP-Schildern folgen. Von S: A6 Ri. Bruxelles, dann Ausfahrt 3 Bridel/Kopstal. Ri. Mersch, dann den CP-Schildern folgen.

Luxemburg

Nommern, L-7465 / Centre
- Europacamping Nommerlayen Kat.I/*****
- rue Nommerlayen
- 8 Apr - 30 Okt
- +352 87 80 78
- info@nommerlayen-ec.lu
- www.nommerlayen-ec.lu
- N 49°47'06" E 06°09'55"

1 ABCDE**JM**NOPQRS**T** ADG 6
2 AIQVWXYZ ABCDE**FGH** 7
3 ABEFGLM**RS**UVX ABCDEFGHJKLNPQRTUVW 8
4 BCDEFGHJLMO**PQTU** BEJUVW 9
5 ACDEFHKLMN ABCDFGHIJOQWY 10
Anz. auf dieser Seite B 10-16A CEE €51,10
H298 15ha 388T(70-130m²) 40D €66,60

Der N7 bis Ettelbrück/Schieren, dann Ausfahrt 7, Cruchten/Colmarberg. Am Ende Ausfahrt nach Shell-Tankstelle links Ri. Cruchten/Nommern. In Cruchten links ab, dann den Schildern folgen.
105341

Rosport, L-6580 / Mullerthal
- Du Barrage Rosport Kat.I
- 1, rue du camping
- 15 Mrz - 31 Okt
- +352 73 01 60
- @ campingrosport@pt.lu
- N 49°48'33" E 06°30'12"

1 ADE**JM**NOPRST BG**N**WXZ 6
2 CPQRWXY ABD**FG** 7
3 BFGMSX ABCDEFGJKNQRTW 8
4 BFH EFNRUVW 9
5 ADEHL ABFHKOQY 10
B 12-16A CEE €26,00
H350 4,2ha 97T(100m²) 101D €34,00

N10 Echternach-Wasserbillig bis Rosport. Dann Schildern folgen.
105347

Reisdorf, L-9390 / Mullerthal
- De la Rivière
- 21, route de la Sûre
- 1 Mrz - 6 Nov
- +352 83 63 98
- @ campingreisdorf@pt.lu
- N 49°52'06" E 06°15'54"

1 A**JM**NOPQRST NX 6
2 CPQWXYZ AB**FG** 7
3 ASX ABDEFHJNQRW 8
4 FHJO F 9
5 DEHLMN ABGHJOQ 10
6-10A CEE €22,00
H184 1,5ha 70T(100-220m²) 8D €30,00

N10 Diekirch-Echternach. In Reisdorf erster Camping nach der Brücke, gegenüber des China-Restaurants.
108729

Simmerschmelz, L-8363 / Centre
- Simmerschmelz Kat.I
- Simmerschmelz 2
- 1 Jan - 31 Dez
- +352 30 70 72
- @ info@simmerschmelz.com
- N 49°41'34" E 05°59'08"

1 ADE**JM**NOPRST AF 6
2 ABPQRUWXY ABC**FG** 7
3 BEGMVX ABFJKNQRW 8
4 BFJLO EJ 9
5 ABDEFHKMN ABHJMOPRSY 10
6A CEE €32,25
H350 5ha 65T(80-120m²) 62D €43,25

Von Belgien E25 Ri. Luxemburg, Ausfahrt 1 Ri. Steinfort. Kreisverkehr geradeaus Ri. Septfontaines. Nach 300m rechts Ri. Goeblange. Am Ende rechts und gleich links Simmerschmelz folgen. Nach 3 km CP (rechten Seite).
109345

Reisdorf, L-9390 / Mullerthal
- De la Sûre Reisdorf Kat.I
- 23 route de la Sûre
- 26 Mrz - 29 Okt
- +352 6 91 84 96 66
- @ info@campingdelasure.lu
- N 49°52'11" E 06°16'03"

1 ADE**JM**NOPRST NX 6
2 CPQWXYZ ABE**FG** 7
3 BMSX ABCDEFHJNPQRW 8
4 FHJO**PQ** BE 9
5 ABDEFHKLMN ABDGHJOQ 10
Anzeige auf Seite 229 10-16A CEE €27,00
H182 2,9ha 95T(100-150m²) 6D €38,00

N10 Diekirch-Echternach, in Reisdorf zweiter CP nach der Brücke.
101536

Stolzembourg, L-9464 / Ardennes
- Du Barrage Kat.I
- 1 Apr - 1 Nov
- +352 83 45 37
- @ scr@pt.lu
- N 49°58'37" E 06°09'57"

1 ABE**JM**NOPQRS**T** N 6
2 CPQWXYZ AB**DEFGH** 7
3 BSUX ACE**F**HJNRT 8
4 FHIJNO DIX 9
5 ABDEHJKN ABHJLOQU 10
B 16A CEE €21,00
H230 3ha 100T(90-120m²) 81D €27,00

Von Vianden N10 Richtung Stolzembourg, 1 km hinterm Dorf an der rechten Seite.
108728

Reuler/Clervaux, L-9768 / Ardennes
- Reilerweier Kat.I
- Maison 86
- 1 Apr - 16 Okt
- +352 92 01 60
- @ info@reilerweier.lu
- N 50°03'15" E 06°02'19"

1 ABDE**JM**NOPQRS**T** N 6
2 DFPQVWXY AB**FG** 7
3 AB**L**MS**T** ABCDEFJNQRTW 8
4 BCDFHIJ ABEFUVW 9
5 ADEHJMN ABFHJNQ 10
B 10A CEE €24,50
H450 2ha 30T(100-120m²) 63**D** €38,50

A60 Ausfahrt Prüm-Pronsfeld. Richtung Eifelzoo, B410. Weiter Dasburg/Grenze. B10 Richtung Marnach/Clerf/Reuler. Bei Reuler, 3 km hinter Clerf/Clervaux. Ausgeschildert.
105319

Tadler, L-9181 / Ardennes
- Toodlermillen****
- Toodlermillen 1
- 15 Apr - 15 Sep
- +352 83 91 89
- @ camping-toodlermillen.lu
- N 49°54'50" E 06°00'03"

1 ADEFG**JM**NOPQRST J 6
2 DKQWXY AB**DEFGH** 7
3 B**H**IMUX ABD**F**JKNQRTW 8
4 BFHIJO 9
5 ABDEFHKMN ABFHIJLORSV 10
B 6A CEE €32,00
H250 3ha 90T(80-120m²) 30D €40,00

N15 Bastogne-Ettelbrück, in Heiderscheidergrund die N27 am Fluss entlang. Nach 5 km kommt die Ortschaft Tadler. Der CP liegt zwischen der Straße und Fluss an der Brücke.
105323

EuroCampings

Immer ein Campingplatz, der zu Ihnen passt!

- 9 500 Campingplätze in 31 Ländern
- Rund 250 Filtermöglichkeiten
- Schnell und einfach buchen, auch unterwegs
- Mehr als 100 000 Campingplatz-Bewertungen

www.Eurocampings.de

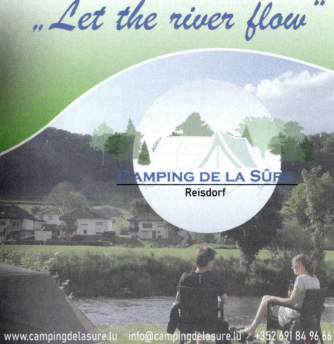

"Let the river flow"

CAMPING DE LA SÛRE
Reisdorf

www.campingdelasure.lu info@campingdelasure.lu +352 691 84 96 66

Camping, Mobilheime, Safarizelte, Restaurant, Geschäft, Snackbar

---

Troisvierges, L-9912 / Ardennes 📶 CC€20 iD

- ⛺ Camping Troisvierges Kat.I
- 🏠 rue de Binsfeld
- 📅 1 Apr - 30 Sep
- ☎ +352 99 71 41
- @ info@camping-troisvierges.lu

1 ABDE**JM**NOPRS**T**   BFH **6**
2 DPQVWXYZ   BE**FGK 7**
3 BFG**LMN**PS**T**X   ABFJNQRTU **8**
4 BCDEFHIJOQ   BEFG **9**
5 ADEFGHJKN   ABDFGHJMOQUY**10**
B 10A
H467 5ha 100**T**(80-120m²) 61**D**

📍 N 50°07'07'' E 06°00'04''
€28,50 / €37,50
100686

Der CP liegt ca. 300m von Zentrum der Stadt Troisvierges, an der Straße nach Binsfeld. In Troisvierges den CP-Schildern folgen.

Walsdorf, L-9465 / Ardennes 📶 CC€14 iD

- ⛺ Vakantiepark Walsdorf****
- 🏠 Tandelerbach 1
- 📅 15 Apr - 29 Okt
- ☎ +352 83 44 64
- @ info@campingwalsdorf.com

1 ABDE**JM**NOPQRT   **6**
2 BCQRTVWXYZ   ABDE**FGH 7**
3 AFGMS**T**UX   ABCDEFHJKNQRTW **8**
4 ABCDFHIJ   ABCEIUVW **9**
5 ACDEFHKLN   ABFHJN**O**RSY**10**
B 4A CEE
H264 6ha 85**T**(80-140m²) 46**D**

📍 N 49°55'02'' E 06°10'43''
€37,50 / €50,00
105335

B50 Bitburg-Vianden. N17 Diekirch-Vianden. Hinter Tandel links ab. CP-Schildern folgen. Campingzufahrt sehr schmal.

Vianden, L-9415 / Ardennes 📶

- ⛺ Camping de l'Our
- 🏠 3 route de Bettel
- 📅 1 Apr - 9 Okt
- ☎ +352 83 45 05
- @ campingour@pt.lu

1 BDE**JM**NOPR**T**   JNX **6**
2 CPQUWXYZ   AB**FG 7**
3 AMX   AEFHNPRTW **8**
4 FHJO   HI **9**
5 ABD**N**   ABHJOQ**10**
10A
H205 1,5ha 94**T**(70-150m²) 25**D**

📍 N 49°55'40'' E 06°13'15''
€23,50 / €29,50
108727

N17 Diekirch-Vianden. In Fouhren rechts ab, die N17B, 2 km hinter Bettel. 2. CP rechts.

Wiltz, L-9554 / Ardennes 📶 CC€20 iD

- ⛺ KAUL Kat.I
- 🏠 60 Campingstrooss
- 📅 1 Jan - 31 Dez
- ☎ +352 9 50 35 91
- @ info@kaul.lu

1 ABDE**JM**NOPQRST   BGH **6**
2 IPQSUWXY   ABDE**FGH 7**
3 BFGMNS   ABCDEFJKNQRTU **8**
4 AEFHIJ   CFJLUVW **9**
5 ACDFHJLN   ABDHJOQUY**10**
Anzeige auf dieser Seite B 10A CEE
H480 6ha 77**T**(100m²) 37**D**

📍 N 49°58'23'' E 05°56'01''
€31,00 / €43,00
105322

Der CP liegt 300m vom Zentrum von Unterstadt von Wiltz entfernt, entlang der Straße Troisvierges-Clervaux stehen CP-Schilder.

CAMPING KAUL

Komfortables Freizeitzenter im Herzen der Ardennen. Beheiztes Schwimmbad mit großer Wasserrutschbahn, separates Kinderbecken. Beachvolley, Spielplatz, Mountainbike- und Skateboardpiste. Vermietung von Pods, Safarizelten und Chalets bis 6 Personen. Kleine Mahlzeiten und Snacks erhältlich. Wanderwege, Mountainbiketouren, Tennis. Kinderanimation in der Hochsaison.

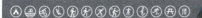

60 Campingstrooss
L-9554 Wiltz

Tel.: (+352) 95 03 59 1
Fax: (+352) 95 77 70

E-Mail: info@kaul.lu
www.kaul.lu

Karte Luxemburg auf Seite 220

Deutschland

Deutschland

Allgemeines
Offizieller Name: Bundesrepublik Deutschland. Deutschland ist Mitglied der Europäischen Union.
Deutsch ist die offizielle Sprache. In touristischen Gebieten kommt man fast überall mit Englisch zurecht.
Zeitunterschied: In Deutschland ist es genauso spät wie in Berlin, Paris und Rom.

Währung und Geldfragen
Währung: Euro.
Bankkarte und Kreditkarte können Sie fast überall benutzen. Es gibt genug Geldautomaten.

Grenzformalitäten
Viele Formalitäten und Vereinbarungen in Bezug auf die notwendigen Reisedokumente, Fahrzeugpapiere, Anforderungen an Ihr Transportmittel und Ihr Campingfahrzeug, medizinische Kosten und die Mitnahme von Tieren hängen nicht nur vom Reiseziel, sondern auch von Ihrem Abreiseort und Ihrer Nationalität ab. Auch die Dauer Ihres Aufenthaltes kann eine Rolle spielen. Es ist unmöglich, im Rahmen dieses Leitfadens für alle Benutzer die richtigen und aktuellen Informationen über diese Themen zu gewährleisten. Wir empfehlen Ihnen daher, die folgenden Fakten in jedem Fall rechtzeitig vor der Abreise zu überprüfen:
- welche Reisedokumente Sie für sich selbst und Ihre Mitreisenden benötigen,
- welche Dokumente Sie für Ihr Auto und Ihren Anhänger benötigen,
- welche Waren und Medikamente Sie kostenlos ein- und ausführen dürfen,
- wie bei Unfall oder Krankheit die medizinische Behandlung in Ihrem Urlaubsland geregelt ist und bezahlt werden kann.

Haustiere
Finden Sie heraus, ob Ihr Haustier an Ihrem Zielort willkommen ist. Nehmen Sie hierzu frühzeitig Kontakt zu Ihrem Tierarzt auf. Dieser informiert Sie über relevante Impfungen und die entsprechenden Nachweise wie auch über Pflichten bei der Rückkehr.
Ferner sollten Sie sich erkundigen, ob an Ihrem Zielort für das Mitführen von Haustieren im öffentlichen Raum bestimmte Bedingungen gelten. So müssen in einigen Ländern Hunde immer einen Maulkorb tragen oder hinter Gittern transportiert werden.

Straßen und Verkehr
Deutschland verfügt über ein ausgedehntes Autobahnnetz, zwei- oder vierspurige Straßen (Bundesstraßen) und Nebenstraßen von guter Qualität.

Gebirgsstraßen
Prüfen Sie vor Beginn der Fahrt, ob keine Pässe geschlossen sind. Mehr Informationen: *alpenpaesse.de*.

Verkehrsdichte
Im Sommer herrscht auf den deutschen Autobahnen, die nach Skandinavien und in den Süden führen, sehr viel Verkehr, besonders freitags und samstags.

Deutschland

Tanken

Benzin (Super 95, Super 95 E10 und Super Plus 98) ist leicht erhältlich (beim Tanken von E10 am Einfüllstutzen, in der Bedienungsanleitung oder bei Ihrem Händler prüfen, ob Ihr Fahrzeug damit fahren kann). Diesel und Autogas sind ebenfalls leicht erhältlich. Der europäische Anschluss (ACME) wird zum Tanken von Autogas genutzt.

Die meisten Tankstellen sind mindestens von 8.00 bis 20.00 Uhr geöffnet, und die an Autobahnen sind oft Tag und Nacht geöffnet. Es gibt auch unbemannte Tankstellen.

Verkehrsregeln

Abblendlicht ist bei schlechter Sicht, im Dunkeln und in Tunneln vorgeschrieben. An einer Kreuzung mit Straßen gleichen Ranges hat der von rechts kommende Verkehrsteilnehmer Vorfahrt. Der Verkehr im Kreisverkehr hat Vorfahrt, wenn dies durch ein Vorfahrtsschild angegeben ist. Bergauffahrender Verkehr hat Vorfahrt vor bergabfahrendem Verkehr (aber auf schmalen Gebirgsstraßen sollte das Fahrzeug, das am einfachsten ausweichen kann, Vorfahrt gewähren).

Die Alkoholgrenze liegt bei 0,5 ‰, aber bei 0 ‰ für Fahrer, die seit weniger als zwei Jahren im Besitz eines Führerscheins oder unter 21 Jahre alt sind.

Am Steuer dürfen Sie kein Telefon in der Hand halten, auch dann nicht, wenn Sie anhalten (das Telefonieren mit Freisprechanlage ist allerdings erlaubt).

Kinder unter 12 Jahren und einer Größe unter 1,50 m müssen in einem Kindersitz sitzen. Blitzerwarner sind verboten, entfernen Sie (falls erforderlich) die Standorte von Radarfallen in Deutschland aus Ihrer Navigationssoftware. Winterreifen sind bei winterlichen Verhältnissen Pflicht.

Besondere Bestimmungen

Bei Staus müssen Sie so weit wie möglich nach rechts oder links fahren, damit in der Mitte eine freie Spur (Rettungsgasse) für Einsatzfahrzeuge entsteht.

Beim Überholen von Radfahrern (auch auf einem Radweg) sind Sie verpflichtet, einen Seitenabstand von mindestens 1,50 m einzuhalten.

In einer deutschen Fahrradstraße sind Autos verboten, sofern nicht anders angegeben. Zickzacklinien auf der Fahrbahn deuten darauf hin, dass man dort nicht stehen bleiben oder parken darf.

Höchstgeschwindigkeiten

Deutschland	Außerhalb geschlossener Ortschaften	Autobahn
Auto	100	130*
Mit Anhänger	80	80**
Wohnmobil < 3,5 Tonnen	100	130*
Wohnmobil > 3,5 Tonnen	80	100

* 130 km/h ist keine Höchstgeschwindigkeit, sondern eine Richtgeschwindigkeit.
** Mit einer deutschen Tempo-100-Plakette dürfen Sie 100 km/h fahren. Allerdings muss Ihr Fahrzeug-Wohnwagen-Gespann dafür geprüft werden. Mehr Informationen: tuev-nord.de (Suchen Sie nach „Tempo 100-Zulassung").
Innerhalb geschlossener Ortschaften beträgt die Höchstgeschwindigkeit 50 km/h.
Bei einer Sichtweite von weniger als 50 m beträgt die Höchstgeschwindigkeit außerhalb geschlossener Ortschaften 50 km/h.

Deutschland

Vorgeschriebene Ausrüstung
Ein Warndreieck, eine Sicherheitsweste und ein Verbandskasten sind in Fahrzeugen mit deutschem Kennzeichen vorgeschrieben.

Wohnwagen, Wohnmobil
Ein Wohnmobil oder ein Gespann aus Pkw und Wohnwagen darf bis zu 4 m hoch, 2,55 m breit und 18 m lang sein (der Wohnwagen selbst darf bis zu 12 m lang sein).
Auf Autobahnen/Autoschnellstraßen mit drei oder mehr Spuren dürfen Wohnwagen nicht auf der ganz linken Spur fahren, es sei denn, Sie wollen nach links abbiegen.
Wenn Sie einen Wohnwagen mit einem Gewicht von mehr als 750 kg ziehen, müssen Sie 2 Unterlegkeile mitführen.

Fahrrad
Ein Fahrradhelm ist nicht vorgeschrieben. Telefonieren und Tippen auf einem Handy sind auf dem Fahrrad verboten.
Kinder unter 8 Jahren müssen mit dem Rad auf dem Bürgersteig fahren und Straßen zu Fuß überqueren.
Nur Radfahrer ab 16 Jahren dürfen ein Kind unter 7 Jahren in einem Kindersitz transportieren.
Nebeneinander Rad zu fahren ist nur auf einem Radweg erlaubt, der durch eine Erhöhung oder einen Grasstreifen von der Straße getrennt ist.

Maut und Umweltzonen
Maut
Die Straßen in Deutschland sind für Pkws und Wohnmobile mautfrei.

Umweltzonen
In immer mehr deutschen Städten ist eine Umweltplakette Pflicht. Dies gilt auch für ausländische Fahrzeuge.
Die Vignette kann gelb, grün oder rot sein, je nach den Emissionen Ihres Fahrzeugs. Auf Autobahnen ist die Plakette nicht erforderlich.
Kosten: ab 5 €.

Deutschland

In den betroffenen Städten wird eine Umweltzone durch die Schilder „Umweltzone" gekennzeichnet. Sie können diese Zone nur befahren, wenn Sie im Besitz einer gültigen Plakette sind. Wenn Sie die Zone ohne Plakette befahren, riskieren Sie eine Geldstrafe von ca. 80 €.

In einigen Städten gibt es ein sogenanntes „Dieselverbot", d.h. dass ältere Dieselfahrzeuge und Fahrzeuge ohne Katalysator nicht mehr zugelassen sind. Die Regeln sind von Ort zu Ort unterschiedlich.

Die Umweltplakette ist u. a. (auch online) bei der Stadt Berlin (5 bis 6 €) und dem TÜV Nord erhältlich. Mehr Informationen: *berlin.de*. Weitere Informationen: *gis.uba.de/website/umweltzonen* (Karte) und *gis.uba.de/website/umweltzonen/umweltzonen.php* (Übersicht).

Panne und Unfall

Stellen Sie Ihr Warndreieck auf der Autobahn mindestens 200 m (auf sonstigen Straßen 50-100 m) hinter dem Fahrzeug auf. Allen Insassen wird empfohlen, eine Sicherheitsweste anzuziehen.

Rufen Sie bei einer Panne die Notrufnummer Ihrer Pannenhilfe-Versicherung an. Die Nummern deutscher Pannendienste sind: +49 89 22 22 22 (ADAC) oder +49 711 530 34 35 36 (ACE). Sie können auch über eine orangefarbene Notrufsäule Pannenhilfe anfordern.

Wir empfehlen Ihnen, Ihr Fahrzeug nicht selbst auf der Autobahn zu reparieren. Das Abschleppen auf der Autobahn ist bis zur ersten Ausfahrt erlaubt.

Notrufnummern
112: allgemeine Notrufnummer für Polizei, Feuerwehr und Rettungswagen
110: Polizei

Campen

Die deutschen Campingplätze gehören zu den besseren in Europa. Die Campingplätze spezialisieren sich zunehmend auf Zielgruppen wie Familien mit Kindern, Wanderer und Radfahrer oder Wellness-Urlauber.

Wildcampen außerhalb der Campingplätze ist im Allgemeinen verboten. Es ist nur zulässig, wenn der Grundbesitzer die Erlaubnis erteilt hat.

Deutschland

Besonderheiten
Hallen- und Freibäder sind auf Campingplätzen weniger verbreitet.
Fast alle Campingplätze haben eine Mittagspause (normalerweise von 13.00 bis 15.00 Uhr), die strikt eingehalten wird.

Wohnwagen, Wohnmobil
In Deutschland ist es erlaubt, auf regulären Parkplätzen, auch entlang Autobahnen, maximal 24 Stunden in einem Wohnmobil, Wohnwagen oder Auto zu übernachten.
Die Zahl der speziell für Wohnmobile ausgewiesenen Stellplätze neben den regulären Campingplätzen nimmt zu.

Suche nach einem Campingplatz
Über **Eurocampings.eu** können Sie ganz einfach einen Campingplatz suchen und auswählen.

Praktisch
Die Steckdosen haben zwei runde Löcher (Typ C und F). Auf *iec.ch/world-plugs* können Sie überprüfen, ob Sie einen Adapter (Weltstecker) benötigen.
Schützen Sie sich vor Zecken, da diese Krankheiten übertragen können.
Leitungswasser kann bedenkenlos getrunken werden.

Klima Berlin	Jan.	Feb.	März	Apr.	Mai	Jun.	Jul.	Aug.	Sept.	Okt.	Nov.	Dez.
Durchschnittliche Höchsttemperatur	3	4	9	13	19	22	24	24	19	13	7	4
Durchschnittliche Anzahl der Sonnenstunden pro Tag	2	2	5	6	8	8	8	7	6	4	2	1
Durchschnittliche monatliche Niederschlagsmenge (mm)	42	33	41	37	54	69	56	58	45	37	44	55

Klima Frankfurt am Main	Jan.	Feb.	März	Apr.	Mai	Jun.	Jul.	Aug.	Sept.	Okt.	Nov.	Dez.
Durchschnittliche Höchsttemperatur	4	6	10	15	20	22	25	25	20	14	8	5
Durchschnittliche Anzahl der Sonnenstunden pro Tag	1	2	4	5	7	8	7	7	5	3	1	1
Durchschnittliche monatliche Niederschlagsmenge (mm)	43	37	48	43	60	61	65	53	50	55	52	56

Klima Hamburg	Jan.	Feb.	März	Apr.	Mai	Jun.	Jul.	Aug.	Sept.	Okt.	Nov.	Dez.
Durchschnittliche Höchsttemperatur	4	4	8	12	18	20	22	22	18	13	8	5
Durchschnittliche Anzahl der Sonnenstunden pro Tag	2	2	4	6	7	8	7	7	6	3	1	1
Durchschnittliche monatliche Niederschlagsmenge (mm)	64	42	63	46	54	77	75	73	68	64	69	78

Klima München	Jan.	Feb.	März	Apr.	Mai	Jun.	Jul.	Aug.	Sept.	Okt.	Nov.	Dez.
Durchschnittliche Höchsttemperatur	3	4	9	13	18	21	23	23	19	13	7	4
Durchschnittliche Anzahl der Sonnenstunden pro Tag	2	3	5	6	7	8	8	8	6	4	2	2
Durchschnittliche monatliche Niederschlagsmenge (mm)	48	45	58	70	93	128	132	111	86	65	71	61

KNAUS CAMPINGPARKS
Wunsch-Urlaub
für Individualisten

www.knauscamp.de

Kontaktieren Sie uns:

Helmut KNAUS KG Campingparks
Marktbreiter Str. 11
97199 Ochsenfurt

0 93 31 / 98 318 - 0
info@knauscamp.de

Weser-Ems

Apen/Nordloh, D-26689 / Niedersachsen

- Nordloh
- Schanzenweg 4
- 1 Jan - 31 Dez
- +49 44 99 26 25
- udo.delger@ewe.net

1	AEFJMNOPRST	LN 5
2	AEJKQRWXY	ABDEFGIJ 7
3	BFHIJMU	ABCDEFJNQRTUV 8
4	HJOPQ	EVW 9
5	ABDEFHLMN	ABFGHIJOQUW 10

B 16A CEE
12ha 80T(100m²) 166D

€17,00
€22,00

102072

Autobahn A28 Groningen-Leer-Oldenburg. Ausfahrt 4 Apen/Remels. In Apen Richtung Barßel/Nordloh. Dann ausgeschildert.

Aschenbeck/Dötlingen, D-27801 / Niedersachsen

- Aschenbeck
- Zum Sande 18
- 1 Jan - 31 Dez
- +49 44 33 96 88 47
- aschenbeck.camping@web.de

1	ADEFJMNOPQRST	LN 5
2	AEJQSXYZ	BEFG 7
3	AFGHIJLMS	BDFJNPQRW 8
5	ABDEFJM	AHJLMOQ 10

B 16A CEE
8ha 65T(100m²) 189D

€19,00
€21,00

N 52°56'02" E 08°24'13"

101119

A1 Osnabrück-Bremen Ausfahrt Wildeshausen/Nord. Dann Richtung Wildeshausen. An der Ampel Richtung Dötlingen. Nach Aschenstedt den Schildern folgen.

Bad Bentheim, D-48455 / Niedersachsen

- Am Berg
- Suddendorferstraße 37
- 4 Mrz - 1 Nov
- +49 59 22 99 04 61
- info@campingplatzamberg.de

1	AJMNOPQRST	6
2	PQXYZ	BDFGI 7
3	L	BCDFHJNQR 8
4	FH	9
5	ADN	ABHJORS 10

Anzeige auf dieser Seite 16A CEE
3ha 83T(100-120m²) 50D

€24,00
€29,00

N 52°17'52" E 07°11'30"

113443

A30/A31 Kreuz Schüttorf, Ausfahrt Schüttorf Süd. Richtung Bad Bentheim. Der B403 folgen. Der CP ist ausgeschildert.

Den Norden erleben
www.knauscamp.de

Immer ein Campingplatz, der zu Ihnen passt!
- 9 500 Campingplätze in 31 Ländern
- Rund 250 Filtermöglichkeiten
- Schnell und einfach buchen, auch unterwegs
- Mehr als 100 000 Campingplatz-Bewertungen

www.Eurocampings.de

Campingplatz am Berg

Suddendorferstraße 37
48455 Bad Bentheim
www.campingplatzamberg.de
info@campingplatzamberg.de
0049-(0)5922-990461

Teilkarte Weser-Ems auf Seite 237

- 700 M² SAUNALANDSCHAFT
- FITNESS- & SPORTANLAGEN
- WELLNESS- & BEAUTYANGEBOTE
- VERANSTALTUNGEN & ANIMATION
- FESTSAAL & RESTAURANT
- MOBILHEIMVERMIETUNG · WOHNMOBILPARK

Freizeitspaß für alle!

★★★★★ CAMPINGPLATZ AM TEUTOBURGER WALD
www.campotel.de
Heidland 65 | 49214 Bad Rothenfelde
Fon 05424-210600 | info@campotel.de

Bad Rothenfelde, D-49214 / Niedersachsen
- Campotel *****
- Heidland 65
- 1 Jan - 31 Dez
- +49 54 24 21 06 00
- info@campotel.de
- N 52°05'53" E 08°10'22"
- 1 ADFJMNOPQRST MN 6
- 2 AJKLQSTWXYZ BDEFGHIJ 7
- 3 ADFGJLMNPSUV BDFGIJLNQRTUVW 8
- 4 BCDFHJKLPQRSTUVXZ EFVWY 9
- 5 ABDEFLM ABFGHIJLOQWY 10
- Anzeige auf dieser Seite B 16A CEE
- € 36,20
- € 43,20
- H103 13ha 140T(75-180m²) 268D
- 110092
- Autobahnkreuz Osnabrück-Süd (Lotte) A33 Richtung Bielefeld/Bad Rothenfelde. CP ist dort angezeigt. Dann Ausfahrt 13 Richtung Bad Rothenfelde. Im Kreisel geradeaus, danach angeschildert.

Berne, D-27804 / Niedersachsen
- Juliusplate ****
- Juliusplate 4
- 9 Apr - 30 Sep
- +49 44 06 16 66
- camping@juliusplate.de
- N 53°11'48" E 08°30'41"
- 1 ADEFJMNOPRST JLNSXY 6
- 2 CEJQSTWXYZ BFG 7
- 3 ABLM ABCDEFKNPQRU 8
- 4 FH DRVW 9
- 5 ACDLMN AFGIJLNQUV 10
- B 6-10A CEE
- 3,6ha 100T(80-90m²) 84D
- € 29,00
- € 29,00
- 102199
- A28 Bremen-Oldenburg, Ausfahrt 19 Ganderkesee-West, Richtung B212 Nordenham bis Berne. Ortausgang rechts B74 Richtung Fähre. Weiter den CP-Schildern nach.

Borkum, D-26757 / Niedersachsen
- Aggen
- Ostland 1
- 15 Mrz - 30 Okt
- +49 49 22 22 15
- aggen-borkum@t-online.de
- N 53°36'13" E 06°43'30"
- 1 GILNOPQRS 6
- 2 JPQWXY ABDFG 7
- 3 AFMS ABEFJQRTW 8
- 4 FHJO I 9
- 5 ADM ABHJOQ 10
- 16A CEE
- 1ha 60T(80-100m²) 32D
- € 32,00
- € 39,00
- 117242
- Fähre Eemshaven (NL) nach Borkum. Auch über Emden möglich. Auf der Insel selbst nur eingeschränkter Autoverkehr möglich! CP liegt an der Ostseite der Insel nach dem Flugplatz.

Borkum, D-26757 / Niedersachsen
- Insel-Camping-Borkum
- Hindenburgstraße 114
- 19 Mrz - 30 Okt
- +49 49 22 10 88
- insel-camping-borkum.de
- N 53°35'20" E 06°39'28"
- 1 ABDEGJMNOPQRST KMNQRSTX 6
- 2 GJPQSTWXYZ ABCDEFGHIJ 7
- 3 ABCDEFGHIJMSUVWX ABCDEFGHIJKMNPQRTUVW 8
- 4 ABCDEFGHJLOQRSTYZ DKV 9
- 5 ABCDEFHIJKLMN ABFGHIJLMOQU 10
- B 16A CEE
- 7,2ha 220T(80-120m²) 130D
- € 35,70
- € 44,90
- 108084
- Emden/Eemshaven, der Hindenburgstraße folgen.

Burhave, D-26969 / Niedersachsen
- Knaus Camp.park Fedderwardersiel/Nordsee
- Lagunenweg
- 15 Apr - 15 Okt
- +49 47 33 16 83
- burhave@knauscamp.de
- N 53°34'59" E 08°22'13"
- 1 ADEFJMNOPQRST KMNQSWX 6
- 2 GIKQWX ABFGI 7
- 3 ABFS ABEFJNQRUW 8
- 4 FHK 9
- 5 DM ABFHJMQ 10
- 16A CEE
- 1ha 76T(80-100m²) 32D
- € 34,50
- € 44,10
- 121497
- Durch Burhave Richtung Tossens. Abfahrt Fedderwardersiel. Auf dem Deich links ab. CP ist angezeigt mit der Beschilderung 'Knaus Campingpark'. Anmeldung über den Knaus-Camping in Butjadingen/Burhave.

Butjadingen/Burhave, D-26969 / Nieders.
- Knaus Campingpark Burhave / Nordsee ****
- An der Nordseelagune 1
- 15 Apr - 15 Okt
- +49 47 33 16 83
- burhave@knauscamp.de
- N 53°35'01" E 08°22'12"
- 1 ADEFJMNOPQRST KLMNQRSXZ 6
- 2 EGIJKPQRSTWX ABDEFGHIK 7
- 3 BFGHIJS ABCDEFJKNQRTUVW 8
- 4 BEGHJO EVWXY 9
- 5 ABCDEFLMN ABCDEFHJMOQ 10
- Anz. auf S. 236 + Umschl. 16A CEE
- 2,5ha 100T(90m²) 267D
- € 37,20
- € 48,40
- 110734
- A29 Oldenburg-Wilhelmshaven. Ausfahrt Varel. B437 Schweiburg Ri Nordenham/Butjadingen. Oder: A27 Bremen-Bremerhaven, Ausfahrt 11 Stotel, B437 durch den Wesertunnel nach Nordenham/Butjadingen. CP angezeigt.

Detern, D-26847 / Niedersachsen
- Jümmesee
- Zum See 2
- 1 Jan - 31 Dez
- +49 49 57 18 08
- info@detern.de
- N 53°12'33" E 07°38'33"
- 1 AFGHKNOPRST LMNOXZ 6
- 2 ACEJKQRWXYZ ABDEFGIJK 7
- 3 BFGRST ABCDFJKNPRTW 8
- 4 FH RV 9
- 5 BDEFHLM ABFGHJOQUY 10
- 16A CEE
- 11ha 34T(70m²) 185D
- € 20,50
- € 31,00
- 108073
- A7 Richtung Oldenburg, Ausfahrt Filsum, Ausfahrt 3. Dann B72 Ausfahrt Stickhausen. Vor der Brücke rechtsab. Der CP ist ausgeschildert.

Eckwarderhörne, D-26969 / Nieders.
- Knaus Campingpark Eckwarderhörne ****
- Zum Leuchtfeuer 116
- 1 Jan - 31 Dez
- +49 47 36 13 00
- eckwarderhoerne@knauscamp.de
- N 53°31'17" E 08°14'06"
- 1 AEFJMNOPRST KMNQRSWXYZ 6
- 2 GJKQRTWXY ABDEFG 7
- 3 BFGMS ABCDEFJKNQRTUVW 8
- 4 AEFGHJLOQ EUVWXY 9
- 5 ADEFLMN ABFGHJMOQU 10
- Anz. auf S. 236 + Umschl. B 16A CEE
- 6ha 25T(80-130m²) 148D
- € 20,60
- € 51,20
- 112205
- A29 Richtung Wilhelmshaven. Ausfahrt 8 Varel. Abfahrt Schweiburg (B437) Richtung Nordenham/Butjadingen Eckwarden Richtung Burhave. Der CP ist ausgeschildert.

Elisabethfehn, D-26676 / Niedersachsen
- Campingplatz Elisabethfehn
- Waldstraße 2
- 15 Mrz - 31 Okt
- +49 44 99 12 02
- info@elisabethfehn-camping.de
- N 53°10'05" E 07°40'45"
- 1 AFJMNOPRST AFINX 6
- 2 ABCQRSWXY ABDEFG 7
- 3 BFM ABCDEFGIJNQRTW 8
- 4 HJO F 9
- 5 ABDEHMN ABHJLMOQU 10
- B 16A CEE
- 3ha 20T(100m²) 151D
- € 17,50
- € 24,50
- 102074
- B72 Cloppenburg-Aurich, Ausfahrt Strücklingen. Zwei Mal links abbiegen, dann ausgeschildert.

Newsletter

Melden Sie sich an für den Eurocampings Newsletter und bleiben Sie über die neusten Entwicklungen auf dem Laufenden!

www.Eurocampings.de

Genießen Sie so lange wie möglich von der Sonne

Ganderkesee/Steinkimmen, D-27777 / Nieders.

- Camping & Ferienpark Falkensteinsee ★★★★
- Falkensteinsee 1
- 1 Jan - 31 Dez
- +49 4 22 29 47 00 77
- camping@falkensteinsee.de
- N 53°02'50" E 08°27'52"

1 ADE**JM**NOPQRST LMNOP 6
2 ABEJKQWXYZ BE**FGIJK** 7
3 AB**F**J**L**MSX ABCD**FGI**JKNQR**S**TUVW 8
4 BFHJO FJ 9
5 ACDEFGHJLMN ADFGHJL**MO**QUVY 10
B 16A CEE
24ha 120T(100-150m²) 195**D** € 34,40 / € 37,40
109201

Autobahn Groningen-Leer-Oldenburg. Richtung Bremen, Ausfahrt 18 Hude Ri. Falkenburg. Der CP ist ausgeschildert.

Lünne, D-48480 / Niedersachsen

- Camping Blauer See
- Moorlager Str. 4a
- 1 Jan - 31 Dez
- +49 5 90 69 33 04 12
- info@campingplatz-blauer-see.de
- N 52°24'48" E 07°24'41"

1 AG**JM**NOPQRS**T** L 6
2 EJQXYZ AB**FGIK** 7
3 CM ACF**J**NQRTW 8
4 H DEFV 9
5 DEFL ABGJOUVY 10
10A CEE
2,3ha 30T(80-120m²) 71**D** € 22,50 / € 32,50
114718

A 30 Hengelo-Osnabrück, Ausfahrt 7, links Richtung Lingen. Camping vor Lünne ausgeschildert.

Haren/Ems, D-49733 / Niedersachsen

- Knaus Campingpark Haren
- Kirchstraße 52
- 1 Mrz - 27 Nov
- +49 5 93 27 33 89 77
- haren@knauscamp.de
- N 52°47'10" E 07°14'25"

1 ADE**JM**NOPQRT LN 6
2 AFKPQWXYZ BDEFGH 7
3 A**F**L**M BDFJNQRTW 8
4 HJ UVW 9
5 ABDN ABGHJNSTV 10
Anz. 236 + Umschl. B 16A CEE
5ha 150T(100-150m²) 60**D** € 38,50 / € 47,50
102035

A31 Meppen – Emden Ausfahrt 9 nach Haren (B408). Folgen Sie der 408 Richtung Haren Ost / Eurohafen. Biegen Sie dann auf die 408 links ab in Richtung Yachthafen. Auf der linken Seite sehen Sie den Campingplatz.

Melle/Gesmold, D-49326 / Niedersachsen

- Grönegau - Park Ludwigsee ★★★★
- Nemdener Str. 12
- 1 Jan - 31 Dez
- +49 54 02 21 32
- verwaltung@camping-ludwigsee.de
- N 52°13'29" E 08°15'58"

1 AE**FJM**NOPQRST LN 6
2 AEJKQTWXY BE**FG**I 7
3 A**F**G**IL**M BD**F**IJKNQRTUVW 8
4 H**J**OP F**J**TVY 9
5 ABDEFHJKMN ABFGHIJLM**N**STU 10
H67 25ha 80T(70-100m²) 503**D** € 30,00 / € 38,00
111708

A30 Osnabrück-Hannover. Ausfahrt 22 Gesmold. Dann Richtung Westerhausen. CP ist ausgeschildert.

Harlesiel/Wittmund, D-26409 / Niedersachsen

- Campingplatz Harlesiel
- Schweringsroden 1
- 15 Apr - 15 Sep
- +49 44 64 94 93 98
- info@campingplatz-harlesiel.de
- N 53°42'30" E 07°48'27"

1 ADE**JM**NOPQRST BKMN**R**ST**X**Y 6
2 GJKPQRWX ABDE**FGI** 7
3 B**FGJM**U ABEFGIJKNPQRTW 8
4 H D 9
5 ADHMN ABGHIKOSTY 10
B 16A CEE
11ha 470T(80-120m²) 385**D** € 33,00 / € 38,00
108067

A29 Richtung Wilhelmshaven. A9 Richtung Jever, auf der B210 bis nach Ausfahrt Wittmund. Dort die L808 Richtung Carolinensiel. Auf der Bahnhofstraße rechts zum Strand, 2. Brücke links. Den orangen Schildern folgen!

Meppen, D-49716 / Niedersachsen

- Knaus Campingpark Meppen
- An der Bleiche 1a
- 1 Mrz - 27 Nov
- +49 5 93 18 87 16 48
- meppen@knauscamp.de
- N 52°41'32" E 07°17'11"

1 ADE**JM**NOPQR**T** AE**F**H**J**NX**Y**Z 6
2 ADPQWXYZ BDE**FG**I 7
3 A BD**F**JL**N**Q**S**TUV 8
4 H EUVW 9
5 ABD ABHKN**P**STV 10
Anz. 236 + Umschl. B 16A CEE
2,5ha 150T(100-150m²) 6**D** € 46,70 / € 56,30
102036

A31 Lingen Emden Ausfahrt 22 Meppen und 9 km zum Zentrum Meppen. B70 aus Richtung Lingen oder Papenburg Ausfahrt Freilichtbühne und dann links abbiegen. Nach 100 m sehen Sie den Campingplatz auf der anderen Seite der Ems.

Hatten/Kirchhatten, D-26209 / Niedersachsen

- Campingplatz Hatten
- Kreyenweg 8
- 1 Jan - 31 Dez
- +49 4 48 26 77
- info@fzz-hatten.de
- N 53°01'34" E 08°20'07"

1 AE**FJM**NOPQRST BGH 6
2 APQWXYZ ABDE**FGI** 7
3 B**FG**J**L**MSVW ABCDEFG**HIJ**KNPQRTUVW 8
4 FGHJOQ AJ 9
5 ABDEFJLMN ABFHIJLM**O**QUW 10
B 16A CEE
4ha 148T(85-110m²) 247**D** € 30,50 / € 38,00
102142

A28 Oldenburg-Bremen, Ausfahrt Hatten-Kirchhatten. In Kirchhatten Richtung Sandkrug. Dann ausgeschildert.

Norden/Norddeich, D-26506 / Niedersachsen

- Nordsee Camp Norddeich ★★★★★
- Deichstraße 21
- 20 Mrz - 22 Okt
- +49 49 31 80 73
- info@nordsee-camp.de
- N 53°36'17" E 07°08'22"

1 ADE**JM**NOPQRST KMNQS**X** 6
2 GPQWXY ABDE**FGI**H 7
3 B**F**LMS ABCDEF**GI**JKNQRTUVW 8
4 BCHJLO EFLVWY**X**Y 9
5 ACDEFGLMN ABFGHIJLM**O**QY 10
B 16A CEE
22ha 650T(100m²) 187**D** € 37,00 / € 45,00
101415

A31 Groningen-Leer, Ausfahrt 1 Emden, Ausfahrt 3 Norden (B210). Weiter B72 Richtung Norddeich. Den CP-Schildern folgen.

Jade, D-26349 / Niedersachsen

- Camping an der Jade
- Bollenhagenerstr. 42
- 1 Apr - 15 Okt
- +49 44 54 97 86 24
- sibijade@t-online.de
- N 53°20'23" E 08°14'30"

1 A**FJM**NOPQR**T** JNX 6
2 ACQXY AB**FGH**I 7
3 ABCFMU ABDE**F**JNQRTW 8
4 HJO 9
5 BDEFHLMN AHJOQ 10
B 16A CEE
3ha 16T(120m²) 99**D** € 25,00 / € 31,00
102137

A29 Oldenburg-Wilhelmshaven, Ausfahrt 10 Jaderberg. Der CP ist ausgeschildert.

Osnabrück, D-49076 / Niedersachsen

- Campingplatz Bullerby
- Zum Attersee 50
- 1 Jan - 31 Dez
- +49 5 41 12 41 47
- info@campbullerby.de
- N 52°18'00" E 07°56'28"

1 A**J**MNOPQRST LMN 6
2 A**FJ**KQRWXY B**FG** 7
3 A**LM B**FJ**NRTU 8
4 FTX 9
5 ABMN A 10
16A CEE
26ha 36**T**(100m²) 154**D** € 23,00 / € 28,00
111937

A1 Ausfahrt 71 Osnabrück-Hafen. Beschilderung Attersee folgen, dann Beschilderung Bullerby. Wird zur Einbahnstraße.

Jade, D-26349 / Niedersachsen

- Höpken's Hof & Campingplatz
- Molkereistraße 64
- 1 Jan - 31 Dez
- +49 4 73 49 10 68 33
- reception@moinurlaub.de
- N 53°25'35" E 08°17'55"

1 ADE**JM**NOPQR**T** KM 6
2 KLQTWXY ABDE**FG** 7
3 B ABEFJNQRTU 8
4 FH DIY 9
5 ABDMN AFGHJMOQ 10
B 16A CEE
3ha 70T(70-110m²) 22**D** € 25,00 / € 33,00
123254

A29 Oldenburg-Wilhelmshaven, Ausfahrt 10 Jaderberg. Rechts durchfahren bis Jaderaltendeich. Links auf die Bäderstraße am Deich entlang bis zum Camping.

Ostrhauderfehn, D-26842 / Niedersachsen

- Camping- u. Freizeitanlage Idasee
- Idafehn-Nord 77B
- 1 Jan - 31 Dez
- +49 49 52 99 42 97
- info@campingidasee.de
- N 53°09'14" E 07°38'33"

1 A**FJM**NOPRST LMNW 6
2 AE**J**PQRWXYZ ABDE**FGHI** 7
3 AB**F**L**MSU ABCDEF**GI**JNQRTUVW 8
4 H**J**T EMPSTUVW 9
5 ADEFHLM ABDFGHJLM**O**QU 10
B 6A CEE
7,4ha 90T(100m²) 151**D** € 24,80 / € 38,50
102073

Groningen-Leer, B70 Richtung Lingen folgen. In Folmhusen links auf die B438 Richtung Ostrhauderfehn, danach B72 links. Schildern folgen.

Krummhörn/Upleward, D-26736 / Niedersachsen

- Camping Am Deich
- Erbsenbindereistr. 3
- 3 Apr - 3 Nov
- +49 4 92 35 25
- info@camping-am-deich.de
- N 53°25'15" E 07°00'53"

1 ADE**JM**NOPRS**T** KNQS**X** 6
2 GQTWXY ABCDE**FGIJ** 7
3 ABDMV ABCDE**FGH**IJKNQRTUVW 8
4 BEH**JT**X EVW 9
5 ABCDEFHLMN ABFGHJOQU 10
B 16A CEE
7ha 50T(80-200m²) 52**D** € 47,00 / € 57,00
108071

A31 Leer-Emden. Bei VW-Betriebsfahrzeuge geradeaus Richtung Rysum-Loquard-Campen-Upleward. CP ist ausgeschildert.

Papenburg, D-26871 / Niedersachsen

- Campingplatz Papenburg
- Zum Poggenpoel
- 1 Jan - 31 Dez
- +49 49 61 97 40 26
- campingplatz@papenburg.de
- N 53°03'53" E 07°25'38"

1 A**J**MNOPRS**T** LNX 6
2 ABEJQSWXYZ ABDE**FGH**IJ 7
3 B**FJ**LMS ABCDE**F**JKNQRTUV 8
4 FHJO F 9
5 DEFKMN AFHJL**O**QUVW 10
B 16A CEE
4ha 130T(75-120m²) 61**D** € 29,50 / € 38,50
107521

Autobahn Groningen-Leer A31 Ri. Meppen, Ausfahrt Papenburg. In Papenburg ist der CP ausgeschildert.

Lathen, D-49762 / Niedersachsen

- Lathener Marsch
- Marschstraße 4
- 1 Jan - 31 Dez
- +49 59 33 93 45 10
- info@lathener-marsch.de
- N 52°51'31" E 07°18'15"

1 ADE**JM**NOPRS**T** LMN**X** 6
2 ACFKQRWXYZ BE**FGH** 7
3 A**J** BDF**JK**L**N**PQRTUVW 8
4 H EG 9
5 ABDEFJLMN ABEFGHJLQ 10
B 10-16A CEE
8ha 90T(80-120m²) 140**D** € 20,50 / € 27,50
110379

Die B70 Richtung Leer, Ausfahrt Lathen. CP ist ausgeschildert.

Rhede (Ems), D-26899 / Niedersachsen

- Campingplatz Neuengland
- Neurheder Str. 31
- 1 Mrz - 31 Dez
- +49 17 32 87 38 19
- campingplatz-neuengland.de
- N 53°02'42" E 07°13'40"

1 A**FJM**NOPQRS**T** LN 6
2 AEJQSWXYZ A**BFGH** 7
3 B**F**GM ABE**F**N**Q**TU 8
4 FH**J**KO IJV 9
5 ABDEH ABEFGHJLM**O**QUV 10
B 10A CEE
5,5ha 75T(100m²) 132**D** € 20,00 / € 24,00
121269

Auf der A31 Ausfahrt 16 nach 2 km rechts, nach Rhede (Ems). Nach 1 km in Rhede rechts nach Neurhede. CP nach 5 km an der linken Seite.

Deutschland

Rieste, D-49597 / Niedersachsen

- Alfsee Ferien- und Erlebnispark★★★★★
- Am Campingpark 10
- 1 Jan - 31 Dez
- +49 5 46 49 21 20
- info@alfsee.de

1 ADEFI**L**NOPQRST — LM**N**W 6
2 AEJKQSWXYZ — BCDE**FG** 7
3 ABDFG**H**IJLMNUW — BDFJKLNQR**S**TUVW 8
4 **B**FHJLN**PQRSTVXZ** — DFGIJVWY 9
5 ACDEFHJLMO — ABEFGHIJLMOPQUY 10

Anzeige auf dieser Seite B 16A CEE — €39,20 / €47,90
16ha 350**T**(100-150m²) 467**D**

N 52°29'07'' E 07°59'23'' 100108

A1 Osnabrück-Bremen, Ausfahrt Neuenkirchen/Vörden, Richtung Alfsee. Camping ist dann in Rieste ausgeschildert.

Timmel, D-26629 / Niedersachsen

- Timmeler Meer
- Zur Mühle 13
- 27 Mrz - 3 Nov
- +49 4 94 59 19 70
- info@campingplatz-timmel.de

1 AEF**J**MNOPRST — LM**N**Q**X**YZ 6
2 AEJPQTWXYZ — ABDE**FGH**I 7
3 AG**HIJ**M — ABCDEFJKNQRTW 8
4 **B**FH**P** — DFOTVY 9
5 DEMN — ABFGHIJLM**O**PQU 10

B 16A CEE — €21,00 / €25,00
7ha 96**T**(100m²) 101**D**

N 53°21'45'' E 07°30'48'' 101416

A31 Groningen-Leer. Richtung Emden bis nach Neermoors. Dort den L14 nehmen. Gerade vor Timmel liegt der CP.

Schortens, D-26419 / Niedersachsen

- Friesland Camping★★★★
- Am Schwimmbad 2
- 1 Jan - 31 Dez
- +49 4 46 17 58 58 01
- info@friesland-camping.de

1 AE**J**MNOPQRST — LM 6
2 AEJPQRTWXYZ — ABDE**FGIJ** 7
3 BG**L**MS — ABCDE**F**JNQRTUV 8
4 **B**FHJ — DUVW 9
5 ADEFHKMN — AFGHJMNQ 10

B 16A CEE — €26,20 / €31,50
2ha 80**T**(100-120m²) 42**D**

N 53°33'03'' E 07°56'15'' 113221

A29 Oldenburg-Wilhelmshaven, Ausfahrt Wilhelmshavener Kreuz B210 Richtung Wittmung/Jver/Schortens. In Schortens CP angezeigt.

Tossens, D-26969 / Niedersachsen

- Knaus Campingpark Tossens★★★★
- Zum Friesenstrand 1
- 15 Apr - 15 Okt
- +49 4 73 62 19
- tossens@knauscamp.de

1 AEF**J**MNOPQRST — KMNQSWXYZ 6
2 GJKPQRTWX — ABDE**FGH**IK 7
3 BFGMS — ABCDEFJKNQRTUVW 8
4 B**DE**GHJLO — EVWY 9
5 ABDEFHLMN**O** — ABFGHJLO**Q**UV 10

Anz. auf S. 236 + Umschl. 16A CEE — €38,60 / €49,80
6ha 130**T**(80-100m²) 178**D**

N 53°34'44'' E 08°14'37'' 112200

A27 Bremen-Cuxhaven, Ausfahrt 11 Stotel, B437 Richtung Nordenham. In Nordenham-Abbehausen links Richtung Stollham L 860. Links Eckwarden, weiter Eckwarderhörne. CP-Schilder.

Schüttorf, D-48465 / Niedersachsen

- Quendorfer See
- Weiße Riete 3
- 1 Apr - 1 Nov
- +49 59 23 90 29 39
- info@camping-schuettorf.de

1 ADF**J**MNOPQRST — LQ 6
2 AEJPQTWXY — AB**FG** 7
3 AM — BDFHJKNQRTUV 8
4 **F**H — W 9
5 ABDMN — AFGHJ**O**RSV 10

B 16A CEE — €28,50 / €34,50
1,5ha 80**T**(100-120m²) 20**D**

N 52°20'19'' E 07°13'36'' 117547

A1/A30 Ausfahrt 4 Schüttorf-Nord oder A31 Ausfahrt 28 Schüttorf-Ost Richtung Stadtzentrum. Den CP-Schildern folgen.

Werlte, D-49757 / Niedersachsen

- Camping Hümmlinger Land★★★★
- Rastdorfer Straße 80
- 1 Jan - 31 Dez
- +49 59 51 53 53
- info@huemmlingerland.de

1 ADEF**J**MNOPRST — 6
2 QRWXY — BE**FG** 7
3 BM — BDFJNQRT 8
4 **F**GHJO**T** — DEF 9
5 ABDFJM — ABEGHJOQ 10

B 16A CEE — €30,00 / €35,00
1,8ha 59**T**(80-140m²) 65**D**

N 52°52'12'' E 07°41'17'' 109028

B233 Emmen-Meppen-Cloppenburg Richtung Werlte. Campingplatz ist ausgeschildert (Richtung Rastdorf).

Südbrookmerland, D-26624 / Niedersachsen

- Grosses Meer
- Am Gästehafen 1
- 3 Jan - 30 Dez
- +49 49 42 20 47 20 28
- campingplatz@grossesmeer.de

1 ADEG**J**MNOPQRST — LM**N**QRS**V**XY 6
2 EQWXY — AB**FG** 7
3 ABCGM**Q**SX — ABCDEFJNQRTW 8
4 **B**CFH**T** — RTVW 9
5 ABDEFHKM — ABGHJQ 10

B 16A CEE — €29,00 / €43,00
4ha 100**T**(bis 100m²) 100**D**

N 53°26'39'' E 07°18'26'' 102032

Folgen Sie die Route Groningen-Leer (B70), Ausfahrt 1 Emden, Ausfahrt 3 Norden (B210). Dann Beschilderung folgen.

Westerstede, D-26655 / Niedersachsen

- Camping-und Stellplatz Westerstede
- Süderstraße 2
- 1 Jan - 31 Dez
- +49 4 48 87 82 34
- info@camping-westerstede.de

1 AEFJMNOPQRST — ABE**F**G 6
2 AQRYZ — ABEFJNQRW 7
3 A**L** — V 8
4 FH**JT** — ABFGHJLOQU 9
5 ADEFKL — 10

B 10-16A CEE — €23,50 / €23,50
3ha 90**T**(90m²) 8**D**

N 53°15'01'' E 07°56'04'' 100098

Groningen-Leer, dann der B75 folgen bis in Westerstede. Oder A28 Ausfahrt 6 Westerstede Ost. Dann Richtung Bad Zwischenahn und Beschilderung folgen.

Westoverledingen/Ihrhove, D-26810 / Niedersachsen

- Comfort-Camping Freizeitpark Am Emsdeich★★★★
- Deichstraße 7A
- 1 Apr - 31 Okt
- +49 49 55 92 00 40
- info@ostfriesland-camping.de

1 ADEFGHKNOPQRST — LM**N**OPQS 6
2 EJKPQRSTWXY — ABDE**FGH**IJ 7
3 BFGMS — ABCD**F**JKNQRTUV 8
4 BCFHJLNOR**ST** — CEFTVW 9
5 ADEFHLMN — AFGHJNOP**Q**U 10

Anzeige auf dieser Seite B 16A CEE — €25,00 / €31,00
10ha 350**T**(100m²) 160**D**

N 53°10'24'' E 07°25'13'' 108072

Autobahn Groningen-Leer A7. Dann Richtung Papenburg (B70). Ausfahrt Ihrhove. CP ist ausgeschildert.

Wiesmoor, D-26639 / Niedersachsen

- Cp. & Bungalowpark Ottermeer★★★★★
- Am Ottermeer 52
- 1 Jan - 31 Dez
- +49 49 44 98 93
- camping@wiesmoor.de

1 ADE**J**MNOPQRST — HLMN**O**SXY 6
2 EJKQRWXYZ — ABDE**FG** 7
3 **B**FLM — ABCDEFIJKNQRTUV 8
4 BCDFHJ — DJTVW 9
5 ABDEFHMN — ABFGHIJOQUVY 10

B 16A CEE — €31,00 / €31,00
80ha 205**T**(90-120m²) 86**D**

N 53°24'56'' E 07°42'38'' 111060

Ausfahrt 2 Leer-Ost, Richtung Aurich (B436/B72). Ausfahrt vor Bagband Richtung B436 Wiesmoor. In Wiesmoor ist CP ausgeschildert.

Comfort-CAMPING ★★★★
26810 Westoverledingen/Ihrhove

Sehr ruhig zwischen der Stadt Papenburg und der Stadt Leer an der Ems, direkt an der Deutschen Fehnroute an einem natürlichen See, mit Strand, Liegewiesen, Spielgeräte, Riesenrutsche. Ein Eldorado für Angler und Surfer. 350 Stellplätze, Zeltwiese, komfortable Sanitäranlagen, Sauna, Solarium, Kiosk, Fitnessraum, Freizeithalle mit TV und Tischtennisplatte. Animation in den Oster- und Sommerferien von Deutschland. Historischer Dorfplatz mit einem Museumbauernhaus und Restaurant sowie einer Discgolfanlage.

Informationen und Buchungen:
Wohnungsbau-u Entwicklungs GmbH
Deichstraße 7A
Tel. +49/4955-920040 • Fax 920041
Internet: www.ostfriesland-camping.de
E-Mail: info@ostfriesland-camping.de

Teilkarte Weser-Ems auf Seite 237

Wilsum, D-49849 / Niedersachsen CC€20 iD
- Wilsumer Berge
- Zum Feriengebiet 4
- 26 Mrz - 29 Okt
- +49 59 45 99 55 80
- info@wilsumerberge.de

1 ADEJMNOPQRST FLM 6
2 BFJKPQRSUVWXYZ BEFG 7
3 ACFGMSTUV BDFGHJKNQRTUVW 8
4 BCFHJNO CGJUVW 9
5 ACDELN ABEHIJQQY 10
6-16A CEE
N 52°30'46" E 06°51'49"
H68 36,8ha 77T(100-150m²) 366Q
€36,00
€41,00

An der B403 Coevorden-Nordhorn, zwischen Wilsum und Uelsen. Camping ist ausgeschildert. 102009

Zetel/Astederfeld, D-26340 / Niedersachsen CC€20 iD
- Campingplatz am Königssee
- Tarbarger Landstr. 30
- 1 Mrz - 31 Okt
- +49 44 52 17 06
- info@campingplatz-am-koenigssee.de

1 AEGJMNOPQRST L 6
2 EJKQRX ABDEFGHIK 7
3 ABFGL ABFJNQRUV 8
4 HJ FI 9
5 ADMN AFHJMOQV 10
B 10-16A CEE
N 53°21'19" E 07°55'46"
2,5ha 40T(100-150m²) 65D
€24,00
€28,00

A28 Ausfahrt 6 Westerstede, L815 Richtung Zetel. Nach 14 km links nach Astederfeld. CP ist angezeigt. 114716

Ahlden, D-29693 / Niedersachsen iD
- Naturcamping Ahlden
- Worthweg 5
- 1 Jan - 31 Dez
- +49 51 64 80 26 95
- urlaub@campingplatz-ahlden.de

1 ADEFJMNOPQRST LNX 6
2 ACFIJPQWXYZ ABFG 7
3 ABGM ABCDEFJNQRTU 8
4 H DMNQR 9
5 ADFKMN ABHJLNQ 10
B 16A CEE
N 52°45'44" E 09°33'08"
1,6ha 77T(100-120m²) 39D
€22,50
€28,50

A27 Ausfahrt 28 Richtung Hodenhagen. In Hodenhagen Richtung Rethem. Nach 2,5 km in Ahlden den CP-Schildern folgen. 118442

Bad Fallingbostel, D-29683 / Niedersachsen iD
- Campingplatz Böhmeschlucht
- Vierde 22
- 1 Jan - 31 Dez
- +49 51 62 56 04
- info@boehmeschlucht.de

1 ADFJMNOPQRST JNUX 6
2 ABDQVWXYZ ABDEFGHI 7
3 BLM ABCDEFJNQRSTUVW 8
4 FHJKQ FJR 9
5 ADLMN ABFGHJMOQV 10
B 16A CEE
N 52°52'45" E 09°43'18"
H50 7ha 70T 125D
€26,40
€31,40

A7 Richtung Hamburg, Ausfahrt Fallingbostel. In Fallingbostel Richtung Soltau. Nach ca. 1,5 km CP-Schild folgen. 101418

Bad Bederkesa/Geestland, D-27624 / Niedersachsen iD
- Campingplatz Bederkesa**
- Ankeloherstraße 14
- 28 Mrz - 31 Okt
- +49 4 74 57 82 01 92
- badbederkesa@regenbogen.ag

1 ABDEJMNOPQRST JLNXZ 6
2 ACQWXYZ ABFG 7
3 ABFGLM ABCDEFGIJNQRTUW 8
4 FH 9
5 ADFHKLM AGHJKMOQ 10
B 16A CEE
N 53°37'15" E 08°50'57"
15ha 160T(100-120m²) 280D
€24,50
€29,50

A27 Bremerhaven-Cuxhaven, Ausfahrt Debstedt. Richtung Bad Bederkesa. In Bederkesa Abfahrt am weißen Schild 'Ferienpark'. 102196

Bergen/Dumme, D-29468 / Niedersachsen iD
- Campingpark Fuhrenkamp****
- Am Fuhrenkamp 1
- 1 Jan - 31 Dez
- +49 5 84 53 48
- post@campingplatz-fuhrenkamp.de

1 ADEJMNOPQRST AN 6
2 PQXYZ ABDEFG 7
3 BHIM ABCDEFJKNQRTUV 8
4 HJT EFJ 9
5 ABDEFHMN ABEGHIMNQ 10
B 16A CEE
N 52°53'12" E 10°58'34"
3,4ha 90T(50-100m²) 56D
€23,50
€31,50

A39 Hamburg-Lüneburg. Dann Richtung Uelzen und B71 Richtung Salzwedel. 111940

Bad Bodenteich, D-29389 / Niedersachsen
- Campingpl.&Mobilheimpark Bad Bodenteich
- Campingplatz 1
- 1 Jan - 31 Dez
- +49 58 24 13 00
- campingplatzbadbodenteich@t-online.de

1 BFJMNOPQRT N 6
2 QXYZ BF 7
3 BM BFJKNQRW 8
4 FHJO DFGJVW 9
5 ABDEJMN AGHJQ 10
16A CEE
N 52°50'45" E 10°39'44"
16ha 75T(100-150m²) 204D
€21,20
€27,20

A2 bis Ausfahrt A352 Richtung Hamburg. A7 bis Ausfahrt Fuhrberg-Celle. Dann L265 nach Bokel Richtung Bad Bodenteich. Camping ist angezeigt. 114461

Bispingen/Behringen, D-29646 / Niedersachsen iD
- Camping Brunautal****
- Seestr. 17
- 18 Mrz - 6 Nov
- +49 5 19 44 18 80 22
- info@camping-brunautal.de

1 ADEFJMNOPQRST LNQXZ 6
2 ACEPQRXYZ ABDEFGI 7
3 ABCDEFJNQRTW 8
4 FHJO EF 9
5 ABDEFLMN ABFGJOQ 10
B 16A CEE
N 53°06'31" E 09°57'56"
H70 2,8ha 80T(100-175m²) 10D
€27,20
€34,70

A7 Hannover-Hamburg, Ausfahrt 43 Behringen. Nach 900m sehen Sie schon den CP. 108080

Teilkarte Lüneburg auf Seite 241

241

Bleckede, D-21354 / Niedersachsen

- Knaus Campingpark Bleckede/Elbtalaue ★★★★
- Am Waldbad 23
- 1 Mrz – 27 Nov
- +49 5 85 43 11
- @ elbtalaue@knauscamp.de
- N 53°15'34" E 10°48'20"

1 ADEFJMNOPQRST BGHNX 6
2 BCPQWXYZ BEFGHIJK 7
3 BGMNS BDFGHJKNQRTW 8
4 BDFHJOT AEFUVW 9
5 ABDEJMN ABDFGHJMOQU10
Anz. auf S. 236 + Umschl. B 16A CEE
6,5ha 142T(80-100m²) 118D
€40,10 / €49,50
108077

A7 Hannover-Hamburg, Ausfahrt Soltau-Ost Richtung Lüneburg/Dahlenburg, links bis Bleckede, dann Hitzacker.

Bleckede (OT Radegast), D-21354 / Nieders.

- Camping Elbeling
- Hinter den Höfen 9a
- 15 Mrz – 1 Okt
- +49 5 85 75 55
- @ info@elbeling.de
- N 53°20'27" E 10°43'46"

1 AJMNOPQRST FJNQSWX 6
2 CIJKPQXYZ ABEFGK 7
3 BLMSU ABCDEFHJKNQRTUW 8
4 FHJOQ BCFJ 9
5 ADEFGHLMN ABDFGHIJOQUY10
Anzeige auf Seite 243 B 16A CEE
3,8ha 100T(150-150m²) 35D
€29,00 / €36,00
114449

Von Lüneburg Richtung Bleckede, dann Richtung Radegast. In Radegast ist der CP ausgeschildert. An der Kutsche den Seitenweg nehmen. Einfahrt: Hinter den Höfen 9a.

Bremen, D-28359 / Niedersachsen

- Hansecamping
- Hochschulring 1
- 1 Jan – 31 Dez
- +49 4 21 30 74 68 25
- @ info@hansecamping.de
- N 53°06'52" E 08°49'59"

1 ADEFJMNOPQRST LNOPQRS 6
2 AEJPQSWXY ABDEFGHIJ 7
3 BGL ABCDEFIJNQRTUV 8
4 HJ FV 9
5 ABDFHLMN ABFGHIJNQY10
6ha 103T(100-170m²) 52D
€35,50 / €46,50
102200

A28 Oldenburg-Bremen bis Kreuz Bremen zur A27 Ri Bremerhaven, Ausf. Überseestadt/Universität. Direkt dahinter nächste ab Ri Stadtwaldsee. Bremen-Osterfeuerberg. CP an der rechten Straßenseite (Hochschulring).

Celle, D-29229 / Niedersachsen

- Camping 7Springs
- Zum Stadler 19
- 1 Jan – 31 Dez
- +49 5 14 13 12 23
- @ info@7springs-celle.de
- N 52°39'32" E 10°06'33"

1 ABDEFJMNOPQRST LM 6
2 BEJKPQSWXYZ BCFGH 7
3 BEFGLM BDFIJKNQRSTUVW 8
4 BJK D 9
5 ABCDEFGHJKMNO ABGHINQY10
H52 15ha 70T(80-140m²) 33D
€25,00 / €33,00
102402

A2 Hannover Ausfahrt 56 Richtung B3 Celle, weiter die B191 Uelzen nach ca. 3 km. Außerhalb von Celle ausgeschildert.

Cuxhaven, D-27476 / Niedersachsen

- Achtern Huus ★★★
- Sahlenburger Chaussee 51
- 1 Apr – 31 Okt
- +49 4 72 12 86 62
- @ mail@achtern-huus.de
- N 53°51'55" E 08°38'19"

1 AEFJMNOPQRST 6
2 AIPQWXY ABDEFGIK 7
3 ABDLMU ABCDEFJNQRW 8
4 DIVY 9
5 ABDLMN ABHIJOQV10
B 16A CEE
2ha 16T(70-110m²) 62D
€29,20 / €35,20
108075

A27 Bremerhaven-Cuxhaven. Ausfahrt Attenwalde, Richtung Cuxhaven, durch Holte-Spangen fahren: Spangerstraße, am Ende rechts, ca. 100m auf der rechten Seite, gegenüber einem Womo-Stellplatz.

Cuxhaven/Duhnen, D-27476 / Niedersachsen

- Am Bäderring ★★★
- Duhner-Allee 5
- 1 Jan – 31 Dez
- +49 47 21 42 61 61
- @ info@campingplatz-duhnen.de
- N 53°53'04" E 08°38'53"

1 ADEFJMNOPQRST KMQR 6
2 AGJPQSTWXY ABDEFG 7
3 ABL ABCDEFJKNPQRSTUVW 8
4 FH V 9
5 ABDMN ABCGHIJOQY10
B 16A CEE
2ha 70T(60-90m²) 80D
€35,80 / €43,60
102193

A27 Bremen bis Cuxhaven. Richtung Duhnen. In Duhnen ist der CP an der rechten Seite, gegenüber einem Womo-Stellplatz.

Cuxhaven/Duhnen, D-27476 / Niedersachsen

- Wattenlöper
- Cuxhaver Str. 57
- 15/3 – 1/11, 27/12 – 31/12
- +49 47 21 42 60 51
- @ info@wattenloeper.de
- N 53°53'12" E 08°39'04"

1 AEFJMNOPQRST KMQRX 6
2 AGJPQSTWXY ABDEFG 7
3 ABGJLMNOPQX ABCDEFJKNQRTUVW 8
4 EFHO DIJVW 9
5 ABDEFGHJKM ABCEFGHJQY10
B 16A
2,8ha 100T(70-100m²) 112D
€33,60 / €43,60
112128

A27 Bremen-Cuxhaven bis Ausbauende/Ausfahrt 1. Durch Innenstadt Cuxhaven Richtung Duhnen, dort 'Strand' folgen. Auf der Cuxhaver Straße befinden.

Cuxhaven/Sahlenburg, D-27476 / Niedersachsen

- Campingplatz Finck
- Am Sahlenburger Strand 25
- 15 Mrz – 31 Okt
- +49 47 21 39 99 30
- @ info@camping-finck.de
- N 53°51'33" E 08°35'34"

1 AEFJMNOPQRST BEKMQRSTX 6
2 AGIJKPQTWXY ABDEFGIJ 7
3 G ABCDEFJNPQRTUVW 8
4 FH GVW 9
5 ADMN ABCFGHKOQUY10
B 16A CEE
6ha 100T(70-110m²) 380D
€35,00 / €45,00
112019

A27 Bremen-Cuxhaven, Ausfahrt Altenwalde Richtung Sahlenburg. In Sahlenburg links in die Nordheimstraße. Bis zum Straßenende, dann rechts; jetzt noch etwa 250m zur Einfahrt. Ins Navi eingeben: Wernerwaldstraße 4.

Dahlenburg, D-21368 / Niedersachsen

- Elbtalaue Camp im Dorn ★★★
- Dornweg 6 Campingplatz
- 1 Apr – 3 Okt
- +49 58 51 94 48 48
- @ klauskurtpeter@aol.com
- N 53°10'54" E 10°44'50"

1 AFJMNOPQRST BGHNR 6
2 BCKPQSWXYZ ABDEFGHI 7
3 AHNOS ABCFJNQRU 8
4 FHJ D 9
5 DMN ABGHIJNQ10
B 16A CEE
1,3ha 50T(100-160m²) 41D
€17,50 / €24,50
114724

Ab Maschener Kreuz A1/A7 zur A250 Richtung Lüneburg, dann die B216. Von Süden A7, Ausfahrt 44 Soltau-Ost, dann die B71 und B209 Richtung Lüneburg. Weiter über die B216 Richtung Dahlenburg. CP ist ausgeschildert.

Dannenberg, D-29451 / Niedersachsen

- Stadtcampingplatz Dannenberg
- Bäckergrund 35
- 1 Apr – 30 Sep
- +49 58 61 80 09 80
- @ badteamdbg@gmail.com
- N 53°05'59" E 11°06'34"

1 AJMNOPQRST BFN 6
2 QWXYZ BEFGI 7
3 BGU BDFJNQRTUW 8
4 FHJO 9
5 DEN ABGHJMNQ10
B 16A CEE
2,6ha 55T(100-175m²) 35D
€19,00 / €24,00
108078

A7 Hamburg-Hannover fahren. Am Maschener Kreuz Straße 4 Richtung Lüneburg. In Lüneburg Straße 216 nach Dannenberg.

Dorum/Neufeld, D-27632 / Nieders.

- Knaus Campingpark Dorum ★★★
- Am Kutterhafen
- 1 Apr – 30 Sep
- +49 47 41 50 20
- @ dorum@knauscamp.de
- N 53°44'19" E 08°31'03"

1 ADEFJMNOPQRT BKQSXYZ 6
2 GIKPQWX ABDEFG 7
3 AB ABEFNQRW 8
4 H 9
5 ADEGHKLM ABDFGHJOQUV10
Anz. auf S. 236 + Umschl. 16A CEE
8,5ha 120T(80-140m²) 90D
€39,60 / €51,80
102195

A27 Bremerhaven-Cuxhaven, Ausfahrt Neuenwalde Richtung Dorum. In Dorum Richtung Midlum, dann Dorum/Neufeld-Kutterhafen. Ca. 7 km bis zum Hafen, rechts hochfahren, CP-Schild folgen.

Drochtersen, D-21706 / Niedersachsen

- Campingplatz Krautsand
- Elbinsel Krautsand 58
- 1 Apr – 31 Okt
- +49 41 43 14 94
- @ info@campingplatz-krautsand.de
- N 53°45'04" E 09°23'10"

1 ADEJMNOPQRST JMNQSWXYZ 6
2 CIJPQSTWXY ABDFG 7
3 AM ABCDEFJNPQRTUW 8
4 HJ 9
5 DMN ABCFHIJMOQUVW10
B 16A CEE
2ha 60T(90-110m²) 65D
€31,00 / €39,00
113436

A1 Bremen-Hamburg. In Ausfahrt 44 nach Buxtehude, dann Stade, Richtung Elbfähre (Wischhafen). In Drochtersen am Kreisel rechts Richtung Krautsand.

Ebstorf, D-29574 / Niedersachsen

- Campingplatz am Waldbad
- Hans-Rasch-Weg
- 1 Jan – 31 Dez
- +49 58 22 32 51
- @ info@caw-e.de
- N 53°02'04" E 10°24'42"

1 ABDEFJMNOPQRST BEGHIN 6
2 BPQSTWXYZ ABDEFGHIJ 7
3 BGHIMNS ABCDEFJNQRTUW 8
4 FHJOPQST DFKV 9
5 DMN ABFGHIJOQV10
24ha 70T(90-120m²) 33D
€20,60 / €29,00
113449

A7 Richtung Hamburg, Ausfahrt 44 Soltau über die B71 nach Munster, vor Eimke links ab Richtung Ebstorf. Der CP ist am Tennisplatz und Schwimmbad angezeigt.

Egestorf, D-21272 / Niedersachsen

- Regenbogen Ferienanlage Egestorf
- Campingplatz 1
- 25 Mrz – 30 Okt
- +49 4 17 56 61
- @ egestorf@regenbogen.ag
- N 53°10'27" E 10°03'36"

1 ABDEJMNOPQRST A 6
2 ABPQRSUVWXY BEFGHI 7
3 B BDFJKNQRTW 8
4 FHT 9
5 ABDLMN ABGHIJMNST10
B 6-10A CEE
22ha 240T(100-120m²) 30D
€30,10 / €30,10
102396

A7 von Hannover. Ausfahrt 42 Richtung Evendorp. Von Hamburg Ausfahrt 41 Richtung Egestorf. In beiden Ortschaften der CP-Beschilderung folgen.

Essel/Engehausen, D-29690 / Nieders.

- Aller-Leine-Tal
- Marschweg 1
- 1 Mrz – 31 Okt
- +49 50 71 51 15 49
- @ camping@camping-allerleinetal.de
- N 52°41'22" E 09°41'53"

1 ADEJMNOPRST JLNXY 6
2 ABCEQXYZ ABDEFGH 7
3 BJM ABCDFJNQRTW 8
4 FHO CFJ 9
5 ADFHJLMN ADHJLNST10
10A
H52 5ha 80T(100-120m²) 47D
€25,00 / €32,00
102327

A7 Hannover-Bremen, Ausfahrt 'Rasthof Allertal', Richtung Celle. Den CP-Schildern folgen.

ACSI EuroCampings

Bewerten Sie einen Campingplatz und gewinnen Sie mit etwas Glück ein iPad.

www.Eurocampings.de

242 Teilkarte Lüneburg auf Seite 241

Frankenfeld, D-27336 / Niedersachsen

- Camping Rittergut Frankenfeld
- Dorfstraße 1
- 1 Jan - 31 Dez
- +49 51 65 39 33
- j-h-f-campingplaetze@web.de
- N 52°46'13" E 09°25'38"

1 AEF**JM**NOPQRST J**N**UW**X**YZ 6
2 CIQSXYZ AB**FG** 5
3 AB**LM** ABCDEFJNQRW 8
4 H D 9
5 ADMN ABCGHJOQW10
16A CEE ❶ €22,50
2ha 40T 101**D** ❷ €31,50
100104

Von der B209 Soltau-Nienburg in Rethem Richtung Schwarmstedt/Frankenfeld abbiegen. In Frankenfeld ausgeschildert.

Garlstorf, D-21376 / Niedersachsen

- Freizeit-Camp-Nordheide
- Egestorfer Landstraße 50
- 1 Jan - 31 Dez
- +49 1 52 28 49 13 77
- camping-garlstorf@t-online.de
- N 53°13'30" E 10°05'16"

1 ADEF**JM**NOPQRST 6
2 ABQSXYZ BDE**FG**HIJ 7
3 ABFMU ABCDEFJKNQRVW 8
4 FHJ 8
5 DM AGHJOQU10
Anzeige auf dieser Seite B 16A CEE ❶ €28,00
H72 6ha 150T(80-140m²) 100**D** ❷ €27,50
114460

A7 Ausfahrt 40 Garlstorf, dann Hansteder-Landstraße Richtung Garlstorf. CP Richtung Egestorf angezeigt.

Camping Elbeling

Prächtiger, gepflegter, komfortabler und ruhiger Campingplatz. Gleich an der Elbe mit großen Plätzen. Unser Camping liegt am Rande des schönen Unesco Biosphärenreservats. Einmalige Umgebung für Naturliebhaber, Vogelkundler und Angler! Vorallem viele Wander- und Radangebote. Mit Spielplatz, Kinderbecken und Tischtennis und Boules. Kleine Gaststätte vorhanden. Der Campingplatz hat niederländische Inhaber und wurde komplett renoviert.

Hinter den Höfen 9a, 21354 Bleckede (OT Radegast)
Tel. +49 5857555 • E-Mail: info@elbeling.de
Internet: www.elbeling.de

Freizeit-Camp-Nordheide e.V.

Camping mitten in der Nordheide nur 2 km von der Autobahn. Ideal als Übernachtungscamping, nur 40 km von Hamburg, 4 km vom Wildpark Nindorf. Heideblütenfest. Beste Sanitäranlagen. Von Wald umgeben.

Egestorfer Landstraße 50, 21376 Garlstorf
Tel. +49 15228491377 • Fax +49 4172962448
E-Mail: camping-garlstorf@t-online.de

Heidenau, D-21258 / Niedersachsen

- Ferienzentrum Heidenau****
- Zum Ferienpunkt 1
- 1 Jan - 31 Dez
- +49 41 82 42 72
- info@ferienzentrum-heidenau.de
- N 53°18'31" E 09°37'14"

1 ADEFHKNOPQRST BG**N** 6
2 ABEQXYZ ABDE**FG**I 7
3 ABDF**IM**NO**S**V ABCDEFGJNQRTUVW 8
4 BCFGHJOQ**XZ** EVY 9
5 ABDFHJLN AFGHJLNQU10
B 16A CEE ❶ €28,00
70ha 87T(100-120m²) 510**D** ❷ €36,00
112406

Autobahn A1 Bremen-Hamburg, Ausfahrt 46 Richtung Heidenau. In Heidenau den Schildern folgen.

Hemmoor, D-21745 / Niedersachsen

- Tauchbasis Kreidesee
- Cuxhavener Str. 1
- 1 Jan - 31 Dez
- +49 47 71 79 21
- N 53°42'03" E 09°07'38"

1 A**J**MNOPQRS**T** **N**O 6
2 EQSXY AB**FG**I**K** 7
3 AB ABCDEFGJNQRTVW 8
4 DIJSVY 9
5 ADM AHJMQUV10
B 16A CEE ❶ €20,00
8ha 74T(50-100m²) 80**D** ❷ €26,50
114457

A1 Hamburg-Bremen Ausfahrt 49 Bockel. B71 Zeven Richtung Bremervörde. Dort Richtung Cuxhaven/Wischhafen. B73 bis Hemmoor. Am Ortsausgang nach ± 200m links. Mit Navi den GPS-Werten folgen (Haupteingang).

Gartow, D-29471 / Niedersachsen

- Campingpark Gartow****
- Am Helk 3
- 1 Mrz - 31 Okt
- +49 58 46 97 90 60
- info@campingpark-gartow.de
- N 53°01'35" E 11°26'33"

1 ADEF**JM**NOPQRST EH**N**XYZ 6
2 PQWXYZ ABDE**FG**HIJK 7
3 ABEFG**J**M**NO**S**T**X ABCDE**FG**HIJNQRTUV 8
4 BEFHJO**RSTW**X VY 9
5 ABDJKMN ABEGHIJLM**O**QUVW10
B 10A CEE ❶ €26,00
14ha 150T(100-140m²) 150**D** ❷ €32,40
108079

A7 Hannover-Hamburg. In Soltau Straße 209 nach Lüneburg. Ab Lüneburg Straße 216 bis Dannenberg. Dann Ri. Gusborn-Gartow.

Naturcampingplatz Südheide "Am Örtzetal" - Oldendorf

Eine Oase der Ruhe und Erholung inmitten einer idyllischen Wald- und Heidelandschaft in der Lüneburger Südheide lädt Sie zu einem unvergesslichen Urlaub ein.

Dicksbarg 46, 29320 Hermannsburg/OT Oldendorf
Tel. 05052-3072/1555
Internet: www.naturcampingplatz-südheide.de

Gartow/Laasche, D-29471 / Niedersachsen

- Laascher See
- OT Laasche 13
- 1 Apr - 4 Okt
- +49 58 46 98 00 93
- info@camping-laasche.de
- N 53°02'24" E 11°24'57"

1 AB**JM**NOPQRST JL**N**PQSX 6
2 CEPQSTWXYZ BCEFG**I** 7
3 B**J**U BDF**J**M**N**QRUV 8
4 FHJO DFJVY 9
5 ABDGHMN ABFGHIJ**O**QU10
B 6-10A CEE ❶ €25,00
3ha 50T(100-150m²) 73**D** ❷ €31,00
114726

A7, Ausf. 44 Soltau-Ost, dann die B71 Ri. Munster weiter Uelzen. Dann B493 Ri.Lüchow. In Lüchow die K2 Ri. Gorleben. Dort rechts L256 Ri. Gatow. Von Osten: Ab Wittenberge B195. Direkt hinter Dörmitz über die Elbe. Ri. Gorleben. CP ist ausgeschildert.

Hermannsburg/OT Oldendorf, D-29320 / Niedersachsen

- Naturcampingplatz Südheide
- "Am Örtzetal"
- Dicksbarg 46
- 1 Jan - 31 Dez
- +49 50 52 30 72

1 AF**JM**NOPRST JN**U** 6
2 BCEQRXYZ B**FG**H 7
3 A ABE**F**JNQRW 8
4 J JRV 9
5 DE AHJMQ10
Anzeige auf dieser Seite 16A CEE ❶ €21,50
6ha 100T(100-120m²) 81**D** ❷ €26,50
N 52°48'09" E 10°06'08"
102401

In Celle die B191 Richtung Uelzen. In Eschede links nach Oldendorf, oder ab Bergen nach Beckedorf und rechts nach Oldendorf abbiegen.

Gnarrenburg, D-27442 / Niedersachsen

- Am Eichholz
- Hermann-Lamprecht-Str. 69
- 1 Mrz - 15 Okt
- +49 47 63 86 48
- camping.gnarrenburg@gmail.com
- N 53°23'31" E 09°00'35"

1 ADEFJMNOPQRST A**F**H 6
2 QXY ABDE**FG** 7
3 AB**L** ABE**F**JNQRW 8
4 FHJ F 9
5 DM AJOQ10
10-16A ❶ €21,50
4ha 90T(120m²) 34**D** ❷ €28,50
118640

In Gnarrenburg der Beschilderung Schwimmbad/Camping folgen. CP liegt neben dem Gemeindeschwimmbad.

Hösseringen/Suderburg, D-29556 / Niedersachsen

- Am Hardausee*****
- Campingplatz 1
- 1 Apr - 31 Okt
- +49 58 26 76 76
- info@camping-hardausee.de
- N 52°52'11" E 10°25'22"

1 ABEF**JM**NOPQRST L**N**PQ 6
2 EJKPQWXYZ BE**FG**I 7
3 ABGMSX BDFJKNQR**S**TUVW 8
4 A**E**FGH ETUVW 9
5 ABDEFHJKMN ABCDEFGHJMOQU10
B 16A CEE ❶ €30,00
H80 10ha 100T(90-100m²) 351**D** ❷ €38,00
102399

Die B191 Celle-Uelzen, Ausfahrt Suderburg. In Suderburg rechts Richtung Hösseringen/Räber zum Hardausee.

Guderhandviertel, D-21720 / Niedersachsen

- Nesshof
- Nessstr. 32
- 1 Jan - 31 Dez
- +49 41 42 81 03 95
- camping@nesshof.de
- N 53°32'34" E 09°36'43"

1 ADEF**JM**NOPQRS**T** **N** 5
2 ACPQTXYZ ABDE**FG** 7
3 ABE**F**JNQRW 8
4 H F 9
5 ABDEHMN ABFGHIJLM**O**QU10
B 16A CEE ❶ €24,00
2,5ha 90T(100-160m²) 34**D** ❷ €30,00
114715

A26 Ausfahrt Dollern, danach Richtung Altesland/Steinkirchen. Nach 3 km auf der L125 in Guderhandviertel rechts in die Neßstraße ist CP ausgeschildert.

Klein Kühren, D-29490 / Niedersachsen

- Campingplatz Elbufer
- Elbuferstrasse 141
- 1 Jan - 31 Dez
- +49 5 85 32 56
- campingplatz-elbufer@t-online.de
- N 53°13'34" E 10°54'43"

1 ADEF**JM**NOPQRST J**N**QSWX 6
2 DJPQVXYZ ABE**FG**I 7
3 BDF**N**PQRUW 8
4 FHJQ FVW 9
5 ABEFMN AHJMOQU10
B 16A CEE ❶ €24,00
3ha 75T 12**D** ❷ €31,00
114459

A1 Richtung Hamburg. A39 Richtung Lüneburg. B4 Lüneburg. B216 Richtung Dannenberg. Rechts L232 Neu Darchau. Neu Darchau in die Elbuferstrasse Richtung Klein Kühren. Camping angezeigt.

Hechthausen/Klint, D-21755 / Niedersachsen

- Ferienpark Geesthof***
- Am Ferienpark 1
- 1 Jan - 31 Dez
- +49 4 77 45 12
- info@geesthof.de
- N 53°37'33" E 09°12'10"

1 ADEF**JM**NOPQRST BEGH**N**OVXYZ 6
2 BDFJQWXYZ ABE**FG**IJ 7
3 ABFG**HI**MTX ABCDE**FG**JNQR**S**TW 8
4 ABCDFGH**TUV**X EGJLVWY 9
5 ABDKMN AFGHIJM**O**QUW10
B 10-16A CEE ❶ €29,50
25ha 80T(100-150m²) 117**D** ❷ €38,50
102243

B73 HH-Stade-Cuxhaven, Ausfahrt Hechthausen Richtung Klint. In Klint / Hechthausen der CP-Beschilderung folgen.

Oberohe/Faßberg, D-29328 / Niedersachsen

- Ferienpark Heidesee
- Oberohe 25
- 1 Jan - 31 Dez
- +49 58 27 97 05 46
- info@campingheidesee.com

1 ADEFJMNOPQRST AHLNX 6
2 EJQRVXYZ BEFG 7
3 ABDFGMU BDFJNQRTW 8
4 BCFHKLOPQT DIJVWY 9
5 ADEFM ABCGHIJLOQ10
B 16A CEE € 26,00
19,5ha 267T(80-120m²) 138D € 38,50

N 52°52'34" E 10°13'35" 102400
A7 Hannover-Hamburg, Ausfahrt 44 Soltau-Ost, über die B71 nach Munster, Ausfahrt Müden/Faßberg, Richtung Unterlüß. Vorsicht, die letzten 200m Kopfsteinpflaster.

Otterndorf/Müggendorf, D-21762 / Niedersachsen

- See Achtern Diek
- Am Campingplatz 3
- 1 Apr - 31 Okt
- +49 47 51 29 33
- campingplatz@otterndorf.de

1 DEFJMNOPQRST KLMNORUVWXZ 6
2 EGIKQSWXY ABDEFGHIJK 7
3 ABDFGJMUW ABCDEFGJKNOPQRSTUVW 8
4 BHJO FLMNRTVWY 9
5 ABDEFHKN ABCGHIJMNQUV10
B 16A CEE € 36,50
17ha 212T(60-240m²) 346D € 46,50

N 53°49'31" E 08°52'34" 102194
B73 Stade-Cuxhaven. Ausfahrt Otterndorf. CP ist gut ausgeschildert. Folgen Sie die Beschilderung 'Ferienanlagen/Müggendorf'.

Lüneburg, D-21335 / Niedersachsen

- Rote Schleuse
- Rote Schleuse 4
- 1 Jan - 31 Dez
- +49 41 31 79 15 00
- kontakt@camp-rote-schleuse.de

1 ADEFJMNOPRST JLXYZ 6
2 ACEJKLPQRSXYZ ABDEFG 7
3 BFHILMU BDFGHJKNPQRTW 8
4 FHJOZ EFG 9
5 ADFGHLMN ABCGHIJOQ10
Anzeige auf dieser Seite B 16A CEE € 30,50
2ha 100T 31D € 40,90

N 53°12'35" E 10°24'40" 102395
An der B4, der Salzstraße Richtung Uelzen-Braunschweig am südlichen Ende des Ostrings (Richtung Zentrum). Ausgeschildert.

Oyten, D-28876 / Niedersachsen CC€22

- Knaus Campingpark Oyten****
- Oyter See 1
- 1 Mrz - 27 Nov
- +49 42 07 28 78
- oyten@knauscamp.de

1 ADEFJMNOPQRST ILMNSWX 6
2 AEJKPQWXYZ ABDEFG 7
3 ABEGJLM ABCDEFKNQRSTW 8
4 H EN 9
5 ADEM ABCDGHJOQU10
Anz. auf S. 236 + Umschl. 16A CEE € 36,90
3ha 114T(70-100m²) 99D € 46,30

N 53°02'47" E 09°00'24" 114719
A1 Bremen-Hamburg, Ausfahrt 52 Richtung Oyten. Am Lidl links ab, durch Oyten, dann Richtung Oyter See und den CP Schildern folgen.

Rote Schleuse

Im romantischen Ilmenautal gelegen, unweit der historischen Altstadt Lüneburgs befindet sich der Campingplatz Rote Schleuse. Neben den großen Stellplätzen und den gepflegten neuen Sanitäranlagen bieten wir viele Freizeitangebote an. Auch die schöne Umgebung lädt zum Wandern und Radfahren ein. Unser Restaurant 'Platzhirsch', inkl. gemütlichem Biergarten, ist für Ihr leibliches Wohl da.

Rote Schleuse 4, 21335 Lüneburg
Tel. 04131-791500 • Internet: www.camp-rote-schleuse.de

Schiffdorf/Spaden, D-27619 / Niedersachsen

- CP-und Ferienpark Spadener See Gmbh & co. KG****
- Seeweg 2
- 15 Mrz - 31 Okt
- +49 4 71 30 83 64 56
- info@campingplatz-spadener-see.de

1 AEFILOPQRST LPW 6
2 AEJKPQXYZ ABDEFG 7
3 ABL ABCDEFJKNQRTUVW 8
4 FHJ E 9
5 ABDEFHKLMN ABGHJNQ10
16A CEE € 28,50
33ha 120T(100-150m²) 222D € 36,50

N 53°34'30" E 08°38'48" 102198
A27 Bremerhaven-Cuxhaven. Ausfahrt Spaden, danach folgen Sie den CP-Schildern, gut ausgezeigt.

Midlum/Wurster Nordseeküste, D-27639 / Niedersachsen

- Kransburger See
- Kransburger Str. 1
- 1 Jan - 31 Dez
- +49 4 74 29 29 80
- info@kransburger-see.de

1 ADEFJMNOPQRST LMNP 6
2 ABEIJKPQRWXYZ BCEFGJK 7
3 ABFGJLMTV ABCDEFGJKNQRSTUVW 8
4 BCDHJN DEFKMNTVY 9
5 ABDEFHKMN ABHIJLMOQUV10
Anzeige auf dieser Seite B 16A CEE € 34,00
26ha 140T(100m²) 324D € 45,00

N 53°42'27" E 08°37'58" 112129
A27 Bremen-Cuxhaven. Ausfahrt 4 Neuenwalde. Richtung Dorum bis zur L135, dort Richtung Cuxhaven über Holßel nach Kransburg. Beschildert.

Schneverdingen/Heber, D-29640 / Niedersachsen

- Camping-Park Lüneburger Heide*****
- Badeweg 3
- 1 Jan - 31 Dez
- +49 5 19 92 75
- info@camping-lh.de

1 ADEFJMNOPQRST LM 6
2 ACEJPQSTWXY ABCDEFGK 7
3 ABFGHIMSU ABCDEFGHIJKNPQRTUVW 8
4 ABEFHKOXZ EFJKLVYZ 9
5 ABDFHLMN ABFGHJMOQW10
B 16A CEE € 35,00
H80 6,2ha 112T(100-200m²) 88D € 45,00

N 53°04'15" E 09°51'55" 102320
A7 Hannover-Hamburg, Ausfahrt Bispingen Richtung Behringen (2 km). Dann Richtung Schneverdingen bis Heber, gut ausgeschildert.

Müden/Örtze (Gem. Faßberg), D-29328 / Nieders. CC€18

- Sonnenberg
- Sonnenberg 3
- 15 Apr - 15 Okt
- +49 50 53 98 71 74
- info@campingsonnenberg.com

1 AJMNOPQRST 6
2 BIQVWXYZ ABDEFG 7
3 ABX ABCDEFJLNQRUVW 8
4 FHIJO BIVW 9
5 ADEFGHKMN ABDGHIJNQY10
6-16A € 23,00
5ha 80T(150-350m²) 9D € 34,00

N 52°53'16" E 10°05'58" 102397
A7 Hannover-Hamburg, Ausfahrt Soltau-Ost, dann die B71 nach Munster. Hinter Munster Ausfahrt Celle. In Müden den CP-Schildern folgen.

Soltau, D-29614 / Niedersachsen

- Ferienpark Moränasee
- Dittmern 9
- 1 Jan - 31 Dez
- +49 51 91 97 52 68
- info@ferienpark-soltau.de

1 ABDEJMNOPQRST LM 6
2 ABFJKPQTWXYZ ABDEFGH 7
3 ABCGLMU ABEFGJNQRSTUV 8
4 FHK AVXY 9
5 ABDJKN ABEFHJLMNQ10
16A CEE € 27,20
H100 33ha 28T(100m²) 302D € 36,20

N 53°00'56" E 09°55'21" 116717
E45 Ausfahrt 44 Richtung Heidepark. Vor dem Heidepark dem CP-Schild Moränasee folgen.

Munster/Kreutzen, D-29633 / Niedersachsen

- Zum Örtzewinkel****
- Kreutzen 22
- 1 Jan - 31 Dez
- +49 50 55 55 49
- info@oertzewinkel.de

1 ABDEFJMNOPQRST JLN 6
2 CPQWXYZ BCEFGI 7
3 ABEFLM BDFJNQRTUVW 8
4 EFGHJO FVWY 9
5 ABDFLMN ABGHKLOPQ10
B 16A CEE € 27,00
H65 8ha 72T(100-160m²) 115D € 32,50

N 52°55'07" E 10°07'40" 101121
A7/E45 Hannover-Hamburg. Ausfahrt Soltau Ost. Via B71 an Munster vorbei, dann Richtung Celle und der Beschilderung folgen.

Soltau, D-29614 / Niedersachsen

- Röders' Park-Premium Camping
- Ebsmoor 8
- 1 Jan - 31 Dez
- +49 51 91 21 41
- info@roeders-park.de

1 ADEFILNOPQRST 6
2 ACQTWXYZ ABDEFGH 7
3 ALMX ABCDEFGHJNPQRTUVW 8
4 FH VZ 9
5 ABDFLMN ABCEFGHJOQW10
B 16A CEE € 39,00
H50 2,5ha 90T(80-120m²) 30D € 49,00

N 53°00'02" E 09°50'15" 102323
Ab Soltau über die B3 Ri. Hamburg. Von Norden die Ausfahrt Bispingen nehmen, in Behringen Ri. Soltau. Von Süden die Ausfahrt Soltau-Ost oder Süd. Auf der B3 Ri. Soltau. Der CP liegt am Rande von Soltau.

Nordholz/Wurster Nordseeküste, D-27639 / Nieders. CC€14

- Camp.- und Wochenendplatz Beckmann GmbH
- Wanhödenerstraße 28
- 1 Jan - 31 Dez
- +49 47 41 85 88
- post@nordholz-camping.de

1 ADEFJMNOPQRST AF 6
2 ABQWXYZ ABDEFGHIJK 7
3 ABMV ABEFGJNQRUW 8
4 BFHJO DFIY 9
5 ABDEFHJKMN ABCHJOQVW10
16A CEE € 20,00
5,5ha 190T(80-160m²) 135D € 25,00

N 53°45'11" E 08°38'22" 120123
A27 Ausfahrt Nordholz, nach etwa 1800m liegt der CP an der linken Seite.

Buchen Sie eine organisierte Campingreise bei ACSI!

www.ACSIcampingreisen.de

HALLO HAMBURG

- Stellplätze direkt an der Elbe!
- Kostenloser Fahrradbus und Shuttleservice nach Hamburg (Wochenende/Feiertage)
- Schiffsausflugsfahrten nach Hamburg
- Restaurant & Frischemarkt am Platz

Stover Strand 10 · 21423 Drage/Stove · Telefon 04177-430 · info@stover-strand.de
www.camping-stover-strand.de · Zweiter Platz am Ende der Zufahrtsstraße

Camping Stover Strand International Kloodt oHG

Soltau/Harber, D-29614 / Niedersachsen
- Ferienparadies Mühlenbach
- Wietzendorferstr. 2
- 1 Jan - 31 Dez
- +49 5 19 11 49 12
- info@ferienparadies-muehlenbach.de
- 1 ABCDEF**JM**NOPQRST LM**N** 6
- 2 ABCEJKPQTWXYZ ABDE**FGI**J 5
- 3 AB**D**EFG**HIL**MUVX ABCDEFHIJKNPQRTUVW 8
- 4 FHJKO EGIJ 9
- 5 ABDHJMNO ABFGHJLMNQUV 10
- 16A CEE ① €20,00
- N 52°59'12" E 09°54'38" ② €25,00
- H59 10ha 150**T**(100-160m²) 288**D**
- A7 Hannover-Hamburg, Ausfahrt 44 Soltau-Ost. Über die B71 in Richtung Soltau, dann links in Richtung Wietzendorf. 109374

Soltau/Wolterdingen, D-29614 / Niedersachsen
- Campingplatz Auf dem Simpel
- Auf dem Simpel 1
- 1 Jan - 31 Dez
- +49 51 91 36 51
- info@auf-dem-simpel.de
- 1 A**D**EF**JM**NOPQRS**T** BF 5
- 2 ABQRSTWXY ABDE**FGI** 7
- 3 B**FGLM** ABCD**EF**JKNQRS**T**UVW 8
- 4 FH**JQ** DEFGJVWYZ 9
- 5 ACDFHLMN ABFGHJL**O**QWY 10
- B 16A CEE ① €35,50
- N 53°01'32" E 09°51'35" ② €45,50
- H78 9ha 110**T**(85-150m²) 147**D**
- A7 Hamburg-Hannover, Ausfahrt Soltau-Ost. Den Schildern folgen Heide-Park. Am Heide-Park vorbei, nach 800m links. CP liegt zwischen Heidepark und der B3. 102321

Sottrum/Everinghausen, D-27367 / Niedersachsen
- Camping-Paradies "Grüner Jäger"*****
- Everinghauser Dorfstraße 17
- 1 Jan - 31 Dez
- +49 42 05 31 91 13
- info@camping-paradies.de
- 1 A**D**EJMNOPQRST AF**N** 5
- 2 ACQWXY AB**FGIK** 7
- 3 BM ABCD**EF**GIJNQRT**U** 8
- 4 HK**T** 9
- 5 AB**D**FHLMN ABGHJK**O**QU 10
- B 16A CEE ① €34,50
- N 53°05'00" E 09°10'37" ② €43,50
- H70 2,8ha 50**T**(80-120m²) 35**D**
- A1 Bremen-Hamburg, Ausfahrt 50 Stuckenborstel, Richtung Rotenburg, nach 300m bei den Ampeln rechts abbiegen nach Everinghausen und nach Everinghausen fahren. Nach 4 km der 1. CP links. 102246

Stove/Hamburg, D-21423 / Niedersachsen
- Camping Land an der Elbe
- Stover Strand 7
- 1 Apr - 29 Sep
- +49 4 17 63 27
- info@camping-land-online.de
- 1 A**F**JM**NOPQRS**T JM**N**QSWXY 6
- 2 AC**I**JKPQSTXYZ ABDE**FGHI**J 7
- 3 AB**G**L**R** ABCD**F**G**H**JKNPQRTUVW 8
- 4 FHJ HINZ 9
- 5 ABDGMN ABGHIJM**O**QX 10
- B 16A CEE ① €29,00
- N 53°25'45" E 10°18'09" ② €39,00
- 3,5ha 72**T**(100-150m²) 122**D**
- Von der A7 zur A250, in Handorf zur B404 hinter der Elbebrücke in Ronne. Von der B404 Richtung Stove. 118500

Stove/Hamburg, D-21423 / Niedersachsen
- Campingplatz Stover Strand International*****
- Stover Strand 10
- 1 Jan - 31 Dez
- +49 41 77 74 30
- info@stover-strand.de
- 1 A**D**EF**JM**NOPQRS**T** JM**N**QSW**XY**Z 6
- 2 ACEJKPQTWXY BE**FG**HIJK 7
- 3 B**FGJLMR**SUX BD**FG**IJKN**QRS**TUVW 8
- 4 A**BCDE**FHJL**O**T ADEGJKNOPRVWYZ 9
- 5 ACDFHJLM**NO** ABDFGHIJLM**O**QUWY 10
- Anzeige auf dieser Seite B 16A CEE ① €31,00
- N 53°25'27" E 10°17'44" ② €37,00
- 30ha 130**T** 334**D**
- A7 Hannover-Hamburg, Ausf. 1 Maschener Kreuz Richtung Winsen/Lüneburg. A39, dann Ausf. B404 Richtung Geesthacht. Ausfahrt in Rönne Ri Stove. Die Straße Stover Strand bis zum Ende durchfahren. 108076

Tarmstedt, D-27412 / Niedersachsen
- Wochenendpark Rethbergsee
- Wörpeweg 51
- 1 Jan - 31 Dez
- +49 4 28 34 22
- camping-rethbergsee@t-online.de
- 1 A**F**JM**NOPQRS**T L**N** 6
- 2 EJQWXYZ ABDE**FGH** 7
- 3 ABEFGU ABCDEFJKNPQRTUVW 8
- 4 FHJO**QRV** JQTV 9
- 5 AB**DEMN** ABGHJNQU 10
- 16A CEE ① €26,00
- N 53°12'56" E 09°05'23" ② €36,00
- 15ha 50**T**(120-160m²) 302**D**
- Von Zeven aus nach Tarmstedt. Am Ortseingang von Tarmstedt südwärts. Dann noch 1 km bis zum CP. Wenn über die A1, die Ausfahrt Oyten. 102244

Uelzen, D-29525 / Niedersachsen
- Uhlenköper-Camp
- Festplatzweg 11
- 1 Jan - 31 Dez
- +49 58 17 30 44
- info@uhlenkoeper-camp.de
- 1 A**D**EF**JM**NOPQRST AUV 6
- 2 BCPQSWXYZ BE**FGI** 7
- 3 B**EF**H**IM**NSTX BDFIJNQRTU 8
- 4 ABCFHJK BEFGKLRVWX 9
- 5 ACDEFHJKM ABHIJLMOPQU 10
- B 16A CEE ① €26,50
- N 53°00'00" E 10°30'56" ② €34,00
- H57 4,5ha 85**T**(90-120m²) 50**D**
- Die B4 Uelzen-Lüneburg Richtung Kirchweyhe. 100105

Wienhausen/Schwachhausen, D-29342 / Niedersachsen
- Am Allerstrand
- Offensener Str. 2A
- 1 Apr - 31 Okt
- +49 50 82 91 20 04
- info@camping-landurlaub.de
- 1 **F**JM**N**OPQRST J**N** 6
- 2 CPQXYZ BF 7
- 3 M AB**F**JNQRW 8
- 4 H R 9
- 5 AHJMNQU 10
- 16A CEE ① €22,00
- N 52°34'45" E 10°14'45" ② €28,00
- H70 55**T**(40-100m²) 40**D**
- A2 Hannover-Braunschweig, Ausfahrt 51 Hämelerwald Richtung Uetze (L413). L387 Richtung Bröckel. Links auf die 214 nach Eicklingen, rechts nach Wienhausen, rechts nach Offensen der Beschilderung folgen. Camping liegt links. 123031

Wietzendorf, D-29649 / Niedersachsen
- Südsee-Camp*****
- Südsee-Camp 1
- 1 Jan - 31 Dez
- +49 51 96 98 01 16
- info@suedsee-camp.de
- 1 A**D**EJ**M**NOPQRST AEG**H**ILM 6
- 2 AB**E**JQT**W**XYZ ABCDE**FGHI**J 7
- 3 BC**D**FG**HIJLM**N**TUWX** ABCD**F**GIJKLNQRS**T**UVW 8
- 4 A**BCDE**FHJNO**RSTUVX** DEJRVWYZ 9
- 5 AC**D**EFHJLM**N** ABEFGHILMNQUWY 10
- Anz. auf dieser Seite B 6-16A CEE ① €42,10
- N 52°55'53" E 09°57'56" ② €52,10
- H50 80ha 726**T**(80-135m²) 771**D**
- A7 Hamburg-Hannover, Ausfahrt 45 Soltau Süd, dann die B3 Richtung Bergen. Ab Abfahrt Bockel den Schildern 'Südsee Camp' folgen. 102324

Wingst/Land Hadeln, D-21789 / Niedersachsen
- Knaus Campingpark Wingst****
- Schwimmbadallee 13
- 1 Mrz - 27 Nov
- +49 47 78 76 04
- wingst@knauscamp.de
- 1 A**D**EF**JM**NOPQRST AEG**H**I**N** 6
- 2 BEPQSUVWXYZ ABDE**FGI**J 7
- 3 ABFG**J**MSX ABCDEFG**IJ**NQRTUW 8
- 4 HJKO AEJUVW 9
- 5 AB**D**FKLMN ABDGHIJLM**O**QUY 10
- Anz. auf S. 236 + Umschl. B 16A CEE ① €45,50
- N 53°45'09" E 09°05'00" ② €57,10
- 9ha 265**T**(100m²) 91**D**
- B73 Cuxhaven-Stade, Ausfahrt Wingst, Schwimmbad. 102242

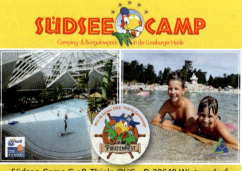

SÜDSEE CAMP Camping & Bungalowpark in der Lüneburger Heide

Südsee-Camp G.+P. Thiele OHG • D-29649 Wietzendorf
Tel. +49(0)5196 980-116 • www.suedsee-camp.de

Deutschland

Teilkarte Lüneburg auf Seite 241   **245**

Teilkarte Lüneburg auf Seite 241

Winsen (Aller), D-29308 / Niedersachsen

- Campingpark Südheide
- Im stillen Winkel 20
- 25 Mrz - 31 Okt
- +49 5 14 36 66 18 03
- info@campingpark-suedheide.de
- N 52°40'19" E 09°56'10"

1 ADE**J**MNOPQRST	AJNUXZ 6	
2 DJPQWXYZ	**FG**HIJK 7	
3 ABDEF**HIL**MSTV	ABCDEFGJKLNRSTUVW 8	
4 BCDFGHJLOTV**XZ**	JRV 9	
5 ABDEFHMN	ABEFGHIJMOQU10	
B 16A CEE	❶ €43,00	
9ha 280**T** (100-160m²) 20**D**	❷ €47,00	102330

A7 Hamburg-Hannover, Ausfahrt Raststätte/Allertal Richtung Celle, dann nach Winsen und in Winsen ausgeschildert. Der CP liegt knapp außerhalb von Winsen Richtung Celle.

Wurster Nordseeküste, D-27639 / Niedersachsen

- Außerdeich Campingplatz Cappel-Neufeld
- Deichweg-Außendeich
- 1 Mai - 15 Sep
- +49 4 70 56 60 36 15
- info@camping-freizeit-gmbh.de
- N 53°45'53" E 08°32'19"

1 DEHKNOPQRST	KMQS**X** 6	
2 HIKQ	ABDE**FG**IK 7	
3 BS	ABDFNQRW 8	
4 H	D 9	
5 DM	AHJOS10	
CEE	❶ €32,30	
6ha 230**T** (bis 100m²) 35**D**	❷ €40,50	117167

A27 Bremen-Cuxhaven, Ausfahrt 4 Neuenwalde Richtung Dorum bis zur B6. Dann Richtung Cuxhaven, bei Holßel nach Cappel. Weiter Richtung Cappel-Neufeld und Strand. Direkt über den Deich.

Winsen (Aller), D-29308 / Niedersachsen

- Campingplatz Winsen (Aller)
- Auf der Hude 1
- 1 Jan - 31 Dez
- +49 5 14 39 31 99
- info@campingplatz-winsen.de
- N 52°40'36" E 09°54'05"

1 ABDE**J**MNOPQRS**T**	JNX**V**Z 6	
2 DIJKPQXYZ	ABDE**FG** 7	
3 ABF**HIL**MS	ABCDEFJNQRS**T**W 8	
4 FHKG	R 9	
5 ABDEFJLMN	ABDFGHJLM**O**Q10	
16A	❶ €31,50	
13ha 215**T** (100-150m²) 102**D**	❷ €41,50	102328

A7 Hannover-Bremen, Ausfahrt Allertal (Tankstelle) Richtung Celle. In Winsen wird der CP angezeigt (rechts ab). CP liegt im Zentrum von Winsen.

Wurster Nordseeküste, D-27639 / Niedersachsen

- Campingplatz Wremer-Tief
- Strandstraße (Außendeich)
- 15 Apr - 15 Sep
- +49 4 70 56 60 36 15
- info@camping-wremer-tief.de
- N 53°38'46" E 08°29'41"

1 ABDE**JM**NOPQRST	KM**N**QRS**X**YZ 6	
2 HIKQTX	ABDE**FG** 7	
3 ABFG	ABE**F**JNQRW 8	
4 H	VW 9	
5 DM	ABFGHJMQ10	
16A CEE	❶ €36,80	
4ha 250**T** (100-150m²) 30**D**	❷ €45,00	114456

A27 Bremerhaven-Cuxhaven, Ausfahrt Wremen/Bad Bederkesa. Dann Richtung Wremen, wo der CP ausgeschildert ist (Kutterhafen). In Wremen sind 2 Campingplätze. Achtung: Am Wremer Tief auf den Deich hoch!

Winsen/Aller-Meißendorf, D-29308 / Nieders.

- Campingpark Hüttensee
- Hüttenseepark 1
- 1 Jan - 31 Okt
- +49 50 56 94 18 80
- info@campingpark-huettensee.de
- N 52°43'12" E 09°49'31"

1 ADE**J**MNOPQRS**T**	LMN**Q**S**X**YZ 6	
2 EJQXYZ	ABFG 7	
3 **B**DFG**JL**MU**V**	ABCDEFJKNQRTW 8	
4 FHO	AEFTY 9	
5 ABDFLMN	ABCDFGHJLM**O**Q10	
B 16A CEE	❶ €24,40	
18ha 200**T** (100-120m²) 273**D**	❷ €30,40	107968

A7 Hamburg-Hannover, Ausfahrt 49 (Westenholz) Richtung Winsen. Campingplatz ist bei Meißendorf, 7 km vor Winsen. In Meißendorf der Beschilderung 'Hüttenseepark' folgen.

Zeven, D-27404 / Niedersachsen

- Campingplatz Sonnenkamp***
- Sonnenkamp 10
- 1 Jan - 31 Dez
- +49 42 81 95 13 45
- info@campingplatz-zeven.de
- N 53°18'14" E 09°17'51"

1 ADEF**JM**NOPQRS**T**	**AFN** 6	
2 ABCPQTXYZ	ABDE**FG** 7	
3 AFGIM	ABCDEFJKNPQRUW 8	
4 FHO**STUV**	DEFV 9	
5 ABDEFGKMN	AFGHJOQU10	
B 16A CEE	❶ €23,50	
7,5ha 80**T** (100-150m²) 161**D**	❷ €29,10	100100

A1 Bremen-Hamburg Ausfahrt 49 Bockel die B71 bis Zeven. Innerorts CP ausgeschildert.

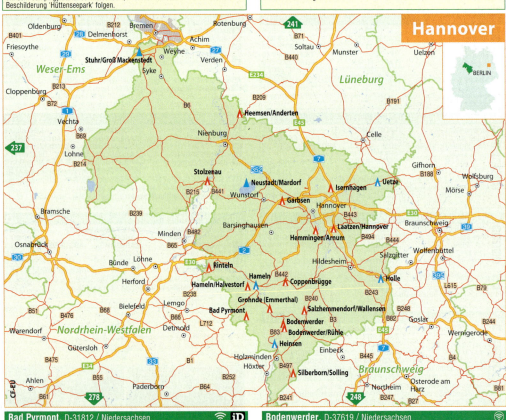

Hannover

Bad Pyrmont, D-31812 / Niedersachsen

- Campingpark Schellental
- Am Schellenhof 1-3
- 1 Jan - 31 Dez
- +49 52 81 87 72
- camping@schellental.de
- N 51°59'45" E 09°16'36"

1 AF**JM**NOPQRST	6	
2 CIQSVWXYZ	ABDE**FG**H 7	
3 AB**L**M	ABCDEFIJKNQRTVW 8	
4 FHJO	K 9	
5 ABDFLMN	AFGHJLORS10	
B 6A CEE	❶ €25,00	
H120 6ha 90**T** (60-110m²) 40**D**	❷ €30,00	101421

In Bad Pyrmont Richtung Bahnhof, die 1. Straße links (in der Kurve), dann den Schildern folgen. Aus Richtung Hameln den CP-Schildern folgen.

Bodenwerder, D-37619 / Niedersachsen

- An der Himmelspforte
- Ziegeleiweg 1
- 1 Jan - 31 Dez
- +49 55 33 49 38
- himmelspforte01@yahoo.de
- N 51°57'33" E 09°30'18"

1 JMNOPQRST	JN**W**X**Y**Z 6	
2 CIQXYZ	ABDE**F**H 7	
3 ABF**HIM**N	ABCDE**F**JKNQRTW 8	
4 FHJ	R 9	
5 ABDFJKMN	AFGHJNQW10	
B 16A CEE	❶ €20,50	
H80 10ha 150**T** (100m²) 250**D**	❷ €28,50	102332

An der B83 zwischen Hameln und Holzminden liegt Bodenwerder. Südlich von Bodenwerder Richtung Zentrum abbiegen. Nach der Weserbrücke rechts der Beschilderung folgen.

246 — Teilkarte Hannover auf Seite 246

Bodenwerder/Rühle, D-37619 / Niedersachsen

- Rühler Schweiz
- Im Grossen Tal 0
- 1 Apr - 31 Okt
- +49 55 33 24 86
- brader-ruehler-schweiz@t-online.de

1 AEFJMNOPQRST	BJNXYZ 6
2 CIPQVX	ABDEFG 7
3 BFGMS	ABCDEFJKNQRTW 8
4 FGH	DR 9
5 ADMN	ABEGHIJMOQ 10

B 16A CEE
€ 24,50 / € 30,50
H80 7,8ha 100T(100m²) 202**D**
N 51°56'35" E 09°30'36" — 100119

An der B83 zwischen Hameln und Holzminden liegt Bodenwerder. An der Südseite von Bodenwerder Richtung Zentrum abbiegen. Über die Weserbrücke rechts ab. Nach etwa 4 km ist der Campingplatz rechts.

Coppenbrügge, D-31863 / Niedersachsen

- Rattenfängerplatz am Ith***
- Felsenkeller 9a
- 1 Jan - 31 Dez
- +49 5 15 67 86 90 14
- ccweserbergland@t-online.de

1 AFJMNOPQRST	BEG 6
2 PQTUVX	ABDEFG**I** 7
3 ABFLMS	ABCDEFJNPQRTW 8
4 FHJ	DF 9
5 D	AFGHJMOQU 10

B 16A CEE
€ 20,50 / € 24,50
H160 1,7ha 40T(60-100m²) 43**D**
N 52°06'55" E 09°32'05" — 117151

Liegt an der B1 in Coppenbrügge neben dem Hallenbad, 15 km östlich von Hameln. Von Hameln aus ist der CP angezeigt. Rechts über die Brücke, Coppenbrücke. Ist ausgeschildert.

Garbsen, D-30823 / Niedersachsen

- Blauer See***
- Am Blauen See 119
- 1 Jan - 31 Dez
- +49 5 13 78 99 60
- info@camping-blauer-see.de

1 BDEFJMNOPQRST	HLMNW 6
2 AEIJQTVXY	ABDEFG 7
3 BFGJLM	ABCDEFJLNQRTUVW 8
4 FH	FGNY 9
5 ABDEFJKM	ABGHJLNQU 10

B 16A CEE
€ 32,00 / € 35,00
H150 6ha 120T(65-100m²) 220**D**
N 52°25'14" E 09°32'47" — 101419

A2 Dortmund-Hannover, Ausfahrt 41 Garbsen. Ab Dortmund Beschilderung folgen. Ab Hannover unter A2 durchfahren, dann ausgeschildert.

Grohnde (Emmerthal), D-31860 / Niedersachsen

- Grohnder Fährhaus
- Grohnder Fähre 1
- 1 Mrz - 31 Dez
- +49 51 55 34 79 83
- camping@grohnder-faerhaus.de

1 ADEJMNOPQRST	JNXYZ 6
2 CIKPQTWXY	ABDEFG 7
3 ABEFGMU	ABCDEFJKNQRT 8
4 FH	EGIRW 9
5 ADEFJLMN	AFGHIJOPSTUV 10

B 16A CEE
€ 24,00 / € 30,00
H70 2,8ha 80T(45-100m²) 83**D**
N 52°01'07" E 09°25'32" — 112405

Der CP liegt an der B83 Hameln-Bodenwerder. In Grohnde Richtung Osten halten, durch den Hafen und mit der Fähre über die Weser zum CP. Montags verkehrt die Fähre nicht. Über Latferde umfahren.

Hameln, D-31787 / Niedersachsen

- Campingplatz Hameln an der Weser
- Uferstraße 80
- 1 Mrz - 4 Nov
- +49 5 15 16 74 89
- info@campingplatz-hameln.de

1 AFJMNOPQRST	NXY 6
2 CIPQTXYZ	ABDEFGHIK 7
3 BL	ABCDEFJKNQRTW 8
4 FH	EGIRW 9
5 ABDEFLN	ABDFGHJLOQUW 10

B 16A CEE
€ 34,50 / € 44,50
H65 1,8ha 90T(80-100m²) 13**D**
N 52°06'33" E 09°20'52" — 102252

Von Paderborn: in Hameln vor der Weserbrücke links Richtung Rinteln. Dort den CP-Schildern folgen. Von Hildesheim: sofort hinter der Weserbrücke rechts. Dann gleich wieder rechts. Nach 300m den CP-Schildern folgen.

Hameln/Halvestorf, D-31787 / Niedersachsen

- Camping am Waldbad****
- Pferdeweg 2
- 1 Apr - 31 Okt
- +49 51 58 27 74
- hallo@campingamwaldbad.de

1 AFJMNOPQRST	BG 6
2 PQUWXY	ABDEFG**I** 7
3 BFLM	ABCDEFJNQRTW 8
4 FH	9
5 ABDFLMN	ABGHIJLOQ 10

B 16A CEE
€ 26,50 / € 40,50
H120 3,3ha 37T(80-100m²) 160**D**
N 52°06'26" E 09°17'45" — 102250

Aus Richtung Paderborn: in Hameln vor der Weserbrücke links Richtung Rinteln (Seitenweg der L433). CP-Schildern befolgen. CP 6 km nordwestlich von Hameln. Mit Navi den Straßennamen nehmen: Freibadstraße.

Heemsen/Anderten, D-31622 / Niedersachsen

- Camping Rittergut Hämelsee
- Hämelsee 31
- 1 Jan - 31 Dez
- +49 4 25 49 21 23
- mail@haemelsee.de

1 AFJMNOPQRST	LN 6
2 EJQWXYZ	ABDEFG 7
3 ABFGM	ABCDEFJNQRTW 8
4 JO	V 9
5 ADEFMN	AGJMQUVW 10

16A CEE
€ 22,50 / € 29,50
24ha 40T(120-150m²) 300**D**
N 52°45'27" E 09°18'34" — 102247

B209 Soltau-Nienburg, 7 km hinter Rethem rechts ab. Dann ausgeschildert. Der CP liegt 7 km nordöstlich von Heemsen.

Heinsen, D-37649 / Niedersachsen

- Weserbergland Camping
- Weserstraße 66
- 15 Apr - 15 Okt
- +49 55 35 87 33
- info@weserbergland-camping.de

1 AEJLNOPRST	BJNWXY 6
2 CKPQTXY	ABDEFG 7
3 ABFLMS	ABCDEFGJNPQRU 8
4 FHO	R 9
5 ADHMN	ABDGHIJORSWY 10

10A CEE
€ 30,00 / € 38,00
H84 2,5ha 128T(120m²)
N 51°53'06" E 09°26'32" — 100118

Via Hameln und Bodenwerder nach Heinsen, B83. Ausgeschildert.

Seecamp Derneburg

Auf unserem Platz wird für Jung und Alt einiges geboten. Verschiedene Freizeitangebote auf dem Platz, Wander- und Radwanderwege im Umland und nahe gelegene Ausflugsziele warten auf Sie. Unser Restaurant und unser Camperlädchen sind für Ihr leibliches Wohl da. Auf einen Besuch bei uns freuen sich Elke und Dietmar Renneckendorf.

Seecamp 1, 31188 Holle • Tel. 05062-565
E-Mail: info@seecamp-derneburg.de
Internet: www.seecamp-derneburg.de

Hemmingen/Arnum, D-30966 / Niedersachsen

- Arnumer See****
- Osterbruchweg 5
- 1 Jan - 31 Dez
- +49 51 01 35 34
- info@camping-hannover.de

1 ABDEFJMNOPQRST	L 6
2 AEIJKPQTUWXYZ	ABFGK 7
3 BLMU	ABCDEFJNQRTW 8
4 FHJO	GIJ 9
5 ADFJKMN	ABFGHIJOQU 10

B 16A
€ 30,50 / € 36,50
13ha 85T(70-120m²) 374**D**
N 52°18'06" E 09°44'49" — 110141

Autobahn A7 Hamburg-Kassel, Ausfahrt 59 Laatzen, B443 Richtung Pattensen. B3 Richtung Hannover bis Arnum. Beschilderung 'Naherholungspark Arnumer See' folgen.

Holle, D-31188 / Niedersachsen

- Seecamp Derneburg
- Seecamp 1
- 1 Apr - 31 Okt
- +49 5 06 25 65
- info@seecamp-derneburg.de

1 ADEFJMNOPQRST	LN 6
2 AEIKPQSTY	ABCDFG 7
3 BJLMU	ABCDEFJNQRTW 8
4 FHR	ADF 9
5 ADFJLM	ABGHJLMOQU 10

Anzeige auf dieser Seite B 16A CEE
€ 23,20 / € 33,60
H150 7,8ha 60T(80-100m²) 175**D**
N 52°06'11" E 10°08'18" — 102404

A7, Ausfahrt 63 Derneburg, dann ausgeschildert.

Isernhagen, D-30916 / Niedersachsen

- Parksee Lohne
- Alter Postweg 12
- 1 Apr - 15 Okt
- +49 5 13 98 82 60
- info@parksee-lohne.de

1 BFJMNOPQRST	LMP 6
2 AEIJQXY	ABFG 7
3 BFGJLM	ABCDEFGJNRTW 8
4 FHO	9
5 ADFJK	AGHJLQU 10

FKKB 16A CEE
€ 28,00 / € 40,00
H58 13ha 100T(80-120m²) 300**D**
N 52°27'22" E 09°51'40" — 108086

A2 Ausfahrt 46 Lahe/Altwarmbüchen. Oder A7 Ausfahrt 55 Richtung Altwarmbüchen. In Altwarmbüchen Richtung Isernhagen. CP ist ausgeschildert.

Laatzen/Hannover, D-30880 / Niedersachsen

- Campingplatz Birkensee
- Campingplatz Birkensee
- 1 Jan - 31 Dez
- +49 5 11 52 99 62
- info@camping-birkensee.de

1 ABEFJMNOPQRST	LOP 6
2 ABEIJKQXYZ	ABFG 7
3 BGLMU	ABCDEFGJNRTUW 8
4 FHO	DGIV 9
5 DM	AFGHIJLNQ 10

B 16A CEE
€ 28,00 / € 33,00
8,5ha 100T(80-120m²) 94**D**
N 52°18'13" E 09°51'44" — 102331

A7 Hamburg-Kassel, Ausfahrt 59, N443 Richtung Laatzen. Nach 1 km geht ein kleiner, schmaler Weg links ab zum Campingplatz.

Neustadt/Mardorf, D-31535 / Niedersachsen

- Campingplatz Mardorf GmbH
- Uferweg 68
- 1 Jan - 31 Dez
- +49 5 03 65 29
- info@camping-steinhuder-meer.de

1 ABDEFJMNOPQRST	LMNQSXYZ 6
2 BEIPQTWXYZ	ABFGK 7
3 GL	ABCDEFJKNQRTW 8
4 FH	DNPTVW 9
5 ADEFJKMN	ABDEFGHJLNQV 10

B 16A CEE
€ 30,50 / € 39,50
H55 3,4ha 80T(70-110m²) 113**D**
N 52°29'30" E 09°19'29" — 114872

B6 Nienburg-Neustadt. In Neustadt Richtung Steinhuder Meer. In Mardorf den CP-Schildern folgen. Mit Navi: Die Einfahrt ist am Weidebruchsweg.

Neustadt/Mardorf, D-31535 / Niedersachsen

- Campingplatz Niemeyer
- Pferdeweg 15
- 1 Jan - 31 Dez
- +49 5 03 65 30
- h-niemeyer@t-online.de

1 ADEFJMNOPQRST	6
2 PQTWXY	ABFG**I** 7
3 BJLMS	ABCDEFGJLNQRTUV 8
4 FH**T**	DUVW 9
5 ABDMN	ABFGHJMOQV 10

B 16A CEE
€ 25,00 / € 31,00
2,5ha 40T(60-80m²) 95**D**
N 52°29'46" E 09°19'25" — 110651

Der Camping liegt 300m nördlich vom Steinhuder Meer. Von der B6 Hannover-Bremen bei Neustadt am Rübenberge der Beschilderung Steinhuder Meer folgen. In Mardorf ist der Campingplatz angezeigt.

Neustadt/Mardorf, D-31535 / Niedersachsen

- Nordufer Camping****
- Pferdeweg 5
- 1 Jan - 31 Dez
- +49 50 36 23 61
- info@nordufercamping.de

1 ABDEFHKNOPQRST NX 6
2 BPQTWXYZ ABFG 7
3 BFGLM ABEFGJKNQRSTUVW 8
4 BFHO 9
5 ABDEFKMN ABGHIJOQ 10
B 10A CEE
N 52°29'48" E 09°19'48"
17ha 145T(70-100m²) 325D
€ 25,00 / € 31,00
102248

Von der B6 Hannover-Bremen bei Neustadt am Rübenberge. Beschilderung Steinhuder Meer folgen. In Mardorf ist der Campingplatz angezeigt.

Rinteln, D-31737 / Niedersachsen

- Erholungsgebiet DoktorSee****
- Am Doktorsee 8
- 1 Jan - 31 Dez
- +49 57 51 96 48 60
- info@doktorsee.de

1 ADEFJMNOPQRST HLMNOPQSXYZ 6
2 AEIJKPQTVXYZ ABDEFG 7
3 BFGJLMNRSUX ABCDEFHJKNQRSTUVW 8
4 ABCEFGHJLMOTVXZ DFHIJRTV 9
5 ACDEFGHJKLMN ABFGHIJLOPQUWY 10
B 16A CEE
N 52°11'12" E 09°03'35"
H50 90ha 400T(80-140m²) 1026D
€ 29,70 / € 36,10
100111

A2 Dortmund-Hannover, Ausfahrt 35 Richtung Rinteln der B238 folgen, um Rinteln zu umfahren. Der Beschilderung DoktorSee folgen.

Salzhemmendorf/Wallensen, D-31020 / Niedersachsen

- Campingpark Humboldtsee
- Humboldt See 1
- 1 Jan - 31 Dez
- +49 51 86 95 71 40
- campingpark-humboldtsee.de

1 AJMNOPQRST LMNP 6
2 BEIJKPQVXYZ ABDEFG 7
3 ABFGMS ABCDEFJNQRTW 8
4 FH DFQR 9
5 ABDFJKMN AFGHJLMNRSU 10
10-16A CEE
N 52°00'12" E 09°38'34"
H180 36ha 255T(100m²) 284D
€ 27,00 / € 27,00
100113

B1 Hildesheim-Hameln. In Hemmendorf Richtung Eschershausen, dann ausgeschildert. Der Campingplatz liegt 3 km südlich von Wallensen.

Silberborn/Solling, D-37603 / Niedersachsen

- Silberborn****
- Glashüttenweg 4
- 1 Jan - 31 Dez
- +49 5 53 66 64
- naturcamping-silberborn@t-online.de

1 AJMNOPQRST 6
2 BPQTWXYZ ABDEFGH 7
3 BM ABCDEFJKNQRSTUVW 8
4 EFHO E 9
5 ADFJLM AFGHIJMNQ 10
WB 16A
N 51°46'16" E 09°32'54"
H440 5ha 100T(100-120m²) 103D
€ 20,60 / € 25,60
107973

An Straße B497 Holzminden-Uslar wird nördlich von Neuhaus den Campingplatz ausgeschildert.

Stolzenau, D-31592 / Niedersachsen

- Campingplatz Stolzenau
- Weserstrasse 11a
- 1 Apr - 31 Okt
- +49 17 16 21 63 98
- verwaltung@campingplatz-stolzenau.de

1 AJMNOPQRST JNSUXYZ 6
2 CIPQTXYZ ABFG 7
3 AF ABCDEFHJNPQRUW 8
4 FHO 9
5 DEFGHK ABCFGHJLMOQV 10
B 16A CEE
N 52°30'39" E 09°04'49"
2,5ha 80T 35D
€ 25,00 / € 31,00
118212

B441 Loccum an der Weserbrücke Richtung Stolzenau, dann nach 50m rechts ab. Oder über Porta Westfalica Richtung Petershagen, dann von Leese nach Stolzenau.

Stuhr/Groß Mackenstedt, D-28816 / Nieders.

- Familienpark Steller See
- Zum Steller See 15
- 1 Apr - 30 Sep
- +49 42 06 64 90
- steller.see@t-online.de

1 ADEJMNOPQRST LQ 6
2 AEJQXY ABDEFG 7
3 BFM ABEFJNQRTW 8
4 HJOQ F 9
5 ADEFLMN ABGHKLMOQY 10
B 16A CEE
N 53°00'25" E 08°41'33"
9ha 60T(80-100m²) 383D
€ 23,00 / € 30,00
102201

Von der A1 am Dreieck Stuhr, (aus Hamburg oder OS) die erste Ausfahrt 58, Ausfahrt rechts Ri. Groß Mackenstedt. Am Ortseingang rechts. Immer den Hinweisen 'Steller See' folgen.

Stuhr/Groß Mackenstedt, D-28816 / Niedersachsen

- Märchencamping
- Zum Steller See 83
- 1 Jan - 31 Dez
- +49 42 06 91 91
- info@maerchencamping.de

1 ADEJMNOPQRST AF 6
2 AQRSWXY ABDEFGH 7
3 ABMSUV ABCDEFHJKNQRTW 8
4 ABCEFGHJKLOT EV 9
5 ADEFHKMN ABFGHIMOQW 10
B 16A CEE
N 53°00'37" E 08°41'23"
10ha 100T(120m²) 141D
€ 22,00 / € 28,00
100099

A1 Osnabrück-Bremen bis Ausfahrt 58 (Knoten Stuhr) Richtung Groß Mackenstedt; dem Schild 'Märchencamping' folgen.

Uetze, D-31311 / Niedersachsen

- Irenensee****
- Fritz-Meinecke-Weg 2
- 1 Jan - 31 Dez
- +49 5 17 39 81 20
- info@irenensee.de

1 ACDEFJMNOPQRST LNSX 6
2 EIJPQTWY ABDEFGI 7
3 ABCFGLMS ABCDEFGIJKNQRTUVW 8
4 H FJQTVY 9
5 ABDELM ABGHJOQU 10
B 6-10A CEE
N 52°27'56" E 10°09'36"
45ha 110T(80-125m²) 423D
€ 23,60 / € 35,80
108087

Autobahn A2 Richtung Celle, Ausfahrt 49 Richtung Burgdorf, dann B188 Richtung Gifhorn/Uetze.

Altenau, D-38707 / Niedersachsen

- Polstertal
- Polstertal 1
- 1 Jan - 31 Dez
- +49 53 23 55 82
- info@campingplatz-polstertal.de

1 ADEJMNORT N 6
2 BCPQSTVWXYZ ABFG 7
3 ABMU ABEFJNQRTW 8
4 FHI FJ 9
5 ABDFMN ABHJNOQ 10
W 10A CEE
N 51°47'58" E 10°24'59"
H520 1,8ha 80T(60-90m²) 26D
€ 25,00 / € 35,00
102409

A7, Ausfahrt 67 Seesen. B242 Bad Grund, Clausthal und Zellerfeld Richtung Altenau.

Bad Gandersheim, D-37581 / Niedersachsen

- Regenbogen Ferienanlage Bad Gandersheim
- Braunschweiger Straße 12
- 1 Apr - 31 Dez
- +49 53 82 15 95
- info@camping-bad-gandersheim.de

1 ADEFJMNOPQRST L 6
2 ACEQSWY ABDEFGHI 7
3 BFJMU ABCDEFJNQRTW 8
4 FHJ GIJ 9
5 DMN AFGHQUW 10
B 10A CEE
N 51°52'02" E 10°03'00"
H100 9ha 250T(100m²) 79D
€ 25,00 / € 30,80
102407

A7 Kassel-Hannover, Ausfahrt 67 Seesen. 9 km der Beschilderung nach Bad Gandersheim folgen, vor der Stadt an der B64 rechts.

Bad Harzburg, D-38667 / Niedersachsen

- Ferienanl. Regenbogen Bad Harzburg Göttingerrode****
- Kreisstraße 66
- 1 Mrz - 31 Dez
- +49 5 32 28 12 15
- badharzburg@regenbogen.ag

1 ADJMNOPQRST AEF 6
2 ACPQSUVXYZ ABDEFGI 7
3 BCELM ABCDEFJKNQRSTW 8
4 FHSTVX DIKY 9
5 ACDFLMN AGHJOQXY 10
B 16A CEE
N 51°53'31" E 10°30'41"
H350 6,5ha 180T(80-100m²) 106D
€ 29,20 / € 37,20
100124

A7, Ausfahrt Rhüden und via B82 nach Goslar. In Goslar fahren Sie via der B6 Richtung Oker/Altenau.

Bad Lauterberg, D-37431 / Niedersachsen

- Campingpark Wiesenbeker Teich*****
- Wiesenbeker 75
- 1/1 - 10/1, 8/4 - 31/12
- +49 55 24 25 10
- info@bl2510.de

1 AEGJMNOPR FLMNOPQW 6
2 BFIQSTUVWXYZ ABDEFGHJK 7
3 BFLMSTX ABCDEFJNPQRTUVW 8
4 EFGHIJO FGMNQTUVW 9
5 ABCEFHJLMNO ABFGHJLMOQUY 10
W 16A CEE
N 51°37'03" E 10°29'23"
H477 7ha 70T(80-100m²) 25D
€ 42,60 / € 57,60
107457

A7, Ausfahrt Seesen, Richtung Braunlage. In Bad Lauterberg ausgeschildert. Oder A7 aus Kassel, Ausfahrt Göttingen-Nord, Richtung Braunlage.

Braunschweig

Braunlage, D-38700 / Niedersachsen

- Braunlage***
- Am Campingplatz 1
- 1/1 - 31/10, 5/12 - 31/12
- +49 5 52 09 99 69 31
- info@camping-braunlage.de

1	JMNOPQRST	N 6
2	CIPQSVXYZ	ABDE**FGIK** 7
3	ABM	ABE**F**GJKNPQRTW 8
4	F**IJ**	9
5	ADFHJLMN	ABCFGHJLM**O**QW 10
W 16A CEE		
H600 5,2ha 115T(80-100m²) 75**D**	€ 28,70 / € 37,70

A7, Ausfahrt Göttingen. Via B27 Richtung Braunlage.   102470

Campingplatz Am Bärenbache ★★★★

Zentral im Harz. Günstig gelegen für alle Sehenswürdigkeiten in der Umgebung. Viele Wander- und Skimöglichkeiten. In nächster Nähe vom Waldschwimmbad. Mehrere Restaurants im Dorf zu Fuß erreichbar. Während der Ferien werden verschiedene Aktivitäten organisiert. Beachvolleyball möglich.

38700 Hohegeiß/Braunlage (Harz) · Tel. 05583-1306
E-Mail: info@campingplatz-hohegeiss.de
Internet: www.campingplatz-hohegeiss.de

Clausthal-Zellerfeld, D-38678 / Niedersachsen

- Prahljust****
- An den langen Brüchen 4
- 1 Jan - 31 Dez
- +49 55 23 13 00
- camping@prahljust.de

1	ABDE**J**MNOPQRST	ELNQSX 6
2	BELQSTUXYZ	ABCDE**FG**IJK 7
3	BCMX	ABCDEFJNQRTW 8
4	AFHI**JT**	FGJ 9
5	ABDFHLMN	AFGHJMOQUY 10
WB 16A CEE		
H600 13ha 350T(80-110m²) 261**D**	€ 29,00 / € 37,00

Autobahn A7, Ausfahrt 67 Seesen. Nach Bad Grund und Clausthal-Zellerfeld. Dann B242 Richtung Braunlage.   102412

Hohegeiß/Braunlage (Harz), D-38700 / Nieders.

- Am Bärenbach
- Bärenbachweg 10
- 1/1 - 27/2, 1/4 - 30/10, 2/12 - 31/12
- +49 55 83 13 06
- info@campingplatz-hohegeiss.de

1	A**J**MNOPQRS**T**	BF 6
2	BIQSTVWXYZ	AB**D**E**FG**I 7
3	BGM	ABCDEFJKNQRTW 8
4	EFHI**X**	D 9
5	ADEMN	ABFGHJOQV 10
Anzeige auf dieser Seite W 6-16A		
H600 3ha 124T(80-100m²) 37**D**	€ 25,00

A7 Kassel-Hannover, Ausfahrt 72 Göttingen und via Herzberg und Walkenried (oder Braunlage) Richtung Hohegeiß.   102472

Clausthal-Zellerfeld, D-38678 / Niedersachsen

- Campingplatz Waldweben***
- Spiegelthalerstraße 31
- 1 Jan - 31 Dez
- +49 5 32 38 17 12
- waldweben@t-online.de

1	ABDEF**J**MNOPQRS**T**	LN 6
2	BEIMQSUWXYZ	AB**FG**I 7
3	BM	ABCDE**F**JNQRTW 8
4	FGH	9
5	ABDFHMN	ABFGHJLNQU 10
W 16A		
H600 4,5ha 120T(100-120m²) 70**D**	€ 29,00 / € 37,50

Autobahn A7, Ausfahrt Seesen. Nach Bad Grund und Clausthal-Zellerfeld. Ausgeschildert.   102411

Löwenhagen, D-37127 / Niedersachsen

- Campingplatz Am Niemetal
- Mühlenstraße 2
- 24 Jan - 31 Dez
- +49 55 02 99 84 61
- info@am-niemetal.com

1	A**J**MNOPRT	J 6
2	ABCPQWXYZ	ABDE**FG**H 7
3	BSX	ABEFGHJNPQRTUVW 8
4	FGHJO	DGV 9
5	ADEFHJK	ABDFHIJMNQU 10
16A CEE		
H230 2,5ha 75T(100-125m²) 3**D**	€ 26,00 / € 29,00

A7 Hannover-Kassel, Ausfahrt 73 Ri. Dransfeld, dann Ri. Imbsen. Dort Ri. Bursfelde, Löwenhagen. CP ist ausgeschildert.   102337

Dransfeld, D-37127 / Niedersachsen

- Am Hohen Hagen*****
- Zum Hohen Hagen 12
- 1 Jan - 4 Okt
- +49 55 02 21 47
- dransfeld@regenbogen.ag

1	ADEF**J**MNOPQRS**T**	BFHI 6
2	AIQSTUVWY	ABCDE**FG**HI**J**K 7
3	BFGJMNO**U**X	ABCDEFGHJKNQRTUVW 8
4	ABDE**J**L**OPSTUXYZ**	DEFJUVW 9
5	ABDEFGHJKLMN	ABFGHJLOPQUY 10
16A CEE		
H357 10ha 180T(80-180m²) 170**D**	€ 34,00 / € 40,00

A7 Kassel-Hannover, Ausfahrt 73 Göttingen, dann die B3 Richtung Hannoversch Münden, 6 km bis Dransfeld, dann ist der CP ausgeschildert.   102338

Northeim, D-37154 / Niedersachsen

- Campingplatz Northeim-Nord***
- Sultmer Berg 3
- 1 Jan - 31 Dez
- +49 55 19 97 56 60
- info@campingplatz-northeim-nord.de

1	ADE**J**MNOPQRS**T**	6
2	ABQUWXYZ	ABDE**FG**HIK 7
3	B**F**L	ABCDEFJNQRTW 8
4	A**F**H**J**	EF 9
5	ADEFHJKMN	AFGHJLOQU 10
B 16A		
H200 2,7ha 120T(60-100m²) 26**D**	€ 24,50 / € 32,50

A7 Hannover-Kassel, Ausfahrt 69, Northeim-Nord. Ausgeschildert.   102333

Goslar, D-38644 / Niedersachsen

- Harz Camp Goslar
- Clausthalerstraße 28
- 1 Jan - 31 Dez
- +49 5 32 12 25 02
- info@harz-camp-goslar.de

1	ADEJMNOPQRS**T**	6
2	BCPQSY	ABDE**FG**I 7
3	A**L**M	ABE**F**JKLNQRS 8
4	FH	J 9
5	ABDKMN	ABFGHKNQ 10
B 16A CEE		
H350 2ha 140T(60-90m²) 18**D**	€ 21,00 / € 25,00

A7, Ausfahrt Rhüden. B82 nach Goslar und B241 Richtung Clausthal-Zellerfeld.   102406

Osterode (Harz), D-37520 / Nieders.

- Campingplatz Eulenburg***
- Scheerenberger Straße 100
- 1 Jan - 31 Dez
- +49 55 22 66 11
- ferien@eulenburg-camping.de

1	A**J**MNOPQRS**T**	AF 6
2	ABCPQWXYZ	ABDE**FG**H 7
3	B**F**MN**R**X	ABCDE**F**JKNQRTW 8
4	F**H**IOQ	DGV 9
5	ABDEFKMN	ABFGHJLMNOQU 10
WB 16A CEE		
H265 4,1ha 65T(80-200m²) 90**D**	€ 23,50 / € 32,50

Autobahn Kassel-Hannover, Ausfahrt 67 Seesen. Richtung Osterode (Sösestausee). Ausfahrt Osterode-Süd. Sösestausee Beschilderung folgen.   102415

Hann. Münden, D-34346 / Niedersachsen

- Hann. Münden
- Grüne Insel Tanzwerder
- Tanzwerder 1
- 1 Apr - 16 Okt
- +49 5 54 11 22 57
- info@busch-freizeit.de

1	ADE**J**MNOPQRT	NXYZ 6
2	ACPQRWXYZ	ABDE**FG**HI 7
3	A**J**LM	ABCDE**F**JNQR 8
4	FHJ	R 9
5	ADMN	ABFGHIKLMOQ 10
16A CEE		
H127 2,5ha 100T(80-120m²) 5**D**	€ 31,50 / € 47,50

A44 Dortmund-Kassel, dann A7 Kassel-Hannover, Ausfahrt 75 und 76 Richtung Hann. Münden-Zentrum. Dort ist der CP gut ausgeschildert. Einfahrt über die Schleuse.   102339

Räbke, D-38375 / Niedersachsen

- Campingplatz Räbke****
- Erholungspark Nord-Elm 1
- 1 Mrz - 31 Okt
- +49 53 55 83 52
- info@campingplatz-raebke.de

1	ADE**J**MNOPQRS**T**	BG 6
2	QSXY	ABDE**FG**IJ 7
3	B**J**M**R**	ABCDE**F**JKNQRW 8
4	FH	F 9
5	ABDEFLMN**O**	ABGHJ**O**QU 10
B 16A CEE		
H155 7ha 100T(80-100m²) 301**D**	€ 22,00 / € 30,00

A2 Ausfahrt Königslutter, dann Richtung Helmstedt (B1) und nach Lelm/Räbke abbiegen.   100114

Hann. Münden, D-34346 / Niedersachsen

- Spiegelburg Camping und Gasthaus
- Zella 1-2
- 1 Apr - 1 Nov
- +49 55 41 90 47 11
- info@gasthausspiegelburg.de

1	A**J**MNOPQRST	JNWXZ 6
2	ACIKPQSWXY	AB 7
3	A	ABCDEFNQRW 8
4	FH**J**OQ	AFG 9
5	ADFHJLN	AHJNQW 10
16A CEE		
H100 20ha 80T(100m²) 10**D**	€ 25,50 / € 30,50

A7 Kassel-Göttingen, Ausfahrt 75, B80 Hann. Münden, Richtung Laubach und an der Werrabrücke links. Den CP-Schildern folgen.   114755

Seeburg, D-37136 / Niedersachsen

- Comfort-Camping Seeburger See
- Seestraße 20
- 1 Apr - 31 Okt
- +49 55 07 07 13 19
- info@campingseeburgersee.de

1	ADE**J**MNOPRS**T**	FLMN**S**T 6
2	EJKQTWXYZ	ABDE**FG**H 7
3	B**FGHIJ**LMN**OR**STX	CDEFGJNQRTW 8
4	BDFGHIKO	BEIQTVWX 9
5	ABDEFHLMN	ABDGHJMOQU 10
16A CEE		
H150 3ha 95T(100-140m²) 24**D**	€ 29,00 / € 35,00

A7, Ausfahrt 72 Göttingen-Nord und via B27/B446 Richtung Duderstadt.   100123

Hemeln, D-34346 / Niedersachsen

- Wesercamping Hemeln****
- Unterdorf 34
- 1 Mrz - 31 Dez
- +49 55 44 14 14
- info@wesercamping.de

1	A**J**MNOPQRS**T**	JNXYZ 6
2	CIPQWXYZ	ABDE**FG**HIK 7
3	B	ABCDE**F**JNQRTW 8
4	FH**JT**	DEFGIJ 9
5	ADFGHJM	AFGHJQM 10
B 16A CEE		
H116 2,4ha 120T(70-180m²) 42**D**	€ 23,00 / € 45,00

A7 Ausfahrt 73, B3 nach Dransfeld, 500m hinter Dransfeld rechts beschildert. Über die B80 in Gieselwerder/Oberweser an der Aral abfahren, über die Weser Brücke, dann noch 17 km südwärts über die L561.   112133

Uslar/Schönhagen, D-37170 / Niedersachsen

- Campingplatz am Freizeitsee
- In der Loh 1
- 1 Jan - 31 Dez
- +49 1 57 84 00 13 33
- camping-schoenhagen.de

1	ADE**J**MNOPQRS**T**	AFL 6
2	BCEIJKQTXYZ	ABDE**FG** 7
3	BFGM	ABE**F**JNRTW 8
4	FHJ	I 9
5	ABDEFHKMN	ABFGHJLQU 10
16A		
H270 5,7ha 100T(80m²) 101**D**	€ 21,50 / € 29,50

Camping ist von der B497 Neuhaus-Uslar angezeigt. Schönhagen ist 7 km nordwestlich von Uslar.   100120

Teilkarte Braunschweig auf Seite 248

Im Waldwinkel ★★★★

Dieser ruhige Campingplatz im Südharz ist von Bergen und Wald umgeben, wo Sie Ruhe und Erholung finden. Sehr schöne Wanderwege und Hundedusche. Direkt neben dem Camping: beheiztes Schwimmbad und Hotel/Restaurant Kunzental. Diverse Ausflugsmöglichkeiten.

Kunzental, 37445 Walkenried (OT Zorge) • Tel. 05586-1048
campingplatz-im-waldwinkel@t-online.de
www.campingplatz-im-waldwinkel.de

Walkenried (OT Zorge), D-37445 / Niedersachsen — BG 6

- Im Waldwinkel**** — 1 ABDE**JM**NOPQRT
- Kunzental — 2 BCQSVWXYZ — ABDE**FG**HI 7
- 1 Jan - 31 Dez — 3 AM — ABCDEFJNQRT 8
- +49 55 86 10 48 — 4 FH — 9
- campingplatz-im-waldwinkel@t-online.de — 5 ABDMN — ABF**J**OQUV10
- Anz. auf dieser Seite WB 16A CEE — ① € 26,30
- N 51°38'30" E 10°39'00" — H350 1,2ha 45T(100m²) 20D — ② € 32,30
- A7 Kassel-Hannover, Ausfahrt 72 Göttingen-Nord. Dann B27 und B243 bis Ausfahrt Walkenried und Zorge. Im Ort ausgeschildert.
- 101422

Walkenried, D-37445 / Niedersachsen — CC€22

- Knaus Campingpark Walkenried**** — 1 ADEF**JM**NOPQRS**T** — E 6
- 2 BQSTUWXYZ — ABC**DEF**GHIJK 7
- Ellricherstraße 7 — 3 BFGJMX — ABCDEFJNQRTUVW 8
- 1 Jan - 31 Dez — 4 B**DEFHITX** — ABEFUVWY 9
- +49 5 52 57 78 — 5 ABDFLMN — ABF**G**HJLQUY10
- walkenried@knauscamp.de — WB 16A CEE — ① € 40,60
- N 51°35'21" E 10°37'28" — H300 5,5ha 94T(70-100m²) 91D — ② € 49,60
- Autobahn A7, Ausfahrt 67 Seesen. Via Herzberg und Bad Sachsa nach Walkenried.
- 102473

Wolfshagen (Harz), D-38685 / Niedersachsen — BG 6

- CP Am Krähenberg**** — 1 ADEF**JM**NOPRT
- Am Mauerkamp 21 — 2 B**P**QSUWY — ABDE**FG**HI 7
- 1 Jan - 31 Dez — 3 A**J**MUX — ABCDEFJNQRTW 8
- +49 5 32 69 29 76 32 — 4 EFHI — DE 9
- post@campingplatz-wolfshagen.de — 5 ABDFLMN — AFGHJMQU10
- WB 16A CEE — ① € 19,50
- N 51°54'04" E 10°19'38" — H400 6,4ha 70T(70-100m²) 203D — ② € 27,90
- A7 Hannover-Kassel Ausfahrt 66 Rhüden, dann Richtung Goslar via B82, durch Langelsheim fahren und weiter Richtung Süden. Dann noch 4 km.
- 101125

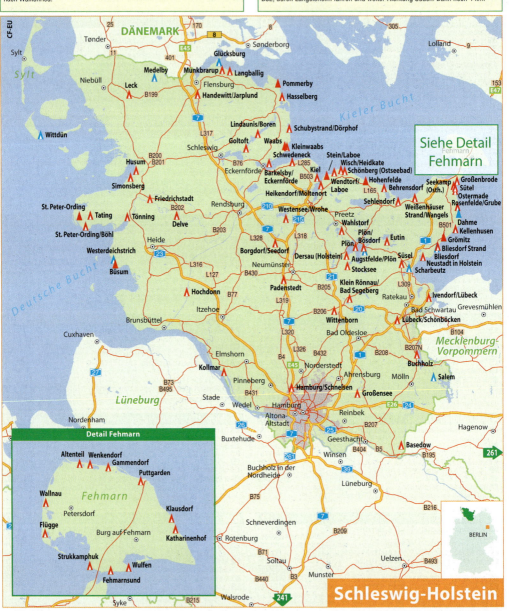

Schleswig-Holstein

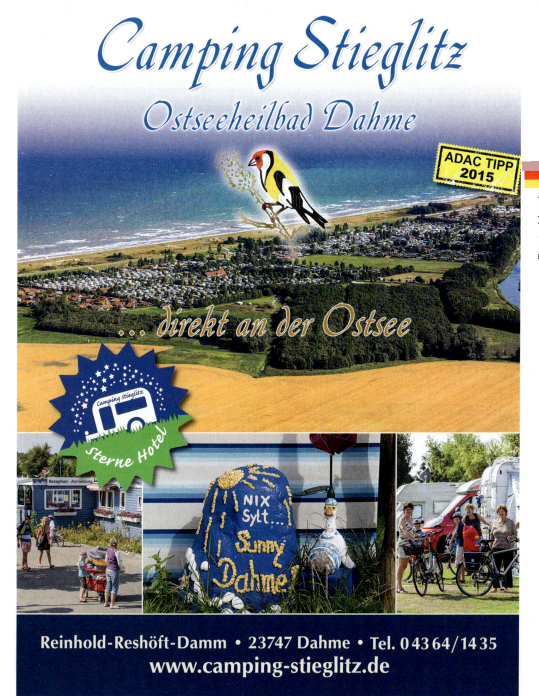

Altenteil (Fehmarn), D-23769 / Schleswig-Holstein

- Belt-Camping-Fehmarn*****
- Altenteil 24
- 1 Apr - 2 Okt
- +49 4 37 23 91
- info@belt-camping-fehmarn.de
- B 16A CEE
- N 54°31'43'' E 11°05'40''
- 9ha 160T(70-150m²) 111**D**

1 AE**J**M**N**OPQRST KMNOPQSWX**Y** 6
2 GIKLMQTWXY ABDEF**GHIJ** 7
3 ABFGMVX ABCDEF**GHI**JKNPQR**S**T**U**VW 8
4 BCDHJL DINY 5
5 ABDFGHLMN**O** ABCFGHIJ**O**QWY 10

€ 35,00
€ 41,00

102500

E47 Ausfahrt Puttgarden Richtung Gammendorf. Von hier über Dänschendorf nach Altenteil. Campingplatz dann ausgeschildert.

Buchholz, D-23911 / Schleswig-Holstein

- Naturcamping Buchholz
- Am Campingplatz 1
- 1 Apr - 30 Sep
- +49 45 41 42 55
- office@naturcamping-buchholz.de
- B 10-16A CEE
- N 53°44'12'' E 10°44'16''
- 2,4ha 87T(75-100m²) 45**D**

1 AE**J**M**N**OPQRST LN**O**QSXY**Z** 6
2 AEQRSUVWY ABDEF**G** 7
3 BFG ABCDEFGHIJ**O**Q 9
4 FH**T** DENQR 5
5 ABDFHLMN ABFGHIJ**O**Q 10

€ 27,50
€ 33,50

102466

Von der A24, Ausf. Talkau. Auf der B207 Ri. Lübeck. Ausf. Buchholz und den CP-Schildern folgen. Von der A20, Ausf. Lübeck-Süd (2b). Auf der B207 Ri. Ratzeburg. Ausf. Buchholz, den CP-Schildern folgen. Das letzte Stück ist eine schmale und schlecht asphaltierte Straße.

Augstfelde/Plön, D-24306 / Schlesw.-H.

- Augstfelde-Vierer See****
- Augstfelde 1
- 1 Apr - 23 Okt
- +49 45 22 81 28
- info@augstfelde.de
- B 16A CEE
- N 54°07'43'' E 10°27'18''
- 20,6ha 200T(90-110m²) 312**D**

1 AE**J**M**N**OPQRST LMN**O**QSXY 6
2 FJKQTUWXYZ ABDEF**GHI**K 7
3 BCDFGJ**L**MSX ABCDEF**GI**JKNQR**S**TUVW 8
4 ACDEFHKLMN ABEFGHIJLM**O**QV 10
5 ACDEFHKLMN DILQRVY 5

€ 35,50
€ 41,50

108041

A1 nach Eutin, dann Richtung Plön über die B76. Nach der Ausfahrt Bösdorf gut ausgeschildert.

Büsum, D-25761 / Schleswig-Holstein

- Camping Nordsee***
- Dithmarscher Straße 41
- 1 Apr - 16 Okt
- +49 4 83 49 62 11 70
- info@camping-nordsee.de
- B 16A CEE
- N 54°08'20'' E 08°50'37''
- 4,1ha 160T(80-120m²) 50**D**

1 AE**I**LNOPQRST KMN**O**RST 6
2 GIKPQRTWXY ABDE**FGIJ** 7
3 AB**FJL**MSU ABCDEFJKNR**S**TUVW 8
4 BCDEFH V 9
5 ABDEFGHJKLMN ABCFGHIJLM**O**QV 10

€ 36,00
€ 42,00

102190

A23 Hamburg-Heide. In Heide die B203 Richtung Büsum. CP am Ortseingang von Büsum angezeigt. Richtung Strand halten.

Barkelsby/Eckernförde, D-24360 / Schleswig-Holstein

- Hemmelmark
- An der Ostsee
- 27 Mrz - 1 Okt
- +49 4 35 18 11 49
- info@ostsee-camping-hemmelmark.de
- B 16A CEE
- N 54°28'37'' E 09°52'40''
- 4,6ha 40T(90-120m²) 369**D**

1 AEF**J**M**N**OPQRST KNOPQRSTWXY 6
2 GJMQWXY ABCD**FG** 7
3 B**FLM** ABCDEFJKNRTW 8
4 FHJ D 9
5 ABDEFGHKLMN ABFGIJM**O**QV 10

€ 26,50
€ 30,50

102316

A7 Hamburg-Flensburg Ausfahrt Eckernförde. Durch das Zentrum am Nordufer Hafen, um die Marinekaserne herum und weiter CP Hemmelmark folgen. Letzte 2 km Schotterweg.

Büsum, D-25761 / Schleswig-Holstein

- Campingplatz Zur Perle
- Dithmarscher Straße 43
- 26 Mrz - 31 Okt
- +49 4 83 49 62 11 80
- info@campingplatz-zur-perle.de
- B 16A CEE
- N 54°08'24'' E 08°50'37''
- 6ha 178T(100-145m²) 62**D**

1 BEF**I**LNOPQRS**T** KMN**O**RST 6
2 GIKJSTWXY ABDE**FGIJ** 7
3 AB**FJL**M ABCDEFJKNRTUVW 8
4 BCDFH IV 9
5 ABDEFGHKLMN ABCFGHIJ**O**V 10

€ 36,70
€ 42,30

102191

A23 Hamburg-Heide. Die B203 Heide-Büsum. In Büsum ist CP ausgeschildert. Richtung Strand fahren.

Basedow, D-21483 / Schleswig-Holstein

- Lanzer See
- Am Lanzer See 1
- 1 Mrz - 31 Okt
- +49 41 53 59 91 71
- info@camping-lanzer-see.de
- 16A CEE
- N 53°24'36'' E 10°35'50''
- 5ha 40T(50-150m²) 160**D**

1 AEF**J**M**N**OPQRST HLN**X** 5
2 CEIKQSTWXYZ ABCD**FG** 7
3 AM ABCDEFJNQRTUVW 8
4 FH NRV 9
5 ABDEFJLM ABGHJNQ 10

€ 25,00
€ 31,00

114423

Von Hamburg A24 Ausfahrt Hornbek Ri. Lauenburg. Ab Basedow ausgeschildert. Von Lüneburg kommend via die B5 nach rechts Richtung Boizenburg abbiegen. Nach 1 km links nach Lanze biegen, dann 5 km bis zum CP.

Dahme, D-23747 / Schleswig-Holstein

- Stieglitz
- Reinhold-Reshöft-Damm
- 25 Mrz - 30 Okt
- +49 43 64 14 35
- kontakt@camping-stieglitz.de
- B 16A CEE
- N 54°14'33'' E 11°04'49''
- 14ha 509T(90-160m²) 325**D**

1 ADE**J**M**N**OPQRST KMNPQS**X**Y**Z** 6
2 CGJMQWXYZ ABCDE**FGHI**JKNPQR**S**TUVW 8
3 BGMTUX ABCDE**FGHI**JKNPQR**S**TUVW 8
4 BCDHJKLO DEMN**X** 5
5 ACDEFJLMN ABCDEFGHIJ**O** 10

€ 33,80
€ 39,80

102513

Anzeige auf Seite 251   B 16A CEE
CP liegt an der Nordseite von Dahme (letzter CP).

Behrensdorf, D-24321 / Schleswig-Holstein

- Ferien- und Campinganlage Schuldt
- Neuland 3
- 25 Mrz - 23 Okt
- +49 43 81 41 65 45
- info@schuldt-behrensdorf.de
- B 16A CEE
- N 54°21'17'' E 10°36'33''
- 8ha 160T(60-110m²) 324**D**

1 AD**GJ**M**N**OPQRST KOQS**W**X 6
2 CGJKLPQXY ABCD**FG** 7
3 B**HIJ**LMX ABCDEFJKNRTW 8
4 BKO**PQ** DIKTY 5
5 CDEFHLMN ABFGHIJ**O**QV 10

€ 27,00
€ 32,00

112595

Über die A1 Hamburg-Puttgarden bei Oldenburg die B202 nehmen bis Lütjenburg-Ost, dann weiter Behrensdorf.

Dahme, D-23747 / Schleswig-Holstein

- Eurocamping Zedano*****
- Anhalter Platz 100
- 1 Apr - 30 Okt
- +49 4 36 43 66
- info@zedano.de
- B 16A CEE
- N 54°14'06'' E 11°04'54''
- 16,5ha 220T(90-110m²) 327**D**

1 ADE**J**M**N**OPQRST KMNPQRS**T**WX**YZ** 6
2 CGJPQWXYZ ABCDE**FGHI**JKNPQR**S**TUVW 8
3 ABGMVX ABCDE**FGHI**JKNPQR**S**TUVW 8
4 ABCD**FHLNQ**X CDEFILMNPQRV**W**Y 10
5 ABCDEFGIJLMN ABDEFGHIJ**O**QV 10

€ 42,00
€ 54,00

102514

Anzeige auf Seite 253   B 16A CEE
CP liegt an der Nordseite von Dahme an der Küste.

Bliesdorf Strand, D-23730 / Schleswig-Holstein

- Kagelbusch
- 25 Mrz - 9 Okt
- +49 45 62 71 22
- info@ostseecamping.de
- B 16A CEE
- N 54°07'26'' E 10°55'31''
- 16ha 70T(85-130m²) 622**D**

1 AEF**I**KNOPQRST KN**O**PQSWX**Y** 6
2 AGJQSUVWXY AB**DEFGHI**K 7
3 B**FG**LM**N**OSX ABCDEF**GHI**JKNPQR**S**TUVW 8
4 BDFHJLOQR**TXZ** EI 9
5 ACDEFGHKLMN ABFGHIJ**O**QV 10

€ 38,00
€ 48,00

102459

E47/E22 Hamburg-Puttgarden, Ausfahrt Neustadt Nord, Richtung Grömitz. Nach 5 km in Bliesdorf rechts abbiegen.

Delve, D-25788 / Schleswig-Holstein

- Eidertal Camping GmbH
- Eiderstraße 20
- 1 Apr - 31 Okt
- +49 48 03 10 58
- verwaltung@eidertal-camping.de
- 16A CEE
- N 54°19'09'' E 09°15'30''
- 3ha 45T(80-130m²) 110**D**

1 AF**J**M**N**OPRST AFJ**N**X**YZ** 6
2 CIPQSTXYZ ABCDEF**GI**JLNQRUVW 8
3 B**LM** ABCDEF**GI**JLNQRUVW 8
4 FHJ OR 9
5 ABDFHLMN ABHIJLOQUVW 10

€ 20,00
€ 26,00

109522

A23 Ausfahrt Heide-West. In Heide Richtung Tellingstedt, dann Richtung Friedrichstadt. Ausfahrt Delve. In Delve Camping angezeigt.

Borgdorf/Seedorf, D-24589 / Schleswig-Holstein

- See-Camping BUM****
- Hauptstraße 99
- 1 Jan - 31 Dez
- +49 4 39 28 48 40
- info@seecampingbum.de
- B 16A CEE
- N 54°10'57'' E 09°53'03''
- 17ha 120T(80-120m²) 126**D**

1 ADEF**J**M**N**OPQRST LMN**O**QS**X**Y 6
2 ABEIJPQRSUWXY ABDEF**GHIJ** 7
3 ABMS ABCDEFJKNPQRTW 8
4 BDFHJK EFQ 9
5 ABCDEFLMNO ABFGHIKM**O**QV 10

€ 23,00
€ 28,20

100091

Von Süd oder Nord: A7 Hamburg-Flensburg, Ausfahrt 11 Bordesholm. Richtung Nortorf, ca. 4km. CP weiter angezeigt.

Dersau (Holstein), D-24326 / Schleswig-Holstein

- Seeblick
- Dorfstraße 59
- 1 Apr - 25 Okt
- +49 45 26 12 11
- info@camping-dersau.de
- 16A CEE
- N 54°17'09'' E 10°20'13''
- 3,2ha 50T(100-110m²) 185**D**

1 AEFHKNOPQRST LMN**O**QSXYZ 6
2 EIJKPQSWXY ABDE**FG** 7
3 AB**L** ABCDEFJKNQR**S**TU 8
4 FHJ NQRVW 9
5 ACDEFMN ABCGHIJ**O**QV 10

€ 23,00
€ 27,00

102391

A7 Hamburg-Flensburg, Ausfahrt 16, zur B430 Richtung Plön. 10 km hinter Bornhöved rechts Richtung Dersau. CP-Schildern folgen.

Brodersby-Goltoft, D-24864 / Schleswig-Holstein

- Naturcamping Hellör
- Hellör 1
- 1 Apr - 3 Okt
- +49 4 62 25 33
- info@camping-helloer.de
- 16A CEE
- N 54°32'12'' E 09°44'01''
- 1,4ha 55T(90-120m²) 55**D**

1 AB**FI**LNOPRT JMN**O**QS**X**Z 6
2 CKQVXYZ ABDE**FG** 7
3 B**LM** ABCDEFJNQRTW 8
4 FHJO**T** 9
5 ABDGMN ABCHJRSUV 10

€ 27,50
€ 27,50

111932

A7 Hamburg-Flensburg. B201 Richtung Kappeln. Ausfahrt Schaalby/Füsing. Nach rechts Richtung Brodersby, Goltoft. Dann den CP-Schildern folgen.

Eutin, D-23701 / Schleswig-Holstein

- Naturpark-Camping Prinzenholz*****
- Prinzenholzweg 20
- 1 Apr - 31 Okt
- +49 45 21 52 81
- info@nc-prinzenholz.de
- B 16A CEE
- N 54°09'36'' E 10°36'07''
- 5,8ha 100T(40-140m²) 34**D**

1 ADF**J**M**N**OPQRST LMN**O**QSX**YZ** 6
2 AFJQSUVWXYZ ABDEF**GHIJ**K 7
3 BCFGLMQX ABCDEFJKNQR**S**TU 8
4 EFGHJO**T** CEKNQRV 5
5 ABCDEMN ABGHIJM**O**QUVW 10

€ 34,00
€ 42,00

102455

E22/A1, Ausfahrt Eutin. Landstraße bis Malente ca. 500m. Nach Eutin ist CP ausgeschildert.

Deutschland

EUROCAMPING ZEDANO

Eurocamping Zedano ....ein Begriff unter immer mehr Campern und nicht mehr wegzudenken aus dem modernen Tourismus! Urlaub .... zusammen mit der ganzen Familie in eigenem Wohnwagen oder in einem heiteren Zelt. Die frische, prickelnde Luft der Ostsee genießen - in strahlender Sonne oder auch Mal im Regen. Der richtige Camper kann sich jedoch an jede Situation anpassen und genießt sowieso!
Die großen Stellplätze liegen geschützt hinter dem Deich, von wo es nur 100-300m zum Strand sind.

23747 Dahme • Tel. +49 4364366
E-Mail: info@zedano.de • Internet: www.zedano.de

Fehmarnsund (Fehmarn), D-23769 / Schleswig-Holstein

- Camping Miramar*****
- Fehmarnsund 70
- 1 Apr - 31 Okt
- +49 43 71 32 20
- campingmiramar@t-online.de

1 ADEJMNOPQRT	KMNOPQSWXYZ 6
2 GIJKMPQWXYZ	ABDEFGHIJ 7
3 BFGJLMX ABCDEFGHIJKNPQRTUV 8	
4 BCDHJLNOPQTX	DOVW 9
5 ACDEFJLMN	ABFGHIJLMOQW 10
B 16A CEE	

- €38,00 / €47,00
- N 54°24'16" E 11°08'25"
- 13ha 212T(80-135m²) 337D
- 101116
- E47 in nördlicher Richtung Ausfahrt Landkirchen. Aus südlicher Richtung Ausfahrt Avendorf. Dann ab Avendorf ausgeschildert.

Flügge (Fehmarn), D-23769 / Schleswig-Holstein

- Flüggerteich****
- Flüggerteich 1
- 3 Apr - 25 Okt
- +49 4 37 23 49
- info@flueggerteich.de

1 AEJMNOPQRST	KMNOPQSXY 6
2 GMQWXYZ	ABDEFGI 7
3 ABM ABCDEFGHIJKNPQRTUVW 8	
4 BCFH	DEFJ 9
5 ADMN	ABCGHIJMOPQU 10
B 16A CEE	

- €27,00 / €36,00
- N 54°27'11" E 11°00'44"
- 2,5ha 44T(90-120m²) 63D
- 113440
- E47, Ausfahrt Landkirchen. Über Petersdorf nach Flügge. Hier ist der CP angezeigt.

Friedrichstadt, D-25840 / Schleswig-Holstein

- Eider- und Treene Campingplatz
- Tönningerstraße 1a
- 1 Jan - 31 Dez
- +49 4 88 14 00
- info@treenecamp.de

1 AJMNOPQRST	JNXYZ 6
2 CIPQSXYZ	AB 7
3	ABEFJNQRTW 8
4 FHJ	OQRT 9
5 ADEF	ABGHJOQ 10
16A CEE	

- €25,00 / €33,00
- N 54°22'22" E 09°05'26"
- 1ha 100T(70-90m²) 20D
- 113435
- Über die A23 Hamburg-Heide-Husum, dann die B5 Richtung Husum. Dann die B202 Ausfahrt Friedrichstadt. Camping liegt bei einer Tankstelle. Über die A7 HH/Flensburg/DK und ab Rendsburg die B202 Richtung Husum.

Gammendorf (Fehmarn), D-23769 / Schleswig-Holstein

- Am Niobe****
- 1 Apr - 10 Okt
- +49 43 71 32 86
- info@camping-am-niobe.de

1 AEFILNOPQRST	KMNOPQSWXY 6
2 AGJKLMQWXY	ABDEFGHI 7
3 ABFGIMU ABCDEFIJNQRTUVW 8	
4 BFHJK	DEVY 9
5 ABDELMN	ABFGHIJOPQRSUW 10
B 16A CEE	

- €29,50 / €35,50
- N 54°31'19" E 11°09'09"
- 7,5ha 134T(80-120m²) 181D
- 102501
- E47 bis kurz vor dem Fährhafen, dort links nach Puttgarden. Am Ortsende rechts bis Gammendorf. Hier rechts der Beschilderung folgen.

Glücksburg, D-24960 / Schleswig-Holstein

- Ostseecamp Glücksburg-Holnis****
- An der Promenade 1
- 1 Apr - 17 Okt
- +49 46 31 62 20 71
- info@ostseecamp-holnis.de

1 ABDEILNOPQRST	KMNQRSX 6
2 GJPQRWXY	ABDEFGJK 7
3 ABFHILM ABCDEFGJKNOPQRTUVW 8	
4 AFHJO	IVY 9
5 ADEFHJKN	ABFGHJLMOQ 10
B 6-16A CEE	

- €35,00 / €39,80
- N 54°51'26" E 09°35'29"
- 6ha 125T(100m²) 112D
- 107570
- Von Glücksburg Richtung Holnis fahren. CP ist gut ausgeschildert.

Grömitz, D-23743 / Schleswig-Holstein

- Ahoi Camping Resort
- Mittelweg 129
- 1 Apr - 15 Okt
- +49 45 62 85 86
- ahoi@camping-groemitz.de

1 AEFGJMNOPQRST	KQSWX 6
2 AGJJMPQT	ABDEFG 7
3 BLM ABCDEFIJKNQRTW 8	
4 BLT	9
5 ABDEFHKMN	ABFGHIJOQ 10
B 10A CEE	

- €39,00 / €45,00
- N 54°09'38" E 10°59'32"
- 8ha 36T(90m²) 350D
- 111935
- E47/E22 Hamburg-Puttgarden bei Ausfahrt Neustadt verlassen. Die 501 nach Grömitz. In Grömitz-Zentrum Mittelweg nehmen.

Grömitz, D-23743 / Schleswig-Holstein

- Mare
- Lenster Weg 20
- 1 Jan - 31 Dez
- +49 45 62 81 41
- mare@camping-groemitz.de

1 EFJMNOPQRT	KX 6
2 AGJMPQSWX	ABFG 7
3 BL ABCDEFGJKLNQRTUVW 8	
4	DJ 9
5 ADM	ABHIKOQ 10
B 16A CEE	

- €42,00 / €52,00
- N 54°09'22" E 10°59'25"
- 2,2ha 30T(80-100m²) 5D
- 112018
- B501, Abfahrt Grömitz Zentrum (Brookgang) Mittelweg, dann der Beschilderung folgen (3 km).

Grömitz, D-23743 / Schleswig-Holstein

- Porta del Sol
- Mittelweg 143
- 1 Apr - 31 Okt
- +49 45 62 22 28 88
- info@porta-del-sol.de

1 ADEFJMNOPQRST	KNQSWXY 6
2 AGJQSWY	ABDEFGI 7
3 ABFLX ABCDEFIJKNQRTUVW 8	
4 FHJL	9
5 BDEMN	ABGHIJOQ 10
16A CEE	

- €37,00 / €43,00
- N 54°09'48" E 10°59'59"
- 10ha 30T(80-100m²) 464D
- 102456
- E47/E22 Hamburg-Puttgarden, Ausfahrt Neustadt Nord. Straße bis Grömitz. In Grömitz-Zentrum Mittelstraße fahren. CP ausgeschildert.

Grömitz, D-23743 / Schleswig-Holstein

- Ostseecamping Hohe Leuchte
- Mittelweg 164
- 1 Apr - 15 Okt
- +49 45 62 86 55
- hoheleuchte@camping-groemitz.de

1 AEFILNOPQRT	X 6
2 AGJMPQTWX	ABFG 7
3 BL ABCDEFGJKLNQRTUVW 8	
4	D 9
5 ABDEMN	ABGHIKOQ 10
B 16A CEE	

- €40,00 / €50,00
- N 54°16'32" E 11°01'00"
- 3,5ha 30T(60-80m²) 4D
- 114706
- B501, Ausfahrt Brookgang/Grömitz Zentrum. Biegen Sie links in den Mittelweg ein. Dieser Straße 3 km bis zum Campingplatz folgen. Dann den Schildern folgen.

Großenbrode, D-23775 / Schleswig-Holstein

- Camping Großenbrode****
- Südstrand 3
- 1 Apr - 24 Okt
- +49 43 67 86 97
- info@camping-grossenbrode.de

1 AEFJMNOPQRST	KMNOPQS 6
2 AGJMPQTWXY	ABDEFGHIJ 7
3 BGS ABCDEFHJKNPQRUV 8	
4 BDHJX	9
5 DJMN	ABCFGHIJOQY 10
B 16A CEE	

- €28,50 / €32,50
- N 54°21'37" E 11°05'15"
- 8ha 80T(80-95m²) 330D
- 111056
- A1 Hamburg-Lübeck bis Heiligenhafen. Dann auf die E47 bis Großenbrode. Der CP ist gut beschildert.

Großensee, D-22946 / Schleswig-Holstein

- ABC am Großensee/Hamburg
- Trittauer Straße 11
- 1 Apr - 15 Okt
- +49 41 54 15 46 06 42
- info@campingplatz-abc.de

1 ADEFJMOPQRST	L 6
2 AEIJLPQVXYZ	ABDEFGI 7
3 ABFGHIJLM ABCDEFJNQRUW 8	
4 FHJ	BIJ 9
5 D	ABGHIJMOQUW 10
6-16A	

- €39,50 / €47,50
- N 53°36'42" E 10°20'38"
- H60 2,5ha 45T(60-80m²) 58D
- 111822
- A1/E52 Hamburg-Lübeck, Ausfahrt Stapelfeld/Trittau. Richtung Trittau nach Großensee. A24 Ausfahrt 6. Schwarzenbek B404 Trittau-Nord. Großensee.

Hamburg/Schnelsen, D-22457 / Schleswig-Holstein

- Knaus Campingpark Hamburg****
- Wunderbrunnen 2
- 1 Jan - 31 Dez
- +49 4 05 59 42 25
- hamburg@knauscamp.de

1 DEFILNOPQRST	6
2 AQSTWXYZ	ABEFGI 7
3 AC	BDJNQRSTW 8
4 JO	EF 9
5 ABDMN	ABFGHOQ 10
B 16A CEE	

- €44,20 / €54,40
- N 53°39'01" E 09°55'44"
- 3ha 122T(80-120m²) 14D
- 108043
- A7 Hamburg-Flensburg, Ausfahrt Schnelsen-Nord. Den CP-Schildern/Ikea folgen. CP kommt hinter Ikea.

ACSI Camping Europa-App

9 500 europäische Campingplätze in einer praktischen App

- Erweiterbar um 9 000 kontrollierte Reisemobilstellplätze
- Ohne Internetverbindung nutzbar
- Kostenlose Updates mit Änderungen und neuen Campingplatz-Bewertungen
- Schnell und einfach buchen, auch unterwegs
- Neu: jetzt auch mit kleinen Campingplätzen

ab 0,99 €

www.Eurocampings.de/app

Handewitt/Jarplund, D-24976 / Schleswig-Holstein

- Campingplatz Jarplund
- Europastraße 80
- 15 Mrz - 15 Nov
- +49 4 61 97 90 24
- campingplatz.jarplund@web.de
- N 54°44'40" E 09°26'18"

1 ABDEFJMNOPQRST AF 6
2 APQRUWY ABFGI 7
3 ABF ABCDEFJNQR 8
4 J F 9
5 DN ABGHKMOQVW 10
B 16A CEE
1,5ha 100T(100-110m²) 12D
① €26,00
② €26,00
102239

A7 Schleswig-Flensburg, Ausfahrt 3 Flensburg/Husum. Dann rechts die B200, Ausfahrt Jarplund/Weding rechts bis zur Europastraße links 800m auf der linken Seite.

Hasselberg, D-24376 / Schleswig-Holstein

- Ostseecamping Gut Oehe
- Drecht 6
- 28 Mrz - 17 Okt
- +49 46 42 61 24
- camping@gut-oehe.de
- N 54°42'57" E 09°59'26"

1 ABEFILNORT KNPQSWX 6
2 HJLMQSUWX ABDEFGIJ 7
3 AFGLMV ABEFNQRTW 8
4 HL EV 9
5 ACDFHKLMN ABCGHIJMOQVW 10
B 16A CEE
6ha 500T(80-100m²) 303D
① €26,00
② €32,00
102310

Die B199 Kappeln-Flensburg, Ausfahrt Hasselberg. CP liegt am Wasser und ist gut ausgeschildert.

Heikendorf/Möltenort, D-24226 / Schleswig-Holstein

- Möltenort
- Uferweg 24
- 1 Apr - 31 Okt
- +49 43 12 39 45 29
- campingplatz-moeltenort@t-online.de
- N 54°23'02" E 10°12'18"

1 ADEFHKNOPQRST KNQSXYZ 6
2 GIJLPQRSVWXY ABDEFGI 7
3 AL ABCDEFJNQRSTU 8
4 FHJO ADVW 9
5 ABDEFJKMN ABEHIJOQ 10
16A CEE
2ha 90T(90-120m²) 70D
① €24,80
② €30,30
102386

In Kiel 'Ostufer' und der B502 bis Heikendorf-Nord folgen. CP weiter angezeigt. Letzte 250m mit der Zufahrt sind eng. Rat: Beifahrer vorausschicken, um entgegenkommenden Verkehr zu beachten.

Hochdonn, D-25712 / Schleswig-Holstein

- Camping Klein-Westerland
- Zur Holstenau 1
- 1 Apr - 31 Okt
- +49 48 25 23 45
- N 54°01'47" E 09°17'52"

1 ABFJMNOPQRST JN 6
2 ACIJQRSTWXYZ ABDEFG 7
3 AM ABCDEFJKNTUV 8
4 FH 9
5 ABDEFHKMN ABCFHIJQ 10
B 16A CEE
2,5ha 24T(80-100m²) 126D
① €23,50
② €32,50
117989

Von der A23 Ausfahrt Schafstedt über Eggstedt nach Süderhastedt. Dort links ab nach Hochdonn. In Hochdonn den CP-Schildern folgen.

Hohenfelde, D-24257 / Schleswig-Holstein

- Campingpark Ostseestrand
- Strandstraße 21
- 27 Mrz - 14 Okt
- +49 4 38 56 20
- info@campingostseestrand.de
- N 54°23'11" E 10°29'30"

1 ACDEFJMNOPQRST NQSXY 6
2 GLMQSWX ABDEFGI 7
3 BM ABCDEFIJKNQRTUV 8
4 FH D 9
5 ABCEFKMN ABFGHJNQW 10
B 16A CEE
3ha 50T(80-100m²) 182D
① €27,00
② €32,00
112017

A1 Ausfahrt Oldenburg/Holstein-Süd. Der B202 Richtung Lütjenburg folgen, die L165 weiter Richtung Hohenfelde. In Hohenfelde der Beschilderung 'Strand' folgen. Alternativ: B502 Kiel - Schönberg, Hohenfelde L165.

Hohenfelde, D-24257 / Schleswig-Holstein

- Strandcamping Radeland
- Strandstrasse 18
- 1 Apr - 10 Okt
- +49 43 85 53 88
- info@strandcamping-radeland.de
- N 54°22'58" E 10°29'44"

1 CDEFJMNOPQRST KNQS 6
2 GILMPQSTWXYZ ABDEFG 7
3 BM BDFJNQRTUVW 8
4 FHJ 9
5   ABFGHJMOQUVY 10
B 10-16A CEE
3ha 150T(80-100m²) 120D
① €24,50
② €26,50
117357

Von Hamburg A7 Ausfahrt Bordesholm zur A215 Richtung Kiel. Kiel-Mitte zur B76 Richtung Fähre Norwegenkai. Danach B205 Richtung Laboe. Camping angezeigt.

Husum, D-25813 / Schleswig-Holstein

- Regenbogen AG Ferienanlage Husum
- Dockkoogstraße 17
- 6 Apr - 1 Nov
- +49 4 84 19 39 79 60
- husum@regenbogen.ag
- N 54°28'46" E 09°00'39"

1 ADEFJMNOPQRST KM 6
2 GIKQWXY ABDEFGIJ 7
3 L ABCDEFGNQR 8
4 HJ 9
5 ABDM ABGHIJNQV 10
B 16A CEE
2,5ha 65T(90-110m²) 10D
① €31,00
② €31,00
110539

Von der B5 Husum-Mitte folgen. Unter der Bahnlinie durch links; danach links ab über die Bahn. Dort ist der Camping angezeigt.

Ivendorf/Lübeck, D-23570 / Schleswig-Holstein

- Ivendorf Campingplatz
- Frankenkrogweg 2-4
- 1 Jan - 31 Dez
- +49 45 02 48 65
- mail@camping-travemuende.de
- N 53°56'30" E 10°50'42"

1 BFJMNOPQRST AF 6
2 APQSWXY ABDEFGHIJK 7
3 ABFLM ABEFJNQRTW 8
4 JO FJ 9
5 ABCDEFGHLMN AGHIJLQ 10
Anzeige auf dieser Seite B 16A CEE
7ha 185T(100-150m²) 105D
① €32,00
② €40,00
102464

Von der A1 zur B75 Richtung Travemünde und Skandinavien-Kai fahren. Ab Ivendorf ausgeschildert.

OSTSEE KATHARINENHOF ★ ★ ★ ★ ★

Der Campingplatz auf Fehmarn mit einer eigenen Tauchschule und einer Sauerstoff-Flaschen-Füllstation.

23769 Katharinenhof auf Fehmarn
Tel. 04371-9032 • Fax 04371-863590
E-Mail: info@camping-katharinenhof.de
Internet: www.camping-katharinenhof.de

Katharinenhof (Fehmarn), D-23769 / Schleswig-Holstein

- Campingplatz Ostsee Katharinenhof★★★★★
- 1 Apr - 16 Okt
- +49 43 71 90 32
- info@camping-katharinenhof.de
- N 54°26'42" E 11°16'43"

1 AEFJMNOPQRST KNOPQSWXY 6
2 AGJLMPQTWXYZ ABDEFGHI 7
3 ABEFGIMU ABCDEFGJKNQRTUV 8
4 BCDHJKNOPQX ADSVY 9
5 ACDEFLMN ABFGHIJORS 10
Anz. auf dieser Seite B 10-16A CEE
19ha 290T(100-130m²) 252D
① €38,00
② €44,00
109186

E47 Ausfahrt Burg. Weiter zum Katharinenhof. Hier ist der CP ausgeschildert.

Kellenhusen, D-23746 / Schleswig-Holstein

- Campingparadies Kellenhusen★★★★
- Kirschenallee 16-18
- 1 Apr - 31 Okt
- +49 43 64 47 94 70
- info@camping-kellenhusen.de
- N 54°11'05" E 11°03'10"

1 AJMNOPQRS KMNPQSXY 6
2 GJKMPQWXYZ ABFGIJ 7
3 BGX ABCDEFGHIJKNPQRUV 8
4 BCDHL 9
5 ABDMN ABFGHIJNQ 10
B 16A CEE
5,8ha 40T(65-90m²) 160D
① €37,75
② €44,75
114705

Der CP liegt an der Südseite von Kellenhusen.

Kiel, D-24159 / Schleswig-Holstein

- Falckenstein
- Palisadenweg 171
- 1 Apr - 31 Okt
- +49 4 31 39 20 78
- campingplatzkiel@gmail.com
- N 54°24'43" E 10°11'02"

1 ADFJMNOPQRST KNQRSTWX 6
2 BGJILMQWXY ABDEFGHIK 7
3 AL ABCDEFNQRT 8
4 FHJO 9
5 DFKMN AHIJNQU 10
B 16A CEE
3ha 60T(60-100m²) 115D
① €22,40
② €31,40
102382

In Kiel die B503 Richtung Olympiazentrum Schilksee. In Höhe Ortsteil Kiel-Friedrichsort an der Aral nach rechts. CP dann ausgeschildert.

Klausdorf (Fehmarn), D-23769 / Schleswig-Holstein

- Klausdorfer Strand★★★★
- Klausdorfer Strandweg 100
- 1 Apr - 15 Okt
- +49 43 71 25 49
- info@camping-klausdorferstrand.de
- N 54°27'27" E 11°16'20"

1 ADEJMNOPQRST KMNPQSWXY 6
2 AGJIMPQTWXY ABCDEFGHIJ 7
3 ABDFGMSTVX ABCDEFGHIJLNPQRSTUVW 8
4 BCDHJLPTUVX DEIVWXY 9
5 ACDEFJLMN ABEFGHIJMOQUVWY 10
B 16A CEE
17ha 200T(80-170m²) 273D
① €34,70
② €41,70
102504

B207/E47 Ausfahrt Burg. Richtung Burg. In Burg nach Niendorf, dann Klausdorf. Ausgeschildert.

Ivendorf Campingplatz

In nächster Nähe der märchenhaften, schönen Ostseeküste, nur 3 km entfernt vom bekannten Seebad Travemünde in unverfälschter natürlicher Umgebung. **Neu: schöner baten im Natur-Schwimmteich.** Auch schöne Ferienwohnungen zu vermieten.

Frankenkrogweg 2-4, 23570 Ivendorf/Lübeck • Tel. +49 45024865
Fax 04502-75516 • E-Mail: mail@camping-travemuende.de
Internet: www.camping-travemuende.de

Klein Rönnau/Bad Segeberg, D-23795 / Schleswig-Holstein

- KlüthseeCamp & Seeblick
- Stipsdorferweg/Klüthseehof 2
- 1/1 - 31/1, 1/3 - 31/12
- +49 4 55 18 23 68
- info@kluethseecamp.de

1 ADEF**JM**NOPQRS **BLN**QS**XZ** 6
2 AFIJKLQXY AB**FG**HIJ 8
3 B**FG**HLMU ABCDEFHJK**L**NQRTUVW 8
4 BCFHJKL**PRT**V**XZ** Y 9
5 ABDEFJKLMN ABF**G**HIJLMO**Q**U10
B 16A CEE
25ha 200T(100-140m²) 500**D**
① €25,00
② €32,60

N 53°57'41" E 10°20'15"   115376

Von Bad Segeberg auf der B432 Richtung Scharbeutz/Ostsee. In Klein Rönnau wird der CP angezeigt.

Munkbrarup, D-24960 / Schleswig-Holstein

- Förderferien Bockholmwik
- Bockholmwik 19
- 1 Jan - 31 Dez
- +49 46 31 20 88
- info@foerderferien-bockholmwik.de

1 ABDEF**JM**NOPQRT HKNOPQRSTW**XYZ** 6
2 HIJKLMQTUVWXY ABDE**FG**HIJ 7
3 BD**FI**LMV ABCDE**FJ**NQRSTUVW 8
4 FHJ**Q** IJKMNTVW 9
5 ABDEFHKLMN ABFGHJMORSUW10
B 16A CEE
7,5ha 100T(70-100m²) 111**D**
① €27,50
② €27,50

N 54°49'42" E 09°36'32"   102301

Die B199 Flensburg-Kappeln, Ausfahrt Ringsberg durchfahren bis Rüde, 1. Straße rechts den CP-Schildern nach.

Kleinwaabs, D-24369 / Schleswig-Holstein

- Ostsee Camping Familie Heide
- Strandweg 31
- 1 Apr - 27 Okt
- +49 43 52 25 30
- info@waabs.de

1 ABDEF**JM**NOPQRST EKMN**O**PQRSW**XY** 6
2 HJLQRSTUVWXYZ ABDE**FG**HIJK 7
3 ABDF**G**HIJMNV ABCDEF**G**IJKNOPQRTUVW 8
4 A**E**FJLMNO**PQRSTV** CDELMTVY 9
5 ACDEFGHLMN ABCEFGHIJMORSU**X**Y10
B 16A CEE
22ha 280T(95-160m²) 679**D**
① €39,60
② €53,60

N 54°31'52" E 10°00'03"   102375

B203 Eckernförde-Kappeln, Ausfahrt Loose. An der Kreuzung Richtung Waabs. Weiter bis nach Kleinwaabs. CP ist dort gut ausgeschildert.

Neustadt in Holstein, D-23730 / Schleswig-Holstein

- Am Strande
- Sandbergerweg 94
- 1 Apr - 30 Sep
- +49 45 61 41 88
- info@amstrande.de

1 DEF**JM**NOPQRST KN**O**QSW**XYZ** 6
2 AGJPQSUWY ABDE**FG**HI 7
3 B**L**M ABCDE**FI**JKNRTW 8
4 CDF**K**M**N** ABGHIJ**O**Q10
B 10A CEE
4,7ha 170T(70-90m²) 210**D**
① €30,00
② €36,00

N 54°05'35" E 10°49'33"   102461

E47/E22 Hamburg-Puttgarden, Ausfahrt Neustadt Süd Richtung Neustadt. In Neustadt-Zentrum Straße Richtung Pelzerhaken fahren. Ausgeschildert.

Kollmar, D-25377 / Schleswig-Holstein

- Elbdeich Camping Kollmar
- Kleine Kirchreihe 22
- 1 Apr - 31 Okt
- +49 41 28 13 79
- info@elbdeich-camping.de

1 F**JM**NOPQRST JNQS**X** 6
2 CIJQSTWXY AB**FG** 7
3 AB ABCDEFGIJNPQRTUVW 8
4 FH DVW 9
5 DM ABCFHIJLQ10
B 16A CEE
1,2ha 28T(80-120m²) 46**D**
① €18,00
② €22,00

N 53°43'27" E 09°30'09"   110567

Die 23 Hamburg-Itzehoe, Ausfahrt 14 Elmshorn/Glückstadt, die 431, Ausfahrt Kollmar. Den CP-Schildern folgen.

Ostermade, D-23779 / Schleswig-Holstein

- Hohes Ufer****
- 1 Apr - 15 Okt
- +49 4 36 54 96
- info@camping-hohes-ufer.de

1 A**E**J**M**NOPQRST KMN**P**QS**Y** 6
2 GJMQWXY ABDE**FG**HIJ 7
3 B**FG**H**IJ**MTX ABCDE**FG**JKNPQRTUVW 8
4 BH**LX** I 9
5 ACDFGHJLMN ABIJM**O**Q10
B 16A CEE
12ha 80T(100-140m²) 517**D**
① €28,00
② €34,00

N 54°19'28" E 11°04'13"   102510

4 km nach dem Ende der Autobahn A1 Hamburg-Puttgarden rechts Richtung Neukirchen/Jahnshof. Dann nach Ölendorf und Ostermade. CP ist gut ausgeschildert.

Langballig, D-24977 / Schleswig-Holstein

- Langballigau**
- Strandweg 3
- 1 Apr - 31 Okt
- +49 4 63 63 08
- service@campingplatz-langballigau.de

1 ABDEF**JM**NOPQRT KMNPQSW**XY** 6
2 EGJPQWX ABDE**FG**I 7
3 ABGL ABCDE**F**NQR 8
4 FHJO DVY 9
5 ADEFHKLMN ABCF**GH**J**O**Q10
B 10A CEE
4ha 65T(80-120m²) 109**D**
① €19,50
② €25,50

N 54°49'19" E 09°39'32"   102303

Die B199 Flensburg-Kappeln, Ausfahrt Langballig. Richtung Langballigholz bis zur Kreuzung bei Langballigau, dann Richtung Strand. CP gut ausgeschildert.

Padenstedt, D-24634 / Schleswig-Holstein

- Forellensee
- Humboldtredder 5
- 1 Jan - 31 Dez
- +49 4 32 18 26 97
- info@familien-campingplatz.de

1 A**JM**NOPQRS**T** HLMN 6
2 AEJPQRSXY ABDE**FG**IJK 7
3 ABDF**G**H**IL**MUV ABCDEFGHJKNOPQRTUVW 8
4 AB**F**HJ FINWY 9
5 ABDEFMN AFGHIJLMOQUVW10
B 16A CEE
20ha 80T(80-100m²) 219**D**
① €29,50
② €35,50

N 54°02'47" E 09°55'24"   102317

A7 Hamburg-Flensburg, Ausfahrt 14 Richtung Wasbek. Dann ist CP ausgeschildert.

Leck, D-25917 / Schleswig-Holstein

- Karlsmark
- Karlsmark 1
- 1 Jan - 31 Dez
- +49 46 62 18 50
- camping-leck@versanet.de

1 AB**E**F**IL**NOPQRST 6
2 PQWXY AB**FG**I 7
3 AB**F**L ABCDEFJNQRW 8
4 FHJ I 9
5 DMN AGHIJ**O**10
B 10A CEE
1,2ha 40T 20**D**
① €20,00
② €32,00

N 54°45'33" E 08°59'30"   108821

A7 Schleswig-Flensburg, Ausfahrt 2 Harrislee, die 199 Richtung Niebüll, 1 km vor Leck. CP ist ausgeschildert.

Plön, D-24306 / Schleswig-Holstein

- Naturcamping Spitzenort
- Ascheberger Straße 76
- 1 Apr - 28 Okt
- +49 45 22 27 69
- info@spitzenort.de

1 ADEF**JM**NOPQRS BLMN**O**QS**XYZ** 6
2 EIMPQSWXY ABDE**FGI**JK 7
3 BDF**GJ**M ABCDE**FG**IJKLNQRSTUVW 8
4 AFHJLN**RSTX** DKPQRV**Y** 9
5 ABDEFJKLMN ABEFGHIJLM**O**QUY10
B 16A CEE
4,5ha 205T(80-110m²) 28**D**
① €35,50
② €42,50

N 54°08'54" E 10°23'52"   102389

A7 Hamburg-Flensburg, Ausfahrt Großenaspe. Weiter die B430 Richtung Plön. CP ist in Plön ausgeschildert.

Lindaunis/Boren, D-24392 / Schleswig-Holstein

- Lindaunis
- Schleistraße 1
- 27 Mrz - 15 Okt
- +49 46 41 73 17
- info@camping-lindaunis.de

1 AB**E**F**IL**NOQRT KLN**Q**S**XYZ** 6
2 EGJQVWXYZ ABDE**FG** 7
3 AB**L**M ABDFGIJNQRTU 8
4 H**J**O PQRV 9
5 ABDFKLM ABCGHIJ**O**Q10
B 16A CEE
4ha 40T(90-120m²) 170**D**
① €27,00
② €32,00

N 54°35'12" E 09°48'59"   102312

B201 Schleswig-Kappeln, Abfahrt Lindaunis. Durch Lindau, CP liegt an der kleinen, nicht störenden Bahnlinie (2x pro Stunde). Ausgeschildert.

Plön/Bösdorf, D-24306 / Schleswig-Holstein

- Gut Ruhleben
- Missionsweg 2
- 1 Apr - 4 Okt
- +49 45 22 83 47
- campingplatz@camp-ruhleben.de

1 ADEF**JM**NOPQRS LMN**Q**S**XYZ** 6
2 BEIJKQSWXY BE**FG**I 7
3 AB**F**LM ABCD**F**JNQRTW 8
4 FH D 9
5 ABDEFGKMN ABGHIJM**O**QU10
B 16A CEE
12ha 80T(bis 80m²) 223**D**
① €26,50
② €30,50

N 54°08'40" E 10°27'00"   108042

A7 Hamburg - Flensburg, Ausfahrt Großenaspe. Weiter die B430 nach Plön. In Plön Richtung Eutin halten. Kurz hinter Plön CP angezeigt.

Lübeck/Schönböcken, D-23556 / Schleswig-Holstein

- Cp.platz Lübeck-Schönböcken
- Steinrader Damm 12
- 21 Mrz - 31 Okt
- +49 4 51 89 30 90
- info@camping-luebeck.de

1 ADE**JM**NOPQRT 6
2 APQUX ABDE**FG**IK 7
3 B**L**M ABCDE**F**JNQRW 8
4 JO 9
5 ABDMN AGHIKM**O**Q10
6A CEE
1,6ha 70T(70-120m²)
① €28,00
② €34,00

N 53°52'10" E 10°37'51"   110606

Über E4/A1 Richtung Lübeck-Hamburg, Ausfahrt Lübeck/Moisling Richtung Schönböcken. CP befindet sich 1,5 km von der Autobahn entfernt, gut ausgeschildert.

Pommerby, D-24395 / Schleswig-Holstein

- Seehof**
- Gammeldamm 5
- 1 Apr - 31 Okt
- +49 4 64 36 93
- anfrage-seehof.de

1 ADE**F**I**L**NORST KN**Q**SW**X** 6
2 GJLMQRWY AB**DFG** 7
3 M ABCDE**F**JKNQRT 8
4 F GI 9
5 ABDMN ABGJ**O**Q10
B 16A CEE
4ha 40T(100m²) 120**D**
① €23,50
② €28,50

N 54°45'55" E 09°58'04"   102307

Die B199 Kappeln-Flensburg, Ausfahrt Pommerby. Dann Ausfahrt Nieby, dann ist CP gut ausgeschildert.

Medelby, D-24994 / Schleswig-Holstein

- Mitte
- Sonnenhügel 1
- 1 Jan - 31 Dez
- +49 46 05 18 93 91
- info@camping-mitte.de

1 ADEILNOPQRST A**E** 6
2 QSWXY ABDE**FG**IK 7
3 ABDMV ABCDEFGIJKNQRSTUVW 8
4 ABCH**JQT** DEIY 9
5 ABDEFHKLMN ABFGHIJ**O**Q10
B 10-16A CEE
5,2ha 154T(bis 120m²) 45**D**
① €31,55
② €31,55

N 54°48'54" E 09°09'49"   117244

A7 Ausfahrt 2, die 199 Richtung Niebüll. Von Wallsbüll den CP-Schildern folgen.

Pommerby, D-D 24395 / Schleswig-Holstein

- Ostseesonne Camping
- Gammeldamm 6
- 1 Apr - 31 Okt
- +49 46 43 22 23
- post@camping-ostseesonne.de

1 A**F**J**M**NOPQRST KNSW**XYZ** 6
2 GIJKLQSX ABDE**FG** 7
3 ABFGM ABCDEFJNQRTUVW 8
4 F D 9
5 AB**E**FKM AFGIJ**O**QV10
B 12A CEE
4ha (80-175m²) 91**D**
① €28,00
② €36,00

N 54°45'48" E 09°58'15"   121798

Bigg Kappeln Flensburg, Ausfahrt Pommerby, danach Ausfahrt Nieby, danach Ausfahrt Gammeldam. Nach der Haarnadelkurve die Straße komplett durchfahren.

Rosenfelder Strand
OSTSEE CAMPING

- Sehr gepflegter, vielseitiger Platz für Jung und Alt
- **Direkt am Meer**, ruhige Lage inmitten der Natur, viele Ausflugsmöglichkeiten
- Familienfreundliche Preise, keine Kurtaxe
- Hunde zeitweise in Teilbereichen erlaubt

- Wohnmobilservice und Mietwohnwagen
- Fahrrad- und Gokartvermietung, Minigolf, Spielplätze, Beachvolleyball, Streetball, Trampoline, Hüpfkissen, Bücherstube, Sauna
- In der Hauptferienzeit: Animation, Kindergarten, Wellnessmassage, Banane, Kino, DLRG-Bewachung
- SB-Markt und Gastronomie auf dem Platz
- Webcam, WLAN

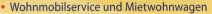

Fordern Sie unseren Prospekt an:
Rosenfelder Strand Ostsee Camping
23749 Rosenfelde/Grube
Tel. 04365-979722 • Fax 04365-979594
E-Mail: info@rosenfelder-strand.de
www.rosenfelder-strand.de

Puttgarden (Fehmarn), D-23769 / Schleswig-Holstein

- Puttgarden
- Strandweg
- 1 Apr – 17 Okt
- +49 43 71 34 92
- puttgardencamping@gmail.com
- N 54°30'10" E 11°12'58"

1	ADE**JM**NOPRT	KNOPQRS**XY** 6
2	AGLPQXY	ABDE**FG** 7
3	AM	ABCDE**F**JNQRW 8
4	H	9
5	ADEFLMN	AGHJORS 10
B 16A		
1,8ha 150T(80-110m²) 50D		€34,00 / €40,00

A1/E47 Hamburg-Puttgarden-Dänemark. Kurz vor dem Fährhafen links Richtung Puttgarden. Nach ca. 400m rechts zum CP.
110387

Rosenfelde/Grube, D-23749 / Schleswig-Holstein

- Rosenfelder Strand Ostsee Camping*****
- Rosenfelder Strand 1
- 5 Mrz – 24 Okt
- +49 43 65 97 97 22
- info@rosenfelder-strand.de
- N 54°15'54" E 11°04'39"

1	AE**JM**NOPQRST	KMNPQS**XY** 6
2	GIJKMQTWXY	ABDE**FG**HIJK 7
3	ABEFG**J**MTUVWX	ABCDE**G**HIJKNPQRTUV 8
4	BCDHJKLNO**TX**	DUVWY 9
5	ACDEFHJLMN	ABCFGHIJLM**O**QWY 10
Anzeige auf dieser Seite B 16A CEE		
24ha 350T(100-150m²) 487D		€43,80 / €54,60

Die B501 zwischen Grube und Fargemiel. Richtung Rosenfelde.
102512

Salem, D-23911 / Schleswig-Holstein

- Naturcamping Salemer See
- Seestr. 60
- 1 Apr – 31 Okt
- +49 4 54 18 25 54
- info@camping-salem.de
- N 53°58'58" E 10°50'07"

1	ADE**JM**NOPQRST	LNPX 6
2	BDFIJKQRSUVWXYZ	**BFGI** 7
3	BFG**JM**	ABCDEFJNQRTUW 8
4	FHJ	DIW 9
5	ADFHKM**N**	ABCFGKNQU 10
Anzeige auf dieser Seite B 16A CEE		
H60 25ha 150T(35-80m²) 609D		€27,00 / €36,00

Von der A20, B207 Ri. Ratzeburg. In Ratzeburg B208/L203 Ri. Seedorf. Nach 4 km nehmen Sie die Ausfahrt Salem und folgen der Beschilderung zum CP.
114707

Scharbeutz, D-23683 / Schleswig-Holstein

- Ostseecamp Lübecker Bucht GmbH
- Bormwiese 1
- 1 Apr – 31 Okt
- +49 45 63 52 03
- info@ostseecamp-luebecker-bucht.de
- N 54°03'18" E 10°43'49"

1	ADEFG**JM**NOPQRST	6
2	APQVWXYZ	ABDE**FG** 7
3	ABM	ABCDEFGHIKNQRTUV 8
4		EFVW 9
5	ABDFHJKM	ABCFGHJ**N**RSU 10
B 16A CEE		
5,5ha 50T(65-150m²) 182D		€48,00 / €57,00

A1 HH-Puttgarden/Fehmarn. Ausfahrt Haffkrug/Scharbeutz, B76 Richtung Eutin, recht auf die Autobahn.
123446

Schashagen/OT Bliesdorf-Strand, D-23730 / Schlesw.-H.

- Walkyrien*****
- Strandweg 26
- 1 Apr – 23 Okt
- +49 45 62 67 87
- info@camping-walkyrien.de
- N 54°07'23" E 10°55'17"

1	ADE**JM**NOPQRS**T**	KN**Q**SWXY 6
2	AGJQSUWX	ABDE**FGI** 7
3	BFG**I**LMSU	ABCDEFGHIJKNPQRTUVW 8
4	B**J**KQ**TUXZ**	DJVX 9
5	ABDEFHKLM**N**	ABFGHIJM**O**QVWY 10
B 16A CEE		
11ha 130T(100-140m²) 316D		€39,00 / €48,00

E47/E22 Hamburg-Puttgarden, Ausfahrt Neustadt Nord, Richtung Grömitz. Nach 5 km in Bliesdorf rechts abbiegen. Ausgeschildert.
102458

Schönberg (Ostseebad), D-24217 / Schleswig-Holstein

- California Ferienpark GmbH****
- Große Heide 26
- 1 Apr – 30 Sep
- +49 43 44 95 91
- info@camping-california.de
- N 54°25'42" E 10°21'50"

1	ADEF**JM**NOPQRST	KNPQRSW**X** 6
2	GJPQWXY	ABDE**FGIJ** 7
3	BF**HIJM**R**S**	ABCDE**F**JKNQRTUV 8
4	BFHJOQ	DMOPTVW 9
5	ACDEFLM	ABEFGHIJ**O**QXY 10
B 10A CEE		
8ha 174T(80-120m²) 300D		€33,10 / €41,10

In Kiel 'Ostufer' halten und weiter die B502 Richtung Schönberg. Am 1. Kreisel in Schönberg Richtung Kalifornien. CP weiter angezeigt.
102380

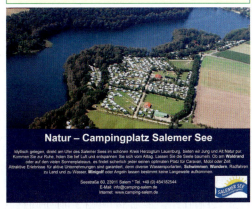

Natur – Campingplatz Salemer See

257

Schubystrand/Dörphof, D-24398 / Schleswig-Holstein

- ▲ Damp Ostseecamping****
- 🏠 Schubystrand 6
- 📅 27 Mrz - 4 Okt
- ☎ +49 4 64 49 60 10
- @ camping@damp-ostseecamping.de

1 AEFJMNOPQRST KQSTXY 6
2 EGJQWXY ABDEFGHIJ 7
3 ABFGJMV ABCDEFKNQRTUVW 8
4 JRT DEJMPR 9
5 ACDEFHKM ABCFGHIKMOQU 10
B 16A CEE
24ha 253T (81-180m²) 687 D
€ 26,60
€ 32,60

N 54°35'53" E 10°01'27"   102374

🚗 B203 Eckernförde-Kappeln. Ausfahrt Schuby, dann Richtung Schubystrand. CP ist gut ausgeschildert.

St. Peter-Ording/Böhl, D-25826 / Schleswig-Holstein

- ▲ Silbermöwe
- 🏠 Böhler Landstr. 179
- 📅 15 Mrz - 4 Okt
- ☎ +49 48 63 55 56
- @ camping@silbermoewe.de

1 AEFJMNOPRT 6
2 IPQTWXY ABDEFGHI 7
3 ABL ABCDEFJKNQRTUVW 8
4 JOS DIV 9
5 DMN ABCFGHJOQ 10
10-16A CEE
1ha 52T (60-80m²) 25 D
€ 33,50
€ 42,50

N 54°17'06" E 08°39'42"   102192

🚗 B5 Heide-Tönning, dann die B202 St. Peter Ording, Abfahrt St. Peter-Ording. (OT Böhl). Dann gut ausgeschildert.

Schwedeneck, D-24229 / Schleswig-Holstein

- ▲ Grönwohld-Camping
- 🏠 Kronshörn
- 📅 1 Apr - 31 Okt
- ☎ +49 43 08 18 99 72
- @ info@groenwohld-camping.de

1 ADEJMNOPQRST KMNOQRSTWXY 6
2 GIJMQSWX ABDEFGJ 7
3 ABFMV ABCDEFIJKNQRTW 8
4 AEFHJT BFJMPQ 9
5 ACDEFHLMN ABHIJLMOQU 10
B 16A CEE
16ha 120T (80-110m²) 485 D
€ 29,50
€ 31,00

N 54°28'29" E 10°01'44"   102378

🚗 Von Kiel der B76 und weiter der B503 Richtung Eckernförde. 500m hinter Krusendorf rechts. CP ist weiter ausgeschildert.

Stein/Laboe, D-24235 / Schleswig-Holstein

- ▲ Förderblick****
- 🏠 Ellernbrook 12
- 📅 1 Apr - 18 Okt
- ☎ +49 43 43 77 95
- @ info@camping-foerderblick.de

1 ADEFHKNOPQRST KNQSWXZ 6
2 GIJLNPQSWX ABDEFG 7
3 ABFGLM ABCDEFJNQRTUVW 8
4 BFH BD 9
5 ACDEFGILMN ABGHIJORS 10
B 16A CEE
7ha 115T (70-100m²) 295 D
€ 31,50
€ 39,50

N 54°24'51" E 10°14'54"   108031

🚗 In Kiel 'Ostufer' und der B502 Richtung Schönberg. Danach Richtung Stein halten. CP weiter angezeigt.

Seekamp (Ostholstein), D-23779 / Schleswig-Holstein

- ▲ Campingplatz Seekamp
- 🏠 Seekamp
- 📅 2 Apr - 17 Okt
- ☎ +49 4 36 54 56
- @ info@camping-seekamp.de

1 AFILNOPQRST KNOPQRSWXY 6
2 AGJKQXY ABDEFGHIJ 7
3 BFM ABCDEFGIJKNRTW 8
4 H JUVW 9
5 ADEMN ABGHIJMORSV 10
B 16A CEE
23ha 150T (100-150m²) 494 D
€ 25,00
€ 30,00

N 54°20'36" E 11°03'44"   102508

🚗 E47 (A1), Ausfahrt 8 Richtung Neukirchen. Danach nach Sütel. Ausgeschildert.

Stein/Laboe, D-24235 / Schleswig-Holstein

- ▲ Campingplatz Neustein
- 🏠 Ellernbrook 20
- 📅 1 Apr - 30 Sep
- ☎ +49 43 43 81 22
- @ info@camping-neustein.de

1 ADEFHKNOPQRST KNQSWXZ 6
2 GIJMNPQSWX ABDEFG 7
3 BGLM ABCDEFKNQRTU 8
4 FH W 9
5 ADEFLN ABGHIJOQ 10
B 16A CEE
3,5ha 49T (60-100m²) 100 D
€ 32,00
€ 40,00

N 54°24'54" E 10°14'39"   102385

🚗 In Kiel 'Ostufer' folgen und weiter der B502 bis Ausfahrt Laboe. Danach Richtung Stein halten. CP dann ausgeschildert.

Sehlendorf, D-24327 / Schleswig-Holstein

- ▲ Schöning
- 🏠 Wewerin 1
- 📅 1 Apr - 23 Okt
- ☎ +49 43 82 92 05 04
- @ info@ostseecamping-schoening.de

1 ADFGJMNOPQRS KNOPQRSTW 6
2 GJQSUWX ABDEFGIJK 7
3 BFLMX ABCDEFGIJKNQRTW 8
4 FHJO IVWY 9
5 ACDFHLMN ABGHIJOQUY 10
B 16A CEE
7ha 31T (90-100m²) 281 D
€ 24,00
€ 32,00

N 54°18'04" E 10°41'30"   111290

🚗 A7 Ausfahrt Kiel, Richtung Oldenburg. In Kaköhl Richtung Hohe Wacht. In Sehlendorf Richtung Strand.

Stocksee, D-24326 / Schleswig-Holstein

- ▲ Naturcamping am Stocksee
- 🏠 Holmweg 4
- 📅 31 Mrz - 4 Okt
- ☎ +49 45 26 33 87 92
- @ stockseecamping@t-online.de

1 DEFJMNOPQRT LMNX 6
2 AEJPQSVWXYZ ABDEFGIJ 7
3 BMS ABDFJNQRTU 8
4 FHJO D 9
5 BM ABHIJOQU 10
16A CEE
2,5ha 50T (80-200m²) 54 D
€ 26,50
€ 30,50

N 54°04'50" E 10°20'17"   118534

🚗 Von Hamburg A21 bis Ausfahrt 9 (Trappenkamp), danach Richtung Tensfeld. In Tensfeld Richtung Damsdorf. In Damsdorf Richtung Stocksee. Camping rechts angezeigt.

Simonsberg/Husum, D-25813 / Schleswig-Holstein

- ▲ Nordseecamping Zum Seehund GmbH & Co KG
- 🏠 Lundenbergweg 4
- 📅 3 Apr - 31 Okt
- ☎ +49 48 41 39 99
- @ info@nordseecamping.de

1 ADEFJMNOPQRS AKMNQSX 6
2 GIQSTWXYZ ABDEFGHIJK 7
3 ABFGLMSV ABCDEFJKNQRSTUVW 8
4 BEFRTVX JUVW 9
5 ABDFKLMN ABCFGHJMOQU 10
B 16A CEE
6,5ha 240T (80-160m²) 19 D
€ 39,00
€ 49,00

N 54°27'19" E 08°58'20"   108027

🚗 A23 bis Heide, wird dann die B5 Heide-Husum, Ausfahrt Simonsberg. Von der Ausfahrt den Schildern folgen.

Strukkamphuk (Fehmarn), D-23769 / Schleswig-Holstein

- ▲ Strukkamphuk-Fehmarn*****
- 📅 1 Apr - 30 Okt
- ☎ +49 43 71 21 94
- @ camping@strukkamphuk.de

1 ADEJMNOPQRST KMNPQRSTXY 6
2 GJKLMPQTWXY ABDEFGHIJK 7
3 ABFGLMSTUX ABCDEFGHJKNPQRSTUVW 8
4 BCDFHJLQTXZ DGILMNY 9
5 ACDEFLMNO ABFGHJMOQWY 10
Anzeige auf Seite 259 B 16A CEE
20ha 308T (100-160m²) 330 D
€ 38,90
€ 48,50

N 54°24'42" E 11°05'54"   102506

🚗 B207/E47 von Norden kommend Richtung Landkirchen. Aus südlicher Richtung, Ausfahrt Avendorf. Ab Avendorf Beschilderung.

St. Peter-Ording, D-25826 / Schleswig-Holstein

- ▲ Biehl
- 🏠 Utholmer Str. 1
- 📅 11/3 - 6/11, 27/12 - 31/12
- ☎ +49 48 63 96 10 10
- @ info@campingplatz-biehl.de

1 ADEFJMOPQRST KMNPQRSTV 6
2 GIJPQSTWX ABCDEFGIJK 7
3 ABGL ABCDEFJNQRST 8
4 FH W 9
5 ABCDEFIJLMN ABCGHJORSX 10
B 16A CEE
3,5ha 183T (80m²) 17 D
€ 46,00
€ 58,00

N 54°20'10" E 08°36'15"   110901

🚗 B5 Heide-Tönning, danach B202 Richtung St. Peter-Ording, Ausfahrt Ording-Nord: am Ende der Straße (Utholmer Straße) ist CP rechts.

Süsel, D-23701 / Schleswig-Holstein

- ▲ Süsel See Parx
- 🏠 Süseler-Moor 8
- 📅 1 Apr - 15 Okt
- ☎ +49 17 03 57 50 07
- @ camping@suesel-seeparx.de

1 ADEHKNOPQRST LNW 6
2 AFKQSWX ABDEFGI 7
3 ABGM ABCDEFGIJKNQRTUVW 8
4 JNVZ 9
5 ABDEFH ABFGHJLMOQUY 10
16A
5,5ha 42T (110-150m²) 183 D
€ 38,00
€ 50,00

N 54°04'23" E 10°41'17"   111291

🚗 A1 Hamburg-Puttgarden, Ausfahrt Eutin. CP ist am Wasserskiplatz ausgeschildert, Zufahrt befindet sich rechts nach dem Skigebiet. Der Campingplatz befindet sich auf der rechten Seite.

St. Peter-Ording, D-25826 / Schleswig-Holstein

- ▲ Olsdorf*****
- 🏠 Bövergeest 56
- 📅 1 Jan - 31 Dez
- ☎ +49 48 63 47 63 17
- @ campingpark.olsdorf@t-online.de

1 BEFJMNOPQRST 6
2 PQTWXY ABCDEFGI 7
3 ABLM ABCDEFIJNQRUVW 8
4 T 9
5 DMN ABCFGHIJOQ 10
B 16A CEE
1,5ha 63T (50-100m²) 8 D
€ 32,50
€ 39,50

N 54°18'24" E 08°38'54"   114413

🚗 A23, dann die B5 Richtung Husum. Hinter Tönning links ab. Auf der B202 bei St. Peter-Ording Camping angezeigt.

Sütel, D-23779 / Schleswig-Holstein

- ▲ Camping Sütel*****
- 📅 1 Apr - 10 Okt
- ☎ +49 4 36 54 51
- @ info@suetel.de

1 AJMNOPQRST KMNPQSXYZ 6
2 GJKMQWXY ABDEFGH 7
3 ABFGMWX ABCDFGHIJKNPQRTUVW 8
4 BCDHJL EVY 9
5 ACDEFHJLMN ABGHIJMOQWY 10
B 16A CEE
40ha 140T (90-120m²) 822 D
€ 34,00
€ 42,00

N 54°20'09" E 11°04'18"   110389

🚗 A1 Hamburg-Puttgarden, Ausfahrt bei Heiligenhafen über Löhrsdorf, dann gut ausgeschildert.

St. Peter-Ording, D-25826 / Schleswig-Holstein

- ▲ SPO
- 🏠 Grudeweg 1
- 📅 1 Jan - 31 Dez
- ☎ +49 48 63 81 71
- @ info@camping-spo.de

1 DEFJMNOPQRST 6
2 IJPQTWXY ABDEFGI 7
3 ABLMNO ABEFJNQRTUVW 8
4 FHJO IV 9
5 ADEFHMN ABCFGHJOQY 10
16A CEE
8ha 195T (60-100m²) 63 D
€ 41,00

N 54°19'56" E 08°37'10"   109174

🚗 A23 Hamburg-Heide. Hinter Heide Richtung St. Peter-Ording. Auf der B202, 5 km nach Tating vor St. Peter-Ording ist der CP auf der rechten Seite.

Tating, D-25881 / Schleswig-Holstein

- ▲ meerGrün*****
- 🏠 Martendorf 4
- 📅 25/3 - 6/11, 24/12 - 31/12
- ☎ +49 4 86 22 01 98 51
- @ info@meergruen-lodge.de

1 AEFJMNOPQRST A 6
2 IPQTWXY ABDEFGIJK 7
3 ABDFGLMN ABCDEFGJKNQRTUVW 8
4 Q 9
5 ABCDKMN ABFGHJOQY 10
B 16A CEE
7ha 145T (120-175m²) 93 D
€ 27,00
€ 35,00

N 54°19'25" E 08°41'46"   121888

🚗 A23 bis Heide, dann weiter auf der B5. Bei Tönning links ab zur B202. Nach dem Ortsausgang Tating liegt der CP direkt rechts.

Tönning, D-25832 / Schleswig-Holstein
- Comfort-Camp Eider GmbH****
- Am Freizeitpark 1a
- 1 Jan - 31 Dez
- +49 48 61 61 71 48
- info@campingplatz-toenning.de
- N 54°18'40" E 08°56'14"

1 ADEFJMNOPQRST JMNQSVXY 6
2 CIKPQSTWXYZ ABDEFGIJK 7
3 ABDFGJMUVW ABCDEFGIJKNPQRTUVW 8
4 ABEHJLQT FGIJLVY 9
5 ABDEFJMN ABFGHIJLMOQUVWY 10
Anzeige auf dieser Seite B 16A CEE ❶ €31,00
8ha 250T(80-130m²) 111D ❷ €39,00

A23 Hamburg - Heide mündet in die B5 Richtung Husum. Bei Tönning die 117140 B202 Richtung St. Peter-Ording. Über die Bahnlinie, dann links Abfahrt Tönning die L241. Am Kreisel rechts, weiter auf der L241. Über die Bahn, dann ist der Camping ausgeschildert.

Waabs, D-24369 / Schleswig-Holstein
- Campingplatz Hökholz
- Ritenrade 4
- 1 Apr - 30 Sep
- +49 4 35 29 11 70 31
- info@camping-eckernfoerde.de
- N 54°32'28" E 10°00'30"

1 ABFJMNOPQRST KNQSWXY 6
2 GLPQSTWXY ABDEFGI 7
3 BLM ABCDEFJNQRTW 8
4 FHJ V 9
5 ABDEFMN ABCGHIJLORSV 10
B 16A CEE ❶ €20,00
5,4ha 40T(90m²) 152D ❷ €26,00

Von Waabs 'Gut Hökholz' und/oder den CP-Schildern folgen. 109182

Waabs, D-24369 / Schleswig-Holstein
- Ostseecamping Gut Karlsminde
- Karlsminde 10
- 27 Mrz - 11 Okt
- +49 4 35 83 44
- info@karlsminde.de
- N 54°29'45" E 09°56'03"

1 ADEJMNOPQRST NQSWXY 6
2 AEGIJQSXY ABDEFG 7
3 BFGIM ABCDEFNQRUVW 8
4 BF 9
5 ACDEFHKLMN ABCHIJOQ 10
B 16A ❶ €25,00
16ha 80T(120-240m²) 470D ❷ €28,00

In Eckernförde die L26 Richtung Waabs, bei Karlsminde abbiegen 124320 und der Campingbeschilderung folgen.

Waabs, D-24369 / Schleswig-Holstein
- Ostsee-Freizeitpark Booknis
- Booknis
- 1 Apr - 10 Okt
- +49 43 52 23 11
- ahlefeldt-dehn@t-online.de
- N 54°33'48" E 10°01'07"

1 AEFILNORT KMNQSWXY 6
2 GJMQWXY ABDEFG 7
3 BFGJMNS ABCDEFJKNQRTUV 8
4 BJO DE 9
5 ACDFGKLM ABCHIJOQ 10
16A CEE ❶ €27,50
25ha 120T(100-150m²) 732D ❷ €37,50

B203 Eckernförde-Kappeln. Ausfahrt Damp/Thunby. Kreuzung 108030 geradeaus, Richtung Waabs. Links Richtung Waabshof. CP ist ausgeschildert.

Wahlstorf, D-24211 / Schleswig-Holstein
- Campingplatz Lanker See
- Gläserkoppel 3
- 1 Apr - 31 Okt
- +49 4 34 28 15 13
- camp@lankersee.de
- N 54°12'40" E 10°19'03"

1 ADEFJMNOPQRST LMNSX 6
2 EIJQUVWXY ABDEFG 7
3 BFGHIL ABCDEFJKNQRSTUW 8
4 FH DFNQRV 9
5 ADEFGJLMN ABFGHIJLMQU 10
6A CEE ❶ €22,00
6ha 100T(90-160m²) 180D ❷ €28,00

In Preetz die B76 Richtung Plön. Weiter Richtung Wielen. CP weiter 102388 ausgeschildert. Letzte 700m unbefestigte Strecke.

Wallnau (Fehmarn), D-23769 / Schleswig-Holstein
- Strandcamping Wallnau****
- Wallnau 1
- 1 Apr - 30 Okt
- +49 4 37 24 56
- wallnau@strandcamping.de
- N 54°29'15" E 11°01'07"

1 AEFJMNOPQRST KMNPQSV 6
2 AGJLMQWXYZ ABDEFGHIJ 7
3 BFGHIMTVX ABCDEFGHIJNPQRTUVW 8
4 BCDHJLQX DEWY 9
5 ACDEFKMN ABGHIJNOSTY 10
B 6-16A CEE ❶ €35,60
17ha 290T(90-130m²) 512D ❷ €46,80

Insel Fehmarn, A1/E47 hinter der Fehmarnsundbrücke rechts 108036 halten Richtung Landkirchen, Petersdorf und Bojendorf. Den Schildern folgen.

Weißenhäuser Strand/Wangels, D-23758 / Schleswig-Holst.
- Campingplatz Triangel
- Seestrasse 1a
- 21 Mrz - 30 Okt
- +49 4 31 50 78 90
- info@campingplatz-triangel.de
- N 54°18'37" E 10°48'12"

1 ADFJMNOPQRST KMNQRSTWX 6
2 AGJPQSWX ABDEFGHIJ 7
3 ABGJLMNORSU ABCDEFGIJKNQRTUV 8
4 FHO T 9
5 ACDEFHJKLM ABCGHIJORSY 10
B 16A CEE ❶ €38,00
12ha 170T(80-120m²) 571D ❷ €52,00

A1/E47 Hamburg-Puttgarden, Ausfahrt Oldenburg in Holstein. 108032 Dann die B202 von Oldenburg Richtung Kiel, Ausfahrt Weißenhäuser Strand.

Wendtorf, D-24235 / Schleswig-Holstein
- Regenbogen Wendtorf
- Zum Bottsand 1
- 1 Apr - 27 Sep
- +49 4 31 23 70
- urlaub@regenbogen.de
- N 54°25'36" E 10°17'45"

1 AFILNOPQRST K 6
2 GJPQTWXY ABDEFG 7
3 BM ABCDFKNQRTW 8
4 HOT D 9
5 ACDLM ABGHJOQX 10
B 10A ❶ €30,00
10ha 70T(80-100m²) 256D ❷ €30,00

In Kiel 'Ostufer' halten. Weiter der B502 bis Ausfahrt Wendtorf/ 112138 Marina. Danach ist CP angezeigt.

Wenkendorf (Fehmarn), D-23769 / Schleswig-Holstein
- Am Deich
- Wenkendorf 100
- 1 Apr - 3 Okt
- +49 4 37 27 77
- info@inselurlaub-fehmarn.de
- N 54°31'37" E 11°06'57"

1 AFJMNOPQRST KMNPQSXY 6
2 GKLMQWYZ ABDEFGHIJ 7
3 AGX ABCDEFGHIJNPQRTW 8
4 HJO 9
5 ADFLMN ABGHIJMOQ 10
B 16A CEE ❶ €34,00
1ha 50T(70-120m²) 13D ❷ €40,00

A1/E47 Ausfahrt Landkirchen Richtung Gammendorf. Dann nach 108037 Wenkendorf. CP dann ausgeschildert.

Westensee/Wrohe, D-24259 / Schleswig-Holstein
- Naturcampingplatz Wrohe am Westensee
- Seeweg 22
- 1 Apr - 31 Okt
- +49 4 30 59 91 30 18
- buggi@naturcampingplatz-westensee.de
- N 54°16'10" E 9°57'49"

1 AJMNOPQRT LNQSXZ 6
2 ABEIJPQWXY ABDEF 7
3 ABCDEFJNQRU 8
4 FHJ 9
5 DEFM AHJOQ 10
10A CEE ❶ €20,00
2ha 40T(80-120m²) 45D ❷ €25,00

A7 Hamburg-Flensburg Ausfahrt Warder, zunächst über die L48 114700 Richtung Westensee. Danach die L255 nach Wrohe. In Wrohe ist der CP angezeigt.

Comfort-Camp Eider GmbH
Familienfreundlicher Campingpark und Wohnmobilhafen mit Eiderblick
Am Freizeitpark 1a · 25832 Tönning
04861-617148 · Fax: 04861-617149
www.campingplatz-toenning.de

Campen auf der Nordseehalbinsel Eiderstedt

Als Gast erhalten Sie ein reduziertes Greenfee im Golfpark Fehmarn

Freizeit pur auf der Ostseeinsel Fehmarn
www.wulfenerhals.de

- Camping Mietwohnwagen
- Mobilheime, Ferienhäuser
- Appartements, Hotel
- 9-Loch-Golfplatz für jedermann Direkt am 18-Loch-Golfplatz
- Separater Wohnmobilpark
- Tages-und Abendentertainment
- Beheizter Pool

Direkt reservieren unter „Suchen & Buchen"

Camping- und Ferienpark Wulfener Hals • Wulfen, 23769 Fehmarn
info@wulfenerhals.de • Tel. (0 43 71) 86 28 - 0 • Fax (04371) 37 23

Deutschland

Westerdeichstrich, D-25761 / Schlesw.-Holstein

▲ Nordsee Camping "In Lee"★★★★★
🏠 Stinteck 37
📅 6 Apr - 17 Okt
📞 +49 48 34 81 97
@ info@in-lee.de
N 54°09'31" E 08°49'58"

1 ADE**JM**NOPQRS**T** NQR**X** 6
2 IKPQTXY ABCD**EFGHIJ** 7
3 ABFG**HJL**MUV ABCDEFJKNQRS**TUVW** 8
4 BFH VW 9
5 ABDKLM ABCDFGHIJM**O**QVW 10
B 16A CEE
5,5ha 190T(80-120m²) 140D
€ 30,50
€ 39,50
102189

B203 Heide-West Richtung Büsum, Ausfahrt Westerdeichstrich.
An der Mühle vorbei. Nach 1,5 km Richtung Stinteck. Badestrand-Schilder.

Wulfen (Fehmarn), D-23769 / Schleswig-Holstein

▲ Wulfener Hals★★★★★
🏠 Wulfener Hals Weg 100
📅 1 Jan - 31 Dez
📞 +49 4 37 18 62 80
@ info@wulfenerhals.de
N 54°24'22" E 11°10'38"

1 ADE**JM**NOPQRST BKMNPQRSUW**XY** 6
2 GIJKMPQTWXYZ ABCD**FG**HIJK 7
3 ABFG**HIJKL**MSTUVX ABCD**EFGH**JKNPQRS**TUVW** 8
4 ABCDEFHJKLNOR**STUXZ** DEIJMNPRSVWYZ 9
5 ACDEFGHIJKLMN ABCEFGHIJLM**O**PQWXY 10
Anzeige auf dieser Seite B 16A CEE
34ha 393T(80-260m²) 509D
€ 39,00
€ 48,40
102507

E47 in nördlicher Richtung Ausfahrt Landkirchen. Aus südlicher Richtung Ausfahrt Avendorf. Dann ab Avendorf ausgeschildert.

Wisch/Heidkate, D-24217 / Schleswig-Holstein

▲ Heidkoppel
🏠 Mittelweg 114
📅 1 Apr - 30 Sep
📞 +49 43 44 90 98
@ info@camping-heidkoppel.de
N 54°25'59" E 10°20'23"

1 ADEFHKNOPQRS**T** KNQS**X** 6
2 GJKQWX ABD**EFGI** 7
3 ABFG ABCDE**FGI**JKNQRT 8
4 BCDFHJO 9
5 ACDEN ABEGHIJ**O**PQY 10
B 16A CEE
14ha 60T(90-200m²) 630D
€ 33,00
€ 40,00
112537

Von Kiel Richtung Ostufer B502 nach Schönberg. Hinter Barsbek an der alten Mühle links Richtung Heidkate. Den Schildern folgen.

EuroCampings

Immer ein Campingplatz, der zu Ihnen passt!
- 9 500 Campingplätze in 31 Ländern
- Rund 250 Filtermöglichkeiten
- Schnell und einfach buchen, auch unterwegs
- Mehr als 100 000 Campingplatz-Bewertungen

Wittdün, D-25946 / Schleswig-Holstein

▲ Dünencamping Amrum★★★★
🏠 Inselstraße 125
📅 1 Apr - 31 Okt
📞 +49 17 14 96 72 38
@ info@camping-amrum.de
N 54°37'44" E 08°21'59"

1 ABDEF**IL**NOPQRST KMNQRSTXYZ 6
2 APQRSTVXY ABCD**EFGIJK** 7
3 AB**HIJ**MS ABCDEFGHIJKNQRS**TW** 8
4 ABDEFHIJO**X** DEKLVW 9
5 ACDFGHILMN ABCGHIJPWY 10
16A CEE
25ha 266T(60-120m²) 106D
€ 38,00
€ 49,00
108023

Von der Ankunft der Fähre durch das Dorf. Nach Wittdun liegt der Campingplatz auf der linken Seite nach ca. 1 km.

www.Eurocampings.de

Wittenborn, D-23829 / Schleswig-Holstein

▲ Seecamping Weißer Brunnen
🏠 Seestraße 12
📅 23 Mrz - 16 Okt
📞 +49 45 54 14 13
@ camping@weisser-brunnen.de
N 53°55'15" E 10°14'04"

1 ADE**JM**NOPQRS LNQS**X** 6
2 BEIJKQSUVXYZ **AB**D**EFGHIJ** 7
3 BDFGMU ABCDE**FGKL**NQRTW 8
4 BFHJKO**PQT** AEFHNT 9
5 ABDEFJKMN ABFGHIJLMNQU 10
B 16A CEE
10,7ha 70T(80-100m²) 310D
€ 28,50
€ 36,50
102394

A7 Hamburg-Flensburg, Ausfahrt Bad Bramstedt/Bad Segeberg.
B206 Richtung Bad Segeberg. In Wittenborn ist der CP ausgeschildert.

Mecklenburg-Vorpommern

Ahrensberg, D-17255 / Mecklenb.-Vorp.

- Campingplatz Am Drewensee****
- 1 Apr - 31 Okt
- +49 3 98 12 47 90
- info@haveltourist.de
- N 53°15'46" E 13°03'03"

1 ADEFJMNOPQRST	LNOPQSXZ 6
2 BEJQWXYZ	ABDEFGI 7
3 BFGMX	ABCDEFINQRW 8
4 BFH	ERV 9
5 ACEFMN	ABDGHIJOQW10
B 16A CEE	
H61 4,6ha 150T(68-150m²) 73D	① €34,30 ② €40,20

A19 Ausfahrt 18, B198 Richtung Wesenberg/Neustrelitz. Zwischen Wesenberg und Neustrelitz Ausfahrt Ahrensberg. In Ahrensberg direkt links ab und links halten.

109199

Alt Schwerin, D-17214 / Mecklenburg-Vorpommern

- Camping am See***
- An den Schaftannen 1
- 1 Apr - 31 Okt
- +49 39 93 24 20 73
- info@camping-alt-schwerin.de
- Anzeige auf dieser Seite
- N 53°31'23" E 12°19'07"

1 ADEFJMNOPQRST	LNOQSWXYZ 6
2 AEIJQWXY	ABDEFGI 7
3 BFLMX	ABCDEFIJKNQRTUVW 8
4 BFGHJLNO	F 9
5 ABDHKMN	ABGHKNQ10
10A CEE	
H70 3,6ha 141T(80-120m²) 48D	① €31,00 ② €31,00

Über die A19, Ausfahrt Malchow. Den CP finden Sie an der B192 zwischen Alt Schwerin und Karow.

107493

Altefähr (Rügen), D-18573 / Mecklenburg-Vorpommern

- Sund-Camp
- Am Kurpark 1
- 1 Apr - 15 Okt
- +49 38 30 67 54 83
- info@sund-camp.de
- N 54°19'56" E 13°07'17"

1 ADEFJMNOPQRST	KLNOQRSTWXYZ 6
2 AGIJPXY	ABDEFG 7
3 BGMWX	ABDEJNQR 8
4 HJ	OPRTVWZ 9
5 ABEFHJMN	ABCGHIJNQ10
16A CEE	
2,3ha 120T(80-120m²) 30D	① €29,40 ② €34,40

4 km hinter Stralsund über den Rügen-Damm B96/E22, rechts Richtung Altefähr. In Altefähr der Beschilderung folgen. Vor der Kurve ins Zentrum nach rechts, da dort deutlich ausgeschildert.

109328

Altenkirchen, D-18556 / Mecklenb.-Vorp.

- Drewoldke****
- Zittkower Weg 27
- 1 Jan - 31 Dez
- +49 38 39 11 29 65
- info@camping-auf-ruegen.de
- N 54°38'04" E 13°22'24"

1 ADEFJMNOPQRST	KNOQSX 6
2 BGIJLMQRXYZ	ABDEFGHI 7
3 ABM	ABCDEFGHJKNQRTW 8
4 AFHO	ADHJK 9
5 ABDEFHMN	ABCDEFGHIJLOSTY10
B 16A CEE	
9ha 340T(80m²) 86D	① €39,40 ② €45,40

B96 Stralsund-Bergen Richtung Sassnitz, dann Altenkirchen. CP ist ausgeschildert.

102635

Altenkirchen, D-18556 / Mecklenb.-Vorp.

- Knaus Camping- und Ferienhauspark Rügen****
- Zittkower Weg 30
- 1 Mrz - 31 Dez
- +49 3 83 91 43 46 48
- ruegen@knauscamp.de
- N 54°38'11" E 13°22'31"

1 ADEFJMNOPQRST	KNOPQSW 6
2 GILMQXY	ABDEFGHI 7
3 B	ABEFIJNQRTUVW 8
4 FHT	EJW 9
5 ABDFHMN	ABCDFGHJOQUW10
Anz. auf S. 236 +Umschl. 16A CEE	
3,7ha 108T(80m²) 39D	① €43,90 ② €56,10

Aus Richtung Sagard die B96 nach Altenkirchen, an Juliusruh vorbei. Nach ca. 300m rechts rein, dann kommt nach ca. 1,2 km der CP hinter dem Waldcamping.

112407

CAMPING AM SEE

Camping direkt am Ufer vom Plauer See mit einer circa 1,5 km langen, flachen Uferzone, ideal für Kinder. Nicht nur Segler, Angler und Sonnenanbeter kommen hier auf ihre Kosten, sondern auch die Naturfreunde, die gerne in der Vor- und Nachsaison die schöne Landschaft von Mecklenburg entdecken kommen. Modernes Sanitär.

An den Schaftannen 1, 17214 Alt Schwerin
Tel. 039932-42073 • Fax 039932-42072
Internet: www.camping-alt-schwerin.de

Boltenhagen, D-23946 / Mecklenburg-Vorpommern

- Regenbogen Ferienanlage Boltenhagen
- Ostseeallee 54
- 1 Jan - 31 Dez
- +49 38 82 54 22 22
- boltenhagen@regenbogen-camp.de
- N 53°58'51" E 11°12'59"

1 DEFJMNOPQRST	KNOPX 6
2 GJPQWXY	ABEFG 7
3 BFGHIJMN	ABCDEFIJNQRT 8
4 ABELSTUVZ	DJSVWYZ 9
5 ABDFHKMN	ABFGHIJOQ10
B 16A CEE	
12ha 280T(60-140m²) 295D	① €47,40 ② €47,40

A20 Ausfahrt 6 Grevesmühlen, dann den CP-Schildern folgen.

109188

Börgerende, D-18211 / Mecklenburg-Vorpommern

- Ferien-Camp Börgerende*****
- Deichstraße 16
- 1/4 - 31/10, 27/12 - 31/12
- +49 38 20 38 11 69
- info@ostseeferiencamp.de
- N 54°09'10" E 11°53'57"

1 ACDEFJMNOPQRST	KNQSX 6
2 GJLPQSTWY	ABDEFGHI 7
3 BFGHIJLM	ABCDEFGHJKNQRSTUVW 8
4 ABHJLOSTUVX	LVW 9
5 ABDFHKMN	ABEFGHIJNQU10
B 16A CEE	
7ha 250T(80-140m²) 70D	① €37,00 ② €45,00

A20 Ausfahrt 13. Von Bad Doberan Richtung Warnemünde. Dann Ausfahrt Börgerende den Schildern folgen.

100092

Born, D-18375 / Mecklenburg-Vorpommern

- Regenbogen Ferienanlage Born
- Nordstraße 86
- 6 Apr - 1 Nov
- +49 38 23 42 44
- born@regenbogen.ag

1 ADEFJMNOPQRST LMNQRSVX 6
2 BEKQXYZ ABDEFG 7
3 ABMW ABCDEFGIJKMNQRSTW 8
4 BH BJMNRV 9
5 ABDEHM ABGHIJNQY 10
B 16A CEE €55,00 / €55,00
N 54°23'02" E 12°30'16" 10ha 320T 161D

Von Rostock via B105 Richtung Ribnitz, links Halbinsel Darß / Prerow. Vor Born ausgeschildert.
110435

Feldberg, D-17258 / Mecklenburg-Vorpommern

- Am Bauernhof
- Hof Eichholz 1-8
- 1 Jan - 31 Dez
- +49 39 83 12 10 84
- info@campingplatz-feldberg.de

1 AFJMNOPQRST LNOPQRSVX 6
2 EJKLQTUVXY ABEFG 7
3 BGM ABDEFIJNQRTUVW 8
4 AFHK EFIJQRV 9
5 ABDEMN ABGIJMOQUVW 10
€32,00 / €40,00
N 53°20'42" E 13°27'24" H87 5ha 65T(60-100m²) 44D

B198 Neustrelitz-Woldegk in Möllenbeek Richtung Feldberg. Weiterfahren Richtung Prenzlau. 1 km außerhalb der Stadt ist der CP (ist ausgeschildert).
111567

Carwitz, D-17258 / Mecklenburg-Vorpommern

- Campingplatz am Carwitzer See
- Carwitzer Straße 80
- 12 Apr - 7 Okt
- +49 39 83 12 11 60
- campingplatz-carwitz.de

1 ADEFJMNOPQRST LNOPQSXZ 6
2 EKQRUVWXY ABDEFG 7
3 AFM ABDEFJNQRW 8
4 FH DEFNQR 9
5 ABMN ABHJOQU 10
10A CEE €30,50 / €38,50
N 53°18'05" E 13°26'25" H98 3,4ha 100T(80-100m²) 22D

A11 Berlin-Szczecin (Stettin), Ausfahrt 6 Gramzow, B198 nach Prenzlau. Dort via Feldberg Richtung Carwitz. Beschildert.
109280

Freest, D-17440 / Mecklenburg-Vorpommern

- Waldcamp Freest
- Dorfstrasse 75
- 1 Apr - 15 Okt
- +49 38 37 02 05 38
- info@campingplatz-freest.de

1 ABDEFJMNOPQRST KNQSX 6
2 GIJQWXY ABDFGI 7
3 ABGJMX ABCDEFHIJNQRTW 8
4 H FJVW 9
5 ADN ABCDGHJNU 10
16A CEE €26,20 / €35,20
N 54°08'22" E 13°43'02" 3,5ha 80T(100-150m²) 44D

Freest liegt an der L262. Von Lubmin aus 100m vor dem Ortsschild Freest links. Am Anfang der Ortsbebauung. Camping angezeigt. Von der anderen Seite kommend, ist der CP rechts, als am Ortsende.
114426

Dierhagen-Strand, D-18347 / Mecklenb.-Vorp.

- OstseeCamp Dierhagen GbR
- Ernst-Moritz-Arndt Str. 1
- 15 Mrz - 31 Okt
- +49 38 22 68 07 78
- ostseecamp-dierhagen.de

1 ADEJMNOPQRST NQRS 6
2 PQSTWXYZ ABDEFGI 7
3 BM ABCDEFJNQRTW 8
4 FH DUV 9
5 ABDEJMN ABFGHJQQ 10
6ha 300T(80-120m²) 71D €39,50 / €45,50
N 54°17'29" E 12°20'37"

Von der B105 in Altheide Richtung Prerow, Ahrenshoop, dann an der Ampel links Richtung Dierhagen-Strand.
109744

Göhren, D-18586 / Mecklenburg-Vorpommern

- Regenbogen Ferienanlage Göhren
- Am Kleinbahnhof
- 1/1 - 4/11, 14/12 - 31/12
- +49 38 30 89 01 20
- goehren@regenbogen.ag

1 ADEFJMNOPQRS KNQSV 6
2 BGJPQRTWXYZ ABFG 7
3 ABDFGJM ABCDEFGIJKNQRTUW 8
4 BCFHNOTVXZ DEJUVW 9
5 ABCDEFHKLM ABEFGHIJNQ 10
B 16A CEE €38,90 / €44,90
N 54°20'47" E 13°44'07" 10ha 480T(60-100m²) 102D

B96 Stralsund-Bergen, an der Ampel vor Bergen rechts, Beschilderung folgen.
102648

Campingplatz am Dobbertiner See
Am Zeltplatz 1, 19399 Dobbertin

Naturbelassener, unparzellierter und familär geführter Campingplatz in der Mecklenburger Seenplatte mit lockerem Baumbestand
- geöffnet: 1/4 - 4/10
- direkter Seezugang mit Badestelle und Liegewiese
- Vogelbeobachtungen im Naturpark

dobbertincamping@aol.com
www.campingplatz-dobbertin.de
Tel. 0174-7378937

Graal-Müritz, D-18181 / Mecklenburg-Vorpommern

- Ostseecamp Rostocker Heide
- Wiedortschniese 1
- 1 Apr - 31 Okt
- +49 38 20 67 75 80
- ostseecamp-ferienpark.de

1 ADEJMNOPQRST KNPQRX 6
2 BGJRSTXYZ ABDEFG 7
3 BEGJM ABCDEFIJKNQRTW 8
4 BDFHLOST LM 9
5 ABDEFHJLN ABEFGHIJLNPQUVW 10
B 16A CEE €35,00 / €43,00
N 54°14'40" E 12°12'44" 27ha 500T(80-120m²) 500D

Von der B105-E22 bei Rövershagen Richtung Graal-Müritz abbiegen. Ab Torfbrücke ausgeschildert.
108060

Dobbertin, D-19399 / Mecklenburg-Vorp.

- Campingplatz am Dobbertiner See
- Am Zeltplatz 1
- 1 Apr - 4 Okt
- +49 17 47 37 89 37
- dobbertincamping@aol.com

1 AJMNOPQRST LNQSUXYZ 6
2 BEKPQUXYZ ABFG 7
3 BMX ABCDEFJNQRTUW 8
4 FHJ FJ 9
5 DN ADEGHJNQU 10
Anzeige auf dieser Seite B 16A CEE €23,00 / €36,00
N 53°37'09" E 12°03'54" 4ha 90T(100m²) 36D

A19 Ausfahrt Malchow/ A24 Ausfahrt Parchim/ A20 Ausfahrt Bützow, dann Richtung Dobbertin. Den CP-Schildern folgen.
113439

Grambin/Ueckermünde, D-17375 / Mecklenb.-Vorp.

- Campingpark Oderhaff
- Dorfstraße 66a
- 1 Jan - 31 Dez
- +49 39 77 42 04 20
- campingpark-oderhaff.de

1 AEGJMNOPQRST KNQSXY 6
2 BGJLKPQRSXYZ ABDFGI 7
3 BGM ABFHJNQRTW 8
4 BHJ EFKNV 9
5 ABDEFHJMN ABDFGHJNQ 10
16A CEE €29,00 / €39,00
N 53°45'39" E 14°00'39" 6,2ha 100T(80-100m²) 123D

Von der A20 oder A11 nach Ueckermünde, Richtung Anklam. In Grambin den CP-Schildern folgen.
109535

Dranske, D-18556 / Mecklenburg-Vorpommern

- Caravancamp Ostseeblick
- Seestr. 39a
- 1 Apr - 31 Okt
- +49 3 83 91 81 96
- caravancamp. ostseeblick@t-online.de

1 AEJMOPQRST KNPQRSXYZ 6
2 HLMPQTWXY ABDEFG 7
3 ABCDEFJKNQRW 8
4 FH 9
5 ABDM ABGHJOQ 10
B 16A CEE €30,70 / €37,70
N 54°37'44" E 13°13'22" 1ha 70T(60-100m²) 10D

B96 über Bergen Richtung Dranske. In Dranske ist der CP ausgeschildert.
112141

Groß Quassow/Userin, D-17237 / Mecklenb.-Vorp.

- Camping- und Ferienpark Havelberge *****
- An den Havelbergen 1
- 1 Jan - 31 Dez
- +49 3 98 12 47 90
- info@haveltourist.de

1 ADEFJMNORST LNQSXZY 6
2 BEJKQRVWXYZ ABDEFGHIJ 7
3 ABFGMTUX ABCDEFGJKNQRSTUVW 8
4 ABCDEFHJLORTVX ADEJNOQRVW 9
5 ABCDEFHJLM ABDEFHIJMOQUVW 10
Anzeige auf Seite 263 B 16A CEE €40,00 / €52,40
N 53°18'32" E 13°00'08" H54 24ha 302T(90-287m²) 186D

Über die B198 von Mirow oder Neustrelitz bis Wesenberg. Dort über Klein Quassow weiter bis Groß Quassow fahren. Von dort Zufahrt zum See. Ab Wesenberg ausgeschildert.
109194

Dranske, D-18556 / Mecklenburg-Vorpommern

- Regenbogen Ferienanlage Nonnevitz
- Nonnevitz 13
- 1 Apr - 31 Okt
- +49 38 39 16 90 32
- nonnevitz@regenbogen-camp.de

1 ADEFGJMNOPQRST KNOX 6
2 BGJPQPWXYZ ABDFG 7
3 ABGLMX ABCDEFGIJKNQRTW 8
4 BCEFHLOT DV 9
5 ACDEFIMN ABFGHIJNQXY 10
B 16A CEE Preise auf Anfrage
N 54°40'01" E 13°17'47" 20ha 550T(bis 120m²) 242D

Insel Rügen via Bergen B96 Richtung Dranske, in Kuhle rechts Richtung Gramtitz, dann Richtung Nonnevitz. CP ist ausgeschildert.
108082

Hohenkirchen, D-23968 / Mecklenburg-Vorpommern

- Campingplatz 'Liebeslaube'
- Wohlenberger Wiek 1
- 1 Jan - 31 Dez
- +49 38 42 86 02 19
- campingplatz-liebeslaube.de

1 AEJLNOPQRST KNPQRSTX 6
2 GIJPQSWXYZ ABFIJ 7
3 BGLM ABEFIJKNQRT 8
4 BFH FIKMPRTUVW 9
5 ABDEFHJKMN ABGHIJMOQ 10
B 16A CEE €31,00 / €45,00
N 53°55'50" E 11°17'17" 9ha 180T(70-150m²) 317D

A20 Ausfahrt 8 Wismar Mitte Richtung Wismar. Am Kreisel die B106 Richtung Lübeck. In Gägelow Ausfahrt L1 Richtung Boltenhagen. 6 km weiter bis zur Ostsee. CP liegt am Strand vom Wohlenberger Wiek.
118123

Drosedow/Wustrow, D-17255 / Mecklenburg-Vorp.

- FKK Campingplatz am Rätzsee
- Campingplatz am Rätzsee
- 1 Apr - 31 Okt
- +49 3 98 28 26 61 91
- info@raetzsee.de

1 ADFIKNOPQRST LNOPQSXZ 6
2 BEJQRWXYZ ABDEFGI 7
3 AFGMX ABCDEFJNQRTW 8
4 EFHT DINQRV 9
5 ABDEFJMN ABFGHIJQQW 10
FKK 10A CEE €29,10 / €41,10
N 53°15'07" E 12°54'31" H69 5ha 45T(90-120m²) 24D

An der 3er Gabelung in Wesenberg (B198) am Supermarkt Richtung Drosedow. Das ist der Drosedowerweg. In Drosedow direkt rechts ab in einen Sandweg.
109518

Juliusruh, D-18556 / Mecklenburg-Vorpommern

- Freizeitcamp Am Wasser
- Wittower Straße 1-2
- 1 Apr - 31 Okt
- +49 38 39 14 39 28
- freizeitcampamwasser.de

1 AJMNOPQRST KNX 6
2 BGJPQRXYZ ABDEFGH 7
3 BGMX ABCDEFJLNQRSTUVW 8
4 BHIO DJNVW 9
5 ABCDEMN ABGHIJLOQ 10
B 16A CEE €34,50 / €42,50
N 54°36'07" E 13°22'46" 10ha 400T(bis 90m²) 159D

Von Stralsund immer auf der B96 bleiben bis an Bergen/Lietzow vorbei. Bei Sagard links halten Richtung Altenkirchen. Vor Juliusruh liegt der CP links der Straße. Ist ausgeschildert.
114877

Camping und Ferienhäuser in der Mecklenburgischen Seenplatte

Havelberge *****
Camping- und Ferienpark · Member of Leading Campings of Europe · am Woblitzsee

- Camping
- Ferienhäuser
- Mietwohnwagen
- Wohnmobil-Stellplätze
- Kanuzentrum
- WLAN und Kabel-TV
- Gruppenreisen
- Abendentertainment
- Tipi-Dorf

Kanuzentrum · Abenteuerkletterpark · Haveltourist

Leading Campings · Separater Wohnmobilpark mit VIP-Card für 24-Stunden An- und Abfahrt

DTV-BVCD, ECC

Direkt buchen unter „Suchen + Buchen"

Haveltourist GmbH & Co. KG · Camping- und Ferienpark Havelberge · 17237 Userin OT Groß Quassow
Tel. (03981) 2479-0 · Fax (03981) 2479-99 · info@haveltourist.de · www.haveltourist.de

---

Karlshagen, D-17449 / Mecklenb.-Vorpommern
- Dünencamp Karlshagen *****
- Zeltplatzstraße 11
- 1 Jan - 31 Dez
- +49 38 37 12 02 91
- camping@karlshagen.de

1 ADEFGILNOPQRST KNQRSTX 6
2 BGJPQRVXYZ ABDEFGHIJK 7
3 ABGJM ABCDEFGIJKNQRTW 8
4 ABEFHJO V 9
5 ABDEFKMN ABDEFGHIJLNQUY 10
B 16A CEE
5ha 265T(80-90m²) 75D
€ 47,60 / € 54,60

N 54°07'04" E 13°50'42"
B111 Wolgast-Ahlbeck. In Bannemin links nach Karlshagen abbiegen. CP ist ausgeschildert.
113034

Klein Pankow, D-19376 / Mecklenb.-Vorp.
- Camping am Blanksee
- Am Blanksee 1
- 11 Apr - 8 Okt
- +49 38 72 42 25 90
- info@campingamblanksee.de

1 AJMNOPQRST LN 5
2 ABFIJKQRTXYZ ABEFG 7
3 BFGMX ABCDEFNQRTW 8
4 HJ BDJQTV 9
5 ABCDEFHKMN ABDFHJOQ 10
10-16A CEE
12ha 80T(100-150m²) 15D
€ 29,00 / € 36,00

N 53°23'13" E 12°01'14"
A24 Hamburg-Berlin. Ausfahrt 16 Suckow. Suckow-Siggelkow-Groß Pankow Richtung Klein Pankow. Dann den CP-Schildern folgen.
117980

Koserow, D-17459 / Mecklenburg-Vorpommern
- Am Sandfeld
- Am Sandfeld 5
- 14 Apr - 30 Sep
- +49 38 37 52 07 59
- camping@amsandfeld.de

1 ADFJMNOPQRST 6
2 JPQRUXYZ ABDEFG 7
3 ABMX ABCDEFGJNQRT 8
4 FHJO DIVW 9
5 ABDGMN ABEFGHIJOQU 10
B 16A CEE
3,7ha 150T(80-100m²) 28D
€ 39,00 / € 50,00

N 54°02'48" E 14°00'40"
B111 Wolgast-Swinoujscie, 2. Ausfahrt Koserow, ab hier ist der CP ausgeschildert.
102668

Krakow am See, D-18292 / Mecklenburg-Vorpommern
- CP "Am Krakower See" *****
- Windfang 1
- 1 Mrz - 31 Dez
- +49 38 45 75 07 74
- info@campingplatz-krakower-see.de

1 ADEFJMNOPQRST LNOQSXYZ 6
2 ABEJKLPQUWXY ABDEFGIJ 7
3 ABGLM ABCDEFHJKNPQRTUVW 8
4 BFHJO IJT 9
5 ABDEHKMN ABFGHJMNQW 10
B 16A CEE
H52 5,7ha 115T(80-150m²) 153D
€ 35,00 / € 38,00

N 53°40'13" E 12°16'27"
B103, in Krakow an See die Straße nach Teterow nehmen. Nach 500m ist der CP ausgeschildert.
109941

Kühlungsborn, D-18225 / Mecklenburg-Vorpommern
- Campingpark Kühlungsborn GmbH *****
- Waldstraße 1b
- 1/1 - 9/1, 17/3 - 31/12
- +49 3 82 93 71 95
- info@topcamping.de

1 ACDEFJMNOPQRST KMNOPQRSTWXY 6
2 GJPQRSWXYZ BDEFGHIJ 7
3 ABFGLMNOSTUW ABCDEFIJKNQRTUVW 8
4 ABDFHJLNOPQRTVXZ JMPQSTUVWYZ 9
5 ACDEFGHLMN ABEFGHIJNQ 10
B 16A CEE
12ha 550T(80-168m²) 106D
€ 42,00 / € 54,00

N 54°09'05" E 11°43'11"
A20 Wismar-Rostock, Ausfahrt Kröpelin, weiter Kühlungsborn, dann Kühlungsborn-West. CP befindet sich an der Waldstraße, ist ausgeschildert.
102548

Lassan, D-17440 / Mecklenburg-Vorpommern
- Naturcamping Lassan
- Garthof 5
- 1 Apr - 1 Okt
- +49 3 83 74 55 99 51
- info@campingplatz-lassan.de

1 ACDEFJMNOPQRST LNQSXY 6
2 CEIJKQXYZ ABFGI 7
3 ABGMQ DFOQRTV 9
4 T
5 ABDEFGHLMN ABFGHIJOQU 10
B 16A CEE
15ha 80T(60-120m²) 27D
€ 32,00 / € 40,00

N 53°56'51" E 13°51'22"
Von Süd: A11 Berlin-Prenzlau Ri. A20 bis Ausf. 110 nach Usedom. In Murchin geradeaus nach Lassan. Von Nord: A7/A1 Ri. A20 bis Ausf. B110 Anklam oder Ausfahrt B199 Anklam. In Anklam Ri. Usedom. In Murchin Ri. Lassan.
114427

Lietzow (Rügen), D-18528 / Mecklenburg-Vorpommern
- Störtebeker-Camp
- Waldstraße 59a
- 15 Apr - 15 Okt
- +49 3 83 02 21 66
- info@lietzow.net

1 AEILNOPQRST KNOQS 6
2 BEJPQWXYZ ABFG 7
3 AL ABDFJNQRUVW 8
4 EFH EFGUVW 9
5 ABDFHLMN ABHIJOQ 10
16A CEE
1,5ha 38T(80-140m²) 28D
€ 40,00 / € 44,00

N 54°29'01" E 13°30'37"
Lietzow ist an der B96, zwischen Bergen und Sassnitz. Von Bergen aus Kommende in Lietzow an 2. Ampel rechts abbiegen, am Ende der Straße (ca. 200m) nach links.
111768

Lohme/Nipmerow, D-18551 / Mecklenb.-Vorp.
- Krüger Naturcamp
- Jasmunder Straße 5
- 14 Apr - 6 Nov
- +49 3 83 02 92 44
- info@ruegen-naturcamping.de

1 ABDEFJMNOPQRST 6
2 BCIMNPQRSTXYZ ABDEFGIK 7
3 ABFJLMX ABCDEFGJNQRTVW 8
4 FH ADVW 9
5 ABDEFHJKMN ABDEGHIJLNQU 10
16A CEE
H108 4ha 125T(80-100m²) 16D
€ 32,50 / € 44,50

N 54°34'10" E 13°36'36"
B96 Bergen-Altenkirchen, nach Bobbin rechts Richtung Sassnitz. CP ist ausgeschildert.
114878

Loissin, D-17509 / Mecklenburg-Vorpommern
- Loissin
- Am Strandweg 1
- 1 Apr - 31 Okt
- +49 38 35 22 43
- info@campingplatz-loissin.de

1 ADEFJMNOPQRST KNQRSWX 6
2 GJQRWXY ABDEFGHIJ 7
3 ABFGMRX ABCDEFIJKNQRTUVW 8
4 ABHJT GIUVWX 9
5 ACDEFGKMN ABGHIJLOQUX 10
B 16A CEE
12ha 320T(80-100m²) 124D
€ 30,00 / € 38,00

N 54°07'35" E 13°31'13"
CP an der Strecke von Greifswald nach Wolgast L26. Umgehung Greifswald, Abzweig Lubmin/Brünzow. In Kemnitz Richtung Loissin.
100094

Lütow, D-17440 / Mecklenburg-Vorp.
- Natur Camping Usedom
- Zeltplatzstraße 20
- 1 Apr - 31 Okt
- +49 38 37 74 05 81
- info@natur-camping-usedom.de

1 ADEJMNOPQRST KNQRSTUVX 6
2 BGJQVWXYZ ABEFGRTIJ 7
3 ABFGMQX ABCDEFJKNQRTUVW 8
4 BCEHJQ EJMNPQRVW 9
5 ACDEFHLMN ABDGHIJLNQ 10
B 16A CEE
18ha 450T(30-250m²) 109D
€ 33,90 / € 43,90

N 54°00'41" E 13°51'29"
B111 von Wolgast nach Ahlbeck. Vor Zinnowitz rechts ab. CP ist ausgeschildert. Achtung: Navi kann Route durch den Wald wählen. Dies ist ein schwieriger Weg. Die Zufahrt zum Campingplatz ist gut geteert.
112711

Malchow, D-17213 / Mecklenburg-Vorpommern
- Naturcamping Malchow *****
- Zum Plauer See 1
- 1 Jan - 31 Dez
- +49 39 93 24 99 07
- malchow@campingtour-mv.de

1 ADEJMNOPQRST LNOPQSWXYZ 6
2 ABEJQRTWXYZ ABCDEFGI 7
3 BFGLMX ABCDEFJKNQRTUVW 8
4 ABEFHJLNO BDOQV 9
5 ABDEFHJLMN ABFGHIJNRSUVW 10
B 16A CEE
7ha 120T(100-150m²) 92D
€ 27,50 / € 34,40

N 53°29'33" E 12°22'27"
Autobahn A19 Berlin-Rostock, Ausfahrt 16 Richtung Malchow, einige km westlich von Malchow B192 Richtung Schwerin. Nach 300m ausgeschildert.
110464

Malliß, D-19294 / Mecklenburg-Vorpommern
- Am Wiesengrund
- Am Kanal 4
- 1 Mrz - 31 Okt
- +49 38 75 02 10 60
- sielaff-camping@t-online.de

1 AEFJMNOPQRST JNXYZ 6
2 CJQSXYZ BEFGHI 7
3 BEFGIM ABDFJNQRTVW 8
4 EFHJKOT ADFIQRTUVWZ 9
5 ABDEFHJKMN ABFGHIJLMOQUW 10
16A CEE
2ha 60T(100-150m²) 47D
€ 25,00 / € 30,00

N 53°11'51" E 11°20'21"
B191 Uelzen-Ludwigslust, dann in Malliß ausgeschildert.
110094

Deutschland

Camp. & Ferienpark Markgrafenheide

Budentannenweg 2
18146 Markgrafenheide/Rostock
Verwaltung:
Tel. und Fax Tel. +49 3816611510 /
+49 3816611014
E-Mail: info@baltic-freizeit.de
Internet: www.baltic-freizeit.de

Preise Stellplatz 2 Pers. ab € 36,00 pro Nacht Hauptsaison. Direkt am Ostseestrand bei Warnemünde, Rostock. 1200 parzellierte Stellplätze, größtenteils mit Stromanschluss, 3 Sanitäranlagen, Waschmaschine, Wäschetrockner, Geschirrspüler, Tennisplatz, Billard, Sauna, Innen- und Außenpool, Squashcourt, Erlebnisgastronomie, Kaufhalle, Strandimbiss.

Markgrafenheide/Rostock, D-18146 / Mecklenb.-Vorp.

- Camp. & Ferienpark Markgrafenheide
- Budentannenweg 2
- 1 Jan - 31 Dez
- +49 38 16 61 15 10
- info@baltic-freizeit.de
- N 54°11'39" E 12°09'20"
- 1 ADE**JM**NOPQRST **AEK**MNQS 6
- 2 BGJPQRWXYZ B**CFG** 7
- 3 B**HJM**N**PW** BFJNQRTW 8
- 4 B**FH**NO**PQTUVXZ** DIJQTVW 9
- 5 ACDEFGHIJLM ABDGHJMN**QW**X 10
- Anzeige auf dieser Seite B 16A CEE
- 28ha 1114T(100-140m²) 509D
- € 36,00
- € 52,00
- Die B105 Rostock-Stralsund, Ausfahrt Röversharen-Hinrichshagen-Markgrafenheide.
- 102579

Ostseebad Prerow, D-18375 / Mecklenburg-Vorpommern

- Meißner's Sonnen-Camp
- Villenstrasse 3
- 1 Apr - 31 Okt
- +49 38 23 36 01 98
- sonnencamp@gmx.de
- N 54°27'10" E 12°33'29"
- 1 AEG**JM**NOPR**T** KNQR 6
- 2 BGIJRXYZ B**FG** 7
- 3 BGM ABEF**J**NQRTW 8
- 4 DJV 9
- 5 DN ABCFGHIJQ 10
- 16A CEE
- 2ha 67T(6-50m²) 41D
- € 38,00
- € 44,00
- Von Rostock die B105 bis Altheide, dann Richtung Wustrow nach Prerow. In Prerow den Schildern folgen. Einfahrt Restaurant-Hotel Waldschlößchen.
- 119343

Middelhagen (Rügen), D-18586 / Mecklenb.-Vorp.

- DAT Stranddörp
- Lobbe 32a
- 1 Apr - 31 Okt
- +49 3 83 08 23 14
- lobbe@campingruegen.de
- N 54°18'57" E 13°43'10"
- 1 ADEF**JM**NOPQRST KNQRSTVX 6
- 2 HJPQWY ABDEFGIJ 7
- 3 BGMX ABCDEF**H**JNQRT 8
- 4 BHI DERVW 9
- 5 ABDEFIKLMN ABCHIJLOQU 10
- B 16A CEE
- 8ha 240T(20-220m²) 80D
- € 43,10
- € 53,50
- CP befindet sich an der Straße von Ostseebad Baabe nach Thiessow. Deutlich ausgeschildert.
- 102649

Ostseebad Rerik, D-18230 / Mecklenb.-Vorp.

- Campingpark 'Ostseebad Rerik' *****
- Straße am Zeltplatz 8
- 1 Jan - 31 Dez
- +49 38 29 67 57 20
- info@campingpark-rerik.de
- N 54°06'47" E 11°37'51"
- 1 ACDE**JM**NOPQRST KNQRXY 6
- 2 GJMPQSTWXYZ ABDE**FGH**IJK 7
- 3 ABFGIMU ABCD**FGI**KLNPQRTUVW 8
- 4 BCDFHJNO**TX** CFJKMV 9
- 5 ABCDEFHJLMN ABDEFGHIJOPQU 10
- B 16A CEE
- 5,2ha 300T(80-100m²) 54D
- € 34,00
- € 43,00
- A20 Ausfahrt 12 Kröpelin (L11). A20 Autobahnkreuz/Wismar 105 bis Neubukow. Dann Richtung Rerik. In Rerik den CP-Schildern folgen.
- 117275

Mirow, D-17252 / Mecklenburg-Vorpommern

- Zum Hexenwäldchen
- Blankenförde 1a
- 1 Jan - 31 Dez
- +49 39 82 92 02 15
- kontakt@hexenwaeldchen.de
- N 53°20'51" E 12°55'23"
- 1 AEGHKNOPQR**T** D**L**NQXZ 6
- 2 BEJPQRXYZ AB**CDFG**I 7
- 3 AF**I**M AEFNRUW 8
- 4 EFHKL**T** RTVW 9
- 5 ABDELM**N** ABCGIJNRSU 10
- 6A CEE
- H69 3ha 70T(80-100m²) 30D
- € 27,50
- € 35,30
- Über die B198 Richtung Mirow. Vor Zitow Richtung Roggentin. CP ist gut ausgeschildert.
- 108142

Ostseeheilbad Zingst, D-18374 / Mecklenburg-Vorpommern

- Wellness Camp Düne 6
- Inselweg 9
- 1 Jan - 31 Dez
- +49 38 23 21 76 17
- info@wellness-camp.de
- N 54°26'12" E 12°42'22"
- 1 ADEF**JM**NOPQRST EKNQRST**XYZ** 6
- 2 GJPQSTWXY ABDE**FG**IJ 7
- 3 ABEFGJM**NOR** ABCDEFJNQRTUVW 8
- 4 BCDFHLNO**RSTVXZ** DEIKMQRSUVWZ 9
- 5 ABDEFJLMN ABEFGHIJ**OQ**VXY 10
- Anzeige auf Seite 265 B 10-16A CEE
- 10ha 402T(190-150m²) 59D
- € 47,00
- € 56,00
- B105 Ribnitz-Damgarten-Stralsund. In Löbnitz Richtung Barth, dann Zingst. In Zingst bei Kreisverkehr rechts. CP ab Lierna beschildert.
- 111618

Neu-Göhren, D-19294 / Mecklenburg-Vorpommern

- Bootsanleger & Camping Neu-Göhren
- Zur Elde 9 (Ausbau 3)
- 1 Jan - 31 Dez
- +49 38 75 52 03 09
- bootsanleger-camping@t-online.de
- N 53°11'30" E 11°22'32"
- 1 AFJMNOPQRST JN**X**YZ 6
- 2 CKPQRSTXYZ ABD**FG** 7
- 3 AF ABCDEF**H**NQRW 8
- 4 FHJO DEV 9
- 5 ADEFJKM AGHIJNQ 10
- 16A CEE
- H172 3ha 30T(100-120m²) 43D
- € 16,00
- € 22,00
- Die B191 von Dannenberg nach Ludwigslust. In Malk/Göhren Richtung Alt-Kaliss 3 km. CP ist ausgeschildert. Zur Navigation: als Adresse 'Ausbau 3' eingeben.
- 112996

Penzlin (OT Werder), D-17217 / Mecklenb.-Vorp.

- Seeweide Naturcamping Penzlin
- Halbinsel Werder 33
- 1 Apr - 30 Okt
- +49 3 96 22 57 82 90
- info@seeweide.de
- N 53°29'19" E 13°05'28"
- 1 AEF**JM**NOPQRST LNOXZ 6
- 2 AEIKPQWX AB**DEFG** 7
- 3 BGJ ABCDEFJKNQRTUVW 8
- 4 K ABFGHJMNQU 9
- 5 ABDN B 16A CEE
- H413 7,5ha 120T(100-150m²) 6D
- € 34,00
- € 42,00
- Über B192 oder B193 nach Penzlin. Durch das Zentrum von Penzlin in Richtung Werder. Der Beschilderung nach Werder folgen. Dies ist ein sehr kleines Dorf, vor dem Dorf geht es zum Campingplatz.
- 125011

Neukalen, D-17154 / Mecklenburg-Vorpommern

- Peenecamp****
- Schulstraße 3
- 1 Jan - 31 Dez
- +49 3 99 56 29 64 08
- info@peenecamp.de
- N 53°49'24" E 12°47'15"
- 1 ABDEF**JM**NOPQRS**T** JN 6
- 2 CPQWY AB**DEFG** 7
- 3 B**M**N ABCDE**FG**JKNQRTV 8
- 4 BFJKO**T** GINRTV 9
- 5 ABDHJ ABEFGJLO**Q**UW 10
- B 16A CEE
- 2,5ha 108T(90-150m²) 20D
- € 29,00
- € 35,00
- Van Teterow oder Stavenhagen die B104 Richtung Malchin. Vor oder hinter Malchin die L20 in nördlicher Richtung nach Dargin und Neukalen. In Neukalen ist der CP angezeigt.
- 122756

Pepelow, D-18233 / Mecklenburg-Vorpommern

- Ostseecamping Am Salzhaff
- Seeweg 1
- 1 Jan - 31 Dez
- +49 38 29 47 86 86
- pepelow@campingtour-mv.de
- N 54°02'17" E 11°35'03"
- 1 ADE**J**MNOPQRS**T** KNPQRSWX 6
- 2 GIJKQXYZ AB**FG**I 7
- 3 ABG ABCDEFJKNQRTUVW 8
- 4 BHLN VW 9
- 5 ACDEFKM ABFGHJORSW 10
- B 16A CEE
- 10ha 123T(80-120m²) 166D
- € 30,70
- € 37,70
- A20 bis Wismar, dann die B105 Richtung Rostock, in Neubukow links (Schliemannstraße), dann 5 km nach Pepelow.
- 113044

Niendorf/Wohlenberger Wiek, D-23968 / Mecklenburg-Vorp.

- Campingplatz Ostseequelle GmbH
- Strandstraße 21
- 1 Apr - 31 Okt
- +49 42 86 02 22
- info@ostsee-campingplatz.de
- N 53°55'46" E 11°16'12"
- 1 ADEF**IL**NOPQRS**T** KNPQSX 6
- 2 GJKPQVWXYZ BCDE**FGI**K 7
- 3 B**FL**MS BDE**FG**KNR**ST** 8
- 4 FH**T** DEFJKNVW 9
- 5 ABDEKM ABFGHIKOQ 10
- FKK 16A CEE
- 6,5ha 244T(70-80m²) 147D
- € 23,00
- € 28,00
- A20, Ausfahrt 6 Grevesmühlen, nach Grevesmühlen in Richtung T-Kreuzung (Grüner Weg) links Richtung B105 Boltenhagen. Am Ploggensee rechts über die L02 zum Wohlenbergerwiek bei Niendorf.
- 113215

Plau am See/Plötzenhöhe, D-19395 / Mecklenb.-Vorp.

- Campingpark Zuruf****
- Seestraße 38D
- 1 Jan - 31 Dez
- +49 38 73 54 58 78
- campingpark-zuruf@t-online.de
- N 53°26'17" E 12°17'57"
- 1 ADEF**JM**NOPQSWXYZ 6
- 2 EJKQTWXYZ ABDE**FG**HI 7
- 3 BGM ABCDE**FG**JKNQRTUVW 8
- 4 BCHLOQ DFJOQVY 9
- 5 ABDEFGHMN ABDEFGHIJLO**P**QU 10
- B 10-16A CEE
- H50 8ha 131T(70-100m²) 136D
- € 31,90
- € 38,70
- A24/E26 Hamburg-Berlin, Ausfahrt Meyenburg. Dann B103 nach Plau. In Plau am See an der Ampel rechts zur Plötzenhöhe. CP (am See) ist ausgeschildert.
- 102580

Komfort und Meer

402 Komfortstellplätze mit TV, Strom, Zu- und Abwasser - mit eigenem Wegesystem gut befestigt und breit genug auch für Superliner - viel Platz auch für Zelte. Sanitäreinrichtungen auf höchstem Standard - videoüberwacht - Ferienwohnungen und Mietwohnwagen.

Wellness auf fast 2000 m²
Einrichtungen ganzjährig geöffnet

Schwimmhalle mit Süßwasser (chlorfrei)
Fitneßbereich mit Kraft- und Ausdauergeräten
Saunalandschaft - Massage - Kosmetik
Solarium - Saftbar - Frisör - Restaurant

Specials zur Vor und Nachsaison

Wellness - Camp Düne 6

Inselweg 9 · 18374 Ostseeheilbad Zingst
Telefon 03 82 32 - 17 6 17 · Fax 03 82 32 - 17 6 27
E-Mail: info@wellness-camp.de

www.wellness-camp.de

Prerow, D-18375 / Mecklenburg-Vorpommern
- Regenbogen Ferienanlage Prerow
- Bernsteinweg 4-8
- 1 Jan - 31 Dez
- +49 38 23 33 31
- prerow@regenbogen-camp.de
- N 54°27'16'' E 12°32'51''

1 ADEG**JM**NOPQRST K**NOPQRSTUV** 6
2 BG**IJ**PQRWXYZ ABD**EFG** I 7
3 ABFG**JM** ABCDE**GJ**KNQRTW 8
4 ABCDFHLNOT ADKMNPRVZ 9
5 ABDEFGHJLM ABFGHIJ**NQ**XY10
FKKB 16A CEE
35ha 850T(12-100m²) 450D
① €55,00
② €55,00
108061

In Prerow zur Ortsmitte, dort ist der CP gut ausgeschildert.

Rerik/Meschendorf, D-18230 / Mecklenb.-Vorp.
- Ostseecamp Seeblick
- Meschendorfer Weg 3b
- 19 Mrz - 7 Nov
- +49 3 82 96 71 10
- info@ostseecamp.de
- N 54°07'40'' E 11°38'41''

1 ADE**JM**NOPQRT KMNPQSW**X** 6
2 HIJMQSWXYZ BDE**FG**HIJ 7
3 BFGMT ABCDE**FG**IJKL NQRTUVW 8
4 ABDEFHJLMOR**TZ** EIJNUVW 9
5 ACDEFGLMN ABCGHIJLMOQU10
B 16A CEE
9ha 400T(80-130m²) 84D
① €28,30
② €43,70
100093

A20 Ausfahrt 9, Kreuz Wismar, dann die B105 Richtung Neubukow. Danach links Richtung Rerik. Rerik-Meschendorf, dort der zweite CP.

Priepert, D-17255 / Mecklenburg-Vorpommern
- Havelperle
- An der Havel 33
- 1 Jan - 31 Dez
- +49 39 82 82 65 04
- havelperle-priepert@freenet.de
- N 53°12'58'' E 13°02'00''

1 AFG**JM**NOPQRS**T** LNOPQSW**X**Z 6
2 EPQXY ABD**EFG** 7
3 ABCD**EF**JNQRW 8
4 FH G**J** 9
5 ABE ABCGKOQU10
B 10A CEE
H55 2,5ha 130T(80-100m²) 24D
① €21,50
② €28,50
117149

Über die B96 zwischen Fürstenberg und Neustrelitz am besten bis Ausfahrt Priepert und dem Weg folgen. Über die B196 bei Wesenberg dann Richtung Wustrow und Strassen, dort Richtung Priepert. Der Beschilderung Havelperle folgen.

Schaprode, D-18569 / Mecklenburg-Vorpommern
- Am Schaproder Bodden
- Lange Straße 24
- 1 Apr - 31 Okt
- +49 3 83 09 12 34
- info@camping-schaprode.de
- N 53°30'54'' E 13°09'59''

1 ADE**JM**NOPQRST KNQRSXY 6
2 HIJKPQRWXY ABD**EFG** 7
3 ABFM ABCD**EF**JKNQR 8
4 K DEIMNO 9
5 ABDEFKLM ABFGHIJNQ10
B 10A CEE
2ha 130T(80-100m²) 49D
① €31,00
② €41,00
102636

B96 Stralsund-Bergen, an der Ampel Gingst/Schaprode nach links abbiegen, dann den Schildern folgen.

Priepert (Radensee), D-17255 / Mecklenburg-Vorp.
- Am Ziernsee ****
- Radensee 10
- 30 Mrz - 14 Okt
- +49 3 98 12 47 90
- info@haveltourist.de
- N 53°12'32'' E 13°04'23''

1 ADEF**JM**NOPQRS**T** LNOPQSXY 6
2 BEQRWXY ABD**EFG** I 7
3 AGM ABCD**EF**JNQRW 8
4 F DR 9
5 ACDHM AGHIJ**O**QVW10
16A CEE
H65 6,8ha 65T(100-135m²) 87D
① €27,70
② €37,90
109515

Von Wesenberg über die E251 via Wüstrow und Strasen durch Priepert der Straße nach bis Radensee, dort links ab in den Waldweg, der gut erreichbar ist (1,5 km) bis zum CP. Der Platz ist gut ausgeschildert.

Schillersdorf, D-17252 / Mecklenburg-Vorpommern
- Campingplatz am Leppinsee
- C20
- 24 Mrz - 31 Okt
- +49 3 98 12 47 90
- info@haveltourist.de
- N 53°20'50'' E 12°49'33''

1 ABDEF**JM**NOPQRST LNOSXZ 6
2 BEJKQRUY ABE**FG** 7
3 AFGM ABCD**EF**JKNQRW 8
4 BFHJ QRV 9
5 ADMN ABGHIJ**O**QVW10
16A CEE
H106 4ha 70T(100-130m²) 50D
① €29,80
② €39,20
109517

Via B198 nach Mirow, dann via Granzow über Qualzow nach Schillersdorf. CP ist gut ausgeschildert.

Prora, D-18609 / Mecklenburg-Vorpommern
- Camping Prora
- Proraer Chaussee 30
- 1 Mrz - 6 Nov
- +49 3 83 93 20 85
- camping-prora-ruegen.de
- N 54°25'25'' E 13°34'39''

1 ADEF**JM**NOPQRST MNOQS**X** 6
2 BG**J**PQWXYZ AB**DEFG** 7
3 AB**L**M**X** ABCDE**FG**IJKNQRTW 8
4 HIO JV 9
5 ADFJLM ABCGHIJOQ10
B 6A CEE
3,5ha 135T(80-100m²) 3D
① €36,10
② €53,70
111568

B96 Stralsund-Bergen, in Bergen die B196 bis Karow, dann Prora. An der Ampel rechts Richtung Bins, CP ist ausgeschildert.

Sommersdorf, D-17111 / Mecklenburg-Vorpommern
- Camping- & Wohnmobilpark
- Am Hafen 2
- 1 Jan - 31 Dez
- +49 3 99 52 29 73
- camping-sommersdorf.de
- N 53°47'55'' E 12°52'33''

1 ADEF**JM**NOPQRST LNOPQSUXY 6
2 EJKQWXY B**FG**HI 7
3 BF ABCD**F**JKNQRTUVW 8
4 FH DQV 9
5 ABEFJMN ABFGHIJMORSU10
16A CEE
2,5ha 104T(80-100m²) 52D
① €28,50
② €35,00
113046

Aus Richtung Berlin über die A19 Ausfahrt Teterow, dann B104 Ri. Malchin, links ab Ri. Sommersdorf. In Sommersdorf geradeaus Richtung See oder B194 Demmin folgend, Ausfahrt Kolkwitz nach Sommersdorf Ri. See.

Pruchten, D-18356 / Mecklenburg-Vorpommern
- NATURCAMP Pruchten ****
- Am Campingplatz 1
- 1 Apr - 31 Okt
- +49 3 82 31 20 45
- info@naturcamp.de
- N 54°22'46'' E 12°39'43''

1 ADEF**JM**NOPQRST KNQRS**X** 6
2 BGKPQRWXYZ BC**FG**HI 7
3 ABF**HI**MUV BDFIJKNQRTUVW 8
4 BCDHK FGJKUVW 9
5 ACDFHLM**N** ABDFGHIJM**O**QUVY10
Anzeige auf dieser Seite B 16A CEE
6ha 250T(80-100m²) 131D
① €31,00
② €42,00
111619

B105 Ribnitz-Darmgarten Richtung Stralsund. In Löbnitz Richtung Barth, dann Pruchten. Der CP ist gut ausgeschildert.

Das NATURCAMP ist ein idealer Ausgangsort für Rad- und Schiffstouren um die Halbinsel *Fischland-Darß-Zingst* zu erkunden. Erleben Sie ab September in dieser Region das Zusammentreffen tausender *Kraniche*.

www.naturcamp.de

Rappin (Rügen), D-18528 / Mecklenburg-Vorpommern
- Banzelvitzer Berge GmbH
- OT Groß Banzelvitz
- 1 Apr - 1 Nov
- +49 3 83 83 12 48
- info@banzelvitz.de
- N 54°31'01'' E 13°24'38''

1 AEF**JM**NOPQRST KNQSTUW**X**Z 6
2 BG**IJ**KLQRUVWXYZ ABD**EFG**HIJ 7
3 ABDG**HI**MTUV ABCD**FG**JKNQRTUVW 8
4 AEFJK AFJKLQRTVWY 9
5 ABCDEFHKLMN ABGHIJLMOQU10
B 16A CEE
8ha 150T(60-100m²) 73D
① €42,00
② €46,00
102637

Stralsund B96 Rügendamm bis Bergen. An der Ampel links Richtung Gingst/Schaprode. Nach 5 km rechts Richtung Rappin/Groß Banzelvitz, dort leicht nach oben.

Deutschland

Sternberg, D-19406 / Mecklenburg-Vorpommern

- Sternberger Seenland
- Maikamp 11
- 1 Apr - 31 Okt
- +49 38 47 25 34
- info@camping-sternberg.de

1 A**JM**NOPQRST	LNX 6	
2 EIJPQRSVWXYZ	BE**FG**HIJK 7	
3 BMTUX	BDFJNQRT 8	
4 A**BEFHJO**S**XZ**	AFJKMQRTVW 9	
5 ABDEJLMN	ABFGHIJOQU 10	

B 16A CEE — €38,00 — €50,00
7,5ha 120T(80-100m²) 42**D**
N 53°42'48" E 11°48'46" 108065

Die 192 Wismar-Malchow. Bei Sternberg CP-Schildern folgen.

Ummanz, D-18569 / Mecklenburg-Vorpommern

- Regenbogen Ferienanlage Suhrendorf****
- Suhrendorf 4
- 28 Mai - 31 Okt
- +49 38 30 58 22 34
- suhrendorf@regenbogen.ag

1 AEFJMNOPQRST	KMNQRSVX 6	
2 GJKPQRWXYZ	ABDE**FG**I 7	
3 ABFG**HIJ**M**TV**	ABCDE**FJ**KNQRTUVW 8	
4 ABEFJO	DEMORV 9	
5 BDEFHIKLMN	ABEHJLOQ 10	

B 16A CEE — 9ha 250T(100-150m²) 130**D** — Preise auf Anfrage
N 54°27'51" E 13°08'19" 108081

Von Stralsund die B96 Richtung Rügen/Bergen. Bei Samtens links nach Gingst. In Gingst links Richtung Insel Ummanz. Nach der Brücke links. Camping ausgeschildert.

Strasen/Pelzkuhl, D-17255 / Mecklenburg-Vorpommern

- Naturcamping am Grossen Pälitzsee
- 1 Apr - 31 Okt
- +49 3 98 12 47 90
- info@haveltourist.de

1 ADEF**JM**NOPQRST	LNOPQSX 6	
2 BEJOQRWXY	ABDE**FG**I 7	
3 ABFGM	ABCDEFKNQRU 8	
4 BD	V 9	
5 ABDMN	ABIJOQ 10	

10-16A CEE — €27,60 — €37,00
H78 5,6ha 50T(90-100m²) 70**D**
N 53°11'02" E 12°58'35" 109516

Von Wesenberg via Wüstrow nach Strasen. CP ist gut ausgeschildert.

Waren (Müritz), D-17192 / Mecklenburg-Vorpommern

- CampingPlatz Ecktannen
- Fontanestraße 66
- 1 Jan - 31 Dez
- +49 39 91 66 85 13
- info@camping-ecktannen.de

1 ADEF**JM**NOPQRST	LNQSX 6	
2 EKQRUY	ABDE**FG** 7	
3 ABFG**J**MX	ABCDEFJKNQRT 8	
4 BFGHK	FGILMPGRV 9	
5 ABDEJKM	ABCFGHIJMQQ 10	

B 16A CEE — €37,50 — €45,50
H62 17ha 400T 61**D**
N 53°29'58" E 12°39'48" 102604

A19 Ausfahrt Waren, B192 bis Waren, nach 6 km im Ort zum OT Ecktannen abbiegen und der Beschilderung folgen.

Stubbenfelde (Seebad Kölpinsee), D-17459 / Mecklenb.-Vorp.

- Stubbenfelde
- Waldstraße 12
- 1 Apr - 31 Okt
- +49 38 37 52 06 06
- info@stubbenfelde.de

1 ACE**JM**NOPQRST	KNR 6	
2 BGJPQRSUVWXYZ	ABE**FG**HIJ 7	
3 BM**R**X	ABD**F**IJKNQRTUVW 8	
4 ABEFHJNO**PQRT**XZ	GIJLVW 9	
5 ABDEFHJLMN	ABEGHIJOQ 10	

B 10A CEE — €45,50 — €55,50
5ha 270T(60-120m²) 44**D**
N 54°01'51" E 14°02'14" 109520

Ab Greifswald die B111 Richtung Wolgast und weiter Richtung Ahlbeck, 1 km hinter der Abfahrt Kölpinsee links. Es wird empfohlen nach den GPS-Koordinaten zu fahren.

Wesenberg, D-17255 / Mecklenb.-Vorp.

- Am Weissen See****
- Am Weissen See 1
- 1 Apr - 31 Okt
- +49 3 98 12 47 90
- info@haveltourist.de

1 ADEF**JM**NOPQRST	LNOX 6	
2 BEJPRUVWXY	ABCDE**FI**JKNQRW 7	
3 AFM		
4 BFH	DJV 9	
5 ABDFHK**M**N	ABCDGHIJNLQVVW 10	

B 16A CEE — €27,70 — €37,10
3,5ha 100T(90-112m²) 30**D**
N 53°17'02" E 12°56'54" 109196

Ab Wesenberg-Mitte ist der CP gut ausgeschildert. Der C63 folgen.

Thiessow, D-18586 / Mecklenburg-Vorpommern

- Campingplatz Thiessow
- Hauptstraße 4
- 1 Apr - 30 Okt
- +49 3 83 08 66 95 85
- campingplatz-thiessow@t-online.de

1 ADEF**JM**NOPQRS**T**	KNQRSTY 6	
2 GIJPQRSVWXYZ	ABDE**FG**HIJ 7	
3 BGM	ABCDEF**GI**JNQRTW 8	
4 A**B**E	LUVW 9	
5 ABCDEFHKMN	ABCHI**J**OQUY 10	

B 16A CEE — €34,50 — €42,00
5,5ha 340T(30-120m²)
N 54°16'46" E 13°42'49" 102650

Die E22 auf der Insel Rügen Richtung Bergen. Dann rechts Richtung Göhren. Vor Göhren rechts auf die Halbinsel Mönchgut. Straße endet in Thiessow.

Wooster Teerofen, D-19399 / Mecklenburg-Vorpommern

- Camping Oase Waldsee
- Köhlerweg 9
- 1 Apr - 31 Okt
- +49 37 49 37 04 69
- info@campingoase-waldsee.de

1 AEFG**JM**NOPQRST	LNOQSX**Z** 6	
2 BEJKLQRYZ	ABCDE**FJ**KNQRTUW 7	
3 ABGMU	DFIJLNOQFVVUWV 8	
4 FHJK**R**T	ABFGHIJLM**N**QUVW 9	
5 ABDEMN		

6-16A CEE — €27,00 — €33,00
H55 7ha 150T(50-110m²) 133**D**
N 53°35'19" E 12°12'56" 109942

B192 Goldberg-Karow, Ausfahrt Wooster Teerofen. Dann ausgeschildert.

Timmendorf/Insel Poel, D-23999 / Mecklenburg-Vorpommern

- Leuchtturm
- Lotsenstieg 25
- 1 Apr - 31 Okt
- +49 38 42 52 02 24
- info@campingplatz-leuchtturm.de

1 ADF**JM**NOPQRS**T**	KNQSWX 6	
2 GJNPQRTWY	ABDE**FG**HIJ 7	
3 BG**HIJ**M	ABCD**F**JNQRT 8	
4	IJK 9	
5 ABDEFGHJKMN	ABGHIJNQ 10	

B 10A CEE — €26,00 — —
9ha 400T(70-100m²) 205**D**
N 53°59'37" E 11°22'46" 108762

Aus Wismar-Mitte Richtung Rostock und dann der Beschilderung Insel Poel folgen. Danach den CP-Schildern 'Leuchtturm' folgen.

Zempin, D-17459 / Mecklenburg-Vorpommern

- Camping Am Dünengelände
- Bernsteinweg 1
- 1 Jan - 31 Dez
- +49 38 37 74 13 63
- camping.zempin@freenet.de

1 BEFG**JM**NOPQRST	KNQSX 6	
2 BGJQRWXYZ	ABD**FG** 7	
3 BMX	ABCDE**F**KNPQRT 8	
4 BCFMO	DFJ 9	
5 ABDEFHN	ABCEFGHIJLNQ 10	

16A CEE — €50,10 — €60,70
6ha 350T(80-100m²) 169**D**
N 54°04'20" E 13°56'21" 109189

Von Greifswald via Wolgast B111 Richtung Zempin. CP ist gut ausgeschildert.

Trassenheide, D-17449 / Mecklenb.-Vorpommern CC€22

- Ostseeblick****
- Zeltplatzstraße 20
- 26 Mrz - 31 Okt
- +49 38 37 12 09 49
- camping@trassenheide.de

1 ADE**JM**NOPQRST	KNQSX 6	
2 BCGJQRVWYZ	ABDE**FG**HIJ 7	
3 ABGMSX	ABCDE**GJ**KLNQRS**T**W 8	
4 BFHJO	KVW 9	
5 ABDEFHKN	ABFGHJLST 10	

B 16A CEE — €40,10 — €49,10
4,1ha 250T(65-100m²) 70**D**
N 54°05'25" E 13°53'08" 113035

B111 Wolgast-Ahlbeck. In Bannemin links ab, Trassenheide. CP ist gut ausgeschildert.

Zierow/Wismar, D-23968 / Mecklenburg-Vorp.

- Ostseecp-Ferienpark Zierow KG****
- Strandstraße 19C
- 1 Jan - 31 Dez
- +49 38 42 86 38 20
- info@ostsee-camping.de

1 ADEF**IL**NOPRST	EKNPQT 6	
2 AGJPQRSTWXYZ	ABCDE**FG**HIJK 7	
3 ABDFG**HIJL**M**RS**T	ABCDE**FG**IJKNPQRSTUVW 8	
4 BDFHKLOP**TX**	EJLVWY 9	
5 ACDEFHILMN	ABEFGHIJLMOQX 10	

B 16A CEE — €37,00 — €43,00
15ha 300T(90-110m²) 176**D**
N 53°56'02" E 11°22'24" 100095

A20 Ausfahrt 8 Wismar-Mitte, dann links, Kreisel 3. Ausfahrt B106 Lübeck-Grevesmühlen. Ausfahrt Zierow. Den CP-Schildern folgen.

Ückeritz, D-17459 / Mecklenburg-Vorpommern CC€18

- Naturcamping Hafen Stagnieß
- Stagnieß Hafenstrasse 10A
- 1 Apr - 31 Okt
- +49 38 37 52 04 23
- info@camping-surfen-usedom.de

1 AE**JM**NOPQRST	LQSX 6	
2 EIQRSXYZ	ABFG 7	
3	ABCDE**FJ**NQRTW 8	
4	VW 9	
5 A**DE**MN	AHJ**NQ**V 10	

B 16A CEE — €30,35 — €35,15
4ha 180T(80-100m²) 60**D**
N 54°00'08" E 14°06'47" 121603

Von Anklam über die B110 und B111. Von Wolgast über die B111. Camping ist deutlich um Ückeritz herum angezeigt.

Zingst-West, D-18374 / Mecklenburg-Vorpommern

- Am Freesenbruch
- Am Bahndamm 1
- 1 Jan - 31 Dez
- +49 38 23 21 57 86
- info@camping-zingst.de

1 ADE**JM**NOPQRST	KQSX 6	
2 GJPQRSWXY	ABCDE**FG** 7	
3 BM	ABCDE**F**JKNQRTUVW 8	
4 ABHO**RTX**Z	VW 9	
5 ACDEFHLMN	ABEFGHIJNQY 10	

B 16A CEE — €46,00 — €58,00
5ha 120T(75-120m²) 39**D**
N 54°26'26" E 12°39'37" 102601

B105 Rostock - Stralsund. In Löbnitz links Richtung Barth, dann Richtung Zingst. CP ist gut ausgeschildert.

Ueckermünde, D-17373 / Mecklenburg-Vorpommern

- Ferienpark Ueckermünde-Bellin
- Dorfstr. 8b
- 1 Jan - 31 Dez
- +49 39 77 15 91 10
- info@ferienpark-ueckermuende-bellin.de

1 ADEF**JM**NOPQRST	KMQSX 6	
2 HIJKPQWXYZ	ABFG 7	
3 AM	ABCDEFNQRW 8	
4 H	FJV 9	
5 ADMN	ABCGJNQ 10	

B 16A CEE — €28,80 — €41,40
4,5ha 100T(81-100m²) 27**D**
N 53°44'12" E 14°06'47" 113045

B109 Greifswald-Pasewalk, Abfahrt Ueckermünde, dann Richtung Altwarp, CP ist ausgeschildert.

Zislow, D-17209 / Mecklenburg-Vorpommern CC€20

- Wald- u. Seeblick Camp GmbH
- Waldchaussee 1
- 1 Jan - 31 Dez
- +49 3 99 24 20 02
- info@camp-zislow.de

1 ADEF**JM**NOPQRST	LNOQSW**X**Y**Z** 6	
2 AEKQWXYZ	ABDE**FG**H 7	
3 BF**I**MX	ABCDEFNQRTUVW 8	
4 FGHJ	JOQTV 9	
5 ABDEKM	ABDEGHJM**N**O 10	

Anzeige auf Seite 267 B 16A CEE — €39,00 — €47,00
H65 11ha 220T(80-100m²) 237**D**
N 53°26'32" E 12°18'50" 108066

A19 (B192), Ausfahrt Waren-Petersdorf Richtung Adamshoffnung-Zislow. Camping ausgeschildert.

Teilkarte Mecklenburg-Vorpommern auf Seite 261

Zwenzow, D-17237 / Mecklenb.-Vorpommern

- Zwenzower Ufer****
- Am Großen Labussee (C56)
- 1 Apr - 31 Okt
- +49 3 98 12 47 90
- info@haveltourist.de
- B 16A CEE
- N 53°19'08" E 12°56'42"
- B96 von Berlin via Neustrelitz Richtung Userin und Useriner Mühle nach Zwenzow.

1 ADEF**JM**NOPQRS**T** LNQS**X**Z 6
2 EKPQRWXY ABDE**FG**I**K** 7
3 A**M** ABDE**F**JKNQRT**W** 8
4 BFHJ**T** DQRV 9
5 ACDEFM ABDGHIJ**O**QV 10
H63 2,6ha 65**T**(80-132m²) 22**D**

① €32,20
② €42,80
109191

Zwenzow, D-17237 / Mecklenb.-Vorpommern

- FKK-Camping Am Useriner See****
- 1 Apr - 31 Okt
- +49 3 98 12 47 90
- info@haveltourist.de
- N 53°19'49" E 12°57'19"
- Über die B198 in Mirow auf den L25 Richtung Userin abbiegen, dann über Granzow, Roggentin nach Zwenzow.

1 ABDEF**JM**NOPQRS**T** LNPQS**X**Z 6
2 BEJQRWYZ ABDE**FG**I 7
3 ABFGM ABCDE**FI**JKNQRW 8
4 BDFH DQRV 9
5 ACDH**MN** ABDHIJ**O**QV 10
FKK**B** 6-10A CEE
H50 8ha 80**T**(80-162m²) 124**D**

① €34,30
② €44,90
109514

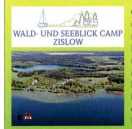

Wald- und Seeblick Camp GmbH

Campingplatz Wald- und Seeblick genau richtig: Familien oder Reisegruppen, in Zelten, mit dem Caravan oder im Mobilheim – auf unserem Platz, in direkter Lage am Plauer See können Sie einen tollen und ruhigen Urlaub genießen.

Waldchaussee 1, 17209 Zislow
Tel. +49 399242002
E-Mail: info@camp-zislow.de • Internet: www.camp-zislow.de

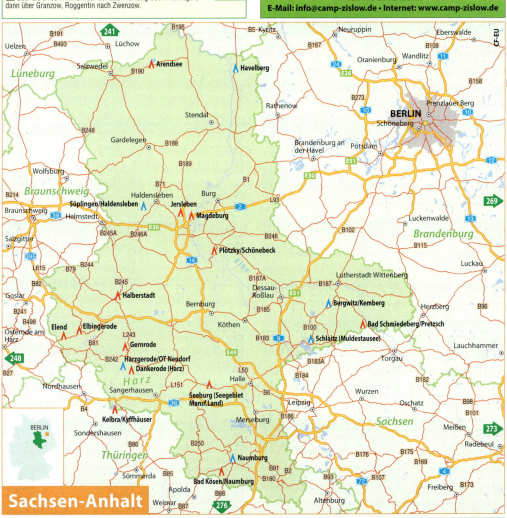

Sachsen-Anhalt

Arendsee, D-39619 / Sachsen-Anhalt

- Im Kleinen Elsebusch
- Lüchower Straße 6a
- 1 Mrz - 31 Okt
- +49 39 38 42 73 63
- camping. arendsee@t-online.de
- N 52°52'39" E 11°27'45"
- Von Salzwedel die B190 Richtung Arendsee nehmen. Weiter Richtung Lüchow/Kurgebiet. Dann den CP-Schildern folgen.

1 AF**JM**NOPQRS**T** NOPQS 6
2 QSXY ABDE 7
3 A**B**M ABCDE**FG**JNQRU 8
4 O DE**T** 9
5 DEF**KMN** ABGHJM**NQ** 10
16A CEE
0,7ha 80**T**(80-120m²) 16**D**

① €22,70
② €29,20
120164

Bad Kösen/Naumburg, D-06628 / Sachsen-Anhalt

- An der Rudelsburg
- Zum Campingplatz 1
- 1 Apr - 1 Nov
- +49 34 46 32 87 05
- info@campbadkoesen.de
- B 16A CEE
- N 51°07'22" E 11°43'03"
- An der B87 Naumburg-Weimar. In Bad Kösen ist der Campingplatz gut ausgeschildert.

1 ADEF**JM**NOPQRS AN**X**Z 6
2 CQSWXYZ ABDE**FG**I 7
3 AB**N** ABCDE**FJ**NQRTUVW 8
4 FH DEFRWX 9
5 ABDEFHKMN AGHIJM**O**QU 10
H100 3,5ha 120**T**(80-140m²) 34**D**

① €34,00
② €34,00
102558

Teilkarte Sachsen-Anhalt auf Seite 267

Bad Schmiedeberg/Pretzsch, D-06905 / Sachsen-Anhalt

- Campingpark "Am Grossen Lausicher Teich****
- Lausiger-Teich-Straße 1
- 1 Jan - 31 Dez
- +49 34 92 65 74 75
- camping@lausiger-teiche.de
- N 51°41'10" E 12°48'03"

1 AEJMNOPQRST LP 6
2 BEKPQRWXYZ BDEFGHI
3 BFGM BEFJKNQRTUW 8
4 FHJO ADJLVY 9
5 ABDEFHKLMN ABFGHJLMOQUVW 10
16A CEE €21,00 / €28,00
H100 12ha 122T(20-150m²) 89D

A2 Hannover-Berlin, Ausf. 76 Ri. Ziesar. In Ziesar B107 Richtung Coswig. In Coswig B187 Ri. Wittenberg. In Wittenberg B2 bis hinter Eutzch, B182 nach Pretzsch. In Pretzsch rechts ab Ri. Bad Schmiedeberg. 108148

Bergwitz/Kemberg, D-06901 / Sachsen-Anhalt

- Campingplatz Bergwitzsee GmbH
- Strandweg 1
- 1 Jan - 31 Dez
- +49 34 92 12 82 28
- reception@bergwitzsee.de
- N 51°47'28" E 12°34'15"

1 ADFJMNOQRT LNOQSXYZ 6
2 EJKQXYZ ABDEFG 7
3 BEFGMX ABCDEFJNQRTUVW 8
4 FH JLQRTVY 9
5 ABDEFHJKLM ABGHIJOQ 10
16A CEE €29,00 / €33,50
11ha 100T(70-150m²) 265D

A9 Berlin-Leipzig, Ausf. 8. B187 über Wittenberg, die B2 über Leipzig nehmen. In Eutzsch B100 Ri. Gr-Hainichen, die 2. Abzweigung hinter Tankstelle-Bergwitz. CP ab der Kreuzung (5 Abzweigungen) ausgeschildert. 108769

Dankerode (Harz), D-06493 / Sachsen-Anhalt

- Camping Panoramablick
- Hinterdorf 79
- 1 Jan - 31 Dez
- +49 17 47 16 38 77
- ludwig-dankerode@web.de
- N 51°35'15" E 11°08'31"

1 JMNOPQRST 6
2 IPQUXYZ ABDEFG 7
3 AFGS JNQUV 8
4 FH DEJ 9
5 DMN ABFHJMNQUW 10
B 16A CEE €26,40 / €26,40
2ha 40T(120m²) 5D

Von Harzgerode die B242, ab Klostermansfeld B242 oder B80 über Berga und Stolberg. 111471

Elbingerode, D-38875 / Sachsen-Anhalt

- Am Brocken****
- Schützenring 6
- 1/1 - 1/11, 7/12 - 31/12
- +49 39 45 44 25 89
- campingambrocken@gmx.de
- N 51°46'32" E 10°47'44"

1 ADEFJMNOPQRS LN 6
2 EIJQSXYZ ABDEFGHIJK 7
3 AB ABCDEFGJNQRTW 8
4 FHIJK 9
5 ABDM ABFGHJMNQ 10
WB 16A CEE €27,50 / €34,40
H550 23ha 100T(80-100m²) 25D

B4 Braunschweig-Nordhausen. Ausfahrt B27 Braunlage Richtung Blankenberg. In Elbingerode ausgeschildert. 102518

Elend, D-38875 / Sachsen-Anhalt

- Am Schierker Stern
- Am Stern
- 1 Jan - 31 Dez
- +49 39 45 55 88 17
- info@harz-camping.com
- N 51°45'27" E 10°41'01"

1 AEJMNOPQRT 6
2 BIPSTUWY ABFGIJ 7
3 ABEFJNQRTW 8
4 FHJOT F 9
5 ABDHJM ABFGHJMQ 10
W 10-16A CEE €26,00 / €27,90
H628 8ha 60T(70m²) 2D

A7, Ausfahrt 67 Seesen. Über die B248/B242 nach Clausthal-Zellerfeld weiter Braunlage, B27 Elend und weiter Schierke, dann Drei Annen Hohne rechts ab L354. 112779

Gernrode, D-06507 / Sachsen-Anhalt

- Harz-Camp Bremer Teich***
- Bremer Dammteich 3
- 1 Jan - 31 Dez
- +49 39 48 56 08 10
- harz-camp-bremer-teich@web.de
- N 51°41'18" E 11°06'36"

1 ABEFGJMNOPQRST LN 6
2 BEKQTXYZ ABDEFGHIJ 7
3 ABM ABCDEFGKNQRTUW 8
4 ACFJ 9
5 ABDEFJKM ABFGHIJLRSUW 10
B 16A CEE €19,50 / €33,00
10ha 140T(80-100m²) 139D

B6 bis Quedlinburg, Gernrode/Harzgerode, Ausfahrt Haferfeld. Schildern folgen. 112092

Halberstadt, D-38820 / Sachsen-Anhalt

- Am See****
- Warmholzberg 70
- 1 Jan - 31 Dez
- +49 39 41 60 93 08
- info@camping-am-see.de
- N 51°54'33" E 11°05'07"

1 ACFGJMNOQRS LMNOP 6
2 EJKQSVWXYZ BFGHIJ 7
3 AFJM ABDEFGKRTUW 8
4 JO FQT 9
5 ABDEFHJKM ABFGHIJLNQUW 10
6-16A CEE €25,50 / €30,00
3ha 50T(60-100m²) 52D

A2 Hannover-Berlin, Ausfahrt 68 Magdeburg B105, Richtung Halberstadt B81. In Halberstadt ausgeschildert. An der 1. Ampel rechts ab. Den Schildern folgen. 102515

Harzgerode/OT Neudorf, D-06493 / Sachsen-A.

- Ferienpark Birnbaumteich***
- Am Birnbaumteich 1
- 1 Jan - 31 Dez
- +49 3 94 84 62 43
- info@eg-fr.de
- N 51°36'30" E 11°05'05"

1 AFJMNOPQRST LN 6
2 BEJKPQRSWXY ABDEFGHIJ 7
3 ABFGMUW BDEFGKNRTUW 8
4 JORT DFJV 9
5 ABDEFHJM AGHJLQQUVW 10
B 16A CEE €26,00 / €26,40
H500 11,5ha 150T(50-100m²) 249D

B81 Magdeburg-Nordhausen, Ausfahrt Hasselfelde B242 Ri. Halle. 1 km nach Harzgerode abzweigen Ri. Stolberg. Nach 4,3 km rechts und links an Bushaltestelle ausgeschildert. 110029

Havelberg, D-39539 / Sachsen-Anhalt

- Campingplatz Havelberg Spülinsel 6
- 1 Apr - 31 Okt
- +49 39 38 72 06 55
- info@campinginsel-havelberg.de
- N 52°49'36" E 12°04'14"

1 AEJMNOPQRST JNXYZ 6
2 CIKPQRTWXYZ ABDE 7
3 ABFGJMS ABCDEFKNQRTUVW 8
4 H OQRT 9
5 ADEHMN ABDFGHIJMNQW 10
Anzeige auf Seite 269 B 16A CEE €28,00 / €35,00
2,7ha 80T(80-120m²) 20D

A24 Ausfahrt 18 Meyenburg, B107 50 km nach Havelberg. In Havelberg den Schildern folgen. 111063

Jersleben, D-39326 / Sachsen-Anhalt

- Jersleber See***
- Zum See 1
- 12 Apr - 15 Okt
- +49 39 20 35 65 41 90
- jerslebersee@barleben.de
- N 52°14'16" E 11°35'02"

1 AFJMNOPQR LNOQ 6
2 AEJKQRXY ABFGH 7
3 BFGJ ABCDEFJNQRTW 8
4 K 9
5 ADEF AHIJLQ 10
B 16A CEE €21,50 / €23,50
20ha 120T(40-100m²) 250D

A2 Hannover-Berlin, Ausfahrt 70 Magdeburg-Zentrum, B189 Stendal. CP-Schild Jersleber See im Ort Jersleben. A2 Ausfahrt Jersleben. CP wird ausgeschildert. 110030

Kelbra/Kyffhäuser, D-06537 / Sachsen-Anhalt

- Seecamping Kelbra
- Lange Straße 150
- 1 Jan - 31 Dez
- +49 34 65 14 52 90
- buchung@campingplatz-kelbra.de
- N 51°25'33" E 11°00'11"

1 ADEJMNOPQRST LMNQSXYZ 6
2 AEIJMQSTXY ABDEFG 7
3 ABFGM ABCDEFJNQRSTUVW 8
4 FH FJQT 9
5 ADEFJM AFGHJLMNQUVW 10
B 10A CEE €21,50 / €24,00
H157 8ha 150T(70-120m²) 219D

In Kelbra die B85, den Schildern Stausee folgen. Von der A38 Ausfahrt Berga/Kelbra noch + 5 km zum CP. Dort sehen Sie das Schild Yachthafen. 102520

Magdeburg, D-39126 / Sachsen-Anhalt

- Barleber See****
- Wiedersdorfer Straße 30
- 15 Apr - 1 Okt
- +49 3 91 50 32 44
- campingplatz@cvbs.de
- N 52°13'09" E 11°39'33"

1 ADEFGHKNOPQRT LNQS 6
2 AEJKQSXY ABDEFGH 7
3 ABFGM ABCDEFJNQRT 8
4 P DKQTV 9
5 ABDEFHJKMN AEFGHIKQ 10
B 16A CEE €26,00 / €32,00
15,9ha 200T(50-100m²) 626D

A2 Hannover-Berlin, Ausfahrt 71 Rothensee Richtung Barleber See, über die Sackgasse (Schild) nach 1 km CP. 102552

Naumburg, D-06618 / Sachsen-Anhalt

- Campingplatz Blütengrund
- Blütengrund 6
- 1 Jan - 31 Dez
- +49 34 45 26 11 44
- info@campingplatz-naumburg.de
- N 51°10'31" E 11°48'15"

1 ADEFJMNOPQRST NXZ 6
2 ACIQSTXYZ ABDEFGIJ 7
3 BM ABCDEFJNQRTW 8
4 FH JRV 9
5 ABDFHJKMN ACDFGHJLMNQ 10
B 16A CEE €27,00 / €33,00
H100 4ha 450T(50-100m²) 80D

Ab B180 und B87 ausgeschildert. CP liegt an dem Fluss Saale (Naumburg Richtung Freyburg). 102557

Plötzky/Schönebeck, D-39217 / Sachsen-Anhalt

- Ferienpark Plötzky
- Kleiner Waldsee 1
- 1 Jan - 31 Dez
- +49 39 20 05 01 55
- info@ferienpark-ploetzky.de
- N 52°03'46" E 11°48'01"

1 ADJMNOPQRT HLNO 6
2 BEJGWXYZ ABDEFGIK 7
3 ABDEFGHIJMRTUV ABCDEFGIJKNOPSTUVW 8
4 AEHJSKNOPQRSTU DEJQUV 9
5 ABDEFGHIJLMN ABFHIJOQ 10
B 16A CEE €25,00 / €33,00
12ha 170T(100m²) 193D

Via A2 zur A14 (Kreuz Magdeburg), Ausfahrt 7 Richtung Schönebeck/Gommern. Auf der B246a durch Plötzky ist der CP angezeigt. A2 Ausfahrt Möser Richtung Möser B1/Biederitz B184/B246A, Gommern/Plötzky. 113077

Schlaitz (Muldestausee), D-06774 / Sachsen-A.

- Heide-Camp Schlaitz
- Am Muldestausee
- 1 Jan - 31 Dez
- +49 34 95 52 05 71
- info@heide-camp-schlaitz.de
- N 51°38'55" E 12°25'23"

1 AFILNOQRT LN 6
2 EJPQRSY ABDEFGIK 7
3 AM ABCDEFJNQRT 8
4 FHJOR DFJ 9
5 ABDEFHLMN ABFHJQ 10
B 16A €25,00 / €33,00
12ha 130T(110-170m²) 97D

Auf der B100 zwischen Bitterfeld und Gossa ist der CP ausgeschildert. 111621

ACSI Club iD

Ihr Pass oder Ausweis sicher in der Tasche

www.ACSI.eu/ACSIClubID

Teilkarte Sachsen-Anhalt auf Seite 267

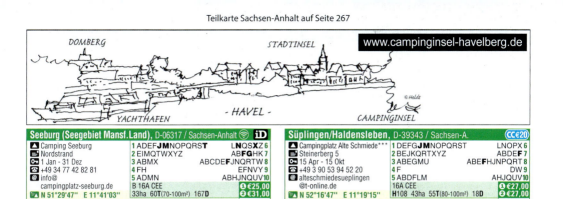

www.campinginsel-havelberg.de

Seeburg (Seegebiet Mansf.Land), D-06317 / Sachsen-Anhalt

- Camping Seeburg
- Nordstrand
- 1 Jan - 31 Dez
- +49 34 77 42 82 81
- info@campingplatz-seeburg.de
- B 16A CEE
- N 51°29'47" E 11°41'03"
- 1 ADEF**JM**NOPQRS**T** LN**Q**S**X**Z 6
- 2 EIMQTWXYZ AB**FG**HK 7
- 3 ABMX ABCDE**FJ**NQRTW 8
- 4 FH E**F**NVY 9
- 5 ADMN ABH**J**NQUV10
- € 25,00
- € 31,00
- 33ha 60T(70-100m²) 167D
- 121101

Seeburg liegt an der B80 von Halle nach Lutherstadt/Eisleben. In Seeburg der Beschilderung zum CP folgen.

Süplingen/Haldensleben, D-39343 / Sachsen-A. CC €20

- Campingplatz Alte Schmiede***
- Steinerberg 5
- 15 Apr - 15 Okt
- +49 3 90 53 94 52 20
- alteschmiedesueplingen@t-online.de
- 16A CEE
- N 52°16'47" E 11°19'15"
- 1 DEFG**JM**NOPQRST LNOPX 6
- 2 BE**J**KQRTXYZ ABDE**F** 7
- 3 ABEGMU ABE**FH**JNPQRT 8
- 4 F DW 9
- 5 ABDFLM AHJQUV10
- € 27,00
- € 27,00
- H108 43ha 55T(80-100m²) 18D
- 117173

A2, Ausfahrt Haldensleben, weiter über Bregenstedt, Altenhausen nach Süplingen. Campingplatz ist ausgeschildert.

Brandenburg

Altglobsow, D-16775 / Brandenburg CC €14

- Ferienhof Altglobsow
- Seestraße 11
- 1 Jan - 31 Dez
- +49 33 08 25 02 50
- info@ferienhof-altglobsow.de
- B 16A CEE
- N 53°07'53" E 13°07'01"
- 1 A**JM**NOPQR**T** LN**Q**X 6
- 2 BEPQUXY AB**FH**J 7
- 3 AGM ABE**F**JNQRW 8
- 4 EFH**J**T FGO 9
- 5 ADFKLMN ABGH**J**LOPQ10
- € 17,75
- € 22,75
- 4,5ha 40T(60-80m²) 68D
- 112778

Aus Berlin die B96 bis Fürstenberg, Richtung Neuglobsow. Den Schildern 'Ferienhof Altglobsow' folgen.

Alt-Schadow, D-15913 / Brandenburg

- Spreewald Camping Nord**
- Neuendorferstraße
- 1 Apr - 31 Okt
- +49 35 47 36 21
- mail@spreewald-camping-nord.de
- 16A CEE
- N 52°07'33" E 13°56'32"
- 1 AF**JM**NOPRS**T** LN**Q**SXY 6
- 2 E**J**PQRXY ABDE**FG**HI 7
- 3 BF**R** ABE**F**JNQRW 8
- 4 EJQRV 9
- 5 ABDEHKLMN AGH**J**N**Q**U10
- € 27,00
- € 37,00
- 7ha 100T(80-100m²) 254D
- 102655

A13 Berlin-Dresden, Ausfahrt 5a Teupitz(30 km vom Camping), B179, Rictung Märkisch-Buchholz. Bei Neu-Lübbenau Richtung Alt-Schadow. Über Brücke am Dorfplatz Schild zum Camping.

Teilkarte Brandenburg auf Seite 269

Alt-Zeschdorf, D-15326 / Brandenburg

- ▲ Seecamp am Oderbruch
- 🏠 Neue Siedlung 18
- 📅 1 Jan - 31 Dez
- ☎ +49 33 60 22 47
- @ seecamp-oderbruch@t-online.de

1	AEFGJMNOPQRT — LNS 6
2	EKPQSXYZ — ABDFG 5
3	AM — ABEFJNQRW 4
4	FO — QV 9
5	ADEHKN — ABIJOQ10
16A	

📍 N 52°25'53" E 14°26'46"
H88 2,4ha 25T(80-100m²) 40D
💶 €30,50 / €37,50
🚗 A12 Ausfahrt 9 Richtung Lebus bis links zur 167. Dann über die 2. Bahnübergang direkt links. Nach 2 km Richtung Aalkasten kommt der CP.
120159

Atterwasch, D-03172 / Brandenburg

- ▲ am See
- 🏠 Am See 4
- 📅 1 Jan - 31 Dez
- ☎ +49 3 56 92 66 95 25
- @ campdeulo@gmx.de

1	ADEGJMNOPQRST — LNX 6
2	BEJKQRSXYZ — ABDEFG 7
3	BFGMX — ABCDEFJNQRTUV 8
4	— DFGQUVW 9
5	DEHKMNO — ABCHJLOQ10
B 16A CEE	

📍 N 51°55'09" E 14°38'43"
H65 10ha 40T(20-120m²) 78D
💶 €21,20 / €26,20
🚗 A12 Berlin-Frankfurt/Oder, Ausfahrt 4 Fürstenwalde-West Richtung B168 Lieberose, B320 Guben. Vor Guben Richtung Gastrose. Siehe CP-Beschilderung. Bei geschlossener Schranke dort Rezeption für den Zugangscode anrufen.
113087

Bantikow, D-16868 / Brandenburg

- ▲ Knattercamping
- 🏠 Wusterhausener Straße 14
- 📅 1 Apr - 15 Okt
- ☎ +49 33 97 91 43 61
- @ info@knattercamping.de

1	AEFJMNOPQRST — LNQSXZ 6
2	BFJPQXYZ — ABFGJ 7
3	ABGMS — ABEFJNQRUW 8
4	JKOT — DEKNQR 9
5	ABDMN — ABCEGHJNQ10
FKK 16A CEE	

📍 N 52°55'50" E 12°26'55"
H70 3,6ha 70T(100-120m²) 84D
💶 €23,00 / €30,00
🚗 A24 Ausfahrt Bückwitz/Neuruppin, B167. Bei Bückwitz die B5 Richtung Kyritz und bei Wusterhausen Ausfahrt Bantikow. Weiter der Beschilderung folgen.
113450

Beeskow, D-15848 / Brandenburg

- ▲ Spreepark Beeskow
- 🏠 Bertholdplatz 6
- 📅 1 Apr - 31 Okt
- ☎ +49 1 52 08 89 52 90
- @ spreepark.beeskow@gmv.de

1	AJMNOPQRST — AHJMUXY 6
2	CKPQRTWXY — ABEFGIJ 7
3	ABEFGJMNRW — ABCDEFJNQRTUVW 8
4	FH — FIRV 9
5	DKM — ABGHJOQV10
16A CEE	

📍 N 52°09'57" E 14°14'22"
3,5ha 51T(100m²) 2D
💶 €20,00 / €20,00
🚗 Vom Dreieck Potsdam oder Potsdam zur A12 'Südlicher Berliner Ring' Richtung Frankfurt/Oder, Ausfahrt 5. Richtung Beeskow B168, dann beschildert.
117639

Beetzseeheide/Gortz, D-14778 / Brandenburg CC€18

- ▲ Flachsberg
- 🏠 Flachsberg 1
- 📅 1 Apr - 31 Okt
- ☎ +49 17 13 64 47 42
- @ info@camping-flachsberg.de

1	AEFJMNOPQRT — LNQSWXY 6
2	BEIJPQUXYZ — ABDEF 7
3	ABGM — ABEFHNQR 8
4	FH — JOQ 9
5	DMN — AHJMQV10
16A CEE	

📍 N 52°30'18" E 12°39'36"
12ha 40T(80-120m²) 121D
💶 €19,70 / €25,70
🚗 Von Brandenburg Richtung Nauen, bei Päwesin Richtung Bagow/Gortz. Vor Gortz links ab Richtung CP.
120155

Berlin-Schmöckwitz, D-12527 / Berlin/Brandenburg

- ▲ Campingplatz Krossinsee 1930 GmbH****
- 🏠 Wernsdorfer Straße 38
- 📅 1 Jan - 31 Dez
- ☎ +49 3 06 75 86 87
- @ anfrage@campingplatz-krossinsee.de

1	ADEJMNOPQRST — LNQSWXYZ 6
2	BEJKPQRSYZ — ABDEFGHIJ 7
3	BMV — ABCDEFJNQRT 8
4	BCHOPQ — GJOPQRTV 9
5	ABDHLM — AGHKNST10
B 10A CEE	

📍 N 52°21'41" E 13°41'04"
8ha 180T(20-100m²) 288D
💶 €31,00 / €39,00
🚗 A10 in südöstlicher Richtung, Ausfahrt 9 Niederlehme, Richtung Wernsdorf. Dann den Schildern Schmöckwitz folgen.
102653

Brandenburg/Malge, D-14776 / Brandenburg

- ▲ Seecamp Malge
- 🏠 Malge 3
- 📅 1 Apr - 15 Okt
- ☎ +49 33 81 66 31 34
- @ seecamp-malge@t-online.de

1	BDFJMNOPQRT — LNOPQSWXYZ 6
2	ABEJPQRTWXYZ — ABDEFGHIJ 7
3	BFGMU — ABCDEFGIJNQRTUV 8
4	FH — DJLRV 9
5	ABDMN — AFGHIJLQ10
10A CEE	

📍 N 52°22'11" E 12°28'16"
8ha 180T(70-150m²) 229D
💶 €23,20 / €29,20
🚗 A2 Ausfahrt 77 Richtung Brandenburg, dann 8 km durch den Wald bis Wilhelmsdorf. Dann links auf den CP-Schildern folgen. Der CP liegt 50m hinter der Gaststätte.
109204

Brieselang/Zeestow, D-14656 / Brandenburg

- ▲ Camping am Havelkanal
- 🏠 Brieselanger Straße 11
- 📅 1 Jan - 31 Dez
- ☎ +49 33 23 48 86 34
- @ info@camping-am-havelkanal.de

1	ADEFJMNOPQRST — JN 6
2	APQRXY — ABDEFG 5
3	A — ABEFJNQTW 8
4	FHOP — V 9
5	ADHJKM — AGHIJNQV10
B 16A CEE	

📍 N 52°34'19" E 12°57'56"
5,2ha 60T(100m²) 125D
💶 €22,00 / €28,00
🚗 A10 Berliner Ring, Ausfahrt Brieselang (27). Dann Richtung Zeestow, Camping ist angezeigt.
111962

Burg (Spreewald), D-03096 / Brandenburg

- ▲ Spreewald Kneipp- und ErlebnisCamping****
- 🏠 Vetschauer Str. 1a
- 📅 1 Mrz - 31 Dez
- ☎ +49 3 56 03 75 09 66
- @ info@caravan-kurcamping.de

1	ADEFJMNOPQRST — JNUX 6
2	ABCQTWXYZ — BEFGHIJK 7
3	BM — BDFGIJNQRTUVW 8
4	AEHTUXZ — FRVWX 9
5	ABDLMN — ABGHJMNQV10
B 10-16A	

📍 N 51°49'27" E 14°08'23"
2,3ha 100T(50-130m²) 4D
💶 €30,60 / €41,60
🚗 Auf der A13/A15 die Ausfahrt 3 Richtung Vetschau/Burg nehmen, danach den Schildern folgen.
118731

Eichhorst (Schorfheide), D-16244 / Brandenburg

- ▲ Berolina Camping am Werbellinsee
- 🏠 Am Süssen Winkel
- 📅 1 Apr - 7 Okt
- ☎ +49 1 57 53 68 94 80
- @ info@berolina-camping.de

1	AFHKNOPQRST — LNQSWXYZ 6
2	ABEJKQWXYZ — ABDEFG 7
3	BGM — ABCDEFJNQRTU 8
4	N — Q 9
5	ABDEFGHJMN — ABFGHIJOST10
B 16A CEE	

📍 N 52°54'06" E 13°39'43"
4,5ha 50T(60-80m²) 200D
💶 €45,00 / €45,00
🚗 E28 Berlin-Szczecin, Abfahrt Finowfurt. An der Kreuzung B167/198, B198 Richtung Schorfheide/Eichhorst. Bei Eichhorst vor der Schleuse rechts: Am Süßen Winkel 3 km zum Camping folgen.
102652

Falkenberg/Elster, D-04895 / Brandenburg

- ▲ Erholungsgebiet Kiebitz****
- 🏠 Hörsteweg 2
- 📅 1 Apr - 31 Okt
- ☎ +49 3 53 65 21 35
- @ info@erholungsgebiet-kiebitz.de

1	ADEFJMNOPQRST — HLNPQXYZ 6
2	EJKQTWXY — ABEFGHIJ 7
3	ABDFGJMU — ABCDEFJNQRTUV 8
4	EFHJOQT — DJQTUVW 9
5	ADEFHIKMN — ABEGHIJLMQUVY10
B 16A CEE	

📍 N 51°35'38" E 13°15'30"
H88 4,6ha 75T(70-100m²) 88D
💶 €28,00 / €37,80
🚗 Von Halle, Leipzig von der A14 zur B87 Richtung Torgau. Hier Richtung Falkenberg. Camping ist angezeigt.
107523

Ferch (Schwielowsee), D-14548 / Brandenburg

- ▲ Schwielowsee-Camping LTD***
- 🏠 Dorfstraße 50
- 📅 27 Mrz - 23 Okt
- ☎ +49 33 20 97 02 95
- @ post@schwielowsee-camping.de

1	ADJMNOPQRST — LNQSX 6
2	ABEJKPQRVWZ — BDEFG 7
3	ABGMU — ABCDEFJNQRT 8
4	JOR — ARV 9
5	ADM — ABCGHJLOQU10
B 16A CEE	

📍 N 52°18'53" E 12°56'40"
2,7ha 80T(70-80m²) 42D
💶 €35,50 / €35,50
🚗 Über die A10 auf den Berliner Ring fahren, Ausfahrt 18 in Richtung Ferch nehmen. In Ferch ist der CP ausgeschildert.
114472

Ferchesar, D-14715 / Brandenburg

- ▲ Campingpark Buntspecht****
- 🏠 Weg zum Zeltplatz 1
- 📅 1 Apr - 15 Okt
- ☎ +49 33 87 49 00 72
- @ campingpark-buntspecht@web.de
- Anzeige auf Seite 271

1	AEFJMNOPQRST — LMNSUXYZ 6
2	BFIJKQVWXYZ — BDEF 7
3	BFGLMSU — ABCDEFGHIJKNQRSTUV 8
4	BFHJKOX — EJKNOQPTVXY 9
5	ABEFGHJLMN — ABFGHIJLMOQ10
B 16A CEE	

📍 N 52°39'15" E 12°25'47"
H55 2,3ha 120T(90-120m²) 80D
💶 €31,50 / €39,50
🚗 Von der A10 nach 5 km auf die B188 östlich von Rathenow Ausfahrt Stechow, dann rechts Richtung Ferchesar. CP ist mit gelben Schildern angezeigt.
118006

Gatow, D-14089 / Berlin/Brandenburg

- ▲ D.C.C. Camping Gatow***
- 🏠 Kladower Damm 207-213
- 📅 1 Jan - 31 Dez
- ☎ +49 3 06 65 43 40
- @ gatow@dccberlin.de

1	ADEJMNOPQRST — 6
2	PQRSWXY — ABDEFGIK 7
3	BLM — ABCDEFJNQRTU 8
4	— 9
5	ADEFM — ABGHKOQ10
B 10A CEE	

📍 N 52°27'56" E 13°09'49"
H55 2,3ha 120T(70-80m²) 70D
💶 €29,50 / €38,10
🚗 A10 Westring Berlin, Ausfahrt 26 Berlin/Spandau, Richtung Berlin, Heerstraße, danach rechts in die Gatowerstraße, Alt-Gatow zum Kladower Damm. Campingeinfahrt gegenüber der General-Steinhoff-Kaserne.
110031

Grünheide, D-15537 / Brandenburg

- ▲ Grünheider Camping am Peetzsee GmbH
- 🏠 Am Schlangenluch 27
- 📅 3 Apr - 29 Sep
- ☎ +49 33 62 62 61 20
- @ campingplatz-gruenheide@t-online.de

1	AFJMNOPQRT — LNQSX 6
2	ABEJKLPQSXY — ABFG 7
3	G — ABCDFJNRW 8
4	— F 9
5	DMN — ABEJLMNQU10
16A CEE	

📍 N 52°25'18" E 13°50'11"
6,5ha 50T(20-120m²) 252D
💶 €24,10 / €29,10
🚗 A10 Ausfahrt 6 Erkner/Grünheide Richtung Fangschleuse, dann durch den Ort und an der Kreuzung links. Nach 200m 'Am Schlangenluch' und nach 500m ist rechts der CP.
117144

Himmelpfort, D-16798 / Brandenburg

- ▲ Campingpark Himmelpfort***
- 🏠 Am Stolpsee 1
- 📅 1 Apr - 31 Okt
- ☎ +49 33 08 94 12 38
- @ camping-himmelpfort.de

1	AFJMNOPQRST — LNPQSUVWXZ 6
2	EIKPQRSVWXYZ — ABDEFGHIK 7
3	AMX — ABCDEFJKNQRTUVW 8
4	FHJ — ADFNR 9
5	ABDEFGJLMN — ABEGHJLNQ10
B 10A CEE	

📍 N 53°10'04" E 13°14'05"
H67 3,5ha 90T(80-100m²) 53D
💶 €32,60 / €42,40
🚗 B96 Berlin-Rügen (Ostsee), Ausfahrt Fürstenberg/Ravensbrück Richtung Lychen nehmen. Durch den Ort fahren und den Schildern Himmelpfort folgen.
109078

Joachimsthal, D-16247 / Brandenburg

- Am Spring****
- Seerandstraße am Hubertusstock
- 1 Jan - 31 Dez
- +49 3 33 63 42 32
- camping@jatour.de
- N 52°54'48" E 13°40'01"
- A11/E28 Berlin-Stettin (Szczecin), Ausfahrt Joachimsthal/Finofort. Vor Joachimsthal links den CP-Schildern folgen.

1	AEFGHKNOPQRST	LNPQSWX 6
2	ABEJKQRTUVWXYZ	ABDEFGIJ 7
3	BGM	ABCDEFJNQRTUW 8
4	FH	VY 9
5	ABDKN	ABGHIJNQUVX 10
B 16A CEE		
10ha 50T(60-90m²) 200D	€31,80 / €39,80	

113452

Ketzin, D-14669 / Brandenburg

- Campingplatz An der Havel
- Friedrich-Ludwig-Jahn Weg 33
- 1 Apr - 23 Okt
- +49 33 23 32 11 50
- havelcamping@arcor.de
- N 52°28'14" E 12°50'54"
- Von der A2 zur A10 Richtung Potsdam. Hinter Potsdam Ausfahrt Ketzin. Den CP-Schildern folgen.

1	AFILNOPQRT	JNQS 6
2	ACEPQWXY	ABDEFGH 7
3	BLM	ABCDEFJNQRTUW 8
4	HJ	DERV 9
5	ADMNO	ADGHJNQ 10
16A CEE		
2,5ha 55T(70-100m²) 63D	€22,50 / €27,50	

118335

Campingpark Buntspecht ★★★★

Schöner Familien Camping am Ferchesaer See, mitten im Naturpark Westhavelland, moderne Sanitärgebäude, Sport- und Spielanlagen, SB-Markt, Terrassengaststätte, ein Ort zum entspannen und relaxen.

Weg zum Zeltplatz 1, 14715 Ferchesar
Tel. 033874-90072
E-Mail: campingpark-buntspecht@web.de
Internet: www.campingpark-buntspecht.de

Kladow/Berlin, D-14089 / Berlin/Brandenburg

- D.C.C. Camping Kladow***
- Krampnitzerweg 111-117
- 1 Jan - 31 Dez
- +49 3 03 65 27 97
- kladow@dccberlin.de
- N 52°27'13" E 13°06'49"
- A10, Ausfahrt 25 Potsdam-Nord. Zunächst auf der B273 über Potsdam, Fahrland und wieder Potsdam, dann geht es auf die B2 über Groß-Glienicke nach Berlin-Spandau. Am Ritterfelddamm ist der CP ausgeschildert.

1	ADEJMNOPQRST	LN 6
2	BEPQRSWXYZ	ABDEFGHK 7
3	BLM	ABCDEFJNQRTW 8
4		GI 9
5	ABDFJKM	ABGHJOQU 10
B 10A CEE		
H60 7,5ha 150T(60-120m²) 452D	€26,00 / €38,10	

102640

Lübbenau, D-03222 / Brandenburg

- Spreewald-Natur-Camping "Am Schlossark"*****
- Schlossbezirk 20
- 1 Jan - 31 Dez
- +49 35 42 35 33
- info@natur-camping.de
- N 51°52'08" E 13°58'51"
- A13 Berlin-Dresden, Ausfahrt 9 Lübbenau. Markt-Altstadt, Richtung Schloß und dann in den Park. Siehe Beschilderung.

1	ADEFJMNOPQRST	NXZ 6
2	ACPQWXYZ	ABCDEFGI 7
3	BM	ABCDEFJNQRTUW 8
4	JK	JRV 9
5	ABDEFHJMN	ABCEGHIJLMOQUVY 10
B 6-16A CEE		
4ha 120T(80-120m²) 14D	€26,00 / €35,00	

109205

Krausnick, D-15910 / Brandenburg

- Tropical Islands
- Tropical-Islands-Allee 1
- 1 Jan - 31 Dez
- +49 3 54 77 60 50 50
- welcome@tropical-islands.de
- N 52°01'54" E 13°44'53"
- A13 Berlin-Dresden, Ausfahrt 6 Staakow Richtung Krausnick. Dann den Schildern Tropical Islands folgen.

1	ADEJMNOPQRST	BEHIM 6
2	APQTX	ABDEFGI 7
3	ABDEGJMST	CDEFGIJNQRTW 8
4	ABCDFHJNO	ABCEKUVW 9
5	ABELM	AHIJOQUY 10
B 16A CEE		
H64 6ha 112T(80-100m²) 150D	€25,00 / €40,00	

118145

Lübbenau/Hindenberg, D-03222 / Brandenburg

- Spreewald-Natur Camping "Am See"*****
- Seestraße 1
- 1 Jan - 31 Dez
- +49 35 45 66 75 39
- am-see@spreewaldcamping.de
- N 51°51'28" E 13°51'23"
- A13, AS9 Spreewald-Dreieck, Richtung Luckau. Nach 4 km befindet sich der Camping auf der linken Seite.

1	ADJMNOPQRST	LNOPQXYZ 6
2	ABEJKLPQTVWXYZ	ABDEFGHIJ 7
3	BFGHMRU	ABCDEFJKNQRTUW 8
4	AEHJKOT	FIJKQVWY 9
5	ABDFHJKLMN	ABEGHJLNQUV 10
B 16A CEE		
H50 15ha 85T(40-120m²) 41D	€32,00 / €40,00	

111769

Kreblitz/Luckau, D-15926 / Brandenburg

- Sonnenberg***
- Zur Schafsbrücke 7
- 1 Jan - 31 Dez
- +49 35 44 30 58
- mail@camping-sonnenberg-luckau.de
- N 51°53'54" E 13°42'29"
- A13 Berlin-Dresden, Ausfahrt 8 Duben Richtung Luckau rechts halten. Dann den CP-Schildern folgen. An der Ausfahrt Karche-Zaacko Richtung Kasel-Golzig. Bei Kreblitz die CP-Schilder beachten.

1	AFJMNOPRT	N 6
2	CPQWXY	ABDFGI 7
3	AB	ABCDEFJNQRU 8
4	H	FIV 9
5	ADMN	ABFGHIJLNQ 10
B 16A CEE		
H79 1,5ha 40T(100m²) 134D	€19,00 / €24,00	

113081

Mahlow/Berlin, D-15831 / Brandenburg

- Camping bei Berlin Am Mahlower See****
- Teltower Straße 34
- 1 Apr - 1 Nov
- +49 3 37 93 12 89 20
- campingbeiberlin@t-online.de
- N 52°21'50" E 13°22'28"
- Nach Potsdam über die E30 (A10) vom Dreieck Nuthetal bis Ausfahrt 14 Ludwigsfelde-Ost. Auf der B101 Richtung Teltow. Dort Richtung Flughafen Schönefeld und Mahlow abbiegen. Camping an der Teltower Straße vor Mahlow.

1	ADEFJMNOPQRST	6
2	APQWXY	ABDEFGI 7
3	BM	ABCDEFJKNQRTUV 8
4		IJ 9
5	ABDM	ABCGHJNSTW 10
B 16A CEE		
4ha 72T(100-120m²) 5D	€35,50 / €33,00	

118041

Lauchhammer, D-01979 / Brandenburg

- Themencamping Grünewalder Lauch****
- Lauchstrasse 101
- 1 Apr - 31 Okt
- +49 35 74 38 26
- anfrage@themencamping.de
- N 51°30'25" E 13°42'29"
- A13 Ausfahrt Ruhland Nr 17. Dann die B169 Richtung Lauchhammer. In Lauchhammer Richtung Grünewalde und den CP-Schildern folgen.

1	ADEJMNOPRST	LMQSX 6
2	AEJKMQRSTWXYZ	ABDEFGI 7
3	AGJM	ABCDEFJKNRTUV 8
4	J	DEFIJRVZ 9
5	ABDEFKMN	AFGHIJOQMN 10
B 16A CEE		
8,5ha 126T(100-120m²) 118D	€28,10 / €36,00	

114895

Märkische Heide/Groß Leuthen, D-15913 / Brandenb.

- Eurocamp Spreewaldtor*****
- Neue Straße 1
- 1/1 - 16/11, 11/12 - 31/12
- +49 35 47 13 03
- info@eurocamp-spreewaldtor.de
- N 52°02'53" E 14°02'08"
- A13 Dresden-Berlin, Ausfahrt Lübben, B87 Richtung Beeskow, Kreuzung Birkenhainchen links auf der B179 Richtung Königs Wusterhausen. In Gross Leuthen rechts: der Campingbeschilderung folgen.

1	ADEJMNOPQRST	BLMNQSX 6
2	EJKQSWXY	ABDEFGI 7
3	BFGM	ABCDEFJNQRTU 8
4	ABCEFHJTV	ABEVWY 9
5	ABFKMN	ABFGHJLMOQUW 10
B 16A CEE		
9ha 130T(80-100m²) 107D	€28,00 / €33,00	

101420

Lenzen, D-19309 / Brandenburg

- Am Rudower See****
- Leuengarten 9
- 1 Apr - 30 Okt
- +49 3 87 92 75 88
- sigmar.beck45@gmail.com
- N 53°06'36" E 11°32'26"
- Von Hamburg aus A24, Ausfahrt Ludwigslust. Dann B5 Richtung Grabow und Lenzen folgen.

1	AFJMNOPQRST	LNOPQSXZ 6
2	EIJKPQSTVWXY	ABEFGH 7
3	ABFGM	BDFJKNQRTW 8
4	EFHJ	DJQT 9
5	ABDMN	ABFGHIJLMNQ 10
B 16A CEE		
3ha 70T(80-120m²) 39D	€18,00 / €18,00	

110605

Neuruppin/Krangen, D-16827 / Brandenburg

- Am Forsthaus Rottstiel***
- 1 Apr - 28 Okt
- +49 33 92 97 06 44
- info@camping-rheinsberg-neuruppin.de
- N 53°01'09" E 12°48'46"
- A24 Ausfahrt Neuruppin B167 Richtung Neuruppin. In Neuruppin Richtung Rheinsberg. Nach 8 km Ausfahrt Stendenitz.

1	ADEFGJMNOPQRST	LNOQSX 6
2	BEKQVXY	ABDEFGI 7
3	AFM	ABCDEFJKNQRTUV 8
4	BEFHJO	GJNQR 9
5	ABDJMN	ABGHIJNQ 10
B 16A CEE		
2ha 65T(80-100m²) 44D	€34,50 / €41,50	

113047

Lübben/Spreewald, D-15907 / Brandenburg

- Spreewald Camping Lübben****
- Am Burglehn 10
- 15 Mrz - 31 Okt
- +49 35 46 70 53
- info@spreewald-camping-luebben.de
- N 51°56'09" E 13°53'28"
- A13 Berlin-Dresden. Ausfahrt 7 Freiwalde, B115 Richtung Lübben. A13 Dresden-Berlin. Ausfahrt 8 Duben, B87 Richtung Lübben. CP-Schild in Ort.

1	AEJMNOPQRST	JNXZ 6
2	ACPQSXYZ	ABDEFGHI 7
3	BM	ABCDEFJNQRTUW 8
4	AEH	DFJRV 9
5	ABDEFKMN	ABGHIJOQUY 10
B 16A CEE		
H51 2,8ha 140T(20-130m²) 36D	€30,50 / €41,50	

102656

Neuruppin/Krangen, D-16827 / Brandenburg

- Stendenitz****
- Stendenitz
- 1 Apr - 31 Okt
- +49 33 92 97 06 44
- stendenitz@camping-neuruppin.de
- N 53°00'26" E 12°49'11"
- A24 Ausfahrt Neuruppin, B167 Richtung Neuruppin, dann weiter Rheinsberg. Nach 8 km von Neuruppin rechts Richtung Stendenitz.

1	ADEGJMNOPQRST	LNQSXZ 6
2	BEJQXY	ABDEFGI 7
3	AGM	ABCDEFJKNQRTW 8
4	EFH	NRV 9
5	ABLMN	ABGHJOQU 10
16A CEE		
2,4ha 80T(60-80m²) 35D	€34,50 / €41,50	

114453

Wusterhausen ★ ★ ★ ★

Der Campingplatz liegt sehr reizvoll und ruhig an der Kyritzer Seenkette (22 km lang). Komfortplätze u.a. mit WLAN. Vielseitige Möglichkeiten zur Freizeitgestaltung w.z.B. Touren zum Landesgestüt Neustadt/D., nach Kampehl (Ritter Kahlbutz) oder auch Besuche in das platzeigene Sport- und Freizeitstudio. Animation in der Hauptsaison. Eiscafé und Gaststätte mit Brötchenverkauf. Stündliche Zugverbindungen nach Berlin-Potsdam.

Seestraße 42, 16868 Wusterhausen/Dosse
Tel. 033979-14274 • Fax 033979-13930
E-Mail: koellner@camping-wusterhausen.de
Internet: www.camping-wusterhausen.de

Neuseddin, D-14554 / Brandenburg
- Camping am Seddiner See
- Seddiner See
- 1 Apr - 31 Okt
- +49 33 20 59 22 67
- post@icanos.de

1 AFG**JM**NOPQRT LNQS 6
2 ABE**J**RYZ ABDEFG 7
3 FGM ABCDEFJNQRW 8
4 FJMQV 9
5 AD**E**KM ABGHJLQU 10
B 16A CEE ①€20,25 ②€24,65
3,5ha 54**T**(80-100m²) 50**D**

N 52°16'41" E 13°01'04" 113456

Von der A10 Ausfahrt 17, Richtung Beelitz, 1. Strasse li Leipziger Chaussee, li Ferchel Weg, rechts nach Lehnmarke. Nach 1 km rechts ab und die CP-Schilder beachten.

Niedergörsdorf (OT Oehna), D-14913 / Brandenburg
- Flaeming-Camping-Oehna
- Am Freibad 2
- 1 Apr - 31 Okt
- +49 33 74 26 16 32
- info@flaeming-camping-oehna.de

1 A**I**L**N**OPR**T** **AFH** 6
2 PQWXYZ AB**D**E**FIJ**K 7
3 BM AB**C**DE**FJ**NQRVW 8
4 F**HJ** 9
5 ABD**N** AGHJNSTU 10
Anzeige auf Seite 273 B 6-16A CEE ①€27,00
1,4ha 73**T**(80-110m²) 7**D** ②€32,10

N 51°55'56" E 13°03'39" 117780

Von Berlin über die A9 Ausfahrt Brück/Linthe, oder A13 Ausfahrt Baruth oder B2, B101. Von Leipzig über die A9 Ausfahrt Niemeck, von Dresden über die A13 Ausfahrt Luckau/Calau. Im Ort Niedergörsdorf/Oehna ist der Campingplatz ausgeschildert.

Niemtsch/Senftenberg, D-01968 / Brandenburg
- Komfort Camping Senftenberger See*****
- Senftenberger Straße 10
- 1 Apr - 31 Okt
- +49 35 73 66 15 43
- komfortcamping@senftenberger-see.de

1 ADEF**JM**NOPR**ST** LNPQRSTX 6
2 AE**J**KQT**X**Y BE**FGH**K 7
3 MST ABCDFJNQRTUVW 8
4 A**H**TX DKMPRTV 9
5 ABDEFHKMN ABEFGHIJMNQU 10
B 16A CEE ①€39,00
H104 8ha 130**T**(75-150m²) 208**D** ②€51,00

N 51°29'57" E 13°58'56" 108820

Aus Richtung Berlin, A13 bis Ausfahrt Klettwitz. Dann nach Senftenberg, B169 nach Ruhland, Hotelroute folgen.

Erlebniscamping LAUSITZ
• Stellplätze und Zeltwiese
• **Freibad, Sauna**
• Pension, Mietwohnwagen
• Biergarten, Imbiss, Grillplatz
• Spielplatz mit Trampolin

www.erlebniscamping-lausitz.eu Tel. +49 35755553509

Ortrand, D-01990 / Brandenburg
- ErlebnisCamping Lausitz
- Am Bad 1
- 1 Jan - 31 Dez
- +49 3 57 55 55 35 09
- erlebnis.camping@t-online.de

1 ABDEF**JM**NOPQR**T** A**H**N 6
2 ACQSTWXYZ ABCDEF**G**IJK 7
3 BGMUWX ABCDEFGHJKNPQR**S**TUVW 8
4 FH**KT** DGIKV 9
5 ABDEF**J**KM ADHJMOQUVW 10
Anzeige auf dieser Seite B 16A CEE ①€25,50
H110 5,5ha 134**T**(70-120m²) ②€32,10

N 51°22'20" E 13°46'45" 111648

A13 Ausfahrt 18 Ortrand, der L59 volgen, danach der L55, rechts auf die Walkteichstrasse. Dann links zur Heinersdorferstrasse. 'Am Bad' rechts zur Straße an der Campingeinfahrt.

Potsdam/Berlin, D-14471 / Brandenburg
- Campingpark Sanssouci*****
- An der Pirschheide 41/ Am Templ. See
- 1 Apr - 2 Nov
- +49 33 19 51 09 88
- info@camping-potsdam.de

1 AE**JM**NOPQRST A**E**HJM**N**OQSW**X**YZ 6
2 BCIJKPQRXYZ ABDE**FG**IJK 7
3 AB**F**LMR ABCDEF**GIJ**NQPUVW 8
4 ABF**H**O**PQRST**XYZ GHIKPQRV**Y** 9
5 ABD**F**HLMN ABFGHIJLMNPQV 10
B 10A CEE ①€33,00
6ha 170**T**(70-110m²) 79**D** ②€39,00

N 52°21'43" E 13°00'28" 102607

A10 Ausfahrt 20 Glindow, der N273 folgen. In Potsdam ist der CP vor dem Viadukt angezeigt.

Senftenberg, D-01968 / Brandenburg
- Familienpark Senftenberger See*****
- Straße zur Südsee 1
- 1 Jan - 31 Dez
- +49 35 73 80 00
- familienpark@senftenberger-see.de

1 ADEFHKNOPQRS**T** H**L**NQST 6
2 BE**J**PQRWYZ ABDEF**GH**IK 7
3 ABDFHMR**UW** ABCDE**FG**JKNQRTUVW 8
4 A**B**E**H** DIJPQRTVWY 9
5 ACDEFGHKLM ABFGHIJNQU 10
B 16A CEE ①€38,00
H105 35ha 165**T**(20-120m²) 622**D** ②€38,00

N 51°29'31" E 14°02'45" 107526

Von Berlin, A13 bis Ausfahrt Großräschen, B96 bis Ausfahrt Senftenberg-Mitte/Hoyerswerda, dann Richtung Großkoschen. Die blauen Schilder zum Familienpark befolgen.

Siehdichum/Schernsdorf, D-15890 / Brandenburg
- Cp.- und Wochenendhausplatz Schervenzsee
- Am Schervenzsee 1
- 15 Apr - 15 Okt
- +49 3 36 06 77 08 00
- camping@schervenzsee.de

1 A**JM**NOPQRS**T** LNX 6
2 BE**J**KPRSWXYZ AB**DEFGH**IK 7
3 BGMU ABCDE**FJ**KNQRS**T**UVW 8
4 F**HJ** DIJQTV 9
5 ABDEFMN ABFGH**IJ**O**QV** 10
B 16A CEE ①€25,90
6,2ha 80**T**(80-100m²) 456**D** ②€34,00

N 52°11'03" E 14°26'31" 114901

A12 Berlin/Frankfurt a/d Oder, Ausfahrt 7 Müllrose, Richtung Eisenhüttenstadt bis Schernsdorf Mitte, dann rechts Richtung Kupferhammer. Siehe CP-Schilder.

Storkow/Limsdorf, D-15859 / Brandenburg
- Naturcampingplatz am Springsee
- Am Springsee 1
- 1 Apr - 31 Okt
- +49 33 67 74 40
- info@springsee.de

1 AE**JM**NOPR**T** L**N**PQXZ 6
2 BE**J**STVZ ABDE**FG**HIJ 7
3 ABGM ABE**FJ**NQRTW 8
4 F**HJ** DFJQRTVY 9
5 AB**E**FKMN AFGHIJLMQU 10
16A CEE ①€27,00
H80 21ha 80**T**(50-100m²) 342**D** ②€32,20

N 52°10'15" E 13°59'42" 114899

A12 Berlin-Frankfurt/Oder, Ausfahrt 3 Storkow, Richtung Storkow auf der B246 bis Wendisch Rietz Siedlung nach Behrensdorf, Ahrensdorf nach Limsdorf. Ab dort Camping gut angezeigt. Die 3 km lange Zufahrt ist etwas umständlich.

Thomsdorf (Boitzenburgerland), D-17268 / Brandenb.
- Am Dreetzsee
- Am Dreetzsee 1
- 1 Apr - 31 Okt
- +49 39 88 97 46
- dreetzseecamping@t-online.de

1 AFG**IL**NOPQRS**T** LNOPQS**X**Z 6
2 BE**J**KQRXY B**FG**IK 7
3 BFM ABCDEF**J**KNQR**T**UV 8
4 E**FH**O**T** FJQRS**T**V**Y** 9
5 ACDEFKMN ABEFGIKOQV 10
B 16A CEE ①€33,00
H96 10,5ha 150**T**(50-100m²) 165**D** ②€42,00

N 53°16'59" E 13°25'47" 112291

Auf B96 bis Fürstenberg Richtung Lychen. In Hardenberg links Richtung Thomsdorf. Jetzt den Schildern folgen.

Warnitz (Oberuckersee), D-17291 / Brandenburg
- Camping am Oberuckersee
- Lindenallee 2
- 1 Mai - 15 Sep
- +49 39 86 34 59
- info@camping-oberuckersee.de

1 AEF**J**KNOPR**T** LNQSX 6
2 ABEKLPQRUVYZ AB**FG** 7
3 BFMX ABCDEFKNQR**T**W 8
4 H QTV 9
5 ABDM ABCGHIJO**S** 10
6A CEE ①€29,00
5ha 160**T**(80m²) 60**D** ②€38,00

N 53°10'38" E 13°52'25" 102651

A11/E28 Berlin - Szczecin, Ausfahrt 7 Warnitz. Richtung Warnitz und dort gleich über den Bahnübergang links. Auf diesem Weg bleiben. Der Camping ist 6 km von der Ausfahrt 7 entfernt.

Wendisch Rietz, D-15864 / Brandenburg
- Schwarzhorn***
- Schwarzhornerweg
- 1 Jan - 31 Dez
- +49 33 67 94 01

1 AF**JM**NOPQRS**T** LNPQRS**T**XYZ 6
2 E**J**KPQRSYZ AB**D**E**FGH**I 7
3 FG**J**LM ABCDE**FJ**NQR**T**H 8
4 **RST**Z DMOPQRTVY 9
5 AD**E**FHNO AGHIJLMQU 10
B 16A CEE ①€21,00
H80 13ha 250**T**(50m²) 262**D** ②€27,00

N 52°13'15" E 14°00'54" 102671

A10 Süd-Ring Berlin, A12 Frankfurt/Oder. Ausfahrt 3 Storkow, B246 Richtung Beeskow. Ausfahrt W. Rietsch, bei Bushaltestelle/Bäckerei T-Kreuzung mit CP-Schild.

Werder/Petzow, D-14542 / Brandenburg
- Blütencamping Riegelspitze****
- Fercherstraße 9 / Ecke B1
- 1 Apr - 20 Okt
- +49 3 32 74 23 97
- info@bluetencamping.de

1 AEF**JM**NOQRS**T** LNPQSW**X**YZ 6
2 AE**J**PQRWXYZ BE**FGH**IJ 7
3 B**L**MR BDEF**GJ**KLNR**T** 8
4 F**HJ**O EFJKV 9
5 ABDEFHKM ABGHIJO**QV** 10
B 16A CEE ①€31,00
8,1ha 130**T**(50-100m²) 145**D** ②€37,00

N 52°21'36" E 12°56'49" 102606

A10 Ausfahrt 20 Glindow. Der N273 folgen. In Werder ist der CP ausgeschildert.

Wusterhausen/Dosse, D-16868 / Brandenburg
- Wusterhausen****
- Seestraße 42
- 1 Apr - 31 Okt
- +49 33 97 91 42 74
- koellner@camping-wusterhausen.de

1 ADEF**JM**NOPRS**T** HLNQSX 6
2 BEKQWXYZ ABDE**FG**IK 7
3 BFGMX ABCDE**FIJ**L**M**NQRUVW 8
4 FHK**RST**V BDEFIQV 9
5 AB**D**FGHJKM ABEFGHJOQUWY 10
Anzeige auf dieser Seite B 16A CEE ①€26,00
H70 12ha 80**T**(80-120m²) 301**D** ②€34,00

N 52°54'26" E 12°27'39" 102581

E26/A24 Hamburg-Berlin, Ausfahrt 22 Neuruppin. Links ab über die B167 bis Bückwitz. Rechts nach Kyritz. In Wusterhausen Ortsmitte über die Brücke den CP-Schildern folgen. CP auf der linken Seite.

Teilkarte Brandenburg auf Seite 269

Zechlinerhütte, D-16831 / Brandenburg

- Schlabornhalbinsel
- Reiherholz
- 1 Apr - 31 Okt
- +49 33 92 17 02 95
- schlabornhalbinsel@web.de

1	AEFG**JM**NOPQRS**T**	LM**N**P**X**YZ
2	BEKOQUXY	AB**FG** 5
3	AGM	ABEF**N**QRW 8
4	H	R 9
5	ABDMN	ABGHJQ10

16A CEE
H54 6ha 46T(80-90m²) 54D

① €23,50
② €29,50

114923

L19 Rheinsberg-Wesenberg. In Zechlinhütte ist der CP ausgeschildert. Man muss 0,5 km durch den Wald und die Ortschaft.

Am Freibad 2
14913 Niedergörsdorf OT Oehna
Tel. +49 (0) 33 742 - 616 32
www.flaeming-camping-oehna.de

FLAEMING CAMPING OEHNA

Zechlinerhütte, D-16831 / Brandenburg

- Campingplatz Eckernkoppel am Tietzowsee ****
- 1 Mrz - 31 Okt
- +49 33 92 15 09 41
- campingplatz-eckernkoppel@web.de

1	AFG**JM**NOPQRS**T**	L**N**OP**XYZ** 6
2	BEKQRWXY	ABDE**F** 7
3	AFMX	ABCDE**F**NQRVW 8
4	FH	OR 9
5	ABDM	ABHJNQ10

B 16A CEE
H50 1ha 86T(50-110m²) 26D

① €21,90
② €26,40

109963

Von Neuruppin (B167) Richtung Löwenberg, bei Herzberg links, über Rheinsberg nach Zechliner Hütte, CP befindet sich links.

Genießen Sie auf unserem familiären Campingplatz die Ruhe in der Natur - direkt an der **Flaeming-Skate** und dem **Freibad Oehna**.

ACSI Aktionen und News

www.youtube.com/ACSIcampinginfo
www.facebook.com/ACSI.DEU

Bad Lausick, D-04651 / Sachsen

- Landidyll
- Beuchaer Oberweg 7
- 1 Jan - 31 Dez
- +49 1 52 02 53 37 96
- info@campingplatz-landidyll.com

1	AE**JM**NOPQRS**T**	AB**FG** 6
2	IQTWXYZ	ABEF**J**NQRUVW 7
3	BM	VY 8
4		AFHJMQU 9
5	ABD	10

16A CEE
H270 3ha 35T(100m²) 50D

① €26,20
② €33,30

114943

A72 Leipzig-Chemnitz, Ausfahrt Grimma, danach in Bad Lausick den Campingschildern folgen.

Altenberg, D-01773 / Sachsen

- am Galgenteich
- Galgenteichstr. 3
- 1 Jan - 31 Dez
- +49 35 05 63 19 95
- post@camping-galgenteich.de

1	ADEF**JM**NOPQRS**T**	AHLM 6
2	EJKPQSXYZ	ABDE**FG**H 7
3	BFGMX	ABCDE**F**JNQRW 8
4	FHJ	9
5	ADKM	AGHJMQ10

W 16A CEE
H800 5ha 100T(80-120m²) 100D

① €23,70
② €23,70

102663

N 50°46'00'' E 13°44'46''

CP befindet sich an der B170 Dresden-Prag, 5 km vor der Grenze.

Bautzen, D-02625 / Sachsen

- Natur- und Abenteuercamping
- Nimschützer Straße 41
- 1 Apr - 31 Okt
- +49 35 91 27 12 67
- camping-bautzen@web.de

1	AE**JM**NOPQRS**T**	L**N**X 6
2	AEIJPQRSTUVWY	AB**FGH**I 7
3	ABDMX	ABCDE**F**HIJNQRTUVW 8
4	HJOQ	FV 9
5	ABDMN	ABDGJOQU10

B 16A CEE
H270 5ha 100T(90-150m²) 12D

① €27,50
② €37,50

118250

N 51°12'08'' E 14°27'38''

Aus Richtung Görlitz und Dresden die A4, Ausfahrt Bautzen Ost. Dann Richtung Weißwasser, danach Richtung B156.

Teilkarte Sachsen auf Seite 273

Boxberg, D-02943 / Sachsen

- Campingplatz Sternencamp Bärwalder See★★★★
- Zur Strandpromenade 2
- 1 Apr - 31 Okt
- +49 3 57 74 55 21 73
- info@sternencamp-boxberg.de
- N 51°23'45" E 14°34'28"

1	ADEJMNOPQRST	LNQSWXYZ 6
2	BEIJKPTVWXY	ABFG 5
3	BG	ABCDFIJKNQRTUVW 8
4	FH	DVW 9
5	ABDEFHJKMNO	ABFHJMOPQ 10
FKKB 16A CEE		
H195 4ha 94T(100m²) 12D	€33,50 / €45,50	

Von der B156 von Bautzen-Ost nach Weißwasser Ausfahrt Kringelsdorf. Der CP-Beschilderung folgen. 122630

Großschönau, D-02779 / Sachsen

- Trixi Park
- Jonsdorferstraße 40
- 1 Jan - 31 Dez
- +49 3 58 41 63 14 20
- info@trixi-ferienpark.de
- N 50°52'44" E 14°40'25"

1	ADFJMNOPQRS	AEGH 6
2	EJKLPQSWX	ABEFGHI 7
3	ABEFGIMSTV	ABCDEFHIJKNQRTUVW 8
4	ABCEFJLORSTUVXYZ	GJQVWYZ 9
5	ABDEFHIJLM	ABGHJMOPQUY 10
WB 16A CEE		
H350 15ha 70T(72-100m²) 136D	€37,80 / €47,20	

Von Bautzen die B6 nach Löbau-Zittau. In Herrnhut rechts ab nach Oberoderwitz. Dann Richtung Großschönau und den CP-Schildern folgen. 110461

Callenberg, D-09337 / Sachsen

- Erholungsg. Stausee Oberwald
- 1 Jan - 31 Dez
- +49 37 23 41 82 13
- info@stausee-oberwald.de
- N 50°49'06" E 12°39'33"

1	AEFJMNOPQRT	HLMNOX 6
2	AEJMQX	ABFGIJK 7
3	BFGJM	ABCDEFJNQR 8
4	BF	JQT 9
5	ABDEFJ	AGHIKQUY 10
B 16A CEE		
H300 16ha 45T(bis 100m²) 114D	€25,00 / €34,00	

A4 Ausfahrt 65 Hohenstein-Ernstthal. Dann den Schildern Stausee Oberwald folgen. CP an der Nordseite der A4. 102611

Halbendorf, D-02953 / Sachsen

- Halbendorfer See
- Dorfstraße 45A
- 1 Apr - 14 Okt
- +49 35 77 37 64 13
- halbendorfersee@web.de
- N 51°32'45" E 14°34'10"

1	AEFJMNOPRST	HLMOPQSWXY 6
2	EJPQWXY	ABFGI 7
3	ABFGJMNR	ABEFJNQRW 8
4	F	EJQRTV 9
5	ABDEFKN	AGHIJMNQ 10
FKKB 16A CEE		
4ha 180T(20-100m²) 69D	€21,90 / €29,60	

A15 hinter Cottbus Richtung Döbern ab. Dann weiter Groß Düben, weiter Halbendorf. Am Ende der Straße rechts ab, Camping dann gleich links. 111104

Chemnitz, D-09117 / Sachsen

- Chemnitz-Oberrabenstein★★★★
- Thomas-Müntzer-Höhe 10
- 1 Jan - 31 Dez
- +49 3 71 85 06 08
- campingplatz@rabenstein-sa.de
- N 50°50'01" E 12°48'50"

1	AJMNOPQRS	6
2	AMQSUXYZ	ABDEFGHI 7
3	BFMT	ABCDEFHJNPQRT 8
4	K	FJV 9
5	ABDEJKLM	AGHJLNQUL 10
B 6A CEE		
H300 3ha 50T 74D	€20,50 / €26,50	

A72 Ausf. Chemnitz-Süd Ri. Oberlungwitz. Nach ca. 1 km rechts Ri. Limbach. CP befindet sich nach 4 km links. A4 Ausf. 67, Limbach/Rabenstein Richtung Chemnitz. Nach 900m CP rechts. Siehe auch Stausee Oberrabenstein. 102610

Hohnstein, D-01848 / Sachsen

- Touristencamp Entenfarm
- Schandauer Str. 11
- 1 Mrz - 15 Nov
- +49 35 97 53 84 55
- info@camping-entenfarm.de
- N 50°58'30" E 14°08'20"

1	ADEFJMNOPQRST	6
2	QSUXY	ABFGI 7
3	ABMX	ABCDEFJNQR 8
4	FHJ	J 9
5	ABDEMN	ABFHJLOQUY 10
16A CEE		
H311 3,3ha 154T(50-100m²) 20D	€22,50 / €29,00	

A17 Dresden-Prag Ausfahrt Pirna. Über die Elbe Ausfahrt Graupa Richtung Pirna/Bastei. Durch Hohnstein Richtung Bad Schandau. Ausgeschildert. 114938

Colditz, D-04680 / Sachsen

- Am Waldbad★★★★
- Im Tiergarten 5
- 1 Apr - 3 Okt
- +49 34 38 14 31 22
- info@campingplatz-colditz.de
- N 51°07'51" E 12°49'54"

1	AFJMNOPQRST	BG 6
2	BQUXYZ	ABFGH 7
3	BFGM	ABEFHINQRTU 8
4	FHJO	J 9
5	ADEFJK	AFGHJOQ 10
16A CEE		
H198 3ha 40T 30D	€22,00 / €30,00	

Von Hartha über B176 nach Colditz, und im Zentrum rechts Richtung CP und Schwimmbad. 102609

Kamenz, D-01917 / Sachsen

- Deutschbaselitz
- Großteichstraße 30
- 1 Mrz - 31 Okt
- +49 35 78 30 14 89
- info@campingplatz-deutschbaselitz.de
- N 51°18'17" E 14°09'01"

1	AEFJMNOPQRT	LMX 6
2	EJQRYZ	ABFGHIK 7
3	B	ABCDEFGHINQR 8
4		DEFJQV 9
5	ABDEFJMN	AFGHJLNQU 10
16A CEE		
H150 4ha 80T 55D	€25,80 / €31,60	

A4 Ausfahrt Burkau. Richtung Kamenz. Bei Kamenz rechts Richtung Deutschbaselitz. Hier den Schildern folgen (2 km). 109545

Dresden, D-01217 / Sachsen

- Dresden-Mockritz
- Boderitzerstr. 30
- 1/1 - 31/1, 1/3 - 31/12
- +49 35 14 71 52 50
- camping-dresden@t-online.de
- N 51°00'52" E 13°44'49"

1	ADEJMNOPQRST	BL 6
2	AEPQSWXYZ	ABDEFGHIJ 7
3	BFM	ABCDEFHJKNPQRTW 8
4	FH	DJKUVWX 9
5	ABDFJKMN	AGHJLMOPQU 10
B 6A CEE		
H120 0,5ha 158T 10D	€27,20 / €27,20	

A4 Dreieck-Dresden West Richtung Prag A17. Dann Ausfahrt 3 Dresden-Süd, B170 Richtung Dresden. Nach ca. 1 km rechts. Nach 800m wieder rechts. Nach 1 km liegt der CP links. 102561

Kleinröhrsdorf/Dresden, D-01900 / Sachsen

- Cp. & Freizeitpark LuxOase★★★★★
- Arnsdorfer Straße 1
- 1 Mrz - 26 Nov
- +49 35 95 25 66 66
- info@luxoase.de
- N 51°07'13" E 13°58'48"

1	ACDEFJMNOPQRST	ELNX 6
2	AEQRTWXY	ABDEFGHIK 7
3	ABDFGHIJLMSX	ABCDEFGHIJKNQRSTUVW 8
4	ABCDEFJLOPQRTUVX	DGHIKUVWZ 9
5	ABCDEFKLMN	ABFGHIJMOQU 10
B 16A CEE		
H250 7,2ha 250T(100-200m²) 50D	€35,00 / €38,00	

Autobahn A4 Dresden-Görlitz, Ausfahrt 85 Pulsnitz Richtung Radeberg. In Kleinröhrsdorf Schildern folgen. 107975

Geyer, D-09468 / Sachsen

- Campingpark Greifensteine
- Thumer Straße 65
- 1 Mai - 30 Sep
- +49 3 73 46 13 03
- info@campingpark-greifensteine.de
- N 50°38'35" E 12°54'54"

1	ADEFJMNOPQRST	HLS 6
2	EJQSUXY	ABFGI 7
3	BFGJM	ABEFJNQRW 8
4		JQTUW 9
5	ACDEF	ABCHIKLOQY 10
B 16A CEE		
H650 4,5ha 150T 622D	€33,00 / €38,25	

A72 Autobahnabfahrt Stollberg West über Zwönitz und Geyer zum Greifenbachstauweiher. 102612

Königstein, D-01824 / Sachsen

- Am Treidlerweg
- Am alten sagewerk 4
- 1 Jan - 31 Dez
- +49 35 02 19 90 82 11
- info@treidlercamping.de
- N 50°55'31" E 14°05'35"

1	ADEJMNOPQRST	JN 6
2	CKLPQSTVWXYZ	ABDEFGIJ 7
3	BTWX	ABCDEFJKNQRT 8
4	AFHJ	CFGI 9
5	ABDEFHJKLN	ABFGHLMNQUV 10
B 16A CEE		
H371 0,7ha 63T(50-100m²) 32D	€25,30 / €36,00	

Dresden-Tschechien über die B172. In Königstein zwischen Zuggleise und Elbe. Hinter dem Kreisel nach 1,5 km links ab. Dann der Beschilderung folgen. 122774

Durchreisecampingplätze

In diesem Führer finden Sie eine handliche Karte mit Campingplätzen an den wichtigen Durchgangsstrecken zu Ihrem Ferienziel. Durch die Farbe des jeweiligen Zeltchens können Sie erkennen, ob dieser Platz ganzjährig geöffnet ist oder nicht. Darüber hinaus gibt es für jeden Platz auch noch eine kurze redaktionelle Beschreibung, inklusive Routenbeschreibung und Öffnungszeiten.

Königstein, D-01824 / Sachsen

- Königstein
- Am Alten Seegewerk 1
- 1 Apr - 31 Okt
- +49 35 02 16 82 24
- info@camping-koenigstein.de
- N 50°55'32'' E 14°05'48''

1	DEJMNOPRST	JNX 6
2	CLPQRSVWXY	ABDEFGH 7
3	M	ABCDEFNQR 8
4		FJ 9
5	ABDM	ABCEGHOQ 10
16A CEE		① €26,80
H371 2,5ha 150T 16D		② €37,50
		108096

Die B172 Dresden-Tschechien. In Königstein zwischen Zuggleise und Elbe. Nach dem Kreisel in Königstein 1,5 km links ab. Dann der Beschilderung folgen.

Kurort Gohrisch, D-01824 / Sachsen

- Car Cp 'Sächsische Schweiz'****
- Dorfplatz 181d
- 1 Jan - 31 Dez
- +49 35 02 15 91 07
- info@caravan-camping-saechsischeschweiz.de
- N 50°54'52'' E 14°06'27''

1	ADEFJMNOPQRST	BFH 6
2	IQRSTWXY	ABDEFGHIJ 7
3	BFGMX	ABCDEFHIJNPQRTU 8
4	ADEFHJT	WZ 9
5	ABDFHKLMNO	ABCFGHIJMOQUW 10
B 16A CEE		① €30,30
H330 300ha 73T(bis 100m²)		② €39,70
		117916

In Königstein Richtung Bad Schandau, ca. 500m hinter dem Kreisel Richtung Kurort Gohrisch. In Gohrisch dem grünen CP-Schild folgen.

Bad Sonnenland FERIENPARK & CAMPINGPLATZ
Erleben Sie Natur und Kultur im Einklang

Der naturbelassene Camping- & Ferienpark liegt idyllisch zwischen Wiesen und Feldern am Dippelsdorfer Teich in Moritzburg. Es erwarten Sie 22 Ferienwohnungen und 140 Campingplätze. Gestalten Sie Ihren Urlaub aktiv mit Radfahren, Wandern, Volleyball und Kanufahren. Und entdecken Sie die kulturelle Vielfalt von Moritzburg, Dresden und Meißen.

Ferienpark Bad Sonnenland | Dresdner Straße 115 | 01468 Moritzburg
www.bad-sonnenland.de | Tel. 0351/ 83054 95 |

Leipzig, D-04159 / Sachsen

- Knaus Campingpark Leipzig Auensee
- Gustav-Esche-Straße 5
- 1 Jan - 31 Dez
- +49 34 14 65 16 00
- leipzig@knauscamp.de
- N 51°22'12'' E 12°18'49''

1	ABDEFJMNOPQRST	N 6
2	BPQSTWXYZ	ABDEFGI 7
3	ABFLM	ABCDEFJNQRTW 8
4	FH	DEK 9
5	ABDJLMN	ABCFGHJSTU 10
B 16A CEE		① €39,60
H100 9,5ha 157T(100m²) 58D		② €49,80
		101424

A9 Ausfahrt Großkugel. Die B6 Richtung Leipzig. Ab Ortschild 'Leipzig' ca. 10 km weit auf der B6 weiter bleiben. An der Ampel Richtung Mitte. Nächste Ampel rechts. Nach 1 Camping rechts. Ausgeschildert.

Leupoldishain/Königstein, D-01824 / Sachsen

- Nikolsdorfer Berg
- Nikolsdorfer Berg 7
- 1 Apr - 25 Okt
- +49 35 02 19 91 44
- info@camping-nikolsdorferberg.de
- N 50°54'16'' E 14°02'19''

1	AEFJMNOPQRST	6
2	BPQSWXY	ABDEFGI 7
3	AM	ABCDEFJNQR 8
4	FH	9
5	ABD	ABGHIJOQ 10
10-16A CEE		① €28,00
H300 1,2ha 50T		② €36,00
		112401

Über Dresden B172 nach Pirna / Bad Schandau. 10 km nach Pirna rechts nach Leupoldishain. Den Schildern folgen.

Moritzburg/Dresden, D-01468 / Sachsen

- Bad Sonnenland Ferienpark & Campingplatz
- Dresdnerstraße 115
- 1 Apr - 31 Okt
- +49 35 18 30 54 95
- info@bad-sonnenland.de
- N 51°08'34'' E 13°40'46''

1	ADEFJMNOPQRST	LVX 6
2	AEJPQSXYZ	ABDEFGHI 7
3	BFGIMTX	ABCDEFJNQRT 8
4	EFHJO	AEJKRVY 9
5	ABDEFJLMN	ABFGHIJLOQU 10
Anzeige auf dieser Seite B 16A		① €27,50
H156 18ha 170T 170D		② €37,50
		102659

A4 Ausfahrt 80 Dresden-Wilder Mann, Richtung Moritzburg. Nach ca. 5 km links.

Niederau, D-01689 / Sachsen

- Waldbad
- Am Gemeindebad 2
- 30 Mrz - 31 Okt
- +49 35 24 33 60 12
- camping.oberau@web.de
- N 51°11'10'' E 13°34'27''

1	ADFHKNOPQRST	A 6
2	BEJKLMQSXYZ	ABDEFG 7
3	ABGJMX	ABEFNQRT 8
4	J	9
5	DEFHKN	AGHJQY 10
16A CEE		① €20,50
8,5ha 30T 121D		② €26,50
		113470

Von Meissen Richtung Weinböhle/Moritzburg, über die Zuggleise links ab. Camping mit ± 2 km. Wenn Sie von Moritz aus nach Koordinaten fahren: Achtung, eng und man muss über Brücke mit 3,00m Höhe.

Olbersdorf, D-02785 / Sachsen

- SeeCamping Zittauer Gebirge
- Zur Landesgartenschau 2
- 1 Apr - 31 Okt
- +49 35 83 69 62 92
- info@seecamping-zittau.com
- N 50°53'39'' E 14°46'14''

1	ADFJMNOPQRST	LNOQXY 6
2	EJPQSXY	ABDEFGIJ 7
3	AMX	ABCDEFHJKNQRT 8
4	FHJ	EFQV 9
5	ABDKMN	AFGHJLMOQ 10
B 10A CEE		① €26,50
H253 5,7ha 185T(100m²) 66D		② €32,50
		112119

A4, Ausfahrt 91 Weissenberg. Dann über die B6 nach Löbau und die B178 nach Zittau. In Zittau der Umgehung zur B96 folgen. Dann den Schildern zum Olbersdorfer See folgen. Im Kreisel links.

Paulsdorf, D-01744 / Sachsen

- Bad- und Campingparadies Nixi
- Am Bad 1a
- 1 Jan - 31 Dez
- +49 35 04 61 21 69
- info@talsperre-malter.de
- N 50°54'52'' E 13°39'40''

1	ABDEFHKNOPRST	EGHLNOQSX 6
2	EJLQSWX	ABFG 7
3	BFMR	ABEFHJNQR 8
4	T	DQTVW 9
5	ABDEK	ABGHJLOQUY 10
B 16A CEE		① €26,50
H390 6ha 100T 375D		② €26,50
		102662

B170 Dresden-Altenberg, in Dippoldiswalde rechts Richtung Malter und 'Campingparadies'. CP befindet sich am Stausee.

Pirna, D-01796 / Sachsen

- Camping Pirna
- Äußere Pillnitzer Straße 19
- 6 Apr - 1 Nov
- +49 35 01 52 37 73
- camping@stadtwerke-pirna.de
- N 50°58'54'' E 13°55'30''

1	ABDEFJMNOPQRS	LX 6
2	BEJKPQSTWXY	ABDEFG 7
3	AMX	ABEFHJKNQRTUVW 8
5	D	ABFGHIJLORTY 10
B 16A CEE		① €31,00
H118 6ha 152T(90-100m²) 48D		② €42,00
		111963

A4 Ausfahrt Prag. A17 nach Pirna über die B172. In Pirna über die Elbebrücke nach Pirna-Copitz, danach Ausfahrt Graupa.

Pöhl, D-08543 / Sachsen

- Talsperre Pöhl, Campingplatz Gunzenberg****
- Möschwitz, Hauptstraße 38
- 25 Mrz - 1 Nov
- +49 37 43 94 50 50
- tourist@talsperre-poehl.de
- N 50°32'19'' E 12°11'06''

1	ABDFJMNOPQRST	LNQRSXYZ 6
2	AEMPQSUWXY	ABDEFGHIJ 7
3	ABFGLMW	ABCDEFHJKNOPQRST 8
4	BEFH	FKQRTUVW 9
5	ABDEFJKLMN	ADFGHIJLOQVY 10
B 16A CEE		① €30,00
H400 11ha 126T(80-120m²) 756D		② €37,00
		102584

A72 Ausfahrt Plauen-Ost/Talsperre Pöhl Nr. 7. Weiter Zentrum, dann rechts ab Richtung Talsperre Pöhl. Der CP ist an der Westseite des Stausees, hinter den Parkplätzen.

Rechenberg-Bienenmühle, D-09623 / Sachsen

- Erzgebirgscamp Neuclausnitz
- Hauptstraße 25
- 1/1 - 15/10, 1/11 - 31/12
- +49 (0)3 73 27 83 06 90
- info@erzgebirgscamp.de
- N 50°44'27'' E 13°31'18''

1	AJMNOPQRST	6
2	CIPQSVX	AB 7
3	BX	ABEFJNQRUVW 8
4	FH	9
5	AD	ABCHKOQU 10
W 16A		① €27,50
H530 0,7ha 64T(80-110m²)		② €32,50
		123194

A4 Ausfahrt Siebenlehn nach Freiberg, danach über die B171 nach Frauenstein.

Reinsberg, D-09629 / Sachsen

- Campingplatz Reinsberg
- Badstraße 15/17
- 1 Apr - 31 Okt
- +49 37 32 48 22 68
- campingplatz-reinsberg@web.de
- N 51°00'14'' E 13°21'36''

1	AEFJMNOPQRST	AF 6
2	APQTXY	ABDFG 7
3	BGM	ABEFHJKNQRW 8
4	F	D 9
5	ADFKMN	ABFGHJLOQV 10
B 16A CEE		① €26,00
H270 2ha 60T 26D		② €34,00
		114891

A4 Ausfahrt Richtung Freiberg. Nach ca. 1,5 km links ab Reinsberg, danach der Beschilderung folgen.

Seiffen, D-09548 / Sachsen

- Ferienpark Seiffen
- Deutschneudorferstr. 57
- 1 Jan - 31 Dez
- +49 37 36 21 50
- info@ferienpark-seiffen.de
- N 50°37'36'' E 13°27'26''

1	ADEJMNOPQRST	6
2	IQSUVWXY	ABDEFGHI 7
3	ADFJMSX	ABCDEFJNQRTUVW 8
4	GHIJORSTVY	IJ 9
5	ABDFHJKLM	AFGHJLOQV 10
WB 10-16A CEE		① €25,50
H720 5ha 100T 24D		② €30,50
		109748

A4 Ausfahrt 69 Chemnitz-Nord, B174 bis Marienberg. B171 nach Olbernhau, dann nach Seiffen. Dort ausgeschildert.

Torgau, D-04860 / Sachsen

- Campingplatz "Am Großen Teich" Torgau***
- Turnierplatzweg
- 11 Apr - 9 Okt
- +49 34 21 90 28 75
- camping@torgau.de
- N 51°32'45'' E 12°59'23''

1	AEJMNOPQRST	AF 6
2	QTXYZ	ABFG 7
3	AG	ABEFJNQRTU 8
4	FH	F 9
5	D	ABCGHIJLOQU 10
B 16A CEE		① €30,50
H84 1,6ha 100T 8D		② €33,50
		121453

In Torgau der CP-Beschilderung folgen.

Deutschland

Aga/Gera, D-07554 / Thüringen

- Naturcamping am Strandbad Aga
- Reichenbacherstr. 20
- 1 Apr - 1 Nov
- +49 36 69 52 02 09
- info@thueringencamping.de

1	AJMNOPQRST	L 6
2	AEQSXY	ABDEFG 7
3	BU	9
5	ADEHN	ABCDEFNPQR 8
		AHIJNQ 10
16A CEE		
N 50°57'12" E 12°05'12"	H210 5ha 50T(90-100m²) 40D	€ 25,00 / € 34,00

102583

A4, Ausfahrt 58 Gera, rechts Richtung Leipzig, B2. Nach 7 km links Richtung Aga.

Drognitz, D-07338 / Thüringen

- Camping Thüringer Wald Mutschwiese 1
- 30 Mrz - 30 Okt
- +49 17 36 46 60 39
- info-c.t.w@web.de

1	AJMNOPQRST	NX 6
2	BQRSUVWXYZ	ABDEFG 7
3	BFM	ABCDEFJNQRW 8
4	FH	FJ 9
5	ABEHLMN	AHIJLNPQ 10
10-16A CEE		
N 50°35'45" E 11°33'44"	13ha 250T 18D	€ 30,00 / € 30,00

122627

B281 von Saalfeld nach Pößneck, Ausfahrt Kamsdorf Richtung Hohenwarte. Über den Staudamm nach Drognitz. Von Drognitz der Beschilderung folgen.

Breitenbach, D-98553 / Thüringen

- Am Waldbad
- Zum Campingplatz 7
- 1 Jan - 31 Dez
- +49 36 84 14 11 53
- info@campingbreitenbach.de

1	AFJMNOPQRST	AF 6
2	APQUVXY	ABFIK 7
3	AM	ABCDEFNQR 8
4	EFHJKOT	J 9
5	ABDMN	AHJLOQ 10
16A CEE		
N 50°32'50" E 10°46'44"	H530 3ha 60T(50-100m²) 26D	€ 26,50 / € 32,50

102476

B247 Schleusingen-Suhl, nach 3 km Ausfahrt Breitenbach. CP befindet sich am Ortsende.

Eisenach/Wilhelmsthal, D-99834 / Thüringen

- Campingpark Eisenach****
- 1/1 - 31/10, 1/12 - 31/12
- +49 3 69 29 79 80 07
- info@campingpark-eisenach.de

1	ADEFJMNOPQRT	LN 6
2	ABFQRSTUXYZ	ABFG 7
3	AEFGM	ABCDEFJNQRUVW 8
4	FHT	FQT 9
5	ABDFLMN	ABFJNQ 10
16A CEE		
N 50°54'31" E 10°18'03"	H340 6,5ha 80T(80-100m²) 101D	€ 28,10 / € 37,30

102417

A4 Kirchheim-Eisenach, Ausfahrt 40 Eisenach-Ost. Dann B19 Richtung Wartburg. Nach 9 km ist CP ausgeschildert.

Breitungen, D-98597 / Thüringen

- Strandbad Breitungen****
- Salzunger Straße 24a
- 1 Apr - 31 Okt
- +49 3 68 48 40 95 12
- strandbad@breitungen.de

1	ABDEJMNOPQRST	JLMN 6
2	DFJKPQSTWX	ABFGIK 7
3	ABGJMS	ABCDEFJKNQRST 8
4	FHJT	FJNQT 9
5	AEM	ABGHJLNQ 10
B 16A CEE		
N 50°45'34" E 10°19'10"	16ha 74T(64-100m²) 55D	€ 23,00 / € 34,60

123049

An der B19 Eisenach-Meiningen. In Breitungen ausgeschildert. Campingplatz liegt am Kiessee.

ACSI Detailkarte

Die Orte in denen die Plätze liegen, sind auf der Teilkarte **fett** gedruckt und zeigen ein offenes oder geschlossenes Zelt. Ein geschlossenes Zelt heißt, dass mehrere Campingplätze um diesen betreffenden Ort liegen. Ein offenes Zelt heißt, dass ein Campingplatz in oder um diesen Ort liegt.

Bucha/Unterwellenborn, D-07333 / Thüringen

- Campingplatz Saalthal-Alter****
- 15 Apr - 15 Okt
- +49 36 73 22 22 67
- info@ camping-saalthal-alter.de

1	AEFJMNOPQRST	LNOPQRSTXYZ 6
2	EKLQSTVXY	ABDEFGH 7
3	AR	ABCDEFGIJKNPQRSTUVW 8
4	FH	DFOQRSTVW 9
5	ABDEN	ABHJNQ 10
B 10-16A CEE		
N 50°37'16" E 11°30'31"	H400 2,5ha 100T(50-100m²) 160D	€ 27,60 / € 30,00

118024

B281 von Saalfeld nach Pößneck, Ausfahrt Kamsdorf über Bucha Richtung Hohenwarte. Hinter Bucha die erste Straße links und den CP-Schildern folgen.

Catterfeld, D-99894 / Thüringen

- Paulfeld*****
- Straße am Steinbühl 3
- 1 Jan - 31 Dez
- +49 36 25 32 51 71
- info@paulfeld-camping.de

1	AEJMNOPQRST	LN 6
2	BEQRWXYZ	ABDEFGHIJ 7
3	ABGM	ABCDEFJKNQRTW 8
4	FHKT	DJYZ 9
5	ABDFHKMN	AFGHJOPQU 10
WB 16A CEE		
N 50°49'27" E 10°36'41"	H450 7ha 80T(80-100m²) 164D	€ 30,00 / € 36,00

108149

A4 Richtung Dresden, Ausfahrt Waltershausen, dann Friedrichroda, B88 Richtung Ohrdruf. In Catterfeld rechts, dann noch 3 km.

276 Teilkarte Thüringen auf Seite 276

Gebrauchsanweisung

Um die Möglichkeiten des Führers optimal nutzen zu können, sollten Sie die Gebrauchsanweisung auf Seite 9 gut durchlesen. Hier finden Sie wertvolle Informationen, beispielsweise die Berechnung der Übernachtungspreise.

❶ € 25,00
❷ € 35,80

Ettersburg, D-99439 / Thüringen
- Bad-Camp Ettersburg
- Badteichweg 1
- 1 Apr - 31 Okt
- +49 1 76 22 84 14 64
- info@camping-weimar.de
- Anzeige auf dieser Seite 10-16A CEE
- 1 AJMNOPQRS**T** 6
- 2 BPQXYZ ABDE**F**7
- 3 M ABEFNQRTW 8
- 4 FH 9
- 5 ABDN ABHJLNQ10
- N 51°02'08" E 11°17'14"
- H302 22ha 38T(30-120m²)
- ❶ € 21,50
- ❷ € 29,50
- 114486
- A4, Ausfahrt 49 Weimar. Nördlich von Weimar Richtung Buchenwald. An der Ausfahrt Buchenwald geradeaus und den CP-Schildern folgen.

Frankenhain, D-99330 / Thüringen
- Oberhof Camping
- Am Stausee 9
- 1 Jan - 31 Dez
- +49 36 20 57 65 18
- info@oberhofcamping.de
- 1 ADE**J**M**N**OPQRS**T** LNOPQS**X**6
- 2 ABELMQSTUVWXYZ ABDE**FGH**I 7
- 3 ABM ABCDEFIJNQRTW 8
- 4 FH JN 9
- 5 ABDFKMN AGHIJLOQ10
- WB 16A CEE
- N 50°43'50" E 10°45'19"
- H700 10ha 150T(80-100m²) 159D
- ❶ € 24,00
- ❷ € 33,00
- 109503
- A71 Ausfahrt 17 Gräfenroda. Dann B88 Richtung Frankenhain. Dem Schild 'Lütsche Stausee/Campingpark folgen. Oder A4 Ausfahrt Gotha Richtung Ohrdruf. In Ohrdruf Richtung Gravinkel/Frankenhain. Ohne Navi fahren.

Großbreitenbach, D-98701 / Thüringen
- Wohnmobil- & Ferienpark Großbreitenbach
- Am Schwimmbad 4
- 1 Jan - 31 Dez
- +49 36 78 14 23 98
- info@wohnmobil-ferienpark.de
- 1 A**J**M**N**OPQRS**T** A**F**H 6
- 2 BPQSXYZ AB**FGIJ** 7
- 3 ABM ABE**F**HJNPQRTW 8
- 4 FHJ**T** J 9
- 5 DJM ABFGHJOQU10
- WB 16A CEE
- N 50°35'04" E 10°59'21"
- H667 7,2ha 80T(30-60m²) 40D
- ❶ € 22,00
- ❷ € 22,00
- 102524
- Von Illmenau die B88 Richtung Rudolfstadt. In Gehren (8 km) rechts Richtung Großbreitenbach. CP befindet sich am Ortseingang.

Harztor (OT Neustadt/Harz), D-99768 / Thüringen
- CP am Waldbad ★★★★
- An der Burg 3
- 1 Jan - 31 Dez
- +49 3 63 31 47 98 91
- info@neustadt-harz-camping.de
- 1 ADE**J**MNOPQRT A**F**6
- 2 CSWXYZ ABCDE**F**JNQRTW 8
- 3 B**F**J**L**MX DY 9
- 4 **A**E**F**GHJO ABFGHJLNQU10
- 5 ABDEMN
- WB 16A CEE
- N 51°34'08" E 10°49'42"
- H293 5,8ha 72T(50-110m²) 44D
- ❶ € 22,80
- ❷ € 29,80
- 119505
- Die B243 Seesen-Nordhausen; in Nordhausen die B4 Richtung Braunlage. In Niedersachswerfen nach Neustadt.

Hohenfelden, D-99448 / Thüringen CC€18
- Stausee Hohenfelden★★★★
- Am Stausee 9
- 1 Jan - 31 Dez
- +49 36 45 04 20 81
- info@stausee-hohenfelden.de
- 1 ADE**J**M**N**OPQR**T** LMNQS**X**6
- 2 ABFJPQSVWXYZ AB**FGIJ** 7
- 3 ABFG**J**MX ABCDE**F**IJKNQRTUVW 8
- 4 FHJ DJNQRTV 9
- 5 ABDKM ABFGIJLM**O**Q10
- B 16A CEE
- N 50°52'20" E 11°10'42"
- H320 22,5ha 194T(80-140m²) 371D
- ❶ € 24,00
- ❷ € 33,00
- 102523
- A4 Ausfahrt Erfurt-Ost, dann Richtung Kranichfeld (ca. 6 km). Camping rechts. Gut ausgeschildert.

Jena, D-07749 / Thüringen
- Campingplatz Jena unter dem Jenzig
- Am Erlkönig 3
- 1 Mrz - 31 Okt
- +49 36 41 66 66 88
- post@jenacamping.de
- 1 ADE**J**M**N**OPQRT A**F**H**X** 6
- 2 ACPQSXYZ ABDE**FG** 7
- 3 AB ABCDE**F**GNQRT 8
- 4 FHJ ADR 9
- 5 ADEMN ABFGHJNQ10
- 6-16A CEE
- N 50°56'09" E 11°36'30"
- H100 1ha 42T(100m²) 4D
- ❶ € 24,00
- ❷ € 24,00
- 112147
- B7 von Jena Richtung Gera, über Saalebrücke, nach 200m bei der Ampel abbiegen. CP gut ausgeschildert.

Mühlberg, D-99869 / Thüringen
- Drei Gleichen
- Campingplatz 1
- 1 Apr - 31 Okt
- +49 36 25 62 27 15
- info@camping-drei-gleichen.de
- 1 ADE**J**MNOPQRST 6
- 2 AQXYZ ABDE**FGH** 7
- 3 A**L** ABCDE**F**JNQRUVW 8
- 4 FHJ F**X** 9
- 5 ABDMN ABCGHIJOQU10
- B 16A CEE
- N 50°52'29" E 10°48'33"
- H400 2,8ha 150T(100-150m²) 37D
- ❶ € 32,00
- ❷ € 40,40
- 108811
- A4, Ausfahrt Mühlberg/Wandersleben, rechts Richtung Mühlberg, Schildern folgen und im Ort rechts.

Neuengönna/Porstendorf, D-07778 / Thüringen
- Camping & Ferienpark bei Jena
- Rabeninsel 3
- 15 Mrz - 31 Okt
- +49 36 42 72 25 56
- camping-jena@t-online.de
- 1 A**J**M**N**OPQRST L**N** 6
- 2 CEKPQXYZ ABDE**FGIJ** 7
- 3 GM**Q** ABCDEFGIJKNQRTW 8
- 4 FH FJQ**T** 9
- 5 DEHKN AHJ**NQ**10
- FKKB 10-16A
- N 50°58'27" E 11°39'00"
- H280 20ha 80T(60-120m²) 68D
- ❶ € 20,50
- ❷ € 30,50
- 113467
- A4 Eisenach-Dresden, Ausfahrt 54 Jena-Lobeda. Dann die B88 Richtung Naumburg. Nach ± 7 km rechts der Strecke.

CAMPINGPLATZ ETTERSBURG/WEIMAR

Ruhige Lage in einer Waldgegend bei Weimar und Buchenwald.

www.camping-weimar.de

Oettern, D-99438 / Thüringen
- Im Grünen
- Auf dem Butterberge 1
- 1 Mrz - 31 Dez
- +49 36 45 38 02 64
- mail@campingplatzimgruenen.de
- 1 A**J**M**N**OPQRS**T** **N** 6
- 2 ABCQSVXYZ AB 7
- 3 AB**L**M ABCDE**F**JNQRT 8
- 4 FH D 9
- 5 ABDEFHIK ABCHJU10
- B 16A CEE
- N 50°55'28" E 11°20'52"
- H340 1,5ha 35T(30-120m²) 38D
- ❶ € 30,50
- ❷ € 30,50
- 102522
- A4 Eisenach-Dresden, Ausfahrt Apolda/Mellingen Richtung Bad Berka. Hinter Oettern der Beschilderung über die kleine Brücke folgen. 5 km von der A4.

Paska, D-07381 / Thüringen
- Linkenmühle★★★
- Linkenmühle/Campingplatz 1
- 9 Apr - 10 Okt
- +49 36 48 32 25 48
- info@campingplatz-linkenmuehle.de
- 1 AE**J**KNOPQRS**T** LNQXYZ 6
- 2 BELMQSUVWXYZ ABDE**FG** 7
- 3 BM ABCDE**F**JNQRW 8
- 4 FHJ OQR 9
- 5 ABHKMN ABGHIJ**O**Q10
- 16A CEE
- N 50°36'27" E 11°36'43"
- H400 3,5ha 50T(60-120m²) 160D
- ❶ € 23,80
- ❷ € 30,50
- 113052
- A4 über Kreuz Heimsdorf, A9 bis Triptis dann die B281 bis Pössneck. Weiter Richtung Ziegenrück bis Maxa, dann die Ausfahrt nach Paska.

Saalburg-Ebersdorf, D-07929 / Thüringen
- Saalburg-Am Strandbad
- Am Strandbad 1
- 1 Jan - 31 Dez
- +49 36 64 72 24 57
- cpbad@saalburg-ebersdorf.de
- 1 ADE**F**JMNOPQRT LNQSXYZ 6
- 2 EKPQX ABDE**FG**I**K** 7
- 3 AM ABCDE**F**NQRW 8
- 4 FH J 9
- 5 **K**N ABHJ**O**Q10
- B 16A
- N 50°29'41" E 11°43'49"
- 3,5ha 30T(60-80m²) 148D
- ❶ € 24,50
- ❷ € 24,50
- 114887
- Von der A9 Ausfahrt 28 Richtung Saalburg. Von der A4 über Rudolstadt/Saalfeld nach Ebersdorf (B90), danach Richtung Saalburg.

Unstrut-Hainich (OT Weberstedt), D-99991 / Thür. CC€20
- Am Tor zum Hainich★★★★
- Am Hainich 22
- 1 Jan - 24 Dez
- +49 36 02 29 86 90
- info@camping-hainich.de
- 1 AE**J**M**N**T FRT 6
- 2 BIQVXY ABDE**FGH**I**K** 7
- 3 B ABCDE**F**JNQSUVW 8
- 4 FH G 9
- 5 ABDMNO ABJOQU10
- B 16A CEE
- N 51°06'10" E 10°30'32"
- H272 3,5ha 161T(80-100m²) 26D
- ❶ € 25,50
- ❷ € 32,50
- 118028
- A4 bei Eisenach verlassen, die B84 bis Bad Langensalza folgen. Der Beschilderung bis Weberstedt folgen. Danach links ab.

Ziegenrück, D-07924 / Thüringen
- Naturcamping Plothental
- Plothental 9
- 1 Mai - 3 Okt
- +49 1 57 34 36 33 63
- naturcamping-plothental.de
- 1 AIKNOPQRS**T** NV**X** 6
- 2 BCPQSTXYZ AB**FG** 7
- 3 A**F**MU AE**F**NQRTW 8
- 4 E**F**HJKO JRV 9
- 5 ADE**F**HM ABHJNQ10
- 16A CEE
- N 50°36'36" E 11°39'19"
- H430 2,5ha 50T(10-100m²) 44D
- ❶ € 25,00
- ❷ € 25,00
- 114949
- In Ziegenrück Richtung Knau/Külmla. Der Beschilderung folgen, nach 500m rechts.

Deutschland

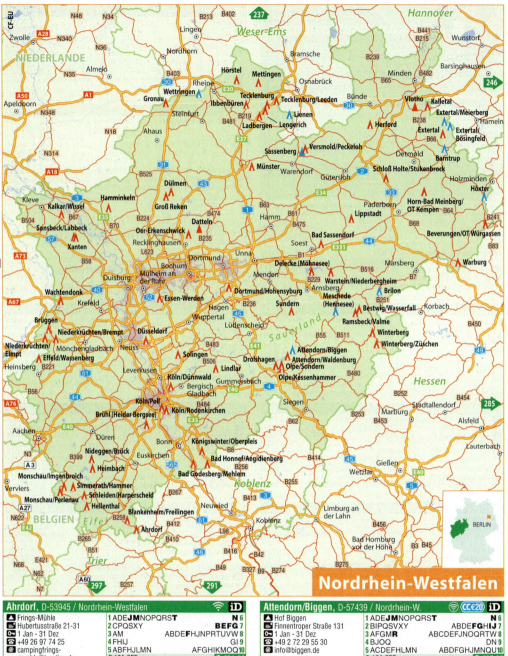

Ahrdorf, D-53945 / Nordrhein-Westfalen

- Frings-Mühle
- Hubertusstraße 21-31
- 1 Jan - 31 Dez
- +49 26 97 74 25
- campingfrings-muehle@t-online.de

1 ADE**JM**NOPQRS**T** N 6
2 CPQSXY BEFG 7
3 AM ABDE**F**HJNPRTUVW 8
4 FHIJ GI 9
5 ABFHJLMN AFGHIKMOQ 10
B 16A CEE
H320 3ha 40T(100m²) 86D
💶 €31,00
💶 €37,50

N 50°22'17" E 06°47'00"

CP befindet sich an der B258 zwischen Blankenheim und Nürburgring. Ab Ausbauende A1 Richtung Nürburgring.

102015

Attendorn/Biggen, D-57439 / Nordrhein-W.

- Hof Biggen
- Finnentroper Straße 131
- 1 Jan - 31 Dez
- +49 2 72 29 55 30
- info@biggen.de

1 ADE**JM**NOPQRS**T** N 6
2 BIPQSVXY ABDE**FG**HIJ 7
3 AFGM**R** ABCDEFJNOQRTW 8
4 BJOQ DN 9
5 ACDEFHLMN ABDFGHJMNQU 10
6-16A CEE
H361 18ha 100T(80-100m²) 285D
💶 €27,00
💶 €33,00

N 51°08'12" E 07°56'23"

A45 Dortmund-Frankfurt, Ausfahrt 16 Meinerzhagen, nach ca. 20 km in Attendorn Richtung Finnentrop. Hinter dem Ort befindet sich der CP gegenüber des Restaurants 'Haus am See'.

102086

Attendorn/Waldenburg, D-57439 / Nordrhein-Westfalen

- Familiencamping Biggesee-Waldenburg****
- Waldenburger Bucht 11
- 1 Jan - 31 Dez
- +49 2 72 29 55 00
- info@biggesee.com

1 ADEF**JM**NOPQRST FLMN**P**QSXY 6
2 BEIJKMQSVWXYZ ABDE**FG**HIJ 7
3 BDFG**J**MS ABCDEF**GI**JKNQRTW 8
4 BEFHJLO**QT** AFNVZ 9
5 ACDEF**JMN**O ABFGHJ**O**QY 10
WB 6-12A CEE
H400 5ha 230T(80-100m²) 105D
💶 €28,00
💶 €33,00

N 51°06'39" E 07°54'09"

A45 Dortmund-Siegen, Ausfahrt 16 Meinerzhagen oder 18 Olpe, Richtung Attendorn, danach Schildern folgen.

100127

Die Mitte entdecken
www.knauscamp.de

Bad Godesberg/Mehlem, D-53179 / Nordrhein-Westfalen

- Genienau
- Im Frankenkeller 49
- 1 Apr - 19 Dez
- +49 2 28 34 49 49
- @ info@campingplatz-genienau.de
- N 50°39'16" E 07°12'07"

1 AJMNOPRT	NSX 6
2 ACQ	ABDEFG 7
3	ABEFNQR 8
4	9
5 D	ABGHJQ10
B 6A CEE	
1,2ha 82T(80m²) 23D	❶ €20,00 ❷ €24,00

B9 Bonn-Remagen. Nach Bad Godesberg ist der CP in Mehlem ausgeschildert.

102044

Bad Honnef/Aegidienberg, D-53604 / Nordrhein-Westfalen

- Jillieshof
- Ginsterbergweg 6
- 1 Jan - 31 Dez
- +49 22 24 97 20 66
- @ information@camping-jillieshof.de
- N 50°39'00" E 07°18'02"

1 AFJMNOPQRST	6
2 APQTUY	ABDEFGHI 7
3 BLM	ABCDEFJNQRTW 8
4 FJ	FGV 9
5 DMN	ABGHIJLOQ10
16A CEE	❶ €25,00
H300 4ha 40T(80-120m²) 183D	❷ €32,00

A3 Ausfahrt 34. Bad Honnef folgen, in Hirnberg wird der CP ausgeschildert.

102043

Ferienpark Teutoburger Wald Barntrup
Erlebnis- und Wanderurlaub
- Privatsanitär auf dem Stellplatz
- Teuti und Teuto sind für die Kinder da
- Chaletvermietung
- Brötchenservice
- neues Sanitärgebäude
- großes Freibad
- wir freuen uns über Ihren Besuch!

Fischteiche 4 D-32683 Barntrup
Tél. +49 5263 2221   Fax +49 5263 956 991
mail: info@ferienparkteutoburgerwald.de
www.ferienparkteutoburgerwald.de

Bad Sassendorf, D-59505 / Nordrhein-Westfalen

- Kur-Camping Rumkerhof
- Weslarner Str. 30
- 1 Jan - 31 Dez
- +49 2 92 15 31 18
- @ email@rumkerhof.de
- N 51°35'45" E 08°10'43"

1 AJMNOPQRST	6
2 APSTWXY	ABDEFG 7
3 AJ	ABCDEFJNQR 8
4 EFGHJK	VWY 9
5 ABDM	AGHKNQW10
B 16A CEE	❶ €23,50
15ha 93T(80-100m²) 34D	❷ €26,00

A44 Ausfahrt Soest Richtung B475 nehmen. Richtung Soest fahren. In Soest die B1 Richtung Bad Sassendorf. Bei Bad Sassendorf ist der CP angezeigt.

121052

Blankenheim/Freilingen, D-53945 / Nordrhein-Westfalen

- Eifel-Camp Freilinger See*****
- Am Freilinger See 1
- 1 Jan - 31 Dez
- +49 2 69 72 82
- @ eifel-camp@freizeit-oasen.de
- N 50°24'54" E 06°43'07"

1 ADEFJMNOPQRST	LNOQ 6
2 ACEIKPQSTVWXYZ	ABCDEFGHI 7
3 ABFGLMNSUX	ABCDEFGHIJKNQRTUVW 8
4 BCDFHIJLNOPT	FJRUVWZ 9
5 ABDFHLMNO	ABEFGHIJMOQUWY10
B 16A CEE	❶ €31,00
H442 26ha 160T(70-180m²) 276D	❷ €37,50

A1, Ende der Autobahn Richtung Nürburgring, dann Freilinger See.

102017

Barntrup, D-32683 / Nordrhein-Westfalen

- Ferienpark Teutoburgerwald Barntrup****
- Badeanstaltsweg 4
- 1 Apr - 6 Okt
- +49 52 63 22 21
- @ info@ferienparkteutoburgerwald.de
- N 51°59'12" E 09°06'30"

1 ADEJMNOPRST	BG 6
2 BPQTUWXYZ	ABCDEFGHK 7
3 ABFGKLMNSX	ABCDEFGHJKNQRTUW 8
4 BCEFHJKLOP	CDEXZ 9
5 ADMN	ABCDEFGHJQQUY10
Anzeige auf dieser Seite 16A CEE	❶ €28,50
H180 2,5ha 108T(90-250m²) 7D	❷ €35,50

Über die B66 nach Lage, Lemgo, Barntrup. In Barntrup Ri. Schwimmbad. Oder A2, Ausf. 35 Bad Eilsen, N328 Ri. Rinteln/Barntrup. Ab Paderborn B1 Ri. Hameln über Blomberg nach Barntrup. In Barntrup den CP-Schildern folgen.

101123

Brilon, D-59929 / Nordrhein-Westfalen

- Camping & Ferienpark Brilon
- Hoppecker-Straße 75
- 1/1 - 17/10, 24/12 - 31/12
- +49 29 61 97 74 23
- @ info@campingbrilon.de
- N 51°22'45" E 08°35'08"

1 AEJMNOPQRST	6
2 BIPQSTUVWX	ABDEFG 7
3 BHKMT	ABCDEFJKNQRTUVW 8
4 EFGHI	J 9
5 ADHKLM	ABCDEFGHJOQ10
W 10-16A CEE	❶ €27,00
H525 19ha 100T(120-160m²) 165D	❷ €27,00

B251 Richtung Willingen, rechts ab Richtung Brilon. Den Schildern folgen.

118219

Bestwig/Wasserfall, D-59909 / Nordrhein-Westfalen

- Terrassencamping Wasserfall
- Aurorastraße 1
- 1 Jan - 31 Dez
- +49 17 03 50 06 36
- @ info@terrassencamping.de
- N 51°18'11" E 08°26'08"

1 ADEJMNOPQRST	6
2 ABIPQSVXY	ABDEFG 7
3 AB	ABCDEFJNRW 8
4 F	9
5 ADFGHMNO	ABKOQ10
W 10-16A CEE	❶ €21,00
H625 4ha 50T(80-100m²) 107D	❷ €31,00

B7 Meschede-Olsberg in Bestwig Richtung 'Fort Fun'. CP ist neben 'Fort Fun', einige Meter hinter einem Bauernhof.

102149

Brüggen, D-41379 / Nordrhein-Westfalen

- Heide Camp Brüggen
- Sankt Barbara Straße 43
- 1 Jan - 31 Dez
- +49 21 57 87 36 22
- @ heidecamp@aol.com
- N 51°15'24" E 06°10'24"

1 AJMNOPQRST	6
2 ABPQTWXY	ABDEFG 7
3	ABCDEFJNRUV 8
4 FHJ	9
5 ABDMN	ABFGHIJNST10
10A CEE	❶ €12,00
60ha 52T(100m²) 120D	❷ €16,00

Auf der A61 Ausfahrt 3 Kaldenkirchen-Süd. Über die B221 nach Brüggen. Der CP liegt in Brüggen Bracht und ist dort ausgezeichnet.

112152

Beverungen/OT Würgassen, D-37688 / Nordrhein-Westfalen

- Camping Am Axelsee
- Axelsee 1
- 1 Jan - 31 Dez
- +49 5 27 38 88 18
- @ axel-see@freenet.de
- N 51°38'47" E 09°22'52"

1 AEFJMNOPQRST	LNQSX 6
2 CEIJKQRWXYZ	7
3 BFM	ABCDEFJNQRT 8
4 EFHJOST	BDEJV 9
5 ABDFHLMN	ABGHIJLMOQUV10
B 16A CEE	❶ €21,20
H132 34ha 40T(80-100m²) 167D	❷ €27,20

B83 von Hameln über Höxter nach Beverungen, dann Richtung Bad Karlshafen, nach einigen km Richtung Würgassen, den Schildern folgen.

102256

Brühl (Heider Bergsee), D-50321 / Nordrhein-Westfalen

- Heider Bergsee
- 1 Jan - 31 Dez
- +49 2 23 22 70 40
- @ schirmer@heiderbergsee.de
- N 50°49'46" E 06°52'33"

1 ADFJMNOPQRST	LNOW 6
2 ABEJPQYZ	ABFG 7
3 BF	ABEFJNQR 8
4 FHO	9
5 ABDEFLM	ABFGHIJOQ10
B 16A CEE	❶ €22,50
4,5ha 140T 180D	❷ €25,50

A61/E31 Ausfahrt 108 Erftstadt. B265 Richtung Liblar/Hürth/Brühl. Ausfahrt Brühl-West/Heider Bergsee, dann den CP-Schildern folgen.

102013

Datteln, D-45711 / Nordrhein-Westfalen

- Erholungspark Wehlingsheide****
- Im Wehling 26
- 1 Jan - 31 Dez
- +49 2 36 33 34 04
- @ info@wehlingsheide.de
- N 51°40'53" E 07°18'20"

1 ABCEFJMNOPQRST	6
2 QTWXYZ	ABDEFGH 7
3 BEFLM	ABCDEFJMNQRUVW 8
4 FHIOTXZ	FJW 9
5 ADEFHKLM	ABFGHIJLMNQW10
16A CEE	❶ €22,50
3ha 60T(75-150m²) 132D	❷ €26,00

A43 Ausfahrt 8 Haltern. Dann den Schildern Richtung Datteln volgen. Der CP ist angezeigt.

112275

Datteln, D-45711 / Nordrhein-Westfalen

- Haard-Camping****
- In den Wellen 30
- 1 Jan - 31 Dez
- +49 23 63 36 13 91
- @ info@haard-camping.de
- N 51°40'42" E 07°16'58"

1 ADEJMNOPQRST	6
2 BCQTWXYZ	BEFGHIK 7
3 BGLMUX	ABDFGIJLMNQRTUVW 8
4 FGHIJKOR	FIUVY 9
5 DFKLM	ABGHJNPQUW10
B 13-16A CEE	❶ €18,00
H65 7ha 29T(80-150m²) 177D	❷ €18,00

Von Nord/West: A43, Ausfahrt 8 Haltern, Richtung Datteln.
Von Süd/Ost: A2, Ausfahrt 11 Henrichenburg/Castrop-Rauxel, B235 Richtung Datteln. CP ist angezeigt.

117168

Bewerten Sie einen Campingplatz und gewinnen Sie mit etwas Glück ein iPad.

www.Eurocampings.de

Delecke (Möhnesee), D-59519 / Nordrhein-Westfalen

- Delecke Südufer
- Arnsberger Str. 8
- 1 Jan - 31 Dez
- +49 2 92 48 78 42 10
- info@campingplatz-moehnesee.de
- N 51°28'39" E 08°06'02"

1 ADEFHKNOPQRST LNQS 6
2 AEIKPQWXY ABDEFG 7
3 AM ABCDEFJKNRSTU 8
4 FH NRV 9
5 ABDEFGHJMN ABGHIJOSTY 10
B 16A CEE
€ 28,50
€ 37,50
H200 4ha 70T(70-80m²) 120D

A44 Ausfahrt 56 Soest/Möhnesee. Über die B229 nach Arnsberg über den See links Richtung Südufer.

112153

Essen-Werden, D-45239 / Nordrhein-Westfalen

- Knaus Campingpark Essen-Werden****
- Im Löwental 67
- 1 Jan - 31 Dez
- +49 2 01 49 29 78
- essen@knauscamp.de
- N 51°22'56" E 06°59'44"

1 ADEFJMNOPQRST NUX 6
2 ACPQRSTUVWXYZ ABDEFGHIJ 7
3 BM ABCDEFGIJKNOPRSW 8
4 AFHJOQ EF 9
5 ABDEFGHJKMNO ABCFGHIJMOQU 10
B 16A CEE
€ 34,60
€ 43,60
6ha 140T(80-100m²) 147D

A52 Ausfahrt 26 Essen/Kettwig/Flugplatz. Richtung Werden (2x), CP ausgeschildert.

109025

Dortmund/Hohensyburg, D-44265 / Nordrhein-Westfalen

- Camping Hohensyburg
- Syburger Dorfstraße 69
- 1 Jan - 31 Dez
- +49 2 31 77 43 74
- info@camping-hohensyburg.de
- N 51°25'14" E 07°29'44"

1 ADEFJMNOPQRST NSXY 6
2 ACIPQTVXY ABFGIJ 7
3 ABMS ABCDEFHJKNQRW 8
4 H DFQT 9
5 BDEFLM ABGJOQ 10
B 16A CEE
€ 27,50
€ 37,00
10ha 60T(80-100m²) 284D

A45 Ausfahrt Hohensyburg. CP ausgeschildert. Oder A1, Ausfahrt Hagen-Nord.

107971

Extertal, D-32699 / Nordrhein-Westfalen

- Campingpark Extertal****
- Eimke 4
- 1 Jan - 31 Dez
- +49 52 62 33 07
- info@campingpark-extertal.de
- N 52°03'04" E 09°06'08"

1 ADEFJMNOPQRST LMN 6
2 CEIKPQWXY ABDEFGHIJK 7
3 ABFILMSUVX ACDEFJKNQRTUVW 8
4 BFHJKO DE 9
5 ADEFHKMN ABDGHIJMOQU 10
WB 16A CEE
€ 23,90
€ 30,90
H210 10ha 80T(100-120m²) 224D

Der CP liegt an der Straße Rinteln-Barntrup. 1 km südlich von Bösingfeld. Der CP ist ausgeschildert.

100112

Drolshagen, D-57489 / Nordrhein-Westfalen

- Camping Gut Kalberschnacke****
- Kalberschnacke 8
- 1 Jan - 31 Dez
- +49 27 63 61 71
- camping@kalberschnacke.de
- N 51°04'18" E 07°48'58"

1 AEFILNOPQRST LNQSXG 6
2 AEIKMPQSUVWXYZ ABDEFGHIK 7
3 ABFMNUV ABCDEFHJKNQRTUVW 8
4 FHJLOQSTV DFQV 9
5 ACFHJLMN ABFGHJLMNQ 10
WB 10A CEE
€ 32,00
€ 41,00
H350 13ha 125T(90-110m²) 306D

A45 Dortmund-Giessen, Ausfahrt 17 Drolshagen/Bergneustadt, links Richtung Biggesee bis Listersee. Bei Brücke rechts, CP nach 700m.

102088

Extertal/Bösingfeld, D-32699 / Nordrhein-W.

- Bambi****
- Hölmkeweg 1
- 15 Feb - 1 Nov
- +49 52 62 45 43
- info@camping-bambi.de
- N 52°04'59" E 09°09'31"

1 AFJMNOPQRST 6
2 BQTVWXYZ ABFG 7
3 AM ABCDEFJNQRW 8
4 FHJ 9
5 ADN ABCDFGHIJLMOQVW 10
10A CEE
€ 24,00
€ 30,00
H260 1,7ha 30T(80-120m²) 30D

Von Bösingfeld Richtung Hameln, etwa 2 km hinter dem Kreisel in Bösingfeld 2. Ausfahrt links ab Richtung Egge. Nach 2 km kommt der Campingplatz.

102251

Dülmen, D-48245 / Nordrhein-Westfalen

- Brockmühle
- Am Heubach 1
- 1 Mrz - 23 Dez
- +49 28 64 77 59
- brockmuehle@t-online.de
- N 51°50'49" E 07°06'01"

1 ADEFJMNOPQRST AJ 6
2 ACPQTWY ABCFG 7
3 ABFHILMX ABCDEFJNQRTUVW 8
4 AHJK Y 9
5 BDHM ABCGHIJLMOQ 10
16A CEE
€ 25,00
€ 30,00
5,6a 30T(100-120m²) 140D

Auf die 67 (Neu)-Borken-Dülmen die L600 Richtung Maria Veen. CP liegt an dieser Straße, ausgeschildert.

110098

Extertal/Meierberg, D-32699 / Nordrhein-W.

- Camping & Ferienpark Buschhof****
- Meierbergstraße 15
- 1 Jan - 31 Dez
- +49 52 62 25 75
- buschhof@ferienland.de
- N 52°06'17" E 09°07'06"

1 AFJMNOPQRST AF 6
2 BQTWXY ABDEFGJ 7
3 BFMS ABEFJQRTUVW 8
4 FHKO D 9
5 ADFHJKM AFGHJMNQ 10
16A CEE
€ 19,55
€ 24,50
H220 4,4ha 55T(100-120m²) 73D

A2 Ausfahrt 35 Richtung Rinteln (B238). Dann Richtung Barntrup folgen. Etwa 8,5 km hinter der Ausfahrt ist der CP angezeigt. Links Richtung Meierberg.

110630

Düsseldorf, D-40627 / Nordrhein-Westfalen

- Zweckverband Unterbacher See
- Kleiner Torfbruch 31
- 30 Mrz - 31 Okt
- +49 21 18 99 20 38
- service@unterbachersee.de
- N 51°11'58" E 06°53'10"

1 AGJMNOPQRS LMNQRSTY 6
2 ABEJKPQSTWY ABFG 7
3 BFGJLM ABCDEFJNQRUVW 8
4 J MPQRT 9
5 ABDM AFGHJLNQUWY 10
B 6A CEE
€ 21,50
€ 21,50
13ha 63T(57-100m²) 267D

A46, Ausfahrt Ekrath Düsseldorf/Unterbach. Richtung Erkrath/Unterbach am See. Dort Schildern folgen.

102011

Gronau, D-48599 / Nordrhein-Westfalen

- Camping & Freizeitanlage Dreiländersee
- Hagelsweg
- 1 Jan - 31 Dez
- +49 1 51 15 22 00 33
- info@campingplatz-gronau.com
- N 52°14'14" E 07°04'46"

1 ADEGILNOPRST LNS 6
2 AEPQRX BFG 7
3 AJ BFJNQR 8
4 FH J 9
5 A ABFKORSU 10
10A CEE
€ 22,00
€ 24,00
3ha 20T(80-100m²) 13D

A1 Hengelo-Osnabrück, Ausfahrt 2 Gildehaus/Gronau. 2 km vor Gronau links ins Naherholungsgebiet. Dem Hagelsweg folgen bis der Campingplatz links ausgeschildert ist. Das Gelände befindet sich auf der rechten Seite.

120844

Effeld/Wassenberg, D-41849 / Nordrhein-Westfalen

- Amici Lodges
- Waldseestrasse 7
- 1 Jan - 31 Dez
- +49 2 43 28 96 92 80
- info@amicilodges.com
- N 51°07'46" E 06°05'59"

1 AEGILNOPQRST HILMNOW 6
2 AEJKQWXY ABDEFG 7
3 AELMVX ABCDEFGJKNQRTUV 8
4 FH FJ 9
5 ABDEFHL ABCFGHIJOQY 10
B 10-16A CEE
€ 30,00
€ 43,00
6ha 28T(80-140m²) 78D

A73 Ausfahrt Herkenbosch. Der N293 Richtung Herkenbosch folgen. Weiter zur L117. CP ist angezeigt.

122194

Groß Reken, D-48734 / Nordrhein-Westfalen

- Camping-Park Groß-Reken
- Berge 4
- 1 Jan - 31 Dez
- +49 1 52 21 65 18 94
- info@campingnrw.de
- N 51°49'38" E 07°03'45"

1 ABDFJMNOPQRST 6
2 APQWXY ABDEFGIJ 7
3 BKLMU ABCDEFIJNQRSTUW 8
4 FH 9
5 DEFGHKM ABHJNSTUWY 10
16A CEE
€ 20,00
€ 23,00
3ha 10T(bis 100m²) 300D

A31, Ausfahrt 34 Borken/Reken. Den Schildern Groß Reken folgen. CP angezeigt.

113783

Spannende Campingreisen mit dem eigenen Wohnmobil oder Wohnwagen.

www.ACSIcampingreisen.de

Teilkarte Nordrhein-Westfalen auf Seite 278

Hamminkeln, D-46499 / Nordrhein-Westfalen

- Erholungsgebiet Dingdener Heide GmbH***
- Bußter Weg 100
- 1 Jan - 31 Okt
- +49 28 52 24 05
- info@dingdener-heide.de
- N 51°46'59" E 06°38'03"

1 ABEFGJMNOPQRS**T** LN 6
2 AEJKQTX ABCD**FG**HI 7
3 ABDFG**L**MSX ABCDEFJKNQRSTW 8
4 BFGH AFJRVY 9
5 ABDEFHKMN ABGHIJ**O**ST10
B 16A ②€23,30
2ha 25T(80-150m²) 418**D** ②€30,30

A3 Ausfahrt 5 Hamminkeln. CP liegt an der N8 und ist ausgeschildert. 120125

Kalkar/Wissel, D-47546 / Nordrhein-Westfalen

- Freizeitpark Wisseler See GmbH****
- Zum Wisseler See 15
- 1 Jan - 31 Dez
- +49 2 82 49 63 10
- info@wisseler-see.de
- N 51°45'39" E 06°17'06"

1 ABEFG**J**MNOPQRST AFHLMNOPQSTXYZ 6
2 EJKPQSTWXYZ ABD**EFG**HIJ 7
3 ABFG**L**MN**R** ABCDEFGIJKMNO 8
4 BFHJL**OQ** AEFKNTVY 9
5 ABDEFHIJKLM**O** ABEFGHIJLM**O**QUWY10
B 16A CEE ②€32,00
35ha 242T(60-160m²) 647**D** ②€41,00

A3 Ausfahrt 3 Emmerich. N220 links ab Richtung Emmerich/Kleve. Über die Brücke 1. Straße links Richtung Kalkar. Cp ausgeschildert. 109276

Heimbach, D-52396 / Nordrhein-Westfalen

- Gut Habersauel
- 1 Jan - 31 Dez
- +49 2 44 64 37
- info@heimbacher-campingplatz.de
- N 50°38'36" E 06°28'31"

1 AFE**JM**NOPQRST NU 6
2 CIPQXY AB**FG**H 7
3 BFM AB**F**JNQRW 8
4 JO EF 9
5 DEFHJKMN AJO**Q**10
16A CEE ②€22,10
H500 13ha 100T(100-150m²) 405**D** ②€27,10

A61, Ausfahrt Erftstadt, dann N265 Zülpich-Vlatten. In Vlatten Richtung Heimbach. Durch den Ort durchfahren bis zur Tankstelle, nach rechts Richtung Hausen-Nidegem. 101997

Kalletal, D-32689 / Nordrhein-Westfalen

- CampingPark Kalletal
- Seeweg 1
- 26 Mrz - 31 Okt
- +49 5 75 54 44
- info@campingpark-kalletal.de
- N 52°10'34" E 08°59'57"

1 DEJMNOPRS**T** LMNOPQSW**X**YZ 6
2 EJKPQTWXYZ ABC**DEFG**IJ 7
3 ABDFG**L**MN**V**X ABCDEFGIJKNQRTUVW 8
4 ABCEFHJOR**TXZ** JKNTVW 9
5 ABDEFHMN ABEFGHIJOQ10
B 16A CEE ②€43,00
H50 12ha 420T(100-200m²) 195**D** ②€53,00

A2, Ausfahrt Bad Oeynhausen, Richtung Vlotho. In Vlotho Richtung Rinteln (B514). In Varenholz links halten. Den Schildern folgen. 100110

Hellenthal, D-53940 / Nordrhein-Westfalen

- Wildbach camping
- Platiss 1
- 1 Jan - 31 Dez
- +49 24 82 15 00
- info@wildbach-camping.de
- N 50°28'46" E 06°25'43"

1 AE**JM**NOPQRST N 6
2 CQY ABDE**FG**H 7
3 AMUV ABCDEFJNQR 8
4 BFHJ EIJ 9
5 ADEMN BHKNRS10
16A CEE ②€25,00
8ha 100T(80-100m²) 137**D** ②€34,00

Schleiden Richtung Hellenthal. Im Ort die B265 Richtung Trier. 0,5 km hinter dem Ortsschild links der Strecke. Ausgeschildert. 102000

Köln/Dünnwald, D-51069 / Nordrhein-Westfalen

- Waldbad
- Peter-Baum-Weg
- 1 Jan - 31 Dez
- +49 2 21 60 33 15
- info@waldbad-camping.de
- N 50°59'42" E 07°03'35"

1 AFJMNOPQRST BGHO 6
2 ABCPQYZ ABDE**FG**HIK 7
3 B**J**M ABCDEFJNQRT 8
4 JO DGJ 9
5 ABDFLMN AGHJ**NS**T10
B 12A CEE ②€27,00
3,2ha 45T(100m²) 74**D** ②€37,00

A3, Ausfahrt 24 (Kreuz Leverkusen). Der U51 folgen. Auf der B51 ist der CP in Dünnwald ausgeschildert. 111951

Herford, D-32051 / Nordrhein-Westfalen

- Elisabethsee
- Reitweg 86
- 1 Jan - 31 Dez
- +49 5 22 13 34 11
- info@camping-elisabethsee.de
- N 52°06'28" E 08°34'28"

1 ABFJMOPQRST LMN 6
2 ABCEIJPQTWXY ABDE**FG** 7
3 A**D**FG**L**MS ABCD**FG**HIJKNPQRTUVW 8
4 BCFJO **FG**HI 9
5 DHK ABCHIJLNQUV10
B 16A CEE ②€26,00
3ha 50T(100-150m²) 310**D** ②€33,00

Von der A30 Ausfahrt 27 Bünde Richtung Bünde / Hessisch Oldendorf/Enger zur Pödinghauser Straße. 114874

Köln/Poll, D-51105 / Nordrhein-Westfalen

- Campingplatz Stadt Köln
- Weidenweg 35
- 15 Mrz - 23 Okt
- +49 2 21 83 19 66
- info@camping-koeln.de
- N 50°54'10" E 06°59'27"

1 AD**J**MNOPQRS**T** NX 6
2 ACQXYZ ABE**FG**IJ 7
3 **LNP** ABEFJNQR 8
4 FHJK AG 9
5 ABDFK AGHIJOST10
B 16A CEE ②€30,00
1,8ha 140**T** ②€39,00

A4 Ausfahrt 13 Köln/Poll. Schildern folgen. 102042

Horn-Bad Meinberg/OT Kempen, D-32805 / Nordrhein-W.

- Eggewald
- Kempenerstraße 33
- 1 Apr - 30 Okt
- +49 5 25 52 36
- glitz@campingplatz-eggewald.de
- N 51°48'12" E 08°56'35"

1 AF**JM**NOQRST F 6
2 CPQUVWY AB**DEFG** 7
3 BFM ABCDE**F**JNQRW 8
4 FHJ 9
5 DJM ABFGHJNUVW10
10A CEE ②€22,00
H400 2,1ha 70T(100-150m²) 20**D** ②€24,00

A1 Paderborn-Hameln. Ab Paderborn vor Horn, ab Hameln nach Horn Schild Richtung Altenbeken. CP ist im Ortsteil Kempen. Ab A1 (via Veldrom) ca. 8 km. 102205

Köln/Rodenkirchen, D-50996 / Nordrhein-Westfalen

- Berger
- Uferstraße 71
- 8 Jan - 23 Dez
- +49 22 19 35 52 40
- camping.berger@t-online.de
- N 50°53'28" E 07°01'23"

1 AEFJMNOPQRS**T** JNXY 6
2 ACJPQY ABDE**FG**I 7
3 B**J**LMN ABCDEFJKNQRTW 8
4 FH G 9
5 ABDEFIJLMN AFGHJ**NQ**10
B 10A CEE ②€31,50
4ha 125T(50-80m²) 143**D** ②€31,50

A4 Aachen-Köln. Ausfahrt Köln/Rodenkirchen. Schildern folgen. 107495

Hörstel, D-48477 / Nordrhein-Westfalen

- Erholungsanlage Hertha-See****
- Hertha Seestraße 70
- 8 Apr - 16 Okt
- +49 54 59 10 08
- contact@hertha-see.de
- N 52°19'39" E 07°36'02"

1 ABEHKNOPQRS**T** LN 6
2 ABFJXPQRXYZ BC**DEFG**HIK 7
3 B**D**FG**J**MN ABCDEFJKNQRT 8
4 BFH**J**Q INVWY 9
5 ABDEFJLM**N** ABEGHIK**OQ**Y10
B 16A CEE ②€31,90
25ha 163T(100-110m²) 352**D** ②€39,90

A30/E30 Hengelo-Osnabrück, Ausfahrt Hörstel 10, dann Richtung Hörstel-Rheine, nach 100m rechts Hertha Seestraße, ausgeschildert. 100106

Königswinter/Oberpleis, D-53639 / Nordrhein-Westfalen

- Camping im Siebengebirge
- Theodor-Storm-Str. 37
- 1 Jan - 31 Dez
- +49 22 44 64 18
- info@camping-im-siebengebirge.camp
- N 50°42'31" E 07°15'57"

1 AF**JM**NOPQRT A 6
2 ACPQRY AB**FG** 7
3 B ABCDEFJNQR 8
4 H F 9
5 ADN ABFGHJM**OQ**10
16A CEE ②€23,00
1,3ha 24T(100m²) 79**D** ②€25,00

A3 Köln-Frankfurt, Ausfahrt 33 Siebengebirge. Am Ende links, Schildern folgen. 107496

Höxter, D-37671 / Nordrhein-Westfalen

- Wesercamping Höxter***
- Sportzentrum 4
- 1 Jan - 31 Dez
- +49 52 71 25 89
- info@campingplatz-hoexter.de
- N 51°46'00" E 09°23'00"

1 AD**JM**NOPQRST B HJNUXYZ 6
2 CIPQWY ABDE**FG** 7
3 BF**HM**N**S** ABCDE**F**JNQRTW 8
4 FHJO FJRVW 9
5 ABDEFHJKMN ABFGHJLO**Q**10
6-10A CEE ②€24,50
H106 3ha 80T(80-120m²) 97**D** ②€34,50

A44 Richtung Kassel, Ausfahrt Bühren Richtung Paderborn. B64 Richtung Höxter. In Höxter Richtung Boffzen/Fürstenberg und den Schildern folgen. Umleitung wegen Brückensperrung für Fahrzeuge bis 2,10m. 109956

Ladbergen, D-49549 / Nordrhein-Westfalen

- Regenbogen Ferienanlage Ladbergen
- Buddenkuhle 1
- 8 Apr - 1 Nov
- +49 5 48 59 63 53
- ladbergen@regenbogen.ag
- N 52°09'56" E 07°45'37"

1 ADE**JM**NOPQRST LMNQSX 6
2 AFJKQRXYZ B**FG** 7
3 BG**L**MS BFNQRS**U**W 8
4 B E 9
5 ABDEFKMN ABHILN**Q**10
B 16A CEE ②€37,65
H55 6ha 120T(90-110m²) 156**D** ②€37,65

A1 Münster/Dortmund. Ausfahrt 74 Ladbergen. Am Kreisel ist der CP ausgeschildert. Richtung Waldsee. 114759

Ibbenbüren, D-49479 / Nordrhein-Westfalen

- Eichengrund
- Im Brook 2
- 1 Jan - 31 Dez
- +49 5 45 55 21
- N 52°13'06" E 07°39'54"

1 AFILNOPQRST L 6
2 AEJQRWXY B**FG** 7
3 BFJMU AB**FG**IJNPQRUV 8
4 HJ 9
5 DM ABHJLM**OQ**10
16A CEE ②€22,00
H60 6ha 25T(100m²) 225**D** ②€34,00

A30/E30 Osnabrück-Hengelo Ausfahrt 11 Ibbenbüren. Über die B219 Richtung Saerbeck/Münster. Über den Dortmund-Ems Kanal. Nach 500m CP rechts angezeigt (Im Brook). 102078

Lengerich, D-49525 / Nordrhein-Westfalen

- Auf dem Sonnenhügel
- Zur Sandgrube 40
- 1 Jan - 31 Dez
- +49 54 81 62 16
- info@sonnenhuegel-camping.de
- N 52°11'19" E 07°50'40"

1 ADF**JM**NOPQRST LM 6
2 AFJQRY AB**FG** 7
3 AFMU ABE**F**JMNQRTUV 8
4 BHJ**O**Q VWY 9
5 ABDEFHMN ABGHIJO**Q**10
B 10A CEE ②€25,00
H56 5,5ha 50T(100-120m²) 180**D** ②€32,00

A30 Hengelo-Osnabrück, am Autobahnkreuz Lotte Ausfahrt 13 Richtung Münster/Dortmund. Ausfahrt 73 Lengerich. Im Kreisverkehr rechts, ausgeschildert. 102084

Im Naturpark Nordeifel
★★★★
Camping Zum Jone-Bur

Grünentalstraße 36
52156 Monschau/Imgenbroich
Tel. 02472-3931 • Fax 02472-4694
www.zum-jone-bur.de
camping@zum-jone-bur.de

In einer typischen Eifel Heckenlandschaft, in der Nähe des zauberhaften Städten Monschau. Gratis WLAN. Ausgangspunkt für Wanderungen im Naturpark Nordeifel, Hohes Venn und Nationalpark Eifel. 500m zum Einkaufcenter. Reisemobile ab 8 Meter Länge Aufpreis von 4 Euro.

Gratis WLAN

Lienen, D-49536 / Nordrhein-Westfalen

- Eurocamp
- Holperdorp 44
- 1 Jan - 31 Dez
- +49 5 48 32 90
- info@camping-lienen.de

1 ADEJMNOPQRST 6
2 IQRSVXY BFG 7
3 BEM BDFJKNQRW 8
4 F FIJ 9
5 DKM AJOQ 10
B 10A CEE
H170 7,8ha 60T(80-100m²) 173D
€22,00 / €28,00
N 52°10'00" E 07°58'52"
B51 Osnabrück/Nahne Richtung Bad Iburg, danach Richtung Holperdorp fahren. CP ist ausgeschildert.
102082

Monschau/Perlenau, D-52156 / Nordrhein-Westfalen

- Perlenau****
- 1 Apr - 31 Okt
- +49 24 72 41 36
- familie.rasch@monschau-perlenau.de

1 AJMNOPQRT N 6
2 BCQRSVWXY ABDFG 7
3 A ABCDEFIJNQRTW 8
4 FHJ 9
5 ABDHMN ABGJNQ 10
16A CEE
3ha 70T(50-80m²) 10D
€25,00 / €31,00
N 50°32'38" E 06°14'15"
B258 Monschau-Trier; der CP ist deutlich ausgeschildert.
101998

Lindlar, D-51789 / Nordrhein-Westfalen

- Campingpark im Bergischen Land
- Oberbüschem 45
- 1 Jan - 31 Dez
- +49 22 66 66 52
- info@mein-campingpark.de

1 AEFJMNOPQRST 6
2 BIQTUVWXY BFG 7
3 ABFLMUX BCDFHIJKNPQRTUVW 8
4 FGK FIJ 9
5 ADEFHJKMN AFGHJMQ 10
B 16A CEE
H300 10ha 55T(100m²) 265D
€24,00 / €24,00
N 51°04'04" E 07°22'57"
A45 Ausfahrt 16. Richtung Meinerzhagen. Die B54 nehmen. Weiter die L306, dann die K45. Weiter auf der K18. Über die L284 Richtung Buchholz. In Lindlar ist der CP ausgeschildert.
121561

Münster, D-48157 / Nordrhein-Westfalen

- Münster*****
- Laerer Werseufer 7
- 1 Jan - 31 Dez
- +49 2 51 31 19 82
- info@campingplatz-muenster.de

1 ADEFJMNOPQRST BGHNX 6
2 ACPQTWXY ABDEFGHIJ 7
3 BDFGJLMNU ABCDEFGJNQRTUVW 8
4 ABFHJOPT IJKRV 9
5 ACDFHLMN ABEFGHIKNOQWY 10
B 16A CEE
60ha 180T(80m²) 304D
€24,00 / €28,00
N 51°56'47" E 07°41'28"
Kreuz Münster-Süd (A1/A43) Richtung Münster. Nach ca. 2 km Richtung Bielefeld/WDR. Nach ca. 6 km Richtung MS/Wolbeck/WDR, CP ausgeschildert.
101122

Lippstadt, D-59558 / Nordrhein-Westfalen

- Campingparadies Lippstädter Seenplatte
- Seeufer Straße 16
- 1 Mrz - 31 Okt
- +49 29 48 22 53
- info@camping-lippstadt.de

1 AFJMNOPQRST LNOQSTXY 6
2 ABEJPQWY ABDEFGH 7
3 BL ABCDEFIJNQRTUVW 8
4 HK TY 9
5 ABDEHKMNO ABFGHJNQ 10
B 16A CEE
2,5ha 88T(120m²) 25D
€23,20 / €31,20
N 51°42'04" E 08°24'28"
Auf der B55 Ausfahrt Lippstadt Richtung Freizeitpark. Der CP ist ausgeschildert.
117999

Nideggen/Brück, D-52385 / Nordrhein-Westfalen

- Camping Hetzingen****
- Campingweg 1
- 1 Jan - 31 Dez
- +49 2 42 75 08
- info@campingplatz-hetzingen.de

1 ACEJMNOPQRST U 6
2 CPQSUVWYZ ABDEFGIJ 7
3 BHIM ABCDEFGJNQRTW 8
4 BJOQT DEFUV 9
5 ABDEFHJLMN ABGHJNQ 10
10A CEE
7ha 100T(60-75m²) 311D
€22,10 / €27,50
N 50°42'01" E 06°28'13"
Von Nideggen in Richtung Brück; in Brück ist der CP deutlich ausgeschildert.
101996

Meschede (Hennesee), D-59872 / Nordrhein-W.

- Knaus Campingpark Hennesee****
- Mielinghausen 7
- 1 Jan - 31 Dez
- +49 2 91 95 27 20
- hennesee@knauscamp.de

1 ADEFJMNOPQRST EILNOPQSUX 6
2 AEKMPQSVWXYZ ABDEFGH 7
3 ABFGMSW ABCDEFIJKLNPQRSTUVW 8
4 ABFHJKNOQT ABENUVW 9
5 ABDEFHJLMNO ABDEFGHJLMOQU 10
Anz. auf S. 236 + Umschl. WB 6-16A CEE
H390 12,5ha 182T(80-130m²) 348D
€42,60 / €52,80
N 51°17'54" E 08°24'28"
B55 von Meschede nach Olpe. Nach 7 km am Ende des Stausees über die Brücke rechts und nach 300m CP links.
102150

Niederkrüchten/Brempt, D-41372 / Nordrhein-Westfalen

- Brempt
- Kahrstraße 115
- 1 Jan - 31 Dez
- +49 2 16 38 09 96
- campingplatz-brempt@t-online.de

1 AFJMNOPQRST NQSX 6
2 ACEPQRX ABDEFG 7
3 ABFJMS ABEFJNQR 8
4 FH 9
5 DFKLMN ABHIJLOSTY 10
16A CEE
1ha 15T(50-80m²) 200D
€13,00 / €18,00
N 51°06'13'36"
A52, Abfahrt 3, Richtung Hariksee. In Brempt CP ausgeschildert (am Ortsausgang links).
100126

Mettingen, D-49497 / Nordrhein-Westfalen

- Zur schönen Aussicht
- Schwarze Straße 73
- 1 Jan - 31 Dez
- +49 5 45 26 06
- info@camping-schoene-aussicht.de

1 AHKNOPRT D 6
2 AIQVXYZ BFG 7
3 BM ABDEFGJNQRUVW 8
4 FHJOPQ G 9
5 ABDEFHKM AHJOQU 10
10A CEE
H120 3ha 50T(80-100m²) 47D
€26,50 / €33,50
N 52°18'46" E 07°45'45"
A30, Ausfahrt 12 Ibbenbüren-Laggenbeck Richtung Mettingen. Über L594 und L796 durch Laggenbeck. CP ausgeschildert.
102076

Niederkrüchten/Elmpt, D-41372 / Nordrhein-Westfalen

- Lelefeld
- Lelefeld 4
- 1 Jan - 31 Dez
- +49 2 16 38 12 03
- info@camping-lelefeld.com

1 AEFJMNOPQRS 6
2 APQWY ABDEFG 7
3 H ABEFJNQR 8
4 FHJO DV 9
5 ABDM ABFGHIJOST 10
10-16A CEE
1,5ha 20T(100m²) 81D
€16,00 / €21,00
N 51°13'05" E 06°08'46"
Von der A52 Ausfahrt Elmpt. Hinter der ARAL-Tankstelle die zweite Straße links. CP gut ausgeschildert.
101995

Monschau/Imgenbroich, D-52156 / Nordrhein-Westfalen

- Zum Jone-Bur****
- Grünentalstraße 36
- 3
- +49 24 72 39 31
- camping@zum-jone-bur.de

1 AEFILNOPQRT F 6
2 PQSTWXY ABDEFGH 7
3 ABCDEFJNQRTUVW 8
4 FHJOZ E 9
5 DHM ABFGHJORS 10
Anzeige auf dieser Seite B 6A CEE
8ha 60T(60-80m²) 141D
€25,00 / €32,00
N 50°34'01" E 06°16'02"
Auf der B258 Aachen-Monschau oder B399 Düren-Monschau ist der CP in Imgenbroich links, deutliche Beschilderung.
100134

Oer-Erkenschwick, D-45739 / Nordrhein-Westfalen

- Campingplatz Ludbrock
- Holthäuser Strasse 149-151
- 1 Jan - 31 Dez
- +49 2 36 85 60 07
- info@camping-ludbrock.de

1 AJMNOPQRST 6
2 ABIPQSTWXYZ ABDEFG 7
3 ABM ABCDEFGJKNPQRTUVW 8
4 FHIJ 9
5 DEMN ABFGHJIQ 10
B 16A CEE
H75 3,2ha 28T(100-200m²) 210D
€19,00 / €25,00
N 51°39'30" E 07°12'57"
Von der A43 Ausfahrt 10 Wuppertal Münster. Ausfahrt Sinsen Richtung Oer-Erkenschwick.
118602

Campingpark Münsterland Eichenhof • Feldmark 3 • D-48336 Sassenberg • +49 (0) 2583 1585 • www.campmuensterland.de

Münsterland CAMPINGPARK ★★★★★

- 4500 km Rad- und Wanderwege
- Restaurant mit Biergarten
- Privatbäder
- Mietobjekte für bis zu 4 Personen

Olpe/Kessenhammer, D-57462 / Nordrhein-Westfalen

- ▲ Naturcamping Kessenhammer-Biggesee
- 🏠 Kessenhammer 3
- 📅 1 Jan - 31 Dez
- ☎ +49 2 76 19 44 20
- @ info@naturcamping-biggesee.de

1 AF**JM**NOPQRST	A**LN**PQS**X**	6
2 ADFKPQTWXY	ABDE**FG**HIJK	7
3 ABFM	ABCDEFGHJKNQRTUVW	8
4 FHJO	IN	9
5 ABDEFGHJLMN	ABFGHJQY	10
WB 16A CEE		
H380 5,6ha 170T(80-100m²) 112D	① €38,00 ② €46,00	

📍 N 51°03'38" E 07°51'29"

🚗 A45 Dortmund-Frankfurt, Ausfahrt 18 Olpe. B55 Richtung Meschede, Ausfahrt Rhode/Kessenhammer. Schildern folgen.

102089

Olpe/Sondern, D-57462 / Nordrhein-Westfalen

- ▲ Vier Jahreszeiten-Camping Biggesee★★★★★
- 🏠 Am Sonderner Kopf 3
- 📅 1 Jan - 31 Dez
- ☎ +49 27 61 94 41 11
- @ biggesee@freizeit-oasen.de

1 AEF**JM**NOPQRST	L**N**OPQS**XYZ**	6
2 AEKPQSVWXYZ	ABDE**FG**HIJK	7
3 ABE**LM**	ABCDEFGJKNQR**S**TUVW	8
4 BCFHJ**LT**	CFJNRS	9
5 ABDEFGHKMN	ABCGHIKOQU	10
WB 6-20A CEE		
H350 7ha 166T(100-120m²) 142D	① €32,50 ② €46,50	

📍 N 51°04'25" E 07°51'25"

🚗 A45 Ausfahrt 18 Olpe. B54 Richtung Biggesee, dann nach Attendorn. Nach 6 km hinter Sondern rechts abzweigen.

101127

Ramsbeck/Valme, D-59909 / Nordrhein-Westfalen

- ▲ Camping Valmetal
- 🏠 Valme 2A
- 📅 1 Jan - 31 Dez
- ☎ +49 2 90 52 53
- @ camping-valmetal@t-online.de

1 AEF**JM**NOPQRST		6
2 ABCQSWXY	ABDE**FG**H	7
3 ABM	ABCDE**F**JKNQRTW	8
4 FHJ		9
5 ABDLMN	ABGHJMOQ	10
W 16A CEE		
H480 2,8ha 32T(80m²) 120D	① €16,50 ② €22,50	

📍 N 51°17'17" E 08°24'25"

🚗 A44 Dortmund-Kassel, am Autobahnkreuz Werl die A445 Richtung Meschede/Bestwig. In Bestwig Richtung Ramsbeck. Links Richtung Valme.

102151

Sassenberg, D-48336 / Nordrhein-Westf.

- ▲ Münsterland Eichenhof★★★★★
- 🏠 Feldmark 3
- 📅 1 Jan - 31 Dez
- ☎ +49 25 83 15 85
- @ info@campmuensterland.de

1 ADEF**JM**NOPQRST	L**N**QSX	6
2 EJPQRXYZ	B**FG**HI	7
3 BCG**LM**	BDF HJKM NQRTUV	8
4 BHJK	EVWY	9
5 ABDFJLMN	ABDEFGHJM**OQ**Y	10
Anzeige auf dieser Seite B 16A CEE		
H60 18ha 95T(100-120m²) 207D	① €27,30 ② €39,10	

📍 N 52°00'16" E 08°03'51"

🚗 A30 Richtung Osnabrück. Ausfahrt 18, N475 Richtung Warendorf, weiter Sassenberg. In Sassenberg Richtung Versmold. Ortsaußerhalb Camping ausgeschildert.

102146

Sassenberg, D-48336 / Nordrhein-Westfalen

- ▲ Campingpark Heidewald★★★★★
- 🏠 Versmolder Straße 44
- 📅 1 Jan - 31 Dez
- ☎ +49 25 83 13 94
- @ campheidewald@web.de

1 AEF**JM**NOPQRS**T**		6
2 PQWXY	BE**FG**	7
3 BFG**LM**V	BDFJKNQR**S**TUV	8
4 BFHO	CEFJVWY	9
5 ADGKMN	ABEGHJM**OQ**	10
Anzeige auf dieser Seite B 16A CEE		
H63 8,5ha 70T(100-130m²) 252D	① €32,00 ② €40,00	

📍 N 52°00'00" E 08°03'55"

🚗 A30 Richtung Osnabrück. Ausfahrt 18, N475 Richtung Warendorf, dann weiter Richtung Sassenberg fahren. Den CP-Schildern folgen.

111825

Schleiden/Harperscheid, D-53937 / Nordrhein-Westfalen

- ▲ Schafbachmühle
- 🏠 Schafbachmühle
- 📅 1 Jan - 31 Dez
- ☎ +49 2 48 52 68
- @ jw-schafbachmuehle@t-online.de

1 A**JM**NOPQRST		6
2 BCQVWXY	ABDE**FG**	7
3 AMS	ABCDE**F**JKNQRTW	8
4 FH	F	9
5 AD**MN**	ABFGJL**N**QY	10
10A CEE		
14ha 50T(70-90m²) 154D	① €21,50 ② €29,50	

📍 N 50°31'39" E 06°24'42"

🚗 B258 Aachen-Monschau. Dann Richtung Schleiden fahren. 3 km vor Schleiden links abbiegen. CP ist ausgeschildert.

110309

Schloß Holte/Stukenbrock, D-33758 / Nordrhein-Westfalen

- ▲ Campingplatz Am Furlbach★★★
- 🏠 Am Furlbach 33
- 📅 1 Jan - 31 Dez
- ☎ +49 52 57 33 73
- @ info@campingplatzamfurlbach.de

1 AEF**JM**NOPQRST	N	6
2 ABQRSVWXYZ	ABDE**FG**IK	7
3 B**FL**MX	ABCDE**F**JNQR**S**TUVW	8
4 FGHJ	FIW	9
5 ABD**J**M**N**	AGIJ**N**QV	10
B 16A CEE		
H122 9ha 50T(90-120m²) 191D	① €21,50 ② €27,50	

📍 N 51°52'16" E 08°40'20"

🚗 A2 Dortmund-Hannover, Autobahnkreuz Bielefeld A33 Richtung Paderborn. Abfahrt 23 Stukenbrock/Senne. Dann 2 km Richtung Stukenbrock, über B68/L756, Schildern folgen.

100116

Simmerath/Hammer, D-52152 / Nordrhein-Westfalen

- ▲ Camp Hammer
- 🏠 An der Streng 7
- 📅 1 Jan - 31 Dez
- ☎ +49 24 73 92 90 41
- @ info@camp-hammer.de

1 AFHKNOPQR**T**	J	6
2 BCLPQXY	ABDE**FG**H	7
3 AMS	ABDE**F**JKNQRTW	8
4 FHJOT	F	9
5 ADFGHMN	ABCHJ**O**QU	10
B 16A CEE		
3ha 83T 86D	① €26,50 ② €35,50	

📍 N 50°33'51" E 06°19'59"

🚗 Heerlen-Aachen. Dann via B258 Richtung Monschau-Konzen-Eicherscheid-Hammer.

110973

Solingen, D-42659 / Nordrhein-Westfalen

- ▲ Waldcamping Glüder
- 🏠 Balkhauserweg 240
- 📅 1 Jan - 31 Dez
- ☎ +49 2 12 24 21 20
- @ info@camping-solingen.de

1 ADEF**JM**NOPQRST		6
2 ABCPQTXY	AB**FG**	7
3 B**J**M	ABE**F**JQRU	8
4 FHO		9
5 ABCDEFHJKMN	ABHIJ**N**Q	10
16A CEE		
H80 2ha 25T(80-100m²) 78D	① €25,00 ② €25,00	

📍 N 51°08'02" E 07°07'02"

🚗 A1, Ausfahrt 97 Burscheid. In Burscheid Richtung Hilgen und dort Richtung Witzhelden. Dann Richtung Solingen. CP ist ausgeschildert.

108114

Sonsbeck/Labbeck, D-47665 / Nordrhein-Westfalen

- ▲ Campingpark Kerstgenshof
- 🏠 Marienbaumer Straße 158
- 📅 1 Jan - 31 Dez
- ☎ +49 28 01 43 08
- @ info@kerstgenshof.de

1 ADEF**JM**NOPQRST		6
2 APQTWXY	ABDE**FG**HIJK	7
3 BEFGMSW	ABCDE**FG**HJKNQR**S**TUVW	8
4 BFGHJKO		9
5 ABDEFHKMN	ABFGHIJLM**O**QUWY	10
B 16A CEE		
8ha 95T(100-120m²) 245D	① €28,10 ② €36,40	

📍 N 51°39'35" E 06°22'22"

🚗 Die L480 von Xanten nach Sonsbeck Ausfahrt Labbeck, Richtung Marienbaum. CP angezeigt.

110110

Campingpark Heidewald ★★★★★
Schöner Urlaub im grünen Münsterland!
Tel. +49 2583-1394 · www.campingpark-heidewald.de · Sassenberg

Deutschland

Sundern, D-59846 / Nordrhein-Westfalen

- Campen am Damm
- Am Amecker Damm 2
- 1 Jan - 31 Dez
- +49 2 93 59 69 90 15
- camping-am-dam@sorpesee.de

1 A J M N O P Q R S T   L N Q S X Z 6
2 E I K P Q S V X   A B D E F G 7
3 A L M   A B C D E F J N Q R T W 8
4 F H   N T 9
5 A B D E F H J L M N   A B G H J O Q 10
B 16A CEE
€ 26,00 / € 29,00

N 51°18'31" E 07°56'28"   H250 10ha 60T(80-100m²) 270D   121207

A46 Ausfahrt 64 Richtung Sundern. Hinter Hachen Richtung Langscheid/Amecke. Dann ist der CP angezeigt.

Warstein/Niederbergheim, D-59581 / Nordrhein-Westfalen

- Wanntal
- Wanndickerweg 2
- 1 Jan - 31 Dez
- +49 29 25 20 84
- camping-wanntal@t-online.de

1 A J M N O P Q R S T   6
2 A B Q S U V X Y   A B D E F G 7
3 A B F M U   A B C D E F H J N Q R S T 8
4 F H O   9
5 D F J L M N   A B C H J L O Q 10
16A CEE
€ 21,00 / € 27,00

N 51°28'12" E 08°14'28"   H250 3,2ha 60T(80-100m²) 150D   100128

Autobahn Dortmund-Kassel, Abfahrt Soest-Ost, Richtung Niederbergheim. An der Ampel geradeaus Richtung Hirschberg. Nach ca. 1 km hinter der Kapelle links.

Tecklenburg, D-49545 / Nordrhein-Westfalen

- Am Knoblauchsberg
- Königstraße 8
- 1 Jan - 31 Dez
- +49 5 48 23 196
- campingplatz@knoblauchsberg.de

1 A I L N O P R S T   A 6
2 A Q U X Y   B D F G H 7
3 A J M S U   B D F I J N Q R T 8
4   9
5 A D H N   A F H K N Q 10
10-16A
€ 20,00 / € 25,00

N 52°12'51" E 07°49'15"   H115 1,5ha 25T(75m²) 70D   102080

Autobahn Dortmund-Osnabrück, Ausfahrt 73 Lengerich/Tecklenburg, Richtung Tecklenburg über die Lengericher Straße. 1 km vor Tecklenburg ausgeschildert.

Wettringen, D-48493 / Nordrhein-Westf.   CC€20

- Campingpark Haddorfer Seen****
- Haddorfer 59
- 1 Jan - 31 Dez
- +49 59 73 27 42
- info@campingpark-haddorf.de

1 A E F J M N O P Q R S T   L M N P Q S X Z 6
2 E J K Q R X Y Z   B E F G I 7
3 A E G J M   B D F G J K Q R S T U V W 8
4 B H   B F 9
5 A B D E F H K M N   A D E G H K N O Q V Y 10
B 16A CEE
€ 26,00 / € 33,00

N 52°16'25" E 07°19'12"   14,6ha 111T(80-200m²) 422D   111942

A31 Ausfahrt Schüttorf-Ost Richtung Wettringen. Nördlich von diesem Ort ist der CP angezeigt.

Tecklenburg/Leeden, D-49545 / Nordrhein-Westfalen

- Regenbogen Ferienanlage Tecklenburg
- Grafenstraße 31
- 8 Apr - 1 Nov
- +49 54 05 10 07
- tecklenburg@regenbogen.ag

1 A D F J M N O P Q R T   6
2 A P Q W X Y Z   B F G 7
3 B F J M N S   B D F J K L M N Q R V W 8
4 B H J N O   E 9
5 A B D M   A F G H I K L N Q U W X 10
B 16A CEE
€ 41,10 / € 41,10

N 52°13'47" E 07°53'25"   30ha 500T(90-100m²) 366D   102081

A1 Hengelo-Osnabrück, Ausfahrt Ibbenbüren-Laggenbeck Richtung Tecklenburg-Lengerich. Dann ausgeschildert.

Winterberg, D-59955 / Nordrhein-Westfalen

- Camping Hochsauerland
- Remmeswiese 10
- 1 Jan - 31 Dez
- +49 29 81 32 49
- info@camping-hochsauerland.de

1 A D E J M N O P Q R S T   6
2 B I Q V X Y   A B D E F G H 7
3 B L M   A B C D E F G H J K L N Q R 8
4 F H I   V W 9
5 A D E F K L M N   A B C F G H J O Q U W 10
WB 10A CEE
€ 28,00 / € 28,00

N 51°11'55" E 08°31'25"   H700 6ha 70T(80-100m²) 215D   108091

Über die B480 an der Nordumgehung von Winterberg ausgeschildert, den CP-Schilden folgen.

Versmold/Peckeloh, D-33775 / Nordrhein-Westfalen

- Campingpark Sonnensee*****
- Seenstraße 25
- 1 Jan - 31 Dez
- +49 54 23 64 71
- service@campingpark-sonnensee.de

1 A D F I L N O P Q R S T   M N 6
2 F J K Q W X Y   B E F G I 7
3 A B F G J L M V   A B C D E F G J K L N Q R T U V W 8
4 B H J K Q S   B F I J V Y 9
5 A D K M N   A B C E G H J N Q W 10
B 10-16A CEE
€ 29,50 / € 39,40

N 52°00'52" E 08°05'19"   15ha 105T(90-120m²) 276D   108818

A30 Richtung Osnabrück. Am Kreuz Lotte die A33 Richtung Bielefeld. Ausfahrt 15 die B476. Hinter Versmold-Peckeloh Camping anzeigt.

Winterberg/Züschen, D-59955 / Nordrhein-Westfalen

- Campingplatz Ahretal
- Zum Homberg 8
- 1 Jan - 31 Dez
- +49 29 81 16 52
- info@ahretal.de

1 A J M N O P Q R S T   J N 6
2 B D I Q S T V W X Y Z   A B D E F G 7
3 A B C E L N O   A B C D E F J K N R T U V 8
4 F H I K S T   9
5 A D J K M N   A B C F H I J L N P Q W 10
W 16A CEE
€ 20,00 / € 20,00

N 51°08'49" E 08°32'55"   H500 3ha 30T(80-100m²) 170D   111722

B236 Winterberg-Marburg. 7 km südlich von Winterberg in Richtung Battenberg. Im Ort ausgeschildert, CP liegt 1 km außerhalb Züschen in Richtung Bad Berleburg.

Vlotho, D-32602 / Nordrhein-Westfalen

- Sonnenwiese
- Borlefzen 1
- 1 Jan - 31 Dez
- +49 57 33 82 17
- info@sonnenwiese.com

1 A C F J M N O P Q R S T   D J L M N W X Y 6
2 A C E J P Q T W Y   B C E F G H J K 7
3 B F L M S   A B C D E F I J K N Q R T U V W 8
4 A B E F H J O R S T   D E L R V 9
5 A C D E F H L M N   A B E F G H J L M N Q U W 10
B 16A CEE
€ 30,00 / € 40,00

N 52°10'25" E 08°54'25"   H70 10ha 80T(80-120m²) 411D   102203

A2 Dortmund-Hannover, Ausfahrt Vlotho/Exter dann Richtung Vlotho, Schildern folgen. Hinter dem Bahnübergang links (Ortsteil Uffeln).

Xanten, D-46509 / Nordrhein-Westfalen

- Waldcamping Speetenkath
- Ürseler Str. 18
- 1 Jan - 31 Dez
- +49 28 01 17 69
- mail@waldcamping-speetenkath.de

1 A F H K N O P Q R S   L 6
2 A B E I J Q R X Y Z   A B D E F G 7
3 B F M   A B C D E F I J K R V W 8
4 F H J   D 9
5 A B H K M N   A B G H I J L Q 10
B 10-16A CEE
€ 19,00 / € 22,00

N 51°39'25" E 06°23'14"   2ha 80T(100m²) 251D   114764

Von der B57 Ausfahrt Sonsbeck und Richtung Xanten. Dort ist der CP angezeigt.

Vlotho, D-32602 / Nordrhein-Westfalen

- Fam. Freizeitplatz Borlefzen
- Borlefzen 2
- 1 Apr - 31 Okt
- +49 5 73 38 00 18
- info@borlefzen.de

1 A E J M N O P Q R S T   J L M N Q S W X Y Z 6
2 A C E I J K P Q S W Y   A B F G 7
3 B F J S   A B C D E F J N R W 8
4 H O P   D J N R T 9
5 A D E F G H L M   A B F G H J M Q 10
6A CEE
€ 28,00 / € 40,50

N 52°10'23" E 08°54'22"   H55 40ha 140T(80-100m²) 654D   102202

A2 Dortmund-Hannover, Ausfahrt Vlotho-Exter Richtung Vlotho. Über die Weserbrücke rechts den Schildern folgen (Ortsteil Uffeln).

Wachtendonk, D-47669 / Nordrhein-Westfalen

- Blaue Lagune
- Am Heidesee 5
- 1 Apr - 31 Okt
- +49 2 83 92 77
- info@blauelagune.de

1 A B D E I L N O P Q R S T   I L M P W 6
2 A E J K Q W Y   A B D E F G 7
3 A B F G L M U   A B C D E F J N Q R T U V W 8
4 F H J   E J V W 9
5 A D E H   A B C F G H I J M N Q U Y 10
B 16A CEE
€ 36,00 / € 40,50

N 51°22'53" E 06°16'05"   4ha 54T(80-120m²) 59D   118022

Von Düsburg die A40, Ausfahrt 2 Straelen/Nettetal. Von Mönchengladbach A61, Ausfahrt Kaldenkirchen/Straelen/Leuth. CP wird ausgeschildert.

Warburg, D-34414 / Nordrhein-Westfalen

- Eversburg
- Zum Anger 1
- 1 Jan - 31 Dez
- +49 56 41 86 68

1 A B J M N O P Q R S T   6
2 A B C E I Q Y   A B D E F G 7
3 A   A B C D E F G I J K N P Q R T 8
4 D E H J O   9
5 A B D J K N   A B F G H I J N Q U 10
B 16A CEE
€ 24,50 / € 24,50

N 51°29'08" E 09°09'53"   H172 3ha 75T(75-100m²) 40D   112402

A44 Dortmund-Kassel, Ausfahrt 65; B252 Richtung Warburg. Durchfahren bis zur B7, Richtung Kassel 1000m nach Warburg. Nicht in die Stadt fahren.

Geografisch suchen

Schlagen Sie Seite 230 mit der Übersichtskarte dieses Landes auf. Suchen Sie das Gebiet Ihrer Wahl und gehen Sie zur entsprechenden Teilkarte. Hier sehen Sie alle Campingplätze auf einen Blick.

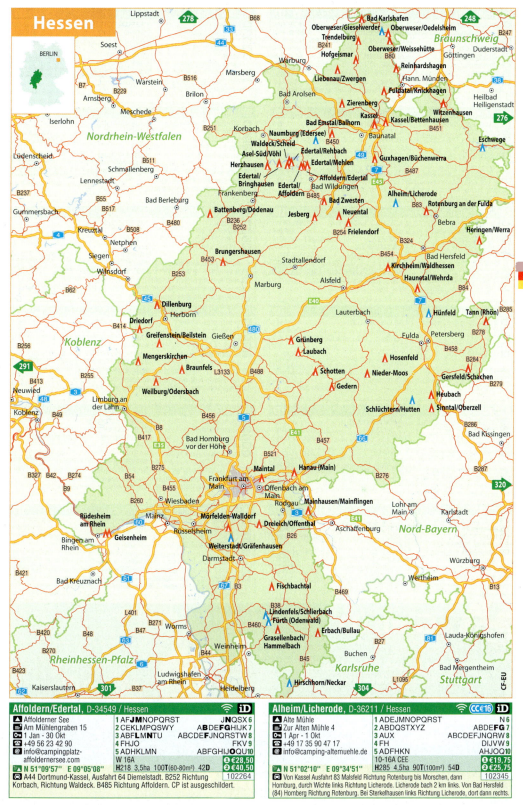

Asel-Süd/Vöhl, D-34516 / Hessen

- Campingplatz Asel-Süd Ederseeparadies
- Asel-Süd 1
- 1 Mrz - 31 Okt
- +49 5 63 56 08
- info@camping-asel-sued.de
- N 51°10'52"   E 08°57'19"
- A44 Dortmund-Kassel, Ausfahrt Diemelstadt. B252 Richtung Korbach bis kurz nach Herzhausen. Links Richtung Asel-Süd. Ist ausgeschildert. CP im Süden vom Edersee.

1 AEF**JM**NOPQRT LN**Q**SXY 6
2 BEILMPQSUXYZ A**BFG**HK 7
3 B**FG**HIMX ABDE**FG**JNQRTU 8
4 B**E**FHJK ADEFQRTVY 9
5 ABFHK**MN** AB**J**QU 10
B 16A CEE
H280 3,6ha 190**T**(70-90m²) 223**D**
€25,00
€30,00
102210

Brungershausen, D-35094 / Hessen

- Auenland****
- Zum Dammhammer 2
- 1 Apr - 31 Okt
- +49 64 20 71 72
- info@campingplatz-auenland.de
- N 50°51'47"   E 08°37'43"
- B62 Cölbe-Biedenkopf, Ausfahrt Brungershausen. Den CP-Schildern folgen.

1 AEF**JM**NOPQRST A**J**NX 6
2 BDPQTWXYZ AB**FG** 7
3 A**B**SU ABCDE**FG**HIJNQRTUVW 8
4 **F**HJO DR 9
5 AB**D**FHLN ABGHJNQU 10
B 16A CEE
H90 2,5ha 40**T**(100m²) 56**D**
€26,50
€30,50
113459

Bad Emstal/Balhorn, D-34308 / Hessen

- Ferienanlage Erzeberg
- Birkenstraße 21
- 1/1 - 18/11, 19/12 - 31/12
- +49 56 25 52 74
- info@erzeberg.de
- N 51°16'10"   E 09°15'06"
- A44 Ausfahrt 67 Zierenberg, B251 Richtung Wolfhagen. B450 Richtung Fritzlar, Abfahrt Emstal/Balhorn, an Schauenburg/Martinhagen vorbei. CP ist ausgeschildert.

1 ABDEF**JM**NOPQRST E 6
2 ABIQSTWXYZ ABD**FG** 7
3 B**LM**S ABCDE**FG**HJNPQRTUVW 8
4 **F**HJO**TV** EJUVW 9
5 A**D**FHLMN ABEFGHIJQQWY 10
WB 10A CEE
H329 4ha 45**T**(80-150m²) 73**D**
€25,00
€33,00
100531

Dillenburg, D-35683 / Hessen

- Waldcamp Meerbornsheide
- Meerbornsheide 1-2
- 1 Apr - 31 Okt
- +49 2 77 13 30 50 22
- e.cimpan@web.de
- N 50°43'52"   E 08°15'46"
- A45 Dortmund-Giessen, Ausfahrt Dillenburg. In Dillenburg-Zentrum Richtung Donsbach (ausgeschildert).

1 A**JM**NOPQRST A 6
2 ABQSVXYZ ABDE**FI**K 7
3 **L** ABEF**J**NQRW 8
4 **F**H **J** 9
5 ABDEFGHJM A**J**LMNQ 10
10-16A CEE
H550 3,5ha 70**T**(80-100m²) 11**D**
€28,50
€39,00
102152

Bad Karlshafen, D-34385 / Hessen

- Camping Bad Karlshafen****
- Am rechten Weserufer 2
- 1 Jan - 31 Dez
- +49 5 67 27 10
- j.m.camping-bad-karlshafen@t-online.de
- N 51°38'39"   E 09°26'54"
- An der B83 zwischen Höxter und Kassel in Bad Karlshafen. In der Stadt über die Brücke, dann an der Weser links.

1 ADE**JM**NOPQRS**T** AF**J**NWXY 6
2 CPQXY ABDE**FG** 7
3 A**BJ**MTX ABCDE**FJ**NQRT 8
4 **RSTUVWYZ** DERUVW 9
5 ABCDEFHJLMN ABFHIJL**NQ** 10
B 16A CEE
H400 3,7ha 306**T**(80-120m²) 146**D**
€28,00
€39,00
102255

Dreieich/Offenthal, D-63303 / Hessen

- Offenthal
- Bahnhofstr. 77
- 1 Jan - 31 Dez
- +49 60 74 56 29
- info@campingplatz.dreieich.de
- N 49°59'09"   E 08°45'26"
- A661 Ausfahrt Langen, die B486 in östlicher Richtung Offenthal-Ost. An der Kreuzung mitten ins Zentrum Offenthal Richtung Dietzenbach, hinter dem 2. Kreisel rechts. Nach 2 km kommt der CP.

1 ADEFHKNOPQRS A 6
2 AQSWYZ AB**FGJ** 7
3 A**L**MW ABCDE**FJ**NQRUW 8
4 **H**J I 9
5 ABDM ABFHIJLOQU 10
16A CEE
H160 3ha 30**T**(100-150m²) 76**D**
€28,75
€35,75
114483

Bad Zwesten, D-34596 / Hessen

- Waldcamping Bad Zwesten
- Am Campingplatz 1
- 1 Apr - 31 Okt
- +49 5 62 63 79
- info@waldcamping.de
- N 51°02'50"   E 09°11'25"
- A49 Kassel-Marburg, Ausfahrt 16 Borken, dann die B3 bis Bad Zwesten. Dann CP weiter ausgeschildert. Der CP liegt nah an der B3.

1 AFJMNOPRS**T** AN 6
2 ACQSWXY ABDE**FG**I 7
3 A**B**FM ABCDEFJKNQRTW 8
4 **F**H F 9
5 DFHLMN AFGHJL**NQ** 10
B 10A CEE
H194 5ha 35**T**(100m²) 126**D**
€24,50
€29,50
102268

Driedorf, D-35759 / Hessen

- Heisterberger Weiher
- Am Weiher 3
- 1 Mrz - 31 Okt
- +49 2 77 54 58
- cpheisterberger.weiher@gmail.com
- N 50°39'11"   E 08°09'42"
- Auf der A45 Ausfahrt Driedorf die B255 Richtung Driedorf, danach Ausfahrt Heisterberg, wo der Campingplatz anzeigt ist.

1 ADE**JM**NOPQRS**T** LMN 6
2 ABCFIJKPQRSTUVXYZ AB**FG** 7
3 ABEG**HIJ**M**RTX** ABE**FJ**NQRTUVW 8
4 B**E**F**G**HIK NT 9
5 ADEFHKLMN ABCGHIJQVY 10
B 16A CEE
H652 20ha 66**T**(100-150m²) 350**D**
€23,50
€31,50
124939

Battenberg/Dodenau, D-35088 / Hessen

- Camping Ferienplatz Edertal
- Ferienplatz Edertal 1
- 1 Jan - 31 Dez
- +49 64 52 17 91
- info@camping-dodenau.de
- N 51°01'31"   E 08°34'11"
- B253 Biedenkopf-Frankenberg. Ausfahrt Allendorf/Battenfeld. B236 Richtung Winterberg, links Richtung Battenberg. Danach links Richtung Dodenau/Hobe.

1 A**JM**NOPQRST J 6
2 BCMQXY AB 7
3 ABM ABCDE**F**JNR 8
4 **F**HJO 9
5 AB**D**HM AHIJLMQU 10
16A CEE
H350 2,8ha 60**T**(bis 100m²) 60**D**
€18,50
€22,00
109278

Edertal/Affoldern, D-34549 / Hessen

- Edertalerhof
- Hemfurtherstraße 21
- 1 Jan - 31 Dez
- +49 17 07 86 96 16
- booking@edertaler-hof.de
- N 51°10'05"   E 09°04'48"
- A44 Dortmund-Kassel, Ausfahrt 64 Diemelstadt. B252 Richtung Korbach, Richtung Waldeck. B485 Richtung Affoldern. Dort ausgeschildert.

1 ABF**JM**NOPRS**T** LN 6
2 CEPQSTXY AB**FG** 7
3 ABDF**G**LMS ABCDE**F**JNQRTUW 8
4 **F**HJO**T** I 9
5 AB**D**N AFHJLMOQU 10
WB 10A CEE
H219 5ha 100**T**(bis 40m²) 51**D**
€36,50
€47,50
102265

Braunfels, D-35619 / Hessen

- Camping-Park Braunfels
- Weihermühle 1
- 1 Jan - 31 Dez
- +49 6 44 29 32 78 40
- campingpark-braunfels@web.de
- N 50°30'42"   E 08°22'58"
- A45 Dortmund-Frankfurt, Ausfahrt 30 Wetzlar-Ost. B49 Richtung Limburg bis Ausfahrt Leun, dann rechts Richtung Braunfels, im Ort ausgeschildert.

1 BDE**JM**NOPQRST N 6
2 BCPQSTVXY ABDE**FG**I 7
3 AB**L** ABCDE**F**JRSTUVW 8
4 **F**H DG 9
5 A**D**HJKM ABFGHIL**NRS**U 10
WB 16A CEE
H480 4ha 51**T**(80-100m²) 142**D**
€21,00
€26,50
102156

Edertal/Bringhausen, D-34549 / Hessen

- Am Linge
- Daudenbergstraße 7
- 1 Jan - 31 Dez
- +49 56 23 93 06 53
- post@camping-am-edersee.de
- N 51°10'27"   E 08°59'58"
- A44 Dortmund-Kassel, Ausfahrt 64 Diemelstadt. B252 Richtung Korbach, Richtung Wildungen. B485 Richtung Affoldern, dann Bringhausen. Ausgeschildert.

1 A**JM**NOPRS**T** LN**Q**RSTX 6
2 EIPQSVY ABDE**F** 7
3 AB**J** ABCDE**FJ**KNQRT 8
4 **F**HJO 9
5 ABDFHLMN ABEHIJO 10
16A CEE
H151 10ha 70**T** 70**D**
€21,00
€27,00
102263

Club iD

Ihr Pass oder Ausweis sicher in der Tasche
Die praktische ACSI Clubkarte

Nur 4,95 € im Jahr

- Ausweisersatz

- Akzeptiert auf fast 8 400 Campingplätzen in Europa

- Inklusive Haftpflichtversicherung

- Rabatt im ACSI-Webshop

www.ACSI.eu/ACSIClubID

Edertal/Mehlen, D-34549 / Hessen

▲ Ideal	1 AGJMNOPRST	JLX 6
🏠 Waldecker Straße 29	2 CEPQSXYZ	ABDEF 7
📅 15 Apr - 15 Okt	3 ABFM	ABCDEFNQRTU 8
☎ +49 0 56 23 21 90	4 FHJ	9
@ info@campingplatz-ideal.de	5 DEHKN	ABGHJKLQU 10
	16A CEE	
	H175 10,5ha 74T(10m²) 37D	❶ €21,00 ❷ €21,00
N 51°10'12'' E 09°06'28''		102266

A44 Ausfahrt 64 Diemelstadt, B252 Richtung Korbach, B485 Richtung Bad Wildungen. In Mehlen ist der CP ausgeschildert.

Edertal/Rehbach, D-34549 / Hessen

▲ Rehbach ***	1 ADEHKNOPRT	LNQSTXYZ 6
🏠 Strandweg 9	2 EILSUWXZ	ABDEFGHIK 7
📅 1 Apr - 31 Okt	3 BGLM	ABCDEFJKNQRTUV 8
☎ +49 56 23 20 49	4 FHJO	PQRTUVW 9
@ post@ campingplatz-rehbach.de	5 ABDEFKLMN	ABEGHNQ 10
	16A CEE	
	H255 15ha 116T 22D	❶ €31,70 ❷ €42,30
N 51°10'57'' E 09°01'21''		102261

A44 Dortmund-Kassel, Ausfahrt 64 Diemelstadt. B252 Richtung Korbach, Richtung Wildungen. Dann N485 Richtung Affoldern nach Hemfurth, dann ausgeschildert.

Campingplatz Frielendorf
Stettiner Str. 14
34621 Frielendorf
www.camping-frielendorf.de
Tel: +49 (0)5684 922856

Urlaub bei Freunden!

Erbach/Bullau, D-64711 / Hessen

▲ Safari	1 AFJMNOPQRST	6
🏠 Gelbe Heide 24	2 BPQTUWXYZ	ABDEFGHJK 7
📅 1 Jan - 31 Dez	3 ALMX	ABCDEFJKNQRT 8
☎ +49 60 62 26 69 84	4 FHIJ	D 9
@ campingsafaribullau@gmail.com	5 ADHJN	ABCFGHIJKLOQU 10
	20A CEE	
	H550 2ha 30T(80-100m²) 36D	❶ €22,00 ❷ €27,00
N 49°36'52'' E 09°02'32''		112151

A5 oder A67, Ausfahrt Lorsch/Heppenheim, weiter B460 Fürth/Erbach. Hinter dem Maarbachstausee B45 links Richtung Erbach. Von dort die K42 nach Bullau. CP nach 8 km links.

Eschwege, D-37269 / Hessen CC22

▲ Knaus Campingpark Eschwege*****	1 ADEFJMNOPQRST	LMNQSXYZ 6
🏠 Am Werratalsee 2	2 DEIJKPQSTWXY	ABDEFGI 7
📅 1 Apr - 27 Nov	3 ABFGMS	ABCDEFGIJKNQRTUVW 8
☎ +49 56 51 33 88 83	4 BFHJO	ABE 9
@ eschwege@knauscamping.de	5 ADEFKMN	ABDFGHJMOQ 10
	Anz. 236 + Umschl. B 16A CEE	
	H161 6,8ha 90T(80-100m²) 114D	❶ €41,80 ❷ €51,40
N 51°11'29'' E 10°04'07''		112185

A4 Kassel-Hannover, Ausfahrt 74. B27 Richtung Bebra, Ausfahrt Eschwege. Oder A4 Frankfurt-Dresden, Ausfahrt 32. Dann auf die B27 Richtung Eschwege.

Fischbachtal, D-64405 / Hessen

▲ Odenwaldidyll	1 AGJMNOPQRST	AMN 6
🏠 Campingplatz 1	2 EKPQWXYZ	ABDEFGHJK 7
📅 15 Mrz - 30 Nov	3 BGHIMNR	ABCDEFJKNQRTUVW 8
☎ +49 61 66 85 77	4 FGHJO	CE 9
@ kontakt@odenwald-idyll.de	5 ABDEFGHIJKMNO	ABCGHIJMQU 10
	B 10A CEE	
	H204 4,7ha 56T(70-110m²) 161D	❶ €27,50 ❷ €36,50
N 49°46'35'' E 08°48'33''		114484

Darmstadt A5 Ausfahrt Ober-Ramstadt nach Fischbachthal. Dann den CP-Schildern folgen.

Frielendorf, D-34621 / Hessen

▲ Campingplatz Frielendorf	1 ABFJMNOPQRST	AFH 6
🏠 Stettiner Straße 14	2 PQTUXY	ABDFG 7
📅 1 Jan - 31 Dez	3 BFGMN	ABCDEFJNQRW 8
☎ +49 56 84 92 28 56	4 FH	9
@ info@camping-frielendorf.de	5 ABDEFIMN	ABHJOPQU 10
Anzeige auf dieser Seite	B 16A CEE	
	H250 3ha 70T(80-100m²) 100D	❶ €21,60 ❷ €21,40
N 50°58'15'' E 09°18'59''		102271

A49 Kassel-Giessen, Ausfahrt Wabern, dann B254 Richtung Homberg, Richtung Frielendorf-Süd. Der CP ist ausgeschildert.

Fuldatal/Knickhagen, D-34233 / Hessen

▲ Fulda-Freizeitzentrum	1 AEFJMNOPQRST	6
🏠 Fulda-Freizeitzentrum 1	2 QSTWXY	ABDEFGI 7
📅 1 Jan - 31 Dez	3 AM	ABCDEFJNPQRT 8
☎ +49 5 60 73 40	4 FH	F 9
@ info@campingplatz-knickhagen.de	5 DFHLMN	ABHJOQ 10
	B 10A CEE	
	H280 3,2ha 40T(80-120m²) 81D	❶ €21,40 ❷ €27,80
N 50°23'21'' E 09°33'49''		100132

Ausfahrt A7 Kassel-Nord Richtung Flughafen Kassel Calden. B3 Hann. Münden Richtung Kassel. Oder A7 Ausfahrt Hedemünden Richtung Hann. Münden. B3 Richtung Kassel/Knickhagen. CP-Schildern folgen in Knickhagen.

Fürth (Odenwald), D-64658 / Hessen CC22

▲ Nibelungen-Camping am Schwimmbad	1 ADEFHKNOPQRST	BGH 6
🏠 Tiefentwinkel 20	2 IPQTWXYZ	ABDFG 7
📅 1 Mai - 9 Okt	3 BMNOUX	ABCDEFGIJLNQRTUVW 8
☎ +49 62 53 58 04	4 FHJ	9
@ info@camping-fuerth.de	5 DMN	AFGHJOPQW 10
	16A CEE	
	H260 5ha 45T(80-120m²) 90D	❶ €31,50 ❷ €42,50
N 49°39'35'' E 08°47'01''		102214

Von Norden: A5 Darmstadt-Heidelberg, Ausfahrt 31 Heppenheim B460. Durch Fürth, CP links. Von Süden: A5, Ausfahrt 33 Weinheim B38A. Durch Fürth, CP links. Von Fürth der CP-Beschilderung folgen.

Gedern, D-63688 / Hessen

▲ Campingplatz Am Gederner See	1 ABDEFJMNOPQRST	LMNX 6
🏠 Am Gederner See 19	2 EJKLQSWXYZ	ABCDEFGI 7
📅 1 Jan - 31 Dez	3 BEGJLMW	ABCDEFJKNQRTW 8
☎ +49 60 45 95 26 43	4 EFHJO	EFKNQTX 9
@ info@camping-gedern.de	5 ABDEFGHJLMN	ABCFGHIJLOQWY 10
	B 16A CEE	
	H350 15ha 157T(80-120m²) 502D	❶ €28,50 ❷ €38,50
N 50°25'44'' E 09°10'50''		100153

A45 Frankfurt-Giessen, Ausfahrt 38 Florstadt. B275 Richtung Lauterbach, dann Abfahrt Gedern. Von Gedern aus den Schildern folgen ca. 1,5 km in nordwestlicher Richtung.

Geisenheim, D-65366 / Hessen

▲ Geisenheim am Rhein	1 AFJMNOPQRST	JNXY 6
🏠 Am Campingplatz 1	2 CQSXY	ABDEFG 7
📅 1 Apr - 15 Okt	3	ABEFNQRT 8
☎ +49 6 72 27 56 00	4	9
@ campingplatzgeisenheim@t-online.de	5 ABDLMN	ABFHJO 10
	16A CEE	
	H100 4,5ha 100T(80-120m²) 40D	❶ €27,30 ❷ €34,90
N 49°58'45'' E 07°57'27''		102109

Zwischen der B42 und dem Rhein, zwischen Rüdesheim (3 km) und Winkel (5 km). B42 Ausfahrt Geisenheim-West, dann den CP-Schildern folgen.

Gersfeld/Schachen, D-36129 / Hessen

▲ Hochrhön	1 AFJMNOPQRST	6
🏠 Schachen 13	2 IQSVXY	ABDEFG 7
📅 1 Apr - 31 Dez	3 M	ABCDEFJNQRW 8
☎ +49 66 54 78 36	4 FHJ	9
@ info@camping-hochrhoen.de	5 DLMN	AFGHJQU 10
	W 16A CEE	❶ €18,50 ❷ €26,50
	H589 3ha 90T(85-95m²) 70D	
N 50°27'45'' E 09°55'09''		102348

A7 Fulda-Würzburg Ausf. 93 Fulda-Süd. B279 Gersfeld. Oder A7 Würzburg-Fulda, Ausf. 95 Brückenau/Wildflecken. B286 Ri. Bad Brückenau; nach 3 km Ri. Wildflecken. Dann Ri. Gersfeld. In Gersfeld Ri. Sachen. Ausgeschildert.

Grasellenbach/Hammelbach, D-64689 / Hessen

▲ Camping Park Hammelbach****	1 ADEFILNOPQRST	6
🏠 Gasse 17	2 IPQSVWXYZ	ABDEFGHI 7
📅 1 Apr - 31 Okt	3 A	ABCDEFJNQRTUVW 8
☎ +49 62 53 38 31	4 FHIJSTVY	9
@ info@camping-hammelbach.de	5 ABDMN	ABCHJMOQ 10
	B 16A CEE	❶ €30,20 ❷ €41,20
	H450 2,8ha 35T(100-120m²) 100D	
N 49°37'57'' E 08°49'49''		110096

A5 Frankfurt am Main-Karlsruhe, Ausfahrt 31 Heppenheim, B460 Erbach, in Weschnitz rechts Richtung Hammelbach, ausgeschildert.

Greifenstein/Beilstein, D-35753 / Hessen

▲ Ulmbachtalsperre	1 ADEFJMNOPQRST	LX 6
🏠 Ulmbachtalsperre 1	2 EIMPQSUVWXYZ	ABDEFGH 7
📅 1 Apr - 15 Okt	3 ABFM	ABCDEFJNQRW 8
☎ +49 2 77 93 49	4 EFHJLOQ	DFVW 9
@ ulmbach-camping@t-online.de	5 ABDEFGHMN	ABGHJORSY 10
	B 10-16A CEE	❶ €20,00 ❷ €28,00
	H300 17ha 80T(70-100m²) 256D	
N 50°36'10'' E 08°16'00''		102153

A45, Ausfahrt 27 Herborn-Süd Ri. Greifenstein, Mengerskirchen, über Beilstein Ri. Biskirchen. CP liegt zwischen Beilstein und Holzhausen. A45, Ausfahrt 28 Ehringshausen, über Katzenfurt, Holzhausen. Ri. Beilstein und Beilst. Beschilderung folgen.

Grünberg, D-35305 / Hessen

▲ Spitzer Stein	1 ABFJMNOPQRST	BGH 6
🏠 Alsfelderstraße 57	2 APQSY	ABDEFG 7
📅 1 Mrz - 31 Okt	3 BFGLMNS	ABCDEFJNQRT 8
☎ +49 64 01 65 53	4 FHJ	9
@ campingplatz@gruenberg.de	5 DEFHJKM	AHJLOQ 10
	16A CEE	❶ €17,60 ❷ €24,60
	H250 4ha 70T(50-100m²) 270D	
N 50°35'27'' E 08°58'25''		102211

A5 Frankfurt-Kirchheim, Ausfahrt 7 Grünberg. Der CP liegt an der B49 Giessen-Alsfeld, östlich von Grünberg.

Guxhagen/Büchenwerra, D-34302 / Hessen

- Fuldaschleife ★★★★
- zum Bruch 6
- 1 Mrz - 31 Okt
- +49 56 65 96 10 44
- @ info@fuldaschleife.de

1 ADEF**JM**NOPQRST J**N**UXYZ 6
2 ABCPQSTWY ABDE**FG**HIJK 7
3 ABFM ABCDE**FGI**JKNQRTW 8
4 FHJ DFR 9
5 ABDEFHKLMN ABGHJL**O**QY 10
B 16A CEE

N 51°10'40" E 09°28'41"
H152 2,8ha 58T(80-120m²) 83**D**
€ 24,90
€ 31,70
102262

A7 Kassel-Frankfurt; Ausfahrt 81 Guxhagen. Von hier den CP-Schildern folgen bis Abfahrt Büchenwerra. Dort ist der CP ausgeschildert.

Hosenfeld, D-36154 / Hessen

- Bergwinkel
- Am Schwimmbad
- 1 Jan - 31 Dez
- +49 17 12 41 74 66
- @ info@camping-hosenfeld.de

1 AF**JM**NOPQRST **BF** 6
2 QSUVXY A**B**E**FG**HI 7
3 AF**M**N ABE**F**N**QR** 8
4 FHJ **D**J 9
5 DMN AB**J**LN**Q** 10
16A

N 50°30'49" E 09°28'31"
H360 3,5ha 80T(80-100m²) 78**D**
€ 21,50
€ 27,50
102273

A7 Kassel-Würzburg, Ausfahrt 91 Fulda-Nord. B40 Ausfahrt Neuhof. In Neuhof Richtung Hauswurz, Richtung Hosenfeld. Dort ausgeschildert.

Hanau (Main), D-63452 / Hessen

- Bärensee
- Oderstrasse 144
- 1 Mrz - 31 Dez
- +49 6 18 11 23 06
- @ info@cpl-baersee.de

1 AEF**JM**NOPQRS**T** LM**N** 6
2 ABEJQWXYZ ABDE**FG** 7
3 AFM ABCDEFIJNQRTUVW 9
4 FH 9
5 ABDFGHJL ABFHKMQ 10
Anzeige auf Seite 289 B 16A CEE
H300 38ha 60T(64m²) 1000**D**
€ 22,50
€ 27,50
100151

A45 Dortmund-Würzburg. Am Hanauer Kreuz A66 Richtung Frankfurt/Hanau, Ausfahrt 37 Richtung Erlensee/Neuberg: links einordnen, 1. Kreuzung links, dann ist der CP ausgeschildert.

Hünfeld, D-36088 / Hessen CC€10

- Knaus Campingpark Hünfeld Praforst ★★★★★
- Dr.-Detlev-Rudelsdorff-Allee 6
- 1 Jan - 31 Dez
- +49 66 52 74 90 90
- @ huenfeld@knauscamp.de

1 ADEF**JM**NOPQRS**T** N 6
2 ABPQSTWXYZ ABDE**FG** 7
3 AFG**J**LM ABCDEFJKNQRTUVW 8
4 FHJ J 9
5 ABDM ABDFGHIJL**O**QU 10
  B 16A CEE
N 50°39'12" E 09°43'26"
H220 3,5ha 135T(100-150m²) 36**D**
€ 40,00
€ 54,00
102347

A7 Kassel-Frankfurt Ausfahrt 90 Hünfeld/Schlitz. CP ist beschildert. Auch über B27 zu erreichen, Ausfahrt Hünfeld/Schlitz.

Haunetal/Wehrda, D-36166 / Hessen

- Ferienpark-Wehrda
- Hohenwehrdaerstraße 22
- 1 Jan - 31 Dez
- +49 66 73 91 93 10
- @ info@ferienpark-wehrda.de

1 ADEF**IL**NOPRT E 6
2 APQSTWYZ ABDE**FGI** 7
3 A**J**MS ABCDEFHJNPQRT 8
4 FH**QT** GJ 9
5 ABDFHLMN ABGHJQ 10
16A CEE
N 50°44'21" E 09°40'13"
H280 3ha 15T(100m²) 91**D**
€ 22,00
€ 26,00
110308

A4 Kirchheim-Dresden, Ausfahrt 32 Bad Hersfeld, B27 Richtung Fulda, Ausfahrt Haunetal/Rhina. Dort den CP-Schildern folgen.

Jesberg, D-34632 / Hessen

- Kellerwald Freizeitcentrum 1
- 1 Jan - 31 Dez
- +49 17 35 49 54 82
- @ gemeindeverwaltung@gemeinde-jesberg.de

1 AF**JM**NOPQRS **BF** 6
2 CPQX ABDE**FG** 7
3 BFG**HMNR**S ABCDEFJNQR 8
4 D 9
5 ADEL AJLQV 10
  B 16A CEE
N 50°59'48" E 09°08'01"
H500 2,5ha 60T(100-150m²) 152**D**
€ 10,00
€ 13,00
102269

A49 Kassel-Giessen, Ausfahrt Borken. Dann B3 bis Jesberg. Der CP ist ausgeschildert.

Heringen/Werra, D-36266 / Hessen

- Werratal-Camping
- Am Steinberg
- 1 Jan - 31 Dez
- +49 66 24 54 20 22
- @ werratalcamping@gmk.de

1 A**JM**NOPQRST A**E**FH 6
2 ABPQSTUXYZ ABDE**FG** 7
3 A**HIJ**M**N** ABEFJNQRTW 8
4 FHJO 9
5 ADN ABGHJMNQU 10
16A CEE
N 50°53'04" E 10°01'15"
H263 3,5ha 39T(100m²) 25**D**
€ 24,00
€ 30,00
102418

A4 Frankfurt-Eisenach, Ausfahrt 33 Friedewald Richtung Herfa dann Heringen, oder Ausfahrt 34 Hönebach Richtung Heringen.

Kassel, D-34121 / Hessen

- Campingplatz Kassel
- Giesenallee 9
- 1 Apr - 31 Okt
- +49 5 61 70 77 07
- @ info@campingplatz-kassel.de

1 BDE**JM**NOPQRT 6
2 ACEPQSWXYZ ABDE**FGI** 7
3 ABCDE**FG**JNQRT 8
4 ABCGHKNQW 9
5 10
B 16A CEE
1,5ha 92T 20**D**
€ 31,00
€ 34,00
123259
N 51°17'30" E 09°29'15"

Kassel Auestadion Richtung Zentrum. Nach 1 km rechts ab. Der Beschilderung folgen.

Herzhausen, D-34516 / Hessen

- Camping- & Ferienpark Teichmann ★★★★★
- Zum Träumen 1A
- 1 Jan - 31 Dez
- +49 5 63 52 45
- @ camping-teichmann.de

1 ABDEF**JM**NOPQRST LM**NQ**X 6
2 DFIKLPQSTWXYZ ABCDE**FGH**IJ 7
3 ABCFG**HIJ**MSTUX ABCDEFGHIJKNPQRSTUVW 8
4 ABCDEFGHIJLO**X** EGIJKLNRTUVWXY 9
5 ABCDEFGHIJKLMN**O** ABFGHIKMOQUW 10
B 16A CEE
H244 24ha 495T(80-220m²) 144**D**
€ 35,30
€ 43,10
N 51°10'31" E 08°53'28"

101128

A44 Dortmund-Kassel Ausfahrt Diemelstadt. B252 Richtung Korbach. Hinter Herzhausen ist der CP nach 1 km rechts ausgeschildert.

Kassel/Bettenhausen, D-34123 / Hessen

- B.F.F.L. Lossaue
- Fischhausweg 9
- 15 Apr - 15 Okt
- +49 5 61 51 72 00
- @ bffl.kassel@t-online.de

1 AGHKNOPQRST A 6
2 ADPQRTWXY ABDE**FG**IK 7
3 BFGMS ABEFGJNPQRW 8
4 FHJOT F 9
5 DMN AIJOQU 10
FKK 10A CEE
H150 3ha 20T(150m²) 37**D**
€ 22,00
€ 22,00
N 51°17'47" E 09°32'56"
102340

A7 Frankfurt-Hannover. Ausfahrt 78 Kassel-Ost, Richtung Kassel-Zentrum. Nach ca. 1,5 km rechts. CP ist ausgeschildert.

Heubach, D-36148 / Hessen

- Birkenhain
- Birkeweg 7
- 1 Jan - 31 Dez
- +49 97 42 14 04
- @ camping-birkenhain@gmx.de

1 AF**JM**NOPQRST 6
2 AIPQSUVXY AB**FGH** 7
3 A ABEF**J**NQRW 8
4 J **D** 9
5 ABDM ABFHJNQU 10
W 10A CEE
H500 2ha 95T(100-120m²) 66**D**
€ 20,00
€ 26,00
N 50°22'55" E 09°42'49"
114481

A7 Fulda-Würzburg, Ausfahrt Uttrichshausen Richtung Heubach, dann Richtung Camping Birkenhain.

Kirchheim/Waldhessen, D-36275 / Hessen

- Seepark ★★★★★
- Brunnenstraße 20-25
- 1 Jan - 31 Dez
- +49 66 28 15 25
- @ info@campseepark.de

1 ADEF**JM**NOPQRST LQWY 6
2 AEJPQSTVWXY ABDE**FG** 7
3 BG**J**L**MU** ABCDEFJKNQRTUVW 8
4 **E**FHIJO A**D** 9
5 ABDEFHJKMN ABGHIJLM**NO**QW 10
WB 16A CEE
H310 10ha 300T(40-100m²) 115**D**
€ 26,00
€ 31,00
N 50°48'52" E 09°31'05"
102346

A7 Kassel-Würzburg, Ausf. 87 Kirchheim, vor/hinter dem Kirchheimer Dreieck. Dort den CP-Schildern folgen.

Hirschhorn/Neckar, D-69434 / Hessen CC€12

- Odenwald Camping Park
- Langenthalerstraße 80
- 8 Apr - 3 Okt
- +49 6 27 28 09
- @ odenwald-camping-park @t-online.de

1 AF**IL**NOPQRST BJ 6
2 DPQSWXYZ ABDE**FH**I 7
3 B**J**L**MN**SU ABCDEFJNQRT 8
4 AB**F**HO **D** 9
5 ACDFHLM ABEGHKLOQU 10
B 6A CEE
H150 3ha 200T(80-120m²) 113**D**
€ 34,40
€ 43,40
N 49°27'09" E 08°52'40"
109160

A5, Ausfahrt 37 Heidelberg. B37 Richtung Eberbach/Mosbach. Ausfahrt Hirschhorn. In Hirschhorn ausgeschildert, am Ortsausgang von Hirschhorn Richtung Langenthal.

Hofgeismar, D-34369 / Hessen

- Am Parkschwimmbad
- Schönebergerstraße 16
- 1 Jan - 31 Dez
- +49 17 28 07 02 98
- @ camping@in-hofgeismar.de

1 ABF**JM**NOPQRST **BE**GHI 6
2 PQSTXY ABDE**FGI** 7
3 BFM ABCDE**F**JNQRTW 8
4 FH **D**F 9
5 ADM ABCFGHIJRSUY 10
16A CEE
H140 3ha 40T 78**D**
€ 20,00
€ 20,00
N 51°30'33" E 09°24'14"
109416

A44 Dortmund-Kassel, Ausfahrt Breuna. Dort ist Hofgeismar ausgeschildert. In der Stadt gibt es Schilder.

ACSI Camping Europa-App

9 500 Campingplätze in einer praktischen App

www.Eurocampings.de/app

Laubach, D-35321 / Hessen

- Caravanpark Laubach
- Am Froschloch 1
- 1 Jan - 31 Dez
- +49 64 05 14 60
- info@caravanpark-laubach.de
- N 50°33'03" E 09°00'32"

1	AF**JM**NOPQRST	6
2	ABCQTXYZ	ABDE**FG**HI 7
3	ABEF**GLMNO**SU	ABCDEFJKNQRTUVW 8
4	FH	DV 9
5	ADMN	AFGHJNQV 10
B 16A CEE		€ 23,10 / € 25,10
H220 11ha 90**T**(70-120m²) 304**D**		111301

A45 Dortmund-Aschaffenburg, Ausfahrt 36 Münzenberg/Lich. B488 Richtung Lich. Dann Richtung Laubach. Schildern folgen.

Liebenau/Zwergen, D-34396 / Hessen

- Reiterparadies Campingpark
- Teichweg 1
- 1 Apr - 1 Nov
- +49 56 76 15 09
- info@ponyhofcamping.de
- N 51°28'49" E 09°18'00"

1	ADE**JM**NOPQRST	**BG**J 6
2	CPQSVXYZ	ABDE**FG**H 7
3	BDFGHIMTW	ABCDE**FG**IJKNQRTUV 8
4	EFHJNOTUV	GH 9
5	ABDFGHLM	ABFGHJMQU 10
16A CEE		€ 52,00 / € 76,00
H149 7,5ha 170**T** 89**D**		100130

A44 Dortmund-Kassel, Ausfahrt 66 Breuna, Richtung Niederlistingen. B7 überqueren, Richtung Hofgeismar. Ausfahrt Liebenau/Zwergen, CP ist ausgeschildert.

Bärensee

- Günstige Lage im Rhein-Main-Gebiet
- Frankfurt und Brüder-Grimm-Stadt
- Hanau in unmittelbarer Nähe

- Badesee mit 5 ha Seefläche in idyllischer Lage
- Plätze für Durchgangscamper mit Strom- und Kanalanschluß. Größe jedes Platzes ca. 75 m²

Oderstrasse 44, 63452 Hanau/Main
Tel. +49 618112306 • www.bruchkoebel.de

Lindenfels/Schlierbach, D-64678 / Hessen

- Terrassen Camping Schlierbach
- Am Zentbuckel 11
- 11 Apr - 30 Okt
- +49 6 25 56 30
- info@terrassencamping-schlierbach.de
- N 49°40'55" E 08°46'12"

1	ADEF**JM**NOPQRST	6
2	CIPQRTUVWXYZ	ABDE**FGH**IJ 7
3	ABEMX	ABCDEFGHJKNPQRTUVW 8
4	FHI	AB 9
5	ABDJMN	AFHJLMOQU 10
B 10A CEE		€ 32,00 / € 44,00
H250 4,5ha 35**T**(80-100m²) 104**D**		102213

A5 Frankfurt-Basel, Ausfahrt Bensheim, B47 Richtung Michelstadt, Richtung Fürth. In Schlierbach links den CP-Schildern folgen.

Mörfelden-Walldorf, D-64546 / Hessen

- Campingplatz Mörfelden
- Am Zeltplatz 5-15
- 1 Apr - 30 Sep
- +49 6 10 52 22 89
- info@campingplatz-moerfelden.de
- N 49°58'47" E 08°35'40"

1	AEF**JM**NOPQRS**T**	6
2	AQRSXYZ	ABDE**FG** 7
3	AL**M**	ABDE**FJ**NQRT 8
4	FH	9
5	DFGLM	ABCGHJ**OS**T 10
B 16A CEE		€ 34,00 / € 46,00
H100 3ha 25**T**(60-120m²) 150**D**		102212

A5 Frankfurt-Basel, Ausfahrt Langen/Mörfelden. Richtung Mörfelden. Auf der Brücke links einordnen vor Abzweigung zum CP (links).

Mainhausen/Mainflingen, D-63533 / Hessen

- Seecamping Mainhausen
- Seestraße 11
- 1 Jan - 31 Dez
- +49 16 33 89 00 28
- eigenbetrieb@mainhausen.de
- N 50°01'22" E 09°01'18"

1	AEF**JM**NOPQRS**T**	LM**N**P 6
2	AEJKPQRSWXYZ	AB**FG** 7
3	AGMU	ABCDE**FJ**KNQRW 8
4	H	F 9
5	ADEJMN	ABHJL**M**OQY 10
B 16A CEE		€ 26,70 / € 32,70
H100 8ha 60**T**(100m²) 303**D**		117148

A45 Ausfahrt 46 Mainhausen. Richtung Seligenstadt L2310, Richtung Mainhausen. Den CP-Schildern folgen.

Naumburg (Edersee), D-34311 / Hessen

- Camping in Naumburg★★★★
- Am Schwimmbad 12
- 1 Jan - 31 Dez
- +49 5 62 59 23 96 70
- camping@naumburg.eu
- N 51°15'02" E 09°09'37"

1	AEF**JM**NOPQRST	**B**GH 6
2	CPQSTVXYZ	AB**FG**I 7
3	A**B**L**M**SUX	ABCDE**FJ**KNQRTUVW 8
4	FHJPRT	CDEFV 9
5	ADEFHMN	ACGHJ**N**Q 10
Anz. auf dieser Seite WB 16A CEE		€ 25,00
H291 6,5ha 120**T**(80-160m²) 111**D**		€ 34,00
		111828

A44 Dortmund-Kassel, Ausfahrt Zierenberg, B251 Richtung Edersee bis Ippinghausen; links ab Richtung Naumburg. CP ist angezeigt.

Maintal, D-63477 / Hessen

- Campingplatz Mainkur
- Frankfurter Landstraße 107
- 1 Apr - 30 Sep
- +49 69 41 21 93
- info@campingplatz-mainkur.de
- N 50°08'17" E 08°46'55"

1	AEF**JM**NOPRT	JNSWY 6
2	ACQWXYZ	ABDE**FG**I 7
3	AM	ABCDEFJNQRTUVW 8
4	HJ	9
5	ABDM	ABCGHM**OQ** 10
16A		€ 32,50 / € 42,50
H90 1,7ha 50**T**(80-120m²) 42**D**		113085

A661, Ausfahrt 14 Frankfurt-Ost, B8 Richtung Hanau. Nach 3 km liegt rechts der CP.

Neuental, D-34599 / Hessen

- Neuenhainer See
- Seeblick 14
- 1 Jan - 31 Dez
- +49 66 93 12 87
- info@neuenhainer-see.de
- N 50°59'43" E 09°16'02"

1	AEF**JM**NOPQRST	HLM**NO** 6
2	AEJKQWXY	ABD**FG** 7
3	ABGM**N**	ABE**FJ**NQSTUVW 8
4	BFH	FIJ 9
5	ADFHKLMN	ABEFGHIJLOQUVY 10
B 16A CEE		€ 26,00 / € 26,00
H320 25ha 100**T**(60-81m²) 5**D**		117640

A7 Ausfahrt Homberg (Efze), nach Frielendorf (B254). Dann rechts Richtung Neuental. Ausgeschildert.

Mengerskirchen, D-35794 / Hessen

- Waeller Camp
- Am Seeweiher 1
- 1 Apr - 30 Sep
- +49 6 47 64 19 01 60
- info@waeller-camp.de
- N 50°32'48" E 08°08'51"

1	ABDE**JM**NOPQRST	LM**N** 6
2	ABDFIJKPQTVWXYZ	AB**CFG**HIJ 7
3	ABCD**GL**MS	ABCDE**FG**HIJMNPQRSTUW 8
4	FHIJ	9
5	ABDEFHIJM	ABFGHIJOSTUY 10
B 6-16A CEE		€ 20,00 / € 20,00
H450 16ha 56**T**(100-400m²) 80**D**		111950

A3 Frankfurt-Köln, Ausfahrt 42 Limburg-Nord. Dann B49 Richtung Weilburg-Westerburg fahren. In Waldbrunn rechts abfahren. Vor Mengerskirchen ist der CP ausgeschildert.

Nieder-Moos, D-36399 / Hessen

- CP Nieder-Mooser-See
- Am Camping 1
- 1 Jan - 31 Dez
- +49 66 44 14 33
- info@camping-nieder-moos.de
- N 50°27'59" E 09°22'32"

1	ADEF**JM**NOPQRST	L**N**QRST**X**YZ 6
2	EJQSUWXYZ	ABDE**FG** 7
3	ABGMX	ABCD**F**JNQRTW 8
4	BFGHJ	FMQRT 9
5	ABDFHLMN	ABCHJ**OQ**Y 10
B 16A CEE		€ 26,00 / € 36,00
H450 10ha 120**T**(70-100m²) 457**D**		110095

A5 Giessen-Frankfurt, Ausfahrt 14 Friedberg. Dann B275 bis Grebenhain. Rechts Richtung Nieder-Moos.

Sehr kinderfreundlicher Campingplatz umgeben von wunderbaren Unterkünften und Umgebung.

Am Schwimmbad 12
34311 Naumburg (Edersee)
Tel. 05625-9239670
E-Mail: camping@naumburg.eu
Internet: www.camping-in-naumburg.de

Oberweser/Gieselwerder, D-34399 / Hessen

- Camping Gieselwerder
- In der Klappe 21
- 1 Apr - 31 Okt
- +49 55 72 76 11
- info@camping-gieselwerder.de

1 ADEF**JM**NOPQRST	BG**J**N**X**YZ	6
2 CIPQWXY	ABDE**FG**I	7
3 B**FG**H**IJ**M	ABCDEFIJNQRTW	8
4 B**E**FHJ	DERVW	9
5 ADEFGHJLMN	ABDFGHJLNQ	10
B 16A CEE		
H280 2,5ha 80T(80-100m²) 170D	€30,50 / €39,50	

N 51°35'55" E 09°33'18" — 100121

A21 Ausfahrt 35, B83 nach Bad Karlshafen. B80, in Gieselwerder an der Aral links ab und vor Weserbrücke rechts. A7: Ausfahrt 75 oder 76 nach Hann. Münden, dann die B80 Richtung Bad Karlshafen. In Gieselwerder rechts.

Oberweser/Oedelsheim, D-34399 / Hessen

- Campen am Fluss****
- Am Hallenbad
- 1 Apr - 31 Okt
- +49 55 74 94 57 80
- info@campen-am-fluss.de

1 AEF**JM**NOPQRS**T**	EG**J**N**W**XYZ	6
2 CIPQWXY	ABDE**FG**I	7
3 B**FG**MX	ABCDEFJKNQRTUW	8
4 FHJO	RUVW	9
5 ADEFHJK**NO**	ABGHIJLM**O**QUY	10
B 16A CEE		
H110 2,3ha 46T(95-110m²) 100D	€24,00 / €35,00	

N 51°35'34" E 09°35'24" — 102336

Von der A7 Nord, Harste/Adelebsen/Offensen/Oedelsheim. Von der A7 Süd Ausfahrt 76, Hann.Münden/Gimte/Hemeln. Über die A44 Ausfahrt 66, Gieselwerder/Oedelsheim. In Oedelsheim den CP-Schildern folgen.

Oberweser/Weißehütte, D-34399 / Hessen

- Weißehütte
- Weißehütte 1
- 15 Mrz - 15 Okt
- +49 5 57 49 98 99 94
- campingweissehuette@gmail.com

1 A**J**MNOPQRST	**J**N**X**Z	6
2 CIKQTXY	AB**FG**I	7
3 A	ABE**F**QRUW	8
4 FHJO	IKVW	9
5 ABDEFJMN	AFGHJOQ	10
16A		
H120 8ha 230T(100m²) 52D	€23,50 / €32,50	

N 51°33'59" E 09°35'45" — 121029

Weißehütte liegt an der B80 zwischen Hann. Münden und Bad Karlshafen, 25 km nördlich von Hann. Münden.

Reinhardshagen, D-34359 / Hessen

- Campingplatz Ahletal
- Ahletal 6
- 1 Jan - 31 Dez
- +49 55 44 58 49 90 01 51
- campingplatz-ahletal@t-online.de

1 A**J**MNOPRT	E	6
2 BPQTVWXYZ	ABDE**FG**	7
3	ABCDEFJNQRU	8
4 FHJO		9
5 DHM	AHJQU	10
B 16A CEE		
H140 4ha 30T(40-90m²) 70D	€18,00 / €24,00	

N 51°28'21" E 09°37'18" — 101129

A7 Kassel-Hannover Ausfahrt 76 Hann. Münden/Lutterberg. In Hann. Münden B80 Richtung Höxter/Reinhardshagen. In Vaake ist der Campingplatz ausgeschildert.

Rotenburg an der Fulda, D-36199 / Hessen

- Campingplatz Rotenburg/Fulda
- Campingweg 4
- 1 Apr - 15 Okt
- +49 66 23 55 55
- tourist-info@rotenburg.de

1 AF**JM**NOPQRST	N**X**Z	6
2 DPQXYZ	ABDE**FG**I	7
3 A	ABDEFNQR	8
4 FHJ	QT	9
5 ADN**O**	ABHNQU	10
16A CEE		
H188 0,7ha 37T(80m²) 10D	€19,50 / €23,50	

N 50°59'36" E 09°44'34" — 108119

B83 Kassel-Bebra, Ausfahrt Rotenburg. Dort beschildert. Navi führt uns durch die Stadt. Alternativ: nach der Ampel links am Bahnhof vorbei, dann am Hotel links ab.

Rüdesheim am Rhein, D-65385 / Hessen

- Campingplatz am Rhein
- Kastanienallee 4
- 30 Apr - 4 Okt
- +49 67 22 25 28
- info@camping-ruedesheim.de

1 AEF**JM**NOPQRS**T**	N	6
2 CPQSXYZ	ABDE**FG**	7
3 BF	ABCD**F**NQRT	8
4	AD	9
5 ABDEKMN	ABFGHIJ**NRS**	10
B 10A CEE		
H100 3ha 193T	€33,00 / €41,00	

N 49°58'40" E 07°56'18" — 102110

Achtung mit Navi: B42 von Koblenz im Zentrum nach rechts abbiegen (CP-Schild). B42 ab Wiesbaden am Ortsrand links (CP-Schild). Für Wohnmobile an der Bahnbrücke links, dann rechts den CP-Schildern folgen.

Schlüchtern/Hutten, D-36381 / Hessen CC€16

- Hutten-Heiligenborn
- Am Heiligenborn 6
- 1 Jan - 31 Dez
- +49 66 61 24 24
- info@campingplatz-hutten.de

1 ADEF**JM**NOPQRST	A**F**	6
2 AQSVXY	ABE**F**	7
3 A	ABCDE**F**JNQRW	8
4 F	AGHJ**O**Q	9
5 ABDMN		10
10A CEE		
H440 1,5ha 50T(40-80m²) 118D	€19,00 / €25,00	

N 50°22'06" E 09°36'30" — 114482

A7 Ausfahrt 93 Richtung Frankfurt A66. A66 Ausfahrt 48 Richtung Schlüchtern. Den Schildern folgen. Ausfahrt 50 Richtung Rückers. Beschildert Richtung Hutten. Navi: In Hutten der Beschilderung Heiligenborn, Camping, Sportplatz, Freibad folgen.

Schotten, D-63679 / Hessen

- Campingplatz am Nidda-Stausee
- Am Campingplatz 1
- 1 Jan - 31 Dez
- +49 60 44 14 18
- campingplatz@schotten.de

1 AF**J**MNOPQRST	LNQRS**X**Y	6
2 EKPQSVWXYZ	ABDE**FG**IJ	7
3 B**L**	ABCDEFJNQRTW	8
4 FHI	QT	9
5 ADEFKLMN	ABFGHKOQ	10
B 16A CEE		
H230 3,3ha 52T(80-120m²) 200D	€23,60 / €34,50	

N 50°28'58" E 09°05'47" — 100152

A45 Giessen-Hanau Ausfahrt 37 Wölfersheim. B455 Richtung Schotten. Der CP ist am Niddastausee vor Schotten.

Sinntal/Oberzell, D-36391 / Hessen

- Campingplatz Sinntal
- Alfred Kühnertstraße
- 1 Apr - 31 Okt
- +49 66 64 61 61
- horst.krischeu@campingplatz-sinntal-oberzell.de

1 AF**JM**NOPRST		6
2 ACQSXYZ	ABDE**F**	7
3 AF	ABCDEFNQRU	8
4 FHJO	D	9
5 DMN	AGHJM**O**Q	10
16A		
H310 1,8ha 50T(100m²) 36D	€16,00 / €21,00	

N 50°20'17" E 09°42'39" — 102351

A7 Fulda-Würzburg, Ausfahrt 94. B27 Richtung Motten. Vor Kothen links. Schildern Sinntal und CP folgen. CP ist in Oberzell, Gemeinde Sinntal.

Tann (Rhön), D-36142 / Hessen

- Ulstertal
- Dippach 4
- 1 Jan - 31 Dez
- +49 66 82 82 92
- info-camping-ulstertal@t-online.de

1 A**JM**NOPQRS**T**		6
2 CPQSTVXY	ABDE**FG**I	7
3 AM	ABCDEFJNQR	8
4 FHJO		9
5 ADEFHJKMN	AGHJM**O**	10
WB 16A CEE		
H420 2,8ha 100T(60-100m²) 40D	€22,00 / €27,00	

N 50°36'53" E 10°01'53" — 102419

A7 Kassel-Würzburg, Ausfahrt Hünfeld/Schlitz. Dann Richtung Hünfeld. In Hünfeld Richtung Tann (Rhön). In Wendershausen B278 Richtung Dippach ausgeschildert.

Trendelburg, D-34388 / Hessen

- Trendelburg***
- Zur Alten Mühle 10
- 1 Jan - 31 Dez
- +49 5 67 53 01
- conradi-camping@t-online.de

1 AF**JM**NOQRST	**J**N**X**Z	6
2 CPQWXY	ABDE**FG**I	7
3 AMN	ABCDEFJNQRTW	8
4 JO	IR	9
5 ABDEFHJKM**N**	ABFHLNQ	10
B 16A CEE		
H134 2ha 45T(80-120m²) 49D	€16,00 / €20,50	

N 51°34'20" E 09°25'26" — 102257

Ab Kassel die B83. In Trendelburg hinter der Diemelbrücke links. Ab Bad Karlshafen die B83. In Trendelburg vor dem Ortsende, vor der Diemelbrücke rechts.

Waldeck/Scheid, D-34513 / Hessen

- Campingplatz Bettenhagen
- Am Bettenhagen 1
- 1 Jan - 31 Dez
- +49 56 34 78 83
- info@campingplatz-bettenhagen.de

1 AF**JM**NOPRT	LNQS**X**Z	6
2 EIMSVX	ABDE**FG**	7
3 A	ABE**F**JNQR	8
4 FHJ	Q	9
5 ABDM**N**	AFGKPRS	10
10A CEE		
H252 1,7ha 60T 125D	€20,00 / €30,00	

N 51°11'18" E 09°00'38" — 102260

A44 Dortmund-Kassel, Ausfahrt 64 Diemelstadt, B252 Richtung Korbach, dann Edersee, Sachsenhausen, Niederwerbe, Halbinsel Scheid. Dann ausgeschildert.

Weilburg/Odersbach, D-35781 / Hessen

- Odersbach****
- Runkelerstraße 5A
- 1 Apr - 31 Okt
- +49 64 71 76 20
- info@camping-odersbach.de

1 ADEF**JM**NOPQRST	AN**X**Y	6
2 CPQWXYZ	ABDE**FGH**IJ	7
3 B**FHJ**MN**R**X	ABCDEFJNQRTUVW	8
4 FHJO	BDFGUVW	9
5 ABDEGJLMN	ABFGHIJLOQUY	10
B 16A CEE		
H130 5ha 100T(70-150m²) 213D	€37,10 / €46,30	

N 50°28'33" E 08°14'28" — 108093

A3 Köln-Frankfurt, Ausfahrt 42 Limburg-Nord, B49 Richtung Weilburg, B456 Richtung Odersbach, CP ausgeschildert.

Weiterstadt/Gräfenhausen, D-64331 / Hessen CC€18

- Am Steinrodsee
- Triftweg 33
- 1 Jan - 31 Dez
- +49 6 15 05 35 93
- info@camping-steinrodsee.de

1 ADEF**JM**NOPQRST		6
2 AEQTWXYZ	ABDE**FG**IJ	7
3 BG**LMN**O	ABCDEFJNRTW	8
4 FHJ**O**Q	D	9
5 ADGHJMN	ABCDGHK**O**QU	10
16A CEE		
H100 3ha 44T(90-120m²) 132D	€23,30 / €29,30	

N 49°56'41" E 08°36'20" — 117141

A5 Frankfurt-Darmstadt, Ausfahrt 25 Weiterstadt Richtung Darmstadt, B42. An der Ampel links Richtung Gräfenhausen die L3113. Hinter Gräfenhausen den CP-Schildern folgen. Für Navi: Sandbergweg Gräfenhausen eingeben.

Witzenhausen, D-37213 / Hessen

- Campingplatz Werratal
- Am Sande 11
- 1 Jan - 31 Dez
- +49 55 42 14 65
- info@camping-werratal.de

1 ABEF**JM**NOPQRST	JN	6
2 ACLMPQRSTXYZ	ABDE**FG**	7
3 BF**HM**X	ABCDEFJNQRTW	8
4 FHJO	DFR	9
5 ABDMN	ABFGHIJLNQU	10
6A		
H144 3ha 70T(120m²) 68D	€26,00 / €36,40	

N 51°20'49" E 09°52'09" — 102341

A44 Dortmund-Kassel, dann die A7 Kassel-Hannover. Ausfahrt 75 Hedemünden/Werratal/Witzenhausen. B80 Richtung Witzenhausen. CP dort ausgeschildert.

Zierenberg, D-34289 / Hessen

- Zur Warme
- Im Nordbruch 2
- 1 Jan - 31 Dez
- +49 56 06 35 06
- camping-zierenberg@t-online.de

1 A**JM**NOPRST	N	6
2 ACQX	ABE**FG**H	7
3 B**J**L**M**	ABCDEFJQRUV	8
4 O		9
5 ADFHLMN	ABFHIJLQU	10
B 16A CEE		
H250 4,2ha 30T 80D	€20,00 / €22,00	

N 51°22'03" E 09°18'55" — 110971

A44 Dortmund-Kassel, Ausfahrt 67 Zierenberg. In Zierenberg ist der CP ausgeschildert.

Koblenz

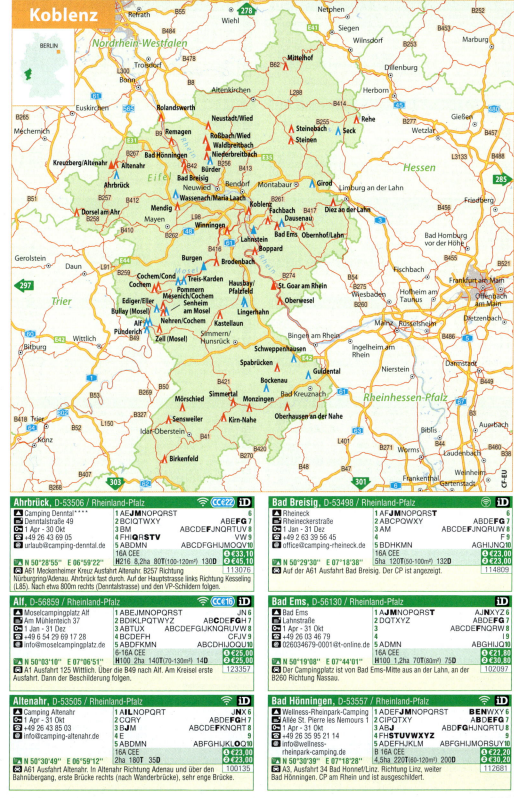

Ahrbrück, D-53506 / Rheinland-Pfalz

- Camping Denntal★★★★
- Denntalstraße 49
- 1 Apr - 30 Okt
- +49 26 43 69 05
- urlaub@camping-denntal.de

1 AE**JM**NOPQRS**T**	6
2 BCIQTWXY	ABE**FG** 7
3 BM	ABCDE**F**JNQRTUV 8
4 **FHIQR**S**TV**	VW 9
5 ABDMN	ABCDFGHIJMOQV 10
16A CEE	① €33,10
H216 8,2ha 80T(100-120m²) 130D	② €45,10

N 50°28'55" E 06°59'22"   113076

A61 Meckenheimer Kreuz Ausfahrt Altenahr. B257 Richtung Nürburgring/Adenau. Ahrbrück fast durch. Auf der Hauptstrasse links Richtung Kesseling (L85). Nach etwa 800m rechts (Denntalstrasse) und den VP-Schildern folgen.

Bad Breisig, D-53498 / Rheinland-Pfalz

- Rheineck
- Rheineckerstraße
- 1 Jan - 31 Dez
- +49 26 03 46 45
- office@camping-rheineck.de

1 AF**JM**NOPQRS**T**	6
2 ABCPQWXY	ABDE**FG** 7
3 AM	ABCDE**F**JNQRUW 8
4	F 9
5 BDHKMN	AGHIJNQ 10
16A CEE	① €23,00
5ha 120T(50-100m²) 132D	② €23,00

N 50°29'30" E 07°18'38"   114809

Auf der A61 Ausfahrt Bad Breisig. Der CP ist angezeigt.

Alf, D-56859 / Rheinland-Pfalz

- Moselcampingplatz Alf
- Am Mühlenteich 37
- 1 Jan - 31 Dez
- +49 6 54 29 69 17 28
- info@moselcampingplatz.de

1 ABEJMNOPQRS**T**	JN 6
2 BDIKLPQTWYZ	ABC**DEFG**H 7
3 ABTUX	ABCDEFGIJKNQRUVW 8
5 ABDFKMN	ABCDHIJOQU 10
6-16A CEE	① €25,00
H100 2ha 140T(70-130m²) 14D	② €25,00

N 50°03'10" E 07°06'51"   123357

A1 Ausfahrt 125 Wittlich. Über die B49 nach Alf. Am Kreisel erste Ausfahrt. Dann der Beschilderung folgen.

Bad Ems, D-56130 / Rheinland-Pfalz

- Bad Ems
- Lahnstraße
- 1 Apr - 31 Okt
- +49 26 03 46 79
- 026034679-0001@t-online.de

1 A**JM**NOPQRS**T**	AJNXYZ 6
2 DQTXYZ	ABDE**FG** 7
	ABCDE**F**NQRW 8
4	I 9
5 ADMN	ABGHIJQ 10
16A CEE	① €21,80
H100 1,2ha 70T(80m²) 75D	② €30,80

N 50°19'08" E 07°44'01"   102097

Der Campingplatz ist von Bad Ems-Mitte aus an der Lahn, an der B260 Richtung Nassau.

Altenahr, D-53505 / Rheinland-Pfalz

- Camping Altenahr
- 1 Apr - 31 Okt
- +49 26 43 85 03
- info@camping-altenahr.de

1 A**IL**NOPQRT	JNX 6
2 CQRY	ABDE**FG**H 7
3 B**J**M	ABCDE**F**KNQRT 8
4 E	9
5 ABDMN	ABFGHIJKLOQ 10
16A CEE	① €23,00
2ha 180T 35D	② €23,00

N 50°30'49" E 06°59'12"   100135

A61 Ausfahrt Altenahr. In Altenahr Richtung Adenau und über den Bahnübergang, erste Brücke rechts (nach Wanderbrücke), sehr enge Brücke.

Bad Hönningen, D-53557 / Rheinland-Pfalz

- Wellness-Rheinpark-Camping
- Allée St. Pierre les Nemours 1
- 1 Apr - 31 Okt
- +49 26 35 95 21 14
- info@wellness-rheinpark-camping.de

1 ADEF**JM**NOPQRS**T**	BEN**WX**YZ 6
2 CIPQTXY	ABDE**FG** 7
3 AB**J**	ABD**FG**HJNQRTU 8
4 **FH**S**TUVWXYZ**	9
5 ADEFHJKLM	ABFGHIJMORSUY 10
B 16A CEE	① €22,20
4,5ha 220T(60-120m²) 200D	② €30,20

N 50°30'39" E 07°18'28"   112681

A3, Ausfahrt 34 Bad Honnef/Linz. Richtung Linz, weiter Bad Hönningen. CP am Rhein und ist ausgeschildert.

Teilkarte Koblenz auf Seite 291

Birkenfeld, D-55765 / Rheinland-Pfalz

- Campingpark Waldwiesen****
- Waldwiesen/Wasserschied
- 1 Apr - 15 Okt
- +49 67 82 52 15
- info@waldwiesen.de

1 ADEF**JM**NOPQRS**T** L 6
2 ABCEIKQUVWXYZ ABDE**FG**HIJ 7
3 B**FLM**N**SX** ABCDEFJKNQRTUVW 8
4 EFHI DIJUV 9
5 DMN ABFGHIJLMOQU 10
FKK 16A CEE

€27,50 / €37,50
N 49°38'59'' E 07°10'23'' H400 9,5ha 85T(85-200m²) 26D
102068
A1, bis Kreuz Kaiserslautern/Saarbrücken. A62 Richtung Kaiserslautern, Ausfahrt 4 Birkenfeld. Dann B41 bis der CP ausgeschildert ist.

Cochem, D-56812 / Rheinland-Pfalz

- Schausten
- Enderstraße 124
- 1 Mrz - 30 Nov
- +49 26 71 75 28
- anfrage@camping-cochem.de

1 AEF**JM**NOPQRT 6
2 ABDPQTVXYZ ABDE**FG** 7
3 B**L**MX ABCDEFHJNQRW 8
4 A**E**FH**I**P DFGIV 9
5 ABDEFHJKMN ABFGHIJMNOQ 10
6-16A

€27,00 / €35,00
N 50°09'03'' E 07°09'18'' 0,9ha 60T 51D
102051
A48, Ausfahrt 4 Kaisersesch, Richtung Cochem (ca. 7 km). Am Ortseingang links.

Bockenau, D-55595 / Rheinland-Pfalz

- Bockenauer Schweiz
- Daubacher Brücke 3
- 1 Apr - 31 Okt
- +49 6 75 62 98
- campingbockenauerschweiz@gmail.com

1 A**JM**NOPQRS**T** A 6
2 BCPQSTY ABDE**FG**H 7
3 B ABCDEFJNR 8
4 A**F**HO**P** BEFIJ 9
5 ABDFGHLN AGHJOQ 10
16A CEE

€27,00 / €30,50
N 49°51'05'' E 07°39'34'' H380 20ha 60T(bis 100m²) 21D
111566
A61, Ausfahrt 51 Bad Kreuznach. B41 fahren bis Wald Bockelheim, dann Richtung Bockenau-Winterburg.

Cochem/Cond, D-56812 / Rheinland-Pfalz

- Moselcamping Cochem
- Stadionstraße 11
- 3 Apr - 31 Okt
- +49 26 71 44 09
- info@camping-cochem.de

1 ADE**JM**NOPQRT B**E**F**HJ**N**WX**Z 6
2 DPQWXY ABDE**FG**I 7
3 AB ABCDEFIJNQRT 8
4 FGHIJO**STU** 9
5 ADEFHJKM ABGHIKO**Q** 10
B 10A CEE

€27,00 / €38,00
N 50°09'28'' E 07°10'26'' H100 2,4ha 210T(80-120m²) 70D
100147
A1/A48, Ausfahrt 4 Kaisersesch, Richtung Cochem. Dort bei neuer Brücke links über Umgehungsstraße nach der Mosel.

Boppard, D-56154 / Rheinland-Pfalz

- Campingplatz Sonneneck
- An der B9
- 4 Apr - 15 Okt
- +49 67 42 21 21
- info@sonneneck-camping.de

1 A**JM**NOPQRS AF**H**N 6
2 DPQSXYZ ABDE**FG**HIJ 7
3 B**J**MSU ABCDEFJKNQRTW 8
4 DEIJK 9
5 ABDEFHLM ABGHIJKLN**O** 10
B 10A CEE

€30,00 / €38,00
N 50°14'56'' E 07°37'34'' H100 11ha 250T(80-100m²) 50D
102104
Vom Norden: A61 Kreuz-Koblenz, A48 Richtung Koblenz. Dort B9 Richtung Boppard. CP 5 km vor Boppard.

Dausenau, D-56132 / Rheinland-Pfalz

- Lahn Beach
- Hallgarten 16
- 1 Apr - 31 Okt
- +49 2 60 31 39 64
- info@campingplatz-dausenau.de

1 A**JM**NOPQRS**T** **J**N**X**YZ 6
2 DPQSTXY ABDE**FG** 7
3 B**F**MS ABCDEFJNQR 8
4 FH GR 9
5 ADGHM AGHIKN**Q**U 10
Anzeige auf Seite 293 B 6-16A CEE

€27,00 / €35,00
N 50°19'39'' E 07°45'19'' H70 3ha 80T(80m²) 65D
102098
CP liegt an der B260 und der Lahn, zwischen Nassau (4 km) und Bad Ems (4 km). In Dausenau über die Lahn-Brücke und dann rechts.

Brodenbach, D-56332 / Rheinland-Pfalz

- Historische Mühle Vogelsang
- Rhein-Mosel-Str. 63
- 1 Jan - 31 Dez
- +49 26 05 14 37
- info@muehle-vogelsang.de

1 AEF**JM**NOPQRS**T** 6
2 ABDIPQTUXYZ AB**FG**HI 7
3 AMX ABE**F**JKNQRTW 8
4 **A**FGHK IJ 9
5 ABDHJKLMN AFGHIJLMQU 10
16A CEE

€32,00 / €39,00
N 50°13'16'' E 07°26'44'' H100 1,5ha 45T(80-120m²) 53D
113745
A61 Ausfahrt 39 Dieblich. Dann der B49 Richung Cochem/Trier bis Brodenbach folgen.

Diez an der Lahn, D-65582 / Rheinland-Pfalz

- Oranienstein
- Strandbadweg 1a
- 1 Apr - 30 Okt
- +49 64 32 21 22
- info@camping-diez.de

1 AEF**JM**NOPQRS**T** **J**N**X**YZ 6
2 ACPQSTXY ABDE**FG** 7
3 AMS ABCDE**F**JNQR 8
4 FHJ DFRVWY 9
5 ABDEFHKMN ABFGHIJOQV 10
10A CEE

€24,55 / €31,65
N 50°22'53'' E 08°00'02'' H90 7ha 150T(100m²) 160D
102157
A3 Köln-Frankfurt, Ausfahrt 41 Diez. CP-Schildern folgen.

Bullay (Mosel), D-56859 / Rheinland-Pfz

- Bären-Camp****
- Am Moselufer 1 + 3
- 14 Apr - 6 Nov
- +49 65 42 90 00 97
- info@baeren-camp.de

1 ADEF**JM**NOPQRS**T** **J**NSW**XY**Z 6
2 DIPQWXYZ ABDE**FG**I 7
3 FM ABCDE**F**JNQRTW 8
4 **A**FHI F 9
5 ABDFJKLM**N** ABDGHIJL**O**Q 10
16A CEE

€29,40 / €36,60
N 50°03'14'' E 07°07'49'' H80 1,9ha 140T(70-105m²) 16D
102057
A1, Ausfahrt 125 Wittlich über die B49 nach Alf, dort über Moselbrücke nach Bullay. Oder A61, Ausfahrt Rheinböllen/Simmern (Airport Hahn) die B50, in Kirchberg rechts nach Zell/Mosel B421. In Zell weiter B53 Cochem.

Dorsel am Ahr, D-53533 / Rheinland-Pfalz

- Campinganlage Stahlhütte
- An der B258; Stahlhütte 1
- 1 Jan - 31 Dez
- +49 2 69 34 38
- info@camping-stahlhuette.de

1 ADE**JM**NOPQRS 6
2 CQTXYZ A**B**DE**FG** 7
3 ABFM ABCDE**FG**IJKNQRTUVW 8
4 FHIJ G 9
5 ABMN AFGHKL**O**QUV 10
16A CEE

€31,00 / €37,00
N 50°22'37'' E 06°47'50'' H325 5ha 60T(100-150m²) 142D
102016
A1, L115 Richtung Nürburgring, links ab nach Ahrtal B258. Dann rechts und den CP-Schildern folgen.

Bürder, D-56589 / Rheinland-Pfalz

- Zum stillen Winkel*****
- Brunnenweg 1c
- 29 Apr - 2 Okt
- +49 1 57 77 72 22 16
- info@camping-zumstillenwinkel.de

1 ADE**JM**NOPQRS**T** **J**N 6
2 BCPQTXYZ ABDE**FG** 7
3 ABFM ABCDEFGHIJKNPQRTUVW 8
4 FHJO **J** 9
5 ADFMN ABDHIJ**O**RSU 10
Anzeige auf Seite 293 B 16A CEE
5ha 90T(100-150m²) 141D

€28,00 / €36,60
N 50°30'56'' E 07°25'46''
100139
A3 Ausfahrt 36 Neuwied, Richtung Neuwied, danach Richtung Kurtscheid bis Niederbreitbach, dort links wieder Richtung Neuwied bis zur Ausfahrt Bürder. CP-Schild 2.

Ediger/Eller, D-56814 / Rheinland-Pfalz

- Zum Feuerberg
- Moselweinstraße
- 1 Apr - 31 Okt
- +49 2 67 57 01
- info@zum-feuerberg.de

1 ADE**JM**NOPQRS**T** A**J**N**W**X**Y**Z 6
2 DKPQWXY ABDE**FG** 7
3 **KL**M ABE**F**JNQ**S**TW 8
4 A**E**FHI VW 9
5 DHMN ABGHIJ**O**Q 10
16A CEE

€26,00 / €35,00
N 50°05'30'' E 07°09'48'' H98 1,8ha 100T(100-150m²) 70D
102054
A48, Ausfahrt 3 Laubach, Richtung Cochem. Dann Richtung Senheim, 4 km entlang der Mosel. Nicht dem Navi folgen, sondern ab Cochem die Mosel entlang fahren.

Burgen, D-56332 / Rheinland-Pfalz

- Camping Burgen****
- Am Moselufer
- 1 Apr - 16 Okt
- +49 26 05 23 96
- info@camping-burgen.de

1 AEF**JM**NOPQRS**T** A**J**N**X**Y 6
2 DIMPQWXY ABDE**FG**HI 7
3 BFGMX ABCDE**F**JNQRTW 8
4 FHJO **J** 9
5 ABDMN ABDFGHIKM**O**QU 10
B 16A

€25,50 / €34,50
N 50°12'53'' E 07°23'24'' H80 4ha 120T(60-100m²) 64D
102049
A61, Ausfahrt 39 Dieblich. Dann B49 Richtung Cochem/Trier bis zum Ortseingang Burgen.

Fachbach, D-56133 / Rheinland-Pfalz

- Camping Beach Club Fachbach
- Furtweg 14
- 1 Jan - 31 Dez
- +49 2 60 31 32 02
- info@camping-beachcole.de

1 ADEF**JM**NOPQRS**T** **J**N**X** 6
2 DKPQTWXY ABDE**FG** 7
3 GL ABCDEFJNQRTUV 8
4 FHJO JNRT 9
5 ABDEFHLMN ABCGHIKM**O**Q 10
B 16A CEE

€34,50 / €44,50
N 50°20'12'' E 07°41'30'' H75 1,5ha 100T(80-120m²) 27D
114817
Campingplatz an der B260 in Fachbach an der Lahn, zwischen Koblenz (Lahnstein) und Bad Ems. Hinter dem Ort an der Lahnbrücke abbiegen. Beschilderung befolgen.

Burgen, D-56332 / Rheinland-Pfalz

- Knaus Campingpark Burgen/Mosel****
- Am Bootshafen(B49)
- 31 Mrz - 16 Okt
- +49 26 05 95 21 76
- mosel@knauscamp.de

1 ADEF**JM**NOPQRS**T** B**J**N**XY**Z 6
2 DIPQRXY ABDE**FG**HI 7
3 ABGM ABCDE**F**JNQRTW 8
4 FHIO F 9
5 ABDEFHKLMN ABDFGIKM**O**Q 10
Anz. auf S. 236 + Umschl. B 16A CEE

€38,50 / €50,60
N 50°12'19'' E 07°22'53'' H85 4ha 120T(80-120m²) 105D
102050
A61 Ausfahrt 39 Dieblich. B49 bis hinter Burgen folgen.

Girod, D-56412 / Rheinland-Pfalz

- Eisenbachtal
- 1 Jan - 31 Dez
- +49 6 48 57 66

1 AF**JM**NOPQRS**T** 6
2 ACQSTUWXY ABDE**FG**HI 7
3 BFM ABCDE**F**JNQRTUVW 8
4 EFJO 9
5 BDLMN AFGHIJLQ 10
B 6A CEE

€21,00 / €29,00
N 50°26'16'' E 07°54'16'' H300 3,5ha 30T(80m²) 130D
102095
A3 Köln-Frankfurt, Ausfahrt 41 Wallmerod-Diez. Dann Richtung Montabaur. CP nach 5 km (siehe Schild).

Schönst gelegen Campingplatz im romantischen Wiedtal, zwischen Köln und Koblenz, nicht weit von Rhein und Mosel.

Natur. Ruhe. Komfort.

Neu!!

www.camping-zumstillenwinkel.de

Lage am Fluss - Modernes Sanitär - Wifi - Brötchenservice - Restaurantlieferservice - Komfortstellplätze - Wandern - Radfahren - Viele schöne Ausflüge in der Umgebung für jedes Alter (mehr Info dazu finden Sie auf unserer Homepage)

Brunnenweg 1c, 56589 Bürder (Ortsteil von Niederbreitbach) - Tel 0049(0)157-777 222 16 / 0049(0) 175-5395022

Deutschland

Guldental, D-55452 / Rheinland-Pfalz

Campingpark Lindelgrund	1 ADEF**JM**NOPQRT 6
Im Lindelgrund 1	2 ACQSTVY ABDE**FG** 7
15 Mrz - 15 Nov	3 BMSU ABCDEFGHIJNQRUW 8
+49 6 70 76 33	4 FHJO FJV 9
info@lindelgrund.de	5 ADLMN ADFGHIJL**OQ**10
	B 10A CEE €26,50
N 49°53'03" E 07°51'25"	H180 8ha 60T(80m²) 123D €31,50
A61 Ausfahrt 47 Waldlaubersheim, durch Windesheim/Guldental. Hinter Guldental den CP-Schildern folgen.	113080

Hausbay/Pfalzfeld, D-56291 / Rheinl.-Pfz CC€20

Country Camping Schinderhannes***	1 ADEF**JM**NOPQRST N 6
	2 AEQSVXYZ ABDE**FG**HIK 7
Campingplatz 1	3 AFM**NR** ABCDEF**GH**IJKNQRTW 8
1 Jan - 31 Dez	4 FJ 9
+49 6 74 63 88 97 97	5 ABDFLMN AFGHIJLNQ10
info@countrycamping.de	B 16A CEE €30,00
N 50°06'21" E 07°34'04"	H500 20ha 200T(100-120m²) 250D €38,00
A61 Ausfahrt 43 Pfalzfeld, dann den CP-Schildern folgen (3 km). Ins Navi geben: Hausbayerstraße/Pfalzfeld.	102106

Kastellaun, D-56288 / Rheinland-Pfalz

BurgStadt CampingPark****	1 ADE**JM**NOPQRTW 6
Südstraße 34	2 BIPSTVWXY ABDE**FG** 7
1 Feb - 30 Nov	3 **JNO**S ABCDEF**JKL**NQRUVW 8
+49 6 76 24 08 00	4 A**E**FHI**JRST** GV 9
info@burgstadt.de	5 ABDEFHJLMN AGHIJMOQ10
	B 16A CEE €31,00
N 50°04'04" E 07°27'16"	H450 2,5ha 100T(80-100m²) 59D
Von Norden die A61, Ausfahrt Emmelshausen, dann Richtung Kastellaun. Von Süden Ausfahrt Pfalzfeld, dann Richtung Kastellaun. In Kastellaun den CP-Schildern folgen.	113752

Kirn-Nahe, D-55606 / Rheinland-Pfalz

Papiermühle	1 AF**JM**NOPQRST 6
Krebsweilerstraße 8	2 DPQUVXYZ ABDE**FG**HI 7
15 Mrz - 15 Okt	3 BFMX ABCDEF**J**NQRT 8
+49 67 52 64 32	4
info@papiermuehle-campingplatz.de	5 DM AHJM 10
	B 16A CEE €20,50
N 49°46'14" E 07°27'30"	H200 4ha 40T 150D €26,50
A61 Ausfahrt Bingen. B41 bis Kirn, dort Richtung Meisenheim, den CP-Schildern mit dem Namen 'Andre' folgen.	101135

Lahn Beach

Im Naturpark Nassau, zwischen Lahnbergen direkt am Fluss und am Fahrrad- und Wanderweg gelegen. Kanuverleih am Platz. Sanitäreinrichtungen werden mit Solarenergie betrieben.

Hallgarten 16, 56132 Dausenau
Tel. 02603-13964
E-Mail:
info@campingplatz-dausenau.de
Internet:
www.campingplatz-dausenau.de

Koblenz, D-56070 / Rheinland-Pfalz

- Knaus Campingpark Rhein-Mosel Koblenz★★★★
- Schartwiesenweg 6
- 1 Jan - 31 Dez
- +49 26 18 27 19
- @ koblenz@knauscamp.de
- N 50°21'58'' E 07°36'12''
- A6, Ausfahrt Koblenz, B9. Ausfahrt Koblenz-Lützel. Dann der Beschilderung folgen.

1 BDEJMNOPQRST		6
2 ADIPQTXY	ABDEFGHI	7
3 AJM	ABCDEFGIJKNQRTU	8
4 GHO	F	9
5 ABDFHJKLM	ABCFGHIJMOSTV	10
B 6-16A CEE		①€41,80
H60 5ha 218T(80m²)	7D	②€52,00

102096

Mittelhof, D-57537 / Rheinland-Pfalz

- Camping im Eichenwald★★★★
- Roddern 1
- 1 Jan - 31 Dez
- +49 27 42 91 06 43
- @ camping@hatzfeldt.de
- N 50°46'50'' E 07°47'55''
- A45 Dortmund-Giesen, Abfahrt 21 Siegen/Netphen. B62 Richtung Altenkirchen, ausgeschildert.

1 AEFJMNOPQRST		FN 6
2 BQUXYZ	ABDEFGIJK	7
3 BFGM	ABCDEFJKNQRT	8
4 EFJ	DEGIJW	9
5 ABDEFJLMN	AGHJLMOQU	10
WB 16A CEE		①€27,00
H350 10ha 65T(100m²)	207D	②€35,00

102090

Kreuzberg/Altenahr, D-53505 / Rheinland-Pfalz

- Sahrtal
- Münstereifeler Strasse 11
- 1 Jan - 31 Dez
- +49 26 43 24 50
- @ campingplatz-sahrtal@web.de
- N 50°30'42'' E 06°57'05''
- A61 Ausfahrt Altenahr Richtung Adenau. Hinter Altenahr Ausfahrt Kreuzberg. Über die Bahnlinie, dann über die Brücke und rechts abbiegen. CP ist angezeigt.

1 AFJMNOPQRST		AJN 6
2 ACQRTWX	ABDEFG	7
3 AM	ABCDEFHJKNRT	8
4 A	G	9
5 ADEFHKMN	ABHJLMQV	10
16A CEE		①€20,20
5,5ha 25T(100-130m²) 133D		②€26,30

114811

Monzingen, D-55569 / Rheinland-Pfalz

- Nahemühle
- Nahemühle 1
- 1 Mrz - 31 Okt
- +49 67 51 74 75
- @ info@camping-nahemuehle.de
- N 49°47'45'' E 07°34'42''
- An B41 zwischen Bad Kreuznach und Idar-Oberstein. In Monzingen bei CP-Schild abzweigen, über Bahnübergang, dann gleich rechts.

1 AEFJMNOPQRST		JNX 6
2 CLMQSXY	ABFG	7
3 BFMS	ABCDEFHJKNRT	8
4 AEFHS	ADEFGRV	9
5 ABDEFHKLMN	ABFGHIJNQ	10
B 6-16A CEE		①€24,90
H300 7,5ha 150T(80-100m²) 219D		②€31,90

101428

Kreuzberg/Altenahr, D-53505 / Rheinland-Pfalz

- Viktoria Station★★★★
- Alte Mühle 1
- 1 Apr - 31 Okt
- +49 26 43 83 28
- @ mail@viktoria-station.de
- N 50°30'27'' E 06°58'46''
- A61 Ausfahrt Altenahr Richtung Adenau. Nach Altenahr Ausfahrt Kreuzberg, über Bahngleise, über die Brücke, links. Ausgeschildert.

1 AEFJMNOPQRST		JNX 6
2 ACPQRXY	BEFGHIJ	7
3 BF	ABCDEFGJKNQRTU	8
4 FHJO		9
5 ADHJMN	ABFGHIJLNQW	10
B 10A CEE		①€26,40
5ha 190T 46D		②€26,40

100136

Mörschied, D-55758 / Rheinland-Pfalz

- Harfenmühle★★★★
- Harfenmühle 2
- 1 Mrz - 31 Okt
- +49 67 86 13 04
- @ mail@harfenmuehle.de
- N 49°48'15'' E 07°16'11''
- A61 Ausfahrt 42 Rheinböllen/Simmern. Auf der B50 am Flughafen Hahn vorbei bis Morbach folgen. Dann Richtung Bruchweiler/Kempfeld. Weiter Richtung Herrstein.

1 AJMNOPQRST		JL 6
2 BCEIJQSUVWXYZ	ABFGHIJ	7
3 ABEFLMNSV	ABDEFJKNQRTUVW	8
4 BEFGHIJOT	GJKWZ	9
5 ABDEFHKLMN	ABFGHIJNPQUWY	10
WB 16A CEE		①€35,80
H450 6,2ha 100T(100-120m²) 115D		②€46,80

102067

Lahnstein, D-56112 / Rheinland-Pfalz

- Burg Lahneck
- Am Burgweg
- 1 Apr - 31 Okt
- +49 26 21 27 65
- N 50°18'19'' E 07°36'47''
- B42 Ausfahrt Oberlahnstein, dann 'Kurzentrum' und/oder CP-Schildern 'Burg Lahneck' folgen.

1 FJMNOPQRST		AFH 6
2 IQSUVWXYZ	ABDEFGHI	7
3 A	ABCDEFNQR	8
4		9
5 DEFLMN	ABGHIJQ	10
16A CEE		①€31,00
H300 1,8ha 70T(60-100m²) 2D		②€39,00

102102

Nehren/Cochem, D-56820 / Rheinland-Pfalz

- Camping Nehren-Mosel
- Moselufer 1
- 1 Apr - 30 Okt
- +49 2 67 39 62 11 55
- @ info@campingplatz-nehren.de
- N 50°04'50'' E 07°11'36''
- A48, Ausfahrt 2 Ulmen. B259 Richtung Cochem, Abzweigung Sennheim.

1 ADEJMNOPQRST		JNX 6
2 DPQWXYZ	ABDEFG	7
3 ALMS	ABCDEFNRTW	8
4 FHIOP	FR	9
5 ABDEFHJKMN	AGHIJMOQ	10
10A CEE		①€27,00
H80 4ha 120T(100m²) 166D		②€32,00

102056

Lahnstein, D-56112 / Rheinland-Pfalz

- Wolfsmühle
- Hohenrhein 79
- 15 Mrz - 1 Nov
- +49 26 21 25 89
- @ info@camping-wolfsmuehle.de
- N 50°18'52'' E 07°37'40''
- A61 oder A3 Richtung Koblenz A48 Ausfahrt Vallendar. B42 Richtung Koblenz, dann Rüdesheim Ausfahrt Oberlahnstein. Am Kreisel 1. rechts. CP-Beschilderung folgen. Im Navi Ostallee eingeben. CP-Beschilderung befolgen.

1 AEJMNOPQRST		JNXYZ 6
2 DQSWXY	ABEFG	7
3 BMU	ABCDFJNQR	8
4 FHJO	J	9
5 ABDEHKMN	ABDFGHIKOQWY	10
6A CEE		①€24,00
H70 3ha 150T(70-150m²) 81D		②€32,00

102103

Neustadt/Wied, D-53577 / Rheinland-Pfalz

- Campingplatz Neustadt/Wied
- Am Strandweg
- 1 Apr - 1 Okt
- +49 26 83 36 45
- @ campingneustadtwied@netcologne.de
- N 50°37'02'' E 07°25'33''
- A3 Ausfahrt 35 Neustadt/Wied. Im Ort ist der CP ausgeschildert.

1 AGJMNOPQRST		JNX 6
2 ACPQXY	ABFG	7
3 A	ABEFJNQRU	8
4		9
5 DHKM	AHJ	10
16A		①€20,00
1,5ha 20T(80m²) 54D		②€20,00

100137

Lingerhahn, D-56291 / Rheinland-Pfz

- Camping und Mobilheimpark Am Mühlenteich★★★★
- 1 Jan - 31 Dez
- +49 6 74 65 33
- @ info@muehlenteich.de
- N 50°05'57'' E 07°34'25''
- A61 Ausfahrt 44 Laudert, Richtung Laudert. Dort Richtung Lingerhahn, Schildern folgen (4 km). Möglicherweise gibt Ihr Navigationsgerät eine andere Route an: dennoch den CP-Schildern folgen.

1 AEFJMNOPQRST		A 6
2 ABCQSUXYZ	ABDEFGHIJ	7
3 BDFGMTX	ABCDEFJNQRTW	8
4 EFHJOPQ	AC	9
5 ADFHLMN	ABCFGHIJOQU	10
Anzeige auf Seite 295 6-16A CEE		①€33,50
H400 15ha 150T 205D		②€43,50

100149

Niederbreitbach, D-56589 / Rheinland-Pfalz

- Campingplatz Neuerburg
- Im Freizeitgelände
- 1 Jan - 31 Dez
- +49 26 38 42 54
- @ verkehrsverein.niederbreitbach@t-online.de
- N 50°31'46'' E 07°24'52''
- A3, Ausfahrt 36 Neuwied. Nach Straßenhaus rechts Richtung Niederbreitbach. Im Dorf den Schildern folgen.

1 AILNOPQRST		BEGHN 6
2 CPQXY	ABDEFG	7
3 BFMS	ABCDEFJNQRTW	8
4 EFGH	FJ	9
5 DFHKMN	ABFGHJLOQU	10
B 16A CEE		①€18,00
14ha 40T(100m²) 214D		②€21,00

110093

Mendig, D-56743 / Rheinland-Pfalz

- Siesta
- Laacherseestrasse 6a
- 1 Apr - 31 Okt
- +49 26 52 14 32
- @ walter.boehler@t-online.de
- N 50°23'14'' E 07°16'09''
- A61 Ausfahrt Mendig, rechts in Richtung Maria Laach. Nach ca. 100m rechts über den Parkplatz zum CP.

1 AFJMNOPQRST		JN 6
2 AQUXYZ	ABDEFG	7
3 BM	ABCDEFNR	8
4		9
5 ABDHMN	AFHIKNU	10
B 16A CEE		①€21,00
H300 3ha 100T 70D		②€27,00

102048

Oberhausen an der Nahe, D-55585 / Rheinland-Pfalz

- Camping-Nahetal
- Bahnhofstraße 38
- 1 Mrz - 1 Dez
- +49 6 75 59 60 01
- @ info@camping-nahetal.de
- N 49°47'41'' E 07°45'16''
- A61 Ausfahrt 47 Waldlaubersheim, dann Rüdesheim (Nahe), dann von Rüdesheim (Nahe) nach Norheim. In Norheim rechts Richtung Niederhausen/Oberhausen. Von Westen: B41 Ausfahrt Odernheim Richtung Duchroth.

1 AJMNOPQRST		JN 6
2 CQSTWXYZ	ABDEFG	7
3 ALMSX	ABEFJNQRTUVW	8
4 EFHO	EFW	9
5 ABDEFHJKMN	ABCFGHJLNQ	10
16A CEE		①€25,00
H200 3,4ha 87T(80-120m²) 17D		②€30,00

114819

Mesenich/Cochem, D-56820 / Rheinland-Pfalz

- Family Camping
- Wiesenweg 25
- 15 Apr - 9 Okt
- +49 26 73 45 56
- @ info@familycamping.nl
- N 50°06'06'' E 07°11'38''
- A48 Ausfahrt Cochem, dort über die Brücke, dann rechts in Richtung Beilstein. Ca. 4 km nach Beilstein kurz vor dem Ort Mesenich liegt der CP rechts der Straße an der Mosel.

1 AGIKNOPRT		AFJN 6
2 CPQWXY	ABFGH	7
3 ABLM	ABCDEFJNQRTU	8
4 ABDEFHJLO	AI	9
5 ABDEFHMN	ABHIJMNOQX	10
B 6A CEE		①€30,00
H91 3ha 102T(80-100m²) 24D		②€30,00

109042

ACSI Klein & Fein Campen

Fast 1 900 kleine und gemütliche Campingplätze

www.Kleinecampingplaetze.de

Camping-Mobilheimpark Am Mühlenteich
Christ OHG
DCC-, ANWB-, ACSI-, RAN-Vertragsplatz

Campen - Baden - Wandern - Erholen

56291 Lingerhahn / Hunsrück
Tel. 06746 / 533 - Fax 06746 / 1566
info@muehlenteich.de
www.muehlenteich.de
facebook.com/muehlenteich

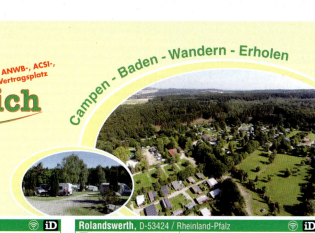

Obernhof/Lahn, D-56379 / Rheinland-Pfalz
- Campingplatz Obernhof
- Am Bahnhof
- 1 Apr - 31 Okt
- +49 2 60 49 41 90 26
- kanuwolff@aol.com

1 AF**JM**NOPQRS**T** — **JNX**YZ 6
2 DIPQTXY — AB**F** 7
3 AF — ABE**F**JNQRW 8
4 FH — NOQRT 9
5 AEFHMN — ABHIKLNQU 10
16A CEE
€20,30 / €28,30
H70 3ha 40**T** 38**D**
N 50°18'57" E 07°51'04"
102100

A3 Ausfahrt 40. Montabauer B49 Richtung Koblenz/Lahnstein, dann die B261 Richtung Bad Ems, danach die B260 nach Nassau. Dann die B417 weiter bis Obernhof.

Rolandswerth, D-53424 / Rheinland-Pfalz
- Siebengebirgsblick
- Wickchenstraße 101
- 1 Apr - 31 Okt
- +49 1 51 59 06 89 76
- office@siebengebirgsblick.de

1 A**JM**NOPQRST — JNSWXZ 6
2 CIPQXY — AB**FG** 7
3 AFG — ABCDE**F**NQRUVW 8
4 FH — 9
5 ABDEFH — AGHJNQ 10
16A CEE
€27,00 / €32,00
2,8ha 150**T**(80-100m²) 70**D**
N 50°38'42" E 07°12'24"
102045

B9 Bonn-Remagen. CP befindet sich am Rhein und ist in Rolandswerth ausgeschildert.

Oberwesel, D-55430 / Rheinland-Pfalz
- Schönburgblick
- Aussiedlung B9
- 12 Mrz - 1 Nov
- +49 67 44 71 45 01
- camping-oberwesel@t-online.de

1 AF**JM**NOPQR — N 6
2 ADILPQTWXY — AB**FG** 7
3 A — ABEFNQR 8
4 H — 9
5 ADEFM — ABCFGH**O**Q 10
6-10A CEE
€23,60 / €29,40
H75 0,8ha 40**T**(80m²) 10**D**
N 50°06'08" E 07°44'11"
117236

A61, Ausfahrt 44 Laudert Richtung Oberwesel die L220. Direkt am Rhein an der B9 in Oberwesel.

Roßbach/Wied, D-53547 / Rheinland-Pfalz
- Camping Wiedschleife
- Buchenauer Weg
- 1 Apr - 31 Okt
- +49 2 63 82 66 26 62
- info@camping-wiedschleife.de

1 AB**FJM**NOPQRST — JN 6
2 ABCKPQXY — AB**FG** 7
3 ABFM — ABE**F**JNQR 8
4 FHJ — 9
5 DM — ABGHJQ 10
16A CEE
€22,20 / €29,20
H100 47ha 100**T**(80-100m²) 60**D**
N 50°34'36" E 07°24'41"
100138

A3 Abfahrt 36 Neuwied Richtung Rengsdorf. Nach Staßenhausen rechts Richtung Niederbreitbach. Dort rechts nach Roßbach, Schildern folgen.

Pommern, D-56829 / Rheinland-Pfalz
- Pommern
- Moselweinstraße 12
- 1 Apr - 30 Okt
- +49 26 72 24 61
- campingpommern@netscape.net

1 AE**JM**NOPQRS**T** — AFJN**WX**YZ 6
2 DPQTWXYZ — AB**F**G 7
3 ABMS — ABCDE**F**JKNQRTW 8
4 FHJOQ — DE 9
5 ABDEFGHJLM**NO** — ABDGHIKMOQU 10
B 16A
€29,70 / €36,70
4,5ha 250**T**(60-100m²) 127**D**
N 50°10'08" E 07°15'56"
108097

A61 Koblenz, Ausfahrt zur B416 Cochem/Trier.

Schweppenhausen, D-55444 / Rheinl.-Pfz
- Aumühle
- Naheweinstraße 65
- 1 Apr - 31 Okt
- +49 67 24 60 23 92
- info@camping-aumuehle.de

1 AEJMNOPQRS**T** — 6
2 ABCQSXYZ — AB**FG**K 7
3 B**L**MSU — ABCDEFJNQR 8
4 BHO — BFW 9
5 AEFHKN — ABDHJMOQU 10
10A CEE
€22,60 / €29,50
H200 2,5ha 50**T**(bis 100m²) 12**D**
N 49°56'02" E 07°47'30"
112277

A61, Ausfahrt 47 Waldlaubersheim. Richtung Schweppenhausen. Ab dort Schildern folgen.

Pünderich, D-56862 / Rheinland-Pfalz
- Moselland
- Im Planters
- 1 Apr - 31 Okt
- +49 65 42 26 18
- campingplatz.mosellaand@googlemail.com

1 A**JM**NOPQRST — JN**X**Y 6
2 DIQWXYZ — AB**FG** 7
3 ABFM — ABCDEFJNQRUW 8
4 FHJ — DE 9
5 ABDEFHMN — ABFGHJLNQ 10
16A CEE
€25,00 / €35,00
H100 3,1ha 120**T** 82**D**
N 50°02'16" E 07°07'19"
102058

A48 Ausfahrt 125 Wittlich. Über Kinderbeuern, Bengel, Reil und Pünderich.

Seck, D-56479 / Rheinland-Pfalz
- Camping Park Weiherhof*****
- Campingplatz Weiherhof
- 1/1 - 31/10, 1/12 - 31/12
- +49 26 64 85 55
- info@camping-park-weiherhof.de

1 AEF**JM**NOPQRS — LMN 6
2 EIJKQSTUVWXYZ — ABDE**FG**H 7
3 ABDEF**L**MU — ABCDE**FG**HIJKNQRTUVW 8
4 BEFHJLOQ — DEFINVY 9
5 ACDEFGHLMN — ABDFGHJMNO**Q**W 10
Anz. auf dieser Seite WB 16A CEE
€28,50 / €36,50
H450 10ha 120**T**(100m²) 254**D**
N 50°35'12" E 08°02'07"
102155

A3 Köln-Frankfurt, Ausfahrt 40 Montabaur, B255 Ri. Rennerod bis Hellenhahn, im Kreisel Ri. Seck und direkt wieder links. Von S.: Ausfahrt 42 Limburg an der Lahn Nord, dann die B49/54 Ri. Siegen. CP ist angezeigt.

Rehe, D-56479 / Rheinland-Pfalz
- Welters-Camping
- Campingplatz 1
- 1 Apr - 30 Okt
- +49 26 64 85 33
- welters-camping@t-online.de

1 AE**JM**NOPQRS**T** — LOQS**X**YZ 6
2 BEIJQRSUWYZ — ABDE**FGIJ** 7
3 BFLM — ABCDE**FG**JNQRTW 8
4 FHJLO — NUV 9
5 ACDEFHJKLMN — ABGHJQ 10
B 16A CEE
€26,00 / €34,00
H600 10ha 118**T**(80-130m²) 400**D**
N 50°37'04" E 08°07'23"
102154

A45 Siegen-Frankfurt, Ausfahrt 26 Herborn West, B255 Richtung Rennerod. Im Zentrum von Rehe links, Schildern folgen.

Remagen, D-53424 / Rheinland-Pfalz
- Goldene Meile
- Simrockweg 9-13
- 1 Apr - 19 Dez
- +49 2 64 22 22 22
- info@camping-goldene-meile.de

1 AEF**JM**NOPQRST — **BFHN**SWX 6
2 ACPQRSTWY — ABDE**FG** 7
3 ABFGMN — ABCDE**F**JKNQRTVW 8
4 — 9
5 ABDEFHJKLM — ABFGHJLNRSUVW 10
B 10-16A CEE
€27,50 / €39,50
11ha 187**T**(100-120m²) 300**D**
N 50°34'34" E 07°15'08"
102046

B9 Bonn-Koblenz, durch Remagen fahren, vor Bahn-Unterführung links. CP ist ausgeschildert.

Camping Park Weiherhof
- Kinderanimation
- Sport- und Spielanlagen
- Restaurant mit Sonnenterrasse
- Jugendecke und Freizeitraum
- Mitten im Naturschutzgebiet
- Wohnwagen, Mobilheime und Apartment zu vermieten
- Nähe Westerwaldsteig und IVV-Wanderweg

Camping Park Weiherhof
D - 56479 Seck
Tel.: +49 (0) 2664 / 8555
Fax: +49 (0) 2664 / 6388

www.camping-park-weiherhof.de

www.facebook.de/weiherhof

RCN LAACHER SEE ★ ★ ★ ★

RCN Laacher See liegt mitten im Naturschutzgebiet Vulkaneifel und direkt an dem schönen Kratersee Laacher See. Dieser Vulkankrater ist genau der Platz um im Sommer schön zu schwimmen oder Stand Up Paddle fahren zu können.

CAMPING – SAFARIZELTE – RESTAURANT

Wassenach/Maria Laach   +49 28213939997   www.rcn.nl/de/laachersee

---

Deutschland

Senheim am Mosel, D-56820 / Rheinland-Pfalz
- Holländischer Hof****
- Am Campingplatz 1
- 12 Apr - 30 Okt
- +49 26 73 46 60
- info@moselcamping.com

1 ABDEHKNOPRST — JNOXYZ 6
2 DIKPQTWXYZ — ABDEFGH 7
3 AFLMNSUX — ABCDEFJKNQRSTW 8
4 ABCDEFHJLOP — DV 9
5 ACDEFGHJKLMN — ABCDFGHIJOQXY 10
B 10A CEE — €23,50 / €31,95
H80 4ha 207T (60-200m²) 15D
N 50°04'56" E 07°12'29"
A61/A48 Ausfahrt 4 Kaisersesch in Richtung Cochem. Über die Brücke in Cochem, dann nach Senheim. Immer an der Mosel entlang.
102055

Steinebach, D-57629 / Rheinland-Pfalz
- Haus am See, Dreifelder Weiher
- Seeburgerstr. 1
- 1 Jan - 31 Dez
- +49 26 62 71 47
- info@camping-hausamsee.de

1 AJMNOPQRST — LQSX 6
2 BEIKPQSUXY — ABFGIK 7
3 ALM — ABCDEFJKNQRTUVW 8
4 EFH — EFMNQT 9
5 ABDEFHJLMN — ABGHJRSUY 10
16A CEE — €22,00 / €31,00
H450 2,5ha 50T 94D
N 50°35'55" E 07°48'56"
A3 Köln-Frankfurt, Ausfahrt 37 Dierdorf Richtung Hachenburg. In Herschbach Richtung Schenkelberg, dann Richtung Steinebach-Schmidthahn.
109959

Sensweiler, D-55758 / Rheinland-Pfalz
- Sensweiler Mühle
- B422 / Mühle 2
- 26 Mrz - 31 Okt
- +49 67 86 23 95
- info@sensweiler-muehle.de

1 AILNOQRS — N 6
2 CPQVXY — ABDFGH 7
3 AFLM — ABCDEFJNQRW 8
4 FJ — GI 9
5 DN — AGHJLMOQU 10
16A CEE — €23,50 / €30,50
H475 3ha 95T 83D
N 49°46'09" E 07°12'18"
A61 bis Ausfahrt 42 Emmelshausen/Hunsrück, die B327 Hunsrück Höhenstraße bis hinter Morbach. Dann Richtung Idar Oberstein über Allenbach (B422).
102064

Steinen, D-56244 / Rheinland-Pfalz
- Hofgut Schönerlen
- Stahlhoferweg
- 1/1 - 31/10, 1/12 - 31/12
- +49 2 66 62 07
- info@camping-westerwald.de

1 AFJMNOPQRS — LQX 6
2 EJQUXY — ABDEFGHI 7
3 BFHLM — ABCDEFJNQRT 8
4 AEFHJLOST — DN 9
5 ABDMN — ABGHJNRS 10
WB 10-16A CEE — €28,00 / €35,00
H450 15ha 160T (100-120m²) 126D
N 50°33'57" E 07°48'44"
A3 Köln-Frankfurt, Ausfahrt 37 Dierdorf, Richtung Hachenburg. In Hersbach Richtung Schenkelberg, dan an Kreuzung rechts zur B8 bis Steinen, dann ausgeschildert.
102091

Simmertal, D-55618 / Rheinland-Pfalz
- Haumühle
- Haumühle 1 / B421
- 1 Jan - 31 Dez
- +49 67 54 94 65 65
- info@haumuehle.de

1 ADEJMNOQRST — NUX 6
2 BCQSWXYZ — ABFJ 7
3 BGMTX — ABCDEFJNRTUVW 8
4 ACEFGHK — 9
5 ADFGHJLN — ABFGHIJOQU 10
B 16A CEE — €20,00 / €35,00
H200 10ha 106T (100-200m²) 46D
N 49°48'51" E 07°30'15"
Von Bad Kreuznach, Idar-Oberstein über die B41. In Simmertal via B421 2 km Richtung Gemünden. Aus dem N. A61 Ausfahrt Rheinböllen, Ri. Gemünden, B421 Ri. Kirn-Martinstein.
101137

Treis-Karden, D-56253 / Rheinland-Pfalz
- Mosel-Islands Camping*****
- Am Laach
- 1 Apr - 30 Okt
- +49 26 72 26 13
- campingplatz@mosel-islands.de

1 ADEFJMNOPQRS — JNSWXYZ 6
2 DPQWXYZ — ABDEFGJK 7
3 BFJMU — ABCDEFJKMNQRTUV 8
4 FHIK — FKO 9
5 ADFHKLMN — ABFGHIJMOQ 10
B 16A CEE — €37,00 / €45,00
H76 6ha 130T (80-120m²) 142D
N 50°10'15" E 07°17'33"
A48 Ausfahrt 5 Kaifenheim Richtung Treis-Karden, Schildern folgen.
100146

Spabrücken, D-55595 / Rheinland-Pfalz
- Am Weißenfels
- Bronnenstrasse 1
- 29 Mrz - 31 Okt
- +49 67 06 86 30
- camping.aw@gmail.com

1 AFGJMNOPQRST — N 6
2 ABQSTWXY — ABEFGH 7
3 FH — ABCDEFJNRUV 8
4 EFJ — 9
5 AHKM — AFGHJLNSTUW 10
B 16A CEE — €16,00 / €16,00
H420 4ha 80T (bis 100m²) 14D
N 49°54'34" E 07°42'49"
A61, Ausfahrt 46 Waldlaubersheim, Richtung Schweppenhausen, danach Richtung Spabrücken. Den CP-Schildern folgen.
112157

Waldbreitbach, D-56588 / Rheinland-Pfalz
- Am Strandbad
- Strandbadweg 8
- 1 Apr - 31 Okt
- +49 26 38 12 95
- info@camping-strandbad.de

1 AFILNOQRST — AJN 6
2 CPQXY — ABDEFG 7
3 BFMR — ABCDEFJKNQR 8
4 FHO — 9
5 CDFHM — ABHJQUW 10
16A CEE — €28,20 / €28,20
1,5ha 34T (80-100m²) 40D
N 50°33'17" E 07°25'09"
A3, Ausfahrt 36 Neuwied. Nach Straßenhaus rechts Richtung Niederbreitbach. In Niederbreitbach Richtung Waltbreitbach, dort ausgeschildert.
101132

St. Goar am Rhein, D-56329 / Rheinland-Pfalz
- Friedenau***
- Gründelbach 103
- 14 Mrz - 31 Okt
- +49 6 74 13 68
- info@camping-friedenau.de

1 AEJMNOPRT — 6
2 BDQSUXYZ — ABDEFGH 7
3 A — ABCDEFGHJNPQRT 8
4 FHJO — DI 9
5 ABDFHJLN — AGHJLOQ 10
B 10A CEE — €22,90 / €29,90
H700 1ha 40T (100m²) 2D
N 50°08'57" E 07°41'40"
A61 Ausfahrt 42 Emmelshausen nach St. Goar. Von Koblenz die B9 am Rhein entlang: vor St. Goar rechts, Campingschilder befolgen.
108129

Waldbreitbach, D-56588 / Rheinland-Pfalz
- Camping Wiedhof
- Wiedhof 1
- 1 Apr - 31 Okt
- +49 26 38 42 58
- mail@wiedtalcamping.de

1 AFJMNOPQRS — JN 6
2 ACQUY — ABFG 7
3 AFM — ABCDEFJNQR 8
4 — AHJQ 9
5 DKM — AHJQ 10
10A CEE — €21,70 / €28,70
2,5ha 30T (80-100m²) 82D
N 50°33'14" E 07°25'31"
A3 Ausfahrt 36 Neuwied. Nach Straßenhausen rechts Richtung Niederbreitbach. Dort rechts nach Waltbreitbach. Nach der Brücke über Wied Schildern folgen.
102047

St. Goar am Rhein, D-56329 / Rheinland-Pfalz
- Loreleyblick
- An der Loreley
- 1 Jan - 31 Dez
- +49 67 41 20 66
- info@camping-loreleyblick.de

1 AJMNOPRST — NX 6
2 DIPQRSXY — ABDEFG 7
3 BM — ABCDEFJNQRT 8
4 EFHIJO — 9
5 ABDFLMN — AGHOQ 10
B 6A CEE — €33,50 / €41,50
H100 6ha 200T (80m²) 13D
N 50°08'28" E 07°43'22"
An der B9, südlich kurz vor St. Goar. Von Norden: A61, Ausfahrt Koblenz, B9 Richtung Boppard. Von Süden: Ausfahrt Bingen und dann die B9 Richtung St. Goar.
102105

Wassenach/Maria Laach, D-56653 / Rheinland-Pfalz
- RCN Laacher See****
- Am Laacher See/ L113/Vulkaneifel
- 1 Apr - 26 Sep
- +49 2 82 13 93 99 97
- contact@rcn.nl

1 BDEILNOPQRST — LMNPQSXYZ 6
2 ABFIKPQTUVWXYZ — ABDEFG 7
3 ABJMV — ABCDEFJKNQRTUVW 8
4 BEFHIJO — BCN 9
5 ABDEFJKLMO — ABCGHIJLOQY 10
Anzeige auf dieser Seite B 16A CEE €42,00 / €48,00
H220 7ha 108T (80-120m²) 93D
N 50°25'19" E 07°15'54"
A61 Ausfahrt Mendig/Maria Laach. Dann ca. 5 km Richtung Norden.
109541

Teilkarte Koblenz auf Seite 291

Winningen, D-56333 / Rheinland-Pfalz

- Winninger Ferieninsel Ziehfurt
- Inselweg 10
- 1 Mai - 30 Sep
- +49 26 06 18 00
- info@camping-winningen.de

1	ADEJMNOPRST	JNWXY 6
2	DQSXYZ	ABDFG 5
3	A	ABEFNQR 8
4		9
5	ABDFKMN	AGHIKNQ 10
B 16A		① €30,00
H100 5ha 200T 200D		② €38,00

N 50°18'41'' E 07°29'58'' 102101

In Koblenz Richtung KO-Metternich. B416 Richtung Cochem. In Winningen links (Hafen und CP). Von der A61, Ausfahrt 38 Winningen und CP-Beschilderung folgen.

Zell (Mosel), D-56856 / Rheinland-Pfalz

- Campingpark Zell/Mosel
- Moselufer
- 1 Jan - 31 Dez
- +49 65 42 96 12 16
- info@campingpark-zell.de

1	ABEFJMNOPQRST	JNWXYZ 6
2	CILQTWXY	ABFGI 7
3	BN	ABCDEFJNQRTUV 8
4	AEFHI	FORV 9
5	ABDHMN	ABCGHJMOQUY 10
16A CEE		① €32,00
H95 1,5ha 75T(80-85m²) 21D		② €35,00

N 50°02'02'' E 07°10'28'' 102059

A61 Ausfahrt Pfalzfeld, Richtung Kastellaun. Dann Richtung Zell-Nord.

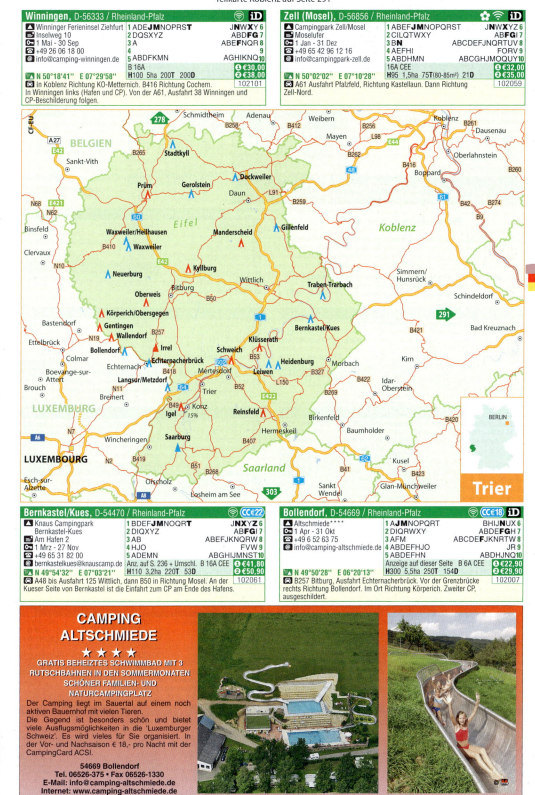

Bernkastel/Kues, D-54470 / Rheinland-Pfalz CC€22

- Knaus Campingpark Bernkastel-Kues
- Am Hafen 2
- 1 Mrz - 27 Nov
- +49 65 31 82 00
- bernkastelkues@knauscamp.de

1	BDEFJMNOQRT	JNXYZ 6
2	DIQXYZ	ABFGI 7
3	AB	ABEFJKNQRW 8
4	HJO	FVW 9
5	ADEMN	ABGHIJMNST 10
Anz. auf S. 236 + Umschl.	B 16A CEE	① €41,80
H110 3,2ha 220T 53D		② €50,90

N 49°54'32'' E 07°03'21'' 102061

A48 bis Ausfahrt 125 Wittlich, dann B50 in Richtung Mosel. An der Kueser Seite von Bernkastel ist die Einfahrt zum CP am Ende des Hafens.

Bollendorf, D-54669 / Rheinland-Pfalz CC€18 iD

- Altschmiede ★★★★
- 1 Apr - 31 Okt
- +49 6 52 63 75
- info@camping-altschmiede.de

1	AJMNOPQRT	BHIJNUX 6
2	DIQRWXY	ABDEFGH 7
3	AFM	ABCDEFJKNRTW 8
4	ABDEFHJO	JR 9
5	ABDEFHN	ABDHJNQ 10
Anzeige auf dieser Seite	B 6A CEE	① €22,90
H300 5,5ha 250T 154D		② €29,90

N 49°50'28'' E 06°20'13'' 102007

B257 Bitburg, Ausfahrt Echternacherbrück. Vor der Grenzbrücke rechts Richtung Bollendorf. Im Ort Richtung Körperich. Zweiter CP, ausgeschildert.

CAMPING ALTSCHMIEDE
★★★★

GRATIS BEHEIZTES SCHWIMMBAD MIT 3 RUTSCHBAHNEN IN DEN SOMMERMONATEN

SCHÖNER FAMILIEN- UND NATURCAMPINGPLATZ

Der Camping liegt im Sauertal in einem noch aktiven Bauernhof mit vielen Tieren.
Die Gegend ist besonders schön und bietet viele Ausflugsmöglichkeiten in die 'Luxemburger Schweiz'. Es wird vieles für Sie organisiert. In der Vor- und Nachsaison € 18,- pro Nacht mit der CampingCard ACSI.

54669 Bollendorf
Tel. 06526-375 • Fax 06526-1330
E-Mail: info@camping-altschmiede.de
Internet: www.camping-altschmiede.de

Waldferienpark Gerolstein-Hinterhausen

Im Wald gelegen Ferienpark vermieten wir:
- 6 pers. Bungalows.
- 4 pers. Chalets.
- Allen mit Fernseher, Dusche/Wc, Karmin Ofen und Wifi.
- Eigene Parkplatz.
- Haustier freundlich.
- Restaurant und Kellerbar

Hillenseifen 200 • 54568 Gerolstein Tel. +49 6591678
www.parkgerolstein.com • waldferienpark-gerolstein@t-online.de

Bungalowpark

Camping Eifelblick ★★★★ 4 Sterne Camping

- modernes Sanitärgebäude
- 2-Pers. Schäferhütten mit Heizung und Kühlschrank
- Auf jedem Stellplatz Ver- und Entsorgung
- Café-Restaurant, Kellerbar, Hallenbad, Solarium, Sauna
- Minigolf, Wanderwege, Fliegenfischen
- Poolbillard, Flipper und verschiedene Spiele
- Streichelzoo und Kinderspielplatz
- Brötchenservice
- WLAN auf der gesamten Anlage
- Angelscheine erhältlich (3 Strecken)

Moselhöhe ★★★★

Durch seine Lage hoch über der Mosel bietet dieser ruhige Terrassencamping ein fantastisches Panorama. Kommen Sie hierher und geniessen Sie die gesunde Luft und Ruhe. Wander- und Fahrradmöglichkeiten über und über. Jede Menge Sehenswürdigkeiten im Saar-Mosel Raum.

Bucherweg 1, 54426 Heidenburg • Tel. + 49 650999016
E-mail: vandijk1968@hotmail.com
Internet: www.moselhohe.de

Deutschland

Heidenburg, D-54426 / Rheinland-Pfalz
- Moselhöhe★★★★
- Bucherweg 1
- 1 Apr – 1 Nov
- +49 6 50 99 90 16
- vandijk1968@hotmail.com

1 AFJMNOPRST — 6
2 AIPQVWXY — ABDEFG 7
3 ABFGMU — ABCDEFJNPQRTUV 8
4 FIJKQ — B 9
5 ABDHKMN — ABCDHIJLNOPQU 10
Anzeige auf dieser Seite B 16A CEE — €26,80
H414 3ha 60T(100-120m²) 42D — €34,80
N 49°47'58" E 06°55'37"
A1 Ausfahrt 131 Mehring Richtung Thalfang. 7 km bis CP-Schild, an Kreuzung Talling links Richtung Heidenburg. 110100

Dockweiler, D-54552 / Rheinland-Pfalz
- Campingpark Dockweiler Mühle
- Mühlenweg 1
- 1 Jan – 31 Dez
- +49 65 95 96 11 30
- info@campingpark-dockweiler-muehle.de

1 ADEJMNOPQRST — N 6
2 ADEIPQSTVWXY — ABDEFG 7
3 BM — ABCDEFHJNQRSTW 8
4 FHI — FJ 9
5 ABDMNO — ABDFGHIJMOQVY 10
B 16A CEE — €24,00
H530 10ha 100T(80-90m²) 129D — €32,00
N 50°15'20" E 06°46'47"
A61 und A1 Richtung Daun. Über Hillesheim und B410 Campingschildern folgen. 100144

Igel, D-54298 / Rheinland-Pfalz
- Campingplatz Igel
- Moselstraße
- 1 Apr – 31 Okt
- +49 6 50 11 29 44
- info@camping-igel.com

1 AJMNOPRST — JNWXY 6
2 ACPQXYZ — ABF 7
3 AN — ABCDEFJNQRTW 8
4 HIO — 9
5 DFHKMN — ABHJLNQWY 10
16A — €23,00
H131 3ha 50T(60-80m²) 50D — €30,00
N 49°42'18" E 06°33'12"
A1 Ausfahrt 14 Mertert (Lux) zur N1 Richtung Wasserbillig/Mertert. In Wasserbillig hinter der Brücke über die Sauer rechts auf die B49. 111375

Echternacherbrück, D-54668 / Rheinland-Pfalz
- Campingpark Freibad Echternacherbrück
- Mindenerstraße 18
- 1 Apr – 31 Okt
- +49 6 52 53 40
- info@echternacherbrueck.de

1 AEJMNOPQRST — BFHJNOUX 6
2 CPQWXYZ — ABDEFGH 7
3 BFGJMSU — ABCDEFJKNQRTW 8
4 ABCEFHJLQ — ARV 9
5 ACDEFGHKM — ABGKORSWX 10
Anzeige auf Seite 299 B 12A CEE — €31,25
H320 8ha 400T 140D — €40,75
N 49°48'44" E 06°25'53"
B257 Bitburg-Echternach, Ausfahrt Echternacherbrück links, letzte Straße links. Nach 200m CP und Schwimmbad ausgeschildert. 100158

Irrel, D-54666 / Rheinland-Pfalz
- Nimseck★★★
- 14 Mrz – 1 Nov
- +49 6 52 53 14
- info@camping-nimseck.de

1 ACJMNOPQRT — BJUX 6
2 ACIQSUVWXYZ — ABDEFG 7
3 AM — ABCDEFJNQRTVW 8
4 ABFHJOX — J 9
5 ADEFHLMN — ABDGHJLORS 10
B 16A CEE — €23,70
H250 7ha 150T(100-120m²) 154D — €31,50
N 49°51'13" E 06°27'45"
B257 von Bitburg Richtung Echternach. Ausfahrt Irrel, CP links. Ausgeschildert. 100157

Gentingen, D-54675 / Rheinland-Pfalz
- Ourtalidyll★★★★
- Uferstraße 17
- 3 Apr – 25 Okt
- +49 6 56 63 52
- info@eifelidyll.de

1 AEJMNOPQRT — JNUX 6
2 CIQW — ABDEFGH 7
3 ABFMS — ABCDEFJKNQRTUVW 8
4 BFHJ — EFGJVY 9
5 ABDHKMN — ABFHJNQ 10
B 16A CEE — €24,70
3,5ha 90T(bis 100m²) 100D — €32,50
N 49°54'01" E 06°14'33"
Von Nord: B50 Bitburg - Vianden. Kurz vor der Luxemburger Grenze Ri. Roth-Gentingen. Achtung Navigation: Nicht abfahrrn bei Körperich/Obersgegen. 102005

Irrel, D-54666 / Rheinland-Pfalz
- Südeifel
- Hofstraße 19
- 1 Apr – 31 Okt
- +49 6 52 55 10
- info@camping-suedeifel.de

1 AEJMNOPQRT — JNUX 6
2 ACPQXY — ABDEFGH 7
3 BMV — ABEFNQRTUW 8
4 EFHJKOPQ — F 9
5 ADEHJKMN — AHJORS 10
B 6A CEE — €21,00
H300 3ha 60T 103D — €27,00
N 49°50'31" E 06°27'26"
Zum Zeitpunkt der Drucklegung war noch nicht bekannt, ob und wann dieser Campingplatz nach der Flutkatastrofe im Jahr 2022 wieder öffnen wird. 102008

Gerolstein, D-54568 / Rheinland-Pfalz
- Eifelblick / Waldferienpark Gerolstein★★★★
- Hillenseifen 200
- 1 Jan – 31 Dez
- +49 6 59 16 78
- waldferienpark-gerolstein@t-online.de

1 AEJMNOPQRST — E 6
2 AIQSTVWXY — ABFGH 7
3 BFJLMSUX — ABCDEFJNPQRSTUV 8
4 BCFHJKNOPQST — FJW 9
5 ADEFHJKLMNO — ABCDFGHIJQOVY 10
Anzeige auf dieser Seite 16A CEE — €22,50
H457 2ha 38T(100-120m²) 28D — €29,50
N 50°13'02" E 06°36'28"
Von Prüm (B410) 4 km vor Gerolstein, Ausfahrt Hinterhausen. Beschilderung Waldferienpark Gerolstein beachten und dann Camping Eifelblick folgen. 117924

Klüsserath, D-54340 / Rheinland-Pfalz
- Campingplatz Klüsserath★★
- An der B53
- 1 Apr – 31 Okt
- +49 65 07 46 67
- info@campingplatz-kluesserath.de

1 AJMNOPQRT — JNSXYZ 6
2 ACIPQXY — ADFG 7
3 AFL — ABEFJNRW 8
4 FHI — UVW 9
5 ABDFHJLMNO — AGHJMQV 10
16A CEE — €18,50
H128 8ha 100T(80-100m²) 100D — €21,00
N 49°50'37" E 06°51'31"
A1 Ausfahrt 128 Föhren/Bekond. Dann Richtung Klüsserath über die L141, L48 und B53. Camping ist ausgeschildert. 102022

Gillenfeld, D-54558 / Rheinland-Pfalz
- Feriendorf Pulvermaar
- Vulkanstraße
- 1 Jan – 31 Dez
- +49 65 73 99 65 00
- info@feriendorf-pulvermaar.de

1 AFJMNOPQRT — LMNPXZ 6
2 AEIQSTXYZ — ABDEFGH 7
3 ABFMU — ABCDEFJNQRTW 8
4 EFHI — JW 9
5 ABDEFHJMN — ABDFGHIJLMNQUY 10
16A CEE — €23,50
4ha 50T(60-120m²) 122D — €29,50
N 50°07'52" E 06°56'00"
A1 Ausfahrt 121 Mehren. Rechts ab zur B421 Richtung Zell. CP nach 6,7 km angezeigt mit Schild 'Feriendorf'. 114808

Körperich/Obersgegen, D-54675 / Rheinland-Pfalz
- Eifelcamping Reles-Mühle
- Kapellenweg 3
- 1 Jan – 31 Dez
- +49 65 66 14 65
- info@eifelcamping.com

1 AJMNOPQRT — 6
2 CPQWXY — ABDEFGH 7
3 AMU — ABCDEFJNQRW 8
4 FHJ — 9
5 DMN — ABHJOQ 10
12A CEE — €18,00
H300 2ha 40T 71D — €23,00
N 49°56'02" E 06°15'03"
B50 Bitburg-Körperich-Vianden. In Obersgegen liegts rechts der CP. Gut ausgeschildert. 102004

CAMPINGPLATZ ECHTERNACHERBRÜCK Mindener Str. 18 | 54668 Echternacherbrück
Tel. 06525-340 | Fax 93155 | info@echternacherbrueck.de | www.echternacherbrueck.de

Kyllburg, D-54655 / Rheinland-Pfalz

▲ Camp Kyllburg	1 ADE**JM**NOPQRS**T**	BGHJ**N** 6
Karl Kaufmann Weg 5	2 ABCIPQXYZ	AB**FG**K 7
15 Mrz - 1 Nov	3 AB**FL**MX	ABE**FGJ**NPQRTW 8
+49 65 63 81 33	4 **A**BCDEFHIJLO	B**F**LUVW 9
info@campkyllburg.de	5 ABDEFHJLMN**O**	ABCHIJMOQ10
	16A CEE	€29,00
N 50°02'17'' E 06°35'28''	H265 3,5ha 60T(120-200m²) 31D	€37,00

A60 Ausfahrt Baden/Kyllburg. Über die B257 Richtung Kyllburg. Links auf die L34, an der Brücke zur Bademerstraße. Erste rechts. Die Zufahrt kann als steil empfunden werden. CP-Schildern folgen.

100145

Leiwen, D-54340 / Rheinland-Pfalz

▲ Landal Sonnenberg★★★★★	1 ADE**JM**NOPQRS**T**	EG 6
Sonnenberg 1	2 BQSTVWXYZ	AB**FG**HK 7
27 Mrz - 6 Nov	3 ABDFG**JL**M**RUVW**	ABCDEFGIJNQRTW 8
+49 6 50 79 36 90	4 **A**BCDEFHIJKLO**PQUX**	EIJUV 9
sonnenberg@landal.com	5 ACDEF**J**KLMN**O**	ABCDEGHIJN**O**PQUY10
	Anzeige auf dieser Seite B 10A CEE	€50,85
N 49°48'12'' E 06°53'30''	H354 2,5ha 130T(65-120m²) 260D	€60,90

A1 Koblenz-Trier, Ausfahrt 128 Föhren-Leiwen. Folgen Sie den Schildern 'Sonnenberg'.

102024

Langsur/Metzdorf, D-54308 / Rheinland-Pfalz

▲ Alter Bahnhof★★★	1 ADE**JM**NOPQRS**T**	JNUX 6
Uferstraße 42	2 ABCPQTXYZ	AB**FG** 7
1 Mrz - 31 Okt	3 ABMS	ABE**FGI**JNRTW 8
+49 6 50 11 26 26	4 BFHI	G 9
info@camping-metzdorf.de	5 ABDFHJLMN	ABDFGHIK**O**QU10
	Anzeige auf dieser Seite B 16A CEE	€27,50
N 49°45'11'' E 06°30'08''	H149 2,2ha 53T(50-120m²) 85D	€34,50

Von Trier E44 richtung Luxemburg, Ausfahrt Mertert (Lux). Auf der N1 Richtung Wasserbillig. In Wasserbillig hinter der Sauerbrücke links auf die B418. Dann noch ca. 6 km.

110874

Alter Bahnhof ★ ★ ★

Wir bieten Dir einen schönen Platz an der lieblichen Sauer, direkt an der Grenze Deutschland/Luxemburg. Unser Campingplatz liegt direkt am GR-5 Wanderweg und dem Sauertal-Radweg. Lust auf Ausflüge? Trier, Saarburg, Echternach oder Luxemburg-Stadt sind ganz in der Nähe.

Uferstraße 42, 54308 Langsur/Metzdorf • Tel. +49 650112626
info@camping-metzdorf.de • www.camping-metzdorf.de

Camping Landal Sonnenberg

Familienfreundlicher Campingplatz am Waldrand oberhalb der Mosel mit vielen Indoor-Einrichtungen

✓ Geräumige Stellplätze in der Nähe von Trier
✓ Hallenschwimmbad, Indoor-Spielparadies und Kletterwald
✓ Parkshop, Restaurant und Vinothek

www.landalcamping.de/sonnenberg

Teilkarte Trier auf Seite 297

Camping Landal Wirfttal

Gemütlicher Campingplatz an einem kleinen Stausee, ganzjährig geöffnet

✓ Freizeitsee mit Sonnenwiese und Tretbooten
✓ Wander- und Fahrradparadies Vulkaneifel
✓ Hallenschwimmbad, Restaurant und Parkshop

www.landalcamping.de/wirfttal

Manderscheid, D-54531 / Rheinland-Pfalz

Naturcamping Vulkaneifel★★★
Herbstwiese 1
1 Apr - 31 Okt
+49 6 57 29 21 10
info@naturcamping-vulkaneifel.de

1 AEG**JM**NOPRST 6
2 ABIPQVWXYZ ABDE**FGIJK** 7
3 AFM ABCDEFIJ**N**QRTW 8
4 FHIJ FGJ 9
5 ABDJMN ABFGHIKL**N**QUV 10
6-16A CEE
H404 3,2ha 90T(60-140m²) 29**D**
€30,00 / €32,00

N 50°05'49" E 06°47'53"
A1 Ausfahrt 122, weiter Richtung Manderscheid. In Manderscheid Mitte der CP-Beschilderung folgen. Gleich ortsaußerhalb links.
102021

Reinsfeld, D-54421 / Rheinland-Pfalz

Campingpark Reinsfeld
Parkstraße 1
1 Jan - 31 Dez
+49 6 50 39 51 23
info@camping-reinsfeld.de

1 ABDE**JM**NOPQRS**T** AFN 6
2 ABEQRXYZ AB**FG** 7
3 BEFGMNS ABCDEFJKNQRT 8
4 BCDEFHJLN 9
5 ABDMN AFGHJLNQUVW 10
B 10-16A
H515 20ha 554T(100-120m²) 300**D**
€38,05 / €51,05

N 49°41'08" E 06°52'01"
A1, Ausfahrt 132 Reinsfeld, dort den CP-Schildern folgen.
102026

Neuerburg, D-54673 / Rheinland-Pfalz — CC€20

Camping in der Enz★★★★
In der Enz 25
1 Apr - 31 Okt
+49 65 64 26 60
info@camping-inderenz.com

1 AE**JM**NOPQR**T** BGHN 6
2 CQSWXY ABDE**FG** 7
3 B**HM**N ABCDEFJKNQRTW 8
4 FHIJ FJ 9
5 ADEFKMN ABDFGHJQQ 10
B 16A CEE
6ha 77**T**(80-100m²) 15**D**
€30,80 / €42,80

N 50°01'40" E 06°16'37"
A60 Ausfahrt 3 Richtung Neuerburg. Über Arzfeld nach Emmelbaum und Zweifelscheid. Nach 3 km links abbiegen Camping In der Enz. Ist ausgeschildert.
102003

Saarburg, D-54439 / Rheinland-Pfalz — CC€22

Camping Leukbachtal★★★
Leukbachtal 1
1 Mrz - 2 Nov
+49 65 81 22 28
info@camping-leukbachtal.de

1 A**JM**NOPQRS**T** 6
2 CQTWXYZ ABDE**FG**HK 7
3 AMSU ABCDEFJKNQRTW 8
4 FHIJ V 9
5 DMN ABCDFGHIJMOQV 10
6A CEE
H288 2,5ha 80**T**(80-130m²) 32**D**
€27,50 / €35,50

N 49°35'58" E 06°32'29"
Von Trier B51 nach Saarburg, Schild 'Krankenhaus' folgen. Dann CP-Schild folgen.
102028

Oberweis, D-54636 / Rheinland-Pfalz

Prümtal-Camping Oberweis★★★★★
In der Klaus 17
1 Jan - 31 Dez
+49 6 52 79 29 20
info@pruemtal.de

1 AE**JM**NOPQRT BGHJN 6
2 CPQTWXYZ ABDE**FG**HI 7
3 BFMU ABCDEFIJKNQRTUVW 8
4 ABEFHJO**P** E 9
5 ABDEFGHKLMN ABEFGHIJMOQW 10
B 16A CEE
H300 3,8ha 240**T**(65-100m²) 94**D**
€29,70 / €39,30

N 49°57'32" E 06°25'28"
Zum Zeitpunkt der Drucklegung war noch nicht bekannt, ob und wann dieser Campingplatz nach der Flutkatastrophe im Jahr 2022 wieder öffnen wird.
100156

Saarburg, D-54439 / Rheinland-Pfalz — CC€18

Waldfrieden★★★★
Im Fichtenhain 4
1 Mrz - 3 Nov
+49 65 81 22 55
info@campingwaldfrieden.de

1 ADE**JM**NOPQRS**T** 6
2 BPQTUWXYZ ABDE**FG**HI 7
3 B**HIM** ABCDEFJKNQRTW 8
4 ABFHIJ GIV 9
5 ABDHMN ABDFGHIJMOQU 10
16A CEE
H210 6,5ha 62**T**(85-120m²) 32**D**
€23,00 / €29,00

N 49°36'03" E 06°31'40"
B51 Trier Richtung Saarburg, Krankenhaus-Schildern folgen, durch Tunnel, dann ist der CP ausgeschildert.
102029

Prüm, D-54591 / Rheinland-Pfalz

Waldcamping Prüm★★★★
Postfach 1012
Prümtalstrasse 43
1 Jan - 31 Dez
+49 65 51 24 81
info@waldcamping-pruem.de

1 AE**JM**NOPQRST AFH 6
2 ACQWXYZ ABDE**FG**H 7
3 BFMN ABCDEFIJNQRTW 8
4 FHJO**P** W 9
5 ABDEFMN ABEGHJLQQ 10
B 10A CEE
3,5ha 150**T**(90m²) 70**D**
€28,20 / €38,20

N 50°13'07" E 06°26'16"
Zum Zeitpunkt der Drucklegung war noch nicht bekannt, ob und wann dieser Campingplatz nach der Flutkatastrophe im Jahr 2022 wieder öffnen wird.
100141

Saarburg, D-54439 / Rheinland-Pfalz — CC€20

Landal Warsberg★★★★
In den Urlaub
27 Mrz - 6 Nov
+49 65 81 91 46 10
warsberg@landal.de

1 ADE**JM**NOPQRS**T** EG 6
2 IQUWXYZ AB**C**E**FG**H 7
3 ABEFG**J**MSUVX ABCDEFGIJNQRTW 8
4 A**B**CDEFGHIJKLNO**P**TUV CEFJUVWY 9
5 ACDEFKLMN ABDGHIKLMN**O**PQVY 10
Anzeige auf dieser Seite B 16A CEE
H285 11ha 460**T**(80-100m²) 192**D**
€47,70 / €58,60

N 49°37'14" E 06°32'33"
A60 Ausfahrt Bitburg, der B51 folgen. In Konz Richtung Saarburg. In Saarburg der CP-Beschilderung Warsberg folgen.
100161

Camping Landal Warsberg

Familienfreundlicher Campingplatz mit traumhafter Aussicht über das Tal der Saar

✓ Hallenschwimmbad,
  Fun- & Entertainmentprogramm
✓ Restaurant, Parkshop und Adventure-Golf
✓ Sessellift zur Stadt Saarburg, Sommerrodelbahn

www.landalcamping.de/warsberg

Teilkarte Trier auf Seite 297

Teilkarte Trier auf Seite 297

Schweich, D-54338 / Rheinland-Pfalz

- Zum Fährturm
- Am Yachthafen
- 11 Apr - 17 Okt
- +49 6 50 29 13 00
- camping@kreusch.de

1 AJMNOPQRST	BGHNQSUWXYZ 6	
2 ACPQTXYZ	ABDEFGH 7	
3 AFLN	ORT 9	
4 FHI		
5 ADEFHJLMN	AFGHILMOQV 10	
B 16A CEE		❶ €27,00
H129 3,5ha 115T(100m²) 120D		❷ €31,00

N 49°48'52" E 06°45'01" — 102023

A1 Ausfahrt Schweich. In Schweich direkt vor der Moselbrücke links. Nach 100m rechts unter der Brücke durch zum Campingplatz.

Stadtkyll, D-8004 DE / Rheinland-Pfz

- Landal Wirftal ★★★★
- Wirftstraße 81
- 3 Jan - 31 Dez
- +49 65 97 92 92 10
- wirftal@landal.de

1 ADEJMNOPRST	EGN 6	
2 BCEQSWXYZ	ABDEFGH 7	
3 ABDFGJMNPTVW	ABCDEFGJNQRT 8	
4 BCDEFHILPTU	BFJTUVWY 9	
5 ACDFHKLM	ABCDEGHIJMNOQY 10	
Anzeige auf Seite 300 16A CEE		❶ €38,50
H482 5ha 150T(75-80m²) 321D		❷ €49,95

N 50°20'18" E 06°32'21" — 102018

A1, Ausfahrt Blankenheim. B51 Richtung Trier. In Stadtkyll Schildern 'Ferienzentrum Wirftal' folgen.

Traben-Trarbach, D-56841 / Rheinl.-Pfz

- Moselcamping Rissbach ★★★★
- Rissbacherstraße 155
- 8 Apr - 31 Dez
- +49 65 41 31 11
- info@moselcamping.de

1 ABDEJMNOPRST	BFJMNSWXY 6	
2 DPQTWXYZ	ABDEFGH 7	
3 BFMTUX	ABCDEFJNQRTW 8	
4 ABDFHJO		
5 ABDEFHKLMN	ABCDFGHJMOQ 10	
B 6-16A CEE		❶ €37,00
H110 1,8ha 80T(80-100m²) 28D		❷ €37,00

N 49°57'55" E 07°06'19" — 102060

A48 bis Ausfahrt 125 Wittlich, dann B50 Richtung Mosel. Links entlang der Mosel Richtung Traben-Trarbach. CP ausgeschildert.

Wallendorf, D-54675 / Rheinland-Pfalz

- Camping Sauer-Our
- Ourtalstraße 1
- 3 Apr - 4 Okt
- FH
- +49 65 66 93 33 29
- info@eifelidyll.de

1 AJMNORT	JNUX 6	
2 CPQUXY	ABDEFG 7	
3 A	ABDEFNRTW 8	
4 FH	CDRUV 9	
5 ADMN	ABHJOQ 10	
B 16A CEE		❶ €21,30
2,5ha 90T 64D		❷ €27,90

N 49°52'33" E 06°17'16" — 102006

Von Nord: B50 Bitburg-Vianden. Richtung Körperich, Niedersgegen und Wallendorf. Von Süd: Trier-Echternach N10 Richtung Vianden.

HEILHAUSER MÜHLE

Ein Camping auf dem man sich zu Hause fühlt, so schön versteckt in den Tälern der Eifel. Auch Saisonplätze möglich! Die 'Prüm' lädt ein zum Floß fahren und spielen. Autotouren zu schönen kleinen Dörfern und Städten. Sehr gute Rad-, Wander- und Inlinermöglichkeiten. Gutes Restaurant im alten Mühlengebäude mit Terrasse. Großer Naturspielplatz. In Waxweiler (2 km) Sportanlagen.

54649 Waxweiler/Heilhausen
Tel. +49 6554805
E-Mail: walter.tautges@t-online.de
Internet:
www.campingplatz-heilhauser-muehle.de

Waxweiler, D-54649 / Rheinland-Pfalz

- Landal Eifel Prümtal ★★★★★
- Schwimmbadstraße 7
- 27 Mrz - 3 Nov
- +49 65 55 49 20 00
- info@ferienpark-waxweiler.de

1 AEILNOPQRT	B 6	
2 ACQWXY	ABDEFGH 7	
3 BM	ABCDEFJKNQRTW 8	
4 BDFHJLO	JV 9	
5 ABDEFKN	ABGHJNRS 10	
16A CEE		❶ €30,00
2ha 95T(80-120m²) 60D		❷ €39,80

N 50°05'32" E 06°21'32" — 102002

Zum Zeitpunkt der Drucklegung war noch nicht bekannt, ob und wann dieser Campingplatz nach der Flutkatastrophe im Jahr 2022 wieder öffnen wird.

Waxweiler/Heilhausen, D-54649 / Rheinl.-Pfz

- Heilhauser Mühle
- Heilhauser Mühle 1
- 1 Apr - 31 Okt
- +49 65 54 88 05
- walter.tautges@t-online.de

1 AJMNOPQRST	JNUX 6	
2 ACPQSTYZ	ABDEFGH 7	
3 BFM	ABDEFJNQRT 8	
4 BEFHJ	D 9	
5 ADFHLMN	ABHJLMNQ 10	
Anzeige auf dieser Seite 10A CEE		❶ €21,00
6ha 60T 38D		❷ €26,00

N 50°06'29" E 06°20'58" — 100142

Zum Zeitpunkt der Drucklegung war noch nicht bekannt, ob und wann dieser Campingplatz nach der Flutkatastrophe im Jahr 2022 wieder öffnen wird.

Rheinhessen-Pfalz

Bacharach, D-55422 / Rheinland-Pfalz

- Sonnenstrand
- Strandbadweg 9
- 1 Apr - 1 Nov
- +49 67 43 17 52
- info@camping-sonnenstrand.de

1 AEJMNOPQRST	JNQSWXYZ 6	
2 ADJKPQRSXY	ABFG 7	
3 AM	ABCDEFNQRT 8	
4 HJO	9	
5 ABDFHKM	AFGHOQ 10	
6A CEE		❶ €22,50
H100 1,2ha 55T(100m²) 10D		❷ €28,50

N 50°03'13" E 07°46'22" — 102107

Über die A61. Ausfahrt 44 Laudert über Oberwesel nach Bacharach (B9). Hinter der Ausfahrt Laudert ohne Navi weiter: Beschilderung Oberwesel-Bacharach folgen.

Bad Dürkheim, D-67098 / Rheinland-Pfz

- Knaus Campingpark Bad Dürkheim ★★★★
- In den Almen 1
- 1 Jan - 31 Dez
- +49 6 32 26 13 56
- badduerkheim@knauscamp.de

1 ADEFJMNOPQRST	LN 6	
2 AEJPQRWXY	ABDEFGI 7	
3 BFGHILMNS	ABCDEFJNQRTW 8	
4 BFHK	ABEF 9	
5 ACDFGHLM	ABCDGHIJOQUWY 10	
Anz. auf S. 236 + Umschl. B 16A CEE		❶ €47,50
H109 16ha 280T(80-160m²) 316D		❷ €57,80

N 49°28'23" E 08°11'29" — 102160

A61 Ausfahrt 60 Kreuz Ludwigshafen. Dann die A650/B37 nach Bad Dürkheim. An der 2. Ampel rechts und die 2. Straße wieder rechts.

301

Billigheim/Ingenheim, D-76831 / Rheinland-Pfalz iD
- Camping im Klingbachtal
- Klingenerstraße 52
- 1 Apr - 31 Okt
- +49 63 49 61 45
- info@camping-klingbachtal.de

1 ADEF**J**MNOPQRST AF 6
2 ACPQTWXYZ ABDE**FG** 7
3 AFG**LN**S ABCDEFJNQRUV 8
4 FH F 9
5 ABDEJKN ABJQW10
B 16A CEE
H310 2,2ha 92T(90-130m²) 3D
1 €27,50
2 €35,50
- A65 Neustadt-Karlsruhe, Ausfahrt 17. Dann B38 Richtung Bad Bergzabern, in Ingenheim Richtung Sportplatz. Nicht über Billigheim anfahren. Der CP-Beschilderung folgen.
102162

Schönenberg-Kübelberg, D-66901 / Rheinland-Pfalz iD
- Ohmbachsee****
- Campingpark Ohmbachsee 1
- 1 Jan - 31 Dez
- +49 63 73 40 01
- mail@campingpark-ohmbachsee.de

1 ADE**J**MNOPQRST AFLN 6
2 AEIPQSTVWXYZ ABDE**FG**I 7
3 B**JLM**N ABCDEFGIJK**L**NQRTW 8
4 FHIJ EFGH 9
5 ABDEFHJLMNO ADFGHIJMOQVW10
B 16A CEE
H300 7ha 68T(100m²) 200D
1 €29,70
2 €39,70
- A6 Ausfahrt 11 Bruchmühlbach-Miesau. Dann den Schildern Schönenberg-Kübelberg. Vor der Ortschaft rechts.
102069

Bingen/Kempten, D-55411 / Rheinland-Pfalz
- Hindenburgbrücke
- Mainzerstrasse 199
- 1 Jan - 31 Dez
- +49 6 72 11 71 60
- camping-bauerschorsch@web.de

1 F**J**MNOPRST JNQSX 6
2 CPQSXYZ AB**FG** 7
3 B ABE**F**NQRU 8
4 9
5 ADEFGHLMN ABGH**J**OQ10
6A CEE
H100 4ha 100T(60-80m²) 60D
1 €23,50
2 €27,50
- A60 Bingen-Ost, Ausfahrt 13 'Bin-Kempten'/Fähre. Camping am Rhein, unter der Bahnunterführung durch. Max. Durchfahrtshöhe 2,10m. Reisemobile fahren besser 700m weiter und dann rechts über die Brücke.
102112

Sippersfeld, D-67729 / Rheinland-Pfalz iD
- Naturresort Waldglück****
- Pfrimmerhof 2a
- 1 Mrz - 30 Nov
- +49 63 57 97 53 80
- info@naturresort-waldglueck.de

1 AF**J**MNOPQRST LN 6
2 BCEQSUVWXYZ ABD**FG**H 7
3 BFM ABCDEFJNQRT 8
4 AEFJ FIJKL 9
5 ABDKLMN ABFHIJL**NQ**10
WB 16A CEE
H400 8,2ha 260T(100m²) 113D
1 €28,00
2 €43,00
- A61, am Knoten Alzey A63 Richtung Kaiserslautern bis zur Ausfahrt Göllheim, dann Richtung Dreissen. Über Standenbühl, dann links Richtung Sippersfeld. Nach 4 km links Richtung Pfrimmerhof.
100166

Dahn, D-66994 / Rheinland-Pfalz iD
- Büttelwoog****
- Am Campingplatz 1
- 19 Mrz - 1 Nov
- +49 63 91 56 22
- buettelwoog@t-online.de

1 ABF**J**MNOPRS**T** BE**G**HI 6
2 BPQRVWXYZ ABDE**FG** 7
3 BFG**J**M ABCDEFJKNQRTW 8
4 FHJO DV 9
5 ABDFHKL**M**N ABHIJM**N**Q10
B 4A
H250 1,6ha 180T(80-100m²) 62D
1 €27,00
2 €27,00
- B10 Pirmasens-Landau. Rechts Ausfahrt B427 Hinterweidenthal/Dahn. Im Zentrum ist der CP ausgeschildert; Bahnlinie überqueren.
100173

Trechtingshausen, D-55413 / Rheinland-Pfalz iD
- Marienort
- Am Morgenbech 1A
- 1 Jan - 31 Dez
- +49 67 21 61 33
- campmarienort@freenet.de

1 AE**J**MNOPQRST JN**X**Y 6
2 DKMQRSVXYZ ABDE**FG** 7
3 AFM ABE**F**HJNQRT 8
4 FHO V 9
5 AKMN AFGHIMNQ10
B 10A CEE
4ha 60T 110D
1 €20,00
2 €26,00
- A61 Ausfahrt 46 Bingen-Mitte, B9 Richtung St. Goar. Vor Trechtingshausen nicht über den Bahnübergang (zur kurze Kurve), sondern in der Ortseinfahrt rechts. CP-Schilder befolgen, unter der Bahnlinie durch.
108127

Dahn, D-66994 / Rheinland-Pfalz iD
- Neudahner Weiher
- Neudahner Weiher 5
- 1 Apr - 1 Nov
- +49 63 91 13 26
- kontakt@neudahner-weiher.de

1 AFG**J**MNOPQRS**T**W LN 6
2 BCEKQSWXY ABDE**FG** 7
3 ABCDEFJNQRTUV 8
4 FHI E 9
5 DN ABFHIJ**NS**T10
B 8A CEE
H200 8ha 100T(150-180m²) 71D
1 €25,00
- B10 Pirmasens-Landau, Ausfahrt B427 Hinterweidenthal nach Dahn. Zwischen Dahn-Hinterweidenthal, 3 km vor Dahn nach rechts.
113222

Trippstadt, D-67705 / Rheinland-Pfalz CC€20 iD
- Camping Freizeitzentrum Sägmühle*****
- Sägmühle
- 1/1 - 1/11, 18/12 - 31/12
- +49 6 30 69 21 90
- info@saegmuehle.de

1 AF**J**MNOPQRST LMN 6
2 BEKPQVWXYZ ABDE**FG** 7
3 BFG**J**MNS ABCDEFJKNQRTUVW 8
4 BDFHL EF**G**IJ 9
5 ABDFHKLMN ABCGHIJOQ10
B 16A CEE
H343 10ha 200T(100-120m²) 170D
1 €27,00
2 €35,00
- A6 bis zur Ausfahrt Kaiserslautern-West. Der Strecke über B270 Richtung Pirmasens folgen. Nach 9 km links ab, Richtung Karlstal/Trippstadt. Den CP-Hinweisen folgen.
102119

Gerbach, D-67813 / Rheinland-Pfalz iD
- Donnersberg****
- Kahlenbergweiher 1
- 30 Mrz - 15 Sep
- +49 63 61 82 87
- info@campingdonnersberg.com

1 AE**J**MNOPR**T** A 6
2 BCQSUVWXYZ ABDE**FG**IJ 7
3 B**FLMN**TX ABCDEFGJKNPQRTU 8
4 ACDE**F**GHOT**XZ** ABDJUVW 9
5 ABDEFLM ABHIJOQ10
10A CEE
H400 10ha 130T(80-140m²) 52D
1 €27,00
2 €38,00
- A63 Ausfahrt 54 Kircheim-Bolanden. Weiter L404/L385 Richtung 'Donnersberg'. Von der A61 (Nord), Gau Bickelheim die B420 Richtung Kirchheim. Wird in Hochstädten vor B48. Weiter des Dielkirchen, links auf L385 und den CP-Schildern Richtung Gerbach folgen.
102116

Waldfischbach, D-67714 / Rheinland-Pfz CC€22 iD
- Clausensee****
- Schwarzbachstraße
- 1 Jan - 31 Dez
- +49 63 33 57 44
- info@campingclausensee.de

1 AEF**I**LNOPQR**T** LMNO**Q**X 6
2 BCEJKQRWXY BE**FG**H 7
3 AB**LM**S BDFIJKNQRTUVW 8
4 BFHIJO EFTY 9
5 ACDEFHKMN ABFGHIJ**O**QU10
B 6-16A CEE
H200 13ha 100T(100-125m²) 159D
1 €36,00
2 €47,00
- A6 Ausfahrt 15. Die B270 Richting Pirmasens. Auf der B270 Ausfahrt Waldfischbach und den CP-Schildern folgen. Der CP liegt 7 km außerhalb von Waldfischbach.
100172

Otterberg, D-67697 / Rheinland-Pfalz iD
- Gänsedell
- In der Gänsedell 1
- 1 Jan - 31 Dez
- +49 63 01 55 37
- info@camping-otterberg.de

1 AF**J**MNOPQRST 6
2 ABQSVWXYZ ABDE**FG** 7
3 AF**N** ABE**F**NQR 8
4 F 9
5 DGMN AFHIJNQ10
16A CEE
H340 2,6ha 30T(80m²) 71D
1 €20,00
2 €27,00
- B40 Ausfahrt Otterberg, dort Richtung Rockenhausen. Nach 1 km liegt der CP links.
102118

Wolfstein, D-67752 / Rheinland-Pfalz iD
- Camping am Königsberg****
- Am Schwimmbad 1
- 20 Mrz - 31 Okt
- +49 63 04 41 43
- info@campingwolfstein.de

1 AE**J**MNOPQRS**T** BN 6
2 CQSWXYZ ABDE**FG**H 7
3 ABF**J**MSUW ABCDEFGJKNQRTUVW 8
4 BEFHJORSTZ CDEJKUVWZ 9
5 BDFGHLMN ABCHIJ**O**QU10
B 16A CEE
H200 3,8ha 90T(100-150m²) 20D
1 €32,00
2 €46,00
- An der B270 zwischen Kaiserslautern und Idar-Oberstein. Südlich von Wolfstein. Aus dem Süden rechts, aus dem Norden links.
102115

EuroCampings

Immer ein Campingplatz, der zu Ihnen passt!
- 9 500 Campingplätze in 31 Ländern
- Rund 250 Filtermöglichkeiten
- Schnell und einfach buchen, auch unterwegs
- Mehr als 100 000 Campingplatz-Bewertungen

www.Eurocampings.de

Legende Karten

 Ein offenes Zelt bedeutet daß sich hier ein Campingplatz befindet.

 Ein geschlossenes Zelt bedeutet daß hier mehrere Campingplätze zu finden sind.

 Campingplätze die CampingCard ACSI akzeptieren.

70 Auf dieser Seite finden Sie das Teilgebiet.

73 Pfeile mit Seitenangaben am Kartenrand verweisen auf angrenzende Gebiete.

 Die Übersichtskarte des betreffenden Landes und im welchen Teilgebiet Sie sich befinden.

Deutschland

Gersheim, D-66453 / Saarland

▲ Camping Walsheim
Heuweg 3
1 Apr - 1 Nov
+49 68 43 80 01 80
info@campingwalsheim.de

1	ADEJMNOPQRST	AF 5
2	CIPQUWXY	ABFG 7
3	BFGLMU	ABCDEFGHJNQRTW 8
4	FHIJ	BD 9
5	ABDEFHKN	ABFGHIJNOQUVW 10

B 16A CEE ❶ €30,00
H170 5,5ha 100T(70-120m²) 87D ❷ €40,00

N 49°09'36" E 07°14'43"
123013

A8 Ausfahrt 33 Zweibrücken/Ixheim. Danach die L465 Richtung Gersheim. Beschilderung Camping Walsheim befolgen.

Kirkel/Neuhäusel, D-66459 / Saarland

▲ Mühlenweiher ★★★
Unnerweg 5C
1 Jan - 31 Dez
+49 6 84 91 81 05 55
info@caravanplatz-kirkel.de

1	ADEJMNOPQRST	AFM 5
2	AEPQTWXYZ	ABDEFGHIK 7
3	ABFGMNOUX	ABEFJNQRTW 8
4	EFHIJOP	DLUVWZ 9
5	ADEFHKLMNO	ABFGHIJOQUWY 10

B 10A CEE ❶ €25,50
H205 3ha 35T(90-150m²) 81D ❷ €36,65

N 49°16'55" E 07°13'43"
102070

A8 Ausfahrt 28 Limbach nach Kirkel-Neuhäusel, an der B40 den Campingschildern folgen.

Nohfelden/Bosen, D-66625 / Saarland

▲ Bostalsee ★★★★★
Am Campingplatz 1
1 Jan - 31 Dez
+49 6 85 18 01 80 50
campingplatz@bostalsee.de

1	AEFJMNOPQRST	LMNOQSTXY 6
2	AEJKPQTVWXY	BEFGHK 7
3	ABFGJLMS	BDFIJKLNQRTUVW 8
4	BEFHJLOT	ADJMPQRTUVW 9
5	ABDEFJLMN	ABFGHIJLMOQUW 10

Anzeige auf dieser Seite B 16A CEE ❶ €53,50
H400 14ha 114T(100-110m²) 344D ❷ €53,50

N 49°33'38" E 07°03'40"
101136

A1 bis Kreuzung Nonnweiler und über die A62 bis Ausfahrt 3 Türkismühle. Dann den Bostalsee-Schildern folgen.

Perl/Nennig, D-66706 / Saarland

▲ Mosel-Camping Dreiländereck
Zur Moselbrücke 15
1 Apr - 15 Okt
+49 6 86 63 22
info@mosel-camping.de

1	AJMNOPQRST	NXY 6
2	CQSX	ABDFG 7
3		ABEFNRW 8
4	HI	9
5	DHL	AKNQ 10

16A CEE ❶ €25,00
2,7ha 40T 70D ❷ €32,60

N 49°32'32" E 06°22'17"
110735

A1/E44 Trier-Luxemburg, Ausfahrt Grevenmacher, dann Richtung Remich. Nach Brücke links, zweiter CP.

campingplatz Siersburg
Zum Niedwehr 1
66780 Rehlingen/Siersburg
Tel. +49 68352100
www.campingplatz-siersburg.de

Rehlingen/Siersburg, D-66780 / Saarland

▲ Siersburg ★★★★
Zum Niedwehr 1
1 Apr - 15 Okt
+49 68 35 21 00
info@campingplatz-siersburg.de

1	AEJMNOPQRST	N 6
2	ADIPQXYZ	ABFG 7
3	BLS	ABCDEFIJKNQRTW 8
4	FHIO	DI 9
5	ADFKM	AGHIJMOQUW 10

Anz. auf dieser Seite B 6-16A CEE ❶ €21,00
H173 3ha 140T(100m²) 15D ❷ €27,00

N 49°22'02" E 06°39'39"
107490

A8 oder B51 Richtung Saarlouis. Rehlingen folgen, nach Siersburg abbiegen. In Siersburg am Kreisel 1. Ausfahrt Niedstrasse. Hinter der Niedbrücke nach etwa 100m links und hauptsächlich den CP-Schildern folgen.

Camping am Bostalsee

★ Ganzjährig geöffnet
★ Komfort- und Wohnmobilstellplätze
★ Mietwohnwagen und -zelte
★ DTV 5 Sterne
★ Sanitärgebäude mit Sauna
★ Separate Jugend- und Gruppenzeltplätze
★ Zahlreiche Freizeit- und Wassersportmöglichkeiten
★ Super-Sparpakete unter camping.bostalsee.de

Unser Tipp für Familien: »Märchenhäuser« Campingplatz Bostalsee

Bostalsee Camping • Am Campingplatz 1 • D-66625 Nohfelden-Bosen • Telefon +49-68 51-80 1 80 50 • campingplatz@bostalsee.de

Teilkarte Saarland auf Seite 303

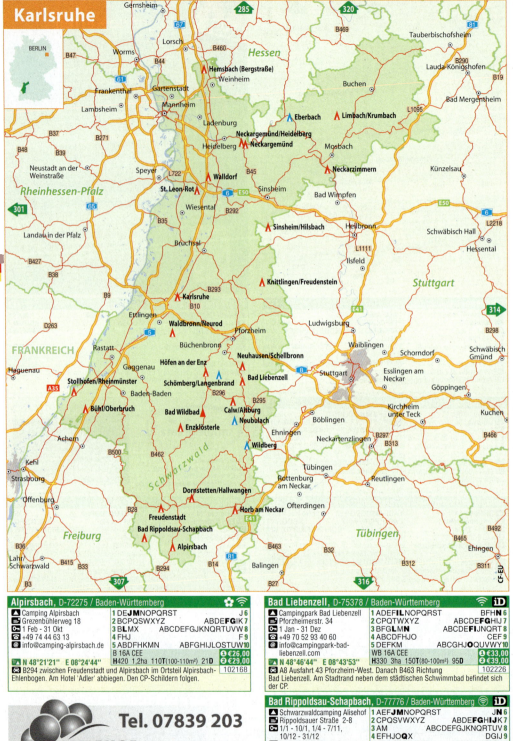

Alpirsbach, D-72275 / Baden-Württemberg

Camping Alpirsbach
Grezenbühlerweg 18
1 Feb - 31 Okt
+49 74 44 63 13
info@camping-alpirsbach.de

1	DEJMNOPQRST	J 6
2	BCPQSWXYZ	ABDEFGIK 7
3	BLMX	ABCDEFGJKNQRTUVW 8
4	FHJ	F 9
5	ABDFHKMN	ABFGHIJLOSTUW 10

B 16A CEE
€ 26,00
€ 29,00
N 48°21'21" E 08°24'44"
H420 1,2ha 110T(100-110m²) 21D
102168

B294 zwischen Freudenstadt und Alpirsbach im Ortsteil Alpirsbach-Ehlenbogen. Am Hotel 'Adler' abbiegen. Den CP-Schildern folgen.

Bad Liebenzell, D-75378 / Baden-Württemberg

Campingpark Bad Liebenzell
Pforzheimerstr. 34
1 Jan - 31 Dez
+49 70 52 93 40 60
info@campingpark-bad-liebenzell.com

1	ADEFILNOPQRST	BFHN 6
2	CPQTWXYZ	ABCDEFGHIJ 7
3	BFGLMN	ABCDEFIJNQRT 8
4	ABCDFHJO	CEF 9
5	DEFKM	ABCGHJOQUVWY 10

WB 16A CEE
€ 33,00
€ 39,00
N 48°46'44" E 08°43'53"
H330 3ha 150T(80-100m²) 95D
102226

A8 Ausfahrt 43 Pforzheim-West. Danach B463 Richtung Bad Liebenzell. Am Stadtrand neben dem städtischen Schwimmbad befindet sich der CP.

Bad Rippoldsau-Schapbach, D-77776 / Baden-Württemberg

Schwarzwaldcamping Alisehof
Rippoldsauer Straße 2-8
1/1 - 10/1, 1/4 - 7/11, 10/12 - 31/12
+49 7 83 92 03
camping@alisehof.de

1	AEFJMNOPQRST	JN 6
2	CPQSVWXYZ	ABDEFGHIJK 7
3	AM	ABCDEFGNQRTUV 8
4	EFHJOQX	DGIJ 9
5	ABDEFGHJMN	ABFGHKLNQV 10

Anzeige auf dieser Seite WB 16A
€ 31,20
€ 41,20
N 48°23'00" E 08°17'59"
H460 4ha 110T(90-120m²) 55D
102167

A5 Ausfahrt Offenburg, B33 Villingen-Schwenningen, geht über in B294 vorbei Haslach Richtung Freudenstadt. Hinter dem Tunnel bei Wolfach, Bad Rippoldsau-Schapbach folgen.

Tel. 07839 203
ALISEHOF
Schwarzwaldcamping
www.alisehof.de

Bad Wildbad, D-75323 / Baden-Württemberg

⛺ Rehmühle	1 ADEF**JM**NOPQRST	N 6
🏠 Rehmühle 1	2 DQSVWXY	ABDE**FG** 7
📅 1 Jan - 31 Dez	3 AM	ABCDEFJNQRTUW 8
☎ +49 70 55 13 20	4 FHIJO	J 9
@ info@campingrehmuhle.nl	5 ADFGHKMN	ABHJNQU 10
	W 16A CEE	① €25,00
N 48°39'54'' E 08°32'52''	H600 2ha 40**T**(100m²) 142**D**	② €30,00
🚗 A8, Ausfahrt 43 Pforzheim-West. B294 Richtung Bad Wildbad. In Calmbach B294 Richtung Freudenstadt, ca. 15 km CP-Beschilderung folgen.		107533

Bad Wildbad, D-75323 / Baden-Württemberg

⛺ Family-Resort Kleinenzhof *****	1 AE**JM**NOPQRST	ABCDE**FGHI** 7
🏠 Kleinenzhof 1	2 DQTWXY	ABCDEFGHIJKNPQR**S**TUVW 8
📅 1 Jan - 31 Dez	3 ABDEF**MT**UWX	EGIJLUVWYZ 9
☎ +49 70 81 34 35	4 **A**BEF**GHIJ**KOQ**RTV**	ABCFGHJN**O**PQU 10
@ info@kleinenzhof.de	5 ACDEF**HLMN**O	① €45,40
	Anz. auf dieser Seite WB 16A CEE	② €59,60
N 48°44'15'' E 08°34'34''	H470 6ha 150**T**(90-110m²) 181**D**	100181
🚗 A8 Ausfahrt 43 Pforzheim-West. B294 Richtung Bad Wildbad. In Calmbach B294 folgen, Richtung Freudenstadt.		

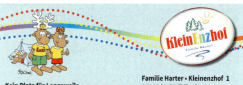

Kein Platz für Langeweile.
Hier dürfen Erwachsene ihre Kindheitserinnerungen neu entdecken und Kinder ihre Träume leben.

Familie Harter • Kleinenzhof 1
75323 Bad Wildbad
Tel. 07081/3435 • Fax 3770
E-Mail: info@kleinenzhof.de
www.kleinenzhof.de

Camping • Hotel • Ferienwohnungen • Mobilheime • Restaurant • Sporthalle • Hallenbad

Bühl/Oberbruch, D-77815 / Baden-Württemberg

⛺ Adam Camping	1 ADEF**JM**NOPQRST	HLM**N**QX 6
🏠 Campingstraße 1	2 AELPQRTWXYZ	ABDE**FG** 7
📅 1 Jan - 1 Dez	3 BFG**L**MS	ABCDEFJNQRTUVW 8
☎ +49 72 23 23 19 4	4 BFH	E 9
@ info@campingplatz-adam.de	5 ACDEFHKLM**N**	ABGHIJM**O**Q 10
	WB 10A CEE	① €34,00
N 48°43'35'' E 08°05'02''	H120 25ha 180**T**(80-100m²) 332**D**	② €48,00
🚗 A5 Karlsruhe-Basel, Ausfahrt 52. Am Ende der Ausfahrt ist der CP angezeigt.		102166

Freudenstadt, D-72250 / Baden-Württemberg

⛺ Camping Langenwald	1 AE**JM**NOPQRST	BN 6
🏠 Straßburger Straße 167	2 BCPQTVWXYZ	ABDE**FG**HIK 7
📅 10 Apr - 1 Nov	3 BG**L**MSX	ABCDEFGHIJNQRTUV 8
☎ +49 74 41 28 62	4 BDEFHJOQX	DIJ 9
@ info@camping-langenwald.de	5 ABDEFJKMN	AEFGHJLNQU 10
	B 16A CEE	① €34,00
N 48°27'32'' E 08°22'22''	H700 1,5ha 80**T**(90-100m²) 24**D**	② €42,00
🚗 Von Westen: A5 Ausfahrt 54 Appenweier, B28 Richtung Freudenstadt, Richtung Kniebis. 3 km vor Freudenstadt links. Von Osten: A81 Ausfahrt 30 Horb, L370 Richtung Freudenstadt. 3 km hinter Freudenstadt rechts.		101143

Calw/Altburg, D-75365 / Baden-Württemberg

⛺ Holiday Camp Altburg	1 ABFILNOPQRST	B 6
🏠 Oberreichenbacher Straße	2 PQXYZ	ABCDE**FG** 7
📅 1 Jan - 31 Dez	3 AFM**N**U	ABCDE**F**JNQRUVW 8
☎ +49 70 51 74 17	4 FHJ**Z**	H 9
@ info@holiday-camp.de	5 ADMN	ABFHJLNSTUV 10
	16A CEE	① €22,50
N 48°43'40'' E 08°41'18''	H635 6,7ha 70**T**(80-100m²) 301**D**	② €29,50
🚗 A8 Ausfahrt 43 Pforzheim West. B294 bis Höfen. In Höfen Richtung Calw. Am Ortseingang Calw rechts ab Richtung Altburg. Dann CP ausgeschildert.		102227

Hemsbach (Bergstraße), D-69502 / Baden-Württemberg

⛺ Wiesensee****	1 ABE**JM**NOPQRST	BLM**N** 6
🏠 Ulmenweg 7	2 AEJKPQSTWXY	ABDE**FGH** 7
📅 1 Jan - 31 Dez	3 ABGH**LM**N**O**X	ABCDEFJKNQRTUVW 8
☎ +49 6 20 17 26 19	4 EHIO	9
@ info@camping-wiesensee.de	5 ADEFGHKLMN	ABFGHIJ**O**Q 10
	B 16A CEE	① €34,00
N 49°35'52'' E 08°38'25''	H100 3,5ha 60**T**(70-80m²) 180**D**	② €31,50
🚗 A5 Frankfurt-Basel, am Darmstädter Kreuz Richtung Heidelberg auf der A5 bleiben bis zur Ausfahrt 32 Hemsbach. CP ausgeschildert.		102215

Dornstetten/Hallwangen, D-72280 / Baden-Württemberg

⛺ Höhencamping Königskanzel	1 ACDEF**JM**NOPQRST	BG 6
🏠 Freizeitweg 1	2 IQTVWXYZ	ABDE**FGH** 7
📅 1 Mrz - 5 Nov	3 ABEFGMX	ABDEFGHIJKNQR**S**TUV 8
☎ +49 74 43 67 30	4 BEFHJ**Z**	9
@ info@ camping-koenigskanzel.de	5 ABDEFKMN	ABFGHJ**O**QY 10
	B 16A CEE	① €35,40
N 48°28'51'' E 08°30'01''	H700 4ha 50**T**(110-120m²) 103**D**	② €47,80
🚗 A5, dann B28 Richtung Freudenstadt. Von Freudenstadt Richtung Dornstetten. Von hier aus ist der CP ausgeschildert.		102232

Höfen an der Enz, D-75339 / Baden-Württemberg

⛺ Quellgrund	1 AF**JM**NOPQRST	JN 6
🏠 Sägmühlenweg	2 CPQXY	AB**FG** 7
📅 1 Jan - 31 Dez	3 AD**JL**M	BCD**F**HNQR 8
☎ +49 70 81 69 84	4 AEFH**RTXZ**	D 9
@ info@ campingplatz-quellgrund.de	5 ABDFM	AHJ**O**Q 10
	16A CEE	① €40,00
N 48°48'27'' E 08°34'58''	H365 3,7ha 50**T**(70-110m²) 132**D**	② €54,80
🚗 A8 Ausfahrt 43 Pforzheim-West. B294 Richtung Freudenstadt. Der CP ist hinter dem Ortseingang von Höfen hinter der Aral Tankstelle.		102224

Durlach, D-76227 / Baden-Württemberg

⛺ Campingplatz Durlach	1 AD**JM**NOPQR**S**T	6
🏠 Tiengener Str. 40	2 AQSWXYZ	ABDE**FG** 7
📅 1 Mrz - 31 Okt	3 BMU	ABEFJLNQRUVW 8
☎ +49 7 21 94 30 34 30	4 H	E 9
@ info@ka-camping.de	5 AD	ABCHIK**O**QUWY 10
	B 16A CEE	① €38,00
N 49°00'25'' E 08°28'56''	H124 3,5ha 99**T**(90-130m²) 81**D**	② €48,00
🚗 A5 Ausfahrt 43 Bretten/Pfinztal B10, der CP-Beschilderung folgen. Nach der Shell-Station rechts abbiegen.		102163

Horb am Neckar, D-72160 / Baden-Württemberg

⛺ Schüttehof	1 ADEF**JM**NOPQRST	AF 6
🏠 Schütteberg 7	2 AQXY	ABDE**FG**HIJ 7
📅 1 Jan - 31 Dez	3 ABFG**IM**N**S**X	ABDE**FG**IJNQR**S**T 8
☎ +49 74 51 39 51	4 FGHJO	DX 9
@ info@camping-schuettehof.de	5 ABDFLMN	ABCEFGHL**O**QUWX 10
	WB 16A	① €28,00
N 48°26'43'' E 08°40'25''	H500 8ha 64**T**(60-100m²) 253**D**	② €48,00
🚗 A81 Stuttgart-Singen. Ausfahrt 30 Richtung Horb. In Horb links ab zur B14. Links in die Altheimerstraße. CP liegt links. Von Freudenstadt aus: B14, dann sofort rechts.		100185

Eberbach, D-69412 / Baden-Württemberg

⛺ Eberbach	1 AF**IL**NOPQRST	BEF**JN**X 6
🏠 Alte Pleutersbacherstraße 8	2 DPQWXY	BEF**GI** 7
📅 8 Apr - 30 Okt	3 BF**LN**	ABEFJNQRT 8
☎ +49 62 71 10 71	4 FH	9
@ info@ campingpark-eberbach.de	5 ABDFGHLM	ABCHK**O**Q 10
	16A CEE	① €29,40
N 49°27'38'' E 08°58'57''	H226 2ha 100**T**(60-80m²) 24**D**	② €37,20
🚗 A5, Ausfahrt 37 Heidelberg. Dann der B37 nach Eberbach folgen. Die Brücke überqueren.		108132

Knittlingen/Freudenstein, D-75438 / Baden-Württemberg

⛺ Stromberg-Camping***	1 ADEF**JM**NOPQRST	BF 6
🏠 Diefenbacher Straße 70	2 QSWXYZ	ABE**FG**I 7
📅 1 Jan - 31 Dez	3 BF**IM**R**S**	ABCDEFNQR 8
☎ +49 70 43 21 60	4 BCDFH	D 9
@ info@strombergcamping.de	5 ABDFGM	ABFGHJ**O**QU 10
	B 16A	① €24,50
N 49°02'06'' E 08°50'00''	H320 7,5ha 50**T**(80-100m²) 502**D**	② €35,50
🚗 A8 Stuttgart-Karlsruhe, Ausfahrt 44 Pforzheim-Nord zur B294. Richtung Bruchsal. In Bretten die B35 bis Knittlingen, dann links in Richtung Freudenstein.		102222

Enzklösterle, D-75337 / Baden-Württemberg

⛺ Müllerwiese	1 AEF**JM**NOPQR**T**	J 6
🏠 Hirschtalstraße 3	2 BDPQRSTUWXYZ	ABDE**FG** 7
📅 15 Apr - 15 Okt	3 BM	ABCDEFJNQRTUVW 8
☎ +49 70 85 74 85	4 EFGHI	F 9
@ info@muellerwiese.de	5 D**MN**	ABFGHJMN**O** 10
	10A CEE	① €31,00
N 48°40'00'' E 08°28'08''	H600 1,6ha 48**T**(60-160m²) 34**D**	② €39,00
🚗 Von Pforzheim die B294 nach Calmbach nehmen. Hier rechts ab und über Bad Wildbad nach Enzklösterle. Im Zentrum rechts zum CP.		109548

Limbach/Krumbach, D-74838 / Baden-Württemberg

⛺ Odenwald Camping****	1 AF**IL**NOPQRST	BEF 6
🏠 Alte Mühle 1	2 PQUVWXYZ	ABE**FG**I 7
📅 1 Jan - 31 Dez	3 AFG**JMN**PU**V**	ABCDE**F**NRT 8
☎ +49 62 87 14 85	4 AEFHJOQ**RS**T**XY**	AEV 9
@ info@odenwald-camping.de	5 ABDEFGHKLM	ABHIJLNQ 10
	16A CEE	① €29,00
N 49°27'29'' E 09°10'37''	H370 12ha 120**T**(70-100m²) 276**D**	② €37,00
🚗 A6 Ausfahrt 33 Sinsheim. B292 Richtung Obrigheim nach Mosbach. B27 Richtung Buchen, abbiegen Richtung Fahrenbach, Robern, Krumbach.		102284

Neckargemünd, D-69151 / Baden-Württemberg

	1 AF**IL**NOPQRS**T**	N**X**Y 6
▲ Friedensbrücke	2 DPQSXY	ABDE**FG** 7
■ Falltorstraße 4	3 A**L**V	ABEFJNQRT 8
☼ 1 Apr - 15 Okt	4 FHO	R 9
☎ +49 62 23 21 78	5 ABDEFIKLM	ABCGH**O**QL10
@ info@camping-bei-heidelberg.de	B 16A CEE	①€30,00 ②€40,00
▲ N 49°23'47" E 08°47'40"	H130 3ha 100T(60-80m²) 20**D**	102223

🚗 A5, Ausfahrt 37 Heidelberg. B37 Richtung Eberbach. Bei der Einfahrt nach Neckargemünd links in die Poststraße abbiegen, oder schon vor der Brücke rechts. Schildern folgen.

Neckargemünd/Heidelberg, D-69151 / Baden-Württemberg

	1 ADE**IL**NOPQRS**T**	J**N**X 6
▲ Camping Haide****	2 DQXYZ	A**B**E**FG** 7
■ Ziegelhäuserstraße 91	3 B	ABFNQR 8
☼ 31 Mrz - 2 Nov	4 FH	**S** 9
☎ +49 62 23 21 11	5 ADM	AGHKLNQ10
@ camping-haide@t-online.de	B 8A CEE	①€20,30 ②€25,70
▲ N 49°24'06" E 08°46'45"	H119 3,6ha 160T(80-100m²) 40**D**	102219

🚗 A5 Ausfahrt 37 in Heidelberg. Über die 1. Brücke, dem Neckar Richtung Eberbach folgen.

Neckarzimmern, D-74865 / Baden-Württemberg

	1 AEIL NOPQRS**T**	B**N**XY 6
▲ Cimbria	2 DPQSTWXYZ	ABD**FG** 7
■ Wiesenweg 1	3 BFM**N**S	ABCDEF**G**NQR 8
☼ 1 Apr - 30 Okt	4 FH	9
☎ +49 62 61 25 62	5 ADFHIKMN	ABCGHJLOQV10
@ info@camping-cimbria.de	16A CEE	①€27,00 ②€31,00
▲ N 49°19'10" E 09°07'32"	H110 3ha 120T(80-110m²) 20**D**	102285

🚗 A6 Ausfahrt 33 Sinsheim. B292 Richtung Mosbach. Kreuz Mosbach Richtung Heilbronn. Ausfahrt Neckarzimmern. Der Camping ist am Ortseingang von Neckarzimmern.

Neubulach, D-75387 / Baden-Württemberg

	1 AF**JM**NOPQRS**T**	BG**N** 6
▲ Camping Erbenwald	2 QWXYZ	ABDE**FG**HIJ 7
■ Miss Gasse	3 ABF**HI**MRX	ABDE**F**JNRTUVW 8
☼ 1 Jan - 31 Dez	4 ABCDEFHIJO	F**KL** 9
☎ +49 70 53 73 82	5 ABDEFJLMN**O**	ABCDGHIJ**O**QUVW10
@ info@camping-erbenwald.de	Anz. auf dieser Seite WB 16A CEE	①€34,50 ②€46,80
▲ N 48°40'39" E 08°41'23"	H620 7,9ha 75T(80-130m²) 303**D**	102228

🚗 A8 Ausfahrt 43 Pforzheim-West. B463 Richtung Calw. Dort rechts in Richtung Neubulach/Liebelsberg, dann CP-Schildern folgen.

★ ★ ★ **Familien Zelt- & Campingplatz**

• Freibad / Spielplatz
• Gratis W-Lan
• Direkt am Nagoldtalradweg

Camping Carpe Diem

Martinsholzle 6-8
72218 Wildberg
Tel. 07054-931851
www.campingcarpediem.de
info@campingcarpediem.de

Neuhausen/Schellbronn, D-75242 / Baden-Württemberg

	1 ADE**JM**NOPQRS**T**	**B**FH 6
▲ International Camping Schwarzwald	2 PQWXY	ABDE**FG**HI 7
■ Freibadweg 1	3 **B**F**JL**M	ABCD**F**NQRT 8
☼ 1 Jan - 31 Dez	4 **ABCDFH**R**TXZ**	EFK 9
☎ +49 72 34 65 17	5 ABDGHJKMN	ABGHJ**O**QV10
@ famfrech@t-online.de	B 16A CEE	①€25,50 ②€34,50
▲ N 48°49'08" E 08°44'05"	H540 5ha 70T(80-130m²) 255**D**	100180

🚗 A8, Ausfahrt 43 Pforzheim-West. B10/B463 Richtung Calw. Ende Pforzheim links in Richtung Huchenfeld-Neuhausen. Ab Stuttgart: A8, Ausfahrt 46 Heimsheim, Friolzheim, Tiefenbronn, Hamberg, Schellbronn.

Schömberg/Langenbrand, D-75328 / Baden-W.

	1 ADEILNOPQRS**T**	6
▲ Höhencamping-Langenbrand****	2 PQWXYZ	ABC**DEFG**HI 7
■ Schömbergerstraße 32	3 AMU	ABCDE**F**NQRT 8
☼ 1 Jan - 31 Dez	4 FHJ**S**	9
☎ +49 70 84 61 31	5 DM	ABCDFGHJ**O**QI 10
@ info@hoehencamping.de	16A CEE	①€26,20 ②€33,20
▲ N 48°47'55" E 08°38'08"	H700 1,6ha 39T(100-120m²) 61**D**	102225

🚗 A8 Ausfahrt 43 Pforzheim-West. B10 links ab Richtung Stadt bis 'Bauhaus', rechts. Rechts dann Richtung Brötzingen. 4. Ampel in Bad Büchenbronn/Schömberg rechts. Richtung Schömberg bis Langenbrand.

Sinsheim/Hilsbach, D-74889 / Baden-Württemberg

	1 ADEF**GH**KNOPQRS**T**	BG 6
▲ FKK Camping Hilsbachtal****	2 AD**K**QTXY	ABDE**FG** 7
■ Eichmühle 1	3 AFG**L**MNU	ABCD**F**JNQRTW 8
☼ 1 Apr - 15 Okt	4 FHJO**T**	L 9
☎ +49 72 60 29 50	5 ADFKM	ABCFGHIJ**O**STUWY10
@ info@camping-hilsbachtal.de	FKK 16A CEE	①€26,00 ②€35,00
▲ N 49°10'39" E 08°52'14"	H220 7ha 38T(65-100m²) 250**D**	111989

🚗 A6, Ausfahrt 33 Sinsheim. Dort rechts nach Weiler und Hilsbach Richtung Adelshofen. Dann rechts ab, Schildern folgen.

St. Leon-Rot, D-68789 / Baden-Württemberg

	1 ADEF**IL**NOPQRS**T**	LM**N**OQRSTW 6
▲ St. Leoner See****	2 AEJQRTWXYZ	BCDE**FG**IK 7
■ Am St. Leoner See 1	3 BF**GJL**M	ABDE**F**I**JKL**NQRTUVW 8
☼ 1 Jan - 31 Dez	4 BDH**JX**	FJ 9
☎ +49 6 22 75 90 09	5 ABDEFKL	ABGHIJOPQUY10
@ info@st.leoner-see.de	B 16A CEE	①€24,00 ②€31,00
▲ N 49°16'58" E 08°35'05"	H104 7ha 330T(25-120m²) 661**D**	102221

🚗 A5 Heidelberg-Karlsruhe, Ausfahrt 39 Walldorf. Dann Richtung Reilingen, St. Leon-Rot.

Stollhofen/Rheinmünster, D-77836 / Baden-Württemberg

	1 ADEF**JM**NOPQRS**T**	LM**N**PQRSTW**XYZ** 6
▲ Freizeitcenter Oberrhein******	2 ACFJKQRSWXYZ	AB**C**DE**FG**HIJ 7
■ Am Campingpark 1	3 BFG**HIJL**M**N**O**S**	ABCDEFGIJKNQRSTUVW 8
☼ 1 Jan - 31 Dez	4 AEFHJLOP	DEJKMPRUVWZ 9
☎ +49 72 27 25 00	5 ACDEFGHIJKLMN**O**	ABCFGHJLM**O**QWXY10
@ info@fco.de	WB 16A CEE	①€37,00 ②€52,00
▲ N 48°46'24" E 08°02'22"	H125 36ha 350T(75-132m²) 491**D**	100179

🚗 A5 Karlsruhe-Basel, Ausfahrt 52 Rheinmünster. Durch Zentrum Richtung Stolhofen. Im Zentrum links ausgeschildert.

Waldbronn/Neurod, D-76337 / Baden-Württemberg

	1 ABDE**JM**NOPQRS**T**	AB**FG** 6
▲ Albtal	2 ABCPQRTXY	ABFNQRW 7
■ Kochmühle 1	3	8
☼ 1 Jan - 31 Dez	4 FH	9
☎ +49 7 24 37 25 46 74	5 DFHLM	AGHJ**O**Q 10
@ albtal.camping@gmx.de	16A CEE	①€29,00 ②€37,00
▲ N 48°54'53" E 08°27'20"	H250 10ha 75T(70-100m²) 200**D**	102164

🚗 A5 ab Basel, Ausfahrt 47 Ettlingen/Karlsruhe/Ruppur. Vor Ettlingen durch den Tunnel. Vor Waldbronn rechts über Bahnübergang. Oder via die A8, Ausfahrt 42.

Teilkarte Karlsruhe auf Seite 304

Walldorf, D-69190 / Baden-Württemberg

- Walldorf Astoria
- Schwetzingerstr. 98
- 15 Apr - 15 Okt
- +49 62 27 91 95
- info@campingplatz-walldorf-astoria.de

1 AFHKNOPRS**T**		6
2 APQRXY		BDE**F**I 7
3 **J**L		BDFNQR 8
4 FH		9
5 ABDEHKL		AHIKNQ10

B 16A CEE
N 49°18'59'' E 08°38'06''
H110 3ha 60T(80-100m²) 50D
① €24,50
② €32,50
102220

A5 Frankfurt-Basel, Ausfahrt 39. Weiter links Richtung Heidelberg/Schwetzingen, B291 Richtung Walldorf-West folgen. Ab hier ausgeschildert.

Wildberg, D-72218 / Baden-Württemberg

- Camping Carpe Diem ***
- Martinsholzle 6-8
- 1 Apr - 5 Nov
- +49 70 54 93 18 51
- info@campingcarpediem.de

1 AE**JM**NOPQRST		A 6
2 CQWXY		B**FG** 7
3 ABM		ABCD**F**JNQRTUW 8
4 BFGHJO		DEF 9
5 ADFHJKLMN		ABDFHIKOQW10

Anzeige auf Seite 306 16A CEE
N 48°36'41'' E 08°44'06''
H372 3ha 130T(80-110m²) 24D
① €29,00
② €35,00
102229

A8 Ausfahrt 43 Pforzheim-West Richtung Calw. In Calw die B463 Richtung Nagold. Weiter Wildberg. Dann den CP-Schildern folgen.

EuroCampings

Buchen Sie jetzt Ihren Stellplatz oder Ihre Mietunterkunft über ACSI

www.Eurocampings.de

Achern, D-77855 / Baden-Württemberg

- Camping am Achernsee
- Am Campingplatz 1
- 1 Jan - 31 Dez
- +49 7 84 12 52 53
- info@campingplatz-achernsee.de

1 ABDEF**JM**NOPQRST		LM**N** 6
2 AEJKQRWXYZ		ABDE**FG** 7
3 BFGM		ABDE**F**JNQRTW 8
4 H		VW 9
5 ADLMN		ABGHIKNQU10

B 10A CEE
N 48°38'46'' E 08°02'09''
H144 40ha 140T(70-80m²) 350D
① €26,00
② €35,00
100977

A5 Karlsruhe-Basel, Ausfahrt 53 Achern. An Ampel links. Der CP ist nach 300m links ausgeschildert.

Allensbach, D-78476 / Baden-Württemberg

- Campingplatz Allensbach
- Strandweg 30
- 15 Mrz - 15 Okt
- +49 7 53 39 97 65 65
- info@campingamsee.de

1 BEGJKNOPQRS**T**		LM**N**QS**X**Y 6
2 AEKLQXYZ		ABDE**FG**IJ 7
3 BGMS		ABCDE**F**JNQRT 8
4 FHJ		FGMRT 9
5 ADEFHKLM		ABCFGHIKNQVWY10

B 16A CEE
N 47°42'38'' E 09°04'47''
H405 3ha 145T(70-80m²) 75D
① €32,50
② €38,10
113684

Ab AB Kreuz Hegau (A81) nach Radolfzell B33 Richtung Konstanz. In Allensbach den CP-Schildern folgen.

Teilkarte Freiburg auf Seite 307

Campingplatz Hegne am Bodensee

Der Campingplatz liegt direkt am See in nächster Nähe zu Konstanz, mit eigener Zughaltestelle. Kostenlose Nutzung des ÖPNV durch die Kurkarte. Voll ausgestattete Mietunterkünfte. Schlaffässer, Naturstrandbad mit kinderfreundlicher Badezone. Gutbürgerliche Küche. Reservierung möglich.

Nachtwaid 1, 78476 Allensbach/Hegne
Tel. +49 75339493913 • E-Mail: info@camping-hegne.de
Internet: www.camping-hegne.de

Bräunlingen, D-78199 / Baden-Württemberg
- Kirnbergsee
- Seestraße 15
- 1 Jan - 31 Dez
- +49 76 54 75 10
- @ info@campingplatz-kirnbergsee.de
- N 47°55'45" E 08°21'52"
1 ADEF**JM**NOPQRST LN**QX** 6
2 EIMQVWXY ABDE**FG** 7
3 AF ABCDEFJNQRTW 8
4 FGHI J 9
5 ABDEFJKLM**N** ABGHIJLNQ 10
W 16A CEE
€33,00 / €44,00
H840 1,2ha 66T(90-100m²) 92D
B31 Freiburg -(Titisee)- Donaueschingen, Abfahrt Löffingen, links Richtung Dittishausen-Unterbränd. Im Kreisel geradeaus. Der CP ist ausgeschildert.
102173

Donaueschingen/Pfohren, D-78166 / Baden-Württemberg
- Riedsee-Camping
- Am Riedsee 11
- 1 Jan - 31 Dez
- +49 7 71 55 11
- @ info@riedsee-camping.de
- N 47°56'15" E 08°32'03"
1 ADEF**JM**NOPQRST LM**QS** 6
2 AEJQWXY ABDE**FG**I 7
3 ABF**LMN**SUX ABCDEFJKNQRW 8
4 BFGHIJO 9
5 ABDEFHKLM**N** ABGHIJ**OST** 10
16A CEE
€26,00 / €33,00
H750 10ha 100T(75-100m²) 400D
A81 Stuttgart-Singen, Ausfahrt Geisingen. Noch 13 km Richtung Donaueschingen bis zum Stadtteil Pfohren. Links abbiegen, danach ausgeschildert.
101433

Engen im Hegau, D-78234 / Baden-Württemberg
- Campingplatz Sonnental
- Im Doggenhardt 1
- 1 Jan - 31 Dez
- +49 77 33 75 29
- @ info@camping-sonnental.de
- N 47°51'43" E 08°45'39"
1 A**JM**NOPQRS**T** A 6
2 APQTUVWXYZ ABDE**FG**I 7
3 ABFM ABCDEFJNQRTUVW 8
4 FH 9
5 ADEFHKLM**N** ABFGHIJNQ 10
W 10A CEE
€24,00 / €30,00
H522 3ha 85T(1-80m²) 70D
A81 Richtung Singen, Ausfahrt 39 Engen. Dann ist CP ausgeschildert.
102234

Allensbach/Hegne, D-78476 / Baden-Württemberg
- Campingplatz Hegne am Bodensee
- Nachtwaid 1
- 15 Mrz - 15 Okt
- +49 7 53 39 49 39 13
- @ info@camping-hegne.de
- N 47°42'15" E 09°05'52"
1 ABEFGILNOPQRS**T** LM**N**QSV**XZ** 6
2 AEKLMPQSTYZ ABDE**FG**IK 7
3 AB**L**MS ABCDEFGIJKNQRT 8
4 FHJ FJRW 9
5 ABDFHILMN ABCGHIJ**OQ**V 10
Anzeige auf dieser Seite B 16A CEE
€35,20 / €42,80
H408 2,2ha 90T(80-120m²) 62D
B33 Radolfzell Richtung Konstanz. In Allensbach Richtung Hegne ist der CP ausgeschildert.
102297

Ettenheim, D-77955 / Baden-Württemberg
- Campingpark Oase★★★★
- Mühlenweg 34
- 8 Apr - 3 Okt
- +49 78 22 44 59 18
- @ info@campingpark-oase.de
- N 48°14'51" E 07°49'41"
1 ADEF**IL**NOPQRS**T** A**G** 6
2 AQSVWY ABDE**FG** 7
3 BFG**JLMN**RSX ABCDEFJKNQRTU 8
4 FHJO 9
5 ADEFHJLM**N** ABGHIJ**OS** 10
B 6A CEE
€30,00 / €39,00
H250 5ha 160T(80-130m²) 85D
A5, Ausfahrt Ettenheim, Ausfahrt 57A Richtung Ettenheimweiler, gerade außerhalb der Stadt, gut ausgeschildert.
100183

Bad Bellingen/Bamlach, D-79415 / Baden-Württemberg
- Lug ins Land-Erlebnis★★★★
- Römerstraße 3
- 1 Jan - 31 Dez
- +49 76 35 18 20
- @ info@camping-luginsland.de
- N 47°42'44" E 07°32'49"
1 AE**JM**NOPQRST DF**N** 6
2 AIPQTVWXYZ ABCDE**FG**H 7
3 BFGH**KLMN**SX ABCDEFGHJLNQRSTUVW 8
4 **ABCDEFHIJKLOR**X**Y** EFIKRXZ 9
5 ABDEFGHLMN ABCFGHIJLOPQUY 10
B 16A CEE
€38,50 / €49,50
H300 9ha 220T(80-120m²) 202D
A5 Ausfahrt 67 Efringen-Kirchen/Bad Bellingen, Richtung Bad Bellingen, dann ausgeschildert.
101145

Freiburg, D-79117 / Baden-Württemberg
- Busses Camping am Möslepark
- Waldseestraße 77
- 1 Mrz - 18 Dez
- +49 76 17 67 93 33
- @ info@camping-freiburg.com
- N 47°58'53" E 07°52'55"
1 ADE**JM**NOPQRS 6
2 ABPQSUWXYZ ABDE**FG**IK 7
3 B**JL**M ABCDEFJNQRTU 8
4 FHI**JT** GIV 9
5 ABDHJKLN ABCGHIJOSTVW 10
B 10-16A CEE
€33,50 / €41,50
H320 0,7ha 80T(60-120m²) 18D
A5 Ausfahrt 62 Freiburg-Mitte, Richtung Titisee. Beschilderung folgen. Vorm Tunnel links einordnen, Richtung Stadion/Ebnet, den Schildern nach rechts folgen.
102129

Badenweiler, D-79410 / Baden-Württemberg
- Feriencamping Badenweiler
- Weilertalstraße 73
- 1 Feb - 30 Nov
- +49 76 32 15 50
- @ info@camping-badenweiler.de
- N 47°48'35" E 07°40'37"
1 ADEF**JM**NOPQRT BF 6
2 CIPQVWXY ABDE**FG**I 7
3 BDFLMX ABCDEFJNQR**S**TVW 8
4 EFHJ**Y** 9
5 ABDGHJMN ABGHIJ**OS**TU 10
B 16A CEE
€36,00 / €48,40
H350 1,6ha 100T(90-130m²)
A5 Karlsruhe-Basel, Ausfahrt Mühlheim/Neuenburg/Badenweiler. 12 km geradeaus Richtung Schönau. Am Ortseingang nach 700m links.
107456

Freiburg, D-79104 / Baden-Württ.
- Freiburg Camping Hirzberg
- Kartäuserstraße 99
- 1 Jan - 31 Dez
- +49 76 13 50 54
- @ hirzberg@freiburg-camping.de
- N 47°59'34" E 07°52'26"
1 ADEF**JM**NOQRS 6
2 AIPQVXYZ ABDE**FG**IJ 7
3 A**L** ABCDEFJNQR 8
4 FHIJ ADV 9
5 ABDFHLM**N** ABCEGHIKLO**ST** 10
W 10A
€31,50 / €37,50
H280 1,2ha 85T(60-120m²) 29D
A5, Ausfahrt Freiburg-Mitte, Richtung Titisee. Beschilderung folgen, vor Tunnel links einordnen Richtung Stadion (Ebnet), Am Sporthaus Kiefer links. GPS: Sandfangweg.
108809

Bodman-Ludwigshafen, D-78351 / Baden-Württemberg
- Campingplatz Schachenhorn
- Radolfzeller Straße 23
- 15 Mrz - 15 Okt
- +49 77 39 37 68 51
- @ info@camping-schachenhorn.de
- N 47°49'04" E 09°02'20"
1 AF**IL**NOPQRT LM**N**OPQS**XY** 6
2 AEIKLQXYZ ABDE**FG**I 7
3 AFM ABCDE**F**JKNPQRTW 8
4 FHJO DFKLRT 9
5 ABDLMN ABGHIKLOQUV 10
B 16A CEE
€32,00 / €37,00
H400 2,6ha 180T(50-70m²) 50D
Von Stuttgart A81 Singen-Stockach West. Via Espasingen Richtung Ludwigshafen. Cp liegt rechts an der B31. Von München A96 Lindau, weiter die B31 Ri. Friedrichshafen-Stockach.
121422

- 20 % Rabatt zwischen 15.1. und 15.3. sowie 15.10. und 15.12.
- 5% Ermäßigung für ACSI-Führer Inhaber
- Spielplatz angrenzend
- Baden und Segeln im Schluchsee 3 km
- Baden im Schlüchtsee 2 km

Terrassencampingplatz mit Sonnen- und Schattenplätzen. Auf dem Platz herrscht eine gemütliche Atmosphäre. Viele Wandermöglichkeiten in direkter Umgebung, auch zum Heimatsmuseum und Bierbrauerei Rothaus.

79865 Grafenhausen/Rothaus
Tel. 07748-800 • www.rothaus-camping.de

Spannende Campingreisen mit dem eigenen Wohnmobil oder Wohnwagen

www.ACSIcampingreisen.de

TUNISEE CAMPING

Tunisee Camping liegt in einer der wärmsten Gegenden zwischen Kaiserstuhl und dem Schwarzwald. Von hier aus lassen sich sehr schöne Ausflüge machen. Der Platz hat einen eigenen Naturbadesee mit Wasserski-Anlage und schwimmendem Eisberg. Große Stellplätze und gute Sanitäranlagen. Idealer Familiencampingplatz, jedoch ohne Unterhaltungsprogramme.

79108 Freiburg/Hochdorf
Tel. +49 76652249
E-Mail: info@tunisee.de
Internet: www.tunisee.de

Freiburg/Hochdorf, D-79108 / Baden-W.
- Tunisee Camping
- Seestraße 30
- 1 Apr - 31 Okt
- +49 76 65 22 49
- info@tunisee.de

1 ADEFJMNOPQRST LNOPQWX 6
2 AEMQSWXYZ ABDEFGIJ 7
3 BFGMUX ABCDEFJNQRSUVW 8
4 HJL DEFV 9
5 ABDEFJLMN ABDGHIKLOQ 10
Anzeige auf dieser Seite B 16A CEE ❶ €29,20 ❷ €36,40
H204 30ha 150T(80-119m²) 365D
N 48°03'51" E 07°48'52"
A5 Karlsruhe-Basel, Ausfahrt 61 Freiburg-Nord. An der Ampel rechts und dann 4 mal links. CP ist ausgeschildert.
102127

Friesenheim/Schuttern, D-77948 / Baden-Württemberg
- Camping Baggersee Schuttern ****
- In der Kruttenau 100
- 1 Apr - 1 Okt
- +49 7 82 16 33 74 60
- campingplatzschuttern@friesenheim.de

1 ADJMNOPQRST LNQXY 6
2 ELMQSWY ABDEFGHIJ 7
3 AFGJM ABCDEFJNRT 8
4 HJ W 9
5 ADEFIJM ABGHKLOQ 10
Anzeige auf dieser Seite B 16A CEE ❶ €21,50 ❷ €26,50
H250 10ha 125T(80-100m²) 350D
N 48°24'01" E 07°51'28"
A5 Ausfahrt Lahr, die B36 Richtung Strassburg, Ausfahrt Kürzell. Geradeaus Richtung Schüttern, die Unterdorfstraße durchfahren. Dann ausgeschildert.
102124

Gaienhofen/Horn, D-78343 / Baden-Württemberg
- Campingplatz Horn
- Strandweg 3-18
- 1 Apr - 4 Okt
- +49 7 73 56 85
- info@campingplatz-horn.de

1 ADEFGJMNOPQRST LMNQSTXYZ 6
2 EJQXYZ ABDEFGH 7
3 ABFGJM ABCDEFJNQRTW 8
4 CFH DFQRTVW 9
5 ABDFGHLMN ABCGHIJOQUY 10
B 16A CEE ❶ €28,00 ❷ €36,00
H399 6ha 216T(60-150m²) 77D
N 47°41'18" E 08°59'41"
Von Radolfzell die L192 Richtung Stein am Rhein-Moos-Gaienhofen-Horn. Dann ausgeschildert.
102238

Grafenhausen/Rothaus, D-79865 / Baden-W.
- Rothaus Camping
- Mettmatalstraße 2
- 1 Jan - 31 Dez
- +49 7 74 88 00
- info@rothaus-camping.de

1 ADEFJMNOPQRT 6
2 BPQTVWXY ABDEFGIJ 7
3 AMUX ABCDFJNQR 8
4 FGHI D 9
5 ABDFHLMN ABCDGHIJOQ 10
Anzeige auf Seite 308 WB 16A CEE ❶ €31,00 ❷ €43,00
H930 2,5ha 40T(80-100m²) 81D
N 47°47'42" E 08°14'06"
Titisee Richtung Schluchsee, dann Richtung Rothaus/Grafenhausen, nach ca. 4 km rechts.
102179

Herbolzheim, D-79336 / Baden-Württ.
- Terrassencamping Herbolzheim ****
- Im Laue 1
- 15 Apr - 3 Okt
- +49 76 43 14 60
- s.hugoschmidt@t-online.de

1 ADEFIKNOPQRST BFH 6
2 QVWXYZ ABDEFG 7
3 ABFM ABCDEFNQRT 8
4 AFHJ V 9
5 ABDKMN ABDFGHIJNOQ 10
B 10A CEE ❶ €31,00 ❷ €39,00
H330 2,2ha 80T(80-120m²) 45D
N 47°12'59" E 07°47'18"
A5 Ausfahrt 58 Herbolzheim, kurz vor dem Ort rechts Richtung Schwimmbad. CP gut ausgeschildert.
102125

Hinterzarten/Titisee, D-79822 / Baden-Württemberg
- Bankenhof ****
- Bruderhalde 31a
- 1 Jan - 31 Dez
- +49 76 52 13 51
- info@camping-bankenhof.de

1 ADEJMNOPQRST LNQX 6
2 CEMPQRSWYZ ABCDEFGH 7
3 BFLM ABCDFIJKNOPRT 8
4 FGHIJOX DFIY 9
5 ABDKMN ABFGHIJLOQUVY 10
WB 16A CEE ❶ €31,00 ❷ €42,00
H860 3ha 180T(80-100m²) 35D
N 47°53'10" E 08°07'51"
A5 Karlsruhe-Basel, Ausfahrt Freiburg-Mitte, B31 Titisee folgen. In Titisee-Mitte Richtung Bruderhalde.
102176

Hinterzarten/Titisee, D-79856 / Baden-Württemberg
- Bühlhof
- Bühlhof
- 1/1 - 15/1, 1/4 - 31/10, 15/12 - 31/12
- +49 76 52 16 06
- info@camping-buehlhof.de

1 AJMNOPQRST 6
2 BPQUVWXY ABDEFGI 7
3 B ABCDEFJNR 8
4 FGHI F 9
5 A AHIJOQ 10
16A CEE ❶ €32,30 ❷ €42,30
H850 3ha 150T(80-120m²) 62D
N 47°53'44" E 08°08'17"
A5 Ausfahrt Freiburg-Mitte. B31 bis Titisee-Mitte. Im Zentrum Richtung Bruderhalde folgen, 1. CP ab Titisee-Dorf rechts.
102174

Hinterzarten/Titisee, D-79856 / Baden-Württemberg
- Weiherhof
- Bruderhalde 25
- 1 Mai - 15 Okt
- +49 17 72 19 09 59
- info@camping-titisee.de

1 ADEJMNOPQRST LNQSXY 6
2 BEJMPQRSUVWYZ ABDEFGH 7
3 BLM ABCDEFNQRT 8
4 FGHIJOPT DFIJKNQRT 9
5 ABDFHJKMN AGHIJLOQU 10
B 16A CEE ❶ €33,40 ❷ €46,40
H870 2ha 160T(80-115m²) 13D
N 47°53'24" E 08°08'03"
A5 Ausfahrt Freiburg-Mitte, der B31 bis Titisee-Dorf folgen, 2. CP hinter dem Ort Richtung Bruderhalde.
102175

Ihringen, D-79241 / Baden-Württemberg
- Kaiserstuhl Camping
- Nachtwaid 5
- 1 Apr - 23 Okt
- +49 76 68 95 00 65
- info@kaiserstuhlcamping.de

1 AFJMNOPQRST BFH 6
2 QWXYZ ABDEFGHI 7
3 BFGHILMNPS ABCDEFJNQRT 8
4 FHJO V 9
5 ABDEFMN ABFGHIJLOQU 10
B 16A CEE ❶ €37,00 ❷ €47,00
H200 9,5ha 420T(100-120m²) 30D
N 48°01'49" E 07°39'27"
A5 Ausfahrt Freiburg-Mitte, direkt Richtung Umkirch. Dann via Waltershofen und Merdingen direkt nach Ihringen. 1 km vor dem Ort ist der CP links, hinter dem Schwimmbad.
102128

Kandern, D-79400 / Baden-Württemberg
- Terrassen-Camping-Kandern
- Schwimmbadweg 2
- 15 Mrz - 15 Okt
- +49 76 26 78 74
- kontakt@terrassen-camping-kandern.de

1 AFJMNOPQRST BFHN 6
2 AIPQSVWXYZ ABDEFGI 7
3 AGJKMN ABCDEFNQR 8
4 FHI 9
5 ABDJMN ABGHIJLOQU 10
16A CEE ❶ €29,50 ❷ €38,50
H400 2,2ha 45T(80-100m²) 45D
N 47°43'13" E 07°39'36"
Von der A5 zur A98, Kreuz Weil am Rhein. Dann Ausfahrt 4 nach Kandern, ca. 10 km.
102134

Camping zwischen Wald und Wasser
BAGGERSEE SCHUTTERN ★★★★

Rund um zwei kleine Seen (12 Hektar) finden Sie alles für einen gelungenen Bade-, Erholungs- und Campingurlaub. Modernes Sanitär, freundliche Mitarbeiter, Kiosk und Gasthaus sorgen für das Wohlbefinden der Gäste. Seenachtsfest mit Feuerwerk am letzten Juliwochenende.

77948 Friesenheim/Schuttern
Tel. 07821-6337460 • Fax 07821-633766460
E-Mail: campingplatzschuttern@friesenheim.de
Internet: www.campingschuttern.de

Das Ferien- und Wellnessparadies zwischen Schwarzwald und Rhein
Dreiländer-Camping-und Freizeitpark

- Neu in 2022: Komfortable Mobilheime zur Miete, jetzt reservieren!
- Stellplätze in den Kategorien Komfort, Ferienplatz plus und Ferienplatz; zusätzlich private Mietbäder buchbar
- Beachbar direkt am Schwimmbad mit Musik, Tanz, Open-Air Kino und Cocktails
- Erlebnisbad mit 160 m² Wasserspass und Sonnenterrasse
- Großzügiger Wellnessbereich mit Fitnessraum, Sauna, Dampfbad, Solarium und Massage
- Sehr gutes Restaurant mit italienischer Küche und Holzofenpizza; gut sortierter Campingshop; Barbecue
- Spass und Aktion für Kinder: Animationsprogramm, großer Spielplatz, Streichelzoo, Rennauto und Jugendraum
- Sport und Spiel: Tennis, Beachvolleyball, Basketball, Bolzplatz sowie Minigolf, Gartenschach und Boule
- Ideale Lage für Fahrrad- und Kanutouren, Städtetrips und Wanderungen in Deutschland, Frankreich und der Schweiz
- In Neuenburg: Landesgartenschau 2022 (April – Oktober)

Nebensaison:
Ü55 Angebot und Pauschalangebote für Frühjahr/Herbst und Winter

Neu: Freies WLAN

Ferien-Komfort Camping in mediterraner Atmosphäre
Oberer Wald 1 – 3 · 79395 Neuenburg am Rhein · Tel. +49 (0) 7631 77 19
info@camping-gugel.de · www.camping-gugel.de

Dietzelbachstraße 6
79244 Münstertal
Tel. +49 (0) 7636 7080

www.camping-muenstertal.de

Kirchzarten, D-79199 / Baden-Württemberg

- Camping Kirchzarten★★★★★
- Dietenbacherstraße 17
- 1 Jan - 31 Dez
- +49 7 66 19 04 09 10
- info@camping-kirchzarten.de

1	ADE**JM**NOPQRST	B**F**H**IN** 6
2	CPQWY	ABDE**FGHI** 7
3	B**FJLMN**R	ABCDEFGHIJK**L**N**QRS**T**UV** 8
4	**A**E**FHJL**O**PX**	DEGIKVW 9
5	ACDEFHKLMN	ABFGHIJKOQXY 10

Anz. auf dieser Seite WB 16A CEE ① €46,90
H280 6ha 430T(80-110m²) 115D ② €53,90

N 47°57'37" E 07°57'03"   100187

A5 Karlsruhe-Basel, Ausfahrt B31 Freiburg-Mitte Richtung Titisee bis Ausfahrt Kirchzarten. CP ist ausgeschildert.

Küssaberg/Kadelburg, D-79790 / Baden-Württemberg

- Hochrhein★★★★
- Oberdorf 56
- 1 Jan - 31 Dez
- +49 77 41 42 44
- info@camping-hochrhein.de

1	ADE**JM**NOPRST	B**J**NUXY 6
2	CIMPQWXY	ABDE**FG** 7
3	BMSU	ABCDE**FJ**NQRW 8
4	E**FH**O	**F**QRUV 9
5	D**FJ**LMN	ABCFGHIJ**L**NQU 10

B 16A CEE ① €28,60
H335 4,2ha 60T(80-100m²) 82D ② €28,60

N 47°36'18" E 08°17'59"   102184

B34 Waldshut Richtung Tiengen-West (Schaffhausen), Ausfahrt Ettikon, Kadelburg, Küsseberg. Hinter Kadelburg ist der CP rechts gut ausgeschildert.

Konstanz, D-78464 / Baden-Württemberg

- Bruderhofer
- Fohrenbühlweg 50
- 1 Apr - 30 Sep
- +49 7 53 13 13 88

1	AEFGJMNOPQRT	**L**NOPQRST**X** 6
2	E**L**PQTXY	ABDE**FG**HIJ 7
3	M	ABE**F**NQRTW 8
4	**F**HJ	D 9
5	ABDEHIMN	ABCHIJ**MO**Q 10

16A CEE ① €34,00
H406 2ha 40T(60-100m²) 57D ② €40,00

N 47°40'26" E 09°12'35"   112163

A81, Richtung Konstanz. Dort ist der CP ausgeschildert.

Lenzkirch, D-79853 / Baden-Württemberg

- Kreuzhof★★★★
- Bonndorferstraße 63
- 1 Jan - 31 Dez
- +49 76 53 14 50
- info@camping-kreuzhof.de

1	AEF**JM**NOPQRST	E**FLM** 6
2	EPQWY	ABDE**FG** 7
3	B**FGH**I**M**NUVX	ABCDE**FG**I**J**NQRTW 8
4	**A**E**FGH**IJKO**TVXY**	FG 9
5	AC**DFLMN**	ABGHIJ**O**Q**U**Y 10

WB 2-16A CEE ① €38,00
H805 2ha 60T(80-120m²) 75D ② €54,00

N 47°51'41" E 08°13'27"   102178

B317 von Titisee Richtung Feldberg, Ausfahrt Lenzkirch B315. CP ca. 2 km hinter Lenzkirch Richtung Bondorf.

Konstanz/Dingelsdorf, D-78465 / Baden-Württemberg

- Seepark Fließhorn
- Am Fließhorn 1
- 1 Apr - 15 Okt
- +49 75 33 52 62
- info@fliesshorn.de

1	AEF**IL**NOPQRST	**L**MOPQSW 6
2	E**L**QWYZ	ABDE**FG**HIJ 7
3	BM	ABCDE**FI**JNQRTW 8
4	**F**HJ	D**F**HKOR 9
5	ACDFGHLMN	ABCGHIJNQ 10

B 16A CEE ① €35,50
H250 5,8ha 80T(10-80m²) 107D ② €43,50

N 47°44'04" E 09°10'21"   115071

Von der A81 der B33 Radolfzell Richtung Konstanz folgen. Ab hier ist der CP ausgeschildert.

Münstertal, D-79244 / Baden-Württemberg

- Camping Münstertal
- Dietzelbachstraße 6
- 1 Jan - 31 Dez
- +49 76 36 70 80
- info@camping-muenstertal.de

1	AEF**JM**NOPQRST	BE**F**N 6
2	QSWXYZ	ABCDE**FG** 7
3	B**FGH**I**JM**NO**ST**	ABCDEFJ**L**NQRTUVW 8
4	ABD**EF**HJLO**QRT**V**XYZ**	IV 9
5	AC**D**E**HJLM**N	ABCEGHIJMOQWY 10

Anz. auf dieser Seite WB 16A CEE ① €46,60
H360 4,9ha 30T(80-110m²) 14D ② €64,20

N 47°52'11" E 07°45'50"   100188

A5 Karlsruhe-Basel, Ausfahrt Bad Krozingen/Staufen/Münstertal. L120/L123 bis Bad Krozingen, Ausfahrt L123. Hinter Staufen, zweiter CP links.

Konstanz/Dingelsdorf, D-78465 / Baden-Württ.

- Campingplatz Klausenhorn
- Hornwiesenstraße 40-42
- 1 Apr - 3 Okt
- +49 75 33 63 72
- camping-klausenhorn.de

1	ADEFGILNOPQRST	**L**MQS**X**Y 6
2	EJMQXYZ	ABDE**FG**HI 7
3	ABFGM	ABCDE**FI**JKNQRTUVW 8
4	BEFHJLO	D**F**KW 9
5	ABDEFKMN	ABCFGHIJNQ 10

B 16A CEE ① €35,00
H392 3ha 240T(65-100m²) 75D ② €43,00

N 47°44'46" E 09°08'52"   102300

Die B33 Radolfzell-Konstanz bis Allensbach, dann Richtung Dettingen/Dingelsdorf. Dem CP-Schild 'Klauserhorn' folgen.

Neuenburg am Rhein, D-79395 / Baden-Württemberg

- Gugel Dreiländer★★★★
- Oberer Wald 1-3
- 1 Jan - 31 Dez
- +49 76 31 77 19
- info@camping-gugel.de

1	ABDEF**JM**NOPQRST	D**N** 6
2	BEPQWXYZ	ABDE**FG**H 7
3	B**FGJL**M**N**O**S**X	ABCDE**FI**JNQRTUVW 8
4	ABDF**H**JKLO**RSTV**X**YZ**	EV 9
5	ACDF**H**JLMN	ABEFGHIJOQUVX 10

Anzeige auf Seite 310 B 10-16A CEE ① €39,50
H315 13ha 220T(80-100m²) 264D ② €48,50

N 47°47'49" E 07°33'02"   100189

A5 Karlsruhe-Basel, Ausfahrt Mühlheim/Neuenburg/Badenweiler. An nächster Kreuzung mit Ampeln links, dann ausgeschildert.

Deutschland

Campingurlaub
im Südschwarzwald – vor den Toren Freiburgs.

www.camping-kirchzarten.de

CAMPING | MIETWOHNWAGEN | FERIENWOHNUNGEN | FERIENZIMMER | MOBILHEIME

Camping Willam ★★★★
zwischen Allensbach und Markelfingen

"Campingplatz Willam"

Unser Campingplatz liegt am südlichsten Punkt Deutschlands in unmittelbarer Nähe der Stadt Konstanz, direkt am Bodensee. Wir sind ein kinderfreundlicher Familienplatz in herrlicher Bodenseelandschaft mit sehr schönem Badestrand bei flachfallendem Ufer mit erstklassiger Wasserqualität. Angebote: Bodenseeradweg, Baden, Angeln, Bootsvermietung, Kanuverleih, Beachvolleyball, Fußball, Basketball, Kinderanimation, WLAN und noch viel mehr.

Schlafbach 10, Reichenau, 78315 Radolfzell/Markelfingen
Tel. 07533-6211 • Fax 07533-1054
E-Mail: info@campingplatz-willam.de
Internet: www.campingplatz-willam.de

Oberried, D-79254 / Baden-Württemberg
- Kirnermartes Hof
- Vörlinsbach 19a
- 1 Jan - 31 Dez
- +49 76 61 47 27
- info@kirnermartes.de
- N 47°55'50" E 07°57'33"

1 AFJMNOPQRST 6
2 CIPQSTVXYZ ABDEFGH 7
3 ALM ABCDFJNQRTW 8
4 FHJKOT EI 9
5 ADHKMN ABFGHIJLOQ 10
WB 16A CEE
H450 2,5ha 55T(75-100m²) 66D
€32,80 / €42,60
110800

In Freiburg-Zentrum zur B31 Richtung Donaueschingen. In Kirchzarten L126 Richtung Todtnau. Abzweig nach Oberried ist gut ausgeschildert.

Campingpark Stockach-Bodensee
T +49 7771 9165-1330
M info@camping-stockach.de
www.camping-stockach.de

Orsingen, D-78359 / Baden-Württemberg CC€22
- Camping und Ferienpark Orsingen****
- Am Alten Sportplatz 8
- 10 Jan - 18 Dez
- +49 7 77 49 99 91 00
- info@camping-orsingen.de
- N 47°50'31" E 08°56'12"

1 ADEJMNOPQRST BGNO 6
2 AIPQVWX ABDEFG 7
3 ABFHIJKLMS ABCDEFIJKNQRTWU 8
4 BFHLO EFV 9
5 ACDEFHLMN ABCFGHIJOSTUVX 10
Anzeige auf Seite 313 B 16A CEE
H280 11,5ha 175T(77-136m²) 81D
€35,80 / €46,80
119319

Stockach Richtung Nensingen, Nensingen durchfahren nach Orsingen. Dann den Schildern folgen.

Schluchsee, D-79857 / Baden-Württemberg
- Schluchsee****
- Gewann Zeltplatz 1
- 1 Jan - 31 Dez
- +49 7 65 65 73
- info@camping-schluchsee.de
- N 47°49'20" E 08°09'46"

1 ADEFJMNOPQRST HILNOQRSTX 6
2 EIJLPQRSVXY ABFGIJ 7
3 AFGLMNOPQRUV ABCDEFIJKNQRTW 8
4 ABCEFGHIJ 9
5 ABDEFHLMN ABGHIJLOQU 10
WB 16A CEE
H930 5ha 260T(80-120m²)
€36,40 / €50,60
101146

Ausfahrt Freiburg-Mitte Richtung Titisee. Ab Titisee in Richtung Schluchsee. Der CP liegt 500m vor dem Ort rechts. Ausgeschildert.

Radolfzell/Markelfingen, D-78315 / Baden-W. CC€22
- Willam****
- Schlafbach 10, Reichenau
- 25 Mrz - 3 Okt
- +49 75 33 62 11
- info@campingplatz-willam.de
- N 47°43'45" E 09°01'31"

1 ABEFHKNOPQRST LMNPQSWXYZ 6
2 EKLMQRTWXY ABDEFGHI 7
3 ABFGM ABCDEFNQRT 8
4 ABCDFH FLOR 9
5 ABDEFHJKLMN ACDGIJNSTUX 10
Anzeige auf dieser Seite B 16A CEE
H404 4,5ha 130T(70-100m²) 184D
€32,50 / €46,20
102235

Von Radolfzell Richtung Konstanz. Auf der B33 Ausfahrt Allensbach, den CP-Schildern 'William' folgen. CP zwischen Markelfingen und Allensbach.

Seelbach, D-77960 / Baden-Württemberg
- Schwarzwälder Hof*****
- Tretenhofstraße 76
- 1 Jan - 31 Dez
- +49 78 23 96 09 50
- info@spacamping.de
- N 48°18'00" E 07°56'38"

1 AEJMNOPQRST BEFJN 6
2 CPQSUVWXYZ ABDEFG 7
3 ABFGHLMNSWX ABCDFHIJKNQRTUVW 8
4 ABDEFHJSTUVXYZ FGIJW 9
5 ABDFHJLMN ABFGHJOPQUVWXY 10
B 10A CEE
H210 4ha 180T(80-110m²) 57D
€44,50 / €63,30
108003

A5, Ausfahrt Lahr Richtung Biberach. Ausfahrt Reichenbach, 1. Ort ist Seelbach. Nach Ortsausgang rechts.

Reichenau (Insel Reichenau), D-78479 / Baden-Württ.
- Sandseele OHG
- Zum Sandseele 1
- 29 Mrz - 6 Okt
- +49 75 34 73 84
- info@sandseele.de
- N 47°41'53" E 09°02'40"

1 ADEHKNOPQRST LMPQSTXY 6
2 ELQXYZ ABDEFGH 7
3 BEFMNOS ABCDEFJKNQRTW 8
4 AFHJ GQRTUVW 9
5 ADFHILMN ABCGHIJOQY 10
B 16A CEE
12ha 250T(bis 80m²) 89D
€36,10 / €42,60
112164

B33 Radolfzell-Konstanz bis Allensbach. Dort ist Reichenau angezeigt. Eine Allee führt direkt auf die Halbinsel.

Simonswald, D-79263 / Baden-Württemberg
- Schwarzwaldhorn****
- Ettersbach 4b
- 20 Mrz - 20 Okt
- +49 7 68 34 77
- info@schwarzwald-camping.de
- N 48°06'03" E 08°03'05"

1 AEGJMNOPQRT BGJN 6
2 CIPQSUVWXYZ ABCDEFG 7
3 ABJMX ABCDEFJNQRTUVW 8
4 ABEFGHJLO ADEFUV 9
5 ABDEHJMN ABFHJOQU 10
16A CEE
H400 1,5ha 36T(60-120m²) 47D
€36,00 / €45,00
102171

A5 Karlsruhe-Basel, Ausfahrt Freiburg-Nord. B294 Richtung Waldkirch. Durch den Tunnel 2. Ausfahrt Richtung Simonswald. Über den Kreisel vom Entsorgung Simonswald geradeaus. Nach 4 km ist rechts der CP.

Riegel/Kaiserstuhl, D-79359 / Baden-Württemberg
- Camping Müller-See
- Müller-See 1
- 1 Apr - 31 Okt
- +49 76 42 36 94
- info@muellersee.de
- N 48°09'48" E 07°44'28"

1 AEFHKNOPQRST LOQ 6
2 AELQSTWXY ABDEFGJ 7
3 ALM ABCDEFJNQRTV 8
4 FHJO G 9
5 ADEMN ABFGHJY 10
B 16A CEE
H175 5ha 53T(60-100m²) 155D
€25,00 / €33,00
112160

A5 Karlsruhe-Basel, Ausfahrt 59. Rechts abbiegen, Beschilderung folgen.

Staufen, D-79219 / Baden-Württemberg CC€22
- Belchenblick
- Münstertäler Straße 43
- 1 Jan - 31 Dez
- +49 76 33 70 45
- info@camping-belchenblick.de
- N 47°52'20" E 07°44'09"

1 AEFJMNOPQRST AEFHJN 6
2 CPQSWXYZ ABDEFG 7
3 BFLMNX ABCDEFGIJLNQRTUVW 8
4 FHIJRXY ILUVY 9
5 ACDEJMN ABDEGHIKOSTUX 10
WB 16A H300 1,5ha 180T(80-110m²) 32D
€35,60 / €44,60
102130

A5 Ausfahrt Bad Krözingen, Richtung Staufen/Münstertal. In Staufen Richtung Münstertal fahren. CP liegt ca. 500m außerhalb des Ortes.

Rust, D-77977 / Baden-Württemberg
- Europa Park***
- Europa-Park-Strasse 2
- 1/1 - 5/1, 6/4 - 3/11, 23/11 - 31/12
- +49 7 82 27 76 68 88
- info@europapark.de
- N 48°16'17" E 07°43'02"

1 JMNOPRST L 6
2 ACEPSTXY AB 7
3 BGMN ABEFGJNQRT 8
4 EFH AF 9
5 ADEFHIJKL AGHOQUWXY 10
16A CEE
2,5ha 200T(50-60m²) 55D
€35,00 / €35,00
111071

A5/E35 Ausfahrt 57b. Weiter Richtung Europa Park. Ausgeschildert.

Steinach, D-77790 / Baden-Württemberg
- Camping Kinzigtal
- Welchensteinacherstr. 34
- 1 Jan - 31 Dez
- +49 78 32 81 22
- webmaster@campingplatz-kinzigtal.de
- N 48°17'45" E 08°02'52"

1 AFJMNOPQRS BFHN 6
2 CQSWXYZ ABDEFGH 7
3 ABMNX ABEFJNQRT 8
4 ABEFHJLO Z 9
5 ABDFLMN ABFGHJOPQ 10
WB 16A H355 3,5ha 50T(60-80m²) 72D
€32,00 / €45,00
101431

A5 Karlsruhe-Basel, Ausfahrt 55 Offenburg. B33 Richtung Villingen/Schwenningen ca. 20 km bis Steinach. An der T-Kreuzung links. Ausgeschildert.

Ferien-Camping Hochschwarzwald

Urlaub in der Natur Sommer und Winter
1.050 m.ü.M.

Direkt am Rande eines Naturschutzgebietes zwischen den höchsten Schwarzwaldberge, Feldberg und Belchen, locken im Sommer Wiesen, Weiden und Wälder zum Wandern, Biken und Seele baumeln lassen. Auch ein beheiztes Freischwimmbad (5 km) und ein Tennisplatz (800 m) bieten schöne Abwechslung.
Im Winter: Skilifte, ein herrliches Loipennetz, Rodelhang, und gewalzte Winter-wanderwege sind in unmittelbarer Nähe. Auf diesem Platz finden Sie eine nette persönliche Atmosphäre.

Ferien-Camping Hochschwarzwald ★★★ D-79674 Todtnau-Muggenbrunn
Telefon +49 (0) 7671 1288
E-Mail: info@camping-hochschwarzwald.de
Internet: www.camping-hochschwarzwald.de

Stockach (Bodensee), D-78333 / Baden-W.
- Campingpark Stockach-Bodensee
- Johann-Glatt-Straße 3
- 1 Mrz - 1 Nov
- +49 77 71 91 65 13 30
- info@camping-stockach.de
- N 47°50'31" E 08°59'42"

1 ABEJMNOPQRST
2 ABCPQVWXYZ ABDEFGH 6/7
3 BLMS ABCDEFJNQRW 8
4 FH 9
5 ABDMN ABFGHKMOQW 10
Anzeige auf Seite 312 6A CEE
4ha 75T (75-120m²) € 25,00 / € 32,00
A81 bis Kreuzung Hegau Richtung Stockach folgen. Ausfahrt Stockach-West.
115070

Todtnau/Muggenbrunn, D-79674 / Baden-W.
- Hochschwarzwald★★★
- Oberhäuserstraße 6
- 1 Jan - 31 Dez
- +49 76 71 12 88
- info@camping-hochschwarzwald.de
- N 47°51'55" E 07°54'58"

1 AEJMNOPRT 6
2 IPQRSVWXY ABDEFGH 7
3 ABFMX ABCDEFGHIJNPQRT 8
4 FI D 9
5 ADFLMN ABDGHKOQU 10
Anz. auf dieser S. WB 10A CEE
H1050 2,2ha 53T (75-80m²) 37D € 30,00 / € 39,00
A5 Karlsruhe-Basel, Ausfahrt Freiburg-Mitte, B31 Richtung Donaueschingen. Bei Kirchzarten die L126 Richtung Todtnau.
102131

Sulzburg, D-79295 / Baden-Württemberg
- Sulzbachtal★★★★★
- Sonnmatt 4
- 1 Jan - 31 Dez
- +49 76 34 59 25 68
- a-z@camping-sulzbachtal.de
- N 47°50'52" E 07°41'53"

1 ADEJMNOPQRST A 6
2 AIPTVXYZ ABDEFG 7
3 AHMX ABCDEFGIJQRTUVW 8
4 AEFHIJX DV 9
5 ABDEFHJKMN ABCDFGHIJOQU 10
WB 16A CEE
P313 2,4ha 100T (100-120m²) 13D € 35,50 / € 47,30
A5, Ausfahrt Heitersheim. B3, Ausfahrt Sulzburg, vor dem Ort rechts.
111356

Ühlingen/Birkendorf, D-79777 / Baden-Württemberg
- Schlüchttal★★★
- Im Tal 10
- 1 Jan - 31 Dez
- +49 77 43 53 73
- urlaub@schluechttal-camping.de
- N 47°45'06" E 08°17'35"

1 ADEFJMNOPRST FN 6
2 CQWXYZ ABDEFGJ 7
3 BJLMU ABCDEFJNQRT 8
4 FHJO DGIK 9
5 ABDFHJLMN ABFGHILOQUY 10
W 16A CEE
H800 3ha 65T (80-100m²) 125D € 20,60 / € 27,00
A5 Karlsruhe-Basel, Ausfahrt Freiburg-Mitte/Titisee/Schluchsee B31. Auf der Brücke links Richtung Rothaus/Grafenhausen. Birkendorf ist ausgeschildert; 'Im Oberholz'.
102180

Tengen, D-78250 / Baden-Württemberg
- Hegi Familien Camping★★★★★
- An der Sonnenhalde 1
- 1 Jan - 31 Dez
- +49 7 73 69 24 70
- info@hegi-camping.de
- N 47°49'26" E 08°39'13"

1 ABDEJMNOPQRST AEGLMO 6
2 EKQSVWXY ABCDEFGH 7
3 ABDGHIJMNSU ABCDEFJNQRTUVW 8
4 ABCDFHJRSTUVX BEFGY 9
5 ABDHLMNO ABCDFGHIJMOQUY 10
B 16A CEE
12ha 250T (bis 146m²) 72D € 42,30 / € 58,10
Der CP liegt nordwestlich von Engen. Über die A81 Singen-Stuttgart fahren und Ausfahrt 39 Engen nehmen. Den CP-Schildern folgen.
111623

Wahlwies/Stockach, D-78333 / Baden-W.
- Campinggarten Wahlwies
- Stahringer Straße 50
- 1/1 - 9/1, 24/2 - 15/11, 23/12 - 31/12
- +49 77 71 35 11
- info@camping-wahlwies.de
- N 47°48'31" E 08°58'11"

1 ADEJMNOPQRS 6
2 APQSY ABDEFGHI 7
3 AMS ABCDEFJNQRTUW 8
4 FGHJ J 9
5 ABDHMN ABCDGHIJMOQ 10
B 16A CEE
H340 1,2ha 55T (70-120m²) 21D € 31,80 / € 41,60
Ab Stuttgart A81/58, Ausfahrt 12 Stockach-West. CP-Schild 'Wahlwies' folgen.
102233

Titisee, D-79822 / Baden-Württemberg
- Sandbank★★★★
- Seerundweg 9
- 11 Mrz - 31 Dez
- +49 7 65 19 72 48 48
- info@camping-sandbank.de
- N 47°53'15" E 08°08'18"

1 ADEJMNOPQRST LNQSXYZ 6
2 BEIJQSTVWXYZ ABDEFGI 7
3 BLMX ABCDEFJKNQRT 8
4 FGHIJ NTZ 9
5 ABDFHKMN AGHIJQY 10
B 16A CEE
H820 2ha 230T (80-115m²) € 40,70 / € 51,90
A5 Ausfahrt Freiburg-Mitte, B31 Titisee folgen, dann Richtung Bruderhalde, vierter CP ab Titisee.
102177

Waldkirch/Siensbach, D-79183 / Baden-Württemberg
- Elztalblick
- Biehlstraße 10
- 1 Apr - 20 Okt
- +49 76 81 42 12
- elztalblick@t-online.de
- N 48°06'08" E 07°59'29"

1 AFILNORST 6
2 IQVXY ABFG 7
3 AM ABCDEFJNQR 8
4 FHJO 9
5 ABDFJKMN ABGHJOQ 10
16A CEE
H340 2ha 80T (80-100m²) 30D € 30,00 / € 40,00
A5 Ausfahrt Freiburg-Nord, B294 Richtung Waldkirch. Durch den Tunnel bis Abzweig Waldkirch-Ost, dann noch 3 km bis Siensbach. Dann ausgeschildert.
102126

Deutschland

CAMPING FERIENPARK
ORSINGEN | BODENSEE

Camping, Restaurant, beheiztes Freibad mit Wellenrutsche und Kinderanimation: alles bei uns.

Schlafen – wie und wo du möchtest: Mobilheim, Jagdhütte, Auenhöhle oder doch im Wohnwagen?

Schuhe aus und auf gehts!
Beach-Volleyball – das perfekte Spiel für Groß und Klein.

Am Alten Sportplatz 8
78359 Orsingen-Nenzingen
Tel +49 7774 92 37 87 0

Teilkarte Freiburg auf Seite 307

Waldshut, D-79761 / Baden-Württemberg

- Rhein Camping Waldshut
- Jahnweg 22
- 1 Jan - 31 Dez
- +49 77 51 31 52
- info@rheincamping.de

1 AEF**J**M NOPQRST **AJN**WXZ 6
2 DPQSTXYZ ABDE**FG**I 7
3 BF**JLNP** ABCDEF**HJ**NQRT 8
4 FHIJ GW 9
5 ADFHJLMN ABFGHIJ**N**OPSTZ10
B 16A CEE € 29,00
€ 32,00

N 47°36'40" E 08°13'31"
H365 45ha 50T(60-80m²) 31D
102183

B34 Richtung Waldshut, vor der CH-Grenze Richtung Tiengen. Nach 1 km rechts. Dann ausgeschildert.

Willstätt/Sand, D-77731 / Baden-Württemberg

- Europa Camping Sand
- Waldstraße 32
- 15 Mrz - 31 Okt
- +49 78 52 23 11
- europacamping.sand@gmail.com

1 ADEF**JM**NOPQRST 6
2 AQSWXY AB**FG** 7
3 ABEFJNQR 8
4 F 9
5 ADFLMN ABFJNST**6**10
16A CEE € 24,00
€ 34,00

N 48°32'35" E 07°56'07"
H303 1,2ha 40T(90-120m²) 16D
102123

A5 Ausfahrt 54 Appenweier/Straßburg. Dann Richtung Straßburg. CP ausgeschildert über Sand. Camping 150m ortsaußerhalb. Gut aufpassen!

Wolfach/Halbmeil, D-77709 / Baden-Württemberg

- Trendcamping Wolfach*****
- Schiltacherstr. 80
- 31 Mrz - 4 Okt
- +49 78 34 85 93 09
- info@trendcamping.de

1 ADF**JM**NOPQRT **JN** 6
2 CIPQSUVWXY ABDE**FG**HI 7
3 AB**FJLN**UX ABCDEFJNQRTUVW 8
4 **A**EFHJKO FGVW 9
5 ADEFHJKLN ABFGHIJ**LN**QV10
B 16A CEE € 35,00
€ 47,40

N 48°17'27" E 08°16'42"
H330 3ha 50T(80-120m²) 19D
110959

W: A5 Ausf. 56 Lahr. B33 Ri. Villingen-Schwenningen. Durch Wolfach. Nach 3 km links der Strecke bei Halbmeil Ri. Schiltach. O: A81 Ausf. 34 Rottweil, B462 Ri. Offenburg/Schramber. An Schiltach vorbei. Rechts der Strecke bei Halbmeil.

9 500 europäische Campingplätze in einer praktischen App

www.Eurocampings.de/app

Braunsbach, D-74542 / Baden-Württemberg

- Naturcamping Braunsbach
- Im Brühl 1
- 1 Apr - 31 Okt
- +49 79 06 94 06 73
- info@camping-braunsbach.de

1 ADEF**JM**NOPQRST **JN**UX 6
2 CQTWYZ AB**FG**HI 7
3 AM ABEFJNQRU 8
4 FHJO FGJ 9
5 ADEHJMN ABCGHJOQU10
10A CEE € 22,30
€ 29,50

N 49°11'57" E 09°47'17"
H250 2,5ha 65T(80-100m²) 19D
101142

A6 Ausfahrt 42 Kupferzell. Dann über Fessbach und Döttingen nach Braunsbach. Der CP ist ausgeschildert.

Buchhorn am See, D-74629 / Baden-Württemberg

- Seewiese****
- Seestr. 11
- 1 Jan - 31 Dez
- +49 79 46 16 15 68
- info@camping-seewiese.de

1 AEF**IL**NOPQRST BCLN**X** 6
2 AEPQUXY **BEFG** 7
3 AB**L**MR ABCDEFJNQRTUW 8
4 FHI FGJ 9
5 DFHKM ABCFGHJ**O**STUY10
B 16A CEE € 32,20
€ 46,20

N 49°09'06" E 09°30'00"
H407 6ha 40T(90-120m²) 307D
102288

A6, Ausfahrt 40 Richtung Öhringen. Dann via Pfedelbach und Heuberg nach Buchhorn. Dann ausgeschildert.

Creglingen/Münster, D-97993 / Baden-W.

- Camping Romantische Strasse
- Münsersee Strasse 24-26
- 15 Mrz - 15 Nov
- +49 7 93 32 02 89
- camping.hausotter@web.de

1 ABDEF**JM**NOPQRST EJLMN 6
2 DELQTVXYZ ABDE**FG** 7
3 BF**JM**X ABCDEFJNQRTUVW 8
4 FGJT E 9
5 ABDFLN ABGHJL**OQ**U10
B 6A CEE € 25,30
€ 34,40

N 49°26'21" E 10°02'32"
H320 6ha 100T(80-120m²) 47D
102430

A7 Ausfahrt 108 Rothenburg. Dann Richtung Bad Mergentheim. In Creglingen ausgeschildert, Richtung Münster. CP liegt kurz hinter Münster rechts of der Straße.

Ellenberg, D-73488 / Baden-Württemberg

- Sonneneck
- Haselbach 12
- 29 Mrz - 31 Okt
- +49 79 65 23 59
- kontakt@camping-sonneneck.de

1 AEF**JM**NOPQRS**T** LMNQSXY 6
2 AFIJLQTVXY ABDE**FG**IK 7
3 B**L**M ABCDEFGHJKNQRTUW 8
4 FH**RS**T D 9
5 ADFGLMN ABCFGHJN**OQ**WY10
B 16A CEE € 26,00
€ 26,00

N 48°59'14" E 10°13'01"
H500 2,8ha 30T(80-100m²) 101D
102434

A7 Ulm-Würzburg Abfahrt 113 Ellwangen, Richtung Dinkelsbühl. Bei Muckental Richtung Haselbach und Stauseen. Erster CP rechts.

Abtsgmünd/Hammerschmiede, D-73453 / Baden-Württ.

- Hammerschmiede-See
- Hammerschmiede 2
- 1 Mai - 30 Sep
- +49 7 96 33 69
- hug.hammerschmiede@t-online.de

1 AE**JM**NORT LQXZ 6
2 EIQUXYZ ABDE**FG** 7
3 ABG**L** ABCDEFJNQRW 8
4 FH QT 9
5 ADEHMN AHJLMNQ10
10A CEE € 17,50
€ 22,10

N 48°56'46" E 09°58'38"
H440 5ha 100T(80-100m²) 190D
102363

A7 Ausfahrt 114. B29 bis Hüttlingen, weiter die B19 bis Abtsgmünd. Bis zur Ausfahrt zum Hammerschmiede See, hinter Pommertsweiler links.

Ellenberg, D-73488 / Baden-Württemberg

- Campingplatz Fuchs****
- Haselbach 11
- 1 Apr - 15 Okt
- +49 79 65 22 70
- info@camping-fuchs.de

1 ADEF**JM**NOPQRST LNQSXY 6
2 AEIJQSTUVWXY ABDE**FG**HIK 7
3 A**L**MU ABCDEFGJKNQRSTW 8
4 FHJQ GK 9
5 ABDEFGHKMN ABFHJM**OQ**Y10
16A CEE € 17,50
€ 23,50

N 48°59'13" E 10°13'04"
H500 3ha 21T(100m²) 131D
110361

A7 Ulm-Würzburg, Ausfahrt 113 Ellwangen Richtung Dinkelsbühl. Bei Muckental Richtung Haselbach und Stauseen. Zweiter CP rechts.

Aichelberg, D-73101 / Baden-Württ.

- Aichelberg***
- Bunzenberg 1
- 8 Apr - 3 Okt
- +49 71 64 27 00
- info@camping-aichelberg.de

1 ADE**JM**NOPRST 6
2 AQSTWXY AB**FG** 7
3 FG**L** ABCDEFJKNQRTW 8
4 FH F 9
5 ABDEFHLMN AGHLMOSTW10
B 10A CEE € 23,00
€ 31,00

N 48°38'22" E 09°33'18"
H375 2,6ha 50T(80-100m²) 65D
112597

A8 München-Stuttgart, Ausfahrt 58, danach rechts ab. Nach 50m links ab. A8 Stuttgart-München, Ausfahrt 58 am Kreisel die 3. Straße rechts, nach 200m rechts ab.

Ellwangen, D-73479 / Baden-Württemberg

- Natur & City Camping Ellwangen
- Rotenbacher Str. 37-45
- 4 Apr - 24 Okt
- +49 79 61 53 03
- info@nc-camping.de

1 ADEF**JM**NOPRS**T** E**N** 6
2 ADPQTXYZ ABDE**FG** 7
3 GMS ABCDEFJNQRTW 8
4 FH Y 9
5 ABDEFGHJN ABFGHIJLMOQUW10
B 16A CEE € 30,00
€ 39,00

N 48°57'35" E 10°07'15"
H400 3,5ha 80T(80-120m²) 9D
102436

A7 Ausfahrt 113 Ellwangen. In Ellwangen durch den Tunnel, an der T-Kreuzung rechts ab. Rechts über die Brücke (Bahnlinie und kl. Fluss) die erste Straße links. Den CP-Schildern folgen.

Teilkarte Stuttgart auf Seite 314

Essingen/Lauterburg, D-73457 / Baden-Württemberg

- Hirtenteich
- Hasenweide 2
- 1 Jan - 31 Dez
- +49 7 36 52 96
- info@hirtenteich.camp

1 AEJMNOPRST A 6
2 IPQSTWXY ABDEFGHI 7
3 BFMX ABCDEFGJNQRTW 8
4 FHT BF 9
5 ABDFHJLMN ABGHIJLOSTUWY 10
WB 16A CEE
H680 4,5ha 60T(70-100m²) 174D
① €22,00
② €29,00

N 48°47'12'' E 09°58'54'' 102364

A7 Ausfahrt Aalen/Westhausen, Richtung Schwäbisch-Gmünd.
B29 Aalen-Schwäbisch-Gmünd, ca. 6 km westlich von Aalen Richtung Essingen/Skizentrum Hirtenteich.

Freudenberg, D-97896 / Baden-Württemberg

- Seecamping Freudenberg
- Mühlenweg 10
- 1 Jan - 31 Dez
- +49 93 75 83 89
- info@seecamping-freudenberg.de
- Anzeige auf dieser Seite

1 ADEFJMNOPRST AHNQX 6
2 EQSXY ABDFGHIK 7
3 BFMNQT ABCDEFJNQRTW 8
4 HJQ D 9
5 ABDLMN ABGHJLMOQY 10
B 16A CEE
H100 5,7ha 50T(60-80m²) 252D
① €24,25
② €32,25

N 49°45'44'' E 09°19'07'' 102278

In Miltenberg Richtung Wertheim/Freudenberg, durch Freudenberg Richtung Wertheim. Dann im Kreisel den Schildern folgen.

Schöner Camping an einem Badesee von 2,5 ha im Maintal. Gepflegte Sanitäranlage mit Behindertentoilette-Waschraum. Gemütlicher Aufenthaltsraum, Gemeinschaftsküche, Wasch- und Trockenräume, Kinderspielplatz, Kiosk usw. Bei länger als 6 Tage Aufenthalt: 10% Ermäßigung auf den Personen- und Platztarif.

Mühlgrundweg 10, 97896 Freudenberg
Tel. +49 93758389
info@seecamping-freudenberg.de
www.seecamping-freudenberg.de

Gruibingen, D-73344 / Baden-Württemberg

- Campingplatz Winkelbachtal
- Campingplatz 1
- 1 Jan - 31 Dez
- +49 1 76 20 51 25 36
- info@winkelbachtal.de

1 AJMNOPRST 6
2 ABCQSTXY ABFG 7
3 X ABCDEFJNQRTW 8
4 FHJ 9
5 DN AHJQ 10
B 16A CEE
H600 3,5ha 50T(60-80m²) 25D
① €20,50
② €28,50

N 48°35'31'' E 09°37'28'' 101430

A8 Ausfahrt 59 Gruibingen/Mühlhausen. Dann Richtung Gruibingen. CP ist gut ausgeschildert.

Hohenstadt, D-73345 / Baden-Württ. CC€20

- Camping Waldpark Hohenstadt
- Waldpark 1
- 1 Mrz - 31 Okt
- +49 73 35 67 54
- camping@waldpark-hohenstadt.de

1 ADEJMNOPRST 6
2 AIPQSTUVWXYZ ABDEFG 7
3 AFIMX ABCDEFJNQRUVW 8
4 FH W 9
5 ADFGHLMN ABDGHJLMOQU 10
16A CEE
H800 7,5ha 60T(100-150m²) 110D
① €24,50
② €31,50

N 48°32'51'' E 09°40'02'' 117762

A8/E52 Stuttgart-Ulm, Ausfahrt 60 (Behelfsausfahrt). CP Schildern Hohenstadt folgen.

Löwenstein, D-74245 / Baden-Württemberg

- Campingpark Breitenauer See*****
- 1 Jan - 31 Dez
- +49 71 30 85 58
- info@breitenauer-see.de

1 ADEILNOPQRST LMNOPQSTXYZ 6
2 EIJLQSUXY ABDEFGHI 7
3 BCGMSU ABCDEGJKLMNQRSTUV 8
4 BCFHIJTX EFJQTWZ 9
5 ABDEFLMNO ABGHIJKNQUXY 10
B 16A CEE
H268 10ha 300T(100-197m²) 315D
① €35,00
② €41,00

N 49°07'01'' E 09°23'00'' 102289

A81 Stuttgart-Würzburg, Ausfahrt 10 Weinsberg/Ellhofen.
B39 Richtung Obersulm/Löwenstein. Ausfahrt Obersulm/Willsbach. Ausgeschildert.

Murrhardt/Fornsbach, D-71540 / Baden-Württemberg

- Waldsee
- Am Waldsee 17
- 1 Jan - 31 Dez
- +49 71 92 64 36
- kontakt@camping-waldsee-murrhardt.de

1 AJMNOPRST LMN 6
2 BCEJKPQSTUVWXYZ ABDFGHI 7
3 BGJLM ABCDEFJNQRTW 8
4 FGHJT E 9
5 ABDMN ABGHJNQU 10
B 16A CEE
H351 2,6ha 90T(80m²) 97D
① €23,60
② €32,60

N 48°58'34'' E 09°39'59'' 102362

Murrhardt liegt an der Verbindungsstraße Salzbach-Gaildorf zwischen der B14 und B19. Bei Murrhardt die Ausfahrt 'Waldsee'. Am See vorbei zum CP.

Neckarsulm, D-74172 / Baden-Württemberg

- Reisach-Mühle****
- In der Hälde
- 1 Jan - 31 Dez
- +49 71 32 21 69
- info@campingplatz-reisachmuehle.de

1 AFILNOPQRST 6
2 APQWXYZ ABFG 7
3 BHIMN ABFNQRW 8
4 FHI 9
5 ABDLMN ABHINQ 10
16A CEE
H270 2,3ha 30T(50-100m²) 70D
① €21,80
② €29,80

N 49°11'14'' E 09°14'50'' 102287

A6 Ausfahrt 37 Neckarsulm. Im 1. Kreisel rechts und im 2. Kreisel links. Richtung Sportplatz und 'Aquatoll' Gelände. Der CP liegt hinter den Tennisplätzen.

Durchreisecampingplätze

In diesem Führer finden Sie eine handliche Karte mit Campingplätzen an den wichtigen Durchgangsstrecken zu Ihrem Ferienziel.

Oedheim, D-74229 / Baden-Württemberg

- Sperrfechter Freizeit-Park
- Hirschfeld 3
- 1 Jan - 31 Dez
- +49 7 13 62 26 53
- info@sperrfechter-freizeitpark.de

1 ADEFJMNOPQRST HJLMNX 6
2 ACEQTWXYZ ABDEFG 7
3 ABFGMS ABCDEFGHJNQRTW 8
4 BFH DTY 9
5 ABDMN AGHJOSTY 10
16A CEE
H160 30ha 10T(100m²) 355D
① €27,00
② €37,00

N 49°14'29'' E 09°13'56'' 109434

A81, Ausfahrt Neuenstadt Richtung Bad Friedrichshall bis Oedheim. Ab der A6: Ausfahrt Heilbronn/Neckarsulm nach Bad Friedrichshall/Oedheim, dann ausgeschildert.

Pfedelbach/Buchhorn, D-74629 / Baden-Württemberg

- Camping-Club Ludwigsburg
- Am Wasserturm 22
- 1 Mrz - 1 Dez
- +49 7 94 13 92 27
- uwe.goennwein@t-online.de

1 FJMNOPQRST LNX 6
2 ACEJPQRXYZ ABDEFG 7
3 BLMSU ABCDEFGHJNQRT 8
4 BFH 9
5 DM ABCFHIJLOQWY 10
B 16A CEE
H410 3ha 80T 150D
① €19,50
② €19,50

N 49°09'22'' E 09°30'06'' 114835

A6 Ausfahrt Öhringen. Dann über Pfedelbach und Heuberg nach Buchhorn. Danach ausgeschildert.

Schurrenhof/Donzdorf, D-73072 / Baden-Württemberg

- Camping Schurrenhof
- Schurrenhof 4
- 15 Mrz - 15 Okt
- +49 71 65 92 85 85
- info@schurrenhof.de

1 AEFJMNOPRT A 6
2 IQTWXY ABDEFGIK 7
3 ABHIJLMU ABCDEFJNQRUV 8
4 FHJ DGV 9
5 ABDEFHJLMN ABFGHJQU 10
W 10A CEE
H555 2,8ha 125T(80-120m²) 124D
① €18,00
② €25,50

N 48°43'40'' E 09°46'12'' 102366

A8 Stuttgart-München, Ausfahrt 56 Göppingen. Dann B10 Donzdorf, 1. Kreisel Heidenheim. Nach 1 km links Reichenbach/Schurrenhof. Von der B29 Richtung Schwäb.-Gmünd. Dort Richtung Donzdorf. In Rechburg rechts nach Schurrenhof.

Schwäbisch Hall/Steinbach, D-74523 / Baden-Württemberg

- Am Steinbacher See
- Mühlsteige 26
- 15 Mrz - 15 Okt
- +49 7 91 29 84
- thomas.seitel@t-online.de

1 ADEFJMNOPRST N 6
2 CFPQTWXYZ ABDEFGHI 7
3 AFGLMSX ABCDEFJNQRW 8
4 FGHJO 9
5 ADHMN ABGHJLOQU 10
B 16A CEE
H270 1ha 50T(75m²) 40D
① €24,50
② €33,50

N 49°05'53'' E 09°44'32'' 100175

A6, Ausfahrt 43 Richtung Schwäbisch Hall. In Schwäbisch Hall Straße B14 und B19 ausgeschildert (Richtung Comburg). Am Fußballplatz vorbei fahren.

Weikersheim/Laudenbach, D-97990 / Baden-Württ.

- Schwabenmühle****
- Weikersheimer Straße 21
- 4 Apr - 6 Okt
- +49 79 34 99 22 23
- info@camping-schwabenmuehle.de

1 ABEFJMNOPQRST 6
2 CIPQSTWXYZ ABFGHIK 7
3 ABMX ABCDEFGIJKNPQRTUVW 8
4 AEFGHJO AFW 9
5 ADHMN ABCFGHJOQW 10
B 16A CEE
H260 2,2ha 70T(80-120m²) 4D
① €26,00

N 49°27'28'' E 09°55'34'' 117855

A81 Stuttgart-Würzburg. Ausfahrt 3 Tauberbischofsheim. B290 bis Bad Mergentheim, B19 Richtung Würzburg. In Jagersheim Richtung Weikersheim, dann Richtung Laudenbach (3 km). Kurz vor Laudenbach CP rechts.

Wertheim, D-97877 / Baden-Württemberg CC€18

- Wertheim-Bettingen
- Geiselbrunnweg 31
- 1 Apr - 1 Nov
- +49 93 42 70 77
- info@campingpark-wertheim-bettingen.de

1 AEFJMNOPRST JNWXYZ 6
2 ADQSXYZ ABDEFGHI 7
3 ABFM ABCDEFJNQRTW 8
4 H FY 9
5 ABDFLMN AGHLOQU 10
B 6-10A CEE
H140 7,5ha 100T(80-100m²) 123D
① €20,50
② €25,50

N 49°46'51'' E 09°34'00'' 100169

A3 Aschaffenburg-Würzburg, Ausfahrt 66 Wertheim. Der CP ist ausgeschildert.

Wertheim/Bestenheid, D-97877 / Baden-Württemberg

- AZUR Cp-park Wertheim am Main
- An den Christwiesen 35
- 1 Apr - 31 Okt
- +49 9 34 28 31 11
- wertheim@azur-camping.de

1 ADEFJMNOPRST BGHNXYZ 6
2 CQSXY ABDEFG 7
3 AFJMS ABCDEFJKNQRTW 8
4 FHR BCFY 9
5 ABDMN AGHKLNQ 10
B 6-16A CEE
H140 7ha 200T(80-110m²) 55D
① €41,00
② €57,00

N 49°46'40'' E 09°30'33'' 102357

A3 Frankfurt-Würzburg, ausfahrt 65 Wertheim/Marktheidenfeld bis Wertheim und dann in Richtung Miltenberg bis Bestenheid. Weiter nach CP-Beschilderung.

Tübingen

Aitrach, D-88319 / Baden-Württemberg
- Park-Camping Iller****
- Illerstraße 57
- 1 Apr - 15 Okt
- +49 75 65 54 19
- info@camping-iller.de

1	ACDFILNOPQRST	BGN 6
2	CQXYZ	BEFGH 7
3	ABMUW	ABDFIJKNQRT 8
4	BEFGHJO	DR 9
5	ABDHMN	ABFGHIJLOU 10

B 16A CEE — €34,00 / €44,00
N 47°56'57" E 10°05'15" H590 2,8ha 100T(80-120m²) 139D — 102440

A7 Ulm-Memmingen. Memminger Kreuz Richtung Lindau fahren. In Aitrach rechts CP-Beschilderung folgen.

Albstadt, D-72458 / Baden-Württemberg
- Sonnencamping Albstadt
- Beibruck 54
- 1 Jan - 31 Dez
- +49 74 31 19 37 03 48
- info@sonnencamping.de

1	ABDEJMNOPQRS	6
2	IPQTUVWXY	ABE FGI 7
3	ABEGMUW	ABCDEFGJNQRTUVW 8
4	EFHJO	AFJ 9
5	ABDMNO	ABFGHJOQU 10

WB 16A CEE — €41,90 / €44,60
N 48°12'52" E 08°58'42" H747 7ha 57T(80-110m²) 32D — 122529

A81 Ausfahrt 31 Empfingen. Dann die B463 nach Bisingen, Balingen. Weiter nach Albstadt. Hier der Beschilderung folgen.

Bad Urach, D-72574 / Baden-Württemberg
- Pfählhof***
- Pfählhof 2
- 1 Jan - 31 Dez
- +49 71 25 80 98
- camping@pfaehlhof.de

1	DEFILNOPQRST	6
2	DQTWXY	ABDEFGI 7
3	BFM	ABCDFJKNQRT 8
4	FHJO	JK 9
5	ABDEFLM	ABCDFGHJLNQU 10

16A CEE — €32,00 / €36,00
N 48°30'14" E 09°25'28" H500 4,5ha 50T(80-120m²) 171D — 102291

A8 Ausfahrt 56 Nürtingen. Dann der B297 folgen, in Nürtingen die B313 bis Metzingen. Dann die B28 bis Bad Urach folgen.

Friedrichshafen, D-88045 / Baden-Württemberg
- CAP-Rotach
- Lindauerstraße 2
- 28 Mrz - 20 Okt
- +49 75 41 70 07 77 77
- info@cap-rotach.de

1	ADEFGJMNOPQRST	LMNQSWX 6
2	EKLPQTWXY	ABDEFGI 7
3	AB	ABCDEFIJKNQRT 8
4	AEFHJO	GILRV 9
5	ADMN	ABFGHIKNQ 10

B 6A CEE — €28,00 / €37,00
N 47°38'58" E 09°29'48" 0,8ha 85T(36-100m²) 44D — 113686

B31 Richtung Lindau. Vor Friedrichshafen 'Stadtmitte' folgen. Dann 'Jugendherberge' folgen. 100m hinter der Rotach-Brücke rechts.

Friedrichshafen, D-88048 / Baden-Württemberg
- Campingplatz Friedrichshafen-Fischbach
- Grenzösch 3
- 14 Apr - 9 Okt
- +49 75 41 42 20 59
- info@camping-fischbach.de

1	AEFHKNOPQRST	LMNQSWX 6
2	EJPQWXY	ABDEFGI 7
3	AB	ABCDEFJKNQRT 8
4	AFHO	T 9
5	ABDEFIKN	ABGHIKOQ 10

B 10A CEE — €28,00 / €36,00
N 47°40'10" E 09°24'14" H367 2ha 80T(70-120m²) 40D — 102299

Von Stockach B31 Richtung Friedrichshafen. Dann ist der CP ausgeschildert.

Hagnau, D-88709 / Baden-Württemberg
- Campingplatz Alpenblick
- Strandbadstraße 13
- 1 Apr - 27 Okt
- +49 75 32 49 57 60
- info@campingplatz-alpenblick.de

1	AIKNOPQRST	LMNSW 6
2	ELPQSUXY	ABDEFGI 7
3	B	ABCDEFIJKNQRTW 8
4	FHO	9
5	ADEFKM	AGHIKLOQ 10

B 16A CEE — €34,70 / €42,70
N 47°40'20" E 09°19'39" 2ha 80T(50-80m²) 150D — 113685

Von Singen nach Lindau. Der B31 bis Hagnau, danach den CP-Schildern folgen. Aus Ulm-Ravensburg nach Markdorf. Dann Hagnau und den CP-Schildern folgen.

Illmensee, D-88636 / Baden-Württemberg
- Camping Seewiese
- Kirchplatz 2/1
- 1 Mai - 5 Okt
- +49 75 55 84 66
- info@camping-illmensee.de

1	AFILNOPQRST	LNQXY 6
2	CELPQWYZ	ABCDEFGIK 7
3	BFGLM	ABCDEFKNQRTUVW 8
4	AFHJKO	FK 9
5	ABDMN	ABFGHIJMNSTU 10

Anzeige auf dieser Seite 16A CEE — €26,00 / €26,00
N 47°51'39" E 09°22'28" H700 1,6ha 40T(60-80m²) 71D — 111954

Kreuz Hegau A498 Singen-Stockach. Dann die B31 bis Überlingen. Richtung Pfullendorf bis Heiligenberg. An der Kirche rechts. In Rickertsreute an der Tankstelle rechts nach Illmensee.

Immenstaad, D-88090 / Baden-Württemberg
- Schloss-Kirchberg
- 17 Mrz - 27 Okt
- +49 75 45 64 13
- info@mupu.de

1	AEFJMNOPQRST	LPQSWX 6
2	ELQTVWXYZ	ABFG 7
3	BGM	ABEFJNQRT 8
4	EFH	9
5	ABDEFHIM	AGHIKOQ 10

B 16A CEE — €30,50 / €37,50
N 47°40'12" E 09°19'53" H330 8ha 100T(67-113m²) 230D — 110462

B31 an der Straße Überlingen-Friedrichshafen ist der CP ab Immenstaad ausgeschildert.

Immenstaad, D-88090 / Baden-Württemberg
- Schloß Helmsdorf OHG
- Schloß Helmsdorf 1
- 25 Mrz - 9 Okt
- +49 75 45 62 52
- info@schlosshelmsdorf.de

1	ADEFILNOPQRST	LNOQSXYZ 6
2	ELPQSVWXYZ	ABCDEFGI 7
3	BS	ABCDEFJNQRTW 8
4	AFH	9
5	ACEDFGHLMN	ABCGHIJMOQ 10

Anzeige auf Seite 317 B 6A CEE — €39,60 / €46,60
N 47°40'00" E 09°22'42" H319 5,5ha 80T(75-100m²) 239D — 109749

Ab Kreuz Hegau A81 nach Stockach. Über die B31 nach Überlingen/Friedrichshafen. Bei Stetten weiter B31/E54 nach Immenstaad. CP kurz hinter Immenstaad auf der rechten Seite.

Isny im Allgäu, D-88316 / Baden-Württemberg
- Waldbad Camping Isny GmbH****
- Lohbauerstraße 61-69
- 1 Apr - 16 Okt
- +49 75 62 23 89
- info@camping-isny.de

1	AFJMNOPQRST	LM 6
2	BEIJQTWYZ	BEFG 7
3	AFMNS	BDFJNQRUVW 8
4	J	IJV 9
5	ADEFHJKL	ABCEFGHIJOQU 10

16A CEE — €32,00 / €44,00
N 47°40'39" E 10°01'49" H700 4,5ha 50T(100m²) 5D — 108810

A7 Ulm, dann A96 Memmingen-Lindau. Ausfahrt 8 Leutkirch-Süd Richtung Isny. Hier den CP-Schildern folgen.

Schnell und einfach buchen, auch unterwegs

www.Eurocampings.de

Ferienchalets | Minilodges | Safarizelte
Mietcaravans | Tipis | Wassersport | Ferienprogramm
Veranstaltungen | Restaurant | Badestrand u.v.m.

Jetzt reservieren!

Camping Park Gohren am Bodensee

Urlaub & Freizeit direkt am See

www.campingpark-gohren.de
+49 (0) 7543 / 60 59-0

Camping Park Gohren | Zum Seglerhafen | D–88079 Kressbronn am Bodensee

---

Isny/Beuren, D-88316 / Baden-Württemberg
- Am Badsee****
- Allmisried 1
- 15 Apr - 15 Okt
- +49 75 67 10 26
- campingbadsee@t-online.de

1 AEF**IL**NOPQRST LMQRSX 6
2 EILQWY BE**FG**IK 7
3 ABFGM BDFIJNPQR**S**TUW 8
4 EFHJKO**P** FIT 9
5 ABDEFGHKMN ABFGHIJMOSTUY 10
B 16A CEE
H720 3,5ha 80T(64-100m²) 206D
① €25,00 ② €32,00
N 47°45'13'' E 10°00'15''
102441
E61 Oberschwäbische Barockstraße Leutkirch-Isny.
In Leutkirch-Süd Richtung Beuren. Dann ist der CP ausgeschildert.

Krauchenwies, D-72505 / Baden-Württemberg
- Seencamping Krauchenwies
- Ablacher Str. 4
- 1 Apr - 1 Nov
- +49 7 57 69 61 57 06
- info@seencamping.com

1 ABDE**JM**NOPQRST LNX 6
2 CEKPQWXYZ B**FG**I 7
3 ABFGMS ABDEFGJNQRTUW 8
4 FHJO AEF 9
5 ABDM ABFGHJN**OQ**10
16A CEE
H581 3ha 53T(80-100m²) 56D
① €32,00 ② €40,00
N 48°01'07'' E 09°14'09''
122372
A81 Ausfahrt 31, Empfingen, B463, Richtung Rottweil/Albstadt. Dann Richtung Sigmaringen. In Sigmaringen B313 Richtung Meßkirch. Hier die B311 Richtung Mengen. Weiter Richtung Krauchenwies. Der Beschilderung folgen.

Kirchberg (Iller), D-88486 / Baden-Württemberg
- Christophorus****
- Werte 6
- 1 Jan - 31 Dez
- +49 7 35 46 63
- camping-christophorus.de

1 AEF**IL**NOPQRST ELNOQSX 6
2 AEIQWXY BE**FG** 7
3 ABFG**JMNR**S BDFJNQRT 8
4 BDH**ST** DJW 9
5 ABDEHLMN ABFGHIJ**OQU**10
B 16A CEE
H540 8ha 150T(80-100m²) 462D
① €32,50 ② €42,30
N 48°08'21'' E 10°06'11''
101432
A7 Ulm-Memmingen, Ausfahrt 125, in Altenstadt Richtung Kirchberg. Vor Kirchberg Schildern folgen.

Kressbronn, D-88079 / Baden-Württemberg
- Gohren am Bodensee****
- Zum Seglerhafen
- 8 Apr - 16 Okt
- +49 7 54 36 05 90
- info@campingplatz-gohren.de

1 ADEF**IL**NOPQRST LNOPQRSTVW**X**Y 6
2 AEIL**P**QSTWXYZ ABCDE**FG**HIJ 7
3 BDG**J**MUW ABDEFGIJKNQRTW 8
4 ABDEFFHJKO**PQRTX** ABDIJKSVW 9
5 ACGHLMN ABEFGHIKLM**N**QUWY10
Anzeige auf dieser Seite B 16A CEE
H400 45ha 726T(60-100m²) 972D
① €36,50 ② €49,50
N 47°35'17'' E 09°33'47''
102371
B31 Lindau-Friedrichshafen. Hinter Kressbronn links in Richtung Langenargen. An der Kiesgrube entlang den CP-Schildern folgen.

schloss helmsdorf
freizeitzentrum immenstaad am bodensee

→ Familienbetrieb
→ Restaurant mit Seeterrasse
→ Apartments
→ Yachthafen mit Gästeliegeplätzen
→ kleiner Supermarkt
→ großer Badestrand mit Liegewiese

Wir freuen uns auf Sie!
Ihre Familie Flemisch

www.schlosshelmsdorf.de → Infos +49 (0) 7545-6252

Teilkarte Tübingen auf Seite 316

RUHE & ERHOLUNG DIREKT AM BODENSEE

www.campingplatz-iriswiese.de

Campingplatz Iriswiese | Tunau 16 | D–88079 Kressbronn am Bodensee
Telefon +49 (0) 7543 / 80 10 | Telefax +49 (0) 7543 / 80 32 | info@campingplatz-iriswiese.de

Kressbronn, D-88079 / Baden-Württemberg

- Iriswiese★★★★
- Tunau 16
- 8 Apr - 24 Okt
- +49 75 43 80 10
- campingplatz-iriswiese.de

1 A**J**MNOPR L**N**PQSW**XY** 6
2 AEILMQWY ABDE**FG**HI 7
3 BMU ABCDEFJKNQRT 8
4 FHJO 9
5 ACDEFHKMN ABGHIJ**OQ**10
Anzeige auf dieser Seite 10A CEE
  €30,00
  €37,00
H400 8ha 200T(60-100m²) 200**D**

N 47°35'14'' E 09°34'58'' 109207

B31 Lindau-Friedrichshafen. Durch Kressbronn links ab Richtung Langenargen. Der CP ist gut ausgeschildert.

Einrichtungsliste

Die Einrichtungsliste finden Sie vorne im aufklappbaren Deckel des Führers. So können Sie praktisch sehen, was ein Campingplatz so zu bieten hat.

Campinggarten Leibertingen

Bei uns gehören Sie zur Familie.....Unser kleiner, familiärer Campinggarten liegt im oberen Donautal ca. 23 km vom Bodensee. Bei uns erwarten Sie großzügige Stellplätze, eigenes Naturbad mit Rutsche und Sprungfelsen, neue Sanitäranlagen. Kinder dürfen sich über ein Spielzimmer, viele Streicheltiere auf einem echten Bauernhof und einen Kinderbauernhof freuen. WLAN gratis, Brötchenservice und Kiosk. Ein Hund kostenlos!

Beim Freibad 1 - Vogelsang, 88637 Leibertingen/Thalheim
Tel. +49 7575209171 • E-Mail: info@campinggarten-leibertingen.de
Internet: www.campinggarten-leibertingen.de

Münsingen, D-72525 / Baden-Württemberg

- Ferienanlage Hofgut Hopfenburg
- Hopfenburg 12
- 1 Jan - 31 Dez
- +49 73 81 93 11 93 11
- info@hofgut-hopfenburg.de

1 ADEFG**JM**NOPQRST 6
2 BIQVWX BE**F** 7
3 BD**HI**MUW BDFGIJPQRTUVW 8
4 ABDEIVW 9
5 ABDMN ABCFGHKNRSU10
WB 16A CEE
  €32,40
H780 10ha 80**D**(100-120m²) 60**D**

N 47°44'22'' E 09°30'31'' 120271

A8 Stuttgart-München. Ausfahrt 55 Richtung Nürtingen-Metzingen-Bad Urach. In Münsingen den CP-Schildern folgen. Camping liegt etwas ortsaußerhalb. Oder Ausfahrt Merklingen und dann Münsingen folgen.

Leibertingen/Thalheim, D-88637 / Baden-W.

- Campinggarten Leibertingen
- Beim Freibad 1 - Vogelsang
- 1 Apr - 31 Okt
- +49 75 75 20 91 71
- info@campinggarten-leibertingen.de

1 AILNOPQRST AFH 6
2 IPQTVWX BE**FG** 7
3 ABDEGM ABCDEFJNQRTUVW 8
4 BFJKO Z 9
5 ABDEFHJKMN AGHJLNRSUW10
Anzeige auf dieser Seite 16A CEE
  €27,30
  €34,30
H730 2ha 44**T**(100m²) 2**D**

N 48°00'37'' E 09°01'42'' 121546

B311 Freiburg-Ulm, Ausfahrt Leibertingen. In Thalheim links in die 'Schwimmbadstraße' abbiegen. Den Schildern folgen. Camping liegt rechts oben neben dem Weg.

Oberteuringen/Neuhaus, D-88094 / Baden-Württemberg

- Camping am Bauernhof/ Ferienhof Kramer
- Sankt Georg Straße 8
- 15 Mai - 10 Sep
- +49 75 46 24 46
- kramer@camping-am-bauernhof.de

1 AFHKNOPQRS**T** A 6
2 CPQXY ABDE**FG**HI 7
3 ABFGMSW ABFJNQRTW 8
4 FHJK I 9
5 ABDMN ABFGHIJMOQUW10
B 16A CEE
  €27,50
  €38,50
H456 0,9ha 51**T**(100-120m²) 4**D**

N 47°44'22'' E 09°28'19'' 111720

A81 Stuttgart-Singen-Meersburg. B33 Richtung Ravensburg/Markdorf/Neuhaus. Ulm-Ravensburg. B33 Richtung Meersburg/Neuhaus.

Gern - Campinghof Salem

9 km vom Bodensee mit seiner herrlichen Umgebung. Ideales Gebiet zum Wandern und Radfahren. Am Platz ein Kiosk mit kleiner Küche, Kinderbauernhof, Ponyreiten und großen Spielraum. Angebotswochen in der Vor- und Nachsaison auf Anfrage.

E-Mail: info@campinghof-salem.de
Internet: www.campinghof-salem.de

Salem/Neufrach, D-88682 / Baden-W.

- Gern-Campinghof Salem
- Weildorferstraße 46
- 1 Apr - 31 Okt
- +49 75 53 82 96 95
- info@campinghof-salem.de

1 AEF**J**MNOPQRST N 6
2 BCPQWXY ABDE**FG**HI 7
3 ABFG**HIL**M**NT**X ABCDEFJKNQRUVW 8
4 ACDFGHJKLOQ**TXZ** EFK 9
5 ABCDEFHKMN ABCDEHIJOQU10
Anz. auf dieser S. B 10-16A CEE
  €29,00
  €33,00
H467 2ha 94**T**(80-100m²) 29**D**

N 47°46'12'' E 09°18'27'' 112985

A81 Stuttgart-Singen nach Lindau. Dann die B31 Überlingen-Salem. Von Ulm: die B30 Ulm-Ravensburg. B33 Richtung Markdorf. Dann Richtung Salem/Neufrach.

Machtolsheim, D-89150 / Baden-Württemberg

- Heidehof★★★★
- Heidehofstraße 50
- 1 Jan - 31 Dez
- +49 73 33 64 08
- info@camping-heidehof.de

1 ADEF**J**MNOPQRST BG 6
2 AQUWXY ABDE**F** 7
3 BFG**IJ**M ABCDEFJKNQRTUVW 8
4 BFHJLO EFW 9
5 ABDEFGHLMN ABFGJLM**O**QUWX10
WB 16A CEE
  €31,00
  €40,00
H725 25ha 150**T**(60-100m²) 811**D**

N 48°28'39'' E 09°44'41'' 101144

A8 Stuttgart-Ulm Ausfahrt 61 Merklingen, dann in Richtung Blaubeuren. Der CP ist 2 km außerhalb von Machtolsheim. Ist von der Autobahn aus gut angezeigt.

Sigmaringen, D-72488 / Baden-Württemberg

- Sigmaringen★★★★
- Georg-Zimmerer-Straße 6
- 26 Mrz - 31 Okt
- +49 7 57 15 04 11
- info@outandback.de

1 ADEF**J**MNOPQRST N**V**XZ 6
2 CPQSTWXYZ AB**FG** 7
3 ABFG**J**LMTWX ABDFJNQRUVW 8
4 FHOZ FJRU 9
5 ABCDEFGHKLMN ABCFGHIJLOQ10
B 16A CEE
  €25,00
  €36,00
H570 1,5ha 104**T**(100-130m²) 25**D**

N 48°05'01'' E 09°12'29'' 102293

A81 Ausfahrt 38. B311 Richtung Tuttlingen, dann Richtung Sigmaringen B311/B313. Ab hier den CP Schildern folgen.

Markdorf, D-88677 / Baden-Württemberg

- Wirthshof★★★★★
- Steibensteig 10
- 1 Feb - 16 Dez
- +49 7 54 49 62 70

1 ADEF**J**MNOPQRST B 6
2 PQWY ABCDE**FG** 7
3 ABDEF**G**JLMW ABCDEFJKNQRTUVW 8
4 ABCDEFH**QSTVXYZ** AEFGVW 9
5 ABDFHLMN ABCFGHIKMOQY10
Anzeige auf Seite 319 B 16A CEE
  €37,50
  €45,50
H411 10ha 158**T**(80-100m²) 134**D**

N 47°42'15'' E 09°24'32'' 102298

Ab Meersburg die B33 bis hinter Markdorf folgen. Ab Ravensburg B33 Richtung Meersburg vor Markdorf. Der CP ist dann gut ausgeschildert.

Sonnenbühl/Erpfingen, D-72820 / Baden-Württemberg

- AZUR Rosencp. Schwäbische Alb
- Hardtweg 80
- 1 Jan - 31 Dez
- +49 7 12 84 66
- erpfingen@azur-camping.de

1 ABDEFG**J**MNOPQRST B 6
2 IQSUVWXYZ ABDE**FG**IJ 7
3 ABFG**J**MSX ABCDFJNQRT 8
4 FH E 9
5 ABDMN ABFGHJLQUW10
WB 16A CEE
  €33,50
  €46,50
H790 9ha 150**T**(100m²) 304**D**

N 48°21'47'' E 09°11'00'' 102292

Von Stuttgart-Reutlingen die B312/313 Richtung Sigmaringen. Die Strecke zur Bärenhöhle. Sonnenbühl-Erpfingen ist gut ausgeschildert.

EINZIGARTIG. VIELFÄLTIG. FAMILIÄR.

abwechslungsreiches Freizeitprogramm
vielseitiges Bewegungsangebot
Wellness & Spa | 4-Sterne-Hotel | Indoor-
Spielscheune, Spielschloss, Minigolf
und Pit-Pat | beheiztes Schwimmbad
Campingerlebnis in der Natur

Camping Wirthshof | Steibensteg 10
D-88677 Markdorf | Telefon +49 7544-96270

wirthshof.de

5-STERNE-CAMPING BEIM BODENSEE

Deutschland

Tettnang/Badhütten, D-88069 / Baden-Württemberg

- Gutshof Camping Badhütten
- Laimnau/Badhütten 1/2
- 6 Apr - 1 Nov
- +49 7 54 39 63 30
- gutshof.camping@t-online.de

1 AILNOPQRST	AFHINU 6
2 CIQWXYZ	BEFG 7
3 BFHIMS	BCDFJKNQRTU 8
4 AFHJK	DI 9
5 ADFGHKM	ABCFGHJNQV 10
16A CEE	
H380 10ha 200T(120-150m²) 314D	① €43,50 ② €55,10

N 47°38'00" E 09°38'51"   102368

B31 Lindau-Friedrichshafen. Hinter Kressbronn in Richtung Tettnang, Abfahrt Tannau/Laimnau, dann ist der CP ausgeschildert.

Uhldingen-Mühlhofen, D-88690 / Baden-Württemberg

- Campingplatz Birnau-Maurach
- 24 Mrz - 28 Okt
- +49 75 56 66 99
- info@mupu.de

1 AEFILNOPQRST	LPQSX 6
2 EMQY	ABDEFG 7
3 ABFM	ABCDFJNQRTUVW 8
4 BCDFHJQ	V 9
5 ABDFHLN	AHIJOQ 10
B 16A	
H333 4ha 80T(70-100m²) 100D	① €40,00 ② €47,00

N 47°44'26" E 09°13'34"   102296

B31 Stockach via Überlingen nach Uhldingen. Hier ist der CP ausgeschildert.

Tübingen, D-72072 / Baden-Württemberg

- Neckarcamping Tübingen***
- Rappenberghalde 61
- 26 Mrz - 31 Okt
- +49 7 07 14 31 45
- mail@neckarcamping.de

1 ADEFILNOPQRST	N 5
2 DPQSXYZ	ABDEFGHI 7
3 BM	ABCDEFHNRT 8
4 FH	AF 9
5 ABDEFLM	AFGHJNOQ 10
B 16A CEE	
H400 3ha 83T(60-80m²) 46D	① €35,50 ② €43,50

N 48°30'38" E 09°02'09"   102290

A81 Ausfahrt 28 Herrenberg. Dann der B28 Richtung Tübingen folgen. In der Stadt den CP-Schildern folgen. CP ist mitten in der Stadt.

Westerheim, D-72589 / Baden-Württemberg

- ALB-Camping Westerheim
- Beim Campingplatz 1
- 1 Jan - 31 Dez
- +49 73 33 61 40
- info@alb-camping.com

1 AEFJMNOPRST	BGM 6
2 AIQUWXY	ABDEFG 7
3 BFGJMNS	ABCDFGIJKNQRSTUW 8
4 BEFHJLOPQR	CDEFI 9
5 ABCDEFHJLMN	ABFGHJLMOPQUVY 10
WB 16A CEE	
H820 20ha 74T(80-100m²) 940D	① €29,20 ② €37,20

N 48°30'37" E 09°36'34"   102367

A8 Stuttgart-München. Behelfsausfahrt 60 Hohenstadt Richtung Westerheim. A8 München-Stuttgart Ausfahrt 61 Richtung Westerheim. Der CP ist ausgeschildert und von der Autobahn aus gut erreichbar.

Club iD

Ihr Pass oder Ausweis sicher in der Tasche
Die praktische ACSI Clubkarte

Nur **4,95 €** im Jahr

- Ausweisersatz
- Akzeptiert auf fast 8 400 Campingplätzen in Europa
- Inklusive Haftpflichtversicherung
- Rabatt im ACSI-Webshop

www.ACSI.eu/ACSIClubID

Nord-Bayern

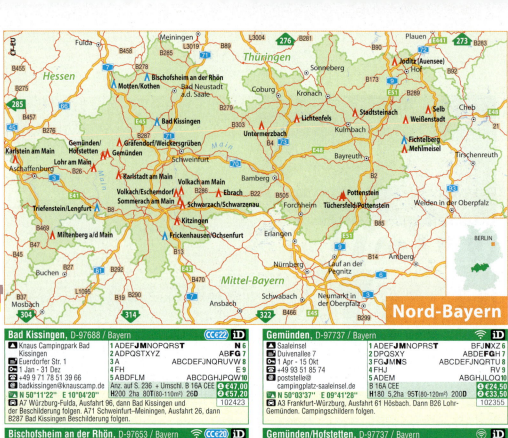

Bad Kissingen, D-97688 / Bayern

- Knaus Campingpark Bad Kissingen
- Euerdorfer Str. 1
- 1 Jan - 31 Dez
- +49 9 71 78 51 39 66
- badkissingen@knauscamp.de
- N 50°11'22" E 10°04'20"

1 ADEF**JM**NOPQRS**T** — N 6
2 ADPQSTXYZ — AB**FG** 7
3 A — E 9
4 FH — ABCDGHJPQW 10
5 ABDFLM — ABCDGHJPQW 10
Anz. auf S. 236 + Umschl. B 16A CEE
H200 2ha 80T(80-110m²) 26D
€ 47,00 € 57,20 102423
A7 Würzburg–Fulda, Ausfahrt 96, dann Bad Kissingen und der Beschilderung folgen. A71 Schweinfurt–Meiningen, Ausfahrt 26, dann B287 Bad Kissingen Beschilderung folgen.

Gemünden, D-97737 / Bayern

- Saaleinsel
- Duivenallee 7
- 1 Apr - 15 Okt
- +49 93 51 85 74
- poststelle@campingplatz-saaleinsel.de
- N 50°03'37" E 09°41'28"

1 ADEF**JM**NOPRS**T** — B**FJ**N**X**Z 6
2 DPQSXY — AB**DEFGH** 7
3 F**GJM**NS — ABCDEFJNQRTU 8
4 FHJ — RV 9
5 ADEM — ABGHJLOQ 10
B 16A CEE
H180 5,2ha 95T(80-120m²) 200D
€ 24,50 € 33,50 102355
A3 Frankfurt–Würzburg, Ausfahrt 61 Hösbach. Dann B26 Lohr-Gemünden. Campingschildern folgen.

Bischofsheim an der Rhön, D-97653 / Bayern

- Camping Rhöncamping****
- Kissingerstraße 53
- 1/1 - 28/10, 17/12 - 31/12
- +49 97 72 13 50
- info@rhoencamping.de
- N 50°23'44" E 10°01'14"

1 AF**JM**NOPQRST — BG 6
2 PQSWXY — AB**DFG** 7
3 AGJM — ABCDEF**H**JNPQRW 8
4 FHJ**S** — 9
5 ABDMN — AB**FG**HJL**OQ** 10
Anzeige auf Seite 321 N 16A CEE
H418 3,8ha 80T(80-100m²) 100D
€ 23,00 € 29,00 102421
A7 Würzburg–Fulda, Abfahrt 95 Bad Brückenau/Wildflecken. Richtung Bischofsheim. In Bischofsheim den CP-Schildern folgen.

Gemünden/Hofstetten, D-97737 / Bayern

- Spessart-Camping Schönrain*****
- Schönrainstr. 4-18
- 1 Apr - 30 Sep
- +49 93 51 86 45
- info@spessart-camping.de
- N 50°03'05" E 09°39'25"

1 AF**JM**NOPQRS**T** — A 6
2 P**Q**RSUVWXYZ — ABC**DEFG**H**I** 7
3 BCFM — ABCDE**FI**JNQRTUVW 8
4 FHJOPQRSUV — EFV 9
5 ABCDEFM — ABGJLNQ 10
B 16A CEE
H179 7ha 100T(100-150m²) 32D
€ 30,90 € 40,50 101427
A3 Frankfurt–Würzburg, Ausfahrt 63 Weibersbrunn/Lohr. B26 Richtung Lohr/Gemünden. In Gemünden über die Mainbrücke, dann rechts Richtung Hofstetten und Camping-Schildern folgen.

Ebrach, D-96157 / Bayern

- Weihersee
- Schwimmbadweg 21
- 8 Apr - 16 Okt
- +49 9 55 39 89 05 79
- weihersee@t-online.de
- N 49°50'44" E 10°28'57"

1 AEFJMNOPRS**T** — 6
2 BDFPQVWXYZ — AB**DEFG** 7
3 B — ABCDEFJNQRUVW 8
4 FH — F 9
5 AD**F**H — ABH**JOQ** 10
16A
3ha 138**T**(90-100m²) 28D
€ 29,00 € 39,00 121059
A3 Würzburg–Nürnberg, ausfahrt 76 Geiselwind, ca 15 Min Richtung Ebrach. Dann den CP-Schildern folgen.

Gräfendorf/Weickersgrüben, D-97782 / Bayern

- Roßmühle
- Roßmühle
- 1 Jan - 31 Dez
- +49 93 57 12 10
- N 50°06'24" E 09°47'00"

1 A**JM**NOPRS**T** — **J**N**X**Z 6
2 CQSXY — ABC**DEFG**I 7
3 AM — ABCDE**FJ**NQRTUVW 8
4 FH — GIR 9
5 ABEDFLMN — AGH**JOQ**Y 10
6-10A CEE
H172 4ha 142T(80-100m²) 176D
€ 28,00 € 34,00 102354
A7 Fulda–Würzburg, Ausfahrt 97. B287 Richtung Hammelburg, dann B27 Richtung Karlstadt. Hinter Obereschenbach der Ausfahrt Gräfendorf folgen. Etwa 1 km hinter Weickersgrüben den CP-Schildern folgen.

Fichtelberg, D-95686 / Bayern

- Fichtelsee*****
- Fichtelseestraße 30
- 1/1 - 31/10, 18/12 - 31/12
- +49 9 27 28 01
- info@camping-fichtelsee.de
- N 50°00'59" E 11°51'20"

1 AEF**JM**NOPQRS**T** — L 6
2 EPQSWXYZ — AB**DEFG** 7
3 AB**J**LMU — ABCDEFJNQRTUVW 8
4 EFHJO — 9
5 ABDMN — ABDEGH**J**QW 10
WB 16A CEE
H200 2,6ha 100**T**(90-140m²) 25D
€ 25,10 € 33,50 102565
B303 Richtung Fichtelberg/Marktredwitz. Den weißen Schildern 'Fichtelsee' und CP-Schildern folgen.

Joditz (Auensee), D-95189 / Bayern

- Auensee
- Am Auensee 1
- 1 Jan - 31 Dez
- +49 9 29 53 81
- info@auensee-camping.de
- N 50°22'29" E 11°50'16"

1 ADE**I**LNOPQRS**T** — LN**X** 6
2 AEPQSUXYZ — AB**DEFG** 7
3 AFGM — AB**EFN**QRW 8
4 FHJ — 9
5 ABDMN — AHJ**LOQU** 10
W 16A CEE
H450 6ha 50**T** 150D
€ 19,40 € 24,50 102561
A9 Ausfahrt 3 Berg/Bad Steben. Dann Richtung Joditz. Anschließend ist CP ausgeschildert. An der schmalen Einbahnstraße geradeaus. Schild 'Auensee' folgen.

Frickenhausen/Ochsenfurt, D-97252 / Bayern

- Knaus Campingpark Frickenhausen****
- Ochsenfurterstraße 49
- 1 Mrz - 27 Nov
- +49 93 31 31 71
- frickenhausen@knauscamp.de
- N 49°40'09" E 10°04'28"

1 ADEF**JM**NOPQRS**T** — AN**WX**YZ 6
2 ACQSWXYZ — AB**DEFG**HI 7
3 BGM — ABCDEFJNQRTUVW 8
4 FHJO — EFV 9
5 ADFLMN — ABCDGHJLO**S**TUY 10
Anz. auf S. 236 + Umschl. B 16A CEE
3,4ha 77**T**(80-100m²) 98D
€ 40,20 € 49,50 102428
A3 Würzburg–Nürnberg, Ausfahrt 71 Randersacker. B13 bis Frickenhausen. Dann der CP-Beschilderung folgen.

Ortsnamenregister

Hinten im Führer finden Sie das Ortsnamenregister. Praktisch und schnell Ihren Lieblingsplatz finden!

Teilkarte Nord-Bayern auf Seite 320

Unser Platz:
- wunderschön und ruhig gelegen
- teilweise Komfortplätze mit Wasser-/ Abwasseranschluss
- freier Eintritt in das nebenan liegende beheizte Freibad
- W-LAN kostenpflichtig

Urlaub in der Rhön:
- Wandern, Mountainbiken, E-Bike-Fahren, Schwimmen, Skifahren, Langlaufen, Sternegucken...

E-Mail: info@rhoencamping.de

Karlstadt am Main, D-97753 / Bayern
- Am Schwimmbad
- Baggersweg 6
- 15 Apr - 15 Okt
- +49 93 53 99 61 07
- info@campingplatz-karlstadt.de
- 1 AJMNORT — BGNX 6
- 2 DPQSWXY — ABEFG 7
- 3 A — ABEFNQR 8
- 4 — 9
- 5 ADEFLM — ABCHOQ 10
- 16A CEE
- € 18,50 / € 24,60
- N 49°57'29" E 09°45'45"
- H160 1,3ha 40T(80-95m²) 70D
- 102356
- B27 Würzburg-Zellingen-Karlstadt. Von Würzburg aus hinter dem ALDI-Supermarkt rechts. Über die Brücke, nach der Ampel links. Schildern Sportplatz folgen.

Miltenberg a/d Main, D-63897 / Bayern
- Mainwiese
- Steingässerstrasse 8
- 1 Apr - 30 Sep
- +49 93 71 39 85
- campingplatzmainwiese@gmail.com
- 1 AEFJMNOPQRT — JNWX 6
- 2 CPQSXYZ — ABDEFG 7
- 3 BFMX — ABCDEFJNQR 8
- 4 EFHI — 9
- 5 ABDHMN — ABGHKMQ 10
- 16A
- € 22,00 / € 29,00
- N 49°42'13" E 09°15'15"
- H126 2,5ha 50T(70-100m²) 60D
- 102279
- B469 Aschaffenburg-Amorbach, Richtung Miltenberg. Im Zentrum über Mainbrücke Richtung Klingenberg und dann gleich rechts.

Karlstein am Main, D-63791 / Bayern
- Freizeitgebiet Großwelzheim
- Kirchweg 1
- 1 Jan - 31 Dez
- +49 61 88 50 94
- camping.karlstein@online.de
- 1 AEHKNOPQRST — LMN 6
- 2 ABEJQSXY — ABDEFGIJ 7
- 3 BFGJMS — ABCDEFJKNQRTW 8
- 4 FHJO — 9
- 5 ABDEFHJKMN — ABGHIJOQY 10
- B 6A CEE
- € 27,50 / € 36,50
- N 50°03'30" E 09°00'46"
- H100 12ha 100T(60-80m²) 450D
- 102276
- A45 Dortmund-Würzburg, Ausfahrt 45 Karlstein. B8 rechts Richtung Hanau. Direkt nach Karlstein am Main Schild 'Camping/Badesee' folgen.

Motten/Kothen, D-97786 / Bayern (CC€22)
- Rhönperle
- Zum Schmelzhof 36
- 1 Apr - 16 Okt
- +49 9 74 84 50
- info@camping-rhoenperle.de
- 1 ADEFJMNOPQRST — L 6
- 2 AEPQSTVXYZ — ABDEFG 7
- 3 M — ABCDEFJNPQRTW 8
- 4 FHJ — 9
- 5 ABDELMN — ABFGHJOQ 10
- 16A
- € 27,00 / € 34,00
- N 50°22'25" E 09°46'11"
- H387 3ha 80T(80-90m²) 38D
- 102350
- A7 Fulda-Würzburg, ausfahrt 94 Bad Brückenau-Volkers-Motten. B27 Richtung Fulda/Motten. Nach 6 km, CP im Ort Kothen, Gemeinde Motten.

Kitzingen, D-97318 / Bayern
- Schiefer Turm
- Marktbreiterstr. 20
- 1 Apr - 11 Okt
- +49 9 32 13 31 25
- camping-kitzingen.de
- 1 AEFJMNOPQRST — JNWXYZ 6
- 2 ADPQSWXYZ — ABDEFGI 7
- 3 AM — ABCDFGIJNQRW 8
- 4 H — 9
- 5 ADM — AGHJOQY 10
- 16A CEE
- € 31,00 / € 40,00
- N 49°43'54" E 10°10'06"
- H181 3ha 100T(85-130m²) 56D
- 101138
- A3 Würzburg-Nürnberg Ausfahrt 72 Biebelried, dann die B8 Richtung Kitzingen. Den Schildern zum Schwimmbad folgen.

Pottenstein, D-91278 / Bayern
- Bärenschlucht ★★★★
- Bärenschlucht 1
- 1 Jan - 31 Dez
- +49 9 24 32 06
- info@baerenschlucht-camping.de
- 1 ADEFJMNOPQRST — JNU 6
- 2 CPQSVWXYZ — ABDEFGIJ 7
- 3 BLMW — ABCDEFJNQRTW 8
- 4 FH — J 9
- 5 ABDFJKLMN — ABEGHKQ 10
- B 6-16A CEE
- € 23,10 / € 30,10
- N 49°46'45" E 11°23'07"
- H400 5ha 150T(50-120m²) 56D
- 101140
- A9 Ausfahrt 44 Pegnitz. Richtung Pottenstein. B470 ab Forchheim Richtung Pegnitz. Bei Km 10. A73 Forchheim-Nord über die B470.

Lichtenfels, D-96215 / Bayern
- Maincamping
- Krößwehrstr. 52
- 1 Apr - 15 Okt
- +49 9 57 17 17 29
- info@maincamping.de
- 1 AEFJMNOPRST — JLNXZ 6
- 2 CEKPQTWXYZ — ABDEFGI 7
- 3 ABMN — ABCDEFJNQRTW 8
- 4 FHJO — 9
- 5 ADN — ABFGHJNQ 10
- B 16A CEE
- € 16,00 / € 19,30
- N 50°09'22" E 11°05'11"
- H300 1ha 85T(81-100m²) 45D
- 102525
- B173, Ausfahrt Lichtenfels-Ost/Oberwallenstadt. CP ist ausgeschildert.

Pottenstein, D-91278 / Bayern
- Jurahöhe
- Kleinlesau 9
- 1 Jan - 31 Dez
- +49 92 43 91 73
- campingplatz-jurahoehe@gmx.de
- 1 AFJMNOPQRST — 6
- 2 QSVWXYZ — ABDFG 7
- 3 BLM — ABEFJNQRUVW 8
- 4 FH — 9
- 5 ADFJKMN — ABFHJLQ 10
- 16A CEE
- € 20,40 / € 26,40
- N 49°47'54" E 11°22'30"
- H468 1,6ha 55T(81-100m²) 30D
- 109035
- Von Bamberg oder Würzburg via B470 nach Ebermannstadt. Via Behringermühle und Tüchersfeld nach Kleinlesau.

Lohr am Main, D-97816 / Bayern
- Camping Mainufer
- Jahnstraße 12
- 14 Apr - 23 Okt
- +49 16 37 30 18 46
- info@camping-mainufer.de
- 1 AEFJMNOPQRT — BHINXY 6
- 2 DPQTXY — ABDEFG 7
- 3 FGN — ABEFJNQRU 8
- 4 FH — 9
- 5 D — ABHIJNQ 10
- 16A CEE
- € 23,50 / € 30,50
- N 49°59'54" E 09°34'58"
- H150 2,2ha 60T(80-90m²) 50D
- 108134
- A3 Frankfurt-würzburg, Ausfahrt 63 Weibersbrunn, Richtung Lohr am Main, vorbei Lohr am Main B26 nehmen, bei McDonald's abzweigen, CP-Schildern folgen.

Schwarzach/Schwarzenau, D-97359 / Bayern
- Mainblick GBR ★★★★
- Mainstraße 2
- 1 Apr - 31 Okt
- +49 9 32 46 05
- info@camping-mainblick.de
- 1 AFJMNOPQRST — JNQSWXYZ 6
- 2 ADPQSTWXY — ABDEFGI 7
- 3 AFLM — ABCDFJKNQRTW 8
- 4 FH — 9
- 5 ADFLMN — AGHJLOQ 10
- B 16A CEE
- € 27,00 / € 34,00
- N 49°48'13" E 10°13'02"
- H123 2,9ha 80T(85-100m²) 90D
- 101429
- A3, Ausfahrt 74 nach Kitzingen/Schwarzach/Dettelbach, Richtung Schwarzach/Dettelbach/Würzburg. Nach Hörblach rechts abbiegen auf die B22. Im Kreisverkehr die 3. Ausfahrt. CP-Schildern 'Schwarzenau' folgen.

Mehlmeisel, D-95694 / Bayern
- Holderbach
- Schafgasse 14a
- 1/1 - 15/10, 15/12 - 31/12
- +49 9 27 23 87
- info@campingplatz-holderbach.de
- 1 AFJMNOPQRST — F 6
- 2 PQUWXY — ABFG 7
- 3 AMU — ABEFJNR 8
- 4 HJO — V 9
- 5 D — AGHJOQ 10
- W 16A CEE
- € 20,00 / € 27,00
- N 49°58'31" E 11°51'09"
- H650 0,8ha 54T(bis 100m²) 25D
- 100171
- B303 Richtung Fichtelberg. Dort Richtung Mehlmeisel. Von ca. 3 km braunen CP-Schildern folgen. Erster CP am Ortsrand.

Selb, D-95100 / Bayern
- Halali-Park
- Heidelheim 37
- 1 Apr - 31 Okt
- +49 92 87 23 66
- info@halali-park.de
- 1 ADEFJMNOPQRST — L 6
- 2 AEQSUVXYZ — ABDEFGI 7
- 3 BX — ABEFNQR 8
- 4 FHJO — DI 9
- 5 DMN — AGHJLNQ 10
- 16A CEE
- € 18,60 / € 23,60
- N 50°08'39" E 12°03'04"
- H625 5,2ha 80T 125D
- 102585
- A93, Ausfahrt 9 Selb-West/Marktleuthen. Bei Km 5,5 links Richtung Heidelheim. CP ist ausgeschildert. A9 Ausfahrt 37 Gefrees Richtung Selb. Von Marktleuthen den CP-Schildern folgen.

Deutschland

Teilkarte Nord-Bayern auf Seite 320

Sommerach am Main, D-97334 / Bayern
- Katzenkopf★★★★
- Am See 7
- 1 Apr - 30 Okt
- +49 93 81 92 15
- info@camping-katzenkopf.de
- N 49°49'33" E 10°12'03"

1 AEFJMNOPRST JLNQSXYZ 6
2 ADFJKPQSWXYZ ABDEFG 7
3 BFGJLM ABCDEFJKNQRTUVW 8
4 FHJO RTV 9
5 ABDFLMN AGHJNQ 10
B 6-16A CEE ① €30,50
H198 6ha 245T(100-120m²) 96D ② €39,50
102426

A3 Würzburg-Nürnberg, Ausfahrt 74 Kitzingen-Schwarzach. Anschließend Richtung Volkach. Nach 4 km Richtung Sommerach, dann beschildert.

Untermerzbach, D-96190 / Bayern
- Rückert Klause
- Wüstenwelsberg 16
- 1 Apr - 31 Okt
- +49 95 33 32 88
- uwe.kaiser16@gmx.de
- N 50°08'15" E 10°49'41"

1 AFJMNOPQRT 6
2 IQSUVXY ABDEF 7
3 ABCDEFJNQR 8
4 F 9
5 DMN ABFJNQ 10
16A CEE ① €18,20
H356 1ha 25T(60-100m²) 35D ② €22,20
102477

Aus dem Westen via B279 nach Pfarrweisach-Lichtenstein-Wüstenwelsberg Richtung Untermerzbach. Via B4, Ausfahrt Kattenbrunn/Untermerzbach/Obermerzbach.

Stadtsteinach, D-95346 / Bayern
- Camping Stadtsteinach
- Badstraße 5
- 15 Mrz - 15 Nov
- +49 92 25 80 03 94
- info@camping-stadtsteinach.de
- N 50°09'37" E 11°30'57"

1 ADEFJMNOPQRST BGO 6
2 PQRSUVWXYZ ABDEFG 7
3 BMNOR ABCDEFJKNQRTW 8
4 FHO DFGI 9
5 ABDFHJKLM ABGHJOQ 10
B 16A CEE ① €24,00
H320 3,5ha 100T(90-110m²) 47D ② €32,60
102562

A9 München-Berlin Ausfahrt Himmelkron/Stadtsteinach. Über die B303 Richtung Stadtsteinach/Kulmbach. Dann den CP-Schildern folgen.

Volkach am Main, D-97332 / Bayern
- Ankergrund
- Fahrerstraße 7
- 1 Apr - 23 Okt
- +49 93 81 67 13
- campingplatz-ankergrund.de
- N 49°52'09" E 10°12'54"

1 AFJMNOPQRS JNWXYZ 6
2 CJPQSTWXY ABDEFG 7
3 AFGM ABCDEFJNPQRUV 8
4 FH 9
5 ABDEFKMN ABGHIJOQ 10
B 16A CEE ① €31,80
H280 2ha 120T(100-150m²) 60D ② €38,80
102425

A3 Würzburg-Nürnberg, Ausfahrt 74 Kitzingen/Schwarzach. Sommerach/Volkach Beschilderung folgen, in Volkach ist der CP ausgeschildert.

Triefenstein/Lengfurt, D-97855 / Bayern
- Main-Spessart-Park★★★★★
- Spessartring 30
- 1 Jan - 31 Dez
- +49 93 95 10 79
- camping-main-spessart.de
- N 49°49'06" E 09°35'18"

1 ADEFILNOPRST WXY 6
2 AQSTVWXYZ ABDEFGH 7
3 BFGLMS ABCDEFJKNQRTUVW 8
4 ABCFHJKLG EFI 9
5 ABDFGHLMN ABCDFGHJLORSUW 10
B 10A CEE ① €27,50
H155 9,5ha 180T(90-110m²) 187D ② €34,50
100168

A3 Frankfurt-Würzburg, ausfahrt 65 Marktheidenfeld. In Triefenstein/Lengfurt über die Brücke und dann den CP-Schildern folgen (6 km). Oder A3 Ausfahrt 66 Wertheim. Am Main entlang Richtung Lengfurt. CP-Schildern folgen (8 km).

Volkach/Eschemdorf, D-97332 / Bayern
- CP Eschendorf-Mainschleife
- An der Güß 9A
- 1 Apr - 30 Okt
- +49 93 81 28 89
- campingplatz-mainschleife.de
- N 49°51'36" E 10°10'35"

1 ADEFILNOPQRS JNXYZ 6
2 DKPQTWXYZ ABDEFG 7
3 ALM ABCDEFIJNQRTW 8
4 FH 9
5 ABDFLMN AGHJNQ 10
B 16A CEE ① €33,50
H198 2ha 80T(90-100m²) 11D ② €43,50
112347

A7 Würzburg-Fulda, Ausfahrt 101 Estenfeld/Würzburg Richtung Eschemdorf. Schildern folgen.

Tüchersfeld/Pottenstein, D-91278 / Bayern
- Campingplatz Fränkische Schweiz
- Im Tal 1a
- 1 Apr - 15 Sep
- +49 92 42 17 88
- info@campingplatz-fraenkische-schweiz.de
- N 49°46'59" E 11°21'59"

1 ADEFJMNOPRST JNU 6
2 CPQSWY 7
3 AL ABDEFJNQR 8
4 FHJO 9
5 ABDJMN ABGHKLNQ 10
16A CEE ① €29,50
H300 2ha 155T ② €36,90
102526

A73 Ausfahrt 9 Forchheim-Süd. B470 via Ebermannstadt, Fränkische Schweiz, Richtung Weiden. 1. CP hinter Tüchersfeld. Zwischen Km-Pfahl 11,5 und 12.

Weißenstadt, D-95163 / Bayern
- Am Weissenstädter See
- Badstraße 91
- 1 Jan - 31 Dez
- +49 17 02 36 25 72
- kontakt@camping-weissenstadt.de
- N 50°06'28" E 11°52'49"

1 ACFJMNOPQRS LMNQRSTXYZ 6
2 CEKQTWXYZ ABDEFG 7
3 ABFLMNO ABCDEFJKNQRTW 8
4 EFH T 9
5 ABDEFHJKLM ABFGHJLMOQ 10
WB 16A CEE ① €21,50
H618 17ha 180T(70-75m²) 140D ② €28,50
102563

A9 Nürnberg-Berlin, Ausfahrt Gefees. Via Weissenstadt Richtung Selb. CP ist ausgeschildert.

Altenveldorf, D-92355 / Bayern
- Am Hauenstein
- Seestraße 9
- 1 Mrz - 31 Okt
- +49 9 18 24 54
- info@campingamhauenstein.de
- N 49°13'01" E 11°40'09"

1 AFJMNOPQRST A 6
2 AQSXY ABFG 7
3 AM ABCDEFJKNQRW 8
4 O F 9
5 ABDFJKM AHJOQ 10
B 16A CEE ① €28,50
H550 3,5ha 100T(80-120m²) 91D ② €39,50
102570

A3 Nürnberg-Regensburg, Ausfahrt 93 Velburg. CP-Schildern folgen.

Nur bei Angabe dieses CC-Logos wird die CampingCard ACSI akzeptiert.

Siehe auch die Gebrauchsanweisung in diesem Campingführer.

Teilkarte Mittel-Bayern auf Seite 322

Campingplatz Fischer-Michl

Wald Seezentrum 4, 91710 Gunzenhausen • Tel. 09831-2784
Fax 09831-80397 • E-Mail: fischer-michl@t-online.de
Internet: www.campingplatz-fischer-michl.de

- 45.000 m² Gelände
- Ca. 120 große (120 m²) Plätze
- Prächtige, neue Sanitäranlage
- Idealer Platz für Radfahrer
- 320 Km Radwege in flachem Gelände

Neuer, moderner Familiencamping, am Südufer vom Altmühlsee. Gegenüber ein großer Erholungsstrand mit Kiosk und Terrasse am See. Bootsverleih, Segelhafen mit Anlegeplätzen im Wasser und am Strand, Segelschule. Im Ort gibt es einen Reitplatz.

Bad Kötzting, D-93444 / Bayern
- Adventure Camp Bad Kötzting
- Jahnstraße 42
- 1 Jan - 31 Dez
- +49 17 58 62 52 01
- bohemia-tours@t-online.de

1 AF**JM**NOPQRS**T**	JNUVX 6
2 CPQY	AB**FG** 7
3 B**TW**	ABFJNQRW 8
4 E**FHJOQ**	DNR 9
5 ADFJKLM	ABGHIJOQ 10
16A CEE	❶ €32,00
H500 1,4ha 40T(80-100m²) 30D	❷ €32,00

◪ N 49°10'46'' E 12°51'51'' 102616
Von Cham B85 Richtung Regen. Bei Miltach Richtung Kötzting. CP wird in Kötzting auf blau-weißen Schildern Richtung Freibad angezeigt.

Bad Neualbenreuth, D-95698 / Bayern
- Campingplatz Platzermühle
- Platzermühle 2
- 1 Jan - 31 Dez
- +49 96 38 91 22 00
- info@camping-sibyllenbad.de

1 A**JM**NOPQRST	6
2 QSTVWXY	ABDE**FG**HI 7
3 B**LM**U	ABCDEFJNQRUV 8
4 F**HJ**	9
5 ADMN	AGHJQ 10
16A CEE	❶ €22,00
H550 1ha 44T(100-120m²) 25D	❷ €28,00

◪ N 49°58'15'' E 12°26'41'' 118244
A93 Ausfahrt Mitterteich-Süd, dann Bad Neualbenreuth folgen.

Berg in der Oberpfalz, D-92348 / Bayern
- Camping in Berg
- Hausheimer Straße 31
- 1 Jan - 31 Dez
- +49 91 89 15 81
- camping-in-berg@t-online.de

1 AF**JM**NOPQRS**T**	6
2 AIQXY	ABDE**FG**I 7
3 A	ABCDE**F**HJKNQRTUW 8
4 F**HJ**	9
5 DN	AHJNQ 10
16A CEE	❶ €24,00
H450 1,5ha 63T(100m²) 51D	❷ €33,00

◪ N 49°19'47'' E 11°25'43'' 112165
A3 Nürnberg-Regensburg Ausfahrt 91 Oberölsbach, Richtung Neumarkt und Berg, weiter beschildert.

Blaibach/Kreuzbach, D-93476 / Bayern
- Campingplatz Blaibach
- Oberes Dorf 7
- 1 Mai - 3 Okt
- +49 99 41 41 28
- info@aquahema.de

1 A**I**LNOPQRS**T**	JNUV 6
2 BCPQSTXYZ	AB**FG**H 7
3 ABFGMW	ABCDE**F**JNQR 8
4 HIJ	FRUZ 9
5 ADJ	ABHIJOQ 10
B 16A CEE	❶ €23,40
H380 1,6ha 40T(80-100m²) 32D	❷ €34,50

◪ N 49°09'36'' E 12°48'31'' 121911
Von Westen: A6/E50 Nürnberg Richtung Amberg. B93 Richtung Schwandorf, dann B85 Richtung Blaibach. Von Süden: A3 Passau, am Kreuz Deggendorf A92/B11 Richtung Regen. In Patersdorf B85 Richtung Cham. In Miltach die ST2140 nach Blaibach.

Deining, D-92364 / Bayern
- Campingplatz Sippelmühle GbR
- Sippelmühle 1
- 1 Jan - 31 Dez
- +49 91 84 16 46
- camping@sippelmuehle.de

1 ACF**JM**NOPQRS**T**	L 6
2 BEIJKPQSUVXYZ	ABE**FG** 7
3	ABCDE**F**JNQRU 8
4 FH	9
5 D**FHJ**K	A**F**H**J**MOQ 10
B 16A CEE	❶ €32,00
H453 6ha 60T(70-200m²) 160D	❷ €42,00

◪ N 49°10'54'' E 11°32'17'' 123506
A3 Nürnberg - Regensburg Ausfahrt 92. Die B299 Richtung Greisselbach, Döllwang, Waltersberg, dann den Schildern folgen.

Dinkelsbühl, D-91550 / Bayern
- DCC Campingpark Romantische Straße
- Kobeltsmühle 6
- 1 Jan - 31 Dez
- +49 98 51 78 17
- info@campingplatz-dinkelsbuehl.de

1 ADEF**JM**NOPQRS**T**	LN 6
2 EJKQTVWYZ	ABDEF**GI**K 7
3 A**J**L**M**	ABCDE**F**JKNQRW 8
4 F**HJ**Q	F 9
5 ABDMN	ABCFGHJLOQUV 10
B 10A CEE	❶ €25,80
H350 14ha 400T(bis 400m²) 151D	❷ €25,80

◪ N 49°04'52'' E 10°20'02'' 102433
A7 Ausfahrt 112 Richtung Dinkelsbühl. In Dinkelsbühl an der B25 ausgeschildert. Zwischen Tankstelle und Bahnübergang Richtung Dürrwangen.

Erlangen/Dechsendorf, D-91056 / Bayern
- Rangau
- Campingstraße 44
- 26 Mrz - 3 Okt
- +49 91 35 88 66
- infos@camping-rangau.de

1 ADEF**JM**NOPQRST	LQSX 6
2 AEJKQTVWXYZ	ABDE**FG** 7
3 BFL**MNR**	ABCDEFJNQRT 8
4 F**HJ**O	V 9
5 ADFJLMN	ABGHJMOQ 10
B 6A CEE	❶ €26,50
H300 1,8ha 113T(60-80m²) 60D	❷ €35,50

◪ N 49°37'54'' E 10°56'51'' 102479
A3 Ausfahrt 81 Erlangen-West, Richtung Dechsendorf. Nach ungefähr 2 km links abbiegen, dann CP-Schildern folgen. A73, Ausfahrt Erlangen-Nord, dann Richtung Dechsendorf. Dort rechts.

Etzelwang, D-92268 / Bayern
- Frankenalb Camping
- Nürnberger Straße 5
- 1 Jun - 30 Sep
- +49 9 66 39 19 00
- frankenalb-camping@web.de

1 AF**IL**NOP**RT**	BG 6
2 CPQWXYZ	ABDE**FG** 7
3 A	ABCDE**F**JNQR 8
4 H	9
5 D	ABLQ 10
16A CEE	❶ €19,00
H460 2,5ha 40T 100D	❷ €24,00

◪ N 49°39'31'' E 11°34'55'' 102569
B14 zwischen Lauf und Sulzbach-Rosenberg. Ausfahrt Etzelwang oder Neukirchen. CP liegt am Schwimmbad in Etzelwang.

Furth im Wald, D-93437 / Bayern
- Einberg
- Dabergerstraße 33
- 1 Apr - 31 Okt
- +49 99 73 18 11
- drachencamping@gmail.com

1 AF**JM**NOPRST	B**N**PQSXY 6
2 CQSWY	BE**FG** 7
3 BF**LM**	ABCDE**F**JNQRT 8
4 FJ	VZ 9
5 ADHKLMNO	ABFHJLOQU 10
16A CEE	❶ €24,50
H400 2,5ha 80T(80-90m²) 8D	❷ €30,50

◪ N 49°18'36'' E 12°51'31'' 102614
Von Cham aus B20 Richtung Furth im Wald. Im Ort ist der CP an der Kirche mit Pfeilen ausgeschildert.

Geslau, D-91608 / Bayern
- Mohrenhof
- Lauterbach 3
- 1 Jan - 31 Dez
- +49 98 67 97 86 09
- info@mohrenhof-franken.de

1 ADE**JM**NOPQRS**T**	LMN 6
2 AEIJKQTVWXY	ABDE**FG**I**J**K 7
3 BDFG**HIJ**L**M**T**X**	ABCDE**FG**JKNQRTUVW 8
4 BF**HJ**KO	FGIJKWY 9
5 ABCDFHLMN	ABDFGHJLMOQU 10
B 16A CEE	❶ €27,50
H400 10ha 330T(80-120m²) 71D	❷ €34,50

◪ N 49°20'42'' E 10°19'26'' 117991
A7 Ausfahrt 108 Rothenburg ob der Tauber. Richtung Geslau. Hinter Geslau links Richtung Lauterbach. Dort rechts Richtung CP.

Greding, D-91171 / Bayern
- Bauer-Keller
- Kraftsbucher Straße 1
- 1/1 - 31/10, 16/12 - 31/12
- +49 8 46 36 40 00
- info@hotel-bauer-keller.de

1 JMNOPQRS**T**	6
2 ABVX	AB 7
3 A	AE**F**NQ 8
4	G 9
5 DHJL	AO**R**S 10
8-10A CEE	❶ €17,50
H300 1ha 80T(40-60m²) 24D	❷ €19,50

◪ N 49°02'26'' E 11°20'59'' 102530
A9 München-Nürnberg, Ausfahrt 57 Greding. Genau gegenüber der Auffahrt nach München.

Gunzenhausen, D-91710 / Bayern
- Campingplatz Fischer-Michl
- Wald Seezentrum 4
- 15 Mrz - 31 Okt
- +49 98 31 27 84
- fischer-michl@t-online.de

1 ACEF**JM**OQRS**T**	LM**N**QRSTXYZ 6
2 EJKPQSWX	B**FG** 7
3 BEGHIMS	ABCDEFJKNQRTW 8
4	TV 9
5 ABDEFHJKM	ABDFGHJLM**O**QUVY 10
Anzeige auf dieser Seite B 16A CEE	❶ €27,20
H415 4,5ha 120T(120m²) 50D	❷ €35,20

◪ N 49°07'32'' E 10°43'00'' 111699
A6 Heilbronn Richtung Nürnberg, Ausfahrt 52 Richtung Gunzenhausen. Dann Richtung Nördlingen/Altmühlsee, Südufer-Wald.

Gunzenhausen, D-91710 / Bayern

- Altmühlsee-Camping Herzog
- Seestraße 12
- 15 Mrz - 31 Okt
- +49 98 31 90 33
- post@camping-herzog.de

1 ACFJMNOPQRST MX 6
2 EJQSTWXY BFG 7
3 BGJMU ABCDFGIJNQRTVW 8
4 ABFGHIKOQ 10
5 ACDFGJLM
B 16A CEE

N 49°07'38" E 10°44'38"
① €26,50
② €35,50
H408 4,5ha 150T(100m²) 78D
108104

A6 Heilbronn Richtung Nürnberg, Ausfahrt 52 Richtung Gunzenhausen, vor Gunzenhausen hinter BMW-Werkstatt gleich rechts.

Hechlingen am See/Heidenheim, D-91719 / Bayern

- Hasenmühle***
- Hasenmühle 1
- 1 Mrz - 15 Nov
- +49 98 33 16 96
- campingplatz.hasenmuehle@t-online.de

1 AFGJMNORST LNQX 6
2 CEJKPQSWXY ABFGIJ 7
3 A ABEFJNQRW 8
4 FHJ K 9
5 DMNO ABFGHIJLOQUW 10

N 48°58'18" E 10°43'34"
① €21,00
② €29,00
H477 2ha 33T(100-120m²) 40D
110736

A6 Heilbronn-Nürnberg, Ausfahrt 52 Richtung Gunzenhausen. Dann auf der B466 Richtung Nördlingen, weiter durch Ostheim nach Hechlingen.

Hirschau, D-92242 / Bayern

- Freizeitpark Monte Kaolino
- Wolfgang Drossbachstraße 114
- 1 Jan - 31 Dez
- +49 9 62 28 15 02
- info@montekaolino.eu

1 ADEFJMNOPQRST BGHIM 6
2 JPQSWXYZ ABDEFGHIJ 7
3 ABEGJMWX ABCDEFJNQRTUW 8
4 BFHJO GIRV 9
5 ABDEFJKLM ABFGHIJOQY 10
B 16A CEE

N 49°31'52" E 11°57'58"
① €26,00
② €34,00
H450 3,3ha 210T(60-100m²) 131D
102568

In Hirschau-Zentrum an der der B14 angezeigt. Danach der Beschilderung folgen. Ca. 2 km südwestlich von Hirschau.

Hohenwarth, D-93480 / Bayern

- Hohenwarth Ferienzentrum 3
- 1/1 - 7/11, 12/12 - 31/12
- +49 9 94 63 67
- info@campingplatz-hohenwarth.de

1 ACDEFJMNOPRST ELMNUX 6
2 CEPQSUWY ABDEFGHI 7
3 BFJMSX ABCDEFJNRT 8
4 AEFIJOST GIRV 9
5 ABCDEFGHJMN ABGHJMNQ 10
WB 16A CEE

N 49°12'21" E 12°55'27"
① €27,05
② €37,25
H500 10ha 280T(80-100m²) 122D
100177

Straße Kötzingen-Bayerisch Eisenstein, nach ca. 6 km links ausgeschildert. Schildern zum CP folgen.

Laaber, D-93164 / Bayern

- Hartlmühle
- Hartlmühle 1
- 1 Mai - 30 Sep
- +49 9 49 85 33
- info@hartlmuehle.de

1 AFJMNOPQRST 6
2 ABCIPQVXY ABDEFGHI 7
3 BLM ABCDEFJNQRTW 8
4 FHO FGIKV 9
5 ABCDEFHJKNO ABHJLOQU 10
B 16A

N 49°03'30" E 11°54'19"
① €24,00
② €30,00
H372 7ha 30T(80-120m²) 101D
113476

Von der A3 Ausfahrt 96 Laaber, weiter den Schildern folgen.

Mitterteich, D-95666 / Bayern

- Panorama und Wellness Cp. Großbüchlberg*****
- Großbüchlberg 32
- 1/1 - 31/12
- +49 96 33 40 06 73
- camping@freizeithugl.de

1 ADEFJMNOPQRST 6
2 AISTUVWXY ABDEFGHI 7
3 JU ABCDEFIJNQRTUVW 8
4 FHJTUV 9
5 ABDFKLM AFGHJOQU 10
WB 16A CEE

N 49°58'23" E 12°13'30"
① €27,00
② €36,00
H605 16ha 60T(65-110m²) 10D
117922

A93 Ausfahrt 16 oder 17, dann Ri. Mitterteich. An der Ampel im Stadtzentrum Beschilderung 'Freizeithugl' folgen. Nach 200m links Ri. Großbüchlberg. Dort hinter dem Ortsschild rechts den CP-Schildern folgen.

Neubäu, D-93426 / Bayern

- See-Campingpark Neubäu****
- Seestraße 4
- 1 Jan - 31 Okt
- +49 9 46 93 31
- info@see-campingpark.de

1 ADEFJMNOPQRST LMNQSX 6
2 BEIJLPQSWXYZ ABDEFGHI 7
3 BM ABCDEFGJKNPQRSTUVW 8
4 EHJOT DEFMQT 9
5 DFGJLMNO ABFGHJOQY 10
B 10-16A CEE

N 49°14'09" E 12°25'28"
① €28,00
② €35,00
H360 4ha 60T(70-140m²) 139D
102591

Der CP liegt in Neubäu am See, an der Strecke B85 Schwandorf-Bodenwöhr-Roding-Cham.

Neunburg vorm Wald, D-92431 / Bayern

- Camping Haus Seeblick
- Gütenland 16
- 1 Jan - 31 Dez
- +49 9 67 26 12
- info@camping-haus-seeblick.de

1 ADEFJMNOPQRST 6
2 BEKQSUVXYZ ABDEFG 7
3 GLM ABEFJNR 8
4 J 9
5 AD AHJOQ 10
16A CEE

N 49°20'12" E 12°26'25"
① €22,00
② €29,00
H453 2ha 45T(80-110m²) 45D
112166

A93 Hof-Regensburg, Ausfahrt 31 Schwarzenfeld. Via Neunburg vorm Wald Richtung Rötz zum Eixendorfer See. Ausgeschildert.

Neustadt an der Waldnaab, D-92660 / Bayern

- Waldnaab
- Gramaustr. 64
- 1 Jan - 31 Dez
- +49 96 02 36 08
- poststelle@neustadt-waldnaab.de

1 AFJMNOPQRST FJN 6
2 ACQWXYZ ABDEFG 7
3 BFM ABEFNQRW 8
4 FH 9
5 DEK AFHJOQU 10
16A CEE

N 49°44'14" E 12°10'20"
① €25,00
② €25,00
H650 5ha 33T(72-110m²) 13D
102587

A93 Ausfahrt Neustadt-Nord. Dann ist der CP ausgeschildert.

Nürnberg, D-90471 / Bayern

- Knaus Campingpark Nürnberg
- Hans-Kalb-Straße 56
- 1 Jan - 31 Dez
- +49 91 19 81 27 17
- nuernberg@knauscamp.de

1 ADFJMNOPRST 6
2 ABQASWXYZ ABDEFGI 7
3 BM ABCDFJNQRT 8
4 FHJO E 9
5 ADFJKM ABGHJOQU 10
B 16A CEE

N 49°25'22" E 11°07'18"
① €44,20
② €54,10
H380 2,1ha 144T(50-80m²) 28D
102528

A9 Ausfahrt 52 Nürnberg-Fischbach. Den Schildern Stadion/Messe folgen. Vor Stadion CP-Schildern folgen.

Obernzenn, D-91619 / Bayern

- See Camping Obernzenn
- Urpherthshofer Straße 17
- 26 Mrz - 10 Okt
- +49 98 44 14 38
- kamleiter@seecamping-obernzenn.de

1 ADEFJMNOPQRST LMNQSXYZ 6
2 EIJKLPQSTVWXY ABDEFG 7
3 ABGHILM ABCDEFJKNQRUVW 8
4 FHJO DF 9
5 ADHMN ABFGHJLOQVW 10
16A CEE

N 49°26'46" E 10°27'23"
① €21,80
② €30,80
H404 2,7ha 49T(80-100m²) 35D
112266

A7 Würzburg-Ulm, Ausfahrt 107 Bad Windsheim. B470 bis Illesheim. Rechts nach Obernzenn. Dort ist CP beschildert.

Pappenheim, D-91788 / Bayern

- Natur-Camping
- Badweg 1
- 1 Apr - 25 Okt
- +49 91 43 12 75
- info@camping-pappenheim.de

1 AEFJMNOQRT NX 6
2 CPQSY ABDEF 7
3 A ABCDEFNQR 8
4 J 9
5 AD ABHJLQY 10
16A CEE

N 48°56'06" E 10°58'10"
① €18,50
② €26,50
H404 15ha 75T(100m²) 25D
102483

Der CP liegt in Pappenheim. B2 Richtung Augsburg sofort nach Treuchtlingen links. Ausgeschildert.

EuroCampings

Zu jedem Campingplatz in diesem Führer gehört eine sechsstellige Nummer. Damit können Sie den betreffenden Campingplatz einfacher auf der Webseite suchen.

Lienz/Amlach, A-9908 / Tirol

- Dolomiten Camping Amlacherhof****
- Seestraße 20
- 1 Apr - 31 Okt
- +43 6 64 72 62 31 71
- info@amlacherhof.at

1 AJMNOPQRST AUX 6
2 FGOPVWXY ABDEFGHI 7
3 AHIJLMUX ABCDEFGHJKLMNQRTUVW 8
4 FHIOPS EGILUVWY 9
5 ABDEFHMN ABGHIJOPR 10
Anzeige auf Seite 247 WB 16A CEE

N 46°48'48" E 12°45'47"
① €33,10
② €41,30
H710 2,5 ha 85T(80-120m²) 31D
110377

Felbertauerntunnel-Lienz, bei Lienz hinter dem Kreisel Richtung Spittal. An der 2. Ampel rechts Richtung Feriendorf/Amlach, noch 2 km den Schildern folgen.

www.Eurocampings.de

Urlaub am Brombachsee
im Fränkischen Seenland

www.waldcamping-brombach.de
Jetzt online buchen!

Sportpark 13 . D-91785 Pleinfeld
Telefon 09144/60 809-0 Fax -11
anfrage@waldcamping-brombach.de

Pfofeld/Langlau, D-91738 / Bayern
- See Camping Langlau
- Seestraße 30
- 1 Mrz - 15 Nov
- +49 9 83 49 69 69
- mail@seecamping-langlau.de

1 ACDEF**JM**NOQRST LMNOQRSTXYZ 6
2 EJQRSWXYZ ABDE**FGIJ** 7
3 BFG**JM**S ABCDEFGIJKNOQRTW 9
4 B**J**O**P** JLMPQTVUVY 9
5 ACDEFJLMN ABHIJL**O**QUVY 10
B 6A CEE
H428 12,4ha 424T(80-100m²) 81**D** € 28,50 / € 37,50

N 49°07'38" E 10°51'52" 102480

A6 Heilbronn-Nürnberg, Ausfahrt 52 Richtung Gunzenhausen-Pleinfeld. Siehe Schild 'Seecamping Langlau am kleinen Brombachsee'.

Pielenhofen (Naabtal), D-93188 / Bayern
- Internationaler Campingplatz
- Distelhausen 2
- 1 Jan - 31 Dez
- +49 9 40 93 73
- camping.pielenhofen@t-online.de

1 AF**JM**NOPQRST JMNXZ 6
2 ACKQTWXYZ ABDE**FG** 7
3 BFMN ABCDE**F**JNQRT 8
4 FH**J**S**T** IJV 9
5 ABDFHJLMN ABGHJLMNQ 10
B 6-10A CEE
H350 6ha 100T(70-110m²) 178**D** € 27,00 / € 37,00

N 49°03'33" E 11°57'37" 102571

A3 Nürnberg-Regensburg, Ausfahrt 97 Nittendorf. Über Etterzhausen nach Pielenhofen, gut ausgeschildert.

Pleinfeld, D-91785 / Bayern
- Waldcamping Brombach e.K.
- Sportpark 13
- 1 Jan - 31 Dez
- +49 91 44 60 80 90
- anfrage@waldcamping-brombach.de

1 ADEF**JM**NOPQRST LMN**S**XYZ 6
2 BEJKPQSTWXYZ ABDE**FG**H**IJ** 7
3 ABFG**IJLMN**O ABCD**F**IJKNQRTUVW 8
4 **A**BCHJLNO CEFKTVW 9
5 ABDEFHJMN ABGHIJOSTUXY 10
Anz. auf dieser S. B 8-10A CEE
H418 14ha 421T(100m²) 185**D** € 26,95 / € 37,45

N 49°06'46" E 10°58'14" 102481

A6 Heilbronn Richtung Nürnberg, Ausfahrt 52 Richtung Gunzenhausen/Pleinfeld. CP-Schild 'Waldcamping Brombach' am großen Brombachsee.

Regensburg-West, D-93049 / Bayern
- AZUR Campingpark Regensburg
- Weinweg 40
- 1 Jan - 31 Dez
- +49 9 41 27 00 25
- regensburg@azur-camping.de

1 ADF**JM**NOPQRST NX 5
2 ACPQWXYZ ABDE**FG**I 7
3 M**N** ABCDEFJKNQRT 8
4 JO F 9
5 ABDFM ABGHJNQV 10
B 16A CEE
H333 2,5ha 110T(60-80m²) 64**D** € 39,00 / € 55,00

N 49°01'40" E 12°03'32" 102592

A93 Regensburg-Weiden, Ausfahrt 40 Regensburg-West. Dann ist CP gut ausgeschildert.

Roth/Wallesau, D-91154 / Bayern
- Camping Waldsee****
- Badstraße 37
- 1 Jan - 31 Dez
- +49 91 71 55 70
- info@camping-waldsee.de

1 ABDEF**JM**NOPQRS**T** L**N**XZ 6
2 BEKQSWXYZ ABDE**FG** 7
3 BM ABCDEFJNQRTUVW 8
4 BFHJ EHJT 9
5 ABDF**J**KMN ABDEFGHIJOQ 10
B 16A CEE
H370 4ha 100T(80-120m²) 156**D** € 23,00 / € 30,00

N 49°11'21" E 11°07'28" 111113

A9 Nürnberg-München, Ausfahrt Allersberg Richtung Hilpoltstein. In Hilpoltstein rechts ab Richtung Roth/Eckersmühlen, bis Wallesau durchfahren. Am Ortseingang links.

Schillingsfürst, D-91583 / Bayern
- Frankenhöhe
- Fischhaus 2
- 1 Jan - 31 Dez
- +49 98 68 51 11
- info@campingplatz-frankenhoehe.de

1 ADEF**JM**NOPQRS**T** LM**N** 6
2 AEQTUXYZ ABDE**FG** 7
3 BLMSX ABCDEFJNQRTW 8
4 FHJOQ V 9
5 ABDEFHKMN ABDFGHJ**O**QU 10
B 16A CEE
H550 3ha 160T(100m²) 65**D** € 21,00 / € 26,00

N 49°16'25" E 10°15'56" 100176

A7 Ausfahrt 109 Wörnitz, Richtung Schillingsfurst. In Schillingsfurst Richtung Dombuhl, CP ist ausgeschildert. 100m nach Fischhaus rechts.

Schnaittenbach, D-92253 / Bayern
- Am Naturbad
- Badstraße 13
- 1 Apr - 30 Sep
- +49 96 22 17 22
- info@campingplatz.schnaittenbach.de

1 AF**JM**NOPQRS**T** AGM 6
2 QWXYZ AB**FG** 7
3 BFGM**R** ABEFJNQRTW 8
4 FH 9
5 ADEFJK ABHJQ 10
B 16A CEE
H410 5ha 25**T** 134**D** € 19,50 / € 25,20

N 49°33'22" E 12°00'23" 102567

An der B14 Nürnberg-Lauf-Tschechische Grenze. Blau/weißen CP-Schildern folgen. Hinter der Autowerkstatt rechts, dem weißen Schild 'Am Naturbad' folgen.

Simmershofen/Walkershofen, D-97215 / Bayern
- Camping-Paradies-Franken****
- Walkershofen 40
- 1 Jan - 31 Dez
- +49 98 48 96 96 33
- camping-paradies-franken@web.de

1 ABF**JM**NOPRS**T** 6
2 AIPQSWXY ABDE**FG**H**IK** 7
3 BM ABCDEFJNQRTUVW 8
4 FH**X** FV 9
5 ABDFHLMN AGHJOQ 10
B 16A CEE
H334 1,5ha 114**T**(80-140m²) 15**D** € 28,00 / € 38,00

N 49°31'21" E 10°07'28" 117993

A7 Würzburg-Rothenburg Ausfahrt 105 oder 106. CP-Beschilderung folgen. Achtung: nicht nach Navi fahren!

Wackersdorf, D-92442 / Bayern
- Camping Murner See****
- Sonnenriederstraße 1
- 1 Apr - 31 Okt
- +49 94 31 38 57 97
- info@see-camping.de

1 AEF**JM**NOPQRST LOQS**X**Z 6
2 AEJQWXY ABDE**FG**H 7
3 BF**JLM** ABCDEFJKNQRTUW 8
4 E 9
5 ABDHJLMN ABGHJLNQ 10
B 16A CEE
H380 14ha 100**T**(120-150m²) 109**D** € 33,00 / € 42,00

N 49°20'44" E 12°12'31" 111405

A93 Regensburg-Weiden-Hof, Ausfahrt 33 Schwandorf, dann B85 Richtung Wackersdorf. Ausgeschildert.

Waldmünchen, D-93449 / Bayern
- Ferienpark Perlsee
- Alte Ziegelhütte 6
- 1 Jan - 31 Dez
- +49 99 72 14 69
- info@campingplatz-waldmuenchen.de

1 AEF**JM**NOPRS**T** LMN**Q**SXYZ 6
2 FIJMQSUVWY ABDE**FG**H**IJ** 7
3 ABFJMUX ABCDEFJNQRT 8
4 **E**FHIJO JKTVW 9
5 ABDEFJLMN ABFGHJL**N**Q 10
WB 16A CEE
H380 3ha 250**T**(80-120m²) 108**D** € 26,00 / € 36,20

N 49°23'43" E 12°41'54" 102613

Von Cham über die B22 und B85 nach Waldmünchen. Im Ort geradeaus bis zum 2. Kreisel, dann die 1. links (scharfe Kurve). Den CP-Schildern folgen.

Windischeschenbach, D-92670 / Bayern
- Schweinmühle
- Schweinmühle
- 1 Apr - 15 Okt
- +49 96 81 13 59
- info@schweinmuehle.de

1 ADEF**JL**NOPQRS**T** L**N** 6
2 ACEPQXYZ ABDE**FG**H**I** 7
3 ABDHIMU ABCDEFJKNQRTW 8
4 FH EI 9
5 ABDF**J**KMN AGHJLOQ 10
16A CEE
H600 1,7ha 55**T**(100m²) 46**D** € 19,80 / € 26,50

N 49°49'12" E 12°08'46" 112167

A93 Hof-Regensburg, Ausfahrt 20 Richtung Windischeschenbach. Den CP-Schildern folgen, ca. 5 km von der Autobahn.

Zirndorf/Leichendorf, D-90513 / Bayern
- Zur Mühle
- Seewaldstraße 75
- 1 Apr - 15 Nov
- +49 9 11 69 38 01
- camping.walther@t-online.de

1 ADEF**JM**NOPQRS**T** 6
2 APQWXY ABDE**FG**H**I** 7
3 BM ABCDEFJNQRTUVW 8
4 O 9
5 ABDFKMN ABGHJ**N**Q 10
16A CEE
H303 3ha 50**T**(80-100m²) 180**D** € 25,00 / € 31,00

N 49°25'53" E 10°55'34" 111956

A3 Kreuz Fürth/Erlangen Richtung Fürth bis Ausfahrt Nürnberg-West. Über Rothenburgstraße Richtung Großhabersdorf. CP ab hier beschildert.

Deutschland

Affing/Mühlhausen bei Augsburg, D-86444 / Bayern

- ▲ Lech Camping GmbH***** 1 ADEF**J**MNOPQR**T** LP 6
- 🏠 Seeweg 6 2 AELPQXYZ ABDE**FG**HK 7
- ⏱ 1 Mai - 30 Sep 3 BFMU ABCDEFIJKNQRTW 8
- ☎ +49 82 07 22 00 4 H FGIKMQV 9
- @ info@lech-camping.de 5 ABDFGLMN ABGHIJMOSTY 10
- B 10A CEE ① €39,90
- ② €48,90
- 📍 N 48°26'13" E 10°55'45" H484 3ha 50T(100-120m²) 6D 102486
- 🚗 A8 Ausfahrt 73 Augsburg-Ost, Richtung Neuburg, am Flugplatz vorbei. Nach ein paar km kommt der CP rechts.

Aitrang/Allgäu, D-87648 / Bayern

- ▲ Elbsee***** 1 ACDEF**J**M NOPQRST LM**N** 5
- 🏠 Am Elbsee 3 2 ABEKPQSWXYZ ABDE**FGH**I 6
- ⏱ 1 Jan - 31 Dez 3 BDFGMSTW ABCDEF**GI**JKLNQRTUVW 8
- ☎ +49 8 34 32 48 4 BD**E**FIJLNOPQR**S**T**V**X**Y**Z GILQUVW 9
- @ info@elbsee.de 5 ABDEFIJLMN ABCFGHIJ**O**QW 10
- WB 10A CEE ① €37,90
- ② €49,90
- 📍 N 47°48'10" E 10°33'14" H750 5ha 120T(80-110m²) 192**D** 102491
- 🚗 A7 Ulm-Kempten, Ausfahrt 134. B12 Richtung Kaufbeuren. Nach Unterthingau den Schildern nach Aitrang Elbsee folgen.

Augsburg-Ost, D-86169 / Bayern CC€20

- ▲ Bella Augusta*** 1 AE**J**MNOPQRST L**N** 5
- 🏠 Mühlhauser Straße 54b 2 AEKLQSTWXYZ ABDE**FG**H 7
- ⏱ 1 Jan - 31 Dez 3 B**G**L**M**S ABCDEFIJNQRT 8
- ☎ +49 8 21 70 75 75 4 DGIV 9
- @ info@bella-augusta.de 5 ABDEFGLM AGHIJOQU 10
- 16A CEE ① €34,50
- ② €43,50
- 📍 N 48°24'44" E 10°55'24" H464 6,6ha 60T(bis 120m²) 10**D** 102488
- 🚗 A8, Ausfahrt 73 Augsburg-Ost, Richtung Neuburg a/d Donau, Richtung Flugplatz, erste Ampel rechts, nach 200m CP rechts an der Mühlhauser Straße.

Bad Wörishofen, D-86825 / Bayern

- ▲ Kur & Vital Campingplatz 1 AEF**J**MNOPQRT 6
- 🏠 Walter-Schulz-Str. 1 2 APQSWXY ABDE**FGH** 7
- ⏱ 1 Jan - 31 Dez 3 **HLMNOP** ABCDEFJNPQRW 8
- ☎ +49 8 24 79 97 37 35 4 J**O**X GUVW 9
- @ info@kurcamping-bad- 5 DFLMN ABGHIJOQW 10
- woerishofen.de 10A ① €28,90
- ② €36,70
- 📍 N 48°01'27" E 10°35'54" H618 1,2ha 30T(60-90m²) 52**D** 102490
- 🚗 A96 Lindau-München, Ausfahrt 19 Bad Wörishofen. Dann den CP-Schildern folgen.

Breitenthal, D-86488 / Bayern CC€18

- ▲ See Camping Günztal 1 AEF**IL**NOPQRS**T** LM**N**OPQRS**X** 6
- 🏠 Oberrieder Weiherstraße 5 2 CEIKSTWX ABCDE**FG**J 7
- ⏱ 17 Apr - 23 Okt 3 AGMSU ABCDEFJKNQR**S**TUVW 8
- ☎ +49 82 82 88 18 70 4 HO FKMNQTY 9
- @ info@ 5 ABDEFHM ABFGHIJ**O**QW 10
- see-camping-guenztal.de B 10A CEE ① €26,50
- ② €41,00
- 📍 N 48°13'39" E 10°17'32" H515 2,5ha 90T(80-100m²) 36**D** 117142
- 🚗 A8 Stuttgart-München, Ausfahrt 67 Günzburg Richtung Krumbach. Hier rechts halten bis Breitenthal und der Oberrieder Weiherstraße folgen. Siehe CP-Schilder.

Füssen im Allgäu, D-87629 / Bayern

- ▲ Hopfensee***** 1 AE**J**MOPQRS EGL**N**QSXZ 6
- 🏠 Fischerbichl 1 2 AEIKLPQSTUVWXYZ ABCDE**FGH** 7
- ⏱ 1/1 - 7/11, 15/12 - 31/12 3 ABDFM**N**UW ABCDEF**J**KNQR**S**TUVW 8
- ☎ +49 83 62 91 77 10 4 BCDEFH**J**LOQR**STVXY**Z I**J**UVWY 9
- @ info@ 5 ACDEFGHJLM ABCEFGHI**JM**OQ 10
- camping-hopfensee.de WB 16A CEE ① €45,50
- ② €60,00
- 📍 N 47°36'07" E 10°41'10" H800 8ha 376T(80-100m²) 9D 102497
- 🚗 A7 Ausfahrt Füssen/Hopferau. Voor Hopfen rechts Richtung Hopfen am See. Hopfen am See ganz durch, danach liegt der CP rechts.

Illertissen, D-89257 / Bayern CC€22

- ▲ Illertissen GbR**** 1 ADF**J**MNOPQRST A 6
- 🏠 Dietenheimerstraße 191 2 ACPQXY BE**FG**I 7
- ⏱ 1 Apr - 31 Okt 3 A ABCDEFGJNPQRT 8
- ☎ +49 73 03 78 88 4 D 9
- @ info@camping-illertissen.de 5 ABDEHKM ABDHJ**O**Q 10
- B 16A CEE ① €27,00
- ② €37,00
- 📍 N 48°12'44" E 10°05'17" H513 3ha 50T(70-80m²) 104**D** 102438
- 🚗 A7 Ulm-Memmingen, Ausfahrt 124 Illertissen. Dann Richtung Dietenheim. Dort ausgeschildert.

Immenstadt (Allgäu), D-87509 / Bayern

- ▲ Alpsee Camping**** 1 AEF**IL**NOPQRS**T** BL**N**QRST 6
- 🏠 Seestraße 25 2 EILPQWXY BDE**FGH** 7
- ⏱ 1/1 - 9/1, 8/4 - 31/12 3 BM**N** ABFJKNQRT 8
- ☎ +49 83 23 77 26 4 FHT H 9
- @ mail@alpsee-camping.de 5 ABDJKMN ABCGHIJM**O**QW 10
- WB 16A ① €48,50
- ② €76,50
- 📍 N 47°34'22" E 10°11'23" H730 3ha 215T(80-110m²) 28**D** 100192
- 🚗 Alpenstraße 308 in Bühl verlassen, links den CP-Schildern folgen.

Kleinwalsertal/Mittelberg/Baad, D-87569 / Bayern

- ▲ Vorderboden**** 1 AF**IL**NOPQRS**T** N**U** 6
- 🏠 Vorderboden 1 2 CIPQSTWXY BE**FG** 7
- ⏱ 21 Mai - 17 Okt 3 ABMU BDFJNQRT 8
- ☎ +43 55 17 61 38 4 EFHJO I 9
- @ info@camping-vorderboden.at 5 ABDEGJMN ABGHJOSTU 10
- 16A CEE ① €32,00
- ② €47,00
- 📍 N 47°18'45" E 10°08'02" H1250 1,2ha 80T(80-100m²) 7**D** 102453
- 🚗 B19 Kempten-Sonthofen. Vor Oberstdorf rechts, Richtung Kleinwalsertal. L201 folgen Richtung Baad. Dort befindet sich der CP links.

Kleinwalsertal/Riezlern, D-87567 / Bayern

- ▲ Zwerwald*** 1 ADFG**IL**NOPQRS U 6
- 🏠 Zwerwaldstraße 29 2 CIQSWY BE**F**H 7
- ⏱ 10/1 - 24/4, 16/5 - 31/10, 3 BM BFJNQRT 8
- 11/12 - 31/12 4 9
- ☎ +43 55 17 57 27 5 ABDM ABHJLQ 10
- @ specht@camping-zwerwald.de W 16A CEE ① €28,20
- ② €37,00
- 📍 N 47°21'01" E 10°10'46" H1100 2ha 100T(80-100m²) 10**D** 102452
- 🚗 B19 Kempten-Sonthofen, vor Oberstdorf rechts, Richtung Kleinwalsertal. Nach Kirche in Riezlern links, den Schildern folgen.

Lechbruck am See (Allgäu), D-86983 / Bayern

- ▲ Via Claudia Camping**** 1 ADEF**J**MNOPQR**T** LQSUXY 6
- 🏠 Via Claudia 6 2 EIKPQTVWXYZ ABCDE**FGH**IJK 7
- ⏱ 1 Jan - 31 Dez 3 ABDFG**L**M**T** ABCDEF**J**KLNQRTUVW 8
- ☎ +49 88 62 84 26 4 BCDFGHJLO FH 9
- @ info@camping-lechbruck.de 5 ABDEFJKMN ABFGHIJLM**O**QUY 10
- WB 16A CEE ① €33,90
- ② €42,90
- 📍 N 47°42'42" E 10°49'07" H750 18ha 418T(100-200m²) 318**D** 102493
- 🚗 A7, Ausfahrt 138 Nesselwang, dann über Seeg nach Roßhaupten. Dort die B16 Richtung Markt-Oberdorf. Die erste Abfahrt Richtung Lechbruck. In Lechbruck Richtung Campingplatz halten.

Schwarzfelder Hof
Schwarzfelder Weg 1-3
89340 Leipheim
Tel. 08221-72628
E-Mail: info@schwarzfelder-hof.de
Internet: www.schwarzfelder-hof.de

Leipheim, D-89340 / Bayern

- ▲ Schwarzfelder Hof 1 AE**IL**NOPQRST L**N**X 6
- 🏠 Schwarzfelder Weg 1-3 2 AEIKLQTWXY BE**FGH** 7
- ⏱ 1 Jan - 31 Dez 3 ABDGHIMUX BDFGJNQRTUVW 8
- ☎ +49 8 22 17 26 28 4 **B**EFGHJK**O**X IT 9
- @ info@schwarzfelder-hof.de 5 ABDEFHKMN ABCGHJLM**O**QU 10
- Anz. auf dieser Seite B 6-16A CEE ① €29,00
- ② €41,00
- 📍 N 48°27'53" E 10°12'12" H465 6ha 60T(80-100m²) 33**D** 113054
- 🚗 A8 Stuttgart-München, Ausfahrt 66 Leipheim. Der B10 kurz folgen. In Leipheim nordwestlich über die Donau nach Riedheim abbiegen. Dann weiter mit Schildern angezeigt.

Limbach/Günzburg, D-89331 / Bayern

- ▲ Waldcamping Stubenweiher 1 AF**IL**NOPQRST L 6
- 🏠 Am Stubenweiher 2 ABEIQSTUVWXYZ ABE**FG**H 7
- ⏱ 1 Apr - 31 Okt 3 A ABCD**F**JNQRT 8
- ☎ +49 8 22 37 97 4 9
- @ stubenweiher@gmx.de 5 ADHLN ABGHJ**N**ST 10
- 16A CEE ① €25,80
- ② €36,80
- 📍 N 48°24'35" E 10°20'25" H722 3ha 50T(60-100m²) 70**D** 111958
- 🚗 A8 Stuttgart-München Ausfahrt 67 Günzburg. Dann Richtung Kleinkötz, dann Beschilderung folgen.

Lindau (Bodensee), D-88131 / Bayern

- ▲ Campingpark 1 ABCEF**IL**NOPQRS**T** BGQRUV 6
- 🏠 Gitzenweiler Hof***** 2 AIPQSTVWXYZ BC**EFG**HIJ 7
- ⏱ Gitzenweiler 88 3 ABDFG**HI**MSUV BDFIJKNQRTUVW 8
- ⏱ 1 Jan - 31 Dez 4 **A**BCDEFGHJKLMN**O**PQX ADEIJKRSUVW 9
- ☎ +49 8 38 29 49 40 5 ABCDEFGHJLM**N**O ABEFGHIJM**O**RSUVWY 10
- @ info@gitzenweiler-hof.de WB 16A CEE ① €36,00
- ② €48,60
- 📍 N 47°35'12" E 09°42'40" H450 14ha 349T(50-110m²) 362**D** 100190
- 🚗 A96, Ausfahrt 4 Weißensberg Richtung Lindau, ausgeschildert.

Lindau/Zech, D-88131 / Bayern

- ▲ Park-Camping Lindau**** 1 AEF**IL**NOPQRST LM**N**QRSU**X**Y 6
- 🏠 Fraunhoferstraße 20 2 EIJMPQTWYZ BE**FGH**I 7
- ⏱ 22 Mrz - 16 Okt 3 BFGMS BDFIJKNQRUVW 8
- ☎ +49 8 38 28 89 99 99 4 BEFGHJL**O**PQ RV 9
- @ info@park-camping.de 5 ACDEFKLMN ABCGHIKM**O**STV 10
- B 16A CEE ① €43,10
- ② €55,10
- 📍 N 47°32'13" E 09°43'42" H400 5,5ha 270T(70-100m²) 60**D** 102372
- 🚗 E121 Friedrichshafen-Lindau Richtung Österreichische Grenze. CP-Schildern folgen. CP liegt vor der Grenze rechts.

Campingplatz Wiederhofen ★ ★

Sehr schön gelegen in einer tollen Wandergegend.
Im Winter beleuchteter Skilift und Langlaufloipen
ab dem Campingplatz.

Zur Thaler Höhe 12, 87547 Missen-Wilhams
Tel. +49 8320481 • info@campingplatz-wiederhofen.de
www.campingplatz-wiederhofen.de

Missen-Wilhams, D-87547 / Bayern
- Campingplatz Wiederhofen**
- Zur Thaler Höhe 12
- 1 Jan – 31 Dez
- +49 83 20 4 81
- info@campingplatz-wiederhofen.de
- 1 AFG**IL**NOPRT — 6
- 2 C**IQSUWXY** — ABE**FG** 7
- 3 M — ABF**J**N**QR** 8
- 5 ADEHKM — ABCH**J**N**STU** 10
- Anz. auf dieser Seite — W 6-10A CEE
- H950 1,2ha 35T(60-100m²) 54D
- €25,90 / €34,50
- N 47°35'14" E 10°06'45"
- Deutsche Alpenstraße 308 Lindau-Sonthofen. In Immenstadt Richtung Missen, ausgeschildert.
- 102447

Niedersonthofen (Allgäu), D-87448 / Bayern
- Camping Zeh am See / Allgäu****
- Burgstraße 27
- 1 Jan – 31 Dez
- +49 83 79 70 77
- 1 AEF**IL**NOPRST — LMN**Q**S**XY** 6
- 2 CE**IJL**P**QTWXY** — BE**FGI** 7
- 3 AB**GL**M — B**D**F**J**N**QRT**W 8
- 4 **D**F**HJ**KOP — 9
- 5 ABDEF**LMN** — ABCFGH**IJ**L**OQ**W10
- WB 16A CEE
- H720 1,7ha 60T(80-100m²) 50D
- €25,00 / €38,00
- N 47°37'49" E 10°14'45"
- A7 Ulm-Kempten, Ausfahrt 286. A980 bis Ausfahrt Waltenhofen. Dann B19 Richtung Immenstadt bis Ausfahrt Niedersonthofen. Nicht in Memhölz abfahren, sondern weiter geradeaus nach Niedersonthofen.
- 102445

Oberstaufen, D-87534 / Bayern
- Aach**
- Aach 1
- 1 Jan – 31 Dez
- +49 8 38 63 63
- anfrage@camping-aach.com
- 1 ADE**IL**NOPQR**T** — 6
- 2 **IPQSVWX** — BE**FG** 7
- 3 A — B**D**F**J**N**QRT** 8
- 4 FH**PQR** — V 9
- 5 ABDEF**HJ**KLMN — AB**IJ**O**QY** 10
- 16A CEE
- 2ha 50T(50-80m²) 51D
- €35,00 / €50,00
- N 47°31'19" E 09°58'20"
- Die B308 Lindau-Immenstadt in Oberstaufen rechts Richtung Aach. 1 km vor der österreichischen Grenze, Camping auf der linken Seite.
- 102373

Oberstdorf, D-87561 / Bayern
- Oberstdorf
- Rubinger Straße 16
- 1 Jan – 31 Dez
- +49 83 22 65 25
- info@camping-oberstdorf.de
- 1 A**IL**NOPQRST — 6
- 2 **IQRSTWY** — BE**FGI** W 7
- 3 B**NR** — B**D**F**J**N**QRU**V**W** 8
- 4 EF**HJ** — KV 9
- 5 ADEFKMN — ABEGHK**O**V 10
- W 16A CEE
- H850 1,6ha 115T(70-100m²) 46D
- €26,10 / €33,30
- N 47°25'23" E 10°16'37"
- B19 Kempten-Sonthofen, vor Zentrum Oberstdorf links, CP-Schildern folgen.
- 102450

Oberstdorf, D-87561 / Bayern
- Rubi-Camp Oberstdorf
- Rubinger Straße 34
- 1/1 – 6/11, 15/12 – 31/12
- +49 83 22 95 92 02
- info@rubi-camp.de
- 1 AF**IL**NOPQRS**T** — 6
- 2 **IPQTWX** — B**D**E**FGIJ** 7
- 3 A**INOR** — ABC**D**F**IJ**KN**QRTUV**W 8
- 4 FH**T** — IW 9
- 5 ADEH**J**KMN — ABEFGH**J**M**OSUW** 10
- WB 16A CEE
- H800 1,8ha 100T(100-120m²) 4D
- €46,60 / €56,00
- N 47°25'25" E 10°16'46"
- B19 Kempten-Sonthofen-Oberstdorf. Kurz vor dem Zentrum Oberstdorf links. Von hier ab noch ca. 500m. 2. CP rechts der Straße.
- 112171

Osterreinen/Rieden, D-87669 / Bayern
- Magdalena
- Bachtalstraße 10
- 1 Apr – 31 Okt
- +49 83 62 49 31
- info@sonnen-lage.de
- 1 ADEF**JM**NOPQRT — LN**Q**S**XY** 6
- 2 AE**IL**QSUVWXYZ — ABDE**FG** 7
- 3 BM — ABC**D**E**F**J**NQRT** 8
- 4 FJO — FG**I**LMN**QR** 9
- 5 ABDEFG**J**LMN — ABGH**IJ**O**QY** 10
- 16A CEE
- H820 1,5ha 80T(50-80m²) 61D
- €26,40 / €36,50
- N 47°36'56" E 10°43'24"
- A7 bis Füssen. Danach an der Ausfahrt Richtung Rieden, dann rechts. Hier ist der CP angezeigt.
- 102495

Oy-Mittelberg, D-87466 / Bayern
- Wertacher Hof**
- Grüntenseestraße
- 1 Jan – 31 Dez
- +49 8 36 17 70
- 1 ADFG**IL**NOPQRS — LN**Q**S 6
- 2 E**I**MPQSWXY — BE**FGHIJ** 7
- 3 A**MR** — B**D**F**J**N**QR**W 8
- 4 FH**J**P — 9
- 5 ABDEF**K**LM — ABFGH**IK**Q10
- WB 16A CEE
- H900 3,5ha 60T(60-100m²) 160D
- €20,80 / €29,40
- N 47°37'45" E 10°27'34"
- A7 Memmingen-Kempten. Ausfahrt 137 Oy-Mittelberg Richtung Wertach. In Haslach den CP-Schildern folgen.
- 102444

Pfronten, D-87459 / Bayern
- Pfronten
- Tiroler Straße 184
- 9 Mai – 3 Okt
- +49 83 63 83 53
- info@camping-pfronten.de
- 1 AE**JM**NOPQRST — 6
- 2 AC**IPQ**WXY — ABDE**FG** 7
- 3 BU — ABC**D**EFG**J**KN**QR** 8
- 4 FH**IJ** — G 9
- 5 ABDEH**JM**N — ABEGH**IJ**N**Q** 10
- 16A
- H850 1,6ha 100T(65-100m²) 1D
- €26,50 / €26,50
- N 47°33'48" E 10°34'44"
- A7 Richtung Füssen, Ausfahrt 137. B309 nach Pfronten, gleich hinter Pfronten, 300m vor der Grenze nach Österreich.
- 102498

Rieden/Rosshaupten, D-87669 / Bayern
- Seewang
- Tiefental 1
- 1 Jan – 31 Dez
- +49 8 36 74 06
- info@camping-forggensee.de
- 1 ABEF**J**MNOQRST — LN**Q**S**X** 6
- 2 E**I**PQSTWY — ABDE**FGI** 7
- 3 BMU — ABDEFG**J**KL**QRTU**V**W** 8
- 4 FH**J** — **IJ**QW 9
- 5 ABDM — ABCFGH**IJ**O**Q** 10
- WB 16A CEE
- H810 2,5ha 107T(80m²) 63D
- €34,00 / €46,20
- N 47°38'33" E 10°43'46"
- Von Ulm der A7 bis Füssen folgen. In Füssen links zur B16 Richtung Rieden. Am Radweg rot gesperrt, gleich rechts bis zum Campingplatz.
- 102494

Schwangau, D-87645 / Bayern
- Bannwaldsee****
- Münchener Straße 151
- 1 Jan – 31 Dez
- +49 8 36 29 30 00
- info@camping-bannwaldsee.de
- 1 ADE**IL**NOPQRST — LN 6
- 2 AE**IL**PQRSWXYZ — ABC**DEFG** 7
- 3 BGMU — ABC**D**EFG**J**K**NQRTU**V**W** 8
- 4 ABEF**HJ**LNOP**X** — **D**H**IQT**VW**Y** 9
- 5 AC**D**FG**J**LMN — ABCFGH**IK**N**QW**Y10
- H800 7ha 500T(50-100m²) 209D
- €40,30 / €58,25
- N 47°35'30" E 10°46'21"
- A7 bis Ausfahrt Füssen B16. Danach der B17 nach Schwangau. CP befindet sich 2 km stadtauswärts.
- 100194

Schwangau, D-87645 / Bayern
- Brunnen*****
- Seestraße 81
- 1 Jan – 31 Dez
- +49 83 62 82 73
- info@camping-brunnen.de
- 1 ADE**JM**NOPQRST — LN**Q**S**XY** 6
- 2 E**IL**PQSVWXYZ — BE**FGI** 7
- 3 B**D**FG**HIM** — ABC**D**F**J**KN**QRTU**V**W** 8
- 4 **B**F**HJ**LO**PQTUV** — DH**IQT**V 9
- 5 AC**D**FG**J**KLMN — ABFGH**IJ**O**Q** 10
- WB 16A CEE
- H800 6ha 300T(80-120m²) 63D
- €42,00 / €59,10
- N 47°35'48" E 10°44'19"
- A7 bis Ausfahrt 137, dann der B309/B310 folgen. B16 rechts nach Füssen, dann B17 nach Schwangau. An der Tankstelle/Rewe laden abzweigen, den CP-Schildern folgen.
- 102499

Sonthofen, D-87527 / Bayern
- An der Iller****
- Sinwagstraße 2
- 1/1 – 3/11, 15/12 – 31/12
- +49 83 21 23 50
- info@illercamping.de
- 1 ADE**IL**NOPQRST — N**U**V 6
- 2 C**I**PQRSTWX — ABCDE**F**J**NQRU**V 7
- 3 — ABC**D**EF**J**N**QRU**V 8
- 4 HJO — R 9
- 5 ADEM — ABFGH**IJ**O**Q** 10
- WB 16A CEE
- H740 1,7ha 70T(70-120m²) 4D
- €26,50 / €36,50
- N 47°30'24" E 10°16'23"
- B19 Kempten-Oberstdorf. In Sonthofen Schildern folgen. CP liegt links der Straße.
- 100193

Sulzberg, D-87477 / Bayern
- Öschlesee****
- Moos 1
- 1 Jan – 31 Dez
- +49 8 37 69 30 40
- camping.oeschlesee@t-online.de
- 1 AEF**IL**NOPQRST — N 6
- 2 **IL**PQTWXYZ — ABDE**FG** 7
- 3 BFM — ABDF**J**KN**QRT** 8
- 4 HJO — V 9
- 5 ABEHLM — AFGH**IJ**L**O**Q**U** 10
- WB 16A CEE
- H750 5ha 100T(80-100m²) 150D
- €29,00 / €37,50
- N 47°40'29" E 10°20'02"
- A7 Memmingen-Kempten vorbei Kempten Ausfahrt 136. A980 3 km folgen, dann Richtung Sulzberg.
- 100191

Waltenhofen (Allgäu), D-87448 / Bayern
- Insel-Camping am See Allgäu****
- Insel 32 3/4
- 1 Jan – 31 Dez
- +49 8 37 98 81
- info@insel-camping.de
- 1 AF**IL**NOPRST — LMN**O**PQS**X** 6
- 2 E**IL**QTWY — BC**E**F**GHI** 7
- 3 BM**R**UW — B**D**F**J**KN**QRT** 8
- 4 **P** — **IQ** 9
- 5 A**D**KLMN — ABFGH**IJ**M**O**Q**Y** 10
- WB 16A CEE
- H750 1,5ha 85T(60-100m²) 67D
- €28,00 / €37,00
- N 47°38'26" E 10°16'44"
- A7 Memmingen-Kempten-Füssen, Ausfahrt 136. A980 5 km folgen. Zweite Ausfahrt, B19 Richtung Waltenhofen. Dann Schildern folgen.
- 102442

Wemding, D-86650 / Bayern
- Campingpark Waldsee Wemding
- Wolferstädter Str. 100
- 1 Apr – 5 Nov
- +49 9 09 29 01 01
- info@campingpark-waldsee-wemding.de
- 1 ADEG**JM**NOPQRS**T** — HLM**X** 6
- 2 BE**K**QSTUVWXYZ — ABDE**FGH** 7
- 3 ABFG**HJM**N — ABC**D**EF**J**N**QRT** 8
- 4 FHJO — Q 9
- 5 A**D**M — ABFGH**IJ**N**QU** 10
- B 16A CEE
- H490 12ha 140T(80-120m²) 120D
- €36,00 / €46,00
- N 48°53'04" E 10°44'08"
- B2 (Romantische Straße), zwischen Weißenburg und Donauwörth Ausfahrt Richtung Wemding. Den CP-Schildern folgen. Gleich vor der Stadt rechts.
- 102484

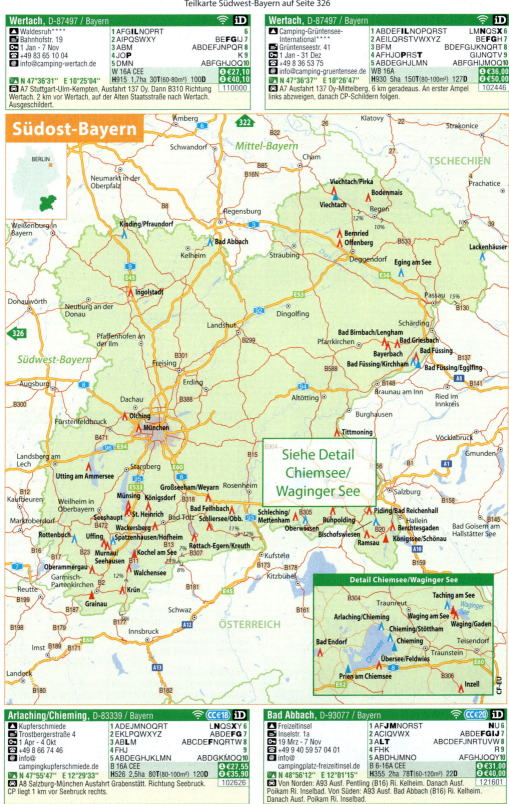

Chlorfreies Hallenbad und neues Sanitärgebäude

Arterhof
Hauptstraße 3
84364 Bad Birnbach/Lengham
Tel. 08563-96130 ◦ Fax 08563-961303
E-Mail: info@arterhof.de
Internet: www.arterhof.de

EuroCampings

Bewerten Sie einen Campingplatz und gewinnen Sie mit etwas Glück ein iPad.

www.Eurocampings.de

Bad Feilnbach, D-83075 / Bayern

▲ Kaiser Camping****	1 ADEJMNOPQRT	BDFJ 6
🏠 Reithof 2	2 ACIPQTWXYZ	ABDEFGHIK 7
⏲ 1/3 - 7/11, 18/12 - 31/12	3 BDGILMSUX	ABCDEFJKNQRSTW 8
☎ +49 80 66 88 44 00	4 BCFHJOPQ	9
@ info@kaiser-camping.com	5 ABDFHKMN	ABFGHIJOQUXY 10
	WB 16A CEE	① €34,00
N 47°47'21" E 12°00'21"	H600 14ha 382T(90-140m²) 300D	② €43,00

A8 München-Salzburg, Ausfahrt 100, Aibling/Bad Feilnbach folgen. Dann Richtung Bad Feilnbach. CP rechts von der Strecke, angezeigt. 102598

Bad Birnbach/Lengham, D-84364 / Bayern

▲ Arterhof*****	1 ADEFJMNOPQRST	BE 6
🏠 Hauptstraße 3	2 PQSTWXYZ	ABDEFGH 7
⏲ 1 Jan - 31 Dez	3 ABLMSUX	ABCDEFGHIJKNPQRTUVW 8
☎ +49 8 56 39 61 30	4 ADEFGHJK**S**TVWXYZ	IUVWZ 9
@ info@arterhof.de	5 ABDEFHIJKLMN	ABCEFGHJOQW 10
	Anzeige auf dieser Seite B 16A CEE	① €34,10
N 48°26'07" E 13°06'34"	H350 5ha 230T(90-130m²) 30D	② €45,90

B388, ca. 14 km östlich von Pfarrkirchen Richtung Lengham fahren. Ausgeschildert. 108106

Bad Füssing, D-94072 / Bayern

▲ Holmernhof*****	1 ADEFHKNOPQRST	BGHIN 6
🏠 Am Tennispark 10	2 PQTWXYZ	ABCDEFGHIJ 7
⏲ 1 Jan - 31 Dez	3 ABDFGLMNOPR	ABCDEFGHIJKNPQRTUVW 8
☎ +49 8 53 12 47 40	4 AEFHJORSTWXYZ	AIVYZ 9
@ campingholmernhof@t-online.de	5 ABDFKLMN	ABCEFGHIJOQWY 10
	B 16A CEE	① €33,90
N 48°21'30" E 13°18'24"	H340 3,4ha 160T(85-115m²) 3D	② €45,30

A3 Ausfahrt 118, Pocking/Bad Füssing. In Bad Füssing ausgeschildert. 111624

Winkl-Landthal ★★★★

Bad Füssing/Egglfing, D-94072 / Bayern

▲ Fuchs Kur-Camping****	1 ADFJMNOPQRST	B 6
🏠 Falkenstraße 14	2 PQSTWXYZ	ABDEFGHI 7
⏲ 1 Jan - 31 Dez	3 ABKLM	ABCDEFHJNQRUVW 8
☎ +49 8 53 73 56	4 EFHJOX	I 9
@ info@kurcamping-fuchs.de	5 ABDFHLMN	ABDEFGHJOQV 10
	B 16A CEE	① €26,70
N 48°19'00" E 13°18'58"	H324 1,5ha 90T(65-100m²) 14D	② €29,50

A3 Nürnberg-Passau, Ausfahrt 118 Pocking/Bad Füssing Richtung Egglfing. Schildern folgen. 108107

4-Sterne Naturcampingplatz Winkl-Landthal im Nationalpark Berchtesgadener Land. Sommer wie Winter ruhig und sonnig, am Fuße der 'Schlafenden Hexe' gelegen. Modernes Sanitär, zum Teil Komfortplätze, unzählige Wanderangebote. Busverbindung in 100m. Alle Ausflugsziele wie Königssee, Kehlsteinhaus, Salzbergwerk in ca. 20 Min. erreichbar. Therme- oder Erlebnisbad je 9 km. Naturfreibad 4 km. Organisierte Ausflüge z.B. Salzburg (25 km), Skigebiet Götschen in 1,5 km. Reservierung über das Kontaktformular auf unserer Homepage wird angeraten. Auf Ihren Besuch freut sich Fam. Oeggl!

Klaushäuslweg 7, 83483 Bischofswiesen
Tel. +49 86528164
E-Mail: info@camping-winkl.de • Internet: www.camping-winkl.de

Bad Füssing/Egglfing, D-94072 / Bayern

▲ Kur- und Feriencamping Max 1*****	1 AEFJMNOPQRST	AF 6
🏠 Falkenstraße 12	2 PQRSTWXYZ	ABDEFGHIJK 7
⏲ 1 Jan - 31 Dez	3 ABL	ABCDEFGHIJNQRTUVW 8
☎ +49 8 53 79 61 70	4 ADEFGHJORTVWXZ	GIVZ 9
@ info@campingmax.de	5 ABDFHJKLMN	ABCEFGHJMOQW 10
	B 16A CEE	① €38,00
N 48°19'57" E 13°18'49"	H324 3,7ha 164T(60-120m²) 42D	② €55,80

A3 Nürnberg-Passau, Ausfahrt 118, B12 Richtung Simbach. Ausfahrt Futting Richtung Bad Füssing. 111960

Bad Endorf, D-83093 / Bayern

▲ Camping Stein	1 AEFIKNOPQRT	LQS**X**Y 6
🏠 See 10	2 EILQSWXY	ABDEFGI 7
⏲ 15 Apr - 7 Okt	3 BEFLM	ABCDEFJNQRTUVW 8
☎ +49 80 53 93 49	4 FHJKO	DEF 9
@ rezeption@camping-stein.de	5 ABDMN	ABEFGHIJOQW 10
	16A CEE	① €33,10
N 47°53'03" E 12°16'10"	H476 3ha 70T(80-100m²) 84D	② €42,10

A8 Salzburg-München, Ausfahrt 106 Bernau. Über Prien Richtung Bad Endorf. In Mauerkirchen Richtung Simssee. Oder A8 München-Salzburg, Ausfahrt 102 Rosenheim. 108005

Bad Füssing/Kirchham, D-94148 / Bayern

▲ Preishof	1 ADEFJMNOPQRST	6
🏠 Angloh 1	2 QRSWXY	ABDEFGH 7
⏲ 1 Jan - 31 Dez	3 ABKLU	ABCDEFJNQRTUV 8
☎ +49 85 37 91 92 00	4 AFHJORSTVXYZ	GIVZ 9
@ info@preishof.de	5 ADJLMN	ABDGHJMOQW 10
	Anzeige auf dieser Seite B 16A CEE	① €22,80
N 48°20'17" E 13°16'56"	H330 6,5ha 230T(100-120m²) 75D	② €28,80

A3/E56, Ausfahrt 118, zur B12 Richtung Simbach. Ausfahrt Tutting/Kirchham, durchs Zentrum von Kirchham, Richtung Golfplatz. 102645

PREISHOF
Direkt am Golfplatz Bad Füssing - Kirchham

Angloh 1, 94148 Bad Füssing/Kirchham
Tel. 08537-919200
E-Mail: info@preishof.de
Internet: www.preishof.de

BAYERISCHES GOLF & THERMENLAND

- **Appartementhotel** mit Lift ★ ★ ★
- **Ferienwohnungen und Zimmer** mit Frühstücksbuffet
- **Direkt am 18-Loch-Golfplatz Bad Füssing-Kirchham**, nur 200m vom Clubhaus, 30% Greenfee-Ermäßigung
- **Mitten im Bayerischen Golf und Thermenland**
- **Radler-Paradies** (430 km ausgebautes Radnetz)
- Montag, Dienstag und Donnerstag Stadlabend ab 18:00 Uhr
- **Massagepraxis** und Bäder mit Naturfango auf dem Platz
- **Neu: Sauna- und Beautyparadies**
- Soledampfbad, finnische Sauna, Biosauna, Infrarotkabine, Wärmeliegen, Erlebnisduschen, Ruheraum mit Wasserbetten

 **TRAUMHAFTE STELLPLÄTZE**

 **CHALETSUITEN UND -ZIMMER**

 GENUSS-RESTAURANT

 WELLNESS MIT SKYPOOL

 HITS FÜR KIDS

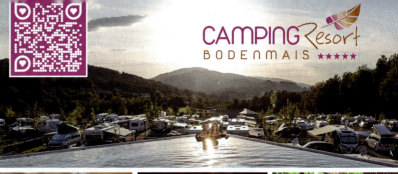

Buche jetzt deinen Traumurlaub in Bayern – campingresort-bodenmais.de

☎ +49 (0) 9924 943208-0 ✉ info@campingresort-bodenmais.de | Regener Str. 45 | 94249 Bodenmais

Bad Griesbach, D-94086 / Bayern
- Kur & Feriencp Holmernhof Dreiquellenbad*****
- Singham 40
- 1 Jan - 31 Dez
- +49 8 53 29 61 30
- info@camping-bad-griesbach.de
- N 48°25'12'' E 13°11'31''

1 ADEF**JM**NOPQRS **N** 6
2 PSTUVWXYZ ABDE**FG**HIJ 7
3 AB**KL**M ABCDE**FG**JKNPQRTUVW 8
4 **A**DEFHJOR**ST**UVW**XYZ** GHIJLVWZ 9
5 ABDFKLMN ABCEFGHIJMNQVY 10
B 16A CEE
H360 4,5ha 195T(80-120m²) · 23**D**
€ 37,00
€ 52,80
108108

A3 Ausfahrt 118 Pocking, B12 bis Ausfahrt B388, CP ausgeschildert.

Bischofswiesen, D-83483 / Bayern
- Winkl-Landthal****
- Klaushäuslweg 7
- 1 Apr - 30 Okt
- +49 86 52 81 64
- info@camping-winkl.de
- N 47°40'36'' E 12°56'10''

1 A**JM**NOPQRST **JN** 6
2 CIPQSVWXYZ AB**DEFGI** 7
3 A**L**M ABCDEFJNQRTUVW 8
4 **A**FHJ Z 9
5 ABDHMN ABCDEFGHJLOQY 10
Anzeige auf Seite 330 W 10A
H690 2,5ha 56T(80-100m²) 20**D**
€ 35,10
€ 48,50
102632

A8 München-Salzburg, Ausfahrt Bad Reichenhall. B20 Richtung Berchtesgaden. 11 km vor Berchtesgaden (Winkl).

Bayerbach, D-94137 / Bayern
- Vital CAMP Bayerbach*****
- Huckenhain 1
- 1 Jan - 31 Dez
- +49 8 53 29 27 80 70
- vitalcamping-bayerbach.de
- N 48°24'55'' E 13°07'48''

1 ADE**JM**NOPQRS **E** 5
2 IKPQSTVWX ABDE**FG** 7
3 AB**L**M ABCDEF**GI**JKNPQRTUVW 8
4 DEFGHJO**TV**W**XZ** IJ 9
5 ABDEFGHIJKLM ABCGHJMOQVW 10
Anz. auf dieser S. WB 16A CEE
H400 12ha 330T(70-130m²) 45**D**
€ 27,70
€ 29,70
118172

A3 Regensburg-Linz. Ausfahrt 118 Richtung Pocking/Pfarrkirchen (B388). Weiter Abfahrt Bayerbach. Den CP-Schildern folgen.

Bodenmais, D-94249 / Bayern
- Resort Bodenmais*****
- Regener Str. 45
- 1/1 - 30/10, 1/12 - 22/12, 26/12 - 30/12
- +49 9 92 49 43 20 80
- info@campingresort-bodenmais.de
- N 49°03'15'' E 13°06'00''

1 ABDF**JM**NOPQRS **B** 6
2 BIPQSTUVWXYZ AB**EFG** 7
3 BDGMUW ABCDEFGHIJKLNQR**ST**UVW 8
4 FHIJOP**QR**T**UV**W G 9
5 ABDEFHJKLM ABCEFGHJMOPQ 10
Anz. auf dieser Seite WB 16A CEE
H750 5ha 284T(70-165m²) 9**D**
€ 48,40
€ 67,40
124936

Der Campingplatz befindet sich auf der Südseite von Bodenmais. Die Campinganlage ist von der Hauptstraße (ST2132) aus gut ausgeschildert.

Berchtesgaden, D-83471 / Bayern
- Camping-Resort Allweglehen*****
- Allweggasse 4
- 1 Jan - 31 Dez
- +49 86 52 23 96
- ofice@allweglehen.de
- N 47°39'06'' E 13°02'16''

1 ADE**JM**NOPQRST **B**NUV 5
2 CIPQRSTUVWXYZ AB**CDEFG**H 7
3 AB**L**MX ABCDEF**GI**JKNQRTUVW 8
4 AEFGHJO**TV**W**XZ** FJWZ 9
5 ACDFHJKLMN**O** ABFGHJOQUWY 10
WB 16A CEE
H570 3,5ha 150T(100-150m²) 21**D**
€ 49,95
€ 68,75
102647

A8 München-Salzburg, Ausfahrt 115 Richtung Bad Reichenhall/Berchtesgaden. ± 3 km vor Berchtesgaden Camping angezeigt. Letzte Kilometer vor dem Camping, schmale, steile Zufahrt.

Für ACSI-Kunden 5% Rabatt auf Stellplatz!

Bernried, D-94505 / Bayern
- Campingland Bernrieder Winkl
- Grub 6
- 1/1 - 5/11, 16/11 - 31/12
- +49 99 05 85 74
- info@camping-bernried.de
- N 48°54'54'' E 12°53'10''

1 AF**JM**NOPRST 6
2 APQSVWYZ ABDE**FG**HJ 7
3 A**F**M**N** ABCDE**F**JNQRUVW 8
4 FHI GI 9
5 ADJM ABFGHIJLMOQU 10
WB 16A CEE
H500 1ha 60T(90-100m²) 27**D**
€ 27,40
€ 33,40
108866

A3 Regensburg-Passau, Ausfahrt 109 Metten Richtung Bernried und 108 Schwarzach Richtung Bernried. In Bernried ist der CP ausgeschildert.

BESTE AUSSICHT AUF ENTSPANNUNG!

Vital CAMP Bayerbach · Tel. +49 85 32 927 80 70
www.vitalcamping-bayerbach.de

Chieming, D-83339 / Bayern

- Möwenplatz
- Grabenstätterstraße 18
- 6 Apr - 30 Sep
- +49 8 66 43 61
- h.lintz@t-online.de
- 16A

1 ADEHKNOPQRT LNQS 6
2 AELMQRSWXYZ ABDEFG 7
3 ABLM ABCDEFJNQRW 8
4 FH 9
5 ADMN ABGHOST 10
① €29,10
② €41,65

N 47°52'50" E 12°32'00"
H500 0,8ha 70T(80-130m²) 36D

102627

A8 Salzburg-München, Ausfahrt Grabenstätt/Chieming.

Chieming, D-83339 / Bayern (CC€18)

- Chiemsee Strandcamping
- Grabenstätter Straße
- 1 Apr - 3 Okt
- +49 8 66 46 45 00
- info@chiemsee-strandcamping.de
- B 16A CEE

1 ABDEJMNOPQRST LNPQSX 6
2 AEILQSWXYZ ABCDEFG 7
3 ABLM ABCDEFJKNQRTW 8
4 FHPQ NRT 9
5 ABDFHJMNO ABDGHKOST 10
① €31,50
② €45,10

N 47°52'35" E 12°31'44"
H520 1,5ha 90T(50-90m²) 30D

102628

A8 München-Salzburg, Ausfahrt 109 Richtung Chieming. Der CP ist ca. 5 km von der Ausfahrt Grabenstätt entfernt. 1. CP links.

Chieming/Stöttham, D-83339 / Bayern (CC€20)

- Seehäusl★★★★
- Beim Seehäusl 1
- 1 Apr - 10 Okt
- +49 8 66 43 03
- info@camping-seehaeusl.de
- 16A CEE

1 AJMNOPQRST LNQSX 6
2 AEIKLQTWXYZ ABDEFG 7
3 ALS ABEFJKNQRTW 8
4 FHPQ HZ 9
5 ABDFGHJKLNO ABCDGHJMOS 10
① €33,50
② €48,50

N 47°54'08" E 12°31'10"
H550 1,5ha 44T(50-110m²) 1D

118289

A8 München-Salzburg. Ausfahrt 109 Grabenstätt/Chieming. Stöttham, den Schildern Seehäusl folgen. Besonders vorsichtig sein mit langen und/oder breiten Fahrzeugen auf dem schmalen Zufahrtsweg.

Eging am See, D-94535 / Bayern (CC€20)

- Bavaria Kur- und Sport Camping★★★★
- Grafenauer Str. 31
- 1 Jan - 31 Dez
- +49 85 44 80 89
- info@bavaria-camping.de
- WB 16A CEE

1 ADEFJMNOPQRST 6
2 ACQRTVWYZ BEFG 7
3 ABFLM ABCDEFJNQRSTW 8
4 FHIJPQ GI 9
5 ABDFHJLM ABCDFGHIJLOQW 10
① €24,00
② €32,00

N 48°43'16" E 13°15'55"
H420 6ha 120T(120m²) 48D

107913

A3, Ausfahrt 113. Folgen Sie Eging am See. Vor Eging am See ist der CP ausgeschildert.

Grainau, D-82491 / Bayern

- Camping Erlebnis Zugspitze GmbH★★★
- Griesener Straße 2
- 1 Jan - 31 Dez
- +49 8 82 19 43 91 11
- office@pure-camping.de
- W 16A CEE

1 ADEFJMNOPQRST J 6
2 CIPQRSXY ABDEFG 7
3 ABL ABEFJNQRUV 8
4 EFHRTX F 9
5 ADJMN ABFGHKOQ 10
① €42,00
② €58,00

N 47°28'49" E 11°03'13"
H750 3ha 120T(60-100m²) 45D

102545

Von München Richtung Garmisch-Partenkirchen zur A95 Eschenlohe. Über die B2 und B23 Richtung GAP. Auf der B23 Fernpass/Ehrwald. CP liegt am Fluss. Oder A7 Ulm, Kempten und Füssen, hinter Reutte. Dann die B23 Richtung GAP.

Grainau, D-82491 / Bayern

- Camping Resort Zugspitze
- Griesener Straße 9
- 1 Jan - 31 Dez
- +49 8 82 19 43 91 11
- info@perfect-camping.de
- WB 16A CEE

1 ADEFILNOPQRST J 6
2 CIPSTWXY ABDEFG 7
3 AL ABCDEFGIJNQRTUVW 8
4 EFHRTX FJW 9
5 ADJMN ABGHJOQ 10
① €51,20
② €63,00

N 47°28'39" E 11°03'06"
H780 3,5ha 125T(100-140m²) 10D

121824

Von München Richtung Garmisch-Partenkirchen bis zum AB-Ende A95 Eschenlohe, über die B2, die in die B23 nach GAP übergeht. B23 Fernpass/Ehrwald. Einfahrt am Restaurant Schmölzer Wirt. Oder: A7 Ulm, Kempten und Füssen, hinter Reutte Richtung GAP.

Großseeham/Weyarn, D-83629 / Bayern

- Camping Seehamer See
- Hauptstraße 32
- 1 Jan - 31 Dez
- +49 80 20 14 00
- info@seehamer-see.de
- B 16A

1 AJMNOPQRST LQS 6
2 AFLQXYZ ABDEFG 7
3 L ABCDEFIJNRTW 8
4 9
5 ADMN AGHIOQY 10
① €31,00
② €43,00

N 47°51'06" E 11°51'40"
H657 4ha 90T(40-60m²) 90D

109997

A8 München-Salzburg, ca 37 km ab München. Zwischen den Ausfahrten Weyarn und Irschenberg, Ausfahrt über den Autobahnparkplatz 'Seehamer See-West' oder 'Seehamer See-Ost'. 300m bis zum CP.

Ingolstadt, D-85053 / Bayern

- AZUR Waldcamping Ingolstadt
- Am Auwaldsee
- 1 Jan - 31 Dez
- +49 84 19 61 16 16
- ingolstadt@azur-camping.de
- B 10-16A CEE

1 ABDEJMNOPQRST LN 6
2 ABEKPQXYZ BFG 7
3 BJMNS ABDFJNQRT 8
4 AFTY 9
5 ABDJMN ABFGHKSTX 10
① €36,00
② €52,00

N 48°45'14" E 11°27'51"
H365 10ha 275T(80-100m²) 136D

102534

A9 München-Nürnberg, Ausfahrt 62 Ingolstadt-Süd. Den Schildern 'Camping Auwaldsee' folgen.

Inzell, D-83334 / Bayern

- Lindlbauer
- Kreuzfeldstraße 44
- 1/1 - 8/11, 20/12 - 31/12
- +49 8 66 59 28 99 88
- info@camping-inzell.de
- WB 16A CEE

1 ADEFJMNOPQRST 6
2 EIPSTUVWXY ABDEFGHI 7
3 ABLX ABCDEFGIJNQRTUVW 8
4 FH F 9
5 ABDMN ABGHJOQW 10
① €37,15
② €51,15

N 47°46'02" E 12°45'12"
H699 3ha 91T(60-130m²) 2D

120911

A8 München-Salzburg. Ausfahrt 112 Siegsdorf Richtung Bad Reichenhall/Inzell. Dann der Beschilderung folgen.

Kinding/Pfraundorf, D-85125 / Bayern (CC€20)

- Kratzmühle★★★★
- Mühlweg 2
- 1 Jan - 31 Dez
- +49 8 46 16 41 70
- info@kratzmuehle.de
- B 16A CEE

1 ADFJMNOPQRST LNQSXZ 6
2 ACEKMPQSTVWXY ABDEFG 7
3 BFJLM ABCDEFJKNQRSTUV 8
4 HJOX JKRV 9
5 ABDEFGJLMN ABDFGHIJLOQY 10
① €29,00
② €36,00

N 49°00'12" E 11°27'07"
H384 15ha 375T(80-130m²) 192D

102532

A9 Nürnberg-München, Ausfahrt 58 Altmühltal, Richtung Kinding. CP ist ausgeschildert.

Kochel am See, D-82431 / Bayern

- Kesselberg
- Altjoch 2 ½
- 30 Apr - 3 Okt
- +49 8 85 14 64
- alois.perkmann@gmx.de
- 16A CEE

1 ADEJMNOPQRT LN 6
2 AEIKLQTWXYZ ABDFG 7
3 ABMW ABCDEFNQRT 8
4 F 9
5 ABDEFJKMN ABHIJNQ 10
① €30,00
② €38,00

N 47°38'13" E 11°20'57"
H600 1,5ha 120T(50-70m²) 53D

102543

A8 nach München, über B2 Richtung Garmisch-Partenkirchen A95. Ausfahrt 9 Kochel am See/Murnau, B472. Rechts zur B11, kurz nach Kochel Richtung Innsbruck.

Kochel am See, D-82431 / Bayern

- Campingplatz Renken
- Mittenwalderstraße 106
- 1 Apr - 1 Okt
- +49 88 51 61 55 05
- info@campingplatz-renken.de
- 16A CEE

1 AEJMNOPQRT LNQSXY 6
2 AEILPQSUXY ABDFG 7
3 BX ABCDEFNQRT 8
4 FHJ DQR 9
5 ABDEFHJKMN ABFGHKLNQ 10
① €27,00
② €34,00

N 47°38'25" E 11°21'16"
H600 1ha 35T(50-100m²) 24D

102542

A8 nach München, über die B2 Richtung A95 Garmisch-Partenkirchen. Ausfahrt 9 Kochel/Murnau, B472. Dann rechts zur B11, kurz nach Kochel Richtung Innsbruck.

ACSI Camping Europa-App

9 500 europäische Campingplätze in einer praktischen App

ab 0,99 €

- Erweiterbar um 9 000 kontrollierte Reisemobilstellplätze
- Ohne Internetverbindung nutzbar
- Kostenlose Updates mit Änderungen und neuen Campingplatz-Bewertungen
- Schnell und einfach buchen, auch unterwegs
- Neu: jetzt auch mit kleinen Campingplätzen

www.Eurocampings.de/app

Königsdorf, D-82549 / Bayern
- ▲ Campingplatz Königsdorf am Bibisee
- 🏠 Zum Lindenrain 8
- 📅 1 Jan - 31 Dez
- ☎ +49 8 17 18 15 80
- @ mail@camping-koenigsdorf.de
- 📍 N 47°50'16" E 11°28'09"

1 ADEJMNOPQRST LNQR 6
2 AEKLPQSTWXY ABDEFGH 7
3 BLMU ABCDEFJKNOQRT 8
4 FH 9
5 ABDFHILM ABGHIJOSTY 10
WB 6-16A CEE
H600 8,6ha 90T(80-120m²) 270D
💰 €30,50 €42,50
102540

A8, in München über B2 Richtung A95 Garmisch-Partenkirchen. Ausfahrt 6 zur B11 Richtung Königsdorf, nach 2 km Richtung Geretsried. Ausfahrt Bibisee.

Königssee/Schönau, D-83471 / Bayern
- ▲ Grafenlehen
- 🏠 Königsseer Fußweg 71
- 📅 1/1 - 28/2, 1/4 - 10/11, 15/12 - 31/12
- ☎ +49 8 65 26 55 44 88
- @ camping-grafenlehen@t-online.de
- 📍 N 47°35'41" E 12°59'12"

1 ADEJMNOPQRST JNU 6
2 BCIPQRSTVWXYZ ABDEFGHK 7
3 BM ABEFJNQRW 8
4 AEFH I 9
5 ABDFIMN ABEFGHJOQ 10
W 16A CEE
H600 2,5ha 200T(60-90m²) 21D
💰 €33,35 €46,55
108111

A8 München-Salzburg. Ausfahrt Bad Reichenhall, über B20 nach Berchtesgaden/Königssee. Einfahrt CP gegenüber Agip-Tankstelle.

Eingebettet in die schöne Landschaft des Chiemgaus liegt der familiegeführte, freundliche Campingplatz mit Ferienhaus. Sehr gut geeignet zum Wandern und Radfahren. Moderne Sanitäranlage und geheiztes Freischwimmbad.

Bernauerstraße 110, 83209 Prien am Chiemsee
Tel. 08051-4136
E-Mail: info@camping-prien-chiemsee.de
Internet: www.camping-prien-chiemsee.de

Königssee/Schönau, D-83471 / Bayern
- ▲ Camping Mühlleiten GmbH
- 🏠 Königsseer Straße 70
- 📅 10/4 - 1/11, 15/12 - 31/12
- ☎ +49 8 65 24 84
- @ info@camping-muehlleiten.de
- 📍 N 47°35'59" E 12°59'21"

1 ADEJMNOPQRST JN 6
2 BCIPQSTVWXY ABDEFG 7
3 BK ABCDEFJNQR 8
4 AEFHO IZ 9
5 ABDEFHJKLMN ABGHORS 10
W 16A CEE
H600 1,8ha 80T(50-75m²) 22D
💰 €26,30 €40,30
102634

A8 Ausfahrt Bad Reichenhall Richtung Berchtesgaden. Im Kreisel Richtung Königssee B20. Nach 3 km Camping rechts.

Krün, D-82494 / Bayern
- ▲ Tennsee*****
- 🏠 Am Tennsee 1
- 📅 1/1 - 7/11, 15/12 - 31/12
- ☎ +49 8 82 51 70
- @ info@camping-tennsee.de
- 📍 N 47°29'27" E 11°15'16"

1 ACDEFJMNOPQRST LN 6
2 ACEIPQRSVWXYZ ABCDEFGHIJ 7
3 BDFLMT ABCDEFJNQRSTUVW 8
4 ABCEFHJOPS ILUVW 9
5 ABDEFJLMN ABCEFGHIJMOQUY 10
WB 16A CEE
H950 5,2ha 265T(80-100m²) 5D
💰 €39,20 €53,20
102546

Ab 'Münchener Ring' den Schildern Garmisch-Partenkirchen folgen zur A95 bis Autobahnende Eschenlohe. Dann die B2, geht über zur B23 bis GAP. Dort über die B2 Richtung Mittenwald. Zwischen Klais und Barmsee.

Lackenhäuser, D-94089 / Bayern
- ▲ Knaus Campingpark Lackenhäuser****
- 🏠 Lackenhäuser 127
- 📅 1 Jan - 31 Dez
- ☎ +49 8 58 33 11
- @ lackenhaeuser@knauscamp.de
- 📍 N 47°43'49'00"

1 ADFJMNOPQRST BENP 6
2 BCIKPSTVWXY ABDEFGHIJ 7
3 BFGJMRT ABCDEFJKNPQRSTUVW 8
4 ABCEFHJKOPQTZ ABEFJUVWX 9
5 ABDFLM ABEFGHJLOQUY 10
Anz. auf S. 236 + Umschl. WB 16A CEE
H800 19ha 322T(80-100m²) 191D
💰 €43,50 €52,50
102664

B12 zwischen Freyung und Passau, Ausfahrt Waldkirchen. Bis Waldkirchen-Ost, hier ist der CP ausgeschildert. Noch ca. 28 km.

München, D-81247 / Bayern
- ▲ München-Obermenzing
- 🏠 Lochhausener Straße 59
- 📅 15 Mrz - 31 Okt
- ☎ +49 8 98 11 22 35
- @ book.campingmon@outlook.de
- 📍 N 48°10'27" E 11°26'47"

1 AEFJMNOPRST 6
2 ABPQWYZ ABDEFGI 7
3 B ABCDEFJNQRW 8
4 JOP E 9
5 ABDEHMN AGHIN 10
10A CEE
H517 5,5ha 250T(80-200m²) 123D
💰 €29,00 €33,00
102574

A99 Richtung Stuttgart bis Kreuz München-West, Ausfahrt München-Lochhausen, dann links auf die Lochhausener Straße.

Münsing, D-82541 / Bayern
- ▲ Ambach am See
- 🏠 Am Schwaiblach 3
- 📅 1 Jan - 30 Nov
- ☎ +49 8 17 75 46
- @ office@camping-ambach.de
- 📍 N 47°51'15" E 11°20'18"

1 ADEFJMNOPQRT LQSV 6
2 AEIKLPQTXYZ ABFG 7
3 ABLMU ABEFJNQRSW 8
4 FHI DNRV 9
5 ABDEFGHM ABCHJOQX 10
16A CEE
H570 3,5ha 100T(60-120m²) 265D
💰 €40,00 €48,00
102537

A95 München-Garmisch-Partenkirchen, Ausfahrt 6 Wolfratshausen. An der Ostseite des Starnberger Sees, 6 km nördlich von Seeshaupt.

Murnau/Seehausen, D-82418 / Bayern
- ▲ Halbinsel Burg
- 🏠 Burgweg 41
- 📅 1 Apr - 2 Nov
- ☎ +49 88 41 98 70
- @ info@camping-staffelsee.de
- 📍 N 47°41'06" E 11°10'43"

1 ADEFHKNOPQRST LNXY 6
2 EIQRSXYZ ABDEFGI 7
3 BM ABCDEFJNQRT 8
4 FHJO 9
5 ABDFJL AHKNQ 10
B 16A CEE
2ha 130T 20D
💰 €32,40 €40,00
112168

Von der A95 Ausfahrt Murnau, weiter nach Murnau, in Murnau Richtung Oberammergau. Am Kreisel Richtung Staffelsee, weiter der CP-Beschilderung folgen.

Oberammergau, D-82487 / Bayern
- ▲ Campingpark Oberammergau GmbH
- 🏠 Ettalerstraße 56 B
- 📅 1/1 - 27/2, 15/3 - 31/10, 20/12 - 31/12
- ☎ +49 8 82 29 41 05
- @ info@camping-oberammergau.de
- 📍 N 47°35'25" E 11°04'07"

1 AJMNOPQRST N 6
2 CIPQSTWXY ABDEFGHI 7
3 DM ABCDEFJKNQRTW 8
4 FHJ IJL 9
5 ADM ABCEFGHJOQ 10
W 16A CEE
H850 2ha 85T(60-150m²) 31D
💰 €29,60 €41,10
107458

A7 Ulm-Memmingen, Ausfahrt 128 Memmingen. A96 Richtung München, Ausfahrt 25 Landsberg. B17 nach Schongau. Dann B23 Richtung Garmisch-Partenkirchen.

Oberwössen, D-83246 / Bayern
- ▲ Litzelau****
- 🏠 Litzelau 4
- 📅 1 Jan - 31 Dez
- ☎ +49 86 40 87 04
- @ camping-litzelau@t-online.de
- 📍 N 47°43'03" E 12°28'45"

1 AEJMNOPQRST J 6
2 BCIPQRVWXYZ ABDEFGHI 7
3 BILM ABCDEFJNQRTUV 8
4 FHIJKOT J 9
5 ABDLM ABDGHIJOQUL 10
WB 16A CEE
H634 4ha 71T(80-120m²) 103D
💰 €29,00 €40,00
102599

A8 München-Salzburg, Ausfahrt 106 Bernau und via B305 Richtung Reit im Winkl, nach Oberwössen (20 km).

Offenberg, D-94560 / Bayern
- ▲ Auf dem Kapfelberg
- 🏠 Kapfelberg 2
- 📅 15 Mrz - 30 Okt
- ☎ +49 9 90 56 45
- @ post@camping-kapfelberg.de
- 📍 N 48°52'32" E 12°52'51"

1 ADEJMNOPQRT 6
2 AIQTVXY ABDEFG 7
3 A ABCDEFJKNQRTW 8
4 FHIJ F 9
5 D AGHJMOQU 10
B 16A CEE
H400 0,3ha 65T(80-100m²) 1D
💰 €24,00 €32,00
108867

A3 Regensburg-Passau, Ausfahrt 109 Metten Richtung Neuhausen. In Neuhausen vor dem Sonnenstudio links. Den CP-Schildern folgen.

Olching, D-82140 / Bayern
- ▲ Ampersee
- 🏠 Josef-Kistler Weg 5
- 📅 1 Mai - 2 Okt
- ☎ +49 8 14 21 27 86
- @ info@campingampersee.de
- 📍 N 48°13'46" E 11°21'32"

1 AFJMNOPQRT LMPQSX 6
2 AEKLQWXYZ ABEFG 7
3 AJL ABCDEFGJNQRW 8
4 9
5 ADFHLN AFGHOQ 10
10A
H499 2,7ha 40T(100m²) 70D
💰 €31,00 €38,00
109022

A8 Augsburg-München, Ausfahrt 78 Fürstenfeldbruck/Olching. Dort CP ausgeschildert.

Piding/Bad Reichenhall, D-83451 / Bayern
- ▲ Staufeneck
- 🏠 Strailachweg 1
- 📅 3 Apr - 25 Okt
- ☎ +49 86 51 21 34
- @ camping-staufeneck@t-online.de
- 📍 N 47°44'47" E 12°53'48"

1 ADEJMNOPQRST 6
2 ABCSTWXY ABDEFGI 7
3 ALM ABCDEFGJNPQRTW 8
4 EFH 9
5 ABDMN AGHJST 10
10A CEE
H484 2,7ha 70T(80-100m²) 20D
💰 €26,90 €31,30
102630

A8 München-Salzburg, Ausfahrt Bad Reichenhall. Vor Bad Reichenhall rechts Ausfahrt zum Camping. Campingschildern folgen.

Prien am Chiemsee, D-83209 / Bayern
- ▲ Hofbauer
- 🏠 Bernauerstraße 110
- 📅 8 Apr - 22 Okt
- ☎ +49 80 51 41 36
- @ camping-prien-chiemsee.de
- 📍 N 47°50'20" E 12°21'04"

1 AEJMNOPQRST BCG 6
2 APQTUVWXY ABDEFGI 7
3 BLMU ABCDEFJNQRTUVW 8
4 GHJO EFGIUV 9
5 ABDFGHKMN AGHIKOQU 10
Anzeige auf dieser Seite B 16A CEE
H522 1,5ha 100T(75-100m²) 57D
💰 €28,30 €36,80
102595

A8 München-Salzburg, Ausfahrt 106 Bernau. Dann ca. 3 km Richtung Prien. 100m nach dem Kreisel CP links der Straße.

CAMPING BRUGGER AM RIEGSEE

Camping - Ferien in den bayerischen Alpen

Ihr Platz für Camping-Urlaub und Erholung direkt am schönen Riegsee. Das Blaue Land in der Region Murnau erwartet Sie, mit wunderbaren Berg-und Moorlandschaften zwischen Riegsee, Staffelsee und Froschhauser See.

Seestrasse 2 - 82447 Spatzenhausen / Hofheim - office@camping-brugger.de

Deutschland

Prien am Chiemsee, D-83209 / Bayern
- Panorama Camping Harras
- Harrasserstraße 135
- 12 Apr - 4 Nov
- +49 80 51 90 46 13
- info@camping-harras.de
- 1 ADEFG**JM**NOPRS**T** LNQS**X**Y 6
- 2 AELMSWXYZ ABDE**FG**H 7
- 3 **BLM** ABCDE**FI**JKN**RTW** 8
- 4 FHO**P** DVZ 9
- 5 ABDFHLMN ABGHIJLQY10
- B 6A CEE
- N 47°50'26" E 12°22'24"
- H511 2ha 150T(30-70m²) 40**D**
- 💶 €43,70 / €63,50
- 102594
- A8 München-Salzburg, Ausfahrt 106 Bernau, 3 km Richtung Prien. Nach 2 km am Kreisel rechts. Dann ist der CP gut ausgeschildert.

Schleching/Mettenham, D-83259 / Bayern
- Camping Zellersee****
- Zellerseeweg 3
- 1 Mai - 25 Sep
- +49 86 49 98 67 19
- info@camping-zellersee.de
- 1 ADEHKNOPRT LM 6
- 2 BEKLPQTVWXYZ ABDE**FG**I 7
- 3 AFG**LM** ABCDEFJNQR**W** 8
- 4 FHI FJ 9
- 5 ABDMN ABGHJ**OST**10
- 16A CEE
- N 47°44'04" E 12°24'56"
- H558 2,3ha 65**T**(50-90m²) 39**D**
- €34,00 / €48,00
- 109209
- A8 München-Salzburg. Ausfahrt 106 Bernau, Richtung Reit im Winkl. In Marquarstein Richtung Schleching.

Ramsau, D-83486 / Bayern
- Simonhof
- Alte Reichenhallerstraße 110
- 1/1 - 15/5, 1/4 - 29/10, 1/12 - 31/12
- +49 8 65 72 84
- info@camping-simonhof.de
- 1 AE**JM**NOPQRST 6
- 2 BCIPQRSTUWXYZ ABDE**FG** 7
- 3 AB ABCDEFJKNQRTUV 8
- 4 FHJO 9
- 5 ABDEFIMN ABCGHJ**OQ**10
- W 16A CEE
- N 47°37'38" E 12°52'09"
- H860 1,5ha 90**T**(70-100m²) 30**D**
- €34,10 / €46,30
- 102633
- B305 Von Siegsdorf nach Ramsau, Schildern folgen.

Schliersee/Obb., D-83727 / Bayern
- Camping Schliersee
- Westerbergstraße 27
- 15 Apr - 7 Nov
- +49 8 02 69 29 89 98
- info@camping-schliersee.de
- 1 AE**JM**NORT LNQ 6
- 2 CEIKLQSTWXYZ ABDE**FG** 7
- 3 **BL** ABE**FJ**KNQR**S**UV**W** 8
- 4 EFH**T** N 9
- 5 ADEFGHIJKN ABCGHJN**Q**10
- 16A CEE
- N 47°43'41" E 11°51'06"
- H800 1ha 76**T**(36-76m²) 47**D**
- €37,00 / €47,00
- 102577
- A8 München-Salzburg, Ausfahrt 98 Irschenberg, dann der B472 Richtung Miesbach, Hausham und Schliersee folgen. In Schliersee den CP-Schildern folgen.

Rottenbuch, D-82401 / Bayern (CCe20)
- Terrassen-Camping am Richterbichl****
- Solder 1
- 1 Jan - 31 Dez
- +49 88 67 15 00
- info@camping-rottenbuch.de
- 1 ABEF**JM**NOPQRS**T** LU 6
- 2 EPQTVWY ABDE**FG**HIK 7
- 3 **BF**M**NU** ABCDEFJNQR**TW** 8
- 4 EFHJO FI 9
- 5 ABDEFHJKMN ABDF**GHIJ**O**Q**10
- W 16A CEE
- N 47°43'39" E 10°58'01"
- H763 1,2ha 50**T**(80-100m²) 44**D**
- €24,50 / €32,50
- 102492
- Von A7 Ulm-Kempten, Ausfahrt 134. B12 bis Marktoberdorf. Dann die B472 Richtung Schongau, danach B23 Richtung Garmisch-Partenkirchen. CP liegt direkt an der Romantischen Straße.

Seeshaupt, D-82402 / Bayern
- Camping Seeshaupt
- St. Heinricherstraße 127
- 1 Apr - 30 Sep
- +49 8 80 19 15 68 80
- info@camping-seeshaupt.de
- 1 ADEF**IL**OPQRST LNQRS**TX** 6
- 2 AFKPQTXY ABCDE**FG** 7
- 3 **BL**N**O** ABCDEFJNQR 8
- 4 FHR F 9
- 5 ABDEFHKM ABCF**GHIJ**O**ST**10
- B 16A CEE
- N 47°49'13" E 11°19'27"
- H600 2ha 69**T**(80-190m²) 67**D**
- €47,50 / €63,50
- 102539
- A8 nach München, über die B2 zur A95 Garmisch-Partenkirchen. Ausfahrt 7 Seeshaupt, dann rechts Richtung Seeshaupt.

Ruhpolding, D-83324 / Bayern
- Ortnerhof****
- Ort 5
- 1 Jan - 31 Dez
- +49 86 63 17 64
- camping-ortnerhof@t-online.de
- 1 ABEFHKNOPQRST N 6
- 2 AIPQRSTWXYZ ABDE**FG** 7
- 3 ADLMN ABCDEFJNQR**TW** 8
- 4 AFHJ FZ 9
- 5 ABDEFJLMN ABCDEFGHIJMN**QY**10
- WB 16A CEE
- N 47°44'33" E 12°39'47"
- H670 3,6ha 100**T**(80-120m²) 81**D**
- €31,30 / €42,20
- 102631
- A8 München-Salzburg, Ausfahrt 112 Siegsdorf, Richtung Ruhpolding. CP liegt auf der Südseite der Stadt an der B305. Ab Zentrum angezeigt.

Spatzenhausen/Hofheim, D-82447 / Bayern (CCe22)
- Brugger am Riegsee
- Seestraße 2
- 26 Mrz - 17 Okt
- +49 8 84 77 28
- office@camping-brugger.de
- 1 AEF**IL**NOPQRT LMN**Q**ST**X**Y 6
- 2 EIKLQTVWXYZ ABDE**FG**H 7
- 3 BG**J**M**X** ABCD**FG**IJKN**Q**R**T**UV**W** 8
- 4 BFHJLO KT 9
- 5 ABDEFJLMN ABCDEFGHIJMN**Q**Y10
- Anzeige auf dieser Seite B 16A CEE
- N 47°42'23" E 11°13'05"
- H650 6ha 100**T**(60-120m²) 300**D**
- €29,95 / €38,95
- 108109
- A95 Garmisch-Partenkirchen, Ausfahrt 9 Sindelsdorf. Links zur B472 Richtung Habach, dann Murnau, weiter den Schildern Hofheim folgen.

334 Teilkarte Südost-Bayern auf Seite 329

St. Heinrich, D-82541 / Bayern

- Beim Fischer ★★★★
- Buchscharnstraße 10
- 10 Apr - 11 Nov
- +49 8 80 18 02
- info@camping-beim-fischer.de
- B 16A CEE

1	AEFJMNOPQRS**T** LN**QRST**XY 6
2	AEKPQTWXY ABDE**FGI** 7
3	**BFGL**M ABCDEFJNQRTW 8
4	FHJO GIMPUVW 9
5	ABDMN ABGHJL**O**QY 10

① €31,00
② €40,00

N 47°49'34" E 11°20'20"
H592 4ha 77**T**(80-85m²) 96**D**

Die A8/A9/A96 Münchner Ring, über die B2 zur A95 Richtung Garmisch-Partenkirchen. Ausfahrt 7 Seeshaupt. In St. Heinrich ist der CP angezeigt.

102114862

Taching am See, D-83373 / Bayern

- Seecamping Taching am See
- Am Strandbad 1
- 1 Apr - 15 Okt
- +49 86 81 95 48
- info@seecamping-taching.de
- B 16A CEE

1	ADEF**I**KNOPQRST LM**NQSX**YZ 6
2	EJKLPQTWXYZ ABDE**FG** 7
3	**BFGL**MS ABCDEFJNQRTW 8
4	FHJ DV 9
5	ABDFGKLN ABDGHJ**O**QY 10

① €23,45
② €29,45

N 47°57'42" E 12°43'54"
H481 1,6ha 98**T**(80-100m²) 98**D**

A8 München-Salzburg, Ausfahrt Traunstein/Siegsdorf. Auf der Strecke Waging-Tittmoning bei Taching Richtung See, danach noch ca. 0,3 km.

102620

Tittmoning, D-84529 / Bayern

- Seebauer
- Furth 9
- 1 Apr - 30 Sep
- +49 86 83 12 16
- info@camping-seebauer.de
- B 16A

1	ADEF**J**MNOPQRST LN 6
2	EKLPQSTWXYZ ABDE**FG** 7
3	ABFM ABCDEFJKNQRTW 8
4	FHJ INQTV 9
5	ADMN ABGHJOQ 10

① €25,25
② €34,25

N 48°04'21" E 12°44'21"
H500 2,3ha 40**T**(90-100m²) 101**D**

A3 von Regensburg bis Ausfahrt Straubing. Dann die B20 bis Burghausen. Von dort noch 15 km. 3 km vor Tittmoning ist der CP gut ausgeschildert.

102619

Übersee/Feldwies, D-83236 / Bayern

- Chiemsee Camping ★★★★
- Rödlgries 1
- 1 Apr - 31 Okt
- +49 8 64 24 70
- info@chiemsee-camping.de
- 16A CEE

1	AHKOPQRT LNQSY 6
2	AFIJKQTWXY ABDE**FG** 7
3	**BFGLMU**V ABCDEFJKNQRTUV 8
4	BFH 9
5	ABDFK ABGHI**OST** 10

① €37,00
② €47,50

N 47°50'28" E 12°28'19"
H526 7,4ha 330**T**(80-100m²) 180**D**

A8 München-Salzburg, Ausfahrt 108 Übersee. Danach ausgeschildert.

102596

Uffing, D-82449 / Bayern

- Campingplatz Aichalehof
- Aichalehof 4
- 1 Mai - 3 Okt
- +49 8 84 62 11
- info@aichalehof.de
- B 10-16A CEE

1	EF**J**MNOPQRST LNPQSXY 6
2	ELQUXY ABDE**FG** 7
3	ABM ABCDE**F**HJNQRS**T** 8
4	FH 9
5	ABDEFJLN AFHJNQ 10

① €29,50
② €38,50

N 47°41'57" E 11°09'27"
H633 6,3ha 100**T**(80-100m²) 300**D**

A95 München - Garmisch-Partenkirchen, Ausfahrt 9. Dann B472 Richtung Eglfing bis Uffing. Dort Beschilderung folgen.

112169

Utting am Ammersee, D-86919 / Bayern

- Campingplatz Utting am Ammersee
- Im Freizeitgelände 5
- 1 Apr - 15 Okt
- +49 88 06 72 45
- info@ammersee-camping.de
- B 16A CEE

1	ADE**J**MNOPQRST LMNQST**X**YZ 6
2	AEKLPQRWXY ABE**FG** 7
3	AFG**J**MN**S**W ABCDEFJNQRT 8
4	FH PQT 9
5	ACDJLMN ABFGHJOQ 10

① €30,60
② €37,60

N 48°01'39" E 11°05'43"
H685 1,4ha 120**T**(60-80m²) 180**D**

A96 München-Landsberg, Ausfahrt Ammersee-West, den CP-Schildern folgen.

100186

Viechtach, D-94234 / Bayern

- Adventurecamp 'Schnitzmühle'
- Schnitzmühle 1
- 1 Jan - 31 Dez
- +49 99 42 29 48 10
- info@schnitzmuehle.de
- WB 10A CEE

1	ADE**J**MNOPQRST JLN**U**XYZ 6
2	CELQRTY ABDE**FGH**I 7
3	**BFGH**IMS**T**UX ABCDEFG**I**JNQRTW 8
4	ABDEFGHIJLO**PSTUVX**Z AGIKLR 9
5	ABDEFHJLMN ABFGHJLMN**P**QU 10

① €33,40
② €50,40

N 49°04'10" E 12°54'49"
H418 2ha 80**T**(120m²) 61**D**

A3 Regensburg-Passau, Ausfahrt 110 Ri. Deggendorf. Die B11/E53 bis Patersdorf. Nach links die B85 nach Viechtach. Den CP-Schildern folgen. Achtung: Einfahrt 12% Steigung und 3,20m Durchfahrtshöhe.

102618

Viechtach, D-94234 / Bayern

- Knaus Campingpark Viechtach ★★★★
- Waldfrieden 22
- 1 Jan - 31 Dez
- +49 99 42 10 95
- viechtach@knauscamp.de

1	ADE**J**MNOPQRST EN 6
2	B**Q**STUVWXYZ ABDE**FG** 7
3	ABFGMSW ABF**J**KNQRT 8
4	ABCDEFGHIJLMNO**PQT** AEGJ 9
5	ABDFHJKMN ABEFGHILM**O**QU 10

Anz. auf S. 236 + Umschl. WB 16A CEE

① €43,80
② €53,80

N 49°04'57" E 12°51'12"
H560 5,7ha 183**T**(80-100m²) 114**D**

A3 Regensburg-Passau, Ausfahrt 110 Richtung Deggendorf. Die B11/E53 bis Patersdorf. Dort links die B85 bis Viechtach. Den Schildern 'Knaus-Camping' folgen.

102617

Viechtach/Pirka, D-94234 / Bayern

- Höllensteinsee
- Leitenweg 12
- 14 Apr - 9 Okt
- +49 99 42 85 01
- info@camping-hoellensteinsee.de
- B 12A CEE

1	A**J**MNOPQRST JLNP 6
2	DEILPQXYZ ABE**FG**HI 7
3	A ABCDEFGJKLNQR**S**TUVW 8
4	FHI INQ 9
5	ABDEFHJK ABCEFGHJOQ 10

① €30,80
② €42,80

N 49°06'03" E 12°52'34"
H403 3,5ha 150**T** 13**D**

B85 nach Viechtach. Der Beschilderung Bad Kötzting Richtung Pirka (ST2139) folgen. In Pirka dem CP-Schild folgen.

122371

Wackersberg, D-83646 / Bayern

- Camping Demmelhof ★★★★
- Stallau 148
- 1 Jan - 31 Dez
- +49 80 41 81 21
- info@campingplatz-demmelhof.de
- WB 16A CEE

1	AEF**J**MNOPQRST LNQSUXZ 6
2	CEILPQTVWXYZ ABDE**FG** 7
3	B**DEL**X ABCDE**F**G**I**JKNQRTW 8
4	FHJKO**P** FJNUWY 9
5	ABDEFHKMN ABFGHIKLM**O**PQVW 10

① €32,00
② €41,00

N 47°45'02" E 11°30'05"
H703 2,6ha 50**T**(30-120m²) 89**D**

Von Bad Tölz Richtung Peißenberg und Kochel am See (B472). Schräg gegenüber vom Blomberg.

111102

Waging am See, D-83329 / Bayern

- Tettenhausen
- Hauptstraße 2
- 1 Jan - 31 Dez
- +49 86 81 16 22
- campingplatz-tettenhausen@t-online.de
- B 10A CEE

1	ADE**J**MNOPQRST LMNQS**X**YZ 6
2	EJKLPQSWXYZ ABDE**FG** 7
3	**BFGL**M ABCDEFGIJNQRTVW 8
4	FH 9
5	ABDEFHJLN**O** ABHKM**O**QY 10

① €25,60
② €31,60

N 47°57'12" E 12°45'04"
H460 1ha 80**T**(75-100m²) 40**D**

A8 München-Salzburg, Ausfahrt Siegsdorf in Richtung Traunstein/Waging. Danach nach Tettenhausen.

102621

Waging am See, D-83329 / Bayern

- Ferienparadies Gut Horn ★★★★★
- Gut Horn
- 1 Mrz - 30 Nov
- +49 8 68 12 27
- info@gut-horn.de
- B 16A CEE

1	ADE**FJL**NOPQRST LMN**QRST**XYZ 6
2	EIKLQUWXYZ ABDE**FGH** 7
3	AB**FJL**MS ABCDEFJKNQRTW 8
4	BEFHJ**X** GIMQRTZ 9
5	ACDFGJKLMN ABGHJL**O**QY 10

① €32,65
② €47,05

N 47°56'47" E 12°45'22"
H470 5ha 250**T**(72-90m²) 120**D**

A8 München-Salzburg, Ausfahrt 112 Traunstein, Richtung Waging am See. Richtung Fridolfing über Tettenhausen zum CP Gut Horn.

110143

Durchreisecampingplätze

In diesem Führer finden Sie eine handliche Karte mit Campingplätzen an den wichtigen Durchgangsstrecken zu Ihrem Ferienziel. Durch die Farbe des jeweiligen Zeltchens können Sie erkennen, ob dieser Platz ganzjährig geöffnet ist oder nicht. Darüber hinaus gibt es für jeden Platz auch noch eine kurze redaktionelle Beschreibung, inklusive Routenbeschreibung und Öffnungszeiten.

Teilkarte Südost-Bayern auf Seite 329

335

WAGINGERSEE — WÄRMSTER BADESEE OBERBAYERNS

StrandCamping WAGING AM SEE
5 Sterne Campingparadies, Appartements & Restaurant

Strandcamping Waging • Am See 1 • 83329 Waging am See
Tel: +49 (0) 8681 552 • Fax: +49 (0) 8681 45010
www.strandcamp.de • info@strandcamp.de

Deutschland

Waging am See, D-83329 / Bayern		
⛺ Strandcamping Waging am See *****	1 ACDEF**JM**NOPQRST	HLM**N**QRSTXY 6
	2 EIJLPQTWXYZ	ABDE**FG**HIJ 7
🏠 Am See 1	3 ABDEFG**J**LM**NO**STUW	ABCDEF**GI**JKN**P**QRTUVW 8
📅 1 Jan - 31 Dez	4 **A**BCDEFHJLNO**PQ**R**TV**XYZ	BDIMPQRTUVWZ 9
☎ +49 8 68 15 52	5 ACDEFGHIKLM**NO**	ABEFGHIJM**O**QUWXY 10
@ info@strandcamp.de	Anz. auf dieser Seite B 10-16A CEE	💶 €38,05
N 47°56'34" E 12°44'50"	H450 3,5ha 654T(80-200m²) 435D	💶 €51,85
🚗 A8 München-Salzburg, Ausfahrt Traunstein/Siegsdorf, Richtung Traunstein. Dann noch 10 km nach Waging.		102623

Walchensee, D-82432 / Bayern		
⛺ Walchensee	1 AEF**JM**NOPQRT	L**N**OPQS**X**Y 6
🏠 Lobisau 8	2 BFIKLMPQSTWXY	ABDE**FG** 7
📅 1 Mai - 3 Okt	3 AB**L**	ABCDE**F**NQRT 8
☎ +49 88 58 92 91 68	4 FHI	9
@ info@camping-walchensee.de	5 ABDEFHJMN	ABCGHIJ**NQ** 10
	10A CEE	💶 €32,50
N 47°34'57" E 11°18'37"	H804 2,8ha 120T(50-100m²) 45D	💶 €44,00
🚗 A8 nach München, über B2 Richtung A95 Garmisch-Partenkirchen. Ausfahrt 9 Sintelsdorf, B472. Dann rechts zur B11, nach Kochel Richtung Innsbruck.		102544

Waging/Gaden, D-83329 / Bayern		
⛺ Schwanenplatz *****	1 ADEFHKNOPQRT	LM**N**QSXYZ 6
🏠 Am Schwanenplatz 1	2 CEKLPQSWXYZ	ABDE**FGH** 7
📅 24 Apr - 4 Okt	3 AB**L**M	ABCDEFJKNQRTUVW 8
☎ +49 8 68 12 81	4 BFH**X**	VZ 9
@ info@schwanenplatz.de	5 ABDEFHKLMN	ABGHJ**O**QVY 10
	B 10A CEE	💶 €30,30
N 47°56'10" E 12°45'36"	H432 4ha 151T(85-120m²) 82D	💶 €39,50
🚗 A8, Ausfahrt Traunstein, Richtung Waging. Dann Richtung Freilassing. Nach 1,5 km links bei Gaden.		102624

Weissach, D-83700 / Bayern		
⛺ Camping Wallberg	1 A**J**MNOPQRS**T**	QS**X** 6
🏠 Rainerweg 10	2 PQWXYZ	ABDE**FG** 7
📅 1 Jan - 31 Dez	3 B**HL**	ABCDEFJNQRTW 8
☎ +49 80 22 53 71	4 FHO	I 9
@ campingplatz-wallberg@web.de	5 ADFHLMN	AFGHJLOQY 10
	WB 16A	💶 €26,70
N 47°41'18" E 11°44'55"	H734 3,5ha 150T(80-120m²) 101D	💶 €36,10
🚗 A3 München-Salzburg, Ausfahrt Holzkirchen. B318 weiter folgen via Warngau, Gmund am Tegernsee und Bad Wiessee naar Weissach. Dort den CP-Schildern folgen.		102578

Campingreisen

Spannende Campingreisen
mit dem eigenen
Wohnmobil oder Wohnwagen.

www.ACSIcampingreisen.de

336   Teilkarte Südost-Bayern auf Seite 329

Schweiz

Schweiz

Allgemeines

Offizieller Name: Schweizerische Eidgenossenschaft (Confédération Suisse/Confederazione Svizzera/Confederaziun Svizra). Die Schweiz ist kein Mitglied der Europäischen Union.
Deutsch, Französisch und Italienisch sind die am häufigsten gesprochenen Sprachen. Man kommt fast überall mit Englisch gut zurecht.
Zeitunterschied: In der Schweiz ist es genauso spät wie in Berlin, Paris und Rom.

Währung und Geldfragen

Währung: Schweizer Franken (CHF).
Wechselkurs im September 2021:
1,00 € = ca. 1,09 CHF / 1,08 CHF = ca. 0,92 €.
Bankkarte und Kreditkarte können Sie fast überall benutzen. Es gibt genug Geldautomaten. Für Zahlungsterminals (Pins) ist es am besten, wenn Sie in Schweizer Franken und nicht in Euro abrechnen.
Der Euro ist in der Schweiz kein offizielles Zahlungsmittel, aber die Zahlung mit Euro ist oft möglich, das Wechselgeld ist meistens in Schweizer Franken.

Grenzformalitäten

Viele Formalitäten und Vereinbarungen in Bezug auf die notwendigen Reisedokumente, Fahrzeugpapiere, Anforderungen an Ihr Transportmittel und Ihr Campingfahrzeug, medizinische Kosten und die Mitnahme von Tieren hängen nicht nur vom Reiseziel, sondern auch von Ihrem Abreiseort und Ihrer Nationalität ab. Auch die Dauer Ihres Aufenthaltes kann eine Rolle spielen. Es ist unmöglich, im Rahmen dieses Leitfadens für alle Benutzer die richtigen und aktuellen Informationen über diese Themen zu gewährleisten. Wir empfehlen Ihnen daher, die folgenden Fakten in jedem Fall rechtzeitig vor der Abreise zu überprüfen:

- welche Reisedokumente Sie für sich selbst und Ihre Mitreisenden benötigen,
- welche Dokumente Sie für Ihr Auto und Ihren Anhänger benötigen,
- welche Waren und Medikamente Sie kostenlos ein- und ausführen dürfen,
- wie bei Unfall oder Krankheit die medizinische Behandlung in Ihrem Urlaubsland geregelt ist und bezahlt werden kann.

Haustiere

Finden Sie heraus, ob Ihr Haustier an Ihrem Zielort willkommen ist. Nehmen Sie hierzu frühzeitig Kontakt zu Ihrem Tierarzt auf. Dieser informiert Sie über relevante Impfungen und die entsprechenden Nachweise wie auch über Pflichten bei der Rückkehr.
Ferner sollten Sie sich erkundigen, ob an Ihrem Zielort für das Mitführen von Haustieren im öffentlichen Raum bestimmte Bedingungen gelten. So müssen in einigen Ländern Hunde immer einen Maulkorb tragen oder hinter Gittern transportiert werden.

Straßen und Verkehr

Die Schweiz verfügt über ein ausgezeichnetes Straßennetz mit vielen Viadukten und Tunneln in den Bergen. Im Winter können die Straßen durch Schneefall unpassierbar werden, aber in diesem Fall können Sie gut markierte Umleitungen nutzen.

Gebirgsstraßen

Für eine Fahrt durch die Schweizer Berge braucht man etwas Erfahrung, wenn man mit einem Wohnwagen unterwegs ist.
In den Alpen gibt es Steigungen von 6 % bis 15 % und mehr. Fast alle Gebirgsstraßen sind auf der Seite gesichert, auf der sich der Abgrund befindet.
Achtung! Bergpässe in der Schweiz, Österreich und Italien können für Fahrzeuge mit Wohnwagen oder Anhängern vorübergehend gesperrt, schwer zu passieren oder sogar dauerhaft verboten sein. Überprüfen Sie dies vor Beginn Ihrer Reise. Mehr Informationen: *alpenpaesse.de* (deutschsprachig).

Schweiz

Tanken
Benzin (Super 95 und Super Plus 98) und Diesel (Gazole) sind leicht erhältlich. Autogas ist einigermaßen gut verfügbar. Zum Tanken von Autogas nutzen einige Tankstellen den europäischen Anschluss (ACME) und andere den italienischen Anschluss (Dish). Tankstellen sind oft mindestens von 8.00 bis 18.00 Uhr geöffnet. In Städten und an Schnellstraßen sind sie oft von 7.00 bis 20.00 Uhr und an Autobahnen von 6.00 bis 23.00 Uhr geöffnet. Überdies verfügen die meisten Tankstellen über einen Nachtautomaten.

Verkehrsregeln
Abblendlicht (oder Tagfahrlicht) ist tagsüber vorgeschrieben.
An einer Kreuzung mit Straßen gleichen Ranges hat der von rechts kommende Verkehrsteilnehmer Vorfahrt. Straßenbahnen haben grundsätzlich immer Vorfahrt. Der Verkehr im Kreisverkehr hat Vorfahrt, wenn dies ausgeschildert ist. Im Gebirge hat bergauffahrender Verkehr Vorfahrt vor bergabfahrendem Verkehr. Auf schmalen Straßen hat das jeweils schwerere Fahrzeug Vorfahrt.
Der Alkoholgrenzwert beträgt 0,5 ‰, aber 0,1 ‰ für Fahrer, die ihren Führerschein noch keine 3 Jahre besitzen.
Fahrer dürfen nur mit einer Freisprechanlage telefonieren.
Kinder unter 12 Jahren oder einer Größe unter 1,50 m müssen in einem Kindersitz sitzen. Blitzerwarner sind verboten, entfernen Sie (falls erforderlich) die Standorte von Radarfallen in der Schweiz aus Ihrer Navigationssoftware. Winterreifen werden bei winterlichen Verhältnissen dringend empfohlen (Schneeketten können durch ein Schild vorgeschrieben werden).

Besondere Bestimmungen
In der Schweiz gibt es die „Bergpoststrassen" (blaues Schild mit gelbem Posthorn) auf denen Linienbusse und Postautos immer Vorfahrt haben.
Bei Staus müssen Sie so weit wie möglich nach rechts oder links fahren, damit in der Mitte eine freie Spur (Rettungsgasse) für Einsatzfahrzeuge entsteht.
Das Parken ist unter anderem an Stellen verboten, an denen gelbe Streifen und Kreuze auf der Fahrbahndecke angebracht wurden. Ladung darf an der Seite nicht überstehen, aber Fahrräder dürfen maximal 20 cm überstehen.

Vorgeschriebene Ausrüstung
Ein Warndreieck ist im Fahrzeug vorgeschrieben.

Wohnwagen, Wohnmobil
Ein Wohnmobil oder ein Gespann aus Pkw und Wohnwagen darf bis zu 4 m hoch, 2,55 m breit

Höchstgeschwindigkeiten

Schweiz	Außerhalb geschlossener Ortschaften	Schnellstraße	Autobahn
Auto	80	100	120
Mit Anhänger	80	80	80
Wohnmobil < 3,5 Tonnen	80	100	120
Wohnmobil > 3,5 Tonnen	80	100	100

Innerhalb geschlossener Ortschaften beträgt die Höchstgeschwindigkeit 50 km/h.

Schweiz

und 18,75 m lang sein (der Wohnwagen selbst darf bis zu 12 m lang sein).
Auf Autobahnen mit mindestens drei Fahrspuren in die gleiche Richtung dürfen Sie mit Ihrem Wohnwagen nicht auf der ganz linken Spur fahren (und auch nicht mit einem Wohnmobil > 3,5 Tonnen).
Es wird empfohlen, Unterlegkeile mitzunehmen, um die Räder Ihres Wohnwagens an einem (kleinen) Hang zu sichern.

Fahrrad
Ein Fahrradhelm ist nur erforderlich, wenn Sie schneller als 20 km/h fahren.
Telefonieren und Tippen auf einem Handy sind auf dem Fahrrad verboten.
Kinder unter 6 Jahren dürfen nur in Begleitung einer Person im Mindestalter von 16 Jahren auf der Straße mit dem Rad fahren.
Jeder, der 16 Jahre oder älter ist, darf ein Kind auf einem Fahrrad in einem Kindersitz mit Beinschutz transportieren.
Radfahrer dürfen nur auf einem Fahrradweg oder Fahrradstreifen nebeneinander fahren.

Maut und Umweltzonen
Maut
Auf allen Schweizer Autobahnen ist eine Mautvignette erforderlich. **Achtung!** Für Wohnwagen und Anhänger ist eine zweite Vignette erforderlich.
Die Vignette ist (und kostet) das Gleiche für Autos, Wohnwagen, Anhänger und Wohnmobile bis zu einem Gesamtgewicht von 3,5 Tonnen und ist ein Jahr lang gültig. Wenn die Vignette fehlt, riskieren Sie eine hohe Geldstrafe. Es ist ratsam, die Vignette vor der Reise online zu bestellen, z.B. über *tolltickets.com*. Das erspart Ihnen Wartezeiten an der Grenze.
Für Fahrzeuge (auch Wohnmobile) über 3,5 Tonnen müssen Sie eine „Schwerverkehrsabgabe" (PSVA) bezahlen. Sie können sich diesbezüglich beim Zoll an der Grenze melden. Mehr Informationen: *ezv.admin.ch* (Suchen Sie „psva").
Achtung! Der Grenzübergang Basel-Weil (an der E35, deutsche A5, Schweizer A2) kann nicht ohne Vignette passiert werden.

Schweiz

Tunnel
Es gibt zwei Tunnel, für die Sie eine separate Maut bezahlen müssen: den Grossen-St.-Bernhard-Tunnel und den Munt-la-Schera-Tunnel. Letzterer ist einspurig, sodass Sie ihn nur zu festgelegten Zeiten durchfahren können. Mehr Informationen: *letunnel.com*, *livigno.eu/de/tunnel-munt-la-schera* und *ekwstrom.ch*.

Umweltzonen
Der Kanton Genf hat seit Januar 2020 für mehrere Gemeinden eine Umweltzone eingeführt. Sie müssen dort eine Umweltplakette haben.

Panne und Unfall
Stellen Sie Ihr Warndreieck auf der Autobahn mindestens 100 m (auf sonstigen Straßen 50 m) hinter Ihrem Auto auf, wenn dies für den übrigen Verkehr nicht gut sichtbar ist. Allen Insassen wird empfohlen, eine Sicherheitsweste anzuziehen.
Rufen Sie bei einer Panne die Notrufnummer Ihrer Pannenhilfe-Versicherung an. Sie können auch einen Schweizer Pannendienst anrufen: +41 44 283 33 77 (ACS) oder 0800 140 140 (TCS).

Auf großen Straßen und entlang Bergpässen können Sie auch im Falle einer Panne über eine Notrufsäule um Hilfe bitten.
Das Abschleppen auf der Autobahn ist bis zur ersten Ausfahrt erlaubt.

Notrufnummern
112: allgemeine Notrufnummer für Polizei, Feuerwehr und Rettungswagen
117: Polizei
118: Feuerwehr
144: Rettungswagen

Campen
Die meisten Campingplätze in der Schweiz liegen an den Seen. Die Campingplätze in den Bergregionen sind oft klein und haben nur die Grundversorgung für Zeltcamper.
Im Westen der Schweiz verfügen die Campingplätze oft über zahlreiche Dauerstellplätze. Wildcampen außerhalb der Campingplätze ist nur erlaubt, wenn Sie vorher die Erlaubnis des Grundbesitzers oder der örtlichen Polizei eingeholt haben.

Schweiz

Besonderheiten
Auch im Winter sind viele Schweizer Campingplätze geöffnet, vor allem im Berner Oberland und in Graubünden.
Beim Camping in den Bergen kann es ratsam sein, das Wetter im Auge zu behalten.
Schweizer Campingplätze sind streng bei der Verwendung von Gas. Es ist möglich, dass Sie einen Fragebogen über die Funktionsfähigkeit Ihrer Geräte ausfüllen müssen.

Wohnwagen, Wohnmobil
Die Übernachtung in einem Wohnwagen, Wohnmobil oder Auto außerhalb von Campingplätzen ist nur auf Parkplätzen an den Autobahnen für eine Nacht erlaubt, wenn Sie auf der Durchreise sind. Abgesehen von lokalen Ausnahmen ist das Übernachten an öffentlichen Straßen sonst verboten.

Suche nach einem Campingplatz
Über **Eurocampings.eu** können Sie ganz einfach einen Campingplatz suchen und auswählen.

Praktisch
Die Steckdosen haben zwei runde Löcher (Typ C) oder drei versetzt angeordnete runde Löcher (Typ J).
Auf *iec.ch/world-plugs* können Sie überprüfen, ob Sie einen Adapter (Weltstecker) benötigen.
Schützen Sie sich vor Zecken, da diese Krankheiten übertragen können.
Leitungswasser kann bedenkenlos getrunken werden.
Zusätzliche Kosten z. B. für Touristensteuer oder umweltbedingte Abgaben fallen manchmal sehr hoch aus.
Achtung! Wenn Sie von einem Mobiltelefon aus oder über das Internet telefonieren, prüfen Sie bitte vorab, ob die Schweiz in Ihrem EU-Paket enthalten ist.

Klima Genève	Jan.	Feb.	März	Apr.	Mai	Jun.	Jul.	Aug.	Sept.	Okt.	Nov.	Dez.
Durchschnittliche Höchsttemperatur	4	6	10	14	18	22	25	24	21	15	8	5
Durchschnittliche Anzahl der Sonnenstunden pro Tag	2	3	5	7	8	9	10	9	7	4	2	1
Durchschnittliche monatliche Niederschlagsmenge (mm)	69	70	68	56	66	77	58	68	70	66	79	75

Klima Lugano	Jan.	Feb.	März	Apr.	Mai	Jun.	Jul.	Aug.	Sept.	Okt.	Nov.	Dez.
Durchschnittliche Höchsttemperatur	6	8	12	15	19	23	26	25	21	17	11	7
Durchschnittliche Anzahl der Sonnenstunden pro Tag	4	5	6	6	6	8	9	8	6	5	4	3
Durchschnittliche monatliche Niederschlagsmenge (mm)	76	71	106	152	194	171	133	166	153	140	120	63

Klima Zürich	Jan.	Feb.	März	Apr.	Mai	Jun.	Jul.	Aug.	Sept.	Okt.	Nov.	Dez.
Durchschnittliche Höchsttemperatur	2	4	8	13	17	21	23	22	19	13	7	3
Durchschnittliche Anzahl der Sonnenstunden pro Tag	2	3	5	6	7	8	8	7	6	3	2	1
Durchschnittliche monatliche Niederschlagsmenge (mm)	67	70	69	87	103	124	117	133	92	69	82	73

Westschweiz

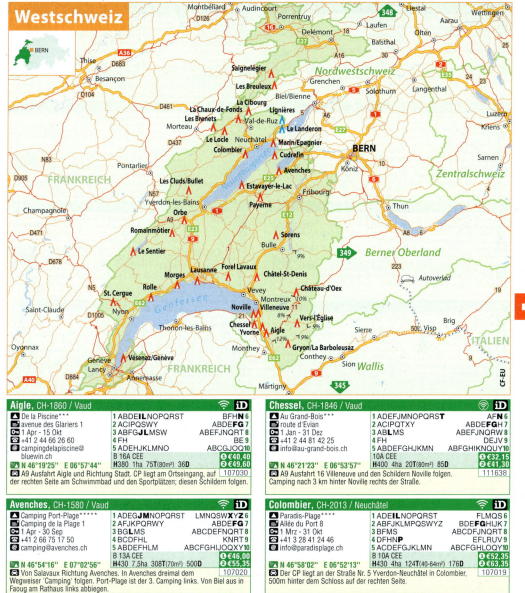

Aigle, CH-1860 / Vaud
- De la Piscine★★★
- avenue des Glariers 1
- 1 Apr - 15 Okt
- +41 2 44 66 26 60
- @ campingdelapiscine@bluewin.ch
- N 46°19'25" E 06°57'44"

1 ABDEILNOPQRST	BFHN 6
2 ACIPQSWY	ABDEFG 7
3 ABFGJLMSW	ABEFJNQRT 8
4 FH	BE 9
5 ADEHJKLMNO	ABCGJOQ 10
B 16A CEE	
	€ 40,40
	€ 49,60

H380 1ha 75T(80m²) 36D — 107030

A9 Ausfahrt Aigle und Richtung Stadt. CP liegt am Ortseingang, auf der rechten Seite am Schwimmbad und den Sportplätzen; diesen Schildern folgen.

Chessel, CH-1846 / Vaud
- Au Grand-Bois★★★
- route d'Evian
- 1 Jan - 31 Dez
- +41 2 44 81 42 25
- @ info@au-grand-bois.ch
- N 46°21'23" E 06°53'57"

1 ADEFJMNOPQRST	AFN 6
2 ACIPQTXY	ABDEFGH 7
3 ABLMS	ABEFJNQRW 8
4 FH	DEJV 9
5 ABDEFGHJKMN	ABFGHIKNQUY 10
10A CEE	
	€ 32,15
	€ 41,30

H400 4ha 20T(80m²) 85D — 111638

A9 Ausfahrt 16 Villeneuve und den Schildern Noville folgen. Camping nach 3 km hinter Noville rechts der Straße.

Avenches, CH-1580 / Vaud
- Camping Port-Plage★★★★★
- Camping de la Plage 1
- 1 Apr - 30 Sep
- +41 2 66 75 17 50
- @ camping@avenches.ch
- N 46°54'16" E 07°02'56"

1 ADEGJMNOPQRST	LMNQSWXYZ 6
2 AFJKPQRWY	ABDEFG 7
3 BGLMS	ABCDEFNQRT 8
4 BCDFHL	KNRT 9
5 ABDEFHLM	ABCFGHIJOQXY 10
B 13A CEE	
	€ 46,00
	€ 55,35

H430 7,5ha 308T(70m²) 500D — 107020

Von Salavaux Richtung Avenches. In Avenches dreimal dem Wegweiser 'Camping' folgen. Port-Plage ist der 3. Camping links. Von Biel aus in Faoug am Rathaus links abbiegen.

Colombier, CH-2013 / Neuchâtel
- Paradis-Plage★★★★
- Allée du Port 8
- 1 Mrz - 31 Okt
- +41 3 28 41 24 46
- @ info@paradisplage.ch
- N 46°58'02" E 06°52'13"

1 ADEILNOPQRST	FLMQS 6
2 ABFJKLMPQSWYZ	BDEFGHIJK 7
3 BFMS	ABCDFJNQRT 8
4 DFHNP	EFLRUV 9
5 ACDEFGJKLMN	ABCFGHILOQY 10
B 10A CEE	
	€ 52,35
	€ 63,35

H430 4ha 124T(40-64m²) 176D — 107019

Der CP liegt an der Straße Nr. 5 Yverdon-Neuchâtel in Colombier, 500m hinter dem Schloss auf der rechten Seite.

Château-d'Oex, CH-1660 / Vaud
- Le Berceau★★★
- route de Mosses 16
- 1 Jan - 31 Dez
- +41 2 69 24 62 34
- @ campinguberceau@hotmail.com
- N 46°28'03" E 07°07'35"

1 ADEGJMNOPRST	BGHNU 6
2 CIQUVWXY	ABDEFG 7
3 AGMS	ABEFJNQR 8
4 FH	9
5 ADEHJKMN	ABGHJNQ 10
WB 10A	
	€ 43,15
	€ 52,35

H950 1ha 70T(60-80m²) 54D — 107049

Von Bulle die 11 Richtung Spiez fahren. Dann in Château-d'Oex Schildern Schwimmbad zum CP folgen.

Cudrefin, CH-1588 / Vaud
- Communal de Cudrefin★★★
- route de Neuchatel 87
- 15 Mrz - 31 Okt
- +41 2 66 77 32 77
- @ camping@cudrefin.ch
- N 46°57'38" E 07°01'41"

1 ABDEFGJMNOPRT	FLMNQSXYZ 6
2 FKPQXY	ABDEFGJ 7
3 AGMNS	ABCDEFNQRTW 8
4 FH	EV 9
5 DEHJMN	ABFGHIJOQUY 10
B 10-16A CEE	
	€ 32,60
	€ 45,45

H435 5ha 120T(60-80m²) 431D — 112173

Von Neuchâtel nach Estavayer-le-Lac, CP rechts der Strecke vor der Ortseinfahrt.

Châtel-St-Denis, CH-1618 / Fribourg
- Le Bivouac★★★★
- route des Paccots 21
- 1 Mai - 30 Sep
- +41 2 19 48 78 49
- @ info@le-bivouac.ch
- N 46°31'32" E 06°55'06"

1 ADEJMNOPRT	AFN 6
2 APQSTUVWXYZ	ABDEFGH 7
3 AMS	ABCDEFJNQRW 8
4 EFHO	9
5 ABDEHJMN	ABHJNQU 10
10A	
	€ 36,45
	€ 44,70

H898 2ha 30T(80-120m²) 130D — 110603

E27 Fribourg-Vevey. Ausfahrt Châtel-St. Denis/Les Paccots. In Richtung Les Paccots fahren. CP liegt auf der linken Seite.

Estavayer-le-Lac, CH-1470 / Fribourg
- La Nouvelle Plage★★★
- chemin de la Grande Gouille 2
- 30 Mrz - 1 Okt
- +41 2 66 63 16 93
- @ info@nouvelle-plage.ch
- N 46°51'24" E 06°50'52"

1 ABDEJMNOPQRST	HLMNPQRSTUVWXYZ 6
2 AEJKPQRWXY	ABDEFGIJK 7
3 ABFGJLMNOQ	ABEFGNQRTW 8
4 FHJ	AGJMNPRTUV 9
5 ACDEFGHJKLMN	ABGHILOQYU 10
B 10A CEE	
	€ 54,65
	€ 62,85

H418 1,5ha 60T(42-70m²) 122D — 107022

Von der Autobahn am 1. großen Kreisel, 3. Ausfahrt Richtung Estavayer-le-Lac und See. Dann 1. Kreisel vor der Post 3. Ausfahrt und dann geradeaus. Am Ende der Straße links bis zum Parkplatz (Zufahrtstor).

Forel Lavaux, CH-1072 / Vaud
- Camping des Cases★★★★
- chemin des Cases 2
- 1 Jan - 31 Dez
- +41 2 17 81 14 64
- info@campingforel.ch

1 ADEILNOPRST BHN 6
2 AQWXY ABDEFG 7
3 BFLMNS ABCDEFJNQRW 8
4 O G 9
5 ABDEFGHJLMNO ABCJLNQ 10
B 13A CEE
❶ €33,95
❷ €45,00
N 46°31'44" E 06°45'55"
H677 4ha 60T(80-100m²) 157D
107010

Von Chexbres Richtung Moudon fahren. 1 km vor Forel ist der CP ausgeschildert.

Gryon/La Barboleusaz, CH-1882 / Vaud
- Les Frassettes C.C.C.V.★★★★
- chemin des Bloz 2
- 1 Jan - 31 Dez
- +41 2 44 98 10 88
- frassettes@ camping-club-vaudois.ch

1 ABDEGJMNOPRST 6
2 IPQSTVXY ABDEFGHIJK 7
3 BLMSU ABCDEFJNQRT 8
4 FHJ D 9
5 DM BCHIJOQUY 10
W 10A CEE
❶ €41,15
❷ €51,95
N 46°16'59" E 07°04'35"
H1200 1ha 45T 32D
107031

A9, Ausfahrt Aigle in Richtung Gryon/Ollon/Villars nehmen. In Villars in Richtung Gryon/La Barboleusaz fahren. Ausgeschildert.

La Chaux-de-Fonds, CH-2300 / Neuchâtel
- Bois du Couvent★★★
- Bois du Couvent 108
- 1 Mai - 30 Sep
- +41 7 92 40 50 39
- info@ boisducouventcamping.ch

1 DEJMNOPQRT 6
2 BQSTVY ABDEFGIJ 7
3 AS ABCDEFHJNPQRTU 8
4 FGHO EJ 9
5 DLN ABFHJOQU 10
16A CEE
❶ €25,70
❷ €29,40
N 47°05'37" E 06°50'11"
H1060 1,4ha 40T(35-100m²) 68D
107014

Von Le Locle in La Chaux-de-Fonds den Wegweisern Neuchâtel folgen. Der CP liegt auf der rechten Seite.

Lausanne, CH-1007 / Vaud
- De Vidy★★★★
- chemin du Camping 3
- 1 Jan - 31 Dez
- +41 2 16 22 50 00
- info@clv.ch

1 ABDEJMNORST LNQSWXZ 6
2 AEPQRWXYZ ABDEFGH 7
3 ABMSW ABCDEFJNOQR 8
4 FHJOP HLN 9
5 ACDEFGHJKLMNO ABFGHJLOQU 10
B 10A CEE
❶ €39,65
❷ €50,70
N 46°31'03" E 06°35'52"
H378 4,5ha 450T(80m²) 74D
107011

In Lausanne Schildern Lausanne-Süd folgen bis zum Ortsausgang von La Maladière. Schildern folgen A-Straße Genève. CP gut ausgeschildert.

Le Landeron, CH-2525 / Neuchâtel
- Des Pêches★★★★
- rue du Port 6
- 1 Apr - 15 Okt
- +41 3 27 51 29 00
- info@camping-lelanderon.ch

1 ABDEJMNOPQRST FLMNQSWXYZ 6
2 ACEJKPQWY ABDEFGHIJK 7
3 BEGLMNOSU ABCDEFGJNQRSTU 8
4 FHIO EFUVW 9
5 ACDEFGHJLMN ABDGHJOQU 10
B 16-20A CEE
❶ €43,60
❷ €50,75
N 47°03'11" E 07°04'12"
H432 5ha 150T(50-100m²) 290D
107016

Von La Neuveville Richtung Le Landeron. Der CP ist im Dorf ausgeschildert. Achtung: in der Zufahrt zum CP sind hohe Verkehrsschwellen, Schritt fahren.

Le Locle, CH-2400 / Neuchâtel
- La Belle Verte★★★
- Mont-Pugin 6
- 1 Apr - 25 Okt
- +41 7 88 12 26 97
- camping@labelleverte.ch

1 AILNOPRST BGHI 6
2 BIPQY ABDEFG 7
3 AFGJMS BDFJNQRT 8
4 FHO D 9
5 ADEFHJKMN ABGJOQU 10
16A CEE
❶ €34,15
❷ €40,20
N 47°03'08" E 06°45'37"
H960 1,2ha 30T 49D
107001

Von Les Pons-de-Martel am Ortseingang von Le Locle rechts Richtung Schwimmbad. Der CP liegt neben dem Schwimmbad. Von La Chaux-de-Fonds auch Richtung Schwimmbad.

Le Sentier, CH-1347 / Vaud
- Camping Lac de Joux★★★
- Le Rocheray 37
- 1 Jan - 31 Dez
- +41 2 18 45 51 74
- campinglacdejoux@bluewin.ch

1 DEJMNOQR LNQSWX 6
2 EIMPQSTXY ABDEFGIJK 7
3 AMQS ABEFJNQRT 8
4 FHJO UW 9
5 ABDHMN ABFGOQUV 10
10A CEE
❶ €36,75
❷ €54,15
N 46°37'35" E 06°15'10"
H900 0,7ha 20T(20-60m²) 40D
106992

Von Le Sentier (an Südwestpunkt von Lac de Joux) wird CP ausgeschildert (über Le Lieu auch ausgeschildert; schwierige Strecke).

Les Brenets, CH-2416 / Neuchâtel
- Camping Lac des Brenets★★★★
- Champ de la Fontaine 6
- 1 Jan - 31 Dez
- +41 3 29 32 16 18
- info@camping-brenets.ch

1 ADEJMNOPQRT JLY 6
2 IPQSTVXY ABDEFGHIK 7
3 BFMNOS ABCDEFJKNQRTW 8
4 HJO DE 9
5 ADEFHJKLM ABEFGHJOQULM 10
13A CEE
❶ €34,90
❷ €45,00
N 47°03'56" E 06°41'55"
H790 5,3ha 100T(80-100m²) 171D
109036

Von La Chaux-de-Fonds Richtung Le Locle, durch das Zentrum Richtung Les Brenets, Richtung französische Grenze. Nach 5 km liegt der CP links der Strecke, 200m vor der französischen Grenze.

Les Breuleux, CH-2345 / Jura
- Les Cerneux★★★★
- 1/1 - 31/10, 17/12 - 31/12
- +41 3 24 86 96 66
- info@lescerneux.ch

1 ADEFGJMNOPQRST A 6
2 BIQSTUVWXY ABDEFGJ 7
3 AFHIMSW ABCDEFGIJNQRTU 8
4 BFHJORTUX DGHJV 9
5 ACDFJKLMN ABCFGHJPQU 10
WB 16A CEE
❶ €38,55
❷ €49,60
N 47°12'43" E 07°02'05"
H993 3ha 45T(60-80m²) 61D
110686

Von Tramelan Richtung Les Reussilles, links Richtung Les Breuleux. Im Dorf nach ca. 2,5 km der CP ausgeschildert.

Les Cluds/Bullet, CH-1453 / Vaud
- Les Cluds★★★
- VD 28
- 1 Jan - 31 Dez
- +41 2 44 54 14 40
- vd28@campings-ccverdon.ch

1 DEGJMNOPQRT 6
2 BOPQUXY ABDEFGHIK 7
3 AMS ABCDEFJNQRW 8
4 FI D 9
5 DFJLM BCFGHJOQY 10
W 6A CEE
❶ €33,50
❷ €33,50
N 46°50'31" E 06°33'34"
H1220 10ha 20T(40-50m²) 74D
107002

Neuchâtel - Yverdon. An St. Croix vorbei Ri. Bullet, ungefähr 3 km. Der CP ist ausgeschildert. Gespanne oder Reisemobile nicht die Strecke ab dem Lac des Brenets oder Cp Brenets nehmen. Kein Passiermöglichkeiten.

Lignières, CH-2523 / Neuchâtel CC€20
- Fraso Ranch★★★★
- 3 ch. du Grand-Marais
- 1/1 - 31/10, 23/12 - 31/12
- +41 3 27 51 46 16
- camping.fraso-ranch@bluewin.ch

1 ADEFJMNOPQRT BG 6
2 APQWXYZ ABDEFGI 7
3 BFMNS ABDEFJNQRT 8
4 BFHOTU 9
5 ABDEFGJKLMNO ABDHJNQUY 10
B 10A CEE
❶ €35,35
❷ €42,70
N 47°05'10" E 07°04'16"
H800 4ha 47T(50-100m²) 378D
107015

In Le Landeron Richtung Lignières fahren. Durchs Dorf Lignières 1 km auf der rechten Seite.

Marin/Epagnier, CH-2074 / Neuchâtel
- Camping de la Tène★★★★
- route de la Tène 106
- 1 Apr - 30 Sep
- +41 3 27 53 73 40
- camping.latene@bluewin.ch

1 ABDEFJMNOQRST LMNQSXY 6
2 ABEJKPQSTWY ABDEFG 7
3 BFJLMNPQS ABCDEFGHNQRT 8
4 BCH ELNT 9
5 ACDJLMNO ABFGHIJNPQU 10
B 12-16A CEE
❶ €41,80
❷ €50,05
N 47°00'16" E 07°01'19"
H461 3ha 48T(60-81m²) 178D
107017

N5, Ausfahrt Marin Richtung Epagnier. CP ist ausgeschildert.

Morges, CH-1110 / Vaud
- TCS Le Petit Bois★★★★
- Promenade du Petit-Bois 15
- 1 Apr - 4 Okt
- +41 2 18 01 12 70
- camping.morges@tcs.ch

1 DEJMNOPRST BGHLMNOPQRSTWXYZ 6
2 AEIMPQSWXY ABDEFGHJ 7
3 ABFLMNQSV ABCDEFNQRTW 8
4 BFHIJ KPQRSTU 9
5 ACDEHKLMN ABFGIORSUVY 10
B 6A
❶ €56,00
❷ €68,85
N 46°30'17" E 06°29'20"
H375 3,2ha 170T(80m²) 70D
106999

A1 aus Bern, Lausanne oder Genève; Ausfahrt 15 Morges-Ouest (West) Richtung Lac. CP ist ausgeschildert.

Noville, CH-1845 / Vaud
- Les Grangettes★★★★
- rue des Grangettes 31
- 1 Jan - 31 Dez
- +41 2 19 60 15 03
- info@les-grangettes.ch

1 ADEGJMNOPRST LMNQSWXY 6
2 AEIKQWY ABDEFG 7
3 BGLMS ABFJNQRW 8
4 FHO ABC 9
5 ADEFHJKLMN ABGHJNQVW 10
B 13A CEE
❶ €37,65
❷ €48,65
N 46°23'36" E 06°53'44"
H375 6ha 72T(70-80m²) 227D
111254

A9 Ausfahrt 16 Richtung Villeneuve, weiter Richtung Noville/Evian. In Noville rechts ab, der Campingbeschilderung folgen.

Orbe, CH-1350 / Vaud
- TCS Le Signal★★★
- route du Signal 9
- 4 Apr - 5 Okt
- +41 2 44 41 38 57
- camping.orbe@tcs.ch

1 ADEJMNOPRST AFH 6
2 ABIPQSUXYZ ABDEFGH 7
3 BJMNOSV ABCDEFNPQRTW 8
4 BCDFHIN FJW 9
5 ACDEFGHIKMN ABIJOQU 10
B 6A
❶ €42,25
❷ €51,40
N 46°44'10" E 06°31'57"
H450 2,1ha 90T(80-100m²) 86D
106996

Die A1 von Lausanne oder Bern. Die A9 nach Vallorbe. Abfahrt Orbe. 1 km vor dem Dorf ausgeschildert.

ACSI Club iD

Ihr Pass oder Ausweis sicher in der Tasche

www.ACSI.eu/ACSIClubID

Teilkarte Westschweiz auf Seite 343

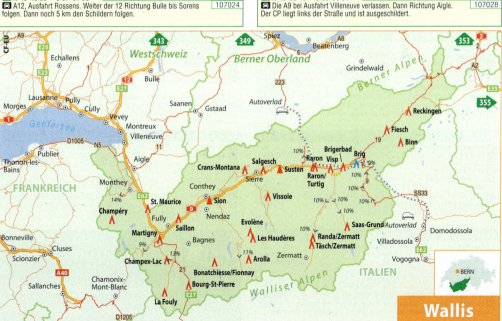

Wallis

345

Arolla, CH-1986 / Wallis

- Camping Arolla**
- route de Tselion 8
- 15 Jun - 15 Sep
- +41 2 72 83 22 95
- info@camping-arolla.com

1 ADE**J**LNOP**R**T		N 6
2 CIOPQRSUVWXY		ABDEF 7
3 S		ABEF**N**QRV 6
4 EFHJ		AF 9
5 ABD		AGJNQ10
10A CEE		① €31,20
		② €31,20
H1970 1,2ha 80T(40-100m²) 8D		

N 46°01'37" E 07°29'09" 108018

In Sion Val d'Herens abfahren. Hinter Les Hauderes Schild Arolla folgen. In La Monta beim Hotel-Restaurant De La Tza links ab den CP-Schildern folgen.

Crans-Montana, CH-3963 / Wallis

- La Moubra**
- 2 Impasse de la Plage
- 1/1 - 31/10, 1/12 - 31/12
- +41 2 74 81 28 51
- info@campingmoubra.ch

1 AE**J**M NOPQR**S**T		LNQ 6
2 BELPQSUVYXZ		AB**FGH** 7
3 AG**HL**M**NSW**		ABCDEFJNQRW 8
4 FHJO		T 9
5 ADEFHKM		ABGJOQU10
W 6A CEE		① €39,50
		② €39,50
H1500 3ha 80T(60-80m²)		

N 46°18'14" E 07°28'50" 112537

Von Sierre Richtung Crans-Montana. Am Schild 'Route La Moubra' diesen Weg einschlagen. Danach ist der CP mit weißen Schildern angezeigt.

Binn, CH-3996 / Wallis

- Giessen
- 1 Mai - 16 Okt
- +41 2 79 71 46 19
- info@camping-giessen.ch

1 A**JM**NOPQRS		6
2 CIOQUXYZ		AD**FG** 7
3		ABEF**N**QR 8
4 FHJ		G 9
5 ADMN		AJQ10
10A		① €25,70
		② €35,60
H1450 4ha 100T(50-100m²) 14D		

N 46°22'10" E 08°12'09" 111966

Aus Brig 16 km Richtung Furkapass, hinter Lax rechts nach Ernen/Binn. In Ernen scharf rechts. Camping 2 km hinter Binn. Anspruchsvolle schmale Bergstraße und ein spärlich beleuchteter Tunnel.

Evolène, CH-1983 / Wallis

- Evolène***
- route de Lannaz
- 1 Mai - 15 Okt
- +41 2 83 11 44
- info@camping-evolene.ch

1 ADE**JM**NORST		BN 6
2 IPQXY		ABDE**FG** 7
3 AM		ABCDEFJNQRTVW 8
4 FHO		DUVW 9
5 DMNO		ABGJNQ10
10A CEE		① €32,15
		② €39,50
H1400 0,9ha 70T(80-100m²) 3D		

N 46°06'39" E 07°29'47" 107071

In Sion das Tal Val d'Hérens einfahren. Evolène durch, der CP liegt an der rechten Seite.

Bonatchiesse/Fionnay, CH-1948 / Wallis

- Camping Forêt des Mélèzes**
- route de Mauvoisin 451
- 1 Jun - 30 Sep
- +41 7 92 53 31 10
- camping.bonatchiesse@gmail.com

1 AE**JM**NOPQR**T**		N 6
2 BCIPQTWXY		ABE**FG** 7
3 ABM		ABEFNQRTW 8
4 FH		ABD 9
5 ABDHJLMN		ABFJNQU10
6A CEE		① €27,55
		② €38,10
H1600 6ha 72T(10-100m²) 23D		

N 46°01'15" E 07°19'45" 120337

E27 Martigny-Grand Saint Bernard, Ausfahrt in Sembrancher Richtung Verbier und Mauvoisin. In Mauvoisin weiter bis zum CP.

Fiesch, CH-3984 / Wallis

- Eggishorn****
- Fieschertalerstraße 50
- 1 Jan - 31 Dez
- +41 2 79 70 03 16
- info@camping-eggishorn.ch

1 ADE**JM**NOP**S**T		B 6
2 CIPQWXYZ		ABDE**FG** 7
3 ABFGM**N**SU		ABCDEFJNQRTU 8
4 FHJKO		9
5 ABDEFHKLMN		AEGHJNO**Q**10
WB 16A CEE		① €38,00
		② €48,30
H1050 10ha 80T(70-110m²) 100D		

N 46°24'37" E 08°08'21" 112986

Aus Brig Richtung Furkapass, Ausfahrt nach Fiesch und dem Dorfweg folgen. Camping kurz hinter der Ortschaft.

Bourg-St-Pierre, CH-1946 / Wallis

- Cp. du Grand-St.-Bernard*
- 1 Jun - 30 Sep
- +41 7 93 70 98 22
- vincent.formaz@netplus.ch

1 ADE**JM**NOPQRST		E 6
2 AIPQVX		ABDE**F**I**JK** 7
3 AS		ABFJNQRW 8
4 FHJO		F 9
5 ADHKN		ABGIJOQU10
13A CEE		① €33,95
		② €43,15
H1600 1,4ha 30T(80m²) 36D		

N 45°57'10" E 07°12'27" 109773

Martigny Richtung St. Bernhard, Ausfahrt Bourg-St-Pierre. Nach ca. 200m CP auf rechter Seite.

La Fouly, CH-1944 / Wallis

- Des Glaciers****
- route de Tsamodet 36
- 13 Mai - 2 Okt
- +41 2 77 83 18 26
- info@camping-glaciers.ch

1 ADE**JM**NOPQRST		N 6
2 BCIPQSVWXYZ		ABDE**FG**K 7
3 ABM**N**SVW		ABCDEFJKNQRTW 8
4 FHJO		9
5 ABDMN		ABGJLOQUX10
B 10A CEE		① €37,85
		② €46,65
H1600 7ha 290T(50-120m²) 6D		

N 45°56'00" E 07°05'43" 107054

Martigny Richtung St. Bernhard. In Orsières Richtung La Fouly/Val Ferret, am Ortsende rechts. Verkehrsschild 'Durchgang verboten' gilt nicht für CP-Gäste.

Brig, CH-3900 / Wallis

- Geschina****
- Geschinaweg 41
- 1 Mai - 16 Okt
- +41 2 79 23 06 88
- geschina@bluewin.ch

1 ADE**JM**NOP**R**S**T**		B**GH** 6
2 ACIPQXY		ABDE**FGH** 7
3 AM		ABE**F**NQRT 8
4 JO		F 9
5 AD**N**		ABGIJNQ10
10A CEE		① €28,20
		② €36,10
H684 2ha 75T 25D		

N 46°18'34" E 07°59'25" 107117

In Brig den Hinweisen Brig-Glis folgen und weiter 'Altstadt' (P) folgen. Danach dem CP Nr 9.101 folgen.

Les Haudères, CH-1984 / Wallis

- Molignon****
- route de Molignon 163
- 1 Jan - 31 Dez
- +41 2 72 83 12 40
- info@molignon.ch

1 ADE**JM**NOPQ**R**S**T**		BCG 6
2 CIPQSUVWXYZ		BDE**FGH** 7
3 ABMS		ABCDEFJNQRTW 8
4 FHJ		J 9
5 ABDFHLMN		ABHJOQ10
WB 10A CEE		① €28,00
		② €28,00
H1450 2,5ha 110T(75-100m²) 37D		

N 46°05'29" E 07°30'29" 107072

Bei Sion Richtung Val d'Hérens. 3 km hinter Evolène liegt der CP an der rechten Seite. Gut ausgeschildert.

Brigerbad, CH-3900 / Wallis

- Thermal Camping Brigerbad****
- Thermalbadstrasse 1
- 2 Mai - 31 Okt
- +41 2 79 48 48 37
- camping@brigerbad.ch

1 ADEFHKNOP**R**S**T**		BE**GH**I 6
2 AIPQWYZ		**AB**DE**FGH**IK 7
3 ABM		ABCDEFNQRTW 8
4 FHJO**RTVWXZ**		9
5 ACDHLM**N**		AGHINQUXY10
10A		① €36,90
		② €48,50
H672 4ha 200T(60-100m²) 216D		

N 46°18'06" E 07°55'52" 110400

Im Rhônedal zwischen Visp und Brig, ist mit 'Thermalbad Brigerbad' ausgeschildert. Liegt neben einer sehr großen Schwimmbadanlage.

Martigny, CH-1920 / Wallis

- TCS Martigny***
- 68 rue Levant
- 18 Apr - 13 Okt
- +41 2 77 22 45 44
- camping.martigny@tcs.ch

1 ABDE**JM**NOP**R**S**T**		F 6
2 AIQWXYZ		ABDE**FG**IJK 7
3 BFJMS		ABCDEFJNQRTW 8
4 FHJO		G 9
5 ADEHN		AFGIKOQUY10
B 10A		① €45,90
		② €56,95
H467 2,5ha 70T(58-80m²) 64D		

N 46°05'50" E 07°04'43" 107034

In Martigny Richtung St. Berhardtunnel. Dann Ausfahrt Martigny/Expo fahren. Die angegebene CP liegt auf der linken Straßenseite gegenüber dem Expo-Gebäude.

Champéry, CH-1874 / Wallis

- du Grand Paradis***
- 18 route du Grand Paradis
- 1 Jan - 31 Dez
- +41 2 44 79 19 90
- campingchampery@bluewin.ch

1 AG**JM**NOP**R**S		N 6
2 BCIQSXY		ABDE**FG** 7
3		ABEFJNQR 8
4 FH		BCHJNPQ10
5 DM		① €31,70
W 10-13A CEE		② €41,80
H1062 1ha 23T(70-90m²) 31D		

N 46°09'45" E 06°51'37" 107033

A9, Ausfahrt Monthey und dann Richtung Champéry. Der CP ist ausgeschildert und liegt 2 km hinter Champéry.

Randa/Zermatt, CH-3928 / Wallis

- Attermenzen****
- Attermenzen 55
- 1 Jan - 31 Dez
- +41 2 79 67 25 55
- sommercamping@oberwallis.ch

1 A**JM**NOPQRST		LN 6
2 BCEIPQSVWXYZ		ABDE**FGH** 7
3 ABC**K**MUW		ABEFJNQRTU 8
4 FHIJ		FGK 9
5 ABDFHKLMN		AGJO**S**TU10
W 10A		① €38,55
		② €47,75
H1400 2,4ha 230T(80-100m²) 11D		

N 46°05'09" E 07°46'51" 107101

Von Visp, Richtung Zermatt. Randa umfahren. Der CP liegt etwas nach Randa auf der linken Seite. Gut ausgeschildert.

Champex-Lac, CH-1938 / Wallis

- Les Rocailles
- 1 Jun - 31 Okt
- +41 2 77 83 19 79
- pnttex@netplus.ch

1 AD**J**MNOP**R**T		N 6
2 IPQSVXY		ABDE**FG** 7
3 M		ABFJNQRW 8
4 FHO		9
5 DHMN		ABHIJQ10
10A		① €39,20
		② €49,65
H1470 0,7ha 40T 20D		

N 46°01'57" E 07°06'30" 110924

Martigny Richtung St. Bernhard. In Orsières (nicht eher) Richtung Champex. Schildern Champex folgen. Hinter Champex-Lac liegt der CP rechts.

Aktionen und News

www.youtube.com/ACSIcampinginfo

www.facebook.com/ACSI.DEU

Raron, CH-3942 / Wallis

- Simplonblick***
- Kantonstraße 12
- 1 Apr - 20 Okt
- +41 2 79 34 32 05
- info@camping-simplonblick.ch

1	ADE**JM**NOPQRS**T**	BH 6
2	ABIPQUXYZ	ABE**FG**H 7
3	AL**M**SU	ABEFNQR 8
4	BFH	AE 9
5	ABDEFHMN	ABHKLORSU 10
12A		❶ €24,35
H637 4ha 80T(80-150m²) 127**D**		❷ €28,90

N 46°18'14'' E 07°47'41''
Von Gampel nach Visp (Kantonstraße Raron). Die Einfahrt zum CP ist zwischen dem Hotel/Restaurant und der Tankstelle.
107096

St. Maurice, CH-1890 / Wallis

- du Bois-Noir
- route Cantonale
- 1 Apr - 31 Okt
- +41 7 93 21 99 21
- info@campingduboisnoir.ch

1	ADEJMNOPRST	AF 6
2	ABIQWYZ	AB**FG**7
3	AMS	ABCDEFNQRTW 8
4	FHJO	E 9
5	ADHKMNO	ABHJNSTY 10
H462 3ha 40T(50-100m²) 62**D**		❶ €37,65 ❷ €44,05

N 46°11'35'' E 07°01'35''
A9 Lausanne-Martigny, Ausfahrt 19 Richtung Martigny die N21 links der Straße. Ausgeschildert.
115704

Raron/Turtig, CH-3942 / Wallis

- Santa Monica****
- Kantonstraße 56
- 1 Apr - 17 Okt
- +41 2 79 34 24 24
- info@santa-monica.ch

1	ADE**J**LNOPQRS**T**	BG 6
2	ABCIPQSWXY	ABDE**FG**HI 7
3	AF**GKLMN**UX	ABCDEF**J**NQRTUVW 8
4	BC**E**F**G**HJLO	EJ 9
5	ABCDEFGHJKLMN	ABGHJORSU 10
16A CEE		❶ €27,55
H640 6ha 140T(60-150m²) 217**D**		❷ €33,95

N 46°18'11'' E 07°48'08''
Der CP liegt auf dem Weg von Gampel nach Visp. Die Einfahrt zum CP liegt in der Nähe der Renault-Werkstatt.
107098

Susten, CH-3952 / Wallis

- Bella-Tola*****
- Waldstraße 133
- 15 Apr - 31 Okt
- +41 2 74 73 14 91
- info@bella-tola.ch

1	BDE**JM**NOQRT	BG 6
2	ABIQSUVWXY	ABDE**FG**H 7
3	AG**HLM**N	ABCDEFINQRT 8
4	BDFHLO	DJLUVW 9
5	ABDEFHLMN	ABGHJOQ 10
B 10-16A		❶ €38,00
H750 4ha 190T(60-100m²) 80**D**		❷ €38,00

N 46°17'56'' E 07°38'11''
E62/A9 Visp-Sierre. In Susten die Strecke verlassen und den CP-Schildern ca. 2 km durch den Wald folgen. Gut ausgeschildert.
107066

Reckingen, CH-3998 / Wallis

- Camping Augenstern***
- Rottenweg 160
- 1 Jan - 31 Dez
- +41 2 79 73 13 95
- info@campingaugenstern.ch

1	ABE**JM**NOPRST	BGN 6
2	CIQXY	ABDE**FG** 7
3	AB**J**L**M**U	ABEF**J**NQR 8
4	FH	9
5	DHKMN	AGHJOQ 10
W 16A CEE		❶ €36,45
H1300 3,5ha 110T(80-100m²) 30**D**		❷ €46,45

N 46°27'53'' E 08°14'41''
Von Brig Richtung Furkapass fahren. In Reckingen vor der Kirche rechts abfahren und dann noch ungefähr 1 km den Schildern folgen.
107135

Susten, CH-3952 / Wallis

- Camping du Monument**
- Kantonstraße 68
- 1 Mai - 20 Sep
- +41 2 74 73 18 27
- camping.monument@hotmail.com

1	AD**JM**NOPRS**T**	A 6
2	ABIQRSUXYZ	ABD**F** 7
3	A**L**M	AEFNQR 8
4	FH	9
5	ABDEHMN	ABKMS 10
10A		❶ €34,80
H600 5,5ha 170T(60-100m²) 12**D**		❷ €42,80

N 46°18'25'' E 07°36'39''
An der E2/A9 Visp-Sierre, 6 km vor Sierre. Gut ausgeschildert. Ab Sion, 6 km hinter Sierre.
107064

Saas-Grund, CH-3910 / Wallis

- Am Kapellenweg***
- 20 Mai - 9 Okt
- +41 2 79 57 49 97
- camping@kapellenweg.ch

1	ADE**JM**NOPRS**T**	6
2	IPQXY	AB**DEFG** 7
3		ABCDEFJNQR 8
4	FHJO**P**	GJKUVW 9
5	ABDN	ABGJNQ 10
10A CEE		❶ €42,25
H1560 0,7ha 100T(30-80m²) 8**D**		❷ €45,90

N 46°07'00'' E 07°56'24''
In Visp Richtung Saas-Grund und Saas-Fee fahren. Im Zentrum von Saas-Grund Richtung Saas-Almagell. Nach fast 700m liegt der CP auf der rechten Seite.
101056

Susten, CH-3952 / Wallis

- Gemmi 'Agarn'*****
- Briannenstraße 8
- 29 Mrz - 9 Okt
- +41 2 74 73 11 54
- info@campinggemmi.ch

1	ACDEF**JM**NOPQRS	6
2	AIPQWXYZ	ABDE**FG** 7
3	A**J**L**M**SUV	ABCDEF**J**LNQRUVW 8
4	FHO	E 9
5	ABDEFHKMN	ABEH**J**OS**TY** 10
16A CEE		❶ €40,05
H620 0,8ha 69T(70-100m²) 8**D**		❷ €50,85

N 46°17'52'' E 07°39'33''
Der E2 folgen von Visp nach Sierre, dann Ausfahrt Agarn. Den Schildern 'Camping Torrent', 150m hinter Torrent liegt Gemmi.
107093

Saillon, CH-1913 / Wallis

- De la Sarvaz****
- route de Fully 100
- 1/1 - 8/1, 8/2 - 31/12
- +41 2 77 44 13 89
- info@sarvaz.ch

1	ADE**JM**NOPQRST	BDG 6
2	AIPQWXY	ABCDE**FG**HIJK 7
3	AB**FGJ**L**M**SU	ABDEF**J**NQRTUVW 8
4	FHJO**PQ**	E 9
5	ACDFHJKLMNO	ABEGHIKLOPQUY 10
WB 16A CEE		❶ €40,80
H480 3ha 87T(70-140m²) 72**D**		❷ €50,70

N 46°09'35'' E 07°10'02''
A9 Martigny-Sierre, Autoroute du Rhone, Ausfahrt Saxon. Dann Ausfahrt Saillon/Fully. Rechts Richtung Saillon und nach ca. 2 km CP rechts von der Strecke.
110365

Susten, CH-3952 / Wallis

- Torrent***
- Kreuzmatten 24a
- 13 Mrz - 31 Okt
- +41 7 93 27 12 89
- info@campingtorrent.ch

1	**JM**NOPQRST	6
2	AIPQSUVWXY	ABDE**F** 7
3	A**J**L**M**SU	ABCDEFNQRSU 8
4	FHJO	D 9
5	ABDEFHJKMN	AFHJOST 10
16A CEE		❶ €33,40
H648 5ha 200T(100m²) 103**D**		❷ €33,40

N 46°17'58'' E 07°39'31''
E22 von Visp nach Sierre, dann Ausfahrt Agarn. Der CP ist gut ausgeschildert.
107097

Salgesch, CH-3970 / Wallis

- Swiss Plage****
- Campingweg 2
- 24 Mrz - 31 Okt
- +41 2 74 55 66 08
- info@swissplage.ch

1	ADE**JM**NOPRS**T**	FLNX 6
2	ACEJKQWXYZ	ABDE**FG** 7
3	BGM**NOP**S	ABCDEFNQRT 8
4	HO	JTV 9
5	ACDEFGHLMN	ABGHJOQV 10
10A CEE		❶ €39,50
H500 3ha 80T(60-70m²) 224**D**		❷ €50,50

N 46°18'05'' E 07°33'53''
Von Visp Richtung Sierre/Lausanne. Vor Sierre über die Brücke Richtung Varen/Salgesch. CP ist dort ausgeschildert. Von Sion, Sierre durch Richtung Simplon/Brig bis zur Ausfahrt Salgesch.
107063

Täsch/Zermatt, CH-3929 / Wallis

- Alphubel***
- 10 Apr - 18 Okt
- +41 2 79 67 36 35
- welcome@campingtaesch.ch

1	AB**JM**NOPRS**T**	6
2	CEIPQXY	ABDE**FG** 7
3	G L	ABEFNQR 8
4	FH	F 9
5	ADN	AHK**OQ** 10
10A		❶ €39,50
H1400 0,7ha 100T(60-100m²) 3**D**		❷ €50,50

N 46°03'57'' E 07°46'30''
In Visp Richtung Zermatt. In Täsch 100m hinter dem Bahnhof rechts abbiegen, über den Bahnübergang und Brücke. CP ist ausgeschildert.
107102

Sion, CH-1950 / Wallis

- Sedunum***
- 10 route des Ecussons
- 1 Apr - 31 Okt
- +41 2 73 46 42 68
- info@camping-sedunum.ch

1	ADEILNOPR**T**	AFLN 6
2	ABEPQSWZ	ABDE**FG** 7
3	AB**F**L**M**S	ABCDEFJKNQRTUVW 8
4	FHJO	F 9
5	ABDEFHJKLMN	ABHIJOQU 10
10A CEE		❶ €29,75
H450 3ha 28T(90m²) 92**D**		❷ €40,20

N 46°12'40'' E 07°18'43''
In Martigny A9 in Richtung Sion. Ausfahrt 25, 9.36 folgen Richtung 'Les Isles'-Aproz.
107052

Visp, CH-3930 / Wallis

- Camping/Schwimmbad Mühleye****
- Mühleye 7
- 1 Apr - 31 Okt
- +41 2 79 46 20 84
- info@camping-visp.ch

1	ADE**JM**NOPRS**T**	**BG**H 6
2	ACIPQWXY	ABDE**FG**H 7
3	AFG**HJKL**M	ABCDEFNQRUV 8
4	AB**E**FHJO	BJK 9
5	ADEFGHJKLMN	ABGKOQUVWY 10
B 16A CEE		❶ €28,45
H640 3,6ha 180T(50-150m²) 5**D**		❷ €31,95

N 46°17'53'' E 07°52'23''
CP liegt an der Straße von Gampel nach Visp. Bis zur ersten Ampel in Visp fahren, dann vor der Brücke direkt hinter der Tankstelle links abbiegen. Gut ausgeschildert.
107763

Sion, CH-1950 / Wallis

- TCS Camping Sion*****
- chemin du Camping 6
- 1/1 - 23/10, 9/12 - 31/12
- +41 2 73 46 43 47
- camping.sion@tcs.ch

1	BDE**JM**NOPQRST	AFLMNQ 6
2	ACEIKPQSWXY	ABDE**FG**HIJK 7
3	BF**GJ**L**M**N**PR**SUVW	ABCDEFJNQRTUVW 8
4	BCDFHJLO**PQ**	BFJK 9
5	ACDEFIMN	ABFGHIKMOQUY 10
WB 4A		❶ €59,15
H480 3ha 446T(60-140m²) 192**D**		❷ €74,90

N 46°12'42'' E 07°18'49''
In Martigny A9 Richtung Sion fahren. Dann Ausfahrt 25 Conthey/Vétroz. Dann Schild 'Iles' folgen. Danach wird der CP ausgeschildert.
107053

Vissoie, CH-3961 / Wallis

- d'Anniviers*
- route des Landaux
- 1 Apr - 31 Okt
- +41 2 74 75 15 72
- georgestheytaz@bluewin.ch

1	A**I**LNORT	BN 6
2	IOPQSUVXY	ABD**F** 7
3	AM	ABEFJNW 8
4		9
5	D	ABJOQ 10
10A		❶ €36,75
H1200 0,5ha 32T(40-80m²) 34**D**		❷ €45,00

N 46°13'06'' E 07°34'59''
Bei Sierre in das Tal d'Anniviers. Im Dorf Vissoie wird der CP deutlich ausgeschildert.
107070

Schweiz

Teilkarte Wallis auf Seite 345   **347**

Nordwestschweiz

Aarburg, CH-4663 / Aargau
- Wiggerspitz****
- Hofmattstraße 40
- 1 Apr - 30 Sep
- +41 6 27 91 58 10
- info@camping-aarburg.ch
- N 47°18'58" E 07°53'42"

1 ABDE**JM**NOPQRS**T** **AFHN**U 6
2 ACPQXY ABD**EFG** 7
3 BM ABCDEFJNQRW 8
4 FHJ D 9
5 ADEFJLMN ABGHK**O**RSU10
B 10A CEE
H402 1,2ha 50T(80m²) 35D
€ 32,15 / € 39,50
107077

A1/A2 Basel-Luzern, Ausfahrt 46 Rothrist (Aarburg). CP ausgeschildert.

Bad Zurzach, CH-CH-5330 / Aargau
- Camping Bad Zurzach****
- Talacherweg 5
- 26 Mrz - 29 Okt
- +41 5 62 49 25 75
- info@camping-badzurzach.ch
- N 47°34'58" E 08°18'28"

1 A**JM**NOPQR**T** **BG**HJ 6
2 CPQSWXY BE**FG** 7
3 AM BDFJNQRW 8
4 FHJO D 9
5 ABDEHJKM ABGIKMOQY10
B 10-13A CEE
H325 2ha 30T(60-80m²) 142D
€ 39,20 / € 46,55
107122

Von Basel A3 Richtung Zürich, Ausfahrt Laufenburg vor Straße 7, in Zurzach Schild 'Camping/Regionalbad' folgen.

Burgdorf, CH-3400 / Berner Mittelland
- Waldegg***
- Waldeggweg 4D
- 27 Mrz - 16 Okt
- +41 3 44 22 24 60
- camping.waldegg@bluemail.ch
- N 47°03'13" E 07°37'57"

1 **JM**NOPQRS**T** **J**N 6
2 ABCLMPQUVWXYZ ABD**EFG** 7
3 AMU ABCDEFNQR 8
4 FHJO 9
5 DEFJKNO ABGJNQU10
10A CEE
H500 0,8ha 30T(50-80m²) 18D
€ 33,95 / € 43,15
107058

A1 Basel-Bern, Ausfahrt 39 Kirchberg/Burgdorf, Richtung Burgdorf. CP ausgeschildert. Nach der Brücke links (2,70m Breite).

Erlach, CH-3235 / Berner Mittelland
- Gemeinde Camping Erlach****
- Stadtgraben 23
- 1 Apr - 17 Okt
- +41 3 25 13 01 00
- info@camping-erlach.ch
- N 47°02'44" E 07°06'07"

1 ACDFGJMNORS**T** LM**N**Q**SW**X**Y** 6
2 EKLPQRWY ABD**EFG**IJ 7
3 ABFG**MN**S ABCDEFGIKNQR**T** 8
4 BCJO**P** DTV 9
5 ACDEIJMN ABGHIJNQUV10
B 6A CEE
H500 1,6ha 80T(70-90m²) 125D
€ 64,10 / € 66,30
107042

Von Gals Richtung Erlach/Täuffelen. Im Dorf Erlach links ab, 100m hinter dem CP Mon Plaisir.

Frick, CH-5070 / Aargau
- Camping Frick****
- Jurawg 21
- 1 Apr - 31 Okt
- +41 6 28 71 37 00
- info@campingfrick.ch
- N 47°30'01" E 08°01'07"

1 ADE**JM**NOPQRS**T** **BEGH** 6
2 APQWXYZ ABD**EFG**H 7
3 B**LMN**P ABCDEFJNQR 8
4 FHJ D 9
5 ABDFJLMN AGOQ10
B 13A CEE
H344 1ha 30T(80m²) 79D
€ 30,50 / € 37,65
107104

A3 Basel-Luzern-Bern-Zürich, Richtung Zürich/Rheinfelden. Ausfahrt 17 Frick. Hallenbad/CP ausgeschildert.

Gampelen, CH-3236 / Berner Mittelland
- Neuenburgersee****
- Seestraße 50
- 4 Apr - 12 Okt
- +41 3 23 13 23 33
- camping.gampelen@tcs.ch
- N 47°00'03" E 07°02'35"

1 ADE**JM**NOPQRS**T** BFLMQS**W**X**YZ** 6
2 ABEKQSWXYZ ABD**EFG** 7
3 ABFMTV ABCDEFNQRT 8
4 BCDFHJLNO**PQ** FKNRTVWZ 9
5 ACDFGHIJKLMN**O** ABFGIJLOPQUY10
B 6A CEE
H430 11ha 160T(70-90m²) 725D
€ 52,50 / € 65,40
107018

Gampelen Richtung Cudrefin. Schilder befolgen. Im Kreisel an der großen Tankstelle abbiegen, und dort links um die Tankstelle herum, dann der Straße bis zur Einfahrt folgen.

La Cibourg, CH-2616 / Berner Mittelland
- La Cibourg Centre de vacances****
- Clermont 157
- 1 Jan - 31 Dez
- +41 3 29 68 39 37
- info@centrelacibourg.ch
- N 47°07'13" E 06°53'35"

1 ADE**FIL**NOPQRS**T** 6
2 AFILQUY AB**FGHJ** 7
3 BFS ABE**F**JNPQR 8
4 JKO**QU** GHIJ 9
5 ABDFHJKLM ABFHJOQU10
W 10A CEE
H1050 5,5ha 30T 94D
€ 34,50 / € 43,70
107013

An der 30 von La Chaux-de-Fonds nach Biel entlang. Über den Bahnübergang, dann am Kreisel den braunen CP-Schildern folgen.

Meinisberg/Biel, CH-2554 / Berner Mittelland
- Seeland Camp***
- Berg 5
- 1 Apr - 30 Sep
- +41 3 23 77 26 86
- info@seeland-camp.ch
- N 47°09'45" E 07°20'46"

1 ABCG**JM**NOPR**T** AF 6
2 AQVWY ABD**EFGJ** 7
3 ABFMSUX ABCDEFNQRT 8
4 FHIJO DE 9
5 ABDEHJ**N** ABCFGJLNQUV10
13A CEE
H520 3ha 25T(15-60m²) 78D
€ 38,00 / € 50,85
107037

In Biel Richtung Solothurn, dem Schild Meinisberg folgen. In Meinisberg links nach oben und CP-Schild folgen. Ziemlich steiler und enger Anstieg.

Möhlin, CH-4313 / Aargau
- Campingplatz 'Bachtalen'**
- Schwimmbadstrasse 1
- 15 Mrz - 31 Okt
- +41 7 88 90 59 74
- info@camping-moehlin.ch
- N 47°34'31" E 07°50'19"

1 ADE**JM**NOPQRS**T** **AFHN** 6
2 ABCPQUVXYZ ABD**EFG** 7
3 B ABEFHNPQRTW 8
4 FHJO DN 9
5 ADFLN ABCGJOQU10
B 16A CEE
H320 1ha 40T(50-80m²) 54D
€ 41,30 / € 50,50
107073

A3 Basel-Luzern-Bern-Zürich, Richtung Rheinfelden, Ausfahrt 15 Rheinfelden-Ost/Möhlin. CP/Schwimmbad ausgeschildert.

Reinach/Basel, CH-4153 / Basel
- Camping Waldhort****
- Heideweg 16
- 28 Feb - 24 Okt
- +41 6 17 11 64 29
- info@camping-waldhort.ch
- N 47°29'59" E 07°36'11"

1 ABDE**JM**NOPQRS**T** AF 6
2 APQTWXYZ ABD**FGHJ** 7
3 BM**NO** ABCDEFNQRT 8
4 FH 9
5 ABDEFHMN ABCFGHKNQU10
B 10-16A CEE
H350 3,3ha 105T(60-80m²) 134D
€ 40,85 / € 48,20
107055

Autobahn Basel-Delémont, Ausfahrt Reinach-Nord, CP ausgeschildert.

Sutz/Lattrigen, CH-2572 / Berner Mittelland
- Camping Sutz am Bielersee****
- Kirchrain 40
- 1 Jan - 31 Dez
- +41 3 23 97 13 45
- mail@camping-sutz.ch
- N 47°06'33" E 07°13'13"

1 ADEFG**JM**NOPQRS**T** LMNPQSWX 6
2 AEKLPQTWY ABD**EFG** 7
3 ABEFGMS ABCDEFJKNQRTUVW 8
4 BCFHJ FGNUVW 9
5 ABDFJKN ABCFGIJNQUY10
B 10-15A
H420 10ha 56T(60-80m²) 373D
€ 39,50 / € 49,60
107038

Von Biel Richtung Nidau-Täuffelen. Nach 1 km hinter dem Zentrum von Ipsach rechts, gleich hinter Holzsägerei Spychiger A.G. Holz + Imprägnierung.

Wabern/Bern, CH-3084 / Berner Mittelland
- Eichholz***
- Strandweg 49
- 20 Apr - 30 Sep
- +41 3 19 61 26 02
- info@campingeichholz.ch
- N 46°55'58" E 07°27'20"

1 ADEGJMNOPQRS**T** **J**N**X** 6
2 ACLMPQTXYZ ABD**EFGHJ** 7
3 ACFGM ABE**F**NQRW 8
4 FH GLV 9
5 ADEGHJKLN ABFGHJLMOQUY10
B 16A CEE
H510 3,5ha 250T(60-100m²) 100D
€ 39,50 / € 53,25
107059

Autobahn Ri. Interlaken, Ausf. Bern-Ostring. In der Stadt auf etwa 4 km ausgeschildert. Am letzten Kreisel den angegebenen Weg zum CP einfahren. Dieses 'Durchfahrtsverbot' gilt nicht für die CP-Gäste.

9 500 europäische Campingplätze in einer praktischen App

www.Eurocampings.de/app

Berner Oberland

Aeschi/Spiez, CH-3703 / Berner Oberland
- Panorama-Rossern★★★
- Rossern Scheidgasse 26
- 13 Mai - 16 Okt
- +41 3 36 54 43 77
- postmaster@camping-aeschi.ch
- N 46°39'13'' E 07°41'59''

1 ABHKNOR**T**	6
2 AIPQVXY	ABDE**FG**I 7
3 AM	ABCDE**F**N**QR**T 8
4 F	I 9
5 AD	ABDJNSTU 10
10A CEE	
H902 1ha 40**T**(80m²) 51**D**	1 €39,65
	2 €47,00
	107087

Autobahn Bern-Spiez, Ausfahrt Spiez Richtung Aeschi.

Gstaad, CH-3780 / Berner Oberland
- Bellerive★★★
- Bellerivestraße 38
- 1 Jan - 31 Dez
- +41 3 37 44 63 30
- info@bellerivecamping.ch
- N 46°28'52'' E 07°16'22''

1 A**J**M**N**OPQRT	N**U** 6
2 **D**IPQSTWXY	ABDE**FG** 7
3 A**H**I**J**N	ABCD**F**J**NQR** 8
4 A**F**HJOQ	D**J** 9
5 A**D**M**N**	ABF**G**KN**QU**10
Anzeige auf dieser Seite W 12A CEE	1 €35,65
H1050 0,8ha 35**T**(80-100m²) 26**D**	2 €45,00
	107048

Von Saanen Richtung Gstaad. Den Schildern folgen. CP liegt rechts der Straße, 1,3 km hinter dem Kreisel in Saanen.

Bönigen, CH-3806 / Berner Oberland
- Bönigen-Interlaken★★★★
- Campingstraße 14
- 19 Apr - 13 Okt
- +41 3 38 22 11 43
- camping.boenigen@tcs.ch
- N 46°41'27'' E 07°53'37''

1 ADE**JM**NOPRST	BFLN**QX**Z 6
2 AEMPQSWXY	ABDE**FG** 7
3 BMU	ABD**F**N**QR**T 8
4 FHJO	9
5 ABDEFIM	ABF**G**HJ**N**Q 10
B 12A	1 €56,55
H568 1,5ha 85**T**(80-100m²) 21**D**	2 €65,75
	107083

Autobahn Bern-Thun-Interlaken-Luzern, kurz nach Interlaken Ausfahrt Bönigen, Richtung Bönigen, den CP-Schildern folgen.

Innertkirchen, CH-3862 / Berner Oberland
- Aareschlucht★★★
- Hauptstraße 34
- 1 Mai - 31 Okt
- +41 3 39 71 27 14
- campaareschlucht@bluewin.ch
- N 46°42'34'' E 08°12'53''

1 ADE**JM**NOPQRS**T**	A**N** 6
2 IPQUVXY	ABDE**FG** 7
3 AMU	ABCDE**F**N**QR** 8
4 **J**	D**J** 9
5 ADFMN	ABD**G**KO**Q**10
10A	1 €34,90
H630 0,5ha 45**T**(50-100m²) 14**D**	2 €41,30
	107131

Aus Richtung Meiringen liegt der CP zwischen Meiringen und Innertkirchen links der Strecke, kurz hinter der Einfahrt Ost zur Aareschlucht bei Innertkirchen.

Brienz, CH-3855 / Berner Oberland
- Aaregg★★★★★
- Seestraße 22
- 1 Apr - 31 Okt
- +41 3 39 51 18 43
- mail@aaregg.ch
- N 46°44'53'' E 08°02'56''

1 ADE**F**ILNOPQRS**T**	I**N**QS**WXYZ** 6
2 AEKMPQTWXYZ	ABDE**FG**H 7
3 BFM	ABCDE**F**G**H**IJ**K**N**QR**TUVW 8
4 FHOP	**F**J**L**N**OQ**RW 9
5 ACDEFJLM**N**O	ABF**G**HIJMOPRS 10
B 16A CEE	1 €56,95
H560 4ha 227**T**(60-125m²) 69**D**	2 €81,70
	107110

Straße Nr. 4 von Luzern nach Brienz; gegenüber der Esso-Tankstelle bergab. Der CP ist gut ausgeschildert.

Innertkirchen, CH-3862 / Berner Oberland
- Grund★★★
- Grundstraße 44
- 1 Jan - 31 Dez
- +41 3 39 71 44 09
- info@camping-grund.ch
- N 46°42'08'' E 08°13'38''

1 A**J**M**N**OPQRS**T**	6
2 IPQY	ABDE**FG** 7
3	ABCDE**F**J**NQR** 8
4 **A**FHJO	DFI**J** 9
5 D**N**	AB**GJ**N**QU**10
10A	1 €30,10
H630 1,5ha 100**T**(40-120m²) 21**D**	2 €34,50
	109002

Von Meiringen Richtung Innertkirchen. Gut sichtbares Schild rechts, dann noch 200m.

Frutigen, CH-3714 / Berner Oberland
- Grassi★★★★
- Grassiweg 60
- 1 Jan - 31 Dez
- +41 3 36 71 11 49
- info@camping-grassi.ch
- N 46°34'55'' E 07°38'29''

1 ADE**J**M**N**OPRT	N**U** 6
2 CIPQSXYZ	ABDE**FG**H 7
3 AMS	AB**E**F**J**N**QR** 8
4 FJO	**DJ**UVW 9
5 A**D**M**N**	ABDF**G**H**J**OQY10
W 10A CEE	1 €32,25
H809 2,6ha 68**T**(20-120m²) 72**D**	2 €39,55
	107060

Der Strecke Spiez-Kandersteg folgen. Ausfahrt Frutigen-Dorf. Über die Brücke, dann in den Ort. Am Hotel Simplon links abbiegen. Campingplatz ist deutlich ausgeschildert.

Grindelwald, CH-3818 / Berner Oberland
- Eigernordwand★★★★
- Bodenstrasse 4
- 1/1 - 13/4, 29/5 - 11/10
- +41 3 38 53 12 42
- camp@eigernordwand.ch
- N 46°37'20'' E 08°00'58''

1 IKNO**R**	**N** 6
2 QSUXY	BE**FG**HJ 7
3 B	ABCD**F**N**R**T 8
4 FHJ	9
5 ABM	A**J**O**QU**10
WB 10A	1 €45,90
H960 2ha 50**T** 30**D**	2 €55,10
	107114

Bis nach Ort Grindelwald fahren, dort die erste Straße rechts Richtung 'Jungfrau bahnen', am Stadion Grund entlang, rechts den Schildern folgen.

Bellerive in Gstaad

www.bellerivecamping.ch

Moderner Ganzjahresplatz am Eingang von Gstaad. Prächtige Bergwelt. Einwandfreie Sanitäranlagen. Wohnwagenvermietung. Zahlreiche Sportmöglichkeiten. Wunderschönes Skigebiet mit 60 Bergbahnen und Skiliften bis über 3000 m.ü.M. Viele Langlaufloipen.

Ein Traumurlaub ist Ihnen garantiert!

Camping Bellerive, CH-3780 Gstaad
info@bellerivecamping.ch
Tel. +41 (0)33 744 63 30

Camping Fankhauser
★★★★

Im Tal zwischen herrlichen Bergen eingebettet, lässt Sie dieser familienfreundliche Sommer- und Wintercamping alle Sorgen vergessen.

Eygässli 1, 3770 Zweisimmen
Tel. +41 337221356
E-Mail: info@camping-fankhauser.ch
Internet: www.camping-fankhauser.ch

Interlaken (Thunersee), CH-3800 / Berner Oberland
- Manor Farm 1*****
- Seestraße 201
- 1 Jan - 31 Dez
- +41 3 38 22 22 64
- info@manorfarm.ch

1 ABCDEJLNOPQRST FJLMNQRSWXYZ 6
2 ACEIKLMPQSTWXYZ ABDEFGHIJ 8
3 BFGJKLM ABCDEFJNQRTUV 8
4 BFHJOP ACENOPRT 9
5 ACDEFGHLM ABEFGIKLOQU 10
B €56,10
€67,10
H560 7,8ha 240T(40-120m²) 230D
N 46°40'52" E 07°48'55"
A8 Spiez-Interlaken-Brienz. Ausfahrt 24 Interlaken-West Richtung Gunten. CP-Symbol 1 folgen.
101076

Interlaken/Unterseen, CH-3800 / Berner Oberland
- Alpenblick****
- Seestraße 130
- 1 Jan - 31 Dez
- +41 3 38 22 77 57
- info@camping-alpenblick.ch

1 ABDEJMNOPRST LNRT 6
2 ACEIPQTWXYZ ABDEFGH 7
3 AFLMS ABEFGIJNQRTW 8
4 FHO 9
5 ABDEFHJKMN ABFGHIKOQUY 10
B 6-16A €61,80
€70,40
H560 2,6ha 90T(60-100m²) 90D
N 46°40'47" E 07°49'04"
A8 Thun-Interlaken-Brienz. Ausfahrt 24 Interlaken-West. CP-Schild mit dem Symbol 2 folgen.
107078

Interlaken/Unterseen, CH-3800 / Berner Oberland
- Hobby 3****
- Lehnweg 16
- 1 Apr - 30 Sep
- +41 3 38 22 96 52
- info@campinghobby.ch

1 ADEJMNOPQRT F 6
2 AIPQVWXYZ ABDEFGHIK 7
3 AFLM ABCDEFNQRT 8
4 FHJO 9
5 ABDMN ABFGJOQU 10
B 10A €51,50
€60,70
H560 1,6ha 70T(80-130m²) 45D
N 46°41'02" E 07°49'47"
A8 Spiez-Interlaken-Brienz. Ausfahrt 24 Interlaken-West. CP-Symbol 3 folgen.
107079

Interlaken/Unterseen, CH-3800 / Berner Oberland
- Lazy-Rancho****
- Lehnweg 6
- 14 Apr - 2 Okt
- +41 3 38 22 87 16
- info@lazyrancho.ch

1 ADEJMNOPQRST AN 6
2 CIPQTWY ABDEFGHIK 7
3 ALMU ABCDEFGIJNQRTUVW 8
4 FHJOPTU FJ 9
5 ABCDMNO ABFGHIJOQUY 10
B 10-16A €53,35
€62,65
H560 1,6ha 90T(60-90m²) 57D
N 46°41'09" E 07°49'48"
A8 Spiez-Interlaken-Brienz. Ausfahrt 24 Interlaken-West. CP-Symbol 4 folgen.
107080

Interlaken/Unterseen, CH-3800 / Berner Oberland
- JungfrauCamp 5****
- Steindlerstraße 60
- 1 Apr - 2 Okt
- +41 7 62 95 05 11
- info@jungfraucamp.ch

1 JMNORST AFN 6
2 PQXY ABDEFGHI 7
3 BM ABEFNQRT 8
4 FHJO 9
5 ADFHKLNO AFGJNQ 10
10A
H580 2ha 60T(60-100m²) 45D
€36,75
€36,75
N 46°41'13" E 07°50'03"
A8 Bern-Spiez-Interlaken. Ausfahrt Interlaken-West. CP-Symbol 5 folgen.
107081

Interlaken/Wilderswil, CH-3812 / Berner Oberland
- Oberei 8***
- Obereigasse 9
- 1 Mai - 30 Sep
- +41 3 38 22 13 85
- oberei@swisscamps.ch

1 AJMNOPQRT 6
2 PQWXY ABDEFGH 7
3 AMU ABCDFNQR 8
4 FHJO EGI 9
5 ABDMN ABJOQ 10
6-10A
H580 0,5ha 53T(48-116m²) 6D
€37,30
€44,60
N 46°39'42" E 07°51'53"
Autobahn Bern-Brienz, Ausfahrt 25 Lauterbrunnen/Grindelwald. In Wilderswil den Schildern zum CP folgen.
107085

Interlaken-Ost, CH-3800 / Berner Oberland
- TCS Camping "Interlaken" 6****
- Brienzstraße 24
- 11 Apr - 13 Okt
- +41 3 38 22 44 34
- camping.interlaken@tcs.ch

1 ADEJMNOPQRS JNSUVX 6
2 ABCIPQSWXYZ ABDEFGHIJK 7
3 ABFLM ABEFJNQRT 8
4 FHJO GKLQRUVWZ 9
5 ABDHJMN ABFGHILMOQU 10
B 8A CEE €51,05
€61,15
H567 1,2ha 110T(70-100m²) 38D
N 46°41'33" E 07°52'08"
A8 Bern-Interlaken-Luzern, Ausfahrt 26 Interlaken-Ost Richtung Ringgenberg, nach der Brücke links. CP-Symbol 6 folgen.
107082

Kandersteg, CH-3718 / Berner Oberland
- Rendez-vous***
- Hubleweg
- 1 Jan - 31 Dez
- +41 3 36 75 15 34
- rendez-vous.camping@bluewin.ch

1 ADEGILNOPQRS 6
2 IPQUVWXYZ ABDEFGHI 7
3 AJ ABEFJNQR 8
4 AFHIJ 9
5 ABDEFKMN ABGHJOQUY 10
W 10A €39,00
€46,35
H1200 1ha 60T(80-100m²) 20D
N 46°29'53" E 07°41'07"
N6 Ausfahrt Spiez Richtung Kandersteg. In Kandersteg Dorf folgen. Der CP ist ausgeschildert.
111255

Krattigen, CH-3704 / Berner Oberland
- Stuhlegg****
- Stuelegestraße 7
- 1 Jan - 31 Dez
- +41 3 36 54 27 23
- info@camping-stuhlegg.ch

1 ADEGILNOPQRS BG 6
2 AIPQVXY ABDEFGHIJ 7
3 BEFMSU ABCDEFJNQRT 8
4 FHJO J 9
5 ABDEFKMN ABFGIJOSTUY 10
W 13A €39,95
€49,10
H750 2,4ha 60T(80m²) 96D
N 46°39'32" E 07°43'01"
Autobahn Basel-Bern-Interlaken, Ausfahrt Leissigen Richtung Krattigen.
107086

Lauterbrunnen, CH-3822 / Berner Oberland
- Camping Jungfrau******
- Weid 406
- 1/1 - 31/10, 15/12 - 31/12
- +41 3 38 56 20 10
- info@campingjungfrau.swiss

1 ADEILNOPQRS NU 6
2 CIPQTVWXYZ ABCDEFGHIJ 7
3 BFMN ABCDEFGJLNQRT 8
4 AEFHJOP FGHJKL 9
5 ACDFGHLMN ABFGHIJOQUY 10
WB 15A CEE €52,25
€62,90
H800 4,5ha 217T(100-200m²) 129D
N 46°35'16" E 07°54'37"
Der Straße Interlaken-Lauterbrunnen folgen; hinter dem Bahnhof nach rechts; diese Straße führt direkt zum CP.
107088

Lenk im Simmental, CH-3775 / Berner Oberland
- Hasenweide***
- Hasenweide 1
- 1/1 - 5/11, 1/12 - 31/12
- +41 3 37 33 26 47
- info@camping-hasenweide.ch

1 ADEJMNOPQRS N 6
2 BCIPQSUWXY ABDEFG 7
3 A ABEFJNQR 8
4 FHJO DG 9
5 ABDHJMN AGJNQUW 10
W 6A €31,95
€40,95
H1100 0,3ha 50T(40-60m²) 56D
N 46°25'42" E 07°28'37"
In Zweisimmen den Schildern nach Lenk folgen. Durch den Ort bis Oberried. CP liegt ganz am Ende des Tals, im Wald. Durchfahren bis zum Restaurant Simmenfälle, und dort nach links.
112513

Lenk im Simmental, CH-3775 / Berner Oberland
- Seegarten***
- Seestraße 2
- 1/1 - 22/4, 24/5 - 30/10, 1/12 - 31/12
- +41 3 37 33 16 16
- info@campingseegarten.ch

1 ADEFHKNOPQRST 6
2 IPQSWX ABDEFGHIJK 7
3 AMU ABCDEFJNQR 8
4 FHJ D 9
5 ADMN ABFGHJOQ 10
W 10A CEE €34,90
€40,75
H1100 1ha 25T(100-140m²) 64D
N 46°27'08" E 07°26'39"
Aus Zweisimmen den Schildern nach Lenk. Kurz hinter dem Ort ist der CP ausgeschildert.
112512

Meiringen, CH-3860 / Berner Oberland
- AlpenCamping****
- Brünigstraße 47
- 1 Jan - 31 Dez
- +41 3 39 71 36 76
- info@alpencamping.ch

1 ADEJMNOPQRS 6
2 IPQSWX ABDEFGHIJK 7
3 A ABEFJNQRTUW 8
4 FHIJOT F 9
5 ABDEJKMN ABDFGHJOQU 10
WB 10A CEE €47,30
€59,20
H595 1,4ha 47T(60-100m²) 45D
N 46°44'04" E 08°10'18"
Von Interlaken oder Luzern über die A8 nach Meiringen. Bei Meiringen den CP-Schildern folgen.
117774

Ringgenberg, CH-3852 / Berner Oberland
- Talacker
- Rosswaldstraße
- 1 Jan - 31 Dez
- +41 3 38 22 11 28
- camping@talacker.ch

1 ADJMNOPQRT 6
2 ABIPQSTVXY ABDEFG 7
3 ABLM ABEFJNQRTVW 8
4 FHJO 9
5 ABDEFHIMN ABGJOQU 10
13A €41,80
€52,80
H620 0,8ha 45T(100m²) 15D
N 46°42'27" E 07°54'28"
A8 Thun-Spiez-Interlaken. Ausfahrt 26 Interlaken-Ost. Weiter Richtung Ringgenberg. Am Ort vorbei links ab. CP ist angezeigt.
114067

Teilkarte Berner Oberland auf Seite 349

Seit 1956 ist unser familienfreundliche, ganzjahres **** Campingplatz bekannt und beliebt für erholsame Sommer- und Winterferien im schönen, offenen Obersimmental im Berner Oberland.

Ferien-, Saison- und Jahresplätze

Camping Vermeille
Familie Griessen-Vermeille
Ey Gässli 2
CH-3770 Zweisimmen
Tel. +41 33 722 19 40
Internet: www.camping-vermeille.ch

Saanen, CH-3792 / Berner Oberland
- Saanen beim Kappeli****
- Campingstraße 15
- 1/1 - 31/10, 1/12 - 31/12
- +41 33 744 61 91
- info@camping-saanen.ch

1 ADE**JM**NOPRST N 6
2 CIPQSWXY ABDE**FG**IJK 7
3 AM AB**F**JNPQR 8
4 FHJO DL 9
5 DMN ABFGHKOSU10
WB 13A
H1050 0,8ha 34T(35-98m²) 40D
€ 39,10
€ 47,55
N 46°29'13" E 07°15'54" 113975

Die Kantonstraße 11 von Zweisimmen 2x Richtung Gstaad auf 2 nacheinander folgenden Kreiseln. Nach 100m rechts. CP ist angezeigt.

Zweisimmen, CH-3770 / Berner Oberland
- Fankhauser****
- Eygässli 1
- 1 Jan - 31 Dez
- +41 33 722 13 56
- info@camping-fankhauser.ch

1 ADEIL**N**OPQRST AN 6
2 CEIPQSXY ABDE**FG**IJK 7
3 A**L**MSUV ABCDE**F**JNQR 9
4 F**GH**JOP DFLUVW 9
5 DMNO ABFGHJMOPQUY10
Anzeige auf Seite 350 WB 10A CEE
H950 2,5ha 20T(40-190m²) 125D
€ 34,80
€ 38,00
N 46°33'46" E 07°22'37" 118295

Der N 11 von Spiez nach Zweisimmen folgen. Camping ist an dieser Straße angezeigt und liegt vor Zweisimmen. Direkt links hinter dem Bahnübergang.

Stechelberg, CH-3824 / Berner Oberland
- Breithorn GmbH***
- Sandbach
- 1/1 - 31/10, 17/12 - 31/12
- +41 3 38 55 12 25
- info@camping-breithorn.ch

1 A**J**MNOR N 6
2 CPQTXY ABDE**FG** 7
3 A ABEFJNQR 8
4 FH DI 9
5 ABDMN ABFGJ**O**QU10
W 10A CEE
H830 1ha 35T(80m²) 42D
€ 30,30
€ 36,85
N 46°34'05" E 07°54'34" 107091

Interlaken-Lauterbrunnen, in Lauterbrunnen Richtung Stechelberg. Der Campingplatz liegt 500m nach dem Trümmelbach-Wasserfall auf der rechten Straßenseite.

Stechelberg, CH-3824 / Berner Oberland
- Rütti***
- 1 Mai - 30 Sep
- +41 3 38 55 28 85
- campingruetti@stechelberg.ch

1 A**J**MNOPQR 6
2 CIPQSTXYZ ABDE**FG** 7
3 AM ABCDFNQR 8
4 FHJ A 9
5 ABDEM**N** ABGJOQ10
10A
H900 1ha 70T(40-100m²) 15D
€ 33,05
€ 40,40
N 46°32'46" E 07°54'07" 107090

CP am Ende der Straße Lauterbrunnen-Stechelberg.

Zweisimmen, CH-3770 / Berner Oberland
- Vermeille****
- Ey Gässli 2
- 1 Jan - 31 Dez
- +41 33 722 19 40
- info@camping-vermeille.ch

1 ADE**JM**NOPQRS**T B**F**NU 6
2 CIPQSXY ABDE**FGH**IJK 7
3 A**L**MU ABCDEFJNQR**ST** 8
4 FHJO DLUVW 9
5 BDHMN ABDFGHJMOPQUY10
Anz. auf dieser S. WB 10A CEE
H950 1,3ha 15T(80-120m²) 71D
€ 41,05
€ 47,45
N 46°33'46" E 07°22'41" 107061

Die N 11 von Spiez nach Zweisimmen. CP an der 11 beschildert, liegt vor Zweisimmen. Von der Ausfahrt zum CP noch 200m weiterfahren. Zweiter Camping hinter dem Bahnübergang.

ACSI Klein & Fein Campen

Fast 1 900 kleine und gemütliche Campingplätze

www.Kleinecampingplaetze.de

Appenzell, CH-9050 / Appenzell
- Camping Eischen/Kau****
- Kaustraße 123
- 1 Jan - 31 Dez
- +41 7 17 87 50 30
- info@eischen.ch

1 ADE**IL**NOPRST E 6
2 IQSX ABCDE**FG** 7
3 BLM ABE**F**JNQRT 8
4 FH**TUVX** G 9
5 ABDHJLMN AFGHIJOQY10
Anzeige auf dieser Seite B 10A
H1037 1,8ha 60T 118D
€ 31,85
€ 38,30
N 47°19'19" E 09°23'12" 107189

Vor Appenzell CP-Hinweis. Richtung Kau halten. Die Strecke geht dann 3 km über einen kurvigen Weg bergan, wo man vom Landgasthof Eischen/Kau eine herrliche Aussicht hat.

Appenzell Eischen / Kau

Die Stadt ist interessant mit all seinen alten Gewohnheiten. Besonders schön sind die bemalten Häuser in der Region Appenzell. Ein ruhiger Campingplatz im Grünen mit einer schönen Aussicht auf den Säntis. Auch für Wintercamping geeignet. Der Platz verfügt über gute sanitäre Einrichtungen, ein gepflegtes Restaurant, Wellness-Center mit Schwimmbad, Sauna und Dampfbad. Vermietung von Räumen.

CH-9050 Appenzell, Kaustrasse 123, Tel. +41 (0)71 787 50 30, Fax +41 (0)71 787 56 60, info@eischen.ch, www.eischen.ch

Ostschweiz

Teilkarte Ostschweiz auf Seite 351

Camping Werdenberg

- Neben Städtchen und Schloss Werdenberg, eine Montforter Gründung, 13. Jh.
- Werdenberg ist das einzige noch bewohnte mittelalterliche Städtchen der Schweiz
- Liegt an der schweizerischen Velo Rhein-Route Nr. 2
- Zentral gelegen für Ausflüge ins Toggenburg und Fürstentum Liechtenstein
- Eulen- und Greifvogelpark mit 30 Gehegen

Camping Werdenberg, CH-9470 Buchs
Tel. +41 (0)81 756 15 07
verkehrsvereinbuchs@bluewin.ch · www.verkehrsverein-buchs.ch

Arbon, CH-9320 / Thurgau
Camping Buchhorn***
Philosophenweg 17
1 Apr - 6 Okt
+41 7 14 46 65 45
info@camping-arbon.ch
1 BDEFHKNOPRS GLMQY 6
2 AEIMQTWXY ABDEFG 7
3 BFGMS ABEFNQR 8
4 FHJO FNR 9
5 ABDEFHIJMN ABCFGHIJOSTUY 10
B 10A
H400 2,5ha 120T(50-80m²) 46D
€33,05
€42,25
N 47°31'28" E 09°25'14"
Von der 13 aus nördlicher Richtung vor Arbon Schildern 'Strandbad-Camping' folgen. Aus südlicher Richtung durch Arbon und Schildern folgen. 107188

Bächli/Hemberg, CH-9633 / Sankt Gallen
Camping Bächli****
Wisstrasse 9
1 Jan - 31 Dez
+41 7 13 77 11 47
info@camping-baechli.ch
1 ADEILNOPRST 6
2 IPQSVXYZ ABEFGIJ 7
3 AMN ABCDFJNQRTW 8
4 CEFHJOP GW 9
5 ABDMN ABEFGHJMOQU 10
Anzeige auf Seite 353 WB 10A
H851 0,8ha 40T(70m²) 32D
€52,50
€33,95
N 47°18'24" E 09°11'42"
An der Kreuzung im Ort Bächli Richtung St. Peterzell. CP ab Schönengrund ausgeschildert. 111256

Bad Ragaz, CH-7310 / Sankt Gallen
Giessenpark***
Seestrasse 41
1 Jan - 31 Dez
+41 8 16 61 23 45
info@giessenpark.com
1 ADEFILNOPQRST BGHN 6
2 ABCPQRSTWZ ABDEFGIJ 7
3 ABCFGKLMNOUX ABCDEFJNQRST 8
4 ABCEFHJOP DEJUVWZ 9
5 ABDEFHIJKLMN ABCFGHJORSUY 10
WB 10-16A
H448 1ha 50T(80-100m²) 51D
€52,50
€60,80
N 47°00'19" E 09°30'46"
Aus dem Norden nach Bad Ragaz, bis hinter das Zentrum, dort ist der CP zu sehen, links, dann rechts und durch den Park. 107192

Bernhardzell, CH-9304 / Sankt Gallen
CP St-Gallen-Wittenbach***
Leebrücke
31 Mrz - 1 Okt
+41 7 12 98 49 69
campingplatz.stgallen@ccc-stgallen.ch
1 ADEGJMNOPQRT 6
2 ACQTXY ABDEFGH 7
3 AKLMX ABEFNQRT 8
4 FHIJO E 9
5 ABDEHJMN AFGHJNRSU 10
6A CEE
H545 1,5ha 70T 31D
€31,20
€36,75
N 47°27'41" E 09°21'57"
E60 Ausfahrt St. Gallen/Trogen. Dann den Schildern Richtung Wittenbach/Gossau folgen. Bernhardzell folgen und auf das CP-Schild rechts hinter der Brücke achten. 112180

Bischofszell, CH-9220 / Thurgau
Leutswil
1 Apr - 31 Okt
+41 7 14 22 63 98
leutswil@cctg.ch
1 ADEFILNOPQRST JU 6
2 ACMQTX ABDEFG 7
3 AMX ABCDEFNQRUVW 8
4 FHJ F 9
5 DEFHKN ABCFGHJNOQU 10
10A CEE
H478 2ha 20T 50D
€26,55
€29,40
N 47°30'06" E 09°16'29"
Auf Straße 14 zwischen Weinfelden und Amriswil Ausfahrt nach Gossau. In Bischofszell Richtung Gossau, bei Avia-Tankstelle links, nach ca. 3 km CP rechts hinter der Brücke. 107183

Buchs, CH-9470 / Sankt Gallen
Camping Buchs-Werdenberg**
Marktplatz 11
1 Apr - 31 Okt
+41 8 17 56 15 07
verkehrsvereinbuchs@bluewin.ch
1 ADEFILNOPQRST 6
2 APQXY ABDEFGIJK 7
3 J ABEFNQR 8
4 FHJ D 9
5 BDMN ABHJOST 10
Anzeige auf dieser Seite B 16A
H436 0,7ha 25T(70m²) 18D
€39,50
€49,60
N 47°09'57" E 09°27'55"
Von A3 Ausfahrt Buchs, dann Richtung Wattwil und den CP-Schildern folgen. Achtung: bei Ampel links! 110683

Egnach, CH-9322 / Thurgau
Seehorn****
Wiedehorn
1 Mrz - 31 Okt
+41 7 14 77 10 06
info@seehorn.ch
1 ADEFILNOPQRST FLMW 6
2 AEIKMPQWXY ABDEFGHIJK 7
3 ABDGMX ABDEFGIJKNQRTUVW 8
4 HJO EFNRV 9
5 ABDEFHJKLMN ABCFGHJMOPQUY 10
B 13A CEE
H400 2,5ha 80T(100-120m²) 189D
€45,00
€52,35
N 47°32'12" E 09°23'52"
Campingplatz liegt an der 13 zwischen Romanshorn und Arbon, sowohl aus westlicher, wie aus östlicher Richtung ist der Campingplatz ausgeschildert. 107187

Eschenz, CH-8264 / Thurgau
Camping Hüttenberg AG*****
Hüttenberg
8 Apr - 23 Okt
+41 5 27 41 23 37
info@huettenberg.ch
1 ADEFILNOPRST AF 6
2 IPQSTVWXYZ ABCEFGHIK 7
3 ABEFJMSU ABCDEFJLNQRSTUVW 8
4 FHJO AFJKW 9
5 ABCDEFHJMN ABCGHJOQUY 10
B 10-16A CEE
H487 6ha 67T(95-100m²) 255D
€44,45
€52,70
N 47°38'40" E 08°51'37"
In Eschenz an der Straße 13, bei Agip-Tankstelle Hüttenberg hinauf fahren. 107147

Flaach, CH-8416 / Zürich
Flaach am Rhein****
Stäubisallmend 4
3 Apr - 11 Okt
+41 5 23 18 14 13
camping.flaach@tcs.ch
1 ADEFJMNOPQRT AFHJN 6
2 ACKPQSTWXYZ ABDEFGHIJ 7
3 ABFLMUV ABCDFJKVWZ 8
4 BFHJOQ ACDFJKVWZ 9
5 ABDEFGHJKLMN ABCFGHKOQUY 10
B 6-13A CEE
H350 4ha 200T(60-120m²) 102D
€67,95
€83,55
N 47°34'43" E 08°34'57"
Am Restaurant Ziegelhütte abbiegen, danach noch etwa 500 Meter. 113976

Kreuzlingen, CH-8280 / Thurgau
Fischerhaus****
Promenadenstr. 52
1 Apr - 18 Okt
+41 7 16 88 49 03
info@camping-fischerhaus.ch
1 ADEFHKNOPQRST BFHILNOPQRSTUVWXY 6
2 AEMPQXY ABDEFGK 7
3 ABGM ABEFGIKNPQRTUVW 8
4 FHJO GW 9
5 ACDEFHJLMNO ABCFGHJNOPQUY 10
B 16A
H397 2,8ha 120T(50-80m²) 116D
€48,65
€60,60
N 47°38'49" E 09°11'54"
CP an der Südseite von Kreuzlingen. Die Autobahn bei Kreuzlingen-Süd verlassen. Auf die 13 in Richtung Romanshorn (CP-Schildern nach). Nach der Bahnunterführung links, dann zweimal rechts. 107182

Langwiesen, CH-8246 / Thurgau
Schaffhausen Rheinwiese***
Hauptstrasse 96C
10 Apr - 11 Okt
+41 5 26 59 33 00
info@camping-schaffhausen.ch
1 ADEHKNOPQRT FJM 6
2 ACIKLMQXYZ ABDEFG 7
3 BFGMX ABDFNRTW 8
4 FH AL 9
5 ADEFHIKMN ABCGHJOSTUY 10
B 16A CEE
4,3ha 54T(50-100m²) 50D
€44,05
€53,25
N 47°41'14" E 08°39'21"
An Straße 13 Schaffhausen-Kreuzlingen, 1 km östlich von Schaffhausen. 107137

Murg, CH-8877 / Sankt Gallen
Camping Am See***
Strandbodenstrasse 16
1 Apr - 18 Okt
+41 8 17 38 15 30
info@murg-camping.ch
1 ADILNOPQRST LMNPQS 6
2 AEIKLMPSTWXYZ ABFGI 7
3 BFGMNO ABEFNQRT 8
4 FHJO 9
5 ADEK ABGJOQU 10
10A
H420 2ha 42T(40-60m²) 21D
€43,60
€50,05
N 47°06'55" E 09°12'54"
A3, Ausfahrt Richtung Murg, von einem Schild am Wasser ausgewiesen. Aus Chur Ausfahrt Murg. Von Zürich Ausfahrt Murg. CP-Schilder beachten. 110267

Ottenbach, CH-8913 / Zürich
Reussbrücke****
Muritraße 34
9 Apr - 8 Okt
+41 4 47 61 20 22
info@camping-reussbruecke.ch
1 ADEFGILNOPQRST AJ 6
2 ACPQTXY ABDEFG 7
3 BM ABEFNRTW 8
4 FHJO DV 9
5 ABDEFHJKM ABFGHIJOQU 10
6A CEE
H490 1,5ha 40T(80-120m²) 74D
€38,10
€46,35
N 47°16'47" E 08°23'43"
Auf der A4 Zürich-Gotthard Ausfahrt 31 Affoltern am Albis. Dann über Obfelden nach Ottenbach. In Ottenbach Camping ausgeschildert. Camping liegt vor der Brücke und ist über den Parkplatz anfahrbar. 107123

Sankt Margrethen, CH-9430 / Sankt Gallen
Bruggerhorn
Strandbadstraße 1
1 Apr - 31 Okt
+41 7 17 44 22 01
strandbad.stmargrethen@bluewin.ch
1 ADEFHKNOPQRST BGHLMP 6
2 ACEIQXYZ ABDEFGIJ 7
3 BFGMN ABEFNQRT 8
4 O 9
5 ABDEFHIJKMN ABGIJQY 10
10A
H404 1ha 36T(75m²) 127D
€28,90
€38,10
N 47°27'04" E 09°39'23"
Autobahn E60 Ausfahrt Margrethen. Aufpassen: es wird sofort links zum CP Strandbad Bruggerhorn geführt. Autobahnüberführung, am Ende der Straße links. Navi einstellen auf Sankt Margrethen, Schweiz. 107198

Teilkarte Ostschweiz auf Seite 351

Bächli ★ ★ ★ ★

- Im Sommer wie im Winter erholsame Lage • Alle Möglichkeiten für Sport oder zum Faulenzen
- Sehr familiär und kinderfreundlich, Kinderspielplatz • Restaurant und Lebensmittelladen nur 100m • Kabel-TV und Stromanschlüsse auf jedem Platz • Modernste Sanitäranlagen, Saison- und Jahresplätze

Familie Thoma, Wisstraße 9, 9633 Bächli/Hemberg • Tel. 0041-(0)71 377 11 47
E-Mail: info@camping-baechli.ch • Internet: www.camping-baechli.ch

Triesen, FL-9495 / Liechtenstein
- ▲ Camping Mittagspitze**** — 1 ABDEF**IL**NOPQRS**T** — AF 6
- 🏠 Sägastrasse 29 — 2 ABPQTVXYZ — ABDE**FG**I**K** 7
- 📅 1 Jan - 31 Dez — 3 B**N**U**W**X — ABEFJNQR 8
- ☎ +423 3 92 26 88 — 4 FHJO — GIJ 9
- @ info@campingtriesen.li — 5 ABDJLMN — ABGHJNQU 10
- 6A
- € 41,40
- € 48,75
- N 47°05'11" E 09°31'37" — H510 4ha 70**T** 106**D**
- 🚗 A13, Ausfahrt Balzers, Richtung Vaduz, nach 3 km rechts, CP ausgeschildert.
- 107191

Winden, CH-9315 / Thurgau
- ▲ Camping Manser*** — 1 ADEFG**JM**NOPQRST — 6
- 🏠 Täschliberg — 2 AIQSXYZ — ABDE**FG**IJ**K** 7
- 📅 1 Apr - 31 Okt — 3 ABMUX — ABEF**GL**NQR**TW** 8
- ☎ +41 7 14 77 22 91 — 4 BHJK — I 9
- @ info@manserferien.ch — 5 ABDMN — ABCFGJNQU 10
- B 16A CEE
- € 28,90
- € 36,25
- N 47°30'39" E 09°21'43" — H470 1ha 30**T** 5**D**
- 🚗 A1 Ausfahrt 1 Arbon-West, links nach Neukirch, im Kreisel 3. Abfahrt links nach Wittenbach (CP-Schild). Nach 2,2 km links nach Täschliberg (CP-Schild).
- 118510

Wagenhausen, CH-8259 / Thurgau
- ▲ Wagenhausen — 1 ADEF**IL**NOPRT — BJ**XY**Z 6
- 🏠 Hauptstraße 82 — 2 DIMQXY — BE**FG**HIJ**K** 7
- 📅 1 Apr - 30 Okt — 3 AB**J**M — BDEFJNQR**TW** 8
- ☎ +41 5 27 41 42 71 — 4 FHJ — BEG 9
- @ info@camping-wagenhausen.ch — 5 ABDFHJKLM — ABHJQUY 10
- B 10-13A CEE
- € 33,05
- € 43,15
- N 47°39'45" E 08°50'26" — H405 4,6ha 55**T** (70–125m²) 233**D**
- 🚗 Straße 13 Schaffhausen-Kreuzlingen-Konstanz. Im Ort Wagenhausen ist der CP ausgeschildert.
- 109269

Winterthur, CH-8400 / Zürich
- ▲ Am Schützenweiher — 1 ADE**JM**NOPQRT — 6
- 🏠 Eichliwaldstr. 4 — 2 APQSTWXYZ — ABDE**FG**HIJ**K** 7
- 📅 1 Jan - 31 Dez — 3 AB**J**MX — ABEFJQR**T** 8
- ☎ +41 5 22 12 52 60 — 4 FHJO — AFJKRVZ 9
- @ info@camping-winterthur.info — 5 DN — ABCFGHOQU 10
- 13A CEE
- € 40,40
- € 47,75
- N 47°31'10" E 08°42'59" — H440 2,1ha 90**T** (30–50m²) 30**D**
- 🚗 A1, E60 St.Gallen-Zürich, Abfahrt Winterthur Ohringen, nach 250m auf der rechten Seite Camping ausgeschildert.
- 110107

Brunnen, CH-6440 / Schwyz
- ▲ Hopfraeben*** — 1 AF**JM**NOPQRT — L**N**OQS 6
- 🏠 Hopfrebenstrasse 1 — 2 AEILMPQXY — AB**DEFG** 7
- 📅 16 Apr - 25 Sep — 3 B — AB**F**NQR 8
- ☎ +41 4 18 20 18 73 — 4 FH — **GVW** 9
- @ info@camping-hopfraeben.ch — 5 ADEHKM — AGIJOQU 10
- 13A CEE
- € 43,60
- € 50,05
- N 46°59'52" E 08°35'36" — H445 1,5ha 40**T** (100m²) 43**D**
- 🚗 Straße 2b Luzern-Brunnen, 1 km nordwestlich von Brunnen, bei Fabrik Ruag abzweigen, CP gut ausgeschildert.
- 107143

Buochs, CH-6374 / Nidwalden
- ▲ TCS Camping Buochs — 1 ADE**JM**NOPQRST — GLMNOQS**WX**Y 6
- 🏠 Vierwaldstättersee — 2 AEIL**P**QSTWX — BE**FG**HIJ 7
- 🏠 Seefeld 4 — 3 B**FGLMN**S — ABDFIJKNQR**TUVW** 8
- 📅 4 Apr - 4 Okt — 4 BFHJO — AFJKRVZ 9
- ☎ +41 4 16 20 34 74 — 5 ADHMN — ABCFGHKOPQUY 10
- @ camping.buochs@tcs.ch — B 16A CEE
- € 53,25
- N 46°58'47" E 08°25'05" — H465 3,2ha 150**T** (75–130m²) 118**D**
- € 66,10
- 🚗 A2 von Gothard, Ausfahrt Buochs, unter der Autobahn durch, links, dann CP-Schildern folgen.
- 110268

Engelberg, CH-6390 / Obwalden
- ▲ Eienwäldli***** — 1 ADE**IL**NOPQRT — EGHIN 6
- 🏠 Wasserfallstraße 108 — 2 DIPQSTWXYZ — B**CEFG**HIJ**K** 7
- 📅 1 Jan - 31 Dez — 3 BDFG**KL**MVW — BDFJKNQR**TUVW** 8
- ☎ +41 4 16 37 19 49 — 4 ABCFHIJLO**RSTUVXY**Z — **GVW** 9
- @ info@eienwaeldli.ch — 5 ACDEFGHJKLMN — ABEFGHIJOPSTUY 10
- WB 10A CEE
- € 54,15
- € 65,20
- N 46°48'34" E 08°25'26" — H450 3,7ha 150**T** (60–120m²) 150**D**
- 🚗 A2, Ausfahrt Stans-Süd. Beim Kloster in Engelberg rechts Richtung Eienwäldli. CP nach 1,5 km hinter dem Hotel Eienwäldli.
- 107129

Zentralschweiz

Altdorf, CH-6460 / Uri
- ▲ Remo Camping — 1 ADE**JM**NOPQRS**T** — EGH 6
- 🏠 Flüelerstrasse 112 — 2 APQSTXY — ABDE**FG**K 7
- 📅 1 Jan - 31 Dez — 3 — BD**F**NQR 8
- ☎ +41 4 18 70 85 41 — 4 FHJO — 9
- @ info@camping-altdorf.ch — 5 ADHM — ABCGKOST 10
- W 13A CEE
- € 27,35
- € 34,70
- N 46°53'33" E 08°37'41" — H450 0,9ha 30**T** (50m²) 28**D**
- 🚗 A2 Basel-Gotthardtunnel, Ausfahrt 26 Altdorf. Den Schildern folgen. Im Kreisverkehr rechts. Nach ca. 150m liegt der CP links der Straße. Der Beschilderung anstelle des Navis folgen.
- 107141

Giswil (Sarnersee), CH-6074 / Obwalden
- ▲ International Sarnersee Giswil**** — 1 ADE**JM**NOPQRST — LMNQSX 6
- 🏠 Campingstraße 11 — 2 EILQSWXY — ABE**FG** 7
- 📅 25 Mrz - 16 Okt — 3 ABM — ABCD**F**NQR**T** 8
- ☎ +41 4 16 75 23 55 — 4 FHJO — GKOTV 9
- @ giswil@camping-international.ch — 5 ABDEFKMN — ABHJOQUY 10
- B 10A CEE
- € 43,15
- € 50,50
- N 46°51'13" E 08°11'16" — H504 1,9ha 100**T** (40–100m²) 69**D**
- 🚗 Von Luzern Richtung Interlaken, hindurchfahren bis Giswil, hier Ausfahrt Kleinteil/Grossteil, gegenüber der Kirche Richtung Grossteil, nach 2,8 km Einfahrt der CP-Straße.
- 107109

ERLEBNISBAUERNHOF GERBE
WWW.SWISS-BAUERNHOF.CH

In Meierskappel (LU): In wundervollem Gebiet, ideal zum Wandern und Radfahren. Zentrale Verkehrslage zum Kennenlernen der Schweiz, 12 km von Luzern. Familien- und kinderfreundliches Ferienerlebnis auf dem Bauernhof. Naturnahes Campieren. Grosse Plätze mit Stromanschluss (CEE Euro blue) ohne Parzellierung. Moderne Sanitäranlagen, Ver- und Entsorgungsstation für Wohnmobile. Laden mit frischem Brot, Campingrestaurant, Lagerfeuer, Schwimmbad, grosser Spielplatz, viele Tiere und vieles mehr. **Fam. Knüsel**

Landiswilerstraße, 6344 Meierskappel • Tel. +41 417904534
E-Mail: info@swiss-bauernhof.ch • Internet: www.swiss-bauernhof.ch

---

Horw, CH-6048 / Luzern
- TCS Camping Luzern-Horw★★★★
- Seefeldstraße
- 13 Apr – 7 Okt
- +41 4 13 40 35 58
- camping.horw@tcs.ch
- N 47°00'43" E 08°18'40"

1 ADFG**J M**NOPQRST LMN 6
2 AEPQTWY BE**FG**H 7
3 BM ABCDEFNQRT 8
4 FHJO D 9
5 ABDEFHJKM**N** ABGHJOQUY 10
B 6A
H434 2ha 70T(50-100m²) 52**D**
€50,70 / €63,55
A2 Luzern-St. Gotthard, Ausfahrt Horw. Dann direkt den Schildern folgen.
107755

Sarnen, CH-6060 / Obwalden
- Camping Seefeld Park Sarnen★★★★★
- Seestrasse 20
- 1 Jan – 31 Dez
- +41 4 16 66 57 88
- welcome@seefeldpark.ch
- N 46°52'59" E 08°14'33"

1 ADEF**I**KNOPQRS**T** BFHIJLM**N**QRSTVXYZ 6
2 ACEIKQWXY BE**FG**HI 7
3 ABE**FGJ**LMN BDFJKNQRTW 8
4 BCDFHJOUY ABEKMNRV 9
5 ABDF**H**IJKLMN ABCFG**HJ**OQUXY 10
WB 13A CEE
H471 2,6ha 129T(80m²) 63**D**
€56,95 / €69,80
A2 Basel-Luzern-Gotthard-Chiasso. An der Kreuzung Loppe die A8 Richtung Interlaken. Ausfahrt Sarnen-Süd.
107128

Lungern, CH-6078 / Obwalden
- Obsee★★★★
- Campingstraße 1
- 1 Jan – 31 Dez
- +41 4 16 78 14 63
- camping@obsee.ch
- N 46°47'06" E 08°09'06"

1 ADEG**IL**NOPRS**T** LQRSTU**XZ** 6
2 AELPQVWXY ABE**FG** 7
3 AFG**J**M ABE**FJ**NQRTUW 8
4 FHJO IMN 9
5 DFJLMN ABFGHIJOQU 10
W 10A CEE
H686 2,2ha 80T(40-80m²) 113**D**
€45,00 / €56,00
A8 Brienz Richtung Luzern. In Lungern an der 1. Ampel links, den Schildern folgen.
110302

Sempach, CH-6204 / Luzern
- TCS Camping Sempach★★★★
- Seelandstrasse 6
- 23 Mrz – 25 Okt
- +41 4 14 60 14 66
- camping.sempach@tcs.ch
- N 47°07'31" E 08°11'24"

1 ADE**IL**NOPQRST LMN**O** 6
2 ACEIJKPQTVXYZ ABDE**FG**HIJ 7
3 ABEG**LMNT** ABCDE**FJL**NQRTUVW 8
4 A**B**CD**EF**HJO AFJKNRTUVWZ 9
5 ACDEFHIJKLMN ABCFGHIJLMOQUY 10
B 6-13A CEE
H510 5,2ha 230T(70-100m²) 211**D**
€60,95 / €74,75
Autobahn A2 Basel-Luzern, Ausfahrt 21 Sempach, CP südlich von Sempach ausgeschildert.
107107

Luzern, CH-6006 / Luzern
- International Lido★★★★
- Lidostraße 19
- 1 Jan – 31 Dez
- +41 4 13 70 21 46
- luzern@camping-international.ch
- N 47°03'00" E 08°20'18"

1 ADE**JM**NOPQRS**T** LNQSW**X**Y 6
2 AEPQTXYZ ABDE**FG**H 7
3 B**N**X ABCDEFJNQRTW 8
4 FHJO DGK 9
5 ABDEFGHJKMN ABFGHIJOQUY 10
B 16A CEE
H435 2,7ha 250T(70-80m²) 37**D**
€46,45 / €55,65
An Straße 2 Luzern-Küssnacht, Ausfahrt beim Tennispark, dann noch 150m, schräg gegenüber dem Lido-Bad.
107126

Sursee, CH-6210 / Luzern
- Camping Sursee/Waldheim★★★
- Baselstrasse
- 1 Apr – 30 Okt
- +41 4 19 21 11 61
- info@camping-sursee.ch
- N 47°10'31" E 08°05'13"

1 ADEF**J M**NOPQRS**T** 6
2 APQTXY A**B**DE**FG**I 7
3 A**L**M ABCDE**F**NQRT 8
4 FHJO DG 9
5 ABDEFJMN ABFG**J**OQU 10
H520 1,7ha 30T(80m²) 82**D**
€29,40 / €37,65
A2 Basel-Luzern, Ausfahrt 20 Sursee. Die B2 Richtung Basel weiter folgen. Am 4. Kreisel rechts Richtung Basel. CP ist angezeigt.
107105

Meierskappel, CH-6344 / Luzern CC€22
- Campingplatz Gerbe
- Landiswilerstraße
- 1 Mrz – 31 Okt
- +41 4 17 90 45 34
- info@swiss-bauernhof.ch
- N 47°07'16" E 08°26'47"

1 ADE**JM**NOPQRS**T** A 6
2 APQUXY ABDE**FG** 7
3 AM ABEFNQR 8
4 FHJO AG 9
5 ABDEJKN AGJOQU 10
Anzeige auf dieser Seite 16A CEE
H320 1,6ha 60T(80m²) 28**D**
€36,45 / €45,65
A4 Rotkreuz-Schwyz, Ausfahrt Küssnacht, dann den Schildern folgen, Richtung Meierskappel, und kurz vor der Kreuzung beim Bauernhof links.
109014

Unterägeri, CH-6314 / Zug CC€20
- Unterägeri★★★★
- Wilbrunnenstraße 81
- 1 Jan – 31 Dez
- +41 4 17 50 39 28
- info@campingunteraegeri.ch
- N 47°07'40" E 08°35'31"

1 ACDEFHKNOPQRS**T** LM**N**Q 6
2 EILQWXYZ ABDE**FG**HJ 7
3 BMS ABDEFJNQRT 8
4 FHJO N 9
5 A**B**CDEFHIKLMN ABCFGHJOQUY 10
WB 10A CEE
H724 4,8ha 150T(50-100m²) 120**D**
€43,15 / €52,35
A4 Luzern-Zürich, Ausfahrt Baar Richtung Ägeri. Über Baar nach Unterägeri. Innerorts ausgeschildert.
107140

Mosen, CH-6295 / Luzern
- Camping Seeblick★★★★
- Campingstrasse 5
- 1 Mrz – 31 Okt
- +41 4 19 17 16 66
- infos@camping-seeblick.ch
- N 47°14'41" E 08°13'29"

1 ADE**IL**NOPQR**T** FLMNQS 6
2 EIMPQWXY ABDE**FGH**IJK 7
3 BFM ABCDFJKNQRTW 8
4 FHJO DGKLN 9
5 ACDEHJKMN ABGIK**O**ST**U**Y 10
B 14A CEE
H523 2,5ha 70T(70-100m²) 109**D**
€38,95 / €48,10
An der Straße 26 Lenzburg-Luzern, in Mosen gegenüber dem Bahnhof.
107124

Vitznau/Luzern, CH-6354 / Luzern
- Camping Vitznau★★★★
- Altdorfstraße 34
- 1 Apr – 2 Okt
- +41 4 13 97 12 80
- info@camping-vitznau.ch
- N 47°00'24" E 08°29'11"

1 ADE**IL**NOPQRST BGN 6
2 IPQTVWXY ABDE**FG**IK 7
3 BM BDFJKNQRTUVW 8
4 FJ FHNR 9
5 ABDHJ ABFG**H**JOST 10
15A CEE
H450 2ha 70T(40-100m²) 77**D**
€52,05 / €63,10
In Vitznau (Straße 2b) an der Kirche dem CP-Schild folgen (nicht dem Navi folgen). Dann noch ca. 400m den Berg hinauf.
107127

Sachseln, CH-6072 / Obwalden
- Ewil
- Brünigstraße 258
- 10 Apr – 30 Sep
- +41 4 16 66 32 70
- camping-ewil.ch
- N 46°51'21" E 08°12'54"

1 ADEF**IL**NOPR**T** LNQSX 6
2 AEILPQSTVWXY B**EFGH** 7
3 ALM BDFJNQRTW 8
4 EFH DR 9
5 ABDHJMN ABFGKOQ 10
B 13-16A CEE
H470 1,5ha 26T(70-100m²) 51**D**
€35,45 / €42,80
Der N8 Luzern-Interlaken folgen, Ausfahrt 35 Sarnen-Süd. Im Kreisel links ab und dann geradeaus. Der CP ist ausgeschildert.
112536

Zu jedem Campingplatz in diesem Führer gehört eine sechsstellige Nummer. Damit können Sie den betreffenden Campingplatz auf der Webseite suchen.

www.Eurocampings.de

Teilkarte Zentralschweiz auf Seite 353

Tessin

Camping Isola
CH-6515 Gudo
Tel. +41 (0)91-859 32 44
isola2014@ticino.com
www.camping-isola.ch/it/
campeggio-ticino-camping-isola-gudo/

Claro, CH-6702 / Ticino
- Al Censo****
- Al Campeggio 2
- 1 Apr - 16 Okt
- +41 9 18 63 17 53
- info@alcenso.ch

1 AFJMNORST	AJN 6
2 ACPQSUVWXYZ	ABDFG 7
3 AM	ABDEFNQRT 8
4 FHJOP	K 9
5 ABDHMN	ABGHIJOQU 10
16A CEE	

N 46°15'56'' E 09°01'09''
H270 2,5ha 100T(80m²)
€49,95 / €62,05   107159

A2, Ausfahrt Bellinzona-Nord, Landstraße Richtung Gotthardpass oder Ausfahrt Biasca und Landstraße Richtung Bellinzona. Der Campingplatz befindet sich nördlich von Claro.

Acquarossa, CH-6716 / Ticino — CC€20

- Acquarossa**
- Via Lucomagnio 163
- 1 Jan - 31 Dez
- +41 9 18 71 16 03
- madlen.burri@bluewin.ch

1 AJMNOPRST	AN 6
2 CIPQXY	ABDEFG 7
3 AMU	ABEFJNQRW 8
4 FHJ	D 9
5 ABDHMN	AJNQU 10
10A	

N 46°27'35'' E 08°56'31''
H560 9ha 50T(50-80m²) 31D
€49,80 / €57,70   107158

1 km nördlich von Acquarossa an der Straße über den Lukmanier-Pass. Von Norden ist die Zufahrt schwierig, besser durchfahren und vor der Brücke in Acquarossa drehen, dann problemlos einfahren.

Cugnasco, CH-6516 / Ticino — CC€22
- Riarena****
- Via Campeggio 1
- 18 Mrz - 23 Okt
- +41 9 18 59 16 88
- info@campingriarena.ch

1 ADEHKNOPQRST	AFJN 6
2 ACPQRXY	ABDEFG 7
3 AFM	ABEFNQRT 8
4 FHJLOP	D 9
5 ABDEFGHJKLMN	ABCDGHIJKOQUX 10

Anzeige auf dieser Seite   B 10A
€45,90 / €45,90

N 46°10'11'' E 08°54'51''
H217 3,2ha 105T(70-100m²) 106D   107169

A2 Ausfahrt Bellinzona-Süd/Locarno. Ri. Locarno. Weiter Richtung Flughafen, dann im Kreisel Richtung Gordola-Gudo. In Cugnasco Camping ausgeschildert.

Agno, CH-6982 / Ticino

- Lugano Lake****
- Via di Molinnazzo 9
- 1 Apr - 31 Okt
- +41 7 93 74 26 87
- info@campingluganolake.com

1 ADEJMNOPRST	JLMNQSWX 6
2 ACEJKPQRXYZ	ABFGH 7
3 AFGLM	ABEFJNQR 8
4 FHO	NR 9
5 ABDEHJMN	ABKOQ 10
10A	

N 45°59'44'' E 08°54'21''
H275 8ha 170T(60-100m²) 90D
€52,70 / €69,60   113352

A2, Ausfahrt Lugano-Nord/Ponte Tresa, Richtung Ponte Tresa. In Agno Richtung Flugplatz. Am Kreisel gegenüber Flugplatz rechts ist der CP ausgeschildert.

Gordevio, CH-6672 / Ticino
- Gordevio-Valle Maggia****
- via Contanale
- 8 Apr - 9 Okt
- +41 9 17 53 14 44
- camping.gordevio@tcs.ch

1 BDEGJMNOPRST	BGJN 6
2 BCJMPQRSVWXYZ	ABDEFGI 7
3 ABLM	ABCDEFNQRT 8
4 BFHJLO	ADFKUVW 9
5 ACDFGHLMN	ABGHIJOQUY 10
B 10A	

N 46°13'17'' E 08°44'31''
H292 2,5ha 230T(60-80m²) 44D
€64,65 / €80,25   107145

A2, Ausfahrt Bellinzona-Süd/Locarno, Richtung Locarno-Ascona, an Locarno vorbei Ausfahrt Vallemaggia. Vor Gordevio ist der CP ausgeschildert.

Avegno, CH-6670 / Ticino
- Camping Piccolo Paradiso****
- via Cantonale 13
- 1 Apr - 31 Okt
- +41 9 17 96 15 81
- info@camping-piccoloparadiso.ch

1 ABDEFGJMNOPRT	FJN 6
2 ABCJMPQRSTUVWXYZ	ABDEFG 7
3 ABFGJLM	ABEFGIJNQRTW 8
4 BCFHIJOP	J 9
5 ABDFGHIJLMN	ABGHIJOQUX 10
B 10A	

N 46°12'02'' E 08°44'39''
H321 44ha 160T(60-100m²) 112D
€65,55   107160

A2 Ausfahrt Bellinzona-Süd/Locarno, Richtung Locarno-Ascona, an Locarno vorbei Ausfahrt Vallemaggia. Vor Avegno ist der CP ausgeschildert.

Gudo, CH-6515 / Ticino — CC€22

- Isola****
- Via al Gaggioletto 3
- 15 Jan - 15 Dez
- +41 9 18 59 32 44
- isola2014@ticino.com

1 ADEJMNOPQRST	AF 6
2 ABCPQYZ	ABDEFG 7
3 ABFGM	ABEFJNQRTW 8
4 FHJLNOP	J 9
5 ABDEFGHJK	ABGJOQ 10

Anzeige auf dieser Seite   B 10A
€40,40 / €45,90

N 46°10'15'' E 08°55'53''
H207 3ha 60T(40-100m²) 83D   107765

A2 Ausfahrt Bellinzona-Süd/Locarno Richtung Locarno. Nach ± 8 km rechts Richtung Flugplatz. Dann Richtung Gordola-Gudo, dann Gudo. Zwischen Cugnasco und Gudo ist der CP ausgeschildert. Schmaler Zufahrtsweg.

Schweiz

Hier finden Sie den Urlaub, den Sie schon so lange gesucht haben! Auf unserem naturnahen, zentralen, familienfreundlichen und trotzdem ruhigen Camping findet jeder die Erholung, die er sucht.

Camping Riarena **

Familie Berner
Via Campeggio 1
CH-6516 Cugnasco

+41 918591688
info@campingriarena.ch
www.campingriarena.ch

Teilkarte Tessin auf Seite 355

Campofelice Camping Village
Tenero · Ticino · Switzerland
Tel. +41 91 745 14 17

15 Hektare für sichere Familienferien!
3.3. - 6.11.2022

Sichere Dir deine Ermässigung!
www.campofelice.ch/acsi

Locarno, CH-6600 / Ticino

▲ Delta*****	1 ACDEHKNOPRST	JLMNQSUWXZ 6
ᴥ Via Respini 27	2 ACEIJKPQRSWXYZ	ABDEFG 7
⏲ 1 Mrz - 31 Okt	3 AGKLM	ABCDEFJKNQRTUW 8
☏ +41 9 17 51 60 81	4 ABFHJLOPQR	DNRUV 9
@ info@campingdelta.com	5 ACDEFGHJKLMNO	ABGHIJOQ 10
	B 13A	
N 46°09'35" E 08°48'14"	H195 6ha 250T(60-110m²) 50D	€ 75,30 / € 75,30
🚗 A2, Ausfahrt Bellinzona-Süd/Locarno, Richtung Locarno, direkt hinter dem Tunnel Ausfahrt Locarno. In der Stadt ist der CP ausgeschildert.		107170

Melano, CH-6818 / Ticino

▲ Camping Monte Generoso***	1 ADEJMNOPQRST	LMNPQSWXYZ 6
ᴥ Via Tannini 12	2 AFIKPQXYZ	ABDEFGK 7
⏲ 2 Apr - 23 Okt	3 AMS	ABEFNQRT 8
☏ +41 9 16 49 83 33	4 JO	DORT 9
@ camping@montegeneroso.ch	5 ABDFGHMN	ABCGOQ 10
	B 8-10A	
N 45°55'42" E 08°58'39"	H272 2ha 90T(70-80m²) 59D	€ 58,65 / € 69,70
🚗 A2 Bellinzona-Chiasso, Ausfahrt Melide in Richtung Chiasso. Der zweite angezeigte CP liegt direkt vor dem Viadukt und noch vor Melano; ausgeschildert.		107180

Losone, CH-6616 / Ticino

▲ Melezza****	1 ADEJMNOPQR	AJN 6
ᴥ Via Arbigo 88	2 ABCMPQRWXYZ	ABDEFGHI 7
⏲ 26 Mrz - 31 Okt	3 ABGLM	ABEFNQRTU 8
☏ +41 9 17 91 65 63	4 BFHJOT	FU 9
@ camping-melezza@bluewin.ch	5 ABDEFGHIJKM	ABGIKOQUXY 10
	B 10A	
N 46°10'37" E 08°43'44"	H260 2,1ha 148T(40-80m²) 73D	€ 55,00 / € 63,25
🚗 A2, Ausfahrt Bellinzona-Süd/Locarno, Richtung Locarno-Ascona, an Locarno vorbei Ausfahrt Losone. CP nach 300m hinter dem Industriegebiet Zandone, Richtung Intragna-Golino.		107146

Meride, CH-6866 / Ticino

▲ Monte San Giorgio Camping****	1 ADEGJMNOPR	BF 6
ᴥ Via ala Caraa 2	2 ABCEPQRSVYZ	ABDEFG 7
⏲ 15 Apr - 16 Okt	3 AM	ABEFNQRTW 8
☏ +41 9 16 46 43 30	4 FJ	AD 9
@ info@montesangiorgiocamping.ch	5 ADHJKMN	ABCJOQ 10
	B 14A	
N 45°53'17" E 08°56'58"	H533 1,2ha 110T(80m²) 14D	€ 45,80 / € 57,75
🚗 A2, Bellinzona-Chiasso, Ausfahrt Mendrisio, Richtung Stabio-Varese, Richtung Arzo. In Arzo Richtung Serpieno-Meride. Vor Meride ausgeschildert.		107181

Tresiana ★★★★
Via Cantonale 21
6998 Monteggio
Tel. +41 916083342
info@camping-tresiana.ch
www.camping-tresiana.ch

Monteggio, CH-6998 / Ticino

▲ Tresiana****	1 ABDEGJMNOPRST	AFJNU 6
ᴥ Via Cantonale 21	2 CPQSWXYZ	ABDEFGH 7
⏲ 2 Apr - 23 Okt	3 ABFLM	ABCDEFNQRTW 8
☏ +41 9 16 08 33 42	4 BFHJOX	ADGI 9
@ info@camping-tresiana.ch	5 ABDEFGMN	ABDGHJOQU 10
	Anzeige auf dieser Seite B 10A	
N 45°59'28" E 08°49'00"	H255 1,5ha 95T(56-80m²) 49D	€ 50,60 / € 59,75
🚗 A2 Ausfahrt Lugano-Nord/Ponte Tresa, Richtung Ponte Tresa. In Ponte Tresa Richtung Luino. Bis zur Grenze und dann rechts ab. Der CP ist in Molinazzo di Monteggio ausgeschildert.		107177

- ruhiger, gepflegter Camping mit großen Plätzen an der Tresa, zwischen Ponte Tresa und Luino
- große Stellplätze, gepflegt und sauber
- grillen erlaubt
- moderne Sanitäranlagen
- reservieren in der Hauptsaison empfohlen
- profitieren Sie von unseren Sonderangeboten

Muzzano, CH-6933 / Ticino

▲ TCS Camping Lugano*****	1 ABDEFGJMNOPRST	AFLMPQSWXYZ 6
ᴥ Via alla Foce 14	2 AFIKQSWXYZ	ABDEFGIK 7
⏲ 1 Jan - 31 Dez	3 BFLMN	ABCDEFIJNQRTUVW 8
☏ +41 9 19 94 77 88	4 BFJLOP	ACEFNZ 9
@ camping.muzzano@tcs.ch	5 ACDFGHJKLMN	ABGHIKOQUY 10
	B 10A CEE	
N 45°59'43" E 08°54'31"	H275 4,7ha 210T(80-120m²) 56D	€ 67,40 / € 83,00
🚗 A2, Ausfahrt Lugano-Nord/Ponte Tresa. In Agno Richtung Flugplatz. Vor Muzzano ist der CP ausgeschildert. An der Suzuki-Werkstatt über die Parallelstraße zum CP.		107173

Teilkarte Tessin auf Seite 355

Tenero, CH-6598 / Ticino
- ⛺ Lago Maggiore*****
- 🛣 Via Lido 2
- 📅 27 Mrz - 25 Okt
- ☎ +41 9 17 45 18 48
- @ info@clm.ch
- 📍 N 46°10'09'' E 08°51'13''

1	ACDEHKNOPQRST	LMQSW 6
2	AFJKPQSWXYZ	ABDEFG 7
3	BEFLMV	ABCDEFJKNORSTVW 8
4	BDFHNORSX	DKL 9
5	ABCDEFGHKLMNO	ABGHIJOPQX 10

B 16A   H195 3,2ha 304T(56-92m²) 155D
💶 €54,15 €72,55   107166

🚗 A2, Ausfahrt Bellinzona-Süd, Richtung Locarno. Am Flughafen vorbei in Richtung Locarno/Tenero. Nach der Ausfahrt Tenero sind alle CP ausgeschildert.

Tenero, CH-6598 / Ticino
- ⛺ Rivabella***
- 🛣 Via Naviglio 11
- 📅 1 Jan - 31 Dez
- ☎ +41 9 17 45 22 13
- @ info@camping-rivabella.ch
- 📍 N 46°10'21'' E 08°50'50''

1	ADEJMNOPQRS	LMNQSWXZ 6
2	AFJQSXYZ	ABDEFG 7
3	ALM	ABCDEFJNQRUW 8
4	FHO	DGJL 9
5	ABCDEFGHJKLMN	ABGHIQO 10

B 10A CEE   H195 1ha 38T(60-80m²) 57D
💶 €49,05 €58,20   107164

🚗 A2, Ausfahrt Bellinzona-Süd, Richtung Locarno. Am Flughafen vorbei in Richtung Locarno/Tenero. Nach Ausfahrt Tenero ist der CP ausgeschildert.

Tenero, CH-6598 / Ticino
- ⛺ Lido Mappo*****
- 🛣 Via Mappo 20
- 📅 1 Apr - 23 Okt
- ☎ +41 9 17 45 14 37
- @ camping@lidomappo.ch
- 📍 N 46°10'37'' E 08°50'35''

1	ADEHKNOPQRS	LMNQSWXYZ 6
2	AFIJKLQSWXYZ	ABCDEFG 7
3	ABGLM	ABCDEFJNQRTW 8
4	H	EKV 9
5	ACDFGHL	ABCGHIOQUXY 10

B 10A CEE   H206 6,5ha 357T(60-80m²) 96D
💶 €59,15 €77,50   107161

🚗 A2, Ausfahrt Bellinzona-Süd, Richtung Locarno. Am Flughafen vorbei Richtung Locarno/Tenero alle CP deutlich ausgeschildert.

Tenero, CH-6598 / Ticino
- ⛺ Camping Tamaro Resort*****
- 🛣 Via Mappo 32
- 📅 12 Mrz - 30 Okt
- ☎ +41 9 17 45 21 61
- @ info@campingtamaro.ch
- 📍 N 46°10'32'' E 08°50'40''

1	ADEHKNOPQRST	ALMNST 6
2	AFIJQRSWXY	ABDEFG 7
3	ABGLMU	ABCDEFJLMNOSTUVW 8
4	ABCDEFHJOX	EKLNVW 9
5	ABCDEFGHJLMNO	ABCEGHIJLOQQUXY 10

B 12A CEE   H193 6ha 290T(60-150m²) 174D
💶 €64,25 €82,65   107162

🚗 A2, Ausfahrt Bellinzona-Süd/Locarno, Richtung Locarno. Am Flughafen vorbei Richtung Locarno/Tenero. Hinter der Ausfahrt Tenero sind alle Campings angezeigt.

Tenero, CH-6598 / Ticino
- ⛺ Camping Miralago S.A.*****
- 🛣 Via Roncaccio 20
- 📅 1 Jan - 31 Dez
- ☎ +41 9 17 45 12 55
- @ bureau@camping-miralago.ch
- 📍 N 46°10'23'' E 08°50'53''

1	BDEGJMNOPQRS	BFLMQSW 6
2	AFIJKQRSTWXYZ	ABDEFG 7
3	ABFGLMSUV	ABCDEFGJNQRTUVW 8
4	BCDFHQQUXY	DJKNR 9
5	ABCDEFGHJKMO	ABCGHIJMOQUY 10

B 16A CEE   H195 2,2ha 113T(50-92m²) 72D
💶 €94,85 €113,20   107163

🚗 A2, Ausfahrt Bellinzona-Süd, Richtung Locarno. Am Flughafen vorbei Richtung Locarno/Tenero ist der CP ausgeschildert.

Tenero, CH-6598 / Ticino
- ⛺ Campofelice Camping Village*****
- 🛣 Via Brere 7
- 📅 3 Mrz - 6 Nov
- ☎ +41 9 17 45 14 17
- @ info@campofelice.ch
- 📍 N 46°10'08'' E 08°51'21''

1	ADEHKNOPQRS	BGJLMQSVWXYZ 6
2	ADEIJKLPQRSWXYZ	ABCDEFGH 7
3	ABDEFGJLMNOSTUVW	ABCDEFGJKNQRTUVW 8
4	ABCDEFHJLORSTUVWY	CDGJKNORTUVWXZ 9
5	ABCDEFGHJKLMNO	AEFGHIJOPQUXY 10

Anzeige auf Seite 389 B 13A CEE   H195 15ha 583T(80-100m²) 256D
💶 €61,90 €86,70   107167

🚗 A2, Ausfahrt Bellinzona-Süd, Richtung Locarno. Am Flughafen vorbei Richtung Locarno/Tenero. Nach Ausfahrt Tenero ist der CP ausgeschildert.

Andeer, CH-7440 / Graubünden
- ⛺ Camping Andeer****
- 🛣 Sut Baselgia 120c
- 📅 1 Jan - 31 Dez
- ☎ +41 8 16 61 14 53
- @ camping.andeer@bluewin.ch
- 📍 N 46°36'23'' E 09°25'35''

1	AFGJMNOPRST	BEGN 6
2	AIPQXY	ABDEFG 7
3	ANO	ABCDEFJNQRW 8
4	FHJW	G 9
5	ADEHKMN	ABGHJOQ 10

W 10A   H980 1,2ha 40T(40-80m²) 127D
💶 €51,40 €56,00   107196

🚗 A13, Ausfahrt Zillis oder Andeer, CP auf der Nordseite des Ortes beim Mineralbad.

Chur (GR), CH-7000 / Graubünden
- ⛺ CampAu Chur***
- 🛣 Felsenaustraße 61
- 📅 1 Jan - 31 Dez
- ☎ +41 8 12 84 22 83
- @ info@camping-chur.ch
- 📍 N 46°51'43'' E 09°30'27''

1	ADEJMNOPQRS	BEGHNU 6
2	ACPQRSTWXYZ	ABDEFGIJ 7
3	BFGHIJLMNOP	ABCDEFIJKNQRTW 8
4	H	G 9
5	ABDEFHJKLMN	ABFGHKOQWY 10

WB 10A CEE   H550 2,7ha 80T(30-110m²) 103D
💶 €35,70 €43,05   107193

🚗 A13, Ausfahrt Chur-Süd (auch: Arosa/Lenzerheide). Danach auf der Hauptstraße den CP-Schildern folgen.

Durchreisecampingplätze

In diesem Führer finden Sie eine handliche Karte mit Campingplätzen an den wichtigsten Durchgangsstrecken zu Ihrem Ferienziel.

Churwalden, CH-7075 / Graubünden
- ⛺ Pradafenz****
- 🛣 Girabodawäg 24
- 📅 1/1 - 16/4, 22/5 - 31/10, 17/12 - 31/12
- ☎ +41 8 13 82 19 21
- @ camping@pradafenz.ch
- 📍 N 46°46'37'' E 09°32'29''

1	ADEJMNOPQRS	N 6
2	IPQSTVWXY	ABCDEFGH 7
3	BLMNO	ABCDEFGIJKNQRSTUVW 8
4	FGHI	G 9
5	ADEFHKLMN	ABEFGHJNOQY 10

WB 10A CEE   H1230 2,3ha 35T(40-90m²) 104D
💶 €37,45 €49,05   109210

🚗 Die 3, mitten in Churwalden. Den CP-Schildern am Migros folgen.

Teilkarte Graubünden auf Seite 357

Camping Chapella

Der **einzigartige**, idyllische Campingplatz beim Eingang des Schweizerischen Nationalparks. Campieren Sie auf der waldumsäumten Wiese, im Wald oder direkt am Inn.

Familie Erna & Duri Campell
Chapella | **CH-7526 Cinuos-chel**
Tel. +41 81 854 12 06
www.campingchapella.ch

Cinuos-chel/Chapella, CH-7526 / Graub. CC€22 iD
- Chapella**
- 1 Mai - 31 Okt
- +41 8 18 54 12 06
- info@campingchapella.ch

1	A J M NOPRS T	N U 6
2	CIQSVXY	ABDE FG 7
3	A L M	ACDE F JNQRW 8
4	FH	AB 9
5	ABDMN	ABDGJKOQ 10

Anzeige auf dieser Seite 16A CEE
€29,40 / €34,90
H1350 2ha 100T(40-100m²) 22D
N 46°37'57" E 10°00'49" 109771
An der Straße 27, einige km südlich von Cinuos-chel, auf die Kurve und Brücke achten!

Lenzerheide, CH-7078 / Graubünden iD
- Camping Gravas**
- Gravas 6
- 1 Jan - 31 Dez
- +41 8 13 84 23 35
- gravas@camping-lenzerheide.ch

1	ADE J M NOPQRST	6
2	BCPSUVXYZ	ABDE FGI 7
3	AL	ABEF JNQRTW 8
4	JO	9
5	ADMN	ABEFHJOQ 10

W 16A CEE
€43,15 / €55,10
H1445 1,1ha 45T(60-100m²) 80D
N 46°43'22" E 09°33'20" 123712
Camping an der Südwestseite von Lenzerheide ausgeschildert. Rezeption in der Mitte des lang gezogenen Campingplatzes.

Davos Glaris, CH-7277 / Graubünden iD
- RinerLodge
- Landwasserstraße 64
- 1 Jan - 31 Dez
- +41 8 14 17 00 33
- rinerlodge@davosklosters.ch

1	ADE I LNOPRST	N 6
2	CIPSTUWX	AB FG 7
3	AL	ABEF JNQRTW 8
4	FHJO P	G 9
5	ABDEHKMN	ABGKNQUW 10

W 10-16A CEE
€48,20 / €57,40
H1450 1ha 84T(40-80m²) 28D
N 46°44'39" E 09°46'46" 118293
Der Campingplatz liegt an der Strecke Davos-Tiefencastel hinter dem Bahnhof Davos-Glaris.

Li-Curt/Poschiavo, CH-7745 / Graubünden iD
- Boomerang***
- Via da Vial 40
- 1 Apr - 31 Okt
- +41 8 18 44 07 13
- info@camping-boomerang.ch

1	ADE J M NOPRS T	N 6
2	CIPQSYZ	ABD EFG HIK 7
3	AM	ABEF JNQRW 8
4	FHJO	EFJKU 9
5	ABDEHJMNO	AGHJOQU 10

B 10A
€44,60 / €51,95
H980 1,5ha 33T 62D
N 46°18'27" E 10°03'52" 107209
Aus St. Moritz die 29 über den Bernina Pass, 3 km südlich von Poschiavo an einer Seitenstraße (ausgeschildert).

Disentis, CH-7180 / Graubünden iD
- TCS Camping Disentis****
- Via Fontanivas 9
- 14 Apr - 25 Sep
- +41 8 19 47 44 22
- camping.disentis@tcs.ch

1	ADEF J M NOPRST	JLMN 6
2	BCEIPQRSVWXYZ	ABDE FGIJ 7
3	BLMUV	ABCDEFNQRTW 8
4	A FHJO	AFKZ 9
5	ABDEFHIKLMN	ABGHKOPQY 10

B 16A CEE
€53,80 / €68,75
H1100 2,5ha 150T(60-100m²) 32D
N 46°41'49" E 08°51'11" 107154
2 km südlich von Disentis an der Straße zum Lukmanier-Pass.

Maloja, CH-7516 / Graubünden iD
- Camping Maloja**
- Isola 8
- 1 Jun - 30 Sep
- +41 8 18 24 31 81
- info@camping-maloja.ch

1	ADE J M NOPR T	LNOQS 6
2	BCEILQSUXY	ABDE FG 7
3		ABEFNQR 8
4	FH	D 9
5	ADGKMN	AGJOQU 10

6A CEE
€39,00 / €48,20
H1817 1,5ha 124T 10D
N 46°24'21" E 09°42'38" 107203
Am südöstlichen Punkt vom Silvaplanersee. Ausfahrt von der Hauptstraße 3 und 1 km dem schmalen Weg folgen. Gut angezeigt.

Filisur, CH-7477 / Graubünden iD
- Islas****
- 1 Apr - 31 Okt
- +41 8 14 04 16 47
- info@campingislas.ch

1	ABDEFGJMNOPQRST	AN 6
2	BCIQSXYZ	ABDE FG 7
3	AB L M	ABEF JNQRTW 8
4	FHO	V 9
5	ABDFGHJLM	ABHIJOQUY 10

13-16A
€41,80 / €50,05
H950 4,4ha 120T(30-80m²) 73D
N 46°40'17" E 09°40'27" 107200
Von Tiefencastel erst Richtung Davos/Albula, dann Richtung Bergün/Albula. Hinter Alvaneu Bad den Schildern folgen. Albula-Pass ist von Osten für Gespanne nicht zu befahren.

ACSI Camping Europa-App

9 500 europäische Campingplätze in einer praktischen App

- Erweiterbar um 9 000 kontrollierte Reisemobilstellplätze
- Ohne Internetverbindung nutzbar
- Kostenlose Updates mit Änderungen und neuen Campingplatz-Bewertungen
- Schnell und einfach buchen, auch unterwegs
- Neu: jetzt auch mit kleinen Campingplätzen

ab **0,99 €**

www.Eurocampings.de/app

Le Prese, CH-7746 / Graubünden   CC€20 iD
- Cavresc***
- Via dal Cavresc 1
- 1 Apr - 31 Okt
- +41 8 18 44 02 59
- camping.cavresc@bluewin.ch

1	ADEG J M NOPRS T	N 6
2	CIPQWXY	ABC DE FGH 7
3	A J MN O	ABE F JNQRTW 8
4	FHJO	DN 9
5	ABDEGHMN	ABGHJNQU 10

B 13A CEE
€45,55 / €52,90
H966 1ha 84T(30-75m²) 15D
N 46°17'41" E 10°04'49" 109013
Im Ort Le Prese in einer Seitenstraße (Ostseite) der Hauptstraße 29, den Schildern folgen.

Lenz/Lenzerheide, CH-7083 / Graubünden iD
- St. Cassian
- Voia Principala 106
- 1 Jan - 31 Dez
- +41 8 13 84 24 72
- st-cassian@camping-lenzerheide.ch

1	ADE J M NOPQRST	6
2	BIPQVXYZ	ABDE FG 7
3	AL	ABCDE F JNQRTW 8
4		EGJU 9
5	ADKLMN	ABEFHJN O QUWY 10

W 10A CEE
€38,55 / €49,60
H1415 2,8ha 45T(40-100m²) 147D
N 46°41'59" E 09°33'30" 110580
Die B3, 3 km südlich von Lenzerheide. Neben dem Restaurant St. Cassian.

Camping «Pè da Munt»

- Ruhig und romantisch, auf 1450 m ü. M. in einem der schönsten Südtäler gelegen. • Einmalige Naturlandschaft im Biosfera-Park Val Müstair – Park Nazional. • Viele Plätze mit eigener Feuerstelle.
- Schönes Wandergebiet, UNESCO-Kloster San Jon, interessante Museen, Bike-Paradies und kulinarische Genüsse im ganzen Val Müstair.
- Gute Anfahrt für Wohnmobile und Wohnwagen.
- Persönliches 'ambiente'.

www.campingstamaria.ch

Camping Pè da Munt, CH-7536 Sta. Maria, Tel. +41 (0)81 858 71 33

Müstair, CH-7537 / Graubünden
- Muglin
- Via Muglin 223
- 7 Mai - 30 Okt
- +41 8 18 58 59 90
- info@campingmuglin.ch

1 ADEJMNOPQRST 6
2 CIPQX ABDEFG 7
3 AENOU ABCDEFJQRTUVW 8
4 JOT D 9
5 ADEHKM ADGHJOQ10
B 13A CEE
H1244 4,5ha 65T(100m²) 29D
① €35,15 ② €48,40

N 46°37'26" E 10°26'56"
Innerorts der Kantonsstraße 28 folgen, Abfahrt CP.
121086

Pontresina/Morteratsch, CH-7504 / Graubünden
- Morteratsch****
- Plauns 13
- 1 Jan - 31 Dez
- +41 8 18 42 62 85
- mail@camping-morteratsch.ch

1 ADEJMNOPQRST JN 6
2 BCFIPQSXYZ ABDEFGHIJ 7
3 BLM ABCDEFGIJNQRTVW 8
4 FHIJOT DFJNVW 9
5 ACDEFHJKMN ABGJNOPQRU10
WB 12A
H1850 4ha 400T 49D
① €43,60 ② €52,80

N 46°27'38" E 09°56'12"
An der 29 von St. Moritz zum Bernina-Pass, 4 km südlich von Pontresina.
107208

Rueras, CH-7189 / Graubünden
- Viva***
- Via prav cumin 11
- 1 Jan - 31 Dez
- +41 7 91 26 80 61
- hallo@campingviva.ch

1 EJMNOPRT N 6
2 CIQWX ABDEFG 7
3 ABGL ABEFJNQR 8
4 FHI E 9
5 ABDHK BCGJNQU10
WB 16A CEE
H1400 19ha 100T(40-70m²) 17D
① €46,85 ② €54,15

N 46°40'26" E 08°45'18"
Die 19 von Chur zum Oberalppass. Hinter Camischolas links ab auf die Via Tgamaura, dann die 1. Straße rechts rein. Die Straße, die durch den Ort führt, ist nicht für Wohnwagen oder Wohnmobile geeignet.
109070

Silvaplana, CH-7513 / Graubünden
- Silvaplana****
- Via da Bos-Cha 15
- 16 Mai - 18 Okt
- +41 8 18 28 84 92
- reception@campingsilvaplana.ch

1 ADEGJMNOPRST LNQRSTXYZ 6
2 EIPQSUYZ ABCDEFG 7
3 BFGLNO ABCDEFJKNQRTW 8
4 FHJOQ M 9
5 ABCDHMN AGHJNQUVY10
16A
H1810 4ha 180T(50-80m²) 140D
① €44,55 ② €53,70

N 46°27'23" E 09°47'36"
Direkt südlich von Silvaplana an der Hauptstraße 3 am See. Die Zufahrtsstraße liegt sich südlich vom Ort. Den Schildern in und ums Dorf herum folgen.
107202

Splügen, CH-7435 / Graubünden
- Camping Splügen***
- Campingstrasse 18
- 1 Jan - 31 Dez
- +41 8 16 64 14 76
- camping@spluegen.ch

1 ADEGJMNOPRST NU 6
2 ACIPQSX ABDEFGHIJK 7
3 ABMNO ABCDEFJNQRTW 8
4 FGHJ G 9
5 ABDEHJMN ABHKOPQU10
W 10A CEE
H1470 0,8ha 30T(80-120m²) 110D
① €45,20 ② €54,40

N 46°32'58" E 09°18'51"
A13 Ausfahrt Splügen. In Splügen der Beschilderung folgen. Ca. 500m westlich des Ortes.
107197

Sta Maria, CH-7536 / Graubünden
- Pè da Munt***
- 31 Mai - 1 Okt
- +41 8 18 58 71 33
- campingstamaria@bluewin.ch

1 AJMNOPRST 6
2 CIPQSUVXY ABDEFG 7
3 A ABEFNQRW 8
4 FHJ D 9
5 ABDN ABGJOQU10
Anzeige auf dieser Seite 10A
H1290 2ha 60T(30-85m²)
① €33,95 ② €45,00

N 46°35'49" E 10°25'33"
CP etwas außerhalb des Ortes, an der Straße zum Umbrailpass.
107215

Sur En/Sent, CH-7554 / Graubünden
- Sur En****
- 1 Jan - 31 Dez
- +41 8 18 66 35 44
- info@sur-en.ch

1 ADEGJMNOPRST BNU 6
2 DIPQSXY ABDEFGHK 7
3 BHLMTUW ABCDEFJNQRTW 8
4 AEFHJT FJU 9
5 ABDEFHJKMN AGJOPQVW10
WB 15A
H1124 3ha 160T(70-100m²) 47D
① €40,30 ② €49,30

N 46°49'07" E 10°21'57"
Ausfahrt zum Camping auf der 27 zwischen Ramosch und Crusch. Sehr starkes Gefälle vom Inn über eine überdachte Holzbrücke zum Campingplatz.
107212

Thusis, CH-7430 / Graubünden
- Camping Thusis***
- Pantunweg 3
- 14 Feb - 18 Dez
- +41 8 16 51 24 72
- camping.thusis@tcs.ch

1 ABDEGJMNOPRST N 6
2 ABCPQRXYZ ABDEFGI 7
3 ABFMNU ABCDEFJKNQRTUW 8
4 FH F 9
5 ADKMN ABFGHKNQU10
B 16A CEE
H700 4,5ha 104T(50-100m²) 16D
① €52,35 ② €64,25

N 46°41'56" E 09°26'42"
Von der A13 Ausfahrt Thusis-Süd und den CP-Schildern folgen.
107195

Trin Mulin, CH-7016 / Graubünden
- Trin
- Via Geraglia 2
- 1 Apr - 31 Okt
- +41 7 64 40 19 93
- info@campingtrin.ch

1 AGJMNOPRST L 6
2 AEIQXY ABDEFGIK 7
3 ABMNPU ABEFJNQR 8
4 FHJQ DH 9
5 ABDEFHMN AJOQ10
13A CEE
H800 2,2ha 126T(50-100m²) 36D
① €40,40 ② €49,60

N 46°49'41" E 09°20'50"
Der B19 Chur-Disentis folgen. Hinter dem Tunnel rechts Richtung Trin Mulin. Camping ist ausgeschildert. Zufahrt über den Parkplatz P1.
118551

Trun, CH-7166 / Graubünden
- Trun***
- Via Campadi 2
- 10 Apr - 31 Okt
- +41 8 15 44 56 97
- info@camping-trun.ch

1 ADEJMNOPRST NUV 6
2 CIPQRSXYZ ABDEFG 7
3 HILNO ABCDEFJNQRUW 8
4 FHIO 9
5 ABDEFHKLMN ABGHJNQU10
B 10A
H850 4,5ha 50T(40-100m²) 100D
① €42,25 ② €54,55

N 46°44'28" E 08°59'39"
1 km östlich von Trun am Vor-Rhein. Von Straße 19 aus Schildern folgen.
107153

Vicosoprano, CH-7603 / Graubünden
- Mulina**
- 1 Mai - 31 Okt
- +41 8 18 22 10 35
- camping.mulina@bluewin.ch

1 AJMNOPRST N 6
2 CEIPQUVXY ABDEFGK 7
3 AEFJNQRW 8
4 FHJ A 9
5 ADHN ABGJLNQU10
10A CEE
H1070 2,5ha 200T(40-75m²) 14D
① €27,55 ② €37,65

N 46°21'22" E 09°37'51"
CP auf der Nordseite von Vicosoprano, Straße 3, Ausfahrt Roticcio, auch ausgeschildert.
107204

Zernez/Engadin, CH-7530 / Graubünden
- Cul*
- Madinas s/n
- 8 Mai - 16 Okt
- +41 8 18 56 14 62
- campingzernez@gmail.com

1 ADEFJMNOPRST N 6
2 CIPQSWXY ABCDEFGIJ 7
3 BM ABCDEFJNQRW 8
4 FHJ DFK 9
5 ABDEFHKMN ABGJOQU10
16A CEE
H1472 3,6ha 273T(40-120m²) 51D
① €41,15 ② €56,95

N 46°41'48" E 10°05'13"
Straße 27, Ausfahrt etwas südlich von Zernez.
107206

Schweiz

Österreich

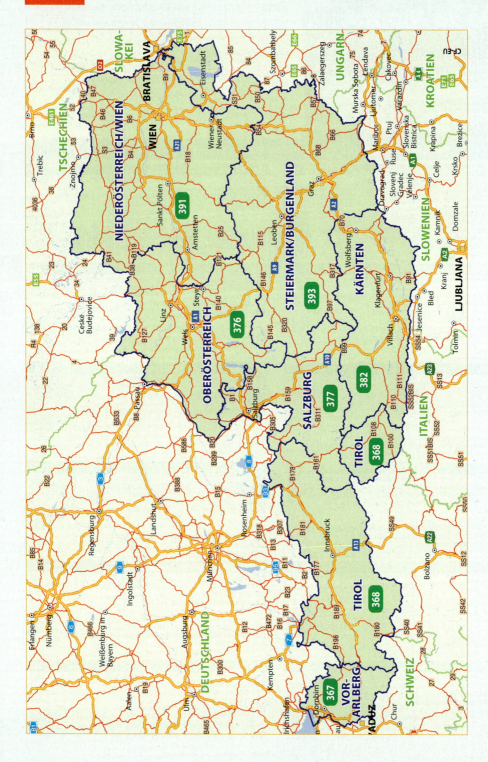

Österreich

Allgemeines
Offizieller Name: Republik Österreich
Österreich ist Mitglied der Europäischen Union. Deutsch ist die offizielle Sprache. In touristischen Gebieten kommt man fast überall mit Englisch gut zurecht.
Zeitunterschied: In Österreich ist es genauso spät wie in Berlin, Paris und Rom.

Währung und Geldfragen
Währung: Euro.
Bankkarte und Kreditkarte können Sie fast überall benutzen. Es gibt genug Geldautomaten.

Grenzformalitäten
Viele Formalitäten und Vereinbarungen in Bezug auf die notwendigen Reisedokumente, Fahrzeugpapiere, Anforderungen an Ihr Transportmittel und Ihr Campingfahrzeug, medizinische Kosten und die Mitnahme von Tieren hängen nicht nur vom Reiseziel, sondern auch von Ihrem Abreiseort und Ihrer Nationalität ab. Auch die Dauer Ihres Aufenthaltes kann eine Rolle spielen. Es ist unmöglich, im Rahmen dieses Leitfadens für alle Benutzer die richtigen und aktuellen Informationen über diese Themen zu gewährleisten. Wir empfehlen Ihnen daher, die folgenden Fakten in jedem Fall rechtzeitig vor der Abreise zu überprüfen:
- welche Reisedokumente Sie für sich selbst und Ihre Mitreisenden benötigen,
- welche Dokumente Sie für Ihr Auto und Ihren Anhänger benötigen,
- welche Waren und Medikamente Sie kostenlos ein- und ausführen dürfen,
- wie bei Unfall oder Krankheit die medizinische Behandlung in Ihrem Urlaubsland geregelt ist und bezahlt werden kann.

Haustiere
Finden Sie heraus, ob Ihr Haustier an Ihrem Zielort willkommen ist. Nehmen Sie hierzu frühzeitig Kontakt zu Ihrem Tierarzt auf. Dieser informiert Sie über relevante Impfungen und die entsprechenden Nachweise wie auch über Pflichten bei der Rückkehr.
Ferner sollten Sie sich erkundigen, ob an Ihrem Zielort für das Mitführen von Haustieren im öffentlichen Raum bestimmte Bedingungen gelten. So müssen in einigen Ländern Hunde immer einen Maulkorb tragen oder hinter Gittern transportiert werden.

Straßen und Verkehr
Österreich verfügt über ein dichtes Straßennetz, das sich in einem hervorragenden Zustand befindet. Unbefestigte Straßen gibt es nur in abgelegenen Bergregionen und Naturschutzgebieten.

Gebirgsstraßen
In den Alpen gibt es Steigungen von 6 % bis 15 % und mehr. Fast alle Gebirgsstraßen sind auf der Seite gesichert, auf der sich der Abgrund befindet.
Achtung! Bergpässe in der Schweiz, Österreich und Italien können für Fahrzeuge mit Wohnwagen oder Anhängern vorübergehend gesperrt, schwer zu passieren oder sogar dauerhaft verboten sein. Überprüfen Sie dies vor Beginn Ihrer Reise. Mehr Informationen: *alpenpaesse.de* (deutschsprachig).

Tanken
Benzin (Super/Bleifrei 95 und Super Plus 98) und Diesel sind leicht erhältlich. Autogas ist sehr begrenzt verfügbar.
Für Autogas nutzen einige Tankstellen den europäischen Anschluss (ACME) und andere den italienischen Anschluss (Dish).
Tankstellen an Autobahnen und in Großstädten sind in der Regel 24 Stunden am Tag geöffnet, andere Tankstellen sind mindestens von 8.00 bis 20.00 Uhr geöffnet. In Österreich gibt es auch viele Nachtautomaten und unbemannte Tankstellen.

Österreich

Verkehrsregeln

Abblendlicht ist bei schlechter Sicht, im Dunkeln und in Tunneln vorgeschrieben. An einer Kreuzung mit Straßen gleichen Ranges hat der von rechts kommende Verkehrsteilnehmer Vorfahrt. Der Verkehr im Kreisverkehr hat Vorfahrt, wenn dies ausgeschildert ist. Straßenbahnen haben grundsätzlich immer Vorfahrt. Auf schmalen Gebirgsstraßen muss der Verkehr, der am einfachsten ausweichen kann, Vorrang gewähren.

Der Alkoholgrenzwert beträgt 0,49 ‰, aber 0,1 ‰ für Fahrer, die ihren Führerschein seit weniger als 2 Jahren besitzen.

Am Steuer dürfen Sie kein Telefon in der Hand halten, auch dann nicht, wenn Sie anhalten (das Telefonieren mit Freisprechanlage ist allerdings erlaubt).

Kinder unter 14 Jahren und einer Größe unter 1,50 m müssen in einem Kindersitz sitzen.

Sie dürfen die Funktion in Ihrer Navigationssoftware verwenden, die Sie vor Radarfallen oder Abschnittskontrollen warnt.

Winterreifen sind vom 1. November bis 15. April im Winter Pflicht (Schneeketten können durch ein Schild vorgeschrieben werden).

Besondere Bestimmungen

Das Rauchen im Auto ist in der Gegenwart eines Kindes unter 18 Jahren verboten.

Bei Staus müssen Sie so weit wie möglich nach rechts oder links fahren, damit in der Mitte eine freie Spur (Rettungsgasse) für Einsatzfahrzeuge entsteht.

Das Parken ist unter anderem entlang einer gelben Linie und in mit einer gelben Zickzacklinie gekennzeichneten Zonen verboten.

Eine grün blinkende Ampel zeigt an, dass die Ampel bald auf orange umspringen wird.

Die Notrufsäulen sind mit Blinklichtern ausgestattet, die z.B. vor Geisterfahrern, Verkehrsunfällen oder Staus warnen.

Es ist vorgeschrieben, das Auto vor der Abfahrt vollständig von Schnee und Eis (einschließlich des Daches) zu befreien.

Es ist verboten, den Motor laufen zu lassen, wenn man etwas länger steht, z.B. an einem Bahnübergang oder wenn Sie das Auto von Eis befreien.

Vorgeschriebene Ausrüstung

Ein Warndreieck, eine Sicherheitsweste und ein Verbandskasten sind im Fahrzeug vorgeschrieben.

Höchstgeschwindigkeiten

Österreich	Außerhalb geschlossener Ortschaften	Autobahn
Auto	100	130
Mit Anhänger > 0,75 Tonnen*	70/80**	80/100**
Wohnmobil < 3,5 Tonnen	100	130
Wohnmobil > 3,5 Tonnen	70	80

* Mit einem Anhänger < 0,75 Tonnen können Sie 100 km/h außerhalb geschlossener Ortschaften und auf der Autobahn fahren.
** Nur wenn der Anhänger nicht schwerer als das Auto und das Gespann aus Auto und Anhänger < 3,5 Tonnen ist, gelten die höheren Höchstgeschwindigkeiten.
Innerhalb geschlossener Ortschaften beträgt die Höchstgeschwindigkeit 50 km/h.

Österreich

Wohnwagen, Wohnmobil
Ein Wohnmobil oder ein Gespann aus Auto und Wohnwagen darf bis zu 4 m hoch, 2,55 m breit und 18,75 m lang sein (der Wohnwagen selbst darf bis zu 12 m lang sein).
Für einen Wohnwagen mit einer zulässigen Höchstmasse > 0,75 Tonnen müssen Sie mindestens einen Unterlegkeil mitnehmen.
Ein Gespann aus Auto und Wohnwagen muss außerhalb geschlossener Ortschaften mindestens 50 m Abstand zu anderen Gespannen und Lkws halten.

Fahrrad
Kinder unter 12 Jahren müssen einen Fahrradhelm tragen (auch hinten auf dem Fahrrad sitzend). In Niederösterreich ist das Tragen eines Fahrradhelms bis 15 Jahre Pflicht. Telefonieren und Tippen auf einem Handy sind auf dem Fahrrad verboten.
Kinder unter 8 Jahren müssen hinten in einem Fahrradsitz sitzen und das Fahrrad muß von einer Person von mindestens 16 Jahren gefahren werden. Kinder dürfen nicht auf einem Fahrradsitz am Lenker transportiert werden. Kinder unter 12 Jahren dürfen nur mit Begleitung auf der Straße mit dem Rad fahren. Radfahrer dürfen nur auf Fahrradwegen nebeneinander fahren.

Maut und Umweltzonen
Maut
Für die Nutzung von Autobahnen in Österreich benötigen Sie eine „Autobahnvignette". Sie können eine Vignette für 10 Tage, 2 Monate oder ein Jahr kaufen. Die Mautvignette ist an Tankstellen und Poststellen in Grenznähe erhältlich, Adressen: *asfinag.at/maut-vignette/vertriebsstellen/*. Es ist ratsam, die „Autobahnvignette" vorab online zu bestellen, zum Beispiel über *tolltickets.com*. Die Vignette muss auf der linken Innenseite der Windschutzscheibe angebracht sein.
Zusätzlich zur normalen Vignette ist eine „digitale Mautvignette" erhältlich. Diese digitale Vignette wird auf das Nummernschild registriert und kann online unter *shop.asfinag.at* bestellt werden (Sie können auch die separate Maut für die „Sondermautstrecken" hier bezahlen), weitere Informationen: *asfinag.at*.

Österreich

Bestellen Sie diese digitale Vignette mindestens 18 Tage vor dem gewünschten Starttermin. Der Preis und die Gültigkeit der digitalen Vignette ist identisch mit der normalen Vignette. Für Wohnwagen und Anhänger ist keine zusätzliche Vignette erforderlich.

Besonderheiten
Fahrzeuge mit einem Gewicht von mehr als 3,5 Tonnen (einschließlich Wohnmobilen) zahlen über eine sogenannte GO-Box eine Maut pro Kilometer. Diese Box ist an der Grenze erhältlich. Mehr Informationen: *go-maut.at*. Nach der vollständigen Öffnung des Pfändertunnels wurde die „Korridorvignette" abgeschafft. Auf dem 23 Kilometer langen Abschnitt der A14 Rheintal/Walgau zwischen der deutschen Grenze und der Anschlussstelle Hohenems in Vorarlberg benötigen Sie nun eine Autobahnvignette oder eine GO-Box. Neben den Autobahnen gibt es in Österreich auch eine Reihe von „Sondermautstrecken" und Bergpässen, für die Sie eine separate Mautgebühr zahlen müssen. Mehr Informationen:
asfinag.at/maut-vignette/streckenmaut und *oeamtc.at/poi*.

Umweltzonen
Für Fahrzeuge über 3,5 Tonnen wurde für einige Regionen eine Umweltzone eingerichtet und eine *Abgasplakette* vorgeschrieben.

Panne und Unfall
Stellen Sie Ihr Warndreieck auf der Autobahn mindestens 200 bis 250 m (auf sonstigen Straßen 150 m) hinter Ihrem Auto auf, wenn das Auto für den übrigen Verkehr nicht gut sichtbar ist. Der Fahrer muss eine Sicherheitsweste anziehen.
Rufen Sie bei einer Panne die Notrufnummer Ihrer Pannenhilfe-Versicherung an. Sie erreichen den österreichischen Pannendienst unter folgenden Nummern: 120 (ÖAMTC) und 123 (ARBÖ). Auf Autobahnen können Sie auch über eine Notrufsäule (Notruftelefon) die Pannenhilfe anrufen.
Das Abschleppen auf der Autobahn ist bis zur ersten Ausfahrt erlaubt.

Notrufnummern
112: allgemeine Notrufnummer für Polizei, Feuerwehr und Rettungswagen
133: Polizei
122: Feuerwehr
144: Rettungswagen

Österreich

Campen
Österreichische Campingplätze gehören zu den besten Europas. Vor allem Kärnten zeichnet sich durch seine hervorragende Lage, sein stabiles Klima und seine schönen Seen aus. Viele Campingplätze in Tirol haben sich auf Wellness spezialisiert oder sind auf sportliche Camper ausgerichtet.
Wildcampen außerhalb der Campingplätze ist nur mit Genehmigung der Behörde vor Ort oder des Grundbesitzers erlaubt.

Besonderheiten
Auch im Winter sind viele österreichische Campingplätze geöffnet, vor allem in Vorarlberg, Tirol und Salzburg. Sie bieten oft viel Komfort bezüglich beheizter Räume. Zusätzliche Kosten wie z. B. die Touristensteuer oder umweltbedingte Abgaben können manchmal sehr hoch ausfallen.

Wohnwagen, Wohnmobil
Die Übernachtung in einem Wohnwagen, Wohnmobil oder Auto außerhalb von Campingplätzen ist außer in Wien, Tirol und in den Nationalparks auf der Durchreise für eine Nacht erlaubt.

Suche nach einem Campingplatz
Über **Eurocampings.eu** können Sie ganz einfach einen Campingplatz suchen und auswählen.

Praktisch
Die Steckdosen haben zwei runde Löcher (Typ C oder F).
Auf **iec.ch/world-plugs** können Sie überprüfen, ob Sie einen Adapter (Weltstecker) benötigen.
Schützen Sie sich vor Zecken, da diese Krankheiten übertragen können.
Leitungswasser kann bedenkenlos getrunken werden.

Klima Innsbruck	Jan.	Feb.	März	Apr.	Mai	Jun.	Jul.	Aug.	Sept.	Okt.	Nov.	Dez.
Durchschnittliche Höchsttemperatur	4	6	11	15	20	23	25	24	21	16	8	4
Durchschnittliche Anzahl der Sonnenstunden pro Tag	2	4	5	5	6	6	7	6	6	5	3	2
Durchschnittliche monatliche Niederschlagsmenge (mm)	44	41	56	58	87	110	137	111	78	57	63	53

Klima Klagenfurt	Jan.	Feb.	März	Apr.	Mai	Jun.	Jul.	Aug.	Sept.	Okt.	Nov.	Dez.
Durchschnittliche Höchsttemperatur	0	4	10	15	20	23	26	25	21	14	6	1
Durchschnittliche Anzahl der Sonnenstunden pro Tag	2	4	5	6	7	8	8	7	6	4	2	1
Durchschnittliche monatliche Niederschlagsmenge (mm)	31	35	50	65	79	114	118	99	90	83	79	49

Klima Wien	Jan.	Feb.	März	Apr.	Mai	Jun.	Jul.	Aug.	Sept.	Okt.	Nov.	Dez.
Durchschnittliche Höchsttemperatur	3	5	10	15	21	23	26	25	20	14	8	4
Durchschnittliche Anzahl der Sonnenstunden pro Tag	2	3	4	6	8	8	9	8	6	4	2	1
Durchschnittliche monatliche Niederschlagsmenge (mm)	37	39	46	52	62	70	68	58	54	40	50	44

 **EuroParcs**

Campingplätze in den schönsten Regionen Tirols und Kärntens

10% Rabatt*
CODE: EPCAMPING

Österreich

Erstklassiger Service und Komfort • Breites, familienfreundliches Freizeitangebot • Naturnahe Erholung an Top Standorten

Buche deinen Aufenthalt flexibel und sicher.

*Gültig für Anreisen bis zum 31.12.2022. Nicht kombinierbar mit anderen Rabatten und Aktionen, nur gültig nach Verfügbarkeit. Es gelten die allgemeinen Geschäftsbedingungen von EuroParcs. Der Gutschein gilt für einen Stellplatz auf einem unserer Campingplätze. Exkl. Touristenabgabe und Extras.

www.europarcsresorts.de | Tel.: 0221 828 28 400

Vorarlberg

Campingreisen

Buchen Sie eine organisierte Campingreise bei ACSI!

www.ACSIcampingreisen.de

Feldkirch, A-6800 / Vorarlberg
- Waldcamping Feldkirch
- Stadionstraße 9
- 1 Apr - 31 Okt
- +43 5 52 27 60 01 31 90
- waldcamping@feldkirch.at

1	AF**JM**NOPQRS**T**	BFHI 6
2	ABPQTWXY	ABDE**FGH** 7
3	BFG**LMN**	ABEFJNQRT 8
4	FHJO	9
5	ABDN	ABFGHIKOQUY 10
10A CEE		

① €32,60 ② €41,40

N 47°15'32" E 09°35'00" H500 3,5ha 64T(60-120m²) 64D 100866

A14 Ausfahrt Feldkirch-Nord, am 2. Kreisel Richtung Gisingen. Links nach Gisingen. Im Kreisverkehr in Feldkirchen rechts. Der Straße bis zum Kreisel folgen. Danach 2 mal rechts. Den grünen Schildern folgen.

Innerbraz (Klostertal), A-6751 / Vorarlberg
- Walch's Camping & Landhaus****
- Arlbergstraße 93
- 25 Mai - 25 Sep
- +43 5 55 22 81 02
- info@landhauswalch.at

1	ADEG**JM**NOPQRST	N 6
2	AIPQWXY	ABDE**FG** 7
3	BDF**LM**	ABCDEFJKNQRTUVW 8
4	AEFGHJO**S**TV	GILW 9
5	ABDJNM	ABFGHJOQU 10
WB 16A CEE		

① €45,80 ② €53,80

N 47°08'31" E 09°55'36" H700 2,5ha 50T(80-120m²) 58D 117766

A14/E60 Bregenz-Bludenz-Braz. Richtung Arlberg über die S16. An der T-Kreuzung rechts. Nach 2 km CP links. Von Landeck/Arlberg Ausfahrt Braz und Beschilderung folgen. In Navi eingeben: Innerbraz.

Nenzing, A-6710 / Vorarlberg
- Alpencamping Nenzing*****
- Garfrenga 1
- 1 Jan - 31 Dez
- +43 55 25 62 49 10
- office@alpencamping.at

1	ADE**JM**NOPQRS**T**	BEGN 6
2	ABCIPQSTVWXY	BCEF**GH** 7
3	AD**HIL**MU	BCDEFIJKNQRTUVW 8
4	**A**BCDEFHO**TUVXY**	HKWZ 9
5	ABDEFGHLMN	ABCEGHJMOQ 10
WB 16A CEE		

① €62,90 ② €79,90

N 47°10'57" E 09°40'56" H700 3,3ha 165T(80-160m²) 13D 101349

A14 Bregenz-Innsbruck, Ausfahrt 41 Feldkirch/Frastanz. An der Ampel links Richtung Frastanz auf die 190. An der 1. Ampel rechts, hier den grünen Campingschildern folgen. Ausfahrt 50 ist auch möglich, aber eng.

Nüziders, A-6714 / Vorarlberg
- Panorama Camping Sonnenberg
- Hinterofersti 12
- 14 Mai - 25 Sep
- +43 6 99 10 79 28 13
- info@camping-sonnenberg.com

1	AEFG**IL**NOPQRS**T**	6
2	AIPQSTVWXY	ABDE**FGH** 7
3	B**L**MUWX	ABCDEFJNQRTUVW 8
4	EFGHJO	J 9
5	ABDMN	ABEFGHJOST 10
13A CEE		

① €44,90 ② €53,90

N 47°10'15" E 09°48'15" H580 1,9ha 116T(90-110m²) 2D 105965

A14, Ausfahrt 57 Nüziders und Schildern Nüziders folgen. Danach wird CP angezeigt.

Au im Bregenzerwald, A-6883 / Vorarlberg
- Camping Austria Fam. Köb
- Neudorf 356
- 1 Jan - 31 Dez
- +43 55 15 23 31
- info@campingaustria.at

1	ADHKNOPQRS**T**	HJ**NU** 6
2	CIPQSTWXY	ABDE**FG** 7
3	M	ABCDE**F**JNQRW 8
4	AEFHJO	Y 9
5	DMN	ABEFGHJOQY 10
W 15A CEE		

① €30,35 ② €36,40

N 47°18'58" E 09°59'56" H800 0,6ha 40T(50-80m²) 15D 100867

B200 Dornbirn-Warth. Der CP ist im Ort ausgeschildert: bei Gasthof Schiff über die Brücke, rechts und sofort links ums Haus.

Bregenz, A-6900 / Vorarlberg
- Seecamping Bregenz****
- Hechtweg
- 15 Mai - 15 Sep
- +43 5 57 47 18 95
- geisslemann.guenter@aon.at

1	A**J**MNOPQRS**T**	LQS**XYZ** 6
2	AEKLMPQXYZ	ABDE**FG** 7
3	ABM	ABCDEFNQR 8
4	FH	9
5	ABDEFJKN	AGJNQ 10
B 10A CEE		

① €42,50 ② €52,50

N 47°30'20" E 09°42'45" H400 10ha 500T 30D 100857

A14 Ausfahrt Bregenz Richtung See. Nach dem City-Tunnel rechts Richtung 'Stadtzentrum', 1. Ampel rechts den grünen CP-Schildern folgen (oder Richtung Höchst und den CP-Schildern folgen).

Dornbirn, A-6850 / Vorarlberg
- Dornbirn
- Gütlestrasse 15
- 1/1 - 31/10, 1/12 - 31/12
- +43 5 57 22 91 19
- info@camping-dornbirn.at

1	BDE**JM**NOPQRS**T**	6
2	ABCPQRTXYZ	ABDE**FG** 7
3	AM	ABEFNQRUVW 8
4	FHJO	9
5	ADEFKN	ABK**N**OQ 10
B 6A		

① €44,00 ② €50,00

H450 1ha 100T(100m²)

N 47°23'57" E 09°45'24" 108151

A14, Ausfahrt 18 Dornbirn Süd, CP beim Zentrum ausgeschildert.

Raggal, A-6741 / Vorarlberg
- Grosswalsertal
- Plazera 21
- 15 Mai - 30 Sep
- +43 5 55 32 09
- info@camping-grosswalsertal.at

1	A**JM**NOPQRT	B 6
2	IPQVWX	ABDE**FG** 7
3	BGM	ABCDEFJNRW 8
4	EFJ	I 9
5	ADN	ABHJ**OQ** 10
16A CEE		

① €29,00 ② €41,00

N 47°12'57" E 09°51'13" H888 0,8ha 55T(65-100m²) 1D 105964

A14 Bregenz-Arlberg, Ausfahrt 50 Nenzing/Bludesch in Richtung Bludesch/Thüringen/Ludesch. Von Ludesch nach Raggal (6 km), durch Raggal, 2 km Richtung Sonntag; der CP liegt links.

EuroCampings

Zu jedem Campingplatz in diesem Führer gehört eine sechsstellige Nummer. Damit können Sie den betreffenden Campingplatz einfacher auf der Webseite suchen.

Lienz/Amlach, A-9908 / Tirol
- Dolomiten Camping Amlacherhof*
- Seestrasse 20
- 1 Apr - 31 Okt
- +43 6 99 17 62 31 71
- info@amlacherhof.at

1	A**J**MNOPQRS**T**	AUX 6
2	FGOPVWXY	ABDE**FGHI** 7
3	A**HJL**MUX	ABCDE**JK**LMN**O**RTUVW 8
4	FH**IO**PS	EGILUVWXY 9
5	ABDEFHMN	ABGHIJ**OP**R 10
Anzeige auf Seite 247 WB 16A CEE		

① €33,10 ② €41,30

N 46°48'48" E 12°45'47" H710 2,5 ha 85T(80-120m²) 31D 110377

Felbertauerntunnel-Lienz, bei Lienz hinter dem Kreisel Richtung Spittal. An der 2. Ampel rechts Richtung Feriendorf/Amlach, noch 2 km den Schildern folgen.

www.Eurocampings.de

Camping Aufenfeld

Abenteuer & Spaß am Erlebnis Comfort Camping AUFENFELD

NEU! Familienapartments und Luxussuiten

TOP! 60m lange WasserRutsche mit Zeitmessung!

www.camping-zillertal.at

ERLEBNIS COMFORT

60m lange Wasserrutsche mit Zeitmessung! | Relax-Ruheraum mit Panoramaterrasse | beschneiter Übungsskilift direkt am Platz | Gratisskibus | Kinderbecken, Hallenbad | Erlebnisteich | Fitnessraum | großzügige Sauna- & Wellnessoase | Tennisplätze | Skaterpark | Fun-Court | Trampolinanlage | Beach-Volleyball | Tret-Gokarts | Abenteuer-Spielplätze | Reitanlage | klimatisierte Kletter- und Boulderhalle | Restaurants | Cafés | Supermarkt | Westernfort | Indoor-Spielhaus mit Kinderkino uvm.

TopWINTERplatz — Übungslift · Skiverleih · Gratis Skibus — AUFENFELD

A-6274 Aschau im Zillertal · Aufenfeldweg 10 · Tel. +43 (0)5282 2916 · e-mail: info@camping-zillertal.at

Breitenwang, A-6600 / Tirol
- Sennalpe***
- Plansee 17
- 1 Jan - 31 Dez
- +43 5 67 27 81 15
- info@plansee-tirol.at
- WB 12A CEE

1 ADEFJMNOPQRST LNOPQSXZ 6
2 BEIKQSWXYZ ABDEFG 7
3 BGMUX ABCDEFJNRTW 8
4 AEFHIJO FJRUW 9
5 ACDEFJLMN ABCGHJOQY 10

N 47°29'11" E 10°50'23" H1000 5ha 200T(80-100m²) 152D
① €37,50 ② €47,50
Über B179 nach Reutte, dann Richtung Plansee, bei Hotel Forelle rechts.
100858

Fieberbrunn, A-6391 / Tirol
- Tirol Camp****
- Lindau 20
- 1/1 - 11/4, 11/5 - 7/11, 7/12 - 31/12
- +43 5 35 45 46 66
- office@tirol-camp.at
- W 10A

1 ACDEFJMNOPQRS BEGHM 6
2 PQSTVWXY ABDEFG 7
3 ABFHILMUW ABCDEFIJLMNQRSTUVW 8
4 ABEFHJLOPQRSTUVYZ GIUV 9
5 ACDEFHJLMN ABEGHJOPQUVWXY 10

N 47°28'06" E 12°33'14" H820 7ha 250T(100-120m²) 101D
① €54,10 ② €70,10
B164 St. Johann in Tirol-Saalfelden. In Fieberbrunn ausgeschildert.
100864

Brixen im Thale, A-6364 / Tirol
- Brixen im Thale
- Badhausweg 9
- 1 Jan - 31 Dez
- +43 53 34 81 13
- info@camping-brixen.at
- WB 16A CEE

1 ABDJLNOPQRST 6
2 IPQSXY ABDEFGH 7
3 BFLM ABCDEFIJKNQRTUV 8
4 EFH IJVW 9
5 ADFMN ABFGHJOPQY 10

N 47°26'46" E 12°15'26" H800 2,5ha 60T(100-120m²) 222D
① €40,30 ② €53,30
B170 Kitzbühel-Wörgl vor dem Tunnel rechts, 2. Ausfahrt links. B170 Wörgl-Kitzbühel vor dem Tunnel links, 2. Ausfahrt rechts.
106020

Fügen, A-6263 / Tirol
- Natürlich Hell****
- Gageringstraße 1
- 1 Jan - 31 Dez
- +43 5 28 86 22 03
- servus@hell-tirol.at
- WB 16A CEE

1 ADEJMNOPQRST BEG 6
2 AIPQTVWY ABDEFG 7
3 BDFGLMU ABCDEFGHIJKNQRSTUVW 8
4 BEFHIJLORSTVX IJVZ 9
5 ABDEFGHJLMN ABCEFGHKOSTUWY 10

N 47°21'33" E 11°51'06" H540 3ha 155T(80-130m²) 48D
① €53,00 ② €73,00
Inntal-Autobahn, Ausfahrt 39 Zillertal, auf der B169 Richtung Fügen, dann Ausfahrt Gagering.
101583

Ehrwald, A-6632 / Tirol
- Dr. Lauth
- Zugspitzstraße 34
- 1 Jan - 31 Dez
- +43 56 73 26 66
- info@campingehrwald.at
- WB 16A CEE

1 AFJMNOPQRST B 6
2 IPQSUVXYZ ABDEFGH 7
3 ALMSUX ABEFGHJKLNPQRTUVW 8
4 AEFHIJ DFI 9
5 ADFGHJLMN ABGHJOPQUVY 10

N 47°24'40" E 10°55'26" H1020 1ha 65T(80-100m²) 50D
① €34,25 ② €50,25
Über B179 nach Reutte/Lermoos, in Lermoos Richtung Zugspitzbahn nach Ehrwald. Erster CP rechts von der Straße.
105978

Grän, A-6673 / Tirol
- Comfort-Camp Grän****
- Engetalstr. 13
- 1/1 - 18/4, 16/5 - 1/11, 15/12 - 31/12
- +43 56 75 65 70
- info@comfortcamp.at
- WB 16A CEE

1 AFJMNOPQRST EN 6
2 CIPQSTUVWXY ABDEFG 7
3 ABDHIMX ABCDEFGHIJKLNPQRTUVW 8
4 AEFGHIJSTVX IUW 9
5 ABDEFGHJLMN ABCEFGHJOQY 10

N 47°30'36" E 10°33'22" H1150 3,3ha 150T(80-100m²) 43D
① €48,30 ② €63,90
A7 von Kempten, Ausfahrt Oy, über Wertach, Oberjoch, Grän.
101344

Ehrwald, A-6632 / Tirol
- Zugspitz Resort Camping****
- Obermoos 1
- 1 Jan - 31 Dez
- +43 56 73 23 09
- welcome@zugspitze-resort.at
- WB 16A CEE

1 ADEJMNOPQRST BEGHI 6
2 BIPQSUVWY ABCDEFGHIJ 7
3 BDELMU ABCDEFIJKNQRTUVW 8
4 ABEFHIJLOPQRSTUVX GLUVWXY 9
5 ABDFHJLM ABHJOPQU 10

N 47°25'37" E 10°56'28" H1200 5ha 170T(80-100m²) 153D
① €83,50 ② €127,50
B179 nach Reutte/Lermoos, B314 Lermoos-Ehrwald, in Lermoos Richtung Tiroler Zugspitzbahn nach Ehrwald.
105977

Hall (Tirol), A-6060 / Tirol
- Schwimmbad Camping Hall in Tirol***
- Scheidensteinstr. 26
- 1 Mai - 30 Sep
- +43 5 22 35 85 55 50
- info@camping-hall.at
- B 10A CEE

1 AEJMNOPRT BGH 6
2 AIPQWY ABDEFG 7
3 AGJLNO ABCDEFGIJNQRT 8
4 AEFHOP 9
5 ABDEFJKN ABFGHJOQWY 10

N 47°17'06" E 11°29'45" H563 0,9ha 85T(60-100m²)
① €28,50 ② €38,50
Inntal-Autobahn, Ausfahrt 68 Hall und Schildern folgen (Richtung Schwimmbad, B171).
100876

Teilkarte Tirol auf Seite 368

Häselgehr, A-6651 / Tirol

- Rudi
- Luxnach 122
- 1 Jan - 31 Dez
- 3 M
- +43 56 34 64 25
- camping.rudi@lechtalnet.at
- N 47°18'55" E 10°29'52"

1	AF**JM**NOPQRS**T**	JUX 6
2	DIQTWX	ABDE**FG** 7
3		ABCDE**F**JNQR 8
4	FHJO	DRUV 9
5	ADMN	ABGHJ**N**QU 10
W 13A CEE		
H1000 0,8ha 40T(80m²) 12**D**	€39,00	€49,20

B198 Reutte-Warth. Straße bei der Brücke nehmen. CP liegt am Ende der Straße, am Lech entlang.   105971

Kals am Großglockner, A-9981 / Tirol

- Nationalparkcamping Kals****
- Burg 22
- 1/1 - 18/4, 21/5 - 16/10, 18/12 - 31/12
- +43 4 85 26 74 18
- info@nationalpark-camping-kals.at
- N 47°01'18" E 12°38'20"

1	A**JM**NOPQRST	**N** 6
2	BCIPQVWXY	ABDE**FG**HI 7
3		ABCDE**F**JNQR 8
4	FHIJ	9
5	ABDMN	ABHJNQ 10
WB 16A CEE		
H1450 2,5ha 108T(100-120m²)	€31,40	€40,50

Kufstein-Kitzbühel-Mittersill-Felbertauern-Matrei-Huben, dann hier links Richtung Kals. Ab Kals ist der CP ausgeschildert.   117163

Heiterwang, A-6611 / Tirol

- Heiterwangersee
- 1 Jan - 31 Dez
- +43 56 74 51 16
- camping@fischeramsee.at
- N 47°27'19" E 10°45'35"

1	ADE**JM**NOPQRST	**L**N**O**XZ 6
2	EIMPQSYZ	ABDE**FG** 7
3	ABFX	ABCDE**F**JNQR 8
4	**AEF**HIO**TVX**	GOQ 9
5	ABDEFHJLMN	ABGHJ**N**QUV 10
W 10A		
H1000 1ha 41**T**(60-100m²) 53**D**	€45,50	€59,50

Über Straße B179 nach Reutte und Heiterwang, Schildern nach Fischer am See (Heiterwangersee) folgen.   105976

Kaunertal, A-6524 / Tirol

- Kaunertal
- Platz 30
- 1 Mai - 10 Okt
- +43 5 47 53 16
- info@weisseespitze.com
- N 47°03'12" E 10°45'02"

1	ADE**JM**NOPQRS**T**	**E**N 6
2	PQSWXY	ABDE**FG**H 7
3	AMN**T**X	ABCDE**F**JNQR 8
4	**AEF**HIO**RTVXZ**	G 9
5	ADHJN	ABHJOPQ 10
Anzeige auf Seite 371 B 8-10A CEE		
H1270 0,9ha 60**T**(80m²) 74**D**	€33,80	€43,80

Über Fernpass oder Arlbergtunnel bis Landeck, dann Richtung Reschenpass bis Prutz, ins Kaunertal.   105988

Huben/Längenfeld, A-6444 / Tirol

- Ötztaler Naturcamping
- Huben 241
- 1 Jan - 31 Dez
- +43 52 53 58 55
- info@oetztalernaturcamping.com
- N 47°02'15" E 10°58'33"

1	ADE**JM**NOPQRST	**N**U 6
2	BCIPQSTWXYZ	A**C**DE**FG** 7
3	AM	ABCDE**F**JNQRTUVW 8
4	**E**FGHIJO	I 9
5	ADEFGHKMN	ABEGHJOQ**N**V 10
W 16A CEE		
H1200 1,5ha 140**T**(60-120m²) 8**D**	€44,50	€58,50

A12 Inntal-Autobahn, Ausfahrt Ötztal, ins Ötztal hinein bis Längenfeld/Huben.   105987

Kössen, A-6345 / Tirol

- Euro-Camp Wilder Kaiser
- Kranebittau 18
- 1/1 - 8/11, 14/12 - 31/12
- +43 53 75 64 44
- eurocamp@eurocamp-koessen.com
- N 47°39'14" E 12°24'54"

1	ACDEF**JM**NOPQRST	BE**G**H**N** 6
2	IKQSWXY	ABCD**FG**H 7
3	ABEFGLMN**R**UW	ABCDEFHJKNQRS**T**UVW 8
4	**A**B**DEFHJLOST**VY	EF 9
5	ACDEFGHLMN	ABEGHJLMN**Q**VW 10
WB 10-16A		
H620 5,2ha 200**T**(80-110m²) 112**D**	€48,15	€65,95

A8 München-Salzburg-Villach. Am Inntal-Dreieck Ausfahrt 56 Richtung Innsbruck. Dann Ausfahrt 59 Oberaudorf/Niederndorf. Weiter Richtung Walchsee/Kössen.   100862

Imst, A-6460 / Tirol

- Aktivcamping Am Schwimmbad
- Schwimmbadweg 10
- 15 Apr - 16 Okt
- +43 5 41 22 13 55
- info@camping-imst.at
- N 47°14'24" E 10°44'43"

1	AJMNOPQRST	**B**GH 6
2	AIPQUWXYZ	ABD**EFG** 7
3	A**NO**	AEFNQRW 8
4	AEFGHIJ**Q**R	9
5	ADJMN	ABHJOQ 10
Anzeige auf Seite 371 6A CEE		
H800 1,2ha 64**T**(60-100m²) 20**D**	€28,50	€37,50

Im Kreisverkehr Imst die zweite Ausfahrt nehmen, Schildern folgen.   105982

Kramsach (Krummsee), A-6233 / Tirol

- Seencamping Stadlerhof****
- Seebühel 14
- 1 Jan - 31 Dez
- +43 53 37 63 37 1
- office@camping-stadlerhof.at
- N 47°27'24" E 11°52'51"

1	AEF**JM**NOPQRST	**B**G 6
2	AEIKLPQSTVWXZ	ABDE**FG** 7
3	B**DM**T**UV**	ABCDEFJKNPQRS**T**UVW 8
4	A**B**FHIJ**STUVXZ**	IW 9
5	ABDEFLMN	ABDEFGHJLMOQW 10
W 6-13A		
H530 3ha 110**T**(70-150m²) 49**D**	€41,60	€56,60

A12 Ausfahrt 32 Kramsach, Schildern 'Zu den Seen' folgen.   106011

Imst, A-6460 / Tirol

- Campingpark Imst-West
- Langgasse 62
- 1/1 - 5/2, 14/2 - 22/10, 3/12 - 31/12
- +43 5 41 26 62 93
- info@imst-west.com
- N 47°13'43" E 10°44'36"

1	A**JM**NOPQRST	6
2	AIPQSWXYZ	ABDE**FG** 7
3	BMX	ABCDE**F**JNPQRTW 8
4	**A**EFHIJO	GVW 9
5	ACDEHMN	ABGHJOQ 10
WB 6-16A CEE		
H750 1,1ha 65**T**(70-100m²)	€36,00	€46,00

Über die B314 nach Reutte, Fernpass B189, Imst, dort Imst-West folgen. Schildern folgen Richtung B171 Pitztal.   105983

Kramsach (Reintalersee), A-6233 / Tirol

- Camping Seeblick Toni*****
- Moosen 46
- 1 Jan - 31 Dez
- +43 53 37 63 54 4
- info@camping-seeblick.at
- N 47°27'40" E 11°54'24"

1	ADE**JM**NOPQRST	**L**N 6
2	AEIKPQSTUVWZ	ABCDE**FG** 7
3	BDFG**HIM**U	ABCDEFHJKLNQRTUVW 8
4	ABCDEFHIJKLO**PQTVX**	IJWYZ 9
5	ACDEFJLMN	ABEFGHJL**O**QU 10
WB 16A		
H520 4,5ha 230**T**(90-140m²) 37**D**	€51,50	€69,50

A12 Ausfahrt 32 Kramsach, Schildern 'Zu den Seen' folgen, dann der dritte CP. An dem, auf der linken und rechten Seite liegenden, CP vorbeifahren bis zu dem Schild grünen Schild von Seeblick Toni.   106010

Innsbruck, A-6020 / Tirol

- Innsbruck-Kranebitten
- Kranebitter Allee 216
- 1 Jan - 31 Dez
- +43 5 12 27 95 58
- info@kranebitterhof.at
- N 47°15'48" E 11°19'36"

1	BDE**JM**NOPQRS**T**	J 6
2	ACIJPQSTUVWXY	ABDE**FG** 7
3	BF**L**MSU	ABCDE**F**NQRTUV 8
4	**A**EFHIJO**P**	GVW 9
5	ABDGHLN	AGHKMOQV 10
WB 16A CEE		
H620 1,5ha 75**T**(80-100m²) 37**D**	€36,00	€44,00

A12 Ausfahrt 83 Innsbruck/Kranebitten westlich von Innsbruck. A12 Richtung Arlberg/Garmisch, B171 und Beschilderung folgen (1 km).   105994

Kramsach (Reintalersee), A-6233 / Tirol

- Camping und Appartements Seehof*****
- Moosen 42
- 1 Jan - 31 Dez
- +43 53 37 63 54 1
- info@camping-seehof.com
- N 47°27'43" E 11°54'26"

1	ADE**JM**NOPQRS**T**	**L**NOP 6
2	AEILPQSTVWXY	ABCD**EFG** 7
3	BD**HIM**UVX	ABCDEFHJKL**N**QRTUVW 8
4	ABEFHIJKLO**QRS**	IKQUVWY 9
5	ABDEFGJLMN	ABDEFGHJLM**O**QU 10
WB 13-16A CEE		
H560 5ha 150**T**(90-140m²) 50**D**	€39,00	€52,80

A12 Ausfahrt 32 Kramsach, ca. 5 km den grünen Schildern 'Zu den Seen' oder 'Campingplätze' folgen. 2. Camping an der See. Rezeption links neben der Zufahrt (Holzhäuschen). Über den Neudegger Höhenweg kommend (nicht erlaubt) liegt der CP rechts.   108925

Itter/Hopfgarten, A-6305 / Tirol

- Camping Schlossberg Itter****
- Brixentalerstraße 11
- 1/1 - 8/11, 13/12 - 31/12
- +43 53 35 21 81
- info@camping-itter.at
- N 47°27'59" E 12°08'22"

1	A**JM**NOPQRST	**B**GU 6
2	ACPQUVWY	ABDE**FG**HI 7
3	BF**L**MU	ABCDE**F**JKNQRTUVW 8
4	ABEFHIJO**PQS**TV	EK 9
5	ABDEFJLMN	ABEFGHJOQY 10
WB 10A		
H600 4ha 150**T**(80-110m²) 51**D**	€47,00	€63,00

Inntal-Autobahn, Ausfahrt 17 Wörgl-Ost, Richtung Brixental. Nach 5 km am Kreisel rechts auf die B170 Richtung Brixental. 2 km vor Hopfgarten links.   106008

Längenfeld, A-6444 / Tirol

- Camping Ötztal****
- Unterlängenfeld 220
- 1 Jan - 31 Dez
- +43 52 53 53 48
- info@camping-oetztal.com
- N 47°04'20" E 10°57'51"

1	AE**JM**NOPQRST	BE**G**INUV 6
2	CIPQTWXYZ	ABCDE**FG**H 7
3	BFGM**NO**WX	ABCDEFGIJKNQRTUVW 8
4	**AEF**GHIJO**RSTWXYZ**	DJL 9
5	ABDEFGHLMN	ABEFGHIJAQQVY 10
WB 12-16A		
H1180 2,6ha 125**T**(80-120m²) 52**D**	€50,90	€66,70

A12 Inntal-Autobahn, Ausfahrt Ötztal, ins Ötztal B186 bis Längenfeld.   105986

LERMOOS LÄRCHENHOF

- 160 m² Saunaparadies • 200m entfernt beheiztes Schwimmbad (gratis) • 1 km entfernt Tennis und Discothek • 3 km entfernt Reiten • 4 km entfernt See • ca. 150m entfernt Skilift und Skischule • Jede halbe Stunde Skibus vom Campingplatz (gratis) • Schöne Sanitäranlagen • Appartment- und Zimmervermietung • Ganzjährig geöffnet

Gries 16, 6631 Lermoos • Tel. 05673-2197 • Fax 05673-21951
info@laerchenhof-lermoos.at • www.camping-lermoos.at

Lermoos, A-6631 / Tirol

- Lermoos Lärchenhof
- Gries 16
- 1 Jan - 31 Dez
- +43 56 73 21 97
- info@laerchenhof-lermoos.at
- N 47°24'25" E 10°52'09"

1	ADE**JM**NOPRST	**B**GH 6
2	AIPQXY	ABDE**FG** 7
3	**L**MX	ABCDE**F**JNQRW 8
4	AEFHIJO**STV**	FGIUVW 9
5	ABDEFHJLMN	ABGHIKOQ 10
Anzeige auf dieser Seite W 16A CEE	€25,00	€31,00
H600 5ha 50**T**(60-80m²) 77**D**		

Über Reutte nach Lermoos. In Lermoos ist der CP bei BP-Tankstelle.   105980

Camping Kaunertal

Dieser Campingplatz befindet sich direkt neben dem Hotel Weisseespitze, umgeben von einem malerischen Bergpanorama und einer waldreichen Umgebung. Der Campingplatz ist ruhig gelegen und leicht zu erreichen. Es handelt sich um einen kleinen, freundlichen Campingplatz mit 60 Stellplätzen auf einer Wiese. Hier finden Sie unberührte Natur für einen erholsamen Urlaub.

Platz 30, 6524 Kaunertal
Tel. +43 5475316
E-Mail: info@weisseespitze.com
Internet: www.weisseespitze.com

Leutasch, A-6105 / Tirol
- EuroParcs — Olympiaregion Seefeld *****
- Reindlau 230b
- 1 Jan - 31 Dez
- +43 5 21 46 57 00
- kcc@europarcs.nl
- N 47°23'55" E 11°10'47"
- 1 ADE**JM**NOPQRST EG**J**N 6
- 2 CIPQSTWYZ ABDE**FG**H 7
- 3 A**FL**MX ABCDEFJKNQRTUVW 8
- 4 **A**EFGHJQRTV GJKUVW 9
- 5 ABDFHJLMNO ABCEGHIJOQWY 10
- Anzeige auf Seite 366 WB 12A CEE
- H1130 2,8ha 127**T**(80-120m²) 15**D**
- ① €43,00
- ② €59,00
- 101346
- Garmisch-Partenkirchen-Mittenwald-Scharnitz-Giessenbach-Leutasch. Direktverbindung Mittenwald-Leutasch nicht zu empfehlen; teilweise sehr enge Straßen und Maximalgewicht von 7,5t.

Matrei in Osttirol, A-9971 / Tirol
- Edengarten
- Edenweg 15A
- 20 Apr - 15 Okt
- +43 48 75 51 11
- info@campingedengarten.at
- N 46°59'43" E 12°32'20"
- 1 AJMOPRT N 6
- 2 IPQXYZ ABDE**FG**H 7
- 3 AMUV ABCDE**FG**JNQRTW 8
- 4 FHJOQ I 9
- 5 DEHJKLM ABHIJKNQ 10
- 16A CEE
- H941 1,5ha 75**T**(80-100m²) 6**D**
- ① €31,00
- ② €38,00
- 101351
- Vom Felbertauerntunnel die 2. Ausfahrt nach Matrei/Goldriedbahn/Virgen. Camping nach 500m rechts.

Lienz, A-9900 / Tirol
- Comfort & Wellness Camping Falken ****
- Falkenweg 7
- 10 Apr - 27 Okt
- +43 66 44 10 79 73
- camping.falken@tirol.com
- N 46°49'22" E 12°46'14"
- 1 ADEF**JM**NOPQRS**T** X 6
- 2 IPQWXYZ ABDE**FG**I 7
- 3 A**L**MN ABCDEFJNPQRTUVW 8
- 4 FHJO**TV** FKLZ 9
- 5 ABDEFGHJMN ABEGHIJLOQY 10
- Anzeige auf Seite 373 B 6A CEE
- H672 2,5ha 132**T**(70-120m²) 38**D**
- ① €38,00
- ② €48,00
- 106040
- Über Kufstein-Kitzbühel-Mittersil-Felbertauerntunnel nach Lienz. In Lienz am Kreisel Richtung Spittal. An der zweiten Ampel (ÖAMTC) rechts. Dann den Schildern folgen.

Maurach, A-6212 / Tirol
- Karwendel Camping ****
- Planbergstraße 23
- 1/1 - 30/10, 15/12 - 31/12
- +43 52 43 61 16
- info@karwendel-camping.at
- N 47°25'17" E 11°44'26"
- 1 ADE**JM**NOPQRST NOQRST 6
- 2 IPQSWY ABDE**FG** 7
- 3 B**DL**M ABEF**JL**NQRS**T**VW 8
- 4 AEFH I R FGIJ 9
- 5 ADEFLMN ABEGHJLMOQ 10
- WB 16A
- H1000 1,5ha 55**T**(80-120m²) 47**D**
- ① €45,00
- ② €55,00
- 106001
- Über Bad Tölz auf Straße B13 und B307 nach Achenwald und Maurach am Achensee.

Lienz/Amlach, A-9908 / Tirol
- Dolomiten Camping Amlacherhof ****
- Seestrasse 20
- 1 Apr - 31 Okt
- +43 6 99 17 62 31 71
- info@amlacherhof.at
- N 46°48'48" E 12°45'47"
- 1 A**JM**NOPQRS**T** AUX 6
- 2 IPQWXYZ ABDE**FG**H I 7
- 3 **HIL**MX ABCDE**F**JKNQRTUVW 8
- 4 FHIJO**S** EGILUVWXYZ 9
- 5 ABDEHMN ABGHIJN**O**Q 10
- Anzeige auf Seite 373 B 16A CEE
- H710 2,5ha 85**T**(80-120m²) 31**D**
- ① €36,00
- ② €45,00
- 110377
- Felbertauerntunnel-Lienz, bei Lienz hinter dem Kreisel Richtung Spittal. An der 2. Ampel rechts Richtung Feriendorf/Amlach, noch 2 km den Schildern folgen.

Maurach, A-6212 / Tirol
- Seecamping Wimmer ***
- Buchau 7
- 1/1 - 28/2, 1/4 - 15/10, 20/12 - 31/12
- +43 5 24 32 02 38
- info@achensee-camping.at
- N 47°25'58" E 11°44'06"
- 1 ADE**JM**NOPQRST ILMNPQRSTVX 6
- 2 EIJPQSWY ABDE**FG** 7
- 3 F**L**NO ABCDE**F**JNQRTW 8
- 4 EFH KRUVW 9
- 5 ACDMN ABGHJ**O**QW 10
- W 6A
- H930 1,5ha 85**T**(80-120m²) 5**D**
- ① €39,00
- ② €47,00
- 106000
- Über Bad Tölz auf der B13 und B307 nach Achenwald und Maurach. Oder über die A12 Richtung Innsbruck, Ausfahrt 39 Wiesing. Dann Richtung Achensee.

Lienz/Tristach, A-9907 / Tirol
- Camping Seewiese ****
- Tristachersee 2
- 13/3 - 5/4, 15/5 - 16/9
- +43 4 85 26 97 67
- seewiese@outlook.com
- N 46°48'23" E 12°48'08"
- 1 A**J**KNOPQRS**T** LM**N**X 6
- 2 BEIKLPQSUXYZ ABDE**FG** 7
- 3 AFG**L**MX ABCDFJNQRW 8
- 4 FHIJO 9
- 5 ABDEHJN AFGHIJN**O** 10
- H838 2,3ha 95**T**(100-200m²) 6A
- ① €47,70
- ② €53,70
- 110250
- Von Kufstein-Kitzbühel-Felbertauerntunnel Ri. Lienz. In Lienz der Beschilderung Tristach-Tristachersee und Seewiese folgen.

Mayrhofen, A-6290 / Tirol
- Alpenparadies Mayrhofen ****
- Laubichl 125
- 1/1 - 16/10, 17/12 - 31/12
- +43 6 64 88 51 88 66
- camping@alpenparadies.com
- N 47°10'34" E 11°52'11"
- 1 ADE**JM**NOPQRST BEG**N**UV 6
- 2 IPQWY ABDE**FG** 7
- 3 BM ABCDEFG**J**LNPQRTUVW 8
- 4 **A**FHIJO**QST**UV**X** GI 9
- 5 ACDEFLMN ABGHJ**O**QUY 10
- WB 16A CEE
- H630 2,5ha 220**T**(60-120m²) 72**D**
- ① €32,60
- ② €44,20
- 106016
- A12 Ausfahrt 39 Zillertal, B169 nach Mayrhofen.

aktivCAMPING
am Schwimmbad IMST - TIROL

Ruhiger, familiärer Campingplatz im Zentrum von Imst. Das städtische Freibad liegt unmittelbar neben dem aktivCamping. Restaurant, sowie das örtliche Sportzentrum, Kletterhalle, Outdoor-Kletterzentrum, Bogenschießplatz, Skater Park und Basketballplätze nur 5 Min. entfernt. 64 Stellplätze mit eigenem Anschluß für Strom. Durch eine große Anzahl von Bäumen gibt es auch viel Schatten auf den Plätzen. Von einer traditionsreichen Bäckerei täglich frisches Brot.

Schwimmbadweg 10, 6460 Imst
Tel. 05412-21355
E-Mail: info@camping-imst.at
Internet: www.camping-imst.at

Teilkarte Tirol auf Seite 368

Österreich

Nassereith, A-6465 / Tirol
- Camping Fernsteinsee
- Fernstein 426
- 15 Mai - 15 Okt
- +43 52 65 52 10
- welcome@camping-fernsteinsee.at

1 ADE**JM**NOPQRST L 6
2 BCEIKPQSTWXY ABDE**FGH** 7
3 B**L**MS ABCDEFJNQRUW 8
4 A**EFHIJO**P**ST** GIQTUV 9
5 ABDEGHILN ABEGHJNQ10
B 6-13A CEE
€ 35,70 / € 43,30
N 47°20'31" E 10°48'58" H980 6ha 120T(100-150m²) 32D 105981

Über die B179 nach Reutte und dann Richtung Fernpass.

Neustift/Volderau, A-6167 / Tirol
- Edelweiss
- Volderau 29
- 1 Jan - 31 Dez
- +43 52 26 34 84
- info@camping-edelweiss.at

1 BDE**JM**NOPQRST 6
2 CIPQSTY ABDE**FG** 7
3 BUX ABEFJNQRTW 8
4 F**H**I**T** 9
5 ADFLMN ABGHJOQU10
W 10A CEE
€ 29,60 / € 37,60
N 47°04'09" E 11°15'14" H1130 2,7ha 100T(80-120m²) 52D 105996

A13 Brenner-Autobahn, Ausfahrt Europabrücke, auf B183 Richtung Stubaital, nach Neustift und Volderau.

Nassereith, A-6465 / Tirol
- Rossbach****
- Rossbach 325
- 1/1 - 30/10, 15/12 - 31/12
- +43 52 65 51 54
- rainer.ruepp@gmx.at

1 A**JM**NOPQRT BGN 6
2 CIPQWXYZ ABDE**FGH** 7
3 A**HIL**M ABCDEFJNQRTW 8
4 AEFHIJO**P** I 9
5 ABDEFKMN ABDGHIJMNQU10
W 6A CEE
€ 26,50 / € 36,50
N 47°18'37" E 10°51'20" H850 1ha 80T(70-80m²) 2D 100868

B179 Reutte-Nassereith (über den Fernpass), Ausfahrt Nassereith. Im Zentrum Richtung Domitz/Rossbach. Den CP-Schildern folgen.

Pettneu am Arlberg, A-6574 / Tirol
- Arlberglife Ferienresort
- Dorf 58 A-C
- 1/1 - 24/4, 1/6 - 1/10, 2/12 - 31/12
- +43 66 41 63 03 93
- camping@arlberglife.com

1 A**JM**NOPQRT N 6
2 AIPQTWXY ABDE**FGH** 7
3 L M ABCDE**FGI**JNQRUVW 8
4 EFHJO GHIJ 9
5 ADEGHJKMN ABDGHJMQQ10
Anzeige auf dieser Seite W 10-13A
€ 40,00 / € 49,00
N 47°08'53" E 10°20'48" H1215 1ha 30T(70-100m²) 15D 111925

A14 über Bregenz-Innsbruck: Von Bregenz Ausfahrt St. Anton, weiter Richtung Pettneu. Von Innsbruck Ausfahrt Flirsch. Schilder Arlberg Lifecamping in Pettneu befolgen.

Natters, A-6161 / Tirol
- Ferienparadies Natterer See*****
- Natterer See 1
- 1 Jan - 31 Dez
- +43 5 12 54 67 32
- info@natterersee.com

1 ACDE**JM**NOPQRS HILM**N**UV 6
2 ABEIPQTVWXYZ ABCDE**FGH**I 7
3 BDF**GIL**MSTUVX ABCDEFIJ**KL**NQRS**T**UVW 8
4 A**BC**DEF**HIJ**LNO**PT** IKUV 9
5 ACDEFGHIJLMN ABCEFGHIJLM**O**QUV10
WB 6-16A CEE
€ 52,00 / € 69,80
N 47°14'18" E 11°20'21" H830 11ha 176T(60-160m²) 70D 100873

A13, Brenner-Autobahn, Ausfahrt 3 Innsbruck-Süd/Natters. Schildern folgen Richtung Natterer See.

Pettneu am Arlberg, A-6574 / Tirol
- EuroParcs Arlberg****
- Strohsack 235C
- 1 Jan - 31 Dez
- +43 54 48 22 26 60
- kcc@europarcs.nl

1 ADF**JM**NOPQRS**T** N**U** 6
2 ACIPQSTWX ABDE 7
3 A**L** ABCDEFJNR 8
4 F**H** 9
5 ABEFGHIKQ10
Anzeige auf Seite 366 W 16A CEE
€ 30,20 / € 43,20
N 47°08'42" E 10°20'16" H1228 5ha 145T(105-9999m²) 112492

Über die S16 Bregenz-Innsbruck ca. 2 km östlich des Arlbergtunnels. Ausfahrt Pettneu. Der CP ist ausgeschildert (Hallenbad-Camping Arlberg).

Neustift, A-6167 / Tirol
- Stubai****
- Stubaitalstraße 94
- 1 Jan - 31 Dez
- +43 52 26 25 37
- info@campingstubai.at

1 ADE**JM**NOPQRS**T** N**U** 6
2 ACIPQSTUVXY ABDE**FGH** 7
3 ABDMSUX ABCDEFJ**KL**NQRS**T**V 8
4 BEFHIJLO**ST**VX IKUV 9
5 ACDEFLMN ABDGHIJOQU10
WB 6A CEE
€ 34,80 / € 45,80
N 47°06'36" E 11°18'31" H950 2ha 110T(60-100m²) 50D 105995

A13 Brenner-Autobahn, Ausfahrt Europabrücke, auf B183 nach Stubaital, nach Neustift.

Prutz, A-6522 / Tirol
- Aktiv Camping Prutz****
- Pontlatzstraße 22
- 1 Jan - 31 Dez
- +43 54 72 26 48
- info@aktiv-camping.at

1 ACDE**JM**NOPQRST N**U** 6
2 ACIPQSTWXY ABDE**FGH** 7
3 BFG**H**MWX ABCDEFHJKNQRTUW 8
4 A**B**DEFHIJO**PQ** UVW 9
5 ABDEFJKMN ABCDFGHJL**O**PQUV10
WB 6-10A CEE
€ 40,00 / € 54,00
N 47°04'49" E 10°39'34" H866 1,5ha 125T(60-120m²) 12D 100870

Mautfrei: von Imst nach Landeck, dann auf der B180 Richtung Serfaus (Reschenpass) nach Prutz. Oder A12 Richtung Reschenpass, durch den Tunnel bei Landeck, dann auf die B180 (Mautpflicht).

Arlberglife Ferienresort

Unser kleiner familiengeführter Campingplatz liegt am Ortsrand von Pettneu, nur 4 km von St. Anton am Arlberg. Im Winter perfekter Ausgangspunkt für Schneesportbegeisterte: Skifahren im größten Skigebiet Österreichs, Langlaufen, Schneeschuhwandern und vieles mehr. Im Sommer finden Wanderer, Mountainbiker und Outdoorfans ihr Glück. Mehr Infos über unseren Platz, die Anfahrt und die Region auf unserer Homepage!

Dorf 58 A-C, 6574 Pettneu am Arlberg
Tel. +43 6641630393
E-Mail: camping@arlberglife.com
Internet: www.arlberglifecamping.com

Osttirol
Dein Bergtirol

Campingurlaub zwischen Glockner und Dolomiten

#myosttirol

T +43 50 212 212 • info@osttirol.com

Informationen und gratis Prospekte

Osttirol Information

CAMPING SEEWIESE ★★★★
Idyllisch gelegener Komfort-Campingplatz beim einzigen Badesee Osttirols, direkt unter den Felswänden der Lienzer Dolomiten. Freien Eintritt in das Strandbad Tristachersee und in der Hauptsaison Gratisbus in die Stadt Lienz. Gratis W-Lan, Camper-Service. Tristachersee 2, 9907 Lienz/Tristach.
T. +43 4852 69767, www.campingtirol.com

COMFORT & WELLNESS CAMPING FALKEN ★★★★
Moderner Komfort & Wellness Campingplatz am südlichen Stadtrand von Lienz, 900 m vom Stadtzentrum. Gratis Warmduschen und gratis W-Lan. Ab 3 Tagen Aufenthalt gratis Eintritt ins Dolomitenbad und Strandbad Tristacher See. Buffet - Mini Markt, Camper-Service, Großer Wellnessbereich „Falkennest".
T. +43 664 4107973, www.camping-falken.com

DOLOMITEN CAMPING AMLACHERHOF ★★★★
Camping in herrlich ruhiger Lage an einem der schönsten Plätze im Lienzer Talboden. Alle Komfortstellplätze mit Wasser- und Abwasseranschluss, Strom, Camper-Service. Schwimmbad, Imbiss, Minigolf, Trampolin, Fahrradverleih etc. direkt am Campingplatz. 10 Apartments für 2 bis 6 Personen.
T. +43 699 17623171, www.amlacherhof.at

NATIONALPARK CAMPING KALS ★★★★
Terrassenförmig angelegter Campingplatz in ruhiger und sonniger Lage mit einzigartigem Bergpanorama. Ein modernes Sanitärgebäude sorgt für maximalen Komfort. Alle Sanitärbereiche verfügen über Fußbodenheizung und Belüftung. Heißes Wasser steht überall kostenlos zur Verfügung.
T. +43 4852 67418, www.nationalpark-camping-kals.at

CAMPING EDENGARTEN
Zentrale und dennoch ruhige Lage in Matrei in Osttirol. Moderne sanitäre Anlagen, gepflegte Rasenflächen. Restaurant vor Ort. Supermärkte, Bergbahnen, Schwimmbad und viele Freizeitmöglichkeiten in unmittelbarer Nähe. Idealer Ausgangspunkt für viele schöne Wanderungen, Radtouren und Spaziergänge.
T. +43 4875 5111, www.campingedengarten.at

● www.osttirol.com

Österreich

Durchreisecampingplätze

In diesem Führer finden Sie eine handliche Karte mit Campingplätzen an den wichtigen Durchgangsstrecken zu Ihrem Ferienziel. Durch die Farbe des jeweiligen Zeltchens können Sie erkennen, ob dieser Platz ganzjährig geöffnet ist oder nicht. Darüber hinaus gibt es für jeden Platz auch noch eine kurze redaktionelle Beschreibung, inklusive Routenbeschreibung und Öffnungszeiten.

CAMPING EICHENWALD

- Ruhige Lage mitten in der Natur, geschützt durch Eichen
- Nur 5 Minuten entfernt von Stams (Geschäfte und Restaurants) • Beheiztes Schwimmbad
- Abenteuerspielplatz, Tischtennis • Wildwasserfahren (Kajak) in der Umgebung • Tennis (1 km), Minigolf, Kegeln, Reiten (3 km) • **Stellplätze für Wohnmobile** • Im Mai und September ab 5 Tagen kostenloser Stellplatz während der ganzen Periode • Schneesafaripaket: Camping, Liftpass, Schwimmbad/Fitness (für Informationen schauen Sie auf www.tirol-camping.at) • Innerhalb von 10 km: Hallenbad, Freibäder (5 km), Sauna, Squash, See • Urlaub an einem Ort, wo früher Fürsten und Äbte weilten
- Neu: Komfortstellplatz mit eigenen Sanitäranlagen

Schiesstandweg 10, 6422 Stams • Tel.und Fax 05263-6159
info@camping-eichenwald.at • www.tirol-camping.at

ACSI-Kunden sind willkommen

Waidring, A-6384 / Tirol

- Camping Steinplatte
- Unterwasser 43
- 1 Jan - 31 Dez
- +43 53 53 53 45
- info@camping-steinplatte.at

1 ABDEF**JM**NOPQRT LM 6
2 CFIKLPQSWXYZ ABDE**FGH** 7
3 A**J**L**M** ABCDEFJNQRTW 8
4 EFHIJO**PT** IVW 9
5 ABDEFGHJKLMN ABCEGHJO**Q**10
WB 10A € 53,70
€ 54,50
N 47°35'00" E 12°34'59" H780 4ha 230T 124**D** 100863

Von Norden kommend mautfrei: München, Ausfahrt Oberaudorf. B172 über Kössen bis Erpfendorf. Ri. Lofer bis nach Waidring. Von Westen kommend: Inntal-Autobahn, Ausfahrt Wörgl-Ost bis nach St. Johann. Ri. Waidring.

Walchsee, A-6344 / Tirol

- Seespitz****
- Seespitz 1
- 1 Jan - 31 Dez
- +43 53 74 53 59
- info@camping-seespitz.at

1 ABE**JM**NOPRS**T** HLMN**Q**R**S**WXZ 6
2 ACFIKPQRSXYZ ABDE**FG** 7
3 BF**HIJ**L**M**N**O**U ABCDEFJKNQRT 8
4 A**E**FH MNPTVW 9
5 ABDEFKLMN ABGHJO**Q**Y10
WB 6-10A € 39,10
€ 50,10
N 47°38'57" E 12°18'50" H668 2,5ha 180T 70**D** 106017

A8 München-Innsbruck, Ausfahrt Oberaudorf Richtung Niederndorf/Walchsee. Direkt an der Tankstelle rechts.

Walchsee, A-6344 / Tirol CC22

- Ferienpark Terrassencamping Süd-See****
- Seestraße 76
- 1 Jan - 31 Dez
- +43 53 74 53 39
- info@terrassencamping.at

1 A**JM**NOPQRS**T** LN**Q**WX**Y** 6
2 AFIKQRSVWXYZ ABE**FG**H 7
3 A**HI**LPR ABCDEFJKNQRTUVW 8
4 A**E**FH IMTUVW 9
5 ABDEFKLMN ABFGHJLMO**Q**Y10
W 16A CEE € 55,00
€ 77,00
N 47°38'26" E 12°19'26" H670 11ha 150T(70-150m²) 152**D** 106018

A8 München-Salzburg Richtung Innsbruck. Ausfahrt 59 zur B172 von Niederndorf nach Kössen. Vor Walchsee rechts. Campingplatz angezeigt.

Weer, A-6116 / Tirol CC18

- Alpencamping Mark****
- Bundesstraße 12
- 15 Apr - 10 Okt
- +43 5 22 46 81 46
- info@alpencampingmark.com

1 ABDE**JM**NOPQRS**T** B 6
2 AIPQTUWZ ABDE**FG** 7
3 BFG**H**I**MNO**TUW ABCDEFHIJNPQRTW 8
4 ABCDE**F**HIJ**L**O ADFUVWX**Z** 9
5 ABDEFGHJLN ABCDGHJLMO**Q**Y10
10-16A € 36,00
€ 48,00
N 47°18'23" E 11°38'57" H555 2ha 95**T**(80-130m²) 5**D** 100874

A12 Inntal-Autobahn, Ausfahrt 61 Wattens. Von Kufstein Richtung Innsbruck, Ausfahrt 49 Schwaz oder 53 Vomp, dann nach Weer. Sehr einfach zu erreichen.

Westendorf, A-6363 / Tirol

- Panoramacamping
- Mühltal 70
- 1/1 - 16/10, 16/12 - 31/12
- +43 53 34 61 66
- info@panoramacamping.at

1 AEF**JM**NOPQRS**T** B**G**H 6
2 IPQSVWXYZ ABDE**FG**H 7
3 B**F**L**M**UWX ABCDEFGHJNQRTUVW 8
4 A**B**EFGHIJO**PSTXZ** KUVW 9
5 ABDFHJLMN ABEGHJO**Q**10
WB 12A € 32,50
€ 40,90
N 47°25'58" E 12°12'07" H800 2,2ha 90T(85-90m²) 44**D** 100861

Inntal-Autobahn, Ausfahrt 17 Wörgl, nach Westendorf (Brixental).

Wiesing, A-6210 / Tirol

- Camping Inntal****
- 1/1 - 31/10, 1/12 - 31/12
- +43 5 24 46 26 93
- jbrugger@camping-inntal.at

1 ADE**JM**NOPQRS**T** B 6
2 AIQSVWZ ABDE**FG** 7
3 A**HI**M ABCDEFIJNQRTUVW 8
4 A**B**EFHIJLO**ST** EFIW 9
5 ACDFGLMN ABGHJLO**Q**UWY10
WB 10-13A € 40,50
€ 51,50
N 47°24'22" E 11°48'23" H560 2,1ha 60T(80-100m²) 63**D** 101347

Inntal-Autobahn, Ausfahrt 39 Wiesing, Schildern folgen.

Wildermieming, A-6413 / Tirol

- Sonnenplateau Camping Gerhardhof
- Gerhardhof 1
- 1/1 - 25/4, 1/5 - 8/11, 15/12 - 31/12
- +43 52 64 52 40
- kontakt@gerhardhof.at

1 BDE**IL**NOPQRS**T** L 6
2 BFIKPQRSTVWY ABCDE**FG** 7
3 BEFG**HIL**STWX ABCDEFGHJKNR**S**UV 8
4 A**B**C**E**FHIKOT**X** 9
5 ABDEFHJLMNO ABCGHIJMOPSTUWY10
WB 16A € 48,50
€ 62,50
N 47°18'52" E 11°02'08" H800 3,5ha 93T(85-170m²) 25**D** 125145

Via Innsbruck, Zirl und Telfs nach Wildermieming.

Zell im Zillertal, A-6280 / Tirol CC20

- Campingdorf Hofer
- Gerlosstraße 33
- 1 Jan - 31 Dez
- +43 52 82 22 48
- info@campingdorf.at

1 ADE**JM**NOPQRS**T** DNUV 6
2 IPQWY ABDE**FG**H 7
3 A**L**MX ABCDEFIJNQRTW 8
4 B**DEF**HIJO GI 9
5 ABEFJLMN ABCGHJO**Q**Y10
Anz. auf dieser Seite WB 6-16A CEE € 37,40
€ 49,20
N 47°13'44" E 11°53'10" H600 1,6ha 100T(80-100m²) 11**D** 106015

A12 Ausfahrt 39 Zillertal, B169 nach Zell am Ziller, 4. CP im Zillertal.

Campingdorf Hofer
Zell im Zillertal

- Neu ist die Harmonisierung der 5 Elemente nach Feng Shui auf dem gesamten Gelände. Unser Campingplatz, unser Gästehaus und unser Appartementhaus wurden energetisch harmonisiert, die Elemente aktiviert und miteinander verbunden. • Das Campingdorf ist ein kleiner Familienbetrieb.
- Überdachtes und beheiztes Freischwimmbad. • Freier W-Lan-Zugang im Aparthaus. • Preisgünstige Gästezimmer.

Gerlosstraße 33, 6280 Zell im Zillertal
Tel. 05282-2248 • Fax 05282-22488
E-Mail: info@campingdorf.at
Internet: www.campingdorf.at

Österreich

Oberösterreich

Detailkarte

Die Orte in denen die Plätze liegen, sind auf der Teilkarte **fett** gedruckt und zeigen ein offenes oder geschlossenes Zelt.
Ein geschlossenes Zelt heißt, dass mehrere Campingplätze um diesen betreffenden Ort liegen.
Ein offenes Zelt heißt, dass ein Campingplatz in oder um diesen Ort liegt.

Au an der Donau, A-4332 / Oberösterreich

- Camping Au an der Donau
- Hafenstraße 1
- 1 Apr - 30 Sep
- +43 7 26 25 30 90
- info@camping-audonau.at

1 ADE**IL**NOPQRT JNSU**XY**Z 6
2 CIJKLPQWXYZ ABDE**FG** 7
3 BFG**LM**N ABCDEFJKNQRTW 8
4 FHJ FGIKVW 9
5 ADEFGHIJKN ABCGHIJOQU 10
B 13A CEE
H291 2,4ha 50T(65-180m²) 20D
€ 39,50
€ 49,50
N 48°13'40" E 14°34'45"
A1 Salzburg-Wien, Ausfahrt 155 Enns Richtung Mauthausen. Nach der Donaubrücke links halten und den CP-Schildern folgen. Nach 2 km rechts ab nach Au.
112495

Klaffer am Hochficht, A-4163 / Oberösterreich

- Böhmerwaldcamp
- Seeweg 1
- 1 Jan - 31 Dez
- +43 72 88 63 18
- gemeinde@klaffer.ooe.gv.at

1 ADE**IL**NOPQRT LMN 6
2 BEQVWXYZ AB**FG** 7
3 BG**L** ABEFJNQRUV 8
4 FHO ET 9
5 ADHKL ABGHJQ 10
W 16A CEE
H650 1ha 45T(80-100m²) 49D
€ 27,00
€ 31,00
N 48°41'51" E 13°52'02"
A3, Ausfahrt 115 Passau. Hauzenberg-Breitenberg und Aigen folgen. Kurz vor Klaffer dem Schild folgen.
101342

Eggelsberg, A-5142 / Oberösterreich

- Seewirt
- Ibm 80
- 1 Jan - 31 Dez
- +43 77 48 23 45
- camping-seewirt@aon.at

1 A**J**M**N**OQR**T** L 6
2 EJQWY ABDE**FG**H 7
3 AM ABCDE**F**NQR 8
4 FJ 9
5 ABDFGHKN ABIJMOQUV 10
10A
H426 1ha 40T(70-100m²) 51D
€ 30,00
€ 37,00
N 48°04'20" E 12°57'19"
Von Braunau die B156 bis Eggelsberg, Ibm-See folgen, vor Ibm-See am Restaurant Seewirt links.
106025

Linz, A-4030 / Oberösterreich

- Camping-Linz am Pichlingersee
- Wienerstraße 937
- 15 Mrz - 15 Okt
- +43 7 32 30 53 14
- office@camping-linz.at

1 ADE**F**I**L**NOPRST LMO 6
2 AEPQWXYZ ABDE**FG**H 7
3 A**F**L**M** ABCDEFGIJNQRTW 8
4 FH D 9
5 ABDEHKL ABGHLOQ 10
B 16A CEE
H265 2,4ha 110T(80-100m²) 62D
€ 29,00
€ 37,00
N 48°14'06" E 14°22'43"
A1 Richtung Wien, Ausfahrt 160 Asten. Vor Asten Richtung Linz. Nach 2,3 km ist rechts der CP. Ist von der A1 aus gut ausgeschildert.
106108

Feldkirchen an der Donau, A-4101 / Oberösterreich

- Camping Puchner
- Golfplatzstrasse 21
- 1 Mai - 30 Sep
- +43 66 88 82 49 00
- office@camping-puchner.at

1 A**F**J**M**NOPRT LM**N**OW 6
2 EIQSXY ABDE**F** 7
3 AB**KL**M ABDEFJNQRUW 8
4 FHJ 9
5 ADJKN ABHJORS 10
B 16A
H300 2ha 30T(80-120m²) 50D
€ 32,80
€ 42,00
N 48°19'48" E 14°04'24"
Die 131 Aschach a.d. Donau Richtung Linz. 3. Ausfahrt Feldkirchen a.d. Donau. Am CP-Schild und ' Badesee' ca. 3 km den CP-Hinweisen folgen.
114594

Mondsee, A-5310 / Oberösterreich

- AustriaCamp
- St. Lorenz 60
- 1/1 - 6/1, 11/2 - 28/2, 19/3 - 1/11, 3/12 - 31/12
- +43 66 48 32 63 27
- booking@austriacamp.at

1 DEFG**IL**NOPQRST LMNOPQRSTVW**XY**Z 6
2 AFIKQWY ABDE**FG** 7
3 ABG**HL**M**N** ABCDEFJKNQRT 8
4 A**E**F**HJ**OQ**T** LMNPSTW 9
5 ABDFGHJLMN ABGHIJLMOSTUY 10
B 16A CEE
H500 2ha 105T(50-70m²) 35D
€ 45,60
€ 57,60
N 47°49'49" E 13°21'53"
B154 Mondsee nach St. Gilgen. Nach 5 km links die Schilder 'AustriaCamp' beachten.
101580

Grein, A-4360 / Oberösterreich

- Grein
- Campingplatz 1
- 1 Apr - 1 Okt
- +43 7 26 82 12 30
- office@camping-grein.at

1 AE**J**M**N**OPRT N**WXY**Z 6
2 CIPQWXY ABE**FG** 7
3 ABEFJNQRT 8
4 HO DFUV 9
5 ABDEFHKMN AHMOQV 10
B 6A
H238 2ha 87T(100m²) 7D
€ 29,50
€ 37,50
N 48°13'30" E 14°51'11"
A1 Linz-Wien, Ausfahrt 123 Amstetten. Danach den Schildern Grein folgen. CP ist angezeigt und liegt in Grein an der B3.
106134

Mondsee/Tiefgraben, A-5310 / Oberöst. CC22

- Camp MondSeeLand *****
- Punzau 21
- 1 Apr - 2 Okt
- +43 62 32 26 00
- austria@campmondsee.at

1 AD**J**M**N**OPQRS**T** BN 6
2 AIQWXY ABDE**FG**H**IJK** 7
3 B**F**L**M**U ABCDEFJLNQRTUVW 8
4 **AB**DE**F**HJO F 9
5 ACDFHLMN ABFGHIJM**O**QUVY 10
B 16A CEE
H500 4ha 100T(80-120m²) 83D
€ 47,60
€ 61,00
N 47°52'00" E 13°18'24"
A1 Salzburg-Wien, Ausfahrt 264 Mondsee. 1. Kreisel Richtung Straßwalchen, am 2. Kreisel 3. Ausfahrt den CP-Schildern folgen.
111074

Haibach/Schlögen, A-4083 / Oberösterreich

- Camping Freizeitanlage Schlögen
- Mitterberg 3
- 27 Mrz - 31 Okt
- +43 72 79 82 41
- info@freizeitanlage-schloegen.at

1 ADE**J**MNOPQRS**T** BJ**N**W**X**Y 6
2 CEIPQSVWXY BE**FG** 7
3 A ABCDEFJNQRUVW 8
4 FHO GHO 9
5 ACDEGHJKL AHIJOQ 10
16A CEE
H301 3ha 60T(80m²) 74D
€ 37,00
€ 45,00
N 48°25'24" E 13°52'04"
An der B130 Passau-Linz ca. 6 km an Haibach vorbei. CP liegt links der Straße, direkt an der 'Schlögener Schlinge' an der Donau.
108155

Pettenbach, A-4643 / Oberösterreich

- Almtal Camp
- Enengl 1
- 1 Feb - 31 Okt
- +43 66 41 66 40 28
- office@almtalcamp.at

1 ADE**J**MNOPQR**T** BG 6
2 AIQWXY BCE**FG** 7
3 BGN**R**V BDFJ**KL**NQRTU 8
4 AEFHJO IV 9
5 ABDEFHJKLMN ABFGHJOQY 10
WB 16A CEE
H250 6ha 100T(70-80m²) 423D
€ 34,00
€ 44,00
N 47°59'28" E 14°01'15"
A9 (Pyhrnautobaan) Ausfahrt 5: Ried im Traunkreis. Richtung Voitsdorf / Pettenbach. Danach den Campingschildern folgen.
124291

St. Wolfgang, A-5360 / Oberösterreich

- Appesbach
- Au 99
- 10 Apr - 22 Dez
- +43 61 38 22 06
- @ camping@appesbach.at

1	ADE**JM**NOPQRST	L**N**QRST**X**YZ 5
2	FILPQWXY	ABCDE**FG**H 7
3	AF**HIL**MNU	ABCDEFJ**N**QRT 8
4	AFHJO	DJNQRTVW 9
5	ACDEFGHKMN	ABFGHJLMOQU10
10-16A		①€38,50
		②€47,40

N 47°43'56'' E 13°27'49''
H535 2,2ha 100T(80-110m²) 56D
Straße von Strobl nach St. Wolfgang (600m vor St. Wolfgang).
110299

Steyr, A-4400 / Oberösterreich

- Camping am Fluss
- Kematmullerstr. 1a
- 1 Jan - 31 Dez
- +43 7 25 27 80 08
- @ kontakt@campingamfluss.at

1	A**J**MNOPR**T**	**J**NUX 6
2	CQXY	AB**FG** 7
3	A**JN**	ABEFJNQ 8
4	HJ	9
5	ADEH	ABHJOQ10
16A		①€28,00
		②€34,00

N 48°03'34'' E 14°25'57''
H320 0,5ha 40T(80-100m²) 5D
An der B122 Bad Hall-Amstetten ist der CP angezeigt. An der Hagerstraße weiter den Schildern folgen.
101343

St. Wolfgang, A-5360 / Oberösterreich

- Berau★★★★
- Schwarzenbach 16
- 1 Jan - 31 Dez
- +43 61 38 25 43
- @ office@berau.at

1	AD**J**MNOPQR**T**	L**N**QS**WX**Z 6
2	FIMPQSXYZ	BCE**FG** 7
3	B**LM**	ABCDEFJ**K**NQRTW 8
4	ABEFHJ**OPRTUVX**	GIJN**R**TVWXZ 9
5	ACDEGHJLMN	AFGHJOQUY10
WB 10A CEE		①€45,50
		②€58,60

N 47°43'50'' E 13°28'42''
H520 2ha 160T(90m²) 47D
Straße von Strobl nach St. Wolfgang, CP an der Straße links, ausgeschildert.
106051

Unterach (Attersee), A-4866 / Oberösterreich

- Insel Camping
- Unterburgau 37
- 1 Mai - 15 Sep
- +43 76 65 83 11
- @ camping@inselcamp.at

1	ADEF**JM**NOPRT	**J**L**N**QSW**X** 6
2	CFIPQSXYZ	ABDE**FG** 7
3	A**NO**	ABCDE**F**NQRT 8
4	AJO	R 9
5	ABDJN	AGHIJOQ10
10A CEE		①€29,70
		②€36,90

N 47°48'03'' E 13°28'56''
H470 1,8ha 100T 40D
B151 Mondsee-Seewalchen. Bei km 30,6 rechts. Dann den CP-Schildern folgen.
106056

Nur bei Angabe dieses CC-Logos wird die CampingCard ACSI akzeptiert.

Siehe auch die Gebrauchsanweisung in diesem Führer.

Abersee/St. Gilgen, A-5342 / Salzburg

- Seecamping Primus
- Schwand 39
- 22 Apr - 30 Sep
- +43 6 22 73 22 80
- @ info@seecamping-primus.at

1	ADE**JM**NOPQRST	L**N**QSW**X**Y 6
2	EIMPQSWXYZ	ABDE**FG** 7
3	B	ABCDE**F**NQRUVW 8
4	FH	N 9
5	AD	ABDGJOQ10
10-16A		①€33,80
		②€41,80

N 47°44'27'' E 13°24'21''
H540 2ha 75T 60D
B158 von St. Gilgen nach Strobl. Ausfahrt ist beschildert. Schwand, 4 km hinter St. Gilgen. Aufpassen: Vorletzter CP!
106052

Abersee/St. Gilgen, A-5342 / Salzburg

- Paradiescp Wolfgangsee Birkenstrand★★★★
- Schwand 17a
- 1 Apr - 15 Okt
- +43 66 49 40 48 79
- @ camp@birkenstrand.at

1	ADE**IL**NOPQRST	L**N**OPQRSTWXZ 6
2	FIPQSWXYZ	ABDE**FG**HIK 7
3	AMU	ABCDEFJNQRTUVW 8
4	FH**ST**	HNRVW 9
5	ABDEFGJMN	ABDGHJOSTU10
Anzeige auf dieser Seite	B 12A CEE	①€33,20
H540 1,8ha 110T(80-100m²) 27D		②€43,40

N 47°44'01'' E 13°24'02''
107669
B158 St. Gilgen-Strobl, 4 km hinter St. Gilgen in Schwand Ausfahrt links, Schildern folgen.

Abersee/St. Gilgen, A-5342 / Salzburg

- Seecamping Wolfgangblick
- Seestraße 115
- 23 Apr - 30 Sep
- +43 65 05 93 42 97
- @ camping@wolfgangblick.at

1	AD**IL**NOPQRST	L**N**QSW**X**Z 6
2	FILMPQSWXYZ	BE**FG** 7
3	A**JL**M	ABDEFNQRT 8
4	EFHJO	9
5	ACDEFHMN	ABFGHJLOQ10
12A		①€36,40
		②€46,20

N 47°44'14'' E 13°25'58''
H550 2,2ha 80T(70-95m²) 46D
B158 von St. Gilgen nach Strobl, bei Km-Pfahl 34 Ausfahrt Abersee nehmen. Ausgeschildert.
106054

Paradiescamping Wolfgangsee Birkenstrand ★★★★

- Windgeschützter Campingplatz
- Stellplätze direkt am Seeufer des Wolfgangsees
- Moderne Sanitär Anlagen
- SUP's / Kajak / Fahrräder / E-Bikes Verleih
- kleiner Shop
- Brötchenservice

www.paradiescamping.at
+43 664 94 048 79
Schwand 17A 5342 Abersee/St. Gilgen

Romantik-Camping WOLFGANGSEE LINDENSTRAND ★★★★
SALZKAMMERGUT AUSTRIA

+ Ruhiger Familiencampingplatz
+ Direkt am Wolfgangsee, 140m Badestrand mit großem Badesteg
+ Neue Sanitäranlagen
+ Gratis W-Lan (WiFi)
+ Komfortplätze (Wasser, Abwasser, Strom)
+ Mini-Markt
+ Indoor-Räume mit Kinderspielbereich
+ Kinderspielplatz, Ballwiese,...
+ Herrliche Umgebung mit zahlreichen Möglichkeiten für Sport und Kultur

5342 ABERSEE / ST. GILGEN, SCHWAND 19
WWW.LINDENSTRAND.AT
T: +43 6227 3205

Abersee/St. Gilgen, A-5342 / Salzburg — CC€22 iD
- Romantik Camp. Wolfgangsee Lindenstrand ★★★★
- Schwand 19
- 1 Apr - 15 Okt
- +43 62 27 32 05
- camping@lindenstrand.at
- N 47°44'23" E 13°24'08"
- 1 ADEJMNOPQRST LNOPQRSTXZ 6
- 2 FILPQSWXYZ ABDEFG 7
- 3 ABDF ABCDEFIJNQRTUVW 8
- 4 FHJLO NRUV 9
- 5 ACDFMN ABDGHJOQV10
- Anzeige auf dieser Seite B 12A CEE
- H541 3ha 150T(80-100m²) 50D
- €31,30
- €40,50
- 106053
- B158 von St. Gilgen nach Strobl, Ausfahrt ausgeschildert in Schwand. Links 4 km nach St. Gilgen.

Abtenau, A-5441 / Salzburg — iD
- Vitalcamping Oberwötzlhof ★★★★★
- Erlfeld 37
- 1 Jan - 31 Dez
- +43 62 43 26 98
- oberwoetzlhof@sbg.at
- N 47°35'10" E 13°19'29"
- 1 AJMNOPQRST ANUVX 6
- 2 IPQWXYZ ABDEFG 7
- 3 M ABCDEFIJNQRTUVW 8
- 4 AEFHOSTZ G 9
- 5 ABDMN ABEJLMOQU10
- W 10A
- H686 2ha 50T(80-100m²) 25D
- €41,40
- €52,00
- 109164
- Von Salzburg Ausfahrt Golling-Abtenau (2,5 km vor Abtenau). Aus Villach hinter dem Tauerntunnel Ausfahrt Eben.

Altenmarkt im Pongau, A-5541 / Salzburg — iD
- Camping Glonerbauer
- Zauchenseestrasse 89
- 1 Jan - 31 Dez
- +43 66 44 43 29 91
- info@glonerbauer.at
- N 47°21'57" E 13°25'25"
- 1 ADJMNOPQRT 6
- 2 AEIPQRXY ABFG 7
- 3 AU ABEFJKNQTW 8
- 4 AK I 9
- 5 ADHL AFGHJOQU10
- W 6A
- H862 2ha 20T(100m²) 74D
- €25,00
- €38,00
- 123252
- Den Campingplatz erreicht man über die A10 Ausfahrt Altenmarkt. Er ist nicht ausgeschildert.

Altenmarkt im Pongau, A-5541 / Salzburg — iD
- Campingplatz Passrucker
- Götschlau 33
- 1 Jan - 31 Dez
- +43 66 44 52 64 70
- camping.passrucker@sbg.at
- N 47°22'19" E 13°25'10"
- 1 AJMNOPRST B 6
- 2 ACIPQSTXYZ ABDEFGHK 7
- 3 ALMU ABCDEFJNQRTV 8
- 4 EFHJORST IY 9
- 5 ABDMN ABEFGHJOQU10
- WB 13A
- H850 1,2ha 50T 32D
- €29,50
- €41,50
- 106057
- A10, Ausfahrt 63 Knoten Ennstal. Dann B99 Richtung Graz bis Ausfahrt Altenmarkt-West. Bis zur Kirche fahren; den CP-Schildern folgen.

Neunbrunnen am Waldsee

Willkommen auf diesem Camping. Ein Ort wo Zufriedenheit, Entspannung und Lebensfreude zusammentreffen. Dieser idyllische Platz liegt am Waldrand und einem kleinen See mit Quellwasser (kalt) inmitten schöner Weiden. Genießen Sie den herrlichen Blick über die Berge des Steinernen Meeres, wo Sie zahllose Ausflüge machen können und viele Sehenswürdigkeiten sind. Ideal für Sportliebhaber von Segeln oder Windsurfen bis Mountainbike und Gletscherski. Dieser Camping ist besonders familienfreundlich. Ideal für jedermann.

Gratis WLAN

Neunbrunnen 56, 5751 Maishofen • Tel. +43 654268548
E-Mail: camping@neunbrunnen.at
Internet: www.camping-neunbrunnen.at

Bad Hofgastein, A-5630 / Salzburg — iD
- Camping Bertahof
- Vorderschneeberg 112
- 1 Jan - 31 Dez
- +43 64 32 67 01
- camping@bertahof.at
- N 47°08'39" E 13°07'11"
- 1 AJMNOPRST L 6
- 2 EIPQSWXYZ ABDEFGH 7
- 3 AL ABCDEFIJNRTUVW 8
- 4 EFH 9
- 5 ADLMN ABGHJMOQ10
- W 16A
- H857 2,7ha 50T(100m²) 80D
- €36,00
- €50,00
- 106059
- A10 Salzburg-Villach, Ausfahrt 46 Bischofshofen. B311 folgen bis Ausfahrt zur B167, nach Bad Gastein, CP 1 km vor Bad Gastein rechts der Straße.

Bruck, A-5671 / Salzburg — iD
- Sportcamp Woferlgut ★★★★
- Krössenbach 40
- 1 Jan - 31 Dez
- +43 6 54 57 30 30
- info@sportcamp.at
- N 47°17'01" E 12°49'00"
- 1 ADEJMNOPQRST AEFHILNX 6
- 2 DFIKPQSWXYZ ABDEFG 7
- 3 ABDEFGJLMNUWX ABCDEFGHJKLNQRTUVW 8
- 4 ABCDEFHIJLOPQRSTUVX DGILUV 9
- 5 ACDEFGHJLM ABCEGHJOPQWY10
- Anzeige auf Seite 379 WB 16A CEE
- H757 18ha 450T(100-180m²) 138D
- €42,60
- €57,80
- 106035
- Ohne Vignette über die A8 (München-Salzburg), Ausfahrt Siegsdorf, dann Richtung Inzell, Lofer, Zell am See Richtung Bruck und den CP-Schildern folgen.

Kaprun, A-5710 / Salzburg — iD
- Mühle Kaprun
- Umfahrungsstr. 5
- 1 Jan - 31 Dez
- +43 65 47 82 54
- office@campkaprun.at
- N 47°15'51" E 12°44'44"
- 1 AEJMNOPQRST BGN 6
- 2 BCPQSTWYZ ABDEFG 7
- 3 ALMUX ABCDEFJNQRUVW 8
- 4 FHIJOQSTVX GL 9
- 5 ABDEFHJKLMN AFGHJOQ10
- W 16A
- H731 1,5ha 70T(80-120m²) 60D
- €32,70
- €44,70
- 109163
- Ohne Vignette über die A8 München-Salzburg, Ausfahrt Siegsdorf ('Kleines deutsches Eck'), dann Richtung Inzell, Lofer, Zell am See, Kaprun. Durch den Tunnel und dann kommt der Camping nach ca. 1 km links (scharfe Kurve).

Maishofen, A-5751 / Salzburg — CC€20 iD
- Neunbrunnen am Waldsee
- Neunbrunnen 56
- 1 Jan - 31 Dez
- +43 6 54 26 85 48
- camping@neunbrunnen.at
- N 47°22'40" E 12°47'43"
- 1 AEJMNOPQRST LN 6
- 2 BEIQTXY ABDEFGH 7
- 3 AJLM ABCDEFJNQRW 8
- 4 FHP GI 9
- 5 ADFGHLMN ABGHJMOQ10
- Anz. auf dieser S. WB 16A CEE
- H786 3ha 100T(70-100m²) 68D
- €30,90
- €41,90
- 106030
- Ohne Vignette ab der A8 München-Salzburg. Ausfahrt Siegsdorf, dann die B306 Richtung Inzell, Lofer und Zell am See. In Maishofen vor dem Tunnel Richtung Camping der Beschilderung folgen.

Mauterndorf, A-5570 / Salzburg — CC€20 iD
- Camping Mauterndorf ★★★★
- Markt 145
- 1 Jan - 31 Dez
- +43 6 47 27 20 23
- info@camping-mauterndorf.at
- N 47°08'35" E 13°39'53"
- 1 ADEJMNOPQRST B 6
- 2 ACIPQSTVWXY ABCFG 7
- 3 ABLU ABCDEFJKNQRSTUVW 8
- 4 BFHIJORTVX EGIJUVW 9
- 5 ABDFGHJLMN ABEGHKOQ10
- WB 12A CEE
- H1160 2,5ha 163T(65-100m²) 36D
- €36,00
- €48,00
- 111964
- A10, Ausfahrt St. Michael im Lungau, Richtung Mauterndorf. B99 Erlebnisberg Großeck-Speiereck. CP liegt an der B99 nach 1,5 km auf der linken Seite.

Obertrum, A-5162 / Salzburg — iD
- Strandcamping Oitner
- Seestraße 18
- 1 Mai - 30 Sep
- +43 62 19 64 42
- info@oitner-urlaubsamsee.at
- N 47°56'33" E 13°04'09"
- 1 ADFJMNOPQRT LNQSX 6
- 2 FIPQUWY ABDEFG 7
- 3 A ABEFNQR 8
- 4 FH IMPQT 9
- 5 ABDEFJKN ABGHJOQ10
- 12A
- H480 1ha 35T(70-90m²) 34D
- €28,00
- €36,00
- 106026
- L102 von Obertrum Richtung Seeham. CP 1 km außerhalb des Ortskerns an der Straße.

Sternstunden erleben.

Badesee
5 Indoor-Pools
(Sportbecken 50 m)
100m Wasser-
rutschbahn.

Wer das Campen in freier Natur liebt, ist am Sportcamp Woferlgut ebenso richtig wie alle, die Vier-Sterne-Komfort in einem Hotel suchen!

Woferlgut
Sportcamp Restaurant Hotel ★★★★

A-5671 Bruck/Großglockner, Krössenbach 40
Tel.: +43(0)6545 7303-0, Fax: +43(0)6545 7303-3
Mail: info@sportcamp.at www.sportcamp.at

Pfarrwerfen, A-5452 / Salzburg

▲ Vierthaler	1 ADEILNOPQRST	NU 6
🏠 Reitsam 8	2 ACIPQXYZ	ABDE**FG** 7
📅 15 Apr - 30 Sep	3 AFM	ABE**FG**NQRTW 8
☎ +43 65 02 91 15 70	4 FHJ	JK 9
@ vierthaler@	5 ABDEGMN	AGHJLOQU 10
camping-vierthaler.at	12-16A	
	H550 1,5ha 40T(120-150m²) 3D	❶ €23,70
🧭 N 47°26'35" E 13°12'36"		❷ €30,30
🚗 Von Norden: A10 Salzburg-Villach, Ausf. 43 Werfen, links Richtung Bischofshofen B159, Ausf. 41,6 links ab. Von Süden: A10 Villach-Salzburg, Ausf. 44 Pfarrwerfen, links Ri. Bischofshofen B159, Ausf. 41,6 links ab. Ausfahrt bei der Flagge.		110877

Radstadt, A-5550 / Salzburg

▲ Tauern Camping	1 AJMNOPRST	6
🏠 Schloßstraße 17	2 APQSVXY	BE**FG**H 7
📅 1/1 - 31/10, 1/12 - 31/12	3 AIJ**LMN**O	ABE**F**JNQRT 8
☎ +43 64 52 42 15	4 FHK	9
@ info@tauerncamping.at	5 ABDLMN	AEHJOQ 10
	W 10A CEE	
	H850 1,8ha 30T(80m²) 60D	❶ €25,60
🧭 N 47°23'15" E 13°27'40"		❷ €34,60
🚗 A10, Ausfahrt 63 Richtung Radstadt B99. Nach 6 km rechts Radstadt-West. Nach 300m links. CP ist ausgeschildert.		108167

Radstadt, A-5550 / Salzburg

▲ Camping Forellencamp	1 ADEJMNOPRST	6
🏠 Gaismairallee 51	2 AIQRXY	AB**FG** 7
📅 1 Jan - 31 Dez	3 A**L**	ABE**F**JNQRT 8
☎ +43 67 63 34 89 60	4 FHJO	9
@ info@forellencamp.com	5 ABDLN	AHJOQ 10
	W 16A CEE	
	H856 1ha 20T(100m²) 9D	❶ €23,00
🧭 N 47°22'59" E 13°26'55"		❷ €29,80
🚗 A10, Ausfahrt 63 Richtung Radstadt B99 und kurz vor Radstadt Schildern folgen.		110802

Rauris, A-5661 / Salzburg

▲ Nationalpark Cp. Andrelwirt	1 ADE**J**MNOPQRST	FNU 6
🏠 Dorfstraße 19	2 CIPQSWXY	ABDE**FG**H 7
📅 1 Jan - 31 Dez	3 ABFGMUVWX	ABCDEFGHJNQRTW 8
☎ +43 65 44 71 68	4 **A**EFHIJOQ**T**	GLNUVW 9
@ camping@andrelwirt.at	5 ABDFHJKLMN	ABEHJOPQV 10
	W 16A CEE	
	H966 1,8ha 70T(80-120m²) 50D	❶ €36,35
🧭 N 47°11'51" E 12°58'35"		❷ €46,35
🚗 B311 Zell am See-Bischofshofen, Ausfahrt Rauris. CP ist 4 km hinter Rauris in Wörth gut ausgeschildert.		107674

ACSI Camping Europa-App

9 500 europäische Campingplätze in einer praktischen App

ab 0,99 €

- Erweiterbar um 9 000 kontrollierte Reisemobilstellplätze
- Ohne Internetverbindung nutzbar
- Kostenlose Updates mit Änderungen und neuen Campingplatz-Bewertungen
- Schnell und einfach buchen, auch unterwegs
- Neu: jetzt auch mit kleinen Campingplätzen

www.Eurocampings.de/app

Teilkarte Salzburg auf Seite 377

Panoramacamping Stadtblick ★ ★ ★ ★

5 Minuten zum Bus, direkter Radweg ins Stadtzentrum, beste Lage für den Besuch von Salzburg und Umgebung. Ausgezeichnete Küche, WLAN, Waschmaschine und Trockner, Laden mit täglich frischem Brot und großer Spielplatz nebenan. Apartments und Zimmer für 2 bis 5 Personen.

Rauchenbichlerstraße 21, 5020 Salzburg-Nord • Tel. +43 662450652
E-Mail: info@panorama-camping.at • Internet: www.panorama-camping.at

Salzburg, A-5026 / Salzburg

▲ Schloss Aigen Salzburg	1 ADEJMNOPQRS**T**	6
Weberbartlweg 20	2 ABCIQXYZ	AB**FG** 7
1 Mai - 30 Sep	3 A**L**M	ABEFNQR 8
+43 6 62 63 30 89	4 FHJ	9
camping.aigen@elsnet.at	5 ABDEFGIJKN	AGJMOQV 10
	Anzeige auf dieser Seite 16A CEE	€ 27,00
		€ 35,00
N 47°46'50" E 13°05'23"	H420 2,5ha 120**T**	106028
A10 Salzburg-Villach Ausfahrt Salzburg-Süd, Richtung Anif/ Glasenbach/Aigen. Den Schildern 'Camping Aigen' folgen.		

Salzburg-Nord, A-5020 / Salzburg

▲ Panoramacamping Stadtblick	1 AILNOPQRS**T**	6
Rauchenbichlerstraße 21	2 ABIQSTVWXY	ABDE**FG**H 7
1/1 - 9/1, 20/3 - 6/11, 2/12 - 11/12, 27/12 - 31/12	3 AF**L**	ABEFNQRTUVW 8
	4 A**F**HJ	I 9
+43 6 62 45 06 52	5 ABDEKLMN	ABGHK**O**Q 10
info@panorama-camping.at	Anzeige auf dieser Seite B 6A	€ 37,00
		€ 47,00
N 47°49'44" E 13°03'07"	H480 0,8ha 70**T**(40-80m²) 8**D**	106027
A1 Salzburg-Wien Ausfahrt Salzburg-Nord. Gleich rechts. Den Schildern 'CP Stadtblick' folgen (an erster Ampel nach Ausfahrt rechts).		

CAMPING SCHLOSS AIGEN SALZBURG

Camping Salzburg Aigen liegt am südöstlichen Rand der 'Festspielstadt' Salzburg, am Waldrand des Aigen Parks.
Der Platz hat einfaches, sauberes Sanitär und ein Restaurant mit einer Karte zu vernünftigen Preisen. Ein großes Grasfeld, teilweise mit Schatten von hohen Birken, auf dem man selbst seinen Platz aussuchen kann. Auf dem etwas höher angelegten Teil gibt es auch noch stille Eckchen.
Von diesem Camping aus, der sowohl in, als auch bei Salzburg liegt, ist man in wenigen Minuten in der Stadt. Mit dem öffentlichen Nahverkehr (Tickets auf allen Buslinien 24 Stunden gültig) kommt man ohne Parkprobleme in die 'Altstadt' (Haltestelle in 500m, alle 10 Minuten Verbindung.)
Einige Sehenswürdigkeiten: das Geburtshaus von Mozart, Festung Hohensalzburg (eine herrliche Wanderung, aber auch mit dem Lift erreichbar), die Residenz, der Dom ('kleiner St. Peter'), die Franziskanerkirche, der St. Peters Friedhof mit den Katakomben, die alte Geschäftsgassen Getreidegasse, Judengasse und Goldgasse und das Lustschloss Hellbrunn. Angenehmer Zwischenstop für ein paar Tage auf der Reise in den Süden.

Weberbartlweg 20, 5026 Salzburg • Tel. 0662-633089 / 627923
Internet: www.campingaigen.com

Salzburg-Nord, A-5023 / Salzburg

▲ Camping Nord-Sam****	1 AE**J**MNOPQRS**T**	B 5
Samstraße 22a	2 APQRSUWXYZ	ABDE**FG**H 7
1/1 - 6/1, 14/4 - 16/10, 7/12 - 11/12, 26/12 - 31/12	3 A**L**	ABCDEFJNQRTW 8
	4 A**F**HJ	UV 9
+43 6 62 66 04 94	5 ACDHJN	ABGHL**O**Q 10
office@camping-nord-sam.com	Anzeige auf Seite 381 10A CEE	€ 43,00
		€ 57,00
N 47°49'38" E 13°03'45"	H441 1,3ha 100**T**(60-120m²)	101579
A1 München-Wien, Ausfahrt 288 Salzburg-Nord. Nach 1. Ampel links voreinordnen und den CP-Schildern folgen. 500m bis zum CP.		

Seekirchen, A-5201 / Salzburg

▲ Strandcamping Seekirchen	1 ADE**J**MNOPQRS**T**	HLM**N**QRSTX 6
Seestraße 2	2 FIJLPQSWXY	ABDE**FG** 7
1 Apr - 31 Okt	3 BFG**L**MV	ABCDEFJNQRTW 8
+43 62 12 40 88	4 AFHJ**P**	MNPQRTUVW 9
info@camping-seekirchen.at	5 ABDEFJKMN	ABGHJOQY 10
	Anzeige auf Seite 381 B 16A	€ 37,00
		€ 44,00
N 47°54'11" E 13°08'30"	H510 1,5ha 32**T**(80-100m²) 70**D**	106048
Von Seekirchen nach Neumarkt, Abf. Zell am Wallersee. Nach 2 km in Ri. Schloss Seeburg, dann CP Schildern folgen. Oder: Straße Salzburg-Seekirchen, ab Seekirchen Bahnhof der Bahnstraße bis zum CP am See folgen.		

Österreich

Campingreisen

Spannende Campingreisen mit dem eigenen Wohnmobil oder Wohnwagen.

www.ACSIcampingreisen.de

CAMPING NORD-SAM — DIE GRÜNE OASE DER MOZARTSTADT — Salzburg ★★★★

60 YEARS 1959-2019

3km zur Altstadt • in 20 min. ist man mit Bus oder Rad im Zentrum • W-LAN
Busstop direkt am Platz • einzigartige parzellierte Parkanlage • Minimarket
Preise inkl. Warmwasserdusche und Swimming Pool • Infopoint & Kartenbüro

www.camping-nord-sam.com • Samstraße 22a, A-5023 Salzburg, +43 662/660494

St. Johann im Pongau, A-5600 / Salzb. 〈CC €20〉 iD
- Kastenhof
- Kastenhofweg 6
- 1 Jan - 31 Dez
- +43 64 12 54 90
- info@kastenhof.at

1	AEJMNOPRST	N 6
2	CIPQSWXYZ	ABDEFGH 7
3	ABILMSU	ABEFJNQRT 8
4	FHJORSTV	I 9
5	ABDMN	ABEFGHIJLNQU 10
WB 15A CEE		① €29,00
		② €35,00
H600 2ha 40T(80m²) 81D		106058

A10, Ausfahrt 46 Bischofshofen, Ri. Zell am See B311 bis Ausfahrt St. Johann im Pongau/Grossarl/Hüttschlag. Unter Bahnunterführung hindurch, über die Brücke, erste Straße links, nach 150m Eingang.

N 47°20'29'' E 13°11'53''

St. Johann im Pongau, A-5600 / Salzburg iD
- Camping Wieshof
- Wieshofgasse 8
- 1 Jan - 31 Dez
- +43 64 12 85 19
- info@camping-wieshof.at

1	AJMNOPRST	6
2	AISUVWXY	ABDEFGIJ 7
3	AL	ABCDEFJNQR 8
4	FHJ	I 9
5	ABD	ABGHIKQQ 10
WB 16A CEE		① €38,00
		② €52,00
H600 1,5ha 70T(70-100m²) 60D		109800

Über A10 Salzburg-Villach, Ausfahrt 47, B311 Richtung Zell am See bis St. Johann im Pongau. CP-Schild rechts der Straße.

N 47°20'45'' E 13°11'32''

St. Martin bei Lofer, A-5092 / Salzburg iD
- Park Grubhof★★★★★
- St. Martin 39
- 1/1 - 6/11, 16/12 - 31/12
- +43 6 58 88 23 70
- home@grubhof.com

1	AEJMNOPRST	JNUVX 6
2	DIPQSTWXYZ	ABDEFGH 7
3	BFLMU	ABCDEFGIJNQRSTUVW 8
4	ABEFGHJOPRSTVXYZ	FIJRUVW 9
5	ACDEFGHJKLMN	ABFGHIJLOPQVY 10
Anz. auf dieser S. WB 10-16A CEE		① €52,90
		② €70,90
H650 10ha 235T(bis 180m²) 31D		101078

Von der B312 in Lofer Ausfahrt Richtung Zell am See B311, nach 1 km links, CP ausgeschildert.

N 47°34'27'' E 12°42'21''

St. Veit im Pongau, A-5621 / Salzburg iD
- Sonnenterrassencamping St.Veit im Pongau★★★★
- Bichlwirt 12
- 1 Jan - 31 Dez
- +43 6 41 55 73 33
- office@camping-stveit.at

1	ACJMNOPRST	6
2	IPQSTVWXY	ABEFGH 7
3	ABLM	ABCDEFJKNQRTUVW 8
4	AEFHJKOP	9
5	ABDEFMN	ABEGHKLMOQV 10
W 16A CEE		① €25,00
		② €37,00
H630 2ha 64T(80-100m²) 40D		111712

A10, Ausfahrt 46 Bischofshofen. Dann die B311 Richtung Zell am See über St. Johann im Pongau bis zur Ausfahrt St. Veit. CP nach 500m rechts von der Strecke.

N 47°19'30'' E 13°10'02''

Zell am See, A-5700 / Salzburg 〈CC €22〉 iD
- Panorama Camp Zell am See
- Seeuferstraße 196
- 1/1 - 10/1, 20/3 - 20/10, 10/12 - 31/12
- +43 6 54 25 62 28
- info@panoramacamp.at

1	ADEFJMNOPQRST	NPQU 6
2	IPQSWXYZ	ABDEFGI 7
3	ALMUX	ABEFHJNPQRTUVW 8
4	FGHIJO	IVY 9
5	ABDGJMN	ABEGHJOQU 10
W 16A CEE		① €34,50
		② €49,50
H756 1ha 85T(70-90m²) 6D		106034

Keine Vignette. Von Lofer Richtung Zell am See, nicht in den Tunnel hineinfahren. Ausfahrt Thumersbach. CP am Südufer, nach 6 km rechts.

N 47°18'07'' E 12°48'57''

Strandcamping Seekirchen

Genießen Sie zwischen tropischen Palmen und atemberaubender Aussicht das ruhige Ambiente des Strandbades Seekirchen. Täglich (kein Ruhetag) von 8-11 Uhr können Sie unser großzügiges Frühstücksbuffet genießen. Im Anschluss dient der, mit Palmen verzierte, Gastgarten aus weiterem Genuss. Unser Campingplatz ist in Ruhiger Lage, direkt am Ufer des Wallersees, gepflegte sanitäre Anlagen sowie viel Unterhaltung für die ganze Familie.

Seestraße 2, 5201 Seekirchen • Tel. 06212-4088
E-Mail: info@camping-seekirchen.at
Internet: www.camping-seekirchen.at

Zell am See, A-5700 / Salzburg iD
- Seecamp Zell am See
- Thumersbacherstraße 34
- 1 Jan - 31 Dez
- +43 65 42 72 11 50
- zell@seecamp.at

1	ADEJMNOPQRST	LMNPQRSTUVWX 6
2	FIKLMPQSWXYZ	ABDEFGHIJ 7
3	BDFGLM	ABCDEFJKNQRTUVW 8
4	HIJOP	FLRTUVW 9
5	ABDEFGHJKLMN	ABEGHIJMOQU 10
WB 13A CEE		① €40,70
		② €54,70
H752 3ha 160T(75-85m²) 32D		106033

Aus Richtung Saalfelden oder Zell am See Ausfahrt Thumersbach nehmen, den Schildern folgen. Nicht in den Tunnel fahren!

N 47°20'23'' E 12°48'32''

NATUR erleben & KOMFORT genießen...
- XXL-Komfortplätze bis 180m² und XXL-Familienbäder
- Idyllische Lage am Fluss mit getrennten Bereichen für Familien, Ruhesuchende, mit & ohne Hund - große Zeltwiese, Mietunterkünfte
- im Juli/August Kinderprogramm und SommerCard = gratis Schwimmbad, Seilbahnen, Naturgewalten, öffentliche Verkehrsmittel & Wanderbus

Winter & Sommer geöffnet!
- Wander- & Radtouren direkt vom Campingplatz
- Ganz nah: Salzburg, Großglockner & Berchtesgaden
- Gratis Skibus ins Familienskigebiet Lofer (2km)
- Winterwanderungen direkt vom Camping, Loipe 300m
- Restaurant, Shop, Kinderspielraum, Wellness & Sauna

Grubhof ★★★★
5092 St. Martin / Lofer
Tel. +43 (0)6588 82570

www.grubhof.com

Österreich

Afritz am See, A-9542 / Kärnten

▲ Bodner	1 ABJMNOPQRT	LNOQSX 6
Seestraße 27	2 FIPQSVXY	ABDEF 7
1 Mai - 30 Sep	3 AMN	ABCDEFNQRT 8
+43 42 47 25 79	4 FH	Q 9
office@camping-bodner.at	5 ABDEFMN	ABJMNQ 10
	6A	① € 28,90
	H300 1,2ha 80T 9D	② € 38,90

N 46°44'13'' E 13°46'07''   106105
A10 Salzburg-Villach, Ausfahrt Spittal/Millstätter See, B98 Richtung Radenthein, dort rechts der B98 folgen, dann den CP-Schildern bei Afritzer See folgen.

Afritz am See, A-9542 / Kärnten

▲ Fischerhof Glinzner - Afritzer See	1 ADEJMNOPQRST	LNOQRSTXZ 6
	2 FJPQSVXY	ABDEFG 7
Seestraße 28	3 AFHIMNOU	ABCDEFJNQRTW 8
1 Jan - 31 Dez	4 AEFHIJOPQ	GIJKMPQRTUVWY 9
+43 42 47 21 33	5 ABDEFJLMN	ABFGHIJLMOQU 10
info@glinzner.at	WB 12A	① € 35,40
	H750 1,5ha 150T(80-100m²) 41D	② € 49,40

N 46°44'14'' E 13°46'13''   106104
A10 Salzburg-Villach, Ausfahrt Spittal/Millstätter See, B98. Richtung Radenthein, dort rechts der B98 folgen, den CP-Schildern beim Afritzer See folgen.

Annenheim, A-9520 / Kärnten

▲ Camping Bad Ossiacher See	1 ADEHKNOPQRST	LMOPQRSTW 6
Seeuferstraße 109	2 AEILPQSWXYZ	ABDEFG 7
1 Apr - 15 Okt	3 ABFGHIJMNOT	ABCDEFGJKNQRSTUVW 8
+43 42 48 27 57	4 BDEFHIT	KMPSTUV 9
office@camping-ossiachersee.at	5 ACDEFGHIJKLMN	ABGHIJOPQY 10
	Anzeige auf Seite 383 B 16A	① € 38,60
	H500 5,5ha 290T(70-90m²)	② € 48,80

N 46°39'22'' E 13°53'30''   106106
A10 Salzburg-Villach, Ausfahrt Villach/Ossiacher See. Dann B94 Richtung Feldkirchen. In Annenheim rechts zum Ossiacher See-Südufer. CP nach 200m links.

Berg im Drautal, A-9771 / Kärnten

▲ Camping Berggruss	1 AJMNOPRST	AU 6
Nr. 49	2 BCIPQXYZ	ABDEF 7
1 Mai - 30 Sep	3 BGLM	ABEFJNQR 8
+43 65 08 88 11 59	4 FHJ	9
camping.berggruss@aon.at	5 ABDEGN	ABIJMOQU 10
	10A	① € 23,50
	H650 1,2ha 50T(100m²)	② € 31,50

N 46°44'26'' E 13°07'56''   101585
A10 Salzburg-Villach, Ausfahrt 139 Spittal/Millstätter See, B100 Richtung Lienz. CP Berggruss befindet sich an der B100 in Berg im Drautal, links der Straße.

Dellach im Drautal, A-9772 / Kärnten

▲ Camping Am Waldbad	1 ADEJMNOPQRST	BGHIJNUX 6
Rassnig 8	2 BCIPQSWXYZ	ABDEFG 7
16 Apr - 1 Okt	3 ABEFGLMQS	ABCDEFGHIKNPQRTW 8
+43 4 71 42 88	4 BCEFHIJLOX	AENRUVW 9
info@camping-waldbad.at	5 ABDEFGHJKLM	ABDGHIJMOQY 10
	B 10-16A CEE	① € 35,00
	H618 3ha 200T(70-120m²) 38D	② € 52,60

N 46°43'54'' E 13°04'41''   106043
2 Strecken möglich: 1) die B100 Spittal-Lienz. 2) Mittersill-Felbertauerntunnel-Lienz-Dellach im Drautal. Inerorts scharfe Kurve, Camping angezeigt.

Döbriach, A-9873 / Kärnten

▲ Happy Camping Golser GmbH	1 AJMNOPQRST	LNPQS 6
Mauerweg 4	2 EIJPQSWXYZ	ABDEFGH 7
1 Mai - 30 Sep	3 ABFHJLMNUW	ABCDEFIJKNPQRTW 8
+43 42 46 77 14	4 FHIOT	9
info@happycamping.at	5 ABDJMN	ABGHIJORS 10
	B 6A	① € 36,20
	H580 1,5ha 120T(70-90m²) 3D	② € 44,20

N 46°46'32'' E 13°38'28''   106103
A10 Salzburg-Villach, Ausfahrt 139 Millstätter See (Ausfahrt links!). An der Ampel links, B98 Richtung Radenthein. Am Spar Markt wenden und 600m zurückfahren. Von Süden Ausfahrt 178 Villach-Ossiacher See Richtung Millstätter See.

ACSI Camping Europa-App

9 500 europäische Campingplätze in einer praktischen App

ab 0,99 €

- Erweiterbar um 9 000 kontrollierte Reisemobilstellplätze
- Ohne Internetverbindung nutzbar
- Kostenlose Updates mit Änderungen und neuen Campingplatz-Bewertungen
- Schnell und einfach buchen, auch unterwegs
- Neu: jetzt auch mit kleinen Campingplätzen

www.Eurocampings.de/app

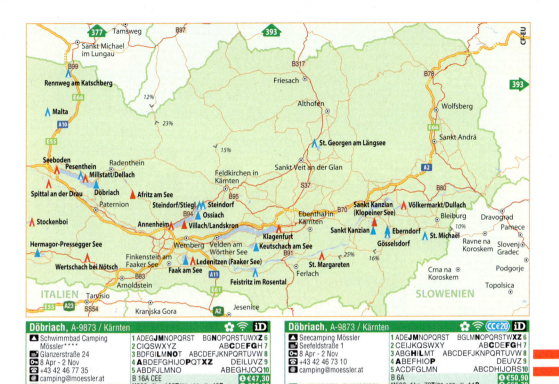

Döbriach, A-9873 / Kärnten

- Schwimmbad Camping Mössler★★★★
- Glanzerstraße 24
- 8 Apr - 2 Nov
- +43 42 46 77 35
- camping@moessler.at
- N 46°46'28'' E 13°39'20''

1	ADEGJMNOPQRST	BGNOPQRSTUWXZ 6
2	CIQSWXYZ	ABCDEFGH 7
3	BDFGILMNOT	ABCDEFJKNPQRTUVW 8
4	ABDEFGHIJOPQTXZ	DEILUVZ 9
5	ABDFJLMNO	ABEGHJOQ 10

B 16A CEE
H580 4ha 192T(70-100m²) 40D
① €47,30
② €63,80
106100

A10 Salzburg-Villach, Ausfahrt Millstätter See (Ausfahrt links), an der Ampel links, B98 Ri. Radenthein, nach ca. 12 km rechts Ri. Döbriach-See. Nach 1,5 km links. Von Süden Ausfahrt 178 Villach/Ossiacher See Ri. Millstätter See.

Döbriach, A-9873 / Kärnten

- Seecamping Mössler
- Seefeldstraße 1
- 8 Apr - 2 Nov
- +43 42 46 73 10
- camping@moessler.at
- N 46°46'07'' E 13°38'58''

1	ADEJMNOPQRST	BGLMNOPQRSTWXZ 6
2	CEIJKQSWXY	ABCDEFGH 7
3	ABGHILMT	ABCDEFJKNPQRTUVW 8
4	ABEFHIOP	DEUVZ 9
5	ACDFGLMN	ABCDHIJORS 10

B 6A
H580 1ha 72T(70-100m²) 11D
① €50,90
② €68,70
101587

A10 Salzburg-Villach. Ausf. 139 Millstätter See. An der Ampel li. B98 Ri. Radenthein. Nach ca. 12 km re. Ri. Döbriach-See. Nach ca. 1,5 km CP re. Von Süden Ausf. 178 Villach-Ossiachersee Ri. Millstätter See.

Österreich

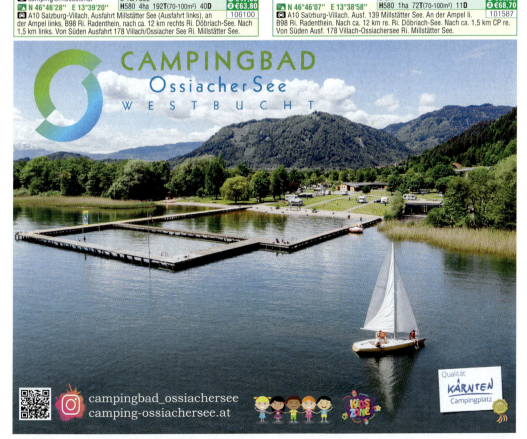

campingbad_ossiachersee
camping-ossiachersee.at

Teilkarte Kärnten auf Seite 382 und 383

Camping BRUNNER am See

Direkt am See - mitten in den Bergen

- Komfortcamping für Sonnenanbeter, Wanderer und Familien
- Aktivprogramm ● Appartments ● Ferienhäuser
- Beste Infrastruktur ● Reservierungen
- Ganzjährig offen
- DIREKT am Millstätter See
- Sonderangebote für Pensionisten in der Vor- und Nachsaison

Mit der KÄRNTEN CARD gratis kreuz und quer durch Kärnten

A-9873 Döbriach • Glanzerstr. 108
Tel. 0043/4246/7189 oder 7386
E-Mail: info@camping-brunner.at
Internet: www.camping-brunner.at (Webcam)

ADAC Auszeichnung 2019

Döbriach, A-9873 / Kärnten CC€20 iD
- Brunner am See
- Glanzerstraße 108
- 1 Jan - 31 Dez
- +43 42 46 71 89
- info@camping-brunner.at

1 ACDEJMNOPQRST LNOPQRSTUVW 6
2 CEIJKPQRSTWXY ABCDEFGH 7
3 BDFGJLMNOUW ABCDEFGHIJKNPQRTUVW 8
4 ABCEFGHJLOT IJUVW 9
5 ACDFGHKLMN ABDGHIKMORSUV 10
Anzeige auf dieser Seite WB 6A CEE €50,10
H580 3,5ha 215T(60-107m²) 12D €66,50

N 46°46'04" E 13°38'53" 101588
A10 Salzburg-Villach, Ausf. 139 Millstätter See. Ampel links, B98 Ri. Radenthein. Nach 12 km rechts Ri. Döbriach-See. Nach ca 1,5 km beim ADEG-Markt rechts. Von S: Ausf. 178 Villach-Ossiacher See Ri. Millstätter See.

Döbriach, A-9873 / Kärnten iD
- Burgstaller Komfort Cp Park
- Seefeldstraße 16
- 8 Apr - 1 Nov
- +43 42 46 77 74
- info@burgstaller.co.at

1 ACDEJMNOPQRST LMNOPQRSTWXZ 6
2 EIJQSWXYZ ABCDEFGHI 7
3 BDEFGHIJLMNORSTVW ABCDEFGHIJKNPQRTUVW 8
4 ABDEFGHIJLMO PSTX DEIMPQRTUVWXY 9
5 ACDEFGHLMN ABEFGHIJORSY 10
Anz. auf S. 385 + Umschl. B 6-10A CEE €49,60
H580 12ha 570T(65-120m²) 74D €58,50

N 46°46'12" E 13°38'53" 101586
A10 Salzburg-Villach, Ausfahrt 139 Millstätter See (Ausfahrt li.). An der Ampel links B98 Ri. Radenthein. Nach ca. 12 km rechts Ri. Döbriach-See. Von Süden Ausfahrt 178 Villach/Ossiacher See Ri. Millstätter See.

Eberndorf, A-9141 / Kärnten CC€22 iD
- Naturisten Feriendorf Rutar Lido
- Lido 1
- 1 Jan - 31 Dez
- +43 42 36 22 62
- fkkurlaub@rutarlido.at

1 ADEFJMNOPQRST BEGLMN 6
2 EIKQWXYZ ABCDEFGH 7
3 ALMST ABCDEFHIJMNPQRUVW 8
4 AEFGHJOQRTUX EGHIJWZ 9
5 ABDEFGHIJLMO ADGHIJMOQUW 10
WFKKB 16A CEE €42,30
H447 15ha 228T(70-140m²) 140D

N 46°35'02" E 14°37'34" 100890
A2 von Klagenfurt Ausfahrt 298 Grafenstein links, B70 Richtung Graz. Nach 4 km rechts nach Tainach, Eberndorf, Rutar Lido. Von Graz A2, Ausfahrt 278 Völkermarkt-Ost.

Faak am See, A-9583 / Kärnten iD
- Anderwald
- Strand Nord 4
- 1 Apr - 30 Okt
- +43 42 54 22 97
- office@campinganderwald.at

1 ADEJMNOPQRST LNOPQSX 6
2 ABFIJKMPRSXYZ BEFGH 7
3 ALM BDFGJKNQRTW 8
4 ABDEFGHIJLOPQ 9
5 ABDFGJLN ABGHIJMOQW 10
B 16A €53,60
H590 3,6ha 190T(80-100m²) €63,60

N 46°34'24" E 13°56'07" 101358
A10 Salzburg-Villach, Ausfahrt Faaker See. CP an der Straße von Faak nach Egg auf der linken Seite.

Faak am See, A-9583 / Kärnten CC€22 iD
- Arneitz
- Seeufer-Landesstraße 53
- 28 Apr - 30 Sep
- +43 66 45 28 75 65
- camping@arneitz.at

1 AEFIKNOPRST HLMNQRSTXZ 6
2 AFILMPQRTWXYZ ABCDEFGH 7
3 ABDFLMNOUV ABCDEFGIJKNPQRTUVW 8
4 ABEFHIJLMOPZ L 9
5 ACDFGHIJLNO AEGHIJMOQY 10
B 16A CEE €41,60
400T(60-120m²) €57,60

N 46°34'28" E 13°56'08" 106118
A10 Salzburg-Villach, dann A2 oder A11, Ausfahrt Faaker See. Erster Camping rechts Richtung Egg.

Faak am See, A-9583 / Kärnten iD
- Gruber
- Strand Nord 3
- 1 Mai - 16 Sep
- +43 42 54 22 98
- gruber@strandcamping.at

1 ABEJMNOPQRST LNPQSVXYZ 6
2 ABFIJKPQRSTWXYZ ABDEFG 7
3 ABDFM ABCDEFIJKNQRSTW 8
4 ABCDEFHIO ENQT 9
5 ABDEFLN ABGHIJLMOQW 10
B 16A €46,00
H500 2,6ha 140T(80-100m²) 29D €60,00

N 46°34'24" E 13°56'05" 100888
A10 Salzburg-Villach, Ausfahrt Faaker See. In Drobollach Richtung Egg, dann Richtung Faak (dritter CP rechts).

Faak am See, A-9583 / Kärnten iD
- Familien-Erlebnis Camping Poglitsch
- Kirchenweg 19
- 15 Apr - 15 Okt
- +43 42 54 27 18
- poglitsch@kindercamping.at

1 AEFJMNOPQRST HLNX 6
2 AEIKPQSXYZ ABDEFG 7
3 BDFHLMNOS ABCDEFJNQRTUV 8
4 ABEFHIJLMOP DEQRUVZ 9
5 ACDEFGIJKLN ABGHIJMOPQUW 10
B 16A CEE €40,60
H500 7ha 230T 19D €55,60

N 46°34'11" E 13°54'25" 106120
A10 Salzburg-Villach, Ausfahrt Faaker See. In Drobollach scharfe Kurve rechts Richtung Faak. Der CP liegt in Faak. Ausgeschildert.

ACSI EuroCampings
Schnell und einfach buchen, auch unterwegs
www.Eurocampings.de

Komfort-Campingpark Burgstaller
am Millstätter See

KÄRNTEN Millstätter See

TOP CAMPING AUSTRIA

Find us on: **facebook**

📞 9873 Döbriach - Seefeldstr.16 - Kärnten - Österreich
☎ 0043 4246 7774   📠 0043 4246 77744
✉ info@burgstaller.co.at   💻 www.burgstaller.co.at

GRATIS DOWNLOAD: Der Burgstaller-Song und der Burgstaller-Kids-Song als MP3 auf unserer Homepage!!!

NEU: Europas fantastischstes Sanitärgebäude mit Kinderbereich im U-Boot, Bällebad, Indoor-Spielplatz, Jugendraum, Kino u.v.m. - alle Infos auf unserer Homepage!

Unser aktuelles Video jetzt auf **YouTube**

ES ZÄHLT NICHT, WOHER DU KOMMST. WICHTIG IST, WOHIN DU GEHST...!

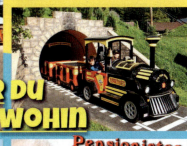

Pensionisten-Sonderpreis: 21.60
in der Nebensaison inkl. 2 Pensionisten und Normalplatz, exkl. Ortstaxe

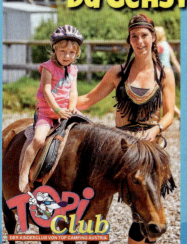

TOPi Club - DER KINDERCLUB VON TOP CAMPING AUSTRIA

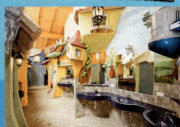

Der Rest steht auf einer anderen Seite: www.burgstaller.co.at

Camping Juritz

Das 1000-Sterne-Hotel im Süden Österreichs.
Die einzigartige ruhige Lage mitten in einem großen Naturschutzgebiet garantiert Ihnen unglaubliche Entspannungsmöglichkeiten, wie schwimmen, wandern und Wassersport. Herrliche Radwege in einer unberührten Natur machen Ihren Urlaub zu einem unvergesslichen Erlebnis. Vergessen Sie nicht das überdachte Schwimmbad, wo Sie von Anfang Mai bis Ende September herrlich in warmem Wasser verweilen und Ihr Urlaub ist perfekt! **Neues Sanitär!** WLAN kostenlos!
In der Vor- und Nachsaison viel Rabatt mit der CampingCard ACSI oder bei längerem Aufenthalt.

Campingstraße, 9181 Feistritz im Rosental • Tel. +43 42282115
Fax +43 422821154 • E-Mail: office@camping-juritz.com
Internet: www.camping-juritz.com

Feistritz im Rosental, A-9181 / Kärnten — CC€18 iD
- Juritz — 1 AEGJMNOPQRST — C 6
- Campingstraße — 2 AIPQSXY — ABCDEFG 7
- 1 Mai - 30 Sep — 3 AGMUV — BDFIJNQRT 8
- +43 42 28 21 15 — 4 BCEFHIJO — 9
- office@camping-juritz.com — 5 ADFHLN — ABDGJMOQU 10
- Anzeige auf dieser Seite B 10-16A — €32,10 / €44,70
- N 46°31'31" E 14°09'38" H300 3ha 90T
- Villach, Karawankentunnel (SLO) Ausfahrt St. Jakob im Rosental. Richtung Feistritz (Schildern folgen und nicht dem GPS/Navi). — 101034

Feistritz ob Bleiburg, A-9143 / Kärnten — CC€18 iD
- Petzencamping Pirkdorfer See — 1 ADEJMNOPRST — LN 6
- Pirkdorf 29 — 2 EIKPQWX — ABDEFGH 7
- 1 Jan - 31 Dez — 3 AFGMT — ABCDEFHJNPQRTU 8
- +43 4 23 03 21 — 4 CGJNTW 9
- info@pirkdorfersee.at — 5 ADFJLMN — ABHIJOQUV 10
- Anzeige auf Seite 387 WB 12A CEE — €35,00 / €46,80
- N 46°33'30" E 14°45'05" H500 10ha 387T(90m²) 174D
- Von Klagenfurt B70, Ausfahrt Klopeiner See. Dann B82 bis Eberndorf, B81 bis St. Michaël folgen. Schildern folgen. — 106131

Gösselsdorf, A-9141 / Kärnten — CC€20 iD
- Sonnencamp am Gösselsdorfer See — 1 ADEFJMNOPQRST — JLMN 6
- Seestraße 21-23 — 2 CEPQWXYZ — ABDEFGH 7
- 23 Apr - 1 Okt — 3 AFGLM — ABCDEFHNPQRTUVW 8
- +43 42 36 21 68 — 4 ABEFHIJLOQ — BT 9
- office@goesselsdorfersee.at — 5 ABDEFGHLMN — ABDGHIJOQ 10
- 13A CEE — €34,50 / €46,10
- N 46°34'29" E 14°37'28" H447 5ha 230T(80-144m²) 103D
- Hinter Völkermarkt die B82, 2 km hinter Eberndorf Richtung Eisenkappel. In Gösselsdorf ausgeschildert. — 106130

Greifenburg, A-9761 / Kärnten — iD
- Fliegercamp Oberes Drautal — 1 AJMNOPRST — L 6
- Seeweg 333 — 2 EIQSWXY — ABDEFG 7
- 1 Apr - 30 Okt — 3 ABGHLM — ABCDEFNQRT 8
- +43 47 12 86 66 — 4 FHJO — GIUV 9
- info@fliegercamp.at — 5 ABDEFGLMN — AEGHJLOQW 10
- B 12A CEE — €25,10 / €34,60
- N 46°44'51" E 13°11'40" H580 5ha 140T(80m²) 11D
- A10 Salzburg-Villach, Ausfahrt B100 Richtung Lienz, kurz vor Greifenburg Schildern links 'Badesee' und 'Camping' folgen. — 108170

Heiligenblut, A-9844 / Kärnten — iD
- Nationalpark Camping Grossglockner — 1 ADEJMNOPQRST — N 6
- Hadergasse 11 — 2 CIQSVXY — ABDEF H 7
- 1/5 - 31/10, 15/12 - 31/12 — 3 AFM — ABCDEFJNQ 8
- +43 48 24 20 48 — 4 AEFHIJ — G 9
- nationalpark-camping@heiligenblut.at — 5 ABDEFGHJKLMN — ABGHIJOQ 10
- W 16A — €36,10 / €44,10
- N 47°02'13" E 12°50'20" H1300 1,5ha 70T(80-120m²) 4D
- 3 Routen: a) Zell am See-Großglockner-Heiligenblut; b) Mittersill-Felbertauerntunnel-Lienz-Heiligenblut; c) Tauern-Autobahn Spittal/Drau-Großglocknerstraße-Heiligenblut. Innerorts den CP-Schildern folgen. Ohne GPS fahren! — 106038

Hermagor-Pressegger See, A-9620 / Kärnten — iD
- Pressegger See — 1 AHKNORT — LMOPQRSTX 6
- Presseggen 5 — 2 EIQSUVWXYZ — ABDEFHI 7
- 1 Mai - 30 Sep — 3 A — IMQT 9
- +43 42 82 27 00 — 4 F — IMQT 9
- office@camping-max.com — 5 ABDN — ABHIJOQ 10
- 6A — €29,00 / €39,60
- N 46°37'49" E 13°27'15" H600 1,2ha 50T(100-120m²) 5D
- A2 Villach-Grenze Italien, Ausfahrt 364 Gaital, B111 bis 6 km vor Hermagor, links Schildern folgen (Presseggersee). Die Strecke über die 'Windische Höhe' ist gesperrt. — 101352

Hermagor-Pressegger See, A-9620 / Kärnten — CC€22 iD
- EuroParcs Hermagor***** — 1 ACDEJMNOPQRST — BEGMNPQRSTVX 6
- Vellach 15 — 2 IJPQSTWYZ — ABDEFGHIJ 7
- 1 Jan - 31 Dez — 3 BDFIMNORTUW — ABCDEFGIJKNQRTUVW 8
- +43 42 82 20 51 — 4 ABCDEFHJKLMOPRSTVX — DEFGIKLMRTV 9
- kcc@europarcs.nl — 5 ACDFHILMN — ABEFGHIJMOQUW 10
- Anzeige auf Seite 366 WB 16A — €43,45 / €58,15
- N 46°37'53" E 13°23'46" H600 5,6ha 297T(80-120m²) 39D
- A23 Villach-Grenze Italien (Udine), Ausfahrt 364 Hermagor/Gaital. Weiter die B111 bis 2 km vor Hermagor. Am CP-Schild rechts, nach 50m CP links. Route Paternion/Feistritz 'Windische Höhe' für Caravans gesperrt! — 106066

Hermagor-Pressegger See, A-9620 / Kärnten — iD
- EuroParcs Presseggersee***** — 1 ACDEJMNOPQRST — BGLMNPQRSTU 6
- Presseggen 29 — 2 BEIJPQSTVWXYZ — ABDEFGHI 7
- 10 Mai - 20 Sep — 3 BFGIJMNOTUW — ABCDEFIJKNQRTUVW 8
- +43 42 82 27 60 — 4 ABCDEFHJLOP — ADEILMRTV 9
- kcc@europarcs.nl — 5 ACDEFGHILMN — ABGHIJLMOQU 10
- Anzeige auf Seite 366 B 16A — €35,90 / €48,30
- N 46°37'55" E 13°26'42" H500 8,8ha 350T(80-140m²) 72D
- A23 Villach-Grenze Italien. Ausfahrt 364 Hermagor/Gaital. Danach B111 bis 6 km vor Hermagor. CP rechts der Straße. Route über Paternion/Feistritz 'Windische Höhe' für Caravans gesperrt! — 106068

Hermagor-Pressegger See, A-9620 / Kärnten — CC€16 iD
- Sport-Camping-Flaschberger — 1 ACJMNOPRST — BMO 6
- Obervellach 27 — 2 IPQSWXYZ — ABDEFGH 7
- 1 Jan - 31 Dez — 3 AFJMNORU — ABCDEFJNQRUVW 8
- +43 42 82 20 20 — 4 EFHJOPRST — IJUV 9
- office@flaschberger.at — 5 ADEFKMN — ABEFGHIJMOQU 10
- W 16A — €32,50 / €42,90
- N 46°37'56" E 13°23'48" H610 2ha 80T(90-120m²) 12D
- A23 Villach-Grenze Italien, Ausfahrt 364 Hermagor/Gaital. B111 bis ± 2 km vor Hermagor. Am CP-Schild rechts. CP nach 100m rechts. Route über Paternion/Feistritz 'Windische Höhe' für Caravans gesperrt! — 106067

Irschen, A-9773 / Kärnten — CC€18 iD
- Rad-Wandercamping-Ponderosa*** — 1 AJMNOPRST — UX 6
- Glanz 13 — 2 IPQSVXYZ — ABDEFGH 7
- 1 Mai - 30 Sep — 3 LX — ABCDEFGHIJKNQRTUVW 8
- +43 66 06 86 70 55 — 4 AFGHIJ — 9
- info@rad-wandercamping.at — 5 ABDEFGHKLN — ABHIJOQ 10
- B 6A — €20,50 / €28,30
- N 46°44'39" E 12°52'03" H617 0,9ha 34T(80-130m²) 6A
- Von Lienz oder Spittal die B100/E66 folgen, Ausfahrt Glanz (Gemeinde Irschen). Ausfahrt zum CP ist gut ausgeschildert. — 106041

Keutschach am See, A-9074 / Kärnten — iD
- FKK - Kärntner Lichtbund - Turkwiese — 1 ADEGHKNORT — LMPQ 6
- Dobeinitz 32 — 2 BFIKQSWXY — BEFG 7
- 1 Jun - 15 Sep — 3 AFM — BFNQR 8
- +43 66 02 28 44 66 — 4 FHIJO — 9
- office@klb.at — 5 ADEFKN — ABFHJOQ 10
- FKK 10-12A — €37,20 / €37,20
- N 46°34'49" E 14°10'05" H500 1ha 56T(48-80m²) 60D
- A2 Villach-Klagenfurt, Ausfahrt Velden Richtung Keutschach bis nach Keutschach. Am 2. Kreisel die 1. Straße rechts. Uferstraße Richtung Süden. Den CP-Schildern folgen. — 112195

Keutschach am See, A-9074 / Kärnten — iD
- FKK Grosscamping Sabotnik — 1 ADEFJMNOPRST — LMNSXYZ 6
- Dobein 9 — 2 ABFIJKMQSWXYZ — BEFG 7
- 1 Mai - 30 Sep — 3 BFLMS — BDFKNQRTW 8
- +43 42 73 25 09 — 4 BCDFHIJLPTX — DEGIV 9
- info@fkk-sabotnik.at — 5 ACDGHLN — AGHIJMNQ 10
- Anzeige auf Seite 387 FKKB 12A — €30,90 / €35,40
- N 46°34'41" E 14°09'10" H500 9ha 750T(80-100m²) 307D
- A2 Villach-Klagenfurt, Ausfahrt Velden, Richtung Keutschach am See bis zu den CP-Schildern, rechter Hand der Straße ausgeschildert (FKK-Zentrum Keutschacher See). — 106123

Keutschach am See, A-9074 / Kärnten — iD
- FKK-Camping Müllerhof — 1 ADEHKNOPQRST — LMNSX 6
- Dobein 10 — 2 FIKLQSWXYZ — ABDEFGH 7
- 1 Mai - 18 Sep — 3 BFGLMST — ABCDEFJKNQRTW 8
- +43 42 73 25 17 — 4 BDFHJOX — DE 9
- muellerhof@fkk-camping.at — 5 ABDFGHLN — ABEGHIJOQY 10
- FKK 6A CEE — €39,90 / €52,60
- N 46°34'41" E 14°09'02" H500 15ha 280T(80-100m²) 50D
- A2 Villach-Klagenfurt, Ausfahrt Velden Richtung Keutschach am See, bis Schilder rechts der Straße 'FKK-Zentrum Keutschacher See', dann erster CP links. — 106125

Keutschach am See, A-9074 / Kärnten — iD
- Strandcamping Brückler Nord — 1 ADEJMNOPRT — LNSXZ 6
- Plaschischen 5 — 2 AFILPQSWXY — ABDFH 7
- 1 Mai - 30 Sep — 3 ALM — ABCDEFNQR 8
- +43 42 73 23 84 — 4 ABEFHI — EGUVWX 9
- camp.brueckler@aon.at — 5 ABEFHMN — ABGHJMOQY 10
- 12A — €46,20 / €60,20
- N 46°35'30" E 14°10'08" H500 2ha 200T(80-100m²) 82D
- A2 Villach-Klagenfurt, Ausfahrt Velden Richtung Viktring bis Keutschach, beim Kreisel direkt rechts zum CP. — 101033

Camping zwischen See und Berg

Genießen Sie Ihren Campingurlaub im südlichen Kärnten zwischen dem glitzernden Pirkdorfer See und der imposanten Petzen. Unser Petzencamping rund um den Pirkdorfer See ist paradiesisch für Camper und hat ganzjährig geöffnet.
Die Stellplätze sind nur wenige Schritte vom badewarmen Pirkdorfer See mit flach abfellendem Seeufer entfernt. Die Stellplätze für Urlaubsgäste sind ca. 90m2 groß und nahe zum Restaurant und dem Sanitärbereich gelegen. Die Sanitärbereiche sind ausgestattet mit Mietwaschmaschinen, Wäschetrocknern, einem Babywickelraum und einer barrierefreien Toilette. Gerne können Sie Ihren Urlaub bei uns auch mit Hund verbringen. Familiencamping mit Kindern ist uns eine Herzensangelegenheit.

- ▲ 30 Stellplätze direkt am Pirkdorfer See ca. 90m²
- ▲ Strom- und Trinkwasseranschlüsse
- ▲ Nahe zum beheizten Sanitärbereich und Restaurant
- ▲ Mai-Oktober Aktiv Card Südkärnten kostenfrei
- ▲ Seerestaurant am Gelände
- ▲ WLAN

Pirkdorfer See - Petzencamping -

▲ NEU Chaletpark Petzen

Österreich

Keutschach am See, A-9074 / Kärnten
- ▲ Strandcamping Süd
- Dobeinitz 30
- 1 Mai - 30 Sep
- +43 42 73 27 73
- info@strandcampingsued.at

1 A**JM**NOPQRT L**N**PS**X** 6
2 ABFILQSWXYZ ABDE**FG** 7
3 **BL**MU ABCDEFNQRT 8
4 BFHIJ 9
5 ABDEFHLN ABDGHIJMOQY10
13-14A
❶ €41,60
❷ €54,00

N 46°35'07" E 14°10'23" 106124
A2 Ausfahrt Klagenfurt West–Süduferstraße Richtung Reifnitz.
Bei Gemeindeamt Reifnitz links abbiegen Ri. Keutschach. Über den Kreisverkehr geradeaus noch 1 km.

Klagenfurt, A-9020 / Kärnten
- ▲ Klagenfurt Wörthersee
- Metnitzstrand 5
- 13 Apr - 2 Okt
- +43 4 63 28 78 10
- info@gocamping.at

1 ADE**JM**NOPQRST HLM**N**OPQS 6
2 AEIJKPQWXYZ ABDE**FG** 7
3 BFG**JL**MV ABCDEFGIJKNQRTW 8
4 FHIJO QTUV 9
5 ABCDEFGHILN ABGHJMOQXY10
B 10A
H440 4,1ha 340**T**(80-160m²)
❶ €45,00
❷ €56,80

N 46°37'06" E 14°15'23" 106121
A2 Villach-Klagenfurt, Ausfahrt Klagenfurter See, Schildern zum CP folgen.

Keutschach am See, A-9074 / Kärnten
- ▲ Textilcamping Reichmann
- Reauz 5
- 1 Mai - 30 Sep
- +43 66 41 43 04 37
- info@camping-reichmann.at

1 AE**JM**NOPQRS**T** L**N** 5
2 FIKLQVWXY AB**FG** 7
3 A**F**L**M** ABEFNRT 8
4 FHIJ DG 9
5 ABDEFLMN ABJM**O**QY10
6-12A
H520 1,2ha 180**T** 19**D**
❶ €40,00
❷ €51,00

N 46°35'01" E 14°13'44" 110233
A2 Villach-Klagenfurt, Ausfahrt Velden Richtung Keutschach am See. Durch Keutschach bis Schild rechts Camping Reichmann.

Kolbnitz, A-9815 / Kärnten
- ▲ Campanula Camping
- Rottau
- 1 Mai - 30 Sep
- +43 4 87 33 02 94
- info@campanulacamping.eu

1 AJMNOPQR**T** J**N**UX 6
2 CPQXY ABE**F**GHIJK 7
3 AGM**N** ABEFJQ 8
4 EFHJK DFQR 9
5 ABEGH**N** AF**O**10
6A CEE
H661 2ha 40**T**(75-100m²) 19**D**
❶ €32,40
❷ €45,75

N 46°52'14" E 13°19'18" 121860
CP liegt an der B106 Möllbrücke-Obervellach in Kolbnitz, mit Schildern angezeigt.

FKK GROSSCAMPING SABOTNIK

Dobein 9
9074 Keutschach am See

Tel. 04273-2509
Fax 04273-2605

E-Mail: info@fkk-sabotnik.at
Internet: www.fkk-sabotnik.at

Familienfreundlicher Campingplatz in ruhiger Lage direkt am Keutschacher See mit einer großen Liegewiese und drei Badestegen. Sanitäreinrichtungen mit Solarenergie, Strom, Warmwasser und Duschen, Massage, Sauna und ärztlicher Hilfe auf dem Campingplatz. Mehrere Sportfelder, Tischtennis, Babybad, Jugendraum, Spielplatz, Kinderbetreuung, Streichelzoo, Großschach und Animationsprogramm, SB-Laden, Behindertentoilette und Strandbar und Internetcafé. Für Hundehalter haben wir ein eigenes Gelände. Vermietung von Zimmern (mit Dusche/WC) und Wohnwagen.
Bei Aufenthalt von 10 Tagen, 11. Tag gratis.

Kötschach/Mauthen, A-9640 / Kärnten CC€22 iD

- Alpencamp Kärnten****
- Kötschach 284
- 1/1 – 4/11, 15/12 – 31/12
- +43 4 71 54 29
- info@alpencamp.at

1 ADE**J**MNOPQRST JN**U**VX 6
2 CIPQWXYZ ABDE**FG**H 7
3 A**HIM**X ABCDEFGHIJKNPQRT 8
4 **A**EFHIJO**RSTV**X GIJRUVWZ 9
5 ABDEFGJKMN ABGHIJOPQ 10
W 16A CEE
❶ €37,50
❷ €49,90

N 46°40'11'' E 12°59'30'' H715 1,6ha 80T(80-135m²) 19**D** 106044

🚗 B100 Lienz-Spittal an der Drau. In Oberdrauburg Ausfahrt Plöckenpass/Italien. CP wird in Kötschach gut ausgeschildert Ri. Lesachtal.

Ledenitzen (Faaker See), A-9581 / Kärnten iD

- Ferien am Walde
- Sportplatzweg
- 10 Mai – 30 Sep
- +43 42 54 26 70
- camp.f.a.walde@aon.at

1 A**JM**NOPQRST 6
2 ABPQXYZ ABDE**FG**H 7
3 A**F**LM ABDEFKNQRTW 8
4 FHIJ V 9
5 ACDEN ABGHIJLMOQU 10
10A
❶ €39,50
❷ €51,50

N 46°34'13'' E 13°57'08'' H550 5ha 230T(120m²) 100887

🚗 A10-A11 Salzburg-Villach-Slowenien, Ausfahrt St. Niklas/ Faaker See. Richtung Faaker See. In Egg Richtung Ledenitzen. Der Beschilderung folgen.

Malta, A-9854 / Kärnten CC€20 iD

- Terrassencamping Maltatal*****
- Malta 6
- 23 Apr – 16 Okt
- +43 47 33 23 40
- info@maltacamp.at

1 ADE**J**MNOPQRST BG 6
2 ACIPQ**U**VWXYZ ABDE**FG**H 7
3 BIM**N** ABCDEFGHIJKNPQRTUVW 8
4 AB**D**EFHIJKO**PTV** EGUJVZ 9
5 ACDEFGHJLMN ABDGHJMORSX 10
Anzeige auf Seite 389 B 6-13A CEE
❶ €39,50
❷ €43,50

N 46°56'58'' E 13°30'34'' H800 3,9ha 238T(60-150m²) 26**D** 101353

🚗 A10 Salzburg-Villach, Ausfahrt 130 Gmünd. Dort Schildern Richtung Maltatal folgen. 2 km hinter Fischerstratten liegt der CP rechts von der Straße.

Millstatt/Dellach, A-9872 / Kärnten iD

- Neubauer
- Dellach 3
- 1 Mai – 9 Okt
- +43 47 66 25 32
- info@camping-neubauer.at

1 ADE**J**MNOPRST LMNOPQ 6
2 EIKM**F**QSUVWXYZ ABDE**FG**H 7
3 AB**L**M ABCDEFIJKNQRT 8
4 FHIKO 9
5 ADFJKMN AHJORS 10
B 6A CEE
❶ €32,00
❷ €38,00

N 46°47'18'' E 13°36'49'' H580 1,5ha 120T(80-90m²) 23**D** 106099

🚗 A10 Salzburg-Villach, Ausfahrt 139 Millstätter See (Ausfahrt links!). An der Ampel links B98 Richtung Radenthein. ± 4 km hinter Millstatt in Dellach rechts. Siehe CP-Schildern.

Mörtschach, A-9842 / Kärnten iD

- Camping am See Lindlerhof
- Lassach 11
- 1 Jan – 31 Dez
- +43 6 76 83 55 58 35
- camping@lindlerhof.at

1 AG**JM**NOPQRS**T** HJLN**U**X 6
2 CEIPQSVWXY ABDE**FG**HK 7
3 MUX ABCDEFGHIJNPQRW 8
4 **ABCDE**FHIJKO**T** FJUVWY 9
5 ABDEFGHJKLMN ABFGHIKLOPQUVW 10
WB 10A CEE
❶ €28,00
❷ €38,00

N 46°54'33'' E 12°54'39'' 1ha 70T(64-144m²) 6**D** 118240

🚗 Von Mittersill-Felbertauerntunnel-Lienz Richtung Großglockner oder Zell am See-Großglocknerstrasse Richtung Lienz. Camping zwischen Winklern und Mörtschach bei Km 17.0 angezeigt.

Oberdrauburg, A-9781 / Kärnten CC€16 iD

- Natur- & Familiencamping Oberdrauburg
- Gailbergstraße
- 1 Mai – 30 Sep
- +43 47 10 22 49 22
- tourismus@oberdrauburg.at

1 ACDE**J**MNOPRST BGH 6
2 IPQSUVWXYZ ABDE**FG**HK 7
3 AB**FGL**MN ABEFGHIJKNPQRTW 8
4 ABC**E**FHJLO VW 9
5 ABD**G**HJLMN ABGHJOQUY 10
B 12A CEE
❶ €28,70
❷ €45,00

N 46°44'33'' E 12°58'11'' H660 1,2ha 68T(80-110m²) 6**D** 106042

🚗 B100 Spittal Richtung Lienz bis Oberdrauburg, oder Mittersill-Felbertauerntunnel-Lienz-Oberdrauburg. Dann Ausfahrt Plöckenpass und nach 500m kommt der Camping.

Obervellach 175, A-9821 / Kärnten iD

- Sport-Erlebnis Camping
- 18 Apr – 11 Okt
- +43 47 82 27 27
- info@sporterlebnis.at

1 A**JM**NOPRS**T** JN**U**VX 6
2 CIQSXYZ ABDE**F** 7
3 B**FG**H**IM**NO**P**STW ABE**F**NQR 8
4 FHJO FR 9
5 ADEFHLN AGHIJLMOQU 10
16A
❶ €28,60
❷ €40,00

N 46°55'36'' E 13°12'07'' H600 2ha 200T(120m²) 16**D** 100879

🚗 A10 Salzburg-Villach, Ausfahrt 139 Spittal-Millstatter See, B100 Richtung Lienz. In Lurnfeld rechts B106 bis Obervellach. Dann rechts und den CP-Schildern folgen.

Ossiach, A-9570 / Kärnten CC€18 iD

- Kalkgruber
- Alt-Ossiach 4
- 1 Mai – 1 Sep
- +43 65 05 17 85 07
- office@camping-kalkgruber.at

1 ACDE**J**MNOPQRT 6
2 IPQSVWXYZ AB**FG** 7
3 A**F**M ABE**F**JNQRT 8
4 FHIJK 9
5 ADN ABCDGHJLMOQU 10
10A CEE
❶ €36,00
❷ €44,00

N 46°41'15'' E 14°01'10'' H500 0,9ha 30T(80-100m²) 109806

🚗 A10 Salzburg-Villach, Ausfahrt Ossiacher See. Dann 1. CP rechts. Feldkirchen. In Steindorf rechts Richtung Ossiach. Dann 1. CP rechts.

Ossiach, A-9570 / Kärnten iD

- Kölbl
- Ostriach 106
- 1 Mai – 10 Okt
- +43 42 43 82 23
- info@camping-koelbl.at

1 AFIL**N**OPQRST LMNOPQRSTWXYZ 6
2 AFIJKPQSVWXY ABDE**FG**H 7
3 B**F**H**IJ**MNO ABCDEFGHIJKNPQRTUVW 8
4 AEFHIJO**X** DEGIMPQRUVW 9
5 ABDEFGLMN ABFGHIJLMOPQY 10
B 8-10A CEE
❶ €44,70
❷ €56,70

N 46°39'44'' E 13°58'20'' H500 17ha 180T(80-100m²) 36**D** 100885

🚗 A10 Salzburg-Villach, Ausfahrt Ossiacher See, Richtung Südufer, nach Heiligen Gestade erster CP links.

Ossiach, A-9570 / Kärnten CC€22 iD

- Ideal Camping Lampele****
- Alt-Ossiach 57
- 1 Mai – 30 Sep
- +43 4 24 35 73
- camping@lampele.at

1 ACDE**J**MNOPQRT LMNOPQRSTWXYZ 6
2 FIJPQSUVWXYZ ABDE**FG** 7
3 A**F**M**RUV** ABCDEFJNQRTUVW 8
4 AB**D**FHIJLO**RST**X EUVW 9
5 ACDEFGHLMN ABDGHJLMOQU 10
B 8-16A
❶ €45,30
❷ €64,70

N 46°40'58'' E 13°59'54'' H500 4ha 172T(80-100m²) 15**D** 106117

🚗 A10 Salzburg-Villach, Ausfahrt Ossiacher See Richtung Südufer. Weiter bis Ossiach und dann links zum CP.

Ossiach, A-9570 / Kärnten CC€20 iD

- Terrassen Camping Ossiacher See
- Ostriach 67
- 15 Apr – 15 Okt
- +43 4 24 34 36
- martinz@camping.at

1 ACDE**J**MNOPQRT HLMNOPQRSTVWXYZ 6
2 AFIJKLPQVWXYZ ABDE**FG**H 7
3 BDFG**J**MNO**U** ABCDE**GI**JKNQRTVW 8
4 ABCDEFHIJLNO**P** ABCDEFGHIJKLMNOPQRSTVWY 9
5 ACDFGHJLMN ABDGHIJMOQUWXY 10
B 6-16A CEE
❶ €46,40
❷ €61,80

N 46°39'49'' E 13°58'29'' H501 10ha 500T(80-110m²) 125**D** 101355

🚗 A10 Salzburg-Villach, Ausfahrt Ossiacher See in Richtung Südufer. An der Ampel links Richtung Ossiach, nach ± 5 km kommt der CP an der linken Seite.

Ossiach, A-9570 / Kärnten iD

- Wellness Seecamping Parth
- Ostriach 10
- 30 Apr – 11 Okt
- +43 4 24 32 74 40
- camping@parth.at

1 ADEF**J**MNOPQRST LMNOPQRSTWXY 6
2 AFILKPQVWXYZ ABCDE**FG**H 7
3 B**FJ**MNO**U** ABCDEFIJKNQRTUVW 8
4 ABDEFHIJLO**PTUV**X**Y** EGIKLMNPQRSTUVW 9
5 ACDEFJLMN ABGHJLMOQUWY 10
B 6-16A CEE
❶ €48,10
❷ €63,30

N 46°39'55'' E 13°58'35'' H500 2,2ha 146T(75-180m²) 39**D** 100884

🚗 A10 Salzburg-Villach, Ausfahrt Ossiacher See Richtung Südufer. Nach Heiligen Gestade dritter CP links.

Pesenthein, A-9872 / Kärnten CC€20 iD

- Terrassencamping Pesenthein
- Pesenthein 19
- 17 Apr – 31 Okt
- +43 47 66 26 65
- camping@pesenthein.at

1 ADE**J**MNOPQRST HLMQSW 6
2 EIJPQSUVWXY ABDE**FG**RT 7
3 B**L**M ABE**F**JNPQRT 8
4 FHIJO JUV 9
5 ADHLN ABDHIKORSU 10
FKKK 6A CEE
❶ €42,00
❷ €57,00

N 46°47'47'' E 13°35'57'' H560 5ha 213T(70-95m²) 42**D** 106098

🚗 A10 Salzburg-Villach, Ausfahrt 139 Millstätter See (Ausfahrt links!). An der Ampel links auf B98 Richtung Radenthein, ca. 2 km nach Millstatt CP an der Ostseite des Sees.

Reisach, A-9633 / Kärnten CC€20 iD

- Alpenferienpark Reisach
- Schönberg 1
- 30 Apr – 2 Okt
- +43 4 28 43 01
- info@alpenferienpark.com

1 AE**JM**NOPRT AF 6
2 BIQSTVWYZ ABDE**FG**H 7
3 ABEF**GL**M ABCDEFJKNQRTW 8
4 FHJO EJ 9
5 ABDGHKLN ABDHIJNQU 10
10A
❶ €35,00
❷ €45,00

N 46°39'17'' E 13°08'57'' H800 3ha 54T(40-100m²) 16**D** 108171

🚗 Zu erreichen über Kötschach oder Hermagor über die B111 nach Reisach. In Reisach die Ausfahrt zum Alpenferienpark nehmen und dann noch 1,5 km den Schildern folgen.

Rennweg am Katschberg, A-9863 / Kärnten CC€18 iD

- Ramsbacher
- Gries 53
- 1 Jan – 31 Dez
- +43 4 73 46 63
- info@camp-ram.at

1 ADE**J**MNOPQRST BFN 6
2 ACIPQPSWXYZ ABDE**FG**H 7
3 AG**JL**MNT ABCDEFJKNQR 8
4 EFGHI 9
5 ADFHLMN ABGHJORS 10
W 16A CEE
❶ €29,00
❷ €40,00

N 47°01'56'' E 13°35'41'' H1200 1,4ha 65T(80-100m²) 18**D** 106089

🚗 A10 Salzburg-Villach, Ausfahrt 112 Rennweg, B99 Richtung Rennweg, erste Straße rechts, bei Verkehrsbüro rechts, bis Gries Hauptstraße folgen, dann den CP-Schildern folgen.

Sachsenburg, A-9751 / Kärnten iD

- Drau-Camping Sachsenburg
- Ringmauergasse 8
- 1 Mai – 30 Sep
- +43 65 03 10 31 31
- info@draucamping.at

1 A**JM**NOPRST X 6
2 ACIPQSWXY ABDE**FG**H 7
3 ADF**J**MN ABCDEFJNQRT 8
4 AEFHJ EV 9
5 DMN ABEGHJ**O**QU 10
B 16A CEE
❶ €33,00
❷ €49,00

N 46°49'42'' E 13°20'54'' H550 1,3ha 80T(80-100m²) 8**D** 109804

🚗 A10 Salzburg-Villach Ausfahrt B100 Richtung Lienz. In Sachsenburg den Schildern zum CP folgen.

Terrassencamping & Hotel MALTATAL

- Wanderparadies inmitten des Nationalparks Hohe Tauern und des Biosphärenparks Nockberge
- Panoramasanitär zum Wohlfühlen
- Ausgezeichnetes Restaurant
- Mobilheime + Zimmer
- www.camping-maltatal.at

Familie Pirker - 9854 Malta 6 info@maltacamp.at ☎ +43 473/32340

Sankt Kanzian, A-9122 / Kärnten — CC€20 iD
- Camping Breznik - Turnersee
- Unternarrach 21
- 10 Apr - 2 Okt
- +43 42 39 23 50
- info@breznik.at

1 ACDEF**JL**NOPQRST LM**N**OQ 6
2 EQWXYZ ABDE**FG**H 7
3 BF**HLMQ** ABCDEFHIJKNPQRTUVW 8
4 **A**BDEFHJLO EL 9
5 ABDEFGLMN ABDGHIKNQX 10
8-16A ❶ €39,60
H480 7,5ha 196T(80-140m²) 243D ❷ €54,40

N 46°35'09" E 14°33'58" 100889
Ab Klagenfurt A2, Ausf. 298 Grafenstein, B70 Ri. Völkermarkt, dann Ri. Tainach/St. Kazian. Den CP-Schildern Turnersee folgen. Von Graz A2, Ausf. 278 Völkermarkt-Ost.

Sankt Kanzian (Klopeiner See), A-9122 / Kärnten — iD
- Ferienzentrum Camping "Süd"
- Südpromenade 57
- 1 Mai - 25 Sep
- +43 42 39 23 22
- office@feriensued.at

1 AF**JM**NOR LNPSX 6
2 EIPQWX AB**FG** 7
3 L ABEFNQR 8
4 AFH QT 9
5 ADJL AO 10
8A ❶ €40,20
H450 1,6ha 40T(70-90m²) 50D ❷ €51,00

N 46°35'59" E 14°34'57" 112522
Von Klagenfurt A2, Ausfahrt 298 Grafenstein, Klopeiner See Südufer. Von Graz A2, Ausfahrt 278 Völkermarkt-Ost, Klopeiner See Südufer.

Sankt Kanzian, A-9122 / Kärnten — iD
- Panorama
- Obersammelsdorf 4
- 1 Mai - 15 Sep
- +43 67 63 31 55 32
- urlaub@ilsenhof.at

1 ADE**JM**NOPRST N 5
2 IQVY ABDE**FG** 7
3 **A**HILM ABCDEFHNPRT 8
4 AFH 9
5 ADMN AHJNQ 10
B 10A ❶ €36,50
H500 2ha 70T(100m²) 50D ❷ €48,30

N 46°35'15" E 14°35'04" 106129
Von Klagenfurt A2 Ausfahrt 298 Grafenstein, B70 Richtung Völkermarkt, dann Turnersee-Nord. Ab Graz Ausfahrt 278 Völkermarkt-Ost, Turnersee-Nord.

Seeboden, A-9871 / Kärnten — iD
- Strandcamping Winkler
- Seepromenade 33
- 1 Mai - 1 Okt
- +43 4 76 28 19 27
- strandcampingwinkler@gmail.com

1 A**JM**NOPRST LM**N**OPQRSTW 6
2 EQSWXY ABDE**FH** 7
3 ABG**JLMNU** ABEFNPQRTW 8
4 FH MPQTUVW 9
5 DHLN ABHKRSX 10
B 6-16A ❶ €37,00
H560 0,6ha 70T(50-70m²) ❷ €47,90

N 46°48'55" E 13°31'13" 106093
A10 Salzburg-Villach. Ausfahrt Millstätter See (Ausfahrt links!). In Seeboden B98 den CP-Schildern 'Winkler zum See' folgen. Gäste dürfen die Verbotsstraße einfahren.

Sankt Kanzian, A-9122 / Kärnten — iD
- Terrassencamping
- Obersammelsdorf 10
- 1 Mai - 31 Okt
- +43 67 63 31 55 32
- urlaub@ilsenhof.at

1 ADG**JM**NOPRT LNQRSXZ 6
2 EIQSVWXY ABDE**FG** 7
3 **A**HIL ABCDEFHJNPQR 8
4 AFH IJ 9
5 ADEFJKM ABHJNQV 10
10A ❶ €42,00
H480 2ha 50T(80m²) 60D ❷ €56,20

N 46°35'10" E 14°34'51" 110051
Von Klagenfurt A2 Ausfahrt Grafenstein, B70 Richtung Völkermarkt, dann Turnersee-Nord. Von Graz, Ausfahrt 278 Völkermarkt-Ost, dann Turnersee-Nord.

Spittal an der Drau, A-9800 / Kärnten — iD
- Camping Draufluss
- Schwaig 10
- 15 Apr - 1 Okt
- +43 47 62 24 66
- drauwirt@aon.at

1 ADE**JM**NOPRST JNU 6
2 ACIPQSXYZ ABDE**FG**H 7
3 AM ABEFNQR 8
4 FHJO G 9
5 ABDEFLN ABHIJM**N**O 10
16A ❶ €27,50
H600 0,7ha 50T(80-100m²) 8D ❷ €33,50

N 46°47'07" E 13°29'13" 106063
A10 Salzburg-Villach. Ausfahrt 146 Spittal-Ost. In Spittal den CP-Schildern und 'Goldeckbahn' folgen. Hinter Draubrücke links.

Sankt Kanzian (Klopeiner See), A-9122 / Kärnten — iD
- Camping Nord
- Klopein am See X-1A
- 1 Mai - 17 Okt
- +43 4 23 94 00 55
- office@camping-nord.at

1 AEF**JM**NOPQRST LM**N**PQ 6
2 AEPWX ABDE**FG**HI 7
3 AL ABCDE**F**HJNPRTUV 8
4 **A**FHJ E 9
5 ADEIL ABCHKOQY 10
B 13A ❶ €37,00
H446 1,6ha 21T(60-100m²) 97D ❷ €52,00

N 46°36'30" E 14°35'07" 108172
Von Graz A2, Ausfahrt 278 Völkermarkt-Ost, den Schildern Klopeinersee folgen (Nordufer).

St. Georgen am Längsee, A-9313 / Kärnten — CC€18 iD
- Wieser Längsee
- Bernaich 8
- 1 Mai - 1 Okt
- +43 65 06 00 36 80
- info@campingwieser.com

1 ADEF**JM**NOPQRST N 6
2 AIQWXYZ ABDE**FG** 7
3 A**KL** ABCDEFNQR 8
4 FHJ IJ 9
5 ADN AGHKLNQV 10
13A ❶ €29,60
H540 2ha 80T(120-160m²) 6D ❷ €38,00

N 46°48'08" E 14°24'45" 106128
Auf der B317/B83 5 km nördlich von St. Veit Ausfahrt 281, dann noch 500m.

Seehotel Hoffmann ★★★★

Kleiner Terrassencamping von altem Baumbestand umgeben, direkt am Ossiacher See. Moderne Sanitäranlagen und hochwertige Mobilehomes mit Terrasse. Als Ausgangspunkt für Ausflüge geeignet. WLAN gratis. Restaurant 100m entfernt. Kategorie "Seeplätze" gegen Aufpreis.

Uferweg 61, 9552 Steindorf/Stiegl
Tel. +43 42438704 • E-Mail: info@seehotel-hoffmann.at
Internet: www.seecamping-hoffmann.at

ACSI Einrichtungsliste

Die Einrichtungsliste finden Sie vorne im aufklappbaren Deckel des Führers. So können Sie praktisch sehen, was ein Campingplatz so zu bieten hat.

Villach/Landskron, A-9523 / Kärnten
- Plörz
- Ossiacher See Süduferstraße 289
- 1 Mai - 30 Sep
- +43 67 63 22 14 94
- info@camping-ploerz.at
- 12A
- 1 BJMNOPQRT — LMNOPQSWXZ 6
- 2 AFIPQSUVWXY — BEFHIJK 7
- 3 A — BFJNQRT 8
- 4 FHIJOX — G 9
- 5 ADN — ABGHJMOQUY 10
- € 39,40 / € 53,80
- N 46°39'19" E 13°56'24" H500 1ha 110T(80-100m²) 7D 113370
- A10 Salzburg-Villach, Ausfahrt Ossiacher See Richtung Südufer. In Heiligen Gestade der 3. CP links.

Villach/Landskron, A-9523 / Kärnten
- Seecamping Berghof★★★★★
- Ossiacher See Süduferstraße 241
- 9 Apr - 16 Okt
- +43 4 24 24 11 33
- office@seecamping-berghof.at
- B 6-16A CEE
- 1 ACDEJKNOPQRST — HLNOQRSTWXYZ 6
- 2 AFIJPQTVWXYZ — ABCDEFGH 7
- 3 BDFGJMNOU — ABCDEFGIJKLNQRTUVW 8
- 4 ABCDFHIJOPQ — DEGIJLNRUVWZ 9
- 5 ACDEFGLMN — ABGHIJNOQUXY 10
- € 45,70 / € 61,50
- N 46°39'12" E 13°56'00" H500 10ha 400T(80-150m²) 28D 100886
- A10 Salzburg-Villach, Ausfahrt Ossiacher See; links ab ca. 3 km bis ans Nordufer, dann rechts Richtung Süduferstraße. An der Ampel zur "Burg Landskron" links Richtung Ossiach ca. 4 km.

St. Margareten, A-9173 / Kärnten
- Rosental Rož
- Gotschuchen 34
- 1 Mai - 15 Okt
- +43 4 22 68 10 00
- camping.rosental@roz.at
- 16A
- 1 ACDEJMNOPRST — L 6
- 2 EIPQWXYZ — ABDEFGH 7
- 3 BFGM — ABCDEFGHIJKNPQRTUVW 8
- 4 ABDEFHJKLO — EJUJVZ 9
- 5 ABDEFGLMN — ABGHIJMOPQV 10
- B 13A
- € 42,00 / € 58,00
- N 46°32'38" E 14°23'26" H430 6ha 391T(100-180m²) 34D 106132
- Von Klagenfurt Richtung Loiblpass, bei Ferlach die B85 bis Gotschuchen. CP-Schildern folgen. Der CP kommt nach 1,3 km.

Villach/Landskron, A-9523 / Kärnten
- Seecamping Mentl
- Ossiachersee Süduferstraße 265
- 27 Apr - 30 Sep
- +43 4 24 24 18 86
- info@camping-mentl.at
- B 16A CEE
- 1 AEFHKNOPQRT — LMNOPQSW 6
- 2 AFIJPQSVWXY — ABCDEFGH 7
- 3 BFGMU — ABCDEFGHJKNQRTUVW 8
- 4 ABFHIX — DGIUVW 9
- 5 ABDEHLMN — ABEGHIJOQ 10
- € 46,70 / € 62,70
- N 46°39'15" E 13°56'13" H500 3ha 178T(72-150m²) 11D 101357
- A10 Salzburg-Villach, Ausfahrt Ossiacher See Richtung Südufer. In Heiligen Gestade zweiter CP links.

Steindorf, A-9552 / Kärnten
- See-Areal Steindorf★★★★
- Seestrasse 5a
- 1 Apr - 31 Okt
- +43 6 64 73 75 66 98
- info@seearealsteindorf.at
- 1 ADEILNOPQRST — LMNOPQSWXY 6
- 2 AEIKPQUWXYZ — ABDEFGH 7
- 3 LMNOX — ABCDEFIJLNQRT 8
- 4 FHI — ADIN 9
- 5 ADFHLN — ABDHJOQ 10
- € 41,00 / € 54,00
- N 46°41'40" E 14°00'34" 1ha 32T(25-100m²) 12D 118533
- A10 Salzburg-Villach, Ausfahrt Ossiacher See Richtung Norduferund Feldkirchen auf B94. Nach 15 km rechts in Richtung Ossiach über Bahn und sofort rechts zurück nach Steindorf. Zirka 900m links nach Gasthof zum Strandweg 3.

Völkermarkt/Dullach, A-9100 / Kärnten
- Stausee Camping
- Dullach 8
- 1 Mai - 31 Okt
- +43 65 02 64 49 96
- office@stauseecamping.com
- B 16A CEE
- 1 ADEFJMNOPQRST — ALNX 6
- 2 AEPQWY — ABDEFGH 7
- 3 AM — ABEFJNQRUV 8
- 4 FHJO — EF 9
- 5 ADMN — ABGHIJLNQV 10
- € 37,50 / € 50,90
- N 46°38'03" E 14°41'30" H500 2,5ha 30T(80m²) 52D 118536
- A2 278 Ausfahrt Völkermarkt-Ost, rechts ab auf die B80. Der Beschilderung Stausee folgen.

Steindorf/Stiegl, A-9552 / Kärnten
- Seecamping Hoffmann★★★★
- Uferweg 61
- 1 Mai - 30 Sep
- +43 42 43 87 04
- info@seehotel-hoffmann.at
- 1 AEILNOPQRST — LMNOPQRSTXZ 6
- 2 AFIKLPQSVWXYZ — BEFGH 7
- 3 BGKLMNOUX — BDFKNQRT 8
- 4 AEFGHIOPQTS — JNQRTUVW 9
- 5 ABDEFHLN — ABDHJOQ 10
- Anzeige auf dieser Seite 16A
- € 48,30 / € 60,30
- N 46°41'42" E 13°59'48" H500 1ha 30T(50-80m²) 5D 112174
- A10 Salzburg-Villach, Ausfahrt Villach/Ossiachersee, B94 Richtung Feldkirchen. In Steindorf der Beschilderung folgen.

Weißbriach, A-9622 / Kärnten
- Camping Alpendorf
- 208
- 1 Jan - 31 Dez
- +43 4 28 63 46
- santner_johann@gmx.at
- 1 ADEJMNOPRST — 6
- 2 IQUXY — ABDEFH 7
- 3 AMU — ABEFJNQR 8
- 4 EFGJ — 9
- 5 ABDFN — ABJOQ 10
- WB 16A
- € 24,50 / € 32,50
- N 46°40'58" E 13°14'52" H820 1,7ha 90T(100m²) 100881
- A10 Salzburg-Villach, Ausfahrt 139 Spittal/Millstätter See, B100 bis Greifenburg, links B87 nach Hermagor. In Weißbriach Schildern folgen.

Steinfeld, A-9754 / Kärnten
- Camping Bergfriede
- Mitterberg 3
- 1 Mai - 30 Sep
- +43 4 71 74 01
- camping.bergfriede@aon.at
- 1 AFJMNOPRT — 6
- 2 IKQSVXY — ABDEF 7
- 3 ABM — ABCDEFKNQRVW 8
- 4 EFHJ — GIJ 9
- 5 DL — ABJNQ 10
- 16A
- € 26,70 / € 36,70
- N 46°45'43" E 13°14'37" H775 2ha 35T(90-100m²) 3D 121283
- Von der B100 Spittal - Linz, Ausfahrt Steinfeld, dann den Schildern Bergfriede folgen.

Weißensee, A-9762 / Kärnten
- Seecamping Müller
- Oberdorf 22
- 1 Mai - 30 Sep
- +43 66 44 31 30 78
- info@seecamping-weissensee.at
- 1 AJMNOPRST — FHLNOQRSXYZ 6
- 2 EILPQSVXYZ — ABDEFGH 7
- 3 AFM — ACDEFKNR 8
- 4 FH — QRV 9
- 5 ABDN — AGJMQU 10
- 16A
- € 24,50 / € 32,50
- N 46°43'12" E 13°15'39" H930 6ha 250T(120m²) 110381
- A10 Salzburg-Villach, Ausfahrt 139 Spittal/Millstättersee; B100 Richtung Lienz; bei Greifenburg links. B87 Richtung Weißensee-Westufer.

Stockenboi, A-9714 / Kärnten
- Camping Ronacher
- Mösel 6
- 10 Mai - 3 Okt
- +43 4 76 12 56
- info@campingronacher.at
- 1 AEJMNOPRT — LNOPQSX 6
- 2 EIJLQVWY — ABDEFGH 7
- 3 ADGMV — ABCDEFJNQRTW 8
- 4 FJOTV — IQRSTU 9
- 5 ABDEFILN — ABGHIJMQV 10
- B 10A
- € 35,90 / € 45,00
- N 46°42'11" E 13°24'54" H930 1,8ha 140T(70-100m²) 2D 100880
- A10 Salzburg-Villach, Ausfahrt 146 Spittal-Ost und über Mautbrücken nach Weissensee-Ost, CP ausgeschildert.

Wertschach bei Nötsch, A-9612 / Kärnten
- Alpenfreude
- Wertschach 27
- 1 Mai - 30 Sep
- +43 66 07 55 60 38
- info@alpenfreude.at
- 1 DEJMNOPQRST — BGHM 6
- 2 AIPQSVWXY — ABDEFGH 7
- 3 AFJMX — ABCDEFNQRTW 8
- 4 EFIJOP — DJ 9
- 5 ABDEFGHILMN — ABGHIJNQ 10
- 16A CEE
- € 26,65 / € 35,65
- N 46°36'26" E 13°35'26" H500 5ha 150T(50-120m²) 16D 101354
- A10 Salzburg-Villach-Italien, dann A2 Richtung Italien Ausfahrt Hermagor, B111. Nach der Ausfahrt Nötsch den CP-Schildern folgen.

Techendorf (Weißensee), A-9762 / Kärnten
- Knaller
- Techendorf 16
- 1/1 - 27/2, 7/5 - 16/10, 23/12 - 31/12
- +43 47 13 22 34 50
- camping@knaller.at
- 1 ADILNOPRST — LNOQRSWX 6
- 2 EILPQUVXYZ — ABDEFG 7
- 3 BFMU — ABCDEFIJKNQRT 8
- 4 FHP — S 9
- 5 DEF — AGHJOQVW 10
- WB 16A CEE
- € 37,60 / € 48,60
- N 46°42'50" E 13°17'45" H940 1,4ha 110T(70-120m²) 106065
- A10 Salzburg-Villach, Ausfahrt 139 Spittal/Millstätter See, B100 bis Greifenburg. Links B87 Richtung Hermagor. Schildern Richtung Weißensee-Süd bis Techendorf folgen, nach der Brücke links.

Österreich

390 — Teilkarte Kärnten auf Seite 382 und 383

Niederösterreich/Wien

Berndorf, A-2560 / Niederösterreich

Seecamping Masai Mara
Köhlerweg 9
1 Jan - 31 Dez
+43 6 99 11 06 37 20
info@seecamping-masai-mara.at
N 47°56'01" E 16°08'46"

1 ABDEJMNOPQRST   JLN 6
2 AEQTWY   BFHK 7
3 ABMN   BFNQRU 8
4 FHJ   ADRTUV 9
5 ABDEFJKN   ABFHIJMOPQU 10
16A CEE
0,8ha 20T(50-100m²) 65D

€24,70
€34,90
123285

Ausfahrt 29 auf der A2/E59 von Wien nach Süden, Richtung Berndorf B19. Dort (na 6 km) ist der Camping gut angezeigt (links ab).

Geras, A-2093 / Niederösterreich

Geras Edlersee
Hornerstraße
1 Apr - 31 Okt
+43 2 91 22 66
gemeinde@geras.at
N 48°47'32" E 15°39'48"

1 AJMNOPQRST   LMN 6
2 EJPQUXY   BF 7
3 BGJM   BFNQR 8
4 FH   9
5 DEK   AHJQU 10
6A CEE
H506 2,5ha 20T(80m²) 25D

€18,70
€24,70
106148

B30 über Horn und Hötzelsdorf nach Geras. Camping kurz vor Geras ausgeschildert.

Kaumberg, A-2572 / Niederösterreich

Paradise Garden
Höfnergraben 2
1 Apr - 30 Okt
+43 67 64 74 19 66
grandl@camping-noe.at
N 48°01'11" E 15°56'36"

1 AJMNOPQRST   6
2 CQXY   ABDEFGH 7
3   ABDFIJKNQR 8
4 FHJ   DL 9
5 BDM   AEHJOQ 10
B 16A CEE
H466 1,5ha 65T(80-120m²) 85D

€23,00
€29,00
106152

A1, Ausfahrt 59 St. Pölten-Süd und die B20 bis Traisen. Im Kreisverkehr links über die B18 über Hainfeld nach Kaumberg. 3 km nach Kaumberg rechts und dann noch 1 km zum CP.

Klosterneuburg, A-3400 / Niederösterr.

Donaupark Camping Klosterneuburg
In der Au 1
14 Mrz - 6 Nov
+43 2 24 32 58 77
campklosterneuburg@oeamtc.at
N 48°18'38" E 16°19'42"

1 ADEJMNOPRST   6
2 APQSTWXY   ABDEFGHI 7
3 BLMU   ABCDEFJNQRW 8
4 AFHO   EV 9
5 ABDFKMN   ABCDEFGHKMOQ 10
Anzeige auf Seite 392 B 6A CEE
H155 2,3ha 193T(60-90m²) 6D

€33,70
€45,20
101079

Von Westen: A1, Ausfahrt Sankt Christophen B19, über Tulln und B14 nach Klosterneuburg, dort CP ausgeschildert.

Krems (Donau), A-3500 / Niederösterr.

Donau Camping Krems
Yachthafenstrasse 19
26 Mrz - 30 Okt
+43 7 32 84 44 55
office@campingkrems.at
N 48°24'14" E 15°35'33"

1 ADEJMNOPQRST   NSWXZ 6
2 ACIQXY   ABDEFG 7
3 M   ABEFNQR 8
4 FHJO   EVW 9
5 ABDE   ABHJOSTY 10
B 6A
H196 0,8ha 60T 4D

€27,50
€33,50
106141

Von Osten Kreuz St. Pölten die S33. Danach die B37 Richtung Krems. In Krems, Kreisel 3. Ausfahrt, dann sofort am Schifffahrtszentrum Krems/Stein links zum CP.

Marbach an der Donau, A-3671 / Niederöst.

Marbacher Freizeitzentrum
Campingweg 2
2 Apr - 26 Okt
+43 7 41 32 07 33
gasthof@wienerin.co.at
N 48°12'49" E 15°08'26"

1 AEJMNOPQRST   JNSWXYZ 6
2 CPQSWXY   BEFGH 7
3 BGL   BEFJNQRVW 8
4 HJ   JV 9
5 ABDM   AHKOST 10
20A CEE
H202 2,8ha 90T(70-100m²) 6D

€26,40
€31,80
106135

A1 Linz-Wien. Ausfahrt 100 Ybbs/Wieselburg. Der Straße Richtung Ybbs/Persenbeug folgen. Über die Donau Richtung Krems. Nach ca. 7 km auf der rechten Seite ist der CP.

Neulengbach, A-3040 / Niederösterreich

Finsterhof
Inprugg 1
1 Jan - 31 Dez
+43 2 77 25 21 30
ursula.fischer@utanet.at
N 48°13'18" E 15°54'48"

1 ADJMNOPQRST   6
2 ACPQSUXYZ   ABDEFGHI 7
3   BCDEFJNQR 8
4 FHO   9
5 BD   AFGHJLNQ 10
B 12A CEE
H202 1,5ha 90T(80-120m²) 120D

€16,00
€16,00
106151

Über die A1 Ausfahrt St. Christophen oder Altlengbach Richtung Tulln. 1 km hinter Inprugg liegt der CP auf der linken Seite.

Oberretzbach, A-2070 / Niederösterreich

Waldcamping Hubertus
Waldstraße 54
1 Apr - 31 Okt
+43 2 94 22 00 57
camping@waldcamping-hubertus.at
N 48°47'21" E 15°58'03"

1 ADEJMNOPQRST   6
2 BCQVYZ   BEFGH 7
3 MX   BFJNQRSW 8
4 FHI   9
5 AD   ABHIJLOQ 10
16A CEE
H319 1ha 32T(80m²) 2D

€22,70
€29,70
106149

Von Retz nach Norden der N35 folgen. Innerorts Oberretzbach 1. Straße links den Campingschildern folgen.

ACSI Club iD

Ihr Pass oder Ausweis sicher in der Tasche
Die praktische ACSI Clubkarte

Nur 4,95 € im Jahr

www.ACSI.eu/ACSIClubID

Wien
Wein, Wachau und Radfahren

...wo Gäste Freunde werden
Donaupark Camping
Tulln & Klosterneuburg

www.campingtulln.at
www.campingklosterneuburg.at

Rossatz, A-3602 / Niederösterreich

▲ Rossatzbach	1 ADE**JM**NOPQRS**T**	**JNXYZ** 6
☾ 1 Apr - 31 Okt	2 CJLPQXYZ	B**FG** 7
☏ +43 67 68 48 81 48 00	3 BGM	ABCDEFJNQRT 8
@ camping@rossatz-arnsdorf.at	4 FH	9
	5 ABDEFHK	ABH J**NQ** 10
	B 16A	① €27,00
	H120 0,5ha 60**T**(80-120m²) 15**D**	② €31,00
☆ N 48°23'24'' E 15°31'00''		100852
An der B33 Melk-Krems. Südliches Donauufer.		

St. Pölten, A-3100 / Niederösterreich

▲ Camping am See	1 BDEF**JM**NOPQRST	L**N** 6
☷ Bimbo Binder-Promenade 15	2 AEKLMPQSWXYZ	ABDE**FG** 7
☾ 15 Apr - 15 Okt	3 ABG**JLMN**R	ABEFJNQRUVW 8
☏ +43 67 68 98 79 88 98	4 FHO**PQRX**	F**Q**V 9
@ office@campingamsee.at	5 ADN	AGHIJOQU 10
	B 16A CEE	① €35,10
	H250 2ha 50**T**(100-200m²) 43**D**	② €45,50
☆ N 48°13'27'' E 15°39'33''		118645
Von der A1 am Knoten St. Pölten S33 Richtung Krems. Danach Ausfahrt St. Pölten Nord. Am zweiten Knoten Richtung West.		

Schönbühel, A-3392 / Niederösterreich

▲ Stumpfer	1 ADEJMNOPQRS**T**	**JNXZ** 6
☷ Schönbühel 7	2 ACIPQWXYZ	BE**FG** 7
☾ 1 Apr - 31 Okt	3 B**N**	BDFNQRT 8
☏ +43 27 52 85 10	4 AFHJ**S**	GIV 9
@ office@stumpfer.com	5 BDEFGHLM	ABFGHJNQ 10
	Anzeige auf dieser Seite 16A CEE	① €29,30
	H207 1ha 50**T**(80-90m²) 15**D**	② €36,50
☆ N 48°15'15'' E 15°22'15''		108932
A1 Linz-Wien, Ausfahrt 80 Melk. Am Kreisel Melk-Nord/Wachau folgen. 300m vor der BP scharfe Rechtskurve, der B33 Richtung Schönbühel folgen. CP hinter dem Gasthof Stumpfer.		

Machen Sie Urlaub an einem der schönsten Plätze der Wachau: Der schöne alte, traditionelle Gasthof der Familie Stumpfer liegt ganz in der Nähe von Schloss Schönbühel direkt an der Donau. Der charmante Gasthof bietet eine behaglich-ländliche Atmosphäre, traumhafte Blicke zur Donau und einen einladenden Gastgarten. Das Restaurant serviert regional-kreativ-moderne Gerichte mit Gebrauch von lokalen Produkten. Der Gasthof Stumpfer hält 6 preiswerte Komfortzimmer bereit - mit Blick zur Donau oder in den Obstgarten des Hauses. Der 10.000 m² große, dem Gasthof angeschlossene Campingplatz direkt an der Donau bietet 60 wohnmobil-gerecht ausgestattete Stellplätze für Urlaubs- und Dauercamper.

3392 Schönbühel • Tel. 02752-8510 • Fax 02752-851017
office@stumpfer.com • www.stumpfer.com

 Geografisch suchen

Schlagen Sie Seite 360 mit der Übersichtskarte dieses Landes auf. Suchen Sie das Gebiet Ihrer Wahl und gehen Sie zur entsprechenden Teilkarte. Hier sehen Sie alle Campingplätze auf einen Blick.

Teilkarte Niederösterreich/Wien auf Seite 391

Teilkarte Niederösterreich/Wien auf Seite 391

Ortsnamenregister

Hinten im Führer finden Sie das Ortsnamenregister. Praktisch und schnell Ihren Lieblingsplatz finden!

Waidhofen an der Thaya, A-3830 / Niederösterreich
- Waidhofen
- Badgasse
- 1/5 - 30/6, 4/7 - 30/9
- +43 2 84 25 03 56
- stadtamt@waidhofen-thaya.gv.at
- N 48°48'38'' E 15°17'24''

1 AJMNOPQRST	JMNU 6
2 CKQXYZ	BEFGHIK 7
3 ABLMS	ABDFNQRTV 8
4 HJV	EQTV 9
5 ABDN	ABEHJOQU 10
B 16A	€21,30
H477 1ha 60T(80m²) 5D	€25,90

Die 5. Ausfahrt Waidhofen. Im Kreisel geradeaus. Brücke über die Thaya. An der Ampel im Zentrum 'Freizeitzentrum' folgen. Dann den CP-Schildern nach. 110676

Traisen, A-3160 / Niederösterreich
- Terrassen-Camping Traisen
- Kulmhof 1
- 1 Mrz - 1 Okt
- +43 2 76 26 29 00
- info@camping-traisen.at
- N 48°02'33'' E 15°36'11''

1 ABDEJMNOPQRST	B 6
2 PQVWXYZ	BEFGJ 7
3 BFMU	BDFIJNQR 8
4 EFHJ	JV 9
5 ABDEHMN	ABGHIJNQ 10
6A CEE	€28,50
H415 2,2ha 40T(60-80m²) 65D	€36,50

A1 Linz-Wien, Ausfahrt 59 St. Pölten-Süd in Richtung Mariazell. Nach 15 km Traisen. Den CP-Schildern folgen. Vor der Kirche rechts. 108166

Wien, A-1220 / Wien
- Aktiv Camping Neue Donau
- Am Kaisermühlendamm 119
- 15 Apr - 30 Sep
- +43 12 02 40 10
- neuedonau@campingwien.at
- N 48°12'30'' E 16°26'50''

1 ABDEJMNOPQRST	6
2 APQSTWXY	ABDEFGIJ 7
3 ABFM	ABCDEFJNQRW 8
4 AFHJO	V 9
5 ABDEFHJKN	ABFGHIKLNSTU 10
B 16A CEE	€36,00
H176 3,5ha 200T(60-80m²)	€47,00

Von 1-2-4-21-22-23. Über die Donaubrücke direkt Richtung Ölhafen Lobau 3-3a. Nach 250m am Ende der Straße. Siehe CP-Schild. 106156

Tulln an der Donau, A-3430 / Niederöst.
- Donaupark Camping Tulln
- Donaulände 76
- 1 Apr - 31 Okt
- +43 2 27 26 52 00
- camptulln@oeamtc.at
- N 48°19'59'' E 16°04'08''

1 ABDEJMNOPQRST	HLMNWXYZ 6
2 CEPQXYZ	ABDEFG 7
3 BFGJMN	ABCDEFJNQRT 8
4 ABHO	DERVW 9
5 BDEFKLMN	ABEFGHIJLNQU 10
Anzeige auf Seite 392 B 6A CEE	€33,50
H179 10ha 90T(80-100m²) 140D	€40,50

A1 Linz-Wien, Ausfahrt 41 St. Christophen Richtung Tulln (B19). In Tulln Richtung Klosterneuburg. Unter der Bahnlinie durch, die 1. rechts. Nach 650m links ab, den CP-Schildern folgen. 101080

Wien-West, A-1140 / Wien
- Wien West
- Hüttelbergstr. 80
- 1/1 - 31/1, 11/2 - 31/12
- +43 19 14 23 14
- west@campingwien.at
- N 48°12'50'' E 16°15'02''

1 ABDEJMNOPQRST	6
2 ACPQTWXYZ	ABDEFGIJ 7
3	ABCDEFJNQRSW 8
4 AFHJO	FUV 9
5 ABDEFHJKN	AGHIKNSTUW 10
B 13A CEE	€35,00
H318 2,5ha 200T(26-80m²) 10D	€45,40

Ende der A1, an der ersten Ampel links, dann geradeaus bis zum CP rechts. Den Schildern folgen. 106157

Steiermark/Burgenland

Aigen (Ennstal), A-8943 / Steiermark
- Putterersee
- Hohenberg 2A
- 15 Apr - 31 Okt
- +43 66 44 84 00 61
- camping.putterersee@aon.at
- N 47°31'16'' E 14°07'56''

1 AJMNOPQRT	LNQ 6
2 EIJQVXY	ABCDEFG 7
3 AM	ABCDEFJNQRW 8
4 FHJ	FGI 9
5 ABDEFGHJKMN	ABDGJOST 10
13A CEE	€27,30
H650 2ha 70T(90-100m²) 38D	€36,70

A10 Salzburg, Ausfahrt Radstadt Richtung Graz. Bei Wörschach Richtung Aigen/Ketten, ausgeschildert. 106111

Andau, A-7163 / Burgenland
- Pusztasee
- Ödenburgerstraße
- 15 Apr - 15 Okt
- +43 66 46 53 16 23
- camping@andau-gemeinde.at
- N 47°46'27'' E 17°00'47''

1 ABJMNOPQRST	LN 6
2 EPQWXY	ABDEF 7
3 ABEGNU	ABCDEFNQRW 8
4 FH	9
5 ABDFGHL	ABFGHJMNQ 10
B 6-12A CEE	€24,00
H133 4ha 140T(bis 80m²) 284D	€25,00

Durch Andau Richtung Tadten/St. Andrä, beim verlassen von Andau CP auf der rechten Seite. 100856

Bad Gleichenberg, A-8344 / Steiermark

- Camping Im Thermen- und Vulkanland****
- Bairisch Kölldorf 240
- 10 Jan - 20 Dez
- +43 31 59 39 41
- camping.bk@aon.at
- N 46°52'32" E 15°56'04"

1 ABDEF**IL**NOPQRST	D 6
2 CPQSWXY	ABDE**FG**H 7
3 A**BL**M ABCDEFJKNOQRTUVW 8	
4 AEFH**SXZ**	D 9
5 ADFL	ABGHJQQ 10
B 16A CEE	① €26,40
H280 2ha 95T(100m²) 32**D**	② €26,40

110954

A2 Graz-Wien, Ausfahrt 157 Gleisdorf-Süd. Die 68 nach Feldbach. Weiter auf der B66 Richtung Radkersburg. Hinter Bad Gleichenberg ist der CP ausgeschildert. Achtung: Den Straßennamen nicht ins Navi eingeben!

Fisching/Weißkirchen, A-8741 / Steiermark CC€22

- 50plus Campingpark Fisching****
- Fisching 9
- 1 Apr - 2 Nov
- +43 3 57 78 22 84
- campingpark@fisching.at
- N 47°09'47" E 14°44'18"

1 AFH**K**NOPQRSTW	LN 6
2 AEI**P**QTWXYZ	ABDE**FG**HIK 7
3 L**X** ABCDEFJNQRS**U**VW 8	
4 **AE**FGHJO	FIKUVZ 9
5 ADEFHJLMN	ABDEGHIJOQU 10
6A CEE	① €35,40
H681 3ha 65T(100-130m²) 11**D**	

109737

S36, Ausfahrt Zeltweg-West, B78 Richtung Weißkirchen, beim Kreisverkehr Richtung Fisching. Schildern folgen.

Bad Radkersburg, A-8490 / Steiermark

- Camping Parktherme
- Thermenstraße 30
- 1 Mrz - 15 Dez
- +43 3 47 62 67 7(55 6)
- info@parktherme.at
- N 46°41'14" E 15°58'33"

1 ADEFI**L**NOPQRS	**BE**F**H**IN 6
2 CPQSTWXYZ	ABDE**FG**H 7
3 A**L**M ABCDEFGNQRTUVW 8	
4 HJ**RSTUVWYZ**	FVW 9
5 ADHIL	ABGHIJOSTU 10
B 16A CEE	① €36,20
H207 0,9ha 60T(80m²) 18**D**	② €36,20

106164

A9, Ausfahrt 226 Gersdorf, B69 Richtung Bad Radkersburg. (Slo): Maribor-Bad Radkersburg. Durchs Dorf. Den CP-Schildern 'Parkthermen/Camping' folgen.

Großlobming, A-8734 / Steiermark CC€22

- Murinsel
- Teichweg 1
- 1 Apr - 31 Okt
- +43 66 43 04 50 45
- office@camping-murinsel.at
- N 47°11'40" E 14°48'20"

1 ADE**JM**NOPQRS**T**	LN 6
2 ACEIK**Q**WXY	ABE**FG**HI 7
3 A**LN** ABCDEFHJNOPQRU**V**W 8	
4 JO**X**	VWZ 9
5 ADEFG**H**LN	ABFGHIJMOQU 10
16A CEE	① €30,00
H640 5ha 60T(100m²) 50**D**	② €45,60

111204

S36 Knittelfeld-Ost, den Schildern folgen. Nicht über Spielberg-Knittelfeld-West wegen zu niedriger Durchfahrt. Ohne Navi.

Bad Waltersdorf, A-8271 / Steiermark CC€22

- Thermenland CP Rath & Pichler
- Campingweg 316
- 1 Jan - 31 Dez
- +43 66 43 11 77 00
- thermenland@camping-bad-waltersdorf.at
- N 47°09'45" E 16°01'23"

1 ADEF**JM**NOPQRST	N 6
2 ACIQSTWXY	ABDE**FG**HIK 7
3 A**L** ABCDEFGIJNQRTUVW 8	
4 AFHJOP**Q**	DGV 9
5 ABDMN	ADGHJNQVW 10
B 16A CEE	① €30,60
H292 1,6ha 73T(80-98m²) 27**D**	② €34,40

110468

A2, Ausfahrt 126 Sebersdorf/Bad Waltersdorf, Richtung Heil Therme und Bad Waltersdorf.

Grundlsee, A-8993 / Steiermark

- Camping Gössl
- Gössl 17
- 1 Mai - 31 Okt
- +43 3 62 22 01 55
- office@campinggoessl.at
- N 47°38'20" E 13°54'08"

1 A**JM**NOPQRS**T**	LNOPQS**X**Y 6
2 EIJMPQX	ABDE**FG**H 7
3	ABCDEFJKNQRTW 8
4 F**H**	N 9
5 ABDKLMN	ABGJOQ 10
	① €24,90
H710 1ha 110T(70-120m²) 20**D**	② €30,90

106086

Von Salzburg die B158 bis Bad Ischl, dann die B145 Richtung Bad Aussee. Dann Richtung Grundlsee bis Gössl. CP liegt hinter dem Kreisel.

Burgau, A-8291 / Steiermark CC€18

- Camping Schloss Burgau
- Schlossweg 296
- 1 Apr - 31 Okt
- +43 6 99 12 34 62 00
- campingschlossburgau@aon.at
- N 47°08'46" E 16°05'54"

1 A**J**M**N**OPQRST	ALM 6
2 AEQXYZ	ABDE**F** 7
3 BG**LN**O	ABEFNQR 8
4 FHJ	FGI 9
5 ADN	ABGHJOQV 10
16A	① €23,50
0,5ha 48T(60-120m²) 14**D**	② €28,30

108157

A2 von Wien nach Bad Waltersdorf Richtung Bad Blumau. Schildern Burgau folgen. CP in der Stadt angezeigt. Am Naturbad vorbei weiter fahren.

Hirschegg, A-8584 / Steiermark

- Hirschegg
- Hirschegg 53
- 1 Jan - 31 Dez
- +43 66 41 52 88 17
- info@camping-hirschegg.at
- N 47°01'19" E 14°57'18"

1 A**J**M**N**OPRS**T**	L 6
2 CEIQSTUVWXY	AB**F** 7
3 A ABCDEFJNR 8	
4 FHJO	FGI 9
5 DJN	AFGHJNQU 10
10A	① €27,00
H900 2ha 20T(100-120m²) 39**D**	② €35,00

106138

A2, Ausfahrt Modriach oder Pack. Den CP-Schildern folgen.

Donnerskirchen, A-7082 / Burgenland

- Sonnenwaldbad Camping
- Badstraße 25
- 1 Mai - 30 Sep
- +43 26 83 86 70
- sonnenwaldbad@donnerskirchen.at
- N 47°53'33" E 16°37'52"

1 ADEJMNOPQRS**T**	BGHM 6
2 IQVXYZ	AB**FG** 7
3 BFG**LN**O	ABEFJNQRW 8
4 FH	9
5 ADFHLN	ABHJOQ 10
B 16A	① €23,00
H184 5ha 45T 140**D**	② €23,00

106167

In Donnerskirchen B50 Schildern 'Camping' und 'Freibad' folgen.

Jennersdorf, A-8380 / Burgenland

- Jennersdorf Freizeitzentrum A
- 16 Mrz - 31 Okt
- +43 3 32 94 61 33
- camping.jennersdorf@speed.at
- N 46°56'45" E 16°08'02"

1 AFG**JM**NOPRST	BFHIM 6
2 QSWXY	ABDE**FG**HI 7
3 A**LM**N ABEFNQRTW 8	
4 HJO	W 9
5 ADN	ABGHJOQ 10
B 16A CEE	① €27,75
H241 1ha 45T(70-90m²) 25**D**	② €35,75

106163

A2 von Wien oder Graz Ausfahrt Ilz Richtung Fürstenfeld. Dann Richtung Jennersdorf und den CP-Schildern folgen.

Eggersdorf, A-8063 / Steiermark

- Freie Menschen FKK
- Volkersdorferstraße 48
- 1 Mai - 30 Sep
- +43 66 44 10 42 15
- info@naturismus-graz.at
- N 47°08'15" E 15°34'03"

1 AG**JM**NOPRST	AM 6
2 CQSXY	ABDE**F** 7
3 ABFMN	ABEFNQR 8
4 JO	J 9
5 DE	AHIJQ 10
FKK 16A	① €24,40
H450 2ha 25T(48-64m²) 71**D**	② €24,40

106145

A2 Graz-Wien, nach Gleisdorf-West. B65 Richtung Graz/Eggersdorf (Kumberg). Bei Eggersdorf/Volkersdorf durchfahren bis zum Schild FKK-Naturismus Erholungsgelände. Dem Sandweg folgen.

Leibnitz, A-8430 / Steiermark

- Städt. Freizeitzentrum Leibnitz
- R.H. Bartschgasse 33
- 1 Mai - 15 Okt
- +43 3 45 28 24 63
- camping@leibnitz.at
- N 46°46'43" E 15°31'44"

1 ABDEF**JM**NOPQRST	BGHIN 6
2 ABCQTWXYZ	ABDE**FG**HI 7
3 ABEFG**HJ**LMN ABCDEFGINQRW 8	
4 FH	9
5 ADEF	ABGHIJOQ 10
B 16A CEE	① €24,60
H283 1ha 61T(60-100m²) 10**D**	② €30,00

100891

A9, Ausfahrt 214 Leibnitz. Den Schildern Leibnitz-Zentrum folgen, dann den CP-Schildern.

Zu jedem Campingplatz in diesem Führer gehört eine sechsstellige Nummer. Damit können Sie den betreffenden Campingplatz einfacher auf der Webseite suchen.

Lienz/Amlach, A-9908 / Tirol CC€16

- Dolomiten Camping Amlacherhof****
- Seestrasse 20
- 1 Apr - 31 Okt
- +43 6 99 17 62 31 71
- info@amlacherhof.at
- N 46°48'48" E 12°45'47"

1 A**JM**NOPQRS**T**	AUX 6
2 FGOPVWXYZ	ABDE**FG**HI 7
3 AHIJLM**U**X ABCDEFJKLMNQRTUVW 8	
4 FHIO**PS**	EGILUVWXY 9
5 ABDEFHMN	ABGHIJO**PR**10
Anzeige auf Seite 247 WB 16A CEE	
H710 2,5 ha 85T(80-120m²) 31**D**	

Felbertauerntunnel-Lienz, bei Lienz hinter dem Kreisel Richtung Spittal. An der 2. Ampel rechts Richtung Feriendorf/Amlach, noch 2 km bei Schildern folgen.

www.Eurocampings.de

Newsletter

Melden Sie sich an für den Eurocampings Newsletter und bleiben Sie über die neusten Entwicklungen auf dem Laufenden!

www.Eurocampings.de

Leoben, A-8700 / Steiermark
- Hinterberg
- Hinterbergstraße 47
- 1 Mai - 15 Sep
- +43 67 76 43 51 41
- campingclubleoben hinterberg@gmx.at

1 JMNOPQRST 6
2 AIPQXY ABF 7
3 S ABEFGNQR 8
4 J 9
5 ADH AJMOQ 10
16A
H540 3ha 40T(80m²) 30D
① €25,00 ② €25,00
N 47°21'39" E 15°03'57"
106137
S6 Ausfahrt Leoben-West. Am Kreisel 3/4 Richtung Hinterberg. Am 'Hornbach' entlang, unter der Brücke durch und links. Nach 400m kommt der CP. Oder A2 Ausfahrt St.Michael-Leoben.

Lutzmannsburg, A-7361 / Burgenland
- Sonnenland*****
- Trift 3
- 23 Mrz - 5 Nov
- +43 2 61 52 00 02
- campinglutzmannsburg@gmx.at

1 ACDEFJMNOPQRST ILMN 5
2 EIJKPQSTWXY ABDEFGIJK 7
3 BCDEFGILRUV ABCDEFGHJKLNQRTUVW 8
4 FHJKQW V 9
5 ABCDEFGHJL ABGHJMNQUW 10
B 16A CEE
H208 12ha 146T(115-240m²) 10D
① €37,00 ② €47,00
N 47°28'03" E 16°38'23"
113082
Von der S4 zur S31 Ri. Ungarn. Ausfahrt Oberpullendorf und Lutzmannsburg folgen. Der CP liegt links, 100m hinter der Kirche. Der CP ist gut angezeigt.

Mühlen, A-8822 / Steiermark
- Camping am Badesee
- Hitzmannsdorf 2
- 30 Apr - 26 Sep
- +43 35 86 24 18
- office@camping-am-badesee.at

1 AEFILNOPQRST LN 6
2 EIQVWXYZ ABDEFG 7
3 AFLMUX ABCDEFJNQRTW 8
4 ABEFGIJKO J 9
5 ABCDEFGHJKNO ABHJMNPQU 10
6A CEE
H960 1,5ha 40T(100m²) 26D
① €32,00 ② €42,00
N 47°02'13" E 14°29'15"
110083
N83 südlich Neumarkt in der Steiermark, Ausfahrt nach Mühlen. Vor Mühlen liegt der CP. CP-Schild an der Straße.

Oggau (Burgenland), A-7063 / Burgenland
- Oggau
- Erholungsgebiet 4
- 1 Apr - 31 Okt
- +43 26 85 72 71
- office@campingoggau.at

1 ABDEFJMNOPQRST AFHNSXYZ 6
2 QSWXYZ ABDEFG 7
3 BFGLN ABCDEFJNQRTW 8
4 FH VW 9
5 ABDFKLM ABDGHJMOQ 10
10A
H130 8ha 151T(50-80m²) 305D
① €32,30 ② €33,80
N 47°50'39" E 16°41'15"
106168
Von der A4 oder A3 die B50 nehmen und diese Richtung Oggau und Rust verlassen. In Oggau den CP-Schildern folgen.

Podersdorf am See, A-7141 / Burgenland
- Strandcamping Podersdorf am See
- Strandplatz 19
- 20 Mrz - 16 Nov
- +43 21 77 22 74
- office@podocamp.at

1 ABDEJMNOPQRST LMNQRSTXYZ 6
2 AEIKLMPQWXYZ ABCDEFG 7
3 ABM ABCDEFGHJKNQRTW 8
4 ABFH DFM 9
5 ABDEN ABGHIJLOQY 10
B 13A CEE
H124 7,5ha 450T(60-80m²) 247D
① €34,00 ② €38,00
N 47°51'15" E 16°49'36"
100855
A4 bis Gols, nach 4 km rechts nach Podersdorf. Vor dem Ort rechts ab (nördliche Richtung). Den Schildern 'zum CP' folgen.

Pölfing-Brunn, A-8544 / Steiermark
- Sulmtal-Camping & Appartements
- Badstraße 20
- 1 Jan - 31 Dez
- +43 66 48 54 66 70
- office@amc-strohmeier.at

1 ADEFJMNOPQRST AF 6
2 EQWXY ABDEFG 7
3 BEGMN ABCDEFGJNQRUVW 8
4 FH IJ 9
5 ADEHLM AEGJOQ 10
B 16A CEE
1ha 40T(100-110m²) 22D
① €22,90 ② €22,90
N 46°43'25" E 15°17'40"
122599
Auf der Hauptstraße durch Brunn nach 100m, 1. links. Gegenrichtung aus Jagernigg der Hauptstraße nach 200m, 1. rechts. CP-Schild oder Schwimmbad folgen.

Purbach, A-7083 / Burgenland
- Campingplatz Storchencamp Purbach
- Campingplatz 1
- 15 Apr - 26 Okt
- +43 26 83 51 70
- office@gmeiner.co.at

1 AFJMNOPQRST BGHNQRST 6
2 EPQXY ABDEF 7
3 ABLMN ABCDEFJNQRTVW 8
4 H AGIV 9
5 ABDEFHLN ABHJNQV 10
B 6A CEE
H122 10ha 78T(80-100m²) 407D
① €29,00 ② €34,00
N 47°54'34" E 16°42'20"
106166
B50 Eisenstadt-Neusiedl am See. Im Ort CP-Schild oder Schild 'Zum See' folgen.

Rust, A-7071 / Burgenland
- Campingplatz Storchencamp Rust
- Ruster Bucht, Campingplatz 5
- 8 Apr - 26 Okt
- +43 2 68 55 95
- office@gmeiner.co.at

1 ADEFJMNOPQRST BGHILMNQRSTVXYZ 6
2 EKQRWY ABDEFGH 7
3 BEGJLMU ABCDEFJNQRTVW 8
4 FH AEGIKNPRT 9
5 ABDN ABFGHJNOQU 10
B 12A CEE
H116 5ha 220T(80m²) 251D
① €35,00 ② €45,00
N 47°48'04" E 16°41'30"
106169
Von der A4 oder A3 die B50 nehmen und diese Richtung Oggau und Rust verlassen. In Rust den CP-Schildern folgen.

Sankt Andrä am Zicksee, A-7161 / Burgenland
- Zicksee Camping
- 27 Mrz - 1 Nov
- +43 21 76 21 44
- camping@standraezicksee.at

1 ADEHKNOPQRST LMQSUX 6
2 EMPQWYZ ABDEFG 7
3 ABF ABCDEFJKNQRTW 8
4 FH 9
5 DMN AGHIJNQY 10
B 13A CEE
H131 4ha 235T(70-105m²) 100D
① €29,70 ② €36,80
N 47°47'30" E 16°54'58"
106171
A4 von Wien Ausfahrt Mönchhof. Dann Richtung Frauenkirchen und St. Andrä. Den CP-Schildern folgen.

St. Georgen am Kreischberg, A-8861 / Steiermark
- Olachgut*****
- Kaindorf 90
- 1/1 - 18/4, 8/5 - 9/10, 6/12 - 31/12
- +43 35 32 21 62
- office@olachgut.com

1 AJMNOPQRST LNU 6
2 CEIPQSVWXYZ ABCDEFGHIK 7
3 ABFHILMTU ABCDEFJKNPQRTUVW 8
4 ABCDFHJOT FGIJ 9
5 ABDFHKMN ABDGHJLMOQU 10
WB 16A CEE
H832 10ha 140T(100-140m²) 61D
① €34,40 ② €46,40
N 47°06'27" E 14°08'22"
106112
A10/E55, Ausf. 104 St. Michael. Straße 96 bis Tamsweg, dann Straße 97 bis St. Georgen, nach 2 km CP re.

Der Campingplatz liegt in einer prächtigen Umgebung mitten in der Natur, wo Sie sich herrlich erholen können. St. Peter am Kammersberg ist ein romantisches Dorf im Katschtal auf 800m. Hier können Sie Spaziergänge durch die Wälder machen und sich von den Traditionen faszinieren lassen, die dieses Tal so gastfreundlich und einmalig machen.

Camping Bella Austria - Peterdorf
8842-St. Peter Am Kammersberg
Steiermark - Österreich

St. Peter am Kammersberg, A-8842 / Steiermark
- Bella Austria****
- Peterdorf 100
- 29 Apr - 25 Sep
- +43 3 53 67 39 02
- info@camping-bellaustria.com

1 AJMNOPQRST AFN 6
2 CIQSWXY ABDEFG 7
3 ABFMU ABCDEFJKNPQRTUVW 8
4 BFHJKLTX EU 9
5 ABDFHL ABHIJMNRS 10
Anzeige auf dieser Seite B 16A CEE
H800 5,5ha 45T(110m²) 217D
① €27,40 ② €35,40
N 47°10'49" E 14°12'55"
109413
Über die B99 Richtung Tamsweg. Auf die Turracher Bundesstrasse B95 Richtung Ramingstein, Predlits, Falkendorf nach Murau. Durch Murau nach Frojach-Katsch, weiter Peterdorf, dann Camping Bella Austria.

St. Sebastian, A-8630 / Steiermark
- Erlaufsee
- 1 Mai - 15 Sep
- +43 6 64 60 64 44 00
- campingplatz@st-sebastian.at

1 AJMNOPQRST HLMNOPQSU 6
2 EIJPQSUXYZ ABDEF 7
3 MU ABEFJNQR 8
4 FJ L 9
5 DN ABJQU 10
12A
H802 1ha 75T(80-120m²) 17D
① €22,80 ② €27,80
N 47°47'24" E 15°16'56"
100865
Über die B20 bis St. Sebastian-Zentrum. Am Gemeindeamt vorbei und auf dieser Straße weiterfahren, CP nach 3 km.

Polen

Allgemeines

Offizieller Name: Republik Polen (Rzeczpospolita Polska).
Polen ist Mitglied der Europäischen Union.
Polnisch ist die offizielle Sprache. In touristischen Gebieten kommt man oft auch mit Englisch oder manchmal mit Deutsch gut zurecht.
Zeitunterschied: In Polen ist es genauso spät wie in Berlin, Paris und Rom.

Währung und Geldfragen

Währung: Zloty (PLN)
Wechselkurs im September 2021:
1,00 € = ca. 4,55 PLN / 1,00 PLN = ca. 0,22 €.
Bankkarte und Kreditkarte können Sie fast überall benutzen. Es gibt genug Geldautomaten.

Polen

Grenzformalitäten

Viele Formalitäten und Vereinbarungen in Bezug auf die notwendigen Reisedokumente, Fahrzeugpapiere, Anforderungen an Ihr Transportmittel und Ihr Campingfahrzeug, medizinische Kosten und die Mitnahme von Tieren hängen nicht nur vom Reiseziel, sondern auch von Ihrem Abreiseort und Ihrer Nationalität ab. Auch die Dauer Ihres Aufenthaltes kann eine Rolle spielen. Es ist unmöglich, im Rahmen dieses Leitfadens für alle Benutzer die richtigen und aktuellen Informationen über diese Themen zu gewährleisten. Wir empfehlen Ihnen daher, die folgenden Fakten in jedem Fall rechtzeitig vor der Abreise zu überprüfen:
- welche Reisedokumente Sie für sich selbst und Ihre Mitreisenden benötigen,
- welche Dokumente Sie für Ihr Auto und Ihren Anhänger benötigen,
- welche Waren und Medikamente Sie kostenlos ein- und ausführen dürfen,
- wie bei Unfall oder Krankheit die medizinische Behandlung in Ihrem Urlaubsland geregelt ist und bezahlt werden kann.

Haustiere

Finden Sie heraus, ob Ihr Haustier an Ihrem Zielort willkommen ist. Nehmen Sie hierzu frühzeitig Kontakt zu Ihrem Tierarzt auf. Dieser informiert Sie über relevante Impfungen und die entsprechenden Nachweise wie auch über Pflichten bei der Rückkehr.
Ferner sollten Sie sich erkundigen, ob an Ihrem Zielort für das Mitführen von Haustieren im öffentlichen Raum bestimmte Bedingungen gelten. So müssen in einigen Ländern Hunde immer einen Maulkorb tragen oder hinter Gittern transportiert werden.

Straßen und Verkehr

Die Autobahnen in Polen sind von guter Qualität. Nur in ländlichen Gegenden gibt es unbefestigte Straßen.
Bitte beachten Sie die vielen Baustellen auf den polnischen Straßen, insbesondere im Sommer. Im Vergleich zu anderen europäischen Ländern hat Polen jedes Jahr eine relativ hohe Zahl schwerer Verkehrsunfälle, weshalb empfohlen wird, vorsichtig und aufmerksam zu fahren.

Polen

Höchstgeschwindigkeiten

Polen	Außerhalb geschlossener Ortschaften	Schnellstraße	Autobahn
Auto	90	100*	140
Mit Anhänger	70	80	80
Wohnmobil < 3,5 Tonnen	90	100*	140
Wohnmobil > 3,5 Tonnen	70	80	80

*Auf Autobahnen mit getrennten Fahrbahnen und 4 Spuren beträgt die Höchstgeschwindigkeit 120 km/h.
Innerhalb geschlossener Ortschaften beträgt die Höchstgeschwindigkeit 50 km/h (zwischen 23.00 und 5.00 Uhr beträgt sie 60 km/h).

Nach Sonnenuntergang ist es nicht empfehlenswert, auf den engen, manchmal schlecht beleuchteten Nebenstraßen zu fahren.

Tanken

Benzin (Benzina bezolowiowa 95 und 98) und Diesel (Diesel/ON) sind leicht erhältlich. Auch Autogas (LPG/Autogaz) ist leicht erhältlich; zum Tanken wird der italienische Anschluss (Dish) benutzt.
Tankstellen sind oft mindestens von 8.00 bis 19.00 Uhr geöffnet. In Großstädten und an Autobahnen sind viele Tankstellen Tag und Nacht geöffnet.
Es ist verboten, Kraftstoff in einem Ersatzkanister auf Fähren mitzunehmen.

Verkehrsregeln

Abblendlicht (oder Tagfahrlicht) ist tagsüber vorgeschrieben.
An einer Kreuzung mit Straßen gleichen Ranges hat der von rechts kommende Verkehrsteilnehmer Vorfahrt. Der Verkehr im Kreisverkehr hat Vorfahrt, wenn dies ausgeschildert ist.
Die Alkoholgrenze liegt bei 0,2 ‰.
Fahrer dürfen nur mit einer Freisprechanlage telefonieren.
Kinder unter 12 Jahren und einer Größe unter 1,50 m müssen in einem Kindersitz sitzen.

Winterreifen sind nicht Pflicht, werden aber im Winter sehr empfohlen (Schneeketten können durch ein Schild vorgeschrieben werden).

Besondere Bestimmungen

Auf eventueller Ladung, die mehr als 50 cm übersteht, und auf einem Fahrradträger mit Fahrrädern muss ein reflektierendes weißes Schild mit diagonalen roten Streifen angebracht werden.
Bei Staus müssen Sie so weit wie möglich nach rechts oder links fahren, damit in der Mitte eine freie Spur (Rettungsgasse) für Einsatzfahrzeuge entsteht.
Achten Sie auf Fußgänger, Radfahrer und anderen langsam fahrenden Verkehr auf „Mehrzweckstreifen" (eine Art Seitenstreifen) entlang Straßen außerhalb geschlossener Ortschaften.
Fußgänger, die im Dunkeln oder bei schlechter Sicht an einer Straße entlanggehen, sind verpflichtet, einen Reflektor oder eine Sicherheitsweste zu tragen.
Das Parken ist unter anderem dann verboten, wenn eine weiße durchgehende oder gestrichelte Linie am Straßenrand verläuft.
Ein grüner Pfeil an einer roten Ampel zeigt an, dass Sie nach rechts abbiegen dürfen, sofern Sie anderen Verkehrsteilnehmern Vorrang gewähren, wie z.B. Fußgängern.

Polen

Es ist verboten, unter Alkoholeinfluss stehende Personen auf dem Beifahrersitz des Fahrzeugs zu transportieren.

Vorgeschriebene Ausrüstung
Ein Warndreieck und ein Feuerlöscher sind im Fahrzeug vorgeschrieben. Es wird empfohlen, Sicherheitswesten für alle Insassen mitzuführen. Außerdem werden ein Verbandskasten und Ersatzlampen zur Mitnahme empfohlen.

Wohnwagen, Wohnmobil
Ein Wohnmobil oder ein Gespann aus Auto und Wohnwagen darf bis zu 4 m hoch, 2,55 m breit und 18,75 m lang sein (der Wohnwagen selbst darf bis zu 12 m lang sein).

Fahrrad
Ein Fahrradhelm ist nicht vorgeschrieben. Telefonieren und Tippen auf einem Handy sind auf dem Fahrrad verboten.
Kinder unter 7 Jahren müssen in einem Fahrradsitz transportiert werden.
Nebeneinander mit dem Rad zu fahren ist verboten (es sei denn, Sie begleiten ein Kind bis zum Alter von 10 Jahren).

Maut und Umweltzonen
Maut
Teile der Autobahnen A1, A2 und A4 sind mautpflichtig. Die Zahlung kann in bar oder per Kreditkarte erfolgen. Mehr Informationen: *viatoll.pl*, *a1.com.pl*, *autostrada-a2.pl* und *autostrada-a4.com.pl*.
Für Fahrzeuge (auch Wohnmobile) mit einem Gewicht von mehr als 3,5 Tonnen können Sie nur mit einer Mautbox (viaBOX) elektronisch bezahlen. Mehr Informationen: *viatoll.pl*.

Umweltzonen
Es gibt noch keine Umweltzonen, die für ausländische Touristen von Bedeutung sind.

Panne und Unfall
Stellen Sie Ihr Warndreieck auf der Autobahn mindestens 100 m (auf sonstigen Straßen 30 bis 50 m) hinter Ihrem Auto auf, wenn das Auto nicht gut sichtbar ist oder ein Hindernis für den übrigen Verkehr darstellt. Alle Insassen müssen eine Sicherheitsweste anziehen.

Polen

Rufen Sie bei einer Panne die Notrufnummer Ihrer Pannenhilfe-Versicherung an. Sie können auch die polnische Pannenhilfe (PZM) unter +48 22 532 84 44 anrufen.
Bei jedem Verkehrsunfall, auch bei einer kleinen Kollision, sind Sie verpflichtet, die Polizei anzurufen.

Notrufnummern
112: allgemeine Notrufnummer für Polizei, Feuerwehr und Rettungswagen
997: Polizei
998: Feuerwehr
999: Rettungswagen
Notfallnummer speziell für ausländische Touristen: +48 608 599 999 (auch Englisch/Deutsch)

Campen
In Polen ist das Angebot an Campingplätzen sehr vielfältig, von kleinen, einfachen Campingplätzen bis hin zu großen, modernen Geländen. Polnische Campingplätze haben bisher nur selten abgegrenzte Stellplätze, aber andererseits haben sie alle Strom.
Wildcampen außerhalb der Campingplätze ist nur Privatgrundstücken mit Genehmigung des Grundbesitzers erlaubt.

Besonderheiten
Die Campingplätze an der Ostsee und in den Karpaten werden von sehr vielen Menschen genutzt. In diesen Gebieten wird eine Chemietoilette empfohlen.

Wohnwagen, Wohnmobil
Es ist überall verboten, an öffentlichen Straßen in einem Wohnwagen, Wohnmobil oder Auto zu übernachten.

Suche nach einem Campingplatz
Über *Eurocampings.eu* können Sie ganz einfach einen Campingplatz suchen und auswählen.

Praktisch
Steckdosen haben zwei runde Löcher und manchmal einen hervorstehenden Erdstift (Typ C oder E). Auf *iec.ch/world-plugs* können Sie überprüfen, ob Sie einen Adapter (Weltstecker) benötigen.
Schützen Sie sich vor Zecken, da diese Krankheiten übertragen können.
Vermeiden Sie wegen Tollwutgefahr den Kontakt mit Säugetieren.
Das Trinken von Leitungswasser wird nicht empfohlen; trinken Sie Wasser aus Flaschen und verwenden Sie keine Eiswürfel.

Klima Krakau	Jan.	Feb.	März	Apr.	Mai	Jun.	Jul.	Aug.	Sept.	Okt.	Nov.	Dez.
Durchschnittliche Höchsttemperatur	1	3	8	14	19	22	23	23	19	14	6	2
Durchschnittliche Anzahl der Sonnenstunden pro Tag	2	2	4	5	7	7	7	6	5	3	2	1
Durchschnittliche monatliche Niederschlagsmenge (mm)	63	30	35	50	74	94	81	76	60	49	40	38

Klima Warschau	Jan.	Feb.	März	Apr.	Mai	Jun.	Jul.	Aug.	Sept.	Okt.	Nov.	Dez.
Durchschnittliche Höchsttemperatur	0	2	7	13	19	22	24	23	18	12	6	2
Durchschnittliche Anzahl der Sonnenstunden pro Tag	2	2	3	5	8	8	7	7	5	4	2	1
Durchschnittliche monatliche Niederschlagsmenge (mm)	22	22	28	35	51	71	73	59	49	38	37	35

Nord-Polen

Chlapowo, PL-84-120 / Pomorskie

- Alexa ★★★★
- Zeromskiego 44
- 1 Jan - 31 Dez
- +48 6 06 39 74 35
- camping@alexa.gda.pl

1 ADE**JM**NOPRS**T**	KM 6
2 AGIJPQSXYZ	ABDE**FG**HI 7
3 B**D**J	ABEFGIJNQRSU 8
4 BCDHJO	D 9
5 ABDFLN	ABFHIKLMOQ10

Anzeige auf dieser Seite B 10A
4ha 210**T**(70-100m²) 25**D**

① €29,45
② €36,00

N 54°48'28" E 18°22'32"

Die 215 von Wladyslawowo nach Jastrzebia Góra. In Chlapowo Zentrum ist der CP auf der rechten Straßenseite.

120897

Chlapowo, PL-84-120 / Pomorskie

- Pole Horyzont
- Zeromskiego 174/2
- 1 Jan - 31 Dez
- +48 5 00 25 65 56
- polehoryzont@gmail.com

1 A**DJM**NOPRS**T**	K 6
2 GIJPQSWXYZ	AB**F**I 7
3 BF	ABEFJNQRSW 8
4 BJO	DJ 9
5 D	HIJOQX10

Anzeige auf dieser Seite 10A
3ha 500**T**(70-80m²) 192**D**

① €28,55
② €36,00

N 54°48'20" E 18°23'04"

Von Wladyslawowo Richtung Jastrzebia Góra. In Chlapowo liegt der CP rechts der Straße.

120896

Chlapowo, PL-84-120 / Pomorskie

- Maly Horyzont
- Zeromskiego 60
- 1 Jun - 15 Sep
- +48 5 87 74 50 50
- horyzontinfo@gmail.com

1 A**DJM**NOPRS**T**	K 6
2 GIJPQSWXYZ	AB**F**I 7
3 A	ABEFNQRW 8
4 JO	D 9
5 D	HIJOQ10
10A	

1ha 50**T**(50-56m²) 12**D**

① €26,35
② €33,80

N 54°48'20" E 18°23'11"

Von Wladyslawowo Richtung Jastrzebia Góra. In Chlapowo liegt der Camping rechts an der Straße.

124461

Chlapowo, PL-84-120 / Pomorskie

- Pole Namiotowe & Camping Lazurowe
- Zeromskiego 168-174
- 1 Apr - 30 Okt
- +48 5 01 31 55 72
- recepcja@lazurowe.com.pl

1 AE**JM**NOPRS**T**	K 6
2 GIJPQXY	ABD**F**JK 7
3 BGU	B**F**NRVW 8
4 BO	D 9
5 ABDEN	ABFHIKL**O**RSU10
16A	

3ha 250**T**(48-50m²) 30**D**

① €28,55
② €34,25

N 54°48'20" E 18°23'00"

Von Wladyslawowo Richtung Jastrzebia Góra. In Chlapowo ist der CP gut an der rechten Seite der Hauptstraße am Zaun angezeigt.

117293

Alexa ★★★★

Unser Campingplatz liegt auf einer hohen Klippe mit einer sagenhaften und einmaligen Sicht über die Ostsee. Nur hier sehen Sie den Sonnenaufgang über der See, sogar ohne den Campingplatz zu verlassen. Fußweg direkt zum Sandstrand.

Zeromskiego 44, 84-120 Chlapowo • Tel. 60-6397435
E-Mail: camping@alexa.gda.pl
Internet: www.alexa.gda.pl

HORYZONT CAMP

- Parzelle am Meer
- Einfacher Zugang zum Strand
- Fahrradweg beim Campingplatz

Zeromskiego 174/2, 84-120 Chlapowo
Tel. +48 500256556 oder +48 516158188
E-Mail: polehoryzont@gmail.com
Internet: www.pole-horyzont.pl

Cierzpiety/Piecki, PL-11-710 / Warminsko-Mazurskie

- PHU Stanica Wodna
- Cierzpiety 50
- 1 Mai - 15 Sep
- +48 8 97 42 00 26
- stanicawodna@interia.pl

1 ACJMNOPRT LNQSXZ 6
2 BEIQRYZ ABDEF 7
3 AFMU ABCDEFINQW 8
4 JOQ FMQRTUV 9
5 BDFGHLN ABHJQU 10
16A
H100 7ha 50T(100-200m²) 52D
① €17,15
② €22,40

N 53°42'15'' E 21°22'54''

Von Mragowo die 59 Richtung Szczytno. Kurz nach Nawiady Richtung Cierzpiety. Im Ort immer rechts halten. CP ist ausgeschildert. Die letzten 700m sind Sandweg.

113311

Elk, PL-19300 / Warminsko-Mazurskie

- Miejski Osrodek Sportu i Rekreacji
- Parkowa 9
- 1 Jun - 15 Sep
- +48 87 10 97 00
- mosir@elk.com.pl

1 AJMNOPRT JL 6
2 CEJPTWXY F 7
3 ABEFNQRUVW 8
4
5 D HIJQ 10
16A
H125 2ha 61T(100-200m²)
① €17,55
② €23,30

N 53°48'59'' E 22°21'12''

Von Olsztyn die 16 nach Elk. In Elk durch das Zentrum über den Fluss, dann 1. Straße rechts. CP liegt links der Straße.

121447

Czluchów, PL-77-300 / Pomorskie

- Czluchów (80)*
- ul. Wojska Polskiego 62
- 15 Jun - 16 Sep
- +48 5 98 34 25 53
- osir5@wp.pl

1 AJKNOPRST LMNQSTWXZ 6
2 EIJKPQSXYZ ABDI 7
3 BFGJN ABCDEFNQW 8
4 FHO GJRT 9
5 D AHIJOQ 10
16A CEE
10ha 100T(60-80m²) 21D
① €13,85
② €18,25

N 53°40'36'' E 17°23'12''

CP liegt an der 22. Ist mit einem blauen Schild (3 km) angezeigt.

114661

Gaski, PL-76-034 / Zachodniopomorskie

- Alfa-Klif
- Marynarzy 3
- 1 Apr - 1 Okt
- +48 5 15 30 82 11
- rezerwajca@alfa-klif.pl

1 AJMNOPQRST KNQX 6
2 HJPXY ABDEFGH 7
3 AGM ABEFKNQRUV 8
4 HO J 9
5 DEKO ABHIJOQ 10
10-16A
1ha 98T 27D
① €19,55
② €22,60

N 54°14'34'' E 15°53'07''

Der Campingplatz liegt an der Straße von Gaski nach Mielno auf der linken Seite.

125040

Dywity, PL-11-001 / Warminsko-Mazurskie

- Masuren Camping Herkus 173 Dywity**
- ul. Barczewskiego
- 1 Mai - 30 Sep
- +48 8 95 12 06 46
- masuren88@admin.com.pl

1 AJMNORST N 5
2 BDEQSWX ABF 7
3 ABF ABCDEFNQUVW 8
4 JO GJQR 9
5 D AJNQ 10
B 16A
1,2ha 60T(60-80m²) 5D
① €15,35
② €19,75

N 53°50'03'' E 20°25'17''

Auf der 51 in Olsztyn ist der CP 10,5 km von vorne mit einem blauen Schild angezeigt. Der Straße folgen. Links ab nach Dywity. Den CP-Schildern folgen. Die letzten km über einen unbefestigten Waldweg.

114662

Gdansk, PL-80-642 / Pomorskie

- Camp Bursztynowy Las
- Ul. Stogi 1, Gorki Zachodnie
- 1 Mai - 30 Sep
- +48 6 67 61 98 03
- info@bursztynowylas.pl

1 ADEJMNOPQRST 6
2 BGJQRSXYZ ABDEFIJK 7
3 AGM ABEFNQRU 8
4 J BCJ 9
5 ABDHJN HJNQU 10
16A
H50 2ha 45T 59D
① €20,85
② €25,70

N 54°22'04'' E 18°46'02''

S7 Elblag-Gdansk, Ausfahrt Stogi nehmen und folgen. Dann die 89 Wilhelma Stryjewskiego nehmen. Nach etwa 4,6 km am CP-Schild links abbiegen. Der Schotterstraße 200m bis zum Campingplatz folgen.

125183

Dziwnówek, PL-72-420 / Zachodniopomorskie

- Bialy Dom****
- ul. Kamienska 12
- 1 Mai - 30 Sep
- +48 9 13 81 11 71
- campingbd@gmail.com

1 AJMNOPQRST KNQS 6
2 BGJQRXY ABDEFGHIJK 7
3 ABGM ABFMNQRW 8
4 HJO FGHIJL 9
5 ABDL ABGHIJKOST 10
B 16A
2,5ha 74T(80-150m²) 57D
① €39,55
② €52,25

N 54°02'08'' E 14°48'15''

Von Kamien Pomorski links ab, im Kreisel innerorts geradeaus Richtung Strand. Nach 100m links ab. CP am Ende der Straße.

114238

Gdansk, PL-80-656 / Pomorskie

- Camper Park Stogi 114
- Ul. Wydmy 6
- 1 Mai - 30 Sep
- +48 5 75 35 80 20
- biuro@ osrodekprzywydmach.pl

1 ACDEJMNOPQRST K 6
2 ABGPQSTYZ ABDEF 7
3 ABCDEFJNQRUVW 8
4 GJL 9
5 DJK BGHIJNQU 10
16A CEE
3,5ha 100T(60-90m²) 80D
① €21,95
② €26,35

N 54°22'11'' E 18°43'47''

Die 7 Elblag-Gdansk. Bei Gdansk der Ortsbeschilderung Stogi bis kurz vor Ende des Strandes folgen, rechts ab 1000m Sandweg. CP auf der linken Seite.

122067

Dziwnówek, PL-72-420 / Zachodniopomorskie

- Wiking Nr. 194****
- ul. Wolnosci 3
- 1 Mai - 10 Sep
- +48 9 13 81 34 93
- camping@campingwiking.pl

1 AJMNOPQRST KMNQS 6
2 BGJPQRXY ABDEFGHIJK 7
3 ABFGJM ABDEFKNQRT 8
4 BCDFHJOPQR GIJKLY 9
5 ABCDFHJLMNO ABEGHIJOQU 10
B 10A
2,5ha 150T(60-120m²) 20D
① €27,25
② €37,80

N 54°02'03'' E 14°47'59''

CP an der Küstenstraße 102, am Westrand des Ortes. Durch große Schilder angegeben.

106424

Gdansk, PL-80-656 / Pomorskie

- Stogi (218)***
- ul. Wydmy 9
- 1 Apr - 30 Okt
- +48 5 83 07 39 15
- jan@camping-gdansk.pl

1 ADJMNOPRST K 6
2 BGJPRTUXYZ ABDEF 7
3 AM ABEFNQRUW 8
4 O DFL 9
5 ABDEFHJK AFIJNRS 10
10A
3,5ha 70T(has 50m²) 91D
① €22,20
② €29,20

N 54°22'11'' E 18°43'47''

Straße 7 Elblag-Gdansk. Bei Gdansk den Schildern Stogi bis zum Ende folgen. Kurz vor dem Strand rechts zum CP.

112290

Dzwiersznо Male/Lobzenica, PL-89-310 / Wielkopolskie

- Camping Pólwysep Sielanka
- Dzwiersznо Male 3 C
- 1 Apr - 30 Okt
- +48 6 69 50 55 45
- rezerwacje@ polywysepsielanka.pl

1 AJMNOPQRST LNQSUXZ 6
2 BCEJKQSVWXYZ ABDEF 7
3 BGMU ABCDEFHNQRUVW 8
4 JKQ DJMQRTY 9
5 ACDEMN HIJNQU 10
B 10A
H100 10ha 205T(135-460m²) 34D
① €14,30
② €18,65

N 53°18'20'' E 17°21'04''

Die 242 von Lobzenica nach Wiecbork, bei Izdebki. An der Kreuzung links der Beschilderung folgen. Letzte 900m unbefestigter Weg.

123135

Gizycko, PL-11-500 / Warminsko-Mazurskie

- Elixir Hotelik Caravaning*
- Guty 9
- 25 Apr - 31 Okt
- +48 8 74 28 28 26
- office@elixirhotel.com

1 ACDJMNOPRT HLMNPQSUWXZ 6
2 EIJKPQXUY BFH 7
3 AFGMNOU BDFNQRTUW 8
4 ABDEFHJLMNOPQ DEGLOPQRTVY 9
5 ABCDEFHKMNO AHIJOQU 10
B 16A
H110 3,5ha 70T(100-200m²) 43D
① €21,75
② €28,35

N 54°20'14'' E 21°41'55''

Von Gizycko Richtung Magrowo, dann die 592 Richtung Ketrzyn. Nach ein paar Kilometer rechts abfahren Richtung Doba. CP ist ausgeschildert.

113299

Dzwirzyno, PL-78-131 / Zachodniopomorskie

- Biala Mewa (Nr. 88)***
- ul. Wyzwolenia 48 H
- 15 Apr - 15 Okt
- +48 5 37 13 08 27
- camping@gmina.kolobrzeg.pl

1 ACDEJMNOPQRST KNQSX 6
2 GJPQRSXYZ ABDEFG 7
3 AFG ABEFKNRUW 8
4 HJO FL 9
5 ABDEHJ ABHIJNQX 10
B 12A
5ha 550T 107D
① €17,55
② €21,75

N 54°09'42'' E 15°25'32''

Ab Kolobrzeg Ortsmitte den Schildern Dzwirzyno folgen. Nach 10 km liegt der CP links etwas abseits der Straße.

114239

Gebrauchsanweisung

Um die Möglichkeiten des Führers optimal nutzen zu können, sollten Sie die Gebrauchsanweisung auf Seite 9 gut durchlesen. Hier finden Sie wertvolle Informationen, beispielsweise die Berechnung der Übernachtungspreise.

① € 25,00
② € 35,80

Elblag, PL-82-300 / Warminsko-Mazurskie

- Elblag (61)**
- ul. Panienska 14
- 1 Mai - 30 Sep
- +48 5 56 41 86 66
- camping@camping61.com.pl

1 AJMNOPRST NX 6
2 CPQSTXY ABFHIK 7
3 FM ABEFJNQRW 8
4 GR 9
5 DN ABHIKOQ 10
B 16A
1ha 60T(80-100m²) 8D
① €16,45
② €20,00

N 54°09'11'' E 19°23'38''

Auf der 7 die 22 nach Elblag. Ausfahrende links ab. Der Strecke bis über die Brücke folgen, dann hinter dem CP-Schild rechts ab. Den Schildern folgen.

106787

Gizycko/Bystry, PL-11-500 / Warminsko-Mazurskie

- Bystry
- Bystry 2A
- 1 Mai - 30 Sep
- +48 6 90 81 38 00
- info@bystrycamping.pl

1 AE**JM**NORST	NPQRST**X**YZ	6
2 EIJKPQSWXYZ	ABDE**FG**	7
3 AS	B**F**JNQRW	8
4	DGRT	9
5 AEFHJKM**O**	BHIKNQU	10

16A
2ha 120T(100-200m²) 14D
① €21,30
② €27,90

N 54°01'19" E 21°48'29"   114248

Auf der 63 von Gizycko nach Orzysz, 150 m von der Bahnlinie liegt der Camping rechts.

Ilawa, PL-14-200 / Warminsko-Mazurskie

- Lesna (14)**
- ul. Sienkiewicza 9
- 1 Mai - 31 Okt
- +48 6 91 18 84 55
- lesna.ilawa@gmail.com

1 AD**JM**NOPRS**T**	LNQSTWXZ	6
2 EPQSUXYZ		7
3 AFGM**NO**	ABEFNQRU	8
4 JNORT	GPQRUV	9
5 DFHJL	ABHINQU	10

10A
H119 2,5ha 174T(80-100m²) 36D
① €11,00
② €15,35

N 53°35'57" E 19°32'57"   109952

CP liegt an der 16, 800m westlich von Ilawa Zentrum. CP ist ausgeschildert.

Herzlich willkommen auf einem der schönsten Campingplätze in Masuren.

CAMPING DŁUŻEK ★★★★

Jasminowa, 12-122 Jedwabno • Tel. +48 791803583
E-Mail: biuro@camping-dluzek.pl
Internet: www.camping-dluzek.pl

Iznota/Ruciane-Nida, PL-12-220 / Warminsko-Mazurskie

- Camping Galindia
- Bartlewo 1
- 1 Mai - 30 Sep
- +48 8 74 23 14 16
- galindia@galindia.com.pl

1 AD**IL**NOPRT	LN**P**QRSUXZ	6
2 BE**I**JKQSXYZ	ABDE**FG**	7
3 A**T**	ABEFNQR	8
4 O**Q**	GILMOQRUV	9
5 ADEFHLN	HIK**N**R**S**	10

6A
H119 3ha 180T(100-200m²) 51D
① €23,05
② €30,75

N 53°44'11" E 21°33'46"   120929

Von Mikolajek oder Ruciane-Nida die 609 Richtung Iznota. CP ist angezeigt. 4 km, wobei die ersten 500m eng sind, dann 1,7 km unbefestigter Weg.

Klusy/Orzysz, PL-12-250 / Warminsko-Mazurskie

- Agrotouristik Camping Rozynsk 3A
- 10 Mai - 15 Sep
- +48 6 08 17 32 99
- asiagrundel@gmx.de

1 AJMNOPQRST	N**X**	6
2 BQSXYZ	ABDE**F**	7
3	ABEFNQRUW	8
4 FH	JQR	9
5 DN	AGHIJOQ	10

16A
H134 2ha 65T(100-200m²) 2D
① €15,80
② €24,60

N 53°47'33" E 22°08'52"   121441

Von Olstyn die 16, zwischen Orzysz und Elk ist der CP ausgeschildert. Ausfahrt Rozynsk, nach 100m liegt der CP links.

Jastrzebia Góra, PL-84-104 / Pomorskie

- 'Na Skarpie' nr. 60 Kat.1
- ul. Rozewska 5
- 1 Jun - 31 Aug
- +48 6 92 19 46 85
- jolanta.markowska@icloud.com

1 AJKNOPRST	K	6
2 GJPQXY	ABDEHI	7
3 AM	BFNQW	8
4	DRT	9
5 ABDGHJM	ABHIKNQU	10

B 10A
1,5ha 100T(80-100m²) 25D
① €18,00
② €22,85

N 54°49'59" E 18°19'19"   106468

CP an Straße 215 von Wladyslawowo nach Karwia. CP ausgeschildert.

Kolobrzeg, PL-78-100 / Zachodniop.

- Camping Baltic****
- ul. 4 Dywizji Wojska Polskiego 1
- 15 Apr - 15 Okt
- +48 6 06 41 19 54
- baltic78@post.pl

1 ADE**JM**NOPQRS**T**	KNQS**X**	6
2 GJPQSTWXY	ABDE**FG**HIK	7
3 ABFMUW	ABEFJNQRW	8
4 HJO	JV	9
5 ACDEHI	AFGHIKOQ	10

Anzeige auf dieser Seite B 16A
4ha 220T 18D
① €5,00
② €5,95

N 54°10'53" E 15°35'45"   106430

CP an der Ostseite von Kolobrzeg. Straße 11 folgen. Von Gdansk: am 1. Kreisverkehr nach 100m. Von Sczecin: am 2. Kreisverkehr dreiviertel herum. Nach 500m rechts, dann noch 100m bis zum CP.

Jedwabno, PL-12-122 / Warminsko-Mazurskie

- Binduga 69
- Brajniki 13
- 20 Apr - 15 Okt
- +48 7 91 80 35 83
- biuro@camping-binduga.pl

1 AD**JM**NOPQRST	LN**X**	6
2 ABEQSXYZ	AB**F**	7
3 AG	AB**F**NRW	8
4	DRT	9
5 ABDEJ	HJNQU	10

10A CEE
1,8ha 120T(60m²) 5D
① €17,55
② €21,95

N 53°33'02" E 20°47'50"   122978

Die 58 Olsztynek Richtung Szczytno bei Narty am Hotel Mazuren links ab. Der Camping ist ausgeschildert, etwa 1 km befestigter Weg, die letzten 500m unbefestigt.

Krynica Morska, PL-82-120 / Pomorskie

- Nr. 71***
- ul. Marynarzy 2
- 1 Mai - 1 Okt
- +48 5 02 28 18 06
- ctofi@wp.pl

1 AJMNOPRS**T**	KQ	6
2 BGJPQRUYZ	AB**F**H	7
3 A	ABE**F**JNQR	8
4 JO**PQ**	DGI	9
5 ACDEFHJKL	ABHIJNQU	10

16A
4ha 100T(80-100m²) 76D
① €18,25
② €23,30

N 54°22'47" E 19°25'28"   106483

Straße 7 bei Nowy Dwór(Gd), Ausfahrt Straße 502 Richtung Stegna. In Stegna Straße 501 nach Krynica Morska. Vor Tankstelle links Straße hineinfahren bis zum CP.

Jedwabno, PL-12-122 / Warminsko-Mazurskie

- Dluzek****
- Jasminowa
- 20 Apr - 15 Okt
- +48 7 91 80 35 83
- biuro@camping-dluzek.pl

1 AD**JM**NOPQRST	LN**X**	6
2 BEPQSXY	AB**F**	7
3 AG	A**F**JNQRW	8
4 O	DRT	9
5 ABDEJ	AHJQU	10

Anzeige auf dieser Seite 10A CEE
3,5ha 300T(50m²) 5D
① €17,55
② €21,95

N 53°32'10" E 20°40'41"   122979

Die 58 Olsztnek Richtung Szczytno. In Dluzek ist der Camping links angezeigt. Die letzten 850m sind ein Sandweg.

Leba, PL-84-360 / Pomorskie

- Ambre Nr. 41***
- ul. Nadmorska 9
- 1 Mai - 30 Sep
- +48 5 98 66 24 72
- ambre@leba.info

1 ADE**JM**NOPRS**T**	KNQS**X**	6
2 GJQRWYZ	ABDE**F**HIJ	7
3 BF	ABEFNQRW	8
4 FHJO**R**	JL	9
5 DEFGHKN	ABGHIKLOQ	10

B 16A
2,7ha 96T(40-50m²) 67D
① €23,05
② €28,10

N 54°45'55" E 17°34'14"   106457

Am 1. Kreisel rechts, der Straße bis zur Hauptstraße folgen, rechts ab, nach etwa 400m liegt der CP auf der linken Seite.

CAMPING BALTIC

400m von der See im Freizeitgebiet der Stadt Kolobrzeg, gleich am Amphitheater und nur 15 Minuten zu Fuß zur Altstadt. Unser Campingplatz verfügt über 18 Holzbungalows und einem großen Campinggelände mit separatem Bereich für Zelte, Reisemobile, Caravans und Pkw's, der von Wald umgeben ist.

ul. 4 Dywizji Wojska Polskiego 1, 78-100 Kolobrzeg
Tel. +48 606411954 • E-Mail: baltic78@post.pl
Internet: www.camping.kolobrzeg.pl

Polen

Teilkarte Nord-Polen auf Seite 401

Lesny Nr. 51 ★ ★ ★ ★

Idealer Platz, ideale Bedingungen, idealer Camping.
MISTER CAMPING
FERIENHÄUSER, ZIMMER, WOHNWAGEN, CAMPING
NEU in 2022: Schwimmbad!
Besuchen Sie uns auf Facebook!
https://www.facebook.com/campingleba51
WILLKOMMEN!

Brzozowa 16A, 84-360 Leba
Tel. und Fax 59-8662811
E-Mail: camping_51_lesny@wp.pl
Internet: www.camping51.pl

Leba, PL-84-360 / Pomorskie — CC€16 iD
- Lesny Nr. 51★★★★
- Brzozowa 16A
- 15 Apr - 30 Okt
- +48 5 98 66 28 11
- camping_51_lesny@wp.pl

1 ADEJ**M**NOPQRS**T**		K**N**QSX 6
2 GJQRSXYZ		ABDE**FG**HIJK 7
3 BMU		ABEFJNQRTW 8
4 HJO**PRT**		GJV 9
5 ACD		ABEGHIJOQ10

Anzeige auf dieser Seite B 16A
1,2ha 150**T** 11**D**
€21,10 / €27,00
109040

Am 1. Kreisel rechts, am 2. Kreisel die Straße weiter, nach der Brücke rechts. Nach 200m Camping links.

Leba, PL-84-360 / Pomorskie — iD
- Morski Nr. 21 Eurocamp★★★
- ul. Turystyczna 3
- 30 Apr - 30 Sep
- +48 6 64 25 88 06
- camping.morski@gmail.com

1 ADE**J M**NOPQRST		K**N**QX 6
2 BGJQWXYZ		ABDE**FG**HIK 7
3 ABGM		ABEFJKNQRUVW 8
4 BEHJO		I 9
5 CDEFHJKM		ABEFGHIJLOQUX10

Anzeige auf Seite 405 B 16A
2,9ha 220**T** 6**D**
€19,10 / €23,50
113079

Von Lebork-Wicko nach Leba. Am Kreisel 3. Ausfahrt bis zur T-Kreuzung, links ab. Dann der Straße und den CP-Schildern Morski Nr. 21 folgen.

Leba, PL-84-360 / Pomorskie — iD
- Marco Polo Nr. 81★★★
- ul. Wspólna 6
- 1 Mai - 30 Sep
- +48 5 98 66 23 33
- marcopolo@leba.info

1 ADEILNOPQRS**T**		**N**QX 6
2 JQYZ		ABDE**F**HI 7
3 AF		ABEFNQRT 8
4 FHO		IJ 9
5 D		BGHIJOQ10

16A
1,5ha 250**T** 9**D**
€19,35 / €25,90
114668

Am Kreisel vor Leba 3. Ausfahrt nehmen. Na ca. 800m gegenüber Hotel Maxim neue Einfahrt (Al sw Mikolaja). Mit großem Schild angezeigt. Weit vor Leba wird der CP durch große Schilder angezeigt.

Malbork, PL-82-200 / Pomorskie — iD
- Camping 197 Kat.1
- Parkowa 3
- 15 Apr - 30 Sep
- +48 55 272 24 13
- hotel@caw.malbork.pl

1 AD**J M**NOPRS**T**		J**N**SUX 6
2 CQXY		ABDE**F**H 7
3 AFM**NO**		ABEFNQRW 8
4 O		GJL 9
5 DKL		ABHIJOQU10

B 16A
2,5ha 75**T**(80-100m²) 30**D**
€17,55 / €21,95
106486

Von der Straße 22 Schild 'Centrum' folgen, im Zentrum dann blauen Schildern 'Hotel/Camping 197' nachfahren.

Leba, PL-84-360 / Pomorskie — iD
- Przymorze Nr. 48★★★
- ul. Nadmorska 9
- 1 Mai - 20 Sep
- +48 5 98 66 50 16
- biuro@camping-leba.pl

1 ADE**J M**NOPQR**T**		K**N**QSX 6
2 GJQRXYZ		ABDEF**GH**IJ 7
3 BM		ABEFNQRT 8
4 HOR		JL 9
5 D		ABGHJOQ10

B 16A
1,7ha 350**T** 4**D**
€24,60 / €30,75
101363

Am 1. Kreisel in Leba rechts ab, der Straße weiter folgen. Am Ende rechts ab. Sie sind dann auf der Nadmorska und der CP liegt links. Dem Hinweis der großen Reklametafeln auf CP Nr. 48 folgen.

Malbork, PL-82-200 / Pomorskie — iD
- Nad Stawem
- Solskiego 10
- 1 Apr - 30 Nov
- +48 5 01 40 67 40
- bodzio@boa.pl

1 AJMNOPQRS**T**		N 6
2 AEPQX		AB 7
3 A		ABEFJNQRVW 8
4		9
5 D		ABHIOQU10
10A		€13,20
4ha 70**T**(60-80m²)		€17,55

121876

Die 55 von N-W DWOR, Gdanski. Vor dem Schloss in Malbork liegt der CP auf der linken Seite.

Leba, PL-84-360 / Pomorskie — iD
- InterCamp '84★★★
- ul. Turystyczna 8 E
- 1 Mai - 15 Okt
- +48 5 98 66 22 18
- recepcja@intercamp84.eu

1 ADE**J M**NOPRS**T**		B**N**X 6
2 JQSXY		ABDE**FG**HIK 7
3 AGM		ABEFJNQRTW 8
4 HO		JUVY 9
5 BD		ABGHJOQU10

Anzeige auf dieser Seite B 10A
4ha 100**T**(50-70m²) 79**D**
€20,20 / €25,50
106456

Von Lebork-Wicko die DK214 nach Leba. Am Kreisel 3. Ausfahrt bis zur Kreuzung, links ab. Danach dem Weg folgen; Camping links.

Holiday Resort & Camping InterCamp'84
ul. Turystyczna 8 E
84-360 Łeba
E-Mail: recepcja@intercamp84.eu
Tel. +48 503-041-838; +48 59 866 22 18

Legende Karten

▲ (offen, rot) — Ein offenes Zelt bedeutet daß sich hier ein Campingplatz befindet.

▲ (geschlossen, rot) — Ein geschlossenes Zelt bedeutet daß hier mehrere Campingplätze zu finden sind.

▲▲ (blau) — Campingplätze die CampingCard ACSI akzeptieren.

70 — Auf dieser Seite finden Sie das Teilgebiet.

73 — Pfeile mit Seitenangaben am Kartenrand verweisen auf angrenzende Gebiete.

 Die Übersichtskarte des betreffenden Landes und in welchem Teilgebiet Sie sich befinden.

Campingplatz Morski-Eurocamp liegt an der Ostsee, 200m von den Sandstränden entfernt, in der Nähe des Stadtzentrums (700m), des Fischereihafens, an der Straße zu den Dünen des Slowinski-Nationalparks. Wir haben 220 Stellplätze für Wohnwägen, komfortable Sanitäranlagen und Duschen, Wäscherei, TV, WLAN, Sport- und Spielplatz sowie Grillmöglichkeiten. Camping Morski-Eurocamp bietet einen hohen Standard von Dienstleistungen zwischen dem 30.04 und 30.9 und 24-stündigen Schutz für Touristen. Sie können Ihren Aufenthalt mit Bargeld oder Karte bezahlen. In der Hochsaison (Juni-August) haben wir einen Lebensmittelladen vor Ort sowie ein Restaurant und einen Kiosk. Herzlich willkommen!

+48 664 258 806 — camping.morski@gmail.com — 84-360 Łeba, ul. Turystyczna 3

Mielno, PL-76-032 / Zachodniopomorskie
- Na Granicy★★★★
- 6 Marca 4 i
- 1 Mai - 30 Sep
- +48 6 08 45 18 54
- info@nagranicy.pl
- N 54°15'45" E 16°04'26"
- 1 AJMNOPQRST KLNQSXZ 6
- 2 EGJPQSXY ABFH 7
- 3 A ABFJNQRTW 8
- 4 O DGL 9
- 5 DEN AGKNQVW 10
- B 16A
- 1ha 75T 8D
- ① €19,70
- ② €25,00
- 121967
- 8 km westlich von Koszalin die 6, Ausfahrt Mielno. Ins Zentrum fahren, über die Hauptstraße. CP ist deutlich rechts angezeigt.

Mielno, PL-76-032 / Zachodniopomorskie
- Rodzinny Nr. 105★★★★
- ul. Chrobrego 51
- 15 Apr - 15 Nov
- +48 9 43 18 93 85
- recepcja@campingrodzinny.pl
- N 54°15'46" E 16°04'21"
- 1 AJMNOPQRST KQ 5
- 2 EGJQXY ABDEFGH 7
- 3 AM BFJNQRTW 8
- 4 FHJOQZ GIMQV 9
- 5 D ABHIKOQ 10
- 16A
- 0,6ha 62T 7D
- ① €18,25
- ② €22,60
- 114670
- 8 km westlich von Koszalin ab der Straße 6 Ausfahrt Mielno. Ins Zentrum fahren; durch die Hauptstraße. CP ist deutlich links angezeigt.

Mikolajki, PL-11-730 / Warminsko-Mazurskie
- Wagabunda★★★
- ul. Lesna 2
- 1 Mai - 30 Sep
- +48 8 74 21 60 18
- wagabunda@mikolajki@wagabunda-mikolajki.pl
- N 53°47'44" E 21°33'54"
- 1 AJMNOPRT LNQSTUV 6
- 2 EPQSWXY ABDEF 7
- 3 AFG ABEFJNQRW 8
- 4 ANO FHIJLQRUV 9
- 5 DEHN AHIJLOQU 10
- 16A
- H120 3ha 100T(100-200m²) 108D
- ① €21,95
- ② €26,35
- 106512
- Von Mragowo über die 16 Ri. Mikolajki. 50m hinter der Bahnunterführung, hinter dem Ortsschild rechts abbiegen. Dort ist der CP ausgeschildert. Achtung, ehere Unterführung ignorieren.

Mragowo, PL-11-700 / Warminsko-Mazurskie
- Lorsby
- Nowe Bagienice 16
- 1 Jan - 31 Dez
- +48 8 97 42 82 63
- lorsby@poczta.onet.pl
- N 53°50'30" E 21°12'36"
- 1 DEILNOPRT LNOPQSUX 6
- 2 BEKPQSUXYZ ABDEF 7
- 3 ABEFNR 8
- 4 QT GJLQVZ 9
- 5 ADHKMN AIJNQ 10
- 16A
- H118 3ha 35T(100-200m²) 11D
- ① €20,85
- ② €20,85
- 112652
- Die 16 Olszty nach Mragowo. Am Straßenrand beschildert: vor Mragowo.

Niechorze, PL-72-350 / Zachodniopomorskie
- Pomona Nr. 208★★★
- ul. Polna 25
- 1 Mai - 30 Sep
- +48 9 13 86 34 45
- pomonacamping@gmail.com
- N 54°05'34" E 15°03'59"
- 1 ACDEJMNOPQRST KNPQ 6
- 2 GIJPQSTWXY ABDEFHIJK 7
- 3 AB ABEFNQRUVW 8
- 4 HJO GJL 9
- 5 ABDFHN ABGHIJOQU 10
- Anzeige auf dieser Seite 10A
- 1,8ha 100T(bis 65m²) 23D
- ① €21,10
- ② €22,40
- 114673
- Straße 102 Kolobrzeg-Miedzywodzie. 4 km vor Rewal am Kreisverkehr in Richtung Niechorze abbiegen. Der Campingplatz ist gut ausgeschildert.

Orlowo, PL-11-510 / Warminsko-Mazurskie
- Folwark Lekuk
- Lekuk Maly 8
- 1 Jan - 31 Dez
- +48 6 06 33 82 53
- lekuk@lekuk.pl
- N 54°03'18" E 22°09'56"
- 1 AJMNOPRT LNPQSUXZ 6
- 2 BEIJKQSUXYZ ABDEFHIK 7
- 3 ABFGNU ABEFJNQRU 8
- 4 HJOQTUVX ADGHIQRTVWY 9
- 5 DEFHKN ABHIJNQU 10
- B 16A
- H158 3ha 40T(100-200m²) 51D
- ① €22,85
- ② €32,05
- 118739
- Von Gizycko nach Suwalki die 655. Auf dieser Straße den CP-Schildern folgen. Richtung Orlowo vor dem Friedhof links.

ul. Polna 25
72-350 Niechorze
tel. +48 91 386 34 45
www.domki.niechorze.tv

Piece, PL-83-261 / Pomorskie

- Wyzwanie
- Klaniny wyb. 51
- 1 Mai - 1 Sep
- +48 6 08 28 49 93
- @ piotrcampingwyzwanie@gmail.com

1 AJMNOPRST JLNU 6
2 BCEQTWX ABDEF 7
3 AU ABEFNQRTW 8
4 FHJO JRV 9
5 DHN AFGIJMNQ 10
FKK 6-10A CEE

N 53°49'17" E 18°10'49" H110 22ha 65T(150m²) 7D
€17,55 / €21,95

Die 22: Chojnice-Starogard Gdanski. Bei Lag Ausfahrt Richtung Zle Mieso geradeaus. Über die Bahnlinie weiter bis Zimne Zdroje. Am Straßenende rechts. Nach ca. 150m links Richtung Klaniny bis zum mit Holz eingefassten Baum. Hier links.
121874

Piecki, PL-11-710 / Warminsko-Mazurskie

- Piecki (269) Kat.1
- ul. Zwyciestwa 60
- 1 Jan - 31 Dez
- +48 8 97 42 10 25
- @ owpiecki@post.pl

1 AJMNOPRT LNQS 6
2 BEKPQRXY ABDE 7
3 AFM ABEFNQW 8
4 JN GJQR 9
5 DHK AHJRSU 10
16A

N 53°46'45" E 21°20'06" H135 6ha 60T 37D
€14,30 / €18,65

Gelegen an der 59, 10 km von Mragowo Richtung Szczytno; 1,5 km vor Piecki. CP ist aus beiden Richtungen ausgeschildert.
106513

Poznan, PL-61-036 / Wielkopolskie

- Malta Nr. 155****
- Ul. Krancowa 98
- 1 Jan - 31 Dez
- +48 6 18 76 62 03
- @ camping@malta.poznan.pl

1 ADEJMNOPQRT L 6
2 EPQSWXY ABEFGHI 7
3 A ABFHJNPQRW 8
4 J JLV 9
5 ADJKL ABGHIKOQ 10
B 16A

N 52°24'12" E 16°59'02" 3ha 40T(70-80m²) 66D
€19,75 / €26,35

Ab der Mautstrecke A2 Ausfahrt Poznan/Wezel/Krzesiny. Richtung Zentrum bis zum Kreisel, 6 km. Nach 1,7 km am Kreisel rechts ab. Nach 1,8 km rechts ab Richtung Malta.
107679

Przywidz, PL-83-047 / Pomorskie

- Camping Nr. 10 Mala Szwajcaria**
- ul. Gdanska 19B
- 1 Apr - 31 Okt
- +48 6 02 62 30 91
- @ biuro@camping.vti.pl

1 ADEJMNOPRST LN 6
2 EPQUXY ABFH 7
3 AFN ABEFNQRW 8
4 J JNQRT 9
5 ADEHJKLN HOQU 10

N 54°11'42" E 18°19'26" H200 2ha 100T(60-80m²) 24D
€15,35 / €18,00

CP liegt an der 221 und ist im Ort ausgeschildert (Kolbudy-Koscierzyna).
114677

Rewal, PL-72-344 / Zachodniopomorskie

- Klif Nr.192****
- ul. Kamienica 2
- 1 Mai - 30 Sep
- +48 9 13 86 26 18
- @ campingklif@wp.pl

1 AJMNOPQRST KNQ 6
2 GJQXY ABDEFGHJK 7
3 AM ABEFNQRUVW 8
4 HJOP DGJL 9
5 DEFHJKL ABGHIKOQ 10
B 16A

N 54°04'46" E 15°00'15" 1,3ha 150T(80-100m²) 12D
€34,50 / €35,95

CP außerhalb von Rewal, an der Straße 102 von Miedzyzdroje nach Kolobrzeg.
101362

Rowy, PL-76-212 / Pomorskie

- Nr. 156 Przymorze***
- ul. Baltycka 1
- 1 Mai - 15 Sep
- +48 5 98 14 19 40
- @ biuro@przymorze.com.pl

1 ADEJMNOPRST KNQX 6
2 JPQRXY ABDEFHIJ 7
3 BFM ABEFKNQRW 8
4 HJO IQ 9
5 D ABHIJOQ 10
B 10A

N 54°39'32" E 17°03'06" 2,5ha 150T 17D
€19,55 / €23,95

CP liegt 400m von Rowy entfernt, an der Straße nach Ustka auf der linken Seite der Straße. Großes Schild 'Camping'.
106458

Rudnik/Grudziadz, PL-86-300 / Kujawsko-Pomorskie

- Rudnik-Grudziadz (134)**
- ul. Zalesna 1
- 30 Apr - 30 Sep
- +48 5 09 95 13 45
- @ rudnik@moriw.grudziadz.pl

1 ADJMNOPRST LMNQSXYZ 6
2 BEJKPQYZ ABDEFH 7
3 AFGM ABEFNQRW 8
4 HJNOP FHJQRTU 9
5 DEHKLM AHIJNQU 10
16A

N 53°26'29" E 18°45'14" 2ha 50T(80-100m²) 44D
€13,20 / €14,95

Die 55 am Kreisel Richtung Rudnik. Auf dem Waldweg bleiben bis zum CP-Schild; rechts ab. Camping links. Zum Registrieren bis zum Strand, durchfahren und an der Rezeption melden.
114679

Ruska Wies/Mragowo, PL-11-700 / Warminsko-Mazurskie

- Seeblick***
- Ruska Wies 1
- 15 Apr - 30 Okt
- +48 9 97 41 31 55
- @ marian.seeblick@gmail.com

1 AJMNOPRT LNQSUXZ 6
2 EIJKPQUVXY ABDEF 7
3 AFGNU ABCDEFINQRW 8
4 AHJO GJMPQR 9
5 AHKN BHIJNQUW 10
10A CEE

N 53°56'34" E 21°19'12" H145 1,5ha 100T(100-200m²) 5D
€18,65 / €25,25

Von Mragowo aus die 591 Richtung Ketrzyn. Nach 8 km CP-Schild. 450m weiter von hier rechts ab. Am folgenden Schild rechts in den Hartsandweg ca. 200m.
115190

Rydzewo/Gizycko, PL-11-513 / Warminsko-Mazurskie

- Echo****
- Mazurska 48
- 1 Mrz - 30 Nov
- +48 8 74 21 11 86
- @ bdnowakowska@gmail.com

1 AJMNOPRT LNPQSWXZ 6
2 EJKPQWXYZ ABDEF 7
3 AF BFJNQRW 8
4 H QRTUV 9
5 ADN AGHIJOQU 10
B 16A

N 53°58'02" E 21°46'34" H116 2ha 52T(100-120m²) 5D
€22,20 / €28,75

In Gizycko die 63 Richtung Lomza. In Ruda (nach 11 km) rechts nach Rydzewo. Nach ca. 6 km liegt der CP auf der rechten Seite. Camping-Einfahrt sehr schmal.
107684

Sopot, PL-81-861 / Pomorskie

- Metropolis**
- Niepodleglosci 899
- 1 Mai - 30 Sep
- +48 5 09 60 60 55
- @ metropolis.polmetro@campingsopot.pl

1 ADEJMNOPRST 6
2 ABGJPQXY ABJ 7
3 ABFNQRW 8
4 GHIORT 9
5 DFHJKL 10
16A

N 54°27'40" E 18°33'17" 3,3ha 100T(60m²) 58D
€21,60 / €27,25

Der CP liegt an der 468 Gdansk-Gdynia kurz außerhalb von Sopot, rechts hinter der Tankstelle.
101600

Sopot, PL-81-731 / Pomorskie

- Camping Sopot Park 45***
- Bitwy pod Plowcami 73-79
- 1 Jan - 31 Dez
- +48 6 90 27 38 10
- @ recepcja@park45.pl

1 ADEJMNOPRST KQSTU 6
2 GJPQSXYZ ABDEFGHK 7
3 A ABEFNQRW 8
4 OR GJNRV 9
5 DFGHJKL AHIKNQ 10
B 16A

N 54°25'51" E 18°35'13" 3ha 250T(60-80m²) 24D
€28,85 / €38,35

Auf der Hauptstraße durch Sopot die Ausfahrt Molo nehmen. Am Ende der Straße rechts. In dieser Straße ist der CP links. Ausgeschildert.
114245

Sorkwity, PL-11-731 / Warminsko-Maz.

- Glamping Szelagówka
- ul. Szelagówka 4
- 15 Apr - 15 Okt
- +48 7 80 07 10 00
- @ kontakt@szelagowka.pl

1 ABDEJMNOPRST ANQSTV 6
2 BFIQSTVWX BCFGHIK 7
3 ACGHS DFGIJKQRSUW 8
4 AEHTX ABGIUVW 9
5 ABDHIJKMN ABCDFGHIKOPQ 10
Anzeige auf Seite 407 B 1-16A

N 53°53'42" E 21°08'54" 3ha 64T(80-120m²) 42D
€28,85 / €35,50

Straße 16 Olsztyn-Mragowa. An der Abzweigung Sorkwity biegen Sie nach Zyndaki ab (entlang des Gieladzkie-Sees). Sie erreichen das Dorf nach 5km.
125317

Immer ein Campingplatz, der zu Ihnen passt!

- 9 500 Campingplätze in 31 Ländern
- Rund 250 Filtermöglichkeiten
- Schnell und einfach buchen, auch unterwegs
- Mehr als 100 000 Campingplatz-Bewertungen

www.Eurocampings.de

Stare Jablonki, PL-14-133 / Warminsko-Mazurskie

- Pajda Mazur★★★★
- Katno 30B
- 1 Mai - 30 Sep
- +48 8 88 90 38 01
- @ maja@pajdamazur.pl

1 A**JM**NOPQRST	LNSVWXYZ 6	
2 AEJKOQRSXY	A**BDEFH** 7	
3 AGUV	ABEFJNQRW 4	
4 BJO	HJLQRT 9	
5 ADEFHJKM	BHIJNQU 10	
B 16A CEE	€ 20,45	
H111 1,4ha 55T(45m²) 17D	€ 29,20	

N 53°42'24'' E 20°04'47''   121428

Die 16 Olsztyn nach Ostroda. In Stare Jablonki rechts ab, den CP-Schildern folgen. Letzte 300m unbefestigte Straße.

Stegna, PL-82-103 / Pomorskie

- Nr. 159★★★
- ul. Morska 26
- 1 Mai - 15 Sep
- +48 5 52 47 83 03
- @ camp@camp.pl

1 A**DJM**NOPRS**T**	KN 6	
2 BGJPQRUVXYZ	ABDE**FGH**IK 7	
3 A	ABFGNQRW 8	
4 J	DJLV 9	
5 ABD	ABEHIJ**NQ** 10	
B 10-16A	€ 21,95	
1,7ha 100T(80-100m²) 4D	€ 28,55	

N 54°20'31'' E 19°07'04''   114246

Die 7 bei Nowy Dwór (Gd), Ausfahrt Straße 502 Richtung Stegna. In Stegna die 501 Richtung Krynica Morska. Rechts der Strecke ist der CP mit einem weißen Schild ausgeschildert.

SZELAGÓWKA — MASUREN — FÜR GÄSTE, DIE FREIHEIT OHNE GRENZEN SCHÄTZEN
https://szelagowka.pl/de

Sulecin, PL-69-200 / Lubuskie

- Marina
- Ul. Zielona 3 Ostrów
- 1 Jan - 31 Dez
- +48 5 05 05 99 09
- @ 197226@wp.pl

1 AJMNOPQRST	L**N**XZ 6	
2 ABEJQRWXY	B**EFG**J 7	
3 A	ABFJNQRUW 8	
4 FHO	JY 9	
5 ABDN	AGHJQU 10	
B 6A CEE	€ 17,50	
5,5ha 114T(bis 100m²) 33D	€ 24,90	

N 52°24'46'' E 15°06'57''   117520

Ab der Grenze Frankfurt/Oder der A2 folgen und ab der Ausfahrt Torzym der Landstraße 138. Am Schild Camping Marina rechts: nach 500m rechts.

Wasosz, PL-89-200 / Kujawsko-Pomorskie

- Zielona Dolina O.W.
- Nadbrzezna 10
- 1 Jan - 31 Dez
- +48 6 01 66 22 04
- @ dkorzeb@poczta.onet.pl

1 ADEJMNOPQRS**T**	LNQSXZ 6	
2 ABEJKQRSTWXY	A**FGH** 7	
3 AG**HIM**U	ABEFNQRUW 8	
4 FHNOQ	JQRTUV 9	
5 ADEFGHJL**NO**	HIJNQU 10	
16A	€ 13,20	
H70 2,8ha 40T(80m²) 2D	€ 17,55	

N 52°56'56'' E 17°45'14''   123242

Die 5 von Bydgoszcz nach Znin, etwa 17 km vor Znin am Schild Wasosz links abbiegen und nach etwa 2,5 km ist der Camping angezeigt.

Szczecin/Dabie, PL-70-800 / Zachodniopomorskie

- Marina★★★★
- ul. Przestrzenna 23
- 1 Jan - 31 Dez
- +48 9 14 60 11 65
- @ campingmarina@ campingmarina.pl

1 ADE**JM**NORS**T**	QSXYZ 6	
2 AEPQSXYZ	B**EFGH**I 7	
3 A	ABEFHJNPQRW 8	
4 J	GJLV 9	
5 ADFHJK	AGHIKOQ 10	
16A CEE	€ 25,25	
4ha 120T 27D	€ 33,15	

N 53°23'43'' E 14°38'12''   106426

Auf der A6 Ausfahrt Szczecin-Zentrum. Nach 4 km rechts ab Richtung Dabie. Links an der Kirche vorbei. Noch 2 km.

Wegorzewo, PL-11-600 / Warminsko-Mazurskie

- Rusalka (175)★★
- Lesna 2
- 1 Mai - 30 Sep
- +48 5 17 52 15 43
- @ camp.175@wp.pl

1 AJMNOPRT	LNQSWXZ 6	
2 BEQRUWXY	7	
3 AGM	ABEFN 8	
4 JO	JLQRT 9	
5 ABDHK	JOQU 10	
16A	€ 20,45	
10ha 312T(100-200m²) 24D	€ 25,25	

N 54°11'13'' E 21°46'15''   106508

Die Straße Nr. 63 in Richtung Gizycko-Wegorzewo fahren. 3 km vor Wegorzewo ist der CP rechts gut ausgeschildert.

Talty/Mikolajki, PL-11-730 / Warminsko-Mazurskie

- KamA★★★★
- ul. Talty 36
- 1 Mai - 15 Okt
- +48 8 74 21 65 75
- @ camping@kama.mazury.pl

1 AB**JM**NOPQRST	LMNQSWXZ 6	
2 EIJKPQSXYZ	ABC**FH**K 7	
3 AFGU	ABEFJNQRW 8	
4 FHOQ	DJLQRTU 9	
5 ADFHJKMN	ABEHIJLORS 10	
B 16A	€ 21,95	
H118 2ha 60T(100-200m²) 9D	€ 26,35	

N 53°50'39'' E 21°33'33''   114250

Von Mikolajki nach Gizycko die 16, links ab nach Talty 4,5 km. Der CP ist angezeigt.

Wladyslawowo, PL-84-120 / Pomorskie

- Kaper (152)★★★
- Przzy Drodze Wojewódzkiej 216
- 1 Mai - 15 Sep
- +48 5 86 74 14 86
- @ kaperkemping@wp.pl

1 A**DJM**NOPRS**T**	KQRSTW**X**Z 6	
2 GJPQRXY	ABDE**F** 7	
3 A**F**N	ABEFNQRW 8	
4 JMNO**P**	IMNPRT 9	
5 ACDHKL	AHIJOQX 10	
16A	€ 18,35	
3,6ha 140T(80-100m²) 208D	€ 22,75	

N 54°46'38'' E 18°27'24''   106471

Von Gdynia Straße 6 bis Rede, dann Straße 216 Richtung Wladyslawowo, dort Richtung Hel, ca. 3 km, CP rechts der Straße.

Torun, PL-87-100 / Kujawsko-Pomorskie

- Camping nr. 33 Tramp★★
- ul. Kujawska 14
- 1 Jan - 31 Dez
- +48 5 66 54 71 87
- @ tramp@mosir.torun.pl

1 AJMNOPRS**T**	6	
2 PQTWXY	AB**F** 7	
3 AF	ABEFJNQRW 8	
4	ABFHNRSU 9	
5 ADFHJL	AHOQ 10	
B 8A	€ 18,25	
H70 3ha 150T(80-100m²) 36D	€ 21,50	

N 53°00'01'' E 18°36'31''   107682

CP liegt an der 1 vor der großen Brücke in der Stadt nach Gdansk. Unter der Unterführung durch und dann rechts ab. Hier nach 300m links ist der CP. Von Warszawa nicht Transit fahren.

Zawory/Chmielno, PL-83-333 / Pomorskie

- Bachus
- Grodziska 16
- 1 Mai - 30 Sep
- +48 5 86 84 22 00
- @ osrodek-bachus@o2.pl

1 ABDE**JM**NOPRS	B**L**NQSVWXZ 6	
2 BEJKQSXY	ABDE**F** 7	
3 AM	ABEFNQRUVW 8	
4 FJO**TX**	FJQRTVW 9	
5 DEFHJK	HIJOQU 10	
10A	€ 17,15	
H50 3,5ha 60T 38D	€ 21,50	

N 54°19'17'' E 18°07'10''   121172

Von Karfuzy über die 228 Ri. Bytow bis zum Ortsschild Chmielno. In dieser Straße einfahren bis Zawory, dort den CP-Schildern Tamowa folgen. CP liegt rechts.

Tumiany/Barczewo, PL-11-010 / Warminsko-Mazurskie

- Tumiany★★★★
- Tumiany 1A
- 1 Mai - 1 Okt
- +48 6 02 75 74 81
- @ biurotumiany@gmail.com

1 ADE**JM**NOPQRST	LNQV**X** 6	
2 ABFJQSWXYZ	B**EFH** 7	
3 AG	B**F**NQRTVW 8	
4 FHO	DEIJLQRTVXYZ 9	
5 ADEFHIJK	AHIJNRSU 10	
B 16A	€ 21,95	
4ha 60T(80-100m²) 22D	€ 28,55	

N 53°48'48'' E 20°47'44''   125185

Straße 16 von Olsztyn nach Mragowo, Ausfahrt Tumiany, nach 2 km abbiegen und den Campingschildern folgen. Die letzten 800m über eine Schotterstraße.

Zawory/Chmielno, PL-83-333 / Pomorskie

- Tamowa nr. 181★★
- 1 Jan - 31 Dez
- +48 5 86 84 25 35
- @ camping@tamowa.pl

1 AC**JM**NOPRS**T**	LNQSXZ 6	
2 EIQVXY	ABDE**F** 7	
3 AFM**N**	ABEFNQRW 8	
4 JNOQ**T**	DGIJMPQRTUV 9	
5 ADEHM	ABHJOQU 10	
10A	€ 17,80	
H179 2ha 110T(60-100m²) 21D	€ 24,40	

N 54°19'13'' E 18°07'04''   113305

Von Karfuzy über die 228 Ri. Bytow bis zum Schild auf der rechten Seite Chmielno. In diesem kleinen Weg abbiegen bis Zawory, dort den CP-Schildern folgen.

Ustronie Morskie, PL-78-111 / Zachodniopomorskie

- Pod Brzozami★★★★
- ul. Targowa 15
- 1 Jan - 31 Dez
- +48 7 30 98 06 66
- @ info@brzozy.de

1 ADEJMNOPQRS**T**	KNQSX 6	
2 GJPQSTWXYZ	ABDE**FG** 7	
3 ABDMU	ABEFJNQRSUVW 8	
4 BCDHO**P**	DGVX 9	
5 ADEFHJKM**NO**	ABEGHIJOQU 10	
B 10-16A	€ 19,55	
1,5ha 123T(40-80m²) 8D	€ 27,00	

N 54°12'51'' E 15°45'34''   124771

Von Kolobrzeg die 11 Richtung Koszalin, nach ca. 13 km links Richtung Ustronie Morski, am Platz vor der Bank (links) rechts ab und nach 100m Camping rechts.

Zlocieniec, PL-78-520 / Zachodniopomorskie

- Inter Nos Island Camping
- Ul. Bledno 1/Lubieszewo
- 1 Mai - 17 Okt
- +48 9 43 63 11 90
- @ info@inter-nos.pl

1 ADE**JM**NOPRT	LM**N**OPQSUV**X**Z 6	
2 FIKQRSUXYZ	ABDE**FG** 7	
3 BG	ABEFNQRW 8	
4 A**E**FHJO	EGJMR 9	
5 ABDHJLNO	ABGJOQU 10	
6A	€ 17,80	
8,5ha 150T 35D	€ 22,60	

N 53°27'25'' E 15°55'12''   118162

Vor der Ortsmitte Drawsko Pomorskie nach Lubieszewo. Nach etwa 13 km den großen CP-Schildern folgen bis zur Fähre. Etwa alle 2 Std kostenlose Überfahrt für Fahrzeuge aller Art zur Insel.

Süd-Polen

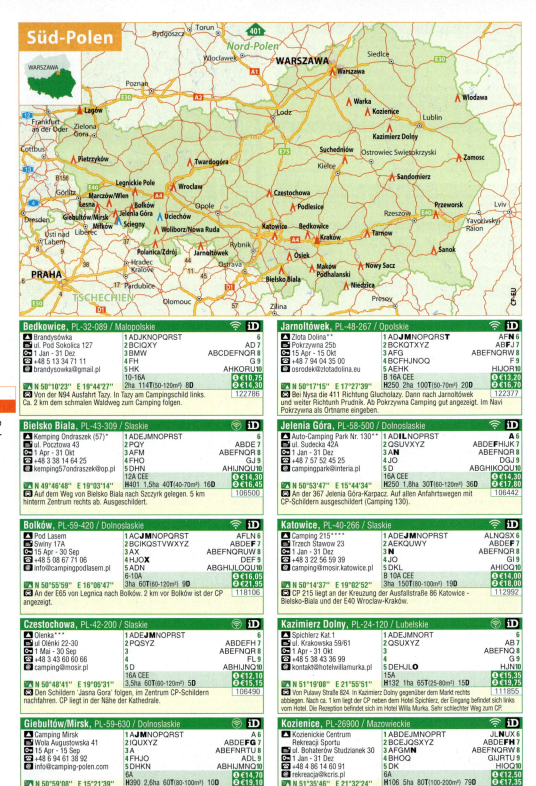

Bedkowice, PL-32-089 / Malopolskie
- Brandysówka
- ul. Pod Sokolica 127
- 1 Jan - 31 Dez
- +48 5 13 34 71 11
- brandysowka@gmail.pl

1	ADJKNOPQRST	6
2	BCIQXY	AD 7
3	BMW	ABCDEFNQR 8
4	FH	G 9
5	HK	AHKORU 10
10-16A		
2ha 114T(50-120m²)		8D

N 50°10'23'' E 19°44'27''
€ 10,75 / € 14,30
122786

Von der N94 Ausfahrt Tazy. In Tazy am Campingschild links. Ca. 2 km dem schmalen Waldweg zum Camping folgen.

Bielsko Biala, PL-43-309 / Slaskie
- Kemping Ondraszek (57)*
- ul. Pocztowa 43
- 1 Apr - 31 Okt
- +48 3 38 14 64 25
- kemping57ondraszek@op.pl

1	ADEJMNOPRST	6
2	PQY	ABDE 7
3	AFM	ABEFNQR 8
4	FHO	FL 9
5	DHN	AHIJNQU 10
12A CEE		
H401 1,5ha 40T(40-70m²)		16D

N 49°46'48'' E 19°03'14''
€ 14,30 / € 16,45
106500

Auf dem Weg von Bielsko Biala nach Szczyrk gelegen. 5 km hinterm Zentrum rechts ab. Ausgeschildert.

Bolków, PL-59-420 / Dolnoslaskie
- Pod Lasem
- Swiny 17A
- 15 Apr - 30 Sep
- +48 5 08 67 71 06
- info@campingpodlasem.pl

1	ACJMNOPQRST	AFLN 6
2	BCIKQSTVWXYZ	ABDEF 7
3	AX	ABEFNQRUW 8
4	HJOX	DEF 9
5	ADN	ABGHIJLOQU 10
6-10A		
3ha 60T(60-120m²)		9D

N 50°55'59'' E 16°06'47''
€ 16,05 / € 21,95
118106

An der E65 von Legnica nach Bolków. 2 km vor Bolków ist der CP angezeigt.

Czestochowa, PL-42-200 / Slaskie
- Olenka***
- ul. Olénki 22-30
- 1 Mai - 30 Sep
- +48 3 43 60 60 66
- camping@mosir.pl

1	ADEJMNOPRST	6
2	PQSYZ	ABDEFH 7
3		ABEFNQR 8
4		FL 9
5	D	ABHIJNQ 10
16A CEE		
3,5ha 60T(60-120m²)		5D

N 50°48'41'' E 19°05'31''
€ 12,10 / € 15,15
106490

Den Schildern 'Jasna Gora' folgen, im Zentrum CP-Schildern nachfahren. CP liegt in der Nähe der Kathedrale.

Giebultów/Mirsk, PL-59-630 / Dolnoslaskie
- Camping Mirsk
- Wola Augustowska 41
- 15 Apr - 15 Sep
- +48 6 94 61 38 92
- info@camping-polen.com

1	AJMNOPQRST	A 6
2	IQUXYZ	ABDEFG 7
3	A	ABEFNRTU 8
4	FHJO	ADL 9
5	DHKN	ABHIJNQ 10
6A		
H390 2,6ha 60T(80-100m²)		10D

N 50°59'08'' E 15°21'39''
€ 14,70 / € 19,10
118292

Die 30 von Görlitz Richtung Jelenia Góra, an Gryfow Slaski vorbei die 361 nach Mirsk. In Mirsk Richtung Giebultów, dann den Schildern folgen.

Jarnoltówek, PL-48-267 / Opolskie
- Zlota Dolina**
- Pokrzywna 25b
- 15 Apr - 15 Okt
- +48 7 94 04 35 00
- osrodek@zlotadolina.eu

1	ADJMNOPQRST	AFN 6
2	BCKQTXYZ	ABFJ 7
3	AFG	ABEFNQRW 8
4	BCFHJNOQ	F 9
5	AEHK	HIJOR 10
B 16A CEE		
H250 2ha 100T(50-70m²)		20D

N 50°17'15'' E 17°27'39''
€ 13,20 / € 16,70
122377

Bei Nysa die 411 Richtung Glucholazy. Dann nach Jarnoltówek und weiter Richtunh Prudnik. Ab Pokrzywna Camping gut angezeigt. Im Navi Pokrzywna als Ortname eingeben.

Jelenia Góra, PL-58-500 / Dolnoslaskie
- Auto-Camping Park Nr. 130**
- ul. Sudecka 42A
- 1 Jan - 31 Dez
- +48 7 57 52 45 25
- campingpark@interia.pl

1	ADILNOPRST	A 6
2	QSUVXYZ	ABDEFHIJK 7
3	AN	ABEFNQR 8
4	JO	DGJ 9
5	D	ABGHIKOQU 10
16A CEE		
H250 1,8ha 30T(60-120m²)		36D

N 50°53'47'' E 15°44'34''
€ 14,30 / € 17,80
106442

An der 367 Jelenia Góra-Karpacz. Auf allen Anfahrtswegen mit CP-Schildern ausgeschildert (Camping 130).

Katowice, PL-40-266 / Slaskie
- Camping 215****
- Trzech Stawow 23
- 1 Jan - 31 Dez
- +48 3 22 56 59 39
- camping@mosir.katowice.pl

1	ADEJMNOPRST	ALNQSX 6
2	AEKQUWY	ABDEF 7
3	N	ABEFNQR 8
4	JO	DEF 9
5	DKL	AHIOQ 10
B 10A CEE		
3ha 150T(80-100m²)		19D

N 50°14'37'' E 19°02'52''
€ 14,00 / € 18,00
112992

CP 215 liegt an der Kreuzung der Ausfallstraße 86 Katowice - Bielsko-Biala und der E40 Wroclaw-Kraków.

Kazimierz Dolny, PL-24-120 / Lubelskie
- Spichlerz Kat.1
- ul. Krakowska 59/61
- 1 Apr - 31 Okt
- +48 5 38 43 36 99
- kontakt@hotelwillamurka.pl

1	ADEJMNORT	6
2	QSUXYZ	AB 7
3		ABEFNQ 8
4		G 9
5	DEHJLO	HJN 10
15A		
H132 1ha 65T(25-80m²)		15D

N 51°19'08'' E 21°55'51''
€ 15,35 / € 19,75
111855

Von Pulawy Straße 824. In Kazimierz Dolny gegenüber dem Markt rechts abbiegen. Nach ca. 1 km liegt der CP neben dem Hotel Spichlerz, der Eingang befindet sich links vom Hotel. Die Rezeption befindet sich im Hotel Willa Murka. Sehr schlechter Weg zum CP.

Kozienice, PL-26900 / Mazowieskie
- Kozienickie Centrum Rekreacji Sportu
- ul. Bohaterów Studzianek 30
- 1 Jan - 31 Dez
- +48 4 86 14 60 91
- rekreacja@kcris.pl

1	ABDEJMNOPRT	JLNUX 6
2	BCEJQSXYZ	ABDEFH 7
3	AFGMN	ABEFNQRW 8
4	BHOQ	GIJRTU 9
5	DK	HIOQ 10
6A		
H106 5ha 80T(100-200m²)		79D

N 51°35'46'' E 21°32'24''
€ 12,50 / € 17,35
122281

Die 79 von Warschau, am Ortsanfang links ab, 300 Meter weiter rechts, 900 Meter, dann liegt der CP links.

Kraków, PL-31-223 / Malopolskie

- Clepardia***
- Henryka Pachonskiego 28
- 15 Apr - 15 Okt
- +48 1 24 15 96 72
- clepardia@gmail.com

1 ADJMNOPRST	AF 6
2 PQTXYZ	ABFHI 7
3 A	ABCDEFNQRW 8
4 O	FJL 9
5 D	CGHIJOQ 10
B 10A CEE	

N 50°05'44" E 19°56'29"
1,2ha 56T(60-120m²) 11D
① €23,70 ② €29,85 110369

Der 4 folgen. Am Kreisverkehr geradeaus, Schildern 'camping domki Clepardia' folgen nordöstlich von Kraków.

Milków, PL-58-535 / Dolnoslaskie

- Wisniowa Polana 142****
- Milkow 260
- 1 Mai - 1 Okt
- +48 5 04 64 59 26
- wisniowapolana@gmail.com

1 ACJMNOPRST	AFJ 6
2 BCIKPQSXYZ	ABEFGHIJ 7
3 ABFGM	ABEFHNQRT 8
4 JOQ	L 9
5 DEFHJKN	ABGHIKOQU 10
6-16A CEE	

N 50°48'19" E 15°46'02"
H447 1,5ha 48T(60-120m²)
① €14,70 ② €19,10 111857

Die 367 Jelenia Góra nach Karpacz. Am Kreisel mit Straße 366 links nach Kowary Sobieszow. Östlich von Milków bei kleinem Fluss.

Kraków, PL-30-252 / Malopolskie

- Smok***
- Kamedulska 18
- 1 Jan - 31 Dez
- +48 1 24 29 83 00
- info@smok.krakow.pl

1 AJMNOPRST	6
2 APQSUXYZ	ABDEF 7
3 A	ABEFNQR 8
4 JO	G 9
5 ABDN	AGHIJLOQ 10
6-16A CEE	

N 50°02'47" E 19°52'53"
2ha 50T(60-120m²) 9D
① €25,90 ② €32,50 107677

An der Strecke 780 Krakau-Oswiecim, von Krakau ausgeschildert, dem Schild 'Camping 46' folgen. Der CP liegt dann links der Strecke.

Niedzica, PL-34-441 / Malopolskie

- Polana Sosny**
- Os.Polana Sosny 1
- 1 Jan - 31 Dez
- +48 5 19 33 71 24
- polana.sosny@niedzica.pl

1 ADEGJMNOPRST	NUVXYZ 6
2 CEJPQSTWXY	ABFGIK 7
3 AFGQ	ABEFJNQW 8
4 HMOT	GLU 9
5 ADEFHJLNO	HIJOQUY 10
WB 16A	

N 49°24'18" E 20°20'02"
H483 1,5ha 65T(100m²) 47D
① €13,00 ② €16,70 111206

Von Kraków, 3 Stunden fahren über Nowy Targ und der 969 bis Krosnica. Ausschilderung Niedzica Castle folgen bis zur Brücke über die Dunajec. CP liegt zwischen Kluskowce und Grywald.

Lagów, PL-66-220 / Lubuskie

- De Kroon
- Pozrzadto 16
- 1 Apr - 30 Sep
- +31 6 53 85 07 82

1 AJMNOPRT	AF 6
2 PQXY	ABDEFH 7
3 AMU	ABDEFIJNQRT 8
4 JOQ	EVY 9
5 DHMN	AHIJNRSU 10
B 6A CEE	

N 52°17'49" E 15°14'48"
H90 1ha 60T 2D
① €20,00 ② €27,00 111770

Frankfurt-Oder Richtung Poznan bis Ausfahrt Rzepin mautfrei. Sie können auch durchfahren (Mautstrecke) bis Torzym. In Pozradlo vor Orlén Tankstelle rechts ab in Richtung Skape.

Nowy Sacz, PL-33-300 / Malopolskie

- Dom Turysty PTTK
- Nadbrezna 40
- 1 Mai - 30 Sep
- +48 1 84 41 50 12
- nadkamienica@gmail.com

1 ADEJMNOPRST	6
2 CPQSXYZ	7
3 A	ABEFNQ 8
4	GI 9
5 DEH	IJQ 10
16A	

N 49°37'13" E 20°42'57"
H280 1,2ha 140T(60-100m²) 21D
① €13,20 ② €15,35 118111

Die 4/E40 von Krakau nach Brzesko, dann die 75 bis kurz hinter der Ortsmitte. Am 2. Kreisel links, an der Ampel links, CP links die Straße. Der CP ist nicht angezeigt.

Lagów, PL-66-220 / Lubuskie

- Zacisze
- Mostowa 5
- 1 Jan - 31 Dez
- +48 6 64 04 98 00
- recepcja@zacisze.pl

1 ADEJMNOPQRST	HLNOP 6
2 BFJQRWXYZ	ABDEFG 7
3 ABCFGM	ABEFNQRUVW 8
4 FH	JNRT 9
5 DEFHO	ABFGHIJLMNQUX 10
10-16A CEE	

N 52°19'07" E 15°17'18"
H100 10ha 200T 26D
① €17,80 ② €21,30 125184

A2 Frankfurt an der Oder nach Poznan. Ausfahrt 35 nach Lagow. Der Campingplatz ist in Lagow ausgeschildert. Wenn Sie die Hauptstraße verlassen, führt das letzte Stück über eine Straße mit vielen Schlaglöchern.

Osiek, PL-32-608 / Slaskie

- Camping Molo***
- Glowna 231A
- 1 Apr - 30 Sep
- +48 3 34 32 25 03
- camping@czasnamolo.pl

1 ADEHKNOPQRST	AFHIN 6
2 EIJKPQWXY	ABDEFGI 7
3 ABCDFNRU	ABCDEFNQRSUVW 8
4 BEFHJMOPQRSTUVWXY	EGIQRTUVW 9
5 ADEFGHJLN	ABHIJOQUVW 10
B 16A CEE	

N 49°56'43" E 19°16'30"
1,5ha 65T(45-85m²) 37D
① €17,65 ② €22,85 123968

A4, A44 Richtung Jaworzno, nach Oswiecim rechts ab Richtung Kety (948), in Osiek links ab Richtung Glowna.

Legnickie Pole, PL-59-241 / Dolnoslaskie

- Gminny Osrodek Kultury i Sportu**
- Henryka Brodatego 7
- 1 Mai - 30 Sep
- +48 7 68 58 28 37
- campinglp@wp.pl

1 AJMNOPRST	6
2 AQY	ABDE 7
3 B	ABEFNQ 8
4	J 9
5 D	HIJOQU 10
8A CEE	

N 51°08'34" E 16°14'25"
H120 1ha 42T(60-120m²) 1D
① €11,40 ② €14,55 108938

Von Legnicka E65 Richtung Walbrzych, dann Legnickie Pole fahren. Gut ausgeschildert von Wroclow, auf der 4 auch gut ausgeschildert.

Pietrzyków, PL-68-213 / Lubuskie

- Stary Folwark
- Pietrzykow 51
- 1 Mrz - 31 Okt
- +48 5 00 41 61 97
- jacek.jurkowskimaslak@gmail.com

1 ACDHKNOPQRS	LNV 6
2 BCEPQSXYZ	FGHIJK 7
3 AHMSU	ABEFNQRUW 8
4 FHJOQRSTUVX	AEHIJRV 9
5 ADFHJKLN	AFGHIJOQU 10
16A CEE	

N 51°40'51" E 14°58'50"
H120 16ha 20T(200m²) 17D
① €20,00 ② €25,00 121799

Von der Grenze über die A18 die S12 Richtung Zary. In Lipinki Luzyckie links Richtung Pietrzyków. Ca. 7 km bis zum Camping. Der Ort hat keine Straßennamen, daher 'Zentrum' eingeben oder nach GPS fahren.

Lesna, PL-59-820 / Dolnoslaskie

- Zloty Potok Resort
- Zloty Potok 52
- 1 Jan - 31 Dez
- +48 7 57 84 71 55
- recepcja@zlotypotokresort.pl

1 ADJMNOPQRST	LNQSWXYZ 6
2 BEIJOQUVXY	ABDE 7
3 AGV	ABEFNQUV 8
4 FHJMORT	GHJQRTU 9
5 BDEFGHKN	AHIJOQU 10
6A	

N 51°01'01" E 15°22'27"
4ha 130T(80-120m²) 33D
① €17,55 ② €21,95 118722

Die 30 Zgorzelec-Jelenia Góra. In Gryfów Slaski die 393 nehmen. Durch Lesna Richtung Zloty Potok, am großen Schild an der rechten Straßenseite rechts. Nach ± 800m CP.

Podlesice, PL-42-425 / Slaskie

- Gosciniec Jurajski (232)
- Podlesice 82
- 1 Apr - 30 Okt
- +48 6 06 74 34 27
- recepcja@gosciniecjurajski.pl

1 ADEJMNOPQRST	6
2 BIQXY	ABF 7
3 AFMN	ABEFNQR 8
4 EHJ	GU 9
5 ADEHK	HIJOQU 10
10A	

N 50°34'03" E 19°32'08"
2ha 200T(60-120m²) 11D
① €13,20 ② €16,45 114676

CP liegt südöstlich von Czestochowa, die 792 von Zarki nach Kroczyce links der Strecke, 2 km vor Kroczyce.

Maków Podhalanski, PL-34-220 / Slaskie

- Hotel & Camping Jazy**
- ul. Jazy 6
- 1 Mai - 30 Sep
- +48 6 67 91 03 31
- osrodek.jazy@gmail.com

1 AJMNOPRST	N 6
2 CIPQTY	ABDEHK 7
3 AFGMN	ABEFNQR 8
4 J	AJNQU 9
5 DEN	
16A	

N 49°43'18" E 19°41'49"
1ha 50T(60-120m²) 18D
① €11,00 ② €14,50 112367

Die 98 von Wadowice nach Rabka. Nach dem Dorf Maków links.

Polanica/Zdrój, PL-57-320 / Dolnoslaskie

- OSIR Polaniça Zdroj
- ul. Sportowa 7
- 1 Jan - 31 Dez
- +48 7 48 68 12 10
- osir.polanica@neostrada.pl

1 AJMNORST	6
2 BQSWYZ	ABDEFH 7
3 FGN	ABEFNQW 8
4 J	GJ 9
5 D	AHIJNQU 10
B 16A CEE	

N 50°24'48" E 16°30'44"
H700 1,8ha 100T(60-120m²) 41D
① €14,95 ② €19,35 106453

Von der 8 Ktodzko-Kudowa, Ausfahrt Polanica/Zdrój. In der Stadt ausgeschildert. Beim Sportkomplex.

Marczów/Wlen, PL-59-610 / Dolnoslaskie

- Pension Jaskólka
- Marczow 56
- 15 Apr - 15 Okt
- +48 7 57 13 65 87
- info@jaskolka.com

1 AJMNOPQRST	U 6
2 IPQUXY	ABDF 7
3 AHSTUX	AEFNU 8
4 EFGHJOX	AGJR 9
5 DHKN	AHIJOQY 10
6A	

N 51°02'35" E 15°38'11"
H274 3,5ha 92T(40-100m²) 10D
① €11,65 ② €14,70 117969

Von der E40 bei Bolestawice die 297 nach Lwowek Sl. nehmen. Hinter Lwowek Sl. Ausfahrt links Richtung Marczów. Weiter ausgeschildert.

Przeworsk, PL-37-200 / Podkarpackie

- Pastewnik No. 221***
- Lancucka 2
- 1 Mai - 30 Okt
- +48 5 30 44 84 44
- zajazdpastewnik@gmail.com

1 ADILNORT	6
2 CPQSXY	7
3	8
4	GJ 9
5 DL	AHIQU 10
16A	

N 50°03'38" E 22°28'58"
H171 2,5ha 50T(50-100m²) 22D
① €15,35 ② €15,35 106521

Von Przeworsk an der A4/E40 Richtung Rzeszow, kurz hinter der Brücke, auf der rechten Seite.

Sandomierz, PL-27-600 / Swietokryskie

- Browarny (201)***
- ul. Zwirki i Wigury 1
- 1 Mai - 30 Sep
- +48 1 58 33 27 03
- wmajsak@poczta.pl

1 AILNORT — A 6
2 PQRXY — ABDEFGHIK 7
3 ABM — ABEFGHJNOP 8
4 JO — AGIV 9
5 DNO — AHINRSU 10
B 16A
H120 2,5ha 40T (50-100m²) 24D
€13,60 / €14,95

N 50°40'48" E 21°45'18" — 114681

Camping liegt an der 77-79 von Kielce-Przemysl. Ausgeschildert. Campingeinfahrt ist jetzt 300m weiter, also hinter der Bushaltestelle.

Warszawa, PL-02-366 / Mazowieckie

- Camping 123 Zajazd Majawa*
- ul. Bitwywarszawskiej 15-17
- 1 Mai - 30 Sep
- +48 2 28 22 91 21
- biuro@majawa.pl

1 ADILNOPRT — 7
2 PQY — ABDE 7
3 N — ABEFNQRW 8
4 — GJ 9
5 D — ABHJQ 10
16A
H101 0,7ha 60T (100-200m²) 6D
€32,95 / €39,55

N 52°12'53" E 20°57'56" — 106503

Vom Zentrum aus der Hauptstraße Nr. 2 folgen. Überführung Richtung Stadtteil Ochota. Ausfahrt Richtung Poznan: ganz links einordnen. Danach rechts halten. Nach 100m Camping.

Sanok, PL-38-500 / Podkarpackie

- Diabla Góra
- Tyrawa Solna 121
- 1 Jan - 31 Dez
- +48 5 09 62 12 00
- patrykbielawski1991@gmail.com

1 ABJMNOPQRST — JU 6
2 BCIJKPQSTUWXYZ — ABDEFGH 7
3 ABGMU — ABEFNQRTUW 8
4 FGJKOQRT — GJZ 9
5 DEHM — AHJORW 10
16A CEE
H270 0,3ha 78T (45-120m²) 14D
€15,80 / €20,20

N 49°36'50" E 22°16'15" — 121804

In Sanok auf der 23 bei Kaufland Richtung Mrzyglod. Der CP ist gut angezeigt. Es sind ± 14 km bis zum CP.

Wlodawa, PL-22-250 / Lubelskie

- Camping Astur
- Okuninka 12
- 1 Mai - 31 Okt
- +48 8 25 71 70 37
- info@astur.com.pl

1 ACILNOPRST — LNSUX 6
2 BEJPQXYZ — ABFK 7
3 AFGMTU — ABEFNQ 8
4 AHJMNOX — GJLPQRTV 9
5 DEFHK — BIJOU 10
16A
H160 4,5ha 20T (100m²) 68D
€20,85 / €25,25

N 51°29'39" E 23°31'08" — 119365

In Wlodawa von Lublin aus die 82, am Kreisel nach Chelm die 812. Zweiter Kreisel am Lidl rechts nach Chelm die 812. An der Kreuzung Okuninka nach 1,5 km liegt der CP links.

Sciegny, PL-58-534 / Dolnoslaskie CC€14

- Camp 66****
- Widokowa 9
- 1 Jan - 31 Dez
- +48 7 92 56 65 69
- biuro@camp66.pl

1 ADEJMNOPQRST — 6
2 IQTWX — ABDEFHIJ 7
3 B — ABEFGHIJKNPQRUVW 8
4 AEFHIO — 9
5 BEFGHKN — AHIJOQU 10
WB 16A
H483 3ha 70T (60-200m²) 7D
€14,70 / €16,90

N 50°47'35" E 15°46'12" — 122783

Die 365 Richtung Karpacz. Am Kreisel (Navi nicht beachten) geradeaus. Den Schildern folgen. Nach 1 km links. Dem kleinen Weg mit der Brücke ± 500m folgen.

Woliborz/Nowa Ruda, PL-57-431 / Dolnoslaskie

- Lesny Dwor-Waldgut*
- Woliborz 12b
- 1 Apr - 31 Okt
- +48 7 48 72 45 90
- dwor@interia.pl

1 AJMNORST — AF 6
2 BIPQSUVY — ABDEFHI 7
3 AMU — ABEFNQR 8
4 JO — GJ 9
5 DHK — AFGHIJOQU 10
B 16A CEE
H490 2ha 25T (60-120m²) 5D
€15,35 / €18,90

N 50°35'29" E 16°34'53" — 109626

Auf der 381 von Walbrzych nach Klodzko. In Nowa Ruda den Schildern Richtung Woliborz (Straße 385) folgen. CP ist ausgeschildert.

Suchedniów, PL-26-130 / Swietokryskie

- Suchedniów (140)***
- ul. Ogrodowa 11
- 1 Jan - 31 Dez
- +48 4 12 54 33 51
- recepcja@osirsuchedniow.pl

1 ABILNOPRT — LNSX 6
2 EJKPQXY — ABEFHIJK 7
3 BFGMN — ABEFJNQRSUW 8
4 JOT — GJQRT 9
5 DE — AHIJOQU 10
20A
H180 3ha 133T (bis 100m²) 28D
€14,30 / €18,65

N 51°02'31" E 20°50'31" — 114686

Auf der 7 Radom-Kielce, Ausfahrt Suchedniów. Der Streckennummer 751 Richtung Bodzentyn folgen, CP ist ausgeschildert.

Wroclaw, PL-51-612 / Dolnoslaskie

- Stadion Olimpijski Nr. 117**
- Aleja Ignacego Paderewskiego 35
- 28 Apr - 15 Okt
- +48 7 13 48 46 51
- camping-azs@awf.wroc.pl

1 ADJMNOPQRST — 6
2 PQSXY — ABDE 7
3 — ABCDEFNQ 8
4 — 9
5 D — AHIJNQU 10
10A CEE
2,5ha 120T (60-120m²)
€19,35 / €24,40

N 51°07'03" E 17°05'27" — 106464

In Wroclaw Schildern 'Olympisches Stadion' und der A8 Warszawa (Warschau) folgen.

Tarnow, PL-33-100 / Malopolskie

- 202 Pod Jabloniami
- Ul. Pilsudskiego 28A
- 1 Jan - 31 Dez
- +48 1 46 21 51 24
- recepcja@camping.tarnow.pl

1 ABDEILNOPRT — HI 6
2 PQSXY — ABDEFGHI 7
3 AGM — ABEFJNQRW 8
4 HJO — GIJ 9
5 DJLMN — HIJOQU 10
16A
H182 1ha 24T (100-200m²) 32D
€22,85 / €30,45

N 50°01'23" E 20°59'17" — 111860

CP liegt an A4 Kraków-Rzeszow, im Zentrum von Tarnow. Route ist gut angezeigt.

Zamosc, PL-22-400 / Lubelskie

- Duet (Nr. 253)
- Kr. Jadwigi 14
- 1 Jan - 31 Dez
- +48 8 46 39 24 99
- duet@op.pl

1 AJMNORT — 6
2 PQSXY — AB 7
3 ANOU — ABEFN 8
4 — J 9
5 DFHLN — INQU 10
16A
3ha 35T (100-200m²) 24D
€16,25 / €18,90

N 50°43'10" E 23°14'21" — 110397

Von Chelm die 74 Richtung Bilgorej/Szczebrzeszyn abfahren. An dem Punkt wo man die 74 auffährt liegt der CP rechts in der Kurve.

Twardogóra, PL-56-416 / Dolnoslaskie

- Domaslawice****
- Domaslawice 30
- 1 Jan - 31 Dez
- +48 7 30 05 70 14
- biuro@domaslawice.pl

1 AJMNOPQRST — A 6
2 BJPQSXYZ — ABFI 7
3 BFGMNSU — ABEFJNQUW 8
4 EFHJO — EJ 9
5 DEGHL — ABHIKLORU 10
B 16A CEE
11ha 100T (50-100m²) 23D
€20,55 / €31,85

N 51°24'12" E 17°31'26" — 122375

Die S8 von Wroclaw nach Warschau, in Syców abfahren, dann 18 km nach Domaslawice.

Uciechów, PL-58-211 / Dolnoslaskie CC€16

- Camping Forteca
- ul. Wroclawska 12
- 1 Apr - 31 Okt
- +48 7 25 48 80 00
- info@campingforteca.nl

1 ADEJMNOPQRST — L 6
2 EIKQSXYZ — ABDEF 7
3 ABGM — ABEFNQR 8
4 HJOT — FGT 9
5 DFHLN — ABFIJOQU 10
16A
H279 7,2ha 70T (70-150m²) 15D
€18,65 / €26,15

N 50°45'20" E 16°41'40" — 118053

Von der A4 Ausfahrt Udanin über Swidnica Richtung Dzierzoniów (die 382). Im Kreisel vor Dzierzoniów links die 384 und dann 2. Ausfahrt Richtung Uciechów, zum Campingplatz auf Parallelweg.

Warka, PL- / Mazowieckie

- Kemping nad Pilica****
- ul. Nowy Zjazd 6
- 1 Apr - 31 Okt
- +48 5 04 04 78 95
- splywykajakowe.warka@interia.pl

1 BEHKNOPQRST — JNUVX 6
2 CJKQSX — ABEIJK 7
3 AGMSTUW — ABEFJNQRW 8
4 EFHOQ — GJR 9
5 ABDEFHKN — HINQ 10
B 10A
H105 8ha 130T (100-200m²) 12D
€12,10 / €16,45

N 51°46'48" E 21°11'11" — 121443

Von Warschau die 79, dann die 731. Wenn aus Warka heraus fährt, ist der CP angezeigt.

Litauen

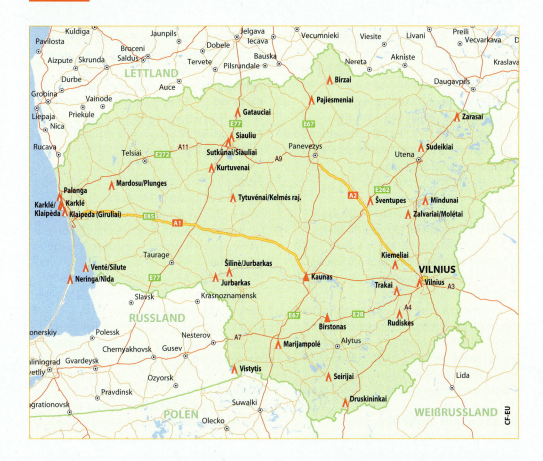

Allgemeines

Offizieller Name: Republik Litauen (Lietuvos Respublika).
Litauen ist Mitglied der Europäischen Union. Litauisch ist die offizielle Sprache, aber es wird auch Russisch gesprochen. In touristischen Gebieten kommt man meistens auch mit Englisch zurecht.
Zeitunterschied: In Litauen ist es eine Stunde später als in Berlin, Paris und Rom.

Währung und Geldfragen

Währung: Euro.
Bankkarte und Kreditkarte können Sie fast überall benutzen. Es gibt genug Geldautomaten.

Grenzformalitäten

Viele Formalitäten und Vereinbarungen in Bezug auf die notwendigen Reisedokumente, Fahrzeugpapiere, Anforderungen an Ihr Transportmittel und Ihr Campingfahrzeug, medizinische Kosten und die Mitnahme von Tieren hängen nicht nur vom Reiseziel, sondern auch von Ihrem Abreiseort und Ihrer Nationalität ab. Auch die Dauer Ihres Aufenthaltes kann eine Rolle spielen. Es ist unmöglich, im Rahmen dieses Leitfadens für alle Benutzer die richtigen und aktuellen Informationen über diese Themen zu gewährleisten. Wir empfehlen Ihnen daher, die folgenden Fakten in jedem Fall rechtzeitig vor der Abreise zu überprüfen:

Litauen

- welche Reisedokumente Sie für sich selbst und Ihre Mitreisenden benötigen,
- welche Dokumente Sie für Ihr Auto und Ihren Anhänger benötigen,
- welche Waren und Medikamente Sie kostenlos ein- und ausführen dürfen,
- wie bei Unfall oder Krankheit die medizinische Behandlung in Ihrem Urlaubsland geregelt ist und bezahlt werden kann.

Haustiere

Finden Sie heraus, ob Ihr Haustier an Ihrem Zielort willkommen ist. Nehmen Sie hierzu frühzeitig Kontakt zu Ihrem Tierarzt auf. Dieser informiert Sie über relevante Impfungen und die entsprechenden Nachweise wie auch über Pflichten bei der Rückkehr.

Ferner sollten Sie sich erkundigen, ob an Ihrem Zielort für das Mitführen von Haustieren im öffentlichen Raum bestimmte Bedingungen gelten. So müssen in einigen Ländern Hunde immer einen Maulkorb tragen oder hinter Gittern transportiert werden.

Straßen und Verkehr

Die Autobahnen werden gut instand gehalten. Die Nebenstraßen in den Dörfern sind manchmal weniger gut intakt.

Auf Schnellstraßen müssen Sie in Litauen auf der Hut vor Radfahrern und überquerenden Fußgängern sein.

Achtung! Die Route nach Litauen über Kaliningrad (Russland) wird nicht empfohlen, da Sie dafür u. a. ein Transitvisum benötigen. Es ist praktischer, die polnisch-litauischen Grenzübergänge zu nutzen.

Fähren

Sie können auch mit der Fähre nach Litauen reisen, z.B. von Schweden aus. Informationen über Fahrzeiten, Abfahrtszeiten und Preise finden Sie bei Reedereien wie **dfds.com** und **ttline.com**.

Die Preise hängen u. a. von der Saison und der Abfahrtszeit ab. Es ist ratsam, rechtzeitig eine Reservierung vorzunehmen.

Erkundigen Sie sich vorab bei der Reederei, ob Gasflaschen mit auf das Schiff genommen werden dürfen.

Tanken

Benzin (Benzinas 95/98 E) und Diesel (D) sind leicht erhältlich. Auch Autogas ist leicht erhältlich; zum Tanken wird der italienische Anschluss (Dish) benutzt.

Höchstgeschwindigkeiten

Litauen	Außerhalb geschlossener Ortschaften	Mit separaten Fahrbahnen*	Autobahn
Auto	90	100/110**	110/130**
Mit Anhänger	90	90	90
Wohnmobil < 3,5 Tonnen	90	100	110
Wohnmobil > 3,5 Tonnen	80	80	90

*Straßen mit 2 getrennten Fahrbahnen und 4 Spuren.
**Achtung! Die niedrigere Höchstgeschwindigkeit gilt vom 1. November bis 1. April.
Innerhalb geschlossener Ortschaften beträgt die Höchstgeschwindigkeit 50 km/h.
Fahrer, die ihren Führerschein noch keine 2 Jahre besitzen, dürfen außerhalb geschlossener Ortschaften 70 km/h und auf Autobahnen 90 km/h fahren.
Auf nicht asphaltierten Straßen (Pflaster- oder Schotterstraßen) beträgt die Höchstgeschwindigkeit 70 km/h.

Litauen

Die meisten Tankstellen sind mindestens von 7.30 bis 22.00 Uhr geöffnet. An den Hauptstraßen und in Großstädten sind viele Tankstellen Tag und Nacht geöffnet.

Verkehrsregeln

Abblendlicht (oder Tagfahrlicht) ist tagsüber vorgeschrieben.
An einer Kreuzung mit Straßen gleichen Ranges hat der von rechts kommende Verkehrsteilnehmer Vorfahrt. Der Verkehr im Kreisverkehr hat Vorfahrt, wenn dies ausgeschildert ist.
Der Alkoholgrenzwert beträgt 0,4 ‰, aber 0 ‰ für Fahrer, die ihren Führerschein noch keine 2 Jahre besitzen.
Am Steuer dürfen Sie kein Telefon in der Hand halten, auch dann nicht, wenn Sie anhalten (das Telefonieren mit Freisprechanlage ist allerdings erlaubt).
Kinder unter 12 Jahren und einer Größe unter 1,35 m müssen in einem Kindersitz sitzen.
Vom 10. November bis 31. März sind Winterreifen Pflicht, auch für einen Anhänger.

Besondere Bestimmungen

Eine grün blinkende Ampel warnt davor, dass das Licht orange wird; wenn möglich, halten Sie bei orange an.
Es ist nicht erlaubt, an einer stehenden Straßenbahn vorbeizufahren.

Beim Überholen von Radfahrern sind Sie verpflichtet, einen Seitenabstand von mindestens 1,50 m einzuhalten, wenn Sie schneller als 50 km/h fahren.
Langsamere Fahrzeuge können die Standstreifen nutzen, um schnellere Fahrzeuge passieren zu lassen.
Es ist Fußgängern verboten, beim Überqueren der Straße ihr Handy zu benutzen oder Kopfhörer bzw. In-Ear-Kopfhörer zu tragen. Fußgänger, die im Dunkeln oder bei schlechter Sicht an einer Straße entlanggehen, sind verpflichtet, einen Reflektor oder eine Sicherheitsweste zu tragen.

Vorgeschriebene Ausrüstung

Ein Warndreieck, eine Sicherheitsweste, ein Verbandskasten und ein Feuerlöscher sind im Fahrzeug vorgeschrieben.

Wohnwagen, Wohnmobil

Ein Wohnmobil oder ein Gespann aus Auto und Wohnwagen darf bis zu 4 m hoch, 2,55 m breit und 18,75 m lang sein (der Wohnwagen selbst darf bis zu 12 m lang sein).

Fahrrad

Für Kinder bis 18 Jahre ist ein Fahrradhelm Pflicht (auch wenn sie hinten auf dem Fahrrad sitzen). Im Dunkeln (und bei schlechter Sicht) müssen Radfahrer eine Sicherheitsweste tragen.

Litauen

Maut und Umweltzonen
Maut
Auf den litauischen Straßen müssen Sie keine Maut bezahlen, außer auf der Kurischen Nehrung. Mehr Informationen: *visitneringa.lt* und *unipark.lt/de*.

Umweltzonen
Es gibt noch keine Umweltzonen, die für ausländische Touristen von Bedeutung sind.

Panne und Unfall
Stellen Sie Ihr Warndreieck mindestens 50 m hinter dem Auto auf, wenn Ihr Auto nicht mindestens aus 100 m Entfernung für andere Verkehrsteilnehmer sichtbar ist. Der Fahrer muss eine Sicherheitsweste anziehen. Rufen Sie bei einer Panne die Notrufnummer Ihrer Pannenhilfe-Versicherung an.

Notrufnummer
112: allgemeine Notrufnummer für Polizei, Feuerwehr und Rettungswagen
02: Polizei
01: Feuerwehr
03: Rettungswagen

Campen
Die Campingplätze in Litauen sind in der Regel einfach. Die Zahl der Campingplätze nimmt zu, ebenso wie die Qualität. In den letzten Jahren wurden die Sanitäranlagen und die Stromanschlüsse verbessert.

Wildcampen außerhalb der Campingplätze ist auf dem Land und in den Nationalparks erlaubt, wo manchmal eine kleine Gebühr erhoben wird. Für Übernachtungen auf Privatgrundstücken ist die Zustimmung des Grundbesitzers erforderlich.

Besonderheiten
In Litauen ist es ratsam, mit einem zuverlässigen Campingführer zu reisen, da die Anzahl der offiziellen Campingplätze begrenzt ist; oft haben Motels und Straßenrestaurants zusätzlich einen Campingplatz.

Wohnwagen, Wohnmobil
Die Zahl der Servicestationen für Wohnmobile steigt.

Suche nach einem Campingplatz
Über *Eurocampings.eu* können Sie ganz einfach einen Campingplatz suchen und auswählen.

Praktisch
Die Steckdosen haben zwei runde Löcher (Typ C oder F). Auf *iec.ch/world-plugs* können Sie überprüfen, ob Sie einen Adapter (Weltstecker) benötigen.
Schützen Sie sich vor Zecken, da diese Krankheiten übertragen können. Vermeiden Sie wegen Tollwutgefahr den Kontakt mit Säugetieren.
Das Trinken von Leitungswasser wird nicht empfohlen; trinken Sie Wasser aus Flaschen und verwenden Sie keine Eiswürfel.
Parken Sie Ihr Auto am besten auf bewachten Parkplätzen.

Klima Vilnius	Jan.	Feb.	März	Apr.	Mai	Jun.	Jul.	Aug.	Sept.	Okt.	Nov.	Dez.
Durchschnittliche Höchsttemperatur	-4	-2	3	11	18	21	22	22	16	10	4	-1
Durchschnittliche Anzahl der Sonnenstunden pro Tag	1	2	4	6	7	10	10	9	6	3	1	1
Durchschnittliche monatliche Niederschlagsmenge (mm)	41	38	39	46	62	77	78	72	65	53	57	55

Birstonas, LT-59202 / Kaunas

- Vidisa
- Prienu g. 25
- 1 Jan - 31 Dez
- +370 64 61 41 61
- @ info@vidisa.lt
- N 54°36'33" E 24°00'16"

1	A**J**M**N**ORT	L**N** 6
2	EKPQXYZ	B**I** 7
3	AU	ABEFNQ 8
4	H	H 9
5	D	IJQU 10
6A		
2ha	38**T** 9**D**	❶ €21,90 ❷ €24,80

Zwischen Prienai und Jieznas ist der CP gut angezeigt. Auf der E28, 300m nach dem Kreisverkehr, Richtung Prienai, 1. unbefestigter Weg. — 121678

Kaunas, LT-4716 / Kaunas

- Kaunas Camp Inn
- Raudondvario plentas 161A
- 1 Mai - 30 Sep
- +370 60 23 34 44
- @ kaunas@campinn.lt
- N 54°54'56" E 23°50'02"

1	ABDEJMNOPQRS**T**	L**N**VW 6
2	AFIJLPQRSXYZ	AB**FGH**I**K** 7
3	AGN	ABEFNPQR 8
4	**AE**FHT	RTV 9
5	ADEFHJN	GHIKQQV 10
B 10A		
3ha	72**T** (100-200m²)	❶ €24,00 ❷ €24,00

Von der Durchgangsstraße her ist der CP aus Süd und Nord gut — 121473

Birzai, LT- / Panevezys

- Birzai Camping
- Basanaviciaus gatve 69A
- 1 Jan - 31 Dez
- +370 67 46 78 82
- @ birzai.camping@gmail.com
- N 56°12'33" E 24°46'29"

1	ADEGILNOPQRST	L**N**QX 6
2	BFIJKLPQSTXY	AB**FIK** 7
3	AFNR	ABEFJNQRW 8
4	**A**FGH	ABFGNQWX 9
5	ADEFHN	FHIJOR 10
B 20A		
2,5ha	50**T** (12-100m²) 12**D**	❶ €21,00 ❷ €21,00

Von Birzai den Campingschildern folgen. Gleich hinter Birzai kommt der Camping. — 123403

Kiemeliai, LT-14025 / Vilnius

- Lavender Village
- Klevu 19
- 1 Mai - 31 Okt
- +370 68 63 02 12
- @ juratelavender@gmail.com
- N 54°50'50" E 24°59'33"

1	ADEHKNOPQRS	L**N**XZ 6
2	EIKQRTUX	AB**I**K 7
3	JS	ABEFNQRVW 8
4	**U**	GQR 9
5		GHJOQ 10
6A		
5ha	10**T** 5**D**	❶ €30,00 ❷ €30,00

CP liegt 28 km von Vilnius, zwischen der A1 und A2 an der 108. In der Ortschaft Kiemeliai. Zwischen Orten Maisiogala und Dukstai. — 121679

Druskininkai, LT-66204 / Alytus

- Druskininkai Camping
- Gardino 3 A
- 1 Mai - 30 Sep
- +370 31 36 08 00
- @ camping@druskininkai.lt
- N 54°00'33" E 23°58'39"

1	ABDE**J**M**N**OPQRST	6
2	BPQSTWXY	ABD**F**HIJK 7
3	FGL	ABEFNQRUVW 8
4	**A**FHOP	EL 9
5	DEFHJK	ABGHIJL**N**RU 10
10A		
3,4ha	43**T** (65-120m²) 10**D**	❶ €19,00 ❷ €19,00

Der CP ist in Druskininkai angezeigt. — 117062

Klaipeda (Giruliai), LT- / Klaipeda

- Pajurio kempingas
- Slaito g.3
- 1 Jan - 31 Dez
- +370 68 32 50 55
- @ campingklaipeda@gmail.com
- N 55°45'57" E 21°05'38"

1	ADEG**J**M**N**OPQRST	6
2	ABGKPQSTWZ	ABDE**FGH**IJK 7
3	AF**G**N	ABCDEFJKNQRTUVW 8
4	**AE**GHOT	AHJ 9
5	ADEFHJN	ABCHIJORUV 10
B 6A		
2,8ha	45**T** (60-100m²) 16**D**	❶ €15,00 ❷ €25,00

Klaipeda (Giruliai). CP ist ausgeschildert. — 118480

Gatauciai, LT-84262 / Siauliai

- Sunny Nights Camping
- Rygos street 12A
- 15 Apr - 15 Okt
- +370 62 60 67 35
- @ sunnynightscamping@gmail.com
- N 56°09'24" E 23°32'00"

1	ADEGJMNOPQRST	L**N** 6
2	AEIJKPQSTWXYZ	ABCDE**FGH**IJK 7
3	BGUX	ACEFGHJKNPQRVW 8
4	FGHJ	ABDGUV 9
5	ADEHJN	ABCHKMNQVW 10
B 16A		
0,7ha	31**T** (40-80m²) 11**D**	❶ €20,00 ❷ €24,00

Von Siauliai oder Joniskes die A12, Ausfahrt Gatauciai. Camping ist angezeigt. — 123286

Kurtuvenai, LT-80233 / Siauliai

- Kurtuvenai
- Parko 2
- 1 Mai - 30 Sep
- +370 61 82 99 64
- @ info@kurtuva.lt
- N 55°49'36" E 23°02'50"

1	ADE**IL**NOPQRST	**N**O 6
2	ABEIPQWXY	ABCDE**FG**JK 7
3	A**H**IX	ABEFNQRUV 8
4	**AE**FGHJ	V 9
5	DN	ABHJORUVW 10
B 15A		
0,9ha	50**T** (100-150m²)	❶ €18,00 ❷ €20,00

Der 215 nach Kurtuvenai folgen. In Kurtuvenai ist der CP angezeigt. — 118333

Jurbarkas, LT-74150 / Taurage

- Camp Genys
- Dariaus ir Gireno str. 138
- 15 Apr - 30 Sep
- +370 68 52 83 57
- @ info@campgenys.lt
- N 55°04'38" E 22°46'35"

1	A**J**MNOPQRS**T**	6
2	CEIKQSUVX	ABCDE**FG**IK 7
3	AX	ABEFNQRVW 8
4	FGH	9
5	DN	FHIJNRS 10
16A		
1,5ha	32**T** (30-100m²)	❶ €17,00 ❷ €17,00

In Jurbarkas an der Kirche auf die Kauno G, die älteste Straße in Jurbarkas, abbiegen und dieser für 1,5 km zum Campingplatz folgen (Straße neben dem Fluss Nemunas). — 124938

Mardosu/Plunges, LT-90103 / Telsiu

- Žemsodis
- 1 Apr - 1 Nov
- +370 62 02 60 33
- @ poilsis@zemsodis.lt
- N 55°52'26" E 21°44'55"

1	ADEHKNOPRT	JN 6
2	CKQSY	**F** 7
3	AG**J**	ABEFNQW 8
4	O**T**V	GJRT 9
5	DH	GHIJNQUV 10
10A CEE		
6ha	80**T** (100-120m²) 15**D**	❶ €29,00 ❷ €29,00

A11 Ausfahrt Taurage/Plungé. In Plungé die 164 Richtung Taurage, danach die 166. CP ist angezeigt. — 121435

Karklé, LT-92383 / Klaipeda

- Karkle Camp
- Placio 54A
- 1 Mai - 30 Sep
- +370 64 53 93 30
- @ karklecamp@gmail.com
- N 55°48'30" E 21°04'22"

1	A**J**MNOPQRST	K**N**OPQS 6
2	AGJPQSXY	AB**F**IJK 7
3	A**L**M	ABEFNQRVW 8
4	H	9
5	D	BCFGHJORS 10
16A		
1ha	54**T** (20m²)	❶ €16,00 ❷ €20,00

A13 Klaipeda-Palanga, Ausfahrt Karklé (5 km). Karkle Camp ist angezeigt. — 122392

Marijampolé, LT-68130 / Marijampole

- Marijampoles Kempingas
- Kempingo str 44
- 1 Mai - 1 Okt
- +370 62 05 55 55
- @ info@logofix.eu
- N 54°31'14" E 23°20'31"

1	ADEG**J**MNOPQRST	JLNQU 6
2	ADFKQSY	AB**F**IJK 7
3	CGU	ABEFGNQRUVW 8
4	**E**HP	JNTX 9
5	DN	AFGHIJOQU 10
10A CEE		
5,7ha	74**T** (18-50m²) 1**D**	❶ €22,00 ❷ €24,00

An der 201 von Kalvarije nach Marijampolé aus ist der CP ausgeschildert. Auf der 201 nach Marijampolé aus ebenfalls ausgeschildert. Der asphaltierten Straße für 1,5 km folgen. Der Campingplatz liegt auf der rechten Seite. — 122604

Karklé/Klaipèda, LT-92383 / Klaipeda

- Karklés Kopos
- Karklés km, Placio str. 37
- 1 Apr - 1 Okt
- +370 68 74 94 56
- @ info@karkleskopos.lt
- N 55°48'36" E 21°04'26"

1	AG**J**MNOPQRST	6
2	AJPQXY	AB**F**IJK 7
3	AM	ABEFNQRVW 8
4	H	FG 9
5	DN	BHKORSU 10
10A		
0,5ha	20**T** (40-100m²) 12**D**	❶ €15,00 ❷ €17,00

A13 Klaipeda-Palanga, Ausfahrt Karklé (5 km). Gut angezeigter Camping 'Karklés Kopos'. — 121434

Mindunai, LT-33201 / Utenos

- Mindünu Kempingas
- 1 Apr - 30 Sep
- +370 38 65 44 44
- @ info@ignaturas.lt
- N 55°13'14" E 25°33'36"

1	ADEG**IL**NOPQRS	L**N**QXZ 6
2	ABEIJKQRSUXYZ	ABDE**FG**IK 7
3	AFG	ABEFNQR 8
4	A**H**IO**T**U	EGNQRTV 9
5	ABDN	BFGHJK**NO**UV 10
B 16A CEE		
5ha	24**T** (100-150m²) 27**D**	❶ €25,00 ❷ €25,00

Die 114 Moletai Richtung Mindunai. CP ist angezeigt. Dem Sandweg gegenüber der Bushaltestelle folgen (4 km). — 117078

Kaunas, LT-44131 / Kaunas

- City Camping Kaunas
- Jonavos 51A
- 1 Mai - 1 Sep
- +370 61 80 94 07
- @ camp@kaunascamping.lt
- N 54°56'04" E 23°55'05"

1	A**IL**NOPRT	A 6
2	AST	AB**FK** 7
3	A	ABEFNQR 8
4	A	AHIOQ 10
5		
6A		
2,5ha	30**T** (150-200m²) 3**D**	❶ €20,00 ❷ €22,00

An der Autobahn Kaunas-Vilnius ist der CP angezeigt. — 118291

Neringa/Nida, LT-93121 / Klaipeda

- Nidos Kempingas
- E.A.Jonuso 11
- 1 Apr - 31 Okt
- +370 68 24 11 50
- @ info@kempingas.lt
- N 55°17'55" E 20°58'58"

1	ADEF**J**MNOPQRS	EKMQSX 6
2	ABGIJPQRTWXY	ABDE**FGH**IJK 7
3	A**N**SX	ABEFNQRW 8
4	HO**T**	AGHIJLV 9
5	DFGJKLNO	BFHIJNPQV 10
16A		
1,7ha	200**T** (12-45m²) 14**D**	❶ €30,00 ❷ €35,00

47 km südlich vom Fährhafen Smiltyne. Der CP liegt am Mautweg 167, ist ausgeschildert. — 117057

Litauen

Litauen

Pajiesmeniai, LT-39449 / Panevezys
- Camper Place Pajiesmeniai
- Sodo str. 3
- 1 Jan - 31 Dez
- +370 60 32 94 85
- gerai.labai@gmail.com
- N 56°06'30" E 24°29'04"

1	ABJMNOPQRST	NS 6
2	ABCEIKPQTXY	BEFH 7
3		ABEFNQRVW 8
4	EF	9
5	DN	IJMORS 10
	20A	❶ €15,00
	1,5ha 20T(40-80m²)	❷ €20,00

Der CP liegt circa 2 km Richtung Birzai auf der A10/E67. Platz ist gut ausgeschildert. — 120842

Šventupes, LT-20362 / Vilnius
- River Camp Lithuania
- A.Vinuolio gatve 15
- 1 Jun - 30 Sep
- +370 64 40 44 10
- p.ramonas@gmail.com
- N 55°19'25" E 24°53'33"

1	AGJMNOPQRST	AFJNU 6
2	BCIJKQRSXY	ABCDEFGHIJK 7
3	AFGMU	ABCDEFHJKNQRUVW 8
4	GHM	GLQRV 9
5	DEHNO	BCFGHIKMNQUVW 10
	16A	❶ €23,00
	1ha 31T(12-25m²) 2D	❷ €23,00

Hinter dem Schild rechts nach Šventupe und im Kreisel 500m geradeaus, dann rechts ab, 100m nach unten. — 124283

Palanga, LT-5720 / Klaipeda
- Palangos Kempingas Compensa
- Klaipédos pl. 33i
- 25 Mai - 1 Okt
- +370 61 88 51 80
- info@palangacamping.lt
- N 55°52'36" E 21°03'57"

1	ADEJMNOPQRST	KNQR 6
2	ABGJQRSTWXY	ABEFIJ 7
3	BFGN	ABFJNPQRUW 8
4	O	ACGJLMTVZ 9
5	ABDEFHJK	AFGHIJNPQU 10
	B 16A CEE	❶ €24,00
	6ha 60T(21-75m²) 27D	❷ €28,00

Von der A11 Richtung Palanga. In Palanga 1. Ampel links, Richtung Klaipeda, 4 km weiterfahren, Campingplatz liegt rechts. — 117051

Trakai, LT-21121 / Vilnius
- Kempingas Slényje
- Slenio 1
- 1 Jan - 31 Dez
- +370 68 61 11 36
- slenyje@gmail.com
- N 54°40'09" E 24°55'47"

1	ABDEGILNOPQR	LNOQSUX 6
2	ABFIJKLPQRSUVXYZ	ABCDEFGHIJK 7
3	ACFGQX	ABEFJNQRTUV 8
4	AEFHOQTUVW	FGHIJMNPQRSTVX 9
5	ADEFHJKLNO	ABHIJLOPRUWZ 10
	W 16A CEE	❶ €25,00
	5,6ha 180T(100-150m²) 56D	❷ €25,00

Schnellstraße Kaunas-Vilnius. Richtung Trakai folgen. Der CP ist angezeigt. — 117066

Rudiskes, LT-21177 / Vilnius
- Harmonie
- Bukles K
- 1 Apr - 1 Sep
- +370 61 42 15 60
- wim_brauns@hotmail.com
- N 54°30'28" E 24°53'26"

1	AJMNOPQRST	N 6
2	ABQSXYZ	ABDEFHIJK 7
3	S	ABCDEFGJNQR 8
4	EFHJO	FGUV 9
5		AHIJNQU 10
	16A CEE	❶ €18,00
	3ha 39T(100-150m²) 5D	❷ €22,00

Richtung Vilnius, dann weiter nach Trakai fahren. In Trakai auf die Straße 220 in Richtung Rudiskis abbiegen. In Rudiskis den Campingschildern folgen. Der Schotterstraße folgen (±2 km). — 117065

Tytuvénai/Kelmés raj., LT-86482 / Siauliai
- Sedula
- Skogolio km
- 1 Mai - 1 Sep
- +370 68 24 64 98
- vadybininkas.sedula@gmail.com
- N 55°35'20" E 23°13'25"

1	ADEHKNORT	LNX 6
2	BEJKQTXY	7
3	AFMU	EFNQRW 8
4	OT	J 9
5	DL	ABGHIJLU 10
	4A CEE	❶ €15,00
	4,7ha 55T(100-150m²) 17D	❷ €15,00

Dem CP-Schild an der Kirche auf Straße Nr. 148 für 700m folgen. Dann rechts abbiegen und der Straße zum CP für ca. 3 km folgen. — 117053

Seirijai, LT-67229 / Alytus
- Silaiciai
- 1 Mai - 1 Okt
- +370 31 35 25 07
- irena@grutoparkas.lt
- N 54°12'47" E 23°51'12"

1	AJMNOPRT	HLNOPQ 6
2	BEIJKQWXYZ	FHIJK 7
3	AFGHI	ABEFNQRTUV 8
4	T	GIQT 9
5	DEHN	AHIJQU 10
	6A	❶ €15,00
	9ha 40T(100-150m²) 90D	❷ €15,00

Von der 132 zur 180 Richtung Leipalingis/Druskininkai. Nach etwa 4 km dem Hinweis Silaiciai 1 folgen. Straße folgen bis zur Campingplatzrezeption. — 117064

Venté/Silute, LT-99361 / Klaipeda
- Ventainé
- Mariu st.7
- 1 Jan - 31 Dez
- +370 68 67 04 90
- info@ventaine.lt
- N 55°21'23" E 21°12'21"

1	ADEHKNORT	EKMNQSWXYZ 6
2	AGIJPQSWX	ABDEFGH 7
3	AFMN	ABEFNRW 8
4	AHOQTUVY	FGILPQRTUV 9
5	DEHL	ABHIKLORU 10
	10A	❶ €25,00
	4ha 34T(25-30m²) 20D	❷ €31,00

Von der 141 Klaipeda-Silute, in Priekule Richtung Venté abbiegen, dann sind es noch 28 km zum CP. In Venté ist der CP angezeigt. — 117052

Siauliu, LT-81439 / Siauliai
- Kaimo turizmo Sodyba "Girele"
- Domantu k.
- 1 Mai - 31 Dez
- +370 61 43 95 18
- sodybagirele@yahoo.com
- N 55°59'57" E 23°22'59"

1	ADEJMNOPQRST	6
2	IPQSTX	7
3	AFN	ABEFNW 8
4	HOT	G 9
5	DHJLN	FHIJNRS 10
	10A CEE	❶ €17,00
	4,5ha 24T(100-150m²) 13D	❷ €17,00

Auf der A12 Richtung Kreuzberg, 200m vor dem Kreuzberg Ausfahrt rechts zum CP angezeigt. — 120862

Vilnius, LT-04215 / Vilnius
- Vilnius City Camping
- Parodu G. 6
- 1 Mai - 15 Sep
- +370 62 97 22 23
- vilnius@camping.lt
- N 54°40'48" E 25°13'33"

1	ABDEJMNOPQRST	6
2	AIPQSTXY	ABDEFGHIJK 7
3		ABEFJNQRVW 8
4	A	LV 9
5	DMNO	AGHIKOPQ 10
	10A CEE	❶ €26,00
	1,2ha 75T(100-150m²)	❷ €31,00

In Vilnius auf der A1/A2 den Campingschildern folgen, gut ausgeschildert. — 117808

Šiliné/Jurbarkas, LT-74285 / Taurage
- Honey Valley Medaus Slenis
- Raseiniu g. 19
- 1 Jan - 31 Dez
- +370 64 03 21 28
- ovismedus@gmail.com
- N 55°05'31" E 22°57'50"

1	ADEJMNOPQRST	JN 6
2	ABCILPQSXYZ	ABDEFIK 7
3	AF	ABEFNQRUVW 8
4	AEFHOT	9
5	DN	IJORSU 10
	B 16A	❶ €20,00
	2,7ha 145T(25-100m²) 8D	❷ €24,00

13 km vor Jurbarkas. CP ist mit einem CP-Schild angezeigt an Straße Nr. 141. — 119329

Vistytis, LT- / Marijampole
- Kempingas Puselé
- Zirgénu k
- 1 Mai - 1 Okt
- +370 61 15 11 21
- info@pusele.lt
- N 54°25'40" E 22°45'06"

1	ADJMNOPRST	LMNQRUVXY 6
2	AEIJLQRUXY	J 7
3	BFGM	ABEFNQRUVW 8
4	JOQT	ADFHMPQRTV 9
5	ADHK	BGHIJNQU 10
	16A CEE	❶ €19,00
	5,3ha 165T(100-150m²) 161D	❷ €23,00

Der CP liegt südöstlich der Ortschaft Vistytis. Der CP ist deutlich angegeben. — 119330

Sudeikiai, LT- / Utenos
- Sudeikiai Kempingas
- 1 Jun - 31 Aug
- +370 61 62 75 51
- tic@utenainfo.lt
- N 55°35'10" E 25°40'50"

1	AJMNOPRT	LNOPQXY 6
2	EIKPQTVXZ	CDFHIK 7
3	BGM	ABEFJNQR 8
4	O	LR 9
5	D	HIJRS 10
	B 6A CEE	❶ €16,00
	6ha 112T(100-150m²)	❷ €24,00

Von Litene nach Sudeikiai. Der CP ist gut angezeigt. In Utena den Schildern nach Sudeikiai folgen. — 117055

Zalvariai/Molétai, LT-01122 / Utenos
- Camping Appeleiland****
- Salos g 3
- 1 Apr - 30 Okt
- +370 68 83 53 35
- info@appleisland.lt
- N 55°09'38" E 25°18'24"

1	ABDEILNOPRST	HLMNQSXZ 6
2	ABEIJKPQTVWXYZ	ABDEFGH 7
3	ABFGMNUV	AEFNQRUV 8
4	HJOQT	FJNQR 9
5	ABDEFHKNO	ABCFGHIJNQU 10
	10A CEE	❶ €25,00
	H220 13,8ha 75T(100-150m²) 16D	❷ €30,00

Der Strecke Vilnius nach Moletai 60 km folgen. Litauischer Name der Insel: 'Obuoliu Sala'. Dort als Camping ausgeschildert. Links ab und 9,9 km der Strecke folgen. — 117068

Sutkúnai/Siauliai, LT-76116 / Siauliai
- Camping Grazina
- Masiuliskiu g 1
- 1 Jan - 30 Dez
- +370 65 03 38 19
- jocusodyba@gmail.com
- N 55°58'19" E 23°19'41"

1	AJMNOPRT	6
2	ABKQXZ	DFGHIK 7
3	AG	ABEFNQRV 8
4	T	GH 9
5	ADFIK	ABHJNQV 10
	5A	❶ €18,00
	H106 1,8ha 44T(100-200m²) 21D	❷ €24,00

Von Siauliai die 154. CP ist ausgeschildert. — 118481

Zarasai, LT-93432 / Utenos
- Zarasai
- Kauno 67
- 1 Mai - 1 Okt
- +370 62 09 34 32
- turizmas@zarasai.lt
- N 55°43'07" E 26°13'21"

1	ABJMNORT	LNXZ 6
2	ETY	ABFIK 7
3	B	ABEFNQ 8
4		G 9
5	DHN	AHIJLOQU 10
	B 10A CEE	❶ €19,00
	2ha 25T(100-150m²) 5D	❷ €22,50

Der CP liegt an der A6 und ist gut angezeigt. — 117056

Lettland

Allgemeines
Offizieller Name: Republik Lettland (Latvijas Republika).
Lettland ist Mitglied der Europäischen Union.
Lettisch ist die offizielle Sprache. In touristischen Gebieten kommt man fast überall mit Englisch gut zurecht.
Zeitunterschied: In Lettland ist es eine Stunde später als in Berlin, Paris und Rom.

Währung und Geldfragen
Währung: Euro.
Bankkarte und Kreditkarte können Sie fast überall benutzen. Es gibt genug Geldautomaten.

Grenzformalitäten
Viele Formalitäten und Vereinbarungen in Bezug auf die notwendigen Reisedokumente, Fahrzeugpapiere, Anforderungen an Ihr Transportmittel und Ihr Campingfahrzeug, medizinische Kosten und die Mitnahme von Tieren hängen nicht nur vom Reiseziel, sondern auch von Ihrem Abreiseort und Ihrer Nationalität ab. Auch die Dauer Ihres Aufenthaltes kann eine Rolle spielen. Es ist unmöglich, im Rahmen dieses Leitfadens für alle Benutzer die richtigen und aktuellen Informationen über diese Themen zu gewährleisten. Wir empfehlen Ihnen daher, die folgenden Fakten in jedem Fall rechtzeitig vor der Abreise zu überprüfen:
- welche Reisedokumente Sie für sich selbst und Ihre Mitreisenden benötigen,
- welche Dokumente Sie für Ihr Auto und Ihren Anhänger benötigen,
- welche Waren und Medikamente Sie kostenlos ein- und ausführen dürfen,
- wie bei Unfall oder Krankheit die medizinische Behandlung in Ihrem Urlaubsland geregelt ist und bezahlt werden kann.

Lettland

Haustiere
Finden Sie heraus, ob Ihr Haustier an Ihrem Zielort willkommen ist. Nehmen Sie hierzu frühzeitig Kontakt zu Ihrem Tierarzt auf. Dieser informiert Sie über relevante Impfungen und die entsprechenden Nachweise wie auch über Pflichten bei der Rückkehr.
Ferner sollten Sie sich erkundigen, ob an Ihrem Zielort für das Mitführen von Haustieren im öffentlichen Raum bestimmte Bedingungen gelten. So müssen in einigen Ländern Hunde immer einen Maulkorb tragen oder hinter Gittern transportiert werden.

Straßen und Verkehr
Die Hauptstraßen sind gut ausgebaut, aber die Nebenstraßen sind weniger gut und oft nicht asphaltiert.
Im Vergleich zu anderen europäischen Ländern hat Lettland jedes Jahr eine relativ hohe Zahl schwerer Verkehrsunfälle, weshalb empfohlen wird, vorsichtig und aufmerksam zu fahren. Sogar auf Schnellstraßen müssen Sie auf der Hut vor Radfahrern und überquerenden Fußgängern sein. Auch auf kleineren Straßen muss man den Schwerlastverkehr berücksichtigen.

Tanken
Benzin (95/98 E oder Futura 95/98) und Diesel sind leicht erhältlich. Autogas ist einigermaßen gut erhältlich, zum Tanken wird der italienische Anschluss (Dish) benutzt.
Außerhalb der Städte sind Tankstellen oft mindestens von 7.00 bis 22.00 Uhr geöffnet. In und um Riga und anderen Städten sind Tankstellen in der Regel bis 23.30 Uhr oder Tag und Nacht geöffnet.

Verkehrsregeln
Abblendlicht (oder Tagfahrlicht) ist tagsüber vorgeschrieben.
An einer Kreuzung Straßen gleichen Ranges hat der von rechts kommende Verkehrsteilnehmer Vorfahrt. Eine Straßenbahn hat jedoch immer Vorfahrt. Der Verkehr im Kreisverkehr hat Vorfahrt, wenn dies ausgeschildert ist.
Der Alkoholgrenzwert beträgt 0,5 ‰, aber 0,2 ‰ für Fahrer, die ihren Führerschein noch keine 2 Jahre besitzen.
Fahrer dürfen nur mit einer Freisprechanlage telefonieren.
Kinder unter einer Größe von 1,50 m müssen in einem Kindersitz sitzen.
Vom 1. Dezember bis Ende Februar sind Winterreifen vorgeschrieben (dieser Zeitraum kann an die Wetterbedingungen angepasst werden).

Besondere Bestimmungen
Eine grün blinkende Ampel warnt davor, dass das Licht orange wird; wenn möglich, halten Sie bei orange an. Wenn zusätzlich zu rotem Licht ein oranges Licht aufleuchtet, bedeutet dies, dass die Ampel in Kürze auf Grün springt; Sie sollten jedoch erst fahren, wenn das Licht grün ist.
Fußgänger, die im Dunkeln oder bei schlechter Sicht an einer Straße entlanggehen, sind verpflichtet, einen Reflektor oder eine Sicherheitsweste zu tragen.

Lettland

Höchstgeschwindigkeitenn

Lettland	Außerhalb geschlossener Ortschaften	Autobahn
Auto	90	90*
Mit Anhänger	80	90
Wohnmobil < 3,5 Tonnen	90	90*
Wohnmobil > 3,5 Tonnen	80	90

*Auf nur wenigen Straßen sind 100 km/h oder 110 km/h erlaubt, wenn dies durch Schilder gekennzeichnet ist.
Innerhalb geschlossener Ortschaften beträgt die Höchstgeschwindigkeit 50 km/h (in der Nähe von Wohnvierteln oft 20 km/h).
Auf Schotterstraßen außerhalb geschlossener Ortschaften beträgt die Höchstgeschwindigkeit 80 km/h.

Langsamere Fahrzeuge können die Standstreifen nutzen, um schnellere Fahrzeuge passieren zu lassen.

Vorgeschriebene Ausrüstung
Ein Warndreieck, ein Verbandskasten und ein Feuerlöscher sind im Fahrzeug vorgeschrieben. Es wird empfohlen, Sicherheitswesten für alle Insassen mitzunehmen.

Wohnwagen, Wohnmobil
Ein Wohnmobil oder ein Gespann aus Auto und Wohnwagen darf bis zu 4 m hoch, 2,55 m breit und 18,75 m lang sein (der Wohnwagen selbst darf bis zu 12 m lang sein).

Fahrrad
Für Kinder bis 12 Jahre ist ein Fahrradhelm Pflicht (auch wenn sie hinten auf dem Fahrrad sitzen).
Im Dunkeln (und bei schlechter Sicht) müssen Radfahrer eine Sicherheitsweste tragen. Kinder unter 12 Jahren dürfen nur mit Begleitung auf der Straße mit dem Rad fahren. Kinder bis zu 7 Jahren dürfen auf dem Fahrrad nur in einem Fahrradsitz mit angelegtem Sicherheitsgurt transportiert werden.

Maut und Umweltzonen
Maut
Auf den Straßen in Lettland müssen Sie keine Mautgebühr zahlen.

Umweltzonen
Es gibt noch keine Umweltzonen, die für ausländische Touristen von Bedeutung sind.

Panne und Unfall
Stellen Sie Ihr Warndreieck auf der Autobahn mindestens 100 m hinter Ihrem Auto auf, wenn dies eine Gefahr für den übrigen Verkehr darstellt. Alle Insassen müssen eine Sicherheitsweste anziehen.
Rufen Sie bei einer Panne die Notrufnummer Ihrer Pannenhilfe-Versicherung an.

Notrufnummern
112: allgemeine Notrufnummer für Polizei, Feuerwehr und Rettungswagen
02: Polizei
01: Feuerwehr
03: Rettungswagen

Campen
Die Zahl der lettischen Campingplätze, die sich auf westeuropäische Camper ausrichten, nimmt zu. Viele Campingplätze, auch an der beliebten Ostseeküste und in den Nationalparks, sind als einfach zu bezeichnen.
Die sanitären Einrichtungen sind schlicht, aber sauber, und die meisten Campingplätze haben inzwischen Strom für ihre Gäste.
Wildcampen außerhalb der Campingplätze ist auf dem Land und in den Nationalparks erlaubt, wo manchmal eine kleine Gebühr erhoben wird.

Lettland

Für Übernachtungen auf Privatgrundstücken ist die Zustimmung des Grundbesitzers erforderlich.

Besonderheiten
Einige Campingplätze haben kein Trinkwasser. Es ist ratsam, in diesem Fall Wasserflaschen dabei zu haben.

Wohnwagen, Wohnmobil
Servicestationen für Wohnmobile sind in Lettland noch selten.

Suche nach einem Campingplatz
Über *Eurocampings.eu* können Sie ganz einfach einen Campingplatz suchen und auswählen.

Praktisch
Die Steckdosen haben zwei runde Löcher (Typ C oder F). Auf *iec.ch/world-plugs* können Sie überprüfen, ob Sie einen Adapter (Weltstecker) benötigen.
Schützen Sie sich vor Zecken, da diese Krankheiten übertragen können. Vermeiden Sie wegen Tollwutgefahr den Kontakt mit Säugetieren.
Das Trinken von Leitungswasser wird nicht empfohlen; trinken Sie Wasser aus Flaschen und verwenden Sie keine Eiswürfel.

Klima Riga	Jan.	Feb.	März	April	Mai	Juni	Juli	Aug.	Sept.	Okt.	Nov.	Dez.
Tagestemperatur	-6	-5	-1	7	13	17	18	18	14	9	2	-3
Sonnenstunden am Tag	1	2	5	7	9	9	9	8	6	3	1	1
Regentage	12	10	8	8	8	8	9	10	10	10	11	12

420   Karte Lettland auf Seite 417

Durbe, LV-3440 / Liepajas

- Camping Vinrozes
- Vinrozes 2
- 1 Mai - 15 Sep
- +371 29 25 58 54
- @ kempings@vinrozes.lv
- N 56°37'10'' E 21°22'43''

1	ABJMNOPR**T**	L 6
2	EKQSXY	AB 7
3	A	ABFNQ 8
4		FQ 9
5	D	AJNU 10
16A		€20,00
2ha 35**T**(50-120m²) 3D		€26,00

A9 Ausfahrt Durbe. Beschilderung Vinrozes folgen. Camping gut angezeigt, letzte Kilometer gepflasterter Kiesweg. 124697

Engures Pag./Engures Nov., LV-3113 / Tukuma

- Kempings Abragciems
- 1 Mai - 30 Sep
- +371 26 11 07 38
- @ kempings-dez@finieris.lv
- N 57°11'52'' E 23°12'15''

1	ABDEHKNOPQRS**T**	KMQ 6
2	BGIJPQRSXY	ABF**G** 7
3	AFGM	ABEFNQRW 8
4	O**Q**	JRT 9
5	DFHK	AHJNU 10
B 6-16A		€17,00
6,3ha 30**T**(50-80m²) 25D		€21,00

Der CP liegt an der P131 von Tukums nach Kolka nördlich von Engures und ist auf der P131 angezeigt. Nach ± 2,5 km kommt der CP. 118103

Gibuli/Talsu Novads, LV-3297 / Talsu

- Bukdangas
- 1 Jan - 31 Dez
- +371 29 25 64 87
- @ info@bukdangas.lv
- N 57°11'22'' E 22°12'45''

1	AJMNOPQRS**T**	LNQRSWXZ 6
2	ABEJQRSXYZ	ABF**IJK** 7
3	FGX	ABEFNQR 8
4	H**T**	JMOT 9
5	DHN	ABKNRSU 10
16A		€18,00
4ha 50**T**(100m²) 12D		€20,00

A10 Ventspils (Windau)-Riga. Ausfahrt Gibuli. Durch Gibuli. Camping ist ausgeschildert. PLZ für Navi: 3297 Talsu Novads, Gibuli. 117023

Koknese, LV-5113 / Aizkraukles

- Radzes
- Postbox 20
- 1 Mai - 1 Okt
- +371 26 52 44 46
- @ radze3@inbox.lv
- N 56°36'30'' E 25°30'16''

1	AJMNOPRS**T**	JNQSXY 6
2	BCKQRXY	AB**I** 7
3	AF	ABCDEFNQU 8
4	**T**	FGJQ 9
5	D	HJNQU 10
16A		€15,00
12ha 13**T**(100m²) 12D		€15,00

Radzes liegt an der A6, 4,5 km von Koknese weg, Richtung Plavinas. Am Schild "Radzes" in den Landweg einfahren. 117046

Inciems, LV-2144 / Rigas

- Jaunzageri
- Krimuldas pagasts
- 1 Apr - 30 Okt
- +371 22 00 20 33
- @ info@jaunzageri.lv
- N 57°13'44'' E 24°54'22''

1	ABJMNOPRS**T**	JN 6
2	BCKQSYZ	A 7
3	AG	AENQ 8
4	**TU**	HR 9
5	DH	HJU 10
16A		€20,00
3,8ha 160**T**(50-100m²) 6D		€24,00

A3 Ausfahrt Sigulda, die P8. 2. links ab. Den Campingschildern folgen. Letztes Stück über unbefestigten Waldweg. 123240

Ligatne/Ligatnes Nov., LV-4110 / Cesu

- Canoe Camping
- Gaujas 36
- 1 Mai - 1 Okt
- +371 29 24 49 48
- @ info@makars.lv
- N 57°15'16'' E 25°02'42''

1	A**J**MNOPRS**T**	JNU 6
2	CPQXY	ABF**I** 7
3		ABEFNQRVW 8
4	FH**T**	GR 9
5	D	HJNRU 10
10A CEE		€27,00
H111 1ha 40**T**(80-100m²) 2D		€30,00

A2 Ausfahrt Ligatne. Weiter mit Schildern angezeigt. 118503

Jaunmarupe/Marupes Nov., LV-2166 / Rigas

- Jaunmartini
- 1 Mai - 1 Okt
- +371 29 14 24 65
- @ info@jaunmartini.lv
- N 56°53'43'' E 23°56'19''

1	ABJMNOPQRS**T**	6
2	AQSX	ABC**FGHIK** 7
3	AFGU	ABEFNQVW 8
4	FH	9
5	D	AORSU 10
16A		€18,00
1ha 30**T**(80-100m²) 5D		€19,50

A5, auf der Höhe von Jaunmarupe zwischen A9 und A8. CP ist ausgeschildert. 118102

Limbazu Pag./Limbazu Nov., LV-4020 / Limbazu

- Meza Salas
- 1 Jan - 1 Dez
- +371 29 12 21 33
- @ info@mezasalas.lv
- N 57°28'51'' E 24°33'48''

1	AEG**J**MNOPRS**T**	LN 6
2	CEIKQSTXY	ABF**GH**I 7
3	AFG	ABCDEFGIJNQRUW 8
4	FO**TU**	GJPT 9
5		ABHJNQU 10
B 10A		€20,00
10ha 40**T**(60-100m²) 11D		€20,00

Von Riga Ausfahrt Limbazi, dann 7,5 km durchfahren, danach rechts (4,5 km). Den CP-Schildern folgen. 119214

Jurmala, LV-2012 / Rigas

- Neptuns
- Jaunkemeru Cels 1
- 1 Mai - 30 Sep
- +371 26 18 92 61
- @ dace@restoransneptuns.lv
- N 56°58'30'' E 23°33'25''

1	ADEILNOPQRS**T**	K 6
2	ABGJQSXY	F**G** 7
3	A	ABEFNQR 8
4		JV 9
5	DEHJL	BIKNQU 10
16A CEE		€25,00
2ha 20**T**(80m²) 1D		€26,50

Von Riga Richtung Kolka. In Jurmala Richtung Jaunkemeri. Restaurant und Camping Neptuns sind angezeigt. 122730

Madliena, LV-5045 / Ogres

- Forsteri
- Ogres Nov., Madlienas Pag.
- 1 Apr - 1 Nov
- +371 29 21 57 97
- @ forsteri@forsteri.lv
- N 56°46'30'' E 25°10'59''

1	ABCFILNOPQRS**T**	JNUX 6
2	ABCQRSXYZ	AB 7
3	AGMU	ABEFNQR 8
4	AEGHO**T**	FRV 9
5	D	AHJOQU 10
16A CEE		€16,00
2,5ha 40**T**(50-100m²) 2D		€18,00

Von der A6 Riga-Daugavpils Ausfahrt Skriveri (P32) Richtung Madliena. An der rechten Straßenseite Hinweis 'Forsteri'. 120959

Kalnabeites/Siguldas Nov., LV-2150 / Rigas

- Camping Lakeside
- Plivkas
- 1 Mai - 30 Sep
- +371 27 15 21 55
- @ camping@lakeside.lv
- N 57°07'52'' E 24°51'52''

1	ABDEJMNOPQRS**T**	LN 6
2	AEIJKQXY	ABF**H** 7
3		ABEFNRV 8
4	F	N 9
5		BGJOQU 10
10A CEE		€23,00
H103 1,5ha 40**T**(70-100m²)		€27,00

In Sigulda Richtung Allazi. Nach ca. 1 km rechts ab Richtung Spa Hotel. Am Ende des Weges noch 150m Sandweg. Camping rechts vom Weg. 122790

Mikeltornis/Ventspils Nov., LV-3601 / Ventspils

- Mikelbaka
- 1 Mai - 1 Okt
- +371 27 88 44 38
- @ martins@mikelbaka.lv
- N 57°35'49'' E 21°57'57''

1	ADEG**J**MNOPQRS**T**	KNQS 6
2	BGJQSXYZ	AD**FG** 7
3	A	ABEFNQR 8
4		DIJRU 9
5	FHJKN	AGJNRSU 10
16A		€20,00
6ha 75**T**(100-150m²) 19D		€25,00

Strecke Ventspils-Kolka. Durchfahren bis zum Schild Mikeltornis (nicht dem Navi folgen). Dann links auf den Sandweg. Nach 2 km kommt der CP. 117664

Kazinci/Kraslavas Nov., LV-17625 / Kraslavas

- Camping Siveri
- 1 Mai - 30 Sep
- +371 29 27 85 99
- @ campsiveri@gmail.com
- N 56°01'20'' E 27°24'08''

1	A**JM**NOPQRS**T**	LNPQSWXZ 6
2	ABEIJKQRUWXYZ	ABC**FHIK** 7
3	AE	ABEFNQR 8
4	A**T**	FGQR 9
5	D	AHIJNQU 10
B 16A CEE		€15,00
1ha 150**T**(70-100m²) 4D		€25,00

P61 Kraslava-Dagda, 22 km hinter Kraslava links ab bei Kazinci. 3 km nicht asphaltierte Landstraße, ausgeschildert. 118392

Nicas Nov./Nicas Pag., LV-3473 / Liepajas

- Verbelnieki
- 15 Apr - 15 Okt
- +371 29 13 85 65
- @ verbelnieki@inbox.lv
- N 56°25'37'' E 20°59'52''

1	ABJMNOPRS**T**	KNQ 6
2	ABGJQXY	ADE 7
3	BDU	ABEFNQRVW 8
4	**TU**	GJWY 9
5	BDHJLN	NRSU 10
16A		€21,00
11ha 170**T**(80-100m²) 26D		€27,00

Der CP liegt ca. 7 km südlich von Liepaja an der A11. Der CP ist ausgeschildert. 117825

Padure/Kuldigas Nov., LV-3321 / Ventspils
- Kempings 'Nabite'
- 1 Jan - 31 Dez
- +371 26 32 79 97
- nabite@inbox.lv

1	ABDJMNOPQRS**T**	LNQSWXYZ 6
2	ABEIKQSX	ABC**FG**HIJK 7
3	BFG	ABEFNQRUW 8
4	**T**	GJQT 9
5	BDEHJK	ABHIJLNRSU10
	B 16A	€20,00
	11ha 115**T**(50-100m²) 45**D**	€25,00

N 57°04'44" E 21°47'14" 117018

Auf den 108 Kuldiga-Ventspils, ungefähr 16 km nordwestlich von Kuldiga ist der CP an der Kreuzung ausgeschildert. Dann noch ungefähr 1,8 km über einen schmalen Kiesweg.

Raiskums, LV-4146 / Cesu
- Apalkalns
- Raiskuma Pag, Pargaujas Nov.
- 15 Apr - 1 Okt
- +371 29 44 81 88
- apalkalns@inbox.lv

1	ABDE**J**MNOPQRST	LNQSXZ 6
2	AEIKPQSTXY	ABDE**FG**IJK 7
3	AGJU	ABEFNQRTW 8
4	FHO	FIJQRV 9
5	DN	AGHJOQU10
	B 16A CEE	€22,00
	2,7ha 113**T**(100m²) 11**D**	€30,00

N 57°19'03" E 25°08'53" 118090

Von Cesis ca. 7 km Richtung Limbazi über die P14. Dann noch etwa 4 km Richtung Raiskums. Den Schildern folgen.

Riga, LV-1048 / Rigas
- Riga City Camping
- Kipsalas iela 8
- 15 Mai - 16 Sep
- +371 67 06 75 19
- camping@bt1.lv

1	ABDE**J**MNOPQRS**T**	6
2	ACPQSX	ABDE**FG**HI 7
3	AFM**N**	ABEFNQRVW 8
4	A**O**	9
5	DEHKN**O**	ABCHIKORSUX10
	Anzeige auf dieser Seite B 16A CEE	€25,00
	2ha 100**T**(50m²)	€27,00

N 56°57'23" E 24°04'45" 117032

A10 Riga-Ventspils, Richtung Riga-Zentrum. Ab der Daugava Brücke ist der CP ausgeschildert. CP liegt am Messezentrum im Stadtteil Kipsala.

Riga, LV-1048 / Rigas
- Riverside Camping
- Matrozu iela 15
- 1 Jun - 15 Sep
- +371 26 65 88 99
- info@riversidecamping.lv

1	A**J**MNOPQRS**T**	JNSX 6
2	ACPQSTWX	AB**FG**7
3		ABEFNQR 8
4	A	9
5	D	BHIKN**O**PQ10
	16A	€23,00
	2ha 40**T**(50-80m²)	€25,00

N 56°57'56" E 24°04'49" 121179

Von A10 Richtung Zentrum. Von Daugava Brücke aus der linken Flussseite folgen. CP ist ab dort angezeigt.

Rojas Nov./Melnsils, LV-3264 / Talsu
- Kempings Melnsils
- 1 Mai - 30 Sep
- +371 28 60 56 06
- info@melnsils.lv

1	A**J**MNOPQRST	KMNQSU 6
2	GJQRSXYZ	A**FG** 7
3	BFGMX	ABE**FN**QR 8
4	H**T**	DEFGIJMRTV 9
5	DFHJLNO	K**N**QU10
	B 16A	€19,00
	5ha 40**T**(80-150m²) 30**D**	€21,00

N 57°39'08" E 22°34'44" 122679

Route von Engura nach Kolka. Hinter Melnsils der Beschilderung folgen.

Rundales Pag., LV-3921 / Bauskas
- Rundale Camping
- Krastini
- 1 Jan - 31 Dez
- +371 26 43 12 34
- rundalecamping@inbox.lv

1	AB**J**MNOPQRST	J 6
2	CKQSXY	AB**FJ** 7
3	G	ABFNQR 8
4		RV 9
5	D	AKNU10
	10A	€16,00
	3,5ha 37**T**(50-100m²)	€21,00

N 56°25'13" E 24°03'50" 123356

A7 von Riga Richtung Bauska. In Bauska hinter der Muša Brücke rechts. Der P103 etwa 8 km folgen. Camping ist gut angezeigt. Oder von Litauen/Klaipeda die A8 gleich nach Grenze in Meitene rechts zur P103 Richtung Rundale.

Sigulda/Siguldas Nov., LV-2150 / Rigas
- Siguldas Pludmale
- Peldu iela 2
- 1 Mai - 15 Sep
- +371 29 24 49 48
- karina@makars.lv

1	AB**J**MNOPRS**T**	JNU 6
2	ACJQSTXY	AB**FI** 7
3	G	ABEFNQRVW 8
4	FH	GQRX 9
5	D	KNRSU10
	10A CEE	€24,00
	0,7ha 35**T**(60-90m²) 3**D**	€22,00

N 57°09'28" E 24°50'14" 117035

Die A2/E77. Stadt Sigulda einfahren, über die Bahnlinie folgen. Innerorts stehen CP-Schilder. Der CP liegt am Ende einer 11% Steigung.

Skultes Pag, LV-4025 / Limbazu
- Camping Laucu Akmens
- Limbazu Nov.
- 1 Jan - 31 Dez
- +371 26 35 05 36
- info@laucakmens.lv

1	ABDE**J**MNOPR**T**	KM 6
2	AGJLQX	AB**FI** 7
3	AFGX	ABE**F**NQW 8
4	O	GHIJ 9
5	DKL	AJNQ10
	B 16A	€25,00
	4ha 30**T**(100m²) 11**D**	€25,00

N 57°22'00" E 24°24'13" 117007

Auf der A1 aus beiden Richtungen ist das Campingschild vor der Einfahrt gut sichtbar. In diesen Weg dann 2 km über den Kiesweg.

Smiltene/Smiltenes Nov., LV-4729 / Valkas
- Kalbakas Camping
- 1 Jan - 31 Dez
- +371 29 46 50 18
- kalbakas@kalbakas.lv

1	A**J**MNORT	6
2	IQXY	ABC**F**HIK 7
3	AFGM	ABEFNQRW 8
4	**T**	GV 9
5	D	JNRS10
	16A	€15,00
	1,5ha 18**T**(80-100m²) 13**D**	€15,00

N 57°26'18" E 25°56'08" 117810

P24 Valka-Smiltene, ca. 2,5 km vor Smiltene ist der CP deutlich angezeigt.

Usma Pag./Ventspils Nov., LV-3619 / Ventspils
- Usma Spa Hotel & Camping
- Priezkalni
- 1 Apr - 31 Okt
- +371 26 33 45 00
- usma@usma.lv

1	ADE**GJ**MNOPQRST	ELN**ST**X**Z** 6
2	ABE**J**KQSXYZ	ABDE**FI**K 7
3	AFG	ABEFNQRVW 8
4	**OTZ**	G**J**PQTV 9
5	DHJL	AHIJNRU10
	B 16A	€21,00
	4,5ha 55**T**(100m²) 22**D**	€23,00

N 57°14'21" E 22°10'11" 117022

Von Ventspils die A10 nach Riga Richtung Usma. Der CP-Beschilderung folgen. Dem Asphaltweg folgen, kein Sandweg.

Valmiera, LV-4224 / Valmieras
- Baili Camping
- Kaugura pagast Beverinas Novads
- 1 Jan - 31 Dez
- +371 29 28 41 13
- baili@valm.lv

1	ADE**J**MNOPQRST	6
2	BQXYZ	AB**F** 7
3	FW	ABCDEFJNQRW 8
4	FH**T**	AGJR 9
5	DEH	HIJNQU10
	W 16A	€20,00
	H58 4ha 35**T**(bis 100m²) 18**D**	€20,00

N 57°32'02" E 25°28'05" 117012

Von Valmiera-Mitte Richtung Smiltene. Der CP ist deutlich ausgeschildert.

Ventspils, LV-3601 / Ventspils
- Piejuras Kempings (Seaside camping)
- Vasarnicu iela 56
- 1 Jan - 31 Dez
- +371 63 62 79 25
- camping@ventspils.lv

1	ABDE**J**MNOPQRST	KMQS 6
2	ABGJKPQRTWXYZ	AB**FGH**IJK 7
3	AFG	ABCDEFJNQRTW 8
4	HO**T**	JUVWY 9
5	DEFHJ	A**F**HIORUW10
	B 16A	€25,00
	10ha 316**T**(60-100m²) 43**D**	€27,00

N 57°23'01" E 21°32'16" 117079

In Ventspils mit Schildern angezeigt.

Zorgi/Iecavas Nov., LV-3913 / Bauskas
- Labirinti Camping
- Berzini
- 1 Apr - 30 Okt
- +371 26 32 03 36
- info@kempingslabirinti.lv

1	AB**J**LNOPQRST	SX 6
2	AQXYZ	AB**FI** 7
3	B**D**FGJU	ABEFNQR 8
4	**J**	GQY 9
5	DN	BJLORU10
	20A	€15,00
	2ha 42**T**(100-150m²) 1**D**	€21,00

N 56°33'51" E 24°10'04" 117811

Der CP liegt nah an der A7 (Riga-Bauska), ungefähr 18 km nördlich von Bauska. Der CP ist ausgeschildert.

Zu jedem Campingplatz in diesem Führer gehört eine sechsstellige Nummer. Damit können Sie den betreffenden Campingplatz auf der Webseite suchen.

www.Eurocampings.de

Estland

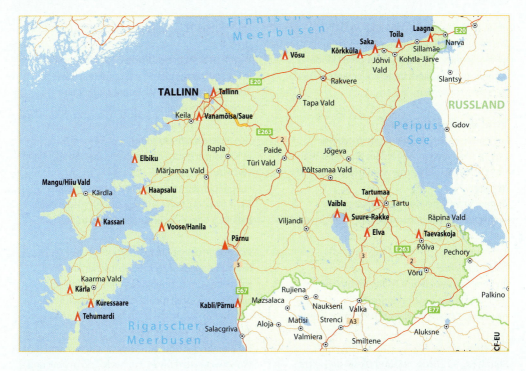

Allgemeines

Offizieller Name: Republik Estland (Eesti Vabariik). Estland ist Mitglied der Europäischen Union. Es wird dort Estnisch und Russisch gesprochen. In touristischen Gebieten kommt man meistens auch mit Englisch zurecht. Zeitunterschied: In Estland ist es eine Stunde später als in Berlin, Paris und Rom.

Währung und Geldfragen

Währung: Euro.
Bankkarte und Kreditkarte können Sie fast überall benutzen. Es gibt genug Geldautomaten.

Grenzformalitäten

Viele Formalitäten und Vereinbarungen in Bezug auf die notwendigen Reisedokumente, Fahrzeugpapiere, Anforderungen an Ihr Transportmittel und Ihr Campingfahrzeug, medizinische Kosten und die Mitnahme von Tieren hängen nicht nur vom Reiseziel, sondern auch von Ihrem Abreiseort und Ihrer Nationalität ab. Auch die Dauer Ihres Aufenthaltes kann eine Rolle spielen. Es ist unmöglich, im Rahmen dieses Leitfadens für alle Benutzer die richtigen und aktuellen Informationen über diese Themen zu gewährleisten. Wir empfehlen Ihnen daher, die folgenden Fakten in jedem Fall rechtzeitig vor der Abreise zu überprüfen:

- welche Reisedokumente Sie für sich selbst und Ihre Mitreisenden benötigen,
- welche Dokumente Sie für Ihr Auto und Ihren Anhänger benötigen,
- welche Waren und Medikamente Sie kostenlos ein- und ausführen dürfen,
- wie bei Unfall oder Krankheit die medizinische Behandlung in Ihrem Urlaubsland geregelt ist und bezahlt werden kann.

Haustiere

Finden Sie heraus, ob Ihr Haustier an Ihrem Zielort willkommen ist. Nehmen Sie hierzu frühzeitig Kontakt zu Ihrem Tierarzt auf. Dieser informiert Sie über relevante Impfungen und die entsprechenden Nachweise wie auch über Pflichten bei der Rückkehr. Ferner sollten Sie sich erkundigen,

Estland

ob an Ihrem Zielort für das Mitführen von Haustieren im öffentlichen Raum bestimmte Bedingungen gelten. So müssen in einigen Ländern Hunde immer einen Maulkorb tragen oder hinter Gittern transportiert werden.

Straßen und Verkehr
Die Hauptstraßen in Estland sind meistens zweispurige Straßen. Außerdem sind viele Straßen nicht befestigt und werden weniger gut instand gehalten.
Andere Verkehrsteilnehmer verhalten sich möglicherweise unvorsichtiger als Sie es gewohnt sind.

Verkehrsdichte
Im Sommer herrscht um Tallinn herum (wegen der zusätzlichen Fährverbindungen) und vor der russischen Grenze bei Narva etwas mehr Verkehr.

Tanken
Benzin (95, 95 E10 und 98) und Diesel sind leicht erhältlich (beim Tanken von E10 am Einfüllstutzen, in der Bedienungsanleitung oder bei Ihrem Händler prüfen, ob Ihr Fahrzeug damit fahren kann).
Autogas ist einigermaßen gut verfügbar. Zum Tanken von Autogas wird der italienische Anschluss (Dish) genutzt.
Die meisten Tankstellen sind mindestens von 7.00 bis 21.00 Uhr geöffnet, Tankstellen an Autobahnen sind oft Tag und Nacht geöffnet.
An mehreren Tankstellen gibt es Tankautomaten, an denen Sie mit einer Kreditkarte bezahlen können.

Verkehrsregeln
Abblendlicht (oder Tagfahrlicht) ist tagsüber vorgeschrieben. **Achtung!** Die Rückleuchten eines Wohnwagens müssen immer eingeschaltet sein.
An einer Kreuzung mit Straßen gleichen Ranges hat der von rechts kommende Verkehrsteilnehmer Vorfahrt.
Die Alkoholgrenze liegt bei 0,2 ‰.
Fahrer dürfen nur mit einer Freisprechanlage telefonieren.

Kinder unter 12 Jahren müssen in einem Kindersitz sitzen.
Vom 1. Dezember bis 28. (bzw. 29.) Februar sind in Estland Winterreifen vorgeschrieben (dieser Zeitraum kann an die Wetterbedingungen angepasst werden).

Besondere Bestimmungen
Es ist nicht erlaubt, an einer stehenden Straßenbahn vorbeizufahren.
Fußgänger, die im Dunkeln oder bei schlechter Sicht an einer Straße entlanggehen, müssen einen Reflektor oder eine Sicherheitsweste tragen.

Vorgeschriebene Ausrüstung
Ein Warndreieck und ein Feuerlöscher sind im Fahrzeug vorgeschrieben. Es wird empfohlen, Sicherheitswesten für alle Insassen mitzuführen.

Wohnwagen, Wohnmobil
Ein Wohnmobil oder ein Gespann aus Pkw und Wohnwagen darf bis zu 4 m hoch, 2,55 m breit und 18,75 m lang sein (der Wohnwagen selbst darf bis zu 12 m lang sein).

Fahrrad
Für Kinder bis 16 Jahre ist ein Fahrradhelm Pflicht (auch für Kinder in einem Fahrradsitz). Telefonieren und Tippen auf einem Handy sind auf dem Fahrrad verboten.
Kinder unter 8 Jahren dürfen mit dem Rad nicht auf der Straße fahren; Kinder von 8 bis 16 Jahren dürfen nur unter Aufsicht eines Erwachsenen auf der Straße Rad fahren.

Maut und Umweltzonen
Maut
Auf den Straßen in Estland wird keine Maut für Pkws und Wohnmobile erhoben.

Umweltzonen
Es gibt noch keine Umweltzonen, die für ausländische Touristen von Bedeutung sind.

Estland

Höchstgeschwindigkeiten

Estland	Außerhalb geschlossener Ortschaften	Autobahn
Auto	90	110*
Mit Anhänger	70	90
Wohnmobil < 3,5 Tonnen	90	110*
Wohnmobil > 3,5 Tonnen	70	90

*Im Winter kann eine niedrigere Höchstgeschwindigkeit gelten.
Innerhalb geschlossener Ortschaften beträgt die Höchstgeschwindigkeit 50 km/h.
Fahrer, die seit weniger als 2 Jahren einen Führerschein besitzen, dürfen nur mit einer Höchstgeschwindigkeit von 90 km/h fahren.

Panne und Unfall

Stellen Sie Ihr Warndreieck auf Autobahnen ca. 100 m (ansonsten 50 m) hinter dem Auto auf, wenn es für andere Verkehrsteilnehmer nicht gut sichtbar ist. Alle Insassen müssen eine Sicherheitsweste anziehen.
Rufen Sie bei einer Panne die Notrufnummer Ihrer Pannenhilfe-Versicherung an. Sie können auch die Pannenhilfe von Estland (EAK) unter +372 69 79 188 anrufen.
Das Abschleppen auf der Autobahn ist bis zur ersten Ausfahrt erlaubt.

Notrufnummer

112: allgemeine Notrufnummer für Polizei, Feuerwehr und Rettungswagen

Campen

Die Zahl der Campingplätze in Estland steigt aufgrund der wachsenden Popularität der baltischen Staaten bei Campern. Viele Campingplätze befinden sich in Nationalparks und entwickeln sich auf das Niveau von Campingplätzen in Westeuropa. Immer mehr Campingplätze bieten Strom an.
Wildcampen außerhalb der Campingplätze ist in Estland auf dem Land und in begrenztem Ausmaß gegen Gebühr in den Nationalparks erlaubt. Auf landwirtschaftlichen Flächen ist es nur mit Genehmigung des Grundbesitzers erlaubt.

Wohnwagen, Wohnmobile

Sie dürfen entlang der Straße nur auf speziell für Wohnmobile vorgesehenen und ausgeschilderten Parkplätzen übernachten.
Auf den Campingplätzen wächst die Zahl der Servicestationen für Wohnmobile.

Suche nach einem Campingplatz

Über *Eurocampings.eu* können Sie ganz einfach einen Campingplatz suchen und auswählen.

Praktisch

Die Steckdosen haben zwei runde Löcher (Typ C oder F). Auf *iec.ch/world-plugs* können Sie überprüfen, ob Sie einen Adapter (Weltstecker) benötigen.
Schützen Sie sich vor Zecken, da diese Krankheiten übertragen können. Vermeiden Sie wegen Tollwutgefahr den Kontakt mit Säugetieren.
Leitungswasser kann bedenkenlos getrunken werden, hat aber einen Chlorgeschmack. Viele Menschen trinken Wasser aus Flaschen.

Klima Tallinn	Jan.	Feb.	März	Apr.	Mai	Jun.	Jul.	Aug.	Sept.	Okt.	Nov.	Dez.
Durchschnittliche Höchsttemperatur	-2	-2	2	8	15	19	21	20	15	9	3	0
Durchschnittliche Anzahl der Sonnenstunden pro Tag	1	2	4	6	7	11	10	8	5	2	1	0
Durchschnittliche monatliche Niederschlagsmenge (mm)	48	32	32	37	38	57	78	82	74	73	67	57

Elbiku, EST-91202 / Lääne
- Roosta Puhkeküla
- Noarootsi vald
- 1 Jan - 31 Dez
- +372 5 25 66 99
- roosta@roosta.ee
- N 59°09'29" E 23°31'12"

1 ADEJMNOPQRS**T**	KQRS 6
2 BGJPRSTVYZ	AB**FG**I 7
3 A**FGHJ**M**NR**	ABEFGJNQRW 8
4 F**J**O**QTU**	JMQU 9
5 BDEF**H**JLNO	BHIJNQU 10
FKKB 10A	€22,00
12ha 49**T**(20-40m²) 32**D**	€22,00

Der Küstenstraße Haapsalu-Nova folgen. Von Linnamäe noch 23 km. Ausfahrt Riguldi in nördlicher Richtung bis Elbiku. CP gut ausgeschildert. 116978

Laagna, EST-40110 / Ida-Viru
- Laagna camping-hotel
- 1 Jan - 31 Dez
- +372 53 06 06 03
- info@laagna.ee
- N 59°23'46" E 27°58'09"

1 ADEJMNOPRST	EGLN 6
2 AEQXY	DEF 7
3 AD**FH**M	ABEFGJNQRW 8
4 **A**O**T**U	GQU 9
5 DHJKN	HIJNQU 10
16A	€15,00
H50 4ha 60**T** 36**D**	€15,00

Von Narva aus die Route 1. Rechts Richtung Laagna. Gut angezeigt. Von Tallinn aus die Route 1. Links Richtung Laagna. 116971

Elva, EST-56006 / Tartu
- Waide Motel
- Käo Village
- 1 Jan - 31 Dez
- +372 7 30 36 06
- info@waide.ee
- N 58°13'13" E 26°22'12"

1 ADEJMNOPRST	6
2 ABQTWXY	ABDE**FG** 7
3 AF	ABEFJNQRW 8
4 **T**	G 9
5 DHJKN	AHJNQU 10
10A	€20,00
H50 2,5ha 50**T** 26**D**	€20,00

Westlich von Elva, an der A3 Tartu-Valga. Mit Schildern angezeigt. Von der A3 nicht nach Elva, sondern dem CP-Schild folgen. 117000

Mangu/Hiiu Vald, EST-92211 / Hiiu
- Randmäe Holiday Farm
- 1 Jan - 31 Dez
- +372 56 83 35 11
- info@puhketalu.ee
- N 59°01'38" E 22°35'10"

1 ADEJMNOPQRST	KNQ 6
2 BGJQXY	AB**FG**I**K** 7
3 AFGU	EFNQRW 8
4 F**H**O**T**	FGJQRV 9
5 HJN	AJNQU 10
16A	€20,00
11ha 50**T**(80-120m²) 14**D**	€20,00

Die 80 vor Kärdla Richtung Körgessaare. Nach 10 km rechts Richtung Tahkuna. Ausfahrt Posti links liegen lassen. 100m weiter Privatweg links zum CP Randmäe. Dieser letzte Teil ist nicht asphaltiert. 116973

Haapsalu, EST-90506 / Lääne
- Pikseke
- Männiku tee 32
- 1 Jan - 31 Dez
- +372 51 92 22 91
- pikseke@hotmail.com
- N 58°55'41" E 23°32'15"

1 AJMNOPQRST	6
2 BJPQWXYZ	ABDE**FI**K 7
3 A	CDEFGNQRW 8
4 **J**T**X**	FV 9
5 ADN	BGHJOQU 10
10A	€22,00
0,7ha 40**T**(30-60m²) 2**D**	€22,00

Von Tallinn oder Pärnu nach Haapsalu. In Haapsalu findet man Schilder zum CP. 116977

Pärnu, EST-80021 / Pärnu
- Konse Motel & Caravan Camping
- Suur-Jõe 44a
- 1 Jan - 31 Dez
- +372 53 43 50 92
- info@konse.ee
- N 58°23'05" E 24°31'35"

1 ADEJMNOPQRS	JNQSXYZ 6
2 ACIJPQSTXYZ	AB**FG**HIJK 7
3 **L**	ABCDEFJNQR 8
4 **O**T	GLUV 9
5 DEHJN	ABGHIJOQQ 10
B 10A	€24,50
1ha 80**T**(8-80m²) 31**D**	€26,50

In den östlichen Stadtteil von der alten Strecke 4/E67 abbiegen. Am Riia Denkmal ist der CP anzeigt. 116994

Kabli/Pärnu, EST-86002 / Pärnu
- Metsaluige Camping and Caravan Park
- Häädemeeste vald
- 1 Jan - 31 Dez
- +372 53 33 57 19
- info@metsaluige.ee
- N 57°59'34" E 24°25'22"

1 ADEILNOPQRS**T**	BK 6
2 ABGJPQX	AB**FG**I 7
3 B	ABCDEFJNQRSTW 8
4 T	F 9
5 DFHKNO	JORSU 10
Anzeige auf Seite 427 10-16A	€28,00
2ha 40**T** 16**D**	€28,00

Nach Ikla Straße 4 (E67) für 12 km folgen. Dann links abbiegen zum Hotel Lepanina. Folgen Sie diesem Schild, bis der Campingplatz angezeigt wird. 125188

Pärnu, EST-88311 / Pärnu
- Solar Caravan Park
- Lõosilma talu
- 1 Jan - 31 Dez
- +372 53 07 73 60
- info@solarcaravan.ee
- N 58°25'27" E 24°21'46"

1 ADEJMNOPQRST	6
2 AJPQXYZ	ABDE**FG**IK 7
3 A**L**	ABCDEFJNQRTUW 8
4 F	AV 9
5 BDEMNO	BHIJOPQU 10
B 13A	€19,80
2ha 85**T**(16-100m²) 1**D**	€22,00

Autobahn Pärnu-Tallinn. Der Campingplatz ist ausgeschildert. 124761

Kärla, EST-93501 / Saare
- Karujärve
- 15 Mai - 31 Aug
- +372 24 54 21 81
- jyri@karujarve.ee
- N 58°22'41" E 22°13'54"

1 AHKNOPRT	LN 6
2 ABEJKPQY	A 7
3 AFG	ABE**FN**QRW 8
4 **T**	FJQ 9
5 DEHJN	ABHIJNQU 10
B 10A	€14,00
4ha 110**T**(30-80m²) 42**D**	€14,00

Die 10 Kuivastu-Kuressaare und dann die 78 Richtung Kihelkonna folgen. Ausfahrt Kärla nehmen, noch ca. 6 km. 116986

Saka, EST-30103 / Ida-Viru
- Saka Manor
- 15 Apr - 15 Okt
- +372 3 36 49 00
- saka@saka.ee
- N 59°26'16" E 27°10'43"

1 ADE**J**MNOPRST	EG**K** 6
2 AGIJMNQXY	**FGH** 7
3 AF**NT**	ABEFJNQRW 8
4 F**STUVXYZ**	FGV 9
5 DHJL	IJNQU 10
B 10A	€13,00
2ha 40**T** 51**D**	€13,00

CP und Hotel liegen an der Autobahn Tallinn (148 km) und Narva (64 km). Sehr gut angezeigt. Am Ende der Straße Saka Cliff Nois (rechts) folgen. 116970

Kassari, EST-92111 / Hiiu
- Vetsi Talli Puhkeküla
- 15 Mai - 15 Sep
- +372 4 63 61 46
- vetsitall@hiiumaale.ee
- N 58°47'22" E 22°49'09"

1 ADE**JM**NOPR**T**	6
2 AJLQY	7
3 AG	ABEFNQ 8
4	FI 9
5 DFHK	BHJNQU 10
16A	€25,00
1ha 52**T**(12-50m²) 15**D**	€25,00

P80 Heltermaa-Kärdla, Ausfahrt Kassari und weiter ins Zentrum Richtung Orjaku. 116974

Körkküla, EST-43405 / Ida-Viru
- Mereoja Camping
- Uuskörtsi
- 1 Mai - 30 Sep
- +372 59 08 41 96
- mereoja@mereoja.eu
- N 59°25'47" E 26°57'21"

1 ADEJMNOPQRST	KN 6
2 AHIJLMPQSTWXY	ABDE**FG**IJK 7
3 B	ABCDEFGIJNQRW 8
4 **T**	AFW 9
5 BDN	GKOQU 10
10-16A	€21,00
5ha 70**T**(60-100m²) 8**D**	€27,00

An der Autobahn 1 Tallinn (130 km) und Narva (82 km) ist der CP ausgeschildert. 122119

Kuressaare, EST-93810 / Saare
- Saaremaa Spa Hotel
- Pargi 16
- 1 Jun - 30 Sep
- +372 4 52 21 00
- info@saaremaaspahotels.ee
- N 58°14'52" E 22°28'25"

1 ADEJMNOPQRST	EHKNSX 6
2 AGJKPQTXY	7
3 D**L**M**N**	ABJNQR 8
4 FHJO**QRSTUVXYZ**	GL 9
5 DEHJL	FJN 10
16A	€25,00
0,5ha 16**T** 225**D**	€25,00

Die 10 von Kuivastu nach Kuressaare. Am Kreisel der Ringstraße geradeaus Richtung City Harbour. Spa Hotel liegt am Stadthafen. 122589

ACSI Camping Europa-App

9 500 europäische Campingplätze in einer praktischen App

- Erweiterbar um 9 000 kontrollierte Reisemobilstellplätze
- Ohne Internetverbindung nutzbar
- Kostenlose Updates mit Änderungen und neuen Campingplatz-Bewertungen
- Schnell und einfach buchen, auch unterwegs
- Neu: jetzt auch mit kleinen Campingplätzen

ab 0,99 €

www.Eurocampings.de/app

Camping Tehumardi
★ ★ ★ ★

Saaremaas schönster Campingplatz, kinderfreundlich und gut ausgestattet. Campinggäste steht eine voll ausgestattete Küche zur Verfügung. Auf dem Gelände finden Sie zwei Teiche, einer zum Schwimmen, der andere zum Bootfahren. Guter Ausgangspunkt zum Erkunden der Insel. Das Meer liegt sehr nah – nur einen 200m-Spaziergang durch den Kiefernwald entfernt.

93201 Tehumardi • Tel. +372 5105150
E-Mail: info@tehumardi.ee
Internet: www.tehumardi.ee

Suure-Rakke, EST-61113 / Tartu
- Camping Kiviranna Holiday Home
- Ürinurga talu
- 1 Mai – 1 Okt
- +372 5 29 85 61
- kiviranna@kiviranna.ee

1 ADEJMNOPQRST **A**LNQSXY 6
2 ABEILMPQRSXYZ **AFG**IJ 7
3 ABFU ABEFJNQRUW 8
4 EH**TU** IJOPQRV 9
5 DEHJN JOQU 10
16A € 25,00
2ha 34**T**(60-100m²) 4**D** € 35,00

N 58°21'54" E 26°09'11" 123098
Tartu Richtung Viljandi, die 92. Ca. 40 km von Tartu aus ist der Campingplatz ausgeschildert.

Vaibla, EST-74314 / Viljandi
- Vaibla Holiday Center
- Vaibla Küla
- 15 Mai – 15 Sep
- +372 58 66 64 14
- info@vaiblapuhkekeskus.ee

1 ADJMNOPQRST LNQSXY 6
2 AEILQRXY **AF**IJ 7
3 AFGM AEFNQRW 8
4 FHJ**T** FGQT 9
5 DEHJN HJQU 10
16A CEE € 22,00
3,5ha 80**T** 26**D** € 28,00

N 58°24'30" E 26°03'03" 117003
Mautstrecke Viljandi-Tartu auf der 92 folgen. Ausfahrt Vaibla und dann weiter zum Vortsjärv See. 32 Km von Viljandi Richtung Tartu. 43 Km von Tartu Richtung Viljandi.

Taevaskoja, EST-63229 / Põlva
- Taevaskoja Salamaa
- Taevaskoja tee 32
- 1 Jan – 31 Dez
- +372 53 45 64 80
- info@salamaa.eu

1 ADEJMNOPQRST LN 5
2 ABEPQTXZ AB**FH**IK 7
3 ADFU ABEFJNQRW 8
4 FHO**T** GR 9
5 DN JOQU 10
16A € 18,00
H80 2,6ha 25**T**(bis 80m²) 10**D** € 20,00

N 58°06'19" E 27°02'23" 121464
Auf der 61 von Tartu nach Põlva ist der CP ca. 7 km vor Põlva ausgeschildert.

Vanamõisa/Saue, EST-76407 / Harju
- Vanamõisa Caravan Park
- Vabaõhukeskuse Road 18
- 1 Apr – 1 Okt
- +372 58 66 66 96
- info@caravanpark.ee

1 ADEJMNOPQRST L 6
2 AEQTX AB**FG**IJ 7
3 ABF ABEFJNQRW 8
4 FHKO**T** F 9
5 DEHM FGHIJOSTU 10
B 16A CEE € 24,50
2ha 200**T**(60-80m²) 6**D** € 24,50

N 59°19'46" E 24°32'23" 122617
Auf der 4 (E67) von Tallinn nach Parnu die Ausfahrt Richtung Paldiski die 8/11. Von hier aus ist der CP ausgeschildert.

Tallinn, EST-11911 / Harju
- Pirita Harbour Camping
- Regati 1
- 1 Jan – 31 Dez
- +372 6 39 89 80
- top@piritatop.ee

1 BDEJMNOPQRST QRSTXYZ 6
2 AGIJPQSTX **F** 7
3 **NO** RVW 8
4 FG 9
5 DGL AHIKNQ 10
16A € 15,00
1ha 100**T**(16-30m²) 6**D** € 20,00

N 59°28'02" E 24°49'27" 119405
Vom Zentrum Tallinn Richtung Narva. Auf der Narva Maantee links Richtung Pirita (Pirata Tee) halten. CP ist angezeigt (auf dem Gelände des Yachthafens).

Voose (Lääneranna), EST-90112 / Lääne
- Voosemetsa
- 1 Mai – 1 Sep
- +372 5 05 26 79
- voosemetsa@hot.ee

1 ABJMNOPQRST 6
2 ABPQTXYZ ABCDE**FGH**IK 7
3 AFG ABEFNQRW 8
4 FHJO**T** FGV 9
5 DN AHJNQU 10
16A CEE € 18,00
1ha 40**T**(30-80m²) 8**D** € 18,00

N 58°38'46" E 23°39'45" 116992
Die 10 von Lihula Richtung Virtsu, Gemeinde Hanila. Das Dorf Voose in 12 km von Virtsu. Rechts halten. Nach 2,5 km CP.

Tartumaa, EST-51014 / Tartu
- Kure Turismitalu
- Kure Tee 4
- 1 Jan – 31 Dez
- +372 5 04 74 12
- kuretalu@kuretalu.ee

1 AJMNOPRST L 6
2 AFPQTX AB**FGH**IK 7
3 U ABEF**J**NQR 8
4 **TU** FG 9
5 DJN BHJ**O**QU 10
16A € 18,00
3ha 30**T** 18**D** € 18,00

N 58°24'25" E 26°36'44" 117002
Hauptstraße 2 Tartu-Tallinn. Etwa 7 km westlich von Tartu ist der CP angezeigt.

Võsu, EST-45501 / Lääne-Viru
- Lepispea Caravan & Camping
- Lepispea 3
- 1 Mai – 30 Sep
- +372 54 50 15 22
- info@lepispea.ee

1 AJMNOPRST KS 6
2 BGJKPQWXY AB**F**IK 7
3 AF ABEFNQRW 8
4 FH**T** V 9
5 DN AGHJOQU 10
16A € 20,00
7,5ha 200**T**(60-100m²) 30**D** € 23,00

N 59°34'33" E 25°56'11" 116968
Von Tallinn nach Loska. Von dort nach Võsu. Hier ausgeschildert.

Tehumardi, EST-93201 / Saare
- Tehumardi★★★★
- 1 Mai – 30 Sep
- +372 5 10 51 50

1 AJMNOPQRST KL 6
2 ABEGJPQRTXYZ ABDE**F**IK 7
3 AFGX ABEF**J**NQR 8
4 HJO**T** FGJQV 9
5 DEN AGHJNQU 10
Anzeige auf dieser Seite 16A € 22,00
8ha 100**T**(bis 100m²) 20**D** € 26,00

N 58°10'47" E 22°15'15" 116990
Die 77 von Kuressaare nach Sääre. 2 km vor dem Ort Salme wenn Sie aus Kuressaare kommen.

Metsaluige Camping and Caravan Park

Ein freundlicher Familiencampingplatz mit Kinderspielplatz. Kostenlose Sauna und Schwimmbad, moderne Sanitäranlagen und Restaurant, 200m vom Strand entfernt. Es gibt Hütten zu mieten.

Häädemeeste vald, 86002 Kabli/Pärnu
Tel. +372 53335799 • E-Mail: info@metsaluige.ee
Internet: www.metsaluige.ee

Toila, EST-41702 / Ida-Viru
- Camping Toila Spa Hotell
- Ranna 12
- 1 Mai – 30 Sep
- +372 5 08 15 79
- camping@toilaspa.ee

1 ADEJMNOPRST EGKQS 6
2 BGILMNOPQWXYZ ABDIJ 7
3 A**DFGJ**N ABCDEFNQRW 8
4 **AFGHJN STUVWXYZ** JLVW 9
5 ADHJLN GHIJOQU 10
16A € 20,00
H50 2ha 40**T** 19**D** € 30,00

N 59°25'32" E 27°30'52" 116972
Über die 1/E20 Tallinn-Narva, 50 km vor Narva die Strecke nach Toila nehmen. Dort angegeben.

Estland

Tschechien

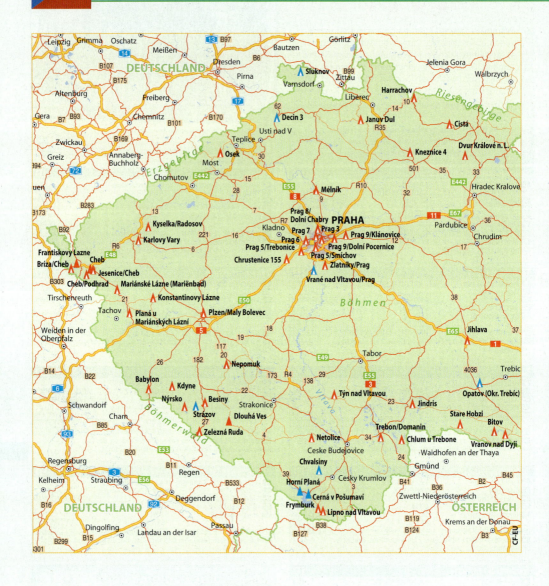

Allgemeines

Offizieller Name: Tschechische Republik (Česká republika).

Tschechien ist Mitglied der Europäischen Union. Tschechisch ist die offizielle Sprache. In touristischen Gebieten kommt man fast überall mit Englisch und Deutsch gut zurecht.

Zeitunterschied: In Tschechien ist es genauso spät wie in Berlin, Paris und Rom.

Währung und Geldfragen

Währung: Tschechische Krone (CZK)
Wechselkurs im September 2021:
1,00 € = ca. 25,36 CZK / 1,00 CZK = ca. 0,04 €.
Bankkarte und Kreditkarte können Sie fast überall benutzen. Es gibt genug Geldautomaten.

Tschechien

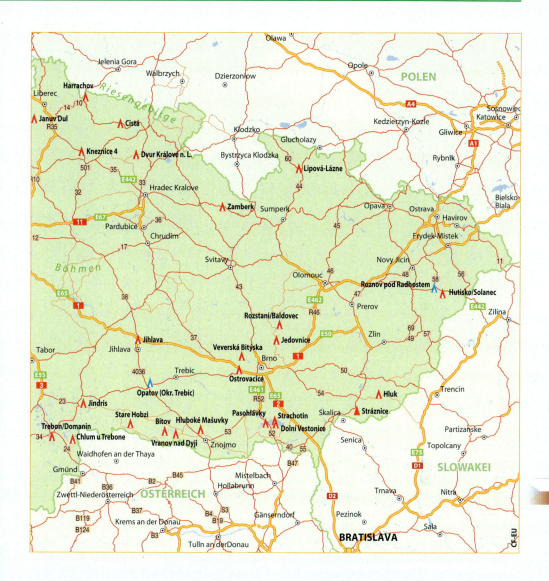

Grenzformalitäten

Viele Formalitäten und Vereinbarungen in Bezug auf die notwendigen Reisedokumente, Fahrzeugpapiere, Anforderungen an Ihr Transportmittel und Ihr Campingfahrzeug, medizinische Kosten und die Mitnahme von Tieren hängen nicht nur vom Reiseziel, sondern auch von Ihrem Abreiseort und Ihrer Nationalität ab. Auch die Dauer Ihres Aufenthaltes kann eine Rolle spielen. Es ist unmöglich, im Rahmen dieses Leitfadens für alle Benutzer die richtigen und aktuellen Informationen über diese Themen zu gewährleisten. Wir empfehlen Ihnen daher, die folgenden Fakten in jedem Fall rechtzeitig vor der Abreise zu überprüfen:

- welche Reisedokumente Sie für sich selbst und Ihre Mitreisenden benötigen,

Tschechien

- welche Dokumente Sie für Ihr Auto und Ihren Anhänger benötigen,
- welche Waren und Medikamente Sie kostenlos ein- und ausführen dürfen,
- wie bei Unfall oder Krankheit die medizinische Behandlung in Ihrem Urlaubsland geregelt ist und bezahlt werden kann.

Haustiere
Finden Sie heraus, ob Ihr Haustier an Ihrem Zielort willkommen ist. Nehmen Sie hierzu frühzeitig Kontakt zu Ihrem Tierarzt auf. Dieser informiert Sie über relevante Impfungen und die entsprechenden Nachweise wie auch über Pflichten bei der Rückkehr.
Ferner sollten Sie sich erkundigen, ob an Ihrem Zielort für das Mitführen von Haustieren im öffentlichen Raum bestimmte Bedingungen gelten. So müssen in einigen Ländern Hunde immer einen Maulkorb tragen oder hinter Gittern transportiert werden.

Straßen und Verkehr
Das ausgedehnte Straßennetz ist gut ausgebaut. Allerdings können schmale Straßen in kleineren Orten und um kleinere Orte herum kurvenreich sein und eine unregelmäßige Fahrbahndecke aufweisen. Nur in abgelegenen Gegenden und Naturgebieten gibt es unbefestigte Straßen.
In historischen Innenstädten müssen Sie besonders vorsichtig sein, wenn Sie zwischen den Straßenbahnen fahren. Achten Sie auch darauf, dass Kopfsteinpflaster bei Niederschlag sehr rutschig werden kann.
Tipp! Außerhalb des belebten Zentrums von Prag können Sie bequem die Transfer Parkplätze (P+R, park & ride) nutzen, von wo aus Sie mit öffentlichen Verkehrsmitteln schnell und kostengünstig ins Stadtzentrum gelangen.

Tanken
Benzin (Natural 95/98/100) und Diesel (Nafta) sind leicht erhältlich. Auch Autogas ist leicht

erhältlich. Zum Tanken von Autogas wird der italienische Anschluss (Dish) genutzt. Tankstellen sind oft mindestens montags bis freitags von 6.00 bis 20.00 Uhr und samstags von 8.00 bis 20.00 Uhr geöffnet. An den Hauptstraßen und in Großstädten sind Tankstellen meistens sieben Tage die Woche, 24 Stunden am Tag geöffnet. In Tschechien gibt es auch eine begrenzte Anzahl an Tankautomaten.

Verkehrsregeln

Abblendlicht (oder Tagfahrlicht) ist tagsüber vorgeschrieben.
An einer Kreuzung mit Straßen gleichen Ranges hat der von rechts kommende Verkehrsteilnehmer Vorfahrt. Der Verkehr im Kreisverkehr hat Vorfahrt, wenn dies durch Verkehrsschilder angegeben ist. Sonst hat der Verkehr von rechts Vorfahrt. **Achtung!** Straßenbahnen haben grundsätzlich immer Vorfahrt.
Es gilt ein absolutes Alkoholverbot für Autofahrer.
Fahrer dürfen nur mit einer Freisprechanlage telefonieren.
Kinder, die kleiner als 1,35 m sind und weniger als 36 kg wiegen, müssen in einem Kindersitz Platz nehmen.
Sie dürfen die Funktion in Ihrer Navigationssoftware verwenden, die Sie vor Radarfallen oder Abschnittskontrollen warnt.

Winterreifen sind ungefähr vom 1. November bis zum 31. März bei winterlichen Verhältnissen Pflicht (Schneeketten können durch ein Schild vorgeschrieben werden).

Besondere Bestimmungen

Bei Staus müssen Sie so weit wie möglich nach rechts oder links fahren, damit in der Mitte eine mindestens 3 m breite Spur für Einsatzfahrzeuge (Rettungsgasse) entsteht.
Das Parken in einer engen Straße ist verboten, es sei denn, es bleibt noch ein Platz von mindestens 6 m für den übrigen Verkehr frei.
Das Parken ist unter anderem entlang einer durchgehenden gelben Linie verboten.

Vorgeschriebene Ausrüstung

Ein Warndreieck, eine Sicherheitsweste, ein Verbandskasten und ein Ersatzreifen (oder ein Reifenreparaturset) sind im Fahrzeug vorgeschrieben. Es wird empfohlen, Sicherheitswesten für alle Insassen mitzuführen. Auch die Mitnahme von Ersatzlampen wird empfohlen.

Wohnwagen, Wohnmobil

Ein Wohnmobil oder ein Gespann aus Pkw und Wohnwagen darf bis zu 4 m hoch, 2,55 m breit und 18,75 m lang sein (der Wohnwagen selbst darf bis zu 12 m lang sein). Mit einem Wohnmobil oder einem Gespann von mehr

Höchstgeschwindigkeiten

Tschechien	Außerhalb geschlossener Ortschaften	Schnellstraße	Autobahn
Auto	90	110	130
Mit Anhänger	80	80	80
Wohnmobil < 3,5 Tonnen	90	110	130
Wohnmobil > 3,5 Tonnen	80	80	80

Innerhalb geschlossener Ortschaften beträgt die Höchstgeschwindigkeit 50 km/h (in verkehrsberuhigten Straßen 20 km/h).
Ab 50 m Entfernung von einem Bahnübergang dürfen Sie nicht schneller als 30 km/h fahren.

Tschechien

als 3,5 Tonnen oder einer Länge von über 7 m dürfen Sie auf Straßen mit drei oder mehr Fahrspuren in die gleiche Richtung nur auf den beiden ganz rechten Fahrspuren fahren.

Fahrrad
Für Kinder bis 18 Jahre ist ein Fahrradhelm Pflicht.
Telefonieren und Tippen auf einem Handy sind auf dem Fahrrad verboten. Radfahrer dürfen auch nicht rauchen.
Kinder unter 7 Jahren müssen von einer Person mit einem Mindestalter von 16 Jahren in einem Kindersitz mit Fußstützen transportiert werden. Auf dem Fahrrad fahrende Kinder unter 10 Jahren müssen von einer Person im Alter von mindestens 16 Jahren begleitet werden. Nebeneinander Rad zu fahren ist verboten.

Maut und Umweltzonen
Maut
Die meisten tschechischen Autobahnen und Schnellstraßen erfordern eine Mautvignette. Es gibt Vignetten für 10 Tage, für einen Monat und für ein Jahr zu kaufen. Sie können die Vignette an der Grenze, bei der Post und an großen Tankstellen erwerben. Sie benötigen keine separate Vignette für einen Wohnwagen oder Anhänger. Mehr Informationen: *motorway.cz*.
Für Fahrzeuge (einschließlich Wohnmobilen) über 3,5 Tonnen zahlen Sie eine Maut pro gefahrenem Kilometer mithilfe einer elektronischen Mautbox.
Mehr Informationen: *mytocz.com*.
Autobahnen ohne Mautgebühren können Sie an einem Schild mit einer durchgestrichenen Vignette oder mit dem Text „Bez poplatku" erkennen.

Umweltzonen
Es gibt noch keine Umweltzonen, die für ausländische Touristen von Bedeutung sind.

Panne und Unfall
Stellen Sie Ihr Warndreieck auf der Autobahn mindestens 100 m (auf sonstigen Straßen 50 m) hinter Ihrem Auto auf, wenn dies ein Hindernis für den übrigen Verkehr darstellt. Der Fahrer muss eine Sicherheitsweste tragen.

Tschechien

Rufen Sie bei einer Panne die Notrufnummer Ihrer Pannenhilfe-Versicherung an. Sie können auch einen tschechischen Pannendienst anrufen:
+420 261 104 345 oder 1230 (UAMK) oder
+420 222 551 144 oder 1214 (ACCR).
Wenn ein Unfall zu Personen- oder Sachschäden von mehr als 4.000 € geführt hat, sind Sie verpflichtet, die Polizei anzurufen.
Wenn sichtbare Schäden am Auto vorhanden sind, fordern Sie einen Polizeibericht an; dieser muss auf dem Rückweg an der Grenze vorgelegt werden.

Notrufnummern
112: allgemeine Notrufnummer für Polizei, Feuerwehr und Rettungswagen
158: Polizei
150: Feuerwehr
155: Rettungswagen

Campen
In Tschechien hat Campen einen nostalgischen Charakter, weil viele Tschechen noch zelten. Aber die Einrichtungen auf den Campingplätzen werden erweitert. Immer mehr Campingplätze bieten abgegrenzte Stellplätze an. Strom ist fast überall verfügbar. Eine steigende Anzahl an Campingplätzen bietet WLAN für seine Gäste an. Wildcampen außerhalb der Campingplätze ist verboten. Die Kontrollen können streng sein, insbesondere in den Nationalparks.

Wohnwagen, Wohnmobil
Die Zahl der Servicestationen für Wohnmobile steigt.
Es ist verboten, außerhalb eines Campingplatzes in einem Wohnwagen, Wohnmobil oder Auto zu übernachten.
Die Zahl der speziellen Wohnmobilstellplätze außerhalb der Campingplätze wächst.

Suche nach einem Campingplatz
Über **Eurocampings.eu** können Sie ganz einfach einen Campingplatz suchen und auswählen.

Praktisch
Steckdosen haben zwei runde Löcher und oft einen hervorstehenden Erdstift (Typ C oder E). Auf **iec.ch/world-plugs** können Sie überprüfen, ob Sie einen Adapter (Weltstecker) benötigen.
Schützen Sie sich vor Zecken, da diese Krankheiten übertragen können.
Das Leitungswasser kann in der Regel bedenkenlos getrunken werden, aber ist leicht gechlort. Trinken Sie deshalb lieber Wasser aus Flaschen.

Klima Brünn	Jan.	Feb.	März	Apr.	Mai	Jun.	Jul.	Aug.	Sept.	Okt.	Nov.	Dez.
Durchschnittliche Höchsttemperatur	0	3	9	14	20	23	25	24	20	14	7	2
Durchschnittliche Anzahl der Sonnenstunden pro Tag	2	3	5	7	9	9	9	8	7	5	2	2
Durchschnittliche monatliche Niederschlagsmenge (mm)	25	24	24	32	61	72	64	56	38	31	37	27

Klima Prag	Jan.	Feb.	März	Apr.	Mai	Jun.	Jul.	Aug.	Sept.	Okt.	Nov.	Dez.
Durchschnittliche Höchsttemperatur	0	3	8	13	18	21	23	23	19	13	6	2
Durchschnittliche Anzahl der Sonnenstunden pro Tag	2	3	5	6	8	9	8	8	6	4	2	1
Durchschnittliche monatliche Niederschlagsmenge (mm)	24	23	28	38	77	73	66	70	40	31	32	25

CAMPING OLŠINA ★★★

Hohe Bäume spenden Schatten und Kühle. Sie können einen wunderschönen Sonnenuntergang genießen. Sie können schwimmen, angeln und verschiedene Wassersportarten betreiben. Es gibt Hütten, Bungalows und Mobilheime zu mieten. Der Campingplatz verfügt über ein Restaurant und WLAN.

38223 Cerná v Pošumaví • Tel. 608029982 / 725815809
E-Mail: info@campingolsina.cz
Internet: www.campingolsina.cz

Cerná v Pošumaví, CZ-38223 / Jihocesky kraj
- Camping Olšina★★★
- 23 Apr - 9 Okt
- +420 7 25 81 58 09
- info@campingolsina.cz
- 1 ABJMNOPQRST
- 2 BEIJMQVXYZ
- 3 AMU
- 4 O
- 5 BDEGKM
- LNQS 6
- ABDEFGJ 7
- ABFNQR 8
- EFJQRTV 9
- AHIJOQ 10
- Anzeige auf dieser Seite B 10A CEE
- N 48°44'46" E 14°07'00" H700 5,5ha 300T 27D
- €25,30 / €32,40
- Von Cerná v Pošumaví Richtung Ceský Krumlov. Nach ca. 1 km nach links. CP ist ausgeschildert. 112324

Cerná v Pošumaví, CZ-38223 / Jihocesky kraj
- Camping Villa Bohemia★★★★
- Blizna 19
- 22 Apr - 9 Okt
- +420 3 80 74 40 04
- camp@villabohemia.cz
- 1 ABJMNOPQRST
- 2 FIJKLQRVWY
- 3 BFMS
- 4
- 5 DEH
- LNQSXY 6
- ABDEFGI 7
- ABEFJNQRT 8
- FKMQRTV 9
- AGHIJOQ 10
- B 10A CEE
- N 48°43'48" E 14°05'24" H700 3,5ha 118T(100-120m²) 20D
- €33,10 / €38,70
- Die Strecke Volary-Cerná v Posumavi. Direkt hinter dem Damm am Lipno See Richtung Jestrabi. Nach 1,5 km liegt der CP auf der rechten Seite. 116688

Babylon, CZ-34401 / Plzensky kraj
- Babylon
- Babylon 27
- 1 Mai - 30 Sep
- +420 3 79 79 32 86
- autokemp@babylon-obec.cz
- 1 JMNOPRT
- 2 PQXY
- 3 AB
- 4 FJ
- 5 BDKN
- 6A
- 6
- ABFIJ 7
- AEFN 8
- F 9
- AHIJNQ 10
- N 49°24'10" E 12°51'16" H465 3,5ha 216T(90-120m²) 26D
- €12,60 / €15,25
- Auf der linken Seite der 26 von Deutschland (Furth im Wald) aus Richtung Horšovský Týn in der Ortschaft Babylon. 107274

Cheb, CZ-35099 / Karlovarsky kraj
- Autocamp Fischbastei
- Na hrazi
- 1 Apr - 30 Nov
- +420 3 54 43 19 51
- 1 ADEJMNOPQRST
- 2 AEIJQSXY
- 3 GN
- 4 FH
- 5 ABDEFLN
- B 16A
- LMQRSX 6
- ABIK 7
- ABEFNQR 8
- GJ 9
- ABOQ 10
- N 50°05'01" E 12°28'04" 6ha 90T(80-120m²) 12D
- €21,30 / €25,25
- Die 21 von Cheb Richtung Mariánské Lázne. Camping an der rechten Seite kurz vor dem Staudamm. 118654

Besiny, CZ-33901 / Plzensky kraj
- Eurocamp Besiny
- 1 Jan - 31 Dez
- +420 3 76 37 50 11
- eurocamp@besiny.cz
- 1 ADEJMNOPRST
- 2 PQY
- 3 ABFJMN
- 4 FHT
- 5 DHLN
- B 10A
- A 6
- ABDEFIJ 7
- ABEFJNQ 8
- J 9
- AHIJNQ 10
- N 49°17'44" E 13°19'12" H450 16ha 60T(100m²) 20D
- €11,05 / €12,50
- In Besiny an der E53 die 27 Richtung Susice. Deutlich ausgeschildert. 111788

Cheb, CZ-35002 / Karlovarsky kraj
- Auto-Camping Drenice (B)
- 1 Mai - 20 Sep
- +420 3 54 43 15 91
- autokempinkdrenice@seznam.cz
- 1 AJMNOPRST
- 2 AEQSUWY
- 3 ABFMNS
- 4 FJO
- 5 ABDEFHKN
- B 10A CEE
- LMNQRSX 6
- ABDEFGIK 7
- ABEFNQR 8
- FKMQRT 9
- ABHINQ 10
- N 50°04'00" E 12°25'51" H450 2,7ha 155T(65-95m²) 25D
- €18,55 / €21,90
- Von Cheb in Richtung Karlovy Vary. Nach ca. 1 km rechts abbiegen. Den Schildern folgen. 107224

Bitov, CZ-67110 / Jihomoravsky kraj
- Camp Bitov★★★★
- Bitov 64
- 1 Mai - 15 Sep
- +420 5 15 29 46 11
- info@camp-bitov.cz
- 1 ABDJMNOPRT
- 2 BDEJKLQX
- 3 AFMNU
- 4 OP
- 5 BDFGHJKL
- 10-16A
- AFNQS 6
- ABFIJK 7
- ABEFNQRU 8
- FJKMPQRTUV 9
- ABHIKOQ 10
- N 48°56'19" E 15°43'24" H450 6ha 400T(100m²) 59D
- €18,55 / €21,90
- Die 408 Znojmo-Jemnice, in Richtung Bitov. Von Bitov Zentrum aus den CP-Schildern folgen. Nicht dem Navi via GPS folgen. 111408

Cheb/Podhrad, CZ-35002 / Karlovarsky kraj
- Camping am See Václav★★★★
- Všeborská 51
- 9 Mai - 13 Sep
- +420 3 54 43 56 53
- info@kempvaclav.cz
- 1 AFJMNOPRST
- 2 AEIJKMPQSTUVWXYZ
- 3 ABEFJLMUV
- 4 ABCDEFHJO
- 5 ABDEFHK
- B 6-10A
- HLNQSXZ 6
- ABDEFGH 7
- ABCDEFJKNQRTUVW 8
- EQT 9
- ABFGHIJOQ 10
- N 50°03'00" E 12°24'43" H450 5ha 150T(100-200m²) 6D
- €28,60 / €37,25
- Von Cheb 5 km südöstlich in Richtung Podhrad/Lípová. In Podhrad links. Von hier aus ist der CP ausgeschildert. Noch 1,5 km zum Jesenice See. Von Prag aus, Ausfahrt 164 und dann weiter Podhrad folgen. 107225

Bríza/Cheb, CZ-35002 / Karlovarsky kraj
- Bríza
- Bríza 19
- 1 Apr - 1 Okt
- +420 7 73 57 01 96
- campingbriza@gmail.com
- 1 AGJMNORT
- 2 ACEIJKQSTUVWXYZ
- 3 ALMX
- 4 FGHJOQ
- 5 ADEHN
- B 10A CEE
- 1,2ha 50T(80-100m²) 14D
- BJLNSX 6
- ABDEFGHI 7
- ABEFGJNPQRTW 8
- FIJQR 9
- ABCFHIJLNQ 10
- N 50°05'28" E 12°16'55" H
- €27,45 / €31,65
- Über die 303/E48 Richtung Marktredwitz Richtung Cheb/Eger. Ausfahrt Richtung Liba, rechts ab und dann die 2. links. Den Schildern Camping Briza ca 3 km folgen. 120214

Chlum u Trebone, CZ-37804 / Jihocesky kraj
- Camping Sever
- Chlum u Trebone 443
- 1 Apr - 31 Okt
- +420 6 02 39 36 83
- post@campsever.cz
- 1 ABCDJMNOPQRST
- 2 FIJPQY
- 3 AFMU
- 4 O
- 5 DEFG
- 6A CEE
- LNQS 6
- ABDF 7
- ABEFNR 8
- FQ 9
- ABHJOQ 10
- N 48°57'54" E 14°56'14" H400 1,5ha 70T(100m²) 16D
- €15,00 / €18,95
- E49 Trebon nach Chlum u Trebone, im Ort deutlich ausgeschildert. 109766

Club iD

Ihr Pass oder Ausweis sicher in der Tasche
Die praktische ACSI Clubkarte

Nur **4,95 €** im Jahr

- Ausweisersatz
- Akzeptiert auf fast 8 400 Campingplätzen in Europa
- Inklusive Haftpflichtversicherung
- Rabatt im ACSI-Webshop

www.ACSI.eu/ACSIClubID

Chrustenice 155, CZ-26712 / Stredocesky kraj

- Valek
- 1 Mai - 30 Sep
- +420 7 31 47 67 41
- info@campvalek.cz

1 ADEHKNOPQRS**T**	AFHN 6
2 ABIQUXY	ABDE**FG**HK 7
3 AM**N**	ABEFNQR 8
4 FHO	FHI 9
5 ABDFHIJ**N**O	ABHIJNQ 10
B 16A CEE	❶ €22,85 / ❷ €29,20
H500 4,5ha 150T(80-85m²) 15D	

N 50°00'42" E 14°09'02"
E50/D5 Plzen-Praha, Ausfahrt 10 Lodenice. Schildern zum CP folgen (2,5 km).
107244

Frantiskovy Lazne, CZ-35101 / Karlovarsky kraj

- Camping Amerika
- Jezerni 151/8A
- 1 Apr - 30 Okt
- +420 3 54 59 73 90
- lenka.hovorkova@algon.cz

1 ADEIJKQUXY**T**	LN 6
2 ABEIJKQUXY	AB**FG**I 7
3 ABF**GKLMN**O	ABCDEFHJNPQRW 8
4 FHJK	FJUV 9
5 DEFHKN	ABHIJLOQUV 10
B 16A	❶ €16,00 / ❷ €22,00
2,8ha 84T(100m²) 44D	

N 50°06'39" E 12°20'09"
Vom Grenzübergang Marktredwitz 2. Ausfahrt nach Frantiskovy Lazne; in der Stadt angezeigt.
121819

Chvalsiny, CZ-38208 / Jihocesky kraj

- Camping Chvalsiny
- Chvalsiny 321
- 16 Apr - 15 Sep
- +420 3 80 73 91 23
- info@campingchvalsiny.nl

1 ABDE**JM**NOPQRS**T**	ALN 6
2 CEIJKPQRVWXY	ABDE**FG** 7
3 BF**GLMX**	ABE**FG**JKNQRTW 8
4 ABCDEFHJKLO	AB 9
5 ADEHJKN	ABDGHIJOQY 10
6A CEE	❶ €27,20 / ❷ €33,50
H500 7,5ha 140T(120-150m²) 12D	

N 48°51'35" E 14°12'53"
České Budejovice (Budweis) nach Cesky Krumlov. Hinter Cesky Krumlov 3 km Richtung Chvalsiny. Den CP-Schildern 'NL' folgen. Die 39 Ceské Budejovice Richtung Lipno. Ca. 3 km hinter Ceský Krumlov dem CP-Schildern 'NL' folgen.
109936

Frantiskovy Lazne, CZ-35101 / Karlovarsky kraj

- ATC Jadran
- Jezerni 499/12A
- 15 Mrz - 30 Okt
- +420 3 54 54 24 12
- info@atcjadran.cz

1 A**J**MNOPQR**T**	ALN 6
2 ABEKQSTX	ABE**FG**IK 7
3 BDL**M**U	ABEFHNPQRUV 8
4 FHJO	EF 9
5 ADFMN	ABFHIJQ 10
B 16A CEE	❶ €14,80 / ❷ €17,60
H600 3,3ha 50T(100m²) 35D	

N 50°07'00" E 12°19'48"
Von Cheb aus Richtung Frantiskovy Lazne. Am Ortseingang der Beschilderung folgen.
110402

Cistá, CZ-54344 / Kralovehradecky kraj

- Camping Slunecna
- N14
- 1 Mai - 31 Okt
- +420 7 39 21 97 92
- autokempslunecna@email.cz

1 ABCJMNOPQRS**T**	AFLX 6
2 BEIKPQSUXYZ	ABDE**FG**IJK 7
3 AG**J**M**N**	ABEFJNQRT 8
4 FHIKO	AFJVWX 9
5 ABDEHJK	AHIJM**OQ** 10
16A	❶ €18,55 / ❷ €22,10
H472 6ha 230T 13D	

N 50°36'48" E 15°41'46"
Die 14 Vrchlab Richtung Trutnov. Etwa 10 km hinter Vrchlabi links in der Ortschaft Cistá. Mit Schildern angegeben.
118263

Frymburk, CZ-38279 / Jihocesky kraj

- Camping Frymburk****
- 184
- 29 Apr - 18 Sep
- +420 3 80 73 52 84
- info@campingfrymburk.cz

1 ABD**JM**NOPQRS**T**	LNQSX 6
2 EIKLPQUVWXY	ABCDE**FGH** 7
3 BFGMU	AB**F**NQRTUVW 8
4 AB**F**HJLO	EJLMNPQRTUV 9
5 ABDEFJKN	ABGHIJN**O**QY 10
B 6-12A	❶ €34,85 / ❷ €42,75
H740 3,5ha 140T(60-120m²) 21D	

N 48°39'20" E 14°10'13"
Der CP liegt an der 163, 1 km südlich von Frymburk am Lipnosee. CP ist deutlich ausgeschildert.
107299

Decin 3, CZ-40502 / Ustecky kraj

- Kemp Decín
- Polabí
- 1 Apr - 31 Okt
- +420 7 74 26 21 11
- info@campingdecin.cz

1 ABDEJMNOPQRS**T**	J**N**OVWXYZ 6
2 ADIPQSX	ABDE**FG**HIJK 7
3 AGMNRUWX	ABCDEF**G**HKNPQRTW 8
4 A**E**FGHIJ	ADJOPRUVW 9
5 ADEFHJM	ABDHIKMOQUX 10
16A CEE	❶ €20,40 / ❷ €23,80
12ha 57T(35-100m²) 24D	

N 50°46'24" E 14°12'38"
Von Jílové 13 folgen. In Decin über die Elbe Richtung E442. CP liegt direkt am Fluss und ist ausgeschildert.
122313

Harrachov, CZ-51246 / Liberecky kraj

- Jiskra Harrachov Camping
- 1 Jan - 31 Dez
- +420 4 81 52 95 36
- camping@harrachov.cz

1 A**J**MNOPRS**T**	L 6
2 BEIPQSUXYZ	ABDE**FG** 7
3 AF**JL**M**N**	ABEFNQR 8
4 F	FJ 9
5 ACDEM	AIJNQ 10
W 10A	❶ €17,75 / ❷ €21,30
H700 1,5ha 80T(100-150m²) 25D	

N 50°46'53" E 15°25'18"
Die 14/10 Liberec-Harrachov. Der CP wird ausgeschildert, etwa 5 km vor der Polnischen Grenze an der linken Seite der Straße.
107319

Dlouhá Ves, CZ-34201 / Plzensky kraj

- Annin I Autocamping
- 20 Apr - 30 Sep
- +420 7 23 90 00 95
- kempannin@seznam.cz

1 A**J**M**N**ORST	N 6
2 CIQRZ	ADF 7
3 AF	ABEFN 8
4	EFJ 9
5 ABDEK	AHO**Q** 10
6A CEE	❶ €16,55 / ❷ €18,95
H476 5ha 150T(100m²) 202D	

N 49°10'35" E 13°30'18"
Von Susice aus die 169 Richtung Annin. Kurz hinter Dlouha Ves an der Kreuzung (Brücke) links halten Richtung Autokemp Annin I.
107279

Hluboké Mašuvky, CZ-67152 / Jihomoravsky kraj

- Camp Country s.r.o.
- Hluboké Masuvky 257
- 1 Mai - 31 Okt
- +420 5 15 25 52 49
- camping-country@cbox.cz

1 ADE**JM**NOPRS**T**	AF 6
2 PQSXY	AB**FG**HIK 7
3 BF**HJ**L**MN**	ABEFGNQRW 8
4 FHO	GIJV 9
5 DHK	ABHIJNQUY 10
B 10A	❶ €20,10 / ❷ €24,95
H320 2ha 100T(100-150m²) 11D	

N 48°55'10" E 16°01'32"
7 km nördlich von Znojmo, an der E59 von Jihlava-Wien. Von Jihlava bei Kravsko links. CP kommt nach etwa 6 km in Hluboke Masuvky. Von Brno die 53; kurz vor Znojmo Ausfahrt rechts an die 408, CP schon angezeigt.
107301

Dlouhá Ves, CZ-34201 / Plzensky kraj

- Autokempink Nové Mestecko
- Dlouhá Ves
- 1 Mai - 30 Sep
- +420 7 27 85 57 20
- obec.dlves@gmail.com

1 A**J**M**N**OR**T**	JN 6
2 BCLMQSZ	AI 7
3 ABFM	ABEFNQR 8
4 FH	FHJ 9
5 ABDEK	ABHIJN**OQ** 10
10A CEE	❶ €15,40 / ❷ €17,85
H500 5ha 100T(100-150m²) 24D	

N 49°10'48" E 13°29'56"
Von Susice aus die 169 Richtung Annin. Kurz hinter Dlouha Ves an der Kreuzung (Brücke) rechts halten. Campingeinfahrt auf der linken Seite in der scharfen Kurve in Nové Mestecko.
111789

Hluk, CZ-69671 / Zlinsky kraj

- Camping Babi Hora
- Blatnice p.sv. Antoninkem 28
- 1 Mai - 31 Okt
- +420 6 03 85 72 26
- camping-babihora@email.cz

1 AB**IL**NOR**T**	6
2 COQXY	AB**F**J 7
3 BFM	ABEFNQR 8
4	J 9
5 DHK	HIJNQ 10
16A	❶ €14,20 / ❷ €17,25
H320 1,5ha 35T(80-100m²) 50D	

N 48°57'20" E 17°33'15"
E50 vor Uherské Hradiste Ausfahrt Kunovice. An der Ampel links Richtung Breclav/Veseli nad Moravu. Dann links Richtung Trencin, sofort rechts Richtung Hluk.
107304

Dolní Vestonice, CZ-691 29 / Jihomoravsky kraj

- U Vody
- Dolni Vestonice 123
- 15 Mai - 30 Sep
- +420 7 74 36 91 56
- kemp@ulangru.cz

1 AB**JM**NOPRS**T**	LNSX 6
2 EIKPQXY	AD 7
3 A	AE**F**NQ 8
4 FHJO	FG 9
5 ADK	AJO**Q** 10
10A	❶ €15,75 / ❷ €19,70
H200 0,2ha 18T(80-100m²) 22D	

N 48°53'14" E 16°39'16"
E65 Brno-Bratislava Ausfahrt Hustopece. In Hustopece-Mitte rechts Richtung Strachotin. Hinter Strachotin über den Deich über den See nach Dolni-Vestonice. Auf der anderen Seite links ab Richtung Pavlov. Camping auf der linken Seite.
119333

Horní Planá, CZ-38226 / Jihocesky kraj

- Autocamp Jenišov***
- Jenišov
- 25 Apr - 10 Okt
- +420 3 80 73 81 56
- hajny.pa@seznam.cz

1 AB**JM**NOPQRS**T**	LNQS 6
2 EIJLPQUXY	ABE**FG** 7
3 AM**N**OU	AB**F**NR 8
4 O	EJQT 9
5 BDJL	AHJOQ 10
B 6-10A CEE	❶ €24,90 / ❷ €31,60
H720 2,5ha 246T 11D	

N 48°45'04" E 14°02'36"
CP liegt am Lipnosee zwischen Horní Planá und Cerná v Posumavi. CP ist ausgeschildert.
111407

Dvur Králové n. L., CZ-54401 / Kralovehradecky kraj

- Safari Kemp Resort
- Stefanikova 1029
- 1 Jan - 31 Dez
- +420 4 99 31 12 15
- safarikemp@zoodvurkralove.cz

1 ABDJMNOPQRS**T**	BG 6
2 IPQSXYZ	AB**FG** 7
3 ABG**H**M**NR**	ABEFHJNQUVW 8
4 A**U**	AGIJY 9
5 ABDEGIJLM	BHIJOQVX 10
6A CEE	❶ €35,50 / ❷ €46,50
H300 2ha 70T(100-150m²) 55D	

N 50°26'02" E 15°47'48"
Die 33 Hradec Králové-Jaromer. Die 37 Richtung Trutnov bis zur Ausfahrt Dvur Králové. Dort die 300 zum Zentrum und Safaripark. Einfahrt ist am Zoo-Parkplatz.
121907

Horní Planá, CZ-38226 / Jihocesky kraj

- Karlovy Dvory II
- Hurka 501
- 15 Apr - 31 Okt
- +420 6 02 42 31 16
- jurcikova@tiscali.sk

1 AB**JM**NOPQRS**T**	LNQSX 6
2 FIJKPQUVXY	ABDE**FGH** 7
3 BFU	AB**FGN**QRU 8
4	GT 9
5 ABEFHJLM**N**O	AHJORS 10
B 10-16A CEE	❶ €19,70 / ❷ €24,45
H740 3ha 160T(100m²) 25D	

N 48°45'02" E 14°03'12"
CP liegt am Lipnosee zwischen Horní Planá und Cerná v Posumavi. CP ausgeschildert.
117219

Caravancamping

Camping in Horni Plana, Südböhmen, direkt am schönen Lipno-See gelegen, mit hervorragenden Angelmöglichkeiten. Der angrenzende Erholungsstrand mit Restaurant und Wassersport (Tretboote, SUP, Kanus/Kajaks) ist frei zugänglich. Der Campingplatz verfügt über geräumige Stellplätze sowohl für Wohnwagen als auch für Wohnmobile.

Jiraskova 46, 38226 Horní Planá • Tel. +420 725815809
E-Mail: info@caravancamping-hp.cz
Internet: www.caravancamping-hp.cz

Horní Planá, CZ-38226 / Jihocesky kraj
- Caravancamping
- Jiraskova 46
- 23 Apr - 9 Okt
- +420 7 25 81 58 09
- info@caravancamping-hp.cz

1 ABC**JM**NOPQRS**T** L**N**QS 6
2 EIJL**P**QSTX AB**FG** 7
3 AFG**JM**NO ABE**F**NQR 8
4 NRT 9
5 ABDF ABGHIJOQ10
Anzeige auf dieser Seite B 10A CEE
€18,55 / €22,50
H720 3ha 260T(100m²)
N 48°45'39" E 14°01'33" 111406
Der CP liegt am Lipnosee. Campingplatz ist im Zentrum Horní Planá ausgeschildert. Nicht dem Navi via GPS folgen.

Horní Planá, CZ-38226 / Jihocesky kraj
- Camping u Kukacku - Pension Daja****
- Pihlov 99
- 1 Jan - 31 Dez
- +420 7 27 92 69 23
- dajalipno@gmail.com

1 ABDE**JM**NOPQRS**T** L**N**QSX 6
2 FIJKLQXYZ ABDE**FGIK** 7
3 ABDF**H**MU ABF**N**R 8
4 H**JOX** DEFGOQRT 9
5 ABDEHIL AGHJOQ10
B 10-16A
€22,55 / €28,10
H750 4ha 150T 38**D**
N 48°46'30" E 14°00'56" 113340
Der CP liegt an der Strecke Volary-Horní Planá. 1,5 km vor Horní Planá ist der CP angezeigt.

Hutisko/Solanec, CZ-75662 / Zlinsky kraj
- Camp Solanec
- 1 Jan - 31 Dez
- +420 5 71 64 40 43
- penzionsolanec@seznam.cz

1 AB**JM**NOPRS**T** AF 6
2 **P**QTXY AB**J** 7
3 AB**FLMN** ABE**F**NQR 8
4 **J**O**T** G 9
5 DEHKN ABHIJNQU10
W 12A
€14,20 / €18,95
H500 2,5ha 25**T**(80-100m²) 50**D**
N 49°25'42" E 18°13'30" 109935
Die Straße 18 Richtung Zilina. Ausfahrt Velké Karlovice, Ausfahrt Euro-Kemp H/S. Den Schildern 'Hotel-Euro' folgen.

Januv Dul, CZ-46352 / Liberecky kraj
- Camping 2000
- Januv Dul 15
- 1 Jun - 15 Sep
- +420 4 85 17 96 21
- info@camping2000.com

1 AB**JM**NOPQRS**T** A**F**HI 6
2 BIP**Q**WXYZ ABDE**FGH**K 7
3 AB**FGH**IL**M**S ABCDE**F**IJNRUW 8
4 **A**BCDFHIJLNOPQ ACEFJY 9
5 ABDEGHJLN ABFHIKMOPQU10
6A CEE
€32,00 / €39,00
H500 6ha 150**T**(100-140m²) 54**D**
N 50°42'12" E 14°56'21" 110634
E442/35 Novy Bor-Liberec. In Jablonné v.P. auf der 270 und 278 bis Osecne und Januv Dul. Dort ausgeschildert.

Jedovnice, CZ-67906 / Jihomoravsky kraj
- Autokemp Olsovec
- Ulice Kopecek c.ev. 535
- 1 Apr - 30 Okt
- +420 7 25 89 64 88
- rezervace@olsovec.cz

1 ABDE**JM**NOPQR**T** FL**N**QS 6
2 E**Q**XY ABDE**FGI**JK 7
3 AG**JQ**U ABE**F**NQR 8
4 HO FGJRTU 9
5 ABDEHKL AHIJOQU10
B 16A
€19,30 / €24,05
H300 3,5ha 210**T**(100-150m²) 100**D**
N 49°20'01" E 16°45'47" 107285
Von der E50 Praha-Brno die 43 nach Blansko fahren, dann die 379 Richtung Vyskov. Der CP ist in Jedovnice ausgeschildert.

Jesenice/Cheb, CZ-35002 / Karlovarsky kraj
- Autokemp Baldi****
- Okrouhla– Jesenice 3
- 15 Apr - 30 Sep
- +420 6 02 42 71 63
- autokemp@baldi.cz

1 A**JM**NOPRS**T** L**N**OPQSWX 6
2 AEIK**Q**SXY AB 7
3 ABM AE**F**NQR 8
4 H**J** H**J** 9
5 DEFH ABHJOQ10
16A
€11,75 / €17,25
3,5ha 124**T**(80-140m²) 4**D**
N 50°04'17" E 12°28'28" 119374
Die 21 von Cheb Richtung Plzen. Hinter dem Staudamm die zweite Straße rechts. Weiter ausgeschildert.

Jihlava, CZ-58602 / Kraj Vysocina
- Autocamping Pavov
- Pavov
- 1 Apr - 30 Okt
- +420 7 76 29 33 93
- camp@pavov.com

1 AB**JM**NOPQR**T** **N** 6
2 AEKXY AB**F**IK 7
3 AM ABE**F**NQR 8
4 F 9
5 DH AOQ10
B 6A CEE
€17,35 / €21,30
H500 2ha 120**T** 12**D**
N 49°26'50" E 15°35'56" 107283
Von Jihlava Richtung Praha/Brno. Autostraße unterqueren, erster Ausfahrt links. CP wird im Dorf Pavov angezeigt.

Jindris, CZ-37701 / Jihocesky kraj
- Jindris Autocamp
- Jindris 15
- 15 Apr - 25 Sep
- +420 6 07 25 19 11
- behoun@jindris.cz

1 AB**JM**NOPR**T** L**N** 6
2 I**Q**SUVXYZ ABDE**F**J 7
3 A**F**N ABCDE**F**NQRU 8
4 **F**HI 9
5 ABD AJOQ10
10-16A CEE
€16,95 / €22,50
H510 2ha 50**T**
N 49°08'57" E 15°03'53" 120011
Die 164 Jindrichuv Hradec-Kunzak. Circa 3 km hinter J.Hradec wird der CP angezeigt. Letzter Weg (100m) Richtung Camping ist steil (±15%).

Karlovy Vary, CZ-36001 / Karlovarsky kraj
- Camp Varry - Vitkova Hora
- Olsova Vrata 59
- 1 Jan - 31 Dez
- +420 6 02 32 03 99
- info@campvarry.cz

1 ABDE**JM**NOPQRS**T** 6
2 ABIP**Q**TUXYZ ABDE**FGI** 7
3 AB**FG**K**M**N ABCDE**F**JQRV 8
4 **F**HJOQ**STU**X GJUV 9
5 D**F**HL ABFHIJNQ10
B 16A
€18,15 / €22,85
H645 2ha 35**T**(200-250m²) 77**D**
N 50°12'17" E 12°53'43" 122416
Von Karlovy Vary Richtung Bochov. CP ist gut angezeigt. Vor dem Hotel links sind die Stellplätze.

Kdyne, CZ-34506 / Plzensky kraj
- Autocamping Hajovna Kdyne
- Hajovna
- 1 Mai - 30 Sep
- +420 6 02 49 18 55
- automotoklub@kdyne.cz

1 ADE**JM**NOPR**T** A**F** 6
2 **Q**UY ABDE**F**I 7
3 ABFM ABE**F**NR 8
4 **F**JO FJL 9
5 ABDK AHIJOQ10
16A CEE
€13,35 / €15,30
H500 3,5ha 55**T**(70-90m²) 36**D**
N 49°24'11" E 13°03'25" 107275
In Kdyne Straße 184 Schildern Richtung Nemcice folgen.

Durchreisecampingplätze

In diesem Führer finden Sie eine handliche Karte mit Campingplätzen an den wichtigen Durchgangsstrecken zu Ihrem Ferienziel. Durch die Farbe des jeweiligen Zeltchens können Sie erkennen, ob dieser Platz ganzjährig geöffnet ist oder nicht. Darüber hinaus gibt es für jeden Platz auch noch eine kurze redaktionelle Beschreibung, inklusive Routenbeschreibung und Öffnungszeiten.

Kneznice 4, CZ-50601 / Kralovehradecky kraj

- Cesky Ráj
- E442
- 1 Apr - 16 Nov
- +420 7 76 30 38 89
- info@pensionkneznice.cz

1 ABJMNOPQRST	B 6
2 IQSY	ABDEFIK 7
3 AFGMU	ABEFNQR 8
4 JOT	GJ 9
5 ABDHJKN	ABHIJOQ 10
10A	❶ €17,55
N 50°29'34" E 15°19'30"	❷ €23,90
H370 1,2ha 45T(100-150m²) 14D	109762

Straße 35 von Jicin nach Turnov, 6 km hinter Jicin auf der rechten Seite der Straße, als Pension-camping Cesky Ráj ausgeschildert.

Netolice, CZ-38411 / Jihocesky kraj

- Autocamp Podrouzek (A)
- Tyrsova 226
- 1 Mai - 20 Okt
- +420 3 88 32 44 68
- recepce@autocamppoudrouzek.cz

1 ADEJMNOPRT	L 6
2 EIQRY	ABFIK 7
3 A	AEFNQ 8
4 J	FGJ 9
5 ABDEKM	AHJOQ 10
B 10-16A	❶ €13,20
N 49°02'16" E 14°11'04"	❷ €15,95
H427 3ha 140T 30D	107281

Die 20 Pisek-Ceské Budejovice. Ausfahrt Netolice. Vorm Markplatz dem Schild Richtung Lhenice folgen. Aus Richtung Vimperk kommend die 145, Ausfahrt Netolice nehmen.

Konstantinovy Lázně, CZ-34952 / Plzensky kraj

- La Rocca
- V Aleji 136
- 1 Mai - 30 Sep
- +420 7 75 98 33 77
- larocca@larocca.cz

1 AJMNOPRST	A 6
2 PQXYZ	ABDEFI 7
3 AFGMNS	ABEFNQRW 8
4 FJO	EF 9
5 ABDFHJKN	AHIJLNQU 10
10A CEE	❶ €17,35
N 49°53'13" E 12°58'18"	❷ €22,10
H600 4,5ha 72T(100m²) 60D	109945

Straße 21 Mariánské Lázne-Stribaro, bei Plana Straße 201 nach Konstantinovy Lázne, Schildern folgen.

Nýrsko, CZ-34022 / Plzensky kraj

- Autokemp Nyrsko
- U Koupaliste 778
- 1 Mai - 30 Sep
- +420 6 07 66 77 65
- alena-hostalkova@ceznam.cz

1 ADEFJMNOPRT	AF 6
2 CPQX	ABDEFI 7
3 BNS	ABEFNR 8
4 FHJO	FK 9
5 ABDKLN	ABHKOQ 10
B 16A CEE	❶ €15,60
N 49°17'10" E 13°08'41"	❷ €19,50
H500 2ha 80T(80m²) 21D	107276

An der Südseite von Nýrsko auf der Umgehung ausgeschildert.

Kyselka/Radosov, CZ-36272 / Karlovarsky kraj

- Na Spici
- Radosov
- 1 Apr - 31 Dez
- +420 3 53 94 11 52
- naspici@quick.cz

1 AGJMNOPRST	EJU 6
2 CKPQXY	AB 7
3 ABHKLMU	ABCDEFNQR 8
4 FOS	FGIJR 9
5 ADHJKLN	ABHIJNQU 10
6A	❶ €16,15
N 50°16'12" E 12°59'37"	❷ €19,30
H350 2ha 90T(32-100m²) 29D	108013

Von Karlovy Vary die 222. Vom Grenzübergang Oberwiesenthal Richtung Karlovy Vary bis Ostrov. Dann nach links Richtung Velichov Straße 221. CP ist deutlich ausgeschildert.

Opatov (Okr. Trebíc), CZ-67528 / Kraj Vysocina CC€18

- Vídlák
- Opatov 322
- 15 Apr - 1 Okt
- +420 7 36 67 86 27
- info@campingvidlak.cz

1 BJMNOPQRST	L 6
2 BCEIQXY	ABDEF 7
3 AMX	ABCDEFJNQRW 8
4 FHJO	BEI 9
5 ADN	ABDHJNQY 10
B 10A CEE	❶ €25,00
N 49°12'32" E 15°39'22"	❷ €33,35
H600 2ha 50T(150-250m²) 5D	112508

Die E59/38 von Jihlava Richtung Znojmo. Nach ungefähr 20 km in Dlouhá Brtnice Richtung Opatov/Predin. Den CP-Schildern folgen.

Lipno nad Vltavou, CZ-38278 / Jihocesky kraj

- Camping Lipno Modrin
- Lipno nad Vltavou 307
- 1 Mai - 30 Sep
- +420 7 31 41 08 03
- info@campinglipno.cz

1 ABJMNOPQRST	LMNQS 6
2 EIKLOXYK	ABDEFGI 7
3 ABFGJLMSV	AEFNR 8
4 BHJ	ATUV 9
5 BDEHL	ABGHKOQY 10
B 6A	❶ €26,05
N 48°38'20" E 14°12'30"	❷ €31,95
H740 10ha 380T(80-120m²) 4D	111760

CP liegt an der 163 von Horni Planá nach Vissy Brod. 5 km hinter Frymburk wird der CP ausgeschildert.

Osek, CZ-41705 / Ustecky kraj

- Autocamp Osek
- Nelsonská 669
- 1 Apr - 31 Okt
- +420 7 74 71 96 31
- autocamp@osek.cz

1 ABCJMNOPRS T	AFMN 6
2 BEIJPQSXYZ	ABFIK 7
3 AFGJM	AFNQR 8
4 F	FJ 9
5 DEHJKN	AHIJNQ 10
10A CEE	❶ €18,95
N 50°37'19" E 13°41'06"	❷ €24,05
H160 4ha 37T 25D	107216

Von Dubi zum Zentrum Osek. Im Zentrum rechts Richtung Dlouhy Louka. 200m weiter links befindet sich der CP, ausgeschildert.

Lipová-Lázne, CZ-79061 / Olomoucky kraj

- Autocamping Bobrovnik
- 1 Jan - 31 Dez
- +420 5 84 41 11 45
- camp@bobrovnik.cz

1 ABDJMNOPRST	JLN 6
2 BEIQSXY	ABFHIJ 7
3 AFGM	ABEFJNQR 8
4 FHIJOQ	GJ 9
5 ABDEHJKM	AGHIJMNQ 10
10A	❶ €21,05
N 50°13'30" E 17°10'28"	❷ €23,65
H470 2,5ha 150T(100-150m²) 30D	110472

CP liegt auf der rechten Seite der 60 von Jesenik nach Lipová Lázne. Ausgeschildert.

Ostrovacice, CZ-66481 / Jihomoravsky kraj

- Camp Alpa
- Osvobozeni 258
- 1 Apr - 15 Okt
- +420 7 21 20 80 09
- campalpa@gmail.com

1 ABEJMNOPRT	6
2 APQX	ABI 7
3 A	ABEFNQ 8
4	9
5 DH	NQ 10
16A	❶ €21,30
N 49°12'24" E 16°24'57"	❷ €25,65
0,5pa 48T 4D	109273

Prag-Brno, Ausfahrt 178. Unterhalb der Ausfahrt links nach Ostrovacice. An der folgenden T-Kreuzung links in den Ort. CP an Ende der Hauptstraße links.

Mariánské Lázne (Mariënbad), CZ-35301 / Karlovarsky kraj

- La Provence
- Plzenská 1
- 1 Mai - 30 Sep
- +420 6 02 16 52 79
- info@camping-laprovence.cz

1 ADEGJMNOPQRST	AFN 6
2 ABCPQSTWXY	ABCFGHIJK 7
3 ACL	ABEFNQRW 8
4 FHO	F 9
5 ABDFJKNO	HIJOQ 10
10A CEE	❶ €19,70
N 49°57'08" E 12°40'00"	❷ €25,65
H550 0,2ha 28T(100-120m²) 56D	124946

Die 21 von Cheb nach Bor. Gleich hinter (südlich von) Velka Hledsebe in die Straße Richtung Zentrum (Pilsenska-Straße) abbiegen. Der Campingplatz befindet sich an der rechten Straßenseite.

Pasohlávky, CZ-69122 / Jihomoravsky kraj

- ATC Merkur Pasohlávky****
- Pasohlávky 1
- 1 Apr - 31 Okt
- +420 5 19 42 77 14
- camp@pasohlavky.cz

1 BDEJMNOPQRST	HLMNQRSW 6
2 AEIKPQSXY	ABDEFGIJK 7
3 ABFGJMNUW	ABCDEFGHIJNQRT 8
4 JMOP	IJLMOQTVWX 9
5 ACDEFGHKL	ABHIJOQ 10
FKK 16A	❶ €26,40
N 48°54'00" E 16°34'11"	❷ €31,15
H177 42ha 1400T(80-100m²) 117D	111763

52 Brno-Wien. Nach Nová Ves wird der CP ausgeschildert. CP liegt direkt an der Straße.

Mélník, CZ-27601 / Stredocesky kraj

- Autocamp Mélník
- Klásterní
- 1 Jan - 31 Dez
- +420 6 08 25 99 88
- autocamp@campmelnik.cz

1 AJMNOPRST	6
2 PQY	ABFIK 7
3 AJM	ABCDEFNQRT 8
4 HI	FGJL 9
5 DFGHJLN	ABGHIOQU 10
B 6A	❶ €18,35
N 50°21'35" E 14°28'38"	❷ €22,30
H100 4ha 80T(80-85m²) 54D	117268

D8 Praha-Usti nad Labem, Ausfahrt 18. Über die 16 nach Mélník. Am Kreisel Richtung Tesco. CP liegt hinter der Bahnlinie.

Planá u Mariánských Lázní, CZ-34815 / Plzensky kraj

- Camp Karolina****
- Brod nad Tichou
- 20 Apr - 13 Okt
- +420 7 77 29 69 90
- office@camp-k.cz

1 AJMNOPRST	A 6
2 ABCIQSTYZ	ABDEF 7
3 ABFMU	ABCDEFJNQRW 8
4 FH	EIJU 9
5 ADEFGHN	ABHJNQU 10
B 10A CEE	❶ €18,55
N 49°49'13" E 12°45'12"	❷ €22,50
H450 3ha 60T(70-100m²) 18D	112511

Aus Planá Richtung Bor die R21. Deutlich angezeigte CP-Beschilderung. 10 km von der Autobahn A6/E50 Nürnberg-Prag. Von Bor am Bach und Wald entlang, 1800m über die schöne Natur zum Camping.

Nepomuk, CZ-33501 / Plzensky kraj

- Novy Ribnik
- Plzenska 456
- 15 Mai - 30 Okt
- +420 3 71 59 13 36
- kemp@novyrybnik.cz

1 AJMNOPQRT	LNS 6
2 EJKPQSXY	ABFI 7
3 ABFJM	ABEFNQRW 8
4 FHJO	FT 9
5 ABDEFHKN	ABCHIJNQ 10
B 10A CEE	❶ €13,00
N 49°29'10" E 13°32'05"	❷ €16,55
H430 2ha 80T(80-120m²) 32D	107277

In Nepomuk gut ausgeschildert; liegt südwestlich von Nepomuk, erst Richtung Prestice, dann Klatovy.

Plzen/Maly Bolevec, CZ-32300 / Plzensky kraj

- Autocamping Ostende Bolevec
- U Velkého rybnika 1
- 1 Mai - 30 Sep
- +420 7 39 60 46 03
- recepce@bolevak.eu

1 JMNOPQRST	LQS 6
2 ABEPQSY	ABFHIJ 7
3 AF	ABEFNQR 8
4 FHJ	FJQ 9
5 ABDK	HIJNOQ 10
10A	❶ €23,25
N 49°46'38" E 13°23'24"	❷ €27,60
H320 3ha 160T(80-100m²) 54D	107259

In (Maly) Bolevec an der Hauptstraße von Pilsen-Most angezeigt. Camping an Nordseite von Pilsen. Nicht sehr praktisch mit Wohnwagen, wenn Sie von Süden kommen, da die Route dann durch die Stadt führt.

Prag 3, CZ-13000 / Praha
- Prague Central Camp
- Nad Ohradou 17
- 1 Jan - 31 Dez
- +420 7 76 30 87 70
- praguecentralcamp@gmail.com
- 1 ABDE**JM**NOPRS**T** BG 6
- 2 APQY AB**F**IK 7
- 3 A**N** ABEFNQR 8
- 4 DFH**QRTY** FGL 9
- 5 DEFHKN HIOQU 10
- 16A €32,75
- H60 1,5ha 40T(20m²) €42,20
- N 50°05'31" E 14°28'21" 118531
- D1 Prag-Brno, Ausfahrt Zizkov. Rechts ab nach Husitska/Konevova. Danach ausgeschildert.

Camping Roznov
Am Fuße des Berges Radhošt, im schönen Naturschutzgebiet Beskydy. Wanderweg vom Camping aus. Radweg durch das Becva Tal am Campingplatz vorbei. Rožnov pod Radhoštem und die Walachei in nächster Nähe. Freiluftmuseum der Walachei und Jurkovic Aussichtsturm in 500m. Sehr groß.

Radhoštská 940, 75661 Roznov pod Radhostem
Tel. +420 731504073 • E-Mail: info@camproznov.cz
Internet: www.camproznov.cz

Prag 5/Smíchov, CZ-15000 / Praha
- Praguecamp
- Císarská louka 162
- 1 Jan - 31 Dez
- +420 7 02 14 51 50
- david@praguecamp.cz
- 1 BDE**JM**NOPRS**T** J 6
- 2 ACIPQXY ABDE**FG** 7
- 3 AB ABEFNQR 8
- 4 GL 9
- 5 DEHJKN**O** ABHIOQ10
- 6A CEE €24,85
- H350 1,1ha 65T(80-85m²) 5D €30,75
- N 50°03'21" E 14°24'48" 116545
- In Prag Richtung Branik. Danach Richtung Smichov über die Smichovská-Straße. Der CP liegt 200m von der Tankstelle.

Prag 5/Trebonice, CZ-15500 / Praha
- Drusus
- K. Reporyjim 4
- 1 Apr - 5 Okt
- +42 6 08 52 72 29
- drusus@drusus.com
- 1 ABDE**JM**NOPR**T** 6
- 2 APQYZ ABDE**FGH**IJK 7
- 3 A ABE**F**JNQRT 8
- 4 FH FGL 9
- 5 ABDHLMN ABHIJOQ10
- B 16A €27,20
- H300 1,2ha 65T(80-85m²) 14D €38,65
- N 50°02'37" E 14°17'04" 107245
- Von Plzen/Karlovy Vary/Slany die E50 Richtung Brno/Transit. Ausfahrt 21 Praha Stodulky. Von Brno die E50 Ausfahrt Richtung Slany/Karlovy Vary/Plzen/Transit. Ausfahrt 21 Praha Stodulky oder 23A Praha Trebonice.

Prag 6, CZ-16000 / Praha
- Prague camping Dzban
- Nad Lávkou 5
- 1 Mai - 30 Sep
- +420 7 25 95 64 57
- info@campdzban.eu
- 1 BDE**JM**NORS**T** LU 6
- 2 AEPQXY AB**I**K 7
- 3 ABEFNQR 8
- 4 FH J 9
- 5 D AHIJNQ10
- 10-16A €29,95
- 2ha 100T(80-85m²) 6D €37,85
- N 50°05'56" E 14°20'11" 115273
- Die 7 ab Slany Richtung Flughafen ins Zentrum Ortsteil Vokovice. An der Straße Europsko ist der CP ausgeschildert.

Prag 7, CZ-17100 / Praha
- River Camping Prague
- 1 Apr - 31 Okt
- +420 6 07 04 88 00
- info@rivercampingprague.com
- 1 ABD**JM**NOR 6
- 2 ACQX B**F** 7
- 3 ABDFJNQR 8
- 4 FH V 9
- 5 A AFIJOSTU10
- 10A €30,05
- H177 2,2ha 42T(60-80m²) €36,65
- N 50°06'50" E 14°25'35" 122078
- In Prag-Nord (Prag 7), Richtung Trója. E55 von Praha-Teplice, Richtung Zoo. Vor der Tram/Bushaltestelle Trojská links. Die Zufahrtsstraße hat keinen Namen. Camping nur mit kontrollierten Koordinaten zu erreichen.

Prag 8/Dolní Chabry, CZ-18400 / Praha
- Triocamp***
- Obslužná 35
- 1 Jan - 31 Dez
- +420 7 22 24 23 43
- info@triocamp.cz
- 1 ABDE**JM**NOPRS**T** A 6
- 2 APQSUWXY ABDE**FG** 7
- 3 U ABDEFJNQRT 8
- 4 BEGJL 9
- 5 ABDEHKM ABCHIJOQ10
- B 10-16A €33,50
- H300 1ha 35T(80-100m²) 34D €41,40
- N 50°09'09" E 14°27'01" 117239
- Ab Zentrum D8/E55 Richtung Teplice, Ausfahrt Zdiby; über die 608 Richtung Dolní Chabry. Nach 3 km rechts ab.

Prag 9/Dolní Pocernice, CZ-19012 / Praha
- Sokol Praha****
- Národnich hrdinů 290
- 1/1 - 7/1, 1/3 - 20/12, 27/12 - 31/12
- +420 7 77 55 35 43
- info@campingsokol.cz
- 1 ABD**JM**NOPR**T** AFL 6
- 2 AEPQWXY ABDE**FG**HIK 7
- 3 A**FL**MU ABCDEFGIJKNQRT 8
- 4 BHJL EFLV 9
- 5 ABDEFHJKLMN ABCFHIJOQU10
- B 16A €34,00
- H300 1,1ha 37T(80-100m²) 41D €42,00
- N 50°05'17" E 14°35'00" 107237
- CP liegt im östlichen Teil Prags. E65/67 in Richtung Hradec Králové/Kolin, Ausfahrt Dolní Pocernice. CP ist ausgeschildert.

Prag 9/Klánovice, CZ-19014 / Praha
- Praha Klánovice
- V Jehlicine 1040
- 21 Mai - 10 Sep
- +420 7 74 55 35 42
- info@campingpraha.cz
- 1 ABD**JM**NOPRST A 6
- 2 AKPQWX ABDE**FG**HIK 7
- 3 ABDF**GJL**MSUV ABCDEFGJKNQRTUVW 8
- 4 B**F**HJOP**R** AEVY 9
- 5 ABCDEFHLMN ABGHIJ**OQ**Y10
- B 16A CEE €35,00
- 2ha 61T(70-100m²) 37D €45,00
- N 50°05'55" E 14°41'06" 117804
- Ring Prag Ausfahrt Bechovice Richtung Kolin die 12 nach Ujezd nad Lesy. An der Kreuzung links Richtung Klánovice, etwa 3 km und die letzte Straße rechts zur Slechtitelska.

Roznov pod Radhostem, CZ-75661 / Zlinsky kraj
- Camping Roznov
- Radhoštská 940
- 1 Jan - 31 Dez
- +420 7 31 50 40 73
- info@camproznov.cz
- 1 ABDE**JM**NOPQRST A 6
- 2 PQSTWY ABDE**FG**HIK 7
- 3 ABFMNU ABCDEFNQR 8
- 4 FHJO FGIJKLVY 9
- 5 ABDEHKN AHIJOQU10
- Anzeige auf dieser Seite WB 16A €26,40
- H400 4ha 150T(50-100m²) 159D €32,75
- N 49°28'00" E 18°09'50" 107293
- Nähe Roznov an der E442 Richtung Zilina. Von Roznov an der linken Seite der Strecke.

Rozstani/Baldovec, CZ-79862 / Olomoucky kraj
- Camping Baldovec
- Baldovec 319
- 1 Jan - 31 Dez
- +420 6 06 74 42 65
- info@baldovec.cz
- 1 AB**JM**NOPRS**T** A 6
- 2 BCQSUVXYZ AB**F** 7
- 3 AFGM**NW** ABE**F**NQ 8
- 4 FH**QTUVXY** FIJU 9
- 5 ADEFHL BGJKNQ10
- 10A €29,20
- H500 7,5ha 80T(100-150m²) 52D €33,10
- N 49°24'47" E 16°48'30" 109368
- Wichtig: Zunächst durch Rozstani nach Baldovec fahren und den CP-Schildern folgen. Ansonsten schickt Sie der Routenplaner auf einen 3 km langen Waldweg. Der letzte Teil führt ohnehin über eine sehr schlecht befestigte Straße.

Sluknov, CZ-40777 / Ustecky kraj
- Camping De Regenboog / Kemp Sluknov
- Rumburska 718
- 14 Mai - 15 Sep
- +31 6 83 65 54 44
- info@campingregenboog.com
- 1 BDE**JM**NOPQRST L 6
- 2 BCEIKPQSUXY AB**FG** 7
- 3 BFGMS**TU** ABE**FGI**KNPQRW 8
- 4 BCDEFHJKLP BIJ 9
- 5 DEH ABFHIJOQU10
- 16A CEE €28,90
- H300 3ha 140T(100-150m²) 10D €38,30
- N 51°00'07" E 14°28'01" 123153
- Von Decin 253 bis Ceska Kamenice. Dort die 263 nach Rumburk. Weiter die 266 bis Sluknov. Der Camping liegt an der linken Seite in der Ortseinfahrt von Sluknov.

Stare Hobzi, CZ-37871 / Jihocesky kraj
- Camping Letni Den
- Stare Hobzi 105
- 1 Jul - 31 Aug
- +420 21 97 30 58
- contact@campingletniden.com
- 1 ABEG**JM**NOPQRT AFJ 6
- 2 BCIQRWXYZ ABDE**FG**HIK 7
- 3 AG**HI**MSV ABCDFGJNQRTW 8
- 4 BCFHJOQ FIRU 9
- 5 ABDEFHJN ABFGHJO10
- 6-10A €30,50
- H442 2ha 80T(80-120m²) 9D €40,50
- N 49°00'17" E 15°26'28" 123529
- Von Telc die 406. In Dacice dem Schild Stare Hobzi folgen. In Stare Hobzi, dem Campingschild folgen.

Strachotin, CZ-69301 / Jihomoravsky kraj
- Autocamp Strachotin Free Star****
- Šakvicka 3
- 25 Apr - 1 Okt
- +420 6 08 83 08 87
- autocamp@freestar.cz
- 1 ABDE**JM**NOPQR**T** ALNQSX 6
- 2 AEPQSX AB**I** 7
- 3 AGM ABEFNQRW 8
- 4 FHO FIR 9
- 5 ABDEHJK AHIJOQU10
- B 10A CEE €31,15
- H195 1ha 50T(80-120m²) 14D €31,15
- N 48°54'11" E 16°39'04" 118115
- E65 Brno-Bratislava. Ausfahrt Hustopece. Im Zentrum Hustopece rechts ab Richtung Horni Vestonice. Nach 7 km wird der CP in Strachotin angezeigt.

Immer ein Campingplatz, der zu Ihnen passt!
- 9 500 Campingplätze in 31 Ländern
- Rund 250 Filtermöglichkeiten
- Schnell und einfach buchen, auch unterwegs
- Mehr als 100 000 Campingplatz-Bewertungen

www.Eurocampings.de

In den Hügeln des Böhmerwaldes gelegener kleiner Campingplatz nur für Erwachsene. Mit großen Plätzen, gratis WLAN, gemütlichem Bar, persönlicher Betreuung und niederländischer Leitung.

Natürlich genießen bei den zwei Nussbäumen

Hans und Frida Neuteboom
Splz 13 Stràzov, 34021 Strázov
Tel. +420-602394496
E-Mail: info@camping-tsjechie.nl

Stráznice, CZ-69662 / Jihomoravsky kraj
- Autocamping Stráznice s.r.o.
- Bzenecka 1533
- 1 Mai - 31 Okt
- +420 5 18 33 20 37
- info@camp-straznice.cz

1 BDE**JM**NOPQRS**T** — **AF**H**N** 6
2 PQXY — ABDE**FG**HJ**K** 7
3 A**F**J — ABE**F**NQ**R** 8
4 FHJO — FGJKUV 9
5 ADEGHK — AGHIJOQU 10
B 10A
H200 4ha 500**T**(80-100m²) 86**D**
€17,75 / €24,25
N 48°54'32" E 17°18'43" — 107305
Ausgeschildert an der 55 in Stráznice. Ausfahrt 426 Richtung Bzenec.

Strázov, CZ-34021 / Plzensky kraj (CCE18) iD
- u Dvou Orechu
- Splz 13 Stràzov
- 30 Apr - 18 Sep
- +420 6 02 39 44 96
- info@camping-tsjechie.nl

1 A**JM**NOPR**T**W — 6
2 IPQUVYZ — ABD**EF** 7
3 — ABE**F**N 8
4 **FH**J — 9
5 DEHKN — AB**J**OQ 10
Anzeige auf dieser Seite 10A CEE
€24,65
H550 2ha 30**T**(80-100m²)
N 49°16'53" E 13°14'24" — 110429
Von Klatovy die 191 Nýrsko, danach die 171 Richtung Strázov. In Strázov rechts, R. Depoltice/Divisovice, links halten, nach 2 km Spliz/Hajek.

Trebon/Domanin, CZ-37901 / Jihocesky kraj — iD
- Autocamp Trebon
- Domanin 285
- 1 Mai - 30 Sep
- +420 3 84 72 25 86
- info@autocamp-trebon.cz

1 AB**J**MNOPQR**T** — LQ 6
2 EIJQRSVXY — AB**F**HI 7
3 AF — ABE**F**NQ**R** 8
4 JO**Q** — FGLR 9
5 BDEHIJ — AHJN**Q** 10
6A
H290 2,5ha 150**T**(100m²) 146**D**
€16,15 / €19,70
N 48°59'36" E 14°46'00" — 107300
Gelegen an der Strecke Trebon-Borovany. Wird ausgeschildert.

Tvarozná Lhota, CZ-69662 / Jihomoravsky kraj
- Autokemp Lucina
- Tvarozná Lhota 360
- 1 Mai - 30 Sep
- +420 7 39 20 07 53
- riha.libor@seznam.cz

1 B**J**MNOPRS**T** — A**F**N 6
2 EQSXY — ABDEI**J** 7
3 A**J**M — ABE**F**NQ 8
4 **FH**O**Q** — F**J** 9
5 ABDEHK — H**J**N**Q** 10
4-16A
1,5ha 50**T**(60-80m²) 72**D**
€13,00 / €18,55
N 48°51'39" E 17°23'08" — 111410
55 Uherské Hradiste-Hodonin. In Stráznice Ausfahrt Radejov. CP ist ausgeschildert.

Týn nad Vltavou, CZ-37501 / Jihocesky kraj
- Camping Prima
- Kolodeje nad Luznici 6
- 15 Apr - 31 Okt
- +420 7 25 02 50 75
- info@campingprima.cz

1 BDE**I**LNOPQRS**T** — **J**NX 6
2 CIKPQSWXY — AB**FG** 7
3 AMSU — ABCDE**F**GNQ**RT**W 8
4 **FH**JO — ABE**J**RUV 9
5 AEHKN — ABHI**J**O**Q** 10
10A
H360 1,5ha 50**T**(90-130m²) 28**D**
€21,30 / €27,20
N 49°15'15" E 14°25'12" — 117824
Die 105 von Ceské Budejovice nach Milevsko. Nach Tyn nad Vltavou wird der CP angezeigt mit Schildern.

Veverská Bityska, CZ-66471 / Jihomoravsky kraj — iD
- Camping Hana
- Dlouhá 135
- 23 Apr - 4 Okt
- +420 6 07 90 58 01
- camping.hana@seznam.cz

1 AE**JM**NOPQRS**T** — **J**NUX 6
2 ACPQSWXY — ABD**FG**H**K** 7
3 A**L**M**P** — ABE**F**NQR**T** 8
4 A**F**H — 9
5 ADN — ABHI**J**O**Q** 10
6-10A
H460 0,8ha 55**T**(60-290m²)
€19,70 / €22,85
N 49°16'35" E 16°27'11" — 107284
Von der E50/E65 Praha-Brno, Ausfahrt 178 Ostrovanice, Richtung Svitavy, danach Veverská Bityska fahren. Der CP wird hier ausgeschildert.

Vrané nad Vltavou/Prag, CZ-25246 / Stred. kraj (CCE18) iD
- Camp Matyás
- U Elektrárny
- 13 Apr - 30 Sep
- +420 7 77 01 60 73
- campmatyas@centrum.cz

1 AB**JM**NOPQRS**T** — **J**NQSUXYZ 6
2 ACIPQXYZ — ABDE**FG**HI**K** 7
3 B**F**G**M**N — ABE**F**NQR**W** 8
4 **FH**JO — **JM**QR**TV**Z 9
5 ABDEJKN — ABDGHI**J**LO**Q** 10
Anzeige auf dieser Seite 10A
H210 1ha 70**T**(100-150m²) 2**D**
€33,20 / €41,20
N 49°55'58" E 14°22'20" — 108976
Über die Zbraslav Brücke Richtung Vrane nad Vltavou und Schildern 'Kamping Matyás' folgen.

Camp Matyás

Bewachter Familiencamping in einem schönen Bergtal am Ufer der Moldau. 10 Min. zu Fuß zum Bahnhof. Zug in die Prager Innenstadt. Neuer, flacher Radweg ins Prager Zentrum vom Camping aus. Warmwasser und Hochleistungs-WLAN gratis. Küche mit herrlichen Gerichten für € 6,- p.P. Schöner Freizeitraum und Kochgelegenheit.

U Elektrarny, 25246 Vrané nad Vltavou/Prag • Tel. 777016073
E-Mail: campmatyas@centrum.cz • Internet: www.camp-matyas.com

---

Vranov nad Dyji, CZ-67103 / Jihomoravsky kraj — iD
- Camping Vranovská Pláž***
- Vranovská Prehrada - Pláz 1
- 1 Mai - 30 Sep
- +420 7 24 10 17 25
- recepce@vranovska-plaz.cz

1 ABD**I**KNOPQRS**T** — HLN**O**QRX 6
2 B**F**IJKLQSVXY — AB**FG**J**K** 7
3 ABD**FGJM**N**PV** — ABE**F**NQR**T**U 8
4 B**J**M**PRSTUX** — DEGI**J**M**OQ**R**T**UV**W** 9
5 ACEGHKLM — A**IJ**L**OQ**UY 10
B 16A
10ha 350**T**(100-120m²) 139**D**
€24,35 / €28,30
N 48°54'53" E 15°48'44" — 117225
An der 408 von Znojmo nach Jemnice wird der CP zwischen Zalesi und Stitary ausgeschildert.

Zamberk, CZ-56401 / Pardubicky kraj — iD
- Autocamping Zamberk
- U Koupaliste 1368
- 15 Apr - 1 Nov
- +420 4 65 61 47 55
- kemp@orlicko.cz

1 ABDE**JM**NOPQRS**T** — A**G**HI 6
2 DQSXY — ABDE**FIJ** 7
3 BE**FGJM**NO**PR** — ABE**F**NPQR**W** 8
4 HINO**RSU** — **FJ**UV**W** 9
5 ABDHI**J**L — ABHKO**Q** 10
10A
H465 1,5ha 65**T**(100-150m²) 38**D**
€15,40 / €20,10
N 50°05'12" E 16°28'32" — 107255
Die 11 Jablonné-Zamberk. Hurz vor der Ortsmitte Zamberk. Der CP liegt an der rechten Seite der Straße in der Kurve.

Zelezná Ruda, CZ-34004 / Plzensky kraj — iD
- Autocamp Zelezná Ruda
- Klatovska 437
- 1 Jan - 31 Dez
- +420 6 02 25 85 89
- info@
  autocamp-zeleznaruda.cz

1 A**JM**NOPQRS**T** — L 6
2 BCEPQSTXY — ABD**EF** 7
3 A**F**U — ABE**FJ**N 8
4 **F**H — FIW 9
5 DE**F**GH**J** — ABC**F**HO**Q** 10
W 13A CEE
4,5ha 41**T**(80-100m²) 15**D**
€18,30 / €23,05
N 49°08'36" E 13°14'50" — 122666
Von Bayrisch Eisenstein (D) der E53 in den Ort folgen. 2 km ortsauserhalb liegt der CP an der linken Seite.

Zlatníky/Prag, CZ-25241 / Stredocesky kraj — iD
- Camping Oase Praha*****
- Libenská
- 28 Mai - 4 Sep
- +420 2 41 93 20 44
- info@campingoase.cz

1 ABD**JM**NOPQRS**T** — AEF 6
2 APQSWXYZ — ABC**DEF**GHI**K** 7
3 ABD**FG**H**IJ**LM**T**U — ABCDE**F**GI**J**KNQR**T**UV**W** 8
4 ABCE**HJ**LO**QTU**X — AEGLVY 9
5 ABDE**F**H**J**LM**N** — ABGHI**J**M**OQ**UWY 10
B 6-12A
H200 3ha 120**T**(100-180m²) 10**D**
€42,60 / €50,45
N 49°57'06" E 14°28'30" — 107709
Bei Prag der R1 Prazky Okruh folgen, dann Ausfahrt 82 Jesenice. Dort links Richtung Zlatníky. Am Kreisel links. Camping 500m hinter dem Ort angezeigt.

Slowakei

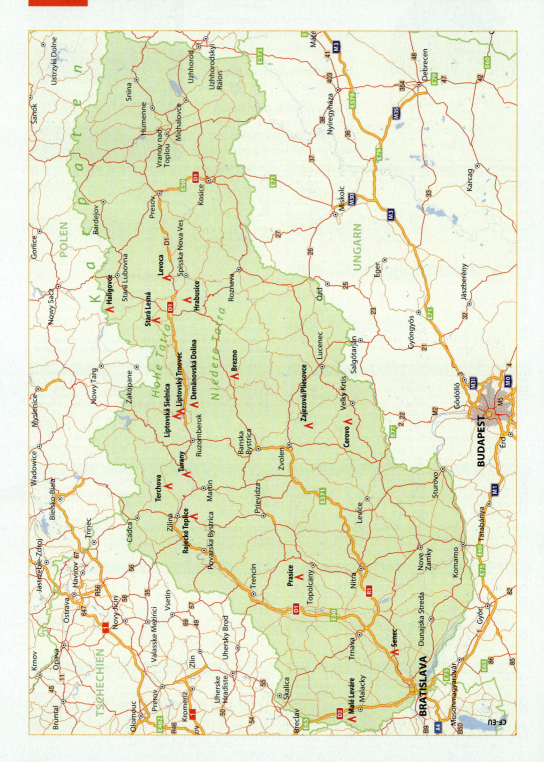

Slowakei

Allgemeines
Offizieller Name: Slowakische Republik (Slovenská republika).
Die Slowakei ist Mitglied der Europäischen Union.
Slowakisch ist die offizielle Sprache. In touristischen Gebieten kommt man fast überall mit Englisch gut zurecht.
Zeitunterschied: In der Slowakei ist es genauso spät wie in Berlin, Paris und Rom.

Währung und Geldfragen
Währung: Euro.
Bankkarte und Kreditkarte können Sie fast überall benutzen. Es gibt genug Geldautomaten.

Grenzformalitäten
Viele Formalitäten und Vereinbarungen in Bezug auf die notwendigen Reisedokumente, Fahrzeugpapiere, Anforderungen an Ihr Transportmittel und Ihr Campingfahrzeug, medizinische Kosten und die Mitnahme von Tieren hängen nicht nur vom Reiseziel, sondern auch von Ihrem Abreiseort und Ihrer Nationalität ab. Auch die Dauer Ihres Aufenthaltes kann eine Rolle spielen. Es ist unmöglich, im Rahmen dieses Leitfadens für alle Benutzer die richtigen und aktuellen Informationen über diese Themen zu gewährleisten. Wir empfehlen Ihnen daher, die folgenden Fakten in jedem Fall rechtzeitig vor der Abreise zu überprüfen:
- welche Reisedokumente Sie für sich selbst und Ihre Mitreisenden benötigen,
- welche Dokumente Sie für Ihr Auto und Ihren Anhänger benötigen,
- welche Waren und Medikamente Sie kostenlos ein- und ausführen dürfen,
- wie bei Unfall oder Krankheit die medizinische Behandlung in Ihrem Urlaubsland geregelt ist und bezahlt werden kann.

Slowakei

Höchstgeschwindigkeiten

Slowakei	Außerhalb geschlossener Ortschaften	Autobahn
Auto	90	130*
Mit Anhänger	90	90
Wohnmobil < 3,5 Tonnen	90	130*
Wohnmobil > 3,5 Tonnen	80	90**

*Auf Stadtautobahnen 90 km/h.
**Auf Stadtautobahnen 80 km/h.
Innerhalb geschlossener Ortschaften beträgt die Höchstgeschwindigkeit 50 km/h.

Haustiere

Finden Sie heraus, ob Ihr Haustier an Ihrem Zielort willkommen ist. Nehmen Sie hierzu frühzeitig Kontakt zu Ihrem Tierarzt auf. Dieser informiert Sie über relevante Impfungen und die entsprechenden Nachweise wie auch über Pflichten bei der Rückkehr.
Ferner sollten Sie sich erkundigen, ob an Ihrem Zielort für das Mitführen von Haustieren im öffentlichen Raum bestimmte Bedingungen gelten. So müssen in einigen Ländern Hunde immer einen Maulkorb tragen oder hinter Gittern transportiert werden.

Straßen und Verkehr

Das Straßennetz ist von zufriedenstellender Qualität. Unbefestigte und schlechte Straßen gibt es nur in ländlichen Gebieten.
Viele Straßen sind eng und kurvenreich und manchmal fehlen die Fahrbahnmarkierungen. Rechnen Sie auch mit gefährlichen Überholmanövern anderer Verkehrsteilnehmer. Im nördlichen gebirgigen Teil der Slowakei können Straßen im Winter durch Schnee und Eis unbefahrbar werden.
Es wird davon abgeraten, nach Sonnenuntergang auf den engen, kurvenreichen und schlecht beleuchteten Straßen außerhalb der Stadt zu fahren.

Tanken

Benzin (Eurosuper 95/Eurosuperplus 98) ist leicht erhältlich und Diesel (Nafta) einigermaßen bis gut verfügbar. Autogas ist an einer angemessenen Anzahl von Tankstellen erhältlich. Zum Tanken von Autogas wird der italienische Anschluss (Dish) genutzt.
Tankstellen sind oft mindestens montags bis samstags von 7.00 bis 20.00 Uhr geöffnet. In ländlichen Gebieten werden die Öffnungszeiten oft verlängert, aber die Tankstellen können über Mittag geschlossen sein. An den Autobahnen und in Großstädten sind viele Tankstellen Tag und Nacht geöffnet. In der Slowakei gibt es auch Tankautomaten, zum Beispiel in der Nähe von Supermärkten.
Sie dürfen höchstens 10 Liter Kraftstoff in einem Reservekanister einführen, aber keinen Kraftstoff in einem Reservekanister ausführen.

Verkehrsregeln

Abblendlicht (oder Tagfahrlicht) ist tagsüber vorgeschrieben. An einer Kreuzung mit Straßen gleichen Ranges hat der von rechts kommende Verkehrsteilnehmer Vorfahrt, Straßenbahnen haben jedoch immer Vorfahrt. Der Verkehr im Kreisverkehr hat Vorfahrt, wenn dies durch Verkehrsschilder angegeben ist. Sonst hat der Verkehr von rechts Vorfahrt. Es gilt ein absolutes Alkoholverbot für Autofahrer.
Fahrer dürfen nur mit einer Freisprechanlage telefonieren.

Slowakei

Achtung! Kinder unter 12 Jahren und kleiner als 1,50 m dürfen nicht vorne sitzen; sie müssen hinten in einem Kindersitz transportiert werden.
Blitzerwarner sind verboten, entfernen Sie (falls erforderlich) die Standorte von slowakischen Radarfallen aus Ihrer Navigationssoftware.
Vom 15. November bis zum 31. März ist die Verwendung von Winterreifen bei winterlichen Verhältnissen Pflicht.

Besondere Bestimmungen
In engen Straßen dürfen Sie nur halten, wenn noch mindestens 3 Meter Platz für andere Verkehrsteilnehmer verbleibt.
Das Parken ist unter anderem entlang eines weißen durchgezogenen Striches verboten.
Das Navigationsgerät darf nicht in der Mitte der Windschutzscheibe angebracht werden und darf die Sicht des Fahrers nicht behindern.
Bei Staus müssen Sie so weit wie möglich nach rechts oder links fahren, damit in der Mitte Platz für Einsatzfahrzeuge (eine Rettungsgasse) entsteht.

Vorgeschriebene Ausrüstung
Ein Warndreieck, eine Sicherheitsweste, ein Verbandskasten und ein Ersatzreifen (oder ein Reifenreparaturset) sind im Fahrzeug vorgeschrieben. Es wird empfohlen, Sicherheitswesten für alle Insassen mitzuführen. Es wird auch empfohlen, Ersatzlampen mitzunehmen.

Wohnwagen, Wohnmobil
Ein Wohnmobil oder ein Gespann aus Pkw und Wohnwagen darf bis zu 4 m hoch, 2,55 m breit und 18,75 m lang sein (der Wohnwagen selbst darf bis zu 12,75 m lang sein).
Mit einem Wohnmobil oder einem Gespann von mehr als 3,5 Tonnen oder mehr als 7 m Länge dürfen Sie auf Straßen mit drei oder mehr Fahrspuren in die gleiche Richtung nur auf den beiden ganz rechten Fahrspuren fahren.

Slowakei

Fahrrad
Außerhalb geschlossener Ortschaften ist ein Fahrradhelm vorgeschrieben (innerhalb geschlossener Ortschaften nur für Kinder bis 15 Jahre).
Im Dunkeln (und bei schlechter Sicht) müssen Radfahrer eine Sicherheitsweste tragen.
Telefonieren und Tippen auf einem Handy sind auf dem Fahrrad verboten.
Kinder unter 7 Jahren dürfen auf einem Fahrrad nur von einem Erwachsenen in einem Kindersitz transportiert werden.
Nebeneinander Rad zu fahren ist verboten.

Maut und Umweltzonen
Maut
Auf slowakischen Schnellstraßen und Autobahnen ist eine elektronische Vignette für Fahrzeuge bis zu bis zu 3,5 Tonnen Pflicht. Diese „E-Vignette" ist online unter **eznamka.sk** (auch weitere Informationen), an Grenzübergängen und bei einigen Poststellen und Tankstellen in der Nähe der slowakischen Grenze erhältlich. Die E-Vignette ist mit Ihrem Nummernschild verknüpft.
Es ist nicht notwendig, eine separate E-Vignette für einen Wohnwagen oder Anhänger zu kaufen, außer wenn Ihr Auto und Ihr Anhänger ein Gesamtgewicht von mehr als 3,5 Tonnen haben.
Fahrzeuge (einschließlich Wohnmobilen) über 3,5 Tonnen zahlen eine Maut pro gefahrenem Kilometer mithilfe einer elektronischen Mautbox. Mehr Informationen: **emyto.sk**.

Umweltzonen
Es gibt noch keine Umweltzonen, die für ausländische Touristen von Bedeutung sind.

Panne und Unfall
Stellen Sie Ihr Warndreieck auf der Autobahn mindestens 100 m (auf sonstigen Straßen 50 m) hinter Ihrem Auto auf, wenn dies eine Gefahr für den übrigen Verkehr darstellt. Alle Insassen müssen eine Sicherheitsweste anziehen.
Rufen Sie bei einer Panne die Notrufnummer

Slowakei

Ihrer Pannenhilfe-Versicherung an. Sie können auch die slowakische Pannenhilfe (SATC) unter +421 2 682 492 11 (oder 18124) anrufen. Wenn ein Unfall zu Personen- oder Sachschäden von mehr als 4.000 € geführt hat, sind Sie verpflichtet, die Polizei anzurufen. Wenn sichtbare Schäden am Auto vorhanden sind, fordern Sie einen Polizeibericht an; dieser muss auf dem Rückweg an der Grenze vorgelegt werden.

Notrufnummer
112: allgemeine Notrufnummer für Polizei, Feuerwehr und Rettungswagen

Campen

Die meisten Campingplätze befinden sich in Nationalparks wie der Hohen Tatra und an den zahlreichen Stauseen und Thermen. Abgegrenzte Stellplätze sind selten. Auf einigen Campingplätzen sind die Sanitäranlagen unter dem westeuropäischen Durchschnitt. Fast alle Campingplätze verfügen über Strom.
Wildcampen außerhalb der Campingplätze ist verboten.

Wohnwagen, Wohnmobil
Noch nicht alle Campingplätze haben Servicestationen für Wohnmobile.
Es ist nicht erlaubt, auf einem Parkplatz in einem Wohnwagen, Wohnmobil oder Auto zu übernachten.

Suche nach einem Campingplatz
Über **Eurocampings.eu** können Sie ganz einfach einen Campingplatz suchen und auswählen.

Praktisch

Steckdosen haben zwei runde Löcher und oft einen hervorstehenden Erdstift (Typ C oder E). Auf **iec.ch/world-plugs** können Sie überprüfen, ob Sie einen Adapter (Weltstecker) benötigen. Schützen Sie sich vor Zecken, da diese Krankheiten übertragen können. Vermeiden Sie wegen Tollwutgefahr den Kontakt mit Säugetieren.
Achtung! Leitungswasser kann in der Slowakei nicht immer bedenkenlos getrunken werden. Um auf der sicheren Seite zu sein, trinken Sie daher Wasser aus Flaschen, benutzen Sie keine Eiswürfel und kochen Sie Leitungswasser vor Gebrauch ab.

Klima Bratislava	Jan.	Feb.	März	Apr.	Mai	Jun.	Jul.	Aug.	Sept.	Okt.	Nov.	Dez.
Durchschnittliche Höchsttemperatur	2	5	11	16	22	25	27	27	22	15	8	4
Durchschnittliche Anzahl der Sonnenstunden pro Tag	2	3	5	7	9	9	9	9	7	5	2	1
Durchschnittliche monatliche Niederschlagsmenge (mm)	42	37	36	38	54	61	52	52	50	37	50	48

Klima Kosice	Jan.	Feb.	März	Apr.	Mai	Jun.	Jul.	Aug.	Sept.	Okt.	Nov.	Dez.
Durchschnittliche Höchsttemperatur	1	3	9	15	20	23	25	25	20	14	6	1
Durchschnittliche Anzahl der Sonnenstunden pro Tag	2	3	4	6	8	8	8	8	6	4	2	1
Durchschnittliche monatliche Niederschlagsmenge (mm)	25	24	26	49	70	86	83	70	53	47	42	33

Brezno, SK-97701 / Banska Bystrica

- Kemping / Apartmany Sedliacky Dvor s.r.o
- Hlinik 7
- 1 Apr - 31 Okt
- +421 9 11 07 83 03
- info@sedliackydvor.com
- N 48°47'42" E 19°43'43"

1 AB**J**MNOPQR**T** A 6
2 IQXY AB**FG**IK 7
3 AFMU ABEFNQR 8
4 FGHIJK ADGIJ 9
5 ADHN ABF**H**JOQV 10
10A CEE € 21,25
H580 2,5ha 53**T** 7**D** € 29,05

Ab Brezno die 72 (früher 530) Richtung Tisovec. Im Ort Rohozna den Schildern folgen. — 117455

Malé Leváre, SK-90874 / Bratislava

- ATC Rudava Malé Leváre
- Recepcia pri Centrálnej pláži 2508
- 1 Apr - 30 Sep
- +421 9 02 16 54 27
- info@autokemprudava.sk
- N 48°29'29" E 16°57'21"

1 AB**J**MNOPQR**S**T AF**L**MN**Q** 6
2 EJQSXY AB 7
3 ACGMU ABEFNQR 8
4 JO JRT 9
5 ADHJKN AHIJOQU 10
10A CEE € 15,50
H400 3,5ha 100**T** 7**D** € 15,50

Von Vel'ké Leváre nach Malé Leváre, links halten und der Beschilderung folgen. — 122089

Cerovo, SK-96252 / Banska Bystrica

- Farm & Camping Lazy
- Duchenec 163
- 1 Mai - 30 Sep
- +421 9 08 59 08 37
- info@minicamping.eu
- N 48°15'07" E 19°13'00"

1 AJLNOPQR**S**T AF 6
2 B**I**QSTUXYZ ABDE**F**IJ 7
3 AHIUX ABEFINPQRW 8
4 FGHJKO AD 9
5 ABDN ABF**J**NQ 10
6A CEE € 19,50
H560 10ha 52**T**(200-500m²) 4**D** € 25,50

Liegt an der Straße zwischen den Orten Suchán und Cebovce, nicht über Cerovo fahren. Im Navi ausschließlich die Koordinaten verwenden. — 120958

Prasice, SK-95622 / Nitra

- ATC Nová Duchonka
- Duchonca 1048
- 1 Jun - 31 Okt
- +421 3 89 14 73
- miroslav@novaduchonka.sk
- N 48°40'08" E 18°05'40"

1 ADEJMNOPQR**S**T L**M**N**Q**SX 6
2 BDF**I**JKPQUXYZ ABCDE**I**K 7
3 AB**GH**MST ABCDEFNQR 8
4 **AF**GHI NT 9
5 DEFGHJKLN AHIJLQU 10
10A CEE € 19,40
H275 20ha 1036**T**(100-500m²) € 19,40

Von der Straße 499 links auf die 1723 abbiegen. In Májová links abbiegen und der 1728 folgen. Nach 3,3 km befindet sich der Campingplatz auf der rechten Straßenseite. — 115200

Demänovská Dolina, SK-03101 / Zilina

- Kemping Bystrina
- Hotel Bystrina 23
- 1 Mai - 31 Okt
- +421 4 45 54 81 63
- kemping@bystrinaresort.sk
- N 49°02'01" E 19°34'30"

1 **AJ**MNOPQR**S**T 6
2 AB**I**PQSUXY ABD**EF**HI 7
3 AB**D**U ABEFNQRW 8
4 FH**J**KOP**Q**R**T**U**VX** EGIJ 9
5 ADLN AHIJNQ 10
10A CEE € 18,80
H713 9ha 150**T** 39**D** € 23,20

D1 Ruzumberok Richtung Poprad, Ausfahrt Liptovský Mikulas/Demanova. Dann Richtung Jasna, ca. 5 km CP liegt am linker Hand. — 107308

Rajecké Teplice, SK-01313 / Zilina

- Slnecné Skaly
- Poluvsie
- 1 Mai - 30 Sep
- +421 9 03 98 22 33
- slnecneskalycamp@gmail.com
- N 49°08'31" E 18°43'09"

1 A**J**MNOPQR**S**T M 6
2 BCQSXY AB**F**IK 7
3 A**F**L**U** ABEFNQR 8
4 **F**K F**J** 9
5 AD**E** AHIJNQU 10
16A CEE € 22,00
H392 4ha 150**T** 7**D** € 22,00

Die 64 von Zilina nach Prievidza. 1 km hinter dem Ort Porubka auf der rechten Seite. — 111243

Haligovce, SK-06534 / Presov

- ATC Chatova Osada Goralsky Dvor
- Haligovce 188
- 1 Mai - 15 Okt
- +421 9 05 38 94 13
- info@goralskydvor.com
- N 49°22'47" E 20°26'22"

1 A**J**MNOPQR**S**T B 6
2 CIPQSTVXY ABDE**FG**HIJK 7
3 AB**F**U ABE**F**NQRUV 8
4 FH**J**O**Q** JY 9
5 AD**J**KLNO AHIJNQU 10
B 16A CEE € 20,00
H530 3ha 55**T**(60-120m²) 13**D** € 24,00

Camping an der 543 Cerveny Klástor-Stará L'ubovňa. 3 km hinter Cerveny Klástor. Eigenes Schild zeigt Campingplatz und Restaurant an. — 110052

Senec, SK-90301 / Bratislava

- Stredisko Slnecné Jazerá (B)
- Slnecne Jazera - JUH
- 1 Jun - 15 Sep
- +421 2 45 92 33 24
- info@slnecnejazera.eu
- N 48°12'49" E 17°24'39"

1 A**J**MNOPQR**S**T L**M**N**Q**SX 6
2 AEMPQS ABDE**F**I 7
3 BCFG**J**L**MN** ABEFNQR 8
4 **O** FIT 9
5 ADEFIKL AHILOQU 10
B 10A CEE € 21,00
H220 10ha 200**T**(60m²) 39**D** € 21,00

D1 Bratislava Richtung Zilina, Ausfahrt 31 Senec. Die 503 Richtung Senec fahren. Am 1. Kreisel links (3. Ausfahrt). Am 2. Kreisel links (3. Ausfahrt) geradeaus bis zum Kreisel vor Lidl 1. Straße rechts. CP liegt links der Straße gegenüber dem Bahnhof. — 107324

Hrabusice, SK-05315 / Presov

- Autocamping Podlesok
- Podlesok
- 1 Apr - 31 Okt
- +421 5 34 29 91 65
- recepcia@podlesok.sk
- N 48°57'51" E 20°23'06"

1 ABD**J**MNOPQR**S**T 6
2 BCIPQRSUX AB**FG**HIJK 7
3 AM**N**U ABEFNQR 8
4 FHO FUV 9
5 ABDGKL AHIJNQU 10
6A CEE € 17,90
H550 2ha 300**T**(40-120m²) 16**D** € 24,30

Poprad Richtung Presov, weiter bis Spissky Svrtok E50/18. Hier Richtung Hrabusice/Slovensky Raj. — 107321

Stará Lesná, SK-05960 / Presov

- Stará Lesná Rijo Camping
- 1 Mai - 30 Sep
- +421 5 24 46 74 93
- rijocamping@rijocamping.eu
- N 49°08'57" E 20°16'52"

1 AJMNOPQR**S**T 6
2 IQSXY ABE**F**K 7
3 **L** ABEFGNQR 8
4 F 9
5 ABDEFHJ AHIJNQU 10
10A CEE € 23,00
H835 2ha 74**T**(60-120m²) € 29,00

Von Poprad Richtung Kezmarok (67), in Velká Lomnica links, die 540. Nach einigen km Richtung Stará Lesná links, Schildern folgen. — 107311

Levoca, SK-05401 / Presov

- Levoca Dolina
- 5333
- 1 Jan - 31 Dez
- +421 5 34 51 27 05
- rzlevoca@pobox.sk
- N 49°02'59" E 20°35'14"

1 ADE**J**MNOPQR**S**T L**M**N**Q** 6
2 ABEJPQSUVXYZ AB**F**HIK 7
3 AM ABEFNQR 8
4 FH**O**R**TU** FGILRTUV 9
5 ABDKL AB**H**IJNQU 10
W 10A CEE € 21,00
H599 3ha 70**T** 32**D** € 27,00

Von Poprad-Preov über die 18 (E50), um Levoca noch ca. 3 km geradeaus. Von Presov, letzte Kreuzung vor Stadmauer rechts, noch ca. 3 km. — 112310

Terchova, SK-01305 / Zilina

- Camping Belá Nizné Kamence
- Wegnr. 583
- 1 Jan - 31 Dez
- +421 4 15 69 51 35
- camp@bela.sk
- N 49°14'54" E 18°59'20"

1 ADE**J**MNOPQR**S**T **N** 6
2 CIPQSXY ABF**H**IK 7
3 AB**F**MNU ABE**F**NQR 8
4 KO JV 9
5 ABDEK AHIOQU 10
15A CEE € 20,50
H650 20ha 200**T**(100m²) 20**D** € 20,50

Die 583 Zilina-Terchova. 2 km hinter Belá liegt die CP links der Strecke. Wird angezeigt. — 118121

Liptovská Sielnica, SK-03223 / Zilina

- Villa Betula Resort***
- Brnice 166
- 1 Jan - 31 Dez
- +421 9 07 81 23 27
- villabetula@villabetula.sk
- N 49°08'10" E 19°30'44"

1 ABDE**J**MNOPQR**S**T **A**LMN**Q**RSWX 6
2 AEPQSXYZ ABDE**FG**HIJK 7
3 B**D**EF**H**IMSTUV ABEFGIJK**N**QRTW 8
4 BCFHJKLO**PTX** DGIJLZ 9
5 ADHJLMN**O** HIKOPRUX 10
W 10A CEE € 34,00
H543 3ha 130**T** 24**D** € 68,00

Von Martin die E50 Ri. Poprad, Ausfahrt Besanová ist ebenfalls Ausfahrt Liptovský Trnovec (Campingplatz). Den CP-Schildern folgen. Oder den CP über Liptovský Mikulás Ri. Zuberec (die 584). CP ist ausgeschildert. E50 = D1. — 111362

Turany, SK-03853 / Zilina

- Autocamping Trusalova
- 1 Jun - 15 Sep
- +421 4 34 29 26 36
- trusalova@gmail.com
- N 49°08'25" E 19°03'05"

1 AB**F**J**MNOPQR**S**T J 6
2 ABCIQSUYZ ABDE**FH**IJK 7
3 AB**F**HMU ABEFNQRW 8
4 F**J**O F**J** 9
5 ABDEJ ABCFHIJMNQU 10
10A CEE € 17,50
H492 4ha 160**T**(120m²) 39**D** € 17,50

E60-18 Zilina-Dubna Skala. Dann D1 (E50-18) Dubnaskala-Turany. Am Autobahnende wieder zurück zur E50-18 Richtung Martin. Am Straßencafé Fatra (500m) rechts ab. Camping nach 1,5 km. — 107307

Liptovský Trnovec, SK-03222 / Zilina

- Mara Camping / ATC Liptovský Trnovec
- 1 Mai - 30 Sep
- +421 4 45 59 84 58
- riaditel@maracamping.sk
- N 49°06'39" E 19°32'46"

1 ADE**J**MNOPQR**S**T L**M**NOPQSTW**X**YZ 6
2 AEIKLMPQSXY ABD**F**IJK 7
3 ABCDEFGMUV AFJMOQRTUV 9
4 MNO
5 DEFGHIJL AB**H**IJOQU 10
B 10A CEE € 25,40
H574 6,5ha 184**T**(60-90m²) 20**D** € 29,40

Von der D1 nach Liptovský Mikulas. In der Stadt Ri. Zuberec und Liptovský Trnovec über die 584. Dann den CP-Schildern folgen. Oder von Ruzumberok Ri. Poprad, Ausfahrt Besanová, Ri. Liptovský Mikulás. Den Schildern folgen. — 107994

Zajezová/Pliesovce, SK-96263 / Banska Bystrica

- Modrá Farma
- Zajezova 66
- 30 Apr - 15 Sep
- +421 9 15 07 79 88
- info@modrafarma.com
- N 48°27'24" E 19°14'32"

1 AB**J**MNOPQR**S**T B 6
2 BC**I**QSUVXYZ ABDE**FG**HI 7
3 BMSX ABEFNQW 8
4 E**F**JKO**T** DI 9
5 AD**J**N AB**J**MNQUV 10
6A CEE € 17,00
H680 5,5ha 51**T**(80-300m²) 4**D** € 25,00

E77/66 Zvolen-Sahy. 3 km südlich von Dobrá Niva Ausfahrt Vel'ky Krtis zur 527. Hinter Pliesouce Richtung Zajezová. Nach 800m den Schildern zum Camping folgen. — 120312

Slowakei

Ungarn

Allgemeines

Offizieller Name: Ungarn (Magyarország). Ungarn ist Mitglied der Europäischen Union. Ungarisch ist die offizielle Sprache. In touristischen Gebieten kommt man meistens auch mit Englisch oder Deutsch zurecht. Zeitunterschied: In Ungarn ist es genauso spät wie in Berlin, Paris und Rom.

Währung und Geldfragen

Währung: Forint (HUF).
Wechselkurs im September 2021:
1,00 € = ca. 349 HUF / 100 HUF = ca. 0,30 €.
Bankkarte und Kreditkarte können Sie fast überall benutzen. Es gibt genug Geldautomaten.

Grenzformalitäten

Viele Formalitäten und Vereinbarungen in Bezug auf die notwendigen Reisedokumente, Fahrzeugpapiere, Anforderungen an Ihr Transportmittel und Ihr Campingfahrzeug, medizinische Kosten und die Mitnahme von Tieren hängen nicht nur vom Reiseziel, sondern auch von Ihrem Abreiseort und Ihrer Nationalität ab. Auch die Dauer Ihres Aufenthaltes kann eine Rolle spielen. Es ist unmöglich, im Rahmen dieses Leitfadens für alle Benutzer die richtigen und aktuellen Informationen über diese Themen zu gewährleisten. Wir empfehlen Ihnen daher, die folgenden Fakten in jedem Fall rechtzeitig vor der Abreise zu überprüfen:

Ungarn

- welche Reisedokumente Sie für sich selbst und Ihre Mitreisenden benötigen,
- welche Dokumente Sie für Ihr Auto und Ihren Anhänger benötigen,
- welche Waren und Medikamente Sie kostenlos ein- und ausführen dürfen,
- wie bei Unfall oder Krankheit die medizinische Behandlung in Ihrem Urlaubsland geregelt ist und bezahlt werden kann.

Haustiere
Finden Sie heraus, ob Ihr Haustier an Ihrem Zielort willkommen ist. Nehmen Sie hierzu frühzeitig Kontakt zu Ihrem Tierarzt auf. Dieser informiert Sie über relevante Impfungen und die entsprechenden Nachweise wie auch über Pflichten bei der Rückkehr.
Ferner sollten Sie sich erkundigen, ob an Ihrem Zielort für das Mitführen von Haustieren im öffentlichen Raum bestimmte Bedingungen gelten. So müssen in einigen Ländern Hunde immer einen Maulkorb tragen oder hinter Gittern transportiert werden.

Straßen und Verkehr
Ungarn verfügt über ein ausgedehntes Autobahnnetz. Die Qualität der Straßen ist meistens gut.
Auf den manchmal engen und oft schlecht beleuchteten Landstraßen sollten Sie mit landwirtschaftlichen Fahrzeugen und frei laufendem Vieh rechnen.
Bahnübergänge und Straßenarbeiten sind manchmal nicht gut durch Schilder und Absperrungen gekennzeichnet.

Tanken
Benzin mit der Oktanzahl 95 (Szuper/ Olomentes 95) ist leicht erhältlich, Benzin mit der Oktanzahl 98 (Szuper Plusz 98) ist jedoch weniger häufig erhältlich. (Achten Sie darauf, dass Sie nicht versehentlich E85 nachfüllen, da dieser Kraftstoff für einen normalen Automotor schädlich ist.)
Diesel ist leicht und Autogas ziemlich gut erhältlich. Zum Tanken von Autogas wird der italienische Anschluss (Dish) genutzt.

Tankstellen sind in der Regel von 6 bis 20 Uhr geöffnet und in Großstädten und an Autobahnen oft Tag und Nacht. An einigen Tankstellen werden Sie bedient und es ist üblich, Trinkgeld zu geben.
Es ist verboten, Kraftstoff in einem Ersatzkanister einzuführen.

Verkehrsregeln

Abblendlicht (oder Tagfahrlicht) ist außerhalb geschlossener Ortschaften und auf allen Autobahnen vorgeschrieben.
An einer Kreuzung mit Straßen gleichen Ranges hat der von rechts kommende Verkehrsteilnehmer Vorfahrt. Fahrzeuge im Kreisverkehr haben Vorfahrt. Straßenbahnen haben grundsätzlich immer Vorfahrt.
Es gilt ein absolutes Alkoholverbot für Autofahrer.
Fahrer dürfen nur mit einer Freisprechanlage telefonieren.
Kinder unter einer Größe von 1,50 m müssen in einem Kindersitz sitzen. Kinder ab 1,35 m dürfen hinten einen Sicherheitsgurt anlegen.
Winterreifen sind nicht vorgeschrieben.
Bei winterlichen Verhältnissen ist es Pflicht, Schneeketten im Auto zu haben. Mit Schneeketten beträgt die Höchstgeschwindigkeit 50 km/h.

Besondere Bestimmungen
Eine Ladung oder ein Fahrradträger, der mehr als 40 cm nach hinten herausragt, muss mit einem reflektierenden rot-weiß gestreiften Schild gekennzeichnet werden.
Bei Staus müssen Sie so weit wie möglich nach rechts oder links fahren, damit in der Mitte eine Rettungsgasse für Einsatzfahrzeuge entsteht.
Das Parken ist unter anderem entlang einer gelben Linie verboten.
Fußgänger dürfen beim Überqueren der Straße kein Mobiltelefon benutzen oder Kopfhörer tragen.
Fußgänger müssen außerhalb geschlossener Ortschaften bei Dunkelheit und schlechter Sicht eine Sicherheitsweste tragen.

Vorgeschriebene Ausrüstung
Ein Warndreieck und ein Verbandskasten sind im Fahrzeug vorgeschrieben. Die Mitnahme eines Feuerlöschers wird empfohlen und ist für Wohnmobile mit einer zulässigen Höchstmasse von mehr als 3,5 Tonnen vorgeschrieben. Es wird auch empfohlen, ein Ersatzrad, Ersatzlampen und ein Abschleppseil mitzunehmen. Es wird empfohlen, Sicherheitswesten für alle Insassen mitzuführen.

Wohnwagen, Wohnmobil
Ein Wohnmobil oder ein Gespann aus Pkw und Wohnwagen darf bis zu 4 m hoch, 2,55 m breit und 18,75 m lang sein (der Wohnwagen selbst darf bis zu 12 m lang sein).
Von einem Pkw gezogene Wohnwagen dürfen eine Höhe von 3 m nicht überschreiten.

Höchstgeschwindigkeiten

Ungarn	Außerhalb geschlossener Ortschaften	Schnellstraße	Autobahn
Auto	90	110	130
Mit Anhänger	70	70	80
Wohnmobil < 3,5 Tonnen	90	110	130
Wohnmobil > 3,5 Tonnen	70	70	80

Innerhalb geschlossener Ortschaften beträgt die Höchstgeschwindigkeit 50 km/h (im Stadtzentrum oft 30 km/h).

Ungarn

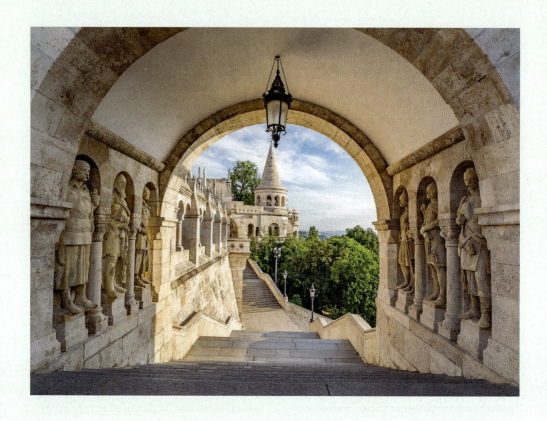

Fahrrad

Ein Fahrradhelm ist nicht vorgeschrieben. Die Höchstgeschwindigkeit für Radfahrer außerhalb geschlossener Ortschaften beträgt 40 km/h, jedoch mit Helm 50 km/h. Telefonieren und Tippen auf einem Handy sind auf dem Fahrrad verboten.
Radfahrer müssen im Dunkeln und bei schlechter Sicht außerhalb geschlossener Ortschaften eine Sicherheitsweste tragen. Nur Kinder über 14 Jahren dürfen auf der Fahrbahn Rad fahren.

Maut und Umweltzonen
Maut
Alle Autobahnen in Ungarn sind Mautstraßen. Dazu benötigen Sie eine „E-Vignette" (**e-matrica**).

Kaufen Sie eine Vignette, bevor Sie auf die Autobahn fahren. Dies ist an Grenzübergängen, Tankstellen und Servicestationen der Straßenmeisterei möglich. Auf jeden Fall müssen Sie Ihr Fahrzeug innerhalb von 60 Minuten nach der Auffahrt auf die Autobahn registrieren lassen haben, sonst droht eine Geldstrafe. Die Einhaltung dieser Vorschrift wird durch Kameras kontrolliert. Um auf der sicheren Seite zu sein, bewahren Sie die Quittung mindestens ein Jahr lang auf, für den Fall, dass Ihnen eine ungerechtfertigte Geldstrafe auferlegt wird.
Sie können auch vor Ihrer Reise nach Ungarn eine E-Vignette kaufen, z.B. über *autopalyamatrica.hu* oder *virpay.hu*. Mehr Informationen: *motorway.hu*, *toll-charge.hu* und *maut-tarife.hu/* (Preise).

Ungarn

Umweltzonen
Aufgrund der Luftqualität haben das Zentrum von Budapest und andere ungarische Großstädte möglicherweise nur begrenzten Zugang zum motorisierten Verkehr.

Panne und Unfall
Stellen Sie Ihr Warndreieck auf der Autobahn mindestens 150-200 m (auf anderen Straßen 100 m) hinter dem Fahrzeug auf. Alle Insassen müssen eine Sicherheitsweste tragen.
Rufen Sie bei einer Panne die Notrufnummer Ihrer Pannenhilfe-Versicherung an. Sie können auch die ungarische Pannenhilfe (MAK) unter 188 oder +36 1 345 1755 anrufen.
Das Abschleppen auf der Autobahn ist bis zur ersten Ausfahrt erlaubt.
Bei sichtbaren Schäden am Auto sollten Sie einen Polizeibericht anfordern; dieser muss auf dem Rückweg an der Grenze vorgelegt werden.

Notrufnummer
112: allgemeine Notrufnummer für Polizei, Feuerwehr und Rettungswagen
107: Polizei
105: Feuerwehr
104: Rettungswagen

Campen
Die größte Konzentration von Campingplätzen befindet sich am Ufer des Plattensees.
Ein Pluspunkt ist, dass ungarische Campingplätze zu den günstigsten in Europa gehören. Die Sanitäranlagen sind recht ordentlich.
Wildcampen außerhalb der Campingplätze ist verboten.

Besonderheiten
Campinggas ist oft schwer zu bekommen.

Suche nach einem Campingplatz
Über *Eurocampings.eu* können Sie ganz einfach einen Campingplatz suchen und auswählen.

Praktisch
Die Steckdosen haben zwei runde Löcher (Typ C oder F). Auf *iec.ch/world-plugs* können Sie überprüfen, ob Sie einen Adapter (Weltstecker) benötigen.
Schützen Sie sich vor Zecken, da diese Krankheiten übertragen können. Vermeiden Sie wegen Tollwutgefahr den Kontakt mit Säugetieren.
Leitungswasser in städtischen Gebieten kann bedenkenlos getrunken werden. Es wird empfohlen, in ländlichen Gebieten in Flaschen abgefülltes Wasser zu trinken.

Klima Budapest	Jan.	Feb.	März	Apr.	Mai	Jun.	Jul.	Aug.	Sept.	Okt.	Nov.	Dez.
Durchschnittliche Höchsttemperatur	1	5	10	16	21	24	27	26	22	16	8	3
Durchschnittliche Anzahl der Sonnenstunden pro Tag	2	3	5	7	8	9	10	9	7	5	2	1
Durchschnittliche monatliche Niederschlagsmenge (mm)	32	31	29	38	55	63	52	51	40	33	52	40

Klima Debrecen	Jan.	Feb.	März	Apr.	Mai	Jun.	Jul.	Aug.	Sept.	Okt.	Nov.	Dez.
Durchschnittliche Höchsttemperatur	1	4	10	17	22	25	27	26	22	17	9	3
Durchschnittliche Anzahl der Sonnenstunden pro Tag	2	3	5	6	8	9	10	9	7	5	2	2
Durchschnittliche monatliche Niederschlagsmenge (mm)	37	30	34	42	59	80	65	61	38	31	45	44

Alsóörs, H-8226 / Veszprém

- Pelso Camping****
- Camping Utca 19
- 28 Apr - 30 Sep
- +36 2 06 67 35 76
- info@pelsocamping.hu

1	BDEJMNOPQRST	AHLMQS 6
2	EIJKQRWXYZ	ABDEFGI 7
3	ABFGJMNSV	ABCDFINQRTUV 8
4	ABCDHJNP	ELNQRTUVY 9
5	ACDEFGHL	ABGHIKLNPRS 10
6A		① €26,00
20ha 415T(70-120m²) 205D		② €32,00

N 46°58'33" E 17°57'25"   104514

Straße 71 (an der Nordseite vom Balatonsee), zwischen Km-Pfahl 31 und 32, direkt am See. Ausgeschildert.

Badacsony, H-8261 / Veszprém

- Badacsony Camping
- Road 71, km 79-80
- 14 Mai - 18 Sep
- +36 3 03 39 96 43
- info@badacsonycamping.hu

1	BDEJMNOPQRST	LMNQSUX 6
2	EKPQSWXYZ	ABDEFGI 7
3	AM	ABCDEFNQRTU 8
4	FHOTX	JRV 9
5	ADK	AHIJOQU 10
B 16A CEE		① €29,25
1,4ha 50T(60-105m²) 30D		② €38,40

N 46°47'03" E 17°29'56"   122792

An der 71 auf der Balaton-Nordseite gelegen, zwischen Km-Pfahl 79 und 80 direkt am See. Der Campingplatz ist ausgeschildert.

Badacsonylábdihegy, H-8262 / Veszprém

- Balaton Eldorado
- Vízpart 2
- 1 Mai - 30 Sep
- +36 87 43 23 69
- balaton@balatoneldoradocamping.hu

1	ABDJMNOPRT	ALNQS 6
2	EKPQWXYZ	ABDEFGI 7
3	AFGL	ABCDEFJKNQR 8
4	ABH	GI 9
5	ADFGHLN	ABGHIJORS 10
B 10A		① €26,95
4ha 88T(60-100m²) 44D		② €36,40

N 46°47'23" E 17°27'36"   107610

An der 71, Norduferer Balaton, zwischen den Km-Pfahlen 82 und 83 direkt am See. CP ist ausgeschildert.

Badacsonytomaj, H-8258 / Veszprém

- Tomaj Camping***
- Balaton u. 28
- 1 Mai - 30 Sep
- +36 87 47 13 21
- info@tomajcamping.hu

1	ADEHKNOPQRST	LM 6
2	EKPQWXYZ	ABDE F 7
3	AM	ABEFNQR 8
4	H	IRT 9
5	DEN	AHIJORSU 10
10A		① €17,20
3,5ha 174T(80-100m²) 44D		② €24,05

N 46°48'16" E 17°31'09"   115632

Von der Straße Nr. 71 zwischen km 77 und 76 abbiegen.

Balatonakali, H-8243 / Veszprém

- Balatontourist Camping Strand Holiday
- Balaton Utca 8
- 17 Apr - 27 Sep
- +36 87 54 40 21
- strand@balatontourist.hu

1	BDEILNOQRST	NQSX 6
2	FIKPWXYZ	ABDEFI 7
3	M	ABDEFKQRTW 8
4	ABC	DELV 9
5	EGN	ABGHIJNRT 10
4-10A		① €26,25
3,5ha 250T(70-80m²) 106D		② €34,40

N 46°52'52" E 17°45'16"   124373

An der 71 am Balaton Norduferer, zwischen Km 53 und 54. Direkt am See. Ausgeschildert.

Balatonalmádi, H-8220 / Veszprém

- Yacht Camping**
- Véghely D. Str. 18
- 1 Mai - 20 Sep
- +36 88 58 41 01
- yacht@balatonservice.hu

1	ADEFJMNOPQRST	ALMNQSXY 6
2	EIKPQWXYZ	ABDEFGIJK 7
3	BFM	ABDFHKNQRTUV 8
4	ABCHJO	ADEJLPRTUV 9
5	ABDEHLN	ABGHIJNRS 10
6-10A		① €19,95
2,7ha 160T(59-100m²) 21D		② €26,80

N 47°01'14" E 18°00'30"   104511

An der 71 (Nordseite des Balatonsee) gelegen, zwischen Km-Pfahl 25 und 26 direkt am See. Der CP ist ausgeschildert.

Balatonberény, H-8649 / Somogy CC€18

- Balatontourist Camping Naturist Berény
- Hétvezér u.2
- 13 Mai - 19 Sep
- +36 85 37 72 99
- bereny@balatontourist.hu

1	ABDEJMNOPRST	LMNQSX 6
2	AFIKPQWXYZ	ABDEFIK 7
3	ABFGJMS	BEFKNQRTUVW 8
4	BCDHJNOX	DEGIJKLNRT 9
5	DEFHJKL	ABFGHIJORSUVX 10
FKK 10A		① €29,80
6ha 121T(80-110m²) 40D		② €36,70

N 46°42'48" E 17°18'39"   108740

Kommend von Keszthely über die 71 und 76, nach 7 km links abbiegen. Weiter den Schildern folgen.

Balatonboglár, H-8630 / Somogy

- Sellö***
- Kikötö u. 3
- 17 Apr - 27 Sep
- +36 85 55 03 67
- info@sellocamping.hu

1	ADEJMNOPQRST	LNQSX 6
2	AEIKQXYZ	ABDEFGHI 7
3	A	BFNQRW 8
4	BHJO	E 9
5	DEHJN	ABGHIJORS 10
6A		① €22,65
1,6ha 150T(60-80m²) 15D		② €29,10

N 46°46'48" E 17°38'45"   104505

An der 71 (Südseite vom Balatonsee) gelegen. Zwischen Km-Pfahl 140 und 141 Richtung See. CP liegt in der Nähe des Hafens und ist ausgeschildert.

Balatonfüred, H-8230 / Veszprém CC€16

- Balatontourist Camping & Bungalows Füred***
- Széchenyi u.24
- 29 Apr - 25 Sep
- +36 87 58 02 41
- fured@balatontourist.hu

1	ADEHKNOPQRST	AFHLMQRSTWXYZ 6
2	EIJKPQWXYZ	ABDEFGHI 7
3	ABEFGJLMU	BDFKNQRT 8
4	ABCHJLOPQTX	EIJKLMPQRTUV 9
5	ACDEFGHJKLN	ABGHIKNORS 10
B 6-16A CEE		① €35,80
19ha 648T(60-120m²) 221D		② €45,85

N 46°56'45" E 17°52'36"   104515

An der 71 (Nordseite vom Balatonsee) gelegen, zwischen Km-Pfahl 40 und 41 abbiegen, direkt am See. Ausgeschildert.

Balatongyörök, H-8313 / Zala

- Carina***
- Balaton u. 25
- 1 Apr - 30 Sep
- +36 83 34 90 84
- carinacamping@t-online.hu

1	AJMNOPRT	LNQSXY 6
2	EPQYZ	ABDEFIJ 7
3	AJLS	ABEFNRW 8
4	AHJO	GMQV 9
5	DMNO	AGHIKORS 10
16A		① €15,50
1,4ha 100T(80m²) 3D		② €19,70

N 46°45'03" E 17°21'02"   100990

Die 71 rund um den Balatonsee zwischen Km-Pfahl 95 und 96 abfahren zum Dorf. Vor dem Bahnübergang rechts ab. Ausgeschildert.

Balatonszemes, H-8636 / Somogy

- Balatontourist Cp. & Bungalows Vadvirág**
- Lellei utca 1-2
- 28 Apr - 10 Sep
- +36 84 36 01 14
- vadvirag@balatontourist.hu

1	DEJMNOPQRST	FLMNQSXYZ 6
2	AEIKQWXYZ	ABDEFHIK 7
3	ABFGJMNO	BDFGNQRTW 8
4	BCHJO	JKLTVY 9
5	ABDEFHN	ABGHIJNORSU 10
10A		① €20,65
16ha 420T(60-100m²) 180D		② €27,70

N 46°48'03" E 17°44'25"   104524

Südseite vom Balatonsee. An der 7 zwischen km-Pfahl 132 und 133 oder zwischen 134 und 135 über den Bahnübergang. CP liegt am See. CP ist ausgeschildert.

Balatonszemes, H-8636 / Somogy

- Hattyú**
- Kikötö utca 1
- 1 Mai - 10 Sep
- +36 84 36 00 31
- info@hattyucamping.hu

1	ADEJMNOPQRST	LNQSX 6
2	AEJKPQWXYZ	ABDEFI 7
3		ABEFNQRW 8
4	H	9
5	DK	AGHIJORS 10
6A		① €17,70
1,5ha 100T(50-80m²) 10D		② €22,30

N 46°48'43" E 17°46'16"   111300

Etwa 5 km von der M7 an der 71, Balaton Südseite zwischen Km-Pfahl 130 und 129.

Club iD

Ihr Pass oder Ausweis sicher in der Tasche
Die praktische ACSI Clubkarte

Nur 4,95 € im Jahr

- Ausweisersatz
- Akzeptiert auf fast 8 400 Campingplätzen in Europa
- Inklusive Haftpflichtversicherung
- Rabatt im ACSI-Webshop

www.ACSI.eu/ACSIClubID

**Thermal krt. 12
9740 Bükfürdő**

Tel. 0036-94-358362
Fax 0036-94-358362/558051
E-Mail: info@romantikcamping.com
Internet: www.romantikcamping.com

Bükfürdő, H-9740 / Vas 🛜 CC€18 iD
- ▲ Romantik Camping***
- 1 Jan - 31 Dez
- ☎ +36 94 35 83 62
- @ info@romantikcamping.hu
- 1 ADE**JM**NOPQRS**T** — A 6
- 2 PQYZ — BEFHI 7
- 3 AB**LN** — ABEFJNQR 8
- 4 A**SX** — EGJKLV 9
- 5 DJKM — AHJNPQV 10
- Anzeige auf dieser Seite — B 10-12A
- N 47°23'02" E 16°47'26"
- H210 4ha 400T 64D
- €25,30 / €32,50
- Die 87 oder 84 Richtung Bük. In Bük Schildern Richtung Bükfürdő folgen, und dann Schild 'Romantik Panzio és camping'.
- 104485

Bükfürdő, H-9740 / Vas 🛜 iD
- ▲ Thermal Kemping
- Termál Krt 2
- 1 Jan - 31 Dez
- ☎ +36 94 55 83 56
- @ camping@bukfurdo.hu
- 1 ABDE**JM**NOPQRST — BEFH 6
- 2 KPQTWY — BE**FGI** 7
- 3 **JLMNR** — BCDFHJNQR 8
- 4 A**RTUVWXY** — EGLUVW 9
- 5 BDEGIKL — AHIJMNQWY 10
- B 16A CEE
- N 47°22'37" E 16°47'02"
- H210 3ha 166T(40-80m²) 10D
- €45,05 / €60,50
- Die Straße von Bük nach Bükfürdő fahren. Danach CP-Schildern folgen. Thermal Kemping ist der erste CP auf der linken Seite.
- 110975

Celldömölk, H-9500 / Vas 🛜 iD
- ▲ JUFA Vulkan Thermen Resort es Camping
- Sport Utca 10
- 1 Jan - 31 Dez
- ☎ +36 95 42 11 80
- @ vulkantherme@jufahotels.com
- 1 ABDE**JM**NOPQRST — BEGHIM 6
- 2 KPQWY — ABDE**F** 7
- 3 ABDEFGM — ABCDEFJKNQRTUVW 8
- 4 AB**EH**JO**PQRS**TUVW**XYZ** — EGLUVW 9
- 5 ABDEFJKL — AGHIJMOPQUWY 10
- B 16A
- N 47°14'39" E 17°08'43"
- H200 2,5ha 74T(80-100m²) 82D
- €25,00 / €45,00
- Die 84 Sopron-Savar. Umfahrung Sarvar Richtung Celldömölk. In Celldömölk der Hauptstraße bis zum Kreisel folgen, dann im Kreisel rechts. Diese Straße weiter. Gleich stadtauserhalb rechts in die Sport utca. Das Resort links.
- 121576

Cserszegtomaj, H-8372 / Zala 🛜 iD
- ▲ Panoráma***
- Barát Utca 43
- 1 Apr - 31 Okt
- ☎ +36 83 33 02 15
- @ waldemar.sczesny@web.de
- 1 ABD**JM**NOPRST — A 6
- 2 IQVWXYZ — ABE**F** 7
- 3 ACMSU — ABEFJNQRW 8
- 4 QR**X** — DI 9
- 5 ADMN — AGHIJORS 10
- FKK 10A
- N 46°48'29" E 17°12'44"
- H350 1,4ha 50T(80-120m²) 18D
- €16,00 / €24,00
- CP ist ausgeschildert an der Strecke von Keszthely nach Hévíz.
- 104491

Csokonyavisonta, H-7555 / Somogy 🛜 iD
- ▲ Thermal Camping**
- Fürdő
- 1 Jan - 31 Dez
- ☎ +36 82 47 50 24
- @ info@csokonyavisontafurdo.hu
- 1 ACDE**JM**NOPQRST — BEGHI**MN** 6
- 2 PQXYZ — ABDE**FHI** 7
- 3 GM — ABEFNQR 8
- 4 TUV**WXY** — G 9
- 5 DEFJL — AFGHIJNQ 10
- 10A
- N 46°06'23" E 17°26'08"
- H139 1,8ha 130T 34D
- €20,05 / €25,20
- Gelegen auf 100m Höhe von der 68, zwischen Barcs und Nagyatád, in der Nähe des Km-Pfahls 17. Gut ausgeschildert.
- 100582

Fonyód, H-8640 / Somogy 🛜
- ▲ Napsugár Kemping és Panzió
- Wekerle Utca 5
- 1 Mrz - 30 Okt
- ☎ +36...
- @ info@napsugarkemping.hu
- 1 BDE**JM**NOPQRT — LMN**X** 6
- 2 EIKPQWXYZ — ABDEI 7
- 3 A — ABDFNQR 8
- 4 JO — EIJLV 9
- 5 AD — ABHIOQ 10
- 4A
- N 46°43'57" E 17°31'57"
- H11ha 100T(60-100m²) 51D
- €15,65 / €24,65
- Von der M7 Ausfahrt Fonyód, links halten auf die 71. Fonyód weiter fahren und dann der Campingbeschilderung folgen.
- 124372

Galambok, H-8754 / Zala 🛜 iD
- ▲ Castrum Zalakaros****
- Ády E. út 113
- 1 Mai - 30 Sep
- ☎ +36 93 35 86 10
- @ zalakaros@castrum.eu
- 1 ADE**JM**NOPQRST — EI 6
- 2 APQXYZ — ABDE**F** 7
- 3 — ABCDEFJNQRUVW 8
- 4 A**H**JOR**TWX** — GI 9
- 5 DFJKN — AGHIJORSU 10
- B 6-10A
- N 46°31'54" E 17°07'27"
- 2,5ha 144T(40-100m²) 15D
- €24,65 / €33,25
- In Zalakaros Richtung Galambok. Nach ca. 2 km ist der CP ausgeschildert.
- 104497

Gyenesdiás, H-8315 / Zala 🛜 iD
- ▲ Caravan Camping***
- Madach ut 43
- 1 Apr - 15 Okt
- ☎ +36 83 31 60 20
- @ info@caravancamping.hu
- 1 AJMNOPRT — AQS**X** 6
- 2 PQWXYZ — ABDE**FG** 7
- 3 A**JLNO** — ABEFNQR 8
- 4 A**H**O — DV 9
- 5 ADHLN — AGHIJO**Q** 10
- B 16A
- N 46°45'54" E 17°17'24"
- 1,4ha 120T(80m²) 27D
- €19,70 / €25,15
- Die 71 (rund um den Balatonsee) zwischen Km-Pfahl 100 und 101. Abfahren zum See. Schilder geben Richtung an.
- 104494

Gyenesdiás, H-8315 / Zala 🛜 CC€14 iD
- ▲ Wellness Park Camping
- Napfény utca 6
- 1 Mrz - 31 Okt
- ☎ +36 83 31 64 83
- @ info@wellness-park.hu
- 1 ADE**JM**NOPQRST — A 6
- 2 PQWXY — AB**F**H 7
- 3 ABF**LM**NSU — ABEFGHNQR 8
- 4 A**HI**JOT**UX** — GILV 9
- 5 ADEFHJN — ABGHJOQU 10
- B 16A
- N 46°45'51" E 17°18'09"
- 2ha 80T(80m²) 43D
- €17,00 / €21,00
- Auf der 71 zwischen Km-Pfahl 100 und 99 zum See hin abbiegen.
- 114132

Győr, H-9025 / Győr-Moson-Sopron 🛜 iD
- ▲ Tópart Camping
- Mákosduló 7
- 15 Apr - 15 Okt
- ☎ +36 96 31 17 45
- @ topartcamping@freemail.hu
- 1 AJMNOPRST — AN 6
- 2 AEPQRWXY — ADE**FI** 7
- 3 — ABEFNQR 8
- 4 J — GV 9
- 5 ABDEHJK — IKO**Q** 10
- B 16A
- N 47°40'42" E 17°36'14"
- H100 1,6ha 52T(30-80m²) 6D
- €17,90 / €22,50
- Grenzübergang Nickelsdorf/Hegyeshalom. Richtung Mosonmagyarovár/Győr. Vor der Stadt ist der CP ausgeschildert.
- 121126

Hegykő, H-9437 / Győr-Moson-Sopron 🛜 iD
- ▲ Sá-Ra Termál Kft
- Fürdő út 5
- 1 Jan - 31 Dez
- ☎ +36 99 54 02 20
- @ info@sarartermal.hu
- 1 ABDE**JM**NOPQRS**T** — BEG 6
- 2 PQWYZ — ABDE**FGI** 7
- 3 ABFG — ABCDEFJNQR 8
- 4 JOT**WXYZ** — GHI 9
- 5 DEFJK — AHIOQUY 10
- B 6A
- N 47°37'11" E 16°47'06"
- H122 1,5ha 170T(60-80m²) 81D
- €30,80 / €42,25
- An Straße 85 von Sopron nach Győr wird der CP in Hegykő angezeigt.
- 112294

Hévíz, H-8380 / Zala 🛜 iD
- ▲ Castrum Camping Hévíz****
- Tópart
- 1 Mrz - 30 Nov
- ☎ +36 83 34 31 98
- @ heviz@castrum.eu
- 1 ABDE**JM**NOPRST — L 6
- 2 BCEPQSTWXYZ — ABDE**FGI** 7
- 3 **NO** — ABCDEFJNQRUVW 8
- 4 A**HW** — EGIV 9
- 5 ABDJLMN — AEFGHIJORS 10
- 6-20A
- N 46°47'02" E 17°11'44"
- 3ha 243T(40-80m²) 21D
- €23,20 / €26,10
- Keszthely-Hévíz. In Hévíz geradeaus weiter fahren. Der CP wird ausgeschildert.
- 104492

Immer ein Campingplatz, der zu Ihnen passt!
- 9 500 Campingplätze in 31 Ländern
- Rund 250 Filtermöglichkeiten
- Schnell und einfach buchen, auch unterwegs
- Mehr als 100 000 Campingplatz-Bewertungen

www.Eurocampings.de

ACSI EuroCampings

Bewerten Sie einen Campingplatz und gewinnen Sie mit etwas Glück ein iPad.

www.Eurocampings.de

Kapuvár, H-9330 / Györ-Moson-Sopron
- Magdaléna Camping
- Thermal ut.
- 1 Mrz - 30 Nov
- +36 3 02 40 60 79
- info@campingkapuvar.com

1 ABFJMNOPQRS — 6
2 QTWY — ABDE**FG**HI 7
3 — ABEFJNQRUV 8
4 — 9
5 DN — ABCHIJOQUW 10
B 10A
H150 2ha 55T(bis 80m²)
N 47°35'54" E 17°02'09"
€12,05 / €16,35
118087

Ein der 85 hinter Kapuvár-Mitte Richtung Györ am CP-Schild links ab. Geradeaus weiter.

Keszthely, H-8360 / Zala
- Castrum Keszthely****
- Mora F.U.48
- 1 Mai - 15 Okt
- +36 83 31 21 20
- info@castrum.eu

1 ABDE**JM**NOPRT — AF 6
2 PQTWXYZ — ABDE**F**HI 7
3 AB — BDFNQRUV 8
4 HJO**X** — 9
5 DFL**N** — ABHIJLORS 10
B 6A
2,2ha 126T(40-100m²) 7D
N 46°46'05" E 17°15'34"
€23,55 / €30,45
100579

Auf der Hauptstraße 71 zwischen Km-Pfahl 103 und 104 angezeigt.

Lenti, H-8960 / Zala
- Thermalcamping Lenti****
- Tancsics utca 16
- 1 Jun - 31 Dez
- +36 92 35 13 68
- info@lentikemping.hu

1 ADF**JM**NOPQRT — BEGH**I**M 6
2 APQSTWXYZ — ABDE**F**I 7
3 BU — ABCDEFJNQRUV 8
4 HJO**T**UVW**XYZ** — GIV 9
5 — AFHIJOQ 10
B 6-10A
H181 1,5ha 147T(40-80m²) 50D
N 46°37'02" E 16°31'53"
€28,65 / €38,95
100578

Von Körmend über die Straße Nr. 86. Von Keszthely über die Straße Nr. 75. In Lenti den CP-Schildern folgen.

Lipót, H-9233 / Györ-Moson-Sopron
- Lipóti Thermálbath & Spa & Camping
- Fo út 84
- 1 Mai - 30 Sep
- +36 3 04 73 76 56
- info@lipoticamping.hu

1 ABD**JM**NOPQRST — BHI 6
2 CJKPQRWYZ — ABDE**F**I 7
3 ABEFM — ABCDEFJNQRTUV 8
4 OTW — EFIJ 9
5 ABDGHIJ — ABHIJOQUXYZ 10
B 10-20A
H100 2ha 236T(bis 90m²) 57D
N 47°51'42" E 17°27'11"
€35,20 / €50,10
121430

Grenzübergang Nickelsdorf/Hegyeshalom. Nach Mosonmagyarovar Richtung Rajka. Weiter Richtung Halászi über Puski nach Lipót. Am gleichen Grenzübergang über die M1, Ausfahrt Lebeny/Kimle über Kimle nach Lipót.

Mesteri, H-9551 / Vas
- Mesteri Termál
- Fürdötelep 1
- 1 Jan - 31 Dez
- +36 3 08 47 11 72
- info@mesteritermal.hu

1 ABDE**JM**NOPQRS — BEG 6
2 QSXY — ABDE 7
3 — ABEFJNQRW 8
4 T**WX** — G 9
5 DEJK — AHIJOQ 10
6-10A
1,7ha 52T 22D
N 47°13'04" E 17°05'36"
€16,05 / €19,20
116212

In Sarvar und/oder Celldömölk Richtung Mesteri und in Mesteri der Beschilderung folgen.

Mosonmagyaróvár, H-9200 / Györ-Moson-Sopron
- Kis-Duna Motel & Cp. Halászkert Vendéglö
- Gabonarakpart 6
- 1 Mai - 31 Okt
- +36 96 21 64 33
- kisdunamotel@gmail.com

1 A**J**MNOPQRST — N**XZ** 6
2 ACPQSY — ABDE 7
3 — ABEFNQR 8
4 J — GK 9
5 DJKLN — AHKOQ 10
16A
H116 1ha 40T 9D
N 47°50'32" E 17°17'09"
€17,20 / €24,05
110473

Von der Grenze, hinter Mosonmagyaróvár an der 1, auf der linken Seite, gut ausgeschildert.

Nagyatád, H-7500 / Somogy
- Thermalcamping Castrum****
- Zrinyi utca 75
- 1 Mai - 30 Sep
- +36 82 45 21 36
- nagyatad@thermalcamping.eu

1 ADJMNOPQRST — **BEGH**IM 6
2 PQWXYZ — ABDE**FG**HIK 7
3 ABFG**HMN** — ABCDEFNQRUVW 8
4 HJ**RTUWZ** — DHV 9
5 ABDEFKN — AHIJNQY 10
B 10A
H131 2,8ha 150T(40-100m²) 5D
N 46°14'21" E 17°21'50"
€25,20 / €32,10
101512

Der 68 bis ins Stadtzentrum folgen. Schild CP Castrum folgen.

Nagykanizsa, H-8800 / Zala
- Nyírfás 'Camping'**
- Bajcsy Zsilinsky ut 118
- 1 Jan - 31 Dez
- +36 93 31 98 21
- info@nyirfascamping.hu

1 AJMNOPQR**T** — **N** 6
2 APQXYZ — AB**F**IK 7
3 — AEFNQRW 8
4 O — G 9
5 ADHJ — AHKOQU 10
16A
H147 0,5ha 30T 6D
N 46°27'27" E 16°56'43"
€12,05 / €16,05
104486

M7 Ausfahrt Nagykanizsa/Gyékényes. Dann 4 km über die 7 Richtung Letenye. Den CP-Schildern folgen.

Pápa, H-8500 / Veszprém
- Thermal Camping Pápa
- Várkert út. 7
- 1 Jan - 31 Dez
- +36 89 32 07 35
- info@thermalkemping.hu

1 ABDEF**GJM**NOPQRST — **BEGH**MN 6
2 PQRTWX — BE**FGH**IK 7
3 ABF**IMPS**U — ABCDEFH**JKL**NQRTUVW 8
4 BCFHJO**RSTWXYZ** — JKLV 9
5 ABDEFGHILM — ABGHIJLMOPQUW 10
B 16A CEE
H200 4ha 204T(bis 100m²) 7D
N 47°20'17" E 17°28'26"
€36,50 / €50,00
112480

Grenzübergang Nickelsdorf/Hegyeshalom, der M1 folgen. Auf der Umgehung Györ die 83 nach Pápa. In Pápa den Schildern 'Várkertfurdo/Centrum/Camping' folgen.

Révfülöp, H-8253 / Veszprém
- Balatontourist Camping Napfény***
- Halász Utca 5
- 29 Apr - 25 Sep
- +36 87 56 30 31
- napfeny@balatontourist.hu

1 ADF**JM**NOPQRST — FLMNQ 6
2 EKPQWXYZ — ABDE**FG**HIK 7
3 ABFG**JMU** — ABCDEFKNQRT 8
4 A**BCHJOQX** — 9
5 ABDEFGKLN — ABDGHIJN**ORS** 10
B 10A
H170 2,7ha 350T(60-150m²) 75D
N 46°49'46" E 17°38'24"
€25,50 / €32,65
104502

An der 71 (Nordseite vom Balatonsee) gelegen. Zwischen Km-Pfahl 65 und 66 direkt am See. CP ausgeschildert.

Sárvár, H-9600 / Vas
- Thermal Camping Sárvár****
- Vadkert u. 1
- 1 Jan - 31 Dez
- +36 95 52 36 10
- info@thermalcamping.com

1 ABDEF**JM**NOPQRST — BEGHI 6
2 PQRTWY — BE**FGH**I 7
3 **H**SU — ABCDEFJNQRTUVW 8
4 RU**VWXYZ** — EIL 9
5 ADJ — ABGHIJOPQVXY 10
B 16A
H200 2ha 89T(100m²) 34D
N 47°14'53" E 16°56'51"
€52,80 / €72,80
111344

84 von Sopron durch Sárvár Richtung Balaton (84) am Rand von der Stadt bei dem Thermalbad.

Siófok/Sóstó, H-8604 / Somogy
- Siocamping Kft.
- Pusztatorony Tér
- 17 Apr - 30 Sep
- +36 7 05 97 53 13
- siocamping@gmail.com

1 ADE**JM**NOPRST — LN 6
2 AEPQWXYZ — ABDE**FG**HI 7
3 GJM — ABCDEFNQR 8
4 HJO — FIKLY 9
5 ACDEL**N** — AGHIJL**N**RSU 10
16A
8,2ha 560T(50-100m²) 64D
N 46°56'19" E 18°07'49"
€17,20 / €22,35
112257

Von der M7 (Südseite Balaton) ist der CP zwischen Km-Pfahl 105 und 106 angezeigt.

Zalakaros, H-8749 / Zala
- Camping Termál***
- Gyógyfürdö tér 6
- 1 Apr - 15 Okt
- +36 93 34 01 05
- termal@balatontourist.hu

1 BDEF**JM**NOPRT — 6
2 APQTWXYZ — ABDE**FG**HI 7
3 AM — ABEFNQRW 8
4 H — DEH 9
5 DFLN — AGHI**OQUX** 10
B 10-16A
6ha 288T(50-100m²) 14D
N 46°33'10" E 17°07'33"
€17,50 / €21,80
104498

CP liegt im Zentrum in der Nähe der Thermalbäder. Dort Schildern folgen.

Zalalövö, H-8999 / Zala
- Borostyán Camping
- Borostyán u. 19
- 1 Apr - 30 Sep
- +36 3 05 88 01 66
- info@bernsteinsee.at

1 A**JM**NOPQRT — LMNQU 6
2 BEIKQVWXYZ — ABDE**FG**HIJK 7
3 ABFGM — AEFNQRUW 8
4 JO — FIJKQRT 9
5 ABDEFKLN — ACFGHJOQU 10
16A CEE
3ha 18T(50-100m²) 39D
N 46°51'15" E 16°34'12"
€20,00 / €24,00
117845

Die 86 von Körmend Richtung Zalalövö. In Zalalövö Richtung Öriszentpéter. In Zalalövö ist der CP gut angezeigt.

Ungarn

Mittel-Ungarn

Agárd, H-2484 / Fejér
- Thermal Kemping Agárd
- Fürdo Tér 1
- 27 Mrz - 30 Okt
- +36 3 05 77 22 14
- info@agarditermal.hu

1	ABJMNOPQRST BEG 6
2	KQWY ABDEFHIK 7
3	ABEFKNQR 8
4	JWY 9
5	DEGHI AHJNQU10
16A	
2ha	63T(80-100m²)

€ 25,65
€ 34,85

N 47°11'22" E 18°37'31"

118677

In Agárd am Velence See auf der No. 7 sind CP und Themalbad gut angegeben.

Baja, H-6500 / Bács-Kiskun
- Ifjúsági Szálló és Kemping
- Marcius 15
- 11 Apr - 16 Okt
- +36 79 52 22 30
- szallas@bajaiturizmus.hu

1	ADEJMNOPQRST JNQSXZ 6
2	CIJPQWXYZ ABFJK 7
3	FGMNS ABEFHNQR 8
4	FHJO GIRTV 9
5	DFK AGHJOQU10
10A	
H80	2ha 45T(60-100m²) 37D

€ 13,45
€ 16,35

N 46°10'41" E 18°56'45"

120918

Der Beschilderung Zentrum folgen. Im Zentrum die Brücke über den Donau-Arm nach Petőfi Sziget (Insel) nehmen. CP nach 200m rechts.

Teilkarte Mittel-Ungarn auf Seite 456

Jonathermál AG
★★★

'Es gibt noch einen Platz an der Sonne....'
In Kiskunmajsa

GPS: N 46°31'15" E 19°44'48"

Kökút 26
6120 Kiskunmajsa
Tel. 06-77-481855
Fax 06-77-481013
Internet: www.jonathermal.hu
E-Mail: info@jonathermal.hu

- Heilbad, Erlebnisbad, Rutschbahnpark und Kinderbad, Wellenbad, Kurbehandlungen, Schwimmbad, Sauna, Motel, Holzbungalows, Camping, Ferienhäuser, Veranstaltungssaal, Angeln
- Badegelegenheit für 3 Generationen, wo man alle Bade- und Rutschbahnangebote mit einer Eintrittskarte benutzen kann.
- Unterkunftsmöglichkeiten während des gesamten Jahres zu günstigen Preisen: Motelzimmer, Holzbungalows mit allem Komfort, Appartements, Ferienhäuser und Camping.
- Das Jonathermal Heil- und Erlebnisbad, Aquapark, Motel, Camping, Ferienhäuser.

Budapest, H-1106 / Pest
- Arena Camping & Guesthouse Budapest
- Pilisi utca 7/a
- 1 Jan - 31 Dez
- +36 3 02 96 91 29
- info@budapestcamping.hu
- 1 AJMNOPQRST 6
- 2 ACPQSXYZ ABDEFK 7
- 3 AMU
- 4 OR 9
- 5 DLN AGHIJOQU 10
- 16A €25,80
- H125 3ha 200T(80-120m²) €31,50
- N 47°30'15" E 19°09'30" 119303
- M1/M7 ins Zentrum, über die Elisabeth-Brücke (weiße Brücke), dann 8 km geradeaus. Hinter dem CP-Schild 500m rechts, dann nach 100m rechts.

Budapest, H-1121 / Pest
- Ave Natura Camping Budapest
- Csermely u. 3
- 1 Apr - 31 Okt
- +36 12 00 34 70
- campingavenatura@gmail.com
- 1 AJMNOPRST 6
- 2 BOPSVZ ABDEFGI 7
- 3 ABCDEFNQR 8
- 4 9
- 5 DN BGHIJOST 10
- 16A €23,20
- 4ha 40T(10-35m²) €28,35
- N 47°30'51" E 18°58'23" 118674
- Von der M1/M7 Richtung Budakeszi. An der Kreuzung zur Kuruclesi ut 9 an ner Ampel rechts. Danach wieder an der Zugliget ut rechts. Danach den Schildern folgen.

Budapest, H-1096 / Pest
- Haller Camping**
- Haller Camping 27
- 1 Jan - 31 Dez
- +36 3 02 31 09 23
- info@hallercamping.hU
- 1 AJMNOPQRST 6
- 2 APQRY ABDEFG 7
- 3 A ABEFNQR 8
- 4 F 9
- 5 ADFGHL AGHIJOQU 10
- 16A €25,80
- H117 1,5ha 89T 4D €30,95
- N 47°28'33" E 19°04'59" 113213
- Von Süden über die M5 Richtung Zentrum. Auf dem 1. Stadtring Richtung Lagymanyosi hid (Brücke). Vor der Brücke, am großen Einkaufscenter (Lurdy-Ház) rechts. Ist ausgeschildert. Einfahrt an der Óbester Utca.

Budapest, H-1031 / Pest
- Római Camping***
- Szentendrei utca 189
- 15 Mai - 1 Okt
- +36 12 50 04 26
- info@romaicamping.hu
- 1 AJLNOPRT H 6
- 2 ABPQYZ ABDEFG 7
- 3 AG ABEFNQR 8
- 4 FJ 9
- 5 D AHIJOQU 10
- 16A €24,35
- H124 7,2ha 250T 21D €31,70
- N 47°34'28" E 19°03'06" 101507
- Von Budapest Richtung Esztergom der 11 folgen. Camping liegt 12 km vor dem Zentrum rechts. Den Schildern 'Römai-Club' folgen.

Cegléd, H-2700 / Pest
- Appartementpark & Camping****
- Fürdo u. 27-29
- 1 Jan - 31 Dez
- +36 7 09 32 51 46
- camping@cegledtermal.hu
- 1 ABDEJMNOPQRST AEFHIM 6
- 2 PQSWXYZ ABFI 7
- 3 A ABCDEFJNQRU 8
- 4 JUWXY I 9
- 5 ABDEFKL BGHIJOQUY 10
- B 16A €20,90
- 4ha 120T(80-100m²) 36D €38,10
- N 47°12'03" E 19°44'18" 114116
- Die E60 von Budapest nach Szolnok; Der CP liegt 6 km vor Cegléd. Von Cegléd aus ist der CP angezeigt.

Dömös, H-2027 / Komárom-Esztergom
- Duna Camping Dömös***
- Dömös Dunapart
- 1 Mai - 15 Sep
- +36 33 48 23 19
- info@domoscamping.hu
- 1 AJMNOPQRST AFJNX 6
- 2 CJLPQWY ABDEFI 7
- 3 ABFHJN ABFNQR 8
- 4 AJO ADIK 9
- 5 DFHJK ABHJOQU 10
- B 10A €24,95
- H200 1,8ha 100T(85-120m²) 13D €59,90
- N 47°45'56" E 18°54'54" 104535
- Gelegen an der 11 zwischen Esztergom und Budapest. Gut ausgeschildert und an der Donau gelegen.

Erdötarcsa, H-2177 / Nógrád
- Helló Halló Park
- Falujárók út 8
- 1 Jan - 31 Dez
- +36 7 03 21 40 38
- info@hellohallopark.eu
- 1 ABJMNOPQRST BN 6
- 2 CIPQSTVWXY ABDEFGHK 7
- 3 AFHMUX ABEFGHJNPQRW 8
- 4 EFGHJKO ADGIUV 9
- 5 ABDKN ABCFHIJLMNOQU 10
- B 6-16A €17,20
- H145 2,1ha 50T(25-132m²) 7D €22,65
- N 47°45'34" E 19°32'45" 120310
- M3 Ausfahrt 39 Aszód, am Kreisel Richtung Aszód, der 3 bis zur Ausfahrt Kartal folgen. Jetzt Richtung Verseg. An der Kreuzung links Richtung Héhalom. An der Kreuzung links Richtung Kálló.

Esztergom, H-2500 / Komárom-Esztergom
- Gran Camping
- Nagy Duna Sétány 3
- 1 Mai - 30 Sep
- +36 3 09 94 60 21
- gran.campingesztergom@gmail.com
- 1 AJMNOPQRST ANXY 6
- 2 CQY ABDE 7
- 3 FN ABEFNQR 8
- 4 JO GJ 9
- 5 DFGHL AHIJOQU 10
- 6-10A €18,65
- H119 3,5ha 160T(80-120m²) 11D €24,35
- N 47°47'25" E 18°43'55" 109314
- Von Tát über die 11 nach Esztergom. In Esztergom im Kreisel Richtung Párkány/Sturovo. Hinter der Brücke nach der Kurve ist der CP.

Harkány, H-7815 / Baranya
- Termál Kemping Harkány
- Bajcsy-zs utca 6
- 1 Jan - 31 Dez
- +36 72 58 09 80
- reservation@dravahotel.hu
- 1 ACDEJMNOPQRST E 6
- 2 BPQTWXYZ ABDEFHI 7
- 3 FGMN ABEFNQRUVW 8
- 4 BCFHRTUVWXY GIJV 9
- 5 ADJ AFGHIJMOQU 10
- B 15A €18,95
- H100 2ha 102T(80-100m²) 35D €22,95
- N 45°51'20" E 18°14'21" 100583
- Im Zentrum Richtung Siklos fahren. Nach 500m an der Bushaltestelle links abbiegen in Richtung Thermalbad. Immer geradeaus bis zum Ende der Allee fahren.

Kiskörös, H-6200 / Bács-Kiskun
- Kiskörös Thermalbad & Kemping
- Erdötelki utca 17
- 1 Jan - 31 Dez
- +36 78 31 15 24
- ronaszekifurdo@gmail.com
- 1 AILNOPQRST BEG 6
- 2 PQRXYZ ABDEFI 7
- 3 AFG ABEFJNQR 8
- 4 STWY 9
- 5 DEHL HIJOQU 10
- 10A €19,05
- H104 2ha 100T(60-120m²) €24,75
- N 46°37'18" E 19°16'27" 110976
- In Kiskörös gut ausgeschildert.

Kiskunhalas, H-6400 / Bács-Kiskun
- Napfény Camping***
- Nagy Szeder István utca 1
- 15 Mrz - 30 Okt
- +36 2 03 10 51 55
- info@halasthermal.hu
- 1 AILNOPRT BEF 6
- 2 PQRWXY ABDEFI 7
- 3 ABG ABFNQRW 8
- 4 STVW 9
- 5 DEK AHIJOQ 10
- B 16A €15,45
- H122 3ha 100T(70-100m²) €21,80
- N 46°25'57" E 19°28'17" 104561
- In Kiskunhalas-Zentrum den Schildern von Motel und Hotel 'CSIPKE' folgen. Gegenüber dem Krankenhaus.

Kiskunmajsa, H-6120 / Bács-Kiskun
- Jonathermál AG***
- Kökút 26
- 1 Jan - 31 Dez
- +36 77 48 18 55
- info@jonathermal.hu
- 1 ADJMNOPQRST BEGHIMN 6
- 2 JKPQRXYZ ABDEFI 7
- 3 AFGHIJMU ABEFJNQR 8
- 4 AJORSTUWY AFGIJKLVY 9
- 5 ABCDHK AHIJLNOQU 10
- Anzeige auf dieser Seite B 10A €12,90
- H100 5ha 134T 95D €16,60
- N 46°31'15" E 19°44'48" 107613
- Von der M6 an der Ausfahrt bei Kiskunfélegyháza nach Kiskunmajsa, weiter den Schildern Schwimmbad folgen. Ca. 3 km vor Kiskunmajsa links.

Komárom, H-2900 / Komárom-Esztergom
- Solaris
- Táncsics M. u. 34-36
- 1 Jan - 31 Dez
- +36 34 34 25 51
- recepcio@komthermal.hu

1 A**BJM**NOPQRST		BEG 6
2 AKQWY		ABDEFHIJ 7
3 BEF**JN**		ABEFHJNQR 8
4 **J**RS**T**W		IJ 9
5 BDEFGHK		ABCHIJOQ 10
6-10A		€27,80
H106 1,3ha 84T 20D		€45,00

Die 1 Györ-Budapest, ab Zentrum Komárom gut ausgeschildert. 104507

Komárom, H-2900 / Komárom-Esztergom
- Thermal Camping
- Táncsics M. u. 38
- 1 Apr - 15 Okt
- +36 34 34 24 47
- thermalhotel@komthermal.hu

1 ABDEF**JM**NOPQRS**T**	BEF 6
2 APQWY	ABFHIJ 7
3 AB**JM**N	ABEFJNQR 8
4 O**ST**W**YZ**	GIL 9
5 DJMN	AHIJOQU 10
16A	€27,80
H106 2,5ha 180T 27D	€45,00

Vom Komárom-Zentrum die Straße 1, 500m Richtung Esztergom. Links halten. 100570

Komárom/Szöny, H-2900 / Komárom-Esztergom
- WF Szabadidöpark
- Puskaporosi út 24
- 1 Mai - 1 Okt
- +36 34 34 17 33
- info@wfpark.hu

1 ADE**JM**NOPQRS**T**	AGHMN 6
2 AEJQY	ABDEFHIJ 7
3 ABEF**JN**	ABEFNQR 8
4 **AJM**OR**ST**W	AFIJKLV 9
5 DEFGHJLN	AHIJNRSU 10
16A	€23,60
H79 3ha 100T 29D	€36,40

Von der M1 Györ-Budapest, Ausfahrt Komárom die 13. Dann in Komárom am Kreisel Richtung Budapest. Nach einigen Kilometern rechts ab Richtung Mocsa. Dann den Schildern 'WF Szabadidöpark' folgen. 111345

Kunfehértó, H-6413 / Bács-Kiskun
- Condnoki Iroda
- Tabor utca 27
- 15 Mai - 15 Sep
- +36 3 04 92 99 53
- kfto.sporttabor@gmail.com

1 AFILNOPR	LMN 6
2 BEJKQRSXYZ	ABI 7
3 N	ABEFNQ 8
4	J 9
5 D	AHIJNRS 10
6A	€12,30
1ha 50T 6D	€14,60

Südlich von Kiskunhalas der 53 folgen. Ausfahrt Kunfeherto. Kunfehértó durchfahren bis zum See. Der CP liegt vor dem See. 116550

Warum Barack Thermal Camping in TISZAKÉCSKE?
• ganzjährig geöffnet • gratis und direkter Zugang zu den Thermalanlagen für unsere Gäste • gratis WLAN • medizinische (Kassen)Behandlungen • beheizte Sanitäranlagen • gleich an der Tisza (Theiß) • mit dem ACSI Club ID 10% Rabatt

Besuchen Sie uns und erleben Sie unsere familiäre Atmosphäre.

Rózsabarack tèr 2, 6060 Tiszakécske • Tel. +36 76541100
E-Mail: camping@barack.hu • Internet: www.barackresort.hu

Magyarhertelend, H-7394 / Baranya
- Forrás*
- Bokreta u. 105
- 6 Mai - 25 Sep
- +36 7 04 24 33 05
- forrascamping@gmail.com

1 A**JM**NOPQRT	6
2 PQXYZ	ABDE**FGH**IJ 7
3 AMS	ABEFHNPQR 8
4 **VWX**	9
5 ADHKN	AHIJMORSU 10
10A	€21,50
H132 2ha 45T(100m²)	€27,50

66 von Kaposvar nach Pécs, bei Oroszló Schildern zum CP folgen. Oder von Magyarszék Richtung Orfü bis Magyarhertelend fahren. CP liegt beim Schwimmbad. 104527

Neszmèly, H-2544 / Komárom-Esztergom
- Éden
- Dunapart
- 1 Apr - 31 Okt
- +36 33 47 41 83
- info@edencamping.hu

1 ABDE**JM**NOPQRS**T**	AJN**WXY**Z 6
2 CMQWY	ABDE**FGH** 7
3 BFM**N**S	ABCDEFNQRT 8
4 A**B**JO	AEGJQRTUW 9
5 ABDFHJKLM	ABHJOQV 10
B 6A CEE	€28,65
H100 9ha 300T 43D	€32,50

CP liegt an der 10 zwischen den Dörfern Neszmély und Süttö an der Donau. 107664

Pécs, H-7627 / Baranya
- Familia Privat Camping
- Puskin Tér
- 1 Mai - 30 Sep
- +36 72 32 70 34
- eros.timi@gmail.com

1 ABGILNOPQRS**T**	6
2 ABPQTXYZ	AB 7
3	ABEFJNQRW 8
4 J	FGI 9
5 DN	ABFGHIJORS 10
4-12A	€13,75
H90 1,5ha 35T(40-60m²) 7D	€18,50

Vom Zentrum die 6 Richtung Budapest. 2 km vom Zentrum, 0,5 km von der Stadtgrenze. An der Ampel (links Lidl, rechts Kirche) links ab, Zufahrt zum CP nach 100m rechts. 114170

Soltvadkert, H-6230 / Bács-Kiskun
- Vadkerti*
- Vadkerti-tó
- 1 Jun - 31 Aug
- +36 7 09 08 03 50
- vadkertitokemping@gmail.com

1 AC**J**KNOPRST	**H**LMN**Q**X 6
2 EJKQRXYZ	ABDEIK 7
3 AJ	ABEFNQ 8
4	KV 9
5 CDEGK	AGHIJOQ 10
6A	€13,75
H125 3ha 150T	€18,05

Von Soltvadkert-Zentrum den Schildern 'Kecskemét' (die 54) folgen. Dann dem Schild Schwimmbad und Gaststätte folgen. 104559

Szentendre/Budapest, H-2000 / Pest
- Pap-Sziget Camping***
- Papsziget 1
- 10 Apr - 11 Okt
- +36 26 31 06 97
- info@pap-sziget.hu

1 A**J**LNOPRST	ANXY 6
2 CPQRWYZ	ABDEFI 7
3 BFGM	ABEFNQR 8
4 A**Q**	FGJV 9
5 ADEGLMN	AGHIJLOQU 10
B 16A	€20,00
H109 3,5ha 80T(30-100m²) 48D	€26,00

Von Budapest die 11 an der Donau entlang auf der Buda-Seite. Hinter Szentendre, bei Km-Pfahl 22 an der Donau nach rechts. Über die Holzbrücke fahren. 107611

Tamási, H-7090 / Tolna
- Camping Tamási
- Hársfa ut 1
- 1 Mai - 15 Okt
- +36 74 47 17 33
- tamasikemping@gmail.com

1 ABCDE**JM**NOPQRS**T**	**B**EG**HI** 6
2 PQTXYZ	ABDEFIJK 7
3	ABEFHNQR 8
4 H**TUWX**	GI 9
5 DN	AFHIJOQU 10
10-16A	€12,05
0,7ha 70T(60-100m²) 18D	€14,60

In Tamási der Kreuzung der 61 und der 65 (Ampel), 400m Richtung Szekszárd. Der Beschilderung folgen. 115133

Tiszakécske, H-6060 / Bács-Kiskun
- Anita Camping***
- Fürdö Utca
- 15 Mrz - 30 Okt
- +36 3 09 34 93 41
- anitacamping@freemail.hu

1 ABDEJMNOPQRST	B**EGHI**M 6
2 PQRWXYZ	AB**F**IK 7
3	ABEFJNQRUVW 8
4 O**STUVWXY**	EV 9
5 DMN	AHIJOQ 10
B 10A	€10,05
H94 1,5ha 50T(60-120m²) 6D	€12,90

Von Kecskemét die 44 nehmen. Nach 10 km beim Militär-Flugplatz links ab. In Tiszakécske den CP-Schildern 'Furdo' folgen bis zur Busstation. 111297

Tiszakécske, H-6060 / Bács-Kiskun
- Barack Thermal Camping
- Rózsabarack tèr 2
- 1 Jan - 31 Dez
- +36 76 54 11 00
- camping@barack.hu

1 ABCDE**JM**NOPQRS**T**	BEGH**I**M 6
2 KPQRWXYZ	ABDE**FG** 7
3 ABDEFGS**V**	ABEFHJKNQRUVW 8
4 BCDJOP**TUVWXYZ**	GIJLV**Y**Z 9
5 ADEFGHIJKLMN	ABCFGHIJOQV 10
Anzeige auf dieser Seite B 10A	€19,65
H80 2,1ha 106T(30-100m²) 75D	€29,35

Von Kecskemét die 44. Nach 10 km links Richtung Tiszakécske. Dort den Campingschildern 'Thermalcamping' folgen. 123047

Detailkarte

Die Orte in denen die Plätze liegen, sind auf der Teilkarte **fett** gedruckt und zeigen ein offenes oder geschlossenes Zelt. Ein geschlossenes Zelt heißt, dass mehrere Campingplätze um diesen betreffenden Ort liegen. Ein offenes Zelt heißt, dass ein Campingplatz in oder um diesen Ort liegt.

Teilkarte Mittel-Ungarn auf Seite 456

Tiszakécske, H-6060 / Bács-Kiskun

- Kerekdombi-Termálfürdo-kemping
- Kerekdomb 1
- 1 Jun - 30 Sep
- +36 76 44 15 68
- kerekdomb@t-online.hu
- N 46°54'08" E 20°03'52"

1 ABDE**JM**NOPQRST	BGHM 6
2 PQRSXYZ	ABFIJK 7
3 AF	EFNQUW 8
4 CDJO**TUV**X	GH 9
5 DEFGHIK	AIJO**Q**10

Anzeige auf dieser Seite 16A
2ha 70T 30D
① €17,75
② €20,65
104569

Von Tiszakécske Richtung Lakitelek halten. Camping ist links der Straße und gut angezeigt. Direkt gegenüber vom Bahnhof.

Kerekdombi-Termálfürdo-kemping

Im sonnigsten Teil des Landes, in einer ruhigen und friedlichen Naturgegend an der Tisza (Theiß), 3 km südlich von Tiszakécske. 2014 komplett renoviert und erweitert. Badeanlage & Spa für jedes Alter. Zur perfekten Erholung sollten Sie auf diesem Campingplatz mindestens einen Tag verbringen.

Kerekdomb 1, 6060 Tiszakécske • Tel. +36 76441568
kerekdomb@t-online.hu • www.termaldomb.hu

Törökbálint, H-2045 / Pest

- Fortuna
- Érdi ut. 20
- 1 Jan - 31 Dez
- +36 23 33 53 64
- info@fortunacamping.hu
- N 47°25'56" E 18°54'05"

1 A**JM**NORST	BFH 6
2 QRVWZ	ABDEFI 7
3 A	ABCDEFNQRT 8
4 O	9
5 D	AEHJO**Q**10
B 6A	① €23,00
H190 3ha 170T	② €31,00

104539

Bei Fahrt Richtung Budapest über die M1, M7 oder 7: Schildern folgen.

Újlengyel, H-2724 / Pest

- Akác-tanya
- Hernádi dulo 18
- 1 Jan - 31 Dez
- +36 3 09 64 82 72
- info@akactanya.hu
- N 47°12'58" E 19°27'35"

1 AILNOPQRS	6
2 AQTXY	AB 7
3 H	ABEFQRW 8
4 A**TXZ**	GI 9
5 DJK	O**QU**10
10A	① €18,00
H130 12ha 55T(100-120m²) 24D	② €18,00

121866

Auf der M5 Ausfahrt 44. Dann auf die E60, nach 1 km dem Schild Újlengyel folgen. Nach 3 km in Újlengyel rechts und nach 2 km kommt ein CP-Schild, rechts in den Sandweg.

Üröm, H-2096 / Pest

- Jumbo Camping***
- Budakalászi út, 23-25
- 1 Apr - 31 Okt
- +36 26 35 12 51
- jumbo@campingbudapest.com
- N 47°36'05" E 19°01'11"

1 A**JM**NOPRT	A 6
2 PQSTVWXY	ABDEFHI 7
3 A	ABEFNQR 8
4 J	9
5 ABDHN	ABHJO**QU**10
6A	① €20,90
H300 1ha 55T(bis 100m²)	② €28,50

101269

Von Györ die 10 nach Budapest. Gut ausgeschildert.

Nur bei Angabe dieses CC-Logos wird die CampingCard ACSI akzeptiert.

Siehe auch die Gebrauchsanweisung in diesem Campingführer.

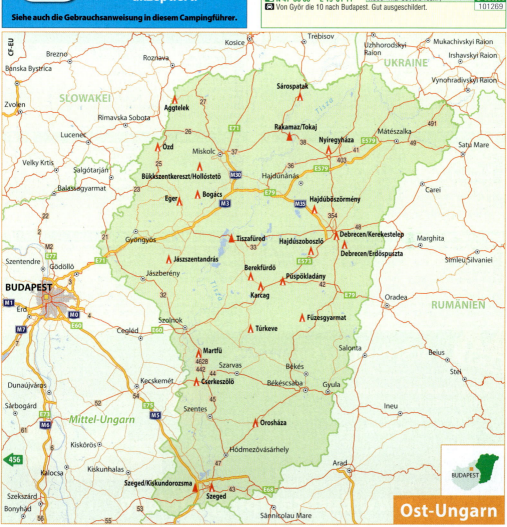

Ost-Ungarn

Ungarn

459

Aggtelek, H-3759 / Borsod-Abaúji-Zemplén

- ▲ Nomád Baradla*
- 🏠 Baradla oldal 1
- 📅 15 Apr - 15 Okt
- ☎ +36 3 08 61 94 27
- @ info@szallas-aggtelek.hu

1 ACDEJMNOPRST	6
2 BIPQXYZ	ABIK 7
3 ABM	ABEFNQW 8
4 DEL	GIJ 9
5 DEL	AHJNQU 10
16A	❶ €12,60
H322 1,2ha 60T 37D	❷ €17,20

▲ N 48°28'16" E 20°29'38" — 104578

In Aggtelek Richtung 'Barlang/Cave/Höhle' fahren. Straßenname nicht in allen Navis bekannt.

Debrecen/Kerekestelep, H-4030 / Hajdú-Bihar

- ▲ Kerekestelepi Kemping
- 🏠 Lomnicz utca 1-3
- 📅 1 Jan - 31 Dez
- ☎ +36 3 04 77 49 75
- @ kempingdebrecen@gmail.com

1 ADEJMNOPQRST	BGM 6
2 AKPQRXYZ	ABFHIJK 7
3 GNU	ABEFJNQR 8
4 JOTUWXY	DGIJ 9
5 DEHK	AHIJOQU 10
16A	❶ €17,50
H130 4ha 120T 12D	❷ €22,05

▲ N 47°30'31" E 21°38'16" — 119404

Von Budapest M3, Ausfahrt M35 Richtung Debrecen. Ausfahrt Debrecen Richtung Biharkeresztes (die 47). In Debrecen kommt nach dem Zentrum eine hohe Eisenbahnbrücke. Danach die 3. Straße links (siehe Schild).

Berekfürdö, H-5309 / Jász-Nagykun-Szolnok

- ▲ Thermal Camping és Vendégha'z**
- 🏠 Camping u. 2
- 📅 1 Jan - 31 Dez
- ☎ +36 59 31 91 62
- @ kemping@berek-viz.hu

1 ACILNOPQR	BEGMN 6
2 CPQRXY	ABFIJK 7
3 BFJN	ABEFNQR 8
4 JOTW	GJKT 9
5 BDEGK	AHIJNQU 10
16A	❶ €20,35
H76 3ha 250T 31D	❷ €27,20

▲ N 47°23'19" E 20°50'32" — 104596

Vom Durchgangsweg deutlich ausgeschildert.

Eger, H-3300 / Heves

- ▲ Tulipán Camping**
- 🏠 Tulipankert utca 3
- 📅 1 Apr - 15 Okt
- ☎ +36 7 03 85 11 66
- @ info@tulipancamping.hu

1 ABDEJMNOPQRST	ABFIJ 7
2 QWXYZ	ABEFNQRW 8
3 A	I 9
4	AGHIJNQU 10
5 ADN	❶ €16,60
16A	❷ €22,65
H180 10ha 65T(36-70m²) 13D	

▲ N 47°53'40" E 20°21'33" — 110867

In Eger, Straße 25, CP-Schildern Tulipán folgen. CP liegt fast im Zentrum.

Bogács, H-3412 / Borsod-Abaúji-Zemplén

- ▲ Bogácsi Thermálfürdö KFT
- 🏠 Fürdö utca 4
- 📅 1 Jan - 31 Dez
- ☎ +36 49 53 44 10
- @ szallas@bogacsigyogyfurdo.hu

1 ABCDEJMNOPQRST	BGHM 6
2 KPQTXYZ	ABIJ 7
3 AEG	ABEFNQR 8
4 BSTUWXY	IJ 9
5 DEFGHIKL	ABHIOQY 10
B 16A	❶ €22,65
H179 2ha 122T(30-60m²) 60D	❷ €41,25

▲ N 47°54'39" E 20°31'41" — 116554

Auf der Nordumfahrung (die Landstraße 3, nicht die M3) von Mezökövesd Ausfahrt Bogács nehmen. In Bogács über die Brücke, dritte rechts. CP kommt nach dem Schwimmbad, daher am Thermálfürdö vorbeifahren.

Füzesgyarmat, H-5525 / Békés

- ▲ Thermalcamping Füzesgyarmat
- 🏠 Csánky Dezsö ut. 1
- 📅 1 Jan - 31 Dez
- ☎ +36 66 49 10 52
- @ thermalcamping@citromail.hu

1 AJMNOPQRT	BEFH 6
2 PQWXY	ABDEFI 7
3 AFHIJMN	ABCDEFINQRUVW 8
4 JTWZ	9
5 DEKL	AGHIJNQU 10
16A	❶ €17,40
H92 1,1ha 110T(100m²)	❷ €22,20

▲ N 47°05'38" E 21°12'07" — 114126

Von der 60 und 47 ist der CP ausgeschildert.

Bükkszentkereszt/Hollóstetö, H-3557 / Borsod-Abaúji-Z.

- ▲ Hollóstetöi-Hegyi Camping**
- 📅 1 Mai - 30 Sep
- ☎ +36 46 39 01 83
- @ hollosteto@gmail.com

1 ACJMNOPQRST	6
2 BPQSUXYZ	AB 7
3 AM	EFNQ 8
4 FHJK	J 9
5 DHJN	AHIJNQU 10
10-20A	❶ €21,20
H566 4ha 200T 20D	❷ €26,10

▲ N 48°03'55" E 20°35'40" — 104581

Miskolc-Eger über Lillafüred. CP ist gut ausgeschildert. Auf dem Sandweg rechts halten. Die direkte Route von Miskolc-Bükkszentkereszt ist für Caravangespanne abzuraten.

Hajdúböszörmény, H-4220 / Hajdú-Bihar

- ▲ Hajdúböszörményi Termálkemping****
- 🏠 Nagy András Utca
- 📅 1 Apr - 31 Okt
- ☎ +36 2 09 59 19 31
- @ info@bocskaitermal.hu

1 ADEJMNOPQRST	AEGHM 6
2 PQRSWXYZ	ABDEFHIK 7
3 ABG	ABCDEFJNQRTUW 8
4 RTUVWXY	AHIV 9
5 DEFKN	AHIJNQU 10
B 10A	❶ €24,65
H113 2ha 120T(40-100m²) 18D	❷ €31,25

▲ N 47°41'01" E 21°29'57" — 116697

Von der 35 Richtung Hajdúböszörmény. Ab hier ist der CP ausgeschildert. Die Adresse hat keine Hausnummer.

Cserkeszölö, H-5465 / Jász-Nagykun-Szolnok

- ▲ Thermal Camping****
- 🏠 Beton út 5
- 📅 1 Jan - 31 Dez
- ☎ +36 56 56 84 50
- @ hotelcamping@cserkeszolo.hu

1 ABDEJMNOPQRST	BEGHIM 6
2 PQRWXYZ	ABDEFHIJK 7
3 AFGR	ABEFJKNQRUVW 8
4 JOSTUWXYZ	GIJLV 9
5 DEFGHIJL	AGHIJOQXY 10
B 16A	❶ €20,65
H80 4ha 200T(60-100m²) 98D	❷ €29,25

▲ N 46°51'52" E 20°12'09" — 104570

Liegt an der 44 zwischen Kecskemet und Kunszentmarton. In Cserkeszölö wird der CP ausgeschildert.

Hajdúszoboszló, H-4200 / Hajdú-Bihar

- ▲ Hungarospa Thermal Camping***
- 🏠 Böszörményi u 35/A
- 📅 1 Jan - 31 Dez
- ☎ +36 52 55 85 52
- @ thermalcamping@hungarospa.hu

1 ADEILNOQR	BEGHIM 6
2 EQXYZ	ABDEFHIJK 7
3 GN	ABCDEFHJNQRU 8
4 JORSTW	ELTV 9
5 BDEKL	AGHIJOQV 10
B 12A CEE	❶ €37,75
H112 4,2ha 300T(100m²) 20D	❷ €57,75

▲ N 47°27'24" E 21°23'42" — 108873

Von der Umgebung Richtung Zentrum von Hajdúszoboszló Nyugat. Dort ist der CP deutlich angezeigt.

Debrecen/Erdöspuszta, H-4002 / Hajdú-Bihar

- ▲ Dorcas Resort Debrecen***
- 🏠 Erdöspuszta
- 📅 1 Apr - 31 Okt
- ☎ +36 52 44 11 19
- @ dorcascenter@debrecen.com

1 ADEJMNOPQRST	A 6
2 BPQWYZ	ABFK 7
3 AFGM	ABEFNQR 8
4 FHJO	GIJ 9
5 BDEF	HIKNQU 10
B 6A	❶ €19,50
H121 5,4ha 80T(60-100m²) 65D	❷ €30,95

▲ N 47°26'56" E 21°41'23" — 101510

Auf der Nationalstraße 47 zwischen Km-Pfahl 5 und 6 Richtung Hosszupalyi, nach 6 km Dorcas an der rechten Seite.

Jászszentandrás, H-5136 / Jász-Nagykun-Szolnok

- ▲ Thermal Strand Camping***
- 🏠 Martirok u.14
- 📅 1 Mai - 23 Okt
- ☎ +36 57 44 60 25
- @ andrastermal@gmail.com

1 ABCDEJMNOPQRST	AGHIM 6
2 PQRTWXYZ	ABEFHIJK 7
3 ABGU	ABEFNQRUW 8
4 JOTUW	GIJ 9
5 DEFGHIKN	ABHIJOQU 10
B 16-20A	❶ €17,20
H120 5ha 75T(56-124m²) 240D	❷ €25,20

▲ N 47°34'55" E 20°10'13" — 104565

Die 31 von Heves in Richtung Jászhereny; nach 8 km Richtung Jászszentandrás fahren; im Zentrum Schild 'Strandbad-Camping' folgen.

ACSI Camping Europa-App

ab 0,99 €

- 9 500 europäische Campingplätze in einer praktischen App
- Erweiterbar um 9 000 kontrollierte Reisemobilstellplätze
- Ohne Internetverbindung nutzbar
- Kostenlose Updates mit Änderungen und neuen Campingplatz-Bewertungen
- Schnell und einfach buchen, auch unterwegs
- Neu: jetzt auch mit kleinen Campingplätzen

www.Eurocampings.de/app

Bewerten Sie einen Campingplatz und gewinnen Sie mit etwas Glück ein iPad.

www.Eurocampings.de

Karcag, H-5300 / Jász-Nagykun-Szolnok

- Karcag**
- Fürdő utca 3
- 1 Apr - 31 Okt
- +36 33 06 11 82 92
- akacligetfurdo@gmail.com

1 ABC**JM**NOPQRT	B**F**HIM 6
2 APQXY	FIK 7
3 BGMU	FNQ 8
4 JO**ST**WX	GIJV 9
5 DE	ABHIJNRU 10
10A	€21,85
2ha 150T 16D	€31,40

N 47°19'16" E 20°54'36"
119362

Von der 4 bei Karcag der Beschilderung folgen.

Martfü, H-5435 / Jász-Nagykun-Szolnok

- Martfü Kuur en Recreatie Camping****
- Tüzep utca 1
- 1 Mai - 31 Okt
- +36 56 45 24 16
- info@spamedical.hu

1 BDE**JM**NOPQRST	B**E**G**MN** 6
2 CEPQSTWXYZ	ABEFJNQRUVW 8
3	IJV 9
4 FHJMO**RTUVWXY**	AGHJNQU 10
5 DFHL	€14,40
B 16A	€17,50
H88 2,5ha 60T(90-150m²) 12D	

N 47°01'11" E 20°16'05"
113074

Von Szolnok die 442 nach Martfü. In Martfü ist der CP angezeigt.

Nyíregyháza, H-4431 / Szalbolcs-Szatmár-Bereg

- Igrice**
- Blaha Lujza Sétany 4-6
- 1 Jun - 1 Sep
- +36 2 04 41 85 00
- info@igricecamping.hu

1 ADE**JM**NOPQRST	L**N** 6
2 EPQXYZ	ABI 7
3 AFM	ABEFNQ 8
4 J	FIJ 9
5 DHL	ABHINQU 10
16A	€18,35
H107 2ha 130T 18D	€22,35

N 48°00'02" E 21°43'44"
104604

Sóstófürdő überall ausgeschildert. In Sóstófürdőn den Schildern Ersebeth Eterem(Restaurant) folgen. Für Navi in der Stadt: Nyíregyháza eingeben.

Orosháza, H-5900 / Békés

- Thermál Kemping
- Fasor u. 3
- 1 Mai - 30 Sep
- +36 68 51 22 60
- marketing@gyoparosfurdo.hu

1 ACDILNOPQR**T**	BG**H**I**MN** 6
2 EKPQXYZ	ABDEFIJK 7
3 ABFG	ABEFNQU 8
4 BHJOR**STUVWXY**	JTUV 9
5 DHKN	BHIJNQXY 10
10A	€14,45
1ha 76T(100m²) 5D	€20,75

N 46°33'50" E 20°37'48"
121616

Auf der 47 ist der CP ausgeschildert.

Ózd, H-3600 / Borsod-Abaúji-Zemplén

- Ősék Strandfürdő Camping**
- Bolyki Tamás u 6
- 1 Jun - 31 Aug
- +36 3 03 16 20 85
- osek@ozdisportelmeny.t-online.hu

1 ACJMNOPQRST	BG**MN** 6
2 EPQXYZ	F**I**K 7
3 FG	ABEFNQ 8
4	9
5 DEK	HIKNQU 10
16A	€18,05
H168 2ha 30T	€26,65

N 48°13'19" E 20°15'49"
104562

Von Eger vor dem Zentrum von Ózd die 25 verlassen, Richtung Hangony/Domaháza fahren. Von Bánréve bei Ózd durchfahren bis zum Kreisverkehr, dann Richtung Domaháza. CP ist ausgeschildert.

Püspökladány, H-4150 / Hajdú-Bihar

- Árnyas Camping**
- Petőfi utca 62
- 1 Jan - 1 Dez
- +36 54 45 13 29
- info@thermalcamping.hu

1 ACDJMNOPQRT	AEFMN 6
2 EPQSXYZ	ABDEFIJ 7
3 BF**HMN**	ABEFNQRW 8
4 AJO**S**UW	GIJLR 9
5 DK	AGHIJNQU 10
4-16A	€16,35
H79 2ha 100T(100m²) 56D	€28,80

N 47°19'20" E 21°06'17"
104597

Die 4 von beiden Richtungen 2. Ausfahrt Püspökladány fahren. Nach 1. Bahnübergang mit der Straße mit. Nach 2. Bahnübergang direkt rechts entlang dem Thermalbad.

Rakamaz/Tokaj, H-3910 / Borsod-Abaúji-Zemplén

- Tiszavirág
- Horgasz utca 11/A
- 1 Apr - 30 Okt
- +36 7 09 34 41 75
- tiszaviragcamping@gmail.com

1 A**JM**NOPQRST	N**X**Z 6
2 CQRXYZ	ABDEFI 7
3 A	ABEFNQ 8
4 FJ	GI 9
5 DHL	AHIJNQU 10
16A	€15,75
H95 1,4ha 30T 18D	€21,50

N 48°07'23" E 21°25'05"
104600

E38 Nyíregyháza nach Tokaj, vor Tisza-Brücke rechts. Der Campingplatz ist deutlich ausgeschildert.

Rakamaz/Tokaj, H-4465 / Szalbolcs-Szatmár-Bereg

- Tutajos Kemping
- Strand Utca 1-17
- 1 Mai - 30 Sep
- +36 2 02 20 21 12
- info@tutajosbeach.hu

1 AGHKNOPQRS**T**	JMNU 6
2 CJKQRXYZ	AB**F**IK 7
3 AFGM**U**	ABEFNQ 8
4 JO	AEFGRV 9
5 DEHK	HIKOQU 10
16A	€15,45
1,2ha 40T 23D	€21,80

N 48°06'57" E 21°25'04"
122663

E38 von Nyerekhaza nach Tokaj. Vor Tiszabrag links. Strand utca Nr. 1 ist die Adresse der Rezeption. Einfahrt bei Nr. 17.

Sárospatak, H-3950 / Borsod-Abaúji-Zemplén

- Tengerszem
- Herceg ut. 2
- 30 Apr - 15 Okt
- +36 2 09 59 50 64
- info@tengerszem-camping.hu

1 ACDEHKNOPQRS	A 6
2 QRWXY	ABI 7
3 FM**NO**	ABEFNQ 8
4 O	FGJL 9
5 ABD	HIJNQU 10
16A	€21,90
H103 4ha 70T(80-90m²) 81D	€27,65

N 48°19'58" E 21°34'57"
104598

Die 37. In Sárospatak auffallend gut von allen Anfahrtswegen ausgeschildert. Achtung: 2 Campingplätze dicht hintereinander.

Szeged, H-6726 / Csongrád

- Partfürdő Beach & Camping
- Középkikötő sor 1-3
- 1 Mai - 30 Sep
- +36 62 43 08 43
- szegedcamping@ihrk.hu

1 ACDE**JM**NOPQR	BMNV 6
2 ACJMQSXY	ABDEFI 7
3 BGU	ABEFNQR 8
4 W	EI 9
5 DHKM	AGHOQ 10
10-16A	€20,65
H89 4ha 150T 23D	€25,80

N 46°15'10" E 20°09'34"
104577

Von der M5 zur M43. An der Ausfahrt 8, links zur Sándorfalvi út. Auf dem Deich links. Nach 160m sehr scharfe Rechtskurve, dort befindet sich der CP.

Szeged/Kiskundorozsma, H-6791 / Csongrád

- Jason Contour LTD
- Vereshomok Dülő 1
- 1 Mai - 16 Sep
- +36 2 02 49 86 16
- info@natours.hu

1 ACDILNOPRS**T**	HLMNUX 6
2 AEKQRWXYZ	AB**D**EFI 7
3 AFGMU	ABEFNQR 8
4 JO**QTU**	DEFGRT 9
5 DEHK	AHIJNQU 10
FKK 12A	€28,65
H89 5ha 150T 23D	€32,95

N 46°16'03" E 20°00'54"
104575

Kommend von Kiskunhalas auf dem Weg nach Szeged. Ca. 3 km vorm Dorf Kiskundorozsma gut ausgeschildert. Der CP liegt auf der rechten Seite. FKK-CP wird ausgeschildert.

Szeged/Kiskundorozsma, H-6791 / Csongrád

- Sziksósfürdő Kemping**
- Sziksósi
- 28 Apr - 30 Sep
- +36 2 03 35 91 80
- szikiszallas@szegedsport.hu

1 ACJMNOPRST	BGM 6
2 ABJPQRXYZ	ABDEI 7
3 BFGV	ABEFNQRT 8
4 OQR	DGIJ 9
5 DEFHK	AHIJOQUY 10
B 16A	€27,20
H92 3ha 250T 35D	€32,10

N 46°16'19" E 20°01'20"
104574

Auf dem Weg Kiskunhalas-Szeged, ca. 3 km an der Nordwestseite vom Dorf. Selbe Richtung wie die zum FKK-CP.

Tiszafüred, H-5350 / Jász-Nagykun-Szolnok

- Angler- und Familien - Camping**
- Kastély
- 1 Apr - 31 Okt
- +36 59 35 12 20
- horgcamp@gmail.com

1 ABDE**JM**NOPQRST	LNWXYZ 6
2 CEJPQSXYZ	AB**F**IJK 7
3 AGMN	ABEFNQRW 8
4 HJO	GIJKOQRUV 9
5 DEFHKLN	AHIJNQU 10
16A	€12,90
H02 2,8ha 150T(30-100m²) 76D	€16,90

N 47°37'20" E 20°44'24"
104588

Straße Nr. 33 Füzesabony-Tiszafüred. Am Restaurant Panzio und der Tankstelle MOL rechts ab. 300m hinter dem Bahnübergang liegt der CP Horgász.

Tiszafüred, H-5350 / Jász-Nagykun-Szolnok

- Thermal Camping und Bad
- Húszöles u. 2
- 1 Apr - 31 Okt
- +36 59 35 29 11
- thermalcamping@gmail.com

1 ABCDE**JM**NOPQRST	AEMN 6
2 PQSWXYZ	ABDE**F**IJ 7
3 ABFGM	ABEFNQRUV 8
4 JO**TVWXY**	J 9
5 DEFHJKN	ABCHIJOQU 10
10A	€21,65
H101 3,1ha 130T(54-100m²) 15D	€29,75

N 47°37'23" E 20°44'47"
104586

Von Füzesabony die 33 nach Tiszafüred. Gut ausgeschildert mit Thermal Camping und Bad.

Túrkeve, H-5420 / Jász-Nagykun-Szolnok

- Túrkeve Termál Camping***
- Kuthen Kir u.11
- 1 Jan - 31 Dez
- +36 56 55 43 05
- recepcio@turkevetermal.hu

1 ACILNOQR**T**	BFN 6
2 QXYZ	ABDEFHIJK 7
3 F**JN**	ABEFNQR 8
4 W	IJ 9
5 DEF	AHIJNT 10
16A	€16,50
H82 3ha 60T(40m²) 25D	€24,50

N 47°05'45" E 20°45'03"
108872

CP von allen Anfahrtswegen gut ausgeschildert. Schildern Thermalbad folgen.

Ungarn

Rumänien

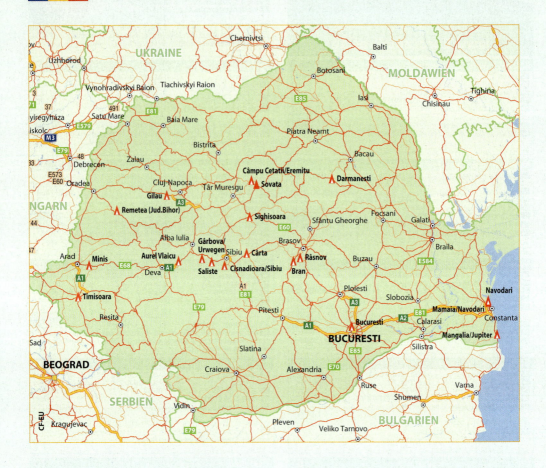

Allgemeines

Offizieller Name: Rumänien (România).
Rumänien ist Mitglied der Europäischen Union.
Rumänisch ist die offizielle Sprache. In touristischen Gebieten kommt man fast überall mit Englisch und manchmal mit Deutsch zurecht.
Zeitunterschied: In Rumänien ist es eine Stunde später als in Berlin, Paris und Rom.

Währung und Geldfragen

Währung: Rumänischer Leu (RON)
Wechselkurs im September 2021:
1,00 € = ca. 4,59 RON / 1 RON = ca. 0,20 €.
Bankkarte und Kreditkarte können Sie fast überall benutzen. In Städten gibt es genug Geldautomaten, in ländlichen Gebieten sind Geldautomaten seltener. Nehmen Sie deshalb auch genügend Bargeld mit.

Grenzformalitäten

Viele Formalitäten und Vereinbarungen in Bezug auf die notwendigen Reisedokumente, Fahrzeugpapiere, Anforderungen an Ihr Transportmittel und Ihr Campingfahrzeug, medizinische Kosten und die Mitnahme von Tieren hängen nicht nur vom Reiseziel, sondern auch von Ihrem Abreiseort und Ihrer Nationalität ab. Auch die Dauer Ihres Aufenthaltes kann eine Rolle spielen. Es ist unmöglich, im Rahmen dieses Leitfadens für alle Benutzer die richtigen und aktuellen

Rumänien

Informationen über diese Themen zu gewährleisten. Wir empfehlen Ihnen daher, die folgenden Fakten in jedem Fall rechtzeitig vor der Abreise zu überprüfen:
- welche Reisedokumente Sie für sich selbst und Ihre Mitreisenden benötigen,
- welche Dokumente Sie für Ihr Auto und Ihren Anhänger benötigen,
- welche Waren und Medikamente Sie kostenlos ein- und ausführen dürfen,
- wie bei Unfall oder Krankheit die medizinische Behandlung in Ihrem Urlaubsland geregelt ist und bezahlt werden kann.

Haustiere

Finden Sie heraus, ob Ihr Haustier an Ihrem Zielort willkommen ist. Nehmen Sie hierzu frühzeitig Kontakt zu Ihrem Tierarzt auf. Dieser informiert Sie über relevante Impfungen und die entsprechenden Nachweise wie auch über Pflichten bei der Rückkehr. Ferner sollten Sie sich erkundigen, ob an Ihrem Zielort für das Mitführen von Haustieren im öffentlichen Raum bestimmte Bedingungen gelten. So müssen in einigen Ländern Hunde immer einen Maulkorb tragen oder hinter Gittern transportiert werden.

Straßen und Verkehr

Die Hauptstraßen in Rumänien sind in gutem Zustand, aber die schmalen Nebenstraßen werden weniger gut instand gehalten. Oft fehlen die Fahrbahnmarkierungen. Auf dem Land gibt es auch unbefestigte Straßen.
Im Vergleich zu anderen europäischen Ländern hat Rumänien jedes Jahr eine relativ hohe Zahl schwerer Verkehrsunfälle, weshalb empfohlen wird, vorsichtig und aufmerksam zu fahren und auf das unberechenbare Verhalten anderer Verkehrsteilnehmer Rücksicht zu nehmen.
Auf Landstraßen müssen Sie unter anderem mit Vieh auf der Straße, Pferdekutschen und Fußgängern rechnen.
Vom Fahren im Dunkeln auf schlecht beleuchteten Straßen wird wegen der Schlaglöcher und Vertiefungen in der Straße, frei laufenden Tieren und unbeleuchteter Verkehrsteilnehmer stark abgeraten.

Gebirgsstraßen

Entlang Gebirgsstraßen gibt es oft keine Leitplanken. Es ist besonders gefährlich, hier zu fahren, wenn die Straßen nass oder mit Schnee oder Reif bedeckt sind.

Tanken

Benzin (Benzina Super 95 und 98) ist leicht erhältlich (meistens mit 8 % Bioethanol als Standard; prüfen Sie am Einfüllstutzen, in der Bedienungsanleitung oder bei Ihrem Händler, ob Ihr Auto mit diesem Benzin betrieben

Höchstgeschwindigkeiten

Rumänien	Außerhalb geschlossener Ortschaften	Schnellstraße*	Autobahn
Auto	90	100	130
Mit Anhänger	80	90	120
Wohnmobil < 3,5 Tonnen	80	90	120
Wohnmobil > 3,5 Tonnen	80	90	120

*Schnellstraße, Express-Straße und E-Straße.
Für Fahrer, die seit weniger als 1 Jahr einen Führerschein besitzen, ist die Höchstgeschwindigkeit 20 km niedriger (10 km niedriger innerhalb geschlossener Ortschaften).
Innerhalb geschlossener Ortschaften beträgt die Höchstgeschwindigkeit 50 km/h (außer wenn anders angegeben).

Rumänien

werden kann). Autogas und Diesel (Motorina) sind ebenfalls leicht erhältlich. Zum Tanken von Autogas wird der italienische Anschluss (Dish) genutzt.
Tankstellen sind oft mindestens von 6.00 bis 21.00 Uhr geöffnet. Tankstellen entlang der Hauptstraßen sind oft Tag und Nacht geöffnet. In Rumänien gibt es auch Tankautomaten.

Verkehrsregeln

Abblendlicht (oder Tagfahrlicht) ist auf allen Straßen außerhalb geschlossener Ortschaften vorgeschrieben.
An einer Kreuzung mit auf Straßen gleichen Ranges hat der von rechts kommende Verkehrsteilnehmer Vorfahrt. Straßenbahnen haben jedoch immer Vorfahrt. Der Verkehr im Kreisverkehr hat Vorfahrt, wenn dies ausgeschildert ist. Auf schmalen Gebirgsstraßen hat bergauffahrender Verkehr Vorfahrt vor bergabfahrendem Verkehr.
Es gilt ein absolutes Alkoholverbot für Autofahrer.
Fahrer dürfen nur mit einer Freisprechanlage telefonieren.
Achtung! Kinder unter 12 Jahren dürfen nicht vorne sitzen; sie müssen auf einem Kindersitz hinten sitzen, wenn sie kleiner als 1,50 m sind. Winterreifen sind bei winterlichen Verhältnissen Pflicht (Schneeketten können durch ein Schild vorgeschrieben werden).

Besondere Bestimmungen
Es ist verboten, rückwärts aus einer Garage oder aus einer Einfahrt auf eine Straße zu fahren, wenn Sie dabei keine Unterstützung durch eine zweite Person haben.

Vorgeschriebene Ausrüstung
Achtung! Es ist Pflicht, 2 Warndreiecke im Fahrzeug zu haben. Darüber hinaus ist die Mitnahme von Sicherheitswesten für alle Insassen, eines Verbandskastens und eines Feuerlöschers vorgeschrieben.

Wohnwagen, Wohnmobil
Ein Wohnmobil oder ein Gespann aus Pkw und Wohnwagen darf bis zu 4 m hoch, 2,55 m breit und 18,75 m lang sein (der Wohnwagen selbst darf bis zu 12 m lang sein).

Fahrrad
Ein Fahrradhelm ist nicht vorgeschrieben. Im Dunkeln (und bei schlechter Sicht) müssen Radfahrer eine Sicherheitsweste tragen. Kinder unter 7 Jahren dürfen nur in einem Fahrradsitz transportiert werden.
Kinder unter 14 Jahren dürfen nicht auf belebten Durchgangsstraßen mit dem Rad fahren.
Es ist verboten, nebeneinander zu fahren.

Maut und Umweltzonen
Maut
Auf vielen rumänischen Hauptverkehrsstraßen wird eine Art Straßenbenutzungsgebühr erhoben, die sich nach der Aufenthaltsdauer und der Fahrzeugkategorie richtet. Die Zahlung kann nur durch die Registrierung Ihrer personenbezogenen Daten und Ihres Nummernschilds erfolgen. Dies ist bei Poststellen, Tankstellen, Grenzkontrollstellen oder online über *roviniete.ro* (auch Informationen) möglich.
Auf einigen Brücken über die Donau müssen Sie Maut zahlen. Mautvignetten für die Brücken werden an den Mautstellen oder an Tankstellen verkauft. Mehr Informationen: *untrr.ro/road-transport-information/bridge-tolls.html*.
Durch Kameras werden die Nummernschilder kontrolliert; wenn Sie die Maut nicht bezahlen, riskieren Sie eine hohe Geldstrafe.

Umweltzonen
Es gibt noch keine Umweltzonen, die für ausländische Touristen von Bedeutung sind.

Rumänien

Panne und Unfall
Stellen Sie zwei Warndreiecke auf: das eine 30 m vor Ihrem Fahrzeug und das andere 30 m dahinter. Alle Insassen müssen eine Sicherheitsweste anziehen.
Rufen Sie bei einer Panne die Notrufnummer Ihrer Pannenhilfe-Versicherung an. Alternativ können Sie die Notrufzentrale der Rumänischen Pannenhilfe (ACR) unter
+40 21 222 22 22 (oder 0745 382 715 oder 0722 382 715) anrufen.
Wenn sichtbare Schäden am Auto vorhanden sind, fordern Sie einen Polizeibericht an; dieser muss auf dem Rückweg an der Grenze vorgelegt werden.
Bei jedem Verkehrsunfall, auch bei einer kleinen Kollision, sind Sie verpflichtet, die Polizei zu informieren.

Notrufnummer
112: allgemeine Notrufnummer für Polizei, Feuerwehr und Rettungswagen

Campen
Gehen Sie davon aus, dass die meisten Campingplätze in Rumänien im europäischen Vergleich von etwas geringerer Qualität sind. Die meisten Plätze verfügen jedoch über Strom. In zunehmendem Ausmaß werden in der Nähe von Tankstellen, Restaurants und Motels Campingplätze eingerichtet.
Wildcampen außerhalb der Campingplätze ist verboten, obwohl die Rumänen selbst dieses Verbot oft ignorieren.

Besonderheiten
Das Austauschen von Gasflaschen ist in Rumänien nur an sehr wenigen Orten möglich. Bringen Sie daher ausreichend Gas mit.

Wohnwagen, Wohnmobil
Es ist verboten, an öffentlichen Straßen in einem Wohnwagen, Wohnmobil oder Auto zu übernachten.

Suche nach einem Campingplatz
Über *Eurocampings.eu* können Sie ganz einfach einen Campingplatz suchen und auswählen.

Praktisch
Die Steckdosen haben zwei runde Löcher (Typ C oder F). Auf *iec.ch/world-plugs* können Sie überprüfen, ob Sie einen Adapter (Weltstecker) benötigen.
Schützen Sie sich vor Zecken, da diese Krankheiten übertragen können.

Rumänien

Vermeiden Sie wegen Tollwutgefahr den Kontakt mit Säugetieren.
Achtung! Es ist in Rumänien oft nicht sicher, Leitungswasser zu trinken (oder z.B. zum Zähneputzen zu benutzen). Trinken Sie nur abgefülltes Wasser oder abgekochtes Wasser, benutzen Sie keine Eiswürfel und essen Sie kein Obst oder Gemüse, das mit Leitungswasser gewaschen wurde.

Klima Bukarest	Jan.	Feb.	März	Apr.	Mai	Jun.	Jul.	Aug.	Sept.	Okt.	Nov.	Dez.
Durchschnittliche Höchsttemperatur	2	4	11	18	23	27	29	29	25	18	10	4
Durchschnittliche Anzahl der Sonnenstunden pro Tag	2	3	5	6	8	9	11	10	8	5	2	2
Durchschnittliche monatliche Niederschlagsmenge (mm)	40	36	38	46	70	77	64	58	42	32	49	43

Klima Konstanza	Jan.	Feb.	März	Apr.	Mai	Jun.	Jul.	Aug.	Sept.	Okt.	Nov.	Dez.
Durchschnittliche Höchsttemperatur	3	4	8	13	19	24	27	27	23	17	11	6
Durchschnittliche Anzahl der Sonnenstunden pro Tag	3	4	4	6	8	10	11	10	8	5	3	2
Durchschnittliche monatliche Niederschlagsmenge (mm)	29	23	21	28	35	41	35	31	24	38	40	34

Cisnadioara/Sibiu, RO-555301 / Sibiu

- Ananas
- Pinului
- 15 Apr - 20 Okt
- +40 7 41 74 66 89
- info@ananas7b.de

1 **AJM**NOQR**T** F 6
2 IPQTVXY ABDE**FG**IJ 7
3 AX ABEFNQRTUVW 8
4 AFI 9
5 DHN AHIJNQU 10
16A ① €17,00
H490 1ha 30**T**(24-50m²) 16**D** ② €21,00

N 45°42'26'' E 24°06'19'' 117094

Von Sibiu Richtung Paltinis. Dann Richtung Cisnadié. Ausfahrt Cisnadioara. CP ist ausgeschildert.

Darmanesti, RO-605300 / Bacau

- Trotus Valley (Camperland)
- Calea Trotusului 272
- 15 Apr - 15 Okt
- +40 7 40 15 78 95
- info@camperland.ro

1 **AJM**NOPR**T**
2 IQSXY ABD**FGH** 7
3 ABEFNQRW 8
4 DJ 9
5 AD ABGHIKNRSU 10
6A ① €14,15
H430 1ha 340**T**(50-80m²) 5**D** ② €18,20

N 46°24'03'' E 26°28'53'' 117630

Von Brasov Richtung Bacau. Bei Onesti Richtung Comanesti. Auf halbem Weg liegt Darmanesti. Der CP liegt an der Strassennummer 12A.

Gârbova/Urwegen, RO-517305 / Alba

- Poarta Oilor
- Str. M. Eminescu 573
- 1 Mai - 15 Okt
- +40 2 58 74 80 01
- poartaoilor@gmail.com

1 AJMNOPR**T** AFN 6
2 IKQSTWXY ABDE**FG**HK 7
3 ADFMU ABEFJNQRUW 8
4 AEJO AFGHIJOR 9
5 ADEJKN AFGHIJOR 10
16A CEE ① €20,00
H340 2,1ha 10**T**(80-110m²) 10**D** ② €25,00

N 45°52'00'' E 23°43'43'' 117701

Hinter Sebes auf der E68 bleiben! Die GPS-Route kennt diese nach Gârbova nicht. Halten Sie sich an die Koordinaten von der Kreuzung mit der F68. Das CP-Schild zeigt den Weg dann weiter.

Gilau, RO-407310 / Cluj

- Eldorado
- DN1 - E60
- 15 Apr - 15 Okt
- +40 7 45 93 09 45
- info@campingeldorado.com

1 A**DJM**NOQRS**T** BLN 6
2 CEJQRWXYZ ABDE**F**GH 7
3 AFMU ABEFNQRW 8
4 FI 9
5 ABDHM AGHIOQ 10
B 6-16A ① €17,50
H460 3,8ha 80**T**(50-150m²) 10**D** ② €22,50

N 46°46'00'' E 23°21'12'' 117108

Von Oradea E60 Richtung Cluj-Napoca. Vor Gilau links der Strecke.

Mamaia/Navodari, RO-900001 / Constanta

- GPM Holidays
- Bulevardul Mamaia Nord
- 1 Mai - 15 Sep
- +40 7 31 56 70 49
- gpm_camping@gpm.ro

1 A**DJM**NOPRS**T** KQSWX 6
2 BGJPQUXYZ A**FH** 7
3 AG ABDEFGNOPQRW 8
4 O GIL 9
5 ABDHIK HIKNQ 10
11A ① €28,30
5ha 300**T**(40-80m²) 78**D** ② €34,35

N 44°16'29'' E 28°37'05'' 117111

In Constanta der Strasse durch Mamaia nach Navodari folgen. CP liegt rechts, 1 km ausserhalb Mamaia, gleich hinter dem Club Le Gaga.

Mamaia/Navodari, RO-900001 / Constanta

- Camping S
- Bulevar-dul Mamaia Nord 79
- 1 Jan - 31 Dez
- +40 7 30 66 41 02
- camping@camping-s.ro

1 A**D**HKNOPRS**T** KQSWX 6
2 GJQXY AB 7
3 AFGM ABEFNOR 8
4 ABJO**QX** GIJ 9
5 ABDHIKL BHIJQX 10
16A ① €23,05
2ha 400**T**(28-50m²) 103**D** ② €26,30

N 44°17'04'' E 28°37'07'' 117095

Von Constanta der Strasse durch Mamaia nach Navodari folgen. CP liegt rechts, rund 2 km ausserhalb von Mamaia, gut 1 km hinter dem Camping GPM Holidays.

Mangalia/Jupiter, RO-905502 / Constanta

- Popas Zodiac
- Gala Galaction 49
- 15 Apr - 31 Okt
- +40 7 43 33 41 94
- campingzodiac@gmail.com

1 ADE**JM**NOPRS**T** AFK 6
2 GJQXYZ ABDE**F**H 7
3 B ABEFNR 8
4 GI 9
5 DJL AHIJOQU 10
B 10A ① €18,40
2ha 400**T**(80-100m²) 40**D** ② €24,05

N 43°51'34'' E 28°35'56'' 117103

Auf der E87 (die 39) Constanza nach Bulgarien, 3 km vor Mangalia Ausfahrt Jupiter nehmen. Der Strecke nach Jupiter folgen. CP nach 1,8 km direkt an der Kreuzung.

Minis, RO-317037 / Arad

- Route Roemenië
- Minis 298
- 1 Apr - 15 Okt
- +40 7 45 37 20 72
- camping.route.roemenie@gmail.com

1 AG**JM**NOPR**T** F 6
2 QSXY ABDE**FG**H 7
3 AB ABEFKNQRW 8
4 AJ D 9
5 ADJKN ABIJNUV 10
B 8A CEE ① €17,00
H107 0,5ha 36**T**(40-90m²) 2**D** ② €19,50

N 46°08'01'' E 21°35'52'' 118083

25 km hinter Arad nach Bukarest auf der E68 in Paulis links Richtung Ghioroc die 708B. Nach 3 km in Minis (Achtung 2. Ausfahrt nach Ghioroc). CP ausgeschildert.

Navodari, RO-905700 / Constanta

- La Mal Pirivoli
- DN1-Bulevardul Mamaia
- 1 Mai - 15 Sep
- +40 7 28 71 42 08
- info@campingpirivoli.com

1 ABDEJMNOPQRS**T** KM 6
2 GJKPQRSWX A 7
3 AG ABEFNOQRU 8
4 O J 9
5 DGHIKN AIJOQ 10
16A ① €20,20
1,6ha 50**T**(80-100m²) 10**D** ② €24,25

N 44°18'37'' E 28°37'29'' 122192

Von Navodari aus Ri. Mamaia, über die feste Brücke. Nach ca. 2,5 km an GPL Station links unter der Schranke durch. Am Strassenende rechts ab. Nach etwa 50m CP mit Terrasse auf der rechten Seite.

Râsnov, RO-505400 / Brasov

- Cheile Râsnoavei
- 73A
- 29/4 - 11/9, 16/9 - 18/9, 23/9 - 25/9
- +40 7 33 07 12 00
- cheilerasnoavei@gmail.com

1 A**JM**NOPQRS**T** 6
2 BCIJQSTXYZ ABE**FG** 7
3 AB ABEFNQRW 8
4 E**FH** 9
5 ADFHN AHIJOQU 10
6A ① €19,20
H750 3ha 105**T**(40-100m²) 4**D** ② €26,30

N 45°32'50'' E 25°30'29'' 121900

Auf der 73A, 17 km von Predeal und 6 km vor Râsnov (siehe km-Pfosten), rechts ab in ein halb befestigten Weg Richtung Cheile Rosnoavei. Noch 2,2 km den grünen Wegweisern zum CP an der Pension folgen. In der Pension anmelden.

Remetea (Jud.Bihor), RO-417410 / Bihor

- Turul
- Remetea 8
- 15 Apr - 31 Okt
- +40 7 59 15 29 30
- fila@remeteturul.ro

1 A**JM**NOPQRS**T** 6
2 IQSXY ABDE**F**IK 7
3 A ABFNQRU 8
4 J FGJV 9
5 DJN AGHIJORSU 10
16A ① €17,00
H300 1ha 40**T**(90-110m²) 27**D** ② €22,00

N 46°44'03'' E 22°20'38'' 121060

Oradea-Deva (E79). Bei Beius Richtung Rosia. Es gibt 2 Orte die Remetea heissen! Im 2. Remetea ist der CP.

Saliste, RO-557225 / Sibiu

- Salisteanca**
- Strada Baii 13
- 15 Apr - 15 Okt
- +40 7 44 37 45 37
- iulian_parau@yahoo.com

1 AJMNOPR**T** 6
2 APQSTXY ABDE**FK** 7
3 **HM** ABEFNQRVW 8
4 AE**J** V 9
5 ADFN HIJOQU 10
16A CEE ① €15,50
H600 0,4ha 15**T**(25-40m²) ② €20,50

N 45°47'40'' E 23°53'25'' 117267

Von der Hauptstrasse E68 nach Saliste einfahren, über die Brücke direkt links. 1. Strasse nach 200m links.

Sighisoara, RO-545400 / Mures

- Aquaris Camping
- N. Titulescu N° 2-4
- 1 Mrz - 31 Okt
- +40 7 65 77 69 73
- office@aquariscamp.net

1 ADILNOPR AM 6
2 PQTXY ADFGIJK 7
3 FM ABEFJNQRVW 8
4 O FGI 9
5 ADEJKN ABGHIJNRU 10
20A ① €18,20
H350 1,5ha 15**T**(30-40m²) 21**D** ② €26,20

N 46°13'23'' E 24°47'46'' 118711

In Sighisoara Richtung Gara (=Bahnhof). Weiter ist der CP ausgeschildert und liegt hinter der Basilika.

Sovata, RO-545500 / Mures

- Perla Lacului
- Str.Lacului 9
- 20 Jun - 10 Sep
- +40 7 30 21 45 77
- camping@gmail.com

1 AJMNOR**T** 6
2 QXY AB**F** 7
3 ABEFNW 8
4 G 9
5 DN BGHJORS 10
10A ① €11,75
H490 0,3ha 35**T**(12-16m²) 3**D** ② €14,35

N 46°35'50'' E 25°04'42'' 123202

Reghin Richtung Praid (13D). In Sovata am Kreisel links Richtung Lacu Ursu. Am nächsten Kreisel links. Campingplatz ist angezeigt.

Sovata, RO-545500 / Mures

- Vasskert Camping
- Strada Prinzipala 129/A
- 1 Mai - 30 Sep
- +40 2 65 57 09 02
- vasskert@szovata.hu

1 A**JM**NOR**T** 6
2 CPQSXY ABDEI 7
3 A ABEFNQRW 8
4 F 9
5 D**N** AHJORU 10
16A ① €17,00
H520 0,8ha 30**T**(64-100m²) 11**D** ② €21,00

N 46°35'50'' E 25°04'19'' 117085

Von Odorheiu Securesc über die 13A über Praid. Hinter Praid Richtung Reghin in Sovata. CP rechts der Strecke.

Timisoara, RO-300310 / Timis

- Camping International
- Aleea Padurea Verde 6
- 1 Mai - 15 Sep
- +40 2 56 21 70 86
- campinginternational@gmail.com

1 A**JM**NOPR**T** 6
2 BPQSTXY ABCDE**FG**IJ 7
3 AFM ABCDEFJNQRUW 8
4 IJ 9
5 DO FHIJOQU 10
10A CEE ① €20,20
4,3ha 40**T**(50-100m²) 17**D** ② €20,50

N 45°46'12'' E 21°15'51'' 117102

Vom Zentrum Richtung Lugoj, die 2. Strasse links hinter dem grossen Verkehrsplatz. Von Lugoj ist der Camping rechts angezeigt.

Rumänien

Slowenien

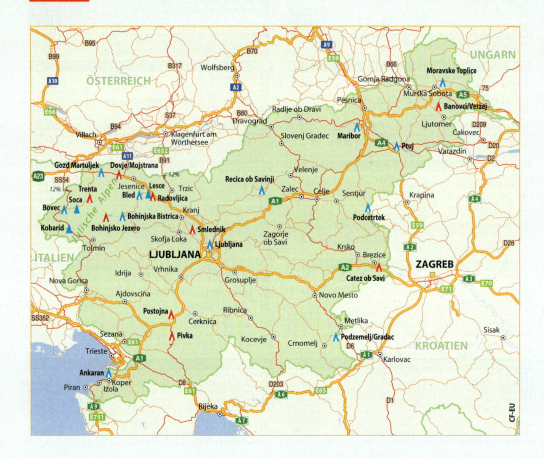

Allgemeines
Offizieller Name: Republik Slowenien (Republika Slovenija).
Slowenien ist Mitglied der Europäischen Union. Slowenisch ist die offizielle Sprache. In touristischen Gebieten kommt man fast überall mit Englisch zurecht.
Zeitunterschied: In Slowenien ist es genauso spät wie in Berlin, Paris und Rom.

Währung und Geldfragen
Währung: Euro.
Bankkarte und Kreditkarte können Sie fast überall benutzen. Es gibt genug Geldautomaten.

Grenzformalitäten
Viele Formalitäten und Vereinbarungen in Bezug auf die notwendigen Reisedokumente, Fahrzeugpapiere, Anforderungen an Ihr Transportmittel und Ihr Campingfahrzeug, medizinische Kosten und die Mitnahme von Tieren hängen nicht nur vom Reiseziel, sondern auch von Ihrem Abreiseort und Ihrer Nationalität ab. Auch die Dauer Ihres Aufenthaltes kann eine Rolle spielen. Es ist unmöglich, im Rahmen dieses Leitfadens für alle Benutzer die richtigen und aktuellen Informationen über diese Themen zu gewährleisten. Wir empfehlen Ihnen daher, die folgenden Fakten in jedem Fall rechtzeitig vor der Abreise zu überprüfen:

Slowenien

- welche Reisedokumente Sie für sich selbst und Ihre Mitreisenden benötigen,
- welche Dokumente Sie für Ihr Auto und Ihren Anhänger benötigen,
- welche Waren und Medikamente Sie kostenlos ein- und ausführen dürfen,
- wie bei Unfall oder Krankheit die medizinische Behandlung in Ihrem Urlaubsland geregelt ist und bezahlt werden kann.

Haustiere
Finden Sie heraus, ob Ihr Haustier an Ihrem Zielort willkommen ist. Nehmen Sie hierzu frühzeitig Kontakt zu Ihrem Tierarzt auf. Dieser informiert Sie über relevante Impfungen und die entsprechenden Nachweise wie auch über Pflichten bei der Rückkehr.
Ferner sollten Sie sich erkundigen, ob an Ihrem Zielort für das Mitführen von Haustieren im öffentlichen Raum bestimmte Bedingungen gelten. So müssen in einigen Ländern Hunde immer einen Maulkorb tragen oder hinter Gittern transportiert werden.

Straßen und Verkehr
Die Autobahnen (mit Mautgebühren) sind gut instand gehalten. Die anderen Haupt- und Nebenstraßen sind von ordentlicher Qualität. Nur in abgelegenen Bergregionen gibt es unbefestigte Straßen.
Es wird nicht empfohlen, im Dunkeln auf anderen Straßen außer Autobahnen zu fahren.

Gebirgsstraßen
Prüfen Sie vor Beginn der Fahrt, ob keine Pässe geschlossen sind. Mehr Informationen: *alpenpaesse.de*.

Tanken
Bleifreies Benzin (Eurosuper 95 und 98) und Diesel sind leicht erhältlich. Autogas (Avtoplin) ist einigermaßen gut verfügbar. Zum Tanken von Autogas wird der italienische Anschluss (Dish) genutzt.

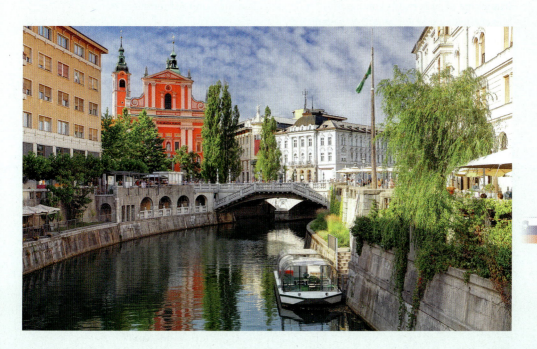

Slowenien

Höchstgeschwindigkeiten

Slowenien	Außerhalb geschlossener Ortschaften	Schnellstraße	Autobahn
Auto	90	110	130
Mit Anhänger*	90	100	100
Wohnmobil < 3,5 Tonnen	90	110	130
Wohnmobil > 3,5 Tonnen	80	80	80

*Für ein Gespann aus Auto und Wohnwagen > 3,5 Tonnen gilt eine Höchstgeschwindigkeit von 80 km/h.
Innerhalb geschlossener Ortschaften beträgt die Höchstgeschwindigkeit 50 km/h.
Bei einer Sichtweite von weniger als 50 m beträgt die Höchstgeschwindigkeit 50 km/h.

Tankstellen sind oft mindestens montags bis samstags von 7.00 bis 20.00 Uhr geöffnet. An Grenzübergängen, entlang Autobahnen und in Großstädten sind Tankstellen meistens sieben Tage die Woche, 24 Stunden am Tag geöffnet.

Verkehrsregeln

Abblendlicht (oder Tagfahrlicht) ist tagsüber vorgeschrieben.
An einer Kreuzung mit Straßen gleichen Ranges hat der von rechts kommende Verkehrsteilnehmer Vorfahrt. Der Verkehr im Kreisverkehr hat Vorfahrt, wenn dies ausgeschildert ist.
Die Alkoholgrenze liegt bei 0,5 ‰, aber bei 0 ‰ für Fahrer unter 21 Jahren.
Fahrer dürfen nur mit einer Freisprechanlage telefonieren. Die Verwendung von Ohrstöpseln oder Kopfhörern ist für Fahrer auch verboten.
Kinder, die kleiner als 1,50 m sind, müssen in einem Kindersitz sitzen.
Winterreifen (oder Schneeketten im Auto) sind vom 15. November bis zum 15. März vorgeschrieben.

Besondere Bestimmungen

Bei Staus müssen Sie so weit wie möglich nach rechts oder links fahren, damit in der Mitte eine freie Spur (Rettungsgasse) für Einsatzfahrzeuge entsteht.

Sie dürfen eine Kreuzung nur befahren, wenn Sie sicher sind, dass Sie diese überqueren können und nicht aufgrund von viel Verkehr auf der Kreuzung stehen bleiben werden.
Es ist verboten, einen stehenden Schulbus zu überholen, wenn dort Kinder ein- oder aussteigen.
Sie müssen beim Rückwärtsfahren Ihre Warnblinkanlage benutzen.
Im Winter beträgt die Mindestprofiltiefe für Sommer- und Winterreifen 3 mm.

Vorgeschriebene Ausrüstung

Ein Warndreieck ist im Fahrzeug vorgeschrieben. **Achtung!** In einem Auto mit Wohnwagen oder Anhänger sind 2 Warndreiecke vorgeschrieben. Ein Verbandskasten und Ersatzlampen sind nur in Fahrzeugen mit slowenischem Nummernschild vorgeschrieben. Es wird empfohlen, Sicherheitswesten für alle Insassen mitzuführen.

Wohnwagen, Wohnmobil

Ein Wohnmobil oder ein Gespann aus Auto und Wohnwagen darf bis zu 4 m hoch, 2,55 m breit und 18 m lang sein (der Wohnwagen selbst darf bis zu 12 m lang sein).

Fahrrad

Für Kinder bis 15 Jahre ist ein Fahrradhelm Pflicht (auch wenn sie hinten auf dem Fahrrad sitzen).

Slowenien

Telefonieren und Tippen auf einem Handy sind auf dem Fahrrad verboten.
Ein Radfahrer darf auch keine Kopfhörer oder In-Ear-Kopfhörer tragen.
Kinder unter 8 Jahren müssen in einem Fahrradsitz transportiert werden.
Nebeneinander Rad zu fahren ist nur auf ausreichend breiten Radwegen erlaubt.

Maut und Umweltzonen
Maut
Auf Autobahnen und Schnellstraßen in Slowenien ist eine Mautvignette für Fahrzeuge unter 3,5 Tonnen Pflicht. Sie benötigen keine separate Vignette für einen Wohnwagen oder Anhänger. Sie können die Vignette online über **tolltickets.com** oder bei slowenischen Tankstellen, Supermärkten und Kiosken sowie an großen Tankstellen in den Nachbarländern in der Grenzregion bestellen. Bestellen Sie die Vignette am besten vor der Reise online. Das macht einen großen Unterschied bei den Wartezeiten an der slowenischen Grenze.
Für Fahrzeuge (einschließlich Wohnmobilen) über 3,5 Tonnen gelten andere Regeln. Mehr Informationen: **darsgo.si**.
Die Nutzung des Karawankentunnels zwischen Österreich und Slowenien ist in der Mautvignette nicht enthalten. Also zahlen Sie hier eine zusätzliche Gebühr. Mehr Informationen: **asfinag.at/toll/route-and-digital-section-toll/route-rates**.

Umweltzonen
Es gibt noch keine Umweltzonen, die für ausländische Touristen von Bedeutung sind.

Panne und Unfall
Stellen Sie ein Warndreieck in ausreichendem Abstand hinter dem Fahrzeug auf, wenn die Warnblinkanlage nicht funktioniert oder wenn das Fahrzeug für andere Verkehrsteilnehmer nicht gut sichtbar ist (stellen Sie zwei Warndreiecke nebeneinander, wenn Sie einen Anhänger ziehen). Alle Insassen müssen eine Sicherheitsweste anziehen.
Rufen Sie bei einer Panne die Notrufnummer Ihrer Pannenhilfe-Versicherung an. Oder rufen Sie die Notrufzentrale der Slowenischen Pannenhilfe (AMZS) unter +386 1 530 53 53 (oder 1987) an.
Das Abschleppen auf der Autobahn ist bis zur ersten Ausfahrt erlaubt.
Wenn sichtbare Schäden am Auto vorhanden sind, fordern Sie einen Polizeibericht (potrdilo) an; dieser muss auf dem Rückweg an der Grenze vorgelegt werden.

Notrufnummern
112: allgemeine Notrufnummer für Polizei, Feuerwehr und Rettungswagen
113: Polizei

Campen
Eine Reihe von slowenischen Campingplätzen, die sich in der Nähe von Thermalquellen befinden, hat sich auf Wellness spezialisiert. Diese Campingplätze haben ein hohes Niveau. Etwas einfacher und mehr auf Natur und Familien ausgerichtet sind die wunderschön gelegenen Campingplätze in den Julischen Alpen an der Grenze zu Österreich und Italien, die vor allem auf sportliche Campinggäste wie Wanderer, Mountainbiker und Bergsteiger ausgerichtet sind. Viele Campingplätze haben Spielplätze und Animationsprogramme für Kinder.
Wildcampen außerhalb der Campingplätze ist im Allgemeinen verboten. Dies ist nur erlaubt, wenn Sie vorher die Erlaubnis der Behörde vor Ort oder der Polizei eingeholt haben.

Wohnwagen, Wohnmobil
Es ist verboten, in einem Wohnwagen, Wohnmobil oder Auto entlang einer öffentlichen Straße zu übernachten. Die Kontrollen sind streng.

Slowenien

Suche nach einem Campingplatz
Über **Eurocampings.eu** können Sie ganz einfach einen Campingplatz suchen und auswählen.

Praktisch
Die Steckdosen haben zwei runde Löcher (Typ C oder F). Auf *iec.ch/world-plugs* können Sie überprüfen, ob Sie einen Adapter (Weltstecker) benötigen.

Schützen Sie sich vor Zecken, da diese Krankheiten übertragen können. Leitungswasser kann bedenkenlos getrunken werden, aber viele Menschen trinken Wasser in Flaschen.

Es ist ratsam, den Kaufnachweis oder die Registrierung von teuren Geräten in Ihrem Wohnwagen oder Wohnmobil mitzunehmen.

Klima Ljubljana	Jan.	Feb.	März	Apr.	Mai	Jun.	Jul.	Aug.	Sept.	Okt.	Nov.	Dez.
Durchschnittliche Höchsttemperatur	3	6	11	14	21	24	27	26	22	15	8	3
Durchschnittliche Anzahl der Sonnenstunden pro Tag	2	3	4	5	6	7	8	7	5	3	1	1
Durchschnittliche monatliche Niederschlagsmenge (mm)	71	71	87	103	113	154	117	134	131	147	137	103

www.Eurocampings.de

Der Campingplatz liegt in einem Bilderbuchtal direkt an der Soča, nur 500m vom Zentrum von Kobarid. Der ideale Ausgangspunkt für Kajakfahrer, Paragleiter, Bergwanderer, Kletterer und Reisende. 8 Holzchalets und Sauna.

SI-5222 Kobarid • Geöffnet vom 1.1. bis 31.12.
T: +386 (0)5 389 13 11 • **M:** +386 (0) 41 371 229
E: info@kamp-koren.si • **W:** www.kamp-koren.si

EMERALD TRAIL – Let's hike & bike in Slovenia. • www.slovenia.info/pohodnistvo

ECO-CAMPING & CHALETS KOREN

Bohinjska Bistrica, SLO-4264
- Camp Danica Bohinj****
- Triglavska cesta 60
- 1 Jan - 31 Dez
- +386 45 72 17 02
- info@camp-danica.si

1 ABDEJMNOPQRST JNUV 6
2 DIPQWXYZ ABCDEFGH 7
3 AFMNOSW ABCDEFKLNQRTW 8
4 ABCDEFHLX AFLRUVWXYZ 9
5 ADEHJL ABGHIJOPQUVY 10
WB 12-16A
① €40,10
② €60,10
H520 4,5ha 250T(70-90m²) 37D
N 46°16'27" E 13°56'52" 101532
Hinter Bled in Richtung Bohinj fahren. CP liegt auf der rechten Seite der Straße, 100m hinter dem Dorf Bohinjska Bistrica.

Bohinjsko Jezero, SLO-4265
- camp bohinj***
- Ukanc 5
- 21 Apr - 1 Okt
- +386 59 92 36 48
- info@camp-bohinj.si

1 ABDEGJMNOPQRST LNOSUVXYZ 6
2 EIMSUVYZ ABDFG 7
3 AM ABEFNQR 8
4 ABFHX AQRUZ 9
5 ADEFGHL AHIKOQU 10
10A
① €39,50
② €57,50
H520 3ha 250T(20-100m²) 15D
N 46°16'45" E 13°50'10" 101500
Bei Ribcev Laz (Anfang See) vor der Brücke links ab. Am Südufer des Sees entlang nach Westen. Nach ca. 3 km in der Kurve ist die Einfahrt zum CP.

Bovec, SLO-5230
- Polovnik**
- Ledina 8
- 30 Mrz - 15 Okt
- +386 53 89 60 07
- kamp.polovnik@siol.net

1 ABDEJMNOPQRST NUVX 6
2 IPQRSWXYZ ABDEFGJ 7
3 A ABEFNQRT 8
4 EFHI K 9
5 DEFGL AHJNQU 10
B 16A
① €32,00
② €47,50
H458 1,2ha 100T(80m²)
N 46°20'10" E 13°33'30" 105161
Nordseite von Bovec, den CP-Schildern folgen. Für sehr große Caravans ist der Passo de Predil (zwischen Tarvisio und Bovec) nicht zu empfehlen. Dann über Udine, Cividale (Italien), Kobarid, Bovec.

Catez ob Savi, SLO-8251
- Camping Terme Catez*****
- Topliska cesta 35
- 1 Jan - 31 Dez
- +386 74 93 67 00
- info@terme-catez.si

1 ABCDEJMNOPQRST BEGHIMN 6
2 APQWXY ABCDEFG 7
3 BEFGJLMNPU ABCDEFJNQRT 8
4 ABHJLOPQRSTUVWXYZ ACEILV 9
5 ACDEFGHIKL ABGHIJNPRSUVWXYZ 10
Anzeige auf dieser Seite B 10A
① €56,20
② €81,25
H141 23ha 300T(90m²) 521D
N 45°53'28" E 15°37'33" 100684
A2 Ljubljana-Zagreb, Ausfahrt Brezice/Terme Catez. Hiernach der Beschilderung zur Terme Catez folgen.

Dovje/Mojstrana, SLO-4281
- Camping Kamne***
- Dovje 9
- 1 Jan - 31 Dez
- +386 45 89 11 05
- info@campingkamne.com

1 BDEJMNOPQRST N 6
2 AIVVWXYZ ABDFG 7
3 AMNO ABEFNOQRT 8
4 FJO FJU 9
5 DHN ABGHJMOQUVW 10
W 10-16A
① €32,00
② €40,00
H670 1,5ha 72T(35-120m²) 17D
N 46°27'52" E 13°57'28" 105157
An der Nordseite der 202 bei Dovje/Mojstrana. Ausfahrt 1 Südseite des Karawankentunnels (slowenische Seite) Richtung Kranska Gora und dann noch ca. 5 km.

Gozd Martuljek, SLO-4282
- Spik***
- Jezerci 15
- 1 Jan - 31 Dez
- +386 51 63 44 66
- info@camp-spik.si

1 ADEJMNOPQRT EG 6
2 BIPQWXYZ ABDEFG 7
3 AFGLPW ABCDEFJKNQRT 8
4 AEFHJOTX UW 9
5 ADHJLN AHJOQV 10
WB 10A CEE
① €42,70
② €66,30
H750 3ha 200T(80m²)
N 46°29'05" E 13°50'18" 101296
An der E652/1 Podkoren-Jesenice liegt der Campingplatz an der Ostseite des Dorfes Gozd Martuljek. Direkt an der Nordseite der Bogenbrücke.

Kobarid, SLO-5222
- Eco-Camping & Chalets Koren****
- Ladra 1B
- 1 Jan - 31 Dez
- +386 53 89 13 11
- info@kamp-koren.si

1 ABDEJMNOPQRST NUV 6
2 CIPQSVWXYZ ABDEFG 7
3 ABGMSW ABCDEFHJNOPQRTW 8
4 ABEFGHIKORTX ADIJKRVWY 9
5 ABDEGHJN ABCIJLNPQU 10
Anzeige auf dieser Seite WB 16A
① €35,00
② €42,75
H210 2ha 100T(50-140m²) 37D
N 46°15'02" E 13°35'12" 100683
Die Strecke Bovec-Tolmin. Bei Kobarid Ausfahrt 'Ind. Cona'. Zwischen Fabrik und Supermarkt geradeaus. Über die Brücke links ab (40m). Von Italien aus: In Kobarid den Schildern Dreznica folgen.

Kobarid, SLO-5222
- Kamp Rut
- Svino 1F
- 1 Mai - 1 Nov
- +386 31 75 52 63
- kamp.rut@gmail.com

1 BDEJMNOPQRST UV 6
2 BIQSTVWXYZ ABDEF 7
3 AF ABEFNQRW 8
4 JO GJUW 9
5 ADGHJN AHJNQU 10
16A CEE
① €32,00
② €48,00
H250 1,5ha 70T(20-120m²) 4D
N 46°14'41" E 13°33'56" 121913
Von Bovec an Kobarid und Ind. Zona bis T-Kreuzung entlang, rechts ab, 1. Straße links neben Ford-Werkstatt Richtung Svino. Der CP-Beschilderung folgen.

→ Ganzjährig geöffnet, beheizte Sanitärräume im Camp, Stellplätze, Ferienwohnungen, Mobilheime
→ Wasserpark auf fast 12.000m² Innen & Aussenthermalwasserfläche
→ Saunapark & Wellnesszentren

+386 7 49 36 700
info@terme-catez.si
www.terme-catez.si

TERME ČATEŽ d.d.,
Topliška c. 35,
SI-8251 Čatež ob Savi,
SLOWENIEN

terme čatež
TERME VILLAGE

Slowenien

Camping ŠOBEC
Lesce Bled - Slovenija, Šobčeva ulica 25, SI-4248 Lesce, Slovenia
Tel.: +386 453 53 700/ E-Mail: camping@sobec.si / GPS: N46° 21' 21" E 14° 09' 00"
www.sobec.si

Lesce, SLO-4248

- Camping Šobec★★★★★
- Šobceva ulica 25
- 9 Apr - 2 Okt
- +386 45 35 37 00
- camping@sobec.si

1	ABDE**JM**NOPQRST	FLMN**UV** 6
2	ABCEIKQRWXYZ	AB**DEFG** 7
3	ABCF**GJLMNO**W	ABCDEFJK**L**NQRTUV 8
4	**A**BCDEFHJLO**X**	AIJKLUVWX 9
5	ACDEFGHJLN	ABGHIJMOQXY 10

Anzeige auf dieser Seite B 16A CEE €49,00
H425 16ha 550T(80-120m²) 69D €76,40
105165

N 46°21'21" E 14°09'00"
Von der A2 Jesenice-Ljubljana Ausfahrt 3 Lesce nehmen.
Am Kreisel Richtung Lesce geradeaus. Weiter nach ca. 1,3 km links abbiegen.
Danach CP nach 1 km.

Club iD

Ihr Pass oder Ausweis sicher in der Tasche
Die praktische ACSI Clubkarte

Nur 4,95 € im Jahr

www.ACSI.eu/ACSIClubID

Der Campingplatz liegt in einem Naturpark an der Sava unterhalb der Rašica Höhe, 5 km vom Stadtzentrum. Er gehört zum Ljubljana Resort, in dem Sie auch die preisgekrönten Schwimmbäder im Sommer mit Spa-Effekten, das Restaurant, das große Fitnesscenter, Beachvolleyball und Kinderspielplatz vorfinden. Nebenan sind Tennisplätze, Pferde, Angelplätze, man kann Kajak und Kanu fahren, es gibt Radwege und Wanderangebote. Der ideale Standort um Ljubljana und Umgebung zu besuchen und gleich ganz Slowenien kennen zu lernen. Das Stadtzentrum ist über Radwege an der Sava leicht erreichbar (Mieträder im Resort, 20 Minuten), mit dem Bus (15 Minuten) oder Taxi (5 Minuten). Tägliche Unterhaltung und organisierte Ausflüge in der Hochsaison. Familiencamping • Campingclubs und Radfahrer willkommen • Pfadfinder und andere Gruppen
Dunajska cesta 270, Jezica, 1000 Ljubljana • Tel. +386 70253845
E-Mail: resort@gpl.si • Internet: www.ljubljanaresort.si

Ljubljana, SLO-1000 CC€22

- Ljubljana Resort (Hotel & Camping)★★★★
- Dunajska cesta 270, Jezica
- 1 Apr - 15 Okt
- +386 70 25 38 45
- resort@gpl.si

1	ABDE**JM**NOPRS	B**GN** 6
2	APQWYZ	ABDE**FG** 7
3	BFG**L**MU	ABCDEFJKNQRT 8
4	AB**O**RU**XY**	EGLV 9
5	ADEFHL	AGHIN**O**RTU**Y** 10

Anzeige auf dieser Seite B 16A €43,65
H350 3ha 177T(60-90m²) 70D €66,35
101534

N 46°05'52" E 14°31'08"
Vom Karawankentunnel: A2 Ausf. 13, LJ-Brod und Schildern folgen.
Von Maribor: A1 bei Ljubljana H3 Ausf. LJ-Bezigrad und den Schildern folgen.
Auf einigen Schildern wird der CP noch mit dem alten Namen 'Jezica' angegeben.

Lesce, SLO-4248 CC€20

- River Camping Bled★★★★★
- Alpska cesta 111
- 22 Apr - 15 Okt
- +386 40 34 43 24
- hello@rivercamping-bled.si

1	ADE**JM**OPQRST	B**J**N**UV** 6
2	ABDIQSWXYZ	ABDE**FG** 7
3	**BL**MU	ABEFJK**L**NQRTUV 8
4	A**BCDE**FHILO**T**	CEUVW 9
5	ADEFGHJN	ABDHIJMOQ 10

Anzeige auf dieser Seite B 16A CEE €45,00
H350 4ha 260T(80-120m²) 30D €68,00
125087

N 46°22'01" E 14°08'10"
A2 Jesenice-Ljubljana Ausfahrt 3 Lesce. Am Kreisverkehr fahren Sie geradeaus in Richtung Lesce/Bled. Nach ca. 1,6 km am Kreisverkehr mit dem großen Golfball biegen Sie zum ausgeschilderten Campingplatz ab.

Maribor, SLO-2000 CC€18

- Camping Center Kekec★★★
- Pohorska ulica 35c
- 1 Jan - 31 Dez
- +386 40 22 53 86
- info@cck.si

1	AB**JM**NOPQRST	6
2	AIPQTWXY	AB**FG** 7
3	B	ABEFJNQRUW 8
4	F	V 9
5	DN	ABDFHJNQU 10

Anzeige auf Seite 475 W 16A €27,60
H303 2ha 105T(85m²) €35,30
118217

N 46°32'10" E 15°36'12"
Von Nord: E57/A1 Ausfahrt Maribor zur H2/430, Maribor-Mitte vorbei Richtung Ljubljana bis zur Ampel bei Bauhaus. Hier rechts zum Skigebiet Pohorje. Von Süd: E57/A1 Ausfahrt Maribor der 430. An Bauhaus vorbei links.

Slowenien

RIVER CAMPING BLED
★ ★ ★ ★ ★

Familiengeführter moderner Campingplatz, umgeben von Bergen und Fluss, nur 2 km vom Bleder See entfernt.
- Großzügige Stellplätze, moderne Sanitäranlagen.
- Warmes Freibad, Pumptrack und Abenteuerspielplatz für Kinder.
- Viele sportliche Aktivitäten.

4248 Lesce
Tel: +386 4034 4324
E-Mail: hello@rivercamping-bled.si
Internet: www.rivercamping-bled.si

Camping in Slovenia

Camping Bled am Bleder See:
info@camping-bled.com

Zwei Campingplätze in Thermalgebieten:
info@sava-camping.com

Camp Lucija am Meer:
camp.lucija@sava.com

www.sava-camping.com

SAVA CAMPING

SAVA HOTELS & RESORTS

Moravske Toplice, SLO-9226 🛜 CC€22 iD
⛺ Terme 3000****	1 ABDE**JM**NOPQRST	BEGHI 6
🏠 Kranjceva 12	2 AQTWXYZ	ABDE**FGH** 7
📅 1 Jan - 31 Dez	3 ABFG**KN**	ABEFJNQRTW 8
📞 +386 25 12 12 00	4 ABCEHLO**RSTUV**W**XYZ**	GIJLVW 9
@ recepcija.camp2@terme3000.si	5 ADEFGHIKLN	ADHIJOSTUXYZ 10
	Anzeige auf dieser Seite B 16A CEE	① €45,00
		② €59,65
📍 N 46°41'05" E 16°12'57"	H183 7ha 230T(80-100m²) 730D	105169
🚗 Von Graz (Österreich) A9/A1 Richtung Maribor (Slo). Vor Maribor A5 Richtung Lendava bis Ausfahrt 7 Murska Sobota, Moravske Toplice. CP ausgeschildert.

Pivka, SLO-6257 🛜
⛺ Camping Plana & Bar 66	1 B**JM**NOPQRST	6
🏠 Selce 66	2 AIPSXY	ABDE**F** 7
📅 5 Apr - 15 Okt	3 AG**HM**	ABCDEFNQR 8
📞 +386 70 66 86 68	4 BFHOQ	JU 9
@ info@camping-plana.com	5 ABDHJKN	ABFGHJNSTU 10
	16A	① €31,50
	30ha 80T(50-100m²) 1D	② €44,75
📍 N 45°42'32" E 14°11'32"		123491
🚗 Von der Autobahn aus die Ausfahrt Postojna nehmen. Danach Richtung Pivka. Nach 6 km Camping an der Durchgangsstraße Richtung Reijka angezeigt.

Postojna, SLO-6230 🛜
⛺ Pivka Jama***	1 BDE**JM**NOPQRT	AF 6
🏠 Veliki Otok 50	2 ABSTUVZ	ABDE**FGH**IJ 7
📅 1 Apr - 31 Okt	3 AFGM**NS**	ABCDEFNQR 8
📞 +386 57 20 39 93	4 O	IJKL 9
@ avtokamp.pivka.jama@siol.net	5 ABDFHJL	AGHIJOQY 10
	12A	① €33,50
📍 N 45°48'18" E 14°12'15"	H560 2,5ha 350T 24D	② €41,40
		105167
🚗 A1/E70 Ausfahrt Postojna. Am Lidl vorbei geradeaus. Am 2. Kreisel Hinweis Pivka Jama folgen. Dann links und an den Pivka Jama Höhlen vorbei. Nach ca. 4 km CP-Schild rechts ab. Nach ca. 3 km CP-Einfahrt.

Podcetrtek, SLO-3254 🛜 CC€22 iD
⛺ Terme Olimia/Natura*****	1 ABDE**JM**NOPRST	**BGHIMN** 6
🏠 Zdraviliska cesta 24	2 CPQWXYZ	ABDE**FG** 7
📅 1 Jan - 31 Dez	3 ABFG**L**	ABCDEFNPQRU 8
📞 +386 38 29 78 36	4 ABCDEFHLO**UWY**	CEUVW 9
@ info@terme-olimia.com	5 ABDEGHIL	ABDGHIJOPQUY 10
	Anzeige auf dieser Seite B 16A CEE	① €36,20
📍 N 46°09'55" E 15°36'19"	H220 4ha 46T(90-100m²) 28D	② €57,75
		101299
🚗 A1 Maribor-Celje, Ausf. Slovenska Bistrica. Hiernach über Mestinje ca. 30 km in Ri. Süden. Von Celje Ausf. Dramlje und über Smarje Pri Jelsah fahren. Folgen Sie der Teller richtung Podcetrtek/Aqualuna.

Podzemelj/Gradac, SLO-8332 ⚙️ 🛜 CC€22
⛺ Camping Bela krajina - river Kolpa****	1 BDE**JM**NOPQRST	JN 5
🏠 Škrilje 11	2 DIKQTWXYZ	ABDE**F** 7
📅 15 Apr - 10 Okt	3 BEFG**J**MW	ABEF**IL**NQRTW 8
📞 +386 73 06 95 72	4 ABEFHOR**TX**	FGJLNRUVW 9
@ info@camping-belakrajina.si	5 ABDHJKL	ABFHJMOQUY 10
	16A CEE	① €39,80
📍 N 45°36'17" E 15°16'31"	3,5ha 75T(50-100m²) 22D	② €54,80
		115268
🚗 Ab Slowenien A2 Ljubljana-Zagreb. Ausfahrt 27 Novo Mesto. Die 105 nach Metlika. Rechts die 218 nach Podzemelj. Von Kroatien in Karlovac die 6 nach Jurovski Brod und Metlika. Links die 218 nach Podzemelj.

Ptuj, SLO-2251 🛜 CC€22 iD
⛺ Camping Terme Ptuj****	1 ABDE**JM**NOPQRST	BEGHI 6
🏠 Pot v Toplice 9	2 AQWXYZ	ABDE**FG** 7
📅 1 Jan - 31 Dez	3 BFG**JKNV**	ABEFJKNQRTUW 8
📞 +386 27 49 45 80	4 **A**BDHORTUVW**XYZ**	ELVW 9
@ kamp@terme-ptuj.si	5 ADEFGHL	ABHIJOSTUXY 10
	Anzeige auf dieser Seite B 16A CEE	① €38,00
📍 N 46°25'21" E 15°51'16"	H280 1,5ha 120T(80-100m²) 32D	② €51,00
		101301
🚗 Auf der 9/E59 Zagreb-Kaprina-Maribor, Ausfahrt Hajdina-Terme Ptuj. Nach Ptuj/Ormoz. Am Kreisel links Richtung Ptuj über die Brücke an der SW-Seite der Drava (Drau) rechts ab. CP ausgeschildert.

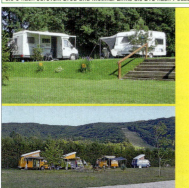

Camping Center
KEKEC
★ ★ ★

Pohorska ulica 35c
2000 Maribor
Tel. +386 40225386
E-Mail: info@cck.si
Internet: www.cck.si

Slowenien

Camp Soca liegt im Herzen der beeindruckenden Berge des Triglav Nationalparks, nicht weit von der Schlucht mit der smaragdgrünen Soca. Er umfasst ein großes Gelände in Terrassen, wo jeder einen ruhigen Platz finden kann. Idealer Ausgangspunkt für Bergtouren, Wanderungen, zum angeln, Kajak fahren und weiteren attraktiven Wassersportarten.

- Neue Einrichtungen mit moderner Ausstattung.
- Kinderspielplatz mit Rutschbahnen und Schaukeln.
- Bar und Pizzeria.
- Laden mit lokalen Produkten und täglich frischem Brot.

Soca 8, 5232 Soca • Tel. +386 53889318
E-Mail: info@kamp-soca.si
Internet: www.kamp-soca.si

Radovljica, SLO-4240
- Camping Radovljica**
- Kopaliska cesta 9
- 1 Jun - 15 Sep
- +386 45 31 57 70
- info@camping-radovljica.com

1 ABDE**JM**NOPQRT BG 6
2 APQXY ABDEF 7
3 AFG**LMNO** ABEFNQR 8
4 HR 9
5 DEGHNO AHIJNPQUY 10
B 16A
H491 1,5ha 80T(80-100m²) 5D
€37,00 / €53,50
N 46°20'52" E 14°10'20"
105166

A2 Jesenice-Ljubljana, Ausfahrt 4 Radovljica. In Radovljica den CP-Schildern folgen.

Smlednik, SLO-1216
- Smlednik***
- Dragocajna 14a
- 1 Mai - 15 Okt
- +386 13 62 70 02
- smlednik.camp@gmail.com

1 ABJMNOPQRST J 6
2 ABCQVYZ ABDE**FG** 7
3 AGM**NS** ABEFNQR 8
4 HO GJ 9
5 ADEHK AGHJOQ 10
FKK 6-10A CEE
H350 4ha 120T(75-120m²) 44D
€30,00 / €36,75
N 46°10'28" E 14°24'56"
113182

A2 Kranj-Ljubljana Ausfahrt 11 Vodice. Weiter der Beschilderung zum CP folgen. Der CP liegt ca. 7 km von der Autobahn.

In Harmonie mit Wasser, Bergen und Wäldern erleben Sie einen perfekten Urlaub mit dem Menina-Team. Sie können Raften, Canyoning, Wandern, Radfahren, Paragleiten, genießen und entspannen. Kurzum: viele Aktivitäten und gleichzeitig erholen! Neu: Adrenalinpark! Das Menina-Team ist das beste Team!

Varpolje 105, 3332 Recica ob Savinji
Tel. +386 51219393 • E-Mail: info@campingmenina.com
Internet: www.campingmenina.com

Soca, SLO-5232
- Camp Soca**
- Soca 8
- 1 Apr - 31 Okt
- +386 53 88 93 18
- info@kamp-soca.si

1 BDE**JM**NOPRST NUV 6
2 CIPQSVXY AB**FGH** 7
3 BM ABEFJNQRW 8
4 FO 9
5 ADEGHN ABDGHJ**NQU** 10
Anzeige auf dieser Seite 6A
H460 3ha 200T(120-160m²) 6D
€38,40 / €57,40
N 46°20'07" E 13°38'39"
105160

Nordseite Bovec, Ausfahrt Trenta/Kranska Gora, der 1. CP im Tal. Vom Vrsic-Pass bei Kranska Gora (nicht für Caravans) dort der 5. CP im Tal. Größere Caravans besser über Italien anfahren. Empfehlung: Udine und Cividale.

Soca, SLO-5232
- Penzion & Kamp Klin***
- Lepena 1
- 1 Apr - 31 Okt
- +386 53 88 95 13
- kampklin@siol.net

1 ABDEJMNOPRST N U 6
2 CIQXYZ AB**FG** 7
3 ABEFJNQR 8
4 FH FG 9
5 ADEFHJL AJNQU 10
16A
H490 1ha 100T(100-140m²) 9D
€39,50 / €55,50
N 46°19'48" E 13°38'38"
108912

Nordseite von Bovec, Ausfahrt Trenta. Nach 7 km CP ausgeschildert. 2. CP im Tal. Vom Vrsic-Pass aus bei Kranjska Gora (nicht für Caravans) der 4. CP in diesem Tal. Größere Caravans über Italien anfahren. Empfehlung: Udine und Cividale.

Recica ob Savinji, SLO-3332
- Menina****
- Varpolje 105
- 1 Jan - 31 Dez
- +386 51 21 93 93
- info@campingmenina.com

1 ABDE**JM**NOPQRST JL**N**UV 6
2 BCFLMQSWYZ ABDE**FG** 7
3 ABFGJMSWX ABEFGIJNQR 8
4 ABCDEHJLO**TX** DEJRUWY 9
5 DGHLN ADHKLOQ 10
Anzeige auf dieser Seite 10A CEE
H320 10ha 210T(100-200m²) 51D
€30,50 / €47,45
N 46°18'42" E 14°54'33"
101533

A1 Ljubljana-Maribor Ausfahrt Sentrupert/Mozirje (ca. 15 km von Celje) und in nördlicher Richtung zum CP fahren (± 20 km). Im Dörfchen Nizka dann die Ausfahrt zum CP nehmen.

Trenta, SLO-5232
- Kamp Triglav**
- Trenta 18
- 1 Mai - 1 Okt
- +386 53 88 93 11
- marija.kravanja@siol.net

1 AB**JM**NOPQRST N U 6
2 CIQSXYZ ABDE 7
3 A**H**W ABEFNQRS 8
4 F I 9
5 ADN AHIJNQU 10
16A
H600 2ha 100T(bis 100m²) 15D
€36,00 / €50,00
N 46°22'26" E 13°44'27"
116744

Nördlich Bovec Ausfahrt Trenta/Kranjska Gora: am Dorf Soca vorbei, der 4. CP in diesem Tal. Vom Vrsic-Pass aus bei Kranjska Gora (nicht für Wohnwagen) 2. CP im Tal. Anfahrt für größere Caravans über Italien. Empfohlen: Udine und Cicidale.

Slowenien

Immer ein Campingplatz, der zu Ihnen passt!

- 9 500 Campingplätze in 31 Ländern
- Rund 250 Filtermöglichkeiten
- Schnell und einfach buchen, auch unterwegs
- Mehr als 100 000 Campingplatz-Bewertungen

www.Eurocampings.de

Kroatien

Allgemeines

Offizieller Name: Republik Kroatien (Republika Hrvatska).

Kroatien ist Mitglied der Europäischen Union. Kroatisch ist die offizielle Sprache. In touristischen Gebieten kommt man fast überall mit Englisch und Deutsch gut zurecht.

Zeitunterschied: In Kroatien ist es genauso spät wie in Berlin, Paris und Rom.

Währung und Geldfragen

Währung: Kuna (HRK).
Wechselkurs im September 2021:
1,00 € = ca. 7,47 HRK / 1,00 HRK = ca. 0,13 €.
Der Euro ist in Kroatien kein offizielles Zahlungsmittel, aber die Zahlung mit Euro ist oft möglich und das Wechselgeld ist meist in Kuna.

Bankkarte und Kreditkarte können Sie fast überall benutzen. Es gibt genug Geldautomaten.

Kroatien

Grenzformalitäten

Viele Formalitäten und Vereinbarungen in Bezug auf die notwendigen Reisedokumente, Fahrzeugpapiere, Anforderungen an Ihr Transportmittel und Ihr Campingfahrzeug, medizinische Kosten und die Mitnahme von Tieren hängen nicht nur vom Reiseziel, sondern auch von Ihrem Abreiseort und Ihrer Nationalität ab. Auch die Dauer Ihres Aufenthaltes kann eine Rolle spielen. Es ist unmöglich, im Rahmen dieses Leitfadens für alle Benutzer die richtigen und aktuellen Informationen über diese Themen zu gewährleisten. Wir empfehlen Ihnen daher, die folgenden Fakten in jedem Fall rechtzeitig vor der Abreise zu überprüfen:
- welche Reisedokumente Sie für sich selbst und Ihre Mitreisenden benötigen,
- welche Dokumente Sie für Ihr Auto und Ihren Anhänger benötigen,
- welche Waren und Medikamente Sie kostenlos ein- und ausführen dürfen,
- wie bei Unfall oder Krankheit die medizinische Behandlung in Ihrem Urlaubsland geregelt ist und bezahlt werden kann.

Haustiere

Finden Sie heraus, ob Ihr Haustier an Ihrem Zielort willkommen ist. Nehmen Sie hierzu frühzeitig Kontakt zu Ihrem Tierarzt auf. Dieser informiert Sie über relevante Impfungen und die entsprechenden Nachweise wie auch über Pflichten bei der Rückkehr.
Ferner sollten Sie sich erkundigen, ob an Ihrem Zielort für das Mitführen von Haustieren im öffentlichen Raum bestimmte Bedingungen gelten. So müssen in einigen Ländern Hunde immer einen Maulkorb tragen oder hinter Gittern transportiert werden.

Straßen und Verkehr

Das Straßennetz ist von einigermaßen guter Qualität. Unbefestigte Straßen gibt es nur in abgelegenen Gebieten und auf einigen Inseln. Es wird nicht empfohlen, im Dunkeln auf diesen Straßen zu fahren.
In Kroatien können Fahrer etwas aggressiver fahren, als Sie es gewohnt sind. Sehen Sie sich daher z.B. bei gefährlichen Überholmanövern vor.

Tanken

Bleifreies Benzin (Bezolovni Benzin/Eurosuper 95 oder 98) und Diesel (Eurodiesel) sind leicht erhältlich. Autogas (LPG/Autoplin) ist einigermaßen gut erhältlich. Zum Tanken von Autogas wird der italienische Anschluss (Dish) genutzt.
Tankstellen sind oft mindestens von 7.00 bis 19.00 Uhr (im Sommer bis 22.00 Uhr) geöffnet und entlang der wichtigen Fernverkehrsstraßen meist Tag und Nacht. Manchmal kann man an Tankstellen entlang kleinerer Straßen nur bar bezahlen.

Kroatien

Höchstgeschwindigkeiten

Kroatien	Außerhalb geschlossener Ortschaften	Schnellstraße	Autobahn
Auto	90 (80*)	110 (100*)	130 (120*)
Mit Anhänger	80	80	90
Wohnmobil < 3,5 Tonnen	90	110	130
Wohnmobil > 3,5 Tonnen	80	80	90

*Diese niedrigeren Höchstgeschwindigkeiten gelten für Fahrer unter 24 Jahren.
Innerhalb geschlossener Ortschaften beträgt die Höchstgeschwindigkeit 50 km/h.

Verkehrsregeln

Von Oktober bis März ist Abblendlicht (oder Tagfahrlicht) tagsüber vorgeschrieben.
An einer Kreuzung mit Straßen gleichen Ranges hat der von rechts kommende Verkehrsteilnehmer Vorfahrt. Der Verkehr im Kreisverkehr hat Vorfahrt, wenn dies ausgeschildert ist. Auf Gebirgsstraßen hat bergauffahrender Verkehr Vorfahrt vor bergabfahrendem Verkehr.
Die Alkoholgrenze liegt bei 0,5 ‰, aber 0 ‰ für Fahrer unter 24 Jahren und Fahrer eines Wohnmobils > 3,5 Tonnen.
Fahrer dürfen nur mit einer Freisprechanlage telefonieren.
Achtung! Kinder unter 12 Jahren dürfen nicht vorne sitzen; sie müssen hinten in einem Kindersitz sitzen (ein Kind bis zum Alter von 2 Jahren darf vorne in einem Kindersitz mit dem Rücken nach vorne sitzen).
Winterreifen (oder Schneeketten im Auto) sind von Mitte November bis Mitte April vorgeschrieben.

Besondere Bestimmungen

Es ist nicht erlaubt, einen stehenden Schulbus zu überholen.
Während eines Überholmanövers müssen Sie die ganze Zeit blinken.
Im Winter sind Sie verpflichtet, Ihr Auto vor der Abfahrt von Schnee und Eis zu befreien.

Vorgeschriebene Ausrüstung

Ein Warndreieck, eine Sicherheitsweste, ein Verbandskasten und Ersatzlampen (außer für Xenon-, Neon- oder LED-Beleuchtung) sind im Fahrzeug vorgeschrieben.
Achtung! In einem Auto mit Wohnwagen oder Anhänger sind zwei Warndreiecke vorgeschrieben.
Im Winter muss eine kleine Schneeschaufel im Auto mitgeführt werden.

Wohnwagen, Wohnmobil

Ein Wohnmobil oder ein Gespann aus Auto und Wohnwagen darf bis zu 4 m hoch, 2,55 m breit und 18,75 m lang sein (der Wohnwagen selbst darf bis zu 12 m lang sein).
Mit einem Wohnmobil oder einem Gespann von mehr als 7 m Länge dürfen Sie auf Autobahnen/Autoschnellstraßen mit drei oder mehr Fahrspuren in die gleiche Richtung nicht auf der ganz linken Spur fahren, es sei denn, Sie wollen nach links abbiegen.

Fahrrad

Für Kinder bis 16 Jahre ist ein Fahrradhelm Pflicht (auch wenn sie hinten in einem Kindersitz sitzen).
Im Dunkeln (und bei schlechter Sicht) müssen Radfahrer eine Sicherheitsweste tragen.
Telefonieren und Tippen auf einem Handy sind auf dem Fahrrad verboten.
Kinder im Alter von 9 bis 14 Jahren dürfen nur in Begleitung einer Person ab 16 Jahren auf der Fahrbahn mit dem Rad fahren.

Kroatien

Kinder unter 8 Jahren dürfen nur von einem Erwachsenen in einem Fahrradsitz transportiert werden.

Maut und Umweltzonen
Maut
Fast alle Autobahnen in Kroatien sind Mautstraßen. Sie können bar in Euro oder Kuna oder mit einer Kreditkarte bezahlen.
Die Brücke nach Krk, der Ucka-Tunnel zwischen Rovinj und Rijeka und die Mirna-Brücke zwischen Rovinj und Umag sind ebenfalls mautpflichtig. Weitere Informationen: *hac.hr*, *azm.hr* und *bina-istra.com*.

Umweltzonen
Es gibt noch keine Umweltzonen, die für ausländische Touristen von Bedeutung sind.

Panne und Unfall
Stellen Sie das Warndreieck außerhalb geschlossener Ortschaften mindestens 100 m hinter dem Fahrzeug (2 Dreiecke nebeneinander bei einem Anhänger) auf. Alle Insassen müssen eine Sicherheitsweste anziehen.
Rufen Sie bei einer Panne die Notrufnummer Ihrer Pannenhilfe-Versicherung an. Sie können auch die Pannenhilfe von Kroatien (HAK) unter (+385) 1 1987 (Handy) anrufen.
Wenn durch einen Zusammenstoß sichtbare Schäden am Auto entstehen, fordern Sie einen Polizeibericht (Potvdra) an; dieser muss auf dem Rückweg an der Grenze vorgelegt werden.

Notrufnummern
112: allgemeine Notrufnummer für Polizei, Feuerwehr und Rettungswagen
192: Polizei
193: Feuerwehr
194: Rettungswagen

Campen
Im Juli und August gibt es auf den Campingplätzen in Istrien und an der norddalmatinischen Küste kaum freie Stellplätze. Es ist klug, rechtzeitig eine Reservierung vorzunehmen, wenn Sie in der Hochsaison campen möchten.

Kroatien

Durch den Bau der Autobahn zwischen Zagreb und Dubrovnik werden Campingplätze in der Mitte und im Süden der Dalmatinischen Küste immer beliebter. Die oft idyllisch gelegenen Campingplätze auf den Inseln sind besonders für Zeltcamper geeignet.
Campingplätze in Kroatien haben manchmal enorme Ausmaße, vor allem an der Küste. Es gibt umfangreiche Einrichtungen wie Geschäfte und Restaurants. Auf großen Campingplätzen ist ein Animationsprogramm standardmäßig vorhanden. Wildcampen außerhalb der Campingplätze ist verboten.

Besonderheiten
Kroatien ist bei Naturisten sehr beliebt, obwohl die Zahl der FKK-Campingplätze in den letzten Jahren zurückgegangen ist.

Wohnwagen, Wohnmobil
Es ist verboten, in einem Wohnwagen, Wohnmobil oder Auto am Rand einer öffentlichen Straße zu übernachten.

Suche nach einem Campingplatz
Über *Eurocampings.eu* können Sie ganz einfach einen Campingplatz suchen und auswählen.

Praktisch
Die Steckdosen haben zwei runde Löcher (Typ C oder F). Auf *iec.ch/world-plugs* können Sie überprüfen, ob Sie einen Adapter (Weltstecker) benötigen.
Schützen Sie sich vor Mücken und Zecken, da diese Krankheiten übertragen können. Vermeiden Sie wegen Tollwutgefahr den Kontakt mit Säugetieren.
Leitungswasser kann bedenkenlos getrunken werden.
Es ist ratsam, den Kaufnachweis oder die Registrierung von teuren Geräten in Ihrem Wohnwagen oder Wohnmobil mitzunehmen.

Klima Dubrovnik	Jan.	Feb.	März	Apr.	Mai	Jun.	Jul.	Aug.	Sept.	Okt.	Nov.	Dez.
Durchschnittliche Höchsttemperatur	12	12	14	17	21	25	28	29	25	21	17	13
Durchschnittliche Anzahl der Sonnenstunden pro Tag	4	5	5	6	8	10	12	11	9	7	4	3
Durchschnittliche monatliche Niederschlagsmenge (mm)	95	89	98	91	76	49	24	59	79	110	142	125

Klima Rijeka	Jan.	Feb.	März	Apr.	Mai	Jun.	Jul.	Aug.	Sept.	Okt.	Nov.	Dez.
Durchschnittliche Höchsttemperatur	8	9	13	16	21	25	28	27	24	19	13	10
Durchschnittliche Anzahl der Sonnenstunden pro Tag	4	4	5	7	9	10	11	10	7	5	4	3
Durchschnittliche monatliche Niederschlagsmenge (mm)	132	101	110	105	111	102	82	83	171	191	185	175

Klima Zagreb	Jan.	Feb.	März	Apr.	Mai	Jun.	Jul.	Aug.	Sept.	Okt.	Nov.	Dez.
Durchschnittliche Höchsttemperatur	3	6	11	16	21	25	27	26	22	16	9	4
Durchschnittliche Anzahl der Sonnenstunden pro Tag	2	3	5	6	7	8	9	9	7	4	2	2
Durchschnittliche monatliche Niederschlagsmenge (mm)	49	42	52	62	79	99	81	91	83	72	85	64

Istrien

Bale, HR-52211 / Istra
- Camping Mon Perin★★★★
- San Polo 1
- 23 Apr - 3 Okt
- +385 52 82 43 38
- info@monperin.hr
- N 45°01'13'' E 13°43'23''

1 ABDE**JM**NOPRS**T** AFKMNOPQRSTWXY 6
2 B**H**ILMNQSUWXYZ ABDE**FG** 7
3 ABG**HIJ**MNS**U** ABCDEFK**L**NQRTU 8
4 A**BCD**HILO**PU**X CEKLMNOPRSTUW 9
5 ABDEGHJKL ABGIJOPSTUXY 10

Anzeige auf dieser Seite B 16A CEE
15ha 700T(80-150m²) 437**D**
① €57,20
② €70,20

118426

An der Straße von Rovinj nach Pula steht in Höhe von Bale die Beschilderung zum CP. Von Bale 7 km bis zum CP.

Banjole/Pula, HR-52203 / Istra
- Arena Indije Campsite★★
- Indije 96
- 23 Apr - 25 Sep
- +385 52 57 30 66
- arenaindije@arenacampsites.com
- N 44°49'26'' E 13°51'03''

1 ABDE**JM**NOPRS**T** KM**N**OPXYZ 6
2 GIMNQSUXYZ ABD**FG** 7
3 A ABE**F**N**R**T 8
4 A**CD**L EKRSTUV 9
5 ACDEFGHJLN ABD**H**IJOSTU 10

Anzeige auf Seite 488 B 10A
19ha 399T(60-120m²) 84**D**
① €37,00
② €49,00

105190

Umgehungsstraße Pula: Richtung Premantura bis Ausfahrt Banjole. CP-Schildern folgen.

Banjole/Pula, HR-52100 / Istra
- Camp Peškera★★★★
- Indije 73
- 15 Apr - 2 Okt
- +385 52 57 32 09
- info@camp-peskera.com
- N 44°49'22'' E 13°51'04''

1 AB**JM**NOPQRST K**N**OPQX**Y** 6
2 GINSXYZ ABD 7
3 ABE**F**HNOPR 8
4 A EI 9
5 D**H**JKN ABDGHIJ**N**STUV 10

B 6A
1,5ha 60T(75-100m²) 52**D**
① €35,20
② €39,20

121132

Hinter Pula die A9 Richtung Premantura, dann Ausfahrt weiter Banjole und Indije. 50m vor dem Camping Indije. Links ab und nach 100m Peškera.

Buje, HR-52460 / Istra
- Camping Kanegra★★★★
- Kanegra 2
- 22 Apr - 25 Sep
- +385 52 70 90 00
- kanegra@istracamping.com
- N 45°28'49'' E 13°34'13''

1 ABDE**JM**NOPQRT KM**N**QSW**X**YZ 6
2 **H**ILMPQSWXY ABDE**FG** 7
3 AB**FGJM**N ABCDEFK**N**QRTU 8
4 **A**BCD**X** JKLOPRTU 9
5 ACDGHIKL ABE**G**HIJOTUWX 10

Anzeige auf S. 487 FKK B 10A CEE
5ha 146**T**(80-100m²) 283**D**
① €42,00
② €52,80

101018

Portoroz-Buje, Ausfahrt Umag, nach 3 km rechts, nach 2,5 km wieder rechts, Camping nach 1,5 km. Auf keinen Fall nach Buje einfahren.

Lebe ein echtes Erlebnis

info@monperin.hr | www.monperin.hr

Croatia's Best Campsites

Kroatien

482

Teilkarte Istrien auf Seite 482

Fazana, HR-52212 / Istra 📶 (CC€20) iD

🏠 Bi-Village★★★★
📍 Dragonja 115
📅 28 Apr - 3 Okt
📞 +385 52 30 03 00
@ info@bivillage.com

1 ABDEF**JM**NOPQRST	BGKMNOPQRSW**XYZ** 6
2 GILMPQWXYZ	ABDE**FG** 7
3 AFG**JLMNO**T**UVW**	ABEF**IJ**KNQRTU 8
4 ABCDHLMN**PQX**	CEGJKLMORSTUXYZ 9
5 ACDEFGHJLN	ABDHIJMOPSTVWXY 10

Anzeige auf dieser Seite   B 10A CEE
48ha 950**T**(100-120m²) 660**D**

① €56,00
② €73,00

110977

📍 N 44°55'03" E 13°48'40"
🚗 A9 Ausfahrt Vodnjan/Fazana, Richtung Fazana und den CP-Schildern folgen.

Funtana, HR-52452 / Istra 📶 (CC€18) iD

🏠 Polidor★★★★
📍 Bijela Uvala 12
📅 1 Jan - 31 Dez
📞 +385 52 21 94 95
@ booking@campingpolidor.com

1 ABDE**JM**NOPQRS	BG 6
2 LSVWXY	AB**DEFG**H 7
3 AG	ABCDEFJKNQRTUV 8
4 **A**BO**R**X	BCEKLVW 9
5 ABDHL**N**	ABDGHIJMOSTUVWX 10

Anzeige auf dieser Seite   B 16A CEE
2ha 77**T**(80-110m²) 45**D**

① €50,20
② €64,00

122677

📍 N 45°11'27" E 13°35'57"
🚗 Küstenstraße von Porec nach Funtana/Vrsar. CP liegt wenige Kilometer nördlich von Funtana.

Fazana, HR-52212 / Istra 📶 iD

🏠 Pineta★★★
📍 Perojska cesta 41
📅 26 Apr - 30 Sep
📞 +385 52 52 18 84
@ pineta@brijunirivijera.hr

1 ABDE**JM**NOPQRS**T**	KM**N**OPQSWX 6
2 BGILMPQSWXYZ	A**FG** 7
3 AFG**KS**U	AEFNRTUW 8
4 **AD**X	EKLT 9
5 ACDFHL	ABHIJLOSTUX 10

10A CEE
77ha 600**T**(90-200m²) 181**D**

① €32,95
② €39,95

112351

📍 N 44°56'23" E 13°48'10"
🚗 A9 Ausfahrt Vodnjan, Fazana. CP-Schildern folgen.

Funtana, HR-52452 / Istra 📶 iD

🏠 Puntica★★★
📅 22 Apr - 25 Sep
📞 +385 52 44 52 70
@ puntica@istracamping.com

1 ABDE**JM**NOPQRST	KMNPQSW**XY** 6
2 H**I**MNPQRSUWYZ	AB**DEFG** 7
3 B	ABCDEFNOQRTU 8
4 O**PX**	EKLORTV 9
5 ACDEHL	ABGHIJMOQX 10

Anzeige auf Seite 487 B 16A CEE
4ha 180**T**(80-110m²) 123**D**

① €39,40
② €49,80

105178

📍 N 45°10'39" E 13°36'12"
🚗 Zwischen Porec und Vrsar, an der Nordseite des Ortes Funtana, am großen Kreisverkehr rechts abbiegen. Der Campingplatz ist ausgeschildert.

Kroatien

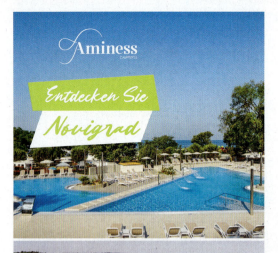

NOVIGRAD | ISTRIEN | KROATIEN

Aminess Maravea Camping Resort ★★★★
- Stellplätze am Meer oder im Schatten eines Eichenwaldes, der Größe von 80 - 120 m²
- Die Holiday Homes organisiert als Themendörfer
- Moderne Restaurants und Bars mit reichhaltigem Gourmet Angebot
- Ein Pool-Komplex mit Kinderbecken und gepflegter Sonnenterrasse
- Moderne Sanitäranlagen
- Attraktiver Gezeitenbad an der Küste
- Diverse Sport- und Animationsangebote für Kinder, Jugendliche und Erwachsene, Mirami Fun Factory & Mirami Edutainment-Aktivitäten

Aminess Sirena Campsite ★★★★
- Die Stadt Novigrad ist nur 15 Minuten zu Fuß entlang der beleuchteten Küstenpromenade entfernt
- Stellplätze am Meer oder im Schatten eines Kiefernwaldes, der Größe von 80 - 120 m²
- Mobilheime inmitten der Natur
- Grill-Restaurant direkt am Meer mit einem reichhaltigen Angebot an Grillgerichten und Snacks
- Punto Mare – Zentrum der Sommerunterhaltung in der Nähe des Campingplatzes
- Wellnessangebot im nahegelegenen Aminess Maestral Hotel
- Mirami Miniclub - thematische Animationen und Spaß & Unterhaltung für die Kleinsten

FRIENDLY TO NATURE.

+385 52 858 690
camping@aminess.com
www.aminess-campsites.com

Funtana, HR-52452 / Istra

▲ Istra Premium Camping Resort★★★★★
🏠 Ulica Grgeti 35
📅 1 Jan - 31 Dez
☎ +385 52 46 50 10
@ camping@valamar.com

1 ABDE**JM**NOPQRST	BGHIKMPQSW**X**YZ 6
2 HILMNQSUVWXYZ	ABC**DE**F**G** 7
3 ABDFG**JM**S**U**	ABCDEFHJK**L**NQRTUVW 8
4 ABCDJLOPQR**TUXZ**	BCDEKLMNORTU 9
5 ACDEFGHJKLMN	ABGHIJMOPQWXY 10

Anzeige auf Seite 485 B 16A CEE
37ha 490T (90-120m²) 455D
💰 €84,75
💰 €105,75

📍 N 45°10'31" E 13°35'55"
Zwischen Porec und Vrsar, von Norden kommend, auf der Nordseite des Dorfes Funtana, am großen Kreisverkehr in Plodine rechts abbiegen. Der Campingplatz ist ausgeschildert.

105179

Medulin, HR-52203 / Istra

▲ Arena Medulin Campsite
🏠 Osipovica 30
📅 9 Apr - 2 Okt
☎ +385 52 57 28 01
@ arenamedulin@arenacampsites.com

1 ABDE**JM**NOPQRST	HKMNOQRW**X**YZ 6
2 GIJMPQSUXYZ	A**BFG**H 7
3 ABG**U**	ABEFNQR 8
4 **ABCDL**M**PX**	ELMORSTUYZ 9
5 ACDEFGHJL**NO**	ABDGHIOSTUX 10

Anzeige auf Seite 488 B 10A CEE
30ha 949T (60-120m²) 151D
💰 €43,60
💰 €57,00

📍 N 44°48'51" E 13°55'54"
Autostraße Ausfahrt Pula/Medulin. Schildern Medulin folgen, Ausfahrt Camps vorbei Boulevard bis Ausfahrt Camping Village Medulin.

105193

Funtana/Vrsar, HR-52450 / Istra

▲ Valkanela★★★
🏠 Valkanela b.b.
📅 15 Apr - 2 Okt
☎ +385 52 40 66 40
@ hello@maistra.hr

1 ABDE**JM**NOPQRST	AFKMNQSW**X**YZ 6
2 HILMNQSWXYZ	ABDE**FG** 7
3 ABFG**JMNU**	ABCDEFKNQRTUVW 8
4 **ABDHJLOPQXZ**	ACDELOQRTUW 9
5 ACDEFGHIJKL	ABDGHIKOQUXYZ 10

Anzeige auf Seite 489 B 10A CEE
55ha 1230T (90-120m²) 844D
💰 €51,00
💰 €65,00

📍 N 45°09'54" E 13°36'28"
Auf der Strecke Porec-Vrsar südlich von Funtana zum CP abzweigen.

105180

Novigrad, HR-52466 / Istra

▲ Aminess Maravea Camping Resort★★★★
🏠 Mareda bb
📅 15 Apr - 30 Sep
☎ +385 52 85 86 80
@ camping@aminess.com

1 ABDE**JM**NOPQRST	AFKMPQSW**X**Y 6
2 HLMNPQSTUVWXYZ	ABDE**FG** 7
3 ABFG**JMNU**	ABCDEFKNQRTUV 8
4 **ABDJLOX**	ACELNRTV 9
5 ACDEFGHJL	ABDGHIJMOPSTWXY 10

Anz. auf dieser Seite B 10-16A CEE
25ha 665T (80-120m²) 435D
💰 €66,30
💰 €81,30

📍 N 45°20'36" E 13°32'53"
Von Novigrad ca. 3 km nach Norden Richtung Umag. Deutlich ausgeschildert.

105173

Labin, HR-52220 / Istra

▲ Marina Camping Resort★★★★
🏠 Sv. Marina 30 C
📅 14 Apr - 23 Okt
☎ +385 52 46 50 10
@ camping@valamar.com

1 ABDE**JM**NOPQRT	BKMNOPS**X**YZ 6
2 HILNQSUVWXY	ABDE**FG**H 7
3 BM	ABCDEFKNQRTUVW 8
4 BCDIL	EKLNOSUZ 9
5 ABDEFGHJK	ABDGHIJMOPSTUXY 10

Anzeige auf Seite 485 B 16A CEE
5ha 250T (60-110m²) 85D
💰 €53,95
💰 €66,35

📍 N 45°02'00" E 14°09'29"
Den Hügel bis zur Altstadt von Labin hinauf. Den Schildern nach 'Sv. Marina' folgen. Straße sehr öfters schmal. Achtung: hier nimmt der Gegenverkehr oft die Innenkurve!

105212

Novigrad, HR-52466 / Istra

▲ Aminess Sirena Campsite★★★★
🏠 Terre 6
📅 1 Apr - 6 Nov
☎ +385 52 85 86 70
@ camping@aminess.com

1 ABDE**JM**NOPQRST	KMNPQRSW**X**Y 6
2 HMPQSWVWXYZ	ABDE**FG** 7
3 ABFG**JMN**	ABCDEFGKLNQRTUVW 8
4 **ABDLX**	EKLMNRTUVW 9
5 ACDEFGHKLN	ABDEGHIJOPSTUXYZ 10

Anz. auf dieser Seite B 10-16A CEE
13ha 426T (80-120m²) 89D
💰 €59,30
💰 €74,30

📍 N 45°18'54" E 13°34'33"
Der CP liegt direkt am Strand, 2 km von Novigrad und 16 km nördlich von Porec.

107643

Medulin, HR-52203 / Istra

▲ Arena Grand Kažela Campsite★★★★
🏠 Kapovica 350
📅 1 Jan - 31 Dez
☎ +385 52 57 72 77
@ arenakazela@arenacampsites.com

1 ABDE**JM**NOPQRST	AFHKMNOPQRSW**X**YZ 6
2 GILMNPQSWXYZ	ABDE**F** 7
3 AFGM**NO**S**U**	ABCDEFHKNOPQRUW 8
4 **ABCDL**X	EHILMRSTUVXZ 9
5 ACDEFGHJL	AHIJOSTUX 10

Anzeige auf Seite 488 B 10A CEE
110ha 1200T (100-120m²) 380D
💰 €48,70
💰 €62,70

📍 N 44°48'25" E 13°57'02"
CP an Ringstraße Pula gut ausgeschildert.

105194

Campingreisen

Buchen Sie eine organisierte Campingreise bei ACSI!

www.ACSIcampingreisen.de

Kroatien

484   Teilkarte Istrien auf Seite 482

Ihre erste Wahl für Camping in Kroatien

ISTRIEN / INSEL KRK / INSEL RAB / DUBROVNIK

#stayinnature

VALAMAR
All you can holiday

- Spitzenlagen direkt am Meer
- Eine große Auswahl an geräumigen Stellplätzen, modernen Camping Homes und exklusiven Glamping Zelten
- Wunderschöne Strände, Außenpools und Wasserparks
- Zahlreiche Angebote für Familien, superb ausgestattete Kinderspielzimmer und Spielplätze
- Valfresco Direkt – Online Shop mit dem Lieferservice der einheimischen Gerichte und Lebensmittel direkt zu Ihrem Stellplatz oder Ihrem Camping Home
- Campen das ganze Jahr über in den Premium Camping Resorts Istra und Ježevac
- V Health&Safety – das Programm der Gesundheits-, Sicherheits- und Umweltstandards mit fortschrittlichen Reinigungsprotokollen

Istrien
Istra Premium Camping Resort 5*
Lanterna Premium Camping Resort 4*
Marina Camping Resort 4*
Orsera Camping Resort 3*
Solaris Camping Resort 3* - NATURIST
Brioni Sunny Camping 2*
Tunarica Sunny Camping 2*

Insel Krk
Krk Premium Camping Resort 5*
Ježevac Premium Camping Resort 4*
Baška Beach Camping Resort 4*
Bunculuka Camping Resort 4* - NATURIST
Škrila Sunny Camping 3*

Insel Rab
Padova Premium Camping Resort 4*
San Marino Camping Resort 4*

Dubrovnik
Solitudo Sunny Camping 3*

📞 +385 52 465 000   ✉ reservations@valamar.com   🌐 www.valamar.com

Porec, HR-52440 / Istra
- Bijela Uvala****
- Ul. Bijela Uvala 1
- 22 Apr - 25 Sep
- +385 52 41 05 51
- bijela.uvala@istracamping.com
- N 45°11'30" E 13°35'49"
- 3 km südlich von Porec die Küstenstraße Richtung Vrsar verlassen. Von hier noch 3 km bis zum CP.

1 ABDE**JM**NOPQRS**T** AF**KM**NPQSW**XYZ** 6
2 HILMNPQRSUWXYZ ABDE**FG**H 7
3 ABCFG**HIJ**MN**O**U ABCDEF**K**NOQRTUVW 8
4 BCDH**JL**O**PQX** AEKLNOQTUVZ 9
5 ACDEFGHJKLMN**O** ABEGHIKOQUWXY10

Anzeige auf Seite 487 B 10-16A CEE € 46,90
42ha 1519T(60-100m²) 877**D** € 61,30
105177

Porec, HR-52440 / Istra
- Camping Ulika****
- 23 Apr - 3 Okt
- +385 52 43 63 25
- ulika@istracamping.com
- N 45°15'24" E 13°34'59"
- In Istrien ab der A9 Richtung Pula Ausfahrt 3, Nova Vas, nehmen. Danach Novigrad Richtung Porec. Danach Ausfahrt Cervar nehmen. Nach 3,5 km erreicht man den CP.

1 ABDE**JM**NOPQRS**T** AF**KMN**PQSW**XY** 6
2 HILMPQRSWXYZ ABDE**FG** 7
3 ABFGJ**MNO**S ABCDEF**K**NOQRTUVW 8
4 BDH**JLO**X**Z** CDEKLOT 9
5 ACDEFGHKLMN ABGHIJMOQVWX10

Anzeige auf S. 487 **FKK**B 16A CEE € 42,80
30ha 1051T(90-100m²) 183**D** € 55,60
105175

Porec, HR-52440 / Istra
- Camping Zelena Laguna****
- 14 Apr - 2 Okt
- +385 52 41 07 00
- zelena.laguna@istracamping.com
- N 45°11'46" E 13°35'22"
- 2 km südlich von Porec die Küstenstraße in Richtung Vrsar verlassen. Von hier noch 3 km bis zum CP.

1 ABDE**JM**NOPRST AF**KMN**PQSW**XYZ** 6
2 HILMNPQRSUVWXYZ ABDE**FG**T 7
3 ABCEFG**HIJ**MN**O**RU ABCDEF**K**NOQRTUV 8
4 BDH**LO**X AEKLOTUVWX Y 9
5 ACDEGHKLN**O** ABGHIJOQX10

Anzeige auf Seite 487 B 10A CEE € 45,60
15ha 700T(70-100m²) 231**D** € 60,30
105176

Premantura, HR-52205 / Istra
- Arena Runke Campsite
- 23 Apr - 25 Sep
- +385 52 57 50 22
- arenarunke@arenacampsites.com
- N 44°48'28" E 13°55'00"
- CP an Ringstraße Pula ausgeschildert.

1 ABDE**JM**NOPQRS**T** **KM**NOPQ**X**Y 6
2 GIMPQSUVWRZ AB**F**GH 7
3 N ABEFHKNOPQ 8
4 A OR 9
5 ABDHL AHIJOU10

Anzeige auf Seite 488 10A € 33,00
4,5ha 248T(60-120m²) € 43,20
105191

Premantura, HR-52203 / Istra
- Arena Stupice Campsite**
- Selo 250
- 14 Apr - 2 Okt
- +385 52 57 51 11
- arenastupice@arenacampsites.com
- N 44°47'52" E 13°54'50"
- Ab der Autobahn Pula/Medulin/Premantura ausgeschildert.

1 ABDE**JM**NOPQRS**T** **KM**NOPQR**W**XY 6
2 BGILMPQSUXYZ AB**F** 7
3 AFG**J**NS**U** AEFHINOPQRT 8
4 A**B**DL**X** ELMRUV 9
5 ACDEFGJLMN ABDGHIJOSTU10

Anzeige auf Seite 488 10A € 40,60
26ha 920T(60-120m²) 210**D** € 53,80
105192

Premantura, HR-52100 / Istra
- Arena Tašalera Campsite**
- Premantura bb
- 23 Apr - 25 Sep
- +385 52 57 55 55
- arenatasalera@arenacampsites.com
- N 44°48'52" E 13°54'42"
- Von der Mautstrecke Pula/Medulin den Schildern Premantura folgen. Dann den CP-Schildern am Ortseingang folgen.

1 ABDE**JM**NOPRS**T** **KMN**PQSW**XY** 6
2 GIMPQSUVWXYZ AB**F** 7
3 AG ABEFOPQR 8
4 A E 9
5 AC**D**FHL AIJOQ10

Anzeige auf Seite 488 10A € 31,90
4ha 274T(90-100m²) 47**D** € 43,20
108907

Pula, HR-52100 / Istra
- Arena Stoja Campsite***
- Stoja 37
- 14 Apr - 2 Okt
- +385 52 38 71 44
- arenastoja@arenacampsites.com
- N 44°51'34" E 13°48'52"
- CP an Ringstraße Pula ausgeschildert.

1 ABDE**JM**NOPRS**T** **KM**NOPQSW**XYZ** 6
2 GIMNPQSWXYZ ABDE**FG**H 7
3 AB**G**JMN ABCDEF**HJ**NPQR 8
4 **A**BCDLOP**X** CEKLTUXZ 9
5 ACDEFGHJL**N**O ABDGHIJOSTU10

Anzeige auf Seite 488 B 10A € 42,45
16,7ha 714T(60-144m²) 148**D** € 55,60
105188

Pula, HR-52107 / Istra
- Brioni Sunny Camping**
- Puntizela 155
- 14 Apr - 18 Okt
- +385 52 46 50 10
- camping@valamar.com
- N 44°53'54" E 13°48'29"
- A9 bis Ausfahrt Vodnjan, dann den Ring bis Pula. Bei der Tankstelle rechts nach Fazana und den CP-Schildern folgen.

1 ABDE**JM**NOPQRST **K**NOPQSW**XYZ** 6
2 BGILMNQTWXYZ ABDE**FG** 7
3 AFG**L**S**U** ABEFNPQRTUW 8
4 A**BP** EGKQST 9
5 ABDEFGJL ABCGHIJNSTUVXY10

Anzeige auf Seite 485 B 16A CEE € 35,45
9ha 485T(80-100m²) 163**D** € 42,45
109226

Rabac, HR-52221 / Istra
- Oliva Camp & Residence***
- Maslinica 1
- 23 Apr - 1 Okt
- +385 52 87 22 58
- olivakamp@maslinica-rabac.com
- N 45°04'51" E 14°08'45"
- Von Labin Richtung Rabac. Am Ende des Hangs rechts. Straße zum CP läuft hinter den Hotels vorbei.

1 ABDE**JM**NOPRST AF**HK**MNOPQSW**XYZ** 6
2 HLQWY ABDEFNOQRT 7
3 B**F**J**MN** ABCDEFNOQRT 8
4 ABCE**F**IL**RSTVX**Y**Z** EKLNORSUW 9
5 AB**D**FG**HJ**LN ABDGHIKOQUV10

B 6A CEE € 41,60
5,5ha 324T(70-100m²) 339**D** € 50,60
105211

Rovinj, HR-52210 / Istra
- Amarin
- Monsena bb
- 15 Apr - 2 Okt
- +385 52 80 22 00
- hello@maistra.hr
- N 45°06'32" E 13°37'11"
- CP liegt 3,5 km nördlich von Rovinj, ausgeschildert.

1 ABDE**JM**NOPQRST AF**KM**NPQRSW**XYZ** 6
2 HLMNQSUWXYZ ABDE**FG** 7
3 ABFG**J**M**NO**S**U** ABCDEFNOQRT 8
4 A**B**CDJL**PX** AEIKLMNOQRTUV 9
5 ACDEFGHIJL ABDGHIJMNQUXY10

Anzeige auf Seite 489 B 16A CEE € 43,30
12,5ha 558T(80-120m²) 643**D** € 56,50
105184

Rovinj, HR-52210 / Istra
- Polari***
- Polari 1
- 15 Apr - 2 Okt
- +385 52 80 15 01
- hello@maistra.hr
- N 45°03'46" E 13°40'30"
- 3 km südlich von Rovinj CP-Schildern folgen.

1 ABDE**JM**NOPQRST AF**KMN**PQRSW**XY** 6
2 HLMNPQSUVWXYZ ABDE**FG** 7
3 ABEFG**J**MN**O**SUV ABCDEF**K**LNQRTUV 8
4 ABDHLOP**QX** ABCDEKLMOPQRTUVWX 9
5 ACDEFGHJKL ABDGHIJOQVXY10

Anzeige auf S. 489 FKK B 10A CEE € 56,10
60ha 1668T(80-120m²) 679**D** € 71,10
105185

Rovinj, HR-52210 / Istra
- Veštar****
- Veštar 1
- 15 Apr - 2 Okt
- +385 52 80 37 00
- hello@maistra.hr
- N 45°03'15" E 13°41'11"
- Von Rovinj in Richtung Pula, nach ca. 4 km rechts und CP-Schildern folgen.

1 ABDE**JM**NOPQRST AF**KM**NOPQSW**XYZ** 6
2 HILMNQSTUWXY ABDE**FG**H 7
3 ABEFGM**U** ABCDEF**K**LNQRTUV 8
4 A**B**DHLO**X** ABCELNORSTV 9
5 ACDEFGHJKL ABDGHIJOQUWXY10

Anzeige auf Seite 489 B 16A CEE € 61,30
15ha 458T(60-120m²) 304**D** € 80,30
105186

Durchreisecampingplätze

In diesem Führer finden Sie eine handliche Karte mit Campingplätzen an den wichtigen Durchgangsstrecken zu Ihrem Ferienziel. Durch die Farbe des jeweiligen Zeltchens können Sie erkennen, ob dieser Platz ganzjährig geöffnet ist oder nicht. Darüber hinaus gibt es für jeden Platz auch noch eine kurze redaktionelle Beschreibung, inklusive Routenbeschreibung und Öffnungszeiten.

Kroatien

ISTRA CAMPING

MAGIC

ONCE IN A LIFETIME, EVERY DAY
CROATIA
istracamping.com

POREČ
Camping Bijela Uvala
Camping Zelena Laguna
Camping Ulika
Camping Puntica

UMAG
Camping Park Umag
Camping Stella Maris
Camping Savudrija
Camping Finida
Camping Kanegra

Info & Booking
E: booking@istracamping.com
T: +385 52 700 700

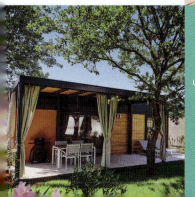

UMAG
POREČ
ISTRIA

DIE BESTEN CAMPINGPLÄTZE SÜDISTRIENS

Kroatien | Pula | Medulin

Arena Grand Kažela Campsite OPEN ALL-YEAR | Arena One 99 Glamping | Arena Stoja Campsite | Arena Stupice Campsite | Arena Medulin Campsite | Arena Indije Campsite | Arena Runke Campsite | Arena Tašalera Campsite

www.arenacampsites.com
info@arenacampsites.com
+385 (0)52 529 400

Arena Campsites

100% Naturcampingplätze

Kroatien

Maistra Camping - Erneuerung, Bindung, Erlebnisse und Natur, die kaum zu überbieten sind.

Eine leichte Brise auf der warmen Haut. Frischer Fisch aus der Adria und ein Glas istrischen Weins. Geräusche von Freunden, Familie und den Wellen mit Blick auf die verspielten Inselchen. Auf Ihrem Stellplatz im Wohnmobil, im Mobilheim oder ganz ohne Kleidung? In der Natur um Rovinj und Vrsar bindet und erneuert jeder Urlaub.

ROVINJ: Campsite VEŠTAR, Campsite POLARI, Campsite AMARIN
VRSAR: Campsite VALKANELA, Campsite PORTO SOLE, Naturist park KOVERSADA
SALES&BOOKING: T +385 (0)52 800 200, **M** hello@maistra.hr
www.maistracamping.com

Rovinj, HR-52210 / Istra

- Val Saline****
- Cesta Za Valaltu-Lim 7A
- 30 Apr - 30 Sep
- +385 52 80 48 50
- @ camp@valsaline.hr

1 BDEHKNOPQRST	AFKLMPQW**XYZ** 6	
2 EHILPQSVWYZ	ABDE**FG**H 7	
3 ABFGJM**NS**	ABCDEFIKNQRTUV 8	
5 ACEFGHL**O**	ABCEGHIJOPSTWXY 10	
Anzeige auf dieser Seite B 16A CEE		❶ €52,50
12ha 366**T**(80-140m²) 60**D**		❷ €65,55

N 45°06'53'' E 13°37'46'' 122678

Von Rovinj 6 km in nordwestlicher Richtung der Beschilderung Valalta folgen und danach den Schildern Val Saline.

Rovinj, HR-52210 / Istra

- Valalta Naturist***
- Cesta Za Valaltu-Lim 7
- 30 Apr - 30 Sep
- +385 52 80 48 00
- @ valalta@valalta.hr

1 BDEHKNOPQRST	BEFHKMPQSW**XYZ** 6	
2 HIJKLMNPQSVWYZ	ABDE**FG**H 7	
3 ABFGJM**NS**	ABCDEFIKNQRTUV 8	
4 ABCDHLO**PQRT**UV**XYZ**	NOR 9	
5 ACDEFGHIJKL**NO**	AEGHIJOPSTUVWXYZ 10	
Anz. auf S. 491 **FKK** B 10-16A CEE		❶ €63,60
120ha 852**T**(80-140m²) 1326**D**		❷ €76,89

N 45°07'22'' E 13°37'52'' 101019

Von Rovinj 7 km nach Nord-Westen, den Schildern 'Valalta' folgen.

Sveti Lovrec Labinski, HR-52222 / Istra CC€18 iD

- Tunarica Sunny Camping**
- Tunarica 80
- 29 Apr - 2 Okt
- +385 52 46 50 10
- @ camping@valamar.com

1 ABDE**JM**NOPQRS**T**	PX**YZ** 6	
2 BHILMNQRWYZ	ABDE**FG** 7	
3 AM	ABEFKNQR 8	
4		
5 ABDEFGHLN	AGIJNSTUX 10	
Anzeige auf Seite 485 B 6A CEE		❶ €31,10
3ha 160**T**(50-100m²) 17**D**		❷ €34,80

N 44°58'09'' E 14°05'50'' 113617

Von Labin Richtung Sveti Lovrec Labinski. An der Ausfahrt Tunarica ist der Camping angezeigt (ca. 17 km von Labin).

Tar, HR-52465 / Istra CC€20

- Lanterna Premium Camping Resort****
- Lanterna 1
- 14 Apr - 4 Okt
- +385 52 46 50 10
- @ camping@valamar.com

1 ABDE**JM**NOPQRST	BGHIKMOPQRSTW**XYZ** 6	
2 HIJKLMNPQSVWYZ	ABDE**FG**H 7	
3 ABDEFG**HIJM**NO**SUV**W	ABCDEFIKNQRTUV 8	
4 ABCDHJLO**P**QUX**YZ**	ABCDEKLMNOPQRSTUVZ 9	
5 ACDEFGHJKL**NO**	ABCFGHIKMOPQUVWXYZ 10	
Anzeige auf Seite 485 B 16A CEE		❶ €60,65
83ha 1389**T**(70-120m²) 1512**D**		❷ €78,05

N 45°17'50'' E 13°35'40'' 100685

In Istrien von der Autobahn Richtung Pula A9, die Ausfahrt 3 Nova Vas nehmen. Danach über Novigrad Richtung Porec. Die Ausfahrt zum CP ist ausgeschildert.

Tar, HR-52465 / Istra

- Solaris Camping Resort***
- Solaris 1
- 20 Apr - 30 Sep
- +385 52 46 50 10
- @ camping@valamar.com

1 ABDE**JM**NOPQRST	AKMNOPQSW**XY** 6	
2 HMNPQSWXYZ	ABDE**FG** 7	
3 ABFG**HIJM**NO**SU**	ABCDEFKNOQRTUVW 8	
4 A**DEHOXZ**	DEGIKLNORTUZ 9	
5 ACDEFGHJKL	ABGHIJMNSTUXY 10	
Anzeige auf S. 485 **FKK** B 16A CEE		❶ €43,30
50ha 1066**T**(80-120m²) 675**D**		❷ €57,70

N 45°17'28'' E 13°35'05'' 105174

In Istrien von der Autobahn Richtung Pula die A9, Ausfahrt 3 Nova Vas nehmen. Danach über Novigrad Richtung Porec. CP ist angezeigt.

Umag, HR-52470 / Istra CC€16 iD

- Camping Finida****
- Krizine 55A
- 22 Apr - 25 Sep
- +385 52 71 39 50
- @ finida@istracamping.com

1 ABDE**JM**NOPRST	KMNPQSW**XY** 6	
2 HMNPQRSWYZ	ABDE**FH** 7	
3 A	ABCDEFKNORTUV 8	
4 **X**	K 9	
5 ACDHLN	ABDEGHIJOSTUWX 10	
Anzeige auf Seite 487 B 10A CEE		❶ €40,90
3,3ha 282**T**(70-100m²) 40**D**		❷ €51,70

N 45°23'34'' E 13°32'30'' 105171

In Umag Richtung Novigrad folgen, CP ca. 5 km von Umag entfernt. Wird deutlich beschildert.

Umag, HR-52475 / Istra CC€16 iD

- Camping Savudrija****
- Istarska ulica 19
- 22 Apr - 25 Sep
- +385 52 70 95 50
- @ savudrija@istracamping.com

1 ABDE**JM**NOPQRST	AKMNOPQSW**X** 6	
2 BHMNQSWZ	ABDE**F** 7	
3 BG**JM**N**U**	ABCDEFKNQRTU 8	
4 BL	KLNTVW 9	
5 ACDEHLN	ABDEGHIJOSTUWXY 10	
Anzeige auf Seite 487 B 10A CEE		❶ €40,60
17ha 366**T**(80-120m²) 87**D**		❷ €51,40

N 45°29'13'' E 13°29'32'' 111239

Der CP liegt ca. 9 km nordwestlich von Umag bei dem Örtchen Savudrija. Ist gut ausgeschildert und leicht zu finden. Von Basanija aus sind es nur 800m bis zum CP.

ACSI Aktionen und News

www.youtube.com/ACSIcampinginfo

www.facebook.com/ACSI.DEU

VALALTA
FKK-NATURIST ROVINJ

Tel. +385 52 804 800 | valalta@valalta.hr | www.valalta.hr

Umag, HR-52470 / Istra
- ▲ Camping Stella Maris★★★★
- 🏠 Stella Maris 9a
- 📅 22 Apr - 4 Okt
- ☎ +385 52 71 09 00
- @ stella.maris@istracamping.com
- N 45°27'14" E 13°31'17"
- 🚌 Von Umag Beschilderung nach Stella Maris folgen.

1 ABDE**JMN**OPQRS**T** AFKMNOPQSW**XYZ** 6
2 GJLMNRSTUWXYZ ABDE**FG** 7
3 BFG**JMN**OU ABCDEFIKNQRTUV 8
4 **A**BDLO AEKLORSTUVW 9
5 ACDEGHL ABDEGHIJOPQUWXZ 10
Anzeige auf Seite 487 B 10A CEE
5ha 486**T**(80-100m²) 206**D**
① €46,20
② €58,60
105170

Vabriga, HR-52465 / Istra
- ▲ Boutique Camping Santa Marina★★★★★
- 🏠 Santa Marina 12
- 📅 1 Mai - 1 Okt
- ☎ +385 9 93 59 16 69
- @ info@santamarina-camping.com
- N 45°17'19" E 13°36'31"
- 🚌 In Istrien ab der A9 Richtung Pula, Ausfahrt 3 Nova Vas. Danach über Novigrad Richtung Porec. Ausfahrt Vabriga und den Schildern zum Camping folgen.

1 ABDE**JMN**OPRST AF 6
2 STWXY ABDE**FG** 7
3 BFGM ABCDEFIKNQRTU 8
4 BCDLO**PQ** CJKLVW 9
5 ABDGHL ABEGHIJOPQUWX 10
Anzeige auf dieser Seite B 16A CEE
4,5ha 117**T**(100-110m²) 123**D**
① €59,20
② €72,20
124442

Umag/Karigador, HR-52474 / Istra
- ▲ Camping Park Umag★★★★
- 🏠 Ladin Gaj 132 A
- 📅 14 Apr - 2 Okt
- ☎ +385 52 71 37 40
- @ park.umag@istracamping.com
- N 45°22'02" E 13°32'50"
- 🚌 Von Umag Richtung Novigrad, nach 8 km CP an der Meeresseite.

1 ABDE**JMN**OPQRST AFKM**N**OPQRSTW**XYZ** 6
2 HILMNPQSWXYZ ABDE**FGH** 7
3 ABCFG**JMN**O ABCDEFIKNQR**ST**U 8
4 **A**BCDLO**PQX** ACEKLMNOPRSTUVW 9
5 ACDEFGHL ABDEGHIJMOSTUWXYZ 10
Anzeige auf Seite 487 B 10A CEE
138ha 1647**T**(80-120m²) 1040**D**
① €47,70
② €60,10
105172

Vrsar, HR-52450 / Istra
- ▲ Naturist park Koversada★★★
- 🏠 Koversada
- 📅 15 Apr - 2 Okt
- ☎ +385 52 44 13 78
- @ hello@maistra.hr
- N 45°08'31" E 13°36'20"
- 🚌 CP 1 km südlich von Vrsar, Schildern nach Koversada folgen.

1 ABDE**JMN**OPQRS**T** KMNOPQSW**XY** 6
2 HILMNQSWXYZ ABDE**FGH** 7
3 BFG**JMNS** ABCDEFKLNOQRTUVW 8
4 **A**BDLO**X** BDEGILRSTV 9
5 ACDEFGHJKL ABGHIJNSTUWXY 10
Anzeige auf S. 489 FKK B 10A CEE
97ha 1450**T**(90-120m²) 662**D**
① €50,60
② €61,40
105182

SANTA MARINA
BOUTIQUE CAMPING

Idyllischer Platz für den perfekten Familienurlaub. Der Camping bietet große Stellplätze im Schatten mit schönen modernen Sanitäranlagen. Das große Schwimmbad mit Wasserpark garantiert ein besonderes Badevergnügen, was für die Kinder perfekt ist. Gratis Radverleih. Das à-la-carte Restaurant Da Giusto heißt Sie mit einem breiten Angebot traditioneller Spezialitäten willkommen. Der Camping liegt 10 km nördlich der Stadt Porec und 9 km südlich von Novigrad. Aus beiden Richtungen gut ausgeschildert.

Santa Marina 12, 52465 Vabriga
Tel. +385 (0)99 359 1669
E-Mail: info@santamarina-camping.com
Internet: www.santamarina-camping.com

Kroatien

Teilkarte Istrien auf Seite 482

Vrsar, HR-52450 / Istra
- Porto Sole***
- 1 Jan - 31 Dez
- +385 52 42 65 00
- hello@maistra.hr
- N 45°08'30'' E 13°36'08''
- CP 1 km südlich von Vrsar in Richtung Koversada.

1 ABCDE**J**MNOPRS**T** AFKMNOPQSW 6
2 HILMNQSUVWXYZ ABCDE**FG**H 7
3 ABFG**J**M**NO**S ABCDEFJK**L**NQRTUVW 8
4 **A**BDHLO**X** BEGILSTV 9
5 ACDEGHJL ABDGHIJOSTXYZ10

Anzeige auf Seite 489 B 10A CEE
17ha 622**T**(100m²) 420**D**

① €49,50
② €63,90

105183

Vrsar, HR-52450 / Istra
- Orsera Camping Resort***
- Sveti Martin 2/1
- 20 Apr - 30 Sep
- +385 52 46 50 10
- camping@valamar.com
- N 45°09'20'' E 13°36'37''
- Der CP liegt an der Nordseite von Vrsar. Deutlich ausgeschildert.

1 ABDE**J**MNOPQRT KMNOPQSW**X**Y**Z** 6
2 HILMNQSUVWXYZ ABDE**FG** 7
3 ABG ABCDEFKNQRTW 8
4 O**X** ADEKLQRST 9
5 ACDFGHJL**N** ABGHIJOQUX10

Anzeige auf Seite 485 B 16A CEE
9ha 438**T**(70-90m²) 152**D**

① €47,30
② €61,90

105181

Primorje-Gorski Kotar/Lika-Senj/Zadar/Sibenik-Knin

Club iD

Ihr Pass oder Ausweis sicher in der Tasche
Die praktische ACSI Clubkarte

Nur **4,95 €** im Jahr

- Ausweisersatz
- Akzeptiert auf fast 8 400 Campingplätzen in Europa
- Inklusive Haftpflichtversicherung
- Rabatt im ACSI-Webshop

www.ACSI.eu/ACSIClubID

Kroatien

CAMP PARK SOLINE

BIOGRAD DALMATIEN KROATIEN

T: +385 (0)23 383 351
info@campsoline.com
www.campsoline.com

- An der mittleren Adria im schattigen Pinienhain mit sandiger Küste im Herzen der Königsstadt Biograd
- **SPEZIAL ANGEBOT:** 4=3 & 7=6 vom 01.04.-31.05. & 15.09.-15.10.2022. 10% Ermässigung für die Buchung bis 28.02.2022. Kinder bis 5 Jahre GRATIS

Baška (Krk), HR-51523 / Primorje-G. Kotar

- Baška Beach Camping Resort****
- Put Zablaca 40
- 14 Apr - 16 Okt
- +385 52 46 50 10
- camping@valamar.com
- N 44°58'01'' E 14°44'43''

1 ABDEJMNOPQRST	BEGHKMNPQSX 6
2 HIJLPQSWXY	ABDEFGH 7
3 BFGJMNU	ABCDEFKNQRTUVW 8
4 BCDEFLRSTUXYZ	ADEKLNRTVWX 9
5 ABDEFGHJLN	ABGHIKOPQUVWXY 10

Anzeige auf Seite 485 B 16A CEE
9ha 493T(80-120m²) 194D

① €58,60
② €69,60

Vor Baska rechts. Den Schildern 'Camp Zablace' folgen.

105209

Biograd na Moru, HR-23210 / Zadar

- Camping Park Soline****
- Put Kumenta 16
- 1 Apr - 15 Okt
- +385 23 38 33 51
- info@campsoline.com
- N 43°55'42'' E 15°27'20''

1 ABDEJMNOPQRST	KMNOPQRSWX 6
2 BHLMSTWXYZ	ABDEFGH 7
3 BFGMNOS	ABCDEFNQRTUVW 8
4 ABCDHORX	ELU 9
5 ABDEFGHJLO	ABFHOSTUX 10

Anzeige auf dieser Seite B 16A CEE
20ha 550T(90-150m²) 425D

① €52,90
② €66,10

Von Zadar kommend die Ausfahrt Benkovac/Biograd na Moru. Nach Biograd fahren und an der ersten Ampel links. CP ist ausgeschildert.

105241

Baška (Krk), HR-51523 / Primorje-G. Kotar

- Bunculuka Camping Resort****
- Kricin 30
- 22 Apr - 2 Okt
- +385 52 46 50 10
- camping@valamar.com
- N 44°58'09'' E 14°46'01''

1 ABDEJMNOPQRST	KMNOPQSXYZ 6
2 HILMNQSUVWXYZ	ABCDEFGH 7
3 BEFJMNSUW	ABCDEFJKNQRTUVW 8
4 FOX	DEKLMNR 9
5 ACDFGHIJLNO	ABDGHIJOPSTUWXY 10

Anz. auf S. 485 FKK B 10-16A CEE
4,7ha 400T(60-100m²) 81D

① €64,65
② €75,25

Kurz vor Baska links fahren, Richtung Valbiska und FKK. Danach den Schildern 'FKK Bunculuka' folgen.

105210

Cres (Cres), HR-51557 / Primorje-Gorski Kotar

- Camp Kovacine***
- Melin I/20
- 3 Apr - 14 Okt
- +385 51 57 31 50
- campkovacine@kovacine.com
- N 44°57'46'' E 14°23'49''

1 BDEJMNOPQRST	BGKMNOPQRSWXZ 6
2 HILQSUVWY	ABDEFGH 7
3 BEFGMNS	ABCDEFGIKLNQRTUVW 8
4 ABCDEFLXZ	EGKLMNOSTUV 9
5 ABCDEFGHJLMNO	ABGHIJMOPSTUX 10

FKK B 10A CEE
27ha 1100T(70-120m²) 388D

① €48,40
② €62,20

Von der Fähre Hauptstraße nach Cres folgen, kurz vor Cres rechts, ausgeschildert.

105215

Betina, HR-22244 / Sibenik-Knin

- Camp Matija***
- Obala Petra Krešimira IV 152
- 1 Mai - 30 Sep
- +385 9 97 33 80 97
- matija.brkic8@gmail.com
- N 43°48'32'' E 15°36'33''

1 ABILNOPQRST	AKMNOPQSWXYZ 6
2 GLMQSUWXYZ	ABDEF 7
3 A	ABEFNQRW 8
4 AHO	EJ 9
5 AD	BHIJOQU 10

16A
10ha 40T(30-100m²) 5D

① €37,20
② €50,05

A1 Karlovac-Split an Zadar vorbei, Ausfahrt Pirovac. Über die Küstenstraße 8 zur Halbinsel Murter. In Tisno-Dorf über die Brücke nach Murter. Nun Murter und dann Bettina folgen. Dort angezeigt.

124903

Donji Babin Potok, HR-53223 / Lika-Senj

- Big Bear****
- Donji Babin Potok 107B
- 1 Apr - 1 Nov
- +385 53 65 25 89
- info@plitvice-resort.com
- N 44°50'40'' E 15°29'02''

1 ABDEJMNOPQRST	6
2 IQSTWX	ABCDEFG 7
3 A	ABCDEFIKNQRTU 8
4 AHOR	JV 9
5 ABFHJLNO	AHIJORUX 10

B 16A CEE
H750 3,5ha 70T(75-85m²) 32D

① €33,10
② €36,10

A1 Ausfahrt 10 Otocac. Erste Nebenstraße 50, dann 52 Richtung Korenica bis G. Babin Potok. Links angezeigt. Von der A1 Ausfahrt 13 Richtung Nationalpark Plitvicka bis hinter Korenica Straße 52 (17 km) bis G. Babin Potok. Rechts ausgeschildert.

123569

Biograd na Moru, HR-23210 / Zadar

- Camping Diana & Josip**
- Put Solina 55
- 1 Jun - 30 Sep
- +385 9 81 60 85 82
- campdi@gmail.com
- N 43°55'51'' E 15°27'11''

1 ABJMNOPRST	KMOPQS 6
2 GJLMSWXYZ	ABDEH 7
3	ABEFNQRW 8
4 H	GIJKX 9
5 AD	AHIJO 10

B 16A
1ha 75T(80-120m²) 32D

① €34,25
② €42,30

A1 Split-Zadar, Ausfahrt Benkovac/Biograd nach Moru. Richtung Biograd-Mitte. An der 2. Ampel links. CP ist angezeigt.

118503

Drage, HR-23211 / Zadar

- Oaza Mira****
- Ul. Dr. Franje Tudmana 2
- 1 Apr - 31 Okt
- +385 23 63 54 19
- info@oaza-mira.hr
- N 43°53'30'' E 15°32'03''

1 ABDEJMNOPQRST	AKMNOPQSWXYZ 6
2 HILSTVWXYZ	ABDEFG 7
3 AFGJNS	ABCDEFGIKLNQRUW 8
4 AHR	ELNORTZ 9
5 ABDEFGHL	ABDHIJOQUX 10

B 16A
4ha 192T(120-150m²) 52D

① €64,00
② €86,00

A1 Karlovac-Split an Zadar vorbei Ausfahrt Biograd nach Moru. Pakostane vorbei, in Drage an Meeresseite der Straße ausgeschildert. Pfeile Autokamping Oaza Mira folgen.

113005

Glavotok (Krk), HR-51500 / Primorje-G. K.
- Camping Glavotok****
- Glavotok 4
- 22 Apr - 18 Sep
- +385 51 86 78 80
- info@kamp-glavotok.hr

1 ABDE**JM**NOPQRT BGK**N**OPQS**X**Y 6
2 BHILMNQSUVWYZ ABDE**F** 7
3 BEFGM ABCDE**F**KNOQRT 8
4 **ABCDFHLX** EORS**X** 9
5 ABDEFGHJLN ABEGHIJOQUWXY 10

Anzeige auf dieser Seite B 10A CEE
8ha 345T(80-120m²) 84D
① €60,80
② €70,25
N 45°05'38" E 14°26'25"
105199

Folgen Sie der Hauptstraße Zollbrücke/Krk. Ausfahrt Valbiska rechts, dann Schildern Glavotok folgen. Letzte 2 km schmale, oft kurvige Straße mit Ausweichbuchten.

Klimno/Dobrinj, HR-51514 / Primorje-G. K.
- Slamni****
- Klimno 8a
- 15 Apr - 9 Okt
- +385 51 85 31 69
- info@kampslamni.com.hr

1 ABDE**JM**NOPQRT AFK**M**NPQS**XZ** 6
2 HILPTWXYZ ABCDE**FG**HIK 7
3 BEMS ABCDEFKNQRTUW 8
4 BDFHJLORU**X** CEKLNO 9
5 ABDFGHJLMNO ABDGHIJOQUY 10

Anzeige auf Seite 495 B 16A CEE
0,7ha 39T(35-80m²) 19D
① €54,70
② €67,70
N 45°09'13" E 14°37'02"
121619

Die Krk Brücke vom Festland aus zur Insel Krk. Am ersten Kreisel geradeaus. Nach 1300m links Richtung Dobrinj abbiegen (nicht geradeaus). Die Strecke vom CP ist weiter ausgeschildert.

Icici, HR-HR-51414 / Primorje-Gorski Kotar
- Opatija
- Liburnijska ul. 46
- 1 Apr - 30 Sep
- +385 51 70 48 30
- info@riviera-opatija.hr

1 BDE**JM**NOPQRST KM 6
2 BGILNPQTUVWYZ ABD**EFG** 7
3 ABEFNQR 8
4 FI 9
5 ABCHO**Q**X AHJNSTU 10

16A CEE
H300 30ha 166T(100-150m²)
① €26,65
② €36,55
N 45°18'36" E 14°17'04"
125246

Auf der Küstenstraße von Opatija nach Rabac, auf der Höhe von Icici, die Ausfahrt zum Campingplatz nehmen. Nach der Ausfahrt der Beschilderung zum Campingplatz folgen (500 m).

Kolan (Pag), HR-23251 / Zadar
- Camping Village Šimuni***
- Simuni 106
- 1 Mrz - 15 Nov
- +385 23 69 74 41
- info@camping-simuni.hr

1 ABCDE**JM**NOPQRST HKM**N**OPQRSTVW**XY**Z 6
2 HIJLPSTUVWXYZ AB**CDEFG** 7
3 ABEFGM**NOU** ABCDEFJK**L**NQRTUVW 8
4 **AB**CDHJLNO**PRXZ** EMNOPSTUVWX 9
5 ACDEFGHIKL ABFHIKOSTUWXY 10

B 16A CEE
40ha 900T(60-140m²) 370D
① €56,10
② €71,25
N 44°27'55" E 14°58'01"
105226

Auf der Straße von der Stadt Pag in Richtung Novalja. Der Campingplatz ist nach ca. 12 km ausgeschildert.

Jezera/Murter, HR-22242 / Sibenik-Knin
- Holiday resort Jezera Village***
- 14 Apr - 6 Okt
- +385 22 43 96 00
- marketing@jezeravillage.com

1 BDE**JM**NOPQRST KMN**O**PQ**X**Y**Z** 6
2 HILPSUVWYZ ABDE**FG** 7
3 **B**J**MN** ABEFNQRTW 8
4 **AB**CHO**QX** EGILNRTUV 9
5 ACDEFGHL AHI**KOS**T**X** 10

16A
18ha 400T(100-120m²) 262D
① €48,55
② €63,20
N 43°47'31" E 15°37'39"
105245

Die neue A1 Karlovac-Split an Zadar vorbei Ausfahrt Pirovac. Küstenstraße Nr. 8 überqueren zur Halbinsel Murter. Nach 6,5 km in Tisno-Ort über die Brücke nach Murter. Weiter ausgeschildert.

Kolan (Pag), HR-23251 / Zadar
- Terra Park SpiritoS
- Sveti Duh 75
- 1 Mai - 30 Sep
- +385 9 16 10 17 75
- sales@terrapark.hr

1 BDE**JM**NOPQRS**T** N**O**PS 6
2 HILMRTWXY ABDE**FG** 7
3 A ABEF**GIL**NQRUV 8
4 E 9
5 ABDEFGHL ABHIJOST 10

Anzeige auf Seite 497 B 16A CEE
3ha 114T(75-100m²) 55D
① €53,70
② €60,70
N 44°30'48" E 14°57'39"
116741

Von Novalja in Richtung Pag, vor Kolan ist der Campingplatz ausgeschildert.

Kampor, HR-51280 / Primorje-Gorski Kotar
- Lando Resort****
- 321
- 23 Apr - 10 Okt
- +385 9 96 45 70 00
- rab@starturist.hr

1 ABDEG**J**KNOPQR**T** BGKMOPQS**W**X 6
2 HJKPQRWXY ABDE**FGIJ** 7
3 AU ABCDEFNQRUV 8
4 FH ELMORT 9
5 DEFLN ABGHJOQU 10

B 16A CEE
0,6ha 10T(80-100m²) 15D
① €60,70
② €78,70
N 44°47'02" E 14°42'24"
122141

Von Krk oder dem Festland aus Richtung Rab folgen, danach Richtung Kampor. Bei Kampor der Beschilderung nach Resort Lando.

Korenica, HR-53260 / Lika-Senj
- Borje***
- Josipa Jovica 19
- 1 Apr - 30 Okt
- +385 53 75 17 90
- info@np-plitvicka-jezera.hr

1 ABDE**JM**NOPQRS**T** 6
2 BIQUXYZ ABDE**FG** 7
3 AM ABEFKNQRTW 8
4 **A**FHO 9
5 ABDHIKL AHJOQX 10

B 16A
6,5ha 140T
① €36,30
② €44,35
N 44°45'57" E 15°41'21"
118512

Liegt an der 1/E71 (Karlovac-Gracac), 15 km südlich vom Eingang 2 des Naturgebiets Plitvicka-Jezera und etwas südlich von der Ortschaft Korenica. Der CP liegt auf der Südwestseite der Straße.

Klenovica, HR-51252 / Primorje-Gorski Kotar
- Camp Kozica**
- Jadranska cesta bb
- 1 Mai - 30 Sep
- +385 51 22 28 51
- info@luje.hr

1 BDE**JM**NOPQRS**T** OPW 6
2 HKQXYZ ABDE 7
3 ABCDEFNR 8
4 9
5 ABDL AJNST 10

16A
7ha 215T(80-100m²)
① €34,60
② €39,10
N 45°03'24" E 14°52'20"
117987

Hinter Klenovica Richtung Senj. Der CP liegt rechts der Straße.

Krk (Krk), HR-51500 / Primorje-Gorski K.
- Camping Bor***
- Crikvenicka 10
- 1 Jan - 31 Dez
- +385 51 22 15 81
- info@camping-bor.hr

1 ADE**GJM**NOPQRS**T** AF**X** 6
2 ISUVWXY ABDE**FG**HI 7
3 A ABEFJKNQRTUV 8
4 FHO 9
5 ABDHJLN ABDGHIJOQX 10

B 10A
2ha 2,2ha 201T(70-130m²) 8D
① €38,60
② €50,90
N 45°01'21" E 14°33'44"
105204

Vor Krk Schildern Richtung 'Centar' (Zentrum) folgen, beim Kreisverkehr Schildern autocamp 'Bor' folgen, erste Straße rechts.

Klenovica, HR-51252 / Primorje-Gorski Kotar
- Klenovica**
- Zidinice bb
- 1 Mai - 30 Sep
- +385 51 79 62 51
- camp.klenovica2@luje.hr

1 BD**JM**NOPQRS**T** AF 6
2 HILPSUVWYZ ABDE 7
3 B ABCDEFR 8
4 EI 9
5 ACDEFGHIL AGHJNST 10

16A
11,6ha 396T(80-100m²) 174D
① €37,40
② €47,40
N 45°05'48" E 14°50'44"
113598

An der Küstenstraße Rijeka-Split. Hinter Novi Vinodolski am 2. Schild Klenovica rechts. Der Straße folgen, danach ist der CP angezeigt.

Krk (Krk), HR-51500 / Primorje-G. Kotar
- Jezevac Premium Camping Resort****
- Plavnica 37
- 1 Jan - 31 Dez
- +385 52 46 50 10
- camping@valamar.com

1 ABDE**JM**NOPQRST BGK**M**NOPQS**W**X**Y**Z 6
2 HILNPQSUVWXYZ ABDE**FG**HI 7
3 BEFGM**NOS** ABCDEFGKNQRTUV 8
4 **AB**CDELNOP**XZ** EKLNORTUWXZ 9
5 ABCDEFGHJLNO ABDGHIKMO**P**STUVX**Y** 10

Anzeige auf Seite 485 B 10A CEE
11ha 459T(70-120m²) 248D
① €63,00
② €77,80
N 45°01'08" E 14°34'01"
105203

Von Krk Schildern mit Jezevac oder Autocamp (Jezevac) folgen. CP liegt auf der Westseite der Stadt.

494 Teilkarte Primorje-Gorski Kotar/Lika-Senj/Zadar/Sibenik-Knin auf Seite 492

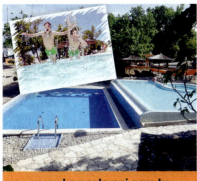

Camping SLAMNI ★★★★

- Kleiner Familiencampingplatz
- Stellplätze mit Strom und Wasser
- Moderne Mobilheime und Glamping-Zelte
- Restaurant und Strandbar
- Kiesstrand und zwei Außenpools: Kinderpool und Pool mit integrierter Bar

www.kampslamni.com.hr • ☏ 00385 51 853 169 • info@kampslamni.com.hr

---

Krk (Krk), HR-51500 / Primorje-G. Kotar — CC€20

- Krk Premium Camping Resort★★★★★
- Narodnog Preporoda 80
- 14 Apr - 23 Okt
- +385 52 46 50 10
- camping@valamar.com
- N 45°01'28" E 14°35'30"

1 ABDEJMNOPQRST BGHKMNOPQSWXYZ 6
2 HILMNQSUVWXY ABCDEFGH 7
3 BDEFGJMNU ABCDEFGIJKLNPQRTUV 8
4 BCDEFHLOPQRTXZ ACEKLNORTUVWX 9
5 ABCDEFGHJLN ABCDEGHIJMOPSTUVWXY 10
Anzeige auf Seite 485 B 16A CEE
5,6ha 310T(80-110m²) 161D
❶ €66,20
❷ €85,20
105205

Von Krk Richtung Punat fahren. Vor der Tankstelle (links der Straße) rechts abbiegen.

Lopar (Rab), HR-51280 / Primorje-G. Kotar — CC€18

- San Marino Camping Resort★★★★
- Lopar 488
- 14 Apr - 4 Okt
- +385 52 46 50 10
- camping@valamar.com
- N 44°49'24" E 14°44'14"

1 ABDEJMNOPQRST HKMNOPQRSWXYZ 6
2 HIJPQRWXYZ ABDEFG 7
3 BFGJMNOSU ABCDEFGIKLNQRTUV 8
4 ABCDFILMOPQRTUXZ ADEGKLNOQRSTUVWXZ 9
5 ACDEFGHJKLMO ABDGHIKNQUVX 10
Anzeige auf Seite 485 B 16A CEE
15ha 567T(80-100m²) 315D
❶ €41,20
❷ €51,20
105224

Gut ausgeschildert von der 3-Gabelung beim Tourismusbüro vor Lopar.

Lozovac, HR-22221 / Sibenik-Knin — CC€16

- Camp Krka★★★
- Skocici 2
- 1 Mrz - 31 Okt
- +385 22 77 84 95
- goran.skocic@si.t-com.hr
- N 43°48'02" E 15°56'32"

1 ABJMNOPQRST B 6
2 APQSXYZ ABDEFG 7
3 A ABEFNQRW 8
4 AEHO 9
5 ADHL AHJOSTU 10
Anzeige auf dieser Seite 16A
1ha 40T(60-100m²) 5D
❶ €22,90
❷ €29,90
113943

Von der Küstenstraße südlich von Sibenik Richtung Skradin-Nationalpark Krka. Von der A1 Ausfahrt 21 Skradin/Nationalpark Krka. In einigen Km vom Nationalpark ist der CP ausgeschildert.

Lozovac, HR-22221 / Sibenik-Knin — CC€16

- Camp Marina (NP. KRKA)★★
- Skocici 6
- 1 Jan - 31 Dez
- +385 9 13 68 33 23
- campmarina.info@gmail.com
- N 43°47'59" E 15°56'39"

1 ABDEJMNOPQRST A 6
2 ABPQSTWXYZ ABDEFGH 7
3 A ABEFNQRU 8
4 AHO G 9
5 ADHK ABDHJOST 10
Anzeige auf dieser Seite B 16A
1ha 19T(40-100m²) 6D
❶ €24,50
❷ €29,50
118329

Von der Küstenstraße südlich von Sibenik Richtung Skradin-Nationalpark Krka. Von der A1 Ausfahrt 21 Skradin-Nationalpark Krka. Nach einigen Kilometern vom National Park ist der CP angezeigt.

Lozovac, HR-22221 / Sibenik-Knin — CC€12

- Slapovi Krke★★★
- Lozovac 2G
- 1 Apr - 30 Okt
- +385 9 55 49 52 07
- danijel.skocic@gmail.com
- N 43°47'32" E 15°58'13"

1 ABJMNOPQRST 6
2 ASTXY ABDE 7
3 ABEFNQRUW 8
4 AH 9
5 D AJOST 10
Anzeige auf dieser Seite 16A CEE
0,7ha 36T(60-100m²)
❶ €19,40
❷ €25,40
122878

Von der Küstenstraße südlich von Sibenik zum Skradin-Nationalpark KrKa. Es befindet sich auf der rechten Seite der Straße zum Nationalpark KrKa. Angezeigt mit einem Schild. Die letzten 200 Meter auf einem unbefestigten Weg.

Mali Losinj (Losinj), HR-51550 / Primorje-G. K. — CC€22

- Camping Cikat★★★★
- Cikat 6 A
- 1 Jan - 31 Dez
- +385 51 23 21 25
- info@camp-cikat.com
- N 44°32'09" E 14°27'03"

1 ABDEJMNOPQRST AFHIKMNOPQRSXZ 6
2 BHILNPQSUVWXYZ ABDEFGH 7
3 ABDEFGMN ABCDEFGIJKLNQRSTUVW 8
4 ABCDEHLOPRUXYZ BDEKLMNUVWXZ 9
5 ACDEFGHJKLMNO ABEGHIJMOSTUWXY 10
B 16A
H75 6ha 1214T(60-120m²) 483D
❶ €46,50
❷ €61,40
105223

Kommend von der Fähre muss man die Inseln Cres und Mali Losinj kreuzen. Ab der 4-Gabelung, kurz hinter Mali Losinj Richtung Cikat folgen.

Mali Losinj (Losinj), HR-51550 / Primorje-G. K. — CC€22

- Village Poljana★★★★
- Rujnica 9a
- 8 Apr - 2 Nov
- +385 51 23 17 26
- info@poljana.hr
- N 44°33'21" E 14°26'32"

1 ABCDEJMNOPQRST KMNOPQSWXYZ 6
2 BHILNQSUVWYZ ABDEFGH 7
3 ABFGMNOTW ABCDEFGINOQRTUVW 8
4 ABCDELNOXZ CEJKLMNOPRUVWXZ 9
5 ACDFGHJLMN ABDFGHIJOSTWX 10
B 10-16A CEE
18ha 546T(40-160m²) 177D
❶ €42,00
❷ €68,00
105222

Von Nerezine liegt der CP vor Mali Losinj an der linken Straßenseite.

Camp Krka (Nat. Park Krka)

Der Familiencamping Krka liegt zwischen den beiden Eingängen zum Nationalpark Krka (Lozovac-Skradin). Nach Lozovac nur 2,5 km. Der Camping (1 ha) hat größtenteils Schatten. Stromanschluss möglich (16A). Familie Skocic vermietet Zimmer, Apartments und bietet Regionalgerichte an. Schwimmbad gratis. Entdecke den Charme des prächtigen Nationalpark Krka bei organisierten Ausflügen per Bus. Waschmaschine und WLAN vorhanden.

Skocici 2, 22221 Lozovac • Tel. +385 22778495
E-Mail: goran.skocic@si.t-com.hr • Internet: www.camp-krka.hr

---

Martinšcica (Cres), HR-51556 / Primorje-G. K. — CC€16

- Camping Slatina★★★★
- 23 Apr - 1 Okt
- +385 51 57 41 27
- info@camp-slatina.com
- N 44°49'16" E 14°20'35"

1 ABDEJMNOPQRST KMNOPQSXYZ 6
2 HILNSUVWXYZ ABDEFG 7
3 AEGJMTU ABCDEFGKLNQRTUVW 8
4 BCLX EKLMNOSUX 9
5 ACDFGHLMNO ABDEGHIJMOSTVXY 10
B 16A CEE
15ha 463T(70-120m²) 175D
❶ €44,80
❷ €54,50
105216

Von Cres Richtung Osor fahren. Nach circa 20 km rechts abbiegen. Schildern Slatina folgen (8 km).

AUTO CAMP MARINA
NP KRKA

+385 913683323 | HR - 22221 Lozovac, Skočići 6 | camp-marina.hr

---

Camping Slapovi Krke ★★★

Der Campingplatz Slapovi Krke befindet sich 500m vom Nationalpark Krka entfernt. Es gibt ein Sanitärgebäude, kostenloses WLAN und alle Einrichtungen für Reisemobile. Die richtige Adresse für einen ruhigen Urlaub.

Lozovac 2G, 22221 Lozovac • Tel. +385 955495207
Internet: www.campslapovikrke.com
E-Mail: danijel.skocic@gmail.com

Teilkarte Primorje-Gorski Kotar/Lika-Senj/Zadar/Sibenik-Knin auf Seite 492

Teilkarte Primorje-Gorski Kotar/Lika-Senj/Zadar/Sibenik-Knin auf Seite 492

Medveja, HR-51416 / Primorje-Gorski Kotar
- Mobile Homes Camping Resort Medveja★★★
- Medveja bb
- 1 Mai - 30 Sep
- +385 51 71 04 44
- reservations@liburnia.hr
- N 45°16'13" E 14°15'56"
- 1 ABDE**JM**NOPQRST KM**NO**PQ**SW**XYZ 6
- 2 GLPQSWYZ ABDE**FG** 7
- 3 AM ABCDEFKNQRT UV
- 4 BCDFLO EGIJKLU 9
- 5 ADEFGHJL AGHIKOSTX 10
- B 10A CEE
- 5,7ha 212T(90-110m²) 98D
- ① €37,00 ② €47,00
- 101302
- Von Opatija der Küstenstraße Richtung Pula folgen, durch Lovran. Der CP liegt 1 km hinter dem Ortschild von Lovran auf der rechten Seite.

Moscenicka Draga, HR-51417 / Primorje-G. K. CC€18
- Autocamp Draga★★★
- Aleja Slatina bb
- 15 Apr - 1 Okt
- +385 51 73 75 23
- autocampdraga@gmail.com
- N 45°14'24" E 14°15'01"
- 1 ABDE**JM**NOPQRST KM**NO**PQSW**XY** 6
- 2 GLPQTUVWXY ABDE**FIK** 7
- 3 A ABEFNQRW 8
- 4 F EKL 9
- 5 ABDN ABGHIKOQU 10
- B 10-16A
- 3ha 110T(80-100m²) 53D
- ① €40,00 ② €50,75
- 108910
- Küstenweg von Opatija Richtung Pula. Der CP liegt links, Ausfahrt Mosenicka Draga.

Nerezine (Losinj), HR-51554 / Primorje-Gorski Kotar
- Kamp Rapoca★★★
- Rapoca 21
- 1 Apr - 12 Okt
- +385 51 23 71 45
- rapoca@losinia.hr
- N 44°39'49" E 14°23'51"
- 1 ABDE**JM**NOPQRS**T** KM**NO**PQ**RS**XYZ 6
- 2 HLNPSUWYZ ABDE**FG** 7
- 3 BGM ABDEF**IKL**NQRT 8
- 4 BCDL EHIKLMNRUV 9
- 5 ABDEFGHL**NO** ABHIJOQUX 10
- B 16A CEE
- 4,4ha 240T(70-100m²) 122D
- ① €37,60 ② €48,90
- 105220
- Von Osor CP links an der Straße am Ortsanfang von Nerezine.

Nerezine/Osor (Losinj), HR-51554 / Primorje-Gorski Kotar
- AC Preko Mosta★★
- Osor 8
- 15 Apr - 8 Okt
- +385 51 23 73 50
- booking@jazon.hr
- N 44°41'34" E 14°23'31"
- 1 BDE**JM**NOPQRST KN**PQ**SWXZ 6
- 2 GIMPQSUXY ABDE**F** 7
- 3 A ABEF**I**NQR 8
- 4 EK 9
- 5 D ABHJNSTU 10
- 10A CEE
- 1ha 100T(60-80m²) 13D
- ① €25,95 ② €36,70
- 105218
- CP liegt bei der Brücke auf der Landenge zwischen den Inseln Cres und Losinj. Beim Ort Osor.

Nerezine (Losinj), HR-51554 / Primorje-Gorski Kotar
- Lopari Camping Resort★★★★
- Lopari 1
- 1 Apr - 12 Okt
- +385 51 23 71 27
- lopari@losinia.hr
- N 44°40'51" E 14°23'43"
- 1 ABDE**JM**NOPQRS**T** KMPQRS**X** 6
- 2 HILMQSWXYZ ABDE**FGH** 7
- 3 BFJMS ABCDEFG**IKL**NQRTUV 8
- 4 BCDL**X** EKLMNRUV 9
- 5 ACDFGHKLM**O** ABGHIJOSTUXY 10
- B 16A CEE
- 15ha 332T(80-130m²) 115D
- ① €32,80 ② €42,00
- 105219
- Kommend von Osor liegt der CP nach ca. 1,5 km an der linken Seite von der Straße nach Nerezine.

Njivice (Krk), HR-51512 / Primorje-G. Kotar CC€22
- Aminess Atea Camping Resort★★★★
- Primorska Cesta 41
- 1 Apr - 2 Nov
- +385 52 85 86 90
- camping@aminess.com
- N 45°10'10" E 14°32'49"
- 1 ABDE**JM**NOPQRST FKM**NO**PQSW**XYZ** 6
- 2 HILMNQSUWYZ ABDE**FG** 7
- 3 BE**HJ**M**NO**SV ABEF**GJKL**NOQRTUV 8
- 4 **ABCD**FHLR**XZ** ELNOTUVXZ 9
- 5 ACDFGHJK ABDGHIKOSTUX 10
- Anzeige auf dieser Seite   B 16A CEE
- 10ha 408T(80-120m²) 111D
- ① €51,00 ② €57,00
- 105198
- Der CP liegt 10 km hinter der Zollbrücke Richtung Krk. Von der Hauptstraße aus ist der Weg mit "Aminess Camping" ausgeschildert.

Aminess Atea Camping Resort

★★★★

NJIVICE

INSEL KRK | KROATIEN

- liegt direkt am Meer auf der wunderbaren Insel Krk
- Stellplätze direkt am Meer oder im Schatten eines Eichenwaldes bis zu 120m²
- Mobilheime Mariblue Luxury direkt am Strand und mit privatem Pool
- Cabana Bar&More wunderschöne Lounge Bar direkt am Meer
- viele sportliche Aktivitäten und Animationen für Kinder und Erwachsene
- Miramì Park mit Spielplätzen und Schwimmbad für Kinder
- Haustierfreundlich
- Der ganz neue und modern ausgestattete Sanitärbereich

FRIENDLY TO NATURE.

+385 52 858 690
camping@aminess.com
www.aminess-campsites.com

TERRA PARK
CAMPINGS & HOLIDAY HOMES

Zusätzliche Inhalte

- Beach bar
- Kinderspielplatz
- Fitness
- Bäckerei
- Restaurant
- Geldwechsel
- Geldautomat
- Massage
- Fahrradverleih
- Minimarket

sales@terrapark.hr
www.terrapark.hr
+385 (0) 53 333 555

Sveti Duh 75, 23251, Kolan, Kroatien
Skuncini stani 100, 53291, Novalja, Kroatien

Novalja (Pag), HR-53291 / Zadar — CC€18

- Olea
- Sonjevi stani 38b
- 1 Apr - 8 Okt
- +385 21 77 00 22
- info@oleacamping.com

1 BCDE**JM**NOPQRS**T** MOPQ 6
2 HILMNRSUVWXYZ ABDE**FG** 7
3 AM ABCDEF**GIKL**NQRUV 8
4 **A** OUWX 9
5 ADEFGHL ABCHIJOSTUWX 10
B 16A CEE
H50 6ha 204T(90-220m²) 1D
€42,80 / €46,75
N 44°37'41" E 14°47'42"
125043

Von Novalja in Richtung Luna. Nach 12 km rechts abbiegen. Wird durch das Campingplatzschild angezeigt. Danach ca. 1 km der Beschilderung folgen.

Novalja (Pag), HR-53291 / Zadar — CC€20 iD

- Terra Park Phalaris
- Škuncini stani 100
- 16 Apr - 21 Okt
- +385 9 11 51 19 56
- sales@terrapark.hr

1 ABDE**JM**NOPQRS**T** KMNOPQWXYZ 6
2 HILSTWXY ABDE**FG** 7
3 B ABEFKNQRU 8
4 **AHX** BENOPU 9
5 ACDEHL ABHIJMOQU 10
Anzeige auf dieser Seite 16A CEE
1,5ha 157T(80-120m²) 86D
€53,70 / €60,70
N 44°34'42" E 14°51'18"
123334

Der Campingplatz befindet sich auf der Insel Pag an der Straße von Novalja nach Lun und ist ausgeschildert.

Novalja (Pag), HR-53291 / Zadar — CC€22

- Strasko****
- Zeleni put 7
- 15 Apr - 9 Okt
- +385 53 66 12 26
- strasko@hadria.biz

1 BCDE**JM**NOPQRS**T** AFKM**N**OPQRSTW**X**Y 6
2 HLMPQSTWXYZ ABDE**FG** 7
3 BDEF**GH**MNOSTUV ABCDEF**GIKL**NQRSTUVW 8
4 **A**BCDHJKLO**PR**U**XZ** CDELMOPRSUVWX**Z** 9
5 ACDEFGHKLM**NO** ABDEFGHIJMOPSTWXY 10
Anz. auf dieser Seite B 10-16A CEE
57ha 1250T(100-140m²) 512D
€55,00 / €60,20
N 44°32'56" E 14°53'15"
105227

Auf der M2/E27 die Fähre Prizna-Žigljen wird empfohlen. Vor Novalja links ab, ausgeschildert, oder auf der A1 in Posedarje Ausfahrt Pag (43 km) dann noch 32 km. Und vor Novalja links ab.

Novigrad, HR-23312 / Zadar — iD

- Adriasol Camping Novigrad***
- Tomislava Baždarica 3
- 1 Mai - 30 Sep
- +385 23 37 51 11
- office@adriasol.com

1 ABDE**JM**NOPQRS**T** KMNOPQSVXYZ 6
2 AGILMNPSTVWXY ABDE**FH** 7
3 AGM ABCDEFKNQRTUW 8
4 **A**O**Q** JKL 9
5 ADHN ABFGHIJOQU 10
B 16A CEE
2ha 120T(80m²) 12D
€32,30 / €41,20
N 44°11'21" E 15°32'49"
113147

A1 Zagreb-Karlovac-Zadar-Split. Vor Zadar Ausfahrt nach Pag und Posedarje. Der Nebenstraße nach Süden folgen. An der Südseite vom Novigradsko More Richtung Novigrad. Durch Novigrad Zentrum bis zum Ende der Straße.

UNTERKUNFT
- Komfort Parzelle mit Meerblick oder im Schatten mit Strom-, Wasser, Abwasser und SAT-TV-Anschluss, der Größe 80 -120m²
- Glamping Zelte - Kombination von Luxus und Naturaufenthalt
- Mobilheime mit Meerblick oder mit Pool
- Moderne Sanitäranlagen

FREIZEIT
- Sport und Animation für Kinder und Erwachsene
- Hundefreundlich - Hundestrand, Hundepark
- Wassersportzentrum, Pool-Komplex
- Gastronomie, Market, Camp Shop
- Kids club & baby room
- Blaue Flagge

NEUE RABATTE FÜR 2022: CC ACSI - 22 €
- 2 Personen + Parzelle + 1 Hund
- 15.04 - 30.06. & 01.09 - 09.10.2022.

CAMPING STRAŠKO
Zeleni put 7 | 53291 Novalja, Insel Pag | Kroatien
Tel. +385 53 663 381 | strasko@hadria.biz
www.campingstrasko.hr

Kroatien

CAMPING OMIŠALJ
Tel: +385 (0) 51 588 637
E-Mail: omisalj@hadria.biz
Web: www.campingomisalj.com
Vodotoč 1, HR-51513 Omišalj, Insel Krk

UNTERKUNFT
- Komfort Parzelle mit Strom-, Wasser, Abwasser-und SAT-TV-Anschluss
- Mobilheime mit Meerblick oder mit Pool
- Moderne Sanitäranlagen

FREIZEIT
- Sport und Animation für Kinder und Erwachsene
- Hundefreundlich - Hundestrand
- Gastronomie, Market, Pool bar
- Omi club, Mini Golf, Wellness
- Blaue Flagge

NEUE RABATTE FÜR 2022: CC ACSI - 22 €
- 2 Personen + Parzelle + 1 Hund
- 01.01. – 03.06. & 18.06. – 01.07. & 03.09.–31.12.

Omisalj, HR-51513 / Primorje-Gorski Kotar — CC€22
- Omisalj*****
- Vodotoč 1
- 1 Jan - 31 Dez
- +385 51 58 86 37
- omisalj@hadria.biz
- N 45°14'06'' E 14°33'09''

1 DEJMNOPQRST AFKMNOPQSVWXYZ 6
2 HILSTWXY ABCDEFGH 7
3 BEFGJMNSW ABCDEFGIKLNQRSTUV 8
4 ABCDEIKLNOTXZ EKLNORSTUVWXZ 9
5 ABCDEFGHJLN ABDEGHIJMOPSTUWXY 10
Anzeige auf dieser Seite B 16A CEE ① €55,60
8ha 230T(100-140m²) 120D ② €62,10

Von der Brücke auf der Insel Krk und aus Richtung Krk kommend, die Ausfahrt Pusca nehmen. Der Straße ca. 1 km bis zum Campingplatz folgen.
115324

Pakostane, HR-23211 / Zadar
- Autocamp Nordsee
- Alojzija Stepinca 68
- 1 Mrz - 5 Nov
- +385 23 38 14 38
- info@autocamp-nordsee.com
- N 43°54'20'' E 15°30'58''

1 ABJMNOPQRST KMNOPQSWXYZ 6
2 HILMNSWXYZ ABDEF 7
3 ABEFJNQRW 8
4 AO DEIO 9
5 DEHKN ABDHIJOST 10
1,7ha 90T(80-100m²) 38D ① €42,50
② €45,50

Die Autobahn A1 Karlovac-Split an Zadar vorbei Ausfahrt Biograd na Moru. Dann die Küstenstraße 8 Ri. Sibenik. Kurz außerhalb Pakostane (Richtung Drage) rechts der Straße ausgeschildert. Jetzt den Pfeilen Autocamp Nordsee folgen.
112114

Pakostane, HR-23211 / Zadar — CC€18
- Camp Vransko lake - Crkvine***
- Crkvine 2
- 1 Apr - 31 Okt
- +385 9 93 32 14 37
- info@vransko-lake.eu
- N 43°55'49'' E 15°30'35''

1 ABDEJMNOPQRST LNPQXYZ 6
2 ELOXYZ ABDEFH 7
3 AFMS ABCDEFGIKNQRTUVW 8
4 AH ENORUVXZ 9
5 ACDH ABDHIJOU 10
Anzeige auf Seite 499 B 16A CEE ① €37,70
6,5ha 150T(100m²) 18D ② €43,70

Küstenstraße Nr. 8 Ri. Sibenik/Split folgen. In Pakostane links Richtung Vransko Jezero. CP ist ausgeschildert.
105243

camping kozarica **** Pakoštane
ADRIA Group Member

Camping Kozarica / HR –23211 Pakoštane / KROATIEN
tel. + 385 23 381 070 fax + 385 23 381 068
e-mail: kozarica@adria-more.hr
www.adria-more.hr

Pakostane, HR-23211 / Zadar — CC€18
- Kozarica****
- Brune Busica 43
- 2 Apr - 31 Okt
- +385 23 38 10 70
- kozarica@adria-more.hr
- N 43°54'41'' E 15°29'59''

1 ABDEJMNOPQRST FKMNOPQSWXYZ 6
2 HLMPSTWXYZ ABDEFGH 7
3 BGMS ABCDEFIKLNQRTUW 8
4 ABCDHLOX DEIKLNORU 9
5 ACDFGHLNO ABDFHIJOPSTUXY 10
Anzeige auf dieser Seite B 16A CEE ① €49,70
1,7ha 233T(80-110m²) 127D ② €63,50

Ab Zadar der Küstenstraße 8 Ri. Biograd folgen. Zwischen Pakostane und Biograd auf der Meeresseite der Straße am Schild Kozarica ab.
105244

Osor/Nerezine, HR-51554 / Primorje-Gorski Kotar
- AC Bijar
- Osor bb
- 24 Apr - 1 Okt
- +385 23 37 21 47
- info@camp-bijar.com
- N 44°41'58'' E 14°23'48''

1 ABDEJMNOPQRT KMNPQSXYZ 6
2 BHIMNSUVYZ ABDEFG 7
3 AGM ABDEFGIKLNQRT 8
4 DEKNORUVW 9
5 ABDEHO ABGHIJNSTUX 10
B 10A CEE ① €37,10
3ha 250T(50-110m²) 74D ② €46,70

Von Cres befindet sich AC Bijar 400m vor Osor, auf der rechten Straßenseite.
105217

Plitvicka Jezera, HR-53231 / Lika-Senj — CC€20
- Plitvice*****
- Smoljanac 67
- 1 Jan - 31 Dez
- +385 53 65 24 84
- reception@campingplitvice.hr
- N 44°56'34'' E 15°39'00''

1 BDEJMNOPQRST AF 6
2 IVWXY ABDEFG 7
3 BFHI ABCDEFGIJLNQRTUV 8
4 AFHIJOR EKLRUVW 9
5 ADHJL ABCHIJMOSTUX 10
B 16A CEE ① €47,80
H370 1,6ha 32T(75-150m²) 17D ② €61,80

Nach Grabovac biegen Sie links in Richtung Nationalpark Plitvicer Seen ab. Park ist ausgeschildert.
125204

EuroCampings

Zu jedem Campingplatz in diesem Führer gehört eine sechsstellige Nummer. Damit können Sie den betreffenden Campingplatz einfacher auf der Webseite suchen.

Lienz/Amlach, A-9908 / Tirol — CC€16
- Dolomiten Camping Amlacherhof****
- Seestrasse 20
- 1 Jan - 31 Okt
- +385 6 99 17 62 31 71
- info@amlamcherhof.at
- N 46°48'48'' E 12°45'47''

1 AJMNOPQRST AUX 6
2 FGOPVWXY ABDEFGHI 7
3 AHIJLMUX ABCDFJKLMNORTUVW 8
4 FHIOPS EGILUVWXY 9
5 ABDEFHMN ABGHIJOPR 10
Anzeige auf Seite 247 WB 16A CEE ① €33,10
H710 2,5ha 85T(80-120m²) 31D ② €41,30

Felbertauerntunnel-Lienz, bei Lienz hinter dem Kreisel Richtung Spittal. An der 2. Ampel rechts Richtung Feriendorf/Amlach, noch 2 km den Schildern folgen.
110377

Kroatien

www.Eurocampings.de

498 Teilkarte Primorje-Gorski Kotar/Lika-Senj/Zadar/Sibenik-Knin auf Seite 492

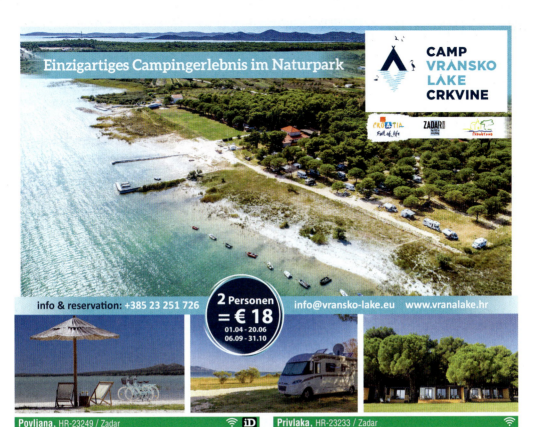

Einzigartiges Campingerlebnis im Naturpark

CAMP VRANSKO LAKE CRKVINE

info & reservation: +385 23 251 726 info@vransko-lake.eu www.vranalake.hr

2 Personen = € 18
01.04 - 20.06
06.09 - 31.10

Povljana, HR-23249 / Zadar

- Camp Porat***
- Put Hrscice 2a
- 23 Apr - 30 Sep
- +385 23 69 19 95
- info@camp-porat.com

1 ABDE**J**MNOPQRS**T**	K**M**N**P** 6	
2 GJLQSWXYZ	ABDE**F** 7	
3 AM	ABCDEFKNQRUW 8	
4 H	EU 9	
5 ACD	HIJOSTU 10	
B 16A		
1,6ha 80T(80-100m²) 32**D**	① €33,20 ② €42,70	

N 44°20'58" E 15°06'19"   121624

A1 Ausfahrt 16 Posedarje Ri. Pag. Nach 30 km links nach Povljana (6 km). CP angezeigt. Von Rijeka über die Küstenstraße in Prizna die Fähre nach Ziglien. Südlich an Pag vorbei, nach 7 km rechts. Die 108 nach Povljana.

Privlaka, HR-23233 / Zadar

- Dalmacija Camp**
- Ivana Pavla II 40
- 1 Apr - 15 Okt
- +385 23 36 66 61
- info@dalmacija-camp.com

1 BDE**J**MNOPQRST	K**M**N**P**S**XYZ** 6
2 GJPQSWXYZ	AB**F** 7
3 GM	ABE**F**HNQRW 8
4 **A**H	EU 9
5 DGHL	ABHIJMOSTU 10
16A CEE	
4ha 326T(60-90m²) 14**D**	① €38,15 ② €46,05

N 44°15'24" E 15°07'32"   110753

A1 Karlovac-Split, vor Zadar Ausfahrt Nin/Zadar Zapad. In Nin Ri. Vir/Privlaka. Ausgeschildert. Oder ab Rijeka der Küstenstraße M2/E27 Ri.Süden folgen bis zur Maslenica Brücke. Rechts nach Nin/Privlaka. In Nin CP angezeigt.

Primosten, HR-22202 / Sibenik-Knin

- Camp Adriatic*
- Huljerat 1a
- 19 Mrz - 12 Nov
- +385 22 57 12 23
- kamp-adriatik@adriatik-kamp.com

1 ADE**J**MNOPQRS**T**	K**M**N**P**QSTW**XYZ** 6
2 GLMNPSUVWYZ	ABDE**FG**H 7
3 ABFGMN	ABEFKNQRTUVW 8
4 **A**BDHLO	DKMOQRT 9
5 ACDEFGHKL**O**	ABGHIJMOTUXY 10
B 10A CEE	
12ha 500T(50-140m²) 49**D**	① €43,90 ② €56,90

N 43°36'23" E 15°55'15"   105253

An der Küstenstrasse D8, 20 km südlich von Sibenik, vor Primosten auf der rechten Seite. Deutlich angezeigt.

Punat (Krk), HR-51521 / Primorje-Gorski Kotar

- Camping Pila***
- Setaliste i. Brusica 2
- 15 Jul - 15 Okt
- +385 51 85 40 20
- camp.pila@falkensteiner.com
- Anzeige auf dieser Seite

1 ABDE**J**MNOPQRST	K**M**N**P**QSTW**XYZ** 6
2 HIMPQSUWY	ABDE**FGH**I 7
3 BFM	ABCDEF**KL**NQRTUW 8
4 **ABCOPX**	**KL**NORUVWX 9
5 ACDEFHLN	ABGHIKOSTUWX 10
B 10A CEE	
11ha 600T(80-100m²) 120**D**	① €39,20 ② €44,50

N 45°00'58" E 14°37'44"   105206

Von Krk aus an Punat vorbei Richtung Stara Baska. Camping liegt als erster rechts der Straße. Rechts am Supermarkt abbiegen.

HOTELI PUNAT d.d. · PUNAT · Insel Krk · Kroatien

Camp PILA

Das CAMP PILA liegt im sonnigen Süden der Insel Krk. Die einzelnen Parzellen liegen inmitten eines Kiefernwaldes und sind mit Strom und Wasser ausgestattet.

Sanitäranlagen • Teilweise parzelliert • Reservierung möglich • Ausgebauter Platzteil für Reisemobile • Animation

HR-51521 Punat
Tel. +385 51 854 020, 655 300 | Fax +385 51 854 020
camp.pila@falkensteiner.com

www.campingpunat.com

Kroatien

Teilkarte Primorje-Gorski Kotar/Lika-Senj/Zadar/Sibenik-Knin auf Seite 492

HOTELI PUNAT d.d. · PUNAT · Insel Krk · Kroatien

NATURIST CAMPING KONOBE
PUNAT ISLAND KRK CROATIA
MANAGED BY FALKENSTEINER

Sanitäranlagen • Teilweise parzelliert
Reservierung möglich • Ausgebauter Platzteil
für Reisemobile • Animation

HR-51521 Punat
Tel. +385 51 854 036, 854 049 | Fax +385 51 854 049
camp.konobe@falkensteiner.com

www.campingpunat.com

Punat (Krk), HR-51521 / Primorje-G. Kotar
- Naturist Camp Konobe★★★
- 22 Apr – 30 Sep
- +385 51 85 40 36
- camp.konobe@falkensteiner.com

1 ABDE**JM**NOPQRT KM**N**OPQSW**XYZ** 6
2 HILMNQSUVWXYZ ABDE**FG**H 7
3 ABCDEFNOQRT 8
4 A**B**X DKLNOUVWX 9
5 ABDEFHLN ABDFGHIJNSTUX 10
Anz. auf dieser Seite FKK 10A CEE
FKK 10A CEE H20 20ha 330T(60-100m²) 75**D**

€ 39,80
€ 45,20

N 44°59'29" E 14°37'50"
Kommend von Krk, Punat durchfahren Richtung Stara Baska. Nach ca. 3 km rechts ab.
105207

Rab, HR-51280 / Primorje-Gorski Kotar
- Padova Premium Camping Resort★★★★
- Banjol 496
- 14 Apr – 9 Okt
- +385 52 46 50 10
- camping@valamar.com

1 ABDE**JM**NOPQRST BGK**MN**PQSW**XZ** 6
2 HIJLQSUVWXY ABDE**FG**H 7
3 BDE ABCDEFKNOQRTUV 8
4 **A**BCDJLNO EKLNOQRTUVW 9
5 ACDEFG**HJLM**N ABDGHIKMOQUWX 10
Anzeige auf Seite 485 B 16A CEE
7ha 277**T**(80-100m²) 117**D**

€ 52,50
€ 61,90

N 44°45'10" E 14°46'27"
Richtung Rab folgen. Nach der Ausfahrt Lopar erste Straße links (scharfe Kurve). Nach ca. 500m wird der CP rechts ausgeschildert.
105225

Punta Kriza (Cres), HR-51554 / Primorje-Gorski Kotar
- Camping Baldarin FKK★★★
- 23 Apr – 1 Okt
- +385 51 23 56 46
- info@camp-baldarin.com

1 ABDE**JM**NOPQRS**T** KM**N**PQSW**XYZ** 6
2 BHILNPQUWXYZ ABDE**FG**H 7
3 AFG**JM**N ABCDEF**GKL**NQRT 8
4 BCD**X** BCDEKLNOPQRT 9
5 ACEFG**HJLM**N**O** ABGHIJNSTUVWXY 10
FKK B 16A CEE
10ha 450**T**(70-140m²) 114**D**

€ 38,30
€ 47,60

N 44°36'56" E 14°30'30"
Aus Cres kommend kurz vor Osor links ab nach Punta Kriza. Der CP liegt 3 km hinter Punta Kriza (schmaler Weg von 15 km Länge mit Ausweichstellen).
105221

Razanac, HR-23248 / Zadar
- Autocamp Planik★★★
- Razanac 58
- 1 Mai – 30 Sep
- +385 98 27 21 87
- info@planik.hr

1 ABDE**JM**NOPQRS**T** M**N**OPQSW**XYZ** 6
2 BLMPQSUYZ ABDE**F** 7
3 AF ABEFNQRW 8
4 **A**HIO AE 9
5 **D**N AHIJ**O**U 10
6-16A
2ha 100**T**(80-120m²) 32**D**

€ 36,85
€ 46,20

N 44°16'40" E 15°20'41"
A1 Zagreb-Karlovac-Split. Vor Zadar Ausfahrt Pag/Posedarje Richtung Pag folgen und an der 1. Kreuzung rechts. Nach 500m CP links.
114447

Camping Resort SOLARIS ★★★★

Ein wunderschönes Resort für unvergesslichen Urlaub

Hoteli Solaris 86, 22000 Šibenik, Kroatien · T. + 385 22 361 017 · camping@solaris.hr · www.campingsolaris.hr · www.amadriapark.com

Atemberaubende Natur, unvergesslicher Ausblick und imposanter Pool warten auf Sie in

Elements Camping
SELCE
Kroatien

Idealer Urlaubsplatz erreicht!

ELEMENTS camping Selce

www.jadran-crikvenica.hr

Selce, HR-51266 / Primorje-Gorski Kotar — CC€20 iD
- ▲ Camping Selce★★★
- 🏠 Jasenova 19
- 📅 1 Apr - 15 Okt
- ☎ +385 51 76 40 38
- @ kampselce@jadran-crikvenica.hr

1 ABDE**JM**NOPQRST	AFKM**NO**PQS**WX** 6
2 HILMPQSUVWYZ	ABDE**FGH** 7
3 A**J**M**U**	ABCDEFKNQRUVW 8
4 JO**P**	EKLNOSX 9
5 ABDEHKN	AHIKNSTUWX 10

Anzeige auf dieser Seite   B 16A CEE
8ha 299**T**(80-120m²) 170**D**

① €45,00
② €51,00

N 45°09'14''   E 14°43'30''   105197

🚗 Strecke an der Küstenstraße bei Selce gut ausgeschildert. Von Rijeka zweite oder dritte Ausfahrt nach Selce.

Stara Baska/Punat (Krk), HR-51521 / Primorje-G. K. — CC€18 iD
- ▲ Skrila Sunny Camping★★★
- 🏠 Stara Baska 300
- 📅 22 Apr - 2 Okt
- ☎ +385 52 46 50 10
- @ camping@valamar.com

1 ABDE**JM**NOPQRST	KMNOPQSW**XZ** 6
2 HIJLNPSTUVWXYZ	ABDE**FG** 7
3 BGM	ABCDEFNQRTUW 8
4 F**X**	EKLNOR 9
5 ABDEFGHJL	ABDGHIJOSTUWXY 10

Anzeige auf Seite 485   B 10-16A CEE
5,5ha 291**T**(70-100m²) 129**D**

① €41,70
② €52,70

N 44°58'00''   E 14°40'26''   109410

🚗 Kommend von Krk, Punat entlang fahren Richtung Stara Baska. Nach ca. 9 km liegt der CP rechts. (Letzter Teil ist 12%.)

Sibenik, HR-22000 / Sibenik-Knin — CC€22 iD
- ▲ Camping Resort Solaris★★★★
- 🏠 Hoteli Solaris 86
- 📅 14 Apr - 18 Okt
- ☎ +385 22 36 10 17
- @ camping@solaris.hr

1 ADE**JM**NOPQRS**T**	AE**F**KMN**P**QRS**WXZ** 6
2 GLMPSTWXYZ	ABDE**FGH** 7
3 AFG**N**S**U**	ABCDE**FG**KNQRTUV 8
4 **A**BLO**X**	ADEHIJUZ 9
5 ACDEFGHKLM	ABCDFHIKOSTX 10

Anzeige auf Seite 500   B 16A
50ha 550**T**(90-140m²) 875**D**

① €60,00
② €82,00

N 43°41'57''   E 15°52'46''   101020

🚗 Camping an der Küstenstraße D8 Šibenik-Split, 5 km südlich von Šibenik.

Starigrad/Paklenica, HR-23244 / Zadar — CC€18 iD
- ▲ Plantaza★★★
- 🏠 Put Plantaze 2
- 📅 1 Jan - 31 Dez
- ☎ +385 23 36 91 31
- @ pansion.plantaza@gmail.com

1 ABDE**JM**NOPQRS**T**	KNOPQSW**XYZ** 6
2 GLMPSUXYZ	ABDE**FGH** 7
3	ABEFJK**LM**NQRW 8
4 **A**FHIO	GHI 9
5 ADGHL**NO**	ABHJOQX 10

Anzeige auf dieser Seite   B 16A
1,5ha 100**T** 30**D**

① €32,40
② €39,90

N 44°18'02''   E 15°25'55''   105232

🚗 Von Rijeka die Küstenstraße bis 1 km nördlich von Starigrad - Paklenica. Angezeigt. Oder die A1 Karlovac-Split, vor Zadar Ausfahrt Maslenica nach Rijeka. Dann die M2/E27 (Küste) bis hinter Starigrad. Ausgeschildert.

CAMP „PLANTAŽA"
www.pansion-plantaza.com

Put Plantaže 2, 23244 Starigrad-Paklenica
Tel: +385 23 369 131
e-mail: pansion.plantaza@gmail.com

Kroatien

Sibuljina ★★★

Camping Šibuljina liegt in einem kleinen Ort bei Zadar in Tribanj Šibuljina, nur ein paar Meter vom schönen Kiesstrand. Er ist von einem Tannenwald umgeben und hat Plätze mit viel und wenig Schatten, man kann auch Mobilheime mieten. Ein à-la-Carte Restaurant und eine Pizzeria befinden sich auf der Anlage und der nächste Supermarkt ist in ein paar Meter zu Fuß. Wanderwege in die Velebit Berge fangen 300m vom Camping aus an. Sie können auch 10 km weiter den Nationalpark Paklenica besuchen. Gäste haben gratis WLAN auf dem Campingplatz.

Tribanj Sibuljina bb, 23244 Tribanj
Tel. +385 23658004
E-Mail: info@campsibuljina.com
Internet: www.campsibuljina.com

Starigrad/Paklenica, HR-23244 / Zadar

Paklenica****	1 ABDEJMNOPQRST	AFKMPX 6
Dr. Franje Tudmana 14	2 AGLMPQSWXYZ	ABDEF 7
1 Apr - 30 Okt	3 ABGM	ABCDEFIKLNQRTUVW 8
+385 23 20 90 66	4 AFHO	JL 9
camping@bluesunhotels.com	5 ACDHL	AHIJOUX 10
	B 16 A	€49,20
N 44°17'14" E 15°26'51"	2,5ha 230T(35-80m²) 174D	€57,77
		105235

In Starigrad-Paklenica 45 km südlich von Karlobag an der M2/E27. Oder die A1 Karlovac-Split, Ausf. Maslenica Ri. Rijeka. Dann der M2/E27 bis Starigrad folgen (10 min.).

Sv. Filip i Jakov, HR-23207 / Zadar

Autocamp Rio***	1 ABJMNOPQRST	KNOPQSXZ 6
Put Primorja 66	2 GIJLQSUWYZ	ABEFNQRUW 8
15 Apr - 30 Okt	3	9
+385 23 38 86 71	4 AH	
autocamprio.hr@gmail.com	5 D	ABHIJOO 10
	B 16 A	€33,60
N 43°57'21" E 15°26'07"	0,7ha 55T(80-120m²) 20D	€35,75
		108144

Die A1 Karlovac-Split vorbei Zadar Ausfahrt 18 Biograd (Benkovac/ Biograd na Moru) Richtung Biograd na Moru. Dann der Küstenstraße Nr. 8 folgen Richtung Zadar. In Filip i Jakov links in den Ort. Jetzt ausgeschildert.

Tisno, HR-22240 / Sibenik-Knin

Autocamp. Jazina	1 ABDEJMNOPQRST	KMNOPQXYZ 6
Put Jazine 318A	2 GIJLMSUVWXYZ	ABDE 7
15 Apr - 15 Okt	3 M	ABEFNQRW 8
+385 22 43 85 58	4 H	9
prisliga@si.t-com.hr	5 ABDEH	AHKOST 10
	10A	€32,05
N 43°48'33" E 15°37'42"	6ha 350T(70m²)	€35,75
		105246

Die A1 Karlovac-Split vorbei Zadar, Ausfahrt Pirovac. Die Küstenstraße Nr. 8 überqueren zur Halbinsel Murter. Nach ca. 6,5 km vor Tisno-Ort rechts (empfohlen) oder geradeaus bis vor die Brücke und dann rechts ab.

Tisno, HR-22240 / Sibenik-Knin (CC€20)

Olivia Green Camping****	1 ABDEJMNOPQRST	BGKMNOPQSWXYZ 6
Put Jazine 328	2 HILMSTVWXYZ	ABDEF 7
29 Apr - 1 Nov	3 BF	ABCDEFKNQRTU 8
+385 9 16 05 66 52	4 ABCDH	ER 9
contact@oliviagreencamping.com	5 ADFHJL	ABDEIJOSTXY 10
	B 16 A CEE	€59,20
N 43°48'44" E 15°37'19"	3,4ha 65T(70-140m²) 54D	€68,20
		121787

Auf der Küstenstraße Nr. 8 von Zadar nach Sibenik nehmen Sie die Ausfahrt Murter. Nach 6,5 km vor dem Dorf Tisno erneut abbiegen. Dann folgen Sie der Beschilderung. Das letzte Stück ist nicht asphaltiert.

Tkon, HR-23212 / Zadar

Naturist Camp Sovinje	1 ABDEJMNOPQRST	KMPXY 6
FKK Sovinje**	2 GJQSXYZ	ABDEF 7
Plažine 100	3 AM	ABEFKNQRW 8
1 Apr - 15 Okt	4 H	9
+385 23 28 50 10	5 AD	ABHIKOU 10
sovinje@tkon.hr	FKK 16A	€34,00
N 43°54'33" E 15°26'08"	8,5ha 112T	€42,05
		121505

Fähre ab Biograd-na-Moru nach Tkon (Insel Pašman). Beim Verlassen der Fähre gleich links halten (Richtung Süden). Der einzigen schmalen Hauptstraße folgen bis zum Ende (1,5 km). Hier liegt Camping FKK Sovinje.

Tribanj, HR-23244 / Zadar (CC€18)

Sibuljina***	1 ABDEJMNOPQRST	KNXYZ 6
Tribanj Sibuljina bb	2 HMPSXYZ	ABDEF 7
1 Apr - 31 Okt	3 A	ABEFKNQRW 8
+385 23 65 80 04	4 HO	E 9
info@campsibuljina.com	5 ACDEHL	ABHIJOSTU 10
	Anzeige auf dieser Seite B 10-16A	€29,05
N 44°20'16" E 15°20'28"	2,5ha 90T 60D	€37,60
		105231

Von Rijeka der Küstenstr. E27 bis 1 km nördlich von Starigrad-Paklenica folgen. CP ausgeschildert. Oder A1 Karlovac-Split, vor Zadar die Ausf. in Maslenica nach Rijeka nehmen. Der M2/E27 bis Tribanj-Sibuljina folgen.

Tribanj/Kozjaca, HR-23244 / Zadar

Kamp Navis****	1 ABJMNOPQRST	KNPQSXZ 6
Škuncini stani 100	2 GIJLPQSXYZ	ABDEF 7
1 Mai - 31 Okt	3 A	ABEFKNQRUW 8
+385 22 37 88 87 39	4	9
navis.kozjaca@gmail.com	5 AD	ABHIJOST 10
	B 16 A CEE	€31,70
N 44°19'50" E 15°21'42"	1ha 60T	€40,45
		123314

10 km nördlich von Stargrad-Paklenica Mitte an der E27 (Küstenstraße). An der Meerseite dieser Straße angezeigt. Küstenstraße von Rijeka Richtung Süd 170 km folgen, oder die A1 Zagreb(oder Rijka)-Split. Vor Zadar Ausfahrt Maslenica Richtung Rijeka.

Zaboric/Sibenik, HR-22207 / Sibenik-Knin

Jasenovo	1 ADEJMNOPRST	KMNSXZ 6
Ul. Jasenovo 123	2 GILPRUXZ	ABDEFGHJ 7
1 Mai - 10 Okt	3 AS	ABEFNQRUW 8
+385 9 89 06 32 50	4 O	9
kamp@jasenovo.hr	5 ADHKN	ABHIJOU 10
	16A	€39,00
N 43°39'21" E 15°57'08"	1ha 80T(60-100m²)	€47,00
		121195

Der Küstenstraße Sibenik-Split folgen. Beim Ortsschild Zaboric, nach 2 km rechts CP deutlich angezeigt.

Zadar, HR-23000 / Zadar

Falkensteiner Pr. Camp. Zadar*****	1 ABDEJKNOPQRST	BFHKMNOPQX 6
Majstora Radovana 7	2 HJLMPSWXYZ	ABDEF GH 7
1 Jan - 31 Dez	3 ABDEFGNOQ	ABCDEFGIJKLNQRTUVW 8
+385 23 55 56 02	4 ABDHLNOPRTUVXY	ACELNOTUVW 9
campingzadar@reservations.falkensteiner.com	5 ACDEFGHJLN	ABDHIJMOPSTVXY 10
	Anzeige auf Seite 503 B 16A CEE	€83,60
N 44°08'05" E 15°12'58"	8,7ha 261T(80-136m²) 99D	€95,60
		105238

A1 Karlovac-Split, vor Zadar Ausfahrt Zadar-Zapad/Nin. In Nin Richtung Zadar. An der Ampel vor Zadar rechts nach Punta Mika. Ausgeschildert. Von Süden Ausfahrt 2 Zadar. Dann Richtung Nin. An der Ampel geradeaus Richtung Punta Mika.

ACSI Geografisch suchen

Schlagen Sie Seite 477 mit der Übersichtskarte dieses Landes auf. Suchen Sie das Gebiet Ihrer Wahl und gehen Sie zur entsprechenden Teilkarte. Hier sehen Sie alle Campingplätze auf einen Blick.

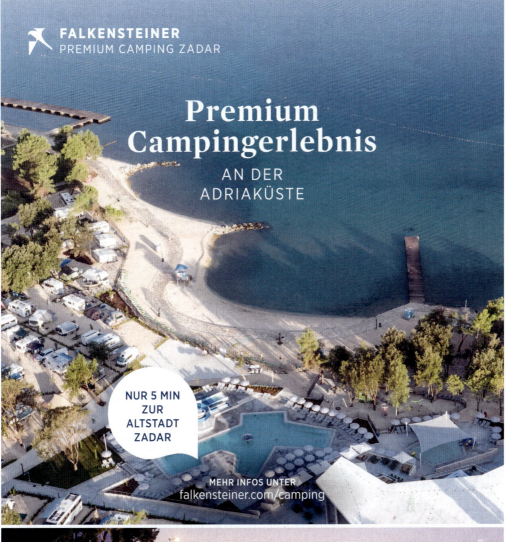

Teilkarte Primorje-Gorski Kotar/Lika-Senj/Zadar/Sibenik-Knin auf Seite 492

Autocamp Peros

In Zaton gelegen, 300m vom Strand.
Genießen Sie einen erholsamen Urlaub auf
einem kleinen, ruhigen Camping mit
komfortablen Stellplätzen und Pools weit
ab vom lauten Stadtleben.
Gratis WiFi und familiäre Atmosphäre garantiert.

Put Petra Zoranica 20
23232 Zaton/Nin (Zadar)
Tel. 023-265830
Fax 023-265831
E-Mail: info@autocamp-peros.hr
Internet: www.autocamp-peros.hr

Zaton/Nin (Zadar), HR-23232 / Zadar — CC€18

- Autocamp Peros 3*
- Put Petra Zoranica 20
- 1 Mrz - 30 Nov
- +385 23 26 58 30
- info@autocamp-peros.hr
- Anzeige auf dieser Seite
- N 44°13'48" E 15°10'20"

1 ABDE**J**M**N**OPQRS**T**   AFKM**N**OPSW 6
2 GJLSTWXYZ   ABDE**F** 7
3 AU   ABEFNQRUV**W** 8
4 H   E 9
5 DGHO   ABCDHJOSTU 10
16A CEE
2ha 60T(60-100m²) 20D   € 41,70 / € 56,70
Empfehlung: A1 Karlovac-Split. Vor Zadar Ausfahrt nach Nin.
In Nin Ri. Zadar. Kurz hinter dem Ort nach 2 km rechts. Vor dem Haupteingang
CP Zaton rechts ab. Ausgeschildert.   113270

Zaton/Nin (Zadar), HR-23232 / Zadar — CC€22

- Zaton Holiday Resort****
- Draznikova 76t
- 13 Apr - 1 Okt
- +385 23 28 02 15
- camping@zaton.hr
- N 44°13'41" E 15°10'09"

1 ABDE**J**M**N**OPQRS**T**   BGIKMOPQRSTW**XYZ** 6
2 HJLRSWXYZ   ABDE**FGH**I 7
3 BDEFG**H**I**J**M**NO**STUV ABCDEF**IK**L**N**QRTUVW 8
4 **A**BCD**H**LMO**PQRXZ**   CEIKLMNOPQTUVWX**Z** 9
5 ACDEFGHIJKLMN   ABDFGHIKOPSTUXY 10
B 16A CEE
100ha 1000T(80-120m²) 1078D   € 76,20 / € 97,70
Empfohlen: die Route A1 Zagreb-Zadar. Vor Zadar Ausfahrt Nin/
Zadar Zapat. In Nin links Richtung Zadar. Nach 2 km rechts. Ausgeschildert.
                                                    105237

Dalmatien

Kroatien

Brijesta, HR-20246 / Dubrovnik-Neretva

- Zakono
- Brijesta 10
- 1 Apr - 31 Okt
- +385 98 34 42 04
- info@brijesta-dubrovnik.camp
- N 42°54'14" E 17°31'57"

1 AD**IL**NOPRS**T**   KN**X**Y 6
2 AGJLQXZ   ABDE**F** 7
3   ABEFKNQR 8
4   IJ 9
5 ABDK   AHJOT 10
B 16A
1ha 51T(65-80m²) 4D   € 24,30 / € 32,00
Durchgangsstraße Ston-Orebic. Am Ortsschild Brijesta ist der
CP Vrela und Zakono angezeigt.   120961

Drvenik, HR-21333 / Split-Dalmatija

- Camp Ciste
- Magistrate Ciste
- 23 Mai - 31 Okt
- +385 21 67 99 06
- camp_ciste@yahoo.com
- N 43°10'06" E 17°12'32"

1 ADE**J**M**N**OPRST   KMNOPQRX 6
2 AGLMNSVXY   ABDE 7
3   ABEFNQR 8
4 AO   K 9
5 ABHK   AHIJ**N**ST 10
6A CEE
1ha 36T(20-50m²)   € 28,10 / € 32,80
An der Küstenstraße E65 zwischen Zivogosce und Drvenik, rechts
der Strecke.   113271

Teilkarte Dalmatien auf Seite 504

Ihr Platz an der Sonne — **Camp Lupis** — Urlaub pur erleben

Wir heißen Sie herzlich willkommen
50 Plätze - 4 Sterne - am Meer - offen vom 1.1 bis 31.12

+385 20718063 / + 385 5958302990
booking@camplupis.tcloud.hr
www.peljesac-lupis.com

Kamp Lupis, Loviste 68, 20269 Lovište, Pelješac, južna Dalmatien

ACSI Klein & Fein Campen
Fast 1 900 kleine und gemütliche Campingplätze
www.Kleinecampingplaetze.de

Dubrovnik, HR-20000 / Dubrovnik-Neretva
- Solitudo Sunny Camping***
- Vatroslava Lisinskog 17
- 1 Apr - 1 Nov
- +385 52 46 50 10
- camping@valamar.com

1 DE**J**MNOPQRST — KMNOPQS 6
2 AEGLSUWXY — AB**C**DEFGH 7
3 ABF**J**MN**O**S — ABCDEFKNQRT 8
4 A**L**R**T** — EHKL 9
5 ABDEKL — ABHIJ**O**ST 10
Anzeige auf Seite 485 B 10A
10ha 393T(90m²) 14D
① €58,90
② €72,20
105275

N 42°39'43" E 18°04'16"
E65 Richtung Dubrovnik. Über die neue Brücke links abbiegen, Schild 'Dubrovnik', dann dem CP-Schild 'Solitudo' nachfahren.

Korcula, HR-20260 / Dubrovnik-Neretva
- Port 9
- Autostrada
- 15 Mai - 1 Okt
- +385 20 72 68 01
- kamp@port9resort.com

1 BDE**J**MNOPRS**T** — KNPQSW 6
2 AGJMPRSUVWXYZ — ABDE 7
3 F**J**M**N** — ABEFNQR 8
4 A — JL 9
5 DGKL — AGHIOTU 10
B 10-16A
1ha 124T(80-120m²) 18D
① €40,00
② €50,00
105271

N 42°57'03" E 17°08'41"
Auf der Insel Korcula, hinter den Tennisplätzen auf der rechten Seite, kurz darauf Einfahrt. CP 500m vom Boot aus.

Kuciste, HR-20267 / Dubrovnik-Neretva
- Palme
- Kuciste 45
- 1 Jan - 31 Dez
- +385 98 32 83 57
- info@kamp-palme.com

1 ABDE**J**LNOPQRST — KNOPQSW**XY**Z 6
2 AGILSVXYZ — ABDEF 7
3 A — ABCEFNQRV 8
4 OR — JK 9
5 DKM — AHIKOUY 10
B 10A
1,2ha 50T(50-80m²) 5D
① €40,15
② €52,75
112329

N 42°58'35" E 17°07'46"
An der Durchgangsstraße durch Orbic. Nach 3 km ist der CP auf der rechten Seite angezeigt.

Kuciste/Viganj, HR-20267 / Dubrovnik-Neretva
- Antony Boy
- 1 Jan - 31 Dez
- +385 20 71 90 77
- info@antony-boy.com

1 A**J**LNOPRS**T** — KNOPQRSW 6
2 AGIMPQSUVXYZ — AB**C**DE**F**H 7
3 B — ABEFKNQRT 8
4 — DIMU 9
5 ABDKLM — AHIKOQU 10
16A
2,5ha 250T(60-80m²) 21D
① €37,90
② €50,20
101023

N 42°58'45" E 17°06'26"
Schon früh auf der Halbinsel Peljesac ausgeschildert. In Kuciste/Viganj rechts von der Straße.

Loviste, HR-20269 / Dubrovnik-Neretva
- Kamp Lupis****
- Loviste 68
- 1 Jan - 31 Dez
- +385 20 71 80 63
- booking@camplupis.tcloud.hr

1 ADE**J**MNOPQRST — K**N**OPQSX 6
2 AHMNPSVWXYZ — ABDE**FG** 7
3 A — ABEFIKNQRT 8
4 — GNR 9
5 ABN — ABDHJNTU 10
Anzeige auf dieser Seite B 16A
0,8ha 50T(50-100m²) 6D
① €35,00
② €45,00
120841

N 43°01'41" E 17°01'48"
Von Orebic Richtung Loviste. Bei Loviste ist das CP-Schild Lupis deutlich angegeben. Für den Zugang zum Campingplatz ist es besser, den Eingang hinter der Rezeption zu nehmen.

Okrug Gornji, HR-21223 / Split-Dalmatija
- Camping Labadusa
- Uvala Duboka bb
- 1 Mai - 30 Sep
- +385 9 19 84 79 59
- camp@labadusa.com

1 AILNOPRS**T** — KNXZ 6
2 GILNSUVWXY — ABDE**F** 7
3 AB — ABEFNQR 8
4 O — DX 9
5 ADHKLN — ABDHIJOSTX 10
Anzeige auf dieser Seite B 16A
0,6ha 110T(60-80m²) 12D
① €32,00
② €42,00
121491

N 43°28'55" E 16°14'41"
A1 Ausf. Trogir. Geradeaus weiter Ri. Split. Runter Ri. Trogir. Über die neue Brücke und dann rechts nach Okrug Gornji 5 km. Dem CP-Schild Labadusa 2 km folgen. Enge Zufahrt von 800m, links ab zum Camping.

Okrug Gornji, HR-21223 / Split-Dalmatija
- Camping Rozac***
- Setaliste Stjepana Radica 56
- 27 Mrz - 6 Nov
- +385 21 80 61 05
- booking@camp-rozac.hr

1 ACDG**J**MNOPRS**T** — KMNOPQRSTWXYZ 6
2 BGILMPQRYZ — ABDE**FG** 7
3 B — ABCDEFKNQRUVW 8
4 ABDFHO**QX** — ENOPQRSTUVWXZ 9
5 ADFGHKLN — ABHIJOST 10
B 16A CEE
2,5ha 140T(40-100m²) 35D
① €43,50
② €54,50
113269

N 43°30'19" E 16°15'30"
Von Sibenik aus die D8 bis 2 km hinter Trogir, um die neue Brücke zu überqueren. Nach der Brücke wieder rechts in Richtung Okrug der Beschilderung folgen. Von der A1 Ausfahrt 24A weiter Trogir, links über die Brücke, rechts Richtung Okrug.

Oase der unberührten Natur — CAMP LABADUSA
+385 91 984 7959 camp@labadusa.com
labadusa.com camp.labadusa

Kroatien

Teilkarte Dalmatien auf Seite 504

Omis, HR-21310 / Split-Dalmatija

⛺ Autocamp Sirena	1 B**JM**NOPQRT	K**M**OPQS**X**YZ 6
🏠 Lokva Rogoznica	2 HILNPTUVXY	ABEF 7
📅 1 Jan - 31 Dez	3 A	ABEFNQR 8
📞 +385 21 87 02 66	4 A**O**	J 9
@ autocampsirena@gmail.com	5 ABK	ABHJOTUW10
B 16A CEE		① €28,80
	1,7ha 96T(bis 80m²) 3D	② €34,15
🧭 N 43°24'23'' E 16°46'39''		112485
🚗 Der 8 durch Omis Richtung Süden folgen. Nach 8 km CP deutlich ausgeschildert rechts vor dem Tunnel.		

Omis, HR-21310 / Split-Dalmatija ⚙ 🛜 CC€20 iD

⛺ Galeb***	1 ADE**JM**NOPQRT	AFK**M**NQRSUW**X** 6
🏠 Vukovarska 7	2 HJPQRWXYZ	ABDE**FG**H 7
📅 1 Jan - 31 Dez	3 AFG**MN**T	ABEF**I**KNQRTUV 8
📞 +385 21 86 44 30	4 A**J**LNO**X**	EKL**M**ORTUVXZ 9
@ camping@galeb.hr	5 ADEFGHKL**O**	ABHIJ**M**OTUX10
B 16A CEE		① €39,20
	5ha 231T(70-100m²) 50D	② €44,10
🧭 N 43°26'26'' E 16°40'47''		105258
🚗 Von der Autobahn E65 Ausfahrt 25 Richtung Split, danach der Küstenstraße folgen. An der D8 nach dem Ortsschild Omis rechts vor der Tankstelle.		

Orasac, HR-20234 / Dubrovnik-Neretva 🛜 CC€14 iD

⛺ Auto-Camp Pod Maslinom	1 A**JM**NOPRS**T**	K**M** 6
🏠 Donja banda 7c	2 ABGLPRYZ	ABDE**F** 7
📅 1 Apr - 1 Nov	3	ABEFNQRW 8
📞 +385 20 89 11 69	4 A	L 9
@ bozo@orasac.com	5 D	AHIJOST10
B 10A		① €26,90
	1ha 80T(70m²)	② €36,30
🧭 N 42°41'57'' E 18°00'21''		117470
🚗 Der CP liegt an der E27. Hinter dem Schild Orasac nach 200m rechts. CP deutlich ausgeschildert.		

Orebic, HR-20250 / Dubrovnik-Neretva 🛜 CC€18 iD

⛺ Lavanda Camping****	1 ABDE**JM**NOPQRS**T**	K**MN**OPQS**X**Z 6
🏠 Dubravica 34	2 AHILMNSTUVWXY	ABDE**FG**H 7
📅 1 Jan - 31 Dez	3 AMU	ABCDEFGKNQRTUV 8
📞 +385 20 45 44 84	4 A	EJKLNR 9
@ info@lavanda-camping.com	5 ADEFGHJLN	ABDFGHIJOSTX10
B 16A		① €31,40
	H30 2ha 96T(50-110m²) 15D	② €43,40
🧭 N 42°58'59'' E 17°12'20''		123525
🚗 An der Durchgangsstraße nach Orebic, 2 km vor der Stadt. Camping liegt an der linken Seite.		

Orebic, HR-20250 / Dubrovnik-Neretva 🛜 CC€18 iD

⛺ Nevio Camping****	1 ABDE**JM**NOPQRS**T**	AK**MN**OPQS**X**YZ 6
🏠 Dubravica 15	2 AHILPSVWXYZ	ABCDE**FG**HI 7
📅 1 Apr - 15 Nov	3 BF**JM**N	ABEF**GIK**LNQRSTUVW 8
📞 +385 20 71 39 50	4 A**O**Q	EJLN 9
@ info@nevio-camping.com	5 ADEGHLM	ABCDGHJOSTUXY10
B 16A CEE		① €44,80
	1,5ha 180T(80-100m²) 58D	② €58,20
🧭 N 42°58'51'' E 17°11'55''		112331
🚗 An der Durchgangsstraße nach Orebic. 2 km vor Orebic ist der CP an der linken Straßenseite angezeigt.		

Legende Karten

 Ein offenes Zelt bedeutet daß sich hier ein Campingplatz befindet.

 Ein geschlossenes Zelt bedeutet daß hier mehrere Campingplätze zu finden sind.

 Campingplätze die CampingCard ACSI akzeptieren.

 Auf dieser Seite finden Sie das Teilgebiet.

 Pfeile mit Seitenangaben am Kartenrand verweisen auf angrenzende Gebiete.

Die Übersichtskarte des betreffenden Landes und im welchen Teilgebiet Sie sich befinden.

www.camp-viter.com

Der familiär geführte CAMPINGPLATZ VITER befindet sich im Zentrum des Ortes Zaostrog, direkt am Meer mit einem sehr schönen Kiesstand. Die gute Lage des Campingplatzes bietet sich optimal an, um einen schönen und erholsamen Urlaub zu verbringen. Da sich der Ort Zaostrog genau zwischen Split und Dubrovnik befindet, ist der Campingplatz ein optimaler Ausgangspunkt für diverse Ausflüge. Der Fährhafen zu den Inseln Hvar, Brač ist nur 4 km entfernt. Ausflüge nach Mostar, Međugorje, Kravica Wasserfälle sind mit dem Auto in ca. 1 Stunde erreichbar.

CAMPING VITER, A. K. Miošića 1, 21334 Zaostrog
Mob.: +385-98-704018, Tel.: +385-21-629190, info@camp-viter.com

PHOTO: DANIEL PAVLINOVIĆ, CNTB

Belvedere
TROGIR
CAMPING APARTMENTS
★★★★

BELVEDERE Camping & Apartments befindet sich 5 km von der UNESCO geschützten Altstadt Trogir und 8 km vom Flughafen Split entfernt. Die alte dalmatinische Stadt Split liegt ca. 30 km entfernt. Es werden 66 Appartements, Mobilheime und Camping in Kaskaden mit einem schönen Meerblick geboten. Es gibt eine Menge verschiedener Einrichtungen und ein breites Angebot für alle Generationen – wie Restaurant und Bar direkt am Strand, Sport- und Freizeitanlagen, Animationsprogramm, Ausflugsangebote und neue Sanitärbereiche. Weiters bieten wir WIFI, Safe, Wechselstube, Geldautomat, Supermarkt und Wäscherei-Service, Sand und Kiesstrand, Schwimmbad, Wasserpark auf dem Meer, Familienstrand, Luxus-Strand, Natürlicher-Strand, Hundestrand, beliebte Wasserattraktionen, Botanischer Garten, modern gestalteter Spielplatz, Hundespielplatz, Souvenirladen, brandneue Luxus-Mobilheime mit Meerblick, Massage am Strand.

Kralja Zvonimira 62 • 21218 Seget Vranjica TROGIR CROATIA
T. +385 21 798 222 • info@vranjica-belvedere.hr • www.vranjica-belvedere.hr

Photo: Denis Peroš, CNTB

Seget Donji/Trogir, HR-21218 / Split-Dalmatija
- Kamp Seget
- Hrvatskih zrtava 121
- 1 Apr - 20 Okt
- +385 21 88 03 94
- booking@kamp-seget.hr

1 ADEJMNOPRST KNPQSWX 6
2 GILMPQUXY ABDEF 7
3 ABEFNQR 8
4 AO GK 9
5 ABDEK AHIKOTU 10
16A CEE
1,5ha 84T(60-100m²) 40D
€ 57,90 / € 71,50
N 43°31'08" E 16°13'27" 105255
An der D8 in Seget Donji, alter Küstenweg nach rechts. Camping angezeigt. 2 km vor Trogir.

Seget Vranjica/Trogir, HR-21218 / Split-D.
- Belvedere ★★★★
- Kralja Zvonimira 62
- 14 Apr - 31 Okt
- +385 21 79 82 22
- info@vranjica-belvedere.hr

1 ADEJMNOPQRST AFKMNPSXZ 6
2 GILMPRSUVWXYZ ABDEFG 7
3 BMN ABCDEFIKNQRTUVW 8
4 ABDOQX EIKLUVWZ 9
5 ACDEFGHJKL ABDHIJOTX 10
Anzeige auf dieser Seite B 16A
15ha 320T(50-100m²) 166D
€ 68,00 / € 88,00
N 43°30'42" E 16°11'38" 105254
Von der Autobahn E65 Ausfahrt 24 Richtung Trogir. 5 km westlich von Trogir an der Küstenstraße D8: die Strecke von Sibenik nach Split.

Stobrec, HR-21311 / Split-Dalmatija
- Camping Stobrec Split ★★★★
- Sv. Lovre 6
- 1 Jan - 31 Dez
- +385 21 32 54 26
- camping.split@gmail.com

1 ADEJMNOPQRST AFKMNOPQSW 6
2 GILNPQRWXYZ ABDEFG 7
3 BEFGMU ABCDEFKNQRTUVW 8
4 AO EJLRTUX 9
5 DFGHKLMNO ABHIKOSTUXY 10
B 16A CEE
5ha 330T(70-110m²) 76D
€ 47,70 / € 59,50
N 43°30'15" E 16°31'34" 117869
5 km südlich von Split am Ortsschild Stobrec rechts. Nach 100m Camping auf der linken Seite (von der Autobahn E65 Ausfahrt 25 Richtung Split).

Ston/Dubrovnik, HR-20230 / Dubrovnik-Neretva
- Prapratno
- 1 Mai - 30 Sep
- +385 20 75 40 00

1 ADEJMNOPQRST MNOPQSWX 6
2 ABGJMPQRSXYZ ABDEFH 7
3 FN ABEFNQR 8
4 KL 9
5 ABDEK AHIKOTX 10
B 10A
4,5ha 270T(80-120m²)
€ 36,95 / € 48,60
N 42°49'04" E 17°40'34" 101024
Mit blauen Schildern weit vor Ston ausgeschildert. Schöner, breiter Weg zum CP.

Supetar, HR-21400 / Split-Dalmatija
- Boutique Camping Bunja
- Malacnica 60
- 1 Apr - 31 Okt
- +385 93 93 93 99
- info@campingbunja.com

1 ADJMNOPQRT BKVXZ 6
2 HILNTVWXYZ ABDEF 7
3 A ABCDFJKNQRTUVW 8
4 AHOX JNRV 9
5 ADEHJKN ACGHIJORTX 10
16A CEE
1ha 30T(60-130m²) 28D
€ 62,60 / € 76,60
N 43°22'52" E 16°34'42" 124872
Im Hafen von Split die Fähre nach Supetar auf der Insel Brac nehmen. Am ersten Kreisverkehr nach Verlassen der Fähre in Richtung Splitska fahren. Nach 2 km finden Sie den Campingplatz in einer Linkskurve.

Trsteno, HR-20233 / Dubrovnik-Neretva
- Auto Camp Trsteno
- 1 Apr - 30 Sep
- +385 20 75 10 60
- camping-trsteno@trsteno.hr

1 ABJMNOR NPQS 6
2 AMPQSXY ABDEF 7
3 ABEFNQ 8
4 GK 9
5 A AHIOQ 10
10A
H100 1ha 60T(60-80m²) 2D
€ 17,00 / € 17,00
N 42°42'49" E 17°58'40" 110019
An der Route 2, deutlich ausgeschildert. 2. Schild nehmen.

Vela Luka, HR-20270 / Dubrovnik-Neretva
- Auto-Kamp Mindel
- Stani 192
- 1 Jun - 15 Sep
- +385 93 93 02 88 81
- ammaricic@hotmail.com

1 BJLNOPRST LNPQW 6
2 AEGILMNQSVXY AD 7
3 MNS AEFNQR 8
4 EH KL 9
5 ABD AHIJOU 10
B 10A
H60 1ha 50T(50-140m²)
€ 23,30 / € 27,30
N 42°59'02" E 16°40'15" 110018
Von Vela Luka CP-Schildern folgen.

Zaostrog, HR-21334 / Split-Dalmatija
- Camping Viter
- A.K. Miosica 1
- 1 Apr - 31 Okt
- +385 98 70 40 18
- info@camp-viter.com

1 ACDEJMNOPQRT KMNPQSX 6
2 AHLMPSXYZ ABDEFG 7
3 A ABCDEFKNQR 8
4   9
5 D ABHIJOST 10
Anzeige auf Seite 506 B 10A CEE
1,3ha 120T 6D
€ 39,20 / € 51,60
N 43°08'21" E 17°16'50" 121410
Hinter dem Schild Zaostrog 600m rechts dem Schild Viter folgen.

Kroatien

507

Ost-Kroatien

Club iD

Ihr Pass oder Ausweis sicher in der Tasche
Die praktische ACSI Clubkarte

Nur 4,95 € im Jahr

www.ACSI.eu/ACSIClubID

Donja Stubica, HR-49240 / Krapina-Zagorje

- ▲ Terme Jezercica★★★★
- Toplicka 80
- 1 Jan - 31 Dez
- +385 49 20 06 00
- info@terme-jezercica.hr

1 ABDE**JM**NOPQRS**T**	BEGHI	6
2 CWXY	ABDE**FGH**IK	7
3 BEF**GH**MUV	ABCDEFIJKNQRS**T**UVW	8
4 **ABCE**HOR**T**UVW**XYZ**	GJLUW	9
5 EFGHIJKLNO	ABFGHIJOST**X**Y	10

B 16A CEE
H250 19ha 40**T**(68-110m²) 62**D**

€48,20
€58,20

124941

N 45°58'52" E 15°57'26"

Auf der A2 Ausfahrt 5 Zabok Richtung Mokrice, dann Oroslavje. Jetzt die 301 Stubicke Toplice, dann die 2224 nach Donja Stubica/. Unweit des Zentrums Therme Jezerciica ausgeschildert.

Duga Resa, HR-47250 / Karlovac   CC20 iD

- ▲ Camp Slapic★★★★
- Mreznicki Brig 79b
- 1 Apr - 31 Okt
- +385 98 86 06 01
- info@campslapic.hr

1 ABDE**JM**NOPQRS**T**	AJ**N**	6
2 DKQSWXYZ	ABDE**FGH**	7
3 AG**H**MN	ABCDEFI**KL**NQRUW	8
4 **A**FHIO	FILRSUV	9
5 ADEFGHLN	ABDHIJOQUX	10

B 16A CEE
2,3ha 100**T**(100-130m²) 13**D**

€36,50
€47,00

117621

N 45°25'11" E 15°29'01"

Von Karlovac die D23 Richtung Duga Resa/Senj. Von Duga Resa ist der CP angezeigt.

Grabovac/Rakovica, HR-47245 / Karlovac   CC22 iD

- ▲ Plitvice Holiday Resort★★★★
- Grabovac 102
- 1 Jan - 31 Dez
- +385 47 78 41 92
- info@plitvice.com

1 ABDE**JM**NOPQRS**T**	A	6
2 BPQRS**T**VWXYZ	ABDE**FGH**	7
3 BFG**H**JMS	ABEFIKNQR**T**UVW	8
4 **A**BDFHILOR**TUXZ**	BEGIJUW**X**	9
5 ABDFGHJKL	ABDGHJMOPQUVX	10

B 16A CEE
H460 5ha 110**T**(70-180m²) 53**D**

€42,30
€48,50

105228

N 44°58'20" E 15°38'51"

D1 Karlovac-Plitvice. 8 km vor Plitvice in Grabovac gegenüber der INA Tankstelle und neben Restaurant ATG-Turist.

Reisepause auf dem **NEUEN CAMPINGPLATZ** in der Terme Tuhelj in Kroatien. **Kostenloses Schwimmen für alle Campinggäste.**

INFORMATIONEN:
booking@terme-tuhelj.hr /
+385 49 203 750

Rakitje, HR-10437 / Zagreb

- ▲ Camp Zagreb★★★★
- Jezerska 6
- 1/1 - 6/1, 28/1 - 31/12
- +385 13 32 45 67
- info@campzagreb.com

1 BDE**JM**NOPQRS**T**	LNQS**T**	6
2 AFQS**T**WXY	ABDE**FG**	7
3 B**H**	ABCDEFIJKNQR**T**UVW	8
4 **HTUXY**	CIJLRV	9
5 DFGHJL	ABFHIJMOQW	10

B 16A CEE
1,1ha 50**T**(75-100m²) 6**D**

€36,00
€36,00

122204

N 45°48'09" E 15°49'35"

Von der Hälfte des Rings um Zagreb (A2) Ausfahrt nach Ljubljana (A3) Richtung Bregana. Erste Ausfahrt rechts nach Rakitje. Ausgeschildert.

Rakovica, HR-47245 / Karlovac   iD

- ▲ Autocamp Korana★★★
- Catrnja 167
- 1 Apr - 31 Okt
- +385 53 75 18 88
- info@np-plitvicka-jezera.hr

1 ABDE**JM**NOPQRS**T**		6
2 IPQ**T**UXYZ	ABDE**F**	7
3	ABEFNQRW	8
4 **A**HO	JL	9
5 ACEHLNO	AHIJNQX	10

16A
H450 35ha 550**T** 46**D**

€34,80
€41,45

105229

N 44°57'02" E 15°38'28"

E59 von Karlovac nach Plitvice. 6 km vor Plitvice gut ausgeschildert. Links der Straße aus Richtung Karlovac kommend.

Rakovica, HR-47245 / Karlovac   iD

- ▲ Autocamp Korita
- Grabovac 319
- 15 Apr - 1 Okt
- +385 47 78 44 98
- autocampkorita@gmail.com

1 AB**JM**NOR**T**		6
2 QWXY	ABDE**F**	7
3	ABEFNQRW	8
4 HI	G	9
5 DGHL	AHIJNS**T**	10

16A
H500 1ha 31**T**(50m²) 6**D**

€24,90
€38,30

122236

N 44°57'52" E 15°38'37"

Liegt an der N1 Karlovac-Gracac in Rakovica, 30 km südlich von Slunj und 14 km nördlich vom Eingang zum Naturpark Plitvicka Jezera, entlang der Ostseite der Straße. CP ist angezeigt.

Tuheljske Toplice, HR-49215 / Krap.-Zag.   CC22 iD

- ▲ Camp Vita Terme Tuhelj★★★★★
- Ljudevita Gaja 7
- 1 Jan - 31 Dez
- +385 49 20 37 50
- booking@terme-tuhelj.hr

1 ABDE**JM**NOPQRS**T**	BEGHI	6
2 PQ**T**WXY	ABC**D**E**FGH**	7
3 B**D**FG**JMN**SU	ABCDEFIJKNQRUVW	8
4 **B**CDE**F**HJLO**QRST**UVW**XYZ**	ELV	9
5 DEFGHIJL	ABDHIJKOPQUXY	10

Anzeige auf dieser Seite   B 16A CEE
H161 2ha 56**T**(100-150m²) 36**D**

€57,50
€98,10

124077

N 46°03'58" E 15°47'07"

A2/E59, Zagreb-Ptuj (SLO), Ausf. 5-Zabok. Ca. 2km auf D307 weiter & im Kreisel 3. Ausf. Dann 11km über D205, nach dem Viadukt rechts ab. Nach 700m links über Ljudevita Gaja. Nach etwa 700m links zum CP abbiegen.

Zagreb, HR-10250 / Zagreb   iD

- ▲ Autocamp Plitvice
- Lucko bb
- 1 Mai - 30 Sep
- +385 16 53 04 44
- motel@motel-plitvice.hr

1 ABDE**JM**NOPQRS**T**		6
2 AQYZ	AB	7
3	ABEFNQRW	8
4 O	GL	9
5 ABDEHIL	AHNQX	10

16A
2ha 150**T** 56**D**

€26,50
€26,50

105251

N 45°46'26" E 15°52'40"

Komend aus dem Norden auf der A2/E59, vorbei Ausfahrt Ljubljana am Motel Plitvice über den Parkplatz zum Camping rechts. Von Süden auf der A2 Ausfahrt Marobor/Ljubljana, zurück auf der A1 Richtung Zagreb zum Motel.

Bosnien-Herzegowina

Bosnien-Herzegowina

Allgemeines
Offizieller Name: Bosnien und Herzegowina (Bosna i Hercegovina)
Bosnien und Herzegowina ist kein Mitglied der Europäischen Union.
Es wird dort Bosnisch, Kroatisch und Serbisch gesprochen. In touristischen Gebieten kommt man auch mit Englisch zurecht.
In Bosnien und Herzegowina ist es so spät wie in Berlin, Paris und Rom.

Währung und Geldfragen
Währung: Bosnische konvertible Mark (BAM).
Wechselkurs (seit 2002 fixiert):
1,00 € = ca. 1,96 BAM / 1,00 BAM = ca. 0,51 €.
Bankkarte und Kreditkarte können Sie fast überall benutzen. In großen Städten gibt es genügend Geldautomaten, auf dem Land weniger. Sorgen Sie daher dafür, genügend Bargeld bei sich zu haben, wenn Sie aufs Land reisen. Es wird empfohlen, Euros in kleinen Stückelungen bei sich zu haben.

Grenzformalitäten
Viele Formalitäten und Vereinbarungen in Bezug auf die notwendigen Reisedokumente, Fahrzeugpapiere, Anforderungen an Ihr Transportmittel und Ihr Campingfahrzeug, medizinische Kosten und die Mitnahme von Tieren hängen nicht nur vom Reiseziel, sondern auch von Ihrem Abreiseort und Ihrer Nationalität ab. Auch die Dauer Ihres Aufenthaltes kann eine Rolle spielen. Es ist unmöglich, im Rahmen dieses Leitfadens für alle Benutzer die richtigen und aktuellen Informationen über diese Themen zu gewährleisten. Wir empfehlen Ihnen daher, die folgenden Fakten in jedem Fall rechtzeitig vor der Abreise zu überprüfen:
- welche Reisedokumente Sie für sich selbst und Ihre Mitreisenden benötigen,
- welche Dokumente Sie für Ihr Auto und Ihren Anhänger benötigen,
- welche Waren und Medikamente Sie kostenlos ein- und ausführen dürfen,
- wie bei Unfall oder Krankheit die medizinische Behandlung in Ihrem Urlaubsland geregelt ist und bezahlt werden kann.

Haustiere
Finden Sie heraus, ob Ihr Haustier an Ihrem Zielort willkommen ist. Nehmen Sie hierzu frühzeitig Kontakt zu Ihrem Tierarzt auf. Dieser informiert Sie über relevante Impfungen und die entsprechenden Nachweise wie auch über Pflichten bei der Rückkehr.
Ferner sollten Sie sich erkundigen, ob an Ihrem Zielort für das Mitführen von Haustieren im öffentlichen Raum bestimmte Bedingungen gelten. So müssen in einigen Ländern Hunde immer einen Maulkorb tragen oder hinter Gittern transportiert werden.

Straßen und Verkehr
Bosnien und Herzegowina hat keine echten Autobahnen. Die zweispurigen Hauptstraßen sind oft eng und kurvenreich, aber recht gut zu befahren. Auf dem Land gibt es viele unbefestigte Straßen.
Achtung! Bitte beachten Sie das mitunter rücksichtslose Fahrverhalten von (LKW-) Fahrern, durch Schlamm oder Schnee unbefahrbare Straßen und schlecht markierte Straßenbauarbeiten. Vom Fahren im Dunkeln wird stark abgeraten.

Tanken
Bleifreies Benzin (Benzin/BMB 95 und 98) und Diesel sind leicht erhältlich, und Autogas ist ziemlich gut erhältlich. Zum Tanken von Autogas wird der italienische Anschluss (Dish) genutzt. Viele Tankstellen sind Tag und Nacht geöffnet. Sie können bar und meistens auch mit einer Kreditkarte bezahlen.

Verkehrsregeln
Abblendlicht (oder Tagfahrlicht) sind tagsüber vorgeschrieben.

Bosnien-Herzegowina

Höchstgeschwindigkeiten

Bosnien-Herzegovina	Außerhalb geschlossener Ortschaften	Schnellstraße	Autobahn
Auto	80	100	130
Mit Anhänger	80	80	80
Wohnmobil < 3,5 Tonnen	80	100	130
Wohnmobil > 3,5 Tonnen	80	80	80

Innerhalb geschlossener Ortschaften beträgt die Höchstgeschwindigkeit 50 km/h.

An einer Kreuzung mit Straßen gleichen Ranges hat der von rechts kommende Verkehrsteilnehmer Vorfahrt. Fahrzeuge im Kreisverkehr haben Vorfahrt. Straßenbahnen haben grundsätzlich immer Vorfahrt. Auf Gebirgsstraßen hat bergauffahrender Verkehr Vorfahrt vor bergabfahrendem Verkehr.
Die Alkoholgrenze liegt bei 0,3 ‰, aber bei 0 ‰ für Fahrer unter 21 Jahren.
Fahrer dürfen nur mit einer Freisprechanlage telefonieren.
Achtung! Kinder unter 12 Jahren dürfen nicht vorne sitzen; sie müssen hinten in einem Kindersitz sitzen (ein Kind bis zum Alter von 2 Jahren darf vorne in einem Kindersitz mit dem Rücken nach vorne sitzen).
Blitzerwarner sind verboten, entfernen Sie (falls erforderlich) die Standorte von Radarfallen in Bosnien und Herzegowina aus Ihrer Navigationssoftware.
Winterreifen (oder Schneeketten im Auto) sind zwischen dem 15. November und dem 15. April vorgeschrieben.

Besondere Bestimmungen

Fußgänger dürfen keine Kopfhörer oder Ohrstöpsel tragen. Außerdem müssen sie bei Dunkelheit außerhalb geschlossener Ortschaften eine Sicherheitsweste oder einen Reflektor tragen.

Vorgeschriebene Ausrüstung

Ein Warndreieck, ein Verbandskasten, ein Abschleppseil und ein Ersatzrad (oder ein Reparatursatz) sind im Fahrzeug vorgeschrieben. In Fahrzeugen, die mit Autogas oder Erdgas betrieben werden, ist ein Feuerlöscher vorgeschrieben. Sicherheitswesten sind auch für alle Insassen obligatorisch.
Achtung! In einem Auto mit Wohnwagen oder Anhänger sind zwei Warndreiecke vorgeschrieben.

Wohnwagen, Wohnmobil

Ein Wohnmobil oder ein Gespann aus Pkw und Wohnwagen darf bis zu 4 m hoch, 2,50 m breit und 18,75 m lang sein (der Wohnwagen selbst darf bis zu 12 m lang sein).

Fahrrad

Für Kinder bis 16 Jahre ist ein Fahrradhelm Pflicht.
Telefonieren und Tippen auf einem Handy sind auf dem Fahrrad verboten.
Im Dunkeln (und bei schlechter Sicht) müssen Sie eine Sicherheitsweste tragen.
Nur Erwachsene dürfen ein Kind in einem Kindersitz transportieren.

Maut und Umweltzonen

Maut

Auf einer Reihe von Routen, wie z.B. zwischen Kakovi und Sarajevo, sind Mautgebühren zu entrichten. Mehr Informationen: *jpautoceste.ba*.

Bosnien-Herzegowina

Umweltzonen
Es gibt noch keine Umweltzonen, die für ausländische Touristen von Bedeutung sind.

Panne und Unfall
Platzieren Sie das Warndreieck mindestens 100 m hinter dem Fahrzeug (2 Dreiecke nebeneinander bei einem Anhänger). Alle Insassen müssen eine Sicherheitsweste anziehen. Rufen Sie bei einer Panne die Notrufnummer Ihrer Pannenhilfe-Versicherung an. Sie können auch die örtliche Pannenhilfe (BIHAMK) unter + 387 33 12 82 anrufen. Wenn sichtbare Schäden am Auto vorhanden sind, fordern Sie einen Polizeibericht (potvrda) an; dieser muss auf dem Rückweg an der Grenze vorgelegt werden.

Notrufnummern
112: allgemeine Notrufnummer für Polizei, Feuerwehr und Rettungswagen
122: Polizei
123: Feuerwehr
124: Rettungswagen

Campen
Bosnien und Herzegowina ist ein Land für abenteuerlustige Camper. Sie können hier auf die gute alte Art auf kleinen Campingplätzen campen, auf denen man Sie herzlich empfängt. Die Bevölkerung ist freundlich und gastfreundlich.
Die bosnischen Campingplätze stellen sich zunehmend auf Camper aus dem Ausland ein. Bitte stellen Sie sich darauf ein, dass das Ausstattungsniveau niedriger ist als in den gängigen Campingländern. Immer mehr Campingplätze haben Spielplätze und es sind vielfach auch kleine Lokale vorhanden. Wildcampen außerhalb der Campingplätze ist verboten.

Besonderheiten
Heutzutage ist es in Bosnien und Herzegowina sicher zu campen. Orte, die infolge des Krieges im ehemaligen Jugoslawien nicht sicher sind, sind mit Warnschildern deutlich gekennzeichnet.
Achtung! Campinggas ist in Bosnien und Herzegowina nicht erhältlich.

Bosnien-Herzegowina

Suche nach einem Campingplatz
Über **Eurocampings.eu** können Sie ganz einfach einen Campingplatz suchen und auswählen.

Praktisch
Die Steckdosen haben zwei runde Löcher (Typ C oder F). Auf *iec.ch/world-plugs* können Sie überprüfen, ob Sie einen Adapter (Weltstecker) benötigen.

Schützen Sie sich vor Zecken, da diese Krankheiten übertragen können. Vermeiden Sie wegen Tollwutgefahr den Kontakt mit Säugetieren.
Das Trinken von Leitungswasser wird nicht empfohlen; trinken Sie Wasser aus Flaschen und verwenden Sie keine Eiswürfel.
Es wird empfohlen, nur Obst, das Sie selbst geschält haben, sowie Fleisch und Fisch, die gut durchgebraten sind, zu essen.

Klima Sarajevo	Jan.	Feb.	März	Apr.	Mai	Jun.	Jul.	Aug.	Sept.	Okt.	Nov.	Dez.
Durchschnittliche Höchsttemperatur	3	6	10	15	20	23	26	26	22	17	10	4
Durchschnittliche Anzahl der Sonnenstunden pro Tag	2	3	4	5	6	8	9	9	7	4	2	2
Durchschnittliche monatliche Niederschlagsmenge (mm)	71	67	70	74	82	91	79	71	70	77	94	85

Bosanska Krupa, BIH-77240 / Unsko-sanski

- Unakamp
- Unska bb
- 1 Apr - 1 Okt
- +387 61 97 20 71
- info@unakamp.com
- 16A

1 ABJMNOPRST JNU 6
2 BDIQXY ABDEF 7
3 AFG ABCDEFNQRW 8
4 A FJ 9
5 ADN AHIJOQU 10

N 44°54'54'' E 16°09'27''
H200 1ha 48T(bis 100m²) 8D
€17,00
€23,00
121320

Der M14 Bihac-Bosanska Krupa bis hinter das Zentrum folgen und nach ± 3 km rechts über die grüne Brücke, dann links. Straße ± 1,5 km entlang des Flusses folgen.

Jajce, BIH-70101 / Srednjobosanski

- Auto Camp Jajce
- Stjepana Tomasevica 11
- 1 Jan - 31 Dez
- +387 63 26 21 68
- jajceyh@gmail.com
- 16A CEE

1 ABJMNOPRST 7
2 DJQRSTWX ABDEFGHIJK 7
3 A ABEFNQRUVW 8
4 EFHO GV 9
5 ADFHJKNO GINRU 10

N 44°20'27'' E 17°15'45''
H470 6ha 42T 31D
€10,00
€10,00
123113

An der kleinen Holzkirche an der M5 über die Brücke, Richtung Zentrum. Nach 50m im ersten Kreisel 3/4 folgen. Nach 200m Camping links, neben der Jugendherberge

Jajce, BIH-70101 / Srednjobosanski

- Plivsko Jezero****
- Mile bb
- 15 Apr - 15 Okt
- +387 30 64 72 10
- booking@jajcetours.com
- B 16A CEE

1 ADEJMNOPRST LNU 6
2 EIQXYZ ABDEFGIJK 7
3 AFJMNOS ABEFGINQRW 8
4 AEFIJO JLORUV 9
5 ADEHKN AHIJOSTU 10

N 44°21'10'' E 17°13'37''
H428 2,5ha 120T(100-150m²) 16D
€20,45
€20,45
121322

CP liegt an der Strecke Jajce-Mrkonjic Grad (E761/5), ± 5 km von Jajce. Am Hotel Plivsko Jezero abbiegen, dann der Straße weiter folgen.

Konjic, BIH-88400 / Hercegovacko-neretvanski

- Ekoselo Boracko Jezero
- Boracko Jezero bb
- 1 Mai - 30 Okt
- +387 33 20 02 49
- ekoselo-bih@ekoselo-bih.com
- N 16A

1 ABDEJMNOPQRST JLNU 6
2 BDFIJKPQRSTWXYZ ABDFIJK 7
3 ABFGM ABCDEFNQRW 8
4 AEFIJO FLU 9
5 ADEFHJKLN AHIKLORSU 10

N 43°33'25'' E 18°01'44''
H500 7ha 78T(100-200m²) 22D
€18,90
€18,90
122567

Von Konjic gibt es einen Weg durch die Berge (12% Steigung) zum Campingplatz. Ist ausgeschildert.

Medugorje, BIH-88266 / Hercegovacko-neretvanski

- Camp Zemo Medugorje
- Sivrici 21
- 1 Jan - 31 Dez
- +387 36 65 18 78
- jakov.sivric@tel.net.ba
- 16A CEE

1 ABJMNOPQRST 6
2 PSXZ ABDE 7
3 X ABEFNRW 8
4 GV 9
5 DKN ABHIJOQ 10

N 43°11'41'' E 17°40'28''
H187 0,8ha 100T(100m²) 45D
€10,00
€10,00
121309

Beschilderung Medugorje folgen. Im Zentrum ist der Camping ausgeschildert.

Medugorje, BIH-88266 / Hercegovacko-neretvanski

- Fo'rest village resort
- Majke Terezije 23
- 1 Jan - 31 Dez
- +387 36 64 42 93
- info@for-rest.ba
- B 16A

1 ABDEJMNOPQRST ABFGIJ 6
2 PQSTWXY ABFGIJ 7
3 CFNUX ABEFJNQRTU 8
4 O IJ 9
5 ADFHJLN FGHIJOQU 10

N 43°11'48'' E 17°39'43''
H162 0,4ha 30T(80-120m²) 29D
€20,45
€20,45
125193

Neben der R425a gelegen. Der Campingplatz ist an dieser Straße ausgeschildert.

Mostar, BIH-88000 / Unsko-sanski

- Auto Camp Green Park
- Žitomislici bb
- 1 Jan - 31 Dez
- +387 63 49 06 83
- info@greenpark.ba
- 16A

1 ABJMNOPQRST JMN 6
2 BDIJKMQRXYZ F 7
3 BC ABCDEFNQRW 8
4 HIO AIV 9
5 ADHJLMN AFGHIJOQU 10

N 43°12'22'' E 17°47'28''
5ha 72T(100-120m²) 7D
€20,45
€20,45
124944

Der Camping liegt an der M17, 18 km südlich von Mostar im Ort Žitomislic.

Mostar, BIH-88000 / Hercegovacko-neretvanski

- Mali Wimbledon***
- Blagaj bb
- 1 Jan - 31 Dez
- +387 61 20 43 00
- ibrozalihic@hotmail.com
- 16A

1 ABJMNOPQRST ANU 6
2 IPQSXYZ ABFGIJ 7
3 AFNOSX ABEFNQRW 8
4 HO AGUV 9
5 DHN AGHJOQUV 10

N 43°15'48'' E 17°52'41''
0,7ha 62T(bis 80m²) 7D
€21,45
€23,50
121306

E73 von Dubrovnik-Mostar. Ist gut ausgeschildert (an der Strecke von Nevesinge-Gacko).

Patkovina/Foca, BIH-73300 / Focanska regija

- Auto Camp Drina
- 1 Mai - 30 Sep
- +387 65 59 14 60
- autocampdrina@gmail.com
- 16A

1 ABJMNOPQRST JNUV 6
2 DIKPQXY ABF 7
3 F ABEFNQRW 8
4 AEF FGRT 9
5 ADHJKN AHJOQ 10

N 43°31'47'' E 18°47'00''
H384 0,8ha 50T(100m²) 21D
€19,50
€22,75
121339

Die E762 von Sarajevo nach Foca. Den Schildern Autocamp folgen.

Sarajevo/Ilidza, BIH-71000 / Sarajevo

- Autocamp Oaza***
- IV Viteske brigade 3
- 1 Jan - 31 Dez
- +387 33 72 60 00
- oaza@hotelilidza.ba

1 ABDEJMNOPQRST 6
2 APQXYZ ABFG 7
3 BFNX ABEFNQRW 8
4 EFH IU 9
5 ADFHJLN AGHIJO 10

N 43°49'41'' E 18°17'48''
H500 2,2ha 150T(100-150m²) 60D
€26,60
€26,60
121314

M17 Sarajevo-Mostar. An der Ausfahrt Ilidza/Mostar Richtung Mostar. Nach etwa 200m die Ausfahrt Ilidza nehmen. Danach ist der CP ausgeschildert.

Sarajevo/Ilidza, Sarajevo

- Rimski Most
- Blazujski Drum 80
- 1 Jan - 31 Dez
- +387 76 11 90
- info@hotel-rimskimost.com
- 16A CEE

1 ABCDEJMNOPQRST JN 6
2 DPQWXY ABEFIK 7
3 F ABEFNQRUV 8
4 9
5 ADEHJKLN AHIKOQ 10

N 43°49'58'' E 18°17'13''
H525 8,6ha 30T(80-100m²)
€17,90
€19,95
123308

Von Ilidza auf die M17 und dann den Campingschildern folgen.

Sarajevo/Ilidza, BIH-71210 / Sarajevo

- Camping Sarajevo
- Mratnjevace 57
- 1 Apr - 31 Okt
- +387 61 19 09 27
- info@camp-sarajevo.com
- 16A

1 ABJMNOPQRST N 6
2 ABCIQSTXY ABDEF 7
3 A ABEFNQRUV 8
4 F 9
5 AN ABFGHIJOQU 10

N 43°50'20'' E 18°15'52''
H507 4ha 40T(50-100m²)
€23,00
€23,00
123115

Auf der M17 Richtung Mostar. An der Ausfahrt Blazuj der Beschilderung folgen. Autobahn M17 bei Vlakovo verlassen und der Beschilderung folgen.

Bosnien-Herzegowina

Griechenland

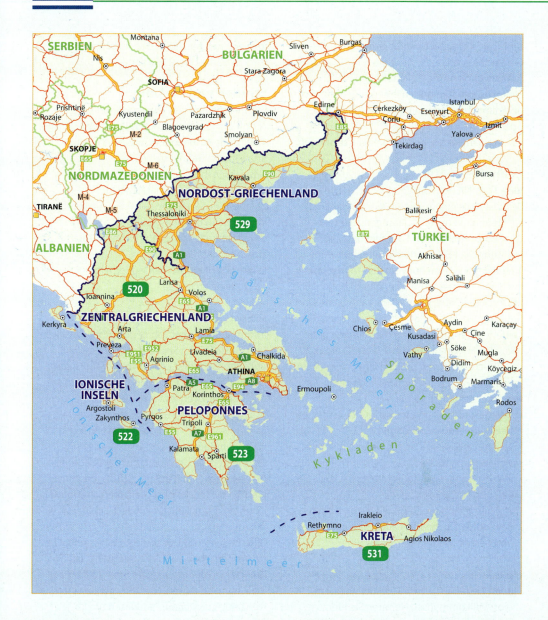

Allgemeines
Offizieller Name: Hellenische Republik (Ellinikí Dimokratía).
Griechenland ist Mitglied der Europäischen Union. Griechisch ist die offizielle Sprache. In touristischen Gebieten kommt man meistens auch mit Englisch und Deutsch zurecht.

Zeitunterschied: In Griechenland ist es eine Stunde später als in Berlin, Paris und Rom.

Währung und Geldfragen
Währung: Euro.
Bankkarte und Kreditkarte können Sie fast überall benutzen. In den Städten

Griechenland

und Touristengebieten gibt es genug Geldautomaten.
Achtung! Wenn Sie Geld abheben wollen: Einige Automaten geben Ihnen zuerst das Geld und dann Ihre Karte mit Pincode (Bankkarte oder Kreditkarte).
Es ist ratsam, genügend Bargeld mitzubringen.

Grenzformalitäten

Viele Formalitäten und Vereinbarungen in Bezug auf die notwendigen Reisedokumente, Fahrzeugpapiere, Anforderungen an Ihr Transportmittel und Ihr Campingfahrzeug, medizinische Kosten und die Mitnahme von Tieren hängen nicht nur vom Reiseziel, sondern auch von Ihrem Abreiseort und Ihrer Nationalität ab. Auch die Dauer Ihres Aufenthaltes kann eine Rolle spielen. Es ist unmöglich, im Rahmen dieses Leitfadens für alle Benutzer die richtigen und aktuellen Informationen über diese Themen zu gewährleisten. Wir empfehlen Ihnen daher, die folgenden Fakten in jedem Fall rechtzeitig vor der Abreise zu überprüfen:
- welche Reisedokumente Sie für sich selbst und Ihre Mitreisenden benötigen,
- welche Dokumente Sie für Ihr Auto und Ihren Anhänger benötigen,
- welche Waren und Medikamente Sie kostenlos ein- und ausführen dürfen,
- wie bei Unfall oder Krankheit die medizinische Behandlung in Ihrem Urlaubsland geregelt ist und bezahlt werden kann.

Haustiere

Finden Sie heraus, ob Ihr Haustier an Ihrem Zielort willkommen ist. Nehmen Sie hierzu frühzeitig Kontakt zu Ihrem Tierarzt auf. Dieser informiert Sie über relevante Impfungen und die entsprechenden Nachweise wie auch über Pflichten bei der Rückkehr.
Ferner sollten Sie sich erkundigen, ob an Ihrem Zielort für das Mitführen von Haustieren im öffentlichen Raum bestimmte Bedingungen gelten. So müssen in einigen Ländern Hunde immer einen Maulkorb tragen oder hinter Gittern transportiert werden.

Straßen und Verkehr

In Griechenland wird ein ausgedehnteres Autobahnnetz aufgebaut. Auf den griechischen Inseln, mit Ausnahme von Kreta, ist das Straßennetz begrenzt.
Das Fahren in Griechenland birgt Risiken aufgrund des manchmal schlechten Zustands des Straßenbelags, des großen Verkehrsaufkommens in den Städten und in deren Umkreis sowie zahlreicher Autofahrer, die zu schnell fahren.
Es wird nicht empfohlen, außerhalb der Städte im Dunkeln zu fahren.

Fähren

Informationen über Fahrzeiten, Abfahrtszeiten und Preise finden Sie bei Reedereien wie **europeanseaways.com**, **grimaldi-lines.com**, **minoan.gr**, **directferries.com**, **superfast.com** und **ventourisferries.com**. Die Preise hängen u. a. von der Saison und der Abfahrtszeit ab. Es ist ratsam, rechtzeitig eine Reservierung vorzunehmen.
Erkundigen Sie sich vorab bei der Reederei, ob Gasflaschen mit auf das Schiff genommen werden dürfen. Es ist oft verboten, Kraftstoff in einem Ersatzkanister auf dem Schiff mitzunehmen.
Bitte beachten Sie, dass die Anzahl der Plätze für Wohnmobile auf Fähren begrenzt ist. Wenn Sie in der Hochsaison über Italien nach Griechenland fahren, ist es empfehlenswert, frühzeitig zu buchen. Fahrkarten für Fährverbindungen zwischen den griechischen Inseln sollten am besten am Tag vor der Abfahrt gekauft werden.

Tanken

Bleifreies Benzin (Unleaded und Super plus 100) und Diesel (Petroleo) sind leicht erhältlich.

Griechenland

Auch Autogas ist leicht erhältlich; zum Tanken wird der italienische Anschluss (Dish) genutzt. Tankstellen in Großstädten und in deren Umkreis sind in der Regel 24 Stunden am Tag geöffnet, an anderen Orten häufig zwischen 7:00 und 21:00 Uhr. An vielen bemannten Tankstellen werden Sie bedient und es ist üblich, Trinkgeld zu geben.
Es ist oft verboten, Kraftstoff in einem Ersatzkanister auf Schiffen mitzunehmen.

Verkehrsregeln

Abblendlicht ist bei schlechter Sicht, im Dunkeln und in Tunneln vorgeschrieben.
An einer Kreuzung mit Straßen gleichen Ranges hat der von rechts kommende Verkehrsteilnehmer Vorfahrt. In einem Kreisverkehr ohne Vorfahrtsschild (oder Ampel) müssen Fahrer im Kreisverkehr den Fahrern von rechts Vorfahrt gewähren. Auf Gebirgsstraßen hat bergauffahrender Verkehr Vorfahrt vor bergabfahrendem Verkehr.
Der Alkoholgrenzwert beträgt 0,5 ‰, aber 0,2 ‰ für Fahrer, die ihren Führerschein seit weniger als 2 Jahren besitzen.
Sie dürfen nur mit Freisprechanlage telefonieren und keine Kopfhörer oder In-Ear-Kopfhörer tragen.
Kinder unter einer Größe von 1,35 m müssen in einem Kindersitz sitzen.
Winterreifen sind nicht vorgeschrieben.

Besondere Bestimmungen

Das Rauchen im Auto ist in der Gegenwart eines Kindes unter 12 Jahren verboten.
Es wird empfohlen, den lokalen Verkehrsteilnehmern, wie beispielsweise landwirtschaftlichen Fahrzeugen, in ländlichen Gebieten immer Vorfahrt zu gewähren.
Das Parken ist unter anderem entlang einer gelben Linie verboten.

Vorgeschriebene Ausrüstung

Ein Warndreieck, ein Verbandskasten und ein Feuerlöscher sind im Fahrzeug vorgeschrieben. Sicherheitswesten und eine Taschenlampe werden ebenfalls zur Mitnahme empfohlen.

Wohnwagen, Wohnmobil

Ein Wohnmobil oder ein Gespann aus Auto und Wohnwagen darf bis zu 4 m hoch, 2,55 m breit und 18 m lang sein (der Wohnwagen selbst darf bis zu 12 m lang sein).

Fahrrad

Ein Fahrradhelm ist nicht vorgeschrieben. Telefonieren und Tippen auf einem Handy sind auf dem Fahrrad verboten.
Sie dürfen keinen Fahrgast auf dem Gepäckträger mitnehmen (aber ein Kind in einem Kindersitz).
Nebeneinander Rad fahren ist verboten.

Höchstgeschwindigkeiten

Griechenland	Außerhalb geschlossener Ortschaften	Autobahn
Auto	90/110*	130*
Mit Anhänger	80	80
Wohnmobil < 3,5 Tonnen	90/110*	130*
Wohnmobil > 3,5 Tonnen	80	80

*Die Höchstgeschwindigkeit ist durch Schilder angegeben.
Innerhalb geschlossener Ortschaften beträgt die Höchstgeschwindigkeit 50 km/h.

Griechenland

Maut und Umweltzonen

Maut
Auf den meisten griechischen Autobahnen müssen Sie Mautgebühren zahlen. Führen Sie Bargeld mit sich. Nicht alle Zahlungsmittel werden überall akzeptiert.
Wenn Sie mit dem Auto und Wohnwagen reisen, zahlen Sie oft den doppelten Preis. Für Wohnmobile ist der Preis oft noch höher. Weitere Informationen finden Sie auf den Webseiten der Straßenmeistereien *egnatia.eu*, *kentrikiodos.gr*, *en.aodos.gr*, *aegeanmotorway.gr*, *gefyra.gr*, *moreas.com.gr*, *neaodos.gr*, *olympiaodos.gr* und unter *vriskoapostasi.gr*.

Umweltzonen
Es gibt noch keine Umweltzonen, die für ausländische Touristen von Bedeutung sind. Athen hat zwar eine Umweltzone, aber diese gilt für Fahrzeuge mit griechischem Kennzeichen, mit Ausnahme von Mietwagen.

Panne und Unfall
Stellen Sie Ihr Warndreieck mindestens 100 m hinter Ihrem Fahrzeug auf, wenn dieses für andere Verkehrsteilnehmer nicht gut sichtbar ist. Allen Insassen wird empfohlen, eine Sicherheitsweste anzuziehen.
Rufen Sie bei einer Panne die Notrufnummer Ihrer Pannenhilfe-Versicherung an.

Notrufnummer
112: allgemeine Notrufnummer für Polizei, Feuerwehr und Rettungswagen
100: Polizei
199: Feuerwehr
166: Rettungswagen
171: Touristenpolizei

Campen
Die meisten Campingplätze sind von sehr ordentlicher Qualität. Die Sanitäranlagen sind manchmal etwas veraltet, aber meist gut gepflegt. Campingplätze mit abgegrenzten Stellplätzen befinden sich auf dem Festland und der Halbinsel Peloponnes. Die Campingplätze auf den kleineren griechischen Inseln sind hauptsächlich für Zeltcamper bestimmt. Bitte beachten Sie, dass in der Vor- und Nachsaison die meisten Campingplätze am Meer viel

Griechenland

ruhiger sind als im Juli und August. Es ist möglich, dass Sie dann nicht alle Einrichtungen nutzen können.
Wildcampen außerhalb der Campingplätze ist verboten.

Wohnwagen, Wohnmobil
Bitte beachten Sie, dass auf den griechischen Inseln die Anzahl der Stellplätze für Wohnwagen und Wohnmobile begrenzt ist.

Suche nach einem Campingplatz
Über *Eurocampings.eu* können Sie ganz einfach einen Campingplatz suchen und auswählen.

Praktisch
Die Steckdosen haben zwei runde Löcher (Typ C und F). Auf *iec.ch/world-plugs* können Sie überprüfen, ob Sie einen Adapter (Weltstecker) benötigen.
Schützen Sie sich vor Zecken, da diese Krankheiten übertragen können. Vermeiden Sie wegen Tollwutgefahr den Kontakt mit Säugetieren.
Leitungswasser kann bedenkenlos getrunken werden, kann aber leicht gechlort sein. Viele Menschen trinken Wasser aus Flaschen.

Klima Athen	Jan.	Feb.	März	Apr.	Mai	Jun.	Jul.	Aug.	Sept.	Okt.	Nov.	Dez.
Durchschnittliche Höchsttemperatur	13	14	16	20	26	31	34	33	29	12	18	14
Durchschnittliche Anzahl der Sonnenstunden pro Tag	4	5	6	8	9	11	12	12	9	7	5	4
Durchschnittliche monatliche Niederschlagsmenge (mm)	57	47	41	31	23	11	6	6	14	53	58	69

Klima Iraklio (Kreta)	Jan.	Feb.	März	Apr.	Mai	Jun.	Jul.	Aug.	Sept.	Okt.	Nov.	Dez.
Durchschnittliche Höchsttemperatur	16	16	17	20	23	27	29	29	27	24	21	18
Durchschnittliche Anzahl der Sonnenstunden pro Tag	4	4	5	8	9	12	14	12	10	7	6	4
Durchschnittliche monatliche Niederschlagsmenge (mm)	94	67	49	29	16	3	1	1	17	17	67	89

Klima Rhodos	Jan.	Feb.	März	Apr.	Mai	Jun.	Jul.	Aug.	Sept.	Okt.	Nov.	Dez.
Durchschnittliche Höchsttemperatur	15	16	17	19	23	26	28	28	27	24	20	17
Durchschnittliche Anzahl der Sonnenstunden pro Tag	5	5	7	8	10	12	13	12	11	8	6	5
Durchschnittliche monatliche Niederschlagsmenge (mm)	165	100	90	20	20	1	0	0	10	80	100	100

Klima Thessaloniki	Jan.	Feb.	März	Apr.	Mai	Jun.	Jul.	Aug.	Sept.	Okt.	Nov.	Dez.
Durchschnittliche Höchsttemperatur	9	11	14	19	25	29	32	31	27	21	15	11
Durchschnittliche Anzahl der Sonnenstunden pro Tag	4	5	5	8	9	10	12	11	8	6	4	4
Durchschnittliche monatliche Niederschlagsmenge (mm)	37	38	41	38	44	30	24	20	27	41	54	55

Zentralgriechenland

Agios Serafim, GR-35009 / Fthiotis

▲ Venezuela	**1** ADEJMNOPRS**T** KMNQSWX 6
Kamena Vourla	**2** AHJMQRSWXYZ ABDE**F**HI 7
1 Mai - 30 Sep	**3** A ABEFNQRTUW 8
+30 22 35 04 16 91	**4** O 9
@ camping@venezuela.gr	**5** ABDFLMN GHIJ**O**Q 10
	B 10A ❶ €24,00
	1,6ha 90T(60-80m²) ❷ €31,00
N 38°49'23'' E 22°42'56''	106279
Von der E75 Athen-Thessaloniki, Ausfahrt Molos. Dann den Schildern folgen.	

Delphi, GR-33054 / Fokis

▲ Delphi Camping Cat.A	**1** ADEILNOPRS**T** A 6
Delphi-Itea Road	**2** IPRSVWYZ ABDE**F**HJ 7
1 Jan - 31 Dez	**3** AM ABEFKNQRW 8
+30 22 65 08 27 45	**4** **AE**FO D 9
@ info@delphicamping.com	**5** ABDLM A**G**HIJL**O** 10
	B 10A ❶ €29,50
	H380 2,2ha 100T(60-80m²) 2**D** ❷ €39,50
N 38°28'42'' E 22°28'31''	106248
Liegt an der Straße Itea-Delphi, 4 km vor Delphi.	

Athen, GR-12136 / Attiki

▲ Camping Athens	**1** ADJMNOPQRS**T** 6
198 Leofor. Athinon	**2** APRSYZ ABDE**FG**H 7
1 Jan - 31 Dez	**3** ABEFNQRW 8
+30 21 05 81 41 14	**4** 9
@ info@campingathens.com.gr	**5** ABDELM ABCGHIO 10
	Anzeige auf dieser Seite 16A ❶ €34,00
	1,4ha 66T(40-60m²) ❷ €48,00
N 38°00'32'' E 23°40'20''	106336
Von Norden aus Thessaloniki-Lamia die E75 Athen-Pireas, zweiten Ausfahrt rechts Richtung E94 Korinthos (alt Nat.Road Nr.8). Nach 2,2 km CP rechts der Straße.	

Delphi/Fokis, GR-33054 / Fokis

▲ Chrissa Camping Cat.A	**1** AD**J**MNOPRS**T** AF 6
1 Apr - 31 Okt	**2** IPRSUVYZ ABDE**F**HJ 7
+30 22 65 08 20 50	**3** A ABCDEFNQRW 8
@ info@chrissacamping.gr	**4** E**O** IJK 9
	5 ABDEFJLM GHIJLOT 10
	16A ❶ €26,00
	H152 1,6ha 65T(80-100m²) 12**D** ❷ €37,00
N 38°28'25'' E 22°27'30''	106247
Der CP liegt 7 km westlich von Delphi, an der Straße Delphi-Itea.	

Delphi, GR-33054 / Fokis

▲ Apollon Cat.A	**1** ADEILNOPRS**T** A 6
1 Jan - 31 Dez	**2** IPRVWYZ ABDE**F**HJ 7
+30 22 65 08 27 50	**3** AFM ABEFKNQRUW 8
@ apollon4@otenet.gr	**4** E**F**O ADJV 9
	5 ABDFHLMN F**G**HIJ**O**Q 10
	B 16A ❶ €30,00
	H600 2,5ha 120T(30-70m²) 29**D** ❷ €40,00
N 38°29'02'' E 22°28'32''	106249
CP liegt als erster CP an der Straße Delphi-Itea.	

Eretria (Evia), GR-34008 / Evvoia

▲ Camping Milos	**1** ADEJMNOPQRST AKMNOPQSW**X**Y 6
15 Apr - 30 Sep	**2** HIJLPQRSWYZ ABDE**F**IJ 7
+30 22 29 06 04 20	**3** AGM ABEFNQRW 8
@ info@camping-in-evia.gr	**4** JO DZ 9
	5 ABDEHNO BGHIJ**O**Q 10
	B 16A ❶ €25,00
	1,8ha 40T(25-64m²) 59**D** ❷ €31,00
N 38°23'29'' E 23°46'32''	106333
Insel Evia, Straße 44. CP 1,5 km vor Eretria rechts der Straße. Gut ausgeschildert.	

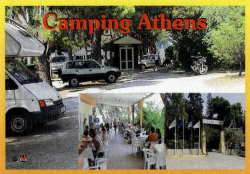

Camping Athens

Campingplatz 7 km westlich von Athen an der Nationalstraße Athen-Korinth. Auf dem Gelände viele Bäume und Sträucher und rund 66 Plätze. Alle 10 Minuten Bus (Haltestelle gleich nebenan) zur Stadtmitte Athen. Minimarkt, Restaurant/Bar und Internet auf dem Camping. Von Süden her (Peloponnes) nimmt man die Nationalstraße 8 Athen-Piräus. Weiter Richtung Athen liegt der Platz auf der linken Seite der 10-spurigen Straße. Auf der rechten Spur bleiben und nach etwa 1,2 km einen U-Turn (über die Fahrbahn) zurück zum Camping machen. **Reservierung empfohlen.**

198 Leofor. Athinon, 12136 Athen
Tel. +30 2105814114
Fax +30 2105820353
E-Mail: info@campingathens.com.gr
Internet: www.campingathens.com.gr

Igoumenitsa, GR-46100 / Thesprotia

- Camping Drepanos
- Drepanos Beach
- 1 Jan - 31 Dez
- +30 26 65 02 69 80
- camping@drepano.gr
- N 39°30'37" E 20°13'16"

1 ADEJMNOPQRSTU — KMNPQSWXY 6
2 HIJPSXYZ — ABDEF 7
3 AG — ABEFNQRW 8
4 H — AEVXZ 9
5 ABDFHJLO — AHIOST 10
Anzeige auf dieser Seite B 6-16A — €33,00
5ha 80T (30-100m²) 13D — €41,00
111496

Von Igoumenitsa aus die Küstenstraße in nördliche Richtung. Am Ortsausgang den Hinweisen Drepanos Beach folgen.

Camping Drepanos
Drepanos Beach, 46100 Igoumenitsa
Tel. +30 26650 26980
E-Mail: camping@drepano.gr
Internet: www.drepano.gr

Camping an einem sanft abfallenden Sandstrand bei einem wunderschönen Naturgebiet. Auf einer Landzunge mit dem Meer auf beiden Seiten. Restaurant mit herrlicher griechischer Küche. Beach Bar mit Liegen und Sonnenschirmen (gratis). Neues Sanitär (2018).
Willkommen!

Itea/Kirra, GR-33200 / Fokis

- Ayannis
- G.Maketon 17
- 1 Mai - 30 Okt
- +30 22 65 03 25 55
- ma3034@acgmail.gr
- N 38°25'28" E 22°27'32"

1 ADJMNOPRST — KMNPQSWX 6
2 GMQRSVWZ — ADFH 7
3 — AEFNOR 8
4 O — D 9
5 ADN — HIJNQ 10
6A — €24,00
2,2ha 120T 2D — €32,00
106250

Ab der Strecke Nafpaktos nach Itea. Dort nach Itea rein, dann rechts ab Richtung Desfina. Nach 2 km liegt der CP rechts der Strecke.

Kanali/Preveza, GR-48100 / Preveza

- Monolithi Camping
- 1 Apr - 31 Okt
- +30 69 89 92 58 90
- info@campingmonolithi.gr
- N 39°02'53" E 20°42'23"

1 ADHKNORT — KM 6
2 AGIJPRWYZ — ABDEF 7
3 — ABEFNR 8
4 OPQ — ADF 9
5 ABDFHIJN — BHJ 10
10-16A CEE — €25,00
3,7ha 17T 21D — €34,00
106189

1,5 km hinter Kanali Richtung Preveza. An der 3er-Gabelung geradeaus. Der CP liegt links der Strecke.

Milina (Pilion), GR-37013 / Magnisia

- Olizon
- 1 Mai - 30 Sep
- +30 24 23 06 52 36
- olizon-m@otenet.gr
- N 39°09'53" E 23°13'00"

1 ADJMNOPQRST — KNPQSWXY 6
2 HJLPSVWYZ — ABD 7
3 — ABEFNQRW 8
4 FO — GIXZ 9
5 ABDHJKMNO — ABHIJNQ 10
16A — €32,50
8ha 65T 23D — €40,50
109618

Von Volos, Richtung Pilion/Argalasti. Hinter Argalasti nach Milina, CP gut ausgeschildert, etwas außerhalb des Dorfes Milina, Richtung Trikeri.

Kastraki/Kalambaka, GR-42200 / Trikala

- Meteora Garden
- Odos Ioanninon
- 1 Apr - 30 Okt
- +30 24 32 07 55 66
- campingmeteoragarden@gmail.com
- N 39°42'31" E 21°36'34"

1 AJMNORST — A 6
2 QSZ — ABDEFH 7
3 AF — ABEFNQR 8
4 — G 9
5 ADEK — AHIKNQ 10
B 16A — €20,00
H350 1ha 120T (40-100m²) 8D — €20,00
106202

CP 1 km außerhalb von Kalambaka, an der Straße rechts von Kalambaka nach Ioannina. Gut ausgeschildert.

Parga/Lichnos, GR-48060 / Preveza

- Enjoy Lichnos
- 1 Apr - 25 Okt
- +30 26 84 03 13 71
- holidays@enjoy-lichnos.net
- N 39°17'01" E 20°25'59"

1 AJMNORT — KNQSWX 6
2 HJOPQRSVYZ — ABEFH 7
3 A — ABEFKNQR 8
4 AJO — GHILMPQRT 9
5 ACDEFHJKM — ABHIJOQ 10
B 5-16A — €31,00
4,8ha 150T 31D — €40,00
101589

Von Igoumenitsa Richtung Parga. Richtung Parga abzweigen. 3 km vor Parga, links der Straße liegt das Camping an der Bucht. Oder die neue Straße von Igoumenitsa nach Ioánnina, Ausfahrt Parga.

Kastraki/Kalambaka, GR-42200 / Trikala

- Vrachos Kastraki
- 1 Jan - 31 Dez
- +30 24 32 02 22 93
- tsourvaka@yahoo.gr
- N 39°42'48" E 21°36'57"

1 AJMNOQRST — A 6
2 PQSYZ — ABDEFJ 7
3 AF — ABCDEFKNQR 8
4 JO — G 9
5 ABDEJKLMN — AHIJNQU 10
16A — €26,00
H350 3,5ha 300T 10D — €38,00
100596

In der Ortseinfahrt von Kalambaka, die Straße nach Kastraki nehmen. CP liegt 1 km weiter an Straße zu den Meteoraklöstern. Vor dem CP ist eine Bushaltestelle.

Plataria/Igoumenitsa, GR-46100 / Thesprotia

- Elena's Beach
- 1 Apr - 31 Okt
- +30 26 65 07 14 14
- info@campingelena.gr
- N 39°27'37" E 20°15'40"

1 ADEJMNOPQRST — KMNPQSWXZ 6
2 HILMQRSUVWYZ — ABDEFH 7
3 A — ABEFNR 8
4 O — DGHORSTXZ 9
5 ABDFHLMNO — ABHIJNST 10
B 6-8A — €26,50
15ha 50T 5D — €33,50
110678

An Straße von Igoumenitsa nach Plataria - an der Meeresseite - 8 km hinter Igoumenitsa. 2 km vor Plataria, gut ausgeschildert.

Kastri (Pilion), GR-37006 / Magnisia

- Kastri Beach
- Kastri
- 15 Mai - 30 Sep
- +30 24 23 07 12 09
- annagtn@yahoo.gr
- N 39°08'38" E 23°18'19"

1 ADEJMNOPQRT — KMNPQSWX 6
2 GIJSTVXYZ — ABDEF 7
3 G — AEFNOQRW 8
4 O — L 9
5 ABDFHJKNO — AHIJNQU 10
B 6-10A — €27,00
1,6ha 40T — €35,00
111394

In Volos Richtung Pilio-Argalasti. Dann Richtung Platanias. An der Kreuzung CP gut ausgeschildert. Befestigte, enge Straße mit sehr steilen, scharfen Kurven.

Plataria/Igoumenitsa, GR-46100 / Thesprotia

- Kalami Beach
- 1 Apr - 15 Okt
- +30 26 65 07 12 11
- info@campingkalamibeach.gr
- N 39°28'25" E 20°14'27"

1 ADEJMNOPQRST — KNPQSWXYZ 6
2 HILPSUVYZ — ABEFGH 7
3 — ABCDEFNQR 8
4 O — FXZ 9
5 ABDEHLMNO — ABGHIJOQ 10
Anzeige auf dieser Seite 4-10A — €30,00
1,2ha 67T 2D — €38,00
106182

An der Straße von Igoumenitsa nach Plataria. 7 km hinter Igoumenitsa erster CP auf der rechten Straßenseite, deutlich ausgeschildert.

Kato Gatzea (Pilion), GR-37010 / Magnisia

- Hellas
- Kato Gatzea
- 1 Jan - 31 Dez
- +30 24 23 02 22 67
- info@campinghellas.gr
- N 39°18'40" E 23°06'33"

1 ACDEJMNOPQRST — KMNPQSWXYZ 6
2 HIJPQRSVYZ — ABDEFH 7
3 — ABEFJNQRTW 8
4 FHO — DLXZ 9
5 ABDEFGHJLMNO — ABDGHIJLOPQ 10
B 16A — €32,00
2ha 120T 1D — €42,00
106284

In Volos nach Pilio/Argalasti. Nach 18 km zwischen Kato Gatzea und Kala Nera. Gut ausgeschildert.

KALAMI BEACH CAMPING

- geselliger Familiencamping
- 6 km von Igoumenitsa Richtung Süden
- Terrassencamping an einer prächtigen Bucht
- Mama kocht original griechisch
- freundlicher Empfang

46100 Plataria/Igoumenitsa • Tel. 26650-71211
Internet: www.campingkalamibeach.gr
E-Mail: info@campingkalamibeach.gr

Kato Gatzea (Pilion), GR-37300 / Magnisia

- Sikia
- Kato Gatzea
- 10 Jan - 20 Dez
- +30 24 23 02 22 79
- info@camping-sikia.gr
- N 39°18'37" E 23°06'33"

1 ACDEJMNOPQRST — KMNOPQSWXYZ 6
2 HIJMPQRSVWXYZ — ABDEFHIJ 7
3 AF — ABCDEFGINOQRTW 8
4 AEFHIO — AGILXZ 9
5 ACDEFGHJLMN — ABDGHIJLOSTU 10
B 16A — €33,00
3ha 120T 40D — €44,00
106285

In Volos Richtung Pilion/Argalasti. Nach 18 km CP in Kato Gatzea gut ausgeschildert.

Griechenland

Plataria/Igoumenitsa, GR-46100 / Thesprotia

- Nautilus
- Plataria Beach
- 1 Apr - 20 Okt
- +30 26 65 07 14 16
- wassosf@otenet.gr

1 ADEJMNOPQRST	AKMNPQSWXYZ 6
2 HILMSUVWXYZ	ABDEF 7
3 FG	ABEFNQRW 8
4	AFJXZ 9
5 ABDHKMN	ABGHIJNQ 10
10A	€28,50
N 39°26'38" E 20°15'29" 4,4ha 200T(50-70m²) 89D	€37,50
	106184

Auf Straße von Igoumenitsa nach Plataria und Sivota. Etwas außerhalb Plataria. In einer Kurve befindet sich der CP. Gut ausgeschildert.

Soynio/Attika, GR-19500 / Attiki

- Bacchus
- Avenue Athens Sounio
- 1 Mai - 31 Okt
- +30 22 92 03 95 72
- campingbacchus@hotmail.com

1 ACDJMNOPRST	KPQSW 6
2 BGJLOPRSUVYZ	ABDEFIJK 7
3 A	ABEFNQRU 8
4 O	AD 9
5 ABDEHK	AJNT 10
	€29,00
N 37°40'37" E 24°02'51" 1,5ha 50T(30-60m²) 67D	€37,00
	111475

Die Strecke Athen-Markopoulo-Lavrio-Sourio.

Riza/Preveza, GR-48100 / Preveza

- Acrogiali
- Riza Beach
- 1 Jan - 31 Dez
- +30 26 82 05 63 82
- campacro@gmail.com

2 AHLMPRY	KNOX 6
3	ABDEFH 7
4 OP	ABEFNOR 8
5 ABDFHJKMN	GHILZ 9
5-10A	HIJOU 10
	€23,50
N 39°08'06" E 20°35'03" 1,5ha 50T(30-100m²) 13D	€30,50
	107593

Von Igoumenitsa (50 km) Richtung Preveza (20 km), Ausfahrt Lichia rechts, dann CP (nach 1 km) am Strand.

Stylida, GR-35300 / Fthiotis

- Camping Interstation
- National Road
- 1 Jan - 31 Dez
- +30 22 38 02 38 28
- info@campinginterstation.gr

1 ADGILNOPQRST	KMNPQSWXY 6
2 AHMQRSXYZ	ABDEFHJ 7
3 BFGMN	AEFNR 8
4 O	J 9
5 ADFHLMNO	AHIKOQ 10
B 10A	€27,40
N 38°53'49" E 22°39'20" 5ha 150T(60m²) 52D	€35,60
	106246

An der Nationalstraße Athen-Thessaloniki gelegen, ca. 3 km östlich von Stylida. Siehe CP-Schilder.

Riza/Preveza, GR-48100 / Preveza

- Corali Camping
- Riza Beach
- 1 Jan - 31 Dez
- +30 69 85 74 48 16
- spiros-christopoulos@hotmail.com

1 AGJMNOPQRST	KN 6
2 AHLNQRWYZ	ABIJK 7
3 A	ABEFNR 8
4	IJL 9
5 ABDHKNO	ABHIJOST 10
16A	€26,50
N 39°08'04" E 20°35'07" 16ha 60T 30D	€36,50
	118074

Von Igoumenitsa (50 km) Richtung Preveza (20 km), Ausfahrt Lichia rechts ab, danach liegt nach 1 km der CP direkt am Meer.

Valtos/Parga, GR-48060 / Preveza

- Valtos Camping
- 1 Mai - 30 Sep
- +30 26 84 03 12 87
- info@campingvaltos.gr

1 ADJMNORT	KNQSX 6
2 GJQSZ	ABDEFH 7
3	AEFNR 8
4	IJL 9
5 ACDEFHJN	ABHIKOQ 10
	€31,00
N 39°17'08" E 20°23'23" 1ha 100T 9D	€41,00
	106186

Richtung Parga. Vor Parga rechts Richtung Valtos Beach. Ringstraße anstatt Navigation nehmen. Gut ausgeschildert. Die Straße führt zur Bucht von Parga/Valtos, dort liegt der CP rechts.

Ionische Inseln

Nur bei Angabe dieses CC-Logos wird die CampingCard ACSI akzeptiert.

Siehe auch die Gebrauchsanweisung in diesem Führer.

Dassia (Corfu), GR-49083 / Corfu — CC €20

- Karda Beach and Bungalows
- PB 225
- 1 Mai - 30 Sep
- +30 26 61 09 35 95
- campco@otenet.gr

1 ADEJMNOPQRST	AFKNPQSWX 6
2 GLMPQSWXYZ	ABDEF 7
3 AFM	ABEFNOQR 8
4 OP	AEJXZ 9
5 ACDEFHLM	ABHIJLNQ 10
Anzeige auf Seite 523 B 16A	€29,80
N 39°41'10" E 19°50'19" 2,6ha 130T(60-120m²) 65D	€38,00
	100893

Vom Korfu Hafen die Hauptstraße nach rechts (Richtung Paleokastritsa). Nach 8,5 km rechts an den Pfeilen Dassia/Kassiopi, 3,5 km weiter ist der CP rechts der Strecke. Einfahrt deutlich ausgeschildert.

Argostoli (Kefalonia), GR-28100 / Kefallinia

- Camping Argostoli
- Fanari
- 1 Mai - 30 Sep
- +30 26 71 02 34 87
- info@camping-argostoli.gr

1 AJMNORST	KNQSX 6
2 GJMSYZ	ADFG 7
3 A	AEFGNOR 8
4	A 9
5 ABDFJKM	HJOPT 10
10-16A	€26,00
N 38°11'27" E 20°28'19" 4ha 170T 10D	€34,00
	106198

Der CP liegt 1,5 km außerhalb von Argostoli, über die Küstenstraße Richtung Süden, auf der Insel Kefalonia und 6 km vom Flugplatz entfernt.

Lefkada, GR-31100 / Lefkas — CC €18

- Kariotes Beach
- Spasmeni Vrisi
- 1 Apr - 15 Okt
- +30 26 45 07 11 03
- info@campingkariotes.gr

1 AJMNOQRST	AFKX 6
2 GJPQSZ	ABDEFHI 7
3 A	ABEFNRV 8
4 O	ADGL 9
5 ABDEFKM	ABHIKOU 10
16A	€26,00
N 38°48'16" E 20°42'52" 0,8ha 75T 15D	€35,00
	106193

CP an der Hauptstraße von Lefkada nach Vasiliki. CP 2 km südlich von Lefkada-Stadt, rechts der Straße.

Dassia (Corfu), GR-49083 / Corfu

- Dionysus
- Dassia Dafnilas Bay/PB 185
- 1 Apr - 20 Okt
- +30 26 61 09 14 17
- laskari7@otenet.gr

1 ADEILNOPRST	A 6
2 LMPQSVWXYZ	ADFGHI 7
3	AEFNQRW 8
4 O	FLOUVXZ 9
5 ABDEFHKMN	GHIJNQU 10
16A CEE	€29,10
N 39°39'53" E 19°50'41" 2ha 107T(50-100m²) 55D	€37,10
	106174

Von Korfu Hafen die Hauptstraße nach rechts folgen (Richtung Paleokastritsa). Nach 8,5 km an den Pfeilen Dassia/Kassiopi rechts. 1 km weiter CP rechts der Strecke. Einfahrt deutlich ausgeschildert.

Nidri Katouna Lefkada, GR-31100 / Lefkas — CC €14

- Episkopos Beach
- National Road Lefkas-Nidri
- 1 Mai - 30 Sep
- +30 26 45 07 13 88
- campingvillageepiskopos@gmail.com

1 AJMNORT	AF 6
2 GRSZ	ABDF 7
3	AEFNQR 8
4 O	ADHJK 9
5 ADEHM	HKOQ 10
10-16A	€24,00
N 38°46'11" E 20°43'16" 0,8ha 60T 21D	€30,00
	106194

CP an der Hauptstraße von Lefkada nach Vasiliki. CP 8 km von Lefkada, rechts der Straße.

Teilkarte Ionische Inseln auf Seite 522

Paleokastritsa (Corfu), GR-49083 / Corfu

- Camping Paleokastritsa
- 25 Mai - 12 Okt
- +30 26 63 04 12 04
- paleocamping@gmail.com
- N 39°40'35" E 19°43'31"

1	ADEJMNOPQRST	AP 6
2	PRSVYZ	ADIJ 7
3	A	AEFNQ 8
4	F	ALXZ 9
5	DN	AHIJNQ10
	16A	€24,60
	1,5ha 48T 7D	€31,60

106179

An Straße nach Paleokastritsa, direkt vor dem Dorf rechts der Straße. Man kann sich kaum verfahren, da es nur eine Straße gibt.

Camping Karda Beach and Bungalows

GRATIS WiFi

- Idealer Familiencampingplatz am Meer • Tolles Schwimmbad und Planschbecken • Komfortable Mietbungalows
- Bushaltestelle am Campingplatz
- Ermäßigung in der Nebensaison

Adresse: 49083 Dassia (Korfu),
(Postadresse: P.B. 225, 49100 Korfu) • Tel. und Fax 26610-93595
E-Mail: campco@otenet.gr • Internet: www.kardacamp.gr

Sami (Kefalonia), GR-28080 / Kefallinia

- Camping Karavomilos Beach
- 1 Apr - 15 Okt
- +30 26 74 02 24 80
- info@camping-karavomilos.gr
- N 38°15'03" E 20°38'17"

1	ADJMNOQRST	AFKNQSWX 6
2	HLQSWZ	ABDFGHIJ 7
3	AF	ABEFGINOQR 8
4	O	AKL 9
5	ABDEFGHKN	GHIJOQ10
	B 16A	€30,00
	4ha 253T(60-100m²) 8D	€39,00

100899

CP liegt auf der Insel Kefalonia, 1 km nordwestlich von Sami, 23 km von Argostoli entfernt. Gut ausgeschildert. Direkt am Meer.

Vassiliki (Lefkas), GR-31082 / Lefkas

- Vassiliki-Beach
- 1 Mai - 30 Sep
- +30 26 45 03 13 08
- info@campingvassilikibeach.com
- N 38°37'51" E 20°36'23"

1	ADJMNORST	KNQSWX 6
2	GLQSXYZ	ABDEH 7
3		ABEFNQR 8
4	J	9
5	DHJM	AHIKOQ10
	4-10A	€26,00
	1,2ha 73T	€33,00

106197

Von Lefkada Straße Richtung Süden. Bei der Einfahrt in Vassiliki, die Umfahrung (neu) rechts halten, 1. Ausfahrt. Nach ± 200m liegt der CP links der Straße. Ist gut ausgeschildert.

Vlicho/Lefkada, GR-31100 / Lefkas

- Desimi Beach
- 1 Apr - 31 Okt
- +30 26 45 09 53 74
- camping.desimi@gmail.com
- N 38°40'21" E 20°42'40"

1	AJMNORST	KNQSWXY 6
2	GLOQSWY	ADF 7
3	A	AEFNOR 8
4		EORV 9
5	ABDEHJK	AHIKNQ10
	4-16A	€30,00
	1,5ha 150T 5D	€38,00

106196

Von Lefkada die Straße Richtung Süden, nach Vassiliki nehmen. Vlicho befindet sich 20 km von Lefkada. Bei Vlicho links Richtung Dessimi. Nach 2 km erster CP rechts.

Peloponnes

Amaliada/Palouki, GR-27200 / Ilia

- Palouki
- 1 Apr - 31 Okt
- +30 26 22 02 49 42
- info@camping-palouki.gr
- N 37°45'15" E 21°18'22"

1	ADEJMNOPRST	KMNPQSWXYZ 6
2	AHJPQWXYZ	ABDEFH 7
3	GM	ABEFNQR 8
4	OX	AG 9
5	ACDHLN	ABDFGHIJNST10
	B 6A	€27,50
	1,7ha 61T(45-80m²) 3D	€35,50

109080

Nat. Road Patras-Pirgos, bei Km-Pfahl 80 rechts, bei Ausfahrt Palouki. Nach ca. 2 km CP links, ausgeschildert.

Amaliada/Palouki, GR-27200 / Ilia

- Paradise
- 1 Apr - 31 Okt
- +30 26 22 02 88 40
- info@camping-paradise.gr
- N 37°45'28" E 21°18'17"

1	ACJMNOPRST	KMNPQSWX 6
2	AHJPQRXY	ABDEFIJ 7
3	AFG	ACDEFNQR 8
4	O	AD 9
5	ABDEHKLN	ABHIJOQ10
	B 10A	€25,00
	25ha 200T 6D	€32,00

106214

An der Strecke Patras-Pirgos. Circa 70 km hinter Patras, Ausfahrt Palouki rechts. Den Schildern circa 2 km folgen.

Griechenland

523

Teilkarte Peloponnes auf Seite 523

Ancient Epidavros, GR-21059 / Argolis

- Bekas
- Nikolaou Pitidi
- 1 Apr - 31 Okt
- +30 2 75 30 99 93 01
- info@bekas.gr

1 ADJMNOPRST	KMNOPQSWXY 6
2 GLRSUXYZ	ABDEFH 7
3 FN	ABEFNORTW 8
4 AJO	IVZ 9
5 ABDLMN	ABDGHJOQ10
B 16A	€29,50
N 37°37'07" E 23°09'23"	2,1ha 100T(60-120m²) 21D	€36,50

106289

Korinth, Ri. Epidavros. Ausf. Ancient Epidavros, Kranidi, Portocheli, Galatas, Ermioni. Dieser Straße folgen und nach ± 150m li unter der Straße durch und am kleinen Kreisel wieder li. Den CP-Schildern folgen.

Ancient Epidavros, GR-21059 / Argolis

- Nicolas I
- 1 Apr - 31 Okt
- +30 27 53 04 12 97
- info@nicolasgikas.gr

1 ADJMNOPRST	KMNOPQSWXY 6
2 GKLMRSVWYZ	ABDEF 7
3	ABEFNQRW 8
4 J	GHZ 9
5 ABDEHJL	ABHJOQ10
16A	€30,50
N 37°37'49" E 23°09'26"	1ha 90T(20-50m²) 20D	€38,50

100905

Korinth Richtung Epidavros. Ausfahrt Ancient Epidavros, Kranidi, Portocheli, Galatas, Ermioni. Dieser Straße folgen und nach ± 150m links unter der Straße durch und am kleinen Kreisel wieder links. Den CP-Schildern folgen.

Ancient Epidavros, GR-21059 / Argolis

- Verdelis Beach
- 1 Apr - 30 Okt
- +30 27 53 04 20 05
- campingverdelis@gmail.com

1 ACDJMNOPRST	KNPQSWXY 6
2 GJLRWYZ	ABDEF 7
3	ABEFNORW 8
4 JO	9
5 ABDELN	ABGHKOU 10
16A	€22,00
N 37°37'08" E 23°09'23"	0,8ha 56T(30-70m²)	€27,00

100906

Von Athen bei Korinth li Ri. Epidavros. Ausf. Ancient Epidavros/Kranidi/Galatas. Dieser Straße folgen und nach ± 150m li unter der Straße durch und beim kleinen Kreisel wieder li, dann CP-Schildern folgen.

Ancient Epidavros/Argolida, GR-21059 / Argolis

- Nicolas II
- Nikolaou Pitidi
- 1 Apr - 31 Okt
- +30 69 73 79 28 89

1 AJMNOPRST	KMNOPQSWXY 6
2 GLQRSVYZ	ABDEFK 7
3	ABEFNQRTUW 8
4 J	DGZ 9
5 ABDHLMNO	ABDGHJOQW10
16A	€30,50
N 37°36'58" E 23°09'34"	1,2ha 90T(35-50m²) 23D	€38,50

106290

Korinth Richtung Epidavros. Ausfahrt Ancient Epidavros, Kranidi, Portocheli, Galatas, Ermioni. Dieser Straße folgen und nach ± 150m links unter der Straße durch und am kleinen Kreisel wieder links. Weiter den CP-Schildern folgen.

Am Strand von Simos, dem schönsten Strand am Mittelmeer, beaufsichtigt von Natura 2000. Zu den Ausstattungen des Campingplatzes gehören ein Restaurant, Café, Minimarkt, Spielplatz, Grill und Bar. Unsere Leistungen haben hohe Qualität und zusammen mit unserer einmaligen Lage bieten wir Ihnen das Paradies auf Erden.

Simos Beach, 23053 Elafonisos / Lakonia · Tel. (+30)27340-22672, 27340-22057, 27340-22673, Mob. 6940994994 · info@simoscamping.gr · www.simoscamping.gr

Ano Alissos, GR-25002 / Akhaia

- Golden Sunset
- 19 km - Old Nat. Road Patras-Pyrgos
- 1 Jul - 1 Sep
- +30 26 93 07 12 76
- info@goldensunset.gr

1 ADEJMNOPRST	AHNPQSX 6
2 AGJPQSWZ	ABDEFIJ 7
3 FGN	ABEFNQR 8
4 OUY	9
5 ABDEHLN	ABHIKOQ10
B 10A	€32,00
N 38°08'38" E 21°35'16"	8ha 177T(60-80m²)	€41,00

100901

19 km von Patras. Den Schildern folgen. Auf der neuen Nat. Road Richtung Pyrgos. Bei Km 20, rechts ab. Am Ende der Straße wieder rechts. CP nach 900m links. Dem CP liegt an der alten Nat. Road in Höhe von Km 19.

Assini Plaka/Drepanon, GR-21100 / Argolis

- Assini Beach
- 1 Apr - 31 Okt
- +30 27 52 09 23 96
- campingassini@yahoo.gr

1 AJMNOPRST	KMNQSW 6
2 GLRSYZ	ABDEFHIK 7
3	ABEFNRTW 8
4 JO	ADG 9
5 ABDEM	AHOQ10
B 16A	€25,00
N 37°31'53" E 22°52'59"	1,1ha 100T(30-40m²) 11D	€32,00

106292

An der Straße Nafplion-Tolo. Hinter Assini über den Kreisel und Kasatraki geradeaus folgen. Ausfahrt links Drepano/Plaka und am Ende der Straße nach rechts. Siehe CP-Schild.

Assini/Nafplion, GR-21100 / Argolis

- Kastraki
- 15 Apr - 30 Sep
- +30 27 52 05 93 87
- info@kastrakicamping.gr

1 AJMNOPRST	KMNQSWXY 6
2 GJLMRSWYZ	ABDEFGH 7
3 FN	ABCDEFKNRTW 8
4 O	D 9
5 ABDE	ABFGHIJOQ10
B 16A	€32,00
N 37°31'43" E 22°52'32"	2,4ha 120T(30-55m²) 5D	€42,00

106293

Liegt an der Straße Nafplion-Tolo, hinter Assini links beim Kreisel Kastraki folgen. Nach ± 2 km in der Kurve links. Dann ausgeschildert.

Drepanon/Plaka, GR-21060 / Argolis

- Argolic Strand
- 1 Jan - 31 Dez
- +30 27 52 09 23 76
- info@argolic-strand.gr

1 ACDEJMNOPRST	KMPQSW 6
2 GJLSWXZ	ABDEFIJ 7
3	ABEFNRW 8
4 J	J 9
5 ADEH	ABGHKOQ10
16A	€24,00
N 37°32'03" E 22°53'31"	1,1ha 70T(50-70m²) 2D	€30,00

106298

Nafplion-Drepanon, im Dorf Drepanon rechts. Nach 200m links. Schildern folgen: ca. 800m zum CP.

Drepanon/Plaka, GR-21060 / Argolis

- Triton I New
- 1 Jan - 31 Dez
- +30 27 52 09 21 28
- info@newtriton.gr

1 ADEJMNOPRST	KMNQSW 6
2 GLRSWYZ	ABDEFHIJ 7
3	ABEFNOQRTU 8
4 O	D 9
5 ABDHLMN	ABGHJOQ10
B 16A	€25,00
N 37°31'55" E 22°53'29"	0,6ha 50T(70-90m²) 2D	€32,00

106296

Nafplion-Drepanon, im Dorf Drepanon rechts, nach ± 250m (beim Schild Plaka) links ab und die Straße folgen. Dann ausgeschildert.

Drepanon/Plaka, GR-21060 / Argolis

- Triton II
- 1 Jan - 31 Dez
- +30 27 52 09 22 28
- tritonii@otenet.gr

1 ADEJMNOPRST	KMNPQSWXY 6
2 GJLRSWYZ	ABDEFGIJ 7
3 AF	ABEFINOQRTVW 8
4 OX	FG 9
5 ABDELMN	ABGHIJOQU10
B 16A	€25,00
N 37°31'55" E 22°53'29"	1,7ha 200T(50-120m²) 43D	€32,00

106297

Nafplion-Drepanon. Im Dorf Drepanon rechts, nach ± 250m (beim Schild Plaka) links ab und die Straße folgen. Dann ausgeschildert.

Drepanon/Vivari, GR-21100 / Argolis

- Lefka Beach
- 1 Jan - 31 Dez
- +30 27 52 09 23 34
- info@camping-lefka.gr

1 ADEJMNOPRST	KNPQSW 6
2 GLRSUVYZ	ABDEFG 7
3	ABEFNRW 8
4 JO	9
5 ABDEHJLN	ABDGHJOST10
16A	€28,00
N 37°32'02" E 22°55'54"	1,3ha 68T(25-80m²)	€36,00

100908

Der Strecke Nafplion-Drepanon-Iria folgen, Richtung Vivari, nach ca. 1 km rechts. CP ist ausgeschildert.

Elafonisos, GR-23053 / Lakonia

- Simos Camping
- 1 Mai - 31 Okt
- +30 27 34 02 26 72
- info@simoscamping.gr

1 ADEJMNOPQRST	KMOPQSX 6
2 GIJTWXYZ	ABDEFGHI 7
3 AG	ABEFNQRW 8
4 HO	AJU 9
5 ACDEFGHIJNO	ABFGHINU10

Anzeige auf dieser Seite   B 16A   €29,00
N 36°28'38" E 22°58'29"   €37,00

118135

E65 Korinth-Sparta. Nationalstraße Sparta-Neapolis nach Agios Georgios, dann Richtung Pounta. In Pounta auf die Fähre nach Elefonisos und der CP-Beschilderung Richtung Lefki folgen.

Finikounda, GR-24006 / Messinia

- Anemomilos
- 1 Apr - 30 Nov
- +30 27 23 07 13 60

1 ADEJMNOPRST	KMPQRSTWX 6
2 GIJLPQRSVWXYZ	ABDEFHI 7
3 G	ABCDEFNR 8
4 O	J 9
5 ABDHLNO	AGHIJNQ10
B 10-16A	€25,50
N 36°48'22" E 21°48'01"	1,3ha 115T(25-40m²) 25D	€32,50

109891

Nationalstraße Methoni-Koroni. Camping westlich von Finikounda. Gut ausgeschildert.

Zu jedem Campingplatz in diesem Führer gehört eine sechsstellige Nummer. Damit können Sie den betreffenden Campingplatz auf der Webseite suchen.

www.Eurocampings.de

wwww.erodios.com

Gialova | 240 01 Messinia | Griechenland
T. +30 2723023269 | info@erodioss.gr

Finikounda, GR-24006 / Messinia		
Finikes	1 ADEJMNOPQRST	KMNPQSWX 6
1 Jan - 31 Dez	2 GIJQSWYZ	ABDEFHIJ 7
+30 27 23 02 85 24	3 A	ABEFNR 8
info@finikescamping.gr	4 O	GV 9
	5 ABDEHKNO	ABHIJOQU 10
	B 10A	① €26,50
	1,3ha 82T(48-72m²) 15D	② €34,90
N 36°48'10'' E 21°46'52''		112930
Der CP liegt an der Strecke Methoni-Finikounda. Gut ausgeschildert. 2,8 km westlich von Finikounda.		

Finikounda, GR-24006 / Messinia		
Thines	1 ADEJMNOPRT	KMNOPQSWX 6
1 Jan - 31 Dez	2 GIJSTWYZ	ABDEFHIJK 7
+30 27 23 07 12 00	3 G	ABEFNQRTW 8
thines@otenet.gr	4 O	VW 9
	5 ABDEFHKNO	ABGHIJOQU 10
	Anzeige auf dieser Seite B 10A	① €27,00
	0,8ha 55T(49-56m²)	② €35,00
N 36°48'18'' E 21°47'43''		111719
Nationalstraße Methoni-Koroni. Camping 1 km westlich von Finikounda und ist ausgeschildert.		

Finikounda, GR-24006 / Messinia		
Loutsa	1 ADEJMNORT	KMNPQSXY 6
15 Apr - 31 Okt	2 GIJPQRSWYZ	ABDEF I 7
+30 27 23 07 11 69	3	ABEFNRW 8
loutsacamping@gmail.com	4	XZ 9
	5 ABDEFGHJLNO	BGHIJOQ 10
	10A CEE	① €28,50
	0,8ha 70T(36-48m²)	② €36,50
N 36°48'16'' E 21°49'17''		109043
Der CP liegt 1500m östlich von Finikounda an der Strecke zwischen Methoni und Koroni. Der CP ist ausgeschildert.		

Gialova/Pylos, GR-24001 / Messinia		
Camping Erodios***	1 ADEJMNOPQRST	KMNPQSWX 6
Pylos-Nestoras	2 GIJQRSTWYZ	ABDEFHIJ 7
15 Apr - 25 Okt	3 BGLM	ABEFNQRT 8
+30 27 23 02 32 69	4 NO	ADHV 9
info@erodioss.gr	5 ACDEFHIJMN	ABGHIJOQU 10
	Anzeige auf dieser Seite B 10A	① €31,50
	4ha 90T(48-80m²) 16D	② €40,50
N 36°57'10'' E 21°41'45''		111692
CP liegt an der Küstenstraße Kyparissia-Pylos, etwas außerhalb von Gialova, gut ausgeschildert.		

Der Campingplatz hat 55 Stellplätze, einen Minimarket und eine Getränkebar, Duschen, WC, Waschmaschinen und eine Küche mit Kochgelegenheiten. In unserer Region wird natives Olivenöl extra produziert.

Meerblick, familiäre und freundliche Atmosphäre, traditionelle griechische Küche

Camping Thines | Finikounda | Messinia | Tel. 0030 - 2723071200
thines@otenet.gr | fb page: Camping Thines, Finikounda | www.camping-peloponnese.com

Griechenland

Glifa, GR-27050 / Ilia

▲ Ionion Beach	1 ADEFJMNOPQRST	BGKMNPQSWX 6
🏠 Glyfa	2 HJLQRSWYZ	ABDE**FGI** 7
📅 1 Jan - 31 Dez	3 ABFGM	ABCDEFJKNQRW 8
☎ +30 26 23 09 68 28	4 **A**OU	DJ 9
@ ionionfl@otenet.gr	5 ABDEGHLMN	ABDEGHIJOQ 10
	Anzeige auf dieser Seite B 16A	① €32,50
📍 N 37°50'11" E 21°08'01"	3,8ha 210T(50-120m²) 9**D**	② €41,50
		106212
Von der Nationalstraße Patras-Pirgos nach Km-Pfahl 67 rechts über Gastouni und Vartalomia Ri. Loutra Killini. An der großen Kreuzung links abbiegen nach Glifa Beach. Ausgeschildert.		

Glifa/Ilias, GR-27050 / Ilia

▲ Aginara Beach★★★	1 ADEJMNOPRST	KMNQPSWX 6
📅 1 Jan - 31 Dez	2 HJLQRSWZ	ABDE**F**H 7
☎ +30 26 23 09 62 11	3 AG	ABEFGINR 8
@ info@camping-aginara.gr	4 O	J 9
	5 ABDEHLMN	ABHIJOQ 10
	Anzeige auf Seite 527 B 16A	① €32,00
📍 N 37°50'18" E 21°07'47"	3,8ha 120T(70-100m²) 30**D**	② €40,00
		106211
Nat. Road Patras-Pyrgos, nach Km-Pfahl 67 rechts über Gastouni und Vartholomio. Richtung Loutra Killinis (Schildern). Bei großer Kreuzung Richtung Glifa Beach. Schildern folgen.		

Camping Gythion Bay ★★★

Unter den vielen Oliven- und Apfelsinenbäumen finden Sie immer einen schönen Schattenplatz. Gut ausgestatteter und günstiger Campingplatz mit einem schönen Schwimmbad. Spielecke und Spielplatz für die Kinder. Schöner Sandstrand und wahres Surferparadies. 2 WC/Duschkombinationen für Behinderte.

23200 Gythion/Lakonias • Tel. +30 2733022522
E-Mail: info@gythiocamping.com • Internet: www.gythiocamping.com

ACSI Camping Europa-App

9 500 europäische Campingplätze in einer praktischen App

- Erweiterbar um 9 000 kontrollierte Reisemobilstellplätze
- Ohne Internetverbindung nutzbar
- Kostenlose Updates mit Änderungen und neuen Campingplatz-Bewertungen
- Schnell und einfach buchen, auch unterwegs
- Neu: jetzt auch mit kleinen Campingplätzen

ab 0,99 €

www.Eurocampings.de/app

Gythion/Lakonias, GR-23200 / Lakonia

▲ Camping Gythion Bay★★★	1 ADEJMNOPRS**T**	AFKMNPQSWX 6
🏠 Highway Gythion-Areopoli	2 HIJLPQSXYZ	ABDE**FIJ** 7
📅 1 Apr - 31 Okt	3 BGM	ABEFNOQRT 8
☎ +30 27 33 02 25 22	4 HIO	ADLU 9
@ info@gythiocamping.com	5 ACDEFHJLNO	AFGHIJNQ 10
	Anzeige auf dieser Seite B 16A	① €28,60
📍 N 36°43'45" E 22°32'43"	4ha 300T(30-100m²) 18**D**	② €38,60
		106309
Camping 4 km außerhalb von Gythion, links an der Strecke Gythion - Areopolis, direkt am Meer.		

Iria/Argolis, GR-21060 / Argolis

▲ Iria Beach Camping	1 AJMNOPQRS**T**	AFKNPQSWXY 6
🏠 Paralia Iria	2 GJPSYZ	ABDE**FGH** 7
📅 1 Jan - 31 Dez	3 AU	ABEFJKNQRTW 8
☎ +30 27 52 09 42 53	4 BJO	AD 9
@ iriabeachcamp@gmail.com	5 ABDEHMN	BCGHJORS 10
	16A	① €25,40
📍 N 37°29'50" E 22°59'26"	1,4ha 66T(40-100m²) 27**D**	② €33,40
		106303
Von Nafplion Richtung Drepanon. In Drepanon Richtung Iria. Vor Iria Ausfahrt Iria Beach. Nach ca. 1,5 km Camping links.		

Gythion/Lakonias, GR-23200 / Lakonia

▲ Mani-Beach	1 ACDEJMNOPRST	KMNPQSWX 6
🏠 Highway Gythion-Areopoli	2 HIJLPQSTWXYZ	ABDE**FIJ** 7
📅 1 Jan - 31 Dez	3 BM	ABEFNQRW 8
☎ +30 27 33 02 11 30	4 O	AL 9
@ info@mani-beach.gr	5 ABDEFHLMN	ABGHIJLNQU 10
	B 16A	① €27,50
📍 N 36°43'42" E 22°32'32"	2,8ha 201T(40-100m²) 53**D**	② €27,50
		110008
CP liegt ca. 4 km südlich von Gythion an der Straße nach Areopolis, direkt am Meer.		

Iria/Argolis, GR-21060 / Argolis

▲ Posidon Camping	1 ADEGJMOPRST	KM**N**OPQSWXY 6
🏠 Iria Beach	2 GJRSYZ	ABDE**F**7
📅 1 Apr - 31 Okt	3 AM	ABEF**I**NQRUW 8
☎ +30 27 52 09 40 91	4 AJOQ	J 9
@ info@posidoncamping.gr	5 ABDHMN	BHJOU 10
	B 10A	① €24,00
📍 N 37°30'19" E 22°59'14"	1,8ha 81T(30-70m²) 41**D**	② €33,00
		106302
Nafplion Richtung Drepanon, in Drepanon Richtung Iria. Vor Iria Ausfahrt Iria Beach. Nach 0,6 km Camping rechts.		

Gythion/Lakonias, GR-23200 / Lakonia

▲ Camping Meltemi★★★	1 ADEJMNOPRST	AKMNPQRSWX 6
🏠 Highway Gythion-Areopoli	2 HIJLPQWYZ	ABDE**FGI** 7
📅 1 Apr - 20 Okt	3 BFGMN	ABCDEFK**M**NQRW 8
☎ +30 27 33 02 32 60	4 BO	FJL 9
@ reservations@ campingmeltemi.gr	5 ABCDEFHIJKMN	ABGHIJNQ 10
	B 16A CEE	① €27,00
📍 N 36°43'51" E 22°33'12"	3ha 180T(40-80m²) 6**D**	② €35,00
		106310
Der CP liegt etwa 3 km südlich von Gytheio an der linken Straßenseite nach Areopoli.		

Isthmia, GR-20100 / Korinthia

▲ Isthmia Beach Camping	1 ADEJMNOPQRST	KMNPQSW**X** 6
📅 1 Apr - 30 Okt	2 AGLMQSWYZ	ABDE**F** 7
☎ +30 27 41 03 74 47	3 AF	ABEFNOQRW 8
@ info@campingisthmia.gr	4	Z 9
	5 ABDHKN	ABDFGHJO 10
	Anzeige auf Seite 527 B 10A	① €28,00
📍 N 37°53'22" E 23°00'20"	2,5ha 100T(40-50m²) 15**D**	② €36,00
		101591
Nat. Road Patras-Athen oder Athen-Patras. Ausfahrt Epidavros. Schildern folgen.		

Aginara Beach ★ ★ ★
Camping/Bungalows

Dieser Campingplatz liegt ca. 80 km von Patras an einem der schönsten Strände des West-Peloponnes und ist reich bedeckt mit vielen Arten von Bäumen, Pflanzen und vor allem Blumen. Der Campingplatz bietet große Plätze, modernes und sauberes Sanitär, einen Minimarkt, ein Restaurant mit vielen griechischen Gerichten und eine Strandbar mit Blick auf das klare Wasser des Ionischen Meeres. Von hieraus kann man mehrere archäologische Sehenswürdigkeiten in Ilias und Olympia besuchen.

27050 Glifa/Ilias • Tel. 26230-96211
E-Mail: info@camping-aginara.gr
Internet: www.camping-aginara.gr

Kastro Kyllinis Ilia, GR-27050 / Ilia
Camping Fournia Beach & Fournia Village
1 Apr - 30 Sep
+30 26 23 09 50 95
fournia@otenet.gr
1 ADEJMNORST AFKMNPQSWX 6
2 GIJNQRWXY ABDEF 7
3 AM ABCDEFNRW 8
4 O IJ 9
5 ABDHLMN ABHIJQU 10
B 16A
€21,10
30ha 90T(45-95m²) 55D €27,90
N 37°53'58" E 21°07'00"   111302
Nat. Road Patras-Pirgos, nach ca. 61 km bei Ausfahrt Kylini/Zakynthos, rechts und dann 15 km lang nach CP-Schildern Melissa und/oder Fournia Beach nach Kastro Kyllinis folgen (Achtung: mehrmals links abbiegen).

Kastro Kyllinis Ilia, GR-27050 / Ilia
Camping Melissa
1 Apr - 31 Okt
+30 26 23 09 52 13
camping_melissa@yahoo.gr
1 ADEJMNOPQRS KMNQSWX 6
2 HJLRUWXYZ ABDEFH 7
3 A ABEFNRW 8
4 O DJ 9
5 ACDHILM ABHJOQ 10
10A
€25,00
2ha 100T(48-64m²) 7D €31,00
N 37°53'09" E 21°06'46"   110880
Nat. Road Patras-Pirgos. Nach Km-Pfahl 61 km rechts, Ausfahrt Kyllini/Zakynthos, dann ca. 13 km CP-Schildern Melissa und/oder Fournia Beach folgen (Achtung: mehrmals links abbiegen).

Kato Alissos, GR-25002 / Akhaia
Kato Alissos
1 Apr - 31 Okt
+30 26 93 07 12 49
info@camping-kato-alissos.gr
1 ADEJMNOPRST KMNOPQSXY 6
2 AHILPQSYZ ABDEFHI 7
3 A ABEFNQRW 8
4 O 9
5 ABDEFHJLMN ABHIJOQUW 10
Anzeige auf dieser Seite B 10A €23,40
1,2ha 60T(60-80m²) 8D €30,40
N 38°09'00" E 21°34'38"   109353
Neue Nat. Road Patras-Pirgos, beim Km-Stein 21 rechts, am Ende der Straße links auf alte Nat. Road, nach 700m rechts, am Ende rechts. Schildern folgen.

Koroni/Messinias, GR-24004 / Messinia
Camping Koroni
1 Jan - 31 Dez
+30 27 25 02 21 19
info@koronicamping.com
1 ADEJMNOPRT AKMNPQSW 6
2 GJQSVWXYZ ABDEFHIJ 7
3 M ABEFNQRW 8
4 OR A 9
5 ABDEFHJLNO BDFGHJOQU 10
16A
€30,00
1,3ha 86T(25-80m²) 5D €38,00
N 36°47'58" E 21°57'01"   106262
Straße von Kalamata nach Pylos und bei Rizomylos links, durch Petalidi durch, nach Koroni, CP links an der Straße, 200m vor Koroni.

Kourouta/Amaliada, GR-27200 / Ilia
Kourouta
1 Jan - 31 Okt
+30 26 22 02 29 01
info@harmonyresort.gr
1 ADEJMNOPRST KMNQSWX 6
2 AHJPQRXYZ ABDEF 7
3 AEFNR 8
4 O GJ 9
5 ABDEGLN ABHIJOST 10
B 6A €26,80
1,9ha 84T 25D €34,40
N 37°45'59" E 21°17'58"   106213
An der Straße Patras-Pirgos. Hinter dem Km-Pfahl 78 rechts Ausfahrt Kourouta, dann noch ca. 2 km. An dem kleinen Platz geradeaus. Den Schildern folgen. Kourouta Ortseingang: links ab.

Erlebe Griechenland!
Camping KATO ALISSOS, GRIECHENLAND

www.camping-kato-alissos.gr

25002 Kato Alissos • Tel. 26930-71249
Fax 26930-71150 • E-Mail: info@camping-kato-alissos.gr

Lampiri, GR-25100 / Akhaia
Tsolis Camping
Old National Road
1 Jan - 31 Dez
+30 26 91 03 14 69
camping.tsolis@gmail.com
1 ADEJMNOPRST KNOPQSWXY 6
2 AHILMPSVWXYZ ABDEFHI 7
3 A ABEFNQRW 8
4 O FJ 9
5 ACDEHLN ABHOO 10
B 6A €25,00
7ha 107T 38D €35,00
N 38°19'15" E 21°58'19"   106207
Nationalstraße Korinth-Patras. Ausfahrt Longosu die alte Nationalstraße Korinth-Patra links. An Longos und Kamares vorbei. Camping 1,5 km hinter Lampiri. Die alte Nationalstraße als Nr. 8 angegeben.

Isthmia Beach Camping

Zwischen Athen und Patras an einer schönen Küste gelegen. In der Nähe der Ausgrabungen und Kulturgüter von Korinth, Argolis, Attica und den Inseln im Golf von Egina. Alle Einrichtungen für eine komfortable Unterbringung vorhanden, sowie Sportaktivitäten, Strandleben und organisierte Touren.
Vermietung von PKW und Motorrad.

20100 Isthmia
Tel. 27410-37447 • Fax 27410-37710
E-Mail: info@campingisthmia.gr
Internet: www.campingisthmia.gr

Teilkarte Peloponnes auf Seite 523

Immer ein Campingplatz, der zu Ihnen passt!
- 9 500 Campingplätze in 31 Ländern
- Rund 250 Filtermöglichkeiten
- Schnell und einfach buchen, auch unterwegs
- Mehr als 100 000 Campingplatz-Bewertungen

www.Eurocampings.de

Methoni/Messinias, GR-24006 / Messinia
- Methoni
- 1 Mai - 31 Okt
- +30 27 23 03 11 88
- campingmethonis@gmail.com

1	ADEJMNOPQRST	KMNPQSWXY 6
2	GIJLQRSWXYZ	ABDEFIK 7
3		AEFKNR 9
4	O	A 9
5	ADEFHJLN	AGHIJOQZ10

Anzeige auf dieser Seite 6-10A
16ha 100T(48-100m²) 52D
① €22,00 ② €26,00
106220

CP in Methoni, 12 km südlich von Pylos. CP am Strand und ungefähr 1 km östlich von Methoni. In Methoni ausgeschildert.

Porovitsa/Akrata, GR-25006 / Akhaia
- Camping Akrata Beach
- 1 Jan - 31 Dez
- +30 26 96 03 19 88
- info@akrata-beach-camping.gr

1	ADEJMNOPRST	KNPQSX 6
2	AGLMSWYZ	ABDEFHI 7
3		ABCDEFNQRW 9
4	O	Z 9
5	ABDEJKMNO	ABHIJOPQU10

B 10-16A
7,5ha 42T 25D
① €24,00 ② €32,00
110882

Autobahn A5 Patras-Korinthos, Ausfahrt Akrata zur alten Nationalstraße, dann links und nach 2 km ist der CP direkt nach dem Fluss. Siehe Beschilderung.

Mikenes, GR-21200 / Argolis
- Camping Atreus
- 1 Apr - 31 Okt
- +30 27 51 07 62 21
- atreus@otenet.gr

1	ADJMNOPRST	AF 6
2	APRSYZ	ABDEFI 7
3		ABEFNQRW 8
4	JO	9
5	ADKN	ABGHJN10

6A
1ha 56T(50-80m²)
① €24,00 ② €31,00
109281

E65 von Korinth nach Argos. Ausfahrt bei Sterna Richtung Argos. Nach 12 km links Richtung Korinth. Ausfahrt Mikenes. Camping nach 200m links vor dem Dorf Mikenes.

Stoupa, GR-24024 / Messinia
- Kalogria
- Barbezea Nicos 29
- 1 Apr - 20 Nov
- +30 27 21 07 73 19
- campingkalogria@yahoo.com

1	ADEJMNOPRST	KMNPQSWX 6
2	GJPQSUWXYZ	ABDEF 7
3	G	ABEFNQR 8
4	O	9
5	ABDEHN	AGHJOQ10

16A
2ha 102T(50-120m²) 10D
① €24,00 ② €31,00
113563

Der CP ist in Stoupa, einem Dorf an der Küstenstrasse Kalamata-Aeropolis, Ausfahrt Kalogrid-Beach, Ausfahrt Stoupa, Kalogria. Die Straße gegenüber vom UNEP-Supermarkt.

Zaritsi Camping

Kommen Sie und genießen Sie Ihre Ferien auf unserem Campingplatz Zaritsi an der Ostküste der Peloponnes in der Nähe von Tiros. Der wunderschöne Strand, das azurblaue Meer, moderne Sanitäranlagen und die familiäre Atmosphäre auf dem Platz tragen zum komfortablen und unbeschwerten Aufenthalt bei. Sie können bei uns diverse Sportarten ausüben, sowohl auf dem Wasser als auch an Land. Alles damit Sie Ihren Traumurlaub erleben!

22029 Tiros/Arcadia • Tel. 27570-41429 • Fax 27570-41074
E-Mail: campingzaritsi@gmail.com • Internet: www.campingzaritsi.gr

Tiros/Arcadia, GR-22029 / Arkadhia
- Zaritsi Camping
- 1 Apr - 31 Okt
- +30 27 57 04 14 29
- campingzaritsi@gmail.com

1	ADEJMNOPQRST	KMNPQSWX 6
2	GILPQSTWXYZ	ABDEFIK 7
3	F	ABEFNRUW 8
4	IO	D 9
5	ABDEFHJKLN	ABDGHJNQ10

Anzeige auf dieser Seite 16A
3ha 120T(50-120m²) 48D
① €25,70 ② €32,70
111185

Von Süden Gythio/Monemvasia Richtung Nafplion 4 km hinter Tiros rechts am Campingplatz-Schild/Fahne. Von Nafplio nach Gythio/Monemvasia 4 km vor Tiros links scharfe Kurve. Achtung: GPS gibt Umweg zur Einfahrt an.

Mistras, GR-23100 / Lakonia
- Paleologio
- Nat. Road Sparti-Mystra
- 1 Jan - 31 Dez
- +30 27 31 02 27 24
- demikap@hotmail.com

1	ADEJMNOPRS	A 6
2	PQWXYZ	ABDEFGHI 7
3	A	AEFNQR 8
4	O	L 9
5	ABDEFHJKN	FGHIJO10

16A
H215 0,8ha 60T(25-100m²)
① €28,50 ② €35,50
106251

Camping in Paleologio, auf halber Strecke zwischen Sparta und Mistras. Campingeinfahrt über ehemalige Tankstelle.

Tolo, GR-21056 / Argolis
- Lido
- 1 Apr - 31 Okt
- +30 27 52 05 93 96
- camping@lido.gr

1	ADEJMNOPRST	KMNQSW 6
2	GJPRSVWYZ	ABDEFHIJK 7
3	A	ABEFNRTW 8
4	JO	ADGJ 9
5	ABDEH	ABGHJOQU10

16A
2,2ha 140T(40-55m²) 45D
① €29,00 ② €37,00
106294

Richtung Nafplion-Tolo, durch Assini, beim Kreisverkehr Lido rechts folgen. Dann ausgeschildert.

Olympia, GR-27065 / Ilia
- Camping Alphios
- 1 Apr - 25 Okt
- +30 26 24 02 29 51
- alphios@otenet.gr

1	ADEJMNORST	A 6
2	IQRSVWYZ	ABDEFHIJ 7
3		ABEFNQR 8
4	O	6
5	ABDEHLN	BHIJOQ10

16A
H400 2,5ha 97T(bis 72m²) 5D
① €27,20 ② €36,60
106216

Straße Pirgos-Olympia. Die Hauptstraße durch Olympia ganz durchfahren, am Platz rechts. Der CP ist ausgeschildert.

Tolo, GR-21056 / Argolis
- Sunset
- Nafpliou 11
- 1 Apr - 31 Okt
- +30 27 52 05 95 66
- info@camping-sunset.gr

1	ADJMNOPRST	MNQSW 6
2	RSVWYZ	ABDEFHIJK 7
3	A	ABEFNRW 8
4	JOY	DJL 9
5	ABDEHK	ABGHOQ10

B 16A
1,8ha 50T(60-80m²) 48D
① €25,00 ② €30,00
106295

Richtung Nafplion-Tolo, hinter Assini beim Kreisel Schild Lido rechts ab folgen. Dann ausgeschildert. CP links der Straße.

CAMPING DIANA
27065 Olympia • Tel. 26240-22314 • Fax 26240-22425
E-Mail: info@campingdiana.gr • Internet: www.campingdiana.gr

Dieser komfortable und saubere Campingplatz liegt zwischen natürlicher Begrünung und verfügt dank Bäumen über schattige Stellplätze, ein eigenes Schwimmbad und ist ideal für Naturliebhaber. Camping Diana liegt 200m vom Zentrum Olympias und 800m vom Museum und den archäologischen Stätten. Außerdem haben wir eine Bar, einen Minimarkt und Frühstücksservice. Unser Personal spricht Englisch, Französisch und Italienisch und heißt Sie herzlich willkommen. Ein Besuch wird Ihnen sicher gefallen.

Olympia, GR-27065 / Ilia
- Camping Diana
- 1 Jan - 31 Dez
- +30 26 24 02 23 14
- info@campingdiana.gr

1	ADEJMNORT	A 6
2	QRSVXYZ	ABDFI 7
3		ABEFNQR 8
4	O	9
5	ABDN	BHIJOQ10

Anzeige auf dieser Seite 6A
H80 0,5ha 42T(40-60m²)
① €27,00 ② €37,00
106215

An Straße Pirgos-Olympia. Hauptstraße einfahren; erste Straße rechts ab. CP ist ausgeschildert.

Nordost-Griechenland

Alexandroupolis, GR-68100 / Evros
- Municipal of Alexandroupolis Cat.A
- Makris Avenue
- 1 Jan - 31 Dez
- +30 25 51 02 87 35
- camping@ditea.gr
- B 6A
- N 40°50'48" E 25°51'22"

1 ADEILNOPQRST	KMNPQSW 6
2 AHJPQRTWXYZ	ABDE 7
3 AFGN	AEFNOQRW 8
4 BCO	9
5 ABDEFHK	AFGHIJOQ 10
7ha 216T(80-120m²) 50D	
1 €24,70 / 2 €31,70	106346

E90/A2 Thessaloniki-Türkei, Ausfahrt Alexandroupolis. CP liegt westlich der Stadt. Den Schildern folgen.

Kalamitsi/Sithonia, GR-63072 / Khalkidhiki
- Thalatta Kalamitsi Village Camp
- 1 Mai - 30 Sep
- +30 23 75 04 14 10
- info@thalattacamp.gr
- B 6A CEE
- N 39°59'15" E 23°59'13"

1 ADEJMNOPRST	AKMNOPQSTWX 6
2 HIJPQRWXYZ	ABDEF 7
3 BFGMN	ABEFKNORT 8
4 BCDJLNOPR	ADEJMPRTV 9
5 ACDEFGHILNO	ABFHIJNQ 10
6ha 256T(40-100m²) 252D	
1 €32,60 / 2 €41,00	106331

20 km südlich von Sarti. Camping ausgeschildert. Von der Hauptstraße aus steile Steigung zum Campingplatz.

Avdira/Xanthi, GR-67061 / Xanthi
- Camping Natura
- Mandra Beach
- 10 Mai - 30 Sep
- +30 25 41 05 10 40
- info@camping-natura.gr
- B 16A
- N 40°58'08" E 25°00'46"

1 ADEJMNOPRST	KMNPSX 6
2 AGIJQXYZ	ABDEFHIJ 7
3 AFG	AEFNORW 8
4 O	DJV 9
5 ACDFHLMN	AHIJOQU 10
1,5ha 75T(40-100m²) 35D	
1 €25,50 / 2 €34,50	120933

Von Odos Egnatia (E90) Ausfahrt Xanthi-Ost Richtung Porto Lagos. Bei Kessani rechts nach Mandra. Vor Mandra links Richtung Mandra Beach (Paralia) bis zum CP. Der Beschilderung folgen.

Kavala, GR-65000 / Kavala
- Camping Alexandros
- Nea Karvali Beach
- 1 Jan - 31 Dez
- +30 25 10 31 62 40
- camping.alexandros@yahoo.gr
- B 6A
- N 40°57'34" E 24°31'00"

1 ADEJMNOPQRST	KMNPQSWX 6
2 AHJPQXYZ	ABDEFHIJ 7
3 A	ABEFN 8
4 O	GJL 9
5 ADFHJLNO	AHIOSTU 10
2ha 87T(50-70m²) 23D	
1 €20,50 / 2 €20,50	123833

Autobahn E90 Kavala-Alexandroupolis, Ausfahrt Nea Karvali. Der Beschilderung Nea Karvali folgen. Camping liegt links nach der Ortseinfahrt von Nea Karvali.

Epanomi, GR-57500 / Thessaloniki
- Akti Retzika
- Potamos
- 1 Apr - 15 Okt
- +30 69 37 45 65 53
- info@retzikas.gr
- B 6A
- N 40°22'56" E 22°55'36"

1 ADEGJMNOPRT	KMNPQSWX 6
2 GJQRWXYZ	ABDF 7
3 AG	ABEFNQR 8
4 BO	GHIJUZ 9
5 ABDHJLNO	AHIJOQ 10
1,6ha 30T(35-60m²) 47D	
1 €24,50 / 2 €30,50	120367

Hauptstraße bis Epanomi, ab dort den Schildern Potamos Beach folgen. Letztes Stück 400m unbefestigter Weg am Strand entlang. Dann den CP-Schildern folgen.

Kryoneri, GR-69100 / Rodhopi
- Kryoneri Camping
- Kryoneri, Proskynites, Rodpi
- 1 Mai - 30 Sep
- +30 25 33 06 11 33
- info@kryonericamping.gr
- H62 0,8ha 56T(40m²) 12D
- N 40°54'29" E 25°26'03"

1 ADEILNOPQRST	6
2 QWXYZ	ADFHIJ 7
3 A	AEFNQW 8
4 F	9
5 ABDHJN	BHJNQU 10
B 10A	
1 €19,00 / 2 €24,00	122761

A2/E90 Richtung Alexandroupolis. Ausfahrt 38, Komotini East. Zuerst Richtung Komotini, danach Richtung Kosmio, Xylagani. Camping liegt 6 km südlich von Proskynites.

Gerakini, GR-63100 / Khalkidhiki
- Kouyoni
- 1 Mai - 30 Sep
- +30 23 71 05 22 26
- info@kouyoni.gr
- 6A
- N 40°15'53" E 23°27'48"

1 ADJMNOPRT	AFKMNPQSWXYZ 6
2 HJPQRWXYZ	ABDEFH 7
3 A	AEFNOR 8
4 OP	HUVXZ 9
5 ABDEFHJLN	AHJOQU 10
1,6ha 25T(40-90m²) 101D	
1 €33,50 / 2 €43,50	106266

Die Straße von Nea Moudania nach Sithonia. 2 km östlich Gerakina, Ausfahrt Richtung Meer. CP ist ausgeschildert.

Litochoron, GR-60200 / Pieria
- Olympos Beach
- Plaka
- 1 Mai - 30 Sep
- +30 23 52 02 21 12
- info@olympos-beach.gr
- 16A CEE
- N 40°06'06" E 22°33'44"

1 ADEILNORT	KMNPQSWXY 6
2 AHLMPQRXYZ	ABDEFG 7
3 A	ABCDEFNOQRW 8
4 O	FJ 9
5 ABDEFGHJLM	AHIOST 10
2,7ha 65T(40-70m²) 85D	
1 €26,00 / 2 €34,00	100897

Nat. Road Athen-Thessaloniki. Ca. 60 km hinter Larissa Ausfahrt Litochoron Plaka, Schildern folgen.

Methoni/Makrygialos, GR-60066 / Pieria

- Agiannis
- 1 Mai - 15 Okt
- +30 23 53 04 12 16
- metalnikos@gmail.com

1 ADEILNOPRST	AKMNPQSWXY	6
2 AHJQRSVWXYZ	ABDEF	7
3 A	ABEFNOQR	8
4 O	G	9
5 ACDEHJLM	AHIJNQ	10
16 A		
2ha 30T(90m²) 86D	① €25,00 ② €31,00	

N 40°25'38'' E 22°36'14''

Auf der A1 von Athen nach Thessaloniki, Ausfahrt nach Makrygialos. In Makrygialos den CP-Schildern folgen.

106222

Nea Kallikratia, GR-63080 / Khalkidhiki

- Aigeas Camp
- Nikita Katsirma 55
- 15 Mai - 20 Sep
- +30 23 99 02 38 71
- info@aigeas-camp.gr

1 ADEILNOPRT	AFKMNPQSWX	6
2 GJQWZ	ABDEFI	7
3 AGV	ABEFNORT	8
4 O	D	9
5 ABDHL	BHIJOQ	10
B 16A		
1,2ha 36T(40-80m²) 47D	① €26,80 ② €34,80	

N 40°18'59'' E 23°02'38''

Thessaloniki-Kassandra, Ausfahrt Nea Kallikratia. Danach Schildern folgen.

110009

Nea Moudania, GR-63200 / Khalkidhiki

- Camping A.Ouzouni S.A.
- 1 Mai - 30 Sep
- +30 23 73 04 29 22
- info@campingouzouni.com

1 ADEJMNOPQRST	KMNPQSWX	6
2 HJPQWYZ	ABDEFHI	7
3 A	ABEFNORW	8
4 O	HL	9
5 ACDEFHJLMNO	ABGHIJOQ	10
B 6A		
0,8ha 58T(40-100m²) 16D	① €28,00 ② €38,00	

N 40°12'57'' E 23°19'06''

Nationalstraße Thessaloniki-Kasandra. Nach 2 km Ausfahrt "Local Roads" südlich von Nea Moudania. Am Ende rechts. Dann links, der Hauptstraße an der Autobahn folgen. Nach 1,1 km rechts und am Ende ist es der linke Camping.

106270

Nea Moudania, GR-63200 / Khalkidhiki

- Ouzouni Beach Camping
- P.O Box 30
- 1 Mai - 15 Okt
- +30 23 73 04 24 44
- info@ouzouniebeach.gr

1 ADEJMNOPQRST	KMNPQSWX	6
2 HJPQWYZ	ABDEFGHIK	7
3	ABFKNORU	8
4		9
5 ABDMN	ABCGHIJOQ	10
B 10A CEE		
1,2ha 93T(65-85m²)	① €29,00 ② €38,00	

N 40°12'58'' E 23°19'06''

N-Straße Thessaloniki-Kasandra, nach 2 km südlich von Nea Moudania Ausfahrt "Local Roads", unten dann rechts. Gleich links der Hauptstraße parallel der Autobahn folgen. Nach 1,1 km rechts, am Wegende die rechte CP.

122296

Neos Marmaras (Sithonia), GR-63081 / Khalkidhiki

- Areti
- 1 Mai - 15 Okt
- +30 23 75 07 14 30
- info@areti-chalkidiki.gr

1 ADEILNOPRST	KMNPQSWX	6
2 HIJLQSYZ	ABDEFHI	7
3 AFN	ABEFNQR	8
4 O		9
5 ACHJLMN	ABHIJNSTU	10
16A		
4ha 80T(60-120m²) 27D	① €40,00 ② €49,00	

N 40°01'27'' E 23°48'58''

An der Westküste von Sithonia ca. 12 km südlich von Neos Marmaras, Camping antreten. Weiter 4 km stark abschüssige, schlängelnde, gute Asphaltstraße. Den Schildern folgen, nicht dem Navi.

106329

Neos Marmaras (Sithonia), GR-63081 / Khalkidhiki

- Castello
- 1 Mai - 30 Sep
- +30 23 75 07 10 94
- castello@otenet.gr

1 ADEHKNOPRST	KMNPQSWXY	6
2 HJPQWXYZ	ABDEFHI	7
3 AFLMN	ABEFNQR	8
4 O	DEHI	9
5 ACDFHJLN	ABHIJOQ	10
16A		
1,5ha 340T(50-80m²) 82D	① €32,00 ② €42,00	

N 40°07'32'' E 23°45'55''

An der Westküste von Sithonia, 3 km nördlich von Neos Marmaras. Von Thessaloniki und Neos Marmaras ausgeschildert.

106325

Neos Marmaras (Sithonia), GR-63081 / Khalkidhiki

- Camping Marmaras
- 15 Mai - 30 Sep
- +30 23 75 07 19 01
- info@campingmarmaras.gr

1 ADEILNORT	KMNPQSWXYZ	6
2 BHIJOPSUVWYZ	ABDEFIK	7
3 AFGN	ABEFNQR	8
4 O	ADLMT	9
5 ACDEFHLNO	ABHIJOSTU	10
16A		
2ha 140T(75-90m²) 46D	① €27,00 ② €34,00	

N 40°05'46'' E 23°46'34''

Von Thessaloniki kommend an der Ausfahrt Neos Marmaras A. CP ausgeschildert. Nicht dem Navi folgen, denn das gibt eine viel zu steile Route vor. Den Schildern folgen.

106327

Neos Marmaras (Sithonia), GR-63081 / Khalkidhiki

- Stavros
- 1 Apr - 31 Okt
- +30 23 75 07 19 75
- info@campingstavros.gr

1 ADEILNOPRST	KMNOPQSWXY	6
2 HJQRSWYZ	ABDEF	7
3 AF	ABEFNOQR	8
4 O	DGI	9
5 ACDFJL	ABGHIJNST	10
10A		
1,5ha 90T(70-80m²) 66D	① €32,00 ② €42,00	

N 40°02'33'' E 23°48'51''

Westküste Sithonia. Südlich von Neos Marmaras sind zwei Zufahrtswege angezeigt. Der südlichste ist der beste. Guter Asphaltweg, lange steile Steigung.

106328

Nikiti, GR-63088 / Khalkidhiki

- Mitari
- 1 Mai - 30 Sep
- +30 23 75 07 17 75
- mitaricamp@hotmail.com

1 ADEILNOPRT	KMNPQSWXY	6
2 HIJPQRSVYZ	ABDEF	7
3 G	AEFNORU	8
4 O	EK	9
5 ABDHLN	ABGHIJOQ	10
B 10A		
2,5ha 70T(65-90m²) 67D	① €28,70 ② €36,70	

N 40°08'36'' E 23°44'08''

Westküste Sithonia, 12 km hinter Nikiti. Ausgeschildert.

110011

Ouranoupolis (Athos), GR-63075 / Khalkidhiki

- Ouranoupolis
- 1 Apr - 31 Okt
- +30 23 75 07 11 71
- camping-ouranoupoli@hotmail.com

1 ADEILNOPRST	KMNPQSWXY	6
2 HJPQWXYZ	ABDEF	7
3 AG	ABEFNORUV	8
4 OQ	DJL	9
5 ACDJLMN	ABGHIJOQ	10
B 10A		
1,1ha 37T(70-100m²) 46D	① €37,70 ② €46,70	

N 40°20'22'' E 23°58'14''

Der CP liegt an der Straße von Ierissos nach Ouranoupolis; 1,8 km vor Ouranoupolis an der rechten Straßenseite.

109442

Panteleimon, GR-60065 / Pieria

- Camping Arion
- Platamon/Panteleimon
- 1 Apr - 31 Okt
- +30 23 52 04 15 00
- info@camping-arion.gr

1 ADEILNOPQRT	KMNPQSWX	6
2 AHJQRWXYZ	ABDEFHI	7
3	ABEFNQRW	8
4 O	D	9
5 DMNO	ABHIKOQ	10
10A CEE		
1,5ha 25T(40-80m²) 72D	① €28,20 ② €36,20	

N 40°00'58'' E 22°35'23''

Thessaloniki-Athen A1/E75: Ausfahrt Skotina. Weiter Panteleimon Beach, dann Camping Arion. Athen-Thessaloniki A1/E75: Ausfahrt Platamon. weiter Panteleimon. Nach 3 km an der Platamon Burg Richtung Panteleimon Beach. Dann 2 km der Straße folgen.

106235

Panteleimon, GR-60065 / Pieria

- Orpheus
- 1 Mai - 30 Sep
- +30 23 52 09 12 74
- orpheuscamping@gmail.com

1 ADEILNOPRT	KMNPQSWX	6
2 ABGJQRSWYZ	ABDEF	7
3	ABEFNOQRW	8
4	G	9
5 ACDEJKM	HIJOQ	10
10A		
1,5ha 40T(60-80m²) 54D	① €24,00 ② €31,00	

N 40°01'15'' E 22°35'09''

Aus Thessaloniki-Athen A1/E75, Ausfahrt Skotina. Schilder Panteleimon Beach befolgen. Von Süd: Ausfahrt Platamon. Schilder Panteleimon befolgen. Nach 3 km an der Platamon Burg Richtung Panteleimon Beach. Der Straße folgen.

106232

Panteleimon, GR-60065 / Pieria

- Poseidon Beach
- 1 Apr - 31 Okt
- +30 23 52 04 16 54
- poseidonbeach@gmail.com

1 ADEHKNOPRT	KMNPQSWX	6
2 AHJQRWYZ	ABDEFGH	7
3	ABEFNQRW	8
4 O	DIJ	9
5 DH	ABGHIJOQ	10
6-16A		
1,7ha 27T(60-120m²) 127D	① €39,00 ② €47,00	

N 40°00'47'' E 22°35'25''

Von Nord: A1/E75 Thessaloniki-Athen, Ausfahrt Skotina. Den Schildern Panteleimon Beach folgen. Von Süd: Ausfahrt Platamon. Den Schildern Panteleimon Beach folgen. Nach 3 km an der Platamon Burg Richtung Panteleimon Beach. Dieser Straße folgen.

106238

Plaka Litochoro, GR-60063 / Pieria

- Camping Sylvia
- 1 Mai - 10 Okt
- +30 23 52 02 21 04
- info@camping-sylvia.gr

1 ADEGJMNOPRT	KMNPQS	6
2 AHILPQSXYZ	ABEFNOQRU	8
3		9
4		
5 ABDHN	HIJOSTU	10
16A CEE		
0,8ha 45T(60-80m²)	① €26,00 ② €35,00	

N 40°07'00'' E 22°33'18''

Über die A1/E75, Ausfahrt Litochoro. Weiter Richtung Plaka Litochoro und der Küstenstraße nach Süden folgen. In 1 km Camping auf der Meeresseite.

110153

Sani, GR-63077 / Khalkidhiki

- Blue Dream
- 1 Mai - 30 Sep
- +30 23 74 03 12 49
- info@campingbluedream.gr

1 ADEILNOPRST	KMNPQSWX	6
2 HJQRVWXYZ	ADEF	7
3 AFG	AEFNR	8
4 OP	HZ	9
5 ACDEFHJL	BHIJOQ	10
16A		
5,2ha 207T 86D	① €36,00 ② €44,00	

N 40°05'44'' E 23°18'44''

12 km südlich von Nea Moudania auf der Autobahn rechts ab nach Sani Beach. Nach 5 km an der Kreuzung rechts Richtung Camping. Nach 3 km vor. Den Schildern folgen.

106271

Sarti (Sithonia), GR-63072 / Khalkidhiki

- Armenistis Camping & Bungalows
- 28 Apr - 25 Sep
- +30 23 75 09 14 97
- info@armenistis.gr

1 ADEGILNOPRST	KMNOPQRSTWX	6
2 HJPQRWYZ	ABDEF	7
3 BFG	ABEFNOR	8
4 BCDMNO	BCDEFGJKLMPRT	9
5 ACEFHLMO	ABGHIJLORSX	10
B 10A		
6ha 300T(50-100m²) 275D	① €30,10 ② €38,90	

N 40°09'07'' E 23°54'49''

An der Ostküste von Sithonia, 17 km südlich von Vourvourou und 13 km nördlich von Sarti. Einfahrt ausgeschildert.

106326

Teilkarte Nordost-Griechenland auf Seite 529

Sikia, GR-63072 / Khalkidhiki
- Melissi
- 1 Mai - 30 Sep
- +30 23 75 04 16 31
- info@camping-melissi.gr

1	ADE**JM**NOPQRST	KNOPQSWX 6
2	GIJQXYZ	ABDE**F** 7
3	A	ABEFNOQRW 8
4		9
5	ACDN	AGHIJOQU 10
B	6A	

N 40°02'45" E 23°59'05"
1,5ha 70T (54-100m²) 30D
€26,00 / €32,00
111608

An der Ostküste von Sithonia, 7 km südlich von Sarti. An der Küstenstraße angezeigt mit 'Sikia Beach'. Danach über den Asphaltweg am Strand wieder gut angezeigt. CP-Schildern folgen.

Vourvourou, GR-63088 / Khalkidhiki
- Lacara Camping
- Akti Koutloumoussi
- 1 Mai - 30 Sep
- +30 69 48 83 21 12
- info@lacaracamping.gr

1	ADE**J**MNOPQRS**T**	KMNOPQSWXY 6
2	ABCHIJLPQRWXYZ	ABDE**FG** 7
3	AFGN	ABEFNOQR 8
4	O	BDEJLQTU 9
5	ACDEFHL	AHIJOQ 10
B	6A	

N 40°10'12" E 23°51'15"
7,6ha 196T (40-120m²) 141D
€32,00 / €40,00
106323

An der Ostküste von Sithonia von Norden hinter der Ortschaft Vourvourou 8,5 km. CP ist ausgeschildert.

Tristinika (Sithonia), GR-63072 / Khalkidhiki
- Isa
- 1 Mai - 15 Sep
- +30 23 75 05 12 35
- izacamping@gmail.com

1	ADEHKNOPRS**T**	KMNPQSWX 6
2	HJPQRWXYZ	ABDE**F** 7
3	FG	ABEFNR 8
4	JO	AD 9
5	ABDFHL**NO**	GHIJN**O**STU 10
B	6A	

N 40°00'01" E 23°53'18"
4ha 300T (45-80m²) 88D
€31,50 / €39,50
111355

An der Westküste von Sithonia, 21 km südlich von Neos Marmaras, CP ausgeschildert. Danach 700m schmale Asphaltstraße zum CP.

Vourvourou (Sithonia), GR-63078 / Khalkidhiki
- Rea
- 1 Mai - 30 Sep
- +30 23 75 09 11 00
- campingrea@gmail.com

1	ADEILNOPRST	KNOPQSWXY 6
2	HJPQRWXYZ	ABDE**F** 7
3	A	ABEFNOQRU 8
4	O	D 9
5	ACDFLNO	ABHIJNQU 10
16A		

N 40°12'24" E 23°45'46"
2ha 40T (80-100m²) 68D
€30,00 / €36,00
106322

An der Ostküste von Sithonia, 4 km südlich van Agios Nikolaos und 2 km nördlich von Vourvourou. CP ausgeschildert.

Ag. Apostoli, GR-73100 / Khania
- Camping Hania
- 1 Apr - 30 Okt
- +30 28 21 03 11 38
- camhania@gmail.com

1	DEGILNOQR	AFKNQSW 6
2	GJOPSYZ	AD**FIJ** 7
3	AG**J**	ABEFNOW 8
4	**A**JOPQ	ADELVXZ 9
5	ABDEHIJLM	ABHILNSTU 10
16A		

N 35°30'42" E 23°59'04"
2ha 50T (40-80m²) 35D
€39,00 / €40,00
101594

Der neuen Nationalstraße folgen bis Ausfahrt Omalos/Chania. Chania nehmen. Nach 1 km an der Ampel links. Nach ca. 2 km rechts. Camping angezeigt. Am kleinen Schild gleich rechts. Na 50m an den Nikolas Suites links. Nach 100m Campingeinfahrt.

Missiria/Rethymnon, GR-74100 / Rethimni
- Camping Elizabeth
- Ionias 84 Terma
- 1 Mrz - 22 Dez
- +30 28 31 02 86 94
- info@camping-elizabeth.net

1	ADE**JM**NOPQRS**T**	KMNOPQRSW 6
2	AGJPRXYZ	ABEFGHNPQRW 8
3	GS	ACDFLVXZ 9
4	**AE**FO	AGHIJLOQU 10
5	ADEFHJKLMN**O**	
B	12A	

N 35°22'05" E 24°30'54"
2,4ha 120T (40-80m²) 32D
€28,50 / €33,00
101595

Von Heraklion: vor Rethymnon Ausfahrt Platanes/Arkadi. Der Straße folgen, CP 1 km hinter Platanes, rechts beim CP-Schild an einem unbefestigten Weg.

Drapanias, GR-73400 / Khania
- Camping Mithimna
- 1 Apr - 31 Okt
- +30 28 22 03 14 44
- info@campingmithimna.gr

1	ADEJMNOPQRS**T**	KMNPQSWX 6
2	AGJLRSXZ	ADFHI 7
3	AG	AEFNRW 8
4	**A**O	AFHILUVXZ 9
5	ACDEFHJLMN	HJOQ 10
20A		

N 35°30'09" E 23°42'09"
1,8ha 100T (50m²) 52D
€22,00 / €28,00
106339

An der Straße Chania-Kastelli, CP gut ausgeschildert, kurz vor dem sich nähernden Kastelli (Kissamos).

Nopigia/Drapanias, GR-73400 / Khania
- Camping Nopigia
- Nopigia
- 1 Mai - 30 Sep
- +30 28 22 03 11 11
- info@campingnopigia.com

1	AJMNOPQRS**T**	AFKMNOPQSWX**Y** 6
2	AGMNSWYZ	ADF**I** 7
3		ABEFNQRW 8
4	**A**FO	ALVXZ 9
5	ABDEFHJKMN	BHIJLOSTU 10
12A		

N 35°30'33" E 23°43'12"
1ha 60T (40-70m²) 25D
€25,50 / €31,50
106340

Von Chania Richtung Kastelli und nach ca. 30 km ist der CP im Ort Nopigia deutlich mit einem großen Schild an der Straße ausgeschildert.

Ierapetra, GR-72200 / Lasithi
- Camping Koutsounari
- 1 Jan - 31 Dez
- +30 28 42 06 12 13
- info@camping-koutsounari.gr

1	ADE**J**MNOPQRS**T**	AFKNOPQSWX 6
2	GJLPRWXYZ	ADF**IJ** 7
3	AG	AEFNQRW 8
4	AO**Q**	EFGILSUVXZ 9
5	ACDEFHJLMN	AHIOQU 10
12A		

N 35°00'31" E 25°49'17"
1,4ha 66T (30-70m²) 20D
€30,00 / €37,00
101599

7 km östlich von Ierapetra befindet sich der CP, direkt am Strand, gut ausgeschildert.

Paleochora/Kountoura, GR-73001 / Khania
- Camping Grammeno
- Kountoura
- 1 Jan - 31 Dez
- +30 28 23 04 21 25
- info@grammenocamping.gr

1	BDEGHKNOPQRS**T**	KMNPQSWX 6
2	GJPRXY	AB**F**I 7
3	A	ABEFNQW 8
4		AEFXZ 9
5	ABDEHK**O**	BHJOQU 10
16A		

N 35°14'07" E 23°38'09"
1,4ha 75T (40-70m²) 32D
€27,50 / €34,50
116733

Die Strecke Kandanos Richtung Paleochora. Am Ortseingang von Paleochora rechts Richtung Kountoura. Nach 4,5 km liegt der CP links der Strecke.

Kato Gouves, GR-70014 / Iraklion
- Creta Camping
- Gouves
- 1 Jan - 31 Dez
- +30 28 97 04 14 00
- cretacamping@gmail.com

1	ADE**J**MNOPQRS**T**	KMNOPQSWX**Y** 6
2	AGJPRSWXYZ	ABEFNQRW 8
3	AFM	DEFILVXZ 9
4	AJOP**Q**	AGHIJLOQU 10
5	ACDEFHJKMN	
12A		

N 35°19'58" E 25°17'31"
2ha 90T (40-80m²) 30D
€30,00 / €38,50
106348

New National Road von Iraklion Richtung Agios Nikolaos folgen. Den Schildern 'Cretaquarium' folgen. An der T-Kreuzung am Strand nach rechts. 300m weiter ist der CP rechts.

Plakias (Rethymnon), GR-74060 / Rethimni
- Apollonia Camping
- Agios Vasilios
- 15 Apr - 31 Okt
- +30 0 28 32 03 13 18
- apollonia-camping@hotmail.com

1	ADEGJMNOPQRT	AFKMNOPQSWXY 6
2	GJPRSXZ	ABEFKNQRW 8
3	A	AGLVXZ 9
4	O	HJNQU 10
5	DEH	
6A		

N 35°11'18" E 24°23'58"
1,2ha 65T (40-80m²) 9D
€16,00 / €18,00
106345

Aus Richtung Rethymon kommend ist der CP an der rechten Straßenseite, wenn man in den Badeort Plakis reinkommt.

Teilkarte Kreta auf Seite 531

Das ACSI Inspektorenteam 2022

Dieser ACSI-Campingführer ist voll mit brandaktuellen Informationen. Alle in diesem Führer vorgestellten Campingplätze werden jedes Jahr durch einen ACSI-Inspektor besucht. Es handelt sich um Spezialisten, die vom ACSI speziell ausgebildet wurden. Untenstehend die Namen und Fotos der Inspektoren, die die hier vorgestellte Plätze kontrolliert haben.

H. van den Abbeele

I. Aerbeydt

W. Ament

A. Ammeraal

J. Bastiaanse

P. van der Beek

M. van Bemmelen

J. van Benthem

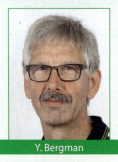
Y. Bergman

J. Bijsterbosch

B. Bos

E. Bosgra-de Groot

J. Bouwens

R. de Brie

G. Brink

J. Brouwer

 E. Buddelmeijer
 A. ten Buren
 P. ter Burg
 W. Callewaert
 K. Van Camp
 R. Clauwers
 J. Coenen
 L. Coolen-Spaans
 P. Corveleijn
 A. Cousin
 S. Crommentuijn
 A. Damen
 W. Dekker
 D. van Dijken
 B. van Dommelen
 J. van Dongen
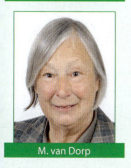 M. van Dorp
 J. van Duijnhoven
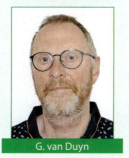 G. van Duyn
 A. Eickelmann

 G. Faber
 B. Fikse
 P. Geelen
 K. Geeraert
 H. Gelling
 N. van Gemeren
 B. Germonprez
 P. Gommers
 C. Gouders-Wierts
 R. Groesbeek
 R. Haaxman
 A. Handels
 H. Hemelaer
 A. Hertsens
 H. Hesselink
 E. Hillebrand
H. Hofkamp
 M. Hofman
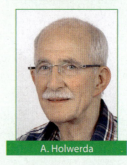 A. Holwerda
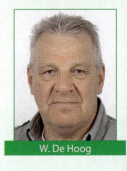 W. De Hoog

 J. Hoogeboom
 J. van den Hoven
 C. Iking
 P. Jacobs

 J. de Jager
M. Joosten-Martens
 S. Kampherbeek
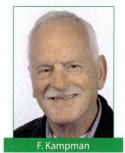 F. Kampman

 A. Kelderman
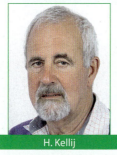 H. Kellij
 G. van Kempen
 J. Kettelerij

 H. Kiel
 R. Klos
 R. Kok
 R. Kok

 M. Koldewijn
 H. Kolkman
 F. Koster
 F. Koster

 W. Laeven
 M. de Langen
 K. van Langeveld
 Y. Laverman
 B. Leenders
 H. van Leeuwen
 T. Levöleger
 W. Los
 J. Lutjenhuis
 F. Lyskawa
 J. Maes
 P. Meering
 A. Mol
 C. Molenaar
 F. Molnár
 H. Moonen
 A. van de Mosselaer
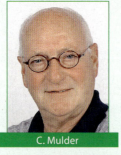 C. Mulder
 T. Naninck
 H. Nibbelke

 E. Oehlers
 E. Onclin
 G. Papavoine
 G. Peelen
 M. Pelgrim
 J. Petiet
 R. Pierlot
 J. Poortman
 J. Pullen
 N. Renes
 D. de Ridder
 J. Riksman
 J. Roodenrijs
 J. Roumen
 M. Ruijs
 M. Schaap
 R. Scholten
 J. Schoonenberg
 W. Schuijlenburg
 R. Schweinsbergen

 T. Seijts-de Vries
G. Sevink
 J. Smits
 G. Snakkers

 T. Spoelstra
 P. van Sprang
 E. van Spreeuwel
 J. Stassen

 A. Stopel-Kalisvaart
 L. Swaans
 H. Sybesma
 D. Tamsma

 L. Thiele
 H. Tijink
 M. Tijink
 N. Tolenaars

 J. Urlings
 G. Veldhuis
 S. Vellinga
 W. Veltkamp

 J. Verheijen

R. Vermeylen

 J. Verrezen

 I. Vertessen

 B. van der Vliet

 H. de Vrede

 P. Waelkens

 A. van de Walle

 R. Wauters

 M. Weidner

 M. Weijers

 L. De Weirt

 H. Westbroek

 H. Wever

 R. Wijkel

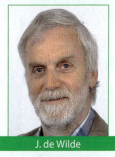 J. de Wilde

 W. Willems

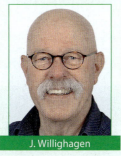 J. Willighagen

 P. Winkelhuijzen

 J. van der Zee

Ortsnamenregister

A

abenraa	114	
abenraa/Løjt Norreskov	114	
akirkeby	138	
albæk	126	
alborg	126	
alten	176,178	
arburg	348	
arø	114	
arøsund/Haderslev	114,115	
avasaksa	107	
avasaksa/Ylitornio	107	
bersee/St. Gilgen	377,378	
btenau	378	
btsgmünd/Hammerschmiede	314	
by	72	
chenkirch	368	
chern	307	
cquarossa	355	
dazu Nov.	420,421	
dinkerke/De Panne	206	
erdt	178	
eschi/Spiez	349	
fferden	195,197	
fing/Mühlhausen bei Augsburg	327	
ffoldern/Edertal	285	
fritz am See	382	
g. Apostoli	531	
ga/Gera	276	
gård	456	
gernæs/Otterup	129	
gger/Vestervig	126,127	
ggtelek	460	
gios Serafim	520	
gno	355	
hlden	241	
hrbrück	291	

Ahrdorf	278
Ahrensberg	261
Ähtäri	101
Åhus	72
Aichelberg	314
Aigen (Ennstal)	393
Aigle	343
Aitrach	316
Aitrang/Allgäu	327
Åkersjön/Föllinge	92
Akersloot/Alkmaar	144
Akkerhaugen	51
Akkrum	166
Ål	51
Albstadt	316
Albuen/Nakskov	133
Alexandroupolis	529
Alf	291
Alheim/Licherode	285
Alingsås	80
Alkmaar	144
Allensbach	307
Allensbach/Hegne	308
Allingåbro	120
Allinge	138
Älmeboda	72
Almere	160
Älmhult	72
Alphen (N.Br.)	188
Alpirsbach	304
Alsóörs	453
Alt Schwerin	261
Alta/Øvre Alta	62
Altdorf	353
Altefähr (Rügen)	261
Altenahr	291
Altenau	248
Altenberg	273

Altenkirchen	236,261
Altenmarkt im Pongau	378
Altenteil (Fehmarn)	252
Altenveldorf	322
Altglobsow	269
Alt-Schadow	269
Alt-Zeschdorf	270
Alüksne	420
Älvkarleby	86
Amaliada/Palouki	523
Amberloup/Ste Ode	214
Amel/Deidenberg	214
Amen	173
Åminne/Slite	72
Amsterdam	144,145
Ancient Epidavros	524
Ancient Epidavros/Argolida	524
Åndalsnes	60
Andau	393
Andeer	357
Andijk	145
Anjum	166
Ankaran	472
Annenheim	382,383
Ano Alissos	524
Anseremme/Dinant	215
Anslet	115
Anttola	104
Antwerpen	206
Apen/Nordloh	237
Appelscha	166
Appeltern	178
Appenzell	351
Arboga/Ekeberg	86
Arbon	352
Arcen	195
Arendsee	267
Argostoli (Kefalonia)	522

Arlaching/Chieming 329	Avegno 355	Bad Kötzting 32
Arlon 215	Avenches 343	Bad Lausick 27
Arnhem 178	Aywaille 215	Bad Lauterberg 24
Arolla 346		Bad Liebenzell 30
Arrild/Toftlund 115	**B**	Bad Neualbenreuth 32
Arvidsjaur 92		Bad Pyrmont 24
Arvika 80	Baarland 152,153	Bad Radkersburg 39
Åsa 73	Baarle-Nassau 189	Bad Ragaz 35
Asaa 126	Baarlo 195	Bad Rippoldsau-Schapbach 30
Asarum/Karlshamn 73	Baarn 158	Bad Rothenfelde 23
Aschau 368,369	Babylon 434	Bad Sassendorf 27
Aschenbeck/Dötlingen 237	Bacharach 301	Bad Schmiedeberg/Pretzsch 26
Åsele 92	Bächli/Hemberg 352,353	Bad Urach 31
Asel-Süd/Vöhl 286	Bad Abbach 329	Bad Waltersdorf 39
Askeby 133	Bad Bederkesa/Geestland 241	Bad Wildbad 30
Askersund 80	Bad Bellingen/Bamlach 308	Bad Wörishofen 32
Asperup 129	Bad Bentheim 237	Bad Zurzach 34
Assen 173	Bad Birnbach/Lengham 330	Bad Zwesten 28
Assens 130	Bad Bodenteich 241	Badacsony 45
Assentorp/Stenlille 134	Bad Breisig 291	Badacsonylábdihegy 45
Assini Plaka/Drepanon 524	Bad Dürkheim 236,301	Badacsonytomaj 45
Assini/Nafplion 524	Bad Ems 291	Badenweiler 30
Asten 188	Bad Emstal/Balhorn 286	Baja 45
Asten/Heusden 188,189	Bad Endorf 330	Bakhuizen 16
Asten/Ommel 189	Bad Fallingbostel 241	Bakkeveen 16
Athen 520	Bad Feilnbach 330	Balatonakali 45
Attendorn/Biggen 278	Bad Füssing 330	Balatonalmádi 45
Attendorn/Waldenburg 278	Bad Füssing/Egglfing 330	Balatonberény 4
Atterwasch 270	Bad Füssing/Kirchham 330	Balatonboglár 4
Au an der Donau 376	Bad Gandersheim 248	Balatonfüred 4
Au im Bregenzerwald 367	Bad Gleichenberg 394	Balatongyörök 4
Auby-sur-Semois 215	Bad Godesberg/Mehlem 279	Balatonszemes 4
Augsburg-Ost 327	Bad Griesbach 331	Bale 48
Augstfelde/Plön 252	Bad Harzburg 248	Balen/Keiheuvel 20
Augustenborg 115	Bad Hofgastein 378	Balkbrug 1
Auning 120	Bad Honnef/Aegidienberg 279	Ballangen
Aurdal i Valdres 51	Bad Hönningen 291	Ballum/Bredebro 1
Aurel Vlaicu 466	Bad Karlshafen 286	Banja Luka 5
Avdira/Xanthi 529	Bad Kissingen 236,320	Banjole/Pula 482,4
Ave-et-Auffe/Rochefort 215	Bad Kösen/Naumburg 267	Banovci/Verzej 4

antikow _____ 270	Berlin-Schmöckwitz _____ 270	Bjerka _____ 63
archem _____ 178,179	Bernati _____ 420	Bjert _____ 115
arendrecht _____ 149	Bernati/Nicas Nov./Nicas Pag. _____ 420	Bladel _____ 190,191
åring Vig _____ 130,131	Berndorf _____ 391	Blagaj _____ 513
arkelsby/Eckernförde _____ 252	Berne _____ 238	Blagaj/Mostar _____ 513
arntrup _____ 279	Bernhardzell _____ 352	Blaibach/Kreuzbach _____ 323
arvaux _____ 215	Bernkastel/Kues _____ 236,297	Blankenberge _____ 206,207
asedow _____ 252	Bernried _____ 331	Blankenheim/Freilingen _____ 279
aska (Krk) _____ 485,493	Bertrix _____ 216	Blattnicksele _____ 92
åstad _____ 73	Berzaune _____ 420	Bleckede _____ 236,242
astogne _____ 216	Besiny _____ 434	Bleckede (OT Radegast) _____ 242,243
athmen _____ 162	Bestwig/Wasserfall _____ 279	Bled _____ 472,475
attenberg/Dodenau _____ 286	Betina _____ 493	Bleik _____ 63
auskas Nov./Codes Pag. _____ 420	Bettendorf _____ 225	Blier-Erezée _____ 216
autzen _____ 273	Beuningen _____ 162	Bliesdorf Strand _____ 252
ayerbach _____ 331	Beverungen/OT Würgassen _____ 279	Blitterswijck _____ 195
eaufort _____ 225	Biberwier _____ 368	Bloemendaal aan Zee _____ 145
edkowice _____ 408	Biddinghuizen _____ 160,177	Blokzijl _____ 162
eek (gem. Montferland) _____ 179	Bielsko Biala _____ 408	Blommenslyst _____ 130
eekbergen _____ 179	Bièvre _____ 216	Bø _____ 52
eerze/Ommen _____ 162	Bihac _____ 513	Bocholt _____ 206
eesd _____ 179	Bihain/Vielsalm _____ 216	Bockenau _____ 292
eesel _____ 195	Bijakovicí/Medugorje _____ 513	Böda _____ 73
eeskow _____ 270	Biksti _____ 420	Bodenmais _____ 331
eetzseeheide/Gortz _____ 270	Bildsø/Slagelse _____ 134	Bodenwerder _____ 246
ehrensdorf _____ 252	Billigheim/Ingenheim _____ 302	Bodenwerder/Rühle _____ 247
eilen _____ 173	Billund _____ 115	Bodman-Ludwigshafen _____ 308
elt-Schutsloot _____ 162	Bingen/Kempten _____ 302	Boeslunde _____ 134
erchtesgaden _____ 331	Binn _____ 346	Bogács _____ 460
erdorf _____ 225	Biograd na Moru _____ 493	Bogense _____ 130,131
erekfürdö _____ 460	Biristrand _____ 51	Bohan _____ 216
erg en Dal _____ 179	Birkenfeld _____ 292	Bohinjska Bistrica _____ 473
erg im Drautal _____ 382	Birstonas _____ 415	Bohinjsko Jezero _____ 473
erg in der Oberpfalz _____ 323	Birzai _____ 415	Bøjden/Faaborg _____ 130
ergeijk _____ 189	Bischofsheim an der Rhön _____ 320,321	Bolków _____ 408
ergen op Zoom _____ 189	Bischofswiesen _____ 330,331	Bollendorf _____ 297
ergen/Dumme _____ 241	Bischofszell _____ 352	Bollnäs _____ 86
ergkvara _____ 73	Bispingen/Behringen _____ 241	Boltenhagen _____ 261
ergwitz/Kemberg _____ 268	Bitov _____ 434	Bomarsund/Sund _____ 100
erlicum _____ 189	Bjerge Strand _____ 134	Bonatchiesse/Fionnay _____ 346

Bönigen	349	
Bønnerup Strand/Glesborg	120	
Boppard	292	
Borgdorf/Seedorf	252	
Borger	173	
Börgerende	261	
Bork Havn/Hemmet	120	
Borkum	238	
Borlänge	86	
Born (D)	262	
Born (L)	225	
Borrby	73	
Borre	134,135	
Bosanska Krupa	514	
Bosberg/Trondheim	60	
Bosschenhoofd	190	
Bourg-St-Pierre	346	
Bourscheid/Moulin	225	
Bourtange	170	
Bovec	473	
Boxberg	274	
Braamt	179	
Brædstrup	120	
Bräkne-Hoby	73	
Bramming	115	
Bran	466	
Brandenburg/Malge	270	
Braunfels	286	
Braunlage	249	
Bräunlingen	308	
Braunsbach	314	
Brecht	207	
Brecht/St. Job-in-'t-Goor	207	
Breda	190	
Bredene	208,209	
Bree	208	
Bregenz	367	
Breitenbach	276	
Breitenthal	327	
Breitenwang	368,369	
Breitungen	276	
Bremen	242	
Brezno	446	
Brielle	149	
Brienz	349	
Brieselang/Zeestow	270	
Brig	346	
Brigerbad	346	
Brijesta	504	
Brilon	279	
Brixen im Thale	369	
Bríza/Cheb	434	
Broager/Skelde	115	
Brodenbach	292	
Brodersby-Goltoft	252	
Brouwershaven	152	
Bruck	378,379	
Brüggen	279	
Brühl (Heider Bergsee)	279	
Brumunddal	52	
Brungershausen	286	
Brunnen	353	
Bryrup/Silkeborg	120	
Bucha/Unterwellenborn	276	
Buchholz	252	
Buchhorn am See	314	
Buchs	352	
Bucuresti	466	
Bud	61	
Budapest	457	
Bühl/Oberbruch	305	
Buje	482,487	
Bükfürdö	454	
Bükkszentkereszt/Hollóstetö	460	
Bullay (Mosel)	292	
Bunnik	158	
Buochs	353	
Bürder	292,293	
Bure/Tellin	216	
Bureå	92	
Burg (Spreewald)	27	
Burgau	39	
Burgdorf	34	
Burgen	236,29	
Burgh-Haamstede	152,15	
Burg-Reuland	21	
Burgsvik	7	
Burhave	23	
Büsum	25	
Bütgenbach	216,21	
Butjadingen/Burhave	236,23	
Byglandsfjord	52,5	
Byske	9	

C

Cadzand	153,15	
Cadzand-Bad	15	
Callantsoog	14	
Callenberg	27	
Calw/Altburg	30	
Câmpu Cetatii/Eremitu	46	
Cârta	46	
Carwitz	26	
Castricum	14	
Castricum aan Zee	14	
Catez ob Savi	47	
Catterfeld	27	
Cegléd	45	
Celldömölk	45	
Celle	24	
Cerná v Pošumaví	43	
Cerovo	44	
Cesis	42	
Chaam	19	
Chairière	21	
Champéry	34	
Champex-Lac	34	
Château-d'Oex	3	
Châtel-St-Denis	3	

Cheb	434
Cheb/Podhrad	434
Chemnitz	274
Cherain	216
Chessel	343
Chieming	332
Chieming/Stöttham	332
Chimay	216
Chlapowo	401
Chlum u Trebone	434
Chrustenice 155	435
Chur (GR)	357
Churwalden	357
Chvalsiny	435
Cierzpiety/Piecki	402
Cinuos-chel/Chapella	358
Cisnadioara/Sibiu	467
Cistá	435
Claro	355
Clausthal-Zellerfeld	249
Cochem	292
Cochem/Cond	292
Colditz	274
Colombier	343
Consdorf	225
Coppenbrügge	247
Crans-Montana	346
Creglingen/Münster	314
Cres (Cres)	493
Cserkeszölö	460
Cserszegtomaj	454
Csokonyavisonta	454
Cudrefin	343
Cugnasco	355
Cuxhaven	242
Cuxhaven/Duhnen	242
Cuxhaven/Sahlenburg	242
Czestochowa	408
Czluchów	402

D

Dahlenburg	242
Dahme	251-253
Dahn	302
Dalby/Kerteminde	130
Dalen	52
Dalfsen	162
Dals Långed	80
Dankerode (Harz)	268
Dannemare	134
Dannenberg	242
Darmanesti	467
Dassia (Corfu)	522,523
Datteln	279
Dausenau	292,293
Davos Glaris	358
De Cocksdorp (Texel)	146
De Haan	208,209
De Heen	190
De Klinge	208
De Koog (Texel)	146
De Lutte	162
Debrecen/Erdöspuszta	460
Debrecen/Kerekestelep	460
Decin 3	435
Degerfors	81
Degerhamn	73
Degersand/Eckerö	100
Deining	323
Delden	162
Delecke (Möhnesee)	280
Delft	149,150
Dellach im Drautal	382
Delphi	520
Delphi/Fokis	520
Delve	252
Demänovská Dolina	446
Den Burg (Texel)	146
Den Haag	150

Den Ham	162
Den Hoorn	146
Den Nul/Olst-Wijhe	162
Denekamp	162
Dersau (Holstein)	252
Detern	238
Deventer	162
Diekirch	226
Diekirch/Bleesbruck	226
Diepenheim	162
Dierhagen-Strand	262
Diever	173
Diever/Wittelte	173
Dieverbrug	173
Diez an der Lahn	292
Diffelen/Hardenberg	163
Dillenburg	286
Dillingen	226
Dinkelsbühl	323
Disentis	358
Dishoek/Koudekerke	154
Dlouhá Ves	435
Dobbertin	262
Döbriach	382-385
Dochamps	217
Dockweiler	298
Doesburg	179
Doetinchem	179
Dokkum	167
Dolní Vestonice	435
Dombås	52
Domburg	153,154
Dömös	457
Donaueschingen/Pfohren	308
Donja Stubica	508
Donji Babin Potok	493
Donnerskirchen	394
Doorn	159
Doornenburg	179
Dornbirn	367

545

Dornstetten/Hallwangen	305	
Dorotea	92	
Dorsel am Ahr	292	
Dortmund/Hohensyburg	280	
Dorum/Neufeld	236,242	
Dovje/Mojstrana	473	
Dovre	52	
Dråby/Ebeltoft	120	
Drage	493	
Drammen	52	
Dransfeld	249	
Dranske	262	
Drapanias	531	
Dreieich/Offenthal	286	
Drepanon/Plaka	524	
Drepanon/Vivari	524	
Dresden	274	
Driedorf	286	
Drochtersen	242	
Drognitz	276	
Drolshagen	280	
Dronten	160	
Drosedow/Wustrow	262	
Druskininkai	415	
Drvenik	504	
Dubrovnik	485,505	
Dueodde	138	
Duga Resa	508	
Dülmen	280	
Durbe	421	
Durlach	305	
Durnal	217	
Düsseldorf	280	
Dvur Králové n. L.	435	
Dwingeloo	173	
Dywity	402	
Dziwnówek	402	
Dzwierszno Male/Lobzenica	402	
Dzwirzyno	402	

E

Ebberup	130
Ebeltoft	121
Ebeltoft/Fuglsø	121
Ebeltoft/Krakær	121
Eberbach	305
Eberndorf	384
Ebrach	320
Ebstorf	242
Echt	195
Echten	173
Echternach	226
Echternacherbrück	298,299
Eckwarderhörne	236,238
Ed	81
Edam	146
Ede	180
Edertal/Affoldern	286
Edertal/Bringhausen	286
Edertal/Mehlen	287
Edertal/Rehbach	287
Ediger/Eller	292
Een (Gem. Noordenveld)	173
Een-West/Noordenveld	173
Eerbeek	180
Eerde	190
Eernewoude	167
Eersel	190,191
Ees	173
Eext	173
Effeld/Wassenberg	280
Eger	460
Egersund	52
Egestorf	242
Eggelsberg	376
Eggersdorf	394
Eging am See	332
Egmond aan den Hoef	146
Egmond aan Zee	146

Egnach	352
Ehrwald	369
Eichhorst (Schorfheide)	270
Eidsbygda	6
Eidsdal	6
Eisenach/Wilhelmsthal	276
Eisenbach	226
Ejstrup Strand/Brovst	126
Ekenäs	10
Ekerum/Borgholm	7
Eksjö	74
Elafonisos	524
Elbiku	426
Elbingerode	264
Elblag	40
Elburg	180
Elend	264
Elisabethfehn	23
Elk	40
Ellemeet	15
Ellenberg	31
Ellwangen	31
Elspeet	18
Elva	42
Elverum	5
Emmeloord	16
Emst	18
Engelberg	35
Engen im Hegau	30
Engerdal	5
Engures Pag./Engures Nov.	42
Enköping	8
Enschede	16
Enscherange	22
Enspijk	18
Enzklösterle	30
Epanomi	524
Epe	180,18
Epen	19
Erbach/Bullau	28

rdötarcsa ___ 457	Fachbach ___ 292	Flügge (Fehmarn) ___ 254
retria (Evia) ___ 520	Fagernes/Holdalsfoss ___ 53	Föglö ___ 100
richem ___ 181	Fagersta ___ 86	Føllenslev ___ 134
rlach ___ 348	Fakse ___ 134	Fonyód ___ 454
rlangen/Dechsendorf ___ 323	Falkenberg ___ 74	Førde ___ 54
rmelo ___ 181	Falkenberg/Elster ___ 270	Forel Lavaux ___ 344
rmelo/Speuld ___ 181	Falsterbo ___ 74	Franeker ___ 167
rmsdorf ___ 226	Falun ___ 86	Frankenfeld ___ 243
rslev/Mors ___ 127	Fanø/Rindby ___ 115,116	Frankenhain ___ 277
sbeek ___ 190	Fanø/Sønderho ___ 116	Frantiskovy Lazne ___ 435
sbjerg V. ___ 115	Färjestaden ___ 74	Fredensborg ___ 134
schenz ___ 352	Fårö ___ 74	Fredericia ___ 116,123
sch-sur-Alzette ___ 226	Farsø ___ 127	Frederikshavn ___ 127
sch-sur-Sûre ___ 226	Farsø/Strandby ___ 127	Frederiksværk ___ 134
schwege ___ 236,287	Fauske ___ 63	Freest ___ 262
skilstuna ___ 86	Faxe Ladeplads ___ 134	Freiburg ___ 308
ssel/Engehausen ___ 242	Fazana ___ 483	Freiburg/Hochdorf ___ 309
ssen-Werden ___ 280	Fehmarnsund (Fehmarn) ___ 254	Freudenberg ___ 315
ssingen/Lauterburg ___ 315	Feistritz im Rosental ___ 386	Freudenstadt ___ 305
stavayer-le-Lac ___ 343	Feistritz ob Bleiburg ___ 386,387	Frick ___ 348
sztergom ___ 457	Feldberg ___ 262	Frickenhausen/Ochsenfurt ___ 236,320
tnedal ___ 52	Feldkirch ___ 367	Friedrichshafen ___ 316
ttelbruck ___ 227	Feldkirchen an der Donau ___ 376	Friedrichstadt ___ 254
ttenheim ___ 308	Femundsenden/Drevsjø ___ 53	Frielendorf ___ 287
ttersburg ___ 277	Ferch (Schwielowsee) ___ 270	Friesenheim/Schuttern ___ 309
tzelwang ___ 323	Ferchesar ___ 270,271	Fromheden/Norsjö ___ 92
utin ___ 252	Ferring/Lemvig ___ 121	Frørup ___ 130
vje ___ 53	Fichtelberg ___ 320	Frösön ___ 92
volène ___ 346	Fieberbrunn ___ 369	Frutigen ___ 349
wijk ___ 181	Fiesch ___ 346	Frymburk ___ 435
xloo ___ 174	Filipstad ___ 81	Fügen ___ 369
xtertal ___ 280	Filisur ___ 358	Fuldatal/Knickhagen ___ 287
xtertal/Bösingfeld ___ 280	Finikounda ___ 524,525	Funtana ___ 483-485,487
xtertal/Meierberg ___ 280	Finnerödja ___ 81	Funtana/Vrsar ___ 484,489
	Fischbachtal ___ 287	Fürth (Odenwald) ___ 287
	Fisching/Weißkirchen ___ 394	Furth im Wald ___ 323
	Fjand ___ 121	Furuvik/Gävle ___ 86
aaborg ___ 130	Fjerritslev ___ 127	Füssen im Allgäu ___ 327
aak am See ___ 384	Flaach ___ 352	Füzesgyarmat ___ 460
åberg ___ 53	Flåm ___ 53	Fynshav/Augustenborg ___ 116

Fyresdal _____ 54

G

Gäddede _____ 92
Gaienhofen/Horn _____ 309
Galambok _____ 454
Gällivare _____ 92
Gällö _____ 92
Galmaarden _____ 208
Gålö _____ 86
Gamleby _____ 74
Gammel Laven/Silkeborg _____ 121
Gammendorf (Fehmarn) _____ 254
Gampelen _____ 348
Ganderkesee/Steinkimmen _____ 239
Gårbova/Urwegen _____ 467
Garbsen _____ 247
Garderen _____ 181
Garlstorf _____ 243
Garphyttan _____ 81
Gårslev/Børkop _____ 116
Gartow _____ 243
Gartow/Laasche _____ 243
Gaski _____ 402
Gasselte _____ 174
Gasselternijveen _____ 174
Gatauciai _____ 415
Gatow _____ 270
Gaupne _____ 54
Gdansk _____ 402
Gedern _____ 287
Geiranger _____ 61
Geisenheim _____ 287
Gemünden _____ 320
Gemünden/Hofstetten _____ 320
Gendt _____ 181
Gent _____ 208
Gentingen _____ 298
Geraardsbergen _____ 209

Gerakini _____ 529
Geras _____ 391
Gerbach _____ 302
Gernrode _____ 268
Gerolstein _____ 298
Gersfeld/Schachen _____ 287
Gersheim _____ 303
Geslau _____ 323
Geyer _____ 274
Gialova/Pylos _____ 525
Gibuli/Talsu Novads _____ 421
Giebultów/Mirsk _____ 408
Gieten _____ 174
Gilau _____ 467
Gillenfeld _____ 298
Girod _____ 292
Giswil (Sarnersee) _____ 353
Give _____ 116
Gizycko _____ 402
Gizycko/Bystry _____ 403
Gjerde/Jostedal _____ 54
Gjerrild/Grenå _____ 121
Glavotok (Krk) _____ 494
Glesborg _____ 121
Glifa _____ 526
Glifa/Ilias _____ 526,527
Glommen _____ 74
Glücksburg _____ 254
Glyngøre _____ 121
Gnarrenburg _____ 243
Goebelsmühle _____ 227
Göhren _____ 262
Gol _____ 54
Gordevio _____ 355
Gorssel _____ 181
Goslar _____ 249
Gösselsdorf _____ 386
Göteborg _____ 81
Gozd Martuljek _____ 473
Graal-Müritz _____ 262

Grabovac/Rakovica _____ 508
Gräddö _____ 86
Gräfendorf/Weickersgrüben _____ 320
Grafenhausen/Rothaus _____ 308,309
Graft _____ 147
Grainau _____ 332
Grambin/Ueckermünde _____ 262
Grän _____ 369
Grand-Halleux _____ 217
Grängesberg _____ 86
Gränna _____ 74
Grasellenbach/Hammelbach _____ 287
Gräsmark/Uddheden _____ 81
Gräsö/Öregrund _____ 86
Gråsten/Rinkenæs _____ 116
's-Gravenzande _____ 15
Greåker _____ 54
Grebbestad _____ 81
Greding _____ 321
Greifenburg _____ 386
Greifenstein/Beilstein _____ 287
Grein _____ 376
Grenå _____ 122
Greve _____ 134
Grimbergen _____ 209
Grimsbu _____ 54
Grimstad _____ 54
Grindelwald _____ 344
Grindsted _____ 116
Grisslehamn _____ 8
Grisslehamn/Singö _____ 8
Groede _____ 154,15
Groenlo _____ 18
Groesbeek _____ 18
Grohnde (Emmerthal) _____ 24
Grolloo _____ 17
Grömitz _____ 25
Gronau _____ 28
Groningen _____ 17
Groot Valkenisse/Biggekerke _____ 15

Groß Quassow/Userin 262,263	Haderslev/Sønderballe 117	Harrachov 435
Groß Reken 280	Hagnau 316	Harran 61
Großbreitenbach 277	Haibach/Schlögen 376	Harskamp 182
Großenbrode 254	Hajdúböszörmény 460	Harstad 63
Großensee 254	Hajdúszoboszló 460	Hartola 104
Großlobming 394	Halbendorf 274	Harzgerode/OT Neudorf 268
Großschönau 274	Halberstadt 268	Harztor (OT Neustadt/Harz) 277
Großseeham/Weyarn 332	Halden 54	Häselgehr 370
Gruibingen 315	Haligovce 446	Hasle 138
Grünberg 287	Hall (Tirol) 369	Hasselberg 255
Grundlsee 394	Hällefors 81	Hattem 182
Grünheide 270	Hällekis 81	Hatten/Kirchhatten 239
Gryon/La Barboleusaz 344	Hållnäs 87	Haugesund 54
Gryt/Valdemarsvik 74	Hallstahammar 87	Haukeland 54,55
Gstaad 349	Halmstad 75	Haunetal/Wehrda 288
Guderhandviertel 243	Hals 127	Hausbay/Pfalzfeld 293
Gudhjem 138	Halsa 63	Havelberg 268,269
Gudo 355	Hamburg/Schnelsen 254	Havelte 174
Guldborg 134	Hameln 247	Haverdal 75
Guldental 293	Hameln/Halvestorf 247	Hechlingen am See/Heidenheim 324
Gullesfjord 63	Hamina 104	Hechtel/Eksel 209
Gulpen 177,195,196	Hammarland 100	Hechthausen/Klint 243
Gummarp/Eksjö 74	Hamminkeln 281	Hedesunda/Ön 87
Gunzenhausen 323,324	Hampen 123	Heel 196
Gusum 74,75	Hanau (Main) 288,289	Heemsen/Anderten 247
Guxhagen/Büchenwerra 288	Handewitt/Jarplund 255	Heerde 182,183
Gvarv 54	Hank 190	Heerlen 196,197
Gyenesdiás 454	Hanko 101	Hegykö 454
Györ 454	Hann. Münden 249	Heidal 54
Gythion/Lakonias 526	Haparanda 92	Heidenau 243
	Hardenberg 163	Heidenburg 298
	Hardenberg/Heemserveen 163	Heiderscheid 227
H	Haren/Ems 236,239	Heiderscheidergrund 227
	Harfsen 182	Heijen 194,196,197
Haaksbergen (Twente) 163	Hargshamn 87	Heijenrath/Slenaken 196
Haapsalu 426	Harkány 457	Heikendorf/Möltenort 255
Haarlem 147	Harkstede 170	Heiligenblut 386
Haarlo 182	Harlesiel/Wittmund 239	Heimbach 281
Habo 81	Harlingen 167	Heino 163
Haderslev/Diernæs 116	Härnösand 93	Heinsen 247
Haderslev/Halk 116		

Heiterwang	370	
Hejls	117	
Helchteren	209	
Helden	196	
Hellenthal	281	
Hellevoetsluis	150	
Helsingør	134	
Helsinki	101	
Helvoirt	190	
Hemeln	249	
Hemmingen/Arnum	247	
Hemmoor	243	
Hemsbach (Bergstraße)	305	
Hengelo (Gld.)	183	
Hengstdijk	155	
Henne	117	
Herbolzheim	309	
Herford	281	
Heringen/Werra	288	
Herkenbosch	196	
Hermagor-Pressegger See	366,386	
Hermannsburg/OT Oldendorf	243	
Herpen	190	
Herzhausen	288	
Hesselager	130,131	
Heteren	183	
Heubach	288	
Heumen/Nijmegen	183	
Heuvelland/Kemmel	209	
Hévíz	454	
Hierden	183	
Hillerød	134	
Hillosensalmi	104	
Hilvarenbeek	191	
Hilversum	147	
Himmelpfort	270	
Hindeloopen	167	
Hinterzarten/Titisee	309	
Hirschau	324	
Hirschegg	394	
Hirschhorn/Neckar	288	
Hirsjärvi/Somero	101	
Hirtshals	127	
Hluboké Mašuvky	435	
Hluk	435	
Hochdonn	255	
Hoek	155	
Hoek van Holland	150	
Hoenderloo	183	
Hoeven	191	
Höfen an der Enz	305	
Hofgeismar	288	
Hogne	217	
Högsäter	81	
Hohegeiß/Braunlage (Harz)	249	
Hohenfelde	255	
Hohenfelden	277	
Hohenkirchen	262	
Hohenstadt	315	
Hohenwarth	324	
Hohnstein	274	
Højbjerg	122	
Hökensås/Tidaholm	81	
Holbæk	134	
Holle	247	
Holstebro	122	
Holten	163	
Hoogerheide	191	
Hoogersmilde	174	
Hooghalen	174	
Hoogwoud	147	
Höör	75	
Hoorn/Berkhout	147	
Horb am Neckar	305	
Horn	75	
Horn-Bad Meinberg/OT Kempen	281	
Hornbæk	135	
Horní Planá	435,436	
Hornnes	55	
Horsens	122	
Hörstel	28	
Hørve	13	
Horw	35	
Hosenfeld	28	
Hossa	10	
Hösseringen/Suderburg	24	
Hou/Odder	12	
Houffalize	21	
Houthalen	20	
Houthalen/Helchteren	20	
Hova/Otterberget	8	
Hovborg	11	
Hovet i Hallingdal	5	
Hovin	5	
Hovmantorp	7	
Höxter	28	
Hrabusice	44	
Huben/Längenfeld	37	
Huddinge	8	
Huldenberg	20	
Hulsberg	19	
Hulshorst	18	
Hult	7	
Hultsfred	7	
Hummelo	18	
Hundested	13	
Hundested/Tømmerup	13	
Hünfeld	236,28	
Husum	25	
Hutisko/Solanec	43	
Hvide Sande	122,12	

I

Ibbenbüren	28
Icici	49
Idestrup	13
Idre	8
Ieper	21
Ierapetra	53

...gel ___ 298	**J**	**K**
...goumenitsa ___ 521	Jabbeke/Brugge ___ 210	Kaatsheuvel ___ 191
...ringen ___ 309	Jade ___ 239	Kabelvåg ___ 63
...salmi/Koljonvirta ___ 104	Jægerspris ___ 135	Kabli/Pärnu ___ 426,427
...aalinen ___ 101,102	Jajce ___ 514	Kalajoki ___ 107
...awa ___ 403	Jämsänkoski/Jämsä ___ 102	Kalamitsi/Sithonia ___ 529
...ertissen ___ 327	Jännevirta ___ 104	Kalkar/Wissel ___ 281
...mensee ___ 316	Januv Dul ___ 436	Kalletal ___ 281
...omantsi ___ 104	Jarnoltówek ___ 408	Kalmar ___ 75
...mmenstaad ___ 316,317	Jastrzebia Góra ___ 403	Kalnabeites/Siguldas Nov. ___ 421
...mmenstadt (Allgäu) ___ 327	Jászszentandrás ___ 460	Kals am Großglockner ___ 370
...nst ___ 370,371	Jaunmarupe/Marupes Nov. ___ 421	Kalundborg ___ 135
...ciems ___ 421	Jävrebyn ___ 93	Kalundborg/Saltbæk ___ 135
...ngeldorf/Diekirch ___ 227	Jedovnice ___ 436	Kamenz ___ 274
...golstadt ___ 332	Jedwabno ___ 403	Kamperland ___ 155
...nerbraz (Klostertal) ___ 367	Jelenia Góra ___ 408	Kampor ___ 494
...nertkirchen ___ 349	Jelling ___ 117	Kanali/Preveza ___ 521
...nhavet ___ 63	Jena ___ 277	Kandern ___ 309
...nsbruck ___ 370	Jennersdorf ___ 394	Kandersteg ___ 350
...terlaken (Thunersee) ___ 350	Jersleben ___ 268	Kapellskär ___ 87
...terlaken/Unterseen ___ 350	Jesberg ___ 288	Kaprun ___ 378
...terlaken/Wilderswil ___ 350	Jesenice/Cheb ___ 436	Kapuvár ___ 455
...terlaken-Ost ___ 350	Jezera/Murter ___ 494	Karankamäki/Mäntyharju ___ 105
...zell ___ 332	Jihlava ___ 436	Karasjok ___ 63
...a/Argolis ___ 526	Jindris ___ 436	Karcag ___ 461
...rel ___ 298	Joachimsthal ___ 271	Käringsund/Eckerö ___ 100
...schen ___ 386	Joditz (Auensee) ___ 320	Karklé ___ 415
...ernhagen ___ 247	Joensuu ___ 104	Karklé/Klaipèda ___ 415
...høj ___ 135	Johannisholm/Mora ___ 87	Kärla ___ 426
...ny im Allgäu ___ 316	Jokkmokk ___ 93	Karlovy Vary ___ 436
...ny/Beuren ___ 317	Jørpeland ___ 55	Karlsborg ___ 82
...thmia ___ 526,527	Juelsminde ___ 122	Karlshagen ___ 263
...ea/Kirra ___ 521	Julianadorp aan Zee ___ 147	Karlshamn ___ 75
...ter/Hopfgarten ___ 370	Juliusruh ___ 262	Karlskrona ___ 76
...alo ___ 107	Jurbarkas ___ 415	Karlstad ___ 82
...endorf/Lübeck ___ 255	Jurmala ___ 421	Karlstadt am Main ___ 321
...nota/Ruciane-Nida ___ 403	Juva ___ 104	Karlstein am Main ___ 321
		Kassari ___ 426
		Kassel ___ 288
		Kassel/Bettenhausen ___ 288

Kastellaun 293	Kinrooi 210	Koknese 42
Kasterlee 210	Kinsarvik 55	Koksijde 21
Kastraki/Kalambaka 521	Kirchberg (Iller) 317	Kolan (Pag) 494,49
Kastri (Pilion) 521	Kirchheim/Waldhessen 288	Kolbnitz 38
Kastro Kyllinis Ilia 527	Kirchzarten 311	Kolding 117,12
Katharinenhof (Fehmarn) 255	Kirkel/Neuhäusel 303	Kollmar 25
Kato Alissos 527	Kirn-Nahe 293	Kolmården 7
Kato Gatzea (Pilion) 521	Kiruna 93	Köln/Dünnwald 28
Kato Gouves 531	Kisa 76	Köln/Poll 28
Katowice 408	Kiskörös 457	Köln/Rodenkirchen 28
Katrineholm 87	Kiskunhalas 457	Kolobrzeg 40
Katwijk aan Zee 150	Kiskunmajsa 457	Komárom 45
Kaumberg 391	Kitzingen 321	Komárom/Szöny 45
Kaunas 415	Kladow/Berlin 271	Kongsvinger 5
Kaunertal 370,371	Klaffer am Hochficht 376	Königsdorf 33
Kaustinen/Tastula 102	Klagenfurt 387	Königssee/Schönau 33
Kautokeino 63	Klaipeda (Giruliai) 415	Königstein 274,27
Kavala 529	Klausdorf (Fehmarn) 255	Königswinter/Oberpleis 28
Kazimierz Dolny 408	Klein Kühren 243	Koningsbosch 19
Kazinci/Kraslavas Nov. 421	Klein Pankow 263	Konjic 51
Kdyne 436	Klein Rönnau/Bad Segeberg 256	Konstantinovy Lázne 43
Kelbra/Kyffhäuser 268	Kleinröhrsdorf/Dresden 274	Konstanz 31
Keldby 135	Kleinwaabs 256	Konstanz/Dingelsdorf 31
Kellenhusen 255	Kleinwalsertal/Mittelberg/Baad 327	Kootwijk 18
Kelpen-Oler 196	Kleinwalsertal/Riezlern 327	Koppang 5
Kerteminde 130	Klenovica 494	Korcula 50
Kesälahti 105	Klijndijk/Odoorn 174	Korenica 49
Kesälahti/Suurikylä 105	Klimno/Dobrinj 494,495	Kõrkküla 42
Kessel 196	Klitmøller/Thisted 127	Koroni/Messinias 52
Kesteren 183	Klosterneuburg 391,392	Körperich/Obersgegen 29
Keszthely 455	Kluisbergen/Ruien 210	Korsør 13
Ketzin 271	Klüsserath 298	Kortgene 153,15
Keuruu 102	Klusy/Orzysz 403	Koserow 26
Keutschach am See 386,387	Kneznice 4 437	Kössen 37
Kevo/Kustavi 102	Knittlingen/Freudenstein 305	Kosta 7
Kiel 255	Kobarid 473	Kotka/Kymenlaakso 10
Kiemeliai 415	Koblenz 294	Kötschach/Mauthen 38
Kil 82	Kochel am See 332	Kotten/Winterswijk 18
Kinding/Pfraundorf 332	Køge 135	Kourouta/Amaliada 52
Kinna/Örby 82	Kökar 100	Kouvola 10

ozienice 408	Kustavi 102	Lassan 263
ragenæs 136	Kuusamo 107	Lathen 239
ragerø 56	Kyllburg 299	Laubach 289
raggenburg 160	Kyselka/Radosov 437	Lauchhammer 271
raków 409	Kysing Strand/Odder 122	Lausanne 344
rakow am See 263		Lauterbrunnen 350
ramnitze/Rødby 136		Lauwersoog 170,171

L

ramsach (Krummsee) 370		Le Landeron 344
ramsach (Reintalersee) 370	La Chaux-de-Fonds 344	Le Locle 344
rattigen 350	La Cibourg 348	Le Prese 358
rauchenwies 317	La Fouly 346	Le Sentier 344
rausnick 271	La Roche-en-Ardenne 217	Leba 403-405
reblitz/Luckau 271	Laaber 324	Lechbruck am See (Allgäu) 327
rems (Donau) 391	Laagna 426	Leck 256
ressbronn 317,318	Laag-Soeren 183	Ledenitzen (Faaker See) 388
reuzberg/Altenahr 294	Laatzen/Hannover 247	Leek 171
reuzlingen 352	Labin 484,485	Leerdam 159
ristianopel/Fågelmara 76	Läckeby/Kalmar 76	Leersum 159
ristiansand 56	Lackenhäuser 236,333	Leeuwarden 168
ristinehamn 82	Ladbergen 281	Lefkada 522
rk (Krk) 485,494,495	Lærdal 56	Legnickie Pole 409
ropswolde 170	Lagów 409	Leibertingen/Thalheim 318
ruiningen 156	Lahnstein 294	Leibnitz 394
rummhörn/Upleward 239	Lakselv 64	Leipheim 327
rün 333	Lampiri 527	Leipzig 275
ruså 117	Lanaken 210	Leiwen 299
ruså/Kollund 117,131	Landgraaf 196	Leksand 87,88
rynica Morska 403	Landön 76	Lelystad 160
ryoneri 529	Landsmeer/Amsterdam 147	Lemele 163
uciste 505	Langballig 256	Lemelerveld 163
uciste/Viganj 505	Längenfeld 370	Lemvig 122
ühlungsborn 263	Langerhuse 122	Lengerich 281
unes 64	Langfjordbotn 64	Lenk im Simmental 350
unfehértó 458	Langsur/Metzdorf 299	Lenti 455
ungshamn 82	Langwiesen 352	Lenz/Lenzerheide 358
uopio 105	Lappeenranta 105	Lenzen 271
uressaare 426	Larochette 227	Lenzerheide 358
urort Gohrisch 275	Larochette/Medernach 227	Lenzkirch 311
urtuvenai 415	Larsmo/Luoto 102	Leoben 395
ussaberg/Kadelburg 311	Larvik 56	Lerberget 76

Lermoos 370	Linghed 88	Löttorp 7
Les Brenets 344	Linköping 76	Loviste 50
Les Breuleux 344	Linneryd 76	Löwenhagen 24
Les Cluds/Bullet 344	Linz 376	Löwenstein 31
Les Haudères 346	Lipno nad Vltavou 437	Lozovac 49
Lesce 474	Lipót 455	Lübben/Spreewald 27
Lesna 409	Lipová-Lázne 437	Lübbenau 27
Leupoldishain/Königstein 275	Lippstadt 282	Lübbenau/Hindenberg 27
Leutasch 366,371	Liptovská Sielnica 446	Lübeck/Schönböcken 25
Levoca 446	Liptovský Trnovec 446	Luleå 9
Lichtaart 210	Lisbjerg/Århus-N 122	Lundeborg 13
Lichtaart/Kasterlee 210	Listerby 76	Lüneburg 24
Lichtenfels 321	Lit 93	Lungern 35
Li-Curt/Poschiavo 358	Litochoron 529	Lünne 23
Lidköping 82	Ljubljana 474	Lunteren 18
Liebenau/Zwergen 289	Ljugarn 76	Lütow 26
Lieksa 105	Ljungby 76	Luttenberg 16
Lieler 227	Ljusdal 88	Lutzmannsburg 39
Lienen 282	Locarno 356	Luxemburg 22
Lienz 371,373	Lochem 184	Luzern 35
Lienz/Amlach 371,373	Loen 56	Lycksele 9
Lienz/Tristach 371,373	Loftahammar 76,77	Lyngvær/Kleppstad 6
Lieren/Beekbergen 184	Lofthus 56	Lysekil 8
Lierop/Someren 192	Løgstør 127	
Lietzow (Rügen) 263	Løgstrup 124	

M

Ligatne/Ligatnes Nov. 421	Lohals/Tranekaer 130
Lignières 344	Lohme/Nipmerow 263	Maasbommel 18
Lille/Gierle 210	Lohr am Main 321	Maasbree 19
Lillehammer 56	Loissin 263	Maashees 19
Lillesand 56	Løkken 128	Machtolsheim 31
Limbach/Günzburg 327	Løkken/Ingstrup 128	Madliena 42
Limbach/Krumbach 305	Løkken/Lyngby 128	Magdeburg 26
Limbazu Pag./Limbazu Nov. 421	Lom 57	Magyarhertelend 45
Lindau (Bodensee) 327	Lombardsijde 210	Mahlow/Berlin 27
Lindau/Zech 327	Lomma 77	Mainhausen/Mainflingen 28
Lindaunis/Boren 256	Lommel 210	Maintal 28
Lindeland/Tonstad 56	Lommel-Kolonie 210	Maishofen 37
Lindenfels/Schlierbach 289	Lønstrup 128	Makkum 16
Lindlar 282	Lopar (Rab) 485,495	Maków Podhalanski 40
Lingerhahn 294,295	Losone 356	Malbork 40

Malchow	263	
Malé Leváre	446	
Mali Losinj (Losinj)	495	
Malling	124	
Malliß	263	
Malmedy/Arimont	218	
Malmköping	88	
Malmö/Limhamn	77	
Maloja	358	
Malta	388,389	
Malung	88	
Malvik	61	
Mamaia/Navodari	467	
Manamansalo	107	
Mandal	57	
Mander/Ootmarsum	164	
Manderscheid	300	
Mangalia/Jupiter	467	
Mangu/Hiiu Vald	426	
Marbach an der Donau	391	
Marczów/Wlen	409	
Mardosu/Plunges	415	
Mariannelund	77	
Mariánské Lázne (Mariënbad)	437	
Maribo	136	
Maribor	474,475	
Mariefred	88	
Mariehamn	100	
Marielyst/Vaeggerløse	136	
Mariënberg/Hardenberg	164	
Mariestad	82	
Marijampolé	415	
Marin/Epagnier	344	
Markdorf	318,319	
Markelo	164	
Markgrafenheide/Rostock	264	
Märkische Heide/Groß Leuthen	271	
Marstrand	83	
Martfü	461	
Martigny	346	
Martinšcica (Cres)	495	
Martofte	132	
Matrei in Osttirol	371	
Maurach	371	
Maurik	184	
Mauterndorf	378	
Mayrhofen	371	
Medelby	256	
Medugorje	514	
Medulin	484,488	
Medveja	496	
Meerssen	196	
Mehlmeisel	321	
Meierskappel	354	
Meijel	197	
Meinisberg/Biel	348	
Meiringen	350	
Melano	356	
Melby	136	
Melderslo	197	
Melissant	150	
Melle/Gesmold	239	
Mellerud	83	
Mélník	437	
Mendig	294	
Mengerskirchen	289	
Meppen (D)	236,239	
Meppen (NL)	174	
Meride	356	
Merikarvia	102	
Mersch	227	
Meschede (Hennesee)	236,282	
Mesenich/Cochem	294	
Mesteri	455	
Methoni/Makrygialos	530	
Methoni/Messinias	528	
Mettingen	282	
Middelburg	156	
Middelfart	132	
Middelhagen (Rügen)	264	
Midlum/Wurster Nordseeküste	244	
Midwolda	171	
Mielno	405	
Mierlo	192	
Mikeltornis/Ventspils Nov.	421	
Mikenes	528	
Mikkeli	105	
Mikolajki	405	
Miland	57	
Milina (Pilion)	521	
Milków	409	
Millstatt/Dellach	388	
Miltenberg a/d Main	321	
Mindunai	415	
Minis	467	
Mirow	264	
Missen-Wilhams	328	
Missiria/Rethymnon	531	
Mistras	528	
Mittelhof	294	
Mitterteich	324	
Mo i Rana	64	
Moelv/Ringsaker	57	
Möhlin	348	
Mol	210,211	
Molkwerum/Molkwar	168,169	
Mölle	77	
Mommark/Sydals	117	
Mondsee	376	
Mondsee/Tiefgraben	376	
Monschau/Imgenbroich	282	
Monschau/Perlenau	282	
Monteggio	356	
Monzingen	294	
Mora	89	
Moravske Toplice	475	
Mörbylånga	77	
Mörfelden-Walldorf	289	
Morges	344	
Moritzburg/Dresden	275	

Mörschied	294	Natters	372	Nibe	128
Mörtschach	388	Naumburg	268	Nicas Nov./Nicas Pag.	42
Moscenicka Draga	496	Naumburg (Edersee)	289	Nideggen/Brück	282
Mosen	354	Navodari	467	Nidri Katouna Lefkada	522
Mosjøen	64	Nea Kallikratia	530	Niebert	17
Moskenes	64	Nea Moudania	530	Niechorze	405
Mosonmagyaróvár	455	Neckargemünd	306	Niederau	275
Mossala/Houtskär	102	Neckargemünd/Heidelberg	306	Niederbreitbach	294
Mostar	514	Neckarsulm	315	Niedergörsdorf (OT Oehna)	272,273
Motten/Kothen	321	Neckarzimmern	306	Niederkrüchten/Brempt	282
Mou/Storvorde	128	Neede	184	Niederkrüchten/Elmpt	282
Mouzaive	218	Nehren/Cochem	294	Nieder-Moos	289
Mragowo	405	Nenzing	367	Niedersonthofen (Allgäu)	328
Müden/Örtze (Gem. Faßberg)	244	Neos Marmaras (Sithonia)	530	Niedzica	409
Mühlberg	277	Nepomuk	437	Niemtsch/Senftenberg	272
Mühlen	395	Nerezine (Losinj)	496	Niendorf/Wohlenberger Wiek	264
Mullsjö	83	Nerezine/Osor (Losinj)	496	Nietap	174
München	333	Neringa/Nida	415	Nieuwe-Tonge	150
Munkbrarup	256	Neszmély	458	Nieuw-Heeten	164
Münsing	333	Netersel	192	Nieuw-Milligen	184
Münsingen	318	Netolice	437	Nieuwpoort	211
Münster	282	Neubäu	324	Nieuwvliet	153,156
Munster/Kreutzen	244	Neubulach	306	Nieuwvliet-Bad	153,156,157
Münstertal	311	Neuenburg am Rhein	310,311	Nijnsel/St. Oedenrode	192
Murg	352	Neuengönna/Porstendorf	277	Nijverdal	164
Murnau/Seehausen	333	Neuental	289	Nikiti	530
Murrhardt/Fornsbach	315	Neuerburg	300	Nispen/Roosendaal	19.
Mussalo/Taivassalo	102	Neu-Göhren	264	Nivå	136
Müstair	359	Neuhausen/Schellbronn	306	Njivice (Krk)	496
Muzzano	356	Neukalen	264	Njurunda	9.
		Neulengbach	391	Nohfelden/Bosen	30.

N

		Neunburg vorm Wald	324	Nokia	102
		Neuruppin/Krangen	271	Nommern	228
Naantali	102	Neuseddin	272	Noorbeek	19
Nærum	136	Neustadt an der Waldnaab	324	Noorden	15
Nagyatád	455	Neustadt in Holstein	256	Noorderwijk/Herentals	21
Nagykanizsa	455	Neustadt/Mardorf	247,248	Noord-Scharwoude	14
Nakskov	136	Neustadt/Wied	294	Noordwelle/Renesse	15
Namsos	61	Neustift	372	Noordwijk	156
Nassereith	372	Neustift/Volderau	372	Noordwijkerhout	15

556

Noordwolde ___ 168	Oberhausen an der Nahe ___ 294	Olpe/Kessenhammer ___ 283
Nopigia/Drapanias ___ 531	Obernhof/Lahn ___ 295	Olpe/Sondern ___ 283
Nora ___ 83	Obernzenn ___ 324	Olympia ___ 528
Norberg ___ 89	Oberohe/Faßberg ___ 244	Omis ___ 506
Nordborg/Augustenhof ___ 117	Oberretzbach ___ 391	Omisalj ___ 498
Nordborg/Købingsmark ___ 117	Oberried ___ 312	Ommen ___ 164
Nordborg/Lavensby ___ 118	Oberstaufen ___ 328	Onstwedde ___ 171
Norden/Norddeich ___ 239	Oberstdorf ___ 328	Oostburg ___ 156
Nordholz/Wurster Nordseeküste _ 244	Oberteuringen/Neuhaus ___ 318	Oosterbeek ___ 184
Norg ___ 174,175	Obertrum ___ 378	Oosterhout ___ 184,192
Norrby/Iniö ___ 102	Obervellach 175 ___ 388	Oosterhout/Dorst ___ 192
Norrby/Pargas ___ 102	Oberweis ___ 300	Oost-Maarland/Eijsden ___ 197
Nørre Åby ___ 132	Oberwesel ___ 295	Oostvoorne ___ 150
Nørre Nebel ___ 118	Oberweser/Gieselwerder ___ 290	Ootmarsum ___ 164,165
Norrfjärden ___ 93	Oberweser/Oedelsheim ___ 290	Ootmarsum/Agelo ___ 165
Northeim ___ 249	Oberweser/Weissehütte ___ 290	Ootmarsum/Hezingen ___ 165
Notodden ___ 57	Oberwössen ___ 333	Opatov (Okr. Trebíc) ___ 437
Notter ___ 164	Öbolandet/Trosa ___ 89	Opende ___ 171
Novalja (Pag) ___ 497	Odder ___ 124	Opglabbeek/Oudsbergen ___ 211
Novigrad ___ 484,497	Odder/Boulstrup ___ 124	Opgrimbie/Maasmechelen ___ 211
Noville ___ 344	Odrimont ___ 218	Opheusden ___ 184
Nowy Sacz ___ 409	Oedheim ___ 315	Opoeteren ___ 211
Nunspeet ___ 184	Oer-Erkenschwick ___ 282	Oppdal ___ 61
Nurmes ___ 105	Oettern ___ 277	Orasac ___ 506
Nürnberg ___ 324	Offenberg ___ 333	Orbe ___ 344
Nüziders ___ 367	Offingawier ___ 168	Orebic ___ 506
Nyborg ___ 132	Oggau (Burgenland) ___ 395	Öregrund ___ 89
Nyíregyháza ___ 461	Ohé en Laak ___ 197	Orlowo ___ 405
Nykøbing (Falster) ___ 136	Oirschot ___ 192,193	Orosháza ___ 461
Nykøbing (Mors) ___ 128	Oisterwijk ___ 192	Orrefors ___ 77
Nymindegab/Nørre Nebel ___ 118	Oknö/Mönsterås ___ 77	Orsa ___ 89
Nynäshamn ___ 89	Okrug Gornji ___ 505	Orsingen ___ 312,313
Nyrsko ___ 437	Oksbøl ___ 118	Ortrand ___ 272
Nyrup/Kvistgård ___ 136	Olbersdorf ___ 275	Ortved/Ringsted ___ 136
Nysted ___ 136	Olching ___ 333	Osby ___ 77
	Oldemarkt/Paasloo ___ 164	Osek ___ 437
O	Olden ___ 57	Osiek ___ 409
	Olen ___ 211	Oskarshamn ___ 77
Oberammergau ___ 333	Olloy-sur-Viroin ___ 218	Oslo ___ 57,58
Oberdrauburg ___ 388	Olofström ___ 77	Osnabrück ___ 239

Osor/Nerezine	498	
Ossenzijl	165	
Ossiach	388	
Ostermade	256	
Osterode (Harz)	249	
Osterreinen/Rieden	328	
Östhammar	89	
Ostrhauderfehn	239	
Ostrovacice	437	
Ostseebad Prerow	264	
Ostseebad Rerik	264	
Ostseeheilbad Zingst	264,265	
Ottenbach	352	
Otterberg	302	
Otterlo	177,185	
Otterndorf/Müggendorf	244	
Otterup	131,132	
Ouddorp	151	
Oude Willem	175	
Oudega	168	
Oudemirdum	168	
Ouranoupolis (Athos)	530	
Ouren/Burg Reuland	218	
Ouwerkerk	156	
Overijse	211	
Överlida	83	
Övertorneå	93	
Oxelösund	89	
Oy-Mittelberg	328	
Oyten	236,244	
Ózd	461	

Ø

Ørskog	61
Østbirk	124
Øster Hurup/Hadsund	128
Øvre Eidfjord	58

P

Padenstedt	256
Padure/Kuldigas Nov.	422
Pajala	93
Pajiesmeniai	416
Pakostane	498,499
Palanga	416
Paleochora/Kountoura	531
Paleokastritsa (Corfu)	523
Pandrup	128
Panningen	197
Panteleimon	530
Pápa	455
Papenburg	239
Pappenheim	324
Parga/Lichnos	521
Pärnu	426
Paska	277
Pasohlávky	437
Patkovina/Foca	514
Paulsdorf	275
Payerne	345
Pécs	458
Pello	108
Penzlin (OT Werder)	264
Pepelow	264
Perl/Nennig	303
Pesenthein	388
Petten	148,149
Pettenbach	376
Pettneu am Arlberg	366,372
Pfarrwerfen	379
Pfedelbach/Buchhorn	315
Pfofeld/Langlau	325
Pfronten	328
Piding/Bad Reichenhall	333
Piece	406
Piecki	406
Pielenhofen (Naabtal)	325
Pietrzyków	409

Pirna	27!
Pivka	47!
Plaka Litochoro	53(
Plakias (Rethymnon)	53
Planá u Mariánských Lázní	43
Plasmolen	19.
Plasmolen/Mook	19
Plataria/Igoumenitsa	521,52.
Plau am See/Plötzenhöhe	26<
Pleinfeld	32:
Plitvicka Jezera	498
Plön	25(
Plön/Bösdorf	25(
Plötzky/Schönebeck	268
Plzen/Maly Bolevec	43
Podcetrtek	47!
Podersdorf am See	39.
Podlesice	40(
Podzemelj/Gradac	47!
Pöhl	27.
Poikko/Naantali	10.
Polanica/Zdrój	40
Pölfing-Brunn	39.
Polleur	218
Pommerby	25
Pommern	29.
Pontresina/Morteratsch	35
Poppel	21
Porec	486,48
Porovitsa/Akrata	52.
Porvoo	10.
Postojna	47
Potsdam/Berlin	27.
Pottenstein	32
Poupehan	218,21
Povljana	49
Poznan	40(
Prag 3	43<
Prag 5/Smíchov	43
Prag 5/Trebonice	43

rag 6 438	Rab 485,500	Rehlingen/Siersburg 303
rag 7 438	Rabac 486	Reichenau (Insel Reichenau) 312
rag 8/Dolní Chabry 438	Räbke 249	Reinach/Basel 348
rag 9/Dolní Pocernice 438	Råda 83	Reinhardshagen 290
rag 9/Klánovice 438	Radolfzell/Markelfingen 312	Reinsberg 275
rasice 446	Radovljica 476	Reinsfeld 300
remantura 486,488	Radstadt 379	Reisach 388
rerow 265	Raggal 367	Reisdorf 228,229
rien am Chiemsee 333,334	Rahier 218	Remagen 295
riepert 265	Raiskums 422	Remersdaal/Voeren 211
riepert (Radensee) 265	Rajecké Teplice 446	Remetea (Jud.Bihor) 467
rimosten 499	Rakamaz/Tokaj 461	Rendeux/Ronzon 218
rivlaka 499	Rakitje 508	Renesse 153,156,157
rora 265	Rakovica 508	Rennweg am Katschberg 388
ruchten 265	Ramsau 334	Renswoude 159
rüm 300	Ramsbeck/Valme 283	Reposaari 103
rutz 372	Ramvik 93	Rerik/Meschendorf 265
rzeworsk 409	Randa/Zermatt 346	Retie 211
rzywidz 406	Randbøl 118	Retranchement/Cadzand 153,157
tuj 475	Randers 124	Reuler/Clervaux 228
udasjärvi 108	Ransäter 83	Reutte 374
ula 485,486,488	Ranua 108	Reutum 165
unat (Krk) 499,500	Rappin (Rügen) 265	Reutum/Weerselo 165
underich 295	Raron 347	Reuver 198
unkaharju 105	Raron/Turtig 347	Révfülöp 455
unta Kriza (Cres) 500	Råsnov 467	Rewal 406
uolanka 108	Rätan 93	Rhede (Ems) 239
urbach 395	Rättvik 89	Rheeze 165
urnode/Yvoir 218	Rauma 103	Rheezerveen/Hardenberg 165
üspökladány 461	Rauris 379	Ribe 118
utten 185	Razanac 500	Riddarhyttan 89
uttgarden (Fehmarn) 257	Reahûs 168	Ried 374
uumala 105	Rebild/Skørping 128	Rieden/Rosshaupten 328
uumala/Mannilanniemi 105	Rechenberg-Bienenmühle 275	Riegel/Kaiserstuhl 312
yhäranta 103	Recica ob Savinji 476	Rieste 240
	Reckingen 347	Riga 422
R	Redalen/Gjøvik 58	Riihimäki 103
	Reersø/Gørlev 136	Riis/Give 118
åå 77	Regensburg-West 325	Riistavesi/Vartiala 105
aalte 165	Rehe 295	Rijen 193

Rijnsburg	151	
Rijs	168	
Ringebu	58	
Ringgenberg	350	
Ringkøbing	124	
Rinteln	248	
Risør	58	
Ristinge	132	
Riza/Preveza	522	
Rjukan/Miland	58	
Robertville	218	
Rochefort	219	
Rockanje	151	
Rødovre	136	
Rødvig Stevns	137	
Roermond	198	
Roggel	198,199	
Rognan	64	
Rojas Nov./Melnsils	422	
Røkland	64	
Rolandswerth	295	
Røldal	58	
Rolle	345	
Romainmôtier	345	
Rømø	118,131	
Rønne	138	
Røra/Inderøy	61	
Røros	61	
Rosenfelde/Grube	257	
Roskilde	137	
Rosport	228	
Rossatz	392	
Roßbach/Wied	295	
Röstånga	77	
Rotenburg an der Fulda	290	
Roth/Wallesau	325	
Rottenbuch	334	
Rovaniemi	108	
Rovinj	486,489-491	
Rowy	406	
Roznov pod Radhostem	438	
Rozstani/Baldovec	438	
Rüdesheim am Rhein	290	
Rudiskes	416	
Rudnik/Grudziadz	406	
Rueras	359	
Ruhpolding	334	
Ruinen	175,177	
Ruissalo/Turku	103	
Rundales Pag.	422	
Runde	61	
Ruovesi	103	
Ruska Wies/Mragowo	406	
Russenes	64	
Rust (A)	395	
Rust (D)	312	
Ruunaa	105	
Ruurlo	185	
Ry	124	
Ryd	78	
Rydzewo/Gizycko	406	

S

Saalburg-Ebersdorf	277
Saanen	351
Saarburg	300
Saarijärvi	103
Saas-Grund	347
Sachseln	354
Sachsenburg	388
Sæby	128
Säffle	83
Saignelégier	345
Saillon	347
Saka	426
Sakskøbing	137
Säkylä	103
Salem	257
Salem/Neufrach	318

Sälen	89
Salgesch	34
Saliste	46
Salo	10
Saltstraumen	6
Saltum	128
Salzburg	38
Salzburg-Nord	380,38
Salzhemmendorf/Wallensen	248
Sami (Kefalonia)	52
Sandane	5
Sandarne	8
Sandersvig/Haderslev	11
Sandkäs	13
Sandomierz	41
Sandsletta/Laukvik	6
Sandvig/Allinge	13
Sandvik	7
Sani	53
Sankt Andrä am Zicksee	39
Sankt Kanzian	38
Sankt Kanzian (Klopeiner See)	38
Sankt Margrethen	35
Sankt Vith	21
Sanok	41
Sarajevo/Ilidza	51
Särna	8
Sarnen	35
Sárospatak	46
Sarti (Sithonia)	53
Sárvár	45
Sassenberg	28
Säter	8
Savonlinna	10
Sävsjö	7
Schaijk	19
Schaprode	26
Scharbeutz	25
Scharendijke	15
Schashagen/OT Bliesdorf-Strand	25

chiffdorf/Spaden	244	
chillersdorf	265	
chillingsfürst	325	
chimmert	198	
chin op Geul/Valkenburg	198	
chipborg	175	
chlaitz (Muldestausee)	268	
chleching/Mettenham	334	
chleiden/Harperscheid	283	
chliersee/Obb.	334	
chloß Holte/Stukenbrock	283	
chluchsee	312	
chlüchtern/Hutten	290	
chnaittenbach	325	
chneverdingen/Heber	244	
chömberg/Langenbrand	306	
chönberg (Ostseebad)	257	
chönbühel	392	
chönenberg-Kübelberg	302	
choonebeek	175	
choonloo	175	
choorl	148	
chortens	240	
chotten	290	
chubystrand/Dörphof	258	
churrenhof/Donzdorf	315	
chüttorf	240	
chwäbisch Hall/Steinbach	315	
chwangau	328	
chwarzach/Schwarzenau	321	
chwedeneck	258	
chweich	301	
chweppenhausen	295	
chwoich	374	
ciegny	410	
dr. Omme	118	
dr. Stenderup	118,119	
eck	295	
eeboden	389	
eeburg	249	
Seeburg (Seegebiet Mansf.Land)	269	
Seekamp (Ostholstein)	258	
Seekirchen	380,381	
Seelbach	312	
Seeshaupt	334	
Seget Donji/Trogir	507	
Seget Vranjica/Trogir	507	
Sehlendorf	258	
Seiffen	275	
Seirijai	416	
Selb	321	
Selce	501	
Seljord	58	
Sellingen	171	
Sempach	354	
Senec	446	
Senftenberg	272	
Senheim am Mosel	296	
Sensweiler	296	
Sevenum	198	
Siauliu	416	
Sibenik	500,501	
Siegerswoude	168	
Siehdichum/Schernsdorf	272	
Sighisoara	467	
Sigmaringen	318	
Sigulda/Siguldas Nov.	422	
Sikfors	93	
Sikia	531	
Silberborn/Solling	248	
Šilinè/Jurbarkas	416	
Silkeborg	124	
Silkeborg/Laven	124	
Silvaplana	359	
Simmerath/Hammer	283	
Simmerschmelz	228	
Simmershofen/Walkershofen	325	
Simmertal	296	
Simonsberg/Husum	258	
Simonswald	312	
Sindal	129	
Sinntal/Oberzell	290	
Sinsheim/Hilsbach	306	
Sint Anthonis	193	
Sint Hubert	193	
Siófok/Sóstó	455	
Sion	347	
Sippersfeld	302	
Sirkka	108	
Sjølund/Grønninghoved	118	
Sjötorp	83	
Sjøvegan	65	
Skælskør	137	
Skag/Eckerö	100	
Skagen	129	
Skanderborg	124	
Skansholmen/Mörkö	89	
Skärholmen/Stockholm	90	
Skarpnäck/Stockholm	90	
Skarsvåg	65	
Skårup	132	
Skaven/Vostrup/Tarm	124	
Skellefteå/Vitberget	93	
Skibotn	65	
Skiippagurra/Tana	65	
Skipsfjorden	65	
Skittenelv	65	
Skive	124	
Skiveren/Aalbæk	129	
Skjåk	58	
Skjern	125	
Skoganvarre	65	
Skoghall	83	
Skovby	118	
Skövde	83	
Skultes Pag	422	
Skummeslövsstrand	78	
Skutskär	90	
Slagharen	165	
Slagnäs	94	

Slenaken 200	Sorø 137	Stadtkyll 300,301
Slite 78	Sorsele 94	Stadtsteinach 322
Sloten 168	Sottrum/Everinghausen 245	Stams 374,375
Sluis 157	Soumagne 219	Stara Baska/Punat (Krk) 485,501
Sluknov 438	Sovata 467	Stará Lesná 446
Smakt/Venray 200	Soynio/Attika 522	Stare Hobzi 438
Smidstrup 137	Spa 219	Stare Jablonki 407
Smiltene/Smiltenes Nov. 422	Spabrücken 296	Starigrad/Paklenica 501,502
Smlednik 476	Spatzenhausen/Hofheim 334	Stathelle 59
Snäcko/Kumlinge 100	Spier/Beilen 175	Staufen 312
Sneek 168	Spittal an der Drau 389	Stavanger 59
Soca 476	Splügen 359	Stave 65
Sodankylä 108	Spøttrup 125	Stavelot 219
Söderköping 78	St. Cergue 345	Stavoren 169
Soerendonk 193	St. Geertruid 200	Ste Cecile 219
Sogndal 59	St. Georgen am Kreischberg 395	Stechelberg 351
Sölden 374	St. Georgen am Längsee 389	Stegeren/Ommen 165
Solingen 283	St. Goar am Rhein 296	Stegna 407
Söll 374	St. Heinrich 335	Stein/Laboe 258
Sollefteå 94	St. Hubert 219	Steinach 312
Sollerön 90	St. Janslooster 165	Steindorf 390
Soltau 244	St. Johann (Tirol) 374	Steindorf/Stiegl 390
Soltau/Harber 245	St. Johann im Pongau 381	Steinebach 296
Soltau/Wolterdingen 245	St. Kruis/Oostburg 157	Steinen 296
Soltvadkert 458	St. Leon-Rot 306	Steinfeld 390
Sölvesborg 78	St. Maartenszee 148	Steinkjer 6
Sømådalen 59	St. Margareten 390	Stellendam 15
Someren 193	St. Martin bei Lofer 381	Stenkällegården/Tiveden 84
Sommen 78	St. Maurice 347	Sternberg 26
Sommerach am Main 322	St. Nicolaasga 168	Steyr 37
Sommersdorf 265	St. Oedenrode 193	Stiklestad/Verdal 6
Sønderborg 119	St. Peter am Kammersberg 395	Stobrec 50
Sønderby 119	St. Peter-Ording 258	Stockach (Bodensee) 312,31
Søndervig 125	St. Peter-Ording/Böhl 258	Stockenboi 39
Sonnenbühl/Erpfingen 318	St. Pölten 392	Stocksee 25
Sonsbeck/Labbeck 283	St. Sebastian 395	Stöde 9
Sonthofen 328	St. Veit im Pongau 381	Stokkum 18
Sopot 406	St. Wolfgang 377	Stöllet 8
Sorens 345	Sta Maria 359	Stollhofen/Rheinmünster 30
Sorkwity 406,407	Stad aan 't Haringvliet 151	Stolzembourg 22

Stolzenau	248	Süplingen/Haldensleben	269	Tar	485,490
Ston/Dubrovnik	507	Sur En/Sent	359	Tarm	125
Store Fuglede	137	Sursee	354	Tarmstedt	245
Store Spjellerup	137	Süsel	258	Tarnow	410
Storkow/Limsdorf	272	Susten	347	Tartumaa	427
Storslett	65	Sütel	258	Tårup/Frørup	133
Storuman	94	Sutkünai/Siauliai	416	Täsch/Zermatt	347
Stöten/Sälen	90	Sutz/Lattrigen	348	Tating	258
Stouby	125	Suure-Rakke	427	Techendorf (Weißensee)	390
Stoupa	528	Sv. Filip i Jakov	502	Tecklenburg	284
Stove/Hamburg	245	Svaneke	138	Tecklenburg/Leeden	284
Strachotin	438	Sveg	94	Tehumardi	427
Stranda	61	Svendborg	132	Tenero	356,357
Strasen/Pelzkuhl	266	Svendborg/Thurø	132	Tengen	313
Strassen	374	Svenningdal	65	Tenneville	219
Stráznice	439	Šventupes	416	Ter Apel	171
Strázov	439	Sveti Lovrec Labinski	485,490	Terchova	446
Strøby	137	Sy	219	Termunterzijl (Gem. Delfzijl)	171
Stroe	185	Sydals	119	Terschelling/Formerum	169
Strömstad	84	Sysmä	106	Terschelling/Hee	169
Strömsund	94	Sysslebäck	84	Terschelling/Midsland	169
Struer	125	Szczecin/Dabie	407	Terschelling/Oosterend	169
Strukkamphuk (Fehmarn)	258,259	Szeged	461	Tettnang/Badhütten	319
Stryn	59	Szeged/Kiskundorozsma	461	Teuge	185
Stubbekøbing	137	Szentendre/Budapest	458	Thiersee	374
Stubbenfelde(Seebad Kölpinsee)	266			Thiessow	266
Stuhr/Groß Mackenstedt	248			Thomsdorf (Boitzenburgerland)	272
Stylida	522	**T**		Thorsminde/Ulfborg	125
Suameer/Sumar	169	Taching am See	335	Thusis	359
Suchedniów	410	Tadler	228	Thyborøn	125
Südbrookmerland	240	Taevaskoja	427	Tienhoven	159
Sudeikiai	416	Taivalkoski	108	Timisoara	467
Sulecin	407	Tällberg	90	Timmel	240
Sulzberg	328	Tallinn	427	Timmendorf/Insel Poel	266
Sulzburg	313	Talty/Mikolajki	407	Timmernabben	78
Sundern	284	Tamási	458	Tinglev	119
Sundsören/Mariestad	84	Tampere	103	Tingsryd	78
Sundsvall	94	Tangen	59	Tintigny	219
Sunne	84	Tann (Rhön)	290	Tipperne/Nørre Nebel	119
Supetar	507	Tannheim	374	Tiros/Arcadia	528

Tisno	502	
Tiszafüred	461	
Tiszakécske	458,459	
Titisee	313	
Tittmoning	335	
Tived	84	
Tkon	502	
Todtnau/Muggenbrunn	313	
Tofta	78	
Toila	427	
Tolne/Sindal	129	
Tolo	528	
Tønder	119	
Tönning	259	
Torekov	78	
Torgau	275	
Torne/Lönashult	78	
Tornio	108	
Törökbálint	459	
Torp/Eckerö	100	
Torsby/Vägsjöfors	84	
Torun	407	
Tossens	236,240	
Tournai	219	
Traben-Trarbach	301	
Traisen	393	
Trakai	416	
Tranås	78	
Tranekær	133	
Tranum/Brovst	129	
Trassenheide	266	
Treboň/Domanin	439	
Trechtingshausen	302	
Treis-Karden	296	
Trelleborg	78	
Trendelburg	290	
Trenta	476	
Tresfjord/Vikebukt	61	
Tretten	59	
Tribanj	502	
Tribanj/Kozjaca	502	
Triefenstein/Lengfurt	322	
Triesen	353	
Trin Mulin	359	
Trippstadt	302	
Tristinika (Sithonia)	531	
Trøgstad/Båstad	59	
Troisvierges	229	
Trollhättan	85	
Tromsdalen	65	
Trsteno	507	
Trun	359	
Trysil	59	
Tubbergen	165	
Tübingen	319	
Tüchersfeld/Pottenstein	322	
Tuheljske Toplice	508	
Tuitjenhorn	148	
Tulln an der Donau	392,393	
Tumiany/Barczewo	407	
Tunhovd	59	
Turany	446	
Túrkeve	461	
Turnhout	211	
Tvarozná Lhota	439	
Tversted	129	
Twardogóra	410	
Týn nad Vltavou	439	
Tynaarlo	175	
Tytuvénai/Kelmés raj.	416	

U

Übersee/Feldwies	335	
Uciechów	410	
Ückeritz	266	
Uddevalla/Hafsten	85	
Udenhout	193	
Ueckermünde	266	
Uelzen	245	
Uetze	248	
Uffelte/Havelte	175	
Uffing	335	
Ugchelen	185	
Uhldingen-Mühlhofen	319	
Ühlingen/Birkendorf	313	
Újlengyel	459	
Ulfborg	125	
Ulicoten/Baarle Nassau	193	
Ulricehamn	85	
Ulslev/Idestrup	137	
Ulstrup	125	
Ulvshale/Stege	137	
Umag	487,490,491	
Umag/Karigador	487,491	
Umeå	94	
Umhausen	374	
Ummanz	266	
Unnaryd	79	
Unstrut-Hainich (OT Weberstedt)	277	
Unterach (Attersee)	377	
Unterägeri	354	
Untermerzbach	322	
Ureterp	169	
Urjalankylä	103	
Urk	160	
Üröm	459	
Uslar/Schönhagen	249	
Usma Pag./Ventspils Nov.	422	
Ustronie Morskie	407	
Utting am Ammersee	335	
Uusikaupunki	103	

V

Vaals	200	
Vaasa	103	
Vaassen	185	
Vabriga	491	
Vadstena	79	

Vågå 59	Vésenaz/Genève 345	Volkach/Escherndorf 322
Vaibla 427	Vesløs 129	Völkermarkt/Dullach 390
Väjern/Kungshamn 85	Vessem 194	Vollenhove 165
Valberg (Lofoten) 65	Vestre Jakobselv 65	Voorst 185
Valdemarsvik 79	Veverská Bitýska 439	Voorthuizen 186
Valkenburg aan de Geul 200	Vianden 229	Voose (Lääneranna) 427
Valkenburg/Berg en Terblijt 177,200	Viborg 125	Vorbasse 119
Valkenswaard 193	Vicosoprano 359	Vorden 186
Valmiera 422	Viechtach 236,335	Vordingborg 137
Valtos/Parga 522	Viechtach/Pirka 335	Vorselaar 211
Våmhus 90	Vierhouten 185	Voss 60
Vammala/Sastamala 103	Vijlen 200	Võsu 427
Vanamõisa/Saue 427	Vik 59	Vourvourou 531
Vänersborg 85	Vikatmaa/Kustavi 103	Vourvourou (Sithonia) 531
Vang i Valdres 59	Vilhelmina 94	Vrané nad Vltavou/Prag 439
Vansbro 90	Villach/Landskron 390	Vranov nad Dyji 439
Varberg 79	Villeneuve 345	Vriescheloo 171
Varberg/Kärradal 79	Vilnius 416	Vrouwenpolder 158
Vårdö 100	Vilshärad 79	Vrsar 485,489,491,492
Värnamo 79	Vinderup 125,126	Vuokatti 108
Vassiliki (Lefkas) 523	Vinje 59	
Västerås 90	Vinkel 194	**W**
Västerås/Ängsö 90	Virksund/Højslev 126	
Vaxholm 90	Virrat 104	Waabs 259
Växjö 79	Virton 219	Wabern/Bern 348
Våxtorp 79	Visby 80	Wachtebeke 211
Vejby 137	Visp 347	Wachtendonk 284
Vejers Strand 119	Vissoie 347	Wackersberg 335
Vela Luka 507	Vistytis 416	Wackersdorf 325
Veldhoven 193	Vitznau/Luzern 354	Wagenhausen 353
Veldhoven/Zandoerle 194	Vledder 175	Waging am See 335,336
Velsen-Zuid 148	Vlicho/Lefkada 523	Waging/Gaden 336
Vemdalen 94	Vlieland 169	Wahlstorf 259
Vemmetofte 137	Vlissingen 157	Wahlwies/Stockach 313
Venjan 90	Vlotho 284	Waidhofen an der Thaya 393
Venray/Oostrum 200	Voerendaal 200	Waidring 375
Venté/Silute 416	Vogenée 219	Waimes 219
Ventspils 422	Vojmån/Vilhelmina 94	Walchensee 336
Vers-l'Église 345	Volders 374	Walchsee 375
Versmold/Peckeloh 284	Volkach am Main 322	Waldbreitbach 296

Waldbronn/Neurod	306	
Waldeck/Scheid	290	
Waldfischbach	302	
Waldkirch/Siensbach	313	
Waldmünchen	325	
Waldshut	314	
Walkenried	236,250	
Walkenried (OT Zorge)	250	
Walldorf	307	
Wallendorf	301	
Wallnau (Fehmarn)	259	
Walsdorf	229	
Waltenhofen (Allgäu)	328	
Wanroij	194	
Wapse	175	
Warburg	284	
Waren (Müritz)	266	
Warfhuizen	171	
Warka	410	
Warmenhuizen	148	
Warmond	151	
Warnitz (Oberuckersee)	272	
Warnsveld	186	
Warstein/Niederbergheim	284	
Warszawa	410	
Wasosz	407	
Wassenaar	151	
Wassenach/Maria Laach	296	
Wateren	175	
Waxweiler	301	
Waxweiler/Heilhausen	301	
Wedde	171	
Weer	375	
Wegorzewo	407	
Weikersheim/Laudenbach	315	
Weilburg/Odersbach	290	
Weissach	336	
Weißbriach	390	
Weißenhäuser Strand/Wangels	259	
Weißensee	390	
Weißenstadt	322	
Weiterstadt/Gräfenhausen	290	
Well	200	
Welsum	166	
Wemding	328	
Wemeldinge	158	
Wendisch Rietz	272	
Wendtorf	259	
Wenduine/De Haan	212	
Wenkendorf (Fehmarn)	259	
Werchter	212	
Werder/Petzow	272	
Werlte	240	
Wertach	329	
Wertheim	315	
Wertheim/Bestenheid	315	
Wertschach bei Nötsch	390	
Wesenberg	266	
Wessem	200	
Westende	212	
Westendorf	375	
Westenschouwen/Burgh-Haamstede	153,158	
Westensee/Wrohe	259	
Westerbork	175	
Westerdeichstrich	260	
Westerheim	319	
Westerlo	212	
Westerlo/Heultje	212	
Westerstede	240	
West-Graftdijk	149	
Westoverledingen/Ihrhove	240	
Wettringen	284	
Wezembeek-Oppem	212	
Wezuperbrug	175	
Wien	393	
Wienhausen/Schwachhausen	245	
Wien-West	393	
Wiesing	375	
Wiesmoor	240	
Wietzendorf	245	
Wijlre	200	
Wijster	176	
Wildberg	306,307	
Wildermieming	375	
Willstätt/Sand	314	
Wilp	186	
Wilsum	241	
Wiltz	229	
Winden	353	
Windischeschenbach	325	
Wingst/Land Hadeln	236,245	
Winningen	297	
Winsen (Aller)	246	
Winsen/Aller-Meißendorf	246	
Winterberg	284	
Winterberg/Züschen	284	
Winterswijk	186,187	
Winterswijk/Henxel	187	
Winterswijk/Kotten	187	
Winterswijk/Meddo	187	
Winterswijk/Woold	187	
Winterthur	353	
Wisch/Heidkate	260	
Witmarsum	169	
Wittdün	260	
Wittenborn	260	
Witzenhausen	290	
Wladyslawowo	407	
Wlodawa	410	
Woerden	159	
Wolfach/Halbmeil	314	
Wolfshagen (Harz)	250	
Wolfstein	302	
Woliborz/Nowa Ruda	410	
Wolphaartsdijk	158	
Wooster Teerofen	266	
Workum	169	
Woudenberg	159	
Woudsend	170	

Wouwse Plantage — 194	Zalalövö — 455	Zevenhuizen — 152
Wroclaw — 410	Zalvariai/Molétai — 416	Ziegenrück — 277
Wulfen (Fehmarn) — 260	Zamberk — 439	Zierenberg — 290
Wurster Nordseeküste — 246	Zamosc — 410	Zierow/Wismar — 266
Wusterhausen/Dosse — 272	Zaostrog — 506,507	Zijdewind — 149
	Zarasai — 416	Zingst-West — 266

X

Xanten — 284	Zaton/Nin (Zadar) — 504	Zirndorf/Leichendorf — 325
	Zawory/Chmielno — 407	Zislow — 266,267
	Zechlinerhütte — 273	Zlatníky/Prag — 439
	Zeeland — 194	Zlocieniec — 407

Y

	Zeewolde — 160,161	Zoetermeer — 152
	Zeist — 159	Zonhoven — 212
Yhorst — 163	Zele — 212	Zorgi/Iecavas Nov. — 422
Ymuiden — 147	Zelezná Ruda — 439	Zorgvlied — 176
Yvorne — 345	Zelhem — 187	Zoutelande — 153,158
Yyteri/Meri-Pori — 104	Zell (Mosel) — 297	Zuna/Nijverdal — 166
	Zell am See — 381	Zutendaal — 212

Z

	Zell im Zillertal — 375	Zwartemeer — 176
	Zempin — 266	Zweeloo — 176
Zaboric/Sibenik — 502	Zennewijnen — 187	Zweisimmen — 350,351
Zadar — 502,503	Zernez/Engadin — 359	Zwenzow — 267
Zagreb — 508	Zetel/Astederfeld — 241	Zwiggelte/Westerbork — 176
Zajezová/Pliesovce — 446	Zeven — 246	Zwolle — 166
Zalakaros — 455		

CampingCard ACSI

CampingCard ACSI: *die* Ermäßigungskarte für die Vor- und Nachsaison
2022 sind Sie auf mehr als 3 000 Campingplätzen willkommen!

Für Sie als Käufer des ACSI Campingführer Europa gratis:
- Ihre persönliche CampingCard ACSI-Ermäßigungskarte
- eine Übersicht von Campingplätzen, auf denen Sie von der Ermäßigung profitieren

Benutzerhinweise
Was ist die CampingCard ACSI?
Mit der Ermäßigungskarte CampingCard ACSI können Sie günstig auf Qualitätscampings in Europa in der Nebensaison Urlaub machen, und zwar zu einem der fünf Festtarife von: 12 €, 14 €, 16 €, 18 €, 20 € oder € 22. Die Tarife liegen niedriger als der niedrigste Betrag, den die Teilnehmerplätze in der Nebensaison nehmen. Sie können darum mit einem höhen Preisnachlass pro Übernachtung rechnen mit Rabatten bis zu 60% vom regulären Preis! Die mehr als 3 000 teilnehmenden CampingCard ACSI-Plätze sind jeweils von ACSI inspizierte und genehmigte Campingplätze.

Achtung! Von den Campingplätzen in diesem Campingführer akzeptieren nur diejenigen die CampingCard ACSI, die mit dem blauen CC-Logo gekennzeichnet sind. Alle übrigen Campingplätze in diesem Campingführer akzeptieren die CampingCard ACSI-Ermäßigungskarte NICHT. Alle CampingCard ACSI-Campingplätze finden Sie im CampingCard ACSI-Führer und auf ▶ *www.CampingCard.com* ◀

Wie funktioniert die CampingCard ACSI?

- Die Rückseite der CampingCard ACSI-Ermäßigungskarte muss vollständig ausgefüllt sein. Sie ist ein Kalenderjahr gültig und personengebunden.
- Bei Anreise: Bitte zeigen Sie an der Rezeption Ihre Ermäßigungskarte (für 2 Erwachsene).
- Profitieren Sie bei Ihrem Aufenthalt von den niedrigen Tarifen (nur in der Akzeptanzzeit).
- Zeigen Sie vor der Abrechnung nochmals Ihre Ermäßigungskarte an der Rezeption.*
- Sie rechnen ab zum billigeren Tarif von nur 12 €, 14 €, 16 €, 18 €, 20 € oder € 22 pro Übernachtung.**

* Im Prinzip können Sie mit der CampingCard ACSI hinterher bezahlen. Letztlich wird aber der Abrechnungsmodus durch die Regelung auf dem Camping selbst bestimmt, also auch der Zeitpunkt der Abrechnung, oder ob Sie eine Anzahlung leisten müssen. Geben Sie bspw. an, nur eine Nacht bleiben zu wollen, oder wollen Sie reservieren, dann kann der Camping eine sofortige Bezahlung verlangen. An der Rezeption wird man Sie über diesen Punkt informieren.

** Kosten lesen Sie unter 'Exklusiv'.

Akzeptanzperioden CampingCard ACSI

Jeder teilnehmende Camping hat die Zeiträume, in denen die CampingCard ACSI akzeptiert wird, selbst festgelegt. Die teilnehmenden Campings haben sich verpflichtet dafür zu sorgen, dass die wichtigsten Einrichtungen auch in der Akzeptanzperiode der Ermäßigungskarte vorhanden sind und funktionieren.

Für die Zeiten an denen der CampingCard ACSI-Rabatt gewährt wird, müssen Sie nach den Akzeptanzzeiten im unteren Teil der Platzbeschreibung im CampingCard ACSI-Register sehen. Das letztgenannte Datum ist immer der Tag an dem die Ermäßigung nicht mehr gilt. Daher bedeutet Akzeptanz vom 1/1 – 30/6, dass Sie, wenn Sie am 1. Januar am Camping ankommen, auf die erste Übernachtung bereits Rabatt haben. In der Nacht vom 29. Juni auf den 30. Juni gilt er dann zum letzten Mal. Die Nacht vom 30. Juni auf den 1. Juli zahlen Sie wieder den Normaltarif.

> Die Öffnungs- und Akzeptanzzeiten wurden mit größtmöglicher Sorgfalt zusammengestellt. Unter Umständen können aber diese Daten nach Veröffentlichung dieses Campingführers Änderungen unterliegen. Schauen Sie auf ▶ www.CampingCard.com/änderungen ◀ ob es Änderungen bei Ihrem ausgesuchten Campingplatz gibt.

Reservieren

Auf einigen Campings können Sie vorab mit der CampingCard reservieren. Ein Camping hat dann Einrichtungspunkt 10D bei seinen Angaben gemeldet.
Eine Reservierung mit der CampingCard ACSI wird im Prinzip wie eine normale Reservierung behandelt, nur der Übernachtungstarif ist billiger. Bitte geben Sie bei einer Reservierung an,

dass Sie CampingCard ACSI-Inhaber sind! Falls Sie das nicht tun, kann es passieren, dass Sie dennoch den normalen Tarif zahlen müssen.

Für eine Reservierung muss in manchen Fällen bezahlt werden und es kann nach einer Anzahlung gefragt werden. Eine vom CampingCard ACSI-Inhaber lange vorher gemachte Reservierung kann vom Camping als aufwendig angesehen werden. Ein Camping kann die Regelung haben, dass er in diesem Fall keine Reservierung akzeptiert. Es gibt übrigens auch Campings bei denen keine Reservierung möglich ist.

Was bieten die teilnehmenden Campings zum festen CampingCard ACSI-Tarif?
- Einen Stellplatz.*
- Aufenthalt von zwei Erwachsenen.
- Auto + Caravan + Vorzelt
  oder Auto + Zeltwagen
  oder Auto + Zelt
  oder Reisemobil mit Markise.
- Strom. Im CampingCard ACSI-Tarif ist ein Anschluss von maximal 6A inbegriffen. Wenn der Camping nur Plätze hat mit einer niedrigen Ampèrezahl, dann gilt die niedrige Ampèrezahl. Stromverbrauch bis maximal 4 kWh pro Tag ist im Übernachtungspreis inbegriffen. Wollen Sie einen Anschluss mit höherer Amperezahl oder verbrauchen Sie mehr als 4 kWh, dann hat der Camping das Recht auf Zuzahlung zum normal gültigen Tarif auf diesem Camping.
- Warme Duschen. Wenn der Camping Duschmünzen verwendet, haben Sie als CampingCard ACSI-Inhaber das Recht auf eine Duschmünze pro Erwachsener, pro Übernachtung.**

- Der Aufenthalt von 1 Hund, soweit Hunde auf diesem Camping erlaubt sind.
- Mehrwertsteuer.

* Manche Campings unterscheiden zwischen Standard-, Luxus- oder Komfortplätzen. Die Luxus- oder Komfortplätze sind überwiegend etwas größer und haben eigenen Wasseranschluss und Kanal, manche liegen am Wasser. In den meisten Fällen wird man Ihnen Standardplätze zuweisen, aber es kann auch sein, dass Sie zum CampingCard ACSI-Tarif auch so einen teureren Stellplatz benutzen dürfen. Der Camping hat das Recht dies selbst zu regeln: Sie haben in keinem Fall einen Anspruch auf einen Luxus- oder Komfortplatz.
Beachten Sie bitte auch, dass manche Campings andere Bestimmungen haben für Caravans mit Doppelachse und Wohnmobile die zu groß sind für einen Standardplatz.

** Der Camping muss dem CampingCard ACSI-Inhaber die Gelegenheit geben, einmal pro Übernachtung zu duschen. Dabei hat jeder CampingCard ACSI-Inhaber das Recht auf eine Duschmünze pro Erwachsener, pro Übernachtung. Wird vom Camping ein anderes 'Duschsystem' gehandhabt, bspw. Münzgeld, Schlüssel oder Schlüsselkarte, muss der Campingplatz dafür Sorge tragen, dass dem Campingcard ACSI-Inhaber die Kosten dafür vergütet werden. Warmwasser bei den Abwaschbecken ist nicht im Preis inbegriffen. Übrig gebliebene Duschmünzen können nicht in Geld getauscht werden.

Exklusiv
- Abgaben an örtliche Behörden wie Touristensteuer, Umweltabgabe, Ecotax oder Abfallbeitrag sind nicht im CampingCard ACSI-Tarif inbegriffen, da sie pro Land und Region unterschiedlich sind und weil der Camping diese Abgaben direkt an die örtliche Behörde abführen muss.
- Ein Camping darf Reservierungskosten berechnen.
- Ein Stromanschluss von 6A oder ein Verbrauch von 4 kWh ist im Preis inbegriffen. Es kann sein, dass ein Camping auch Plätze hat, auf denen bspw. 10A verfügbar sind. Falls Sie 10A wünschen, dann geben Sie dies deutlich dem Campingplatzinhaber an, aber rechnen Sie dann auch damit, dass der Mehrpreis in Rechnung gestellt werden kann.
- Für einen Luxus- oder Komfortplatz darf der Camping einen Zuschlag in Rechnung stellen (es sei denn, dass nur Komfortplätze auf dem Camping sind).
- Zusatzleistungen, wie Einrichtungen, die der Camping gegen Bezahlung anbietet oder vermietet (Tennisplatz oder dergleichen), können zum normal gültigen Nebensaisontarif durchberechnet werden. Für den Aufenthalt eines dritten Erwachsenen oder für Kinder gilt dasjenige, was unter die Vorschriften des Campings fällt.

Zusatzermäßigung
Viele Campings geben Zusatzermäßigungen wenn Sie länger bleiben. Beispiel: ist bei einem Camping in unserem Führer 7=6 eingetragen, dann zahlen Sie für einen Aufenthalt von 7 Nächten nur 6 mal zum CampingCard ACSI-Tarif! Geben Sie daher beim Registrieren oder der Reservierung an, wieviele Nächte Sie bleiben wollen. Der Camping macht dann vorab eine

Buchung und gibt darauf Rabatt. Dieser Rabatt muss nicht gelten, wenn Sie während Ihres Aufenthaltes sich entschließen länger zu bleiben, und so an die erforderliche Anzahl Tagen kommen.

Vorsicht! ! Wenn ein Camping eine Anzahl dieser Art Ermäßigungen anbietet, haben Sie nur das Recht auf eins dieser Angebote.
Beispiel: Angebot 4=3, 7=6 und 14=12. Sie bleiben 13 Nächte: dann haben Sie ein einmaliges Recht auf die Ermäßigung 7=6 und nicht auf die Anzahl 4=3 oder eine Kombination von beiden Angeboten 4=3 und 7=6.

Wo erfahre ich mehr über den CampingCard ACSI-Platz, den ich suche?

Wenn Sie die Tipps in dieser Übersicht lesen, ist das Auffinden eines Campings nur noch ein Kinderspiel. Es gibt CampingCard ACSI-Campings in folgenden 21 europäischen Ländern:

43	in Belgien	72	in Österreich
57	in Dänemark	8	in Polen
216	in Deutschland	30	in Portugal
1 303	in Frankreich	27	in Schweden
40	in Griechenland	20	in der Schweiz
8	in Irland	15	in Slowenien
284	in Italien	243	in Spanien
76	in Kroatien	9	in Tschechien
20	in Luxemburg	6	in Ungarn
309	in den Niederlanden	9	im Vereinigten Königreich
10	in Norwegen		

Dieser ACSI Campingführer Europa besteht aus zwei Teilen. In Teil 1 finden Sie die CampingCard ACSI-Plätze folgender Länder: Norwegen, Schweden, Dänemark, Niederlande, Belgien, Luxemburg, Deutschland, Schweiz, Österreich, Polen, Tschechien, Ungarn, Slowenien, Kroatien und Griechenland.

In Teil 2 werden die CampingCard ACSI-Plätze der übrigen Länder aufgeführt: Großbritannien, Irland, Frankreich, Spanien, Portugal und Italien.

Angaben pro Camping in diesem Führer
Ab Seite 576 sind alle CampingCard ACSI-Plätze (nach Seitenzahlfolge) aufgezählt. Sie finden zu jedem CampingCard ACSI-Platz eine kurze Beschreibung, Tarife, Akzeptanzzeiten und Einrichtungen. Diese Beschreibung sieht wie folgt aus:

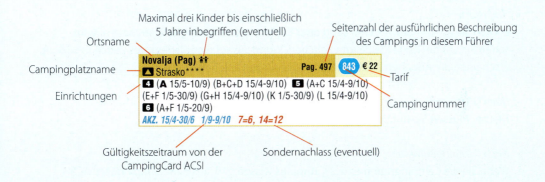

Die Campings sind nach Land, Region und Ortsname geordnet. In den 'Balken' mit den Campingdaten können Sie bequem sehen, ob ein Camping die für Sie wichtigen Einrichtungen hat. Bei den CampingCard ACSI-Plätzen können Sie drei Einrichtungsrubriken antreffen: Rubrik 4 (Erholung und Wellness), Rubrik 5 (Einkauf und Restaurant) und Rubrik 6 (Erholung am Wasser). In der Ausklappseite vorne im Führer, können Sie genau sehen, um welche Ausstattung es geht. Zum Beispiel 5E sagt aus, dass es einen Imbiss auf dem Camping gibt, dahinter sehen Sie dann die für diese Einrichtung geltenden Öffnungszeiten, z. B: 1/5-30/9.

Zu den vollständigen Informationen über einen teilnehmenden Camping verweisen wir Sie mit der Seitenangabe zu den ausführlichen Redaktionseinträgen des Platzes vorne im Führer. Die Seitenzahl des Campings steht im orangen Block. Unter dem ausführlichen Redaktionseintrag können Sie an dem blauen CampingCard ACSI-Logo erkennen, dass der Camping die CampingCard ACSI akzeptiert und welche Tarife (12 €, 14 €, 16 €, 18 €, 20 € oder € 22) gelten.

Vorsicht!
Die Seitenzahl verweist auf die Seiten in diesem Führer: ACSI Campingführer Europa.

Internet

Auf ▶ *www.CampingCard.com* ◀ finden Sie alle teilnehmenden CampingCard ACSI-Plätze. Diese Webseite ist Ihnen beim schnellen und einfachen Suchen und Finden der Teilnehmerplätze behilflich. Die Suchergebnisse werden blitzschnell präsentiert. Sie sehen dann zum jeweiligen Platz bequem alle Angaben. Die Webseite ist außerdem für Tablets und Mobiltelefone geeignet.

Sie können auf ▶ *www.CampingCard.com* ◀ auf viele Arten nach einem Campingplatz suchen. Zum Beispiel:

- *Nach Karte*
  Klicken Sie auf das gewünschte Land oder Region. Wenn die Regionalebene erscheint, sehen Sie auf der Karte kleine rote Zeltchen. Wenn Sie auf ein solches rotes Zeltchen klicken, erscheinen die Angaben des Platzes, den Sie ausgewählt haben.

- *Nach Ortsnamen*
  Hierbei müssen Sie nur den Ortsnamen (oder einen Teil davon) eintippen.

- *Nach Campingnummer*
  Wenn Sie die Campingnummer des Campings wissen, z. B. aus dem CampingCard ACSI-Führer, können Sie diese benutzen, um den Camping schnell zu finden. Die Campingnummer steht im blauen Logo in der Beschreibung der CampingCard ACSI-Plätze die hiernach folgt.

- *Nach Campingname*
  Hierbei müssen Sie nur den Campingnamen (oder einen Teil davon) eintippen.

- *Nach Ferienzeiten*
  Geben Sie an, in welchem Zeitraum Sie verreisen wollen und/oder ob Sie wollen, dass die CampingCard ACSI in Ihrem gesamten Urlaub akzeptiert wird.

- *Nach Einrichtungen*
  Sie können einfach filtern auf Einrichtungen die auf einem Platz vorhanden sind. Auf der Seite 'Detailsuche' auf der Webseite finden sie über 150 Einrichtungen. Klicken Sie die Einrichtungen an, die Sie bei dem Camping zu dem Sie wollen für wichtig halten.

- *Nach Thema*
  Sie finden hier Campings mit diversen Themen wie bspw. für Behinderte, Wintersportcampings und FKK-Campings.

Sie werden auf unserer Webseite auch viel Freude am integrierten Routenplaner haben. Sie wählen selbst den Maßstab: von der Übersichtskarte bis zur äußerst detaillierten Teilkarte der Regionen, in die Sie hinwollen.

CampingCard ACSI

Nur für 2022!

Die CampingCard ACSI-Ermäßigungskarte, die Sie in Teil 2 von diesem ACSI Campingführer Europa finden, gilt ausschließlich für das Jahr 2022, genauso wie die Informationen zu den CampingCard ACSI-Plätzen. Jedes Kalenderjahr können sich neue Campings anmelden, ein Platz kann die Akzeptanzperiode ändern, oder einen anderen Übernachtungstarif verlangen. Die Angaben im Führer werden daher auch jedes Jahr aktualisiert. Sorgen Sie dafür, dass Sie immer den aktuellsten Führer haben, wenn Sie in Urlaub fahren. Schauen Sie vor der Abreise auf ▶ www.CampingCard.com/anderungen ◀ nach den aktuellsten Informationen.

CampingCard ACSI-Führer 2022

Für das Gesamtangebot der CampingCard ACSI-Plätze können Sie auch den speziellen CampingCard ACSI-Führer 2022 benutzen. Mit weiteren, noch ausführlicheren Informationen pro Camping, eine detaillierte Karte mit der Lage des Campings, einem informativen Text und zwei Fotos von jedem Camping, um schon mal einen Eindruck von der Aussicht und der Atmosphäre zu bekommen.

Diesen Führer kann man für 17,95 € (exkl. Versandkosten) bestellen. Oder abonnieren Sie die CampingCard ACSI für 13,95 € pro Jahr (exkl. Versandkosten). Jedes Jahr werden dann die Ermäßigungskarte und der CampingCard ACSI-Führer automatisch zugeschickt. Schauen Sie dazu ▶ Webshop.ACSI.eu ◀

CampingCard ACSI

🇳🇴 Norwegen

Süd-Norwegen

Byglandsfjord — Seite 52 — **1** € 22
△ Neset****
5 (A 15/5-15/9) (B 15/5-30/9) (E+F+G+K 15/6-15/8)
AKZ. 1/5-30/6 1/9-30/9

Engerdal ♨ — Seite 52 — **2** € 22
△ Sølenstua Camp & Hytter***
5 (A+B+E+F+G+H+I+K 1/6-31/8)
AKZ. 1/5-4/6 7/6-30/6 1/9-30/11

Fåberg — Seite 53 — **3** € 20
△ Hunderfossen Camping***
AKZ. 15/4-30/6 18/8-1/10

Lærdal — Seite 56 — **4** € 22
△ Lærdal Ferie og Fritidspark****
5 (B 15/5-15/9) (G+H 1/5-15/9) (L 16/4-15/10)
AKZ. 15/1-6/4 18/4-24/5 6/6-18/6 21/8-21/9 25/9-15/12
7=6, 14=11

Loen — Seite 56 — **5** € 20
△ Tjugen Camping***
AKZ. 1/5-19/6 18/8-1/10

Olden — Seite 57 — **6** € 22
△ Gryta-Camping***
4 (E 15/5-15/9) 5 (A+B+H 1/5-1/10)
AKZ. 1/5-19/6 21/8-30/9

Rjukan/Miland — Seite 58 — **7** € 22
△ Rjukan Hytte og Caravan Park
5 (A+B 1/1-15/10)
AKZ. 1/1-24/6 1/9-15/10 7=6

Seljord — Seite 58 — **8** € 18
△ Seljord Camping****
5 (A+B 23/6-10/8)
AKZ. 1/1-30/6 25/8-6/9 13/9-31/12

Vågå ♨ — Seite 59 — **10** € 22
△ Randsverk Camping
4 (A 1/6-15/9) 5 (A+B+F+I+J+K+L 1/5-4/10)
AKZ. 1/5-19/6 18/8-4/10

Mittel-Norwegen

Tresfjord/Vikebukt — Seite 61 — **9** € 22
△ Fagervik Camping
AKZ. 15/5-30/6 18/8-18/9

🇸🇪 Schweden

Süd-Schweden

Älmhult ♨ — Seite 72 — **11** € 22
△ Sjöstugans Camping***
5 (A+B+F+H+I 1/5-30/9) (J 1/1-31/12) (K 1/5-30/9)
AKZ. 1/1-10/6 1/9-31/12

Asarum/Karlshamn — Seite 73 — **12** € 20
△ Långasjönäs Camping & Stugby
5 (A+B 1/6-1/9)
AKZ. 1/1-19/6 22/8-31/12 7=6, 14=11

Båstad ♨ — Seite 73 — **13** € 22
△ Båstad Camping
4 (B 22/6-14/8) (D 22/6-16/8)
5 (A+B+E+F+H+J+K 26/3-3/10)
AKZ. 1/4-13/4 19/4-12/5 16/5-23/6 19/8-2/10

Gummarp/Eksjö ♨ — Seite 74 — **15** € 18
△ Mycklaflons Camping
5 (A 1/5-30/9) (E+F+K 15/6-22/8)
AKZ. 1/5-16/6 18/8-30/9 9=8

Gusum ♨ — Seite 74 — **16** € 22
△ Yxningens Camping
5 (A+B+E+F+G+H+J 14/4-18/9)
AKZ. 14/4-22/6 18/8-18/9

Haverdal ♨ — Seite 75 — **17** € 22
△ Haverdals Camping****
4 (B 19/6-10/8) 5 (A+B 22/4-18/9)
AKZ. 22/4-22/5 29/5-22/6 26/6-1/7 18/8-18/9 30=25

Höör ♨ — Seite 75 — **18** € 22
△ Jägersbo Camping***
5 (A 1/5-15/9) (B 1/1-31/12) (C 13/6-16/8) (H 1/1-31/12)
AKZ. 1/1-13/4 18/4-19/6 18/8-31/12 7=6

Tranås — Seite 78 — **33** € 18
△ Hätte Camping****
5 (A 20/6-15/8) (B 1/1-31/12) (F 1/5-31/8) (G 1/1-31/12) (K+L 1/5-31/8)
AKZ. 1/1-17/6 21/8-31/12

Valdemarsvik ♨ — Seite 79 — **35** € 20
△ Grännäs Camping och Stugby****
5 (H+L 14/4-18/9)
AKZ. 14/4-22/6 18/8-18/9

Schweden

Varberg — Apelviken.se***** — Seite 79 — 36 — € 22
4 (B+C 1/7-10/8) (D 1/7-30/8)
5 (A+B 1/4-30/9) (K 15/6-15/8) (L 23/3-27/10)
6 (A+G 1/5-31/8)
AKZ. 1/1-13/4 18/4-25/5 29/5-3/6 6/6-22/6 27/6-1/7 18/8-31/12

Värnamo — Värnamo Camping*** — Seite 79 — 37 — € 20
5 (A+B 9/6-13/8)
AKZ. 1/5-20/6 18/8-12/9

West-Schweden

Ed — Gröne Backe Camping & Stugor*** — Seite 81 — 14 — € 20
5 (A+B 15/6-15/8) (G+H+K 1/1-31/12)
AKZ. 1/1-1/6 1/9-7/10 11/10-31/12

Hova/Otterberget — Otterbergets Bad & Camping — Seite 82 — 19 — € 18
4 (A 1/5-30/9) 5 (A+B 15/4-1/11)
AKZ. 15/4-17/5 22/5-13/6 18/8-6/9 11/9-31/10

Karlstad — Karlstad Swecamp Bomstad Baden**** — Seite 82 — 22 — € 22
5 (A+B 1/1-31/12) (E+F 1/5-31/8) (G 30/4-31/8) (H+K+L 1/5-31/8)
AKZ. 1/1-19/6 21/8-31/12

Kungshamn — Johannesvik Camping & Stugby**** — Seite 82 — 23 — € 18
5 (A+B 11/4-31/12) (C+E+G+H+K 15/6-15/8)
AKZ. 11/4-17/6 18/8-31/12

Mellerud — Mellerud Swe-Camp Vita Sandar**** — Seite 83 — 27 — € 20
5 (A+C+E+F+H+I+K 1/6-31/8) 6 (B 1/6-31/8)
AKZ. 1/1-20/6 18/8-31/12

Sjötorp — Askeviks Camping & Stugor — Seite 83 — 28 — € 18
5 (A 16/6-12/8) (G+K 1/5-31/8)
AKZ. 3/5-7/6 18/8-30/9

Stöllet — Alevi Camping — Seite 84 — 30 — € 20
4 (A+B+C+E 9/7-19/8) 5 (A+B+E+F+K 1/6-31/8)
AKZ. 30/4-8/7 25/8-30/9

Strömstad — Seläter Camping*** — Seite 84 — 32 — € 18
5 (A+B+F+G+H+K 1/5-30/9)
AKZ. 1/4-10/4 19/4-23/6 18/8-30/9

Strömstad — Daftö Resort***** — Seite 84 — 31 — € 22
4 (**A**+B+D 15/6-15/8) 5 (A+C 1/4-31/10) (E+F+G 15/6-15/8) (K 1/6-31/8) 6 (B+G 1/6-31/8)
AKZ. 8/1-1/6 1/9-20/12

Uddevalla/Hafsten — Hafsten Resort***** — Seite 85 — 34 — € 22
4 (E 1/7-15/8) 5 (A+B 1/1-31/12) (C 1/6-31/8) (E+F 1/1-31/12) (G 1/6-31/8) (H+K+L 1/1-31/12)
6 (**B**+**G** 1/5-6/11)
AKZ. 1/1-13/4 19/4-24/5 30/5-17/6 29/8-28/10 7/11-31/12

Mittel-Schweden

Johannisholm/Mora — Steiner's Camping & Lodge — Seite 87 — 20 — € 18
5 (A+F+L 1/4-31/10)
AKZ. 1/4-23/6 18/8-31/10 7=6

Kapellskär — Kapellskär Camping*** — Seite 87 — 21 — € 20
4 (**E** 1/5-25/9) 5 (B 1/5-25/9) (J 1/5-1/10)
AKZ. 1/5-16/6 18/8-1/10

Leksand — Leksand Strand CP & Resort***** — Seite 87 — 24 — € 18
4 (B 24/6-20/8) 5 (A+C+F+G+H+I+J+K+L 22/6-16/8)
6 (B 25/6-21/8)
AKZ. 1/5-18/6 18/8-30/9

Leksand — Västanviksbadets CP Leksand**** — Seite 88 — 25 — € 18
5 (A 27/6-27/7)
AKZ. 29/4-23/6 26/6-30/6 18/8-5/9

Ljusdal — Ljusdals Camping*** — Seite 88 — 26 — € 20
5 (A 15/6-15/8) (J 15/6-20/8)
AKZ. 15/4-14/6 20/8-30/9 7=6

Sollerön — Sollerö Camping*** — Seite 90 — 29 — € 20
5 (A+G+K 1/1-31/12)
AKZ. 1/1-27/5 30/5-23/6 18/8-31/12 7=6

🇩🇰 Dänemark

Süd-Jütland

Arrild/Toftlund
▲ Arrild-Ferieby-Camping*** — Seite 115 — 39 — € 18
5 (C+E+F+I+L 1/1-31/12)
AKZ. 1/1-26/6 18/8-31/12

Augustenborg
▲ Hertugbyens Camping** — Seite 115 — 40 — € 18
AKZ. 1/1-15/7 1/9-31/12

Ballum/Bredebro
▲ Ballum Camping*** — Seite 115 — 41 — € 22
5 (A+B+F 1/3-24/10)
AKZ. 1/3-24/6 18/8-24/10

Bramming
▲ Darum Camping*** — Seite 115 — 45 — € 20
5 (A+B+E+F+H+K 9/4-25/9)
AKZ. 9/4-26/6 18/8-25/9

Broager/Skelde
▲ Broager Strand Camping*** — Seite 115 — 46 — € 18
5 (A+B 1/1-31/12)
AKZ. 1/1-30/6 19/8-31/12 7=6, 14=11

Esbjerg V.
▲ EsbjergCamping.dk*** — Seite 115 — 51 — € 22
4 (B 26/6-9/7) 5 (A 15/3-1/10) (B 1/4-1/10) (E 1/7-13/8)
6 (B+G 1/6-1/9)
AKZ. 1/1-25/5 7/6-26/6 18/8-31/12

Fredericia
▲ Dancamps Trelde Næs*** — Seite 116 — 52 — € 22
4 (B+C+E 1/7-31/8) 5 (A+C 1/1-31/12) (E+F 1/7-31/8)
(H+I 1/1-31/12) (K 1/7-31/8) 6 (**A**+**F** 15/5-15/9)
AKZ. 1/1-25/5 29/5-2/6 6/6-3/7 20/8-31/12 7=6, 14=11

Haderslev/Diernæs
▲ Vikær Strand Camping*** — Seite 116 — 57 — € 22
4 (B+D 1/7-14/8) 5 (A+B+G+H 6/4-25/9)
AKZ. 6/4-13/4 18/4-13/5 15/5-25/5 29/5-3/6 6/6-26/6 18/8-25/9

Kolding
▲ Dancamps Kolding — Seite 117 — 63 — € 22
AKZ. 8/4-3/7 20/8-31/12 7=6

Nordborg/Augustenhof
▲ Augustenhof Strand Camping*** — Seite 117 — 69 — € 18
5 (A+C+E+F+H+J 1/1-31/12)
AKZ. 1/1-25/5 7/6-26/6 1/9-31/12

Nørre Nebel
▲ Houstrup Camping*** — Seite 118 — 70 — € 22
5 (A+C+E 1/4-23/10) 6 (B+G 1/6-31/8)
AKZ. 1/4-25/5 29/5-3/6 6/6-24/6 22/8-23/10 16=14

Ribe
▲ Ribe Camping*** — Seite 118 — 74 — € 22
5 (A+B 1/1-31/12) (E+K 25/6-18/8) 6 (B+G 1/6-31/8)
AKZ. 1/1-8/4 18/4-12/5 15/5-24/5 6/6-20/6 4/9-31/12 14=12

Riis/Give
▲ Riis Feriepark**** — Seite 118 — 75 — € 22
4 (B 6/7-10/8) 5 (A+C+E+H 9/4-25/9) 6 (B+G 4/6-4/9)
AKZ. 9/4-30/6 18/8-25/9

Rømø
▲ Kommandørgårdens CP & Feriepark*** — Seite 118 — 77 — € 22
4 (**E** 1/1-31/12) 5 (A+B 1/1-31/12) (E+F+G 1/7-31/8)
(H+J+L 1/1-31/12) 6 (B 1/7-31/8) (**E**+G 1/1-31/12)
AKZ. 1/1-25/5 29/5-2/6 6/6-7/7 25/8-31/12

Rømø
▲ Rømø Familiecamping*** — Seite 118 — 78 — € 22
5 (A+B 9/4-1/10)
AKZ. 9/4-25/5 29/5-3/6 6/6-25/6 18/8-1/10 14=11

Tønder ⚑⚑
▲ Møgeltønder Camping — Seite 119 — 91 — € 20
4 (B+C 1/7-19/8) 5 (A 15/6-31/8) (B 1/4-1/10)
(F 1/1-31/12) 6 (B+G 1/6-31/8)
AKZ. 1/1-25/5 29/5-3/6 7/6-1/7 8/8-21/8 1/9-31/12
7=6, 14=12

Tønder ⚑⚑
▲ Tønder Camping*** — Seite 119 — 92 — € 22
5 (A+J 1/1-31/12) 6 (E+G 1/1-31/12)
AKZ. 1/1-30/6 1/9-31/12 7=6, 14=11

Vejers Strand ⚑⚑
▲ Vejers Familie Camping*** — Seite 119 — 94 — € 20
4 (B 10/7-4/8) 5 (A+B 23/3-9/9) 6 (B 26/5-28/8)
(G 21/5-29/8)
AKZ. 1/1-25/5 6/6-2/7 19/8-31/12

Mittel-Jütland

Allingåbro
▲ Dalgård Camping*** — Seite 120 — 38 — € 20
4 (B 30/6-5/8) 5 (A+C 26/3-11/9)
AKZ. 26/3-2/6 6/6-25/6 18/8-11/9

Dänemark

Bork Havn/Hemmet
🔺 Bork Havn Camping*** — Seite 120 — 44 — € 22
5 (C+E+F 6/4-23/10)
AKZ. 19/4-25/5 7/6-26/6 23/8-23/10

Ebeltoft
🔺 Blushøj Camping - Ebeltoft*** — Seite 121 — 47 — € 22
5 (A+C 1/4-18/9) 6 (B+G 1/6-15/8)
AKZ. 1/4-25/5 6/6-26/6 18/8-18/9

Ebeltoft
🔺 Elsegårde Camping — Seite 121 — 48 — € 20
6 (A 1/6-15/8)
AKZ. 1/1-1/7 18/8-31/12

Ebeltoft/Krakær
🔺 Krakær Camping*** — Seite 121 — 49 — € 22
5 (A+C+E+F+H 25/6-15/8) (K 29/6-9/8) 6 (B+G 15/5-1/9)
AKZ. 1/1-25/6 18/8-31/12

Glyngøre
🔺 Glyngøre Camping*** — Seite 121 — 54 — € 20
4 (B+C 1/7-8/8) 5 (A+B+H 1/1-31/12) 6 (D+G 1/5-1/10)
AKZ. 1/1-29/6 18/8-31/12

Grenå
🔺 Grenå Strand Camping**** — Seite 122 — 55 — € 22
4 (B 15/7-8/8) 5 (A 23/6-26/6) 6 (B+G 25/5-24/8)
AKZ. 1/4-30/6 18/8-11/9

Hvide Sande
🔺 Dancamps Nordsø*** — Seite 122 — 61 — € 22
4 (B 1/7-30/8) 5 (A+B 25/3-30/10) (E+F+H+I 1/7-1/9) (J 25/3-30/10) (L 1/7-1/9) 6 (E+F 25/3-30/10)
AKZ. 25/3-25/5 29/5-2/6 6/6-3/7 20/8-30/10 7=6, 14=11

Hvide Sande
🔺 Dancamps Holmsland*** — Seite 122 — 60 — € 20
5 (A+B 8/4-18/9)
AKZ. 8/4-25/5 29/5-2/6 6/6-3/7 20/8-18/9 7=6, 14=11

Lisbjerg/Århus-N
🔺 Aarhus Camping*** — Seite 122 — 64 — € 22
5 (A+C+E+F+H+J+K 1/1-31/12) 6 (B+G 15/6-15/8)
AKZ. 1/1-2/6 7/6-29/6 22/8-31/12

Malling
🔺 CampOne Ajstrup Strand CP*** — Seite 124 — 67 — € 22
5 (A 4/4-20/10) (B 4/4-22/10) 6 (D+G 10/4-16/10)
AKZ. 9/4-25/5 6/6-30/6 18/8-23/10

Odder/Boulstrup
🔺 Hygge Strand Camping*** — Seite 124 — 71 — € 22
5 (A+B 26/3-23/10)
AKZ. 1/4-12/5 15/5-25/5 7/6-30/6 21/8-23/10

Ringkøbing
🔺 Ringkøbing Camping*** — Seite 124 — 76 — € 18
5 (A 1/7-31/8) (B 1/4-2/10)
AKZ. 1/4-26/6 19/8-2/10

Silkeborg
🔺 Sejs Bakker Camping*** — Seite 124 — 80 — € 22
4 (B+D 1/7-28/8) 5 (A+B 2/4-11/10)
AKZ. 1/5-24/5 29/5-2/6 7/6-30/6 14/8-17/8 22/8-30/9

Stouby
🔺 Løgballe Camping*** — Seite 125 — 86 — € 20
4 (B+C+D+E 25/6-6/8) 5 (A 4/7-6/8) (B 18/3-25/9) 6 (B+G 1/6-1/9)
AKZ. 25/3-24/5 6/6-30/6 18/8-25/9

Stouby
🔺 Rosenvold Strand Camping*** — Seite 125 — 87 — € 22
4 (B 26/6-9/8) 5 (A+B+E+F 19/3-3/10)
AKZ. 25/3-24/5 6/6-30/6 18/8-2/10

Struer
🔺 Toftum Bjerge Camping*** — Seite 125 — 88 — € 20
4 (B 1/7-31/7) 5 (A+B+H+K 15/3-30/9)
AKZ. 1/1-29/6 18/8-31/12

Nord-Jütland

Ejstrup Strand/Brovst
🔺 Tranum Klit Camping — Seite 126 — 50 — € 22
5 (A+C+F+J 1/4-1/10)
AKZ. 1/4-25/5 18/8-30/9

Løkken
🔺 Løkken Klit Camping*** — Seite 128 — 65 — € 22
4 (B 19/4-19/10) 5 (A+C 4/4-19/10) (E 26/6-15/8) 6 (B+F 30/5-29/8)
AKZ. 1/1-25/5 7/6-29/6 18/8-31/12 7=6, 14=12

Løkken/Ingstrup
🔺 Grønhøj Strand Camping*** — Seite 128 — 66 — € 20
4 (B 1/7-1/8) 5 (A+B+C 8/4-18/9)
AKZ. 8/4-29/6 18/8-17/9

Sindal
🔺 A35 Sindal CP Danmark & Kanoudlejning**** — Seite 129 — 81 — € 22
4 (A+E 1/7-15/8) 5 (A+B 1/4-20/9) 6 (B+G 1/6-15/8)
AKZ. 1/1-29/6 18/8-31/12

Ausführliche Redaktionseinträge: Seite 120 bis 129

Dänemark

Skagen
△ CampOne Grenen Strand*** — Seite 129 — 82 — € 22
5 (A+B 9/4-23/10)
AKZ. 9/4-25/5   6/6-30/6   18/8-23/10

Skagen
△ Råbjerg Mile Camping*** — Seite 129 — 83 — € 22
4 (B 2/7-4/8) 5 (A+C 8/4-30/9) (E+F+G 1/7-15/8)
6 (B 15/6-15/8) (E 8/4-30/9) (G 15/6-15/8)
AKZ. 8/4-30/6   18/8-30/9

Skiveren/Aalbæk
△ Skiveren Camping**** — Seite 129 — 84 — € 22
4 (B+D 1/7-10/8) 5 (A+C 8/4-30/9) (E+F+H+I+K 1/7-31/8)
6 (B+G 21/5-29/8)
AKZ. 8/4-26/6   18/8-30/9

Tversted
△ Aabo Camping*** — Seite 129 — 93 — € 22
4 (B 1/7-8/8) 5 (A 20/6-15/8) (C 30/6-15/8) (E 23/6-15/8)
(F 1/7-15/8) (G 30/6-15/8) (H 22/6-15/8) (I 30/6-15/8)
6 (B+G 1/6-29/8)
AKZ. 11/3-29/6   18/8-10/9

Fünen

Bogense
△ First Camp Bogense City - Fyn***** — Seite 130 — 42 — € 20
6 (**B** 23/6-12/8) (**E**+**G** 1/1-31/12)
AKZ. 3/4-14/4   18/4-26/5   6/6-26/6   21/8-23/10

Bøjden/Faaborg
△ CampOne Bøjden Strand***** — Seite 130 — 43 — € 22
4 (B 1/7-12/8) 5 (A+C+E+F+G+H+K+L 9/4-23/10)
6 (B 1/6-15/9) (**E**+**G** 9/4-23/10)
AKZ. 9/4-25/5   6/6-30/6   18/8-23/10

Frørup
△ Kongshøj Strandcamping*** — Seite 130 — 53 — € 18
4 (B+C+D 30/6-12/8) 5 (A+B 1/4-1/10)
AKZ. 1/1-30/6   1/9-31/12

Hesselager
△ First Camp Bøsøre Strand - Fyn***** — Seite 130 — 58 — € 20
4 (A+B+C+D 23/6-12/8) 5 (A+C+E+F+H+L 1/4-24/10)
6 (**E**+**G** 1/4-24/10)
AKZ. 3/4-14/4   18/4-26/5   6/6-26/6   21/8-23/10

Middelfart
△ Vejlby Fed Strand Camping**** — Seite 132 — 68 — € 20
4 (B 2/7-4/8) 5 (A+C 8/4-25/9) (E+F+G+I 8/4-17/8)
6 (B+**G** 13/5-31/8)
AKZ. 8/4-12/5   15/5-25/5   29/5-3/6   6/6-24/6   22/8-25/9

Otterup
△ First Camp Hasmark Strand - Fyn*** — Seite 132 — 73 — € 20
4 (B+C+D 23/6-12/8) 5 (A+C 1/1-31/12) (E 29/6-11/8)
(H+L 1/1-31/12) 6 (**B** 29/6-11/8) (**E** 1/1-31/12)
AKZ. 3/4-14/4   18/4-26/5   6/6-26/6   21/8-23/10

Svendborg/Thurø
△ Thurø Camping*** — Seite 132 — 89 — € 20
4 (B+C 1/7-5/8) (E 22/6-12/8)
5 (A+C 1/4-18/9) (E 22/6-12/8)
AKZ. 1/4-25/5   6/6-26/6   18/8-18/9

Tårup/Frørup
△ Tårup Strand Camping — Seite 133 — 90 — € 18
5 (A+C 1/4-25/9)
AKZ. 8/4-30/6   18/8-25/9

Seeland

Holbæk
△ CampOne Holbaek Fjord*** — Seite 134 — 59 — € 22
4 (B+C 1/7-8/8) 5 (A+B 1/1-31/12) 6 (D+G 1/5-1/10)
AKZ. 1/1-25/5   6/6-30/6   18/8-31/12

Kalundborg/Saltbæk ✼✼
△ Kalundborg Camping** — Seite 135 — 62 — € 22
4 (B+C 15/6-15/8) 5 (A+B+E+F 1/4-1/10)
AKZ. 1/1-8/7   26/8-31/12

Ortved/Ringsted
△ Skovly Camping*** — Seite 136 — 72 — € 22
4 (B+D 30/6-13/8) 5 (A+B+F 1/4-30/9)
6 (A+**F** 10/6-28/6)
AKZ. 1/4-25/5   29/5-3/6   6/6-30/6   18/8-30/9   7=6

Sakskøbing
△ Sakskøbing Camping*** — Seite 137 — 79 — € 20
5 (A+J+K 26/3-3/10) 6 (**E** 26/3-3/10)
AKZ. 1/4-15/7   1/9-2/10

Smidstrup
△ Kongernes Feriepark - Gilleleje**** — Seite 137 — 85 — € 22
4 (B 1/1-31/12) 5 (A 1/4-1/10) (C+E+F+H+I+K 1/1-31/12)
6 (B+G 1/5-30/9)
AKZ. 1/5-30/6   29/8-30/9

Bornholm

Gudhjem
△ Gudhjem Camping*** — Seite 138 — 56 — € 22
5 (A 1/4-31/10)
AKZ. 1/4-1/6   1/9-31/10

Niederlande

Nord-Holland

Akersloot/Alkmaar — Seite 144 — 95 — € 20
- De Boekel
- 5 (A+B+J 1/1-31/12)
- AKZ. 1/1-28/4 12/5-25/5 7/6-8/7 5/9-31/12

Amsterdam — Seite 144 — 96 — € 22
- Camping de Badhoeve
- 5 (A+B+E+F+H+J+K+L 1/4-1/10)
- AKZ. 1/4-7/7 26/8-1/10

Amsterdam — Seite 145 — 97 — € 22
- Gaasper Camping Amsterdam
- 5 (A+C+E+F+G+H 1/4-1/11) (J 1/7-31/8) (K 1/4-1/11)
- AKZ. 1/4-10/4 19/4-24/4 9/5-22/5 29/5-2/6 6/6-30/6 5/9-9/10

Callantsoog — Seite 145 — 98 — € 22
- Tempelhof
- 4 (A 1/4-30/10) (B+C 30/4-6/6, 2/7-27/8)
- 5 (A+C+E+F+H+L 1/4-30/10) 6 (E+G 1/4-30/10)
- AKZ. 1/1-14/4 19/4-24/5 7/6-15/6 19/6-2/7 27/8-31/12

Callantsoog — Seite 145 — 99 — € 16
- Vakantiepark Callassande
- 4 (B+C+D 1/4-30/10)
- 5 (A+C+E+F+G+H+J+K+L 1/4-30/10) 6 (D+G 1/4-30/10)
- AKZ. 8/5-25/5 30/5-3/6 7/6-15/6 20/6-8/7 29/8-30/10

Den Hoorn — Seite 146 — 100 — € 22
- Camping Loodsmansduin
- 4 (A 31/3-30/10) (B+C 27/4-8/5, 9/7-2/9)
- 5 (A+E+H+L 31/3-30/10) 6 (B+G 27/4-2/10)
- AKZ. 31/3-14/4 1/5-25/5 7/6-14/6 1/9-29/10

Edam — Seite 146 — 101 — € 20
- Strandbad Edam
- 5 (A+E+F+H+K+L 1/4-2/10) 6 (F 1/4-2/10)
- AKZ. 1/4-14/4 25/4-22/5 13/6-3/7 6/9-2/10

Egmond aan Zee — Seite 146 — 102 — € 22
- Kustcamping Egmond aan Zee
- 4 (B 1/1-31/12) 5 (A+C+E+F+G+H+J+K+L 1/1-31/12)
- 6 (B+G 10/4-25/9)
- AKZ. 6/3-1/4 8/5-25/5 30/5-3/6 7/6-15/6 20/6-1/7 29/8-6/11

Hoorn/Berkhout — Seite 147 — 103 — € 20
- 't Venhop
- 4 (B 16/7-31/8) 5 (A+B 1/1-31/12) (E+F+H+K+L 1/4-1/10)
- AKZ. 1/1-25/5 7/6-15/7 3/9-31/12

Julianadorp aan Zee — Seite 147 — 104 — € 20
- De Zwaluw
- 5 (E+F+K 1/4-31/10)
- AKZ. 1/4-15/4 19/4-25/5 7/6-9/7 2/9-30/10

Petten — Seite 148 — 105 — € 22
- Corfwater
- 5 (A+B 18/3-30/10)
- AKZ. 18/3-13/4 18/4-24/5 6/6-14/6 19/6-23/6 4/9-29/10

Schoorl — Seite 148 — 106 — € 22
- Kampeerterrein Buitenduin
- 4 (E 1/7-1/9) 5 (A 1/4-29/10)
- AKZ. 1/4-22/4 9/5-22/5 9/6-1/7 5/9-29/10

Warmenhuizen — Seite 148 — 107 — € 18
- Landschapscamping de Kolibrie
- 4 (B 19/7-15/8) 5 (A 1/4-1/10)
- AKZ. 1/4-26/4 8/5-24/5 7/6-30/6 1/9-30/9

Süd-Holland

Brielle — Seite 149 — 109 — € 20
- De Krabbeplaat
- 4 (A 5/7-31/8) (B+C+D 1/7-1/9) 5 (A+C+E+F 26/3-30/10)
- (G+H 1/7-28/8) (K 1/7-26/8) 6 (F 26/3-30/10)
- AKZ. 25/4-30/4 7/5-25/5 6/6-30/6 3/9-30/10

Brielle — Seite 149 — 108 — € 20
- Camp. Jachthaven de Meeuw
- 4 (B 26/4-5/6, 2/7-21/8) (D 9/7-28/8)
- 5 (E+F+K 25/3-31/10)
- AKZ. 25/3-14/4 19/4-21/4 9/5-24/5 7/6-8/7 29/8-30/10

Delft ** — Seite 150 — 110 — € 20
- Vakantiepark Delftse Hout
- 4 (A 1/4-1/9) (B 1/7-1/9) (E 1/4-31/10) 5 (A 1/4-1/10)
- (C 1/4-31/10) (E+F+H+L 1/4-1/10) 6 (B+G 15/5-15/9)
- AKZ. 25/3-15/4 8/5-26/5 6/6-9/7 27/8-1/11

Den Haag — Seite 150 — 111 — € 22
- Kampeerresort Kijkduin
- 4 (A+B 1/7-31/8) 5 (A+C+E+F+G+H+K+L 1/1-31/12)
- 6 (E+G 1/1-31/12)
- AKZ. 6/3-1/4 8/5-25/5 30/5-3/6 7/6-15/6 20/6-8/7 29/8-6/11

Hellevoetsluis — Seite 150 — 112 — € 20
- 't Weergors
- 5 (C 1/5-1/9) (E 1/4-15/9) (L 1/1-31/12) 6 (F 15/5-15/9)
- AKZ. 1/1-14/4 19/4-5/5 9/5-25/5 7/6-15/6 20/6-8/7 4/9-31/12

Melissant ** — Seite 150 — 113 — € 18
- Elizabeth Hoeve
- AKZ. 15/3-8/7 28/8-31/10 14=12, 21=18, 28=24

Niederlande

Noorden — Koole Kampeerhoeve — Seite 150 — 114 — € 18
AKZ. 1/4-14/5 10/6-29/6 1/9-1/10

Noordwijk — De Duinpan — Seite 150 — 115 — € 20
5 (A 1/1-31/12)
AKZ. 1/1-15/4 8/5-19/5 7/6-8/7 5/9-31/12

Noordwijkerhout ✶✶ — Op Hoop van Zegen — Seite 150 — 116 — € 16
5 (A 15/3-15/10)
AKZ. 15/3-15/4 24/4-25/5 6/6-8/7 5/9-31/10

Ouddorp — Camping Port Zélande — Seite 151 — 117 — € 22
4 (A 5/7-31/8) 5 (A+C+E+F+G+H+I+L 1/1-31/12)
6 (**B**+**E**+**G** 1/1-31/12)
AKZ. 10/1-17/2 7/3-14/4 9/5-25/5 7/6-29/6 5/9-13/10 1/11-31/12

Ouddorp — RCN Vakantiepark Toppershoedje — Seite 151 — 118 — € 20
4 (B 1/5-30/9) 5 (A+C+E+F+H+J+K+L 18/3-7/11)
AKZ. 18/3-24/5 30/5-2/6 7/6-15/6 29/8-7/11

Rijnsburg — Vakantiepark Koningshof — Seite 151 — 119 — € 22
4 (**A**+B+D 1/5-30/5,1/7-31/8) 5 (A+C+E+F+H 4/4-25/10)
(L 1/4-25/10) 6 (B 15/5-15/9) (E+G 20/3-30/10)
AKZ. 25/3-15/4 8/5-25/5 7/6-9/7 27/8-30/10

Rockanje — Midicamping Van der Burgh — Seite 151 — 120 — € 18
4 (B 1/7-31/8) 5 (A 1/7-31/8)
AKZ. 1/1-22/4 9/5-25/5 30/5-3/6 7/6-1/7 29/8-31/12

Rockanje — Molecaten Park Rondeweibos — Seite 151 — 121 — € 18
5 (A+C+E+F+L 30/3-15/9) 6 (B+F 1/5-31/8)
AKZ. 25/3-28/4 9/5-24/5 7/6-14/6 20/6-7/7 26/8-31/10

Rockanje — Molecaten Park Waterbos — Seite 151 — 122 — € 18
4 (B 6/7-31/8) 5 (A+B 25/3-1/11) (E+K 15/6-15/9)
6 (B+G 30/4-1/7)
AKZ. 25/3-28/4 9/5-24/5 7/6-14/6 20/6-7/7 26/8-31/10

Zevenhuizen — Recreatiepark De Koornmolen — Seite 152 — 123 — € 16
4 (B+C 25/5-6/6,7/7-31/8) (E 25/6-31/8) 5 (A 7/7-31/8)
(E+F 25/5-6/6,7/7-31/8) (K+L 1/4-2/10) 6 (E 1/4-2/10)
AKZ. 1/4-14/5 19/4-21/4 8/5-24/5 30/5-2/6 7/6-7/7 24/8-2/10

Zeeland

Baarland — Ardoer comfortcamping Scheldeoord — Seite 152 — 124 — € 22
4 (**A** 6/7-25/8) (B 26/4-4/5,8/7-24/8) (E 9/7-26/7)
5 (A+C+E+F+H+K 25/3-30/10)
6 (B 19/4-15/9) (E+G 25/3-30/10)
AKZ. 25/3-25/5 7/6-8/7 27/8-30/10

Brouwershaven — Den Osse — Seite 152 — 125 — € 18
4 (B+C 16/7-31/8) 5 (A+B+E+K 1/4-30/10)
6 (B 15/5-15/9) (G 15/5-15/8)
AKZ. 1/4-15/4 18/4-26/5 6/6-16/6 19/6-24/6 28/8-30/10 *7=6*

Burgh-Haamstede — De Duinhoeve B.V. — Seite 152 — 126 — € 20
5 (A+C+E+F+L 24/3-30/10)
AKZ. 24/3-25/5 7/6-15/6 19/6-30/6 3/7-8/7 1/9-30/10

Burgh-Haamstede — Groenewoud — Seite 153 — 127 — € 18
5 (A+E+F+K+L 26/3-30/10) 6 (B+G 15/5-15/9)
AKZ. 26/3-25/5 29/5-3/6 6/6-9/7 4/9-30/10

Cadzand — Wulpen — Seite 154 — 128 — € 20
4 (B+C 27/4-8/5,2/7-4/9) 5 (A+B+H 25/3-30/10)
AKZ. 25/3-15/4 18/4-25/5 29/5-2/6 7/6-15/6 19/6-25/6 3/9-30/10

Dishoek/Koudekerke — Dishoek — Seite 154 — 129 — € 18
4 (B 1/4-30/10) 5 (C+E+F+G+H+K 1/4-30/10)
AKZ. 8/5-25/5 30/5-3/6 7/6-15/6 20/6-1/7 29/8-30/10

Domburg — Ardoer camping Westhove — Seite 154 — 130 — € 20
4 (B 9/7-28/8) 5 (A+C+E+K 1/4-30/10)
6 (E+G 1/4-30/10)
AKZ. 1/4-15/4 18/4-22/4 8/5-25/5 30/5-3/6 7/6-8/7 27/8-29/10

Domburg — Campingresort Hof Domburg — Seite 154 — 131 — € 22
5 (C+E+F+K+L 1/1-31/12) 6 (B 1/4-31/10) (E 1/1-31/12)
AKZ. 6/3-1/4 8/5-25/5 30/5-3/6 7/6-15/6 20/6-1/7 29/8-23/12

Ellemeet ✶✶ — Klaverweide — Seite 154 — 132 — € 20
5 (A+C+E+K 1/4-25/10)
AKZ. 12/3-15/4 19/4-25/5 7/6-16/6 19/6-30/6 1/9-30/10

Niederlande

Groot Valkenisse/Biggekerke — Seite 155 — 133 — € 18
⛺ Strandcamping Valkenisse bv
4️⃣ (B 25/4-7/5,11/7-27/8) (C 18/7-13/8)
5️⃣ (A+C+E+F+K+L 1/4-1/11)
AKZ. 1/4-15/4 19/4-25/5 30/5-3/6 7/6-11/6 1/9-1/11

Hoek — Seite 155 — 134 — € 12
⛺ Oostappen Vakantiepark Marina Beach
4️⃣ (B 27/4-9/5,1/7-31/8) (C+D+E 1/7-31/8)
5️⃣ (A+C+E+F+H+K+L 18/4-26/10)
AKZ. 2/4-22/5 9/5-25/5 30/5-3/6 7/6-9/7 26/8-14/10

Kamperland — Seite 155 — 135 — € 18
⛺ Roompot Beach Resort
4️⃣ (A 15/7-31/8) 5️⃣ (A+C+E+F+G+H+I+L 1/1-31/12)
6️⃣ (E+G 1/1-31/12)
AKZ. 3/1-1/4 8/5-25/5 30/5-3/6 7/6-15/6 20/6-1/7 29/8-23/12

Kamperland — Seite 155 — 136 — € 20
⛺ RCN vakantiepark de Schotsman
4️⃣ (A+B 15/7-31/8) 5️⃣ (A+B+E+F+K+L 25/3-31/10)
6️⃣ (B 1/5-14/9) (E 25/3-31/10) (G 1/5-14/9)
AKZ. 25/3-24/5 30/5-2/6 7/6-15/6 20/6-7/7 29/8-31/10

Kortgene — Seite 155 — 137 — € 20
⛺ Ardoer vakantiepark de Paardekreek
5️⃣ (A+C+E+L 25/3-7/11) 6️⃣ (B 25/3-7/11) (C 1/5-30/9)
AKZ. 25/3-15/4 8/5-25/5 30/5-3/6 7/6-15/6 20/6-1/7 4/9-6/11

Nieuwvliet — Seite 156 — 138 — € 16
⛺ Ardoer camping International
4️⃣ (B 25/5-7/6,9/7-28/8) 5️⃣ (A+B+E+F 1/4-6/11)
6️⃣ (F 21/5-13/9)
AKZ. 1/4-15/4 19/4-25/5 30/5-3/6 7/6-15/6 20/6-9/7 3/9-6/11

Nieuwvliet-Bad — Seite 156 — 139 — € 22
⛺ Ardoer camping Zonneweelde
4️⃣ (B+C 27/4-6/6,2/7-4/9) 5️⃣ (A+C 1/1-31/12) (E 1/2-1/11)
(F+G+L 1/1-31/12) 6️⃣ (B+G 27/4-31/10)
AKZ. 1/1-15/4 7/5-25/5 7/6-15/6 19/6-1/7 5/9-1/10 28/10-31/12

Ouwerkerk — Seite 156 — 140 — € 16
⛺ de Kreekoever
4️⃣ (B+C+D 20/7-10/8) 5️⃣ (A 15/4-31/8) (C 26/3-24/10)
AKZ. 26/3-26/5 6/6-1/7 29/8-24/10 7=6, 14=12, 21=18

Renesse — Seite 156 — 141 — € 20
⛺ Duinhoeve
5️⃣ (C+E+F+K+L 13/4-28/10) 6️⃣ (D 13/4-28/10)
AKZ. 19/3-8/4 22/4-20/5 10/6-1/7 9/9-30/9 14/10-31/10

Renesse — Seite 156 — 142 — € 20
⛺ Molecaten Park Wijde Blick
5️⃣ (A 1/1-31/12) (C+E+F+K 1/3-30/10) 6️⃣ (E+G 1/1-31/12)
AKZ. 1/1-28/4 9/5-24/5 7/6-14/6 20/6-7/7 26/8-31/12

Renesse — Seite 157 — 143 — € 20
⛺ Vakantiepark Schouwen
5️⃣ (C+E+K 18/3-30/10)
AKZ. 18/3-15/4 18/4-25/5 7/6-15/6 20/6-30/6 28/8-30/10 8=7

Retranchement/Cadzand — Seite 157 — 144 — € 18
⛺ Cassandria-Bad
4️⃣ (B+C+D 26/5-6/6,16/7-26/8) 5️⃣ (A+E+F+H 1/4-30/10)
AKZ. 1/4-26/5 29/5-3/6 6/6-10/7 28/8-30/10

Retranchement/Cadzand — Seite 157 — 145 — € 18
⛺ Den Molinshoeve
5️⃣ (A 10/7-28/8)
AKZ. 1/4-15/4 18/4-25/5 29/5-3/6 6/6-10/7 28/8-16/10

Scharendijke — Seite 157 — 146 — € 18
⛺ Duin en Strand
5️⃣ (A+C+E 15/3-15/11)
AKZ. 1/4-15/4 19/4-25/5 29/5-2/6 7/6-16/6 19/6-9/7 1/9-31/12

Scharendijke — Seite 157 — 147 — € 20
⛺ Resort Land & Zee
5️⃣ (B 14/3-1/11) (L 1/1-9/1,18/2-14/11,27/12-31/12)
AKZ. 19/2-15/4 19/4-25/5 7/6-15/6 19/6-29/6 3/7-8/7 4/9-14/11

Sluis — Seite 157 — 148 — € 18
⛺ De Meidoorn
5️⃣ (E+F+G+H 1/4-16/10)
AKZ. 1/4-14/4 19/4-23/5 9/5-24/5 8/6-7/7 5/9-16/10

St. Kruis/Oostburg — Seite 157 — 149 — € 20
⛺ Bonte Hoeve
4️⃣ (B 14/7-16/8) 5️⃣ (A 1/4-1/11) (B+E+H 1/7-31/8)
AKZ. 1/4-25/5 7/6-10/7 28/8-31/10 14=12

Vrouwenpolder — Seite 158 — 150 — € 18
⛺ De Zandput
5️⃣ (A+C+E+L 1/4-30/10)
AKZ. 8/5-25/5 30/5-3/6 7/6-15/6 20/6-1/7 9/9-30/10

Utrecht

Doorn — Seite 159 — 151 — € 18
⛺ RCN Vakantiepark Het Grote Bos
4️⃣ (B+C+D+E 25/3-31/12)
5️⃣ (A+C+E+F+H+J+K+L 25/3-31/12) 6️⃣ (B+G 25/3-31/12)
AKZ. 25/3-24/5 30/5-2/6 7/6-7/7 26/8-31/10

Niederlande

Doorn — Seite 159 — 152 € 20
▲ Vakantiepark De Maarnse Berg
4 (B+C+D 1/7-31/8) 5 (A+E+F+H+K+L 1/4-30/10)
AKZ. 1/4-25/5 7/6-8/7 28/8-30/10

Leersum — Seite 159 — 153 € 18
▲ Molecaten Park Landgoed Ginkelduin
4 (A 26/4-5/5,1/7-31/7) (B+C 25/3-1/11)
(D 26/4-3/5,1/7-31/8) (E 1/5-31/5,1/7-31/8)
5 (A+E+F+H+J+K+L 25/3-1/11) 6 (B 15/5-15/9)
(E+G 25/3-1/11)
AKZ. 25/3-28/4 9/5-24/5 7/6-7/7 26/8-31/10

Renswoude — Seite 159 — 154 € 20
▲ Camping de Grebbelinie
4 (B 8/7-28/8) 5 (A+B 1/4-8/10)
AKZ. 1/4-24/5 8/6-7/7 29/8-6/10

Woerden — Seite 159 — 155 € 20
▲ Batenstein
5 (A+J 27/3-25/10) 6 (E+G 26/3-31/10)
AKZ. 26/3-22/4 9/5-24/5 7/6-7/7 5/9-29/10

Woudenberg — Seite 159 — 156 € 16
▲ 't Boerenerf
4 (B 1/7-15/8)
AKZ. 1/4-25/5 7/6-8/7 26/8-1/10

Woudenberg — Seite 159 — 157 € 20
▲ Vakantiepark De Heigraaf
4 (B+C 8/7-3/9,16/10-24/10) (D 4/7-24/10)
5 (A 1/4-30/9) (C 1/4-29/8) (E 30/3-24/9) (L 24/4-30/8)
AKZ. 30/3-22/4 9/5-19/5 7/6-7/7 24/8-29/10

Flevoland

Biddinghuizen — Seite 160 — 158 € 18
▲ EuroParcs Zuiderzee
4 (B+D 10/5-21/5,1/7-31/8)
5 (A+C+E+F+G+H+J+K+L 2/4-30/10) 6 (E+G 2/4-30/10)
AKZ. 2/4-15/5 25/4-20/5 13/6-1/7 5/9-30/10

Biddinghuizen — Seite 160 — 159 € 18
▲ Molecaten Park Flevostrand
4 (B 1/4-31/8,19/10-26/10) (C 1/4-3/9,9/10-1/11)
(D 1/4-31/8,19/10-26/10) (E 1/4-31/8)
5 (A+C+E 1/4-31/10) (H+J+L 25/3-1/11)
6 (B 27/4-1/9) (E+G 25/3-1/11)
AKZ. 25/3-28/4 9/5-24/5 7/6-14/6 20/6-7/7 26/8-31/10

Dronten — Seite 160 — 161 € 20
▲ 't Wisentbos
5 (E+F+J+K 1/4-31/10)
AKZ. 1/4-30/6 1/9-30/10

Dronten — Seite 160 — 160 € 20
▲ De Ruimte
4 (B+C 27/4-1/6,11/7-21/8)
5 (A+B+E+F+G+H+L 26/3-26/9) 6 (G 1/7-31/8)
AKZ. 26/3-24/5 7/6-9/7 2/9-26/9

Kraggenburg — Seite 160 — 162 € 18
▲ Recreatiepark De Voorst
4 (A 29/3-30/10) (B+C 21/5-1/6,4/7-10/8)
(D 21/5-1/6,7/7-10/8) (E 29/3-30/10)
5 (E 29/3-30/10) (F 1/4-30/9) (H+J+K+L 29/3-30/10)
6 (A 29/5-31/8) (F 1/5-15/9)
AKZ. 1/4-24/5 7/6-7/7 25/8-29/10

Lelystad — Seite 160 — 163 € 20
▲ 't Oppertje
AKZ. 1/4-20/5 10/6-4/7 27/8-30/9

Urk — Seite 160 — 164 € 18
▲ Vakantiepark 't Urkerbos
4 (B+C+D 21/5-2/6,4/7-16/8) 5 (A 1/4-30/9)
(B+E+F+H+K 10/7-20/8) 6 (A 15/5-31/8) (F 13/5-31/8)
AKZ. 1/4-24/5 7/6-8/7 29/8-30/9

Zeewolde — Seite 160 — 165 € 18
▲ Camping het Groene Bos
5 (A 1/7-31/8) (H 1/4-14/10)
AKZ. 1/4-21/5 7/6-8/7 29/8-13/10

Zeewolde — Seite 161 — 166 € 18
▲ RCN Vakantiepark Zeewolde
4 (B 30/5-10/6,8/7-3/9) (C+D 25/3-31/10)
5 (A+C+E+F 25/3-31/10) (K 27/3-24/10) (L 25/3-31/10)
6 (E+G 25/3-31/10)
AKZ. 25/3-24/5 30/5-2/6 7/6-14/7 31/8-31/10

Overijssel

Balkbrug — Seite 161 — 167 € 18
▲ Si Es An
4 (B+D+**E** 1/7-31/8) 5 (A+E+F+G+H+J+K+L 18/3-1/11)
AKZ. 18/3-24/5 29/5-2/6 6/6-8/7 26/8-1/11

Balkbrug — Seite 161 — 168 € 22
▲ 't Reestdal
4 (A+B+C+D+E 1/7-31/8) 5 (B+E+F+H+K+L 1/4-30/9)
6 (B 1/4-30/9) (G 1/5-15/9)
AKZ. 9/5-23/5 7/6-15/7 1/9-30/9

Bathmen — Seite 162 — 169 € 18
▲ de Flierweide
AKZ. 15/3-25/5 7/6-1/7 29/8-1/11

---

584 Ausführliche Redaktionseinträge: Seite 159 bis 162

Niederlande

Beerze/Ommen — Seite 162 — 170 — € 18
Huttopia De Roos
4 (A+B+D+E 7/7-26/8) 5 (A+C+F+G+H+K 1/5-1/9)
6 (F 14/4-30/10)
AKZ. 14/4-25/5 6/6-30/6 4/9-30/10

Belt-Schutsloot — Seite 162 — 171 — € 18
Kleine Belterwijde
5 (H 27/4-1/10) 6 (F 25/3-31/10)
AKZ. 25/3-24/5 7/6-5/7 22/8-31/10

Beuningen — Seite 162 — 172 — € 18
Natuurkampeerterrein Olde Kottink
5 (A 20/5-2/6,15/7-23/8)
AKZ. 1/4-25/5 7/6-8/7 29/8-2/10

Blokzijl ** — Seite 162 — 173 — € 20
Watersportcamping 'Tussen de Diepen'
4 (A+B+C+D 18/7-22/8)
5 (A+B+E+F+G+H+J+K+L 25/3-31/10) 6 (B+G 1/5-15/9)
AKZ. 25/3-20/5 7/6-8/7 25/8-31/10

Dalfsen — Seite 162 — 175 — € 18
Vechtdalcamping Het Tolhuis
4 (B+D 26/5-6/6,16/7-28/8)
5 (A 1/4-1/10) (E+F+G+H+K+L 20/4-15/9)
6 (B+G 17/4-4/9)
AKZ. 1/4-29/4 15/5-25/5 7/6-9/7 28/8-1/10

Dalfsen ** — Seite 162 — 174 — € 18
Starnbosch
4 (B+C 30/4-6/6,9/7-28/8)
5 (A+B+C+E+F+H+J+L 1/1-31/12) 6 (B+D+G 1/4-1/11)
AKZ. 1/1-25/5 30/5-3/6 7/6-9/7 1/9-31/12

De Lutte — Seite 162 — 176 — € 20
Landgoedcamping Het Meuleman
4 (**A**+B 16/7-4/9) 5 (A+F+K+L 1/4-3/10)
AKZ. 1/4-24/5 7/6-9/7 5/9-3/10

Delden — Seite 162 — 177 — € 18
Park Camping Mooi Delden
4 (B 25/4-3/5,4/7-30/8) 5 (A+B+E+F+G+H 31/3-1/11)
6 (B+G 1/5-15/9)
AKZ. 31/3-24/5 7/6-30/6 28/8-31/10

Denekamp — Seite 162 — 178 — € 22
Papillon Country Resort
4 (A+B+C+D+E 15/4-30/10)
5 (A+B+E+F+G+H+J+K+L 15/4-30/10) 6 (D+G 15/4-30/10)
AKZ. 15/4-24/5 7/6-2/7 5/9-30/10

Diffelen/Hardenberg — Seite 163 — 179 — € 14
de Vechtvallei
4 (B+D 8/7-26/8)
5 (A+E+F+H+J+K 1/4-30/10) 6 (D 1/4-30/10) (F 1/5-30/8)
AKZ. 1/4-25/5 30/5-3/6 7/6-4/7 1/9-30/10

Enschede — Seite 163 — 180 — € 20
Stadscamping 'De Twentse Es'
4 (B+C+D 6/7-16/8) 5 (A+C+E 1/4-1/10)
(F+G+H+K+L 1/1-31/12) 6 (B+G 4/5-7/9)
AKZ. 1/1-24/5 7/6-15/7 4/9-31/12

Haaksbergen (Twente) — Seite 163 — 181 — € 20
Camping Scholtenhagen B.V.
4 (B+D 18/7-29/8) 5 (A+E+F 15/7-26/8) (H 1/1-31/12)
(K 15/7-26/8) 6 (E+G 1/1-31/12)
AKZ. 1/1-25/5 7/6-8/7 25/8-31/12

Hardenberg — Seite 163 — 182 — € 18
Vakantiepark De Kleine Belties
4 (B 26/4-21/5,1/7-31/8) (D 4/4-31/10)
5 (A+C+E+F+G+H+L 4/4-31/10)
6 (B 27/4-15/9) (E+G 1/4-31/10)
AKZ. 1/4-8/7 2/9-28/10

Hardenberg/Heemserveen ** — Seite 163 — 183 — € 18
Ardoer vakantiepark 't Rheezerwold
4 (B 1/5-1/9) (D 1/7-1/9) 5 (A+B+E+F+J+K+L 1/4-22/10)
6 (B 1/5-1/9) (E+G 1/4-22/10)
AKZ. 9/5-24/5 30/5-2/6 7/6-8/7 26/8-22/10

Holten — Seite 163 — 184 — € 20
Ardoer camping De Holterberg
4 (B+C 21/5-1/6,11/7-15/8)
5 (A 25/4-12/9) (B 1/1-31/12) (E+F+H+L 10/4-6/9)
6 (B+G 25/4-6/9)
AKZ. 1/1-29/4 9/5-25/5 7/6-8/7 29/8-31/12

Holten — Seite 163 — 185 — € 16
Ideaal
4 (B 20/7-17/8)
AKZ. 1/4-8/7 1/9-30/9 7=6, 14=12, 21=18, 28=21

Lemele — Seite 163 — 186 — € 18
de Lemeler Esch Natuurcamping
4 (B 1/7-31/8) (E 1/5-1/10)
5 (A+B+E+F+G+H+J+K 1/4-3/10) 6 (B+G 1/5-13/9)
AKZ. 1/4-22/4 8/5-20/5 7/6-8/7 5/9-3/10

Lemelerveld — Seite 163 — 187 — € 18
Charmecamping Heidepark
4 (B+C 25/4-3/5,1/7-31/8) 5 (A+B+E+F+H+K 1/4-30/9)
6 (B+G 15/4-30/9)
AKZ. 1/4-29/6 16/5-24/5 7/6-8/7 29/8-30/9

Ausführliche Redaktionseinträge: Seite 162 bis 163

Niederlande

Mander/Ootmarsum — Seite 164 — 188 — € 18
🔺 Dal van de Mosbeek
5 (A+E+H 25/3-31/10)
AKZ. 25/3-25/5 7/6-8/7 26/8-31/10

Mariënberg/Hardenberg — Seite 164 — 189 — € 18
🔺 de Pallegarste
4 (B+C+D 1/4-30/9) 5 (A+C+E+F+G+K 1/4-30/9)
6 (B+G 1/5-1/9)
AKZ. 1/4-29/4 8/5-24/5 7/6-8/7 27/8-29/9

Markelo — Seite 164 — 190 — € 18
🔺 De Bovenberg
4 (B 4/5-31/5,15/7-26/8) 5 (A+B+E+G 1/4-18/10)
AKZ. 1/4-30/4 8/5-25/5 7/6-9/7 28/8-17/10

Nieuw-Heeten — Seite 164 — 191 — € 18
🔺 Vakantiepark Sallandshoeve
4 (B 25/4-2/5,4/7-30/8)
5 (A+B+E+F+G+H+K+L 23/3-15/10) 6 (E+G 23/3-15/10)
AKZ. 26/3-14/4 19/4-28/4 9/5-24/5 7/6-7/7 5/9-13/10

Nijverdal — Seite 164 — 192 — € 18
🔺 Ardoer camping De Noetselerberg
4 (B+D 20/4-4/5,8/7-30/8)
5 (A+B+C+E+F+G+J+L 1/4-30/10)
6 (A 2/5-1/9) (E+G 1/4-30/10)
AKZ. 1/4-24/5 9/5-24/5 30/5-2/6 6/6-8/7 29/8-30/10

Ommen — Seite 164 — 193 — € 18
🔺 Ommerland
4 (B+C+D+E 1/5-10/5,1/7-1/9)
5 (A+C+E+F+H 25/3-31/10) (J 27/4-5/5,1/7-1/9)
(K+L 25/3-31/10) 6 (B 30/4-28/5) (E+G 25/3-31/10)
AKZ. 25/3-21/4 9/5-24/5 7/6-8/7 5/9-30/10

Ommen — Seite 164 — 194 — € 18
🔺 Resort de Arendshorst
5 (A+B+E+F+G+H+J+L 1/4-30/9) 6 (F 15/6-15/9)
AKZ. 1/4-13/5 25/5-8/7 26/8-30/9

Ootmarsum — Seite 164 — 195 — € 18
🔺 Bij de Bronnen
5 (E+F+H+K 1/1-31/12)
AKZ. 1/1-24/5 7/6-15/7 1/9-31/12

Ootmarsum — Seite 164 — 196 — € 20
🔺 De Kuiperberg
5 (A+E+F+H+K 1/4-17/10)
AKZ. 1/4-24/5 13/6-1/7 10/9-17/10

Ootmarsum/Agelo — Seite 165 — 197 — € 18
🔺 De Haer
4 (B+C+D 21/5-2/6,18/7-8/8)
5 (A+E+F+H+K 1/4-1/11) 6 (A 9/5-1/9)
AKZ. 1/4-24/5 7/6-15/7 1/9-1/11

Ootmarsum/Hezingen — Seite 165 — 198 — € 22
🔺 Hoeve Springendal
4 (E 1/4-1/11) 5 (A+H+J 1/4-1/11)
AKZ. 1/4-24/5 9/6-15/7 1/9-1/11

Reutum — Seite 165 — 199 — € 16
🔺 De Weuste
4 (B+C+D 27/4-5/5,13/7-24/8)
5 (A+B+E+F+H+K 1/4-30/9) 6 (B+G 25/4-15/9)
AKZ. 1/4-15/7 1/9-30/9

Rheeze — Seite 165 — 200 — € 18
🔺 Camping 't Veld
4 (B+C 1/6-30/8) (D 1/4-24/9)
5 (A+B+E+F+G+K 1/4-24/9) 6 (D+G 1/4-24/9)
AKZ. 1/4-23/4 8/5-25/5 7/6-9/7 4/9-24/9

St. Jansklooster — Seite 165 — 201 — € 16
🔺 Kampeer- & Chaletpark Heetveld
5 (A+F 1/4-14/10) (K 1/4-30/9)
AKZ. 1/4-23/5 11/6-9/7 26/8-14/10

Tubbergen — Seite 165 — 202 — € 18
🔺 Ardoer recreatiepark Kaps
4 (B 27/5-6/6,30/7-27/8)
5 (A+B+E+F+H+K+L 1/4-3/10) 6 (B+G 25/4-15/9)
AKZ. 1/4-30/4 9/5-25/5 7/6-15/7 5/9-3/10

Vollenhove — Seite 165 — 203 — € 16
🔺 Ardoer vakantiepark 't Akkertien
4 (A 1/1-31/12) (B+C+D 30/4-8/5,16/7-28/8)
5 (A+B 1/1-31/12) (E 26/3-30/9) (H+J 1/1-31/12)
6 (D+G 1/4-30/9)
AKZ. 26/3-25/5 7/6-8/7 29/8-30/9

Zwolle — Seite 166 — 204 — € 16
🔺 Molecaten Park De Agnietenberg
4 (B 29/4-7/5,12/7-28/8) 5 (A+E 25/3-1/11)
AKZ. 25/3-28/4 9/5-24/5 7/6-7/7 26/8-31/10

Friesland

Akkrum — Seite 166 — 205 — € 20
🔺 Drijfveer & Tusken de Marren
4 (B 16/7-21/8) (C 18/7-16/8) (D 18/7-21/8)
5 (A 15/5-15/9) (H+J 15/5-12/9)
AKZ. 1/4-23/5 13/6-30/6 9/9-31/10

Niederlande

Anjum — Landal Esonstad — Seite 166 — 206 — € 20
4 (A+B+C+D 27/3-6/11) (**E** 2/7-1/9)
5 (A+C+E+F+G+H+J+K+L 27/3-6/11) 6 (E+G 27/3-6/11)
AKZ. 27/3-14/4 13/5-21/5 7/6-7/7 2/9-27/10

Appelscha — RCN Vakantiepark De Roggeberg — Seite 166 — 208 — € 18
4 (**A**+B+C+D+E 25/3-31/10)
5 (A+B+E+F+H+J+K+L 25/3-31/10) 6 (B+F 1/5-1/9)
AKZ. 25/3-24/5 30/5-2/6 7/6-7/7 29/8-31/10

Appelscha — Alkenhaer — Seite 166 — 207 — € 18
4 (B 14/5-25/5,13/7-15/8) (D+**E** 1/5-30/9)
5 (A+B 1/4-31/10) (E+F 1/4-30/9) (H 1/4-31/10)
(K 1/4-30/9) 6 (F 1/5-1/9)
AKZ. 1/4-25/5 7/6-5/7 22/8-30/10

Bakhuizen — De Wite Burch — Seite 167 — 209 — € 18
4 (B 30/4-8/5,9/7-20/8) 5 (A+B+E+H+J+K 15/3-31/10)
AKZ. 15/3-25/5 7/6-4/7 22/8-31/10

Bakkeveen — De Ikeleane — Seite 167 — 210 — € 16
4 (B+C 13/7-25/8) (D 1/5-30/9)
5 (A+E+F+G+H+J+K 1/4-30/9)
AKZ. 1/4-25/5 7/6-8/7 27/8-30/9

Bakkeveen — De Wâldsang — Seite 167 — 211 — € 22
4 (B+C+D 30/4-8/5,15/7-20/8)
5 (A+E+F+G+H+K 26/3-31/10)
AKZ. 1/4-14/4 19/4-22/4 1/5-25/5 7/6-9/7 29/8-31/10

Bakkeveen — Molecaten Park 't Hout — Seite 167 — 212 — € 16
4 (B 8/7-3/9) 5 (A+E 27/4-12/5,13/7-1/9)
(F 27/4-12/5,8/7-1/9) (G+K 27/4-12/5,13/7-1/9)
6 (B+G 27/4-1/9)
AKZ. 25/3-28/4 9/5-24/5 7/6-7/7 26/8-30/9

Dokkum — Harddraverspark — Seite 167 — 213 — € 16
5 (A 1/4-1/11)
AKZ. 1/5-24/5 8/6-7/7 5/9-31/10

Franeker — Recreatiepark Bloemketerp bv — Seite 167 — 214 — € 18
4 (**A**+B 15/7-16/8) 5 (C+E+F+H+L 1/1-31/12)
6 (E+**F** 1/1-31/12)
AKZ. 1/1-11/7 28/8-30/12

Harlingen — De Zeehoeve — Seite 167 — 215 — € 20
4 (B+C+D 14/7-18/8) 5 (A 28/3-31/10)
(E+F+H+J+L 16/5-13/9)
AKZ. 28/3-14/4 18/4-23/5 7/6-15/6 19/6-8/7 7/9-31/10

Leeuwarden — De Kleine Wielen — Seite 168 — 216 — € 18
4 (B 17/7-21/8) (D 1/5-1/10)
5 (A 1/4-1/10) (C 23/4-17/9) (H+J+K 1/4-1/10)
AKZ. 1/4-21/5 7/6-4/7 22/8-30/9

Noordwolde — De Hanestede — Seite 168 — 217 — € 16
4 (B+D 11/7-15/8) 5 (E 30/4-8/5,16/7-28/8) (H 1/4-30/9)
6 (**B**+F 1/5-1/9)
AKZ. 1/4-24/5 7/6-9/7 1/9-30/9

Offingawier — RCN Vakantiepark De Potten — Seite 168 — 218 — € 18
4 (B+C+D 1/7-31/8) 5 (A+B 25/3-31/10) (C 15/7-31/8)
(E+F+H+J+L 25/3-31/10)
AKZ. 25/3-24/5 30/5-2/6 7/6-15/6 20/6-7/7 29/8-31/10

Oudega — De Bearshoeke — Seite 168 — 219 — € 18
4 (B+C 6/7-28/8)
AKZ. 25/3-25/5 8/6-8/7 1/9-31/10

Reahûs — De Finne — Seite 168 — 220 — € 16
5 (A 1/7-28/8) (B 2/4-2/10)
AKZ. 2/4-14/4 19/4-23/5 7/6-8/7 26/8-2/10

Rijs — Rijsterbos — Seite 168 — 221 — € 18
4 (B+C 16/7-12/8) 5 (A 1/5-30/9) (E+F+G+H+K 1/5-15/9)
6 (B 12/5-15/9)
AKZ. 18/3-25/5 7/6-8/7 26/8-30/10

Sloten — Recreatiepark De Jerden — Seite 168 — 222 — € 18
5 (A+B 1/4-31/10) (F+L 1/7-31/8)
AKZ. 1/4-25/5 7/6-1/7 1/9-31/10

Sneek — Camping de Domp — Seite 168 — 223 — € 20
5 (A 16/7-28/8) (H+L 3/1-19/12)
AKZ. 3/1-15/4 2/5-24/5 13/6-11/7 28/8-19/12

Niederlande

Suameer/Sumar — Seite 169 — 224 — € 20
▲ Ardoer Vakantiepark Bergumermeer
[4] (B+C 22/4-30/4,8/7-27/8) (D 5/7-17/8)
[5] (A+C+E 16/4-30/9) (F 24/4-27/10) (G 25/5-27/8) (H+I+K+L 27/3-30/10) [6] (E+G 27/3-30/10)
AKZ. 9/5-24/5 7/6-8/7 3/9-16/10

Ureterp — Seite 169 — 225 — € 16
▲ Het Koningsdiep
[5] (H 15/6-31/8)
AKZ. 1/4-25/5 7/6-30/6 27/8-30/10

Witmarsum — Seite 169 — 226 — € 18
▲ Mounewetter
[4] (B+C+D 2/5-6/5,16/7-26/8) [5] (E+H 1/6-1/9)
[6] (B 30/4-3/9) (F 25/4-5/9)
AKZ. 1/4-25/5 7/6-8/7 29/8-9/10

Workum — Seite 169 — 227 — € 20
▲ It Soal
[4] (B+C 26/5-29/5,2/7-20/8)
[5] (A+C+E+F+H+K+L 1/4-1/11)
AKZ. 1/4-14/4 19/4-25/5 20/6-1/7 27/8-1/11

Woudsend — Seite 170 — 228 — € 20
▲ Aquacamping De Rakken
[4] (B+D+**E** 9/7-28/8)
AKZ. 1/1-25/5 6/6-15/6 20/6-1/7 1/9-30/12

Groningen

Bourtange — Seite 170 — 229 — € 18
▲ 't Plathuis
[5] (A+E+H 1/4-31/10)
AKZ. 1/4-25/5 7/6-30/6 1/9-30/10

Kropswolde — Seite 170 — 230 — € 18
▲ Meerwijck
[4] (B+D 25/4-6/5,4/7-16/8) [5] (A+B 1/4-2/10) (E 29/4-4/9) (K+L 1/4-2/10) [6] (E+G 1/4-2/10)
AKZ. 1/4-25/5 8/6-9/7 28/8-2/10

Lauwersoog — Seite 170 — 231 — € 20
▲ Siblu Camping Lauwersoog
[4] (B 1/1-31/12) (C 6/7-30/8) [5] (A+C 1/1-31/12) (E 1/4-1/11) (F+G+H+J+K+L 1/1-31/12)
AKZ. 1/1-15/4 19/4-29/4 8/5-25/5 7/6-30/6 5/9-31/12 *7=6, 14=12*

Leek — Seite 171 — 232 — € 16
▲ Landgoedcamping Nienoord
[4] (B+C 26/4-6/5,30/7-29/8) [5] (K+L 2/4-1/10)
AKZ. 2/4-25/5 7/6-14/7 2/9-1/10

Opende — Seite 171 — 233 — € 18
▲ Camping De Watermolen
[4] (B 10/7-3/9) [5] (A+B 9/4-18/9) (E+G 30/5-2/6,8/7-23/8) (H+K 9/4-18/9)
AKZ. 9/4-24/5 8/6-7/7 24/8-18/9

Sellingen — Seite 171 — 234 — € 18
▲ De Bronzen Eik
[5] (H+L 1/1-31/12)
AKZ. 1/4-25/5 7/6-30/6 1/9-1/11

Drenthe

Amen — Seite 173 — 235 — € 18
▲ Ardoer Vakantiepark Diana Heide
[4] (B 20/5-2/6,17/7-22/8) [5] (A+B+E+H+L 1/4-3/10)
AKZ. 1/4-30/4 8/5-24/5 8/6-1/7 29/8-3/10

Assen — Seite 173 — 236 — € 18
▲ Vakantiepark Witterzomer
[4] (B+D 1/1-31/12) [5] (A 1/1-31/12) (C 28/3-1/11) (E+F+G+J+K+L 1/1-31/12) [6] (B+G 24/4-30/8)
AKZ. 1/1-25/5 7/6-16/6 1/9-31/12 *7=6, 14=12*

Borger — Seite 173 — 237 — € 14
▲ Bospark Lunsbergen
[4] (B 26/3-31/10) [5] (A+C+E+F+H+J+K+L 26/3-31/10)
[6] (E+G 26/3-31/10)
AKZ. 1/4-8/7 29/8-30/10

Borger — Seite 173 — 238 — € 16
▲ Camping Hunzedal
[4] (B 28/3-31/10) [5] (A+C+E+F+H+K+L 26/3-31/10)
[6] (B 1/4-31/10) (E+G 26/3-31/10)
AKZ. 1/4-15/4 8/5-25/5 30/5-3/6 7/6-8/7 29/8-30/10

Diever/Wittelte — Seite 173 — 239 — € 14
▲ Wittelterbrug
[4] (B 30/5-1/7,11/7-15/8) [5] (A+B+E+F+H+K 1/4-29/10)
[6] (D+G 1/5-7/9)
AKZ. 1/4-25/5 7/6-15/7 1/9-29/10

Dwingeloo ✶✶ — Seite 173 — 240 — € 20
▲ Torentjeshoek
[4] (A 1/4-23/10) (B+C 2/5-25/5,6/7-16/8) (D 2/5-25/5,4/7-23/10) (E 1/7-23/10)
[5] (A 1/4-27/9) (B+E+H 27/3-31/10) [6] (B+G 1/5-1/9)
AKZ. 2/4-24/5 7/6-7/7 5/9-29/10

Dwingeloo — Seite 173 — 241 — € 18
▲ RCN Vakantiepark De Noordster
[4] (A+B+C+D 20/5-1/6,4/7-30/8) (E 4/7-30/8)
[5] (A+B+E+F+G+H+K+L 1/1-31/12) [6] (B+F 1/5-1/9)
AKZ. 25/3-24/5 30/5-2/6 7/6-7/7 29/8-31/10

Niederlande

Een-West/Noordenveld — De Drie Provinciën — Seite 173 — 242 — € 20
5 (K+L 1/4-2/10)
AKZ. 1/4-24/5 7/6-7/7 28/8-2/10

Ees — De Zeven Heuveltjes — Seite 173 — 243 — € 16
5 (A 25/4-3/5,4/7-16/8) 6 (B+G 1/5-1/9)
AKZ. 1/4-25/5 30/5-3/6 7/6-8/7 26/8-2/10 *7=6, 14=12, 21=18*

Eext — De Hondsrug — Seite 173 — 244 — € 20
4 (B 20/4-1/9) 5 (A 26/3-30/9) (C 25/4-1/9) (E+H+K 18/4-1/9) 6 (B 25/4-1/9) (E+G 26/3-30/9)
AKZ. 26/3-28/4 16/5-24/5 7/6-2/7 29/8-30/9

Exloo — Camping Exloo — Seite 174 — 245 — € 18
4 (D 1/4-30/9)
AKZ. 1/1-24/5 7/6-30/6 1/9-31/12

Gasselte — Het Horstmannsbos — Seite 174 — 246 — € 18
4 (B 16/7-20/8) 5 (A+E+F+H+K 1/4-3/10)
AKZ. 1/4-24/5 6/6-9/7 28/8-3/10 *7=6, 14=12, 21=18*

Gieten — Boscamping-Zwanemeer — Seite 174 — 247 — € 20
4 (A 1/4-1/11) (B 25/4-3/5,4/7-30/8) (D 14/7-26/8) (E 1/4-1/11) 5 (A 1/4-1/11) 6 (B+G 1/5-3/9)
AKZ. 1/4-3/7 20/8-1/11 *7=6, 14=12, 21=18*

Hoogersmilde — Ardoer Camping De Reeënwissel — Seite 174 — 248 — € 16
4 (D 1/4-2/10) 5 (A+K 1/4-2/10) 6 (A+F 1/5-1/9)
AKZ. 1/4-25/5 7/6-10/7 1/9-2/10

Hooghalen — Tikvah — Seite 174 — 249 — € 18
AKZ. 1/4-25/5 7/6-23/6 28/6-8/7 26/8-1/11

Meppen — De Bronzen Emmer — Seite 174 — 250 — € 20
4 (B+C+D 25/4-6/6,9/7-27/8) 5 (A 1/4-30/10) (B 25/4-1/6,10/7-16/8) (E+F+H+K 25/4-11/9) 6 (E+F 23/4-30/10)
AKZ. 1/4-24/5 7/6-2/7 29/8-30/10 *7=6, 14=12, 21=18, 28=24*

Meppen — Erfgoed de Boemerang — Seite 174 — 251 — € 18
AKZ. 1/4-20/5 10/6-8/7 25/8-30/9

Norg — Boscamping Langeloërduinen — Seite 174 — 252 — € 20
AKZ. 1/4-25/5 1/6-1/7 1/9-25/9

Norg — De Norgerberg — Seite 175 — 253 — € 22
4 (A 19/4-9/6,13/7-24/8) (B 30/4-16/5,14/7-26/8) (D+E 30/4-16/5,9/7-28/8) 5 (A+B+E+F+J+K+L 1/4-31/12) 6 (B+D+G 1/4-31/12)
AKZ. 1/4-15/5 18/4-22/4 8/5-25/5 7/6-9/7 29/8-31/12

Ruinen — EuroParcs Ruinen — Seite 175 — 254 — € 20
4 (A 1/7-31/8) (B 1/3-30/10) (D 7/7-31/8) (E 1/7-31/8) 5 (A+B+E+F+K 1/3-30/10) 6 (A 1/5-1/9) (E+G 1/3-30/10)
AKZ. 1/3-15/4 25/4-20/5 13/6-1/7 5/9-30/10

Schipborg — De Vledders — Seite 175 — 255 — € 18
4 (A 1/4-23/10) (B 30/4-8/5,11/7-27/8) 5 (A+B+C+E+F+J+L 1/4-23/10)
AKZ. 1/4-30/4 8/5-20/5 7/6-8/7 28/8-23/10 *14=12, 21=18, 28=24*

Wateren — Molecaten Park Het Landschap — Seite 175 — 256 — € 14
4 (A 11/7-16/8) (B+C 2/5-25/5,4/7-16/8) (E 5/7-17/8) 5 (A+E+F+H+K 25/3-30/9) 6 (E+G 1/5-30/9)
AKZ. 25/3-28/4 9/5-24/5 7/6-7/7 26/8-30/9

Westerbork — Landgoed Börkerheide — Seite 175 — 257 — € 18
6 (B+G 15/4-1/9)
AKZ. 1/4-25/5 7/6-8/7 28/8-30/10

Wezuperbrug — Molecaten Park Kuierpad — Seite 175 — 258 — € 14
4 (B+C 1/7-1/9) 5 (A 25/3-1/11) (C 25/3-31/10) (E 25/3-1/11) (F 25/3-31/10) (K+L 1/4-1/11) 6 (B 1/5-1/9) (E+G 25/3-1/11)
AKZ. 25/3-28/4 9/5-24/5 7/6-7/7 26/8-31/10

Zweeloo — De Knieplanden — Seite 176 — 259 — € 18
5 (E+F 18/7-21/8) 6 (B+F 1/5-31/8)
AKZ. 1/4-25/5 7/6-30/6 22/8-30/9

Gelderland

Aalten — Goorzicht — Seite 176 — 260 — € 18
4 (B+D 30/4-8/5,13/7-30/8) 5 (A+E+H 26/5-7/6,13/7-30/8) 6 (B+F 1/5-31/8)
AKZ. 28/3-25/5 8/6-12/7 29/8-2/10 *7=6, 14=12, 21=18*

Niederlande

Aalten — 't Walfort — Seite 178 — 262 — € 16
5 (A 30/5-10/6,13/7-25/8) 6 (F 30/5-25/8)
AKZ. 4/4-29/4 9/5-25/5 7/6-10/7 28/8-1/10

Aalten — Lansbulten — Seite 178 — 261 — € 18
4 (B 29/4-8/5,9/7-21/8) 5 (A 24/4-3/5,10/7-22/8)
6 (B 15/5-15/9) (F 24/4-15/9)
AKZ. 1/4-25/5 30/5-3/6 8/6-8/7 26/8-14/10 14=12

Aerdt — De Rijnstrangen — Seite 178 — 263 — € 18
4 (E 1/4-1/11) 5 (J 1/4-1/11)
AKZ. 1/4-14/4 19/4-29/4 9/5-20/5 7/6-1/7 1/9-1/11

Appeltern — Camping Groene Eiland — Seite 178 — 264 — € 18
4 (B 1/7-31/8) (C+D 28/4-6/5,1/7-31/8) 5 (A 1/7-31/8)
(B 1/4-31/10) (C 1/4-1/10) (E+F 1/4-31/10) (H 1/7-31/8)
(K 1/4-31/10)
AKZ. 1/5-25/5 30/5-4/6 7/6-15/6 20/6-30/6 1/9-30/9

Arnhem — Oostappen Vakantiepark Arnhem — Seite 178 — 265 — € 12
4 (B+C+D 16/4-17/5,1/7-1/9)
5 (A+C+E+F+H+L 1/4-31/10) 6 (C+G 1/4-31/10)
AKZ. 2/4-22/4 9/5-25/5 30/5-3/6 7/6-9/7 26/8-14/10

Barchem — Reusterman — Seite 178 — 266 — € 18
5 (A+H 1/4-1/10) 6 (A 12/5-1/9)
AKZ. 1/4-20/5 7/6-29/6 20/8-1/10

Beek (gem. Montferland) — Vakantiepark De Byvanck BV — Seite 179 — 267 — € 16
5 (E 1/1-31/12) 6 (E 1/1-31/12)
AKZ. 1/1-1/7 18/8-31/12 7=6, 14=12, 21=18, 28=22

Beekbergen — Het Lierderholt — Seite 179 — 268 — € 20
4 (A 1/7-1/9) (B 17/4-7/6,9/7-4/9) (C+D 9/7-4/9)
(E 26/4-7/6,9/7-4/9) 5 (A 1/1-31/12) (B 1/4-31/10)
(E+F 1/1-31/12) (G 1/7-1/9) (H+L 1/1-31/12)
6 (B 1/5-30/9) (F 25/4-16/9)
AKZ. 1/1-24/5 7/6-7/7 2/9-31/12 14=12, 21=18

Beesd — Betuwestrand — Seite 179 — 269 — € 20
4 (B 10/4-2/6,4/7-30/8) (C 4/4-2/6,4/7-30/8) (D 26/3-25/9)
5 (A+C+E+F+H+L 26/3-25/9)
AKZ. 26/3-25/5 7/6-9/7 29/8-25/9

Berg en Dal — Nederrijkswald BV — Seite 179 — 270 — € 18
4 (E 15/3-30/10) 5 (A 15/3-30/10)
AKZ. 15/3-16/4 20/4-26/4 7/5-25/5 7/6-8/7 27/8-30/10

Braamt — Recreatie Te Boomsgoed — Seite 179 — 271 — € 12
4 (B+D 27/4-6/5,9/7-3/9) 5 (A 27/4-6/5,9/7-3/9)
(E+G+J 1/1-31/12) 6 (A+F 24/4-15/9)
AKZ. 1/1-30/4 9/5-25/5 7/6-15/7 1/9-31/12

Doetinchem — De Wrange — Seite 179 — 272 — € 18
4 (B 28/4-5/5,6/7-23/8) (D 28/4-5/5,14/7-25/8)
5 (A+C+E+F+H+J+K+L 1/4-4/10) 6 (B+G 26/4-6/9)
AKZ. 25/3-25/5 6/6-3/7 21/8-17/10 7=6, 14=12, 21=18

Doornenburg — De Waay — Seite 179 — 273 — € 20
4 (B+D 27/4-5/5,6/7-24/8)
5 (A+B+E+F 27/4-5/5,6/7-24/8) (H 1/4-30/9)
(K+L 27/4-5/5,6/7-24/8) 6 (B+D+G 30/4-15/9)
AKZ. 1/4-23/5 7/6-5/7 29/8-30/9

Ede — Bos- en Heidecamping Zuid-Ginkel — Seite 180 — 274 — € 20
5 (A+B 1/4-30/9)
AKZ. 1/4-23/5 7/6-7/7 29/8-10/9 20/9-30/9 7=6, 14=12

Eerbeek — Landal Coldenhove — Seite 180 — 275 — € 20
4 (B+E 13/3-6/11) 5 (A+C+E+F+G+H+J+K+L 13/3-6/11)
6 (E+G 13/3-6/11)
AKZ. 13/3-14/4 13/5-21/5 7/6-7/7 2/9-5/11

Elburg — Natuurcamping Landgoed Old Putten — Seite 180 — 276 — € 14
4 (B+D+E 30/5-10/6,22/7-16/8) 5 (A 22/7-16/8)
(J 15/4-15/9) 6 (F 15/4-15/9)
AKZ. 15/4-25/5 7/6-8/7 26/8-15/9

Emst — De Wildhoeve — Seite 180 — 278 — € 20
4 (A+B+E 25/4-3/5,4/7-30/8) 5 (A+C+E+F+L 1/4-30/9)
6 (B 1/5-31/8) (E+G 1/4-30/9)
AKZ. 1/4-15/4 19/4-29/4 9/5-25/5 7/6-8/7 29/8-30/9

Emst — Ardoer Camping De Zandhegge — Seite 180 — 277 — € 20
4 (B 25/4-3/5,11/7-23/8) 5 (A 25/3-31/10) (B 1/4-30/10)
(E+F 25/3-31/10) (K 1/4-31/10) 6 (B+G 1/5-1/9)
AKZ. 1/4-15/4 18/4-30/4 8/5-25/5 30/5-2/6 20/6-8/7 28/8-31/10

Niederlande

Enspijk — Ardoer Camping De Rotonde — Seite 180 — 279 — € 20
4 (B+C+D 1/7-31/8) 5 (A+B+C+E+F 2/4-1/10) (H 1/7-31/8) (I+J 2/4-1/10) (K 1/7-3/9) 6 (F 2/4-1/10)
AKZ. 2/4-23/4 8/5-25/5 7/6-9/7 3/9-24/9

Epe — RCN Vakantiepark de Jagerstee — Seite 180 — 280 — € 20
4 (B+C+D+E 11/3-31/10)
5 (A+C+E+F+H+K+L 11/3-31/10) 6 (B+G 24/4-15/9)
AKZ. 11/3-24/5 30/5-2/6 7/6-7/7 29/8-31/10

Ermelo — Ardoer cp. & bungalowpark De Haeghehorst — Seite 181 — 281 — € 22
4 (B+D 27/4-5/5,8/7-31/8) (E 14/4-31/8) 5 (A 1/4-30/10) (B 1/1-31/12) (E+F+G+H 1/4-30/10) (J 1/1-31/12) (K 1/4-30/10) 6 (B 27/4-28/10) (E+G 1/4-30/10)
AKZ. 1/1-22/4 16/5-24/5 8/6-9/7 27/8-31/12

Ermelo — In de Rimboe — Seite 181 — 282 — € 20
4 (B+C+D 11/4-25/10) 5 (A 14/7-31/8) (E+F+G+H+K+L 15/2-31/12) 6 (B+G 29/4-30/9)
AKZ. 1/1-25/5 30/5-2/6 7/6-12/7 29/8-31/12

Ermelo — Kriemelberg BushCamp — Seite 181 — 283 — € 18
4 (A 10/7-25/8) (B+C+D 30/4-6/5,16/7-19/8) (E 1/4-14/10)
5 (A+B 1/4-14/10) (E 3/4-12/9) (G 1/7-31/8)
AKZ. 1/4-14/4 19/4-28/4 9/5-24/5 7/6-8/7 26/8-14/10

Ermelo — Recreatiepark De Paalberg — Seite 181 — 284 — € 20
4 (B+D 19/4-10/6,6/7-1/9)
5 (A+C+E+F+G+H+L 1/1-31/12) 6 (B 1/5-31/8) (E+G 1/1-31/12)
AKZ. 1/1-24/5 7/6-7/7 25/8-31/12 *7=6*

Groesbeek ** — Vakantiepark De Oude Molen — Seite 182 — 285 — € 16
4 (B 27/4-5/5,6/7-28/8) 5 (E+F+H+K+L 1/4-31/10) 6 (B+G 30/4-30/8)
AKZ. 1/4-29/4 9/5-24/5 31/5-2/6 8/6-8/7 28/8-30/10
14=12, 21=18

Larfsen — De Huurne — Seite 182 — 286 — € 12
AKZ. 30/3-25/5 7/6-7/7 26/8-1/10

Larfsen — Camping De Waterjuffer — Seite 182 — 287 — € 18
5 (E+F+K+L 1/4-3/10) 6 (A 12/5-15/9)
AKZ. 1/4-25/5 7/6-1/7 27/8-2/10 *14=12*

Hattem — Molecaten Park De Leemkule — Seite 182 — 288 — € 18
4 (B 24/4-1/9) (E 10/7-20/8)
5 (A+B+E+F+H+K+L 25/3-1/11) 6 (A 27/4-1/9) (E+G 25/3-1/11)
AKZ. 25/3-28/4 9/5-24/5 7/6-7/7 26/8-31/10

Hattem — Molecaten Park Landgoed Molecaten — Seite 182 — 289 — € 16
4 (B+C 15/7-27/8) 5 (A+E 25/3-30/9)
AKZ. 25/3-28/4 9/5-24/5 7/6-7/7 26/8-30/9

Heerde ** — De Zandkuil — Seite 182 — 290 — € 16
4 (B 30/4-8/5,16/7-21/8) 5 (A+B+E+F+G+H+K 1/4-1/11) 6 (A+F 21/5-1/9)
AKZ. 1/4-25/5 31/5-2/6 7/6-8/7 28/8-31/10 *14=12*

Heerde — Molecaten Park De Koerberg — Seite 183 — 291 — € 16
4 (B 30/4-10/6,9/7-28/8) 5 (A+B+E+F+H+K+L 25/3-1/11) 6 (B+G 1/5-31/8)
AKZ. 25/3-28/4 9/5-24/5 7/6-7/7 26/8-30/9

Heteren ** — Camping Overbetuwe — Seite 183 — 292 — € 16
AKZ. 1/5-25/5 30/5-3/6 7/6-30/6 1/9-30/9

Hoenderloo — De Pampel — Seite 183 — 293 — € 20
4 (A 1/7-1/9) (B 28/4-6/5,6/7-22/8) 5 (A+C 16/4-30/9) (E+F+G+L 1/4-30/9) 6 (C 30/3-30/9,13/10-28/10)
AKZ. 1/1-29/4 8/5-25/5 7/6-15/7 1/9-31/12
7=6, 14=12, 21=18

Hoenderloo ** — Recreatiepark 't Veluws Hof — Seite 183 — 294 — € 20
4 (A 1/7-1/9) (B+D 29/3-29/10) (E 1/7-1/9)
5 (A+C+E+F+H+L 19/3-29/10) 6 (B+G 26/4-14/9)
AKZ. 19/3-25/5 7/6-9/7 27/8-29/10

Hoenderloo — Veluwe camping 't Schinkel — Seite 183 — 295 — € 18
4 (B 28/4-6/5,6/7-22/8) 5 (A+B+E+F 1/4-1/10) 6 (B+G 22/4-15/9)
AKZ. 1/4-29/4 8/5-25/5 7/6-9/7 26/8-30/9 *7=6, 14=12, 21=18*

Laag-Soeren — Ardoer Vakantiedorp De Jutberg — Seite 183 — 296 — € 20
4 (A+B+C+E 8/7-4/9) 5 (A+B+E+F+H 1/4-31/10) (J 26/5-6/6,8/7-4/9) (K 1/4-31/10) 6 (C+G 1/4-31/10)
AKZ. 1/1-24/5 8/6-7/7 29/8-31/12 *14=12, 21=18*

Ausführliche Redaktionseinträge: Seite 180 bis 183

Niederlande

Lieren/Beekbergen — Ardoer comfortcamping De Bosgraaf — Seite 184 — 297 — € 18
4 (B+D 26/5-7/6,9/7-2/9) 5 (A+B+E+F+H+K 25/3-29/10)
6 (B+G 26/4-15/9)
AKZ. 25/3-14/4 19/4-23/4 9/5-24/5 7/6-7/7 5/9-29/10

Lunteren — De Rimboe — Seite 184 — 298 — € 16
4 (E 1/7-1/9)
AKZ. 11/3-24/5 7/6-3/7 29/8-22/10 14=12, 21=18

Lunteren ♥♥ — Recreatiecentrum de Goudsberg — Seite 184 — 299 — € 22
4 (A 26/5-6/6,1/7-31/8) 5 (A+B+E 1/7-31/8) (F 1/1-31/12)
(H 1/7-31/8) (L 1/1-31/12) 6 (A 1/5-30/9) (E+G 1/4-31/12)
AKZ. 1/1-29/4 9/5-24/5 7/6-31/7 4/9-13/10 31/10-31/12
7=6, 14=12, 21=18

Neede — Den Blanken — Seite 184 — 300 — € 18
4 (B+D 25/4-2/6,11/7-22/8)
5 (A+B+E+F+G+H+K+L 1/4-24/9) 6 (B+G 1/5-1/9)
AKZ. 1/4-29/4 9/5-24/5 7/6-11/7 28/8-24/9
7=6, 14=12, 21=18

Nieuw-Milligen — Landal Rabbit Hill — Seite 184 — 301 — € 20
4 (B+D+E 4/1-31/12) 5 (A+C+E+F+H+J+L 4/1-31/12)
6 (B 1/5-1/9) (E+G 4/1-31/12)
AKZ. 4/1-14/4 13/5-21/5 7/6-7/7 2/9-31/12

Nunspeet — Camping De Witte Wieven — Seite 184 — 302 — € 16
4 (B+C 11/7-20/8) 5 (E+F+H+K 1/4-31/10)
6 (A+F 1/6-1/9)
AKZ. 1/4-25/5 7/6-8/7 2/9-30/10

Opheusden ♥♥ — De Linie — Seite 184 — 303 — € 16
4 (B+D 1/5-1/9) 5 (E 1/6-1/9) (J+L 1/1-31/12)
AKZ. 1/5-25/5 7/6-30/6 1/9-30/9

Otterlo — Beek en Hei — Seite 185 — 304 — € 20
4 (A 1/4-30/9) (B 26/5-6/6,7/7-31/8)
5 (A 28/4-1/10) (B 1/1-31/12)
AKZ. 4/1-13/4 20/4-23/5 7/6-6/7 5/9-21/12
7=6, 14=12, 21=18

Otterlo — EuroParcs De Wije Werelt — Seite 185 — 305 — € 22
4 (A+B 16/4-7/6,7/7-4/9) 5 (A+C+E+F+H+L 1/1-31/12)
6 (B+G 25/4-15/9)
AKZ. 1/3-15/4 25/4-20/5 13/6-1/7 5/9-30/10

Putten ♥♥ — Strandparc Nulde — Seite 185 — 306 — € 18
4 (B+D 1/5-1/9) 5 (A+E+F+H+K+L 1/1-31/12)
AKZ. 1/1-24/5 7/6-7/7 25/8-31/12 7=6

Ruurlo — Tamaring — Seite 185 — 307 — € 18
4 (B 26/5-6/6,9/7-20/8) 5 (A+B 26/3-8/10)
6 (F 21/5-31/8)
AKZ. 26/3-24/5 7/6-8/7 26/8-8/10

Stokkum — De Slangenbult — Seite 185 — 308 — € 18
AKZ. 14/1-20/5 10/6-11/7 29/8-16/12

Stokkum — Landgoed Brockhausen — Seite 185 — 309 — € 18
4 (E 1/4-1/10) 5 (A 1/4-1/10)
AKZ. 1/4-25/5 7/6-27/6 15/7-29/7 1/9-1/10

Stroe — Jacobus Hoeve — Seite 185 — 310 — € 16
4 (B 13/7-16/8) (E 30/4-30/8) 5 (E+F+H+K 27/3-31/10)
AKZ. 27/3-13/5 7/6-8/7 26/8-30/10

Ugchelen — De Wapenberg — Seite 185 — 311 — € 18
AKZ. 25/3-29/4 8/5-25/5 7/6-1/7 1/9-3/10 21=18

Vierhouten — Recreatiepark Samoza — Seite 185 — 312 — € 20
4 (B+C+D 25/3-30/10) 5 (A+C+E+H+K+L 25/3-30/10)
6 (B 30/4-28/8) (E+G 25/3-30/10)
AKZ. 25/3-21/4 9/5-24/5 7/6-8/7 5/9-30/10

Voorthuizen — Ardoer Vakantiepark Ackersate — Seite 186 — 313 — € 18
4 (B+C+D 19/4-10/6,8/7-2/9)
5 (A+C+E+F+G+H+J+L 1/4-31/10) 6 (B 1/5-15/9)
(E+G 1/4-31/10)
AKZ. 1/4-30/4 9/5-24/5 8/6-8/7 3/9-29/10

Voorthuizen — Recreatiepark De Boshoek — Seite 186 — 314 — € 18
4 (B 26/3-31/10) (C 1/7-31/8) (D 26/3-31/10)
5 (A+B+C+E+F+H+J+L 26/3-31/10) 6 (B 1/5-30/9)
(E+G 26/3-31/10)
AKZ. 26/3-14/4 19/4-28/4 9/5-24/5 7/6-7/7 5/9-13/10

Vorden — 't Meulenbrugge — Seite 186 — 315 — € 1.
5 (A 15/4-15/9)
AKZ. 1/4-24/5 7/6-30/6 19/8-30/10

592 Ausführliche Redaktionseinträge: Seite 184 bis 186

Niederlande

Wilp
▲ Kampeerhoeve Bussloo — Seite 186 — **316** — € 18
AKZ. 1/1-14/4 19/4-24/5 7/6-30/6 1/9-31/12

Winterswijk
▲ Camping Klompenmakerij ten Hagen — Seite 186 — **318** — € 20
4 (B+D 15/7-20/8)
AKZ. 1/1-14/4 19/4-26/4 9/5-25/5 7/6-15/6 20/6-1/7 29/8-31/12

Winterswijk
▲ Het Winkel — Seite 186 — **317** — € 22
4 (B+C+D 4/4-3/5,18/7-1/9)
5 (A+B+E+F+G+H+J+K+L 1/3-3/11) **6** (B+G 27/4-1/9)
AKZ. 3/1-8/4 8/5-25/5 29/5-3/6 7/6-15/6 19/6-24/6 4/9-23/12

Winterswijk
▲ Vreehorst — Seite 187 — **319** — € 22
4 (B 30/4-7/5,9/7-27/8) **5** (A+B 1/1-31/12)
(E 1/4-6/11) (H+J 1/1-31/12) (K 1/4-6/11)
6 (A 1/4-30/9) (E+G 1/1-31/12)
AKZ. 1/1-22/4 8/5-25/5 29/5-3/6 6/6-15/6 19/6-1/7 1/9-31/12

Winterswijk/Henxel
▲ Het Wieskamp — Seite 187 — **320** — € 20
4 (**A**+B+C+D 29/4-8/5,8/7-26/8)
5 (A+B+E+F+H+L 18/3-2/11) **6** (B+G 25/5-1/9)
AKZ. 18/3-14/4 19/4-25/5 30/5-3/6 7/6-8/7 26/8-2/11

Winterswijk/Kotten
▲ De Italiaanse Meren — Seite 187 — **321** — € 16
5 (A 29/4-8/5,1/7-1/9) (B 1/1-31/10)
(E+F+H+J+L 29/4-8/5,1/7-1/9)
AKZ. 1/3-15/4 19/4-29/4 9/5-25/5 7/6-15/6 20/6-1/7 1/9-31/10

Winterswijk/Meddo
▲ Camping Recreatiepark Sevink Molen — Seite 187 — **322** — € 20
4 (B 25/4-4/5,11/7-22/8) **5** (A 25/4-4/5,11/7-22/8)
(E+F+I+K+L 1/1-31/12)
AKZ. 3/1-26/2 7/3-15/4 19/4-29/4 9/5-25/5 7/6-1/7 5/9-16/12

Winterswijk/Woold
▲ De Harmienehoeve — Seite 187 — **323** — € 16
5 (A+E 1/1-31/12) (H 1/7-1/10) **6** (A+F 23/5-1/9)
AKZ. 1/3-13/4 20/4-25/5 8/6-27/6 29/7-7/8 6/9-1/12

Zelhem
▲ Vakantiepark De Betteld — Seite 187 — **324** — € 16
4 (A+B+C+D 23/4-7/6,9/7-3/9)
5 (A+B+E+F+G+H 23/4-7/6,9/7-3/9) **6** (B+G 1/5-31/8)
AKZ. 1/4-14/4 19/4-28/4 9/5-24/5 7/6-7/7 5/9-13/10

Zennewijnen
▲ Campingpark Zennewijnen — Seite 187 — **325** — € 22
5 (A+E+F+H 1/4-1/10) (L 9/7-4/9) **6** (A+F 15/5-15/9)
AKZ. 1/4-15/4 18/4-30/4 9/5-25/5 6/6-10/7 4/9-1/10

Nord-Brabant

Alphen (N.Br.)
▲ Recreatiepark 't Zand — Seite 188 — **326** — € 16
4 (B 27/4-5/5,28/7-3/9) (C+D+E 27/4-5/5,8/7-3/9)
5 (A+B 27/4-5/5,8/7-3/9) (E 1/4-29/10)
(F 27/4-5/5,1/7-31/8) (G 26/4-5/5,1/7-5/9)
(H 27/4-5/5,8/7-3/9) (K 1/4-29/10)
AKZ. 1/4-14/4 19/4-21/4 9/5-24/5 30/5-2/6 7/6-7/7 29/8-29/10

Asten/Heusden
▲ De Peel — Seite 188 — **327** — € 18
4 (**A**+B+D 11/7-26/8) **5** (A 11/7-26/8) **6** (A 1/7-31/8)
AKZ. 15/3-25/5 7/6-8/7 29/8-31/10

Asten/Heusden
▲ De Peelpoort — Seite 189 — **328** — € 22
5 (A 1/4-30/9) (E+H 1/1-31/12) (J 1/4-30/9) (K+L 1/1-31/12)
AKZ. 1/1-14/4 19/4-25/5 7/6-8/7 29/8-31/12

Asten/Ommel
▲ Oostappen Vakantiepark Prinsenmeer — Seite 189 — **329** — € 16
4 (B+C+D 1/7-4/9) **5** (C+E+F+G+H+L 1/4-31/10)
6 (E+G 1/4-31/10)
AKZ. 2/4-22/4 9/5-25/5 30/5-3/6 7/6-9/7 26/8-14/10

Bergen op Zoom
▲ Uit en Thuis — Seite 189 — **330** — € 18
4 (B 27/4-5/5,13/7-18/8) **5** (B+E+F+H+K 1/4-30/9)
6 (B+G 1/5-15/9)
AKZ. 1/4-30/4 9/5-26/5 7/6-10/7 5/9-30/9

Bladel
▲ Recreatiepark De Achterste Hoef — Seite 190 — **331** — € 22
4 (B+C 30/4-2/10) (D 30/4-5/6,9/7-4/9)
5 (C+E+H+L 1/4-2/10) **6** (B 1/5-4/9) (E+G 1/4-2/10)
AKZ. 1/4-22/4 8/5-25/5 7/6-9/7 3/9-2/10

Breda
▲ Liesbos — Seite 190 — **332** — € 18
4 (B+D 1/7-31/8) **5** (A+B+E+F 1/4-30/9) (H+L 1/4-1/10)
6 (B+G 30/4-30/9)
AKZ. 1/4-24/5 29/5-2/6 6/6-8/7 29/8-30/9

Chaam
▲ RCN vakantiepark De Flaasbloem — Seite 190 — **333** — € 18
4 (B 28/4-19/8) **5** (A+C+E+F+G+K+L 25/3-31/10)
6 (E 25/3-31/10) (G 1/5-1/9)
AKZ. 25/3-24/5 30/5-2/6 7/6-7/7 25/8-31/10

Niederlande

De Heen — De Uitwijk — Seite 190 — 334 — € 18
4 (B 3/7-30/8) 5 (A+E+F+H+L 1/4-2/10)
6 (B 29/4-18/9) (G 1/5-1/9)
AKZ. 1/4-15/4 18/4-22/4 8/5-25/5 6/6-8/7 28/8-2/10

Eerde — Het Goeie Leven — Seite 190 — 335 — € 22
4 (A 11/7-2/9) (B+D+**E** 9/7-2/9) 5 (A 9/7-4/9) (E+F+G+H+L 1/4-1/10) 6 (A 1/4-1/10)
AKZ. 1/4-22/4 9/5-25/5 7/6-8/7 5/9-1/10

Eersel ✶✶ — Recreatiepark TerSpegelt — Seite 190 — 336 — € 22
4 (B+C+D 1/4-31/10) 5 (C+E+F+G+H+K+L 1/4-31/10)
6 (E+G 1/4-31/10)
AKZ. 1/4-8/4 13/5-25/5 30/5-3/6 7/6-15/6 20/6-8/7 5/9-14/10

Esbeek — De Spaendershorst — Seite 190 — 337 — € 16
4 (B+C 21/7-17/8) (D 1/4-1/10) 5 (E+H 1/4-1/10)
6 (B+G 27/3-1/11)
AKZ. 1/4-14/4 19/4-24/5 30/5-2/6 7/6-7/7 5/9-30/10

Hilvarenbeek — Vakantiepark Beekse Bergen — Seite 191 — 338 — € 14
4 (B+C 2/4-31/10) (**E** 1/5-1/8)
5 (A+C+E+F+G+H+K+L 2/4-31/10) 6 (E+G 2/4-31/10)
AKZ. 2/4-15/4 18/4-22/4 7/5-25/5 6/6-10/6 15/6-26/6 3/9-14/10

Hoeven — Molecaten Park Bosbad Hoeven — Seite 191 — 339 — € 18
4 (B+C 31/3-31/8,12/10-27/10) (D 31/3-31/8)
5 (A+E+G 25/3-1/11) (H+L 1/4-1/9,12/10-27/10)
6 (B 27/4-1/9)
AKZ. 25/3-28/4 9/5-24/5 7/6-7/7 26/8-31/10

Kaatsheuvel — Recreatiepark Brasserie Het Genieten — Seite 191 — 340 — € 22
4 (B+C 30/4-8/5,9/7-28/8) (D 9/7-28/8)
5 (A 1/5-1/9) (E+F+H+L 1/4-31/10)
AKZ. 1/4-25/5 7/6-15/7 2/9-31/10

Lierop/Someren — De Somerense Vennen — Seite 192 — 341 — € 18
4 (B 23/4-7/5,9/7-2/9) (D 9/7-2/9)
5 (A 23/4-7/5,25/7-2/9) (E+F+H+K+L 23/4-4/9)
6 (E+G 1/4-31/10)
AKZ. 1/4-22/4 9/5-25/5 7/6-9/7 29/8-31/10

Mierlo — Boscamping 't Wolfsven — Seite 192 — 342 — € 14
4 (B+C 1/4-31/10) (D 1/7-31/8)
5 (C+E+F+G+H+K+L 1/4-31/10) 6 (E+G 1/4-31/10)
AKZ. 1/4-15/4 8/5-25/5 30/5-3/6 7/6-8/7 29/8-30/10

Netersel — De Couwenberg — Seite 192 — 343 — € 18
4 (B+D 23/7-27/8) 5 (A+E+H+K 1/1-31/12)
6 (B+G 1/5-15/9)
AKZ. 1/1-25/5 30/5-1/7 18/8-31/12 **7=6**

Nijnsel/St. Oedenrode — Landschapscamping De Graspol — Seite 192 — 344 — € 22
5 (A+H+J 1/4-1/10)
AKZ. 1/4-25/5 7/6-15/7 1/9-1/10

Nispen/Roosendaal — Zonneland — Seite 192 — 345 — € 18
4 (B 15/7-15/8) 5 (B 19/3-29/10) 6 (B 1/5-1/9)
AKZ. 19/3-3/7 20/8-29/10

Oirschot — de Bocht — Seite 192 — 346 — € 22
4 (B+D 11/7-2/9) 5 (E+H+L 1/1-31/12)
6 (B+G 20/6-31/8)
AKZ. 1/1-25/5 7/6-7/7 28/8-31/12

Oirschot ✶✶ — Vakantiepark Latour — Seite 192 — 347 — € 22
4 (B 22/4-4/9) 6 (B 1/5-31/8) (E+G 25/3-3/10)
AKZ. 25/3-25/5 7/6-15/7 1/9-3/10 **7=6, 14=11**

Oosterhout — De Katjeskelder — Seite 192 — 348 — € 16
4 (B 1/4-30/10) 5 (A+C+E+F+G+H+K+L 1/4-30/10)
6 (B 26/4-26/10) (E+G 1/4-30/10)
AKZ. 1/4-15/4 8/5-25/5 30/5-3/6 7/6-8/7 29/8-30/10

Sint Anthonis — Ardoer vak.centrum De Ullingse Bergen — Seite 193 — 349 — € 20
5 (A+E 1/4-3/10) (F 25/4-20/9) (L 1/4-3/10)
6 (B+G 27/4-10/9)
AKZ. 1/4-25/5 30/5-3/6 7/6-9/7 27/8-2/10

Niederlande

Sint Hubert Seite 193 350 € 16
▲ Van Rossum's Troost
4 (B 26/5-6/6,30/7-27/8) (D 17/4-10/9) (E 26/5-6/6,30/7-27/8) 5 (A 1/4-2/10) (H 1/7-27/8)
6 (F 30/7-27/8)
AKZ. 1/4-25/5 7/6-12/7 29/8-2/10 **14=12**

Soerendonk Seite 193 351 € 16
▲ Oostappen Vakantiepark Slot Cranendonck
4 (B+C+D 22/4-8/5,8/7-4/9) 5 (C+E+F+H+L 1/4-31/10)
6 (A 15/5-15/9) (E+G 1/4-31/10)
AKZ. 2/4-22/4 9/5-25/5 30/5-3/6 7/6-9/7 26/8-14/10

Someren ♥♥ Seite 193 352 € 16
▲ De Kuilen
5 (H 1/3-31/10) 6 (A 1/6-31/8)
AKZ. 1/3-1/7 18/8-31/10

St. Oedenrode Seite 193 353 € 20
▲ De Kienehoef
4 (B 16/7-27/8) 5 (A+B 1/4-25/9) (E+F+H+K 16/7-27/8)
6 (B+G 1/5-30/8)
AKZ. 1/4-25/5 7/6-15/7 1/9-25/9 **7=6, 14=11, 21=15**

Udenhout Seite 193 354 € 22
▲ Recreatiepark Duinhoeve
4 (B 30/4-8/5,9/7-28/8) 5 (A 30/4-8/5,9/7-28/8) (B 2/4-25/9) (E+F+K 30/4-8/5,9/7-28/8) 6 (B+G 25/4-23/9)
AKZ. 2/4-23/4 9/5-25/5 7/6-8/7 29/8-25/9

Valkenswaard Seite 193 355 € 12
▲ Oostappen Vakantiepark Brugse Heide
4 (B+D 3/7-28/8) 5 (E+F+H+K+L 1/4-31/10)
6 (A+F 28/5-9/9)
AKZ. 2/4-22/4 9/5-25/5 30/5-3/6 7/6-9/7 26/8-14/10

Veldhoven Seite 193 356 € 22
▲ Vakantiepark Witven
4 (B 16/7-27/8) 5 (A+B 1/4-25/9) (E+F 8/7-4/9) (H+K+L 1/4-25/9)
AKZ. 1/4-25/5 7/6-15/7 1/9-25/9

Veldhoven/Zandoerle ♥♥ Seite 194 357 € 22
▲ Vakantiepark Molenvelden
4 (B 22/7-4/9) 5 (E+F+H+K+L 25/3-3/10)
6 (B+G 1/5-4/9)
AKZ. 25/3-25/5 7/6-15/7 1/9-3/10 **7=6, 14=11**

Vessem ♥♥ Seite 194 358 € 20
▲ Eurocamping Vessem
4 (B+C+D 16/7-28/8) 5 (B+E+H 9/7-4/9)
6 (B+F 1/5-1/9)
AKZ. 26/3-25/5 30/5-3/6 7/6-8/7 26/8-2/10

Vinkel Seite 194 359 € 14
▲ Vakantiepark Dierenbos
4 (B 27/4-5/5,9/7-4/9) 5 (A+C+E+F+H+J+K 27/3-30/10)
6 (E+G 27/3-30/10)
AKZ. 2/4-15/4 18/4-22/4 7/5-25/5 6/6-24/6 3/9-14/10

Wanroij Seite 194 360 € 18
▲ Vakantiepark De Bergen
4 (B+C+D 9/7-4/9) 5 (C 1/4-31/10) (E+F+H+K+L 9/7-4/9)
AKZ. 1/4-14/4 19/4-24/5 30/5-2/6 7/6-7/7 5/9-30/10

Limburg

Afferden Seite 195 361 € 16
▲ Klein Canada
4 (B+D+E 29/4-8/5,8/7-4/9)
5 (A+E+H+K+L 25/4-3/5,4/7-31/8) 6 (A 29/5-4/9) (E+F 1/4-31/10)
AKZ. 1/4-14/4 19/4-24/5 30/5-2/6 7/6-7/7 5/9-30/10

Afferden Seite 195 362 € 18
▲ Roland
4 (B+D 29/4-8/5,9/7-4/9)
5 (A+B+C+E+F+H+J+L 1/4-1/10) 6 (B+G 27/4-20/9)
AKZ. 1/1-25/5 7/6-8/7 25/8-31/12

Arcen Seite 195 363 € 16
▲ Klein Vink
4 (B 1/1-31/12) (C 1/7-31/8)
5 (A+C+E+F+G+H+J+K+L 1/1-31/12) 6 (E+G 1/1-31/12)
AKZ. 1/1-15/5 8/5-25/5 30/5-3/6 7/6-8/7 29/8-23/12

Baarlo Seite 195 364 € 14
▲ Oostappen Vakantiepark De Berckt
4 (B+D 1/4-31/10) 5 (A+C+E+F+H+K+L 1/4-31/10)
6 (E+G 1/4-31/10)
AKZ. 2/4-22/4 9/5-25/5 30/5-3/6 7/6-9/7 26/8-14/10

Beesel Seite 195 365 € 18
▲ Petrushoeve
5 (A+G 15/3-15/10)
AKZ. 15/3-25/5 29/5-3/6 6/6-2/7 19/8-15/10

Niederlande

Blitterswijck
▲ 't Veerhuys
Seite 195 366 € 18
5 (A+E+F+H+K+L 1/4-30/10) 6 (F 1/5-29/10)
AKZ. 1/4-14/4 18/4-24/5 6/6-7/7 28/8-30/10

Echt ✱✱
▲ Marisheem
Seite 195 367 € 18
5 (E+H 18/7-14/8) 6 (A+F 1/5-1/9)
AKZ. 1/4-1/7 18/8-30/9 **14=13, 21=19**

Gulpen
▲ EuroParcs Gulperberg
Seite 195 368 € 22
4 (A 1/1-31/12) (B+C 1/7-1/9)
5 (A+B+C+E+F+H+J+L 1/1-31/12) 6 (A+G 1/5-1/10)
AKZ. 1/3-15/4 25/4-20/5 13/6-1/7 5/9-30/10

Gulpen
▲ Terrassencamping Osebos
Seite 196 369 € 20
4 (B 11/7-21/8) 5 (A+C+E+F+G+H+L 26/3-6/11)
6 (A+F 15/5-30/9)
AKZ. 26/3-30/4 8/5-25/5 29/5-5/7 22/8-6/11

Heel
▲ Oostappen Vakantiepark Heelderpeel
Seite 196 370 € 12
4 (B 1/7-31/8) 5 (A 1/7-31/8) (H+K 1/4-31/10)
6 (B 15/5-15/9)
AKZ. 2/4-22/4 9/5-25/5 30/5-3/6 7/6-9/7 26/8-14/10

Heerlen
▲ Hitjesvijver
Seite 196 371 € 18
4 (B+C+D 9/7-4/9)
5 (A 9/7-5/9) (B+E+F+H+L 1/1-31/12) 6 (B+G 15/5-1/9)
AKZ. 1/1-29/4 8/5-26/5 7/6-10/6 20/6-1/7 1/9-31/12 **7=6, 14=12**

Heijen
▲ Hoeve De Schaaf
Seite 196 372 € 16
4 (B+C+D 29/4-8/5,22/7-4/9)
5 (A+E+H+K 29/4-8/5,22/7-4/9) 6 (B+G 1/4-31/10)
AKZ. 1/4-14/4 19/4-24/5 30/5-2/6 7/6-7/7 5/9-30/10

Helden
▲ Ardoer Camping De Heldense Bossen
Seite 196 373 € 20
4 (A 11/4-31/10) (B+C+D 11/4-29/8)
5 (A+C+E+F+H+L 25/3-31/10) 6 (B 24/4-29/8)
(E 27/3-31/10) (G 24/4-29/8)
AKZ. 25/3-15/4 8/5-25/5 29/5-3/6 6/6-9/7 3/9-31/10

Hulsberg
▲ 't Hemelke
Seite 196 374 € 18
4 (B+C+D 30/4-8/5,9/7-4/9)
5 (A+B+E+G+H 30/4-8/5,9/7-4/9) (L 25/5-6/6,9/7-4/9)
6 (A+F 30/4-15/9)
AKZ. 1/4-25/5 6/6-8/7 4/9-30/9 **7=6**

Kelpen-Oler
▲ Geelenhoof
Seite 196 375 € 16
5 (A 18/3-31/10)
AKZ. 18/3-29/4 9/5-25/5 7/6-8/7 5/9-31/10 **7=6, 14=12, 21=18**

Kessel
▲ Oda Hoeve
Seite 196 376 € 16
4 (A 1/5-15/9)
AKZ. 1/4-21/5 7/6-9/7 27/8-31/10

Landgraaf
▲ De Watertoren
Seite 196 377 € 18
4 (B 27/4-5/5,16/7-23/8) (C 27/4-5/5,13/7-22/8)
(E 12/7-23/8) 5 (A+B+E+F+H+L 1/4-30/10)
6 (B+G 15/5-1/9)
AKZ. 1/4-24/5 6/6-15/6 20/6-7/7 26/8-30/10

Maasbree
▲ Vakantiepark BreeBronne
Seite 196 378 € 22
4 (B+C 30/4-9/5,9/7-4/9)
5 (A+B+E+H+L 30/4-9/5,9/7-4/9) 6 (E+G 1/4-1/11)
AKZ. 1/4-15/4 19/4-22/4 9/5-26/5 30/5-3/6 7/6-1/7 1/9-1/11

Meerssen
▲ 't Geuldal
Seite 196 379 € 18
4 (B+C+D 16/7-27/8) 5 (A+E+G 16/7-27/8) (H 1/4-23/12)
(J 16/7-27/8) (L 1/4-23/12)
AKZ. 1/4-15/4 18/4-22/4 8/5-25/5 6/6-15/7 1/9-23/12

Meijel
▲ Kampeerbos De Simonshoek
Seite 197 380 € 16
4 (B+D 10/4-25/10) 5 (A 31/3-31/10) (H 1/1-31/12)
(K 1/4-31/8) 6 (B+D+G 15/3-15/11)
AKZ. 1/1-24/5 7/6-11/7 28/8-31/12

Melderslo
▲ De Kasteelse Bossen
Seite 197 381 € 18
4 (B 30/4-9/5,9/7-31/8) 5 (E+F+H+K 1/1-31/12)
AKZ. 1/1-15/4 19/4-29/4 9/5-24/5 7/6-1/7 1/9-31/12 **7=6**

Noorbeek
▲ Grensheuvel Natuurlijk Limburg
Seite 197 382 € 18
5 (A 8/7-27/8) (H+K 1/3-31/12)
AKZ. 1/1-25/5 7/6-8/7 5/9-31/12

Panningen
▲ Beringerzand
Seite 197 383 € 18
4 (A 1/7-31/8) (B 29/3-3/11) (C 1/7-31/8) (D 1/6-31/8)
5 (A+B+E+F+G+H+L 1/1-31/12)
6 (B 1/4-31/10) (E+G 1/1-31/12)
AKZ. 25/3-15/4 18/4-23/4 8/5-25/5 6/6-9/7 3/9-6/11

Niederlande

Plasmolen — De Geuldert — Seite 197 — 384 — € 16
④ (B+C+D 30/4-8/5,11/7-21/8) (E 11/7-21/8)
⑤ (A+B 1/4-1/10) (E 30/4-8/5,11/7-21/8) (H 1/4-1/10)
AKZ. 1/4-25/5   7/6-8/7   25/8-1/10   14=12

Plasmolen/Mook — Camping Eldorado — Seite 197 — 385 — € 18
④ (B+D+E 22/7-4/9) ⑤ (A+C+E+H+K+L 29/4-1/10)
⑥ (F 28/4-1/10)
AKZ. 1/4-14/4   19/4-24/5   30/5-2/6   7/6-7/7   5/9-30/10

Reuver — Natuurplezier — Seite 198 — 386 — € 16
AKZ. 25/3-29/4   9/5-22/5   7/6-4/7   1/9-29/10

Roermond — Resort Marina Oolderhuuske — Seite 198 — 387 — € 22
④ (B 1/4-1/10) ⑤ (A 1/4-4/11) (B 1/7-31/8)
(E+G+H+L 1/4-4/11) ⑥ (E+G 1/4-4/11)
AKZ. 1/4-14/4   19/4-29/4   2/5-25/5   7/6-15/6   26/8-1/10   17/10-4/11

Roggel ✱✱ — Recreatiepark De Leistert — Seite 198 — 388 — € 22
④ (A 1/7-31/8) (B 1/1-31/12) (D 24/4-4/5,4/7-29/8)
⑤ (A+C+E+F+G+H+K+L 1/1-31/12) ⑥ (B 15/5-1/9)
(E+G 1/1-31/12)
AKZ. 1/4-15/4   19/4-29/4   9/5-25/5   30/5-3/6   7/6-9/7   3/9-23/12

Schimmert — Mareveld — Seite 198 — 389 — € 18
④ (B 7/7-19/8) ⑤ (H+J+K+L 1/1-31/12) ⑥ (B 1/5-31/8)
AKZ. 1/4-29/4   15/5-25/5   6/6-8/7   26/8-31/10

Schin op Geul/Valkenburg — Vinkenhof/Keutenberg — Seite 198 — 390 — € 20
④ (B+D 20/7-23/8) ⑤ (A 30/4-8/5,2/7-26/8)
(E+F+G+H+L 1/4-1/10) ⑥ (B 1/5-15/9)
AKZ. 1/1-2/1   18/3-13/4   19/4-24/5   6/6-1/7   20/8-29/10   11/11-31/12

Sevenum — De Schatberg — Seite 198 — 391 — € 18
④ (B+C+D 1/1-31/12)
⑤ (A+C+E+F+G+H+I+J+K+L 1/1-31/12)
⑥ (A 1/5-1/9) (E 1/1-31/12) (G 1/5-1/9)
AKZ. 1/1-24/4   8/5-25/5   29/5-3/6   7/6-9/7   28/8-31/12   14=11

Vaals — Camping Hoeve de Gastmolen — Seite 200 — 392 — € 20
⑤ (A 15/3-31/10)
AKZ. 15/3-22/4   9/5-24/5   7/6-1/7   27/8-31/10

Valkenburg aan de Geul ✱✱ — De Cauberg — Seite 200 — 393 — € 20
⑤ (A+B+E+G+H 25/3-30/10,11/11-23/12)
AKZ. 25/3-14/4   9/5-24/5   7/6-7/7   5/9-30/10

Valkenburg aan de Geul — De Linde — Seite 200 — 394 — € 20
⑤ (A+E+H 14/4-30/9) ⑥ (A+F 1/6-31/8)
AKZ. 19/4-29/4   8/5-22/5   7/6-1/7   1/9-30/9

Valkenburg aan de Geul — Valkenburg-Maastricht — Seite 200 — 395 — € 20
⑤ (A+B 14/4-31/12) (G 1/7-31/8) (H 14/4-31/12)
⑥ (B 14/4-31/12)
AKZ. 14/4-25/5   6/6-25/6   11/9-20/11

Valkenburg/Berg en Terblijt — EuroParcs Poort van Maastricht — Seite 200 — 396 — € 22
④ (B 10/7-28/8) ⑤ (A+B+E+H+J+K 1/4-31/10)
⑥ (D+G 1/4-31/10)
AKZ. 1/4-15/4   25/4-20/5   13/6-1/7   5/9-30/10

Venray/Oostrum — ParcCamping de Witte Vennen — Seite 200 — 397 — € 20
④ (A 9/7-4/9) (B 29/4-8/5,9/7-4/9)
⑤ (A 9/7-4/9) (E+G+H 28/4-8/5,9/7-4/9) ⑥ (F 1/5-30/9)
AKZ. 26/3-14/4   19/4-28/4   8/5-24/5   30/5-2/6   7/6-8/7   4/9-14/10

Vijlen — Cottesserhoeve — Seite 200 — 398 — € 20
④ (B 9/7-27/8)
⑤ (A+B+E+G+H+K 29/4-8/5,1/7-28/8) ⑥ (B+G 1/5-15/9)
AKZ. 1/4-29/4   9/5-25/5   7/6-2/7   27/8-1/10

Vijlen — Rozenhof — Seite 200 — 399 — € 20
④ (B 11/7-19/8)
⑤ (A+C+E+H+L 1/1-31/12) ⑥ (B+G 1/5-30/9)
AKZ. 1/1-8/4   9/5-25/5   7/6-8/7   29/8-31/12

Niederlande

Voerendaal — Colmont — Seite 200 — 400 — € 18
5 (A+B 1/4-25/9) (E+F 25/5-6/6,3/7-28/8) (G+H 1/4-25/9) (K 25/5-6/6,3/7-28/8) 6 (B+G 1/5-15/9)
AKZ. 1/4-8/7 27/8-25/9

Well — Leukermeer — Seite 200 — 401 — € 22
4 (**A**+B+C+D 29/4-9/5,9/7-5/9)
5 (A+C+E+F+G+H+K+L 1/4-31/10) 6 (B 26/4-15/9) (E+G 1/4-31/10)
AKZ. 1/4-15/4 19/4-29/4 9/5-25/5 7/6-15/6 20/6-1/7 5/9-8/10

Wijlre — De Gele Anemoon — Seite 200 — 402 — € 18
6 (F 2/4-1/10)
AKZ. 2/4-24/5 8/6-10/7 27/8-1/10

Wijlre — De Gronselenput — Seite 200 — 403 — € 18
4 (B 30/4-14/5,10/7-2/9) 5 (A+B+G+H 2/4-1/10)
AKZ. 2/4-23/4 7/5-15/5 7/6-9/7 27/8-1/10

🇧🇪 Belgien

Flandern

Adinkerke/De Panne — Kindervreugde** — Seite 206 — 404 — € 20
5 (A 1/4-30/9)
AKZ. 1/4-30/6 1/9-30/9

Blankenberge — Bonanza 1*** — Seite 206 — 409 — € 20
5 (A+F 1/7-31/8)
AKZ. 25/3-24/5 29/5-2/6 6/6-5/7 22/8-25/9

Bocholt — Goolderheide**** — Seite 206 — 410 — € 18
4 (B+C+D 1/7-31/8) 5 (A 15/4-30/9) (C+E+F+G 1/7-31/8) (H 15/4-30/9) (L 1/7-31/8) 6 (B+G 13/5-31/8)
AKZ. 15/4-3/7 22/8-30/9

Bredene — 17 Duinzicht — Seite 208 — 413 — € 20
4 (B+C+D 1/7-31/8) 5 (E 13/3-6/11) (H 12/3-6/11) (K 15/3-31/10)
AKZ. 12/3-7/4 19/4-24/5 30/5-2/6 7/6-30/6 26/8-6/11

Bree — Recreatieoord Kempenheuvel — Seite 208 — 414 — € 18
4 (B+C+D 1/7-31/8) 5 (E+F 1/7-31/8) (H 15/3-2/11) (J 1/7-31/8) (L 15/3-2/11) 6 (B+G 15/5-15/9)
AKZ. 15/3-3/7 22/8-2/11

De Haan — Ter Duinen — Seite 208 — 418 — € 20
5 (H 15/3-30/9)
AKZ. 15/3-8/7 25/8-30/9

Hechtel/Eksel — Vakantiecentrum De Lage Kempen**** — Seite 209 — 420 — € 14
4 (B+C+D 7/7-22/8) 5 (A+E+F+H+J+L 2/4-7/11) 6 (B+G 19/5-1/9)
AKZ. 8/4-25/5 6/6-2/7 28/8-6/11

Houthalen — De Binnenvaart**** — Seite 209 — 421 — € 18
4 (B+D 10/7-20/8) 5 (A+E+F+G+H+J+L 1/1-31/12)
AKZ. 1/1-1/6 7/6-4/7 26/8-31/12 7=6

Houthalen/Helchteren — Oostappen Park Hengelhoef — Seite 209 — 422 — € 14
4 (B+C+D 1/7-31/8) 5 (A 1/4-31/10) (C 1/5-30/9) (E+F 1/7-31/8) (G 7/7-31/8) (H+K 1/7-31/8)
6 (B+E+G 1/7-31/8)
AKZ. 1/4-22/4 9/5-25/5 30/5-3/6 7/6-9/7 26/8-14/10

Jabbeke/Brugge — Klein Strand — Seite 210 — 423 — € 22
4 (B+C+D 1/7-31/8) 5 (A+B 1/7-31/8) (E+F+H+K 1/1-31/12) 6 (F 1/6-30/9)
AKZ. 1/1-30/6 1/9-31/12 7=6, 14=12, 21=18

Kasterlee — Houtum**** — Seite 210 — 424 — € 20
4 (E 15/4-15/9) 5 (A 1/4-30/9) (E+F 1/7-31/8) (H 1/4-30/9) (I+K+L 1/1-31/12)
AKZ. 1/1-15/6 22/8-31/12

Lommel — Oostappen Park Blauwe Meer***** — Seite 210 — 428 — € 12
4 (B+C+D 1/7-31/8) 5 (A+C+E+F 1/4-31/10) (H 1/7-31/8) (L 1/4-31/10) 6 (E+F 10/4-10/5,1/7-31/8)
AKZ. 2/4-22/4 9/5-25/5 30/5-3/6 7/6-9/7 26/8-14/10

Niederlande

Lommel-Kolonie Seite 210 **429** € 12
▲ Oostappen Park Parelstrand
4 (B 1/7-31/8) **5** (A 1/7-31/8) (B 1/4-31/10) (E+F+H+K 1/7-31/8)
AKZ. 2/4-22/4 9/5-25/5 30/5-3/6 7/6-9/7 26/8-14/10

Mol ✳ Seite 211 **431** € 18
▲ Provinciaal Recreatiedomein Zilvermeer★★★★
4 (A+B+C+D 1/7-31/8) **5** (A+C 1/4-6/11,17/12-31/12) (E+F 1/4-30/9) (H 1/1-15/11,16/12-31/12) (I+J 1/4-30/9) (K+L 1/1-15/11,16/12-31/12)
AKZ. 1/1-24/5 7/6-1/7 26/8-15/11 16/12-31/12

Opglabbeek/Oudsbergen Seite 211 **434** € 22
▲ Recreatieoord Wilhelm Tell★★★★★
4 (B+D 1/7-31/8) **5** (A+B+E+F+G+H+J+L 1/1-31/12) **6** (B 1/7-31/8) (E 1/1-31/12) (G 1/7-31/8)
AKZ. 1/1-4/7 26/8-31/12 7=6

Opgrimbie/Maasmechelen ✳ Seite 211 **435** € 20
▲ Recreatieoord Kikmolen★★★★
4 (B+C+D 1/7-31/8) **5** (A+C+E+F 1/5-15/9) (H+K+L 1/4-30/9)
AKZ. 1/4-3/7 29/8-31/10

Opoeteren Seite 211 **436** € 22
▲ Zavelbos★★★★
4 (B+D 10/7-15/8) **5** (A+E+F+H+J+L 1/1-31/12)
AKZ. 1/1-4/7 26/8-31/12 7=6

Overijse Seite 211 **437** € 20
▲ Druivenland★★★
AKZ. 1/4-25/6 22/8-30/9

Remersdaal/Voeren ✳ Seite 211 **440** € 20
▲ Camping Natuurlijk Limburg
4 (E 1/7-30/9) **5** (A+E+H+J+K 1/3-1/12) **6** (B 1/6-1/10)
AKZ. 1/1-24/5 6/6-30/6 29/8-31/12

Retie ✳ Seite 211 **441** € 16
▲ Berkenstrand★★★★
4 (B+C+D 1/7-31/8) **5** (A 1/7-31/8) (B+E+F+G+H+J+K 1/4-16/10)
AKZ. 1/4-30/6 1/9-12/10

Turnhout Seite 211 **445** € 18
▲ Baalse Hei★★★★
4 (B 1/4-18/4,1/7-31/8) **5** (A+B 15/6-15/9) (E+F+G+H+J+K+L 1/1-31/12)
AKZ. 2/5-22/5 7/6-3/7 22/8-30/9 7=6, 14=11

Westerlo/Heultje ✳ Seite 212 **446** € 18
▲ Hof van Eeden★★★
4 (B+C+D 1/7-31/8) **5** (E 15/3-31/10) (F 1/4-31/10) (H 1/1-31/12) (K+L 15/3-31/10) **6** (A+F 21/6-31/8)
AKZ. 1/1-8/7 25/8-31/12

Wallonien

Amel/Deidenberg ✳ Seite 214 **405** € 18
▲ Camping Oos Heem BVBA★★★
4 (B+C+D 1/7-31/8) **5** (A+B+E+F+G+H+J+K 1/4-1/10) **6** (D+G 1/5-1/10)
AKZ. 1/1-26/6 5/9-31/12

Aywaille Seite 215 **406** € 18
▲ Domaine Château de Dieupart★
5 (A+C+H 15/3-15/11)
AKZ. 15/3-3/4 18/4-30/4 9/5-22/5 30/5-3/6 7/6-30/6 1/9-15/11

Bastogne ✳ Seite 216 **407** € 16
▲ Camping de Renval★★★
5 (E+H+K 25/2-19/12)
AKZ. 25/2-1/6 1/9-18/12

Bertrix Seite 216 **408** € 18
▲ Ardennen Camping Bertrix★★★★
4 (A 25/3-7/11) (B+C+E 1/7-31/8) **5** (A+B+E+F+H+L 25/3-7/11) **6** (B+G 30/4-15/9)
AKZ. 25/3-10/7 27/8-7/11 7=6, 14=11

Bohan ✳ Seite 216 **411** € 18
▲ Confort★★★
5 (A+H 1/7-31/8)
AKZ. 25/2-14/4 19/4-28/4 3/5-24/5 30/5-2/6 7/6-30/6 29/8-1/11

Bohan Seite 216 **412** € 18
▲ La Douane★★
5 (E+H 1/7-31/8)
AKZ. 15/3-14/4 19/4-25/5 7/6-7/7 25/8-15/10

Bure/Tellin Seite 216 **415** € 16
▲ Sandaya Parc la Clusure★★★★
4 (A+B 1/4-25/9) (C 1/7-31/8) (D+E 1/4-25/9) **5** (A+C+E+F+G+H+L 1/4-25/9) **6** (B 15/4-15/9) (G 22/4-16/9)
AKZ. 1/4-8/7 3/9-25/9

Burg-Reuland ⚑⚑
▲ Hohenbusch*****   Seite 216   416   € 22
4 (B+D 15/7-15/8)   5 (A+E+F+K 1/4-6/11)
6 (B+G 29/5-31/8)
AKZ. 1/4-25/5   7/6-1/7   29/8-6/11   **14=11**

Bütgenbach
▲ Worriken*   Seite 216   417   € 16
4 (B+D 1/7-31/8)   5 (A+E 1/1-31/12)
(F+H 2/1-20/11,23/12-31/12) (I 1/1-20/11,16/12-24/12)
(J+K+L 2/1-20/11,23/12-31/12)
6 (E 2/1-26/11,23/12-31/12)
AKZ. 1/1-30/6   1/9-31/12

Dochamps
▲ Camping Petite Suisse****   Seite 217   419   € 20
4 (B+C 24/4-10/5,1/7-31/8)
5 (A+C 1/1-31/12) (E 1/7-31/8) (H+L 1/1-31/12)
6 (B+G 1/5-1/9)
AKZ. 1/1-15/4   24/4-29/4   8/5-25/5   30/5-3/6   7/6-3/7   29/8-31/12
7=6, 14=11

La Roche-en-Ardenne
▲ Club Benelux***   Seite 217   425   € 18
4 (**A**+B+C+D+E 6/7-16/8)   5 (A 1/7-31/7) (C+E 1/7-31/8)
(H+L 25/3-6/11)   6 (B 1/5-30/9)
AKZ. 25/3-25/5   30/5-3/6   7/6-2/7   27/8-6/11

La Roche-en-Ardenne
▲ De l'Ourthe**   Seite 217   426   € 16
4 (B 15/7-15/8) (E 20/7-15/8)   5 (A+C+E 1/4-30/9)
(H 15/3-1/11)
AKZ. 15/3-25/5   7/6-30/6   25/8-1/11

La Roche-en-Ardenne
▲ Camping Lohan***   Seite 217   427   € 18
4 (B 15/7-15/8) (D 5/6-15/8)
5 (A 1/7-15/9) (B+E+H+L 1/4-1/11)
AKZ. 1/4-25/5   7/6-7/7   25/8-1/11

Malmedy/Arimont
▲ Familial   Seite 218   430   € 16
4 (B 15/7-15/8)   5 (A 1/7-31/8) (B 1/4-1/11)
(E+F+H+K 1/7-31/8)   6 (A 1/7-31/8)
AKZ. 1/1-30/6   1/9-31/12

Mouzaive ⚑⚑
▲ Le Héron***   Seite 218   432   € 18
5 (A 1/7-31/7) (H 1/7-31/8)
AKZ. 25/2-14/4   19/4-28/4   3/5-24/5   30/5-2/6   7/6-30/6   29/8-1/11

Poupehan
▲ Ile de Faigneul***   Seite 218   438   € 20
4 (B+D 7/7-20/8)   5 (A+B+E+F+H 1/4-30/9)
AKZ. 1/4-24/5   30/5-2/6   7/6-30/6   5/9-30/9

Poupehan
▲ Camping Le Prahay***   Seite 218   439   € 18
5 (A 1/4-30/9) (E 1/7-31/8) (H 1/4-30/9)
AKZ. 1/4-15/4   9/5-25/5   7/6-30/6   1/9-30/9

Stavelot
▲ l'Eau Rouge**   Seite 219   442   € 18
4 (B+C+D 11/7-26/8)   5 (A+E+F+H 29/5-10/6,7/7-26/8)
6 (B 1/5-30/9)
AKZ. 11/3-14/4   19/4-25/5   30/5-30/6   1/9-1/11

Tenneville
▲ Pont de Berguème***   Seite 219   443   € 18
AKZ. 1/1-25/5   6/6-1/7   22/8-31/12

Tintigny
▲ Camping de Chênefleur***   Seite 219   444   € 18
4 (**A**+B+C+D 1/7-31/8) (E 6/7-23/8)   5 (A+B 15/3-15/11)
(E+F+G+H+L 1/5-6/11)   6 (B+G 20/5-6/9)
AKZ. 15/3-25/5   7/6-3/7   22/8-15/11

🇱🇺 Luxemburg

Beaufort
▲ Camping Park Beaufort Kat.I   Seite 225   447   € 20
4 (B+C+D 15/7-15/8)   5 (E+F+H+K 1/1-31/12)
6 (B+G 18/5-1/9)
AKZ. 1/1-30/6   1/9-31/12

Berdorf
▲ Martbusch Kat.I/***   Seite 225   448   € 18
4 (B+C 15/7-31/8)   5 (A+F+J+K+L 1/1-9/1,31/1-31/12)
AKZ. 1/1-8/1   31/1-25/5   6/6-29/6   1/9-31/12   **7=6**

Consdorf
▲ La Pinède Kat.I/***   Seite 225   449   € 18
4 (B+C 10/7-15/8) (E 1/7-15/8)
5 (A+E+F+H+J+K+L 15/3-14/11)
AKZ. 15/3-15/4   18/4-25/5   29/5-2/6   6/6-14/7   1/9-13/11

Luxemburg

Diekirch ✱✱
▲ Op der Sauer Kat.I Seite 226 451 € 18
4 (B 15/7-1/9) 5 (A+F+H+K+L 1/4-24/10)
AKZ. 1/4-7/6 14/6-14/7 1/9-23/10 7=6, 14=12

Diekirch
▲ De la Sûre✱✱✱ Seite 226 450 € 20
4 (B+C+D 4/7-31/8) 5 (A+E+H 1/4-2/10)
AKZ. 1/4-8/6 15/6-30/6 1/9-2/10

Dillingen
▲ Wies-Neu Kat.I Seite 226 452 € 18
4 (B 15/7-15/8) 5 (A 15/5-15/9) (B 14/4-30/10)
AKZ. 10/4-30/6 1/9-30/10

Echternach
▲ Officiel Seite 226 453 € 20
4 (B+C+E 15/7-15/8) 5 (A+B+E+F+H+J 1/5-30/9)
6 (B+G 1/7-31/8)
AKZ. 1/3-25/5 30/5-2/6 7/6-30/6 5/9-30/9

Ermsdorf
▲ Neumuhle Kat.I/✱✱✱✱ Seite 226 454 € 20
4 (B 15/7-15/8) 5 (A+B 1/4-30/9) (E 7/7-24/8)
(K 1/4-30/9) 6 (A 1/5-30/8)
AKZ. 1/4-7/7 29/8-29/9

Esch-sur-Sûre
▲ Im Aal✱✱✱ Seite 226 455 € 20
4 (B+E 5/7-20/8) 5 (A+B+H 1/4-30/9)
AKZ. 25/2-14/4 18/4-24/5 6/6-30/6 22/8-10/12

Ettelbruck
▲ Camping Ettelbrück Seite 227 456 € 20
4 (A 15/7-16/8) (B+C 15/7-15/8) (E 1/4-30/9)
5 (A+E+F+H+J+K 1/4-30/9)
AKZ. 1/4-30/6 27/8-29/9

Ingeldorf/Diekirch ✱✱
▲ Gritt Kat.I/✱✱✱ Seite 227 457 € 22
5 (E+F+H+K 1/4-31/10)
AKZ. 1/4-15/7 1/9-30/10

Larochette
▲ Birkelt Village Kat.I/✱✱✱✱✱ Seite 227 458 € 18
4 (B+C+D 30/4-11/9) 5 (A+C+E+F+G+H 30/4-11/9)
(J 1/7-31/8) (K+L 30/4-11/9) 6 (A+D+G 30/4-11/9)
AKZ. 30/4-2/7 20/8-11/9

Mersch
▲ Camping Krounebierg✱✱✱✱✱ Seite 227 459 € 18
4 (B+C 11/7-22/8) 5 (A+C+E+F+H+J+L 26/3-30/10)
6 (E 26/3-30/10) (F 15/6-15/9)
AKZ. 26/3-1/7 20/8-29/10

Nommern
▲ Europacp Nommerlayen Kat.I/✱✱✱✱✱ Seite 228 460 € 20
4 (B 24/4-3/5,4/7-1/9) (C+D 25/4-3/5,4/7-1/9) (E 8/7-27/8)
5 (A+C+E+F+H+K+L 8/4-30/10) 6 (A+D+G 1/5-15/9)
AKZ. 8/4-21/4 15/5-22/5 7/6-8/7 27/8-29/10

Reisdorf ✱✱
▲ De la Sûre Reisdorf Kat.I Seite 228 461 € 18
5 (A+B+E+F+H+K+L 26/3-29/10)
AKZ. 26/3-3/7 20/8-28/10 7=6

Rosport
▲ Du Barrage Rosport Kat.I Seite 228 462 € 18
4 (B 15/7-20/8) 5 (A+E+H+L 15/3-31/10)
6 (B+G 15/6-15/9)
AKZ. 15/3-30/6 1/9-30/10 7=6, 14=12

Simmerschmelz
▲ Simmerschmelz Kat.I Seite 228 463 € 18
4 (B 15/7-20/8) 5 (A 1/1-31/12) (B 1/7-31/8)
(E+F+H+K 1/1-31/12) 6 (A+F 1/6-30/9)
AKZ. 1/1-30/6 1/9-31/12

Troisvierges
▲ Camping Troisvierges Kat.I Seite 229 464 € 20
4 (B+C+D+E 6/7-14/8) 5 (A+E+F+G+H+J+K 1/4-30/9)
6 (B+F 21/5-30/8)
AKZ. 1/4-1/7 4/9-30/9

Walsdorf
▲ Vakantiepark Walsdorf✱✱✱✱ Seite 229 465 € 14
4 (A 18/6-2/7,3/9-10/9) (B+C+D 30/4-7/5,9/7-4/9)
5 (A+C+E+F+H 15/4-29/10) (K 15/4-8/7,5/9-29/10)
(L 9/7-4/9)
AKZ. 15/4-29/4 7/5-8/7 3/9-28/10

Wiltz
▲ KAUL Kat.I Seite 229 466 € 20
4 (A+E 1/7-30/8) 5 (A+C+F+H+J+L 1/1-31/12)
6 (B+G 22/5-12/9)
AKZ. 1/1-4/7 5/9-31/12

🇩🇪 Deutschland

Weser-Ems

Bad Bentheim — Seite 237 — **467** € 18
▲ Am Berg
🅂 (A 1/4-30/9)
AKZ. 4/3-24/5   7/6-14/6   20/6-7/7   24/8-1/11

Bad Rothenfelde — Seite 238 — **468** € 18
▲ Campotel*****
🄳 (B 25/6-21/8,1/10-15/10) (C 1/1-31/12) (D 25/6-2/8,1/10-15/10) 🅂 (A+B+E+F+L 1/1-31/12)
AKZ. 10/1-1/4   25/4-24/5   8/6-15/6   20/6-24/6   25/8-22/12

Butjadingen/Burhave — Seite 238 — **471** € 22
▲ Knaus Cppark Burhave / Nordsee****
🄳 (B+**E** 1/6-31/8) 🅂 (A+B+E+F+L 15/4-15/10)
AKZ. 15/4-31/5   19/6-26/6   5/9-14/10

Eckwarderhörne — Seite 238 — **473** € 22
▲ Knaus Cppark Eckwarderhörne****
🄳 (A+**E** 1/6-30/9) 🅂 (A+E+F+L 1/1-31/12)
AKZ. 1/1-31/5   19/6-26/6   5/9-30/12

Ganderkesee/Steinkimmen — Seite 239 — **475** € 22
▲ CP & Ferienpark Falkensteinsee****
🄳 (B 4/7-14/8) 🅂 (A+C+E+F 1/4-31/10) (G 24/1-29/12) (H+J+L 1/4-31/10)
AKZ. 19/4-25/5   7/6-15/6   19/6-1/7   4/9-29/9

Haren/Ems — Seite 239 — **479** € 22
▲ Knaus Campingpark Haren
🅂 (A+B 1/3-27/11) 🅆 (E+F 1/3-27/11)
AKZ. 1/3-31/5   19/6-26/6   5/9-26/11

Lünne — Seite 239 — **484** € 20
▲ Camping Blauer See
🅂 (E+F+L 1/3-31/12)
AKZ. 1/1-25/5   29/5-1/6   19/6-23/6   25/8-31/12

Meppen — Seite 239 — **485** € 22
▲ Knaus Campingpark Meppen
🅂 (A+B 1/3-27/11) 🅆 (A 1/5-1/9) (E+**F** 1/3-27/11)
AKZ. 1/3-31/5   19/6-26/6   5/9-26/11

Osnabrück — Seite 239 — **489** € 20
▲ Campingplatz Bullerby
🅂 (A+B 1/1-31/12)
AKZ. 1/1-14/5   19/4-25/5   30/5-3/6   25/6-30/6   1/9-31/12

Ostrhauderfehn — Seite 239 — **491** € 16
▲ Camping- u. Freizeitanlage Idasee
🅂 (A+E+F+H+L 1/1-31/12)
AKZ. 1/1-29/5   26/6-30/6   18/8-31/12

Rieste — Seite 240 — **493** € 22
▲ Alfsee Ferien- und Erlebnispark*****
🄳 (B 1/4-31/10) 🅂 (A+C+E 1/4-31/10,23/12-31/12) (F+H+J+L 1/1-31/12)
AKZ. 3/1-31/3   25/4-24/5   20/6-30/6   29/8-29/9   1/11-22/12

Schüttorf — Seite 240 — **494** € 20
▲ Quendorfer See
🅂 (A+B 1/4-1/11)
AKZ. 1/5-22/5   20/6-30/6   1/9-1/10

Tossens — Seite 240 — **498** € 22
▲ Knaus Campingpark Tossens****
🄳 (B 23/6-31/8) (D 25/7-31/8) (**E** 1/6-31/8)
🅂 (A+B+E+F+H+L 15/4-15/10)
AKZ. 15/4-31/5   19/6-26/6   5/9-14/10

Wiesmoor — Seite 240 — **501** € 20
▲ Cp. & Bungalowpark Ottermeer*****
🄳 (B+C+D 15/7-11/8) 🅂 (A+B+E+F+H 1/4-31/10)
AKZ. 1/1-14/4   19/4-24/5   19/6-26/7   24/8-1/10   15/10-31/12

Wilsum — Seite 241 — **502** € 20
▲ Wilsumer Berge
🄳 (B 4/4-30/10) (C 14/7-30/8) 🅂 (A+C+E+L 26/3-29/10) 🅆 (F 26/3-29/10)
AKZ. 26/3-15/4   18/4-24/5   5/6-14/6   19/6-30/6   1/9-28/10

Zetel/Astederfeld ✱✱ — Seite 241 — **506** € 20
▲ Campingplatz am Königssee
🅂 (A 1/3-31/10)
AKZ. 1/3-25/5   7/6-4/7   1/9-31/10

Lüneburg

Bleckede — Seite 242 — **469** € 22
▲ Knaus Cppark Bleckede/Elbtalaue****
🄳 (B+D 15/6-31/8) 🅂 (A+B 1/3-27/11) (E 1/6-1/9) (J 1/3-27/11) 🅆 (B+G 1/5-15/9)
AKZ. 1/3-31/5   19/6-26/6   5/9-26/11

Bleckede (OT Radegast) — Seite 242 — **470** € 22
▲ Camping Elbeling
🅂 (A+E+F+G+H 1/4-1/10) (L 15/3-1/10) 🅆 (F 1/5-1/10)
AKZ. 1/4-1/7   1/9-1/10

Deutschland

Dorum/Neufeld
△ Knaus Campingpark Dorum*******   Seite 242   `472` € 22
5 (A 1/4-30/9) (E+G 20/4-30/9) (H+K+L 1/4-30/9)
6 (B 1/4-30/9)
AKZ. 1/4-31/5   19/6-26/6   5/9-29/9

Essel/Engehausen
△ Aller-Leine-Tal   Seite 242   `474` € 18
5 (A 15/3-15/10) (F+H+J+L 1/3-31/10)
AKZ. 1/3-30/6   18/8-31/10

Garlstorf
△ Freizeit-Camp-Nordheide e.V.   Seite 243   `476` € 18
AKZ. 1/1-15/7   1/9-31/12

Müden/Örtze (Gem. Faßberg)
△ Sonnenberg   Seite 244   `486` € 18
5 (A 15/5-15/9) (E+F+G+H+K 15/4-15/10)
AKZ. 15/4-7/7   1/9-15/10

Nordholz/Wurster Nordseeküste **
△ Camp.- und Wochenendplatz Beckmann GmbH   Seite 244   `488` € 14
4 (B 1/7-31/8)   5 (A+B+E+F+H+J+K 1/4-15/9)
6 (A+F 1/4-15/9)
AKZ. 1/1-26/3   12/4-17/5   1/6-22/6   20/8-31/12

Oyten
△ Knaus Campingpark Oyten********   Seite 244   `492` € 22
5 (A 1/3-27/11) (E 1/5-1/10)
AKZ. 1/3-31/5   19/6-26/6   5/9-26/11

Stove/Hamburg
△ CP Stover Strand International*********   Seite 245   `496` € 22
4 (A 15/3-15/11) (B 1/5-1/10) (C 1/5-31/8) (D+**E** 1/5-1/10)
5 (A+C+E+F+H+J+L 1/1-31/12)
AKZ. 10/1-20/3   1/4-10/4   5/5-20/5   10/6-30/6   1/9-30/9   10/10-20/12

Wingst/Land Hadeln
△ Knaus Campingpark Wingst********   Seite 245   `503` € 22
5 (A+B+F+K+L 1/3-27/11)   6 (A 1/5-15/9) (E+G 1/3-27/11)
AKZ. 1/3-31/5   19/6-26/6   5/9-26/11

Winsen (Aller) **
△ Campingplatz Winsen (Aller)   Seite 246   `504` € 20
5 (A+B 1/1-31/12) (E 1/4-31/12) (F+J+L 1/1-31/12)
AKZ. 1/1-30/6   1/9-31/12

Winsen/Aller-Meißendorf
△ Campingpark Hüttensee   Seite 246   `505` € 18
5 (A+B+F 1/4-30/10) (L 1/1-31/10)
AKZ. 9/1-7/4   27/4-22/5   20/6-30/6   1/9-13/10

Hannover

Hameln
△ Campingplatz Hameln an der Weser   Seite 247   `477` € 22
5 (A+B+E+F+L 1/3-4/11)
AKZ. 1/3-31/3   25/5-31/5   5/6-30/6   1/9-4/11

Heinsen **
△ Weserbergland Camping   Seite 247   `480` € 22
5 (A+H 15/4-15/10)   6 (B 1/5-15/10)
AKZ. 15/4-7/7   24/8-15/10

Holle
△ Seecamp Derneburg   Seite 247   `482` € 20
5 (A+F+J+L 1/4-31/10)
AKZ. 24/4-29/5   13/6-3/7   1/9-31/10

Neustadt/Mardorf
△ Campingplatz Mardorf GmbH   Seite 247   `487` € 22
5 (A+E 1/4-31/10) (F 1/1-31/12) (J 1/4-31/10) (K 1/1-31/12)
AKZ. 1/1-24/5   8/6-14/6   21/6-24/6   1/9-31/12

Stuhr/Groß Mackenstedt
△ Familienpark Steller See   Seite 248   `497` € 18
5 (A 1/4-30/9) (E+F+L 15/5-15/9)
AKZ. 2/5-22/5   7/6-30/6   1/9-29/9

Uetze **
△ Irenensee********   Seite 248   `499` € 18
5 (A+B 1/4-15/10) (E 4/7-14/8) (L 1/3-30/11)
AKZ. 1/1-10/4   25/4-22/5   13/6-26/6   4/9-14/10   1/11-31/12

Braunschweig

Hann. Münden
△ Spiegelburg Camping und Gasthaus   Seite 249   `478` € 18
5 (A+F+H+J+L 1/4-1/11)
AKZ. 1/4-25/5   7/6-1/7   19/8-31/10

Hohegeiß/Braunlage (Harz)
△ Am Bärenbache********   Seite 249   `481` € 18
4 (E 1/1-27,1/4-30/10,2/12-31/12)
5 (A 1/1-27,1/4-30/10,2/12-31/12)
(E 1/6-31/8,20/12-31/12)   6 (B+**F** 1/6-31/8)
AKZ. 1/1-27/2   1/4-30/6   1/9-30/10   2/12-31/12

Löwenhagen
△ Campingplatz Am Niemetal   Seite 249   `483` € 16
5 (A+E+F+H+J+K 24/1-31/12)
AKZ. 24/1-15/4   20/4-25/5   30/5-3/6   7/6-30/6   1/9-31/12

Deutschland

Osterode (Harz)
Campingplatz Eulenburg*** — Seite 249 — 490 — € 22
5 (A+B+E+F+K 1/1-31/12) 6 (A+F 15/5-15/9)
AKZ. 3/1-1/4 19/4-25/5 7/6-15/7 17/9-30/9

Seeburg
Comfort-Camping Seeburger See — Seite 249 — 495 — € 18
4 (B+D 1/7-31/8) 5 (A+B+E+F+H+L 1/4-31/10)
6 (F 15/5-15/9)
AKZ. 1/4-3/7 2/9-31/10

Walkenried
Knaus Campingpark Walkenried**** — Seite 250 — 500 — € 22
4 (B+D 1/4-30/5,20/6-4/11) E 1/1-31/12)
5 (A+B 1/1-4/11,22/12-31/12) (F+L 1/1-31/12)
6 (E 1/1-31/12)
AKZ. 8/1-31/5 19/6-26/6 5/9-6/11

Schleswig-Holstein

Augstfelde/Plön
Augstfelde-Vierer See**** — Seite 252 — 507 — € 18
4 (B+C+D 1/7-15/8) (E 1/4-23/10)
5 (A+C+E+F+H+K+L 1/4-23/10)
AKZ. 1/4-15/5 7/6-26/6 1/9-22/10

Dahme
Stieglitz — Seite 252 — 508 — € 18
4 (B 25/3-30/10) (C 1/7-30/8) (D 8/6-10/6,1/7-31/8)
5 (A+C 25/3-30/10) (E 1/5-15/9) (F 25/3-30/10)
(J 1/6-13/9) (L 25/3-30/10)
AKZ. 25/3-3/7 21/8-30/10

Dahme
Eurocamping Zedano***** — Seite 252 — 509 — € 20
4 (A+B+C+D 18/6-30/8) 5 (A+B+C 1/4-30/10)
(E 1/4-31/10) (F+G+I 1/4-30/10) (J 2/7-31/8) (L 1/4-30/10)
AKZ. 1/4-3/7 21/8-30/10

Glücksburg
Ostseecamp Glücksburg-Holnis**** — Seite 254 — 510 — € 22
4 (A 1/7-31/8) 5 (A+E+F+H+J+K 1/4-17/10)
AKZ. 1/4-25/5 13/6-24/6 5/9-1/10

Medelby
Mitte — Seite 256 — 511 — € 20
4 (A+B+C 1/7-31/8) 5 (A+B+E 1/1-31/12)
(H 1/1-1/3,1/9-31/12) 6 (A 1/5-31/8) E 1/1-31/12)
AKZ. 1/1-30/6 1/9-30/12

Salem
Naturcamping Salemer See — Seite 257 — 512 — € 18
5 (A+F+H+K 1/4-31/10)
AKZ. 1/4-1/6 1/9-31/10

Scharbeutz
Ostseecamp Lübecker Bucht Gmbh — Seite 257 — 513 — € 18
5 (A+B+F+H+J+K 1/4-31/10)
AKZ. 1/4-8/4 18/4-25/5 6/6-24/6 4/9-31/10

Schashagen/OT Bliesdorf-Strand
Walkyrien***** — Seite 257 — 514 — € 22
4 (B 26/6-30/8) 5 (A+B+E+F+H+K+L 1/4-23/10)
AKZ. 1/4-8/4 18/4-25/5 6/6-24/6 4/9-23/10

Westerdeichstrich
Nordsee Camping "In Lee"***** — Seite 260 — 515 — € 22
4 (B 1/7-15/8) 5 (A+B+K+L 6/4-17/10)
AKZ. 6/4-13/4 19/4-20/5 15/6-8/7 1/9-16/10

Wittdün
Dünencamping Amrum**** — Seite 260 — 516 — € 22
4 (A 1/4-30/10) (B+D+E 1/4-31/10)
5 (A+C+F+G+H+I+L 1/4-31/10)
AKZ. 1/5-26/5 30/5-1/6 7/6-25/6 15/9-1/10

Mecklenburg-Vorpommern

Ahrensberg
Campingplatz Am Drewensee**** — Seite 261 — 517 — € 18
4 (B 1/7-31/8) 5 (A+C 1/4-30/10) (E+F 1/5-14/9)
AKZ. 1/4-9/4 19/4-25/5 29/5-3/6 7/6-2/7 27/8-30/10

Altenkirchen
Knaus CP- und Ferienhauspark Rügen**** — Seite 261 — 519 — € 22
5 (A 1/4-31/10) (B 1/3-31/12) (F+H 1/4-31/10)
AKZ. 1/3-31/5 19/6-26/6 5/9-21/12

Altenkirchen
Drewoldke**** — Seite 261 — 518 — € 20
4 (A 15/6-31/8) 5 (A 1/1-31/12) (B+E+F 1/4-30/9) \
(H 1/4-1/10)
AKZ. 1/1-25/5 8/6-21/6 7/9-31/12

Dierhagen-Strand
OstseeCamp Dierhagen GbR — Seite 262 — 520 — € 20
5 (A+B+E+J 15/3-31/10)
AKZ. 15/3-1/6 9/6-26/6 9/9-31/10

Deutschland

Dobbertin
△ Campingplatz am Dobbertiner See — Seite 262 — 521 — € 18
AKZ. 1/4-30/6 1/9-3/10

Freest
△ Waldcamp Freest — Seite 262 — 522 — € 20
5 (A 1/4-15/10)
AKZ. 1/4-23/6 5/9-15/10

Grambin/Ueckermünde
△ Campingpark Oderhaff — Seite 262 — 523 — € 22
4 (B 1/7-1/9) 5 (A+B+E+F+H+J 1/1-31/12)
AKZ. 1/5-1/6 1/9-1/10

Groß Quassow/Userin
△ CP- und Ferienpark Havelberge***** — Seite 262 — 524 — € 22
4 (A 1/7-31/8) (B 1/4-31/10) (C 1/7-31/8) (D 1/4-31/10) (E 1/7-31/8) 5 (A 1/1-31/12) (B+E+F 1/4-31/10) (H 1/1-31/12) (J 1/7-31/8) (L 1/4-31/10)
AKZ. 1/4-9/4 19/4-25/5 29/5-3/6 7/6-2/7 27/8-30/10

Karlshagen
△ Dünencamp Karlshagen***** — Seite 263 — 525 — € 22
4 (A+B+E 15/6-15/8) 5 (A+B+E+F 1/5-30/9) (K 1/4-30/9)
AKZ. 1/1-12/6 1/9-31/12

Klein Pankow
△ Camping am Blanksee — Seite 263 — 526 — € 20
5 (A+B+C 11/4-8/10) (E+F+H+K 1/5-3/10)
AKZ. 11/4-24/5 8/6-30/6 22/8-7/10

Koserow
△ Am Sandfeld — Seite 263 — 527 — € 22
5 (A+B+G 14/4-30/9)
AKZ. 1/5-3/6 6/6-18/6 1/9-30/9

Lohme/Nipmerow
△ Krüger Naturcamp — Seite 263 — 528 — € 22
5 (A+B+E+F+H+J+K 14/4-6/11)
AKZ. 14/4-3/7 3/9-6/11

Lütow
△ Natur Camping Usedom — Seite 263 — 529 — € 20
4 (B+C+E 10/7-20/8) 5 (A 1/4-31/10) (C+E 1/5-1/9) (F 1/4-31/10) (H+L 1/5-1/9)
AKZ. 1/4-25/5 30/5-2/6 7/6-19/6 1/9-31/10

Markgrafenheide/Rostock
△ Camp. & Ferienpark Markgrafenheide — Seite 264 — 530 — € 20
4 (B 15/7-15/8) 5 (A 1/1-31/12) (C 15/5-15/10) (E 1/7-31/8) (F 1/1-31/12) (G 1/7-31/8) (H 1/1-31/12) (I 1/3-31/10) (J 1/4-15/10) (L 1/1-31/12)
6 (A 1/6-30/9) (E 1/1-31/12)
AKZ. 20/4-21/5 7/6-24/6 1/9-31/10

Ostseebad Rerik
△ Campingpark 'Ostseebad Rerik'***** — Seite 264 — 531 — € 20
4 (B 3/6-4/6,24/6-3/9) (C+D 24/6-3/9) 5 (A+B 1/1-31/12) (C 1/4-31/10) (E+F+H+J 1/1-31/12) (L 1/4-31/10)
AKZ. 2/1-24/5 6/6-30/6 4/9-27/12

Penzlin (OT Werder)
△ Seeweide Naturcamping Penzlin — Seite 264 — 532 — € 20
5 (A+B 1/4-30/10)
AKZ. 1/4-25/5 8/6-15/6 1/9-30/10

Plau am See/Plötzenhöhe
△ Campingpark Zuruf**** — Seite 264 — 533 — € 22
4 (B+C 11/7-16/8) 5 (A+B 1/3-31/10) (E+F+G+H 24/4-4/10)
AKZ. 1/4-22/4 2/5-22/5 12/6-24/6 1/9-30/9

Pruchten
△ NATURCAMP Pruchten**** — Seite 265 — 534 — € 22
4 (B+C+D 10/7-31/8) 5 (A+C+F+H+L 1/5-20/10)
AKZ. 1/4-2/6 8/6-19/6 13/9-31/10

Rerik/Meschendorf
△ Ostseecamp Seeblick — Seite 265 — 535 — € 22
4 (A 1/6-31/10) (B 1/6-28/10) (D 19/3-7/11) (E 1/6-28/10) 5 (A+C 19/3-7/11) (E 1/7-1/9) (F 1/5-30/9) (G+L 19/3-7/11)
AKZ. 19/3-13/4 18/4-25/5 7/6-24/6 9/9-6/11

Trassenheide
△ Ostseeblick**** — Seite 266 — 536 — € 22
4 (B 21/6-30/8) 5 (A 26/3-31/10) (B+E+F+H+K 15/5-15/9)
AKZ. 1/4-25/5 29/5-2/6 8/6-15/6 4/9-31/10

Ückeritz
△ Naturcamping Hafen Stagnieß — Seite 266 — 537 — € 18
5 (A+E 1/4-31/10)
AKZ. 1/5-25/5 30/5-2/6 7/6-30/6 1/9-30/9

Deutschland

Wesenberg — Am Weissen See**** — Seite 266 — 538 — € 18
(B 1/7-31/8) (A+B+F+H+K 1/4-31/10)
AKZ. 1/4-9/4 19/4-25/5 29/5-3/6 7/6-2/7 27/8-30/10

Zislow — Wald- u. Seeblick Camp GmbH — Seite 266 — 539 — € 20
(A 1/1-31/12) (B+E 15/4-15/9) (K 1/4-30/9)
AKZ. 1/1-20/5 8/6-3/7 20/8-31/12

Zwenzow — Zwenzower Ufer**** — Seite 267 — 540 — € 18
(B 1/7-31/8) (A+C+E+F 1/4-31/10)
AKZ. 1/4-9/4 19/4-25/5 29/5-3/6 7/6-2/7 27/8-30/10

Zwenzow — FKK-Camping Am Useriner See**** — Seite 267 — 541 — € 18
(B+D 1/7-31/8) (A+C+H 1/4-31/10)
AKZ. 1/4-9/4 19/4-25/5 29/5-3/6 7/6-2/7 27/8-30/10

Sachsen-Anhalt

Bergwitz/Kemberg ⚐⚐ — Campingplatz Bergwitzsee GmbH — Seite 268 — 542 — € 20
(A+B 1/1-31/12) (E+F 1/5-2/10) (H 1/5-30/10) (J 1/5-31/10) (K 30/4-30/9) (L 1/5-2/10)
AKZ. 1/1-24/5 7/6-30/6 1/9-31/12

Harzgerode/OT Neudorf ⚐⚐ — Ferienpark Birnbaumteich*** — Seite 268 — 543 — € 20
(A+B 1/1-31/12) (E+F+H 1/4-30/9) (J 1/1-31/12) (K 1/4-30/9)
AKZ. 1/1-24/5 7/6-30/6 1/9-31/12

Havelberg — Campinginsel Havelberg — Seite 268 — 544 — € 22
(A 1/4-31/10) (E+H 1/4-30/9)
AKZ. 1/4-24/5 7/6-30/6 5/9-30/10

Naumburg — Campingplatz Blütengrund — Seite 268 — 545 — € 22
(A+B+F+H+J+K 1/5-31/10)
AKZ. 30/4-12/5 30/5-14/7 13/9-31/10 *7=6, 14=12*

Schlaitz (Muldestausee) — Heide-Camp Schlaitz — Seite 268 — 546 — € 20
(A 1/3-3/10) (E+F+H+L 1/1-31/12)
AKZ. 1/1-24/5 7/6-30/6 1/9-31/12

Süplingen/Haldensleben — Campingplatz Alte Schmiede*** — Seite 269 — 547 — € 20
(A+B+F+L 15/4-15/10)
AKZ. 15/4-24/5 7/6-30/6 1/9-15/10

Brandenburg

Altglobsow — Ferienhof Altglobsow — Seite 269 — 548 — € 14
(E 1/6-30/9) (A+F+K+L 1/1-31/12)
AKZ. 3/1-7/4 25/4-24/5 30/5-3/6 7/6-30/6 22/8-21/10 7/11-21/12

Beetzseeheide/Gortz — Flachsberg — Seite 270 — 549 — € 18
AKZ. 1/4-30/6 18/8-31/10

Ketzin ⚐⚐ — Campingplatz An der Havel — Seite 271 — 550 — € 20
(A 1/4-23/10)
AKZ. 1/4-24/5 7/6-30/6 29/8-22/10

Lauchhammer — Themencp Grünewalder Lauch**** — Seite 271 — 551 — € 22
(A+B+E+F+K 1/4-31/10)
AKZ. 1/4-25/5 7/6-15/6 1/9-31/10

Lübbenau/Hindenberg — Spreewald-Natur CP "Am See"**** — Seite 271 — 552 — € 22
(**A+E** 1/7-31/8) (A+B+F+H+J+K+L 1/1-31/12)
AKZ. 1/1-10/4 29/4-22/5 19/6-4/7 3/9-31/10

Märkische Heide/Groß Leuthen — Eurocamp Spreewaldtor***** — Seite 271 — 553 — € 22
(A 1/4-1/10) (B+C+E 1/7-31/8)
(A+B 1/1-16/11, 11/12-31/12) (F+K 1/4-31/10)
(B 1/5-30/9)
AKZ. 1/1-8/4 25/4-25/5 6/6-30/6 22/8-16/11 15/12-31/12

Ortrand — ErlebnisCamping Lausitz — Seite 272 — 554 — € 20
(A+B 1/1-31/12) (E+F 1/5-30/9) (J 1/1-31/12) (K 1/5-30/9) (A 15/5-15/9)
AKZ. 1/1-21/5 6/6-30/6 1/9-31/12

Sachsen

Bautzen — Natur- und Abenteuercamping — Seite 273 — 555 — € 22
(A+B 1/4-31/10)
AKZ. 1/4-14/4 19/4-24/5 30/5-2/6 7/6-30/6 1/9-31/10

Deutschland

Dresden ⚤
△ Dresden-Mockritz — Seite 274 — 556 — €22
5 (A+B 1/1-31/1,1/3-31/12) (F 1/4-31/10) (J+K 1/1-31/1,1/3-31/12) 6 (B 1/5-31/8)
AKZ. 1/1-31/1 1/3-14/4 23/4-25/5 30/5-30/6 1/9-31/12

Großschönau ⚤
△ Trixi Park — Seite 274 — 557 — €22
4 (A+B 1/1-31/12) (C 12/7-30/8) (E 1/1-31/12)
5 (A+B+E+F+H+I+J+L 1/1-31/12) (A 1/5-30/9)
(E+G 1/1-31/12)
AKZ. 1/1-8/4 22/4-25/5 6/6-30/6 2/9-31/12

Pirna
△ Camping Pirna — Seite 275 — 558 — €20
4 (B+C 1/7-31/8)
AKZ. 6/4-18/5 17/6-1/7 1/9-1/11

Pöhl ⚤
△ Talsperre Pöhl, CP Gunzenberg**** — Seite 275 — 559 — €22
4 (B 1/7-31/8) (E 25/3-1/11) 5 (A+B 1/5-30/9) (E+F 25/3-1/11) (J 1/7-31/8) (K+L 25/3-1/11)
AKZ. 25/3-22/5 13/6-27/6 5/9-1/11

Thüringen

Ettersburg
△ Bad-Camp Ettersburg — Seite 277 — 560 — €18
5 (A+B 1/4-31/10)
AKZ. 1/5-22/5 13/6-3/7 1/9-30/9 *7=6, 14=12*

Hohenfelden
△ Stausee Hohenfelden**** — Seite 277 — 561 — €18
5 (A+B 1/5-30/9) (K 16/3-31/12)
AKZ. 1/1-24/5 6/6-30/6 1/9-31/12

Unstrut-Hainich (OT Weberstedt)
△ Am Tor zum Hainich**** — Seite 277 — 562 — €20
5 (A+B 1/1-24/12) 6 (F 1/1-24/12)
AKZ. 2/5-22/5 13/6-3/7 5/9-30/9 *7=6, 14=12*

Nordrhein-Westfalen

Attendorn/Biggen
△ Hof Biggen — Seite 278 — 563 — €20
4 (B 24/3-7/4,14/7-25/8) 5 (A+C+E+F+H+L 1/1-31/12)
AKZ. 1/1-25/5 29/5-3/6 6/6-1/7 18/8-31/12

Barntrup ⚤
△ Ferienpark Teutoburgerwald Barntrup**** — Seite 279 — 564 — €20
4 (B+C 13/7-18/8) (E 1/6-15/9) 5 (A 1/4-6/10)
6 (B+G 1/5-15/9)
AKZ. 1/4-24/5 30/5-2/6 7/6-7/7 28/8-6/10

Brilon ⚤
△ Camping & Ferienpark Brilon — Seite 279 — 565 — €20
4 (E 1/1-17/10,24/12-31/12)
5 (A+H+K+L 1/1-17/10,24/12-31/12)
AKZ. 1/5-25/5 30/5-3/6 7/6-30/6 1/9-30/9

Extertal/Bösingfeld ⚤
△ Bambi**** — Seite 280 — 566 — €18
5 (A 15/2-1/11)
AKZ. 15/2-15/7 1/9-1/11

Extertal/Meierberg
△ CP & Ferienpark Buschhof — Seite 280 — 567 — €16
5 (A 1/5-30/9) (F+H+J+K 1/1-31/12) 6 (A+F 1/5-15/9)
AKZ. 1/1-1/6 1/9-31/12

Höxter
△ Wesercamping Höxter*** — Seite 281 — 568 — €18
5 (A+B+E+F 15/4-15/10) (H 1/4-15/10) (J 1/1-31/12) (K 15/4-15/10) 6 (B 11/5-30/9)
AKZ. 1/1-22/5 19/6-30/6 1/9-30/9

Lienen ⚤
△ Eurocamp — Seite 282 — 569 — €18
5 (K 1/1-31/12)
AKZ. 10/1-13/4 20/4-24/5 7/6-14/6 20/6-14/7 1/9-20/12

Meschede (Hennesee)
△ Knaus Campingpark Hennesee**** — Seite 282 — 570 — €22
4 (A 1/1-31/12) (B 1/7-31/8)
5 (A+B+E+F+H+J+L 1/1-31/12) 6 (E 1/1-31/12)
AKZ. 8/1-31/5 19/6-26/6 5/9-6/11

Sassenberg ⚤
△ Münsterland Eichenhof***** — Seite 283 — 571 — €20
4 (B 8/4-24/4,24/6-7/8) 5 (A+B 1/4-31/10) (F 1/1-16/1,1/3-31/12) (J 1/4-31/10) (L 1/1-16/1,1/3-31/12)
AKZ. 10/1-31/3 2/5-24/5 30/5-2/6 7/6-14/6 1/9-30/9 17/10-22/12

Wettringen
△ Campingpark Haddorfer Seen**** — Seite 284 — 572 — €20
4 (B 11/4-24/4,27/6-9/8) 5 (A+B+E+F+H+K 1/4-31/10)
AKZ. 10/1-8/4 2/5-24/5 29/5-3/6 20/6-24/6 18/8-1/10 17/10-21/12

Ausführliche Redaktionseinträge: Seite 274 bis 284

Deutschland

Hessen

Alheim/Licherode — Seite 285 — 573 € 16
▲ Alte Mühle
5 (A+F+H+K 1/4-1/10)
AKZ. 1/4-15/7 1/9-1/10

Eschwege — Seite 287 — 574 € 22
▲ Knaus Campingpark Eschwege*****
4 (B 1/7-2/8) 5 (A 1/3-30/10) (E+F+K 1/3-27/11)
AKZ. 1/3-31/5 19/6-26/6 5/9-26/11

Fürth (Odenwald) — Seite 287 — 575 € 22
▲ Nibelungen-CP am Schwimmbad
6 (**B**+**G** 15/5-15/9)
AKZ. 1/5-25/5 20/6-30/5 1/9-30/9

Hirschhorn/Neckar — Seite 288 — 576 € 22
▲ Odenwald Camping Park
4 (A+B 1/7-31/8) 5 (A+C+F+H+L 8/4-3/10)
6 (B 21/5-12/9)
AKZ. 8/4-22/5 19/6-30/6 1/9-3/10

Hünfeld — Seite 288 — 577 € 22
▲ Knaus Cppark Hünfeld Praforst*****
5 (A+B 1/1-31/12)
AKZ. 1/1-31/5 19/6-26/6 5/9-31/12

Lindenfels/Schlierbach — Seite 289 — 578 € 22
▲ Terrassen Camping Schlierbach
5 (A+B+J 11/4-30/10)
AKZ. 1/5-25/5 30/5-5/6 13/6-15/6 1/9-30/9

Naumburg (Edersee) — Seite 289 — 579 € 18
▲ Camping in Naumburg****
5 (A+E+F 1/1-31/12) (H 1/6-31/8) 6 (**B** 1/5-30/9)
(G 1/6-30/9)
AKZ. 1/1-15/5 1/6-1/7 14/9-31/12

Oberweser/Gieselwerder — Seite 290 — 580 € 20
▲ Camping Gieselwerder
4 (B 1/7-18/7) (**E** 1/7-15/9)
5 (A+E+F+G+H+J+L 1/4-31/10) 6 (B+G 15/5-2/9)
AKZ. 1/4-23/5 20/6-1/7 1/9-31/10

Schlüchtern/Hutten — Seite 290 — 581 € 16
▲ Hutten-Heiligenborn
5 (A+B 1/1-31/12) 6 (**A**+F 1/6-31/8)
AKZ. 1/1-10/4 24/4-22/5 30/5-3/6 20/6-15/7 1/9-31/12

Weiterstadt/Gräfenhausen — Seite 290 — 582 € 18
▲ Am Steinrodsee
5 (A+G+H+J 1/1-31/12)
AKZ. 1/4-15/4 1/5-25/5 13/6-30/6 1/9-30/9

Koblenz

Ahrbrück — Seite 291 — 583 € 22
▲ Camping Denntal****
5 (A+B 1/4-30/10)
AKZ. 1/4-24/5 20/6-15/7 1/9-28/9 4/10-30/10

Alf ✶✶ — Seite 291 — 584 € 16
▲ Moselcampingplatz Alf
4 (B+C+D 1/7-15/8) (E 1/1-31/12) 5 (A+B+F+K 1/1-31/12)
AKZ. 8/4-28/4 2/5-25/5 29/5-3/6 6/6-15/6 19/6-9/7 18/9-17/11

Bockenau ✶✶ — Seite 292 — 588 € 18
▲ Bockenauer Schweiz
4 (A 1/7-31/8) 5 (A+B+F+G+H+L 1/4-31/10)
6 (A 1/7-28/7)
AKZ. 1/4-22/5 20/6-30/6 25/8-31/10

Bullay (Mosel) — Seite 292 — 590 € 20
▲ Bären-Camp****
4 (**A** 1/5-30/9) 5 (A+B+F+J+K 14/4-6/11) (L 18/4-31/10)
AKZ. 14/4-3/7 20/8-6/11

Bürder — Seite 292 — 591 € 20
▲ Zum stillen Winkel*****
5 (A+F 29/4-2/10)
AKZ. 29/4-24/5 8/6-14/6 20/6-8/7 1/9-2/10

Burgen — Seite 292 — 592 € 20
▲ Camping Burgen****
5 (A+B 1/4-16/10) 6 (A 31/5-1/9)
AKZ. 1/4-15/4 19/4-25/5 21/6-5/7 22/8-16/10

Burgen — Seite 292 — 593 € 22
▲ Knaus Cppark Burgen/Mosel****
5 (A+B+E+F+H+K+L 31/3-16/10) 6 (B 15/5-15/9)
AKZ. 31/3-31/5 19/6-26/6 5/9-15/10

Dausenau — Seite 292 — 594 € 22
▲ Lahn Beach
5 (A+G+H 1/4-31/10)
AKZ. 1/4-21/5 20/6-1/7 1/9-31/10

Deutschland

Ediger/Eller ⚑
△ Zum Feuerberg — Seite 292 — 597 € 20
4 (A+**E** 1/4-31/10) 5 (H 1/4-31/10) 6 (A 19/5-30/9)
AKZ. 1/4-25/5 7/6-15/6 20/6-30/6 12/9-31/10

Girod
△ Eisenbachtal — Seite 292 — 600 € 18
4 (E 1/7-15/9) 5 (B+L 1/1-31/12)
AKZ. 1/4-15/7 1/9-1/10

Guldental
△ Campingpark Lindelgrund — Seite 293 — 601 € 22
5 (A+L 15/4-15/10)
AKZ. 2/5-24/5 30/5-2/6 20/6-30/6 4/9-30/9

Hausbay/Pfalzfeld
△ Country Camping Schinderhannes*** — Seite 293 — 602 € 20
5 (A+B+F 1/1-31/12) (L 1/3-20/10)
AKZ. 1/1-27/6 22/8-31/12

Lahnstein
△ Wolfsmühle — Seite 294 — 604 € 20
4 (A 15/4-30/9) (B+E+H+K 1/4-1/11)
AKZ. 15/3-11/7 28/8-1/11

Lingerhahn
△ CP und Mobilheimpark Am Mühlenteich**** — Seite 294 — 607 € 22
4 (E 1/7-15/8) 5 (A+F+H+L 1/1-31/12) 6 (A 1/1-31/12)
AKZ. 1/1-20/6 5/9-31/12

Pommern
△ Pommern — Seite 295 — 609 € 18
5 (A+B+E+F 1/4-30/10) (G 15/4-15/10) (H+J 1/4-30/10)
(L 15/4-15/10) 6 (A+F 1/5-15/9)
AKZ. 1/4-30/6 22/8-30/10 **10=9**

Pünderich
△ Moselland — Seite 295 — 610 € 20
5 (A+B+E+F+H 1/4-31/10)
AKZ. 1/4-30/6 1/9-31/10

Schweppenhausen
△ Aumühle — Seite 295 — 614 € 18
4 (B 1/7-15/9) 5 (A+E+F+H+K 1/4-31/10)
AKZ. 1/4-1/6 1/9-31/10

Seck
△ Camping Park Weiherhof***** — Seite 295 — 615 € 20
4 (B+E 1/7-31/8)
5 (A+C+E+F+G+H+L 1/1-31/10,1/12-31/12)
AKZ. 30/4-24/5 30/5-3/6 7/6-14/6 20/6-24/6 28/8-1/9 5/9-14/10

Senheim am Mosel
△ Holländischer Hof**** — Seite 296 — 616 € 18
4 (**A** 12/4-30/10) (B+C 1/7-31/8) (D+E 12/4-30/10)
5 (A+C+E+F+G+H+K+L 12/4-30/10)
AKZ. 12/4-4/6 7/6-7/7 19/9-30/10

Treis-Karden
△ Mosel-Islands Camping***** — Seite 296 — 619 € 22
5 (A+F+H+K+L 1/4-30/10)
AKZ. 20/4-23/5 20/6-30/6 1/9-30/9

Wassenach/Maria Laach
△ RCN Laacher See**** — Seite 296 — 622 € 20
4 (B 9/7-21/8) (**E** 1/4-26/9) 5 (A 1/4-26/9) (B 1/5-1/9)
(E+F+I+J+K+L 1/4-26/9)
AKZ. 1/4-24/6 18/5-2/6 7/6-17/6 20/6-7/7 29/8-26/9

Trier

Bernkastel/Kues
△ Knaus Campingpark Bernkastel-Kues — Seite 297 — 587 € 22
5 (A+E 1/3-27/11)
AKZ. 1/3-31/5 19/6-26/6 5/9-26/11

Bollendorf
△ Altschmiede**** — Seite 297 — 589 € 18
4 (A+B+D+E 1/7-21/8) 5 (A 1/5-21/8) (B 1/6-21/8)
(E 6/7-18/8) (F 1/6-21/8) (H 1/4-31/10) 6 (B 1/6-31/8)
AKZ. 1/4-25/5 19/6-3/7 29/8-31/10

Dockweiler ⚑
△ Campingpark Dockweiler Mühle — Seite 298 — 595 € 22
5 (A+B 1/1-31/12)
AKZ. 1/1-22/5 6/6-30/6 1/9-30/12

Echternacherbrück
△ Cppark Freibad Echternacherbrück — Seite 298 — 596 € 20
4 (A 1/7-31/8) (B 1/7-21/8) (C 1/7-15/8) (E 1/7-31/8)
5 (A 1/4-31/10) (C+E+F 1/4-15/10) (G 1/4-31/10)
(H 1/5-30/9) (K 1/5-1/9) 6 (B+F 1/5-15/9)
AKZ. 1/4-25/5 19/6-3/7 29/8-31/10

Gerolstein ⚑
△ Eifelblick / Waldferienpark Gerolstein**** — Seite 298 — 598 € 20
4 (B+C 1/7-15/8) 5 (A+E+F+H+J+K+L 1/1-31/12)
6 (E 1/1-31/12)
AKZ. 1/1-15/7 1/9-31/12

Deutschland

Gillenfeld
▲ Feriendorf Pulvermaar — Seite 298 — **599** €18
4 (E 1/4-30/11) 5 (A 1/3-1/12) (B 1/1-31/12) (E+F 21/4-1/12) (H+J 1/3-1/12)
AKZ. 1/1-24/5 29/5-1/6 6/6-14/6 19/6-30/6 1/9-30/12

Heidenburg
▲ Moselhöhe**** — Seite 298 — **603** €20
5 (A 1/4-1/11) (H 1/4-1/10) (L 1/4-1/11)
AKZ. 1/4-30/6 1/9-30/10

Langsur/Metzdorf
▲ Alter Bahnhof*** — Seite 299 — **605** €18
4 (B 1/7-30/8) 5 (A 1/5-1/10) (B+F+H+J+L 1/3-31/10)
AKZ. 1/3-30/6 1/9-30/10

Leiwen
▲ Landal Sonnenberg***** — Seite 299 — **606** €20
4 (A+B+C+D+E 27/3-6/11)
5 (A+C+E+F+J+K+L 27/3-6/11) 6 (E+G 27/3-6/11)
AKZ. 27/3-14/4 13/5-19/5 7/6-15/6 20/6-7/7 2/9-30/9 28/10-3/11

Neuerburg
▲ Camping in der Enz**** — Seite 300 — **608** €20
5 (A 1/4-31/10) (E+F 1/6-31/8) (K 5/4-30/9)
6 (B+G 15/5-1/9)
AKZ. 1/4-6/7 24/8-30/10

Saarburg
▲ Camping Leukbachtal*** — Seite 300 — **612** €22
AKZ. 1/3-12/4 2/5-24/5 30/5-2/6 20/6-1/7 5/9-30/9 4/10-2/11

Saarburg
▲ Waldfrieden**** — Seite 300 — **613** €18
4 (A+B 15/7-15/8) 5 (A+B+H 1/3-3/11)
AKZ. 1/3-3/7 21/8-2/11

Saarburg
▲ Landal Warsberg**** — Seite 300 — **611** €20
4 (A 1/7-31/8) (B+C+D 27/3-6/11) (E 1/7-31/8)
5 (A+C+E+F+K+L 27/3-6/11) 6 (E+G 27/3-6/11)
AKZ. 27/3-14/4 13/5-21/5 7/6-7/7 2/9-3/11

Stadtkyll
▲ Landal Wirfttal**** — Seite 301 — **617** €18
4 (B+C+D 1/7-1/9,1/10-20/10) (E 3/1-31/12)
5 (A+C+F+H+K+L 3/1-31/12) 6 (E+G 3/1-31/12)
AKZ. 3/1-14/4 13/5-21/5 7/6-7/7 2/9-31/12

Traben-Trarbach ✱✱
▲ Moselcamping Rissbach**** — Seite 301 — **618** €20
4 (A 8/4-31/12) (B 7/7-25/8) (D 8/4-31/12)
5 (A+B+E+F+H+K+L 8/4-31/12) 6 (B+F 15/5-15/9)
AKZ. 8/4-28/4 2/5-25/5 29/5-3/6 6/6-15/6 19/6-8/7 18/9-17/11

Waxweiler
▲ Landal Eifel Prümtal***** — Seite 301 — **623** €20
4 (B+D 1/7-31/8) 5 (A 27/3-3/11) (B 15/5-15/9) (E+F+K 27/3-3/11) 6 (B 15/5-15/9)
AKZ. 27/3-14/4 13/5-21/5 7/6-7/7 2/9-3/11

Waxweiler/Heilhausen
▲ Heilhauser Mühle — Seite 301 — **624** €16
4 (B 1/7-31/8) (E 1/7-15/8) 5 (A+F 1/7-31/8) (H 1/4-31/10) (L 1/7-31/8)
AKZ. 15/4-30/6 18/8-30/10

Rheinhessen-Pfalz

Bacharach
▲ Sonnenstrand — Seite 301 — **585** €18
5 (A+B+F+H+K 1/4-1/11)
AKZ. 1/4-25/5 6/6-15/7 1/9-1/11

Bad Dürkheim
▲ Knaus Cppark Bad Dürkheim**** — Seite 301 — **586** €22
4 (B 1/7-30/8) 5 (A+C+F 15/3-30/11) (G 15/3-31/12) (H+L 15/3-30/11)
AKZ. 1/1-31/5 19/6-26/6 5/9-31/12

Trippstadt
▲ CP Freizeitzentrum Sägmühle***** — Seite 302 — **620** €20
4 (B+D 15/7-15/8) 5 (A 1/3-31/10,18/12-31/12) (B+F+H+K+L 1/3-31/10)
AKZ. 1/5-25/5 19/6-2/7 4/9-1/11 18/12-24/12

Waldfischbach
▲ Clausensee**** — Seite 302 — **621** €22
4 (B 1/7-31/8) 5 (A+C+E+F+H+K 1/4-31/10)
AKZ. 1/4-14/4 2/5-24/5 20/6-4/7 3/9-9/10

Saarland

Rehlingen/Siersburg
▲ Siersburg**** — Seite 303 — **625** €20
5 (A+F+K 1/4-15/10)
AKZ. 1/4-15/7 1/9-15/10

Deutschland

Karlsruhe

Eberbach — Seite 305 — 629 € 22
🔺 Eberbach
5 (A+B+F+G+H+L 8/4-30/10) **6** (B 15/6-30/9) (E+F 8/4-30/10)
AKZ. 1/5-25/5 19/6-30/6 4/9-30/9

Neubulach — Seite 306 — 636 € 22
🔺 Camping Erbenwald
4 (A+B+C+D 1/7-1/9) (E 1/7-31/8)
5 (A+B+E+F+J+L 1/1-31/12) **6** (B 1/6-31/8) (G 1/5-30/9)
AKZ. 1/1-25/5 20/6-30/6 4/9-31/12

Schömberg/Langenbrand — Seite 306 — 641 € 20
🔺 Höhencamping-Langenbrand****
AKZ. 10/1-30/6 1/9-20/12

Wildberg — Seite 307 — 649 € 18
🔺 Camping Carpe Diem***
4 (B 18/7-20/8) **5** (A 1/4-12/9) (F+H 1/5-12/9) (J 1/4-5/11) (K+L 1/5-13/9) **6** (A 1/7-3/9)
AKZ. 1/4-25/5 13/6-8/7 3/9-5/11

Freiburg

Freiburg — Seite 308 — 630 € 22
🔺 Freiburg Camping Hirzberg
5 (A 1/4-31/10) (B+F+H+L 1/1-31/12)
AKZ. 9/1-10/4 24/4-20/5 19/6-1/7 1/9-1/11 6/11-22/12

Freiburg/Hochdorf ✱✱ — Seite 309 — 631 € 20
🔺 Tunisee Camping
5 (A+B+E+F+J 1/4-31/10) (L 1/4-16/10)
AKZ. 1/4-3/7 4/9-30/10

Grafenhausen/Rothaus — Seite 309 — 632 € 20
🔺 Rothaus Camping
5 (A+B+F+H+L 1/1-31/12)
AKZ. 1/1-30/6 1/9-31/12

Herbolzheim — Seite 309 — 633 € 22
🔺 Terrassencamping Herbolzheim****
4 (A 1/7-31/8) **5** (A+B+K 15/4-3/10) **6** (B 15/5-15/9) (F 18/4-3/10)
AKZ. 15/4-3/7 1/9-3/10

Orsingen — Seite 312 — 638 € 22
🔺 CP und Ferienpark Orsingen****
4 (B 1/7-31/8) **5** (A+C 10/1-18/12) (E 1/4-8/9) (F+H+L 1/4-3/11) **6** (B+G 1/4-8/9)
AKZ. 10/1-25/5 19/6-1/7 6/9-18/12

Radolfzell/Markelfingen — Seite 312 — 639 € 22
🔺 Willam****
4 (A+B+C+D 1/8-31/8) **5** (A+B+F+H 25/3-3/10) (J 1/4-3/10) (K+L 25/3-3/10)
AKZ. 1/4-24/5 20/6-10/7 1/9-3/10

Staufen — Seite 312 — 642 € 22
🔺 Belchenblick
5 (A 1/1-31/12) (C 1/1-10/11,15/12-31/12) (E 15/1-10/11) (J 1/1-31/12) **6** (A 1/5-15/9) (E 1/1-10/11,15/12-31/12) (F 1/5-15/9)
AKZ. 10/1-9/4 25/4-26/5 30/5-4/6 20/6-4/7 11/9-1/10 7/11-19/12

Stockach (Bodensee) — Seite 313 — 643 € 20
🔺 Campingpark Stockach-Bodensee
5 (A+B 1/3-1/11)
AKZ. 1/3-30/6 1/9-1/11

Sulzburg — Seite 313 — 644 € 22
🔺 Sulzbachtal*****
4 (A+E 1/4-30/9) **5** (A+B+E+F+H+J+K 1/1-31/12) **6** (A 1/5-30/9)
AKZ. 1/4-10/4 24/4-25/5 19/6-3/7 4/9-31/12

Titisee — Seite 313 — 645 € 22
🔺 Sandbank****
5 (A+B+F+H+K 11/3-31/12)
AKZ. 1/5-25/5 29/5-3/6 19/6-30/6 9/9-30/9 23/10-28/10 6/11-18/12

Todtnau/Muggenbrunn — Seite 313 — 646 € 20
🔺 Hochschwarzwald***
5 (A+F+L 1/1-31/12)
AKZ. 7/3-26/6 12/9-4/12

Wahlwies/Stockach — Seite 313 — 647 € 20
🔺 Campinggarten Wahlwies
5 (A+B+H 1/1-9/1,24/2-15/11,23/12-31/12)
AKZ. 1/1-9/1 24/2-14/4 24/4-25/5 19/6-1/7 4/9-15/11 23/12-31/12

Ausführliche Redaktionseinträge: Seite 305 bis 313

Deutschland

Stuttgart

Aichelberg
▲ Aichelberg*** — Seite 314 — 626 — € 18
5 (A+B 8/4-3/10) (E 1/6-30/9) (F 30/5-30/9) (H 8/4-3/10) (L 30/5-30/9)
AKZ. 8/4-30/6 12/9-3/10

Creglingen/Münster
▲ Camping Romantische Strasse — Seite 314 — 628 — € 18
5 (A 9/4-6/11) (B 4/4-8/11) (F+L 9/4-6/11) 6 (E 9/4-6/11)
AKZ. 15/3-3/6 6/6-9/7 1/9-14/11

Hohenstadt ♂♀
▲ Camping Waldpark Hohenstadt — Seite 315 — 634 — € 20
5 (A 1/5-30/9) (F+G+H+L 1/3-31/10)
AKZ. 1/3-30/6 1/9-31/10

Oedheim ♂♀
▲ Sperrfechter Freizeit-Park — Seite 315 — 637 — € 18
4 (B 1/8-10/9) 5 (A+B 1/1-31/12)
AKZ. 2/5-24/5 20/6-30/6 1/9-30/9 *7=6, 14=12*

Wertheim
▲ Wertheim-Bettingen — Seite 315 — 648 — € 18
5 (A+B+F+L 1/4-1/11)
AKZ. 1/4-15/4 19/4-25/5 30/5-2/6 7/6-15/6 20/6-30/6 1/9-1/11

Tübingen

Bad Urach
▲ Pfählhof*** — Seite 316 — 627 — € 22
5 (A+B+E+F+L 1/1-31/12)
AKZ. 1/1-21/5 20/6-1/7 1/9-31/12

Leibertingen/Thalheim
▲ Campinggarten Leibertingen — Seite 318 — 635 — € 18
4 (B 1/8-1/9) 5 (A+B+E+F+H+J+K 1/4-31/10)
6 (A+F 1/5-30/9)
AKZ. 1/5-23/5 20/6-30/6 1/9-30/9

Salem/Neufrach
▲ Gern-Campinghof Salem — Seite 318 — 640 — € 20
4 (A 7/5-31/8) (C 1/8-31/8) (D 1/4-31/10)
5 (A+B+E+F+H+K 1/4-31/10)
AKZ. 1/4-1/6 20/6-14/7 10/9-31/10

Nord-Bayern

Bad Kissingen
▲ Knaus Campingpark Bad Kissingen — Seite 320 — 655 — € 22
5 (A+B+F+L 1/1-31/12)
AKZ. 1/1-31/5 19/6-26/6 5/9-31/12

Bischofsheim an der Rhön ♂♀
▲ Camping Rhöncamping**** — Seite 320 — 657 — € 20
5 (A+B 1/1-28/10,17/12-31/12) 6 (B+G 15/5-1/9)
AKZ. 1/1-8/4 24/4-25/5 29/5-3/6 19/6-1/7 11/9-28/10 17/12-31/12

Fichtelberg
▲ Fichtelsee***** — Seite 320 — 663 — € 22
4 (E 1/1-31/10,18/12-31/12)
5 (A+B 1/1-31/10,18/12-31/12)
AKZ. 1/4-8/4 25/4-24/5 20/6-30/6 1/9-31/10

Frickenhausen/Ochsenfurt
▲ Knaus Cppark Frickenhausen**** — Seite 320 — 664 — € 22
5 (A 1/4-16/10) (F+L 1/3-27/11) 6 (A 1/5-1/10)
AKZ. 1/3-31/5 19/6-26/6 5/9-26/11

Motten/Kothen
▲ Rhönperle — Seite 321 — 670 — € 22
5 (A+B 1/4-16/10) (E 3/6-31/8) (L 1/4-16/10)
AKZ. 2/5-24/5 20/6-30/6 1/9-30/9

Triefenstein/Lengfurt
▲ Main-Spessart-Park***** — Seite 322 — 679 — € 22
4 (A 9/6-23/6,8/9-22/9) (B+C 7/7-17/8)
5 (A+B 1/4-31/10) (F+G+H+L 1/1-31/12)
AKZ. 24/4-22/5 19/6-3/7 28/8-31/10

Mittel-Bayern

Bad Neualbenreuth ♂♀
▲ Campingplatz Platzermühle — Seite 323 — 656 — € 18
5 (A 1/1-31/12)
AKZ. 1/1-30/6 18/8-31/12

Geslau ♂♀
▲ Mohrenhof — Seite 323 — 665 — € 20
4 (B 1/4-8/11) 5 (A+B 1/1-31/12) (F 1/4-8/11) (H+L 1/4-8/11,27/12-31/12)
AKZ. 9/1-25/3 24/4-21/5 20/6-1/7 1/9-23/12

Gunzenhausen
▲ Campingplatz Fischer-Michl — Seite 323 — 666 — € 18
5 (A+B+E+F+H+J+K 15/3-31/10)
AKZ. 15/3-22/5 20/6-15/7 1/9-31/10

Deutschland

Pleinfeld
△ Waldcamping Brombach e.K. Seite 325 672 € 18
4 (A 1/7-31/8) (B 1/6-31/8) (C 1/3-17/6, 15/7-31/8)
5 (A 1/1-31/12) (B 1/4-30/9) (E 1/5-15/9) (F+H+J 1/1-31/12)
AKZ. 1/1-26/5 29/5-3/6 19/6-24/6 5/9-31/12

Roth/Wallesau
△ Camping Waldsee**** Seite 325 674 € 20
4 (B 31/5-14/6, 25/7-31/8) 5 (A+B+F 1/1-31/12)
(J 1/4-30/9) (K 1/1-31/12)
AKZ. 1/1-29/5 20/6-30/6 1/9-31/12 7=6, 14=12

Schillingsfürst
△ Frankenhöhe Seite 325 676 € 18
5 (A+B+E+F+H+K 1/4-31/10)
AKZ. 1/1-10/4 1/5-22/5 13/6-10/7 5/9-30/9

Waldmünchen
△ Ferienpark Perlsee Seite 325 682 € 18
4 (E 1/7-31/8) 5 (A+B 1/5-15/9) (E 1/5-1/10)
(F+J+L 1/1-31/12)
AKZ. 1/1-25/5 20/6-30/6 4/9-31/12

Südwest-Bayern

Augsburg-Ost
△ Bella Augusta*** Seite 327 651 € 20
5 (A+B+E 1/4-31/10) (F+G+L 1/1-31/12)
AKZ. 17/1-7/7 24/8-16/12

Breitenthal
△ See Camping Günztal Seite 327 659 € 18
5 (A+B+E+F+H 17/4-23/10)
AKZ. 17/4-3/6 19/6-30/6 1/9-22/10

Illertissen
△ Illertissen GbR**** Seite 327 667 € 22
5 (A+B+E+H+K 1/4-31/10) 6 (A 31/5-15/9)
AKZ. 1/4-30/6 1/9-31/10

Südost-Bayern

Arlaching/Chieming
△ Kupferschmiede Seite 329 650 € 18
5 (A+B+E 1/4-4/10) (G+H 1/4-30/9) (J+K+L 1/4-4/10)
AKZ. 1/4-4/6 19/6-2/7 11/9-4/10

Bad Abbach
△ Freizeitinsel Seite 329 652 € 20
5 (A+B+H+J 19/3-7/11)
AKZ. 1/4-23/5 20/6-15/7 1/9-6/11

Bad Füssing/Egglfing
△ Fuchs Kur-Camping**** Seite 330 653 € 20
4 (E 1/5-30/9) 5 (A 1/1-31/12) (B 1/3-1/11)
(F+H+L 1/1-31/1, 1/3-31/12) 6 (B 15/4-15/9)
AKZ. 1/1-14/7 1/9-30/12

Bad Füssing/Kirchham
△ Preishof Seite 330 654 € 20
4 (A 1/3-31/10) 5 (A 1/1-31/12) (J+L 1/2-30/11)
AKZ. 1/1-14/7 1/9-31/12

Bischofswiesen
△ Winkl-Landthal**** Seite 331 658 € 20
4 (A 1/6-30/9) 5 (A+B+H 1/4-30/10)
AKZ. 1/4-3/6 19/6-30/6 1/9-9/10

Chieming
△ Chiemsee Strandcamping Seite 332 660 € 18
5 (A+B+F+H+J 1/4-3/10)
AKZ. 1/4-30/6 1/9-3/10

Chieming/Stöttham
△ Seehäusl**** Seite 332 661 € 20
5 (A+B+F+G+H+J+K+L 1/4-1/10)
AKZ. 1/4-2/6 1/9-1/10

Eging am See
△ Bavaria Kur- und Sport Camping**** Seite 332 662 € 20
5 (A 1/4-30/9) (B 1/1-31/12) (F+H 1/4-31/10)
(J 1/5-31/10) (L 1/4-31/12)
AKZ. 1/1-14/7 1/9-30/12

Kinding/Pfraundorf
△ Kratzmühle**** Seite 332 668 € 20
5 (A+B 1/4-31/10) (E+F 1/4-30/9) (G 1/1-31/12)
(J 1/5-30/9) (L 1/1-31/12)
AKZ. 1/1-25/5 29/5-3/6 19/6-1/7 31/8-31/12

Lackenhäuser
△ Knaus Cppark Lackenhäuser**** Seite 333 669 € 22
4 (A+B+C+E 1/7-15/8) 5 (A+B+F+L 1/1-31/12)
6 (B 15/5-15/9) E 1/1-31/12)
AKZ. 8/1-31/5 19/6-26/6 5/9-6/11

Oberwössen
▲ Litzelau**** — Seite 333 — 671 € 22
5 (A+B+L 1/1-31/12)
AKZ. 1/1-3/6 3/9-31/12

Prien am Chiemsee
▲ Hofbauer — Seite 333 — 673 € 22
5 (A+B 8/4-22/10) (F 30/4-3/10) (G+H 8/4-22/10) (K 30/4-3/10) 6 (B+C+G 1/5-30/9)
AKZ. 8/4-6/6 20/6-25/6 11/9-22/10

Rottenbuch ✴✴
▲ Terrassen-CP am Richterbichl**** — Seite 334 — 675 € 20
4 (E 1/7-31/8) 5 (A+B+E 1/1-31/12) (F 1/5-31/8) (H+J 1/1-31/12) (K 1/5-30/9)
AKZ. 1/5-4/6 20/6-30/6 1/9-30/9

Spatzenhausen/Hofheim
▲ Brugger am Riegsee — Seite 334 — 677 € 22
4 (B 1/7-10/9) 5 (A+B+E+F+J+L 26/3-17/10)
AKZ. 24/4-4/6 10/9-16/10

Taching am See
▲ Seecamping Taching am See — Seite 335 — 678 € 20
5 (A 1/5-15/9) (B 15/5-15/9) (F+G+K+L 1/5-15/9)
AKZ. 1/4-1/6 1/9-15/10

Viechtach
▲ Adventurecamp 'Schnitzmühle' — Seite 335 — 680 € 22
4 (A 1/4-30/10) (B+D+E 1/7-31/8)
5 (A+B 1/1-31/12) (E 1/7-1/9) (F+H+J+L 1/1-31/12)
AKZ. 1/1-8/4 24/4-25/5 19/6-30/6 4/9-31/12

Viechtach
▲ Knaus Campingpark Viechtach**** — Seite 335 — 681 € 22
4 (A 1/7-30/9,22/12-30/12) (B+C 1/7-30/9) (D+E 1/6-30/9)
5 (A+B 1/1-31/12) (F+H+J+K 1/7-30/9) 6 (E 1/1-31/12)
AKZ. 8/1-31/5 19/6-26/6 5/9-6/11

🇨🇭 Schweiz

Westschweiz

Le Landeron
▲ Des Pêches**** — Seite 344 — 692 € 22
5 (A+C+E+F+G+H+J+L 1/4-15/10) 6 (F 15/5-31/8)
AKZ. 1/4-20/6 20/8-15/10

Lignières ✴✴
▲ Fraso Ranch**** — Seite 344 — 694 € 20
4 (B 7/7-3/8) 5 (A 1/1-30/10) (B 20/5-2/9) (E+F+G 1/1-31/10,23/12-31/12) (J 1/1-30/10) (K 1/1-31/10) (L 1/1-30/10) 6 (B+G 1/6-31/8)
AKZ. 1/1-30/6 1/9-31/10 23/12-31/12

Wallis

Brig ✴✴
▲ Geschina**** — Seite 346 — 685 € 20
5 (A 1/5-16/10) 6 (B+G 16/5-6/9)
AKZ. 1/5-3/7 21/8-16/10

Berner Oberland

Aeschi/Spiez
▲ Panorama-Rossern*** — Seite 349 — 684 € 20
5 (A 18/7-31/8)
AKZ. 13/5-30/6 1/9-16/10

Frutigen
▲ Grassi**** — Seite 349 — 688 € 20
5 (A 1/7-30/8)
AKZ. 1/1-30/6 1/9-31/12

Gstaad
▲ Bellerive*** — Seite 349 — 689 € 22
4 (A 1/7-31/8) 5 (A 1/1-31/12)
AKZ. 10/1-7/2 7/3-25/5 1/6-30/6 20/9-22/12

Innertkirchen
▲ Aareschlucht*** — Seite 349 — 691 € 20
5 (A 15/6-15/9) (F 1/5-31/10) 6 (A 15/6-15/9)
AKZ. 1/5-3/7 29/8-31/10

Meiringen
▲ AlpenCamping**** — Seite 350 — 696 € 22
5 (A+B 1/1-31/10,1/12-31/12) (E 1/5-30/9) (J 1/1-31/12) (K 1/6-30/9)
AKZ. 18/4-24/5 19/6-9/7 30/8-31/10

Zweisimmen
△ Vermeille★★★★   Seite 351 702 € 22
5 (B+H 1/1-31/12)   6 (B+F 1/6-31/8)
AKZ. 10/1-6/2 21/3-10/4 2/5-22/5 7/6-15/6 20/6-30/6 1/9-24/9

Ostschweiz

Ottenbach
△ Reussbrücke★★★★   Seite 352 699 € 22
5 (A+B+E+F+H+J+K 9/4-8/10)   6 (A 1/6-15/9)
AKZ. 2/5-22/5 13/6-30/6 1/9-30/9

Zentralschweiz

Meierskappel
△ Campingplatz Gerbe   Seite 354 695 € 22
5 (A+B+E+J+K 1/3-31/10)   6 (A 15/5-30/9)
AKZ. 1/3-14/4 18/4-25/5 6/6-15/6 19/6-1/7 1/9-31/10

Unterägeri
△ Unterägeri★★★★   Seite 354 701 € 20
5 (A+B 1/4-31/10) (C 1/4-30/10) (E+F+H+I+K 1/4-31/10)
AKZ. 19/4-21/5 20/6-1/7 1/9-31/10

Tessin

Acquarossa
△ Acquarossa★★   Seite 355 683 € 20
5 (A 15/6-15/9) (B 1/5-15/10) (H 15/6-15/9)
6 (A 15/6-1/9)
AKZ. 1/5-2/6 1/9-30/9

Cugnasco ★★
△ Riarena★★★★   Seite 355 687 € 22
5 (A+B+E+F+G+H+J+K+L 18/3-23/10)   6 (A+F 1/5-15/9)
AKZ. 18/3-15/4 19/4-26/5 30/5-4/6 7/6-3/7 22/8-23/10

Gudo
△ Isola★★★★   Seite 355 690 € 22
5 (A+B 15/4-31/10) (E+F+G+H+J+K 15/1-15/12)
6 (A+F 15/5-30/9)
AKZ. 15/1-30/6 1/9-15/12

Monteggio
△ Tresiana★★★★   Seite 356 697 € 22
4 (B 16/7-31/7) 5 (A+B+E+F+G 2/4-23/10)
6 (A+F 1/5-30/9)
AKZ. 20/4-30/5 10/6-30/6 1/9-23/10

Graubünden

Cinuos-chel/Chapella
△ Chapella★★   Seite 358 686 € 22
5 (A+B 1/5-31/10)
AKZ. 1/5-19/6 5/9-31/10

Le Prese
△ Cavresc★★★   Seite 358 693 € 20
5 (A 1/7-1/9) (B 1/4-31/10) (E+G 1/7-1/9) (H 1/4-31/10)
AKZ. 1/4-15/6 15/9-31/10

Müstair
△ Muglin   Seite 359 698 € 20
5 (A+E+H+K 7/5-30/10)
AKZ. 7/5-26/6 1/9-30/10

Sta Maria
△ Pè da Munt★★★   Seite 359 700 € 18
5 (A+B 31/5-2/10)
AKZ. 31/5-1/7 18/8-2/10

Österreich

Tirol

Biberwier
△ Feriencenter Camping Biberhof   Seite 368 709 € 20
5 (A+H+L 1/1-31/12)
AKZ. 17/4-30/6 1/9-15/12

Fieberbrunn
△ Tirol Camp★★★★   Seite 369 719 € 22
4 (A+B 19/5-2/11) (E 19/5-1/11)
5 (A+C+E+F+H+J+L 1/1-11/4,11/5-7/11,7/12-31/12)
6 (B 1/6-1/10) (E+G 1/1-11/4,11/5-7/11,7/12-31/12)
AKZ. 12/5-9/7 28/8-6/11

Imst
△ Aktivcamping Am Schwimmbad   Seite 370 725 € 16
4 (A+E 1/5-21/9) 5 (A+J 15/4-16/10) 6 (B+G 1/5-11/9)
AKZ. 15/4-30/6 1/9-16/10

Kals am Großglockner ★★
△ Nationalparkcamping Kals★★★★   Seite 370 727 € 20
5 (A+B 1/1-18/4,21/5-16/10,18/12-31/12)
AKZ. 21/5-29/6 1/9-16/10

Österreich

Kaunertal
△ Kaunertal — Seite 370 — 728 — € 22
④ (A+E 1/6-30/9) ⑤ (A+H+J 1/5-10/10) ⑥ (E 1/5-10/10)
AKZ. 1/5-2/7 4/9-10/10

Kramsach (Krummsee)
△ Seencamping Stadlerhof**** — Seite 370 — 732 — € 22
④ (A 1/6-30/9) (B 1/7-25/8)
⑤ (A+B+E+F+L 1/1-31/12) ⑥ (B 1/1-31/12) (G 1/6-30/9)
AKZ. 1/5-20/6 10/9-31/10

Kramsach (Reintalersee)
△ CP und Appartements Seehof***** — Seite 370 — 733 — € 20
④ (A 1/1-31/12) (B 9/7-31/8) (E 1/7-31/8)
⑤ (A+B+E+F+G+J+L 1/1-31/12)
AKZ. 10/1-30/6 12/9-15/12

Leutasch
△ EuroParcs Olympiaregion Seefeld***** — Seite 371 — 735 — € 22
④ (A 15/6-15/10) (E 13/5-20/10)
⑤ (A+B+F+H+J+L 1/1-31/12) ⑥ (E+G 1/1-31/12)
AKZ. 1/3-15/4 25/4-20/5 13/6-1/7 5/9-30/10

Lienz
△ Comfort & Wellness CP Falken**** — Seite 371 — 736 — € 22
⑤ (A+B+E+F+G+H+J 10/4-27/10)
AKZ. 10/4-29/6 1/9-26/10

Lienz/Amlach
△ Dolomiten CP Amlacherhof**** — Seite 371 — 737 — € 18
⑤ (A+B+E+H 1/7-31/8) ⑥ (A 1/7-15/9)
AKZ. 1/5-3/6 20/6-25/6 8/9-1/10 11=10, 22=20

Matrei in Osttirol
△ Edengarten — Seite 371 — 741 — € 22
⑤ (E+H+J+K+L 20/4-15/10)
AKZ. 20/4-29/6 1/9-29/9

Mayrhofen
△ Alpenparadies Mayrhofen**** — Seite 371 — 743 — € 22
④ (A 1/7-1/9) ⑤ (A+C+E+F+J+L 1/1-16/10,17/12-31/12)
⑥ (B+E+G 1/1-16/10,17/12-31/12)
AKZ. 25/4-1/7 29/8-26/9 3/10-15/10

Nassereith
△ Rossbach**** — Seite 372 — 745 — € 18
④ (A+E 1/5-30/10) ⑤ (A+B 1/1-30/10,15/12-31/12)
(E+F+K 1/7-31/8) ⑥ (B+G 15/5-15/9)
AKZ. 1/3-30/6 18/8-30/10

Neustift
△ Stubai**** — Seite 372 — 746 — € 18
④ (B 23/6-5/9,29/9-24/10) (E 10/7-9/10)
⑤ (A+C+E+F+L 1/1-31/12)
AKZ. 1/5-25/6 3/9-15/10

Neustift/Volderau
△ Edelweiss — Seite 372 — 747 — € 18
⑤ (A+F+L 1/1-31/12)
AKZ. 1/5-30/6 17/9-28/10

Pettneu am Arlberg
△ Arlberglife Ferienresort — Seite 372 — 753 — € 22
④ (E 10/6-30/9)
⑤ (A+E+G+H+J+K 1/1-24/4,1/6-1/10,2/12-31/12)
AKZ. 9/1-20/1 10/4-24/4 1/6-1/7 1/9-1/10 2/12-16/12

Prutz
△ Aktiv Camping Prutz**** — Seite 372 — 754 — € 18
④ (A 1/5-1/10) (B 15/6-15/9) (D 1/6-15/10) (E 1/5-1/10)
⑤ (A+B 1/1-31/12) (E+F+J+K 15/5-15/10,20/12-10/4)
AKZ. 23/4-30/6 1/9-16/12 10=9, 20=18, 30=27

Ried
△ Dreiländereck**** — Seite 374 — 758 — € 20
④ (A 1/1-31/12) (B+C+D 1/6-30/9,20/12-31/3) (E 1/1-31/12)
⑤ (A+C+E+F+G+H+J+L 1/1-31/12)
AKZ. 9/1-29/1 30/4-30/6 1/9-15/12 14=13, 21=19

Stams
△ Eichenwald — Seite 374 — 766 — € 20
④ (A+E 10/7-20/8)
⑤ (A+B 1/1-10/1,1/4-15/10,1/12-31/12) (E+F+G 1/5-30/9)
(H 1/1-10/1,1/4-15/10,1/12-31/12) (J+L 1/5-30/9)
⑥ (B 1/5-30/9) (G 1/5-31/8)
AKZ. 1/4-30/6 1/9-15/10

Walchsee
△ Ferienpark Terrassencp Süd-See**** — Seite 375 — 771 — € 22
④ (A+E 1/6-1/10) ⑤ (A 1/1-31/12) (B 12/4-15/10)
(E+F 12/4-15/10,20/12-31/12) (K+L 1/1-31/10,1/12-31/12)
AKZ. 1/4-25/5 29/5-3/6 19/6-24/6 1/9-6/11

Weer
△ Alpencamping Mark**** — Seite 375 — 772 — € 18
④ (A+B+C+D+E 1/7-31/8) ⑤ (A+B 15/4-10/10)
(E+F 20/5-15/9) (G+H 15/4-10/10) (J 20/5-15/9) (L 1/5-30/9)
⑥ (B 1/5-1/10)
AKZ. 15/4-30/6 1/9-10/10

Österreich

Zell im Zillertal
△ Campingdorf Hofer — Seite 375 — 774 — € 20
④ (A 1/6-30/9) (B+D 1/7-15/9) (E 1/6-15/9)
⑤ (A+B 1/1-31/12) (E+F+J+L 30/5-15/10,15/12-15/4)
⑥ (D 1/5-15/10)
AKZ. 15/4-30/6   1/9-9/10

Oberösterreich

Mondsee/Tiefgraben
△ Camp MondSeeLand***** — Seite 376 — 744 — € 22
④ (**A**+B+D+**E** 1/7-31/8) ⑤ (A+C+F+H+L 1/4-2/10)
⑥ (B 1/5-30/9)
AKZ. 1/4-25/5   20/6-30/6   1/9-2/10

Salzburg

Abersee/St. Gilgen
△ Seecamping Primus — Seite 377 — 705 — € 22
⑤ (A 22/4-30/9)
AKZ. 22/4-30/6   1/9-30/9   7=6

Abersee/St. Gilgen
△ Paradiescp Wolfgangsee Birkenstrand**** — Seite 377 — 703 — € 22
⑤ (A+B+E+F+G+J 1/4-15/10)
AKZ. 1/4-20/5   7/6-30/6   1/9-15/10

Abersee/St. Gilgen
△ Seecamping Wolfgangblick — Seite 377 — 706 — € 22
④ (E 1/6-31/8) ⑤ (A+C 9/5-9/9) (E+F 9/5-31/8) (H 23/4-30/9)
AKZ. 23/4-30/6   1/9-30/9

Abersee/St. Gilgen
△ Romantik Camp. Wolfgangsee Lindenstrand**** — Seite 378 — 704 — € 22
⑤ (A+C 1/4-15/10) (F 1/7-28/8)
AKZ. 1/4-31/5   20/6-1/7   1/9-15/10

Maishofen
△ Neunbrunnen am Waldsee — Seite 378 — 738 — € 20
⑤ (A+F+G+H+L 1/1-31/12)
AKZ. 1/5-30/6   1/9-30/9

Mauterndorf ☼☼
△ Camping Mauterndorf**** — Seite 378 — 742 — € 20
④ (B 1/7-31/8) ⑤ (A+B+F 1/1-31/12) (G 1/7-10/9,1/12-30/4) (H+J 1/1-31/12) (L 1/7-10/9,1/12-30/4) ⑥ (B 1/7-31/8)
AKZ. 1/5-30/6   12/9-14/11

Seekirchen
△ Strandcamping Seekirchen — Seite 380 — 760 — € 20
④ (A 1/7-31/8) ⑤ (A+B+E+F+J+K 1/4-31/10)
AKZ. 1/4-24/5   7/6-30/6   1/9-31/10

St. Johann im Pongau ☼☼
△ Kastenhof — Seite 381 — 763 — € 20
⑤ (A+B 1/1-31/12)
AKZ. 1/5-30/6   1/9-23/10

Zell am See
△ Panorama Camp Zell am See — Seite 381 — 773 — € 22
⑤ (A 1/1-10/1,20/3-20/10,10/12-31/12) (B+G+J 1/6-15/9)
AKZ. 20/3-24/6   10/9-19/10

Kärnten

Dellach im Drautal
△ Camping Am Waldbad — Seite 382 — 711 — € 20
④ (B+C 1/7-31/8) (E 1/6-1/10)
⑤ (A+B+E+F+G+H+J+K+L 16/4-1/10) ⑥ (B+G 21/5-11/9)
AKZ. 17/4-29/6   1/9-1/10

Döbriach
△ Happy Camping Golser GmbH — Seite 382 — 713 — € 18
⑤ (A+B+J 3/6-30/9)
AKZ. 1/5-30/6   1/9-30/9

Döbriach ☼☼
△ Seecamping Mössler — Seite 383 — 714 — € 20
④ (**A** 1/6-30/9) (B 1/7-31/8) (E 1/6-30/9)
⑤ (A 15/5-30/9) (C+F+G+L 6/5-30/9) ⑥ (B+G 20/5-23/9)
AKZ. 8/4-30/6   1/9-2/11

Döbriach
△ Brunner am See — Seite 384 — 712 — € 20
④ (A 1/5-30/9) (B+C 1/7-31/8) (E 1/5-30/10)
⑤ (A 1/1-31/12) (C+F+G+H+K+L 15/5-30/9)
AKZ. 1/1-30/6   1/9-31/12

Eberndorf ☼☼
△ Naturisten Feriendorf Rutar Lido — Seite 384 — 715 — € 22
④ (**A** 1/1-31/12) (E 1/5-30/9)
⑤ (A 1/1-31/12) (C 1/5-30/9) (E+F+J+L 1/1-31/12)
⑥ (B 1/6-30/9) (E 1/1-31/12) (G 1/5-30/9)
AKZ. 1/3-7/7   1/9-30/10

Österreich

Faak am See — Arneitz — Seite 384 — 716 — € 22
- 4 (A 5/7-22/8) (B 2/7-24/8) (E 5/7-22/8)
- 5 (A 28/4-30/9) (C+F+G+H+I 1/5-20/9) (J 28/4-30/9) (L 1/5-20/9)
- AKZ. 28/4-1/7 12/9-30/9

Feistritz im Rosental — Juritz — Seite 386 — 717 — € 18
- 4 (B+C 15/7-15/8) (E 1/6-30/9) 5 (A+F+H+L 1/5-30/9)
- 6 (C 1/5-30/9)
- AKZ. 1/5-30/6 1/9-30/9

Feistritz ob Bleiburg — Petzencamping Pirkdorfer See — Seite 386 — 718 — € 18
- 4 (A+B 1/7-31/8) 5 (A+F+J+L 1/1-31/12)
- AKZ. 1/1-30/6 4/9-31/12

Gösselsdorf — Sonnencamp am Gösselsdorfer See — Seite 386 — 721 — € 20
- 4 (A 23/4-1/10) (B 1/7-31/8) (E 1/5-30/9)
- 5 (A+B 23/4-1/10) (E+F+G 1/5-30/9) (H 23/4-1/10) (L 1/5-30/9)
- AKZ. 23/4-2/7 1/9-1/10

Hermagor-Pressegger See — EuroParcs Hermagor***** — Seite 386 — 723 — € 22
- 4 (A 15/5-10/9) (B 15/5-15/9,20/12-31/12) (C 1/7-31/8) (D 1/5-31/10,1/12-31/12) (E 1/6-30/9) 5 (A 1/1-31/12) (C 15/5-15/9) (F+H+I+L 1/1-31/12) 6 (B 1/5-30/9) (E 1/1-31/12) (G 1/5-30/9)
- AKZ. 1/3-15/4 25/4-20/5 13/6-1/7 5/9-30/10

Hermagor-Pressegger See — Sport-Camping-Flaschberger — Seite 386 — 724 — € 16
- 4 (E 1/6-30/9) 5 (A+E+F+K 1/1-31/12) 6 (B 1/6-10/9)
- AKZ. 1/1-6/7 25/8-31/12

Irschen — Rad-Wandercamping-Ponderosa*** — Seite 386 — 726 — € 18
- 4 (A 1/6-10/9) 5 (A+B+E+F+G+H+K+L 1/5-30/9)
- AKZ. 1/5-29/6 18/8-30/9

Keutschach am See — Strandcamping Süd — Seite 387 — 729 — € 22
- 4 (B 15/7-15/8) 5 (A+B+E+F+H+L 1/5-30/9)
- AKZ. 1/5-21/5 29/5-3/6 7/6-14/6 19/6-24/6 4/9-29/9

Kötschach/Mauthen — Alpencamp Kärnten**** — Seite 388 — 731 — € 22
- 4 (A 1/5-15/10) (E 1/1-31/3,1/5-15/10)
- 5 (A 1/1-4/11,15/12-31/12) (B 1/5-31/10) (E+F+G+J+K 1/1-4/11,15/12-31/12)
- AKZ. 6/1-29/6 1/9-4/11

Malta — Terrassencamping Maltatal***** — Seite 388 — 739 — € 20
- 4 (A+B+D 1/7-31/8) (E 1/6-1/10)
- 5 (A+C+E+F+G+H+J+L 23/4-16/10) 6 (B+G 1/6-15/9)
- AKZ. 23/4-30/6 1/9-16/10

Oberdrauburg — Natur- & Familiencp Oberdrauburg — Seite 388 — 748 — € 16
- 4 (A 1/5-30/9) (B+C 1/7-31/8) (E 1/5-30/9)
- 5 (A 3/6-31/8) (G+H+J+L 8/6-31/8) 6 (B+G 5/6-29/8)
- AKZ. 1/5-29/6 1/9-30/9

Ossiach — Ideal Camping Lampele**** — Seite 388 — 750 — € 22
- 4 (A+B+D 1/7-31/8) 5 (A+C+E 15/5-15/9) (F+G 15/5-8/9) (H 15/5-15/9) (L 15/5-8/9)
- AKZ. 1/5-30/6 1/9-15/9

Ossiach — Terrassen Camping Ossiacher See — Seite 388 — 751 — € 20
- 4 (A+B+C+D+E 1/7-30/8) 5 (A+C 15/4-15/10) (F+G+H+I 15/5-15/9) (J 15/4-15/10) (L 15/5-15/9)
- AKZ. 15/4-29/6 1/9-15/10

Ossiach — Kalkgruber — Seite 388 — 749 — € 18
- 5 (A 1/5-1/10)
- AKZ. 1/5-30/6 1/9-1/10 **10=9, 20=18, 30=27**

Pesenthein — Terrassencamping Pesenthein — Seite 388 — 752 — € 20
- 5 (A+H+L 17/4-31/10)
- AKZ. 17/4-30/6 1/9-31/10

Reisach — Alpenferienpark Reisach — Seite 388 — 756 — € 20
- 5 (A 30/4-2/10) (B 1/5-15/9) (G+H+K+L 30/4-2/10)
- 6 (A+F 30/4-2/10)
- AKZ. 30/4-30/6 1/9-2/10

Rennweg am Katschberg — Ramsbacher — Seite 388 — 757 — € 18
- 4 (E 1/6-30/9) 5 (A 1/7-31/8) (F+H+L 1/1-31/12)
- 6 (B+F 15/6-1/9)
- AKZ. 1/5-30/6 1/9-30/9

Sankt Kanzian — Camping Breznik - Turnersee — Seite 389 — 759 — € 20
- 4 (A 10/4-2/10) (B+D 1/7-31/8) (E 10/4-2/10)
- 5 (A+B 10/4-2/10) (E+F+G 24/5-10/9) (L 1/6-10/9)
- AKZ. 10/4-2/6 6/6-14/6 19/6-30/6 1/9-2/10

St. Georgen am Längsee
△ Wieser Längsee — Seite 389 — 762 — € 18
5 (A 1/5-1/10)
AKZ. 1/5-30/6 26/8-1/10

Steindorf
△ See-Areal Steindorf**** — Seite 390 — 767 — € 20
5 (A+F+H 1/4-31/10) (L 1/5-15/10)
AKZ. 1/4-15/6 15/9-31/10

Steindorf/Stiegl
△ Seecamping Hoffmann**** — Seite 390 — 768 — € 20
4 (A 15/6-15/9) (E 1/5-30/9)
5 (A+B 1/5-30/9) (E 1/6-7/9) (F+H+L 1/5-30/9)
AKZ. 1/5-30/6 1/9-30/9

Techendorf (Weißensee) ⚥
△ Knaller — Seite 390 — 769 — € 20
5 (E+F 15/6-10/9)
AKZ. 9/1-22/1 7/2-27/2 7/5-26/6 1/9-16/10

Niederösterreich/Wien

Klosterneuburg ⚥
△ Donaupark Camping Klosterneuburg — Seite 391 — 730 — € 22
4 (A 14/3-6/11) 5 (A+B+F+K 14/3-6/11)
AKZ. 14/3-30/6 1/9-5/11

Krems (Donau)
△ Donau Camping Krems — Seite 391 — 734 — € 20
5 (A+B+E 26/3-30/10)
AKZ. 26/3-30/6 1/9-30/10

Marbach an der Donau
△ Marbacher Freizeitzentrum — Seite 391 — 740 — € 22
5 (A+B 2/4-26/10)
AKZ. 2/4-30/6 1/9-26/10

St. Pölten
△ Camping am See — Seite 392 — 765 — € 20
5 (A 15/4-15/10)
AKZ. 15/4-29/5 31/5-30/6 1/9-15/10

Tulln an der Donau
△ Donaupark Camping Tulln — Seite 393 — 770 — € 22
4 (A 1/4-31/10) (B 1/7-31/8) 5 (B+E+F+K+L 15/4-14/10)
AKZ. 1/4-30/6 1/9-30/10

Steiermark/Burgenland

Aigen (Ennstal)
△ Putterersee — Seite 393 — 707 — € 20
5 (A+B+E+F+G+H+J+K 1/5-30/9)
AKZ. 15/4-30/6 1/9-31/10

Bad Waltersdorf
△ Thermenland Camping Rath & Pichler — Seite 394 — 708 — € 22
4 (A 1/4-31/10) 5 (A+B 1/1-31/12)
AKZ. 1/5-20/5 29/5-3/6 7/6-15/6 20/6-30/6 11/9-30/9

Burgau ⚥
△ Camping Schloss Burgau — Seite 394 — 710 — € 18
5 (A 1/4-31/10) 6 (A 1/4-31/10)
AKZ. 1/4-13/4 19/4-22/5 7/6-15/6 20/6-30/6 1/9-30/10

Fisching/Weißkirchen
△ 50plus Campingpark Fisching**** — Seite 394 — 720 — € 22
4 (A+E 1/4-2/11) 5 (A+B+E+F+H+J+K 1/4-2/11)
AKZ. 1/4-4/6 4/9-1/11

Großlobming
△ Murinsel — Seite 394 — 722 — € 22
5 (A 1/4-31/10) (E+F+G+H+L 1/5-30/9)
AKZ. 1/4-1/6 1/9-31/10

Purbach ⚥
△ Campingplatz Storchencamp Purbach — Seite 395 — 755 — € 20
5 (A+B+E+F+H+L 15/4-26/10) 6 (B+G 1/5-30/8)
AKZ. 1/5-4/6 1/9-30/9

St. Georgen am Kreischberg
△ Olachgut***** — Seite 395 — 761 — € 20
4 (A+B+C+D+E 1/7-31/8)
5 (A+B+F+H+K 1/1-18/4, 8/5-9/10, 6/12-31/12)
AKZ. 8/5-25/5 29/5-2/6 19/6-30/6 1/9-30/9

St. Peter am Kammersberg
△ Bella Austria**** — Seite 395 — 764 — € 18
4 (B 20/6-8/9) 5 (A+B 1/7-31/8) (F+H+L 29/4-25/9)
6 (A+F 15/6-31/8)
AKZ. 29/4-14/7 1/9-25/9

🇵🇱 Polen

Nord-Polen

Chlapowo ⚥
△ Alexa**** — Seite 401 — 775 — € 16
4 (B+C+D 29/6-23/8) 5 (A+B 6/6-31/8) (F+L 31/5-31/8)
AKZ. 1/1-17/6 21/8-31/12

Chlapowo ⚥
△ Pole Horyzont — Seite 401 — 776 — € 16
4 (B 5/7-20/8)
AKZ. 1/1-15/6 20/8-31/12

Kolobrzeg
▲ Camping Baltic**** Seite 403 777 € 16
5 (A+C 1/5-15/9) (E 1/7-31/8) (H 1/5-15/9) (I 1/5-15/10)
AKZ. 15/4-10/6 1/9-15/10

Leba
▲ Lesny Nr. 51**** Seite 404 778 € 16
5 (A+C 10/6-30/8)
AKZ. 15/4-30/6 1/9-30/10

Leba
▲ Morski Nr. 21 Eurocamp*** Seite 404 779 € 14
4 (B 1/7-21/8) (E 1/7-30/8) 5 (C 30/4-30/9) (E 1/6-20/9) (F 1/6-30/9) (H+J+K 30/4-30/9)
AKZ. 30/4-20/6 21/8-30/9

Sorkwity
▲ Glamping Szelagówka Seite 406 781 € 20
4 (A+E 15/4-15/10) 5 (A+B+H+I+J+K 15/4-15/10)
6 (A 15/4-15/10)
AKZ. 15/4-7/7 24/8-15/10

Süd-Polen

Sciegny
▲ Camp 66**** Seite 410 780 € 14
4 (A+E 1/1-31/12) 5 (B+E+F+G+H+K 1/1-31/12)
AKZ. 1/1-31/3 5/5-18/6 14/9-23/12

Uciechów
▲ Camping Forteca Seite 410 782 € 16
5 (F+H+L 1/4-31/10)
AKZ. 1/4-30/6 1/9-31/10

🇨🇿 Tschechien

Cerná v Pošumaví
▲ Camping Olšina*** Seite 434 783 € 18
5 (B 1/7-30/8) (E 23/4-9/10) (G 1/7-30/8) (K 23/4-9/10)
AKZ. 23/4-2/7 27/8-9/10

Chvalsiny
▲ Camping Chvalsiny Seite 435 784 € 20
4 (A+B+C+D 4/7-21/8) (E 17/4-3/7,22/8-12/9)
5 (A+E+H+J+K 1/6-30/8) 6 (A 1/6-31/8)
AKZ. 16/4-9/7 27/8-15/9

Decin 3
▲ Kemp Decín Seite 435 785 € 16
4 (A+E 1/4-31/10) 5 (A+E+F+H+J 1/4-31/10)
AKZ. 1/4-30/6 1/9-31/10

Horní Planá
▲ Autocamp Jenišov*** Seite 435 786 € 18
5 (B 1/5-5/10) (J 25/4-10/10) (L 1/5-5/10)
AKZ. 29/4-2/7 29/8-10/10

Opatov (Okr. Trebíc)
▲ Vídlák Seite 437 787 € 16
5 (A 1/6-20/8)
AKZ. 15/4-8/7 27/8-1/10 **14=11**

Roznov pod Radhostem
▲ Camping Roznov Seite 438 788 € 18
5 (A+B 1/7-31/8) (E 1/1-31/12) (H 1/7-31/8) (K 1/6-30/9)
6 (A 1/6-30/9)
AKZ. 1/1-30/6 1/9-25/12

Sluknov
▲ CP De Regenboog / Kemp Sluknov Seite 438 789 € 14
4 (B+C+D+E 8/7-25/8) 5 (E+H 1/6-1/9)
AKZ. 14/5-8/7 27/8-15/9

Strázov
▲ u Dvou Orechu Seite 439 790 € 18
5 (E+H+K 30/4-18/9)
AKZ. 30/4-19/6 29/8-18/9

Vrané nad Vltavou/Prag
▲ Camp Matyás Seite 439 791 € 18
5 (A+B+E+J+K 13/4-30/9)
AKZ. 13/4-10/7 27/8-30/9

🇭🇺 Ungarn

West-Ungarn

Balatonberény
▲ Balatontourist CP Naturist Berény Seite 453 792 € 18
4 (B+C+D 1/7-28/8) 5 (E+F 13/5-19/9) (H+J 1/7-28/8) (K 30/4-30/6,29/8-11/9) (L 1/7-28/8)
AKZ. 13/5-1/7 22/8-18/9

Balatonfüred
⛺ Balatontourist CP & Bungalows Füred*** Seite 453 **793** € 16
4 (**A** 29/4-25/9) (B+C 1/7-31/8) **5** (A 29/4-25/9) (C 14/5-18/9) (E+F+G+H+J+K+L 29/4-25/9) **6** (A+F 11/6-28/8)
AKZ. 29/4-1/7 22/8-24/9

Bükfürdö ♨
⛺ Romantik Camping*** Seite 454 **794** € 18
4 (**A** 1/6-31/8) **5** (J+K 1/1-31/12) **6** (A 1/5-1/10)
AKZ. 1/1-1/7 19/8-31/12 7=6

Gyenesdiás
⛺ Wellness Park Camping Seite 454 **795** € 14
4 (**A** 1/5-30/9) **5** (A 15/5-31/8) (E 15/6-31/8) (F+H 15/5-31/8) (J 1/6-31/8) **6** (A 15/5-15/9)
AKZ. 1/3-30/6 26/8-30/10

Keszthely
⛺ Castrum Keszthely**** Seite 455 **796** € 16
5 (F+L 1/6-31/8) **6** (A 1/6-30/9) (F 1/7-31/8)
AKZ. 1/5-30/6 24/8-30/9

Révfülöp
⛺ Balatontourist Camping Napfény*** Seite 455 **797** € 16
4 (**A** 29/4-25/9) (B+C 1/7-20/8) **5** (A+B 29/4-25/9) (E 1/6-31/8) (F+G+K+L 29/4-25/9) **6** (F 1/6-25/9)
AKZ. 29/4-1/7 22/8-24/9

🇸🇮 Slowenien

Ankaran
⛺ Adria**** Seite 472 **798** € 22
4 (B+D 1/7-31/8) **5** (A 1/5-11/10) (B+G 1/5-30/9) (H 10/4-15/10) (K 20/6-15/9) (L 10/4-15/10) **6** (A 1/6-30/9) (E 10/4-15/10) (**F** 1/6-30/9)
AKZ. 10/4-20/6 10/9-15/10

Bled ♨
⛺ Bled***** Seite 472 **799** € 22
4 (**A** 1/5-30/9) (B+D+E 1/7-31/8) **5** (A+C+E+F+G+H+L 1/4-15/10)
AKZ. 1/4-1/6 1/9-15/10

Bohinjska Bistrica
⛺ Camp Danica Bohinj**** Seite 473 **800** € 20
4 (A 1/1-31/12) (B+C+D 15/6-31/8) (**E** 1/5-15/10) **5** (A 1/5-30/9) (E+H 1/1-31/12) (J 1/6-30/9) (L 1/1-31/12)
AKZ. 1/5-12/6 5/9-31/10

Bovec
⛺ Polovnik** Seite 473 **801** € 20
4 (**E** 1/7-31/8) **5** (E+F+G+L 30/3-15/10)
AKZ. 31/3-30/6 1/9-15/10

Gozd Martuljek
⛺ Spik*** Seite 473 **802** € 20
4 (A+**E** 1/7-31/8) **5** (A 1/1-31/12) (H 15/5-15/9) (J+L 1/1-31/12) **6** (**E**+G 1/1-31/12)
AKZ. 1/1-13/6 5/9-31/12

Kobarid ♨
⛺ Eco-Camping & Chalets Koren**** Seite 473 **803** € 22
4 (**A**+B 1/7-31/8) (**E** 1/1-31/12) **5** (A+B+E+G+H+J 1/1-31/12)
AKZ. 1/1-1/7 1/9-31/12

Lesce ♨
⛺ River Camping Bled***** Seite 474 **804** € 20
4 (**A** 22/4-15/10) (B+C+D+**E** 1/7-31/8) **5** (A 20/6-15/9) (E+F+G+H 22/4-15/10) (J 1/7-31/8) **6** (B 1/6-30/9)
AKZ. 1/5-19/6 18/9-30/9

Ljubljana
⛺ Ljubljana Resort (Hotel & CP)**** Seite 474 **805** € 22
4 (**A** 1/4-15/10) (B 1/7-31/8) **5** (A 1/6-15/9) (E 1/6-1/9) (F+H 1/4-15/10) (L 1/5-30/9) **6** (**B**+**G** 17/6-31/8)
AKZ. 1/4-30/6 1/9-15/10 7=6, 14=11

Maribor
⛺ Camping Center Kekec*** Seite 474 **806** € 18
AKZ. 1/1-30/6 3/9-31/12

Moravske Toplice ♨
⛺ Terme 3000**** Seite 475 **807** € 22
4 (A+B 1/1-31/12) (C 1/6-1/9) (E 1/1-31/12) **5** (A 1/4-31/10) (E+F+H+I+K+L 1/1-31/12) **6** (B 27/4-31/8) (E+G 1/1-31/12)
AKZ. 2/1-31/3 2/5-22/5 7/6-23/6 5/9-30/9 7/11-15/12

Podcetrtek ♨
⛺ Terme Olimia/Natura***** Seite 475 **808** € 22
4 (**A**+B+C+D+**E** 1/1-31/12) **5** (A+B+E+G+H+I+L 1/5-30/9) **6** (**B**+**G** 1/5-30/9)
AKZ. 9/1-15/4 2/5-15/7 1/9-28/10 6/11-23/12

Podzemelj/Gradac
△ Cp Bela krajina - river Kolpa**** — Seite 475 — 809 € 22
4 (A+B+E 1/7-31/8) 5 (A 1/6-31/8) (B+H+J 15/4-10/10) (K 1/6-15/9) (L 1/6-31/8)
AKZ. 15/4-11/6 1/9-10/10

Ptuj
△ Camping Terme Ptuj**** — Seite 475 — 810 € 22
4 (**A**+B+D 1/1-31/12) 5 (A 1/6-31/8) (E+F 1/1-31/12) (G 1/7-31/8) (H+L 1/1-31/12) 6 (**B** 1/5-15/9)
(**E**+**G** 1/1-31/12)
AKZ. 2/1-31/3 3/5-23/6 5/9-15/12

Recica ob Savinji
△ Menina**** — Seite 476 — 811 € 18
4 (A 1/6-20/8) (B+C+D 1/7-31/8) (E 1/6-20/8)
5 (G+H+L 1/5-31/10)
AKZ. 1/4-1/7 1/9-15/11

Soca
△ Camp Soca** — Seite 476 — 812 € 22
5 (A+E+G+H 1/4-31/10)
AKZ. 1/4-30/6 1/9-30/9

Kroatien

Istrien

Banjole/Pula
△ Arena Indije Campsite** — Seite 482 — 813 € 16
4 (A 23/4-25/9) (C+D 15/6-15/9)
5 (A+C+E+F+G+H+L 23/4-25/9)
AKZ. 23/4-7/6 1/9-25/9

Banjole/Pula
△ Camp Peškera**** — Seite 482 — 814 € 20
4 (A 15/4-2/10) 5 (H+J+K 25/5-10/9)
AKZ. 15/4-19/6 28/8-2/10

Fazana
△ Bi-Village**** — Seite 483 — 819 € 20
4 (A+B+C+D 28/4-3/10)
5 (A+C+E+F+G+H+J+L 28/4-3/10) 6 (B+G 28/4-3/10)
AKZ. 28/4-25/6 27/8-3/10

Funtana
△ Polidor**** — Seite 483 — 820 € 18
4 (A 1/4-31/10) (B 1/6-31/8) 5 (A 1/1-31/12)
(B 1/6-1/10) (H 1/1-31/12) (L 1/4-30/9) 6 (B+G 1/4-31/10)
AKZ. 1/1-5/6 20/6-30/9 12/9-31/12

Funtana/Vrsar
△ Valkanela*** — Seite 484 — 821 € 18
4 (A 15/5-28/9) (B+D 15/6-15/9)
5 (A+C+E+F+G+H 15/4-2/10) (I 1/5-15/9)
(J+K+L 15/4-2/10) 6 (A+F 15/5-15/9)
AKZ. 15/4-24/6 4/9-1/10

Labin
△ Marina Camping Resort**** — Seite 484 — 829 € 20
4 (B+C+D 1/7-30/8) 5 (A+B+E+F+G+H+J+K 14/4-23/10)
6 (B 14/4-23/10)
AKZ. 14/4-1/6 1/9-23/10

Medulin
△ Arena Medulin Campsite — Seite 484 — 839 € 18
4 (**A** 9/4-2/10) (B+C+D 1/6-31/8)
5 (A+C+E+F+G+H+J+L 9/4-2/10)
AKZ. 9/4-3/6 3/9-2/10

Medulin
△ Arena Grand Kažela Campsite**** — Seite 484 — 838 € 22
4 (**A** 1/1-31/12) (B+C+D 27/5-5/9)
5 (A+C+E+F+G+H+J+L 1/1-31/12) 6 (A+F 7/6-15/9)
AKZ. 9/4-3/6 3/9-2/10

Novigrad
△ Aminess Maravea CP Resort**** — Seite 484 — 845 € 22
4 (A 1/5-29/9) (B+D 1/7-31/8)
5 (A+C+E+F+G+H+J+L 15/4-30/9) 6 (A+F 15/4-30/9)
AKZ. 15/4-25/5 29/5-2/6 6/6-14/6 19/6-30/6 10/9-29/9

Novigrad
△ Aminess Sirena Campsite**** — Seite 484 — 846 € 22
4 (A 1/5-30/9) (B+D 1/7-31/8)
5 (A 1/4-6/11) (C 1/4-30/9) (E 1/6-31/8) (F 1/4-6/11)
(G 1/6-15/9) (H+K+L 1/5-30/9)
AKZ. 1/4-25/5 29/5-2/6 6/6-14/6 19/6-30/6 10/9-5/11

Premantura
△ Arena Runke Campsite — Seite 486 — 857 € 16
4 (A 23/4-25/9) 5 (A+B 1/5-18/9) (H 1/7-18/9)
(L 1/5-18/9)
AKZ. 23/4-7/6 1/9-25/9

Kroatien

Premantura
△ Arena Stupice Campsite** — Seite 486 — 858 — € 18
4️⃣ (**A** 1/6-30/9) (B+D 15/5-16/9)
5️⃣ (A+C+E+F+G 14/4-2/10) (J 1/7-31/8) (L 14/4-2/10)
AKZ. 14/4-3/6 3/9-2/10

Premantura
△ Arena Tašalera Campsite** — Seite 486 — 859 — € 16
4️⃣ (A 23/4-25/9) 5️⃣ (A+C+F+H+L 23/4-25/9)
AKZ. 23/4-7/6 1/9-25/9

Pula
△ Arena Stoja Campsite*** — Seite 486 — 861 — € 18
4️⃣ (A 14/4-2/10) (B+C+D 26/5-15/9)
5️⃣ (A+C+E+F+G+H+J+L 14/4-2/10)
AKZ. 14/4-3/6 3/9-2/10

Rabac
△ Oliva Camp & Residence*** — Seite 486 — 864 — € 20
4️⃣ (A 23/4-1/10) (B+C 1/6-1/9) E 23/4-1/10)
5️⃣ (A+B 23/4-1/10) (F 1/5-1/10) (G+H 1/5-30/9) (J 1/5-1/10) (L 23/4-1/10) 6️⃣ (**A**+F 23/4-1/10)
AKZ. 23/4-18/6 20/8-1/10

Rovinj
△ Amarin — Seite 486 — 865 — € 18
4️⃣ (**A** 18/5-30/8) (B+C+D 1/6-15/9) 5️⃣ (A 1/6-15/9) (C 15/4-2/10) (E 18/5-20/9) (F 1/7-31/8) (G 18/5-20/9) (H+I+J+L 15/4-2/10) 6️⃣ (A+F 1/5-20/9)
AKZ. 15/4-4/6 4/9-1/10

Rovinj
△ Polari*** — Seite 486 — 866 — € 18
4️⃣ (**A** 1/5-28/9) (B+D 15/5-15/9) 5️⃣ (A+C 15/4-2/10) (E+F 1/5-26/9) (G+H+J+K 15/4-2/10) (L 15/4-26/9)
6️⃣ (A+F 20/5-20/9)
AKZ. 15/4-24/6 4/9-1/10

Rovinj
△ Veštar**** — Seite 486 — 867 — € 20
4️⃣ (**A** 15/4-2/10) (B+D 1/6-15/9) 5️⃣ (A+C 15/4-2/10) (E 15/6-31/8) (F+G 15/5-15/9) (H+J+K+L 15/4-2/10)
6️⃣ (A+F 1/5-29/9)
AKZ. 15/4-4/6 4/9-1/10

Sveti Lovrec Labinski
△ Tunarica Sunny Camping** — Seite 490 — 875 — € 18
5️⃣ (A+B+E+F+G+H+L 29/4-2/10)
AKZ. 29/4-1/6 1/9-2/10

Tar
△ Lanterna Premium CP Resort**** — Seite 490 — 876 — € 20
4️⃣ (**A**+B+C+D 14/4-4/10)
5️⃣ (A+C+E+F+G+H+J+K+L 14/4-4/10) 6️⃣ (B+G 14/4-4/10)
AKZ. 14/4-1/6 1/9-4/10

Umag
△ Camping Finida**** — Seite 490 — 880 — € 16
5️⃣ (A+C 22/4-25/9) (H+L 1/5-26/9)
AKZ. 1/5-13/6 19/6-27/6 15/9-25/9

Umag
△ Camping Savudrija**** — Seite 490 — 881 — € 16
4️⃣ (B 1/7-1/9) 5️⃣ (A+C+E 1/5-26/9) (H 1/6-15/9) (L 22/4-25/9) 6️⃣ (A 15/6-10/9)
AKZ. 1/5-13/6 19/6-27/6 15/9-25/9

Umag
△ Camping Stella Maris**** — Seite 491 — 882 — € 18
4️⃣ (**A** 22/4-4/10) (B+D 15/6-15/9)
5️⃣ (A+C+E+G+H+L 22/4-4/10) 6️⃣ (A+F 22/4-4/10)
AKZ. 1/5-13/6 19/6-27/6 15/9-26/9

Umag/Karigador
△ Camping Park Umag**** — Seite 491 — 883 — € 18
4️⃣ (**A** 14/4-2/10) (B+C+D 1/6-31/8) 5️⃣ (A+C 14/4-2/10) (E 1/6-27/9) (F+G+H+L 14/4-2/10) 6️⃣ (A+F 1/5-26/9)
AKZ. 1/5-13/6 19/6-27/6 15/9-26/9

Vabriga ⚐⚐
△ Boutique CP Santa Marina***** — Seite 491 — 884 — € 20
4️⃣ (B+C+D 1/7-31/8) 5️⃣ (A+B+G+H+L 1/5-1/10)
6️⃣ (A+F 1/5-1/10)
AKZ. 1/5-1/7 1/9-1/10

Vrsar
△ Porto Sole*** — Seite 492 — 885 — € 18
4️⃣ (**A** 1/5-30/9) (B 15/6-30/8) (D 1/6-30/8)
5️⃣ (A 1/1-31/12) (C 1/5-30/9) (E 1/1-31/12) (G 1/5-30/9) (H 1/1-31/12) (J 15/5-30/9) (L 1/5-30/9) 6️⃣ (A+F 15/5-30/9)
AKZ. 15/4-4/6 4/9-2/10

Kroatien

Primorje-Gorski Kotar/Lika-Senj/Zadar/Sibenik-Knin

Baska (Krk)
▲ Baška Beach Camping Resort★★★★ Seite 493 815 € 18
4 (B+C+D+E 1/7-1/9) 5 (A+B+E+F+G+H+J+L 14/4-16/10)
6 (B+E+G 14/4-16/10)
AKZ. 14/4-6/6 6/9-16/10

Baska (Krk)
▲ Bunculuka Camping Resort★★★★ Seite 493 816 € 20
5 (A+C+F+G+H+I+J+L 22/4-2/10)
AKZ. 22/4-6/6 6/9-2/10

Drage
▲ Oaza Mira★★★★ Seite 493 817 € 20
4 (A 1/7-31/8) 5 (A+B 1/6-30/9) (E+F+G+H+L 1/6-20/9)
6 (A 1/6-20/9)
AKZ. 1/4-30/6 1/9-31/10

Glavotok (Krk)
▲ Camping Glavotok★★★ Seite 494 822 € 22
4 (A 1/6-1/9) (B+C+D 1/6-10/9)
5 (A+B+E+F+G 22/4-18/9) (H 15/5-10/9) (J+L 22/4-18/9)
6 (B+G 22/4-18/9)
AKZ. 1/5-4/6 19/6-1/7 3/9-18/9

Klimno/Dobrinj
▲ Slamni★★★★ Seite 494 824 € 20
4 (B+D 1/7-31/8) 5 (A+B 15/5-30/9)
(F+G+H+J+L 15/4-9/10) 6 (A+F 15/4-9/10)
AKZ. 15/4-2/6 1/9-9/10

Kolan (Pag) ✴✴
▲ Terra Park SpiritoS Seite 494 825 € 20
5 (A+B 1/5-30/9) (E+F+G+H+L 15/5-15/9)
AKZ. 1/5-30/6 5/9-30/9

Krk (Krk)
▲ Camping Bor★★★ Seite 494 826 € 20
5 (A+B 1/5-30/9) (H 1/4-30/10) (J 1/6-1/9) (L 1/4-30/10)
6 (A+F 15/5-15/9)
AKZ. 1/1-9/7 1/9-31/12   14=13

Krk (Krk)
▲ Jezevac Premium CP Resort★★★★ Seite 494 827 € 20
4 (A+B+C+D+E 1/1-31/12)
5 (A+B+C+E+F+G+H+J+L 1/1-31/12) 6 (B+G 1/1-31/12)
AKZ. 1/1-6/6 6/9-31/12

Krk (Krk)
▲ Krk Premium Camping Resort★★★★★ Seite 495 828 € 20
4 (B+C+D+E 14/4-23/10)
5 (A+B+C+E+F+G+H+J+L 14/4-23/10) 6 (B+G 14/4-23/10)
AKZ. 14/4-6/6 6/9-23/10

Lopar (Rab)
▲ San Marino Camping Resort★★★★ Seite 495 830 € 18
4 (A+B+C+D 15/6-30/9) 5 (A+C 14/4-4/10)
(E+F+G+H+J+K+L 1/5-30/9)
AKZ. 14/4-1/6 1/9-4/10

Lozovac
▲ Camp Krka★★★ Seite 495 832 € 16
4 (A+E 15/4-15/10) 5 (A 1/3-31/10) (H 15/4-15/10)
(L 15/4-1/10) 6 (B 1/5-15/10)
AKZ. 1/3-8/7 26/8-31/10

Lozovac
▲ Camp Marina (NP. KRKA)★★ Seite 495 833 € 16
4 (A 1/3-15/11) 5 (A 1/3-15/11) (H 1/1-31/12)
(K 1/3-15/11) 6 (A 1/4-1/11)
AKZ. 1/1-1/7 24/8-31/12

Lozovac
▲ Slapovi Krke★★★ Seite 495 834 € 12
4 (A 1/4-30/10)
AKZ. 1/4-1/7 1/9-30/10

Mali Losinj (Losinj)
▲ Camping Cikat★★★★ Seite 495 835 € 22
4 (A+B+C+D+E 18/5-22/9) 5 (A+C+E 1/1-31/12)
(F+G 8/4-21/10) (H 1/1-31/12) (J+K+L 8/4-21/10)
6 (A 18/5-30/9) (F 18/5-22/9)
AKZ. 1/5-3/6 20/6-24/6 7/9-1/10

Mali Losinj (Losinj)
▲ Village Poljana★★★★ Seite 495 836 € 22
4 (A 22/5-30/9) (B+C+D 15/6-31/8) (E 22/5-30/9)
5 (A+C+F+G+H+J+L 8/4-2/11)
AKZ. 8/4-4/6 2/9-2/11

Martinšcica (Cres)
▲ Camping Slatina★★★★ Seite 495 837 € 16
4 (B+C 15/6-15/9) 5 (A+C 23/4-1/10) (F+G 15/6-1/9)
(H+L 23/4-1/10)
AKZ. 1/5-3/6 20/6-24/6 7/9-1/10

Kroatien

Moscenicka Draga ⚥
🔺 Autocamp Draga*** — Seite 496 — 840 — € 18
5️⃣ (A+B 15/4-1/10)
AKZ. 15/4-15/6 1/9-1/10

Njivice (Krk)
🔺 Aminess Atea Camping Resort**** — Seite 496 — 841 — € 22
4️⃣ (A+B+C+D 1/5-15/10) 5️⃣ (A+C+F+G+H+J+K 1/4-2/11)
6️⃣ (F 1/5-15/10)
AKZ. 1/4-25/5 29/5-2/6 6/6-14/6 19/6-30/6 10/9-1/11

Novalja (Pag)
🔺 Olea — Seite 497 — 842 — € 18
4️⃣ (A 1/4-8/10) 5️⃣ (A+E+F+G+H+L 1/4-8/10)
AKZ. 1/4-15/6 15/9-8/10

Novalja (Pag) ⚥
🔺 Terra Park Phalaris — Seite 497 — 844 — € 20
4️⃣ (A 16/4-21/10) 5️⃣ (A+C 16/4-21/10) (E+H 15/4-15/9) (L 1/5-1/10)
AKZ. 16/4-30/6 5/9-21/10

Novalja (Pag) ⚥
🔺 Strasko**** — Seite 497 — 843 — € 22
4️⃣ (A 15/5-10/9) (B+C+D 15/4-9/10) 5️⃣ (A+C 15/4-9/10) (E+F 1/5-30/9) (G+H 15/4-9/10) (K 1/5-30/9) (L 15/4-9/10)
6️⃣ (A+F 1/5-20/9)
AKZ. 15/4-30/6 1/9-9/10 7=6, 14=12

Omisalj ⚥
🔺 Omisalj***** — Seite 498 — 850 — € 22
4️⃣ (A+B+C+D+E 1/4-31/10)
5️⃣ (A+B+C+E+F+G+H+J+L 1/1-31/12) 6️⃣ (A 1/4-31/10) (F 1/5-1/10)
AKZ. 1/1-3/6 18/6-1/7 3/9-31/12 7=6, 14=12

Pakostane ⚥
🔺 Camp Vransko lake - Crkvine*** — Seite 498 — 854 — € 18
4️⃣ (A 1/6-30/9) 5️⃣ (A 1/4-31/10) (C 1/5-30/9) (H 1/6-30/9)
AKZ. 1/4-20/6 6/9-31/10

Pakostane
🔺 Kozarica**** — Seite 498 — 855 — € 18
4️⃣ (A 1/6-30/9) (B+C+D 15/6-31/8) 5️⃣ (A+C 1/5-30/9) (F+G 1/6-15/9) (H 1/5-30/9) (L 1/6-15/9) 6️⃣ (F 1/5-30/9)
AKZ. 2/4-15/6 10/9-31/10

Plitvicka Jezera
🔺 Plitvice***** — Seite 498 — 856 — € 20
4️⃣ (A 1/1-31/12) 5️⃣ (A+H+J+L 1/1-31/12)
6️⃣ (A+F 1/5-1/10)
AKZ. 1/1-1/6 1/9-31/12

Primosten ⚥
🔺 Camp Adriatic* — Seite 499 — 860 — € 18
4️⃣ (A 1/4-1/10) (B+D 1/7-31/8) 5️⃣ (A+C 1/4-15/10) (E+F+G 1/4-30/9) (H+K+L 19/3-12/11)
AKZ. 19/3-26/5 7/9-12/11

Punat (Krk) ⚥
🔺 Naturist Camp Konobe*** — Seite 500 — 862 — € 18
4️⃣ (A 1/7-30/8) (B 1/7-31/8) 5️⃣ (A+B 22/4-30/9) (E+F 1/5-15/9) (H 1/6-30/9) (L 1/5-30/9)
AKZ. 22/4-2/6 19/6-26/6 1/9-30/9

Rab
🔺 Padova Premium CP Resort**** — Seite 500 — 863 — € 18
4️⃣ (A+B+C+D 14/4-9/10)
5️⃣ (A+C+E+F+G+H+J+L 14/4-9/10) 6️⃣ (B+G 14/4-9/10)
AKZ. 14/4-1/6 1/9-9/10

Selce ⚥
🔺 Camping Selce*** — Seite 501 — 869 — € 20
5️⃣ (A+B 1/5-15/10) (E+H 15/6-30/9) (K 1/5-30/9)
6️⃣ (A+F 1/5-1/10)
AKZ. 1/4-10/6 10/9-15/10

Sibenik
🔺 Camping Resort Solaris**** — Seite 501 — 870 — € 22
4️⃣ (A 1/5-30/9) (B 10/6-20/9)
5️⃣ (A+C+E+F+G+H+K+L 14/4-18/10)
6️⃣ (A 24/4-18/10) (E 24/5-18/10) (F 14/4-18/10)
AKZ. 14/4-19/6 1/9-17/10

Stara Baska/Punat (Krk)
🔺 Skrila Sunny Camping*** — Seite 501 — 871 — € 18
5️⃣ (A+B+E+F+G+H+J+L 22/4-2/10)
AKZ. 22/4-6/6 6/9-2/10

Starigrad/Paklenica
🔺 Plantaza*** — Seite 501 — 873 — € 18
4️⃣ (A 1/5-30/9) 5️⃣ (A 15/5-30/9) (G+H 1/5-31/10) (L 1/4-30/10)
AKZ. 1/1-30/6 1/9-31/12

Kroatien

Starigrad/Paklenica
△ Paklenica**** — Seite 502 — 872 — € 16
4 (**A** 1/4-30/10) **5** (A+C+H+L 1/4-30/10)
6 (A+F 30/4-29/10)
AKZ. 1/4-30/6 1/9-30/10

Tisno ⚑
△ Olivia Green Camping**** — Seite 502 — 877 — € 20
4 (**A** 29/4-1/11) (B+C+D 15/6-15/9) **5** (A+F 29/4-1/11)
(H 1/5-18/10) (J+L 29/4-1/11) **6** (B+G 29/4-1/11)
AKZ. 29/4-15/6 10/9-1/11

Tribanj
△ Sibuljina*** — Seite 502 — 878 — € 18
5 (A+C 1/4-31/10) (E+H+L 1/6-1/10)
AKZ. 1/4-30/6 1/9-31/10

Zaton/Nin (Zadar)
△ Autocamp Peros 3* — Seite 504 — 887 — € 18
5 (G 1/6-20/9) (H 1/3-30/11) **6** (A+F 15/5-1/10)
AKZ. 1/3-10/7 1/9-30/11

Zaton/Nin (Zadar)
△ Zaton Holiday Resort**** — Seite 504 — 888 — € 22
4 (**A** 15/5-15/9) (B+C+D 13/4-1/10)
5 (A+C+E+F+G+H+I+J+K+L 13/4-1/10) **6** (B+G 13/4-1/10)
AKZ. 13/4-24/6 3/9-1/10

Dalmatien

Loviste
△ Kamp Lupis**** — Seite 505 — 831 — € 20
5 (A+B 1/1-31/12)
AKZ. 1/1-20/6 10/9-31/12

Okrug Gornji ⚑
△ Camping Labadusa — Seite 505 — 847 — € 20
5 (A+H+K+L 1/5-30/9)
AKZ. 1/5-14/6 1/9-30/9

Okrug Gornji ⚑
△ Camping Rozac*** — Seite 505 — 848 — € 20
4 (A 15/4-2/10) (B+D 15/6-8/9) **5** (A+F+G 27/3-6/11)
(H 1/5-1/10) (K+L 27/3-6/11)
AKZ. 27/3-4/6 1/9-5/11

Omis
△ Galeb*** — Seite 506 — 849 — € 20
4 (**A** 15/6-1/9) **5** (A 1/6-30/9) (E+F+G+H+K+L 1/4-1/11)
6 (A+F 1/6-31/10)
AKZ. 1/1-3/7 4/9-31/12

Orasac
△ Auto-Camp Pod Maslinom — Seite 506 — 851 — € 14
4 (A 1/5-30/9)
AKZ. 1/4-30/6 10/9-1/11

Orebic
△ Lavanda Camping**** — Seite 506 — 852 — € 18
4 (**A** 1/1-31/12) **5** (A 1/1-31/12) (E+F+G 1/6-15/10)
(H 1/1-31/12) (J+L 1/6-15/10)
AKZ. 1/4-30/6 1/9-15/11

Orebic
△ Nevio Camping**** — Seite 506 — 853 — € 18
4 (**A** 15/4-15/11) **5** (A 1/6-30/9) (E 1/4-15/11)
(G 1/6-30/9) (H 15/6-15/9) (L 1/4-30/10) **6** (A 1/5-15/10)
AKZ. 1/4-30/6 1/9-15/11

Seget Vranjica/Trogir
△ Belvedere**** — Seite 507 — 868 — € 22
4 (A+B+D 1/5-30/9)
5 (A+C+E+F+G+H+J+K+L 14/4-31/10) **6** (A+F 14/4-31/10)
AKZ. 14/4-24/6 1/9-30/10

Stobrec ⚑
△ Camping Stobrec Split**** — Seite 507 — 874 — € 18
4 (**A** 1/4-30/9) **5** (F+G+H+K+L 1/1-31/12)
6 (A+F 1/6-1/10)
AKZ. 1/1-30/6 1/9-31/12

Zaostrog
△ Camping Viter — Seite 507 — 886 — € 18
AKZ. 1/4-1/7 1/9-31/10

Ost-Kroatien

Duga Resa
△ Camp Slapic**** — Seite 508 — 818 — € 20
4 (**A** 1/6-30/9) **5** (A+E+F+G+H+L 1/4-31/10)
6 (A 1/4-1/10)
AKZ. 1/4-3/7 22/8-31/10

Grabovac/Rakovica ⚑
△ Plitvice Holiday Resort**** — Seite 508 — 823 — € 22
4 (A 1/5-30/9) (B 1/7-31/8) (D 1/7-1/9)
5 (A+B+F+G+H+J+K+L 1/1-31/12) **6** (A 1/5-30/9)
AKZ. 1/4-17/6 1/9-30/10 7=6

Tuheljske Toplice ⚑
△ Camp Vita Terme Tuhelj***** — Seite 508 — 879 — € 22
4 (B 1/1-31/12) (C+D+**E** 1/6-31/8)
5 (E+F+G+H+I+J+L 1/1-31/12)
6 (**B** 15/5-15/9) (**E**+G 1/1-31/12)
AKZ. 9/1-15/4 2/5-15/7 1/9-28/10 6/11-23/12

🇬🇷 Griechenland

Centralgriechenland

Delphi
△ Delphi Camping Cat.A — Seite 520 — 895 € 18
④ (A+E 1/4-31/10) ⑤ (A+B 1/1-31/12) (L 15/4-15/10)
⑥ (A 20/4-30/9)
AKZ. 1/1-30/6 1/9-31/12

Delphi
△ Apollon Cat.A — Seite 520 — 894 € 20
④ (E 1/5-31/8) ⑤ (A+B+F+H+L 1/5-1/10)
⑥ (A 1/4-15/10)
AKZ. 1/1-30/6 1/9-31/12

Delphi/Fokis
△ Chrissa Camping Cat.A — Seite 520 — 896 € 18
④ (E 1/4-31/10) ⑤ (A+B+E 1/4-31/10) (F 1/5-30/9)
(J 1/4-31/10) (L 1/5-30/9) ⑥ (A+F 1/5-30/9)
AKZ. 1/4-7/7 24/8-30/10 **7=6, 14=11**

Igoumenitsa
△ Camping Drepanos — Seite 521 — 905 € 16
⑤ (A 1/1-31/12) (B 1/6-10/10) (F+H+J+L 15/5-10/10)
AKZ. 1/1-30/6 1/9-30/9

Kastraki/Kalambaka
△ Vrachos Kastraki — Seite 521 — 907 € 20
⑤ (A+B 1/1-31/12) (E+J+K+L 1/4-30/10) ⑥ (A 15/4-15/9)
AKZ. 1/1-10/6 1/9-30/9

Kato Gatzea (Pilion)
△ Hellas — Seite 521 — 909 € 20
⑤ (A+B+E+F+G+H+J+L 1/4-31/10)
AKZ. 1/1-30/6 1/9-31/12

Kato Gatzea (Pilion)
△ Sikia — Seite 521 — 910 € 20
④ (A+E 1/5-15/9) ⑤ (A+C+E+F+G+H+J+L 1/4-31/10)
AKZ. 10/1-30/6 1/9-19/12

Parga/Lichnos
△ Enjoy Lichnos — Seite 521 — 920 € 20
④ (A 1/7-31/8) ⑤ (A+C 1/4-25/10) (E+F+H+J+K 1/5-20/10)
AKZ. 1/4-26/6 2/9-16/10

Plataria/Igoumenitsa
△ Kalami Beach — Seite 521 — 922 € 22
⑤ (A+B+E+H+L 1/4-15/10)
AKZ. 1/4-3/6 1/9-15/10

Ionische Inseln

Dassia (Corfu)
△ Karda Beach and Bungalows — Seite 522 — 893 € 20
⑤ (A+C+E+F+H+L 1/5-30/9) ⑥ (A+F 1/5-30/9)
AKZ. 1/5-30/6 1/9-30/9

Lefkada
△ Kariotes Beach — Seite 522 — 913 € 18
⑤ (A+B 1/6-30/9) (E+F 15/5-30/9) (K 15/5-15/9)
⑥ (A 20/5-20/9) (F 15/5-20/9)
AKZ. 15/4-9/7 26/8-9/10

Nidri Katouna Lefkada
△ Episkopos Beach — Seite 522 — 916 € 14
⑤ (A 1/5-30/9) (E+H 15/6-30/9) ⑥ (A 1/6-30/9)
(F 1/5-30/9)
AKZ. 1/5-30/6 1/9-30/9

Peloponnes

Amaliada/Palouki
△ Palouki — Seite 523 — 889 € 20
⑤ (A+C 1/4-31/10) (H+L 1/5-15/10)
AKZ. 1/4-19/5 15/9-31/10

Amaliada/Palouki
△ Paradise — Seite 523 — 890 € 18
⑤ (A+B+E 1/5-31/10) (H 1/6-30/9) (K+L 1/5-30/9)
AKZ. 1/5-15/7 1/9-15/10

Ancient Epidavros
△ Bekas — Seite 524 — 891 € 18
④ (A 1/7-31/8) ⑤ (A+B 1/4-31/10) (L 18/5-15/10)
AKZ. 1/4-7/7 1/9-30/10

Ancient Epidavros/Argolida
△ Nicolas II — Seite 524 — 892 € 18
⑤ (A 1/4-31/10) (B 1/5-30/9) (H+L 15/4-31/10)
AKZ. 1/4-7/7 25/8-31/10

Drepanon/Vivari
△ Lefka Beach — Seite 524 — 897 € 18
⑤ (A+B+E+H+J+L 1/4-30/10)
AKZ. 1/1-30/6 1/9-31/12

Elafonisos
△ Simos Camping — Seite 524 — 898 € 20
⑤ (A 1/5-31/10) (C+E+F+G+H+I+J 15/5-20/9)
AKZ. 1/5-5/7 1/9-31/10

Ausführliche Redaktionseinträge: Seite 520 bis 524

Griechenland

Finikounda — Thines — Seite 525 — 899 — € 18
5 (A+B+E+F+H+K 1/5-31/10)
AKZ. 1/1-30/6 1/9-31/12 13=12

Glifa — Ionion Beach — Seite 526 — 900 — € 20
4 (A 1/7-31/8) 5 (A+B+E+G+H+L 1/4-31/10)
6 (B+G 1/4-30/10)
AKZ. 1/1-30/6 11/9-31/12

Glifa/Ilias — Aginara Beach*** — Seite 526 — 901 — € 20
5 (A 1/1-31/12) (B 25/3-15/11) (E+H 1/5-31/10)
(L 25/3-15/11)
AKZ. 1/1-30/6 26/8-31/12

Gythion/Lakonias ** — Camping Gythion Bay*** — Seite 526 — 902 — € 20
5 (A+C 1/6-30/9) (E+F+H 15/5-10/10) (J 1/7-10/9)
(L 15/5-10/10) 6 (A+F 1/5-31/10)
AKZ. 1/4-30/6 1/9-30/10

Gythion/Lakonias — Mani-Beach — Seite 526 — 903 — € 20
5 (A 1/1-31/12) (B+E 1/5-31/10) (F 1/5-30/9) (H 1/5-31/10)
(L 1/5-30/9)
AKZ. 1/1-30/6 1/9-31/12

Gythion/Lakonias — Camping Meltemi*** — Seite 526 — 904 — € 20
4 (B 15/6-30/8) 5 (A 1/4-20/10) (B 15/5-15/9)
(C 1/4-20/10) (E+F 15/5-15/9) (H 1/6-10/9)
(I+J+K 15/5-15/9) 6 (A 10/6-15/9)
AKZ. 1/4-30/6 1/9-20/10

Isthmia — Isthmia Beach Camping — Seite 526 — 906 — € 18
5 (A+B 1/4-30/10) (H+K 1/7-31/8)
AKZ. 1/4-10/7 28/8-30/10 7=6, 10=8

Kato Alissos — Kato Alissos — Seite 527 — 908 — € 18
5 (A+B 1/4-31/10) (E 30/6-31/8) (F+H+J+L 1/5-30/9)
AKZ. 1/4-30/6 1/9-31/10

Koroni/Messinias — Camping Koroni — Seite 527 — 911 — € 18
5 (A+B+E+F+H+J+L 1/4-15/10) 6 (A 1/4-15/10)
AKZ. 1/1-30/6 1/9-31/12

Kourouta/Amaliada — Kourouta — Seite 527 — 912 — € 20
5 (A 1/4-15/10) (B 15/5-20/10) (E+G+L 1/4-20/10)
AKZ. 1/1-3/6 1/9-31/10

Stoupa — Kalogria — Seite 528 — 925 — € 18
5 (A 1/4-20/10) (B 1/6-31/10) (E 15/6-15/10) (H 1/4-20/11)
AKZ. 1/4-30/6 1/9-20/11

Tiros/Arcadia — Zaritsi Camping — Seite 528 — 926 — € 18
5 (A+B 1/4-31/10) (E+F 1/5-31/8) (H+J 1/4-31/10)
(K 1/5-15/6,1/9-30/9) (L 16/6-31/8)
AKZ. 1/4-30/6 1/9-31/10

Nordost-Griechenland

Nea Moudania — Camping A.Ouzouni S.A. — Seite 530 — 914 — € 18
5 (A+C 1/5-30/9) (E+F+H 10/5-11/9) (J 1/5-30/9)
(L 10/5-11/9)
AKZ. 1/5-30/6 20/8-29/9 7=6

Nea Moudania — Ouzouni Beach Camping — Seite 530 — 915 — € 18
5 (A+B 1/5-15/10)
AKZ. 1/5-30/6 26/8-14/10 7=6, 16=13, 25=21

Nikiti — Mitari — Seite 530 — 917 — € 18
5 (A+B 1/5-30/9) (H 10/6-31/8) (L 1/6-20/8)
AKZ. 1/5-30/6 24/8-29/9 7=6

Ouranoupolis (Athos) — Ouranoupoli — Seite 530 — 918 — € 20
5 (A+C+J+L 1/5-31/10)
AKZ. 1/4-15/6 1/9-30/10

Panteleimon — Poseidon Beach — Seite 530 — 919 — € 20
5 (H 1/5-10/9)
AKZ. 1/4-15/7 1/9-30/10 7=6

Griechenland

Plaka Litochoro ✱✱
△ Camping Sylvia — Seite 530 — 921 — € 18
5 (A+B+H 1/5-10/10)
AKZ. 1/5-30/6 22/8-10/10

Sarti (Sithonia)
△ Armenistis Camping & Bungalows — Seite 530 — 923 — € 18
4 (B+C+D 10/6-25/8) 5 (A+C 28/4-25/9) (E 1/6-20/9) (F+H+L 28/4-25/9)
AKZ. 28/4-30/6 1/9-24/9

Sikia
△ Melissi — Seite 531 — 924 — € 18
5 (A+C 1/5-15/9)
AKZ. 1/5-30/6 1/9-29/9 10=9

Vourvourou
△ Lacara Camping — Seite 531 — 927 — € 18
5 (A+C+E+F+H+L 1/5-30/9)
AKZ. 1/5-20/6 1/9-29/9

Vourvourou (Sithonia)
△ Rea — Seite 531 — 928 — € 18
5 (A 1/5-30/9) (C+F+L 15/5-30/9)
AKZ. 1/5-30/6 1/9-29/9

Ausführliche Redaktionseinträge: Seite 530 bis 531

Suchmaschine
Auf der Webseite ▶ www.CampingCard.com ◀ finden Sie eine Suchmaschine, die Ihnen auf so manche Art bei der Suche nach einem Camping helfen kann: nach Region oder dem Ort Ihrer Wahl, nach Campingnamen oder der Folgenummer, die vermeldet wird im blauen Logo im obenstehenden Redaktionseintrag. Die Suchergebnisse werden blitzschnell präsentiert. Pro Camping sehen Sie sich dann alle Angaben in Ruhe an.

Routenplaner
Sie werden vorallem viel Freude an dem integrierten Routenplaner haben. Sie wählen den Maßstab selbst: von der Übersichtskarte bis hin zur äußerst detaillierten Teilkarte der Region, in die Sie wollen.

629